労働関係法規集

2024年版

はじめに

ますます複雑化する社会にあって、労働問題を取り巻く社会環境も大きく揺れ動き、労働関係法規の新たな制定、改定が報じられています。日々生活する上で、より正確な法律への理解が求められています。

そのような中にあって、本法規集は、持ち運びに便利な携帯性を保持しつつも、内容面では、労働法の講義や各種労働講座において、常に手元に置き活用していただくことを想定し、法令によっては例外的に**抄録**という形で必要な条文に絞り込みつつ、できるだけ幅広く法令を収録しました。また、仕事上労働関係法規を参照される機会の多い方のため、政令・省令・大臣告示なども適宜収録し、日常の業務にも使えるように編集してあります。

なお、本書は二〇二四年一月三一日現在公布されている法令を収録しております。また、公布日と施行日の間隔の長く空くものがあります。その場合は、原則として、現行と改正後の双方が分かるように示しました。

沿革については、改正法令の公布年月日と法令番号を記載し、**特に重要な改正はゴシック表**

示としました。また改正が多い法令は直近のものを掲載しました。

最後に、本法規集が労働法の学修や実務において、大いに活用されることを願ってやみません。

二〇二四年三月

独立行政法人　労働政策研究・研修機構

目次

労働市場

その他

日本国憲法　抄

〔昭和二一年一一月三日公布
昭和二二年五月三日施行〕

日本国憲法

日本国民は、正当に選挙された国会における代表者を通じて行動し、われらとわれらの子孫のために、諸国民との協和による成果と、わが国全土にわたつて自由のもたらす恵沢を確保し、政府の行為によつて再び戦争の惨禍が起ることのないやうにすることを決意し、ここに主権が国民に存することを宣言し、この憲法を確定する。そもそも国政は、国民の厳粛な信託によるものであつて、その権威は国民に由来し、その権力は国民の代表者がこれを行使し、その福利は国民がこれを享受する。これは人類普遍の原理であり、この憲法は、かかる原理に基くものである。われらは、これに反する一切の憲法、法令及び詔勅を排除する。

日本国民は、恒久の平和を念願し、人間相互の関係を支配する崇高な理想を深く自覚するのであつて、平和を愛する諸国民の公正と信義に信頼して、われらの安全と生存を保持しようと決意した。われらは、平和を維持し、専制と隷従、圧迫と偏狭を地上から永遠に除去しようと努めてゐる国際社会において、名誉ある地位を占めたいと思ふ。われらは、全世界の国民が、ひとしく恐怖と欠乏から免かれ、平和のうちに生存する権利を有することを確認する。

われらは、いづれの国家も、自国のことのみに専念して他国を無視してはならないのであつて、政治道徳の法則は、普遍的なものであり、この法則に従ふことは、自国の主権を維持し、他国と対等関係に立たうとする各国の責務であると信ずる。

日本国民は、国家の名誉にかけ、全力をあげてこの崇高な理想と目的を達成することを誓ふ。

第三章　国民の権利及び義務

第一一条　国民は、すべての基本的人権の享有を妨げられない。この憲法が国民に保障する基本的人権は、侵すことのできない永久の権利として、現在及び将来の国民に与へられる。

第一二条　この憲法が国民に保障する自由及び権利は、国民の不断の努力によつて、これを保持しなければならない。又、国民は、これを濫用してはならないのであつて、常に公共の福祉のためにこれを利用する責任を負ふ。

第一三条　すべて国民は、個人として尊重される。生命、自由及び幸福追求に対する国民の権利については、公共の福祉に反しない限り、立法その他の国政の上で、最大の尊重を必要とする。

第一四条　すべて国民は、法の下に平等であつて、人種、信条、性別、社会的身分又は門地により、政治的、経済的又は社会的関係において、差別されない。

② 華族その他の貴族の制度は、これを認めない。

③ 栄誉、勲章その他の栄典の授与は、いかなる特権も伴はない。栄典の授与は、現にこれを有し、又は将来これを受ける者の一代に限り、その効力を有する。

第一五条　公務員を選定し、及びこれを罷免することは、国民固有の権利である。

② すべて公務員は、全体の奉仕者であつて、一部の奉仕者ではない。

③ 公務員の選挙については、成年者による普通選挙を保障する。

④ すべて選挙における投票の秘密は、これを侵してはならない。選挙人は、その選択に関し公的にも私的にも責任を問はない。

れない。

第一八条 何人も、いかなる奴隷的拘束も受けない。又、犯罪に因る処罰の場合を除いては、その意に反する苦役に服させられない。

第一九条 思想及び良心の自由は、これを侵してはならない。

第二〇条 信教の自由は、何人に対してもこれを保障する。いかなる宗教団体も、国から特権を受け、又は政治上の権力を行使してはならない。

② 何人も、宗教上の行為、祝典、儀式又は行事に参加することを強制されない。

③ 国及びその機関は、宗教教育その他いかなる宗教的活動もしてはならない。

第二一条 集会、結社及び言論、出版その他一切の表現の自由は、これを保障する。

② 検閲は、これをしてはならない。通信の秘密は、これを侵してはならない。

第二二条 何人も、公共の福祉に反しない限り、居住、移転及び職業選択の自由を有する。

② 何人も、外国に移住し、又は国籍を離脱する自由を侵されない。

第二五条 すべて国民は、健康で文化的な最低限度の生活を営む権利を有する。

② 国は、すべての生活部面について、社会福祉、社会保障及び公衆衛生の向上及び増進に努めなければならない。

第二六条 すべて国民は、法律の定めるところにより、その能力に応じて、ひとしく教育を受ける権利を有する。

② すべて国民は、法律の定めるところにより、その保護する子女に普通教育を受けさせる義務を負ふ。義務教育は、これを無償とする。

第二七条 すべて国民は、勤労の権利を有し、義務を負ふ。

② 賃金、就業時間、休息その他の勤労条件に関する基準は、法律でこれを定める。

③ 児童は、これを酷使してはならない。

第二八条 勤労者の団結する権利及び団体交渉その他の団体行動をする権利は、これを保障する。

第二九条 財産権は、これを侵してはならない。

② 財産権の内容は、公共の福祉に適合するやうに、法律でこれを定める。

③ 私有財産は、正当な補償の下に、これを公共のために用ひることができる。

労働組合法

〔昭和二四年六月一日
法律第一七四号〕

沿革
昭和六三年　六月一四日法律第　八二号
平成一六年一一月一七日　〃　第一四〇号
〃　二三年　五月二五日　〃　第　五三号
〃　二三年　六月二四日　〃　第　七四号
〃　二四年　六月二七日　〃　第　四二号
〃　二六年　六月一三日　〃　第　六七号
〃　二六年　六月一三日　〃　第　六九号
〃　三〇年　六月　八日　〃　第　四一号
令和　四年　六月一七日　〃　第　六八号
〃　五年　六月一四日　〃　第　五三号

第一章　総則

（目的）

第一条　この法律は、労働者が使用者との交渉において対等の立場に立つことを促進することにより労働者の地位を向上させること、労働者がその労働条件について交渉するために自ら代表者を選出することその他の団体行動を行うために自主的に労働組合を組織し、団結することを擁護すること並びに使用者と労働者との関係を規制する労働協約を締結するための団体交渉をすること及びその手続を助成することを目的とする。

2　刑法（明治四十年法律第四十五号）第三十五条の規定は、労働組合の団体交渉その他の行為であつて前項に掲げる目的を達成するためにした正当なものについて適用があるものとする。但し、いかなる場合においても、暴力の行使は、労働組合の正当な行為と解釈されてはならない。

（労働組合）

第二条　この法律で「労働組合」とは、労働者が主体となつて自主的に労働条件の維持改善その他経済的地位の向上を図ることを主たる目的として組織する団体又はその連合団体をいう。但し、左の各号の一に該当するものは、この限りでない。

一　役員、雇入解雇昇進又は異動に関して直接の権限を持つ監督的地位にある労働者、使用者の労働関係についての計画と方針とに関する機密の事項に接し、そのためにその職務上の義務と責任とが当該労働組合の組合員としての誠意と責任とに直接にてい触する監督的地位にある労働者その他使用者の利益を代表する者の参加を許すもの

二　団体の運営のための経費の支出につき使用者の経理上の援助を受けるもの。但し、労働者が労働時間中に時間又は賃金を失うことなく使用者と協議し、又は交渉することを使用者が許すことを妨げるものではなく、且つ、厚生資金又は経済上の不幸若しくは災厄を防止し、若しくは救済するための支出に実際に用いられる福利その他の基金に対する使用者の寄附及び最小限の広さの事務所の供与を除くものとする。

三　共済事業その他福利事業のみを目的とするもの

四　主として政治運動又は社会運動を目的とするもの

（労働者）

第三条　この法律で「労働者」とは、職業の種類を問わず、賃金、給料その他これに準ずる収入によつて生活する者をいう。

第四条　削除

第二章　労働組合

（労働組合として設立されたものの取扱）

第五条　労働組合は、労働委員会に証拠を提出して第二条及び第二項の規定に適合することを立証しなければ、この法律に

規定する手続に参与する資格を有せず、且つ、この法律に規定する救済を与えられない。但し、第七条第一号の規定に基く個々の労働者に対する保護を否定する趣旨に解釈されるべきではない。

2　労働組合の規約には、左の各号に掲げる規定を含まなければならない。

一　名称

二　主たる事務所の所在地

三　連合団体である労働組合以外の労働組合（以下「単位労働組合」という。）の組合員は、その労働組合のすべての問題に参与する権利及び均等の取扱を受ける権利を有すること。

四　何人も、いかなる場合においても、人種、宗教、性別、門地又は身分によつて組合員たる資格を奪われないこと。

五　単位労働組合にあつては、その役員は、組合員の直接無記名投票により選挙されること、及び連合団体である労働組合又は全国的規模をもつ労働組合にあつては、その役員は、単位労働組合の組合員又はその組合員の直接無記名投票により選挙された代議員の直接無記名投票により選挙されること。

六　総会は、少くとも毎年一回開催すること。

七　すべての財源及び使途、主要な寄附者の氏名並びに現在の経理状況を示す会計報告は、組合員によつて委嘱された職業的に資格がある会計監査人による正確であることの証明書とともに、少くとも毎年一回組合員に公表されること。

八　同盟罷業は、組合員又は組合員の直接無記名投票により選挙された代議員の直接無記名投票の過半数による決定を経なければ開始しないこと。

九　単位労働組合にあつては、その規約は、組合員の直接無記名投票による過半数の支持を得なければ改正しないこと、及び連合団体である労働組合又は全国的規模をもつ労働組合にあつては、その規約は、単位労働組合の組合員又はその組合員の直接無記名投票により選挙された代議員の直接無記名投票による過半数の支持を得なければ改正しないこと。

（交渉権限）

第六条　労働組合の代表者又は労働組合の委任を受けた者は、労働組合又は組合員のために使用者又はその団体と労働協約の締結その他の事項に関して交渉する権限を有する。

（不当労働行為）

第七条　使用者は、次の各号に掲げる行為をしてはならない。

一　労働者が労働組合の組合員であること、労働組合に加入し、若しくはこれを結成しようとしたこと若しくは労働組合の正当な行為をしたことの故をもつて、その労働者を解雇し、その他これに対して不利益な取扱いをすること又は労働者が労働組合に加入せず、若しくは労働組合から脱退することを雇用条件とすること。ただし、労働組合が特定の工場事業場に雇用される労働者の過半数を代表する場合において、その労働者がその労働組合の組合員であることを雇用条件とする労働協約を締結することを妨げるものではない。

二　使用者が雇用する労働者の代表者と団体交渉をすることを正当な理由がなくて拒むこと。

三　労働者が労働組合を結成し、若しくは運営することを支配し、若しくはこれに介入すること、又は労働組合の運営のための経費の支払につき経理上の援助を与えること。ただし、労働者が労働時間中に時間又は賃金を失うことなく使用者と協議し、又は交渉することを使用者が許すことを妨げるものではなく、かつ、厚生資金又は経済上の不幸若しくは災厄を防止し、若しくは救済するための支出に実際に用いられる福利その他の基金に対する使用者の寄附及び最小限の広さの事務所の供与を除くものとする。

四　労働者が労働委員会に対し使用者がこの条の規定に違反した旨の申立てをしたこと若しくは中央労働委員会に対し第二十七条の十二第一項の規定による命令に対する再審査の申立てをしたこと又は労働委員会がこれらの申立てに係る調査若しくは審問をし、若しくは当事者に和解を勧め、若しくは労働関係調整法（昭和二十一年法律第二十五号）による労働争議の調整をする場合に労働者が証拠を提示し、若しくは発言をしたことを理由として、その労働者を解雇し、その他これに対して不利益な取扱いをすること。

（損害賠償）

第八条　使用者は、同盟罷業その他の争議行為であつて正当なものによつて損害を受けたことの故をもつて、労働組合又はその組合員に対し賠償を請求することができない。

（基金の流用）

第九条　労働組合は、共済事業その他福利事業のために特設した基金を他の目的のために流用しようとするときは、総会の決議を経なければならない。

（解散）

第一〇条　労働組合は、左の事由によつて解散する。

一　規約で定めた解散事由の発生

二　組合員又は構成団体の四分の三以上の多数による総会の決議

（法人である労働組合）

第一一条　この法律の規定に適合する旨の労働委員会の証明を受けた労働組合は、その主たる事務所の所在地において登記することによつて法人となる。

2　この法律に規定するものの外、労働組合の登記に関して必要な事項は、政令で定める。

3　労働組合に関して登記すべき事項は、登記した後でなければ第三者に対抗することができない。

（代表者）

第一二条　法人である労働組合には、一人又は数人の代表者を置かなければならない。

2　代表者が数人ある場合において、規約に別段の定めがないときは、法人である労働組合の事務は、代表者の過半数で決する。

（法人である労働組合の代表）

第一二条の二　代表者は、法人である労働組合のすべての事務について、法人である労働組合を代表する。ただし、規約の規定に反することはできず、また、総会の決議に従わなければならない。

（代表者の代表権の制限）

第一二条の三　法人である労働組合の管理については、代表者の代表権に加えた制限は、善意の第三者に対抗することができない。

（代表者の代理行為の委任）

第一二条の四　法人である労働組合の管理については、代表者は、規約又は総会の決議によつて禁止されていないときに限り、特定の行為の代理を他人に委任することができる。

（利益相反行為）

第一二条の五　法人である労働組合が代表者の債務を保証することその他代表者以外の者との間において法人である労働組合と代表者との利益が相反する事項については、代表者は、代表権を有しない。この場合においては、裁判所は、利害関係人の請求により、特別代理人を選任しなければならない。

（一般社団法人及び一般財団法人に関する法律の準用）

第一二条の六　一般社団法人及び一般財団法人に関する法律（平成十八年法律第四十八号）第四条及び第七十八条（第八

条に規定する場合を除く。）の規定は、法人である労働組合について準用する

（清算中の法人である労働組合の能力）

第一三条　解散した法人である労働組合は、清算の目的の範囲内において、その清算の結了に至るまではなお存続するものとみなす。

（清算人）

第一三条の二　法人である労働組合が解散したときは、代表者がその清算人となる。ただし、規約に別段の定めがあるとき、又は総会において代表者以外の者を選任したときは、この限りでない。

（裁判所による清算人の選任）

第一三条の三　前条の規定により清算人となる者がないとき、又は清算人が欠けたため損害を生ずるおそれがあるときは、裁判所は、利害関係人の請求により、清算人を選任することができる。

（清算人の解任）

第一三条の四　重要な事由があるときは、裁判所は、利害関係人の請求により、清算人を解任することができる。

（清算人及び解散の登記）

第一三条の五　清算人は、解散後二週間以内に、主たる事務所の所在地において、その氏名及び住所並びに解散の原因及び年月日の登記をしなければならない。

2　清算中に就職した清算人は、就職後二週間以内に、主たる事務所の所在地において、その氏名及び住所の登記をしなければならない。

（清算人の職務及び権限）

第一三条の六　清算人の職務は、次のとおりとする。

一　現務の結了

二　債権の取立て及び債務の弁済

三　残余財産の引渡し

2　清算人は、前項各号に掲げる職務を行うために必要な一切の行為をすることができる。

（債権の申出の催告等）

第一三条の七　清算人は、その就職の日から二月以内に、少なくとも三回の公告をもつて、債権者に対し、一定の期間内にその債権の申出をすべき旨の催告をしなければならない。この場合において、その期間は、二月を下ることができない。

2　前項の公告には、債権者がその期間内に申出をしないときは清算から除斥されるべき旨を付記しなければならない。ただし、清算人は、知れている債権者を除斥することができない。

3　清算人は、知れている債権者には、各別にその申出の催告をしなければならない。

4　第一項の公告は、官報に掲載してする。

（期間経過後の債権の申出）

第一三条の八　前条第一項の期間の経過後に申出をした債権者は、法人である労働組合の債務が完済された後まだ権利の帰属すべき者に引き渡されていない財産に対してのみ、請求をすることができる。

（清算中の法人である労働組合についての破産手続の開始）

第一三条の九　清算中に法人である労働組合の財産がその債務を完済するのに足りないことが明らかになつたときは、清算人は、直ちに破産手続開始の申立てをし、その旨を公告しなければならない。

2　清算人は、清算中の法人である労働組合が破産手続開始の決定を受けた場合において、破産管財人にその事務を引き継いだときは、その任務を終了したものとする。

3　前項に規定する場合において、清算中の法人である労働組合が既に債権者に支払い、又は権利の帰属すべき者に引き渡

したものがあるときは、破産管財人は、これを取り戻すことができる。

4　第一項の規定による公告は、官報に掲載してする。

（残余財産の帰属）

第一三条の一〇　解散した法人である労働組合の財産は、規約で指定した者に帰属する。

2　規約で権利の帰属すべき者を指定せず、又はその者を指定する方法を定めなかつたときは、代表者は、総会の決議を経て、当該法人である労働組合の目的に類似する目的のために、その財産を処分することができる。

3　前二項の規定により処分されない財産は、国庫に帰属する。

（特別代理人の選任等に関する事件の管轄）

第一三条の一一　次に掲げる事件は、法人である労働組合の主たる事務所の所在地を管轄する地方裁判所の管轄に属する。

一　特別代理人の選任に関する事件

二　法人である労働組合の清算人に関する事件

（不服申立ての制限）

第一三条の一二　法人である労働組合の清算人の選任の裁判に対しては、不服を申し立てることができない。

（裁判所の選任する清算人の報酬）

第一三条の一三　裁判所は、第十三条の三の規定により法人である労働組合の清算人を選任した場合には、法人である労働組合が当該清算人に対して支払う報酬の額を定めることができる。この場合においては、裁判所は、当該清算人の陳述を聴かなければならない。

第三章　労働協約

（労働協約の効力の発生）

第一四条　労働組合と使用者又はその団体との間の労働条件その他に関する労働協約は、書面に作成し、両当事者が署名し、又は記名押印することによつてその効力を生ずる。

（労働協約の期間）

第一五条　労働協約には、三年をこえる有効期間の定をすることができない。

2　三年をこえる有効期間の定をした労働協約は、三年の有効期間の定をした労働協約とみなす。

3　有効期間の定がない労働協約は、当事者の一方が、署名し、又は記名押印した文書によつて相手方に予告して、解約することができる。一定の期間を定める労働協約であつて、その期間の経過後も期限を定めず効力を存続する旨の定があるものについて、その期間の経過後も、同様とする。

4　前項の予告は、解約しようとする日の少くとも九十日前にしなければならない。

（基準の効力）

第一六条　労働協約に定める労働条件その他の労働者の待遇に関する基準に違反する労働契約の部分は、無効とする。この場合において無効となつた部分は、基準の定めるところによる。労働契約に定がない部分についても、同様とする。

（一般的拘束力）

第一七条　一の工場事業場に常時使用される同種の労働者の四分の三以上の数の労働者が一の労働協約の適用を受けるに至つたときは、当該工場事業場に使用される他の同種の労働者に関しても、当該労働協約が適用されるものとする。

（地域的の一般的拘束力）

第一八条　一の地域において従業する同種の労働者の大部分が一の労働協約の適用を受けるに至つたときは、当該労働協約の当事者の双方又は一方の申立てに基づき、労働委員会の決議により、厚生労働大臣又は都道府県知事は、当該地域において従業する他の同種の労働者及びその使用者も当該労働協約（第二項の規定により修正があつたものを含む。）の適用を受けるべきことの決定をすることができる。

2　労働委員会は、前項の決議をする場合において、当該労働協約に不適当な部分があると認めたときは、これを修正することができる。

3　第一項の決定は、公告によつてする。

第四章　労働委員会

第一節　設置、任務及び所掌事務並びに組織等

（労働委員会）

第一九条　労働委員会は、使用者を代表する者（以下「使用者委員」という。）、労働者を代表する者（以下「労働者委員」という。）及び公益を代表する者（以下「公益委員」という。）各同数をもつて組織する。

2　労働委員会は、中央労働委員会及び都道府県労働委員会とする。

3　労働委員会に関する事項は、この法律に定めるもののほか、政令で定める。

（中央労働委員会）

第一九条の二　国家行政組織法（昭和二十三年法律第百二十号）第三条第二項の規定に基づいて、厚生労働大臣の所轄の下に、中央労働委員会を置く。

2　中央労働委員会は、労働者が団結することを擁護し、及び労働関係の公正な調整を図ることを任務とする。

3　中央労働委員会は、前項の任務を達成するため、第五条、第十一条、第十八条及び第二十六条の規定による事務、不当労働行為事件の審査等（第七条、次節及び第三節の規定による事件の処理をいう。以下同じ。）に関する事務、労働争議のあつせん、調停及び仲裁に関する事務並びに労働関係調整法第三十五条の二及び第三十五条の三の規定による事務その他法律（法律に基づく命令を含む。）に基づき中央労働委員会に属させられた事務をつかさどる。

（中央労働委員会の委員の任命等）

第一九条の三　中央労働委員会は、使用者委員、労働者委員及び公益委員各十五人をもつて組織する。

2　使用者委員は使用者団体の推薦（使用者委員のうち四人については、行政執行法人（独立行政法人通則法（平成十一年法律第百三号）第二条第四項に規定する行政執行法人をいう。以下この項、次条第二項第二号及び第十九条の十第一項において同じ。）の推薦）に基づいて、労働者委員は労働組合の推薦（労働者委員のうち四人については、行政執行法人の労働関係に関する法律（昭和二十三年法律第二百五十七号）第二条第二号に規定する職員（以下この章において「行政執行法人職員」という。）が結成し、又は加入する労働組合の推薦）に基づいて、公益委員は厚生労働大臣が使用者委員及び労働者委員の同意を得て作成した委員候補者名簿に記載されている者のうちから両議院の同意を得て、内閣総理大臣が任命する。

3　公益委員の任期が満了し、又は欠員を生じた場合において、国会の閉会又は衆議院の解散のために両議院の同意を得ることができないときは、内閣総理大臣は、前項の規定にかかわらず、厚生労働大臣が使用者委員及び労働者委員の同意を得て作成した委員候補者名簿に記載されている者のうちから、公益委員を任命することができる。

4　前項の場合においては、任命後最初の国会で両議院の事後の承認を求めなければならない。この場合において、両議院の事後の承認が得られないときは、内閣総理大臣は、直ちにその公益委員を罷免しなければならない。

5　公益委員の任命については、そのうち七人以上が同一の政党に属することとなつてはならない。

6　中央労働委員会の委員（次条から第十九条の九までにおいて単に「委員」という。）は、非常勤とする。ただし、公益委員のうち二人以内は、常勤とすることができる。

（委員の欠格条項）

第一九条の四【現】　禁錮以上の刑に処せられ、その執行を終わるまで、又は執行を受けることがなくなるまでの者は、委員となることができない。

新〔令和七年六月一日から施行〕

（委員の欠格条項）

第一九条の四　拘禁刑以上の刑に処せられ、その執行を終わるまで、又は執行を受けることがなくなるまでの者は、委員となることができない。

2　次の各号のいずれかに該当する者は、公益委員となることができない。

一　国会又は地方公共団体の議会の議員

二　行政執行法人の役員、行政執行法人職員又は行政執行法人職員が結成し、若しくは加入する労働組合の組合員若しくは役員

（委員の任期等）

第一九条の五　委員の任期は、二年とする。ただし、補欠の委員の任期は、前任者の残任期間とする。

2　委員は、再任されることができる。

3　委員の任期が満了したときは、当該委員は、後任者が任命されるまで引き続き在任するものとする。

（公益委員の服務）

第一九条の六　常勤の公益委員は、在任中、次の各号のいずれかに該当する行為をしてはならない。

一　政党その他の政治的団体の役員となり、又は積極的に政治運動をすること。

二　内閣総理大臣の許可のある場合を除くほか、報酬を得て他の職務に従事し、又は営利事業を営み、その他金銭上の利益を目的とする業務を行うこと。

2　非常勤の公益委員は、在任中、前項第一号に該当する行為をしてはならない。

（委員の失職及び罷免）

第一九条の七　委員は、第十九条の四第一項に規定する者に該当するに至つた場合には、その職を失う。公益委員が同条第二項各号のいずれかに該当するに至つた場合も、同様とする。

2　内閣総理大臣は、委員が心身の故障のために職務の執行ができないと認める場合又は委員に職務上の義務違反その他委員たるに適しない非行があると認める場合には、使用者委員及び労働者委員にあつては中央労働委員会の同意を得て、公益委員にあつては両議院の同意を得て、その委員を罷免することができる。

3　前項の規定により、内閣総理大臣が中央労働委員会に対して、使用者委員又は労働者委員の罷免の同意を求めた場合には、当該委員は、その議事に参与することができない。

4　内閣総理大臣は、公益委員のうち六人が既に属している政党に新たに属するに至つた公益委員を直ちに罷免するものとする。

5　内閣総理大臣は、公益委員のうち七人以上が同一の政党に属することとなつた場合（前項の規定に該当する場合を除く。）には、同一の政党に属する者が六人になるように、両議院の同意を得て、公益委員を罷免するものとする。ただし、政党所属関係に異動のなかつた委員を罷免することはできないものとする。

（委員の給与等）

第一九条の八　委員は、別に法律の定めるところにより俸給、手当その他の給与を受け、及び政令の定めるところによりその職務を行うために要する費用の弁償を受けるものとする。

（中央労働委員会の会長）

第一九条の九　中央労働委員会に会長を置く。

2　会長は、委員が公益委員のうちから選挙する。

3　会長は、中央労働委員会の会務を総理し、中央労働委員会を代表する。

4　中央労働委員会は、あらかじめ公益委員のうちから委員の選挙により、会長に故障がある場合において会長を代理する委員を定めておかなければならない。

（地方調整委員）

第一九条の一〇　中央労働委員会に、行政執行法人とその行政執行法人職員との間に発生した紛争その他の事件で地方において中央労働委員会が処理すべきものとして政令で定めるものに係るあつせん若しくは調停又は第二十四条の二第五項の規定による手続に参与させるため、使用者、労働者及び公益をそれぞれ代表する地方調整委員を置く。

2　地方調整委員は、中央労働委員会の同意を得て、政令で定める区域ごとに厚生労働大臣が任命する。

3　第十九条の五第一項本文及び第二項、第十九条の七第二項並びに第十九条の八の規定は、地方調整委員について準用する。この場合において、第十九条の七第二項中「内閣総理大臣」とあるのは「厚生労働大臣」と、「使用者委員及び労働者委員にあつては中央労働委員会の同意を得て、公益委員にあつては両議院」とあるのは「中央労働委員会」と読み替えるものとする。

（中央労働委員会の事務局）

第一九条の一一　中央労働委員会にその事務を整理させるために事務局を置き、事務局に会長の同意を得て厚生労働大臣が任命する事務局長及び必要な職員を置く。

2　事務局に、地方における事務を分掌させるため、地方事務所を置く。

3　地方事務所の位置、名称及び管轄区域は、政令で定める。

（都道府県労働委員会）

第一九条の一二　都道府県知事の所轄の下に、都道府県労働委員会を置く。

2　都道府県労働委員会は、使用者委員、労働者委員及び公益委員各十三人、各十一人、各九人、各七人又は各五人のうち政令で定める数のものをもつて組織する。ただし、条例で定めるところにより、当該政令で定める数に使用者委員、労働者委員及び公益委員各二人を加えた数のものをもつて組織することができる。

3　使用者委員は使用者団体の推薦に基づいて、労働者委員は労働組合の推薦に基づいて、公益委員は使用者委員及び労働者委員の同意を得て、都道府県知事が任命する。

4　公益委員の任命については、都道府県労働委員会における別表の上欄に掲げる公益委員の数（第二項ただし書の規定により公益委員の数を同項の政令で定める数に二人を加えた数とする都道府県労働委員会にあつては当該二人を加えた数）に応じ、それぞれ同表の下欄に定める数以上の公益委員が同一の政党に属することとなつてはならない。

5　公益委員は、自己の行為によつて前項の規定に抵触するに至つたときは、当然退職するものとする。

6　第十九条の三第六項、第十九条の四第一項、第十九条の五、第十九条の七第一項前段、第二項及び第三項、第十九条の八、第十九条の九並びに前条第一項の規定は、都道府県労働委員会について準用する。この場合において、第十九条の三第六項ただし書中「、常勤」とあるのは「、条例で定めるところにより、常勤」と、第十九条の七第二項中「内閣総理大臣」とあるのは「都道府県知事」と、「使用者委員及び労働者委員にあつては中央労働委員会の同意を得て、公益委員にあつては両議院」とあるのは「都道府県労働委員会」と、同条第三項中「内閣総理大臣」とあるのは「都道府県知事」と、「使用者委員又は労働者委員」とあるのは「都道府県労働委員会の委員」と、前条第一項中「厚生労働大臣」とあるのは「都道府県知事」と読み替えるものとする。

（労働委員会の権限）

第二〇条 労働委員会は、第五条、第十一条及び第十八条の規定によるもののほか、不当労働行為事件の審査等並びに労働争議のあつせん、調停及び仲裁をする権限を有する。

（会議）

第二一条 労働委員会は、公益上必要があると認めたときは、その会議を公開することができる。

2 労働委員会の会議は、会長が招集する。

3 労働委員会は、使用者委員、労働者委員及び公益委員各一人以上が出席しなければ、会議を開き、議決することができない。

4 議事は、出席委員の過半数で決し、可否同数のときは、会長の決するところによる。

（強制権限）

第二二条 労働委員会は、その事務を行うために必要があると認めたときは、使用者又はその団体、労働組合その他の関係者に対して、出頭、報告の提出若しくは必要な帳簿書類の提出を求め、又は委員若しくは労働委員会の職員（以下単に「職員」という。）に関係工場事業場に臨検し、業務の状況若しくは帳簿書類その他の物件を検査させることができる。

2 労働委員会は、前項の臨検又は検査をさせる場合においては、委員又は職員にその身分を証明する証票を携帯させ、関係人にこれを呈示させなければならない。

（秘密を守る義務）

第二三条 労働委員会の委員若しくは委員であつた者又は職員若しくは職員であつた者は、その職務に関して知得した秘密を漏らしてはならない。中央労働委員会の地方調整委員又は地方調整委員であつた者も、同様とする。

（公益委員のみで行う権限）

第二四条 第五条及び第十一条の規定による事件の処理並びに不当労働行為事件の審査等（次条において「審査等」という。）並びに労働関係調整法第四十二条の規定による事件の処理には、労働委員会の公益委員のみが参与する。ただし、使用者委員及び労働者委員は、第二十七条第一項（第二十七条の十七の規定により準用する場合を含む。）の規定により調査（公益委員の求めがあつた場合に限る。）及び審問を行う手続並びに第二十七条の十四第一項（第二十七条の十七の規定により準用する場合を含む。）の規定により和解を勧める手続に参与し、又は第二十七条の七第四項及び第二十七条の十二第二項（第二十七条の十七の規定により準用する場合を含む。）の規定による行為をすることができる。

2 中央労働委員会は、常勤の公益委員に、中央労働委員会に係属している事件に関するもののほか、行政執行法人職員の労働関係の状況その他中央労働委員会の事務を処理するために必要と認める事項の調査を行わせることができる。

（合議体等）

第二四条の二 中央労働委員会は、会長が指名する公益委員五人をもつて構成する合議体で、審査等を行う。

2 前項の規定にかかわらず、次の各号のいずれかに該当する場合においては、公益委員の全員をもつて構成する合議体で、審査等を行う。

一 前項の合議体が、法令の解釈適用について、その意見が前に中央労働委員会のした第五条第一項若しくは第十一条第一項又は第二十七条の十二第一項（第二十七条の十七の規定により準用する場合を含む。）の規定による処分に反すると認めた場合

二　前項の合議体を構成する者の意見が分かれたため、その合議体としての意見が定まらない場合

三　前項の合議体が、公益委員の全員をもつて構成する合議体で審査等を行うことを相当と認めた場合

四　第二十七条の十第三項（第二十七条の十七の規定により準用する場合を含む。）の規定による異議の申立てを審理する場合

3　都道府県労働委員会は、公益委員の全員をもつて構成する合議体で、審査等を行う。ただし、条例で定めるところにより、会長が指名する公益委員五人又は七人をもつて構成する合議体で、審査等を行うことができる。この場合において、前項（第一号及び第四号を除く。）の規定は、都道府県労働委員会について準用する。

4　労働委員会は、前三項の規定により審査等を行うときは、一人又は数人の公益委員に審査等の手続（第五条第一項、第十一条第一項、第二十七条の四第一項（第二十七条の十七の規定により準用する場合を含む。）、第二十七条の七第一項（当事者若しくは証人に陳述させ、又は提出された物件を留め置く部分を除き、第二十七条の十七の規定により準用する場合を含む。）、第二十七条の十第二項並びに同条第四項及び第二十七条の十二第一項（第二十七条の十七の規定により準用する場合を含む。）の規定による処分並びに第二十七条の二十の申立てを除く。次項において同じ。）の全部又は一部を行わせることができる。

5　中央労働委員会は、公益を代表する地方調整委員に、中央労働委員会が行う審査等の手続のうち、第二十七条第一項（第二十七条の十七の規定により準用する場合を含む。）の規定により調査及び審問を行う手続並びに第二十七条の十四第一項（第二十七条の十七の規定により準用する場合を含む。）の規定により和解を勧める手続の全部又は一部を行わせることができる。この場合において、使用者を代表する地方調整委員及び労働者を代表する地方調整委員は、これらの手続（調査を行う手続にあつては公益を代表する地方調整委員の求めがあつた場合に限る。）に参与することができる。

（中央労働委員会の管轄等）

第二五条　中央労働委員会は、行政執行法人職員の労働関係に係る事件のあつせん、調停、仲裁及び処分（行政執行法人職員が結成し、又は加入する労働組合に関する第五条第一項及び第十一条第一項の規定による処分については、政令で定めるものに限る。）について、専属的に管轄するほか、二以上の都道府県にわたり、又は全国的に重要な問題に係る事件のあつせん、調停、仲裁及び処分について、優先して管轄する。

2　中央労働委員会は、第五条第一項、第十一条第一項及び第二十七条の十二第一項の規定による都道府県労働委員会の処分を取り消し、承認し、若しくは変更する完全な権限をもつて再審査し、又はその処分に対する再審査の申立てを却下することができる。この再審査は、都道府県労働委員会の処分の当事者のいずれか一方の申立てに基づいて、又は職権で、行うものとする。

（規則制定権）

第二六条　中央労働委員会は、その行う手続及び都道府県労働委員会が行う手続に関する規則を定めることができる。

2　都道府県労働委員会は、前項の規則に違反しない限りにおいて、その会議の招集に関する事項その他の政令で定める事項に関する規則を定めることができる。

第二節　不当労働行為事件の審査の手続

（不当労働行為事件の審査の開始）

第二七条　労働委員会は、使用者が第七条の規定に違反した旨の申立てを受けたときは、遅滞なく調査を行い、必要があると認めたときは、当該申立てが理由があるかどうかについて審問を行わなければならない。この場合において、審問の手続においては、当該使用者及び申立人に対し、証拠を提出し、証人に反対尋問をする充分な機会が与えられなければならない。

2　労働委員会は、前項の申立てが、行為の日（継続する行為にあつてはその終了した日）から一年を経過した事件に係るものであるときは、これを受けることができない。

（公益委員の除斥）

第二七条の二　公益委員は、次の各号のいずれかに該当するときは、審査に係る職務の執行から除斥される。

一　公益委員又はその配偶者若しくは配偶者であつた者が事件の当事者又は法人である当事者の代表者であり、又はあつたとき。

二　公益委員が事件の当事者の四親等以内の血族、三親等以内の姻族又は同居の親族であり、又はあつたとき。

三　公益委員が事件の当事者の後見人、後見監督人、保佐人、保佐監督人、補助人又は補助監督人であるとき。

四　公益委員が事件について証人となつたとき。

五　公益委員が事件について当事者の代理人であり、又はあつたとき。

2　前項に規定する除斥の原因があるときは、当事者は、除斥の申立てをすることができる。

（公益委員の忌避）

第二七条の三　公益委員について審査の公正を妨げるべき事情があるときは、当事者は、これを忌避することができる。

2　当事者は、事件について労働委員会に対し書面又は口頭をもつて陳述した後は、公益委員を忌避することができない。ただし、忌避の原因があることを知らなかつたとき、又は忌避の原因がその後に生じたときは、この限りでない。

（除斥又は忌避の申立てについての決定）

第二七条の四　除斥又は忌避の申立てについては、労働委員会が決定する。

2　除斥又は忌避の申立てに係る公益委員は、前項の規定による決定に関与することができない。ただし、意見を述べることができる。

3　第一項の規定による決定は、書面によるものとし、かつ、理由を付さなければならない。

（審査の手続の中止）

第二七条の五　労働委員会は、除斥又は忌避の申立てがあつたときは、その申立てについての決定があるまで審査の手続を中止しなければならない。ただし、急速を要する行為については、この限りでない。

（審査の計画）

第二七条の六　労働委員会は、審問開始前に、当事者双方の意見を聴いて、審査の計画を定めなければならない。

2　前項の審査の計画においては、次に掲げる事項を定めなければならない。

一　調査を行う手続において整理された争点及び証拠（その後の審査の手続における取調べが必要な証拠として整理されたものを含む。）

二　審問を行う期間及び回数並びに尋問する証人の数

三　第二十七条の十二第一項の命令の交付の予定時期

3　労働委員会は、審査の現状その他の事情を考慮して必要があると認めるときは、当事者双方の意見を聴いて、審査の計画を変更することができる。
4　労働委員会及び当事者は、適正かつ迅速な審査の実現のため、審査の計画に基づいて審査が行われるよう努めなければならない。

（証拠調べ）
第二七条の七　労働委員会は、当事者の申立てにより又は職権で、調査を行う手続においては第二号に掲げる方法により、審問を行う手続においては次の各号に掲げる方法により証拠調べをすることができる。
一　事実の認定に必要な限度において、当事者又は証人に出頭を命じて陳述させること。
二　事件に関係のある帳簿書類その他の物件であつて、当該物件によらなければ当該物件により認定すべき事実を認定することが困難となるおそれがあると認めるもの（以下「物件」という。）の所持者に対し、当該物件の提出を命じ、又は提出された物件を留め置くこと。
2　労働委員会は、前項第二号の規定により物件の提出を命ずる処分（以下「物件提出命令」という。）をするかどうかを決定するに当たつては、個人の秘密及び事業者の事業上の秘密の保護に配慮しなければならない。
3　労働委員会は、物件提出命令をする場合において、物件に提出を命ずる必要がないと認める部分又は前項の規定により配慮した結果提出を命ずることが適当でないと認める部分があるときは、その部分を除いて、提出を命ずることができる。
4　調査又は審問を行う手続に参与する使用者委員及び労働者委員は、労働委員会が第一項第一号の規定により当事者若しくは証人に出頭を命ずる処分（以下「証人等出頭命令」という。）又は物件提出命令をしようとする場合には、意見を述べることができる。
5　労働委員会は、職権で証拠調べをしたときは、その結果について、当事者の意見を聴かなければならない。
6　物件提出命令の申立ては、次に掲げる事項を明らかにしてしなければならない。
一　物件の表示
二　物件の趣旨
三　物件の所持者
四　証明すべき事実
7　労働委員会は、物件提出命令をしようとする場合には、物件の所持者を審尋しなければならない。
8　労働委員会は、物件提出命令をする場合には、第六項各号（第三号を除く。）に掲げる事項を明らかにしなければならない。

第二七条の八　労働委員会が証人に陳述させるときは、その証人に宣誓をさせなければならない。
2　労働委員会が当事者に陳述させるときは、その当事者に宣誓をさせることができる。

第二七条の九　民事訴訟法（平成八年法律第百九号）第百九十六条、第百九十七条及び第二百一条第二項から第四項までの規定は、労働委員会が証人に陳述させる手続に、同法第二百十条の規定において準用する同法第二百一条第二項の規定は、労働委員会が当事者に陳述させる手続について準用する。

（不服の申立て）
第二七条の一〇　都道府県労働委員会の証人等出頭命令又は物件提出命令（以下この条において「証人等出頭命令等」という。）を受けた者は、証人等出頭命令等について不服があるときは、証人等出頭命令等を受けた日から一週間以内（天災その他この期間内に審査の申立てをしなかつたことについてやむを得ない理由があるときは、その理由がやんだ日の翌日から起算して一週間以内）に、その理由を記載した書面により、中央労働委員会に審査を申し立てることができる。

2　中央労働委員会は、前項の規定による審査の申立てを理由があると認めるときは、証人等出頭命令等の全部又は一部を取り消す。

3　中央労働委員会の証人等出頭命令等を受けた者は、証人等出頭命令等について不服があるときは、証人等出頭命令等を受けた日から一週間以内（天災その他この期間内に異議の申立てをしなかつたことについてやむを得ない理由があるときは、その理由がやんだ日の翌日から起算して一週間以内）に、その理由を記載した書面により、中央労働委員会に異議を申し立てることができる。

4　中央労働委員会は、前項の規定による異議の申立てを理由があると認めるときは、証人等出頭命令等の全部若しくは一部を取り消し、又はこれを変更する。

5　審査の申立て又は異議の申立ての審理は、書面による。

6　中央労働委員会は、職権で審査申立人又は異議申立人を審尋することができる。

（審問廷の秩序維持）

第二十七条の一一　労働委員会は、審問を妨げる者に対し退廷を命じ、その他審問廷の秩序を維持するために必要な措置を執ることができる。

（救済命令等）

第二十七条の一二　労働委員会は、事件が命令を発するのに熟したときは、事実の認定をし、この認定に基づいて、申立人の請求に係る救済の全部若しくは一部を認容し、又は申立てを棄却する命令（以下「救済命令等」という。）を発しなければならない。

2　調査又は審問を行う手続に参与する使用者委員及び労働者委員は、労働委員会が救済命令等を発しようとする場合は、意見を述べることができる。

3　第一項の事実の認定及び救済命令等は、書面によるものとし、その写しを使用者及び申立人に交付しなければならない。

4　救済命令等は、交付の日から効力を生ずる。

（救済命令等の確定）

第二十七条の一三　使用者が救済命令等について第二十七条の十九第一項の期間内に同項の取消しの訴えを提起しないときは、救済命令等は、確定する。

2　使用者が確定した救済命令等に従わないときは、労働委員会は、使用者の住所地の地方裁判所にその旨を通知しなければならない。この通知は、労働組合及び労働者もすることができる。

（和解）

第二十七条の一四　労働委員会は、審査の途中において、いつでも、当事者に和解を勧めることができる。

2　救済命令等が確定するまでの間に当事者間で和解が成立し、当事者双方の申立てがあつた場合において、労働委員会が当該和解の内容が当事者間の労働関係の正常な秩序を維持させ、又は確立させるため適当と認めるときは、審査の手続は終了する。

3　前項に規定する場合において、和解（前項の規定により労働委員会が適当と認めたものに限る。次項において同じ。）に係る事件について既に発せられている救済命令等は、その効力を失う。

4　労働委員会は、和解に金銭の一定額の支払又はその他の代替物若しくは有価証券の一定の数量の給付を内容とする合意が含まれる場合は、当事者双方の申立てにより、当該合意について和解調書を作成することができる。

5　前項の和解調書は、強制執行に関しては、民事執行法（昭和五十四年法律第四号）第二十二条第五号に掲げる債務名義とみなす。

6　現　前項の規定による債務名義についての執行文の付与は、

労働委員会の会長が行う。民事執行法第二十九条後段の執行文及び文書の謄本の送達も、同様とする。

新［公布の日から起算して二年六月を超えない範囲内において政令で定める日から施行］

6　前項の規定による債務名義についての執行文の付与は、労働委員会の会長が行う。民事執行法第二十九条後段の送達も、同様とする。

7　前項の規定による執行文付与に関する異議についての裁判は、労働委員会の所在地を管轄する地方裁判所においてする。

8　現　第四項の和解調書並びに第六項後段の執行文及び文書の謄本の送達に関して必要な事項は、政令で定める。

新［公布の日から起算して二年六月を超えない範囲内において政令で定める日から施行］

8　第四項の和解調書の送達及び第六項後段の送達に関して必要な事項は、政令で定める。

（再審査の申立て）

第二十七条の一五　使用者は、都道府県労働委員会の救済命令等の交付を受けたときは、十五日以内（天災その他この期間内に再審査の申立てをしなかつたことについてやむを得ない理由があるときは、その理由がやんだ日の翌日から起算して一週間以内）に中央労働委員会に再審査の申立てをすることができる。ただし、この申立ては、救済命令等の効力を停止せず、救済命令等は、中央労働委員会が第二十五条第二項の規定による再審査の結果、これを取り消し、又は変更したときは、その効力を失う。

2　前項の規定は、労働組合又は労働者が中央労働委員会に対して行う再審査の申立てについて準用する。

（再審査と訴訟との関係）

第二十七条の一六　中央労働委員会は、第二十七条の十九第一項の訴えに基づく確定判決によつて都道府県労働委員会の救済命令等の全部又は一部が支持されたときは、当該救済命令等について、再審査することができない。

（再審査の手続への準用）

第二十七条の一七　第二十七条第一項、第二十七条の二から第二十七条の九まで、第二十七条の十一から第二十七条の十四までの規定は、中央労働委員会の再審査の手続について準用する。この場合において、第二十七条の二第一項第四号中「とき」とあるのは「とき又は事件について既に発せられている都道府県労働委員会の救済命令等に関与したとき」と読み替えるものとする。

（審査の期間）

第二十七条の一八　労働委員会は、迅速な審査を行うため、審査の期間の目標を定めるとともに、目標の達成状況その他の審査の実施状況を公表するものとする。

第三節　訴訟

（取消しの訴え）

第二十七条の一九　使用者が都道府県労働委員会の救済命令等について中央労働委員会に再審査の申立てをしないとき、又は中央労働委員会が救済命令等を発したときは、使用者は、救済命令等の交付の日から三十日以内に、救済命令等の取消しの訴えを提起することができる。この期間は、不変期間とする。

2　使用者は、第二十七条の十五第一項の規定により中央労働委員会に再審査の申立てをしたときは、その申立てに対する中央労働委員会の救済命令等に対してのみ、取消しの訴えを提起することができる。この訴えについては、行政事件訴訟法（昭和三十七年法律第百三十九号）第十二条第三項から第五項までの規定は、適用しない。

3　前項の規定は、労働組合又は労働者が行政事件訴訟法の定めるところにより提起する取消しの訴えについて準用する。

（緊急命令）

第二七条の二〇　前条第一項の規定により使用者が裁判所に訴えを提起した場合において、受訴裁判所は、救済命令等を発した労働委員会の申立てにより、決定をもつて、使用者に対し判決の確定に至るまで救済命令等の全部又は一部に従うべき旨を命じ、又は当事者の申立てにより、若しくは職権でこの決定を取り消し、若しくは変更することができる。

（証拠の申出の制限）

第二七条の二一　労働委員会が物件提出命令をしたにもかかわらず物件を提出しなかつた者（審査の手続において当事者でなかつた者を除く。）は、裁判所に対し、当該物件提出命令に係る物件により認定すべき事実を証明するためには、当該物件に係る証拠の申出をすることができない。ただし、物件を提出しなかつたことについて正当な理由があると認められる場合は、この限りでない。

第四節　雑則

（中央労働委員会の勧告等）

第二七条の二二　中央労働委員会は、都道府県労働委員会に対し、この法律の規定により都道府県労働委員会が処理する事務について、報告を求め、又は法令の適用その他当該事務の処理に関して必要な勧告、助言若しくはその委員若しくは事務局職員の研修その他の援助を行うことができる。

（抗告訴訟の取扱い等）

第二七条の二三　都道府県労働委員会は、その処分（行政事件訴訟法第三条第二項に規定する処分をいい、第二十四条の二第四項の規定により公益委員がした処分及び同条第五項の規定により公益を代表する地方調整委員がした処分を含む。次項において同じ。）に係る行政事件訴訟法第十一条第一項（同法第三十八条第一項において準用する場合を含む。次項において同じ。）の規定による都道府県を被告とする訴訟について、当該都道府県を代表する。

2　都道府県労働委員会は、公益委員、事務局長又は事務局の職員でその指定するものに都道府県労働委員会の処分に係る行政事件訴訟法第十一条第一項の規定による都道府県を被告とする訴訟又は都道府県労働委員会を当事者とする訴訟を行わせることができる。

（費用弁償）

第二七条の二四　第二十二条第一項の規定により出頭を求められた者又は第二十七条の七第一項第一号（第二十七条の十七の規定により準用する場合を含む。）の証人は、政令の定めるところにより、費用の弁償を受けることができる。

（行政手続法の適用除外）

第二七条の二五　労働委員会がする処分（第二十四条の二第四項の規定により公益委員がする処分及び同条第五項の規定により公益を代表する地方調整委員がする処分を含む。）については、行政手続法（平成五年法律第八十八号）第二章及び第三章の規定は、適用しない。

（審査請求の制限）

第二七条の二六　労働委員会がする処分（第二十四条の二第四項の規定により公益委員がする処分及び同条第五項の規定により公益を代表する地方調整委員がする処分を含む。）又はその不作為については、審査請求をすることができない。

第五章　罰則

第二八条 現　救済命令等の全部又は一部が確定判決によつて支持された場合において、その違反があつたときは、その行為をした者は、一年以下の禁錮若しくは百万円以下の罰金に処し、又はこれを併科する。

第二八条の二 現　第二十七条の八第一項（第二十七条の十七の規定により準用する場合を含む。）の規定により宣誓した証人が虚偽の陳述をしたときは、三月以上十年以下の懲役に処する。

第二九条 現　第二十三条の規定に違反した者は、一年以下の懲役又は三十万円以下の罰金に処する。

新［令和七年六月一日から施行］

第二八条　救済命令等の全部又は一部が確定判決によつて支持された場合において、その違反があつたときは、その行為をした者は、一年以下の拘禁刑若しくは百万円以下の罰金に処し、又はこれを併科する。

第二八条の二　第二十七条の八第一項（第二十七条の十七の規定により準用する場合を含む。）の規定により宣誓した証人が虚偽の陳述をしたときは、三月以上十年以下の拘禁刑に処する。

第二九条　第二十三条の規定に違反した者は、一年以下の拘禁刑又は三十万円以下の罰金に処する。

第三〇条　第二十二条の規定に違反して報告をせず、若しくは虚偽の報告をし、若しくは帳簿書類の提出をせず、又は同条の規定に違反して出頭をせず、若しくは同条の規定による検査を拒み、妨げ、若しくは忌避した者は、三十万円以下の罰金に処する。

第三一条　法人の代表者又は法人若しくは人の代理人、使用人その他の従業者が、その法人又は人の業務に関して前条の違反行為をしたときは、行為者を罰するほか、その法人又は人に対しても同条の刑を科する。

第三二条　使用者が第二十七条の二十の規定による裁判所の命令に違反したときは、五十万円（当該命令が作為を命ずるものであるときは、その命令の日の翌日から起算して不履行の日数が五日を超える場合にはその超える日数一日につき十万円の割合で算定した金額を加えた金額）以下の過料に処する。第二十七条の十三第一項（第二十七条の十七の規定により準用する場合を含む。）の規定により確定した救済命令等に違反した場合も、同様とする。

第三二条の二　次の各号のいずれかに該当する者は、三十万円以下の過料に処する。

一　正当な理由がないのに、第二十七条の七第一項第一号（第二十七条の十七の規定により準用する場合を含む。）の規定による処分に違反して出頭せず、又は陳述をしない者

二　正当な理由がないのに、第二十七条の七第一項第二号（第二十七条の十七の規定により準用する場合を含む。）の規定による処分に違反して物件を提出しない者

三　正当な理由がないのに、第二十七条の八（第二十七条の十七の規定により準用する場合を含む。）の規定による処分に違反して宣誓をしない者

第三二条の三　第二十七条の八第二項（第二十七条の十七の規定により準用する場合を含む。）の規定により宣誓した当事者が虚偽の陳述をしたときは、三十万円以下の過料に処する。

第三二条の四　第二十七条の十一（第二十七条の十七の規定により準用する場合を含む。）の規定による処分に違反して審問を妨げた者は、十万円以下の過料に処する。

第三三条　法人である労働組合の清算人は、次の各号のいずれかに該当する場合には、五十万円以下の過料に処する。
一　第十三条の五に規定する登記を怠つたとき。
二　第十三条の七第一項又は第十三条の九第一項の公告を怠り、又は不正の公告をしたとき。
三　第十三条の九第一項の規定による破産手続開始の申立てを怠つたとき。
四　官庁又は総会に対し、不実の申立てをし、又は事実を隠ぺいしたとき。
2　前項の規定は、法人である労働組合の代表者が第十一条第二項の規定に基いて発する政令で定められた登記事項の変更の登記をすることを怠つた場合において、その代表者につき準用する。

附　則　抄

1　この法律施行の期日は、公布の日から起算して三十日を越えない期間内において、政令で定める。

別表（第十九条の十二関係）

十五人	七人
十三人	六人
十一人	五人
九人	四人
七人	三人
五人	二人

労働委員会規則　抄

（昭和二四年八月四日 中央労働委員会規則第一号）

沿革　昭和三七年一一月　八日中央労働委員会規則第一号
〃　六三年一〇月　一日　〃　第一号
平成一六年一二月二二日　〃　第二号
〃　二七年　三月三一日　〃　第一号
〃　二七年一二月一五日　〃　第二号
令和　元年一二月一三日　〃　第一号
〃　二年一二月二五日　〃　第一号
〃　三年　二月　一日　〃　第一号
〃　三年　四月二三日　〃　第二号
〃　五年　二月二八日　〃　第一号

第一章　総則

（規則の目的）

第一条　この規則は、労働組合法（昭和二十四年法律第百七十四号）、労働関係調整法（昭和二十一年法律第二十五号）、行政執行法人の労働関係に関する法律（昭和二十三年法律第二百五十七号）及び地方公営企業等の労働関係に関する法律（昭和二十七年法律第二百八十九号）の規定に基づく労働委員会の権限職務を迅速かつ公正に遂行できるよう、法の運用に当たつてとるべき諸手続を定めるものである。

第二章　会議

（会議の種類）

第三条　委員会の会議は、次のとおりとする。

一　委員の全員で行う会議（以下「総会」という。）

二　労組法第二十四条の二第二項若しくは第三項本文、行労法第四条第三項又は地方公労法第十六条の二の規定に基づき公益委員の全員で行う会議（以下「公益委員会議」という。）

三　労組法第二十四条の二第一項又は第三項ただし書の規定に基づき公益委員五人又は七人で行う会議（以下「部会」という。）

2　前項各号に掲げるもののほか、委員会は、必要に応じて、労調法第十九条又は行労法第二十八条の規定による調停委員会の会議、労調法第三十一条又は行労法第三十四条の規定による仲裁委員会の会議及びこの規則第五条第五項の規定による小委員会の会議を開く。

3　中労委においては、前二項に掲げるもののほか、次に掲げる会議を開く。

一　労調法第八条の三の規定による一般企業担当使用者委員、一般企業担当労働者委員及び一般企業担当公益委員（三者を総称して「一般企業担当委員」という。以下同じ。）のみで行う会議（以下「一般企業担当委員会議」という。）

二　行労法第二十五条の規定による行政執行法人担当使用者委員、行政執行法人担当労働者委員及び行政執行法人担当公益委員（三者を総称して「行政執行法人担当委員」という。以下同じ。）のみで行う会議（以下「行政執行法人担当委員会議」という。）

三　行労法第三条第一項（同法第四条第五項において準用する場合を含む。）の規定による審査委員会（以下「審査委員会」という。）の会議

四　第七条の四において準用する第五条第五項の規定による小委員会の会議

（総会の招集）

第四条　総会は、毎月一回以上日を定めて、会長が招集する。

2　前項に定めるもののほか、次の各号に掲げる場合には、会長は、臨時に総会を招集する。

一　総会で議決したとき。

二　中労委にあっては厚生労働大臣、都道府県労委にあっては当該都道府県知事から請求があったとき。

三　三人以上の委員（使用者委員、労働者委員及び公益委員各一人以上を含まなければならない。）から請求があったとき。

四　中労委にあっては、緊急調整の決定につき意見を聴かれたとき及び緊急調整の決定の通知があったとき。

五　その他会長が必要と認めるとき。

3　前項第二号又は第三号の請求をする場合には、総会の付議事項及び希望期日を、少なくともその期日の五日（都道府県知事又は都道府県労委の委員からの請求について都道府県労委規則に別段の定めがあるときは、当該都道府県労委規則で定める期間）前までに、会長に通告しなければならない。

4　会長が総会を招集しようとするときには、緊急やむをえない場合のほかは、少なくとも三日（都道府県労委規則に別段の定めがあるときは、当該都道府県労委規則で定める期間）前までに、付議事項及び日時を委員に通知しなければならない。

5　委員の全員が新たに任命された場合、並びに会長及び会長代理とともに欠けた場合における会長及び会長代理を選挙するための総会は、事務局長が招請する。

（総会の付議事項）

第五条　都道府県労委の総会に付議すべき事項は、次のとおりとする。

一　労組法第十八条の規定による労働協約の拡張適用の決議に関する事項

二　労調法第十条の規定によるあっせん員候補者の委嘱及び労調法施行令第五条の規定によるあっせん員候補者の解任に関する事項

三　労調法第十二条第一項ただし書の規定による臨時のあっせん員の委嘱に関する事項

四　労調法第十八条及び地方公労法第十四条の規定による調停の開始に関する事項

五　労調法第三十条及び地方公労法第十五条の規定による仲裁の開始に関する事項

六　労組法第十九条の十二第六項において準用する同法第十九条の七第二項及び第十九条の九の規定に基づく委員の罷免並びに会長及び会長代理の選挙に関する事項

七　労組法第二十二条第一項に定める要求、臨検又は検査に関する事項

八　都道府県労委規則の制定及び改廃に関する事項

九　労調法施行令第一条の六において準用する同令第一条及び第一条の三の規定による特別調整委員の設置、定数及び任期又は罷免に関する事項

十　その他会長が必要と認める事項

2　中労委の総会に付議すべき事項は、次のとおりとする。

一　労組法第十八条の規定による労働協約の拡張適用の決議に関する事項

二　労組法第十九条の七第二項の規定に基づく使用者委員及び労働者委員の罷免の同意に関する事項

三　労組法第十九条の九の規定に基づく会長及び会長代理の選挙に関する事項

四　労組法第十九条の十第二項及び同条第三項において準用する同法第十九条の七第二項の規定に基づく地方調整委員の任命及び罷免の同意に関する事項

五　労組法第二十二条第一項に定める要求、臨検又は検査に関する事項
六　労組法第二十四条第二項の規定による常勤の公益委員に行わせる調査に関する事項
七　労組法第二十六条第一項の規定による規則の制定及び改廃に関する事項
八　労調法第三十五条の二及び第三十五条の三の規定による緊急調整に対する意見及び緊急調整の決定に係る事件の取扱いに関する事項
九　労組法施行令第二十七条の二の規定による労働協約の拡張適用の決議に係る管轄指定に関する事項
十　その他会長が必要と認める事項

3　会長は、公益委員会議又は部会における決定、部会長の指名その他会長が必要と認める事項について、総会において報告し、又は報告を求めるものとする。中労委にあつては、一般企業担当委員会議、行政執行法人担当委員会議及び審査委員会における決定についても同様とする。

4　事項が特に緊急の処理を必要とし総会を招集するいとまのないとき、又は日常軽易のものであるときには、会長は、総会に付議する以前にこれを処理することができる。この場合には、最近の総会においてその承認を求めなければならない。

5　会長は、総会の議決により、又は前項の規定に基づいて、総会における付議事項中特定の事項について事実の調査をし、又は細目にわたる審議を行うため、委員を指名して小委員会を設けることができる。

6　会長は、前項の規定による小委員会の編成にあたつて、使用者委員及び労働者委員を加える場合には、各同数を指名するものとする。

7　小委員会に委員長を置く。委員長は、公益委員である委員のうちから、小委員会の委員が選挙する。

（総会の定足数）

第六条　総会は、原則として使用者委員、労働者委員及び公益委員の各過半数が出席した場合に議事を開くものとする。

2　出席委員中使用者委員及び労働者委員が各同数でない場合に出席委員の過半数の同意があるときには、期間を限つて議決を延期することができる。

3　委員は、自己に直接利害関係がある事項については、その議決に加わることができない。議決に加わらない委員の数は、その事項については出席委員の数にかぞえない。

4　委員が当該事項について直接利害関係があるかどうかは、総会の決するところによる。当該委員は、この議決に加わることができない。

（公益委員会議の付議事項）

第九条　公益委員会議に付議すべき事項は、次のとおりとする。ただし、部会に第一号又は第二号に掲げる事項が付議されることとなる場合には、労組法第二十四条の二第二項（同条第三項ただし書において準用する場合を含む。）に掲げる場合に限る。

一　労組法第五条又は第十一条の規定による労働組合の資格に関する事項（第八十五条の八第一号から第三号までに規定する場合並びに第八十五条の十三第一号及び第二号に規定する場合（以下この条、第十条の三及び第十条の五において「部分オンラインによる場合」という。）に関する事項を含む。）
二　労組法第七条、第四章第二節及び第三節並びに第二十七条の二十三の規定による不当労働行為に関する事項（部分オンラインによる場合に関する事項を含む。）
三　労調法第四十二条の規定による請求に関する事項
四　地方公労法第五条第二項の規定による認定及び告示に関する事項

五　その他会長が必要と認める事項

2　中労委にあっては、前項各号（第四号を除く。）に掲げるもののほか、公益委員会議に付議すべき事項は、次のとおりとする。ただし、部会に第一号又は第二号に掲げる事項が付議されることとなる場合には、労組法第二十四条の二第一項に掲げる場合に限る。

一　労組法第二十五条第二項の規定による都道府県労委の処分の再審査に関する事項（部分オンラインによる場合に関する事項を含む。）

二　労組法第二十七条の十の規定による証人等出頭命令等（以下「証人等出頭命令等」という。）の審査の申立て又は異議の申立てに関する事項（部分オンラインによる場合に関する事項を含む。）

三　行労法第四条第二項の規定による認定及び告示に関する事項

第四章　労働組合の資格

（資格の審査）

第二十二条　労働組合が労組法第二条及び第五条第二項の規定に適合するかどうかの審査（以下「資格審査」という。）は、次の各号に規定する場合に行う。

一　労働組合が労組法に定める手続に参与し、又は救済を求めようとする場合

二　労働組合が法人登記のための資格証明書の交付を求めようとする場合

三　労働組合が労働者を代表する地方調整委員の候補者を推薦するための資格証明書の交付を求めようとする場合

四　総会において特に必要があると認める場合

（資格審査の手続）

第二十三条　資格審査は、会長（資格審査を部会で行うときは、部会長。次項及び第二十五条第一項において同じ。）が指揮して行う。

2　会長は、労組法第二十四条の二第四項の規定に基づき、公益委員会議（資格審査を部会で行うときは、部会。次条及び第二十五条第一項において同じ。）による審査に代えて、公益委員（資格審査を部会で行うときは、当該部会を構成する公益委員。第二十五条第一項において同じ。）のうちから一人又は数人の委員を選び審査を担当させ、また、職員を指名してその事務の処理を担当させることができる。この場合において、数人の委員を選任したときは、このうちの一人を委員長に指名しなければならない。

3　中労委が行政執行法人職員に関する労働関係について労組法第二十四条第一項に規定する審査等に係る資格審査を行うときは、当該資格審査を担当する委員は、行政執行法人担当公益委員のうちから選ばなければならない。

4　委員会が資格審査をするにあたつては、労働組合が提出する証拠のほか、事実の調査及び必要と認める証拠調べをすることができる。

5　資格審査を開始した後において、前条各号に規定する事由が消滅したときは、資格審査の手続は終了する。

6　第三十六条の規定は、資格審査に係る事件の分配について準用する。

（要件補正の勧告）

第二十四条　委員会は、労働組合が労組法の規定に適合しないと考えられるときは、公益委員会議の決定により、相当の期間を定めて、要件の補正を勧告することができる。

（資格審査の決定）

第二十五条　労働組合が労組法の規定に適合するかどうかについて公益委員会議が決定したときは、委員会は、資格審査決定

書を作成し、次の各号に掲げる事項を記載して、会長が署名又は記名押印するとともに、決定に関与した委員の氏名を記載しなければならない。
一　労働組合が労組法の規定に適合し又はしない旨及びその理由
二　決定の日付
三　委員会名（資格審査を部会で行つたときは、委員会名及び部会名。次条において同じ。）
2　委員会は、資格審査決定書の写しを労働組合に交付しなければならない。ただし、次条に定める証明書の交付をもつてこれに代えることができる。
3　委員会は、労働組合が労組法の規定に適合しない旨の資格審査決定書の写しを交付するときは、第二十七条の規定により再審査の申立てができることを教示しなければならない。

（再審査）
第二七条　都道府県労委の資格審査の決定について不服がある労働組合は、資格審査決定書の写しが交付された日から十五日以内（天災その他再審査の申立てをしなかつたことについてやむをえない理由があるときは、その理由がやんだ日の翌日から起算して一週間以内）に、初審の都道府県労委を経由し、又は直接中労委に、書面により再審査を申し立てることができる。
2　前項の規定による申立てには、都道府県労委の資格審査決定書の写し、不服の要点及びその理由を添えなければならない。
3　都道府県労委に再審査申立書が提出されたときには、都道府県労委は、直ちにこれを中労委に送付しなければならない。再審査が中労委に直接申し立てられたときには、中労委は、直ちにその旨を初審の都道府県労委に通知しなければならない。
4　中労委が労組法第二十五条第二項の規定による職権に基づく再審査をするには、公益委員会議の議決によらなければならない。
5　前項の議決があつたときには、中労委は、その旨を初審の都道府県労委及び労働組合に通知しなければならない。
6　再審査の申立てがあつたとき、又は職権によつて再審査を行うことを議決したときには、中労委は初審の都道府県労委に当該事件の記録の提出を求めるとともに、労働組合に対して新しい証拠の提出を促すことができる。
7　第二十三条から第二十五条までの規定は、その性質に反しない限り、再審査の場合にこれを準用する。
8　再審査の資格審査決定書の写しは、初審の都道府県労委にも送付しなければならない。
9　第一項の申立ては、地方事務所を経由して行うことができる。

第五章　不当労働行為

第二節　初審の手続

第一款　救済の申立て

（申立て）
第三二条　使用者が労組法第七条の規定に違反した旨の申立ては、申立書を管轄委員会に提出して行う。
2　申立書には、次の各号に掲げる事項を記載し、申立人が氏名又は名称を記載しなければならない。
一　申立人の氏名及び住所（申立人が労働組合その他権限ある団体である場合には、その名称、代表者の氏名及び主たる事務所の所在地）

二　被申立人の氏名及び住所（被申立人が法人その他の団体である場合には、その名称、代表者の氏名及び主たる事務所の所在地）
三　不当労働行為を構成する具体的事実
四　請求する救済の内容
五　申立ての日付

3　申立ては、口頭によつても行うことができる。この場合、事務局は、前項各号に掲げる事項を明らかにさせ、これを録取し、読み聞かせたうえ、氏名を記載させなければならない。録取した書面は、申立書とみなす。

4　申立てが前二項に規定する要件を欠くときは、委員会は、公益委員会議（不当労働行為事件の審査等を部会で行うときは、部会。以下この章において同じ。）の決定により、相当の期間を定めて、その欠陥を補正させることができる。

5　前項及び次款において不当労働行為事件の審査等とは、労組法第十九条の二第三項に規定する不当労働行為事件の審査等（第四十一条の二十三第三項の規定による証人等出頭命令等についての異議の申立ての却下及び第四十一条の二―四第二項において準用する第四十一条の二十二第一項の規定による証人等出頭命令等についての異議の申立ての審理を除く。）をいう。

6　中労委に対する第一項の申立ては、地方事務所を経由して行うことができる。

第三十二条の二（当事者の追加）　委員会は、当事者その他の関係者から申立てがあつたとき、又は会長が必要と認めたときは、公益委員会議の決定により、前条の申立書に記載された当事者のほかに、当事者を追加することができる。

2　委員会は、前項の規定により当事者を追加するときは、調査又は審問を行う手続に参与する委員、当事者及び当事者として追加しようとするものの意見を聴かなければならない。

3　委員会は、当事者を追加したときは、遅滞なく、その旨をすべての当事者に通知するとともに、追加された当事者が調査又は審問に出頭して陳述し、証拠を提出する機会を与えなければならない。

第三十三条（申立ての却下）　申立てが次の各号の一に該当するときは、委員会は、公益委員会議の決定により、その申立てを却下することができる。

一　申立てが第三十二条に定める要件を欠き補正されないとき。
二　労働組合が申立人である場合に、その労働組合が労組法第五条の規定により労組法の規定に適合する旨の立証をしないとき。
三　申立て（地方公労法第十二条の規定による解雇にかかるものを除く。）が行為の日（継続する行為にあつてはその終了した日）から一年を経過した事件にかかるものであるとき。
四　地方公労法第十二条の規定による解雇にかかる申立てが、当該解雇がなされた日から二月を経過した後になされたものであるとき。
五　申立人の主張する事実が不当労働行為に該当しないことが明らかなとき。
六　請求する救済の内容が、法令上又は事実上実現することが不可能であることが明らかなとき。
七　申立人の所在が知れないとき、申立人が死亡し若しくは消滅し、かつ、申立人の死亡若しくは消滅の日の翌日から起算して六箇月以内に申立てを承継するものから承継の申出がないとき、又は申立人が申立てを維持する意思を放棄したものと認められるとき。

2　申立ての却下は、書面によつて行うものとし、決定書については、第四十三条第二項及び第三項の規定を準用する。
3　決定書の写しは、当事者に交付する。交付手続については、第四十四条の規定を準用する。却下の効力は、決定書の写しの交付によつて発生する。
4　審査を開始した後に申立てを却下すべき事由があることが判明したときには、前三項の規定を適用する。

（申立ての取下げ）
第三四条　申立人は、命令書の写しが交付されるまでは、いつでも、申立ての全部又は一部を取り下げることができる。
2　取下げは、書面又は口頭によつてすることができる。口頭によるときは、事務局は、これを録取し、読み聞かせたうえ、氏名を記載させなければならない。
3　委員会は、申立てが取り下げられたときは、遅滞なく、その旨を被申立人に通知しなければならない。
4　取り下げられた部分については、申立ては、初めから係属しなかつたものとみなす。
5　第三十二条第六項の規定は、中労委に対する申立ての取下げについて準用する。

第二款　審査の開始

（審査）
第三五条　第三十二条に定める申立てがあつたときは、会長（不当労働行為事件の審査等を部会で行うときは、部会長。以下この章（第三項、次条、第四十五条の三第三項、第四十五条の五第二項及び第四項、第四十五条の六、第四十五条の七、第五十条並びに第五十六条第四項を除く。）において同じ。）は、遅滞なく、事件について審査を行わなければならない。
2　審査は、会長が指揮して行う。
3　会長は、第一項の申立てに係る事務の処理を担当する職員を指名するものとする。この場合において、不当労働行為事件の審査等を部会で行うときは、会長は、当該事務の処理を担当する職員の指名を当該部会の部会長に行わせることができる。
4　審査においては、当事者は、会長の許可を得て、他人に代理させることができる。この場合において、当事者は、代理人の氏名、住所及び職業を記載した申請書に、代理権授与の事実を証明する書面を添付して、会長に提出しなければならない。
5　会長は、審査を開始するに当たり、当事者に対して、労組法第七条第四号に規定する事項及び審査の手続に関し必要があると認める事項について、趣旨の徹底を図らなければならない。
6　審査においては、会長は、必要があると認めるときは、いつでも、当事者に対して釈明を求め、又は立証を促すことができる。

（事件の分配等）
第三六条　会長は、第三十二条に定める申立てがあつた場合に、当該不当労働行為事件の審査等を部会で行うときは、当該部会を決定するものとする。
2　会長は、必要があると認めるときは、関係部会の部会長の意見を聴いて、当該不当労働行為事件の審査等を行う部会を変更することができる。
3　部会長は、当該部会で不当労働行為事件の審査等を行う事件について、労組法第二十四条の二第二項第一号から第三号まで（都道府県労委にあつては、同項第二号及び第三号）に掲げる場合に該当すると認めるときは、直ちに、会長にその旨を報告しなければならない。

（審査委員）

第三七条　会長は、労組法第二十四条の二第四項の規定に基づき、公益委員（不当労働行為事件の審査等を部会で行うときは、当該部会を構成する公益委員。以下この項、次条及び第三十九条において同じ。）の全員による審査に代えて、公益委員のうちから一人又は数人の委員（以下「審査委員」という。）を選び、審査を担当させることができる。この場合において、数人の審査委員を選任したときは、このうちの一人を委員長に指名しなければならない。

2　前項の場合における第三十二条の二第一項、第三十五条第二項及び第四項から第六項まで、第四十条、第四十一条第一項、第四十一条の二第二項及び第五項から第九項まで、第四十一条の三第二項、第四十一条の四第一項、第四十一条の五、第四十一条の七第三項及び第七項、第四十一条の八、第四十一条の九、第四十一条の十四第一項、第四十一条の十五、第四十一条の十六第三項及び第五項、第四十一条の十九第一項及び第三項、第四十一条の二十一（第四十一条の二十四第二項において準用する場合を含む。）、第四十五条の二第一項及び第三項、第四十五条の三第二項、第四十五条の八、第四十五条の九、第五十四条の二並びに第五十四条の三の規定の適用については、これらの規定中「会長」又は「中労委会長」とあるのは、一人の審査委員が選任されたときには「審査委員」と、数人の審査委員が選任されたときには「審査委員長」とする。

（除斥又は忌避の申立ての方式等）

第三八条　公益委員の除斥又は忌避の申立ては、委員会に対し、その原因を記載した書面を提出してしなければならない。

2　公益委員の除斥又は忌避の原因は、前項の申立てをした日から三日以内に、疎明しなければならない。労組法第二十七条の三第二項ただし書の事実についても、同様とする。

3　第一項の申立てについては、公益委員会議が決定する。

（公益委員の回避）

第三九条　公益委員は、労組法第二十七条の二第一項又は第二十七条の三第一項に規定する場合には、会長の許可を得て、審査に係る職務の執行を回避することができる。

（審査の実効確保の措置）

第四〇条　委員会は、当事者から申立てがあつたとき、又は会長が必要があると認めるときは、公益委員会議の決定により、当事者に対し、審査中であつても、審査の実効を確保するため必要な措置を執ることを勧告することができる。

（審査の併合及び分離）

第四一条　会長は、適当と認めるときは、審査を併合し又は分離することができる。

2　審査を併合し又は分離するときは、その旨を当事者に通知するとともに、第五十条第一項に規定する通知に付記しなければならない。

第三款　調査の手続

（調査の手続）

第四一条の二　調査を開始するときは、委員会は、遅滞なく、その旨を当事者に通知し、申立人に申立理由を疎明するための証拠の提出を求めるとともに、申立書の写しを被申立人に送付し、それに対する答弁書及びその理由を疎明するための証拠の提出を求めなければならない。

2　被申立人は、申立書の写しが送付された日から原則として三十日以内に、前項に規定する答弁書を提出しなければならない。ただし、被申立人は、当該答弁書の提出に代えて、会長が指定する期日に出頭して口頭により答弁することができる。

3　前項の規定は、委員会が、迅速な審査を行うため、労組法第二十七条の十八の規定により定めた審査の期間の目標の達成状況その他の審査の実施状況等を勘案し、公益委員会議の決定により、前項に規定する答弁書の提出の期限について別段の定めをすることを妨げない。

4　第一項に規定する答弁書には、申立てに対する認否及び申立書に記載された事実に対する答弁を記載するほか、申立書に記載された主張に対する反論を具体的に記載しなければならない。

5　労組法第七条第二号に規定する不当労働行為に係る事件については、第二項の規定にかかわらず、会長は、調査を開始した後速やかに期日を指定し、被申立人に対して、当該期日に出頭して口頭により答弁することを求めることができる。

6　会長は、必要と認めるときは、当事者又は関係人の出頭を求めてその陳述を聴き、その他適当な方法により、争点及び証拠の整理、労組法第二十七条の六第一項に規定する審査の計画を定めるための調査等必要な調査を行うことができる。

7　第二項から前項までの場合において、会長は、相当と認めるときは、当事者又は関係人（以下この項において「当事者等」という。）の出頭に代えて、委員会と当事者等が相互に音声の送受信により同時に通話をすることができる方法によつて当事者等を手続に関与させることができる。

8　会長は、調査を行うに当たり、必要があると認めるときは、使用者委員及び労働者委員の参与を求めることができる。

9　会長は、担当職員に調査を行わせることができる。

10　担当職員は、当事者又は関係人の陳述その他調査について、期日ごとに調書を作成しなければならない。ただし、当事者又は関係人が氏名又は名称を記載した口述書を提出したときは、これをもつて調書の一部とすることができる。

11　第四十一条の七第八項前段及び第九項の規定は、前項の調書について準用する。

（書面の提出等）

第四一条の三　委員会に陳述のために書面を提出する当事者は、当該書面に記載した事項について相手方が準備をするのに必要な期間をおいて、提出しなければならない。

2　会長は、事実の認定のために書面の提出を求めるときは、当該書面の提出をすべき期間を定めることができる。

（答弁書等の直送）

第四一条の四　会長は、必要があると認めるときは、当事者に対し、答弁書その他の委員会に提出される書面（申立書及び申立ての取下げに係る書面を除く。以下「答弁書等」という。）について、その写しを相手方に対して直接送付すること（以下「直送」という。）を求めることができる。

2　前項の規定による答弁書等の直送を受けた相手方は、当該答弁書等を受領した旨を記載した書面について直送をするとともに、当該書面を委員会に提出しなければならない。

（審査の計画）

第四一条の五　労組法第二十七条の六第一項又は第三項の規定に基づく審査の計画の策定又は変更は、会長が行う。

第四款　審問の手続

（審問の開始）

第四一条の六　委員会は、審問を開始するに当たつては、審問開始通知書を当事者に送付しなければならない。

2　審問開始通知書には、事件及び当事者の表示並びに審問の期日及び場所を記載し、かつ、当事者が出頭すべき旨を付記しなければならない。

3　委員会は、当事者が法人その他の団体であるとき、その他必要があると認めるときは、審問に出頭すべき者を指定することができる。

4　審問を行う手続に参与する委員は、あらかじめ会長に申し出るものとする。

（審問の手続）

第四一条の七　審問は、当事者の立会いの下で行う。ただし、当事者が出頭しない場合でも適当と認めたときは、これを行うことを妨げない。

2　審問は、公開する。ただし、公益委員会議が必要と認めたときは、これを公開しないことができる。

3　審問には、当事者自身又は前条第三項の規定により指定された者が、出頭しなければならない。ただし、当事者は、会長の許可を得て、補佐人を伴つて出頭することができる。

4　審問の期日及び場所は、そのたびごとに、あらかじめ審問を行う手続に参与を申し出た委員及び当事者に、書面又は口頭で通知しなければならない。

5　審問は、できる限り、争点及び証拠の整理が終了した後に集中して行わなければならない。

6　審問期日の変更の申出は、相当の理由がない限り、認めてはならない。

7　会長は、労組法第二十七条の十一の規定に基づき、審問を妨げる者に対し退廷を命じ、その他審問廷の秩序を維持するために必要な措置を執ることができる。

8　担当職員は、審問の要領を記録した審問調書を作成して、署名又は記名押印しなければならない。当事者その他の者の陳述は、その正確な要旨を記載し、又は速記等によつて逐語的に記録して、これを審問調書の一部としなければならない。

9　当事者又は関係人は、審問調書を閲覧することができる。この場合、当事者その他の者の陳述の記載について異議が述べられたときは、その旨を審問調書に付記しなければならない。

（審問の終結）

第四一条の八　会長は、審問を終結するに先立つて、当事者に対し、終結の日を予告して、最後陳述の機会を与えなければならない。

2　審問の結果、命令を発するに熟すると認められるときは、会長は、審問を終結する。審問を終結した後合議が行われるまでの間に、会長は、必要があると認めたときは、審問を行う手続に参与した委員の意見を聴いたうえ、審問を再開することができる。

第五款　証拠

（証拠）

第四一条の九　審査においては、会長は、当事者の申立てにより、又は職権で、事実の認定に必要な証拠調べをすることができる。

2　会長は、証拠調べをするに当たつては、当該証拠の提出をすべき期間を定めることができる。

3　会長は、当事者が申し出た証拠で必要でないと認めるものは、取り調べることを要しない。

4　会長は、職権で証拠調べをしたときは、その結果について、当事者の意見を聴かなければならない。

（証人の尋問の申出）

第四一条の一〇　証人の尋問の申出は、証人の氏名及び住所、尋問に要する見込みの時間並びに証明すべき事実を明らかにしてしなければならない。

2　証人の尋問の申出をするときは、同時に、尋問事項書（尋問事項を記載した書面をいう。以下同じ。）を提出しなければならない。

3　尋問事項書は、できる限り、個別的かつ具体的に記載しなければならない。

（呼出状の記載事項）

第四一条の一一　証人の呼出状には、次に掲げる事項を記載し、尋問事項書を添付しなければならない。

一　事件の表示
二　証人の氏名及び住所
三　出頭すべき日時及び場所

（証人の出頭）
第四一条の一二　証人を尋問する旨の決定があつたときは、尋問の申出をした当事者は、証人を期日に出頭させるように努めなければならない。
2　証人は、期日に出頭することができない事由が生じたときは、直ちに、委員会に、その事由を明らかにして届け出なければならない。

（当事者に対する尋問）
第四一条の一三　第四十一条の十から前条までの規定は、当事者に対する尋問について準用する。

（証人等出頭命令）
第四一条の一四　労組法第二十七条の七第四項に規定する証人等出頭命令（以下「証人等出頭命令」という。）は、当事者から申立てがあつたとき、又は会長が必要と認めたときに、公益委員会議の決定により、委員会がこれを行う。
2　公益委員会議は、証人等出頭命令をしようとする場合には、調査又は審問を行う手続に参与する委員の意見を求めるものとする。
3　証人等出頭命令は、出頭しない場合における法律上の制裁を明らかにした通知書により行う。
4　前項の通知書には、委員会名（決定を部会で行つたときは、委員会名及び部会名。第四十一条の十九第四項第七号及び第四十一条の二十二第二項において同じ。）を記載し、会長が署名又は記名押印しなければならない。
5　委員会が証人等出頭命令を通知するときは、労組法第二十七条の十第一項又は第三項の規定により、審査の申立て又は異議の申立てができることを教示しなければならない。
6　第四十一条の十の規定は証人等出頭命令の申立てについて、第四十一条の十一の規定は第三項の通知書についてそれぞれ準用する。

（証人等の尋問の手続）
第四一条の一五　会長は、審問において、当事者又は証人を尋問することができる。
2　当事者、代理人又は補佐人は、会長の許可を得て、陳述を行い、当事者又は証人を尋問し、又は反対尋問することができる。この場合において、会長が適当であると認めるときは、当事者、代理人又は補佐人は、会長に先立つて尋問をすることができる。
3　審問を行う手続に参与する委員は、会長に告げて、当事者又は証人を尋問することができる。
4　会長は、陳述又は尋問が、既に行われた陳述又は尋問と重複するとき、争点に関係のない事項にわたるとき、その他適当でないと認めるときは、これを制限することができる。

（宣誓の方式）
第四一条の一六　宣誓は、尋問の前にさせなければならない。
2　宣誓は、起立して厳粛に行わなければならない。
3　会長は、証人又は宣誓が必要と認めた当事者に宣誓書を朗読させ、かつ、これに署名させなければならない。当事者又は証人が宣誓書を朗読することができないときは、会長は、担当職員にこれを朗読させなければならない。
4　前項の宣誓書には、良心に従つて真実を述べ、何事も隠さず、また、何事も付け加えないことを誓う旨を記載しなければならない。
5　会長は、宣誓の前に、宣誓の趣旨を説明し、かつ、虚偽の陳述に対する罰を告げなければならない。

（書証の申出）
第四一条の一七　書証の申出は、文書を提出し、又は労組法第二十七条の七第二項に規定する物件提出命令（以下「物件提出命令」という。）の申立てによりしなければならない。

2　当事者は、前項の規定により文書を提出して書証の申出をするときは、当該文書を提出するときまでに、次に掲げる事項を記載した証拠説明書を提出しなければならない。

一　文書の表示
二　文書の作成者
三　立証の趣旨

（文書に準ずる物件の準用）

第四一条の一八　前条の規定は、図面、写真、録音テープ、ビデオテープその他の情報を表すために作成された物件で、文書でないものについて準用する。

（物件提出命令）

第四一条の一九　物件提出命令は、当事者から申立てがあったとき、又は会長が必要と認めたときに、公益委員会議の決定により、委員会がこれを行う。

2　当事者からの物件提出命令の申立ては、労組法第二十七条の七第六項各号に掲げる事項を記載した書面を提出してしなければならない。

3　公益委員会議において物件提出命令をしようとする場合には、会長は物件の所持者を審尋しなければならない。

4　物件提出命令は、次に掲げる事項を記載した通知書により行う。

一　事件の表示
二　提出を求める物件の表示及び趣旨
三　物件所持者の氏名又は名称及び住所又は所在地
四　提出すべき期限及び場所
五　証明すべき事実
六　提出しない場合における法律上の制裁
七　委員会名

5　前項の通知書には、会長が署名又は記名押印しなければならない。

6　第四十一条の十四第二項及び第五項の規定は、物件提出命令の決定手続について準用する。

（証人等出頭命令等についての審査の申立て）

第四一条の二〇　都道府県労委のした証人等出頭命令等を受けた者が、労組法第二十七条の十第一項の規定により当該証人等出頭命令等に対して審査を申し立てる場合には、当該証人等出頭命令等をした都道府県労委（以下「原処分労委」という。）若しくは地方事務所を経由し、又は直接中労委に、証人等出頭命令等審査申立書（以下「審査申立書」という。）を提出しなければならない。

2　審査申立書には、次の各号に掲げる事項を記載し、原処分労委の証人等出頭命令等の通知書の写しを添付して、申立人が氏名又は名称を記載しなければならない。

一　申立人の氏名又は名称及び住所又は所在地
二　原処分労委の名称及び審査の申立てに係る不当労働行為事件の表示
三　審査を申し立てた証人等出頭命令等の通知書の交付を受けた日付及びその具体的内容
四　審査の申立ての要点及び理由
五　審査の申立ての日付

3　原処分労委は、審査申立書が提出されたときは、直ちにこれを中労委に送付しなければならない。中労委は、審査が直接中労委に申し立てられたときは、直ちにその旨を原処分労委に通知しなければならない。

4　原処分労委を経由して審査申立書が提出されたときは、原処分労委に提出された日をもつて、審査を申し立てた日とみなす。

5　中労委は、審査の申立てが、労組法第二十七条の十第一項に規定する期間経過後になされたとき、又は第二項に規定する要件を欠き補正されないときは、公益委員会議の決定により、これを却下することができる。

6　申立人は、第四十一条の二十二第一項の決定書の写しが交付されるまでの間は、いつでも、審査の申立てを取り下げることができる。この場合において、審査の申立ての取下げは書面で行わなければならない。

（証人等出頭命令等についての審査の申立ての審理）

第四一条の二一　証人等出頭命令等についての審査の申立ての審理は、中労委会長が指揮して行う。

2　審査の申立てがあつたときは、中労委会長は、審査申立書の写しを原処分労委に送付し、相当の期間を定めて、意見書の提出を求めるものとする。ただし、前条第一項の規定により審査申立書が原処分労委を経由して中労委に提出された場合に、当該審査申立書に併せて原処分労委から意見書が提出されたときは、この限りでない。

3　中労委会長は、必要があると認めるときは、原処分労委に対し、関係資料の写しの提出を求めることができる。

4　原処分労委から意見書の提出があつたときは、中労委会長は、その写しを申立人に送付し、相当の期間を定めて反論書の提出を求めるものとする。

5　中労委会長は、職権で申立人を審尋することができる。

（証人等出頭命令等についての審査の申立てに関する決定）

第四一条の二二　中労委は、公益委員会議の決定により、書面をもつて、審査の申立てが理由があると認めるときは証人等出頭命令等の全部又は一部を取り消し、理由がないと認めるときは審査の申立てを棄却する。

2　前項の決定書には理由を付すとともに、委員会名を記載し、中労委会長が署名又は記名押印しなければならない。

3　中労委は、第一項の決定書の写しを、申立人に交付するとともに、原処分労委に送付しなければならない。

4　中労委は、前項に定める交付に代え、第一項の決定書の写しを配達証明郵便又は配達証明郵便に準ずる役務（民間事業者による信書の送達に関する法律（平成十四年法律第九十九号）第二条第六項に規定する一般信書便事業者又は同条第九項に規定する特定信書便事業者において、当該信書便物（同条第三項に規定する信書便物をいう。）を配達し、又は交付した事実を証明する信書便の役務をいう。以下同じ。）により、申立人に送付することができる。この場合には、その配達のあつた日を交付の日とみなす。

（証人等出頭命令等についての異議の申立て）

第四一条の二三　中労委のした証人等出頭命令等を受けた者が、労組法第二十七条の十第三項の規定により当該証人等出頭命令等に対して異議を申し立てる場合には、証人等出頭命令等異議申立書（以下「異議申立書」という。）を中労委に提出しなければならない。

2　異議申立書には、次の各号に掲げる事項を記載し、中労委の証人等出頭命令等の通知書の写しを添付し、申立人が氏名又は名称を記載しなければならない。

一　申立人の氏名又は名称及び住所又は所在地
二　異議の申立てに係る不当労働行為事件の表示
三　異議を申し立てた証人等出頭命令等の通知書の交付を受けた日付及びその具体的内容
四　異議の申立ての要点及び理由
五　異議の申立ての日付

3　中労委は、異議の申立てが、労組法第二十七条の十第三項に規定する期間経過後になされたとき、又は前項に規定する要件を欠き補正されないときは、公益委員会議の決定により、これを却下することができる。

（証人等出頭命令等についての異議の申立ての審理等）

第四一条の二四　異議の申立てがあつたときは、中労委会長は、当該異議の申立てに係る証人等出頭命令等をした部会に意見書の提出を求め、当該部会から意見書の提出があつたときは、その写しを申立人に送付し、相当の期間を定めて反論書の提出を求めるものとする。

2　第四十一条の二十第六項、第四十一条の二十一第一項及び第五項並びに第四十一条の二十二の規定は、異議の申立てについて準用する。この場合において、第四十一条の二十第六項中「第四十一条の二十二第一項」とあるのは「第四十一条の二十四第二項において準用する第四十一条の二十二第一項」と、第四十一条の二十二第一項中「全部又は一部を取り消し、理由がないと認めるときは」とあるのは「全部又は一部を取り消し、又は変更し、理由がないと認めるときは」と、同条第三項中「するとともに、原処分労委に送付しなければならない」とあるのは「しなければならない」と読み替えるものとする。

第六款　合議及び救済命令等

（合議）

第四二条　事件が命令を発するのに熟したときは、会長は、公益委員会議を開き合議を行う。

2　公益委員会議は、合議に先立つて、調査又は審問を行う手続に参与した委員の出席を求め、その意見を聴かなければならない。ただし、出席がないときは、この限りでない。この場合において、意見書の提出による旨の申出があつたときは、意見書の提出をもつて意見の聴取に代えることができる。

3　合議は、公開しない。

4　委員会は、合議の結果により、審問を再開することができる。

（救済命令等）

第四三条　委員会は、合議により、申立人の請求に係る救済を理由があると判定したときは救済の全部又は一部を認容する命令を、理由がないと判定したときは申立てを棄却する命令を、遅滞なく、書面によつて発しなければならない。

2　前項の命令書には、次の各号に掲げる事項を記載し、会長が署名又は記名押印するとともに、判定に関与した委員の氏名を記載しなければならない。

一　命令書である旨の表示
二　当事者の表示
三　主文（請求に係る救済の全部若しくは一部を認容する旨及びその履行方法の具体的内容又は申立てを棄却する旨）
四　理由（認定した事実及び法律上の根拠）
五　判定の日付
六　委員会名（部会が労組法第二十七条の十二第一項の救済命令等（以下「救済命令等」という。）を発する場合には、委員会名及び部会名）

3　会長は、第一項の命令書に字句の書き損じその他これに類する明白な誤りがあるときは、その旨を命令書に付記して訂正することができる。この場合において、会長は、命令書を訂正した旨を当事者に通知しなければならない。

4　委員会は、事件の内容に照らし、申立書その他当事者から提出された書面等により、命令を発するに熟すると認めるときは、審問を経ないで命令を発することができる。

（命令書の写しの交付）

第四四条　委員会は、期日を定めて当事者を出頭させ、命令書の写しを交付し、第五十一条の規定により再審査の申立てができることを教示しなければならない。この場合には、担当職員は、交付調書を作成しなければならない。ただし、当事者の受領証をもつてこれに代えることができる。

2　委員会は、前項に定める手続に代えて、命令書の写し及び

第五十一条の規定により再審査の申立てができることを教示した書面を配達証明郵便又は配達証明郵便に準ずる役務によつて、当事者に送付することができる。この場合には、その配達のあつた日を交付の日とみなす。

3　前二項の命令書の写しについては、必要があるときは、事務局長は、命令書の写しであることを証明することができる。

（命令の履行）

第四五条　前条の規定により救済の全部又は一部を認容する命令につき命令書の写しが交付されたときは、使用者は、遅滞なくその命令を履行しなければならない。

2　命令を発した委員会の会長は、使用者に対し、命令の履行に関して報告を求めることができる。

第七款　和解

（和解）

第四五条の二　会長は、審査の途中において、いつでも、当事者に和解を勧めることができる。

2　調査又は審問を行う手続に参与する委員は、和解を勧める手続に参与することができる。和解を勧める手続に参与することを会長に申し出た委員についても同様とする。

3　救済命令等が確定するまでの間に当事者間で和解が成立し、当事者双方から書面による申立てがあつた場合において、会長が当該和解の内容が当事者間の労働関係の正常な秩序を維持させ、又は確立させるため適当と認めるときは、審査の手続は終了する。

4　前項の規定により和解の内容が適当であると認めるときは、委員会は、その旨及びこれにより審査の手続が終了した旨を、書面により遅滞なく当事者に通知しなければならない。

（和解調書）

第四五条の三　労組法第二十七条の十四第四項の規定による和解調書には、次に掲げる事項を記載しなければならない。

一　事件の表示
二　委員会の表示
三　当事者及び利害関係人（当事者以外の者であつて、労組法第二十七条の十四第四項に規定する合意をした者をいう。）の氏名又は名称及び住所
四　和解の成立した日
五　金銭の一定額の支払又はその他の代替物若しくは有価証券の一定の数量の給付に関する事項

2　前項の和解調書には、会長が署名又は記名押印するとともに、和解を勧める手続に参与した委員の氏名を記載しなければならない。

3　第一項の和解調書の正本には、正本であることを記載し、会長が記名押印しなければならない。

（執行文付与の申立ての方式等）

第四五条の四　労組法第二十七条の十四第六項の規定に基づく執行文の付与の申立ては、次に掲げる事項を記載した書面でしなければならない。

一　債権者及び債務者の氏名又は名称及び住所並びに代理人の氏名及び住所
二　前条第一項の和解調書の表示
三　民事執行法（昭和五十四年法律第四号）第二十七条第一項若しくは第二項又は第二十八条第一項の規定による執行文の付与を求めるときは、その旨及びその事由

（執行文の記載事項）

第四五条の五　債務名義（労組法第二十七条の十四第五項の規定によりみなされる債務名義をいう。以下同じ。）に係る請求権の一部について執行文を付与するときは、強制執行をすることができる範囲を執行文に記載しなければならない。

2　民事執行法第二十七条第二項の規定により同項に規定する

債務名義に表示された当事者以外の者を債権者又は債務者とする執行文を付与する場合において、その者に対し、又はその者のために強制執行をすることができることが会長に明白であるときは、その旨を執行文に記載しなければならない。

3　民事執行法第二十八条第一項の規定により執行文を付与するときは、その旨を執行文に記載しなければならない。

4　執行文には、付与の年月日を記載して会長が記名押印しなければならない。

(債務名義の原本への記入)

第四五条の六　会長は、執行文を付与したときは、債務名義の原本にその旨、付与の年月日及び執行文の通数を記載し、並びに次の各号に掲げる場合に応じ、それぞれ当該各号に定める事項を記載しなければならない。

一　債務名義に係る請求権の一部について付与したとき　強制執行をすることができる範囲

二　民事執行法第二十七条第二項に規定する債務名義に表示された当事者以外の者が債権者又は債務者であるとき　その旨及びその者の氏名又は名称

(執行文の再度付与等の通知)

第四五条の七　会長は、民事執行法第二十八条第一項の規定により執行文を付与したときは、債務者に対し、その旨、その事由及び執行文の通数を通知しなければならない。

第七款の二　事件の解決のための勧告

第四五条の八　会長は、審査の途中において、相当と認めるときは、調査又は審問を行う手続に参与する委員の意見を聴いて、会長及び当該委員の見解を示し、当事者に対して事件の解決のための勧告を行うことができる。

第四五条の九　前条に規定する勧告は、当事者の氏名、勧告の日付を記載し、会長及び調査又は審問を行う手続に参与する委員が署名又は記名押印した書面により行うものとする。

第八款　訴訟

(訴訟の指定代理人)

第四六条　当事者が中労委の処分(行政事件訴訟法(昭和三十七年法律第百三十九号)第三条第二項に規定する処分をいい、労組法第二十四条の二第四項の規定により公益委員がした処分及び同条第五項の規定により公益を代表する地方調整委員がした処分を含む。)に係る行政事件訴訟法第十一条第一項(同法第三十八条第一項において準用する場合を含む。)の規定による国を被告とする訴えを提起したとき又は中労委を当事者若しくは参加人とする訴えを提起したときは、中労委は、国の利害に関係のある訴訟についての法務大臣の権限等に関する法律(昭和二十二年法律第百九十四号)第五条の規定に基づいて、特定の公益委員、事務局長又は職員を指定してこの訴訟を行わせることができる。

(緊急命令の申立て)

第四七条　委員会は、使用者が裁判所に訴えを提起したことを知ったときには、直ちに公益委員会議を開き、受訴裁判所に労組法第二十七条の二十に定める命令(以下「緊急命令」という。)を申し立てるかどうかについて、決定しなければならない。

2　中労委が行う緊急命令の申立てに関しては、前条の規定を準用する。

(取消判決の確定による審査の再開)

第四八条　委員会の命令の全部又は一部を取り消す旨の判決が確定し、行政事件訴訟法第三十三条第二項又は第三項の規定により、委員会があらためて命令を発しなければならないときは、委員会は、公益委員会議の決定により、当該事件の審査を再開しなければならない。

2　前項の規定により審査を再開するときは、委員会は、審査再開決定書を当事者に送付しなければならない。
3　審査再開決定書には、事件及び当事者の表示、審査を再開する旨並びに審査の範囲及び手続を記載しなければならない。

第三節　再審査の手続

（申立てによる再審査）
第五一条　都道府県労委の救済命令等に対して、その当事者のいずれか一方が再審査を申し立てる場合には、再審査申立書を、初審の都道府県労委を経由し、又は直接中労委に提出しなければならない。
2　再審査申立書については、第三十二条第二項（第三号及び第四号を除く。）の規定を準用するほか、不服の要点及びその理由を記載しなければならない。この場合において、都道府県労委の命令書又は決定書に記載された事実に認定の誤りがあると主張するときは、不服の理由の記載には当該箇所を示さなければならない。再審査申立書には、都道府県労委の命令書又は決定書の写しが交付された日付を記載し、その命令書又は決定書の写しを添付するものとする。
3　都道府県労委は、再審査申立書が提出されたときは、直ちにこれを中労委に送付しなければならない。再審査が中労委に直接申し立てられたときは、中労委は、直ちにその旨を初審の都道府県労委に通知しなければならない。
4　初審の都道府県労委を経由して再審査申立書が提出されたときは、都道府県労委に提出された日をもつて、再審査を申し立てた日とみなす。
5　中労委は、再審査の申立てが、労組法第二十七条の十五第一項（同条第二項において準用する場合を含む。）に規定する期間経過後になされたとき、第二項（後段を除く。）に規定する要件を欠き補正されないとき、又は証人等出頭命令等の当否を不服の理由とするものであるときは、これを却下することができる。

（命令履行の勧告）
第五一条の二　中労委会長は、使用者が再審査を申し立て、命令の全部又は一部を履行しない場合において、必要があると認めたときは、使用者に対し、命令の全部又は一部の履行を勧告することができる。
2　前項の勧告を行なう場合は、あらかじめ、使用者に対し弁明を求めなければならない。

（職権による再審査）
第五二条　中労委が労組法第二十五条第二項の規定による職権に基づく再審査をするには、公益委員会議の議決によらなければならない。
2　前項の議決があつたときには、中労委は、その旨を当事者及び初審の都道府県労委に書面によつて通知しなければならない。

（初審の記録の提出）
第五三条　再審査の申立てがあつたとき、又は中労委が職権によつて再審査を行うことを議決したときには、中労委は、初審の都道府県労委に当該事件の記録の提出を求めることができる。

（再審査の範囲）
第五四条　再審査は、申し立てられた不服の範囲において行う。ただし、不服の申立ては、初審において請求した範囲を超えてはならない。
2　第五十二条の規定による再審査は、中労委が決定した範囲において行う。

（再審査の命令）
第五五条　中労委は、再審査の結果、その申立てに理由がないと認めたときにはこれを棄却し、理由があると認めたときには都道府県労委の処分を取り消し、これに代わる命令を発することができる。ただし、初審の救済命令等の変更は不服申立ての限度においてのみ行うことができる。

2　中労委は、事件の初審の記録及び再審査申立書その他当事者から提出された書面等により、命令を発するに熟すると認めるときは、審問を経ないで命令を発することができる。

（その他の手続）

第五六条　第五章第二節（第四十一条の二第四項、第四十一条の二十から第四十一条の二十二まで及び第四十三条第四項を除く。）の規定は、その性質に反しない限り、再審査の手続について準用する。

2　会長は、第五十一条第一項の規定により申し立てられた事件について、必要があると認めるときは、公益を代表する地方調整委員を指名して、その審査の一部を行わせることができる。

3　第三十五条第二項及び第四項から第六項まで、第三十八条から第四十条まで、第四十一条の二から第四十一条の十三まで（第四十一条の二第三項及び第四項を除く。）、第四十一条の十五から第四十一条の十八まで、第四十五条の二、第四十五条の三、第四十五条の八、第四十五条の九及び第五十六条の三（第一項、第五項及び第十二項を除く。）の規定は、前項の審査について準用する。この場合において、次の表の上欄に掲げる規定中同表の中欄に掲げる字句は、それぞれ同表の下欄に掲げる字句に読み替えるものとする。

〔表　略〕

4　中労委会長は、第一項の規定により準用される第五十条第一項第一号から第四号までの規定に該当する場合には、初審の都道府県労委会長に通知しなければならない。再審査の命令書又は決定書の写しは、初審の都道府県労委に送付しなければならない。

第三節の二　行政執行法人事件の手続

（行政執行法人事件の処理）

第五六条の二　行政執行法人（行労法第二条第一号に規定する行政執行法人をいう。以下同じ。）が労組法第七条の規定に違反した旨の申立てに係る事件の手続については、この節の定めるところによる。

2　前項に規定する事件の処理については、次項及び第四項並びに次条の定めるところによるほか、第三十二条から第四十九条まで（第三十六条及び第四十一条の二十から第四十一条の二十二までを除く。）に定める手続によるものとする。この場合において、次の表の上欄に掲げる規定中同表の中欄に掲げる字句は、それぞれ同表の下欄に掲げる字句に読み替えるものとする。

〔表　略〕

3　会長は、行政執行法人が緊急命令又は確定した中労委の命令に従わないときは、内閣総理大臣、厚生労働大臣及び行政執行法人を所管する大臣（当該事件に係る行政執行法人を所管する大臣に限る。）にその旨を報告しなければならない。

4　会長は、前項の報告をしたとき及び第二項においてその定める手続によるものとする第四十七条の規定による緊急命令の申立てをしたときは、最近の総会にその旨を報告しなければならない。

第五六条の三　前条第一項に規定する事件の処理について、会長は、必要があると認めるときは、公益を代表する地方調整委員（以下この条において「地方調整公益委員」という。）を指名して、審問開始前の調査その他の審査の一部を行わせることができる。

2　前項の規定により地方調整公益委員の二人以上に審査の一部を行わせるときは、会長（前条第二項においてその定める手続によるものとする第三十七条第一項の規定により会長が審査委員を選任した場合にあつては、一人の審査委員が選任されたときにはその審査委員、数人の審査委員が選任されたときには審査委員長とする。以下この条において「審査委員長」という。）は、そのうちの一人を主査に指名するものとする。

3　第一項の規定により審問開始前の調査を行うため指名された地方調整公益委員は、遅滞なく、その調査を行わなければならない。その調査の期間は、申立ての日から起算して三十日を超えないものとする。ただし、主査（一人の地方調整公益委員が指名されたときは、その者。以下この条において同じ。）は、当事者の同意を得て、この期間を延長することができる。

4　主査は、調査を終了したとき（前項に定める期間内に調査が終了しなかつたときは、その期間が経過したとき）は、遅滞なく、その結果を審査委員長に報告しなければならない。

5　地方調整公益委員が審問を行う場合には、主査は、その区域に置かれる地方調整委員の全員に対し、審問を開始する旨を通知しなければならない。審問に参与する地方調整委員は、主査に、原則として、審問の開始に先立つてその旨を申し出るものとする。

6　主査は、審査を終了したとき（第四項の規定による報告を行つたときを除く。）は、遅滞なく、審問に参与した地方調整委員の意見を聴いて、その審査結果を審査委員長に報告しなければならない。

7　地方調整公益委員が審査を行う場合には、主査は、事務の処理を担当する職員を指名するものとする。

8　地方事務所は、前項の担当職員が作成した調査調書又は審問調書を、地方調整公益委員が行う調査又は審問の終了後（審問開始前の調査にあつては、第三項に定める期間内に調査が終了しなかつたときは、その期間の経過後）、遅滞なく、事務局に送付しなければならない。

9　前条第二項においてその定める手続によるものとする第四十二条第一項の合議に先立つて、公益委員会議は、主査その他の審問に参与した地方調整委員の出席を求め、その意見を聴くことができる。

10　第十六条の二第二項から第四項までの規定は、前項の意見の聴取について準用する。

11　第一項の規定による指名があつた場合は、前条第二項においてその定める手続によるものとする第三十五条第四項及び第四十一条の七第三項中「会長」とあるのは、「審査委員長又は主査」と読み替えるものとする。

12　地方調整公益委員が審査を行う場合には、第三項から前項までの定めるところによるほか、第三十五条第二項、第五項及び第六項、第三十八条、第三十九条、第四十一条の二から第四十一条の十三まで（第四十一条の二第三項及び第四十一条の六第四項を除く。）、第四十一条の十五から第四十一条の十八まで、第四十五条の二、第四十五条の三第一項及び第二項、第四十五条の八並びに第四十五条の九に定める手続によるものとする。この場合において、次の表の上欄に掲げる規定中同表の中欄に掲げる字句は、それぞれ同表の下欄に掲げる字句に読み替えるものとする。

〔表　略〕

第七章　一般企業における労働争議の実情調査並びにあつせん、調停及び仲裁

第三節　労働争議のあつせん

（あつせんの申請）
第六四条　あつせん申請書には、次の各号に掲げる事項を記載するものとする。
一　申請の日付
二　申請者の名称（当事者の委任を受けた者であるときは、その権限を証明する書面を添えなければならない。）
三　関係当事者の名称及びその組織
四　事業の種類
五　関係事業所名及びその所在地（船員に関する労働争議にあつては、労働争議の関係船舶）
六　あつせん事項
七　申請に至るまでの交渉経過
八　争議行為を伴つている場合は、その概況
九　労働協約の定めに基づく当事者の一方からの申請である場合は、当該協約の関係条項
2　職員は、あつせん申請書を受け付けるにあたつて、事実を聞き取り、前項各号に定める記載事項と相違する箇所があるときは、申請者に説明してその補正を求めなければならない。
3　関係当事者からあつせんの申請があつたとき、又はあつせん事項の変更若しくは追加があつたときは、その日を明確にしておかなければならない。

（あつせん員の指名等）
第六五条　申請又は職権に基づいてあつせんを行なうことを適当と認めたときは、会長は、あつせん員を指名するか、又は臨時のあつせん員を委嘱するとともに担当職員を指名し、その旨をすみやかに関係当事者の双方に通知しなければならない。
2　申請があつた場合でも、会長があつせんの必要がないと認めたとき、又は争議の実情があつせんに適しないと認めたときは、あつせんを行なわないことができる。
3　前項の規定によりあつせんを行なわないときは、会長は、その理由を関係当事者に明示しなければならない。

（あつせん）
第六六条　あつせん員は、あつせんを開始するにあたり、関係当事者に対して、労組法第七条第四号に規定する事項及びあつせんを行うに必要な事項について、趣旨の徹底を図らなければならない。
2　あつせん員は、あつせんの経過について適時会長に報告し、又は必要に応じ総会（中労委にあつては、緊急調整の決定に係る事件については総会、その他の事件については一般企業担当委員会議。以下この章において同じ。）に報告しなければならない。
3　あつせん員が自分の手では事件が解決される見込みがないとしてその事件から手を引いたとき、又はあつせんが成立したときは、その経過を書面によつて会長に報告しなければならない。
4　会長は、あつせん員の報告に基づき、その経過を総会に報告するものとする。

第四節　労働争議の調停

（調停申請書）
第六九条　調停申請書には、次の各号に掲げる事項を記載するものとする。
一　申請の日付
二　申請者の名称（当事者の委任を受けた者であるときは、その権限を証明する書面を添えなければならない。）
三　関係当事者の名称及びその組織
四　事業の種類（事業が労調法第八条の規定による公益事業を含むときは、その種類）
五　関係事業所名及びその所在地（船員に関する労働争議に

あつては、労働争議の関係船舶）

六　調停事項

七　申請に至るまでの交渉経過

八　争議行為を伴つている場合は、その概況

九　労働協約の定めに基づく当事者の一方からの申請である場合は、当該協約の関係条項

（申請の受付）

第七〇条　職員は、調停申請書を受け付けるにあたつて、事実を聞き取り、前条各号に定める記載事項と相違する箇所があるときは、申請者に説明してその補正を求めなければならない。

2　労調法第十八条第一号、第二号若しくは第三号又は地方公労法第十四条第一号、第二号若しくは第三号の規定に基づいて調停申請書が提出された場合でも、委員会が労調法第二条後段及び第四条の規定の趣旨に基づき、関係当事者間において事件の自主的解決についての努力がきわめて不十分であり、なお、交渉の余地があると認めたときは、一応申請を取り下げて交渉を続行するよう勧告することができる。この場合には、関係当事者にその理由を明示しなければならない。

3　関係当事者から調停の申請があつたとき、委員会が職権に基づいて調停を行う必要があると決議したとき、厚生労働大臣若しくは都道府県知事から調停の請求があつたとき、又は調停事項の変更若しくは追加があつたときは、その日を明確にしておかなければならない。

（調停委員の指名）

第七一条　会長は、労調法第十九条から第二十一条までの規定に基づいて調停委員を指名するにあたり、当該事件に直接利害関係のある者を調停委員にすることができない。

2　会長が調停委員を指名したときは、担当職員を指名して、調停委員及び担当職員の氏名を遅滞なく関係当事者に通知しなければならない。

（調停）

第七二条　調停委員会は、必要と認めた場合には、事実を調査し、又は細部にわたる審議を行なうことを特定の調停委員又はその他の者に委嘱することができる。その他の者を委嘱する場合には、あらかじめ会長の同意を得なければならない。

2　調停委員会は、事件を迅速かつ公正に解決するために適当と認めた場合には、事件の現地において調停手続の全部又は一部を行なうことができる。

3　調停委員会の委員長は、調停の経過及び結果について適時会長に報告し、又は必要に応じて総会に報告しなければならない。

4　第六十六条第一項の規定は、調停について準用する。この場合において、「あつせん員」とあるのは、「調停委員会の委員長」と読み替えるものとする。

（調停の取下げ）

第七三条　労調法第十八条第一号若しくは第二号又は地方公労法第十四条第一号若しくは第二号の規定に基づいて調停が開始されたときには、関係当事者双方の合意によつて、労調法第十八条第三号若しくは第五号又は地方公労法第十四条第三号若しくは第五号の規定に基づいて調停が開始されたときには、調停を申請した者又は請求した者によつて、いつでも調停事項の全部又は一部について申請又は請求を取り下げることができる。

（調停の打切り）

第七四条　調停案を提示する以前においてやむをえない事由のために調停を継続することができなくなつたときには、調停委員会は、理由を付してその旨を関係当事者に通知するとともに、その経過を書面によつて会長に報告しなければならない。

第七五条（調停の終結） 調停案に対し関係当事者の双方から回答があつたときには、調停委員会は、その任務を終結し、その経過を書面によつて会長に報告しなければならない。

第五節 労働争議の仲裁

第七八条（仲裁申請書） 仲裁申請書には、次の各号に掲げる事項を記載するものとする。
一 申請の日付
二 申請者の名称（当事者の委任を受けた者であるときは、その権限を証明する書面を添えなければならない。）
三 関係当事者の名称及びその組織
四 事業の種類
五 関係事業所名及びその所在地（船員に関する労働争議にあつては、労働争議の関係船舶）
六 仲裁事項
七 申請に至るまでの交渉経過
八 争議行為を伴つている場合は、その概況
九 労働協約の定めに基づく一方からの申請である場合は、当該協約の関係条項
十 仲裁委員に関し当事者が合意により選定した者がある場合は、その氏名

第七九条（申請の受付） 仲裁申請書の受付については、第七十条の規定を準用する。

第八章 行政執行法人における紛争の実情調査並びにあつせん、調停及び仲裁

第三節 紛争のあつせん

第八一条の四（あつせんの申請） あつせんの申請は、次の事項を記載し、申請者の代表者が署名又は記名押印したあつせん申請書を中労委に提出することによつて行う。
一 申請者の名称、代表者の氏名及び主たる事務所の所在地
二 他の関係当事者の名称、代表者の氏名及び主たる事務所の所在地
三 あつせんを求める事項
四 申請に至るまでの経過及び主張の対立点
五 申請の日付
2 前項の申請は、地方事務所を経由して行うことができる。

第八一条の七（あつせんの手続） あつせん員は、あつせんを行うに際し、関係当事者の請求があつたときその他必要があると認めるときは、参考人の出頭を求め、その意見を聴くことができる。
2 あつせん員は、適当と認めるときは、事件の現地において、あつせんを行うことができる。

第八一条の一〇（あつせんの終了） 前条第三項の規定により、会長が、あつせん員が自分の手で事件を解決する見込みがないとしてその事件から手を引いた旨を行政執行法人担当委員会議に報告したときは、中労委は、あつせんを継続する等必要な措置を講ずることができる。

2　やむをえない理由により、あつせんを継続することができなくなつたときは、会長は、理由を付してその旨を関係当事者に通知するものとする。この場合においては、あつせんは終了する。

第四節　紛争の調停

（調停の申請）
第八一条の一一　調停の申請は、次の事項を記載し、申請者の代表者が氏名を記載した調停申請書を中労委に提出することによつて行う。
一　申請者の名称、代表者の氏名及び主たる事務所の所在地
二　他の関係当事者の名称、代表者の氏名及び主たる事務所の所在地
三　調停を求める事項
四　申請に至るまでの経過及び主張の対立点
五　労働協約の定めに基づく申請であるときは、その労働協約の関係条項
六　申請の日付
2　第八十一条の四第二項の規定は、前項の申請について準用する。

（調停の手続）
第八一条の一四　調停委員会は、必要があると認めるときは、調停委員の一人又は数人を指名して、事実の調査又は細部にわたる審議を行わせることができる。
2　第八十一条の七の規定は、調停委員会が行う調停について準用する。

（勧告）
第八一条の一六　調停委員会は、関係当事者間において事件の自主的解決についての努力がきわめて不十分であり、なお交渉の余地があると認めるときは、一応申請の全部又は一部を取り下げて自主的解決を図るよう勧告することができる。
2　調停委員会は、前項に規定するもののほか、事件の解決を図るため必要な勧告をすることができる。

（調停案）
第八一条の一七　行労法第三十二条において準用する労調法第二十六条第一項の規定による調停案には、関係当事者、提示の日付及び調停委員を記載し、中労委名を記して押印しなければならない。
2　調停委員会は、調停案を関係当事者に提示するときは、期間を定めてその受諾を勧告するものとする。
3　調停案に対し、関係当事者の双方が回答したときは、その調停は、終了する。

第五節　紛争の仲裁

（仲裁の申請）
第八一条の二〇　仲裁の申請は、次の事項を記載し、申請者の代表者が氏名を記載した仲裁申請書を中労委に提出することによつて行う。
一　申請者の名称、代表者の氏名及び主たる事務所の所在地
二　他の関係当事者の名称、代表者の氏名及び主たる事務所の所在地
三　仲裁を求める事項
四　申請に至るまでの経過及び主張の対立点
五　労働協約の定めに基づく申請であるときは、その労働協約の関係条項
六　申請の日付
2　第八十一条の四第二項の規定は、前項の申請について準用する。

（裁定）
第八一条の二二　仲裁裁定書には、次の事項を記載し、中労委

名を記して押印しなければならない。
一　関係当事者
二　主文
三　理由
四　裁定の日付
五　仲裁委員

（仲裁裁定書の写しの交付）
第八一条の二三　前条に規定する仲裁裁定書の写しは、関係当事者に交付する。
2　仲裁委員会の委員長は、仲裁裁定書の写しを交付するときは、日時を定めて関係当事者を出頭させなければならない。この場合において、事務局は、関係当事者の受領書を徴しなければならない。
3　仲裁委員会の委員長は、前項に規定する手続に代えて、仲裁裁定書の写しを配達証明郵便又は配達証明郵便に準ずる役務により関係当事者に送付することができる。

附　則
この規則は、公布の日から施行する。

労働関係調整法

〔昭和二一年九月二七日
法律第二五号〕

沿革　昭和二四年六月一日法律第一七五号
〃二七年七月三一日〃第二八八号
平成一一年七月三一日〃第九八号
〃一四年七月三一日〃第一〇〇号
〃一六年一一月一七日〃第一四〇号
〃二〇年五月二日〃第二六号
〃二四年六月二七日〃第四二号
〃二五年六月一四日〃第四四号
〃二六年六月一三日〃第六七号
〃二六年六月一三日〃第六九号

第一章　総則

第一条　この法律は、労働組合法と相俟つて、労働関係の公正な調整を図り、労働争議を予防し、又は解決して、産業の平和を維持し、もつて経済の興隆に寄与することを目的とする。

第二条　労働関係の当事者は、互に労働関係を適正化するやうに、労働協約中に、常に労働関係の調整を図るための正規の機関の設置及びその運営に関する事項を定めるやうに、且つ労働争議が発生したときは、誠意をもつて自主的にこれを解決するやうに、特に努力しなければならない。

第三条　政府は、労働関係に関する主張が一致しない場合に、労働関係の当事者が、これを自主的に調整することに対し助力を与へ、これによつて争議行為をできるだけ防止することに努めなければならない。

第四条　この法律は、労働関係の当事者が、直接の協議又は団体交渉によつて、労働条件その他労働関係に関する事項を定め、又は労働関係に関する主張の不一致を調整することを妨げるものでないとともに、又、労働関係の当事者が、かかる努力をする責務を免除するものではない。

第五条　この法律によつて労働関係の調整をなす場合には、当事者及び労働委員会その他の関係機関は、できるだけ適宜の方法を講じて、事件の迅速な処理を図らなければならない。

第六条　この法律において労働争議とは、労働関係の当事者間において、労働関係に関する主張が一致しないで、そのために争議行為が発生してゐる状態又は発生する虞がある状態をいふ。

第七条　この法律において争議行為とは、同盟罷業、怠業、作業所閉鎖その他労働関係の当事者が、その主張を貫徹することを目的として行ふ行為及びこれに対抗する行為であつて、業務の正常な運営を阻害するものをいふ。

第八条　この法律において公益事業とは、次に掲げる事業であつて、公衆の日常生活に欠くことのできないものをいう。

一　運輸事業
二　郵便、信書便又は電気通信の事業
三　水道、電気又はガスの供給の事業
四　医療又は公衆衛生の事業

②　内閣総理大臣は、前項の事業の外、国会の承認を経て、業務の停廃が国民経済を著しく阻害し、又は公衆の日常生活を著しく危くする事業を、一年以内の期間を限り、公益事業として指定することができる。

③　内閣総理大臣は、前項の規定によつて公益事業の指定をしたときは、遅滞なくその旨を、官報に告示するの外、新聞、ラヂオ等適宜の方法により、公表しなければならない。

第八条の二　中央労働委員会及び都道府県労働委員会に、

行う労働争議の調停又は仲裁に参与させるため、中央労働委員会にあつては厚生労働大臣が、都道府県労働委員会にあつては都道府県知事がそれぞれ特別調整委員を置くことができる。

② 中央労働委員会に置かれる特別調整委員は、厚生労働大臣が、都道府県労働委員会に置かれる特別調整委員は、都道府県知事が任命する。

③ 特別調整委員は、使用者を代表する者、労働者を代表する者及び公益を代表する者とする。

④ 特別調整委員のうち、使用者を代表する者は使用者団体の推薦に基づいて、労働者を代表する者は労働組合の推薦に基づいて、公益を代表する者は当該労働委員会の使用者を代表する委員（行政執行法人の労働関係に関する法律（昭和二十三年法律第二百五十七号）第二十五条に規定する行政執行法人担当使用者委員（次条において「行政執行法人担当使用者委員」という。）を除く。）及び労働者を代表する委員（同法第二十五条に規定する行政執行法人担当労働者委員（次条において「行政執行法人担当労働者委員」という。）を除く。）の同意を得て、任命されるものとする。

⑤ 特別調整委員は、政令で定めるところにより、その職務を行ふために要する費用の弁償を受けることができる。

⑥ 特別調整委員に関する事項は、この法律に定めるもの外、政令でこれを定める。

第八条の三　中央労働委員会が第十条のあつせん員候補者の委嘱及びその名簿の作成、第十二条第一項ただし書の労働委員会の同意、第十八条第四号の労働委員会の決議その他政令で定める事務を処理する場合には、これらの事務の処理には、使用者を代表する委員のうち行政執行法人担当使用者委員以外の委員（第二十一条第一項において「一般企業担当使用者委員」という。）、労働者を代表する委員のうち行政執行法人担当労働者委員以外の委員（第二十一条第一項において「一般企業担当労働者委員」という。）並びに公益を代表する委員のうち会長があらかじめ指名する十人の委員及び会長（第二十一条第一項及び第三十一条の二において「一般企業担当公益委員」という。）のみが参与する。この場合において、中央労働委員会の事務の処理に関し必要な事項は、政令で定める。

第九条　争議行為が発生したときは、その当事者は、直ちにその旨を労働委員会又は都道府県知事に届け出なければならない。

第二章　斡旋

第一〇条　労働委員会は、斡旋員候補者を委嘱し、その名簿を作製して置かなければならない。

第一一条　斡旋員候補者は、学識経験を有する者で、この章の規定に基いて労働争議の解決につき援助を与へることができる者でなければならないが、その労働委員会の管轄区域内に住んでゐる者でなくても差し支へない。

第一二条　労働争議が発生したときは、労働委員会の会長は、関係当事者の双方若しくは一方の申請又は職権に基いて、斡旋員名簿に記されてゐる者の中から、斡旋員を指名しなければならない。但し、労働委員会の同意を得れば、斡旋員名簿に記されてゐない者を臨時の斡旋員に委嘱することもできる。

② 労働組合法第十九条の十第一項に規定する地方において中央労働委員会が処理すべき事件として政令で定めるものについては、中央労働委員会の会長は、前項の規定にかかわらず、関係当事者の双方若しくは一方の申請又は職権に基づいて、同条第一項に規定する地方調整委員のうちから、あつせん員を指名する。ただし、中央労働委員会の会長が当該地方調整

委員のうちからあつせん員を指名することが適当でないと認める場合は、この限りでない。

第一三条 斡旋員は、関係当事者間を斡旋し、双方の主張の要点を確め、事件が解決されるやうに努めなければならない。

第一四条 斡旋員は、自分の手では事件が解決される見込がないときは、その事件から手を引き、事件の要点を労働委員会に報告しなければならない。

第一四条の二 斡旋員は、政令で定めるところにより、その職務を行ふために要する費用の弁償を受けることができる。

第一五条 斡旋員候補者に関する事項は、この章に定めるものの外命令でこれを定める。

第一六条 この章の規定は、労働争議の当事者が、双方の合意又は労働協約の定により、別の斡旋方法によつて、事件の解決を図ることを妨げるものではない。

第三章　調停

第一七条 労働組合法第二十条の規定による労働委員会による労働争議の調停は、この章の定めるところによる。

第一八条 労働委員会は、次の各号のいずれかに該当する場合に、調停を行う。

一　関係当事者の双方から、労働委員会に対して、調停の申請がなされたとき。

二　関係当事者の双方又は一方から、労働協約の定めに基づいて、労働委員会に対して調停の申請がなされたとき。

三　公益事業に関する事件につき、関係当事者の一方から、労働委員会に対して、調停の申請がなされたとき。

四　公益事業に関する事件につき、労働委員会が職権に基づいて、調停を行う必要があると決議したとき。

五　公益事業に関する事件又はその事件が規模が大きいため若しくは特別の性質の事業に関するものであるために公益に著しい障害を及ぼす事件につき、厚生労働大臣又は都道府県知事から、労働委員会に対して、調停の請求がなされたとき。

第一九条 労働委員会による労働争議の調停は、使用者を代表する調停委員、労働者を代表する調停委員及び公益を代表する調停委員から成る調停委員会を設け、これによつて行ふ。

第二〇条 調停委員会の、使用者を代表する調停委員と労働者を代表する調停委員とは、同数でなければならない。

第二一条 使用者を代表する調停委員は労働委員会の使用者を代表する委員（中央労働委員会にあつては、一般企業担当使用者委員）又は特別調整委員のうちから、労働者を代表する調停委員は労働委員会の労働者を代表する委員（中央労働委員会にあつては、一般企業担当労働者委員）又は特別調整委員のうちから、公益を代表する調停委員は労働委員会の公益を代表する委員（中央労働委員会にあつては、一般企業担当公益委員）又は特別調整委員のうちから労働委員会の会長がこれを指名する。

② 労働組合法第十九条の十第一項に規定する地方において中央労働委員会が処理すべき事件として政令で定めるものについては、中央労働委員会の会長は、前項の規定にかかわらず、同条第一項に規定する地方調整委員のうちから、調停委員を指名する。ただし、中央労働委員会の会長が当該地方調整委員のうちから調停委員を指名することが適当でないと認める場合は、この限りでない。

第二二条 調停委員会に、委員長を置く。委員長は、調停委員会で、公益を代表する調停委員の中から、これを選挙する。

第二三条 調停委員会は、委員長がこれを招集し、その議事は、出席者の過半数でこれを決する。

② 調停委員会は、使用者を代表する調停委員及び労働者を代

表する調停委員が出席しなければ、会議を開くことはできない。

第二四条　調停委員会は、期日を定めて、関係当事者の出頭を求め、その意見を徴さなければならない。

第二五条　調停をなす場合には、調停委員会は、関係当事者及び参考人以外の者の出席を禁止することができる。

第二六条　調停委員会は、調停案を作成して、これを関係当事者に示し、その受諾を勧告するとともに、その調停案は理由を附してこれを公表することができる。この場合必要があるときは、新聞又はラヂオによる協力を請求することができる。

②　前項の調停案が関係当事者の双方により受諾された後、その調停案の解釈又は履行について意見の不一致が生じたときは、関係当事者は、その調停案を提示した調停委員会にその解釈又は履行に関する見解を明らかにすることを申請しなければならない。

③　前項の調停委員会は、前項の申請のあつた日から十五日以内に、関係当事者に対して、申請のあつた事項について解釈又は履行に関する見解を示さなければならない。

④　前項の解釈又は履行に関する見解が示されるまでは、関係当事者は、当該調停案の解釈又は履行に関して争議行為をなすことができない。但し、前項の期間が経過したときは、この限りでない。

第二七条　公益事業に関する事件の調停については、特に迅速に処理するために、必要な優先的取扱がなされなければならない。

第二八条　この章の規定は、労働争議の当事者が、双方の合意又は労働協約の定により、別の調停方法によつて事件の解決を図ることを妨げるものではない。

第四章　仲裁

第二九条　労働組合法第二十条の規定による労働委員会による労働争議の仲裁は、この章の定めるところによる。

第三〇条　労働委員会は、左の各号の一に該当する場合に、仲裁を行ふ。

一　関係当事者の双方から、労働委員会に対して、仲裁の申請がなされたとき。

二　労働協約に、労働委員会による仲裁の申請をなさなければならない旨の定がある場合に、その定に基いて、関係当事者の双方又は一方から、労働委員会に対して、仲裁の申請がなされたとき。

第三一条　労働委員会による労働争議の仲裁は、三人以上の奇数の仲裁委員をもつて組織される仲裁委員会を設け、これによつて行う。

第三一条の二　仲裁委員は、労働委員会の公益を代表する委員又は特別調整委員のうちから、関係当事者が合意により選定した者につき、労働委員会の会長が指名する。ただし、関係当事者の合意による選定がされなかつたときは、労働委員会の会長が、関係当事者の意見を聴いて、労働委員会の公益を代表する委員（中央労働委員会にあつては、一般企業担当公益委員）又は特別調整委員のうちから指名する。

第三一条の三　仲裁委員会に、委員長を置く。委員長は、仲裁委員が互選する。

第三一条の四　仲裁委員会は、委員長が招集する。

②　仲裁委員会は、仲裁委員の過半数が出席しなければ、会議を開き、議決することができない。

③　仲裁委員会の議事は、仲裁委員の過半数でこれを決する。

第三一条の五　関係当事者のそれぞれが指名した労働委員会の

使用者を代表する委員又は特別調整委員及び労働者を代表する委員又は特別調整委員は、仲裁委員会の同意を得て、その会議に出席し、意見を述べることができる。

第三二条　仲裁をなす場合には、仲裁委員会は、関係当事者及び参考人以外の者の出席を禁止することができる。

第三三条　仲裁裁定は、書面に作成してこれを行ふ。その書面には効力発生の期日も記さなければならない。

第三四条　仲裁裁定は、労働協約と同一の効力を有する。

第三五条　この章の規定は、労働協約の当事者が、双方の合意又は労働協約の定により、別の仲裁方法によつて事件の解決を図ることを妨げるものではない。

第四章の二　緊急調整

第三五条の二　内閣総理大臣は、事件が公益事業に関するものであるため、又はその規模が大きいため若しくは特別の性質の事業に関するものであるために、争議行為により当該業務が停止されるときは国民経済の運行を著しく阻害し、又は国民の日常生活を著しく危くする虞があると認める事件について、その虞が現実に存するときに限り、緊急調整の決定をすることができる。

② 内閣総理大臣は、前項の決定をしようとするときは、あらかじめ中央労働委員会の意見を聴かなければならない。

③ 内閣総理大臣は、緊急調整の決定をしたときは、直ちに、理由を附してその旨を公表するとともに、中央労働委員会及び関係当事者に通知しなければならない。

第三五条の三　中央労働委員会は、前条第三項の通知を受けたときは、その事件を解決するため、最大限の努力を尽さなければならない。

② 中央労働委員会は、前項の任務を遂行するため、その事件について、左の各号に掲げる措置を講ずることができる。

一　斡旋を行ふこと。
二　調停を行ふこと。
三　仲裁を行ふこと（第三十条各号に該当する場合に限る。）。
四　事件の実情を調査し、及び公表すること。
五　解決のため必要と認める措置をとるべきことを勧告すること。

③ 前項第二号の調停は、第十八条各号に該当しない場合であつても、これを行ふことができる。

第三五条の四　中央労働委員会は、緊急調整の決定に係る事件については、他のすべての事件に優先してこれを処理しなければならない。

第三五条の五　第三十五条の二の規定により内閣総理大臣がした決定については、審査請求をすることができない。

第五章　争議行為の制限禁止等

第三六条　工場事業場における安全保持の施設の正常な維持又は運行を停廃し、又はこれを妨げる行為は、争議行為としてでもこれをなすことはできない。

第三七条　公益事業に関する事件につき関係当事者が争議行為をするには、その争議行為をしようとする日の少なくとも十日前までに、労働委員会及び厚生労働大臣又は都道府県知事にその旨を通知しなければならない。

② 緊急調整の決定があつた公益事業に関する事件については、前項の規定による通知は、第三十八条に規定する期間を経過した後でなければこれをすることができない。

第三八条　緊急調整の決定をなした旨の公表があつたときは、関係当事者は、公表の日から五十日間は、争議行為をなすことができない。

第三九条　緊急調整の決定をなした旨の公表があつたときは、関係当事者は、公表の日から五十日間は、争議行為をなすことができない。

② 前項の規定は、そのものが、法人であるときは、理事、取締役、執行役その他法人の業務を執行する役員に、法人でない団体であるときは、代表者その他業務を執行する役員にこれを適用する。

③ 一個の争議行為に関し科する罰金の総額は、十万円を超えることはできない。

④ 法人、法人でない使用者又は労働者の組合、争議団等の団体であつて解散したものに、第一項の規定を適用するについては、その団体は、なほ存続するものとみなす。

第四〇条　第三十八条の規定の違反があつた場合においては、その違反行為について責任のある使用者若しくはその団体、労働者の団体又はその他の者若しくはその団体は、これを二十万円以下の罰金に処する。

② 前条第二項から第四項までの規定は、前項の場合に準用する。この場合において同条第三項中「十万円」とあるのは、「二十万円」と読み替へるものとする。

第四一条　削除

第四二条　第三十九条の罪は、労働委員会の請求を待つてこれを論ずる。

第四三条　調停又は仲裁をなす場合において、その公正な進行を妨げる者に対しては、調停委員会の委員長又は仲裁委員会の委員長は、これに退場を命ずることができる。

附　則　抄

第一条　この法律施行の期日は、勅令でこれを定める。

第二条　労働争議調停法は、これを廃止する。

行政執行法人の労働関係に関する法律

〔昭和二三年一二月二〇日
法律第二五七号〕

沿革　昭和三一年　五月二一日法律第一〇八号
〃　六一年一二月　四日　〃　第　九三号
〃　六三年　六月一四日　〃　第　八二号
平成一一年　七月一六日　〃　第一〇四号
〃　一四年　七月三一日　〃　第　九八号
〃　二六年　四月一八日　〃　第　二二号
〃　二六年　六月一三日　〃　第　六七号
〃　二六年　六月一三日　〃　第　六九号
〃　三〇年　六月　八日　〃　第　四一号
令和　三年　六月一一日　〃　第　六一号

第一章　総則

（目的及び関係者の義務）

第一条　この法律は、行政執行法人の職員の労働条件に関する苦情又は紛争の友好的かつ平和的調整を図るように団体交渉の慣行と手続とを確立することによつて、行政執行法人の正常な運営を最大限に確保し、もつて公共の福祉を増進し、擁護することを目的とする。

2　国家の経済と国民の福祉に対する行政執行法人の重要性に鑑み、この法律で定める手続に関与する関係者は、経済的紛争をできるだけ防止し、かつ、主張の不一致を友好的に調整するために、最大限の努力を尽くさなければならない。

（定義）

第二条　この法律において、次の各号に掲げる用語の意義は、当該各号に定めるところによる。

一　行政執行法人　独立行政法人通則法（平成十一年法律第百三号）第二条第四項に規定する行政執行法人をいう。

二　職員　行政執行法人に勤務する一般職に属する国家公務員をいう。

（労働組合法との関係等）

第三条　職員に関する労働関係については、この法律の定めるところにより、この法律に定めのないものについては、労働組合法（昭和二十四年法律第百七十四号。第五条第二項第八号、第七条第一号ただし書、第八条、第十八条、第二十四条の二第一項及び第二項、第二十七条の十三第二項、第二十八条、第三十一条並びに第三十二条の規定を除く。）の定めるところによる。この場合において、同法第六条中「労働組合の代表者又は労働組合の委任を受けた者」とあり、及び同法第七条第二号中「使用者が雇用する労働者の代表者」とあるのは「労働組合を代表する交渉委員」と、同条第四号中「労働関係調整法（昭和二十一年法律第二十五号）による労働争議の調整」とあるのは「行政執行法人の労働関係に関する法律による紛争の調整」と読み替えるものとする。

2　中央労働委員会（以下「委員会」という。）は、職員に関する労働関係について労働組合法第二十四条第一項に規定する事件の処理をする場合には、会長及び第二十五条の規定に基づき公益を代表する委員のうちから会長があらかじめ指名した四人の委員全員により構成する審査委員会を設けて事件の処理を行わせ、当該審査委員会のした処分をもつて委員会の処分とすることができる。ただし、事件が重要と認められる場合その他審査委員会が処分をすることが適当でないと認められる場合は、この限りでない。

3 前項の審査委員会に関する事項その他同項の適用に関し必要な事項は、政令で定める。

第二章　労働組合

（職員の団結権）
第四条 職員は、労働組合を結成し、若しくは結成せず、又はこれに加入し、若しくは加入しないことができる。
2 委員会は、職員が結成し、又は加入する労働組合（以下「組合」という。）について、職員のうち労働組合法第二条第一号に規定する者の範囲を認定して告示するものとする。
3 前項の規定による委員会の事務の処理には、委員会の公益を代表する委員のみが参与する。
4 行政執行法人は、職を新設し、変更し、又は廃止したときは、速やかにその旨を委員会に通知しなければならない。
5 前条第二項及び第三項の規定は、第三項に規定する事務の処理について準用する。
第五条及び第六条 削除
（組合のための職員の行為の制限）
第七条 職員は、組合の業務に専ら従事することができない。ただし、行政執行法人の許可を受けて、組合の役員として専ら従事する場合は、この限りでない。
2 前項ただし書の許可は、行政執行法人が相当と認める場合に与えることができるものとし、これを与える場合においては、行政執行法人は、その許可の有効期間を定めるものとする。
3 第一項ただし書の規定により組合の役員として専ら従事する期間は、職員としての在職期間を通じて五年（その職員が国家公務員法（昭和二十二年法律第百二十号）第百八条の六第一項ただし書の規定により職員団体の業務に専ら従事したことがある者であるときは、五年からその専ら従事した期間を控除した期間）を超えることができない。
4 第一項ただし書の許可は、当該許可を受けた職員が組合の役員として当該組合の業務にもつぱら従事する者でなくなつたときは、取り消されるものとする。
5 第一項ただし書の許可を受けた職員は、その許可が効力を有する間は、休職者とし、いかなる給与も支給されないものとする。

第三章　団体交渉等

（団体交渉の範囲）
第八条 第十一条及び第十二条第二項に規定するもののほか、職員に関する次に掲げる事項は、団体交渉の対象とし、これに関し労働協約を締結することができる。ただし、行政執行法人の管理及び運営に関する事項は、団体交渉の対象とすることができない。
一 賃金その他の給与、労働時間、休憩、休日及び休暇に関する事項
二 昇職、降職、転職、免職、休職、先任権及び懲戒の基準に関する事項
三 労働に関する安全、衛生及び災害補償に関する事項
四 前三号に掲げるもののほか、労働条件に関する事項
（交渉委員等）
第九条 行政執行法人と組合との団体交渉は、専ら、行政執行法人を代表する交渉委員と組合を代表する交渉委員とにより行う。
第一〇条 行政執行法人を代表する交渉委員は当該行政執行法人が、組合を代表する交渉委員は当該組合が指名する。
2 行政執行法人及び組合は、交渉委員を指名したときは、そ

の名簿を相手方に提示しなければならない。

第一一条　前二条に定めるもののほか、交渉委員の数、交渉委員の任期その他団体交渉の手続に関し必要な事項は、団体交渉で定める。

（苦情処理）

第一二条　行政執行法人及び組合は、職員の苦情を適当に解決するため、行政執行法人を代表する者及び職員を代表する者各同数をもつて構成する苦情処理共同調整会議を設けなければならない。

2　苦情処理共同調整会議の組織その他苦情処理に関する事項は、団体交渉で定める。

第一三条から第一六条まで　削除

第四章　争議行為

（争議行為の禁止）

第一七条　職員及び組合は、行政執行法人に対して同盟罷業、怠業、その他業務の正常な運営を阻害する一切の行為をすることができない。また、職員並びに組合の組合員及び役員は、このような禁止された行為を共謀し、唆し、又はあおつてはならない。

2　行政執行法人は、作業所閉鎖をしてはならない。

（第十七条に違反した職員の身分）

第一八条　前条の規定に違反する行為をした職員は、解雇されるものとする。

（不当労働行為の申立て等）

第一九条　前条の規定による解雇に係る労働組合法第二十七条第一項の申立てがあつた場合において、当該申立てが当該解雇がされた日から二月を経過した後にされたものであるときは、委員会は、同条第二項の規定にかかわらず、これを受けることができない。

2　前条の規定による解雇に係る労働組合法第二十七条第一項の申立てを受けたときは、委員会は、当該申立ての日から二月以内に同法第二十七条の十二第一項の命令を発するようにしなければならない。

第五章　削除

第二〇条から第二四条まで　削除

第六章　あつせん、調停及び仲裁

（行政執行法人担当委員）

第二五条　委員会が次条第一項、第二十七条第三号及び第四号並びに第三十三条第四号の委員会の決議、次条第二項及び第二十九条第四項の委員会の同意その他政令で定める委員会の事務を処理する場合には、これらの事務の処理には、公益を代表する委員のうち会長があらかじめ指名する四人の委員及び会長（次条第二項、第二十九条第二項及び第三十四条第二項において「行政執行法人担当公益委員」という。）、労働組合法第十九条の三第二項に規定する行政執行法人の推薦に基づき任命された同項に規定する四人の委員（次条第二項及び第二十九条第二項において「行政執行法人担当使用者委員」という。）並びに同法第十九条の三第二項に規定する行政執行法人職員が結成し、又は加入する労働組合の推薦に基づき任命された同項に規定する四人の委員（次条第二項及び第二十九条第二項において「行政執行法人担当労働者委員」という。）のみが参与する。この場合において、委員会の事務の処理に関し必要な事項は、政令で定める。

（あつせん）

第二六条　委員会は、行政執行法人とその職員との間に発生した紛争について、関係当事者の双方若しくは一方の申請又は委員会の決議により、あつせんを行うことができる。

2　前項のあつせんは、委員会の会長が行政執行法人担当公益委員、行政執行法人担当使用者委員若しくは行政執行法人担当労働者委員若しくは第二十九条第四項の調停委員候補者名簿に記載されている者のうちから指名するあつせん員又は委員会の同意を得て委員会の会長が委嘱するあつせん員によつて行う。

3　労働組合法第十九条の十第一項に規定する地方において中央労働委員会が処理すべき事件として政令で定めるものについては、委員会の会長は、前項の規定にかかわらず、同条第一項に規定する地方調整委員のうちから、あつせん員を指名する。ただし、委員会の会長が当該地方調整委員のうちからあつせん員を指名することが適当でないと認める場合は、この限りでない。

4　あつせん員（委員会の委員又は労働組合法第十九条の十第一項に規定する地方調整委員である者を除く。次項において同じ。）は、政令で定めるところにより、報酬及びその職務を行うために要する費用の弁償を受けることができる。

5　あつせん員又はあつせん員であつた者は、その職務に関して知ることができた秘密を漏らしてはならない。

6　労働関係調整法（昭和二十一年法律第二十五号）第十三条及び第十四条の規定は、第一項のあつせんについて準用する。

（調停の開始）

第二七条　委員会は、次の場合に調停を行う。

一　関係当事者の双方が委員会に調停の申請をしたとき。

二　関係当事者の一方が労働協約の定に基いて委員会に調停の申請をしたとき。

三　関係当事者の一方の申請により、委員会が調停を行う必要があると決議したとき。

四　委員会が職権に基き、調停を行う必要があると決議したとき。

五　主務大臣が委員会に調停の請求をしたとき。

（委員会による調停）

第二八条　委員会による調停は、当該事件について設ける調停委員会によつて行う。

（調停委員会）

第二九条　調停委員会は、公益を代表する調停委員、行政執行法人を代表する調停委員及び職員を代表する調停委員各三人以内で組織する。ただし、行政執行法人を代表する調停委員と職員を代表する調停委員とは、同数でなければならない。

2　公益を代表する調停委員は行政執行法人担当公益委員のうちから、行政執行法人を代表する調停委員は行政執行法人担当使用者委員のうちから、職員を代表する調停委員は行政執行法人担当労働者委員のうちから、委員会の会長が指名する。

3　労働組合法第十九条の十第一項に規定する地方において中央労働委員会が処理すべき事件として政令で定めるものについては、委員会の会長は、前項の規定にかかわらず、同条第一項に規定する地方調整委員のうちから、調停委員を指名する。ただし、委員会の会長が当該地方調整委員のうちから調停委員を指名することが適当でないと認める場合は、この限りでない。

4　委員会の会長は、必要があると認めるときは、前二項の規定にかかわらず、厚生労働大臣があらかじめ委員会の同意を得て作成した調停委員候補者名簿に記載されている者のうちから、調停委員を委嘱することができる。

5　前項の規定による調停委員は、政令で定めるところにより、報酬及びその職務を行うために要する費用の弁償を受けることができる。

第三〇条 削除

（報告及び指示）
第三一条 委員会は、調停委員会に、その行う事務に関し報告をさせ、又は必要な指示をすることができる。

（調停に関する準用規定）
第三二条 労働関係調整法第二十二条から第二十五条まで、第二十六条第一項から第三項まで及び第四十三条の規定は、調停委員会及び調停について準用する。

（仲裁の開始）
第三三条 委員会は、次の場合に仲裁を行う。
一 関係当事者の双方が委員会に仲裁の申請をしたとき。
二 関係当事者の一方が労働協約の定に基いて委員会に仲裁の申請をしたとき。
三 委員会があつせん又は調停を開始した後二月を経過して、なお紛争が解決しない場合において、関係当事者の一方が委員会に仲裁の申請をしたとき。
四 委員会が、あつせん又は調停を行つている事件について、仲裁を行う必要があると決議したとき。
五 主務大臣が委員会に仲裁の請求をしたとき。

（仲裁委員会）
第三四条 委員会による仲裁は、当該事件について設ける仲裁委員会によつて行う。
2 仲裁委員会は、行政執行法人担当公益委員の全員をもつて充てる仲裁委員又は委員会の会長が行政執行法人担当公益委員のうちから指名する三人の仲裁委員で組織する。
3 労働関係調整法第三十一条の三から第三十四条まで及び第四十三条の規定は、仲裁委員会、仲裁及び裁定について準用する。この場合において、同法第三十一条の五中「委員又は特別調整委員」とあるのは、「委員」と読み替えるものとする。

（委員会の裁定）
第三五条 行政執行法人とその職員との間に発生した紛争に係る委員会の裁定に対しては、当事者は、双方とも最終的決定としてこれに服従しなければならない。
2 政府は、行政執行法人がその職員との間に発生した紛争に係る委員会の裁定を実施した結果、その事務及び事業の実施に著しい支障が生ずることのないように、できる限り努力しなければならない。

第七章 雑則

（主務大臣）
第三六条 第二十七条第五号及び第三十三条第五号に規定する主務大臣は、厚生労働大臣及び行政執行法人を所管する大臣（当該調停又は仲裁に係る行政執行法人を所管する大臣に限る。）とする。

（他の法律の適用除外）
第三七条 次に掲げる法律の規定は、職員については、適用しない。
一 国家公務員法第三条第二項から第四項まで、第三条の二、第十七条、第十七条の二、第十九条、第二十条、第二十二条、第二十三条、第七十条の五から第七十一条まで、第七十三条、第七十七条、第八十四条第二項、第八十四条の二、第八十六条から第八十八条まで、第九十六条第二項、第九十八条第二項及び第三項、第百条第四項、第百八条の二から第百八条の七まで並びに附則第六条の規定
二 国家公務員法の一部を改正する法律（昭和二十三年法律第二百二十二号）附則第三条の規定
2 前項の規定は、職員に関し、その職務と責任の特殊性に基づいて、国家公務員法附則第四条に定める同法の特例を定め

たものである。

3　行政執行法人及び職員に係る処分又はその不作為であつて第三条第一項の規定により読み替えられた労働組合法第七条各号に該当するものについては、審査請求をすることができない。

附　則　抄

1　この法律は、昭和二十四年六月一日から施行する。

地方公営企業等の労働関係に関する法律

〔昭和二七年七月三一日
法律第二八九号〕

沿革　昭和四一年　七月　五日法律第一二〇号
〃　四六年一二月　一日〃第一一七号
〃　六一年一二月　四日〃第　九三号
平成　三年　四月　二日〃第　二四号
〃　一一年一二月二二日〃第一六〇号
〃　一五年　七月一六日〃第一一九号
〃　一六年一一月一七日〃第一四〇号
〃　一九年　五月一六日〃第　四四号
〃　二六年　五月一四日〃第　三四号
〃　二六年　六月一三日〃第　六九号

（目的）

第一条　この法律は、地方公共団体の経営する企業及び特定地方独立行政法人の正常な運営を最大限に確保し、もつて住民の福祉の増進に資するため、地方公共団体の経営する企業及び特定地方独立行政法人とこれらに従事する職員との間の平和的な労働関係の確立を図ることを目的とする。

（関係者の責務）

第二条　地方公共団体におけるその経営する企業及び特定地方独立行政法人の重要性にかんがみ、この法律に定める手続に関与する関係者は、紛争をできるだけ防止し、かつ、主張の不一致を友好的に調整するために、最大限の努力を尽さなければならない。

（定義）

第三条　この法律において、次の各号に掲げる用語の意義は、当該各号に定めるところによる。

一　地方公営企業　次に掲げる事業（これに附帯する事業を含む。）を行う地方公共団体が経営する企業をいう。

イ　鉄道事業
ロ　軌道事業
ハ　自動車運送事業
ニ　電気事業
ホ　ガス事業
ヘ　水道事業
ト　工業用水道事業
チ　イからトまでの事業のほか、地方公営企業法（昭和二十七年法律第二百九十二号）第二条第三項の規定に基づく条例又は規約の定めるところにより同法第四章の規定が適用される企業

二　特定地方独立行政法人　地方独立行政法人法（平成十五年法律第百十八号）第二条第二項に規定する特定地方独立行政法人をいう。

三　地方公営企業等　地方公営企業及び特定地方独立行政法人をいう。

四　職員　地方公営企業又は特定地方独立行政法人に勤務する一般職に属する地方公務員をいう。

（他の法律との関係）

第四条　職員に関する労働関係については、この法律の定めるところにより、この法律に定のないものについては、労働組合法（昭和二十四年法律第百七十四号）（第五条第二項第八号、第七条第一号ただし書、第八条及び第十八条の規定を除く。）及び労働関係調整法（昭和二十一年法律第二十五号）（第九条、第十八条、第二十六条第四項、第三十条及び第三十五条の二から第四十二条までの規定を除く。）の定めると

ころによる。

（職員の団結権）

第五条　職員は、労働組合を結成し、若しくは結成せず、又はこれに加入し、若しくは加入しないことができる。

2　労働委員会は、職員が結成し、又は加入する労働組合（以下「組合」という。）について、職員のうち労働組合法第二条第一号に規定する者の範囲を認定して告示するものとする。

3　地方公営企業等は、職を新設し、変更し、又は廃止したときは、速やかにその旨を労働委員会に通知しなければならない。

（組合のための職員の行為の制限）

第六条　職員は、組合の業務に専ら従事することができない。ただし、地方公営企業等の許可を受けて、組合の役員として専ら従事する場合は、この限りでない。

2　前項ただし書の許可は、地方公営企業等が相当と認める場合に与えることができるものとし、これを与える場合においては、地方公営企業等は、その許可の有効期間を定めるものとする。

3　第一項ただし書の規定により組合の役員としてもつぱら従事する期間は、職員としての在職期間を通じて五年（地方公務員法（昭和二十五年法律第二百六十一号）第五十五条の二第一項ただし書の規定により職員団体の業務にもつぱら従事したことがある職員については、五年からそのもつぱら従事した期間を控除した期間）をこえることができない。

4　第一項ただし書の許可は、当該許可を受けた職員が組合の役員として当該組合の業務にもつぱら従事する者でなくなつたときは、取り消されるものとする。

5　第一項ただし書の許可を受けた職員は、その許可が効力を有する間は、休職者とし、いかなる給与も支給されず、また、その期間は、退職手当の算定の基礎となる勤続期間に算入されないものとする。

（団体交渉の範囲）

第七条　第十三条第二項に規定するもののほか、職員に関する次に掲げる事項は、団体交渉の対象とし、これに関し労働協約を締結することができる。ただし、地方公営企業等の管理及び運営に関する事項は、団体交渉の対象とすることができない。

一　賃金その他の給与、労働時間、休憩、休日及び休暇に関する事項

二　昇職、降職、転職、免職、休職、先任権及び懲戒の基準に関する事項

三　労働に関する安全、衛生及び災害補償に関する事項

四　前三号に掲げるもののほか、労働条件に関する事項

（条例に抵触する協定）

第八条　地方公共団体の長は、地方公営企業において当該地方公共団体の条例に抵触する内容を有する協定が締結されたときは、その締結後十日以内に、その協定が条例に抵触しなくなるために必要な条例の改正又は廃止に係る議案を当該地方公共団体の議会に付議して、その議決を求めなければならない。ただし、当該地方公共団体の議会がその締結の日から起算して十日を経過した日に閉会しているときは、次の議会に速やかにこれを付議しなければならない。

2　特定地方独立行政法人の理事長は、設立団体（地方独立行政法人法第六条第三項に規定する設立団体をいう。以下同じ。）の条例に抵触する内容を有する協定を締結したときは、速やかに、当該設立団体の長に対して、その協定が条例に抵触しなくなるために必要な条例の改正又は廃止に係る議案を当該設立団体の議会に付議して、その議決を求めるよう要請しなければならない。

3　前項の規定による要請を受けた設立団体の長は、その要請

を受けた日から十日以内に、同項の協定が条例に抵触しなくなるために必要な条例の改正又は廃止に係る議案を当該設立団体の議会に付議して、その議決を求めるものとする。ただし、当該設立団体の議会がその要請を受けた日から起算して十日を経過した日に閉会しているときは、次の議会に速やかにこれを付議するものとする。

4　第一項又は第二項の協定は、第一項又は第二項の条例の改正又は廃止がなければ、条例に抵触する限度において、効力を生じない。

（規則その他の規程に抵触する協定）

第九条　地方公共団体の長その他の地方公共団体の機関は、地方公営企業において、当該地方公共団体の長その他の地方公共団体の機関の定める規則その他の規程に抵触する内容を有する協定が締結されたときは、速やかに、その協定が規則その他の規程に抵触しなくなるために必要な規則その他の規程の改正又は廃止のための措置をとらなければならない。

（予算上資金上不可能な支出を内容とする協定）

第一〇条　地方公営企業の予算上又は資金上、不可能な資金の支出を内容とするいかなる協定も、当該地方公共団体の議会によつて所定の行為がなされるまでは、当該地方公共団体を拘束せず、且つ、いかなる資金といえども、そのような協定に基いて支出されてはならない。

2　前項の協定をしたときは、当該地方公共団体の長は、その締結後十日以内に、事由を附しこれを当該地方公共団体の議会に付議して、その承認を求めなければならない。但し、当該地方公共団体の議会がその締結の日から起算して十日を経過した日に閉会しているときは、次の議会にすみやかにこれを付議しなければならない。

3　前項の規定により当該地方公共団体の議会の承認があつたときは、第一項の協定は、それに記載された日附にさかのぼつて効力を発生するものとする。

（争議行為の禁止）

第一一条　職員及び組合は、地方公営企業等に対して同盟罷業、怠業その他の業務の正常な運営を阻害する一切の行為をすることができない。また、職員並びに組合の組合員及び役員は、このような禁止された行為を共謀し、唆し、又はあおつてはならない。

2　地方公営企業等は、作業所閉鎖をしてはならない。

（前条の規定に違反した職員の身分）

第一二条　地方公共団体及び特定地方独立行政法人は、前条の規定に違反する行為をした職員を解雇することができる。

（苦情処理）

第一三条　地方公営企業等及び組合は、職員の苦情を適当に解決するため、地方公営企業等を代表する者及び職員を代表する者各同数をもつて構成する苦情処理共同調整会議を設けなければならない。

2　苦情処理共同調整会議の組織その他苦情処理に関する事項は、団体交渉で定める。

（調停の開始）

第一四条　労働委員会は、次に掲げる場合に、地方公営企業等の労働関係に関して調停を行う。

一　関係当事者の双方が調停の申請をしたとき。

二　関係当事者の双方又は一方が労働協約の定めに基づいて調停の申請をしたとき。

三　関係当事者の一方が調停の申請をなし、労働委員会が調停を行う必要があると決議したとき。

四　労働委員会が職権に基づいて調停を行う必要があると決議したとき。

五　厚生労働大臣又は都道府県知事が調停の請求をしたとき。

（仲裁の開始）

第一五条　労働委員会は、次に掲げる場合に、地方公営企業等の労働関係に関して仲裁を行う。
一　関係当事者の双方が仲裁の申請をしたとき。
二　関係当事者の双方又は一方が労働協約の定めに基づいて仲裁の申請をしたとき。
三　労働委員会が、その労働委員会においてあつせん又は調停を行つている労働争議について、仲裁を行う必要があると決議したとき。
四　労働委員会があつせん又は調停を開始した後二月を経過して、なお労働争議が解決しない場合において、関係当事者の一方が仲裁の申請をしたとき。
五　厚生労働大臣又は都道府県知事が仲裁の請求をしたとき。

（仲裁裁定）
第一六条　地方公営企業等とその職員との間に発生した紛争に係る仲裁裁定に対しては、当事者は、双方とも最終的決定としてこれに服従しなければならない。
2　地方公共団体の長は、地方公営企業とその職員との間に発生した紛争に係る仲裁裁定が実施されるように、できる限り努力しなければならない。ただし、当該地方公営企業の予算上又は資金上、不可能な資金の支出を内容とする仲裁裁定については、第十条の規定を準用する。
3　第八条第一項及び第四項の規定は当該地方公共団体の条例に抵触する内容を有する仲裁裁定について、第九条の規定は当該地方公共団体の規則その他の規程に抵触する内容を有する仲裁裁定について準用する。
4　設立団体は、特定地方独立行政法人がその職員との間に発生した紛争に係る仲裁裁定を実施した結果、その事務及び事業の実施に著しい支障が生ずることのないように、できる限り努力しなければならない。
5　第八条第二項から第四項までの規定は、当該設立団体の条例に抵触する内容を有する仲裁裁定について準用する。

（第五条第二項の事務の処理）
第一六条の二　第五条第二項の規定による労働委員会の事務の処理には、公益を代表する委員のみが参与する。

（不当労働行為の申立て等）
第一六条の三　第十二条の規定による解雇に係る労働組合法第二十七条第一項の申立てがあつた場合において、その申立てが当該解雇がなされた日から二月を経過した後になされたものであるときは、労働委員会は、同条第二項の規定にかかわらず、これを受けることができない。
2　第十二条の規定による解雇に係る労働組合法第二十七条第一項の申立て又は同法第二十七条の十五第一項若しくは第二項の再審査の申立てを受けたときは、労働委員会は、申立ての日から二月以内に命令を発するようにしなければならない。

（地方公営企業法の準用）
第一七条　地方公営企業法第三十八条並びに第三十九条第一項及び第三項から第六項までの規定は、地方公営企業（同法第四章の規定が適用されるものを除く。）に勤務する職員について準用する。
2　地方公営企業法第三十九条第二項の規定は、前項に規定する職員（同法第三十九条第二項の政令で定める基準に従い地方公共団体の長が定める職にある者を除く。）について準用する。

附　則　抄

1　この法律の施行期日は、公布の日から起算して六箇月をこえない範囲内で、政令で定める。
4　第六条の規定の適用については、地方公営企業等の運営の実態にかんがみ、労働関係の適正化を促進し、もつて地方公営企業等の効率的な運営に資するため、当分の間、同条第三項中「五年」とあるのは、「七年以下の範囲内で労働協約で定める期間」とする。

5　地方公務員法第五十七条に規定する単純な労務に雇用される一般職に属する地方公務員であつて、第三条第四号の職員以外のものに係る労働関係その他身分取扱いについては、その労働関係その他身分取扱いに関し特別の法律が制定施行されるまでの間は、この法律（第十七条を除く。）並びに地方公営企業法第三十八条及び第三十九条の規定を準用する。この場合において、同条第一項中「第四十九条まで、第五十二条から第五十六条まで」とあるのは「第四十九条まで」と、同条第五項中「地方公営企業の管理者」とあるのは「任命権者（委任を受けて任命権を行う者を除く。）」と読み替えるものとする。

労働者協同組合法　抄

〔令和二年一二月一一日 法律第七八号〕

沿革　令和　四年　六月一七日法律第　六八号
〃　四年　六月一七日　〃　第　七一号
〃　四年一二月一六日　〃　第一〇四号

第一章　総則

（目的）

第一条　この法律は、各人が生活との調和を保ちつつその意欲及び能力に応じて就労する機会が必ずしも十分に確保されていない現状等を踏まえ、組合員が出資し、それぞれの意見を反映して組合の事業が行われ、及び組合員自らが事業に従事することを基本原理とする組織に関し、設立、管理その他必要な事項を定めること等により、多様な就労の機会を創出することを促進するとともに、当該組織を通じて地域における多様な需要に応じた事業が行われることを促進し、もって持続可能で活力ある地域社会の実現に資することを目的とする。

第二章　労働者協同組合

第一節　通則

（人格及び住所）

第二条　労働者協同組合（以下「組合」という。）は、法人とする。

2　組合の住所は、その主たる事務所の所在地にあるものとする。

（基本原理その他の基準及び運営の原則）

第三条　組合は、次に掲げる基本原理に従い事業が行われることを通じて、持続可能で活力ある地域社会の実現に資することを目的とするものでなければならない。

一　組合員が出資すること。
二　その事業を行うに当たり組合員の意見が適切に反映されること。
三　組合員が組合の行う事業に従事すること。

2　組合は、前項に定めるもののほか、次に掲げる要件を備えなければならない。

一　組合員が任意に加入し、又は脱退することができること。
二　第二十条第一項の規定に基づき、組合員との間で労働契約を締結すること。
三　組合員の議決権及び選挙権は、出資口数にかかわらず、平等であること。
四　組合との間で労働契約を締結する組合員が総組合員の議決権の過半数を保有すること。
五　剰余金の配当は、組合員が組合の事業に従事した程度に応じて行うこと。

3　組合は、営利を目的としてその事業を行ってはならない。

4　組合は、その行う事業によってその組合員に直接の奉仕をすることを目的とし、特定の組合員の利益のみを目的としてその事業を行ってはならない。

5　組合は、特定の政党のために利用してはならない。

6　組合は、次に掲げる団体に該当しないものでなければならない。

一　暴力団（暴力団員による不当な行為の防止等に関する法律（平成三年法律第七十七号）第二条第二号に掲げる暴力

団をいう。次号及び第九十四条の四第四号において同じ。）

二　暴力団又はその構成員（暴力団の構成団体の構成員を含む。以下この号において同じ。）若しくは暴力団の構成員でなくなった日から五年を経過しない者（第三十五条第五号及び第九十四条の四において「暴力団の構成員等」という。）の統制の下にある団体

（名称）

第四条　組合は、その名称中に労働者協同組合という文字を用いなければならない。

2　組合でない者は、その名称中に労働者協同組合であると誤認されるおそれのある文字を用いてはならない。

3　何人も、不正の目的をもって、他の組合であると誤認されるおそれのある名称を使用してはならない。

4　前項の規定に違反する名称の使用によって事業に係る利益を侵害され、又は侵害されるおそれがある組合は、その利益を侵害する者又は侵害するおそれがある者に対し、その侵害の停止又は予防を請求することができる。

（登記）

第五条　組合は、政令で定めるところにより、登記をしなければならない。

2　前項の規定により登記を必要とする事項は、登記の後でなければ、これをもって第三者に対抗することができない。

（組合員の資格）

第六条　組合の組合員たる資格を有する者は、定款で定める個人とする。

第二節　事業

第七条　組合は、第三条第一項に規定する目的を達成するため、事業を行うものとする。

2　組合は、労働者派遣事業の適正な運営の確保及び派遣労働者の保護等に関する法律（昭和六十年法律第八十八号）第二条第三号に掲げる労働者派遣事業その他の組合がその目的に照らして行うことが適当でないものとして政令で定める事業を行うことができない。

第八条　総組合員の五分の四以上の数の組合員は、組合の行う事業に従事しなければならない。

2　組合の行う事業に従事する者の四分の三以上は、組合員でなければならない。

第三節　組合員

（出資）

第九条　組合員は、出資一口以上を有しなければならない。

2　出資一口の金額は、均一でなければならない。

3　一組合員の出資口数は、出資総口数の百分の二十五を超えてはならない。ただし、次に掲げる組合員は、総会の議決に基づく組合の承諾を得た場合には、当該組合の出資総口数の百分の三十五に相当する出資口数まで保有することができる。

一　第十四条第一項の規定による組合員の予告後当該組合員の脱退前に当該組合員の出資口数の全部又は一部に相当する出資口数を引き受ける組合員

二　第十五条第一項の規定による組合員の脱退後一年以内に当該組合員の出資口数の全部又は一部に相当する出資口数を引き受ける組合員

4　前項の規定は、組合員の数が三人以下の組合の組合員の出資口数については、適用しない。

5　組合員の責任は、その出資額を限度とする。

6　組合員は、出資の払込みについて、相殺をもって組合に対抗することができない。

（労働契約の締結等）

第二〇条　組合は、その行う事業に従事する組合員（次に掲げ

る組合員を除く。）との間で、労働契約を締結しなければならない。

一　組合の業務を執行し、又は理事の職務のみを行う組合員

二　監事である組合員

2　第十四条又は第十五条第一項（第二号を除く。）の規定による組合員の脱退は、当該組合員と組合との間の労働契約を終了させるものと解してはならない。

（不利益取扱いの禁止）

第二一条　組合は、組合員（組合員であった者を含む。）であって組合との間で労働契約を締結してその事業に従事するものが、議決権又は選挙権の行使、脱退その他の組合員の資格に基づく行為をしたことを理由として、解雇その他の労働関係上の不利益な取扱いをしてはならない。

第五節　管理

第五款　総会等

（総会への報告）

第六六条　理事は、各事業年度に係る組合員の意見を反映させる方策の実施の状況及びその結果を、通常総会に報告しなければならない。

2　理事は、次の各号に掲げる事由が生じたときは、当該各号に掲げる事項を、その事由が生じた日後最初に招集される総会に報告しなければならない。

一　就業規則の作成　当該就業規則の内容

二　就業規則の変更　当該変更の内容

三　労働協約の締結　当該労働協約の内容

四　労働基準法（昭和二十二年法律第四十九号）第四章に規定する協定の締結又は委員会の決議　当該協定又は当該決議の内容

第二章の二　特定労働者協同組合

（認定）

第九四条の二　組合は、次条各号に掲げる基準に適合する組合であることについての行政庁の認定を受けることができる。

附　則　抄

（施行期日）

第一条　この法律は、公布の日から起算して二年を超えない範囲内において政令で定める日から施行する。ただし、次条及び附則第三十三条の規定は、公布の日から施行する。

（組織変更後組合が第九十四条の二の認定を受ける場合等の特例）

第二六条の二　組織変更後組合に係る第九十四条の三の規定の適用については、同条第二号中「おいて」とあるのは、「おいて残余財産（附則第十八条第一項第二号の特定残余財産を除く。）を」とする。

2　特定労働者協同組合である組織変更後組合に係る第九十四条の九第四項、第九十四条の十七第一項、第九十四条の十九第一項及び第二項並びに第百三十六条第一項並びに附則第十八条第二項及び第二十五条の規定の適用については、第九十四条の九第四項中「第九十四条の三」とあるのは「附則第二十六条の二第一項の規定により読み替えて適用する第九十四条の三」と、第九十四条の十七第一項中「残余財産」とあるのは「残余財産（附則第十八条第一項第二号の特定残余財産を除く。第三項において同じ。）」と、第九十四条の十九第一項第三号中「第九十四条の十七」とあるのは「附則第二十六条の二第二項の規定により読み替えて適用する第九十四条の十七」と、同条第二項第一号中「第九十四条の三各号」とあるのは「附則第二十六条の二第一項の規定により読み替えて

適用する第九十四条の三各号」と、第百三十六条第一項第二十八号中「第九十四条の十七」とあるのは「附則第二十六条の二第二項の規定により読み替えて適用する第九十四条の十七」と、附則第十八条第二項中「特定非営利活動法人その他特定非営利活動促進法第十一条第三項各号」とあるのは「特定非営利活動促進法第十一条第三項第一号」と、附則第二十五条中「第三十二条」とあるのは「第三十二条、第三十二条の三」とする。

労働基準法

〔昭和二二年四月七日 法律第四九号〕

沿革
昭和六〇年六月一日法律第四五号
〃六二年九月二六日〃第九九号
平成五年七月一日〃第七九号
〃九年六月一八日〃第九二号
〃一〇年九月三〇日〃第一一二号
〃一五年七月四日〃第一〇四号
〃三〇年七月六日〃第七一号
令和二年三月三一日〃第一三号
〃二年三月三一日〃第一四号
令和四年六月一七日〃第六八号

第一章 総則

（労働条件の原則）

第一条 労働条件は、労働者が人たるに値する生活を営むための必要を充たすべきものでなければならない。

② この法律で定める労働条件の基準は最低のものであるから、労働関係の当事者は、この基準を理由として労働条件を低下させてはならないことはもとより、その向上を図るように努めなければならない。

（労働条件の決定）

第二条 労働条件は、労働者と使用者が、対等の立場において決定すべきものである。

② 労働者及び使用者は、労働協約、就業規則及び労働契約を遵守し、誠実に各々その義務を履行しなければならない。

（均等待遇）

第三条 使用者は、労働者の国籍、信条又は社会的身分を理由として、賃金、労働時間その他の労働条件について、差別的取扱をしてはならない。

（男女同一賃金の原則）

第四条 使用者は、労働者が女性であることを理由として、賃金について、男性と差別的取扱いをしてはならない。

（強制労働の禁止）

第五条 使用者は、暴行、脅迫、監禁その他精神又は身体の自由を不当に拘束する手段によつて、労働者の意思に反して労働を強制してはならない。

（中間搾取の排除）

第六条 何人も、法律に基いて許される場合の外、業として他人の就業に介入して利益を得てはならない。

（公民権行使の保障）

第七条 使用者は、労働者が労働時間中に、選挙権その他公民としての権利を行使し、又は公の職務を執行するために必要な時間を請求した場合においては、拒んではならない。但し、権利の行使又は公の職務の執行に妨げがない限り、請求された時刻を変更することができる。

第八条 削除

（定義）

第九条 この法律で「労働者」とは、職業の種類を問わず、事業又は事務所（以下「事業」という。）に使用される者で、賃金を支払われる者をいう。

第一〇条 この法律で使用者とは、事業主又は事業の経営担当者その他その事業の労働者に関する事項について、事業主のために行為をするすべての者をいう。

第一一条 この法律で賃金とは、賃金、給料、手当、賞与その他名称の如何を問わず、労働の対償として使用者が労働者に支払うすべてのものをいう。

第一二条 この法律で平均賃金とは、これを算定すべき事由の発生した日以前三箇月間にその労働者に対し支払われた賃金の総額を、その期間の総日数で除した金額をいう。ただし、その金額は、次の各号の一によつて計算した金額を下つてはならない。

一 賃金が、労働した日若しくは時間によつて算定され、又は出来高払制その他の請負制によつて定められた場合においては、賃金の総額をその期間中に労働した日数で除した金額の百分の六十

二 賃金の一部が、月、週その他一定の期間によつて定められた場合においては、その部分の総額をその期間の総日数で除した金額と前号の金額の合算額

② 前項の期間は、賃金締切日がある場合においては、直前の賃金締切日から起算する。

③ 前二項に規定する期間中に、次の各号のいずれかに該当する期間がある場合においては、その日数及びその期間中の賃金は、前二項の期間及び賃金の総額から控除する。

一 業務上負傷し、又は疾病にかかり療養のために休業した期間

二 産前産後の女性が第六十五条の規定によつて休業した期間

三 使用者の責めに帰すべき事由によつて休業した期間

四 育児休業、介護休業等育児又は家族介護を行う労働者の福祉に関する法律（平成三年法律第七十六号）第二条第一号に規定する育児休業又は同条第二号に規定する介護休業（同法第六十一条第三項（同条第六項において準用する場合を含む。）に規定する介護をするための休業を含む。第三十九条第十項において同じ。）をした期間

五 試みの使用期間

④ 第一項の賃金の総額には、臨時に支払われた賃金及び三箇月を超える期間ごとに支払われる賃金並びに通貨以外のもので支払われた賃金で一定の範囲に属しないものは算入しない。

⑤ 賃金が通貨以外のもので支払われる場合、第一項の賃金の総額に算入すべきものの範囲及び評価に関し必要な事項は、厚生労働省令で定める。

⑥ 雇入後三箇月に満たない者については、第一項の期間は、雇入後の期間とする。

⑦ 日日雇い入れられる者については、その従事する事業又は職業について、厚生労働大臣の定める金額を平均賃金とする。

⑧ 第一項乃至第六項によつて算定し得ない場合の平均賃金は、厚生労働大臣の定めるところによる。

第二章 労働契約

（この法律違反の契約）

第一三条 この法律で定める基準に達しない労働条件を定める労働契約は、その部分については無効とする。この場合において、無効となつた部分は、この法律で定める基準による。

（契約期間等）

第一四条 労働契約は、期間の定めのないものを除き、一定の事業の完了に必要な期間を定めるもののほかは、三年（次の各号のいずれかに該当する労働契約にあつては、五年）を超える期間について締結してはならない。

一 専門的な知識、技術又は経験（以下この号及び第四十一条の二第一項第一号において「専門的知識等」という。）であつて高度のものとして厚生労働大臣が定める基準に該当する専門的知識等を有する労働者（当該高度の専門的知識等を必要とする業務に就く者に限る。）との間に締結される労働契約

二 満六十歳以上の労働者との間に締結される労働契約（前号に掲げる労働契約を除く。）

② 厚生労働大臣は、期間の定めのある労働契約の締結時及び当該労働契約の期間の満了時において労働者と使用者との間に紛争が生ずることを未然に防止するため、使用者が講ずべき労働契約の期間の満了に係る通知に関する事項その他必要な事項についての基準を定めることができる。

③ 行政官庁は、前項の基準に関し、期間の定めのある労働契約を締結する使用者に対し、必要な助言及び指導を行うことができる。

（労働条件の明示）

第一五条 使用者は、労働契約の締結に際し、労働者に対して賃金、労働時間その他の労働条件を明示しなければならない。この場合において、賃金及び労働時間に関する事項その他の厚生労働省令で定める事項については、厚生労働省令で定める方法により明示しなければならない。

② 前項の規定によつて明示された労働条件が事実と相違する場合においては、労働者は、即時に労働契約を解除することができる。

③ 前項の場合、就業のために住居を変更した労働者が、契約解除の日から十四日以内に帰郷する場合においては、使用者は、必要な旅費を負担しなければならない。

（賠償予定の禁止）

第一六条 使用者は、労働契約の不履行について違約金を定め、又は損害賠償額を予定する契約をしてはならない。

（前借金相殺の禁止）

第一七条 使用者は、前借金その他労働することを条件とする前貸の債権と賃金を相殺してはならない。

（強制貯金）

第一八条 使用者は、労働契約に附随して貯蓄の契約をさせ、又は貯蓄金を管理する契約をしてはならない。

② 使用者は、労働者の貯蓄金をその委託を受けて管理しようとする場合においては、当該事業場に、労働者の過半数で組織する労働組合があるときはその労働組合、労働者の過半数で組織する労働組合がないときは労働者の過半数を代表する者との書面による協定をし、これを行政官庁に届け出なければならない。

③ 使用者は、労働者の貯蓄金をその委託を受けて管理する場合においては、貯蓄金の管理に関する規程を定め、これを労働者に周知させるため作業場に備え付ける等の措置をとらなければならない。

④ 使用者は、労働者の貯蓄金をその委託を受けて管理する場合において、貯蓄金の管理が労働者の預金の受入であるときは、利子をつけなければならない。この場合において、その利子が、金融機関の受け入れる預金の利率を考慮して厚生労働省令で定める利率による利子を下るときは、その厚生労働省令で定める利率による利子をつけたものとみなす。

⑤ 使用者は、労働者の貯蓄金をその委託を受けて管理する場合において、労働者がその返還を請求したときは、遅滞なく、これを返還しなければならない。

⑥ 使用者が前項の規定に違反した場合において、当該貯蓄金の管理を継続することが労働者の利益を著しく害すると認められるときは、行政官庁は、使用者に対して、その必要な限度の範囲内で、当該貯蓄金の管理を中止すべきことを命ずることができる。

⑦ 前項の規定により貯蓄金の管理を中止すべきことを命ぜられた使用者は、遅滞なく、その管理に係る貯蓄金を労働者に返還しなければならない。

（解雇制限）

第一九条 使用者は、労働者が業務上負傷し、又は疾病にかかり療養のために休業する期間及びその後三十日間並びに産前産後の女性が第六十五条の規定によつて休業する期間及びその後三十日間は、解雇してはならない。ただし、使用者が、第八十一条の規定によつて打切補償を支払う場合又は天災事変その他やむを得ない事由のために事業の継続が不可能となつた場合においては、この限りでない。

② 前項但書後段の場合においては、その事由について行政官庁の認定を受けなければならない。

（解雇の予告）

第二〇条 使用者は、労働者を解雇しようとする場合においては、少くとも三十日前にその予告をしなければならない。三十日前に予告をしない使用者は、三十日分以上の平均賃金を支払わなければならない。但し、天災事変その他やむを得ない事由のために事業の継続が不可能となつた場合又は労働者の責に帰すべき事由に基いて解雇する場合においては、この限りでない。

② 前項の予告の日数は、一日について平均賃金を支払つた場合においては、その日数を短縮することができる。

③ 前条第二項の規定は、第一項但書の場合にこれを準用する。

第二一条 前条の規定は、左の各号の一に該当する労働者については適用しない。但し、第一号に該当する者が一箇月を超えて引き続き使用されるに至つた場合、第二号若しくは第三号に該当する者が所定の期間を超えて引き続き使用されるに至つた場合又は第四号に該当する者が十四日を超えて引き続き使用されるに至つた場合においては、この限りでない。

一 日日雇い入れられる者

二 二箇月以内の期間を定めて使用される者

三 季節的業務に四箇月以内の期間を定めて使用される者

四 試の使用期間中の者

（退職時等の証明）

第二二条 労働者が、退職の場合において、使用期間、業務の種類、その事業における地位、賃金又は退職の事由（退職の事由が解雇の場合にあつては、その理由を含む。）について証明書を請求した場合においては、使用者は、遅滞なくこれを交付しなければならない。

② 労働者が、第二十条第一項の解雇の予告がされた日から退職の日までの間において、当該解雇の理由について証明書を請求した場合においては、使用者は、遅滞なくこれを交付しなければならない。ただし、解雇の予告がされた日以後に労働者が当該解雇以外の事由により退職した場合においては、使用者は、当該退職の日以後、これを交付することを要しない。

③ 前二項の証明書には、労働者の請求しない事項を記入してはならない。

④ 使用者は、あらかじめ第三者と謀り、労働者の就業を妨げることを目的として、労働者の国籍、信条、社会的身分若しくは労働組合運動に関する通信をし、又は第一項及び第二項の証明書に秘密の記号を記入してはならない。

（金品の返還）

第二三条 使用者は、労働者の死亡又は退職の場合において、権利者の請求があつた場合においては、七日以内に賃金を支払い、積立金、保証金、貯蓄金その他名称の如何を問わず、労働者の権利に属する金品を返還しなければならない。

② 前項の賃金又は金品に関して争がある場合においては、使用者は、異議のない部分を、同項の期間中に支払い、又は返還しなければならない。

第三章　賃金

（賃金の支払）

第二四条 賃金は、通貨で、直接労働者に、その全額を支払わなければならない。ただし、法令若しくは労働協約に別段の定めがある場合又は厚生労働省令で定める賃金について確実な支払の方法で厚生労働省令で定めるものによる場合においては、通貨以外のもので支払い、また、法令に別段の定めがある場合又は当該事業場の労働者の過半数で組織する労働組合があるときはその労働組合、労働者の過半数で組織する労働組合がないときは労働者の過半数を代表する者との書面による協定がある場合においては、賃金の一部を控除して支払うことができる。

② 賃金は、毎月一回以上、一定の期日を定めて支払わなければならない。ただし、臨時に支払われる賃金、賞与その他これに準ずるもので厚生労働省令で定める賃金（第八十九条において「臨時の賃金等」という。）については、この限りでない。

（非常時払）

第二五条 使用者は、労働者が出産、疾病、災害その他厚生労働省令で定める非常の場合の費用に充てるために請求する場合においては、支払期日前であつても、既往の労働に対する賃金を支払わなければならない。

（休業手当）

第二六条 使用者の責に帰すべき事由による休業の場合においては、使用者は、休業期間中当該労働者に、その平均賃金の百分の六十以上の手当を支払わなければならない。

（出来高払制の保障給）

第二七条 出来高払制その他の請負制で使用する労働者については、使用者は、労働時間に応じ一定額の賃金の保障をしなければならない。

（最低賃金）

第二八条 賃金の最低基準に関しては、最低賃金法（昭和三十四年法律第百三十七号）の定めるところによる。

第二九条から第三一条まで 削除

第四章 労働時間、休憩、休日及び年次有給休暇

（労働時間）

第三二条 使用者は、労働者に、休憩時間を除き一週間について四十時間を超えて、労働させてはならない。

② 使用者は、一週間の各日については、労働者に、休憩時間を除き一日について八時間を超えて、労働させてはならない。

第三二条の二 使用者は、当該事業場に、労働者の過半数で組織する労働組合がある場合においてはその労働組合、労働者の過半数で組織する労働組合がない場合においては労働者の過半数を代表する者との書面による協定により、又は就業規則その他これに準ずるものにより、一箇月以内の一定の期間を平均し一週間当たりの労働時間が前条第一項の労働時間を超えない定めをしたときは、同条の規定にかかわらず、その定めにより、特定された週において同項の労働時間又は特定された日において同条第二項の労働時間を超えて、労働させることができる。

② 使用者は、厚生労働省令で定めるところにより、前項の協定を行政官庁に届け出なければならない。

第三二条の三 使用者は、就業規則その他これに準ずるものにより、その労働者に係る始業及び終業の時刻をその労働者の決定に委ねることとした労働者については、当該事業場の労働者の過半数で組織する労働組合がある場合においてはその労働組合、労働者の過半数で組織する労働組合がない場合においては労働者の過半数を代表する者との書面による協定により、次に掲げる事項を定めたときは、その協定で第二号の清算期間として定められた期間を平均し一週間当たりの労働時間が第三十二条第一項の労働時間を超えない範囲内におい

て、同条の規定にかかわらず、一週間において同項の労働時間又は一日において同条第二項の労働時間を超えて、労働させることができる。

一　この項の規定による労働時間により労働させることができることとされる労働者の範囲

二　清算期間（その期間を平均し一週間当たりの労働時間が第三十二条第一項の労働時間を超えない範囲内において労働させる期間をいい、三箇月以内の期間に限るものとする。以下この条及び次条において同じ。）

三　清算期間における総労働時間

四　その他厚生労働省令で定める事項

② 清算期間が一箇月を超えるものである場合における前項の規定の適用については、同項各号列記以外の部分中「労働時間を超えない」とあるのは「労働時間を超えず、かつ、当該清算期間をその開始の日以後一箇月ごとに区分した各期間（最後に一箇月未満の期間を生じたときは、当該期間。以下この項において同じ。）ごとに当該各期間を平均し一週間当たりの労働時間が五十時間を超えない」と、「同項」とあるのは「同条第一項」とする。

③ 一週間の所定労働日数が五日の労働者について第一項の規定により労働させる場合における同項の規定の適用については、同項各号列記以外の部分（前項の規定により読み替えて適用する場合を含む。）中「第三十二条第一項の労働時間」とあるのは「第三十二条第一項の労働時間（当該事業場の労働者の過半数で組織する労働組合がある場合においてはその労働組合、労働者の過半数で組織する労働組合がない場合においては労働者の過半数を代表する者との書面による協定により、労働時間の限度について、当該清算期間における所定労働日数を同条第二項の労働時間に乗じて得た時間とする旨を定めたときは、当該清算期間における日数を七で除して得た数をもつてその時間を除して得た時間）」と、「同項」とあるのは「同条第一項」とする。

④ 前条第二項の規定は、第一項各号に掲げる事項を定めた協定について準用する。ただし、清算期間が一箇月以内のものであるときは、この限りでない。

第三十二条の三の二　使用者が、清算期間が一箇月を超えるものであるときの当該清算期間中の前条第一項の規定により労働させた期間が当該清算期間より短い労働者について、当該労働させた期間を平均し一週間当たり四十時間を超えて労働させた場合においては、その超えた時間（第三十三条又は第三十六条第一項の規定により延長し、又は休日に労働させた時間を除く。）の労働については、第三十七条の規定の例により割増賃金を支払わなければならない。

第三十二条の四　使用者は、当該事業場に、労働者の過半数で組織する労働組合がある場合においてはその労働組合、労働者の過半数で組織する労働組合がない場合においては労働者の過半数を代表する者との書面による協定により、次に掲げる事項を定めたときは、第三十二条の規定にかかわらず、その協定で第二号の対象期間として定められた期間を平均し一週間当たりの労働時間が四十時間を超えない範囲内において、当該協定（次項の規定による定めをした場合においては、その定めを含む。）で定めるところにより、特定された週において同条第一項の労働時間又は特定された日において同条第二項の労働時間を超えて、労働させることができる。

一　この条の規定による労働時間により労働させることができることとされる労働者の範囲

二　対象期間（その期間を平均し一週間当たりの労働時間が四十時間を超えない範囲内において労働させる期間をいい、一箇月を超え一年以内の期間に限るものとする。以下この条及び次条において同じ。）

三　特定期間（対象期間中の特に業務が繁忙な期間をいう。第三項において同じ。）

四　対象期間における労働日及び当該労働日ごとの労働時間（対象期間を一箇月以上の期間ごとに区分することとした場合においては、当該区分による各期間のうち当該対象期間の初日の属する期間（以下この条において「最初の期間」という。）における労働日及び当該労働日ごとの労働時間並びに当該最初の期間を除く各期間における労働日数及び総労働時間）

五　その他厚生労働省令で定める事項

②　使用者は、前項の協定で同項第四号の区分をし当該区分による各期間のうち最初の期間を除く各期間における労働日数及び総労働時間を定めたときは、当該各期間の初日の少なくとも三十日前に、当該事業場に、労働者の過半数で組織する労働組合がある場合においてはその労働組合、労働者の過半数で組織する労働組合がない場合においては労働者の過半数を代表する者の同意を得て、厚生労働省令で定めるところにより、当該労働日数を超えない範囲内において当該各期間における労働日及び当該総労働時間を超えない範囲内において当該各期間における労働日ごとの労働時間を定めなければならない。

③　厚生労働大臣は、労働政策審議会の意見を聴いて、厚生労働省令で、対象期間における労働日数の限度並びに一日及び一週間の労働時間の限度並びに対象期間（第一項の協定で特定期間として定められた期間を除く。）及び同項の協定で特定期間として定められた期間における連続して労働させる日数の限度を定めることができる。

④　第三十二条の二第二項の規定は、第一項の協定について準用する。

第三十二条の四の二　使用者が、対象期間中の前条の規定により労働させた期間が当該対象期間より短い労働者について、当該労働させた期間を平均し一週間当たり四十時間を超えて労働させた場合においては、その超えた時間（第三十三条又は第三十六条第一項の規定により延長し、又は休日に労働させた時間を除く。）の労働については、第三十七条の規定の例により割増賃金を支払わなければならない。

第三十二条の五　使用者は、日ごとの業務に著しい繁閑の差が生ずることが多く、かつ、これを予測した上で就業規則その他これに準ずるものにより各日の労働時間を特定することが困難であると認められる厚生労働省令で定める事業であつて、常時使用する労働者の数が厚生労働省令で定める数未満のものに従事する労働者については、当該事業場に、労働者の過半数で組織する労働組合がある場合においてはその労働組合、労働者の過半数で組織する労働組合がない場合においては労働者の過半数を代表する者との書面による協定があるときは、第三十二条第二項の規定にかかわらず、一日について十時間まで労働させることができる。

②　使用者は、前項の規定により労働者に労働させる場合においては、厚生労働省令で定めるところにより、当該労働させる一週間の各日の労働時間を、あらかじめ、当該労働者に通知しなければならない。

③　第三十二条の二第二項の規定は、第一項の協定について準用する。

（災害等による臨時の必要がある場合の時間外労働等）

第三十三条　災害その他避けることのできない事由によつて、臨時の必要がある場合においては、使用者は、行政官庁の許可を受けて、その必要の限度において第三十二条から前条まで若しくは第四十条の労働時間を延長し、又は第三十五条の休日に労働させることができる。ただし、事態急迫のために行政官庁の許可を受ける暇がない場合においては、事後に遅滞なく届け出なければならない。

② 前項ただし書の規定による届出があつた場合において、行政官庁がその労働時間の延長又は休日の労働を不適当と認めるときは、その後にその時間に相当する休憩又は休日を与えるべきことを、命ずることができる。

③ 公務のために臨時の必要がある場合においては、第一項の規定にかかわらず、官公署の事業（別表第一に掲げる事業を除く。）に従事する国家公務員及び地方公務員については、第三十二条から前条まで若しくは第四十条の労働時間を延長し、又は第三十五条の休日に労働させることができる。

（休憩）

第三四条 使用者は、労働時間が六時間を超える場合においては少くとも四十五分、八時間を超える場合においては少くとも一時間の休憩時間を労働時間の途中に与えなければならない。

② 前項の休憩時間は、一斉に与えなければならない。ただし、当該事業場に、労働者の過半数で組織する労働組合がある場合においてはその労働組合、労働者の過半数で組織する労働組合がない場合においては労働者の過半数を代表する者との書面による協定があるときは、この限りでない。

③ 使用者は、第一項の休憩時間を自由に利用させなければならない。

（休日）

第三五条 使用者は、労働者に対して、毎週少くとも一回の休日を与えなければならない。

② 前項の規定は、四週間を通じ四日以上の休日を与える使用者については適用しない。

（時間外及び休日の労働）

第三六条 使用者は、当該事業場に、労働者の過半数で組織する労働組合がある場合においてはその労働組合、労働者の過半数で組織する労働組合がない場合においては労働者の過半数を代表する者との書面による協定をし、厚生労働省令で定めるところによりこれを行政官庁に届け出た場合においては、第三十二条から第三十二条の五まで若しくは第四十条の労働時間（以下この条において「労働時間」という。）又は前条の休日（以下この条において「休日」という。）に関する規定にかかわらず、その協定で定めるところによつて労働時間を延長し、又は休日に労働させることができる。

② 前項の協定においては、次に掲げる事項を定めるものとする。

一 この条の規定により労働時間を延長し、又は休日に労働させることができることとされる労働者の範囲

二 対象期間（この条の規定により労働時間を延長し、又は休日に労働させることができる期間をいい、一年間に限るものとする。第四号及び第六項第三号において同じ。）

三 労働時間を延長し、又は休日に労働させることができる場合

四 対象期間における一日、一箇月及び一年のそれぞれの期間について労働時間を延長して労働させることができる時間又は労働させることができる休日の日数

五 労働時間の延長及び休日の労働を適正なものとするために必要な事項として厚生労働省令で定める事項

③ 前項第四号の労働時間を延長して労働させることができる時間は、当該事業場の業務量、時間外労働の動向その他の事情を考慮して通常予見される時間外労働の範囲内において、限度時間を超えない時間に限る。

④ 前項の限度時間は、一箇月について四十五時間及び一年について三百六十時間（第三十二条の四第一項第二号の対象期間として三箇月を超える期間を定めて同条の規定により労働させる場合にあつては、一箇月について四十二時間及び一年

について三百二十時間）とする。

⑤　第一項の協定においては、第二項各号に掲げるもののほか、当該事業場における通常予見することのできない業務量の大幅な増加等に伴い臨時的に第三項の限度時間を超えて労働させる必要がある場合において、一箇月について労働時間を延長して労働させ、及び休日において労働させることができる時間（第二項第四号に関して協定した時間を含め百時間未満の範囲内に限る。）並びに一年について労働時間を延長して労働させることができる時間（同号に関して協定した時間を含め七百二十時間を超えない範囲内に限る。）を定めることができる。この場合において、第一項の協定に、併せて第二項第二号の対象期間において労働時間を延長して労働させる時間が一箇月について四十五時間（第三十二条の四第一項第二号の対象期間として三箇月を超える期間を定めて同条の規定により労働させる場合にあつては、一箇月について四十二時間）を超えることができる月数（一年について六箇月以内に限る。）を定めなければならない。

⑥　使用者は、第一項の協定で定めるところによつて労働時間を延長して労働させ、又は休日において労働させる場合であつても、次の各号に掲げる時間について、当該各号に定める要件を満たすものとしなければならない。

一　坑内労働その他厚生労働省令で定める健康上特に有害な業務について、一日について労働時間を延長して労働させた時間　二時間を超えないこと。

二　一箇月について労働時間を延長して労働させ、及び休日において労働させた時間　百時間未満であること。

三　対象期間の初日から一箇月ごとに区分した各期間に当該各期間の直前の一箇月、二箇月、三箇月、四箇月及び五箇月の期間を加えたそれぞれの期間における労働時間を延長して労働させ、及び休日において労働させた時間の一箇月当たりの平均時間　八十時間を超えないこと。

⑦　厚生労働大臣は、労働時間の延長及び休日の労働を適正なものとするため、第一項の協定で定める労働時間の延長及び休日の労働について留意すべき事項、当該労働時間の延長に係る割増賃金の率その他の必要な事項について、労働者の健康、福祉、時間外労働の動向その他の事情を考慮して指針を定めることができる。

⑧　第一項の協定をする使用者及び労働組合又は労働者の過半数を代表する者は、当該協定で労働時間の延長及び休日の労働を定めるに当たり、当該協定の内容が前項の指針に適合したものとなるようにしなければならない。

⑨　行政官庁は、第七項の指針に関し、第一項の協定をする使用者及び労働組合又は労働者の過半数を代表する者に対し、必要な助言及び指導を行うことができる。

⑩　前項の助言及び指導を行うに当たつては、労働者の健康が確保されるよう特に配慮しなければならない。

⑪　第三項から第五項まで及び第六項（第二号及び第三号に係る部分に限る。）の規定は、新たな技術、商品又は役務の研究開発に係る業務については適用しない。

（時間外、休日及び深夜の割増賃金）

第三七条　使用者が、第三十三条又は前条第一項の規定により労働時間を延長し、又は休日に労働させた場合においては、その時間又はその日の労働については、通常の労働時間又は労働日の賃金の計算額の二割五分以上五割以下の範囲内でそれぞれ政令で定める率以上の率で計算した割増賃金を支払わなければならない。ただし、当該延長して労働させた時間が一箇月について六十時間を超えた場合においては、その超えた時間の労働については、通常の労働時間の賃金の計算額の五割以上の率で計算した割増賃金を支払わなければならない。

②　前項の政令は、労働者の福祉、時間外又は休日の労働の動

向その他の事情を考慮して定めるものとする。

③　使用者が、当該事業場に、労働者の過半数で組織する労働組合があるときはその労働組合、労働者の過半数で組織する労働組合がないときは労働者の過半数を代表する者との書面による協定により、第一項ただし書の規定により割増賃金を支払うべき労働者に対して、当該割増賃金の支払に代えて、通常の労働時間の賃金が支払われる休暇（第三十九条の規定による有給休暇を除く。）を厚生労働省令で定めるところにより与えることを定めた場合において、当該労働者が当該休暇を取得したときは、当該労働者の同項ただし書に規定する時間を超えた時間の労働のうち当該取得した休暇に対応するものとして厚生労働省令で定める時間の労働については、同項ただし書の規定による割増賃金を支払うことを要しない。

④　使用者が、午後十時から午前五時まで（厚生労働大臣が必要であると認める場合においては、その定める地域又は期間については午後十一時から午前六時まで）の間において労働させた場合においては、その時間の労働については、通常の労働時間の賃金の計算額の二割五分以上の率で計算した割増賃金を支払わなければならない。

⑤　第一項及び前項の割増賃金の基礎となる賃金には、家族手当、通勤手当その他厚生労働省令で定める賃金は算入しない。

（時間計算）

第三八条　労働時間は、事業場を異にする場合においても、労働時間に関する規定の適用については通算する。

②　坑内労働については、労働者が坑口に入つた時刻から坑口を出た時刻までの時間を、休憩時間を含め労働時間とみなす。但し、この場合においては、第三十四条第二項及び第三項の休憩に関する規定は適用しない。

第三八条の二　労働者が労働時間の全部又は一部について事業場外で業務に従事した場合において、労働時間を算定し難いときは、所定労働時間労働したものとみなす。ただし、当該業務を遂行するためには通常所定労働時間を超えて労働することが必要となる場合においては、当該業務に関しては、厚生労働省令で定めるところにより、当該業務の遂行に通常必要とされる時間労働したものとみなす。

②　前項ただし書の場合において、当該業務に関し、当該事業場に、労働者の過半数で組織する労働組合があるときはその労働組合、労働者の過半数で組織する労働組合がないときは労働者の過半数を代表する者との書面による協定があるときは、その協定で定める時間を同項ただし書の当該業務の遂行に通常必要とされる時間とする。

③　使用者は、厚生労働省令で定めるところにより、前項の協定を行政官庁に届け出なければならない。

第三八条の三　使用者が、当該事業場に、労働者の過半数で組織する労働組合があるときはその労働組合、労働者の過半数で組織する労働組合がないときは労働者の過半数を代表する者との書面による協定により、次に掲げる事項を定めた場合において、労働者を第一号に掲げる業務に就かせたときは、当該労働者は、厚生労働省令で定めるところにより、第二号に掲げる時間労働したものとみなす。

一　業務の性質上その遂行の方法を大幅に当該業務に従事する労働者の裁量にゆだねる必要があるため、当該業務の遂行の手段及び時間配分の決定等に関し使用者が具体的な指示をすることが困難なものとして厚生労働省令で定める業務のうち、労働者に就かせることとする業務（以下この条において「対象業務」という。）

二　対象業務に従事する労働者の労働時間として算定される時間

三　対象業務の遂行の手段及び時間配分の決定等に関し、当該対象業務に従事する労働者に対し使用者が具体的な指示をしないこと。

四　対象業務に従事する労働者の労働時間の状況に応じた当該労働者の健康及び福祉を確保するための措置を当該協定で定めるところにより使用者が講ずること。

五　対象業務に従事する労働者からの苦情の処理に関する措置を当該協定で定めるところにより使用者が講ずること。

六　前各号に掲げるもののほか、厚生労働省令で定める事項

②　前条第三項の規定は、前項の協定について準用する。

第三八条の四　賃金、労働時間その他の当該事業場における労働条件に関する事項を調査審議し、事業主に対し当該事項について意見を述べることを目的とする委員会（使用者及び当該事業場の労働者を代表する者を構成員とするものに限る。）が設置された事業場において、当該委員会がその委員の五分の四以上の多数による議決により次に掲げる事項に関する決議をし、かつ、使用者が、厚生労働省令で定めるところにより当該決議を行政官庁に届け出た場合において、第二号に掲げる労働者の範囲に属する労働者を当該事業場における第一号に掲げる業務に就かせたときは、当該労働者は、厚生労働省令で定めるところにより、第三号に掲げる時間労働したものとみなす。

一　事業の運営に関する事項についての企画、立案、調査及び分析の業務であつて、当該業務の性質上これを適切に遂行するにはその遂行の方法を大幅に労働者の裁量に委ねる必要があるため、当該業務の遂行の手段及び時間配分の決定等に関し使用者が具体的な指示をしないこととする業務（以下この条において「対象業務」という。）

二　対象業務を適切に遂行するための知識、経験等を有する労働者であつて、当該対象業務に就かせたときは当該決議で定める時間労働したものとみなされることとなるものの範囲

三　対象業務に従事する前号に掲げる労働者の範囲に属する労働者の労働時間として算定される時間

四　対象業務に従事する第二号に掲げる労働者の範囲に属する労働者の労働時間の状況に応じた当該労働者の健康及び福祉を確保するための措置を当該決議で定めるところにより使用者が講ずること。

五　対象業務に従事する第二号に掲げる労働者の範囲に属する労働者からの苦情の処理に関する措置を当該決議で定めるところにより使用者が講ずること。

六　使用者は、この項の規定により第二号に掲げる労働者の範囲に属する労働者を対象業務に就かせたときは第三号に掲げる時間労働したものとみなすことについて当該労働者の同意を得なければならないこと及び当該同意をしなかつた当該労働者に対して解雇その他不利益な取扱いをしてはならないこと。

七　前各号に掲げるもののほか、厚生労働省令で定める事項

②　前項の委員会は、次の各号に適合するものでなければならない。

一　当該委員会の委員の半数については、当該事業場に、労働者の過半数で組織する労働組合がある場合においてはその労働組合、労働者の過半数で組織する労働組合がない場合においては労働者の過半数を代表する者に厚生労働省令で定めるところにより任期を定めて指名されていること。

二　当該委員会の議事について、厚生労働省令で定めるところにより、議事録が作成され、かつ、保存されるとともに、当該事業場の労働者に対する周知が図られていること。

三　前二号に掲げるもののほか、厚生労働省令で定める要件

③　厚生労働大臣は、対象業務に従事する労働者の適正な労働条件の確保を図るために、労働政策審議会の意見を聴いて、第一項各号に掲げる事項その他同項の委員会が決議する事項

について指針を定め、これを公表するものとする。

④　第一項の規定による届出をした使用者は、厚生労働省令で定めるところにより、定期的に、同項第四号に規定する措置の実施状況を行政官庁に報告しなければならない。

⑤　第一項の委員会においてその委員の五分の四以上の多数による議決により第三十二条の二第一項、第三十二条の三第一項、第三十二条の四第一項及び第二項、第三十二条の五第一項、第三十四条第二項ただし書、第三十六条第一項、第二項及び第五項、第三十七条第三項、第三十八条の二第二項、前条第一項並びに次条第四項、第六項及び第九項ただし書に規定する事項について決議が行われた場合における第三十二条の二第一項、第三十二条の三第一項、第三十二条の四第一項から第三項まで、第三十二条の五第一項、第三十四条第二項ただし書、第三十六条、第三十七条第三項、第三十八条の二第二項、前条第一項並びに次条第四項、第六項及び第九項ただし書の規定の適用については、第三十二条の二第一項中「協定」とあるのは「協定若しくは第三十八条の四第一項に規定する委員会の決議（第百六条第一項を除き、以下「決議」という。）」と、第三十二条の三第一項、第三十二条の四第一項から第三項まで、第三十二条の五第一項、第三十四条第二項ただし書、第三十六条第二項及び第五項から第七項まで、第三十七条第三項、第三十八条の二第二項、前条第一項並びに次条第四項、第六項及び第九項ただし書中「協定」とあるのは「協定又は決議」と、第三十二条の四第二項中「同意を得て」とあるのは「同意を得て、又は決議に基づき」と、第三十六条第一項中「届け出た場合」とあるのは「届け出た場合又は決議を行政官庁に届け出た場合」と、「その協定」とあるのは「その協定又は決議」と、同条第八項中「又は労働者の過半数を代表する者」とあるのは「若しくは労働者の過半数を代表する者又は同項の決議をする委員」と、「当該協定」とあるのは「当該協定又は当該決議」と、同条第九項中「又は労働者の過半数を代表する者」とあるのは「若しくは労働者の過半数を代表する者又は同項の決議をする委員」とする。

（年次有給休暇）

第三十九条　使用者は、その雇入れの日から起算して六箇月間継続勤務し全労働日の八割以上出勤した労働者に対して、継続し、又は分割した十労働日の有給休暇を与えなければならない。

②　使用者は、一年六箇月以上継続勤務した労働者に対しては、雇入れの日から起算して六箇月を超えて継続勤務する日（以下「六箇月経過日」という。）から起算した継続勤務年数一年ごとに、前項の日数に、次の表の上欄に掲げる六箇月経過日から起算した継続勤務年数の区分に応じ同表の下欄に掲げる労働日を加算した有給休暇を与えなければならない。ただし、継続勤務した期間を六箇月経過日から一年ごとに区分した各期間（最後に一年未満の期間を生じたときは、当該期間）の初日の前日の属する期間において出勤した日数が全労働日の八割未満である者に対しては、当該初日以後の一年間においては有給休暇を与えることを要しない。

六箇月経過日から起算した継続勤務年数	労働日
一年	一労働日
二年	二労働日
三年	四労働日
四年	六労働日
五年	八労働日
六年以上	十労働日

③　次に掲げる労働者（一週間の所定労働時間が厚生労働省令

で定める時間以上の者を除く。）の有給休暇の日数については、前二項の規定にかかわらず、これらの規定による有給休暇の日数を基準とし、通常の労働者の一週間の所定労働日数として厚生労働省令で定める日数（第一号において「通常の労働者の週所定労働日数」という。）と当該労働者の一週間の所定労働日数又は一週間当たりの平均所定労働日数との比率を考慮して厚生労働省令で定める日数とする。

一　一週間の所定労働日数が通常の労働者の週所定労働日数に比し相当程度少ないものとして厚生労働省令で定める日数以下の労働者

二　週以外の期間によつて所定労働日数が定められている労働者については、一年間の所定労働日数が前号の厚生労働省令で定める日数に一日を加えた日数を一週間の所定労働日数とする労働者の一年間の所定労働日数その他の事情を考慮して厚生労働省令で定める日数以下の労働者

④　使用者は、当該事業場に、労働者の過半数で組織する労働組合があるときはその労働組合、労働者の過半数で組織する労働組合がないときは労働者の過半数を代表する者との書面による協定により、次に掲げる事項を定めた場合において、第一号に掲げる労働者の範囲に属する労働者が有給休暇を時間を単位として請求したときは、前三項の規定による有給休暇の日数のうち第二号に掲げる日数については、これらの規定にかかわらず、当該協定で定めるところにより時間を単位として有給休暇を与えることができる。

一　時間を単位として有給休暇を与えることができることとされる労働者の範囲

二　時間を単位として与えることができることとされる有給休暇の日数（五日以内に限る。）

三　その他厚生労働省令で定める事項

⑤　使用者は、前各項の規定による有給休暇を労働者の請求する時季に与えなければならない。ただし、請求された時季に有給休暇を与えることが事業の正常な運営を妨げる場合においては、他の時季にこれを与えることができる。

⑥　使用者は、当該事業場に、労働者の過半数で組織する労働組合がある場合においてはその労働組合、労働者の過半数で組織する労働組合がない場合においては労働者の過半数を代表する者との書面による協定により、第一項から第三項までの規定による有給休暇を与える時季に関する定めをしたときは、これらの規定による有給休暇の日数のうち五日を超える部分については、前項の規定にかかわらず、その定めにより有給休暇を与えることができる。

⑦　使用者は、第一項から第三項までの規定による有給休暇（これらの規定により使用者が与えなければならない有給休暇の日数が十労働日以上である労働者に係るものに限る。以下この項及び次項において同じ。）の日数のうち五日については、基準日（継続勤務した期間を六箇月経過日から一年ごとに区分した各期間（最後に一年未満の期間を生じたときは、当該期間）の初日をいう。以下この項において同じ。）から一年以内の期間に、労働者ごとにその時季を定めることにより与えなければならない。ただし、第一項から第三項までの規定による有給休暇を当該有給休暇に係る基準日より前の日から与えることとしたときは、厚生労働省令で定めるところにより、労働者ごとにその時季を定めることにより与えなければならない。

⑧　前項の規定にかかわらず、第五項又は第六項の規定により第一項から第三項までの規定による有給休暇を与えた場合においては、当該与えた有給休暇の日数（当該日数が五日を超える場合には、五日とする。）分については、時季を定めることにより与えることを要しない。

⑨　使用者は、第一項から第三項までの規定による有給休暇の

期間又は第四項の規定による有給休暇の時間については、就業規則その他これに準ずるもので定めるところにより、それぞれ、平均賃金若しくは所定労働時間労働した場合に支払われる通常の賃金又はこれらの額を基準として厚生労働省令で定めるところにより算定した額の賃金を支払わなければならない。ただし、当該事業場に、労働者の過半数で組織する労働組合がある場合においてはその労働組合、労働者の過半数で組織する労働組合がない場合においては労働者の過半数を代表する者との書面による協定により、その期間又はその時間について、それぞれ、健康保険法（大正十一年法律第七十号）第四十条第一項に規定する標準報酬月額の三十分の一に相当する金額（その金額に、五円未満の端数があるときは、これを切り捨て、五円以上十円未満の端数があるときは、これを十円に切り上げるものとする。）又は当該金額を基準として厚生労働省令で定めるところにより算定した金額を支払う旨を定めたときは、これによらなければならない。

⑩　労働者が業務上負傷し、又は疾病にかかり療養のために休業した期間及び育児休業、介護休業等育児又は家族介護を行う労働者の福祉に関する法律第二条第一号に規定する育児休業又は同条第二号に規定する介護休業をした期間並びに産前産後の女性が第六十五条の規定によつて休業した期間は、第一項及び第二項の規定の適用については、これを出勤したものとみなす。

（労働時間及び休憩の特例）

第四〇条　別表第一第一号から第三号まで、第六号及び第七号に掲げる事業以外の事業で、公衆の不便を避けるために必要なものその他特殊の必要あるものについては、その必要避くべからざる限度で、第三十二条から第三十二条の五までの労働時間及び第三十四条の休憩に関する規定について、厚生労働省令で別段の定めをすることができる。

②　前項の規定による別段の定めは、この法律で定める基準に近いものであつて、労働者の健康及び福祉を害しないものでなければならない。

（労働時間等に関する規定の適用除外）

第四一条　この章、第六章及び第六章の二で定める労働時間、休憩及び休日に関する規定は、次の各号の一に該当する労働者については適用しない。

一　別表第一第六号（林業を除く。）又は第七号に掲げる事業に従事する者

二　事業の種類にかかわらず監督若しくは管理の地位にある者又は機密の事務を取り扱う者

三　監視又は断続的労働に従事する者で、使用者が行政官庁の許可を受けたもの

第四一条の二　賃金、労働時間その他の当該事業場における労働条件に関する事項を調査審議し、事業主に対し当該事項について意見を述べることを目的とする委員会（使用者及び当該事業場の労働者を代表する者を構成員とするものに限る。）が設置された事業場において、当該委員会がその委員の五分の四以上の多数による議決により次に掲げる事項に関する決議をし、かつ、使用者が、厚生労働省令で定めるところにより当該決議を行政官庁に届け出た場合において、第二号に掲げる労働者の範囲に属する労働者（以下この項において「対象労働者」という。）であつて書面その他の厚生労働省令で定める方法によりその同意を得たものを当該事業場における第一号に掲げる業務に就かせたときは、この章で定める労働時間、休憩、休日及び深夜の割増賃金に関する規定は、対象労働者については適用しない。ただし、第三号から第五号までに規定する措置のいずれかを使用者が講じていない場合は、この限りでない。

一　高度の専門的知識等を必要とし、その性質上従事した時

間と従事して得た成果との関連性が通常高くないと認められるものとして厚生労働省令で定める業務のうち、労働者に就かせることとする業務（以下この項において「対象業務」という。）

二　この項の規定により労働する期間において次のいずれにも該当する労働者であつて、対象業務に就かせようとするものの範囲

イ　使用者との間の書面その他の厚生労働省令で定める方法による合意に基づき職務が明確に定められていること。

ロ　労働契約により使用者から支払われると見込まれる賃金の額を一年間当たりの賃金の額に換算した額が基準年間平均給与額（厚生労働省において作成する毎月勤労統計における毎月きまつて支給する給与の額を基礎として厚生労働省令で定めるところにより算定した労働者一人当たりの給与の平均額をいう。）の三倍の額を相当程度上回る水準として厚生労働省令で定める額以上であること。

三　対象業務に従事する対象労働者の健康管理を行うために当該対象労働者が事業場内にいた時間（この項の委員会が厚生労働省令で定める労働時間以外の時間を除くことを決議したときは、当該決議に係る時間を除いた時間）と事業場外において労働した時間との合計の時間（第五号ロ及びニ並びに第六号において「健康管理時間」という。）を把握する措置（厚生労働省令で定める方法に限る。）を当該決議で定めるところにより使用者が講ずること。

四　対象業務に従事する対象労働者に対し、一年間を通じ百四日以上、かつ、四週間を通じ四日以上の休日を当該決議及び就業規則その他これに準ずるもので定めるところにより使用者が与えること。

五　対象業務に従事する対象労働者に対し、次のいずれかに該当する措置を当該決議及び就業規則その他これに準ずるもので定めるところにより使用者が講ずること。

イ　労働者ごとに始業から二十四時間を経過するまでに厚生労働省令で定める時間以上の継続した休息時間を確保し、かつ、第三十七条第四項に規定する時刻の間において労働させる回数を一箇月について厚生労働省令で定める回数以内とすること。

ロ　健康管理時間を一箇月又は三箇月についてそれぞれ厚生労働省令で定める時間を超えない範囲内とすること。

ハ　一年に一回以上の継続した二週間（労働者が請求した場合においては、一年に二回以上の継続した一週間）（使用者が当該期間において、第三十九条の規定による有給休暇を与えたときは、当該有給休暇を与えた日を除く。）について、休日を与えること。

ニ　健康管理時間の状況その他の事項が労働者の健康の保持を考慮して厚生労働省令で定める要件に該当する労働者に健康診断（厚生労働省令で定める項目を含むものに限る。）を実施すること。

六　対象業務に従事する対象労働者の健康管理時間の状況に応じた当該対象労働者の健康及び福祉を確保するための措置であつて、当該対象労働者に対する有給休暇（第三十九条の規定による有給休暇を除く。）の付与、健康診断の実施その他の厚生労働省令で定める措置のうち当該決議で定めるものを使用者が講ずること。

七　対象労働者のこの項の規定による同意の撤回に関する手続

八　対象業務に従事する対象労働者からの苦情の処理に関する措置を当該決議で定めるところにより使用者が講ずること。

九　使用者は、この項の規定による同意をしなかつた対象労

働者に対して解雇その他不利益な取扱いをしてはならないこと。

十　前各号に掲げるもののほか、厚生労働省令で定める事項

② 前項の規定による届出をした使用者は、厚生労働省令で定めるところにより、同項第四号から第六号までに規定する措置の実施状況を行政官庁に報告しなければならない。

③ 第三十八条の四第二項、第三項及び第五項の規定は、第一項の委員会について準用する。

④ 第一項の決議をする委員は、当該決議の内容が前項において準用する第三十八条の四第三項の指針に適合したものとなるようにしなければならない。

⑤ 行政官庁は、第三項において準用する第三十八条の四第三項の指針に関し、第一項の決議をする委員に対し、必要な助言及び指導を行うことができる。

第五章　安全及び衛生

第四二条　労働者の安全及び衛生に関しては、労働安全衛生法（昭和四十七年法律第五十七号）の定めるところによる。

第四三条から第五五条まで　削除

第六章　年少者

（最低年齢）

第五六条　使用者は、児童が満十五歳に達した日以後の最初の三月三十一日が終了するまで、これを使用してはならない。

② 前項の規定にかかわらず、別表第一第一号から第五号までに掲げる事業以外の事業に係る職業で、児童の健康及び福祉に有害でなく、かつ、その労働が軽易なものについては、行政官庁の許可を受けて、満十三歳以上の児童をその者の修学時間外に使用することができる。映画の製作又は演劇の事業については、満十三歳に満たない児童についても、同様とする。

（年少者の証明書）

第五七条　使用者は、満十八才に満たない者について、その年齢を証明する戸籍証明書を事業場に備え付けなければならない。

② 使用者は、前条第二項の規定によつて使用する児童については、修学に差し支えないことを証明する学校長の証明書及び親権者又は後見人の同意書を事業場に備え付けなければならない。

（未成年者の労働契約）

第五八条　親権者又は後見人は、未成年者に代つて労働契約を締結してはならない。

② 親権者若しくは後見人又は行政官庁は、労働契約が未成年者に不利であると認める場合においては、将来に向つてこれを解除することができる。

第五九条　未成年者は、独立して賃金を請求することができる。親権者又は後見人は、未成年者の賃金を代つて受け取つてはならない。

（労働時間及び休日）

第六〇条　第三十二条の二から第三十二条の五まで、第三十六条、第四十条及び第四十一条の二の規定は、満十八歳に満たない者については、これを適用しない。

② 第五十六条第二項の規定によつて使用する児童についての第三十二条の規定の適用については、同条第一項中「一週間について四十時間」とあるのは「、修学時間を通算して一週間について四十時間」と、同条第二項中「一日について八時間」とあるのは「、修学時間を通算して一日について七時間」とする。

③ 使用者は、第三十二条の規定にかかわらず、満十五歳以上で満十八歳に満たない者については、満十八歳に達するまでの間（満十五歳に達した日以後の最初の三月三十一日までの間を除く。）、次に定めるところにより、労働させることができる。

一 一週間の労働時間が第三十二条第一項の労働時間を超えない範囲内において、一週間のうち一日の労働時間を四時間以内に短縮する場合において、他の日の労働時間を十時間まで延長すること。

二 一週間について四十八時間以下の範囲内で厚生労働省令で定める時間、一日について八時間を超えない範囲内において、第三十二条の二又は第三十二条の四及び第三十二条の四の二の規定の例により労働させること。

第六一条（深夜業） 使用者は、満十八才に満たない者を午後十時から午前五時までの間において使用してはならない。ただし、交替制によつて使用する満十六才以上の男性については、この限りでない。

② 厚生労働大臣は、必要であると認める場合においては、前項の時刻を、地域又は期間を限つて、午後十一時及び午前六時とすることができる。

③ 交替制によつて労働させる事業については、行政官庁の許可を受けて、第一項の規定にかかわらず午後十時三十分まで労働させ、又は前項の規定にかかわらず午前五時三十分から労働させることができる。

④ 前三項の規定は、第三十三条第一項の規定によつて労働時間を延長し、若しくは休日に労働させる場合又は別表第一第六号、第七号若しくは第十三号に掲げる事業若しくは電話交換の業務については、適用しない。

⑤ 第一項及び第二項の時刻は、第五十六条第二項の規定によつて使用する児童については、第一項の時刻は、午後八時及び午前五時とし、第二項の時刻は、午後九時及び午前六時とする。

第六二条（危険有害業務の就業制限） 使用者は、満十八才に満たない者に、運転中の機械若しくは動力伝導装置の危険な部分の掃除、注油、検査若しくは修繕をさせ、運転中の機械若しくは動力伝導装置にベルト若しくはロープの取付け若しくは取りはずしをさせ、動力によるクレーンの運転をさせ、その他厚生労働省令で定める危険な業務に就かせ、又は厚生労働省令で定める重量物を取り扱う業務に就かせてはならない。

② 使用者は、満十八才に満たない者を、毒劇薬、毒劇物その他有害な原料若しくは材料又は爆発性、発火性若しくは引火性の原料若しくは材料を取り扱う業務、著しくじんあい若しくは粉末を飛散し、若しくは有害ガス若しくは有害放射線を発散する場所又は高温若しくは高圧の場所における業務その他安全、衛生又は福祉に有害な場所における業務に就かせてはならない。

③ 前項に規定する業務の範囲は、厚生労働省令で定める。

第六三条（坑内労働の禁止） 使用者は、満十八才に満たない者を坑内で労働させてはならない。

第六四条（帰郷旅費） 満十八才に満たない者が解雇の日から十四日以内に帰郷する場合においては、使用者は、必要な旅費を負担しなければならない。ただし、満十八才に満たない者がその責めに帰すべき事由に基づいて解雇され、使用者がその事由について行政官庁の認定を受けたときは、この限りでない。

第六章の二　妊産婦等

（坑内業務の就業制限）
第六四条の二　使用者は、次の各号に掲げる女性を当該各号に定める業務に就かせてはならない。
一　妊娠中の女性及び坑内で行われる業務に従事しない旨を使用者に申し出た産後一年を経過しない女性　坑内で行われるすべての業務
二　前号に掲げる女性以外の満十八歳以上の女性　坑内で行われる業務のうち人力により行われる掘削の業務その他の女性に有害な業務として厚生労働省令で定めるもの

（危険有害業務の就業制限）
第六四条の三　使用者は、妊娠中の女性及び産後一年を経過しない女性（以下「妊産婦」という。）を、重量物を取り扱う業務、有害ガスを発散する場所における業務その他妊産婦の妊娠、出産、哺育等に有害な業務に就かせてはならない。
②　前項の規定は、同項に規定する業務のうち女性の妊娠又は出産に係る機能に有害である業務につき、厚生労働省令で、妊産婦以外の女性に関して、準用することができる。
③　前二項に規定する業務の範囲及びこれらの規定によりこれらの業務に就かせてはならない者の範囲は、厚生労働省令で定める。

（産前産後）
第六五条　使用者は、六週間（多胎妊娠の場合にあつては、十四週間）以内に出産する予定の女性が休業を請求した場合においては、その者を就業させてはならない。
②　使用者は、産後八週間を経過しない女性を就業させてはならない。ただし、産後六週間を経過した女性が請求した場合において、その者について医師が支障がないと認めた業務に就かせることは、差し支えない。
③　使用者は、妊娠中の女性が請求した場合においては、他の軽易な業務に転換させなければならない。

第六六条　使用者は、妊産婦が請求した場合においては、第三十二条の二第一項、第三十二条の四第一項及び第三十二条の五第一項の規定にかかわらず、一週間について第三十二条第一項の労働時間、一日について同条第二項の労働時間を超えて労働させてはならない。
②　使用者は、妊産婦が請求した場合においては、第三十三条第一項及び第三項並びに第三十六条第一項の規定にかかわらず、時間外労働をさせてはならず、又は休日に労働させてはならない。
③　使用者は、妊産婦が請求した場合においては、深夜業をさせてはならない。

（育児時間）
第六七条　生後満一年に達しない生児を育てる女性は、第三十四条の休憩時間のほか、一日二回各々少なくとも三十分、その生児を育てるための時間を請求することができる。
②　使用者は、前項の育児時間中は、その女性を使用してはならない。

（生理日の就業が著しく困難な女性に対する措置）
第六八条　使用者は、生理日の就業が著しく困難な女性が休暇を請求したときは、その者を生理日に就業させてはならない。

第七章　技能者の養成

（徒弟の弊害排除）
第六九条　使用者は、徒弟、見習、養成工その他名称の如何を問わず、技能の習得を目的とする者であることを理由として、労働者を酷使してはならない。

② 使用者は、技能の習得を目的とする労働者を家事その他技能の習得に関係のない作業に従事させてはならない。

（職業訓練に関する特例）

第七〇条　職業能力開発促進法（昭和四十四年法律第六十四号）第二十四条第一項（同法第二十七条の二第二項において準用する場合を含む。）の認定を受けて行う職業訓練を受ける労働者について必要がある場合においては、その必要の限度で、第十四条第一項の契約期間、第六十二条及び第六十四条の三の年少者及び妊産婦等の危険有害業務の就業制限、第六十三条の年少者の坑内労働の禁止並びに第六十四条の二の妊産婦等の坑内業務の就業制限に関する規定について、厚生労働省令で別段の定めをすることができる。ただし、第六十三条の年少者の坑内労働の禁止に関する規定については、満十六歳に満たない者に関しては、この限りでない。

第七一条　前条の規定に基いて発する厚生労働省令は、当該厚生労働省令によつて労働者を使用することについて行政官庁の許可を受けた使用者に使用される労働者以外の労働者については、適用しない。

第七二条　第七十条の規定に基づく厚生労働省令の適用を受ける未成年者についての第三十九条の規定の適用については、同条第一項中「十労働日」とあるのは「十二労働日」と、同条第二項の表六年以上の項中「十労働日」とあるのは「八労働日」とする。

第七三条　第七十一条の規定による許可を受けた使用者が第七十条の規定に基いて発する厚生労働省令に違反した場合においては、行政官庁は、その許可を取り消すことができる。

第七四条　削除

第八章　災害補償

（療養補償）

第七五条　労働者が業務上負傷し、又は疾病にかかつた場合においては、使用者は、その費用で必要な療養を行い、又は必要な療養の費用を負担しなければならない。

② 前項に規定する業務上の疾病及び療養の範囲は、厚生労働省令で定める。

（休業補償）

第七六条　労働者が前条の規定による療養のため、労働することができないために賃金を受けない場合においては、使用者は、労働者の療養中平均賃金の百分の六十の休業補償を行わなければならない。

② 使用者は、前項の規定により休業補償を行つている労働者と同一の事業場における同種の労働者に対して所定労働時間労働した場合に支払われる通常の賃金の、一月から三月まで、四月から六月まで、七月から九月まで及び十月から十二月までの各区分による期間（以下四半期という。）ごとの一箇月一人当り平均額（常時百人未満の労働者を使用する事業場については、厚生労働省において作成する毎月勤労統計における当該事業場の属する産業に係る毎月きまつて支給する給与の四半期の労働者一人当りの一箇月平均額。以下平均給与額という。）が、当該労働者が業務上負傷し、又は疾病にかかつた日の属する四半期における平均給与額の百分の百二十をこえ、又は百分の八十を下るに至つた場合においては、使用者は、その上昇し又は低下した比率に応じて、その上昇し又は低下するに至つた四半期の次の次の四半期において、前項の規定により当該労働者に対して行つている休業補償の額を改訂し、その改訂をした四半期に属する最初の月から改訂された額により休業補償を行わなければならない。改訂後の休業補償の額の改訂についてもこれに準ずる。

③ 前項の規定により難い場合における改訂の方法その他同項

の規定による改訂について必要な事項は、厚生労働省令で定める。

（障害補償）

第七七条　労働者が業務上負傷し、又は疾病にかかり、治つた場合において、その身体に障害が存するときは、使用者は、その障害の程度に応じて、平均賃金に別表第二に定める日数を乗じて得た金額の障害補償を行わなければならない。

（休業補償及び障害補償の例外）

第七八条　労働者が重大な過失によつて業務上負傷し、又は疾病にかかり、且つ使用者がその過失について行政官庁の認定を受けた場合においては、休業補償又は障害補償を行わなくてもよい。

（遺族補償）

第七九条　労働者が業務上死亡した場合においては、使用者は、遺族に対して、平均賃金の千日分の遺族補償を行わなければならない。

（葬祭料）

第八〇条　労働者が業務上死亡した場合においては、使用者は、葬祭を行う者に対して、平均賃金の六十日分の葬祭料を支払わなければならない。

（打切補償）

第八一条　第七十五条の規定によつて補償を受ける労働者が、療養開始後三年を経過しても負傷又は疾病がなおらない場合においては、使用者は、平均賃金の千二百日分の打切補償を行い、その後はこの法律の規定による補償を行わなくてもよい。

（分割補償）

第八二条　使用者は、支払能力のあることを証明し、補償を受けるべき者の同意を得た場合においては、第七十七条又は第七十九条の規定による補償に替え、平均賃金に別表第三に定める日数を乗じて得た金額を、六年にわたり毎年補償することができる。

（補償を受ける権利）

第八三条　補償を受ける権利は、労働者の退職によつて変更されることはない。

②　補償を受ける権利は、これを譲渡し、又は差し押えてはならない。

（他の法律との関係）

第八四条　この法律に規定する災害補償の事由について、労働者災害補償保険法（昭和二十二年法律第五十号）又は厚生労働省令で指定する法令に基づいてこの法律の災害補償に相当する給付が行なわれるべきものである場合においては、使用者は、補償の責を免れる。

②　使用者は、この法律による補償を行つた場合においては、同一の事由については、その価額の限度において民法による損害賠償の責を免れる。

（審査及び仲裁）

第八五条　業務上の負傷、疾病又は死亡の認定、療養の方法、補償金額の決定その他補償の実施に関して異議のある者は、行政官庁に対して、審査又は事件の仲裁を申し立てることができる。

②　行政官庁は、必要があると認める場合においては、職権で審査又は事件の仲裁をすることができる。

③　第一項の規定により審査若しくは仲裁の申立てがあつた事件又は前項の規定により行政官庁が審査若しくは仲裁を開始した事件について民事訴訟が提起されたときは、行政官庁は、当該事件については、審査又は仲裁をしない。

④　行政官庁は、審査又は仲裁のために必要であると認める場合においては、医師に診断又は検案をさせることができる。

⑤　第一項の規定による審査又は仲裁の申立て及び第二項の規

定による審査又は仲裁の開始は、時効の完成猶予及び更新に関しては、これを裁判上の請求とみなす。

第八六条　前条の規定による審査及び仲裁の結果に不服のある者は、労働者災害補償保険審査官の審査又は仲裁を申し立てることができる。

② 前条第三項の規定は、前項の規定により審査又は仲裁の申立てがあつた場合に、これを準用する。

(請負事業に関する例外)

第八七条　厚生労働省令で定める事業が数次の請負によつて行われる場合においては、災害補償については、その元請負人を使用者とみなす。

② 前項の場合、元請負人が書面による契約で下請負人に補償を引き受けさせた場合においては、その下請負人もまた使用者とする。但し、二以上の下請負人に、同一の事業について重複して補償を引き受けさせてはならない。

③ 前項の場合、元請負人が補償の請求を受けた場合においては、補償を引き受けた下請負人に対して、まず催告すべきことを請求することができる。ただし、その下請負人が破産手続開始の決定を受け、又は行方が知れない場合においては、この限りでない。

(補償に関する細目)

第八八条　この章に定めるものの外、補償に関する細目は、厚生労働省令で定める。

第九章　就業規則

(作成及び届出の義務)

第八九条　常時十人以上の労働者を使用する使用者は、次に掲げる事項について就業規則を作成し、行政官庁に届け出なければならない。次に掲げる事項を変更した場合においても、同様とする。

一　始業及び終業の時刻、休憩時間、休日、休暇並びに労働者を二組以上に分けて交替に就業させる場合においては就業時転換に関する事項

二　賃金（臨時の賃金等を除く。以下この号において同じ。）の決定、計算及び支払の方法、賃金の締切り及び支払の時期並びに昇給に関する事項

三　退職に関する事項（解雇の事由を含む。）

三の二　退職手当の定めをする場合においては、適用される労働者の範囲、退職手当の決定、計算及び支払の方法並びに退職手当の支払の時期に関する事項

四　臨時の賃金等（退職手当を除く。）及び最低賃金額の定めをする場合においては、これに関する事項

五　労働者に食費、作業用品その他の負担をさせる定めをする場合においては、これに関する事項

六　安全及び衛生に関する定めをする場合においては、これに関する事項

七　職業訓練に関する定めをする場合においては、これに関する事項

八　災害補償及び業務外の傷病扶助に関する定めをする場合においては、これに関する事項

九　表彰及び制裁の定めをする場合においては、その種類及び程度に関する事項

十　前各号に掲げるもののほか、当該事業場の労働者のすべてに適用される定めをする場合においては、これに関する事項

(作成の手続)

第九〇条　使用者は、就業規則の作成又は変更について、当該事業場に、労働者の過半数で組織する労働組合がある場合においてはその労働組合、労働者の過半数で組織する労働組合

がない場合においては労働者の過半数を代表する者の意見を聴かなければならない。

② 使用者は、前条の規定により届出をなすについて、前項の意見を記した書面を添付しなければならない。

（制裁規定の制限）

第九一条 就業規則で、労働者に対して減給の制裁を定める場合においては、その減給は、一回の額が平均賃金の一日分の半額を超え、総額が一賃金支払期における賃金の総額の十分の一を超えてはならない。

（法令及び労働協約との関係）

第九二条 就業規則は、法令又は当該事業場について適用される労働協約に反してはならない。

② 行政官庁は、法令又は労働協約に牴触する就業規則の変更を命ずることができる。

（労働契約との関係）

第九三条 労働契約と就業規則との関係については、労働契約法（平成十九年法律第百二十八号）第十二条の定めるところによる。

第十章　寄宿舎

（寄宿舎生活の自治）

第九四条 使用者は、事業の附属寄宿舎に寄宿する労働者の私生活の自由を侵してはならない。

② 使用者は、寮長、室長その他寄宿舎生活の自治に必要な役員の選任に干渉してはならない。

（寄宿舎生活の秩序）

第九五条 事業の附属寄宿舎に労働者を寄宿させる使用者は、左の事項について寄宿舎規則を作成し、行政官庁に届け出なければならない。これを変更した場合においても同様である。

一　起床、就寝、外出及び外泊に関する事項
二　行事に関する事項
三　食事に関する事項
四　安全及び衛生に関する事項
五　建設物及び設備の管理に関する事項

② 使用者は、前項第一号乃至第四号の事項に関する規定の作成又は変更については、寄宿舎に寄宿する労働者の過半数を代表する者の同意を得なければならない。

③ 使用者は、第一項の規定により届出をなすについて、前項の同意を証明する書面を添附しなければならない。

④ 使用者及び寄宿舎に寄宿する労働者は、寄宿舎規則を遵守しなければならない。

（寄宿舎の設備及び安全衛生）

第九六条 使用者は、事業の附属寄宿舎について、換気、採光、照明、保温、防湿、清潔、避難、定員の収容、就寝に必要な措置その他労働者の健康、風紀及び生命の保持に必要な措置を講じなければならない。

② 使用者が前項の規定によつて講ずべき措置の基準は、厚生労働省令で定める。

（監督上の行政措置）

第九六条の二 使用者は、常時十人以上の労働者を就業させる事業、厚生労働省令で定める危険な事業又は衛生上有害な事業の附属寄宿舎を設置し、移転し、又は変更しようとする場合においては、前条の規定に基づいて発する厚生労働省令で定める危害防止等に関する基準に従い定めた計画を、工事着手十四日前までに、行政官庁に届け出なければならない。

② 行政官庁は、労働者の安全及び衛生に必要であると認める場合においては、工事の着手を差し止め、又は計画の変更を命ずることができる。

第九六条の三 労働者を就業させる事業の附属寄宿舎が、安全

及び衛生に関し定められた基準に反する場合においては、行政官庁は、使用者に対して、その全部又は一部の使用の停止、変更その他必要な事項を命ずることができる。
②　前項の場合において行政官庁は、使用者に命じた事項について必要な事項を労働者に命ずることができる。

第十一章　監督機関

（監督機関の職員等）
第九七条　労働基準主管局（厚生労働省の内部部局として置かれる局で労働条件及び労働者の保護に関する事務を所掌するものをいう。以下同じ。）、都道府県労働局及び労働基準監督署に労働基準監督官を置くほか、厚生労働省令で定める必要な職員を置くことができる。
②　労働基準主管局の局長（以下「労働基準主管局長」という。）、都道府県労働局長及び労働基準監督署長は、労働基準監督官をもつてこれに充てる。
③　労働基準監督官の資格及び任免に関する事項は、政令で定める。
④　厚生労働省に、政令で定めるところにより、労働基準監督官分限審議会を置くことができる。
⑤　労働基準監督官を罷免するには、労働基準監督官分限審議会の同意を必要とする。
⑥　前二項に定めるもののほか、労働基準監督官分限審議会の組織及び運営に関し必要な事項は、政令で定める。
第九八条　削除
（労働基準主管局長等の権限）
第九九条　労働基準主管局長は、厚生労働大臣の指揮監督を受けて、都道府県労働局長を指揮監督し、労働基準に関する法令の制定改廃、労働基準監督官の任免教養、監督方法についての規程の制定及び調整、監督年報の作成並びに労働政策審議会及び労働基準監督官分限審議会に関する事項（労働政策審議会に関する事項については、労働条件及び労働者の保護に関するものに限る。）その他この法律の施行に関する事項をつかさどり、所属の職員を指揮監督する。
②　都道府県労働局長は、労働基準主管局長の指揮監督を受けて、管内の労働基準監督署長を指揮監督し、監督方法の調整に関する事項その他この法律の施行に関する事項をつかさどり、所属の職員を指揮監督する。
③　労働基準監督署長は、都道府県労働局長の指揮監督を受けて、この法律に基く臨検、尋問、許可、認定、審査、仲裁その他この法律の実施に関する事項をつかさどり、所属の職員を指揮監督する。
④　労働基準主管局長及び都道府県労働局長は、下級官庁の権限を自ら行い、又は所属の労働基準監督官をして行わせることができる。
（女性主管局長の権限）
第一〇〇条　厚生労働省の女性主管局長（厚生労働省の内部部局として置かれる局で女性労働者の特性に係る労働問題に関する事務を所掌するものの局長をいう。以下同じ。）は、厚生労働大臣の指揮監督を受けて、この法律中女性に特殊の規定の制定、改廃及び解釈に関する事項をつかさどり、その施行に関する事項については、労働基準主管局長及びその下級の官庁の長に勧告を行うとともに、労働基準主管局長が、その下級の官庁に対して行う指揮監督について援助を与える。
②　女性主管局長は、自ら又はその指定する所属官吏をして、女性に関し労働基準主管局若しくはその下級の官庁又はその所属官吏の行つた監督その他に関する文書を閲覧し、又は閲覧せしめることができる。
③　第百一条及び第百五条の規定は、女性主管局長又はその指

定する所属官吏が、この法律中女性に特殊の規定の施行に関して行う調査の場合に、これを準用する。

（労働基準監督官の権限）

第一〇一条　労働基準監督官は、事業場、寄宿舎その他の附属建設物に臨検し、帳簿及び書類の提出を求め、又は使用者若しくは労働者に対して尋問を行うことができる。

②　前項の場合において、労働基準監督官は、その身分を証明する証票を携帯しなければならない。

第一〇二条　労働基準監督官は、この法律違反の罪について、刑事訴訟法に規定する司法警察官の職務を行う。

第一〇三条　労働者を就業させる事業の附属寄宿舎が、安全及び衛生に関して定められた基準に反し、且つ労働者に急迫した危険がある場合においては、労働基準監督官は、第九十六条の三の規定による行政官庁の権限を即時に行うことができる。

（監督機関に対する申告）

第一〇四条　事業場に、この法律又はこの法律に基いて発する命令に違反する事実がある場合においては、労働者は、その事実を行政官庁又は労働基準監督官に申告することができる。

②　使用者は、前項の申告をしたことを理由として、労働者に対して解雇その他不利益な取扱をしてはならない。

（報告等）

第一〇四条の二　行政官庁は、この法律を施行するため必要があると認めるときは、厚生労働省令で定めるところにより、使用者又は労働者に対し、必要な事項を報告させ、又は出頭を命ずることができる。

②　労働基準監督官は、この法律を施行するため必要があると認めるときは、使用者又は労働者に対し、必要な事項を報告させ、又は出頭を命ずることができる。

（労働基準監督官の義務）

第一〇五条　労働基準監督官は、職務上知り得た秘密を漏してはならない。労働基準監督官を退官した後においても同様である。

第十二章　雑則

（国の援助義務）

第一〇五条の二　厚生労働大臣又は都道府県労働局長は、この法律の目的を達成するために、労働者及び使用者に対して資料の提供その他必要な援助をしなければならない。

（法令等の周知義務）

第一〇六条　使用者は、この法律及びこれに基づく命令の要旨、就業規則、第十八条第二項、第二十四条第一項ただし書、第三十二条の二第一項、第三十二条の三第一項、第三十二条の四第一項、第三十二条の五第一項、第三十四条第二項ただし書、第三十六条第一項、第三十七条第三項、第三十八条の二第二項、第三十八条の三第一項並びに第三十九条第四項、第六項及び第九項ただし書に規定する協定並びに第三十八条の四第一項及び同条第五項（第四十一条の二第三項において準用する場合を含む。）並びに第四十一条の二第一項に規定する決議を、常時各作業場の見やすい場所へ掲示し、又は備え付けること、書面を交付することその他の厚生労働省令で定める方法によつて、労働者に周知させなければならない。

②　使用者は、この法律及びこの法律に基いて発する命令のうち、寄宿舎に関する規定及び寄宿舎規則を、寄宿舎の見易い場所に掲示し、又は備え付ける等の方法によつて、寄宿舎に寄宿する労働者に周知させなければならない。

（労働者名簿）

第一〇七条　使用者は、各事業場ごとに労働者名簿を、各労働者（日日雇い入れられる者を除く。）について調製し、労働者の氏名、生年月日、履歴その他厚生労働省令で定める事項を記入しなければならない。

② 前項の規定により記入すべき事項に変更があつた場合においては、遅滞なく訂正しなければならない。

（賃金台帳）

第一〇八条 使用者は、各事業場ごとに賃金台帳を調製し、賃金計算の基礎となる事項及び賃金の額その他厚生労働省令で定める事項を賃金支払の都度遅滞なく記入しなければならない。

（記録の保存）

第一〇九条 使用者は、労働者名簿、賃金台帳及び雇入れ、解雇、災害補償、賃金その他労働関係に関する重要な書類を五年間保存しなければならない。

第一一〇条 削除

（無料証明）

第一一一条 労働者及び労働者になろうとする者は、その戸籍に関して戸籍事務を掌る者又はその代理者に対して、無料で証明を請求することができる。使用者が、労働者及び労働者になろうとする者の戸籍に関して証明を請求する場合においても同様である。

（国及び公共団体についての適用）

第一一二条 この法律及びこの法律に基いて発する命令は、国、都道府県、市町村その他これに準ずべきものについても適用あるものとする。

（命令の制定）

第一一三条 この法律に基いて発する命令は、その草案について、公聴会で労働者を代表する者、使用者を代表する者及び公益を代表する者の意見を聴いて、これを制定する。

（付加金の支払）

第一一四条 裁判所は、第二十条、第二十六条若しくは第三十七条の規定に違反した使用者又は第三十九条第九項の規定による賃金を支払わなかつた使用者に対して、労働者の請求により、これらの規定により使用者が支払わなければならない金額についての未払金のほか、これと同一額の付加金の支払を命ずることができる。ただし、この請求は、違反のあつた時から五年以内にしなければならない。

（時効）

第一一五条 この法律の規定による賃金の請求権はこれを行使することができる時から五年間、この法律の規定による災害補償その他の請求権（賃金の請求権を除く。）はこれを行使することができる時から二年間行わない場合においては、時効によつて消滅する。

（経過措置）

第一一五条の二 この法律の規定に基づき命令を制定し、又は改廃するときは、その命令で、その制定又は改廃に伴い合理的に必要と判断される範囲内において、所要の経過措置（罰則に関する経過措置を含む。）を定めることができる。

（適用除外）

第一一六条 第一条から第十一条まで、次項、第百十七条から第百十九条まで及び第百二十一条の規定を除き、この法律は、船員法（昭和二十二年法律第百号）第一条第一項に規定する船員については、適用しない。

② この法律は、同居の親族のみを使用する事業及び家事使用人については、適用しない。

第十三章　罰則

第一一七条現 第五条の規定に違反した者は、これを一年以上十年以下の懲役又は二十万円以上三百万円以下の罰金に処する。

新［令和七年六月一日から施行］
第一一七条　第五条の規定に違反した者は、一年以上十年以下の拘禁刑又は二十万円以上三百万円以下の罰金に処する。

第一一八条現　第六条、第五十六条、第六十三条又は第六十四条の二の規定に違反した者は、これを一年以下の懲役又は五十万円以下の罰金に処する。

新［令和七年六月一日から施行］
第一一八条　第六条、第五十六条、第六十三条又は第六十四条の二の規定に違反した者は、一年以下の拘禁刑又は五十万円以下の罰金に処する。

② 第七十条の規定に基づいて発する厚生労働省令（第六十三条又は第六十四条の二の規定に係る部分に限る。）に違反した者についても前項の例による。

第一一九条現　次の各号のいずれかに該当する者は、これを六箇月以下の懲役又は三十万円以下の罰金に処する。

新［令和七年六月一日から施行］
第一一九条　次の各号のいずれかに該当する者は、六月以下の拘禁刑又は三十万円以下の罰金に処する。

一　第三条、第四条、第七条、第十六条、第十七条、第十八条第一項、第十九条、第二十条、第二十二条第四項、第三十二条、第三十四条、第三十五条、第三十六条第六項、第三十七条、第三十九条（第七項を除く。）、第六十一条、第六十二条、第六十四条の三から第六十七条まで、第七十二条、第七十五条から第七十七条まで、第七十九条、第八十条、第九十四条第二項、第九十六条又は第百四条第二項の規定に違反した者
二　第三十三条第二項、第九十六条の二第二項又は第九十六条の三第一項の規定による命令に違反した者
三　第四十条の規定に基づいて発する厚生労働省令に違反した者
四　第七十条の規定に基づいて発する厚生労働省令（第六十二条又は第六十四条の三の規定に係る部分に限る。）に違反した者

第一二〇条　次の各号のいずれかに該当する者は、三十万円以下の罰金に処する。
一　第十四条、第十五条第一項若しくは第三項、第十八条第七項、第二十二条第一項から第三項まで、第二十三条から第二十七条まで、第三十二条の二第二項（第三十二条の三第四項、第三十二条の四第四項及び第三十二条の五第三項において準用する場合を含む。）、第三十二条の五第二項、第三十三条第一項ただし書、第三十八条の二第三項（第三十八条の三第二項において準用する場合を含む。）、第三十九条第七項、第五十七条から第五十九条まで、第六十四条、第六十八条、第八十九条、第九十条第一項、第九十一条、第九十五条第一項若しくは第二項、第九十六条の二第一項、第百五条（第百条第三項において準用する場合を含む。）又は第百六条から第百九条までの規定に違反した者
二　第七十条の規定に基づいて発する厚生労働省令（第十四条の規定に係る部分に限る。）に違反した者
三　第九十二条第二項又は第九十六条の三第二項の規定による命令に違反した者
四　第百一条（第百条第三項において準用する場合を含む。）の規定による労働基準監督官又は女性主管局長若しくはその

の指定する所属官吏の臨検を拒み、妨げ、若しくは忌避し、その尋問に対して陳述をせず、若しくは虚偽の陳述をし、帳簿書類の提出をせず、又は虚偽の記載をした帳簿書類の提出をした者

五　第百四条の二の規定による報告をせず、若しくは虚偽の報告をし、又は出頭しなかつた者

第一二一条　この法律の違反行為をした者が、当該事業の労働者に関する事項について、事業主のために行為した代理人、使用人その他の従業者である場合においては、事業主に対しても各本条の罰金刑を科する。ただし、事業主（事業主が法人である場合においてはその代表者、事業主が営業に関し成年者と同一の行為能力を有しない未成年者又は成年被後見人である場合においてはその法定代理人（法定代理人が法人であるときは、その代表者）を事業主とする。次項において同じ。）が違反の防止に必要な措置をした場合においては、この限りでない。

②　事業主が違反の計画を知りその防止に必要な措置を講じなかつた場合、違反行為を知り、その是正に必要な措置を講じなかつた場合又は違反を教唆した場合においては、事業主も行為者として罰する。

附　則　抄

第一二二条　この法律施行の期日は、勅令で、これを定める。

第一二三条　工場法、工業労働者最低年齢法、労働者災害扶助法、商店法、黄燐燐寸製造禁止法及び昭和十四年法律第八十七号は、これを廃止する。

第一三六条　使用者は、第三十九条第一項から第四項までの規定による有給休暇を取得した労働者に対して、賃金の減額その他不利益な取扱いをしないようにしなければならない。

第一三七条　期間の定めのある労働契約（一定の事業の完了に必要な期間を定めるものを除き、その期間が一年を超えるものに限る。）を締結した労働者（第十四条第一項各号に規定する労働者を除く。）は、労働基準法の一部を改正する法律（平成十五年法律第百四号）附則第三条に規定する措置が講じられるまでの間、民法第六百二十八条の規定にかかわらず、当該労働契約の期間の初日から一年を経過した日以後においては、その使用者に申し出ることにより、いつでも退職することができる。

第一三八条　削除〔平成三〇年七月法律七一号〕

第一三九条　工作物の建設の事業（災害時における復旧及び復興の事業に限る。）その他これに関連する事業として厚生労働省令で定める事業に関する第三十六条の規定の適用については、当分の間、同条第五項中「時間（第二項第四号に関して協定した時間を含め百時間未満の範囲内に限る。）」とあるのは「時間」と、「同号」とあるのは「第二項第四号」とし、同条第六項（第二号及び第三号に係る部分に限る。）の規定は適用しない。

②　前項の規定にかかわらず、工作物の建設の事業その他これに関連する事業として厚生労働省令で定める事業については、令和六年三月三十一日（同日及びその翌日を含む期間を定めている第三十六条第一項の協定に関しては、当該協定に定める期間の初日から起算して一年を経過する日）までの間、同条第二項第四号中「一箇月及び」とあるのは、「一日を超え三箇月以内の範囲で前項の協定をする使用者及び労働組合若しくは労働者の過半数を代表する者が定める期間並びに」とし、同条第三項から第五項まで及び第六項（第二号及び第三号に係る部分に限る。）の規定は適用しない。

第一四〇条　一般乗用旅客自動車運送事業（道路運送法（昭和二十六年法律第百八十三号）第三条第一号ハに規定する一般乗用旅客自動車運送事業をいう。）の業務、貨物自動車事業（貨物自動車運送事業法（平成元年法律第八十三号）第二条

第一項に規定する貨物自動車運送事業をいう。）の業務その他の自動車の運転の業務として厚生労働省令で定める業務に関する第三十六条の規定の適用については、当分の間、同条第五項中「時間（第二項第四号に関して協定した時間を含め百時間未満の範囲内に限る。）並びに一年について労働時間を延長して労働させることができる時間（同号に関して協定した時間を含め七百二十時間を超えない範囲内に限る。）を定めることができる。この場合において、第一項の協定に、併せて第二項第二号の対象期間において労働時間を延長して労働させる時間が一箇月について四十五時間（第三十二条の四第一項第二号の対象期間として三箇月を超える期間を定めて同条の規定により労働させる場合にあつては、一箇月について四十二時間）を超えることができる月数（一年について六箇月以内に限る。）を定めなければならない」とあるのは、「時間並びに一年について労働時間を延長して労働させることができる時間（第二項第四号に関して協定した時間を含め九百六十時間を超えない範囲内に限る。）を定めることができる」とし、同条第六項（第二号及び第三号に係る部分に限る。）の規定は適用しない。

② 前項の規定にかかわらず、同項に規定する業務については、令和六年三月三十一日（同日及びその翌日を含む期間を定めている第三十六条第一項の協定に関しては、当該協定に定める期間の初日から起算して一年を経過する日）までの間、同条第二項第四号中「一箇月及び」とあるのは、「一日を超え三箇月以内の範囲で前項の協定をする使用者及び労働組合若しくは労働者の過半数を代表する者が定める期間並びに」とし、同条第三項から第五項まで及び第六項（第二号及び第三号に係る部分に限る。）の規定は適用しない。

第一四一条 医業に従事する医師（医療提供体制の確保に必要な者として厚生労働省令で定める者に限る。）に関する第三十六条の規定の適用については、当分の間、同条第二項第四号中「における一日、一箇月及び一年のそれぞれの期間について」とあるのは「における」とし、同条第三項中「限度時間」とあるのは「限度時間並びに労働者の健康及び福祉を勘案して厚生労働省令で定める時間」とし、同条第五項及び第六項（第二号及び第三号に係る部分に限る。）の規定は適用しない。

② 前項の場合において、第三十六条第一項の協定に、同条第二項各号に掲げるもののほか、当該事業場における通常予見することのできない業務量の大幅な増加等に伴い臨時的に前項の規定により読み替えて適用する同条第三項の厚生労働省令で定める時間を超えて労働させる必要がある場合において、同条第二項第四号に関して協定した時間を超えて労働させることができる時間（同号に関して協定した時間を含め、同条第五項に定める時間及び月数並びに労働者の健康及び福祉を勘案して厚生労働省令で定める時間を超えない範囲内に限る。）その他厚生労働省令で定める事項を定めることができる。

③ 使用者は、第一項の場合において、第三十六条第一項の協定で定めるところによつて労働時間を延長して労働させ、又は休日において労働させる場合であつても、同条第六項に定める要件並びに労働者の健康及び福祉を勘案して厚生労働省令で定める時間を超えて労働させてはならない。

④ 前三項の規定にかかわらず、医業に従事する医師については、令和六年三月三十一日（同日及びその翌日を含む期間を定めている第三十六条第一項の協定に関しては、当該協定に定める期間の初日から起算して一年を経過する日）までの間、同条第二項第四号中「一箇月及び」とあるのは、「一日を超え三箇月以内の範囲で前項の協定をする使用者及び労働組合若しくは労働者の過半数を代表する者が定める期間並びに一

とし、同条第三項から第五項まで及び第六項（第二号及び第三号に係る部分に限る。）の規定は適用しない。

⑤**現** 第三項の規定に違反した者は、六箇月以下の懲役又は三十万円以下の罰金に処する。

新［令和七年六月一日から施行］
⑤ 第三項の規定に違反した者は、六月以下の拘禁刑又は三十万円以下の罰金に処する。

第一四二条 鹿児島県及び沖縄県における砂糖を製造する事業に関する第三十六条の規定の適用については、令和六年三月三十一日（同日及びその翌日を含む期間を定めている同条第一項の協定に関しては、当該協定に定める期間の初日から起算して一年を経過する日）までの間、同条第五項中「時間（第二項第四号に関して協定した時間を含め百時間未満の範囲内に限る。）」とあるのは「時間」と、「同号」とあるのは「第二項第四号」とし、同条第六項（第二号及び第三号に係る部分に限る。）の規定は適用しない。

第一四三条 第百九条の規定の適用については、当分の間、同条中「五年間」とあるのは、「三年間」とする。

② 第百十四条の規定の適用については、当分の間、同条ただし書中「五年」とあるのは、「三年」とする。

③ 第百十五条の規定の適用については、当分の間、同条中「賃金の請求権はこれを行使することができる時から五年間」とあるのは、「退職手当の請求権はこれを行使することができる時から五年間、この法律の規定による賃金（退職手当を除く。）の請求権はこれを行使することができる時から三年間」とする。

附　則〔平成三〇年七月六日法律第七一号〕抄

（施行期日）

第一条 この法律は、平成三十一年四月一日から施行する。ただし、次の各号に掲げる規定は、当該各号に定める日から施行する。

一 第三条の規定並びに附則第七条第二項、第八条第二項、第十四条及び第十五条の規定、附則第十八条中社会保険労務士法（昭和四十三年法律第八十九号）別表第一第十八号の改正規定、附則第十九条中高年齢者等の雇用の安定等に関する法律（昭和四十六年法律第六十八号）第二十八条及び第三十八条第三項の改正規定、附則第二十条中建設労働者の雇用の改善等に関する法律（昭和五十一年法律第三十三号）第三十条第二項の改正規定、附則第二十七条の規定、附則第二十八条中厚生労働省設置法（平成十一年法律第九十七号）第四条第一項第五十二号の改正規定及び同法第九条第一項第四号の改正規定（「（平成十年法律第四十六号）」の下に「、労働施策の総合的な推進並びに労働者の雇用の安定及び職業生活の充実等に関する法律」を加える部分に限る。）並びに附則第三十条の規定　公布の日

二 略

三 第一条中労働基準法第百三十八条の改正規定　令和五年四月一日

（時間外及び休日の労働に係る協定に関する経過措置）

第二条 第一条の規定による改正後の労働基準法（以下「新労基法」という。）第三十六条の規定（新労基法第百三十九条第二項、第百四十条第二項、第百四十一条第四項及び第百四十二条の規定により読み替えて適用する場合を含む。）は、平成三十一年四月一日以後の期間のみを定めている協定について適用し、同年三月三十一日を含む期間を定めている協定については、当該協定に定める期間の初日から起算して一年を経過する日までの間については、なお従前の例による。

（中小事業主に関する経過措置）

第三条　中小事業主（その資本金の額又は出資の総額が三億円（小売業又はサービス業を主たる事業とする事業主については五千万円、卸売業を主たる事業とする事業主については一億円）以下である事業主及びその常時使用する労働者の数が三百人（小売業を主たる事業とする事業主については五十人、卸売業又はサービス業を主たる事業とする事業主については百人）以下である事業主をいう。第四項及び附則第十一条において同じ。）の事業に係る協定（新労基法第百三十九条第二項に規定する事業、第百四十条第二項に規定する業務、第百四十一条第四項に規定する者及び第百四十二条に規定する事業に係るものを除く。）についての前条の規定の適用については、「平成三十一年四月一日」とあるのは、「令和二年四月一日」とする。

2　前項の規定により読み替えられた前条の規定によりなお従前の例によることとされた協定をする使用者及び労働組合又は労働者の過半数を代表する者は、当該協定をするに当たり、新労基法第三十六条第一項から第五項までの規定により当該協定に定める労働時間を延長して労働させ、又は休日において労働させることができる時間数を勘案して協定をするように努めなければならない。

3　政府は、前項に規定する者に対し、同項の協定に関して、必要な情報の提供、助言その他の支援を行うものとする。

4　行政官庁は、当分の間、中小事業主に対し新労基法第三十六条第九項の助言及び指導を行うに当たっては、中小企業における労働時間の動向、人材の確保の状況、取引の実態その他の事情を踏まえて行うよう配慮するものとする。

（年次有給休暇に関する経過措置）

第四条　この法律の施行の際四月一日以外の日が基準日（継続勤務した期間を労働基準法第三十九条第二項に規定する六箇月経過日から一年ごとに区分した各期間（最後に一年未満の期間を生じたときは、当該期間をいう。以下この条において同じ。）の初日をいい、同法第三十九条第一項から第三項までの規定による有給休暇を当該有給休暇に係る当該各期間の初日より前の日から与えることとした場合はその日をいう。以下この条において同じ。）である労働者に係る有給休暇については、この法律の施行の日後の最初の基準日の前日までの間は、新労基法第三十九条第七項の規定にかかわらず、なお従前の例による。

（検討）

第一二条　政府は、この法律の施行後五年を経過した場合において、新労基法第三十六条の規定について、その施行の状況、労働時間の動向その他の事情を勘案しつつ検討を加え、必要があると認めるときは、その結果に基づいて所要の措置を講ずるものとする。

2　政府は、新労基法第百三十九条に規定する事業及び新労基法第百四十条に規定する業務に係る新労基法第三十六条の規定の特例の廃止について、この法律の施行後の労働時間の動向その他の事情を勘案しつつ引き続き検討するものとする。

3　政府は、前二項に定める事項のほか、この法律の施行後五年を目途として、この法律による改正後のそれぞれの法律（以下この項において「改正後の各法律」という。）の規定について、労働者と使用者の協議の促進等を通じて、仕事と生活の調和、労働条件の改善、雇用形態又は就業形態の異なる労働者の間の均衡のとれた待遇の確保その他の労働者の職業生活の充実を図る観点から、改正後の各法律の施行の状況等を勘案しつつ検討を加え、必要があると認めるときは、その結果に基づいて所要の措置を講ずるものとする。

（罰則に関する経過措置）

第二九条　この法律（附則第一条第三号に掲げる規定にあっては、当該規定）の施行前にした行為並びにこの附則の規定こよりなお従前の例によることとされる場合及びこの附則の規定によりなおその効力を有することとされる場合におけるこの法律の施行後にした行為に対する罰則の適用については、なお従前の例による。

（政令への委任）

第三〇条　この附則に規定するもののほか、この法律の施行に伴い必要な経過措置（罰則に関する経過措置を含む。）は、政令で定める。

別表第一（第三十三条、第四十条、第四十一条、第五十六条、第六十一条関係）

一　物の製造、改造、加工、修理、洗浄、選別、包装、装飾、仕上げ、販売のためにする仕立て、破壊若しくは解体又は材料の変造の事業（電気、ガス又は各種動力の発生、変更若しくは伝導の事業及び水道の事業を含む。）

二　鉱業、石切り業その他土石又は鉱物採取の事業

三　土木、建築その他工作物の建設、改造、保存、修理、変更、破壊、解体又はその準備の事業

四　道路、鉄道、軌道、索道、船舶又は航空機による旅客又は貨物の運送の事業

五　ドック、船舶、岸壁、波止場、停車場又は倉庫における貨物の取扱いの事業

六　土地の耕作若しくは開墾又は植物の栽植、栽培、採取若しくは伐採の事業その他農林の事業

七　動物の飼育又は水産動植物の採捕若しくは養殖の事業その他の畜産、養蚕又は水産の事業

八　物品の販売、配給、保管若しくは賃貸又は理容の事業

九　金融、保険、媒介、周旋、集金、案内又は広告の事業

十　映画の製作又は映写、演劇その他興行の事業

十一　郵便、信書便又は電気通信の事業

十二　教育、研究又は調査の事業

十三　病者又は虚弱者の治療、看護その他保健衛生の事業

十四　旅館、料理店、飲食店、接客業又は娯楽場の事業

十五　焼却、清掃又はと畜場の事業

別表第二　身体障害等級及び災害補償表（第七十七条関係）

等級	災害補償
第一級	一三四〇日分
第二級	一一九〇日分
第三級	一〇五〇日分
第四級	九二〇日分
第五級	七九〇日分
第六級	六七〇日分
第七級	五六〇日分
第八級	四五〇日分
第九級	三五〇日分
第一〇級	二七〇日分
第一一級	二〇〇日分
第一二級	一四〇日分
第一三級	九〇日分
第一四級	五〇日分

別表第三　分割補償表（第八十二条関係）

種別	等級	災害補償
障害補償	第一級	二四〇日分
	第二級	二一三日分
	第三級	一八八日分
	第四級	一六四日分
	第五級	一四二日分
	第六級	一二〇日分
	第七級	一〇〇日分
	第八級	八〇日分
	第九級	六三日分
	第一〇級	四八日分
	第一一級	三六日分
	第一二級	二五日分
	第一三級	一六日分
	第一四級	九日分
遺族補償		一八〇日分

労働基準法第三十七条第一項の時間外及び休日の割増賃金に係る率の最低限度を定める政令

〔平成六年一月四日
政令第五号〕

沿革　平成一一年　一月二九日政令第　一六号
　　　〃　一二年　六月　七日　〃　第三〇九号

労働基準法第三十七条第一項の政令で定める率は、同法第三十三条又は第三十六条第一項の規定により延長した労働時間の労働については二割五分とし、これらの規定により労働させた休日の労働については三割五分とする。

附　則

この政令は、平成六年四月一日から施行する。

労働基準法第三十七条第一項の時間外及び休日の割増賃金に係る率の最低限度を定める政令

労働基準法施行規則

〔昭和二二年八月三〇日
厚生省令第二三号〕

沿革 平成一〇年一二月二八日労働省令第四五号
令和 元年 五月 七日厚生労働省令第 一号
〃 四年 三月三〇日 〃 第 四九号
〃 四年一一月二八日 〃 第一五八号
〃 五年 一月一八日 〃 第 六号
〃 五年 二月二七日 〃 第 一四号
〃 五年 三月二九日 〃 第 三四号
〃 **五年 三月三〇日** 〃 **第 三九号**
〃 五年 四月 七日 〃 第 六八号
〃 五年一二月二七日 〃 第一六五号

第一条 削除

第二条 労働基準法（昭和二十二年法律第四十九号。以下「法」という。）第十二条第五項の規定により、賃金の総額に算入すべきものは、法第二十四条第一項ただし書の規定による法令又は労働協約の別段の定めに基づいて支払われる通貨以外のものとする。

② 前項の通貨以外のものの評価額は、法令に別段の定がある場合の外、労働協約に定めなければならない。

③ 前項の規定により労働協約に定められた評価額が不適当と認められる場合又は前項の評価額が法令若しくは労働協約に定められていない場合においては、都道府県労働局長は、第一項の通貨以外のものの評価額を定めることができる。

第三条 試の使用期間中に平均賃金を算定すべき事由が発生した場合においては、法第十二条第三項の規定にかかわらず、その期間中の日数及びその期間中の賃金は、同条第一項及び第二項の期間並びに賃金の総額に算入する。

第四条 法第十二条第三項第一号から第四号までの期間が平均賃金を算定すべき事由の発生した日以前三箇月以上にわたる場合又は雇入れの日に平均賃金を算定すべき事由の発生した場合の平均賃金は、都道府県労働局長の定めるところによる。

第五条 使用者が法第十五条第一項前段の規定により労働者に対して明示しなければならない労働条件は、次に掲げるものとする。ただし、第一号の二に掲げる事項については期間の定めのある労働契約（以下この条において「有期労働契約」という。）であつて当該労働契約の期間の満了後に当該労働契約を更新する場合があるものの締結の場合に限り、第四号の二から第十一号までに掲げる事項については使用者がこれらに関する定めをしない場合においては、この限りでない。

一 労働契約の期間に関する事項

一の二 有期労働契約を更新する場合の基準に関する事項（通算契約期間（労働契約法（平成十九年法律第百二十八号）第十八条第一項に規定する通算契約期間をいう。）又は有期労働契約の更新回数に上限の定めがある場合には当該上限を含む。）

一の三 就業の場所及び従事すべき業務に関する事項（就業の場所及び従事すべき業務の変更の範囲を含む。）

二 始業及び終業の時刻、所定労働時間を超える労働の有無、休憩時間、休日、休暇並びに労働者を二組以上に分けて就業させる場合における就業時転換に関する事項

三 賃金（退職手当及び第五号に規定する賃金を除く。以下この号において同じ。）の決定、計算及び支払の方法、賃金の締切り及び支払の時期並びに昇給に関する事項

四 退職に関する事項（解雇の事由を含む。）

四の二 退職手当の定めが適用される労働者の範囲、退職手

当の決定、計算及び支払の方法並びに退職手当の支払の時期に関する事項
五　臨時に支払われる賃金（退職手当を除く。）、賞与及び第八条各号に掲げる賃金並びに最低賃金額に関する事項
六　労働者に負担させるべき食費、作業用品その他に関する事項
七　安全及び衛生に関する事項
八　職業訓練に関する事項
九　災害補償及び業務外の傷病扶助に関する事項
十　表彰及び制裁に関する事項
十一　休職に関する事項

② 使用者は、法第十五条第一項前段の規定により労働者に対して明示しなければならない労働条件を事実と異なるものとしてはならない。

③ 法第十五条第一項後段の厚生労働省令で定める事項は、第一項第一号から第四号までに掲げる事項（昇給に関する事項を除く。）とする。

④ 法第十五条第一項後段の厚生労働省令で定める方法は、労働者に対する前項に規定する事項が明らかとなる書面の交付とする。ただし、当該労働者が同項に規定する事項が明らかとなる次のいずれかの方法によることを希望した場合には、当該方法とすることができる。
一　ファクシミリを利用してする送信の方法
二　電子メールその他のその受信をする者を特定して情報を伝達するために用いられる電気通信（電気通信事業法（昭和五十九年法律第八十六号）第二条第一号に規定する電気通信をいう。以下この号において「電子メール等」という。）の送信の方法（当該労働者が当該電子メール等の記録を出力することにより書面を作成することができるものに限る。）

⑤ その契約期間内に労働者が労働契約法第十八条第一項の適用を受ける期間の定めのない労働契約の締結の申込み（以下「労働契約法第十八条第一項の無期転換申込み」という。）をすることができることとなる有期労働契約の締結の場合においては、使用者が法第十五条第一項前段の規定により労働者に対して明示しなければならない労働条件は、第一項に規定するもののほか、労働契約法第十八条第一項の無期転換申込みに関する事項並びに当該申込みに係る期間の定めのない労働契約の内容である労働条件のうち第一項第一号及び第一号の三から第十一号までに掲げる事項とする。ただし、当該申込みに係る期間の定めのない労働契約の内容である労働条件のうち同項第四号の二から第十一号までに掲げる事項については、使用者がこれらに関する定めをしない場合においては、この限りでない。

⑥ その契約期間内に労働者が労働契約法第十八条第一項の無期転換申込みをすることができることとなる有期労働契約の締結の場合においては、法第十五条第一項後段の厚生労働省令で定める事項は、第三項に規定するもののほか、労働契約法第十八条第一項の無期転換申込みに関する事項並びに当該申込みに係る期間の定めのない労働契約の内容である労働条件のうち第一項第一号及び第一号の三から第四号までに掲げる事項（昇給に関する事項を除く。）とする。

第五条の二　使用者は、労働者の貯蓄金をその委託を受けて管理しようとする場合において、貯蓄金の管理が労働者の預金の受入れであるときは、法第十八条第二項の協定には、次の各号に掲げる事項を定めなければならない。
一　預金者の範囲
二　預金者一人当たりの預金額の限度
三　預金の利率及び利子の計算方法
四　預金の受入れ及び払いもどしの手続

五　預金の保全の方法

第六条　法第十八条第二項の規定による届出は、様式第一号により、当該事業場の所在地を管轄する労働基準監督署長（以下「所轄労働基準監督署長」という。）にしなければならない。

第六条の二　法第十八条第二項、法第二十四条第一項ただし書、法第三十二条の二第一項、法第三十二条の三第一項、法第三十二条の四第一項及び第二項、法第三十二条の五第一項、法第三十四条第二項ただし書、法第三十六条第一項、第八項及び第九項、法第三十七条第三項、法第三十八条の二第二項、法第三十八条の三第一項、法第三十八条の四第二項第一号（法第四十一条の二第三項において準用する場合を含む。）、法第三十九条第四項、第六項及び第九項ただし書並びに法第九十条第一項に規定する労働者の過半数を代表する者（以下この条において「過半数代表者」という。）は、次の各号のいずれにも該当する者とする。

一　法第四十一条第二号に規定する監督又は管理の地位にある者でないこと。

二　法に規定する協定等をする者を選出することを明らかにして実施される投票、挙手等の方法による手続により選出された者であつて、使用者の意向に基づき選出されたものでないこと。

②　前項第一号に該当する者がいない事業場にあつては、法第十八条第二項、法第二十四条第一項ただし書、法第三十九条第四項、第六項及び第九項ただし書並びに法第九十条第一項に規定する労働者の過半数を代表する者は、前項第二号に該当する者とする。

③　使用者は、労働者が過半数代表者であること若しくは過半数代表者になろうとしたこと又は過半数代表者として正当な行為をしたことを理由として不利益な取扱いをしないようにしなければならない。

④　使用者は、過半数代表者が法に規定する協定等に関する事務を円滑に遂行することができるよう必要な配慮を行わなければならない。

第六条の三　法第十八条第六項の規定による命令は、様式第一号の三による文書で所轄労働基準監督署長がこれを行う。

第七条　法第十九条第二項の規定による認定又は法第二十条第一項但書前段の場合に同条第三項の規定により準用する法第十九条第二項の規定による認定は様式第二号により、法第二十条第一項但書後段の場合に同条第三項の規定により準用する法第十九条第二項の規定による認定は様式第三号により、所轄労働基準監督署長から受けなければならない。

第七条の二　使用者は、労働者の同意を得た場合には、賃金の支払について次の方法によることができる。ただし、第三号に掲げる方法による場合には、当該労働者が第一号又は第二号に掲げる方法による賃金の支払を選択することができるようにするとともに、当該労働者に対し、第三号イからへまでに掲げる要件に関する事項について説明した上で、当該労働者の同意を得なければならない。

一　当該労働者が指定する銀行その他の金融機関に対する当該労働者の預金又は貯金への振込み

二　当該労働者が指定する金融商品取引業者（金融商品取引法（昭和二十三年法律第二十五号。以下「金商法」という。）第二条第九項に規定する金融商品取引業者（金商法第二十八条第一項に規定する第一種金融商品取引業を行う者に限り、金商法第二十九条の四の二第九項に規定する第一種少額電子募集取扱業者を除く。）をいう。以下この号において同じ。）に対する当該労働者の預り金（次の要件を満たすものに限る。）への払込み

イ　当該預り金により投資信託及び投資法人に関する法律

（昭和二十六年法律第百九十八号）第二条第四項の証券投資信託（以下この号において「証券投資信託」という。）の受益証券以外のものを購入しないこと。

ロ　当該預り金により購入する受益証券に係る投資信託及び投資法人に関する法律第四条第一項の投資信託約款に次の事項が記載されていること。

(1)　信託財産の運用の対象は、次に掲げる有価証券（(2)において「有価証券」という。）、預金、手形、指定金銭信託及びコールローンに限られること。

(i)　金商法第二条第一項第一号に掲げる有価証券

(ii)　金商法第二条第一項第二号に掲げる有価証券

(iii)　金商法第二条第一項第三号に掲げる有価証券

(iv)　金商法第二条第一項第四号に掲げる有価証券（資産流動化計画に新優先出資の引受権のみを譲渡することができる旨の定めがない場合における新優先出資引受権付特定社債券を除く。）

(v)　金商法第二条第一項第五号に掲げる有価証券（新株予約権付社債券を除く。）

(vi)　金商法第二条第一項第十四号に規定する有価証券（銀行、協同組織金融機関の優先出資に関する法律（平成五年法律第四十四号）第二条第一項に規定する協同組織金融機関及び金融商品取引法施行令（昭和四十年政令第三百二十一号）第一条の九各号に掲げる金融機関又は信託会社の貸付債権を信託する信託（当該信託に係る契約の際における受益者が委託者であるものに限る。）又は指定金銭信託に係るものに限る。）

(vii)　金商法第二条第一項第十五号に掲げる有価証券

(viii)　金商法第二条第一項第十七号に掲げる有価証券（(i)から(vii)までに掲げる証券又は証書の性質を有するものに限る。）

(ix)　金商法第二条第一項第十八号に掲げる有価証券

(x)　金商法第二条第一項第二十一号に掲げる有価証券

(xi)　金商法第二条第二項の規定により有価証券とみなされる権利（(i)から(ix)までに掲げる有価証券に表示されるべき権利に限る。）

(xii)　銀行、協同組織金融機関の優先出資に関する法律第二条第一項に規定する協同組織金融機関及び金融商品取引法施行令第一条の九各号に掲げる金融機関又は信託会社の貸付債権を信託する信託（当該信託に係る契約の際における受益者が委託者であるものに限る。）の受益権

(xiii)　外国の者に対する権利で(xii)に掲げるものの性質を有するもの

(2)　信託財産の運用の対象となる有価証券、預金、手形、指定金銭信託及びコールローン（(3)及び(4)において「有価証券等」という。）は、償還又は満期までの期間（(3)において「残存期間」という。）が一年を超えないものであること。

(3)　信託財産に組み入れる有価証券等の平均残存期間（一の有価証券等の残存期間に当該有価証券等の組入れ額を乗じて得た合計額を、当該有価証券等の組入れ額の合計額で除した期間をいう。）が九十日を超えないこと。

(4)　信託財産の総額のうちに一の法人その他の団体（(5)において「法人等」という。）が発行し、又は取り扱う有価証券等（国債証券、政府保証債（その元本の償還及び利息の支払いについて政府が保証する債券をいう。）及び返済までの期間（貸付けを行う当該証券投資信託の受託者である会社が休業している日を除

く。）が五日以内のコールローン（(5)において「特定コールローン」という。）を除く。）の当該信託財産の総額の計算の基礎となつた価額の占める割合が、百分の五以下であること。

(5) 信託財産の総額のうちに一の法人等が取り扱う特定コールローンの当該信託財産の総額の計算の基礎となつた価額の占める割合が、百分の二十五以下であること。

ハ 当該預り金に係る投資約款（労働者と金融商品取引業者の間の預り金の取扱い及び受益証券の購入等に関する約款をいう。）に次の事項が記載されていること。

(1) 当該預り金への払込みが一円単位でできること。

(2) 預り金及び証券投資信託の受益権に相当する金額の払戻しが、その申出があつた日に、一円単位でできること。

三 資金決済に関する法律（平成二十一年法律第五十九号。以下「資金決済法」という。）第三十六条の二第二項に規定する第二種資金移動業（以下単に「第二種資金移動業」という。）を営む資金決済法第二条第三項に規定する資金移動業者であつて、次に掲げる要件を満たすものとして厚生労働大臣の指定を受けた者（以下「指定資金移動業者」という。）のうち当該労働者が指定するものの第二種資金移動業に係る口座への資金移動

イ 賃金の支払に係る資金移動を行う口座（以下単に「口座」という。）について、労働者に対して負担する為替取引に関する債務の額が百万円を超えることがないようにするための措置又は当該額が百万円を超えた場合に当該額を速やかに百万円以下とするための措置を講じていること。

ロ 破産手続開始の申立てを行つたときその他為替取引に関し負担する債務の履行が困難となつたときに、口座について、労働者に対して負担する為替取引に関する債務の全額を速やかに当該労働者に弁済することを保証する仕組みを有していること。

ハ 口座について、労働者の意に反する不正な為替取引その他の当該労働者の責めに帰することができない理由で当該労働者に対して負担する為替取引に関する債務を履行することが困難となつたことにより当該債務について当該労働者に損失が生じたときに、当該損失を補償する仕組みを有していること。

ニ 口座について、特段の事情がない限り、当該口座に係る資金移動が最後にあつた日から少なくとも十年間は、労働者に対して負担する為替取引に関する債務を履行することができるための措置を講じていること。

ホ 口座への資金移動が一円単位でできるための措置を講じていること。

ヘ 口座への資金移動に係る額の受取について、現金自動支払機を利用する方法その他の通貨による受取ができる方法により一円単位で当該受取ができるための措置及び少なくとも毎月一回は当該方法に係る手数料その他の費用を負担することなく当該受取ができるための措置を講じていること。

ト 賃金の支払に関する業務の実施状況及び財務状況を適時に厚生労働大臣に報告できる体制を有すること。

チ イからトまでに掲げるもののほか、賃金の支払に関する業務を適正かつ確実に行うことができる技術的能力を有し、かつ、十分な社会的信用を有すること。

② 使用者は、労働者の同意を得た場合には、退職手当の支払について前項に規定する方法によるほか、次の方法によることができる。

一　銀行その他の金融機関によつて振り出された当該銀行その他の金融機関を支払人とする小切手を当該労働者に交付すること。
二　銀行その他の金融機関が支払保証をした小切手を当該労働者に交付すること。
三　郵政民営化法（平成十七年法律第九十七号）第九十四条に規定する郵便貯金銀行がその行う為替取引に関し負担する債務に係る権利を表章する証書を当該労働者に交付すること。

③　地方公務員に関して法第二十四条第一項の規定が適用される場合における前項の規定の適用については、同項第一号中「小切手」とあるのは、「小切手又は地方公共団体によつて振り出された小切手」とする。

第七条の三　前条第一項第三号の厚生労働大臣の指定（第七条の六から第七条の八までにおいて単に「指定」という。）を受けようとする者は、申請書に、第二種資金移動業を営むこと及び同号イからチまでに掲げる要件を満たすことを証する書類を添えて、厚生労働大臣に提出しなければならない。

第七条の四　指定資金移動業者は、第七条の二第一項第三号イからチまでに掲げる要件に係る事項のいずれかを変更するときは、あらかじめ、その旨を厚生労働大臣に届け出なければならない。

②　指定資金移動業者は、資金決済法第四十一条第一項の規定による変更登録又は同条第三項若しくは第四項の規定による変更の届出を行つたときは、遅滞なく、その旨を厚生労働大臣に届け出なければならない。

第七条の五　厚生労働大臣は、賃金の支払に関する業務の適正かつ確実な実施を確保するために必要があると認めるときは、指定資金移動業者に対し、賃金の支払に関する業務の実施状況及び財務状況に関し報告を求め、又は必要な措置を求めることができる。

第七条の六　厚生労働大臣は、指定資金移動業者が次のいずれかに該当するときは、指定を取り消すことができる。
一　資金決済法第五十五条又は第五十六条第一項若しくは第二項の規定による処分が行われたとき。
二　前号のほか、第七条の二第一項第三号イからチまでに掲げる要件を満たさなくなつたとき。
三　不正の手段により指定を受けたとき。

②　厚生労働大臣は、前項の規定により指定の取消しをしたときは、その旨を公告しなければならない。

第七条の七　指定資金移動業者は、次のいずれかに該当するときは、遅滞なく、その旨を厚生労働大臣に届け出なければならない。
一　指定を辞退しようとするとき。
二　資金決済法第六十一条第一項の規定による届出をしたとき。

②　指定資金移動業者が指定を辞退したときは、当該指定は、その効力を失う。

③　指定資金移動業者が指定を辞退しようとするときは、その日の三十日前までに、その旨を公告するとともに、全ての営業所の公衆の目につきやすい場所に掲示しなければならない。

④　指定資金移動業者は、前項の規定による公告をしたときは、直ちに、その旨を厚生労働大臣に届け出なければならない。

第七条の八　指定資金移動業者について、第七条の六第一項の規定により指定が取り消された場合において、使用者の賃金の支払の義務の履行を確保するため必要があると厚生労働大臣が認めるときは、指定資金移動業者であつた者については、なお指定資金移動業者とみなして、第七条の二第一項及び第七条の五の規定を適用する。

第八条　法第二十四条第二項但書の規定による臨時に支払われ

る賃金、賞与に準ずるものは次に掲げるものとする。

一　一箇月を超える期間の出勤成績によつて支給される精勤手当

二　一箇月を超える一定期間の継続勤務に対して支給される勤続手当

三　一箇月を超える期間にわたる事由によつて算定される奨励加給又は能率手当

第九条　法第二十五条に規定する非常の場合は、次に掲げるものとする。

一　労働者の収入によつて生計を維持する者が出産し、疾病にかかり、又は災害をうけた場合

二　労働者又はその収入によつて生計を維持する者が結婚し、又は死亡した場合

三　労働者又はその収入によつて生計を維持する者がやむを得ない事由により一週間以上にわたつて帰郷する場合

第一〇条及び第一一条　削除

第一二条　常時十人に満たない労働者を使用する使用者は、法第三十二条の二第一項又は法第三十五条第二項による定めをした場合（法第三十二条の二第一項の協定（法第三十八条の四第五項（法第四十一条の二第三項において準用する場合を含む。）に規定する法第三十八条の四第一項の委員会（以下「労使委員会」という。）の決議（以下「労使委員会の決議」という。）及び労働時間等の設定の改善に関する特別措置法（平成四年法律第九十号。以下「労働時間等設定改善法」という。）第七条に規定する労働時間等設定改善委員会の決議（以下「労働時間等設定改善委員会の決議」という。）を含む。）による定めをした場合を除く。）には、これを労働者に周知させるものとする。

第一二条の二　使用者は、法第三十二条の二から第三十二条の四までの規定により労働者に労働させる場合には、就業規則その他これに準ずるもの又は書面による協定（労使委員会の決議及び労働時間等設定改善委員会の決議を含む。）において、法第三十二条の二から第三十二条の四までにおいて規定する期間の起算日を明らかにするものとする。

②　使用者は、法第三十五条第二項の規定により労働者に休日を与える場合には、就業規則その他これに準ずるものにおいて、四日以上の休日を与えることとする四週間の起算日を明らかにするものとする。

第一二条の二の二　法第三十二条の二第一項の協定（労働協約による場合を除き、労使委員会の決議及び労働時間等設定改善委員会の決議を含む。）には、有効期間の定めをするものとする。

②　法第三十二条の二第二項の規定による届出は、様式第三号の二により、所轄労働基準監督署長にしなければならない。

第一二条の三　法第三十二条の三第一項（同条第二項及び第三項の規定により読み替えて適用する場合を含む。以下この条において同じ。）第四号の厚生労働省令で定める事項は、次に掲げるものとする。

一　標準となる一日の労働時間

二　労働者が労働しなければならない時間帯を定める場合には、その時間帯の開始及び終了の時刻

三　労働者がその選択により労働することができる時間帯に制限を設ける場合には、その時間帯の開始及び終了の時刻

四　法第三十二条の三第一項第二号の清算期間が一箇月を超えるものである場合にあつては、同項の協定（労働協約による場合を除き、労使委員会の決議及び労働時間等設定改善委員会の決議を含む。）の有効期間の定め

②　法第三十二条の三第四項において準用する法第三十二条の二第二項の規定による届出は、様式第三号の三により、所轄労働基準監督署長にしなければならない。

第一二条の四　法第三十二条の四第一項の協定（労働協約による場合を除き、労使委員会の決議及び労働時間等設定改善委員会の決議を含む。）において定める同項第五号の厚生労働省令で定める事項は、有効期間の定めとする。

② 使用者は、法第三十二条の四第二項の規定による定めは、書面により行わなければならない。

③ 法第三十二条の四第三項の厚生労働省令で定める労働日数の限度は、同条第一項第二号の対象期間（以下この条において「対象期間」という。）が三箇月を超える場合は対象期間について一年当たり二百八十日とする。ただし、対象期間が三箇月を超える場合において、当該対象期間の初日の前一年以内の日を含む三箇月を超える期間を対象期間として定める法第三十二条の四第一項の協定（労使委員会の決議及び労働時間等設定改善委員会の決議を含む。）（複数ある場合においては直近の協定（労使委員会の決議及び労働時間等設定改善委員会の決議を含む。）。以下この項において「旧協定」という。）があつた場合において、一日の労働時間のうち最も長いものが旧協定の定める一日の労働時間のうち最も長いもの若しくは九時間のいずれか長い時間を超え、又は一週間の労働時間のうち最も長いものが旧協定の定める一週間の労働時間のうち最も長いもの若しくは四十八時間のいずれか長い時間を超えるときは、旧協定の定める対象期間について一年当たりの労働日数から一日を減じた日数又は二百八十日のいずれか少ない日数とする。

④ 法第三十二条の四第三項の厚生労働省令で定める一日の労働時間の限度は十時間とし、一週間の労働時間の限度は五十二時間とする。この場合において、対象期間が三箇月を超えるときは、次の各号のいずれにも適合しなければならない。

一　対象期間において、その労働時間が四十八時間を超える週が連続する場合の週数が三以下であること。

二　対象期間をその初日から三箇月ごとに区分した各期間（三箇月未満の期間を生じたときは、当該期間）において、その労働時間が四十八時間を超える週の初日の数が三以下であること。

⑤ 法第三十二条の四第三項の厚生労働省令で定める対象期間における連続して労働させる日数の限度は六日とし、同条第一項の協定（労使委員会の決議及び労働時間等設定改善委員会の決議を含む。）で特定期間として定められた期間における連続して労働させる日数の限度は一週間に一日の休日が確保できる日数とする。

⑥ 法第三十二条の四第四項において準用する法第三十二条の二第二項の規定による届出は、様式第四号により、所轄労働基準監督署長にしなければならない。

第一二条の五　法第三十二条の五第一項の厚生労働省令で定める事業は、小売業、旅館、料理店及び飲食店の事業とする。

② 法第三十二条の五第一項の厚生労働省令で定める数は、三十人とする。

③ 法第三十二条の五第二項の規定による一週間の各日の労働時間の通知は、少なくとも、当該一週間の開始する前に、書面により行わなければならない。ただし、緊急でやむを得ない事由がある場合には、使用者は、あらかじめ通知した労働時間を変更しようとする日の前日までに書面により当該労働者に通知することにより、当該あらかじめ通知した労働時間を変更することができる。

④ 法第三十二条の五第三項において準用する法第三十二条の二第二項の規定による届出は、様式第五号により、所轄労働基準監督署長にしなければならない。

⑤ 使用者は、法第三十二条の五の規定により労働者に労働させる場合において、一週間の各日の労働時間を定めるに当たつては、労働者の意思を尊重するよう努めなければならない。

第一二条の六　使用者は、法第三十二条の二、第三十二条の四又は第三十二条の五の規定により労働者に労働させる場合には、育児を行う者、老人等の介護を行う者、職業訓練又は教育を受ける者その他特別の配慮を要する者については、これらの者が育児等に必要な時間を確保できるような配慮をしなければならない。

第一三条　法第三十三条第一項本文の規定による許可は、所轄労働基準監督署長から受け、同条同項但書の規定による届出は、所轄労働基準監督署長にしなければならない。

②　前項の許可又は届出は、様式第六号によるものとする。

第一四条　法第三十三条第二項の規定による命令は、様式第七号による文書で所轄労働基準監督署長がこれを行う。

第一五条　使用者は、法第三十四条第二項ただし書の協定をする場合には、一斉に休憩を与えない労働者の範囲及び当該労働者に対する休憩の与え方について、協定しなければならない。

②　前項の規定は、労使委員会の決議及び労働時間等設定改善委員会の決議について準用する。

第一六条　法第三十六条第一項の規定による届出は、様式第九号（同条第五項に規定する事項に関する定めをする場合にあつては、様式第九号の二）により、所轄労働基準監督署長にしなければならない。

②　前項の規定にかかわらず、法第三十六条第十一項に規定する業務についての同条第一項の規定による届出は、様式第九号の三により、所轄労働基準監督署長にしなければならない。

③　法第三十六条第一項の協定（労使委員会の決議及び労働時間等設定改善委員会の決議を含む。以下この項において同じ。）を更新しようとするときは、使用者は、その旨の協定を所轄労働基準監督署長に届け出ることによつて、前二項の届出に代えることができる。

第一七条　法第三十六条第二項第五号の厚生労働省令で定める事項は、次に掲げるものとする。ただし、第四号から第七号までの事項については、同条第一項の協定に同条第五項に規定する事項に関する定めをしない場合においては、この限りでない。

一　法第三十六条第一項の協定（労働協約による場合を除く。）の有効期間の定め

二　法第三十六条第二項第四号の一年の起算日

三　法第三十六条第六項第二号及び第三号に定める要件を満たすこと。

四　法第三十六条第三項の限度時間（以下この項において「限度時間」という。）を超えて労働させることができる場合

五　限度時間を超えて労働させる労働者に対する健康及び福祉を確保するための措置

六　限度時間を超えた労働に係る割増賃金の率

七　限度時間を超えて労働させる場合における手続

②　使用者は、前項第五号に掲げる措置の実施状況に関する記録を同項第一号の有効期間中及び当該有効期間の満了後五年間保存しなければならない。

③　前項の規定は、労使委員会の決議及び労働時間等設定改善委員会の決議について準用する。

第一八条　法第三十六条第六項第一号の厚生労働省令で定める健康上特に有害な業務は、次に掲げるものとする。

一　多量の高熱物体を取り扱う業務及び著しく暑熱な場所における業務

二　多量の低温物体を取り扱う業務及び著しく寒冷な場所における業務

三　ラジウム放射線、エックス線その他の有害放射線にさらされる業務

四　土石、獣毛等のじんあい又は粉末を著しく飛散する場所における業務
五　異常気圧下における業務
六　削岩機、鋲打機等の使用によつて身体に著しい振動を与える業務
七　重量物の取扱い等重激なる業務
八　ボイラー製造等強烈な騒音を発する場所における業務
九　鉛、水銀、クロム、砒素、黄りん、弗素、塩素、塩酸、硝酸、亜硫酸、硫酸、一酸化炭素、二硫化炭素、青酸、ベンゼン、アニリン、その他これに準ずる有害物の粉じん、蒸気又はガスを発散する場所における業務
十　前各号のほか、厚生労働大臣の指定する業務

第一九条　法第三十七条第一項の規定による通常の労働時間又は通常の労働日の賃金の計算額は、次の各号の金額に法第三十三条若しくは法第三十六条第一項の規定によつて延長した労働時間数若しくは休日の労働時間数又は午後十時から午前五時（厚生労働大臣が必要であると認める場合には、その定める地域又は期間については午後十一時から午前六時）までの労働時間数を乗じた金額とする。
一　時間によつて定められた賃金については、その金額
二　日によつて定められた賃金については、その金額を一日の所定労働時間数（日によつて所定労働時間数が異る場合には、一週間における一日平均所定労働時間数）で除した金額
三　週によつて定められた賃金については、その金額を週における所定労働時間数（週によつて所定労働時間数が異る場合には、四週間における一週平均所定労働時間数）で除した金額
四　月によつて定められた賃金については、その金額を月における所定労働時間数（月によつて所定労働時間数が異る場合には、一年間における一月平均所定労働時間数）で除した金額
五　月、週以外の一定の期間によつて定められた賃金については、前各号に準じて算定した金額
六　出来高払制その他の請負制によつて定められた賃金については、その賃金算定期間（賃金締切日がある場合には、賃金締切期間、以下同じ）において出来高払制その他の請負制によつて計算された賃金の総額を当該賃金算定期間における、総労働時間数で除した金額
七　労働者の受ける賃金が前各号の二以上の賃金よりなる場合には、その部分について各号によつてそれぞれ算定した金額の合計額
②　休日手当その他前項各号に含まれない賃金は、前項の計算においては、これを月によつて定められた賃金とみなす。

第一九条の二　使用者は、法第三十七条第三項の協定（労使委員会の決議、労働時間等設定改善委員会の決議及び労働時間等設定改善法第七条の二に規定する労働時間等設定改善企業委員会の決議を含む。）をする場合には、次に掲げる事項について、協定しなければならない。
一　法第三十七条第三項の休暇（以下「代替休暇」という。）として与えることができる時間の時間数の算定方法
二　代替休暇の単位（一日又は半日（代替休暇以外の通常の労働時間の賃金が支払われる休暇と合わせて与えることができる旨を定めた場合においては、当該休暇と合わせた一日又は半日を含む。）とする。）
三　代替休暇を与えることができる期間（法第三十三条又は法第三十六条第一項の規定によつて延長して労働させた時間が一箇月について六十時間を超えた当該一箇月の末日の翌日から二箇月以内とする。）
②　前項第一号の算定方法は、法第三十三条又は法第三十六条

第一項の規定によつて一箇月について六十時間を超えて延長して労働させた時間の時間数に、労働者が代替休暇を取得しなかつた場合に当該時間の労働について法第三十七条第一項ただし書の規定により支払うこととされている割増賃金の率と、労働者が代替休暇を取得した場合に当該時間の労働について同項本文の規定により支払うこととされている割増賃金の率との差に相当する率（次項において「換算率」という。）を乗じるものとする。

③　法第三十七条第三項の厚生労働省令で定める時間は、取得した代替休暇の時間数を換算率で除して得た時間数の時間とする。

第二〇条　法第三十三条又は法第三十六条第一項の規定によつて延長した労働時間が午後十時から午前五時（厚生労働大臣が必要であると認める場合は、その定める地域又は期間については午後十一時から午前六時）までの間に及ぶ場合においては、使用者はその時間の労働については、第十九条第一項各号の金額にその労働時間数を乗じた金額の五割以上（その時間の労働のうち、一箇月について六十時間を超える労働時間の延長に係るものについては、七割五分以上）の率で計算した割増賃金を支払わなければならない。

②　法第三十三条又は法第三十六条第一項の規定による休日の労働時間が午後十時から午前五時（厚生労働大臣が必要であると認める場合は、その定める地域又は期間については午後十一時から午前六時）までの間に及ぶ場合においては、使用者はその時間の労働については、前条第一項各号の金額にその労働時間数を乗じた金額の六割以上の率で計算した割増賃金を支払わなければならない。

第二一条　法第三十七条第五項の規定によつて、家族手当及び通勤手当のほか、次に掲げる賃金は、同条一項及び第四項の割増賃金の基礎となる賃金には算入しない。

一　別居手当
二　子女教育手当
三　住宅手当
四　臨時に支払われた賃金
五　一箇月を超える期間ごとに支払われる賃金

第二二条　削除

第二三条　使用者は、宿直又は日直の勤務で断続的な業務について、様式第十号によつて、所轄労働基準監督署長の許可を受けた場合は、これに従事する労働者を、法第三十二条の規定にかかわらず、使用することができる。

第二四条　使用者が一団として入坑及び出坑する労働者に関し、その入坑開始から入坑終了までの時間について様式第十一号によつて所轄労働基準監督署長の許可を受けた場合には、法第三十八条第二項の規定の適用については、入坑終了から出坑終了までの時間を、その団に属する労働者の労働時間とみなす。

第二四条の二　法第三十八条の二第一項の規定は、法第四章の労働時間に関する規定の適用に係る労働時間の算定について適用する。

②　法第三十八条の二第二項の協定（労働協約による場合を除き、労使委員会の決議及び労働時間等設定改善委員会の決議を含む。）には、有効期間の定めをするものとする。

③　法第三十八条の二第三項の規定による届出は、様式第十二号により、所轄労働基準監督署長にしなければならない。ただし、同条第二項の協定で定める時間が法第三十二条又は第四十条に規定する労働時間以下である場合には、当該協定を届け出ることを要しない。

④　使用者は、法第三十八条の二第二項の協定の内容を法第三十六条第一項の規定による届出（労使委員会の決議の届出及び労働時間等設定改善委員会の決議の届出を除く。）に付記

して所轄労働基準監督署長に届け出ることによつて、前項の届出に代えることができる。

第二四条の二の二　法第三十八条の三第一項の規定は、法第四章の労働時間に関する規定の適用に係る労働時間の算定について適用する。

②　法第三十八条の三第一項第一号の厚生労働省令で定める業務は、次のとおりとする。

一　新商品若しくは新技術の研究開発又は人文科学若しくは自然科学に関する研究の業務

二　情報処理システム（電子計算機を使用して行う情報処理を目的として複数の要素が組み合わされた体系であつてプログラムの設計の基本となるものをいう。）の分析又は設計の業務

三　新聞若しくは出版の事業における記事の取材若しくは編集の業務又は放送法（昭和二十五年法律第百三十二号）第二条第二十八号に規定する放送番組（以下「放送番組」という。）の制作のための取材若しくは編集の業務

四　衣服、室内装飾、工業製品、広告等の新たなデザインの考案の業務

五　放送番組、映画等の制作の事業におけるプロデューサー又はディレクターの業務

六　前各号のほか、厚生労働大臣の指定する業務

③　法第三十八条の三第一項第六号の厚生労働省令で定める事項は、次に掲げるものとする。

一　使用者は、法第三十八条の三第一項の規定により労働者を同項第一号に掲げる業務に就かせたときは同項第二号に掲げる時間労働したものとみなすことについて当該労働者の同意を得なければならないこと及び当該同意をしなかつた当該労働者に対して解雇その他不利益な取扱いをしてはならないこと。

二　前号の同意の撤回に関する手続

三　法第三十八条の三第一項に規定する協定（労働協約による場合を除き、労使委員会の決議及び労働時間等設定改善委員会の決議を含む。）の有効期間の定め

四　使用者は、次に掲げる事項に関する労働者ごとの記録を前号の有効期間中及び当該有効期間の満了後五年間保存すること。

イ　法第三十八条の三第一項第四号に規定する労働者の労働時間の状況並びに当該労働者の健康及び福祉を確保するための措置の実施状況

ロ　法第三十八条の三第一項第五号に規定する労働者からの苦情の処理に関する措置の実施状況

ハ　第一号の同意及びその撤回

④　法第三十八条の三第二項において準用する法第三十八条の二第三項の規定による届出は、様式第十三号により、所轄労働基準監督署長にしなければならない。

第二四条の二の二の二　使用者は、前条第三項第四号イからハまでに掲げる事項に関する労働者ごとの記録を作成し、同項第三号の有効期間中及び当該有効期間の満了後五年間保存しなければならない。

第二四条の二の三　法第三十八条の四第一項の規定による届出は、様式第十三号の二により、所轄労働基準監督署長にしなければならない。

②　法第三十八条の四第一項の規定は、法第四章の労働時間に関する規定の適用に係る労働時間の算定について適用する。

③　法第三十八条の四第一項第七号の厚生労働省令で定める事項は、次に掲げるものとする。

一　法第三十八条の四第一項第一号に掲げる業務に従事する同項第二号に掲げる労働者の範囲に属する労働者（次号及び第二十四条の二の四第四項において「対象労働者」とい

う。）の法第三十八条の四第一項第六号の同意の撤回に関する手続
二　使用者は、対象労働者に適用される評価制度及びこれに対応する賃金制度を変更する場合にあつては、労使委員会に対し、当該変更の内容について説明を行うこと。
三　法第三十八条の四第一項に規定する決議の有効期間の定め
四　使用者は、次に掲げる事項に関する労働者ごとの記録を前号の有効期間中及び当該有効期間の満了後五年間保存すること。
イ　法第三十八条の四第一項第四号に規定する労働者の労働時間の状況並びに当該労働者の健康及び福祉を確保するための措置の実施状況
ロ　法第三十八条の四第一項第五号に規定する労働者からの苦情の処理に関する措置の実施状況
ハ　法第三十八条の四第一項第六号の同意及びその撤回

第二四条の二の三の二　使用者は、前条第三項第四号イからハまでに掲げる事項に関する労働者ごとの記録を作成し、同項第三号の有効期間中及び当該有効期間の満了後五年間保存しなければならない。

第二四条の二の四　法第三十八条の四第二項第一号の規定による指名は、法第四十一条第二号に規定する監督又は管理の地位にある者以外の者について行わなければならず、また、使用者の意向に基づくものであつてはならない。

②　法第三十八条の四第二項第二号の規定による議事録の作成及び保存については、使用者は、労使委員会の開催の都度その議事録を作成して、これをその開催の日（法第三十八条の四第一項に規定する決議及び労使委員会の決議並びに第二十五条の二に規定する労使委員会における委員の五分の四以上の多数による議決による決議（第七項において「労使委員会の決議等」という。）が行われた会議の議事録にあつては、当該決議に係る書面の完結の日（第五十六条第一項第五号の完結の日をいう。））から起算して五年間保存しなければならない。

③　法第三十八条の四第二項第二号の規定による議事録の周知については、使用者は、労使委員会の議事録を、次に掲げるいずれかの方法によつて、当該事業場の労働者に周知させなければならない。
一　常時各作業場の見やすい場所へ掲示し、又は備え付けること。
二　書面を労働者に交付すること。
三　使用者の使用に係る電子計算機に備えられたファイル又は電磁的記録媒体（電磁的記録（電子的方式、磁気的方式その他人の知覚によつては認識することができない方式で作られる記録であつて、電子計算機による情報処理の用に供されるものをいう。以下同じ。）に係る記録媒体をいう。）をもつて調製するファイルに記録し、かつ、各作業場に労働者が当該記録の内容を常時確認できる機器を設置すること。

④　法第三十八条の四第二項第三号の厚生労働省令で定める要件は、労使委員会の運営に関する事項として次に掲げるものに関する規程が定められていることとする。
イ　労使委員会の招集、定足数及び議事に関する事項
ロ　対象労働者に適用される評価制度及びこれに対応する賃金制度の内容の使用者からの説明に関する事項
ハ　制度の趣旨に沿つた適正な運用の確保に関する事項
ニ　開催頻度を六箇月以内ごとに一回とすること。
ホ　イからニまでに掲げるもののほか、労使委員会の運営について必要な事項

⑤　使用者は、前項の規程の作成又は変更については、労使委

員会の同意を得なければならない。

⑥　使用者は、労働者が労使委員会の委員であること若しくは労使委員会の委員になろうとしたこと又は労使委員会の委員として正当な行為をしたことを理由として不利益な取扱いをしないようにしなければならない。

　使用者は、法第三十八条の四第二項第一号の規定により指名された委員が労使委員会の決議等に関する事務を円滑に遂行することができるよう必要な配慮を行わなければならない。

第二四条の二の五　法第三十八条の四第四項の規定による報告は、同条第一項に規定する決議の有効期間の始期から起算して六箇月以内に一回、及びその後一年以内ごとに一回、様式第十三号の四により、所轄労働基準監督署長にしなければならない。

②　法第三十八条の四第四項の規定による報告は、同条第一項第四号に規定する労働者の労働時間の状況並びに当該労働者の健康及び福祉を確保するための措置の実施状況並びに同項第六号の同意及びその撤回の実施状況について行うものとする。

第二四条の三　法第三十九条第三項の厚生労働省令で定める時間は、三十時間とする。

②　法第三十九条第三項の通常の労働者の一週間の所定労働日数として厚生労働省令で定める日数は、五・二日とする。

③　法第三十九条第三項の通常の労働者の一週間の所定労働日数として厚生労働省令で定める日数と当該労働者の一週間の所定労働日数又は一週間当たりの平均所定労働日数との比率を考慮して厚生労働省令で定める日数は、同項第一号に掲げる労働者にあつては次の表の上欄の週所定労働日数の区分に応じ、同項第二号に掲げる労働者にあつては同表の中欄の一年間の所定労働日数の区分に応じて、それぞれ同表の下欄に雇入れの日から起算した継続勤務期間の区分ごとに定める日数とする。

④　法第三十九条第三項第一号の厚生労働省令で定める日数は、四日とする。

⑤　法第三十九条第三項第二号の厚生労働省令で定める日数は、

週所定労働日数	一年間の所定労働日数	雇入れの日から起算した継続勤務期間						
		六箇月	一年六箇月	二年六箇月	三年六箇月	四年六箇月	五年六箇月	六年六箇月以上
四日	百六十九日から二百十六日まで	七日	八日	九日	十日	十二日	十三日	十五日
三日	百二十一日から百六十八日まで	五日	六日	六日	八日	九日	十日	十一日
二日	七十三日から百二十日まで	三日	四日	四日	五日	六日	六日	七日
一日	四十八日から七十二日まで	一日	二日	二日	二日	三日	三日	三日

二百十六日とする。

第二四条の四　法第三十九条第四項第三号の厚生労働省令で定める事項は、次に掲げるものとする。

一　時間を単位として与えることができることとされる有給休暇一日の時間数（一日の所定労働時間数（日によつて所定労働時間数が異なる場合には、一年間における一日平均所定労働時間数。次号において同じ。）を下回らないものとする。）

二　一時間以外の時間を単位として有給休暇を与えることとする場合には、その時間数（一日の所定労働時間数に満たないものとする。）

第二四条の五　使用者は、法第三十九条第七項ただし書の規定により同条第一項から第三項までの規定による十労働日以上の有給休暇を与えることとしたときは、当該有給休暇の日数のうち五日については、基準日（同条第七項の基準日をいう。以下この条において同じ。）より前の日であつて、十労働日以上の有給休暇を与えることとした日（以下この条及び第二十四条の七において「第一基準日」という。）から一年以内の期間に、その時季を定めることにより与えなければならない。

② 前項の規定にかかわらず、使用者が法第三十九条第一項から第三項までの規定による十労働日以上の有給休暇を基準日又は第一基準日に与えることとし、かつ、当該基準日又は第一基準日から一年以内の特定の日（以下この条及び第二十四条の七において「第二基準日」という。）に新たに十労働日以上の有給休暇を与えることとしたときは、履行期間（基準日又は第一基準日を始期として、第二基準日から一年を経過する日を終期とする期間をいう。以下この条において同じ。）の月数を十二で除した数に五を乗じた日数について、当該履行期間中に、その時季を定めることにより与えることができる。

③ 第一項の期間又は前項の履行期間が経過した場合においては、その経過した日から一年ごとに区分した各期間（最後に一年未満の期間を生じたときは、当該期間）の初日を基準日とみなして法第三十九条第七項本文の規定を適用する。

④ 使用者が法第三十九条第一項から第三項までの規定による有給休暇のうち十労働日未満の日数について基準日以前の日（以下この項において「特定日」という。）に与えることとした場合において、特定日が複数あるときは、当該十労働日未満の日数が合わせて十労働日以上になる日までの間の特定日のうち最も遅い日を第一基準日とみなして前三項の規定を適用する。この場合において、第一基準日とみなされた日より前に、同条第五項又は第六項の規定により与えた有給休暇の日数分については、時季を定めることにより与えることを要しない。

第二四条の六　使用者は、法第三十九条第七項の規定により労働者に有給休暇を時季を定めることにより与えるに当たつては、あらかじめ、同項の規定により当該有給休暇を与えることを当該労働者に明らかにした上で、その時季について当該労働者の意見を聴かなければならない。

② 使用者は、前項の規定により聴取した意見を尊重するよう努めなければならない。

第二四条の七　使用者は、法第三十九条第五項から第七項までの規定により有給休暇を与えたときは、時季、日数及び基準日（第一基準日及び第二基準日を含む。）を労働者ごとに明らかにした書類（第五十五条の二及び第五十六条第三項において「年次有給休暇管理簿」という。）を作成し、当該有給休暇を与えた期間中及び当該期間の満了後五年間保存しなければならない。

第二五条　法第三十九条第九項の規定による所定労働時間労働

した場合に支払われる通常の賃金は、次に定める方法により算定した金額とする。

一　時間によつて定められた賃金については、その金額にその日の所定労働時間数を乗じた金額

二　日によつて定められた賃金については、その金額

三　週によつて定められた賃金については、その金額をその週の所定労働日数で除した金額

四　月によつて定められた賃金については、その金額をその月の所定労働日数で除した金額

五　月、週以外の一定の期間によつて定められた賃金については、前各号に準じて算定した金額

六　出来高払制その他の請負制によつて定められた賃金については、その賃金算定期間（当該期間に出来高払制その他の請負制によつて計算された賃金がない場合においては、当該期間前において出来高払制その他の請負制によつて計算された賃金が支払われた最後の賃金算定期間。以下同じ。）において出来高払制その他の請負制によつて計算された賃金の総額を当該賃金算定期間における総労働時間数で除した金額に、当該賃金算定期間における一日平均所定労働時間数を乗じた金額

七　労働者の受ける賃金が前各号の二以上の賃金よりなる場合には、その部分について各号によつてそれぞれ算定した金額の合計額

②　法第三十九条第九項本文の厚生労働省令で定めるところにより算定した額の賃金は、平均賃金又は前項の規定により算定した金額をその日の所定労働時間数で除して得た額の賃金とする。

③　法第三十九条第九項ただし書の厚生労働省令で定めるところにより算定した金額は、健康保険法（大正十一年法律第七十号）第四十条第一項に規定する標準報酬月額の三十分の一に相当する金額（その金額に、五円未満の端数があるときは、これを切り捨て、五円以上十円未満の端数があるときは、これを十円に切り上げるものとする。）をその日の所定労働時間数で除して得た金額とする。

第二五条の二　使用者は、法別表第一第八号、第十号（映画の製作の事業を除く。）、第十三号及び第十四号に掲げる事業のうち常時十人未満の労働者を使用するものについては、法第三十二条の規定にかかわらず、一週間について四十四時間、一日について八時間まで労働させることができる。

②　使用者は、当該事業場に、労働者の過半数で組織する労働組合がある場合においてはその労働組合、労働者の過半数で組織する労働組合がない場合においては労働者の過半数を代表する者との書面による協定（労使委員会における委員の五分の四以上の多数による決議及び労働時間等設定改善法第七条の労働時間等設定改善委員会における委員の五分の四以上の多数による決議を含む。以下この条において同じ。）により、又は就業規則その他これに準ずるものにより、一箇月以内の期間を平均し一週間当たりの労働時間が四十四時間を超えない定めをした場合においては、前項に規定する事業については同項の規定にかかわらず、その定めにより、特定された週において四十四時間又は特定された日において八時間を超えて、労働させることができる。

③　使用者は、就業規則その他これに準ずるものにより、その労働者に係る始業及び終業の時刻をその労働者の決定にゆだねることとした労働者については、当該事業場の労働者の過半数で組織する労働組合がある場合においてはその労働組合、労働者の過半数で組織する労働組合がない場合においては労働者の過半数を代表する者との書面による協定により、次に掲げる事項を定めたときは、その協定で第二号の清算期間として定められた期間を平均し一週間当たりの労働時間が四十

四時間を超えない範囲内において、第一項に規定する事業については同項の規定にかかわらず、一週間において四十四時間又は一日において八時間を超えて、労働させることができる。

一　この項の規定による労働時間により労働させることとされる労働者の範囲

二　清算期間（その期間を平均し一週間当たりの労働時間が四十四時間を超えない範囲内において労働させる期間をいい、一箇月以内の期間に限るものとする。次号において同じ。）

三　清算期間における総労働時間

四　標準となる一日の労働時間

五　労働者が労働しなければならない時間帯を定める場合には、その時間帯の開始及び終了の時刻

六　労働者がその選択により労働することができる時間帯に制限を設ける場合には、その時間帯の開始及び終了の時刻

④　第一項に規定する事業については、法第三十二条の三第一項（同項第二号の清算期間が一箇月を超えるものである場合に限る。）、第三十二条の四又は第三十二条の五の規定により労働者に労働させる場合には、前三項の規定は適用しない。

第二五条の三　第六条の二第一項の規定は前条第二項及び第三項に規定する労働者の過半数を代表する者について、第六条の二第三項及び第四項の規定は前条第二項及び第三項の使用者について、第十二条及び第十二条の二第一項の規定は前条第二項及び第三項による定めについて、第十二条の二の二第一項の規定は前条第二項の協定について、第十二条の六の規定は前条第二項の使用者について準用する。

②　使用者は、様式第三号の二により、前条第二項の協定を所轄労働基準監督署長に届け出るものとする。

第二六条　使用者は、法別表第一第四号に掲げる事業において列車、気動車又は電車に乗務する労働者で予備の勤務に就くものについては、一箇月以内の一定の期間を平均し一週間当たりの労働時間が四十時間を超えない限りにおいて、法第三十二条の二第一項の規定にかかわらず、一週間について四十時間、一日について八時間を超えて労働させることができる。

第二七条から第三〇条まで　削除

第三一条　法別表第一第四号、第八号、第九号、第十号、第十一号、第十三号及び第十四号に掲げる事業並びに官公署の事業（同表に掲げる事業を除く。）については、法第三十四条第二項の規定は、適用しない。

第三二条　使用者は、法別表第一第四号に掲げる事業又は郵便若しくは信書便の事業に使用される労働者のうち列車、気動車、電車、自動車、船舶又は航空機に乗務する機関手、運転手、操縦士、車掌、列車掛、荷扱手、列車手、給仕、暖冷房乗務員及び電源乗務員（以下単に「乗務員」という。）で長距離にわたり継続して乗務するもの並びに同表第十一号に掲げる事業に使用される労働者で屋内勤務者三十人未満の日本郵便株式会社の営業所（簡易郵便局法（昭和二十四年法律第二百十三号）第二条に規定する郵便窓口業務を行うものに限る。）において郵便の業務に従事するものについては、法第三十四条の規定にかかわらず、休憩時間を与えないことができる。

②　使用者は、乗務員で前項の規定に該当しないものについては、その者の従事する業務の性質上、休憩時間を与えることができないと認められる場合において、その勤務中における停車時間、折返しによる待合せ時間その他の時間の合計が法第三十四条第一項に規定する休憩時間に相当するときは、同条の規定にかかわらず、休憩時間を与えないことができる。

第三三条　法第三十四条第三項の規定は、左の各号の一に該当する労働者については適用しない。

一　警察官、消防吏員、常勤の消防団員、准救急隊員及び児童自立支援施設に勤務する職員で児童と起居をともにする者
二　乳児院、児童養護施設及び障害児入所施設に勤務する職員で児童と起居をともにする者
三　児童福祉法（昭和二十二年法律第百六十四号）第六条の三第十一項に規定する居宅訪問型保育事業に使用される労働者のうち、家庭的保育者（同条第九項第一号に規定する家庭的保育者をいう。以下この号において同じ。）として保育を行う者（同一の居宅において、一の児童に対して複数の家庭的保育者が同時に保育を行う場合を除く。）

② 前項第二号に掲げる労働者を使用する使用者は、その員数、収容する児童数及び勤務の態様について、様式第十三号の五によつて、予め所轄労働基準監督署長の許可を受けなければならない。

第三四条　法第四十一条第三号の規定による許可は、従事する労働の態様及び員数について、様式第十四号によつて、所轄労働基準監督署長より、これを受けなければならない。

第三四条の二　法第四十一条の二第一項の規定による届出は、様式第十四号の二により、所轄労働基準監督署長にしなければならない。

② 法第四十一条の二第一項各号列記以外の部分に規定する厚生労働省令で定める方法は、次に掲げる事項を明らかにした書面に対象労働者（同項に規定する「対象労働者」をいう。以下同じ。）の署名を受け、当該書面の交付を受ける方法（当該対象労働者が希望した場合にあつては、当該書面に記載すべき事項を記録した電磁的記録の提供を受ける方法）とする。
一　対象労働者が法第四十一条の二第一項の同意をした場合には、同項の規定により、法第四章で定める労働時間、休憩、休日及び深夜の割増賃金に関する規定が適用されないこととなる旨
二　法第四十一条の二第一項の同意の対象となる期間
三　前号の期間中に支払われると見込まれる賃金の額

③ 法第四十一条の二第一項第一号の厚生労働省令で定める業務は、次に掲げる業務（当該業務に従事する時間に関し使用者から具体的な指示（業務量に比して著しく短い期限の設定その他の実質的に当該業務に従事する時間に関する指示と認められるものを含む。）を受けて行うものを除く。）とする。
一　金融工学等の知識を用いて行う金融商品の開発の業務
二　資産運用（指図を含む。以下この号において同じ。）の業務又は有価証券の売買その他の取引の業務のうち、投資判断に基づく資産運用の業務、投資判断に基づく資産運用として行う有価証券の売買その他の取引の業務又は投資判断に基づき自己の計算において行う有価証券の売買その他の取引の業務
三　有価証券市場における相場等の動向又は有価証券の価値等の分析、評価又はこれに基づく投資に関する助言の業務
四　顧客の事業の運営に関する重要な事項についての調査又は分析及びこれに基づく当該事項に関する考案又は助言の業務
五　新たな技術、商品又は役務の研究開発の業務

④ 法第四十一条の二第一項第二号イの厚生労働省令で定める方法は、使用者が、次に掲げる事項を明らかにした書面に対象労働者の署名を受け、当該書面の交付を受ける方法（当該対象労働者が希望した場合にあつては、当該書面に記載すべき事項を記録した電磁的記録の提供を受ける方法）とする。
一　業務の内容
二　責任の程度
三　職務において求められる成果その他の職務を遂行するに

当たつて求められる水準

⑤ 法第四十一条の二第一項第二号ロの基準年間平均給与額は、厚生労働省において作成する毎月勤労統計（以下「毎月勤労統計」という。）における毎月きまつて支給する給与の額の一月分から十二月分までの各月分の合計額とする。

⑥ 法第四十一条の二第一項第二号ロの厚生労働省令で定める額は、千七十五万円とする。

⑦ 法第四十一条の二第一項第三号の厚生労働省令で定める労働時間以外の時間は、休憩時間その他対象労働者が労働していない時間とする。

⑧ 法第四十一条の二第一項第三号の厚生労働省令で定める方法は、タイムカードによる記録、パーソナルコンピュータ等の電子計算機の使用時間の記録等の客観的な方法とする。ただし、事業場外において労働した場合であつて、やむを得ない理由があるときは、自己申告によることができる。

⑨ 法第四十一条の二第一項第五号イの厚生労働省令で定める時間は、十一時間とする。

⑩ 法第四十一条の二第一項第五号イの厚生労働省令で定める回数は、四回とする。

⑪ 法第四十一条の二第一項第五号ロの厚生労働省令で定める時間は、一週間当たりの健康管理時間（同項第三号に規定する健康管理時間をいう。以下この条及び次条において同じ。）が四十時間を超えた場合におけるその超えた時間について、次の各号に掲げる区分に応じ、当該各号に定める時間とする。

一 一箇月百時間

二 三箇月二百四十時間

⑫ 法第四十一条の二第一項第五号ニの厚生労働省令で定める要件は、一週間当たりの健康管理時間が四十時間を超えた場合におけるその超えた時間が一箇月当たり八十時間を超えたこと又は対象労働者からの申出があつたこととする。

⑬ 法第四十一条の二第一項第五号ニの厚生労働省令で定める項目は、次に掲げるものとする。

一 労働安全衛生規則（昭和四十七年労働省令第三十二号）第四十四条第一項第一号から第三号まで、第五号及び第八号から第十一号までに掲げる項目（同項第三号に掲げる項目にあつては、視力及び聴力の検査を除く。）

二 労働安全衛生規則第五十二条の四各号に掲げる事項の確認

⑭ 法第四十一条の二第一項第六号の厚生労働省令で定める措置は、次に掲げる措置とする。

一 法第四十一条の二第一項第五号イからニまでに掲げるいずれかの措置であつて、同項の決議及び就業規則その他これに準ずるもので定めるところにより使用者が講ずることとした措置以外のもの

二 健康管理時間が一定時間を超える対象労働者に対し、医師による面接指導（問診その他の方法により心身の状況を把握し、これに応じて面接により必要な指導を行うことをいい、労働安全衛生法（昭和四十七年法律第五十七号）第六十六条の八の四第一項の規定による面接指導を除く。）を行うこと。

三 対象労働者の勤務状況及びその健康状態に応じて、代償休日又は特別な休暇を付与すること。

四 対象労働者の心とからだの健康問題についての相談窓口を設置すること。

五 対象労働者の勤務状況及びその健康状態に配慮し、必要な場合には適切な部署に配置転換をすること。

六 産業医等による助言若しくは指導を受け、又は対象労働者に産業医等による保健指導を受けさせること。

⑮ 法第四十一条の二第一項第十号の厚生労働省令で定める事

項は、次に掲げるものとする。

一　法第四十一条の二第一項の決議の有効期間の定め及び当該決議は再度同項の決議をしない限り更新されない旨

二　法第四十一条の二第一項に規定する委員会の開催頻度及び開催時期

三　常時五十人未満の労働者を使用する事業場である場合には、労働者の健康管理等を行うのに必要な知識を有する医師を選任すること。

四　使用者は、イからチまでに掲げる事項に関する対象労働者ごとの記録及びリに掲げる事項に関する記録を第一号の有効期間中及び当該有効期間の満了後五年間保存すること。

イ　法第四十一条の二第一項の規定による同意及びその撤回

ロ　法第四十一条の二第一項第二号イの合意に基づき定められた職務の内容

ハ　法第四十一条の二第一項第二号ロの支払われると見込まれる賃金の額

ニ　健康管理時間の状況

ホ　法第四十一条の二第一項第四号に規定する措置の実施状況

ヘ　法第四十一条の二第一項第五号に規定する措置の実施状況

ト　法第四十一条の二第一項第六号に規定する措置の実施状況

チ　法第四十一条の二第一項第八号に規定する措置の実施状況

リ　前号の規定による医師の選任

第三四条の二の二　法第四十一条の二第二項の規定による報告は、同条第一項の決議の有効期間の始期から起算して六箇月以内ごとに、様式第十四号の三により、所轄労働基準監督署長にしなければならない。

②　法第四十一条の二第二項の規定による報告は、健康管理時間の状況並びに同条第一項第四号に規定する措置、同項第五号に規定する措置及び同項第六号に規定する措置の実施状況について行うものとする。

第三四条の二の三　第二十四条の二の四（第四項ロからニまでを除く。）の規定は、法第四十一条の二第一項の委員会について準用する。この場合において、第二十四条の二の四第四項ホ中「イからニまで」とあるのは、「イ」と読み替えるものとする。

第三四条の二の四　法第六十条第三項第二号の厚生労働省令で定める時間は、四十八時間とする。

第三四条の二の五　法第七十一条の規定による許可を受けた使用者が行う職業訓練を受ける労働者（以下「訓練生」という。）に係る労働契約の期間は、当該訓練生が受ける職業訓練の訓練課程に応じ職業能力開発促進法施行規則（昭和四十四年労働省令第二十四号）第十条第一項第四号、第十二条第一項第四号又は第十四条第一項第四号の訓練期間（同規則第二十一条又は職業訓練法施行規則の一部を改正する省令（昭和五十三年労働省令第三十七号。以下「昭和五十三年改正訓練規則」という。）附則第二条第二項の規定により訓練期間を短縮する場合においてはその短縮した期間を控除した期間とする。）の範囲内で定めることができる。この場合、当該事業場において定められた訓練期間を超えてはならない。

第三四条の三　使用者は、訓練生に技能を習得させるために必要がある場合においては、満十八才に満たない訓練生を法第六十二条の危険有害業務に就かせ、又は満十六才以上の男性である訓練生を坑内労働に就かせることができる。

②　使用者は、前項の規定により訓練生を危険有害業務又は坑内労働に就かせる場合においては、危害を防止するために必

要な措置を講じなければならない。

③　第一項の危険有害業務及び坑内労働の範囲並びに前項の規定により使用者が講ずべき措置の基準は、別表第一に定めるところによる。

第三四条の四　法第七十一条の規定による許可は、様式第十四号の四の職業訓練に関する特例許可申請書により、当該事業場の所在地を管轄する都道府県労働局長から受けなければならない。

第三四条の五　都道府県労働局長は、前条の申請について許可をしたとき、若しくは許可をしないとき、又は許可を取り消したときは、その旨を都道府県知事に通知しなければならない。

第三五条　法第七十五条第二項の規定による業務上の疾病は、別表第一の二に掲げる疾病とする。

第三六条　法第七十五条第二項の規定による療養の範囲は、次に掲げるものにして、療養上相当と認められるものとする。

一　診察
二　薬剤又は治療材料の支給
三　処置、手術その他の治療
四　居宅における療養上の管理及びその療養に伴う世話その他の看護
五　病院又は診療所への入院及びその療養に伴う世話その他の看護
六　移送

第三七条　労働者が就業中又は事業場若しくは事業の附属建設物内で負傷し、疾病にかゝり又は死亡した場合には、使用者は、遅滞なく医師に診断させなければならない。

第三七条の二　使用者は、労働者が次の各号のいずれかに該当する場合においては、休業補償を行わなくてもよい。

一　懲役、禁錮若しくは拘留の刑の執行のため若しくは死刑の言渡しを受けて刑事施設（少年法（昭和二十三年法律第百六十八号）第五十六条第三項の規定により少年院において刑を執行する場合における当該少年院を含む。）に拘置されている場合若しくは留置施設に留置されて懲役、禁錮若しくは拘留の刑の執行を受けている場合、労役場留置の言渡しを受けて労役場に留置されている場合又は監置の裁判の執行のため監置場に留置されている場合

二　少年法第二十四条の規定による保護処分として少年院若しくは児童自立支援施設に送致され、収容されている場合、同法第六十四条の規定による保護処分として少年院に送致され、収容されている場合、又は同法第六十六条の規定による決定により少年院に収容されている場合

第三八条　労働者が業務上負傷し又は疾病にかかつたため、所定労働時間の一部分のみ労働した場合においては、使用者は、平均賃金と当該労働に対して支払われる賃金との差額の百分の六十の額を休業補償として支払わなければならない。

第三八条の二　法第七十六条第二項の常時百人未満の労働者を使用する事業場は、毎年四月一日から翌年三月三十一日までの間においては、当該四月一日前一年間に使用した延労働者数を当該一年間の所定労働日数で除した労働者数が百人未満である事業場とする。

第三八条の三　法第七十六条第二項の規定による同一の事業場における同種の労働者に対して所定労働時間労働した場合に支払われる通常の賃金は、第二十五条第一項に規定する方法に準じて算定した金額とする。

第三八条の四　常時百人以上の労働者を使用する事業場において業務上負傷し、又は疾病にかかつた労働者と同一職種の同一条件の労働者がいない場合における当該労働者の休業補償

の額の改訂は、当該事業場の全労働者に対して所定労働時間労働した場合に支払われる通常の賃金の四半期ごとの平均給与額が上昇し又は低下した場合に行うものとする。

第三八条の五　法第七十六条第二項後段の規定による改訂後の休業補償の額の改訂は、改訂の基礎となつた四半期の平均給与額を基礎として行うものとする。

第三八条の六　法第七十六条第二項及び第三項の規定により、四半期ごとに平均給与額の上昇し又は低下した比率を算出する場合において、その率に百分の一に満たない端数があるときは、その端数は切り捨てるものとする。

第三八条の七　常時百人未満の労働者を使用する事業場における休業補償については、毎月勤労統計における各産業の毎月きまつて支給する給与の四半期ごとの平均給与額のその四半期の前における四半期ごとの平均給与額に対する比率に基づき、当該休業補償の額の算定にあたり平均賃金の百分の六十（当該事業場が当該休業補償について常時百人以上の労働者を使用するものとしてその額の改訂をしたことがあるものである場合にあつては、当該改訂に係る休業補償の額）に乗ずべき率を告示するものとする。

第三八条の八　常時百人未満の労働者を使用する事業場の属する産業が毎月勤労統計に掲げる産業分類にない場合における休業補償の額の算定については、平均賃金の百分の六十（当該事業場が、当該休業補償について、常時百人以上の労働者を使用するものとしてその額の改訂をしたことがあるものである場合又は毎月勤労統計によりその額の改訂をしたことがあるものである場合にあつては、当該改訂に係る休業補償の額）に告示で定める率を乗ずるものとする。

② 日日雇い入れられる者の休業補償の額の算定については、平均賃金の百分の六十に告示で定める率を乗ずるものとする。

第三八条の九　前二条の告示は、四半期ごとに行うものとする。

第三八条の一〇　休業補償の額の改訂について、第三十八条の四、第三十八条の五、第三十八条の七及び第三十八条の八の規定により難い場合は、厚生労働大臣の定めるところによるものとする。

第三九条　療養補償及び休業補償は、毎月一回以上、これを行わなければならない。

第四〇条　障害補償を行うべき身体障害の等級は、別表第二による。

② 別表第二に掲げる身体障害が二以上ある場合は、重い身体障害の該当する等級による。

③ 次に掲げる場合には、前二項の規定による等級を次の通り繰上げる。但し、その障害補償の金額は、各〻の身体障害の該当する等級による障害補償の金額を合算した額を超えてはならない。

一　第十三級以上に該当する身体障害が二以上ある場合　一級

二　第八級以上に該当する身体障害が二以上ある場合　二級

三　第五級以上に該当する身体障害が二以上ある場合　三級

④ 別表第二に掲げるもの以外の身体障害がある者については、その障害程度に応じ、別表第二に掲げる身体障害に準じて、障害補償を行わなければならない。

⑤ 既に身体障害がある者が、負傷又は疾病によつて同一部位について障害の程度を加重した場合には、その加重された障害の該当する障害補償の金額より、既にあつた障害の該当する障害補償の金額を差し引いた金額の障害補償を行わなければならない。

第四一条　法第七十八条の規定による認定は、様式第十五号により、所轄労働基準監督署長から受けなければならない。この場合においては、使用者は、同条に規定する重大な過失があつた事実を証明する書面をあわせて提出しなければならない。

第四二条　遺族補償を受けるべき者は、労働者の配偶者（婚姻の届出をしなくとも事実上婚姻と同様の関係にある者を含む。以下同じ。）とする。

②　配偶者がない場合には、遺族補償を受けるべき者は、労働者の子、父母、孫及び祖父母で、労働者の死亡当時その収入によつて生計を維持していた者又は労働者の死亡当時これと生計を一にしていた者とし、その順位は、前段に掲げる順序による。この場合において、父母については、養父母を先にし実父母を後にする。

第四三条　前条の規定に該当する者がない場合においては、遺族補償を受けるべき者は、労働者の子、父母、孫及び祖父母で前条第二項の規定に該当しないもの並びに労働者の兄弟姉妹とし、その順位は、子、父母、孫、祖父母、兄弟姉妹の順序により、兄弟姉妹については、労働者の死亡当時その収入によつて生計を維持していた者又は労働者の死亡当時その者と生計を一にしていた者を先にする。

②　労働者が遺言又は使用者に対してした予告で前項に規定する者のうち特定の者を指定した場合においては、前項の規定にかかわらず、遺族補償を受けるべき者は、その指定した者とする。

第四四条　遺族補償を受けるべき同順位の者が二人以上ある場合には、遺族補償は、その人数によつて等分するものとする。

第四五条　遺族補償を受けるべきであつた者が死亡した場合には、その者にかかる遺族補償を受ける権利は、消滅する。

②　前項の場合には、使用者は、前三条の規定による順位の者よりその死亡者を除いて、遺族補償を行わなければならない。

第四六条　使用者は、法第八十二条の規定によつて分割補償を開始した後、補償を受けるべき者の同意を得た場合には、別表第三によつて残余の補償金額を一時に支払うことができる。

第四七条　障害補償は、労働者の負傷又は疾病がなおつた後身体障害の等級が決定した日から七日以内にこれを行わなければならない。

②　遺族補償及び葬祭料は、労働者の死亡後遺族補償及び葬祭料を受けるべき者が決定した日から七日以内にこれを行い又は支払わなければならない。

③　第二回以後の分割補償は、毎年、第一回の分割補償を行つた月に応当する月に行わなければならない。

第四八条　災害補償を行う場合には、死傷の原因たる事故発生の日又は診断によつて疾病の発生が確定した日を、平均賃金を算定すべき事由の発生した日とする。

第四八条の二　法第八十七条第一項の厚生労働省令で定める事業は、法別表第一第三号に掲げる事業とする。

第四九条　使用者は、常時十人以上の労働者を使用するに至つた場合においては、遅滞なく、法第八十九条の規定による就業規則の届出を所轄労働基準監督署長にしなければならない。

②　法第九十条第二項の規定により前項の届出に添付すべき意見を記した書面は、労働者を代表する者の氏名を記載したものでなければならない。

第五〇条　法第九十二条第二項の規定による就業規則の変更命令は、様式第十七号による文書で所轄労働基準監督署長がこれを行う。

第五〇条の二　法第九十六条の二第一項の厚生労働省令で定める危険な事業又は衛生上有害な事業は、次に掲げる事業とする。

一　使用する原動機の定格出力の合計が二・二キロワット以上である法別表第一第一号から第三号までに掲げる事業

二　次に掲げる業務に使用する原動機の定格出力の合計が一・五キロワット以上である事業

イ　プレス機械又はシヤーによる加工の業務
ロ　金属の切削又は乾燥研まの業務
ハ　木材の切削加工の業務
ニ　製綿、打綿、麻のりゆう解、起毛又は反毛の業務
三　主として次に掲げる業務を行なう事業
イ　別表第四に掲げる業務
ロ　労働安全衛生法施行令（昭和四十七年政令第三百十八号）第六条第三号に規定する機械集材装置又は運材索道の取扱いの業務
四　その他厚生労働大臣の指定するもの

第五一条　削除

第五二条　法第百一条第二項の規定によつて、労働基準監督官の携帯すべき証票は、様式第十八号に定めるところによる。

第五二条の二　法第百六条第一項の厚生労働省令で定める方法は、次に掲げる方法とする。
一　常時各作業場の見やすい場所へ掲示し、又は備え付けること。
二　書面を労働者に交付すること。
三　使用者の使用に係る電子計算機に備えられたファイル又は第二十四条の二の四第三項第三号に規定する電磁的記録媒体をもつて調製するファイルに記録し、かつ、各作業場に労働者が当該記録の内容を常時確認できる機器を設置すること。

第五三条　法第百七条第一項の労働者名簿（様式第十九号）に記入しなければならない事項は、同条同項に規定するもののほか、次に掲げるものとする。
一　性別
二　住所
三　従事する業務の種類
四　雇入の年月日
五　退職の年月日及びその事由（退職の事由が解雇の場合にあつては、その理由を含む。）
六　死亡の年月日及びその原因
②　常時三十人未満の労働者を使用する事業においては、前項第三号に掲げる事項を記入することを要しない。

第五四条　使用者は、法第百八条の規定によつて、次に掲げる事項を労働者各人別に賃金台帳に記入しなければならない。
一　氏名
二　性別
三　賃金計算期間
四　労働日数
五　労働時間数
六　法第三十三条若しくは法第三十六条第一項の規定によつて労働時間を延長し、若しくは休日に労働させた場合又は午後十時から午前五時（厚生労働大臣が必要であると認める場合には、その定める地域又は期間については午後十一時から午前六時）までの間に労働させた場合には、その延長時間数、休日労働時間数及び深夜労働時間数
七　基本給、手当その他賃金の種類毎にその額
八　法第二十四条第一項の規定によつて賃金の一部を控除した場合には、その額
②　前項第六号の労働時間数は当該事業場の就業規則において法の規定に異なる所定労働時間又は休日の定をした場合には、その就業規則に基いて算定する労働時間数を以てこれに代えることができる。
③　第一項第七号の賃金の種類中に通貨以外のもので支払われる賃金がある場合には、その評価総額を記入しなければならない。
④　日々雇い入れられる者（一箇月を超えて引続き使用される者を除く。）については、第一項第三号は記入するを要しな

い。

⑤　法第四十一条各号のいずれかに該当する労働者及び法第四十一条の二第一項の規定により労働させる労働者については第一項第五号及び第六号は、これを記入することを要しない。

第五五条　法第百八条の規定による賃金台帳は、常時使用される労働者（一箇月を超えて引続き使用される日々雇い入れられる者を含む。）については様式第二十号日々雇い入れられる者（一箇月を超えて引続き使用される者を除く。）については様式第二十一号によつて、これを調製しなければならない。

第五五条の二　使用者は、年次有給休暇管理簿、第五十三条による労働者名簿又は第五十五条による賃金台帳をあわせて調製することができる。

第五六条　法第百九条の規定による記録を保存すべき期間の計算についての起算日は次のとおりとする。

一　労働者名簿については、労働者の死亡、退職又は解雇の日

二　賃金台帳については、最後の記入をした日

三　雇入れ又は退職に関する書類については、労働者の退職又は死亡の日

四　災害補償に関する書類については、災害補償を終わつた日

五　賃金その他労働関係に関する重要な書類については、その完結の日

②　前項の規定にかかわらず、賃金台帳又は賃金その他労働関係に関する重要な書類を保存すべき期間の計算については、当該記録に係る賃金の支払期日が同項第二号又は第五号に掲げる日より遅い場合には、当該支払期日を起算日とする。

③　前項の規定は、第二十四条の二の二第三項第四号イ、第二十四条の二の二の二、第二十四条の二の三第三項第四号イ及び第二十四条の二の三の二に規定する労働者の労働時間の状況に関する労働者ごとの記録、第二十四条の二の四第二項（第三十四条の二の三において準用する場合を含む。）に規定する議事録、年次有給休暇管理簿並びに第三十四条の二第十五項第四号イからヘまでに掲げる事項に関する対象労働者ごとの記録について準用する。

第五七条　使用者は、次の各号のいずれかに該当する場合においては、遅滞なく、第一号については様式第二十三号の二により、第二号については労働安全衛生規則様式第二十二号により、第三号については同令様式第二十三号により、それぞれの事実を所轄労働基準監督署長に報告しなければならない。

一　事業を開始した場合

二　事業の附属寄宿舎において火災若しくは爆発又は倒壊の事故が発生した場合

三　労働者が事業の附属寄宿舎内で負傷し、窒息し、又は急性中毒にかかり、死亡し又は休業した場合

②　前項第三号に掲げる場合において、休業の日数が四日に満たないときは、使用者は、同項の規定にかかわらず、労働安全衛生規則様式第二十四号により、一月から三月まで、四月から六月まで、七月から九月まで及び十月から十二月までの期間における当該事実を毎年各各の期間における最後の月の翌月末日までに、所轄労働基準監督署長に報告しなければならない。

③　法第十八条第二項の規定により届け出た協定に基づき労働者の預金の受入れをする使用者は、毎年、三月三十一日以前一年間における預金の管理の状況を、四月三十日までに、様式第二十四号により、所轄労働基準監督署長に報告しなければならない。

第五八条　行政官庁は、法第百四条の二第一項の規定により、使用者又は労働者に対し、必要な事項を報告させ、又は出頭

を命ずるときは、次の事項を通知するものとする。

一　報告をさせ、又は出頭を命ずる理由

二　出頭を命ずる場合には、聴取しようとする事項

第五九条　法及びこれに基く命令に定める許可、認可、認定又は指定の申請書は、各々二通これを提出しなければならない。

第五九条の二　法及びこれに基く命令に定める許可、認可、認定若しくは指定の申請、届出、報告、労働者名簿又は賃金台帳に用いるべき様式（様式第二十四号を除く。）は、必要な事項の最少限度を記載すべきことを定めるものであつて、横書、縦書その他異なる様式を用いることを妨げるものではない。

② 使用者は、法及びこれに基づく命令に定める許可、認可、認定若しくは指定の申請、届出又は報告に用いるべき様式その他必要な書類に氏名を記載し、行政官庁に提出しなければならない。

③ 法及びこれに基づく命令の規定により、使用者が行政官庁に対して行う許可、認可、認定若しくは指定の申請、届出又は報告（以下この項及び次条において「届出等」という。）について、当該使用者が、情報通信技術を活用した行政の推進等に関する法律（平成十四年法律第百五十一号。次条において「情報通信技術活用法」という。）第六条第一項の規定により、同項に規定する電子情報処理組織を使用して当該届出等を行う場合には、前項の規定による氏名の記載については、厚生労働省の所管する法令に係る情報通信技術を活用した行政の推進等に関する法律施行規則（平成十五年厚生労働省令第四十号）第六条第一項各号に掲げる措置のほか、当該使用者の氏名を電磁的記録に記録することをもつて代えることができる。

第五九条の三　届出等について、社会保険労務士又は社会保険労務士法人（以下この条において「社会保険労務士等」という。）が、情報通信技術活用法第六条第一項の規定により、同項に規定する電子情報処理組織を使用して社会保険労務士法（昭和四十三年法律第八十九号）第二条第一項第一号の二の規定に基づき当該届出等を使用者に代わつて行う場合には、当該社会保険労務士等が当該使用者の職務を代行する契約を締結していることにつき証明することができる電磁的記録を当該届出等と併せて送信しなければならない。

附　則　抄

第六〇条　この省令は昭和二十二年九月一日から、これを施行する。

第六三条　工場法又は鉱業法に基いて調製した従前の様式による名簿を使用する使用者は、新たに名簿を調製するまでこれを第五十三条の労働者名簿に代えることができる。

第六五条　積雪の度が著しく高い地域として厚生労働大臣が指定する地域に所在する事業場において、冬期に当該地域における事業活動の縮小を余儀なくされる事業として厚生労働大臣が指定する事業に従事する労働者であつて、屋外で作業を行う必要がある業務であつて業務の性質上冬期に労働者が従事することが困難であるものとして厚生労働大臣が指定する業務に従事するものについては、第十二条の四第四項の規定にかかわらず、当分の間、法第三十二条の四第三項の厚生労働省令で定める一日の労働時間の限度は十時間とし、一週間の労働時間の限度は五十二時間とする。

第六六条　一般乗用旅客自動車運送事業（道路運送法（昭和二十六年法律第百八十三号）第三条第一号ハの一般乗用旅客自動車運送事業をいう。以下この条及び第六十九条第二項において同じ。）における四輪以上の自動車（一般乗用旅客自動車運送事業の用に供せられる自動車であつて、当該自動車による運送の引受けが営業所のみにおいて行われるものを除く。）の運転の業務に従事する労働者であつて、次の各号の

いずれにも該当する業務に従事するものについての法第三十二条の四第三項の厚生労働省令で定める一日の労働時間の限度は、第十二条の四第四項の規定にかかわらず、当分の間、十六時間とする。

一　当該業務に従事する労働者の労働時間（法第三十三条又は第三十六条第一項の規定により使用者が労働時間を延長した場合においては当該労働時間を、休日に労働させた場合においては当該休日に労働させた時間を含む。以下この号において同じ。）の終了から次の労働時間の開始までの期間が継続して二十二時間以上ある業務であること。

二　始業及び終業の時刻が同一の日に属しない業務であること。

第六六条の二　削除

第六七条　法第百三十三条の厚生労働省令で定める者は、次のとおりとする。

一　小学校就学の始期に達するまでの子を養育する労働者

二　負傷、疾病又は身体上若しくは精神上の障害により、二週間以上の期間にわたり常時介護を必要とする状態にある次に掲げるいずれかの者を介護する労働者

イ　配偶者、父母若しくは子又は配偶者の父母

ロ　当該労働者が同居し、かつ、扶養している祖父母、兄弟姉妹又は孫

②　法第百三十三条の命令で定める期間は、平成十一年四月一日から平成十四年三月三十一日までの間とする。

第六八条　削除〔平成三十年九月厚労令一一二号〕

第六九条　法第百三十九条第一項及び第二項の厚生労働省令で定める事業は、次に掲げるものとする。

一　法別表第一第三号に掲げる事業

二　事業場の所属する企業の主たる事業が法別表第一第三号に掲げる事業である事業場における事業

三　工作物の建設の事業に関連する警備の事業（当該事業において労働者に交通誘導警備の業務を行わせる場合に限る。）

②　法第百四十条第一項の厚生労働省令で定める業務は、一般乗用旅客自動車運送事業の業務、貨物自動車運送事業（貨物自動車運送事業法（平成元年法律第八十三号）第二条第一項に規定する貨物自動車運送事業をいう。）の業務、一般乗合旅客自動車運送事業（道路運送法第三条第一号イに規定する一般乗合旅客自動車運送事業をいう。）の業務、一般貸切旅客自動車運送事業（同号ロに規定する一般貸切旅客自動車運送事業をいう。）の業務その他四輪以上の自動車の運転の業務とする。

第六九条の二　法第百四十一条第一項の厚生労働省令で定める者は、病院（医療法（昭和二十三年法律第二百五号）第一条の五第一項に規定する病院をいう。次条第二項第二号において同じ。）若しくは診療所（同法第一条の五第二項に規定する診療所をいう。次条第二項第二号において同じ。）において勤務する医師（医療を受ける者に対する診療を直接の目的とする業務を行わない者を除く。）又は介護老人保健施設（介護保険法（平成九年法律第百二十三号）第八条第二十八項に規定する介護老人保健施設をいう。次条第二項第二号において同じ。）若しくは介護医療院（同法第八条第二十九項に規定する介護医療院をいう。次条第二項第二号において同じ。）において勤務する医師（以下「特定医師」という。）をいう。

第六九条の三　法第百四十一条第一項（医療法第百二十八条の規定により適用する場合を含む。第五項において同じ。）の規定により法第三十六条の規定を読み替えて適用する場合における第十七条の規定の適用については、次の表の上欄に掲げる規定中同表の中欄に掲げる字句は、それぞれ同表の下欄

に掲げる字句とする。ただし、医療法第百二十八条の規定により読み替えられた場合にあつては、同表第一項ただし書きの項中「法第百四十一条第二項」とあるのは「医療法（昭和二十三年法律第二百五号）第百二十八条の規定により読み替えて適用する法第百四十一条第二項」と、同表第一項第三号の項中「法第百四十一条第三項」とあるのは「医療法第百二十八条の規定により読み替えて適用する法第百四十一条第三項」とする。

第一項ただし書き	同条第五項	法第百四十一条第二項
第一項第二号	法第三十六条第二項第四号	第六十九条の三第二項第一号
第一項第三号	法第三十六条第六項第二号及び第三号	法第百四十一条第三項
第一項第四号	法第三十六条第三項の限度時間	法第百四十一条第一項（医療法（昭和二十三年法律第二百五号）第百二十八条の規定により適用する場合を含む。）の規定により読み替えて適用する法第三十六条第三項の厚生労働省令で定める時間

② 法第百四十一条第一項の場合において、法第三十六条第一項の協定に、同条第二項第五号の厚生労働省令で定める事項として、前項の規定により読み替えて適用する第十七条第一項各号に掲げる事項のほか、次に掲げる事項を定めるものとする。

一　対象期間における一日、一箇月及び一年のそれぞれの期間について労働時間を延長して労働させることができる時間又は労働させることができる休日の日数

二　医療法第十条の規定により病院若しくは診療所の開設者が当該病院若しくは当該診療所を管理させることとした者又は介護保険法第九十五条若しくは同法第百九条の規定により介護老人保健施設若しくは介護医療院の開設者が当該介護老人保健施設若しくは当該介護医療院を管理させることとした者（以下この項において「管理者」という。）に、一箇月について労働時間を延長して労働させ、及び休日において労働させる時間が百時間以上となることが見込まれる特定医師に対して厚生労働大臣が定める要件に該当する面接指導を行わせること。

三　管理者に、前号の規定による面接指導（面接指導の対象となる特定医師の希望により、当該管理者の指定した医師以外の医師が行つた面接指導であつて、当該管理者がその結果を証明する書面の提出を受けたものを含む。）の結果に基づき、当該面接指導を受けた特定医師の健康を保持するために必要な措置について、当該面接指導が行われた後（当該管理者の指定した医師以外の医師が当該面接指導を行つた場合にあつては、当該管理者がその結果を証明する書面の提出を受けた後）、遅滞なく、当該面接指導を行つた医師の意見を聴かせること。

四　管理者に、第二号の規定による面接指導を行つた医師の意見を勘案し、その必要があると認めるときは、当該面接指導を受けた特定医師の実情を考慮して、遅滞なく、労働時間の短縮、宿直の回数の減少その他の適切な措置を講じさせること。

五　管理者に、医療法第百八条第六項の規定により、一箇月について労働時間を延長して労働させ、及び休日において

労働させる時間が特に長時間である特定医師に対して労働時間の短縮のために必要な措置を講じさせること。

③　前項第三号の書面は、当該特定医師の受けた面接指導について、次に掲げる事項を記載したものでなければならない。

一　実施年月日
二　当該面接指導を受けた特定医師の氏名
三　当該面接指導を行つた医師の氏名
四　当該面接指導を受けた特定医師の睡眠の状況
五　当該面接指導を受けた特定医師の疲労の蓄積の状況
六　前二号に掲げるもののほか、当該面接指導を受けた特定医師の心身の状況

④　第二項第二号から第五号までの事項は、次の各号に掲げる区分に応じ、当該各号に定める場合には、法第三十六条第一項の協定に定めないことができる。

一　第二項第二号から第四号までに掲げる事項　一箇月について労働時間を延長して労働させ、及び休日において労働させる時間が百時間以上となることが見込まれない場合
二　第二項第五号に掲げる事項　一箇月について労働時間を延長して労働させ、及び休日において労働させる時間が特に長時間となることが見込まれない場合

⑤　法第百四十一条第一項の規定により読み替えて適用する法第三十六条第三項の厚生労働省令で定める時間は、一箇月について四十五時間及び一年について三百六十時間（法第三十二条の四第一項第二号の対象期間として三箇月を超える期間を定めて同条の規定により労働させる場合にあつては、一箇月について四十二時間及び一年について三百二十時間）とする。

第六九条の四　法第百四十一条第二項の厚生労働省令で定める時間は、労働時間を延長して労働させ、及び休日において労働させることができる時間について、一箇月について百時間未満及び一年について九百六十時間とする。ただし、法第三十六条第一項の協定に前条第二項第二号から第四号までに規定する事項を定めた場合にあつては、一年について九百六十時間とする。

第六九条の五　法第百四十一条第三項の厚生労働省令で定める時間は、労働時間を延長して労働させ、及び休日において労働させる時間について、一箇月について百時間未満及び一年について九百六十時間とする。ただし、第六十九条の三第二項第二号に規定する面接指導が行われ、かつ、同項第四号に規定する措置が講じられた特定医師については一年について九百六十時間とする。

第七〇条　第十六条第一項の規定にかかわらず、当該事業場の事業に法第百三十九条第一項に規定する事業が含まれている場合における法第三十六条第一項の規定による届出は、様式第九号の三の二（法第百三十九条第一項の規定により読み替えて適用する法第三十六条第五項に規定する事項に関する定めをする場合にあつては、様式第九号の三の三）により、法第三十六条第二項第一号に規定する労働者に法第百四十条第一項に規定する業務に従事する労働者が含まれている場合における法第三十六条第一項の規定による届出は、様式第九号の三の四（法第百四十条第一項の規定により読み替えて適用する法第三十六条第五項に規定する事項に関する定めをする場合にあつては、様式第九号の三の五）により法第三十六条第二項第一号に規定する労働者に特定医師が含まれている場合における同条第一項の規定による届出は、様式第九号の四（法第百四十一条第二項（医療法第百二十八条の規定により読み替えて適用する場合を含む。）に規定する事項に関する定めをする場合にあつては、様式第九号の五）により、所轄労働基準監督署長にしなければならない。

②　第五十九条の二の規定は、前項の届出について準用する。

③　第十六条第三項の規定は、第一項の届出について準用する。

第七一条　第十七条第二項、第二十四条の二の二第三項第四号、第二十四条の二の二の二、第二十四条の二の三第三項第四号、第二十四条の二の三の二、第二十四条の二の四第二項（第三十四条の二の三において準用する場合を含む。）、第二十四条の七及び第三十四条の二第十五項第四号の規定の適用については、当分の間、これらの規定中「五年間」とあるのは、「三年間」とする。

様式第九号の四〔略〕

様式第九号の五〔略〕

附　則（令和四年一月一九日厚生労働省令第五号）

1　この省令は、令和六年四月一日から施行する。

2　この省令の施行の日前にされた労働基準法（昭和二十二年法律第四十九号）第百四十一条第四項の規定により読み替えて適用する同法第三十六条第一項の協定（同条第二項第二号の対象期間の初日が施行の日以後であるもの及び当該協定を更新しようとする旨の協定が同日以後にされるものを除く。）を同日以後に同条の規定により届け出る場合には、なお従前の様式によることができる。

別表第一〔略〕

別表第一の二（第三十五条関係）

一　業務上の負傷に起因する疾病

二　物理的因子による次に掲げる疾病

1　紫外線にさらされる業務による前眼部疾患又は皮膚疾患

2　赤外線にさらされる業務による網膜火傷、白内障等の眼疾患又は皮膚疾患

3　レーザー光線にさらされる業務による網膜火傷等の眼疾患又は皮膚疾患

4　マイクロ波にさらされる業務による白内障等の眼疾患

5　電離放射線にさらされる業務による急性放射線症、皮膚潰瘍等の放射線皮膚障害、白内障等の放射線眼疾患、放射線肺炎、再生不良性貧血等の造血器障害、骨壊死その他の放射線障害

6　高圧室内作業又は潜水作業に係る業務による潜函病又は潜水病

7　気圧の低い場所における業務による高山病又は航空減圧症

8　暑熱な場所における業務による熱中症

9　高熱物体を取り扱う業務による熱傷

10　寒冷な場所における業務又は低温物体を取り扱う業務による凍傷

11　著しい騒音を発する場所における業務による難聴等の耳の疾患

12　超音波にさらされる業務による手指等の組織壊死

13　1から12までに掲げるもののほか、これらの疾病に付随する疾病その他物理的因子にさらされる業務に起因することの明らかな疾病

三　身体に過度の負担のかかる作業態様に起因する次に掲げ

る疾病
1　重激な業務による筋肉、腱、骨若しくは関節の疾患又は内臓脱
2　重量物を取り扱う業務、腰部に過度の負担を与える不自然な作業姿勢により行う業務その他腰部に過度の負担のかかる業務による腰痛
3　さく岩機、鋲打ち機、チェーンソー等の機械器具の使用により身体に振動を与える業務による手指、前腕等の末梢循環障害、末梢神経障害又は運動器障害
4　電子計算機への入力を反復して行う業務その他上肢に過度の負担のかかる業務による後頭部、頸部、肩甲帯、上腕、前腕又は手指の運動器障害
5　1から4までに掲げるもののほか、これらの疾病に付随する疾病その他身体に過度の負担のかかる作業態様の業務に起因することの明らかな疾病

四　化学物質等による次に掲げる疾病
1　厚生労働大臣の指定する単体たる化学物質及び化合物（合金を含む。）にさらされる業務による疾病であつて、厚生労働大臣が定めるもの
2　弗素樹脂、塩化ビニル樹脂、アクリル樹脂等の合成樹脂の熱分解生成物にさらされる業務による眼粘膜の炎症又は気道粘膜の炎症等の呼吸器疾患
3　すす、鉱物油、うるし、テレビン油、タール、セメント、アミン系の樹脂硬化剤等にさらされる業務による皮膚疾患
4　蛋白分解酵素にさらされる業務による皮膚炎、結膜炎又は鼻炎、気管支喘息等の呼吸器疾患
5　木材の粉じん、獣毛のじんあい等を飛散する場所における業務又は抗生物質等にさらされる業務によるアレルギー性の鼻炎、気管支喘息等の呼吸器疾患
6　落綿等の粉じんを飛散する場所における業務による呼吸器疾患
7　石綿にさらされる業務による良性石綿胸水又はびまん性胸膜肥厚
8　空気中の酸素濃度の低い場所における業務による酸素欠乏症
9　1から8までに掲げるもののほか、これらの疾病に付随する疾病その他化学物質等にさらされる業務に起因することの明らかな疾病

五　粉じんを飛散する場所における業務によるじん肺症又はじん肺法（昭和三十五年法律第三十号）に規定するじん肺と合併したじん肺法施行規則（昭和三十五年労働省令第六号）第一条各号に掲げる疾病

六　細菌、ウイルス等の病原体による次に掲げる疾病
1　患者の診療若しくは看護の業務、介護の業務又は研究その他の目的で病原体を取り扱う業務による伝染性疾患
2　動物若しくはその死体、獣毛、革その他動物性の物又はぼろ等の古物を取り扱う業務によるブルセラ症、炭疽病等の伝染性疾患
3　湿潤地における業務によるワイル病等のレプトスピラ症
4　屋外における業務による恙虫病
5　1から4までに掲げるもののほか、これらの疾病に付随する疾病その他細菌、ウイルス等の病原体にさらされる業務に起因することの明らかな疾病

七　がん原性物質若しくはがん原性因子又はがん原性工程における業務による次に掲げる疾病
1　ベンジジンにさらされる業務による尿路系腫瘍
2　ベーターナフチルアミンにさらされる業務による尿路系腫瘍

3　四―アミノジフェニルにさらされる業務による尿路系腫瘍
4　四―ニトロジフェニルにさらされる業務による尿路系腫瘍
5　ビス（クロロメチル）エーテルにさらされる業務による肺がん
6　ベリリウムにさらされる業務による肺がん
7　ベンゾトリクロライドにさらされる業務による肺がん
8　石綿にさらされる業務による肺がん又は中皮腫
9　ベンゼンにさらされる業務による白血病
10　塩化ビニルにさらされる業務による肝血管肉腫又は肝細胞がん
11　三・三′―ジクロロ―四・四′―ジアミノジフェニルメタンにさらされる業務による尿路系腫瘍
12　オルト―トルイジンにさらされる業務による膀胱《ぼうこう》がん
13　一・二―ジクロロプロパンにさらされる業務による胆管がん
14　ジクロロメタンにさらされる業務による胆管がん
15　電離放射線にさらされる業務による白血病、肺がん、皮膚がん、骨肉腫、甲状腺がん、多発性骨髄腫又は非ホジキンリンパ腫
16　オーラミンを製造する工程における業務による尿路系腫瘍
17　マゼンタを製造する工程における業務による尿路系腫瘍
18　コークス又は発生炉ガスを製造する工程における業務による肺がん
19　クロム酸塩又は重クロム酸塩を製造する工程における業務による肺がん又は上気道のがん
20　ニッケルの製錬又は精錬を行う工程における業務による肺がん又は上気道のがん
21　砒素を含有する鉱石を原料として金属の製錬若しくは精錬を行う工程又は無機砒素化合物を製造する工程における業務による肺がん又は皮膚がん
22　すす、鉱物油、タール、ピッチ、アスファルト又はパラフィンにさらされる業務による皮膚がん
23　1から22までに掲げるもののほか、これらの疾病に付随する疾病その他がん原性物質若しくはがん原性因子にさらされる業務又はがん原性工程における業務に起因することの明らかな疾病

八　長期間にわたる長時間の業務その他血管病変等を著しく増悪させる業務による脳出血、くも膜下出血、脳梗塞、高血圧性脳症、心筋梗塞、狭心症、心停止（心臓性突然死を含む。）、重篤な心不全若しくは大動脈解離又はこれらの疾病に付随する疾病

九　人の生命にかかわる事故への遭遇その他心理的に過度の負担を与える事象を伴う業務による精神及び行動の障害又はこれに付随する疾病

十　前各号に掲げるもののほか、厚生労働大臣の指定する疾病

十一　その他業務に起因することの明らかな疾病

別表第二（第四十条関係）

身体障害等級表

等級	身体障害
第一級（労働基準法第十二条の平均賃金の一三四〇日分）	一 両眼が失明したもの 二 咀嚼及び言語の機能を廃したもの 三 神経系統の機能又は精神に著しい障害を残し常に介護を要するもの 四 胸腹部臓器の機能に著しい障害を残し常に介護を要するもの 五 削除 六 両上肢を肘関節以上で失つたもの 七 両上肢の用を全廃したもの 八 両下肢を膝関節以上で失つたもの 九 両下肢の用を全廃したもの
第二級（労働基準法第十二条の平均賃金の一一九〇日分）	一 一眼が失明し他眼の視力が〇・〇二以下になつたもの 二 両眼の視力が〇・〇二以下になつたもの 二の二 神経系統の機能又は精神に著しい障害を残し随時介護を要するもの 二の三 胸腹部臓器の機能に著しい障害を残し随時介護を要するもの 三 両上肢を腕関節以上で失つたもの 四 両下肢を足関節以上で失つたもの
第三級（労働基準法第十二条の平均賃金の一〇五〇日分）	一 一眼が失明し他眼の視力が〇・〇六以下になつたもの 二 咀嚼又は言語の機能を廃したもの 三 神経系統の機能又は精神に著しい障害を残し終身労務に服することができないもの 四 胸腹部臓器の機能に著しい障害を残し終身労務に服することができないもの 五 十指を失つたもの
第四級（労働基準法第十二条の平均賃金の九二〇日分）	一 両眼の視力が〇・〇六以下になつたもの 二 咀嚼及び言語の機能に著しい障害を残すもの 三 両耳を全く聾したもの 四 一上肢を肘関節以上で失つたもの 五 一下肢を膝関節以上で失つたもの 六 十指の用を廃したもの 七 両足をリスフラン関節以上で失つたもの
第五級（労働基準法第十二条の平均賃金の七九〇日分）	一 一眼が失明し他眼の視力が〇・一以下になつたもの 一の二 神経系統の機能又は精神に著しい障害を残し特に軽易な労務の外服することができないもの 一の三 胸腹部臓器の機能に著しい障害を残し特に軽易な労務の外服することができないもの 二 一上肢を腕関節以上で失つたもの 三 一下肢を足関節以上で失つたもの 四 一上肢の用を全廃したもの 五 一下肢の用を全廃したもの 六 十趾を失つたもの

第六級 （労働基準法第十二条の平均賃金の六七〇日分）	一　両眼の視力が〇・一以下になつたもの 二　咀嚼又は言語の機能に著しい障害を残すもの 三　両耳の聴力が耳に接しなければ大声を解することができない程度になつたもの 三の二　一耳を全く聾し他耳の聴力が四十センチメートル以上の距離では尋常の話声を解することができない程度になつたもの 四　脊柱に著しい畸形又は運動障害を残すもの 五　一上肢の三大関節中の二関節の用を廃したもの 六　一下肢の三大関節中の二関節の用を廃したもの 七　一手の五指又は拇指を併せ四指を失つたもの
第七級 （労働基準法第十二条の平均賃金の五六〇日分）	一　一眼が失明し他眼の視力が〇・六以下になつたもの 二　両耳の聴力が四十センチメートル以上の距離では尋常の話声を解することができない程度になつたもの 二の二　一耳を全く聾し他耳の聴力が一メートル以上の距離では尋常の話声を解することができない程度になつたもの 三　神経系統の機能又は精神に障害を残し軽易な労務の外服することができないもの 四　削除 五　胸腹部臓器の機能に障害を残し軽易な労務の外服することができないもの 六　一手の拇指を併せ三指又は拇指以外の四指を失つたもの 七　一手の五指又は拇指及び示指を併せ四指の用を廃したもの 八　一足をリスフラン関節以上で失つたもの 九　一上肢に仮関節を残し著しい障害を残すもの 一〇　一下肢に仮関節を残し著しい障害を残すもの 一一　十趾の用を廃したもの 一二　外貌に著しい醜状を残すもの 一三　両側の睾丸を失つたもの
第八級 （労働基準法第十二条の平均賃金の四五〇日分）	一　一眼が失明し又は一眼の視力が〇・〇二以下になつたもの 二　脊柱に運動障害を残すもの 三　一手の拇指を併せ二指又は拇指以外の三指を失つたもの 四　一手の拇指を併せ三指又は拇指以外の四指の用を廃したもの 五　一下肢を五センチメートル以上短縮したもの 六　一上肢の三大関節中の一関節の用

	を廃したもの 七　一下肢の三大関節中の一関節の用を廃したもの 八　一上肢に仮関節を残すもの 九　一下肢に仮関節を残すもの 一〇　一足の五趾を失つたもの
第九級 （労働基準法第十二条の平均賃金の三五〇日分）	一　両眼の視力が〇・六以下になつたもの 二　一眼の視力が〇・〇六以下になつたもの 三　両眼に半盲症、視野狭窄又は視野変状を残すもの 四　両眼の眼瞼に著しい欠損を残すもの 五　鼻を欠損しその機能に著しい障害を残すもの 六　咀嚼及び言語の機能に障害を残すもの 六の二　両耳の聴力が一メートル以上の距離では尋常の話声を解することができない程度になつたもの 六の三　一耳の聴力が耳に接しなければ大声を解することができない程度になり他耳の聴力が一メートル以上の距離では尋常の話声を解することが困難である程度になつたもの 七　一耳を全く聾したもの 七の二　神経系統の機能又は精神に障害を残し服することができる労務が相当な程度に制限されるもの 七の三　胸腹部臓器の機能に障害を残し服することができる労務が相当な程度に制限されるもの 八　一手の拇指又は拇指以外の二指を失つたもの 九　一手の拇指を併せ二指又は拇指以外の三指の用を廃したもの 一〇　一足の第一趾を併せ二趾以上を失つたもの 一一　一足の五趾の用を廃したもの 一一の二　外貌に相当程度の醜状を残すもの 一二　生殖器に著しい障害を残すもの
第十級 （労働基準法第十二条の平均賃金の二七〇日分）	一　一眼の視力が〇・一以下になつたもの 一の二　正面視で複視を残すもの 二　咀嚼又は言語の機能に障害を残すもの 三　十四歯以上に対し歯科補綴を加えたもの 三の二　両耳の聴力が一メートル以上の距離では尋常の話声を解することが困難である程度になつたもの 四　一耳の聴力が耳に接しなければ大声を解することができない程度になつたもの 五　削除 六　一手の拇指又は拇指以外の二指の

	用を廃したもの 七　一下肢を三センチメートル以上短縮したもの 八　一足の第一趾又は他の四趾を失つたもの 九　一上肢の三大関節中の一関節の機能に著しい障害を残すもの 一〇　一下肢の三大関節中の一関節の機能に著しい障害を残すもの
第十一級 （労働基準法第十二条の平均賃金の二〇〇日分）	一　両眼の眼球に著しい調節機能障害又は運動障害を残すもの 二　両眼の眼瞼に著しい運動障害を残すもの 三　一眼の眼瞼に著しい欠損を残すもの 三の二　十歯以上に対し歯科補てつを加えたもの 三の三　両耳の聴力が一メートル以上の距離では小声を解することができない程度になつたもの 四　一耳の聴力が四十センチメートル以上の距離では尋常の話声を解することができない程度になつたもの 五　脊柱に畸形を残すもの 六　一手の示指、中指又は環指を失つたもの 七　削除 八　一足の第一趾を併せ二趾以上の用を廃したもの 九　胸腹部臓器の機能に障害を残し、労務の遂行に相当な程度の支障があるもの
第十二級 （労働基準法第十二条の平均賃金の一四〇日分）	一　一眼の眼球に著しい調節機能障害又は運動障害を残すもの 二　一眼の眼瞼に著しい運動障害を残すもの 三　七歯以上に対し歯科補綴を加えたもの 四　一耳の耳殻の大部分を欠損したもの 五　鎖骨、胸骨、肋骨、肩胛骨又は骨盤骨に著しい畸形を残すもの 六　一上肢の三大関節中の一関節の機能に障害を残すもの 七　一下肢の三大関節中の一関節の機能に障害を残すもの 八　長管骨に畸形を残すもの 八の二　一手の小指を失つたもの 九　一手の示指、中指又は環指の用を廃したもの 一〇　一足の第二趾を失つたもの、第二趾を併せ二趾を失つたもの又は第三趾以下の三趾を失つたもの 一一　一足の第一趾又は他の四趾の用を廃したもの 一二　局部に頑固な神経症状を残すもの 一三　削除

	一四 外貌に醜状を残すもの
第十三級 （労働基準法第十二条の平均賃金の九〇日分）	一 一眼の視力が〇・六以下になつたもの 二 一眼に半盲症、視野狭窄又は視野変状を残すもの 二の二 正面視以外で複視を残すもの 三 両眼の眼瞼の一部に欠損を残し又は睫毛禿を残すもの 三の二 五歯以上に対し歯科補てつを加えたもの 三の三 胸腹部臓器の機能に障害を残すもの 四 一手の小指の用を廃したもの 五 一手の拇指の指骨の一部を失つたもの 六 削除 七 削除 八 一下肢を一センチメートル以上短縮したもの 九 一足の第三趾以下の一趾又は二趾を失つたもの 一〇 一足の第二趾の用を廃したもの、第二趾を併せ二趾の用を廃したもの又は第三趾以下の三趾の用を廃したもの
第十四級 （労働基準法第十二条の平均賃金の五〇日分）	一 一眼の眼瞼の一部に欠損を残し又は睫毛禿を残すもの 二 三歯以上に対し歯科補綴を加えたもの 二の二 一耳の聴力が一メートル以上の距離では小声を解することができない程度になつたもの 三 上肢の露出面に手掌面大の醜痕を残すもの 四 下肢の露出面に手掌面大の醜痕を残すもの 五 削除 六 一手の拇指以外の指骨の一部を失つたもの 七 一手の拇指以外の指の末関節を屈伸することができなくなつたもの 八 一足の第三趾以下の一趾又は二趾の用を廃したもの 九 局部に神経症状を残すもの

備考

一 視力の測定は万国式試視力表による。屈折異常のあるものについては矯正視力について測定する。

二 指を失つたものとは拇指は指関節、その他の指は第一指関節以上を失つたものをいう。

三 指の用を廃したものとは、指の末節の半分以上を失い又は掌指関節若しくは第一指関節（拇指にあつては指関節）に著しい運動障害を残すものをいう。

四 趾を失つたものとはその全部を失つたものをいう。

五 趾の用を廃したものとは第一趾は末節の半分以上、その他の趾は末関節以上を失つたもの又は蹠趾関節若しくは第一趾関節（第一趾にあつては趾関節）に著しい運動障害を残すものをいう。

別表第三（第四十六条関係）

分割補償の残余額一時払表

種別＼区分	等級	支払高				
		既に支払つた分割補償が一年分のとき	同上 二年分のとき	同上 三年分のとき	同上 四年分のとき	同上 五年分のとき
障害補償	第一級	一、一三二日分	九〇九日分	六九九日分	四七三日分	二四〇日分
	第二級	一、〇〇五日分	八〇五日分	六二一日分	四二〇日分	二一三日分
	第三級	八八七日分	七二〇日分	五四八日分	三七一日分	一八八日分
	第四級	七七四日分	六一八日分	四七八日分	三二三日分	一六四日分
	第五級	六七〇日分	五四四日分	四一四日分	二八〇日分	一四二日分
	第六級	五六六日分	四五九日分	三五〇日分	二三七日分	一二〇日分
	第七級	四七二日分	三八三日分	二九一日分	一九七日分	一〇〇日分
	第八級	三七七日分	三〇六日分	二三三日分	一五八日分	八〇日分
	第九級	二九七日分	二四一日分	一八四日分	一二四日分	六三日分
	第一〇級	二二六日分	一八四日分	一四〇日分	九五日分	四八日分
	第一一級	一七〇日分	一三八日分	一〇五日分	七一日分	三六日分
	第一二級	一一八日分	九六日分	七三日分	四九日分	二五日分
	第一三級	七五日分	六一日分	四七日分	三二日分	一六日分
	第一四級	四二日分	三四日分	二六日分	一八日分	九日分
遺族補償		八四九日分	六八九日分	五二四日分	三五五日分	一八〇日分

別表第四（第五十条の二関係）

一　発電、送電、変電、配電又は蓄電の業務
二　金属の溶融、精錬又は熱処理の業務
三　金属の溶接又は溶断の業務
四　ガラス製造の業務
五　石炭、亜炭、アスファルト、ピッチ、木材若しくは樹脂の乾留又はタールの蒸留若しくは精製の業務
六　乾燥設備を使用する業務
七　油脂、ろう若しくはパラフィンを製造し、若しくは精製し、又はこれらを取り扱う業務
八　塗料の噴霧塗装又は焼付けの業務
九　圧縮ガス若しくは液化ガスを製造し、又はこれらを取り扱う業務
十　火薬、爆薬又は加工品を製造し、又は取り扱う業務
十一　危険物を製造し、若しくは取り扱い、又は引火点が六十五度以上の物を引火点以上の温度で製造し、若しくは取り扱う業務
十二　労働安全衛生規則第十三条第一項第二号に掲げる業務（同号ヌに掲げる業務を除く。）

女性労働基準規則

（昭和六一年一月二七日
労働省令第三号）

沿革　平成一〇年　三月一三日労働省令　第　七号
〃　一二年一〇月三一日　〃　第　四一号
〃　一四年　二月二二日厚生労働省令第　一四号
〃　一八年一〇月一一日　〃　第一八三号
〃　二四年　四月一〇日　〃　第　七八号
〃　二四年一〇月　一日　〃　第一四三号
〃　二六年　八月二五日　〃　第一〇一号
〃　二九年　七月　一日　〃　第　七一号
〃　三〇年　四月　六日　〃　第　五九号
令和　元年　五月　七日　〃　第　一号

（坑内業務の就業制限の範囲）

第一条　労働基準法（以下「法」という。）第六十四条の二第二号の厚生労働省令で定める業務は、次のとおりとする。

一　人力により行われる土石、岩石若しくは鉱物（以下「鉱物等」という。）の掘削又は掘採の業務
二　動力により行われる鉱物等の掘削又は掘採の業務（遠隔操作により行うものを除く。）
三　発破による鉱物等の掘削又は掘採の業務
四　ずり、資材等の運搬若しくは覆工のコンクリートの打設等鉱物等の掘削又は掘採の業務に付随して行われる業務（鉱物等の掘削又は掘採に係る計画の作成、工程管理、品質管理、安全管理、保安管理その他の技術上の管理の業務並びに鉱物等の掘削又は掘採の業務に従事する者及び鉱物等の掘削又は掘採の業務に付随して行われる業務に従事する者の技術上の指導監督の業務を除く。）

（危険有害業務の就業制限の範囲等）

第二条　法第六十四条の三第一項の規定により妊娠中の女性を就かせてはならない業務は、次のとおりとする。

一　次の表の上欄に掲げる年齢の区分に応じ、それぞれ同表の下欄に掲げる重量以上の重量物を取り扱う業務

年齢	重量（単位　キログラム）断続作業の場合	重量（単位　キログラム）継続作業の場合
満十六歳未満	十二	八
満十六歳以上満十八歳未満	二十五	十五
満十八歳以上	三十	二十

二　ボイラー（労働安全衛生法施行令（昭和四十七年政令第三百十八号。第十八号において「安衛令」という。）第一条第三号に規定するボイラーをいう。次号において同じ。）の取扱いの業務
三　ボイラーの溶接の業務
四　つり上げ荷重が五トン以上のクレーン若しくはデリック又は制限荷重が五トン以上の揚貨装置の運転の業務
五　運転中の原動機又は原動機から中間軸までの動力伝導装置の掃除、給油、検査、修理又はベルトの掛換えの業務
六　クレーン、デリック又は揚貨装置の玉掛けの業務（二人以上の者によつて行う玉掛けの業務における補助作業の業務を除く。）
七　動力により駆動される土木建築用機械又は船舶荷扱用機械の運転の業務
八　直径が二十五センチメートル以上の丸のこ盤（横切用丸

のこ盤及び自動送り装置を有する丸のこ盤を除く。）又はのこ車の直径が七十五センチメートル以上の帯のこ盤（自動送り装置を有する帯のこ盤を除く。）に木材を送給する業務

九　操車場の構内における軌道車両の入換え、連結又は解放の業務

十　蒸気又は圧縮空気により駆動されるプレス機械又は鍛造機械を用いて行う金属加工の業務

十一　動力により駆動されるプレス機械、シヤー等を用いて行う厚さが八ミリメートル以上の鋼板加工の業務

十二　岩石又は鉱物の破砕機又は粉砕機に材料を送給する業務

十三　土砂が崩壊するおそれのある場所又は深さが五メートル以上の地穴における業務

十四　高さが五メートル以上の場所で、墜落により労働者が危害を受けるおそれのあるところにおける業務

十五　足場の組立て、解体又は変更の業務（地上又は床上における補助作業の業務を除く。）

十六　胸高直径が三十五センチメートル以上の立木の伐採の業務

十七　機械集材装置、運材索道等を用いて行う木材の搬出の業務

十八　次の各号に掲げる有害物を発散する場所の区分に応じ、それぞれ当該場所において行われる当該各号に定める業務

イ　塩素化ビフエニル（別名ＰＣＢ）、アクリルアミド、エチルベンゼン、エチレンイミン、エチレンオキシド、カドミウム化合物、クロム酸塩、五酸化バナジウム、水銀若しくはその無機化合物（硫化水銀を除く。）、塩化ニツケル（Ⅱ）（粉状の物に限る。）、スチレン、テトラクロロエチレン（別名パークロルエチレン）、トリクロロエチレン、砒素化合物（アルシン及び砒化ガリウムを除く。）、ベータ―プロピオラクトン、ペンタクロルフエノール（別名ＰＣＰ）若しくはそのナトリウム塩又はマンガンを発散する場所　次に掲げる業務（スチレン、テトラクロロエチレン（別名パークロルエチレン）又はトリクロロエチレンを発散する場所において行われる業務にあつては(2)に限る。）

(1)　特定化学物質障害予防規則（昭和四十七年労働省令第三十九号）第二十二条第一項、第二十二条の二第一項又は第三十八条の十四第一項第十一号ハ若しくは第十二号ただし書に規定する作業を行う業務であつて、当該作業に従事する労働者に呼吸用保護具を使用させる必要があるもの

(2)　(1)の業務以外の業務のうち、安衛令第二十一条第七号に掲げる作業場（石綿等を取り扱い、若しくは試験研究のため製造する屋内作業場若しくは石綿分析用試料等を製造する屋内作業場又はコークス炉上において若しくはコークス炉に接してコークス製造の作業を行う場合の当該作業場を除く。）であつて、特定化学物質障害予防規則第三十六条の二第一項の規定による評価の結果、第三管理区分に区分された場所における作業を行う業務

ロ　鉛及び安衛令別表第四第六号の鉛化合物を発散する場所　次に掲げる業務

(1)　鉛中毒予防規則（昭和四十七年労働省令第三十七号）第三十九条ただし書の規定により呼吸用保護具を使用させて行う臨時の作業を行う業務又は同令第五十八条第一項若しくは第二項に規定する業務若しくは同条第三項に規定する業務（同項に規定する業務にあつては、同令第三条各号に規定する業務及び同令第五十

八条第三項ただし書の装置等を稼働させて行う同項の業務を除く。）

(2) (1)の業務以外の業務のうち、安衛令第二十一条第八号に掲げる作業場であつて、鉛中毒予防規則第五十二条の二第一項の規定による評価の結果、第三管理区分に区分された場所における業務

ハ エチレングリコールモノエチルエーテル（別名セロソルブ）、エチレングリコールモノエチルエーテルアセテート（別名セロソルブアセテート）、エチレングリコールモノメチルエーテル（別名メチルセロソルブ）、キシレン、N・N―ジメチルホルムアミド、スチレン、テトラクロロエチレン（別名パークロルエチレン）、トリクロロエチレン、トルエン、二硫化炭素、メタノール又はエチルベンゼンを発散する場所　次に掲げる業務

(1) 有機溶剤中毒予防規則（昭和四十七年労働省令第三十六号）第三十二条第一項第一号若しくは第二号又は第三十三条第一項第二号から第七号まで（特定化学物質障害予防規則第三十八条の八においてこれらの規定を準用する場合を含む。）に規定する業務（有機溶剤中毒予防規則第二条第一項（特定化学物質障害予防規則第三十八条の八において準用する場合を含む。）の規定により、これらの規定が適用されない場合における同項の業務を除く。）

(2) (1)の業務以外の業務のうち、安衛令第二十一条第十号に掲げる作業場であつて、有機溶剤中毒予防規則第二十八条の二第一項の規定による評価の結果、第三管理区分に区分された場所における業務

十九　多量の高熱物体を取り扱う業務

二十　著しく暑熱な場所における業務

二十一　多量の低温物体を取り扱う業務

二十二　著しく寒冷な場所における業務

二十三　異常気圧下における業務

二十四　さく岩機、鋲打機等身体に著しい振動を与える機械器具を用いて行う業務

2 法第六十四条の三第一項の規定により産後一年を経過しない女性を就かせてはならない業務は、前項第一号から第十二号まで及び第十五号から第二十四号までに掲げる業務とする。ただし、同項第二号から第十二号まで、第十五号から第十七号まで及び第十九号から第二十三号までに掲げる業務については、産後一年を経過しない女性が当該業務に従事しない旨を使用者に申し出た場合に限る。

第三条 法第六十四条の三第二項の規定により同条第一項の規定を準用する者は、妊娠中の女性及び産後一年を経過しない女性以外の女性とし、これらの者を就かせてはならない業務は、前条第一項第一号及び第十八号に掲げる業務とする。

（雇用環境・均等局調査員）

第四条 法第百条第三項に規定する女性主管局長及びその指定する所属の職員を雇用環境・均等局調査員という。

2 雇用環境・均等局調査員の携帯すべき証票は、別記様式による。

附　則　抄

（施行期日）

第一条 この省令は、昭和六十一年四月一日から施行する。

労働基準法第十四条第一項第一号の規定に基づき厚生労働大臣が定める基準

〔平成一五年一〇月二二日
厚生労働省告示第三五六号〕

沿革　平成二〇年一一月二八日厚生労働省告示第五三二号
〃二七年　三月一八日　〃　第　六八号
〃二八年一〇月一九日　〃　第三七六号

労働基準法（昭和二十二年法律第四十九号）第十四条第一項第一号の規定に基づき、労働基準法第十四条第一項第一号の規定に基づき厚生労働大臣が定める基準を次のように定め、平成十六年一月一日から適用し、労働基準法第十四条第一項第一号及び第二号の規定に基づき厚生労働大臣が定める基準（平成十年労働省告示第百五十三号）は、平成十五年十二月三十一日限り廃止する。ただし、平成十六年一月四日までの間は、この告示の第三号中「第七条」とあるのは、「第六条」と読み替えて適用する。

労働基準法第十四条第一項第一号に規定する専門的知識等であって高度のものは、次の各号のいずれかに該当する者が有する専門的な知識、技術又は経験とする。

一　博士の学位（外国において授与されたこれに該当する学位を含む。）を有する者

二　次に掲げるいずれかの資格を有する者

イ　公認会計士
ロ　医師
ハ　歯科医師
ニ　獣医師
ホ　弁護士
ヘ　一級建築士
ト　税理士
チ　薬剤師
リ　社会保険労務士
ヌ　不動産鑑定士
ル　技術士
ヲ　弁理士

三　情報処理の促進に関する法律（昭和四十五年法律第九十号）第二十九条に規定する情報処理技術者試験の区分のうちITストラテジスト試験に合格した者若しくは情報処理技術者試験規則等の一部を改正する省令（平成十九年経済産業省令第七十九号）第二条の規定による改正前の当該区分のうちシステムアナリスト試験に合格した者又はアクチュアリーに関する資格試験（保険業法（平成七年法律第百五号）第百二十二条の二第二項の規定により指定された法人が行う保険数理及び年金数理に関する試験をいう。）に合格した者

四　特許法（昭和三十四年法律第百二十一号）第二条第二項に規定する特許発明の発明者、意匠法（昭和三十四年法律第百二十五号）第二条第四項に規定する登録意匠を創作した者又は種苗法（平成十年法律第八十三号）第二十条第一項に規定する登録品種を育成した者

五　次のいずれかに該当する者であって、労働契約の期間中に支払われることが確実に見込まれる賃金の額を一年当たりの額に換算した額が千七十五万円を下回らないもの

イ　農林水産業若しくは鉱工業の科学技術（人文科学のみに係るものを除く。以下同じ。）若しくは機械、電気、土木若しくは建築に関する科学技術に関する専門的応用能力を必要とする事項についての計画、設計、分析、試験

は評価の業務に就こうとする者、情報処理システム（電子計算機を使用して行う情報処理を目的として複数の要素が組み合わされた体系であってプログラムの設計の基本となるものをいう。ロにおいて同じ。）の分析若しくは設計の業務（ロにおいて「システムエンジニアの業務」という。）に就こうとする者又は衣服、室内装飾、工業製品、広告等の新たなデザインの考案の業務に就こうとする者であって、次のいずれかに該当するもの

(1) 学校教育法（昭和二十二年法律第二十六号）による大学（短期大学を除く。）において就こうとする業務に関する学科を修めて卒業した者（昭和二十八年文部省告示第五号に規定する者であって、就こうとする業務に関する学科を修めた者を含む。）であって、就こうとする業務に五年以上従事した経験を有するもの

(2) 学校教育法による短期大学又は高等専門学校において就こうとする業務に関する学科を修めて卒業した者であって、就こうとする業務に六年以上従事した経験を有するもの

(3) 学校教育法による高等学校において就こうとする業務に関する学科を修めて卒業した者であって、就こうとする業務に七年以上従事した経験を有するもの

ロ 事業運営において情報処理システムを活用するための問題点の把握又はそれを活用するための方法に関する考案若しくは助言の業務に就こうとする者であって、システムエンジニアの業務に五年以上従事した経験を有するもの

六 国、地方公共団体、一般社団法人又は一般財団法人その他これらに準ずるものによりその有する知識、技術又は経験が優れたものであると認定されている者（前各号に掲げる者に準ずる者として厚生労働省労働基準局長が認める者に限る。）

有期労働契約の締結、更新、雇止め等に関する基準

〔平成一五年一〇月二二日
厚生労働省告示第三五七号〕

沿革　平成二〇年　一月二三日厚生労働省告示第　一二号
　　　〃二四年一〇月二六日　〃　第五五一号
　令和　五年　三月三〇日　〃　第一一四号

労働基準法（昭和二十二年法律第四十九号）第十四条第二項の規定に基づき、有期労働契約の締結、更新及び雇止めに関する基準（平成十五年厚生労働省告示第三百五十七号）の一部を次のように改正し、令和六年四月一日から適用する。

（有期労働契約の変更等に際して更新上限を定める場合等の理由の説明）

第一条　使用者は、期間の定めのある労働契約（以下「有期労働契約」という。）の締結後、当該有期労働契約の変更又は更新に際して、通算契約期間（労働契約法（平成十九年法律第百二十八号）第十八条第一項に規定する通算契約期間をいう。）又は有期労働契約の更新回数について、上限を定め、又はこれを引き下げようとするときは、あらかじめ、その理由を労働者に説明しなければならない。

（雇止めの予告）

第二条　使用者は、有期労働契約（当該契約を三回以上更新し、又は雇入れの日から起算して一年を超えて継続勤務している者に係るものに限り、あらかじめ当該契約を更新しない旨明示されているものを除く。次条第二項において同じ。）を更新しないこととしようとする場合には、少なくとも当該契約の期間の満了する日の三十日前までに、その予告をしなければならない。

（雇止めの理由の明示）

第三条　前条の場合において、使用者は、労働者が更新しないこととする理由について証明書を請求したときは、遅滞なくこれを交付しなければならない。

2　有期労働契約が更新されなかった場合において、使用者は、労働者が更新しなかった理由について証明書を請求したときは、遅滞なくこれを交付しなければならない。

（契約期間についての配慮）

第四条　使用者は、有期労働契約（当該契約を一回以上更新し、かつ、雇入れの日から起算して一年を超えて継続勤務している者に係るものに限る。）を更新しようとする場合においては、当該契約の実態及び当該労働者の希望に応じて、契約期間をできる限り長くするよう努めなければならない。

（無期転換後の労働条件に関する説明）

第五条　使用者は、労働基準法（昭和二十二年法律第四十九号）第十五条第一項の規定により、労働者に対して労働基準法施行規則（昭和二十二年厚生省令第二十三号）第五条第五項に規定する事項を明示する場合においては、当該事項（同条第一項各号に掲げるものを除く。）に関する定めをするに当たって労働契約法第三条第二項の規定の趣旨を踏まえて就業の実態に応じて均衡を考慮した事項について、当該労働者に説明するよう努めなければならない。

労働基準法第三十六条第一項の協定で定める労働時間の延長及び休日の労働について留意すべき事項等に関する指針

〔平成三〇年九月七日
厚生労働省告示第三二三号〕

沿革　令和三年九月一四日厚生労働省告示第三三五号
〃　五年三月二九日　〃　第一〇八号

（目的）

第一条　この指針は、労働基準法（昭和二十二年法律第四十九号。以下「法」という。）第三十六条第一項の協定（以下「時間外・休日労働協定」という。）で定める労働時間の延長及び休日の労働について留意すべき事項、当該労働時間の延長に係る割増賃金の率その他の必要な事項を定めることにより、労働時間の延長及び休日の労働を適正なものとすることを目的とする。

（労使当事者の責務）

第二条　法第三十六条第一項の規定により、使用者は、時間外・休日労働協定をし、これを行政官庁に届け出ることを要件として、労働時間を延長し、又は休日に労働させることができることとされているが、労働時間の延長及び休日の労働は必要最小限にとどめられるべきであり、また、労働時間の延長は原則として同条第三項の限度時間（第五条、第八条及び第九条において「限度時間」という。）を超えないものとされていることから、時間外・休日労働協定をする使用者及び当該事業場の労働者の過半数で組織する労働組合がある場合においてはその労働組合、労働者の過半数で組織する労働組合がない場合においては労働者の過半数を代表する者（以下「労使当事者」という。）は、これらに十分留意した上で時間外・休日労働協定をするように努めなければならない。

（使用者の責務）

第三条　使用者は、時間外・休日労働協定において定めた労働時間を延長して労働させ、及び休日において労働させることができる時間の範囲内で労働させた場合であっても、労働契約法（平成十九年法律第百二十八号）第五条の規定に基づく安全配慮義務を負うことに留意しなければならない。

2　使用者は、「血管病変等を著しく増悪させる業務による脳血管疾患及び虚血性心疾患等の認定基準について」（令和三年九月十四日付け基発〇九一四第一号厚生労働省労働基準局長通達）において、一週間当たり四十時間を超えて労働した時間が一箇月においておおむね四十五時間を超えて長くなるほど、業務と脳血管疾患及び虚血性心疾患（負傷に起因するものを除く。以下この項において「脳・心臓疾患」という。）の発症との関連性が徐々に強まると評価できるとされていること並びに発症前一箇月間におおむね百時間又は発症前二箇月間から六箇月間までにおいて一箇月当たりおおむね八十時間を超える場合には業務と脳・心臓疾患の発症との関連性が強いと評価できるとされていることに留意しなければならない。

（業務区分の細分化）

第四条　労使当事者は、時間外・休日労働協定において労働時間を延長し、又は休日に労働させることができる業務の種類について定めるに当たっては、業務の区分を細分化することにより当該業務の範囲を明確にしなければならない。

（限度時間を超えて延長時間を定めるに当たっての留意事

項）

第五条　労使当事者は、時間外・休日労働協定において限度時間を超えて労働させることができる場合を定めるに当たっては、当該事業場における通常予見することのできない業務量の大幅な増加等に伴い臨時的に限度時間を超えて労働させる必要がある場合をできる限り具体的に定めなければならず、「業務の都合上必要な場合」、「業務上やむを得ない場合」など恒常的な長時間労働を招くおそれがあるものを定めることは認められないことに留意しなければならない。

2　労使当事者は、時間外・休日労働協定において次に掲げる時間を定めるに当たっては、労働時間の延長は原則として限度時間を超えないものとされていることに十分留意し、当該時間を限度時間にできる限り近づけるように努めなければならない。

一　法第三十六条第五項に規定する一箇月について労働時間を延長して労働させ、及び休日において労働させることができる時間

二　法第三十六条第五項に規定する一年について労働時間を延長して労働させることができる時間

3　労使当事者は、時間外・休日労働協定において限度時間を超えて労働時間を延長して労働させることができる時間に係る割増賃金の率を定めるに当たっては、当該割増賃金の率を、法第三十六条第一項の規定により延長した労働時間の労働について法第三十七条第一項の政令で定める率を超える率とするように努めなければならない。

（一箇月に満たない期間において労働する労働者についての延長時間の目安）

第六条　労使当事者は、期間の定めのある労働契約で労働する労働者その他の一箇月に満たない期間において労働する労働者について、時間外・休日労働協定において労働時間を延長して労働させることができる時間を定めるに当たっては、別表の上欄に掲げる期間の区分に応じ、それぞれ同表の下欄に掲げる目安時間を超えないものとするように努めなければならない。

（休日の労働を定めるに当たっての留意事項）

第七条　労使当事者は、時間外・休日労働協定において休日の労働を定めるに当たっては労働させることができる休日の日数をできる限り少なくし、及び休日に労働させる時間をできる限り短くするように努めなければならない。

（健康福祉確保措置）

第八条　労使当事者は、限度時間を超えて労働させる労働者に対する健康及び福祉を確保するための措置について、次に掲げるもののうちから協定することが望ましいことに留意しなければならない。

一　労働時間が一定時間を超えた労働者に医師による面接指導を実施すること。

二　法第三十七条第四項に規定する時刻の間において労働させる回数を一箇月について一定回数以内とすること。

三　終業から始業までに一定時間以上の継続した休息時間を確保すること。

四　労働者の勤務状況及びその健康状態に応じて、代償休日又は特別な休暇を付与すること。

五　労働者の勤務状況及びその健康状態に応じて、健康診断を実施すること。

六　年次有給休暇についてまとまった日数連続して取得することを含めてその取得を促進すること。

七　心とからだの健康問題についての相談窓口を設置すること。

八　労働者の勤務状況及びその健康状態に配慮し、必要な場合には適切な部署に配置転換をすること。

九　必要に応じて、産業医等による助言・指導を受け、又は労働者に産業医等による保健指導を受けさせること。

（適用除外等）

第九条　法第三十六条第十一項に規定する業務に係る時間外・休日労働協定については、第五条、第六条及び前条の規定は適用しない。

2　前項の時間外・休日労働協定をする労使当事者は、労働時間を延長して労働させることができる時間を定めるに当たっては、限度時間を勘案することが望ましいことに留意しなければならない。

3　第一項の時間外・休日労働協定をする労使当事者は、一箇月について四十五時間又は一年について三百六十時間（法第三十二条の四第一項第二号の対象期間として三箇月を超える期間を定めて同条の規定により労働させる場合にあっては、一箇月について四十二時間又は一年について三百二十時間）を超えて労働時間を延長して労働させることができることとする場合においては、当該時間外・休日労働協定において当該時間を超えて労働させる労働者に対する健康及び福祉を確保するための措置を定めるように努めなければならず、当該措置については、前条各号に掲げるもののうちから定めることが望ましいことに留意しなければならない。

附　則

1　この告示は、平成三十一年四月一日から適用する。

2　労働基準法第三十六条第一項の協定で定める労働時間の延長の限度等に関する基準（平成十年労働省告示第百五十四号）は、廃止する。

別表（第六条関係）

期間	目安
一週間	十五時間
二週間	二十七時間
四週間	四十三時間

備考　期間が次のいずれかに該当する場合は、目安時間は、当該期間の区分に応じ、それぞれに定める時間（その時間に一時間未満の端数があるときは、これを一時間に切り上げる。）とする。

一　一日を超え一週間未満の日数を単位とする期間　十五時間に当該日数を七で除して得た数を乗じて得た時間

二　一週間を超え二週間未満の日数を単位とする期間　二十七時間に当該日数を十四で除して得た数を乗じて得た時間

三　二週間を超え四週間未満の日数を単位とする期間　四十三時間に当該日数を二十八で除して得た数を乗じて得た時間（その時間が二十七時間を下回るときは、二十七時間）

労働基準法第三十八条の四第一項の規定により同項第一号の業務に従事する労働者の適正な労働条件の確保を図るための指針

（平成一一年一二月二七日
労働省告示第一四九号）

沿革　平成一五年一〇月二二日厚生労働省告示第三五三号
令和　五年　三月三〇日　〃　第一一五号

第一　趣旨

この指針は、労働基準法（以下「法」という。）第三十八条の四第一項の規定により同項第一号に規定する対象業務（以下「対象業務」という。）に従事する労働者の適正な労働条件の確保を図るため、同項に規定する委員会（以下「労使委員会」という。）が決議する同項各号に掲げる事項について具体的に明らかにする必要があると認められる事項を規定するとともに対象業務に従事する労働者については同項第三号に掲げる時間労働したものとみなす法の制度（以下「企画業務型裁量労働制」という。）の実施に関し、同項に規定する事業場の使用者及び当該事業場の労働者等並びに労使委員会の委員が留意すべき事項を定めたものである。

第二　企画業務型裁量労働制の対象事業場

企画業務型裁量労働制に関し法第三十八条の四第一項に規定する事業場の使用者及び当該事情場の労働者並びに労使委員会の委員が留意すべき事項等は、次のとおりである。

1　労働基準法の一部を改正する法律（平成十五年法律第百四号）により、企画業務型裁量労働制を実施することができる事業場は、事業運営上の重要な決定が行われる事業場に限定されないこととなったところであるが、いかなる事業場においても企画業務型裁量労働制を実施することができるということではなく、対象業務が存在する事業場（以下「対象事業場」という。）においてのみ企画業務型裁量労働制を実施することができるものであることに留意する必要がある。

2　この場合において、対象事業場とは、第三の1の(1)のイ及びロに掲げる対象業務の要件に照らして、具体的には、次に掲げる事業場である。

(1)　本社・本店である事業場
(2)　(1)に掲げる事業場以外の事業場であって次に掲げるもの

イ　当該事業場の属する企業等に係る事業の運営に大きな影響を及ぼす決定が行われる事業場であり、例えば、次に掲げる事業場であること。

(イ)　当該事業場の属する企業等が取り扱う主要な製品・サービス等についての事業計画の決定等を行っている事業本部である事業場

(ロ)　当該事業場の属する企業等が事業活動の対象としている主要な地域における生産、販売等についての事業計画や営業計画の決定等を行っている地域本社や地域を統轄する支社・支店等である事業場

(ハ)　本社・本店である事業場の具体的な指示を受けることなく独自に、当該事業場の属する企業等が取り扱う主要な製品・サービス等についての事業計画の決定等を行っている工場等である事業場

なお、個別の製造等の作業や当該作業に係る工程管理のみを行っている場合は、対象事業場ではない

こと。

ロ　本社・本店である事業場の具体的な指示を受けることなく独自に、当該事業場に係る事業の運営に大きな影響を及ぼす事業計画や営業計画の決定を行っている支社・支店等である事業場であり、例えば、次に掲げる事業場であること。

(イ)　本社・本店である事業場の具体的な指示を受けることなく独自に、当該事業場を含む複数の支社・支店等である事業場に係る事業活動の対象となる地域における生産、販売等についての事業計画や営業計画の決定等を行っている支社・支店等である事業場

(ロ)　本社・本店である事業場の具体的な指示を受けることなく独自に、当該事業場のみに係る事業活動の対象となる地域における生産、販売等についての事業計画や営業計画の決定等を行っている支社・支店等である事業場

なお、本社・本店又は支社・支店等である事業場の具体的な指示を受けて、個別の営業活動のみを行っている事業場は、対象事業場ではないこと

第三　労使委員会が決議する法第三十八条の四第一項各号に掲げる事項

1　法第三十八条の四第一項第一号に規定する事項関係

(1)　当該事項に関し具体的に明らかにする事項

対象業務は、次のイからニまでに掲げる要件のいずれにも該当するものである。

イ　事業の運営に関する事項についての業務であること

法第三十八条の四第一項第一号の「事業の運営に関する事項」とは、対象事業場の属する企業等に係る事業の運営に影響を及ぼす事項又は当該事業場に係る事業の運営に影響を及ぼす独自の事業計画や営業計画をいい、対象事業場における事業の実施に関する事項が直ちにこれに該当するものではなく、例えば、次のように考えられること。

(イ)　本社・本店である事業場においてその属する企業全体に係る管理・運営とあわせて対顧客営業を行っている場合、当該本社・本店である事業場の管理・運営を担当する部署において策定される当該事業場の属する企業全体の営業方針については「事業の運営に関する事項」に該当する。

なお、当該本社・本店である事業場の対顧客営業を担当する部署に所属する個々の営業担当者が担当する営業については「事業の運営に関する事項」に該当しない。

(ロ)　事業本部である事業場における当該事業場の属する企業等が取り扱う主要な製品・サービス等についての事業計画については「事業の運営に関する事項」に該当する。

(ハ)　地域本社や地域を統轄する支社・支店等である事業場における、当該事業場の属する企業等が事業活動の対象としている主要な地域における生産、販売等についての事業計画や営業計画については「事業の運営に関する事項」に該当する。

(ニ)　工場等である事業場において、本社・本店である事業場の具体的な指示を受けることなく独自に策定する、当該事業場の属する企業等が取り扱う主要な製品・サービス等についての事業計画については「事業の運営に関する事項」に該当する。

なお、個別の製造等の作業や当該作業に係る工程管理は「事業の運営に関する事項」に該当しない。

(ホ)　支社・支店等である事業場において、本社・本店

である事業場の具体的な指示を受けることなく独自に策定する、当該事業場を含む複数の支社・支店等である事業場に係る事業活動の対象となる地域における生産、販売等についての事業計画や営業計画については「事業の運営に関する事項」に該当する。

(へ) 支社・支店等である事業場において、本社・本店である事業場の具体的な指示を受けることなく独自に策定する、当該事業場のみに係る事業活動の対象となる地域における生産、販売等についての事業計画や営業計画については「事業の運営に関する事項」に該当する。

なお、本社・本店又は支社・支店等である事業場の具体的な指示を受けて行う個別の営業活動は「事業の運営に関する事項」に該当しない。

ロ 企画、立案、調査及び分析の業務であること

法第三十八条の四第一項第一号の「企画、立案、調査及び分析の業務」とは、「企画」、「立案」、「調査」及び「分析」という相互に関連し合う作業を組み合わせて行うことを内容とする業務をいう。ここでいう「業務」とは、部署が所掌する業務ではなく、個々の労働者が使用者に遂行を命じられた業務を言う。

したがって、対象事業場に設けられた企画部、調査課等の「企画」、「立案」、「調査」又は「分析」に対応する語句をその名称に含む部署において行われる業務の全てが直ちに「企画、立案、調査及び分析の業務」に該当するものではない。

ハ 当該業務の性質上これを適切に遂行するにはその遂行の方法を大幅に労働者の裁量にゆだねる必要がある業務であること

法第三十八条の四第一項第一号の「当該業務の性質上これを適切に遂行するにはその遂行の方法を大幅に労働者の裁量にゆだねる必要がある」業務とは、使用者が主観的にその必要があると判断しその遂行の方法を大幅に労働者にゆだねている業務をいうものではなく、当該業務の性質に照らし客観的にその必要性が存するものであることが必要である。

ニ 当該業務の遂行の手段及び時間配分の決定等に関し使用者が具体的な指示をしないこととする業務であること

法第三十八条の四第一項第一号の「当該業務の遂行の手段及び時間配分の決定等に関し使用者が具体的な指示をしないこととする業務」とは、当該業務の遂行に当たり、その内容である「企画」、「立案」、「調査」及び「分析」という相互に関連し合う作業をいつ、どのように行うか等についての広範な裁量が、労働者に認められている業務をいう。

したがって、日常的に使用者の具体的な指示の下に行われる業務や、あらかじめ使用者が示す業務の遂行方法等についての詳細な手順に即して遂行することを指示されている業務は、これに該当しない。

また、「時間配分の決定」には始業及び終業の時刻の決定も含まれるため、使用者から始業又は終業の時刻を指示されている業務も、これに該当しない。

(2) 留意事項

イ 対象業務は、(1)イからニまでのいずれにも該当するものであることが必要であり、その全部又は一部に該当しない業務を労使委員会において対象業務として決議したとしても、当該業務に従事する労働者に関し、企画業務型裁量労働制の法第四章の労働時間に関する規定の適用に当たっての労働時間のみなしの効果は生

じないものであることに、労使委員会の委員（以下「委員」という。）は留意することが必要である。

ロ　労使委員会において、対象業務について決議するに当たり、委員は、(イ)に掲げる対象業務となり得る業務の例及び(ロ)に掲げる対象業務となり得ない業務の例について留意することが必要である。

なお、(イ)に掲げる対象業務となり得る業務の例は、これに該当するもの以外は労使委員会において対象業務として決議し得ないものとして掲げるものではなく、また、(ロ)に掲げる対象業務となり得ない業務の例は、これに該当するもの以外は労使委員会において対象業務として決議し得るものとして掲げるものではないことに留意することが必要である。

(イ)　対象業務となり得る業務の例

①　経営企画を担当する部署における業務のうち、経営状態・経営環境等について調査及び分析を行い、経営に関する計画を策定する業務

②　経営企画を担当する部署における業務のうち、現行の社内組織の問題点やその在り方等について調査及び分析を行い、新たな社内組織を編成する業務

③　人事・労務を担当する部署における業務のうち、現行の人事制度の問題点やその在り方等について調査及び分析を行い、新たな人事制度を策定する業務

④　人事・労務を担当する部署における業務のうち、業務の内容やその遂行のために必要とされる能力等について調査及び分析を行い、社員の教育・研修計画を策定する業務

⑤　財務・経理を担当する部署における業務のうち、財務状態等について調査及び分析を行い、財務に関する計画を策定する業務

⑥　広報を担当する部署における業務のうち、効果的な広報手段等について調査及び分析を行い、広報を企画・立案する業務

⑦　営業に関する企画を担当する部署における業務のうち、営業成績や営業活動上の問題点等について調査及び分析を行い、企業全体の営業方針や取り扱う商品ごとの全社的な営業に関する計画を策定する業務

⑧　生産に関する企画を担当する部署における業務のうち、生産効率や原材料等に係る市場の動向等について調査及び分析を行い、原材料等の調達計画も含め全社的な生産計画を策定する業務

(ロ)　対象業務となり得ない業務の例

①　経営に関する会議の庶務等の業務

②　人事記録の作成及び保管、給与の計算及び支払、各種保険の加入及び脱退、採用・研修の実施等の業務

③　金銭の出納、財務諸表・会計帳簿の作成及び保管、租税の申告及び納付、予算・決算に係る計算等の業務

④　広報誌の原稿の校正等の業務

⑤　個別の営業活動の業務

⑥　個別の製造等の作業、物品の買い付け等の業務

ハ　対象業務について(1)ニにおいて「使用者が具体的な指示をしない」とされることに関し、企画業務型裁量労働制が適用されている場合であっても、業務の遂行の手段及び時間配分の決定等以外については、使用者は、労働者に対し必要な指示をすることについて制限

を受けないものである。したがって、委員は、対象業務について決議するに当たり、使用者が労働者に対し業務の開始時に当該業務の目的、目標、期限等の基本的事項を指示することや、中途において経過の報告を受けつつこれらの基本的事項について所要の変更の指示をすることは可能であることに留意することが必要である。

また、企画業務型裁量労働制の実施に当たっては、これらの指示が的確になされることが重要である。このため、使用者は、業務量が過大である場合や期限の設定が不適切である場合には、労働者から時間配分の決定に関する裁量が事実上失われることがあることに留意するとともに、労働者の上司に対し、これらの基本的事項を適正に設定し、指示を的確に行うよう必要な管理者教育を行うことが適当であることに留意することが必要である。

なお、使用者及び委員は、労働者から時間配分の決定等に関する裁量が失われたと認められる場合には、企画業務型裁量労働制の法第四章の労働時間に関する規定の適用に当たっての労働時間のみなしの効果は生じないものであることに留意することが必要である。

2　法第三十八条の四第一項第二号に規定する事項関係

(1)　当該事項に関し具体的に明らかにする事項

法第三十八条の四第一項第二号の「対象業務を適切に遂行するための知識、経験等を有する労働者であって使用者が対象業務に就かせる者（以下「対象労働者」という。）は、対象業務に常態として従事していることが原則である。

「対象業務を適切に遂行するために必要となる具体的な知識、経験等を有する労働者」の範囲については、対象業務ごとに異なり得るものであり、このため、対象労働者となり得る者の範囲を特定するために必要な職務経験年数、職能資格等の具体的な基準を明らかにすることが必要である。

(2)　留意事項

イ　労使委員会において、対象労働者となり得る者の範囲について決議するに当たっては、委員は、客観的にみて対象業務を適切に遂行するための知識、経験等を有しない労働者を含めて決議した場合、使用者が当該知識、経験等を有しない労働者を対象業務に就かせても企画業務型裁量労働制の法第四章の労働時間に関する規定の適用に当たっての労働時間のみなしの効果は生じないものであることに留意することが必要である。

例えば、大学の学部を卒業した労働者であって全く職務経験がないものは、客観的にみて対象労働者に該当し得ず、少なくとも三年ないし五年程度の職務経験を経た上で、対象業務を適切に遂行するための知識、経験等を有する労働者であるかどうかの判断の対象となり得るものであることに留意することが必要である。

ロ　労使委員会において、対象労働者となり得る者の範囲について決議するに当たっては、当該者が対象業務を適切に遂行するための知識、経験等を有する労働者であるかの判断に資するよう、使用者は、労使委員会に対し、当該事業場の属する企業等における労働者の賃金水準（労働者への賃金・手当の支給状況を含む。）を示すことが望ましいことに留意することが必要である。

3　法第三十八条の四第一項第三号に規定する事項関係

(1)　当該事項に関し具体的に明らかにする事項

イ　法第三十八条の四第一項第三号の「対象業務に従事

する前号に掲げる労働者の範囲に属する労働者の労働時間として算定される時間」（以下「みなし労働時間」という。）については、法第四章の規定の適用に係る一日についての対象労働者の労働時間数として、具体的に定められたものであることが必要である。

ロ　労使委員会において、みなし労働時間について決議するに当たっては、委員は、対象業務の内容並びに対象労働者に適用される評価制度及びこれに対応する賃金制度を考慮して適切な水準のものとなるよう決議することとし、対象労働者の相応の処遇を確保することが必要である。

(2) 留意事項

イ　労使委員会においては、みなし労働時間について決議するに当たっては、委員は、対象業務の内容を十分検討するとともに、対象労働者に適用される評価制度及びこれに対応する賃金制度について使用者から十分な説明を受け、それらの内容を十分理解した上で決議することが必要であることに留意することが必要である。

ロ　当該事業場における所定労働時間をみなし労働時間として決議するような場合において、使用者及び委員は、所定労働時間相当働いたとしても明らかに処理できない分量の業務を与えながら相応の処遇を確保しないといったことは、制度の趣旨を没却するものであり、不適当であることに留意することが必要である。

4 法第三十八条の四第一項第四号に規定する事項関係

(1) 当該事項に関し具体的に明らかにする事項

イ　法第三十八条の四第一項第四号の対象労働者の「労働時間の状況に応じた当該労働者の健康及び福祉を確保するための措置」（以下「健康・福祉確保措置」という。）を当該決議で定めるところにより使用者が講ずることについては、次のいずれにも該当する内容のものであることが必要でる。

(イ)　使用者による対象労働者の労働時間の状況の把握は、いかなる時間帯にどの程度の時間、労務を提供し得る状態にあったかを把握するものであること。その方法は、タイムカードによる記録、パーソナルコンピュータ等の電子計算機の使用時間の記録等の客観的な方法その他の適切なものであることが必要であり、当該対象事業場の実態に応じて適当な当該方法を具体的に明らかにしていることが必要であること。

(ロ)　(イ)により把握した労働時間の状況に基づいて、対象労働者の勤務状況（労働時間の状況を含む。以下同じ。）に応じ、使用者がいかなる健康・福祉確保措置をどのように講ずるかを明確にするものであること。

ロ　労使委員会において決議し、使用者が講ずる健康・福祉確保措置としては次のものが適切である。

(イ)　終業から始業までに一定時間以上の継続した休息時間を確保すること。

(ロ)　法第三十七条第四項に規定する時刻の間において労働させる回数を一箇月について一定回数以内とすること。

(ハ)　把握した労働時間が一定時間を超えない範囲内とすること及び当該時間を超えたときは法第三十八条の四第一項の規定を適用しないこととすること。

(ニ)　働き過ぎの防止の観点から、年次有給休暇についてまとまった日数連続して取得することを含めてその取得を促進すること。

(ホ) 把握した労働時間が一定時間を超える対象労働者に対し、医師による面接指導（問診その他の方法により心身の状況を把握し、これに応じて面接により必要な指導を行うことをいい、労働安全衛生法（昭和四十七年法律第五十七号）第六十六条の八第一項の規定による面接指導を除く。）を行うこと。

(ヘ) 把握した対象労働者の勤務状況及びその健康状態に応じて、代償休日又は特別な休暇を付与すること。

(ト) 把握した対象労働者の勤務状況及びその健康状態に応じて、健康診断を実施すること。

(チ) 心とからだの健康問題についての相談窓口を設置すること。

(リ) 把握した対象労働者の勤務状況及びその健康状態に配慮し、必要な場合には適切な部署に配置転換をすること。

(ヌ) 働き過ぎによる健康障害防止の観点から、必要に応じて、産業医等による助言・指導を受け、又は対象労働者に産業医等による保健指導を受けさせること。

(2) 留意事項

イ 対象労働者については、業務の遂行の方法を大幅に労働者の裁量にゆだね、使用者が具体的な指示をしないこととなるが、使用者は、このために当該対象労働者について、労働者の生命、身体及び健康を危険から保護すべき義務（いわゆる安全配慮義務）を免れるものではないことに留意することが必要である。

ロ 使用者は、対象労働者の勤務状況を把握する際、対象労働者からの健康状態についての申告、健康状態についての上司による定期的なヒアリング等に基づき、対象労働者の健康状態を把握することが望ましい。このため、委員は、健康・福祉確保措置を講ずる前提として、使用者が対象労働者の勤務状況と併せてその健康状態を把握することを決議に含めることが望ましいことに留意することが必要である。

ハ 労使委員会において、委員は、長時間労働の抑制や休日確保を図るための当該事業場の対象労働者全員を対象とする措置として(1)ロ(イ)から(ニ)までに掲げる措置の中から一つ以上を実施することとし、かつ、勤務状況や健康状態の改善を図るための個々の対象労働者の状況に応じて講ずる措置として(1)ロ(ホ)から(ヌ)までに掲げる措置の中から一つ以上を実施することとすることが望ましいことに留意することが必要である。

ニ 使用者及び委員は、把握した対象労働者の勤務状況及びその健康状態を踏まえ、(1)ロ(ハ)の措置を決議することが望ましいことに留意することが必要である。

ホ 使用者が健康・福祉確保措置を実施した結果を踏まえ、特定の対象労働者には法第三十八条の四第一項の規定を適用しないこととする場合における、当該規定を適用しないこととした後の配置及び処遇又はその決定方法について、委員は、あらかじめ決議で定めておくことが望ましいことに留意することが必要である。

ヘ 使用者は、(1)ロに例示した措置のほかに、対象労働者が創造的な能力を継続的に発揮し得る環境を整備する観点から、例えば、自己啓発のための特別な休暇の付与等対象労働者の能力開発を促進する措置を講ずることが望ましいものである。このため、委員は、使用者が対象労働者の能力開発を促進する措置を講ずることを決議に含めることが望ましいことに留意することが必要である。

5　法第三十八条の四第一項第五号に規定する事項関係

(1)　当該事項に関し具体的に明らかにする事項

法第三十八条の四第一項第五号の対象業務に従事する対象労働者からの「苦情の処理に関する措置」（以下「苦情処理措置」という。）については、苦情の申出の窓口及び担当者、取り扱う苦情の範囲、処理の手順・方法等その具体的内容を明らかにするものであることが必要である。

(2)　留意事項

イ　労使委員会において、苦情処理措置について決議するに当たり、委員は、使用者や人事担当者以外の者を申出の窓口とすること等の工夫により、対象労働者が苦情を申し出やすい仕組みとすることが適当であることに留意することが必要である。

また、取り扱う苦情の範囲については、委員は、企画業務型裁量労働制の実施に関する苦情のみならず、対象労働者に適用される評価制度及びこれに対応する賃金制度等企画業務型裁量労働制に付随する事項に関する苦情も含むものとすることが適当であることに留意することが必要である。

ロ　苦情処理措置として、労使委員会が対象事業場において実施されている苦情処理制度を利用することを決議した場合には、使用者は、対象労働者にその旨を周知するとともに、当該実施されている苦情処理制度が企画業務型裁量労働制の運用の実態に応じて機能するよう配慮することが適当であることに留意することが必要である。

ハ　使用者及び委員は、労使委員会が苦情の申出の窓口としての役割を担うこと等により、委員が苦情の内容を確実に把握できるようにすることや、苦情には至らない運用上の問題点についても幅広く相談できる体制を整備することが望ましいことに留意することが必要である。

6　法第三十八条の四第一項第六号に規定する事項関係

(1)　当該事項に関し具体的に明らかにする事項

法第三十八条の四第一項第六号により、使用者が同項の規定により労働者を対象業務に就かせたときは同項第三号に掲げる時間労働したものとみなすことについての当該労働者の同意は、当該労働者ごとに、かつ、同項第七号に規定する決議事項として定められる決議の有効期間ごとに得られるものであることが必要である。

(2)　留意事項

イ　法第三十八条の四第一項第六号に規定する事項に関し決議するに当たり、委員は、対象業務の内容を始めとする決議の内容等当該事業場における企画業務型裁量労働制の制度の概要、企画業務型裁量労働制の適用を受けることに同意した場合に適用される評価制度及びこれに対応する賃金制度の内容並びに同意しなかった場合の配置及び処遇について、使用者が労働者に対し、明示した上で説明して当該労働者の同意を得ることとすることを決議で定めることが適当であることに留意することが必要である。また、十分な説明がなされなかったこと等により、当該同意が労働者の自由な意思に基づいてされたものとは認められない場合には、企画業務型裁量労働制の法第四章の労働時間に関する規定の適用に当たっての労働時間のみなしの効果は生じないこととなる場合があることに留意することが必要である。

なお、使用者は、企画業務型裁量労働制の適用を受けることに同意しなかった場合の配置及び処遇は、同意をしなかった労働者をそのことを理由として不利益に取り扱うものであってはならないものであることに留意することが必要である。

ロ　委員は、企画業務型裁量労働制の適用を受けることについての労働者の同意については、書面によること等その手続を決議において具体的に定めることが適当であることに留意することが必要である。

ハ　使用者は、企画業務型裁量労働制の適用を受けることについての労働者の同意を得るに当たって、苦情の申出先、申出方法等を書面で明示する等、5(1)の苦情処理措置の具体的内容を対象労働者に説明することが適当であることに留意することが必要である。

7　法第三十八条の四第一項第七号に規定する事項関係

(1)　当該事項に関し具体的に明らかにする事項

法第三十八条の四第一項第七号に規定する「前各号に掲げるもののほか、厚生労働省令で定める事項」として、次の事項が同項の労使委員会の決議事項として定められている。

イ　企画業務型裁量労働制の適用を受けることについての労働者の同意の撤回に関する手続を定めること。

(イ)　決議に際し、撤回の申出先となる部署及び担当者、撤回の申出の方法等その具体的内容を明らかにすることが必要である。

(ロ)　使用者は、同意を撤回した場合の配置及び処遇について、同意を撤回した労働者をそのことを理由として不利益に取り扱うものであってはならないものである。

ロ　使用者は、対象労働者に適用される評価制度及びこれに対応する賃金制度を変更する場合にあっては、労使委員会に対し、当該変更の内容について説明を行うこと。

ハ　法第三十八条の四第一項の決議には、有効期間を定めること。

ニ　使用者は、対象労働者の労働時間の状況並びに当該労働者の健康・福祉確保措置の実施状況、対象労働者からの苦情の処理に関する措置の実施状況並びに企画業務型裁量労働制の適用に関し対象労働者から得た同意及びその撤回に関する労働者ごとの記録を、ハの有効期間中及びその満了後三年間保存すること（労働基準法施行規則（昭和二十二年厚生省令第二十三号。以下「則」という。）第二十四条の二の三第三項第四号及び第七十一条）。

(2)　留意事項

イ　委員は、対象労働者が同意を撤回した場合の撤回後の配置及び処遇又はその決定方法について、あらかじめ決議で定めておくことが望ましいことに留意することが必要である。

ロ　(1)ロの事項について、使用者は、対象労働者に適用される評価制度及びこれに対応する賃金制度を変更しようとする場合、労使委員会に対し、事前に当該変更の内容について説明を行うことが適当であることに留意することが必要である。事前に説明を行うことが困難な場合であっても、変更後遅滞なく、その内容について説明を行うことが適当であることに留意することが必要である。

ハ　(1)ハの事項に関連し、委員は、法第三十八条の四第一項の決議を行った後に当該決議の内容に関連して生じた当該決議の時点では予見し得なかった事情の変化に対応するため、委員の半数以上から決議の変更等のための労使委員会の開催の申出があった場合は、

の有効期間の中途であっても決議の変更等のための調査審議を行うものとすることを同項の決議において定めることが適当であることに留意することが必要である。また、委員は、委員の半数以上からの申出があった場合に限らず、制度の実施状況等について定期的に調査審議するために必要がある場合には、労使委員会を開催することが必要であることに留意することが必要である。

8 その他法第三十八条の四第一項の決議に関する事項

労使委員会が法第三十八条の四に基づき、同項各号に掲げる事項について決議を行うに当たっては、委員が、企画業務型裁量労働制の適用を受ける対象労働者に適用される評価制度及びこれに対応する賃金制度の内容を十分理解した上で、行うことが重要である。

このため、労使委員会が法第三十八条の四第一項各号に掲げる事項について決議を行うに先立ち、使用者は、対象労働者に適用される評価制度及びこれに対応する賃金制度の内容について、労使委員会に対し、十分に説明することが必要であることに留意することが必要である。

第四 法第三十八条の四第二項に規定する労使委員会の要件等労使委員会に関する事項

労使委員会に関する法第三十八条の四第二項の規定等に関し対象事業場の使用者並びに当該事業場の労働者、労働組合及び労働者の過半数を代表する者並びに委員が留意すべき事項等は、次のとおりである。

1 労使委員会に求められる役割

労使委員会においては、企画業務型裁量労働制が制度の趣旨に沿って実施されるよう、賃金、労働時間その他の当該事業場における労働条件に関する事項を調査審議し、この指針の内容に適合するように法第三十八条の四第一項各号に掲げる事項を決議するとともに、決議の有効期間中も定期的に制度の実施状況に関する情報を把握し、対象労働者の働き方や処遇が制度の趣旨に沿ったものとなっているかを調査審議し、必要に応じて、運用の改善を図ることや決議の内容について見直しを行うことが求められる。委員は、労使委員会がこうした役割を担うことに留意することが必要である。

2 法第三十八条の四第一項による労使委員会の設置に先立つ話合い

対象事業場の使用者及び労働者の過半数を代表する者（以下「過半数代表者」という。）又は労働組合は、法第三十八条の四第一項により労使委員会が設置されるに先立ち、設置に係る日程、手順、使用者による一定の便宜の供与がなされる場合にあってはその在り方等について十分に話し合い、定めておくことが望ましいことに留意することが必要である。その際、委員の半数について同条第二項第一号に規定する指名（以下「委員指名」という。）の手続を経なければならないことにかんがみ、同号に規定する労働者の過半数で組織する労働組合がない場合も含めて、これらの手続を適切に実施できるようにする観点から話合いがなされることが望ましいことに留意することが必要である。特に、同号に規定する労働者の過半数で組織する労働組合がない場合において、使用者は、過半数代表者が必要な手続を円滑に実施できるよう十分に話し合い、必要な配慮を行うことが適当である。

なお、過半数代表者が適正に選出されていない場合や監督又は管理の地位にある者について委員指名が行われている場合は、当該労使委員会による決議は無効であり、過半数代表者は則第六条の二第一項各号に該当するよう適正に選出されている必要がある。また、労使を代表する委員それぞれ一名計二名で構成される委員会は労使委員会として認められない。

3　法第三十八条の四第二項第一号による委員の指名

対象事業場の使用者及び法第三十八条の四第二項第一号により委員の指名を行う当該事業場の労働組合又は労働者の過半数を代表する者は、法第三十八条の四第一項の決議のための調査審議等に当たり対象労働者となる労働者及び対象労働者の上司の意見を反映しやすくする観点から、指名する委員にそれらの者を含めることを検討することが望ましいことに留意することが必要である。

4　法第三十八条の四第二項第四号及び関係省令に基づく労使委員会の運営規程

(1)　法第三十八条の四第二項第四号に基づく労使委員会の要件として、労使委員会の招集、定足数及び議事に関する事項、対象労働者に適用される評価制度及びこれに対応する賃金制度の内容の使用者からの説明に関する事項、制度の趣旨に沿った適正な運用の確保に関する事項、開催頻度を六箇月以内ごとに一回とすることその他の労使委員会の運営について必要な事項に関する規程（以下「運営規程」という。）が定められていること、使用者は運営規程の作成又は変更について労使委員会の同意を得なければならないことが規定されている（則第二十四条の二の四第四項及び第五項）。この運営規程を定めるに当たっては、使用者及び委員は、労使委員会の招集に関する事項として法第三十八条の四第一項の決議の調査審議のための委員会、同項の決議に係る有効期間中における制度の運用状況の調査審議のための委員会等定例として予定されている委員会の開催に関すること及び必要に応じて開催される委員会の開催に関することを、議事に関する事項として議長の選出に関すること及び決議の方法に関することを、それぞれ規定することが適当であることに留意することが必要である。

(2)　運営規程において、定足数に関する事項を規定するに当たっては、労使委員会が法第三十八条の四第一項及び第五項に規定する決議をする場合の「委員の五分の四以上の多数による議決」とは、労使委員会に出席した委員の五分の四以上の多数による議決で足りるものであることにかんがみ、使用者及び委員は、全委員に係る定足数のほか、労使各側を代表する委員ごとに一定割合又は一定数以上の出席を必要とすることを定めることが適当であることに留意することが必要である。

(3)　運営規程において、対象労働者に適用される評価制度及びこれに対応する賃金制度の内容の使用者からの説明に関する事項を規定するに当たっては、使用者及び委員は、当該説明は、第三の8において労使委員会が法第三十八条の四第一項各号に掲げる事項について決議を行うに先立ち、使用者は、対象労働者に適用される評価制度及びこれに対応する賃金制度の内容について、労使委員会に対し、十分に説明する必要があるとされていることを踏まえる必要があることに留意することが必要である。

(4)　運営規程において、制度の趣旨に沿った適正な運用の確保に関する事項を規定するに当たっては、労使委員会が企画業務型裁量労働制の実施状況を把握した上で、対象労働者の働き方や処遇が制度の趣旨に沿ったものとなっているかを調査審議し、運用の改善を図ることや決議の内容について必要な見直しを行うことが必要であること、決議や制度の運用状況に係る調査審議のため、労使委員会の開催頻度を六箇月以内ごとに一回とする必要があることを踏まえ、使用者及び委員は、当該実施状況の把握の頻度や方法を運営規程に定めることが必要であることに留意することが必要である。

5　労使委員会に対する使用者による情報の開示

(1)　法第三十八条の四第一項に規定する決議が適切に行われるため、使用者は、労使委員会に対し、労使委員会が法第三十八条の四第一項の決議のための調査審議をする場合には、運営規程において定められた第三の8において使用者が労使委員会に対し十分に説明する必要があるとされている対象労働者に適用される評価制度及びこれに対応する賃金制度の内容に加え、企画業務型裁量労働制が適用されることとなった場合における対象業務の具体的内容を開示することが適当であることに留意することが必要である。また、使用者は、労使委員会に対し、当該対象事業場の属する企業等における労働者の賃金水準（労働者への賃金・手当の支給状況を含む。）を開示することが望ましいことに留意することが必要である。

(2)　委員が、当該対象事業場における企画業務型裁量労働制の実施状況に関する情報を十分に把握するため、使用者は、労使委員会に対し、法第三十八条の四第一項第四号に係る決議で定めるところにより把握した対象労働者の勤務状況及びこれに応じて講じた対象労働者の健康・福祉確保措置の実施状況、対象労働者からの苦情の内容及びその処理状況等法第三十八条の四第一項第五号に係る決議に係る苦情処理措置の実施状況、対象労働者に適用される評価制度及びこれに対応する賃金制度の運用状況（対象労働者への賃金・手当の支給状況や評価結果等をいう。）並びに労使委員会の開催状況を開示することが適当であることに留意することが必要である。

なお、対象労働者からの苦情の内容及びその処理状況並びに対象労働者に適用される評価制度及びこれに対応する賃金制度の運用状況を労使委員会に開示するに当たっては、使用者は対象労働者のプライバシーの保護に十分留意することが必要である。

(3)　使用者及び委員は、使用者が開示すべき情報の範囲、開示手続、開示が行われる労使委員会の開催時期等必要な事項を運営規程で定めておくことが適当であることに留意することが必要である。

6　使用者による労働者側委員への配慮

使用者は、労働者側委員が法第三十八条の四第一項各号に掲げる事項についての決議等に関する事務を円滑に遂行することができるよう必要な配慮を行わなければならない（則第二十四条の二の四第七項）。

7　労使委員会と労働組合等との関係

(1)　労使委員会は、法第三十八条の四第一項により、「賃金、労働時間その他の当該事業場における労働条件に関する事項を調査審議し、事業主に対し当該事項について意見を述べることを目的とする委員会」とされている。この労働条件に関する事項についての労使委員会による調査審議は、同項の決議に基づく企画業務型裁量労働制の適正な実施を図る観点から行われるものであり、労働組合の有する団体交渉権を制約するものではない。

このため、使用者及び委員は、労使委員会と労働組合又は労働条件に関する事項を調査審議する労使協議機関との関係を明らかにしておくため、それらと協議の上、労使委員会の調査審議事項の範囲を運営規程で定めておくことが適当であることに留意することが必要である。

(2)　法第三十八条の四第五項に基づき、労使委員会において、委員の5分の4以上の多数による議決により法第三十八条の四第五項に掲げる規定（以下「特定条項」という。）において労使協定にゆだねられている事項について決議した場合には、当該労使委員会の決議をもって特定条項に基づく労使協定に代えることができることとされている。

このため、使用者及び委員は、労使委員会と特定条項に係る労使協定の締結当事者となり得る労働組合又は過半数代表者との関係を明らかにしておくため、これらと協議の上、労使委員会が特定条項のうち労使協定に代えて決議を行うこととする規定の範囲を運営規程で定めておくことが適当であることに留意することが必要である。

労働基準法第四十一条の二第一項の規定により同項第一号の業務に従事する労働者の適正な労働条件の確保を図るための指針

〔平成三一年三月二五日
厚生労働省告示第八八号〕

第一　趣旨

この指針は、労働基準法（昭和二十二年法律第四十九号。以下「法」という。）第四十一条の二第一項の規定により同項第一号に規定する対象業務（以下「対象業務」という。）に従事する労働者の適正な労働条件の確保を図るため、同項の委員会（以下「労使委員会」という。）が決議する同項各号に掲げる事項について具体的に明らかにする必要があると認められる事項を規定するとともに、対象業務に従事する労働者については法第四章で定める労働時間、休憩、休日及び深夜の割増賃金に関する規定を適用しないものとする法の制度（以下「高度プロフェッショナル制度」という。）の実施に関し、同項の事業場の使用者及び当該事業場の労働者等並びに労使委員会の委員が留意すべき事項等を定めたものである。

法第四十一条の二第一項の決議（以下「決議」という。）をする委員（以下「委員」という。）は、当該決議の内容がこの指針に適合したものとなるようにしなければならない。

第二　本人同意

一　法第四十一条の二第一項の規定による労働者の同意（以下「本人同意」という。）に関し、使用者は、本人同意を得るに当たってその時期、方法等の手続をあらかじめ具体的に明らかにすることが適当である。

このため、委員は、本人同意を得るに当たっての手続を決議に含めることが適当である。

二　本人同意を得るに当たって、使用者は、労働者本人にあらかじめ次に掲げる事項を書面で明示することが適当である。

(一)　高度プロフェッショナル制度の概要

(二)　当該事業場における決議の内容

(三)　本人同意をした場合に適用される評価制度及びこれに対応する賃金制度

(四)　本人同意をしなかった場合の配置及び処遇並びに本人同意をしなかったことに対する不利益取扱いは行ってはならないものであること。

(五)　本人同意の撤回ができること及び本人同意の撤回に対する不利益取扱いは行ってはならないものであること。

三　本人同意の対象となる期間は、一年未満の期間の定めのある労働契約を締結している労働者については当該労働契約の期間、期間の定めのない労働契約又は一年以上の期間の定めのある労働契約を締結している労働者については長くとも一年間とし、当該期間が終了するごとに、必要に応じ法第四十一条の二第一項第二号に掲げる労働者の範囲に属する労働者（以下「対象労働者」という。）に適用される評価制度及びこれに対応する賃金制度等について見直しを行った上で、改めて本人同意を得ることが適当である。

なお、これらの見直しを行う場合には、使用者は、労使委員会に対し事前にその内容について説明することが適当である。

四　本人同意の対象となる期間を一箇月未満とすることは、労働者が対象業務に従事する時間に関する裁量を発揮しがたいこととなるため認められない。

五　使用者は、労働者を高度プロフェッショナル制度の対象とすることで、その賃金の額が対象となる前の賃金の額から減ることにならないようにすることが必要である。

六　使用者から一方的に本人同意を解除することはできない。

第三　労使委員会が決議する法第四十一条の二第一項各号に掲げる事項

一　法第四十一条の二第一項第一号に掲げる事項関係

(一)　当該事項に関し具体的に明らかにする事項

イ　対象業務は、次の(イ)及び(ロ)に掲げる要件のいずれにも該当するものである。

(イ)　当該業務に従事する時間に関し使用者から具体的な指示を受けて行うものでないこと。

労働基準法施行規則（昭和二十二年厚生省令第二十三号。以下「則」という。）第三十四条の二第三項に規定する「当該業務に従事する時間に関し使用者から具体的な指示（業務量に比して著しく短い期限の設定その他の実質的に当該業務に従事する時間に関する指示と認められるものを含む。）を受けて行うものを除く」の「具体的な指示」とは、対象労働者から対象業務に従事する時間に関する裁量を失わせるような指示をいい、対象業務は働く時間帯の選択や時間配分について自らが決定できる広範な裁量が対象労働者に認められている業務でなければならない。また、実質的に業務に従事する時間に関する指示と認められる指示についても、「具体的な指示」に含まれるものである。

ここでいう「具体的な指示」として、次のようなものが考えられる。

①　出勤時間の指定等始業・終業時間や深夜・休日労働等労働時間に関する業務命令や指示

②　対象労働者の働く時間帯の選択や時間配分に関する裁量を失わせるような成果・業務量の要求や納期・期限の設定

③　特定の日時を指定して会議に出席することを一方的に義務付けること。

④　作業工程、作業手順等の日々のスケジュールに関する指示

(ロ)　則第三十四条の二第三項各号に掲げる業務のいずれかに該当するものであること。

①　金融工学等の知識を用いて行う金融商品の開発の業務

則第三十四条の二第三項第一号の「金融工学等の知識を用いて行う金融商品の開発の業務」とは、金融取引のリスクを減らしてより効率的に利益を得るため、金融工学のほか、統計学、数学、経済学等の知識をもって確率モデル等の作成、更新を行い、これによるシミュレーションの実施、その結果の検証等の技法を駆使した新たな金融商品の開発の業務をいう。

ここでいう「金融商品」とは、金融派生商品（金や原油等の原資産株式や債券等の原証券の変化に依存してその値が変化する証券）及び同様の手法を用いた預貯金等をいう。

②　資産運用（指図を含む。以下この②において同じ。）の業務又は有価証券の売買その他の取引の業務のうち、投資判断に基づく資産運用の業務、投資判断に基づく資産運用として行う有価証券の

売買その他の取引の業務又は投資判断に基づき自己の計算において行う有価証券の売買その他の取引の業務

則第三十四条の二第三項第二号の「資産運用（指図を含む。以下この号において同じ。）の業務又は有価証券の売買その他の取引の業務のうち投資判断に基づく資産運用の業務、投資判断に基づく資産運用として行う有価証券の売買その他の取引の業務又は投資判断に基づき自己の計算において行う有価証券の売買その他の取引の業務」とは、金融知識等を活用した自らの投資判断に基づく資産運用の業務又は有価証券の売買その他の取引の業務をいう。

③　有価証券市場における相場等の動向又は有価証券の価値等の分析、評価又はこれに基づく投資に関する助言の業務

則第三十四条の二第三項第三号の「有価証券市場における相場等の動向又は有価証券の価値等の分析、評価又はこれに基づく投資に関する助言の業務」とは、有価証券等に関する高度の専門知識と分析技術を応用して分析し、当該分析の結果を踏まえて評価を行い、これら自らの分析又は評価結果に基づいて運用担当者等に対し有価証券の投資に関する助言を行う業務をいう。

ここでいう「有価証券市場における相場等の動向」とは、株式相場、債券相場の動向のほかこれらに影響を与える経済等の動向をいい、「有価証券の価値等」とは、有価証券に投資することによって将来得られる利益である値上がり益、利子、配当等の経済的価値及び有価証券の価値の基盤となる企業の事業活動をい

④　顧客の事業の運営に関する重要な事項についての調査又は分析及びこれに基づく当該事項に関する考案又は助言の業務

則第三十四条の二第三項第四号の「顧客の事業の運営に関する重要な事項についての調査又は分析及びこれに基づく当該事項に関する考案又は助言の業務」とは、企業の事業運営についての調査又は分析を行い、企業に対して事業・業務の再編、人事等社内制度の改革など経営戦略に直結する業務改革案等を提案し、その実現に向けてアドバイスや支援をしていく業務をいう。

ここでいう「調査又は分析」とは、顧客の事業の運営に関する重要な事項について行うものであり、顧客から調査又は分析を行うために必要な内部情報の提供を受けた上で、例えば経営状態、経営環境、財務状態、事業運営上の問題点、生産効率、製品や原材料に係る市場の動向等について行う調査又は分析をいう。

⑤　新たな技術、商品又は役務の研究開発の業務

則第三十四条の二第三項第五号の「新たな技術、商品又は役務の研究開発の業務」とは、新たな技術の研究開発、新たな技術を導入して行う管理方法の構築、新素材や新型モデル・サービスの研究開発等の業務をいい、専門的、科学的な知識、技術を有する者によって、新たな知見を得ること又は技術的改善を通じて新たな価値を生み出すことを目的として行われるものをいう。

ロ　対象業務について決議するに当たり、決議に係る業務の具体的な範囲及び当該業務が則第三十四条の二第

三項各号に掲げる業務のいずれに該当するかを明らかにすることが必要である。

ハ　イ(イ)及び(ロ)の全部又は一部に該当しない業務を労使委員会において対象業務として決議したとしても、当該業務に従事する労働者に関し、高度プロフェッショナル制度の効果は生じない。

(二)　留意事項

イ　対象業務は、部署が所掌する業務全体ではなく、対象となる労働者に従事させることとする業務をいう。したがって、対象業務の語句（例えば、「研究」、「開発」）に対応する語句をその名称に含む部署（例えば、「研究開発部」）において行われる業務の全てが対象業務に該当するものではない。

ロ　労使委員会において対象業務について決議するに当たり、委員は、次に掲げる対象業務となり得る業務の例及び対象業務となり得ない業務の例について留意することが必要である。なお、対象業務となり得る業務の例については、(1)イ(イ)及び(ロ)に該当する場合に対象業務として決議し得るものである。また、対象業務となり得る業務の例に該当しないものは対象業務として決議し得ないとするものではない。対象業務となり得ない業務の例については、これに該当しないものは対象業務として決議し得るとするものではない。

(イ)　金融工学等の知識を用いて行う金融商品の開発の業務

①　対象業務となり得る業務の例

・　資産運用会社における新興国企業の株式を中心とする富裕層向け商品（ファンド）の開発の業務

②　対象業務となり得ない業務の例

・　金融商品の販売、提供又は運用に関する企画立案又は構築の業務

・　保険商品又は共済の開発に際してアクチュアリーが通常行う業務

・　商品名の変更や既存の商品の組合せのみをもって行う金融商品の開発の業務

・　専らデータの入力又は整理を行う業務

(ロ)　資産運用（指図を含む。以下この(ロ)において同じ。）の業務又は有価証券の売買その他の取引の業務のうち、投資判断に基づく資産運用の業務、投資判断に基づく資産運用として行う有価証券の売買その他の取引の業務又は投資判断に基づき自己の計算において行う有価証券の売買その他の取引の業務

①　対象業務となり得る業務の例

・　資産運用会社等における投資判断に基づく資産運用の業務（いわゆるファンドマネージャーの業務）

・　資産運用会社等における投資判断に基づく資産運用として行う有価証券の売買その他の取引の業務（いわゆるトレーダーの業務）

・　証券会社等における投資判断に基づき自己の計算において行う有価証券の売買その他の取引の業務（いわゆるディーラーの業務）

②　対象業務となり得ない業務の例

・　有価証券の売買その他の取引の業務のうち、投資判断を伴わない顧客からの注文の取次の業務

・　ファンドマネージャー、トレーダー、ディーラーの指示を受けて行う業務

・　個人顧客に対する預金、保険、投資信託等の販売・勧誘の業務

・　市場が開いている時間は市場に張り付くよう使用者から指示され、実際に張り付いていなければならない業務

・　使用者から指示された取引額・取引量を処理するためには取引を継続し続けなければならない業務

・　金融以外の事業を営む会社における自社資産の管理、運用の業務

(ハ)　有価証券市場における相場等の動向又は有価証券の価値等の分析、評価又はこれに基づく投資に関する助言の業務

①　対象業務となり得る業務の例

・　特定の業界の中長期的な企業価値予測について調査分析を行い、その結果に基づき、推奨銘柄について投資判断に資するレポートを作成する業務

②　対象業務となり得ない業務の例

・　一定の時間を設定して行う相談業務

・　専ら分析のためのデータ入力又は整理を行う業務

(ニ)　顧客の事業の運営に関する重要な事項についての調査又は分析及びこれに基づく当該事項に関する考案又は助言の業務

①　対象業務となり得る業務の例

・　コンサルティング会社において行う顧客の海外事業展開に関する戦略企画の考案の業務

②　対象業務となり得ない業務の例

・　調査又は分析のみを行う業務

・　調査又は分析を行わず、助言のみを行う業務

・　専ら時間配分を顧客の都合に合わせざるを得ない相談業務

・　個人顧客を対象とする助言の業務

・　商品・サービスの営業・販売として行う業務

・　上席の指示やシフトに拘束され、働く時間帯の選択や時間配分に裁量が認められない形態でチームのメンバーとして行う業務

・　サプライヤーが代理店に対して行う助言又は指導の業務

(ホ)　新たな技術、商品又は役務の研究開発の業務

①　対象業務となり得る業務の例

・　メーカーにおいて行う要素技術の研究の業務

・　製薬企業において行う新薬の上市に向けた承認申請のための候補物質の探索や合成、絞り込みの業務

・　既存の技術等を組み合わせて応用することによって新たな価値を生み出す研究開発の業務

・　特許等の取得につながり得る研究開発の業務

②　対象業務となり得ない業務の例

・　作業工程、作業手順等の日々のスケジュールが使用者からの指示により定められ、そのスケジュールに従わなければならない業務

・　既存の商品やサービスにとどまり、技術的改善を伴わない業務

・　既存の技術等の単なる組合せにとどまり、新たな価値を生み出すものではない業務

・　他社のシステムの単なる導入にとどまり、導入に当たり自らの研究開発による技術的改善を伴わない業務

労働基準法第四十一条の二第一項の規定により同項第一号の業務に従事する労働者の適正な労働条件の確保を図るための指針

・専門的、科学的な知識、技術がなくても行い得る既存の生産工程の維持・改善の業務
・完成品の検査や品質管理を行う業務
・研究開発に関する権利取得に係る事務のみを行う業務
・生産工程に従事する者に対する既知の技術の指導の業務
・上席の研究員の指示に基づく実験材料の調達や実験準備の業務

ハ　対象業務について「当該業務に従事する時間に関し使用者から具体的な指示（業務量に比して著しく短い期限の設定その他の実質的に当該業務に従事する時間に関する指示と認められるものを含む。）を受けて行うものを除く」とされていることに関し、高度プロフェッショナル制度が適用されている場合であっても、当該具体的な指示に該当するもの以外については、使用者は、対象労働者に対し必要な指示をすることは可能である。したがって、使用者が対象労働者に対し業務の開始時に当該業務の目的、目標、期限等の基本的事項を指示することや、中途において経過の報告を受けつつこれらの基本的事項について所要の変更の指示をすることは可能である。

また、使用者は、対象労働者の上司に対し、業務に従事する時間に関し具体的な指示を行うことはできないこと等高度プロフェッショナル制度の内容に関し必要な管理者教育を行うことが必要である。

二　法第四十一条の二第一項第二号に掲げる事項関係

(一)　当該事項に関し具体的に明らかにする事項

イ　対象労働者は、次の(イ)及び(ロ)に掲げる要件のいずれにも該当するものである。

(イ)　職務が明確に定められていること。

法第四十一条の二第一項第二号イの「職務が明確に定められている」とは、当該対象労働者の業務の内容、責任の程度及び職務において求められる成果その他の職務を遂行するに当たって求められる水準（以下「職務の内容」という。）が具体的に定められており、当該対象労働者の職務の内容とそれ以外の職務の内容との区別が客観的になされていることをいう。したがって、例えば、業務の内容が抽象的に定められており、使用者の一方的な指示により業務を追加することができるものは、職務が明確に定められているとはいえない。

また、職務を定めるに当たり、働き方の裁量を失わせるような業務量や成果を求めるものではないことが必要である。

さらに、職務の内容を変更する場合には再度合意を得ることが必要であり、その場合であっても職務の内容の変更は対象業務の範囲内に限られるものである。

(ロ)　法第四十一条の二第一項第二号ロに規定する要件を満たしていること。

法第四十一条の二第一項第二号ロの「労働契約により使用者から支払われると見込まれる賃金の額」とは、個別の労働契約又は就業規則等において、名称の如何にかかわらず、あらかじめ具体的な額をもって支払われることが約束され、支払われることが確実に見込まれる賃金は全て含まれるものである。

したがって、労働者の勤務成績、成果等に応じて支払われる賞与や業績給等、その支給額があらかじめ確定されていないものは含まれないが、

ただし、賞与や業績給でもいわゆる最低保障額が定められ、その最低保障額については支払われることが確実に見込まれる場合には、その最低保障額は含まれるものである。また、一定の具体的な額をもって支払うことが約束されている手当は含まれるが、支給額が減少し得る手当は含まれないものである。

ロ　対象労働者について決議するに当たり、法第四十一条の二第一項第二号に掲げる労働者の範囲を明らかにすることが必要である。また、対象労働者は、対象業務に常態として従事していることが原則であり、対象業務以外の業務にも常態として従事している者は対象労働者とはならない。

(二)　留意事項

イ　職務を定めるに当たり、使用者及び労働者は、職務において求められる成果　その他の職務を遂行するに当たって求められる水準を客観的なものとすることが望ましい。

ロ　労使委員会において、法第四十一条の二第一項第二号に掲げる労働者の範囲について決議するに当たり、委員は、事業場の実態や対象業務の性質等に応じて当該範囲を定めることが適当である。

例えば、当該範囲を一定の職務経験年数や資格を有する労働者に限ることを決議で定めることや、則第三十四条の二第六項に定める額よりも高い額を年収要件として決議で定めることも可能である。

三　法第四十一条の二第一項第三号に掲げる事項関係

(一)　当該事項に関し具体的に明らかにする事項

決議に際して、法第四十一条の二第一項第三号に規定する健康管理時間（労使委員会が同号の決議により健康管理時間から除くこととした時間を含む。）を把握する方法について、当該事業場の実態に応じて適切なものを具体的に明らかにするとともに、当該方法は次のいずれにも該当するものとすることが必要である。

イ　法第四十一条の二第一項第三号の「事業場内にいた時間」を把握する方法が、タイムカードによる記録、パーソナルコンピュータ等の電子計算機の使用時間の記録等の客観的な方法であること。

ここでいう「客観的な方法」については、例えば、次に掲げるものを基礎とした出退勤時刻又は入退室時刻の記録が該当する。

①　タイムレコーダーによるタイムカードへの打刻記録

②　パーソナルコンピュータ内の勤怠管理システムへのログイン・ログアウト記録

③　ICカードによる出退勤時刻又は事業場への入退場時刻の記録

ロ　法第四十一条の二第一項第三号の「事業場外において労働した時間」を把握する方法が、イと同様に客観的な方法であること。

客観的な方法によることができないやむを得ない理由がある場合には、対象労働者による自己申告により把握することを明らかにすることが認められる。ここでいう「やむを得ない理由」については、対象労働者による自己申告によりその事業場外において労働した時間を把握せざるを得ない理由として具体的に示されている必要があり、例えば、次に掲げるものが考えられる。

①　顧客先に直行直帰し、勤怠管理システムへのログイン・ログアウト等もできないこと。

②　事業場外において、資料の閲覧等パーソナルコン

ピュータを使用しない作業を行うなど、勤怠管理システムへのログイン・ログアウト等もできないこと。

③　海外出張等勤怠管理システムへのログイン・ログアウト等が常時できない状況にあること。

ハ　法第四十一条の二第一項第三号の「事業場内にいた時間」から同号の「厚生労働省令で定める労働時間以外の時間」を除くことを決議する場合には、除くこととする時間の内容や性質を具体的に明らかにするとともに、当該除くこととする時間を把握する方法が、イと同様に客観的な方法であること。

この除くこととする時間について、手待ち時間を含めることや一定時間数を一律に除くことは認められない。

ニ　健康管理時間を把握するに当たっては、対象労働者ごとに、日々の健康管理時間の始期及び終期並びにそれに基づく健康管理時間の時間数が記録されており、労働安全衛生法（昭和四十七年法律第五十七号）第六十六条の八の四第一項の規定による医師の面接指導を適切に実施するため、使用者は、少なくとも一箇月当たりの健康管理時間の時間数の合計を把握すること。

ロの対象労働者による自己申告により、複数の日についてまとめて把握する場合であっても、日々及び一箇月当たりの健康管理時間は明らかにされなければならない。

(二)　留意事項

イ　委員は、(一)ニの記録方法とすることを決議で定めることが適当である。

ロ　健康管理時間の記録について、使用者は、対象労働者から求めがあれば、当該対象労働者に開示することが必要である。したがって、委員は、健康管理時間の開示の手続を決議に含めることが必要である。

ハ　使用者は、対象労働者の健康管理時間の状況を把握する際、対象労働者からの健康状態についての申告、健康状態についての上司による定期的なヒアリング等に基づき、対象労働者の健康状態を把握することが望ましい。このため、委員は、法第四十一条の二第一項第四号から第六号までに規定する措置を講ずる前提として、使用者が対象労働者の健康管理時間の状況と併せてその健康状態を把握することを決議に含めることが望ましい。

四　法第四十一条の二第一項第四号に掲げる事項関係

(一)　当該事項に関し具体的に明らかにする事項

イ　決議に際し、対象労働者の休日の取得の手続の具体的内容を明らかにすることが必要である。

ロ　一年間を通じ百四日以上の休日について、対象労働者に与えることができないことが確定した時点から、高度プロフェッショナル制度の法律上の効果は生じない。また、一年間を通じ百四日以上の休日及び四週間を通じ四日以上の休日の起算日は、高度プロフェッショナル制度の適用の開始日となる。

(二)　留意事項

イ　適切に休日を取得することが疲労の蓄積を防止する観点から重要であり、確実に休日を取得するため、対象労働者が、あらかじめ年間の休日の取得予定を決定し、使用者に通知すること及び休日の取得の状況を使用者に明らかにすることが望ましい。

ロ　使用者は、疲労の蓄積を防止する観点から、長期間の連続勤務とならないよう休日を適切に取得することが重要であることについて、対象労働者にあらかじめ周知することが望ましい。

五　法第四十一条の二第一項第五号に掲げる事項関係

(一)　当該事項に関し具体的に明らかにする事項

決議に際し、法第四十一条の二第一項第五号に規定する措置（以下「選択的措置」という。）について、同号イからニまでに掲げる措置のうちいずれの措置をどのように講ずるかを具体的に明らかにすることが必要である。

(二)　留意事項

イ　委員は、法第四十一条の二第一項第五号に掲げる事項に関し決議するに当たり、同号イからニまでに掲げる措置のいずれの措置を講ずることとするかについて、対象となり得る労働者の意見を聴くことが望ましい。

ロ　対象事業場（対象業務が存在する事業場をいう。以下同じ。）に複数の対象業務が存在する場合、委員は、当該対象業務の性質等に応じて、対象業務ごとに選択的措置を決議することが望ましい。

ハ　選択的措置として法第四十一条の二第一項第五号ニに掲げる健康診断の実施を決議した場合には、使用者は、これを労働者に確実に受けさせるようにするとともに、健康診断の結果の記録、健康診断の結果に基づく当該対象労働者の健康を保持するために必要な措置に関する医師の意見の聴取、当該医師の意見を勘案した適切な措置等を講ずることが必要である。

六　法第四十一条の二第一項第六号に掲げる事項関係

(一)　当該事項に関し具体的に明らかにする事項

イ　決議に際し、法第四十一条の二第一項第六号に規定する措置（以下「健康・福祉確保措置」という。）について、則第三十四条の二第十四項に規定する措置のうちいずれの措置をどのように講ずるかを具体的に明らかにすることが必要である。

ロ　対象労働者については、使用者が対象業務に従事する時間に関する具体的な指示を行わないこととされているが、使用者は、このために当該対象労働者について、労働契約法（平成十九年法律第百二十八号）第五条の規定に基づく安全配慮義務を免れるものではない。

(二)　留意事項

委員は、把握した対象労働者の健康管理時間及びその健康状態に応じて、対象労働者への高度プロフェッショナル制度の適用について必要な見直しを行うことを決議に含めることが望ましい。例えば、健康管理時間が一定時間を超えた労働者については高度プロフェッショナル制度を適用しないこととすることなどが考えられる。

七　法第四十一条の二第一項第七号に掲げる事項関係

(一)　当該事項に関し具体的に明らかにする事項

イ　決議に際し、法第四十一条の二第一項第七号の「同意の撤回に関する手続」について、撤回の申出先となる部署及び担当者、撤回の申出の方法等その具体的内容を明らかにすることが必要である。

ロ　使用者は、本人同意を撤回した場合の配置及び処遇について、本人同意を撤回した対象労働者をそのことを理由として不利益に取り扱ってはならない。

ハ　本人同意の撤回を申し出た対象労働者については、その時点から高度プロフェッショナル制度の法律上の効果は生じない。

(二)　留意事項

委員は、本人同意を撤回した場合の撤回後の配置及び処遇又はその決定方法について、あらかじめ決議で定めておくことが望ましい。当該撤回後の配置及び処遇又はその決定方法については、使用者が意図的に制度の要件を満たさなかった場合等本人同意の撤回に当たらない場合には適用されないよう定めることが適当である。

八　法第四十一条の二第一項第八号に掲げる事項関係

(一)　当該事項に関し具体的に明らかにする事項

決議に際し、法第四十一条の二第一項第八号の対象業務に従事する対象労働者からの苦情の処理に関する措置（以下「苦情処理措置」という。）について、苦情の申出先となる部署及び担当者、取り扱う苦情の範囲、処理の手順、方法等その具体的内容を明らかにすることが必要である。

(二)　留意事項

イ　労使委員会において、苦情処理措置について決議するに当たり、委員は、使用者や人事担当者以外の者を申出先となる担当者とすること等の工夫により、対象労働者が苦情を申し出やすい仕組みとすることが適当である。

ロ　取り扱う苦情の範囲については、委員は、高度プロフェッショナル制度の実施に関する苦情のみならず、対象労働者に適用される評価制度及びこれに対応する賃金制度等高度プロフェッショナル制度に付随する事項に関する苦情も含むものとすることが適当である。

ハ　苦情処理措置として、労使委員会が事業場において実施されている苦情処理制度を利用することを決議した場合には、使用者は、対象労働者にその旨を周知するとともに、当該実施されている苦情処理制度が高度プロフェッショナル制度の運用の実態に応じて機能するよう配慮することが適当である。

九　法第四十一条の二第一項第九号に掲げる事項関係

使用者は、本人同意をしなかった労働者に対して、本人同意をしなかった場合の配置及び処遇について、本人同意をしなかった労働者をそのことを理由として不利益に取り扱ってはならない。

十　法第四十一条の二第一項第十号に掲げる事項関係

(一)　当該事項に関し具体的に明らかにする事項

法第四十一条の二第一項第十号に規定する「前各号に掲げるもののほか、厚生労働省令で定める事項」として、則第三十四条の二第十五項第一号から第四号までにおいて、次の事項が労使委員会の決議事項として定められている。

イ　決議の有効期間の定め及び当該決議は再度決議をしない限り更新されない旨

ロ　労使委員会の開催頻度及び開催時期

ハ　常時五十人未満の労働者を使用する事業場である場合には、労働者の健康管理等を行うのに必要な知識を有する医師を選任すること。

ニ　本人同意及びその撤回、合意に基づき定められた職務の内容、支払われると見込まれる賃金の額、健康管理時間の状況、法第四十一条の二第一項第四号に規定する措置（以下「休日確保措置」という。）、選択的措置、健康・福祉確保措置及び苦情処理措置の実施状況に関する対象労働者ごとの記録並びにハの選任に関する記録を、イの有効期間中及びその満了後三年間保存すること。

(二)　留意事項

イ　委員は、(一)イの有効期間について、一年とすることが望ましい。

ロ　(一)ロの開催頻度及び開催時期について、法第四十一条の二第二項の規定による報告の内容に関し労使委員会において調査審議し、必要に応じて決議を見直す観点から、少なくとも六箇月に一回、当該報告を行う時期に開催することとすることが必要である。また、委員は、決議を行った後に当該決議の内容に関連して主じた当該決議の時点では予見し得なかった事情の変化に対応するため、委員の半数以上から決議の変更等のための労使委員会の開催の申出があった場合は、(1)イの有効期間の中途であっても決議の変更等のための調査審議を行うものとすることを決議において定めることが適当である。

十一　その他決議に関する事項

労使委員会が決議を行うに当たっては、委員が、高度プロフェッショナル制度の適用を受ける対象労働者に適用される評価制度及びこれに対応する賃金制度の内容を十分理解した上で、行うことが重要である。

このため、労使委員会が決議を行うに先立ち、使用者は、対象労働者に適用される評価制度及びこれに対応する賃金制度の内容について、労使委員会に対し、十分に説明することが適当である。また、委員は、使用者がこれらの制度を変更しようとする場合にあっては労使委員会に対し事前に変更内容の説明をするものとすることを労使委員会において決議することが適当である。

第四　労使委員会の要件等労使委員会に関する事項

労使委員会の要件等に関し対象事業場の使用者並びに当該事業場の労働者、労働組合及び労働者の過半数を代表する者並びに委員が留意すべき事項等は、次のとおりである。

一　労使委員会の設置に先立つ話合い

対象事業場の使用者及び労働者の過半数を代表する者（以下「過半数代表者」という。）又は労働組合は、法第四十一条の二第一項の規定により労使委員会が設置されるに先立ち、設置に係る日程、手順、使用者による一定の便宜の供与がなされる場合にあってはその在り方等について十分に話し合い、定めておくことが望ましい。その際、委員の半数について同条第三項において準用する法第三十八条の四第二項第一号に規定する指名（以下「委員指名」という。）の手続を経なければならないことに鑑み、これらの手続を適切に実施できるようにする観点から話合いがなされることが望ましい。特に、同号に規定する労働者の過半数で組織する労働組合がない場合において、使用者は、過半数代表者が必要な手続を円滑に実施できるよう十分に話し合い、必要な配慮を行うことが適当である。

なお、過半数代表者が適正に選出されていない場合や監督又は管理の地位にある者について委員指名が行われている場合は当該労使委員会による決議は無効であり、過半数代表者は則第六条の二第一項各号に該当するよう適正に選出されている必要がある。また、労使を代表する委員それぞれ一名計二名で構成される委員会は労使委員会として認められない。

二　法第四十一条の二第一項及び関係省令に基づく労使委員会の運営規程

(一)　労使委員会の要件として、則第三十四条の二の三において準用する則第二十四条の二の四において、労使委員会の招集、定足数、議事その他労使委員会の運営について必要な事項に関する規程（以下「運営規程」という。）が定められていること、使用者は運営規程の作成又は変更について労使委員会の同意を得なければならないこと等が規定されている。この運営規程には、労使委員会の招集に関する事項として決議の調査審議のための委員会、決議に係る有効期間中における制度の運用状況の調査審議のための委員会等定例として予定されている委員会の開催に関すること及び必要に応じて開催される委員会の開催に関することを、議事に関する事項として議長の選出に関すること及び決議の方法に関することを、それぞれ規定することが適当である。

(二) 運営規程において、定足数に関する事項を規定するに当たっては、労使委員会が決議をする場合の委員の五分の四以上の多数による議決とは、労使委員会に出席した委員の五分の四以上の多数による議決で足りるものであることに鑑み、全委員に係る定足数のほか、労使を代表する委員それぞれについて一定割合又は一定数以上の出席を必要とし、これらを満たさない場合には議決できないことを定めることが適当である。

三 労使委員会に対する使用者による情報の開示

(一) 決議が適切に行われるため、使用者は、労使委員会に対し、決議のための調査審議をする場合には、第三の十一において使用者が労使委員会に対し十分に説明するものとすることが適当であるとされている対象労働者に適用される評価制度及びこれに対応する賃金制度の内容に加え、高度プロフェッショナル制度が適用されることとなった場合における対象業務の具体的内容を開示することが適当である。

(二) 委員が、当該対象事業場における高度プロフェッショナル制度の実施状況に関する情報を十分に把握するため、使用者は、労使委員会に対し、健康管理時間の状況、休日確保措置の実施状況、選択的措置の実施状況、健康・福祉確保措置の実施状況、苦情処理措置の実施状況及び労使委員会の開催状況を開示することが適当である。

なお、対象労働者からの苦情の内容及びその処理状況を労使委員会に開示するに当たっては、使用者は対象労働者のプライバシーの保護に十分留意することが必要である。

(三) 運営規程においては、使用者が開示すべき情報の範囲、開示手続、開示が行われる労使委員会の開催時期等必要な事項を定めておくことが適当である。

使用者が開示すべき情報の範囲を定めるに当たっては、健康管理時間の状況や休日確保措置の実施状況に関し使用者が開示すべき情報の範囲について、対象労働者全体の平均値だけではなく、その分布を示すなど対象労働者の個別の状況が明らかになるものとすることが適当である。

四 労使委員会と労働組合等との関係

(一) 労使委員会は、法第四十一条の二第一項において「賃金、労働時間その他の当該事業場における労働条件に関する事項を調査審議し、事業主に対し当該事項について意見を述べることを目的とする委員会」とされている。この労働条件に関する事項についての労使委員会による調査審議は、決議に基づく高度プロフェッショナル制度の適正な実施を図る観点から行われるものであり、労働組合の有する団体交渉権を制約するものではない。

このため、運営規程においては、労使委員会と労働組合又は労働条件に関する事項を調査審議する労使協議機関との関係を明らかにしておくため、それらと協議の上、労使委員会の調査審議事項の範囲を定めておくことが適当である。

(二) 法第四十一条の二第三項において準用する法第三十八条の四第五項の規定に基づき、労使委員会において、委員の五分の四以上の多数による議決により同項に掲げる規定（以下「特定条項」という。）において労使協定に委ねられている事項について決議した場合には、当該労使委員会の決議をもって特定条項に基づく労使協定に代えることができることとされている。

このため、運営規程においては、労使委員会と特定条項に係る労使協定の締結当事者となり得る労働組合又は過半数代表者との関係を明らかにしておくため、これらと協議の上、労使委員会が特定条項のうち労使協定に代えて決議を行うこととする規定の範囲を定めておくことが適当である。

労働基準法第四十一条の二第一項の規定により同項第一号の業務に従事する労働者の適正な労働条件の確保を図るための指針

労働基準法施行規則第二十四条の二の二第二項第六号の規定に基づき厚生労働大臣の指定する業務

〔平成九年二月一四日
労働省告示第七号〕

沿革　平成一二年一二月二五日労働省告示　第一二〇号
〃　一四年　二月一三日厚生労働省告示第　二二号
〃　一五年一〇月二二日　〃　第三五四号
令和　五年　三月三〇日　〃　第一一五号

労働基準法施行規則（昭和二十二年厚生省令第二十三号）第二十四条の二の二第六項第六号の規定に基づき、厚生労働大臣の指定する業務を次のように定め、平成九年四月一日から適用する。

一　広告、宣伝等における商品等の内容、特長等に係る文章の案の考案の業務
二　事業運営において情報処理システム（労働基準法施行規則第二十四条の二の二第二項第二号に規定する情報処理システムをいう。）を活用するための問題点の把握又はそれを活用するための方法に関する考案若しくは助言の業務
三　建築物内における照明器具、家具等の配置に関する考案、表現又は助言の業務
四　ゲーム用ソフトウェアの創作の業務
五　有価証券市場における相場等の動向又は有価証券の価値等の分析、評価又はこれに基づく投資に関する助言の業務
六　金融工学等の知識を用いて行う金融商品の開発の業務
七　学校教育法（昭和二十二年法律第二十六号）に規定する大学における教授研究の業務（主として研究に従事するものに限る。）
八　銀行又は証券会社における顧客の合併及び買収に関する調査又は分析及びこれに基づく合併及び買収に関する考案及び助言の業務
九　公認会計士の業務
十　弁護士の業務
十一　建築士の業務
十二　不動産鑑定士の業務
十三　弁理士の業務
十四　税理士の業務
十五　中小企業診断士の業務

医療法 抄

〔昭和二三年七月三〇日 法律第二〇五号〕

附 則 抄

第九五条 この法律は、医師法施行の日から、これを施行する。

第一〇五条 厚生労働大臣は、労働が長時間にわたる医師の労働時間を短縮し、及びその健康を確保することにより、医師が良質かつ適切な医療を行うことができるよう、当分の間において国及び都道府県並びに病院又は診療所の管理者その他の関係者が適切に対処するために必要な指針を定め、これを公表するものとする。

第一〇六条現 都道府県は、当分の間、第三十条の十四第一項、第三十条の十八の四第一項及び第三十条の二十三第一項の協議を行うに当たつては、前条の指針を勘案するものとする。

新〔令和七年四月一日から施行〕

第一〇六条 都道府県は、当分の間、第三十条の十四第一項、第三十条の十八の五第一項及び第三十条の二十三第一項の協議を行うに当たつては、前条の指針を勘案するものとする。

第一〇七条 病院又は診療所の管理者は、当分の間、当該病院又は診療所に勤務する医師の健康状態を把握し、適切に対応するために必要な体制を整備しなければならない。

第一〇八条 病院又は診療所の管理者は、当分の間、当該病院又は診療所に勤務する医師のうち、各月の労働時間の状況が厚生労働省令で定める要件に該当する者（以下この条において「面接指導対象医師」という。）に対し、厚生労働省令で定めるところにより、医師（面接指導対象医師に対し、面接指導（問診その他の方法により心身の状況を把握し、これに応じて面接により必要な指導を行うことをいう。以下同じ。）を行うのに適切な者として厚生労働省令で定める要件に該当する者に限る。以下この条において「面接指導実施医師」という。）による面接指導を行わなければならない。

2 面接指導対象医師は、前項の規定により病院又は診療所の管理者が行う面接指導を受けなければならない。ただし、当該管理者の指定した面接指導実施医師が行う面接指導を受けることを希望しない場合において、他の面接指導実施医師の行う同項の規定による面接指導に相当する面接指導を受け、その結果を証明する書面を当該管理者に提出したときは、この限りでない。

3 病院又は診療所の管理者は、面接指導実施医師に対し、厚生労働省令で定めるところにより、面接指導対象医師の労働時間に関する情報その他の面接指導実施医師が面接指導を適切に行うために必要な情報として厚生労働省令で定めるものを提供しなければならない。

4 病院又は診療所の管理者は、第一項又は第二項ただし書の規定による面接指導の結果に基づき、当該面接指導対象医師の健康を保持するために必要な措置について、厚生労働省令で定めるところにより、面接指導実施医師の意見を聴かなければならない。

5 病院又は診療所の管理者は、前項の規定による面接指導実施医師の意見を勘案し、その必要があると認めるときは、当該面接指導対象医師の実情を考慮して、厚生労働省令で定めるところにより、労働時間の短縮、宿直の回数の減少その他の適切な措置を講じなければならない。

6 病院又は診療所の管理者は、面接指導対象医師について、各月の当該面接指導対象医師の労働時間の状況が特に長時間であるものとして厚生労働省令で定める要件に該当する場合には、厚生労働省令で定めるところにより、労働時間の短縮のために必要な措置を講じなければならない。

7　病院又は診療所の管理者は、厚生労働省令で定めるところにより、第一項及び第二項ただし書の規定による面接指導、第四項の規定による面接指導実施医師の意見の聴取並びに前二項の規定による措置の内容を記録し、これを保存しなければならない。

8　面接指導対象医師に対し、労働安全衛生法（昭和四十七年法律第五十七号）第六十六条の八第一項の規定による面接指導（厚生労働省令で定める要件に該当するものに限る。）が行われている場合には、第一項の規定にかかわらず、同項の規定による面接指導を行うことを要しない。

第一〇九条　病院又は診療所の管理者は、地域の病院又は診療所において前条第一項の規定による面接指導が適切に実施されるよう、第百五条の指針に従い、相互に連携を図りながら協力しなければならない。

第一一〇条　病院又は診療所の管理者は、当分の間、当該病院又は診療所に勤務する医師のうち、その予定されている労働時間の状況（一年の期間に係るものに限る。第百二十三条第一項において同じ。）が厚生労働省令で定める要件に該当する者（同項に規定する特定対象医師を除き、以下この条において「対象医師」という。）に対し、当該対象医師ごとに厚生労働省令で定める業務の開始から厚生労働省令で定める時間を経過するまでに、厚生労働省令で定めるところにより、継続した休息時間を確保するよう努めなければならない。ただし、当該業務の開始から厚生労働省令で定める時間を経過するまでに、厚生労働省令で定めるところにより対象医師を宿日直勤務（厚生労働大臣の定める基準に適合するものに限る。第三項並びに第百二十三条第一項及び第三項において同じ。）に従事させる場合は、この限りでない。

2　病院又は診療所の管理者は、対象医師に対し、前項に規定する休息時間を確保しなかつた場合には、厚生労働省令で定めるところにより、事後において、これに相当する休息時間を確保するよう努めなければならない。

3　第一項ただし書の場合において、当該病院又は診療所の管理者は、当該宿日直勤務中に、当該対象医師を労働させたときは、当該宿日直勤務後に、当該対象医師に対し、厚生労働省令で定めるところにより、必要な休息時間を確保するよう努めなければならない。

第一一一条　都道府県知事は、病院又は診療所の管理者が、正当な理由がなく、第百七条に規定する必要な体制の整備をしていないと認めるとき、第百八条第一項の規定による面接指導を行つていないと認めるとき（同条第二項ただし書に規定する書面が提出されている場合及び同条第八項に規定する場合を除く。）又は同条第六項に規定する必要な措置を講じていないと認めるときは、当該病院又は診療所の開設者に対し、期限を定めて、その改善に必要な措置をとるべきことを命ずることができる。

第一一二条　第百八条から第百十条までに規定するもののほか、第百八条第一項の規定による面接指導の実施又は第百十条第一項本文、第二項若しくは第三項の規定による休息時間の確保に関し必要な事項は、厚生労働省令で定める。

第一一三条　都道府県知事は、当分の間、次に掲げる医療のいずれかを提供するために医師をやむを得ず長時間従事させる必要がある業務として厚生労働省令で定めるものがあると認められる病院又は診療所（当該都道府県の区域に所在するものに限る。）を、当該病院又は診療所の開設者の申請により、特定地域医療提供機関として指定することができる。

一　救急医療

二　居宅等における医療

三　地域において当該病院[illegible]

困難な医療

2　前項の規定による指定の申請は、厚生労働省令で定める事項を記載した申請書に、同項に規定する業務に従事する医師の労働時間の短縮に関する計画（以下「労働時間短縮計画」という。）の案を添えてしなければならない。

3　都道府県知事は、第一項の申請に係る病院又は診療所が次に掲げる要件に該当すると認めるときは、同項の規定による指定をすることができる。

一　前項の労働時間短縮計画の案が、当該病院又は診療所に勤務する医師その他関係者の意見を聴いて作成されたものであることその他の厚生労働省令で定める要件を満たすものであること。

二　第百八条第一項の規定による面接指導並びに第百二十三条第一項本文及び第二項後段の規定による休息時間の確保を行うことができる体制が整備されていること。

三　労働に関する法律の規定であつて政令で定めるものの違反に関し、法律に基づく処分、公表その他の措置が講じられた事実であつて厚生労働省令で定めるものがないこと。

4　都道府県知事は、第一項の規定による指定をするに当たつては、第百三十二条の規定により通知を受けた同項の申請に係る病院又は診療所の評価の結果を踏まえなければならない。

5　都道府県知事は、第一項の規定による指定をするに当たつては、あらかじめ、都道府県医療審議会の意見を聴かなければならない。

6　都道府県知事は、第一項の規定による指定をしたときは、厚生労働省令で定めるところにより、その旨を公示しなければならない。

7　都道府県知事は、この条の規定の施行に必要な限度において、第百三十条第一項の医療機関勤務環境評価センター（第百十六条第一項において単に「医療機関勤務環境評価センタ」とい[illegible]きる。

第一一四条　特定地域医療提供機関の管理者は、前条第一項の規定による指定を受けた後、遅滞なく、労働時間短縮計画を定めなければならない。

第一一五条　第百十三条第一項の規定による指定は、三年ごとにその更新を受けなければ、その期間の経過によつて、その効力を失う。

2　前項の更新の申請があつた場合において、同項の期間（以下この条において「指定の有効期間」という。）の満了の日までにその申請に対する処分がされないときは、従前の指定は、指定の有効期間の満了後もその処分がされるまでの間は、なおその効力を有する。

3　前項の場合において、指定の更新がされたときは、その指定の有効期間は、従前の指定の有効期間の満了の日の翌日から起算するものとする。

4　前二条の規定は、第一項の規定による指定の更新について準用する。

第一一六条　特定地域医療提供機関の開設者は、第百十三条第一項に規定する業務の変更（厚生労働省令で定める軽微な変更を除く。）をしようとするときは、厚生労働省令で定めるところにより、当該特定地域医療提供機関の指定をした都道府県知事の承認を受けなければならない。この場合において、当該特定地域医療提供機関の管理者は、あらかじめ、当該特定地域医療提供機関に勤務する医師その他関係者の意見を聴いて、労働時間短縮計画の見直しのための検討を行い、必要な変更を加えるとともに、厚生労働省令で定めるところにより、医療機関勤務環境評価センターによる第百三十一条第一項第一号の評価を受けなければならない。

2　第百十三条第二項から第七項までの規定は、前項の規定による承認について準用する。この場合において、同条第二項中「同項」とあるのは「第百十三条第一項」と、同項及び同条第三項第一号中「の案」とあるのは「の変更の案」と読み替えるものとする。

第一一七条　都道府県知事は、特定地域医療提供機関が次のいずれかに該当するときは、第百十三条第一項の規定による指定（以下この条において「指定」という。）を取り消すことができる。

一　第百十三条第一項に規定する業務がなくなつたと認められるとき。

二　第百十三条第三項各号に掲げる要件を欠くに至つたと認められるとき。

三　指定に関し不正の行為があつたとき。

四　特定地域医療提供機関の開設者が第百十一条又は第百二十六条の規定に基づく命令に違反したとき。

2　都道府県知事は、前項の規定により指定を取り消すに当たつては、あらかじめ、都道府県医療審議会の意見を聴かなければならない。

3　都道府県知事は、第一項の規定により指定を取り消したときは、厚生労働省令で定めるところにより、その旨を公示しなければならない。

第一一八条　都道府県知事は、当分の間、他の病院又は診療所に厚生労働省令で定めるところにより医師の派遣（医療提供体制の確保のために必要と認められるものに限る。）を行うことによつて当該派遣をされる医師の労働時間がやむを得ず長時間となる病院又は診療所（当該都道府県の区域に所在するものに限る。）を、当該病院又は診療所の開設者の申請により、連携型特定地域医療提供機関として指定することができる。

2　第百十三条第二項から第七項まで、第百十四条及び第百十五条の規定は前項の規定による連携型特定地域医療提供機関の指定について、第百十六条の規定は連携型特定地域医療提供機関の同項に規定する派遣をされる医師の業務の変更について、前条の規定は同項の規定による連携型特定地域医療提供機関の指定の取消しについて、それぞれ準用する。この場合において、第百十三条第二項中「同項に規定する業務に従事する医師」とあるのは「他の病院又は診療所に派遣される医師（第百十八条第一項に規定する派遣に係るものに限る。）」と、同条第七項中「この条」とあるのは「第百十八条」と、前条第一項第一号中「第百十三条第一項に規定する業務がなくなつた」とあるのは「次条第一項に規定する医師の派遣が行われなくなつた」と、同項第二号中「第百十三条第三項各号」とあるのは「次条第二項において準用する第百十三条第三項各号」と読み替えるものとする。

第一一九条　都道府県知事は、当分の間、次の各号のいずれかに該当する病院又は診療所であつて、それぞれ当該各号に定める医師をやむを得ず長時間従事させる必要がある業務として厚生労働省令で定めるものがあると認められるもの（当該都道府県の区域に所在するものに限る。）を、当該病院又は診療所の開設者の申請により、技能向上集中研修機関として指定することができる。

一　医師法第十六条の二第一項の都道府県知事の指定する病院　同項の臨床研修を受ける医師

二　医師法第十六条の十一第一項の研修を行う病院又は診療所　当該研修を受ける医師

2　第百十三条第二項から第七項まで、第百十四条及び第百十五条の規定は前項の規定による技能向上集中研修機関の指定について、第百十六条の規定は技能向上集中研修機関の同項に規定する業務の変更について、第百十七条の規定は同項の規定による技能向上集中研修機関の指定

それぞれ準用する。この場合において、第百十三条第二項中「同項に規定する業務に従事する」とあるのは「第百十九条第一項に規定する業務に従事する同項各号に定める」と、同条第七項中「この条」とあるのは「第百十九条」と、第百十七条第一項第一号中「第百十三条第一項」とあるのは「第百十九条第一項」と、同項第二号中「第百十三条第三項各号」とあるのは「第百十九条第二項において準用する第百十三条第三項各号」と読み替えるものとする。

第一二〇条　都道府県知事は、当分の間、特定分野（医療の分野のうち高度な技能を有する医師を育成することが公益上特に必要と認められるものとして厚生労働大臣が公示したものをいう。）における高度な技能を有する医師を育成するために、当該技能の修得のための研修を行う病院又は診療所であつて、当該研修を受ける医師（当該研修を受けることが適当と認められる者として厚生労働省令で定める要件に該当する者に限る。）をやむを得ず長時間従事させる必要がある業務として厚生労働省令で定めるものがあると認められるもの（当該都道府県の区域に所在するものであつて、当該研修を効率的に行う能力を有することについて厚生労働大臣の確認を受けたものに限る。）を、当該病院又は診療所の開設者の申請により、特定高度技能研修機関として指定することができる。

2　第百十三条第二項から第七項まで、第百十四条及び第百十五条の規定は前項の規定による特定高度技能研修機関の指定について、第百十六条の規定は特定高度技能研修機関の同項に規定する業務の変更について、第百十七条の規定は同項の規定による特定高度技能研修機関の指定の取消しについて、それぞれ準用する。この場合において、第百十三条第一項中「同項に規定する業務に従事する」とあるのは「第百二十条第一項に規定する業務に従事する同項に規定する研修を受ける」と、同条第七項中「この条」とあるのは「第百二十条」と、第百十七条第一項第一号中「第百十三条第一項」とあるのは「第百二十条第一項」と、同項第二号中「第百十三条第三項各号」とあるのは「第百二十条第二項において準用する第百十三条第三項各号」と読み替えるものとする。

第一二一条　前条第一項の確認を受けようとする病院又は診療所は、実費を勘案して政令で定める額の手数料を納付しなければならない。

2　厚生労働大臣は、前条第一項の確認に係る事務の全部又は一部を、厚生労働省令で定める者に委託することができる。

3　前項の規定による委託を受けた者若しくはその役員若しくは職員又はこれらの者であつた者は、正当な理由がなく、当該委託に係る事務に関して知り得た秘密を漏らしてはならない。

第一二二条　特定地域医療提供機関、連携型特定地域医療提供機関、技能向上集中研修機関及び特定高度技能研修機関（以下「特定労務管理対象機関」と総称する。）の管理者は、労働時間短縮計画に基づき、医師の労働時間の短縮のための取組を実施しなければならない。

2　特定労務管理対象機関の管理者は、三年を超えない範囲内で厚生労働省令で定める期間ごとに、当該特定労務管理対象機関に勤務する医師その他関係者の意見を聴いた上で、労働時間短縮計画についてその見直しのための検討を行い、必要があると認めるときは、労働時間短縮計画の変更をするとともに、厚生労働省令で定めるところにより、当該変更後の労働時間短縮計画を当該特定労務管理対象機関の指定をした都道府県知事に提出しなければならない。

3　特定労務管理対象機関の管理者は、前項の規定により労働時間短縮計画についてその見直しのための検討を行つた結果、その変更をする必要がないと認めるときは、厚生労働省令で定めるところにより、その旨を当該特定労務管理対象機関の指定をした都道府県知事に届け出なければならない。

第一二三条　特定労務管理対象機関の管理者は、当該特定労務管理対象機関に勤務する医師のうち、その予定されている労働時間の状況が厚生労働省令で定める要件に該当する者（以下この条及び次条において「特定対象医師」という。）に対し、当該特定対象医師ごとに厚生労働省令で定める業務の開始から厚生労働省令で定める時間を経過するまでに、厚生労働省令で定めるところにより、継続した休息時間を確保しなければならない。ただし、当該業務の開始から厚生労働省令で定める時間を経過するまでに、厚生労働省令で定めるところにより特定対象医師を宿日直勤務に従事させる場合は、この限りでない。

2　特定労務管理対象機関の管理者が、厚生労働省令で定めるやむを得ない理由により、前項の規定により確保することとした休息時間（以下この項において「休息予定時間」という。）中に特定対象医師を労働させる必要がある場合は、前項の規定にかかわらず、当該休息予定時間中に当該特定対象医師を労働させることができる。この場合においては、厚生労働省令で定めるところにより、当該休息予定時間の終了後に、当該特定対象医師に対し、当該休息予定時間中に労働をさせた時間に相当する時間の休息時間を確保しなければならない。

3　第一項ただし書の場合において、当該特定労務管理対象機関の管理者は、当該宿日直勤務中に、当該特定対象医師を労働させたときは、当該宿日直勤務後に、当該特定対象医師に対し、厚生労働省令で定めるところにより、必要な休息時間を確保するよう配慮しなければならない。

4　災害その他避けることのできない事由によつて、臨時の必要がある場合においては、特定労務管理対象機関の管理者は、当該特定労務管理対象機関の所在地の都道府県知事の許可を受けて、その必要の限度において第一項本文及び第二項後段の規定による休息時間の確保を行わないことができる。ただし、事態急迫のために当該都道府県知事の許可を受ける暇がない場合においては事後に遅滞なく届け出なければならない。

5　前項ただし書の規定による届出があつた場合において、都道府県知事が第一項本文及び第二項後段の規定による休息時間の確保を行わなかつたことを不適当と認めるときは、その後に必要な休息時間を確保すべきことを、命ずることができる。

第一二四条　特定労務管理対象機関の管理者は、厚生労働省令で定めるところにより、特定対象医師に対する前条第一項本文及び第二項後段の規定による休息時間の確保に関する記録を作成し、これを保存しなければならない。

第一二五条　特定労務管理対象機関の管理者は、当該特定労務管理対象機関に勤務する医師のうち複数の病院又は診療所に勤務する者に係る第百二十三条第一項本文及び第二項後段に規定する休息時間を適切に確保するために必要があると認めるときは、当該医師が勤務する他の病院又は診療所の管理者に対し、必要な協力を求めることができる。

2　病院又は診療所の管理者は、前項の規定により協力を求められたときは、その求めに応ずるよう努めなければならない。

第一二六条　都道府県知事は、特定労務管理対象機関の管理者が、正当な理由がなく、第百二十三条第一項本文又は第二項後段に規定する休息時間の確保を行つていないと認めるときは、当該特定労務管理対象機関の開設者に対し、期限を定めて、その改善に必要な措置をとるべきことを命ずることができる。

第一二七条　第二十四条の二及び第三十条の規定の適用については、当分の間、第二十四条の二第一項中「又は前条第一項」とあるのは「、前条第一項、第百十一条又は第百二十八条」と、第三十条中「又は第二十九条第一項若しくは第二項」とあるのは「、第二十九条第一項若しくは第三項、第百十一条又は第百二十六条」とする。

第百二十八条　特定地域医療提供機関において第百十三条第一項に規定する業務に従事する医師、連携型特定地域医療提供機関から他の病院又は診療所に派遣される医師（第百十八条第一項に規定する派遣に係るものに限る。）、技能向上集中研修機関において第百十九条第一項に規定する業務に従事する医師又は特定高度技能研修機関において第百二十条第一項に規定する業務に従事する医師についての労働基準法（昭和二十二年法律第四十九号）第百四十一条の規定の適用については、当分の間、同条第二項中「を勘案して」とあるのは「並びに医療法（昭和二十三年法律第二百五号）第百二十二条第一項に規定する特定労務管理対象機関（次項において単に「特定労務管理対象機関」という。）における業務の性質を勘案して」と、同条第三項中「を勘案して」とあるのは「並びに特定労務管理対象機関における業務の性質を勘案して」とする。

第百二十九条　第百十三条から前条までに規定するもののほか、特定労務管理対象機関の指定に関する申請の手続その他特定労務管理対象機関に関し必要な事項は、厚生労働省令で定める。

第百三十条　厚生労働大臣は、当分の間、労働が長時間にわたる医師の労働時間を短縮するための病院又は診療所における取組を評価することにより医師による良質かつ適切な医療の効率的な提供に資することを目的とする一般社団法人又は一般財団法人であつて、次条に規定する業務を適切かつ確実に行うことができると認められるものを、その申請により、医療機関勤務環境評価センターとして指定することができる。

2　厚生労働大臣は、前項の規定による指定をしたときは、当該医療機関勤務環境評価センターの名称、住所及び事務所の所在地を公示しなければならない。

3　医療機関勤務環境評価センターは、その名称、住所又は事務所の所在地を変更しようとするときは、あらかじめ、その旨を厚生労働大臣に届け出なければならない。

4　厚生労働大臣は、前項の規定による届出があつたときは、当該届出に係る事項を公示しなければならない。

第百三十一条　医療機関勤務環境評価センターは、次に掲げる業務を行うものとする。

一　病院又は診療所の管理者からの求めに応じ、当該病院又は診療所に勤務する医師の労働時間の短縮のための取組の状況その他厚生労働省令で定める事項について評価を行うこと。

二　病院又は診療所における医師の労働時間の短縮のための取組について、病院又は診療所の管理者に対し、必要な助言及び指導を行うこと。

三　前二号に掲げるもののほか、医師による良質かつ適切な医療の効率的な提供に資するよう、病院又は診療所における医師の労働時間の短縮を促進するための業務を行うこと。

2　医療機関勤務環境評価センターは、前項各号に掲げる業務を行うに当たつては、第百五条の指針を勘案しなければならない。

第百三十二条　医療機関勤務環境評価センターは、前条第一項第一号の評価を行つたときは、遅滞なく、当該評価に係る病院又は診療所の管理者及び当該病院又は診療所の所在地の都道府県知事に対して、その評価の結果を通知しなければならない。

第百三十三条　医療機関勤務環境評価センターは、第百三十一条第一項第一号の評価を受けようとする者から、医療機関勤務環境評価センターが厚生労働大臣の認可を受けて定める額の手数料を徴収することができる。

第一三四条　都道府県知事は、厚生労働省令で定めるところにより、第百三十二条の規定により通知された評価の結果を公表しなければならない。

2　都道府県知事は、第百三十二条の規定による評価の結果の通知を受けたときは、当該評価に係る病院又は診療所に対し、必要に応じ、当該病院又は診療所に勤務する医師の労働時間の短縮に有用な情報の提供、助言その他の支援を行うものとする。

3　都道府県又は第三十条の二十一第二項の規定による委託を受けた者は、当分の間、同条第一項各号に掲げる事務又は当該委託に係る事務を実施するに当たり、同条第三項各号に掲げる事項に加え、第一項の規定により公表された評価の結果について特に留意するものとする。

第一三五条　医療機関勤務環境評価センターは、第百三十一条第一項各号に掲げる業務（以下「評価等業務」という。）を行うときは、その開始前に、評価等業務の実施方法に関する事項その他の厚生労働省令で定める事項について評価等業務に関する規程（次項及び第百四十五条第一項第三号において「業務規程」という。）を定め、厚生労働大臣の認可を受けなければならない。これを変更しようとするときも、同様とする。

2　厚生労働大臣は、前項の認可をした業務規程が評価等業務の適正かつ確実な実施上不適当となつたと認めるときは、当該業務規程を変更すべきことを命ずることができる。

第一三六条　医療機関勤務環境評価センターは、毎事業年度、厚生労働省令で定めるところにより、評価等業務に関し事業計画書及び収支予算書を作成し、厚生労働大臣の認可を受けなければならない。これを変更しようとするときも、同様とする。

2　医療機関勤務環境評価センターは、厚生労働省令で定めるところにより、毎事業年度終了後、評価等業務に関し事業報告書及び収支決算書を作成し、厚生労働大臣に提出しなければならない。

第一三七条　医療機関勤務環境評価センターは、評価等業務以外の業務を行つている場合には、当該業務に係る経理と評価等業務に係る経理とを区分して整理しなければならない。

第一三八条　医療機関勤務環境評価センターは、厚生労働大臣の許可を受けなければ、評価等業務の全部又は一部を休止し、又は廃止してはならない。

第一三九条　医療機関勤務環境評価センターの役員若しくは職員又はこれらの者であつた者は、正当な理由がなく、評価等業務に関して知り得た秘密を漏らしてはならない。

第一四〇条　医療機関勤務環境評価センターは、厚生労働省令で定めるところにより、評価等業務の一部を、厚生労働大臣の承認を受けて、他の者に委託することができる。

2　前項の規定による委託を受けた者若しくはその役員若しくは職員又はこれらの者であつた者は、正当な理由がなく、当該委託に係る業務に関して知り得た秘密を漏らしてはならない。

第一四一条　医療機関勤務環境評価センターには、評価等業務諮問委員会を置かなければならない。

2　評価等業務諮問委員会は、医療機関勤務環境評価センターの代表者の諮問に応じ、評価等業務の実施方法、評価等業務に基づく評価の結果その他評価等業務の実施に関する重要事項を調査審議し、及びこれらに関し必要と認める意見を医療機関勤務環境評価センターの代表者に述べることができる。

3　評価等業務諮問委員会の委員は、医療に関して高い識見を有する者、労働に関して高い識見を有する者その他学識経験を有する者のうちから、厚生労働大臣の認可を受けて、医療機関勤務環境評価センターの代表者が任命する。

第一四二条　医療機関勤務環境評価センターは、厚生労働省令で定めるところにより、帳簿を備え、評価等業務に関し厚生労働省令で定める事項を記載し、これを保存しなければならない。

第一四三条　厚生労働大臣は、評価等業務の適正な運営を確保するために必要があると認めるときは、医療機関勤務環境評価センターに対し、評価等業務若しくは資産の状況に関し必要な報告を命じ、又は当該職員に、医療機関勤務環境評価センターの事務所に立ち入り、評価等業務の状況若しくは帳簿書類その他の物件を検査させることができる。

2　第六条の二十四第二項及び第三項の規定は、前項の規定による立入検査について準用する。

第一四四条　厚生労働大臣は、この法律を施行するために必要な限度において、医療機関勤務環境評価センターに対し、評価等業務に関し監督上必要な命令をすることができる。

第一四五条　厚生労働大臣は、医療機関勤務環境評価センターが次の各号のいずれかに該当するときは、第百三十条第一項の規定による指定（以下この条において「指定」という。）を取り消すことができる。

一　評価等業務を適正かつ確実に実施することができないと認められるとき。

二　指定に関し不正の行為があつたとき。

三　この法律の規定若しくは当該規定に基づく命令若しくは処分に違反したとき、又は第百三十五条第一項の認可を受けた業務規程によらないで評価等業務を行つたとき。

2　厚生労働大臣は、前項の規定により指定を取り消したときは、その旨を公示しなければならない。

第一四六条　第百三十条から前条までに規定するもののほか、医療機関勤務環境評価センターに関し必要な事項は、厚生労働省令で定める。

第一四七条現　第百二十一条第三項、第百三十九条又は第百四十条第二項の規定に違反した者は、一年以下の懲役又は五十万円以下の罰金に処する。

新［令和七年六月一日から施行］

第一四七条　第百二十一条第三項、第百三十九条又は第百四十条第二項の規定に違反した者は、一年以下の拘禁刑又は五十万円以下の罰金に処する。

第一四八条現　第百十一条又は第百二十六条の規定に基づく命令に違反した場合には、当該違反行為をした者は、六月以下の懲役又は三十万円以下の罰金に処する。

新［令和七年六月一日から施行］

第一四八条　第百十一条又は第百二十六条の規定に基づく命令に違反した場合には、当該違反行為をした者は、六月以下の拘禁刑又は三十万円以下の罰金に処する。

第一四九条　次の各号のいずれかに該当するときは、その違反行為をした医療機関勤務環境評価センターの役員又は職員は、三十万円以下の罰金に処する。

一　第百三十八条の許可を受けないで、評価等業務の全部を廃止したとき。

二　第百四十二条の規定による帳簿の記載をせず、虚偽の記載をし、又は帳簿を保存しなかつたとき。

三　第百四十三条第一項の規定による報告を怠り、若しくは虚偽の報告をし、又は同項の規定による検査を拒み、妨げ、若しくは忌避したとき。

第一五〇条　法人の代表者又は法人若しくは人の代理人、使用人その他の従業者が、その法人又は人の業務に関して第百四十八条の違反行為をしたときは、行為者を罰するほか、その法人又は人に対しても同条の罰金刑を科する。

附　則　〔令和三年五月二八日法律第四九号〕抄

（施行期日）

第一条　この法律は、令和六年四月一日から施行する。ただし、次の各号に掲げる規定は、当該各号に定める日から施行する。

一　第一条中医療法第百四条の改正規定及び第十四条の規定並びに次条並びに附則第三条、第十三条第二項、第十四条第二項、第十五条第二項及び第十八条の規定　公布の日

二　第十三条の規定（第四号に掲げる改正規定を除く。）及び附則第二十五条（同号に掲げる改正規定を除く。）の規定　令和三年四月一日又はこの法律の公布の日のいずれか遅い日

三　第九条から第十二条までの規定並びに附則第十三条第一項及び第三項、第十四条第一項及び第三項、第十五条第一項及び第三項、第十六条、第十七条、第二十二条並びに第二十三条の規定　令和三年十月一日

四　第一条の規定（第一号に掲げる改正規定を除く。）並びに第十三条中地域における医療及び介護の総合的な確保の促進に関する法律附則第一条の二第二項の改正規定及び同条を同法附則第一条の三とし、同法附則第一条の次に一条を加える改正規定並びに附則第四条及び第九条の規定、附則第二十五条中地域共生社会の実現のための社会福祉法等の一部を改正する法律（令和二年法律第五十二号）第七条のうち地域における医療及び介護の総合的な確保の促進に関する法律附則第一条の二第一項及び第二項の改正規定の改正規定並びに附則第二十六条の規定　令和四年三月三十一日までの間において政令で定める日

〔令和四年一月政令二六号により、令和四・二・一から施行〕

五　第二条の規定並びに附則第五条から第八条まで及び第十条の規定　令和四年四月一日

六　第五条の規定並びに附則第十九条の規定並びに附則第二十一条中沖縄の復帰に伴う特別措置に関する法律（昭和四十六年法律第百二十九号）第百条第三項及び同項の表の改正規定　令和五年四月一日

七　第三条中医療法第三十五条第一項第二号の改正規定（「第十一条第二号若しくは」を「第十一条第一項第二号若しくは」に改める部分に限る。）及び第六条の規定（医師法第十六条の十一第一項の改正規定を除く。）並びに附則第十一条、第二十条及び第二十七条の規定　令和七年四月一日

八　第三条中医療法第三十五条第一項第二号の改正規定（前号に掲げる改正規定を除く。）及び第八条の規定並びに附則第十二条の規定　令和八年四月一日

医療法第百二十八条の規定により読み替えて適用する労働基準法第百四十一条第二項の厚生労働省令で定める時間等を定める省令

〔令和四年一月一九日
厚生労働省令第六号〕

第一条　医療法（昭和二十三年法律第二百五号）第百二十八条の規定により読み替えて適用する労働基準法（昭和二十二年法律第四十九号。以下「法」という。）第百四十一条第二項の厚生労働省令で定める時間は、労働基準法施行規則（昭和二十二年厚生省令第二十三号。以下「規則」という。）第六十九条の四の規定にかかわらず、次の各号に掲げる規則第六十九条の二に規定する医師（以下「特定医師」という。）の区分に応じ、当該各号に定める時間とする。

一　医療法第百十三条第一項の規定に基づき特定地域医療提供機関として指定されている病院（同法第一条の五第一項に規定する病院をいう。以下この条において同じ。）又は診療所（同法第一条の五第二項に規定する診療所をいう。以下この条において同じ。）（第三条第一項において「特定地域医療提供機関」という。）において当該指定に係る業務に従事する特定医師、同法第百十九条第一項の規定に基づき技能向上集中研修機関として指定されている病院又は診療所（第三条第一項及び附則第二項において「技能向上集中研修機関」という。）において当該指定に係る業務に従事する特定医師又は同法第百二十条第一項の規定に基づき特定高度技能研修機関として指定されている病院又は診療所（第三条第一項及び附則第二項において「特定高度技能研修機関」という。）において当該指定に係る業務に従事する特定医師　労働時間を延長して労働させることができる時間について、一箇月について百時間未満及び一年について一千八百六十時間。ただし、法第三十六条第一項の協定に第三条第一項第二号から第四号までに規定する事項を定めた場合にあっては、一年について一千八百六十時間とする。

二　医療法第百十八条第一項の規定に基づき連携型特定地域医療提供機関として指定されている病院又は診療所（第三条第一項において「連携型特定地域医療提供機関」という。）から他の病院又は診療所に派遣される特定医師（同法第百十八条第一項に規定する派遣に係るものに限る。）　労働時間を延長して労働させることができる時間について、一箇月について百時間未満及び一年について九百六十時間。ただし、法第三十六条第一項の協定に、第三条第一項第二号から第四号までに規定する事項を定めた場合にあっては、一年について九百六十時間とする。

第二条　医療法第百二十八条の規定により読み替えて適用する法第百四十一条第三項の厚生労働省令で定める時間は、規則第六十九条の五の規定にかかわらず、労働時間を延長して労働させ、及び休日において労働させる時間について一箇月について百時間未満及び一年について一千八百六十時間とする。ただし、次条第一項第二号に規定する面接指導が行われ、かつ、同項第四号に規定する措置が講じられた特定医師については一年について一千八百六十時間とする。

第三条　特定地域医療提供機関、連携型特定地域医療提供機関、技能向上集中研修機関及び特定高度技能研修機関において法第三十六条第一項の協定をする場合には、規則第六十九条の三第二項の規定にかかわらず、法第三十六条第二項第五号の厚生労働省令で定める事項として、規則第六十九条の三第一項の規定により読み替えて適用する規則第十七条第一項各号に掲げる事項のほか、次に掲げる事項を定めるものとする。

一　対象期間における一日、一箇月及び一年のそれぞれの期間について労働時間を延長して労働させることができる時間又は労働させることができる休日の日数

二　規則第六十九条の三第二項第二号に規定する管理者（以下この項において「管理者」という。）に、一箇月について労働時間を延長して労働させ、及び休日において労働させる時間が百時間以上となることが見込まれる特定医師に対して同号に規定する面接指導を行わせること。

三　管理者に、前号の規定による面接指導（面接指導の対象となる特定医師の希望により、当該管理者の指定した医師以外の医師が行った面接指導であって、当該管理者がその結果を証明する書面の提出を受けたものを含む。）の結果に基づき、当該面接指導を受けた特定医師の健康を保持するために必要な措置について、当該面接指導が行われた後（当該管理者の指定した医師以外の医師が当該面接指導を行った場合にあっては、当該管理者がその結果を証明する書面の提出を受けた後）、遅滞なく、当該面接指導を行った医師の意見を聴かせること。

四　管理者に、第二号の規定による面接指導を行った医師の意見を勘案し、その必要があると認めるときは、当該面接指導を受けた特定医師の実情を考慮して、遅滞なく、労働時間の短縮、宿直の回数の減少その他の適切な措置を講じさせること。

五　管理者に、医療法第百八条第六項の規定により、一箇月について労働時間を延長して労働させ、及び休日において労働させる時間が特に長時間である特定医師に対して労働時間の短縮のために必要な措置を講じさせること。

六　管理者に、医療法第百二十三条第一項及び第二項の規定により、休息時間を確保させること。

2　前項第三号の書面は、当該特定医師の受けた面接指導について、次に掲げる事項を記載したものでなければならない。

一　実施年月日

二　当該面接指導を受けた特定医師の氏名

三　当該面接指導を行った医師の氏名

四　当該面接指導を受けた特定医師の睡眠の状況

五　当該面接指導を受けた特定医師の疲労の蓄積の状況

六　前二号に掲げるもののほか、当該面接指導を受けた特定医師の心身の状況

3　第一項第二号から第五号までの事項は、次の各号に掲げる区分に応じ、当該各号に定める場合には、法第三十六条第一項の協定に定めないことができる。

一　第一項第二号から第四号までに掲げる事項　一箇月について労働時間を延長して労働させ、及び休日において労働させる時間が百時間以上となることが見込まれない場合

二　第一項第五号に掲げる事項　一箇月において労働時間を延長して労働させ、及び休日において労働させる時間が特に長時間となることが見込まれない場合

附　則

1　この省令は、令和六年四月一日から施行する。

2　第一条及び第二条（技能向上集中研修機関において当該技能向上集中研修機関が受けた指定に係る業務に従事する特定医師及び特定高度技能研修機関において当該特定高度技能研修機関が受けた指定に係る業務に従事する特定医師に係る部分を除く。）に規定する時間については、令和十八年三月三十一日を目途に当該時間を規則第六十九条の四及び第六十九条の五に規定する時間とすることを目標として、この省令の

施行後三年ごとに、特定医師の労働時間の動向その他の状況を勘案して必要な見直しを行うものとする。

医療法第百二十八条の規定により読み替えて適用する労働基準法第百四十一条第二項の厚生労働省令で定める時間等を定める省令（附則）

労働基準法施行規則第六十九条の三第二項第二号の規定に基づき、厚生労働大臣が定める要件

（令和四年一月一九日 厚生労働省告示第六号）

一　労働基準法施行規則（昭和二十二年厚生省令第二十三号）第六十九条の三第二項第二号に規定する管理者（以下「管理者」という。）が、事前に次に掲げる事項を確認した上で、一箇月について労働させる時間（以下「時間外・休日労働時間」という。）が百時間に達するまでの間に行われるものであること。ただし、労働基準法（昭和二十二年法律第四十九号）第百四十一条第一項に規定する医業に従事する医師のうち、医療法（昭和二十三年法律第二百五号）第百二十八条第一項に規定する特定労務管理対象機関において勤務する医師（医療法第百二十八条の規定により読み替えて適用する労働基準法第百四十一条第二項の厚生労働省令で定める時間等を定める省令（令和四年厚生労働省令第六号）第一条第一号及び第二号に掲げる者に限る。）以外の医師については、疲労の蓄積が認められない場合は、時間外・休日労働時間が百時間に達するまでの間又は百時間以上となった後に遅滞なく行われるものであること。

イ　時間外・休日労働時間が百時間以上となることが見込まれる者（以下「面接指導対象医師」という。）の勤務の状況

ロ　当該面接指導対象医師の睡眠の状況

ハ　当該面接指導対象医師の疲労の蓄積の状況

ニ　ロ及びハに掲げるもののほか、当該面接指導対象医師の心身の状況

ホ　面接指導を受ける意思の有無

二　医療法第百八条第一項に規定する面接指導実施医師（以下「面接指導実施医師」という。）により行われるものであること。

三　当該面接指導を行う面接指導実施医師が、管理者から、面接指導対象医師の労働時間に関する情報その他の面接指導を適切に行うために必要な情報として次に掲げるものの提供を受けていること。ただし、イに掲げる情報については時間外・休日労働時間が百時間以上となることが見込まれることの確認を行った後速やかに、ロに掲げる情報については当該面接指導実施医師から当該情報の提供を求められた後速やかに、それぞれ提供されなければならない。

イ　当該面接指導対象医師の氏名及び当該面接指導対象医師に係る第一号イからホまでに掲げる事項に関する情報

ロ　イに掲げるもののほか、当該面接指導対象医師の業務に関する情報であって当該面接指導実施医師が当該面接指導を適切に行うために必要と認めるもの

四　当該面接指導実施医師が次に掲げる事項について確認を行うものであること。

イ　当該面接指導対象医師の勤務の状況

ロ　当該面接指導対象医師の睡眠の状況

ハ　当該面接指導対象医師の疲労の蓄積の状況

ニ　ロ及びハに掲げるもののほか、当該面接指導対象医師の心身の状況

医師の労働時間短縮等に関する指針

〔令和四年一月一九日
厚生労働省告示第七号〕

本指針は、医師の労働時間短縮等に関する基本的な考え方、医師の時間外労働短縮目標ライン及び各関係者が取り組むべき事項等を示すものである。

第1　基本的な考え方

医師の働き方改革を進めるに当たっては、我が国の医療は医師の自己犠牲的な長時間労働により支えられており、危機的な状況にあるという現状認識を関係者間で共有することが必要である。長時間労働を解消し、医師の健康を確保することは、医師本人にとってはもとより、医療の質や安全を確保することにつながり、今後も良質かつ適切な医療を提供する体制を維持していく上での喫緊の課題である。

同時に、医師の働き方改革については、医師の偏在の解消を含む地域における医療提供体制（医療法（昭和二三年法律第二〇五号）第三〇条の三第一項に規定する医療提供体制をいう。以下同じ。）の改革と一体的に進めなければ、医師の長時間労働の本質的な解消を図ることはできない。

このため、国及び地方公共団体、医療機関、医療従事者並びに医療の受け手である国民その他の全ての関係者が一丸となって、改革を進めるために不断の取組を重ねていく必要がある。

第2　医師の時間外労働短縮目標ライン

国は、令和一七年度末を目途に、良質かつ適切な医療を効率的に提供する体制の確保を推進するための医療法等の一部を改正する法律（令和三年法律第四九号。以下「改正法」という。）第三条の規定による改正後の医療法（以下「新医療法」という。）第一一三条第一項に規定する特定地域医療提供機関において同項に規定する業務に従事する医師及び連携型特定地域医療提供機関（新医療法第一一八条第一項に規定する連携型特定地域医療提供機関をいう。以下この第二において同じ。）から他の病院又は診療所に派遣される医師（新医療法第一一八条第一項に規定する派遣に係るものに限る。以下この第二において同じ。）に適用される労働基準法（昭和二二年法律第四九号）に基づく時間外・休日労働時間の上限時間数の水準（以下「地域医療確保暫定特例水準」という。）を解消するために、「全ての地域医療確保暫定特例水準が適用される医師が到達することを目指すべき年間の時間外・休日労働時間の上限時間数の目標値」として医師の時間外労働短縮目標ライン（以下「短縮目標ライン」という。）を設定する。

短縮目標ラインは、各医療機関が着実に対象となる医師の労働時間を短縮することができるよう、令和一七年度末に年間の時間外・休日労働時間数が九六〇時間以下となることを目指し、三年ごとの段階的な目標値を設定することとし、令和六年四月時点における年間の時間外・休日労働時間数に応じて別表のとおり設定する。

地域医療確保暫定特例水準の対象となる医療機関が、労働時間短縮計画（新医療法第一一三条第二項（新医療法第一一八条第二項において準用する場合を含む。）に規定する労働時間短縮計画をいう。以下同じ。）において設定することとされている時間外・休日労働時間の上限時間数の目標は、この短縮目標ラインを目安に、各医療機関において設定し、労働時間短縮計画に基づく労働時間の短縮を行うものとする。

各医療機関は、それぞれの状況に応じ、できる限り、令和一七年度末よりも早い段階で、年間の時間外・休日労働時間を九六〇時間以下とする目標を達成できるよう取り組むことが望ましく、また、当該目標を達成した医療機関については、さらなる勤務環境の改善に取り組むことが望ましい。

また、国は、地域医療確保暫定特例水準について、段階的な見直しの検討を行いつつ、労働基準法に基づく時間外・休日労働時間の上限時間数の必要な引下げを実施するとともに、短縮目標ラインについても、三年ごとに見直しを検討することとする。

なお、地域医療確保暫定特例水準の引下げは、短縮目標ラインとは別途見直しの検討を行い、また、連携型特定地域医療提供機関から他の病院又は診療所に派遣される医師に適用される時間外・休日労働時間の上限時間数の水準については、地域の医療提供体制確保の観点から、特に丁寧に実態を踏まえて検討を行うこととする。

第3　各関係者が取り組むべき推奨事項等

医師の労働時間の短縮のためには、個々の医療機関における取組だけではなく、地域の医療提供体制確保の観点からの都道府県における取組や、国も含めた関係機関における取組・支援のほか、国民の医療のかかり方など、様々な立場からの取組が不可欠である。

このため、次に掲げる主体の区分に応じて、それぞれ次に定める事項に取り組むこととする。

1　国及び都道府県に求められる事項

(1)　国に求められる地域における医療提供体制改革と一体となった医師の働き方改革の推進に関する事項

イ　国は、都道府県と緊密に連携し、医師の働き方改革を、地域における医療提供体制の機能分化・連携、医師偏在対策と一体的に推進し、地域医療確保暫定特例水準の終了年限の目標である令和一七年度末に向けて、どの地域にあっても、切れ目のない医療を安心して受けられる体制の構築に取り組むこと。

ロ　国は、医師偏在対策を含む地域における医療提供体制改革の進捗状況や、時間外・休日労働の上限時間規制の適用による地域医療への影響を踏まえて、医師の働き方改革の取組状況を検証すること。

ハ　国は、医師の働き方改革について、医師を始めとした医療関係者の理解の醸成に努めるとともに、各医療機関において、雇用する医師の適切な労務管理や健康確保のための取組が実施されるよう、医療機関に対し必要な支援を行うこと。

(2)　都道府県に求められる国民の適切な医療のかかり方につながるような評価結果の公表に関する事項

都道府県は、各医療機関の労働時間短縮に向けた取組状況等について、改正法第二条の規定による改正後の医療法第一〇七条第一項に規定する医療機関勤務環境評価センターが行った評価の結果を公表するに当たっては、国民の適切な医療のかかり方につながるよう、当該医療機関勤務環境評価センターの所見とともに、地域における医療提供体制の全体像や各医療機関の役割等を公表し、より多面的な視点での情報公開を行うこと。

(3)　国及び都道府県に求められる各都道府県における地域医療確保暫定特例水準及び集中的技能向上水準の運用に関する事項

イ　国は、各都道府県における地域医療確保暫定特例水準並びに新医療法第一一九条第一項に規定する技能向上集中研修機関において同項に規定する業務に従事する医師及び特定高度技能研修機関（新医療法第百二十条第一項に規定する特定高度技能研修機関をいう。三の㈥）において同じ。）において新医療法第一二〇条第一項に規定する業務に従事する医師に適用される労働基準法に基づく時間外・休日労働時間の上限時間数の水準（以下「集中的技能向上水準」という。）の運用状況（特定労務管理対象機関（新医療法第一二二条第一項に規定する特定労務管理対象機関をいう。以下同じ。）の指定や評価の状況を含む。）について情報収集を行い、必要に応じて、地方自治法（昭和二二年法律第六七号）第二四五条の四第一項の規定により、都道府県に対し技術的助言等を行うとともに、各都道府県における着実な医師の働き方改革の推進に資するよう、必要な情報の横展開等を行うこと。

ロ　都道府県は、地域医療確保暫定特例水準及び集中的技能向上水準の適切な運用を通じて、各都道府県における着実な医師の働き方改革の推進に取り組むこと。

ハ　都道府県知事、保健所を設置する市の市長又は特別区の区長は、面接指導（新医療法第一〇八条第一項の面接指導をいう。三の㈢のイにおいて同じ。）、同条第五項及び第六項の規定による措置並びに新医療法第一二三条第一項本文及び第二項後段の規定による休息時間の確保（以下「追加的健康確保措置」と総称する。）の履行確保のため、医療法第二五条第一項の規定に基づく立入検査において、医療機関における追加的健康確保措置の実施状況の確認を行い、医療機関に対し必要な助言・指導を行うこと。

2　地域の医療関係者に対する推奨事項

地域の医療関係者は、個々の医療機関においては解消できない、地域における構造的な医師の長時間労働の要因に対し、医療法第三〇条の一四第一項に規定する協議の場（地域医療構想調整会議）、同法第三〇条の十八の二第一項に規定する協議の場（地域の外来医療に関する協議の場）又は同法第三〇条の二三第一項に規定する地域医療対策協議会における協議等を通じて、地域の医療機関の役割分担や夜間及び休日における救急対応の輪番制の構築等、地域における医療提供体制における機能分化・連携を推進し、地域全体で医師の働き方改革に取り組むことが推奨される。

3　医療機関に対する推奨事項

医療機関は、次の事項に取り組むことが推奨される。

(1)　適切な労務管理の実施等に関する事項

イ　医療機関は、雇用する医師の適切な労務管理を実施することが求められるとともに、自院における医師の働き方改革の取組内容について院内に周知を図る等、医療機関を挙げて改革に取り組む環境を整備すること。

ロ　特定労務管理対象機関の指定を受けた医療機関においては、労働基準法第三六条第一項の協定で定める時間外・休日労働時間の上限時間数について、当該医療機関における地域医療確保暫定特例水準又は集中的技能向上水準の対象となる業務に必要とされる時間数であることを合理的に説明可能な時間数を設定するとともに、当該医療機関の労働時間短縮の取組実績に応じて上限時間数の引下げを行うこと。

(2)　タスク・シフト／シェアの実施等に関する事項

各医療機関の実情に合わせ、各医療専門職種の職能を活かして良質かつ適切な医療を効率的に提供するためにタスク・シフト／シェアに取り組み、当該取り組みを推進するために研修や説明会の開催等の方策を講ずること。

(3)　医師の健康確保に関する事項

イ　医療機関の管理者は、面接指導において、新医療法第百八条第一項に規定する面接指導実施医師が何らかの措置が必要と判定・報告を行った場合には、その判定・

報告を最大限尊重し、同条第五項に規定する面接指導対象医師の健康確保のため必要な措置を講じること。

ロ　特定労務管理対象機関の管理者は、医師の副業・兼業先の労働時間を把握する仕組みを設け、副業・兼業先の労働時間も考慮して新医療法第一二三条第一項本文の休息時間（ハにおいて「勤務間インターバル」という。）を確保できるような勤務計画を作成すること。

ハ　副業・兼業先との間の往復の移動時間は、各職場に向かう通勤時間であり、通常、労働時間に該当しないが、遠距離の自動車の運転を行う場合のように休息がとれないことも想定されることから、別に休息の時間を確保するため、特定労務管理対象機関の管理者は、十分な勤務間インターバルが確保できるような勤務計画を作成すること。

ニ　特定労務管理対象機関の管理者は、災害時等の場合において、新医療法第一二三条第四項の規定により新医療法第一二三条第一項本文及び第二項後段の規定による休息時間の確保を行わないことができるとされた場合であっても、休息時間の確保が可能となり次第速やかに、十分な休息を付与すること。

(4)　各診療科において取り組むべき事項

イ　各診療科の長等は、各診療科の医師の労働時間が所定労働時間内に収まるよう、管理責任を自覚し、必要に応じ、業務内容を見直すこと。

ロ　特にタスク・シフト／シェアの観点から業務を見直し、医師以外の医療専門職種等と協議の場を持ち、効率的な業務遂行に向けた取組を計画し、実行すること。

(5)　労働時間短縮計画のＰＤＣＡサイクルにおける具体的な取組に関する事項

イ　医師を含む各医療専門職種が参加しながら、年一回のＰＤＣＡサイクルで、当該医療機関に勤務する医師の労働時間の状況の分析、労働時間短縮計画の作成及び取組状況の自己評価を行うこと。

ロ　労働時間短縮計画については、対象となる医師に対して、時間外・休日労働時間の上限時間数及び同計画の内容について十分な説明を行い、意見聴取等により十分な納得を得た上で作成すること。

ハ　各医療機関の状況に応じ、当該医療機関に勤務する医師のうち、労働基準法に基づく時間外・休日労働時間の上限時間数が年九六〇時間以下の水準が適用される医師についても労働時間短縮計画を自主的に作成し、同計画に基づいて取組を進めること。

(6)　技能研修計画に関する医療機関内における相談体制の構築（特定高度技能研修機関関係）

良質かつ適切な医療を効率的に提供する体制の確保を推進するための医療法等の一部を改正する法律の施行に伴う厚生労働省関係省令の整備及び経過措置に関する省令（令和四年厚生労働省令第七号）第二条の規定による改正後の医療法施行規則（昭和二三年厚生省令第五十号）第一〇一条第一項の高度な技能を習得するための研修に関する計画（技能研修計画）と当該技能を修得するための研修の実態が乖離するような場合に対応できるよう、医療機関内において、医師からの相談に対応できる体制を構築すること。

4　医師に対する推奨事項

医師は、医師自身の働き方改革に関して次の事項に取り組むことが推奨される。

(1)　医師は、長時間労働による疲労蓄積や睡眠負債が、提供する医療の質や安全性の低下につながることを踏まえ、自らの健康を確保することが、自身にとっても、また、医療機関全体としてより良質かつ適切な医療を提供する上でも重要であることを自覚し、その認識の下に自らの業務内容や業務体制の見直し等を行い、働き方改革に自主的に取り組むこと。

(2) 副業・兼業を行うに当たっては、自己の労働時間や健康状態の把握・管理に努め、副業・兼業先の労働時間を主たる勤務先に適切に自己申告すること。

5 国民に対する推奨事項

医師の働き方改革を進め、医師の健康を確保することは、医師によって提供される医療の質や安全を確保することにつながり、国民にとっても重要な問題であることから、国民は、医療のかかり方に関して次の事項に取り組むことが推奨される。

(1) 医師の働き方改革は、医療提供者だけで完結するものではなく、国民の医療のかかり方に関する理解が不可欠であり、国民は、自らの医療のかかり方を見直すこと。

(2) 具体的には、かかりつけの医療機関を持つ、子ども医療電話相談事業（＃八〇〇〇）や救急安心センター事業（＃七一一九）等の電話相談を利用し、夜間・休日の不急の受診を控える、救急車の適切な利用を心がける等の取組を行うこと。

別表（第二関係）

	短縮目標ライン
令和9年の時間外・休日労働時間数	t－（t－960）／4 時間以下
令和12年の時間外・休日労働時間数	t－2×（t－960）／4 時間以下
令和15年の時間外・休日労働時間数	t－3×（t－960）／4 時間以下
令和18年の時間外・休日労働時間数	960 時間以下

備考

この表における算定式中tは令和六年四月時点における年間の時間外・休日労働時間数とする。

医療法第百十条第一項ただし書の規定に基づき厚生労働大臣の定める基準

〔令和四年一月一九日
厚生労働省告示第八号〕

医療法（昭和二十三年法律第二百五号）第百十条第一項ただし書の規定に基づき厚生労働大臣の定める基準は、宿日直勤務で断続的な業務について、労働基準法施行規則（昭和二十二年厚生省令第二十三号）第二十三条の許可を受けたものであることとする。

公立の義務教育諸学校等の教育職員の給与等に関する特別措置法　抄

〔昭和四六年五月二八日
法律第七七号〕

沿革
昭和四九年　六月　一日法律第七〇号
平成一八年　六月　二日〃第五〇号
〃一八年　六月二一日〃第八〇号
〃一九年　六月二七日〃第九六号
〃二一年一一月三〇日〃第八六号
〃二三年　六月二四日〃第七四号
〃二四年　九月一二日〃第八七号
〃二七年　六月二四日〃第四六号
令和　元年一二月一一日〃第七二号
〃　三年　六月一一日〃第六三号

（趣旨）
第一条　この法律は、公立の義務教育諸学校等の教育職員の職務と勤務態様の特殊性に基づき、その給与その他の勤務条件について特例を定めるものとする。

（定義）
第二条　この法律において、「義務教育諸学校等」とは、学校教育法（昭和二十二年法律第二十六号）に規定する公立の小学校、中学校、義務教育学校、高等学校、中等教育学校、特別支援学校又は幼稚園をいう。

2　この法律において、「教育職員」とは、義務教育諸学校等の校長（園長を含む。次条第一項において同じ。）、副校長（副園長を含む。同項において同じ。）、教頭、主幹教諭、指導教諭、教諭、養護教諭、栄養教諭、助教諭、養護助教諭、講師（常時勤務の者及び地方公務員法（昭和二十五年法律第二百六十一号）第二十二条の四第一項に規定する短時間勤務の職を占める者に限る。）、実習助手及び寄宿舎指導員をいう。

（教育職員の教職調整額の支給等）
第三条　教育職員（校長、副校長及び教頭を除く。以下この条において同じ。）には、その者の給料月額の百分の四に相当する額を基準として、条例で定めるところにより、教職調整額を支給しなければならない。

2　教育職員については、時間外勤務手当及び休日勤務手当は、支給しない。

3　第一項の教職調整額の支給を受ける者の給与に関し、次の各号に掲げる場合においては、当該各号に定める内容を条例で定めるものとする。

一　地方自治法（昭和二十二年法律第六十七号）第二百四条第二項に規定する地域手当、特地勤務手当（これに準ずる手当を含む。）、期末手当、勤勉手当、定時制通信教育手当、産業教育手当又は退職手当について給料をその算定の基礎とする場合　当該給料の額に教職調整額の額を加えた額を算定の基礎とすること。

二　休職の期間中に給料が支給される場合　当該給料の額に教職調整額の額を加えた額を支給すること。

三　外国の地方公共団体の機関等に派遣される一般職の地方公務員の処遇等に関する法律（昭和六十二年法律第七十八号）第二条第一項の規定により派遣された者に給料が支給される場合　当該給料の額に教職調整額の額を加えた額を支給すること。

四　公益的法人等への一般職の地方公務員の派遣等に関する法律（平成十二年法律第五十号）第二条第一項の規定により派遣された者に給料が支給される場合　当該給料の額に

教職調整額の額を加えた額を支給すること。

（教育職員に関する読替え）

第五条　教育職員については、地方公務員法第五十八条第三項本文中「第二条、」とあるのは「第三十二条の四第一項中「当該事業場に、労働者の過半数で組織する労働組合がある場合においてはその労働組合、労働者の過半数で組織する労働組合がない場合においては労働者の過半数を代表する者との書面による協定により、次に掲げる事項を定めたときは」とあるのは「次に掲げる事項について条例に特別の定めがある場合は」と、「その協定」とあるのは「その条例」と、「当該協定」とあるのは「当該条例」と、同項第五号中「厚生労働省令」とあるのは「文部科学省令」と、同条第二項中「前項の協定で同項第四号の区分をし」とあるのは「前項第四号の区分並びに」と、「を定めたときは」とあるのは「について条例に特別の定めがある場合は」と、「当該事業場に、労働者の過半数で組織する労働組合がある場合においてはその労働組合、労働者の過半数で組織する労働組合がない場合においては労働者の過半数を代表する者の同意を得て、厚生労働省令」とあるのは「文部科学省令」と、同条第三項中「厚生労働大臣は、労働政策審議会」とあるのは「文部科学大臣は、審議会等（国家行政組織法（昭和二十三年法律第百二十号）第八条に規定する機関をいう。）で政令で定めるもの」と、「厚生労働省令」とあるのは「文部科学省令」と、「協定」とあるのは「条例」と、同法第三十三条第三項中「官公署の事業（別表第一に掲げる事業を除く。）」とあるのは「別表第一第十二号に掲げる事業」と、「労働させることができる」とあるのは「労働させることができる。この場合において、公務員の健康及び福祉を害しないように考慮しなければならない」と読み替えて同法第三十二条の四第一項から第三項まで及び第三十三条第三項の規定を適用するものとし、同法第二条、」と、「から第三十二条の五まで」とあるのは「、第三十二条の三の二、第三十二条の四の二、第三十二条の五、第三十七条」と、「第五十三条第一項」とあるのは「第五十三条第一項、第六十六条（船員法第八十八条の二の二第四項及び第五項並びに第八十八条の三第四項において準用する場合を含む。）」と、「規定は」とあるのは「規定（船員法第七十三条の規定に基づく命令の規定中同法第六十六条に係るものを含む。）は」と、同条第四項中「同法第三十七条第三項中「使用者が、当該事業場に、労働者の過半数で組織する労働組合があるときはその労働組合、労働者の過半数で組織する労働組合がないときは労働者の過半数を代表する者との書面による協定により」とあるのは「使用者が」と、同法」とあるのは「同法」と読み替えて同条第三項及び第四項の規定を適用するものとする。

（教育職員の正規の勤務時間を超える勤務等）

第六条　教育職員（管理職手当を受ける者を除く。以下この条において同じ。）を正規の勤務時間（一般職の職員の勤務時間、休暇等に関する法律（平成六年法律第三十三号）第五条から第八条まで、第十一条及び第十二条の規定に相当する条例の規定による勤務時間をいう。第三項及び次条第一項において同じ。）を超えて勤務させる場合は、政令で定める基準に従い条例で定める場合に限るものとする。

2　前項の政令を定める場合においては、教育職員の健康と福祉を害することとならないよう勤務の実情について十分な配慮がされなければならない。

3　第一項の規定は、次に掲げる日において教育職員を正規の勤務時間中に勤務させる場合について準用する。

一　一般職の職員の勤務時間、休暇等に関する法律第十四条に規定する祝日法による休日及び年末年始の休日に相当する日

二　一般職の職員の給与に関する法律（昭和二十五年法律第九十五号）第十七条の規定に相当する条例の規定により休日勤務手当が一般の職員に対して支給される日（前号に掲げる日を除く。）

（教育職員の業務量の適切な管理等に関する指針の策定等）

第七条　文部科学大臣は、教育職員の健康及び福祉の確保を図ることにより学校教育の水準の維持向上に資するため、教育職員が正規の勤務時間及びそれ以外の時間において行う業務の量の適切な管理その他教育職員の服務を監督する教育委員会が教育職員の健康及び福祉の確保を図るために講ずべき措置に関する指針（次項において単に「指針」という。）を定めるものとする。

2　文部科学大臣は、指針を定め、又はこれを変更したときは、遅滞なく、これを公表しなければならない。

附　則

一　この法律は、昭和四十七年一月一日から施行する。

二　勤務時間法第五条から第八条まで、第十一条及び第十二条の規定に相当する条例の規定が定められ、かつ、毎四週間につき任命権者が職員ごとに指定する一又は二の勤務日における四時間又は八時間の勤務時間は勤務を要しない時間とする旨及びこれにより難いと認められる職員について任命権者が五十二週間を超えない範囲内で定める期間ごとに勤務を要しない時間として一以上の勤務日における勤務時間を指定することができる旨の条例の規定が定められた場合における第十一条の規定の適用については、同条中「勤務時間法第五条から第八条まで、第十一条及び第十二条の規定に相当する条例の規定による勤務時間」とあるのは、「勤務時間法第五条から第八条まで、第十一条及び第十二条の規定に相当する条例の規定による勤務時間のうち条例の規定により当該教育職員ごとに指定する勤務を要しない時間を除いた時間」とする。

附　則〔令和元年一二月一一日法律第七二号〕

（施行期日）

一　この法律は、令和三年四月一日から施行する。ただし、次項の規定は公布の日から、第六条第一項の改正規定及び本則に一条を加える改正規定は令和二年四月一日から施行する。

（準備行為）

二　文部科学大臣は、この法律による改正後の公立の義務教育諸学校等の教育職員の給与等に関する特別措置法第五条の規定により読み替えて適用する地方公務員法（昭和二十五年法律第二百六十一号）第五十八条第三項の規定により読み替えて適用する労働基準法（昭和二十二年法律第四十九号）第三十二条の四第三項の文部科学省令を定めようとするときは、この法律の施行の日前においても、同項（同項の審議会等を定める政令を含む。）の規定の例により、当該政令で定める審議会等の意見を聴くことができる。

公立の義務教育諸学校等の教育職員を正規の勤務時間を超えて勤務させる場合等の基準を定める政令

〔平成一五年一二月三日 政令第四八四号〕

公立の義務教育諸学校等の教育職員の給与等に関する特別措置法（以下「法」という。）第六条第一項（同条第三項において準用する場合を含む。）の政令で定める基準は、次のとおりとする。

一 教育職員（法第六条第一項に規定する教育職員をいう。次号において同じ。）については、正規の勤務時間（同項に規定する正規の勤務時間をいう。以下同じ。）の割振りを適正に行い、原則として時間外勤務（正規の勤務時間を超えて勤務することをいい、同条第三項各号に掲げる日において正規の勤務時間中に勤務することを含む。次号において同じ。）を命じないものとすること。

二 教育職員に対し時間外勤務を命ずる場合は、次に掲げる業務に従事する場合であって臨時又は緊急のやむを得ない必要があるときに限るものとすること。

イ 校外実習その他生徒の実習に関する業務

ロ 修学旅行その他学校の行事に関する業務

ハ 職員会議（設置者の定めるところにより学校に置かれるものをいう。）に関する業務

ニ 非常災害の場合、児童又は生徒の指導に関し緊急の措置を必要とする場合その他やむを得ない場合に必要な業務

附 則

この政令は、平成十六年四月一日から施行する。

労働契約法

〔平成一九年一二月五日
法律第一二八号〕

沿革　平成二四年八月一〇日法律第五六号
〃　三〇年七月　六日　〃　第七一号

第一章　総則

（目的）
第一条　この法律は、労働者及び使用者の自主的な交渉の下で、労働契約が合意により成立し、又は変更されるという合意の原則その他労働契約に関する基本的事項を定めることにより、合理的な労働条件の決定又は変更が円滑に行われるようにすることを通じて、労働者の保護を図りつつ、個別の労働関係の安定に資することを目的とする。

（定義）
第二条　この法律において「労働者」とは、使用者に使用されて労働し、賃金を支払われる者をいう。
2　この法律において「使用者」とは、その使用する労働者に対して賃金を支払う者をいう。

（労働契約の原則）
第三条　労働契約は、労働者及び使用者が対等の立場における合意に基づいて締結し、又は変更すべきものとする。
2　労働契約は、労働者及び使用者が、就業の実態に応じて、均衡を考慮しつつ締結し、又は変更すべきものとする。
3　労働契約は、労働者及び使用者が仕事と生活の調和にも配慮しつつ締結し、又は変更すべきものとする。
4　労働者及び使用者は、労働契約を遵守するとともに、信義に従い誠実に、権利を行使し、及び義務を履行しなければならない。
5　労働者及び使用者は、労働契約に基づく権利の行使に当たっては、それを濫用することがあってはならない。

（労働契約の内容の理解の促進）
第四条　使用者は、労働者に提示する労働条件及び労働契約の内容について、労働者の理解を深めるようにするものとする。
2　労働者及び使用者は、労働契約の内容（期間の定めのある労働契約に関する事項を含む。）について、できる限り書面により確認するものとする。

（労働者の安全への配慮）
第五条　使用者は、労働契約に伴い、労働者がその生命、身体等の安全を確保しつつ労働することができるよう、必要な配慮をするものとする。

第二章　労働契約の成立及び変更

（労働契約の成立）
第六条　労働契約は、労働者が使用者に使用されて労働し、使用者がこれに対して賃金を支払うことについて、労働者及び使用者が合意することによって成立する。
第七条　労働者及び使用者が労働契約を締結する場合において、使用者が合理的な労働条件が定められている就業規則を労働者に周知させていた場合には、労働契約の内容は、その就業規則で定める労働条件によるものとする。ただし、労働契約において、労働者及び使用者が就業規則の内容と異なる労働条件を合意していた部分については、第十二条に該当する場合を除き、この限りでない。

（労働契約の内容の変更）
第八条　労働者及び使用者は、その合意により、労働契約の内容である労働条件を変更することができる。

（就業規則による労働契約の内容の変更）
第九条　使用者は、労働者と合意することなく、就業規則を変更することにより、労働者の不利益に労働契約の内容である労働条件を変更することはできない。ただし、次条の場合は、この限りでない。

第一〇条　使用者が就業規則の変更により労働条件を変更する場合において、変更後の就業規則を労働者に周知させ、かつ、就業規則の変更が、労働者の受ける不利益の程度、労働条件の変更の必要性、変更後の就業規則の内容の相当性、労働組合等との交渉の状況その他の就業規則の変更に係る事情に照らして合理的なものであるときは、労働契約の内容である労働条件は、当該変更後の就業規則に定めるところによるものとする。ただし、労働契約において、労働者及び使用者が就業規則の変更によっては変更されない労働条件として合意していた部分については、第十二条に該当する場合を除き、この限りでない。

（就業規則の変更に係る手続）
第一一条　就業規則の変更の手続に関しては、労働基準法（昭和二十二年法律第四十九号）第八十九条及び第九十条の定めるところによる。

（就業規則違反の労働契約）
第一二条　就業規則で定める基準に達しない労働条件を定める労働契約は、その部分については、無効とする。この場合において、無効となった部分は、就業規則で定める基準による。

（法令及び労働協約と就業規則との関係）
第一三条　就業規則が法令又は労働協約に反する場合には、当該反する部分については、第七条、第十条及び前条の規定は、当該法令又は労働協約の適用を受ける労働者との間の労働契約については、適用しない。

第三章　労働契約の継続及び終了

（出向）
第一四条　使用者が労働者に出向を命ずることができる場合において、当該出向の命令が、その必要性、対象労働者の選定に係る事情その他の事情に照らして、その権利を濫用したものと認められる場合には、当該命令は、無効とする。

（懲戒）
第一五条　使用者が労働者を懲戒することができる場合において、当該懲戒が、当該懲戒に係る労働者の行為の性質及び態様その他の事情に照らして、客観的に合理的な理由を欠き、社会通念上相当であると認められない場合は、その権利を濫用したものとして、当該懲戒は、無効とする。

（解雇）
第一六条　解雇は、客観的に合理的な理由を欠き、社会通念上相当であると認められない場合は、その権利を濫用したものとして、無効とする。

第四章　期間の定めのある労働契約

（契約期間中の解雇等）
第一七条　使用者は、期間の定めのある労働契約（以下この章において「有期労働契約」という。）について、やむを得ない事由がある場合でなければ、その契約期間が満了するまでの間において、労働者を解雇することができない。

2　使用者は、有期労働契約について、その有期労働契約により労働者を使用する目的に照らして、必要以上に短い期間を定めることにより、その有期労働契約を反復して更新することのないよう配慮しなければならない。

（有期労働契約の期間の定めのない労働契約への転換）

第一八条　同一の使用者との間で締結された二以上の有期労働契約（契約期間の始期の到来前のものを除く。以下この条において同じ。）の契約期間を通算した期間（次項において「通算契約期間」という。）が五年を超える労働者が、当該使用者に対し、現に締結している有期労働契約の契約期間が満了する日までの間に、当該満了する日の翌日から労務が提供される期間の定めのない労働契約の締結の申込みをしたときは、使用者は当該申込みを承諾したものとみなす。この場合において、当該申込みに係る期間の定めのない労働契約の内容である労働条件は、現に締結している有期労働契約の内容である労働条件（契約期間を除く。）と同一の労働条件（当該労働条件（契約期間を除く。）について別段の定めがある部分を除く。）とする。

2　当該使用者との間で締結された一の有期労働契約の契約期間が満了した日と当該使用者との間で締結されたその次の有期労働契約の契約期間の初日との間にこれらの契約期間のいずれにも含まれない期間（これらの契約期間が連続すると認められるものとして厚生労働省令で定める基準に該当する場合の当該いずれにも含まれない期間を除く。以下この項において「空白期間」という。）があり、当該空白期間が六月（当該空白期間の直前に満了した一の有期労働契約の契約期間（当該一の有期労働契約を含む二以上の有期労働契約の契約期間の間に空白期間がないときは、当該二以上の有期労働契約の契約期間を通算した期間。以下この項において同じ。）が一年に満たない場合にあっては、当該一の有期労働契約の契約期間に二分の一を乗じて得た期間を基礎として厚生労働省令で定める期間）以上であるときは、当該空白期間前に満了した有期労働契約の契約期間は、通算契約期間に算入しない。

（有期労働契約の更新等）

第一九条　有期労働契約であって次の各号のいずれかに該当するものの契約期間が満了する日までの間に労働者が当該有期労働契約の更新の申込みをした場合又は当該契約期間の満了後遅滞なく有期労働契約の締結の申込みをした場合であって、使用者が当該申込みを拒絶することが、客観的に合理的な理由を欠き、社会通念上相当であると認められないときは、使用者は、従前の有期労働契約の内容である労働条件と同一の労働条件で当該申込みを承諾したものとみなす。

一　当該有期労働契約が過去に反復して更新されたことがあるものであって、その契約期間の満了時に当該有期労働契約を更新しないことにより当該有期労働契約を終了させることが、期間の定めのない労働契約を締結している労働者に解雇の意思表示をすることにより当該期間の定めのない労働契約を終了させることと社会通念上同視できると認められること。

二　当該労働者において当該有期労働契約の契約期間の満了時に当該有期労働契約が更新されるものと期待することについて合理的な理由があるものであると認められること。

第五章　雑則

（船員に関する特例）

第二〇条　第十二条及び前章の規定は、船員法（昭和二十二年法律第百号）の適用を受ける船員（次項において「船員」という。）に関しては、適用しない。

2　船員に関しては、第七条中「第十二条」とあるのは「船員法（昭和二十二年法律第百号）第百条」と、第十条中「第十二条」とあるのは「船員法第百条」と、第十一条中「労働基準法（昭和二十二年法律第四十九号）第八十九条及び第九十条」とあるのは「船員法第九十七条及び第九十八条」と、第十三条中「前条」とあるのは「船員法第百条」とする。

（適用除外）

第二一条 この法律は、国家公務員及び地方公務員については、適用しない。

2 この法律は、使用者が同居の親族のみを使用する場合の労働契約については、適用しない。

附 則 抄

（施行期日）

第一条 この法律は、公布の日から起算して三月を超えない範囲内において政令で定める日から施行する。

労働契約法第十八条第一項の通算契約期間に関する基準を定める省令

（平成二四年一〇月二六日
厚生労働省令第一四八号）

（法第十八条第二項の厚生労働省令で定める基準）

第一条　労働契約法（以下「法」という。）第十八条第二項の厚生労働省令で定める基準は、次の各号に掲げる無契約期間（一の有期労働契約の契約期間が満了した日とその次の有期労働契約の契約期間の初日との間にこれらの契約期間のいずれにも含まれない期間がある場合の当該期間をいう。以下この条において同じ。）に応じ、それぞれ当該各号に定めるものであることとする。

一　最初の雇入れの日後最初に到来する無契約期間（以下この項において「第一無契約期間」という。）　第一無契約期間の期間が、第一無契約期間の前にある有期労働契約の契約期間（二以上の有期労働契約がある場合は、その全ての契約期間を通算した期間）に二分の一を乗じて得た期間（六月を超えるときは六月とし、一月に満たない端数を生じたときはこれを一月として計算した期間とする。）未満であること。

二　第一無契約期間の次に到来する無契約期間（以下この項において「第二無契約期間」という。）　次に掲げる場合に応じ、それぞれ次に定めるものであること。

イ　第一無契約期間の期間が前号に定めるものである場合　第二無契約期間の期間が、第二無契約期間の前にある全ての有期労働契約の契約期間を通算した期間に二分の一を乗じて得た期間（六月を超えるときは六月とし、一月に満たない端数を生じたときはこれを一月として計算した期間とする。）未満であること。

ロ　イに掲げる場合以外の場合　第二無契約期間の期間が、第一無契約期間と第二無契約期間の間にある有期労働契約の契約期間（二以上の有期労働契約がある場合は、その全ての契約期間を通算した期間）に二分の一を乗じて得た期間（六月を超えるときは六月とし、一月に満たない端数を生じたときはこれを一月として計算した期間とする。）未満であること。

三　第二無契約期間の次に到来する無契約期間（以下この項において「第三無契約期間」という。）　次に掲げる場合に応じ、それぞれ次に定めるものであること。

イ　第二無契約期間の期間が前号イに定めるものである場合　第三無契約期間の期間が、第三無契約期間の前にある全ての有期労働契約の契約期間を通算した期間に二分の一を乗じて得た期間（六月を超えるときは六月とし、一月に満たない端数を生じたときはこれを一月として計算した期間とする。）未満であること。

ロ　第二無契約期間の期間が前号ロに定めるものである場合　第三無契約期間の期間が、第一無契約期間と第三無契約期間の間にある全ての有期労働契約の契約期間を通算した期間に二分の一を乗じて得た期間（六月を超えるときは六月とし、一月に満たない端数を生じたときはこれを一月として計算した期間とする。）未満であること。

ハ　イ又はロに掲げる場合以外の場合　第三無契約期間の期間が、第二無契約期間と第三無契約期間の間にある有期労働契約の契約期間（二以上の有期労働契約がある場合は、その全ての契約期間を通算した期間）に二分の一を乗じて得た期間（六月を超えるときは六月とし、一月に満たない端数を生じたときはこれを一月として計算した期間とする。）未満であること。

四　第三無契約期間が、前三号の例により計算して得た期間未満であること。

2　前項の規定により通算の対象となるそれぞれの有期労働契約の契約期間に一月に満たない端数がある場合は、これらの端数の合算については、三十日をもって一月とする。

（法第十八条第二項の厚生労働省令で定める期間）

第二条　法第十八条第二項の厚生労働省令で定める期間は、同項の当該一の有期労働契約の契約期間に二分の一を乗じて得た期間（一月に満たない端数を生じたときは、これを一月として計算した期間とする。）とする。

附　則

1　この省令は、労働契約法の一部を改正する法律（平成二十四年法律第五十六号）附則第一項ただし書に規定する規定の施行の日（平成二十五年四月一日）から施行する。

2　第一条第一項の規定は、この省令の施行の日以後の日を契約期間の初日とする期間の定めのある労働契約について適用する。

専門的知識等を有する有期雇用労働者等に関する特別措置法　抄

〔平成二六年一一月二八日
法律第一三七号〕

（目的）

第一条　この法律は、専門的知識等を有する有期雇用労働者等の能力の維持向上及び活用を図ることが当該専門的知識等を有する有期雇用労働者等の能力の有効な発揮及び活力ある社会の実現のために重要であることに鑑み、専門的知識等を有する有期雇用労働者がその有する能力を維持向上することができるようにするなど有期雇用労働者の特性に応じた雇用管理に関する特別の措置を講じ、併せて労働契約法（平成十九年法律第百二十八号）の特例を定め、もって国民経済の健全な発展に資することを目的とする。

（定義）

第二条　この法律において「専門的知識等」とは、専門的な知識、技術又は経験であって、高度のものとして厚生労働大臣が定める基準に該当するものをいう。

2　この法律において「有期雇用労働者」とは、事業主と期間の定めのある労働契約（以下「有期労働契約」という。）を締結している労働者をいう。

3　この法律において「特定有期雇用労働者」とは、次の各号のいずれかに該当する有期雇用労働者をいう。

一　専門的知識等を有する有期雇用労働者（事業主との間で締結された有期労働契約の契約期間に当該事業主から支払われると見込まれる賃金の額を一年間当たりの賃金の額に換算した額が厚生労働省令で定める額以上である者に限る。）であって、当該専門的知識等を必要とする業務（五年を超える一定の期間内に完了することが予定されているものに限る。以下「特定有期業務」という。）に就くもの（次号に掲げる有期雇用労働者に該当するものを除く。）

二　定年（六十歳以上のものに限る。以下同じ。）に達した後引き続いて当該事業主（高年齢者等の雇用の安定等に関する法律（昭和四十六年法律第六十八号）第九条第二項に規定する特殊関係事業主にその定年後に引き続いて雇用される場合にあっては、当該特殊関係事業主。以下同じ。）に雇用される有期雇用労働者

（基本指針）

第三条　厚生労働大臣は、事業主が行う特定有期雇用労働者の特性に応じた雇用管理に関する措置に関する基本的な指針（以下「基本指針」という。）を定めなければならない。

2　基本指針に定める事項は、次のとおりとする。

一　特定有期雇用労働者の雇用の動向に関する事項

二　事業主が行う特定有期雇用労働者の特性に応じた雇用管理に関する措置の内容に関する事項

3　厚生労働大臣は、基本指針を定め、又はこれを変更しようとするときは、労働政策審議会の意見を聴かなければならない。

4　厚生労働大臣は、基本指針を定め、又はこれを変更したときは、遅滞なく、これを公表しなければならない。

（第一種計画の認定）

第四条　事業主は、厚生労働省令で定めるところにより、当該事業主が行う第一種特定有期雇用労働者（特定有期雇用労働者のうち第二条第三項第一号に掲げる者をいう。次項第一号において同じ。）の特性に応じた雇用管理に関する措置につ

いての計画（以下「第一種計画」という。）を作成し、これを厚生労働大臣に提出して、その第一種計画が適当である旨の認定を受けることができる。

2　第一種計画には、次に掲げる事項を記載しなければならない。

一　当該事業主が雇用する第一種特定有期雇用労働者（以下「計画対象第一種特定有期雇用労働者」という。）が就く特定有期業務の内容並びに開始及び完了の日

二　計画対象第一種特定有期雇用労働者がその職業生活を通じて発揮することができる能力の維持向上を自主的に図るための教育訓練を受けるための有給休暇（労働基準法（昭和二十二年法律第四十九号）第三十九条の規定による年次有給休暇として与えられるものを除く。）の付与に関する措置その他の能力の維持向上を自主的に図る機会の付与に関する措置（次項第三号において「有給教育訓練休暇付与等の措置」という。）その他の当該事業主が行う計画対象第一種特定有期雇用労働者の特性に応じた雇用管理に関する措置の内容

三　その他厚生労働省令で定める事項

3　厚生労働大臣は、第一項の認定の申請があった場合において、その第一種計画が次の各号のいずれにも適合するものであると認めるときは、その認定をするものとする。

一　前項第一号に規定する特定有期業務が第二条第一項の厚生労働大臣が定める基準に該当する専門的知識等を必要とする業務であること。

二　前項第二号及び第三号に掲げる事項が基本指針に照らして適切なものであること。

三　前号に定めるもののほか、有給教育訓練休暇付与等の措置その他の当該事業主が行う雇用管理に関する措置の内容が計画対象第一種特定有期雇用労働者の特性に応じた雇用管理に関する措置として有効かつ適切なものであること。

（第一種計画の変更等）

第五条　前条第一項の認定に係る事業主（以下「第一種認定事業主」という。）は、同項の認定に係る第一種計画を変更しようとするときは、厚生労働大臣の認定を受けなければならない。

2　厚生労働大臣は、前条第一項の認定に係る第一種計画（前項の規定による変更の認定があったときは、その変更後のもの。以下「第一種認定計画」という。）が同条第三項各号のいずれかに適合しなくなったと認めるときは、その認定を取り消すことができる。

3　前条第三項の規定は、第一項の認定について準用する。

（第二種計画の認定）

第六条　事業主は、厚生労働省令で定めるところにより、当該事業主が行う第二種特定有期雇用労働者（特定有期雇用労働者のうち第二条第三項第二号に掲げる者をいう。次項第一号において同じ。）の特性に応じた雇用管理に関する措置についての計画（以下「第二種計画」という。）を作成し、これを厚生労働大臣に提出して、その第二種計画が適当である旨の認定を受けることができる。

2　第二種計画には、次に掲げる事項を記載しなければならない。

一　当該事業主が雇用する第二種特定有期雇用労働者（以下「計画対象第二種特定有期雇用労働者」という。）に対する配置、職務及び職場環境に関する配慮その他の当該事業主が行う計画対象第二種特定有期雇用労働者の特性に応じた雇用管理に関する措置の内容

二　その他厚生労働省令で定める事項

3　厚生労働大臣は、第一項の認定の申請があった場合において、その第二種計画が次の各号のいずれにも適合するもので

あると認めるときは、その認定をするものとする。

一　前項各号に掲げる事項が基本指針に照らして適切なものであること。

二　前号に定めるもののほか、前項第一号に掲げる配置、職務及び職場環境に関する配慮その他の当該事業主が行う雇用管理に関する措置の内容が計画対象第二種特定有期雇用労働者の特性に応じた雇用管理に関する措置として有効かつ適切なものであること。

（**第二種計画の変更等**）

第七条　前条第一項の認定に係る事業主（以下「第二種認定事業主」という。）は、同項の認定に係る第二種計画を変更しようとするときは、厚生労働大臣の認定を受けなければならない。

2　厚生労働大臣は、前条第一項の認定に係る第二種計画（前項の規定による変更の認定があったときは、その変更後のもの。以下「第二種認定計画」という。）が同条第三項各号のいずれかに適合しなくなったと認めるときは、その認定を取り消すことができる。

3　前条第三項の規定は、第一項の認定について準用する。

（**労働契約法の特例**）

第八条　第一種認定事業主と当該第一種認定事業主が雇用する計画対象第一種特定有期雇用労働者との間の有期労働契約に係る労働契約法第十八条第一項の規定の適用については、同項中「五年」とあるのは、「専門的知識等を有する有期雇用労働者等に関する特別措置法（平成二十六年法律第百三十七号）第五条第二項に規定する第一種認定計画に記載された同法第二条第三項第一号に規定する特定有期業務の開始の日から完了の日までの期間（当該期間が十年を超える場合にあっては、十年）」とする。

2　第二種認定事業主と当該第二種認定事業主が雇用する計画対象第二種特定有期雇用労働者との間の有期労働契約に係る労働契約法第十八条第一項の規定の適用については、定年後引き続いて当該第二種認定事業主に雇用されている期間は、同項に規定する通算契約期間に算入しない。

（**援助**）

第九条　国は、第一種認定計画に係る計画対象第一種特定有期雇用労働者の特性に応じた雇用管理に関する措置を講ずる第一種認定事業主に対して、必要な助成その他の援助を行うよう努めるものとする。

（**指導及び助言**）

第一〇条　厚生労働大臣は、第一種認定事業主又は第二種認定事業主に対し、第一種認定計画又は第二種認定計画に係る措置の的確な実施に必要な指導及び助言を行うものとする。

（**報告の徴収**）

第一一条　厚生労働大臣は、第一種認定事業主又は第二種認定事業主に対し、第一種認定計画に記載された第四条第二項第二号若しくは第三号に掲げる事項又は第二種認定計画に記載された第六条第二項各号に掲げる事項の実施状況について報告を求めることができる。

（**適用除外**）

第一二条　この法律は、国家公務員及び地方公務員並びに船員法（昭和二十二年法律第百号）の適用を受ける船員については、適用しない。

2　この法律は、同居の親族のみを使用する事業については、適用しない。

附　則　抄

（**施行期日**）

第一条　この法律は、平成二十七年四月一日から施行する。ただし、次条及び附則第六条の規定は、公布の日から施行する。

（**経過措置**）

第三条　特定有期雇用労働者であって施行日前に労働契約法第十八条第一項に規定する通算契約期間が五年を超えることになった者に係る同項に規定する期間の定めのない労働契約の締結の申込みについては、なお従前の例による。

（政令への委任）

第六条　この附則に規定するもののほか、この法律の施行に伴い必要な経過措置は、政令で定める。

専門的知識等を有する有期雇用労働者等に関する特別措置法施行規則

〔平成二七年三月一八日
厚生労働省令第三五号〕

（法第二条第三項第一号の厚生労働省令で定める額）

第一条　専門的知識等を有する有期雇用労働者等に関する特別措置法（以下「法」という。）第二条第三項第一号の厚生労働省令で定める額は、千七十五万円とする。

（第一種計画に係る認定の申請）

第二条　法第四条第一項の規定により第一種計画（同項に規定する第一種計画をいう。次条第一項において同じ。）に係る認定を受けようとする事業主は、申請書一通及びその写し一通を、その主たる事業所の所在地を管轄する都道府県労働局長に提出しなければならない。

2　前項の申請書及びその写しには、就業規則その他の書類であって、法第四条第一項に規定する第一種特定有期雇用労働者の特性に応じた雇用管理に関する措置を実施することを明らかにするものを添付しなければならない。

（第一種計画の変更に係る認定の申請）

第三条　法第五条第一項の規定により第一種計画の変更に係る認定を受けようとする同項に規定する第一種認定事業主は、申請書一通及びその写し一通を、その主たる事業所の所在地を管轄する都道府県労働局長に提出しなければならない。

2　前条第二項の規定は、前項の申請書及びその写しについて準用する。

（第二種計画に係る認定の申請）

第四条　法第六条第一項の規定により第二種計画（同項に規定する第二種計画をいう。次条第一項において同じ。）に係る認定を受けようとする事業主は、申請書一通及びその写し一通を、その主たる事業所の所在地を管轄する都道府県労働局長に提出しなければならない。

2　前項の申請書及びその写しには、次に掲げる書類を添付しなければならない。

一　就業規則その他の書類であって、法第六条第一項に規定する第二種特定有期雇用労働者の特性に応じた雇用管理に関する措置を実施することを明らかにするもの

二　就業規則その他の書類であって、高年齢者等の雇用の安定等に関する法律（昭和四十六年法律第六十八号）第九条第一項に規定する高年齢者雇用確保措置を現に講じていることを明らかにするもの

（第二種計画の変更に係る認定の申請）

第五条　法第七条第一項の規定により第二種計画の変更に係る認定を受けようとする同項に規定する第二種認定事業主は、申請書一通及びその写し一通を、その主たる事業所の所在地を管轄する都道府県労働局長に提出しなければならない。

2　前条第二項の規定は、前項の申請書及びその写しについて準用する。

（権限の委任）

第六条　法第十三条第一項の規定により、法第四条第三項（法第五条第三項において準用する場合を含む。）、第五条第二項、第六条第三項（法第七条第三項において準用する場合を含む。）、第七条第二項、第十条及び第十一条の規定による厚生労働大臣の権限は、都道府県労働局長に委任する。

附　則　抄

（施行期日）

1　この省令は、平成二十七年四月一日から施行する。

専門的知識等を有する有期雇用労働者等に関する特別措置法第二条第一項の規定に基づき厚生労働大臣が定める基準

（平成二七年三月一八日　厚生労働省告示第六七号）

沿革　平成二八年一〇月一九日厚生労働省告示第三七七号

専門的知識等を有する有期雇用労働者等に関する特別措置法第二条第一項に規定する専門的な知識、技術又は経験であって、高度のものは、次の各号のいずれかに該当する者が有する専門的な知識、技術又は経験とする。

一　博士の学位（外国において授与されたこれに該当する学位を含む。）を有する者

二　次に掲げるいずれかの資格を有する者

イ　公認会計士
ロ　医師
ハ　歯科医師
ニ　獣医師
ホ　弁護士
ヘ　一級建築士
ト　税理士
チ　薬剤師
リ　社会保険労務士
ヌ　不動産鑑定士
ル　技術士
ヲ　弁理士

三　情報処理の促進に関する法律（昭和四十五年法律第九十号）第二十九条に規定する情報処理技術者試験の区分のうちITストラテジスト試験に合格した者若しくは情報処理技術者試験規則等の一部を改正する省令（平成十九年経済産業省令第七十九号）第二条の規定による改正前の当該区分のうちシステムアナリスト試験に合格した者又はアクチュアリーに関する資格試験（保険業法（平成七年法律第百五号）第百二十二条の二第二項の規定により指定された法人が行う保険数理及び年金数理に関する試験をいう。）に合格した者

四　特許法（昭和三十四年法律第百二十一号）第二条第二項に規定する特許発明の発明者、意匠法（昭和三十四年法律第百二十五号）第二条第四項に規定する登録意匠を創作した者又は種苗法（平成十年法律第八十三号）第二十条第一項に規定する登録品種を育成した者

五　農林水産業若しくは鉱工業の科学技術（人文科学のみに係るものを除く。以下この号において同じ。）若しくは機械、電気、土木若しくは建築に関する科学技術に関する専門的応用能力を必要とする事項についての計画、設計、分析、試験若しくは評価の業務に就こうとする者、情報処理システム（電子計算機を使用して行う情報処理を目的として複数の要素が組み合わされた体系であってプログラムの設計の基本となるものをいう。次号において同じ。）の分析若しくは設計の業務（次号において「システムエンジニアの業務」という。）に就こうとする者又は衣服、室内装飾、工業製品、広告等の新たなデザインの考案の業務に就こうとする者であって、次のいずれかに該当するもの

イ　学校教育法（昭和二十二年法律第二十六号）による大

学（短期大学を除く。）において就こうとする業務に関する学科を修めて卒業した者（昭和二十八年文部省告示第五号に規定する者であって、就こうとする業務に関する学科を修めた者を含む。）であって、就こうとする業務に五年以上従事した経験を有するもの

ロ　学校教育法による短期大学又は高等専門学校において就こうとする業務に関する学科を修めて卒業した者であって、就こうとする業務に六年以上従事した経験を有するもの

ハ　学校教育法による高等学校において就こうとする業務に関する学科を修めて卒業した者であって、就こうとする業務に七年以上従事した経験を有するもの

六　事業運営において情報処理システムを活用するための問題点の把握又はそれを活用するための方法に関する考案若しくは助言の業務に就こうとする者であって、システムエンジニアの業務に五年以上従事した経験を有するもの

七　国、地方公共団体、一般社団法人又は一般財団法人その他これらに準ずるものによりその有する知識、技術又は経験が優れたものであると認定されている者（前各号に掲げる者に準ずる者として厚生労働省労働基準局長が認める者に限る。）

特定有期雇用労働者に係る労働基準法施行規則第五条の特例を定める省令

（平成二七年三月一八日 厚生労働省令第三六号）

沿革 平成三〇年九月七日厚生労働省令第一一二号

（計画対象第一種特定有期雇用労働者に係る労働条件の明示の特例）

第一条 労働基準法第十五条第一項前段の規定により専門的知識等を有する有期雇用労働者等に関する特別措置法（以下「有期特措法」という。）第五条第一項に規定する第一種認定事業主が有期特措法第四条第二項第一号に規定する計画対象第一種特定有期雇用労働者（第三項において「計画対象第一種特定有期雇用労働者」という。）に対して明示しなければならない労働条件（次項において「第一種特定有期労働条件」という。）は、労働基準法施行規則（昭和二十二年厚生省令第二十三号）第五条第一項に規定するもののほか、次に掲げるものとする。

一 有期特措法第八条の規定に基づき適用される労働契約法（平成十九年法律第百二十八号）第十八条第一項の規定の特例の内容に関する事項

二 就業の場所及び従事すべき業務に関する事項（労働基準法施行規則第五条第一項第一号の三に掲げる事項を除き、前号の特例に係る有期特措法第二条第三項第一号に規定する特定有期業務の範囲に関する事項に限る。）

2 第一種特定有期労働条件に係る労働基準法第十五条第一項後段の厚生労働省令で定める事項は、労働基準法施行規則第五条第三項に規定するもののほか、前項各号に掲げる事項とする。

3 前項に規定する事項に係る労働基準法第十五条第一項後段の厚生労働省令で定める方法は、計画対象第一種特定有期雇用労働者に対する前項に規定する事項が明らかとなる書面の交付とする。ただし、当該計画対象第一種特定有期雇用労働者が同項に規定する事項が明らかとなる次のいずれかの方法によることを希望した場合には、当該方法とすることができる。

一 ファクシミリを利用してする送信の方法

二 電子メールその他のその受信をする者を特定して情報を伝達するために用いられる電気通信（電気通信事業法（昭和五十九年法律第八十六号）第二条第一号に規定する電気通信をいう。以下この号において「電子メール等」という。）の送信の方法（当該労働者が当該電子メール等の記録を出力することにより書面を作成することができるものに限る。）

（計画対象第二種特定有期雇用労働者に係る労働条件の明示の特例）

第二条 労働基準法第十五条第一項前段の規定により有期特措法第七条第一項に規定する第二種認定事業主が有期特措法第六条第二項第一号に規定する計画対象第二種特定有期雇用労働者（第三項において「計画対象第二種特定有期雇用労働者」という。）に対して明示しなければならない労働条件（次項において「第二種特定有期労働条件」という。）は、労働基準法施行規則第五条第一項に規定するもののほか、前条第一項第一号に掲げるものとする。

2 第二種特定有期労働条件に係る労働基準法第十五条第一項

後段の厚生労働省令で定める事項は、労働基準法施行規則第五条第三項に規定するもののほか、前条第一項第一号に掲げる事項とする。

3　前項に規定する事項に係る労働基準法第十五条第一項後段の厚生労働省令で定める方法は、計画対象第二種特定有期雇用労働者に対する前項に規定する事項が明らかとなる書面の交付とする。ただし、当該計画対象第二種特定有期雇用労働者が同項に規定する事項が明らかとなる前条第三項各号に掲げるいずれかの方法によることを希望した場合には、当該方法とすることができる。

附　則

この省令は、平成二十七年四月一日から施行する。

科学技術・イノベーション創出の活性化に関する法律　抄

〔平成二〇年六月一一日〕
〔法律第六三号〕

沿革
平成二七年　六月一七日法律第三九号
〃二七年　六月二六日〃第四八号
〃二七年　七月　八日〃第五一号
〃二七年　九月一八日〃第七〇号
〃二八年　五月二〇日〃第四四号
〃三〇年　五月三〇日〃第三三号
〃三〇年一二月一四日〃第九四号
令和　二年　六月二四日〃第六三号
〃　四年　五月二〇日〃第四六号
〃　五年　六月　七日〃第四七号

第一章　総則

（定義）

第二条　この法律において「研究開発」とは、科学技術に関する試験若しくは研究又は科学技術に関する開発をいう。

11　この法律において「研究者等」とは、科学技術に関する研究者及び技術者（研究開発の補助を行う人材を含む。）をいう。

第二章　研究開発等の推進のための基盤の強化

第三節　人事交流の促進等

（労働契約法の特例）

第一五条の二　次の各号に掲げる者の当該各号の労働契約に係る労働契約法（平成十九年法律第百二十八号）第十八条第一項の規定の適用については、同項中「五年」とあるのは、「十年」とする。

一　研究者等であって研究開発法人又は大学等を設置する者との間で期間の定めのある労働契約（以下この条において「有期労働契約」という。）を締結したもの

二　研究開発等に係る企画立案、資金の確保並びに知的財産権の取得及び活用その他の研究開発等に係る運営及び管理に係る業務（専門的な知識及び能力を必要とするものに限る。）に従事する者であって研究開発法人又は大学等を設置する者との間で有期労働契約を締結したもの

三　試験研究機関等、研究開発法人及び大学等以外の者が試験研究機関等、研究開発法人又は大学等との協定その他の契約によりこれらと共同して行う研究開発等（次号において「共同研究開発等」という。）の業務に専ら従事する研究者等であって当該試験研究機関等、研究開発法人及び大学等以外の者との間で有期労働契約を締結したもの

四　共同研究開発等に係る企画立案、資金の確保並びに知的財産権の取得及び活用その他の共同研究開発等に係る運営及び管理に係る業務（専門的な知識及び能力を必要とするものに限る。）に専ら従事する者であって当該共同研究開発等を行う試験研究機関等、研究開発法人及び大学等以外の者との間で有期労働契約を締結したもの

2　前項第一号及び第二号に掲げる者（大学の学生である者を除く。）のうち大学に在学している間に研究開発法人又は大学等を設置する者との間で有期労働契約（当該有期労働契約

の期間のうちに大学に在学している期間を含むものに限る。）を締結していた者の同項第一号及び第二号の労働契約に係る労働契約法第十八条第一項の規定の適用については、当該大学に在学している期間は、同項に規定する通算契約期間に算入しない。

附　則　抄

（施行期日）

第一条　この法律は、公布の日から起算して六月を超えない範囲内において政令で定める日から施行する。〈後略〉

大学の教員等の任期に関する法律　抄

〔平成九年六月一三日 法律第八二号〕

沿革
平成一四年　五月二九日法律第　四八号
〃　**一五年　七月一六日　〃　第一一七号**
〃　一五年　七月一六日　〃　第一一九号
〃　一七年　七月一五日　〃　第　八三号
〃　一八年　三月三一日　〃　第　二四号
〃　二一年　三月三一日　〃　第　一八号
〃　二五年一二月一三日　〃　第　九九号
〃　二六年　五月一四日　〃　第　三四号
〃　二七年　五月二七日　〃　第　二七号
〃　三〇年一二月一四日　〃　第　九四号

第四条　任命権者は、前条第一項の教員の任期に関する規則が定められている大学について、教育公務員特例法第十条第一項の規定に基づきその教員を任用する場合において、次の各号のいずれかに該当するときは、任期を定めることができる。

一　先端的、学際的又は総合的な教育研究であることその他の当該教育研究組織で行われる教育研究の分野又は方法の特性に鑑み、多様な人材の確保が特に求められる教育研究組織の職に就けるとき。

二　助教の職に就けるとき。

三　大学が定め又は参画する特定の計画に基づき期間を定めて教育研究を行う職に就けるとき。

2　任命権者は、前項の規定により任期を定めて教員を任用する場合には、当該任用される者の同意を得なければならない。

（国立大学、公立大学法人の設置する大学又は私立大学の教員の任期）

第五条　国立大学法人、公立大学法人又は学校法人は、当該国立大学法人、公立大学法人又は学校法人の設置する大学の教員について、前条第一項各号のいずれかに該当するときは、労働契約において任期を定めることができる。

2　国立大学法人、公立大学法人又は学校法人は、前項の規定により教員との労働契約において任期を定めようとするときは、あらかじめ、当該大学に係る教員の任期に関する規則を定めておかなければならない。

3　公立大学法人（地方独立行政法人法第七十一条第一項ただし書の規定の適用を受けるものに限る。）又は学校法人は、前項の教員の任期に関する規則を定め、又はこれを変更しようとするときは、当該大学の学長の意見を聴くものとする。

4　国立大学法人、公立大学法人又は学校法人は、第二項の教員の任期に関する規則を定め、又はこれを変更したときは、これを公表するものとする。

5　第一項の規定により定められた任期は、教員が当該任期中（当該任期が始まる日から一年以内の期間を除く。）にその意思により退職することを妨げるものであってはならない。

（大学共同利用機関法人等の職員への準用）

第六条　前条（第三項を除く。）の規定は、大学共同利用機関法人等の職員のうち専ら研究又は教育に従事する者について準用する。

（労働契約法の特例）

第七条　第五条第一項（前条において準用する場合を含む。）の規定による任期の定めがある労働契約を締結した教員等の当該労働契約に係る労働契約法（平成十九年法律第百二十八号）第十八条第一項の規定の適用については、同項中「五年」とあるのは、「十年」とする。

2　前項の教員等のうち大学に在学している間に国立大学法人、公立大学法人若しくは学校法人又は大学共同利用機関法人等との間で期間の定めのある労働契約（当該労働契約の期間のうちに大学に在学している期間を含むものに限る。）を締結していた者の同項の労働契約に係る労働契約法第十八条第一項の規定の適用については、当該大学に在学している期間は、同項に規定する通算契約期間に算入しない。

附　則

この法律は、公布の日から起算して三月を超えない範囲内において政令で定める日から施行する。

個別労働関係紛争の解決の促進に関する法律

（平成一三年七月一一日 法律第一一二号）

沿革 平成一四年 五月三一日法律第 五四号
〃 一四年 七月三一日 〃 第 九八号
〃 一五年 七月一六日 〃 第一一九号
〃 一六年一一月一七日 〃 第一四〇号
〃 二〇年 五月 二日 〃 第 二六号
〃 二四年 六月二七日 〃 第 四二号
〃 二六年 六月一三日 〃 第 六七号
〃 二九年 六月 二日 〃 第 四五号
令和 四年 六月一七日 〃 第 六八号

（目的）

第一条 この法律は、労働条件その他労働関係に関する事項についての個々の労働者と事業主との間の紛争（労働者の募集及び採用に関する事項についての個々の求職者と事業主との間の紛争を含む。以下「個別労働関係紛争」という。）について、あっせんの制度を設けること等により、その実情に即した迅速かつ適正な解決を図ることを目的とする。

（紛争の自主的解決）

第二条 個別労働関係紛争が生じたときは、当該個別労働関係紛争の当事者は、早期に、かつ、誠意をもって、自主的な解決を図るように努めなければならない。

（労働者、事業主等に対する情報提供等）

第三条 都道府県労働局長は、個別労働関係紛争を未然に防止し、及び個別労働関係紛争の自主的な解決を促進するため、労働者、求職者又は事業主に対し、労働関係に関する事項並びに労働者の募集及び採用に関する事項についての情報の提供、相談その他の援助を行うものとする。

（当事者に対する助言及び指導）

第四条 都道府県労働局長は、個別労働関係紛争（労働関係調整法（昭和二十一年法律第二十五号）第六条に規定する労働争議に当たる紛争及び行政執行法人の労働関係に関する法律（昭和二十三年法律第二百五十七号）第二十六条第一項に規定する紛争を除く。）に関し、当該個別労働関係紛争の当事者の双方又は一方からその解決につき援助を求められた場合には、当該個別労働関係紛争の当事者に対し、必要な助言又は指導をすることができる。

2 都道府県労働局長は、前項に規定する助言又は指導をするため必要があると認めるときは、広く産業社会の実情に通じ、かつ、労働問題に関し専門的知識を有する者の意見を聴くものとする。

3 事業主は、労働者が第一項の援助を求めたことを理由として、当該労働者に対して解雇その他不利益な取扱いをしてはならない。

（あっせんの委任）

第五条 都道府県労働局長は、前条第一項に規定する個別労働関係紛争（労働者の募集及び採用に関する事項についての紛争を除く。）について、当該個別労働関係紛争の当事者（以下「紛争当事者」という。）の双方又は一方からあっせんの申請があった場合において当該個別労働関係紛争の解決のために必要があると認めるときは、紛争調整委員会にあっせんを行わせるものとする。

2 前条第三項の規定は、労働者が前項の申請をした場合について準用する。

（委員会の設置）

第六条 都道府県労働局に、紛争調整委員会（以下「委員会」という。）を置く。

2　委員会は、前条第一項のあっせんを行う機関とする。

（委員会の組織）

第七条　委員会は、三人以上政令で定める人数以内の委員をもって組織する。

2　委員は、学識経験を有する者のうちから、厚生労働大臣が任命する。

3　委員会に会長を置き、委員の互選により選任する。

4　会長は会務を総理する。

5　会長に事故があるときは、委員のうちからあらかじめ互選された者がその職務を代理する。

（委員の任期等）

第八条　委員の任期は、二年とする。ただし、補欠の委員の任期は、前任者の残任期間とする。

2　委員は、再任されることができる。

3　委員は、後任の委員が任命されるまでその職務を行う。

4　委員は、非常勤とする。

（委員の欠格条項）

第九条　次の各号のいずれかに該当する者は、委員となることができない。

一　破産者で復権を得ないもの

二 **現** 禁錮以上の刑に処せられ、その執行を終わり、又はその執行を受けることがなくなった日から五年を経過しない者

新［令和七年六月一日から施行］

二　拘禁刑以上の刑に処せられ、その執行を終わり、又はその執行を受けることがなくなった日から五年を経過しない者

2　委員が前項各号のいずれかに該当するに至ったときは、当然失職する。

（委員の解任）

第一〇条　厚生労働大臣は、委員が次の各号のいずれかに該当するときは、その委員を解任することができる。

一　心身の故障のため職務の執行に堪えないと認められるとき。

二　職務上の義務違反その他委員たるに適しない非行があると認められるとき。

（会議及び議決）

第一一条　委員会の会議は、会長が招集する。

2　委員会は、会長又は第七条第五項の規定により会長を代理する者のほか、委員の過半数が出席しなければ、会議を開き、議決をすることができない。

3　委員会の議事は、出席者の過半数をもって決する。可否同数のときは、会長が決する。

（あっせん）

第一二条　委員会によるあっせんは、委員のうちから会長が事件ごとに指名する三人のあっせん委員によって行う。

2　あっせん委員は、紛争当事者間をあっせんし、双方の主張の要点を確かめ、実情に即して事件が解決されるように努めなければならない。

第一三条　あっせん委員は、紛争当事者から意見を聴取するほか、必要に応じ、参考人から意見を聴取し、又はこれらの者から意見書の提出を求め、事件の解決に必要なあっせん案を作成し、これを紛争当事者に提示することができる。

2　前項のあっせん案の作成は、あっせん委員の全員一致をもって行うものとする。

第一四条　あっせん委員は、紛争当事者からの申立てに基づき必要があると認めるときは、当該委員会が置かれる都道府県労働局の管轄区域内の主要な労働者団体又は事業主団体が指

名する関係労働者を代表する者又は関係事業主を代表する者から当該事件につき意見を聴くものとする。

第一五条　あっせん委員は、あっせんに係る紛争について、あっせんによっては紛争の解決の見込みがないと認めるときは、あっせんを打ち切ることができる。

（時効の完成猶予）

第一六条　前条の規定によりあっせんが打ち切られた場合において、当該あっせんの申請をした者がその旨の通知を受けた日から三十日以内にあっせんの目的となった請求について訴えを提起したときは、時効の完成猶予に関しては、あっせんの申請の時に、訴えの提起があったものとみなす。

（資料提供の要求等）

第一七条　委員会は、当該委員会に係属している事件の解決のために必要があると認めるときは、関係行政庁に対し、資料の提供その他必要な協力を求めることができる。

（あっせん状況の報告）

第一八条　委員会は、都道府県労働局長に対し、厚生労働省令で定めるところにより、あっせんの状況について報告しなければならない。

（厚生労働省令への委任）

第一九条　この法律に定めるもののほか、委員会及びあっせんの手続に関し必要な事項は、厚生労働省令で定める。

（地方公共団体の施策等）

第二〇条　地方公共団体は、国の施策と相まって、当該地域の実情に応じ、個別労働関係紛争を未然に防止し、及び個別労働関係紛争の自主的な解決を促進するため、労働者、求職者又は事業主に対する情報の提供、相談、あっせんその他の必要な施策を推進するように努めるものとする。

2　国は、地方公共団体が実施する前項の施策を支援するため、情報の提供その他の必要な措置を講ずるものとする。

3　第一項の施策として、地方自治法（昭和二十二年法律第六十七号）第百八十条の二の規定に基づく都道府県知事の委任を受けて都道府県労働委員会が行う場合には、中央労働委員会は、当該都道府県労働委員会に対し、必要な助言又は指導をすることができる。

（船員に関する特例）

第二一条　船員職業安定法（昭和二十三年法律第百三十号）第六条第一項に規定する船員及び同項に規定する船員になろうとする者に関しては、第三条、第四条第一項及び第二項並びに第五条第一項中「都道府県労働局長」とあるのは「地方運輸局長（運輸監理部長を含む。）」と、同項中「紛争調整委員会」とあるのは「第二十一条第三項のあっせん員候補者名簿に記載されている者のうちから指名するあっせん員」とする。

2　前項の規定により読み替えられた第五条第一項の規定により指名を受けてあっせん員が行うあっせんについては、第六条から第十九条までの規定は、適用しない。

3　地方運輸局長（運輸監理部長を含む。）は、第一項の規定により読み替えられた第五条第一項の規定により指名するあっせん員にあっせんを行わせるため、二年ごとに、学識経験を有する者のうちからあっせん員候補者三人以上を委嘱し、あっせん員候補者名簿を作成しておかなければならない。

4　第九条及び第十二条から第十九条までの規定は、第二項のあっせんについて準用する。この場合において、第九条第一項中「委員」とあるのは「あっせん員候補者」と、同条第二項中「委員」とあるのは「あっせん員又はあっせん員候補者」と、「当然失職する」とあるのは「その地位を失う」と、第十二条から第十五条までの規定中「あっせん委員」とあり、並びに第十二条第一項、第十八条及び第十九条中「委員会」とあるのは「あっせん員」と、第十二条第一項中「委員の」とあるのは「あっせん員候補者名簿に記載されている者の」

と、「会長」とあるのは「当該あっせん員候補者名簿を作成した地方運輸局長（運輸監理部長を含む。）」と、第十四条中「当該委員会が置かれる都道府県労働局」とあるのは「当該あっせん員を指名した地方運輸局長（運輸監理部長を含む。）が置かれる地方運輸局（運輸監理部を含む。）」と、第十七条中「委員会は」とあるのは「あっせん員は」と、「当該委員会に係属している」とあるのは「当該あっせん員が取り扱っている」と、第十八条中「都道府県労働局長」とあるのは「地方運輸局長（運輸監理部長を含む。）」と、同条及び第十九条中「厚生労働省令」とあるのは「国土交通省令」と読み替えるものとする。

5　第一項の規定により読み替えられた第三条、第四条第一項及び第二項並びに第五条第一項並びに前項の規定により読み替えて準用される第十八条に規定する地方運輸局長（運輸監理部長を含む。）の権限は、国土交通省令で定めるところにより、運輸支局長又は地方運輸局、運輸監理部若しくは運輸支局の事務所の長に委任することができる。

（適用除外）

第二二条　この法律は、国家公務員及び地方公務員については、適用しない。ただし、行政執行法人の労働関係に関する法律第二条第二号の職員、地方公営企業法（昭和二十七年法律第二百九十二号）第十五条第一項の企業職員、地方独立行政法人法（平成十五年法律第百十八号）第四十七条の職員及び地方公務員法（昭和二十五年法律第二百六十一号）第五十七条に規定する単純な労務に雇用される一般職に属する地方公務員であって地方公営企業等の労働関係に関する法律（昭和二十七年法律第二百八十九号）第三条第四号の職員以外のものの勤務条件に関する事項についての紛争については、この限りでない。

附　則　抄

（施行期日）

第一条　この法律は、平成十三年十月一日から施行する。

個別労働関係紛争の解決の促進に関する法律施行規則

（平成一三年九月一九日厚生労働省令第一九一号）

沿革　平成一五年　四月　一日厚生労働省令第七七号
〃　一六年一二月　九日〃　第一六五号
〃　二〇年　三月三一日〃　第七五号
〃　二二年　四月　一日〃　第六一号
〃　二四年　四月　二日〃　第七三号
〃　二八年　三月三一日〃　第八〇号
〃　三〇年　三月二九日〃　第四二号
令和　二年一二月二五日〃　第二〇八号
〃　五年　三月三〇日〃　第四三号

（委員会の名称）

第一条　紛争調整委員会（以下「委員会」という。）の名称は、その置かれる都道府県労働局の所在する都道府県の名を冠する。

（委員会の委員の数）

第二条　委員会の委員の数は、東京紛争調整委員会にあっては三十六人、大阪紛争調整委員会にあっては二十一人、愛知紛争調整委員会にあっては十五人、北海道紛争調整委員会、埼玉紛争調整委員会、千葉紛争調整委員会及び神奈川紛争調整委員会にあっては十二人、茨城紛争調整委員会、長野紛争調整委員会、静岡紛争調整委員会、京都紛争調整委員会、兵庫紛争調整委員会、奈良紛争調整委員会及び福岡紛争調整委員会にあっては九人、その他の委員会にあっては六人とする。

（委員会の庶務）

第三条　委員会の庶務は、その置かれる都道府県労働局雇用環境・均等部（北海道労働局、埼玉労働局、東京労働局、神奈川労働局、愛知労働局、大阪労働局、兵庫労働局及び福岡労働局以外の都道府県労働局にあっては、雇用環境・均等室。）において処理する。

（あっせんの申請）

第四条　個別労働関係紛争の解決の促進に関する法律（以下「法」という。）第五条第一項のあっせん（以下「あっせん」という。）の申請をしようとする者は、あっせん申請書（様式第一号）を当該あっせんに係る個別労働関係紛争の当事者（以下「紛争当事者」という。）である労働者に係る事業場の所在地を管轄する都道府県労働局の長に提出しなければならない。

（あっせんの委任）

第五条　都道府県労働局長は、委員会にあっせんを行わせることとしたときは、遅滞なく、その旨を委員会の会長に通知するものとする。

2　都道府県労働局長は、あっせんの申請があった場合において、事件がその性質上あっせんをするのに適当でないと認めるとき、又は紛争当事者が不当な目的でみだりにあっせんの申請をしたと認めるときは、委員会にあっせんを行わせないものとする。

3　都道府県労働局長は、委員会にあっせんを行わせないこととしたときは、様式第二号により、あっせんを申請した紛争当事者（以下「申請人」という。）に対し、遅滞なく、その旨を通知するものとする。

（あっせんの開始）

第六条　会長は、前条第一項の通知を受けたときは、委員のうちから、当該事件を担当する三人のあっせん委員（以下「あっせん委員」という。）を指名するものとする。

2　会長は、申請人に対しては様式第三号により、紛争当事者の一方からあっせんの申請があったときの他の紛争当事者（以下「被申請人」という。）に対しては様式第四号により、あっせんを開始する旨及びあっせん委員の氏名を通知するものとする。

（あっせん手続の実施の委任）

第七条　あっせん委員は、必要があると認めるときは、あっせんの手続の一部を特定のあっせん委員に行わせることができる。

2　あっせん委員は、必要があると認めるときは、当該事件の事実の調査を都道府県労働局雇用環境・均等部（北海道労働局、埼玉労働局、東京労働局、神奈川労働局、愛知労働局、大阪労働局、兵庫労働局及び福岡労働局以外の都道府県労働局にあっては、雇用環境・均等室。）の職員に行わせることができる。

（あっせん期日等）

第八条　あっせん委員は、あっせんの期日を定め、紛争当事者に対して通知するものとする。

2　前項の規定によりあっせんの期日を指定された紛争当事者は、あっせん委員の許可を得て、補佐人を伴って出席することができる。

3　紛争当事者は、あっせんの期日における意見の陳述等を他人に代理させる場合には、代理人の氏名、住所及び職業を記載した書面に、代理権授与の事実を証明する書面を添付して、あっせん委員に提出し、許可を得なければならない。

（あっせん案の提示）

第九条　あっせん委員は、紛争当事者の双方からあっせん案の提示を求められた場合には、あっせん案を作成し、これを紛争当事者の双方に提示するものとする。

2　紛争当事者は、あっせん案を受諾したときは、その旨及び氏名又は名称を記載した書面をあっせん委員に提出しなければならない。

（関係労使を代表する者からの意見聴取）

第一〇条　あっせん委員は、次の各号のいずれかに該当するときは、法第十四条の規定に基づき、関係労働者を代表する者又は関係事業主を代表する者から意見を聴くものとする。

一　紛争当事者の双方から申立てがあったとき。

二　紛争当事者の一方から申立てがあった場合で、紛争当事者に係る企業又は当該企業に係る業界若しくは地域の最近の雇用の実態等について、紛争当事者の他に関係労働者を代表する者又は関係事業主を代表する者から意見を聴く必要があると認めるとき。

（関係労使を代表する者の指名）

第一一条　あっせん委員は、法第十四条の規定に基づき意見を聴く場合には、当該委員会が置かれる都道府県労働局の管轄区域内の主要な労働者団体又は事業主団体に対して、期限を付して関係労働者を代表する者又は関係事業主を代表する者の指名を求めるものとする。

2　前項の求めがあった場合には、当該労働者団体又は事業主団体は、当該事件につき意見を述べる者の氏名及び住所をあっせん委員に通知するものとする。

（あっせんの打切り）

第一二条　あっせん委員は、次の各号のいずれかに該当するときは、法第十五条の規定に基づき、あっせんを打ち切ることができる。

一　第六条第二項の通知を受けた被申請人が、あっせんの手続に参加する意思がない旨を表明したとき。

二　第九条第一項の規定に基づき提示されたあっせん案について、紛争当事者の一方又は双方が受諾しないとき。

三　紛争当事者の一方又は双方があっせんの打切りを申し出

たとき。

四　法第十四条の規定による意見聴取その他あっせんの手続の進行に関して紛争当事者間で意見が一致しないため、あっせんの手続の進行に支障があると認めるとき。

五　前各号に掲げるもののほか、あっせんによっては紛争の解決の見込みがないと認めるとき。

2　あっせん委員は、前項の規定によりあっせんを打ち切ったときは、様式第五号（第七条第一項の規定によりあっせん委員に行わせる場合にあっては、様式第五号の二）により、紛争当事者の双方に対し、遅滞なく、その旨を通知するものとする。

（あっせんの記録）

第一三条　あっせん委員は、都道府県労働局雇用環境・均等部（北海道労働局、埼玉労働局、東京労働局、神奈川労働局、愛知労働局、大阪労働局、兵庫労働局及び福岡労働局以外の都道府県労働局にあっては、雇用環境・均等室。）の職員に、あっせんの手続に関する記録を作成させるものとする。ただし、あっせん委員がその必要がないと認めたときは、この限りでない。

（手続の非公開）

第一四条　あっせん委員が行うあっせんの手続は、公開しない。

（都道府県労働局長への報告）

第一五条　委員会は、その行うあっせんの事件が終了したときは、都道府県労働局長に対し、速やかに、次に掲げる事項を報告しなければならない。

一　事件を担当したあっせん委員の氏名

二　事件の概要

三　あっせんの経過及び結果

附　則　抄

（施行期日）

第一条　この省令は、法の施行の日（平成十三年十月一日）から施行する。

労働審判法

〔平成一六年五月一二日
法律第四五号〕

沿革　平成二三年五月　二日法律第三六号
〃二三年五月二五日〃第五三号
令和　四年五月二五日〃第四八号
〃　四年六月一七日〃第六八号
〃　五年六月一四日〃第五三号

（目的）

第一条　この法律は、労働契約の存否その他の労働関係に関する事項について個々の労働者と事業主との間に生じた民事に関する紛争（以下「個別労働関係民事紛争」という。）に関し、裁判所において、裁判官及び労働関係に関する専門的な知識経験を有する者で組織する委員会が、当事者の申立てにより、事件を審理し、調停の成立による解決の見込みがある場合にはこれを試み、その解決に至らない場合には、労働審判（個別労働関係民事紛争について当事者間の権利関係を踏まえつつ事案の実情に即した解決をするために必要な審判をいう。以下同じ。）を行う手続（以下「労働審判手続」という。）を設けることにより、紛争の実情に即した迅速、適正かつ実効的な解決を図ることを目的とする。

（管轄）

第二条　労働審判手続に係る事件（以下「労働審判事件」という。）は、相手方の住所、居所、営業所若しくは事務所の所在地を管轄する地方裁判所、個別労働関係民事紛争が生じた労働者と事業主との間の労働関係に基づいて当該労働者が現に就業し若しくは最後に就業した当該事業主の事業所の所在地を管轄する地方裁判所又は当事者が合意で定める地方裁判所の管轄とする。

2　労働審判事件は、日本国内に相手方（法人その他の社団又は財団を除く。）の住所及び居所がないとき、又は住所及び居所が知れないときは、その最後の住所地を管轄する地方裁判所の管轄に属する。

3　労働審判事件は、相手方が法人その他の社団又は財団（外国の社団又は財団を除く。）である場合において、日本国内にその事務所若しくは営業所がないとき、又はその事務所若しくは営業所の所在地が知れないときは、代表者その他の主たる業務担当者の住所地を管轄する地方裁判所の管轄に属する。

4　労働審判事件は、相手方が外国の社団又は財団である場合において、日本国内にその事務所又は営業所がないときは、日本における代表者その他の主たる業務担当者の住所地を管轄する地方裁判所の管轄に属する。

（移送）

第三条　裁判所は、労働審判事件の全部又は一部がその管轄に属しないと認めるときは、申立てにより又は職権で、これを管轄裁判所に移送する。

2　裁判所は、労働審判事件がその管轄に属する場合においても、事件を処理するために適当と認めるときは、申立てにより又は職権で、当該労働審判事件の全部又は一部を他の管轄裁判所に移送することができる。

（代理人）

第四条　労働審判手続については、法令により裁判上の行為をすることができる代理人のほか、弁護士でなければ代理人となることができない。ただし、裁判所は、当事者の権利利益の保護及び労働審判手続の円滑な進行のために必要かつ相当と認めるときは、弁護士でない者を代理人とすることを許可することができる。

2　裁判所は、前項ただし書の規定による許可を取り消すことができる。

（労働審判手続の申立て）

第五条　当事者は、個別労働関係民事紛争の解決を図るため、裁判所に対し、労働審判手続の申立てをすることができる。

2　前項の申立ては、申立書を裁判所に提出してしなければならない。

3　前項の申立書には、次に掲げる事項を記載しなければならない。

一　当事者及び法定代理人

二　申立ての趣旨及び理由

（不適法な申立ての却下）

第六条　裁判所は、労働審判手続の申立てが不適法であると認めるときは、決定で、その申立てを却下しなければならない。

（労働審判委員会）

第七条　裁判所は、労働審判官一人及び労働審判員二人で組織する労働審判委員会で労働審判手続を行う。

（労働審判官の指定）

第八条　労働審判官は、地方裁判所が当該地方裁判所の裁判官の中から指定する。

（労働審判員）

第九条　労働審判員は、この法律の定めるところにより、労働審判委員会が行う労働審判手続に関与し、中立かつ公正な立場において、労働審判事件を処理するために必要な職務を行う。

2　労働審判員は、労働関係に関する専門的な知識経験を有する者のうちから任命する。

3　労働審判員は、非常勤とし、前項に規定するもののほか、その任免に関し必要な事項は、最高裁判所規則で定める。

4　労働審判員には、別に法律で定めるところにより手当を支給し、並びに最高裁判所規則で定める額の旅費、日当及び宿泊料を支給する。

（労働審判員の指定）

第一〇条　労働審判委員会を組織する労働審判員は、労働審判事件ごとに、裁判所が指定する。

2　裁判所は、前項の規定により労働審判員を指定するに当たっては、労働審判員の有する知識経験その他の事情を総合的に勘案し、労働審判委員会における労働審判員の構成について適正を確保するように配慮しなければならない。

（労働審判員の除斥）

第一一条　労働審判員の除斥については、非訟事件手続法（平成二十三年法律第五十一号）第十一条並びに第十三条第二項、第四項、第八項及び第九項の規定（忌避に関する部分を除く。）を準用する。

2　労働審判員の除斥についての裁判は、労働審判員の所属する地方裁判所がする。

（決議等）

第一二条　労働審判委員会の決議は、過半数の意見による。

2　労働審判委員会の評議は、秘密とする。

（労働審判手続の指揮）

第一三条　労働審判手続は、労働審判官が指揮する。

（労働審判手続の期日等）

第一四条　労働審判官は、労働審判手続の期日を定めて、事件の関係人を呼び出さなければならない。

2 **現**　裁判所書記官は、前項の期日について、その経過の要領を記録上明らかにしなければならない。

3 **現**　裁判所書記官は、労働審判官が命じた場合には、第一項の期日について、調書を作成しなければならない。

新［公布の日から起算して五年を超えない範囲内において政令で定める日から施行］

2　裁判所書記官は、前項の期日について、その経過の要領を裁判所の使用に係る電子計算機（入出力装置を含む。以下同じ。）に備えられたファイル（第二十六条の二第二項及び第三項並びに第二十六条の三を除き、以下単に「ファイル」という。）に記録しなければならない。

3　裁判所書記官は、労働審判官が命じた場合には、第一項の期日について、最高裁判所規則で定めるところにより、電子調書（期日又は期日外における手続の方式、内容及び経過等の記録及び公証をするためにこの法律その他の法令の規定により裁判所書記官が作成する電磁的記録（電子的方式、磁気的方式その他人の知覚によっては認識することができない方式で作られる記録であって、電子計算機による情報処理の用に供されるものをいう。以下同じ。）をいう。次項並びに第二十条第七項及び第八項において同じ。）を作成しなければならない。

4　裁判所書記官は、前項の規定により電子調書を作成したときは、最高裁判所規則で定めるところにより、これをファイルに記録しなければならない。

（迅速な手続）

第一五条　労働審判委員会は、速やかに、当事者の陳述を聴いて争点及び証拠の整理をしなければならない。

2　労働審判手続においては、特別の事情がある場合を除き、三回以内の期日において、審理を終結しなければならない。

（手続の非公開）

第一六条　労働審判手続は、公開しない。ただし、労働審判委員会は、相当と認める者の傍聴を許すことができる。

（証拠調べ等）

第一七条　労働審判委員会は、職権で事実の調査をし、かつ、申立てにより又は職権で、必要と認める証拠調べをすることができる。

2　**現**　証拠調べについては、民事訴訟の例による。

新　［公布の日から起算して四年を超えない範囲内において政令で定める日から施行］

2　証拠調べについては、民事訴訟法（平成八年法律第百九号）第二編第四章（第百七十九条、第百八十二条、第百八十五条第一項後段、第二項及び第三項、第百八十八条、第百八十九条、第百九十二条から第百九十五条まで（これらの規定を同法第二百一条第五項、第二百十条及び第二百十六条において準用する場合を含む。）、第二百条、第二百二条（同法第二百十条において準用する場合を含む。）、第二百五条第二項、第二百六条（同法第二百十条において準用する場合を含む。）、第二百七条第二項、第二百八条、第二百九条、第二百十五条第二項、第二百十五条の二第二項から第四項まで、第二百十五条の四、第二百二十四条（同法第二百二十九条第二項、第二百三十一条の三第一項及び第二百三十二条第一項において準用する場合を含む。）、第二百二十五条、第二百二十七条第二項、第二百二十九条第四項から第六項まで、第二百三十条、第二百三十二条第二項及び第三項、第二百三十二条の二並びに第二百三十九条を除く。）の規定を準用する。この場合において、同法第二百五条第三項中「事項又は前項の規定によりファイルに記録された事項若しくは同項の記録媒体に記録された事項」とあり、及び同法第二百十五条第四項中「事項又は第二項の規定によりファイルに記録された事項若しくは同項の記録媒体に記録された事項」とあるのは「事項」と、同法第二百三十一条の二第二項中「方法又は最高裁判所規則で定める電子情報処理組織を使用する方法」とあるのは「方法」と、同法第二百三十一条の三第二項中「若しくは送付し、又は最高裁判所規則で定める電子情報処理組織を使用する」とあるのは「又は送付する」と読み替えるものとする。

新新［公布の日から起算して五年を超えない範囲内において政令で定める日から施行］

2　証拠調べについては、民事訴訟法（平成八年法律第百九号）第二編第四章（第百七十九条、第百八十二条、第百八十五条第一項後段及び第二項、第百八十八条、第百八十九条、第百九十二条から第百九十五条まで（これらの規定を同法第二百一条第五項、第二百十条及び第二百十六条において準用する場合を含む。）、第二百条、第二百二条（同法第二百十条において準用する場合を含む。）、第二百六条（同法第二百十条において準用する場合を含む。）、第二百七条第二項、第二百八条、第二百九条、第二百十五条の二第二項から第四項まで、第二百十五条の四、第二百二十四条（同法第二百二十九条第二項、第二百三十一条の三第一項及び第二百三十二条第一項において準用する場合を含む。）、第二百二十五条、第二百二十九条第四項から第六項まで、第二百三十条、第二百三十二条第二項及び第三項並びに第二百三十九条を除く。）の規定を準用する。

（調停が成立した場合の費用の負担）

第一八条　各当事者は、調停が成立した場合において、その支出した費用のうち調停条項中に費用の負担についての定めがないものを自ら負担するものとする。

（審理の終結）

第一九条　労働審判委員会は、審理を終結するときは、労働審判手続の期日においてその旨を宣言しなければならない。

（労働審判）

第二〇条　労働審判委員会は、審理の結果認められる当事者間の権利関係及び労働審判手続の経過を踏まえて、労働審判を行う。

2　労働審判においては、当事者間の権利関係を確認し、金銭の支払、物の引渡しその他の財産上の給付を命じ、その他個別労働関係民事紛争の解決をするために相当と認める事項を定めることができる。

3　**現**　労働審判は、主文及び理由の要旨を記載した審判書を作成して行わなければならない。

4　**現**　前項の審判書は、当事者に送達しなければならない。この場合においては、労働審判の効力は、当事者に送達された時に生ずる。

新［公布の日から起算して五年を超えない範囲内において政令で定める日から施行］

3　労働審判は、最高裁判所規則で定めるところにより、電子審判書（労働審判の主文及び理由の要旨を記録した電磁的記録をいう。以下同じ。）を作成し、ファイルに記録して行わなければならない。

4　電子審判書（前項の規定によりファイルに記録されたものに限る。次項、次条第一項及び第二十三条第一項において同じ。）は、当事者に送達しなければならない。この場合においては、労働審判の効力は、当事者に送達された時に生ずる。

5 現 前項の規定による審判書の送達については、民事訴訟法（平成八年法律第百九号）第一編第五章第四節（第百四条及び第百十条から第百十三条までを除く。）の規定を準用する。

新［公布の日から起算して四年を超えない範囲内において政令で定める日から施行］

5 前項の規定による審判書の送達については、民事訴訟法第一編第五章第四節（第百条第二項、第百四条、第三款及び第四款を除く。）の規定を準用する。

新新［公布の日から起算して五年を超えない範囲内において政令で定める日から施行］

5 前項の規定による電子審判書の送達については、民事訴訟法第一編第五章第四節（第百四条、第百九条の二第二項後段及び第四款を除く。）及び第二百五十五条第二項の規定を準用する。

6 現 労働審判委員会は、相当と認めるときは、第三項の規定にかかわらず、審判書の作成に代えて、すべての当事者が出頭する労働審判手続の期日において労働審判の主文及び理由の要旨を口頭で告知する方法により、労働審判を行うことができる。この場合においては、労働審判の効力は、告知された時に生ずる。

7 現 裁判所は、前項前段の規定により労働審判が行われたときは、裁判所書記官に、その主文及び理由の要旨を、調書に記載させなければならない。

新［公布の日から起算して五年を超えない範囲内において政令で定める日から施行］

6 労働審判委員会は、相当と認めるときは、第三項の規定にかかわらず、電子審判書の作成に代えて、全ての当事者が出頭する労働審判手続の期日において労働審判の主文及び理由の要旨を口頭で告知する方法により、労働審判を行うことができる。この場合においては、労働審判の効力は、告知された時に生ずる。

7 裁判所は、前項前段の規定により労働審判が行われたときは、裁判所書記官に、その主文及び理由の要旨を、電子調書に記録させなければならない。

8 前項の電子調書（第十四条第四項の規定によりファイルに記録されたものに限る。）は、当事者に送付しなければならない。

（異議の申立て等）

第二一条 現 当事者は、労働審判に対し、前条第四項の規定による審判書の送達又は同条第六項の規定による労働審判の告知を受けた日から二週間の不変期間内に、裁判所に異議の申立てをすることができる。

新［公布の日から起算して五年を超えない範囲内において政令で定める日から施行］

（異議の申立て等）

第二一条 当事者は、労働審判に対し、前条第四項の規定による電子審判書の送達又は同条第六項の規定による労働審判の告知を受けた日から二週間の不変期間内に、裁判所に異議の申立てをすることができる。

2　裁判所は、異議の申立てが不適法であると認めるときは、決定で、これを却下しなければならない。

3　適法な異議の申立てがあったときは、労働審判は、その効力を失う。

4　適法な異議の申立てがないときは、労働審判は、裁判上の和解と同一の効力を有する。

5　前項の場合において、各当事者は、その支出した費用のうち労働審判に費用の負担についての定めがないものを自ら負担するものとする。

（訴え提起の擬制）

第二二条　労働審判に対し適法な異議の申立てがあったときは、労働審判手続の申立てに係る請求については、当該労働審判手続の申立ての時に、当該労働審判が行われた際に労働審判事件が係属していた地方裁判所に訴えの提起があったものとみなす。この場合において、当該請求について民事訴訟法第一編第二章第一節の規定により日本の裁判所が管轄権を有しないときは、提起があったものとみなされた訴えを却下するものとする。

2　前項の規定により訴えの提起があったものとみなされる事件（同項後段の規定により却下するものとされる訴えに係るものを除く。）は、同項の地方裁判所の管轄に属する。

3　**現**　第一項の規定により訴えの提起があったものとみなされたときは、民事訴訟法第百三十七条、第百三十八条及び第百五十八条の規定の適用については、第五条第二項の申立書を訴状とみなす。

新［公布の日から起算して四年を超えない範囲内において政令で定める日から施行］

3　第一項の規定により訴えの提起があったものとみなされたときは、民事訴訟法第百三十七条から第百三十八条まで及び第百三十八条の規定の適用については、第五条第二項の申立書を訴状とみなす。

（労働審判の取消し）

第二三条　第二十条第四項の規定により審判書を送達すべき場合において、次に掲げる事由があるときは、裁判所は、決定で、労働審判を取り消さなければならない。

一　**現**　当事者の住所、居所その他送達をすべき場所が知れないこと。

新［公布の日から起算して五年を超えない範囲内において政令で定める日から施行］

一　当事者の住所、居所その他送達をすべき場所が知れないこと（第二十条第五項において準用する民事訴訟法第百九条の二の規定により送達をすることができる場合を除く。）。

二　第二十条第五項において準用する民事訴訟法第百七条第一項の規定により送達をすることができないこと。

三　外国においてすべき送達について、第二十条第五項において準用する民事訴訟法第百八条の規定によることができず、又はこれによっても送達をすることができないと認められること。

四　第二十条第五項において準用する民事訴訟法第百八条の規定により外国の管轄官庁に嘱託を発した後六月を経過してもその送達を証する書面の送付がないこと。

2　前条の規定は、前項の規定により労働審判が取り消された場合について準用する。

（労働審判をしない場合の労働審判事件の終了）

第二四条　労働審判委員会は、事案の性質に照らし、労働審判手続を行うことが紛争の迅速かつ適正な解決のために適当でないと認めるときは、労働審判事件を終了させることができる。

2　第二十二条の規定は、前項の規定により労働審判事件が終了した場合について準用する。この場合において、同条第一項中「当該労働審判が行われた際に労働審判事件が係属していた」とあるのは、「労働審判事件が終了した際に当該労働審判事件が係属していた」と読み替えるものとする。

（労働審判手続の申立ての取下げ）

第二十四条の二　労働審判手続の申立ては、労働審判が確定するまで、その全部又は一部を取り下げることができる。

（費用の負担）

第二十五条　裁判所は、労働審判事件が終了した場合（第十八条及び第二十一条第五項に規定する場合を除く。）において、必要と認めるときは、申立てにより又は職権で、当該労働審判事件に関する手続の費用の負担を命ずる決定をすることができる。

新［公布の日から起算して五年を超えない範囲内において政令で定める日から施行］

2　前項の申立ては、労働審判事件が終了した日から十年以内にしなければならない。

（事件の記録の閲覧等）

第二十六条現　当事者及び利害関係を疎明した第三者は、裁判所書記官に対し、労働審判事件の記録の閲覧若しくは謄写、その正本、謄本若しくは抄本の交付又は労働審判事件に関する事項の証明書の交付を請求することができる。

新［公布の日から起算して五年を超えない範囲内において政令で定める日から施行］

（非電磁的事件記録の閲覧等）

第二十六条　当事者及び利害関係を疎明した第三者は、裁判所書記官に対し、非電磁的事件記録（労働審判事件の記録中次条第一項に規定する電磁的事件記録を除いた部分をいう。次項において同じ。）の閲覧若しくは謄写又はその正本、謄本若しくは抄本の交付を請求することができる。

2現　民事訴訟法第九十一条第四項及び第五項並びに第九十二条の規定は、前項の記録について準用する。

新［公布の日から起算して四年を超えない範囲内において政令で定める日から施行］

2　民事訴訟法第九十一条第四項及び第五項並びに第九十二条（第九項及び第十項を除く。）の規定は、前項の記録について準用する。

新新［公布の日から起算して五年を超えない範囲内において政令で定める日から施行］

2　民事訴訟法第九十一条第四項及び第五項並びに第九十二条（第九項及び第十項を除く。）の規定は、非電磁的事件記録について準用する。

新［公布の日から起算して五年を超えない範囲内において政令で定める日から施行］

（電磁的事件記録の閲覧等）

第二六条の二　当事者及び利害関係を疎明した第三者は、裁判所書記官に対し、最高裁判所規則で定めるところにより、電磁的事件記録（労働審判事件の記録中この法律その他の法令の規定によりファイルに記録された事項に係る部分をいう。以下この条において同じ。）の内容を最高裁判所規則で定める方法により表示したものの閲覧を請求することができる。

2　当事者及び利害関係を疎明した第三者は、裁判所書記官に対し、電磁的事件記録に記録されている事項について、最高裁判所規則で定めるところにより、最高裁判所規則で定める電子情報処理組織（裁判所の使用に係る電子計算機と手続の相手方の使用に係る電子計算機とを電気通信回線で接続した電子情報処理組織をいう。以下同じ。）を使用してその者の使用に係る電子計算機に備えられたファイルに記録する方法その他の最高裁判所規則で定める方法による複写を請求することができる。

3　当事者及び利害関係を疎明した第三者は、裁判所書記官に対し、最高裁判所規則で定めるところにより、電磁的事件記録に記録されている事項の全部若しくは一部を記載した書面であって裁判所書記官が最高裁判所規則で定める方法により当該書面の内容が電磁的事件記録に記録されている事項と同一であることを証明したものを交付し、又は当該事項の全部若しくは一部を記録した電磁的記録であって裁判所書記官が最高裁判所規則で定める方法により当該電磁的記録の内容が電磁的事件記録に記録されている事項と同一であることを証明したものを最高裁判所規則で定める電子情報処理組織を使用してその者の使用に係る電子計算機に備えられたファイルに記録する方法その他の最高裁判所規則で定める方法により提供することを請求することができる。

4　民事訴訟法第九十一条第五項及び第九十二条の規定は、電磁的事件記録について準用する。

（労働審判事件に関する事項の証明）

第二十六条の三　当事者及び利害関係を疎明した第三者は、最高裁判所規則で定めるところにより、裁判所書記官に対し、労働審判事件に関する事項を記載した書面であって裁判所書記官が最高裁判所規則で定める方法により当該事項を証明したものを交付し、又は当該事項を記録した電磁的記録であって裁判所書記官が最高裁判所規則で定める方法により当該事項を証明したものを最高裁判所規則で定める電子情報処理組織を使用してその者の使用に係る電子計算機に備えられたファイルに記録する方法その他の最高裁判所規則で定める方法により提供することを請求することができる。

（訴訟手続の中止）

第二十七条　労働審判手続の申立てがあった事件について訴訟が係属するときは、受訴裁判所は、労働審判事件が終了するまで訴訟手続を中止することができる。

（即時抗告）

第二十八条 現　第二十五条の規定による決定に対しては、即時抗告をすることができる。

2　第六条、第二十一条第二項、第二十三条第一項及び第二十五条の規定による決定に対する即時抗告は、執行停止の効力を有する。

新［公布の日から起算して五年を超えない範囲内において政令で定める日から施行］

（即時抗告）

第二八条　第二十五条第一項の規定による決定に対しては、即時抗告をすることができる。

2　第六条、第二十一条第二項、第二十三条第一項及び第二十五条第一項の規定による決定に対する即時抗告は、執行停止の効力を有する。

新［公布の日から起算して五年を超えない範囲内において政令で定める日から施行］

（電子情報処理組織による申立て等）

第二八条の二　労働審判手続における申立てその他の申述（次項及び次条において「申立て等」という。）については、民事訴訟法第百三十二条の十から第百三十二条の十二までの規定を準用する。この場合において、同法第百三十二条の十第五項及び第六項並びに第百三十二条の十二第二項及び第三項中「送達」とあるのは「送達又は送付」と、同法第百三十二条の十一第一項第一号中「第五十四条第一項ただし書」とあるのは「労働審判法第四条第一項ただし書」と、同項第二号中「第二条」とあるのは「第九条において準用する同法第二条」と、同法第百三十二条の十二第一項第三号中「第百三十三条の二第二項」とあるのは「労働審判法第二十八条の三において読み替えて準用する第百三十三条の二第二項」と読み替えるものとする。

2　労働審判手続においてこの法律その他の法令の規定に基づき裁判所に提出された書面等（書面、書類、文書、謄本、抄本、正本、副本、複本その他文字、図形等人の知覚によって認識することができる情報が記載された紙その他の有体物をいう。以下この項において同じ。）（申立て等が書面等により行われたときにおける当該書面等を除く。）又は電磁的記録を記録した記録媒体に記載され、又は記録されている事項のファイルへの記録については、民事訴訟法第百三十二条の十三の規定を準用する。この場合において、同条第三号中「第百三十三条の二第二項」とあるのは「労働審判法第二十八条の三において読み替えて準用する第百三十三条の二第二項」と、同条第四号中「第百三十三条の三第一項」とあるのは「労働審判法第二十八条の三において読み替えて準用する第百三十三条の三第一項」と読み替えるものとする。

（当事者に対する住所、氏名等の秘匿）

第二八条の二現　労働審判手続における申立てその他の申述については、民事訴訟法第一編第八章の規定を準用する。この場合において、同法第百三十三条第一項中「当事者」とあるのは「当事者又は参加人（労働審判法第二十九条第二項において準用する民事調停法（昭和二十六年法律第二百二十二号）第十一条の規定により労働審判手続に参加した者をいう。第百三十三条の四第一項、第二項及び第七項において同じ。）」と、同法第百三十三条の二第二項中「訴訟記録等（訴訟記録又は第百三十二条の四第一項の処分の申立てに係る事件の記録をいう。第百三十三条の四第一項及び第二項において同じ。）」とあるのは「労働審判事件の記録」と、同法第百三十三条の四第一項中「者は、訴訟記録等」とあるのは「当事者若しくは参加人又は利害関係を疎明した第三者は、労働審判事件の記録」と、同条第二項中「当事者」とあるのは「当事者又は参加人」と、「訴訟記録等」とあるのは「労働審判事件の記録」と、同条第七項中「当事者」とあるのは「当事者若しくは参加人」と読み替えるものとする。

新〔公布の日から起算して四年を超えない範囲内において政令で定める日から施行〕

第二八条の二（当事者に対する住所、氏名等の秘匿）　労働審判手続における申立てその他の申述については、民事訴訟法第一編第八章（第百三十三条の二第五項及び第六項並びに第百三十三条の三第二項を除く。）の規定を準用する。この場合において、同法第百三十三条第一項中「当事者」とあるのは「当事者又は参加人（労働審判法第二十九条第二項において準用する民事調停法（昭和二十六年法律第二百二十二号）第十一条の規定により労働審判手続に参加した者をいう。第百三十三条の四第一項、第二項及び第七項において同じ。）」と、同条第三項中「訴訟記録等（訴訟記録又は第百三十二条の四第一項の処分の申立てに係る事件の記録をいう。以下この章において同じ。）」とあるのは「労働審判事件の記録」と、「について訴訟記録等の閲覧等（訴訟記録の閲覧等、非電磁的証拠収集処分記録の閲覧等又は電磁的証拠収集処分記録の閲覧等をいう。以下この章において同じ。）」とあるのは「の閲覧若しくは謄写又はその謄本若しくは抄本の交付」と、同法第百三十三条の二第一項中「に係る訴訟記録等の閲覧等」とあるのは「の閲覧若しくは謄写又はその謄本若しくは抄本の交付」と、同条第二項中「訴訟記録等中」とあるのは「労働審判事件の記録中」と、同項及び同条第三項中「に係る訴訟記録等の閲覧等」とあるのは「の閲覧若しくは謄写、その正本、謄本若しくは抄本の交付又はその複製」と、同法第百三十三条の三第一項中「記載され、又は記録された書面又は電磁的記録」とあるのは「記載された書面」と、「当該書面又は電磁的記録」とあるのは「当該書面」と、「又は電磁的記録その他これに類する書面又は電磁的記録に係る訴訟記録等の閲覧等」とあるのは「その他これに類する書面の閲覧若しくは謄写又はその謄本若しくは抄本の交付」と、同法第百三十三条の四第一項中「者は、訴訟記録等」とあるのは「当事者若しくは参加人又は利害関係を疎明した第三者は、労働審判事件の記録」と、同条第二項中「当事者」とあるのは「当事者又は参加人」と、「訴訟記録等の存する」とあるのは「労働審判事件の記録の存する」と、「訴訟記録等の閲覧等」とあるのは「閲覧若しくは謄写、その正本、謄本若しくは抄本の交付又はその複製」と、同条第七項中「当事者」とあるのは「当事者若しくは参加人」と読み替えるものとする。

新新〔公布の日から起算して五年を超えない範囲内において政令で定める日から施行〕

第二八条の三（当事者に対する住所、氏名等の秘匿）　労働審判手続における申立て等については、民事訴訟法第一編第八章の規定を準用する。この場合において、次の表の上欄に掲げる同法の規定中同表の中欄に掲げる字句は、それぞれ同表の下欄に掲げる字句に読み替えるものとする。

第百三十三条第一項	当事者	当事者又は参加人（労働審判法第二十九条第二項において準用する民事調停法（昭和二十六年法律第二百二十二号）第十一条の規定により労働審判手続に参加した者をいう。

		第百三十三条の四第一項、第二項及び第七項において同じ。）
第百三十三条第三項	訴訟記録等（訴訟記録又は第百三十二条の四第一項の処分の申立てに係る事件の記録をいう。以下この章において同じ。）	労働審判事件の記録
	訴訟記録等の閲覧等（訴訟記録の閲覧等、非電磁的証拠収集処分記録の閲覧等又は電磁的証拠収集処分記録の閲覧等	労働審判事件の記録の閲覧等（非電磁的事件記録（労働審判法第二十六条第一項に規定する非電磁的事件記録をいう。）の閲覧若しくは謄写、その正本、謄本若しくは抄本の交付若しくは複製又は電磁的事件記録（同法第二十六条の二第一項に規定する電磁的事件記録をいう。次条において同じ。）の閲覧若しくは複写若しくはその内容の全部若しくは一部を証明した書面の交付若しくは電磁的記録の提供
第百三十三条の二第一項から第三項まで、第百三十三条の三第一項及び第百三十三条の四第二項	訴訟記録等の閲覧等	労働審判事件の記録の閲覧等
第百三十三条の二第二項	訴訟記録等中	労働審判事件の記録中
第百三十三条の二第五項	電磁的訴訟記録等（電磁的訴訟記録又は第百三十二条の四第一項の処分の申立てに係る事件の記録中ファイル記録事項に係る部分をいう。以下この項及び次項において同じ。）	電磁的事件記録
	電磁的訴訟記録等から	電磁的事件記録から
第百三十三条の二第六項	電磁的訴訟記録等	電磁的事件記録

第百三十三条の四第一項	者は、訴訟記録等	当事者若しくは参加人又は利害関係を疎明した第三者は、労働審判事件の記録
第百三十三条の四第二項	当事者	当事者又は参加人
	訴訟記録等の存する	労働審判事件の記録の存する
第百三十三条の四第七項	当事者	当事者若しくは参加人

（非訟事件手続法及び民事調停法の準用）

第二九条【現】 特別の定めがある場合を除いて、労働審判事件に関しては、非訟事件手続法第二編の規定（同法第十二条（同法第十四条及び第十五条において準用する場合を含む。）、第二十七条、第四十条、第四十二条の二、第五十二条、第五十三条及び第六十五条の規定を除く。）を準用する。この場合において、同法第四十三条第四項中「第二項」とあるのは、「労働審判法第五条第三項」と読み替えるものとする。

2 民事調停法（昭和二十六年法律第二百二十二号）第十一条、第十二条、第十六条及び第三十六条の規定は、労働審判事件について準用する。この場合において、同法第十一条中「調停の」とあるのは「労働審判手続の」と、「調停委員会」とあるのは「労働審判委員会」と、「調停手続」とあるのは「労働審判手続」と、同法第十二条第一項中「調停委員会」とあるのは「労働審判委員会」と、「調停の」とあるのは「調停又は労働審判の」と、「調停前の措置」とあるのは「調停又は労働審判前の措置」と、同法第三十六条第一項中「前二条」とあるのは「労働審判法（平成十六年法律第四十五号）第三十一条及び第三十二条」と読み替えるものとする。

【新】［公布の日から起算して五年を超えない範囲内において政令で定める日から施行］

（非訟事件手続法及び民事調停法の準用）

第二九条 特別の定めがある場合を除いて、労働審判事件に関しては、非訟事件手続法第二編の規定（同法第十二条（同法第十四条及び第十五条において準用する場合を含む。）、第二十七条、第四十条、第四十二条、第四十二条の二、第五十二条、第五十三条、第六十五条及び第六十五条の二の規定を除く。）を準用する。この場合において、同法第三十一条の二第一項中「前条第二項」とあるのは「労働審判法第十四条第四項」と、同法第三十八条中「非訴事件手続法第四十二条第一項」とあるのは「労働審判法第二十八条の二第一項」と、同法第四十三条第四項中「第二項」とあるのは「労働審判法第五条第三項」と読み替えるものとする。

2 民事調停法（昭和二十六年法律第二百二十二号）第十一条、第十二条、第十六条、第十六条の二及び第三十六条の規定は、労働審判事件について準用する。この場合において、同法第十一条中「調停の」とあるのは「労働審判手続の」と、「調停委員会」とあるのは「労働審判委員会」と、「調停手続」とあるのは「労働審判手続」と、同法第十二条第一項中「調停委員会」とあるのは「労働審判委員会」と、「調停の」とあるのは「調停又は労働審判の」と、「調停前の措置」とあるのは「調停又は労働審判前の措置」と、同法第十六条の二第二項中「第二十二条」とあるのは「労働審判法第二十九条第一項」と、同法第三十六条第一項中「前二条」とあるのは

「労働審判法第三十一条及び第三十二条」と読み替えるものとする。

（最高裁判所規則）

第三〇条 この法律に定めるもののほか、労働審判手続に関し必要な事項は、最高裁判所規則で定める。

（不出頭に対する制裁）

第三一条 労働審判官の呼出しを受けた事件の関係人が正当な理由がなく出頭しないときは、裁判所は、五万円以下の過料に処する。

（措置違反に対する制裁）

第三二条 当事者が正当な理由がなく第二十九条第二項において準用する民事調停法第十二条の規定による措置に従わないときは、裁判所は、十万円以下の過料に処する。

（評議の秘密を漏らす罪）

第三三条 労働審判員又は労働審判員であった者が正当な理由がなく評議の経過又は労働審判官若しくは労働審判員の意見若しくはその多少の数を漏らしたときは、三十万円以下の罰金に処する。

（人の秘密を漏らす罪）

第三四条現 労働審判員又は労働審判員であった者が正当な理由がなくその職務上取り扱ったことについて知り得た人の秘密を漏らしたときは、一年以下の懲役又は五十万円以下の罰金に処する。

新［令和七年六月一日から施行］

（人の秘密を漏らす罪）

第三四条 労働審判員又は労働審判員であった者が正当な理由がなくその職務上取り扱ったことについて知り得た人の秘密を漏らしたときは、一年以下の拘禁刑又は五十万円以下の罰金に処する。

附　則　抄

（施行期日）

第一条 この法律は、公布の日から起算して二年を超えない範囲内において政令で定める日から施行する。ただし、第九条の規定は、公布の日から起算して一年六月を超えない範囲内において政令で定める日から施行する。

労働審判規則

〔平成一七年一月一一日
最高裁判所規則第二号〕

沿革 平成二四年 七月一七日最高裁判所規則第 九号
令和 四年一一月 七日 〃 第一七号

（趣旨）

第一条 労働審判法（平成十六年法律第四十五号。以下「法」という。）による労働審判手続については、法に定めるもののほか、この規則の定めるところによる。

（当事者の責務）

第二条 当事者は、早期に主張及び証拠の提出をし、労働審判手続の計画的かつ迅速な進行に努め、信義に従い誠実に労働審判手続を追行しなければならない。

（管轄の合意の方式・法第二条）

第三条 法第二条第一項の合意は、書面でしなければならない。

第四条 削除

（代理人の許可の申立ての方式・法第四条）

第五条 法第四条第一項ただし書の規定による許可の申立ては、代理人となるべき者の氏名、住所、職業及び本人との関係並びに当該申立ての理由を記載した書面でしなければならない。

2 前項の書面には、本人と代理人となるべき者との関係を証する文書を添付しなければならない。

第六条から第八条まで 削除

（労働審判手続の申立書の記載事項等・法第五条）

第九条 労働審判手続の申立書には、申立ての趣旨及び理由並びに第三十七条において準用する非訟事件手続規則（平成二十四年最高裁判所規則第七号）第一条第一項各号に掲げる事項のほか、次に掲げる事項を記載しなければならない。

一 予想される争点及び当該争点に関連する重要な事実

二 予想される争点ごとの証拠

三 当事者間においてされた交渉（あっせんその他の手続においてされたものを含む。）その他の申立てに至る経緯の概要

2 前項の申立書に記載する申立ての理由は、申立てを特定するのに必要な事実及び申立てを理由づける具体的な事実を含むものでなければならない。

3 予想される争点についての証拠書類があるときは、その写しを第一項の申立書に添付しなければならない。

4 第一項の申立書を提出するには、これと同時に、相手方の数に三を加えた数の当該申立書の写し及び相手方の数と同数の前項の証拠書類の写しを提出しなければならない。

（労働審判手続の申立書の写し等の送付・法第五条）

第一〇条 裁判所は、法第六条の規定により労働審判手続の申立てを却下する場合を除き、前条第四項の規定により提出された申立書の写し及び証拠書類の写し（これとともに提出された証拠説明書を含む。）を相手方に送付しなければならない。ただし、労働審判手続の期日を経ないで法第二十四条第一項の規定により労働審判事件を終了させる場合は、この限りでない。

第一一条 削除

（労働審判員の除斥及び回避・法第十一条）

第一二条 労働審判員の除斥及び回避については、非訟事件手続規則第八条から第十条までの規定（忌避に関する部分を除く。）を準用する。

（労働審判手続の第一回の期日の指定・法第十四条）

第一三条 労働審判官は、特別の事由がある場合を除き、労働審判手続の申立てがされた日から四十日以内の日に労働審判手続の第一回の期日を指定しなければならない。

（答弁書の提出期限）

第一四条 労働審判官は、答弁書の提出をすべき期限を定めなければならない。
2 前項の期限は、答弁書に記載された事項について申立人が前条の期日（以下「第一回期日」という。）までに準備をするのに必要な期間をおいたものでなければならない。

（呼出状の記載事項）
第一五条 当事者に対する第一回期日の呼出状には、第一回期日の前にあらかじめ主張、証拠の申出及び証拠調べに必要な準備をすべき旨を記載しなければならない。
2 相手方に対する前項の呼出状には、同項に規定する事項のほか、前条第一項の期限までに答弁書を提出すべき旨を記載しなければならない。

（答弁書の提出等）
第一六条 相手方は、第十四条第一項の期限までに、第三十七条において準用する非訟事件手続規則第一条第一項各号に掲げる事項のほか、次に掲げる事項を記載した答弁書を提出しなければならない。
一 申立ての趣旨に対する答弁
二 第九条第一項の申立書に記載された事実に対する認否
三 答弁を理由づける具体的な事実
四 予想される争点及び当該争点に関連する重要な事実
五 予想される争点ごとの証拠
六 当事者間においてされた交渉（あっせんその他の手続においてされたものを含む。）その他の申立てに至る経緯の概要
2 予想される争点についての証拠書類があるときは、その写しを答弁書に添付しなければならない。
3 答弁書を提出するには、これと同時に、その写し三通を提出しなければならない。

（答弁に対する反論）
第一七条 相手方の答弁に対する反論（これに対する再反論等を含む。以下この項において同じ。）を要する場合には、労働審判手続の期日において口頭でするものとする。この場合において、反論をする者は、口頭での主張を補充する書面（以下「補充書面」という。）を提出することができる。
2 補充書面を提出するには、これと同時に、その写し三通を提出しなければならない。

（労働審判手続の申立書等の記載の方法）
第一八条 第九条第一項の申立書、答弁書又は補充書面は、できる限り、申立て又は答弁を理由づける事実についての主張とそれ以外の事実についての主張とを区別して、簡潔に記載しなければならない。

（補充書面の提出等の期限）
第一九条 労働審判官は、補充書面の提出又は証拠の申出をすべき期限を定めることができる。

（書類の送付）
第二〇条 直送（当事者の相手方に対する直接の送付をいう。以下同じ。）その他の送付は、送付すべき書類の写しの交付又はその書類のファクシミリを利用しての送信によってする。
2 裁判所が当事者その他の関係人に対し送付すべき書類の送付に関する事務は、裁判所書記官が取り扱う。
3 当事者が次に掲げる書面を提出するときは、これについて直送をしなければならない。
一 答弁書
二 補充書面
三 申立ての趣旨又は理由の変更を記載した書面
四 証拠書類の写し（第九条第四項の規定により提出されたものを除く。）
五 証拠説明書（第九条第四項の証拠書類の写しとともに提出されたものを除く。）

六　第三十五条第一項の書面

4　当事者が直送をしなければならない書類について、直送を困難とする事由その他相当とする事由があるときは、当該当事者は、裁判所に対し、当該書類の相手方への送付を裁判所書記官に行わせるよう申し出ることができる。

5　当事者から前項の書類の直送を受けた相手方は、当該書類を受領した旨を記載した書面について直送をするとともに、当該書面を裁判所に提出しなければならない。ただし、同項の書類の直送をした当事者が、受領した旨を相手方が記載した当該書類を裁判所に提出したときは、この限りでない。

（労働審判手続の期日における手続等・法第十五条）

第二一条　労働審判委員会は、第一回期日において、当事者の陳述を聴いて争点及び証拠の整理をし、第一回期日において行うことが可能な証拠調べを実施する。

2　労働審判官は、第一回期日において審理を終結できる場合又は第一回期日において法第二十四条第一項の規定により労働審判事件を終了させる場合を除き、次回期日を指定し、当該期日に行う手続及び当該期日までに準備すべきことを当事者との間で確認するものとする。

（調停）

第二二条　労働審判委員会は、審理の終結に至るまで、労働審判手続の期日において調停を行うことができる。

2　裁判所書記官は、前項の調停において当事者間に合意が成立したときは、当該合意の内容並びに当事者の氏名又は名称及び住所並びに代理人の氏名を、調書に記載しなければならない。

（手続の併合についての意見聴取）

第二三条　労働審判委員会は、手続の併合を命ずるときは、あらかじめ当事者の意見を聴かなければならない。

（利害関係人の参加についての意見聴取）

第二四条　労働審判委員会は、労働審判手続の結果について利害関係を有する者が労働審判手続に参加することを許可し、又は当該者を労働審判手続に参加させる場合には、あらかじめ当事者の意見を聴かなければならない。

（調書の記載事項・法第十四条）

第二五条　労働審判手続の調書には、次に掲げる事項を記載し、裁判所書記官が記名押印し、労働審判官が認印しなければならない。労働審判官に支障があるときは、裁判所書記官がその旨を記載すれば足りる。

一　事件の表示
二　労働審判官、労働審判員及び裁判所書記官の氏名
三　出頭した当事者及び代理人の氏名
四　期日の日時及び場所
五　申立ての趣旨又は理由の変更及び申立ての取下げ
六　証拠調べの概要
七　審理の終結
八　労働審判官が記載を命じた事項

（申立ての趣旨又は理由の変更）

第二六条　申立ての趣旨又は理由の変更を記載した書面を提出するには、これと同時に、その写し三通を提出しなければならない。

2　労働審判委員会は、申立ての趣旨又は理由を変更することにより三回以内の期日において審理を終結することが困難になると認めるときは、その変更を許さないことができる。

3　労働審判手続の期日において申立人が口頭で申立ての趣旨又は理由の変更をした場合（相手方が出頭した労働審判手続の期日においてした場合を除く。）は、労働審判委員会がその変更を許さないときを除き、裁判所は、その期日の調書の謄本を相手方に送付しなければならない。

（主張及び証拠の提出の時期）

第二七条　当事者は、やむを得ない事由がある場合を除き、労働審判手続の第二回の期日が終了するまでに、主張及び証拠書類の提出を終えなければならない。

（審判書・法第二十条）

第二八条　法第二十条第三項の審判書には、主文及び理由の要旨を記載するほか、次に掲げる事項を記載し、労働審判委員会を構成する労働審判官及び労働審判員が記名押印しなければならない。

一　事件の表示
二　当事者の氏名又は名称及び住所並びに代理人の氏名
三　審判の年月日
四　裁判所の表示

2　前項の労働審判員が審判書に記名押印することに支障があるときは、労働審判官が審判書にその事由を付記して記名押印しなければならない。

（審判書の送達・法第二十条）

第二九条　法第二十条第四項の規定による審判書の送達は、審判書の正本によってする。

2　民事訴訟規則（平成八年最高裁判所規則第五号）第一編第五章第四節の規定（第四十一条、第四十二条、第四十六条及び第四十七条の規定を除く。）は、法第二十条第四項の規定による送達について準用する。

（審判書に代わる調書の記載事項・法第二十条）

第三〇条　法第二十条第七項の調書には、次に掲げる事項を記載しなければならない。

一　主文及び理由の要旨
二　当事者の氏名又は名称及び住所並びに代理人の氏名
三　第二十五条各号に掲げる事項

（異議の申立ての方式等・法第二十一条）

第三一条　法第二十一条第一項の異議の申立ては、書面でしなければならない。

2　法第二十一条第三項の規定により労働審判が効力を失ったときは、裁判所書記官は、異議の申立てをしていない当事者に対し、遅滞なく、その旨を通知しなければならない。

（訴状とみなす書面・法第二十二条）

第三二条　法第二十二条第一項（法第二十三条第二項及び第二十四条第二項において準用する場合を含む。）の規定により訴えの提起があったものとみなされたときは、民事訴訟規則第五十六条から第五十八条までの規定の適用については、第九条第一項の申立書、第二十六条第一項の書面及び労働審判手続の期日において口頭で申立ての趣旨又は理由の変更がされた場合におけるその期日の調書を訴状とみなす。

（労働審判事件の終了の場合の処置・法第二十四条）

第三三条　法第二十四条第一項の規定により労働審判事件が終了したときは、裁判所書記官は、その旨及び終了の年月日を記録上明らかにしなければならない。

2　前項に規定する場合においては、裁判所書記官は、当事者に対し、遅滞なく、その旨を通知しなければならない。ただし、労働審判手続の期日において労働審判事件を終了した場合に、その期日に出頭していた当事者については、この限りでない。

（申立ての取下げがあった場合の取扱い・法第二十四条の二等）

第三四条　労働審判手続の申立てが取り下げられた場合（相手方が出頭した労働審判手続の期日においてされた場合を除く。）は、裁判所書記官は、第九条第四項の申立書の写しの送付を受けた相手方に対し、その旨を通知しなければならない。

（費用の負担等の申立ての方式等・法第二十五条等）

第三五条　法第二十五条の申立ては、書面でしなければならない。

2　民事訴訟規則第一編第四章第一節の規定は、労働審判事件に関する手続の費用負担について準用する。この場合において、同規則第二十四条第二項中「第四十七条（書類の送付）第一項」とあるのは、「労働審判規則（平成十七年最高裁判所規則第二号）第二十条第一項」と読み替えるものとする。

（閲覧等の制限の申立ての方式等・法第二十六条）

第三六条　民事訴訟規則第三十四条の規定は、法第二十六条第二項において準用する民事訴訟法（平成八年法律第百九号）第九十二条の規定による秘密記載部分の閲覧等について準用する。

（当事者に対する住所、氏名等の秘匿・法第二十八条の二）

第三六条の二　労働審判手続における申立てその他の申述については、民事訴訟規則第一編第七章の規定を準用する。この場合において、同規則第五十二条の十二第一項中「この規則の規定（第五十二条の十（秘匿事項届出書面の記載事項等）第一項を除く。次項において同じ。）」とあるのは「労働審判規則第三十七条において準用する非訟事件手続規則（平成二十四年最高裁判所規則第七号）の規定」と、同条第二項中「この規則」とあるのは「労働審判規則第三十七条において準用する非訟事件手続規則」と読み替えるものとする。

（非訟事件手続規則の準用）

第三七条　特別の定めがある場合を除いて、労働審判事件に関しては、非訟事件手続規則の規定（同規則第八条から第十一条までの規定中忌避に関する部分並びに同規則第十五条、第二十一条（民事訴訟規則第七十七条前段を準用する部分を除く。）、第二章第八節、第四十四条、第四十五条及び第五十条の規定を除く。）を準用する。

　この場合において、非訟事件手続規則第二条第一項第二号中「非訟事件手続法（平成二十三年法律第五十一号。以下「法」という。）第四十二条の二」とあるのは「労働審判法（平成十六年法律第四十五号）第二十八条の二」と読み替えるものとする。

附　則　抄

（施行期日）

第一条　この規則は、法の施行の日から施行する。

仲裁法　抄

〔平成一五年八月一日
法律第一三八号〕

沿革　平成一六年一二月　一日法律第一四七号
〃二九年　六月　二日〃第　四五号
令和　四年　五月二五日〃第　四八号
〃　四年　六月一七日〃第　六八号
〃　五年　四月二八日〃第　一五号
〃　五年　六月一四日〃第　五三号

附　則　抄

（個別労働関係紛争を対象とする仲裁合意に関する特例）

第四条　当分の間、この法律の施行後に成立した仲裁合意であって、将来において生ずる個別労働関係紛争（個別労働関係紛争の解決の促進に関する法律（平成十三年法律第百十二号）第一条に規定する個別労働関係紛争をいう。）を対象とするものは、無効とする。

会社分割に伴う労働契約の承継等に関する法律

（平成一二年五月三一日法律第一〇三号）

沿革　平成一七年　七月二六日法律第　八七号
　　　〃　二六年　六月二七日　〃　第　九一号

（目的）

第一条　この法律は、会社分割が行われる場合における労働契約の承継等に関し会社法（平成一七年法律第八十六号）の特例等を定めることにより、労働者の保護を図ることを目的とする。

（労働者等への通知）

第二条　会社（株式会社及び合同会社をいう。以下同じ。）は、会社法第五編第三章及び第五章の規定による分割（吸収分割又は新設分割をいう。以下同じ。）をするときは、次に掲げる労働者に対し、通知期限日までに、当該分割に関し、当該会社が当該労働者との間で締結している労働契約を当該分割に係る承継会社等（吸収分割にあっては同法第七百五十七条に規定する吸収分割承継会社、新設分割にあっては同法第七百六十三条第一項に規定する新設分割設立会社をいう。以下同じ。）が承継する旨の分割契約等（吸収分割にあっては吸収分割契約（同法第七百五十七条の吸収分割契約をいう。以下同じ。）、新設分割にあっては新設分割計画（同法第七百六十二条第一項の新設分割計画をいう。以下同じ。）をいう。以下同じ。）における定めの有無、第四条第三項に規定する異議申出期限日その他厚生労働省令で定める事項を書面により通知しなければならない。

一　当該会社が雇用する労働者であって、承継会社等に承継される事業に主として従事するものとして厚生労働省令で定めるもの

二　当該会社が雇用する労働者（前号に掲げる労働者を除く。）であって、当該分割契約等にその者が当該会社との間で締結している労働契約を承継会社等が承継する旨の定めがあるもの

2　前項の分割をする会社（以下「分割会社」という。）は、労働組合法（昭和二十四年法律第百七十四号）第二条の労働組合（以下単に「労働組合」という。）との間で労働協約を締結しているときは、当該労働組合に対し、通知期限日までに、当該分割に関し、当該労働協約を承継会社等が承継する旨の当該分割契約等における定めの有無その他厚生労働省令で定める事項を書面により通知しなければならない。

3　前二項及び第四条第三項第一号の「通知期限日」とは、次の各号に掲げる場合に応じ、当該各号に定める日をいう。

一　株式会社が分割をする場合であって当該分割に係る分割契約等について株主総会の決議による承認を要するとき　当該株主総会（第四条第三項第一号において「承認株主総会」という。）の日の二週間前の日の前日

二　株式会社が分割をする場合であって当該分割に係る分割契約等について株主総会の決議による承認を要しないとき又は合同会社が分割をする場合　吸収分割契約が締結された日又は新設分割計画が作成された日から起算して、二週間を経過する日

（承継される事業に主として従事する労働者に係る労働契約の承継）

第三条　前条第一項第一号に掲げる労働者が分割会社との間で締結している労働契約であって、分割契約等に承継会社等が

承継する旨の定めがあるものは、当該分割契約等に係る分割の効力が生じた日に、当該承継会社等に承継されるものとする。

第四条 第二条第一項第一号に掲げる労働者であって、分割契約等にその者が分割会社との間で締結している労働契約を承継会社等が承継する旨の定めがないものは、同項の通知がされた日から異議申出期限日までの間に、当該分割会社に対し、当該労働契約が当該承継会社等に承継されないことについて、書面により、異議を申し出ることができる。

2 分割会社は、異議申出期限日を定めるときは、第二条第一項の通知がされた日と異議申立期限日との間に少なくとも十三日間を置かなければならない。

3 前二項の「異議申出期限日」とは、次の各号に掲げる場合に応じ、当該各号に定める日をいう。

一 第二条第三項第一号に掲げる場合 通知期限日の翌日から承認株主総会の日の前日までの期間の範囲内で分割会社が定める日

二 第二条第三項第二号に掲げる場合 同号の吸収分割契約又は新設分割計画に係る分割の効力が生ずる日の前日までの日で分割会社が定める日

4 第一項に規定する労働者が同項の異議を申し出たときは、会社法第七百五十九条第一項、第七百六十一条第一項、第七百六十四条第一項又は第七百六十六条第一項の規定にかかわらず、当該労働者が分割会社との間で締結している労働契約は、分割契約等に係る分割の効力が生じた日に、承継会社等に承継されるものとする。

（その他の労働者に係る労働契約の承継）

第五条 第二条第一項第二号に掲げる労働者は、同項の通知がされた日から前条第三項に規定する異議申出期限日までの間に、分割会社に対し、当該労働者が当該分割会社との間で締結している労働契約が承継会社等に承継されることについて、書面により、異議を申し出ることができる。

2 前条第二項の規定は、前項の場合について準用する。

3 第一項に規定する労働者が同項の異議を申し出たときは、会社法第七百五十九条第一項、第七百六十一条第一項、第七百六十四条第一項又は第七百六十六条第一項の規定にかかわらず、当該労働者が分割会社との間で締結している労働契約は、承継会社等に承継されないものとする。

（労働協約の承継等）

第六条 分割会社は、分割契約等に、当該分割会社と労働組合との間で締結されている労働協約のうち承継会社等が承継する部分を定めることができる。

2 分割会社と労働組合との間で締結されている労働協約に、労働組合法第十六条の基準以外の部分が定められている場合において、当該部分の全部又は一部について当該分割会社と当該労働組合との間で分割契約等の定めに従い当該承継会社等に承継させる旨の合意があったときは、当該合意に係る部分は、会社法第七百五十九条第一項、第七百六十一条第一項、第七百六十四条第一項又は第七百六十六条第一項の規定により、分割契約等の定めに従い、当該分割の効力が生じた日に、当該承継会社等に承継されるものとする。

3 前項に定めるもののほか、分割会社と労働組合との間で締結されている労働協約については、当該労働組合の組合員である労働者と当該分割会社との間で締結されている労働契約が承継会社等に承継されるときは、会社法第七百五十九条第一項、第七百六十一条第一項、第七百六十四条第一項又は第七百六十六条第一項の規定にかかわらず、当該分割の効力が生じた日に、当該承継会社等と当該労働組合との間で当該労働協約（前項に規定する合意に係る部分を除く。）と同一の内容の労働協約が締結されたものとみなす。

（労働者の理解と協力）

第七条　分割会社は、当該分割に当たり、厚生労働大臣の定めるところにより、その雇用する労働者の理解と協力を得るよう努めるものとする。

（指針）

第八条　厚生労働大臣は、この法律に定めるもののほか、分割会社及び承継会社等が講ずべき当該分割会社が締結している労働契約及び労働協約の承継に関する措置に関し、その適切な実施を図るために必要な指針を定めることができる。

附　則　抄

（施行期日）

第一条　この法律は、商法等の一部を改正する法律（平成十二年法律第九十号）の施行の日から施行する。〈後略〉

＜参考＞　商法等の一部を改正する法律（平成十二年法律第九十号）（抄）

附　則

（施行期日）

第一条　この法律は、公布の日から起算して一年を超えない範囲内において政令で定める日から施行する。

（労働契約の取扱いに関する措置）

第五条　会社法（平成十七年法律第八十六号）の規定に基づく会社分割に伴う労働契約の承継等に関しては、会社分割をする会社は、会社分割に伴う労働契約の承継等に関する法律（平成十二年法律第百三号）第二条第一項の規定による通知をすべき日までに、労働者と協議をするものとする。

2　前項に規定するもののほか、同項の労働契約の承継に関連して必要となる労働者の保護に関しては、別に法律で定める。

附　則　（平成十七年法律第八十七号）（抄）

この法律は、会社法の施行の日から施行する。ただし、次の各号に掲げる規定は、当該各号に定める日から施行する。

一〜三　（略）

会社分割に伴う労働契約の承継等に関する法律施行規則

〔平成一二年一二月二七日
労働省令第四八号〕

沿革　平成一八年　四月二八日厚生労働省令第一一六号
〃　二七年　二月　四日　〃　第　一四号
〃　二八年　三月三一日　〃　第　五八号
〃　二八年　八月一七日　〃　第一四〇号
〃　二八年一〇月　五日　〃　第一五九号
令和　三年　三月一九日　〃　第　五〇号

（労働者への通知）

第一条　会社分割に伴う労働契約の承継等に関する法律（以下「法」という。）第二条第一項の厚生労働省令で定める事項は、次のとおりとする。

一　通知の相手方たる労働者が法第二条第一項各号のいずれに該当するかの別

二　通知の相手方たる労働者が法第二条第一項の分割（以下「会社分割」という。）をする同条第二項の会社（以下「分割会社」という。）との間で締結している労働契約であって、同条第一項の分割契約等（以下「分割契約等」という。）に同条第一項の承継会社等（以下「承継会社等」という。）が承継する旨の定めがあるものは、分割契約等に係る会社分割がその効力を生ずる日（以下「効力発生日」という。）以後、分割会社から承継会社等に包括的に承継されるため、その内容である労働条件はそのまま維持されるものであること

三　分割会社から承継会社等に承継される事業（以下「承継される事業」という。）の概要

四　効力発生日以後における分割会社及び承継会社等の商号、住所（会社法（平成十七年法律第八十六号）第七百六十三条第一項に規定する新設分割設立会社にあっては所在地）、事業内容及び雇用することを予定している労働者の数

五　効力発生日

六　効力発生日以後における分割会社又は承継会社等において当該労働者について予定されている従事する業務の内容、就業場所その他の就業形態

七　効力発生日以後における分割会社及び承継会社等の債務の履行の見込みに関する事項

八　法第四条第一項又は法第五条第一項の異議がある場合はその申出を行うことができる旨及び異議の申出を行う際の当該申出を受理する部門の名称及び住所又は担当者の氏名、職名及び勤務場所

（承継される事業に主として従事する者の範囲）

第二条　法第二条第一項第一号の厚生労働省令で定める者は、次のとおりとする。

一　分割契約等を締結し、又は作成する日において、承継される事業に主として従事する労働者（分割会社が当該労働者に対し当該承継される事業に一時的に主として従事するように命じた場合その他の分割契約等を締結し、又は作成する日において当該日後に当該承継される事業に主として従事しないこととなることが明らかである場合を除く。）

二　前号の労働者以外の労働者であって、分割契約等を締結し、又は作成する日以前において分割会社が承継される事業以外の事業（当該分割会社以外の者のなす事業を含む。）に一時的に主として従事するよう命じたもの又は休業を開始したもの（当該労働者が当該承継される事業に主として従事した後、当該承継される事業以外の事業に従事し又は

当該休業を開始した場合に限る。）その他の分割契約等を締結し、又は作成する日において承継される事業に主として従事しないもののうち、当該日後に当該承継される事業に主として従事することとなることが明らかであるもの

（労働組合への通知）

第三条　法第二条第二項の厚生労働省令で定める事項は、次のとおりとする。

一　第一条第三号から第五号まで及び第七号に掲げるもの

二　その分割会社との間で締結している労働契約が承継会社等に承継される労働者の範囲及び当該範囲の明示によっては当該労働組合にとって当該労働者の氏名が明らかとならない場合には当該労働者の氏名

三　承継会社等が承継する労働協約の内容（法第二条第二項の規定に基づき、分割会社が、当該労働協約を承継会社等が承継する旨の当該分割契約等中の定めがある旨を通知する場合に限る。）

（労働者の理解と協力）

第四条　分割会社は、当該会社分割に当たり、そのすべての事業場において、当該事業場に、労働者の過半数で組織する労働組合がある場合においてはその労働組合、労働者の過半数で組織する労働組合がない場合においては労働者の過半数を代表する者との協議その他これに準ずる方法によって、その雇用する労働者の理解と協力を得るよう努めるものとする。

附　則

この省令は、法の施行の日（平成十三年四月一日）から施行する。

分割会社及び承継会社等が講ずべき当該分割会社が締結している労働契約及び労働協約の承継に関する措置の適切な実施を図るための指針　抄

〔平成一二年一二月二七日
労働省告示第一二七号〕

沿革　平成一四年　三月二八日厚生労働省告示第一四五号
〃　一八年　四月二八日　〃　第三四三号
〃　二四年　九月二七日　〃　第五一八号
〃　二八年　三月三一日　〃　第一四三号
〃　二八年　八月一七日　〃　第三一七号
〃　二八年一二月二一日　〃　第四二九号
令和　三年　三月一九日　〃　第　八三号

第1　趣旨

この指針は、会社分割に伴う労働契約の承継等に関する法律（平成十二年法律第百三号。以下「法」という。）第八条（農業協同組合法（昭和二十二年法律第百三十二号）第七十条の六第二項、医療法（昭和二十三年法律第二百五号）第六十二条、国民年金法（昭和三十四年法律第百四十一号）第百三十七条の三の十三並びに森林組合法（昭和五十三年法律第三十六号）第八十八条の七第二項、第百八条の九第二項及び第百八条の十七第二項において準用する場合を含む。）の規定により、法第二条第一項の分割（以下「会社分割」という。）をする同条第二項の会社（以下「分割会社」という。）及び同条第一項の承継会社等（以下「承継会社等」という。）が講ずべき当該分割会社が締結している労働契約及び労働協約の承継に関する措置に関し、その適切な実施を図るために必要な事項を定めたものである。

第2　分割会社及び承継会社等が講ずべき措置等

1　労働者及び労働組合に対する通知に関する事項

(1)　通知の時期

法第二条第一項及び第二項の労働者又は労働組合への通知は、次に掲げる会社法（平成十七年法律第八十六号）に規定する日のうち、株式会社にあっては、イ又はロのいずれか早い日と同じ日に、合同会社にあっては、ハと同じ日に行われることが望ましいこと。

イ　吸収分割契約等の内容その他法務省令で定める事項を記載し、又は記録した書面又は電磁的記録をその本店に備え置く日

ロ　株主総会を招集する通知を発する日

ハ　債権者の全部又は一部が会社分割について異議を述べることができる場合に、当該分割会社が、会社法に掲げられた事項を官報に公告し、又は知れている債権者に催告する日

なお、法第二条第一項及び第二項の通知を郵便等により行う場合は、民法（明治二十九年法律第八十九号）第九十七条第一項により、相手方に到達した時からその効力を生ずるものであるので、法第二条第三項に規定する通知期限日までに当該労働者又は労働組合に到達する必要があること。この場合において、法第四条第三項（第五条第二項において準用する場合を含む。）の「通知がされた日」とは、「通知が相手方に到達した日」をいうものであること。

(2)　通知を行う労働者の範囲

分割会社が法第二条第一項の規定により通知を行う労働者は、当該分割会社が雇用する労働者（いわゆる正社員に限らず、短時間労働者等を含む。）のうち、承継会社等に承継される事業（以下「承継される事業」という。）に主として従事する労働者及び当該労働者以外の労働者であって法第二条第一項の分割契約等（以下「分割契約等」という。）にその者が当該分割会社との間で締結している労働契約を承継会社等が承継する旨の定めがあるものであること。

なお、承継される事業に主として従事する労働者であって分割契約等にその者が分割会社との間で締結している労働契約を承継会社等が承継する旨の定めがないもの及び承継される事業に主として従事する労働者以外の労働者であって分割契約等にその者が当該分割会社との間で締結している労働契約を承継会社等が承継する旨の定めがあるものについては、法第四条第一項及び第五条第一項の規定に基づき、当該分割会社に対して異議を申し出る機会が与えられていること。

(3) 通知を行う労働組合の範囲

分割会社が法第二条第二項の規定により通知を行う労働組合は、当該分割会社との間で労働協約を締結している労働組合であること。労働組合の組合員が当該分割会社との間で労働契約を締結している場合には、当該分割会社は、当該労働組合との間で労働協約を締結していない場合であっても、当該労働組合に対し、法第二条第二項の規定の例により通知を行うことが望ましいこと。

2 労働契約の承継に関して講ずべき措置等

(1) 分割契約等に定める方法等に関する事項

会社法の規定に基づき分割会社から承継会社等に承継される労働契約を分割契約等に定める場合には、当該承継される労働契約に係る労働者のすべての氏名が特定できることが必要であること。当該承継される労働契約に係る労働者のすべての氏名が特定できるときには、分割会社の特定の事業場を明示して、当該事業場のすべての労働者又は特定の者を除くすべての労働者に係る労働契約が当該承継される労働契約である旨を分割契約等に定めることができること。

(2) 労働者による異議の申出に関する事項

イ 申出の内容等

法第四条第一項の異議の申出については、当該労働者は、当該労働者の氏名及び当該労働者に係る労働契約が当該承継会社等に承継されないことについて反対である旨を書面に記載して、同条第三項の異議申出期限日までに当該分割会社が指定する異議の申出先に通知すれば足りること。

法第五条第一項の異議の申出については、当該労働者は、当該労働者の氏名、当該労働者が法第二条第一項第二号に掲げる労働者に該当する旨及び当該労働者に係る労働契約が当該承継会社等に承継されることについて反対である旨を書面に記載して、法第五条第一項の異議申出期限日までに当該分割会社が指定する異議の申出先に通知すれば足りること。

ロ 異議申出期限日に関する留意事項

法第四条第一項又は第五条第一項の異議の申出を郵便等により行う場合は、民法第九十七条第一項の規定により、相手方に到達した時からその効力を生ずるものであるので、法第四条第三項又は第五条第一項の異議申出期限日までに当該分割会社に到達する必要があること。

ハ 異議の申出に係る取扱い

分割会社は、法第四条第一項又は第五条第一項の異議の申出を行おうとする労働者に対しては、異議の申出が容易となるような異議の申出先の指定をするとともに、勤務時間中に異議の申出に必要な行為が行えるよう配慮すること。

また、分割会社及び承継会社等は、労働者が法第四条第一項又は第五条第一項の異議の申出を行おうとしていること又は行ったことを理由として、解雇その他不利益な取扱いをしてはならないこと。

(3) 承継される事業に主として従事する労働者の範囲に関する事項

イ 基本的な考え方

会社分割は、会社の事業に関して有する権利義務を単位としてなされるものであるが、法第二条第一項第一号の労働者に該当するか否かについては、承継会社等に承継される事業を単位として判断するものであること。その際、当該事業の解釈に当たっては、労働者の雇用及び職務を確保するといった法の労働者保護の趣旨を踏まえつつ、「一定の事業目的のために組織化され、有機的一体として機能する財産」であることを基本とすること。

ロ 分割契約等を締結し、又は作成する日における判断

(イ) 分割契約等を締結し、又は作成する日において、承継される事業に専ら従事する労働者は、法第二条第一項第一号の労働者に該当するものであること。

(ロ) 労働者が承継される事業以外の事業にも従事している場合は、それぞれの事業に従事する時間、それぞれの事業における当該労働者の果たしている役割等を総合的に判断して当該労働者が当該承継される営業に主として従事しているか否かを決定するものであること。

(ハ) 総務、人事、経理、銀行業における資産運用等のいわゆる間接部門に従事する労働者であって、承継される事業のために専ら従事している労働者は、法第二条第一項第一号の労働者に該当するものであること。

労働者が、承継される事業以外の事業のためにも従事している場合は、上記(ロ)の例によって判断することができるときには、これによること。

労働者が、いずれの事業のために従事するのかの区別なくしていわゆる間接部門に従事している場合で、上記(ロ)の例によっては判断することができないときは、特段の事情のない限り、当該判断することができない労働者を除いた分割会社の雇用する労働者の過半数の労働者に係る労働契約が承継会社等に承継される場合に限り、当該労働者は、法第二条第一項第一号の労働者に該当するものであること。

ハ 分割契約等を締結し、又は作成する日で判断することが適当でない場合

(イ) 分割契約等を締結し、又は作成する日において承継される事業に主として従事する労働者であっても、分割会社が、研修命令、応援命令、一定の期間で終了する企画業務への従事命令等一時的に当該承継される事業に当該労働者を従事させた場合であって、当該命令による業務が終了した場合には当該承継される事業に主として従事しないこととなることが明らかであるものは、法第二条第一項第一号の労働者に該当しないものであること。

また、育児等のために承継される事業からの配置

転換を希望する労働者等であって分割契約等を締結し、又は作成する日以前の分割会社との間の合意により当該日後に当該承継される事業に主として従事しないこととなることが明らかであるものは、法第二条第一項第一号の労働者に該当しないものであること。

(ロ) 分割契約等を締結し、又は作成する日前において承継される事業に主として従事していた労働者であって、分割会社による研修命令、応援命令、一定の期間で終了する企画業務への従事命令（出向命令を含む。）等によって分割契約等を締結し、又は作成する日では一時的に当該承継される事業以外の事業に主として従事することとなったもののうち、当該命令による業務が終了した場合には当該承継される事業に主として従事することとなることが明らかであるものは、法第二条第一項第一号の労働者に該当するものであること。

分割契約等を締結し、又は作成する日前において承継される事業に主として従事していた労働者であって、その後休業することとなり分割契約等を締結し、又は作成する日では当該承継される事業に主として従事しないこととなったもののうち、当該休業から復帰する場合は再度当該承継される事業に主として従事することとなることが明らかであるものは、法第二条第一項第一号の労働者に該当するものであること。

労働契約が成立している採用内定者、育児等のための配置転換希望者等分割契約等を締結し、又は作成する日では承継される事業に主として従事していなかった労働者であっても、当該日後に当該承継される事業に主として従事することとなることが明らかであるものは、法第二条第一項第一号の労働者に該当するものであること。

(ハ) 過去の勤務の実態から判断してその労働契約が承継会社等に承継されるべき又は承継されないべきことが明らかな労働者に関し、分割会社が、合理的理由なく会社分割がその効力を生ずる日（以下「効力発生日」という。）以後に当該労働者を承継会社等又は分割会社から排除することを目的として、当該効力発生日前に配置転換等を意図的に行った場合における当該労働者が法第二条第一項第一号の労働者に該当するか否かの判断については、当該過去の勤務の実態に基づくべきものであること。

ニ 分割会社と労働者との間で見解の相違がある場合

法第二条第一項第一号の労働者に該当するか否かの判断に関し、労働者と分割会社との間で見解の相違があるときは、当該分割会社は、法第七条及び商法等の一部を改正する法律（平成十二年法律第九十号。以下「商法等改正法」という。）附則第五条並びに下記4により、当該労働者との間の協議等によって見解の相違の解消に努めるものとすること。この場合においては、次のことに留意すべきであること。なお、この協議等によっても見解の相違が解消しない場合においては、裁判によって解決を図ることができること。

(イ) 承継される事業に主として従事する労働者であって、分割契約等にその者が分割会社との間で締結している労働契約を承継会社等が承継する旨の定めがないものが、法第二条第一項の通知を適法に受けなかった場合（当該分割会社が当該労働者を当該承継される事業に主として従事していないものとして取り扱い、当該通知をしなかった場合のほか、意図的に当該通知をしなかった場合を含む。）は、当該労働者は、当該効力発生日以後においても、当該承継会社等に対してその雇用する労働者たる地位の保全又は確認を求めることができ、また、当該分割会社に対してその雇用する労働者ではないことの確認を求めることができるものであること。

(ロ) 承継される事業に主として従事しない労働者であって分割契約等にその者が分割会社との間で締結している労働契約を承継会社等が承継する旨の定めがあるものが法第五条第一項の異議の申出をした場合において、当該分割会社が当該労働者を当該承継される事業に主として従事しているため当該労働者に係る労働契約を承継会社等に承継させたものとして取り扱うときは、当該労働者は、当該効力発生日以後においても、当該分割会社に対してその雇用する労働者たる地位の保全又は確認を求めることができ、また、当該承継会社等に対してその雇用する労働者ではないことの確認を求めることができるものであること。承継される事業に主として従事しない労働者であって分割契約等にその者が分割会社との間で締結している労働契約を承継会社等が承継する旨の定めがあるにもかかわらず、法第二条第一項の通知を適法に受けなかった場合もこれに準ずるものであること。

ホ その他の留意事項

(イ) 分割会社は、不当労働行為の意図をもって効力発生日以後における分割会社又は承継会社等から当該労働者を排除する等の違法な目的のために、当該効力発生日前に配置転換等を行ってはならず、このような配置転換等は無効となるものであること。

(ロ) 承継される事業に全く従事していない労働者についても、会社法第五編第三章並びに第五章第二節及び第三節並びに法が適用され、当該労働者が分割会社との間で締結している労働契約を分割会社から承継会社等に承継させる場合には、当該労働者は法第二条第一項第二号の労働者に該当するため、同項の通知が必要であること。当該労働者が労働契約を当該承継会社等に承継されることについて反対であるときは、法第五条第一項の異議の申出ができること。会社分割の手続によらずに当該労働者の労働契約を承継会社等に承継させる場合には、民法第六百二十五条第一項が適用され、当該労働者の個別の承諾を得る必要があること。

(ハ) 労働契約のみ承継する会社分割の場合も、承継される労働者に対して上記(ロ)と同様の取扱いがされること。

(4) 労働条件等に関する事項

イ 基本原則

(イ) 維持される労働条件

会社法の規定に基づき承継会社等に承継された労働契約は、分割会社から承継会社等に包括的に承継されるため、その内容である労働条件は、そのまま維持されるものであること。

この場合において、労働協約、就業規則又は労働契約に規定されている労働条件のほか、確立された労働慣行であって分割会社と労働者との間で黙示の合意が成立したもの又は民法第九十二条の慣習が成立していると認められるもののうち労働者の待遇に関する部分についても、労働契約の内容である労働条件として維持されるものであること。

また、年次有給休暇の日数、退職金額等の算定永年勤続表彰資格等に係る勤続年数については、分割会社におけるものが通算されるものであること。

社宅の貸与制度、社内住宅融資制度等の福利厚生に関するものについても、労働協約又は就業規則に規定され制度化されているもの等分割会社と労働者との間の権利義務の内容となっていると認められるものについては、労働契約の内容である労働条件として維持されるものであること。この場合において、その内容によって承継会社等において同一の内容のまま引き継ぐことが困難な福利厚生については、当該分割会社は、当該労働者等に対し、効力発生日以後における取扱いについて情報提供を行うとともに、法第七条及び商法等改正法附則第五条並びに下記4により、代替措置等を含め当該労働者との間の協議等を行い、妥当な解決を図るべきものであること。

なお、外部拠出制の企業年金に係る退職年金で、事業主と金融機関等との間で締結される退職年金契約に基づき労働者に支払われるものについては、当該退職年金の内容である給付の要件、水準等が労働協約又は就業規則に規定される等、その受給権が労働契約の内容となっている場合には、会社分割によって分割会社から承継会社等に労働契約が承継される労働者の受給権は、労働条件として維持されるものであること。

(ロ) 会社分割を理由とする労働条件の不利益変更等

労働契約の内容である労働条件の変更については、労働組合法（昭和二十四年法律第百七十四号）及び労働契約法（平成十九年法律第百二十八号）における労使間の合意を必要とすることとされていることから、会社分割の際には、会社は会社分割を理由とする一方的な労働条件の不利益変更を行ってはならず、また、会社分割の前後において労働条件の変更を行う場合にも、労働契約法第十条の要件を満たす就業規則の合理的な変更による場合を除き、労使間の合意によることなく労働条件を不利益に変更することはできないこと。

(ハ) 会社分割を理由とする解雇等

普通解雇や整理解雇については、労働契約法第十六条の規定が定められているとともに、判例法理が確立しており、会社は、これらに反する会社分割のみを理由とする解雇を行ってはならないこと。

また、分割会社の債務の履行の見込みがない事業とともに労働者を承継する場合、債務の履行の見込みがない事業に引き続き雇用する場合その他特定の労働者を解雇する目的で会社制度を濫用した場合等には、いわゆる法人格否認の法理及びいわゆる公序良俗違反の法理等の適用があり得ること、また、労働組合の組合員に対する不利益な取扱いをした場合には、不当労働行為として救済され得ることに留意すべきであること。

ロ 恩恵的性格を有する福利厚生に関する留意事項

上記イ(イ)のとおり、分割会社と労働者との間の権利義務の内容となっていると認められる福利厚生については、労働契約の内容である労働条件として維持されるものであるが、このような性格を有しない恩恵的性格を有するものについては、当該分割会社は、当該労働者等に対し、効力発生日以後における取扱いについて情報提供を行うとともに、法第七条及び商法等改正法附則第五条並びに下記4により、当該労働者等との間の協議等を行い、妥当な解決を図るべきものであること。

ハ　法律により要件が定められている福利厚生に関する留意事項

確定給付企業年金法（平成十三年法律第五十号）第二章第三節の規定に基づく企業年金基金、公的年金制度の健全性及び信頼性の確保のための厚生年金保険法等の一部を改正する法律（平成二十五年法律第六十三号。以下「平成二十五年厚生年金等改正法」という。）附則第三条第十二号に規定する厚生年金基金、健康保険法（大正十一年法律第七十号）第二章第三節の規定に基づく健康保険組合、勤労者財産形成促進法（昭和四十六年法律第九十二号）第六条の金融機関等、中小企業退職金共済法（昭和三十四年法律第百六十号）第六章の規定に基づく独立行政法人勤労者退職金共済機構等分割会社以外の第三者が、各法令の規定に従い福利厚生の全部又は一部を実施している場合においては、効力発生日以後における当該福利厚生の取扱いについては、会社法第五編第三章並びに第五章第二節及び第三節並びに法の規定によるもののほか、各法令の規定に従った取扱いが必要であるため、当該分割会社は、次のことに留意して、労働者等に対し、当該効力発生日以後における取扱いについて情報提供を行うとともに、法第七条及び商法等改正法附則第五条並びに下記4により、当該労働者等との間の協議等を行い、妥当な解決を図るべきものであること。

(イ)　基金型企業年金

基金型企業年金確定給付企業年金の加入者に必要な給付を行うことを目的として設立された企業年金基金（以下この(イ)において「基金」という。）は、確定給付企業年金法第二章第三節の規定に基づき任意に設立される法人であり、会社分割がされても、当然には分割会社の雇用する労働者を加入員とする基金から承継会社等の雇用する労働者を加入員とする基金に変更されるものではないこと。

この場合において、基金の加入員たる分割会社の雇用する労働者であってその労働契約が承継会社等に承継されたものに対する基金が支給する年金又は一時金たる給付を継続する方法としては次のようなものがあるが、基金に係る権利義務の移転又は基金の合併等が必要なため、主務大臣の認可が必要となるものであること。

a　吸収分割の場合

(a)　承継会社に基金がある場合

分割会社に係る基金の加入員の年金給付等の支給に関する権利義務を会社法第二条第二十九号の規定による吸収分割（以下「吸収分割」という。）によって事業を承継する会社（以下「承継会社」という。）に係る基金に移転させる方法又は分割会社に係る基金と承継会社に係る基金が合併する方法

(b)　承継会社に基金がない場合

分割会社に係る基金の規約を一部改正し、承継を当該基金の実施事業所に追加する方法又はその労働契約が承継会社に承継される労働者に関して分割会社に係る基金を分割し、承継会社を実施事業所とする基金を新たに設立する方法

b　新設分割の場合

分割会社に係る基金の規約を一部改正し、会社

法第二条第三十号の規定による新設分割（以下「新設分割」という。）によって設立する会社（以下「設立会社」という。）を当該基金の実施事業所に追加する方法又はその労働契約が設立会社に承継される労働者に関して分割会社に係る基金を分割し、設立会社を実施事業所とする基金を新たに設立する方法

なお、確定給付企業年金のうち規約型企業年金については、分割会社以外の第三者がその全部又は一部を実施している場合に該当せず、当該規約型企業年金の内容である給付の要件、水準等を規定する規約が労働協約に該当する等その給付の支給に関する権利義務が労働契約の内容となっている場合には、会社分割によって分割会社から承継会社等に労働契約が承継される労働者の給付に関する権利は、労働条件として維持されるものであること。

また、承継会社が厚生年金基金を設立している場合には、分割会社に係る確定給付企業年金の加入者の年金給付等の支給に関する権利義務を当該厚生年金基金に移転することが可能であること。

(ロ) 厚生年金基金

厚生年金基金は、平成二十五年厚生年金等改正法第一条の規定による改正前の厚生年金保険法第九章第一節の規定に基づき、任意に設立され、平成二十五年厚生年金等改正法附則第四条の規定によりなお存続するものとされた法人又は平成二十五年厚生年金等改正法附則第六条の規定により平成二十五年厚生年金等改正法第一条の規定による改正前の厚生年金保険法第百十一条第一項の認可の申請についての認可の処分についてなお従前の例によるものとされ設立された法人であり、基本的には上記の基金型企業年金の場合と同様の対応となるが、平成二十五年厚生年金等改正法の施行により、平成二十六年四月一日以降厚生年金基金の新設はできなくなったため、厚生年金基金の加入員たる分割会社の雇用する労働者であってその労働契約が承継会社等に承継されたものに対する厚生年金基金が支給する年金又は一時金たる給付を継続する方法としては、規約の変更による方法のみ可能であること。

なお、承継会社が企業年金基金を設立している場合には、分割会社に係る厚生年金基金の加入員の年金給付等の支給に関する権利義務を当該企業年金基金に移転することが可能であること。

(ハ) 健康保険組合

健康保険組合は、健康保険法第二章第三節の規定に基づき対象事業所を基礎として任意に設立される法人であり、基本的には上記(イ)の基金型企業年金の場合と同様の対応となること。

(ニ) 財産形成貯蓄契約等

財産形成貯蓄契約等（財産形成貯蓄契約、財産形成年金貯蓄契約及び財産形成住宅貯蓄契約をいう。以下同じ。）は、勤労者と金融機関等が当該勤労者の財産形成に関し締結する契約であり、その契約の締結の際勤労者は、勤労者財産形成促進法第六条第一項第一号ハ等により事業主と賃金控除及び払込代行について契約を締結するものとされており、当該契約は、労働契約の内容である労働条件として維持されるものであること。したがって、会社分割によって分割会社から承継会社等に労働契約が承継され

る場合、当該契約に基づく賃金控除及び払込代行を行う義務も承継会社等に承継されることとなるため、当該承継される労働契約に係る労働者は、当該財産形成貯蓄契約等を存続させることができるものであること。なお、この場合、当該承継会社等の事業場において労働基準法（昭和二十二年法律第四十九号）第二十四条第一項の労使協定があることが必要となるものであること。また、承継会社等は金融機関等との間で所定の手続を行う必要があること。

(ホ) 中小企業退職金共済契約

中小企業退職金共済契約は、中小企業退職金共済法第二章の規定に基づき、中小企業者（共済契約者）が、各従業員（被共済者）につき、独立行政法人勤労者退職金共済機構（以下「機構」という。）と締結する契約であり、当該中小企業者が機構に掛金を納付し、機構が当該従業員に対し退職金を支給することを内容とするものであること。また、当該従業員が機構から退職金の支給を受けることは、当該中小企業者と当該従業員との間の権利義務の内容となっていると認められ、労働契約の内容である労働条件として維持されるものであること。また、会社分割により事業主が異なることとなった場合であっても、当該会社分割によって労働契約が分割会社から承継会社等に承継される従業員について、共済契約が継続しているものとして取り扱うこととなるものであること。なお、この場合、承継会社等は機構との間で所定の手続を行う必要があること。

(5) 転籍合意等と法律上の手続との関係

イ 転籍合意による承継

転籍合意による承継分割会社は、承継される事業に主として従事する労働者について、会社分割の対象とすることなくいわゆる転籍合意によって、承継会社等に転籍させる場合には、当該労働者に対して、次に掲げる事項に留意すべきであること。

(イ) 法第二条第一項及び第二項の通知並びに商法等改正法附則第五条で義務付けられた協議等の手続は省略できないこと。

(ロ) 分割契約等に承継会社等が当該労働者の労働契約を承継する旨の定めがある場合には、分割会社との間で締結している労働契約は、分割会社から承継会社等に包括的に承継されるため、その内容である労働条件はそのまま維持されること及び当該労働者の労働契約を承継する旨の定めがない場合には、法第四条第一項の異議の申出をすることができることを当該労働者に対し説明すべきこと。

(ハ) 当該労働者が、分割契約等に承継会社等が当該労働者の労働契約を承継する旨の定めのないことにつき、法第四条第一項の異議の申出をした場合には、同条第四項の規定に基づき、当該労働者が分割会社との間で締結している労働契約が、その内容である労働条件を維持したまま承継会社等に承継されるため、これに反する転籍合意部分は、その効力がないものとされること。

ロ 出向

承継される事業に主として従事する労働者が、分割会社との労働契約を維持したまま、承継会社等との間で新たに労働契約を締結する出向の場合であっても、法第二条第一項及び第二項の通知並びに商法等改正法附則第五条で義務付けられた協議等の手続が必要であることに留意すべきであること。

3　労働協約の承継に関して講ずべき措置等

(1)　分割会社と労働組合との間の合意に関する事項

イ　合意の時期

法第六条第二項の分割会社と労働組合との間の合意については、分割契約等の締結前又は作成前にあらかじめ労使間で協議をすることにより合意しておくことが望ましいこと。

ロ　労働協約の取扱い

(イ)　法第六条第二項の合意がある場合の取扱い

会社法及び法第六条第一項の規定に基づき労働協約を分割会社から承継会社等に承継させる旨が分割契約等に定められた場合であって、労働組合法第十六条の基準以外の部分に関する法第六条第二項の合意がなされたときは、当該合意に係る部分に限り、当該労働協約は、当該効力発生日に、分割会社から承継会社等に承継されるものであること。

法第六条第二項の合意は、労働組合法第十六条の基準以外の部分の全部又は一部の承継について行うことができるものであること。例えば、「「会社は、労働組合に対し百平方メートルの規模の組合事務所を貸与する。」という労働協約の内容のうち四十平方メートル分の規模の組合事務所を貸与する義務については当該会社に残し、残り六十平方メートル分の規模の組合事務所を貸与する義務については承継会社に承継させる。」という内容の分割契約等の定め及び合意も可能であること。

(ロ)　法第六条第二項の合意がない場合の取扱い

労働組合法第十六条の基準以外の部分に関する法第六条第二項の合意がないときは、当該部分に関しては、法第六条第三項の規定により、分割会社は、効力発生日以後も労働協約の当事者たる地位にとどまり、当該労働組合の組合員に係る労働契約が承継会社等に承継されるときは、当該承継会社等は、当該労働協約と同一の内容を有する労働協約の当事者たる地位に立つこととなるものであること。この場合、当該承継会社等には、当該労働協約に係る権利義務関係の本旨に従った権利又は義務が生じることとなるものであること。

(ハ)　労働組合法第十六条の基準に関する部分の取扱い

労働組合法第十六条の基準に関する部分については、会社法及び法第六条第一項の規定に基づき労働協約を分割会社から承継会社等に承継させる旨が分割契約等に定められた場合であっても定められなかった場合であっても、法第六条第三項の規定により、当該分割会社は、当該効力発生日以後もなお当該労働協約の当事者たる地位にとどまり、当該労働組合の組合員に係る労働契約が承継会社等に承継されるときは、当該承継会社等は、当該労働協約と同一の内容を有する労働協約の当事者たる地位に立つこととなるものであること。

(2)　承継会社における既存の労働協約との関係

労働協約は使用者と労働組合との間で締結されるものであることから、一の会社にその所属する労働組合が異なる労働者が勤務している場合には、同一の事項に関し、各労働組合ごとに内容の異なる労働協約が締結され、併存する場合もあり得るものであること。

したがって、吸収分割の場合であって、法第六条第三項の規定により分割会社との間で締結されている労働協約と同一の内容の労働協約が承継会社と当該労働組合との間で締結されたものとみなされるときは、当該承継会社が同一の事項に関して複数の労働組合と内容の異なる労働協約を締結したこととなるため、同種の労働者の中で労働条件が異なることは起こり得ること。

(3) 組織要件が効力発生要件とされている労使協定等

イ 労働組合法第十七条の一般的拘束力等

労働組合法第十七条の一般的拘束力については、その要件として、「一の工場事業場に常時使用される同種の労働者の四分の三以上の数の労働者が一の労働協約の適用を受けるに至ったとき」でなければならないこととされており、効力発生日前に分割会社の工場事業場において労働組合法第十七条が適用されていた場合であっても、当該会社分割の際に当該要件を満たさなくなった分割会社又は承継会社等の工場事業場においては、労働組合法第十七条は適用されないこと。

労働組合法第七条第一号ただし書のいわゆるショップ制に係る労働協約についても同様であること。

ロ 労働基準法上の労使協定

労働基準法第二十四条、第三十六条等の労使協定については、民事上の権利義務を定めるものではないため、分割会社が分割契約等に定めることにより承継会社等に承継させる対象とはならないものであること。これらの労使協定については、会社分割の前後で事業場の同一性が認められる場合には、引き続き有効であると解され得るものであること。事業場の同一性が失われた場合は、該当する労働基準法上の免罰効が失われることから、当該効力発生日以後に再度、それぞれの規定に基づいて労使協定を締結し届出をする必要があるものであること。

4 労働者の理解と協力に関する事項

(1) 商法等改正法附則第五条の協議等

イ 労働者との事前の協議

商法等改正法附則第五条の規定により、分割会社は、法第二条第一項の規定による通知をすべき日（以下「通知期限日」という。）までに、承継される事業に従事している労働者及び承継される事業に従事していない労働者であって分割契約等にその者が当該分割会社との間で締結している労働契約を承継会社等が承継する旨の定めがあるものと、会社分割に伴う労働契約の承継に関して協議をするものとされていること。

分割会社は、当該労働者に対し、当該効力発生日以後当該労働者が勤務することとなる会社の概要、効力発生日以後における分割会社及び承継会社等の債務の履行の見込みに関する事項、当該労働者が法第二条第一項第一号に掲げる労働者に該当するか否かの考え方等を十分説明し、本人の希望を聴取した上で、当該労働者に係る労働契約の承継の有無、承継するとした場合又は承継しないとした場合の当該労働者が従事することを予定する業務の内容、就業場所その他の就業形態等について協議をするものとされていること。

分割会社は、事業を構成するに至らない権利義務の分割の場合において、分割契約等に労働契約の承継の定めのない労働者のうち、当該権利義務の分割が当該労働者の職務の内容等に影響しうるものに対しては、法第七条の労働者の理解と協力を得る努力とは別に、職務の内容等の変更があればその説明を行う等、一定の情報を提供することが望ましいこと。

ロ 法第七条の労働者の理解と協力を得る努力との関係

当該協議は、承継される事業に従事する個別労働者の保護のための手続であるのに対し、法第七条の労働者の理解と協力を得る努力は、下記(2)のとおり、労働分割に際し分割会社に勤務する労働者全体の理解と協力を得るためのものであって、実施時期、対象労働者の範囲、対象事項の範囲、手続等に違いがあるものであること。

ハ　協議に当たっての代理人の選定

労働者が個別に民法の規定により労働組合を当該協議の全部又は一部に係る代理人として選定した場合は、分割会社は、当該労働組合と誠実に協議をするものとされていること。

ニ　労働組合法上の団体交渉権との関係

会社分割に伴う労働者の労働条件等に関する労働組合法第六条の団体交渉の対象事項については、分割会社は、当該協議が行われていることをもって労働組合による当該会社分割に係る適法な団体交渉の申入れを拒否できないものであること。

また、当該対象事項に係る団体交渉の申入れがあった場合には、分割会社は、当該労働組合と誠意をもって交渉に当たらなければならないものとされていること。

ホ　協議開始時期

分割会社は、通知期限日までに十分な協議ができるよう、時間的余裕をみて協議を開始するものとされていること。

ヘ　会社分割の無効の原因となる協議義務違反等

商法等改正法附則第五条で義務付けられた協議を全く行わなかった場合又は実質的にこれと同視し得る場合における会社分割については、会社分割の無効の原因となり得るとされていることに留意すべきであること。

また、最高裁判所の判例において、商法等改正法附則第五条で義務付けられた協議が全く行われなかった場合又は協議が行われた場合であっても著しく不十分であるため、同条が当該協議を求めた趣旨に反することが明らかな場合には、法第三条に定める労働契約の承継の効力を個別に争うことができるとされていることに留意すべきであること。

(2)　法第七条の労働者の理解と協力を得る努力

イ　内容

分割会社は、法第七条の規定に基づき、当該会社分割に当たり、そのすべての事業場において、当該事業場に、労働者の過半数で組織する労働組合がある場合においてはその労働組合、労働者の過半数で組織する労働組合がない場合においては労働者の過半数を代表する者との協議その他これに準ずる方法によって、その雇用する労働者の理解と協力を得るよう努めるものとすること。

「その他これに準ずる方法」としては、名称のいかんを問わず、労働者の理解と協力を得るために、労使対等の立場に立ち誠意をもって協議が行われることが確保される場において協議することが含まれるものであること。

ロ　対象事項

分割会社がその雇用する労働者の理解と協力を得るよう努める事項としては、次のようなものがあること。

(イ)　会社分割をする背景及び理由

(ロ)　効力発生日以後における分割会社及び承継会社等の債務の履行の見込みに関する事項

(ハ)　労働者が法第二条第一項第一号に掲げる労働者に該当するか否かの判断基準

(ニ) 法第六条の労働協約の承継に関する事項

(ホ) 会社分割に当たり、分割会社又は承継会社等と関係労働組合又は労働者との間に生じた労働関係上の問題を解決するための手続

ハ 労働組合法上の団体交渉権等

労働組合は、使用者との間で団体交渉を行う権利を有するが、団体交渉に応ずべき使用者の判断に当たっては、最高裁判所の判例において、「一般に使用者とは労働契約上の雇用主をいうものである」が、雇用主以外の事業主であっても、「その労働者の基本的な労働条件等について雇用主と部分的とはいえ同視できる程度に現実的かつ具体的に支配、決定することができる地位にある場合には、その限りにおいて」、使用者に当たると解されていること等これまでの裁判例等の蓄積があることに留意すべきであること。

会社分割に伴う労働者の労働条件等に関する労働組合法第六条の団体交渉の対象事項については、分割会社は、法第七条の手続が行われていることをもって労働組合による当該会社分割に係る適法な団体交渉の申入れを拒否できないものであること。

また、当該対象事項に係る団体交渉の申入れがあった場合には、分割会社は、当該労働組合と誠意をもって交渉に当たらなければならないものとされていること。

ニ 開始時期等

法第七条の手続は、遅くとも商法等改正法附則第五条の規定に基づく協議の開始までに開始され、その後も必要に応じて適宜行われるものであること。

ホ その他の留意事項

労働組合法上の不当労働行為責任及び使用者の地位が会社分割に伴い、分割会社から承継会社等に承継されるとする裁判例や中央労働委員会の命令があることに留意すべきであること。

5 その他

(1) 安全衛生委員会等従業員代表を構成員とする法律上の組織に関する事項

労働安全衛生法（昭和四十七年法律第五十七号）第十九条の安全衛生委員会等法令上企業又は事業場規模が設置要件となっている委員会等については、効力発生日以後に設置要件を満たさなくなった場合であっても、分割会社及び承継会社等において当該効力発生日前と同様の委員会等を設置することが望ましいこと。

(2) 派遣労働者の取扱い

労働者派遣事業の適正な運営の確保及び派遣労働者の保護等に関する法律（昭和六十年法律第八十八号）の規定に従い派遣労働者が分割会社に派遣されている場合であって、当該派遣労働者に係る労働者派遣契約が当該分割会社から承継会社等に承継されたときには、当該承継会社等が派遣先の地位を承継することとなることから、同法第四十条の二、第四十条の三等の派遣労働者を受け入れる期間に係る規定の適用に当たっては、当該期間は、効力発生日前の分割会社における期間も通算して算定されるものであること。

(3) 船員の取扱い

船員法（昭和二十二年法律第百号）の規定による労使協定及び船員災害防止活動の促進に関する法律（昭和四十二年法律第六十一号）第十一条の安全衛生委員会についても、労働基準法上の労使協定及び労働安全衛生法上の安全衛生委員会に関する取扱いと同様の取扱いをすること。

(4) 雇用の安定
分割会社及び承継会社等は、効力発生日以後における労働者の雇用の安定を図るよう努めること。

公益通報者保護法

（平成一六年六月一八日 法律第一二二号）

沿革　平成一八年　六月一四日法律第　六六号
〃　一九年一二月　五日〃第一二八号
〃　二四年　四月　六日〃第　二七号
〃　二五年　六月二八日〃第　七〇号
〃　二九年　六月二三日〃第　七〇号
令和　二年　六月一二日〃第　五一号
〃　三年　五月一九日〃第　三六号

第一章　総則

（目的）

第一条　この法律は、公益通報をしたことを理由とする公益通報者の解雇の無効及び不利益な取扱いの禁止等並びに公益通報に関し事業者及び行政機関がとるべき措置等を定めることにより、公益通報者の保護を図るとともに、国民の生命、身体、財産その他の利益の保護に関わる法令の規定の遵守を図り、もって国民生活の安定及び社会経済の健全な発展に資することを目的とする。

（定義）

第二条　この法律において「公益通報」とは、次の各号に掲げる者が、不正の利益を得る目的、他人に損害を加える目的その他の不正の目的でなく、当該各号に定める事業者（法人その他の団体及び事業を行う個人をいう。以下同じ。）（以下「役務提供先」という。）又は当該役務提供先の事業に従事する場合におけるその役員（法人の取締役、執行役、会計参与、監査役、理事、監事及び清算人並びにこれら以外の者で法令（法律及び法律に基づく命令をいう。以下同じ。）の規定に基づき法人の経営に従事している者（会計監査人を除く。）をいう。以下同じ。）、従業員、代理人その他の者について通報対象事実が生じ、又はまさに生じようとしている旨を、当該役務提供先若しくは当該役務提供先があらかじめ定めた者（以下「役務提供先等」という。）、当該通報対象事実について処分（命令、取消しその他公権力の行使に当たる行為をいう。以下同じ。）若しくは勧告等（勧告その他処分に当たらない行為をいう。以下同じ。）をする権限を有する行政機関若しくは当該行政機関があらかじめ定めた者（次条第二号及び第六条第二号において「行政機関等」という。）又はその者に対し当該通報対象事実を通報することがその発生若しくはこれによる被害の拡大を防止するために必要であると認められる者（当該通報対象事実により被害を受け又は受けるおそれがある者を含み、当該役務提供先の競争上の地位その他正当な利益を害するおそれがある者を除く。次条第三号及び第六条第三号において同じ。）に通報することをいう。

一　労働者（労働基準法（昭和二十二年法律第四十九号）第九条に規定する労働者をいう。以下同じ。）又は労働者であった者　当該労働者又は労働者であった者を自ら使用し、又は当該通報の日前一年以内に自ら使用していた事業者（次号に定める事業者を除く。）

二　派遣労働者（労働者派遣事業の適正な運営の確保及び派遣労働者の保護等に関する法律（昭和六十年法律第八十八号。第四条において「労働者派遣法」という。）第二条第二号に規定する派遣労働者をいう。以下同じ。）又は派遣労働者であった者　当該派遣労働者又は派遣労働者であった者に係る労働者派遣（同条第一号に規定する労働者派遣

をいう。第四条及び第五条第二項において同じ。）の役務の提供を受け、又は当該通報の日前一年以内に受けていた事業者

三　前二号に定める事業者が他の事業者との請負契約その他の契約に基づいて事業を行い、又は行っていた場合において、当該事業に従事し、又は当該通報の日前一年以内に従事していた労働者若しくは労働者であった者又は派遣労働者若しくは派遣労働者であった者　当該他の事業者

四　役員　次に掲げる事業者

イ　当該役員に職務を行わせる事業者

ロ　イに掲げる事業者が他の事業者との請負契約その他の契約に基づいて事業を行う場合において、当該役員が当該事業に従事するときにおける当該他の事業者

2　この法律において「公益通報者」とは、公益通報をした者をいう。

3　この法律において「通報対象事実」とは、次の各号のいずれかの事実をいう。

一　この法律及び個人の生命又は身体の保護、消費者の利益の擁護、環境の保全、公正な競争の確保その他の国民の生命、身体、財産その他の利益の保護に関わる法律として別表に掲げるもの（これらの法律に基づく命令を含む。以下この項において同じ。）に規定する罪の犯罪行為の事実又はこの法律及び同表に掲げる法律に規定する過料の理由とされている事実

二　別表に掲げる法律の規定に基づく処分に違反することが前号に掲げる事実となる場合における当該処分の理由とされている事実（当該処分の理由とされている事実が同表に掲げる法律の規定に基づく他の処分に違反し、又は勧告等に従わない事実である場合における当該他の処分又は勧告等の理由とされている事実を含む。）

4　この法律において「行政機関」とは、次に掲げる機関をいう。

一　内閣府、宮内庁、内閣府設置法（平成十一年法律第八十九号）第四十九条第一項若しくは第二項に規定する機関、国家行政組織法（昭和二十三年法律第百二十号）第三条第二項に規定する機関、法律の規定に基づき内閣の所轄の下に置かれる機関若しくはこれらに置かれる機関又はこれらの機関の職員であって法律上独立に権限を行使することを認められた職員

二　地方公共団体の機関（議会を除く。）

第二章　公益通報をしたことを理由とする公益通報者の解雇の無効及び不利益な取扱いの禁止等

（解雇の無効）

第三条　労働者である公益通報者が次の各号に掲げる場合においてそれぞれ当該各号に定める公益通報をしたことを理由として前条第一項第一号に定める事業者（当該労働者を自ら使用するものに限る。第九条において同じ。）が行った解雇は、無効とする。

一　通報対象事実が生じ、又はまさに生じようとしていると思料する場合　当該役務提供先等に対する公益通報

二　通報対象事実が生じ、若しくはまさに生じようとしていると信ずるに足りる相当の理由がある場合又は通報対象事実が生じ、若しくはまさに生じようとしていると思料し、かつ、次に掲げる事項を記載した書面（電子的方式、磁気的方式その他人の知覚によっては認識することができない方式で作られる記録を含む。次号ホにおいて同じ。）を提出する場合　当該通報対象事実について処分又は勧告等を

する権限を有する行政機関等に対する公益通報
イ　公益通報者の氏名又は名称及び住所又は居所
ロ　当該通報対象事実の内容
ハ　当該通報対象事実が生じ、又はまさに生じようとしていると思料する理由
ニ　当該通報対象事実について法令に基づく措置その他適当な措置がとられるべきと思料する理由

三　通報対象事実が生じ、又はまさに生じようとしていると信ずるに足りる相当の理由があり、かつ、次のいずれかに該当する場合　その者に対し当該通報対象事実を通報することがその発生又はこれによる被害の拡大を防止するために必要であると認められる者に対する公益通報
イ　前二号に定める公益通報をすれば解雇その他不利益な取扱いを受けると信ずるに足りる相当の理由がある場合
ロ　第一号に定める公益通報をすれば当該通報対象事実に係る証拠が隠滅され、偽造され、又は変造されるおそれがあると信ずるに足りる相当の理由がある場合
ハ　第一号に定める公益通報をすれば、役務提供先が、当該公益通報者について知り得た事項を、当該公益通報者を特定させるものであることを知りながら、正当な理由がなくて漏らすと信ずるに足りる相当の理由がある場合
ニ　役務提供先から前二号に定める公益通報をしないことを正当な理由がなくて要求された場合
ホ　書面により第一号に定める公益通報をした日から二十日を経過しても、当該通報対象事実について、当該役務提供先等から調査を行う旨の通知がない場合又は当該役務提供先等が正当な理由がなくて調査を行わない場合
ヘ　個人の生命若しくは身体に対する危害又は個人（事業を行う場合におけるものを除く。以下このへにおいて同じ。）の財産に対する損害（回復することができない損害又は著しく多数の個人における多額の損害であって、通報対象事実を直接の原因とするものに限る。第六条第二号ロ及び第三号ロにおいて同じ。）が発生し、又は発生する急迫した危険があると信ずるに足りる相当の理由がある場合

（労働者派遣契約の解除の無効）

第四条　第二条第一項第二号に定める事業者（当該派遣労働者に係る労働者派遣の役務の提供を受けるものに限る。以下この条及び次条第二項において同じ。）の指揮命令の下に労働する派遣労働者である公益通報者が前条各号に定める公益通報をしたことを理由として第二条第一項第二号に定める事業者が行った労働者派遣契約（労働者派遣法第二十六条第一項に規定する労働者派遣契約をいう。）の解除は、無効とする。

（不利益取扱いの禁止）

第五条　第三条に規定するもののほか、第二条第一項第一号に定める事業者は、その使用し、又は使用していた公益通報者が第三条各号に定める公益通報をしたことを理由として、当該公益通報者に対して、降格、減給、退職金の不支給その他不利益な取扱いをしてはならない。

2　前条に規定するもののほか、第二条第一項第二号に定める事業者は、その指揮命令の下に労働する派遣労働者である公益通報者が第三条各号に定める公益通報をしたことを理由として、当該公益通報者に対して、当該公益通報者に係る労働者派遣をする事業者に派遣労働者の交代を求めることその他不利益な取扱いをしてはならない。

3　第二条第一項第四号に定める事業者（同号イに掲げる事業者に限る。次条及び第八条第四項において同じ。）は、その職務を行わせ、又は行わせていた公益通報者が次条各号に定める公益通報をしたことを理由として、当該公益通報者に対して、報酬の減額その他不利益な取扱い（解任を除く。）を

してはならない。

第六条　**（役員を解任された場合の損害賠償請求）**　役員である公益通報者は、次の各号に掲げる場合においてそれぞれ当該各号に定める公益通報をしたことを理由として第二条第一項第四号に定める事業者から解任された場合には、当該事業者に対し、解任によって生じた損害の賠償を請求することができる。

一　通報対象事実が生じ、又はまさに生じようとしていると思料する場合　当該役務提供先等に対する公益通報

二　次のいずれかに該当する場合　当該通報対象事実について処分又は勧告等をする権限を有する行政機関等に対する公益通報

イ　調査是正措置（善良な管理者と同一の注意をもって行う、通報対象事実の調査及びその是正のために必要な措置をいう。次号イにおいて同じ。）をとることに努めたにもかかわらず、なお当該通報対象事実が生じ、又はまさに生じようとしていると信ずるに足りる相当の理由がある場合

ロ　通報対象事実が生じ、又はまさに生じようとしていると信ずるに足りる相当の理由があり、かつ、個人の生命若しくは身体に対する危害又は個人（事業を行う場合におけるものを除く。）の財産に対する損害が発生し、又は発生する急迫した危険があると信ずるに足りる相当の理由がある場合

三　次のいずれかに該当する場合　その者に対し通報対象事実を通報することがその発生又はこれによる被害の拡大を防止するために必要であると認められる者に対する公益通報

イ　調査是正措置をとることに努めたにもかかわらず、なお当該通報対象事実が生じ、又はまさに生じようとしていると信ずるに足りる相当の理由があり、かつ、次のいずれかに該当する場合

(1)　前二号に定める公益通報をすれば解任、報酬の減額その他不利益な取扱いを受けると信ずるに足りる相当の理由がある場合

(2)　第一号に定める公益通報をすれば当該通報対象事実に係る証拠が隠滅され、偽造され、又は変造されるおそれがあると信ずるに足りる相当の理由がある場合

(3)　役務提供先から前二号に定める公益通報をしないことを正当な理由がなくて要求された場合

ロ　通報対象事実が生じ、又はまさに生じようとしていると信ずるに足りる相当の理由があり、かつ、個人の生命若しくは身体に対する危害又は個人（事業を行う場合におけるものを除く。）の財産に対する損害が発生し、又は発生する急迫した危険があると信ずるに足りる相当の理由がある場合

第七条　**（損害賠償の制限）**　第二条第一項各号に定める事業者は、第三条各号及び前条各号に定める公益通報によって損害を受けたことを理由として、当該公益通報をした公益通報者に対して、賠償を請求することができない。

第八条　**（解釈規定）**　第三条から前条までの規定は、通報対象事実に係る通報をしたことを理由として第二条第一項各号に掲げる者に対して解雇その他不利益な取扱いをすることを禁止する他の法令の規定の適用を妨げるものではない。

2　第三条の規定は、労働契約法（平成十九年法律第百二十八号）第十六条の規定の適用を妨げるものではない。

3　第五条第一項の規定は、労働契約法第十四条及び第十五条の規定の適用を妨げるものではない。

4　第六条の規定は、通報対象事実に係る通報をしたことを理由として第二条第一項第四号に定める事業者から役員を解任された者が当該事業者に対し解任によって生じた損害の賠償を請求することができる旨の他の法令の規定の適用を妨げるものではない。

（一般職の国家公務員等に対する取扱い）

第九条　第三条各号に定める公益通報をしたことを理由とする一般職の国家公務員、裁判所職員臨時措置法（昭和二十六年法律第二百九十九号）の適用を受ける裁判所職員、国会職員法（昭和二十二年法律第八十五号）の適用を受ける国会職員、自衛隊法（昭和二十九年法律第百六十五号）第二条第五項に規定する隊員及び一般職の地方公務員（以下この条において「一般職の国家公務員等」という。）に対する免職その他不利益な取扱いの禁止については、第三条から第五条までの規定にかかわらず、国家公務員法（昭和二十二年法律第百二十号。裁判所職員臨時措置法において準用する場合を含む。）、国会職員法、自衛隊法及び地方公務員法（昭和二十五年法律第二百六十一号）の定めるところによる。この場合において、第二条第一項第一号に定める事業者は、第三条各号に定める公益通報をしたことを理由として一般職の国家公務員等に対して免職その他不利益な取扱いがされることのないよう、これらの法律の規定を適用しなければならない。

（他人の正当な利益等の尊重）

第一〇条　第三条各号及び第六条各号に定める公益通報をする者は、他人の正当な利益又は公共の利益を害することのないよう努めなければならない。

第三章　事業者がとるべき措置等

（事業者がとるべき措置）

第一一条　事業者は、第三条第一号及び第六条第一号に定める公益通報を受け、並びに当該公益通報に係る通報対象事実の調査をし、及びその是正に必要な措置をとる業務（次条において「公益通報対応業務」という。）に従事する者（次条において「公益通報対応業務従事者」という。）を定めなければならない。

2　事業者は、前項に定めるもののほか、公益通報者の保護を図るとともに、公益通報の内容の活用により国民の生命、身体、財産その他の利益の保護に関わる法令の規定の遵守を図るため、第三条第一号及び第六条第一号に定める公益通報に応じ、適切に対応するために必要な体制の整備その他の必要な措置をとらなければならない。

3　常時使用する労働者の数が三百人以下の事業者については、第一項中「定めなければ」とあるのは「定めるように努めなければ」と、前項中「とらなければ」とあるのは「とるように努めなければ」とする。

4　内閣総理大臣は、第一項及び第二項（これらの規定を前項の規定により読み替えて適用する場合を含む。）の規定に基づき事業者がとるべき措置に関して、その適切かつ有効な実施を図るために必要な指針（以下この条において単に「指針」という。）を定めるものとする。

5　内閣総理大臣は、指針を定めようとするときは、あらかじめ、消費者委員会の意見を聴かなければならない。

6　内閣総理大臣は、指針を定めたときは、遅滞なく、これを公表するものとする。

7　前二項の規定は、指針の変更について準用する。

（公益通報対応業務従事者の義務）

第一二条　公益通報対応業務従事者又は公益通報対応業務従事者であった者は、正当な理由がなく、その公益通報対応業務に関して知り得た事項であって公益通報者を特定させるものを漏らしてはならない。

（行政機関がとるべき措置）

第一三条　通報対象事実について処分又は勧告等をする権限を有する行政機関は、公益通報者から第三条第二号及び第六条第二号に定める公益通報をされた場合には、必要な調査を行い、当該公益通報に係る通報対象事実があると認めるときは、法令に基づく措置その他適当な措置をとらなければならない。

2　通報対象事実について処分又は勧告等をする権限を有する行政機関（第二条第四項第一号に規定する職員を除く。）は、前項に規定する措置の適切な実施を図るため、第三条第二号及び第六条第二号に定める公益通報に応じ、適切に対応するために必要な体制の整備その他の必要な措置をとらなければならない。

3　第一項の公益通報が第二条第三項第一号に掲げる犯罪行為の事実を内容とする場合における当該犯罪の捜査及び公訴については、前二項の規定にかかわらず、刑事訴訟法（昭和二十三年法律第百三十一号）の定めるところによる。

（教示）

第一四条　前条第一項の公益通報が誤って当該公益通報に係る通報対象事実について処分又は勧告等をする権限を有しない行政機関に対してされたときは、当該行政機関は、当該公益通報者に対し、当該公益通報に係る通報対象事実について処分又は勧告等をする権限を有する行政機関を教示しなければならない。

第四章　雑則

（報告の徴収並びに助言、指導及び勧告）

第一五条　内閣総理大臣は、第十一条第一項及び第二項（これらの規定を同条第三項の規定により読み替えて適用する場合を含む。）の規定の施行に関し必要があると認めるときは、事業者に対して、報告を求め、又は助言、指導若しくは勧告をすることができる。

（公表）

第一六条　内閣総理大臣は、第十一条第一項及び第二項の規定に違反している事業者に対し、前条の規定による勧告をした場合において、その勧告を受けた者がこれに従わなかったときは、その旨を公表することができる。

（関係行政機関への照会等）

第一七条　内閣総理大臣は、この法律の規定に基づく事務に関し、関係行政機関に対し、照会し、又は協力を求めることができる。

（内閣総理大臣による情報の収集、整理及び提供）

第一八条　内閣総理大臣は、公益通報及び公益通報者の状況に関する情報その他その普及が公益通報者の保護及び公益通報の内容の活用による国民の生命、身体、財産その他の利益の保護に関わる法令の規定の遵守に資することとなる情報の収集、整理及び提供に努めなければならない。

（権限の委任）

第一九条　内閣総理大臣は、この法律による権限（政令で定めるものを除く。）を消費者庁長官に委任する。

（適用除外）

第二〇条　第十五条及び第十六条の規定は、国及び地方公共団体に適用しない。

第五章　罰則

第二一条　第十二条の規定に違反して同条に規定する事項を漏らした者は、三十万円以下の罰金に処する。

第二二条　第十五条の規定による報告をせず、又は虚偽の報告をした者は、二十万円以下の過料に処する。

附　則

（施行期日）

第一条　この法律は、公布の日から起算して二年を超えない範囲内において政令で定める日から施行し、この法律の施行後にされた公益通報について適用する。

（検討）

第二条　政府は、この法律の施行後五年を目途として、この法律の施行の状況について検討を加え、その結果に基づいて必要な措置を講ずるものとする。

別表（第二条関係）

一　刑法（明治四十年法律第四十五号）
二　食品衛生法（昭和二十二年法律第二百三十三号）
三　金融商品取引法（昭和二十三年法律第二十五号）
四　日本農林規格等に関する法律（昭和二十五年法律第百七十五号）
五　大気汚染防止法（昭和四十三年法律第九十七号）
六　廃棄物の処理及び清掃に関する法律（昭和四十五年法律第百三十七号）
七　個人情報の保護に関する法律（平成十五年法律第五十七号）
八　前各号に掲げるもののほか、個人の生命又は身体の保護、消費者の利益の擁護、環境の保全、公正な競争の確保その他の国民の生命、身体、財産その他の利益の保護に関わる法律として政令で定めるもの

最低賃金法　抄

〔昭和三四年四月一五日
法律第一三七号〕

沿革
昭和四三年　六月　三日法律第　九〇号
平成一一年　七月一六日法律第　八七号
〃一一年　七月一六日〃第一〇二号
〃一一年一二月二二日〃第一六〇号
〃一三年　四月二五日〃第　三五号
〃一四年　五月三一日〃第　五四号
〃一九年一二月　五日〃第一二九号
〃二〇年　五月　二日〃第　二六号
〃二四年　四月　六日〃第　二七号
令和　四年　六月一七日〃第　六八号

第一章　総則

（目的）
第一条　この法律は、賃金の低廉な労働者について、賃金の最低額を保障することにより、労働条件の改善を図り、もつて、労働者の生活の安定、労働力の質的向上及び事業の公正な競争の確保に資するとともに、国民経済の健全な発展に寄与することを目的とする。

（定義）
第二条　この法律において、次の各号に掲げる用語の意義は、当該各号に定めるところによる。
一　労働者　労働基準法（昭和二十二年法律第四十九号）第九条に規定する労働者（同居の親族のみを使用する事業又は事務所に使用される者及び家事使用人を除く。）をいう。
二　使用者　労働基準法第十条に規定する使用者をいう。
三　賃金　労働基準法第十一条に規定する賃金をいう。

第二章　最低賃金

第一節　総則

（最低賃金額）
第三条　最低賃金額（最低賃金において定める賃金の額をいう。以下同じ。）は、時間によつて定めるものとする。

（最低賃金の効力）
第四条　使用者は、最低賃金の適用を受ける労働者に対し、その最低賃金額以上の賃金を支払わなければならない。
2　最低賃金の適用を受ける労働者と使用者との間の労働契約で最低賃金額に達しない賃金を定めるものは、その部分については無効とする。この場合において、無効となつた部分は、最低賃金と同様の定をしたものとみなす。
3　次に掲げる賃金は、前二項に規定する賃金に算入しない。
一　一月をこえない期間ごとに支払われる賃金以外の賃金で厚生労働省令で定めるもの
二　通常の労働時間又は労働日の賃金以外の賃金で厚生労働省令で定めるもの
三　当該最低賃金において算入しないことを定める賃金
4　第一項及び第二項の規定は、労働者がその都合により所定労働時間若しくは所定労働日の労働をしなかつた場合又は使用者が正当な理由により労働者に所定労働時間若しくは所定労働日の労働をさせなかつた場合において、労働しなかつた時間又は日に対応する限度で賃金を支払わないことを妨げるものではない。

（現物給与等の評価）
第五条　賃金が通貨以外のもので支払われる場合又は使用者が労働者に提供した食事その他のものの代金を賃金から控除す

る場合においては、最低賃金の適用について、これらのものは、適正に評価されなければならない。

（最低賃金の競合）

第六条 労働者が二以上の最低賃金の適用を受ける場合は、これらにおいて定める最低賃金額のうち最高のものにより第四条の規定を適用する。

2 前項の場合においても、第九条第一項に規定する地域別最低賃金において定める最低賃金額については、第四条第一項及び第四十条の規定の適用があるものとする。

（最低賃金の減額の特例）

第七条 使用者が厚生労働省で定めるところにより都道府県労働局長の許可を受けたときは、次に掲げる労働者については、当該最低賃金において定める最低賃金額から当該最低賃金額に労働能力その他の事情を考慮して厚生労働省令で定める率を乗じて得た額を減額した額により第四条の規定を適用する。

一 精神又は身体の障害により著しく労働能力の低い者

二 試の使用期間中の者

三 職業能力開発促進法（昭和四十四年法律第六十四号）第二十四条第一項の認定を受けて行われる職業訓練のうち職業に必要な基礎的な技能及びこれに関する知識を習得させることを内容とするものを受ける者であつて厚生労働省令で定めるもの

四 軽易な業務に従事する者その他の厚生労働省令で定める者

（周知義務）

第八条 最低賃金の適用を受ける使用者は、厚生労働省令で定めるところにより、当該最低賃金の概要を、常時作業場の見やすい場所に掲示し、又はその他の方法で、労働者に周知させるための措置をとらなければならない。

第二節 地域別最低賃金

（地域別最低賃金の原則）

第九条 賃金の低廉な労働者について、賃金の最低額を保障するため、地域別最低賃金（一定の地域ごとの最低賃金を言う。以下同じ。）は、あまねく全国各地域について決定されなければならない。

2 地域別最低賃金は、地域における労働者の生計費及び賃金並びに通常の事業の賃金支払能力を考慮して定められなければならない。

3 前項の労働者の生計費を考慮するに当たつては、労働者が健康で文化的な最低限度の生活を営むことができるよう、生活保護に係る施策との整合性に配慮するものとする。

（地域別最低賃金の決定）

第一〇条 厚生労働大臣又は都道府県労働局長は、一定の地域ごとに、中央最低賃金審議会又は地方最低賃金審議会（以下「最低賃金審議会」という。）の調査審議を求め、その意見を聴いて、地域別最低賃金の決定をしなければならない。

2 厚生労働大臣又は都道府県労働局長は、前項の規定による最低賃金審議会の意見の提出があつた場合において、その意見により難いと認めるときは、理由を付して、最低賃金審議会に再審議を求めなければならない。

（最低賃金審議会の意見に関する異義の申出）

第一一条 厚生労働大臣又は都道府県労働局長は、前条第一項の規定による最低賃金審議会の意見の提出があつたときは、厚生労働省令で定めるところにより、その意見の要旨を公示しなければならない。

2 前条第一項の規定による最低賃金審議会の意見に係る地域の労働者又はこれを使用する使用者は、前項の規定による公示があつた日から十五日以内に、厚生労働大臣又は都道府県労働局長に、異義を申し出ることができる。

3　厚生労働大臣又は都道府県労働局長は、前項の規定による申出があつたときは、その申出について、最低賃金審議会に意見を求めなければならない。

4　厚生労働大臣又は都道府県労働局長は、第一項の規定による公示の日から十五日を経過するまでは、前条第一項の決定をすることができない。第二項の規定による申出があつた場合において、前項の規定による最低賃金審議会の意見が提出されるまでも、同様とする。

（地域別最低賃金の改正等）

第一二条　厚生労働大臣又は都道府県労働局長は、地域別最低賃金について、地域における労働者の生計費及び賃金並びに通常の事業の賃金支払能力を考慮して必要があると認めるときは、その決定の例により、その改正又は廃止の決定をしなければならない。

（派遣中の労働者の地域別最低賃金）

第一三条　労働者派遣事業の適正な運営の確保及び派遣労働者の保護等に関する法律（昭和六十年法律第八十八号）第四十四条第一項に規定する派遣中の労働者（第十八条において「派遣中の労働者」という。）については、その派遣先の事業（同項に規定する派遣先の事業をいう。第十八条において同じ。）の事業場の所在地を含む地域について決定された地域別最低賃金において定める最低賃金額により第四条の規定を適用する。

（地域別最低賃金の公示及び発効）

第一四条　厚生労働大臣又は都道府県労働局長は、地域別最低賃金に関する決定をしたときは、厚生労働省令で定めるところにより、決定した事項を公示しなければならない。

2　第十条第一項の規定による地域別最低賃金の決定及び第十二条の規定による地域別最低賃金の改正の決定は、前項の規定による公示の日から起算して三十日を経過した日（公示の日から起算して三十日を経過した日後の日であつて当該決定において別に定める日があるときは、その日）から、同条の規定による地域別最低賃金の廃止の決定は、同項の規定による公示の日（公示の日後の日であつて当該決定において別に定める日があるときは、その日）から、その効力を生ずる。

第三節　特定最低賃金

（特定最低賃金の決定等）

第一五条　労働者又は使用者の全部又は一部を代表する者は、厚生労働省令で定めるところにより、厚生労働大臣又は都道府県労働局長に対し、当該労働者若しくは使用者に適用される一定の事業若しくは職業に係る最低貸金（以下「特定最低賃金」という。）の決定又は当該労働者若しくは使用者に現に適用されている特定最低賃金の改正若しくは廃止の決定をするよう申し出ることができる。

2　厚生労働大臣又は都道府県労働局長は、前項の規定による申出があつた場合において必要があると認めるときは、最低賃金審議会の調査審議を求め、その意見を聴いて、当該申出に係る特定最低賃金の決定又は当該申出に係る特定最低賃金の改正若しくは廃止の決定をすることができる。

3　第十条第二項及び第十一条の規定は、前項の規定による最低賃金審議会の意見の提出があつた場合について準用する。この場合において、同条第二項中「地域」とあるのは、「事業若しくは職業」と読み替えるものとする。

4　厚生労働大臣又は都道府県労働局長は、第二項の決定をする場合において、前項において準用する第十一条第二項の規定による申出があつたときは、前項において準用する同条第三項の規定による最低賃金審議会の意見に基づき、当該特定最低賃金において、一定の事業について、その適用を一定の期間を限つて猶予し、又は最低賃金額について別段の定めをすることができる。

5　第十条第二項の規定は、前項の規定による最低賃金審議会の意見の提出があつた場合について準用する。

第一六条　前条第二項の規定により決定され、又は改正される特定最低賃金において定める最低賃金額は、当該特定最低賃金の適用を受ける使用者の事業場の所在地を含む地域について決定された地域別最低賃金において定める最低賃金額を上回るものでなければならない。

第一七条　第十五条第一項及び第二項の規定にかかわらず、厚生労働大臣又は都道府県労働局長は、同項の規定により決定され、又は改正された特定最低賃金が著しく不適当となつたと認めるときは、その決定の例により、その廃止の決定をすることができる。

（派遣中の労働者の特定最低賃金）

第一八条　派遣中の労働者については、その派遣先の事業と同種の事業又はその派遣先の事業の事業場で使用される同種の労働者の職業について特定最低賃金が適用されている場合にあつては、当該特定最低賃金において定める最低賃金額により第四条の規定を適用する。

（特定最低賃金の公示及び発効）

第一九条　厚生労働大臣又は都道府県労働局長は、特定最低賃金に関する決定をしたときは、厚生労働省令で定めるところにより、決定した事項を公示しなければならない。

2　第十五条第二項の規定による特定最低賃金の決定及び特定最低賃金の改正の決定は、前項の規定による公示の日から起算して三十日を経過した日（公示の日から起算して三十日を経過した日後の日であつて当該決定において別に定める日があるときは、その日）から、同条第二項及び第十七条の規定による特定最低賃金の廃止の決定は、前項の規定による公示の日（公示の日後の日であつて当該決定において別に定める日があるときは、その日）から、その効力を生ずる。

第三章　最低賃金審議会

（設置）

第二〇条　厚生労働省に中央最低賃金審議会を、都道府県労働局に地方最低賃金審議会を置く。

（権限）

第二一条　最低賃金審議会は、この法律の規定によりその権限に属させられた事項をつかさどるほか、地方最低賃金審議会にあつては、都道府県労働局長の諮問に応じて、最低賃金に関する重要事項を調査審議し、及びこれに関し必要と認める事項を都道府県労働局長に建議することができる。

（組織）

第二二条　最低賃金審議会は、政令で定めるところにより、労働者を代表する委員、使用者を代表する委員及び公益を代表する委員各同数をもつて組織する。

（委員）

第二三条　委員は、政令で定めるところにより、厚生労働大臣又は都道府県労働局長が任命する。

2　委員の任期は、二年とする。ただし、補欠の委員の任期は、前任者の残任期間とする。

3　委員の任期が満了したときは、当該委員は、後任者が任命されるまでその職務を行うものとする。

4　委員は、非常勤とする。

（会長）

第二四条　最低賃金審議会に会長を置く。

2　会長は、公益を代表する委員のうちから、委員が選挙する

3　会長は、会務を総理する。

4　会長に事故があるときは、あらかじめ第二項の規定の例により選挙された者が会長の職務を代理する。

（専門部会等）

第二五条　最低賃金審議会に、必要に応じ、一定の事業又は職業について専門の事項を調査審議させるため、専門部会を置くことができる。

2　最低賃金審議会は、最低賃金の決定又はその改正の決定について調査審議を求められたときは、専門部会を置かなければならない。

3　専門部会は、政令で定めるところにより、関係労働者を代表する委員、関係使用者を代表する委員及び公益を代表する委員各同数をもつて組織する。

4　第二十三条第一項及び第四項並びに前条の規定は、専門部会について準用する。

5　最低賃金審議会は、最低賃金の決定又はその改正若しくは廃止の決定について調査審議を行う場合においては、厚生労働省令で定めるところにより、関係労働者及び関係使用者の意見を聴くものとする。

6　最低賃金審議会は、前項の規定によるほか、審議に際し必要と認める場合においては、関係労働者、関係使用者その他の関係者の意見をきくものとする。

（政令への委任）

第二六条　この法律に規定するもののほか、最低賃金審議会に関し必要な事項は、政令で定める。

第四章　雑則

（援助）

第二七条　政府は、使用者及び労働者に対し、関係資料の提供その他最低賃金制度の円滑な実施に必要な援助に努めなければならない。

（調査）

第二八条　厚生労働大臣は、賃金その他労働者の実情について必要な調査を行い、最低賃金制度が円滑に実施されるように努めなければならない。

（報告）

第二九条　厚生労働大臣及び都道府県労働局長は、この法律の目的を達成するため必要な限度において、厚生労働省令で定めるところにより、使用者又は労働者に対し、賃金に関する事項の報告をさせることができる。

（職権等）

第三〇条　第十条第一項、第十二条、第十五条第二項及び第十七条に規定する厚生労働大臣又は都道府県労働局長の職権は、二以上の都道府県労働局の管轄区域にわたる事案及び一の都道府県労働局の管轄区域内のみに係る事案で厚生労働大臣が全国的に関連があると認めて厚生労働省令で定めるところにより指定するものについては、厚生労働大臣が行い、一の都道府県労働局の管轄区域内のみに係る事案（厚生労働大臣の職権に属する事案を除く。）については、当該都道府県労働局長が行う。

2　厚生労働大臣は、都道府県労働局長が決定した最低賃金が著しく不適当であると認めるときは、その改正又は廃止の決定をなすべきことを都道府県労働局長に命ずることができる。

3　厚生労働大臣は、前項の規定による命令をしようとするときは、あらかじめ中央最低賃金審議会の意見を聴かなければならない。

4　第十条第二項の規定は、前項の規定による中央最低賃金審議会の意見の提出があつた場合について準用する。

（労働基準監督署長及び労働基準監督官）

第三一条　労働基準監督署長及び労働基準監督官は、厚生労働省令で定めるところにより、この法律の施行に関する事務をつかさどる。

（労働基準監督官の権限）

第三二条　労働基準監督官は、この法律の目的を達成するため必要な限度において、使用者の事業場に立ち入り、帳簿書類その他の物件を検査し、又は関係者に質問をすることができる。

2　前項の規定により立入検査をする労働基準監督官は、その身分を示す証票を携帯し、関係者に提示しなければならない。

3　第一項の規定による立入検査の権限は、犯罪捜査のために認められたものと解釈してはならない。

第三三条　労働基準監督官は、この法律の規定に違反する罪について、刑事訴訟法（昭和二十三年法律第百三十一号）の規定による司法警察員の職務を行う。

（監督機関に対する申告）

第三四条　労働者は、事業場にこの法律又はこれに基づく命令の規定に違反する事実があるときは、その事実を都道府県労働局長、労働基準監督署長又は労働基準監督官に申告して是正のため適当な措置をとるように求めることができる。

2　使用者は、前項の申告をしたことを理由として、労働者に対し、解雇その他不利益な取扱いをしてはならない。

（船員に関する特例）

第三五条　第六条第二項、第二章第二節、第十六条及び第十七条の規定は、船員法（昭和二十二年法律第百号）の適用を受ける船員（以下「船員」という。）に関しては、適用しない。

2　船員に関しては、この法律に規定する厚生労働大臣、都道府県労働局長若しくは労働基準監督署長又は労働基準監督官の権限に属する事項は、国土交通大臣、地方運輸局長（運輸監理部長を含む。）又は船員労務官が行うものとし、この法律中「厚生労働省令」とあるのは「国土交通省令」と、第三条中「時間」とあるのは「時間、日、週又は月」と、第七条第四号中「軽易な」とあるのは「所定労働時間の特に短い者、軽易な」と、第十九条第二項中「第十五条第二項」とあるのは「第十五条第二項並びに第三十五条第三項及び第七項」と、「同条第二項及び第十七条」とあるのは「第十五条第二項及び第三十五条第七項」と、第三十条第一項中「第十条第一項、第十二条、第十五条第二項及び第十七条」とあるのは「第十五条第二項並びに第三十五条第三項及び第七項」と、「都道府県労働局の管轄区域」とあるのは「地方運輸局又は運輸監理部の管轄区域（政令で定める地方運輸局にあつては、運輸監理部の管轄区域を除く。）」と読み替えるものとする。

3　国土交通大臣又は地方運輸局長（運輸監理部長を含む。）は、賃金の低廉な船員の労働条件の改善を図るため、船員の生計費、類似の船員の賃金及び通常の事業の賃金支払能力を考慮して必要があると認めるときは、交通政策審議会又は地方運輸局に置かれる政令で定める審議会（以下「交通政策審議会等」という。）の調査審議を求め、その意見を聴いて、船員に適用される特定最低賃金の決定をすることができる。

4　第十条第二項及び第十一条の規定は、前項の規定による交通政策審議会等の意見の提出があつた場合について準用する。この場合において、同条第二項中「地域」とあるのは、「事業若しくは職業」と読み替えるものとする。

5　国土交通大臣又は地方運輸局長（運輸監理部長を含む。）は、第三項の決定をする場合において、前項において準用する第十一条第二項の規定による申出があつたときは、前項において準用する同条第三項の規定による交通政策審議会等の意見に基づき、当該特定最低賃金において、一定の範囲の事業について、その適用を一定の期間を限つて猶予し、又は最低賃金額について別段の定めをすることができる。

6　第十条第二項の規定は、前項の規定による交通政策審議会等の意見の提出があつた場合について準用する。

7　国土交通大臣又は地方運輸局長（運輸監理部長を含む。）は、第十五条第二項又はこの条第三項の規定により決定された船員に適用される特定最低賃金について、船員の生計費、類似の船員の賃金及び通常の事業の賃金支払能力を考慮して必要があると認めるときは、その決定の例により、その改正又は廃止の決定をすることができる。

8　船員職業安定法（昭和二十三年法律第百三十号）第八十九条第一項に規定する乗組み派遣船員については、その船員派遣の役務の提供を受ける者の事業又はその船員派遣の役務の提供を受ける者に使用される同種の船員の職業について特定最低賃金が適用されている場合にあつては、当該特定最低賃金において定める最低賃金額により第四条の規定を適用する。

第三十六条　船員に関しては、この法律に規定する最低賃金審議会の権限に属する事項は、交通政策審議会等が行う。

第三十七条　交通政策審議会等に、必要に応じ、一定の事業又は職業について専門の事項を調査審議させるため、最低賃金専門部会を置くことができる。

2　交通政策審議会等は、最低賃金の決定又はその改正の決定について調査審議を求められたときは、最低賃金専門部会を置かなければならない。

3　第二十五条第五項及び第六項の規定は、交通政策審議会等について準用する。

（省令への委任）

第三十八条　この法律に規定するもののほか、この法律の施行に関し必要な事項は、厚生労働省令で定める。

第五章　罰則

第三十九条現　第三十四条第二項の規定に違反した者は、六月以下の懲役又は三十万円以下の罰金に処する。

新［令和七年六月一日から施行］
第三十九条　第三十四条第二項の規定に違反した者は、六月以下の拘禁刑又は三十万円以下の罰金に処する。

第四〇条　第四条第一項の規定に違反した者（地域別最低賃金及び船員に適用される特定最低賃金に係るものに限る。）は、五十万円以下の罰金に処する。

第四一条　次の各号の一に該当するものは、三十万円以下の罰金に処する。

一　第八条の規定に違反した者（地域別最低賃金及び船員に適用される特定最低賃金に係るものに限る。）

二　第二十九条の規定による報告をせず、又は虚偽の報告をした者

三　第三十二条第一項の規定による立入り若しくは検査を拒み、妨げ、若しくは忌避し、又は質問に対して陳述をせず、若しくは虚偽の陳述をした者

第四二条　法人の代表者又は法人若しくは人の代理人、使用人その他の従業者が、その法人又は人の業務に関して、前三条の違反行為をしたときは、行為者を罰するほか、その法人又は人に対しても各本条の罰金刑を科する。

附　則　抄

（施行期日）

第一条　この法律の施行期日は、公布の日から起算して九十日をこえない範囲内において、各規定につき、政令で定める。

賃金の支払の確保等に関する法律

〔昭和五一年五月二七日
法律第三四号〕

沿革　平成一六年　六月　二日法律第　七六号
〃　一九年　四月二三日　〃　第　三〇号
〃　一九年　七月　六日　〃　第一〇九号
〃　一九年　七月　六日　〃　第一一一号
〃　二二年　三月三一日　〃　第　一五号
〃　二二年　三月三一日　〃　第　一九号
〃　二三年　八月三〇日　〃　第一〇七号
〃　二四年　三月三一日　〃　第　二四号
〃　二九年　六月　二日　〃　第　四五号
令和　四年　六月一七日　〃　第　六八号

第一章　総則

（目的）

第一条　この法律は、景気の変動、産業構造の変化その他の事情により企業経営が安定を欠くに至つた場合及び労働者が事業を退職する場合における賃金の支払等の適正化を図るため、貯蓄金の保全措置及び事業活動に著しい支障を生じたことにより賃金の支払を受けることが困難となつた労働者に対する保護措置その他賃金の支払の確保に関する措置を講じ、もつて労働者の生活の安定に資することを目的とする。

（定義）

第二条　この法律において「賃金」とは、労働基準法（昭和二十二年法律第四十九号）第十一条に規定する賃金をいう。

2　この法律において「労働者」とは、労働基準法第九条に規定する労働者（同居の親族のみを使用する事業又は事務所に使用される者及び家事使用人を除く。）をいう。

第二章　貯蓄金及び賃金に係る保全措置等

（貯蓄金の保全措置）

第三条　事業主（国及び地方公共団体を除く。以下同じ。）は、労働者の貯蓄金をその委託を受けて管理する場合において、貯蓄金の管理が労働者の預金の受入れであるときは、厚生労働省令で定める場合を除き、毎年三月三十一日における受入預金額（当該事業主が受け入れている預金の額をいう。以下この条において同じ。）について、同日後一年間を通ずる貯蓄金の保全措置（労働者ごとの同日における受入預金額につき、その払戻しに係る債務を銀行その他の金融機関において保証することを約する契約の締結その他の当該受入預金額の払戻しの確保に関する措置で厚生労働省令で定めるものをいう。）を講じなければならない。

（貯蓄金の保全措置に係る命令）

第四条　労働基準監督署長は、前条の規定に違反して事業主が貯蓄金の保全措置を講じていないときは、厚生労働省令で定めるところにより、当該事業主に対して、期限を指定して、その是正を命ずることができる。

（退職手当の保全措置）

第五条　事業主（中小企業退職金共済法（昭和三十四年法律第百六十号）第二条第三項に規定する退職金共済契約を締結した事業主その他の厚生労働省令で定める事業主を除く。）は、労働契約又は労働協約、就業規則その他これらに準ずるものにおいて労働者に退職手当を支払うことを明らかにしたときは、当該退職手当の支払に充てるべき額として厚生労働省令で定める額について、第三条の厚生労働省令で定める措置に準ずる措置を講ずるように努めなければならない。

（退職労働者の賃金に係る遅延利息）
第六条　事業主は、その事業を退職した労働者に係る賃金（退職手当を除く。以下この条において同じ。）の全部又は一部をその退職の日（退職の日後に支払期日が到来する賃金にあつては、当該支払期日。以下この条において同じ。）までに支払わなかつた場合には、当該労働者に対し、当該退職の日の翌日からその支払をする日までの期間について、その日数に応じ、当該退職の日の経過後まだ支払われていない賃金の額に年十四・六パーセントを超えない範囲内で政令で定める率を乗じて得た金額を遅延利息として支払わなければならない。
2　前項の規定は、賃金の支払の遅滞が天災地変その他のやむを得ない事由で厚生労働省令で定めるものによるものである場合には、その事由の存する期間について適用しない。

第三章　未払賃金の立替払事業

（未払賃金の立替払）
第七条　政府は、労働者災害補償保険の適用事業に該当する事業（労働保険の保険料の徴収等に関する法律（昭和四十四年法律第八十四号）第八条の規定の適用を受ける事業にあつては、同条の規定の適用がないものとした場合における事業をいう。以下この条において同じ。）の事業主（厚生労働省令で定める期間以上の期間にわたつて当該事業を行つていたものに限る。）が破産手続開始の決定を受け、その他政令で定める事由に該当することとなつた場合において、当該事業に従事する労働者で政令で定める期間内に当該事業を退職したものに係る未払賃金（支払期日の経過後まだ支払われていない賃金をいう。以下この条及び次条において同じ。）があるときは、民法（明治二十九年法律第八十九号）第四百七十四条第二項から第四項までの規定にかかわらず、当該労働者（厚生労働省令で定める者にあつては、厚生労働省令で定めるところにより、未払賃金の額その他の事項について労働基準監督署長の確認を受けた者に限る。）の請求に基づき、当該未払賃金に係る債務のうち政令で定める範囲内のものを当該事業主に代わつて弁済するものとする。

（返還等）
第八条　偽りその他不正の行為により前条の規定による未払賃金に係る債務の弁済を受けた者がある場合には、政府は、その者に対し、弁済を受けた金額の全部又は一部を返還することを命ずることができ、また、当該偽りその他不正の行為により弁済を受けた金額に相当する額以下の金額を納付することを命ずることができる。
2　前項の場合において、事業主が偽りの報告又は証明をしたため当該未払賃金に係る債務が弁済されたものであるときは、政府は、その事業主に対し、当該未払賃金に係る債務の弁済を受けた者と連帯して、同項の規定による返還又は納付を命ぜられた金額の納付を命ずることができる。
3　労働保険の保険料の徴収等に関する法律第二十七条及び第四十一条の規定は、前二項の規定により返還又は納付を命ぜられた金額について準用する。
4　政府は、第一項又は第二項の規定により返還又は納付を命ぜられた金額の返還又は納付に係る事務の実施に関して必要な限度において、厚生労働省令で定めるところにより、第一項の規定に該当する者（同項の規定に該当すると認められる者を含む。）又は事業主に対し、未払賃金の額、賃金の支払状況その他の事項についての報告又は文書の提出を命ずることができる。

（労働者災害補償保険法との関係）
第九条　この章に規定する事業は、労働者災害補償保険法（昭和二十二年法律第五十号）第二十九条第一項第三号に掲げる事業として行う。

第四章　雑則

（労働基準監督署長及び労働基準監督官）

第一〇条　労働基準監督署長及び労働基準監督官は、厚生労働省令で定めるところにより、この法律の施行に関する事務をつかさどる。

第一一条　労働基準監督官は、この法律の規定に違反する罪について、刑事訴訟法（昭和二十三年法律第百三十一号）の規定による司法警察員の職務を行う。

（報告等）

第一二条　都道府県労働局長、労働基準監督署長又は労働基準監督官は、別に定めるもののを除くほか、この法律を施行するため必要があると認めるときは、厚生労働省令で定めるところにより、事業主、労働者その他の関係者に対し、必要な事項を報告させ、又は出頭を命ずることができる。

（資料の提供等）

第一二条の二　都道府県労働局長、労働基準監督署長又は労働基準監督官は、この法律の施行に関し、関係行政機関又は公私の団体に対し、資料の提供その他必要な協力を求めることができる。

2　前項の規定による協力を求められた関係行政機関又は公私の団体は、できるだけその求めに応じなければならない。

（立入検査）

第一三条　労働基準監督官は、この法律を施行するため必要があると認めるときは、事業場に立ち入り、関係者に質問し、又は帳簿、書類その他の物件を検査することができる。

2　労働基準監督署長は、第七条の確認をするため必要があると認めるときは、その職員に同条の事業主の事業場に立ち入り、関係者に質問させ、又は帳簿、書類その他の物件の検査をさせることができる。

3　前二項の場合において、労働基準監督官及び前項の職員は、その身分を示す証票を携帯し、関係者に提示しなければならない。

4　第一項及び第二項の規定による立入検査の権限は、犯罪捜査のために認められたものと解釈してはならない。

（労働者の申告）

第一四条　労働者は、事業主にこの法律又はこれに基づく命令の規定に違反する事実があるときは、その事実を都道府県労働局長、労働基準監督署長又は労働基準監督官に申告して是正のため適当な措置をとるように求めることができる。

2　事業主は、前項の申告をしたことを理由として、労働者に対し、解雇その他不利益な取扱いをしてはならない。

（厚生労働省令への委任）

第一五条　この法律に定めるもののほか、第七条の請求の手続その他この法律の施行に関して必要な事項は、厚生労働省令で定める。

（船員に関する特例）

第一六条　船員法（昭和二十二年法律第百号）の適用を受ける船員に関しては、この法律に規定する都道府県労働局長若しくは労働基準監督署長又は労働基準監督官の権限に属する事項は、地方運輸局長（運輸監理部長を含む。）又は船員労務官が行うものとし、この法律（第七条、第八条第四項及び前条の規定を除く。）中「厚生労働省令」とあるのは「国土交通省令」と、第七条中「厚生労働省令で定める者」とあるのは「厚生労働省令・国土交通省令で定める者」と、「厚生労働省令で定めるところにより」とあるのは「厚生労働省令・国土交通省令で定めるところにより」と、前条中「厚生労働省令」とあるのは「国土交通省令（前章に規定する事項については、厚生労働省令）」とする。

第五章　罰則

第一七条現　事業主が第十四条第二項の規定に違反したときは、六月以下の懲役又は十万円以下の罰金に処する。

新［令和七年六月一日から施行］
第一七条　事業主が第十四条第二項の規定に違反したときは、六月以下の拘禁刑又は十万円以下の罰金に処する。

第一八条　事業主が第四条の規定による命令に違反したときは、三十万円以下の罰金に処する。

第一九条　次の各号のいずれかに該当する者は、十万円以下の罰金に処する。

一　第八条第四項の規定による報告をせず、若しくは虚偽の報告をし、又は文書を提出せず、若しくは虚偽の記載をした文書を提出した者

二　第十二条の規定による報告をせず、若しくは虚偽の報告をし、又は出頭しなかつた者

三　第十三条第一項又は第二項の規定による立入り若しくは検査を拒み、妨げ、若しくは忌避し、又は質問に対して陳述をせず、若しくは虚偽の陳述をした者

第二〇条　法人の代表者又は法人若しくは人の代理人、使用人その他の従業者が、その法人又は人の業務に関して、第十七条から前条までの違反行為をしたときは、行為者を罰するほか、その法人又は人に対しても、各本条の罰金刑を科する。

附　則　抄

（施行期日）

第一条　この法律は、公布の日から起算して一年を超えない範囲内において、各規定につき、政令で定める日から施行する。ただし、第三章の規定並びに附則第三条及び附則第八条の規定並びにこの法律（第二章、第三章及び次条から附則第八条までを除く。）の規定中第三章に係る部分は、労働者災害補償保険法等の一部を改正する法律（昭和五十一年法律第三十二号）附則第一条第一項第三号に定める日〔昭和五一年一〇月一日〕から施行する。

賃金の支払の確保等に関する法律施行令

〔昭和五一年六月二八日
政令第一六九号〕

沿革　平成一〇年　四月　九日政令第一五〇号
〃一一年一二月　三日〃第三八六号
〃一二年　三月二三日〃第　八六号
〃一二年　六月　七日〃第三〇九号
〃一三年一二月一九日〃第四一一号
〃一四年　六月　七日〃第二〇〇号
〃一六年一〇月二〇日〃第三一八号
〃一六年一一月二五日〃第三六八号
〃一八年　四月二八日〃第一八九号
〃二一年一二月二四日〃第二九六号

（退職労働者の賃金に係る遅延利息の率）

第一条　賃金の支払の確保等に関する法律（以下「法」という。）第六条第一項の政令で定める率は、年十四・六パーセントとする。

（立替払の事由）

第二条　法第七条の政令で定める事由は、次に掲げる事由（第四号に掲げる事由にあつては、中小企業事業主に係るものに限る。）とする。

一　特別清算開始の命令を受けたこと。
二　再生手続開始の決定があつたこと。
三　更生手続開始の決定があつたこと。
四　前三号に掲げるもののほか、事業主（法第七条の事業主をいう。以下同じ。）が事業活動に著しい支障を生じたことにより労働者に賃金を支払うことができない状態として厚生労働省令で定める状態になつたことについて、厚生労働省令で定めるところにより、当該事業主に係る事業（同条の事業をいう。以下同じ。）を退職した者の申請に基づき、労働基準監督署長の認定があつたこと。

2　前項の「中小企業事業主」とは、事業活動に著しい支障を生ずるに至つた時前の時であつて、厚生労働省令で定める時において次の各号のいずれかに該当する事業主をいう。

一　資本金の額又は出資の総額が三億円以下の法人である事業主及び常時使用する労働者の数が三百人以下の事業主であつて、次号から第四号までに掲げる業種以外の業種に属する事業を主たる事業として営むもの
二　資本金の額又は出資の総額が一億円以下の法人である事業主及び常時使用する労働者の数が百人以下の事業主であつて、卸売業に属する事業を主たる事業として営むもの
三　資本金の額又は出資の総額が五千万円以下の法人である事業主及び常時使用する労働者の数が百人以下の事業主であつて、サービス業に属する事業を主たる事業として営むもの
四　資本金の額又は出資の総額が五千万円以下の法人である事業主及び常時使用する労働者の数が五十人以下の事業主であつて、小売業に属する事業を主たる事業として営むもの

（退職の時期）

第三条　法第七条の政令で定める期間は、次に掲げる日（事業主が前条第一項第四号に掲げる事由に該当した日以後、破産手続開始の決定を受け、又は同項第一号から第三号までに掲げる事由のいずれかに該当することとなつた場合には、第二号に掲げる日）の六月前の日から二年間とする。

一　事業主が破産手続開始の決定を受け、又は前条第一項第一号から第三号までに掲げる事由のいずれかに該当することとなつた場合には、当該事業主につきされた破産手続開始等の申立て（破産手続開始、特別清算開始、再生手続開始又は更生手続開始の申立てであつて、当該破産手続開始の決定又は該当することとなつた事由の基礎となつた事実に係るものをいう。以下この号において同じ。）のうち最初の破産手続開始等の申立てがあつた日（破産手続開始等の申立てがなかつた場合において、裁判所が職権で破産手続開始の決定をしたときは、当該決定があつた日とする。）

二　事業主が前条第一項第四号に掲げる事由に該当することとなつた場合には、同号の認定の基礎となつた事実に係る同号の申請のうち最初の申請があつた日

（立替払の対象となる未払賃金の範囲）

第四条　法第七条の政令で定める範囲内の未払賃金に係る債務は、同条の未払賃金に係る債務のうち、同条の請求をする者に係る未払賃金総額（その額が、次の各号に掲げる同条の請求をする者の区分に応じ、当該各号に定める額を超えるときは、当該各号に定める額）の百分の八十に相当する額に対応する部分の債務とする。

一　基準退職日（前条に規定する期間内にした当該事業からの退職（当該退職前の労働に対する労働基準法（昭和二十二年法律第四十九号）第二十四条第二項本文の賃金又は当該退職に係る退職手当がこれらの支払期日の経過後まだ支払われていない場合の退職に限る。）の日をいうものとし、当該退職が二以上ある場合には、これらのうち最初の退職の日をいうものとする。以下同じ。）において三十歳未満である者　百十万円

二　基準退職日において三十歳以上四十五歳未満である者　二百二十万円

三　基準退職日において四十五歳以上である者　三百七十万円

2　前項の「未払賃金総額」とは、基準退職日以前の労働に対する労働基準法第二十四条第二項本文の賃金及び基準退職日にした退職に係る退職手当であつて、基準退職日の六月前の日から法第七条の請求の日の前日までの間に支払期日が到来し、当該支払期日後まだ支払われていないものの額（当該額に不相当に高額な部分の額として厚生労働省令で定める額がある場合には、当該厚生労働省令で定める額を控除した額）の総額をいうものとし、当該総額が二万円未満であるものを除くものとする。

（船員に関する特例）

第五条　船員法（昭和二十二年法律第百号）の適用を受ける船員に関しては、第二条第一項第四号中「厚生労働省令で定めるところにより」とあるのは「厚生労働省令・国土交通省令で定めるところにより」と、「労働基準監督署長」とあるのは「地方運輸局長（運輸監理部長を含む。）」と、前条第一項第一号中「労働基準法（昭和二十二年法律第四十九号）第二十四条第二項本文の賃金又は当該退職に係る」とあるのは「船員法第五十三条第二項の給料その他の報酬又は当該退職前の労働に対する割増手当若しくは歩合金若しくは当該退職に係る補償休日手当若しくは」と、同条第二項中「労働基準法第二十四条第二項本文の賃金及び基準退職日にした退職に係る」とあるのは「船員法第五十三条第二項の給料その他の報酬並びに基準退職日以前の労働に対する割増手当及び歩合金並びに基準退職日にした退職に係る補償休日手当及び」とする。

附　則　抄

（施行期日）

1　この政令は、昭和五十一年七月一日から施行する。

労働時間等の設定の改善に関する特別措置法

〔平成四年七月二日 法律第九〇号〕

沿革 平成 五年 七月 一日法律第 七九号
〃 一一年一二月二二日 〃 第一六〇号
〃 一三年 三月三一日 〃 第 二五号
〃 一三年 四月二五日 〃 第 三五号
〃 一五年 七月 四日 〃 第一〇四号
〃 一七年一一月 二日 〃 第一〇八号
〃 二〇年一二月一二日 〃 第 八九号
〃 二四年 四月 六日 〃 第 二七号
〃 三〇年 七月 六日 〃 第 七一号
令和 二年 三月三一日 〃 第 一四号

第一章 総則

（目的）

第一条 この法律は、我が国における労働時間等の現状及び動向にかんがみ、労働時間等設定改善指針を策定するとともに、事業主等による労働時間等の設定の改善に向けた自主的な努力を促進するための特別の措置を講ずることにより、労働者がその有する能力を有効に発揮することができるようにし、もって労働者の健康で充実した生活の実現と国民経済の健全な発展に資することを目的とする。

（定義）

第一条の二 この法律において「労働時間等」とは、労働時間、休日及び年次有給休暇（労働基準法（昭和二十二年法律第四十九号）第三十九条の規定による年次有給休暇として与えられるものをいう。以下同じ。）その他の休暇をいう。

2 この法律において「労働時間等の設定」とは、労働時間、休日数、年次有給休暇を与える時季・深夜業の回数・終業から始業までの時間その他の労働時間等に関する事項を定めることをいう。

（事業主等の責務）

第二条 事業主は、その雇用する労働者の労働時間等の設定の改善を図るため、業務の繁閑に応じた労働者の始業及び終業の時刻の設定、健康及び福祉を確保するために必要な終業から始業までの時間の設定、年次有給休暇を取得しやすい環境の整備その他の必要な措置を講ずるように努めなければならない。

2 事業主は、労働時間等の設定に当たっては、その雇用する労働者のうち、その心身の状況及びその労働時間等に関する実情に照らして、健康の保持に努める必要があると認められる労働者に対して、休暇の付与その他の必要な措置を講ずるように努めるほか、その雇用する労働者のうち、その子の養育又は家族の介護を行う労働者、単身赴任者（転任に伴い生計を一にする配偶者との別居を常況とする労働者その他これに類する労働者をいう。）、自ら職業に関する教育訓練を受ける労働者その他の特に配慮を必要とする労働者について、その事情を考慮してこれを行う等その改善に努めなければならない。

3 事業主の団体は、その構成員である事業主の雇用する労働者の労働時間等の設定の改善に関し、必要な助言、協力その他の援助を行うように努めなければならない。

4 事業主は、他の事業主との取引を行う場合において、著しく短い期間の設定及び発注の内容の頻繁な変更を行わないこと、当該他の事業主の講ずる労働時間等の設定の改善に関する措置の円滑な実施を阻害することとなる取引条件を付けないこと等取引上必要な配慮をするように努めなければならない。

（国及び地方公共団体の責務）

第三条　国は、労働時間等の設定の改善について、事業主、労働者その他の関係者の自主的な努力を尊重しつつその実情に応じてこれらの者に対し必要な指導、援助等を行うとともに、これらの者その他国民一般の理解を高めるために必要な広報その他の啓発活動を行う等、労働時間等の設定の改善を促進するために必要な施策を総合的かつ効果的に推進するように努めなければならない。

2　地方公共団体は、前項の国の施策と相まって、広報その他の啓発活動を行う等労働時間等の設定の改善を促進するために必要な施策を推進するように努めなければならない。

（適用除外）

第三条の二　この法律は、国家公務員及び地方公務員並びに船員法（昭和二十二年法律第百号）の適用を受ける船員については、適用しない。

第二章　労働時間等設定改善指針等

（労働時間等設定改善指針の策定）

第四条　厚生労働大臣は、第二条に定める事項に関し、事業主及びその団体が適切に対処するために必要な指針（以下「労働時間等設定改善指針」という。）を定めるものとする。

2　厚生労働大臣は、労働時間等設定改善指針を定める場合には、あらかじめ、関係行政機関の長と協議し、及び都道府県知事の意見を求めるとともに、労働政策審議会の意見を聴かなければならない。

3　厚生労働大臣は、労働時間等設定改善指針を定めたときは、遅滞なく、これを公表しなければならない。

4　前二項の規定は、労働時間等設定改善指針の変更について準用する。

（要請）

第五条　厚生労働大臣は、労働時間等の設定の改善のための事業主の取組の的確かつ円滑な実施のため必要があると認めるときは、関係団体に対し、労働時間等の設定の改善に関する事項について、必要な要請をすることができる。

第三章　労働時間等の設定の改善の実施体制の整備等

（労働時間等の設定の改善の実施体制の整備）

第六条　事業主は、事業主を代表する者及び当該事業主の雇用する労働者を代表する者を構成員とし、労働時間等の設定の改善を図るための措置その他労働時間等の設定の改善に関する事項を調査審議し、事業主に対し意見を述べることを目的とする全部の事業場を通じて一の又は事業場ごとの委員会を設置する等労働時間等の設定の改善を効果的に実施するために必要な体制の整備に努めなければならない。

（労働時間等設定改善委員会の決議に係る労働基準法の適用の特例）

第七条　前条に規定する委員会のうち事業場ごとのものであって次に掲げる要件に適合するもの（以下この条において「労働時間等設定改善委員会」という。）が設置されている場合において、労働時間等設定改善委員会でその委員の五分の四以上の多数による議決により労働基準法第三十二条の二第一項、第三十二条の三第一項（同条第二項及び第三項の規定により読み替えて適用する場合を含む。以下この条において同じ。）、第三十二条の四第一項及び第二項、第三十二条の五第一項、第三十四条第二項ただし書、第三十六条第一項、第二項及び第五項、第三十七条第三項、第三十八条の二第二項、第三十八条の三第一項並びに第三十九条第四項及び第六項の規定（これらの規定のうち、同法第三十二条の二第一項、第三十二条の三第一項、第三十二条の四第一項及び第二項並びに第三十六条第一項の規定にあっては労働者派遣事業の適正な運営の確保及び派遣労働者の保護等に関する法律（昭和六十年法律第八十八号。以下この条において「労働者派遣法」という。）第四十四条第二項の規定により読み替えて適用する場合を、労働基準法第三十八条の二第二項及び第三十八条の三第一項の規定にあっては労働者派遣法第四十四条第五項の規定により読み替えて適用する場合を含む。以下この条において「労働時間に関する規定」という。）に規定する事項について決議が行われたときは、当該労働時間等設定改善委員会に係る事業場の使用者（労働基準法第十条に規定する使用者をいう。次条について同じ。）については、労働基準法第三十二条の二第一項中「協定」とあるのは「協定（労働時間等の設定の改善に関する特別措置法第七条に規定する労働時間等設定改善委員会の決議（第三十二条の四第二項及び第三十六条第八項において「決議」という。）を含む。次項、次条第四項、第三十二条の四第四項、第三十二条の五第三項、第三十六条第八項及び第九項、第三十八条の二第三項並びに第三十八条の三第二項を除き、以下同じ。）」と、同法第三十二条の四第二項中「同意」とあるのは「同意（決議を含む。）」と、同法第三十六条第八項中「代表する者」とあるのは「代表する者（決議をする委員を含む。次項において同じ。）」と、「当該協定」とあるのは「当該協定（当該決議を含む。）」として、労働時間に関する規定（同法第三十二条の四第三項並びに第三十六条第三項、第四項及び第六項から第十一項までの規定を含む。）及び同法第百六条第一項の規定を適用する。

一　当該委員会の委員の半数については、当該事業場に、労働者の過半数で組織する労働組合がある場合においてはその労働組合、労働者の過半数で組織する労働組合がない場合においては労働者の過半数を代表する者の推薦に基づき指名されていること。

二　当該委員会の議事について、厚生労働省令で定めるところにより、議事録が作成され、かつ、保存されていること。

三　前二号に掲げるもののほか、厚生労働省令で定める要件

（労働時間等設定改善企業委員会の決議に係る労働基準法の適用の特例）

第七条の二　事業主は、事業場ごとに、当該事業場における労働時間等の設定の改善に関する事項について、労働者の過半数で組織する労働組合がある場合においてはその労働組合、労働者の過半数で組織する労働組合がない場合においては労働者の過半数を代表する者との書面による協定により、第六条に規定する委員会のうち全部の事業場を通じて一の委員会であって次に掲げる要件に適合するもの（以下この条において「労働時間等設定改善企業委員会」という。）に調査審議させ、事業主に対して意見を述べさせることを定めた場合であって、労働時間等設定改善企業委員会でその委員の五分の四以上の多数による議決により労働基準法第三十七条第三項並びに第三十九条第四項及び第六項に規定する事項について決議が行われたときは、当該協定に係る事業場の使用者については、同法第三十七条第三項中「協定」とあるのは、「協定（労働時間等の設定の改善に関する特別措置法第七条の二に規定する労働時間等設定改善企業委員会の決議を含む。第三十九条第四項及び第六項並びに第百六条第一項において同

じ。）」として、同項並びに同法第三十九条第四項及び第六項並びに第百六条第一項の規定を適用する。

一　当該全部の事業場を通じて一の委員会の委員の半数については、当該事業主の雇用する労働者の過半数で組織する労働組合がある場合においてはその労働組合、当該労働者の過半数で組織する労働組合がない場合においては当該労働者の過半数を代表する者の推薦に基づき指名されていること。

二　当該全部の事業場を通じて一の委員会の議事について、厚生労働省令で定めるところにより、議事録が作成され、かつ、保存されていること。

三　前二号に掲げるもののほか、厚生労働省令で定める要件

第四章　労働時間等設定改善実施計画

（労働時間等設定改善実施計画の承認）

第八条　同一の業種に属する二以上の事業主であって、労働時間等の設定の改善の円滑な実施を図るため、労働時間等設定改善指針に即して、業務の繁閑に応じた営業時間の設定、休業日数の増加その他の労働時間等の設定の改善が見込まれる措置（以下「労働時間等設定改善促進措置」という。）を実施しようとするものは、共同して、実施しようとする労働時間等設定改善促進措置に関する計画（以下「労働時間等設定改善実施計画」という。）を作成し、これを厚生労働大臣及び当該業種に属する事業を所管する大臣に提出して、その労働時間等設定改善実施計画が適当である旨の承認を受けることができる。

2　労働時間等設定改善実施計画には、次に掲げる事項を記載しなければならない。

一　労働時間等設定改善促進措置の実施により達成しようとする目標

二　労働時間等設定改善促進措置を実施する事業場

三　労働時間等設定改善促進措置の内容及びその実施時期

四　その他省令で定める事項

3　厚生労働大臣及び当該業種に属する事業を所管する大臣は、第一項の承認の申請があった場合において、その労働時間等設定改善実施計画が次に掲げる基準に適合するものであると認めるときは、その承認をするものとする。

一　前項第一号に掲げる目標が同項第二号に掲げる事業場の労働者の労働時間等に関する実情に照らして適切なものであること。

二　前項第三号に掲げる事項が同項第一号に掲げる目標を確実に達成するために必要かつ適切なものであること。

三　一般消費者及び関連事業主の利益を不当に害するおそれがあるものでないこと。

四　当該労働時間等設定改善実施計画の実施に参加し、又はその実施から脱退することを不当に制限するものでないこと。

4　厚生労働大臣は、前項の承認をしようとするときは、あらかじめ、労働政策審議会の意見を聴くものとする。

5　厚生労働大臣は、第三項の承認をするに当たっては、同項第一号に規定する労働者の意見を聴くように努めるものとする。

（労働時間等設定改善実施計画の変更等）

第九条　前条第一項の承認を受けた者（以下「承認事業主」という。）は、当該承認に係る労働時間等設定改善実施計画を変更しようとするときは、厚生労働大臣及び当該業種に属する事業を所管する大臣の承認を受けなければならない。

2　厚生労働大臣及び当該業種に属する事業を所管する大臣は、前条第一項の承認をした労働時間等設定改善実施計画（前項

の規定による変更の承認があったときは、その変更後のもの。以下「承認計画」という。）が同条第三項の基準に適合するものでなくなったと認めるときは、承認事業主に対して、当該承認計画の変更を指示し、又はその承認を取り消さなければならない。

3　前条第三項の規定は、第一項の承認について準用する。

第一〇条（公正取引委員会との関係）　厚生労働大臣及び当該業種に属する事業を所管する大臣は、第八条第一項の承認（前条第一項の規定による変更の承認を含む。以下この条において同じ。）をしようとする場合において、必要があると認めるときは、当該承認に係る申請書の写しを公正取引委員会に送付するとともに、公正取引委員会に対し、当該労働時間等設定改善実施計画に定める労働時間等設定改善促進措置に係る競争の状況に関する事項、当該労働時間等設定改善促進措置の実施が当該競争に及ぼす影響に関する事項その他の必要な事項について意見を述べるものとする。

2　公正取引委員会は、必要があると認めるときは、厚生労働大臣及び当該業種に属する事業を所管する大臣に対し、前項の規定による送付に係る労働時間等設定改善実施計画について意見を述べるものとする。

3　公正取引委員会は、第一項の規定による送付に係る労働時間等設定改善実施計画であって厚生労働大臣及び当該業種に属する事業を所管する大臣が第八条第一項の承認をしたものに定めるところに従ってする行為につき当該承認後私的独占の禁止及び公正取引の確保に関する法律（昭和二十二年法律第五十四号）の規定に違反する事実があると思料するときは、その旨を厚生労働大臣及び当該業種に属する事業を所管する大臣に通知するものとする。

4　厚生労働大臣及び当該業種に属する事業を所管する大臣は、前項の規定による通知を受けたときは、公正取引委員会に対し、当該承認後の労働時間等の動向及び経済的事情の変化に即して第一項に規定する事項について意見を述べることができる。

5　厚生労働大臣及び当該業種に属する事業を所管する大臣は、第三項の規定による通知を受けた場合において、当該通知に係る承認計画が前条第二項に規定する場合に該当することとなるときは、当該承認計画につき、同項に規定する措置をとるものとする。

6　厚生労働大臣及び当該業種に属する事業を所管する大臣は、前条第二項の規定により第一項の規定による送付に係る承認計画の承認を取り消したときは、公正取引委員会に対し、その旨を通知するものとする。

第一一条（援助等）　厚生労働大臣及び当該業種に属する事業を所管する大臣は、承認計画の的確な実施を確保するため、承認事業主に対し、必要な情報及び資料の提供、承認計画の実施に関する助言を行う者の派遣その他必要な援助を行うように努めるものとする。

2　厚生労働大臣及び当該業種に属する事業を所管する大臣は、承認事業主による承認計画に定める労働時間等設定改善促進措置の円滑な実施を図るため特に必要があると認めるときは、当該承認事業主と取引関係がある事業主又はその団体に対し、労働時間等の設定の改善を促進するために必要な協力を要請することができる。

第一二条（報告の徴収等）　厚生労働大臣及び当該業種に属する事業を所管する大臣は、承認事業主に対し、承認計画の実施状況について報告を求めることができる。

2　承認事業主が前項の規定による報告をせず、又は虚偽の報告をしたときは、厚生労働大臣及び当該業種に属する事業を所管する大臣は、当該承認計画の承認を取り消すことができる。

3　第十条第六項の規定は、前項の規定による承認計画の承認の取消しについて準用する。この場合において、第十条第六項中「第一項」とあるのは、「第十条第一項」と読み替えるものとする。

（厚生労働大臣の権限の委任）

第一三条　第八条から前条までに規定する厚生労働大臣の権限は、政令で定めるところにより、その一部を都道府県労働局長に委任することができる。

2　前項の規定により第八条に規定する厚生労働大臣の権限が都道府県労働局長に委任された場合には、同条第四項中「労働政策審議会」とあるのは、「都道府県労働局に置かれる政令で定める審議会」とする。

（都道府県が処理する事務等）

第一四条　第八条から第十二条までに規定する当該業種に属する事業を所管する大臣の権限に属する事務の一部は、政令で定めるところにより、都道府県知事が行うこととすることができる。

2　第八条から第十二条までに規定する当該業種に属する事業を所管する大臣の権限は、政令で定めるところにより、その一部を地方支分部局の長に委任することができる。

附　則

この法律は、公布の日から起算して三月を超えない範囲内において政令で定める日から施行する。

労働時間等設定改善指針　抄

（平成二〇年三月二四日　厚生労働省告示第一〇八号）

沿革　平成二一年　五月二九日厚生労働省告示第三一三号
〃二二年　三月一九日　〃　第　八九号
〃二二年一二月　九日　〃　第四〇九号
〃二九年　七月　七日　〃　第二四七号
〃二九年　九月二七日　〃　第三〇六号
〃三〇年一〇月三〇日　〃　第三七五号

我が国は、経済的地位においては世界有数の水準に達したが、その経済的地位にふさわしい豊かでゆとりある労働者生活の実現については、多くの課題を抱えてきた。

このような中で、労使の真摯な取組により労働時間の短縮は着実に進み、近年は、過去に労働時間短縮の目標として掲げられてきた年間総実労働時間一、八〇〇時間を下回る、おおむね一、七〇〇時間台前半で推移している。

しかしながら、その内実を見ると、全労働者平均の労働時間が短縮した原因は、主に、労働時間が短い者の割合が増加した結果であり、いわゆる正社員等については、二、〇〇〇時間前後で推移しており、依然として労働時間は短縮していない。一方、労働時間が長い者と短い者の割合が共に増加し、いわゆる「労働時間分布の長短二極化」が進展している。また、年次有給休暇の取得率は五割を下回った状態である。さらに、長い労働時間等の業務に起因した脳・心臓疾患に係る労災認定件数は高水準で推移している。そして、急速な少子高齢化、労働者の意識や抱える事情の多様化等が進んでいる。

このような情勢の中、今後とも労働時間の短縮が重要であることは言うまでもないが、全労働者を平均しての年間総実労働時間一、八〇〇時間という目標を用いることは時宜に合わなくなってきた。むしろ、経済社会を持続可能なものとしていくためには、その担い手である労働者が、心身の健康を保持できることはもとより、職業生活の各段階において、家庭生活、自発的な職業能力開発、地域活動等に必要とされる時間と労働時間を柔軟に組み合わせ、心身共に充実した状態で意欲と能力を十分に発揮できる環境を整備していくことが必要となっている。

このような考え方は、仕事と生活の調和（ワーク・ライフ・バランス）の推進という観点から、平成十九年十二月に策定された「仕事と生活の調和（ワーク・ライフ・バランス）憲章」（平成二十二年六月二十九日仕事と生活の調和推進官民トップ会議改定。以下「憲章」という。）及び「仕事と生活の調和推進のための行動指針」（平成二十二年六月二十九日仕事と生活の調和推進官民トップ会議改定。以下「行動指針」という。）においても盛り込まれているところである。

憲章においては、国民的な取組の大きな方向性を示すものとして、仕事と生活の調和の緊要性についての共通認識を整理した上で、仕事と生活の調和が実現した社会とは、「国民一人ひとりがやりがいや充実感を感じながら働き、仕事上の責任を果たすとともに、家庭や地域生活などにおいても、子育て期、中高年期といった人生の各段階に応じて多様な生き方が選択・実現できる社会」であり、具体的には、「①就労による経済的自立が可能な社会」、「②健康で豊かな生活のための時間が確保できる社会」及び「③多様な働き方・生き方が選択できる社会」を目指すべきであるとし、その実現に向けた関係者の役割を明示している。また、行動指針においては、事業主や労働者及び国民の効果的な取組並びに国や地方公共団体の施策の方針を示している。

さらに、憲章及び行動指針においては、事業主及びその団体

（以下「事業主等」という。）並びに労働者の役割について、個々の企業の実情に合った効果的な進め方を互いに話し合い、生産性の向上に努めつつ、職場の意識や職場風土の改革をはじめとする働き方の改革に自主的に取り組み、民間主導による仕事と生活の調和に向けた気運を醸成することが重要であることを示しているところである。

また、働き方改革を推進するための関係法律の整備に関する法律（平成三十年法律第七十一号）が平成三十年七月六日に公布され、労働者がそれぞれの事情に応じた多様な働き方を選択できる社会を実現する働き方改革を推進するため、時間外労働の限度時間の設定等の措置を講ずることとされている。加えて、特に過労死等の防止については、過労死等防止対策推進法（平成二十六年法律第百号）第四条第三項において、事業主は、国及び地方公共団体が実施する過労死等の防止のための対策に協力するよう努めることとされており、同法第七条第一項の規定により定められた「過労死等の防止のための対策に関する大綱」（平成三十年七月二十四日閣議決定）において、労働時間等に関する数値目標等が定められているところである。

これらの趣旨を踏まえ、この指針においては、労働時間等の設定の改善に関する特別措置法（平成四年法律第九十号。以下「法」という。）第四条第一項の規定に基づき、事業主等が、労働時間等の設定の改善について適切に対処するために必要な事項について定めるものである。

1　労働時間等の設定の改善に関する基本的考え方

（1）　労働時間等の設定の改善を図る趣旨

労働時間等の設定の改善を含めた仕事と生活の調和の実現に向けた取組は、少子化の流れを変え、人口減少下でも多様な人材が仕事に就けるようにし、我が国の社会を持続可能で確かなものとするために必要な取組であるとともに、企業の活力や競争力の源泉である有能な人材の確保・育成・定着の可能性を高めるものでもある。

したがって、労働時間、休日数、年次有給休暇を与える時季その他の労働時間等に関する事項について労働者の健康と生活に配慮するとともに多様な働き方に対応したものへ改善することが重要である。このことは、労働者にとって好ましいのみならず企業活動の担い手である労働者が心身共に充実した状態で意欲と能力を十分に発揮できるようにし、企業経営の効率化と活性化、国民経済の健全な発展にも資するものであり、企業にとっては、「コスト」としてではなく、「明日への投資」として積極的にとらえていく必要がある。

（2）　労働時間の短縮の推進

労働者が健康で充実した生活を送るための基盤の一つとして、生活時間の十分な確保が重要であり、事業主が労働時間等の設定の改善を図るに当たっては、労働時間の短縮が欠かせない。このため、事業主は、今後とも、週四十時間労働制の導入、年次有給休暇の取得促進及び時間外・休日労働の削減に努めることが重要である。

（3）　多様な事情への配慮と自主的な取組の推進

事業主が労働時間等の設定の改善を図るに当たっては、個々の労使の話合いが十分に行われる体制の整備が重要である。そして、労働者の健康と生活に係る多様な事情を踏まえつつ、個々の労使による自主的な取組を進めていくことが基本となる。

（4）　経営者に求められる役割

経営者においては、1（1）の労働時間等の設定の改善を図る趣旨についての理解を深め、労使による自主的な取組を基本とした上で、自ら主導して職場風土改革のための意識改革、柔軟な働き方の実現等に取り組み、労働時間等の設定の改善に努めることが重要である。

その際には、例えば、経営者の姿勢を明確にするとともに、企業内の推進体制を確立するためにも、役員等が指揮し、労働時間等の設定の改善に取り組むことなどが考えられる。

(5) 他の法令、計画等との連携

この指針は、労働時間等の設定に係る他の法令、計画、指針等と矛盾するものではなく、それらを前提に、事業主等が留意すべき事項について定めるものである。したがって、事業主が労働時間等の設定の改善を図るに当たっては、憲章及び行動指針を踏まえて取り組むとともに、次世代育成支援対策推進法（平成十五年法律第百二十号）第七条第一項に規定する行動計画策定指針、「少子化社会対策大綱」（平成二十七年三月二十日閣議決定）等を踏まえた少子化対策等にも取り組むことが必要である。

なお、行動指針においては、仕事と生活の調和した社会の実現に向けた企業、働く者、国民、国及び地方自治体の取組を推進するための社会全体の目標として別表のとおり定められているところである。しかし、特に年次有給休暇の取得率については、目標に比べて顕著な改善が見られない状況にある。事業主が労働時間等の設定の改善を図るに当たっては、このような社会全体の目標の内容も踏まえ、各企業の実情に応じて仕事と生活の調和の実現に向けて計画的に取り組むことが必要である。

2 事業主等が講ずべき労働時間等の設定の改善のための措置

事業主等は、労働時間等の設定の改善を図るに当たり、1の基本的考え方を踏まえつつ、労働者と十分に話し合うとともに、経営者の主導の下、次に掲げる措置その他の労働者の健康と生活に配慮した措置を講ずるよう努めなければならない。

(1) 事業主が講ずべき一般的な措置

イ 実施体制の整備

(イ) 実態の把握

事業主が労働時間等の設定の改善を図るためには、まず、自己の雇用する労働者の労働時間等の実態について適正に把握していることが前提となる。したがって、事業主は、その雇用する労働者の始業・終業時刻、年次有給休暇の取得、時間当たりの業務負担の度合い等労働時間等の実態を適正に把握すること。

(ロ) 労使間の話合いの機会の整備

労働時間等の設定の改善は、それぞれの労働者の抱える事情や企業経営の実態を踏まえ、企業内における労使の自主的な話合いに基づいて行われるべきものである。また、それぞれの企業の実情に通じた労使自身の主体的な関与がなければ、適切な労働時間等の設定の改善はなしえない。したがって、労働時間等の設定の改善に関して、企業内において労使間の十分な話合いが行われることが必要である。

こうした趣旨に基づき、法において企業内の労働時間等の設定の改善に係る実施体制の整備について事業主の努力義務が定められていることを踏まえ、事業主は、労働時間等設定改善委員会及び労働時間等設定改善企業委員会（以下「設定改善委員会等」という。）をはじめとする労使間の話合いの機会を整備すること。

また、このような労使間の話合いの機会を設けるに当たっては、次に掲げる事項に留意すること。

① 設定改善委員会等の構成員について、労働者の抱える多様な事情が反映されるよう、性別、年齢、家族構成等並びに育児・介護、自発的な職業能力開発等の経験及び知見に配慮することが望ましいこと。

② 設定改善委員会等の決議は、一定の要件を満たす

ことを条件に、労働基準法（昭和二十二年法律第四十九号）上の労働時間等に関する規定に係る特例が認められているので、必要に応じてその活用を図ること。

(ハ) 個別の要望・苦情の処理

労働者各人からの労働時間等の設定の改善を図るためには、事業主が、労働時間等に係る個別の要望・苦情に誠意をもって耳を傾け、善後策を講じることが必要である。このため、事業主は、このような要望・苦情に応じるための担当者の配置や処理制度の導入を図ること。

(ニ) 業務の見直し等

労働時間等の設定の改善を図るに当たっては、業務内容や業務体制の見直し、生産性の向上等により、より効率的に業務を処理できるようにすることが必要である。このため、事業主は、必要に応じて、業務計画の策定等による業務の見直しや要員確保等を図ること。

(ホ) 労働時間等の設定の改善に係る措置に関する計画

労働時間等の設定の改善をより確実にするには、計画的な取組が望ましい。このため、事業主は、具体的な措置の内容、導入・実施の予定等に係る計画を作成し、これに基づいて、労働時間等の設定の改善を推進すること。この場合、労働時間等の設定の改善に係る措置についての具体的な目標を、それぞれの事情を踏まえつつ、自主的に設定することが望ましい。なお、計画の策定に当たっては、労使間の話合いの機会の重要性に鑑み、設定改善委員会等をはじめとする労使間の話合いの機会において労働者の意見を聴くなど、労働者の意向を踏まえたものとするようにすること。また、策定された計画については、随時、その効果を検証し、必要に応じて見直しを行うこと。

ロ 労働者の抱える多様な事情及び業務の態様に対応した労働時間等の設定

業務の閑散期においても繁忙期と同様の労働時間等の設定を行うことは、事業主にとっても、労働者にとっても得るものが少ない。このため、時季や日に応じて業務量に変動がある事業場については、変形労働時間制、フレックスタイム制を活用すること。特に、年間を通しての業務の繁閑が見通せる業務については、一年単位の変形労働時間制を活用して、労働時間の効率的な配分を行うこと。また、フレックスタイム制の活用に当たっては、労働者各人が抱える多様な事情を踏まえ、生活時間の確保にも十分な配慮をすること。

また、業務の進め方について労働者の創造性や主体性が必要な業務については、労働時間等の設定についても、労働者の裁量にゆだねることが業務の効率的な遂行につながり、労働者の生活時間の確保にも資する場合がある。このため、事業主は、そのような業務に携わる労働者については、専門業務型裁量労働制、企画業務型裁量労働制の活用も検討すること。裁量労働制を活用する場合には、労働者が抱える多様な事情に配慮するとともに、自己の雇用する労働者の労働実態を適切に把握し、必要に応じて、年次有給休暇の取得奨励や労働者の健康に十分配慮した措置を講ずること。

さらに、いわゆる短時間正社員のような柔軟な働き方の活用を図ること。

ハ 年次有給休暇を取得しやすい環境の整備

(イ) 年次有給休暇の重要性

労働者が心身の疲労を回復させ、健康で充実した生活を送るためには、原則として労働者がその取得時季を自由に設定できる年次有給休暇の取得が必要不可欠である。また、育児・介護等に必要な時間の確保にも資すると考えられる。特に、労働者が仕事を重視した生活設計をすることにより、労働が長時間に及ぶ場合においては、年次有給休暇の取得が健康の保持のために重要である。

　しかしながら、年次有給休暇については、周囲に迷惑がかかること、後で多忙になること、職場の雰囲気が取得しづらいこと等を理由に、多くの労働者がその取得にためらいを感じている。逆に、その取得にためらいを感じない労働者がその理由として掲げているのは、職場の雰囲気が取得しやすいこと等となっている。

　年次有給休暇の取得は、企業の活力や競争力の源泉である人材がその能力を十分に発揮するための大きな要素であって、生産性の向上にも資するものであり、企業にとっても大きな意味を持つものである。さらに、その取得率が向上すれば、経済・雇用面への効果も期待できる。

(ロ)　年次有給休暇に対する意識の改革に向けた措置

　(イ)を踏まえ、事業主は、年次有給休暇の完全取得を目指して、経営者の主導の下、取得の呼びかけ等による取得しやすい雰囲気づくりや、労使の年次有給休暇に対する意識の改革を図ること。

①　年次有給休暇管理簿の作成・周知

　年次有給休暇の取得促進を図るに当たっては、労働者のみならず、当該労働者の業務の遂行を指揮命令する職務上の地位にある者も当該労働者の年次有給休暇の取得状況を把握することが重要である。労働基準法施行規則（昭和二十二年厚生省令第二十三号）第二十四条の七の規定により、年次有給休暇管理簿の作成が義務付けられているところ、使用者は年次有給休暇管理簿を作成するのみならず、年次有給休暇管理簿の確認を行い、年次有給休暇の取得状況を労働者及び当該労働者の業務の遂行を指揮命令する職務上の地位にある者に周知すること。

　また、労働者の業務の遂行を指揮命令する職務上の地位にある者が、取得が進んでいない労働者に対して、業務の負担軽減を図る等労務管理上の工夫を行い、年次有給休暇の取得につなげるなど、年次有給休暇の取得促進に年次有給休暇管理簿を活用すること。

②　計画的な年次有給休暇の取得

　計画的な年次有給休暇の取得は、年次有給休暇取得の確実性が高まり、労働者にとっては予定どおりの活動を行いやすく、事業主にとっては計画的な業務運営を可能にする等効用が高い。したがって、年次有給休暇の取得促進を図るためには、特に、計画的な年次有給休暇取得の一層の推進を図ることが重要である。

　計画的な年次有給休暇の取得には、労使間で一年間の仕事の繁閑や段取り及び当面達成すべき目標としての取得率の目安を話し合うことが必要であり、労使双方にとって合理的な仕事の進め方を理解し合うためにも有益な手段であると考えられる。

　事業主は、業務量を正確に把握した上で、労働者ごとの基準日や年度当初等に聴取した希望を踏まえた個人別年次有給休暇取得計画表の作成、年次有給休暇の完全取得に向けた取得率の目標設定の検討及び業務体制の整備を行うとともに、取得状況を把握すること。あわせて、労働基準法第三十九条第六項の規定に基づく年次有給休暇の計画的付与制度の活用を図り、その際、連続した休暇の取得促進に配慮するとともに、当該制度の導入に向けた課題及び解決策について検討すること。

また、設定改善委員会等をはじめとする労使間の話合いの機会において年次有給休暇の取得状況を確認する制度を導入するとともに、取得率向上に向けた具体的な方策を検討すること。

なお、同条第七項において、使用者は、原則として年次有給休暇の日数のうち五日（同条第五項又は第六項の規定により労働者の請求等に従って年次有給休暇を与えた場合にあっては、当該与えた有給休暇の日数分を除く。）については、時季を指定して与えることとされており、計画的な年次有給休暇の取得に係る取組は当該義務を果たすことにもつながるものであることから、十分に取り組むことが必要である。

③　年次有給休暇の連続取得

プラスワン休暇（週休日等に年次有給休暇を組み合わせた連続休暇をいう。）や週休日等と年次有給休暇とを組み合わせた一週間から二週間程度の連続した長期休暇の取得促進を図ること。その際、当該事業場の全労働者が長期休暇を取得できるような制度の導入に向けて検討するとともに、取得時期については、休暇中の渋滞、混雑の緩和、労働者の経済的負担の軽減などの観点から分散化を図り、より寛げる休暇となるよう配慮すること。

④　年次有給休暇の時間単位付与制度等

労働基準法第三十九条第四項の規定に基づく年次有給休暇の時間単位付与制度（以下「時間単位付与制度」という。）の活[illegible]休暇の利用について、連続休暇取得及び一日単位の取得の阻害とならない範囲で、労働者の希望によるものであることを前提としつつ、検討すること。

⑤　年次有給休暇の早期付与

仕事と生活の調和や、労働者が転職により不利にならないようにする観点から、労働基準法第三十九条第一項及び第三項に規定する雇入れ後初めて年次有給休暇を与えるまでの継続勤務期間を短縮すること、同条第二項及び第三項に規定する年次有給休暇の最大付与日数に達するまでの継続勤務期間を短縮すること等について、事業場の実情を踏まえ検討すること。

⑥　子どもの学校休業日等に合わせた年次有給休暇の取得促進

地域の実情に応じ、労働者が子どもの学校休業日や地域のイベント等に合わせて年次有給休暇を取得できるよう配慮すること。

二　時間外・休日労働の削減

時間外・休日労働は、通常予見することのできない業務量の大幅な増加等に伴い臨時的に行うものである。事業主は、その雇用する労働者の健康で充実した生活のため、労働時間に関する意識の改革、「ノー残業デー」又は「ノー残業ウィーク」の導入・拡充等により、今後とも時間外・休日労働の削減を図ること。特に、休日労働を避けること。また、時間外・休日労働を行わせた場合には、代休の付与等により総実労働時間の短縮を図ること。労働者が私生活を重視した生活設計をし、時間外・休日労働を望まない場合は、時間外・休日労働の削減について一層の配慮をすること。

また、時間外労働についての上限は、労働基準法第三十六条第三項の規定に基づき原則として月四十五時間及び年三百六十時間であり、臨時的な特別の事情があって労使が合意する場合でも、上限は年七百二十時間であり、その範囲内において①複数月の平均では休日労働を含んで八十時間以内、②単月では、休日労働を含んで百時間未満、③同項の限度時間（以下「限度時間」という。）を超えることができる月数は、一年について六か月以内に限られ、これらに違反する場合は同法の規定による罰則の適用があることに留意すること。なお、労働基準法第三十六条第一項の協定で定める労働時間の延長及び休日の労働について留意すべき事項等に関する指針（平成三十年厚生労働省告示第三百二十三号）に基づき、時間外・休日労働について、次に掲げる事項に留意すること。

(イ) 時間外・休日労働協定において限度時間を超えて労働させることができる場合を定めるに当たっては、当該事業場における通常予見することのできない業務量の大幅な増加等に伴い臨時的に限度時間を超えて労働させる必要がある場合をできる限り具体的に定めなければならず、「業務の都合上必要な場合」、「業務上やむを得ない場合」など恒常的な長時間労働を招くおそれがあるものを定めることは認められないこと。

(ロ) 時間外・休日労働協定については、原則として限度時間を超えないものとされていることに十分留意し、業務の見直し等により、一箇月について労働時間を延長して労働させ、及び休日において労働させることができる時間等を限度時間にできる限り近づけるように努めなければならないこと。

(ハ) 時間外・休日労働協定において限度時間を超えて労働時間を延長して労働させることができる時間に係る割増賃金の率を定めるに当たっては、法定割増賃金率を超える率とするように努めなければならないこと。

(ニ) 時間外・休日労働協定において休日の労働を定めるに当たっては労働させることができる休日の日数をできる限り少なくし、及び休日に労働させる時間をできる限り短くするように努めなければならないこと。

ホ 労働時間の管理の適正化

近年、業務の困難度の高さとあいまって、時間的に過密な業務の運用により、労働者に疲労の蓄積や作業の誤りが生じ、健康障害や重大な事故につながることが懸念されている。また、時間的に過密な業務の運用は、生産性の向上を阻害しかねない。このため、事業主は、時間的に過密とならない業務の運用を図ること。

へ 多様な正社員、ワークシェアリング、テレワーク等の活用

事業主は、多様な働き方の選択肢を拡大するため、労働時間等が限定された多様な正社員として勤務する制度やワークシェアリングの導入に努めること。

多様な正社員としての働き方は、育児・介護等の事情により長時間労働が困難な者について、就業機会の付与とその継続、能力の発揮を可能とする働き方である。

その活用に当たっては、人事労務管理、経営状況等の事情も踏まえ、当該制度の導入の可否、制度の内容及び処遇については、各企業や事業場において労使で十分に話し合うことが必要である。

また、テレワークは、職住近接の実現による通勤負担の軽減に加え、多様な働き方の選択肢を拡大するものであり、働く意欲を有する者が仕事と生活を両立させつつ、能力を発揮できるようにするためにも、その活用を図ること。

その際には、厚生労働省労働基準局長及び雇用環境・均等局長が定めた「情報通信技術を利用した事業場外勤務の適切な導入及び実施のためのガイドライン」に基づき、適切な労務管理の下でのテレワークの実現を図ること。また、テレワークの制度を適切に導入するに当たっては、労使で認識に齟齬が生じないように、あらかじめ導入の目的、対象となる業務及び労働者の範囲、テレワークの方法等について、労使で十分に協議することが望ましいこと。さらに、実際にテレワークを行うか否かは本人の意思によることとすべきであること。

ト　終業及び始業の時刻に関する措置

(イ)　深夜業の回数の制限

深夜業（交替制勤務による夜勤を含む。以下同じ。）は、通常の労働時間と異なる特別な労働であり、労働者の健康の保持や仕事と生活の調和を図るためには、これを抑制することが望ましいことから、深夜業の回数を制限することを検討すること。

(ロ)　勤務間インターバル

勤務間インターバル（前日の終業時刻と翌日の始業時刻の間に一定時間の休息を確保することをいう。以下同じ。）は、労働者の生活時間や睡眠時間を確保し、労働者の健康の保持や仕事と生活の調和を図るために有効であることから、その導入に努めること。なお、当該一定時間を設定するに際しては、労働者の通勤時間、交替制勤務等の勤務形態や勤務実態等を十分に考慮し、仕事と生活の両立が可能な実効性ある休息が確保されるよう配慮すること。

(ハ)　朝型の働き方

一定の時刻以降に働くことを禁止し、やむを得ない場合は始業前の朝の時間帯に業務を処理する等のいわゆる朝型の働き方は、長時間労働の抑制に効果をもたらすと考えられることから、その導入を検討すること。

なお、やむを得ず時間外労働を行った場合は、割増賃金を適切に支払わなければならないことに留意するとともに、時間外労働をできる限り短くするよう努めること。

チ　国の支援の活用

事業主が以上の取組を進めるに当たっては、事業主の労働時間等の設定の改善を促進するため国が行う支援制度を積極的に活用すること。

また、労働時間等の設定の改善に係る措置に関する計画については、同業他社と歩調をそろえてこのような計画を作成し、実施することが効果的と考えられる。このため、同一の業種に属する複数の事業主が共同して労働時間等設定改善実施計画を作成する場合には、法により国の支援が行われるので、そうした支援制度を積極的に活用すること。

(2)　特に配慮を必要とする労働者について事業主が講ずべき措置

労働者各人の健康と生活に配慮するには、その前提として、事業主が、2(1)イ(イ)に記した労働時間等の実態を把握することに加え、個人情報の保護に関する法律（平成十五年法律第五十七号）等を遵守しつつ、労働者各人について配慮すべき事情を、必要に応じて、把握することが望ましい。なお、このような労働者各人の事情を理由として、その労働者に対して不利益な取扱いをしないこと。

イ　特に健康の保持に努める必要があると認められる労働者

事業主は、特に健康の保持に努める必要があると認められる労働者についても、労働安全衛生法（昭和四十七年法律第五十七号）に基づいて、健康診断の結果を踏まえた医師等の意見又は面接指導の結果を踏まえた医師の意見を勘案し、必要があると認めるときは、労働時間の短縮、深夜業の回数の減少その他の労働時間等に係る措置も適切に講じること。また、病気休暇から復帰する労働者については、短時間勤務から始め、徐々に通常の勤務時間に戻すこと等円滑な職場復帰を支援するような労働時間等の設定を行うこと。

そして、労働者の健康を守る予防策として、厚生労働大臣が定めた「労働者の心の健康の保持増進のための指針」を踏まえたメンタルヘルスケアの実施とあわせ、疲労を蓄積させない又は疲労を軽減させるような労働時間等の設定を行うこと。特に、時間外・休日労働の削減に努めること。時間外・休日労働が多い労働者については、代休やまとまった休暇の付与等を行い、疲労の回復を図らせること。恒常的に時間外・休日労働が多い部署については、業務の見直しを行う他、配置転換を行う等により、労働者各人ごとの労働時間の削減を行うこと。

ロ　子の養育又は家族の介護を行う労働者

事業主は、育児休業、介護休業等育児又は家族介護を行う労働者の福祉に関する法律（平成三年法律第七十六号）等を遵守し、育児休業、介護休業、子の看護休暇、介護休暇、所定外労働の免除、時間外労働の制限、深夜業の制限、所定労働時間の短縮措置等により労働時間等の設定の改善を行うとともに、その内容を労働者に積極的に周知する等制度を利用しやすい環境の整備を図ること。

特に、育児等を行う男性は、増加しているものの依然低水準にとどまり、また、出産後の女性が就業継続を希望しながら離職を余儀なくされる場合が見られる現状を踏まえ、男女が共に職業生活と家庭生活の両立を実現できるよう、一層の配慮をすること。

その際には、行動計画策定指針七の1に掲げられた事項にも留意し、子どもの出生時における父親の休暇制度の整備や男性の育児休業の取得促進等男性が育児等に参加しやすい環境づくり、より利用しやすい育児休業制度の実施（法定の期間、回数等を上回る措置を実施すること、休業期間中の経済的援助を行うこと等）等にも努めること。

さらに、時間単位付与制度の活用も含めた年次有給休暇の取得促進、時間外・休日労働の削減等により、子の養育又は家族の介護に必要な時間の確保を図ること。

これらの子の養育又は家族の介護を行う労働者に配慮した労働時間等の設定の改善に当たっては、各企業において労働者の職業生活と家庭生活との両立が図られるようにするための雇用環境の整備に関する取組の状況や課題を把握し、各企業の実情に応じ、必要な対策を実施していくことが重要であるが、その際、厚生労働省雇用環境・均等局長が定めた「両立指標に関する指針」を活用することも効果的である。

ハ　妊娠中及び出産後の女性労働者

事業主は、労働基準法を遵守し、産前産後の女性労働者に休業を取得させるとともに、妊娠中及び産後一年を経過しない女性が請求した場合においては、時間外労働、休日労働、深夜業等をさせないこと。

また、雇用の分野における男女の均等な機会及び待遇の確保等に関する法律（昭和四十七年法律第百十三号）等を遵守し、その雇用する女性労働者が、母子保健法

又は健康診査を受けるために必要な時間を確保することができるようにするとともに、当該保健指導又は健康診査に基づく指導事項を守ることができるようにするために勤務時間の短縮、休業等の措置を講じること。

ニ　公民権の行使又は公の職務の執行をする労働者

事業主は、労働基準法第七条において、労働者が公民としての権利を行使し、又は公の職務を執行するために必要な時間を請求した場合においては、拒んではならないこととされていることを踏まえ、公民としての権利を行使し、又は公の職務を執行する労働者のための休暇制度等を設けることについて検討すること。

なお、労働者が裁判員の職務を行う場合については、裁判員の参加する刑事裁判に関する法律（平成十六年法律第六十三号）第百条において、労働者が当該職務を行うために休暇を取得したこと等を理由として、解雇その他不利益な取扱いをしてはならないこととされていることに留意すること。

ホ　単身赴任者

単身赴任者については、心身の健康保持、家族の絆の維持、子の健全な育成等のため、休日は家族の元に戻って、共に過ごすことが極めて重要である。このため、事業主は、休日の前日の終業時刻の繰り上げ及び休日の翌日の始業時刻の繰り下げ等を行うこと。また、休日前後の年次有給休暇について、時間単位付与制度の活用や労働者の希望を前提とした半日単位の付与を検討すること。さらに、家族の誕生日、記念日等家族にとって特別な日については、休暇を付与すること。

ヘ　自発的な職業能力開発を図る労働者

企業による労働者の職業能力開発は今後とも重要であるが、サービス経済化、知識社会化が進むとともに、労働者の職業生活が長期化[illegible]通学等労働者が主体的に行う職業能力開発を支援することの重要性も増してきている。このため、事業主は、有給教育訓練休暇、長期教育訓練休暇その他の特別な休暇の付与、始業・終業時刻の変更、勤務時間の短縮、時間外労働の制限等労働者が自発的な職業能力開発を図ることができるような労働時間等の設定を行うこと。

ト　地域活動等を行う労働者

災害を受けた地域の復興支援等におけるボランティア活動や地域活動等の役割の重要性に鑑み、事業主は、地域活動、ボランティア活動等へ参加する労働者に対して、その参加を可能とするよう、特別な休暇の付与、時間単位付与制度の活用、労働者の希望を前提とした年次有給休暇の半日単位の付与等について検討するとともに、休暇等に係る制度を設けた場合にはその周知を図ること。

チ　その他特に配慮を必要とする労働者

事業主は、労働者の意見を聞きつつ、その他特に配慮を必要とする労働者がいる場合、その者に係る労働時間等の設定に配慮すること。

(3)　事業主の団体が行うべき援助

同一業種、同一地域にある企業の間では、労働時間等の設定についてお互いに影響を及ぼし合うものと見込まれる。ついては、事業主による労働時間等の設定の改善を促進するためには、仕事と生活の調和の実現に向けた気運の醸成を図るとともに、業種ごと、地域ごとの取組を進めていくことが効果的である。このような取組を進めるに当たっては、業界及び地域の実情に通じた事業主の団体の関与が欠かせない。このため、事業主の団体は、傘下の事業主に対して、仕事と生活の調和に関する啓発資料の作成・配布等を通じた気運の醸成や普及啓発を図るとともに、労働時間等の設定の改善に関する、専門家による指導・助言、情報の提供その他の援助を行うなど、労働者団体とも連携しつつ、民間主導の取組を積極的に行うこと。

なお、事業主の団体がこのような援助を行うに当たっては、一定の条件を満たす場合、事業主団体に対して国が行う支援制度を利用できるので、積極的に活用すること。

(4) 事業主が他の事業主との取引上配慮すべき事項

個々の事業主が労働時間等の設定の改善に関する措置を講じても、親企業からの発注等取引上の都合により、その措置の円滑な実施が阻害されることとなりかねない。特に中小企業等において時間外・休日労働の削減に取り組むに当たっては、個々の事業主の努力では限界があることから、長時間労働につながる取引慣行の見直しが必要である。このため、事業主は、他の事業主との取引を行うに当たっては、例えば、次のような事項について配慮をすること。

イ　週末発注・週初納入、終業後発注・翌朝納入等の短納期発注を抑制し、納期の適正化を図ること。

ロ　発注内容の頻繁な変更を抑制すること。

ハ　発注の平準化、発注内容の明確化その他の発注方法の改善を図ること。

家内労働法

（昭和四五年五月一六日 法律第六〇号）

沿革
昭和六〇年 六月 一日法律第 四五号
平成一〇年 九月三〇日 〃 第一一二号
〃 一一年 七月一六日 〃 第 八七号
〃 一一年 七月一六日 〃 第一〇二号
〃 一一年一二月二二日 〃 第一六〇号
〃 一三年 四月二五日 〃 第 三五号
令和 四年 六月一七日 〃 第 六八号

第一章 総則

（目的）

第一条 この法律は、工賃の最低額、安全及び衛生その他家内労働者に関する必要な事項を定めて、家内労働者の労働条件の向上を図り、もつて家内労働者の生活の安定に資することを目的とする。

2 この法律で定める家内労働者の労働条件の基準は最低のものであるから、委託者及び家内労働者は、この基準を理由として労働条件を低下させてはならないことはもとより、その向上を図るように努めなければならない。

（定義）

第二条 この法律で「委託」とは、次に掲げる行為をいう。

一 他人に物品を提供して、その物品を部品、附属品若しくは原材料とする物品の製造又はその物品の加工、改造、修理、浄洗、選別、包装若しくは解体（以下「加工等」という。）を委託すること。

二 他人に物品を売り渡して、その物品を部品、附属品若しくは原材料とする物品を製造した場合又はその物品の加工等をした場合にその製造又は加工等に係る物品を買い受けることを約すること。

2 この法律で「家内労働者」とは、物品の製造、加工等若しくは販売又はこれらの請負を業とする者その他これらの行為に類似する行為を業とする者であつて厚生労働省令で定めるものから、主として労働の対償を得るために、その業務の目的物たる物品（物品の半製品、部品、附属品又は原材料を含む。）について委託を受けて、物品の製造又は加工等に従事する者であつて、その業務について同居の親族以外の者を使用しないことを常態とするものをいう。

3 この法律で「委託者」とは、物品の製造、加工等若しくは販売又はこれらの請負を業とする者その他前項の厚生労働省令で定める者であつて、その業務の目的物たる物品（物品の半製品、部品、附属品又は原材料を含む。）について家内労働者に委託をするものをいう。

4 この法律で「補助者」とは、家内労働者の同居の親族であつて、当該家内労働者の従事する業務を補助する者をいう。

5 この法律で「工賃」とは、次に掲げるものをいう。

一 第一項第一号に掲げる行為に係る委託をする場合において物品の製造又は加工等の対償として委託者が家内労働者に支払うもの

二 第一項第二号に掲げる行為に係る委託をする場合において同号の物品の買受けについて委託者が家内労働者に支払うものの価額と同号の物品の売渡しについて家内労働者が委託者に支払うものの価額との差額

6 この法律で「労働者」とは、労働基準法（昭和二十二年法律第四十九号）第九条に規定する労働者（同居の親族のみを使用する事業又は事務所に使用される者及び家事使用人を除く。）をいう。

第二章　委託

（家内労働手帳）

第三条　委託者は、委託をするにあたつては、家内労働者に対し、厚生労働省令で定めるところにより、家内労働手帳を交付しなければならない。

2　委託者は、委託をするつど委託をした業務の内容、工賃の単価、工賃の支払期日その他厚生労働省令で定める事項を、製造又は加工等に係る物品を受領するつど受領した物品の数量その他厚生労働省令で定める事項を、工賃を支払うつど支払つた工賃の額その他厚生労働省令で定める事項を、それぞれ家内労働手帳に記入しなければならない。

3　前二項に規定するもののほか、家内労働手帳に関し必要な事項は、厚生労働省令で定める。

（就業時間）

第四条　委託者又は家内労働者は、当該家内労働者が業務に従事する場所の周辺地域において同一又は類似の業務に従事する労働者の通常の労働時間をこえて当該家内労働者及び補助者が業務に従事することとなるような委託をし、又は委託を受けることがないように努めなければならない。

2　都道府県労働局長は、必要があると認めるときは、都道府県労働局に置かれる政令で定める審議会の意見を聴いて、一定の地域内において一定の業務に従事する家内労働者及びこれに委託をする委託者に対して、厚生労働省令で定めるところにより、当該家内労働者及び補助者が業務に従事する時間の適正化を図るために必要な措置をとることを勧告することができる。

（委託の打切りの予告）

第五条　六月をこえて継続的に同一の家内労働者に委託をしている委託者は、当該家内労働者に引き続いて継続的に委託をすることを打ち切ろうとするときは、遅滞なく、その旨を当該家内労働者に予告するように努めなければならない。

第三章　工賃及び最低工賃

（工賃の支払）

第六条　工賃は、厚生労働省令で定める場合を除き、家内労働者に、通貨でその全額を支払わなければならない。

2　工賃は、厚生労働省令で定める場合を除き、委託者が家内労働者の製造又は加工等に係る物品についての検査（以下「検査」という。）をするかどうかを問わず、委託者が家内労働者から当該物品を受領した日から起算して一月以内に支払わなければならない。ただし、毎月一定期日を工賃締切日として定める場合は、この限りでない。この場合においては、委託者が検査をするかどうかを問わず、当該工賃締切日までに受領した当該物品に係る工賃を、その日から一月以内に支払わなければならない。

（工賃の支払場所等）

第七条　委託者は、家内労働者から申出のあつた場合その他特別の事情がある場合を除き、工賃の支払及び物品の受渡しを家内労働者が業務に従事する場所において行なうように努めなければならない。

（最低工賃）

第八条　厚生労働大臣又は都道府県労働局長は、一定の地域内において一定の業務に従事する工賃の低廉な家内労働者の労働条件の改善を図るため必要があると認めるときは、労働政策審議会又は都道府県労働局に置かれる政令で定める審議会を聴いて、当該業務に従事する家内労働者及びこれに委託をする委託者に適用される最低工賃を決定することができる。

2　厚生労働大臣又は都道府県労働局長は、前項の審議会の意見の提出があつた場合において、その意見により難いと認めるときは、理由を付して、審議会に再審議を求めなければならない。

（審議会の意見に関する異議の申出）

第九条　厚生労働大臣又は都道府県労働局長は、前条第一項の審議会の意見の提出があつたときは、厚生労働省令で定めるところにより、その意見の要旨を公示しなければならない。

2　前条第一項の審議会の意見に係る家内労働者又は委託者は、前項の規定による公示の日の翌日から起算して十五日以内に、厚生労働大臣又は都道府県労働局長に、異議を申し出ることができる。

3　厚生労働大臣又は都道府県労働局長は、前項の規定による申出があつたときは、その申出について、審議会に意見を求めなければならない。

4　厚生労働大臣又は都道府県労働局長は、第一項の規定による公示の日の翌日から起算して十五日を経過する日までの間は、前条第一項の規定による決定をすることができない。第二項の規定による申出があつた場合においては、前項の審議会の意見が提出されるまでの間についても、同様とする。

5　厚生労働大臣又は都道府県労働局長は、前条第一項の規定による決定をする場合において、第二項の規定による申出があつたときは、第三項の審議会の意見に基づき、当該最低工賃において、一定の範囲の業務について、その適用を一定の期間を限つて猶予し、又は最低工賃額（最低工賃において定める工賃の額をいう。以下同じ。）について別段の定めをすることができる。

6　前条第二項の規定は、第三項の審議会の意見の提出があつた場合について準用する。

（最低工賃の改正等）

第一〇条　厚生労働大臣又は都道府県労働局長は、最低工賃について必要があると認めるときは、その決定の例により、その改正又は廃止の決定をすることができる。

（最低工賃の決定等に関する関係家内労働者又は関係委託者の意見の聴取等）

第一一条　審議会は、最低工賃の決定又はその改正若しくは廃止の決定について調査審議を行なう場合には、厚生労働省令で定めるところにより、関係家内労働者及び関係委託者の意見をきくものとする。

2　家内労働者又は委託者の全部又は一部を代表する者は、厚生労働省令で定めるところにより、厚生労働大臣又は都道府県労働局長に対し、当該家内労働者若しくは委託者に適用される最低工賃の決定又は当該家内労働者若しくは委託者に現に適用されている最低工賃の改正若しくは廃止の決定をするよう申し出ることができる。

3　厚生労働大臣又は都道府県労働局長は、前項の規定による申出があつた場合において必要があると認めるときは、その申出について審議会に意見を求めるものとする。

（公示及び発効）

第一二条　厚生労働大臣又は都道府県労働局長は、最低工賃に関する決定をしたときは、厚生労働省令で定めるところにより、決定した事項を公示しなければならない。

2　最低工賃の決定及びその改正の決定は、前項の規定による公示の日から起算して三十日を経過した日（公示の日から起算して三十日を経過した日後の日であつて当該決定において別に定める日があるときは、その日）から、最低工賃の廃止の決定は、同項の規定による公示の日（公示の日後の日であつて当該決定において別に定める日があるときは、その日）

から、その効力を生ずる。

第一三条（最低工賃額等） 最低工賃は、当該最低工賃に係る一定の地域と同一の地域内において同一又は類似の業務に従事する労働者に適用される最低賃金（最低賃金法（昭和三十四年法律第百三十七号）の規定による最低賃金をいう。以下同じ。）（当該同一の地域内において同一又は類似の業務に従事する労働者に適用される最低賃金が決定されていない場合には、当該労働者の賃金（労働基準法第十一条に規定する賃金をいう。））との均衡を考慮して定められなければならない。

2 最低工賃額は、家内労働者の製造又は加工等に係る物品の一定の単位によつて定めるものとする。

第一四条（最低工賃の効力） 委託者は、最低工賃の適用を受ける家内労働者に対し、その最低工賃額以上の工賃を支払わなければならない。

第一五条（最低工賃に関する職権等） 第八条第一項及び第十条に規定する厚生労働大臣又は都道府県労働局長の職権は、二以上の都道府県労働局の管轄区域にわたる事案及び一の都道府県労働局の管轄区域内のみに係る事案であつて厚生労働大臣が全国的に関連があると認めて指定するものについては、厚生労働大臣が行い、一の都道府県労働局の管轄区域内のみに係る事案（厚生労働大臣の職権に属する事案を除く。）については、当該都道府県労働局長が行う。

2 厚生労働大臣は、都道府県労働局長が決定した最低工賃が著しく不適当となつたと認めるときは、労働政策審議会の調査審議を求め、その意見を聴いて、当該最低工賃の改正又は廃止の決定をすべきことを都道府県労働局長に命ずることができる。

3 第八条第二項の規定は、前項の労働政策審議会の意見の提出があつた場合について準用する。

第一六条（工賃及び最低工賃に関する規定の効力） 第六条又は第十四条の規定に違反する工賃の支払を定める委託に関する契約は、その部分については無効とする。この場合において、無効となつた部分は、これらの規定に定める基準による。

第四章　安全及び衛生

第一七条（安全及び衛生に関する措置） 委託者は、委託に係る業務に関し、機械、器具その他の設備又は原材料その他の物品を家内労働者に譲渡し、貸与し、又は提供するときは、これらによる危害を防止するため、厚生労働省令で定めるところにより、必要な措置を講じなければならない。

2 家内労働者は、機械、器具その他の設備若しくは原材料その他の物品又はガス、蒸気、粉じん等による危害を防止するため、厚生労働省令で定めるところにより、必要な措置を講じなければならない。

3 補助者は、前項に規定する危害を防止するため、厚生労働省令で定める事項を守らなければならない。

第一八条（安全及び衛生に関する行政措置） 都道府県労働局長又は労働基準監督署長は、委託者又は家内労働者が前条第一項又は第二項の措置を講じない場合には、委託者又は家内労働者に対し、厚生労働省令で定めるところにより、委託をし、若しくは委託を受けることを禁止し、又は機械、器具その他の設備若しくは原材料その他の物品の全部若しくは一部の使用の停止その他必要な措置を執ることを命ずることができる。

第五章　家内労働に関する審議機関

第一九条　削除

第二〇条　削除

（専門部会等）

第二一条　審議会は、最低工賃の決定又はその改正の決定について調査審議を求められたときは、専門部会を置かなければならない。

2　前項の専門部会は、政令で定めるところにより、関係家内労働者を代表する委員、関係委託者を代表する委員及び公益を代表する委員各同数をもつて組織する。

第二二条　削除

（関係家内労働者及び関係委託者等の意見聴取）

第二三条　審議会は、この法律に別段の定めがある場合のほか、審議に際し必要と認める場合には、関係家内労働者、関係委託者その他の関係者の意見を聴くものとする。

（政令への委任）

第二四条　この法律に規定するもののほか、審議会に関し必要な事項は、政令で定める。

第六章　雑則

（援助）

第二五条　国又は地方公共団体は、家内労働者及び委託者に対し、資料の提供、技術の指導、施設に関する便宜の供与その他この法律の目的を達成するために必要な援助を行なうように努めなければならない。

（届出）

第二六条　委託者は、厚生労働省令で定めるところにより、委託に係る家内労働者の数及び業務の内容その他必要な事項を都道府県労働局長に届け出なければならない。

（帳簿の備付け）

第二七条　委託者は、厚生労働省令で定めるところにより、委託に係る家内労働者の氏名、当該家内労働者に支払う工賃の額その他の事項を記入した帳簿をその営業所に備え付けて置かなければならない。

（報告等）

第二八条　厚生労働大臣、都道府県労働局長、労働基準監督署長又は労働基準監督官は、この法律の施行のため必要があると認めるときは、厚生労働省令で定めるところにより、委託者又は家内労働者に対し、工賃に関する事項その他必要な事項を報告させ、又は出頭を命ずることができる。

（労働基準監督署長及び労働基準監督官）

第二九条　労働基準監督署長及び労働基準監督官は、厚生労働省令で定めるところにより、この法律の施行に関する事務をつかさどる。

（労働基準監督官の権限）

第三〇条　労働基準監督官は、この法律の施行のため必要があると認めるときは、委託者の営業所又は家内労働者が業務に従事する場所に立ち入り、帳簿、書類その他の物件を検査し、若しくは関係者に質問し、又は試験のため必要な最少限度の分量に限り、家内労働者及び補助者に危害を与える物若しくはその疑いのある物であつて厚生労働省令で定めるものを収去することができる。

2　前項の規定による立入検査等をする労働基準監督官は、その身分を示す証票を携帯し、関係者に提示しなければならない。

3　第一項の規定による立入検査等の権限は、犯罪捜査のために認められたものと解釈してはならない。

第三一条 労働基準監督官は、この法律の規定に違反する罪について、刑事訴訟法（昭和二十三年法律第百三十一号）の規定による司法警察員の職務を行なう。

（申告）

第三二条 委託者に、この法律又はこの法律に基づく命令に違反する事実がある場合には、家内労働者又は補助者は、その事実を都道府県労働局長、労働基準監督署長又は労働基準監督官に申告することができる。

2 委託者は、前項の規定による申告をしたことを理由として、家内労働者に対して工賃の引下げその他不利益な取扱いをしてはならない。

3 委託者が家内労働者に対して前項の規定に違反する取扱いをした場合には、都道府県労働局長、労働基準監督署長又は労働基準監督官は、厚生労働省令で定めるところにより、当該委託者に対し、その取扱いの是正を命ずることができる。

第七章 罰則

第三三条現 第十八条の規定による委託をすることを禁止する命令に違反した者は、六月以下の懲役又は五千円以下の罰金に処する。

新［令和七年六月一日から施行］
第三三条 第十八条の規定による委託をすることを禁止する命令に違反した者は、六月以下の拘禁刑又は二万円以下の罰金に処する。

第三四条現 第十四条の規定に違反した者は、一万円以下の罰金に処する。

新［令和七年六月一日から施行］
第三四条 第十四条の規定に違反した者は、二万円以下の罰金に処する。

第三五条現 次の各号の一に該当する者は、五千円以下の罰金に処する。

新［令和七年六月一日から施行］
第三五条 次の各号のいずれかに該当する者は、二万円以下の罰金に処する。

一 第三条第一項、第六条又は第十七条の規定に違反した者
二 第三条第二項の規定による記入をせず、又は虚偽の記入をした者
三 第十八条の規定による命令（委託をすることを禁止する命令を除く。）又は第三十二条第三項の規定による命令に違反した者
四 第二十六条の規定による届出をせず、又は虚偽の届出をした者
五 第二十七条の規定による帳簿の備付けをせず、又は同条の帳簿に虚偽の記入をした者
六 第二十八条の規定による報告をせず、若しくは虚偽の報告をし、又は出頭しなかつた者
七 第三十条第一項の規定による立入り、検査若しくは収去を拒み、妨げ、若しくは忌避し、又は質問に対して陳述をせず、若しくは虚偽の陳述をした者

（両罰規定）

第三六条 法人の代表者又は法人若しくは人の代理人、使用人その他の従業者が、その法人又は人の業務に関して、前三条

の違反行為をしたときは、行為者を罰するほか、その法人又は人に対しても、各本条の罰金刑を科する。

附　則　抄

（施行期日）

第一条　この法律の施行期日は、公布の日から起算して六月をこえない範囲内において、各規定につき、政令で定める。

新 〔公布の日から起算して一年六月を超えない範囲内において政令で定める日から施行〕

特定受託事業者に係る取引の適正化等に関する法律

〔令和五年五月一二日
法律第二五号〕

第一章　総則

（目的）

第一条　この法律は、我が国における働き方の多様化の進展に鑑み、個人が事業者として受託した業務に安定的に従事することができる環境を整備するため、特定受託事業者に業務委託をする事業者について、特定受託事業者の給付の内容その他の事項の明示を義務付ける等の措置を講ずることにより、特定受託事業者に係る取引の適正化及び特定受託業務従事者の就業環境の整備を図り、もって国民経済の健全な発展に寄与することを目的とする。

（定義）

第二条　この法律において「特定受託事業者」とは、業務委託の相手方である事業者であって、次の各号のいずれかに該当するものをいう。

一　個人であって、従業員を使用しないもの

二　法人であって、一の代表者以外に他の役員（理事、取締役、執行役、業務を執行する社員、監事若しくは監査役又はこれらに準ずる者をいう。第六項第二号において同じ。）がなく、かつ、従業員を使用しないもの

2　この法律において「特定受託業務従事者」とは、特定受託事業者である前項第一号に掲げる個人及び特定受託事業者である同項第二号に掲げる法人の代表者をいう。

3　この法律において「業務委託」とは、次に掲げる行為をいう。

一　事業者がその事業のために他の事業者に物品の製造（加工を含む。）又は情報成果物の作成を委託すること。

二　事業者がその事業のために他の事業者に役務の提供を委託すること（他の事業者をして自らに役務の提供をさせることを含む。）。

4　前項第一号の「情報成果物」とは、次に掲げるものをいう。

一　プログラム（電子計算機に対する指令であって、一の結果を得ることができるように組み合わされたものをいう。）

二　映画、放送番組その他影像又は音声その他の音響により構成されるもの

三　文字、図形若しくは記号若しくはこれらの結合又はこれらと色彩との結合により構成されるもの

四　前三号に掲げるもののほか、これらに類するもので政令で定めるもの

5　この法律において「業務委託事業者」とは、特定受託事業者に業務委託をする事業者をいう。

6　この法律において「特定業務委託事業者」とは、業務委託事業者であって、次の各号のいずれかに該当するものをいう。

一　個人であって、従業員を使用するもの

二　法人であって、二以上の役員があり、又は従業員を使用するもの

7　この法律において「報酬」とは、業務委託事業者が業務委託をした場合に特定受託事業者の給付（第二項第二号に該当する業務委託をした場合にあっては、当該役務の提供をすること。第五条第一項第一号及び第三号並びに第八条第三項及び第四項を除き、以下同じ。）に対し支払うべき代金をいう。

第二章　特定受託事業者に係る取引の適正化

（特定受託事業者の給付の内容その他の事項の明示等）

第三条　業務委託事業者は、特定受託事業者に対し業務委託をした場合は、直ちに、公正取引委員会規則で定めるところにより、特定受託事業者の給付の内容、報酬の額、支払期日その他の事項を、書面又は電磁的方法（電子情報処理組織を使用する方法その他の情報通信の技術を利用する方法であって公正取引委員会規則で定めるものをいう。以下この条において同じ。）により特定受託事業者に対し明示しなければならない。ただし、これらの事項のうちその内容が定められないことにつき正当な理由があるものについては、その明示を要しないものとし、この場合には、業務委託事業者は、当該事項の内容が定められた後直ちに、当該事項を書面又は電磁的方法により特定受託事業者に対し明示しなければならない。

2　業務委託事業者は、前項の規定により同項に規定する事項を電磁的方法により明示した場合において、特定受託事業者から当該事項を記載した書面の交付を求められたときは、遅滞なく、公正取引委員会規則で定めるところにより、これを交付しなければならない。ただし、特定受託事業者の保護に支障を生ずることがない場合として公正取引委員会規則で定める場合は、この限りでない。

（報酬の支払期日等）

第四条　特定業務委託事業者が特定受託事業者に対し業務委託をした場合における報酬の支払期日は、当該特定業務委託事業者が特定受託事業者の給付の内容について検査をするかどうかを問わず、当該特定業務委託事業者が特定受託事業者の給付を受領した日（第二条第三項第二号に該当する業務委託をした場合にあっては、特定受託事業者から当該役務の提供を受けた日。次項において同じ。）から起算して六十日の期間内において、かつ、できる限り短い期間内において、定められなければならない。

2　前項の場合において、報酬の支払期日が定められなかったときは特定業務委託事業者が特定受託事業者の給付を受領した日が、同項の規定に違反して報酬の支払期日が定められたときは特定業務委託事業者が特定受託事業者の給付を受領した日から起算して六十日を経過する日が、それぞれ報酬の支払期日と定められたものとみなす。

3　前二項の規定にかかわらず、他の事業者（以下この項及び第六項において「元委託者」という。）から業務委託を受けた特定業務委託事業者が、当該業務委託に係る業務（以下この項及び第六項において「元委託業務」という。）の全部又は一部について特定受託事業者に再委託をした場合（前条第一項の規定により再委託である旨、元委託者の氏名又は名称、元委託業務の対価の支払期日（以下この項及び次項において「元委託支払期日」という。）その他の公正取引委員会規則で定める事項を特定受託事業者に対し明示した場合に限る。）には、当該再委託に係る報酬の支払期日は、元委託支払期日から起算して三十日の期間内において、かつ、できる限り短い期間内において、定められなければならない。

4　前項の場合において、報酬の支払期日が定められなかったときは元委託支払期日が、同項の規定に違反して報酬の支払期日が定められたときは元委託支払期日から起算して三十日を経過する日が、それぞれ報酬の支払期日と定められたものとみなす。

5　特定業務委託事業者は、第一項若しくは第三項の規定により定められた支払期日又は第二項若しくは前項の支払期日までに報酬を支払わなければならない。ただし、特定受託事業者の責めに帰すべき事由により支払うことができなかったときは、当該事由が消滅した日から起算して六十日（第三項の場合にあっては、三十日）以内に報酬を支払わなければならない。

6　第三項の場合において、特定業務委託事業者は、元委託者から前払金の支払を受けたときは、元委託業務の全部又は一部について再委託をした特定受託事業者に対して、資材の調達その他の業務委託に係る業務の着手に必要な費用を前払金として支払うよう適切な配慮をしなければならない。

（特定業務委託事業者の遵守事項）

第五条　特定業務委託事業者は、特定受託事業者に対し業務委託（政令で定める期間以上の期間行うもの（当該業務委託に係る契約の更新により当該政令で定める期間以上継続して行うこととなるものを含む。）に限る。以下この条において同じ。）をした場合は、次に掲げる行為（第二条第三項第二号に該当する業務委託をした場合にあっては、第一号及び第三号に掲げる行為を除く。）をしてはならない。

一　特定受託事業者の責めに帰すべき事由がないのに、特定受託事業者の給付の受領を拒むこと。

二　特定受託事業者の責めに帰すべき事由がないのに、報酬の額を減ずること。

三　特定受託事業者の責めに帰すべき事由がないのに、特定受託事業者にその給付に係る物を引き取らせること。

四　特定受託事業者の給付の内容と同種又は類似の内容の給付に対し通常支払われる対価に比し著しく低い報酬の額を不当に定めること。

五　特定受託事業者の給付の内容を均質にし、又はその改善を図るため必要がある場合その他正当な理由がある場合を除き、自己の指定する物を強制して購入させ、又は役務を強制して利用させること。

2　特定業務委託事業者は、特定受託事業者に対し業務委託をした場合は、次に掲げる行為をすることによって、特定受託事業者の利益を不当に害してはならない。

一　自己のために金銭、役務その他の経済上の利益を提供させること。

二　特定受託事業者の責めに帰すべき事由がないのに、特定受託事業者の給付の内容を変更させ、又は特定受託事業者の給付を受領した後（第二条第三項第二号に該当する業務委託をした場合にあっては、特定受託事業者から当該役務の提供を受けた後）に給付をやり直させること。

（申出等）

第六条　業務委託事業者から業務委託を受ける特定受託事業者は、この章の規定に違反する事実がある場合には、公正取引委員会又は中小企業庁長官に対し、その旨を申し出て、適当な措置をとるべきことを求めることができる。

2　公正取引委員会又は中小企業庁長官は、前項の規定による申出があったときは、必要な調査を行い、その申出の内容が事実であると認めるときは、この法律に基づく措置その他適当な措置をとらなければならない。

3　業務委託事業者は、特定受託事業者が第一項の規定による申出をしたことを理由として、当該特定受託事業者に対し、取引の数量の削減、取引の停止その他の不利益な取扱いをしてはならない。

（中小企業庁長官の請求）

第七条　中小企業庁長官は、業務委託事業者について、第三条の規定に違反したかどうか又は前条第三項の規定に違反しているかどうかを調査し、その事実があると認めるときは、公正取引委員会に対し、この法律の規定に従い適当な措置をとるべきことを求めることができる。

2　中小企業庁長官は、特定業務委託事業者について、第四条第五項若しくは第五条第一項（第一号に係る部分を除く。）若しくは第二項の規定に違反したかどうか又は同条第一項（同号に係る部分に限る。）の規定に違反しているかどうかを調査し、その事実があると認めるときは、公正取引委員会に対し、この法律の規定に従い適当な措置をとるべきことを求めることができる。

（勧告）

第八条　公正取引委員会は、業務委託事業者が第三条の規定に違反したと認めるときは、当該業務委託事業者に対し、速やかに同条第一項の規定による明示又は同条第二項の規定による書面の交付をすべきことその他必要な措置をとるべきことを勧告することができる。

2　公正取引委員会は、特定業務委託事業者が第四条第五項の規定に違反したと認めるときは、当該特定業務委託事業者に対し、速やかに報酬を支払うべきことその他必要な措置をとるべきことを勧告することができる。

3　公正取引委員会は、特定業務委託事業者が第五条第一項（第一号に係る部分に限る。）の規定に違反していると認めるときは、当該特定業務委託事業者に対し、速やかに特定受託事業者の給付を受領すべきことその他必要な措置をとるべきことを勧告することができる。

4　公正取引委員会は、特定業務委託事業者が第五条第一項（第一号に係る部分を除く。）の規定に違反したと認めるときは、当該特定業務委託事業者に対し、速やかにその報酬の額から減じた額を支払い、特定受託事業者の給付に係る物を再び引き取り、その報酬の額を引き上げ、又はその購入させた物を引き取るべきことその他必要な措置をとるべきことを勧告することができる。

5　公正取引委員会は、特定業務委託事業者が第五条第二項の規定に違反したと認めるときは、当該特定業務委託事業者に対し、速やかに当該特定受託事業者の利益を保護するため必要な措置をとるべきことを勧告することができる。

6　公正取引委員会は、業務委託事業者が第六条第三項の規定に違反していると認めるときは、当該業務委託事業者に対し、速やかに不利益な取扱いをやめるべきことその他必要な措置をとるべきことを勧告することができる。

（命令）

第九条　公正取引委員会は、前条の規定による勧告を受けた者が、正当な理由がなく、当該勧告に係る措置をとらなかったときは、当該勧告を受けた者に対し、当該勧告に係る措置をとるべきことを命ずることができる。

2　公正取引委員会は、前項の規定による命令をした場合には、その旨を公表することができる。

（私的独占の禁止及び公正取引の確保に関する法律の準用）

第一〇条　前条第一項の規定による命令をする場合につい

ては、私的独占の禁止及び公正取引の確保に関する法律（昭和二十二年法律第五十四号）第六十一条、第六十五条第一項及び第二項、第六十六条、第七十条の三第三項及び第四項、第七十条の六から第七十条の九まで、第七十条の十二、第七十六条、第七十七条、第八十五条（第一号に係る部分に限る。）、第八十六条、第八十七条並びに第八十八条の規定を準用する。

（報告及び検査）

第一一条　中小企業庁長官は、第七条の規定の施行に必要な限度において、業務委託事業者、特定業務委託事業者、特定受託事業者その他の関係者に対し、業務委託に関し報告をさせ、又はその職員に、これらの者の事務所その他の事業場に立ち入り、帳簿書類その他の物件を検査させることができる。

2　公正取引委員会は、第八条及び第九条第一項の規定の施行に必要な限度において、業務委託事業者、特定業務委託事業者、特定受託事業者その他の関係者に対し、業務委託に関し報告をさせ、又はその職員に、これらの者の事務所その他の事業場に立ち入り、帳簿書類その他の物件を検査させることができる。

3　前二項の規定により職員が立ち入るときは、その身分を示す証明書を携帯し、関係人に提示しなければならない。

4　第一項及び第二項の規定による立入検査の権限は、犯罪捜査のために認められたものと解釈してはならない。

第三章　特定受託業務従事者の就業環境の整備

（募集情報の的確な表示）

第一二条　特定業務委託事業者は、新聞、雑誌その他の刊行物に掲載する広告、文書の掲出又は頒布その他厚生労働省令で定める方法（次項において「広告等」という。）により、その行う業務委託に係る特定受託事業者の募集に関する情報（業務の内容その他の就業に関する事項として政令で定める事項に係るものに限る。）を提供するときは、当該情報について虚偽の表示又は誤解を生じさせる表示をしてはならない。

2　特定業務委託事業者は、広告等により前項の情報を提供するときは、正確かつ最新の内容に保たなければならない。

（妊娠、出産若しくは育児又は介護に対する配慮）

第一三条　特定業務委託事業者は、その行う業務委託（政令で定める期間以上の期間行うもの（当該業務委託に係る契約の更新により当該政令で定める期間以上継続して行うこととなるものを含む。）に限る。以下この条及び第十六条第一項において「継続的業務委託」という。）の相手方である特定受託事業者からの申出に応じて、当該特定受託事業者（当該特定受託事業者が第二条第一項第二号に掲げる法人である場合にあっては、その代表者）が妊娠、出産若しくは育児又は介護（以下この条において「育児介護等」という。）と両立しつつ当該継続的業務委託に係る業務に従事することができるよう、その者の育児介護等の状況に応じた必要な配慮をしなければならない。

2　特定業務委託事業者は、その行う継続的業務委託以外の業務委託の相手方である特定受託事業者からの申出に応じて、当該特定受託事業者（当該特定受託事業者が第二条第一項第二号に掲げる法人である場合にあっては、その代表者）が育児介護等と両立しつつ当該業務委託に係る業務に従事することができるよう、その者の育児介護等の状況に応じた必要な配慮をするよう努めなければならない。

（業務委託に関して行われる言動に起因する問題に関して講ずべき措置等）

第一四条　特定業務委託事業者は、その行う業務委託に係る特定受託業務従事者に対し当該業務委託に関して行われる次の各号に規定する言動により、当該各号に掲げる状況に至ることのないよう、その者からの相談に応じ、適切に対応するために必要な体制の整備その他の必要な措置を講じなければならない。

一　性的な言動に対する特定受託業務従事者の対応によりその者（その者が第二条第一項第二号に掲げる法人の代表者である場合にあっては、当該法人）に係る業務委託の条件について不利益を与え、又は性的な言動により特定受託業務従事者の就業環境を害すること。

二　特定受託業務従事者の妊娠又は出産に関する事由であって厚生労働省令で定めるものに関する言動によりその者の就業環境を害すること。

三　取引上の優越的な関係を背景とした言動であって業務委託に係る業務を遂行する上で必要かつ相当な範囲を超えたものにより特定受託業務従事者の就業環境を害すること。

2　特定業務委託事業者は、特定受託業務従事者が前項の相談を行ったこと又は特定業務委託事業者による当該相談への対応に協力した際に事実を述べたことを理由として、その者（その者が第二条第一項第二号に掲げる法人の代表者である場合にあっては、当該法人）に対し、業務委託に係る契約の解除その他の不利益な取扱いをしてはならない。

（指針）

第一五条　厚生労働大臣は、前三条に定める事項に関し、特定業務委託事業者が適切に対処するために必要な指針を公表するものとする。

（解除等の予告）

第一六条　特定業務委託事業者は、継続的業務委託に係る契約の解除（契約期間の満了後に更新しない場合を含む。次項において同じ。）をしようとする場合には、当該契約の相手方である特定受託事業者に対し、少なくとも三十日前までに、厚生労働省令で定めるところにより、その予告をしなければならない。ただし、災害その他やむを得ない事由により予告することが困難な場合その他の厚生労働省令で定める場合は、この限りでない。

2　特定受託事業者が、前項の予告がされた日から同項の契約が満了する日までの間において、契約の解除の理由の開示を特定業務委託事業者に請求した場合には、当該特定業務委託事業者は、厚生労働省令で定めるところにより、遅滞なくこれを開示しなければならない。ただし、第三者の利益を害するおそれがある場合その他の厚生労働省令で定める場合は、この限りでない。

（申出等）

第一七条　特定業務委託事業者から業務委託を受け、又は受けようとする特定受託事業者は、この章の規定に違反する事実がある場合には、厚生労働大臣に対し、その旨を申し出て、適当な措置をとるべきことを求めることができる。

2　厚生労働大臣は、前項の規定による申出があったときは、必要な調査を行い、その申出の内容が事実であると認めるときは、この法律に基づく措置その他適当な措置をとらなければならない。

3　第六条第三項の規定は、第一項の場合について準用する。

（勧告）

第一八条　厚生労働大臣は、特定業務委託事業者が第十二条、第十四条、第十六条又は前条第三項において準用する第六条第三項の規定に違反していると認めるときは、当該特定業務委託事業者に対し、その違反を是正し、又は防止するために必要な措置をとるべきことを勧告することができる。

（命令等）

第一九条　厚生労働大臣は、前条の規定による勧告（第十四条に係るものを除く。）を受けた者が、正当な理由がなく、当該勧告に係る措置をとらなかったときは、当該勧告を受けた者に対し、当該勧告に係る措置をとるべきことを命ずることができる。

2　厚生労働大臣は、前項の規定による命令をした場合には、その旨を公表することができる。

3　厚生労働大臣は、前条の規定による勧告（第十四条に係るものに限る。）を受けた者が、正当な理由がなく、当該勧告に係る措置をとらなかったときは、その旨を公表することができる。

（報告及び検査）

第二〇条　厚生労働大臣は、第十八条（第十四条に係る部分を除く。）及び前条第一項の規定の施行に必要な限度において、特定業務委託事業者、特定受託事業者その他の関係者に対し、業務委託に関し報告をさせ、又はその職員に、これらの者の事務所その他の事業場に立ち入り、帳簿書類その他の物件を検査させることができる。

2　厚生労働大臣は、第十八条（第十四条に係る部分に限る。）及び前条第三項の規定の施行に必要な限度において、特定業務委託事業者に対し、業務委託に関し報告を求めることができる。

3　第十一条第三項及び第四項の規定は、第一項の規定による立入検査について準用する。

第四章　雑則

（特定受託事業者からの相談対応に係る体制の整備）

第二一条　国は、特定受託事業者に係る取引の適正化及び特定受託業務従事者の就業環境の整備に資するよう、特定受託事業者からの相談に応じ、適切に対応するために必要な体制の整備その他の必要な措置を講ずるものとする。

（指導及び助言）

第二二条　公正取引委員会及び中小企業庁長官並びに厚生労働大臣は、この法律の施行に関し必要があると認めるときは、業務委託事業者に対し、指導及び助言をすることができる。

（厚生労働大臣の権限の委任）

第二三条　この法律に定める厚生労働大臣の権限は、厚生労働省令で定めるところにより、その一部を都道府県労働局長に委任することができる。

第五章　罰則

第二四条　次の各号のいずれかに該当する場合には、当該違反行為をした者は、五十万円以下の罰金に処する。

一　第九条第一項又は第十九条第一項の規定による命令に違反したとき。

二　第十一条第一項若しくは第二項又は第二十条第一項の規定による報告をせず、若しくは虚偽の報告をし、又はこれらの規定による検査を拒み、妨げ、若しくは忌避したとき。

第二五条　法人の代表者又は法人若しくは人の代理人、使用人その他の従業者が、その法人又は人の業務に関し、前条の違反行為をしたときは、行為者を罰するほか、その法人又は人に対して同条の刑を科する。

第二六条　第二十条第二項の規定による報告をせず、又は虚偽の報告をした者は、二十万円以下の過料に処する。

附　則

（施行期日）

1　この法律は、公布の日から起算して一年六月を超えない範囲内において政令で定める日から施行する。

（検討）

2　政府は、この法律の施行後三年を目途として、この法律の規定の施行の状況を勘案し、この法律の規定について検討を加え、その結果に基づいて必要な措置を講ずるものとする。

労働者の職務に応じた待遇の確保等のための施策の推進に関する法律

（平成二七年九月一六日
法律第六九号）

沿革　平成二七年九月一八日法律第七三号

（目的）

第一条　この法律は、近年、雇用形態が多様化する中で、雇用形態により労働者の待遇や雇用の安定性について格差が存在し、それが社会における格差の固定化につながることが懸念されていることに鑑み、それらの状況を是正するため、労働者の職務に応じた待遇の確保等のための施策に関し、基本理念を定め、国の責務等を明らかにするとともに、労働者の雇用形態による職務及び待遇の相違の実態、雇用形態の転換の状況等に関する調査研究等について定めることにより、労働者の職務に応じた待遇の確保等のための施策を重点的に推進し、もって労働者がその雇用形態にかかわらず充実した職業生活を営むことができる社会の実現に資することを目的とする。

（基本理念）

第二条　労働者の職務に応じた待遇の確保等のための施策は、次に掲げる事項を旨として行われなければならない。

一　労働者が、その雇用形態にかかわらずその従事する職務に応じた待遇を受けることができるようにすること。

二　通常の労働者以外の労働者が通常の労働者となることを含め、労働者がその意欲及び能力に応じて自らの希望する雇用形態により就労する機会が与えられるようにすること。

三　労働者が主体的に職業生活設計（職業能力開発促進法（昭和四十四年法律第六十四号）第二条第四項に規定する職業生活設計をいう。次条第三項及び第八条において同じ。）を行い、自らの選択に応じ充実した職業生活を営むことができるようにすること。

（国の責務等）

第三条　国は、前条の基本理念にのっとり、労働者の職務に応じた待遇の確保等のための施策を策定し、及び実施する責務を有する。

2　事業主は、国が実施する労働者の職務に応じた待遇の確保等のための施策に協力するよう努めるものとする。

3　労働者は、職業生活設計を行うことの重要性について理解を深めるとともに、主体的にこれを行うよう努めるものとする。

（法制上の措置等）

第四条　政府は、労働者の職務に応じた待遇の確保等のための施策を実施するため、必要な法制上、財政上又は税制上の措置その他の措置を講ずるものとする。

（調査研究）

第五条　国は、次に掲げる事項について調査研究を行うものとする。

一　労働者の雇用形態の実態

二　労働者の雇用形態による職務の相違及び賃金、教育訓練、福利厚生その他の待遇の相違の実態

三　労働者の雇用形態の転換の状況

四　職場における雇用形態による職務の分担及び管理的地位への登用の状況

2　国は、前項第三号に掲げる事項について調査研究を行うに当たっては、通常の労働者以外の労働者が通常の労働者への

転換を希望する場合における処遇その他の取扱いの実態、当該転換を妨げている要因等について重点的にこれを行うものとする。

（職務に応じた待遇の確保）

第六条　国は、雇用形態の異なる労働者についてもその待遇の相違が不合理なものとならないようにするため、事業主が行う通常の労働者及び通常の労働者以外の労働者の待遇に係る制度の共通化の推進その他の必要な施策を講ずるものとする。

2　政府は、派遣労働者（労働者派遣事業の適正な運営の確保及び派遣労働者の保護等に関する法律（昭和六十年法律第八十八号）第二条第二号に規定する派遣労働者をいう。以下この項において同じ。）の置かれている状況に鑑み、派遣労働者について、派遣元事業主（同条第四号に規定する派遣元事業主をいう。以下この項において同じ。）及び派遣先（同号に規定する派遣先をいう。）に対し、派遣労働者の賃金の決定、教育訓練の実施、福利厚生施設の利用その他の待遇についての規制等の措置を講ずることにより、派遣先に雇用される労働者との間においてその業務の内容及び当該業務に伴う責任の程度その他の事情に応じた均等な待遇及び均衡のとれた待遇の実現を図るものとし、この法律の施行後、三年以内に法制上の措置を含む必要な措置を講ずるとともに、当該措置の実施状況を勘案し、必要があると認めるときは、所要の措置を講ずるものとする。

（雇用環境の整備）

第七条　国は、労働者がその意欲及び能力に応じて自らの希望する雇用形態により就労することが不当に妨げられることのないよう、労働者の就業形態の設定、採用及び管理的地位への登用等の雇用管理の方法の多様化の推進その他雇用環境の整備のために必要な施策を講ずるものとする。

2　国は、前項の施策を講ずるに当たっては、雇用形態により労働者の待遇や雇用の安定性について格差が存在する現状を踏まえ、通常の労働者以外の労働者の雇用管理の改善及び通常の労働者以外の労働者から通常の労働者への転換が促進されるよう、必要な配慮を行うものとする。

（教育の推進）

第八条　国は、国民が職業生活設計の重要性について理解を深めるとともに、労働者が主体的に職業生活設計を行い、自らの選択に応じ充実した職業生活を営むことができるよう、職業生活設計についての教育の推進その他必要な施策を講ずるものとする。

附　則　抄

（施行期日）

1　この法律は、公布の日から施行する。ただし、次項の規定は、労働者派遣事業の適正な運営の確保及び派遣労働者の保護等に関する法律等の一部を改正する法律（平成二十七年法律第七三号）の施行の日から施行する。

（調整規定）

3　労働者派遣事業の適正な運営の確保及び派遣労働者の保護等に関する法律等の一部を改正する法律の施行の日が国家戦略特別区域法及び構造改革特別区域法の一部を改正する法律（平成二十七年法律第五十六号）の施行の日以後である場合には、前項のうち労働者派遣事業の適正な運営の確保及び派遣労働者の保護等に関する法律等の一部を改正する法律附則に一条を加える改正規定中第十八条を第十九条とする。

短時間労働者及び有期雇用労働者の雇用管理の改善等に関する法律

〔平成五年六月一八日
法律第七六号〕

沿革　平成一二年一一月二二日法律第一二四号
〃　一四年一二月一三日〃第一七〇号
〃　一八年　六月　二日〃第　五〇号
〃　一九年　四月二三日〃第　三〇号
〃　**一九年　六月　一日〃第　七二号**
〃　二三年　四月二七日〃第　二六号
〃　二三年　六月二四日〃第　七四号
〃　二六年　四月二三日〃第　二七号
〃　**三〇年　七月　六日〃第　七一号**
令和　元年　六月　五日〃第　二四号

第一章　総則

（目的）

第一条　この法律は、我が国における少子高齢化の進展、就業構造の変化等の社会経済情勢の変化に伴い、短時間・有期雇用労働者の果たす役割の重要性が増大していることに鑑み、短時間・有期雇用労働者について、その適正な労働条件の確保、雇用管理の改善、通常の労働者への転換の推進、職業能力の開発及び向上等に関する措置等を講ずることにより、通常の労働者との均衡のとれた待遇の確保等を図ることを通じて短時間・有期雇用労働者がその有する能力を有効に発揮することができるようにし、もってその福祉の増進を図り、あわせて経済及び社会の発展に寄与することを目的とする。

（定義）

第二条　この法律において「短時間労働者」とは、一週間の所定労働時間が同一の事業主に雇用される通常の労働者（当該事業主に雇用される通常の労働者と同種の業務に従事する当該事業主に雇用される労働者にあっては、厚生労働省令で定める場合を除き、当該労働者と同種の業務に従事する当該通常の労働者）の一週間の所定労働時間に比し短い労働者をいう。

2　この法律において「有期雇用労働者」とは、事業主と期間の定めのある労働契約を締結している労働者をいう。

3　この法律において「短時間・有期雇用労働者」とは、短時間労働者及び有期雇用労働者をいう。

（基本的理念）

第二条の二　短時間・有期雇用労働者及び短時間・有期雇用労働者になろうとする者は、生活との調和を保ちつつその意欲及び能力に応じて就業することができる機会が確保され、職業生活の充実が図られるように配慮されるものとする。

（事業主等の責務）

第三条　事業主は、その雇用する短時間・有期雇用労働者について、その就業の実態等を考慮して、適正な労働条件の確保、教育訓練の実施、福利厚生の充実その他の雇用管理の改善及び通常の労働者への転換（短時間・有期雇用労働者が雇用される事業所において通常の労働者として雇い入れられることをいう。以下同じ。）の推進（以下「雇用管理の改善等」という。）に関する措置等を講ずることにより、通常の労働者との均衡のとれた待遇の確保等を図り、当該短時間・有期雇用労働者がその有する能力を有効に発揮することができるように努めるものとする。

2　事業主の団体は、その構成員である事業主の雇用する短時間・有期雇用労働者の雇用管理の改善等に関し、必要な助言、協力その他の援助を行うように努めるものとする。

（国及び地方公共団体の責務）

第四条　国は、短時間・有期雇用労働者の雇用管理の改善等について事業主その他の関係者の自主的な努力を尊重しつつその実情に応じてこれらの者に対し必要な指導、援助等を行うとともに、短時間・有期雇用労働者の能力の有効な発揮を妨げている諸要因の解消を図るために必要な広報その他の啓発活動を行うほか、その職業能力の開発及び向上等を図る等、短時間・有期雇用労働者の雇用管理の改善等の促進その他その福祉の増進を図るために必要な施策を総合的かつ効果的に推進するように努めるものとする。

2　地方公共団体は、前項の国の施策と相まって、短時間・有期雇用労働者の福祉の増進を図るために必要な施策を推進するように努めるものとする。

第二章　短時間・有期雇用労働者対策基本方針

第五条　厚生労働大臣は、短時間・有期雇用労働者の福祉の増進を図るため、短時間・有期雇用労働者の雇用管理の改善等の促進職業能力の開発及び向上等に関する施策の基本となるべき方針（以下この条において「短時間・有期雇用労働者対策基本方針」という。）を定めるものとする。

2　短時間・有期雇用労働者対策基本方針に定める事項は、次のとおりとする。

一　短時間・有期雇用労働者の職業生活の動向に関する事項

二　短時間・有期雇用労働者の雇用管理の改善等を促進し、並びにその職業能力の開発及び向上を図るために講じようとする施策の基本となるべき事項

三　前二号に掲げるもののほか、短時間・有期雇用労働者の福祉の増進を図るために講じようとする施策の基本となるべき事項

3　短時間・有期雇用労働者対策基本方針は、短時間・有期雇用労働者の労働条件、意識及び就業の実態等を考慮して定められなければならない。

4　厚生労働大臣は、短時間・有期雇用労働者対策基本方針を定めるに当たっては、あらかじめ、労働政策審議会の意見を聴かなければならない。

5　厚生労働大臣は、短時間・有期雇用労働者対策基本方針を定めたときは、遅滞なく、これを公表しなければならない。

6　前二項の規定は、短時間・有期雇用労働者対策基本方針の変更について準用する。

第三章　短時間・有期雇用労働者の雇用管理の改善等に関する措置等

第一節　雇用管理の改善等に関する措置

（労働条件に関する文書の交付等）

第六条　事業主は、短時間・有期雇用労働者を雇い入れたときは、速やかに、当該短時間・有期雇用労働者に対して、労働条件に関する事項のうち労働基準法（昭和二十二年法律第四十九号）第十五条第一項に規定する厚生労働省令で定める事項以外のものであって厚生労働省令で定めるもの（次項及び第十四条第一項において「特定事項」という。）を文書の交付その他厚生労働省令で定める方法（次項において「文書の

交付等」という。）により明示しなければならない。

2　事業主は、前項の規定に基づき特定事項を明示するときは、労働条件に関する事項のうち特定事項及び労働基準法第十五条第一項に規定する厚生労働省令で定める事項以外のものについても、文書の交付等により明示するように努めるものとする。

（就業規則の作成の手続）

第七条　事業主は、短時間労働者に係る事項について就業規則を作成し、又は変更しようとするときは、当該事業所において雇用する短時間労働者の過半数を代表すると認められるものの意見を聴くように努めるものとする。

2　前項の規定は、事業主が有期雇用労働者に係る事項について就業規則を作成し、又は変更しようとする場合について準用する。この場合において、「短時間労働者」とあるのは、「有期雇用労働者」と読み替えるものとする。

（不合理な待遇の禁止）

第八条　事業主は、その雇用する短時間・有期雇用労働者の基本給、賞与その他の待遇のそれぞれについて、当該待遇に対応する通常の労働者の待遇との間において、当該短時間・有期雇用労働者及び通常の労働者の業務の内容及び当該業務に伴う責任の程度（以下「職務の内容」という。）、当該職務の内容及び配置の変更の範囲その他の事情のうち、当該待遇の性質及び当該待遇を行う目的に照らして適切と認められるものを考慮して、不合理と認められる相違を設けてはならない。

（通常の労働者と同視すべき短時間・有期雇用労働者に対する差別的取扱いの禁止）

第九条　事業主は、職務の内容が通常の労働者と同一の短時間・有期雇用労働者（第十一条第一項において「職務内容同一短時間・有期雇用労働者」という。）であって、当該事業所における慣行その他の事情からみて、当該事業主との雇用関係が終了するまでの全期間において、その職務の内容及び配置が当該通常の労働者の職務の内容及び配置の変更の範囲と同一の範囲で変更されることが見込まれるもの（次条及び同項において「通常の労働者と同視すべき短時間・有期雇用労働者」という。）については、短時間・有期雇用労働者であることを理由として、基本給、賞与その他の待遇のそれぞれについて、差別的取扱いをしてはならない。

（賃金）

第一〇条　事業主は、通常の労働者との均衡を考慮しつつ、その雇用する短時間・有期雇用労働者（通常の労働者と同視すべき短時間・有期雇用労働者を除く。次条第二項及び第十二条において同じ。）の職務の内容、職務の成果、意欲、能力又は経験その他の就業の実態に関する事項を勘案し、その賃金（通勤手当その他の厚生労働省令で定めるものを除く。）を決定するように努めるものとする。

（教育訓練）

第一一条　事業主は、通常の労働者に対して実施する教育訓練であって、当該通常の労働者が従事する職務の遂行に必要な能力を付与するためのものについては、職務内容同一短時間・有期雇用労働者（通常の労働者と同視すべき短時間・有期雇用労働者を除く。以下この項において同じ。）が既に当該職務に必要な能力を有している場合その他の厚生労働省令で定める場合を除き、職務内容同一短時間・有期雇用労働者に対しても、これを実施しなければならない。

2　事業主は、前項に定めるもののほか、通常の労働者との均衡を考慮しつつ、その雇用する短時間・有期雇用労働者の職務の内容、職務の成果、意欲、能力及び経験その他の就業の実態に関する事項に応じ、当該短時間・有期雇用労働者に対して教育訓練を実施するように努めるものとする。

（福利厚生施設）

第一二条　事業主は、通常の労働者に対して利用の機会を与える福利厚生施設であって、健康の保持又は業務の円滑な遂行に資するものとして厚生労働省令で定めるものについては、その雇用する短時間・有期雇用労働者に対しても、利用の機会を与えなければならない。

（通常の労働者への転換）

第一三条　事業主は、通常の労働者への転換を推進するため、その雇用する短時間・有期雇用労働者について、次の各号のいずれかの措置を講じなければならない。

一　通常の労働者の募集を行う場合において、当該募集に係る事業所に掲示すること等により、その者が従事すべき業務の内容、賃金、労働時間その他の当該募集に係る事項を当該事業所において雇用する短時間・有期雇用労働者に周知すること。

二　通常の労働者の配置を新たに行う場合において、当該配置の希望を申し出る機会を当該配置に係る事業所において雇用する短時間・有期雇用労働者に対して与えること。

三　一定の資格を有する短時間・有期雇用労働者を対象とした通常の労働者への転換のための試験制度を設けることその他の通常の労働者への転換を推進するための措置を講ずること。

（事業主が講ずる措置の内容等の説明）

第一四条　事業主は、短時間・有期雇用労働者を雇い入れたときは、速やかに、第八条から前条までの規定により措置を講ずべきこととされている事項（労働基準法第十五条第一項に規定する厚生労働省令で定める事項及び特定事項を除く。）に関し講ずることとしている措置の内容について、当該短時間・有期雇用労働者に説明しなければならない。

2　事業主は、その雇用する短時間・有期雇用労働者から求めがあったときは、当該短時間・有期雇用労働者と通常の労働者との間の待遇の相違の内容及び理由並びに第六条から前条までの規定により措置を講ずべきこととされている事項に関する決定をするに当たって考慮した事項について、当該短時間・有期雇用労働者に説明しなければならない。

3　事業主は、短時間・有期雇用労働者が前項の求めをしたことを理由として、当該短時間・有期雇用労働者に対して解雇その他不利益な取扱いをしてはならない。

（指針）

第一五条　厚生労働大臣は、第六条から前条までに定める措置その他の第三条第一項の事業主が講ずべき雇用管理の改善等に関する措置等に関し、その適切かつ有効な実施を図るために必要な指針（以下この節において「指針」という。）を定めるものとする。

2　第五条第三項から第五項までの規定は指針の策定について、同条第四項及び第五項の規定は指針の変更について、それぞれ準用する。

（相談のための体制の整備）

第一六条　事業主は、短時間・有期雇用労働者の雇用管理の改善等に関する事項に関し、その雇用する短時間・有期雇用労働者からの相談に応じ、適切に対応するために必要な体制を整備しなければならない。

（短時間・有期雇用管理者）

第一七条　事業主は、常時厚生労働省令で定める数以上の短時間・有期雇用労働者を雇用する事業所ごとに、厚生労働省令で定めるところにより、指針に定める事項その他の短時間・有期雇用労働者の雇用管理の改善等に関する事項を管理させるため、短時間・有期雇用管理者を選任するように努めるものとする。

（報告の徴収並びに助言、指導及び勧告等）

第一八条　厚生労働大臣は、短時間・有期雇用労働者の雇用管

理の改善等を図るため必要があると認めるときは、短時間・有期雇用労働者を雇用する事業主に対して、報告を求め、又は助言、指導若しくは勧告をすることができる。

2　厚生労働大臣は、第六条第一項、第九条、第十一条第一項、第十二条から第十四条まで及び第十六条の規定に違反している事業主に対し、前項の規定による勧告をした場合において、その勧告を受けた者がこれに従わなかったときは、その旨を公表することができる。

3　前二項に定める厚生労働大臣の権限は、厚生労働省令で定めるところにより、その一部を都道府県労働局長に委任することができる。

第二節　事業主等に対する国の援助等

（事業主等に対する援助）

第一九条　国は、短時間・有期雇用労働者の雇用管理の改善等の促進その他その福祉の増進を図るため、短時間・有期雇用労働者を雇用する事業主、事業主の団体その他の関係者に対して、短時間・有期雇用労働者の雇用管理の改善等に関する事項についての相談及び助言その他の必要な援助を行うことができる。

（職業訓練の実施等）

第二〇条　国、都道府県及び独立行政法人高齢・障害・求職者雇用支援機構は、短時間・有期雇用労働者及び短時間・有期雇用労働者になろうとする者がその職業能力の開発及び向上を図ることを促進するため、短時間・有期雇用労働者、短時間・有期雇用労働者になろうとする者その他関係者に対して職業能力の開発及び向上に関する啓発活動を行うように努めるとともに、職業訓練の実施について特別の配慮をするものとする。

（職業紹介の充実等）

第二一条　国は、短時間・有期雇用労働者になろうとする者がその適性、能力、経験、技能の程度等にふさわしい職業を選択し及び職業に適応することを容易にするため、雇用情報の提供、職業指導及び職業紹介の充実等必要な措置を講ずるように努めるものとする。

第四章　紛争の解決

第一節　紛争の解決の援助等

（苦情の自主的解決）

第二二条　事業主は、第六条第一項、第八条、第九条、第十一条第一項及び第十二条から第十四条までに定める事項に関し、短時間・有期雇用労働者から苦情の申出を受けたときは、苦情処理機関（事業主を代表する者及び当該事業所の労働者を代表する者を構成員とする当該事業所の労働者の苦情を処理するための機関をいう。）に対し当該苦情の処理を委ねる等その自主的な解決を図るように努めるものとする。

（紛争の解決の促進に関する特例）

第二三条　前条の事項についての短時間・有期雇用労働者と事業主との間の紛争については、個別労働関係紛争の解決の促進に関する法律（平成十三年法律第百十二号）第四条、第五条及び第十二条から第十九条までの規定は適用せず、次条から第二十七条までに定めるところによる。

（紛争の解決の援助）

第二四条　都道府県労働局長は、前条に規定する紛争に関し、当該紛争の当事者の双方又は一方からその解決につき援助を求められた場合には、当該紛争の当事者に対し、必要な助言、指導又は勧告をすることができる。

2　事業主は、短時間・有期雇用労働者が前項の援助を求めたことを理由として、当該短時間・有期雇用労働者に対して解雇その他不利益な取扱いをしてはならない。

第二節　調停

（調停の委任）
第二十五条　都道府県労働局長は、第二十三条に規定する紛争について、当該紛争の当事者の双方又は一方から調停の申請があった場合において当該紛争の解決のために必要があると認めるときは、個別労働関係紛争の解決の促進に関する法律第六条第一項の紛争調整委員会に調停を行わせるものとする。
2　前条第二項の規定は、短時間・有期雇用労働者が前項の申請をした場合について準用する。

（調停）
第二十六条　雇用の分野における男女の均等な機会及び待遇の確保等に関する法律（昭和四十七年法律第百十三号）第十九条から第二十六条までの規定は、前条第一項の調停の手続について準用する。この場合において、同法第十九条第一項中「前条第一項」とあるのは「短時間労働者及び有期雇用労働者の雇用管理の改善等に関する法律第二十五条第一項」と、同法第二十条中「事業場」とあるのは「事業所」と、「第二十五条第一項」と読み替える」を「第二十三条」と読み替える」と、同法第二十五条第一項中「第十八条第一項」とあるのは「短時間労働者及び有期雇用労働者の雇用管理の改善等に関する法律第二十五条第一項」と読み替えるものとする。

（厚生労働省令への委任）
第二十七条　この節に定めるもののほか、調停の手続に関し必要な事項は、厚生労働省令で定める。

第五章　雑則

（雇用管理の改善等の研究等）
第二十八条　厚生労働大臣は、短時間・有期雇用労働者がその有する能力を有効に発揮することができるようにするため、短時間・有期雇用労働者のその職域の拡大に応じた雇用管理の改善等に関する措置その他短時間・有期雇用労働者の雇用管理の改善等に関し必要な事項について、調査、研究及び資料の整備に努めるものとする。

（適用除外）
第二十九条　この法律は、国家公務員及び地方公務員並びに船員職業安定法（昭和二十三年法律第百三十号）第六条第一項に規定する船員については、適用しない。

（過料）
第三十条　第十八条第一項の規定による報告をせず、又は虚偽の報告をした者は、二十万円以下の過料に処する。
第三十一条　第六条第一項の規定に違反した者は、十万円以下の過料に処する。

附　則　抄

（施行期日）
第一条　この法律は、公布の日から起算して六月を超えない範囲内において政令で定める日から施行する。〈後略〉

短時間労働者及び有期雇用労働者の雇用管理の改善等に関する法律施行規則

〔平成五年一一月一九日
労働省令第三四号〕

沿革　平成二〇年一一月二八日厚生労働省令第一六一号
〃二〇年一一月二八日〃第一六三号
〃二一年六月八日〃第一二一号
〃二二年四月一日〃第五三号
〃二三年四月一日〃第四八号
〃二五年三月一日〃第二〇号
〃二五年四月一日〃第五五号
〃二五年一二月二四日〃第一三三号
〃二六年七月二四日〃第八五号
〃三〇年一二月二八日〃第一五三号

（法第二条第一項の厚生労働省令で定める場合）

第一条　短時間労働者及び有期雇用労働者の雇用管理の改善等に関する法律（平成五年法律第七十六号。（以下「法」という。）第二条第一項の厚生労働省令で定める場合は、同一の事業主に雇用される通常の労働者の従事する業務が二以上あり、かつ、当該事業主に雇用される通常の労働者と同種の業務に従事する労働者の数が当該通常の労働者の数に比し著しく多い業務（当該業務に従事する通常の労働者の一週間の所定労働時間が他の業務に従事する通常の労働者の一週間の所定労働時間のいずれよりも長い場合に係る業務を除く。）に当該事業主に雇用される労働者が従事する場合とする。

（法第六条第一項の明示事項及び明示の方法）

第二条　法第六条第一項の厚生労働省令で定める短時間・有期雇用労働者に対して明示しなければならない労働条件に関する事項は、次に掲げるものとする。
一　昇給の有無
二　退職手当の有無
三　賞与の有無
四　短時間・有期雇用労働者の雇用管理の改善等に関する事項に係る相談窓口

2　事業主は、法第六条第一項の規定により短時間・有期雇用労働者に対して明示しなければならない労働条件を事実と異なるものとしてはならない。

3　法第六条第一項の厚生労働省令で定める方法は、第一項各号に掲げる事項が明らかとなる次のいずれかの方法によることを当該短時間・有期雇用労働者が希望した場合における当該方法とする。
一　ファクシミリを利用してする送信の方法
二　電子メールその他のその受信をする者を特定して情報を伝達するために用いられる電気通信（電気通信事業法（昭和五十九年法律第八十六号）第二条第一号に規定する電気通信をいう。以下この号において「電子メール等」という。）の送信の方法（当該短時間・有期雇用労働者が当該電子メール等の記録を出力することによる書面を作成することができるものに限る。）

4　前項第一号の方法により行われた法第六条第一項に規定する特定事項（以下この項において「特定事項」という。）の明示は、当該短時間・有期雇用労働者の使用に係るファクシミリ装置により受信した時に、前項第二号の方法により行われた特定事項の明示は、当該短時間・有期雇用労働者の使用

時間・有期雇用労働者に到達したものとみなす

（法第十条の厚生労働省令で定める賃金）

第三条　法第十条の厚生労働省令で定める賃金は、通勤手当、家族手当、住宅手当、別居手当、子女教育手当その他名称の如何を問わず支払われる賃金（職務の内容（法第八条に規定する職務の内容をいう。）に密接に関連して支払われるものを除く。）とする。

（法第十一条第一項の厚生労働省令で定める場合）

第四条　法第十一条第一項の厚生労働省令で定める場合は、職務の内容が当該事業主に雇用される通常の労働者と同一の短時間・有期雇用労働者（法第九条に規定する通常の労働者と同視すべき短時間・有期雇用労働者を除く。）が既に当該職務に必要な能力を有している場合とする。

（法第十二条の厚生労働省令で定める福利厚生施設）

第五条　法第十二条の厚生労働省令で定める福利厚生施設は、次に掲げるものとする。

一　給食施設

二　休憩室

三　更衣室

（法第十七条の厚生労働省令で定める数）

第六条　法第十七条の厚生労働省令で定める数は、十人とする。

（短時間・有期雇用管理者の選任）

第七条　事業主は、法第十七条に定める事項を管理するために必要な知識及び経験を有していると認められる者のうちから当該事項を管理する者を短時間・有期雇用管理者として選任するものとする。

（権限の委任）

第八条　法第十八条第一項に規定する厚生労働大臣の権限は、厚生労働大臣が全国的に重要であると認めた事案に係るものを除き、事業主の事業所の所在地を管轄する都道府県労働局長が行うものとする。

（準用）

第九条　雇用の分野における男女の均等な機会及び待遇の確保等に関する法律施行規則（昭和六十一年労働省令第二号）第三条から第十二条までの規定は、法第二十五条第一項の調停の手続について準用する。この場合において、同令第三条第一項中「法第十八条第一項」とあるのは「短時間労働者及び有期雇用労働者の雇用管理の改善等に関する法律（以下「短時間・有期雇用労働者法」という。）第二十五条第一項」と、同項並びに同令第四条（見出しを含む。）、第五条（見出しを含む。）及び第八条第一項中「機会均等調停会議」とあるのは「均衡待遇調停会議」と、同令第六条中「法第十八条第一項」とあるのは「短時間・有期雇用労働者法第二十五条第一項」と、「事業場」とあるのは「事業所」と、同令第八条第一項及び第三項中「法第二十条第一項又は第二項」とあるのは「短時間・有期雇用労働者法第二十六条において準用する法第二十条第一項」と、同項中「法第二十条第一項の」とあるのは「同項の」と、同令第九条中「関係当事者」とあるのは「関係当事者又は関係当事者と同一の事業所に雇用される労働者その他の参考人」と、同令第十条第一項中「第四条第一項及び第二項」とあるのは「短時間労働者及び有期雇用労働者の雇用管理の改善等に関する法律施行規則第九条において準用する第四条第一項及び第二項」と、「第八条」とあるのは「同令第九条において準用する第八条」と、同令第十一条第一項中「法第二十一条」とあるのは「短時間・有期雇用労働者法第二十六条において準用する法第二十一条」と、同令別記様式中「労働者」とあるのは「短時間・有期雇用労働者」と、「事業場」とあるのは「事業所」と読み替えるものとする。

附　則

この省令は、法の施行の日（平成五年十二月一日）から施行する。

短時間・有期雇用労働者及び派遣労働者に対する不合理な待遇の禁止等に関する指針

〔平成三〇年一二月二八日
厚生労働省告示第四三〇号〕

第一　目的

この指針は、短時間労働者及び有期雇用労働者の雇用管理の改善等に関する法律（平成五年法律第七十六号。以下「短時間・有期雇用労働法」という。）第八条及び第九条並びに労働者派遣事業の適正な運営の確保及び派遣労働者の保護等に関する法律（昭和六十年法律第八十八号。以下「労働者派遣法」という。）第三十条の三及び第三十条の四に定める事項に関し、雇用形態又は就業形態に関わらない公正な待遇を確保し、我が国が目指す同一労働同一賃金の実現に向けて定めるものである。

我が国が目指す同一労働同一賃金は、同一の事業主に雇用される通常の労働者と短時間・有期雇用労働者との間の不合理と認められる待遇の相違及び差別的取扱いの解消並びに派遣先に雇用される通常の労働者と派遣労働者との間の不合理と認められる待遇の相違及び差別的取扱いの解消（協定対象派遣労働者にあっては、当該協定対象派遣労働者の待遇が労働者派遣法第三十条の四第一項の協定により決定された事項に沿った運用がなされていること）を目指すものである。

もとより賃金等の待遇は労使の話合いによって決定されることが基本である。しかし、我が国においては、通常の労働者と短時間・有期雇用労働者及び派遣労働者との間には、欧州と比較して大きな待遇の相違がある。政府としては、この問題への対処に当たり、同一労働同一賃金の考え方が広く普及しているといわれる欧州の制度の実態も参考としながら政策の方向性等を検証した結果、それぞれの国の労働市場全体の構造に応じた政策とすることが重要であるとの示唆を得た。

我が国においては、基本給をはじめ、賃金制度の決まり方には様々な要素が組み合わされている場合も多いため、まずは、各事業主において、職務の内容や職務に必要な能力等の内容を明確化するとともに、その職務の内容や職務に必要な能力等の内容と賃金等の待遇との関係を含めた待遇の体系全体を、短時間・有期雇用労働者及び派遣労働者を含む労使の話合いによって確認し、短時間・有期雇用労働者及び派遣労働者を含む労使で共有することが肝要である。また、派遣労働者については、雇用関係にある派遣元事業主と指揮命令関係にある派遣先とが存在するという特殊性があり、これらの関係者が不合理と認められる待遇の相違の解消等に向けて認識を共有することが求められる。

今後、各事業主が職務の内容や職務に必要な能力等の内容の明確化及びその公正な評価を実施し、それに基づく待遇の体系を、労使の話合いにより、可能な限り速やかに、かつ、計画的に構築していくことが望ましい。

通常の労働者と短時間・有期雇用労働者及び派遣労働者との間の不合理と認められる待遇の相違の解消等に向けては、賃金のみならず、福利厚生、キャリア形成、職業能力の開発及び向上等を含めた取組が必要であり、特に、職業能力の開発及び向上の機会の拡大は、短時間・有期雇用労働者及び派遣労働者の職業に必要な技能及び知識の蓄積により、それに対応した職務の高度化や通常の労働者への転換を見据えたキャリアパスの構築等と併せて、生産性の向上と短時間・有期雇用労働者及び派遣労働者の待遇の改善につながるため、重要であることに留意すべきである。

このような通常の労働者と短時間・有期雇用労働者及び派遣労働者との間の不合理と認められる待遇の相違の解消等の取組を通じて、労働者がどのような雇用形態及び就業形態を選択しても納得できる待遇を受けられ、多様な働き方を自由に選択できるようにし、我が国から「非正規」という言葉を一掃することを目指す。

第二　基本的な考え方

この指針は、通常の労働者と短時間・有期雇用労働者及び派遣労働者との間に待遇の相違が存在する場合に、いかなる待遇の相違が不合理と認められるものであり、いかなる待遇の相違が不合理と認められるものでないのか等の原則となる考え方及び具体例を示したものである。事業主が、第三から第五までに記載された原則となる考え方等に反した場合、当該待遇の相違が不合理と認められる等の可能性がある。なお、この指針に原則となる考え方が示されていない退職手当、住宅手当、家族手当等の待遇や、具体例に該当しない場合についても、不合理と認められる待遇の相違の解消等が求められる。このため、各事業主において、労使により、個別具体の事情に応じて待遇の体系について議論していくことが望まれる。

なお、短時間・有期雇用労働法第八条及び第九条並びに労働者派遣法第三十条の三及び第三十条の四の規定は、雇用管理区分が複数ある場合であっても、通常の労働者のそれぞれと短時間・有期雇用労働者及び派遣労働者との間の不合理と認められる待遇の相違の解消等を求めるものである。このため、事業主が、雇用管理区分を新たに設け、当該雇用管理区分に属する通常の労働者の待遇の水準を他の通常の労働者よりも低く設定したとしても、当該他の通常の労働者と短時間・有期雇用労働者及び派遣労働者との間でも不合理と認められる待遇の相違の解消等を行う必要がある。また、事業主は、通常の労働者と短時間・有期雇用労働者及び派遣労働者との間で職務の内容等を分離した場合であっても、当該通常の労働者と短時間・有期雇用労働者及び派遣労働者との間の不合理と認められる待遇の相違の解消等を行う必要がある。

さらに、短時間・有期雇用労働法及び労働者派遣法に基づく通常の労働者と短時間・有期雇用労働者及び派遣労働者との間の不合理と認められる待遇の相違の解消等の目的は、短時間・有期雇用労働者及び派遣労働者の待遇の改善である。事業主が、通常の労働者と短時間・有期雇用労働者及び派遣労働者との間の不合理と認められる待遇の相違の解消等に対応するため、就業規則を変更することにより、その雇用する労働者の労働条件を不利益に変更する場合、労働契約法（平成十九年法律第百二十八号）第九条の規定に基づき、原則として、労働者と合意する必要がある。また、労働者と合意することなく、就業規則の変更により労働条件を労働者の不利益に変更する場合、当該変更は、同法第十条の規定に基づき、当該変更に係る事情に照らして合理的なものである必要がある。ただし、短時間・有期雇用労働法及び労働者派遣法に基づく通常の労働者と短時間・有期雇用労働者及び派遣労働者との間の不合理と認められる待遇の相違の解消等の目的に鑑みれば、事業主が通常の労働者と短時間・有期雇用労働者及び派遣労働者との間の不合理と認められる待遇の相違の解消等を行うに当たっては、基本的に、労使で合意することなく通常の労働者の待遇を引き下げることは、望ましい対応とはいえないことに留意すべきである。

加えて、短時間・有期雇用労働法第八条及び第九条並びに労働者派遣法第三十条の三及び第三十条の四の規定は、通常の労働者と短時間・有期雇用労働者及び派遣労働者との間の不合理と認められる待遇の相違等を対象とするものであり、この指針は、当該通常の労働者と短時間・有期雇用労働者及び派遣労働者との間に実際に待遇の相違が存在する場合に参照されることを目的としている。このため、そもそも客観的にみて待遇の相違が存在しない場合については、この指針の対象ではない。

第三　短時間・有期雇用労働者

短時間・有期雇用労働法第八条において、事業主は、短時間・有期雇用労働者の待遇のそれぞれについて、当該待遇に対応する通常の労働者の待遇との間において、業務の内容及び当該業務に伴う責任の程度（以下「職務の内容」という。）、当該職務の内容及び配置の変更の範囲その他の事情のうち、当該待遇の性質及び当該待遇を行う目的に照らして適切と認められるものを考慮して、不合理と認められる相違を設けてはならないこととされている。

また、短時間・有期雇用労働法第九条において、事業主は、職務の内容が通常の労働者と同一の短時間・有期雇用労働者であって、当該事業所における慣行その他の事情からみて、当該事業主との雇用関係が終了するまでの全期間において、その職務の内容及び配置が当該通常の労働者の職務の内容及び配置の変更の範囲と同一の範囲で変更されることが見込まれるものについては、短時間・有期雇用労働者であることを理由として、待遇のそれぞれについて、差別的取扱いをしてはならないこととされている。

短時間・有期雇用労働者の待遇に関して、原則となる考え方及び具体例は次のとおりである。

一　基本給

(一)　基本給であって、労働者の能力又は経験に応じて支給するもの

基本給であって、労働者の能力又は経験に応じて支給するものについて、通常の労働者と同一の能力又は経験を有する短時間・有期雇用労働者には、能力又は経験に応じた部分につき、通常の労働者と同一の基本給を支給しなければならない。また、能力又は経験に一定の相違がある場合においては、その相違に応じた基本給を支給しなければならない。

（問題とならない例）

イ　基本給について、労働者の能力又は経験に応じて支給しているA社において、ある能力の向上のための特殊なキャリアコースを設定している。通常の労働者であるXは、このキャリアコースを選択し、その結果としてその能力を習得した。短時間労働者であるYは、その能力を習得していない。A社は、その能力に応じた基本給をXには支給し、Yには支給していない。

ロ　A社においては、定期的に職務の内容及び勤務地の変更がある通常の労働者の総合職であるXは、管理職となるためのキャリアコースの一環として、新卒採用後の数年間、店舗等において、職務の内容及び配置に変更のない短時間労働者であるYの助言を受けながら、Yと同様の定型的な業務に従事している。A社はXに対し、キャリアコースの一環として従事させている定型的な業務における能力又は経験に応じることなく、Yに比べ基本給を高く支給している。

ハ　A社においては、同一の職場で同一の業務に従事している有期雇用労働者であるXとYのうち、能力又は

経験が一定の水準を満たしたYを定期的に職務の内容及び勤務地に変更がある通常の労働者として登用し、その後、職務の内容や勤務地に変更があることを理由に、Xに比べ基本給を高く支給している。

ニ　A社においては、同一の能力又は経験を有する通常の労働者であるXと短時間労働者であるYがいるが、XとYに共通して適用される基準を設定し、就業の時間帯や就業日が日曜日、土曜日又は国民の祝日に関する法律（昭和二十三年法律第百七十八号）に規定する休日（以下「土日祝日」という。）か否か等の違いにより、時間当たりの基本給に差を設けている。

（問題となる例）

基本給について、労働者の能力又は経験に応じて支給しているA社において、通常の労働者であるXが有期雇用労働者であるYに比べて多くの経験を有することを理由として、Xに対し、Yよりも基本給を高く支給しているが、Xのこれまでの経験はXの現在の業務に関連性を持たない。

(二)　基本給であって、労働者の業績又は成果に応じて支給するもの

基本給であって、労働者の業績又は成果に応じて支給するものについて、通常の労働者と同一の業績又は成果を有する短時間・有期雇用労働者には、業績又は成果に応じた部分につき、通常の労働者と同一の基本給を支給しなければならない。また、業績又は成果に一定の相違がある場合においては、その相違に応じた基本給を支給しなければならない。

なお、基本給とは別に、労働者の業績又は成果に応じた手当を支給する場合も同様である。

（問題とならない例）

イ　基本給の一部について、労働者の業績又は成果に応じて支給しているA社において、所定労働時間が通常の労働者の半分の短時間労働者であるXに対し、その販売実績が通常の労働者に設定されている販売目標の半分の数値に達した場合には、通常の労働者が販売目標を達成した場合の半分を支給している。

ロ　A社においては、通常の労働者であるXは、短時間労働者であるYと同様の業務に従事しているが、Xは生産効率及び品質の目標値に対する責任を負っており、当該目標値を達成していない場合、待遇上の不利益を課されている。その一方で、Yは、生産効率及び品質の目標値に対する責任を負っておらず、当該目標値を達成していない場合にも、待遇上の不利益を課されていない。A社は、待遇上の不利益を課していることとの見合いに応じて、XにYに比べ基本給を高く支給している。

（問題となる例）

基本給の一部について、労働者の業績又は成果に応じて支給しているA社において、通常の労働者が販売目標を達成した場合に行っている支給を、短時労働者であるXについて通常の労働者と同一の販売目標を設定し、それを達成しない場合には行っていない。

(三)　基本給であって、労働者の勤続年数に応じて支給するもの

基本給であって、労働者の勤続年数に応じて支給するものについて、通常の労働者と同一の勤続年数である短時間・有期雇用労働者には、勤続年数に応じた部分につき、通常の労働者と同一の基本給を支給しなければなら

ない。また、勤続年数に一定の相違がある場合においては、その相違に応じた基本給を支給しなければならない。

(問題とならない例)

基本給について、労働者の勤続年数に応じて支給しているA社において、期間の定めのある労働契約を更新している有期雇用労働者であるXに対し、当初の労働契約の開始時から通算して勤続年数を評価した上で支給している。

(問題となる例)

基本給について、労働者の勤続年数に応じて支給しているA社において、期間の定めのある労働契約を更新している有期雇用労働者であるXに対し、当初の労働契約の開始時から通算して勤続年数を評価せず、その時点の労働契約の期間のみにより勤続年数を評価した上で支給している。

(四) 昇給であって、労働者の勤続による能力の向上に応じて行うもの

昇給であって、労働者の勤続による能力の向上に応じて行うものについて、通常の労働者と同様に勤続により能力が向上した短時間・有期雇用労働者には、勤続による能力の向上に応じた部分につき、通常の労働者と同一の昇給を行わなければならない。また、勤続による能力の向上に一定の相違がある場合においては、その相違に応じた昇給を行わなければならない。

(注)

一　通常の労働者と短時間・有期雇用労働者との間に賃金の決定基準・ルールの相違がある場合の取扱い

通常の労働者と短時間・有期雇用労働者との間に基本給、賞与、各種手当等の賃金に相違がある場合において、その要因として通常の労働者と短時間・有期雇用労働者の賃金の決定基準・ルールの相違があるときは、「通常の労働者と短時間・有期雇用労働者との間で将来の役割期待が異なるため、賃金の決定基準・ルールが異なる」等の主観的又は抽象的な説明では足りず、賃金の決定基準・ルールの相違は、通常の労働者と短時間・有期雇用労働者の職務の内容、当該職務の内容及び配置の変更の範囲その他の事情のうち、当該待遇の性質及び当該待遇を行う目的に照らして適切と認められるものの客観的及び具体的な実態に照らして、不合理と認められるものであってはならない。

二　定年に達した後に継続雇用された有期雇用労働者の取扱い

定年に達した後に継続雇用された有期雇用労働者についても、短時間・有期雇用労働法の適用を受けるものである。このため、通常の労働者と定年に達した後に継続雇用された有期雇用労働者との間の賃金の相違については、実際に両者の間に職務の内容、職務の内容及び配置の変更の範囲その他の事情の相違がある場合は、その相違に応じた賃金の相違は許容される。

さらに、有期雇用労働者が定年に達した後に継続雇用された者であることは、通常の労働者と当該有期雇用労働者との間の待遇の相違が不合理と認められるか否かを判断するに当たり、短時間・有期雇用労働法第八条のその他の事情として考慮される事情に当たりうる。定年に達した後に有期雇用労働者として継続雇用する場合の待遇について、様々な事情

が総合的に考慮されて、通常の労働者と当該有期雇用労働者との間の待遇の相違が不合理と認められるか否かが判断されるものと考えられる。したがって、当該有期雇用労働者が定年に達した後に継続雇用された者であることのみをもって、直ちに通常の労働者と当該有期雇用労働者との間の待遇の相違が不合理ではないと認められるものではない。

二　賞与

賞与であって、会社の業績等への労働者の貢献に応じて支給するものについて、通常の労働者と同一の貢献である短時間・有期雇用労働者には、貢献に応じた部分につき、通常の労働者と同一の賞与を支給しなければならない。また、貢献に一定の相違がある場合においては、その相違に応じた賞与を支給しなければならない。

（問題とならない例）

イ　賞与について、会社の業績等への労働者の貢献に応じて支給しているA社において、通常の労働者であるXと同一の会社の業績等への貢献がある有期雇用労働者であるYに対し、Xと同一の賞与を支給している。

ロ　A社においては、通常の労働者であるXは、生産効率及び品質の目標値に対する責任を負っており、当該目標値を達成していない場合、待遇上の不利益を課されている。その一方で、通常の労働者であるYや、有期雇用労働者であるZは、生産効率及び品質の目標値に対する責任を負っておらず、当該目標値を達成していない場合にも、待遇上の不利益を課されていない。A社は、Xに対しては、賞与を支給しているが、YやZに対しては、待遇上の不利益を課していないこととの見合いの範囲内で、賞与を支給していない。

（問題となる例）

イ　賞与について、会社の業績等への労働者の貢献に応じて支給しているA社において、通常の労働者であるXと同一の会社の業績等への貢献がある有期雇用労働者であるYに対し、Xと同一の賞与を支給していない。

ロ　賞与について、会社の業績等への労働者の貢献に応じて支給しているA社においては、通常の労働者には職務の内容や会社の業績等への貢献等にかかわらず全員に何らかの賞与を支給しているが、短時間・有期雇用労働者には支給していない。

三　手当

(一)　役職手当であって、役職の内容に対して支給するものについて、通常の労働者と同一の内容の役職に就く短時間・有期雇用労働者には、通常の労働者と同一の役職手当を支給しなければならない。また、役職の内容に一定の相違がある場合においては、その相違に応じた役職手当を支給しなければならない。

（問題とならない例）

イ　役職手当について、役職の内容に対して支給しているA社において、通常の労働者であるXの役職と同一の役職名（例えば、店長）であって同一の内容（例えば、営業時間中の店舗の適切な運営）の役職に就く有期雇用労働者であるYに対し、同一の役職手当を支給している。

ロ　役職手当について、役職の内容に対して支給しているA社において、通常の労働者であるXの役職と同一の役職名であって同一の内容の役職に就く短時間労働者であるYに、所定労働時間に比例した役職手当（例えば、所定労働時間が通常の労働者の半分の短時間労働者にあっては、通常の労働者の半分の役職手当）を支給している。

（問題となる例）

役職手当について、役職の内容に対して支給しているA社において、通常の労働者であるXの役職と同一の役職名であって同一の内容の役職に就く有期雇用労働者であるYに、Xに比べ役職手当を低く支給している。

㈡ 業務の危険度又は作業環境に応じて支給される特殊作業手当

通常の労働者と同一の危険度又は作業環境の業務に従事する短時間・有期雇用労働者には、通常の労働者と同一の特殊作業手当を支給しなければならない。

㈢ 交替制勤務等の勤務形態に応じて支給される特殊勤務手当

通常の労働者と同一の勤務形態で業務に従事する短時間・有期雇用労働者には、通常の労働者と同一の特殊勤務手当を支給しなければならない。

（問題とならない例）

イ A社においては、通常の労働者か短時間・有期雇用労働者かの別を問わず、就業する時間帯又は曜日を特定して就業する労働者には労働者の採用が難しい早朝若しくは深夜又は土日祝日に就業する場合に時給に上乗せして特殊勤務手当を支給するが、それ以外の労働者には時給に上乗せして特殊勤務手当を支給していない。

ロ A社においては、通常の労働者であるXについては、入社に当たり、交替制勤務に従事することは必ずしも確定しておらず、業務の繁閑等生産の都合に応じて通常勤務又は交替制勤務のいずれにも従事する可能性があり、交替制勤務に従事した場合に限り特殊勤務手当が支給されている。短時間労働者であるYについては、採用に当たり、交替制勤務に従事することを明確にし、かつ、基本給に、通常の労働者に支給される特殊勤務手当と同一の交替制勤務の負荷分を盛り込み、通常勤務のみに従事する短時間労働者に比べ基本給を高く支給している。A社はXには特殊勤務手当を支給しているが、Yには支給していない。

㈣ 精皆勤手当

通常の労働者と業務の内容が同一の短時間・有期雇用労働者には、通常の労働者と同一の精皆勤手当を支給しなければならない。

（問題とならない例）

A社においては、考課上、欠勤についてマイナス査定を行い、かつ、そのことを待遇に反映する通常の労働者であるXには、一定の日数以上出勤した場合に精皆勤手当を支給しているが、考課上、欠勤についてマイナス査定を行っていない有期雇用労働者であるYには、マイナス査定を行っていないこととの見合いの範囲内で、精皆勤手当を支給していない。

㈤ 時間外労働に対して支給される手当

通常の労働者の所定労働時間を超えて、通常の労働者と同一の時間外労働を行った短時間・有期雇用労働者には、通常の労働者の所定労働時間を超えた時間につき、通常の労働者と同一の割増率等で、時間外労働に対して支給される手当を支給しなければならない。

㈥ 深夜労働又は休日労働に対して支給される手当

　通常の労働者と同一の深夜労働又は休日労働を行った短時間・有期雇用労働者には、通常の労働者と同一の割増率等で、深夜労働又は休日労働に対して支給される手当を支給しなければならない。

（問題とならない例）

　A社においては、通常の労働者であるXと時間数及び職務の内容が同一の深夜労働又は休日労働を行った短時間労働者であるYに、同一の深夜労働又は休日労働に対して支給される手当を支給している。

（問題となる例）

　A社においては、通常の労働者であるXと時間数及び職務の内容が同一の深夜労働又は休日労働を行った短時間労働者であるYに、深夜労働又は休日労働以外の労働時間が短いことから、深夜労働又は休日労働に対して支給される手当の単価を通常の労働者より低く設定している。

(七)　通勤手当及び出張旅費

　短時間・有期雇用労働者にも、通常の労働者と同一の通勤手当及び出張旅費を支給しなければならない。

（問題とならない例）

イ　A社においては、本社の採用である労働者に対しては、交通費実費の全額に相当する通勤手当を支給しているが、それぞれの店舗の採用である労働者に対しては、当該店舗の近隣から通うことができる交通費に相当する額に通勤手当の上限を設定して当該上限の額の範囲内で通勤手当を支給しているところ、店舗採用の短時間労働者であるXが、その後、本人の都合で通勤手当の上限の額では通うことができないところへ転居してなお通い続けている場合には、当該上限の額の範囲内で通勤手当を支給している。

ロ　A社においては、通勤手当について、所定労働日数が多い（例えば、週四日以上）通常の労働者及び短時間・有期雇用労働者には、月額の定期券の金額に相当する額を支給しているが、所定労働日数が少ない（例えば、週三日以下）又は出勤日数が変動する短時間・有期雇用労働者には、日額の交通費に相当する額を支給している。

(八)　労働時間の途中に食事のための休憩時間がある労働者に対する食費の負担補助として支給される食事手当

　短時間・有期雇用労働者にも、通常の労働者と同一の食事手当を支給しなければならない。

（問題とならない例）

　A社においては、その労働時間の途中に昼食のための休憩時間がある通常の労働者であるXに支給している食事手当を、その労働時間の途中に昼食のための休憩時間がない（例えば、午後二時から午後五時までの勤務）短時間労働者であるYには支給していない。

（問題となる例）

　A社においては、通常の労働者であるXには、有期雇用労働者であるYに比べ、食事手当を高く支給している。

(九)　単身赴任手当

　通常の労働者と同一の支給要件を満たす短時間・有期雇用労働者には、通常の労働者と同一の単身赴任手当を支給しなければならない。

(十)　特定の地域で働く労働者に対する補償として支給される地域手当

　通常の労働者と同一の地域で働く短時間・有期雇用労働者には、通常の労働者と同一の地域手当を支給しなけれはならない。

(問題とならない例)

A社においては、通常の労働者であるXについては、全国一律の基本給の体系を適用し、転勤があることから、地域の物価等を勘案した地域手当を支給しているが、一方で、有期雇用労働者であるYと短時間労働者であるZについては、それぞれの地域で採用し、それぞれの地域で基本給を設定しており、その中で地域の物価が基本給に盛り込まれているため、地域手当を支給していない。

(問題となる例)

A社においては、通常の労働者であるXと有期雇用労働者であるYにはいずれも全国一律の基本給の体系を適用しており、かつ、いずれも転勤があるにもかかわらず、Yには地域手当を支給していない。

四　福利厚生

(一)　福利厚生施設（給食施設、休憩室及び更衣室をいう。以下この(1)において同じ。）

通常の労働者と同一の事業所で働く短時間・有期雇用労働者には、通常の労働者と同一の福利厚生施設の利用を認めなければならない。

(二)　転勤者用社宅

通常の労働者と同一の支給要件（例えば、転勤の有無、扶養家族の有無、住宅の賃貸又は収入の額）を満たす短時間・有期雇用労働者には、通常の労働者と同一の転勤者用社宅の利用を認めなければならない。

(三)　慶弔休暇並びに健康診断に伴う勤務免除及び当該健康診断を勤務時間中に受診する場合の当該受診時間に係る給与の保障（以下この(三)、第四の四(三)及び第五の二(三)において「有給の保障」という。）

短時間・有期雇用労働者にも、通常の労働者と同一の慶弔休暇の付与並びに健康診断に伴う勤務免除及び有給の保障を行わなければならない。

(問題とならない例)

A社においては、通常の労働者であるXと同様の出勤日が設定されている短時間労働者であるYに対しては、通常の労働者と同様に慶弔休暇を付与しているが、週二日の勤務の短時間労働者であるZに対しては、勤務日の振替での対応を基本としつつ、振替が困難な場合のみ慶弔休暇を付与している。

(四)　病気休職

短時間労働者（有期雇用労働者である場合を除く。）には、通常の労働者と同一の病気休職の取得を認めなければならない。また、有期雇用労働者にも、労働契約が終了するまでの期間を踏まえて、病気休職の取得を認めなければならない。

(問題とならない例)

A社においては、労働契約の期間が一年である有期雇用労働者であるXについて、病気休職の期間は労働契約の期間が終了する日までとしている。

(五)　法定外の有給の休暇その他の法定外の休暇（慶弔休暇を除く。）であって、勤続期間に応じて取得を認めているもの

法定外の有給の休暇その他の法定外の休暇（慶弔休暇を除く。）であって、勤続期間に応じて取得を認めているものについて、通常の労働者と同一の勤続期間である短時間・有期雇用労働者には、通常の労働者と同一の法定外の有給の休暇その他の法定外の休暇（慶弔休暇を除く。）を付与しなければならない。なお、期間の定めの

ある労働契約を更新している場合には、当初の労働契約の開始時から通算して勤続期間を評価することを要する。

（問題とならない例）

A社においては、長期勤続者を対象とするリフレッシュ休暇について、業務に従事した時間全体を通じた貢献に対する報償という趣旨で付与していることから、通常の労働者であるXに対しては、勤続十年で三日、二十年で五日、三十年で七日の休暇を付与しており、短時間労働者であるYに対しては、所定労働時間に比例した日数を付与している。

五　その他

(一)　教育訓練であって、現在の職務の遂行に必要な技能又は知識を習得するために実施するもの

教育訓練であって、現在の職務の遂行に必要な技能又は知識を習得するために実施するものについて、通常の労働者と職務の内容が同一である短時間・有期雇用労働者には、通常の労働者と同一の教育訓練を実施しなければならない。また、職務の内容に一定の相違がある場合においては、その相違に応じた教育訓練を実施しなければならない。

(二)　安全管理に関する措置及び給付

通常の労働者と同一の業務環境に置かれている短時間・有期雇用労働者には、通常の労働者と同一の安全管理に関する措置及び給付をしなければならない。

第四　派遣労働者

労働者派遣法第三十条の三第一項において、派遣元事業主は、派遣労働者の待遇のそれぞれについて、当該待遇に対応する派遣先に雇用される通常の労働者の待遇との間において、職務の内容、当該職務の内容及び配置の変更の範囲その他の事情のうち、当該待遇の性質及び当該待遇を行う目的に照らして適切と認められるものを考慮して、不合理と認められる相違を設けてはならないこととされている。

また、同条第二項において、派遣元事業主は、職務の内容が派遣先に雇用される通常の労働者と同一の派遣労働者であって、当該労働者派遣契約及び当該派遣先における慣行その他の事情からみて、当該派遣先における派遣就業が終了するまでの全期間において、その職務の内容及び配置が当該派遣先との雇用関係が終了するまでの全期間における当該通常の労働者の職務の内容及び配置の変更の範囲と同一の範囲で変更されることが見込まれるものについては、正当な理由がなく、待遇のそれぞれについて、当該待遇に対応する当該通常の労働者の待遇に比して不利なものとしてはならないこととされている。

他方、労働者派遣法第三十条の四第一項において、労働者の過半数で組織する労働組合等との協定により、同項各号に規定する事項を定めたときは、当該協定で定めた範囲に属する派遣労働者の待遇について、労働者派遣法第三十条の三の規定は、一部の待遇を除き、適用しないこととされている。ただし、同項第二号、第四号若しくは第五号に掲げる事項であって当該協定で定めたものを遵守していない場合又は同項第三号に関する当該協定の定めによる公正な評価に取り組んでいない場合は、この限りでないこととされている。

派遣労働者（協定対象派遣労働者を除く。以下この第四において同じ。）の待遇に関して、原則となる考え方及び具体例は次のとおりである。

一　基本給

(一)　基本給であって、労働者の能力又は経験に応じて支給するもの

基本給であって、派遣先及び派遣元事業主が、労働者の能力又は経験に応じて支給するものについて、派遣元事業主は、派遣先に雇用される通常の労働者と同一の能力又は経験を有する派遣労働者には、能力又は経験に応じた部分につき、派遣先に雇用される通常の労働者と同一の基本給を支給しなければならない。また、能力又は経験に一定の相違がある場合においては、その相違に応じた基本給を支給しなければならない。

（問題とならない例）

イ　基本給について、労働者の能力又は経験に応じて支給している派遣先であるA社において、ある能力の向上のための特殊なキャリアコースを設定している。A社の通常の労働者であるXは、このキャリアコースを選択し、その結果としてその能力を習得したため、その能力に応じた基本給をXに支給している。これに対し、派遣元事業主であるB社からA社に派遣されている派遣労働者であるYは、その能力を習得していないため、B社はその能力に応じた基本給をYには支給していない。

ロ　派遣先であるA社においては、定期的に職務の内容及び勤務地の変更がある通常の労働者の総合職であるXは、管理職となるためのキャリアコースの一環として、新卒採用後の数年間、店舗等において、派遣元事業主であるB社からA社に派遣されている派遣労働者であってA社で就業する間は職務の内容及び配置に変更のないYの助言を受けながら、Yと同様の定型的な業務に従事している。A社がXにキャリアコースの一環として当該定型的な業務に従事させていることを踏まえ、B社はYに対し、当該定型的な業務における能力又は経験に[illegible]を高く支給していない。

ハ　派遣先であるA社においては、かつては有期雇用労働者であったが、能力又は経験が一定の水準を満たしたため定期的に職務の内容及び勤務地に変更がある通常の労働者として登用されたXと、派遣元事業主であるB社からA社に派遣されている派遣労働者であるYとが同一の職場で同一の業務に従事している。B社は、A社で就業する間は職務の内容及び勤務地に変更がないことを理由に、Yに対して、Xほど基本給を高く支給していない。

ニ　派遣先であるA社に雇用される通常の労働者であるXと、派遣元事業主であるB社からA社に派遣されている派遣労働者であるYとが同一の能力又は経験を有しているところ、B社は、A社がXに適用するのと同じ基準をYに適用し、就業の時間帯や就業日が土日祝日か否か等の違いにより、A社がXに支給する時間当たりの基本給との間に差を設けている。

（問題となる例）

派遣先であるA社及び派遣元事業主であるB社においては、基本給について、労働者の能力又は経験に応じて支給しているところ、B社は、A社に派遣されている派遣労働者であるYに対し、A社に雇用される通常の労働者であるXに比べて経験が少ないことを理由として、A社がXに支給するほど基本給を高く支給していないが、Xのこれまでの経験はXの現在の業務に関連性を持たない。

㈡　基本給であって、労働者の業績又は成果に応じて支給するもの

基本給であって、派遣先及び派遣元事業主が、労働者の業績又は成果に応じて支給するものについて、派遣元事業主は、派遣先に雇用される通常の労働者と同一の業績又は成果を有する派遣労働者には、業績又は成果に応じた部分につき、派遣先に雇用される通常の労働者と同一の基本給を支給しなければならない。また、業績又は成果に一定の相違がある場合においては、その相違に応じた基本給を支給しなければならない。

なお、基本給とは別に、労働者の業績又は成果に応じた手当を支給する場合も同様である。

（問題とならない例）

イ　派遣先であるA社及び派遣元事業主であるB社においては、基本給の一部について、労働者の業績又は成果に応じて支給しているところ、B社は、A社に派遣されている派遣労働者であって、所定労働時間がA社に雇用される通常の労働者の半分であるYに対し、その販売実績がA社に雇用される通常の労働者に設定されている販売目標の半分の数値に達した場合には、A社に雇用される通常の労働者が販売目標を達成した場合の半分を支給している。

ロ　派遣先であるA社においては、通常の労働者であるXは、派遣元事業主であるB社からA社に派遣されている派遣労働者であるYと同様の業務に従事しているが、XはA社における生産効率及び品質の目標値に対する責任を負っており、当該目標値を達成していない場合、待遇上の不利益を課されている。その一方で、Yは、A社における生産効率及び品質の目標値に対する責任を負っておらず、当該目標値を達成していない場合にも、待遇上の不利益を課されていない。B社は、Yに対し、待遇上の不利益を課していないこととの見合いに応じて、A社がXに支給するほど基本給を高く支給していない。

（問題となる例）

派遣先であるA社及び派遣元事業主であるB社においては、基本給の一部について、労働者の業績又は成果に応じて支給しているところ、B社は、A社に派遣されている派遣労働者であって、所定労働時間がA社に雇用される通常の労働者の半分であるYに対し、当該通常の労働者が販売目標を達成した場合にA社が行っている支給を、Yについて当該通常の労働者と同一の販売目標を設定し、それを達成しない場合には行っていない。

㈢　基本給であって、労働者の勤続年数（派遣労働者にあっては、当該派遣先における就業期間。以下この㈢において同じ。）に応じて支給するもの

基本給であって、派遣先及び派遣元事業主が、労働者の勤続年数に応じて支給するものについて、派遣元事業主は、派遣先に雇用される通常の労働者と同一の勤続年数である派遣労働者には、勤続年数に応じた部分につき、派遣先に雇用される通常の労働者と同一の基本給を支給しなければならない。また、勤続年数に一定の相違がある場合においては、その相違に応じた基本給を支給しなければならない。

（問題とならない例）

派遣先であるA社及び派遣元事業主であるB社は、基本給について、労働者の勤続年数に応じて支給しているところ、B社は、A社に派遣している期間の定めのある労働者派遣契約を更新している派遣労働者であるYに対

し、A社への労働者派遣の開始時から通算して就業期間を評価した上で基本給を支給している。

（問題となる例）

派遣先であるA社及び派遣元事業主であるB社は、基本給について、労働者の勤続年数に応じて支給しているところ、B社は、A社に派遣している期間の定めのある労働者派遣契約を更新している派遣労働者であるYに対し、YのA社への労働者派遣の開始時から通算して就業期間を評価せず、その時点の労働者派遣契約に基づく派遣就業の期間のみにより就業期間を評価した上で基本給を支給している。

(四) 昇給であって、労働者の勤続（派遣労働者にあっては、当該派遣先における派遣就業の継続。以下この(四)において同じ。）による能力の向上に応じて行うもの

昇給であって、派遣先及び派遣元事業主が、労働者の勤続による能力の向上に応じて行うものについて、派遣元事業主は、派遣先に雇用される通常の労働者と同様に勤続により能力が向上した派遣労働者には、勤続による能力の向上に応じた部分につき、派遣先に雇用される通常の労働者と同一の昇給を行わなければならない。また、勤続による能力の向上に一定の相違がある場合においては、その相違に応じた昇給を行わなければならない。

（注） 派遣先に雇用される通常の労働者と派遣労働者との間に賃金の決定基準・ルールの相違がある場合の取扱い

派遣先に雇用される通常の労働者と派遣労働者との間に基本給、賞与、各種手当等の賃金に相違がある場合において、その要因として当該通常の労働者と派遣労働者の賃金の決定基準・ルールの相違があるときは、「派遣労働者に対する派遣元事業主の将来の役割期待は派遣先に雇用される通常の労働者に対する派遣先の将来の役割期待と異なるため、賃金の決定基準・ルールが異なる」等の主観的又は抽象的な説明では足りず、賃金の決定基準・ルールの相違は、当該通常の労働者と派遣労働者の職務の内容、当該職務の内容及び配置の変更の範囲その他の事情のうち、当該待遇の性質及び当該待遇を行う目的に照らして適切と認められるものの客観的及び具体的な実態に照らして、不合理と認められるものであってはならない。

二 賞与

賞与であって、派遣先及び派遣元事業主が、会社（派遣労働者にあっては、派遣先。以下この二において同じ。）の業績等への労働者の貢献に応じて支給するものについて、派遣元事業主は、派遣先に雇用される通常の労働者と同一の貢献である派遣労働者には、貢献に応じた部分につき、派遣先に雇用される通常の労働者と同一の賞与を支給しなければならない。また、貢献に一定の相違がある場合においては、その相違に応じた賞与を支給しなければならない。

（問題とならない例）

イ 派遣先であるA社及び派遣元事業主であるB社においては、賞与について、会社の業績等への労働者の貢献に応じて支給しているところ、B社は、A社に派遣されている派遣労働者であって、A社に雇用される通常の労働者であるXと同一のA社の業績等への貢献があるYに対して、A社がXに支給するのと同一の賞与を支給している。

ロ 派遣先であるA社においては、通常の労働者である

Xは、A社における生産効率及び品質の目標値に対する責任を負っており、当該目標値を達成していない場合、待遇上の不利益を課されている。その一方で、A社に雇用される通常の労働者であるZや、派遣元事業主であるB社からA社に派遣されている派遣労働者であるYは、A社における生産効率及び品質の目標値に対する責任を負っておらず、当該目標値を達成していない場合にも、待遇上の不利益を課されていない。A社はXに対して賞与を支給しているが、Zに対しては、待遇上の不利益を課していないこととの見合いの範囲内で賞与を支給していないところ、B社はYに対して、待遇上の不利益を課していないこととの見合いの範囲内で賞与を支給していない。

（問題となる例）

イ　派遣先であるA社及び派遣元事業主であるB社においては、賞与について、会社の業績等への労働者の貢献に応じて支給しているところ、B社は、A社に派遣されている派遣労働者であって、A社に雇用される通常の労働者であるXと同一のA社の業績等への貢献があるYに対して、A社がXに支給するのと同一の賞与を支給していない。

ロ　賞与について、会社の業績等への労働者の貢献に応じて支給している派遣先であるA社においては、通常の労働者の全員に職務の内容や会社の業績等への貢献等にかかわらず何らかの賞与を支給しているが、派遣元事業主であるB社においては、A社に派遣されている派遣労働者であるYに賞与を支給していない。

三　手当

㈠　役職手当であって、役職の内容に対して支給するもの

役職手当であって、派遣先及び派遣元事業主が、役職の内容に対して支給するものについて、派遣元事業主は、派遣先に雇用される通常の労働者と同一の内容の役職に就く派遣労働者には、派遣先に雇用される通常の労働者と同一の役職手当を支給しなければならない。また、役職の内容に一定の相違がある場合においては、その相違に応じた役職手当を支給しなければならない。

（問題とならない例）

イ　派遣先であるA社及び派遣元事業主であるB社においては、役職手当について、役職の内容に対して支給しているところ、B社は、A社に派遣されている派遣労働者であって、A社に雇用される通常の労働者であるXの役職と同一の役職名（例えば、店長）であって同一の内容（例えば、営業時間中の店舗の適切な運営）の役職に就くYに対し、A社がXに支給するのと同一の役職手当を支給している。

ロ　派遣先であるA社及び派遣元事業主であるB社においては、役職手当について、役職の内容に対して支給しているところ、B社は、A社に派遣されている派遣労働者であって、A社に雇用される通常の労働者であるXの役職と同一の役職名であって同一の内容の役職に就くYに、所定労働時間に比例した役職手当（例えば、所定労働時間がA社に雇用される通常の労働者の半分の派遣労働者にあっては、当該通常の労働者の半分の役職手当）を支給している。

（問題となる例）

派遣先であるA社及び派遣元事業主であるB社においては、役職手当について、役職の内容に対して支給しているところ、B社は、A社に派遣されている派遣

労働者であって、A社に雇用される通常の労働者であるXの役職と同一の役職名であって同一の内容の役職に就くYに対し、A社がXに支給するのに比べ役職手当を低く支給している。

(二) 業務の危険度又は作業環境に応じて支給される特殊作業手当

派遣元事業主は、派遣先に雇用される通常の労働者と同一の危険度又は作業環境の業務に従事する派遣労働者には、派遣先に雇用される通常の労働者と同一の特殊作業手当を支給しなければならない。

(三) 交替制勤務等の勤務形態に応じて支給される特殊勤務手当

派遣元事業主は、派遣先に雇用される通常の労働者と同一の勤務形態で業務に従事する派遣労働者には、派遣先に雇用される通常の労働者と同一の特殊勤務手当を支給しなければならない。

（問題とならない例）

イ　派遣先であるA社においては、就業する時間帯又は曜日を特定して就業する通常の労働者には労働者の採用が難しい早朝若しくは深夜又は土日祝日に就業する場合に時給に上乗せして特殊勤務手当を支給するが、就業する時間帯及び曜日を特定していない通常の労働者には労働者の採用が難しい時間帯又は曜日に勤務する場合であっても時給に上乗せして特殊勤務手当を支給していない。派遣元事業主であるB社は、A社に派遣されている派遣労働者であって、就業する時間帯及び曜日を特定して就業していないYに対し、採用が難しい時間帯や曜日に勤務する場合であっても時給に上乗せして特殊勤務手当を支給していない。

ロ　派遣先であるA社においては、通常の労働者であるXについては、入社に当たり、交替制勤務に従事することは必ずしも確定しておらず、業務の繁閑等生産の都合に応じて通常勤務又は交替制勤務のいずれにも従事する可能性があり、交替制勤務に従事した場合に限り特殊勤務手当が支給されている。派遣元事業主であるB社からA社に派遣されている派遣労働者であるYについては、A社への労働者派遣に当たり、派遣先で交替制勤務に従事することを明確にし、かつ、基本給にA社において通常の労働者に支給される特殊勤務手当と同一の交替制勤務の負荷分が盛り込まれている。A社には、職務の内容がYと同一であり通常勤務のみに従事することが予定され、実際に通常勤務のみに従事する労働者であるZがいるところ、B社はYに対し、A社がZに対して支給するのに比べ基本給を高く支給している。A社はXに対して特殊勤務手当を支給しているが、B社はYに対して特殊勤務手当を支給していない。

(四) 精皆勤手当

派遣元事業主は、派遣先に雇用される通常の労働者と業務の内容が同一の派遣労働者には、派遣先に雇用される通常の労働者と同一の精皆勤手当を支給しなければならない。

（問題とならない例）

派遣先であるA社においては、考課上、欠勤についてマイナス査定を行い、かつ、それが待遇に反映される通常の労働者であるXには、一定の日数以上出勤した場合に精皆勤手当を支給しているが、派遣元事業主であるB社は、B社からA社に派遣されている派遣労働者であって、考課上、欠勤についてマイナス査定を行っていないYには、マイナス査定を行っていないこととの見合いの範囲内で、精皆勤手当を支給していない。

(五) 時間外労働に対して支給される手当

派遣元事業主は、派遣先に雇用される通常の労働者の所定労働時間を超えて、当該通常の労働者と同一の時間外労働を行った派遣労働者には、当該通常の労働者の所定労働時間を超えた時間につき、派遣先に雇用される通常の労働者と同一の割増率等で、時間外労働に対して支給される手当を支給しなければならない。

(六) 深夜労働又は休日労働に対して支給される手当

派遣元事業主は、派遣先に雇用される通常の労働者と同一の深夜労働又は休日労働を行った派遣労働者には、派遣先に雇用される通常の労働者と同一の割増率等で、深夜労働又は休日労働に対して支給される手当を支給しなければならない。

（問題とならない例）

派遣元事業主であるB社においては、派遣先であるA社に派遣されている派遣労働者であって、A社に雇用される通常の労働者であるXと時間数及び職務の内容が同一の深夜労働又は休日労働を行ったYに対し、A社がXに支給するのと同一の深夜労働又は休日労働に対して支給される手当を支給している。

（問題となる例）

派遣元事業主であるB社においては、派遣先であるA社に派遣されている派遣労働者であって、A社に雇用される通常の労働者であるXと時間数及び職務の内容が同一の深夜労働又は休日労働を行ったYに対し、Yが派遣労働者であることから、深夜労働又は休日労働に対して支給される手当の単価を当該通常の労働者より低く設定している。

(七) 通勤手当及び出張旅費

派遣元事業主は、派遣労働者にも、派遣先に雇用される通常の労働者と同一の通勤手当及び出張旅費を支給しなければならない。

（問題とならない例）

イ　派遣先であるA社においては、本社の採用である労働者に対し、交通費実費の全額に相当する通勤手当を支給しているが、派遣元事業主であるB社は、それぞれの店舗の採用である労働者については、当該店舗の近隣から通うことができる交通費に相当する額に通勤手当の上限を設定して当該上限の額の範囲内で通勤手当を支給しているところ、B社の店舗採用であってA社に派遣される派遣労働者であるYが、A社への労働者派遣の開始後、本人の都合で通勤手当の上限の額では通うことができないところへ転居してなお通い続けている場合には、当該上限の額の範囲内で通勤手当を支給している。

ロ　派遣先であるA社においては、通勤手当について、所定労働日数が多い（例えば、週四日以上）通常の労働者に、月額の定期券の金額に相当する額を支給しているが、派遣元事業主であるB社においては、A社に派遣されている派遣労働者であって、所定労働日数が少ない（例えば、週三日以下）又は出勤日数が変動する派遣労働者に、日額の交通費に相当する額を支給している。

(八) 労働時間の途中に食事のための休憩時間がある労働者に対する食費の負担補助として支給される食事手当

派遣元事業主は、派遣労働者にも、派遣先に雇用される通常の労働者と同一の食事手当を支給しなければならない。

（問題とならない例）

派遣先であるA社においては、その労働時間の途中に昼食のための休憩時間がある通常の労働者であるXに食事手当を支給している。その一方で、派遣元事業主であるB社においては、A社に派遣されている派遣労働者であって、その労働時間の途中に昼食のための休憩時間がない（例えば、午後二時から午後五時までの勤務）派遣労働者であるYに支給していない。

（問題となる例）

派遣先であるA社においては、通常の労働者であるXに食事手当を支給している。派遣元事業主であるB社においては、A社に派遣されている派遣労働者であるYにA社がXに支給するのに比べ食事手当を低く支給している。

(九) 単身赴任手当

派遣元事業主は、派遣先に雇用される通常の労働者と同一の支給要件を満たす派遣労働者には、派遣先に雇用される通常の労働者と同一の単身赴任手当を支給しなければならない。

(十) 特定の地域で働く労働者に対する補償として支給される地域手当

派遣元事業主は、派遣先に雇用される通常の労働者と同一の地域で働く派遣労働者には、派遣先に雇用される通常の労働者と同一の地域手当を支給しなければならない。

（問題とならない例）

派遣先であるA社においては、通常の労働者であるXについて、全国一律の基本給の体系を適用し、転勤があることから、地域の物価等を勘案した地域手当を支給している。一方で、派遣元事業主であるB社においては、A社に派遣されている派遣労働者であるYについては、A社に派遣されている間は勤務地の変更がなく、その派遣先の所在する地域で基本給を設定しており、その中で地域の物価が基本給に盛り込まれているため、地域手当を支給していない。

（問題となる例）

派遣先であるA社に雇用される通常の労働者であるXは、その地域で採用され転勤はないにもかかわらず、A社はXに対し地域手当を支給している。一方、派遣元事業主であるB社からA社に派遣されている派遣労働者であるYは、A社に派遣されている間転勤はなく、B社はYに対し地域手当を支給していない。

四 福利厚生

(一) 福利厚生施設（給食施設、休憩室及び更衣室をいう。以下この(一)において同じ。）

派遣先は、派遣先に雇用される通常の労働者と同一の事業所で働く派遣労働者には、派遣先に雇用される通常の労働者と同一の福利厚生施設の利用を認めなければならない。

なお、派遣元事業主についても、労働者派遣法第三十条の三の規定に基づく義務を免れるものではない。

(二) 転勤者用社宅

派遣元事業主は、派遣先に雇用される通常の労働者と同一の支給要件（例えば、転勤の有無、扶養家族の有無、住宅の賃貸又は収入の額）を満たす派遣労働者には、派遣先に雇用される通常の労働者と同一の転勤者用社宅の利用を認めなければならない。

(三) 慶弔休暇並びに健康診断に伴う勤務免除及び有給の保障

派遣元事業主は、派遣労働者にも、派遣先に雇用される通常の労働者と同一の慶弔休暇の付与並びに健康診断に伴う勤務免除及び有給の保障を行わなければならない。

(問題とならない例)

派遣元事業主であるB社においては、派遣先であるA社に派遣されている派遣労働者であって、A社に雇用される通常の労働者であるXと同様の出勤日が設定されているYに対しては、A社がXに付与するのと同様に慶弔休暇を付与しているが、A社に派遣されている派遣労働者であって、週二日の勤務であるWに対しては、勤務日の振替での対応を基本としつつ、振替が困難な場合のみ慶弔休暇を付与している。

(四) 病気休職

派遣元事業主は、派遣労働者（期間の定めのある労働者派遣に係る派遣労働者である場合を除く。）には、派遣先に雇用される通常の労働者と同一の病気休職の取得を認めなければならない。また、期間の定めのある労働者派遣に係る派遣労働者にも、当該派遣先における派遣就業が終了するまでの期間を踏まえて、病気休職の取得を認めなければならない。

(問題とならない例)

派遣元事業主であるB社においては、当該派遣先における派遣就業期間が一年である派遣労働者であるYについて、病気休職の期間は当該派遣就業の期間が終了する日までとしている。

(五) 法定外の有給の休暇その他の法定外の休暇（慶弔休暇を除く。）であって、勤続期間（派遣労働者にあっては、当該派遣先における就業期間。以下この(五)において同じ。）に応じて取得を認めているもの

法定外の有給の休暇その他の法定外の休暇（慶弔休暇を除く。）であって、派遣先及び派遣元事業主が、勤続期間に応じて取得を認めているものについて、派遣元事業主は、当該派遣先に雇用される通常の労働者と同一の勤続期間である派遣労働者には、派遣先に雇用される通常の労働者と同一の法定外の有給の休暇その他の法定外の休暇（慶弔休暇を除く。）を付与しなければならない。なお、当該派遣先において期間の定めのある労働者派遣契約を更新している場合には、当初の派遣就業の開始時から通算して就業期間を評価することを要する。

(問題とならない例)

派遣先であるA社においては、長期勤続者を対象とするリフレッシュ休暇について、業務に従事した時間全体を通じた貢献に対する報償という趣旨で付与していることから、通常の労働者であるXに対し、勤続十年で三日、二十年で五日、三十年で七日の休暇を付与している。派遣元事業主であるB社は、A社に派遣されている派遣労働者であるYに対し、所定労働時間に比例した日数を付与している。

五 その他

(一) 教育訓練であって、現在の職務の遂行に必要な技能又は知識を習得するために実施するもの

教育訓練であって、派遣先が、現在の業務の遂行に必要な能力を付与するために実施するものについて、派遣先は、派遣元事業主からの求めに応じ、その雇用する通

常の労働者と業務の内容が同一である派遣労働者には、派遣先に雇用される通常の労働者と同一の教育訓練を実施する等必要な措置を講じなければならない。なお、派遣元事業主についても、労働者派遣法第三十条の三の規定に基づく義務を免れるものではない。

また、派遣労働者と派遣先に雇用される通常の労働者との間で業務の内容に一定の相違がある場合においては、派遣元事業主は、派遣労働者と派遣先に雇用される通常の労働者との間の職務の内容、職務の内容及び配置の変更の範囲その他の事情の相違に応じた教育訓練を実施しなければならない。

なお、労働者派遣法第三十条の二第一項の規定に基づき、派遣元事業主は、派遣労働者に対し、段階的かつ体系的な教育訓練を実施しなければならない。

(二) 安全管理に関する措置又は給付

派遣元事業主は、派遣先に雇用される通常の労働者と同一の業務環境に置かれている派遣労働者には、派遣先に雇用される通常の労働者と同一の安全管理に関する措置及び給付をしなければならない。

なお、派遣先及び派遣元事業主は、労働者派遣法第四十五条等の規定に基づき、派遣労働者の安全と健康を確保するための義務を履行しなければならない。

第五 協定対象派遣労働者

協定対象派遣労働者の待遇に関して、原則となる考え方及び具体例は次のとおりである。

一 賃金

労働者派遣法第三十条の四第一項第二号イにおいて、協定対象派遣労働者の賃金の決定の方法については、同種の業務に従事する一般の労働者の平均的な賃金の額として厚生労働省令で定めるものと同等以上の賃金の額となるものでなければならないこととされている。

また、同号ロにおいて、その賃金の決定の方法は、協定対象派遣労働者の職務の内容、職務の成果、意欲、能力又は経験その他の就業の実態に関する事項の向上があった場合に賃金が改善されるものでなければならないこととされている。

さらに、同項第三号において、この方法により賃金を決定するに当たっては、派遣元事業主は、協定対象派遣労働者の職務の内容、職務の成果、意欲、能力又は経験その他の就業の実態に関する事項を公正に評価し、その賃金を決定しなければならないこととされている。

二 福利厚生

(一) 福利厚生施設（給食施設、休憩室及び更衣室をいう。以下この(1)において同じ。）

派遣先は、派遣先に雇用される通常の労働者と同一の事業所で働く協定対象派遣労働者には、派遣先に雇用される通常の労働者と同一の福利厚生施設の利用を認めなければならない。

なお、派遣元事業主についても、労働者派遣法第三〇条の三の規定に基づく義務を免れるものではない。

(二) 転勤者用社宅

派遣元事業主は、派遣元事業主の雇用する通常の労働者と同一の支給要件（例えば、転勤の有無、扶養家族の有無、住宅の賃貸又は収入の額）を満たす協定対象派遣労働者には、派遣元事業主の雇用する通常の労働者と同一の転勤者用社宅の利用を認めなければならない。

(三) 慶弔休暇並びに健康診断に伴う勤務免除及び有給の保障

派遣元事業主は、協定対象派遣労働者にも、派遣元事業主の雇用する通常の労働者と同一の慶弔休暇の付与並びに健康診断に伴う勤務免除及び有給の保障を行わなければならない。

(問題とならない例)

派遣元事業主であるB社においては、慶弔休暇について、B社の雇用する通常の労働者であるXと同様の出勤日が設定されている協定対象派遣労働者であるYに対しては、通常の労働者と同様に慶弔休暇を付与しているが、週二日の勤務の協定対象派遣労働者であるWに対しては、勤務日の振替での対応を基本としつつ、振替が困難な場合のみ慶弔休暇を付与している。

(四) 病気休職

派遣元事業主は、協定対象派遣労働者(有期雇用労働者である場合を除く。)には、派遣元事業主の雇用する通常の労働者と同一の病気休職の取得を認めなければならない。また、有期雇用労働者である協定対象派遣労働者にも、労働契約が終了するまでの期間を踏まえて、病気休職の取得を認めなければならない。

(問題とならない例)

派遣元事業主であるB社においては、労働契約の期間が一年である有期雇用労働者であり、かつ、協定対象派遣労働者であるYについて、病気休職の期間は労働契約の期間が終了する日までとしている。

(五) 法定外の有給の休暇その他の法定外の休暇(慶弔休暇を除く。)であって、勤続期間に応じて取得を認めているもの

法定外の有給の休暇その他の法定外の休暇(慶弔休暇を除く。)であって、勤続期間に応じて取得を認めているものについて、派遣元事業主は、派遣元事業主の雇用する通常の労働者と同一の勤続期間である協定対象派遣労働者には、派遣元事業主の雇用する通常の労働者と同一の法定外の有給の休暇その他の法定外の休暇(慶弔休暇を除く。)を付与しなければならない。なお、期間の定めのある労働契約を更新している場合には、当初の労働契約の開始時から通算して勤続期間を評価することを要する。

(問題とならない例)

派遣元事業主であるB社においては、長期勤続者を対象とするリフレッシュ休暇について、業務に従事した時間全体を通じた貢献に対する報償という趣旨で付与していることから、B社に雇用される通常の労働者であるXに対し、勤続十年で三日、二十年で五日、三十年で七日の休暇を付与しており、協定対象派遣労働者であるYに対し、所定労働時間に比例した日数を付与している。

三 その他

(一) 教育訓練であって、現在の職務の遂行に必要な技能又は知識を習得するために実施するもの

教育訓練であって、派遣先が、現在の業務の遂行に必要な能力を付与するために実施するものについて、派遣先は、派遣元事業主からの求めに応じ、派遣先に雇用される通常の労働者と業務の内容が同一である協定対象派遣労働者には、派遣先に雇用される通常の労働者と同一の教育訓練を実施する等必要な措置を講じなければならない。なお、派遣元事業主についても、労働者派遣法第三十条の三の規定に基づく義務を免れるものではない。

また、協定対象派遣労働者と派遣元事業主が雇用する通常の労働者との間で業務の内容に一定の相違がある場合においては、派遣元事業主は、協定対象派遣労働者と

派遣元事業主の雇用する通常の労働者との間の職務の内容、職務の内容及び配置の変更の範囲その他の事情の相違に応じた教育訓練を実施しなければならない。

なお、労働者派遣法第三十条の二第一項の規定に基づき、派遣元事業主は、協定対象派遣労働者に対し、段階的かつ体系的な教育訓練を実施しなければならない。

(二) 安全管理に関する措置及び給付

派遣元事業主は、派遣元事業主の雇用する通常の労働者と同一の業務環境に置かれている協定対象派遣労働者には、派遣元事業主の雇用する通常の労働者と同一の安全管理に関する措置及び給付をしなければならない。

なお、派遣先及び派遣元事業主は、労働者派遣法第四十五条等の規定に基づき、協定対象派遣労働者の安全と健康を確保するための義務を履行しなければならない。

事業主が講ずべき短時間労働者及び有期雇用労働者の雇用管理の改善等に関する措置等についての指針

〔平成一九年一〇月一日厚生労働省告示第三二六号〕

沿革　平成二六年　七月二四日厚生労働省告示第二九三号
〃　三〇年一二月二八日　〃　第四二九号

第一　趣旨

この指針は、短時間労働者及び有期雇用労働者の雇用管理の改善等に関する法律（平成五年法律第七十六号。以下「短時間・有期雇用労働者法」という。）第六条、第七条及び第十条から第十四条までに定める措置その他の短時間・有期雇用労働者法第三条第一項の事業主が講ずべき適正な労働条件の確保、教育訓練の実施、福利厚生の充実その他の雇用管理の改善及び通常の労働者への転換の推進（以下「雇用管理の改善等」という。）に関する措置等に関し、その適切かつ有効な実施を図るために必要な事項を定めたものである。

第二　事業主が講ずべき短時間・有期雇用労働者の雇用管理の改善等に関する措置等を講ずるに当たっての基本的考え方

事業主は、短時間・有期雇用労働者の雇用管理の改善等に関する措置等を講ずるに当たって、次の事項を踏まえるべきである。

一　労働基準法（昭和二十二年法律第四十九号）、最低賃金法（昭和三十四年法律第百三十七号）、労働安全衛生法（昭和四十七年法律第五十七号）、労働契約法（平成十九年法律第百二十八号）、雇用の分野における男女の均等な機会及び待遇の確保等に関する法律（昭和四十七年法律第百十三号）、育児休業、介護休業等育児又は家族介護を行う労働者の福祉に関する法律（平成三年法律第七十六号）、労働者災害補償保険法（昭和二十二年法律第五十号）、雇用保険法（昭和四十九年法律第百十六号）等の労働に関する法令は短時間・有期雇用労働者についても適用があることを認識しこれを遵守しなければならないこと。

二　短時間・有期雇用労働者法第六条から第十四条までの規定に従い、短時間・有期雇用労働者の雇用管理の改善等に関する措置等を講ずるとともに、多様な就業実態を踏まえ、その職務の内容、職務の成果、意欲、能力及び経験その他の就業の実態に関する事項に応じた待遇に係る措置を講ずるように努めるものとすること。

三　短時間・有期雇用労働者の雇用管理の改善等に関する措置等を講ずるに際して、その雇用する通常の労働者その他の労働者の労働条件を合理的な理由なく一方的に不利益に変更することは法的に許されないことに留意すること。

第三　事業主が講ずべき短時間・有期雇用労働者の雇用管理の改善等に関する措置等

事業主は、第二の基本的考え方に基づき、特に、次の事項について適切な措置を講ずるべきである。

一　労働時間

(一)　事業主は、短時間・有期雇用労働者の労働時間及び労働日を定め、又は変更するに当たっては、当該短時間・有期雇用労働者の事情を十分考慮するように努めるものとする。

(二)　事業主は、短時間・有期雇用労働者について、できるだけ所定労働時間を超えて、又は所定労働日以外の日に労働させないように努めるものとする。

二　待遇の相違の内容及び理由の説明

㈠　比較の対象となる通常の労働者

事業主は、職務の内容、職務の内容及び配置の変更の範囲等が、短時間・有期雇用労働者の職務の内容、職務の内容及び配置の変更の範囲等に最も近いと事業主が判断する通常の労働者との間の待遇の相違の内容及び理由について説明するものとする。

㈡　待遇の相違の内容

事業主は、待遇の相違の内容として、次のイ及びロに掲げる事項を説明するものとする。

イ　通常の労働者と短時間・有期雇用労働者との間の待遇に関する基準の相違の有無

ロ　次の(イ)又は(ロ)に掲げる事項

(イ)　通常の労働者及び短時間・有期雇用労働者の待遇の個別具体的な内容

(ロ)　通常の労働者及び短時間・有期雇用労働者の待遇に関する基準

㈢　待遇の相違の理由

事業主は、通常の労働者及び短時間・有期雇用労働者の職務の内容、職務の内容及び配置の変更の範囲その他の事情のうち、待遇の性質及び待遇を行う目的に照らして適切と認められるものに基づき、待遇の相違の理由を説明するものとする。

㈣　説明の方法

事業主は、短時間・有期雇用労働者がその内容を理解することができるよう、資料を活用し、口頭により説明することを基本とするものとする。ただし、説明すべき事項を全て記載した短時間・有期雇用労働者が容易に理解できる内容の資料を用いる場合には、当該資料を交付する等の方法でも差し支えない。

三　労使の話合いの促進

㈠　事業主は、短時間・有期雇用労働者を雇い入れた後、当該短時間・有期雇用労働者から求めがあったときは、短時間・有期雇用労働者法第十四条第二項に定める事項以外の、当該短時間・有期雇用労働者の待遇に係る事項についても、説明するように努めるものとする。

㈡　事業主は、短時間・有期雇用労働者の就業の実態、通常の労働者との均衡等を考慮して雇用管理の改善等に関する措置等を講ずるに当たっては、当該事業主における関係労使の十分な話合いの機会を提供する等短時間・有期雇用労働者の意見を聴く機会を設けるための適当な方法を工夫するように努めるものとする。

㈢　事業主は、短時間・有期雇用労働者法第二十二条に定める事項以外の、短時間・有期雇用労働者の就業の実態、通常の労働者との均衡等を考慮した待遇に係る事項についても、短時間・有期雇用労働者から苦情の申出を受けたときは、当該事業所における苦情処理の仕組みを活用する等その自主的な解決を図るように努めるものとする。

四　不利益取扱いの禁止

㈠　事業主は、短時間・有期雇用労働者が、短時間・有期雇用労働者法第七条第一項（同条第二項において準用する場合を含む。）に定める過半数代表者であること若しくは過半数代表者になろうとしたこと又は過半数代表者として正当な行為をしたことを理由として不利益な取扱いをしないようにするものとする。

㈡　事業主は、短時間・有期雇用労働者が、事業主による不利益な取扱いをおそれて、短時間・有期雇用労働者法第十四条第二項に定める説明を求めないことがないようにするものとする。　事業主は、短時間・有期雇用労働者が、親族の葬儀等のために勤務しなかったことを理由として解雇等が行われることがないようにするものとする。

(三) 事業主は、短時間・有期雇用労働者が、親族の葬儀等のために勤務しなかったことを理由として解雇等が行われることがないようにするものとする。

五 短時間・有期雇用管理者の氏名の周知

事業主は、短時間・有期雇用管理者を選任したときは、当該短時間・有期雇用管理者の氏名を事業所の見やすい場所に掲示する等により、その雇用する短時間・有期雇用労働者に周知させるよう努めるものとする。

労働安全衛生法

〔昭和四七年六月八日
法律第五七号〕

沿革　平成一八年　六月　二日法律第　五〇号
〃　二三年　六月二四日　〃　第　七四号
〃　二六年　六月二三日　〃　第　六九号
〃　二六年　六月二五日　〃　第　八二号
〃　二七年　五月　七日　〃　第　一七号
〃　二九年　五月三一日　〃　第　四一号
〃　三〇年　七月　六日　〃　第　七一号
〃　三〇年　七月二五日　〃　第　七八号
令和　元年　六月一四日　〃　第　三七号
〃　四年　六月一七日　〃　第　六八号

第一章　総則

（目的）
第一条　この法律は、労働基準法（昭和二十二年法律第四十九号）と相まつて、労働災害の防止のための危害防止基準の確立、責任体制の明確化及び自主的活動の促進の措置を講ずる等その防止に関する総合的計画的な対策を推進することにより職場における労働者の安全と健康を確保するとともに、快適な職場環境の形成を促進することを目的とする。

（定義）
第二条　この法律において、次の各号に掲げる用語の意義は、それぞれ当該各号に定めるところによる。
一　労働災害　労働者の就業に係る建設物、設備、原材料、ガス、蒸気、粉じん等により、又は作業行動その他業務に起因して、労働者が負傷し、疾病にかかり、又は死亡することをいう。
二　労働者　労働基準法第九条に規定する労働者（同居の親族のみを使用する事業又は事務所に使用される者及び家事使用人を除く。）をいう。
三　事業者　事業を行う者で、労働者を使用するものをいう。
三の二　化学物質　元素及び化合物をいう。
四　作業環境測定　作業環境の実態をは握するため空気環境その他の作業環境について行うデザイン、サンプリング及び分析（解析を含む。）をいう。

（事業者等の責務）
第三条　事業者は、単にこの法律で定める労働災害の防止のための最低基準を守るだけでなく、快適な職場環境の実現と労働条件の改善を通じて職場における労働者の安全と健康を確保するようにしなければならない。また、事業者は、国が実施する労働災害の防止に関する施策に協力するようにしなければならない。
2　機械、器具その他の設備を設計し、製造し、若しくは輸入する者、原材料を製造し、若しくは輸入する者又は建設物を建設し、若しくは設計する者は、これらの物の設計、製造、輸入又は建設に際して、これらの物が使用されることによる労働災害の発生の防止に資するように努めなければならない。
3　建設工事の注文者等仕事を他人に請け負わせる者は、施工方法、工期等について、安全で衛生的な作業の遂行をそこなうおそれのある条件を附さないように配慮しなければならない。

第四条　労働者は、労働災害を防止するため必要な事項を守るほか、事業者その他の関係者が実施する労働災害の防止に関する措置に協力するように努めなければならない。

（事業者に関する規定の適用）
第五条　二以上の建設業に属する事業の事業者が、一の場所において行われる当該事業の仕事を共同連帯して請け負つた場合においては、厚生労働省令で定めるところにより、そのうちの一人を代表者として定め、これを都道府県労働局長に届け出なければならない。

2　前項の規定による届出がないときは、都道府県労働局長が代表者を指名する。

3　前二項の代表者の変更は、都道府県労働局長に届け出なければ、その効力を生じない。

4　第一項に規定する場合においては、当該事業を同項又は第二項の代表者のみの事業と、当該代表者のみを当該事業の事業者と、当該事業の仕事に従事する労働者を当該代表者のみが使用する労働者とそれぞれみなして、この法律を適用する。

第二章　労働災害防止計画

（**労働災害防止計画の策定**）

第六条　厚生労働大臣は、労働政策審議会の意見をきいて、労働災害の防止のための主要な対策に関する事項その他労働災害の防止に関し重要な事項を定めた計画（以下「労働災害防止計画」という。）を策定しなければならない。

（**変更**）

第七条　厚生労働大臣は、労働災害の発生状況、労働災害の防止に関する対策の効果等を考慮して必要があると認めるときは、労働政策審議会の意見をきいて、労働災害防止計画を変更しなければならない。

（**公表**）

第八条　厚生労働大臣は、労働災害防止計画を策定したときは、遅滞なく、これを公表しなければならない。これを変更したときも、同様とする。

（**勧告等**）

第九条　厚生労働大臣は、労働災害防止計画の的確かつ円滑な実施のため必要があると認めるときは、事業者、事業者の団体その他の関係者に対し、労働災害の防止に関する事項について必要な勧告又は要請をすることができる。

第三章　安全衛生管理体制

（**総括安全衛生管理者**）

第一〇条　事業者は、政令で定める規模の事業場ごとに、厚生労働省令で定めるところにより、総括安全衛生管理者を選任し、その者に安全管理者、衛生管理者又は第二十五条の二第二項の規定により技術的事項を管理する者の指揮をさせるとともに、次の業務を統括管理させなければならない。

一　労働者の危険又は健康障害を防止するための措置に関すること。

二　労働者の安全又は衛生のための教育の実施に関すること。

三　健康診断の実施その他健康の保持増進のための措置に関すること。

四　労働災害の原因の調査及び再発防止対策に関すること。

五　前各号に掲げるもののほか、労働災害を防止するため必要な業務で、厚生労働省令で定めるもの

2　総括安全衛生管理者は、当該事業場においてその事業の実施を統括管理する者をもつて充てなければならない。

3　都道府県労働局長は、労働災害を防止するため必要があると認めるときは、総括安全衛生管理者の業務の執行について事業者に勧告することができる。

（**安全管理者**）

第一一条　事業者は、政令で定める業種及び規模の事業場ごとに、厚生労働省令で定める資格を有する者のうちから、厚生労働省令で定めるところにより、安全管理者を選任し、その

者に前条第一項各号の業務（第二十五条の二第二項の規定により技術的事項を管理する者を選任した場合においては、同条第一項各号の措置に該当するものを除く。）のうち安全に係る技術的事項を管理させなければならない。

2　労働基準監督署長は、労働災害を防止するため必要があると認めるときは、事業者に対し、安全管理者の増員又は解任を命ずることができる。

（衛生管理者）

第十二条　事業者は、政令で定める規模の事業場ごとに、都道府県労働局長の免許を受けた者その他厚生労働省令で定める資格を有する者のうちから、厚生労働省令で定めるところにより、当該事業場の業務の区分に応じて、衛生管理者を選任し、その者に第十条第一項各号の業務（第二十五条の二第二項の規定により技術的事項を管理する者を選任した場合においては、同条第一項各号の措置に該当するものを除く。）のうち衛生に係る技術的事項を管理させなければならない。

2　前条第二項の規定は、衛生管理者について準用する。

（安全衛生推進者等）

第十二条の二　事業者は、第十一条第一項の事業場及び前条第一項の事業場以外の事業場で、厚生労働省令で定める規模のものごとに、厚生労働省令で定めるところにより、安全衛生推進者（第十一条第一項の政令で定める業種以外の業種の事業場にあつては、衛生推進者）を選任し、その者に第十条第一項各号の業務（第二十五条の二第二項の規定により技術的事項を管理する者を選任した場合においては、同条第一項各号の措置に該当するものを除くものとし、第十一条第一項の政令で定める業種以外の業種の事業場にあつては、衛生に係る業務に限る。）を担当させなければならない。

（産業医等）

第十三条　事業者は、政令で定める規模の事業場ごとに、厚生労働省令で定めるところにより、医師のうちから産業医を選任し、その者に労働者の健康管理その他の厚生労働省令で定める事項（以下「労働者の健康管理等」という。）を行わせなければならない。

2　産業医は、労働者の健康管理等を行うのに必要な医学に関する知識について厚生労働省令で定める要件を備えた者でなければならない。

3　産業医は、労働者の健康管理等を行うのに必要な医学に関する知識に基づいて、誠実にその職務を行わなければならない。

4　産業医を選任した事業者は、産業医に対し、厚生労働省令で定めるところにより、労働者の労働時間に関する情報その他の産業医が労働者の健康管理等を適切に行うために必要な情報として厚生労働省令で定めるものを提供しなければならない。

5　産業医は、労働者の健康を確保するため必要があると認めるときは、事業者に対し、労働者の健康管理等について必要な勧告をすることができる。この場合において、事業者は、当該勧告を尊重しなければならない。

6　事業者は、前項の勧告を受けたときは、厚生労働省令で定めるところにより、当該勧告の内容その他の厚生労働省令で定める事項を衛生委員会又は安全衛生委員会に報告しなければならない。

第十三条の二　事業者は、前条第一項の事業場以外の事業場については、労働者の健康管理等を行うのに必要な医学に関する知識を有する医師その他厚生労働省令で定める者に労働者の健康管理等の全部又は一部を行わせるように努めなければならない。

2　前条第四項の規定は、前項に規定する者に労働者の健康管理等の全部又は一部を行わせる事業者について準用する。この場合において、同条第四項中「提供しなければ」とあるのは、「提供するように努めなければ」と読み替えるものとする。

第一三条の三　事業者は、産業医又は前条第一項に規定する者による労働者の健康管理等の適切な実施を図るため、産業医又は同項に規定する者が労働者からの健康相談に応じ、適切に対応するために必要な体制の整備その他の必要な措置を講ずるように努めなければならない。

（作業主任者）

第一四条　事業者は、高圧室内作業その他の労働災害を防止するための管理を必要とする作業で、政令で定めるものについては、都道府県労働局長の免許を受けた者又は都道府県労働局長の登録を受けた者が行う技能講習を修了した者のうちから、厚生労働省令で定めるところにより、当該作業の区分に応じて、作業主任者を選任し、その者に当該作業に従事する労働者の指揮その他の厚生労働省令で定める事項を行わせなければならない。

（統括安全衛生責任者）

第一五条　事業者で、一の場所において行う事業の仕事の一部を請負人に請け負わせているもの（当該事業の仕事の一部を請け負わせる契約が二以上あるため、その者が二以上あることとなるときは、当該請負契約のうちの最も先次の請負契約における注文者とする。以下「元方事業者」という。）のうち、建設業その他政令で定める業種に属する事業（以下「特定事業」という。）を行う者（以下「特定元方事業者」という。）は、その労働者及びその請負人（元方事業者の当該事業の仕事が数次の請負契約によつて行われるときは、当該請負人の請負契約の後次のすべての請負契約の当事者である請負人を含む。以下「関係請負人」という。）の労働者が当該場所において作業を行うときは、これらの労働者の作業が同一の場所において行われることによつて生ずる労働災害を防止するため、統括安全衛生責任者を選任し、その者に元方安全衛生管理者の指揮をさせるとともに、第三十条第一項各号の事項を統括管理させなければならない。ただし、これらの労働者の数が政令で定める数未満であるときは、この限りでない。

2　統括安全衛生責任者は、当該場所においてその事業の実施を統括管理する者をもつて充てなければならない。

3　第三十条第四項の場合において、同項のすべての労働者の数が政令で定める数以上であるときは、当該指名された事業者は、これらの労働者に関し、これらの労働者の作業が同一の場所において行われることによつて生ずる労働災害を防止するため、統括安全衛生責任者を選任し、その者に元方安全衛生管理者の指揮をさせるとともに、同条第一項各号の事項を統括管理させなければならない。この場合においては、当該指名された事業者及び当該指名された事業者以外の事業者については、第一項の規定は、適用しない。

4　第一項又は前項に定めるもののほか、第二十五条の二第一項に規定する仕事が数次の請負契約によつて行われる場合においては、第一項又は前項の規定により統括安全衛生責任者を選任した事業者は、統括安全衛生責任者に第三十条の三第五項において準用する第二十五条の二第二項の規定により技術的事項を管理する者の指揮をさせるとともに、同条第一項各号の措置を統括管理させなければならない。

5　第十条第三項の規定は、統括安全衛生責任者の業務の執行について準用する。この場合において、同項中「事業者」とあるのは、「当該統括安全衛生責任者を選任した事業者」と読み替えるものとする。

（元方安全衛生管理者）

第一五条の二　前条第一項又は第三項の規定により統括安全衛

生責任者を選任した事業者で、建設業その他政令で定める業種に属する事業を行うものは、厚生労働省令で定める資格を有する者のうちから、厚生労働省令で定めるところにより、元方安全衛生管理者を選任し、その者に第三十条第一項各号の事項のうち技術的事項を管理させなければならない。

2　第十一条第二項の規定は、元方安全衛生管理者について準用する。この場合において、同項中「事業者」とあるのは、「当該元方安全衛生管理者を選任した事業者」と読み替えるものとする。

（店社安全衛生管理者）

第一五条の三　建設業に属する事業の元方事業者は、その労働者及び関係請負人の労働者が一の場所（これらの労働者の数が厚生労働省令で定める数未満である場所及び第十五条第一項又は第三項の規定により統括安全衛生責任者を選任しなければならない場所を除く。）において作業を行うときは、当該場所において行われる仕事に係る請負契約を締結している事業場ごとに、これらの労働者の作業が同一の場所で行われることによつて生ずる労働災害を防止するため、厚生労働省令で定める資格を有する者のうちから、厚生労働省令で定めるところにより、店社安全衛生管理者を選任し、その者に、当該事業場で締結している当該請負契約に係る仕事を行う場所における第三十条第一項各号の事項を担当する者に対する指導その他厚生労働省令で定める事項を行わせなければならない。

2　第三十条第四項の場合において、同項のすべての労働者の数が厚生労働省令で定める数以上であるとき（第十五条第一項又は第三項の規定により統括安全衛生責任者を選任しなければならないときを除く。）は、当該指名された事業者で建設業に属する事業の仕事を行うものは、当該場所において行われる仕事に係る請負契約を締結している事業場ごとに、これらの労働者に関し、これらの労働者の作業が同一の場所で行われることによつて生ずる労働災害を防止するため、厚生労働省令で定める資格を有する者のうちから、厚生労働省令で定めるところにより、店社安全衛生管理者を選任し、その者に、当該事業場で締結している当該請負契約に係る仕事を行う場所における第三十条第一項各号の事項を担当する者に対する指導その他厚生労働省令で定める事項を行わせなければならない。この場合においては、当該指名された事業者及び当該指名された事業者以外の事業者については、前項の規定は適用しない。

（安全衛生責任者）

第一六条　第十五条第一項又は第三項の場合において、これらの規定により統括安全衛生責任者を選任すべき事業者以外の請負人で、当該仕事を自ら行うものは、安全衛生責任者を選任し、その者に統括安全衛生責任者との連絡その他の厚生労働省令で定める事項を行わせなければならない。

2　前項の規定により安全衛生責任者を選任した請負人は、同項の事業者に対し、遅滞なく、その旨を通報しなければならない。

（安全委員会）

第一七条　事業者は、政令で定める業種及び規模の事業場ごとに、次の事項を調査審議させ、事業者に対し意見を述べさせるため、安全委員会を設けなければならない。

一　労働者の危険を防止するための基本となるべき対策に関すること。

二　労働災害の原因及び再発防止対策で、安全に係るものに関すること。

三　前二号に掲げるもののほか、労働者の危険の防止に関する重要事項

2　安全委員会の委員は、次の者をもつて構成する。ただし、

第一号の者である委員（以下「第一号の委員」という。）は、一人とする。
一　総括安全衛生管理者又は総括安全衛生管理者以外の者で当該事業場においてその事業の実施を統括管理するもの若しくはこれに準ずる者のうちから事業者が指名した者
二　安全管理者のうちから事業者が指名した者
三　当該事業場の労働者で、安全に関し経験を有するもののうちから事業者が指名した者
3　安全委員会の議長は、第一号の委員がなるものとする。
4　事業者は、第一号の委員以外の委員の半数については、当該事業場に労働者の過半数で組織する労働組合があるときにおいてはその労働組合、労働者の過半数で組織する労働組合がないときにおいては労働者の過半数を代表する者の推薦に基づき指名しなければならない。
5　前二項の規定は、当該事業場の労働者の過半数で組織する労働組合との間における労働協約に別段の定めがあるときは、その限度において適用しない。

（衛生委員会）

第一八条　事業者は、政令で定める規模の事業場ごとに、次の事項を調査審議させ、事業者に対し意見を述べさせるため、衛生委員会を設けなければならない。
一　労働者の健康障害を防止するための基本となるべき対策に関すること。
二　労働者の健康の保持増進を図るための基本となるべき対策に関すること。
三　労働災害の原因及び再発防止対策で、衛生に係るものに関すること。
四　前三号に掲げるもののほか、労働者の健康障害の防止及び健康の保持増進に関する重要事項
2　衛生委員会の委員は、次の者をもつて構成する。ただし、第一号の者である委員は、一人とする。
一　総括安全衛生管理者又は総括安全衛生管理者以外の者で当該事業場においてその事業の実施を統括管理するもの若しくはこれに準ずる者のうちから事業者が指名した者
二　衛生管理者のうちから事業者が指名した者
三　産業医のうちから事業者が指名した者
四　当該事業場の労働者で、衛生に関し経験を有するもののうちから事業者が指名した者
3　事業者は、当該事業場の労働者で、作業環境測定を実施している作業環境測定士であるものを衛生委員会の委員として指名することができる。
4　前条第三項から第五項までの規定は、衛生委員会について準用する。この場合において、同条第三項及び第四項中「第一号の委員」とあるのは、「第十八条第二項第一号の者である委員」と読み替えるものとする。

（安全衛生委員会）

第一九条　事業者は、第十七条及び前条の規定により安全委員会及び衛生委員会を設けなければならないときは、それぞれの委員会の設置に代えて、安全衛生委員会を設置することができる。
2　安全衛生委員会の委員は、次の者をもつて構成する。ただし、第一号の者である委員は、一人とする。
一　総括安全衛生管理者又は総括安全衛生管理者以外の者で当該事業場においてその事業の実施を統括管理するもの若しくはこれに準ずる者のうちから事業者が指名した者
二　安全管理者及び衛生管理者のうちから事業者が指名した者
三　産業医のうちから事業者が指名した者
四　当該事業場の労働者で、安全に関し経験を有するもののうちから事業者が指名した者

五　当該事業場の労働者で、衛生に関し経験を有するもののうちから事業者が指名した者

3　事業者は、当該事業場の労働者で、作業環境測定を実施している作業環境測定士であるものを安全衛生委員会の委員として指名することができる。

4　第十七条第三項から第五項までの規定は、安全衛生委員会について準用する。この場合において、同条第三項及び第四項中「第一号の委員」とあるのは、「第十九条第二項第一号の者である委員」と読み替えるものとする。

（安全管理者等に対する教育等）

第一九条の二　事業者は、事業場における安全衛生の水準の向上を図るため、安全管理者、衛生管理者、安全衛生推進者、衛生推進者その他労働災害の防止のための業務に従事する者に対し、これらの者が従事する業務に関する能力の向上を図るための教育、講習等を行い、又はこれらを受ける機会を与えるように努めなければならない。

2　厚生労働大臣は、前項の教育、講習等の適切かつ有効な実施を図るため必要な指針を公表するものとする。

3　厚生労働大臣は、前項の指針に従い、事業者又はその団体に対し、必要な指導等を行うことができる。

（国の援助）

第一九条の三　国は、第十三条の二第一項の事業場の労働者の健康の確保に資するため、労働者の健康管理等に関する相談、情報の提供その他の必要な援助を行うように努めるものとする。

第四章　労働者の危険又は健康障害を防止するための措置

（事業者の講ずべき措置等）

第二〇条　事業者は、次の危険を防止するため必要な措置を講じなければならない。

一　機械、器具その他の設備（以下「機械等」という。）による危険

二　爆発性の物、発火性の物、引火性の物等による危険

三　電気、熱その他のエネルギーによる危険

第二一条　事業者は、掘削、採石、荷役、伐木等の業務における作業方法から生ずる危険を防止するため必要な措置を講じなければならない。

2　事業者は、労働者が墜落するおそれのある場所、土砂等が崩壊するおそれのある場所等に係る危険を防止するため必要な措置を講じなければならない。

第二二条　事業者は、次の健康障害を防止するため必要な措置を講じなければならない。

一　原材料、ガス、蒸気、粉じん、酸素欠乏空気、病原体等による健康障害

二　放射線、高温、低温、超音波、騒音、振動、異常気圧等による健康障害

三　計器監視、精密工作等の作業による健康障害

四　排気、排液又は残さい物による健康障害

第二三条　事業者は、労働者を就業させる建設物その他の作業場について、通路、床面、階段等の保全並びに換気、採光、照明、保温、防湿、休養、避難及び清潔に必要な措置その他労働者の健康、風紀及び生命の保持のため必要な措置を講じなければならない。

第二四条　事業者は、労働者の作業行動から生ずる労働災害を防止するため必要な措置を講じなければならない。

第二五条　事業者は、労働災害発生の急迫した危険があるときは、直ちに作業を中止し、労働者を作業場から退避させる等必要な措置を講じなければならない。

第二五条の二　建設業その他政令で定める業種に属する事業の仕事で、政令で定めるものを行う事業者は、爆発、火災等が生じたことに伴い労働者の救護に関する措置がとられる場合における労働災害の発生を防止するため、次の措置を講じなければならない。

一　労働者の救護に関し必要な機械等の備付け及び管理を行うこと。

二　労働者の救護に関し必要な事項についての訓練を行うこと。

三　前二号に掲げるもののほか、爆発、火災等に備えて、労働者の救護に関し必要な事項を行うこと。

2　前項に規定する事業者は、厚生労働省令で定める資格を有する者のうちから、厚生労働省令で定めるところにより、同項各号の措置のうち技術的事項を管理する者を選任し、その者に当該技術的事項を管理させなければならない。

第二六条　労働者は、事業者が第二十条から第二十五条まで及び前条第一項の規定に基づき講ずる措置に応じて、必要な事項を守らなければならない。

第二七条　第二十条から第二十五条まで及び第二十五条の二第一項の規定により事業者が講ずべき措置及び前条の規定により労働者が守らなければならない事項は、厚生労働省令で定める。

2　前項の厚生労働省令を定めるに当たつては、公害（環境基本法（平成五年法律第九十一号）第二条第三項に規定する公害をいう。）その他一般公衆の災害で、労働災害と密接に関連するものの防止に関する法令の趣旨に反しないように配慮しなければならない。

（技術上の指針等の公表等）

第二八条　厚生労働大臣は、第二十条から第二十五条まで及び第二十五条の二第一項の規定により事業者が講ずべき措置の適切かつ有効な実施を図るため必要な業種又は作業ごとの技術上の指針を公表するものとする。

2　厚生労働大臣は、前項の技術上の指針を定めるに当たつては、中高年齢者に関して、特に配慮するものとする。

3　厚生労働大臣は、次の化学物質で厚生労働大臣が定めるものを製造し、又は取り扱う事業者が当該化学物質による労働者の健康障害を防止するための指針を公表するものとする。

一　第五十七条の四第四項の規定による勧告又は第五十七条の五第一項の規定による指示に係る化学物質

二　前号に掲げる化学物質以外の化学物質で、がんその他の重度の健康障害を労働者に生ずるおそれのあるもの

4　厚生労働大臣は、第一項又は前項の規定により、技術上の指針又は労働者の健康障害を防止するための指針を公表した場合において必要があると認めるときは、事業者又はその団体に対し、当該技術上の指針又は労働者の健康障害を防止するための指針に関し必要な指導等を行うことができる。

（事業者の行うべき調査等）

第二八条の二　事業者は、厚生労働省令で定めるところにより、建設物、設備、原材料、ガス、蒸気、粉じん等による、又は作業行動その他業務に起因する危険性又は有害性等（第五十七条第一項の政令で定める物及び第五十七条の二第一項に規定する通知対象物による危険性又は有害性等を除く。）を調査し、その結果に基づいて、この法律又はこれに基づく命令の規定による措置を講ずるほか、労働者の危険又は健康障害を防止するため必要な措置を講ずるように努めなければならない。ただし、当該調査のうち、化学物質、化学物質を含有する製剤その他の物で労働者の危険又は健康障害を生ずるおそれのあるものに係るもの以外のものについては、製造業その他厚生労働省令で定める業種に属する事業者に限る。

2　厚生労働大臣は、前条第一項及び第三項に定めるもののほ

か、前項の措置に関して、その適切かつ有効な実施を図るため必要な指針を公表するものとする。

3　厚生労働大臣は、前項の指針に従い、事業者又はその団体に対し、必要な指導、援助等を行うことができる。

（元方事業者の講ずべき措置等）

第二九条　元方事業者は、関係請負人及び関係請負人の労働者が、当該仕事に関し、この法律又はこれに基づく命令の規定に違反しないよう必要な指導を行なわなければならない。

2　元方事業者は、関係請負人又は関係請負人の労働者が、当該仕事に関し、この法律又はこれに基づく命令の規定に違反していると認めるときは、是正のため必要な指示を行なわなければならない。

3　前項の指示を受けた関係請負人又はその労働者は、当該指示に従わなければならない。

第二九条の二　建設業に属する事業の元方事業者は、土砂等が崩壊するおそれのある場所、機械等が転倒するおそれのある場所その他の厚生労働省令で定める場所において関係請負人の労働者が当該事業の仕事の作業を行うときは、当該関係請負人が講ずべき当該場所に係る危険を防止するための措置が適正に講ぜられるように、技術上の指導その他の必要な措置を講じなければならない。

（特定元方事業者等の講ずべき措置）

第三〇条　特定元方事業者は、その労働者及び関係請負人の労働者の作業が同一の場所において行われることによつて生ずる労働災害を防止するため、次の事項に関する必要な措置を講じなければならない。

一　協議組織の設置及び運営を行うこと。

二　作業間の連絡及び調整を行うこと。

三　作業場所を巡視すること。

四　関係請負人が行う労働者の安全又は衛生のための教育に対する指導及び援助を行うこと。

五　仕事を行う場所が仕事ごとに異なることを常態とする業種で、厚生労働省令で定めるものに属する事業を行う特定元方事業者にあつては、仕事の工程に関する計画及び作業場所における機械、設備等の配置に関する計画を作成するとともに、当該機械、設備等を使用する作業に関し関係請負人がこの法律又はこれに基づく命令の規定に基づき講ずべき措置についての指導を行うこと。

六　前各号に掲げるもののほか、当該労働災害を防止するため必要な事項

2　特定事業の仕事の発注者（注文者のうち、その仕事を他の者から請け負わないで注文している者をいう。以下同じ。）で、特定元方事業者以外のものは、一の場所において行なわれる特定事業の仕事を二以上の請負人に請け負わせている場合において、当該場所において当該仕事に係る二以上の請負人の労働者が作業を行なうときは、厚生労働省令で定めるところにより、請負人で当該仕事を自ら行なう事業者であるもののうちから、前項に規定する措置を講ずべき者として一人を指名しなければならない。一の場所において行なわれる特定事業の仕事の全部を請け負つた者で、特定元方事業者以外のもののうち、当該仕事を二以上の請負人に請け負わせている者についても、同様とする。

3　前項の規定による指名がされないときは、同項の指名は、労働基準監督署長がする。

4　第二項又は前項の規定による指名がされたときは、当該指名された事業者は、当該場所において当該仕事の作業に従事するすべての労働者に関し、第一項に規定する措置を講じなければならない。この場合においては、当該指名された事業者及び当該指名された事業者以外の事業者については、第一項の規定は、適用しない。

第三〇条の二　製造業その他政令で定める業種に属する事業（特定事業を除く。）の元方事業者は、その労働者及び関係請負人の労働者の作業が同一の場所において行われることによつて生ずる労働災害を防止するため、作業間の連絡及び調整を行うことに関する措置その他必要な措置を講じなければならない。

2　前条第二項の規定は、前項に規定する事業の仕事の発注者について準用する。この場合において、同条第二項中「特定元方事業者」とあるのは「元方事業者」と、「特定事業の仕事を二以上」とあるのは「仕事を二以上」と、「前項」とあるのは「次条第一項」と、「特定事業の仕事の全部」とあるのは「仕事の全部」と読み替えるものとする。

3　前項において準用する前条第二項の規定による指名がされないときは、同項の指名は、労働基準監督署長がする。

4　第二項において準用する前条第二項又は前項の規定による指名がされたときは、当該指名された事業者は、当該場所において当該仕事の作業に従事するすべての労働者に関し、第一項に規定する措置を講じなければならない。この場合においては、当該指名された事業者及び当該指名された事業者以外の事業者については、同項の規定は、適用しない。

第三〇条の三　第二十五条の二第一項に規定する仕事が数次の請負契約によつて行われる場合（第四項の場合を除く。）においては、元方事業者は、当該場所において当該仕事の作業に従事するすべての労働者に関し、同条第一項各号の措置を講じなければならない。この場合においては、当該元方事業者及び当該元方事業者以外の事業者については、同項の規定は、適用しない。

2　第三十条第二項の規定は、第二十五条の二第一項に規定する仕事の発注者について準用する。この場合において、第三十条第二項中「特定元方事業者」とあるのは「元方事業者」と、「特定事業の仕事を二以上」とあるのは「仕事を二以上」と、「前項に規定する措置」とあるのは「第二十五条の二第一項各号の措置」と、「特定事業の仕事の全部」とあるのは「仕事の全部」と読み替えるものとする。

3　前項において準用する第三十条第二項の規定による指名がされないときは、同項の指名は、労働基準監督署長がする。

4　第二項において準用する第三十条第二項又は前項の規定による指名がされたときは、当該指名された事業者は、当該場所において当該仕事の作業に従事するすべての労働者に関し、第二十五条の二第一項各号の措置を講じなければならない。この場合においては、当該指名された事業者及び当該指名された事業者以外の事業者については、同項の規定は、適用しない。

5　第二十五条の二第二項の規定は、第一項に規定する元方事業者及び前項の指名された事業者について準用する。この場合においては、当該元方事業者及び当該指名された事業者並びに当該元方事業者及び当該指名された事業者以外の事業者については、同条第二項の規定は、適用しない。

（注文者の講ずべき措置）

第三一条　特定事業の仕事を自ら行う注文者は、建設物、設備又は原材料（以下「建設物等」という。）を、当該仕事を行う場所においてその請負人（当該仕事が数次の請負契約によつて行われるときは、当該請負人の請負契約の後次のすべての請負契約の当事者である請負人を含む。第三十一条の四において同じ。）の労働者に使用させるときは、当該建設物等について、当該労働者の労働災害を防止するため必要な措置を講じなければならない。

2　前項の規定は、当該事業の仕事が数次の請負契約によつて行なわれることにより同一の建設物等について同項の措置を講ずべき注文者が二以上あることとなるときは、後次の請契約の当事者である注文者については、適用しない。

第三一条の二　化学物質、化学物質を含有する製剤その他の物を製造し、又は取り扱う設備で政令で定めるものの改造その他の厚生労働省令で定める作業に係る仕事の注文者は、当該物について、当該仕事に係る請負人の労働者の労働災害を防止するため必要な措置を講じなければならない。

第三一条の三　建設業に属する事業の仕事を行う二以上の事業者の労働者が一の場所において機械で厚生労働省令で定めるものに係る作業（以下この条において「特定作業」という。）を行う場合において、特定作業に係る仕事を自ら行う発注者又は当該仕事の全部を請け負つた者で、当該場所において当該仕事の一部を請け負わせているものは、厚生労働省令で定めるところにより、当該場所において特定作業に従事するすべての労働者の労働災害を防止するため必要な措置を講じなければならない。

2　前項の場合において、同項の規定により同項に規定する措置を講ずべき者がいないときは、当該場所において行われる特定作業に係る仕事の全部を請負人に請け負わせている建設業に属する事業の元方事業者又は第三十条第二項若しくは第三項の規定により指名された事業者で建設業に属する事業を行うものは、前項に規定する措置を講ずる者を指名する等当該場所において特定作業に従事するすべての労働者の労働災害を防止するため必要な配慮をしなければならない。

（違法な指示の禁止）

第三一条の四　注文者は、その請負人に対し、当該仕事に関し、その指示に従つて当該請負人の労働者を労働させたならば、この法律又はこれに基づく命令の規定に違反することとなる指示をしてはならない。

（請負人の講ずべき措置等）

第三二条　第三十条第一項又は第四項の場合において、同条第一項に規定する措置を講ずべき事業者以外の請負人で、当該仕事を自ら行うものは、これらの規定により講ぜられる措置に応じて、必要な措置を講じなければならない。

2　第三十条の二第一項又は第四項の場合において、同条第一項に規定する措置を講ずべき事業者以外の請負人で、当該仕事を自ら行うものは、これらの規定により講ぜられる措置に応じて、必要な措置を講じなければならない。

3　第三十条の三第一項又は第四項の場合において、第二十五条の二第一項各号の措置を講ずべき事業者以外の請負人で、当該仕事を自ら行うものは、第三十条の三第一項又は第四項の規定により講ぜられる措置に応じて、必要な措置を講じなければならない。

4　第三十一条第一項の場合において、当該建設物等を使用する労働者に係る事業者である請負人は、同項の規定により講ぜられる措置に応じて、必要な措置を講じなければならない。

5　第三十一条の二の場合において、同条に規定する仕事に係る請負人は、同条の規定により講ぜられる措置に応じて、必要な措置を講じなければならない。

6　第三十条第一項若しくは第四項、第三十条の二第一項若しくは第四項、第三十条の三第一項若しくは第四項、第三十一条第一項又は第三十一条の二の場合において、労働者は、これらの規定又は前各項の規定により講ぜられる措置に応じて、必要な事項を守らなければならない。

7　第一項から第五項までの請負人及び前項の労働者は、第三十条第一項の特定元方事業者等、第三十条の二第一項若しくは第三十条の三第一項の元方事業者等、第三十一条第一項若しくは第三十一条の二の注文者又は第一項から第五項までの請負人が第三十条第一項若しくは第四項、第三十条の二第一項若しくは第四項、第三十条の三第一項若しくは第四項、第三十一条第一項、第三十一条の二又は第一項から第五項までの規定に基づく措置の実施を確保するためにする指示に従わなければならない。

（機械等貸与者等の講ずべき措置等）
第三三条　機械等で、政令で定めるものを他の事業者に貸与する者で、厚生労働省令で定めるもの（以下「機械等貸与者」という。）は、当該機械等の貸与を受けた事業者の事業場における当該機械等による労働災害を防止するため必要な措置を講じなければならない。

2　機械等貸与者から機械等の貸与を受けた者は、当該機械等を操作する者がその使用する労働者でないときは、当該機械等の操作による労働災害を防止するため必要な措置を講じなければならない。

3　前項の機械等を操作する者は、機械等の貸与を受けた者が同項の規定により講ずる措置に応じて、必要な事項を守らなければならない。

（建築物貸与者の講ずべき措置）
第三四条　建築物で、政令で定めるものを他の事業者に貸与する者（以下「建築物貸与者」という。）は、当該建築物の貸与を受けた事業者の事業に係る当該建築物による労働災害を防止するため必要な措置を講じなければならない。ただし、当該建築物の全部を一の事業者に貸与するときは、この限りでない。

（重量表示）
第三五条　一の貨物で、重量が一トン以上のものを発送しようとする者は、見やすく、かつ、容易に消滅しない方法で、当該貨物にその重量を表示しなければならない。ただし、包装されていない貨物で、その重量が一見して明らかであるものを発送しようとするときは、この限りでない。

（厚生労働省令への委任）
第三六条　第三十条第一項若しくは第四項、第三十条の二第一項若しくは第四項、第三十条の三第一項若しくは第四項、第三十一条第一項、第三十一条の二、第三十二条第一項から第五項まで、第三十三条第一項若しくは第二項又は第三十四条の規定によりこれらの規定に定める者が講ずべき措置及び第三十二条第六項又は第三十三条第三項の規定によりこれらの規定に定める者が守らなければならない事項は、厚生労働省令で定める。

第五章　機械等並びに危険物及び有害物に関する規制

第一節　機械等に関する規制

（製造の許可）
第三七条　特に危険な作業を必要とする機械等として別表第一に掲げるもので、政令で定めるもの（以下「特定機械等」という。）を製造しようとする者は、厚生労働省令で定めるところにより、あらかじめ、都道府県労働局長の許可を受けなければならない。

2　都道府県労働局長は、前項の許可の申請があつた場合には、その申請を審査し、申請に係る特定機械等の構造等が厚生労働大臣の定める基準に適合していると認めるときでなければ、同項の許可をしてはならない。

（製造時等検査等）
第三八条　特定機械等を製造し、若しくは輸入した者、特定機械等で厚生労働省令で定める期間設置されなかつたものを設置しようとする者又は特定機械等で使用を廃止したものを再び設置し、若しくは使用しようとする者は、厚生労働省令で定めるところにより、当該特定機械等及び……

働省令で定める事項について、当該特定機械等が、特別特定機械等（特定機械等のうち厚生労働省令で定めるものをいう。以下同じ。）以外のものであるときは都道府県労働局長の、特別特定機械等であるときは厚生労働大臣の登録を受けた者（以下「登録製造時等検査機関」という。）の検査を受けなければならない。ただし、輸入された特定機械等及びこれに係る厚生労働省令で定める事項（次項において「輸入時等検査対象機械等」という。）について当該特定機械等を外国において製造した者が次項の規定による検査を受けた場合は、この限りでない。

2　前項に定めるもののほか、次に掲げる場合には、外国において特定機械等を製造した者は、厚生労働省令で定めるところにより、輸入時等検査対象機械等について、自ら、当該特定機械等が、特別特定機械等以外のものであるときは都道府県労働局長の、特別特定機械等であるときは登録製造時等検査機関の検査を受けることができる。

一　当該特定機械等を本邦に輸出しようとするとき。

二　当該特定機械等を輸入した者が当該特定機械等を外国において製造した者以外の者（以下この号において単に「他の者」という。）である場合において、当該製造した者が当該他の者について前項の検査が行われることを希望しないとき。

3　特定機械等（移動式のものを除く。）を設置した者、特定機械等の厚生労働省令で定める部分に変更を加えた者又は特定機械等で使用を休止したものを再び使用しようとする者は、厚生労働省令で定めるところにより、当該特定機械等及びこれに係る厚生労働省令で定める事項について、労働基準監督署長の検査を受けなければならない。

（検査証の交付等）

第三九条　都道府県労働局長又は登録製造時等検査機関は、前条第一項又は第二項の検査（以下「製造時等検査」という。）に合格した移動式の特定機械等について、厚生労働省令で定めるところにより、検査証を交付する。

2　労働基準監督署長は、前条第三項の検査で、特定機械等の設置に係るものに合格した特定機械等について、厚生労働省令で定めるところにより、検査証を交付する。

3　労働基準監督署長は、前条第三項の検査で、特定機械等の部分の変更又は再使用に係るものに合格した特定機械等について、厚生労働省令で定めるところにより、当該特定機械等の検査証に、裏書を行う。

（使用等の制限）

第四〇条　前条第一項又は第二項の検査証（以下「検査証」という。）を受けていない特定機械等（第三十八条第三項の規定により部分の変更又は再使用に係る検査を受けなければならない特定機械等で、前条第三項の裏書を受けていないものを含む。）は、使用してはならない。

2　検査証を受けた特定機械等は、検査証とともにするのでなければ、譲渡し、又は貸与してはならない。

（検査証の有効期間等）

第四一条　検査証の有効期間（次項の規定により検査証の有効期間が更新されたときにあつては、当該更新された検査証の有効期間）は、特定機械等の種類に応じて、厚生労働省令で定める期間とする。

2　検査証の有効期間の更新を受けようとする者は、厚生労働省令で定めるところにより、当該特定機械等及びこれに係る厚生労働省令で定める事項について、厚生労働大臣の登録を受けた者（以下「登録性能検査機関」という。）が行う性能検査を受けなければならない。

（譲渡等の制限等）

第四二条　特定機械等以外の機械等で、別表第二に掲げるものその他危険若しくは有害な作業を必要とするもの、危険な場所において使用するもの又は危険若しくは健康障害を防止するため使用するもののうち、政令で定めるものは、厚生労働大臣が定める規格又は安全装置を具備しなければ、譲渡し、貸与し、又は設置してはならない。

第四三条　動力により駆動される機械等で、作動部分上の突起物又は動力伝導部分若しくは調速部分に厚生労働省令で定める防護のための措置が施されていないものは、譲渡し、貸与し、又は譲渡若しくは貸与の目的で展示してはならない。

第四三条の二　厚生労働大臣又は都道府県労働局長は、第四十二条の機械等を製造し、又は輸入した者が、当該機械等で、次の各号のいずれかに該当するものを譲渡し、又は貸与した場合には、その者に対し、当該機械等の回収又は改善を図ること、当該機械等を使用している者へ厚生労働省令で定める事項を通知することその他当該機械等が使用されることによる労働災害を防止するため必要な措置を講ずることを命ずることができる。

一　次条第五項の規定に違反して、同条第四項の表示が付され、又はこれと紛らわしい表示が付された機械等

二　第四十四条の二第三項に規定する型式検定に合格した型式の機械等で、第四十二条の厚生労働大臣が定める規格又は安全装置（第四号において「規格等」という。）を具備していないもの

三　第四十四条の二第六項の規定に違反して、同条第五項の表示が付され、又はこれと紛らわしい表示が付された機械等

四　第四十四条の二第一項の機械等以外の機械等で、規格等を具備していないもの

（個別検定）

第四四条　第四十二条の機械等（次条第一項に規定する機械等を除く。）のうち、別表第三に掲げる機械等で政令で定めるものを製造し、又は輸入した者は、厚生労働省令で定めるところにより、厚生労働大臣の登録を受けた者（以下「登録個別検定機関」という。）が個々に行う当該機械等についての検定を受けなければならない。

2　前項の規定にかかわらず、同項の機械等を輸入した者が当該機械等を外国において製造した者（以下この項において「外国製造者」という。）以外の者（以下この項において単に「他の者」という。）である場合において、当該外国製造者が当該他の者について前項の検定が行われることを希望しないときは、当該外国製造者は、厚生労働省令で定めるところにより、自ら登録個別検定機関が個々に行う当該機械等についての検定を受けることができる。当該検定が行われた場合においては、当該機械等を輸入した者については、同項の規定は、適用しない。

3　登録個別検定機関は、前二項の検定（以下「個別検定」という。）を受けようとする者から申請があつた場合には、当該申請に係る機械等が厚生労働省令で定める基準に適合していると認めるときでなければ、当該機械等を個別検定に合格させてはならない。

4　個別検定を受けた者は、当該個別検定に合格した機械等に、厚生労働省令で定めるところにより、当該個別検定に合格した旨の表示を付さなければならない。

5　個別検定に合格した機械等以外の機械等には、前項の表示を付し、又はこれと紛らわしい表示を付してはならない。

6　第一項の機械等で、第四項の表示が付されていないものは、使用してはならない。

（型式検定）

第四四条の二　第四十二条の機械等のうち、別表第四に掲げる機械等で政令で定めるものを製造し、又は輸入した者は、厚

生労働省令で定めるところにより、厚生労働大臣の登録を受けた者（以下「登録型式検定機関」という。）が行う当該機械等の型式についての検定を受けなければならない。ただし、当該機械等のうち輸入された機械等で、その型式について次項の検定が行われた機械等に該当するものは、この限りでない。

2　前項に定めるもののほか、次に掲げる場合には、外国において同項本文の機械等を製造した者（以下この項及び第四十四条の四において「外国製造者」という。）は、厚生労働省令で定めるところにより、当該機械等の型式について、自ら登録型式検定機関が行う検定を受けることができる。

一　当該機械等を本邦に輸出しようとするとき。

二　当該機械等を輸入した者が外国製造者以外の者（以下この号において単に「他の者」という。）である場合において、当該外国製造者が当該他の者について前項の検定が行われることを希望しないとき。

3　登録型式検定機関は、前二項の検定（以下「型式検定」という。）を受けようとする者から申請があつた場合には、当該申請に係る型式の機械等の構造並びに当該機械等を製造し、及び検査する設備等が厚生労働省令で定める基準に適合していると認めるときでなければ、当該型式を型式検定に合格させてはならない。

4　登録型式検定機関は、型式検定に合格した型式について、型式検定合格証を申請者に交付する。

5　型式検定を受けた者は、当該型式検定に合格した型式の機械等を本邦において製造し、又は本邦に輸入したときは、当該機械等に、厚生労働省令で定めるところにより、型式検定に合格した型式の機械等である旨の表示を付さなければならない。型式検定に合格した型式の機械等を本邦に輸入した者（当該型式検定を受けた者以外の者に限る。）についても、同様とする。

6　型式検定に合格した型式の機械等以外の機械等には、前項の表示を付し、又はこれと紛らわしい表示を付してはならない。

7　第一項本文の機械等で、第五項の表示が付されていないものは、使用してはならない。

（型式検定合格証の有効期間等）

第四四条の三　型式検定合格証の有効期間（次項の規定により型式検定合格証の有効期間が更新されたときにあつては、当該更新された型式検定合格証の有効期間）は、前条第一項本文の機械等の種類に応じて、厚生労働省令で定める期間とする。

2　型式検定合格証の有効期間の更新を受けようとする者は、厚生労働省令で定めるところにより、型式検定を受けなければならない。

（型式検定合格証の失効）

第四四条の四　厚生労働大臣は、次の各号のいずれかに該当する場合には、当該各号の機械等に係る型式検定合格証（第二号にあつては、当該外国製造者が受けた型式検定合格証）の効力を失わせることができる。

一　型式検定に合格した型式の機械等の構造又は当該機械等を製造し、若しくは検査する設備等が第四十四条の二第三項の厚生労働省令で定める基準に適合していないと認められるとき。

二　型式検定を受けた外国製造者が、当該型式検定に合格した型式の機械等以外の機械等で本邦に輸入されたものに、第四十四条の二第五項の表示を付し、又はこれと紛らわしい表示を付しているとき。

三　厚生労働大臣が型式検定に合格した型式の機械等の構造並びに当該機械等を製造し、及び検査する設備等に関し労働者の安全と健康を確保するため必要があると認めてその職員をして当該型式検定を受けた外国製造者の事業場又は当該型式検定に係る機械等若しくは設備等の所在すると認める場所において、関係者に質問をさせ、又は当該機械等若しくは設備等その他の物件についての検査をさせようとした場合において、その質問に対して陳述がされず、若しくは虚偽の陳述がされ、又はその検査が拒まれ、妨げられ、若しくは忌避されたとき。

（定期自主検査）

第四五条　事業者は、ボイラーその他の機械等で、政令で定めるものについて、厚生労働省令で定めるところにより、定期に自主検査を行ない、及びその結果を記録しておかなければならない。

2　事業者は、前項の機械等で政令で定めるものについて同項の規定による自主検査のうち厚生労働省令で定める自主検査（以下「特定自主検査」という。）を行うときは、その使用する労働者で厚生労働省令で定める資格を有するもの又は第五十四条の三第一項に規定する登録を受け、他人の求めに応じて当該機械等について特定自主検査を行う者（以下「検査業者」という。）に実施させなければならない。

3　厚生労働大臣は、第一項の規定による自主検査の適切かつ有効な実施を図るため必要な自主検査指針を公表するものとする。

4　厚生労働大臣は、前項の自主検査指針を公表した場合において必要があると認めるときは、事業者若しくは検査業者又はこれらの団体に対し、当該自主検査指針に関し必要な指導等を行うことができる。

（登録製造時等検査機関の登録）

第四六条　第三十八条第一項の規定による登録（以下この条、次条、第五十三条第一項及び第二項並びに第五十三条の二第一項において「登録」という。）は、厚生労働省令で定めるところにより、厚生労働省令で定める区分ごとに、製造時等検査を行おうとする者の申請により行う。

2　次の各号のいずれかに該当する者は、登録を受けることができない。

一　この法律又はこれに基づく命令の規定に違反して、罰金以上の刑に処せられ、その執行を終わり、又は執行を受けることがなくなつた日から起算して二年を経過しない者

二　第五十三条第一項又は第二項の規定により登録を取り消され、その取消しの日から起算して二年を経過しない者

三　法人で、その業務を行う役員のうちに前二号のいずれかに該当する者があるもの

3　厚生労働大臣は、第一項の規定により登録を申請した者（以下この項において「登録申請者」という。）が次に掲げる要件の全てに適合しているときは、登録をしなければならない。

一　別表第五に掲げる機械器具その他の設備を用いて製造時等検査を行うものであること。

二　製造時等検査を実施する者（別表第六第一号に掲げる条件のいずれかに適合する知識経験を有する者に限る。以下「検査員」という。）が同表第二号に掲げる数以上であること。

三　検査員であつて別表第七に掲げる条件のいずれかに適合する知識経験を有する者が検査員を指揮するとともに製造時等検査の業務を管理するものであること。

四　登録申請者が、特別特定機械等を製造し、又は輸入する者（以下この号において「製造者等」という。）に支配されているものとして次のいずれかに該当するものでないこと。

イ　登録申請者が株式会社である場合にあつては、

等がその親法人（会社法（平成十七年法律第八十六号）第八百七十九条第一項に規定する親法人をいい、当該登録申請者が外国にある事務所において製造時等検査の業務を行おうとする者である場合にあつては、外国における同法の親法人に相当するものを含む。）であること。

ロ　登録申請者の役員（持分会社（会社法第五百七十五条第一項に規定する持分会社をいう。）にあつては、業務を執行する社員）に占める製造者等の役員又は職員（過去二年間に当該製造者等の役員又は職員であつた者を含む。）の割合が二分の一を超えていること。

ハ　登録申請者（法人にあつては、その代表権を有する役員）が、製造者等の役員又は職員（過去二年間に当該製造者等の役員又は職員であつた者を含む。）であること。

4　登録は、登録製造時等検査機関登録簿に次に掲げる事項を記載してするものとする。

一　登録年月日及び登録番号

二　氏名又は名称及び住所並びに法人にあつては、その代表者の氏名

三　事務所の名称及び所在地

四　第一項の区分

（登録の更新）

第四六条の二　登録は、五年以上十年以内において政令で定める期間ごとにその更新を受けなければ、その期間の経過によつて、その効力を失う。

2　前条第二項から第四項までの規定は、前項の登録の更新について準用する。

（製造時等検査の義務等）

第四七条　登録製造時等検査機関は、製造時等検査を行うべきことを求められたときは、正当な理由がある場合を除き、遅滞なく、製造時等検査を行わなければならない。

2　登録製造時等検査機関は、製造時等検査を行うときは、検査員にこれを実施させなければならない。

3　登録製造時等検査機関は、公正に、かつ、第三十七条第二項の基準のうち特別特定機械等の構造に係るものに適合する方法により製造時等検査を行わなければならない。

4　登録製造時等検査機関は、製造時等検査を行うときは、製造時等検査の検査方法から生ずる危険を防止するために必要な措置として厚生労働省令で定める措置を講じなければならない。

（変更の届出）

第四七条の二　登録製造時等検査機関は、第四十六条第四項第二号又は第三号の事項を変更しようとするときは、変更しようとする日の二週間前までに、厚生労働大臣に届け出なければならない。

（業務規程）

第四八条　登録製造時等検査機関は、製造時等検査の業務に関する規程（以下「業務規程」という。）を定め、製造時等検査の業務の開始の日の二週間前までに、厚生労働大臣に届け出なければならない。これを変更しようとするときも、同様とする。

2　業務規程には、製造時等検査の実施方法、製造時等検査に関する料金その他の厚生労働省令で定める事項を定めておかなければならない。

（業務の休廃止）

第四九条　登録製造時等検査機関は、製造時等検査の業務の全部又は一部を休止し、又は廃止しようとするときは、厚生労働省令で定めるところにより、あらかじめ、その旨を厚生労働大臣に届け出なければならない。

（財務諸表等の備付け及び閲覧等）

第五〇条　登録製造時等検査機関は、毎事業年度経過後三月以

内に、その事業年度の財産目録、貸借対照表及び損益計算書又は収支決算書並びに事業報告書（その作成に代えて電磁的記録（電子的方式、磁気的方式その他の人の知覚によつては認識することができない方式で作られる記録であつて、電子計算機による情報処理の用に供されるものをいう。以下同じ。）の作成がされている場合における当該電磁的記録を含む。次項及び第百二十三条第一号において「財務諸表等」という。）を作成し、五年間事務所に備えて置かなければならない。

2　製造時等検査を受けようとする者その他の利害関係人は、登録製造時等検査機関の業務時間内は、いつでも、次に掲げる請求をすることができる。ただし、第二号及び第四号の請求をするには、登録製造時等検査機関の定めた費用を支払わなければならない。

一　財務諸表等が書面をもつて作成されているときは、当該書面の閲覧又は謄写の請求
二　前号の書面の謄本又は抄本の請求
三　財務諸表等が電磁的記録をもつて作成されているときは、当該電磁的記録に記録された事項を厚生労働省令で定める方法により表示したものの閲覧又は謄写の請求
四　前号の電磁的記録に記録された事項を電磁的方法であつて厚生労働省令で定めるものにより提供することの請求又は当該事項を記載した書面の交付の請求

3　製造時等検査を受けようとする者その他の利害関係人は、登録製造時等検査機関が製造時等検査に関し生じた損害を賠償するために必要な金額を担保することができる保険契約（以下この項において「損害保険契約」という。）を締結しているときは、登録製造時等検査機関の業務時間内は、いつでも、次に掲げる請求をすることができる。ただし、第二号及び第四号の請求をするには、登録製造時等検査機関の定めた費用を支払わなければならない。

一　損害保険契約の契約内容を記載した書類が書面をもつて作成されているときは、当該書面の閲覧又は謄写の請求
二　前号の書面の謄本又は抄本の請求
三　第一号の書類が電磁的記録をもつて作成されているときは、当該電磁的記録に記録された事項を厚生労働省令で定める方法により表示したものの閲覧又は謄写の請求
四　前号の電磁的記録に記録された事項を電磁的方法であつて厚生労働省令で定めるものにより提供することの請求又は当該事項を記載した書面の交付の請求

4　登録製造時等検査機関は、毎事業年度経過後三月以内に、第一項の規定により作成した損益計算書又は収支決算書及び事業報告書を厚生労働大臣に提出しなければならない。

（検査員の選任等の届出）

第五一条　登録製造時等検査機関は、検査員を選任し、又は解任したときは、厚生労働省令で定めるところにより、遅滞なく、その旨を厚生労働大臣に届け出なければならない。

（適合命令）

第五二条　厚生労働大臣は、登録製造時等検査機関（外国にある事務所において製造時等検査の業務を行う登録製造時等検査機関（以下「外国登録製造時等検査機関」という。）を除く。）が第四十六条第二項各号のいずれかに適合しなくなつたと認めるときは、その登録製造時等検査機関に対し、これらの規定に適合するため必要な措置をとるべきことを命ずることができる。

（改善命令）

第五二条の二　厚生労働大臣は、登録製造時等検査機関（外国登録製造時等検査機関を除く。）が第四十七条の規定に違反していると認めるときは、その登録製造時等検査機関に対し、製造時等検査を行うべきこと又は製造時等検査の方法その

の業務の方法の改善に関し必要な措置をとるべきことを命ずることができる。

（準用）

第五二条の三　前二条の規定は、外国登録製造時等検査機関について準用する。この場合において、前二条中「命ずる」とあるのは、「請求する」と読み替えるものとする。

（登録の取消し等）

第五三条　厚生労働大臣は、登録製造時等検査機関（外国登録製造時等検査機関を除く。）が次の各号のいずれかに該当するに至つたときは、その登録を取り消し、又は六月を超えない範囲内で期間を定めて製造時等検査の業務の全部若しくは一部の停止を命ずることができる。

一　第四十六条第二項第一号又は第三号に該当するに至つたとき。

二　第四十七条から第四十九条まで、第五十条第一項若しくは第四項又は第百三条第二項の規定に違反したとき。

三　正当な理由がないのに第五十条第二項各号又は第三項各号の規定による請求を拒んだとき。

四　第五十一条の規定による届出をせず、又は虚偽の届出をしたとき。

五　第五十二条及び第五十二条の二の規定による命令に違反したとき。

六　不正の手段により登録を受けたとき。

2　厚生労働大臣は、外国登録製造時等検査機関が次の各号のいずれかに該当するに至つたときは、その登録を取り消すことができる。

一　前項第一号から第四号まで又は第六号のいずれかに該当するとき。

二　前条において読み替えて準用する第五十二条又は第五十二条の二の規定による請求に応じなかつたとき。

三　厚生労働大臣が、外国登録製造時等検査機関が前二号のいずれかに該当すると認めて、六月を超えない範囲内で期間を定めて製造時等検査の業務の全部又は一部の停止を請求した場合において、その請求に応じなかつたとき。

四　厚生労働大臣が、外国登録製造時等検査機関の業務の適正な運営を確保するため必要があると認めて、その職員をして外国登録製造時等検査機関の事務所に立ち入らせ、関係者に質問させ、又はその業務に関係のある帳簿、書類その他の物件を検査させようとした場合において、その立入り若しくは検査が拒まれ、妨げられ、若しくは忌避され、又は質問に対して陳述がされず、若しくは虚偽の陳述がされたとき。

五　厚生労働大臣が、この法律を施行するため必要があると認めて、外国登録製造時等検査機関に対し、必要な事項の報告を求めた場合において、その報告がされず、又は虚偽の報告がされたとき。

六　次項の規定による費用の負担をしないとき。

3　前項第四号の検査に要する費用（政令で定めるものに限る。）は、当該検査を受ける外国登録製造時等検査機関の負担とする。

（都道府県労働局長による製造時等検査の実施）

第五三条の二　都道府県労働局長は、登録を受ける者がいないとき、第四十九条の規定による製造時等検査の業務の全部又は一部の休止又は廃止の届出があつたとき、前条第一項若しくは第二項の規定により登録を取り消し、又は登録製造時等検査機関に対し製造時等検査の業務の全部若しくは一部の停止を命じたとき、登録製造時等検査機関が天災その他の事由により製造時等検査の業務の全部又は一部を実施することが困難となつたときその他必要があると認めるときは、当該製造時等検査の業務の全部又は一部を自ら行うことができる。

2　都道府県労働局長が前項の規定により製造時等検査の業務の全部又は一部を自ら行う場合における製造時等検査の業務の引継ぎその他の必要な事項については、厚生労働省令で定める。

（登録性能検査機関）

第五三条の三　第四十六条及び第四十六条の二の規定は第四十一条第二項の登録について、第四十七条から前条までの規定は登録性能検査機関について準用する。この場合において、次の表の上欄に掲げる規定中同表の中欄に掲げる字句は、それぞれ同表の下欄に掲げる字句と読み替えるものとする。

第四十六条第一項	第三十八条第一項	第四十一条第二項
	製造時等検査	第四十一条第二項の性能検査（以下「性能検査」という。）
第四十六条第三項第一号	別表第五	別表第八の上欄に掲げる機械等に応じ、それぞれ同表の下欄
	製造時等検査	性能検査
第四十六条第三項第二号	製造時等検査	別表第九の上欄に掲げる機械等に応じ、性能検査
	別表第六第一号	同表の中欄
	同表第二号	同表の下欄
第四十六条第三項第三号	別表第七	別表第十
	製造時等検査	性能検査
第四十六条第三項第四号	特別特定機械等を製造し、又は輸入する者	特定機械等を製造し、若しくは輸入する者又は特定機械等の整備を業とする者
	製造時等検査	性能検査
第四十六条第四項	登録製造時等検査機関登録簿	登録性能検査機関登録簿
第四十七条第一項及び第二項	製造時等検査	性能検査
第四十七条第三項	特別特定機械等	特定機械等
	製造時等検査	性能検査
第四十七条第四項及び第四十八条	製造時等検査	性能検査
第四十九条	製造時等検査	性能検査
	あらかじめ	休止又は廃止の日の三十日前までに
第五十条第二項及び第三項	製造時等検査	性能検査
第五十二条及び第五十二条の二	製造時等検査	性能検査
	外国登録製造時等検査機関	外国登録性能検査機関

第五十二条の三	外国登録製造時等検査機関	外国登録性能検査機関
第五十三条第一項及び第二項	外国登録製造時等検査機関	外国登録性能検査機関
	製造時等検査	性能検査
第五十三条第三項	外国登録製造時等検査機関	外国登録性能検査機関
前条	都道府県労働局長	労働基準監督署長
	製造時等検査	性能検査

（登録個別検定機関）

第五四条 第四十六条及び第四十六条の二の規定は第四十四条第一項の登録について、第四十六条の二の規定は登録個別検定機関について、第四十七条から第五十三条の二までの規定は登録個別検定機関について準用する。この場合において、次の表の上欄に掲げる規定中同表の中欄に掲げる字句は、それぞれ同表の下欄に掲げる字句と読み替えるものとする。

第四十六条第一項	第三十八条第一項	第四十四条第一項
	製造時等検査	個別検定
第四十六条第三項第一号	別表第五	別表第十一の上欄に掲げる機械等に応じ、それぞれ同表の下欄
	製造時等検査	個別検定
第四十六条第三項第二号	製造時等検査	別表第十二の上欄に掲げる機械等に応じ、個別検定
	別表第六第一号	同表の中欄
	検査員	検定員
	同表第二号	同表の下欄
第四十六条第三項第三号	検査員	検定員
	別表第七	別表第十三
	製造時等検査	個別検定
第四十六条第三項第四号	特別特定機械等	第四十四条第一項の政令で定める機械等
	製造時等検査	個別検定
第四十六条第四項	登録製造時等検査機関登録簿	登録個別検定機関登録簿
第四十七条第一項	製造時等検査	個別検定
第四十七条第二項	製造時等検査	個別検定
第四十七条第三項	検査員	検定員
	第三十七条第二項の基準のうち特別特定機械等の構造に係るもの	第四十四条第三項の基準
	製造時等検査	個別検定
第四十七条第四項	製造時等検査	個別検定

	検査方法	検定方法
第四十八条、第四十九条並びに第五十条第二項及び第三項	製造時等検査	個別検定
第五十一条	検査員	検定員
第五十二条及び第五十二条の二	製造時等検査	個別検定
	外国登録製造時等検査機関	外国登録個別検定機関
第五十二条の三	外国登録製造時等検査機関	外国登録個別検定機関
第五十三条第一項及び第二項	外国登録製造時等検査機関	外国登録個別検定機関
	製造時等検査	個別検定
第五十三条第三項	外国登録製造時等検査機関	外国登録個別検定機関
第五十三条の二	都道府県労働局長	厚生労働大臣又は都道府県労働局長
	製造時等検査	個別検定

（登録型式検定機関）

第五四条の二　第四十六条及び第四十六条の二の規定は第四十四条の二第一項の登録について、第四十七条から第五十三条の二までの規定は登録型式検定機関について準用する。この場合において、次の表の上欄に掲げる規定中同表の中欄に掲げる字句は、それぞれ同表の下欄に掲げる字句と読み替えるものとする。

第四十六条第一項	第三十八条第一項	第四十四条の二第一項
	製造時等検査	型式検定
第四十六条第三項第一号	別表第五	別表第十四の上欄に掲げる機械等に応じ、それぞれ同表の下欄
	製造時等検査	型式検定
第四十六条第三項第二号	製造時等検査	型式検定
	別表第六第一号	別表第十五第一号
	検査員	検定員
第四十六条第三項第三号	検査員	検定員
	別表第七	別表第十六
	製造時等検査	型式検定
第四十六条第三項第四号	特別特定機械等	第四十四条の二第一項の政令で定める機械等
	製造時等検査	型式検定
第四十六条第四項	登録製造時等検査機関登録簿	登録型式検定機関登録簿

第四十七条第一項	製造時等検査	型式検定
第四十七条第二項	製造時等検査	型式検定
	検査員	検定員
第四十七条第三項	第三十七条第二項の基準のうち特別特定機械等の構造に係るもの	第四十四条の二第三項の基準
	製造時等検査	型式検定
第四十七条第四項	製造時等検査	型式検定
	検査方法	検定方法
第四十八条、第四十九条並びに第五十条第二項及び第三項	製造時等検査	型式検定
第五十一条	検査員	検定員
第五十二条及び第五十二条の二	製造時等検査	型式検定
	外国登録製造時等検査機関	外国登録型式検定機関
第五十二条の三	外国登録製造時等検査機関	外国登録型式検定機関
第五十三条第一項及び第二項	外国登録製造時等検査機関	外国登録型式検定機関
	製造時等検査	型式検定
第五十三条第三項	外国登録製造時等検査機関	外国登録型式検定機関
第五十三条の二	都道府県労働局長	厚生労働大臣
	製造時等検査	型式検定

（検査業者）

第五四条の三　検査業者になろうとする者は、厚生労働省令で定めるところにより、厚生労働省又は都道府県労働局に備える検査業者名簿に、氏名又は名称、住所その他厚生労働省令で定める事項の登録を受けなければならない。

2　次の各号のいずれかに該当する者は、前項の登録を受けることができない。

一　第四十五条第一項若しくは第二項の規定若しくはこれらの規定に基づく命令に違反し、又は第五十四条の六第二項の規定による命令に違反して、罰金以上の刑に処せられ、その執行を終わり、又は執行を受けることがなくなつた日から起算して二年を経過しない者

二　第五十四条の六第二項の規定により登録を取り消され、その取消しの日から起算して二年を経過しない者

三　法人で、その業務を行う役員のうちに第一号に該当する者があるもの

3　第一項の登録は、検査業者になろうとする者の申請により行う。

4　厚生労働大臣又は都道府県労働局長は、前項の申請が厚生労働省令で定める基準に適合していると認めるときでなけれ

ば、第一項の登録をしてはならない。

5　事業者その他の関係者は、検査業者名簿の閲覧を求めることができる。

第五四条の四　検査業者は、他人の求めに応じて特定自主検査を行うときは、厚生労働省令で定める資格を有する者にこれを実施させなければならない。

第五四条の五　検査業者がその事業の全部を譲り渡し、又は検査業者について相続、合併若しくは分割（その事業の全部を承継させるものに限る。）があつたときは、その事業の全部を譲り受けた者又は相続人（相続人が二人以上ある場合において、その全員の同意により事業を承継すべき相続人を選定したときは、その者。以下この項において同じ。）、合併後存続する法人若しくは合併により設立された法人若しくは分割によりその事業の全部を承継した法人は、その検査業者の地位を承継する。ただし、当該事業の全部を譲り受けた者又は相続人、合併後存続する法人若しくは合併により設立された法人若しくは分割により当該事業の全部を承継した法人が第五十四条の三第二項各号のいずれかに該当するときは、この限りでない。

2　前項の規定により検査業者の地位を承継した者は、厚生労働省令で定めるところにより、遅滞なく、その旨を厚生労働大臣又は都道府県労働局長に届け出なければならない。

第五四条の六　厚生労働大臣又は都道府県労働局長は、検査業者が第五十四条の三第二項第一号又は第三号に該当するに至つたときは、その登録を取り消さなければならない。

2　厚生労働大臣又は都道府県労働局長は、検査業者が次の各号のいずれかに該当するに至つたときは、その登録を取り消し、又は六月を超えない範囲内で期間を定めて特定自主検査の業務の全部若しくは一部の停止を命ずることができる。

一　第五十四条の三第四項の基準に適合しなくなつたと認められるとき。

二　第五十四条の四の規定に違反したとき。

三　第百十条第一項の条件に違反したとき。

第二節　危険物及び有害物に関する規制

（製造等の禁止）

第五五条　黄りんマッチ、ベンジジン、ベンジジンを含有する製剤その他の労働者に重度の健康障害を生ずる物で、政令で定めるものは、製造し、輸入し、譲渡し、提供し、又は使用してはならない。ただし、試験研究のため製造し、輸入し、又は使用する場合で、政令で定める要件に該当するときは、この限りでない。

（製造の許可）

第五六条　ジクロルベンジジン、ジクロルベンジジンを含有する製剤その他の労働者に重度の健康障害を生ずるおそれのある物で、政令で定めるものを製造しようとする者は、厚生労働省令で定めるところにより、あらかじめ、厚生労働大臣の許可を受けなければならない。

2　厚生労働大臣は、前項の許可の申請があつた場合には、その申請を審査し、製造設備、作業方法等が厚生労働大臣の定める基準に適合していると認めるときでなければ、同項の許可をしてはならない。

3　第一項の許可を受けた者（以下「製造者」という。）は、その製造設備を、前項の基準に適合するように維持しなければならない。

4　製造者は、第二項の基準に適合する作業方法に従つて第一項の物を製造しなければならない。

5　厚生労働大臣は、製造者の製造設備又は作業方法が第二項の基準に適合していないと認めるときは、当該基準に適合するように製造設備を修理し、改造し、若しくは移転し、又は当該基準に適合する作業方法に従つて第一項の物を製造すべきことを命ずることができる。

6 厚生労働大臣は、製造者がこの法律若しくはこれに基づく命令の規定又はこれらの規定に基づく処分に違反したときは、第一項の許可を取り消すことができる。

（表示等）

第五七条 爆発性の物、発火性の物、引火性の物その他の労働者に危険を生ずるおそれのある物若しくはベンゼン、ベンゼンを含有する製剤その他の労働者に健康障害を生ずるおそれのある物で政令で定めるもの又は前条第一項の物を容器に入れ、又は包装して、譲渡し、又は提供する者は、厚生労働省令で定めるところにより、その容器又は包装（容器に入れ、かつ、包装して、譲渡し、又は提供するときにあつては、その容器）に次に掲げるものを表示しなければならない。ただし、その容器又は包装のうち、主として一般消費者の生活の用に供するためのものについては、この限りでない。

一 次に掲げる事項
　イ 名称
　ロ 人体に及ぼす作用
　ハ 貯蔵又は取扱い上の注意
　ニ イからハまでに掲げるもののほか、厚生労働省令で定める事項
二 当該物を取り扱う労働者に注意を喚起するための標章で厚生労働大臣が定めるもの

2 前項の政令で定める物又は前条第一項の物を前項に規定する方法以外の方法により譲渡し、又は提供する者は、厚生労働省令で定めるところにより、同項各号の事項を記載した文書を、譲渡し、又は提供する相手方に交付しなければならない。

（文書の交付等）

第五七条の二 労働者に危険若しくは健康障害を生ずるおそれのある物で政令で定めるもの又は第五十六条第一項の物（以下この条及び次条第一項において「通知対象物」という。）を譲渡し、又は提供する者は、文書の交付その他厚生労働省令で定める方法により通知対象物に関する次の事項（前条第二項に規定する者にあつては、同項に規定する事項を除く。）を、譲渡し、又は提供する相手方に通知しなければならない。ただし、主として一般消費者の生活の用に供される製品として通知対象物を譲渡し、又は提供する場合については、この限りでない。

一 名称
二 成分及びその含有量
三 物理的及び化学的性質
四 人体に及ぼす作用
五 貯蔵又は取扱い上の注意
六 流出その他の事故が発生した場合において講ずべき応急の措置
七 前各号に掲げるもののほか、厚生労働省令で定める事項

2 通知対象物を譲渡し、又は提供する者は、前項の規定により通知した事項に変更を行う必要が生じたときは、文書の交付その他厚生労働省令で定める方法により、変更後の同項各号の事項を、速やかに、譲渡し、又は提供した相手方に通知するよう努めなければならない。

3 前二項に定めるもののほか、前二項の通知に関し必要な事項は、厚生労働省令で定める。

（第五十七条第一項の政令で定める物及び通知対象物について事業者が行うべき調査等）

第五七条の三 事業者は、厚生労働省令で定めるところにより、第五十七条第一項の政令で定める物及び通知対象物による危

険性又は有害性等を調査しなければならない。

2　事業者は、前項の調査の結果に基づいて、この法律又はこれに基づく命令の規定による措置を講ずるほか、労働者の危険又は健康障害を防止するため必要な措置を講ずるように努めなければならない。

3　厚生労働大臣は、第二十八条第一項及び第三項に定めるもののほか、前二項の措置に関して、その適切かつ有効な実施を図るため必要な指針を公表するものとする。

4　厚生労働大臣は、前項の指針に従い、事業者又はその団体に対し、必要な指導、援助等を行うことができる。

（化学物質の有害性の調査）

第五七条の四　化学物質による労働者の健康障害を防止するため、既存の化学物質として政令で定める化学物質（第三項の規定によりその名称が公表された化学物質を含む。）以外の化学物質（以下この条において「新規化学物質」という。）を製造し、又は輸入しようとする事業者は、あらかじめ、厚生労働省令で定めるところにより、厚生労働大臣の定める基準に従つて有害性の調査（当該新規化学物質が労働者の健康に与える影響についての調査をいう。以下この条において同じ。）を行い、当該新規化学物質の名称、有害性の調査の結果その他の事項を厚生労働大臣に届け出なければならない。ただし、次の各号のいずれかに該当するときその他政令で定める場合は、この限りでない。

一　当該新規化学物質に関し、厚生労働省令で定めるところにより、当該新規化学物質について予定されている製造又は取扱いの方法等からみて労働者が当該新規化学物質にさらされるおそれがない旨の厚生労働大臣の確認を受けたとき。

二　当該新規化学物質に関し、厚生労働省令で定めるところにより、既に得られている知見等に基づき厚生労働省令で定める有害性がない旨の厚生労働大臣の確認を受けたとき。

三　当該新規化学物質を試験研究のため製造し、又は輸入しようとするとき。

四　当該新規化学物質が主として一般消費者の生活の用に供される製品（当該新規化学物質を含有する製品を含む。）として輸入される場合で、厚生労働省令で定めるとき。

2　有害性の調査を行つた事業者は、その結果に基づいて、当該新規化学物質による労働者の健康障害を防止するため必要な措置を速やかに講じなければならない。

3　厚生労働大臣は、第一項の規定による届出があつた場合（同項第二号の規定による確認をした場合を含む。）には、厚生労働省令で定めるところにより、当該新規化学物質の名称を公表するものとする。

4　厚生労働大臣は、第一項の規定による届出があつた場合には、厚生労働省令で定めるところにより、有害性の調査の結果について学識経験者の意見を聴き、当該届出に係る化学物質による労働者の健康障害を防止するため必要があると認めるときは、届出をした事業者に対し、施設又は設備の設置又は整備、保護具の備付けその他の措置を講ずべきことを勧告することができる。

5　前項の規定により有害性の調査の結果について意見を求められた学識経験者は、当該有害性の調査の結果に関して知り得た秘密を漏らしてはならない。ただし、労働者の健康障害を防止するためやむを得ないときは、この限りでない。

第五七条の五　厚生労働大臣は、化学物質で、がんその他の重度の健康障害を労働者に生ずるおそれのあるものについて、当該化学物質による労働者の健康障害を防止するため必要があると認めるときは、厚生労働省令で定めるところにより、当該化学物質を製造し、輸入し、又は使用している事業者その他厚生労働省令で定める事業者に対し、政令で定める有害性の調査（当該化学物質が労働者の健康障害に及ぼす影響についての調査をいう。）を行い、その結果を報告すべきことを指示することができる。

2　前項の規定による指示は、化学物質についての有害性の調査に関する技術水準、調査を実施する機関の整備状況、当該事業者の調査の能力等を総合的に考慮し、厚生労働大臣の定める基準に従つて行うものとする。

3　厚生労働大臣は、第一項の規定による指示を行おうとするときは、あらかじめ、厚生労働省令で定めるところにより、学識経験者の意見を聴かなければならない。

4　第一項の規定による有害性の調査を行つた事業者は、その結果に基づいて、当該化学物質による労働者の健康障害を防止するため必要な措置を速やかに講じなければならない。

5　第三項の規定により第一項の規定による指示について意見を求められた学識経験者は、当該指示に関して知り得た秘密を漏らしてはならない。ただし、労働者の健康障害を防止するためやむを得ないときは、この限りでない。

（国の援助等）

第五八条　国は、前二条の規定による有害性の調査の適切な実施に資するため、化学物質について、有害性の調査を実施する施設の整備、資料の提供その他必要な援助に努めるほか、自ら有害性の調査を実施するよう努めるものとする。

第六章　労働者の就業に当たつての措置

（安全衛生教育）

第五九条　事業者は、労働者を雇い入れたときは、当該労働者に対し、厚生労働省令で定めるところにより、その従事する業務に関する安全又は衛生のための教育を行なわなければならない。

2　前項の規定は、労働者の作業内容を変更したときについて準用する。

3　事業者は、危険又は有害な業務で、厚生労働省令で定めるものに労働者をつかせるときは、厚生労働省令で定めるところにより、当該業務に関する安全又は衛生のための特別の教育を行なわなければならない。

第六〇条　事業者は、その事業場の業種が政令で定めるものに該当するときは、新たに職務につくこととなつた職長その他の作業中の労働者を直接指導又は監督する者（作業主任者を除く。）に対し、次の事項について、厚生労働省令で定めるところにより、安全又は衛生のための教育を行なわなければならない。

一　作業方法の決定及び労働者の配置に関すること。
二　労働者に対する指導又は監督の方法に関すること。
三　前二号に掲げるもののほか、労働災害を防止するため必要な事項で、厚生労働省令で定めるもの

第六〇条の二　事業者は、前二条に定めるもののほか、その事業場における安全衛生の水準の向上を図るため、危険又は有害な業務に現に就いている者に対し、その従事する業務に関する安全又は衛生のための教育を行うように努めなければならない。

2　厚生労働大臣は、前項の教育の適切かつ有効な実施を図るため必要な指針を公表するものとする。

3　厚生労働大臣は、前項の指針に従い、事業者又はその団体に対し、必要な指導等を行うことができる。

（就業制限）

第六一条　事業者は、クレーンの運転その他の業務で、政令で定めるものについては、都道府県労働局長の当該業務に係る免許を受けた者又は都道府県労働局長の登録を受けた者が行う当該業務に係る技能講習を修了した者その他厚生労働省令

で定める資格を有する者でなければ、当該業務に就かせてはならない。

2　前項の規定により当該業務につくことができる者以外の者は、当該業務を行なつてはならない。

3　第一項の規定により当該業務につくことができる者は、当該業務に従事するときは、これに係る免許証その他その資格を証する書面を携帯していなければならない。

4　職業能力開発促進法（昭和四十四年法律第六十四号）第二十四条第一項（同法第二十七条の二第二項において準用する場合を含む。）の認定に係る職業訓練を受ける労働者について必要がある場合においては、その必要の限度で、前三項の規定について、厚生労働省令で別段の定めをすることができる。

（中高年齢者等についての配慮）

第六二条　事業者は、中高年齢者その他労働災害の防止上その就業に当たつて特に配慮を必要とする者については、これらの者の心身の条件に応じて適正な配置を行なうように努めなければならない。

（国の援助）

第六三条　国は、事業者が行なう安全又は衛生のための教育の効果的実施を図るため、指導員の養成及び資質の向上のための措置、教育指導方法の整備及び普及、教育資料の提供その他必要な施策の充実に努めるものとする。

第七章　健康の保持増進のための措置

第六四条　削除

（作業環境測定）

第六五条　事業者は、有害な業務を行う屋内作業場その他の作業場で、政令で定めるものについて、厚生労働省令で定めるところにより、必要な作業環境測定を行い、及びその結果を記録しておかなければならない。

2　前項の規定による作業環境測定は、厚生労働大臣の定める作業環境測定基準に従つて行わなければならない。

3　厚生労働大臣は、第一項の規定による作業環境測定の適切かつ有効な実施を図るため必要な作業環境測定指針を公表するものとする。

4　厚生労働大臣は、前項の作業環境測定指針を公表した場合において必要があると認めるときは、事業者若しくは作業環境測定機関又はこれらの団体に対し、当該作業環境測定指針に関し必要な指導等を行うことができる。

5　都道府県労働局長は、作業環境の改善により労働者の健康を保持する必要があると認めるときは、労働衛生指導医の意見に基づき、厚生労働省令で定めるところにより、事業者に対し、作業環境測定の実施その他必要な事項を指示することができる。

（作業環境測定の結果の評価等）

第六五条の二　事業者は、前条第一項又は第五項の規定による作業環境測定の結果の評価に基づいて、労働者の健康を保持するため必要があると認められるときは、厚生労働省令で定めるところにより、施設又は設備の設置又は整備、健康診断の実施その他の適切な措置を講じなければならない。

2　事業者は、前項の評価を行うに当たつては、厚生労働省令で定めるところにより、厚生労働大臣の定める作業環境評価基準に従つて行わなければならない。

3　事業者は、前項の規定による作業環境測定の結果の評価を行つたときは、厚生労働省令で定めるところにより、その結果を記録しておかなければならない。

（作業の管理）

第六五条の三　事業者は、労働者の健康に配慮して、労働者の従事する作業を適切に管理するように努めなければならない。

（作業時間の制限）

第六五条の四　事業者は、潜水業務その他の健康障害を生ずるおそれのある業務で、厚生労働省令で定めるものに従事させる労働者については、厚生労働省令で定める作業時間についての基準に違反して、当該業務に従事させてはならない。

（健康診断）

第六六条　事業者は、労働者に対し、厚生労働省令で定めるところにより、医師による健康診断（第六十六条の十第一項に規定する検査を除く。以下この条及び次条において同じ。）を行わなければならない。

2　事業者は、有害な業務で、政令で定めるものに従事する労働者に対し、厚生労働省令で定めるところにより、医師による特別の項目についての健康診断を行なわなければならない。有害な業務で、政令で定めるものに従事させたことのある労働者で、現に使用しているものについても、同様とする。

3　事業者は、有害な業務で、政令で定めるものに従事する労働者に対し、厚生労働省令で定めるところにより、歯科医師による健康診断を行なわなければならない。

4　都道府県労働局長は、労働者の健康を保持するため必要があると認めるときは、労働衛生指導医の意見に基づき、厚生労働省令で定めるところにより、事業者に対し、臨時の健康診断の実施その他必要な事項を指示することができる。

5　労働者は、前各項の規定により事業者が行なう健康診断を受けなければならない。ただし、事業者の指定した医師又は歯科医師が行なう健康診断を受けることを希望しない場合において、他の医師又は歯科医師の行なうこれらの規定による健康診断に相当する健康診断を受け、その結果を証明する書面を事業者に提出したときは、この限りでない。

（自発的健康診断の結果の提出）

第六六条の二　午後十時から午前五時まで（厚生労働大臣が必要であると認める場合においては、その定める地域又は期間については午後十一時から午前六時まで）の間における業務（以下「深夜業」という。）に従事する労働者であつて、その深夜業の回数その他の事項が深夜業に従事する労働者の健康の保持を考慮して厚生労働省令で定める要件に該当するものは、厚生労働省令で定めるところにより、自ら受けた健康診断（前条第五項ただし書の規定による健康診断を除く。）の結果を証明する書面を事業者に提出することができる。

（健康診断の結果の記録）

第六六条の三　事業者は、厚生労働省令で定めるところにより、第六十六条第一項から第四項まで及び第五項ただし書並びに前条の規定による健康診断の結果を記録しておかなければならない。

（健康診断の結果についての医師等からの意見聴取）

第六六条の四　事業者は、第六十六条第一項から第四項まで若しくは第五項ただし書又は第六十六条の二の規定による健康診断の結果（当該健康診断の項目に異常の所見があると診断された労働者に係るものに限る。）に基づき、当該労働者の健康を保持するために必要な措置について、厚生労働省令で定めるところにより、医師又は歯科医師の意見を聴かなければならない。

（健康診断実施後の措置）

第六六条の五　事業者は、前条の規定による医師又は歯科医師の意見を勘案し、その必要があると認めるときは、当該労働者の実情を考慮して、就業場所の変更、作業の転換、労働時間の短縮、深夜業の回数の減少等の措置を講ずるほか、作業環境測定の実施、施設又は設備の設置又は整備、当該医師又は歯科医師の意見の衛生委員会若しくは安全衛生委員会又は労働時間等設定改善委員会（労働時間等の設定の改善に関する特別措置法（平成四年法律第九十号）第七条に規定する労働時間等設定改善委員会をいう。以下同じ。）への報告その他の適切な措置を講じなければならない。

2　厚生労働大臣は、前項の規定により事業者が講ずべき措置の適切かつ有効な実施を図るため必要な指針を公表するものとする。

3　厚生労働大臣は、前項の指針を公表した場合において必要があると認めるときは、事業者又はその団体に対し、当該指針に関し必要な指導等を行うことができる。

（健康診断の結果の通知）

第六六条の六　事業者は、第六十六条第一項から第四項の規定により行う健康診断を受けた労働者に対し、厚生労働省令で定めるところにより、当該健康診断の結果を通知しなければならない。

（保健指導等）

第六六条の七　事業者は、第六十六条第一項の規定による健康診断若しくは当該健康診断に係る同条第五項ただし書の規定による健康診断又は第六十六条の二の規定による健康診断の結果、特に健康の保持に努める必要があると認める労働者に対し、医師又は保健師による保健指導を行うように努めなければならない。

2　労働者は、前条の規定により通知された健康診断の結果及び前項の規定による保健指導を利用して、その健康の保持に努めるものとする。

（面接指導等）

第六六条の八　事業者は、その労働時間の状況その他の事項が労働者の健康の保持を考慮して厚生労働省令で定める要件に該当する労働者（次条第一項に規定する者及び第六十六条の八の四第一項に規定する者を除く。以下この条において同じ。）に対し、厚生労働省令で定めるところにより、医師による面接指導（問診その他の方法により心身の状況を把握し、これに応じて面接により必要な指導を行うことをいう。以下同じ。）を行わなければならない。

2　労働者は、前項の規定により事業者が行う面接指導を受けなければならない。ただし、事業者の指定した医師が行う面接指導を受けることを希望しない場合において、他の医師の行う同項の規定による面接指導に相当する面接指導を受け、その結果を証明する書面を事業者に提出したときは、この限りでない。

3　事業者は、厚生労働省令で定めるところにより、第一項及び前項ただし書の規定による面接指導の結果を記録しておかなければならない。

4　事業者は、第一項又は第二項ただし書の規定による面接指導の結果に基づき、当該労働者の健康を保持するために必要な措置について、厚生労働省令で定めるところにより、医師の意見を聴かなければならない。

5　事業者は、前項の規定による医師の意見を勘案し、その必要があると認めるときは、当該労働者の実情を考慮して、就業場所の変更、作業の転換、労働時間の短縮、深夜業の回数の減少等の措置を講ずるほか、当該医師の意見の衛生委員会若しくは安全衛生委員会又は労働時間等設定改善委員会への報告その他の適切な措置を講じなければならない。

第六六条の八の二　事業者は、その労働時間が労働者の健康の保持を考慮して厚生労働省令で定める時間を超える労働者（労働基準法第三十六条第十一項に規定する業務に従事する者（同法第四十一条各号に掲げる者及び第六十六条の八の四第一項に規定する者を除く。）に限る。）に対し、厚生労働省令で定めるところにより、医師による面接指導を行わなければならない。

2　前条第二項から第五項までの規定は、前項の事業者及び労働者について準用する。この場合において、同条第五項中「作業の転換」とあるのは、「職務内容の変更、有給休暇（労働基準法第三十九条の規定による有給休暇を除く。）の付与」と読み替えるものとする。

第六六条の八の三　事業者は、第六十六条の八第一項又は前条第一項の規定による面接指導を実施するため、厚生労働省令で定める方法により、労働者（次条第一項に規定する者を除く。）の労働時間の状況を把握しなければならない。

第六六条の八の四　事業者は、労働基準法第四十一条の二第一項の規定により労働する労働者であつて、その健康管理時間（同項第三号に規定する健康管理時間をいう。）が当該労働者の健康の保持を考慮して厚生労働省令で定める時間を超えるものに対し、厚生労働省令で定めるところにより、医師による面接指導を行わなければならない。

2　第六十六条の八第二項から第五項までの規定は、前項の事業者及び労働者について準用する。この場合において、同条第五項中「就業場所の変更、作業の転換、労働時間の短縮、深夜業の回数の減少等」とあるのは、「職務内容の変更、有給休暇（労働基準法第三十九条の規定による有給休暇を除く。）の付与、健康管理時間（第六十六条の八の四第一項に規定する健康管理時間をいう。）が短縮されるための配慮等」と読み替えるものとする。

第六六条の九　事業者は、第六十六条の八第一項、第六十六条の八の二第一項又は前条第一項の規定により面接指導を行う労働者以外の労働者であつて健康への配慮が必要なものについては、厚生労働省令で定めるところにより、必要な措置を講ずるように努めなければならない。

（心理的な負担の程度を把握するための検査等）

第六六条の一〇　事業者は、労働者に対し、厚生労働省令で定めるところにより、医師、保健師その他の厚生労働省令で定める者（以下この条において「医師等」という。）による心理的な負担の程度を把握するための検査を行わなければならない。

2　事業者は、前項の規定により行う検査を受けた労働者に対し、厚生労働省令で定めるところにより、当該検査を行つた医師等から当該検査の結果が通知されるようにしなければならない。この場合において、当該医師等は、あらかじめ当該検査を受けた労働者の同意を得ないで、当該労働者の検査の結果を事業者に提供してはならない。

3　事業者は、前項の規定による通知を受けた労働者であつて、心理的な負担の程度が労働者の健康の保持を考慮して厚生労働省令で定める要件に該当するものが医師による面接指導を受けることを希望する旨を申し出たときは、当該申出をした労働者に対し、厚生労働省令で定めるところにより、医師による面接指導を行わなければならない。この場合において、事業者は、労働者が当該申出をしたことを理由として、当該労働者に対し、不利益な取扱いをしてはならない。

4　事業者は、厚生労働省令で定めるところにより、前項の規定による面接指導の結果を記録しておかなければならない。

5　事業者は、第三項の規定による面接指導の結果に基づき、当該労働者の健康を保持するために必要な措置について、厚生労働省令で定めるところにより、医師の意見を聴かなければならない。

6　事業者は、前項の規定による医師の意見を勘案し、その必要があると認めるときは、当該労働者の実情を考慮して、就業場所の変更、作業の転換、労働時間の短縮、深夜業の回数の減少等の措置を講ずるほか、当該医師の意見の衛生委員会若しくは安全衛生委員会又は労働時間等設定改善委員会への報告その他の適切な措置を講じなければならない。

7　厚生労働大臣は、前項の規定により事業者が講ずべき措置の適切かつ有効な実施を図るため必要な指針を公表するものとする。

8　厚生労働大臣は、前項の指針を公表した場合において必要があると認めるときは、事業者又はその団体に対し、当該指針に関し必要な指導等を行うことができる。

9　国は、心理的な負担の程度が労働者の健康の保持に及ぼす影響に関する医師等に対する研修を実施するよう努めるとともに、第二項の規定により通知された検査の結果を利用する労働者に対する健康相談の実施その他の当該労働者の健康の保持増進を図ることを促進するための措置を講ずるよう努めるものとする。

（健康管理手帳）

第六七条　都道府県労働局長は、がんその他の重度の健康障害を生ずるおそれのある業務で、政令で定めるものに従事していた者のうち、厚生労働省令で定める要件に該当する者に対し、離職の際に又は離職の後に、当該業務に係る健康管理手帳を交付するものとする。ただし、現に当該業務に係る健康管理手帳を所持している者については、この限りでない。

2　政府は、健康管理手帳を所持している者に対する健康診断に関し、厚生労働省令で定めるところにより、必要な措置を行なう。

3　健康管理手帳の交付を受けた者は、当該健康管理手帳を他人に譲渡し、又は貸与してはならない。

4　健康管理手帳の様式その他健康管理手帳について必要な事項は、厚生労働省令で定める。

（病者の就業禁止）

第六八条　事業者は、伝染性の疾病その他の疾病で、厚生労働省令で定めるものにかかつた労働者については、厚生労働省令で定めるところにより、その就業を禁止しなければならない。

（受動喫煙の防止）

第六八条の二　事業者は、室内又はこれに準ずる環境における労働者の受動喫煙（健康増進法（平成十四年法律第百三号）第二十八条第三号に規定する受動喫煙をいう。第七十一条第一項において同じ。）を防止するため、当該事業者及び事業場の実情に応じ適切な措置を講ずるよう努めるものとする。

（健康教育等）

第六九条　事業者は、労働者に対する健康教育及び健康相談その他労働者の健康の保持増進を図るため必要な措置を継続的かつ計画的に講ずるように努めなければならない。

2　労働者は、前項の事業者が講ずる措置を利用して、その健康の保持増進に努めるものとする。

（体育活動等についての便宜供与等）

第七〇条　事業者は、前条第一項に定めるもののほか、労働者の健康の保持増進を図るため、体育活動、レクリエーションその他の活動についての便宜を供与する等必要な措置を講ずるように努めなければならない。

（健康の保持増進のための指針の公表等）

第七〇条の二　厚生労働大臣は、第六十九条第一項の事業者が講ずべき健康の保持増進のための措置に関して、その適切かつ有効な実施を図るため必要な指針を公表するものとする。

2　厚生労働大臣は、前項の指針に従い、事業者又はその団体に対し、必要な指導等を行うことができる。

（健康診査等指針との調和）

第七〇条の三　第六十六条第一項の厚生労働省令、第六十六条の五第二項の指針、第六十六条の六の厚生労働省令及び前条第一項の指針は、健康増進法第九条第一項に規定する健康診査等指針と調和が保たれたものでなければならない。

（国の援助）

第七一条　国は、労働者の健康の保持増進に関する措置の適切かつ有効な実施を図るため、必要な資料の提供、作業環境測定及び健康診断の実施の促進、受動喫煙の防止のための設備の設置の促進、事業場における健康教育等に関する指導員の確保及び資質の向上の促進その他の必要な援助に努めるものとする。

2　国は、前項の援助を行うに当たつては、中小企業者に対し、特別の配慮をするものとする。

第七章の二　快適な職場環境の形成のための措置

（事業者の講ずる措置）

第七一条の二　事業者は、事業場における安全衛生の水準の向上を図るため、次の措置を継続的かつ計画的に講ずることにより、快適な職場環境を形成するように努めなければならない。

一　作業環境を快適な状態に維持管理するための措置

二　労働者の従事する作業について、その方法を改善するための措置

三　作業に従事することによる労働者の疲労を回復するための施設又は設備の設置又は整備

四　前三号に掲げるもののほか、快適な職場環境を形成するため必要な措置

（快適な職場環境の形成のための指針の公表等）

第七一条の三　厚生労働大臣は、前条の事業者が講ずべき快適な職場環境の形成のための措置に関して、その適切かつ有効な実施を図るため必要な指針を公表するものとする。

2　厚生労働大臣は、前項の指針に従い、事業者又はその団体に対し、必要な指導等を行うことができる。

（国の援助）

第七一条の四　国は、事業者が講ずる快適な職場環境を形成するための措置の適切かつ有効な実施に資するため、金融上の措置、技術上の助言、資料の提供その他の必要な援助に努めるものとする。

第八章　免許等

（免許）

第七二条　第十二条第一項、第十四条又は第六十一条第一項の免許（以下「免許」という。）は、第七十五条第一項の免許試験に合格した者その他厚生労働省令で定める資格を有する者に対し、免許証を交付して行う。

2　次の各号のいずれかに該当する者には、免許を与えない。

一　第七十四条第二項（第三号を除く。）の規定により免許を取り消され、その取消しの日から起算して一年を経過しない者

二　前号に掲げる者のほか、免許の種類に応じて、厚生労働省令で定める者

3　第六十一条第一項の免許については、心身の障害により当該免許に係る業務を適正に行うことができない者として厚生労働省令で定めるものには、同項の免許を与えないことがある。

4　都道府県労働局長は、前項の規定により第六十一条第一項の免許を与えないこととするときは、あらかじめ、当該免許を申請した者にその旨を通知し、その求めがあつたときは、都道府県労働局長の指定する職員にその意見を聴取させなければならない。

第七三条　免許には、有効期間を設けることができる。

2　都道府県労働局長は、免許の有効期間の更新の申請があつた場合には、当該免許を受けた者が厚生労働省令で定める要

件に該当するときでなければ、当該免許の有効期間を更新してはならない。

（免許の取消し等）

第七四条　都道府県労働局長は、免許を受けた者が第七十二条第二項第二号に該当するに至つたときは、その免許を取り消さなければならない。

2　都道府県労働局長は、免許を受けた者が次の各号のいずれかに該当するに至つたときは、その免許を取り消し、又は期間（第一号、第二号、第四号又は第五号に該当する場合にあつては、六月を超えない範囲内の期間）を定めてその免許の効力を停止することができる。

一　故意又は重大な過失により、当該免許に係る業務について重大な事故を発生させたとき。

二　当該免許に係る業務について、この法律又はこれに基づく命令の規定に違反したとき。

三　当該免許が第六十一条第一項の免許である場合にあつては、第七十二条第三項に規定する厚生労働省令で定める者となつたとき。

四　第百十条第一項の条件に違反したとき。

五　前各号に掲げる場合のほか、免許の種類に応じて、厚生労働省令で定めるとき。

3　前項第三号に該当し、同項の規定により免許を取り消された者であつても、その者がその取消しの理由となつた事項に該当しなくなつたとき、その他その後の事情により再び免許を与えるのが適当であると認められるに至つたときは、再免許を与えることができる。

（厚生労働省令への委任）

第七四条の二　前三条に定めるもののほか、免許証の交付の手続その他免許に関して必要な事項は、厚生労働省令で定める。

（免許試験）

第七五条　免許試験は、厚生労働省令で定める区分ごとに、都道府県労働局長が行う。

2　前項の免許試験（以下「免許試験」という。）は、学科試験及び実技試験又はこれらのいずれかによつて行う。

3　都道府県労働局長は、厚生労働省令で定めるところにより、都道府県労働局長の登録を受けた者が行う教習を修了した者でその修了した日から起算して一年を経過しないものその他厚生労働省令で定める資格を有する者に対し、前項の学科試験又は実技試験の全部又は一部を免除することができる。

4　前項の教習（以下「教習」という。）は、別表第十七に掲げる区分ごとに行う。

5　免許試験の受験資格、試験科目及び受験手続並びに教習の受講手続その他免許試験の実施について必要な事項は、厚生労働省令で定める。

（指定試験機関の指定）

第七五条の二　厚生労働大臣は、厚生労働省令で定めるところにより、厚生労働大臣の指定する者（以下「指定試験機関」という。）に前条第一項の規定により都道府県労働局長が行う免許試験の実施に関する事務（以下「試験事務」という。）の全部又は一部を行わせることができる。

2　前項の規定による指定（以下第七十五条の十二までにおいて「指定」という。）は、試験事務を行おうとする者の申請により行う。

3　都道府県労働局長は、第一項の規定により指定試験機関が試験事務の全部又は一部を行うこととされたときは、当該試験事務の全部又は一部を行わないものとする。

（指定の基準）

第七五条の三　厚生労働大臣は、他に指定を受けた者がなく、かつ、前条第二項の申請が次の各号に適合していると認めるときでなければ、指定をしてはならない。

一　職員、設備、試験事務の実施の方法その他の事項についての試験事務の実施に関する計画が、試験事務の適正かつ確実な実施に適合したものであること。
二　経理的及び技術的な基礎が、前号の試験事務の実施に関する計画の適正かつ確実な実施に足るものであること。
2　厚生労働大臣は、前条第二項の申請が次の各号のいずれかに該当するときは、指定をしてはならない。
一　申請者が、一般社団法人又は一般財団法人以外の者であること。
二　申請者が行う試験事務以外の業務により申請者が試験事務を公正に実施することができないおそれがあること。
三　申請者がこの法律又はこれに基づく命令の規定に違反して、刑に処せられ、その執行を終わり、又は執行を受けることがなくなつた日から起算して二年を経過しない者であること。
四　申請者が第七十五条の十一第一項の規定により指定を取り消され、その取消しの日から起算して二年を経過しない者であること。
五　申請者の役員のうちに、第三号に該当する者があること。
六　申請者の役員のうちに、次条第二項の規定による命令により解任され、その解任の日から起算して二年を経過しない者があること。

（役員の選任及び解任）
第七十五条の四　試験事務に従事する指定試験機関の役員の選任及び解任は、厚生労働大臣の認可を受けなければ、その効力を生じない。
2　厚生労働大臣は、指定試験機関の役員が、この法律（これに基づく命令又は処分を含む。）若しくは第七十五条の六第一項に規定する試験事務規程に違反する行為をしたとき、又は試験事務に関し著しく不適当な行為をしたときは、指定試験機関に対し、当該役員を解任すべきことを命ずることができる。

（免許試験員）
第七十五条の五　指定試験機関は、試験事務を行う場合において、免許を受ける者として必要な知識及び能力を有するかどうかの判定に関する事務については、免許試験員に行わせなければならない。
2　指定試験機関は、免許試験員を選任しようとするときは、厚生労働省令で定める要件を備える者のうちから選任しなければならない。
3　指定試験機関は、免許試験員を選任したときは、厚生労働省令で定めるところにより、厚生労働大臣にその旨を届け出なければならない。免許試験員に変更があつたときも、同様とする。
4　厚生労働大臣は、免許試験員が、この法律（これに基づく命令又は処分を含む。）若しくは次条第一項に規定する試験事務規程に違反する行為をしたとき、又は試験事務に関し著しく不適当な行為をしたときは、指定試験機関に対し、当該免許試験員の解任を命ずることができる。

（試験事務規程）
第七十五条の六　指定試験機関は、試験事務の開始前に、試験事務の実施に関する規程（以下この条及び第七十五条の十一第二項第四号において「試験事務規程」という。）を定め、厚生労働大臣の認可を受けなければならない。これを変更しようとするときも、同様とする。
2　試験事務規程で定めるべき事項は、厚生労働省令で定める。
3　厚生労働大臣は、第一項の認可をした試験事務規程が試験事務の適正かつ確実な実施上不適当となつたと認めるときは、指定試験機関に対し、これを変更すべきことを命ずることができる。

（事業計画の認可等）

第七五条の七　指定試験機関は、毎事業年度、事業計画及び収支予算を作成し、当該事業年度の開始前に（指定を受けた日の属する事業年度にあつては、その指定を受けた後遅滞なく）、厚生労働大臣の認可を受けなければならない。これを変更しようとするときも、同様とする。

2　指定試験機関は、毎事業年度の経過後三月以内に、その事業年度の事業報告書及び収支決算書を作成し、厚生労働大臣に提出しなければならない。

（秘密保持義務等）

第七五条の八　指定試験機関の役員若しくは職員（免許試験員を含む。）又はこれらの職にあつた者は、試験事務に関して知り得た秘密を漏らしてはならない。

2　試験事務に従事する指定試験機関の役員及び職員（免許試験員を含む。）は、刑法（明治四十年法律第四十五号）その他の罰則の適用については、法令により公務に従事する職員とみなす。

（監督命令）

第七五条の九　厚生労働大臣は、この法律を施行するため必要があると認めるときは、指定試験機関に対し、試験事務に関し監督上必要な命令をすることができる。

（試験事務の休廃止）

第七五条の一〇　指定試験機関は、厚生労働大臣の許可を受けなければ、試験事務の全部又は一部を休止し、又は廃止してはならない。

（指定の取消し等）

第七五条の一一　厚生労働大臣は、指定試験機関が第七十五条の三第二項第三号又は第五号に該当するに至つたときは、その指定を取り消さなければならない。

2　厚生労働大臣は、指定試験機関が次の各号のいずれかに該当するに至つたときは、その指定を取り消し、又は期間を定めて試験事務の全部若しくは一部の停止を命ずることができる。

一　第七十五条の三第二項第六号に該当するとき。

二　第七十五条の四第二項、第七十五条の五第四項、第七十五条の六第三項又は第七十五条の九の規定による命令に違反したとき。

三　第七十五条の五第一項から第三項まで、第七十五条の七又は前条の規定に違反したとき。

四　第七十五条の六第一項の規定により認可を受けた試験事務規程によらないで試験事務を行つたとき。

五　第百十条第一項の条件に違反したとき。

（都道府県労働局長による免許試験の実施）

第七五条の一二　都道府県労働局長は、指定試験機関が第七十五条の十の規定による厚生労働大臣の許可を受けて試験事務の全部若しくは一部を休止したとき、前条第二項の規定により厚生労働大臣が指定試験機関に対し試験事務の全部若しくは一部の停止を命じたとき、又は指定試験機関が天災その他の事由により試験事務の全部若しくは一部を実施することが困難となつた場合において必要があると認めるときは、当該試験事務の全部若しくは一部を自ら行うものとする。

2　都道府県労働局長が前項の規定により試験事務を自ら行う場合、指定試験機関が第七十五条の十の規定による厚生労働大臣の許可を受けて試験事務の全部若しくは一部を廃止する場合、又は前条の規定により厚生労働大臣が指定試験機関の指定を取り消した場合における試験事務の引継ぎその他の必要な事項については、厚生労働省令で定める。

（技能講習）

第七六条　第十四条又は第六十一条第一項の技能講習（以下「技能講習」という。）は、別表第十八に掲げる区分ごとに、学科講習又は実技講習によつて行う。

2　技能講習を行なつた者は、当該技能講習を修了した者に対し、厚生労働省令で定めるところにより、技能講習修了証を交付しなければならない。

3　技能講習の受講資格及び受講手続その他技能講習の実施について必要な事項は、厚生労働省令で定める。

（登録教習機関）

第七七条　第十四条、第六十一条第一項又は第七十五条第三項の規定による登録（以下この条において「登録」という。）は、厚生労働省令で定めるところにより、厚生労働省令で定める区分ごとに、技能講習又は教習を行おうとする者の申請により行う。

2　都道府県労働局長は、前項の規定により登録を申請した者（以下この項において「登録申請者」という。）が次に掲げる要件のすべてに適合しているときは、登録をしなければならない。

一　別表第十九の上欄に掲げる技能講習又は教習については、それぞれ同表の下欄に掲げる機械器具その他の設備及び施設を用いて行うものであること。

二　技能講習にあつては別表第二十各号の表の講習科目の欄に掲げる講習科目に応じ、それぞれ同表の条件の欄に掲げる条件のいずれかに適合する知識経験を有する者が技能講習を実施し、その人数が事業所ごとに一名以上であり、教習にあつては別表第二十一の上欄に掲げる教習に応じ、それぞれ同表の下欄に掲げる条件のいずれかに適合する知識経験を有する者が教習を実施し、その人数が事業所ごとに二名以上であること。

三　技能講習又は教習の業務を管理する者（教習にあつては、別表第二十二の上欄に掲げる教習に応じ、同表の下欄に掲げる条件のいずれかに適合する知識経験を有する者に限る。）が置かれていること。

四　教習にあつては、前項の申請の日前六月の間に登録申請者が行つた教習に相当するものを修了し、かつ、当該教習に係る免許試験の学科試験又は実技試験を受けた者のうちに当該学科試験又は実技試験に合格した者の占める割合が、九十五パーセント以上であること。

3　第四十六条第二項及び第四項の規定は第一項の登録について、第四十七条の二から第四十九条まで、第五十条第一項、第二項及び第四項、第五十二条、第五十二条の二、第五十三条第一項（第四号を除く。以下この項において同じ。）並びに第五十三条の二の規定は第一項の登録を受けて技能講習又は教習を行う者（以下「登録教習機関」という。）について準用する。この場合において、次の表の上欄に掲げる規定中同表の中欄に掲げる字句は、それぞれ同表の下欄に掲げる字句と読み替えるものとする。

第四十六条第二項各号列記以外の部分	登録	第七十七条第一項に規定する登録（以下この条、第五十三条第一項及び第五十三条の二第一項において「登録」という。）
第四十六条第四項	登録製造時等検査機関登録簿	登録教習機関登録簿
第四十七条の二	厚生労働大臣	都道府県労働局長
第四十八条第一項	製造時等検査	第十四条若しくは第六十一条第一項の技能講習又は第七十五条第三項の教習

	厚生労働大臣	都道府県労働局長
第四十八条第二項	製造時等検査	第十四条若しくは第六十一条第一項の技能講習又は第七十五条第三項の教習
第四十九条	製造時等検査	第十四条若しくは第六十一条第一項の技能講習又は第七十五条第三項の教習
	厚生労働大臣	都道府県労働局長
第五十条第一項	事業報告書	事業報告書（登録教習機関が国又は地方公共団体である場合にあつては、事業報告書）
第五十条第二項	製造時等検査	第十四条若しくは第六十一条第一項の技能講習又は第七十五条第三項の教習
第五十条第四項	事業報告書	事業報告書（登録教習機関が国又は地方公共団体である場合にあつては、事業報告書）
	厚生労働大臣	都道府県労働局長
第五十二条	厚生労働大臣	都道府県労働局長
	第四十六条第三項各号	第七十七条第二項各号
第五十二条の二	厚生労働大臣	都道府県労働局長
	第四十七条	第七十七条第六項又は第七項

	製造時等検査	第十四条若しくは第六十一条第一項の技能講習若しくは第七十五条第三項の教習
第五十三条第一項	厚生労働大臣	都道府県労働局長
	製造時等検査	第十四条若しくは第六十一条第一項の技能講習若しくは第七十五条第三項の教習
第五十三条第一項第二号	第四十七条から第四十九条まで、第五十条第一項若しくは第四項	第四十七条の二から第四十九条まで、第五十条第一項若しくは第四項、第七十七条第六項若しくは第七項
第五十三条第一項第三号	第五十条第二項各号又は第三項各号	第五十条第二項各号
第五十三条の二	製造時等検査	第十四条若しくは第六十一条第一項の技能講習

4　登録は、五年以上十年以内において政令で定める期間ごとにその更新を受けなければ、その期間の経過によつて、その効力を失う。

5　第二項並びに第四十六条第二項及び第四項の規定は、前項の更新について準用する。この場合において、第四十六条第二項各号列記以外の部分中「登録」とあるのは「第七十七条第一項の登録（以下この条において同じ。）」と、同条第四項中「登録製造時等検査機関登録簿」とあるのは「登録教習機関登録簿」と読み替えるものとする。

6　登録教習機関は、正当な理由がある場合を除き、毎事業年度、厚生労働省令で定めるところにより、技能講習又は教習の実施に関する計画を作成し、これに基づいて技能講習又は教習を実施しなければならない。

7　登録教習機関は、公正に、かつ、第七十五条第五項又は前条第三項の規定に従つて技能講習又は教習を行わなければならない。

第九章　事業場の安全又は衛生に関する改善措置等

第一節　特別安全衛生改善計画及び安全衛生改善計画

（特別安全衛生改善計画）

第七十八条　厚生労働大臣は、重大な労働災害として厚生労働省令で定めるもの（以下この条において「重大な労働災害」という。）が発生した場合において、重大な労働災害の再発を防止するため必要がある場合として厚生労働省令で定める場合に該当すると認めるときは、厚生労働省令で定めるところにより、事業者に対し、その事業場の安全又は衛生に関する改善計画（以下「特別安全衛生改善計画」という。）を作成し、これを厚生労働大臣に提出すべきことを指示することができる。

2　事業者は、特別安全衛生改善計画を作成しようとする場合には、当該事業場に労働者の過半数で組織する労働組合があるときにおいてはその労働組合、労働者の過半数で組織する労働組合がないときにおいては労働者の過半数を代表する者の意見を聴かなければならない。

3　第一項の事業者及びその労働者は、特別安全衛生改善計画を守らなければならない。

4　厚生労働大臣は、特別安全衛生改善計画が重大な労働災害の再発の防止を図る上で適切でないと認めるときは、厚生労働省令で定めるところにより、事業者に対し、当該特別安全衛生改善計画を変更すべきことを指示することができる。

5　厚生労働大臣は、第一項若しくは前項の規定による指示を受けた事業者がその指示に従わなかつた場合又は特別安全衛生改善計画を作成した事業者が当該特別安全衛生改善計画を守つていないと認める場合において、重大な労働災害が再発するおそれがあると認めるときは、当該事業者に対し、重大な労働災害の再発の防止に関し必要な措置をとるべきことを勧告することができる。

6　厚生労働大臣は、前項の規定による勧告を受けた事業者がこれに従わなかつたときは、その旨を公表することができる。

（安全衛生改善計画）

第七十九条　都道府県労働局長は、事業場の施設その他の事項について、労働災害の防止を図るため総合的な改善措置を講ずる必要があると認めるとき（前条第一項の規定により厚生労働大臣が同項の厚生労働省令で定める場合に該当すると認めるときを除く。）は、厚生労働省令で定めるところにより、事業者に対し、当該事業場の安全又は衛生に関する改善計画（以下「安全衛生改善計画」という。）を作成すべきことを指示することができる。

2　前条第二項及び第三項の規定は、安全衛生改善計画について準用する。この場合において、同項中「第一項」とあるのは、「次条第一項」と読み替えるものとする。

（安全衛生診断）

第八十条　厚生労働大臣は、第七十八条第一項又は第四項の規定による指示をした場合において、専門的な助言を必要とすると認めるときは、当該事業者に対し、労働安全コンサルタント又は労働衛生コンサルタントによる安全又は衛生に係る診断を受け、かつ、特別安全衛生改善計画の作成又は変更について、これらの者の意見を聴くべきことを勧奨することができる。

2　前項の規定は、都道府県労働局長が前条第一項の規定による指示をした場合について準用する。この場合において、前項中「作成又は変更」とあるのは、「作成」と読み替えるものとする。

第二節　労働安全コンサルタント及び労働衛生コンサルタント

（業務）

第八十一条　労働安全コンサルタントは、労働安全コンサルタントの名称を用いて、他人の求めに応じ報酬を得て、労働者の安全の水準の向上を図るため、事業場の安全についての診断及びこれに基づく指導を行なうことを業とする。

2　労働衛生コンサルタントは、労働衛生コンサルタントの名称を用いて、他人の求めに応じ報酬を得て、労働者の衛生の水準の向上を図るため、事業場の衛生についての診断及びこれに基づく指導を行なうことを業とする。

（労働安全コンサルタント試験）

第八十二条　労働安全コンサルタント試験は、厚生労働大臣が行なう。

2　労働安全コンサルタント試験は、厚生労働省令で定める区分ごとに、筆記試験及び口述試験によつて行なう。

3　次の各号のいずれかに該当する者でなければ、労働安全コンサルタント試験を受けることができない。

一　学校教育法（昭和二十二年法律第二十六号）による大学（短期大学を除く。）若しくは旧大学令（大正七年勅令第三百八十八号）による大学又は旧専門学校令（明治三十六年勅令第六十一号）による専門学校において理科系統の正規の課程を修めて卒業した者で、その後五年以上安全の実務に従事した経験を有するもの

二　学校教育法による短期大学（同法による専門職大学の前期課程（以下「専門職大学前期課程」という。）を含む。）又は高等専門学校において理科系統の正規の課程を修めて卒業した者（専門職大学前期課程にあつては、修了した者）で、その後七年以上安全の実務に従事した経験を有するもの

三　前二号に掲げる者と同等以上の能力を有すると認められる者で、厚生労働省令で定めるもの

4　厚生労働大臣は、厚生労働省令で定める資格を有する者に対し、第二項の筆記試験又は口述試験の全部又は一部を免除することができる。

（労働衛生コンサルタント試験）

第八十三条　労働衛生コンサルタント試験は、厚生労働大臣が行なう。

2　前条第二項から第四項までの規定は、労働衛生コンサルタント試験について準用する。この場合において、同条第三項第一号及び第二号中「安全」とあるのは、「衛生」と読み替えるものとする。

（指定コンサルタント試験機関）

第八十三条の二　厚生労働大臣は、厚生労働省令で定めるところにより、厚生労働大臣の指定する者（以下「指定コンサルタント試験機関」という。）に労働安全コンサルタント試験又は労働衛生コンサルタント試験の実施に関する事務（合格の決定に関する事務を除く。以下「コンサルタント試験事務」という。）の全部又は一部を行わせることができる。

（指定コンサルタント試験機関の指定等についての準用）

第八十三条の三　第七十五条の二第二項及び第三項並びに第七十五条の三から第七十五条の十二までの規定は、前条の規

よる指定、指定コンサルタント試験機関及びコンサルタント試験事務について準用する。この場合において、第七十五条の二第三項及び第七十五条の十二中「都道府県労働局長」とあるのは「厚生労働大臣」と、第七十五条の二第三項中「第一項」とあるのは「第八十三条の二」と、第七十五条の四第二項中「第七十五条の六第一項に規定する試験事務規程」とあるのは「コンサルタント試験事務の実施に関する規程」と、第七十五条の五第一項中「免許を受ける者として必要な知識及び能力を有するかどうかの判定」とあるのは「労働安全コンサルタント試験又は労働衛生コンサルタント試験の問題の作成及び採点」と、同条及び第七十五条の八中「免許試験員」とあるのは「コンサルタント試験員」と、第七十五条の五第四項中「次条第一項に規定する試験事務規程」とあるのは「コンサルタント試験事務の実施に関する規程」と、第七十五条の六第一項中「規程（以下この条及び第七十五条の十一第二項第四号において「試験事務規程」という。）」とあるのは「規程」と、同条第二項及び第三項並びに第七十五条の十一第二項第四号中「試験事務規程」とあるのは「コンサルタント試験事務の実施に関する規程」と読み替えるものとする。

（登録）

第八四条　労働安全コンサルタント試験又は労働衛生コンサルタント試験に合格した者は、厚生労働省に備える労働安全コンサルタント名簿又は労働衛生コンサルタント名簿に、氏名、事務所の所在地その他厚生労働省令で定める事項の登録を受けて、労働安全コンサルタント又は労働衛生コンサルタントとなることができる。

2　次の各号のいずれかに該当する者は、前項の登録を受けることができない。

一　心身の故障により労働安全コンサルタント又は労働衛生コンサルタントの業務を適正に行うことができない者として厚生労働省令で定めるもの

二　この法律又はこれに基づく命令の規定に違反して、罰金以上の刑に処せられ、その執行を終わり、又は執行を受けることがなくなつた日から起算して二年を経過しない者

三 **現**　この法律及びこれに基づく命令以外の法令の規定に違反して、禁錮以上の刑に処せられ、その執行を終わり、又は執行を受けることがなくなつた日から起算して二年を経過しない者

新［令和七年六月一日から施行］

三　この法律及びこれに基づく命令以外の法令の規定に違反して、拘禁刑以上の刑に処せられ、その執行を終わり、又は執行を受けることがなくなつた日から起算して二年を経過しない者

四　次条第二項の規定により登録を取り消され、その取消しの日から起算して二年を経過しない者

（登録の取消し）

第八五条　厚生労働大臣は、労働安全コンサルタント又は労働衛生コンサルタント（以下「コンサルタント」という。）が前条第二項第一号から第三号までのいずれかに該当するに至つたときは、その登録を取り消さなければならない。

2　厚生労働大臣は、コンサルタントが第八十六条の規定に違反したときは、その登録を取り消すことができる。

（指定登録機関）

第八五条の二　厚生労働大臣は、厚生労働大臣の指定する者（以下「指定登録機関」という。）に、コンサルタントの登録の実施に関する事務（前条の規定による登録の取消しに関する事務を除く。以下「登録事務」という。）を行わせるこ

とができる。

2　指定登録機関が登録事務を行う場合における第八十四条第一項の規定の適用については、同項中「厚生労働省に」とあるのは「指定登録機関に」とする。

第八五条の三　**（指定登録機関の指定等についての準用）**　第七十五条の三、第七十五条の四並びに第七十五条の六から第七十五条の十二までの規定は、前条第一項の規定による指定、指定登録機関及び登録事務について準用する。この場合において、第七十五条の二第三項及び第七十五条の十二中「都道府県労働局長」とあるのは「厚生労働大臣」と、第七十五条の二第三項中「第一項」とあるのは「第八十五条の二第一項」と、第七十五条の四第二項中「第七十五条の六第一項に規定する試験事務規程」とあるのは「登録事務の実施に関する規程」と、第七十五条の六第一項中「規程（以下この条及び第七十五条の十一第二項第四号において「試験事務規程」という。）」とあるのは「規程」と、同条第二項及び第三項並びに第七十五条の十一第二項第四号中「試験事務規程」とあるのは「登録事務の実施に関する規程」と、第七十五条の八中「職員（免許試験員を含む。）」とあるのは「職員」と、第七十五条の十中「試験事務の全部又は一部」とあるのは「登録事務」と、第七十五条の十一第二項及び第七十五条の十二中「試験事務の全部若しくは一部」とあるのは「登録事務」と読み替えるものとする。

（義務）

第八六条　コンサルタントは、コンサルタントの信用を傷つけ、又はコンサルタント全体の不名誉となるような行為をしてはならない。

2　コンサルタントは、その業務に関して知り得た秘密を漏らし、又は盗用してはならない。コンサルタントでなくなつた後においても、同様とする。

（日本労働安全衛生コンサルタント会）

第八七条　その名称中に日本労働安全衛生コンサルタント会という文字を用いる一般社団法人は、コンサルタントを社員とする旨の定款の定めがあり、かつ、全国のコンサルタントの品位の保持及びその業務の進歩改善に資するため、社員の指導及び連絡に関する事務を全国的に行うことを目的とするものに限り、設立することができる。

2　前項に規定する定款の定めは、これを変更することができない。

3　第一項の一般社団法人（以下「コンサルタント会」という。）は、成立したときは、成立の日から二週間以内に、登記事項証明書及び定款の写しを添えて、その旨を厚生労働大臣に届け出なければならない。

4　コンサルタント会の業務は、厚生労働大臣の監督に属する。

5　厚生労働大臣は、コンサルタント会の業務の適正な実施を確保するため必要があると認めるときは、いつでも、当該業務及びコンサルタント会の財産の状況を検査し、又はコンサルタント会に対し、当該業務に関し監督上必要な命令をすることができる。

6　コンサルタント会以外の者は、その名称中に日本労働安全衛生コンサルタント会という文字を用いてはならない。

第十章　監督等

（計画の届出等）

第八八条　事業者は、機械等で、危険若しくは有害な作業を必要とするもの、危険な場所において使用するもの又は危険若しくは健康障害を防止するため使用するもののうち、厚生労働省令で定めるものを設置し、若しくは移転し、又はこれらの主要構造部分を変更しようとするときは、その計画を当該工事の開始の日の三十日前までに、厚生労働省令で定めるところにより、労働基準監督署長に届け出なければならない。ただし、第二十八条の二第一項に規定する措置その他の厚生労働省令で定める措置を講じているものとして、厚生労働省令で定めるところにより労働基準監督署長が認定した事業者については、この限りでない。

2　事業者は、建設業に属する事業の仕事のうち重大な労働災害を生ずるおそれがある特に大規模な仕事で、厚生労働省令で定めるものを開始しようとするときは、その計画を当該仕事の開始の日の三十日前までに、厚生労働省令で定めるところにより、厚生労働大臣に届け出なければならない。

3　事業者は、建設業その他政令で定める業種に属する事業の仕事（建設業に属する事業にあつては、前項の厚生労働省令で定める仕事を除く。）で、厚生労働省令で定めるものを開始しようとするときは、その計画を当該仕事の開始の日の十四日前までに、厚生労働省令で定めるところにより、労働基準監督署長に届け出なければならない。

4　事業者は、第一項の規定による届出に係る工事のうち厚生労働省令で定める工事の計画、第二項の厚生労働省令で定める仕事の計画又は前項の規定による届出に係る仕事のうち厚生労働省令で定める仕事の計画を作成するときは、当該工事に係る建設物若しくは機械等又は当該仕事から生ずる労働災害の防止を図るため、厚生労働省令で定める資格を有する者を参画させなければならない。

5　前三項の規定（前項の規定のうち、第一項の規定による届出に係る部分を除く。）は、当該仕事が数次の請負契約によつて行われる場合において、当該仕事を自ら行う発注者がいるときは当該発注者以外の事業者、当該仕事を自ら行う発注者がいないときは元請負人以外の事業者については、適用しない。

6　労働基準監督署長は第一項又は第三項の規定による届出があつた場合において、厚生労働大臣は第二項の規定による届出があつた場合において、それぞれ当該届出に係る事項がこの法律又はこれに基づく命令の規定に違反すると認めるときは、当該届出をした事業者に対し、その届出に係る工事若しくは仕事の開始を差し止め、又は当該計画を変更すべきことを命ずることができる。

7　厚生労働大臣又は労働基準監督署長は、前項の規定による命令（第二項又は第三項の規定による届出をした事業者に対するものに限る。）をした場合において、必要があると認めるときは、当該命令に係る仕事の発注者（当該仕事を自ら行う者を除く。）に対し、労働災害の防止に関する事項について必要な勧告又は要請を行うことができる。

（厚生労働大臣の審査等）

第八十九条　厚生労働大臣は、前条第一項から第三項までの規定による届出（次条を除き、以下「届出」という。）があつた計画のうち、高度の技術的検討を要するものについて審査をすることができる。

2　厚生労働大臣は、前項の審査を行なうに当たつては、厚生労働省令で定めるところにより、学識経験者の意見をきかなければならない。

3　厚生労働大臣は、第一項の審査の結果必要があると認めるときは、届出をした事業者に対し、労働災害の防止に関する事項について必要な勧告又は要請をすることができる。

4　厚生労働大臣は、前項の勧告又は要請をするに当たつては、あらかじめ、当該届出をした事業者の意見をきかなければならない。

5　第二項の規定により第一項の計画に関してその意見を求められた学識経験者は、当該計画に関して知り得た秘密を漏らしてはならない。

（都道府県労働局長の審査等）

第八九条の二　都道府県労働局長は、第八十八条第一項又は第三項の規定による届出があつた計画のうち、前条第一項の高度の技術的検討を要するものに準ずるものとして当該計画に係る建設物若しくは機械等又は仕事の規模その他の事項を勘案して厚生労働省令で定めるものについて審査をすることができる。ただし、当該計画のうち、当該審査と同等の技術的検討を行つたと認められるものとして厚生労働省令で定めるものについては、当該審査を行わないものとする。

2　前条第二項から第五項までの規定は、前項の審査について準用する。

（労働基準監督署長及び労働基準監督官）

第九〇条　労働基準監督署長及び労働基準監督官は、厚生労働省令で定めるところにより、この法律の施行に関する事務をつかさどる。

（労働基準監督官の権限）

第九一条　労働基準監督官は、この法律を施行するため必要があると認めるときは、事業場に立ち入り、関係者に質問し、帳簿、書類その他の物件を検査し、若しくは作業環境測定を行い、又は検査に必要な限度において無償で製品、原材料若しくは器具を収去することができる。

2　医師である労働基準監督官は、第六十八条の疾病にかかつた疑いのある労働者の検診を行なうことができる。

3　前二項の場合において、労働基準監督官は、その身分を示す証票を携帯し、関係者に提示しなければならない。

4　第一項の規定による立入検査の権限は、犯罪捜査のために認められたものと解釈してはならない。

第九二条　労働基準監督官は、この法律の規定に違反する罪について、刑事訴訟法（昭和二十三年法律第百三十一号）の規定による司法警察員の職務を行なう。

（産業安全専門官及び労働衛生専門官）

第九三条　厚生労働省、都道府県労働局及び労働基準監督署に、産業安全専門官及び労働衛生専門官を置く。

2　産業安全専門官は、第三十七条第一項の許可、特別安全衛生改善計画、安全衛生改善計画及び届出に関する事務並びに労働災害の原因の調査その他特に専門的知識を必要とする事務で、安全に係るものをつかさどるほか、事業者、労働者その他の関係者に対し、労働者の危険を防止するため必要な事項について指導及び援助を行う。

3　労働衛生専門官は、第五十六条第一項の許可、第五十七条の四第四項の規定による勧告、第五十七条の五第一項の規定による指示、第六十五条の規定による作業環境測定についての専門技術的事項、特別安全衛生改善計画、安全衛生改善計画及び届出に関する事務並びに労働災害の原因の調査その他特に専門的知識を必要とする事務で、衛生に係るものをつかさどるほか、事業者、労働者その他の関係者に対し、労働者の健康障害を防止するため必要な事項及び労働者の健康の保持増進を図るため必要な事項について指導及び援助を行う。

4　前三項に定めるもののほか、産業安全専門官及び労働衛生専門官について必要な事項は、厚生労働省令で定める。

（産業安全専門官及び労働衛生専門官の権限）

第九四条　産業安全専門官又は労働衛生専門官は、前条第二項又は第三項の規定による事務を行うため必要があると認めるときは、事業場に立ち入り、関係者に質問し、帳簿、書類その他の物件を検査し、若しくは作業環境測定を行い、又は検査に必要な限度において無償で製品、原材料若しくは器具を収去することができる。

2　第九十一条第三項及び第四項の規定は、前項の規定による立入検査について準用する。

（労働衛生指導医）

第九五条　都道府県労働局に、労働衛生指導医を置く。

2　労働衛生指導医は、第六十五条第五項又は第六十六条第四項の規定による指示に関する事務その他労働者の衛生に関する事務に参画する。

3　労働衛生指導医は、労働衛生に関し学識経験を有する医師のうちから、厚生労働大臣が任命する。

4　労働衛生指導医は、非常勤とする。

（厚生労働大臣等の権限）

第九六条　厚生労働大臣は、型式検定に合格した型式の機械等の構造並びに当該機械等を製造し、及び検査する設備等に関し労働者の安全と健康を確保するため必要があると認めるときは、その職員をして当該型式検定を受けた者の事業場又は当該型式検定に係る機械等若しくは設備等の所在すると認める場所に立ち入り、関係者に質問させ、又は当該機械等若しくは設備等その他の物件を検査させることができる。

2　厚生労働大臣は、コンサルタントの業務の適正な運営を確保するため必要があると認めるときは、その職員をしてコンサルタントの事務所に立ち入り、関係者に質問させ、又はその業務に関係のある帳簿若しくは書類（その作成、備付け又は保存に代えて電磁的記録の作成、備付け又は保存がされている場合における当該電磁的記録を含む。）を検査させることができる。

3　厚生労働大臣又は都道府県労働局長は、登録製造時等検査機関、登録性能検査機関、登録個別検定機関、登録型式検定機関、検査業者、指定試験機関、登録教習機関、指定コンサルタント試験機関又は指定登録機関（外国登録製造時等検査機関、外国登録性能検査機関、外国登録個別検定機関及び外国登録型式検定機関（第百二十三条第一号において「外国登録製造時等検査機関等」という。）を除く。）（以下「登録製造時等検査機関等」という。）の業務の適正な運営を確保するため必要があると認めるときは、その職員をしてこれらの事務所に立ち入り、関係者に質問させ、又はその業務に関係のある帳簿、書類その他の物件を検査させることができる。

4　都道府県労働局長は、労働衛生指導医を前条第二項の規定による事務に参画させるため必要があると認めるときは、当該労働衛生指導医をして事業場に立ち入り、関係者に質問させ、又は作業環境測定若しくは健康診断の結果の記録その他の物件を検査させることができる。

5　第九十一条第三項及び第四項の規定は、前各項の規定による立入検査について準用する。

（機構による労働災害の原因の調査等の実施）

第九六条の二　厚生労働大臣は、第九十三条第二項又は第三項の規定による労働災害の原因の調査が行われる場合において、当該労働災害の規模その他の状況から判断して必要があると認めるときは、独立行政法人労働者健康安全機構（以下「機構」という。）に、当該調査を行わせることができる。

2　厚生労働大臣は、必要があると認めるときは、機構に、第九十四条第一項の規定による立入検査（前項に規定する調査に係るものに限る。）を行わせることができる。

3　厚生労働大臣は、前項の規定により機構に立入検査を行わせる場合には、機構に対し、当該立入検査の場所その他必要な事項を示してこれを実施すべきことを指示するものとする。

4　機構は、前項の指示に従つて立入検査を行つたときは、その結果を厚生労働大臣に報告しなければならない。

5　第九十一条第三項及び第四項の規定は、第二項の規定による立入検査について準用する。この場合において、同条第三項中「労働基準監督官」とあるのは、「独立行政法人労働者健康安全機構の職員」と読み替えるものとする。

（機構に対する命令）

第九六条の三　厚生労働大臣は、前条第一項に規定する調査に係る業務及び同条第二項に規定する立入検査の業務の適正な実施を確保するため必要があると認めるときは、機構に対し、これらの業務に関し必要な命令をすることができる。

（労働者の申告）

第九七条　労働者は、事業場にこの法律又はこれに基づく命令の規定に違反する事実があるときは、その事実を都道府県労働局長、労働基準監督署長又は労働基準監督官に申告して是正のため適当な措置をとるように求めることができる。

2　事業者は、前項の申告をしたことを理由として、労働者に対し、解雇その他不利益な取扱いをしてはならない。

（使用停止命令等）

第九八条　都道府県労働局長又は労働基準監督署長は、第二十条から第二十五条まで、第二十五条の二第一項、第三十条の三第一項若しくは第四項、第三十一条第一項、第三十一条の二、第三十三条第一項又は第三十四条の規定に違反する事実があるときは、その違反した事業者、注文者、機械等貸与者又は建築物貸与者に対し、作業の全部又は一部の停止、建設物等の全部又は一部の使用の停止又は変更その他労働災害を防止するため必要な事項を命ずることができる。

2　都道府県労働局長又は労働基準監督署長は、前項の規定により命じた事項について必要な事項を労働者、請負人又は建築物の貸与を受けている者に命ずることができる。

3　労働基準監督官は、前二項の場合において、労働者に急迫した危険があるときは、これらの項の都道府県労働局長又は労働基準監督署長の権限を即時に行うことができる。

4　都道府県労働局長又は労働基準監督署長は、請負契約によつて行われる仕事について第一項の規定による命令をした場合において、必要があると認めるときは、当該仕事の注文者（当該仕事が数次の請負契約によつて行われるときは、当該注文者の請負契約の先次のすべての請負契約の当事者である注文者を含み、当該命令を受けた注文者を除く。）に対し、当該違反する事実に関して、労働災害を防止するため必要な事項について勧告又は要請を行うことができる。

第九九条　都道府県労働局長又は労働基準監督署長は、前条第一項の場合以外の場合において、労働災害発生の急迫した危険があり、かつ、緊急の必要があるときは、必要な限度において、事業者に対し、作業の全部又は一部の一時停止、建設物等の全部又は一部の使用の一時停止その他当該労働災害を防止するため必要な応急の措置を講ずることを命ずることができる。

2　都道府県労働局長又は労働基準監督署長は、前項の規定により命じた事項について必要な事項を労働者に命ずることができる。

（講習の指示）

第九九条の二　都道府県労働局長は、労働災害が発生した場合において、その再発を防止するため必要があると認めるときは、当該労働災害に係る事業者に対し、期間を定めて、当該労働災害が発生した事業場の総括安全衛生管理者、安全管理者、衛生管理者、統括安全衛生責任者その他労働災害の防止のための業務に従事する者（次項において「労働災害防止業務従事者」という。）に都道府県労働局長の指定する者が行う講習を受けさせるよう指示することができる。

2　前項の規定による指示を受けた事業者は、労働災害防止業務従事者に同項の講習を受けさせなければならない。

3　前二項に定めるもののほか、講習の科目その他第一項の講習について必要な事項は、厚生労働省令で定める。

第九九条の三　都道府県労働局長は、第六十一条第一項の規定により同項に規定する業務に就くことができる者が、当該業務について、この法律又はこれに基づく命令の規定に違反して労働災害を発生させた場合において、その再発を防止するため必要があると認めるときは、その者に対し、期間を定めて、都道府県労働局長の指定する者が行う講習を受けるよう指示することができる。

2　前条第三項の規定は、前項の講習について準用する。

（報告等）

第一〇〇条　厚生労働大臣、都道府県労働局長又は労働基準監督署長は、この法律を施行するため必要があると認めるときは、厚生労働省令で定めるところにより、事業者、労働者、機械等貸与者、建築物貸与者又はコンサルタントに対し、必要な事項を報告させ、又は出頭を命ずることができる。

2　厚生労働大臣、都道府県労働局長又は労働基準監督署長は、この法律を施行するため必要があると認めるときは、厚生労働省令で定めるところにより、登録製造時等検査機関等に対し、必要な事項を報告させることができる。

3　労働基準監督官は、この法律を施行するため必要があると認めるときは、事業者又は労働者に対し、必要な事項を報告させ、又は出頭を命ずることができる。

第十一章　雑則

（法令等の周知）

第一〇一条　事業者は、この法律及びこれに基づく命令の要旨を常時各作業場の見やすい場所に掲示し、又は備え付けることその他の厚生労働省令で定める方法により、労働者に周知させなければならない。

2　産業医を選任した事業者は、その事業場における産業医の業務の内容その他の産業医の業務に関する事項で厚生労働省令で定めるものを、常時各作業場の見やすい場所に掲示し、又は備え付けることその他の厚生労働省令で定める方法により、労働者に周知させなければならない。

3　前項の規定は、第十三条の二第一項に規定する者に労働者の健康管理等の全部又は一部を行わせる事業者について準用する。この場合において、前項中「周知させなければ」とあるのは、「周知させるように努めなければ」と読み替えるものとする。

4　事業者は、第五十七条の二第一項又は第二項の規定により通知された事項を、化学物質、化学物質を含有する製剤その他の物で当該通知された事項に係るものを取り扱う各作業場の見やすい場所に常時掲示し、又は備え付けることその他の厚生労働省令で定める方法により、当該物を取り扱う労働者に周知させなければならない。

（ガス工作物等設置者の義務）

第一〇二条　ガス工作物その他政令で定める工作物を設けている者は、当該工作物の所在する場所又はその附近で工事その他の仕事を行なう事業者から、当該工作物による労働災害の発生を防止するためにとるべき措置についての教示を求められたときは、これを教示しなければならない。

（書類の保存等）

第一〇三条　事業者は、厚生労働省令で定めるところにより、この法律又はこれに基づく命令の規定に基づいて作成した書類（次項及び第三項の帳簿を除く。）を、保存しなければならない。

2　登録製造時等検査機関、登録性能検査機関、登録個別検定機関、登録型式検定機関、検査業者、指定試験機関、登録教習機関、指定コンサルタント試験機関又は指定登録機関は、厚生労働省令で定めるところにより、製造時等検査、性能検査、個別検定、型式検定、特定自主検査、免許試験、技能講習、教習、労働安全コンサルタント試験、労働衛生コンサルタント試験又はコンサルタントの登録に関する事項で、厚生労働省令で定めるものを記載した帳簿を備え、これを保存しなければならない。

3 コンサルタントは、厚生労働省令で定めるところにより、その業務に関する事項で、厚生労働省令で定めるものを記載した帳簿を備え、これを保存しなければならない。

（心身の状態に関する情報の取扱い）

第一〇四条 事業者は、この法律又はこれに基づく命令の規定による措置の実施に関し、労働者の心身の状態に関する情報を収集し、保管し、又は使用するに当たつては、労働者の健康の確保に必要な範囲内で労働者の心身の状態に関する情報を収集し、並びに当該収集の目的の範囲内でこれを保管し、及び使用しなければならない。ただし、本人の同意がある場合その他正当な事由がある場合は、この限りでない。

2 事業者は、労働者の心身の状態に関する情報を適正に管理するために必要な措置を講じなければならない。

3 厚生労働大臣は、前二項の規定により事業者が講ずべき措置の適切かつ有効な実施を図るため必要な指針を公表するものとする。

4 厚生労働大臣は、前項の指針を公表した場合において必要があると認めるときは、事業者又はその団体に対し、当該指針に関し必要な指導等を行うことができる。

（健康診断等に関する秘密の保持）

第一〇五条 第六十五条の二第一項及び第六十六条第一項から第四項までの規定による健康診断、第六十六条の八第一項、第六十六条の八の二第一項及び第六十六条の八の四第一項の規定による面接指導、第六十六条の十第一項の規定による検査又は同条第三項の規定による面接指導の実施の事務に従事した者は、その実施に関して知り得た労働者の秘密を漏らしてはならない。

（国の援助）

第一〇六条 国は、第十九条の三、第二十八条の二第三項、第五十七条の三第四項、第五十八条、第六十三条、第六十六条の十第九項、第七十一条及び第七十一条の四に定めるもののほか、労働災害の防止に資するため、事業者が行う安全衛生施設の整備、特別安全衛生改善計画又は安全衛生改善計画の実施その他の活動について、金融上の措置、技術上の助言その他必要な援助を行うように努めるものとする。

2 国は、前項の援助を行うに当たつては、中小企業者に対し、特別の配慮をするものとする。

（厚生労働大臣の援助）

第一〇七条 厚生労働大臣は、安全管理者、衛生管理者、安全衛生推進者、衛生推進者、産業医、コンサルタントその他労働災害の防止のための業務に従事する者の資質の向上を図り、及び労働者の労働災害防止の思想を高めるため、資料の提供その他必要な援助を行うように努めるものとする。

（研究開発の推進等）

第一〇八条 政府は、労働災害の防止に資する科学技術の振興を図るため、研究開発の推進及びその成果の普及その他必要な措置を講ずるように努めるものとする。

（疫学的調査等）

第一〇八条の二 厚生労働大臣は、労働者がさらされる化学物質等又は労働者の従事する作業と労働者の疾病との相関関係をは握するため必要があると認めるときは、疫学的調査その他の調査（以下この条において「疫学的調査等」という。）を行うことができる。

2 厚生労働大臣は、疫学的調査等の実施に関する事務の全部又は一部を、疫学的調査等について専門的知識を有する者に委託することができる。

3 厚生労働大臣又は前項の規定による委託を受けた者は、疫学的調査等の実施に関し必要があると認めるときは、事業者、労働者その他の関係者に対し、質問し、又は必要な報告若しくは書類の提出を求めることができる。

4　第二項の規定により厚生労働大臣が委託した疫学的調査等の実施の事務に従事した者は、その実施に関して知り得た秘密を漏らしてはならない。ただし、労働者の健康障害を防止するためやむを得ないときは、この限りでない。

（地方公共団体との連携）

第一〇九条　国は、労働災害の防止のための施策を進めるに当たつては、地方公共団体の立場を尊重し、これと密接に連絡し、その理解と協力を求めなければならない。

（許可等の条件）

第一一〇条　この法律の規定による許可、免許、指定又は登録（第五十四条の三第一項又は第八十四条第一項の規定による登録に限る。次項において同じ。）には、条件を付し、及びこれを変更することができる。

2　前項の条件は、当該許可、免許、指定又は登録に係る事項の確実な実施を図るため必要な最少限度のものに限り、かつ、当該許可、免許、指定又は登録を受ける者に不当な義務を課することとなるものであつてはならない。

（審査請求）

第一一一条　第三十八条の検査、性能検査、個別検定又は型式検定の結果についての処分については、審査請求をすることができない。

2　指定試験機関が行う試験事務に係る処分若しくはその不作為、指定コンサルタント試験機関が行うコンサルタント試験事務に係る処分若しくはその不作為又は指定登録機関が行う登録事務に係る処分若しくはその不作為については、厚生労働大臣に対し、審査請求をすることができる。この場合において、厚生労働大臣は、行政不服審査法（平成二十六年法律第六十八号）第二十五条第二項及び第三項、第四十六条第一項及び第二項、第四十七条並びに第四十九条第三項の規定の適用については、指定試験機関、指定コンサルタント試験機関又は指定登録機関の上級行政庁とみなす。

（手数料）

第一一二条　次の者は、政令で定めるところにより、手数料を国（指定試験機関が行う免許試験を受けようとする者にあつては指定試験機関、指定コンサルタント試験機関が行う労働安全コンサルタント試験又は労働衛生コンサルタント試験を受けようとする者にあつては指定コンサルタント試験機関、指定登録機関が行う登録を受けようとする者にあつては指定登録機関）に納付しなければならない。

一　免許を受けようとする者

一の二　第十四条、第六十一条第一項又は第七十五条第三項の登録の更新を受けようとする者

二　技能講習（登録教習機関が行うものを除く。）を受けようとする者

三　第三十七条第一項の許可を受けようとする者

四　第三十八条の検査（登録製造時等検査機関が行うものを除く。）を受けようとする者

四の二　第三十八条第一項、第四十一条第二項、第四十四条第一項若しくは第四十四条の二第一項の登録又はその更新を受けようとする者

五　検査証の再交付又は書替え（登録製造時等検査機関が行うものを除く。）を受けようとする者

六　性能検査（登録性能検査機関が行うものを除く。）を受けようとする者

七　個別検定（登録個別検定機関が行うものを除く。）を受けようとする者

七の二　型式検定（登録型式検定機関が行うものを除く。）を受けようとする者

八　第五十六条第一項の許可を受けようとする者
九　第七十二条第一項の免許証の再交付又は書替えを受けようとする者
十　免許の有効期間の更新を受けようとする者
十一　免許試験を受けようとする者
十二　労働安全コンサルタント試験又は労働衛生コンサルタント試験を受けようとする者
十三　第八十四条第一項の登録を受けようとする者

2　前項の規定により指定試験機関、指定コンサルタント試験機関又は指定登録機関に納められた手数料は、それぞれ、指定試験機関、指定コンサルタント試験機関又は指定登録機関の収入とする。

（公示）

第一一二条の二　厚生労働大臣は、次の場合には、厚生労働省令で定めるところにより、その旨を官報で告示しなければならない。

一　第三十八条第一項、第四十一条第二項、第四十四条第一項又は第四十四条の二第一項の規定による登録をしたとき。
二　第四十四条の四の規定により型式検定合格証の効力を失わせたとき。
三　第四十七条の二又は第四十九条（第五十三条の三から第五十四条の二までにおいてこれらの規定を準用する場合を含む。）の規定による届出があつたとき。
四　第五十三条第一項（第五十三条の三から第五十四条の二までにおいて準用する場合を含む。）の規定により登録を取り消し、又は製造時等検査、性能検査、個別検定若しくは型式検定の業務の全部若しくは一部の停止を命じたとき。
五　第五十三条第二項（第五十三条の三から第五十四条の二までにおいて準用する場合を含む。）の規定により登録を取り消したとき。
六　第五十三条の二（第五十三条の三から第五十四条の二までにおいて準用する場合を含む。）の規定により都道府県労働局長、労働基準監督署長若しくは厚生労働大臣が製造時等検査、性能検査、個別検定、型式検定若しくは技能講習の業務の全部若しくは一部を自ら行うものとするとき、又は都道府県労働局長、労働基準監督署長若しくは厚生労働大臣が自ら行つていた製造時等検査、性能検査、個別検定、型式検定若しくは技能講習の業務の全部若しくは一部を行わないものとするとき。
七　第七十五条の二第一項、第八十三条の二又は第八十五条の二第一項の規定による指定をしたとき。
八　第七十五条の十（第八十三条の三及び第八十五条の三において準用する場合を含む。）の許可をしたとき。
九　第七十五条の十一第一項（第八十三条の三及び第八十五条の三において準用する場合を含む。）の規定による取消しをしたとき。
十　第七十五条の十一第二項（第八十三条の三及び第八十五条の三において準用する場合を含む。）の規定により指定を取り消し、又は試験事務若しくはコンサルタント試験事務の全部若しくは一部若しくは登録事務の停止を命じたとき。
十一　第七十五条の十二第一項（第八十三条の三及び第八十五条の三において準用する場合を含む。以下この号において同じ。）の規定により都道府県労働局長若しくは厚生労働大臣が試験事務若しくは登録事務若しくはコンサルタント試験事務の全部若しくは一部を自ら行うものとするとき、又は同項の規定により都道府県労働局長若しくは厚生労働大臣が自ら行つていた試験事務若しくはコンサルタント試験事務の全部若しくは一部若しくは登録事務を行わないものとするとき。

2　都道府県労働局長は、次の場合には、厚生労働省令で定めるところにより、その旨を公示しなければならない。
一　第十四条、第六十一条第一項又は第七十五条第三項の規定による登録をしたとき。
二　第七十七条第三項において準用する第四十七条の二又は第四十九条の規定による届出があつたとき。
三　第七十七条第三項において準用する第五十三条第一項の規定により登録を取り消し、又は技能講習若しくは教習の業務の全部若しくは一部の停止を命じたとき。

（経過措置）

第一一三条　この法律の規定に基づき命令を制定し、又は改廃するときは、その命令で、その制定又は改廃に伴い合理的に必要と判断される範囲内において、所要の経過措置（罰則に関する経過措置を含む。）を定めることができる。

（鉱山に関する特例）

第一一四条　鉱山保安法（昭和二十四年法律第七十号）第二条第二項及び第四項の規定による鉱山における保安（衛生に関する通気及び災害時の救護を含む。次条第一項において同じ。）については、第二章中「厚生労働大臣」とあるのは「経済産業大臣」と、「労働政策審議会」とあるのは「中央鉱山保安協議会」とする。
2　鉱山保安法第二条第二項及び第四項の規定による鉱山に関しては、第三章中「総括安全衛生管理者」とあるのは「総括衛生管理者」と、「安全衛生推進者」とあるのは「衛生推進者」とする。

（適用除外）

第一一五条　この法律（第二章の規定を除く。）は、鉱山保安法第二条第二項及び第四項の規定による鉱山における保安については、適用しない。
2　この法律は、船員法（昭和二十二年法律第百号）の適用を受ける船員については、適用しない。

（厚生労働省令への委任）

第一一五条の二　この法律に定めるもののほか、この法律の規定の実施に関し必要な事項は、厚生労働省令で定める。

第十二章　罰則

第一一五条の三【現】　製造時等検査、性能検査、個別検定又は型式検定の業務（以下この条において「特定業務」という。）に従事する登録製造時等検査機関、登録性能検査機関、登録個別検定機関又は登録型式検定機関（以下この条において「特定機関」という。）の役員又は職員が、その職務に関して、賄賂を収受し、要求し、又は約束したときは、五年以下の懲役に処する。これによつて不正の行為をし、又は相当の行為をしなかつたときは、七年以下の懲役に処する。
2　特定業務に従事する特定機関の役員又は職員になろうとする者が、就任後担当すべき職務に関し、請託を受けて賄賂を収受し、要求し、又は約束したときは、役員又は職員になつた場合において、五年以下の懲役に処する。
3　特定業務に従事する特定機関の役員又は職員であつた者が、その在職中に請託を受けて、職務上不正の行為をしたこと又は相当の行為をしなかつたことに関して、賄賂を収受し、要求し、又は約束したときは、五年以下の懲役に処する。
4　前三項の場合において、犯人が収受した賄賂は、没収する。その全部又は一部を没収することができないときは、その価額を追徴する。

【新】［令和七年六月一日から施行］
第一一五条の三　製造時等検査、性能検査、個別検定又は型式検定の業務（以下この条において「特定業務」という。）に従事する登録製造時等検査機関、登録性能検査機関、登録個別検定機関又は登録型式検定機関（以下この条において「特定機関」という。）の役員又は職員が、その職務に関して、賄賂を収受し、要求し、又は約束したときは、五年以下の拘禁刑に処する。これによつて不正の行為をし、又は相当の行為をしなかつたときは、七年以下の拘禁刑に処する。

2　特定業務に従事する特定機関の役員又は職員になろうとする者が、就任後担当すべき職務に関し、請託を受けて賄賂を収受し、要求し、又は約束したときは、役員又は職員になつた場合において、五年以下の拘禁刑に処する。

3　特定業務に従事する特定機関の役員又は職員であつた者が、その在職中に請託を受けて、職務上不正の行為をしたこと又は相当の行為をしなかつたことに関して、賄賂を収受し、要求し、又は約束したときは、五年以下の拘禁刑に処する。

4　前三項の場合において、犯人が収受した賄賂は、没収する。その全部又は一部を没収することができないときは、その価額を追徴する。

第一一五条の四現　前条第一項から第三項までに規定する賄賂を供与し、又はその申込み若しくは約束をした者は、三年以下の懲役又は二百五十万円以下の罰金に処する。

新［令和七年六月一日から施行］
第一一五条の四　前条第一項から第三項までに規定する賄賂を供与し、又はその申込み若しくは約束をした者は、三年以下の拘禁刑又は二百五十万円以下の罰金に処する。

2　前項の罪を犯した者が自首したときは、その刑を減軽し、又は免除することができる。

第一一五条の五　第百十五条の三第一項から第三項までの罪は、刑法第四条の例に従う。

第一一六条現　第五十五条の規定に違反した者は、三年以下の懲役又は三百万円以下の罰金に処する。

新［令和七年六月一日から施行］
第一一六条　第五十五条の規定に違反した者は、三年以下の拘禁刑又は三百万円以下の罰金に処する。

第一一七条現　第三十七条第一項、第四十四条第一項、第四十四条の二第一項、第五十六条第一項、第七十五条の八第一項（第八十三条の三及び第八十五条の三において準用する場合を含む。）又は第八十六条第二項の規定に違反した者は、一年以下の懲役又は百万円以下の罰金に処する。

新［令和七年六月一日から施行］
第一一七条　第三十七条第一項、第四十四条第一項、第四十四条の二第一項、第五十六条第一項、第七十五条の八第一項（第八十三条の三及び第八十五条の三において準用する場合を含む。）又は第八十六条第二項の規定に違反した者は、一年以下の拘禁刑又は百万円以下の罰金に処する。

第一一八条現　第五十三条第一項（第五十三条の三から第五十四条の二まで及び第七十七条第三項において準用する場合を含む。）、第五十四条の六第二項又は第七十五条の十一第二項（第八十三条の三及び第八十五条の三において準用する場合を含む。）の規定による業務の停止の命令に違反したときは、その違反行為をした登録製造時等検査機関等の役員又は職員は、一年以下の懲役又は百万円以下の罰金に処する。

新 **第一一八条** ［令和七年六月一日から施行］ 第五十三条第一項（第五十三条の三から第五十四条の二まで及び第七十七条第三項において準用する場合を含む。）、第五十四条の六第二項又は第七十五条の十一第二項（第八十三条の三及び第八十五条の三において準用する場合を含む。）の規定による業務の停止の命令に違反したときは、その違反行為をした登録製造時等検査機関等の役員又は職員は、一年以下の拘禁刑又は百万円以下の罰金に処する。

第一一九条 現 次の各号のいずれかに該当する者は、六月以下の懲役又は五十万円以下の罰金に処する。

新 **第一一九条** ［令和七年六月一日から施行］ 次の各号のいずれかに該当する者は、六月以下の拘禁刑又は五十万円以下の罰金に処する。

一 第十四条、第二十条から第二十五条まで、第二十五条の二第一項、第三十条の三第一項若しくは第四項、第三十一条第一項、第三十一条の二、第三十三条第一項若しくは第二項、第三十四条、第三十五条、第三十八条第一項、第四十条第一項、第四十二条、第四十三条、第四十四条第六項、第四十四条の二第七項、第五十六条第三項若しくは第四項、第五十七条の四第五項、第五十七条の五第五項、第五十九条第三項、第六十一条第一項、第六十五条第一項、第六十五条の四、第六十八条、第八十九条第五項（第八十九条の二第二項において準用する場合を含む。）、第九十七条第二項、第百五条又は第百八条の二第四項の規定に違反した者

二 第四十三条の二、第五十六条第五項、第八十八条第六項、第九十八条第一項又は第九十九条第一項の規定による命令に違反した者

三 第五十七条第一項の規定による表示をせず、若しくは虚偽の表示をし、又は同条第二項の規定による文書を交付せず、若しくは虚偽の文書を交付した者

四 第六十一条第四項の規定に基づく厚生労働省令に違反した者

第一二〇条 次の各号のいずれかに該当する者は、五十万円以下の罰金に処する。

一 第十条第一項、第十一条第一項、第十二条第一項、第十三条第一項、第十五条第一項、第三項若しくは第四項、第十五条の二第一項、第十六条第一項、第十七条第一項、第十八条第一項、第二十五条の二第二項（第三十条の三第五項において準用する場合を含む。）、第二十六条、第三十条第一項若しくは第四項、第三十条の二第一項から第六項まで、第三十二条第一項から第六項まで、第三十三条第三項、第四十条第二項、第四十四条第五項、第四十四条の二第六項、第四十五条第一項若しくは第二項、第五十七条の四第一項、第五十九条第一項（同条第二項において準用する場合を含む。）、第六十一条第二項、第六十六条第一項から第三項まで、第六十六条の三、第六十六条の六、第六十六条の八の二第一項、第六十六条の八の四第一項、第八十七条第六項、第八十八条第一項から第四項まで、第百一条第一項又は第百三条第一項の規定に違反した者

二 第十一条第二項（第十二条第二項及び第十五条の二第二項において準用する場合を含む。）、第五十七条の五第一項、第六十五条第五項、第六十六条第四項、第九十八条第二項又は第九十九条第二項の規定による命令又は指示に違反した者

三　第四十四条第四項又は第四十四条の二第五項の規定による表示をせず、又は虚偽の表示をした者
四　第九十一条第一項若しくは第二項、第九十四条第一項又は第九十六条第一項、第二項若しくは第四項の規定による立入り、検査、作業環境測定、収去若しくは検診を拒み、妨げ、若しくは忌避し、又は質問に対して陳述をせず、若しくは虚偽の陳述をした者
五　第百条第一項又は第三項の規定による報告をせず、若しくは虚偽の報告をし、又は出頭しなかつた者
六　第百三条第三項の規定による帳簿の備付け若しくは保存をせず、又は同項の帳簿に虚偽の記載をした者

第一二一条　次の各号のいずれかに該当するときは、その違反行為をした登録製造時等検査機関等の役員又は職員は、五十万円以下の罰金に処する。
一　第四十九条（第五十三条の三から第五十四条の二まで及び第七十七条第三項において準用する場合を含む。）の規定による届出をせず、又は虚偽の届出をしたとき。
二　第七十五条の十（第八十三条の三及び第八十五条の三において準用する場合を含む。）の許可を受けないで試験事務若しくはコンサルタント試験事務の全部又は登録事務を廃止したとき。
三　第九十六条第三項の規定による立入り若しくは検査を拒み、妨げ、若しくは忌避し、又は質問に対して陳述をせず、若しくは虚偽の陳述をしたとき。
四　第百条第二項の規定による報告をせず、若しくは虚偽の報告をしたとき。
五　第百三条第二項の規定による帳簿の備付け若しくは保存をせず、又は同項の帳簿に虚偽の記載をしたとき。

第一二二条　法人の代表者又は法人若しくは人の代理人、使用人その他の従業者が、その法人又は人の業務に関して、第百十六条、第百十七条、第百十九条又は第百二十条の違反行為をしたときは、行為者を罰するほか、その法人又は人に対しても、各本条の罰金刑を科する。

第一二二条の二　次の各号のいずれかに該当するときは、その違反行為をしたコンサルタント会の理事、監事又は清算人は、五十万円以下の過料に処する。
一　第八十七条第三項の規定による届出をせず、又は虚偽の届出をしたとき。
二　第八十七条第五項の規定による検査を拒み、妨げ、若しくは忌避し、又は同項の規定による命令に違反したとき。

第一二三条　次の各号のいずれかに該当する者は、二十万円以下の過料に処する。
一　第五十条第一項（第五十三条の三から第五十四条の二まで及び第七十七条第三項において準用する場合を含む。）の規定に違反して財務諸表等を備えて置かず、財務諸表等に記載すべき事項を記載せず、若しくは虚偽の記載をし、又は正当な理由がないのに第五十条第二項（第五十三条の三から第五十四条の二まで及び第七十七条第三項において準用する場合を含む。）の規定による請求を拒んだ者（外国登録製造時等検査機関等を除く。）
二　機構が第九十六条の三の規定による命令に違反した場合におけるその違反行為をした機構の役員

附　則　抄

（施行期日）

第一条　この法律は、公布の日から起算して六月をこえない範囲内において政令で定める日から施行する。〈後略〉

附　則〔平成三〇年七月六日法律第七一号〕抄

（面接指導に関する経過措置）

第五条　事業者は、附則第二条（附則第三条第一項の規定により読み替えて適用する場合を含む。）の規定により

の例によることとされた協定が適用されている労働者に対しては、第四条の規定による改正後の労働安全衛生法（以下この条において「新安衛法」という。）第六十六条の八の二第一項の規定にかかわらず、同項の規定による面接指導を行うことを要しない。この場合において、当該労働者に対する新安衛法第六十六条の八第一項の規定の適用については、同項中「労働者（次条第一項に規定する者及び」とあるのは、「労働者（」とする。

（検討）

第一二条

3 政府は、前二項に定める事項のほか、この法律の施行後五年を目途として、この法律による改正後のそれぞれの法律（以下この項において「改正後の各法律」という。）の規定について、労働者と使用者の協議の促進等を通じて、仕事と生活の調和、労働条件の改善、雇用形態又は就業形態の異なる労働者の間の均衡のとれた待遇の確保その他の労働者の職業生活の充実を図る観点から、改正後の各法律の施行の状況等を勘案しつつ検討を加え、必要があると認めるときは、その結果に基づいて所要の措置を講ずるものとする。

（罰則に関する経過措置）

第二九条 この法律（附則第一条第三号に掲げる規定にあっては、当該規定）の施行前にした行為並びにこの附則の規定によりなお従前の例によることとされる場合及びこの附則の規定によりなおその効力を有することとされる場合におけるこの法律の施行後にした行為に対する罰則の適用については、なお従前の例による。

（政令への委任）

第三〇条 この附則に規定するもののほか、この法律の施行に伴い必要な経過措置（罰則に関する経過措置を含む。）は、政令で定める。

労働安全衛生規則　抄

〔昭和四七年九月三〇日
労働省令第三二号〕

沿革　令和五年一月一八日厚生労働省令第五号
〃　五年三月一四日　〃　第二二号
〃　五年三月二七日　〃　第二九号
〃　五年三月二八日　〃　第三三号
〃　五年四月三日　〃　第六六号
〃　五年四月二四日　〃　第七〇号
〃　五年八月三〇日　〃　第一〇八号
〃　五年九月二九日　〃　第一二一号
〃　五年一二月一八日　〃　第一五七号
〃　五年一二月二七日　〃　第一六五号

第一編　通則

第一章　総則

（共同企業体）

第一条　労働安全衛生法（以下「法」という。）第五条第一項の規定による代表者の選定は、出資の割合その他工事施行に当たつての責任の程度を考慮して行なわなければならない。

2　法第五条第一項の規定による届出をしようとする者は、当該届出に係る仕事の開始の日の十四日前までに、様式第一号による届書を、当該仕事が行われる場所を管轄する都道府県労働局長に提出しなければならない。

3　法第五条第三項の規定による届出をしようとする者は、代表者の変更があつた後、遅滞なく、様式第一号による届書を前項の都道府県労働局長に提出しなければならない。

4　前二項の規定による届書の提出は、当該仕事が行なわれる場所を管轄する労働基準監督署長を経由して行なうものとする。

第二章　安全衛生管理体制

第一節　総括安全衛生管理者

（総括安全衛生管理者の選任）

第二条　法第十条第一項の規定による総括安全衛生管理者の選任は、総括安全衛生管理者を選任すべき事由が発生した日から十四日以内に行なわなければならない。

2　事業者は、総括安全衛生管理者を選任したときは、遅滞なく、様式第三号による報告書を、当該事業場の所在地を管轄する労働基準監督署長（以下「所轄労働基準監督署長」という。）に提出しなければならない。

（総括安全衛生管理者の代理者）

第三条　事業者は、総括安全衛生管理者が旅行、疾病、事故その他やむを得ない事由によつて職務を行なうことができないときは、代理者を選任しなければならない。

（総括安全衛生管理者が統括管理する業務）

第三条の二　法第十条第一項第五号の厚生労働省令で定める業務は、次のとおりとする。

一　安全衛生に関する方針の表明に関すること。

二　法第二十八条の二第一項又は第五十七条の三第一項及び第二項の危険性又は有害性等の調査及びその結果に基づき講ずる措置に関すること。

三　安全衛生に関する計画の作成、実施、評価及び改善に関すること。

第二節　安全管理者

（安全管理者の選任）

第四条　法第十一条第一項の規定による安全管理者の選任は、次に定めるところにより行わなければならない。

一　安全管理者を選任すべき事由が発生した日から十四日以内に選任すること。

二　その事業場に専属の者を選任すること。ただし、二人以上の安全管理者を選任する場合において、当該安全管理者の中に次条第二号に掲げる者がいるときは、当該者のうち一人については、この限りでない。

三　化学設備（労働安全衛生法施行令（以下「令」という。）第九条の三第一号に掲げる化学設備をいう。以下同じ。）のうち、発熱反応が行われる反応器等異常化学反応又はこれに類する異常な事態により爆発、火災等を生ずるおそれのあるもの（配管を除く。以下「特殊化学設備」という。）を設置する事業場であつて、当該事業場の所在地を管轄する都道府県労働局長（以下「所轄都道府県労働局長」という。）が指定するもの（以下「指定事業場」という。）にあつては、当該都道府県労働局長が指定する生産施設の単位について、操業中、常時、法第十条第一項各号の業務のうち安全に係る技術的事項を管理するのに必要な数の安全管理者を選任すること。

四　次の表の中欄に掲げる業種に応じて、常時同表の下欄に掲げる数以上の労働者を使用する事業場にあつては、その事業場全体について法第十条第一項各号の業務のうち安全に係る技術的事項を管理する安全管理者のうち少なくとも一人を専任の安全管理者とすること。ただし、同表四の項の業種にあつては、過去三年間の労働災害による休業一日以上の死傷者数の合計が百人を超える事業場に限る。

一	建設業 有機化学工業製品製造業 石油製品製造業	三百人
二	無機化学工業製品製造業 化学肥料製造業 道路貨物運送業 港湾運送業	五百人
三	紙・パルプ製造業 鉄鋼業 造船業	千人
四	令第二条第一号及び第二号に掲げる業種（一の項から三の項までに掲げる業種を除く。）	二千人

2　第二条第二項及び第三条の規定は、安全管理者について準用する。

（安全管理者の資格）

第五条　法第十一条第一項の厚生労働省令で定める資格を有する者は、次のとおりとする。

一　次のいずれかに該当する者で、法第十条第一項各号の業務のうち安全に係る技術的事項を管理するのに必要な知識についての研修であつて厚生労働大臣が定めるものを修了したもの

イ　学校教育法（昭和二十二年法律第二十六号）による大学（旧大学令（大正七年勅令第三百八十八号）による大学を含む。以下同じ。）又は高等専門学校（旧専門学校令（明治三十六年勅令第六十一号）による専門学校を含む。以下同じ。）における理科系統の正規の課程を修めて卒業した者（独立行政法人大学改革支援・学位授与機

構（以下「大学改革支援・学位授与機構」という。）により学士の学位を授与された者（当該課程を修めた者に限る。）若しくはこれと同等以上の学力を有すると認められる者又は当該課程を修めて同法による専門職大学の前期課程（以下「専門職大学前期課程」という。）を修了した者を含む。第十八条の四第一号において同じ。）で、その後二年以上産業安全の実務に従事した経験を有するもの

ロ　学校教育法による高等学校（旧中等学校令（昭和十八年勅令第三十六号）による中等学校を含む。以下同じ。）又は中等教育学校において理科系統の正規の学科を修めて卒業した者で、その後四年以上産業安全の実務に従事した経験を有するもの

二　労働安全コンサルタント

三　前二号に掲げる者のほか、厚生労働大臣が定める者

（安全管理者の巡視及び権限の付与）

第六条　安全管理者は、作業場等を巡視し、設備、作業方法等に危険のおそれがあるときは、直ちに、その危険を防止するため必要な措置を講じなければならない。

2　事業者は、安全管理者に対し、安全に関する措置をなし得る権限を与えなければならない。

第三節　衛生管理者

（衛生管理者の選任）

第七条　法第十二条第一項の規定による衛生管理者の選任は、次に定めるところにより行わなければならない。

一　衛生管理者を選任すべき事由が発生した日から十四日以内に選任すること。

二　その事業場に専属の者を選任すること。ただし、二人以上の衛生管理者を選任する場合において、当該衛生管理者の中に第十条第三号に掲げる者がいるときは、当該者のうち一人については、この限りでない。

三　次に掲げる業種の区分に応じ、それぞれに掲げる者のうちから選任すること。

イ　農林畜水産業、鉱業、建設業、製造業（物の加工業を含む。）、電気業、ガス業、水道業、熱供給業、運送業、自動車整備業、機械修理業、医療業及び清掃業　第一種衛生管理者免許若しくは衛生工学衛生管理者免許を有する者又は第十条各号に掲げる者

ロ　その他の業種　第一種衛生管理者免許、第二種衛生管理者免許若しくは衛生工学衛生管理者免許を有する者又は第十条各号に掲げる者

四　次の表の上欄に掲げる事業場の規模に応じて、同表の下欄に掲げる数以上の衛生管理者を選任すること。

事業場の規模（常時使用する労働者数）	衛生管理者数
五十人以上二百人以下	一人
二百人を超え五百人以下	二人
五百人を超え千人以下	三人
千人を超え二千人以下	四人
二千人を超え三千人以下	五人
三千人を超える場合	六人

五　次に掲げる事業場にあつては、衛生管理者のうち少なくとも一人を専任の衛生管理者とすること。

イ　常時千人を超える労働者を使用する事業場

ロ　常時五百人を超える労働者を使用する事業場で、坑内労働又は労働基準法施行規則（昭和二十二年厚生省令第二十三号）第十八条各号に掲げる業務に常時三十人以上の労働者を従事させるもの

六　常時五百人を超える労働者を使用する事業場で、坑内労働又は労働基準法施行規則第十八条第一号、第三号から第五号まで若しくは第九号に掲げる業務に常時三十人以上の労働者を従事させるものにあつては、衛生管理者のうち一人を衛生工学衛生管理者免許を受けた者のうちから選任すること。

2　第二条第二項及び第三条の規定は、衛生管理者について準用する。

（衛生管理者の選任の特例）

第八条　事業者は、前条第一項の規定により衛生管理者を選任することができないやむを得ない事由がある場合で、所轄都道府県労働局長の許可を受けたときは、同項の規定によらないことができる。

（共同の衛生管理者の選任）

第九条　都道府県労働局長は、必要であると認めるときは、地方労働審議会の議を経て、衛生管理者を選任することを要しない二以上の事業場で、同一の地域にあるものについて、共同して衛生管理者を選任すべきことを勧告することができる。

（衛生管理者の資格）

第一〇条　法第十二条第一項の厚生労働省令で定める資格を有する者は、次のとおりとする。

一　医師

二　歯科医師

三　労働衛生コンサルタント

四　前三号に掲げる者のほか、厚生労働大臣の定める者

（衛生管理者の定期巡視及び権限の付与）

第一一条　衛生管理者は、少なくとも毎週一回作業場等を巡視し、設備、作業方法又は衛生状態に有害のおそれがあるときは、直ちに、労働者の健康障害を防止するため必要な措置を講じなければならない。

2　事業者は、衛生管理者に対し、衛生に関する措置をなし得る権限を与えなければならない。

（衛生工学に関する事項の管理）

第一二条　事業者は、第七条第一項第六号の規定により選任した衛生管理者に、法第十条第一項各号の業務のうち衛生に係る技術的事項で衛生工学に関するものを管理させなければならない。

第三節の二　安全衛生推進者及び衛生推進者

（安全衛生推進者等を選任すべき事業場）

第一二条の二　法第十二条の二の厚生労働省令で定める規模の事業場は、常時十人以上五十人未満の労働者を使用する事業場とする。

（安全衛生推進者等の選任）

第一二条の三　法第十二条の二の規定による安全衛生推進者又は衛生推進者（以下「安全衛生推進者等」という。）の選任は、都道府県労働局長の登録を受けた者が行う講習を修了した者その他法第十条第一項各号の業務（衛生推進者にあつては、衛生に係る業務に限る。）を担当するため必要な能力を有すると認められる者のうちから、次に定めるところにより行わなければならない。

一　安全衛生推進者等を選任すべき事由が発生した日から十四日以内に選任すること。

二　その事業場に専属の者を選任すること。ただし、労働安全コンサルタント、労働衛生コンサルタントその他厚生労働大臣が定める者のうちから選任するときは、この限りでない。

2　次に掲げる者は、前項の講習の講習科目（安全衛生推進者に係るものに限る。）のうち厚生労働大臣が定めるものの免除を受けることができる。

一　第五条各号に掲げる者

二　第十条各号に掲げる者

（安全衛生推進者等の氏名の周知）
第一二条の四　事業者は、安全衛生推進者等を選任したときは、当該安全衛生推進者等の氏名を作業場の見やすい箇所に掲示する等により関係労働者に周知させなければならない。

第四節　産業医等

（産業医の選任等）
第一三条　法第十三条第一項の規定による産業医の選任は、次に定めるところにより行わなければならない。
一　産業医を選任すべき事由が発生した日から十四日以内に選任すること。
二　次に掲げる者（イ及びロにあつては、事業場の運営について利害関係を有しない者を除く。）以外の者のうちから選任すること。
イ　事業者が法人の場合にあつては当該法人の代表者
ロ　事業者が法人でない場合にあつては事業を営む個人
ハ　事業場においてその事業の実施を統括管理する者
三　常時千人以上の労働者を使用する事業場又は次に掲げる業務に常時五百人以上の労働者を従事させる事業場にあつては、その事業場に専属の者を選任すること。
イ　多量の高熱物体を取り扱う業務及び著しく暑熱な場所における業務
ロ　多量の低温物体を取り扱う業務及び著しく寒冷な場所における業務
ハ　ラジウム放射線、エックス線その他の有害放射線にさらされる業務
ニ　土石、獣毛等のじんあい又は粉末を著しく飛散する場所における業務
ホ　異常気圧下における業務
ヘ　さく岩機、鋲打機等の使用によつて、身体に著しい振動を与える業務
ト　重量物の取扱い等重激な業務
チ　ボイラー製造等強烈な騒音を発する場所における業務
リ　坑内における業務
ヌ　深夜業を含む業務
ル　水銀、砒素、黄りん、弗化水素酸、塩酸、硝酸、硫酸、青酸、か性アルカリ、石炭酸その他これらに準ずる有害物を取り扱う業務
ヲ　鉛、水銀、クロム、砒素、黄りん、弗化水素、塩素、塩酸、硝酸、亜硫酸、硫酸、一酸化炭素、二硫化炭素、青酸、ベンゼン、アニリンその他これらに準ずる有害物のガス、蒸気又は粉じんを発散する場所における業務
ワ　病原体によつて汚染のおそれが著しい業務
カ　その他厚生労働大臣が定める業務
四　常時三千人をこえる労働者を使用する事業場にあつては、二人以上の産業医を選任すること。
2　第二条第二項の規定は、産業医について準用する。ただし、学校保健安全法（昭和三十三年法律第五十六号）第二十三条（就学前の子どもに関する教育、保育等の総合的な提供の推進に関する法律（平成十八年法律第七十七号。以下この項及び第四十四条の二第一項において「認定こども園法」という。）第二十七条において準用する場合を含む。）の規定により任命し、又は委嘱された学校医で、当該学校（同条において準用する場合にあつては、認定こども園法第二条第七項に規定する幼保連携型認定こども園）において産業医の職務を行うこととされたものについては、この限りでない。
3　第八条の規定は、産業医について準用する。この場合において、同条中「前条第一項」とあるのは、「第十三条第一項」と読み替えるものとする。

4 事業者は、産業医が辞任したとき又は産業医を解任したときは、遅滞なく、その旨及びその理由を衛生委員会又は安全衛生委員会に報告しなければならない。

（産業医及び産業歯科医の職務等）

第一四条 法第十三条第一項の厚生労働省令で定める事項は、次に掲げる事項で医学に関する専門的知識を必要とするものとする。

一 健康診断の実施及びその結果に基づく労働者の健康を保持するための措置に関すること。

二 法第六十六条の八第一項、第六十六条の八の二第一項及び第六十六条の八の四第一項に規定する面接指導並びに法第六十六条の九に規定する必要な措置の実施並びにこれらの結果に基づく労働者の健康を保持するための措置に関すること。

三 法第六十六条の十第一項に規定する心理的な負担の程度を把握するための検査の実施並びに同条第三項に規定する面接指導の実施及びその結果に基づく労働者の健康を保持するための措置に関すること。

四 作業環境の維持管理に関すること。

五 作業の管理に関すること。

六 前各号に掲げるもののほか、労働者の健康管理に関すること。

七 健康教育、健康相談その他労働者の健康の保持増進を図るための措置に関すること。

八 衛生教育に関すること。

九 労働者の健康障害の原因の調査及び再発防止のための措置に関すること。

2 法第十三条第二項の厚生労働省令で定める要件を備えた者は、次のとおりとする。

一 法第十三条第一項に規定する労働者の健康管理等（以下「労働者の健康管理等」という。）を行うのに必要な医学に関する知識についての研修であつて厚生労働大臣の指定する者（法人に限る。）が行うものを修了した者

二 産業医の養成等を行うことを目的とする医学の正規の課程を設置している産業医科大学その他の大学であつて厚生労働大臣が指定するものにおいて当該課程を修めて卒業した者であつて、その大学が行う実習を履修したもの

三 労働衛生コンサルタント試験に合格した者で、その試験の区分が保健衛生であるもの

四 学校教育法による大学において労働衛生に関する科目を担当する教授、准教授又は講師（常時勤務する者に限る。）の職にあり、又はあつた者

五 前各号に掲げる者のほか、厚生労働大臣が定める者

3 産業医は、第一項各号に掲げる事項について、総括安全衛生管理者に対して勧告し、又は衛生管理者に対して指導し、若しくは助言することができる。

4 事業者は、産業医が法第十三条第五項の規定による勧告をしたこと又は前項の規定による勧告、指導若しくは助言をしたことを理由として、産業医に対し、解任その他不利益な取扱いをしないようにしなければならない。

5 事業者は、令第二十二条第三項の業務に常時五十人以上の労働者を従事させる事業場については、第一項各号に掲げる事項のうち当該労働者の歯又はその支持組織に関する事項について、適時、歯科医師の意見を聴くようにしなければならない。

6 前項の事業場の労働者に対して法第六十六条第三項の健康診断を行なつた歯科医師は、当該事業場の事業者又は総括安全衛生管理者に対し、当該労働者の健康障害（歯又はその支持組織に関するものに限る。）を防止するため必要な事項を勧告することができる。

7　産業医は、労働者の健康管理等を行うために必要な医学に関する知識及び能力の維持向上に努めなければならない。

（産業医に対する情報の提供）

第一四条の二　法第十三条第四項の厚生労働省令で定める情報は、次に掲げる情報とする。

一　法第六十六条の五第一項、第六十六条の八第五項（法第六十六条の八の二第二項又は第六十六条の八の四第二項において読み替えて準用する場合を含む。）又は第六十六条の十第六項の規定により既に講じた措置又は講じようとする措置の内容に関する情報（これらの措置を講じない場合にあつては、その旨及びその理由）

二　第五十二条の二第一項、第五十二条の七の二第一項又は第五十二条の七の四第一項の超えた時間が一月当たり八十時間を超えた労働者の氏名及び当該労働者に係る当該超えた時間に関する情報

三　前二号に掲げるもののほか、労働者の業務に関する情報であつて産業医が労働者の健康管理等を適切に行うために必要と認めるもの

2　法第十三条第四項の規定による情報の提供は、次の各号に掲げる情報の区分に応じ、当該各号に定めるところにより行うものとする。

一　前項第一号に掲げる情報　法第六十六条の四、第六十六条の八第四項（法第六十六条の八の二第二項又は第六十六条の八の四第二項において準用する場合を含む。）又は第六十六条の十第五項の規定による医師又は歯科医師からの意見聴取を行つた後、遅滞なく提供すること。

二　前項の第二号に掲げる情報　第五十二条の二第二項（第五十二条の七の二第二項又は第五十二条の七の四第二項において準用する場合を含む。）の規定により同号の超えた時間の算定を行つた後、速やかに提供すること。

三　前項第三号に掲げる情報　産業医から当該情報の提供を求められた後、速やかに提供すること。

（産業医による勧告等）

第一四条の三　産業医は、法第十三条第五項の勧告をしようとするときは、あらかじめ、当該勧告の内容について、事業者の意見を求めるものとする。

2　事業者は、法第十三条第五項の勧告を受けたときは、次に掲げる事項を記録し、これを三年間保存しなければならない。

一　当該勧告の内容

二　当該勧告を踏まえて講じた措置の内容（措置を講じない場合にあつては、その旨及びその理由）

3　法第十三条第六項の規定による報告は、同条第五項の勧告を受けた後遅滞なく行うものとする。

4　法第十三条第六項の厚生労働省令で定める事項は、次に掲げる事項とする。

一　当該勧告の内容

二　当該勧告を踏まえて講じた措置又は講じようとする措置の内容（措置を講じない場合にあつては、その旨及びその理由）

（産業医に対する権限の付与等）

第一四条の四　事業者は、産業医に対し、第十四条第一項各号に掲げる事項をなし得る権限を与えなければならない。

2　前項の権限には、第十四条第一項各号に掲げる事項に係る次に掲げる事項に関する権限が含まれるものとする。

一　事業者又は総括安全衛生管理者に対して意見を述べること。

二　第十四条第一項各号に掲げる事項を実施するために必要な情報を労働者から収集すること。

三　労働者の健康を確保するため緊急の必要がある場合において、労働者に対して必要な措置をとるべきことを指示す

ること。

（産業医の定期巡視）

第一五条　産業医は、少なくとも毎月一回（産業医が、事業者から、毎月一回以上、次に掲げる情報の提供を受けている場合であつて、事業者の同意を得ているときは、少なくとも二月に一回）作業場等を巡視し、作業方法又は衛生状態に有害のおそれがあるときは、直ちに、労働者の健康障害を防止するため必要な措置を講じなければならない。

一　第十一条第一項の規定により衛生管理者が行う巡視の結果

二　前号に掲げるもののほか、労働者の健康障害を防止し、又は労働者の健康を保持するために必要な情報であつて、衛生委員会又は安全衛生委員会における調査審議を経て事業者が産業医に提供することとしたもの

（産業医を選任すべき事業場以外の事業場の労働者の健康管理等）

第一五条の二　法第十三条の二第一項の厚生労働省令で定める者は、労働者の健康管理等を行うのに必要な知識を有する保健師とする。

2　事業者は、法第十三条第一項の事業場以外の事業場について、法第十三条の二第一項に規定する者に労働者の健康管理等の全部又は一部を行わせるに当たつては、労働者の健康管理等を行う同項に規定する医師の選任、国が法第十九条の三に規定する援助として行う労働者の健康管理等に係る業務についての相談その他の必要な援助の事業の利用等に努めるものとする。

3　第十四条の二第一項の規定は法第十三条の二第二項において準用する法第十三条第四項の厚生労働省令で定める情報について、第十四条の二第二項の規定は法第十三条の二第二項において準用する法第十三条第四項の規定による情報の提供について、それぞれ準用する。

（令第六条第十三号の厚生労働省令で定める船舶）

第一八条の二　令第六条第十三号の厚生労働省令で定める船舶は、船員の育成及び確保に資することを目的とする船員室の新設、増設又は拡大により総トン数五百トン以上五百十トン未満となつたと認められる船舶とする。

第六節　統括安全衛生責任者、元方安全衛生管理者、店社安全衛生管理者及び安全衛生責任者

（令第七条第二項第一号の厚生労働省令で定める場所）

第一八条の二の二　令第七条第二項第一号の厚生労働省令で定める場所は、人口が集中している地域内における道路上若しくは道路に隣接した場所又は鉄道の軌道上若しくは軌道に隣接した場所とする。

（元方安全衛生管理者の選任）

第一八条の三　法第十五条の二第一項の規定による元方安全衛生管理者の選任は、その事業場に専属の者を選任して行わなければならない。

（元方安全衛生管理者の資格）

第一八条の四　法第十五条の二第一項の厚生労働省令で定める資格を有する者は、次のとおりとする。

一　学校教育法による大学又は高等専門学校における理科系統の正規の課程を修めて卒業した者で、その後三年以上建設工事の施工における安全衛生の実務に従事した経験を有するもの

二　学校教育法による高等学校又は中等教育学校において理科系統の正規の学科を修めて卒業した者で、その後五年以上建設工事の施工における安全衛生の実務に従事した経験を有するもの

三　前二号に掲げる者のほか、厚生労働大臣が定める者

（権限の付与）
第一八条の五　事業者は、元方安全衛生管理者に対し、その労働者及び関係請負人の労働者の作業が同一場所において行われることによつて生ずる労働災害を防止するため必要な措置をなし得る権限を与えなければならない。

（店社安全衛生管理者の選任に係る労働者数等）
第一八条の六　法第十五条の三第一項及び第二項の厚生労働省令で定める労働者の数は、次の各号の仕事の区分に応じ、当該各号に定める数とする。
一　令第七条第二項第一号の仕事及び主要構造部が鉄骨造又は鉄骨鉄筋コンクリート造である建築物の建設の仕事　常時二十人
二　前号の仕事以外の仕事　常時五十人
2　建設業に属する事業の仕事を行う事業者であつて、法第十五条第二項に規定するところにより、当該仕事を行う場所において、統括安全衛生責任者の職務を行う者を選任し、並びにその者に同条第一項又は第三項及び同条第四項の指揮及び統括管理をさせ、並びに法第十五条の二第一項の資格を有する者のうちから元方安全衛生管理者の職務を行う者を選任し、及びその者に同項の事項を管理させているもの（法第十五条の三第一項又は第二項の規定により店社安全衛生管理者を選任しなければならない事業者に限る。）は、当該場所において同条第一項又は第二項の規定により店社安全衛生管理者を選任し、その者に同条第一項又は第二項の事項を行わせているものとする。

（店社安全衛生管理者の資格）
第一八条の七　法第十五条の三第一項及び第二項の厚生労働省令で定める資格を有する者は、次のとおりとする。
一　学校教育法による大学又は高等専門学校を卒業した者（大学改革支援・学位授与機構により学士の学位を授与された者若しくはこれと同等以上の学力を有すると認められる者又は専門職大学前期課程を修了した者を含む。別表第五第一号の表及び別表第五第一号の二の表において同じ。）で、その後三年以上建設工事の施工における安全衛生の実務に従事した経験を有するもの
二　学校教育法による高等学校又は中等教育学校を卒業した者（学校教育法施行規則（昭和二十二年文部省令第十一号）第百五十条に規定する者又はこれと同等以上の学力を有すると認められる者を含む。別表第五第一号の表及び第一号の二の表において同じ。）で、その後五年以上建設工事の施工における安全衛生の実務に従事した経験を有するもの
三　八年以上建設工事の施工における安全衛生の実務に従事した経験を有する者
四　前三号に掲げる者のほか、厚生労働大臣が定める者

（店社安全衛生管理者の職務）
第一八条の八　法第十五条の三第一項及び第二項の厚生労働省令で定める事項は、次のとおりとする。
一　少なくとも毎月一回法第十五条の三第一項又は第二項の労働者が作業を行う場所を巡視すること。
二　法第十五条の三第一項又は第二項の労働者の作業の種類その他作業の実施の状況を把握すること。
三　法第三十条第一項第一号の協議組織の会議に随時参加すること。
四　法第三十条第一項第五号の計画に関し同号の措置が講ぜられていることについて確認すること。

（安全衛生責任者の職務）
第一九条　法第十六条第一項の厚生労働省令で定める事項は、次のとおりとする。

一　統括安全衛生責任者との連絡
二　統括安全衛生責任者から連絡を受けた事項の関係者への連絡
三　前号の統括安全衛生責任者からの連絡に係る事項のうち当該請負人に係るものの実施についての管理
四　当該請負人がその労働者の作業の実施に関し計画を作成する場合における当該計画と特定元方事業者が作成する法第三十条第一項第五号の計画との整合性の確保を図るための統括安全衛生責任者との調整
五　当該請負人の労働者の行う作業及び当該労働者以外の者の行う作業によつて生ずる法第十五条第一項の労働災害に係る危険の有無の確認
六　当該請負人がその仕事の一部を他の請負人に請け負わせている場合における当該他の請負人の安全衛生責任者との作業間の連絡及び調整

（統括安全衛生責任者等の代理者）

第二〇条　第三条の規定は、統括安全衛生責任者、元方安全衛生管理者、店社安全衛生管理者及び安全衛生責任者について準用する。

第七節　安全委員会、衛生委員会等

（安全委員会の付議事項）

第二一条　法第十七条第一項第三号の労働者の危険の防止に関する重要事項には、次の事項が含まれるものとする。
一　安全に関する規程の作成に関すること。
二　法第二十八条の二第一項又は第五十七条の三第一項及び第二項の危険性又は有害性等の調査及びその結果に基づき講ずる措置のうち、安全に係るものに関すること。
三　安全衛生に関する計画（安全に係る部分に限る。）の作成、実施、評価及び改善に関すること。
四　安全教育の実施計画の作成に関すること
五　厚生労働大臣、都道府県労働局長、労働基準監督署長、労働基準監督官又は産業安全専門官から文書により命令、指示、勧告又は指導を受けた事項のうち、労働者の危険の防止に関すること。

（衛生委員会の付議事項）

第二二条　法第十八条第一項第四号の労働者の健康障害の防止及び健康の保持増進に関する重要事項には、次の事項が含まれるものとする。
一　衛生に関する規程の作成に関すること。
二　法第二十八条の二第一項又は第五十七条の三第一項及び第二項の危険性又は有害性等の調査及びその結果に基づき講ずる措置のうち、衛生に係るものに関すること。
三　安全衛生に関する計画（衛生に係る部分に限る。）の作成、実施、評価及び改善に関すること。
四　衛生教育の実施計画の作成に関すること。
五　法第五十七条の四第一項及び第五十七条の五第一項の規定により行われる有害性の調査並びにその結果に対する対策の樹立に関すること。
六　法第六十五条第一項又は第五項の規定により行われる作業環境測定の結果及びその結果の評価に基づく対策の樹立に関すること。
七　定期に行われる健康診断、法第六十六条第四項の規定による指示を受けて行われる臨時の健康診断、法第六十六条の二の自ら受けた健康診断及び法に基づく他の省令の規定に基づいて行われる医師の診断、診察又は処置の結果並びにその結果に対する対策の樹立に関すること。
八　労働者の健康の保持増進を図るため必要な措置の実施計画の作成に関すること。
九　長時間にわたる労働による労働者の健康障害の防止を図

るための対策の樹立に関すること。
一〇　労働者の精神的健康の保持増進を図るための対策の樹立に関すること。
一一　第五百七十七条の二第一項、第二項及び第八項の規定により講ずる措置に関すること並びに同条第三項及び第四項の医師又は歯科医師による健康診断の実施に関すること。
一二　厚生労働大臣、都道府県労働局長、労働基準監督署長、労働基準監督官又は労働衛生専門官から文書により命令、指示、勧告又は指導を受けた事項のうち、労働者の健康障害の防止に関すること。

（委員会の会議）
第二三条　事業者は、安全委員会、衛生委員会又は安全衛生委員会（以下「委員会」という。）を毎月一回以上開催するようにしなければならない。
2　前項に定めるもののほか、委員会の運営について必要な事項は、委員会が定める。
3　事業者は、委員会の開催の都度、遅滞なく、委員会における議事の概要を次に掲げるいずれかの方法によつて労働者に周知させなければならない。
一　常時各作業場の見やすい場所に掲示し、又は備え付けること。
二　書面を労働者に交付すること。
三　事業者の使用に係る電子計算機に備えられたファイル又は電磁的記録媒体（電磁的記録（電子的方式、磁気的方式その他人の知覚によつては認識することができない方式で作られる記録であつて、電子計算機による情報処理の用に供されるものをいう。以下同じ。）に係る記録媒体をいう。以下同じ。）をもつて調製するファイルに記録し、かつ、各作業場に労働者が当該記録の内容を常時確認できる機器を設置すること。
4　事業者は、委員会の開催の都度、次に掲げる事項を記録し、これを三年間保存しなければならない。
一　委員会の意見及び当該意見を踏まえて講じた措置の内容
二　前号に掲げるもののほか、委員会における議事で重要なもの
5　産業医は、衛生委員会又は安全衛生委員会に対して労働者の健康を確保する観点から必要な調査審議を求めることができる。

（関係労働者の意見の聴取）
第二三条の二　委員会を設けている事業者以外の事業者は、安全又は衛生に関する事項について、関係労働者の意見を聴くための機会を設けるようにしなければならない。

第四章　安全衛生教育

（雇入れ時等の教育）
第三五条　事業者は、労働者を雇い入れ、又は労働者の作業内容を変更したときは、当該労働者に対し、遅滞なく、次の事項のうち当該労働者が従事する業務に関する安全又は衛生のため必要な事項について、教育を行わなければならない。
一　機械等、原材料等の危険性又は有害性及びこれらの取扱い方法に関すること。
二　安全装置、有害物抑制装置又は保護具の性能及びこれらの取扱い方法に関すること。
三　作業手順に関すること。
四　作業開始時の点検に関すること。
五　当該業務に関して発生するおそれのある疾病の原因及び予防に関すること。
六　整理、整頓及び清潔の保持に関すること。
七　事故時等における応急措置及び退避に関すること。

八　前各号に掲げるもののほか、当該業務に関する安全又は衛生のために必要な事項

2　事業者は、前項各号に掲げる事項の全部又は一部に関し十分な知識及び技能を有していると認められる労働者については、当該事項についての教育を省略することができる。

第六章　健康の保持増進のための措置

第一節の二　健康診断

（雇入時の健康診断）

第四三条　事業者は、常時使用する労働者を雇い入れるときは、当該労働者に対し、次の項目について医師による健康診断を行わなければならない。ただし、医師による健康診断を受けた後、三月を経過しない者を雇い入れる場合において、その者が当該健康診断の結果を証明する書面を提出したときは、当該健康診断の項目に相当する項目については、この限りでない。

一　既往歴及び業務歴の調査
二　自覚症状及び他覚症状の有無の検査
三　身長、体重、腹囲、視力及び聴力（千ヘルツ及び四千ヘルツの音に係る聴力をいう。次条第一項第三号において同じ。）の検査
四　胸部エックス線検査
五　血圧の測定
六　血色素量及び赤血球数の検査（次条第一項第六号において「貧血検査」という。）
七　血清グルタミックオキサロアセチックトランスアミナーゼ（GOT）、血清グルタミックピルビックトランスアミナーゼ（GPT）及びガンマーグルタミルトランスペプチダーゼ（γ―GTP）の検査（次条第一項第七号において「肝機能検査」という。）
八　低比重リポ蛋白コレステロール（LDLコレステロール）、高比重リポ蛋白コレステロール（HDLコレステロール）及び血清トリグリセライドの量の検査（次条第一項第八号において「血中脂質検査」という。）
九　血糖検査
十　尿中の糖及び蛋白の有無の検査（次条第一項第十号において「尿検査」という。）
十一　心電図検査

（定期健康診断）

第四四条　事業者は、常時使用する労働者（第四十五条第一項に規定する労働者を除く。）に対し、一年以内ごとに一回、定期に、次の項目について医師による健康診断を行わなければならない。

一　既往歴及び業務歴の調査
二　自覚症状及び他覚症状の有無の検査
三　身長、体重、腹囲、視力及び聴力の検査
四　胸部エックス線検査及び喀痰検査
五　血圧の測定
六　貧血検査
七　肝機能検査
八　血中脂質検査
九　血糖検査
十　尿検査
十一　心電図検査

2　第一項第三号、第四号、第六号から第九号まで及び第十一号に掲げる項目については、厚生労働大臣が定める基準に基づき、医師が必要でないと認めるときは、省略することができる。

3　第一項の健康診断は、前条、第四十五条の二又は法第六十六条第二項前段の健康診断を受けた者（前条ただし書に規定する書面を提出した者を含む。）については、当該健康診断の実施の日から一年間に限り、その者が受けた当該健康診断の項目に相当する項目を省略して行うことができる。

4　第一項第三号に掲げる項目（聴力の検査に限る。）は、四十五歳未満の者（三十五歳及び四十歳の者を除く。）については、同項の規定にかかわらず、医師が適当と認める聴力（千ヘルツ又は四千ヘルツの音に係る聴力を除く。）の検査をもつて代えることができる。

（満十五歳以下の者の健康診断の特例）

第四四条の二　事業者は、前二条の健康診断を行おうとする日の属する年度（四月一日から翌年三月三十一日までをいう。以下この条において同じ。）において満十五歳以下の年齢に達する者で、当該年度において学校保健安全法第十一条又は第十三条（認定こども園法第二十七条において準用する場合を含む。）の規定による健康診断を受けたもの又は受けることが予定されているものについては、前二条の規定にかかわらず、これらの規定による健康診断（学校教育法による中学校若しくはこれに準ずる学校若しくは義務教育学校を卒業した者又は中等教育学校の前期課程を修了した者に係る第四十三条の健康診断を除く。）を行わないことができる。

2　前二条の健康診断を行おうとする日の属する年度において満十五歳以下の年齢に達する者で、前項に規定する者以外のものについては、医師が必要でないと認めるときは、当該健康診断の項目の全部又は一部を省略することができる。

（特定業務従事者の健康診断）

第四五条　事業者は、第十三条第一項第三号に掲げる業務に常時従事する労働者に対し、当該業務への配置替えの際及び六月以内ごとに一回、定期に、第四十四条第一項各号に掲げる項目について医師による健康診断を行わなければならない。この場合において、同項第四号の項目については、一年以内ごとに一回、定期に、行えば足りるものとする。

2　前項の健康診断（定期のものに限る。）は、前回の健康診断において第四十四条第一項第六号から第九号まで及び第十一号に掲げる項目について健康診断を受けた者については、前項の規定にかかわらず、医師が必要でないと認めるときは、当該項目の全部又は一部を省略して行うことができる。

3　第四十四条第二項及び第三項の規定は、第一項の健康診断について準用する。この場合において、同条第三項中「一年間」とあるのは、「六月間」と読み替えるものとする。

4　第一項の健康診断（定期のものに限る。）の項目のうち第四十四条第一項第三号に掲げる項目（聴力の検査に限る。）は、前回の健康診断において当該項目について健康診断を受けた者又は四十五歳未満の者（三十五歳及び四十歳の者を除く。）については、第一項の規定にかかわらず、医師が適当と認める聴力（千ヘルツ又は四千ヘルツの音に係る聴力を除く。）の検査をもつて代えることができる。

（海外派遣労働者の健康診断）

第四五条の二　事業者は、労働者を本邦外の地域に六月以上派遣しようとするときは、あらかじめ、当該労働者に対し、第四十四条第一項各号に掲げる項目及び厚生労働大臣が定める項目のうち医師が必要であると認める項目について、医師による健康診断を行わなければならない。

2　事業者は、本邦外の地域に六月以上派遣した労働者を本邦の地域内における業務に就かせるとき（一時的に就かせるときを除く。）は、当該労働者に対し、第四十四条第一項各号に掲げる項目及び厚生労働大臣が定める項目のうち医師が必要であると認める項目について、医師による健康診断を行わなければならない。

3　第一項の健康診断は、第四十三条、第四十四条、前条又は法第六十六条第二項前段の健康診断を受けた者（第四十三条第一項ただし書に規定する書面を提出した者を含む。）については、当該健康診断の実施の日から六月間に限り、その者が受けた当該健康診断の項目に相当する項目を省略して行うことができる。

4　第四十四条第二項の規定は、第一項及び第二項の健康診断について準用する。この場合において、同条第二項中「、第四号、第六号から第九号まで及び第十一号」とあるのは、「及び第四号」と読み替えるものとする。

第四六条　削除

（給食従業員の検便）

第四七条　事業者は、事業に附属する食堂又は炊事場における給食の業務に従事する労働者に対し、その雇入れの際又は当該業務への配置替えの際、検便による健康診断を行なわなければならない。

（歯科医師による健康診断）

第四八条　事業者は、令第二十二条第三項の業務に常時従事する労働者に対し、その雇入れの際、当該業務への配置替えの際及び当該業務についた後六月以内ごとに一回、定期に、歯科医師による健康診断を行なわなければならない。

（健康診断の指示）

第四九条　法第六十六条第四項の規定による指示は、実施すべき健康診断の項目、健康診断を受けるべき労働者の範囲その他必要な事項を記載した文書により行なうものとする。

（労働者の希望する医師等による健康診断の証明）

第五〇条　法第六十六条第五項ただし書の書面は、当該労働者の受けた健康診断の項目ごとに、その結果を記載したものでなければならない。

（自発的健康診断）

第五〇条の二　法第六十六条の二の厚生労働省令で定める要件は、常時使用され、同条の自ら受けた健康診断を受けた日前六月間を平均して一月当たり四回以上同条の深夜業に従事したこととする。

第五〇条の三　前条で定める要件に該当する労働者は、第四十四条第一項各号に掲げる項目の全部又は一部について、自ら受けた医師による健康診断の結果を証明する書面を事業者に提出することができる。ただし、当該健康診断を受けた日から三月を経過したときは、この限りでない。

第五〇条の四　法第六十六条の二の書面は、当該労働者の受けた健康診断の項目ごとに、その結果を記載したものでなければならない。

（健康診断結果の記録の作成）

第五一条　事業者は、第四十三条、第四十四条若しくは第四十五条から第四十八条までの健康診断若しくは法第六十六条第四項の規定による指示を受けて行つた健康診断（同条第五項ただし書の場合において当該労働者が受けた健康診断を含む。次条において「第四十三条等の健康診断」という。）又は法第六十六条の二の自ら受けた健康診断の結果に基づき、健康診断個人票（様式第五号）を作成して、これを五年間保存しなければならない。

（健康診断の結果についての医師等からの意見聴取）

第五一条の二　第四十三条等の健康診断の結果に基づく法第六十六条の四の規定による医師又は歯科医師からの意見聴取は、次に定めるところにより行わなければならない。

一　第四十三条等の健康診断が行われた日（法第六十六条第五項ただし書の場合にあつては、当該労働者が健康診断の結果を証明する書面を事業者に提出した日）から三月以内に行うこと。

二　聴取した医師又は歯科医師の意見を健康診断個人票に記

載すること。

2　法第六十六条の二の自ら受けた健康診断の結果に基づく法第六十六条の四の規定による医師からの意見聴取は、次に定めるところにより行わなければならない。

一　当該健康診断の結果を証明する書面が事業者に提出された日から二月以内に行うこと。

二　聴取した医師の意見を健康診断個人票に記載すること。

3　事業者は、医師又は歯科医師から、前二項の意見聴取を行う上で必要となる労働者の業務に関する情報を求められたときは、速やかに、これを提供しなければならない。

（指針の公表）

第五一条の三　第二十四条の規定は、法第六十六条の五第二項の規定による指針の公表について準用する。

（健康診断の結果の通知）

第五一条の四　事業者は、法第六十六条第四項又は第四十三条、第四十四条若しくは第四十五条から第四十八条までの健康診断を受けた労働者に対し、遅滞なく、当該健康診断の結果を通知しなければならない。

（健康診断結果報告）

第五二条　常時五十人以上の労働者を使用する事業者は、第四十四条又は第四十五条の健康診断（定期のものに限る。）を行つたときは、遅滞なく、定期健康診断結果報告書（様式第六号）を所轄労働基準監督署長に提出しなければならない。

2　事業者は、第四十八条の健康診断（定期のものに限る。）を行つたときは、遅滞なく、有害な業務に係る歯科健康診断結果報告書（様式第六号の二）を所轄労働基準監督署長に提出しなければならない。

第一節の三　長時間にわたる労働に関する面接指導等

（面接指導の対象となる労働者の要件等）

第五二条の二　法第六十六条の八第一項の厚生労働省令で定める要件は、休憩時間を除き一週間当たり四十時間を超えて労働させた場合におけるその超えた時間が一月当たり八十時間を超え、かつ、疲労の蓄積が認められる者であることとする。ただし、次項の期日前一月以内に法第六十六条の八第一項又は第六十六条の八の二第一項に規定する面接指導を受けた労働者その他これに類する労働者であつて法第六十六条の八第一項に規定する面接指導（以下この節において「法第六十六条の八の面接指導」という。）を受ける必要がないと医師が認めたものを除く。

2　前項の超えた時間の算定は、毎月一回以上、一定の期日を定めて行わなければならない。

3　事業者は、第一項の超えた時間の算定を行つたときは、速やかに、同項の超えた時間が一月当たり八十時間を超えた労働者に対し、当該労働者に係る当該超えた時間に関する情報を通知しなければならない。

（面接指導の実施方法等）

第五二条の三　法第六十六条の八の面接指導は、前条第一項の要件に該当する労働者の申出により行うものとする。

2　前項の申出は、前条第二項の期日後、遅滞なく、行うものとする。

3　事業者は、労働者から第一項の申出があつたときは、遅滞なく、法第六十六条の八の面接指導を行わなければならない。

4　産業医は、前条第一項の要件に該当する労働者に対して、第一項の申出を行うよう勧奨することができる。

（面接指導における確認事項）

第五二条の四　医師は、法第六十六条の八の面接指導を行うに当たつては、前条第一項の申出を行つた労働者に対し、次に掲げる事項について確認を行うものとする。

一　当該労働者の勤務の状況

二　当該労働者の疲労の蓄積の状況
三　前号に掲げるもののほか、当該労働者の心身の状況

第五二条の五（**労働者の希望する医師による面接指導の証明**）　法第六十六条の八第二項ただし書の書面は、当該労働者の受けた法第六十六条の八の面接指導について次に掲げる事項を記載したものでなければならない。
一　実施年月日
二　当該労働者の氏名
三　法第六十六条の八の面接指導を行つた医師の氏名
四　当該労働者の疲労の蓄積の状況
五　前号に掲げるもののほか、当該労働者の心身の状況

（**面接指導結果の記録の作成**）
第五二条の六　事業者は、法第六十六条の八の面接指導（法第六十六条の八第二項ただし書の場合において当該労働者が受けたものを含む。次条において同じ。）の結果に基づき、当該法第六十六条の八の面接指導の結果の記録を作成して、これを五年間保存しなければならない。
2　前項の記録は、前条各号に掲げる事項及び法第六十六条の八第四項の規定による医師の意見を記載したものでなければならない。

（**面接指導の結果についての医師からの意見聴取**）
第五二条の七　法第六十六条の八の面接指導の結果に基づく法第六十六条の八第四項の規定による医師からの意見聴取は、当該法第六十六条の八の面接指導が行われた後（同条第二項ただし書の場合にあつては、当該労働者が法第六十六条の八の面接指導の結果を証明する書面を事業者に提出した後）、遅滞なく行わなければならない。

（**法第六十六条の八の二第一項の厚生労働省令で定める時間等**）
第五二条の七の二　法第六十六条の八の二第一項の厚生労働省令で定める時間は、休憩時間を除き一週間当たり四十時間を超えて労働させた場合におけるその超えた時間について、一月当たり百時間とする。
2　第五十二条の二第二項、第五十二条の三第一項及び第五十二条の四から前条までの規定は、法第六十六条の八の二第一項に規定する面接指導について準用する。この場合において、第五十二条の二第二項中「前項」とあるのは「第五十二条の七の二第一項」と、第五十二条の三第一項中「前条第一項の要件に該当する労働者の申出により」とあるのは「前条第二項の期日後、遅滞なく」と、第五十二条の四中「前条第一項の申出を行つた労働者」とあるのは「労働者」と読み替えるものとする。

（**法第六十六条の八の三の厚生労働省令で定める方法等**）
第五二条の七の三　法第六十六条の八の三の厚生労働省令で定める方法は、タイムカードによる記録、パーソナルコンピュータ等の電子計算機の使用時間の記録等の客観的な方法その他の適切な方法とする。
2　事業者は、前項に規定する方法により把握した労働時間の状況の記録を作成し、三年間保存するための必要な措置を講じなければならない。

（**法第六十六条の八の四第一項の厚生労働省令で定める時間等**）
第五二条の七の四　法第六十六条の八の四第一項の厚生労働省令で定める時間は、一週間当たりの健康管理時間（労働基準法（昭和二十二年法律第四十九号）第四十一条の二第一項第三号に規定する健康管理時間をいう。）が四十時間を超えた場合におけるその超えた時間について、一月当たり百時間とする。
2　第五十二条の二第二項、第五十二条の三第一項及び第五十二条の四から第五十二条の七までの規定は、法第六十六条の

八の四第一項に規定する面接指導について準用する。この場合において、第五十二条の二第二項中「前項」とあるのは「第五十二条の七の四第一項」と、第五十二条の三第一項中「前条第一項の要件に該当する労働者の申出により」とあるのは「前条第二項の期日後、遅滞なく、」と、第五十二条の四中「前条第一項の申出を行つた労働者」とあるのは「労働者」と読み替えるものとする。

（法第六十六条の九の必要な措置の実施）

第五二条の八　法第六十六条の九の必要な措置は、法第六十六条の八の面接指導の実施又は法第六十六条の八の面接指導に準ずる措置（第三項に該当する者にあつては、法第六十六条の八の四第一項に規定する面接指導の実施）とする。

2　労働基準法（昭和二十二年法律第四十九号）第四十一条の二第一項の規定により労働する労働者以外の労働者に対して行う法第六十六条の九の必要な措置は、事業場において定められた当該必要な措置の実施に関する基準に該当する者に対して行うものとする。

3　労働基準法第四十一条の二第一項の規定により労働する労働者に対して行う法第六十六条の九の必要な措置は、当該労働者の申出により行うものとする。

第一節の四　心理的な負担の程度を把握するための検査等

（心理的な負担の程度を把握するための検査の実施方法）

第五二条の九　事業者は、常時使用する労働者に対し、一年以内ごとに一回、定期に、次に掲げる事項について法第六十六条の十第一項に規定する心理的な負担の程度を把握するための検査（以下この節において「検査」という。）を行わなければならない。

一　職場における当該労働者の心理的な負担の原因に関する項目

二　当該労働者の心理的な負担による心身の自覚症状に関する項目

三　職場における他の労働者による当該労働者への支援に関する項目

（検査の実施者等）

第五二条の一〇　法第六十六条の十第一項の厚生労働省令で定める者は、次に掲げる者（以下この節において「医師等」という。）とする。

一　医師

二　保健師

三　検査を行うために必要な知識についての研修であつて厚生労働大臣が定めるものを修了した歯科医師、看護師、精神保健福祉士又は公認心理師

2　検査を受ける労働者について解雇、昇進又は異動に関して直接の権限を持つ監督的地位にある者は、検査の実施の事務に従事してはならない。

（検査結果等の記録の作成等）

第五二条の一一　事業者は、第五十二条の十三第二項に規定する場合を除き、検査を行つた医師等による当該検査の結果の記録の作成の事務及び当該検査の実施の事務に従事した者による当該記録の保存の事務が適切に行われるよう、必要な措置を講じなければならない。

（検査結果の通知）

第五二条の一二　事業者は、検査を受けた労働者に対し、当該検査を行つた医師等から、遅滞なく、当該検査の結果が通知されるようにしなければならない。

（労働者の同意の取得等）

第五二条の一三　法第六十六条の十第二項後段の規定による労働者の同意の取得は、書面又は電磁的記録によらなければなら

らない。

2　事業者は、前項の規定により検査を受けた労働者の同意を得て、当該検査を行つた医師等から当該労働者の検査の結果の提供を受けた場合には、当該検査の結果に基づき、当該検査の結果の記録を作成して、これを五年間保存しなければならない。

（検査結果の集団ごとの分析等）

第五二条の一四　事業者は、検査を行つた場合は、当該検査を行つた医師等に、当該検査の結果を当該事業場の当該部署に所属する労働者の集団その他の一定規模の集団ごとに集計させ、その結果について分析させるよう努めなければならない。

2　事業者は、前項の分析の結果を勘案し、その必要があると認めるときは、当該集団の労働者の実情を考慮して、当該集団の労働者の心理的な負担を軽減するための適切な措置を講ずるよう努めなければならない。

（面接指導の対象となる労働者の要件）

第五二条の一五　法第六十六条の十第三項の厚生労働省令で定める要件は、検査の結果、心理的な負担の程度が高い者であつて、同項に規定する面接指導（以下この節において「面接指導」という。）を受ける必要があると当該検査を行つた医師等が認めたものであることとする。

（面接指導の実施方法等）

第五二条の一六　法第六十六条の十第三項の規定による申出（以下この条及び次条において「申出」という。）は、前条の要件に該当する労働者が検査の結果の通知を受けた後、遅滞なく行うものとする。

2　事業者は、前条の要件に該当する労働者から申出があつたときは、遅滞なく、面接指導を行わなければならない。

3　検査を行つた医師等は、前条の要件に該当する労働者に対して、申出を行うよう勧奨することができる。

（面接指導における確認事項）

第五二条の一七　医師は、面接指導を行うに当たつては、申出を行つた労働者に対し、第五十二条の九各号に掲げる事項のほか、次に掲げる事項について確認を行うものとする。

一　当該労働者の勤務の状況
二　当該労働者の心理的な負担の状況
三　前号に掲げるもののほか、当該労働者の心身の状況

（面接指導結果の記録の作成）

第五二条の一八　事業者は、面接指導の結果に基づき、当該面接指導の結果の記録を作成して、これを五年間保存しなければならない。

2　前項の記録は、前条各号に掲げる事項のほか、次に掲げる事項を記載したものでなければならない。

一　実施年月日
二　当該労働者の氏名
三　面接指導を行つた医師の氏名
四　法第六十六条の十第五項の規定による医師の意見

（面接指導の結果についての医師からの意見聴取）

第五二条の一九　面接指導の結果に基づく法第六十六条の十第五項の規定による医師からの意見聴取は、面接指導が行われた後、遅滞なく行わなければならない。

（指針の公表）

第五二条の二〇　第二十四条の規定は、法第六十六条の十第七項の規定による指針の公表について準用する。

（検査及び面接指導結果の報告）

第五二条の二一　常時五十人以上の労働者を使用する事業者は、一年以内ごとに一回、定期に、心理的な負担の程度を把握するための検査結果等報告書（様式第六号の三）を所轄労働基準監督署長に提出しなければならない。

〈以下略〉

附　則　抄

（施行期日）

第一条　この省令は、昭和四十七年十月一日から施行する。

〈後略〉

労働者の心身の状態に関する情報の適正な取扱いのために事業者が講ずべき措置に関する指針

〔平成三〇年九月七日
厚生労働省公示第一号〕

沿革　令和四年三月三一日厚生労働省公示第二号

一　趣旨・総論

事業者が、労働安全衛生法（昭和四十七年法律第五十七号）に基づき実施する健康診断等の健康を確保するための措置（以下「健康確保措置」という。）や任意に行う労働者の健康管理活動を通じて得た労働者の心身の状態に関する情報（以下「心身の状態の情報」という。）については、そのほとんどが個人情報の保護に関する法律（平成十五年法律第五十七号）第二条第三項に規定する「要配慮個人情報」に該当する機微な情報である。そのため、事業場において、労働者が雇用管理において自身にとって不利益な取扱いを受けるという不安を抱くことなく、安心して産業医等による健康相談等を受けられるようにするとともに、事業者が必要な心身の状態の情報を収集して、労働者の健康確保措置を十全に行えるようにするためには、関係法令に則った上で、心身の状態の情報が適切に取り扱われることが必要であることから、事業者が、当該事業場における心身の状態の情報の適正な取扱いのための規程（以下「取扱規程」という。）を策定することによる当該取扱いの明確化が必要である。こうした背景の下、労働安全衛生法第百四条第三項及びじん肺法（昭和三十五年法律第三十号）第三十五条の三第三項に基づき公表する本指針は、心身の状態の情報の取扱いに関する原則を明らかにしつつ、事業者が策定すべき取扱規程の内容、策定の方法、運用等について定めたものである。

その上で、取扱規程については、健康確保措置に必要な心身の状態の情報の範囲が労働者の業務内容等によって異なり、また、事業場の状況に応じて適切に運用されることが重要であることから、本指針に示す原則を踏まえて、事業場ごとに衛生委員会又は安全衛生委員会（以下「衛生委員会等」という。）を活用して労使関与の下で、その内容を検討して定め、その運用を図る必要がある。

なお、本指針に示す内容は、事業場における心身の状態の情報の取扱いに関する原則である。このため、事業者は、当該事業場の状況に応じて、心身の状態の情報が適切に取り扱われるようその趣旨を踏まえつつ、本指針に示す内容とは異なる取扱いを行うことも可能である。しかしながら、その場合は、労働者に、当該事業場における心身の状態の情報を取り扱う方法及び当該取扱いを採用する理由を説明した上で行う必要がある。

二　心身の状態の情報の取扱いに関する原則

(一)　心身の状態の情報を取り扱う目的

事業者が心身の状態の情報を取り扱う目的は、労働者の健康確保措置の実施や事業者が負う民事上の安全配慮義務の履行であり、そのために必要な心身の状態の情報を適正に収集し、活用する必要がある。

一方、労働者の個人情報を保護する観点から、現行制度においては、事業者が心身の状態の情報を取り扱えるのは、労働安全衛生法令及びその他の法令に基づく場合や本人が同意している場合のほか、労働者の生命、身体の保護のために必要がある場合であって、本人の同意を得ることが困難であるとき等とされているので、上記の目的に即して、適正に取り扱われる必要がある。

㈡ 取扱規程を定める目的

心身の状態の情報が、労働者の健康確保措置の実施や事業者が負う民事上の安全配慮義務の履行の目的の範囲内で適正に使用され、事業者による労働者の健康確保措置が十全に行われるよう、事業者は、当該事業場における取扱規程を定め、労使で共有することが必要である。

㈢ 取扱規程に定めるべき事項

取扱規程に定めるべき事項は、具体的には以下のものが考えられる。

① 心身の状態の情報を取り扱う目的及び取扱方法
② 心身の状態の情報を取り扱う者及びその権限並びに取り扱う心身の状態の情報の範囲
③ 心身の状態の情報を取り扱う目的等の通知方法及び本人同意の取得方法
④ 心身の状態の情報の適正管理の方法
⑤ 心身の状態の情報の開示、訂正等（追加及び削除を含む。以下同じ。）及び使用停止等（消去及び第三者への提供の停止を含む。以下同じ。）の方法
⑥ 心身の状態の情報の第三者提供の方法
⑦ 事業承継、組織変更に伴う心身の状態の情報の引継ぎに関する事項
⑧ 心身の状態の情報の取扱いに関する苦情の処理
⑨ 取扱規程の労働者への周知の方法

なお、②については、個々の事業場における心身の状態の情報を取り扱う目的や取り扱う体制等の状況に応じて、部署や職種ごとに、その権限及び取り扱う心身の状態の情報の範囲等を定めることが適切である。

㈣ 取扱規程の策定の方法

事業者は、取扱規程の策定に当たっては、衛生委員会等を活用して労使関与の下で検討し、策定したものを労働者と共有することが必要である。この共有の方法については、就業規則その他の社内規程等により定め、当該文書を常時作業場の見やすい場所に掲示し、又は備え付ける、イントラネットに掲載を行う等の方法により周知することが考えられる。

なお、衛生委員会等を設置する義務がない常時五十人未満の労働者を使用する事業場（以下「小規模事業場」という。）においては、事業者は、必要に応じて労働安全衛生規則（昭和四十七年労働省令第三十二号）第二十三条の二に定める関係労働者の意見を聴く機会を活用する等により、労働者の意見を聴いた上で取扱規程を策定し、労働者と共有することが必要である。

また、取扱規程を検討又は策定する単位については、当該企業及び事業場の実情を踏まえ、事業場単位ではなく、企業単位とすることも考えられる。

㈤ 心身の状態の情報の適正な取扱いのための体制の整備

心身の状態の情報の取扱いに当たっては、情報を適切に管理するための組織面、技術面等での措置を講じることが必要である。

㈨の表の右欄に掲げる心身の状態の情報の取扱いの原則のうち、特に心身の状態の情報の加工に係るものについては、主に、医療職種を配置している事業場での実施を想定しているものである。

なお、健康診断の結果等の記録については、事業者の責任の下で、健康診断を実施した医療機関等と連携して加工や保存を行うことも考えられるが、その場合においても、取扱規程においてその取扱いを定めた上で、健康確保措置を講じるために必要な心身の状態の情報は、事業者等が把握し得る状態に置く等の対応が必要である。

(六) 心身の状態の情報の収集に際しての本人同意の取得

(九)の表の①及び②に分類される、労働安全衛生法令において労働者本人の同意を得なくても収集することのできる心身の状態の情報であっても、取り扱う目的及び取扱方法等について、労働者に周知した上で収集することが必要である。また、(九)の表の②に分類される心身の状態の情報を事業者等が収集する際には、取り扱う目的及び取扱方法等について労働者の十分な理解を得ることが望ましく、取扱規程に定めた上で、例えば、健康診断の事業者等からの受診案内等にあらかじめ記載する等の方法により労働者に通知することが考えられる。さらに、(九)の表の③に分類される心身の状態の情報を事業者等が収集する際には、個人情報の保護に関する法律第二十条第二項に基づき、労働者本人の同意を得なければならない。

(七) 取扱規程の運用

事業者は、取扱規程について、心身の状態の情報を取り扱う者等の関係者に教育し、その運用が適切に行われるようにするとともに、適宜、その運用状況を確認し、取扱規程の見直し等の措置を行うことが必要である。

取扱規程の運用が適切に行われていないことが明らかになった場合は、事業者は労働者にその旨を説明するとともに、再発防止に取り組むことが必要である。

(八) 労働者に対する不利益な取扱いの防止

事業者は、心身の状態の情報の取扱いに労働者が同意しないことを理由として、又は、労働者の健康確保措置及び民事上の安全配慮義務の履行に必要な範囲を超えて、当該労働者に対して不利益な取扱いを行うことはあってはならない。

以下に掲げる不利益な取扱いを行うことは、一般的に合理的なものとはいえないので、事業者は、原則としてこれを行ってはならない。なお、不利益な取扱いの理由が以下に掲げるもの以外のものであったとしても、実質的に以下に掲げるものに該当する場合には、当該不利益な取扱いについても、行ってはならない。

① 心身の状態の情報に基づく就業上の措置の実施に当たり、例えば、健康診断後に医師の意見を聴取する等の労働安全衛生法令上求められる適切な手順に従わないなど、不利益な取扱いを行うこと。

② 心身の状態の情報に基づく就業上の措置の実施に当たり、当該措置の内容・程度が聴取した医師の意見と著しく異なる等、医師の意見を勘案し必要と認められる範囲内となっていないもの又は労働者の実情が考慮されていないもの等の労働安全衛生法令上求められる要件を満たさない内容の不利益な取扱いを行うこと。

③ 心身の状態の情報の取扱いに労働者が同意しないことや心身の状態の情報の内容を理由として、以下の措置を行うこと。

(a) 解雇すること
(b) 期間を定めて雇用される者について契約の更新をしないこと
(c) 退職勧奨を行うこと
(d) 不当な動機・目的をもってなされたと判断される

ような配置転換又は職位（役職）の変更を命じること

(e)　その他労働契約法等の労働関係法令に違反する措置を講じること

(九)　心身の状態の情報の取扱いの原則（情報の性質による分類）

心身の状態の情報の取扱いを担当する者及びその権限並びに取り扱う心身の状態の情報の範囲等の、事業場における取扱いの原則について、労働安全衛生法令及び心身の状態の情報の取扱いに関する規定がある関係法令の整理を踏まえて分類すると、次の表のとおりとなる。

心身の状態の情報の分類	左欄の分類に該当する心身の状態の情報の例	心身の状態の情報の取扱いの原則
①労働安全衛生法令に基づき事業者が直接取り扱うこととされており、労働安全衛生法令に定める義務を履行するために、事業者が必ず取り扱わなければならない心身の状態の情報	(a)健康診断の受診・未受診の情報 (b)長時間労働者による面接指導の申出の有無 (c)ストレスチェックの結果、高ストレスと判定された者による面接指導の申出の有無 (d)健康診断の事後措置について医師から聴取した意見	全ての情報をその取扱いの目的の達成に必要な範囲を踏まえて、事業者等が取り扱う必要がある。 ただし、それらに付随する健康診断の結果等の心身の状態の情報については、②の取扱いの原則に従って取り扱う必要がある。
②労働安全衛生法令に基づき事業者が労働者本人の同意を得ずに収集することが可能であるが、事業場ごとの取扱規程により事業者等の内部における適正な取扱いを定めて運用することが適当である心身の状態の情報	(a)健康診断の結果（法定の項目） (b)健康診断の再検査の結果（法定の項目と同一のものに限る。） (c)長時間労働者に対する面接指導の結果 (d)ストレスチェックの結果、高ストレスと判定された者に対する面接指導の結果 (e)長時間労働者に対する面接指導に関する事後措置について医師から聴取した意見 (f)ストレスチェックの結果、高ストレスと判定された者対する面接指導の事後措置について医師から聴取した意見	事業者等は、当該情報の取扱いの目的の達成に必要な範囲を踏まえて、取り扱うことが適切である。そのため、事業場の状況に応じて、 ・情報を取り扱う者を制限する ・情報を加工する 等、事業者等の内部における適切な取扱いを取扱規程に定め、また、当該取扱いの目的及び取扱方法等について労働者が十分に認識できるよう、丁

	③　労働安全衛生法令において事業者が直接取り扱うことについて規定されていないため、あらかじめ労働者本人の同意を得ることが必要であり、事業場ごとの取扱規程により事業者等の内部における適正な取扱いを定めて運用することが必要である心身の状態の情報
	(a) 健康診断の結果（法定外項目） (b) 保健指導の結果 (c) 健康診断の再検査の結果（法定の項目と同一のものを除く。） (d) 健康診断の精密検査の結果 (e) 健康相談の結果 (f) がん検診の結果 (g) 職場復帰のための面接指導の結果 (h) 治療と仕事の両立支援等のための医師の意見書 (i) 通院状況等疾病管理のための情報
寧な説明を行う等の当該取扱いに対する労働者の納得性を高める措置を講じた上で、取扱規程を運用する必要がある。	個人情報の保護に関する法律に基づく適切な取扱いを確保するための事業場ごとの取扱規程に則った対応を講じる必要がある。

※　高齢者の医療の確保に関する法律（昭和五十七年法律第八十号。以下「高確法」という。）第二十七条第三項及び健康保険法（大正十一年法律第七十号）第百五十条第二項その他の医療保険各法の規定において、医療保険者は、事業者に対し、健康診断の結果（高確法第二十七条第三項の規定に基づく場合は、特定健康診査及び特定保健指導の実施に関する基準（平成十九年厚生労働省令第百五十七号。以下「実施基準」という。）第二条各号に掲げる項目に関する記録の写しに限り、また、健康保険法その他の医療保険各法の規定に基づく場合は、実施基準第二条各号に掲げる項目に関する記録の写しその他健康保険法第百五十条第一項等の規定により被保険者等の健康の保持増進のために必要な事業を行うに当たって医療保険者が必要と認める情報に限る。）の提供を求めることができることとされている。このため、事業者は、これらの規定に基づく医療保険者の求めに応じて健康診断の結果を提供する場合は、労働者本人の同意を得ずに提供することができる。

③の心身の状態の情報について、「あらかじめ労働者本人の同意を得ることが必要」としているが、個人情報の保護に関する法律第十七条第二項各号に該当する場合は、あらかじめ労働者本人の同意は不要である。また、労働者本人が自発的に事業者に提出した心身の状態の情報については、「あらかじめ労働者本人の同意」を得たものと解されるが、当該情報について事業者等が医療機関等に直接問い合わせる場合には、別途、労働者本人の同意を得る必要がある。

(十)　小規模事業場における取扱い

小規模事業場においては、産業保健業務従事者の配置が不十分である等、(九)の原則に基づいた十分な措置を講じるための体制を整備することが困難な場合にも、事業場の体制に応じて合理的な措置を講じることが必要である。

この場合、事業場ごとに心身の状態の情報の取扱いの目的の達成に必要な範囲で取扱規程を定めるとともに、特に、(九)の表の②に該当する心身の状態の情報の取扱いについては、衛生推進者を選任している場合は、衛生推進者に取り扱わせる方法や、取扱規程に基づき適切に取り扱うことを条件に、取り扱う心身の状態の情報を制限せずに事業者自らが直接取り扱う方法等が考えられる。

三 心身の状態の情報の適正管理

(一) 心身の状態の情報の適正管理のための規程

心身の状態の情報の適正管理のために事業者が講ずべき措置としては以下のものが挙げられる。これらの措置は個人情報の保護に関する法律において規定されているものであり、事業場ごとの実情を考慮して、適切に運用する必要がある。

① 心身の状態の情報を必要な範囲において正確・最新に保つための措置

② 心身の状態の情報の漏えい、滅失、改ざん等の防止のための措置（心身の状態の情報の取扱いに係る組織的体制の整備、正当な権限を有しない者からのアクセス防止のための措置等）

③ 保管の必要がなくなった心身の状態の情報の適切な消去等

このため、心身の状態の情報の適正管理に係る措置については、これらの事項を踏まえ、事業場ごとに取扱規程に定める必要がある。

なお、特に心身の状態の情報の適正管理については、企業や事業場ごとの体制、整備等を個別に勘案し、その運用の一部又は全部を本社事業場において一括して行うことも考えられる。

(二) 心身の状態の情報の開示等

労働者が有する、本人に関する心身の状態の情報の開示や必要な訂正等、使用停止等を事業者に請求する権利についても、ほとんどの心身の状態の情報が、機密性が高い情報であることに鑑みて適切に対応する必要がある。

(三) 小規模事業者における留意事項

小規模事業場においては、「個人情報の保護に関する法律についてのガイドライン（通則編）」（平成二十八年個人情報保護委員会告示第六号）の「十（別添）講ずべき安全管理措置の内容」も参照しつつ、取り扱う心身の状態の情報の数量及び心身の状態の情報を取り扱う労働者数が一定程度にとどまること等を踏まえ、円滑にその義務を履行し得るような手法とすることが適当である。

四 定義

本指針において、以下に掲げる用語の意味は、それぞれ次に定めるところによる。

① 心身の状態の情報

事業場で取り扱う心身の状態の情報は、労働安全衛生法第六十六条第一項に基づく健康診断等の健康確保措置や任意に行う労働者の健康管理活動を通じて得た情報であり、このうち個人情報の保護に関する法律第二条第三項に規定する「要配慮個人情報」に該当するものについては、「雇用管理分野における個人情報のうち健康情報を取り扱うに当たっての留意事項について」（平成二十九年五月二十九日付け基発〇五二九第三号）の「健康情報」と同義である。

なお、その分類は二(九)の表の左欄に、その例示は同表の中欄にそれぞれ掲げるとおりである。

② 心身の状態の情報の取扱い
心身の状態の情報に係る収集から保管、使用（第三者提供を含む。）、消去までの一連の措置をいう。なお、本指針における「使用」は、個人情報の保護に関する法律における「利用」に該当する。

③ 心身の状態の情報の適正管理
心身の状態の情報の「保管」のうち、事業者等が取り扱う心身の状態の情報の適正な管理に当たって事業者が講ずる措置をいう。

④ 心身の状態の情報の加工
心身の状態の情報の他者への提供に当たり、提供する情報の内容を健康診断の結果等の記録自体でなく、所見の有無や検査結果を踏まえた就業上の措置に係る医師の意見に置き換えるなど、心身の状態の情報の取扱いの目的の達成に必要な範囲内で使用されるように変換することをいう。

⑤ 事業者等
労働安全衛生法に定める事業者（法人企業であれば当該法人、個人企業であれば事業経営主を指す。）に加え、事業者が行う労働者の健康確保措置の実施や事業者が負う民事上の安全配慮義務の履行のために、心身の状態の情報を取り扱う人事に関して直接の権限を持つ監督的地位にある者、産業保健業務従事者及び管理監督者等を含む。

なお、二㈢②における「心身の状態の情報を取り扱う者及びその権限並びに取り扱う心身の状態の情報の範囲」とは、これらの者ごとの権限等を指す。

⑥ 医療職種
医師、保健師等、法律において、業務上知り得た人の秘密について守秘義務規定が設けられている職種をいう。

⑦ 産業保健業務従事者
医療職種や衛生管理者その他の労働者の健康管理に関する業務に従事する者をいう。

労働者災害補償保険法　抄

〔昭和二二年四月七日
法律第五〇号〕

沿革
昭和四〇年　六月一一日法律第一三〇号
〃　四四年一二月　九日〃第　八五号
〃　四八年　九月二一日〃第　八五号
平成二六年　六月一三日〃第　六九号
〃　二七年　五月　七日〃第　一七号
〃　二九年　六月　二日〃第　四五号
〃　三〇年　五月二五日〃第　三一号
令和　二年　三月三一日〃第　一四号
〃　二年　六月　五日〃第　四〇号
〃　四年　六月一七日〃第　六八号

第一章　総則

第一条　労働者災害補償保険は、業務上の事由、事業主が同一人でない二以上の事業に使用される労働者（以下「複数事業労働者」という。）の二以上の事業の業務を要因とする事由又は通勤による労働者の負傷、疾病、障害、死亡等に対して迅速かつ公正な保護をするため、必要な保険給付を行い、あわせて、業務上の事由、複数事業労働者の二以上の事業の業務を要因とする事由又は通勤により負傷し、又は疾病にかかつた労働者の社会復帰の促進、当該労働者及びその遺族の援護、労働者の安全及び衛生の確保等を図り、もつて労働者の福祉の増進に寄与することを目的とする。

第二条　労働者災害補償保険は、政府が、これを管掌する。

第二条の二　労働者災害補償保険は、第一条の目的を達成するため、業務上の事由、複数事業労働者の二以上の事業の業務を要因とする事由又は通勤による労働者の負傷、疾病、障害、死亡等に関して保険給付を行うほか、社会復帰促進等事業を行うことができる。

第三条　この法律においては、労働者を使用する事業を適用事業とする。

②　前項の規定にかかわらず、国の直営事業及び官公署の事業（労働基準法（昭和二十二年法律第四十九号）別表第一に掲げる事業を除く。）については、この法律は、適用しない。

第五条　この法律に基づく政令及び厚生労働省令並びに労働保険の保険料の徴収等に関する法律（昭和四十四年法律第八十四号。以下「徴収法」という。）に基づく政令及び厚生労働省令（労働者災害補償保険事業に係るものに限る。）は、その草案について、労働政策審議会の意見を聞いて、これを制定する。

第二章　保険関係の成立及び消滅

第六条　保険関係の成立及び消滅については、徴収法の定めるところによる。

第三章　保険給付

第一節　通則

第七条　この法律による保険給付は、次に掲げる保険給付とする。

一　労働者の業務上の負傷、疾病、障害又は死亡（以下「業務災害」という。）に関する保険給付

二　複数事業労働者（これに類する者として厚生労働省令で

定めるものを含む。以下同じ。）の二以上の事業の業務を要因とする負傷、疾病、障害又は死亡（以下「複数業務要因災害」という。）に関する保険給付（前号に掲げるものを除く。以下同じ。）

三　労働者の通勤による負傷、疾病、障害又は死亡（以下「通勤災害」という。）に関する保険給付

四　二次健康診断等給付

②　前項第三号の通勤とは、労働者が、就業に関し、次に掲げる移動を、合理的な経路及び方法により行うことをいい、業務の性質を有するものを除くものとする。

一　住居と就業の場所との間の往復

二　厚生労働省令で定める就業の場所から他の就業の場所への移動

三　第一号に掲げる往復に先行し、又は後続する住居間の移動（厚生労働省令で定める要件に該当するものに限る。）

③　労働者が、前項各号に掲げる移動の経路を逸脱し、又は同項各号に掲げる移動を中断した場合においては、当該逸脱又は中断の間及びその後の同項各号に掲げる移動は、第一項第三号の通勤としない。ただし、当該逸脱又は中断が、日常生活上必要な行為であつて厚生労働省令で定めるものをやむを得ない事由により行うための最小限度のものである場合は、当該逸脱又は中断の間を除き、この限りでない。

第八条　給付基礎日額は、労働基準法第十二条の平均賃金に相当する額とする。この場合において、同条第一項の平均賃金を算定すべき事由の発生した日は、前条第一項第一号から第三号までに規定する負傷若しくは死亡の原因である事故が発生した日又は診断によつて同項第一号から第三号までに規定する疾病の発生が確定した日（以下「算定事由発生日」という。）とする。

②　労働基準法第十二条の平均賃金に相当する額を給付基礎日額とすることが適当でないと認められるときは、前項の規定にかかわらず、厚生労働省令で定めるところによつて政府が算定する額を給付基礎日額とする。

③　前二項の規定にかかわらず、複数事業労働者の業務上の事由、複数事業労働者の二以上の事業の業務を要因とする事由又は複数事業労働者の通勤による負傷、疾病、障害又は死亡により、当該複数事業労働者、その遺族その他厚生労働省令で定める者に対して保険給付を行う場合における給付基礎日額は、前二項に定めるところにより当該複数事業労働者を使用する事業ごとに算定した給付基礎日額に相当する額を合算した額を基礎として、厚生労働省令で定めるところによつて政府が算定する額とする。

第八条の二　休業補償給付、複数事業労働者休業給付又は休業給付（以下この条において「休業補償給付等」という。）の額の算定の基礎として用いる給付基礎日額（以下この条において「休業給付基礎日額」という。）については、次に定めるところによる。

一　次号に規定する休業補償給付等以外の休業補償給付等については、前条の規定により給付基礎日額として算定した額を休業給付基礎日額とする。

二　一月から三月まで、四月から六月まで、七月から九月まで及び十月から十二月までの各区分による期間（以下この条及び第四十二条第二項において「四半期」という。）ごとの平均給与額（厚生労働省において作成する毎月勤労統計における毎月きまつて支給する給与の額を基礎として厚生労働省令で定めるところにより算定した労働者一人当たりの給与の一箇月平均額をいう。以下この号において同じ。）が、算定事由発生日の属する四半期（この号の規定により算定した額（以下この号において「改定日額」という。）を休業給付基礎日額とすることとされている場合に

あつては、当該改定日額を休業補償給付等の額の算定の基礎として用いるべき最初の四半期の前々四半期）の平均給与額の百分の百十を超え、又は百分の九十を下るに至つた場合において、その上昇し、又は低下するに至つた四半期の翌々四半期に属する最初の日以後に支給すべき事由が生じた休業補償給付等については、その上昇し、又は低下した比率を基準として厚生労働大臣が定める率を前条の規定により給付基礎日額として算定した額（改定日額を休業給付基礎日額とすることとされている場合にあつては、当該改定日額）に乗じて得た額を休業給付基礎日額とする。

② 休業補償給付等を支給すべき事由が生じた日が当該休業補償給付等に係る療養を開始した日から起算して一年六箇月を経過した日以後の日である場合において、次の各号に掲げる場合に該当するときは、前項の規定にかかわらず、当該各号に定める額を休業給付基礎日額とする。

一 前項の規定により休業給付基礎日額として算定した額が、厚生労働省令で定める年齢階層（以下この条において単に「年齢階層」という。）ごとに休業給付基礎日額の最低限度額として厚生労働大臣が定める額のうち、当該休業補償給付等を受けるべき労働者の当該休業補償給付等を支給すべき事由が生じた日の属する四半期の初日（次号において「基準日」という。）における年齢の属する年齢階層に係る額に満たない場合　当該年齢階層に係る額

二 前項の規定により休業給付基礎日額として算定した額が、年齢階層ごとに休業給付基礎日額の最高限度額として厚生労働大臣が定める額のうち、当該休業補償給付等を受けるべき労働者の基準日における年齢の属する年齢階層に係る額を超える場合　当該年齢階層に係る額

③ 前項第一号の厚生労働大臣が定める額は、毎年、年齢階層ごとに、厚生労働省令で定めるところにより、当該年齢階層に属するすべての労働者を、その受けている一月当たりの賃金の額（以下この項において「賃金月額」という。）の高低に従い、二十の階層に区分し、その区分された階層のうち最も低い賃金月額に係る階層に属する労働者の受けている賃金月額のうち最も高いものを基礎とし、労働者の年齢階層別の就業状態その他の事情を考慮して定めるものとする。

④ 前項の規定は、第二項第二号の厚生労働大臣が定める額について準用する。この場合において、前項中「最も低い賃金月額に係る」とあるのは、「最も高い賃金月額に係る階層の直近下位の」と読み替えるものとする。

第八条の三　年金たる保険給付の額の算定の基礎として用いる給付基礎日額（以下この条において「年金給付基礎日額」という。）については、次に定めるところによる。

一 算定事由発生日の属する年度（四月一日から翌年三月三十一日までをいう。以下同じ。）の翌々年度の七月以前の分として支給する年金たる保険給付については、第八条の規定により給付基礎日額として算定した額を年金給付基礎日額とする。

二 算定事由発生日の属する年度の翌々年度の八月以後の分として支給する年金たる保険給付については、第八条の規定により給付基礎日額として算定した額に当該年金たる保険給付を支給すべき月の属する年度の前年度（当該月が四月から七月までの月に該当する場合にあつては、前々年度）の平均給与額（厚生労働省において作成する毎月勤労統計における毎月きまつて支給する給与の額を基礎として厚生労働省令で定めるところにより算定した労働者一人当たりの給与の平均額をいう。以下この号及び第十六条の六第二項において同じ。）を算定事由発生日の属する年度の平均給与額で除して得た率を基準として厚生労働大臣が定める率を乗じて得た額を年金給付基礎日額とする。

② 前条第二項から第四項までの規定は、年金給付基礎日額について準用する。この場合において、同条第二項中「休業補償給付等を支給すべき事由が生じた日が当該休業補償給付等に係る療養を開始した日から起算して一年六箇月を経過した日以後の日である」とあるのは「年金たる保険給付を支給すべき事由がある」と、「前項」とあるのは「次条第一項」と、「休業給付基礎日額」とあるのは「年金給付基礎日額」と、同項第一号中「休業補償給付等」とあるのは「年金たる保険給付」と、「支給すべき事由が生じた日」とあるのは「支給すべき月」と、「四半期の初日（次号」とあるのは「年度の八月一日（当該月が四月から七月までの月に該当する場合にあつては、当該年度の前年度の八月一日。以下この項」と、「年齢の」とあるのは「年齢（遺族補償年金、複数事業労働者遺族年金又は遺族年金を支給すべき場合にあつては、当該支給をすべき事由に係る労働者の死亡がなかつたものとして計算した場合に得られる当該労働者の基準日における年齢。次号において同じ。）の」と、同項第二号中「休業補償給付等」とあるのは「年金たる保険給付」と読み替えるものとする。

第八条の四　前条第一項の規定は、障害補償一時金若しくは遺族補償一時金、複数事業労働者障害一時金若しくは複数事業労働者遺族一時金又は障害一時金若しくは遺族一時金の額の算定の基礎として用いる給付基礎日額について準用する。この場合において、同項中「の分として支給する」とあるのは「に支給すべき事由が生じた」と、「支給すべき月」とあるのは「支給すべき事由が生じた月」と読み替えるものとする。

第八条の五　給付基礎日額に一円未満の端数があるときは、これを一円に切り上げるものとする。

第九条　年金たる保険給付の支給は、支給すべき事由が生じた月の翌月から始め、支給を受ける権利が消滅した月で終わるものとする。

② 年金たる保険給付は、その支給を停止すべき事由が生じたときは、その事由が生じた月の翌月からその事由が消滅した月までの間は、支給しない。

③ 年金たる保険給付は、毎年二月、四月、六月、八月、十月及び十二月の六期に、それぞれその前月分までを支払う。ただし、支給を受ける権利が消滅した場合におけるその期の年金たる保険給付は、支払期月でない月であつても、支払うものとする。

第一〇条　船舶が沈没し、転覆し、滅失し、若しくは行方不明となつた際現にその船舶に乗つていた労働者若しくは船舶に乗つていてその船舶の航行中に行方不明となつた労働者の生死が三箇月間わからない場合又はこれらの労働者の死亡が三箇月以内に明らかとなり、かつ、その死亡の時期がわからない場合には、遺族補償給付、葬祭料、遺族給付及び葬祭給付の支給に関する規定の適用については、その船舶が沈没し、転覆し、滅失し、若しくは行方不明となつた日又は労働者が行方不明となつた日に、当該労働者は、死亡したものと推定する。航空機が墜落し、滅失し、若しくは行方不明となつた際現にその航空機に乗つていた労働者若しくは航空機に乗つていてその航空機の航行中行方不明となつた労働者の生死が三箇月間わからない場合又はこれらの労働者の死亡が三箇月以内に明らかとなり、かつ、その死亡の時期がわからない場合にも、同様とする。

第一一条　この法律に基づく保険給付を受ける権利を有する者が死亡した場合において、その死亡した者に支給すべき保険給付でまだその者に支給しなかつたものがあるときは、その者の配偶者（婚姻の届出をしていないが、事実上婚姻関係と同様の事情にあつた者を含む。以下同じ。）、子、父母、孫、祖父母又は兄弟姉妹であつて、その者の死亡の当時その者と生計を同じくしていたもの（遺族補償年金については当該遺族補償年金を受けることができる他の遺族、複数事業労働者遺族年金については当該複数事業労働者遺族年金を受けることができる他の遺族、遺族年金については当該遺族年金を受けることができる他の遺族）は、自己の名で、その未支給の保険給付の支給を請求することができる。

② 前項の場合において、死亡した者が死亡前にその保険給付を請求していなかつたときは、同項に規定する者は、自己の名で、その保険給付を請求することができる。

③ 未支給の保険給付を受けるべき者の順位は、第一項に規定する順序（遺族補償年金については第十六条の二第三項に、複数事業労働者遺族年金については第二十条の六第三項において準用する第十六条の二第三項に、遺族年金については第二十二条の四第三項において準用する第十六条の二第三項に規定する順序）による。

④ 未支給の保険給付を受けるべき同順位者が二人以上あるときは、その一人がした請求は、全員のためその全額につきしたものとみなし、その一人に対してした支給は、全員に対してしたものとみなす。

第一二条　年金たる保険給付の支給を停止すべき事由が生じたにもかかわらず、その停止すべき期間の分として年金たる保険給付が支払われたときは、その支払われた年金たる保険給付は、その後に支払うべき年金たる保険給付の内払とみなすことができる。年金たる保険給付を減額して改定すべき事由が生じたにもかかわらず、その事由が生じた月の翌月以後の分として減額しない額の年金たる保険給付が支払われた場合における当該年金たる保険給付の当該減額すべきであつた部分についても、同様とする。

② 同一の業務上の事由、複数事業労働者の二以上の事業の業務を要因とする事由又は通勤による負傷又は疾病（以下この条において「同一の傷病」という。）に関し、年金たる保険給付（遺族補償年金、複数事業労働者遺族年金及び遺族年金を除く。以下この項において「乙年金」という。）を受ける権利を有する労働者が他の年金たる保険給付（遺族補償年金、複数事業労働者遺族年金及び遺族年金を除く。以下この項において「甲年金」という。）を受ける権利を有することとなり、かつ、乙年金を受ける権利が消滅した場合において、その消滅した月の翌月以後の分として乙年金が支払われたときは、その支払われた乙年金は、甲年金の内払とみなす。同一の傷病に関し、年金たる保険給付（遺族補償年金、複数事業労働者遺族年金及び遺族年金を除く。）を受ける権利を有する労働者が休業補償給付、複数事業労働者休業給付若しくは休業給付又は障害補償一時金、複数事業労働者障害一時金若しくは障害一時金を受ける権利を有することとなり、かつ、当該年金たる保険給付を受ける権利が消滅した場合において、その消滅した月の翌月以後の分として当該年金たる保険給付が支払われたときも、同様とする。

③ 同一の傷病に関し、休業補償給付、複数事業労働者休業給付又は休業給付を受けている労働者が障害補償給付若しくは傷病補償年金、複数事業労働者障害給付若しくは複数事業労働者傷病年金又は障害給付若しくは傷病年金を受ける権利を有することとなり、かつ、休業補償給付、複数事業労働者休業給付又は休業給付を行わないこととなつた場合において、その後も休業補償給付、複数事業労働者休業給付又は休業給付が支払われたときは、その支払われた休業補償給付、複数事業労働者休業給付又は休業給付は、当該障害補償給付若しくは傷病補償年金、複数事業労働者障害給付若しくは複数事業労働者傷病年金又は障害給付若しくは傷病年金の内払とみなす。

第一二条の二　年金たる保険給付を受ける権利を有する者が死

亡したためその支給を受ける権利が消滅したにもかかわらず、その死亡の日の属する月の翌月以後の分として当該年金たる保険給付の過誤払が行われた場合において、当該過誤払による返還金に係る債権（以下この条において「返還金債権」という。）に係る債務の弁済をすべき者に支払うべき保険給付があるときは、厚生労働省令で定めるところにより、当該保険給付の支払金の金額を当該過誤払による返還金債権の金額に充当することができる。

第一二条の二の二　労働者が、故意に負傷、疾病、障害若しくは死亡又はその直接の原因となつた事故を生じさせたときは、政府は、保険給付を行わない。

②　労働者が故意の犯罪行為若しくは重大な過失により、又は正当な理由がなくて療養に関する指示に従わないことにより、負傷、疾病、障害若しくは死亡若しくはこれらの原因となつた事故を生じさせ、又は負傷、疾病若しくは障害の程度を増進させ、若しくはその回復を妨げたときは、政府は、保険給付の全部又は一部を行わないことができる。

第一二条の三　偽りその他不正の手段により保険給付を受けた者があるときは、政府は、その保険給付に要した費用に相当する金額の全部又は一部をその者から徴収することができる。

②　前項の場合において、事業主（徴収法第八条第一項又は第二項の規定により元請負人が事業主とされる場合にあつては、当該元請負人。以下同じ。）が虚偽の報告又は証明をしたためその保険給付が行なわれたものであるときは、政府は、その事業主に対し、保険給付を受けた者と連帯して前項の徴収金を納付すべきことを命ずることができる。

③　徴収法第二十七条、第二十九条、第三十条及び第四十一条の規定は、前二項の規定による徴収金について準用する。

第一二条の四　政府は、保険給付の原因である事故が第三者の行為によつて生じた場合において、保険給付をしたときは、その給付の価額の限度で、保険給付を受けた者が第三者に対して有する損害賠償の請求権を取得する。

②　前項の場合において、保険給付を受けるべき者が当該第三者から同一の事由について損害賠償を受けたときは、政府は、その価額の限度で保険給付をしないことができる。

第一二条の五　保険給付を受ける権利は、労働者の退職によつて変更されることはない。

②　保険給付を受ける権利は、譲り渡し、担保に供し、又は差し押さえることができない。

第一二条の六　租税その他の公課は、保険給付として支給を受けた金品を標準として課することはできない。

第一二条の七　保険給付を受ける権利を有する者は、厚生労働省令で定めるところにより、政府に対して、保険給付に関し必要な厚生労働省令で定める事項を届け出、又は保険給付に関し必要な厚生労働省令で定める書類その他の物件を提出しなければならない。

第二節　業務災害に関する保険給付

第一二条の八　第七条第一項第一号の業務災害に関する保険給付は、次に掲げる保険給付とする。

一　療養補償給付
二　休業補償給付
三　障害補償給付
四　遺族補償給付
五　葬祭料
六　傷病補償年金
七　介護補償給付

②　前項の保険給付（傷病補償年金及び介護補償給付を除く。）は、労働基準法第七十五条から第七十七条まで、第七十九条及び第八十条に規定する災害補償の事由又は船員法（昭和二

十二年法律第百号）第八十九条第一項、第九十一条第一項、第九十二条本文、第九十三条及び第九十四条に規定する災害補償の事由（同法第九十一条第一項にあつては、労働基準法第七十六条第一項に規定する災害補償の事由に相当する部分に限る。）が生じた場合に、補償を受けるべき労働者若しくは遺族又は葬祭を行う者に対し、その請求に基づいて行う。

③　傷病補償年金は、業務上負傷し、又は疾病にかかつた労働者が、当該負傷又は疾病に係る療養の開始後一年六箇月を経過した日において次の各号のいずれにも該当するとき、又は同日後次の各号のいずれにも該当することとなつたときに、その状態が継続している間、当該労働者に対して支給する。

一　当該負傷又は疾病が治つていないこと。

二　当該負傷又は疾病による障害の程度が厚生労働省令で定める傷病等級に該当すること。

④　介護補償給付は、障害補償年金又は傷病補償年金を受ける権利を有する労働者が、その受ける権利を有する障害補償年金又は傷病補償年金の支給事由となる障害であつて厚生労働省令で定める程度のものにより、常時又は随時介護を要する状態にあり、かつ、常時又は随時介護を受けているときに、当該介護を受けている間（次に掲げる間を除く。）、当該労働者に対し、その請求に基づいて行う。

一　障害者の日常生活及び社会生活を総合的に支援するための法律（平成十七年法律第百二十三号）第五条第十一項に規定する障害者支援施設（以下「障害者支援施設」という。）に入所している間（同条第七項に規定する生活介護（以下「生活介護」という。）を受けている場合に限る。）

二　障害者支援施設（生活介護を行うものに限る。）に準ずる施設として厚生労働大臣が定めるものに入所している間

三　病院又は診療所に入院している間

第一三条　療養補償給付は、療養の給付とする。

②　前項の療養の給付の範囲は、次の各号（政府が必要と認めるものに限る。）による。

一　診察

二　薬剤又は治療材料の支給

三　処置、手術その他の治療

四　居宅における療養上の管理及びその療養に伴う世話その他の看護

五　病院又は診療所への入院及びその療養に伴う世話その他の看護

六　移送

③　政府は、第一項の療養の給付をすることが困難な場合その他厚生労働省令で定める場合には、療養の給付に代えて療養の費用を支給することができる。

第一四条　休業補償給付は、労働者が業務上の負傷又は疾病による療養のため労働することができないために賃金を受けない日の第四日目から支給するものとし、その額は、一日につき給付基礎日額の百分の六十に相当する額とする。ただし、労働者が業務上の負傷又は疾病による療養のため所定労働時間のうちその一部分についてのみ労働する日若しくは賃金が支払われる休暇（以下この項において「部分算定日」という。）又は複数事業労働者の部分算定日に係る休業補償給付の額は、給付基礎日額（第八条の二第二項第二号に定める額（以下この項において「最高限度額」という。）を給付基礎日額とすることとされている場合にあつては、同号の規定の適用がないものとした場合における給付基礎日額）から部分算定日に対して支払われる賃金の額を控除して得た額（当該控除して得た額が最高限度額を超える場合にあつては、最高限度額に相当する額）の百分の六十に相当する額とする。

②　休業補償給付を受ける労働者が同一の事由について厚生年金保険法（昭和二十九年法律第百十五号）の規定による障害

厚生年金又は国民年金法（昭和三十四年法律第百四十一号）の規定による障害基礎年金を受けることができるときは、当該労働者に支給する休業補償給付の額は、前項の規定にかかわらず、同項の額に別表第一第一号から第三号までに規定する場合に応じ、それぞれ同表第一号から第三号までの政令で定める率のうち傷病補償年金について定める率を乗じて得た額（その額が政令で定める額を下回る場合には、当該政令で定める額）とする。

第一四条の二　労働者が次の各号のいずれかに該当する場合（厚生労働省令で定める場合に限る。）には、休業補償給付は、行わない。

一　刑事施設、労役場その他これらに準ずる施設に拘禁されている場合

二　少年院その他これに準ずる施設に収容されている場合

第一五条　障害補償給付は、厚生労働省令で定める障害等級に応じ、障害補償年金又は障害補償一時金とする。

②　障害補償年金又は障害補償一時金の額は、それぞれ、別表第一又は別表第二に規定する額とする。

第一五条の二　障害補償年金を受ける労働者の当該障害の程度に変更があつたため、新たに別表第一又は別表第二中の他の障害等級に該当するに至つた場合には、政府は、厚生労働省令で定めるところにより、新たに該当するに至つた障害等級に応ずる障害補償年金又は障害補償一時金を支給するものとし、その後は、従前の障害補償年金は、支給しない。

第一六条　遺族補償給付は、遺族補償年金又は遺族補償一時金とする。

第一六条の二　遺族補償年金を受けることができる遺族は、労働者の配偶者、子、父母、孫、祖父母及び兄弟姉妹であつて、労働者の死亡の当時その収入によつて生計を維持していたものとする。ただし、妻（婚姻の届出をしていないが、事実上婚姻関係と同様の事情にあつた者を含む。以下同じ。）以外の者にあつては、労働者の死亡の当時次の各号に掲げる要件に該当した場合に限るものとする。

一　夫（婚姻の届出をしていないが、事実上婚姻関係と同様の事情にあつた者を含む。以下同じ。）、父母又は祖父母については、六十歳以上であること。

二　子又は孫については、十八歳に達する日以後の最初の三月三十一日までの間にあること。

三　兄弟姉妹については、十八歳に達する日以後の最初の三月三十一日までの間にあること又は六十歳以上であること。

四　前三号の要件に該当しない夫、子、父母、孫、祖父母又は兄弟姉妹については、厚生労働省令で定める障害の状態にあること。

②　労働者の死亡の当時胎児であつた子が出生したときは、前項の規定の適用については、将来に向かつて、その子は、労働者の死亡の当時その収入によつて生計を維持していた子とみなす。

③　遺族補償年金を受けるべき遺族の順位は、配偶者、子、父母、孫、祖父母及び兄弟姉妹の順序とする。

第一六条の三　遺族補償年金の額は、別表第一に規定する額とする。

②　遺族補償年金を受ける権利を有する者が二人以上あるときは、遺族補償年金の額は、前項の規定にかかわらず、別表第一に規定する額をその人数で除して得た額とする。

③　遺族補償年金の額の算定の基礎となる遺族の数に増減を生じたときは、その増減を生じた月の翌月から、遺族補償年金の額を改定する。

④　遺族補償年金を受ける権利を有する遺族が妻であり、かつ、当該妻と生計を同じくしている遺族補償年金を受けることができる遺族がない場合において、当該妻が次の各号の一に該

当するに至つたときは、その該当するに至つた月の翌月から、遺族補償年金の額を改定する。

一　五十五歳に達したとき（別表第一の厚生労働省令で定める障害の状態にあるときを除く。）。

二　別表第一の厚生労働省令で定める障害の状態になり、又はその事情がなくなつたとき（五十五歳以上であるときを除く。）。

第一六条の四　遺族補償年金を受ける権利は、その権利を有する遺族が次の各号の一に該当するに至つたときは、消滅する。この場合において、同順位者がなくて後順位者があるときは、次順位者に遺族補償年金を支給する。

一　死亡したとき。

二　婚姻（届出をしていないが、事実上婚姻関係と同様の事情にある場合を含む。）をしたとき。

三　直系血族又は直系姻族以外の者の養子（届出をしていないが、事実上養子縁組関係と同様の事情にある者を含む。）となつたとき。

四　離縁によつて、死亡した労働者との親族関係が終了したとき。

五　子、孫又は兄弟姉妹については、十八歳に達した日以後の最初の三月三十一日が終了したとき（労働者の死亡の時から引き続き第十六条の二第一項第四号の厚生労働省令で定める障害の状態にあるときを除く。）。

六　第十六条の二第一項第四号の厚生労働省令で定める障害の状態にある夫、子、父母、孫、祖父母又は兄弟姉妹については、その事情がなくなつたとき（夫、父母又は祖父母については、労働者の死亡の当時六十歳以上であつたとき、子又は孫については、十八歳に達する日以後の最初の三月三十一日までの間にあるとき、兄弟姉妹については、十八歳に達する日以後の最初の三月三十一日までの間にあるか又は労働者の死亡の当時六十歳以上であつたときを除く。）。

②　遺族補償年金を受けることができる遺族が前項各号の一に該当するに至つたときは、その者は、遺族補償年金を受けることができる遺族でなくなる。

第一六条の五　遺族補償年金を受ける権利を有する者の所在が一年以上明らかでない場合には、当該遺族補償年金は、同順位者があるときは同順位者の、同順位者がないときは次順位者の申請によつて、その所在が明らかでない間、その支給を停止する。この場合において、同順位者がないときは、その間、次順位者を先順位者とする。

②　前項の規定により遺族補償年金の支給を停止された遺族は、いつでも、その支給の停止の解除を申請することができる。

③　第十六条の三第三項の規定は、第一項の規定により遺族補償年金の支給が停止され、又は前項の規定によりその停止が解除された場合に準用する。この場合において、同条第三項中「増減を生じた月」とあるのは、「支給が停止され、又はその停止が解除された月」と読み替えるものとする。

第一六条の六　遺族補償一時金は、次の場合に支給する。

一　労働者の死亡の当時遺族補償年金を受けることができる遺族がないとき。

二　遺族補償年金を受ける権利を有する者の権利が消滅した場合において、他に当該遺族補償年金を受けることができる遺族がなく、かつ、当該労働者の死亡に関し支給された遺族補償年金の額の合計額が当該権利が消滅した日において前号に掲げる場合に該当することとなるものとしたときに支給されることとなる遺族補償一時金の額に満たないとき。

②　前項第二号に規定する遺族補償年金の額の合計額を計算する場合には、同号に規定する権利が消滅した日の属する年度

（当該権利が消滅した日の属する月が四月から七月までの月に該当する場合にあつては、その前年度。以下この項において同じ。）の七月以前の分として支給された遺族補償年金の額については、その現に支給された額に当該権利が消滅した日の属する年度の前年度の平均給与額を当該遺族補償年金の支給の対象とされた月の属する年度の前年度（当該月が四月から七月までの月に該当する場合にあつては、前々年度）の平均給与額で除して得た率を基準として厚生労働大臣が定める率を乗じて得た額により算定するものとする。

第一六条の七　遺族補償一時金を受けることができる遺族は、次の各号に掲げる者とする。

一　配偶者

二　労働者の死亡の当時その収入によつて生計を維持していた子、父母、孫及び祖父母

三　前号に該当しない子、父母、孫及び祖父母並びに兄弟姉妹

②　遺族補償一時金を受けるべき遺族の順位は、前項各号の順序により、同項第二号及び第三号に掲げる者のうちにあつては、それぞれ、当該各号に掲げる順序による。

第一六条の八　遺族補償一時金の額は、別表第二に規定する額とする。

②　第十六条の三第二項の規定は、遺族補償一時金の額について準用する。この場合において、同項中「別表第一」とあるのは、「別表第二」と読み替えるものとする。

第一六条の九　労働者を故意に死亡させた者は、遺族補償給付を受けることができる遺族としない。

②　労働者の死亡前に、当該労働者の死亡によつて遺族補償年金を受けることができる先順位又は同順位の遺族となるべき者を故意に死亡させた者は、遺族補償年金を受けることができる遺族としない。

③　遺族補償年金を受けることができる遺族を故意に死亡させた者は、遺族補償一時金を受けることができる遺族としない。労働者の死亡前に、当該労働者の死亡によつて遺族補償年金を受けることができる遺族となるべき者を故意に死亡させた者も、同様とする。

④　遺族補償年金を受けることができる遺族が、遺族補償年金を受けることができる先順位又は同順位の他の遺族を故意に死亡させたときは、その者は、遺族補償年金を受けることができる遺族でなくなる。この場合において、その者が遺族補償年金を受ける権利を有する者であるときは、その権利は、消滅する。

⑤　前項後段の場合には、第十六条の四第一項後段の規定を準用する。

第一七条　葬祭料は、通常葬祭に要する費用を考慮して厚生労働大臣が定める金額とする。

第一八条　傷病補償年金は、第十二条の八第三項第二号の厚生労働省令で定める傷病等級に応じ、別表第一に規定する額とする。

②　傷病補償年金を受ける者には、休業補償給付は、行わない。

第一八条の二　傷病補償年金を受ける労働者の当該障害の程度に変更があつたため、新たに別表第一中の他の傷病等級に該当するに至つた場合には、政府は、厚生労働省令で定めるところにより、新たに該当するに至つた傷病等級に応ずる傷病補償年金を支給するものとし、その後は、従前の傷病補償年金は、支給しない。

第一九条　業務上負傷し、又は疾病にかかつた労働者が、当該負傷又は疾病に係る療養の開始後三年を経過した日において傷病補償年金を受けている場合又は同日後において傷病補償年金を受けることとなつた場合には、労働基準法第十九条第一項の規定の適用については、当該使用者は、それぞれ、当

該三年を経過した日又は傷病補償年金を受けることとなつた日において、同法第八十一条の規定により打切補償を支払つたものとみなす。

第一九条の二　介護補償給付は、月を単位として支給するものとし、その月額は、常時又は随時介護を受ける場合に通常要する費用を考慮して厚生労働大臣が定める額とする。

第二〇条　この節に定めるもののほか、業務災害に関する保険給付について必要な事項は、厚生労働省令で定める。

第三節の二　複数業務要因災害に関する保険給付

第二〇条の二　第七条第一項第二号の複数業務要因災害に関する保険給付は、次に掲げる保険給付とする。

一　複数事業労働者療養給付
二　複数事業労働者休業給付
三　複数事業労働者障害給付
四　複数事業労働者遺族給付
五　複数事業労働者葬祭給付
六　複数事業労働者傷病年金
七　複数事業労働者介護給付

第二〇条の三　複数事業労働者療養給付は、複数事業労働者がその従事する二以上の事業の業務を要因として負傷し、又は疾病（厚生労働省令で定めるものに限る。以下この節において同じ。）にかかつた場合に、当該複数事業労働者に対し、その請求に基づいて行う。

②　第十三条の規定は、複数事業労働者療養給付について準用する。

第二〇条の四　複数事業労働者休業給付は、複数事業労働者がその従事する二以上の事業の業務を要因とする負傷又は疾病による療養のため労働することができないために賃金を受けない場合に、当該複数事業労働者に対し、その請求に基づいて行う。

②　第十四条及び第十四条の二の規定は、複数事業労働者休業給付について準用する。この場合において、第十四条第一項中「労働者が業務上の」とあるのは「複数事業労働者がその従事する二以上の事業の業務を要因とする」と、同条第二項中「別表第一第一号から第三号までに規定する場合に応じ、それぞれ同表第一号から第三号までの政令で定める率のうち傷病補償年金について定める率」とあるのは「第二十条の八第二項において準用する別表第一第一号から第三号までに規定する場合に応じ、それぞれ同表第一号から第三号までの政令で定める率のうち複数事業労働者傷病年金について定める率」と読み替えるものとする。

第二〇条の五　複数事業労働者障害給付は、複数事業労働者がその従事する二以上の事業の業務を要因として負傷し、又は疾病にかかり、治つたとき身体に障害が存する場合に、当該複数事業労働者に対し、その請求に基づいて行う。

②　複数事業労働者障害給付は、第十五条第一項の厚生労働省令で定める障害等級に応じ、複数事業労働者障害年金又は複数事業労働者障害一時金とする。

③　第十五条第二項及び第十五条の二並びに別表第一（障害補償年金に係る部分に限る。）及び別表第二（障害補償一時金に係る部分に限る。）の規定は、複数事業労働者障害給付について準用する。この場合において、これらの規定中「障害補償年金」とあるのは「複数事業労働者障害年金」と、「障害補償一時金」とあるのは「複数事業労働者障害一時金」と読み替えるものとする。

第二〇条の六　複数事業労働者遺族給付は、複数事業労働者がその従事する二以上の事業の業務を要因として死亡した場合に、当該複数事業労働者の遺族に対し、その請求に基づいて行う。

② 複数事業労働者遺族年金又は複数事業労働者遺族一時金とする。

③ 第十六条の二から第十六条の九まで並びに別表第一（遺族補償年金に係る部分に限る。）及び別表第二（遺族補償一時金に係る部分に限る。）の規定は、複数事業労働者遺族給付について準用する。この場合において、これらの規定中「遺族補償年金」とあるのは「複数事業労働者遺族年金」と、「遺族補償一時金」とあるのは「複数事業労働者遺族一時金」と読み替えるものとする。

第二〇条の七 複数事業労働者葬祭給付は、複数事業労働者がその従事する二以上の事業の業務を要因として死亡した場合に、葬祭を行う者に対し、その請求に基づいて行う。

② 第十七条の規定は、複数事業労働者葬祭給付について準用する。

第二〇条の八 複数事業労働者傷病年金は、複数事業労働者がその従事する二以上の事業の業務を要因として負傷し、又は疾病にかかつた場合に、当該負傷又は疾病に係る療養の開始後一年六箇月を経過した日において次の各号のいずれにも該当するとき、又は同日後次の各号のいずれにも該当することとなつたときに、その状態が継続している間、当該複数事業労働者に対して支給する。

一 当該負傷又は疾病が治つていないこと。

二 当該負傷又は疾病による障害の程度が第十二条の八第三項第二号の厚生労働省令で定める傷病等級に該当すること。

② 第十八条、第十八条の二及び別表第一（傷病補償年金に係る部分に限る。）の規定は、複数事業労働者傷病年金について準用する。この場合において、第十八条第二項中「休業補償給付」とあるのは「複数事業労働者休業給付」と、同表中「傷病補償年金」とあるのは「複数事業労働者傷病年金」と読み替えるものとする。

第二〇条の九 複数事業労働者介護給付は、複数事業労働者障害年金又は複数事業労働者傷病年金を受ける権利を有する複数事業労働者が、その受ける権利を有する複数事業労働者障害年金又は複数事業労働者傷病年金の支給事由となる障害であつて第十二条の八第四項の厚生労働省令で定める程度のものにより、常時又は随時介護を要する状態にあり、かつ、常時又は随時介護を受けているときに、当該介護を受けている間（次に掲げる間を除く。）、当該複数事業労働者に対し、その請求に基づいて行う。

一 障害者支援施設に入所している間（生活介護を受けている場合に限る。）

二 第十二条の八第四項第二号の厚生労働大臣が定める施設に入所している間

三 病院又は診療所に入院している間

② 第十九条の二の規定は、複数事業労働者介護給付について準用する。

第二〇条の一〇 この節に定めるもののほか、複数業務要因災害に関する保険給付について必要な事項は、厚生労働省令で定める。

第三節 通勤災害に関する保険給付

第二一条 第七条第一項第三号の通勤災害に関する保険給付は、次に掲げる保険給付とする。

一 療養給付
二 休業給付
三 障害給付
四 遺族給付
五 葬祭給付
六 傷病年金
七 介護給付

第二二条 療養給付は、労働者が通勤（第七条第一項第三号の通勤をいう。以下同じ。）により負傷し、又は疾病（厚生労働省令で定めるものに限る。以下この節において同じ。）にかかつた場合に、当該労働者に対し、その請求に基づいて行う。

② 第十三条の規定は、療養給付について準用する。

第二二条の二 休業給付は、労働者が通勤による負傷又は疾病に係る療養のため労働することができないために賃金を受けない場合に、当該労働者に対し、その請求に基づいて行なう。

② 第十四条及び第十四条の二の規定は、休業給付について準用する。この場合において、第十四条第一項中「業務上の」とあるのは「通勤による」と、同条第二項中「別表第一第一号から第三号までに規定する場合に応じ、それぞれ同表第一号から第三号までの政令で定める率のうち傷病補償年金について定める率」とあるのは「第二十三条第二項において準用する別表第一第一号から第三号までに規定する場合に応じ、それぞれ同表第一号から第三号までの政令で定める率のうち傷病年金について定める率」と読み替えるものとする。

③ 療養給付を受ける労働者（第三十一条第二項の厚生労働省令で定める者を除く。）に支給する休業給付であつて最初に支給すべき事由の生じた日に係るものの額は、前項において準用する第十四条第一項の規定にかかわらず、同項の額から第三十一条第二項の厚生労働省令で定める額に相当する額を減じた額とする。

第二二条の三 障害給付は、労働者が通勤により負傷し、又は疾病にかかり、なおつたとき身体に障害が存する場合に、当該労働者に対し、その請求に基づいて行なう。

② 障害給付は、第十五条第一項の厚生労働省令で定める障害等級に応じ、障害年金又は障害一時金とする。

③ 第十五条第二項及び第十五条の二並びに別表第一（障害補償年金に係る部分に限る。）及び別表第二（障害補償一時金に係る部分に限る。）の規定は、障害給付について準用する。この場合において、これらの規定中「障害補償年金」とあるのは「障害年金」と、「障害補償一時金」とあるのは「障害一時金」と読み替えるものとする。

第二二条の四 遺族給付は、労働者が通勤により死亡した場合に、当該労働者の遺族に対し、その請求に基づいて行なう。

② 遺族給付は、遺族年金又は遺族一時金とする。

③ 第十六条の二から第十六条の九まで並びに別表第一（遺族補償年金に係る部分に限る。）及び別表第二（遺族補償一時金に係る部分に限る。）の規定は、遺族給付について準用する。この場合において、これらの規定中「遺族補償年金」とあるのは「遺族年金」と、「遺族補償一時金」とあるのは「遺族一時金」と読み替えるものとする。

第二二条の五 葬祭給付は、労働者が通勤により死亡した場合に、葬祭を行なう者に対し、その請求に基づいて行なう。

② 第十七条の規定は、葬祭給付について準用する。

第二三条 傷病年金は、通勤により負傷し、又は疾病にかかつた労働者が、当該負傷又は疾病に係る療養の開始後一年六箇月を経過した日において次の各号のいずれにも該当するとき、又は同日後次の各号のいずれにも該当することとなつたときに、その状態が継続している間、当該労働者に対して支給する。

一 当該負傷又は疾病が治つていないこと。

二 当該負傷又は疾病による障害の程度が第十二条の八第三項第二号の厚生労働省令で定める傷病等級に該当すること。

② 第十八条、第十八条の二及び別表第一（傷病補償年金に係る部分に限る。）の規定は、傷病年金について準用する。この場合において、第十八条第二項中「休業補償給付」とあるのは「休業給付」と、同表中「傷病補償年金」とあるのは

「傷病年金」と読み替えるものとする。

第二四条　介護給付は、障害年金又は傷病年金を受ける権利を有する労働者が、その受ける権利を有する障害年金又は傷病年金の支給事由となる障害であつて第十二条の八第四項の厚生労働省令で定める程度のものにより、常時又は随時介護を要する状態にあり、かつ、常時又は随時介護を受けているときに、当該介護を受けている間（次に掲げる間を除く。）、当該労働者に対し、その請求に基づいて行う。

一　障害者支援施設に入所している間（生活介護を受けている場合に限る。）

二　第十二条の八第四項第二号の厚生労働大臣が定める施設に入所している間

三　病院又は診療所に入院している間

②　第十九条の二の規定は、介護給付について準用する。

第二五条　この節に定めるもののほか、通勤災害に関する保険給付について必要な事項は、厚生労働省令で定める。

第四節　二次健康診断等給付

第二六条　二次健康診断等給付は、労働安全衛生法（昭和四十七年法律第五十七号）第六十六条第一項の規定による健康診断又は当該健康診断に係る同条第五項ただし書の規定による健康診断のうち、直近のもの（以下この項において「一次健康診断」という。）において、血圧検査、血液検査その他業務上の事由による脳血管疾患及び心臓疾患の発生にかかわる身体の状態に関する検査であつて、厚生労働省令で定めるものが行われた場合において、当該検査を受けた労働者がそのいずれの項目にも異常の所見があると診断されたときに、当該労働者（当該一次健康診断の結果その他の事情により既に脳血管疾患又は心臓疾患の症状を有すると認められるものを除く。）に対し、その請求に基づいて行う。

②　二次健康診断等給付の範囲は、次のとおりとする。

一　脳血管及び心臓の状態を把握するために必要な検査（前項に規定する検査を除く。）であつて厚生労働省令で定めるものを行う医師による健康診断（一年度につき一回に限る。以下この節において「二次健康診断」という。）

二　二次健康診断の結果に基づき、脳血管疾患及び心臓疾患の発生の予防を図るため、面接により行われる医師又は保健師による保健指導（二次健康診断ごとに一回に限る。次項において「特定保健指導」という。）

③　政府は、二次健康診断の結果その他の事情により既に脳血管疾患又は心臓疾患の症状を有すると認められる労働者については、当該二次健康診断に係る特定保健指導を行わないものとする。

第二七条　二次健康診断等給付を受けた労働者から当該二次健康診断の実施の日から三箇月を超えない期間で厚生労働省令で定める期間内に当該二次健康診断の結果を証明する書面の提出を受けた事業者（労働安全衛生法第二条第三号に規定する事業者をいう。）に対する同法第六十六条の四の規定の適用については、同条中「健康診断の結果」とあるのは、「健康診断及び労働者災害補償保険法第二十六条第二項第一号に規定する二次健康診断の結果（これらの健康診断」とする。

第二八条　この節に定めるもののほか、二次健康診断等給付について必要な事項は、厚生労働省令で定める。

第三章の二　社会復帰促進等事業

第二九条　政府は、この保険の適用事業に係る労働者及びその遺族について、社会復帰促進等事業として、次の事業を行うことができる。

一　療養に関する施設及びリハビリテーションに関する施設の設置及び運営その他業務災害、複数業務要因災害及び通勤災害を被つた労働者（次号において「被災労働者」という。）の円滑な社会復帰を促進するために必要な事業
二　被災労働者の療養生活の援護、被災労働者の受ける介護の援護、その遺族の就学の援護、被災労働者及びその遺族が必要とする資金の貸付けによる援護その他被災労働者及びその遺族の援護を図るために必要な事業
三　業務災害の防止に関する活動に対する援助、健康診断に関する施設の設置及び運営その他労働者の安全及び衛生の確保、保険給付の適切な実施の確保並びに賃金の支払の確保を図るために必要な事業
②　前項各号に掲げる事業の実施に関して必要な基準は、厚生労働省令で定める。
③　政府は、第一項の社会復帰促進等事業のうち、独立行政法人労働者健康安全機構法（平成十四年法律第百七十一号）第十二条第一項に掲げるものを独立行政法人労働者健康安全機構に行わせるものとする。

第四章　費用の負担

第三〇条　労働者災害補償保険事業に要する費用にあてるため政府が徴収する保険料については、徴収法の定めるところによる。

第三一条　政府は、次の各号のいずれかに該当する事故について保険給付を行つたときは、厚生労働省令で定めるところにより、業務災害に関する保険給付にあつては労働基準法の規定による災害補償の価額の限度又は船員法の規定による災害補償のうち労働基準法の規定による災害補償に相当する災害補償の価額の限度で、複数業務要因災害に関する保険給付にあつては複数業務要因災害を業務災害とみなした場合に支給されるべき業務災害に関する保険給付に相当する同法の規定による災害補償の価額（当該複数業務要因災害に係る事業ごとに算定した額に限る。）の限度で、通勤災害に関する保険給付にあつては通勤災害を業務災害とみなした場合に支給されるべき業務災害に関する保険給付に相当する同法の規定による災害補償の価額の限度で、その保険給付に要した費用に相当する金額の全部又は一部を事業主から徴収することができる。
一　事業主が故意又は重大な過失により徴収法第四条の二第一項の規定による届出であつてこの保険に係る保険関係の成立に係るものをしていない期間（政府が当該事業について徴収法第十五条第三項の規定による決定をしたときは、その決定後の期間を除く。）中に生じた事故
二　事業主が徴収法第十条第二項第一号の一般保険料を納付しない期間（徴収法第二十七条第二項の督促状に指定する期限後の期間に限る。）中に生じた事故
三　事業主が故意又は重大な過失により生じさせた業務災害の原因である事故
②　政府は、療養給付を受ける労働者（厚生労働省令で定める者を除く。）から、二百円を超えない範囲内で厚生労働省令で定める額を一部負担金として徴収する。ただし、第二十二条の二第三項の規定により減額した休業給付の支給を受けた労働者については、この限りでない。
③　政府は、前項の労働者から徴収する同項の一部負担金に充てるため、厚生労働省令で定めるところにより、当該労働者に支払うべき保険給付の額から当該一部負担金の額に相当する額を控除することができる。
④　徴収法第二十七条、第二十九条、第三十条及び第四十一条の規定は、第一項又は第二項の規定による徴収金について準

用する。

第三二条　国庫は、予算の範囲内において、労働者災害補償保険事業に要する費用の一部を補助することができる。

第四章の二　特別加入

第三三条　次の各号に掲げる者（第二号、第四号及び第五号に掲げる者にあつては、労働者である者を除く。）の業務災害、複数業務要因災害及び通勤災害に関しては、この章に定めるところによる。

一　厚生労働省令で定める数以下の労働者を使用する事業（厚生労働省令で定める事業を除く。第七号において「特定事業」という。）の事業主で徴収法第三十三条第三項の労働保険事務組合（以下「労働保険事務組合」という。）に同条第一項の労働保険事務の処理を委託するものである者（事業主が法人その他の団体であるときは、代表者）

二　前号の事業主が行う事業に従事する者

三　厚生労働省令で定める種類の事業を労働者を使用しないで行うことを常態とする者

四　前号の者が行う事業に従事する者

五　厚生労働省令で定める種類の作業に従事する者

六　この法律の施行地外の地域のうち開発途上にある地域に対する技術協力の実施の事業（事業の期間が予定される事業を除く。）を行う団体が、当該団体の業務の実施のため、当該開発途上にある地域（業務災害、複数業務要因災害及び通勤災害に関する保護制度の状況その他の事情を考慮して厚生労働省令で定める国の地域を除く。）において行われる事業に従事させるために派遣する者

七　この法律の施行地内において事業（事業の期間が予定される事業を除く。）を行う事業主が、この法律の施行地外の地域（業務災害、複数業務要因災害及び通勤災害に関する保護制度の状況その他の事情を考慮して厚生労働省令で定める国の地域を除く。）において行われる事業に従事させるために派遣する者（当該事業が特定事業に該当しないときは、当該事業に使用される労働者として派遣する者に限る。）

第三四条　前条第一号の事業主が、同号及び同条第二号に掲げる者を包括して当該事業について成立する保険関係に基づきこの保険による業務災害、複数業務要因災害及び通勤災害に関する保険給付を受けることができる者とすることにつき申請をし、政府の承認があつたときは、第三章第一節から第三節まで及び第三章の二の規定の適用については、次に定めるところによる。

一　前条第一号及び第二号に掲げる者は、当該事業に使用される労働者とみなす。

二　前条第一号又は第二号に掲げる者が業務上負傷し、若しくは疾病にかかつたとき、その負傷若しくは疾病についての療養のため当該事業に従事することができないとき、その負傷若しくは疾病が治つた場合において身体に障害が存するとき、又は業務上死亡したときは、労働基準法第七十五条から第七十七条まで、第七十九条及び第八十条に規定する災害補償の事由が生じたものとみなす。

三　前条第一号及び第二号に掲げる者の給付基礎日額は、当該事業に使用される労働者の賃金の額その他の事情を考慮して厚生労働大臣が定める額とする。

四　前条第一号又は第二号に掲げる者の事故が徴収法第十条第二項第二号の第一種特別加入保険料が滞納されている期間中に生じたものであるときは、政府は、当該事故に係る保険給付の全部又は一部を行わないことができる。これらの者の業務災害の原因である事故が前条第一号の事業主の

故意又は重大な過失によつて生じたものであるときも、同様とする。

② 前条第一号の事業主は、前項の承認があつた後においても、政府の承認を受けて、同号及び同条第二号に掲げる者を包括して保険給付を受けることができる者としないこととすることができる。

③ 政府は、前条第一号の事業主がこの法律若しくは徴収法又はこれらの法律に基づく厚生労働省令の規定に違反したときは、第一項の承認を取り消すことができる。

④ 前条第一号及び第二号に掲げる者の保険給付を受ける権利は、第二項の規定による承認又は前項の規定による第一項の承認の取消しによつて変更されない。これらの者が同条第一号及び第二号に掲げる者でなくなつたことによつても、同様とする。

第三五条 第三十三条第三号に掲げる者の団体又は同条第五号に掲げる者の団体が、当該団体の構成員である同条第三号に掲げる者及びその者に係る同条第四号に掲げる者又は当該団体の構成員である同条第五号に掲げる者の業務災害、複数業務要因災害及び通勤災害（これらの者のうち、住居と就業の場所との間の往復の状況等を考慮して厚生労働省令で定める者にあつては、業務災害及び複数業務要因災害に限る。）に関してこの保険の適用を受けることにつき申請をし、政府の承認があつたときは、第三章第一節から第三節まで（当該厚生労働省令で定める者にあつては、同章第一節から第二節の二まで）、第三章の二及び徴収法第二章から第六章までの規定の適用については、次に定めるところによる。

一 当該団体は、第三条第一項の適用事業及びその事業主とみなす。

二 当該承認があつた日は、前号の適用事業が開始された日とみなす。

三 当該団体に係る第三十三条第三号から第五号までに掲げる者は、第一号の適用事業に使用される労働者とみなす。

四 当該団体の解散は、事業の廃止とみなす。

五 前条第一項第二号の規定は、第三十三条第三号から第五号までに掲げる者に係る業務災害に関する保険給付の事由について準用する。この場合において、同号に掲げる者に関しては、前条第一項第二号中「業務上」とあるのは「当該作業により」と、「当該事業」とあるのは「当該作業」と読み替えるものとする。

六 第三十三条第三号から第五号までに掲げる者の給付基礎日額は、当該事業と同種若しくは類似の事業又は当該作業と同種若しくは類似の作業を行う事業に使用される労働者の賃金の額その他の事情を考慮して厚生労働大臣が定める額とする。

七 第三十三条第三号から第五号までに掲げる者の事故が、徴収法第十条第二項第三号の第二種特別加入保険料が滞納されている期間中に生じたものであるときは、政府は、当該事故に係る保険給付の全部又は一部を行わないことができる。

② 一の団体に係る第三十三条第三号から第五号までに掲げる者として前項第三号の規定により労働者とみなされている者は、同一の種類の事業又は同一の種類の作業に関しては、他の団体に関し重ねて同号の規定により労働者とみなされることはない。

③ 第一項の団体は、同項の承認があつた後においても、政府の承認を受けて、当該団体についての保険関係を消滅させることができる。

④ 政府は、第一項の団体がこの法律若しくは徴収法又はこれらの法律に基づく厚生労働省令の規定に違反したときは、当該団体についての保険関係を消滅させることができる。

⑤ 第三十三条第三号から第五号までに掲げる者の保険給付を受ける権利は、同条第三号又は第五号に掲げる者が第一項の団体から脱退することによつて変更されない。同条第三号から第五号までに掲げる者がこれらの規定に掲げる者でなくなつたことによつても、同様とする。

第三六条 第三十三条第六号の団体又は同条第七号の事業主が、同条第六号又は第七号に掲げる者を、当該団体又は当該事業主がこの法律の施行地内において行う事業（事業の期間が予定される事業を除く。）についての保険関係に基づきこの保険による業務災害、複数業務要因災害及び通勤災害に関する保険給付を受けることができる者とすることにつき申請をし、政府の承認があつたときは、第三章第一節から第三節まで及び第三章の二の規定の適用については、次に定めるところによる。

一 第三十三条第六号又は第七号に掲げる者は、当該事業に使用される労働者とみなす。

二 第三十四条第一項第二号の規定は第三十三条第六号又は第七号に掲げる者に係る業務災害に関する保険給付の事由について、同項第三号の規定は同条第六号又は第七号に掲げる者の給付基礎日額について準用する。この場合において、同項第二号中「当該事業」とあるのは、「第三十三条第六号又は第七号に規定する開発途上にある地域又はこの法律の施行地外の地域において行われる事業」と読み替えるものとする。

三 第三十三条第六号又は第七号に掲げる者の事故が、徴収法第十条第二項第三号の二の第三種特別加入保険料が滞納されている期間中に生じたものであるときは、政府は、当該事故に係る保険給付の全部又は一部を行わないことができる。

② 第三十四条第二項及び第三項の規定は前項の承認を受けた第三十三条第六号の団体又は同条第七号の事業主について、第三十四条第四項の規定は第三十三条第六号又は第七号に掲げる者の保険給付を受ける権利について準用する。この場合において、これらの規定中「前項の承認」とあり、及び「第一項の承認」とあるのは「第三十六条第一項の承認」と、第三十四条第二項中「同号及び同条第二号に掲げる者を包括して」とあるのは「同条第六号又は第七号に掲げる者を」と、同条第四項中「同条第一号及び第二号」とあるのは「第三十三条第六号又は第七号」と読み替えるものとする。

第三七条 この章に定めるもののほか、第三十三条各号に掲げる者の業務災害、複数業務要因災害及び通勤災害に関し必要な事項は、厚生労働省令で定める。

第五章 不服申立て及び訴訟

第三八条 保険給付に関する決定に不服のある者は、労働者災害補償保険審査官に対して審査請求をし、その決定に不服のある者は、労働保険審査会に対して再審査請求をすることができる。

② 前項の審査請求をしている者は、審査請求をした日から三箇月を経過しても審査請求についての決定がないときは、労働者災害補償保険審査官が審査請求を棄却したものとみなすことができる。

③ 第一項の審査請求及び再審査請求は、時効の完成猶予及び更新に関しては、これを裁判上の請求とみなす。

第三九条 前条第一項の審査請求及び再審査請求については、行政不服審査法（平成二十六年法律第六十八号）第二章（第二十二条を除く。）及び第四章の規定は、適用しない。

第四〇条 第三十八条第一項に規定する処分の取消しの訴えは、当該処分についての審査請求に対する労働者災害補償保険審査官の決定を経た後でなければ、提起することができない。

第四一条 削除〔平成二六年六月法律六九号〕

第八章 雑則

第四二条 療養補償給付、休業補償給付、葬祭料、介護補償給付、複数事業労働者療養給付、複数事業労働者休業給付、複数事業労働者葬祭給付、複数事業労働者介護給付、療養給付、休業給付、葬祭給付、介護給付及び二次健康診断等給付を受ける権利は、これらを行使することができる時から二年を経過したとき、障害補償給付、遺族補償給付、複数事業労働者障害給付、複数事業労働者遺族給付、障害給付及び遺族給付を受ける権利は、これらを行使することができる時から五年を経過したときは、時効によつて消滅する。

② 第八条の二第一項第二号の規定による四半期ごとの平均給与額又は第八条の三第一項第二号の規定による年度の平均給与額が修正されたことにより、第八条の二第一項第二号、第八条の三第一項第二号又は第十六条の六第二項（第二十条の六第三項若しくは第二十二条の四第三項において準用する場合又は第五十八条第一項、第六十条の二第一項若しくは第六十一条第一項の規定によりその例によることとされる場合を含む。）に規定する厚生労働大臣が定める率を厚生労働大臣が、第八条第二項に規定する政府が算定する額を政府がそれぞれ変更した場合において、当該変更に伴いその額が再び算定された保険給付があるときは、当該保険給付に係る第十一条の規定による未支給の保険給付の支給を受ける権利については、会計法（昭和二十二年法律第三十五号）第三十一条第一項の規定を適用しない。

附 則 抄

第五五条 この法律施行の期日は、勅令で、これを定める。

第六〇条の二 政府は、当分の間、複数事業労働者障害年金を受ける権利を有する者が死亡した場合において、その者に支給された当該複数事業労働者障害年金の額（当該複数事業労働者障害年金のうち当該死亡した日の属する年度（当該死亡した日の属する月が四月から七月までの月に該当する場合にあつては、その前年度。以下この項において同じ。）の七月以前の分として支給された複数事業労働者障害年金にあつては、厚生労働省令で定めるところにより第十六条の六第二項の規定の例により算定して得た額）及び当該複数事業労働者障害年金に係る複数事業労働者障害年金前払一時金の額（当該複数事業労働者障害年金前払一時金を支給すべき事由が当該死亡した日の属する年度の七月以前に生じたものである場合にあつては、厚生労働省令で定めるところにより同項の規定による遺族補償年金の額の算定の方法に準じ算定して得た額）の合計額が第五十八条第一項の表の上欄に掲げる当該複数事業労働者障害年金に係る障害等級に応じ、それぞれ同表の下欄に掲げる額（当該死亡した日が算定事由発生日の属する年度の翌々年度の八月一日以後の日である場合にあつては、厚生労働省令で定めるところにより第八条の四において準用する第八条の三第一項の規定の例により算定して得た額を同表の給付基礎日額とした場合に得られる額）に満たないときは、その者の遺族に対し、その請求に基づき、保険給付として、その差額に相当する額の複数事業労働者障害年金差額一時金を支給する。

② 第十六条の三第二項、第十六条の九第一項及び第二項並びに第五十八条第二項及び第三項の規定は、複数事業労働者障害年金差額一時金について準用する。この場合において、第十六条の三第二項中「前項」とあるのは「第六十条の二第一項」と、「別表第二」とあるのは「同項」と読み替えるものとする。

第六〇条の三　政府は、当分の間、複数事業労働者がその従事する二以上の事業の業務を要因として負傷し、又は疾病にかかり、治つたとき身体に障害が存する場合における当該障害に関しては、複数事業労働者障害年金を受ける権利を有する者に対し、その請求に基づき、保険給付として、複数事業労働者障害年金前払一時金を支給する。

② 複数事業労働者障害年金前払一時金の額は、第五十八条第一項の表の上欄に掲げる当該複数事業労働者障害年金に係る障害等級に応じ、第五十九条第二項に規定する厚生労働省令で定める額とする。

③ 第五十九条第三項、第四項及び第六項の規定は、複数事業労働者障害年金前払一時金について準用する。この場合において、同条第三項及び第六項中「障害補償年金」とあるのは、「複数事業労働者障害年金」と読み替えるものとする。

第六〇条の四　政府は、当分の間、複数事業労働者がその従事する二以上の事業の業務を要因として死亡した場合における当該死亡に関しては、複数事業労働者遺族年金を受ける権利を有する遺族に対し、その請求に基づき、保険給付として、複数事業労働者遺族年金前払一時金を支給する。

② 複数事業労働者遺族年金前払一時金の額は、第六十条第二項に規定する厚生労働省令で定める額とする。

③ 複数事業労働者遺族年金前払一時金が支給された場合における第二十条の六第三項の規定により読み替えられた第十六条の六の規定の適用については、同条第一項第二号中「複数事業労働者遺族年金の額」とあるのは、「複数事業労働者遺族年金の額及び複数事業労働者遺族年金前払一時金の額（当該複数事業労働者遺族年金前払一時金を支給すべき事由が当該権利が消滅した日の属する年度（当該権利が消滅した日の属する月が四月から七月までの月に該当する場合にあつては、その前年度）の七月以前に生じたものである場合にあつては、厚生労働省令で定めるところにより次項の規定による複数事業労働者遺族年金の額の算定の方法に準じ算定して得た額）」とする。

④ 第六十条第三項、第五項及び第七項の規定は、複数事業労働者遺族年金前払一時金について準用する。この場合において、同条第三項中「遺族補償年金は」とあるのは「複数事業労働者遺族年金は」と、同条第七項中「遺族補償年金の」とあるのは「複数事業労働者遺族年金の」と、「当該遺族補償年金」とあるのは「当該複数事業労働者遺族年金」と読み替えるものとする。

第六四条　労働者又はその遺族が障害補償年金若しくは遺族補償年金、複数事業労働者障害年金若しくは複数事業労働者遺族年金又は障害年金若しくは遺族年金（以下この条において「年金給付」という。）を受けるべき場合（当該年金給付を受ける権利を有することとなつた時に、当該年金給付に係る障害補償年金前払一時金若しくは遺族補償年金前払一時金、複数事業労働者障害年金前払一時金若しくは複数事業労働者遺族年金前払一時金又は障害年金前払一時金若しくは遺族年金前払一時金（以下この条において「前払一時金給付」という。）を請求することができる場合に限る。）であつて、同一の事由について、当該労働者を使用している事業主又は使用していた事業主から民法その他の法律による損害賠償（以下単に「損害賠償」といい、当該年金給付によつて填補される損害を填補する部分に限る。）を受けることができるときは、当該損害賠償については、当分の間、次に定めるところによるものとする。

一　事業主は、当該労働者又はその遺族の年金給付を受ける権利が消滅するまでの間、その損害の発生時から当該年金給付に係る前払一時金給付を受けるべき時までのその損害の発生時における法定利率により計算される額を合算した場合における当該合算した額が当該前払一時金給付の最高限度額に相当する額となるべき額（次号の規定により損害賠償の責めを免れたときは、その免れた額を控除した額）の限度で、その損害賠償の履行をしないことができる。

二　前号の規定により損害賠償の履行が猶予されている場合において、年金給付又は前払一時金給付の支給が行われたときは、事業主は、その損害の発生時から当該支給が行われた時までのその損害の発生時における法定利率により計算される額を合算した場合における当該合算した額が当該年金給付又は前払一時金給付の額となるべき額の限度で、その損害賠償の責めを免れる。

② 労働者又はその遺族が、当該労働者を使用している事業主又は使用していた事業主から損害賠償を受けることができる場合であつて、保険給付を受けるべきときに、同一の事由について、損害賠償（当該保険給付によつて塡補される損害を塡補する部分に限る。）を受けたときは、政府は、労働政策審議会の議を経て厚生労働大臣が定める基準により、その価額の限度で、保険給付をしないことができる。ただし、前項に規定する年金給付を受けるべき場合において、次に掲げる保険給付については、この限りでない。

一　年金給付（労働者又はその遺族に対して、各月に支給されるべき額の合計額が厚生労働省令で定める算定方法に従い当該年金給付に係る前払一時金給付の最高限度額（当該前払一時金給付の支給を受けたことがある者にあつては、当該支給を受けた額を控除した額とする。）に相当する額に達するまでの間についての年金給付に限る。）

二　障害補償年金差額一時金及び第十六条の六第一項第二号の場合に支給される遺族補償一時金、複数事業労働者障害年金差額一時金及び第二十条の六第三項において読み替えて準用する第十六条の六第一項第二号の場合に支給される複数事業労働者遺族一時金並びに障害年金差額一時金及び第二十二条の四第三項において読み替えて準用する第十六条の六第一項第二号の場合に支給される遺族一時金

三　前払一時金給付

労働者災害補償保険法施行規則 抄

（昭和三〇年九月一日労働省令第二二号）

沿革　令和三年二月二六日厚生労働省令第四四号
〃　三年三月二四日　〃　第五八号
〃　三年七月二〇日　〃　第一二三号
〃　四年三月一〇日　〃　第三五号
〃　四年三月三〇日　〃　第四九号
〃　四年五月二四日　〃　第八七号
〃　四年九月八日　〃　第一二六号
〃　五年三月三一日　〃　第五〇号
〃　五年四月七日　〃　第六八号
〃　六年一月三一日　〃　第二二号

第三章　保険給付

第一節　通則

（法第七条第二項第二号の厚生労働省令で定める就業の場所）

第六条　法第七条第二項第二号の厚生労働省令で定める就業の場所は、次のとおりとする。

一　法第三条第一項の適用事業及び整備法第五条第一項の規定により労災保険に係る保険関係が成立している同項の労災保険暫定任意適用事業に係る就業の場所

二　法第三十四条第一項第一号、第三十五条第一項第三号又は第三十六条第一項第一号の規定により労働者とみなされる者（第四十六条の二十二の二に規定する者を除く。）に係る就業の場所

三　その他前二号に類する就業の場所

（法第七条第二項第三号の厚生労働省令で定める要件）

第七条　法第七条第二項第三号の厚生労働省令で定める要件は、同号に規定する移動が、次の各号のいずれかに該当する労働者により行われるものであることとする。

一　転任に伴い、当該転任の直前の住居と就業の場所との間を日々往復することが当該往復の距離等を考慮して困難となつたため住居を移転した労働者であつて、次のいずれかに掲げるやむを得ない事情により、当該転任の直前の住居に居住している配偶者（婚姻の届出をしていないが、事実上婚姻関係と同様の事情にある者を含む。以下同じ。）と別居することとなつたもの

イ　配偶者が、要介護状態（負傷、疾病又は身体上若しくは精神上の障害により、二週間以上の期間にわたり常時介護を必要とする状態をいう。以下この条及び次条において同じ。）にある労働者又は配偶者の父母又は同居の親族を介護すること。

ロ　配偶者が、学校教育法（昭和二十二年法律第二十六号）第一条に規定する学校、同法第百二十四条に規定する専修学校若しくは同法第百三十四条第一項に規定する各種学校（以下この条において「学校等」という。）に在学し、児童福祉法（昭和二十二年法律第百六十四号）第三十九条第一項に規定する保育所（次号ロ及び第三十四条第一項において「保育所」という。）若しくは就学前の子どもに関する教育、保育等の総合的な提供の推進に関する法律（平成十八年法律第七十七号）第二条第七項に規定する幼保連携型認定こども園（次号ロ及び第三

十四条第一項において「幼保連携型認定こども園」という。）に通い、又は職業能力開発促進法（昭和四十四年法律第六十四号）第十五条の七第三項に規定する公共職業能力開発施設（以下「公共職業能力開発施設」という。）の行う職業訓練（職業能力開発総合大学校において行われるものを含む。以下この条及び次条において「職業訓練」という。）を受けている同居の子（十八歳に達する日以後の最初の三月三十一日までの間にある子に限る。）を養育すること。

ハ　配偶者が、引き続き就業すること。

ニ　配偶者が、労働者又は配偶者の所有に係る住宅を管理するため、引き続き当該住宅に居住すること。

ホ　その他配偶者が労働者と同居できないと認められるイからニまでに類する事情

二　転任に伴い、当該転任の直前の住居と就業の場所との間を日々往復することが当該往復の距離等を考慮して困難となつたため住居を移転した労働者であつて、次のいずれかに掲げるやむを得ない事情により、当該転任の直前の住居に居住している子と別居することとなつたもの（配偶者がないものに限る。）

イ　当該子が要介護状態にあり、引き続き当該転任の直前まで日常生活を営んでいた地域において介護を受けなければならないこと。

ロ　当該子（十八歳に達する日以後の最初の三月三十一日までの間にある子に限る。）が学校等に在学し、保育所若しくは幼保連携型認定こども園に通い、又は職業訓練を受けていること。

ハ　その他当該子が労働者と同居できないと認められるイ又はロに類する事情

三　転任に伴い、当該転任の直前の住居と就業の場所との間を日々往復することが当該往復の距離等を考慮して困難となつたため住居を移転した労働者であつて、次のいずれかに掲げるやむを得ない事情により、当該転任の直前の住居に居住している当該労働者の父母又は親族（要介護状態にあり、かつ、当該労働者が介護していた父母又は親族に限る。）と別居することとなつたもの（配偶者及び子がないものに限る。）

イ　当該父母又は親族が、引き続き当該転任の直前まで日常生活を営んでいた地域において介護を受けなければならないこと。

ロ　当該父母又は親族が労働者と同居できないと認められるイに類する事情

四　その他前三号に類する労働者

（日常生活上必要な行為）

第八条　法第七条第三項の厚生労働省令で定める行為は、次のとおりとする。

一　日用品の購入その他これに準ずる行為

二　職業訓練、学校教育法第一条に規定する学校において行われる教育その他これらに準ずる教育訓練であつて職業能力の開発向上に資するものを受ける行為

三　選挙権の行使その他これに準ずる行為

四　病院又は診療所において診察又は治療を受けることその他これに準ずる行為

五　要介護状態にある配偶者、子、父母、孫、祖父母及び兄弟姉妹並びに配偶者の父母の介護（継続的に又は反復して行われるものに限る。）

第二節　業務災害に関する保険給付

（障害等級等）

第一四条　障害補償給付を支給すべき身体障害の障害等級は、

別表第一に定めるところによる。

2　別表第一に掲げる身体障害が二以上ある場合には、重い方の身体障害の該当する障害等級による。

3　左の各号に掲げる場合には、前二項の規定による障害等級をそれぞれ当該各号に掲げる等級だけ繰り上げた障害等級による。ただし、本文の規定による障害等級が第八級以下である場合において、各の身体障害の該当する障害等級に応ずる障害補償給付の額の合算額が本文の規定による障害等級に応ずる障害補償給付の額に満たないときは、その者に支給する障害補償給付は、当該合算額による。

一　第十三級以上に該当する身体障害が二以上あるとき
　一級

二　第八級以上に該当する身体障害が二以上あるとき
　二級

三　第五級以上に該当する身体障害が二以上あるとき
　三級

4　別表第一に掲げるもの以外の身体障害については、その障害の程度に応じ、同表に掲げる身体障害に準じてその障害等級を定める。

5　既に身体障害のあつた者が、負傷又は疾病により同一の部位について障害の程度を加重した場合における当該事由に係る障害補償給付は、現在の身体障害の該当する障害等級に応ずる障害補償給付とし、その額は、現在の身体障害の該当する障害等級に応ずる障害補償給付の額から、既にあつた身体障害の該当する障害等級に応ずる障害補償給付の額（現在の身体障害の該当する障害等級に応ずる障害補償給付が障害補償年金であつて、既にあつた身体障害の該当する障害等級に応ずる障害補償給付が障害補償一時金である場合には、その障害補償一時金の額（当該障害補償年金を支給すべき場合において、法第八条の三第二項において準用する法第八条の二第二項各号に掲げる場合に該当するときは、当該各号に定める額を法第八条の四の給付基礎日額として算定した既にあつた身体障害の該当する障害等級に応ずる障害補償一時金の額）を二十五で除して得た額）を差し引いた額による。

（遺族補償年金を受ける遺族の障害の状態）

第一五条　法第十六条の二第一項第四号（法第二十条の六第三項において準用する場合を含む。）及び法別表第一（法第二十条の六第三項において準用する場合を含む。）遺族補償年金の項の厚生労働省令で定める障害の状態は、身体に別表第一の障害等級の第五級以上に該当する障害がある状態又は負傷若しくは疾病が治らないで、身体の機能若しくは精神に、労働が高度の制限を受けるか、若しくは労働に高度の制限を加えることを必要とする程度以上の障害がある状態とする。

（法第十二条の八第四項第二号の厚生労働大臣が定める施設）

第一八条の三の三　法第十二条の八第四項第二号の厚生労働大臣が定める施設は、次の各号のとおりとする。

一　老人福祉法（昭和三十八年法律第百三十三号）の規定による特別養護老人ホーム

二　原子爆弾被爆者に対する援護に関する法律（平成六年法律第百十七号）第三十九条に規定する施設であつて、身体上又は精神上著しい障害があるために常時の介護を必要とし、かつ、居宅においてこれを受けることが困難な原子爆弾被爆者を入所させ、養護することを目的とするもの

三　前二号に定めるもののほか、親族又はこれに準ずる者による介護を必要としない施設であつて当該施設において提供される介護に要した費用に相当する金額を支出する必要のない施設として厚生労働大臣が定めるもの

第二節の二　複数業務要因災害に関する保険給付

（複数業務要因災害による疾病の範囲）

第一八条の三の六　法第二十条の三第一項の厚生労働省令で定める疾病は、労働基準法施行規則（昭和二十二年厚生省令第二十三号）別表第一の二第八号及び第九号に掲げる疾病その他二以上の事業の業務を要因とすることの明らかな疾病とする。

（複数事業労働者療養給付たる療養の給付の請求）

第一八条の三の七　第十二条の規定は、複数事業労働者療養給付たる療養の給付の請求について準用する。この場合において、同条第一項第四号及び第三項第四号中「原因」とあるのは「要因」と読み替えるものとする。

2　第十二条の三第一項から第三項までの規定は、複数事業労働者傷病年金の受給権者の複数事業労働者療養給付たる療養の給付の請求について準用する。この場合において、同条第二項中「第十二条第三項」とあるのは「第十八条の三の七第一項において準用する第十二条第三項」と、同条第三項中「第一項及び第十二条第三項」とあるのは「第十八条の三の七第二項において準用する第一項及び第十八条の三の七第一項において準用する第十二条第三項」と読み替えるものとする。

（複数事業労働者療養給付たる療養の費用の請求）

第一八条の三の八　第十二条の二の規定は、複数事業労働者療養給付たる療養の費用の請求について準用する。この場合において、同条第一項第四号中「原因」とあるのは「要因」と、同条第二項中「前項第三号及び第四号に掲げる事項については事業主の証明を、同項第五号及び第六号」とあるのは「第十八条の三の八第一項において準用する前項第五号及び第六号」と、同条第三項中「第一項第六号」とあるのは「第十八条の三の八第一項において準用する第一項第六号」と読み替えるものとする。

2　第十二条の三第四項の規定は、複数事業労働者傷病年金の受給権者が複数事業労働者療養給付たる療養の費用の支給を受けようとする場合について準用する。この場合において、同項中「前条第一項」とあるのは「第十八条の三の八第一項において準用する前条第一項」と、「第一号及び第五号から第七号まで」とあるのは「第十八条の三の八第一項において準用する前条第一項第一号及び第五号から第七号まで」と読み替えるものとする。

（複数事業労働者休業給付の請求）

第一八条の三の九　第十三条の規定は、複数事業労働者休業給付の請求について準用する。この場合において、同条第一項第四号及び第五号中「原因」とあるのは「要因」と、同項第六号の二中「業務上の」とあるのは「二以上の事業の業務を要因とする」と、同条第二項中「前項第二号から第七号まで」とあるのは「第十八条の三の九において準用する前項第五号から第七号まで」と、「有無に限り、複数事業労働者に係る非災害発生事業場の事業主にあつては、同項第五号から第七号まで及び第九号に掲げる事項に限る。」とあるのは「有無に限る。」と、同条第三項中「第一項第八号」とあるのは「第十八条の三の九において準用する第一項第八号」と読み替えるものとする。

（複数事業労働者障害給付の請求等）

第一八条の三の一〇　第十四条及び別表第一の規定は、複数事業労働者障害給付について準用する。この場合において、同条第一項中「障害補償給付」とあるのは「複数事業労働者障害給付」と、同条第三項中「前二項」とあるのは「第十八条の三の十において準用する前二項」と、「障害補償給付」とあるのは「複数事業労働者障害給付」と、同条第五項中「障害補償年金」とあるのは「複数事業労働者障害年金」と、「障害補償一時金」とあるのは「複数事業労働者障害一時金」と読み替えるものとする。

2　第十四条の二の規定は、複数事業労働者障害給付の請求について準用する。この場合において、同条第一項中「障害補償給付」とあるのは「複数事業労働者障害給付」と、同項第四号中「原因」とあるのは「要因」と、同項第七号中「障害補償年金」とあるのは「複数事業労働者障害年金」と、同条第二項中「前項第三号から第五号の二まで」とあるのは「第十八条の三の十第二項において準用する前項第五号及び第五号の二」と、「有無に限り、複数事業労働者に係る非災害発生事業場の事業主にあつては、同項第五号及び第五号の二に掲げる事項に限る。」とあるのは「有無に限る。」と、「傷病補償年金」とあるのは「複数事業労働者傷病年金」と、同条第三項中「第一項」とあるのは「第十八条の三の十第二項において準用する第一項」と、同条第四項中「第一項第六号」とあるのは「第十八条の三の十第二項において準用する第一項第六号」と、「前項」とあるのは「第十八条の三の十第二項において準用する前項」と読み替えるものとする。

3　第十四条の三の規定は、複数事業労働者障害給付の変更について準用する。この場合において、同条第一項中「法第十五条の二」とあるのは「法第二十条の五第三項において準用する法第十五条の二」と、「障害補償給付」とあるのは「複数事業労働者障害給付」と、同条第二項及び第三項中「前項」とあるのは「第十八条の三の十第三項において準用する前項」と読み替えるものとする。

（複数事業労働者遺族年金の請求等）

第一八条の三の一一　第十五条の二の規定は、複数事業労働者遺族年金の支給を受けようとする者（次項において準用する第十五条の三第一項又は第三項において準用する第十五条の四第一項の規定に該当する者を除く。）について準用する。この場合において、第十五条の二第一項中「遺族補償年金」とあるのは「複数事業労働者遺族年金」と、「次条第一項又は第十五条の四第一項」とあるのは「第十八条の三の十一第二項において準用する次条第一項又は第十八条の三の十一第三項において準用する第十五条の四第一項」と、同項第五号中「原因」とあるのは「要因」と、同条第二項中「前項第四号から第六号の二までに掲げる事項（同項第四号に掲げる事項については死亡の年月日を除き、同項第六号の二に掲げる事項については厚生年金保険の被保険者の資格の有無に限り、死亡した複数事業労働者に係る非災害発生事業場の事業主にあつては、同項第六号及び第六号の二に掲げる事項に限る。）」とあるのは「第十八条の三の十一第一項において準用する前項第六号及び第六号の二に掲げる事項（同号に掲げる事項については厚生年金保険の被保険者の資格の有無に限る。）」と、「傷病補償年金」とあるのは「複数事業労働者傷病年金」と、同条第三項中「第一項の請求書」とあるのは「第十八条の三の十一第一項において準用する第一項の請求書」と、同項第二号から第五号までの規定中「第一項第二号の遺族」とあるのは「第十八条の三の十一第一項において準用する第一項第二号の遺族」と、同項第五号中「遺族補償年金」とあるのは「複数事業労働者遺族年金」と、同項第六号中「第一項第二号の遺族」とあるのは「第十八条の三の十一第一項において準用する第一項第二号の遺族」と、同項第八号中「第一項第七号」とあるのは「第十八条の三の十一第一項において準用する第一項第七号」と読み替えるものとする。

2　第十五条の三の規定は、労働者の死亡の当時胎児であつた子が当該労働者の死亡に係る複数事業労働者遺族年金を受けることができるその他の遺族が既に複数事業労働者遺族年金の支給の決定を受けた後に複数事業労働者遺族年金の支給を受けようとするときについて準用する。この場合において、同条第一項中「遺族補償年金」とあるのは「複数事業労働者遺族年金」と、同条第二項中「前項」とあるのは「第十八条の三の十一第二項において準用する前項」と、同項第二号中「遺族補償年金」とあるのは「複数事業労働者遺族年金」と読み替えるものとする。

3　第十五条の四の規定は、法第二十条の六第三項において準用する法第十六条の四第一項後段（法第二十条の六第三項において準用する法第十六条の九第五項において準用する場合を含む。）又は法第二十条の六第三項において準用する法第十六条の五第一項後段の規定により新たに複数事業労働者遺族年金の受給権者となつた者について準用する。この場合において、第十五条の四第一項中「法第十六条の四第一項後段（法第十六条の九第五項において準用する場合を含む。）又は法第十六条の五第一項後段」とあるのは「法第二十条の六第三項において準用する法第十六条の四第一項後段（法第二十条の六第三項において準用する法第十六条の九第五項において準用する場合を含む。）又は法第二十条の六第三項において準用する法第十六条の五第一項後段」と、「遺族補償年金」とあるのは「複数事業労働者遺族年金」と、同条第二項中「前項」とあるのは「第十八条の三の十一第三項において準用する前項」と、同項第二号中「遺族補償年金」とあるのは「複数事業労働者遺族年金」と読み替えるものとする。

4　第十五条の五の規定は、複数事業労働者遺族年金を受ける権利を有する者が二人以上あるときについて準用する。この場合において、同条第一項中「遺族補償年金」とあるのは「複数事業労働者遺族年金」と、同条第二項中「前項」とあるのは「第十八条の三の十一第四項において準用する前項」と読み替えるものとする。

5　第十五条の六及び第十五条の七の規定は、複数事業労働者遺族年金を受ける権利を有する者の所在が一年以上明らかでない場合における複数事業労働者遺族年金の支給停止に係る申請について準用する。この場合において、第十五条の六第一項中「法第十六条の五第一項」とあるのは「法第二十条の六第三項において準用する法第十六条の五第一項」と、同条第二項中「前項」とあるのは「第十八条の三の十一第五項において準用する前項」と、第十五条の七中「法第十六条の五第二項」とあるのは「法第二十条の六第三項において準用する法第十六条の五第二項」と読み替えるものとする。

（複数事業労働者遺族一時金の請求）

第一八条の三の一二　第十六条の規定は、複数事業労働者遺族一時金の請求並びに複数事業労働者遺族一時金の請求及び受領についての代表者の選任及び解任について準用する。この場合において、同条第一項中「遺族補償一時金」とあるのは「複数事業労働者遺族一時金」と、同項第三号中「法第十六条の六第一項第一号」とあるのは「法第二十条の六第三項において準用する法第十六条の六第一項第一号」と、同号ハ中「原因」とあるのは「要因」と、同条第二項中「前項第三号ロからニまでに掲げる事項（死亡の年月日を除き、死亡した複数事業労働者に係る非災害発生事業場の事業主にあつては、同号ニに掲げる事項に限る。）」とあるのは「第十八条の三の十二において準用する前項第三号ニに掲げる事項」と、「傷病補償年金」とあるのは「複数事業労働者傷病年金」と、同条第三項中「第一項」とあるのは「第十八条の三の十二において準用する第一項」と、同項第三号中「法第十六条の六第一項第一号」とあるのは「法第二十条の六第三項において準用する法第十六条の六第一項第一号」と、同項第四号中「法第十六条の六第一項第二号」とあるのは「法第二十条の六第三項において準用する法第十六条の六第一項第二号」と、「遺族補償年金」とあるのは「複数事業労働者遺族年金」と、同条第四項中「第十五条の五」とあるのは「第十八条の三の十一第四項において準用する第十五条の五」と、「遺族補償一時金」とあるのは「複数事業労働者遺族一時金」と読み替えるものとする。

（複数事業労働者葬祭給付の額）

第一八条の三の一三　第十七条の規定は、複数事業労働者葬祭給付の額について準用する。この場合において、同条中「法第十六条の六第一項第一号の遺族補償一時金」とあるのは、「法第二十条の六第三項において準用する法第十六条の六第一項第一号の複数事業労働者遺族一時金」と読み替えるものとする。

（複数事業労働者葬祭給付の請求）

第一八条の三の一四　第十七条の二の規定は、複数事業労働者葬祭給付の請求について準用する。

この場合において、同条第一項第五号中「原因」とあるのは「要因」と、同条第二項中「前項第四号から第六号までに掲げる事項（死亡の年月日を除き、死亡した複数事業労働者に係る非災害発生事業場の事業主にあつては、同号に掲げる事項に限る。）」とあるのは「第十八条の三の十四において準用する前項第六号に掲げる事項」と、同条第三項中「第一項」とあるのは「第十八条の三の十四において準用する第一項」と、「遺族補償給付」とあるのは「複数事業労働者遺族給付」と読み替えるものとする。

（複数事業労働者傷病年金）

第一八条の三の一五　第十八条の二の規定は複数事業労働者傷病年金の支給の決定等について、第十八条の三の規定は複数事業労働者傷病年金の変更について準用する。この場合において、第十八条の二第一項中「業務上の」とあるのは「二以上の事業の業務を要因とする」と、「法第十二条の八第三項各号」とあるのは「法第二十条の八第一項各号」と、同条第二項中「業務上の」とあるのは「二以上の事業の業務を要因とする」と、「前項」とあるのは「第十八条の三の十五において準用する前項」と、同条第三項中「前項」とあるのは「第十八条の三の十五において準用する前項」と、同条第四項中「第二項第四号」とあるのは「第十八条の三の十五において準用する第二項第四号」と、「前項」とあるのは「第十八条の三の十五において準用する前項」と、第十八条の三中「法第十八条の二」とあるのは「法第二十条の八第二項において準用する法第十八条の二」と読み替えるものとする。

（複数事業労働者介護給付の額）

第一八条の三の一六　第十八条の三の四の規定は、複数事業労働者介護給付の額について準用する。この場合において、同条第一項中「障害補償年金又は傷病補償年金」とあるのは「複数事業労働者障害年金又は複数事業労働者傷病年金」と、「次項」とあるのは「第十八条の三の十六において準用する次項」と、同項第一号中「次号」とあるのは「第十八条の三の十六において準用する次号」と、同条第二項中「前項」とあるのは「第十八条の三の十六において準用する前項」と読み替えるものとする。

（複数事業労働者介護給付の請求）

第一八条の三の一七　第十八条の三の五の規定は、複数事業労働者介護給付の請求について準用する。この場合において、同条第一項中「障害補償年金」とあるのは「複数事業労働者障害年金」と、同条第三項中「前項」とあるのは「第十八条の三の十七において準用する前項」と読み替えるものとする。

第三節　通勤災害に関する保険給付

（障害給付の請求等）

第一八条の八　第十四条及び別表第一の規定は、障害給付について準用する。この場合において、同条第五項中「障害補償年金」とあるのは「障害年金」と、「障害補償一時金」とあるのは「障害一時金」と読み替えるものとする。

2　障害給付の支給を受けようとする者は、第十四条の二第一項各号に掲げる事項（第七号に掲げる事項については、同号中「障害補償年金」とあるのは「障害年金」とする。）及び第十八条の五第一項各号に掲げる事項を記載した請求書を、所轄労働基準監督署長に提出しなければならない。

3　第十四条の二第一項第三号、第五号及び第五号の二に掲げる事項（同号に掲げる事項については、厚生年金保険の被保険者の資格の有無に限る。）並びに第十八条の五第一項第一号から第三号までに掲げる事項（同項第二号イ、ニ及びホに掲げる住居を離れた年月日時並びに同号ハに掲げる当該移動の起点たる就業の場所における就業終了の年月日時及び当該就業の場所を離れた年月日時を除き、同項第一号及び第三号に掲げる事項については、事業主（同項第二号イからホまでに掲げる場合の区分に応じ、それぞれ同号イからホまでに掲げる就業の場所に係る事業主をいう。以下この項において同じ。）が知り得た場合に限る。）については、事業主の証明（複数事業労働者の通勤災害に係る事業主以外の事業主の証明にあつては、第十四条の二第一項第五号及び第五号の二に掲げる事項に限る。）を受けなければならない。ただし、請求人が傷病年金を受けていた者であるときは、この限りでない。

4　第十四条の二第三項及び第四項の規定は、障害給付の請求について準用する。この場合において、同条第三項中「第一項」とあるのは「第十八条の八第二項」と、同条第四項中「同項」とあるのは「第十八条の八第二項」と、「前項」とあるのは「第十八条の八第四項において準用する前項」と読み替えるものとする。

5　第十四条の三の規定は、障害給付の変更について準用する。この場合において、同条第一項中「法第十五条の二」とあるのは、「法第二十二条の三第三項において準用する法第十五条の二」と読み替えるものとする。

第四章の二　特別加入

（特別加入者の範囲）

第四六条の一六　法第三十三条第一号の厚生労働省令で定める数以下の労働者を使用する事業の事業主は、常時三百人（金融業若しくは保険業、不動産業又は小売業を主たる事業とする事業主については五十人、卸売業又はサービス業を主たる事業とする事業主については百人）以下の労働者を使用する事業主とする。

第四六条の一七　法第三十三条第三号の厚生労働省令で定める種類の事業は、次のとおりとする。

一　自動車を使用して行う旅客若しくは貨物の運送の事業又は原動機付自転車若しくは自転車を使用して行う貨物の運送の事業
二　土木、建築その他の工作物の建設、改造、保存、原状回復、修理、変更、破壊若しくは解体又はその準備の事業
三　漁船による水産動植物の採捕の事業（七に掲げる事業を除く。）
四　林業の事業
五　医薬品の配置販売の事業
六　再生利用の目的となる廃棄物等の収集、運搬、選別、解体等の事業
七　船員法第一条に規定する船員が行う事業
八　柔道整復師法（昭和四十五年法律第十九号）第二条に規定する柔道整復師が行う事業
九　高年齢者の雇用の安定等に関する法律（昭和四十六年法律第六十八号）第十条の二第二項に規定する創業支援等措置に基づき、同項第一号に規定する委託契約その他の契約

に基づいて高年齢者が新たに開始する事業又は同項第一号に規定する社会貢献事業に係る委託契約その他の契約に基づいて高年齢者が行う事業であつて、厚生労働省労働基準局長が定めるもの

十　あん摩マツサージ指圧師、はり師、きゆう師等に関する法律（昭和二十二年法律第二百十七号）に基づくあん摩マツサージ指圧師、はり師又はきゆう師が行う事業

十一　歯科技工士法（昭和三十年法律第百六十八号）第二条に規定する歯科技工士が行う事業

新「特定受託事業者に係る取引の適正化等に関する法律（令和五年法律第二十五号）の施行の日から施行」

十二　特定受託事業者に係る取引の適正化等に関する法律（令和五年法律第二十五号）第二条第一項に規定する特定受託事業者（以下「特定受託事業者」という。）が同条第五項に規定する業務委託事業者（以下単に「業務委託事業者」という。）から同条第三項に規定する業務委託を受けて行う事業（以下「特定受託事業」という。）又は特定受託事業者が業務委託事業者以外の者から委託を受けて行う特定受託事業と同種の事業であつて、厚生労働省労働基準局長が定めるもの

第四六条の一八　法第三十三条第五号の厚生労働省令で定める種類の作業は、次のとおりとする。

一　農業（畜産及び養蚕の事業を含む。）における次に掲げる作業

イ　厚生労働大臣が定める規模の事業場における土地の耕作若しくは開墾、植物の栽培若しくは採取又は家畜（家きん及びみつばちを含む。）若しくは蚕の飼育の作業であつて、次のいずれかに該当するもの

(1) 動力により駆動される機械を使用する作業

(2) 高さが二メートル以上の箇所における作業

(3) 労働安全衛生法施行令（昭和四十七年政令第三百十八号）別表第六第七号に掲げる酸素欠乏危険場所における作業

(4) 農薬の散布の作業

(5) 牛、馬又は豚に接触し、又は接触するおそれのある作業

ロ　土地の耕作若しくは開墾又は植物の栽培若しくは採取の作業であつて、厚生労働大臣が定める種類の機械を使用するもの

二　国又は地方公共団体が実施する訓練として行われる作業のうち次に掲げるもの

イ　求職者を作業環境に適応させるための訓練として行われる作業

ロ　求職者の就職を容易にするために必要な技能を習得させるための職業訓練であつて事業主又は事業主の団体に委託されるもの（厚生労働大臣が定めるものに限る。）として行われる作業

三　家内労働法（昭和四十五年法律第六十号）第二条第二項の家内労働者又は同条第四項の補助者が行う作業のうち次に掲げるもの

イ　プレス機械、型付け機、型打ち機、シヤー、旋盤、ボール盤又はフライス盤を使用して行う金属、合成樹脂、皮、ゴム、布又は紙の加工の作業

ロ　研削盤若しくはバフ盤を使用して行う研削若しくは研ま又は溶融した鉛を用いて行う金属の焼入れ若しくは焼きもどしの作業であつて、金属製洋食器、刃物、バルブ又はコツクの製造又は加工に係るもの

ハ　労働安全衛生法施行令別表第六の二に掲げる有機溶剤

若しくは有機溶剤中毒予防規則（昭和四十七年労働省令第三十六号）第一条第一項第二号の有機溶剤含有物又は特定化学物質障害予防規則（昭和四十七年労働省令第三十九号）第二条第一項第三号の三の特別有機溶剤等を用いて行う作業であつて、化学物質製、皮製若しくは布製の履物、鞄、袋物、服装用ベルト、グラブ若しくはミツト又は木製若しくは合成樹脂製の漆器の製造又は加工に係るもの

ニ　じん肺法（昭和三十五年法律第三十号）第二条第一項第三号の粉じん作業又は労働安全衛生法施行令別表第四第六号の鉛化合物（以下「鉛化合物」という。）を含有する釉薬を用いて行う施釉若しくは鉛化合物を含有する絵具を用いて行う絵付けの作業若しくは当該施釉若しくは絵付けを行つた物の焼成の作業であつて陶磁器の製造に係るもの

ホ　動力により駆動される合糸機、撚糸機又は織機を使用して行う作業

ヘ　木工機械を使用して行う作業であつて、仏壇又は木製若しくは竹製の食器の製造又は加工に係るもの

四　労働組合法（昭和二十四年法律第百七十四号）第二条及び第五条第二項の規定に適合する労働組合その他これに準ずるものであつて厚生労働大臣が定めるもの（常時労働者を使用するものを除く。以下この号において「労働組合等」という。）の常勤の役員が行う集会の運営、団体交渉その他の当該労働組合等の活動に係る作業であつて、当該労働組合等の事務所、事業場、集会場又は道路、公園その他の公共の用に供する施設におけるもの（当該作業に必要な移動を含む。）

五　日常生活を円滑に営むことができるようにするための必要な援助として行われる作業であつて、次のいずれかに該当するもの

イ　介護労働者の雇用管理の改善等に関する法律（平成四年法律第六十三号）第二条第一項に規定する介護関係業務に係る作業であつて、入浴、排せつ、食事等の介護その他の日常生活上の世話、機能訓練又は看護に係るもの

ロ　炊事、洗濯、掃除、買物、児童の日常生活上の世話及び必要な保護その他家庭において日常生活を営むのに必要な行為

六　放送番組（広告放送を含む。）、映画、寄席、劇場等における音楽、演芸その他の芸能の提供の作業又はその演出若しくは企画の作業であつて、厚生労働省労働基準局長が定めるもの

七　アニメーションの制作の作業であつて、厚生労働省労働基準局長が定めるもの

八　情報処理システム（ネットワークシステム、データベースシステム及びエンベデッドシステムを含む。）の設計、開発（プロジェクト管理を含む。）、管理、監査、セキュリティ管理若しくは情報処理システムに係る業務の一体的な企画又はソフトウェア若しくはウェブページの設計、開発（プロジェクト管理を含む。）、管理、監査、セキュリティ管理、デザイン若しくはソフトウェア若しくはウェブページに係る業務の一体的な企画その他の情報処理に係る作業であつて、厚生労働省労働基準局長が定めるもの

（一人親方等の特別加入）

第四六条の二二の二　法第三十五条第一項の厚生労働省令で定める者は、第四十六条の十七第一号又は第三号に掲げる事業を労働者を使用しないで行うことを常態とする者及びこれらの者が行う事業に従事する者並びに第四十六条の十八第一号又は第三号に掲げる作業に従事する者とする。

付　則　抄

（施行期日）

1　この省令は、公布の日から施行する。〈後略〉

別表第一　障害等級表（第十四条、第十五条、第十八条の三の十、第十八条の八、第三十一条、第三十三条、第三十六条関係）

障害等級	給付の内容	身体障害
第一級	当該障害の存する期間一年につき給付基礎日額の　三一三日分	一　両眼が失明したもの 二　そしやく及び言語の機能を廃したもの 三　神経系統の機能又は精神に著しい障害を残し、常に介護を要するもの 四　胸腹部臓器の機能に著しい障害を残し、常に介護を要するもの 五　削除 六　両上肢をひじ関節以上で失つたもの 七　両上肢の用を全廃したもの 八　両下肢をひざ関節以上で失つたもの 九　両下肢の用を全廃したもの
第二級	同　二七七日分	一　一眼が失明し、他眼の視力が〇・〇二以下になつたもの 二　両眼の視力が〇・〇二以下になつたもの 二の二　神経系統の機能又は精神に著しい障害を残し、随時介護を要するもの 二の三　胸腹部臓器の機能に著しい障害を残し、随時介護を要するもの 三　両上肢を手関節以上で失つたもの

		四　両下肢を足関節以上で失つたもの
第三級	同　二四五日分	一　一眼が失明し、他眼の視力が〇・〇六以下になつたもの 二　そしやく又は言語の機能を廃したもの 三　神経系統の機能又は精神に著しい障害を残し、終身労務に服することができないもの 四　胸腹部臓器の機能に著しい障害を残し、終身労務に服することができないもの 五　両手の手指の全部を失つたもの
第四級	同　二一三日分	一　両眼の視力が〇・〇六以下になつたもの 二　そしやく及び言語の機能に著しい障害を残すもの 三　両耳の聴力を全く失つたもの 四　一上肢をひじ関節以上で失つたもの 五　一下肢をひざ関節以上で失つたもの 六　両手の手指の全部の用を廃したもの 七　両足をリスフラン関節以上で失つたもの
第五級	同　一八四日分	一　一眼が失明し、他眼の視力が〇・一以下になつたもの 一の二　神経系統の機能又は精神に著しい障害を残し、特に軽易な労務以外の労務に服することができないもの 一の三　胸腹部臓器の機能に著しい障害を残し、特に軽易な労務以外の労務に服することができないもの 二　一上肢を手関節以上で失つたもの 三　一下肢を足関節以上で失つたもの 四　一上肢の用を全廃したもの 五　一下肢の用を全廃したもの 六　両足の足指の全部を失つたもの
第六級	同　一五六日分	一　両眼の視力が〇・一以下になつたもの 二　そしやく又は言語の機能に著しい障害を残すもの 三　両耳の聴力が耳に接しなければ大声を解することができない程度になつたもの 三の二　一耳の聴力を全く失い、他耳の聴力が四十センチメートル以上の距離では普通の話声を解することができない程度になつたもの 四　せき柱に著しい変形又は運動障害を残すもの 五　一上肢の三大関節中の二関節の用を廃したもの 六　一下肢の三大関節中の二関節の用を廃したもの 七　一手の五の手指又は母指を含み四の手指を失つたもの
第七級	同	一　一眼が失明し、他眼の視力が

	一三一日分	○・六以下になつたもの 二　両耳の聴力が四十センチメートル以上の距離では普通の話声を解することができない程度になつたもの 二の二　一耳の聴力を全く失い、他耳の聴力が一メートル以上の距離では普通の話声を解することができない程度になつたもの 三　神経系統の機能又は精神に障害を残し、軽易な労務以外の労務に服することができないもの 四　削除 五　胸腹部臓器の機能に障害を残し、軽易な労務以外の労務に服することができないもの 六　一手の母指を含み三の手指又は母指以外の四の手指を失つたもの 七　一手の五の手指又は母指を含み四の手指の用を廃したもの 八　一足をリスフラン関節以上で失つたもの 九　一上肢に偽関節を残し、著しい運動障害を残すもの 一〇　一下肢に偽関節を残し、著しい運動障害を残すもの 一一　両足の足指の全部の用を廃したもの 一二　外貌《ぼう》に著しい醜状を残すもの 一三　両側のこう丸を失つたもの
第八級	給付基礎日額の五〇三日分	一　一眼が失明し、又は一眼の視力が○・○二以下になつたもの 二　せき柱に運動障害を残すもの 三　一手の母指を含み二の手指又は母指以外の三の手指を失つたもの 四　一手の母指を含み三の手指又は母指以外の四の手指の用を廃したもの 五　一下肢を五センチメートル以上短縮したもの 六　一上肢の三大関節中の一関節の用を廃したもの 七　一下肢の三大関節中の一関節の用を廃したもの 八　一上肢に偽関節を残すもの 九　一下肢に偽関節を残すもの 一〇　一足の足指の全部を失つたもの
第九級	同　三九一日分	一　両眼の視力が○・六以下になつたもの 二　一眼の視力が○・○六以下になつたもの 三　両眼に半盲症、視野狭さく又は視野変状を残すもの 四　両眼のまぶたに著しい欠損を残すもの 五　鼻を欠損し、その機能に著しい障害を残すもの 六　そしやく及び言語の機能に障害を残すもの 六の二　両耳の聴力が一メートル以上の距離では普通の話声を解することができない程度になつたもの 六の三　一耳の聴力が耳に接しなけ

		れば大声を解することができない程度になり、他耳の聴力が一メートル以上の距離では普通の話声を解することが困難である程度になつたもの 七　一耳の聴力を全く失つたもの 七の二　神経系統の機能又は精神に障害を残し、服することができる労務が相当な程度に制限されるもの 七の三　胸腹部臓器の機能に障害を残し、服することができる労務が相当な程度に制限されるもの 八　一手の母指又は母指以外の二の手指を失つたもの 九　一手の母指を含み二の手指又は母指以外の三の手指の用を廃したもの 一〇　一足の第一の足指を含み二以上の足指を失つたもの 一一　一足の足指の全部の用を廃したもの 一一の二　外貌《ぼう》に相当程度の醜状を残すもの 一二　生殖器に著しい障害を残すもの
第一〇級	同　三〇二日分	一　一眼の視力が〇・一以下になつたもの 一の二　正面視で複視を残すもの 二　そしやく又は言語の機能に障害を残すもの 三　十四歯以上に対し歯科補てつを加えたもの 三の二　両耳の聴力が一メートル以上の距離では普通の話声を解することが困難である程度になつたもの 四　一耳の聴力が耳に接しなければ大声を解することができない程度になつたもの 五　削除 六　一手の母指又は母指以外の二の手指の用を廃したもの 七　一下肢を三センチメートル以上短縮したもの 八　一足の第一の足指又は他の四の足指を失つたもの 九　一上肢の三大関節中の一関節の機能に著しい障害を残すもの 一〇　一下肢の三大関節中の一関節の機能に著しい障害を残すもの
第一一級	同　二二三日分	一　両眼の眼球に著しい調節機能障害又は運動障害を残すもの 二　両眼のまぶたに著しい運動障害を残すもの 三　一眼のまぶたに著しい欠損を残すもの 三の二　十歯以上に対し歯科補てつを加えたもの 三の三　両耳の聴力が一メートル以上の距離では小声を解することができない程度になつたもの 四　一耳の聴力が四十センチメートル以上の距離では普通の話声を解することができない程度になつたもの

		五　せき柱に変形を残すもの 六　一手の示指、中指又は環指を失つたもの 七　削除 八　一足の第一の足指を含み二以上の足指の用を廃したもの 九　胸腹部臓器の機能に障害を残し、労務の遂行に相当な程度の支障があるもの
第一二級	同　一五六日分	一　一眼の眼球に著しい調節機能障害又は運動障害を残すもの 二　一眼のまぶたに著しい運動障害を残すもの 三　七歯以上に対し歯科補てつを加えたもの 四　一耳の耳かくの大部分を欠損したもの 五　鎖骨、胸骨、ろく骨、肩こう骨又は骨盤骨に著しい変形を残すもの 六　一上肢の三大関節中の一関節の機能に障害を残すもの 七　一下肢の三大関節中の一関節の機能に障害を残すもの 八　長管骨に変形を残すもの 八の二　一手の小指を失つたもの 九　一手の示指、中指又は環指の用を廃したもの 一〇　一足の第二の足指を失つたもの、第二の足指を含み二の足指を失つたもの又は第三の足指以下の三の足指を失つたもの 一一　一足の第一の足指又は他の四の足指の用を廃したもの 一二　局部にがん固な神経症状を残すもの 一三　削除 一四　外貌《ぼう》に醜状を残すもの
第一三級	同　一〇一日分	一　一眼の視力が〇・六以下になつたもの 二　一眼に半盲症、視野狭さく又は視野変状を残すもの 二の二　正面視以外で複視を残すもの 三　両眼のまぶたの一部に欠損を残し又はまつげはげを残すもの 三の二　五歯以上に対し歯科補てつを加えたもの 三の三　胸腹部臓器の機能に障害を残すもの 四　一手の小指の用を廃したもの 五　一手の母指の指骨の一部を失つたもの 六　削除 七　削除 八　一下肢を一センチメートル以上短縮したもの 九　一足の第三の足指以下の一又は二の足指を失つたもの 一〇　一足の第二の足指の用を廃したもの、第二の足指を含み二の足指の用を廃したもの又は第三の足指以下の三の足指の用を廃したもの

第一四級	同 五六日分	一 一眼のまぶたの一部に欠損を残し、又はまつげはげを残すもの 二 三歯以上に対し歯科補てつを加えたもの 二の二 一耳の聴力が一メートル以上の距離では小声を解することができない程度になつたもの 三 上肢の露出面にてのひらの大きさの醜いあとを残すもの 四 下肢の露出面にてのひらの大きさの醜いあとを残すもの 五 削除 六 一手の母指以外の手指の指骨の一部を失つたもの 七 一手の母指以外の手指の遠位指節間関節を屈伸することができなくなつたもの 八 一足の第三の足指以下の一又は二の足指の用を廃したもの 九 局部に神経症状を残すもの

備考

一 視力の測定は、万国式視力表による。屈折異常のあるものについてはきよう正視力について測定する。

二 手指を失つたものとは、母指は指節間関節、その他の手指は近位指節間関節以上を失つたものをいう。

三 手指の用を廃したものとは、手指の末節骨の半分以上を失い、又は中手指節関節若しくは近位指節間関節（母指にあつては指節間関節）に著しい運動障害を残すものをいう。

四 足指を失つたものとは、その全部を失つたものをいう。

五 足指の用を廃したものとは、第一の足指は末節骨の半分以上、その他の足指は遠位指節間関節以上を失つたもの又は中足指節関節若しくは近位指節間関節（第一の足指にあつては指節間関節）に著しい運動障害を残すものをいう。

過労死等防止対策推進法

〔平成二六年六月二七日
法律第一〇〇号〕

第一章　総則

（目的）

第一条　この法律は、近年、我が国において過労死等が多発し大きな社会問題となっていること及び過労死等が、本人はもとより、その遺族又は家族のみならず社会にとっても大きな損失であることに鑑み、過労死等に関する調査研究等について定めることにより、過労死等の防止のための対策を推進し、もって過労死等がなく、仕事と生活を調和させ、健康で充実して働き続けることのできる社会の実現に寄与することを目的とする。

（定義）

第二条　この法律において「過労死等」とは、業務における過重な負荷による脳血管疾患若しくは心臓疾患を原因とする死亡若しくは業務における強い心理的負荷による精神障害を原因とする自殺による死亡又はこれらの脳血管疾患若しくは心臓疾患若しくは精神障害をいう。

（基本理念）

第三条　過労死等の防止のための対策は、過労死等に関する実態が必ずしも十分に把握されていない現状を踏まえ、過労死等に関する調査研究を行うことにより過労死等に関する実態を明らかにし、その成果を過労死等の効果的な防止のための取組に生かすことができるようにするとともに、過労死等を防止することの重要性について国民の自覚を促し、これに対する国民の関心と理解を深めること等により、行われなければならない。

2　過労死等の防止のための対策は、国、地方公共団体、事業主その他の関係する者の相互の密接な連携の下に行われなければならない。

（国の責務等）

第四条　国は、前条の基本理念にのっとり、過労死等の防止のための対策を効果的に推進する責務を有する。

2　地方公共団体は、前条の基本理念にのっとり、国と協力しつつ、過労死等の防止のための対策を効果的に推進するよう努めなければならない。

3　事業主は、国及び地方公共団体が実施する過労死等の防止のための対策に協力するよう努めるものとする。

4　国民は、過労死等を防止することの重要性を自覚し、これに対する関心と理解を深めるよう努めるものとする。

（過労死等防止啓発月間）

第五条　国民の間に広く過労死等を防止することの重要性について自覚を促し、これに対する関心と理解を深めるため、過労死等防止啓発月間を設ける。

2　過労死等防止啓発月間は、十一月とする。

3　国及び地方公共団体は、過労死等防止啓発月間の趣旨にふさわしい事業が実施されるよう努めなければならない。

（年次報告）

第六条　政府は、毎年、国会に、我が国における過労死等の概要及び政府が過労死等の防止のために講じた施策の状況に関する報告書を提出しなければならない。

第二章　過労死等の防止のための対策に関する大綱

第七条　政府は、過労死等の防止のための対策を効果的に推進するため、過労死等の防止のための対策に関する大綱（以下この条において単に「大綱」という。）を定めなければならない。

2　厚生労働大臣は、大綱の案を作成し、閣議の決定を求めなければならない。

3　厚生労働大臣は、大綱の案を作成しようとするときは、関係行政機関の長と協議するとともに、過労死等防止対策推進協議会の意見を聴くものとする。

4　政府は、大綱を定めたときは、遅滞なく、これを国会に報告するとともに、インターネットの利用その他適切な方法により公表しなければならない。

5　前三項の規定は、大綱の変更について準用する。

第三章　過労死等の防止のための対策

（調査研究等）

第八条　国は、過労死等に関する実態の調査、過労死等の効果的な防止に関する研究その他の過労死等に関する調査研究並びに過労死等に関する情報の収集、整理、分析及び提供（以下「過労死等に関する調査研究等」という。）を行うものとする。

2　国は、過労死等に関する調査研究等を行うに当たっては、過労死等が生ずる背景等を総合的に把握する観点から、業務において過重な負荷又は強い心理的負荷を受けたことに関連する死亡又は傷病について、事業を営む個人や法人の役員等に係るものを含め、広く当該過労死等に関する調査研究等の対象とするものとする。

（啓発）

第九条　国及び地方公共団体は、教育活動、広報活動等を通じて、過労死等を防止することの重要性について国民の自覚を促し、これに対する国民の関心と理解を深めるよう必要な施策を講ずるものとする。

（相談体制の整備等）

第一〇条　国及び地方公共団体は、過労死等のおそれがある者及びその親族等が過労死等に関し相談することができる機会の確保、産業医その他の過労死等に関する相談に応じる者に対する研修の機会の確保等、過労死等のおそれがある者に早期に対応し、過労死等を防止するための適切な対処を行う体制の整備及び充実に必要な施策を講ずるものとする。

（民間団体の活動に対する支援）

第一一条　国及び地方公共団体は、民間の団体が行う過労死等の防止に関する活動を支援するために必要な施策を講ずるものとする。

第四章　過労死等防止対策推進協議会

第一二条　厚生労働省に、第七条第三項（同条第五項において準用する場合を含む。）に規定する事項を処理するため、過労死等防止対策推進協議会（次条において「協議会」という。）を置く。

第一三条　協議会は、委員二十人以内で組織する。

2　協議会の委員は、業務における過重な負荷により脳血管疾患若しくは心臓疾患にかかった者又は業務における強い心理的負荷による精神障害を有するに至った者及びこれらの者の家族又はこれらの脳血管疾患若しくは心臓疾患を原因として死亡した者若しくは当該精神障害を原因とする自殺により死亡した者の遺族を代表する者、労働者を代表する者、使用者を代表する者並びに過労死等に関する専門的知識を有する者のうちから、厚生労働大臣が任命する。

3　協議会の委員は、非常勤とする。

4　前三項に定めるもののほか、協議会の組織及び運営に関し必要な事項は、政令で定める。

第五章　過労死等に関する調査研究等を踏まえた法制上の措置等

第一四条　政府は、過労死等に関する調査研究等の結果を踏まえ、必要があると認めるときは、過労死等の防止のために必要な法制上又は財政上の措置その他の措置を講ずるものとする。

附　則　抄

（施行期日）

1　この法律は、公布の日から起算して六月を超えない範囲内において政令で定める日から施行する。

（検討）

2　この法律の規定については、この法律の施行後三年を目途として、この法律の施行状況等を勘案し、検討が加えられ、必要があると認められるときは、その結果に基づいて必要な措置が講ぜられるものとする。

育児休業、介護休業等育児又は家族介護を行う労働者の福祉に関する法律

〔平成三年五月一五日
法律第七六号〕

沿革　平成　七年　六月　九日法律第一〇七号
〃　一三年一一月一六日　〃　第一一八号
〃　一六年一二月　八日　〃　第一六〇号
〃　二一年　七月　一日　〃　第　六五号
令和　三年　六月　九日　〃　第　五八号
〃　三年　六月一一日　〃　第　六三号
〃　四年　三月三一日　〃　第　一二号
〃　四年　四月一三日　〃　第　一九号
〃　四年　五月二二日　〃　第　三五号
〃　四年　六月一七日　〃　第　六八号

第一章　総則

（目的）

第一条　この法律は、育児休業及び介護休業に関する制度並びに子の看護休暇及び介護休暇に関する制度を設けるとともに、子の養育及び家族の介護を容易にするため所定労働時間等に関し事業主が講ずべき措置を定めるほか、子の養育又は家族の介護を行う労働者等に対する支援措置を講ずること等により、子の養育又は家族の介護を行う労働者等の雇用の継続及び再就職の促進を図り、もってこれらの者の職業生活と家庭生活との両立に寄与することを通じて、これらの者の福祉の増進を図り、あわせて経済及び社会の発展に資することを目的とする。

（定義）

第二条　この法律（第一号に掲げる用語にあっては、第九条の七並びに第六十一条第三十三項及び第三十六項を除く。）において、次の各号に掲げる用語の意義は、当該各号に定めるところによる。

一　育児休業　労働者（日々雇用される者を除く。以下この条、次章から第八章まで、第二十一条から第二十四条まで、第二十五条第一項、第二十五条の二第一項及び第三項、第二十六条、第二十八条、第二十九条並びに第十一章において同じ。）が、次章に定めるところにより、その子（民法（明治二十九年法律第八十九号）第八百十七条の二第一項の規定により労働者が当該労働者との間における同項に規定する特別養子縁組の成立について家庭裁判所に請求した者（当該請求に係る家事審判事件が裁判所に係属している場合に限る。）であって、当該労働者が現に監護するもの、児童福祉法（昭和二十二年法律第百六十四号）第二十七条第一項第三号の規定により同法第六条の四第二号に規定する養子縁組里親である労働者に委託されている児童及びその他これらに準ずる者として厚生労働省令で定める者に、厚生労働省令で定めるところにより委託されている者を含む。第四号及び第六十一条第三項（同条第六項において準用する場合を含む。）を除き、以下同じ。）を養育するためにする休業をいう。

二　介護休業　労働者が、第三章に定めるところにより、その要介護状態にある対象家族を介護するためにする休業をいう。

三　要介護状態　負傷、疾病又は身体上若しくは精神上の障害により、厚生労働省令で定める期間にわたり常時介護を必要とする状態をいう。

四　対象家族　配偶者（婚姻の届出をしていないが、事実上婚

姻関係と同様の事情にある者を含む。以下同じ。）、父母及び子（これらの者に準ずる者として厚生労働省令で定めるものを含む。）並びに配偶者の父母をいう。

五　家族　対象家族その他厚生労働省令で定める親族をいう。

（基本的理念）

第三条　この法律の規定による子の養育又は家族の介護を行う労働者等の福祉の増進は、これらの者がそれぞれ職業生活の全期間を通じてその能力を有効に発揮して充実した職業生活を営むとともに、育児又は介護について家族の一員としての役割を円滑に果たすことができるようにすることをその本旨とする。

2　子の養育又は家族の介護を行うための休業をする労働者は、その休業後における就業を円滑に行うことができるよう必要な努力をするようにしなければならない。

（関係者の責務）

第四条　事業主並びに国及び地方公共団体は、前条に規定する基本的理念に従って、子の養育又は家族の介護を行う労働者等の福祉を増進するように努めなければならない。

第二章　育児休業

（育児休業の申出）

第五条　労働者は、その養育する一歳に満たない子について、その事業主に申し出ることにより、育児休業（第九条の二第一項に規定する出生時育児休業を除く。以下この条から第九条までにおいて同じ。）をすることができる。ただし、期間を定めて雇用される者にあっては、その養育する子が一歳六か月に達する日までに、その労働契約（労働契約が更新される場合にあっては、更新後のもの。第三項、第九条の二第一項及び第十一条第一項において同じ。）が満了することが明らかでない者に限り、当該申出をすることができる。

2　前項の規定にかかわらず、労働者は、その養育する子が一歳に達する日（以下「一歳到達日」という。）までの期間（当該子を養育していない期間を除く。）内に二回の育児休業（第七項に規定する育児休業申出によりする育児休業を除く。）をした場合には、当該子については、厚生労働省令で定める特別の事情がある場合を除き、前項の規定による申出をすることができない。

3　労働者は、その養育する一歳から一歳六か月に達するまでの子について、次の各号のいずれにも該当する場合（厚生労働省令で定める特別の事情がある場合には、第二号に該当する場合）に限り、その事業主に申し出ることにより、育児休業をすることができる。ただし、期間を定めて雇用される者（当該子の一歳到達日において育児休業をしている者であって、その翌日を第六項に規定する育児休業開始予定日とする申出をするものを除く。）にあっては、当該子が一歳六か月に達する日までに、その労働契約が満了することが明らかでない者に限り、当該申出をすることができる。

一　当該申出に係る子について、当該労働者又はその配偶者が、当該子の一歳到達日において育児休業をしている場合

二　当該子の一歳到達日後の期間について休業することが雇用の継続のために特に必要と認められる場合として厚生労働省令で定める場合に該当する場合

三　当該子の一歳到達日後の期間において、この項の規定による申出により育児休業をしたことがない場合

4　労働者は、その養育する一歳六か月から二歳に達するまでの子について、次の各号のいずれにも該当する場合（前項の厚生労働省令で定める特別の事情がある場合には、第二号に該当する場合）に限り、その事業主に申し出ることにより、育児休業をすることができる。

一　当該申出に係る子について、当該労働者又はその配偶者が、当該子の一歳六か月に達する日（以下「一歳六か月到達日」という。）において育児休業をしている場合
二　当該子の一歳六か月到達日後の期間について休業することが雇用の継続のために特に必要と認められる場合として厚生労働省令で定める場合に該当する場合
三　当該子の一歳六か月到達日後の期間において、この項の規定による申出により育児休業をしたことがない場合

5　第一項ただし書の規定は、前項の規定による申出について準用する。この場合において、第一項ただし書中「一歳六か月」とあるのは、「二歳」と読み替えるものとする。

6　第一項、第三項及び第四項の規定による申出（以下「育児休業申出」という。）は、厚生労働省令で定めるところにより、その期間中は育児休業をすることとする一の期間について、その初日（以下「育児休業開始予定日」という。）及び末日（以下「育児休業終了予定日」という。）とする日を明らかにして、しなければならない。この場合において、次の各号に掲げる申出にあっては、第三項の厚生労働省令で定める特別の事情がある場合を除き、当該各号に定める日を育児休業開始予定日としなければならない。
一　第三項の規定による申出　当該申出に係る子の一歳到達日の翌日（当該申出をする労働者の配偶者が同項の規定による申出により育児休業をする場合には、当該育児休業に係る育児休業終了予定日の翌日以前の日）
二　第四項の規定による申出　当該申出に係る子の一歳六か月到達日の翌日（当該申出をする労働者の配偶者が同項の規定による申出により育児休業をする場合には、当該育児休業に係る育児休業終了予定日の翌日以前の日）

7　第一項ただし書、第二項、第三項（第一号及び第二号を除く。）、第四項（第一号及び第二号を除く。）、第五項及び前項後段の規定は、期間を定めて雇用される者であって、その締結する労働契約の期間の末日を育児休業終了予定日（第七条第三項の規定により当該育児休業終了予定日が変更された場合にあっては、その変更後の育児休業終了予定日とされた日）とする育児休業をしているものが、当該育児休業に係る子について、当該労働契約の更新に伴い、当該更新後の労働契約の期間の初日を育児休業開始予定日とする育児休業申出をする場合には、これを適用しない。

（育児休業申出があった場合における事業主の義務等）

第六条　事業主は、労働者からの育児休業申出があったときは、当該育児休業申出を拒むことができない。ただし、当該事業主と当該労働者が雇用される事業所の労働者の過半数で組織する労働組合があるときはその労働組合、その事業所の労働者の過半数で組織する労働組合がないときはその労働者の過半数を代表する者との書面による協定で、次に掲げる労働者のうち育児休業をすることができないものとして定められた労働者に該当する労働者からの育児休業申出があった場合は、この限りでない。
一　当該事業主に引き続き雇用された期間が一年に満たない労働者
二　前号に掲げるもののほか、育児休業をすることができないこととすることについて合理的な理由があると認められる労働者として厚生労働省令で定めるもの

2　前項ただし書の場合において、事業主にその育児休業申出を拒まれた労働者は、前条第一項、第三項及び第四項の規定にかかわらず、育児休業をすることができない。

3　事業主は、労働者からの育児休業申出があった場合において、当該育児休業申出に係る育児休業開始予定日とされた日が当該育児休業申出があった日の翌日から起算して一月（前条第三項の規定による申出（当該申出があった日が当該申出

に係る子の一歳到達日以前の日であるものに限る。）又は同条第四項の規定による申出（当該申出があった日が当該申出に係る子の一歳六か月到達日以前の日であるものに限る。）にあっては二週間）を経過する日（以下この項において「一月等経過日」という。）前の日であるときは、厚生労働省令で定めるところにより、当該育児休業開始予定日とされた日から当該一月等経過日（当該育児休業申出があった日までに、出産予定日前に子が出生したことその他の厚生労働省令で定める事由が生じた場合にあっては、当該一月等経過日前の日で厚生労働省令で定める日）までの間のいずれかの日を当該育児休業開始予定日として指定することができる。

4　第一項ただし書及び前項の規定は、労働者が前条第七項に規定する育児休業申出をする場合には、これを適用しない。

（育児休業開始予定日の変更の申出等）

第七条　第五条第一項の規定による申出をした労働者は、その後当該申出に係る育児休業開始予定日とされた日（前条第三項の規定による事業主の指定があった場合にあっては、当該事業主の指定した日。以下この項において同じ。）の前日までに、前条第三項の厚生労働省令で定める事由が生じた場合には、その事業主に申し出ることにより、当該申出に係る育児休業開始予定日を一回に限り当該育児休業開始予定日とされた日前の日に変更することができる。

2　事業主は、前項の規定による労働者からの申出があった場合において、当該申出に係る変更後の育児休業開始予定日とされた日が当該申出があった日の翌日から起算して一月を超えない範囲内で厚生労働省令で定める期間を経過する日（以下この項において「期間経過日」という。）前の日であるときは、厚生労働省令で定めるところにより、当該申出に係る変更後の育児休業開始予定日とされた日から当該期間経過日（その日が当該申出に係る変更前の育児休業開始予定日とされていた日（前条第三項の規定による事業主の指定があった場合にあっては、当該事業主の指定した日。以下この項において同じ。）以後の日である場合にあっては、当該申出に係る変更前の育児休業開始予定日とされていた日）までの間のいずれかの日を当該労働者に係る育児休業開始予定日として指定することができる。

3　育児休業申出をした労働者は、厚生労働省令で定める日までにその事業主に申し出ることにより、当該育児休業申出に係る育児休業終了予定日を一回に限り当該育児休業終了予定日とされた日後の日に変更することができる。

（育児休業申出の撤回等）

第八条　育児休業申出をした労働者は、当該育児休業申出に係る育児休業開始予定日とされた日（第六条第三項又は前条第二項の規定による事業主の指定があった場合にあっては当該事業主の指定した日、同条第一項の規定により育児休業開始予定日が変更された場合にあってはその変更後の育児休業開始予定日とされた日。以下同じ。）の前日までは、当該育児休業申出を撤回することができる。

2　前項の規定により第五条第一項の規定による申出を撤回した労働者は、同条第二項の規定の適用については、当該申出に係る育児休業をしたものとみなす。

3　第一項の規定により第五条第三項又は第四項の規定による申出を撤回した労働者は、当該申出に係る子については、厚生労働省令で定める特別の事情がある場合を除き、同条第三項及び第四項の規定にかかわらず、これらの規定による申出をすることができない。

4　育児休業申出がされた後育児休業開始予定日とされた日の前日までに、子の死亡その他の労働者が当該育児休業申出に係る子を養育しないこととなった事由として厚生労働省令で定める事由が生じたときは、当該育児休業申出は、されなかったものとみなす。この場合において、労働者は、その事業主に対して、当該事由が生じた旨を遅滞なく通知しなければならない。

（育児休業期間）

第九条　育児休業申出をした労働者がその期間中は育児休業をすることができる期間（以下「育児休業期間」という。）は、育児休業開始予定日とされた日から育児休業終了予定日とされた日（第七条第三項の規定により当該育児休業終了予定日が変更された場合にあっては、その変更後の育児休業終了予定日とされた日。次項において同じ。）までの間とする。

2　次の各号に掲げるいずれかの事情が生じた場合には、育児休業期間は、前項の規定にかかわらず、当該事情が生じた日（第三号に掲げる事情が生じた場合にあっては、その前日）に終了する。

一　育児休業終了予定日とされた日の前日までに、子の死亡その他の労働者が育児休業申出に係る子を養育しないこととなった事由として厚生労働省令で定める事由が生じたこと。

二　育児休業終了予定日とされた日の前日までに、育児休業申出に係る子が一歳（第五条第三項の規定による申出により育児休業をしている場合にあっては一歳六か月、同条第四項の規定による申出により育児休業をしている場合にあっては二歳）に達したこと。

三　育児休業終了予定日とされた日までに、育児休業申出をした労働者について、労働基準法（昭和二十二年法律第四十九号）第六十五条第一項若しくは第二項の規定により休業する期間、第九条の五第一項に規定する出生時育児休業期間、第十五条第一項に規定する介護休業期間又は新たな育児休業期間が始まったこと。

3　前条第四項後段の規定は、前項第一号の厚生労働省令で定める事由が生じた場合について準用する。

（出生時育児休業の申出）

第九条の二　労働者は、その養育する子について、その事業主に申し出ることにより、出生時育児休業（育児休業のうち、この条から第九条の五までに定めるところにより、子の出生の日から起算して八週間を経過する日の翌日まで（出産予定日前に当該子が出生した場合にあっては当該出生の日から当該出産予定日から起算して八週間を経過する日の翌日までとし、出産予定日後に当該子が出生した場合にあっては当該出産予定日から当該出生の日から起算して八週間を経過する日の翌日までとする。次項第一号において同じ。）の期間内に四週間以内の期間を定めてする休業をいう。以下同じ。）をすることができる。ただし、期間を定めて雇用される者にあっては、その養育する子の出生の日（出産予定日前に当該子が出生した場合にあっては、当該出産予定日）から起算して八週間を経過する日の翌日から六月を経過する日までに、その労働契約が満了することが明らかでない者に限り、当該申出をすることができる。

2　前項の規定にかかわらず、労働者は、その養育する子について次の各号のいずれかに該当する場合には、当該子については、同項の規定による申出をすることができない。

一　当該子の出生の日から起算して八週間を経過する日の翌日までの期間（当該子を養育していない期間を除く。）内に二回の出生時育児休業（第四項に規定する出生時育児休業申出によりする出生時育児休業を除く。）をした場合

二　当該子の出生の日（出産予定日後に当該子が出生した場合にあっては、当該出産予定日）以後に出生時育児休業をする日数（出生時育児休業を開始する日から出生時育児休業を終了する日までの日数とする。第九条の五第六項第三号において同じ。）が二十八日に達している場合

3　第一項の規定による申出（以下「出生時育児休業申出」という。）は、厚生労働省令で定めるところにより、その期間中は出生時育児休業をすることとする一の期間について、その初日（以下「出生時育児休業開始予定日」という。）及び末日（以下「出生時育児休業終了予定日」という。）とする日を明らかにして、しなければならない。

4　第一項ただし書及び第二項（第二号を除く。）の規定は、期間を定めて雇用される者であって、その締結する労働契約の期間の末日を出生時育児休業終了予定日（第九条の四において準用する第七条第三項の規定により当該出生時育児休業終了予定日が変更された場合にあっては、その変更後の出生時育児休業終了予定日とされた日）とする出生時育児休業をしているものが、当該出生時育児休業に係る子について、当該労働契約の更新に伴い、当該更新後の労働契約の期間の初日を出生時育児休業開始予定日とする出生時育児休業申出をする場合には、これを適用しない。

（出生時育児休業申出があった場合における事業主の義務等）

第九条の三　事業主は、労働者からの出生時育児休業申出があったときは、当該出生時育児休業申出を拒むことができない。ただし、労働者からその養育する子について出生時育児休業申出がなされた後に、当該労働者から当該出生時育児休業申出をした日に養育していた子について新たに出生時育児休業申出がなされた場合は、この限りでない。

2　第六条第一項ただし書及び第二項の規定は、労働者からの出生時育児休業申出があった場合について準用する。この場合において、同項中「前項ただし書」とあるのは「第九条の三第一項ただし書及び同条第二項において準用する前項ただし書」と、「前条第一項、第三項及び第四項」とあるのは「第九条の二第一項」と読み替えるものとする。

3　事業主は、労働者からの出生時育児休業申出があった場合において、当該出生時育児休業申出に係る出生時育児休業開始予定日とされた日が当該出生時育児休業申出があった日の翌日から起算して二週間を経過する日（以下この項において「二週間経過日」という。）前の日であるときは、厚生労働省令で定めるところにより、当該出生時育児休業開始予定日とされた日から当該二週間経過日（当該出生時育児休業申出があった日までに、第六条第三項の厚生労働省令で定める事由が生じた場合にあっては、当該二週間経過日前の日で厚生労働省令で定める日）までの間のいずれかの日を当該出生時育児休業開始予定日として指定することができる。

4　事業主と労働者が雇用される事業所の労働者の過半数で組織する労働組合があるときはその労働組合、その事業所の労働者の過半数で組織する労働組合がないときはその労働者の過半数を代表する者との書面による協定で、次に掲げる事項を定めた場合における前項の規定の適用については、同項中「二週間を経過する日（以下この項において「二週間経過日」という。）」とあるのは「次項第二号に掲げる期間を経過する日」と、「当該二週間経過日」とあるのは「同号に掲げる期間を経過する日」とする。

一　出生時育児休業申出が円滑に行われるようにするための雇用環境の整備その他の厚生労働省令で定める措置の内容

二　事業主が出生時育児休業申出に係る出生時育児休業開始予定日を指定することができる出生時育児休業申出があった日の翌日から出生時育児休業開始予定日とされた日までの期間（二週間を超え一月以内の期間に限る。）

5　第一項ただし書及び前三項の規定は、労働者が前条第四項に規定する出生時育児休業申出をする場合には、これを適用しない。

（準用）

第九条の四　第七条並びに第八条第一項、第二項及び第四項の規定は、出生時育児休業申出並びに出生時育児休業開始予定日及び出生時育児休業終了予定日について準用する。この場合において、第七条第一項中「（前条第三項」とあるのは「（第九条の三第三項（同条第四項の規定により読み替えて適用する場合を含む。）」と、同条第二項中「一月」とあるのは「二週間」と、「前条第三項」とあるのは「第九条の三第三項（同条第四項の規定により読み替えて適用する場合を含む。）」と、第八条第一項中「第六条第三項又は前条第二項」とあるのは「第九条の三第三項（同条第四項の規定により読み替えて適用する場合を含む。）又は第九条の四において準用する前条第二項」と、「同条第一項」とあるのは「第九条の四において準用する前条第一項」と、同条第二項中「同条第二項」とあるのは「第九条の二第二項」と読み替えるものとする。

（出生時育児休業期間等）

第九条の五　出生時育児休業申出をした労働者がその期間中は出生時育児休業をすることができる期間（以下「出生時育児休業期間」という。）は、出生時育児休業開始予定日とされた日（第九条の三第三項（同条第四項の規定により読み替えて適用する場合を含む。）又は前条において準用する第七条第二項の規定による事業主の指定があった場合にあっては当該事業主の指定した日、前条において準用する第七条第一項の規定により出生時育児休業開始予定日が変更された場合にあってはその変更後の出生時育児休業開始予定日とされた日。以下この条において同じ。）から出生時育児休業終了予定日とされた日（前条において準用する第七条第三項の規定により当該出生時育児休業終了予定日が変更された場合にあっては、その変更後の出生時育児休業終了予定日とされた日。第六項において同じ。）までの間とする。

2　出生時育児休業申出をした労働者（事業主と当該労働者が雇用される事業所の労働者の過半数で組織する労働組合があるときはその労働組合、その事業所の労働者の過半数で組織する労働組合がないときはその労働者の過半数を代表する者との書面による協定で、出生時育児休業期間中に就業させることができるものとして定められた労働者に該当するものに限る。）は、当該出生時育児休業申出に係る出生時育児休業開始予定日とされた日の前日までの間、事業主に対し、当該出生時育児休業申出に係る出生時育児休業期間において就業することができる日その他の厚生労働省令で定める事項（以下この条において「就業可能日等」という。）を申し出ることができる。

3　前項の規定による申出をした労働者は、当該申出に係る出生時育児休業開始予定日とされた日の前日までは、その事業主に申し出ることにより当該申出に係る就業可能日等を変更し、又は当該申出を撤回することができる。

4　事業主は、労働者から第二項の規定による申出（前項の規定による変更の申出を含む。）があった場合には、当該申出に係る就業可能日等（前項の規定により就業可能日等が変更された場合にあっては、その変更後の就業可能日等）の範囲内で日時を提示し、厚生労働省令で定めるところにより、当該申出に係る出生時育児休業開始予定日とされた日の前日までに当該労働者の同意を得た場合に限り、厚生労働省令で定める範囲内で、当該労働者を当該日時に就業させることができる。

5　前項の同意をした労働者は、当該同意の全部又は一部を撤回することができる。ただし、第二項の規定による申出に係る出生時育児休業開始予定日とされた日以後においては、厚生労働省令で定める特別の事情がある場合に限る。

6　次の各号に掲げるいずれかの事情が生じた場合には、出生時育児休業期間は、第一項の規定にかかわらず、当該事情が生じた日（第四号に掲げる事情が生じた場合にあっては、その前日）に終了する。

一　出生時育児休業終了予定日とされた日の前日までに、子の死亡その他の労働者が出生時育児休業申出に係る子を養育しないこととなった事由として厚生労働省令で定める事由が生じたこと。

二　出生時育児休業終了予定日とされた日の前日までに、出生時育児休業申出に係る子の出生の日の翌日（出産予定日前に当該子が出生した場合にあっては、当該出産予定日の翌日）から起算して八週間を経過したこと。

三　出生時育児休業終了予定日とされた日の前日までに、出生時育児休業申出に係る子の出生の日（出産予定日後に当該子が出生した場合にあっては、当該出産予定日）以後に出生時育児休業をする日数が二十八日に達したこと。

四　出生時育児休業終了予定日とされた日までに、出生時育児休業申出をした労働者について、労働基準法第六十五条第一項若しくは第二項の規定により休業する期間、育児休業期間、第十五条第一項に規定する介護休業期間又は新たな出生時育児休業期間が始まったこと。

7　第八条第四項後段の規定は、前項第一号の厚生労働省令で定める事由が生じた場合について準用する。

（同一の子について配偶者が育児休業をする場合の特例）

第九条の六　労働者の養育する子について、当該労働者の配偶者が当該子の一歳到達日以前のいずれかの日において当該子を養育するために育児休業をしている場合における第二章から第五章まで、第二十四条第一項及び第十二章の規定の適用については、第五条第一項中「一歳に満たない子」とあるのは「一歳に満たない子（第九条の六第一項の規定により読み替えて適用するこの項の規定により育児休業をする場合にあっては、一歳二か月に満たない子）」と、同条第三項ただし書中「一歳到達日」とあるのは「一歳到達日（当該労働者が第九条の六第一項の規定により読み替えて適用する第一項の規定によりした申出に係る第九条第一項（第九条の六第一項の規定により読み替えて適用する場合を含む。）に規定する育児休業終了予定日とされた日が当該子の一歳到達日後である場合にあっては、当該育児休業終了予定日とされた日）」と、同項第一号中「又はその配偶者が、当該子の一歳到達日」とあるのは「が当該子の一歳到達日（当該労働者が第九条の六第一項の規定により読み替えて適用する第一項の規定によりした申出に係る第九条第一項（第九条の六第一項の規定により読み替えて適用する場合を含む。）に規定する育児休業終了予定日とされた日が当該子の一歳到達日後である場合にあっては、当該育児休業終了予定日とされた日）において育児休業をしている場合又は当該労働者の配偶者が当該子の一歳到達日（当該配偶者が第九条の六第一項の規定により読み替えて適用する第一項の規定によりした申出に係る第九条第一項（第九条の六第一項の規定により読み替えて適用する場合を含む。）に規定する育児休業終了予定日とされた日が当該子の一歳到達日後である場合にあっては、当該育児休業終了予定日とされた日）」と、同項第三号中「一歳到達日」とあるのは「一歳到達日（当該子を養育する労働者が第九条の六第一項の規定により読み替えて適用する第一項の規定によりした申出に係る第九条第一項（第九条の六第一項の規定により読み替えて適用する場合を含む。）に規定する育児休業終了予定日とされた日が当該子の一歳到達日後である場合にあっては、当該育児休業終了予定日とされた日）」と、同条第六項第一号中「一歳到達日」とあるのは「一歳到達日（当該子を養育する労働者又はその配偶者が第九条の六第一項の規定により読み替えて適用する第一項の規定によりした申出に係る第九条第一項（第九条の六第一項の規定により読み替えて適用する場合を含む。）に規定する育児休業終了予定日とされた日が当該子の一歳到達日後である場合にあっては、当該育児休業終了予定日とされた日（当該労働者に係る育児休業終了予定日とされた日と当該配偶者に係る育児休業終了予定日とされた日が異なるときは、そのいずれかの日）。次条第三項において同じ。）」と、第九条第一項中「変更後の育児休業終了予定日とされた日。次項」とあるのは「変更後の育児休業終了予定日とされた日。次項（第九条の六第一項の規定により読み替えて適用する場合を含む。）において同じ。）（当該育児休業終了予定日とされた日が当該育児休業開始予定日とされた日から起算して育児休業等可能日数（当該育児休業に係る子の出生した日から当該子の一歳到達日までの日数をいう。）から育児休業等取得日数（当該子の出生した日以後当該労働者が労働基準法（昭和二十二年法律第四十九号）第六十五条第一項又は第二項の規定により休業した日数と当該子について育児休業及び次条第一項に規定する出生時育児休業をした日数を合算した日数をいう。）を差し引いた日数を経過する日より後の日であるときは、当該経過する日。次項（第九条の六第一項の規定により読み替えて適用する場合を含む。）」と、同条第二項第二号中「第五条第三項」とあるのは「第九条の六第一項の規定により読み替えて適用する第五条第一項の規定による申出により育児休業をしている場合にあっては一歳二か月、同条第三項（第九条の六第一項の規定により読み替えて適用する場合を含む。）」と、「同条第四項」とあるのは「第五条第四項」と、第二十四条第一項第一号中「一歳（」とあるのは「一歳（当該労働者が第九条の六第一項の規定により読み替えて適用する第五条第一項の規定による申出をすることができる場合にあっては一歳二か月、」とするほか、必要な技術的読替えは、厚生労働省令で定める。

2　前項の規定は、同項の規定を適用した場合の第五条第一項の規定による申出に係る育児休業開始予定日とされた日が、当該育児休業に係る子の一歳到達日の翌日後である場合又は前項の場合における当該労働者の配偶者がしている育児休業に係る育児休業期間の初日前である場合には、これを適用しない。

（公務員である配偶者がする育児休業に関する規定の適用）

第九条の七　第五条第三項、第四項及び第六項並びに前条の規定の適用については、労働者の配偶者が国会職員の育児休業等に関する法律（平成三年法律第百八号）第三条第二項、国家公務員の育児休業等に関する法律（平成三年法律第百九号）第三条第二項（同法第二十七条第一項及び裁判所職員臨時措置法（昭和二十六年法律第二百九十九号）（第七号に係る部分に限る。）において準用する場合を含む。）、地方公務員の育児休業等に関する法律（平成三年法律第百十号）第二条第二項又は裁判官の育児休業に関する法律（平成三年法律第百十一号）第二条第二項の規定によりする請求及び当該請求に係る育児休業は、それぞれ第五条第一項、第三項又は第四項の規定によりする申出及び当該申出によりする育児休業とみなす。

（不利益取扱いの禁止）

第一〇条　事業主は、労働者が育児休業申出等（育児休業申出及び出生時育児休業申出をいう。以下同じ。）をし、若しくは育児休業をしたこと又は第九条の五第二項の規定による申出若しくは同条第四項の同意をしなかったことその他の同条第二項から第五項までの規定に関する事由であって厚生労働省令で定めるものを理由として、当該労働者に対して解雇その他不利益な取扱いをしてはならない。

第三章　介護休業

（介護休業の申出）

第一一条　労働者は、その事業主に申し出ることにより、介護休業をすることができる。ただし、期間を定めて雇用される者にあっては、第三項に規定する介護休業開始予定日から起算して九十三日を経過する日から六月を経過する日までに、その労働契約が満了することが明らかでない者に限り、当該申出をすることができる。

2　前項の規定にかかわらず、介護休業をしたことがある労働者は、当該介護休業に係る対象家族が次の各号のいずれかに該当する場合には、当該対象家族については、同項の規定による申出をすることができない。

一　当該対象家族について三回の介護休業をした場合

二　当該対象家族について介護休業をした日数（介護休業を開始した日から介護休業を終了した日までの日数とし、二回以上の介護休業をした場合にあっては、介護休業ごとに、当該介護休業を開始した日から当該介護休業を終了した日までの日数を合算して得た日数とする。第十五条第一項において「介護休業日数」という。）が九十三日に達している場合

3　第一項の規定による申出（以下「介護休業申出」という。）は、厚生労働省令で定めるところにより、介護休業申出に係る対象家族が要介護状態にあることを明らかにし、かつ、その期間中は当該対象家族に係る介護休業をすることとする一の期間について、その初日（以下「介護休業開始予定日」という。）及び末日（以下「介護休業終了予定日」という。）とする日を明らかにして、しなければならない。

4　第一項ただし書及び第二項（第二号を除く。）の規定は、期間を定めて雇用される者であって、その締結する労働契約の期間の末日を介護休業終了予定日（第十三条において準用する第七条第三項の規定により当該介護休業終了予定日が変更された場合にあっては、その変更後の介護休業終了予定日とされた日）とする介護休業をしているものが、当該介護休業に係る対象家族について、当該労働契約の更新に伴い、当該更新後の労働契約の期間の初日を介護休業開始予定日とする介護休業申出をする場合には、これを適用しない。

（介護休業申出があった場合における事業主の義務等）

第一二条　事業主は、労働者からの介護休業申出があったときは、当該介護休業申出を拒むことができない。

2　第六条第一項ただし書及び第二項の規定は、労働者からの介護休業申出があった場合について準用する。この場合において、同項中「前項ただし書」とあるのは「第十二条第二項において準用する前項ただし書」と、「前条第一項、第三項及び第四項」とあるのは「第十一条第一項」と読み替えるものとする。

3　事業主は、労働者からの介護休業申出があった場合において、当該介護休業申出に係る介護休業開始予定日とされた日が当該介護休業申出があった日の翌日から起算して二週間を経過する日（以下この項において「二週間経過日」という。）前の日であるときは、厚生労働省令で定めるところにより、当該介護休業開始予定日とされた日から当該二週間経過日までの間のいずれかの日を当該介護休業開始予定日として指定することができる。

4　前二項の規定は、労働者が前条第四項に規定する介護休業申出をする場合には、これを適用しない。

（介護休業終了予定日の変更の申出）

第一三条　第七条第三項の規定は、介護休業終了予定日の変更の申出について準用する。

（介護休業申出の撤回等）

第一四条　介護休業申出をした労働者は、当該介護休業申出に係る介護休業開始予定日とされた日（第十二条第三項の規定による事業主の指定があった場合にあっては、当該事業主の指定した日。第三項において準用する第八条第四項及び次条第一項において同じ。）の前日までは、当該介護休業申出を撤回することができる。

2　前項の規定による介護休業申出の撤回がなされ、かつ、当該撤回に係る対象家族について当該撤回後になされる最初の介護休業申出が撤回された場合においては、その後になされる当該対象家族についての介護休業申出については、事業主は、第十二条第一項の規定にかかわらず、これを拒むことができる。

3　第八条第四項の規定は、介護休業申出について準用する。この場合において、同項中「子」とあるのは「対象家族」と、「養育」とあるのは「介護」と読み替えるものとする。

（介護休業期間）

第一五条　介護休業申出をした労働者がその期間中は介護休業をすることができる期間（以下「介護休業期間」という。）は、当該介護休業申出に係る介護休業開始予定日とされた日から介護休業終了予定日とされた日（その日が当該介護休業開始予定日とされた日から起算して九十三日から当該労働者の当該介護休業申出に係る対象家族についての介護休業日数を差し引いた日数を経過する日より後の日であるときは、当該経過する日。第三項において同じ。）までの間とする。

2　この条において、介護休業終了予定日とされた日とは、第十三条において準用する第七条第三項の規定により当該介護休業終了予定日が変更された場合にあっては、その変更後の介護休業終了予定日とされた日をいう。

3　次の各号に掲げるいずれかの事情が生じた場合には、介護休業期間は、第一項の規定にかかわらず、当該事情が生じた日（第二号に掲げる事情が生じた場合にあっては、その前日）に終了する。

一　介護休業終了予定日とされた日の前日までに、対象家族の死亡その他の労働者が介護休業申出に係る対象家族を介護しないこととなった事由として厚生労働省令で定める事由が生じたこと。

二　介護休業終了予定日とされた日までに、介護休業申出をした労働者について、労働基準法第六十五条第一項若しくは第二項の規定により休業する期間、育児休業期間、出生時育児休業期間又は新たな介護休業期間が始まったこと。

4　第八条第四項後段の規定は、前項第一号の厚生労働省令で定める事由が生じた場合について準用する。

（不利益取扱いの禁止）

第一六条　事業主は、労働者が介護休業申出をし、又は介護休業をしたことを理由として、当該労働者に対して解雇その他不利益な取扱いをしてはならない。

第四章　子の看護休暇

（子の看護休暇の申出）

第一六条の二　小学校就学の始期に達するまでの子を養育する労働者は、その事業主に申し出ることにより、一の年度において五労働日（その養育する小学校就学の始期に達するまでの子が二人以上の場合にあっては、十労働日）を限度として、負傷し、若しくは疾病にかかった当該子の世話又は疾病の予防を図るために必要なものとして厚生労働省令で定める当該子の世話を行うための休暇（以下「子の看護休暇」という。）を取得することができる。

2　子の看護休暇は、一日の所定労働時間が短い労働者として厚生労働省令で定めるもの以外の者は、厚生労働省令で定めるところにより、厚生労働省令で定める一日未満の単位で取得することができる。

3　第一項の規定による申出は、厚生労働省令で定めるところにより、子の看護休暇を取得する日（前項の厚生労働省令で定める一日未満の単位で取得するときは子の看護休暇の開始及び終了の日時）を明らかにして、しなければならない。

4　第一項の年度は、事業主が別段の定めをする場合を除き、四月一日に始まり、翌年三月三十一日に終わるものとする。

（子の看護休暇の申出があった場合における事業主の義務等）

第一六条の三　事業主は、労働者からの前条第一項の規定による申出があったときは、当該申出を拒むことができない。

2　第六条第一項ただし書及び第二項の規定は、労働者からの前条第一項の規定による申出があった場合について準用する。この場合において、第六条第一項第一号中「一年」とあるのは「六月」と、同項第二号中「定めるもの」とあるのは「定めるもの又は業務の性質若しくは業務の実施体制に照らして、第十六条の二第二項の厚生労働省令で定める一日未満の単位で子の看護休暇を取得することが困難と認められる業務に従事する労働者（同項の規定による厚生労働省令で定める一日未満の単位で取得しようとする者に限る。）」と、同条第二項中「前項ただし書」とあるのは「第十六条の三第二項において準用する前項ただし書」と、「前条第一項、第三項及び第四項とあるのは「第十六条の二第一項」と読み替えるものとする。

（準用）

第一六条の四　第十六条の規定は、第十六条の二第一項の規定による申出及び子の看護休暇について準用する。

第五章　介護休暇

（介護休暇の申出）

第一六条の五　要介護状態にある対象家族の介護その他の厚生労働省令で定める世話を行う労働者は、その事業主に申し出ることにより、一の年度において五労働日（要介護状態にある対象家族が二人以上の場合にあっては、十労働日）を限度として、当該世話を行うための休暇（以下「介護休暇」という。）を取得することができる。

2　介護休暇は、一日の所定労働時間が短い労働者として厚生労働省令で定めるもの以外の者は、厚生労働省令で定めるところにより、厚生労働省令で定める一日未満の単位で取得することができる。

3　第一項の規定による申出は、厚生労働省令で定めるところにより、当該申出に係る対象家族が要介護状態にあること及び介護休暇を取得する日（前項の厚生労働省令で定める一日未満の単位で取得するときは介護休暇の開始及び終了の日時）を明らかにして、しなければならない。

4　第一項の年度は、事業主が別段の定めをする場合を除き、四月一日に始まり、翌年三月三十一日に終わるものとする。

（介護休暇の申出があった場合における事業主の義務等）

第一六条の六　事業主は、労働者からの前条第一項の規定による申出があったときは、当該申出を拒むことができない。

2　第六条第一項ただし書及び第二項の規定は、労働者からの前条第一項の規定による申出があった場合について準用する。この場合において、第六条第一項第一号中「一年」とあるのは「六月」と、同項第二号中「定めるもの」とあるのは「定めるもの又は業務の性質若しくは業務の実施体制に照らして、第十六条の五第二項の厚生労働省令で定める一日未満の単位で介護休暇を取得することが困難と認められる業務に従事する労働者（同項の規定による厚生労働省令で定める一日未満の単位で取得しようとする者に限る。）」と、同条第二項中「前項ただし書」とあるのは「第十六条の六第二項において準用する前項ただし書」と、「前条第一項、第三項及び第四項」とあるのは「第十六条の五第一項」と読み替えるものとする。

（準用）

第一六条の七　第十六条の規定は、第十六条の五第一項の規定による申出及び介護休暇について準用する。

第六章　所定外労働の制限

第一六条の八　事業主は、三歳に満たない子を養育する労働者であって、当該事業主と当該労働者が雇用される事業所の労働者の過半数で組織する労働組合があるときはその労働組合、その事業所の労働者の過半数で組織する労働組合がないときはその労働者の過半数を代表する者との書面による協定で、次に掲げる労働者のうちこの項本文の規定による請求をできないものとして定められた労働者に該当しない労働者が当該子を養育するために請求した場合においては、所定労働時間を超えて労働させてはならない。ただし、事業の正常な運営を妨げる場合は、この限りでない。

一　当該事業主に引き続き雇用された期間が一年に満たない労働者

二　前号に掲げるもののほか、当該請求をできないこととすることについて合理的な理由があると認められる労働者として厚生労働省令で定めるもの

2　前項の規定による請求は、厚生労働省令で定めるところにより、その期間中は所定労働時間を超えて労働させてはならないこととなる一の期間（一月以上一年以内の期間に限る。第四項において「制限期間」という。）について、その初日（以下この条において「制限開始予定日」という。）及び末日（第四項において「制限終了予定日」という。）とする日を明らかにして、制限開始予定日の一月前までにしなければならない。この場合において、この項前段に規定する制限期間については、第十七条第二項前段（第十八条第一項において準用する場合を含む。）に規定する制限期間と重複しないようにしなければならない。

3　第一項の規定による請求がされた後制限開始予定日とされた日の前日までに、子の死亡その他の労働者が当該請求に係る子の養育をしないこととなった事由として厚生労働省令で定める事由が生じたときは、当該請求は、されなかったものとみなす。この場合において、労働者は、その事業主に対して、当該事由が生じた旨を遅滞なく通知しなければならない。

4　次の各号に掲げるいずれかの事情が生じた場合には、制限期間は、当該事情が生じた日（第三号に掲げる事情が生じた場合にあっては、その前日）に終了する。

一　制限終了予定日とされた日の前日までに、子の死亡その他の労働者が第一項の規定による請求に係る子を養育しないこととなった事由として厚生労働省令で定める事由が生じたこと。

二　制限終了予定日とされた日の前日までに、第一項の規定による請求に係る子が三歳に達したこと。

三　制限終了予定日とされた日までに、第一項の規定による請求をした労働者について、労働基準法第六十五条第一項若しくは第二項の規定により休業する期間、育児休業期間、出生時育児休業期間又は介護休業期間が始まったこと。

5　第三項後段の規定は、前項第一号の厚生労働省令で定める事由が生じた場合について準用する。

第一六条の九　前条第一項から第三項まで及び第四項（第二号を除く。）の規定は、要介護状態にある対象家族を介護する労働者について準用する。この場合において、同条第一項中「当該子を養育する」とあるのは「当該対象家族を介護する」と、同条第三項及び第四項第一号中「子」とあるのは「対象家族」と、「養育」とあるのは「介護」と読み替えるものとする。

2　前条第三項後段の規定は、前項において準用する同条第四項第一号の厚生労働省令で定める事由が生じた場合について準用する。

第一六条の一〇　事業主は、労働者が第十六条の八第一項（前条第一項において準用する場合を含む。以下この条において同じ。）の規定による請求をし、又は第十六条の八第一項の規定により当該事業主が当該請求をした労働者について所定労働時間を超えて労働させてはならない場合に当該労働者が所定労働時間を超えて労働しなかったことを理由として、当該労働者に対して解雇その他不利益な取扱いをしてはならない。

第七章　時間外労働の制限

第一七条　事業主は、労働基準法第三十六条第一項の規定により同項に規定する労働時間（以下この条において単に「労働時間」という。）を延長することができる場合において、小学校就学の始期に達するまでの子を養育する労働者であって次の各号のいずれにも該当しないものが当該子を養育するために請求したときは、制限時間（一月について二十四時間、一年について百五十時間をいう。次項及び第十八条の二において同じ。）を超えて労働時間を延長してはならない。ただし、事業の正常な運営を妨げる場合は、この限りでない。

一　当該事業主に引き続き雇用された期間が一年に満たない労働者

二　前号に掲げるもののほか、当該請求をできないこととすることについて合理的な理由があると認められる労働者として厚生労働省令で定めるもの

2　前項の規定による請求は、厚生労働省令で定めるところにより、その期間中は制限時間を超えて労働時間を延長してはならないこととなる一の期間（一月以上一年以内の期間に限る。第四項において「制限期間」という。）について、その初日（以下この条において「制限開始予定日」という。）及び末日（第四項において「制限終了予定日」という。）とする日を明らかにして、制限開始予定日の一月前までにしなければならない。この場合において、この項前段に規定する制限期間については、第十六条の八第二項前段（第十六条の九第一項において準用する場合を含む。）に規定する制限期間と重複しないようにしなければならない。

3　第一項の規定による請求がされた後制限開始予定日とされた日の前日までに、子の死亡その他の労働者が当該請求に係る子の養育をしないこととなった事由として厚生労働省令で定める事由が生じたときは、当該請求は、されなかったものとみなす。この場合において、労働者は、その事業主に対して、当該事由が生じた旨を遅滞なく通知しなければならない。

4　次の各号に掲げるいずれかの事情が生じた場合には、制限期間は、当該事情が生じた日（第三号に掲げる事情が生じた場合にあっては、その前日）に終了する。

一　制限終了予定日とされた日の前日までに、子の死亡その他の労働者が第一項の規定による請求に係る子を養育しないこととなった事由として厚生労働省令で定める事由が生じたこと。

二　制限終了予定日とされた日の前日までに、第一項の規定

による請求に係る子が小学校就学の始期に達したこと。

三　制限終了予定日とされた日までに、第一項の規定による請求をした労働者について、労働基準法第六十五条第一項若しくは第二項の規定により休業する期間、育児休業期間、出生時育児休業期間又は介護休業期間が始まったこと。

5　第三項後段の規定は、前項第一号の厚生労働省令で定める事由が生じた場合について準用する。

第一八条　前条第一項、第二項、第三項及び第四項（第二号を除く。）の規定は、要介護状態にある対象家族を介護する労働者について準用する。この場合において、同条第一項中「当該子を養育する」とあるのは「当該対象家族を介護する」と、同条第三項及び第四項第一号中「子」とあるのは「対象家族」と、「養育」とあるのは「介護」と読み替えるものとする。

2　前条第三項後段の規定は、前項において準用する同条第四項第一号の厚生労働省令で定める事由が生じた場合について準用する。

第一八条の二　事業主は、労働者が第十七条第一項（前条第一項において準用する場合を含む。以下この条において同じ。）の規定による請求をし、又は第十七条第一項の規定により当該事業主が当該請求をした労働者について制限時間を超えて労働時間を延長してはならない場合に当該労働者が制限時間を超えて労働しなかったことを理由として、当該労働者に対して解雇その他不利益な取扱いをしてはならない。

第八章　深夜業の制限

第一九条　事業主は、小学校就学の始期に達するまでの子を養育する労働者であって次の各号のいずれにも該当しないものが当該子を養育するために請求した場合においては、午後十時から午前五時までの間（以下この条及び第二十条の二において「深夜」という。）において労働させてはならない。ただし、事業の正常な運営を妨げる場合は、この限りでない。

一　当該事業主に引き続き雇用された期間が一年に満たない労働者

二　当該請求に係る深夜において、常態として当該子を保育することができる当該子の同居の家族その他の厚生労働省令で定める者がいる場合における当該労働者

三　前二号に掲げるもののほか、当該請求をできないこととすることについて合理的な理由があると認められる労働者として厚生労働省令で定めるもの

2　前項の規定による請求は、厚生労働省令で定めるところにより、その期間中は深夜において労働させてはならないこととなる一の期間（一月以上六月以内の期間に限る。第四項において「制限期間」という。）について、その初日（以下この条において「制限開始予定日」という。）及び末日（同項において「制限終了予定日」という。）とする日を明らかにして、制限開始予定日の一月前までにしなければならない。

3　第一項の規定による請求がされた後制限開始予定日とされた日の前日までに、子の死亡その他の労働者が当該請求に係る子の養育をしないこととなった事由として厚生労働省令で定める事由が生じたときは、当該請求は、されなかったものとみなす。この場合において、労働者は、その事業主に対して、当該事由が生じた旨を遅滞なく通知しなければならない。

4　次の各号に掲げるいずれかの事情が生じた場合には、制限期間は、当該事情が生じた日（第三号に掲げる事情が生じた場合にあっては、その前日）に終了する。

一　制限終了予定日とされた日の前日までに、子の死亡その他の労働者が第一項の規定による請求に係る子を養育しないこととなった事由として厚生労働省令で定める事由が生

じたこと。

二　制限終了予定日とされた日の前日までに、第一項の規定による請求に係る子が小学校就学の始期に達したこと。

三　制限終了予定日とされた日までに、第一項の規定による請求をした労働者について、労働基準法第六十五条第一項若しくは第二項の規定により休業する期間、育児休業期間、出生時育児休業期間又は介護休業期間が始まったこと。

5　第三項後段の規定は、前項第一号の厚生労働省令で定める事由が生じた場合について準用する。

第二〇条　前条第一項から第三項まで及び第四項（第二号を除く。）の規定は、要介護状態にある対象家族を介護する労働者について準用する。この場合において、同条第一項中「当該子を養育する」とあるのは「当該対象家族を介護する」と、同項第二号中「子」とあるのは「対象家族」と、「保育」とあるのは「介護」と、同条第三項及び第四項第一号中「子」とあるのは「対象家族」と、「養育」とあるのは「介護」と読み替えるものとする。

2　前条第三項後段の規定は、前項において準用する同条第四項第一号の厚生労働省令で定める事由が生じた場合について準用する。

第二〇条の二　事業主は、労働者が第十九条第一項（前条第一項において準用する場合を含む。以下この条において同じ。）の規定による請求をし、又は第十九条第一項の規定により当該事業主が当該請求をした労働者について深夜において労働させてはならない場合に当該労働者が深夜において労働しなかったことを理由として、当該労働者に対して解雇その他不利益な取扱いをしてはならない。

第九章　事業主が講ずべき措置等

（妊娠又は出産等についての申出があった場合における措置等）

第二一条　事業主は、労働者が当該事業主に対し、当該労働者又はその配偶者が妊娠し、又は出産したことその他これに準ずるものとして厚生労働省令で定める事実を申し出たときは、厚生労働省令で定めるところにより、当該労働者に対して、育児休業に関する制度その他の厚生労働省令で定める事項を知らせるとともに、育児休業申出等に係る当該労働者の意向を確認するための面談その他の厚生労働省令で定める措置を講じなければならない。

2　事業主は、労働者が前項の規定による申出をしたことを理由として、当該労働者に対して解雇その他不利益な取扱いをしてはならない。

（育児休業等に関する定めの周知等の措置）

第二一条の二　前条第一項に定めるもののほか、事業主は、育児休業及び介護休業に関して、あらかじめ、次に掲げる事項を定めるとともに、これを労働者に周知させるための措置（労働者若しくはその配偶者が妊娠し、若しくは出産したこと又は労働者が対象家族を介護していることを知ったときに、当該労働者に対し知らせる措置を含む。）を講ずるよう努めなければならない。

一　労働者の育児休業及び介護休業中における待遇に関する事項

二　育児休業及び介護休業後における賃金、配置その他の労働条件に関する事項

三　前二号に掲げるもののほか、厚生労働省令で定める事項

2　事業主は、労働者が育児休業申出等又は介護休業申出をしたときは、厚生労働省令で定めるところにより、当該労働者に対し、前項各号に掲げる事項に関する当該労働者に係る取扱いを明示するよう努めなければならない。

（雇用環境の整備及び雇用管理等に関する措置）

第二二条　事業主は、育児休業申出等が円滑に行われるようにするため、次の各号のいずれかの措置を講じなければならない。

一　その雇用する労働者に対する育児休業に係る研修の実施

二　育児休業に関する相談体制の整備

三　その他厚生労働省令で定める育児休業に係る雇用環境の整備に関する措置

2　前項に定めるもののほか、事業主は、育児休業申出等及び介護休業申出並びに育児休業及び介護休業後における就業が円滑に行われるようにするため、育児休業又は介護休業をする労働者が雇用される事業所における労働者の配置その他の雇用管理、育児休業又は介護休業をしている労働者の職業能力の開発及び向上等に関して、必要な措置を講ずるよう努めなければならない。

（育児休業の取得の状況の公表）

第二二条の二　常時雇用する労働者の数が千人を超える事業主は、厚生労働省令で定めるところにより、毎年少なくとも一回、その雇用する労働者の育児休業の取得の状況として厚生労働省令で定めるものを公表しなければならない。

（所定労働時間の短縮措置等）

第二三条　事業主は、その雇用する労働者のうち、その三歳に満たない子を養育する労働者であって育児休業をしていないもの（一日の所定労働時間が短い労働者として厚生労働省令で定めるものを除く。）に関して、厚生労働省令で定めるところにより、労働者の申出に基づき所定労働時間を短縮することにより当該労働者が就業しつつ当該子を養育することを容易にするための措置（以下この条及び第二十四条第一項第三号において「育児のための所定労働時間の短縮措置」という。）を講じなければならない。ただし、当該事業主と当該労働者が雇用される事業所の労働者の過半数で組織する労働組合があるときはその労働組合、その事業所の労働者の過半数で組織する労働組合がないときはその労働者の過半数を代表する者との書面による協定で、次に掲げる労働者のうち育児のための所定労働時間の短縮措置を講じないものとして定められた労働者に該当する労働者については、この限りでない。

一　当該事業主に引き続き雇用された期間が一年に満たない労働者

二　前号に掲げるもののほか、育児のための所定労働時間の短縮措置を講じないこととすることについて合理的な理由があると認められる労働者として厚生労働省令で定めるもの

三　前二号に掲げるもののほか、業務の性質又は業務の実施体制に照らして、育児のための所定労働時間の短縮措置を講ずることが困難と認められる業務に従事する労働者

2　事業主は、その雇用する労働者のうち、前項ただし書の規定により同項第三号に掲げる労働者であってその三歳に満たない子を養育するものについて育児のための所定労働時間の短縮措置を講じないこととするときは、当該労働者に関して、厚生労働省令で定めるところにより、労働者の申出に基づく育児休業に関する制度に準ずる措置又は労働基準法第三十二条の三第一項の規定により労働させることその他の当該労働者が就業しつつ当該子を養育することを容易にするための措置（第二十四条第一項において「始業時刻変更等の措置」という。）を講じなければならない。

3　事業主は、その雇用する労働者のうち、その要介護状態にある対象家族を介護する労働者であって介護休業をしていない

者の申出に基づく連続する三年の期間以上の期間における所定労働時間の短縮その他の当該労働者が就業しつつその要介護状態にある対象家族を介護することを容易にするための措置（以下この条及び第二十四条第二項において「介護のための所定労働時間の短縮等の措置」という。）を講じなければならない。ただし、当該事業主と当該労働者が雇用される事業所の労働者の過半数で組織する労働組合があるときはその労働組合、その事業所の労働者の過半数で組織する労働組合がないときはその労働者の過半数を代表する者との書面による協定で、次に掲げる労働者のうち介護のための所定労働時間の短縮等の措置を講じないものとして定められた労働者に該当する労働者については、この限りでない。

一　当該事業主に引き続き雇用された期間が一年に満たない労働者

二　前号に掲げるもののほか、介護のための所定労働時間の短縮等の措置を講じないこととすることについて合理的な理由があると認められる労働者として厚生労働省令で定めるもの

4　前項本文の期間は、当該労働者が介護のための所定労働時間の短縮等の措置の利用を開始する日として当該労働者が申し出た日から起算する。

第二三条の二　事業主は、労働者が前条の規定による申出をし、又は同条の規定により当該労働者に措置が講じられたことを理由として、当該労働者に対して解雇その他不利益な取扱いをしてはならない。

（小学校就学の始期に達するまでの子を養育する労働者等に関する措置）

第二四条　事業主は、その雇用する労働者のうち、その小学校就学の始期に達するまでの子を養育する労働者に関して、労働者の申出に基づく育児に関する目的のために利用すること十九条の規定による年次有給休暇として与えられるものを除き、出産後の養育について出産前において準備することができる休暇を含む。）を与えるための措置及び次の各号に掲げる当該労働者の区分に応じ当該各号に定める制度又は措置に準じて、それぞれ必要な措置を講ずるよう努めなければならない。

一　その一歳（当該労働者が第五条第三項の規定による申出をすることができる場合にあっては一歳六か月、当該労働者が同条第四項の規定による申出をすることができる場合にあっては二歳。次号において同じ。）に満たない子を養育する労働者（第二十三条第二項に規定する労働者を除く。同号において同じ。）で育児休業をしていないもの　始業時刻変更等の措置

二　その一歳から三歳に達するまでの子を養育する労働者　育児休業に関する制度又は始業時刻変更等の措置

三　その三歳から小学校就学の始期に達するまでの子を養育する労働者　育児休業に関する制度、第十六条の八の規定による所定外労働の制限に関する制度、育児のための所定労働時間の短縮措置又は始業時刻変更等の措置

2　事業主は、その雇用する労働者のうち、その家族を介護する労働者に関して、介護休業若しくは介護休暇に関する制度又は介護のための所定労働時間の短縮等の措置に準じて、その介護を必要とする期間、回数等に配慮した必要な措置を講ずるように努めなければならない。

（職場における育児休業等に関する言動に起因する問題に関する雇用管理上の措置等）

第二五条　事業主は、職場において行われるその雇用する労働者に対する育児休業、介護休業その他の子の養育又は家族の介護に関する厚生労働省令で定める制度又は措置の利用に関

する言動により当該労働者の就業環境が害されることのないよう、当該労働者からの相談に応じ、適切に対応するために必要な体制の整備その他の雇用管理上必要な措置を講じなければならない。

2　事業主は、労働者が前項の相談を行ったこと又は事業主による当該相談への対応に協力した際に事実を述べたことを理由として、当該労働者に対して解雇その他不利益な取扱いをしてはならない。

（職場における育児休業等に関する言動に起因する問題に関する国、事業主及び労働者の責務）

第二五条の二　国は、労働者の就業環境を害する前条第一項に規定する言動を行ってはならないことその他当該言動に起因する問題（以下この条において「育児休業等関係言動問題」という。）に対する事業主その他国民一般の関心と理解を深めるため、広報活動、啓発活動その他の措置を講ずるように努めなければならない。

2　事業主は、育児休業等関係言動問題に対するその雇用する労働者の関心と理解を深めるとともに、当該労働者が他の労働者に対する言動に必要な注意を払うよう、研修の実施その他の必要な配慮をするほか、国の講ずる前項の措置に協力するように努めなければならない。

3　事業主（その者が法人である場合にあっては、その役員）は、自らも、育児休業等関係言動問題に対する関心と理解を深め、労働者に対する言動に必要な注意を払うように努めなければならない。

4　労働者は、育児休業等関係言動問題に対する関心と理解を深め、他の労働者に対する言動に必要な注意を払うとともに、事業主の講ずる前条第一項の措置に協力するように努めなければならない。

（労働者の配置に関する配慮）

第二十六条　事業主は、その雇用する労働者の配置の変更で就業の場所の変更を伴うものをしようとする場合において、その就業の場所の変更により就業しつつその子の養育又は家族の介護を行うことが困難となることとなる労働者がいるときは、当該労働者の子の養育又は家族の介護の状況に配慮しなければならない。

（再雇用特別措置等）

第二十七条　事業主は、妊娠、出産若しくは育児又は介護を理由として退職した者（以下「育児等退職者」という。）について、必要に応じ、再雇用特別措置（育児等退職者であって、その退職の際に、その就業が可能となったときに当該退職に係る事業の事業主に再び雇用されることの希望を有する旨の申出をしていたものについて、当該事業主が、労働者の募集又は採用に当たって特別の配慮をする措置をいう。第三十条において同じ。）その他これに準ずる措置を実施するよう努めなければならない。

（指針）

第二十八条　厚生労働大臣は、第二十一条から第二十五条まで、第二十六条及び前条の規定に基づき事業主が講ずべき措置等並びに子の養育又は家族の介護を行い、又は行うこととなる労働者の職業生活と家庭生活との両立が図られるようにするために事業主が講ずべきその他の措置に関して、その適切かつ有効な実施を図るための指針となるべき事項を定め、これを公表するものとする。

（職業家庭両立推進者）

第二十九条　事業主は、厚生労働省令で定めるところにより、第二十一条第一項、第二十一条の二から第二十二条の二まで、第二十三条第一項から第三項まで、第二十四条、第二十五条第一項、第二十五条の二第二項、第二十六条及び第二十七条

行うこととなる労働者の職業生活と家庭生活との両立が図られるようにするために講ずべきその他の措置の適切かつ有効な実施を図るための業務を担当する者を選任するように努めなければならない。

第十章　対象労働者等に対する国等による援助

（事業主等に対する援助）

第三〇条　国は、子の養育又は家族の介護を行い、又は行うこととなる労働者（以下「対象労働者」という。）及び育児等退職者（以下「対象労働者等」と総称する。）の雇用の継続、再就職の促進その他これらの者の福祉の増進を図るため、事業主、事業主の団体その他の関係者に対して、対象労働者の雇用される事業所における雇用管理、再雇用特別措置その他の措置についての相談及び助言、給付金の支給その他の必要な援助を行うことができる。

（相談、講習等）

第三一条　国は、対象労働者に対して、その職業生活と家庭生活との両立の促進等に資するため、必要な指導、相談、講習その他の措置を講ずるものとする。

2　地方公共団体は、国が講ずる前項の措置に準じた措置を講ずるように努めなければならない。

（再就職の援助）

第三二条　国は、育児等退職者に対して、その希望するときに再び雇用の機会が与えられるようにするため、職業指導、職業紹介、職業能力の再開発の措置その他の措置が効果的に関連して実施されるように配慮するとともに、育児等退職者の円滑な再就職を図るため必要な援助を行うものとする。

（職業生活と家庭生活との両立に関する理解を深めるための措置）

第三三条　……を妨げている職場における慣行その他の諸要因の解消を図るため、対象労働者等の職業生活と家庭生活との両立に関し、事業主、労働者その他国民一般の理解を深めるために必要な広報活動その他の措置を講ずるものとする。

（勤労者家庭支援施設）

第三四条　地方公共団体は、必要に応じ、勤労者家庭支援施設を設置するように努めなければならない。

2　勤労者家庭支援施設は、対象労働者等に対して、職業生活と家庭生活との両立に関し、各種の相談に応じ、及び必要な指導、講習、実習等を行い、並びに休養及びレクリエーションのための便宜を供与する等対象労働者等の福祉の増進を図るための事業を総合的に行うことを目的とする施設とする。

3　厚生労働大臣は、勤労者家庭支援施設の設置及び運営についての望ましい基準を定めるものとする。

4　国は、地方公共団体に対して、勤労者家庭支援施設の設置及び運営に関し必要な助言、指導その他の援助を行うことができる。

（勤労者家庭支援施設指導員）

第三五条　勤労者家庭支援施設には、対象労働者等に対する相談及び指導の業務を担当する職員（次項において「勤労者家庭支援施設指導員」という。）を置くように努めなければならない。

2　勤労者家庭支援施設指導員は、その業務について熱意と識見を有し、かつ、厚生労働大臣が定める資格を有する者のうちから選任するものとする。

第三六条から第五二条まで　削除

第十一章　紛争の解決

第一節　紛争の解決の援助等

（苦情の自主的解決）
第五二条の二　事業主は、第二章から第八章まで、第二十一条第二十三条、第二十三条の二及び第二十六条に定める事項に関し、労働者から苦情の申出を受けたときは、苦情処理機関（事業主を代表する者及び当該事業所の労働者を代表する者を構成員とする当該事業所の労働者の苦情を処理するための機関をいう。）に対し当該苦情の処理を委ねる等その自主的な解決を図るように努めなければならない。

（紛争の解決の促進に関する特例）
第五二条の三　第二十五条に定める事項及び前条の事項についての労働者と事業主との間の紛争については、個別労働関係紛争の解決の促進に関する法律（平成十三年法律第百十二号）第四条、第五条及び第十二条から第十九条までの規定は適用せず、次条から第五十二条の六までに定めるところによる。

（紛争の解決の援助）
第五二条の四　都道府県労働局長は、前条に規定する紛争に関し、当該紛争の当事者の双方又は一方からその解決につき援助を求められた場合には、当該紛争の当事者に対し、必要な助言、指導又は勧告をすることができる。

2　第二十五条第二項の規定は、労働者が前項の援助を求めた場合について準用する。

第二節　調停

（調停の委任）
第五二条の五　都道府県労働局長は、第五十二条の三に規定する紛争について、当該紛争の当事者の双方又は一方から調停の申請があった場合において当該紛争の解決のために必要があると認めるときは、個別労働関係紛争の解決の促進に関する法律第六条第一項の紛争調整委員会に調停を行わせるものとする。

2　第二十五条第二項の規定は、労働者が前項の申請をした場合について準用する。

（調停）
第五二条の六　雇用の分野における男女の均等な機会及び待遇の確保等に関する法律（昭和四十七年法律第百十三号）第十九条から第二十六条までの規定は、前条第一項の調停の手続について準用する。この場合において、同法第十九条第一項中「前条第一項」とあるのは「育児休業、介護休業等育児又は家族介護を行う労働者の福祉に関する法律第五十二条の五第一項」と、同法第二十条中「事業場」とあるのは「事業所」と、同法第二十五条第一項中「第十八条第一項」とあるのは「育児休業、介護休業等育児又は家族介護を行う労働者の福祉に関する法律第五十二条の三」と読み替えるものとする。

第十二章　雑則

（育児休業等取得者の業務を処理するために必要な労働者の募集の特例）
第五三条　認定中小企業団体の構成員たる中小企業者が、当該認定中小企業団体をして育児休業又は介護休業（これらに準ずる休業を含む。以下この項において同じ。）をする労働者の当該育児休業又は介護休業をする期間について当該労働者の業務を処理するために必要な労働者の募集を行わせようとする場合において、当該認定中小企業団体が当該募集に従事

十一号）第三十六条第一項及び第三項の規定は、当該構成員たる中小企業者については、適用しない。

2 この条及び次条において、次の各号に掲げる用語の意義は、当該各号に定めるところによる。

一 中小企業者 中小企業における労働力の確保及び良好な雇用の機会の創出のための雇用管理の改善の促進に関する法律（平成三年法律第五十七号）第二条第一項に規定する中小企業者をいう。

二 認定中小企業団体 中小企業における労働力の確保及び良好な雇用の機会の創出のための雇用管理の改善の促進に関する法律第二条第二項に規定する事業協同組合等であって、その構成員たる中小企業者に対し、第二十二条第二項の事業主が講ずべき措置その他に関する相談及び援助を行うものとして、当該事業協同組合等の申請に基づき厚生労働大臣がその定める基準により適当であると認定したものをいう。

3 厚生労働大臣は、認定中小企業団体が前項第二号の相談及び援助を行うものとして適当でなくなったと認めるときは、同号の認定を取り消すことができる。

4 第一項の認定中小企業団体は、当該募集に従事しようとするときは、厚生労働省令で定めるところにより、募集時期、募集人員、募集地域その他の労働者の募集に関する事項で厚生労働省令で定めるものを厚生労働大臣に届け出なければならない。

5 職業安定法第三十七条第二項の規定は前項の規定による届出があった場合について、同法第五条の三第一項及び第四項、第五条の四第一項及び第二項、第五条の五、第三十九条、第四十一条第二項、第四十二条、第四十八条の三第一項、第四十八条の四、第五十条第一項及び第二項並びに第五十一条の規定は前項の規定による届出をして労働者の募集に従事する[illegible]して労働者の募集に従事する者に対する報酬の供与について、同法第五十条第三項及び第四項の規定はこの項において準用する同条第二項に規定する職権を行う場合について準用する。この場合において、同法第三十七条第二項中「労働者の募集を行おうとする者」とあるのは「育児休業、介護休業等育児又は家族介護を行う労働者の福祉に関する法律第五十三条第四項の規定による届出をして労働者の募集に従事しようとする者」と、同法第四十一条第二項中「当該労働者の募集の業務の廃止を命じ、又は期間」とあるのは「期間」と読み替えるものとする。

6 職業安定法第三十六条第二項及び第四十二条の二の規定の適用については、同法第三十六条第二項中「前項の」とあるのは「被用者以外の者をして労働者の募集に従事させようとする者がその被用者以外の者に与えようとする」と、同法第四十二条の二中「第三十九条に規定する募集受託者」とあるのは「育児休業、介護休業等育児又は家族介護を行う労働者の福祉に関する法律第五十三条第四項の規定による届出をして労働者の募集に従事する者」と、「同項に」とあるのは「次項に」とする。

7 厚生労働大臣は、認定中小企業団体に対し、第二項第二号の相談及び援助の実施状況について報告を求めることができる。

第五四条 公共職業安定所は、前条第四項の規定により労働者の募集に従事する認定中小企業団体に対して、雇用情報、職業に関する調査研究の成果等を提供し、かつ、これに基づき当該募集の内容又は方法について指導することにより、当該募集の効果的かつ適切な実施の促進に努めなければならない。

（調査等）

第五五条 厚生労働大臣は、対象労働者等の職業生活と家庭生活との両立の促進等に資するため、これらの者の雇用管理、職業能力の開発及び向上その他の事項に関し必要な調査研究を実施するものとする。

2　厚生労働大臣は、この法律の施行に関し、関係行政機関の長に対して、資料の提供その他必要な協力を求めることができる。

3　厚生労働大臣は、この法律の施行に関し、都道府県知事から必要な調査報告を求めることができる。

（報告の徴収並びに助言、指導及び勧告）

第五六条　厚生労働大臣は、この法律の施行に関し必要があると認めるときは、事業主に対して、報告を求め、又は助言、指導若しくは勧告をすることができる。

（公表）

第五六条の二　厚生労働大臣は、第六条第一項（第九条の三第二項、第十二条第二項、第十六条の三第二項及び第十六条の六第二項において準用する場合を含む。）、第九条の三第一項、第十条、第十二条第一項、第十六条（第十六条の四及び第十六条の七において準用する場合を含む。）、第十六条の三第一項、第十六条の六第一項、第十六条の八第一項（第十六条の九第一項において準用する場合を含む。）、第十六条の十、第十七条第一項（第十八条第一項において準用する場合を含む。）、第十八条の二、第十九条第一項（第二十条第一項において準用する場合を含む。）、第二十条の二、第二十一条、第二十二条第一項、第二十二条の二、第二十三条第一項から第三項まで、第二十三条の二、第二十五条第一項若しくは第二項（第五十二条の四第二項及び第五十二条の五第二項において準用する場合を含む。）又は第二十六条の規定に違反している事業主に対し、前条の規定による勧告をした場合において、その勧告を受けた者がこれに従わなかったときは、その旨を公表することができる。

（労働政策審議会への諮問）

第五七条　厚生労働大臣は、第二条第一号及び第三号から第五号まで、第五条第二項、第三項及び第四項第二号、第六条第一項第二号（第九条の三第二項、第十二条第二項、第十六条の三第二項及び第十六条の六第二項において準用する場合を含む。）及び第三項、第七条第二項及び第三項（第九条の四及び第十三条において準用する場合を含む。）、第八条第三項及び第四項（第九条の四及び第十四条第三項において準用する場合を含む。）、第九条第二項第一号、第九条の三第三項及び第四項第一号、第九条の五第二項、第四項、第五項及び第六項第一号、第十条、第十二条第三項、第十五条第三項第一号、第十六条の二第一項及び第二項、第十六条の五第一項及び第二項、第十六条の八第一項第二号、第三項及び第四項第一号（これらの規定を第十六条の九第一項において準用する場合を含む。）、第十七条第一項第二号、第三項及び第四項第一号（これらの規定を第十八条第一項において準用する場合を含む。）、第十九条第一項第二号及び第三号、第三項並びに第四項第一号（これらの規定を第二十条第一項において準用する場合を含む。）、第二十一条第一項、第二十二条第一項第三号、第二十二条の二、第二十三条第一項から第三項まで並びに第二十五条第一項の厚生労働省令の制定又は改正の立案をしようとするとき、第二十八条の指針を策定しようとするとき、その他この法律の施行に関する重要事項について決定しようとするときは、あらかじめ、労働政策審議会の意見を聴かなければならない。

（権限の委任）

第五八条　この法律に定める厚生労働大臣の権限は、厚生労働省令で定めるところにより、その一部を都道府県労働局長に委任することができる。

第五九条　この法律に定めるもののほか、この法律の実施のために必要な手続その他の事項は、厚生労働省令で定める。

（船員に関する特例）

第六〇条　第六章、第七章、第五十二条の六から第五十四条まで及び第六十二条から第六十五条までの規定は、船員職業安定法（昭和二十三年法律第百三十号）第六条第一項に規定する船員になろうとする者及び船員法（昭和二十二年法律第百号）の適用を受ける船員（次項において「船員等」という。）に関しては、適用しない。

2　船員等に関しては、第二条第一号及び第三号から第五号まで、第五条第二項から第四項まで及び第六項、第十二条第二項、第十六条第一項第二号（第九条の三第二項及び第十六条の六第二項において準用する場合を含む。）及び第三項、第七条（第九条の四及び第十三条において準用する場合を含む。）、第八条第三項及び第四項（第九条の四及び第十四条第三項において準用する場合を含む。）、第九条第二項第一号及び第三項、第九条の二第三項、第九条の三第三項及び第四項第一号、第九条の五第二項、第四項、第五項、第六項第一号及び第七項、第九条の六第一項、第十条、第十一条第三項、第十二条第三項、第十五条第三項第一号及び第四項、第十六条の二第一項から第三項まで、第十六条の五第一項から第三項まで、第十九条第一項第二号及び第三号、第二項、第三項並びに第四項第一号（これらの規定を第二十条第一項において準用する場合を含む。）並びに第十九条第五項、第二十条第二項、第二十一条第一項、第二十一条の二第一項第三号及び第二項、第二十二条第一項第三号、第二十二条の二、第二十三条第一項から第三項まで、第二十五条第一項、第二十九条、第五十七条、第五十八条並びに前条中「厚生労働省令」とあるのは「国土交通省令」と、第九条第二項第三号中「労働基準法（昭和二十二年法律第四十九号）第六十五条第一項若しくは第二項の規定により休業する」とあるのは「船員法（昭和二十二年法律第百号）第八十七条第一項若しくは第二項の規定により作業に従事しない」と、第九条の五第六項第四号中「労働基準法第六十五条第一項若しくは第二項の規定により休業する」とあるのは「船員法第八十七条第一項若しくは第二項の規定により作業に従事しない」と、第九条の六第一項中「労働基準法（昭和二十二年法律第四十九号）第六十五条第一項又は第二項の規定により休業した」とあるのは「船員法（昭和二十二年法律第百号）第八十七条第一項又は第二項の規定により作業に従事しなかった」と、第十五条第三項第二号及び第十九条第四項第三号中「労働基準法第六十五条第一項若しくは第二項の規定により休業する」とあるのは「船員法第八十七条第一項若しくは第二項の規定により作業に従事しない」と、第二十三条第二項中「労働基準法第三十二条の三第一項の規定により労働させること」とあるのは「短期間の航海を行う船舶に乗り組ませること」と、同項及び第二十四条第一項中「始業時刻変更等の措置」とあるのは「短期間航海船舶に乗り組ませること等の措置」と、同項中「労働基準法第三十九条の規定による年次有給休暇」とあるのは「船員法第七十四条から第七十八条までの規定による有給休暇」と、同項第三号中「制度、第十六条の八の規定による所定外労働の制限に関する制度」とあるのは「制度」と、第二十八条及び第五十五条から第五十八条までの規定中「厚生労働大臣」とあるのは「国土交通大臣」と、第五十二条の二中「第二章から第八章まで」とあるのは「第二章から第五章まで、第八章」と、第五十二条の三中「から第五十二条の六まで」とあるのは「、第五十二条の五及び第六十条第三項」と、第五十二条の四第一項、第五十二条の五第一項及び第五十八条中「都道府県労働局長」とあるのは「地方運輸局長（運輸監理部長を含む。）」と、同項中

「第六条第一項の紛争調整委員会」とあるのは「第二十一条第三項のあっせん員候補者名簿に記載されている者のうちから指名する調停員」と、第五十六条の二中「第十六条の六第一項、第十六条の八第一項（第十六条の九第一項において準用する場合を含む。）、第十六条の十、第十七条第一項（第十八条第一項において準用する場合を含む。）、第十八条の二」とあるのは「第十六条の六第一項」と、第五十七条中「第十六条の五第一項及び第二項、第十六条の八第一項第二号、第三項及び第四項第一号（これらの規定を第十六条の九第一項において準用する場合を含む。）、第十七条第一項第二号、第三項及び第四項第一号（これらの規定を第十八条第一項において準用する場合を含む。）」とあるのは「第十六条の五第一項及び第二項」と、「労働政策審議会」とあるのは「交通政策審議会」とする。

3　雇用の分野における男女の均等な機会及び待遇の確保等に関する法律第二十条から第二十六条まで並びに第三十一条第三項及び第四項の規定は、前項の規定により読み替えて適用する第五十二条の五第一項の規定により指名を受けて調停員が行う調停について準用する。この場合において、同法第二十条から第二十三条まで及び第二十六条中「委員会は」とあるのは「調停員は」と、同法第二十条中「事業場」とあるのは「事業所」と、同法第二十一条中「当該委員会が置かれる都道府県労働局」とあるのは「当該調停員を指名した地方運輸局長（運輸監理部長を含む。）が置かれる地方運輸局（運輸監理部を含む。）」と、同法第二十五条第一項中「第十八条第一項」とあるのは「育児休業、介護休業等育児又は家族介護を行う労働者の福祉に関する法律（平成三年法律第七十六号）第五十二条の三」と、同法第二十六条中「当該委員会に係属している」とあるのは「当該調停員が取り扱っている」と、同法第三十一条第三項中「前項」とあるのは「育児休業、介護休業等育児又は家族介護を行う労働者の福祉に関する法律第五十二条の五第一項」と読み替えるものとする。

（公務員に関する特例）

第六一条　第二章から第九章まで、第三十条、前章、第五十三条、第五十四条、第五十六条、第五十六条の二、前条、次条から第六十四条まで及び第六十六条の規定は、国家公務員及び地方公務員に関しては、適用しない。

2　国家公務員及び地方公務員に関しては、第三十二条中「育児等退職者」とあるのは「育児等退職者（第二十七条に規定する育児等退職者をいう。以下同じ。）」と、第三十四条第二項中「対象労働者等」とあるのは「対象労働者等（第三十条に規定する対象労働者等をいう。以下同じ。）」とする。

3　独立行政法人通則法（平成十一年法律第百三号）第二条第四項に規定する行政執行法人（以下この条において「行政執行法人」という。）の職員（国家公務員法（昭和二十二年法律第百二十号）第六十条の二第一項に規定する短時間勤務の官職を占める者以外の常時勤務することを要しない職員にあっては、第十一条第一項ただし書の規定を適用するとしたならば同項ただし書に規定する者に該当するものに限る。）は、当該職員の勤務する行政執行法人の長の承認を受けて、当該職員の配偶者、父母若しくは子（これらの者に準ずる者として厚生労働省令で定めるものを含む。）又は配偶者の父母であって負傷、疾病又は身体上若しくは精神上の障害により第二条第三号の厚生労働省令で定める期間にわたり日常生活を営むのに支障があるもの（以下この条において「要介護家族」という。）の介護をするため、休業をすることができる。

4　前項の規定により休業をすることができる期間は、行政執行法人の長が、同項に規定する職員の申出に基づき、要介護家族の各々が同項に規定する介護を必要とする一の継続する状態ごとに、三回を超えず、かつ、合算して九十三日を超えない範囲内で指定する期間（第三十項において「指定期間」という。）内において必要と認められる期間とする。

5　行政執行法人の長は、第三項の規定による休業の承認を受けようとする職員からその承認の請求があったときは、当該請求に係る期間のうち業務の運営に支障があると認められる日又は時間を除き、これを承認しなければならない。ただし、国家公務員法第六十条の二第一項に規定する短時間勤務の官職を占める者以外の常時勤務することを要しない職員のうち、第三項の規定による休業をすることができないこととすることについて合理的な理由があると認められる者として厚生労働省令で定めるものに該当する者からの当該請求があった場合は、この限りでない。

6　前三項の規定は、地方公務員法（昭和二十五年法律第二百六十一号）第四条第一項に規定する職員（同法第二十二条の四第一項に規定する短時間勤務の職を占める職員以外の非常勤職員にあっては、第十一条第一項ただし書の規定を適用するとしたならば同項ただし書に規定する者に該当するものに限る。）について準用する。この場合において、第三項中「当該職員の勤務する行政執行法人の長」とあるのは「地方公務員法（昭和二十五年法律第二百六十一号）第六条第一項に規定する任命権者又はその委任を受けた者（地方教育行政の組織及び運営に関する法律（昭和三十一年法律第百六十二号）第三十七条第一項に規定する県費負担教職員については、市町村の教育委員会。次項及び第五項において同じ。）」と、第四項中「行政執行法人の長」とあるのは「地方公務員法第六条第一項に規定する任命権者又はその委任を受けた者」と、「同項」とあるのは「前項」と、前項中「行政執行法人の長」とあるのは「地方公務員法第六条第一項に規定する任命権者又はその委任を受けた者」と、「業務」とあるのは「公務」と、同項ただし書中「国家公務員法第六十条の二第一項に規定する短時間勤務の官職を占める者以外の常時勤務することを要しない職員」とあるのは「同法第二十二条の四第一項に規定する短時間勤務の職を占める職員以外の非常勤職員」と読み替えるものとする。

7　行政執行法人の職員（国家公務員法第六十条の二第一項に規定する短時間勤務の官職を占める者以外の常時勤務することを要しない職員にあっては、第十六条の三第二項において準用する第六条第一項ただし書の規定を適用するとしたならば第十六条の三第二項において読み替えて準用する第六条第一項ただし書各号のいずれにも該当しないものに限る。）であって小学校就学の始期に達するまでの子を養育するものは、当該職員の勤務する行政執行法人の長の承認を受けて、負傷し、若しくは疾病にかかった当該子の世話又は疾病の予防を図るために必要なものとして第十六条の二第一項の厚生労働省令で定める当該子の世話を行うため、休暇を取得することができる。

8　前項の規定により休暇を取得することができる日数は、一の年において五日（同項に規定する職員が養育する小学校就学の始期に達するまでの子が二人以上の場合にあっては、十日）を限度とするものとする。

9　第七項の規定による休暇は、一日の所定労働時間が短い行政執行法人の職員として厚生労働省令で定めるもの以外の者は、厚生労働省令で定める一日未満の単位で取得することができる。

10　行政執行法人の長は、第七項の規定による休暇の承認を受けようとする職員からその承認の請求があったときは、業務の運営に支障があると認められる場合を除き、これを承認しなければならない。

11　第七項から前項までの規定は、地方公務員法第四条第一項に規定する職員（同法第二十二条の四第一項に規定する短時間勤務の職員以外の非常勤職員にあっては、第十六条の三第二項において準用する第六条第一項ただし書の規定を適用するとしたならば第十六条の三第二項において読み替えて準用する第六条第一項ただし書各号のいずれにも該当しないものに限る。）について準用する。この場合において、第七項中「当該職員の勤務する行政執行法人の長」とあるのは「地方公務員法第六条第一項に規定する任命権者又はその委任を受けた者（地方教育行政の組織及び運営に関する法律（昭和三十一年法律第百六十二号）第三十七条第一項に規定する県費負担教職員については、市町村の教育委員会。第十項において同じ。）」と、第九項中「行政執行法人の」とあるのは「地方公務員法第四条第一項に規定する」と、前項中「行政執行法人の長」とあるのは「地方公務員法第六条第一項に規定する任命権者又はその委任を受けた者」と、「職員」とあるのは「同法第四条第一項に規定する職員」と、「業務」とあるのは「公務」と読み替えるものとする。

12　行政執行法人の職員（国家公務員法第六十条の二第一項に規定する短時間勤務の官職を占める者以外の常時勤務することを要しない職員にあっては、第十六条の六第二項において準用する第六条第一項ただし書の規定を適用するとしたならば第十六条の六第二項において読み替えて準用する第六条第一項ただし書各号のいずれにも該当しないものに限る。）は、当該職員の勤務する行政執行法人の長の承認を受けて、当該職員の要介護家族の介護その他の第十六条の五第一項の厚生労働省令で定める世話を行うため、休暇を取得することができる。

13　前項の規定により休暇を取得することができる日数は、一の年において五日（要介護家族が二人以上の場合にあっては、十日）を限度とするものとする。

14　第十二項の規定による休暇は、一日の所定労働時間が短い行政執行法人の職員として厚生労働省令で定めるもの以外の者は、厚生労働省令で定める一日未満の単位で取得することができる。

15　行政執行法人の長は、第十二項の規定による休暇の承認を受けようとする職員からその承認の請求があったときは、業務の運営に支障があると認められる場合を除き、これを承認しなければならない。

16　第十二項から前項までの規定は、地方公務員法第四条第一項に規定する職員（同法第二十二条の四第一項に規定する短時間勤務の職を占める職員以外の非常勤職員にあっては、第十六条の六第二項において準用する第六条第一項ただし書の規定を適用するとしたならば第十六条の六第二項において読み替えて準用する第六条第一項ただし書各号のいずれにも該当しないものに限る。）について準用する。この場合において、第十二項中「当該職員の勤務する行政執行法人の長」とあるのは「地方公務員法第六条第一項に規定する任命権者又はその委任を受けた者（地方教育行政の組織及び運営に関する法律（昭和三十一年法律第百六十二号）第三十七条第一項に規定する県費負担教職員については、市町村の教育委員会。第十五項において同じ。）」と、第十四項中「行政執行法人の」とあるのは「地方公務員法第四条第一項に規定する」と、前項中「行政執行法人の長」とあるのは「地方公務員法第六条第一項に規定する任命権者又はその委任を受けた者」と、「職員」とあるのは「同法第四条第一項に規定する職員」と、「業務」とあるのは「公務」と読み替えるものとする。

17　行政執行法人の長は、三歳に満たない子を養育する当該行政執行法人の職員（国家公務員法第六十条の二第一項に規定する短時間勤務の官職を占める者以外の常時勤務することを要しない職員にあっては、第十六条の八第一項の規定を適用するとしたならば同項各号のいずれにも該当しないものに限る。）が当該子を養育するために請求した場合において、業務の運営に支障がないと認めるときは、その者について、所定労働時間を超えて勤務しないことを承認しなければならない。

18　前項の規定は、要介護家族を介護する行政執行法人の職員について準用する。この場合において、同項中「第十六条の八第一項」とあるのは「第十六条の九第一項において準用する第十六条の八第一項」と、「同項各号」とあるのは「第十六条の九第一項において準用する第十六条の八第一項各号」と、「当該子を養育する」とあるのは「当該要介護家族を介護する」と読み替えるものとする。

19　地方公務員法第六条第一項に規定する任命権者又はその委任を受けた者（地方教育行政の組織及び運営に関する法律（昭和三十一年法律第百六十二号）第三十七条第一項に規定する県費負担教職員については、市町村の教育委員会。以下この条において同じ。）は、三歳に満たない子を養育する地方公務員法第四条第一項に規定する職員（同法第二十二条の四第一項に規定する短時間勤務の職を占める職員以外の非常勤職員にあっては、第十六条の八第一項の規定を適用するとしたならば同項各号のいずれにも該当しないものに限る。）が当該子を養育するために請求した場合において、公務の運営に支障がないと認めるときは、その者について、所定労働時間を超えて勤務しないことを承認しなければならない。

20　前項の規定は、要介護家族を介護する地方公務員法第四条第一項に規定する職員について準用する。この場合において、前項中「第十六条の八第一項」とあるのは「第十六条の九第一項において準用する第十六条の八第一項」と、「同項各号」とあるのは「第十六条の九第一項において準用する第十六条の八第一項各号」と、「当該子を養育する」とあるのは「当該要介護家族を介護する」と読み替えるものとする。

2　行政執行法人の長は、当該行政執行法人の職員について労働基準法第三十六条第一項の規定により同項に規定する労働時間を延長することができる場合において、当該職員であって小学校就学の始期に達するまでの子を養育するもの（第十七条第一項の規定を適用するとしたならば同項各号のいずれにも該当しないものに限る。）が当該子を養育するために請求した場合で業務の運営に支障がないと認めるときは、その者について、制限時間（第十七条第一項に規定する制限時間をいう。第二十三項において同じ。）を超えて当該労働時間を延長して勤務しないことを承認しなければならない。

22　前項の規定は、行政執行法人の職員であって要介護家族を介護するものについて準用する。この場合において、同項中「第十七条第一項の」とあるのは「第十八条第一項において準用する第十七条第一項の」と、「同項各号」とあるのは「第十八条第一項において準用する第十七条第一項各号」と、「当該子を養育する」とあるのは「当該要介護家族を介護する」と読み替えるものとする。

23　地方公務員法第六条第一項に規定する任命権者又はその委任を受けた者は、同法第四条第一項に規定する職員について労働基準法第三十六条第一項の規定により同項に規定する労働時間を延長することができる場合において、当該職員であって小学校就学の始期に達するまでの子を養育するもの（第十七条第一項の規定を適用するとしたならば同項各号のいずれにも該当しないものに限る。）が当該子を養育するために請求した場合で公務の運営に支障がないと認めるときは、その者について、制限時間を超えて当該労働時間を延長して勤務しないことを承認しなければならない。

24　前項の規定は、地方公務員法第四条第一項に規定する職員であって要介護家族を介護するものについて準用する。この場合において、前項中「第十七条第一項」とあるのは「第十八条第一項において準用する第十七条第一項」と、「同項各号」とあるのは「第十八条第一項において準用する第十七条第一項各号」と、「当該子を養育する」とあるのは「当該要介護家族を介護する」と読み替えるものとする。

25　行政執行法人の長は、小学校就学の始期に達するまでの子を養育する当該行政執行法人の職員であって第十九条第一項の規定を適用するとしたならば同項各号のいずれにも該当しないものが当該子を養育するために請求した場合において、業務の運営に支障がないと認めるときは、深夜（同項に規定する深夜をいう。第二十七項において同じ。）において勤務しないことを承認しなければならない。

26　前項の規定は、要介護家族を介護する行政執行法人の職員について準用する。この場合において、同項中「第十九条第一項」とあるのは「第二十条第一項において準用する第十九条第一項」と、「同項各号」とあるのは「第二十条第一項において準用する第十九条第一項各号」と、「当該子を養育する」とあるのは「当該要介護家族を介護する」と読み替えるものとする。

27　地方公務員法第六条第一項に規定する任命権者又はその委任を受けた者は、小学校就学の始期に達するまでの子を養育する同法第四条第一項に規定する職員であって第十九条第一項の規定を適用するとしたならば同項各号のいずれにも該当しないものが当該子を養育するために請求した場合において、公務の運営に支障がないと認めるときは、深夜において勤務しないことを承認しなければならない。

28　前項の規定は、要介護家族を介護する地方公務員法第四条第一項に規定する職員について準用する。この場合において、前項中「第十九条第一項」とあるのは「第二十条第一項において準用する第十九条第一項」と、「同項各号」とあるのは「第二十条第一項において準用する第十九条第一項各号」と、「当該子を養育する」とあるのは「当該要介護家族を介護する」と読み替えるものとする。

29　行政執行法人の職員（国家公務員法第六十条の二第一項に規定する短時間勤務の官職を占める者以外の常時勤務することを要しない職員にあっては、第二十三条第三項ただし書の規定を適用するとしたならば同項ただし書各号のいずれにも該当しないものに限る。）は、当該職員の勤務する行政執行法人の長の承認を受けて、要介護家族の介護をするため、一日の勤務時間の一部につき勤務しないことができる。

30　前項の規定により勤務しないことができる時間は、要介護家族の各々が同項に規定する介護を必要とする一の継続する状態ごとに、連続する三年の期間（当該要介護家族に係る指定期間と重複する期間を除く。）内において一日につき二時間を超えない範囲内で必要と認められる時間とする。

31　行政執行法人の長は、第二十九項の規定による承認を受けようとする職員からその承認の請求があったときは、当該請求に係る時間のうち業務の運営に支障があると認められる時間を除き、これを承認しなければならない。

32　前三項の規定は、地方公務員法第四条第一項に規定する職員（同法第二十二条の四第一項に規定する短時間勤務の職を占める職員以外の非常勤職員にあっては、第二十三条第三項ただし書の規定を適用するとしたならば同項ただし書各号のいずれにも該当しないものに限る。）について準用する。この場合において、第二十九項中「当該職員の勤務する行政執行法人の長」とあるのは「地方公務員法第六条第一項に規定する任命権者又はその委任を受けた者」と、前項中「行政執行法人の長」とあるのは「地方公務員法第六条第一項に規定する任命権者又はその委任を受けた者」と、「職員」とあるのは「同法第四条第一項に規定する職員」と、「業務」とあるのは「公務」と読み替えるものとする。

33　行政執行法人の長は、職場において行われる当該行政執行法人の職員に対する国家公務員の育児休業等に関する法律第三条第一項の規定による育児休業、第三項の規定による休業その他の子の養育又は家族の介護に関する厚生労働省令で定める制度の利用に関する言動により当該職員の勤務環境が害されることのないよう、当該職員からの相談に応じ、適切に対応するために必要な体制の整備その他の雇用管理上必要な措置を講じなければならない。

34　第二十五条第二項の規定は、行政執行法人の職員が前項の相談を行い、又は行政執行法人の長による当該相談への対応に協力した際に事実を述べた場合について準用する。この場合において、同条第二項中「解雇その他不利益な」とあるのは、「不利益な」と読み替えるものとする。

35　第二十五条の二の規定は、行政執行法人の職員に係る第三十三項に規定する言動について準用する。この場合において、同条第一項中「事業主」とあるのは「行政執行法人の長」と、同条第二項中「事業主」とあるのは「行政執行法人の長」と、「その雇用する労働者」とあるのは「当該行政執行法人の職員」と、「当該労働者」とあるのは「当該職員」と、同条第三項中「事業主（その者が法人である場合にあっては、その役員）」とあるのは「行政執行法人の役員」と、同条第四項中「労働者は」とあるのは「行政執行法人の職員は」と、「事業主」とあるのは「行政執行法人の長」と、「前条第一項」とあるのは「第六十一条第三十三項」と読み替えるものとする。

36　地方公務員法第六条第一項に規定する任命権者又はその委任を受けた者は、職場において行われる同法第四条第一項に規定する職員に対する地方公務員の育児休業等に関する法律第二条第一項の規定による育児休業、第六項において準用する第三項の規定による休業その他の子の養育又は家族の介護に関する厚生労働省令で定める制度の利用に関する言動により当該職員の勤務環境が害されることのないよう、当該職員からの相談に応じ、適切に対応するために必要な体制の整備その他の雇用管理上必要な措置を講じなければならない。

37　第二十五条第二項の規定は、地方公務員法第四条第一項に規定する職員が前項の相談を行い、又は同法第六条第一項に規定する任命権者又はその委任を受けた者による当該相談への対応に協力した際に事実を述べた場合について準用する。この場合において、第二十五条第二項中「解雇その他不利益な」とあるのは、「不利益な」と読み替えるものとする。

38　第二十五条の二の規定は、地方公務員法第四条第一項に規定する職員に係る第三十六項に規定する言動について準用する。この場合において、第二十五条の二第一項中「事業主」とあるのは「地方公務員法（昭和二十五年法律第二百六十一号）第六条第一項に規定する任命権者又はその委任を受けた者（以下「任命権者等」という。）」と、同条第二項中「事業主」とあるのは「任命権者等」と、「その雇用する労働者」とあるのは「地方公務員法第四条第一項に規定する職員」と、「当該労働者」とあるのは「当該職員」と、同条第三項中「事業主（その者が法人である場合にあっては、その役員）」とあるのは「任命権者等」と、同条第四項中「労働者は」とあるのは「地方公務員法第四条第一項に規定する職員は」と、「事業主」とあるのは「任命権者等」と、「前条第一項」とあるのは「第六十一条第三十六項」と読み替えるものとする。

第十三章　罰則

第六二条現　第五十三条第五項において準用する職業安定法第四十一条第二項の規定による業務の停止の命令に違反して、労働者の募集に従事した者は、一年以下の懲役又は百万円以下の罰金に処する。

新 ［令和七年六月一日から施行］
第六二条 第五十三条第五項において準用する職業安定法第四十一条第二項の規定による業務の停止の命令に違反して、労働者の募集に従事した者は、一年以下の拘禁刑又は百万円以下の罰金に処する。

第六三条現 次の各号のいずれかに該当する者は、六月以下の懲役又は三十万円以下の罰金に処する。

新 ［令和七年六月一日から施行］
第六三条 次の各号のいずれかに該当する者は、六月以下の拘禁刑又は三十万円以下の罰金に処する。

一 第五十三条第四項の規定による届出をしないで、労働者の募集に従事した者
二 第五十三条第五項において準用する職業安定法第三十七条第二項の規定による指示に従わなかった者
三 第五十三条第五項において準用する職業安定法第三十九条又は第四十条の規定に違反した者

第六四条 次の各号のいずれかに該当する者は、三十万円以下の罰金に処する。
一 第五十三条第五項において準用する職業安定法第五十条第一項の規定による報告をせず、若しくは虚偽の報告をし、又は第五十三条第五項において準用する同法第五十条第二項の規定による立入り若しくは検査を拒み、妨げ、若しくは忌避し、若しくは質問に対して答弁をせず、若しくは虚偽の陳述をした者
二 第五十三条第五項において準用する職業安定法第五十一条第一項の規定に違反して秘密を漏らした者

第六五条 法人の代表者又は法人若しくは人の代理人、使用人その他の従業者が、その法人又は人の業務に関し、前三条の違反行為をしたときは、行為者を罰するほか、その法人又は人に対して各本条の罰金刑を科する。

第六六条 第五十六条の規定による報告をせず、又は虚偽の報告をした者は、二十万円以下の過料に処する。

附　則　抄

（施行期日）
第一条 この法律は、平成四年四月一日から施行する。

附　則　［令和三年六月九日法律第五八号］　抄

（施行期日）
第一条 この法律は、令和四年四月一日から施行する。ただし、次の各号に掲げる規定は、当該各号に定める日から施行する。
一 第一条中育児休業、介護休業等育児又は家族介護を行う労働者の福祉に関する法律第十二条第二項、第十六条の三第二項及び第十六条の六第二項の改正規定並びに附則第十二条中労働者派遣事業の適正な運営の確保及び派遣労働者の保護等に関する法律（昭和六十年法律第八十八号）第四十七条の三の改正規定（「、第二十五条第一項」を「、第二十五条」に改める部分に限る。）及び附則第十四条の規定　公布の日
二 ［略］
三 第二条及び第五条の規定並びに附則第四条、第七条、第九条、第十一条及び第十三条の規定　公布の日から起算して一年六月を超えない範囲内において政令で定める日
四 第三条の規定及び附則第五条の規定　令和五年四月一日

（検討）
第二条 政府は、この法律の施行後五年を目途として、第一条から第三条までの規定による改正後の育児休業、介護休業等

育児又は家族介護を行う労働者の福祉に関する法律の規定の施行の状況、男性労働者の育児休業（同法第二条第一号に規定する育児休業をいう。附則第四条において同じ。）の取得の状況その他の状況の変化を勘案、同法の規定について検討を加え、必要があると認めるときは、その結果に基づいて所要の措置を講ずるものとする。

第三条　削除

（育児休業に関する経過措置）

第四条　附則第一条第三号に掲げる規定の施行の日（附則第七条において「第三号施行日」という。）前の日に開始した育児休業（当該育児休業に係る子の出生の日から起算して八週間を経過する日の翌日まで（出産予定日前に当該子が出生した場合にあっては当該出生の日から当該出産予定日から起算して八週間を経過する日の翌日までとし、出産予定日後に当該子が出生した場合にあっては当該出産予定日から当該出生の日から起算して八週間を経過する日の翌日までとする。）の期間内に、労働者が当該子を養育するためにする最初の育児休業に限る。）は、第二条の規定による改正後の育児休業、介護休業等育児又は家族介護を行う労働者の福祉に関する法律第五条第二項及び第九条の二第二項の規定の適用については、同条第一項の規定による申出によりした同項に規定する出生時育児休業とみなす。

（育児休業の取得の状況の公表に関する経過措置）

第五条　第三条の規定による改正後の育児休業、介護休業等育児又は家族介護を行う労働者の福祉に関する法律第二二条の二の規定は、附則第一条第四号に掲げる規定の施行の日以後に開始する事業年度から適用する。

（政令への委任）

第一四条　この附則に定めるもののほか、この法律の施行に関し必要な経過措置は、政令で定める。

育児休業、介護休業等育児又は家族介護を行う労働者の福祉に関する法律施行規則　抄

〔平成三年一〇月一五日
労働省令第二五号〕

沿革　平成　七年　九月二九日労働省令第　四〇号
〃　一四年　一月二九日厚生労働省令第　九号
〃　二九年　三月三一日　〃　第　三八号
〃　二九年　六月三〇日　〃　第　六六号
〃　三〇年　九月　七日　〃　第一一二号
令和　元年一二月二七日　〃　第　八六号
〃　元年一二月二七日　〃　第　八九号
〃　三年　九月三〇日　〃　第一六六号
〃　三年　九月三〇日　〃　第一六九号
〃　三年一一月三〇日　〃　第一八四号

第一章　総則

（法第二条第一号の厚生労働省令で定めるもの）

第一条　育児休業、介護休業等育児又は家族介護を行う労働者の福祉に関する法律（平成三年法律第七十六号。以下「法」という。）第二条第一号の厚生労働省令で定める者は、児童の親その他の児童福祉法（昭和二十二年法律第百六十四号）第二十七条第四項に規定する者の意に反するため、同項の規定により、同法第六条の四第二号に規定する養子縁組里親（以下「養子縁組里親」という。）として当該児童を委託することができない労働者とする。

2　法第二条第一号の厚生労働省令で定めるところにより委託されている者は、児童福祉法第六条の四第一号の規定による養育里親に同法第二十七条第一項第三号の規定により委託されている者とする。

（法第二条第三号の厚生労働省令で定める期間）

第二条　法第二条第三号の厚生労働省令で定める期間は、二週間以上の期間とする。

（法第二条第四号の厚生労働省令で定めるもの）

第三条　法第二条第四号の厚生労働省令で定めるものは、祖父母、兄弟姉妹及び孫とする。

（法第二条第五号の厚生労働省令で定める親族）

第四条　法第二条第五号の厚生労働省令で定める親族は、同居の親族（同条第四号の対象家族（以下「対象家族」という。）を除く。）とする。

第二章　育児休業

（法第五条第二項の厚生労働省令で定める特別の事情）

第五条　法第五条第二項の厚生労働省令で定める特別の事情がある場合は、次のとおりとする。

一　法第五条第一項の申出をした労働者について労働基準法（昭和二十二年法律第四十九号）第六十五条第一項又は第二項の規定により休業する期間（以下「産前産後休業期間」という。）が始まったことにより法第九条第一項の育児休業期間（以下「育児休業期間」という。）が終了した場合であって、当該産前産後休業期間又は当該産前産後休業期間中に出産した子に係る育児休業期間が終了する日までに、当該子の全てが、次のいずれかに該当するに至ったとき。

イ　死亡したとき。

ロ　養子となったことその他の事情により当該労働者と同

居しないこととなったとき。

二　法第五条第一項の申出をした労働者について新期間（新たな育児休業期間又は法第九条の五第一項の出生時育児休業期間（以下「出生時育児休業期間」という。）をいう。以下この号において同じ。）が始まったことにより育児休業期間が終了した場合であって、当該新期間が終了する日までに、当該新期間の育児休業に係る子の全てが、次のいずれかに該当するに至ったとき。

イ　死亡したとき。

ロ　養子となったことその他の事情により当該労働者と同居しないこととなったとき。

ハ　民法（明治二十九年法律第八十九号）第八百十七条の二第一項の規定による請求に係る家事審判事件が終了したとき（特別養子縁組の成立の審判が確定した場合を除く。）又は養子縁組が成立しないまま児童福祉法第二十七条第一項第三号の規定による措置が解除されたとき。

三　法第五条第一項の申出をした労働者について法第十五条第一項の介護休業期間（以下「介護休業期間」という。）が始まったことにより育児休業期間が終了した場合であって、当該介護休業期間が終了する日までに、当該介護休業期間の介護休業に係る対象家族が死亡するに至ったとき又は離婚、婚姻の取消、離縁等により当該介護休業期間の介護休業に係る対象家族と介護休業申出（法第十一条第三項の介護休業申出をいう。以下同じ。）をした労働者との親族関係が消滅するに至ったとき。

四　法第五条第一項の申出に係る子の親（同項の申出に係る子について民法第八百十七条の二第一項の規定により特別養子縁組の成立について家庭裁判所に請求した者又は児童福祉法第二十七条第一項第三号の規定により養子縁組里親として委託されている者若しくは第一条第一項に該当する者を含む。以下この章において同じ。）である配偶者（婚姻の届出をしていないが、事実上婚姻関係と同様の事情にある者を含む。以下同じ。）が死亡したとき。

五　前号に規定する配偶者が負傷、疾病又は身体上若しくは精神上の障害により法第五条第一項の申出に係る子を養育することが困難な状態になったとき。

六　婚姻の解消その他の事情により第四号に規定する配偶者が法第五条第一項の申出に係る子と同居しないこととなったとき。

七　法第五条第一項の申出に係る子が負傷、疾病又は身体上若しくは精神上の障害により、二週間以上の期間にわたり世話を必要とする状態になったとき。

八　法第五条第一項の申出に係る子について、児童福祉法第三十九条第一項に規定する保育所、就学前の子どもに関する教育、保育等の総合的な提供の推進に関する法律（平成十八年法律第七十七号）第二条第六項に規定する認定こども園又は児童福祉法第二十四条第二項に規定する家庭的保育事業等（以下「保育所等」という。）における保育の利用を希望し、申込みを行っているが、当面その実施が行われないとき。

（法第五条第三項の厚生労働省令で定める特別の事情）

第五条の二　前条の規定（第四号から第八号までを除く。）は、法第五条第三項の厚生労働省令で定める特別の事情がある場合について準用する。この場合において、前条第一号から第三号までの規定中「第五条第一項」とあるのは、「第五条第一項又は第三項」と読み替えるものとする。

（法第五条第三項第二号の厚生労働省令で定める場合）

第六条　法第五条第三項第二号の厚生労働省令で定める場合は、次のとおりとする。

一　法第五条第三項の申出に係る子について、保育所等にお

ける保育の利用を希望し、申込みを行っているが、当該子が一歳に達する日後の期間について、当面その実施が行われない場合

二　常態として法第五条第三項の申出に係る子の養育を行っている当該子の親である配偶者であって当該子が一歳に達する日後の期間について常態として当該子の養育を行う予定であったものが次のいずれかに該当した場合

イ　死亡したとき。

ロ　負傷、疾病又は身体上若しくは精神上の障害により法第五条第三項の申出に係る子を養育することが困難な状態になったとき。

ハ　婚姻の解消その他の事情により常態として法第五条第三項の申出に係る子の養育を行っている当該子の親である配偶者が法第五条第三項の申出に係る子と同居しないこととなったとき。

ニ　六週間（多胎妊娠の場合にあっては、十四週間）以内に出産する予定であるか又は産後八週間を経過しないとき。

三　前条の規定により読み替えて準用する第五条第一号から第三号までに掲げる場合に該当した場合

第六条の二　（法第五条第四項第二号の厚生労働省令で定める場合）

第六条の二　前条の規定は、法第五条第四項第二号の厚生労働省令で定める場合について準用する。この場合において、同条中「一歳に達する日」とあるのは「一歳六か月に達する日」と読み替えるものとする。

（育児休業申出の方法等）

第七条　法第五条第六項の育児休業申出（以下「育児休業申出」という。）は、次に掲げる事項（同条第七項に規定する場合にあっては、第一号、第二号及び第四号に掲げる事項に限る。）を事業主に申し出ることによって行わなければならない。

一　育児休業申出の年月日

二　育児休業申出をする労働者の氏名

三　育児休業申出に係る子の氏名、生年月日及び前号の労働者との続柄等（育児休業申出に係る子が当該育児休業申出の際に出生していない場合にあっては、当該育児休業申出に係る子を出産する予定である者の氏名、出産予定日及び前号の労働者との続柄。民法第八百十七条の二第一項の規定により特別養子縁組の成立について家庭裁判所に請求した場合、児童福祉法第二十七条第一項第三号の規定により養子縁組里親として委託されている場合又は第一条第一項に該当する場合（以下「特別養子縁組の請求等の場合」という。）にあっては、その事実。）

四　育児休業申出に係る期間の初日（以下「育児休業開始予定日」という。）及び末日（以下「育児休業終了予定日」という。）とする日

四の二　育児休業申出に係る子について、既にした育児休業申出がある場合にあっては、当該育児休業申出に係る育児休業期間

四の三　育児休業申出に係る子について、既にした法第八条第一項の育児休業申出の撤回がある場合にあっては、その旨

五　育児休業申出をする労働者が当該育児休業申出に係る子でない子であって一歳に満たないものを有する場合にあっては、当該子の氏名、生年月日及び当該労働者との続柄（特別養子縁組の請求等の場合にあっては、その事実。）

六　育児休業申出に係る子が養子である場合にあっては、当該養子縁組の効力が生じた日

七　第五条各号（第五条の二において準用する場合を含む。）に掲げる事情がある場合にあっては、当該事情に係

る事実

八　法第五条第三項又は第四項の申出をする場合にあっては、第六条各号又は第六条の二の規定により読み替えて準用する第六条各号に掲げる場合に該当する事実

九　配偶者が育児休業申出に係る子の一歳到達日（法第五条第三項に規定する一歳到達日をいう。以下同じ。）又は一歳六か月到達日（法第五条第四項第一号に規定する一歳六か月到達日をいう。）において育児休業をしている労働者が法第五条第三項又は第四項の申出をする場合にあっては、その事実

十　第十条各号に掲げる事由が生じた場合にあっては、当該事由に係る事実

十一　第十九条各号に掲げる事情がある場合にあっては、当該事情に係る事実

十二　法第九条の六第一項の規定により読み替えて適用する法第五条第一項の申出により子の一歳到達日の翌日以後の日に育児休業をする場合にあっては、当該申出に係る育児休業開始予定日とされた日が当該労働者の配偶者がしている育児休業に係る育児休業期間の初日以後である事実

2　育児休業申出及び第八項の通知は、次のいずれかの方法（第二号及び第三号に掲げる場合にあっては、事業主が適当と認める場合に限る。）によって行わなければならない。

一　書面を提出する方法

二　ファクシミリを利用して送信する方法

三　電子メールその他のその受信をする者を特定して情報を伝達するために用いられる電気通信（電気通信事業法（昭和五十九年法律第八十六号）第二条第一号に規定する電気通信をいう。以下「電子メール等」という。）の送信の方法（労働者及び事業主が当該電子メール等の記録を出力することにより書面を作成することができるものに限る。）

3　前項第二号の方法により行われた申出及び通知は、事業主の使用に係るファクシミリ装置により受信した時に、同項第三号の方法により行われた申出及び通知は、事業主の使用に係る通信端末機器により受信した時に、それぞれ当該事業主に到達したものとみなす。

4　事業主は、育児休業申出がされたときは、次に掲げる事項を労働者に速やかに通知しなければならない。

一　育児休業申出を受けた旨

二　育児休業開始予定日（法第六条第三項の規定により指定をする場合にあっては、当該事業主の指定する日）及び育児休業終了予定日

三　育児休業申出を拒む場合には、その旨及びその理由

5　前項の通知は、次のいずれかの方法（第二号及び第三号に掲げる場合にあっては、労働者が希望する場合に限る。）により行わなければならない。

一　書面を交付する方法

二　ファクシミリを利用して送信する方法

三　電子メール等の送信の方法（当該労働者が当該電子メール等の記録を出力することにより書面を作成することができるものに限る。）

6　前項第二号の方法により行われた通知は、労働者の使用に係るファクシミリ装置により受信した時に、同項第三号の方法により行われた通知は、労働者の使用に係る通信端末機器により受信した時に、それぞれ当該労働者に到達したものとみなす。

7　事業主は、育児休業申出があったときは、当該育児休業申出をした労働者に対して、当該育児休業申出に係る子の妊娠、出生（育児休業申出に係る子が当該育児休業申出の際に出生していない場合にあっては、出産予定日）若しくは養子縁組の事実又は同項第三号若しくは第七号から第十二号までに掲

げる事実を証明することができる書類の提出を求めることができる。ただし、法第五条第七項に規定する場合は、この限りでない。

8　育児休業申出に係る子が当該育児休業申出がされた後に出生したときは、当該育児休業申出をした労働者は、速やかに、当該子の氏名、生年月日及び当該労働者との続柄を事業主に通知しなければならない。この場合において、事業主は、当該労働者に対して、当該子の出生の事実を証明することができる書類の提出を求めることができる。

（法第六条第一項第二号の厚生労働省令で定めるもの）

第八条　法第六条第一項第二号の厚生労働省令で定めるものは、次のとおりとする。

一　育児休業申出があった日から起算して一年（法第五条第三項及び第四項の申出にあっては六月）以内に雇用関係が終了することが明らかな労働者

二　一週間の所定労働日数が著しく少ないものとして厚生労働大臣が定める日数以下の労働者

（法第六条第一項ただし書の場合の手続等）

第九条　法第六条第一項ただし書の規定により、事業主が労働者からの育児休業申出を拒む場合及び育児休業をしている労働者が同項ただし書の育児休業申出をすることができないものとして定められた労働者に該当することとなったことにより育児休業を終了させる場合における必要な手続その他の事項は、同項ただし書の協定の定めるところによる。

（法第六条第三項の厚生労働省令で定める事由）

第一〇条　法第六条第三項の厚生労働省令で定める事由は、次のとおりとする。

一　出産予定日前に子が出生したこと。

二　育児休業申出に係る子の親である配偶者の死亡

三　前号に規定する配偶者が負傷又は疾病により育児休業申出に係る子を養育することが困難になったこと。

四　第二号に規定する配偶者が育児休業申出に係る子と同居しなくなったこと。

五　法第五条第一項の申出に係る子が負傷、疾病又は身体上若しくは精神上の障害により、二週間以上の期間にわたり世話を必要とする状態になったとき。

六　法第五条第一項の申出に係る子について、保育所等における保育の利用を希望し、申込みを行っているが、当面その実施が行われないとき。

（法第六条第三項の厚生労働省令で定める日）

第一一条　法第六条第三項の厚生労働省令で定める日は、育児休業申出があった日の翌日から起算して一週間を経過する日とする。

（法第六条第三項の指定）

第一二条　法第六条第三項の指定は、育児休業開始予定日とされた日（その日が育児休業申出があった日の翌日から起算して三日を経過する日後の日である場合にあっては、当該三日を経過する日）までに、育児休業開始予定日として指定する日を育児休業申出をした労働者に通知することによって行わなければならない。

2　第七条第五項及び第六項の規定は、前項の通知について準用する。

（育児休業開始予定日の変更の申出）

第一三条　法第七条第一項の育児休業開始予定日の変更の申出（以下この条及び第十五条において「変更申出」という。）は、次に掲げる事項を事業主に申し出ることによって行わなければならない。

一　変更申出の年月日

二　変更申出をする労働者の氏名

三　変更後の育児休業開始予定日

四　変更申出をすることとなった事由に係る事実

2　第七条第二項から第六項（第四項第三号を除く。）までの規定は、変更申出について準用する。この場合において、同条第四項第二号中「第六条第三項」とあるのは、「第七条第二項」と読み替えるものとする。

3　事業主は、第一項の変更申出があったときは、当該変更申出をした労働者に対して、同項第四号に掲げる事実を証明することができる書類の提出を求めることができる。

（法第七条第二項の厚生労働省令で定める期間）

第一四条　法第七条第二項の厚生労働省令で定める期間は、一週間とする。

（法第七条第二項の指定）

第一五条　法第七条第二項の指定は、変更後の育児休業開始予定日とされた日（その日が変更申出があった日の翌日から起算して三日を経過する日後の日である場合にあっては、当該三日を経過する日）までに、育児休業開始予定日として指定する日を記載した書面を変更申出をした労働者に交付することによって行わなければならない。

（法第七条第三項の厚生労働省令で定める日）

第一六条　法第七条第三項の厚生労働省令で定める日は、育児休業申出において育児休業終了予定日とされた日の一月前（法第五条第三項及び第四項の申出にあっては二週間前）の日とする。

（育児休業終了予定日の変更の申出）

第一七条　法第七条第三項の育児休業終了予定日の変更の申出（以下この条において「変更申出」という。）は、次に掲げる事項を事業主に申し出ることによって行わなければならない。

一　変更申出の年月日

二　変更申出をする労働者の氏名

三　変更後の育児休業終了予定日

2　第七条第二項から第六項（第四項第三号を除く。）までの規定は、変更申出について準用する。この場合において、同条第四項第二号中「育児休業開始予定日（法第六条第三項の規定により指定をする場合にあっては、当該事業主の指定する日）」とあるのは「育児休業開始予定日」と読み替えるものとする。

（育児休業申出の撤回）

第一八条　法第八条第一項の育児休業申出の撤回は、その旨及びその年月日を事業主に申し出ることによって行わなければならない。

2　第七条第二項から第六項（第四項第二号及び第三号を除く。）までの規定は、前項の撤回について準用する。

（法第八条第二項の厚生労働省令で定める特別の事情）

第一九条　法第八条第三項の厚生労働省令で定める特別の事情がある場合は、次のとおりとする。

一　育児休業申出に係る子の親である配偶者の死亡

二　前号に規定する配偶者が負傷、疾病又は身体上若しくは精神上の障害により育児休業申出に係る子を養育することが困難な状態になったこと。

三　婚姻の解消その他の事情により第一号に規定する配偶者が育児休業申出に係る子と同居しないこととなったこと。

四　法第五条第一項の申出に係る子が負傷、疾病又は身体上若しくは精神上の障害により、二週間以上の期間にわたり世話を必要とする状態になったとき。

五　法第五条第一項の申出に係る子について、保育所等における保育の利用を希望し、申込みを行っているが、当面その実施が行われないとき。

（法第八条第三項の厚生労働省令で定める事由）

第二〇条　法第八条第四項の厚生労働省令で定める事由は、次のとおりとする。

一　育児休業申出に係る子の死亡
二　育児休業申出に係る子が養子である場合における離縁又は養子縁組の取消
三　育児休業申出に係る子が養子となったことその他の事情により当該育児休業申出をした労働者と当該子とが同居しないこととなったこと。
四　民法第八百十七条の二第一項の規定による請求に係る家事審判事件が終了したこと（特別養子縁組の成立の審判が確定した場合を除く。）又は養子縁組が成立しないまま児童福祉法第二十七条第一項第三号の規定による措置が解除されたこと。
五　育児休業申出をした労働者が、負傷、疾病又は身体上若しくは精神上の障害により、当該育児休業申出に係る子が一歳（法第五条第三項の申出に係る子にあっては一歳六か月、同条第四項の申出に係る子にあっては二歳）に達するまでの間、当該子を養育することができない状態になったこと。
六　法第九条の六第一項の規定により読み替えて適用する法第五条第一項の申出により子の一歳到達日の翌日以後の日に育児休業をする場合において労働者の配偶者が育児休業をしていないこと（当該申出に係る育児休業開始予定日とされた日が当該配偶者のしている育児休業に係る育児休業期間の初日と同じ日である場合を除く。）。

（法第九条第二項第一号の厚生労働省令で定める事由）

第二一条　前条の規定（第六号を除く。）は、法第九条第二項第一号の厚生労働省令で定める事由について準用する。

（出生時育児休業申出の方法等）

第二一条の二　法第九条の二第三項の出生時育児休業申出（以下「出生時育児休業申出」という。）は、次に掲げる事項（同条第四項に規定する場合にあっては、第一号、第二号及び第四号に掲げる事項に限る。）を事業主に申し出ることによって行わなければならない。
一　出生時育児休業申出の年月日
二　出生時育児休業申出をする労働者の氏名
三　出生時育児休業申出に係る子の氏名、生年月日及び前号の労働者との続柄等（出生時育児休業申出に係る子が当該出生時育児休業申出の際に出生していない場合にあっては、当該出生時育児休業申出に係る子を出産する予定である者の氏名、出産予定日及び前号の労働者との続柄。特別養子縁組の請求等の場合にあっては、その事実。）
四　出生時育児休業申出に係る期間の初日（第二十一条の八及び第二十一条の十七第三号において「出生時育児休業開始予定日」という。）及び末日（第二十一条の十二及び第二十一条の十七第三号において「出生時育児休業終了予定日」という。）とする日
五　出生時育児休業申出をする労働者が当該出生時育児休業申出に係る子でない子であって出生の日から起算して八週間を経過しないものを有する場合にあっては、当該子の氏名、生年月日及び当該労働者との続柄（特別養子縁組の請求等の場合にあっては、その事実。）
六　出生時育児休業申出に係る子が養子である場合にあっては、当該養子縁組の効力が生じた日
七　第十条各号に掲げる事由が生じた場合にあっては、当該事由に係る事実
2　第七条第二項から第八項までの規定は、出生時育児休業申出について準用する。この場合において、同条第四項第二号中「第六条第三項」とあるのは「第九条の三第三項」と、同条第七項中「同項第三号若しくは第七号」とあるのは「同項第三号若しくは第七号から第十二号まで」と、「第五条第七項」とあるのは「第九条の二第四項」と読み替えるものとす

る。

（法第九条の三第二項において準用する法第六条第一項第二号の厚生労働省令で定めるもの）

第二一条の三　法第九条の三第二項において準用する法第六条第一項第二号の厚生労働省令で定めるものは、次のとおりとする。

一　出生時育児休業申出があった日から起算して八週間以内に雇用関係が終了することが明らかな労働者

二　第八条第二号の労働者

（法第九条の三第二項において準用する法第六条第一項ただし書の場合の手続等）

第二一条の四　第九条の規定は、法第九条の三第二項において準用する法第六条第一項ただし書の場合の手続等について準用する。

（法第九条の三第三項の厚生労働省令で定める日）

第二一条の五　第十一条の規定は、法第九条の三第三項の厚生労働省令で定める日について準用する。

（法第九条の三第三項の指定）

第二一条の六　第十二条の規定は、法第九条の三第三項の指定について準用する。この場合において、第十二条第二項中「第七条第五項及び第六項」とあるのは、「第二十一条の二第二項の規定により準用された第七条第五項及び第六項」と読み替えるものとする。

（法第九条の三第四項第一号の厚生労働省令で定める措置）

第二一条の七　法第九条の三第四項第一号の厚生労働省令で定める措置は、次のとおりとする。

一　出生時育児休業申出が円滑に行われるようにするための雇用環境整備の措置として、次に掲げる措置のうちいずれか二以上の措置を講ずること。

イ　その雇用する労働者に対する育児休業に係る研修の実施

ロ　育児休業に関する相談体制の整備

ハ　その雇用する労働者の育児休業の取得に関する事例の収集及びその雇用する労働者に対する当該事例の提供

ニ　その雇用する労働者に対する育児休業に関する制度及び育児休業の取得の促進に関する方針の周知

ホ　育児休業申出をした労働者の育児休業の取得が円滑に行われるようにするための業務の配分又は人員の配置に係る必要な措置

二　育児休業の取得に関する定量的な目標を設定し、育児休業の取得の促進に関する方針を周知すること。

三　育児休業申出に係る当該労働者の意向を確認するための措置を講じた上で、その意向を把握するための取組を行うこと。

（出生時育児休業開始予定日の変更の申出）

第二一条の八　第十三条の規定は、法第九条の四において準用する法第七条第一項の出生時育児休業開始予定日の変更の申出について準用する。

（法第九条の四において準用する法第七条第二項の厚生労働省令で定める期間）

第二一条の九　第十四条の規定は、法第九条の四において準用する法第七条第二項の厚生労働省令で定める期間について準用する。

（法第九条の四において準用する法第七条第二項の指定）

第二一条の一〇　第十五条の規定は、法第九条の四において準用する法第七条第二項の指定について準用する。

（法第九条の四において準用する法第七条第三項の厚生労働省令で定める日）

第二一条の一一　第十六条の規定は、法第九条の四において準用する法第七条第三項の厚生労働省令で定める日について準用する。

用する。この場合において、第十六条中「一月前（法第五条第三項及び第四項の申出にあっては二週間前）」とあるのは、「二週間前」と読み替えるものとする。

（出生時育児休業終了予定日の変更の申出）

第二一条の一二　第十七条の規定は、法第九条の四において準用する法第七条第三項の出生時育児休業終了予定日の変更の申出について準用する。

（出生時育児休業申出の撤回）

第二一条の一三　第十八条の規定は、法第九条の四において準用する法第八条第一項の出生時育児休業申出の撤回について準用する。

（法第九条の四において準用する法第八条第四項の厚生労働省令で定める事由）

第二一条の一四　法第九条の四において準用する法第八条第四項の厚生労働省令で定める事由は、次のとおりとする。

一　出生時育児休業申出に係る子の死亡

二　出生時育児休業申出に係る子が養子である場合における離縁又は養子縁組の取消

三　出生時育児休業申出に係る子が養子となったことその他の事情により当該出生時育児休業申出をした労働者と当該子とが同居しないこととなったこと。

四　民法第八百十七条の二第一項の規定による請求に係る家事審判事件が終了したこと（特別養子縁組の成立の審判が確定した場合を除く。）又は養子縁組が成立しないまま児童福祉法第二十七条第一項第三号の規定による措置が解除されたこと。

五　出生時育児休業申出をした労働者が、負傷、疾病又は身体上若しくは精神上の障害により、当該出生時育児休業申出に係る子が出生の日から起算して八週間を経過する日の翌日までの間、当該子を養育することができない状態になったこと。

（法第九条の五第二項の厚生労働省令で定める事項等）

第二一条の一五　法第九条の五第二項の厚生労働省令で定める事項は、次のとおりとする。

一　出生時育児休業期間において就業することができる日（以下この条において「就業可能日」という。）

二　就業可能日における就業可能な時間帯（所定労働時間内の時間帯に限る。）その他の労働条件

2　法第九条の五第二項の規定により、事業主に対して、前項に定める事項を申し出る場合にあっては、次のいずれかの方法（第二号及び第三号に掲げる場合にあっては、事業主が適当と認める場合に限る。）によって行わなければならない。

一　書面を提出する方法

二　ファクシミリを利用して送信する方法

三　電子メール等の送信の方法（労働者及び事業主が当該電子メール等の記録を出力することにより書面を作成することができるものに限る。）

3　前項第二号の方法により行われた申出は、事業主の使用に係るファクシミリ装置により受信した時に、同項第三号の方法により行われた申出は、事業主の使用に係る通信端末機器により受信した時に、それぞれ当該事業主に到達したものとみなす。

4　事業主は、法第九条の五第二項の申出がされたときは、次に掲げる事項を労働者に速やかに提示しなければならない。

一　就業可能日のうち、就業させることを希望する日（就業させることを希望しない場合はその旨）

二　前号の就業させることを希望する日に係る時間帯その他の労働条件

5　前項の提示は、次のいずれかの方法（第二号及び第三号に掲げる場合にあっては、労働者が希望する場合に限る。）に

より行わなければならない。
一　書面を交付する方法
二　ファクシミリを利用して送信する方法
三　電子メール等の送信の方法（当該労働者が当該電子メール等の記録を出力することにより書面を作成することができるものに限る。）

6　前項第二号の方法により行われた提示は、労働者の使用に係るファクシミリ装置により受信した時に、同項第三号の方法により行われた提示は、労働者の使用に係る通信端末機器により受信した時に、それぞれ当該労働者に到達したものとみなす。

（出生時育児休業期間中に就業することの同意の方法等）

第二一条の一六　法第九条の五第四項の同意は、次のいずれかの方法（第二号及び第三号に掲げる場合にあっては、事業主が適当と認める場合に限る。）によって行わなければならない。
一　書面を提出する方法
二　ファクシミリを利用して送信する方法
三　電子メール等の送信の方法（労働者及び事業主が当該電子メール等の記録を出力することにより書面を作成することができるものに限る。）

2　前項第二号の方法により行われた同意は、事業主の使用に係るファクシミリ装置により受信した時に、同項第三号の方法により行われた同意は、事業主の使用に係る通信端末機器により受信した時に、それぞれ当該事業主に到達したものとみなす。

3　事業主は、法第九条の五第四項の同意を得た場合は、次に掲げる事項を当該労働者に速やかに通知しなければならない。
一　法第九条の五第四項の同意を得た旨
二　出生時育児休業期間において、就業させることとした日時その他の労働条件

4　前項の通知は、次のいずれかの方法（第二号及び第三号に掲げる場合にあっては、労働者が希望する場合に限る。）により行わなければならない。
一　書面を交付する方法
二　ファクシミリを利用して送信する方法
三　電子メール等の送信の方法（当該労働者が当該電子メール等の記録を出力することにより書面を作成することができるものに限る。）

5　前項第二号の方法により行われた通知は、労働者の使用に係るファクシミリ装置により受信した時に、同項第三号の方法により行われた通知は、労働者の使用に係る通信端末機器により受信した時に、それぞれ当該労働者に到達したものとみなす。

（法第九条の五第四項の厚生労働省令で定める範囲）

第二一条の一七　法第九条の五第四項の厚生労働省令で定める範囲は、次のとおりとする。
一　就業させることとした日（以下この条において「就業日」という。）の数の合計が、出生時育児休業期間の所定労働日数の二分の一以下であること。ただし、一日未満の端数があるときは、これを切り捨てた日数であること。
二　就業日における労働時間の合計が、出生時育児休業期間における所定労働時間の合計の二分の一以下であること。
三　出生時育児休業開始予定日とされた日又は出生時育児休業終了予定日とされた日を就業日とする場合は、当該日の労働時間数は、当該日の所定労働時間数に満たないものであること。

（法第九条の五第四項の同意の撤回）

第二一条の一八　法第九条の五第五項の規定による同条第四項の同意の撤回は、その旨、その年月日及び次条各号に掲げる

事情に係る事実を事業主に申し出ることによって行わなければならない。

2 第七条第二項から第六項（第四項第二号を除く。）までの規定は、前項の撤回について準用する。

3 事業主は、第一項の撤回があったときは、当該撤回をした労働者に対して、次条各号に掲げる事情に係る事実を証明することができる書類の提出を求めることができる。

（法第九条の五第五項の厚生労働省令で定める特別の事情）

第二一条の一九 法第九条の五第五項の厚生労働省令で定める特別の事情がある場合は、次のとおりとする。

一 出生時育児休業申出に係る子の親である配偶者の死亡

二 前号に規定する配偶者が負傷、疾病又は身体上若しくは精神上の障害その他これらに準ずる心身の状況により出生時育児休業申出に係る子を養育することが困難な状態になったこと。

三 婚姻の解消その他の事情により第一号に規定する配偶者が出生時育児休業申出に係る子と同居しないこととなったこと。

四 出生時育児休業申出に係る子が負傷、疾病又は身体上若しくは精神上の障害その他これらに準ずる心身の状況により、二週間以上の期間にわたり世話を必要とする状態になったとき。

（法第九条の五第六項第一号の厚生労働省令で定める事由）

第二一条の二〇 第二十一条の十四の規定は、法第九条の五第六項第一号の厚生労働省令で定める事由について準用する。

第三章　介護休業

（介護休業申出の方法等）

第二三条 介護休業申出は、次に掲げる事項（法第十一条第四項に規定する場合にあっては、第一号、第二号及び第五号に掲げる事項に限る。）を事業主に申し出ることによって行わなければならない。

一 介護休業申出の年月日

二 介護休業申出をする労働者の氏名

三 介護休業申出に係る対象家族の氏名及び前号の労働者との続柄

四 介護休業申出に係る対象家族が要介護状態（法第二条第三号の要介護状態をいう。以下同じ。）にある事実

五 介護休業申出に係る期間の初日（以下「介護休業開始予定日」という。）及び末日（以下「介護休業終了予定日」という。）とする日

六 介護休業申出に係る対象家族についての法第十一条第二項第二号の介護休業日数

2 第七条第二項から第六項までの規定は、介護休業申出について準用する。この場合において、同条第四項第二号中「第六条第三項」とあるのは、「第十二条第三項」と読み替えるものとする。

3 事業主は、第一項の介護休業申出があったときは、当該介護休業申出をした労働者に対して、同項第三号及び第四号に掲げる事実を証明することができる書類の提出を求めることができる。ただし、法第十一条第四項に規定する場合は、この限りでない。

（法第十二条第二項において準用する法第六条第一項第二号の厚生労働省令で定めるもの）

第二四条 法第十二条第二項において準用する法第六条第一項第二号の厚生労働省令で定めるものは、次のとおりとする。

一 介護休業申出があった日から起算して九十三日以内に雇用関係が終了することが明らかな労働者

二 第八条第二号の労働者

（法第十二条第二項において準用する法第六条第一項ただし書の場合の手続等）

第二十五条　第九条の規定は、法第十二条第二項において準用する法第六条第一項ただし書の場合の手続等について準用する。

（法第十二条第三項の指定）

第二十六条　第十二条の規定は、法第十二条第三項の指定について準用する。この場合において、第十二条第二項中「第七条第五項及び第六項」とあるのは、「第二十三条第二項の規定により準用された第七条第五項及び第六項」と読み替えるものとする。

（法第十三条において準用する法第七条第三項の厚生労働省令で定める日）

第二十七条　法第十三条において準用する法第七条第三項の厚生労働省令で定める日は、介護休業申出において介護休業終了予定日とされた日の二週間前の日とする。

（介護休業終了予定日の変更の申出）

第二十八条　第十七条の規定は、法第十三条において準用する法第七条第三項の介護休業終了予定日の変更の申出について準用する。

（介護休業申出の撤回）

第二十九条　第十八条の規定は、法第十四条第一項の介護休業申出の撤回について準用する。

（法第十四条第三項において準用する法第八条第四項の厚生労働省令で定める事由）

第三十条　法第十四条第三項において準用する法第八条第四項の厚生労働省令で定める事由は、次のとおりとする。

一　介護休業申出に係る対象家族の死亡

二　離婚、婚姻の取消、離縁等による介護休業申出に係る対象家族と当該介護休業申出をした労働者との親族関係の消滅

三　介護休業申出をした労働者が負傷、疾病又は身体上若しくは精神上の障害により、当該介護休業申出に係る対象家族についての法第十一条第二項第二号の介護休業日数が九十三日に達する日までの間、当該介護休業申出に係る対象家族を介護することができない状態になったこと。

（法第十五条第三項第一号の厚生労働省令で定める事由）

第三十一条　前条の規定は、法第十五条第三項第一号の厚生労働省令で定める事由について準用する。

第四章　子の看護休暇

（法第十六条の二第一項の厚生労働省令で定める当該子の世話）

第三十二条　法第十六条の二第一項の厚生労働省令で定める当該子の世話は、当該子に予防接種又は健康診断を受けさせることとする。

第三十三条　削除

（法第十六条の二第二項の厚生労働省令で定める一日未満の単位等）

第三十四条　法第十六条の二第二項の厚生労働省令で定める一日未満の単位は、時間（一日の所定労働時間数に満たないものとする。）であって、始業の時刻から連続し、又は終業の時刻まで連続するものとする。

2　前項に規定する一日未満の単位で取得する子の看護休暇一日の時間数は、一日の所定労働時間数（日によって所定労働時間数が異なる場合には、一年間における一日平均所定労働時間数とし、一日の所定労働時間数又は一年間における一日平均所定労働時間数に一時間に満たない端数がある場合は、一時間に切り上げるものとする。）とする。

（子の看護休暇の申出の方法等）

第三五条　法第十六条の二第一項の規定による申出（以下この条及び第三十七条において「看護休暇申出」という。）は、次に掲げる事項を、事業主に対して明らかにすることによって、行わなければならない。
一　看護休暇申出をする労働者の氏名
二　看護休暇申出に係る子の氏名及び生年月日
三　子の看護休暇を取得する年月日（法第十六条の二第二項の規定により、子の看護休暇を一日未満の単位で取得する場合にあっては、当該子の看護休暇の開始及び終了の年月日時）
四　看護休暇申出に係る子が負傷し、若しくは疾病にかかっている事実又は前条に定める世話を行う旨

2　事業主は、看護休暇申出があったときは、当該看護休暇申出をした労働者に対して、前項第四号に掲げる事実を証明することができる書類の提出を求めることができる。

（法第十六条の三第二項において準用する法第六条第一項第二号の厚生労働省令で定めるもの）

第三六条　法第十六条の三第二項において準用する法第六条第一項第二号の厚生労働省令で定めるものは、第八条第二号の労働者とする。

（法第十六条の三第二項において準用する法第六条第一項ただし書の場合の手続等）

第三七条　法第十六条の三第二項において準用する法第六条第一項ただし書の規定により、事業主が労働者からの看護休暇申出を拒む場合における必要な手続その他の事項は、同項ただし書の協定の定めるところによる。

第五章　介護休暇

（法第十六条の五第一項の厚生労働省令で定める世話）

第三八条　法第十六条の五第一項の厚生労働省令で定める世話は、次に掲げるものとする。
一　対象家族の介護
二　対象家族の通院等の付添い、対象家族が介護サービスの提供を受けるために必要な手続の代行その他の対象家族の必要な世話

第三九条　削除

（法第十六条の五第二項の厚生労働省令で定める一日未満の単位等）

第四〇条　法第十六条の五第二項の厚生労働省令で定める一日未満の単位は、時間（一日の所定労働時間数に満たないものとする。）であって、始業の時刻から連続し、又は終業の時刻まで連続するものとする。

2　前項に規定する一日未満の単位で取得する介護休暇一日の時間数は、一日の所定労働時間数（日によって所定労働時間数が異なる場合には、一年間における一日平均所定労働時間数とし、一日の所定労働時間数又は一年間における一日平均所定労働時間数に一時間に満たない端数がある場合は、一時間に切り上げるものとする。）とする。

（介護休暇の申出の方法等）

第四一条　法第十六条の五第一項の規定による申出（以下この条及び第四十三条において「介護休暇申出」という。）は、次に掲げる事項を、事業主に対して明らかにすることによって、行わなければならない。
一　介護休暇申出をする労働者の氏名
二　介護休暇申出に係る対象家族の氏名及び前号の労働者との続柄
三　介護休暇を取得する年月日（法第十六条の五第二項の規定により、介護休暇を一日未満の単位で取得する場合にあっては、当該介護休暇の開始及び終了の年月日時）

四　介護休業申出に係る対象家族が要介護状態にある事実

2　事業主は、介護休暇申出があったときは、当該介護休暇申出をした労働者に対して、前項第二号及び第四号に掲げる事実を証明することができる書類の提出を求めることができる。

（法第十六条の六第二項において準用する法第六条第一項第二号の厚生労働省令で定めるもの）

第四二条　法第十六条の六第二項において準用する法第六条第一項第二号の厚生労働省令で定めるものは、第八条第二号の労働者とする。

（法第十六条の六第二項において準用する法第六条第一項ただし書の場合の手続等）

第四三条　法第十六条の六第二項において準用する法第六条第一項ただし書の規定により、事業主が労働者からの介護休暇申出を拒む場合における必要な手続その他の事項は、同項ただし書の協定の定めるところによる。

第六章　所定外労働の制限

（法第十六条の八第一項第二号の厚生労働省令で定めるもの）

第四四条　法第十六条の八第一項第二号の厚生労働省令で定めるものは、一週間の所定労働日数が二日以下の労働者とする。

（法第十六条の八第一項の規定による請求の方法等）

第四五条　請求は、次に掲げる事項を事業主に通知することによって行わなければならない。

一　請求の年月日

二　請求をする労働者の氏名

三　請求に係る子の氏名、生年月日及び前号の労働者との続柄等（請求に係る子が当該請求の際に出生していない場合にあっては、当該請求に係る子を出産する予定である者の氏名、出産予定日及び前号の労働者との続柄。特別養子縁組の請求等の場合にあっては、その事実）

四　請求に係る制限期間（法第十六条の八第二項の制限期間をいう。以下この章において同じ。）の初日及び末日とする日

五　請求に係る子が養子である場合にあっては、当該養子縁組の効力が生じた日

2　前項の請求及び第五項の通知は、次のいずれかの方法（第二号及び第三号に掲げる場合にあっては、事業主が適当と認める場合に限る。）によって行わなければならない。

一　書面を提出する方法

二　ファクシミリを利用して送信する方法

三　電子メール等の送信の方法（労働者及び事業主が当該電子メール等の記録を出力することにより書面を作成することができるものに限る。）

3　前項第二号の方法により行われた請求及び通知は、事業主の使用に係るファクシミリ装置により受信した時に、同項第三号の方法により行われた請求及び通知は、事業主の使用に係る通信端末機器により受信した時に、それぞれ当該事業主に到達したものとみなす。

4　事業主は、第一項の請求があったときは、当該請求をした労働者に対して、当該請求に係る子の妊娠、出生若しくは養子縁組の事実又は同項第三号に掲げる事実を証明することができる書類の提出を求めることができる。

5　請求に係る子が当該請求がされた後に出生したときは、当該請求をした労働者は、速やかに、当該子の氏名、生年月日及び当該労働者との続柄を事業主に通知しなければならない。この場合において、事業主は、当該労働者に対して、当該子の出生の事実を証明することができる書類の提出を求めることができる。

（法第十六条の八第三項の厚生労働省令で定める事由）

第四六条　法第十六条の八第三項の厚生労働省令で定める事由は、次のとおりとする。
一　請求に係る子の死亡
二　請求に係る子が養子である場合における離縁又は養子縁組の取消し
三　請求に係る子が養子となったことその他の事情により当該請求をした労働者と当該子とが同居しないこととなったこと。
四　民法第八百十七条の二第一項の規定による請求に係る家事審判事件が終了したこと（特別養子縁組の成立の審判が確定した場合を除く。）又は養子縁組が成立しないまま児童福祉法第二十七条第一項第三号の規定による措置が解除されたこと。
五　請求をした労働者が、負傷、疾病又は身体上若しくは精神上の障害により、当該請求に係る制限期間の末日までの間、当該請求に係る子を養育することができない状態になったこと。

（法第十六条の八第四項第一号の厚生労働省令で定める事由）
第四七条　前条の規定は、法第十六条の八第四項第一号の厚生労働省令で定める事由について準用する。

（法第十六条の九第一項において準用する法第十六条の八第一項第二号の厚生労働省令で定めるもの）
第四八条　第四十四条の規定は、法第十六条の九第一項において準用する法第十六条の八第一項第二号の厚生労働省令で定めるものについて準用する。

（法第十六条の九第一項において準用する法第十六条の八第一項の規定による請求の方法等）
第四九条　法第十六条の九第一項において準用する法第十六条の八第一項の規定による請求は、次に掲げる事項を事業主に通知することによって行わなければならない。
一　請求の年月日
二　請求をする労働者の氏名
三　請求に係る対象家族の氏名及び前号の労働者との続柄
四　請求に係る対象家族が要介護状態にある事実
五　請求に係る制限期間の初日及び末日とする日

2　前項の請求は、次のいずれかの方法（第二号及び第三号に掲げる場合にあっては、事業主が適当と認める場合に限る。）によって行わなければならない。
一　書面を提出する方法
二　ファクシミリを利用して送信する方法
三　電子メール等の送信の方法（労働者及び事業主が当該電子メール等の記録を出力することにより書面を作成することができるものに限る。）

3　前項第二号の方法により行われた通知は、事業主の使用に係るファクシミリ装置により受信した時に、同項第三号の方法により行われた通知は、事業主の使用に係る通信端末機器により受信した時に、それぞれ当該事業主に到達したものとみなす。

4　事業主は、第一項の請求があったときは、当該請求をした労働者に対して、同項第三号及び第四号に掲げる事実を証明することができる書類の提出を求めることができる。

（法第十六条の九第一項において準用する法第十六条の八第三項の厚生労働省令で定める事由）
第五〇条　法第十六条の九第一項において準用する法第十六条の八第三項の厚生労働省令で定める事由は、次のとおりとする。
一　請求に係る対象家族の死亡
二　離婚、婚姻の取消し、離縁等による請求に係る対象家族と当該請求をした労働者との親族関係の消滅
三　請求をした労働者が、負傷、疾病又は身体上若しくは精

神上の障害により、当該請求に係る制限期間の末日までの間、当該請求に係る対象家族を介護することができない状態になったこと。

（法第十六条の九第一項において準用する法第十六条の八第四項第一号の厚生労働省令で定める事由）

第五一条　前条の規定は、法第十六条の九第一項において準用する法第十六条の八第四項第一号の厚生労働省令で定める事由について準用する。

第七章　時間外労働の制限

（法第十七条第一項第二号の厚生労働省令で定めるもの）

第五二条　法第十七条第一項第二号の厚生労働省令で定めるものは、一週間の所定労働日数が二日以下の労働者とする。

（法第十七条第一項の規定による請求の方法等）

第五三条　請求は、次に掲げる事項を事業主に通知することによって行わなければならない。

一　請求の年月日

二　請求をする労働者の氏名

三　請求に係る子の氏名、生年月日及び前号の労働者との続柄等（請求に係る子が当該請求の際に出生していない場合にあっては、当該請求に係る子を出産する予定である者の氏名等、出産予定日及び前号の労働者との続柄。特別養子縁組の請求等の場合にあっては、その事実。）

四　請求に係る制限期間（法第十七条第二項の制限期間をいう。以下この章において同じ。）の初日及び末日とする日

五　請求に係る子が養子である場合にあっては、当該養子縁組の効力が生じた日

2　前項の請求及び第五項の通知は、次のいずれかの方法（第二号及び第三号に掲げる場合にあっては、事業主が適当と認める場合に限る。）によって行われなければならない。

一　書面を提出する方法

二　ファクシミリを利用して送信する方法

三　電子メール等の送信の方法（労働者及び事業主が当該電子メール等の記録を出力することにより書面を作成することができるものに限る。）

3　前項第二号の方法により行われた請求及び通知は、事業主の使用に係るファクシミリ装置により受信した時に、同項第三号の方法により行われた請求及び通知は、事業主の使用に係る通信端末機器により受信した時に、それぞれ当該事業主に到達したものとみなす。

4　事業主は、第一項の請求があったときは、当該請求をした労働者に対して、当該請求に係る子の妊娠、出生若しくは養子縁組の事実又は同項第三号に掲げる事実を証明することができる書類の提出を求めることができる。

5　請求に係る子が当該請求がされた後に出生したときは、当該請求をした労働者は、速やかに、当該子の氏名、生年月日及び当該労働者との続柄を書面で事業主に通知しなければならない。この場合において、事業主は、当該労働者に対して、当該子の出生の事実を証明することができる書類の提出を求めることができる。

（法第十七条第三項の厚生労働省令で定める事由）

第五四条　法第十七条第三項の厚生労働省令で定める事由は、次のとおりとする。

一　請求に係る子の死亡

二　請求に係る子が養子である場合における離縁又は養子縁組の取消し

三　請求に係る子が養子となったことその他の事情により当該請求をした労働者と当該子とが同居しないこととなったこと。

四　民法第八百十七条の二第一項の規定による請求に係る家事審判事件が終了したこと（特別養子縁組の成立の審判が確定した場合を除く。）又は養子縁組が成立しないまま児童福祉法第二十七条第一項第三号の規定による措置が解除されたこと。

五　請求をした労働者が、負傷、疾病又は身体上若しくは精神上の障害により、当該請求に係る制限期間の末日までの間、当該請求に係る子を養育することができない状態になったこと。

（法第十七条第四項第一号の厚生労働省令で定める事由）

第五五条　前条の規定は、法第十七条第四項第一号の厚生労働省令で定める事由について準用する。

（法第十八条第一項において準用する法第十七条第一項第二号の厚生労働省令で定めるもの）

第五六条　第五十二条の規定は、法第十八条第一項において準用する法第十七条第一項第二号の厚生労働省令で定めるものについて準用する。

（法第十八条第一項において準用する法第十七条第一項の規定による請求の方法等）

第五七条　法第十八条第一項において準用する法第十七条第一項の規定による請求は、次に掲げる事項を事業主に通知することによって行わなければならない。

一　請求の年月日

二　請求をする労働者の氏名

三　請求に係る対象家族の氏名及び前号の労働者との続柄

四　請求に係る対象家族が要介護状態にある事実

五　請求に係る制限期間の初日及び末日とする日

2　前項の請求は、次のいずれかの方法（第二号及び第三号に掲げる場合にあっては、事業主が適当と認める場合に限る。）によって行わなければならない。

一　書面を提出する方法

二　ファクシミリを利用して送信する方法

三　電子メール等の送信の方法（労働者及び事業主が当該電子メール等の記録を出力することにより書面を作成することができるものに限る。）

3　前項第二号の方法により行われた通知は、事業主の使用に係るファクシミリ装置により受信した時に、同項第三号の方法により行われた通知は、事業主の使用に係る通信端末機器により受信した時に、それぞれ当該事業主に到達したものとみなす。

4　事業主は、第一項の請求があったときは、当該請求をした労働者に対して、同項第三号及び第四号に掲げる事実を証明することができる書類の提出を求めることができる。

（法第十八条第一項において準用する法第十七条第三項の厚生労働省令で定める事由）

第五八条　法第十八条第一項において準用する法第十七条第三項の厚生労働省令で定める事由は、次のとおりとする。

一　請求に係る対象家族の死亡

二　離婚、婚姻の取消し、離縁等による請求に係る対象家族と当該請求をした労働者との親族関係の消滅

三　請求をした労働者が、負傷、疾病又は身体上若しくは精神上の障害により、当該請求に係る制限期間の末日までの間、当該請求に係る対象家族を介護することができない状態になったこと。

（法第十八条第一項において準用する法第十七条第四項第一号の厚生労働省令で定める事由）

第五九条　前条の規定は、法第十八条第一項において準用する法第十七条第四項第一号の厚生労働省令で定める事由について準用する。

第八章　深夜業の制限

（法第十九条第一項第二号の厚生労働省令で定める者）

第六〇条　法第十九条第一項第二号の厚生労働省令で定める者は、同項の規定による請求に係る子の十六歳以上の同居の家族（法第二条第五号の家族をいう。）であって、次の各号のいずれにも該当する者とする。

一　法第十九条第一項の深夜（以下「深夜」という。）において就業していない者（深夜における就業日数が一月について三日以下の者を含む。）であること。

二　負傷、疾病又は身体上若しくは精神上の障害により請求に係る子を保育することが困難な状態にある者でないこと。

三　六週間（多胎妊娠の場合にあっては、十四週間）以内に出産する予定であるか又は産後八週間を経過しない者でないこと。

（法第十九条第一項第三号の厚生労働省令で定めるもの）

第六一条　法第十九条第一項第三号の厚生労働省令で定めるものは、次のとおりとする。

一　一週間の所定労働日数が二日以下の労働者

二　所定労働時間の全部が深夜にある労働者

（法第十九条第一項の規定による請求の方法等）

第六二条　法第十九条第一項の規定による請求は、次に掲げる事項を事業主に通知することによって行わなければならない。

一　請求の年月日

二　請求をする労働者の氏名

三　請求に係る子の氏名、生年月日及び前号の労働者との続柄等（請求に係る子が当該請求の際に出生していない場合にあっては、当該請求に係る子を出産する予定である者の氏名、出産予定日及び前号の労働者との続柄。特別養子縁組の請求等の場合にあっては、その事実）

四　請求に係る制限期間（法第十九条第二項の制限期間をいう。以下この章において同じ。）の初日及び末日とする日

五　請求に係る子が養子である場合にあっては、当該養子縁組の効力が生じた日

六　第六十条の者がいない事実

2　前項の請求及び第五項の通知は、次のいずれかの方法（第二号及び第三号に掲げる場合にあっては、事業主が適当と認める場合に限る。）によって行わなければならない。

一　書面を提出する方法

二　ファクシミリを利用して送信する方法

三　電子メール等の送信の方法（労働者及び事業主が当該電子メール等の記録を出力することにより書面を作成することができるものに限る。）

3　前項第二号の方法により行われた請求及び通知は、事業主の使用に係るファクシミリ装置により受信した時に、同項第三号の方法により行われた請求及び通知は、事業主の使用に係る通信端末機器により受信した時に、それぞれ当該事業主に到達したものとみなす。

4　事業主は、第一項の請求があったときは、当該請求をした労働者に対して、当該請求に係る子の妊娠、出生若しくは養子縁組の事実又は同項第三号若しくは第六号に掲げる事実を証明することができる書類の提出を求めることができる。

5　請求に係る子が当該請求がされた後に出生したときは、当該請求をした労働者は、速やかに、当該子の氏名、生年月日及び当該労働者との続柄を事業主に通知しなければならない。この場合において、事業主は、当該労働者に対して、当該子の出生の事実を証明することができる書類の提出を求めることができる。

（法第十九条第三項の厚生労働省令で定める事由）

第六三条　法第十九条第三項の厚生労働省令で定める事由は、次のとおりとする。
一　請求に係る子の死亡
二　請求に係る子が養子である場合における離縁又は養子縁組の取消
三　請求に係る子が養子となったことその他の事情により当該請求をした労働者と当該子とが同居しないこととなったこと。
四　民法第八百十七条の二第一項の規定による請求に係る家事審判事件が終了したこと（特別養子縁組の成立の審判が確定した場合を除く。）又は養子縁組が成立しないまま児童福祉法第二十七条第一項第三号の規定による措置が解除されたこと。
五　請求をした労働者が、負傷、疾病又は身体上若しくは精神上の障害により、当該請求に係る制限期間の末日までの間、当該請求に係る子を養育することができない状態になったこと。

（法第十九条第四項第一号の厚生労働省令で定める事由）
第六四条　前条の規定は、法第十九条第四項第一号の厚生労働省令で定める事由について準用する。

（法第二十条第一項において準用する法第十九条第一項第二号の厚生労働省令で定める者）
第六五条　第六十条の規定は、法第二十条第一項において準用する法第十九条第一項第二号の厚生労働省令で定める者について準用する。この場合において、第六十条中「子」とあるのは「対象家族」と、同条第二号中「子」とあるのは「対象家族」と、「保育」とあるのは「介護」と読み替えるものとする。

（法第二十条第一項において準用する法第十九条第一項第三号の厚生労働省令で定めるもの）
第六六条　第六十一条の規定は、法第二十条第一項において準用する法第十九条第一項第三号の厚生労働省令で定めるものについて準用する。

（法第二十条第一項において準用する法第十九条第一項の規定による請求の方法等）
第六七条　法第二十条第一項において準用する法第十九条第一項の規定による請求は、次に掲げる事項を事業主に通知することによって行わなければならない。
一　請求の年月日
二　請求をする労働者の氏名
三　請求に係る対象家族の氏名及び前号の労働者との続柄
四　請求に係る対象家族が要介護状態にある事実
五　請求に係る制限期間の初日及び末日とする日
六　第六十五条において準用する第六十条の者がいない事実
2　前項の請求は、次のいずれかの方法（第二号及び第三号に掲げる場合にあっては、事業主が適当と認める場合に限る。）によって行わなければならない。
一　書面を提出する方法
二　ファクシミリを利用して送信する方法
三　電子メール等の送信の方法（労働者及び事業主が当該電子メール等の記録を出力することにより書面を作成することができるものに限る。）
3　前項第二号の方法により行われた通知は、事業主の使用に係るファクシミリ装置により受信した時に、同項第三号の方法により行われた通知は、事業主の使用に係る通信端末機器により受信した時に、それぞれ当該事業主に到達したものとみなす。
4　事業主は、第一項の請求があったときは、当該請求をした労働者に対して、同項第三号、第四号及び第六号に掲げる事実を証明することができる書類の提出を求めることができる。

（法第二十条第一項において準用する法第十九条第三項の厚生労働省令で定める事由）

第六八条　法第二十条第一項において準用する法第十九条第三項の厚生労働省令で定める事由は、次のとおりとする。

一　請求に係る対象家族の死亡

二　離婚、婚姻の取消、離縁等による請求に係る対象家族と当該請求をした労働者との親族関係の消滅

三　請求をした労働者が、負傷、疾病又は身体上若しくは精神上の障害により、当該請求に係る制限期間の末日までの間、当該請求に係る対象家族を介護することができない状態になったこと。

（法第二十条第一項において準用する法第十九条第四項第一号の厚生労働省令で定める事由）

第六九条　前条の規定は、法第二十条第一項において準用する法第十九条第四項第一号の厚生労働省令で定める事由について準用する。

（法第二十一条第一項の厚生労働省令で定める事実）

第六九条の二　法第二十一条第一項の厚生労働省令で定める事実は、次のとおりとする。

一　労働者が民法第八百十七条の二第一項の規定により特別養子縁組の成立について家庭裁判所に請求し、一歳に満たない者を現に監護していること又は同項の規定により特別養子縁組の成立について家庭裁判所に請求することを予定しており、当該請求に係る一歳に満たない者を監護する意思を明示したこと。

二　労働者が児童福祉法第二十七条第一項第三号の規定により養子縁組里親として一歳に満たない児童を委託されていること又は当該児童を受託する意思を明示したこと。

三　労働者が第一条第一項に該当する者であって、同条第二項に定めるところにより一歳に満たない者を委託されていること又は当該者を受託する意思を明示したこと。

（法第二十一条第一項の厚生労働省令で定める事項等）

第六九条の三　法第二十一条第一項の厚生労働省令で定める事項は、次のとおりとする。

一　育児休業に関する制度

二　育児休業申出等（育児休業申出及び出生時育児休業申出をいう。第七十一条において同じ。）の申出先

三　雇用保険法（昭和四十九年法律第百十六号）第六十一条の六第一項に規定する育児休業給付に関すること。

四　労働者が育児休業期間及び出生時育児休業期間について負担すべき社会保険料の取扱い

2　法第二十一条第一項の規定により、労働者に対して、前項に定める事項を知らせる場合は、次のいずれかの方法（第三号及び第四号に掲げる方法にあっては、労働者が希望する場合に限る。）によって行わなければならない。

一　面談による方法

二　書面を交付する方法

三　ファクシミリを利用して送信する方法

四　電子メール等の送信の方法（当該労働者が当該電子メール等の記録を出力することにより書面を作成することができるものに限る。）

3　第一項に定める事項について、労働者に対して、前項第三号の方法により知らせた場合は、当該労働者の使用に係るファクシミリ装置により受信した時に、同項第四号の方法により知らせた場合は、当該労働者の使用に係る通信端末機器により受信した時に、それぞれ当該労働者に到達したものとみなす。

（法第二十一条第一項の厚生労働省令で定める措置）

第六九条の四　法第二十一条第一項の厚生労働省令で定める措置（第三号及び第四号に掲げる措置にあっては、労働者が希

望する場合に限る。）は、次のとおりとする。
一　面談
二　書面の交付
三　ファクシミリを利用しての送信
四　電子メール等の送信（当該労働者が当該電子メール等の記録を出力することにより書面を作成することができるものに限る。）
2　前項第三号の措置を講じた場合には、労働者の使用に係るファクシミリ装置により受信した時に、同項第四号の措置を講じた場合には、労働者の使用に係る通信端末機器により受信した時に、それぞれ当該労働者に到達したものとみなす。

第九章　事業主が講ずべき措置

（法第二十一条の二第一項第三号の厚生労働省令で定める事項）
第七〇条　法第二十一条の二第一項第三号の厚生労働省令で定める事項は、次のとおりとする。
一　法第九条第二項第一号に掲げる事情が生じたことにより育児休業期間が終了した労働者、法第九条の五第六項第一号に掲げる事情が生じたことにより出生時育児休業が終了した労働者及び法第十五条第三項第一号に掲げる事情が生じたことにより介護休業期間が終了した労働者の労務の提供の開始時期に関すること。
二　労働者が介護休業期間について負担すべき社会保険料を事業主に支払う方法に関すること。

（法第二十一条の二第二項の取扱いの明示）
第七一条　法第二十一条の二第二項の取扱いの明示は、育児休業申出等又は介護休業申出があった後速やかに、当該育児休業申出等又は介護休業申出をした労働者に係る取扱いを明らかにした書面を交付することによって行うものとする。

（法第二十二条第一項第三号の厚生労働省令で定める育児休業に係る雇用環境の整備に関する措置）
第七一条の二　法第二十二条第一項第三号の厚生労働省令で定める育児休業に係る雇用環境の整備に関する措置は、次のとおりとする。
一　その雇用する労働者の育児休業の取得に関する事例の収集及びその雇用する労働者に対する当該事例の提供
二　その雇用する労働者に対する育児休業に関する制度及び育児休業の取得の促進に関する方針の周知

（法第二十二条の二の規定による公表の方法）
第七一条の三　法第二十二条の二の規定による公表は、インターネットの利用その他の適切な方法により行うものとする。

（法第二十二条の二の厚生労働省令で定めるもの）
第七一条の四　法第二十二条の二の厚生労働省令で定めるものは、次に掲げるいずれかの割合とする。
一　その雇用する男性労働者であって法第二十二条の二の規定により公表を行う日の属する事業年度の直前の事業年度（以下この条において「公表前事業年度」という。）において配偶者が出産したものの数に対するその雇用する男性労働者であって公表前事業年度において育児休業等（育児休業及び法第二十三条第二項又は第二十四条第一項の規定に基づく措置として育児休業に関する制度に準ずる措置が講じられた場合の当該措置によりする休業をいう。次号において同じ。）をしたものの数の割合
二　その雇用する男性労働者であって公表前事業年度において配偶者が出産したものの数に対する、その雇用する男性労働者であって公表前事業年度において育児休業等をしたものの数及び小学校就学の始期に達するまでの子を養育する男性労働者を雇用する事業主が講ずる育児を目的とした

休暇制度（育児休業等及び子の看護休暇を除く。）を利用したものの数の合計数の割合

（法第二十三条第一項本文の所定労働時間が短い労働者として厚生労働省令で定めるもの）

第七二条　法第二十三条第一項本文の所定労働時間が短い労働者として厚生労働省令で定めるものは、一日の所定労働時間が六時間以下の労働者とする。

（法第二十三条第一項第二号の厚生労働省令で定めるもの）

第七三条　法第二十三条第一項第二号の厚生労働省令で定めるものは、一週間の所定労働日数が二日以下の労働者とする。

（法第二十三条の措置）

第七四条　法第二十三条第一項に規定する育児のための所定労働時間の短縮措置は、一日の所定労働時間を原則として六時間とする措置を含むものとしなければならない。

2　法第二十三条第二項に規定する始業時刻変更等の措置は、当該制度の適用を受けることを希望する労働者に適用される次に掲げるいずれかの方法により講じなければならない。

一　労働基準法第三十二条の三第一項の規定による労働時間の制度を設けること。

二　一日の所定労働時間を変更することなく始業又は終業の時刻を繰り上げ又は繰り下げる制度を設けること。

三　労働者の三歳に満たない子に係る保育施設の設置運営その他これに準ずる便宜の供与を行うこと。

3　法第二十三条第三項の介護のための所定労働時間の短縮等の措置は、二回以上の利用をすることができる措置とし、次の各号に掲げるいずれかの方法により講じなければならない。ただし、第三号の方法により介護のための所定労働時間の短縮等の措置を講ずる場合には、二回以上の利用ができることを要しない。

一　法第二十三条第三項の労働者（以下この項において「労働者」という。）であって当該制度の適用を希望するものに適用される所定労働時間の短縮の制度を設けること。

二　当該制度の適用を受けることを希望する労働者に適用される前項第一号又は第二号に掲げるいずれかの制度を設けること。

三　要介護状態にある対象家族を介護する労働者がその就業中に、当該労働者に代わって当該対象家族を介護するサービスを利用する場合、当該労働者が負担すべき費用を助成する制度その他これに準ずる制度を設けること。

（法第二十三条第三項第二号の厚生労働省令で定めるもの）

第七五条　法第二十三条第三項第二号の厚生労働省令で定めるものは、一週間の所定労働日数が二日以下の労働者とする。

（法第二十五条第一項の厚生労働省令で定める制度又は措置）

第七六条　法第二十五条第一項の厚生労働省令で定める育児休業、介護休業その他の子の養育又は家族の介護に関する制度又は措置は、次のとおりとする。

一　育児休業

二　介護休業

三　子の看護休暇

四　介護休暇

五　法第十六条の八（法第十六条の九第一項において準用する場合を含む。）の規定による所定外労働の制限の制度

六　法第十七条（法第十八条第一項において準用する場合を含む。）の規定による時間外労働の制限の制度

七　法第十九条（法第二十条第一項において準用する場合を含む。）の規定による深夜業の制限の制度

八　育児のための所定労働時間の短縮措置

九　法第二十三条第二項の規定による育児休業に関する制度に準ずる措置又は始業時刻変更等の措置

十　介護のための所定労働時間の短縮等の措置

（職業家庭両立推進者の選任）

第七七条　事業主は、法第二十九条の業務を遂行するために必要な知識及び経験を有していると認められる者のうちから当該業務を担当する者を職業家庭両立推進者として選任するものとする。

附　則

（施行期日）

この省令は、平成四年四月一日から施行する。

子の養育又は家族の介護を行い、又は行うこととなる労働者の職業生活と家庭生活との両立が図られるようにするために事業主が講ずべき措置等に関する指針

〔平成二一年一二月二八日
厚生労働省告示第五〇九号〕

沿革　平成二八年　八月　二日厚生労働省告示第三一三号
〃　二九年　六月三〇日　〃　第二三四号
〃　二九年　九月二七日　〃　第三〇七号
令和　元年一二月二七日　〃　第二〇七号
〃　二年　一月一五日　〃　第　六号
〃　三年　九月三〇日　〃　第三六五号
〃　三年　九月三〇日　〃　第三六六号

第一　趣旨

この指針は、育児休業、介護休業等育児又は家族介護を行う労働者の福祉に関する法律（平成三年法律第七十六号。以下「法」という。）に定める事項に関し、子の養育又は家族の介護を行い、又は行うこととなる労働者の職業生活と家庭生活との両立が図られるようにするために事業主が講ずべき措置等について、その適切かつ有効な実施を図るために必要な事項を定めたものである。

第二　事業主が講ずべき措置等の適切かつ有効な実施を図るための指針となるべき事項

一　法第五条、第九条の二及び第十一条の規定による労働者の育児休業申出、出生時育児休業申出及び介護休業申出に関する事項

(一)　法第五条第一項ただし書、第九条の二第一項ただし書及び第十一条第一項ただし書に規定する期間を定めて雇用される者に該当するか否かを判断するに当たっての事項

労働契約の形式上期間を定めて雇用されている者であっても、当該契約が期間の定めのない契約と実質的に異ならない状態となっている場合には、法第五条第一項ただし書、第九条の二第一項ただし書及び第十一条第一項ただし書に定める要件に該当するか否かにかかわらず、実質的に期間の定めのない契約に基づき雇用される労働者であるとして育児休業及び介護休業の対象となるものであるが、その判断に当たっては、次の事項に留意すること。

イ　有期労働契約の雇止めの可否が争われた裁判例における判断の過程においては、主に次に掲げる項目に着目して、契約関係の実態が評価されていること。

(イ)　業務内容の恒常性・臨時性、業務内容についてのいわゆる正規雇用労働者との同一性の有無等労働者の従事する業務の客観的内容

(ロ)　地位の基幹性・臨時性等労働者の契約上の地位の性格

(ハ)　継続雇用を期待させる事業主の言動等当事者の主観的態様

(ニ)　更新の有無・回数、更新の手続の厳格性の程度等更新の手続・実態

(ホ)　同様の地位にある他の労働者の雇止めの有無等他の労働者の更新状況

ロ　有期労働契約の雇止めの可否が争われた裁判例においては、イに掲げる項目に関し、次の(イ)及び(ロ)の実態がある場合には、期間の定めのない契約と実質的に異ならない状態に至っているものであると認められていることが多いこと。

(イ)　イ(イ)に関し、業務内容が恒常的であること、及びイ(ニ)に関し、契約が更新されていること。

(ロ)　(イ)に加え、少なくとも次に掲げる実態のいずれかがみられること。

①　イ(ハ)に関し、継続雇用を期待させる事業主の言動が認められること。

②　イ(ニ)に関し、更新の手続が形式的であること。

③　イ(ホ)に関し、同様の地位にある労働者について過去に雇止めの例がほとんどないこと。

ハ　有期労働契約の雇止めの可否が争われた裁判例においては、イ(イ)に関し、業務内容がいわゆる正規雇用労働者と同一であると認められること、又は、イ(ロ)に関し、労働者の地位の基幹性が認められることは、期間の定めのない契約と実質的に異ならない状態に至っているものであると認められる方向に働いているものと考えられること。

(二)　期間を定めて雇用される者が法第五条第一項ただし書、第九条の二第一項ただし書及び第十一条第一項ただし書に定める要件を満たす労働者か否かの判断に当たっては、次の事項に留意すること。

イ　法第五条第一項ただし書の「その養育する子が一歳六か月に達する日までに、その労働契約（労働契約が更新される場合にあっては、更新後のもの。第三項及び第十一条第一項において同じ。）が満了することが明らかか」否かについては、育児休業申出のあった時点において判明している事情に基づき子が一歳六か月に達する日において、当該申出の時点で締結している労働契約が終了し、かつ、その後労働契約の更新がないことが確実であるか否かによって判断するものであること。例えば、育児休業申出のあった時点で次のいずれかに該当する労働者は、原則として、労働契約の更新がないことが確実であると判断される場合に該当すること。ただし、次のいずれかに該当する労働者であっても、雇用の継続の見込みに関する事業主の言動、同様の地位にある他の労働者の状況及び当該労働者の過去の契約の更新状況等から、労働契約の更新がないことが確実であると判断される場合に該当しないものと判断され、育児休業の取得に係る法第五条第一項ただし書に定める要件を満たすものと判断される場合もあること。

(イ)　書面又は口頭により労働契約の更新回数の上限が明示されている労働者であって、当該上限まで労働契約が更新された場合の期間の末日が子が一歳六か月に達する日以前の日であるもの

(ロ)　書面又は口頭により労働契約の更新をしない旨明示されている労働者であって、育児休業申出のあった時点で締結している労働契約の期間の末日が子が一歳六か月に達する日以前の日であるもの

ロ　法第九条の二第一項ただし書に定める要件に該当するか否かについては、イと同様に判断するものであること。この場合において、イ中「子が一歳六か月に達する日」とあるのは、「子の出生の日（出産予定日前に当該子が出生した場合にあっては、当該出産予定日）から起算して八週間を経過する日の翌日から六月を経過する日」と読み替えるものとすること。

ハ　法第十一条第一項ただし書に定める要件に該当するか否かについては、イと同様に判断するものであること。この場合において、イ中「子が一歳六か月に達する日」とあるのは、「介護休業開始予定日から起算して九十三日を経過する日から六月を経過する日」と読み替えるものとすること。

(三) その他法第五条、第九条の二及び第十一条の規定による労働者の育児休業申出、出生時育児休業申出及び介護休業申出に関する事項

イ　育児休業及び介護休業については、労働者がこれを容易に取得できるようにするため、あらかじめ制度が導入され、規則が定められるべきものであることに留意すること。

ロ　出生時育児休業を含む育児休業については、労働者がこれを円滑に取得できるようにするため、事業主においては、休業の申出期限にかかわらず労働者による申出が円滑に行われるようにするための雇用環境の整備を行い、労働者の側においても、業務の円滑な引き継ぎ等のためには、労働者の意向に応じて早めに申し出ることが効果的であるという意識を持つことが重要であることに留意すること。

一の二　法第九条の五の規定による出生時育児休業期間中の就業に関する事項

育児休業は労働者の権利であって、その期間の労務提供義務を消滅させる制度であることから、育児休業中は就業しないことが原則であり、出生時育児休業期間中の就業については、事業主から労働者に対して就業可能日等の申出を一方的に求めることや、労働者の意に反するような取扱いがなされてはならないものであること。

二　法第十六条の二の規定による子の看護休暇及び法第十六条の五の規定による介護休暇に関する事項

(一) 子の看護休暇及び介護休暇については、労働者がこれを容易に取得できるようにするため、あらかじめ制度が導入され、規則が定められるべきものであることに留意すること。また、法第十六条の三第二項及び第十六条の六第二項において準用する法第六条第一項ただし書の規定により、労使協定の締結をする場合であっても、事業所の雇用管理に伴う負担との調和を勘案し、当該事業主に引き続き雇用された期間が短い労働者であっても、一定の日数については、子の看護休暇及び介護休暇の取得ができるようにすることが望ましいものであることに配慮すること。

(二) 子の看護休暇は、現に負傷し、若しくは疾病にかかったその子の世話又は疾病の予防を図るために必要なその子の世話を行うための休暇であること及び介護休暇は要介護状態にある対象家族の介護その他の世話を行うための休暇であることから、証明書類の提出を求める場合には事後の提出を可能とする等、労働者に過重な負担を求めることにならないよう配慮するものとすること。

(三) 法第十六条の三第二項及び第十六条の六第二項において準用する法第六条第一項ただし書の規定による労使協定の締結により厚生労働省令で定める一日未満の単位での子の看護休暇又は介護休暇の取得ができないこととなる「業務の性質又は業務の実施体制に照らして、厚生労働省令で定める一日未満の単位で取得することが困難と認められる業務」とは、例えば、次に掲げるものが該当する場合があること。なお、次に掲げる業務は例示であり、これらの業務以外は困難と認められる業務に該当しないものではなく、また、これらの業務であれば困難と認められる業務に該当するものではないこと。

子の養育又は家族の介護を行い、又は行うこととなる労働者の職業生活と家庭生活との両立が図られるようにするために事業主が講ずべき措置等に関する指針

イ　国際路線等に就航する航空機において従事する客室乗務員等の業務等であって、所定労働時間の途中まで又は途中から子の看護休暇又は介護休暇を取得させることが困難な業務

ロ　長時間の移動を要する遠隔地で行う業務であって、時間単位の子の看護休暇又は介護休暇を取得した後の勤務時間又は取得する前の勤務時間では処理することが困難な業務

ハ　流れ作業方式や交替制勤務による業務であって、時間単位で子の看護休暇又は介護休暇を取得する者を勤務体制に組み込むことによって業務を遂行することが困難な業務

(四)　労働者の子の症状、要介護状態にある対象家族の介護の状況、労働者の勤務の状況等が様々であることに対応し、始業の時刻から連続せず、かつ、終業の時刻まで連続しない時間単位での休暇の取得を認めること、法第十六条の三第二項及び第十六条の六第二項において準用する法第六条第一項ただし書の規定による労使協定の締結により厚生労働省令で定める一日未満の単位での休暇の取得ができないこととなった労働者であっても、半日単位での休暇の取得を認めること等制度の弾力的な利用が可能となるように配慮すること。

三　法第十六条の八及び第十六条の九の規定による所定外労働の制限に関する事項

(一)　所定外労働の制限については、労働者がこれを容易に受けられるようにするため、あらかじめ制度が導入され、規則が定められるべきものであることに留意すること。

(二)　労働者の子の養育の状況、労働者の要介護状態にある対象家族の介護の状況、労働者の勤務の状況等が様々であることに対応し、制度の弾力的な利用が可能となるように配慮するものとすること。

四　法第十七条及び第十八条の規定による時間外労働の制限に関する事項

時間外労働の制限については、労働者がこれを容易に受けられるようにするため、あらかじめ制度が導入され、規則が定められるべきものであることに留意すること。

五　法第十九条及び第二十条の規定による深夜業の制限に関する事項

(一)　深夜業の制限については、労働者がこれを容易に受けられるようにするため、あらかじめ制度が導入され、規則が定められるべきものであることに留意すること。

(二)　あらかじめ、労働者の深夜業の制限期間中における待遇（昼間勤務への転換の有無を含む。）に関する事項を定めるとともに、これを労働者に周知させるための措置を講ずるように配慮するものとすること。

(三)　労働者の子の養育又は家族の介護の状況、労働者の勤務の状況等が様々であることに対応し、制度の弾力的な利用が可能となるように配慮するものとすること。

五の二　法第二十一条第一項の規定により妊娠又は出産等の申出をした労働者に対する育児休業に関する制度等の個別周知及び育児休業申出等に係る意向確認のための措置を講ずるに当たっての事項

(一)　育児休業に関する制度等を知らせる措置並びに育児休業申出及び出生時育児休業申出（以下「育児休業申出等」という。）に係る労働者の意向を確認するための措置は、労働者による育児休業申出等が円滑に行われるようにすることを目的とするものであることから、取得を控えさせるような形での個別周知及び意向確認の措置の実施は、法第二十一条第一項の措置の実施とは認められないものであること。

(二) 育児休業申出等に係る労働者の意向を確認するための措置については、事業主から労働者に対して、意向確認のための働きかけを行えばよいものであること。

(三) 出生時育児休業制度に関し、休業中の就業の仕組みについて知らせる際には、育児休業給付及び育児休業期間中の社会保険料免除について、休業中の就業日数によってはその要件を満たさなくなる可能性があることについても併せて説明するよう留意すること。

六 法第二十一条の二第一項の規定により育児休業及び介護休業に関する事項を定め、周知するに当たっての事項

(一) 育児休業及び介護休業中の待遇、育児休業及び介護休業後の賃金、配置その他の労働条件その他必要な事項に関する規則を一括して定め、周知することが望ましいものであることに配慮すること。

(二) 労働者のプライバシーを保護する観点から、労働者が自発的に当該労働者若しくはその配偶者が妊娠若しくは出産したこと又は当該労働者が対象家族を介護していることを知らせることを前提としたものであること。そのために、法第二十五条に定める措置を事業主が講じている必要があること。

(三) 労働者又はその配偶者が妊娠若しくは出産したことを知ったときに、当該労働者に対し育児休業に関する事項を知らせるに際しては、当該労働者が計画的に育児休業を取得できるよう、あわせて、法第九条の六の規定による同一の子について配偶者が育児休業をする場合の特例、その他の両立支援制度を知らせることが望ましいこと。

六の二 法第二十二条第一項の規定により育児休業申出等が円滑に行われるようにするための雇用環境の整備の措置を講ずるに当たっての事項

(一) 雇用環境の整備の措置を講ずるに当たっては、短期はもとより一か月以上の長期の休業の取得を希望する労働者が希望するとおりの期間の休業を申出し取得できるように配慮すること。

(二) 雇用環境の整備の措置を講ずるに当たっては、可能な限り、複数の措置を行うことが望ましいものであること。

七 法第二十二条第二項の規定により育児休業又は介護休業をする労働者が雇用される事業所における労働者の配置その他の雇用管理に関して必要な措置を講ずるに当たっての事項

(一) 育児休業及び介護休業後においては、原則として原職又は原職相当職に復帰させるよう配慮すること。

(二) 育児休業又は介護休業をする労働者以外の労働者についての配置その他の雇用管理は、(一)の点を前提にして行われる必要があることに配慮すること。

八 法第二十二条第二項の規定により育児休業又は介護休業をしている労働者の職業能力の開発及び向上等に関して必要な措置を講ずるに当たっての事項

(一) 当該措置の適用を受けるかどうかは、育児休業又は介護休業をする労働者の選択に任せられるべきものであること。

(二) 育児休業及び介護休業が比較的長期にわたる休業になり得ること、並びに育児休業又は介護休業後における円滑な就業のために必要となる措置が、個々の労働者の職種、職務上の地位、職業意識等の状況に応じ様々であることにかんがみ、当該労働者の状況に的確に対応し、かつ、計画的に措置が講じられることが望ましいものであることに配慮すること。

(三) 介護休業申出が円滑に行われ、家族の介護を行い、又は行うこととなる労働者の職業生活と家庭生活との両立が図られるようにするため、次の事項に留意すること。

イ　介護休業等の法に定める仕事と介護の両立支援制度の内容、当該内容その他の仕事と介護の両立支援について事業主が定めた事項、介護に係るサービスに関する情報について、労働者が十分に情報を得ていることが重要であること。

ロ　事業主は、介護休業等の法に定める仕事と介護の両立支援制度の内容及び介護に係るサービスに関する情報に関し行政から提供される情報も活用しつつ、イの情報について労働者に周知を行うことが望ましいこと。

ハ　事業主は、労働者からの仕事と介護の両立に関する相談への対応のための窓口をあらかじめ定めることが望ましいこと。

九　法第二十三条第一項の規定による育児のための所定労働時間の短縮措置又は同条第二項に規定する育児休業に関する制度に準ずる措置若しくは始業時刻変更等の措置を講ずるに当たっての事項

(一)　労働者がこれらの措置の適用を容易に受けられるようにするため、あらかじめ、当該措置の対象者の待遇に関する事項を定め、これを労働者に周知させるための措置を講ずるように配慮すること。

(二)　当該措置を講ずるに当たっては、労働者が就業しつつその子を養育することを実質的に容易にする内容のものとすることに配慮すること。

(三)　法第二十三条第一項第三号の規定により、労使協定を締結する場合には当該業務に従事する労働者について所定労働時間の短縮措置を講じないことができる「業務の性質又は業務の実施体制に照らして、所定労働時間の短縮措置を講ずることが困難と認められる業務」とは、例えば、次に掲げるものが該当する場合があること。なお、次に掲げる業務は例示であり、これら以外は困難と認められる業務に該当しないものではなく、また、これらであれば困難と認められる業務に該当するものではないこと。

イ　業務の性質に照らして、制度の対象とすることが困難と認められる業務

　国際路線等に就航する航空機において従事する客室乗務員等の業務

ロ　業務の実施体制に照らして、制度の対象とすることが困難と認められる業務

　労働者数が少ない事業所において、当該業務に従事しうる労働者数が著しく少ない業務

ハ　業務の性質及び実施体制に照らして、制度の対象とすることが困難と認められる業務

(イ)　流れ作業方式による製造業務であって、短時間勤務の者を勤務体制に組み込むことが困難な業務

(ロ)　交替制勤務による製造業務であって、短時間勤務の者を勤務体制に組み込むことが困難な業務

(ハ)　個人ごとに担当する企業、地域等が厳密に分担されていて、他の労働者では代替が困難な営業業務

十　法第二十三条第三項の規定による介護のための所定労働時間の短縮等の措置を講ずるに当たっての事項

　短時間勤務の制度は、労働者がその要介護状態にある対象家族を介護することを実質的に容易にする内容のものであることが望ましいものであることに配慮すること。

十一　法第十条、第十六条、第十六条の四、第十六条の七、第十六条の十、第十八条の二、第二十条の二、第二十一条第二項及び第二十三条の二の規定による育児休業、介護休業、子の看護休暇、介護休暇、所定外労働の制限、時間外労働の制限、深夜業の制限、妊娠・出産等をしたこと又は所定労働時間の短縮措置等の申出等又は取得等を理由とす

る解雇その他不利益な取扱いの禁止に適切に対処するに当たっての事項

育児休業、介護休業、子の看護休暇、介護休暇、所定外労働の制限、時間外労働の制限、深夜業の制限、妊娠・出産等をしたこと又は所定労働時間の短縮措置等の申出等又は取得等（以下「育児休業等の申出等」という。）をした労働者の雇用管理に当たっては、次の事項に留意すること。

㈠　法第十条、第十六条、第十六条の四、第十六条の七、第十六条の十、第十八条の二、第二十条の二、第二十一条第二項又は第二十三条の二の規定により禁止される解雇その他不利益な取扱いは、労働者が育児休業等の申出等をしたこととの間に因果関係がある行為であること。

㈡　解雇その他不利益な取扱いとなる行為には、例えば、次に掲げるものが該当すること。

イ　解雇すること。

ロ　期間を定めて雇用される者について、契約の更新をしないこと（以下「雇止め」という。）。

ハ　あらかじめ契約の更新回数の上限が明示されている場合に、当該回数を引き下げること。

ニ　退職又はいわゆる正規雇用労働者をパートタイム労働者等のいわゆる非正規雇用労働者とするような労働契約内容の変更の強要を行うこと。

ホ　自宅待機を命ずること。

ヘ　労働者が希望する期間を超えて、その意に反して所定外労働の制限、時間外労働の制限、深夜業の制限又は所定労働時間の短縮措置等を適用すること。

ト　降格させること。

チ　減給をし、又は賞与等において不利益な算定を行うこと。

リ　昇進・昇格の人事考課において不利益な評価を行うこと。

ヌ　不利益な配置の変更を行うこと。

ル　就業環境を害すること。

㈢　解雇その他不利益な取扱いに該当するか否かについては、次の事項を勘案して判断すること。

イ　次に掲げる場合には、育児休業又は介護休業をしている労働者の雇止めは、不利益取扱いに当たる雇止めに該当しない可能性が高いと考えられること。

(イ)　専ら事業縮小や担当していた業務の終了・中止等により、育児休業又は介護休業をしている労働者を含め、契約内容や更新回数等に照らして同様の地位にある労働者の全員を雇止めすること。

(ロ)　事業縮小や担当していた業務の終了・中止等により労働者の一部を雇止めする場合であって、能力不足や勤務不良等を理由に、育児休業又は介護休業をしている労働者を雇止めすること。ただし、この場合において、当該能力不足や勤務不良等は、育児休業又は介護休業の取得以前から問題とされていたことや育児休業又は介護休業を取得したことのみをもって育児休業又は介護休業を取得していない者よりも不利に評価したものではないこと等が求められることに留意すること。

ロ　勧奨退職やいわゆる正規雇用労働者をパートタイム労働者等のいわゆる非正規雇用労働者とするような労働契約内容の変更は、労働者の表面上の同意を得ていたとしても、これが労働者の真意に基づくものでないと認められる場合には、㈡ニの「退職又はいわゆる正規雇用労働者をパートタイム労働者等のいわゆる非正規雇用労働者とするような労働契約内容の変更の強要を行うこと」に該当すること。

ハ　事業主が、育児休業若しくは介護休業の休業終了予定日を超えて休業すること又は子の看護休暇若しくは介護休暇の取得の申出に係る日以外の日に休業することを労働者に強要することは、㈡ホの「自宅待機」に該当すること。

ニ　次に掲げる場合には、㈡チの「減給をし、又は賞与等において不利益な算定を行うこと」に該当すること。

(イ)　育児休業若しくは介護休業の休業期間中、子の看護休暇若しくは介護休暇を取得した日又は所定労働時間の短縮措置等の適用期間中の現に働かなかった時間について賃金を支払わないこと、退職金や賞与の算定に当たり現に勤務した日数を考慮する場合に休業した期間若しくは休暇を取得した日数又は所定労働時間の短縮措置等の適用により現に短縮された時間の総和に相当する日数を日割りで算定対象期間から控除すること等専ら当該育児休業等により労務を提供しなかった期間は働かなかったものとして取り扱うことは、不利益な取扱いには該当しない。一方、休業期間、休暇を取得した日数又は所定労働時間の短縮措置等の適用により現に短縮された時間の総和に相当する日数を超えて働かなかったものとして取り扱うことは、㈡チの「不利益な算定を行うこと」に該当すること。

(ロ)　実際には労務の不提供が生じていないにもかかわらず、育児休業等の申出等をしたことのみをもって、賃金又は賞与若しくは退職金を減額すること。

ホ　次に掲げる場合には、㈡リの「昇進・昇格の人事考課において不利益な評価を行うこと」に該当すること。

(イ)　育児休業又は介護休業をした労働者について、休業期間を超える一定期間昇進・昇格の選考対象としない人事評価制度とすること。

(ロ)　実際には労務の不提供が生じていないにもかかわらず、育児休業等の申出等をしたことのみをもって、当該育児休業等の申出等をしていない者よりも不利に評価すること。

ヘ　配置の変更が不利益な取扱いに該当するか否かについては、配置の変更前後の賃金その他の労働条件、通勤事情、当人の将来に及ぼす影響等諸般の事情について総合的に比較考量の上、判断すべきものであるが、例えば、通常の人事異動のルールからは十分に説明できない職務又は就業の場所の変更を行うことにより、当該労働者に相当程度経済的又は精神的な不利益を生じさせることは、㈡ヌの「不利益な配置の変更を行うこと」に該当すること。また、所定労働時間の短縮措置の適用について、当該措置の対象となる業務に従事する労働者を、当該措置の適用を受けることの申出をした日から適用終了予定日までの間に、労使協定により当該措置を講じないものとしている業務に転換させることは㈡ヌの「不利益な配置の変更を行うこと」に該当する可能性が高いこと。

ト　業務に従事させない、専ら雑務に従事させる等の行為は、㈡ルの「就業環境を害すること」に該当すること。

十二　法第二十四条第一項に規定する休暇及び同項各号に定める制度又は措置に準じて、必要な措置を講ずるに当たっての事項

㈠　労働者の申出に基づく育児に関する目的のために利用することができる休暇とは、例えば、次に掲げるものが考えられること。なお、これらの休暇は、必ずしも単独の制度である必要はないこと。

イ　配偶者の出産に伴い取得することができるいわゆる配偶者出産休暇

ロ　入園式、卒園式等の行事参加も含めた育児にも利用できる多目的休暇（いわゆる失効年次有給休暇の積立による休暇制度の一環として措置することを含む。）

(二)　当該措置の適用を受けるかどうかは、労働者の選択に任せられるべきものであること。

十三　法第二十四条第二項の規定により、介護休業の制度又は法第二十三条第三項に定める措置に準じて、その介護を必要とする期間、回数等に配慮した必要な措置を講ずるに当たっての事項

(一)　当該措置の適用を受けるかどうかは、労働者の選択に任せられるべきものであること。

(二)　次の事項に留意しつつ、企業の雇用管理等に伴う負担との調和を勘案し、必要な措置が講じられることが望ましいものであることに配慮すること。

イ　当該労働者が介護する家族の発症からその症状が安定期になるまでの期間又は介護に係る施設・在宅サービスを利用することができるまでの期間が、九十三日から法第十一条第二項第二号の介護休業日数を差し引いた日数の期間を超える場合があること。

ロ　当該労働者がした介護休業により法第十一条第二項第二号の介護休業日数が九十三日に達している対象家族についても、再び当該労働者による介護を必要とする状態となる場合があること。

ハ　対象家族以外の家族についても、他に近親の家族がいない場合等当該労働者が介護をする必要性が高い場合があること。

ニ　要介護状態にない家族を介護する労働者であっても、その家族の介護のため就業が困難となる場合があること。

ホ　当該労働者が家族を介護する必要性の程度が変化することに対応し、介護休業の更なる分割等、制度の弾力的な利用が可能となることが望まれる場合があること。

十四　法第二十五条の規定により、事業主が職場における育児休業等に関する言動に起因する問題に関して雇用管理上必要な措置等を講ずるに当たっての事項

法第二十五条に規定する事業主が職場において行われるその雇用する労働者に対する育児休業、介護休業その他の育児休業、介護休業等育児又は家族介護を行う労働者の福祉に関する法律施行規則（以下「則」という。）第七十六条で定める制度又は措置（以下「制度等」という。）の利用に関する言動により当該労働者の就業環境が害されること（以下「職場における育児休業等に関するハラスメント」という。）のないよう雇用管理上講ずべき措置等について、事業主が適切かつ有効な実施を図るために必要な事項については、次のとおりであること。

(一)　職場における育児休業等に関するハラスメントの内容

イ　職場における育児休業等に関するハラスメントには、上司又は同僚から行われる、その雇用する労働者に対する制度等の利用に関する言動により就業環境が害されるものがあること。なお、業務分担や安全配慮等の観点から、客観的にみて、業務上の必要性に基づく言動によるものについては、職場における育児休業等に関するハラスメントには該当しないこと。

ロ　「職場」とは、事業主が雇用する労働者が業務を遂行する場所を指し、当該労働者が通常就業している場所以外の場所であっても、当該労働者が業務を遂行する場所については、「職場」に含まれること。

ハ　「労働者」とは、いわゆる正規雇用労働者のみならず、パートタイム労働者、契約社員等のいわゆる非正規雇用労働者を含む事業主が雇用する男女の労働者の全てをいうこと。

また、派遣労働者については、派遣元事業主のみならず、労働者派遣の役務の提供を受ける者についても、労働者派遣事業の適正な運営の確保及び派遣労働者の保護等に関する法律（昭和六十年法律第八十八号）第四十七条の三の規定により、その指揮命令の下に労働させる派遣労働者を雇用する事業主とみなされ、法第二十五条及び第二十五条の二第二項の規定が適用されることから、労働者派遣の役務の提供を受ける者は、派遣労働者についてもその雇用する労働者と同様に、(二)イの配慮及び(三)の措置を講ずることが必要であること。なお、法第二十五条第二項、第五十二条の四第二項及び第五十二条の五第二項の労働者に対する不利益な取扱いの禁止については、派遣労働者も対象に含まれるものであり、派遣元事業主のみならず、労働者派遣の役務の提供を受ける者もまた、当該者に派遣労働者が職場における育児休業等に関するハラスメントの相談を行ったこと等を理由として、当該派遣労働者に係る労働者派遣の役務の提供を拒む等、当該派遣労働者に対する不利益な取扱いを行ってはならないこと。

ニ　イに規定する「その雇用する労働者に対する制度等の利用に関する言動により就業環境が害されるもの」とは、具体的には(イ)①から⑩までに掲げる制度等の利用に関する言動により就業環境が害されるものであること。典型的な例として、(ロ)に掲げるものがあるが、(ロ)に掲げるものは限定列挙ではないことに留意が必要であること。

(イ)　制度等
①　育児休業（則第七十六条第一号関係）
②　介護休業（則第七十六条第二号関係）
③　子の看護休暇（則第七十六条第三号関係）
④　介護休暇（則第七十六条第四号関係）
⑤　所定外労働の制限（則第七十六条第五号関係）
⑥　時間外労働の制限（則第七十六条第六号関係）
⑦　深夜業の制限（則第七十六条第七号関係）
⑧　育児のための所定労働時間の短縮措置（則第七十六条第八号関係）
⑨　始業時刻変更等の措置（則第七十六条第九号関係）
⑩　介護のための所定労働時間の短縮措置（則第七十六条第十号関係）

(ロ)　典型的な例
①　解雇その他不利益な取扱い（法第十条、第十六条（法第十六条の四及び第十六条の七において準用する場合を含む。）、第十六条の十、第十八条の二、第二十条の二、第二十一条第二項及び第二十三条の二に規定する解雇その他不利益な取扱いをいう。以下同じ。）を示唆するもの

労働者が、制度等の利用の申出等をしたい旨を上司に相談したこと、制度等の利用の申出等をしたこと又は制度等の利用をしたことにより、上司が当該労働者に対し、解雇その他不利益な取扱いを示唆すること。

②　制度等の利用の申出等又は制度等の利用を阻害するもの

客観的にみて、言動を受けた労働者の制度等の利用の申出等又は制度等の利用が阻害されるもの

が該当すること。ただし、労働者の事情やキャリアを考慮して、早期の職場復帰を促すことは制度等の利用が阻害されるものに該当しないこと。

(1) 労働者が制度等の利用の申出等をしたい旨を上司に相談したところ、上司が当該労働者に対し、当該申出等をしないよう言うこと。

(2) 労働者が制度等の利用の申出等をしたところ、上司が当該労働者に対し、当該申出等を取り下げるよう言うこと。

(3) 労働者が制度等の利用の申出等をしたい旨を同僚に伝えたところ、同僚が当該労働者に対し、繰り返し又は継続的に当該申出等をしないよう言うこと（当該労働者がその意に反することを当該同僚に明示しているにもかかわらず、更に言うことを含む。）。

(4) 労働者が制度等の利用の申出等をしたところ、同僚が当該労働者に対し、繰り返し又は継続的に当該申出等を撤回又は取下げをするよう言うこと（当該労働者がその意に反することを当該同僚に明示しているにもかかわらず、更に言うことを含む。）。

③ 制度等の利用をしたことにより嫌がらせ等をするもの

客観的にみて、言動を受けた労働者の能力の発揮や継続就業に重大な悪影響が生じる等当該労働者が就業する上で看過できない程度の支障が生じるようなものが該当すること。

労働者が制度等の利用をしたことにより、上司又は同僚が当該労働者に対し、繰り返し又は継続的に嫌がらせ等（嫌がらせ的な言動、業務に従事させないこと又は専ら雑務に従事させることをいう。以下同じ。）をすること（当該労働者がその意に反することを当該上司又は同僚に明示しているにもかかわらず、更に言うことを含む。）。

(二) 事業主等の責務

イ 事業主の責務

法第二十五条の二第二項の規定により、事業主は、職場における育児休業等に関するハラスメントを行ってはならないことその他職場における育児休業等に関するハラスメントに起因する問題（以下「育児休業等に関するハラスメント問題」という。）に対するその雇用する労働者の関心と理解を深めるとともに、当該労働者が他の労働者（他の事業主が雇用する労働者及び求職者を含む。ロにおいて同じ。）に対する言動に必要な注意を払うよう、研修の実施その他の必要な配慮をするほか、国の講ずる同条第一項の広報活動、啓発活動その他の措置に協力するように努めなければならない。なお、職場における育児休業等に関するハラスメントに起因する問題としては、例えば、労働者の意欲の低下などによる職場環境の悪化や職場全体の生産性の低下、労働者の健康状態の悪化、休職や退職などにつながり得ること、これらに伴う経営的な損失等が考えられること。

また、事業主（その者が法人である場合にあっては、その役員）は、自らも、育児休業等に関するハラスメント問題に対する関心と理解を深め、労働者（他の事業主が雇用する労働者及び求職者を含む。）に対する言動に必要な注意を払うように努めなければならないこと。

ロ 労働者の責務

法第二十五条の二第四項の規定により、労働者は、育児休業等に関するハラスメント問題に対する関心と理解を深め、他の労働者に対する言動に必要な注意を払うとともに、事業主の講ずる㈢の措置に協力するように努めなければならないこと。

㈢ 事業主が職場における育児休業等に関する言動に起因する問題に関し雇用管理上講ずべき措置の内容

事業主は、職場における育児休業等に関するハラスメントを防止するため、雇用管理上次の措置を講じなければならないこと。なお、事業主が行う育児休業等を理由とする不利益取扱い（就業環境を害する行為を含む。）については、既に法第十条、第十六条（法第十六条の四及び第十六条の七において準用する場合を含む。）、第十六条の十、第十八条の二、第二十条の二、第二十一条第二項及び第二十三条の二で禁止されており、こうした不利益取扱いを行わないため、当然に自らの行為の防止に努めることが求められること。

イ 事業主の方針等の明確化及びその周知・啓発

事業主は、職場における育児休業等に関するハラスメントに対する方針の明確化、労働者に対するその方針の周知・啓発として、次の措置を講じなければならないこと。

なお、周知・啓発をするに当たっては、職場における育児休業等に関するハラスメントの防止の効果を高めるため、その発生の原因や背景について労働者の理解を深めることが重要であること。その際、職場における育児休業等に関するハラスメントの発生の原因や背景には、(i)育児休業等に関する否定的な言動（他の労働者の制度等の利用の否定につながる言動（当該労働者に直接行わない言動も含む。）をいい、単なる自らの意思の表明を除く。以下同じ。）が頻繁に行われるなど制度等の利用又は制度等の利用の申出等をしにくい職場風土や、(ii)制度等の利用ができることの職場における周知が不十分であることなどもあると考えられること。そのため、これらを解消していくことが職場における育児休業等に関するハラスメントの防止の効果を高める上で重要であることに留意することが必要であること。

(イ) 職場における育児休業等に関するハラスメントの内容（以下「ハラスメントの内容」という。）及び育児休業等に関する否定的な言動が職場における育児休業等に関するハラスメントの発生の原因や背景になり得ること（以下「ハラスメントの背景等」という。）、職場における育児休業等に関するハラスメントを行ってはならない旨の方針（以下「事業主の方針」という。）並びに制度等の利用ができる旨を明確化し、管理監督者を含む労働者に周知・啓発すること。

（事業主の方針等を明確化し、労働者に周知・啓発していると認められる例）

① 就業規則その他の職場における服務規律等を定めた文書において、事業主の方針及び制度等の利用ができる旨について規定し、当該規定とあわせて、ハラスメントの内容及びハラスメントの背景等を、労働者に周知・啓発すること。

② 社内報、パンフレット、社内ホームページ等広報又は啓発のための資料等にハラスメントの内容及びハラスメントの背景等、事業主の方針並びに制度等の利用ができる旨について記載し、配布等すること。

③　ハラスメントの内容及びハラスメントの背景等、事業主の方針並びに制度等の利用ができる旨を労働者に対して周知・啓発するための研修、講習等を実施すること。

(ロ)　職場における育児休業等に関するハラスメントに係る言動を行った者については、厳正に対処する旨の方針及び対処の内容を就業規則その他の職場における服務規律等を定めた文書に規定し、管理監督者を含む労働者に周知・啓発すること。

（対処方針を定め、労働者に周知・啓発していると認められる例）

①　就業規則その他の職場における服務規律等を定めた文書において、職場における育児休業等に関するハラスメントに係る言動を行った者に対する懲戒規定を定め、その内容を労働者に周知・啓発すること。

②　職場における育児休業等に関するハラスメントに係る言動を行った者は、現行の就業規則その他の職場における服務規律等を定めた文書において定められている懲戒規定の適用の対象となる旨を明確化し、これを労働者に周知・啓発すること。

ロ　相談（苦情を含む。以下同じ。）に応じ、適切に対応するために必要な体制の整備

事業主は、労働者からの相談に対し、その内容や状況に応じ適切かつ柔軟に対応するために必要な体制の整備として、次の措置を講じなければならないこと。

(イ)　相談への対応のための窓口（以下「相談窓口」という。）をあらかじめ定め、労働者に周知すること。

（相談窓口をあらかじめ定めていると認められる例）

①　相談に対応する担当者をあらかじめ定めること。

②　相談に対応するための制度を設けること。

③　外部の機関に相談への対応を委託すること。

(ロ)　(イ)の相談窓口の担当者が、相談に対し、その内容や状況に応じ適切に対応できるようにすること。また、相談窓口においては、被害を受けた労働者が萎縮するなどして相談を躊躇する例もあること等も踏まえ、相談者の心身の状況や当該言動が行われた際の受け止めなどその認識にも配慮しながら、職場における育児休業等に関するハラスメントが現実に生じている場合だけでなく、その発生のおそれがある場合や、職場における育児休業等に関するハラスメントに該当するか否か微妙な場合等であっても、広く相談に対応し、適切な対応を行うようにすること。例えば、放置すれば就業環境を害するおそれがある場合や、職場における育児休業等に関する否定的な言動が原因や背景となって職場における育児休業等に関するハラスメントが生じるおそれがある場合等が考えられること。

（相談窓口の担当者が適切に対応することができるようにしていると認められる例）

①　相談窓口の担当者が相談を受けた場合、その内容や状況に応じて、相談窓口の担当者と人事部門とが連携を図ることができる仕組みとすること。

②　相談窓口の担当者が相談を受けた場合、あらかじめ作成した留意点などを記載したマニュアルに基づき対応すること。

③　相談窓口の担当者に対し、相談を受けた場合の対応についての研修を行うこと。

ハ　職場における育児休業等に関するハラスメントに係る事後の迅速かつ適切な対応

事業主は、職場における育児休業等に関するハラスメントに係る相談の申出があった場合において、その事案に係る事実関係の迅速かつ正確な確認及び適正な対処として、次の措置を講じなければならないこと。

(イ) 事案に係る事実関係を迅速かつ正確に確認すること。

(事案に係る事実関係を迅速かつ正確に確認していると認められる例)

① 相談窓口の担当者、人事部門又は専門の委員会等が、相談を行った労働者（以下「相談者」という。）及び職場における育児休業等に関するハラスメントに係る言動の行為者とされる者（以下「行為者」という。）の双方から事実関係を確認すること。その際、相談者の心身の状況や当該言動が行われた際の受け止めなどその認識にも適切に配慮すること。

また、相談者と行為者との間で事実関係に関する主張に不一致があり、事実の確認が十分にできないと認められる場合には、第三者からも事実関係を聴取する等の措置を講ずること。

② 事実関係を迅速かつ正確に確認しようとしたが、確認が困難な場合などにおいて、法第五十二条の五に基づく調停の申請を行うことその他中立な第三者機関に紛争処理を委ねること。

(ロ) (イ)により、職場における育児休業等に関するハラスメントが生じた事実が確認できた場合においては、速やかに被害を受けた労働者（以下「被害者」という。）に対する配慮のための措置を適正に行うこと。

(措置を適正に行っていると認められる例)

① 事案の内容や状況に応じ、被害者の職場環境の改善又は迅速な制度等の利用に向けての環境整備、被害者と行為者の間の関係改善に向けての援助、行為者の謝罪、管理・監督者又は事業場内産業保健スタッフ等による被害者のメンタルヘルス不調への相談対応等の措置を講ずること。

② 法第五十二条の五に基づく調停その他中立な第三者機関の紛争解決案に従った措置を被害者に対して講ずること。

(ハ) (イ)により、職場における育児休業等に関するハラスメントが生じた事実が確認できた場合においては、行為者に対する措置を適正に行うこと。

(措置を適正に行っていると認められる例)

① 就業規則その他の職場における服務規律等を定めた文書における職場における育児休業等に関するハラスメントに関する規定等に基づき、行為者に対して必要な懲戒その他の措置を講ずること。あわせて、事案の内容や状況に応じ、被害者と行為者の間の関係改善に向けての援助、行為者の謝罪等の措置を講ずること。

② 法第五十二条の五に基づく調停その他中立な第三者機関の紛争解決案に従った措置を行為者に対して講ずること。

(ニ) 改めて職場における育児休業等に関するハラスメントに関する方針を周知・啓発する等の再発防止に向けた措置を講ずること。

なお、職場における育児休業等に関するハラスメントが生じた事実が確認できなかった場合においても、同様の措置を講ずること。

(再発防止に向けた措置を講じていると認められる例)

① 事業主の方針、制度等の利用ができる旨及び職場における育児休業等に関するハラスメントに係る言動を行った者について厳正に対処する旨の方針を、社内報、パンフレット、社内ホームページ等広報又は啓発のための資料等に改めて掲載し、配布等すること。

② 労働者に対して職場における育児休業等に関するハラスメントに関する意識を啓発するための研修、講習等を改めて実施すること。

ニ　職場における育児休業等に関するハラスメントの原因や背景となる要因を解消するための措置

事業主は、職場における育児休業等に関するハラスメントの原因や背景となる要因を解消するため、業務体制の整備など、事業主や制度等の利用を行う労働者その他の労働者の実情に応じ、必要な措置を講じなければならないこと（派遣労働者にあっては、派遣元事業主に限る。）。

なお、措置を講ずるに当たっては、

(i) 職場における育児休業等に関するハラスメントの背景には育児休業等に関する否定的な言動もあるが、当該言動の要因の一つには、労働者が所定労働時間の短縮措置を利用することで短縮分の労務提供ができなくなること等により、周囲の労働者の業務負担が増大することもあることから、周囲の労働者の業務負担等にも配慮すること

(ii) 労働者の側においても、制度等の利用ができるという知識を持つことや周囲と円滑なコミュニケーションを図りながら自身の制度の利用状況等に応じて適切に業務を遂行していくという意識を持つこと

のいずれも重要であることに留意することが必要である（四ロにおいて同じ）。

（業務体制の整備など、必要な措置を講じていると認められる例）

① 制度等の利用を行う労働者の周囲の労働者への業務の偏りを軽減するよう、適切に業務分担の見直しを行うこと。

② 業務の点検を行い、業務の効率化等を行うこと。

ホ　イからニまでの措置と併せて講ずべき措置

イからニまでの措置を講ずるに際しては、併せて次の措置を講じなければならないこと。

(イ) 職場における育児休業等に関するハラスメントに係る相談者・行為者等の情報は当該相談者・行為者等のプライバシーに属するものであることから、相談への対応又は当該育児休業等に関するハラスメントに係る事後の対応に当たっては、相談者・行為者等のプライバシーを保護するために必要な措置を講ずるとともに、その旨を労働者に対して周知すること。

（相談者・行為者等のプライバシーを保護するために必要な措置を講じていると認められる例）

① 相談者・行為者等のプライバシーの保護のために必要な事項をあらかじめマニュアルに定め、相談窓口の担当者が相談を受けた際には、当該マニュアルに基づき対応するものとすること。

② 相談者・行為者等のプライバシーの保護のために、相談窓口の担当者に必要な研修を行うこと。

③ 相談窓口においては相談者・行為者等のプライバシーを保護するために必要な措置を講じていることを、社内報、パンフレット、社内ホームページ等広報又は啓発のための資料等に掲載し、配布

等すること。

(ロ) 法第二十五条第二項、第五十二条の四第二項及び第五十二条の五第二項の規定を踏まえ、労働者が職場における育児休業等に関するハラスメントに関し相談をしたこと若しくは事実関係の確認等の事業主の雇用管理上講ずべき措置に協力したこと、都道府県労働局に対して相談、紛争解決の援助の求め若しくは調停の申請を行ったこと又は調停の出頭の求めに応じたこと（以下「育児休業等に関するハラスメントの相談等」という。）を理由として、解雇その他不利益な取扱いをされない旨を定め、労働者に周知・啓発すること。

（不利益な取扱いをされない旨を定め、労働者にその周知・啓発することについて措置を講じていると認められる例）

① 就業規則その他の職場における服務規律等を定めた文書において、育児休業等に関するハラスメントの相談等を理由として、当該労働者が解雇等の不利益な取扱いをされない旨を規定し、労働者に周知・啓発をすること。

② 社内報、パンフレット、社内ホームページ等広報又は啓発のための資料等に、育児休業等に関するハラスメントの相談等を理由として、当該労働者が解雇等の不利益な取扱いをされない旨を記載し、労働者に配布等すること。

(四) 事業主が職場における育児休業等に関する言動に起因する問題に関し行うことが望ましい取組の内容

事業主は、職場における育児休業等に関するハラスメントを防止するため、(三)の措置に加え、次の取組を行うことが望ましいこと。

イ 職場における育児休業等に関するハラスメントは、妊娠、出産等に関するハラスメント（事業主が職場における妊娠、出産等に関する言動に起因する問題に関して雇用管理上講ずべき措置等についての指針（平成二十八年厚生労働省告示第三百十二号）に規定する「職場における妊娠、出産等に関するハラスメント」をいう。）、セクシュアルハラスメント（事業主が職場における性的な言動に起因する問題に関して雇用管理上講ずべき措置等についての指針（平成十八年厚生労働省告示第六百十五号）に規定する「職場におけるセクシュアルハラスメント」をいう。以下同じ。）、パワーハラスメント（事業主が職場における優越的な関係を背景とした言動に起因する問題に関して雇用管理上講ずべき措置等についての指針（令和二年厚生労働省告示第五号）に規定する「職場におけるパワーハラスメント」をいう。）その他のハラスメントと複合的に生じることも想定されることから、事業主は、例えば、セクシュアルハラスメント等の相談窓口と一体的に、職場における育児休業等に関するハラスメントの相談窓口を設置し、一元的に相談に応じることのできる体制を整備することが望ましいこと。

（一元的に相談に応じることのできる体制の例）

① 相談窓口で受け付けることのできる相談として、職場における育児休業等に関するハラスメントのみならず、セクシュアルハラスメント等も明示すること。

② 職場における育児休業等に関するハラスメントの相談窓口がセクシュアルハラスメント等の相談窓口を兼ねること。

ロ 事業主は、職場における育児休業等に関するハラスメントの原因や背景となる要因を解消するため、労働者の側においても、制度等の利用ができるという知識を持つことや、周囲と円滑なコミュニケーションを図りながら自身の制度の利用状況等に応じて適切に業務を遂行していくという意識を持つこと等を、制度等の利用の対象となる労働者に周知・啓発することが望ましいこと（派遣労働者にあっては、派遣元事業主に限る。）。

（制度等の利用の対象となる労働者への周知　啓発の例）

① 社内報、パンフレット、社内ホームページ等広報又は啓発のための資料等に、労働者の側においても、制度等の利用ができるという知識を持つことや、周囲と円滑なコミュニケーションを図りながら自身の制度の利用状況等に応じて適切に業務を遂行していくという意識を持つこと等について記載し、制度等の利用の対象となる労働者に配布等すること。

② 労働者の側においても、制度等の利用ができるという知識を持つことや、周囲と円滑なコミュニケーションを図りながら自身の制度の利用状況等に応じて適切に業務を遂行していくという意識を持つこと等について、人事部門等から制度等の利用の対象となる労働者に周知・啓発すること。

ハ 事業主は、㈢の措置を講じる際に、必要に応じて、労働者や労働組合等の参画を得つつ、アンケート調査や意見交換等を実施するなどにより、その運用状況の的確な把握や必要な見直しの検討等に努めることが重要であること。なお、労働者や労働組合等の参画を得る方法として、例えば、労働安全衛生法（昭和四十七年法律第五十七号）第十八条第一項に規定する衛生委員会の活用なども考えられる。

十五 法第二十六条の規定により、その雇用する労働者の配置の変更で就業の場所の変更を伴うものをしようとする場合において、当該労働者の子の養育又は家族の介護の状況に配慮するに当たっての事項

配慮することの内容としては、例えば、当該労働者の子の養育又は家族の介護の状況を把握すること、労働者本人の意向をしんしゃくすること、配置の変更で就業の場所の変更を伴うものをした場合の子の養育又は家族の介護の代替手段の有無の確認を行うこと等があること。

十六 派遣労働者として就業する者に関する事項

㈠ 派遣労働者として就業する者については、労働契約関係は派遣元事業主と派遣労働者との間にあるため、派遣元事業主は、当該労働者に対し、法の規定に基づく措置を適切に講ずる責任があることに留意すること。

㈡ 解雇その他不利益な取扱いとなる行為には、例えば、派遣労働者として就業する者について、労働者派遣の役務の提供を受ける者が当該派遣労働者に係る労働者派遣の役務の提供を拒むことが該当すること。

㈢ 次に掲げる場合には㈡の派遣労働者として就業する者について、労働者派遣の役務の提供を受ける者が当該派遣労働者に係る労働者派遣の役務の提供を拒むことに該当すること。

イ 育児休業の開始までは労働者派遣契約に定められた役務の提供ができると認められるにもかかわらず、派遣中の派遣労働者が育児休業の取得を申し出たことを理由に、労働者派遣の役務の提供を受ける者が派遣元事業主に対し、当該派遣労働者の交替を求めること。

ロ 労働者派遣契約に定められた役務の提供ができると

認められるにもかかわらず、派遣中の派遣労働者が子の看護休暇を取得したことを理由に、労働者派遣の役務の提供を受ける者が派遣元事業主に対し、当該派遣労働者の交替を求めること。

(四) 派遣元事業主は、派遣労働者が育児休業から復帰する際には、当該派遣労働者が就業を継続できるよう、当該派遣労働者の派遣先に係る希望も勘案しつつ、就業機会の確保に努めるべきであることに留意すること。

附　則　抄

（適用期日）

1　この告示は、平成二十二年六月三十日から適用する。

次世代育成支援対策推進法　抄

（平成一五年七月一六日 法律第一二〇号）

沿革
平成二三年 六月二四日法律第七四号
〃 二三年 八月三〇日 〃 第一〇五号
〃 二四年 八月二二日 〃 第六七号
〃 二五年一二月一三日 〃 第一一二号
〃 二六年 四月二三日 〃 第二八号
〃 二九年 三月三一日 〃 第一四号
令和 四年 三月三一日 〃 第一一号
〃 四年 六月一七日 〃 第六八号
〃 四年 六月二二日 〃 第七六号
〃 四年 六月二二日 〃 第七七号

第一章　総則

（目的）
第一条　この法律は、我が国における急速な少子化の進行並びに家庭及び地域を取り巻く環境の変化にかんがみ、次世代育成支援対策に関し、基本理念を定め、並びに国、地方公共団体、事業主及び国民の責務を明らかにするとともに、行動計画策定指針並びに地方公共団体及び事業主の行動計画の策定その他の次世代育成支援対策を推進するために必要な事項を定めることにより、次世代育成支援対策を迅速かつ重点的に推進し、もって次代の社会を担う子どもが健やかに生まれ、かつ、育成される社会の形成に資することを目的とする。

（定義）
第二条　この法律において「次世代育成支援対策」とは、次代の社会を担う子どもを育成し、又は育成しようとする家庭に対する支援その他の次代の社会を担う子どもが健やかに生まれ、かつ、育成される環境の整備のための国若しくは地方公共団体が講ずる施策又は事業主が行う雇用環境の整備その他の取組をいう。

（基本理念）
第三条　次世代育成支援対策は、父母その他の保護者が子育てについての第一義的責任を有するという基本的認識の下に、家庭その他の場において、子育ての意義についての理解が深められ、かつ、子育てに伴う喜びが実感されるように配慮して行われなければならない。

（国及び地方公共団体の責務）
第四条　国及び地方公共団体は、前条の基本理念（次条及び第七条第一項において「基本理念」という。）にのっとり、相互に連携を図りながら、次世代育成支援対策を総合的かつ効果的に推進するよう努めなければならない。

（事業主の責務）
第五条　事業主は、基本理念にのっとり、その雇用する労働者に係る多様な労働条件の整備その他の労働者の職業生活と家庭生活との両立が図られるようにするために必要な雇用環境の整備を行うことにより自ら次世代育成支援対策を実施するよう努めるとともに、国又は地方公共団体が講ずる次世代育成支援対策に協力しなければならない。

（国民の責務）
第六条　国民は、次世代育成支援対策の重要性に対する関心と理解を深めるとともに、国又は地方公共団体が講ずる次世代育成支援対策に協力しなければならない。

第二章　行動計画

第一節　行動計画策定指針

第七条　主務大臣は、次世代育成支援対策の総合的かつ効果的な推進を図るため、基本理念にのっとり、次条第一項の市町村行動計画及び第九条第一項の都道府県行動計画並びに第十二条第一項の一般事業主行動計画及び第十九条第一項の特定事業主行動計画（次項において「市町村行動計画等」という。）の策定に関する指針（以下「行動計画策定指針」という。）を定めなければならない。

2　行動計画策定指針においては、次に掲げる事項につき、市町村行動計画等の指針となるべきものを定めるものとする。

一　次世代育成支援対策の実施に関する基本的な事項

二　次世代育成支援対策の内容に関する事項

三　その他次世代育成支援対策の実施に関する重要事項

3　主務大臣は、少子化の動向、子どもを取り巻く環境の変化その他の事情を勘案して必要があると認めるときは、速やかに行動計画策定指針を変更するものとする。

4　主務大臣は、行動計画策定指針を定め、又はこれを変更しようとするときは、あらかじめ、こども家庭審議会の意見を聴くとともに、次条第一項の市町村行動計画及び第九条第一項の都道府県行動計画に係る部分について総務大臣に協議しなければならない。

5　主務大臣は、行動計画策定指針を定め、又はこれを変更したときは、遅滞なく、これを公表しなければならない。

第三節　一般事業主行動計画

（一般事業主行動計画の策定等）

第一二条　国及び地方公共団体以外の事業主（以下「一般事業主」という。）であって、常時雇用する労働者の数が百人を超えるものは、行動計画策定指針に即して、一般事業主行動計画（一般事業主が実施する次世代育成支援対策に関する計画をいう。以下同じ。）を策定し、厚生労働省令で定めるところにより、厚生労働大臣にその旨を届け出なければならない。これを変更したときも同様とする。

2　一般事業主行動計画においては、次に掲げる事項を定めるものとする。

一　計画期間

二　次世代育成支援対策の実施により達成しようとする目標

三　実施しようとする次世代育成支援対策の内容及びその実施時期

3　第一項に規定する一般事業主は、一般事業主行動計画を策定し、又は変更したときは、厚生労働省令で定めるところにより、これを公表しなければならない。

4　一般事業主であって、常時雇用する労働者の数が百人以下のものは、行動計画策定指針に即して、一般事業主行動計画を策定し、厚生労働省令で定めるところにより、厚生労働大臣にその旨を届け出るよう努めなければならない。これを変更したときも同様とする。

5　前項に規定する一般事業主は、一般事業主行動計画を策定し、又は変更したときは、厚生労働省令で定めるところにより、これを公表するよう努めなければならない。

6　第一項に規定する一般事業主が同項の規定による届出又は第三項の規定による公表をしない場合には、厚生労働大臣は、当該一般事業主に対し、相当の期間を定めて当該届出又は公表をすべきことを勧告することができる。

（一般事業主行動計画の労働者への周知等）

第一二条の二　前条第一項に規定する一般事業主は、一般事業主行動計画を策定し、又は変更したときは、厚生労働省令で定めるところにより、これを労働者に周知させるための措置を講じなければならない。

2　前条第四項に規定する一般事業主は、一般事業主行動計画を策定し、又は変更したときは、厚生労働省令で定めるところにより、これを労働者に周知させるための措置を講ずるよう努めなければならない。

3　前条第六項の規定は、同条第一項に規定する一般事業主が第一項の規定による措置を講じない場合について準用する。

（基準に適合する一般事業主の認定）

第一三条　厚生労働大臣は、第十二条第一項又は第四項の規定による届出をした一般事業主からの申請に基づき、厚生労働省令で定めるところにより、当該事業主について、雇用環境の整備に関し、行動計画策定指針に照らし適切な一般事業主行動計画を策定したこと、当該一般事業主行動計画を実施し、当該一般事業主行動計画に定めた目標を達成したことその他の厚生労働省令で定める基準に適合するものである旨の認定を行うことができる。

（認定一般事業主の表示等）

第一四条　前条の認定を受けた一般事業主（以下「認定一般事業主」という。）は、商品又は役務、その広告又は取引に用いる書類若しくは通信その他の厚生労働省令で定めるもの（次項及び第十五条の四第一項において「広告等」という。）に厚生労働大臣の定める表示を付することができる。

2　何人も、前項の規定による場合を除くほか、広告等に同項の表示又はこれと紛らわしい表示を付してはならない。

（認定一般事業主の認定の取消し）

第一五条　厚生労働大臣は、認定一般事業主が次の各号のいずれかに該当するときは、第十三条の認定を取り消すことができる。

一　第十三条に規定する基準に適合しなくなったと認めるとき。

二　この法律又はこの法律に基づく命令に違反したとき。

三　前二号に掲げる場合のほか、認定一般事業主として適当でなくなったと認めるとき。

（基準に適合する認定一般事業主の認定）

第一五条の二　厚生労働大臣は、認定一般事業主からの申請に基づき、厚生労働省令で定めるところにより、当該認定一般事業主について、雇用環境の整備に関し、行動計画策定指針に照らし適切な一般事業主行動計画（その計画期間の末日が、当該認定一般事業主が第十三条の認定を受けた日以後であるものに限る。）を策定したこと、当該一般事業主行動計画を実施し、当該一般事業主行動計画に定めた目標を達成したこと、当該認定一般事業主の次世代育成支援対策の実施の状況が優良なものであることその他の厚生労働省令で定める基準に適合するものである旨の認定を行うことができる。

（特例認定一般事業主の特例等）

第一五条の三　前条の認定を受けた認定一般事業主（以下「特例認定一般事業主」という。）については、第十二条第一項及び第四項の規定は、適用しない。

2　特例認定一般事業主は、厚生労働省令で定めるところにより、毎年少なくとも一回、次世代育成支援対策の実施の状況を公表しなければならない。

3　特例認定一般事業主が前項の規定による公表をしない場合には、厚生労働大臣は、当該特例認定一般事業主に対し、相当の期間を定めて当該公表をすべきことを勧告することができる。

（特例認定一般事業主の表示等）

第一五条の四　特例認定一般事業主は、広告等に厚生労働大臣の定める表示を付することができる。

2　第十四条第二項の規定は、前項の表示について準用する。

（特例認定一般事業主の認定の取消し）

第一五条の五　厚生労働大臣は、特例認定一般事業主が次の各号のいずれかに該当するときは、第十五条の二の認定を取り消すことができる。

一　第十五条の規定により第十三条の認定を取り消すとき。

二　第十五条の二に規定する基準に適合しなくなったと認めるとき。

三　第十五条の三第二項の規定による公表をせず、又は虚偽の公表をしたとき。

四　前号に掲げる場合のほか、この法律又はこの法律に基づく命令に違反したとき。

五　前各号に掲げる場合のほか、特例認定一般事業主として適当でなくなったと認めるとき。

（委託募集の特例等）

第一六条　承認中小事業主団体の構成員である一般事業主であって、常時雇用する労働者の数が三百人以下のもの（以下この項及び次項において「中小事業主」という。）が、当該承認中小事業主団体をして次世代育成支援対策を推進するための措置の実施に関し必要な労働者の募集を行わせようとする場合において、当該承認中小事業主団体が当該募集に従事しようとするときは、職業安定法（昭和二十二年法律第百四十一号）第三十六条第一項及び第三項の規定は、当該構成員である中小事業主については、適用しない。

2　この条及び次条において「承認中小事業主団体」とは、事業協同組合、協同組合連合会その他の特別の法律により設立された組合若しくはその連合会であって厚生労働省令で定めるもの又は一般社団法人で中小事業主を直接又は間接の構成員とするもの（厚生労働省令で定める要件に該当するものに限る。以下この項において「事業協同組合等」という。）であって、その構成員である中小事業主に対し、次世代育成支援対策を推進するための人材確保に関する相談及び援助を行うものとして、当該事業協同組合等の申請に基づき厚生労働大臣がその定める基準により適当であると承認したものをいう。

3　厚生労働大臣は、承認中小事業主団体が前項の相談及び援助を行うものとして適当でなくなったと認めるときは、同項の承認を取り消すことができる。

4　承認中小事業主団体は、当該募集に従事しようとするときは、厚生労働省令で定めるところにより、募集時期、募集人員、募集地域その他の労働者の募集に関する事項で厚生労働省令で定めるものを厚生労働大臣に届け出なければならない。

5　職業安定法第三十七条第二項の規定は前項の規定による届出があった場合について、同法第五条の三第一項及び第四項、第五条の四第一項及び第二項、第五条の五、第三十九条、第四十一条第二項、第四十二条、第四十八条の三第一項、第四十八条の四、第五十条第一項及び第二項並びに第五十一条の規定は前項の規定による届出をして労働者の募集に従事する者について、同法第四十条の規定は同項の規定による届出をして労働者の募集に従事する者に対する報酬の供与について、同法第五十条第三項及び第四項の規定はこの項において準用する同条第二項に規定する職権を行う場合について準用する。この場合において、同法第三十七条第二項中「労働者の募集を行おうとする者」とあるのは「次世代育成支援対策推進法（平成十五年法律第百二十号）第十六条第四項の規定による届出をして労働者の募集に従事しようとする者」と、同法第四十一条第二項中「当該労働者の募集の業務の廃止を命じ、又は期間」とあるのは「期間」と読み替えるものとする。

6　職業安定法第三十六条第二項及び第四十二条の二の規定の

適用については、同法第三十六条第二項中「前項の」とあるのは「被用者以外の者をして労働者の募集に従事させようとする者がその被用者以外の者に与えようとする」と、同法第四十二条の二中「第三十九条に規定する募集受託者」とあるのは「次世代育成支援対策推進法第十六条第四項の規定による届出をして労働者の募集に従事する者」と、「同項に」とあるのは「次項に」とする。

7　厚生労働大臣は、承認中小事業主団体に対し、第二項の相談及び援助の実施状況について報告を求めることができる。

第一七条　公共職業安定所は、前条第四項の規定による届出をして労働者の募集に従事する承認中小事業主団体に対して、雇用情報及び職業に関する調査研究の成果を提供し、かつ、これらに基づき当該募集の内容又は方法について指導することにより、当該募集の効果的かつ適切な実施の促進に努めなければならない。

（一般事業主に対する国の援助）

第一八条　国は、第十二条第一項又は第四項の規定により一般事業主行動計画を策定する一般事業主又はこれらの規定による届出をした一般事業主に対して、一般事業主行動計画の策定、公表若しくは労働者への周知又は当該一般事業主行動計画に基づく措置が円滑に実施されるように必要な助言、指導その他の援助の実施に努めるものとする。

附　則

（施行期日）

第一条　この法律は、公布の日から施行する。ただし、第七条及び第二十二条第一項の規定は公布の日から起算して六月を超えない範囲内において政令で定める日から、第八条から第十九条まで、第二十二条第二項、第二十三条から第二十五条まで、第二十六条第一項第一号から第三号まで及び第二十七条の規定は平成十七年四月一日から施行する。

（この法律の失効）

第二条　この法律は、令和七年三月三十一日限り、その効力を失う。

2　次世代育成支援対策推進センターの役員又は職員であった者の第二十条第二項に規定する業務に関して知り得た秘密については、同条第五項の規定（同項に係る罰則を含む。）は、前項の規定にかかわらず、同項に規定する日後も、なおその効力を有する。

3　この法律の失効前にした行為に対する罰則の適用については、この法律は、第一項の規定にかかわらず、同項に規定する日後も、なおその効力を有する。

（検討）

第三条　政府は、この法律の施行後五年を経過した場合において、この法律の施行の状況を勘案し、必要があると認めるときは、この法律の規定について検討を加え、その結果に基づいて必要な措置を講ずるものとする。

次世代育成支援対策推進法施行規則　抄

（平成一五年七月一六日　厚生労働省令第一二二号）

沿革　平成二七年一〇月二八日厚生労働省令第一六三号
〃　二九年三月三〇日〃第三一号
〃　二九年七月一一日〃第七一号
〃　三〇年一二月二八日〃第一五三号
〃　三一年三月二〇日〃第二六号
令和元年五月七日〃第一号
〃　二年一二月二五日〃第二〇八号
〃　三年二月二四日〃第三九号
〃　三年一一月三〇日〃第一八五号
〃　四年六月一〇日〃第九三号

（法第十二条第一項の届出）

第一条　次世代育成支援対策推進法（以下「法」という。）第十二条第一項の規定による届出は、一般事業主行動計画策定・変更届（様式第一号）を国及び地方公共団体以外の事業主（以下「一般事業主」という。）の住所を管轄する都道府県労働局長（以下「所轄都道府県労働局長」という。）に提出することによって行わなければならない。

2　前項の規定にかかわらず、法第十二条第一項の規定による届出を女性の職業生活における活躍の推進に関する法律（平成二十七年法律第六十四号）第八条第一項又は同条第七項の規定による届出と同時に行うときは、法第十二条第一項の規定による届出の様式は、厚生労働省雇用環境・均等局長（第五条の三第一項第一号ヘ(1)において「雇用環境・均等局長」という。）の定めるところによることができる。

（法第十二条第三項の公表の方法）

第一条の二　法第十二条第三項の規定による公表は、インターネットの利用その他の適切な方法によるものとする。

（法第十二条第四項の届出）

第二条　第一条の規定は、法第十二条第四項の届出を行う一般事業主について準用する。

（法第十二条第五項の公表の方法）

第二条の二　第一条の二の規定は、法第十二条第五項の公表を行う一般事業主について準用する。

（法第十二条の二第一項の周知の方法）

第二条の三　法第十二条の二第一項の規定による周知は、事業所の見やすい場所へ掲示し若しくは備え付けること、書面を労働者へ交付すること又は電子メールを利用して労働者へ送信することその他の適切な方法によるものとする。

（法第十二条の二第二項の周知の方法）

第二条の四　前条の規定は、法第十二条の二第二項の周知を行う一般事業主について準用する。

（法第十三条の申請）

第三条　法第十三条の認定を受けようとする一般事業主は、基準適合一般事業主認定申請書（様式第二号）に、当該一般事業主が同条の基準に適合するものであることを明らかにする書類を添えて、所轄都道府県労働局長に提出しなければならない。

（法第十三条の厚生労働省令で定める基準等）

第四条　法第十三条の厚生労働省令で定める基準は、次の各号のいずれかに該当することとする。

一　次のいずれにも該当する一般事業主であること。

イ　雇用環境の整備に関し、法第十二条第一項の行動計画策定指針に照らし適切な一般事業主行動計画（法第十二条第一項に規定する一般事業主行動計画をいう。以下同じ。）を策定したこと。

ロ　策定した一般事業主行動計画の計画期間（以下「計画期間」という。）が、二年以上五年以下であること。

ハ　策定した一般事業主行動計画を実施し、当該一般事業主行動計画に定めた目標を達成したこと。

ニ　策定した一般事業主行動計画について、適切に公表及び労働者への周知をしたこと。

ホ　その雇用する男性労働者であって計画期間において配偶者が出産したものの数に対するその雇用する男性労働者であって当該計画期間において育児休業等（育児休業、介護休業等育児又は家族介護を行う労働者の福祉に関する法律（平成三年法律第七十六号。以下「育児・介護休業法」という。）第二条第一号に規定する育児休業及び育児・介護休業法第二十三条第二項又は第二十四条第一項の規定に基づく措置として育児休業に関する制度に準ずる措置が講じられた場合の当該措置によりする休業をいう。以下同じ。）をしたものの数の割合（以下「育児休業等をした男性労働者の割合」という。）が百分の十以上であり、当該育児休業等をした男性労働者の割合を厚生労働省のウェブサイトに公表していること又はその雇用する男性労働者であって計画期間において配偶者が出産したものの数に対する、その雇用する男性労働者であって当該計画期間において育児休業等をしたものの数及び小学校就学の始期に達するまでの子を養育する男性労働者を雇用する一般事業主が講ずる育児を目的とした休暇制度（育児休業等及び育児・介護休業法第十六条の二第一項に規定する子の看護休暇（以下「子の看護休暇」という。）を除く。以下「育児目的休暇制度」という。）を利用したものの数の合計数の割合が百分の十以上であり、当該割合を厚生労働省のウェブサイトに公表していること、かつ、当該育児休業等をしたものの数が一人以上であること。ただし、当該計画期間において、その雇用する男性労働者のうち育児休業等をしたもの又は小学校就学の始期に達するまでの子について育児目的休暇制度を利用したものがいない中小事業主（一般事業主であって、常時雇用する労働者の数が三百人以下のものをいう。以下同じ。）にあっては、次のいずれかに該当し、かつ、これらの規定に該当する男性労働者の数（(3)に該当する場合にあっては、育児休業等をした男性労働者の割合）を厚生労働省のウェブサイトに公表していれば足りること。

(1)　当該計画期間において、その雇用する男性労働者のうち子の看護休暇を取得したものがいること（一歳に満たない子のために子の看護休暇を取得した場合を除く。）。

(2)　当該計画期間において、所定労働時間の短縮措置等（育児・介護休業法第二十三条第一項に規定する所定労働時間の短縮措置、育児・介護休業法第二十四条第一項第三号の規定に基づき所定労働時間の短縮措置に準ずる措置として講じられているもの及び六歳に達する日以後の最初の三月三十一日を経過した子であって十五歳に達する日以後の最初の三月三十一日までの間にあるものに係る所定労働時間の短縮措置に準ずる措置として講じられているものをいう。以下同じ。）を講じており、その雇用する男性労働者のうち子の養育のために当該所定労働時間の短縮措置等を利用したものがいること。

(3)　当該計画期間の開始前三年以内の日であって当該中

小事業主が定める日から当該計画期間の末日までの期間を計画期間とみなした場合における当該計画期間において、育児休業等をした男性労働者の割合が百分の十以上であること。

(4) 当該計画期間において、小学校就学の始期に達するまでの子を養育する男性労働者がいない場合にあっては、その雇用する男性労働者であって十五歳に達する日以後の最初の三月三十一日までの間にある子又は小学校就学の始期に達するまでの孫がいるもののうち、育児目的休暇制度を利用したものがいること。

へ その雇用する女性労働者であって計画期間において出産したものの数に対するその雇用する女性労働者であって当該計画期間において育児休業等をしたものの数の割合（以下このへにおいて「育児休業等をしたものの割合」という。）が百分の七十五以上であり、当該育児休業等をしたものの割合を厚生労働省のウェブサイトに公表していること。ただし、計画期間において育児休業等をしたものの割合が百分の七十五未満である中小事業主にあっては、当該計画期間の開始前三年以内の日であって当該中小事業主が定める日から当該計画期間の末日までの期間を計画期間とみなした場合における育児休業等をしたものの割合が百分の七十五以上であり、当該育児休業等をしたものの割合を厚生労働省のウェブサイトに公表していれば足りること。

ト その雇用する三歳から小学校就学の始期に達するまでの子を養育する労働者について、育児・介護休業法第二十四条第一項第三号の規定により、育児休業に関する制度、所定外労働の制限に関する制度、所定労働時間の短縮措置又は始業時刻変更等の措置に準じて講ずるよう努めなければならないものとされている必要な措置を講じていること。

チ 次のいずれにも該当すること。

(1) 次のいずれにも該当すること。

(i) その雇用する労働者（短時間労働者及び有期雇用労働者の雇用管理の改善等に関する法律（平成五年法律第七十六号）第二条第一項に規定する短時間労働者を除く。第五条の四第四号において同じ。）一人当たりの各月ごとの時間外労働及び休日労働の合計時間数が、計画期間の終了日の属する事業年度（(ii)において「計画期間終了事業年度」という。）に属する各月ごとに全て四十五時間未満であること。

(ii) 計画期間終了事業年度において、その雇用する労働者であって、平均した一月当たりの時間外労働時間が六十時間以上であるものがいないこと。

(2) 所定外労働の削減、労働基準法（昭和二十二年法律第四十九号）第三十九条の規定による年次有給休暇（以下「年次有給休暇」という。）の取得の促進、短時間正社員（期間の定めのない労働契約を締結している労働者であって、一週間の所定労働時間が同一の事業所に雇用される通常の労働者の一週間の所定労働時間に比し短く、かつ、通常の労働者と同等の待遇を受けるものをいう。第五条の三第一項第一号ハ(3)において同じ。）の活用に関する措置、在宅勤務、情報通信技術を活用した勤務その他の働き方の見直しに資する多様な労働条件の整備のための措置について成果に関する具体的な目標を定めて講じていること。

リ 次のいずれにも該当しないこと。

(1) 法第十五条の規定により認定を取り消され、その取消しの日から起算して三年を経過しないこと。

(2) 職業安定法施行令（昭和二十八年政令第二百四十二号）第一条で定める規定の違反に関し、法律に基づく処分、公表その他の措置が講じられたこと（職業安定法施行規則（昭和二十二年労働省令第十二号）第四条の五第三項に規定する求人の申込みを受理しないことができる場合に該当する場合に限る。）。

(3) 法又は法に基づく命令その他関係法令に違反する重大な事実があること。

二 次のいずれにも該当する一般事業主であること。

イ 前号イからリまでのいずれにも該当すること。

ロ 次のいずれにも該当すること。

(1) 不妊治療のための休暇制度（不妊治療を含む多様な目的で利用することができる休暇制度及び利用目的を限定しない休暇制度を含み、年次有給休暇を除く。第五条の四第九号において同じ。）及び不妊治療のために利用することができる次のいずれかの制度を設けていること。

(i) 年次有給休暇を半日又は時間を単位として取得することができる制度

(ii) 所定外労働の制限に関する制度

(iii) 一日の所定労働時間を変更することなく始業及び終業の時刻を繰り上げ又は繰り下げる制度

(iv) 労働基準法第三十二条の三第一項の規定による労働時間の制度

(v) 所定労働時間の短縮の制度

(vi) 在宅勤務又は情報通信技術を活用した勤務を可能とする制度

(2) 不妊治療と仕事との両立の推進に関する方針を示し、(1)に掲げる制度の内容とともに労働者に周知させるための措置を講じていること。

(3) 不妊治療と仕事との両立に関する研修その他の不妊治療と仕事との両立に関する労働者の理解を促進するための取組を実施していること。

(4) 不妊治療と仕事との両立を図るための業務を担当する者（以下この(4)において「両立支援担当者」という。）を選任し、当該両立支援担当者に労働者からの不妊治療と仕事との両立に関する相談に応じさせる措置を講ずるとともに、当該両立支援担当者を労働者に周知させるための措置を講じていること。

三 次のいずれにも該当する一般事業主であること。

イ 第一号イからニまで及び同号ヘからリまでのいずれにも該当すること。この場合において、第一号ヘ中「であり、当該育児休業等をしたものの割合を厚生労働省のウェブサイトに公表している」とあるのは「である」と、「であり、当該育児休業等をしたものの割合を厚生労働省のウェブサイトに公表していれば」とあるのは「であれば」と読み替えるものとする。

ロ 中小事業主（計画期間において、その雇用する男性労働者のうち育児休業等をしたもの又は小学校就学の始期に達するまでの子について育児目的休暇制度を利用したものがいない者に限る。以下このロにおいて同じ。）を除く一般事業主にあっては(1)又は(2)のいずれかに該当し、中小事業主にあっては次のいずれかに該当すること。

(1) 育児休業等をした男性労働者の割合が百分の七以上であること。

(2) その雇用する男性労働者であって計画期間において配偶者が出産したものの数に対する、その雇用する男性労働者であって当該計画期間において育児休業等をしたものの数及び小学校就学の始期に達するまでの子について育児目的休暇制度を利用したものの数の合計数の割合が百分の十五以上であり、かつ、当該育児休業等をしたものの数が一人以上であること。

(3) 次のいずれかに該当すること。

(i) 第四条第一項第一号ホ(1)、(2)又は(4)のいずれかに該当すること。

(ii) 当該計画期間の開始前三年以内の日であって当該中小事業主が定める日から当該計画期間の末日までの期間を計画期間とみなした場合における当該計画期間において、育児休業等をした男性労働者の割合が百分の七以上であること。

四 次のいずれにも該当する一般事業主であること。

イ 前号イ及びロのいずれにも該当すること。

ロ 第二号ロに該当すること。

2 法第十三条の認定は、前項各号に規定する事業主の類型ごとに行うものとする。

（法第十四条第一項の広告等）

第五条 法第十四条第一項の厚生労働省令で定めるものは、次のとおりとする。

一 商品又は役務

二 商品、役務又は一般事業主の広告

三 商品又は役務の取引に用いる書類又は通信

四 一般事業主の営業所、事務所その他の事業場

五 インターネットを利用した方法により公衆の閲覧に供する情報

六 労働者の募集の用に供する広告又は文書

（法第十五条の二の申請）

第五条の二 法第十五条の二の認定（以下「特例認定」という。）を受けようとする法第十四条第一項に規定する認定一般事業主は、基準適合認定一般事業主認定申請書（様式第三号。次条第一項第二号に規定する事業主の類型に係る特例認定を受けようとする者が、同項第一号に規定する事業主の類型に係る特例認定を受けた特例認定一般事業主であるときは、様式第三号の二。）に、当該認定一般事業主が法第十五条の二の基準に適合するものであることを明らかにする書類を添えて、所轄都道府県労働局長に提出しなければならない。

（法第十五条の二の厚生労働省令で定める基準等）

第五条の三 法第十五条の二の厚生労働省令で定める基準は、次の各号のいずれかに該当することとする。

一 次のいずれにも該当する一般事業主であること。

イ 第四条第一項第一号イからニまで、ヘ、ト及びチ(1)に掲げる基準に適合すること。この場合において、同条第一項第一号イ中「一般事業主行動計画（法第十二条第一項に規定する一般事業主行動計画をいう。以下同じ。）」とあるのは「一般事業主行動計画（その計画期間の末日が、法第十三条の認定を受けた日以後であるものに限る。ロからニまでにおいて同じ。）」と、同号ヘ中「であり、当該育児休業等をしたものの割合を厚生労働省のウェブサイトに公表している」とあるのは「である」と、「であり、当該育児休業等をしたものの割合を厚生労働省のウェブサイトに公表していれば」とあるのは「であれば」と読み替えるものとする。

ロ 中小事業主（計画期間（その末日が法第十三条の認定を受けた日以後であるものに限る。以下この条において同じ。）において、その雇用する男性労働者のうち育児休業等をしたもの又は小学校就学の始期に達するまでの子について育児目的休暇制度を利用したものがいない者に限る。以下このロにおいて同じ。）を除く一般事業主にあっては(1)又は(2)のいずれかに該当し、中小事業主にあっては次のいずれかに該当すること。

(1) 育児休業等をした男性労働者の割合が百分の三十以上

上であること。

(2) その雇用する男性労働者であって計画期間において配偶者が出産したものの数に対する、その雇用する男性労働者であって当該計画期間において育児休業等をしたものの数及び小学校就学の始期に達するまでの子について育児目的休暇制度を利用したものの数の合計数の割合が百分の五十以上であり、かつ、当該育児休業等をしたものの数が一人以上であること。

(3) 次のいずれかに該当すること。

(i) 第四条第一項第一号ホ(1)、(2)又は(4)のいずれかに該当すること。

(ii) 当該計画期間の開始前三年以内の日であって当該中小事業主が定める日から当該計画期間の末日までの期間を計画期間とみなした場合における当該計画期間において、育児休業等をした男性労働者の割合が百分の三十以上であること。

ハ 次に掲げる全ての措置を講じ、かつ、(1)又は(2)のいずれかについて、定量的な目標を定めて実施し、当該目標を達成したこと。

(1) 所定外労働の削減

(2) 年次有給休暇の取得の促進

(3) 短時間正社員の活用に関する措置、在宅勤務、情報通信技術を活用した勤務その他の働き方の見直しに資する多様な労働条件の整備のための措置

ニ 次のいずれかに該当すること。ただし、次のいずれにも該当しない中小事業主にあっては、当該計画期間の開始前三年以内の日であって当該中小事業主が定める日から当該計画期間の末日までの期間を計画期間とみなした場合において、次のいずれかに該当すれば足りること。

(1) その雇用する又は雇用していた女性労働者であって計画期間の開始日から計画期間の終了日の一年前までの間において出産したもの（出産の日に在職している者に限る。(2)において同じ。）の数に対する当該女性労働者であって出産後一年以上継続して在職している又は在職していたもの（育児休業等をしている若しくはしていた者又は育児目的休暇制度を利用している若しくはしていた者を含む。以下同じ。）の数の割合が百分の九十以上であること。

(2) その雇用する又は雇用していた女性労働者であって計画期間の開始日から計画期間の終了日の一年前までの間において出産したものの数及びその雇用していた女性労働者であって当該期間に出産する予定であったもののうち退職したものの数の合計数に対する当該期間に出産した女性労働者であって出産後一年以上継続して在職している又は在職していたものの数の割合が百分の七十以上であること。

ホ 育児休業等をし、又は育児を行う女性労働者が就業を継続し、活躍できるような能力の向上又はキャリア形成の支援のための取組に係る計画を策定し、これを実施していること。

ヘ 次のいずれにも該当しないこと。

(1) 法第十五条の五の規定により認定を取り消された場合（当該取消しの日前に第五条の五の規定による辞退の申出をした場合（雇用環境・均等局長が定める基準に該当する場合に限る。）を除く。）にあっては、その取消しの日後に、法第十三条の認定を新たに受けていないこと。

(2) 第四条第一項第一号リ(2)又は(3)に該当すること。

二 次のいずれにも該当する一般事業主であること。

イ 前号イからへまでのいずれにも該当すること。

ロ　第四条第一項第二号ロに該当すること。

2　法第十五条の二の認定は、前項各号に規定する事業主の類型ごとに行うものとする。

3　第一項第二号に規定する事業主の類型に係る特例認定を受けようとする者が、同項第一号に規定する事業主の類型に係る特例認定を受けた特例認定一般事業主である場合における同項の適用については、同項第一号イ中「イからニまで、ヘ、ト、及びチ(1)」とあるのは「ヘ、ト、及びチ(1)」と、「この場合において、同条第一項第一号イ中「一般事業主行動計画（法第十二条第一項に規定する一般事業主行動計画をいう。以下同じ。）」とあるのは「一般事業主行動計画（その計画期間の末日が、法第十三条の認定を受けた日以後であるものに限る。ロからニまでにおいて同じ。）」と読み替えるものとする。」とあるのは「この場合において、同条第一項第一号ヘ中「であって計画期間において」とあるのは「であって第五条の四第一項第一号に規定する公表前事業年度（以下このヘ及びチ(1)において同じ。）又は第五条の四第一項第七号イに規定する公表前々事業年度（以下このヘ及びチ(1)において同じ。）のいずれかの年度において」と、「計画期間において育児休業等を」とあるのは「公表前事業年度又は公表前々事業年度のいずれかの年度において育児休業等を」と、「当該計画期間の開始前」とあるのは「公表前々事業年度の開始前」と、「当該計画期間の末日」とあるのは「公表前々事業年度の末日」と、「計画期間とみなした」とあるのは「対象期間とみなした」と、同号チ(1)中「計画期間の終了日の属する事業年度（(ii)において「計画期間終了事業年度」という。）」とあるのは「公表前事業年度又は公表前々事業年度のいずれかの年度」と、「計画期間終了事業年度において」とあるのは「公表前事業年度又は公表前々事業年度のいずれかの年度において」と読み替えるものとする。」と、同号ロ中「計画期間（その末日が法第十三条の認定を受けた日以後であるものに限る。以下この条において同じ。）」とあるのは「第五条の四第一項第一号に規定する公表前事業年度（以下このロ及びニにおいて同じ。）又は第五条の四第一項第七号イに規定する公表前々事業年度（以下このロ及びニにおいて同じ。）のいずれかの年度」と、同号ロ(1)中「育児休業等をした男性労働者」とあるのは「その雇用する男性労働者であって公表前事業年度又は公表前々事業年度のいずれかの年度において配偶者が出産したものの数に対するその雇用する男性労働者であって公表前事業年度又は公表前々事業年度のいずれかの年度において育児休業等をしたものの数」と、同号ロ(2)中「計画期間において配偶者」とあるのは「公表前事業年度又は公表前々事業年度のいずれかの年度において配偶者」と、「男性労働者であって当該計画期間に」とあるのは「男性労働者であって当該期間に」と、同号ロ(3)中「(4)のいずれかに該当すること」とあるのは「(4)のいずれかに該当すること。この場合において、同号ホ(1)中「当該計画期間」とあるのは「第五条の四第一項第一号に規定する公表前事業年度（以下このホにおいて同じ。）又は第五条の四第一項第七号イに規定する公表前々事業年度（以下このホにおいて同じ。）のいずれかの年度」と、同号ホ(2)及び(4)中「当該計画期間」とあるのは「公表前事業年度又は公表前々事業年度のいずれかの年度」とする」と、「当該計画期間の開始前三年以内の日であって当該中小事業主が定める日から当該計画期間の末日までの期間を計画期間とみなした場合における当該計画期間」とあるのは「公表前々事業年度の開始前三年以内の日であって当該中小事業主が定める日から公表前事業年度の末日までの期間」と、「育児休業等をした男性労働者」とあるのは「その雇用する男性労働者であって公表前々事業年度の開始前三年以内の日であって当該中小事業主が定める日から公表前事業年度の末日までの期間において配偶者が出産したものの数に対するその雇用する男性労働者であって当該期間において育児休業等をしたものの数」と、同号ニ中「当該計画期間の開始前三年以内の日であって当該中小事業主が定める日から当該計画期間の末日までの期間を計画期間」とあるのは「公表前々事業年度の開始前三年以内の日であって当該中小事業主が定める日から公表前々事業年度の末日までの期間を公表前々事業年度」と、「足りること」とあるのは「足りること。この場合において、⑴及び⑵中「公表前事業年度」とあるのは「当該日の属する事業年度の翌事業年度」と読み替えるものとする」と、「計画期間の開始日から計画期間の終了日の一年前までの間」とあるのは「公表前々事業年度」と、「出産後一年以上継続して」とあるのは「出産の日以後も引き続き雇用され、公表前事業年度に」とする。

（法第十五条の三第二項の公表）

第五条の四　法第十五条の三第二項の規定による公表は、厚生労働省のウェブサイトに、第一号から第八号まで（前条第一項第二号に規定する事業主の類型に係る特例認定を受けた特例認定一般事業主にあっては、第一号から第十号まで）に掲げる事項を公表するものとする。

一　その雇用する男性労働者であって法第十五条の三第二項の規定により公表を行う日の属する事業年度（第七号イにおいて「公表事業年度」という。）の前の事業年度（以下「公表前事業年度」という。）において育児休業等をしたものの数（以下この号において「育児休業等取得者数」という。）、その雇用する男性労働者であって公表前事業年度において配偶者が出産したものの数に対する育児休業等取得者数の割合、その雇用する男性労働者であって公表前事業年度において配偶者が出産したものの数に対する、育児休業等取得者数及び公表前事業年度において育児目的休暇制度を利用したものの数の合計数の割合並びに当該育児目的休暇制度の内容。ただし、前条第一項第一号ロ⑶(i)の規定の適用を受けて特例認定を受けた場合にあっては、これらに加え次に掲げる区分に応じ、次に掲げる事項を公表するものとする。

イ　前条第一項第一号ロ⑶(i)の規定により第四条第一項第一号ホ⑴の適用を受けて特例認定を受けた場合　公表前事業年度において、その雇用する男性労働者のうち子の看護休暇を取得したもの（一歳に満たない子のために子の看護休暇を取得した者を除く。）の数

ロ　前条第一項第一号ロ⑶(i)の規定により第四条第一項第一号ホ⑵の適用を受けて特例認定を受けた場合　公表前事業年度において、その雇用する男性労働者のうち子の養育のために所定労働時間の短縮措置等を利用したものの数

ハ　前条第一項第一号ロ⑶(i)の規定により第四条第一項第一号ホ⑷の適用を受けて特例認定を受けた場合　公表前事業年度において、その雇用する男性労働者のうち十五歳に達する日以後の最初の三月三十一日までの間にある子又は小学校就学の始期に達するまでの孫について育児目的休暇制度を利用したものの数

二　その雇用する女性労働者であって公表前事業年度において出産したものの数に対するその雇用する女性労働者であって公表前事業年度において育児休業等をしたものの数の割合

三　前条第一項第一号イの規定に基づき第四条第一項第一号トに掲げる基準に適合するものとして講ずる措置の内容

四　公表前事業年度におけるその雇用する労働者一人当たりの各月ごとの時間外労働及び休日労働の合計時間数

五　その雇用する労働者であって、公表前事業年度において、

平均した一月当たりの時間外労働時間が六十時間以上であるものの数
六　前条第一項第一号ハに掲げる基準に適合するものとして講ずる措置の内容
七　次のいずれかの割合
イ　その雇用する又は雇用していた女性労働者であって公表事業年度の前々事業年度（ロにおいて「公表前々事業年度」という。）において出産したもの（出産の日に在職している者に限る。ロにおいて同じ。）の数に対する当該女性労働者であって出産の日以後も引き続き雇用され、公表前事業年度に在職している又は在職していたものの数の割合
ロ　その雇用する又は雇用していた女性労働者であって公表前々事業年度において出産したものの数及びその雇用していた女性労働者であって公表前々事業年度において出産する予定であったもののうち退職したものの数の合計数に対する公表前々事業年度において出産した女性労働者であって出産の日以後も引き続き雇用され、公表前事業年度に在職している又は在職していたものの数の割合
八　前条第一項第一号ホに掲げる基準に適合するものとして策定している計画の内容及びその実施状況
九　不妊治療のための休暇制度及び不妊治療のために利用することができる第四条第一項第二号ロ(1)(i)から(vi)までに掲げる制度のうち、講じている制度全ての内容
十　第四条第一項第二号(3)に規定する不妊治療と仕事との両立に関する研修その他の不妊治療と仕事との両立に関する労働者の理解を促進するための取組の内容

（所轄都道府県労働局長に対する申出）
第五条の五　法第十四条第一項に規定する認定一般事業主又は法第十五条の三第一項に規定する特例認定一般事業主は、所轄都道府県労働局長に対し、それぞれ法第十三条又は法第十五条の二の認定について辞退の申出をすることができる。

（法第十六条第二項の承認中小事業主団体）
第六条　法第十六条第二項の厚生労働省令で定める承認中小事業主団体は、次のとおりとする。
一　事業協同組合及び事業協同組合小組合並びに協同組合連合会
二　水産加工業協同組合及び水産加工業協同組合連合会
三　商工組合及び商工組合連合会
四　商店街振興組合及び商店街振興組合連合会
五　農業協同組合及び農業協同組合中央会
六　生活衛生同業組合であって、その構成員の三分の二以上が中小事業主であるもの
七　酒造組合及び酒造組合連合会であって、その直接又は間接の構成員たる酒類製造業者の三分の二以上が中小事業主であるもの

（法第十六条第二項の一般社団法人の要件）
第七条　法第十六条第二項の厚生労働省令で定める要件は、その直接又は間接の構成員の三分の二以上が中小事業主である一般社団法人であることとする。

（承認中小事業主団体の申請）
第八条　法第十六条第二項の規定により承認を受けようとする同項の事業協同組合等は、その旨及び同項の基準に係る事項を記載した申請書を所轄都道府県労働局長を経て、厚生労働大臣に提出しなければならない。

（権限の委任）
第九条　法第十六条第四項並びに同条第五項において準用する職業安定法（昭和二十二年法律第百四十一号）第三十七条第二項及び第四十一条第二項に定める厚生労働大臣の権限のう

ち、次に掲げる募集に係るものは、承認中小事業主団体（法第十六条第二項に規定する承認中小事業主団体をいう。以下同じ。）の所轄都道府県労働局長に委任する。ただし、厚生労働大臣が自らその権限を行うことを妨げない。

一　承認中小事業主団体の主たる事務所の所在する都道府県の区域を募集地域とする募集

二　承認中小事業主団体の主たる事務所の所在する都道府県の区域以外の地域（当該地域における労働力の需給の状況等を勘案して厚生労働大臣が指定する地域を除く。）を募集地域とする募集（当該業種における労働力の需給の状況等を勘案して厚生労働大臣の指定する業種に属する事業に係るものを除く。）であって、その地域において募集しようとする労働者の数が百人（一の都道府県の区域内において募集しようとする労働者の数が三十人以上であるときは、三十人）未満のもの

（法第十六条第四項の届出事項）

第一〇条　法第十六条第四項の厚生労働省令で定める労働者の募集に関する事項は、次のとおりとする。

一　募集に係る事業所の名称及び所在地

二　募集時期

三　募集地域

四　次世代育成支援対策を推進するための措置の適用を受ける労働者の業務又は当該措置の実施に係る業務であって募集に係る労働者が処理するものの内容

五　募集職種及び人員

六　賃金、労働時間、雇用期間その他の募集に係る労働条件

（法第十六条第四項の届出の手続）

第一一条　法第十六条第四項の規定による届出は、同項の承認中小事業主団体の主たる事務所の所在する都道府県の区域を募集地域とする募集、当該区域以外の地域を募集地域とする募集（以下この項において「自県外募集」という。）であって第九条第二号に該当するもの及び自県外募集であって同号に該当しないものの別に行わなければならない。

2　法第十六条第四項の規定による届出をしようとする承認中小事業主団体は、その主たる事務所の所在地を管轄する公共職業安定所（その公共職業安定所が二以上ある場合には、厚生労働省組織規則（平成十三年厚生労働省令第一号）第七百九十二条の規定により当該事務を取り扱う公共職業安定所）の長を経て、第九条の募集にあっては同条の都道府県労働局長に、その他の募集にあっては厚生労働大臣に届け出なければならない。

3　前二項に定めるもののほか、届出の様式その他の手続は、厚生労働省職業安定局長の定めるところによる。

（労働者募集報告）

第一二条　法第十六条第四項の募集に従事する承認中小事業主団体は、厚生労働省職業安定局長の定める様式に従い、毎年度、労働者募集報告を作成し、これを当該年度の翌年度の四月末日まで（当該年度の終了前に労働者の募集を終了する場合にあっては、当該終了の日の属する月の翌月末日まで）に前条第二項の届出に係る公共職業安定所の長に提出しなければならない。

（準用）

第一三条　職業安定法施行規則第三十一条の規定は、法第十六条第四項の規定により承認中小事業主団体に委託して労働者の募集を行う中小事業主について準用する。

附　則

この省令は、公布の日から施行する。

行動計画策定指針　抄

（平成二六年一一月二八日
内閣府、国家公安委員会、文部科学省、厚生労働省、農林水産省、経済産業省、国土交通省、環境省告示第一号）

沿革　令和　元年一一月一四日内閣府他告示第一号
〃　三年　二月二四日〃　第一号
〃　四年　三月三〇日〃　第一号

一　背景及び趣旨

1　背景

次世代育成支援対策においては、国民が、希望どおりに働き、また、結婚、出産、子育ての希望を実現することができる環境を整え、人々の意識を変えていくことにより、少子化と人口減少を克服することを目指す総合的な政策の推進が重要である。

次世代育成支援を迅速かつ重点的に推進するため、平成十五年七月に次世代育成支援対策推進法（平成十五年法律第百二十号。以下「法」という。）が制定され、地方公共団体及び事業主が行動計画を策定することを通じて、次世代育成支援対策の推進を図ってきたところである。

また、法とほぼ同時に制定された少子化対策基本法（平成十五年法律第百三十三号）に基づき、総合的かつ長期的な少子化に対処するための施策の大綱として、平成十六年六月には「少子化社会対策大綱」が、またその後、平成二十二年一月には「子ども・子育てビジョン」（以下「ビジョン」という。）が閣議決定され、各般の取組が実施されてきた。ビジョンでは、子どもと子育てを応援する社会の実現に向けて、経済面の支援と保育サービス等の基盤整備とのバランスのとれた総合的な子育て支援を推進する一環として、仕事と生活の調和（ワーク・ライフ・バランス）のための働き方の改革についても、平成二十二年度から平成二十六年度までの五年間を目途として目指すべき施策内容と数値目標を定め、目標の達成に向けて取り組むこととされた。

また、平成十九年十二月に策定された「仕事と生活の調和（ワーク・ライフ・バランス）憲章」（以下「憲章」という。）及び「仕事と生活の調和推進のための行動指針」（以下「行動指針」という。）については、平成二十二年六月、その後の施策の進捗や経済情勢の変化を踏まえて新たな視点や取組を盛り込んだ内容に改定され、これらを踏まえ、健康で豊かな生活のための時間が確保できる社会や、多様な働き方・生き方が選択できる社会などの実現に向けた取組が進められてきている。

その後、特に子ども・子育て支援の分野については、質の高い幼児期の学校教育・保育の総合的な提供、保育の量的拡大及び確保並びに地域における子ども・子育て支援の充実等を図るため、子ども・子育て支援法（平成二十四年法律第六十五号。以下「支援法」という。）の制定のほか、就学前の子どもに関する教育、保育等の総合的な提供の推進に関する法律の一部を改正する法律（平成二十四年法律第六十六号）及び児童福祉法

六十四号）の改正を含めた子ども・子育て支援法及び就学前の子どもに関する教育、保育等の総合的な提供の推進に関する法律の一部を改正する法律の施行に伴う関係法律の整備等に関する法律（平成二十四年法律第六十七号。３において「整備法」という。）が成立し、子ども・子育て支援の新たな制度（以下「子ども・子育て支援制度」という。）が創設された。

さらに、これらの三つの法律と同時に成立した社会保障制度改革推進法（平成二十四年法律第六十四号）に基づき平成二十四年十一月に設置された社会保障制度改革国民会議において平成二十五年八月に取りまとめられた報告書では、社会保障四分野の一つの少子化対策分野の改革として、「妊娠・出産・子育ての切れ目ない支援」、「出産・子育てと就業継続の二者択一状況の解決」の必要性や、「子ども・子育て支援新制度」と「ワーク・ライフ・バランス」を車の両輪として進めることや子どもの貧困対策への取組の必要性等の認識の下、子ども・子育て支援制度に基づいた施策の着実な実施や、放課後児童対策の充実、妊娠期から育児期にかけての有機的で連続的な支援、育児休業期間中の経済的支援の強化、中高年世代の地域での子ども・子育て支援における活躍、社会的養護の一層の取組等の必要性が示された。

また、平成二十五年六月には、「少子化危機突破のための緊急対策」（以下「緊急対策」という。）が少子化社会対策会議決定され、子育て支援、働き方改革の一層の強化とともに、結婚・妊娠・出産・育児の「切れ目ない支援」や、多子世帯への支援、「産後ケア」の強化等を進めていくこととされたところである。

こうした中、国、地方公共団体、企業の各々が法に基づく十年間の計画的・集中的な次世代育成支援対策の取組を実施することにより、例えば合計特殊出生率については、平成十七年に一・二六と過去最低を記録したのに対し、平成二十九年には一・四三となり、仕事と子育てが両立できる雇用環境の整備等が進むなどの効果が見られたところである。しかしながら、現在、依然として少子化の流れが変わり、子どもが健やかに生まれ育成される社会が実現したとまでは言えず、次世代育成支援対策の取組を更に充実していく必要がある。

このため、法の有効期限の十年間の延長、認定制度の充実等の内容を盛り込んだ、次代の社会を担う子どもの健全な育成を図るための次世代育成支援対策推進法等の一部を改正する法律（平成二十六年法律第二十八号。以下この１において「改正法」という。）により、法の一部改正が行われたところである。

今後は改正法による改正後の法に基づき、認定制度の積極的な活用を促すための認知度向上の取組を図りつつ、更なる次世代育成支援対策を推進していくとともに、法の施行状況等について検証を行い、必要に応じて、適時、より実効性のある次世代育成支援対策を推進していくことが重要である。

また、少子化社会対策基本法に基づき、「少子化社会対策大綱」（平成二十七年三月二十日閣議決定）の中で定められた政策目標も踏まえ、その達成に向けた取組を含めて、仕事と生活の調和の推進に向けた具体的な取組を進めていくことが重要である。

２　法の趣旨

法においては、次世代育成支援対策に関し、市町村にあっては法第八条第一項の市町村行動計画（以下「市町村行動計画」という。）を策定することができることとされ、都道府県にあっては法第九条第一項の都道府県行動計画

（以下「都道府県行動計画」という。）を策定することができることとされている。また、国及び地方公共団体以外の事業主（以下「一般事業主」という。）であって常時雇用する労働者の数が百人を超えるものにあっては法第十二条第一項の一般事業主行動計画（以下「一般事業主行動計画」という。）を策定し、厚生労働大臣にその旨を届け出ることとされ、常時雇用する労働者の数が百人以下の一般事業主にあっては一般事業主行動計画を策定し、厚生労働大臣にその旨を届け出るよう努めることとされている。さらに、国及び地方公共団体の機関等（以下「特定事業主」という。）にあっては、法第十九条第一項の特定事業主行動計画（以下「特定事業主行動計画」という。）を策定することとされている。

このため、主務大臣は、これらの行動計画の策定に関する指針（以下「行動計画策定指針」という。）を定めることとされている。

この行動計画策定指針は、市町村行動計画、都道府県行動計画、一般事業主行動計画及び特定事業主行動計画の指針となるべき、①次世代育成支援対策の実施に関する基本的な事項、②次世代育成支援対策の内容に関する事項、③その他次世代育成支援対策の実施に関する重要事項を定めるものである。

3　支援法との関係

法は、地方公共団体及び事業主に対し、行動計画の策定を求め、十年間の集中的・計画的な取組を進める時限立法であるのに対し、支援法は、社会保障と税の一体改革の一環として、消費税財源の投入を前提に子ども・子育て支援の充実を図る恒久法である。

次世代育成支援対策の中核となる保育サービスや各種の子育て支援事業については、従来、国が行動計画策定指針の中で定めた参酌すべき標準に基づき、市町村行動計画において目標事業量を定めることとされていた。しかしながら、支援法の制定に伴い、これらのサービス及び事業に関する定量的な整備目標　は、支援法第六十一条第一項に規定する市町村子ども・子育て支援事業計画（以下「市町村子ども・子育て支援事業計画」という。）に記載されることとなったことを踏まえ、整備法により法が改正され、参酌すべき標準に係る規定が削除されるとともに、市町村行動計画及び都道府県行動計画（以下「市町村行動計画等」と総称する。）の策定義務が任意化されるなど所要の改正が行われている。

すなわち、従来保育サービスや各種の子育て支援事業の推進について法が果たしてきた役割及び機能　は、恒久法たる支援法に引き継がれたのであり、今後は、これら二つの法律が相まって、市町村行動計画等並びに一般事業主行動計画及び特定事業主行動計画と、市町村子ども・子育て支援事業計画及び支援法第六十二条第一項に規定する都道府県子ども・子育て支援事業支援計画（四の2において「都道府県子ど　も・子育て支援事業支援計画」という。）（以下「子ども・子育て支援事業計画」と総称する。）により、より手厚い次世代育成支援対策が推進されることになる。

なお、策定が任意化された市町村行動計画等については、各地域の実情に応じ、必要な特定の事項のみの作成とすることも差し支えない。

また、市町村行動計画等については、子ども・子育て支援事業計画と一体のものとして策定して差し支えなく、これらの計画の策定手続についても、一体的に処理して差し支えない。さらに、市町村行動計画等と子ども・子育て支援事業計画を別のものとして策定する場合において、両において重複する部分の記載については、子ども・子育て支援事業計画に基づき支援法第十四条第一項に規定する教育・保育（二の1及び四の2の(1)のオにおいて「教育・保育」という。）及び支援法第五十九条に規定する地域子ども・子育て支援事業（二の1及び四の2の(1)のオにおいて「地域子ども・子育て支援事業」という。）を実施する旨記載することとして差し支えない。

二　次世代育成支援対策の実施に関する基本的な事項

1　基本理念

次世代育成支援対策は、父母その他の保護者が子育てについての第一義的責任を有するという基本的認識の下に、家庭、職場その他の場において、子育ての意義についての理解が深められ、かつ、子育てに伴う喜びが実感されるように配慮して行われなければならない。

また、次世代育成支援対策の実施に当たっては、教育・保育及び地域子ども・子育て支援事業の提供体制の整備並びに子ども・子育て支援給付及び地域子ども・子育て支援事業の円滑な実施を確保するための基本的な指針（平成二十六年内閣府告示第百五十九号。三の4において「基本指針」という。）の「第一 子ども・子育て支援の意義に関する事項」に記載された内容を踏まえることが重要である。

2　行動計画の策定の目的

地方公共団体及び事業主（特定事業主を含む。）は、本指針に即して次世代育成支援対策のための十年間の集中的・計画的な取組を推進するため、それぞれ行動計画を策定し、次世代育成支援対策の実施により達成しようとする目標、実施しようとする次世代育成支援対策の内容及びその実施時期等を定めるものとする。

3　次世代育成支援対策の推進に当たっての関係者の連携・協働

次世代育成支援対策は、児童福祉、母子保健、商工労働、教育、住宅等の各分野にまたがるものであり、関係部局が連携して部局横断的に取り組む総合的な庁内の推進体制を整備することが重要である。その上で、国及び地方公共団体の間、市町村及び都道府県の間、市町村間並びに国及び地方公共団体と一般事業主の間の連携等を図り、総合的な体制の下に推進されることが望ましい。

このため、行動計画には、それぞれの次世代育成支援対策の推進に当たっての関係者の連携の在り方について定めることが重要である。

(1)　市町村内及び都道府県内の関係部局間の連携

市町村及び都道府県は、次世代育成支援対策の総合的かつ効果的な推進を図るため、例えば、首長を本部長又は責任者として少子化対策推進本部等を設置するなど全庁的な体制の下に、行動計画の策定やこれに基づく措置の実施を図ることが重要である。

(2)　国及び地方公共団体の連携

法第四条では、国及び地方公共団体は、相互に連携を図りながら、次世代育成支援対策を総合的かつ効果的に推進するよう努めなければならないこととされている。

次世代育成支援対策は、「働き方の改革による仕事と生活の調和の実現」と「包括的な次世代育成支援の枠組みの構築」を「車の両輪」として取り組むことが必要であることに鑑み、国及び地方公共団体は、「次世代育成支援対策地域協議会」等の活用により、恒常的な意見交換を行い、連携・協力して地域の実情に応じた次世代育成支援対策の推進を図ることが必要である。

(3)　市町村及び都道府県の間並びに市町村間の連携

法第十条第一項では、都道府県は、市町村に対し、市町村行動計画の策定上の技術的事項について必要な助言その他の援助の実施に努めることとされており、小規模市町村への配慮を含め、適切に対応することが求められる。

　また、市町村及び都道府県は、行動計画の策定に当たって、相互にその整合性が図られるよう、互いに密接な連携を図ることが必要である。

　さらに、市町村行動計画の策定に当たっては、必要に応じて広域的なサービス提供体制の整備等、近隣市町村間での連携・協力の在り方について検討することが重要である。

(4) 国、地方公共団体等と一般事業主との連携

　法第五条では、事業主は、国又は地方公共団体が講ずる次世代育成支援対策に協力しなければならないこととされている。

　また、一般事業主は、一般事業主行動計画の策定やこれに基づく措置の実施に関する援助業務を行う次世代育成支援対策推進センターによる相談その他の援助を活用することなどにより、適切な一般事業主行動計画の策定やこれに基づく措置の実施に努めることが望ましい。

　さらに、地方公共団体及びその区域内に事業所を有する一般事業主は、行動計画の策定に当たって、地域における次世代育成支援対策が効果的に実施されるよう、必要に応じて情報交換・意見交換を行う等密接な連携を図ることが重要である。

(5) 地域の事業主や民間団体等との協働

　仕事と生活の調和の実現に向けた働き方の改革を始め、次世代育成支援対策は、それぞれの地域の企業、子育て支援を行う団体等が相互に密接に連携し、協力し合いながら、地域の実情に応じた取組を進めていくことが重要である。

4 次世代育成支援対策地域協議会の活用

　法第二十一条第一項では、地方公共団体、事業主、住民その他の次世代育成支援対策の推進を図るための活動を行う者は、地域における次世代育成支援対策の推進に関し必要となるべき措置について協議するため、次世代育成支援対策地域協議会（以下「地域協議会」という。）を組織することができるとされており、地方公共団体及び一般事業主は、行動計画の策定やこれに基づく措置の実施に当たっては、必要に応じて、地域協議会を十分に活用するとともに、密接な連携を図ることが望ましい。

　地域協議会の形態としては、例えば、次に掲げるものが考えられる。

(1) 市町村及び都道府県の行動計画の策定やこれに基づく措置の実施に関し、意見交換等を行うため、地方公共団体、事業主、労働者、子育てに関する活動を行う地域活動団体、保健・福祉関係者、教育関係者、都道府県労働局等の幅広い関係者で構成されるもの

(2) 一般事業主行動計画の策定やこれに基づく措置の実施に関し、情報交換等を行うため、地域の事業主やその団体等で構成されるもの

(3) 地域における子育て支援サービスの在り方等について検討を行うため、地域の子育て支援事業の関係者等で構成されるもの

(4) 家庭教育への支援等について検討を行うため、教育関係者等で構成されるもの

　なお、地域協議会と、支援法第七十七条第一項及び第四項に規定する審議会その他の合議制の機関について、両者に必要な構成員を確保した上で一つの会議体に両者の機能を担わせることは差し支えない。

五 一般事業主行動計画の策定に関する基本的な事項

1　一般事業主行動計画の策定に当たっての基本的な視点

(1)　労働者の仕事と生活の調和の推進という視点

憲章においては、企業とそこで働く者は協調して生産性の向上に努めつつ、職場の意識や職場風土の改革と併せ、働き方の改革に自主的に取り組むこととされている。また、行動指針においては、社会全体の目標として、週労働時間六十時間以上の雇用者の割合、年次有給休暇取得率、男女の育児休業取得率及び第一子出産前後の女性の継続就業率等の数値目標が掲げられており、こうした目標を踏まえた取組が求められている。

その際、特に、男性が子育てを積極的に行うことが女性の継続就業につながり、仕事と子育ての二者択一を迫られるような状況の解消にも資するという観点から、男性の育児休業取得を始めとする子育てに関する諸制度の利用促進に係る取組を推進していくことが重要である。

また、依然として、週労働時間六十時間以上の雇用者の割合が六・九％（平成三十年）となっており、とりわけ育児期にある男性で当該割合が高くなっていることや年次有給休暇取得率が五割程度の水準で推移している現状に鑑み、より一層の時間外・休日労働の削減、年次有給休暇の取得の促進の取組等働き方・休み方の見直しに資する取組を推進していくことが重要である。

(2)　労働者の仕事と子育ての両立の推進という視点

子育てをする労働者が子育てに伴う喜びを実感しつつ、仕事と子育ての両立を図ることができるようにするという観点から、労働者のニーズを踏まえた次世代育成支援対策を実施することが必要であり、特に、子育ては男女が協力して行うべきものとの視点に立った取組が重要である。

(3)　企業全体で取り組むという視点

企業による次世代育成支援対策は、業務内容や業務体制の見直し等をも必要とするものであることから、企業全体での理解の下に取組を進めることが必要である。このため、経営者自らが、企業全体で次世代育成支援対策を積極的に実施するという基本的な考え方を明確にし、主導的に取り組んでいくことが必要である。

さらに、企業によっては全国に事業所が存在し、事業所における職種の違いや、その地域の実情により、仕事と子育ての両立支援策への具体的なニーズは様々であることが想定されることから、一般事業主行動計画を企業全体として策定した上で、必要に応じて事業所ごとの実情に応じた効果的な取組を自主的に進めることが期待される。

(4)　企業の実情を踏まえた取組の推進という視点

子育てを行う労働者の多少、企業の業種又は構成割合の高い労働者の職種、雇用形態等の違い等により、仕事と子育ての両立支援策への具体的なニーズは企業によって様々であることが想定されることから、関係法令を遵守した上で、企業がその実情を踏まえ、効果的な取組を自主的に決定し進めていくことにより、社会全体の取組を進めることが必要である。特に、昨今、非正規雇用の労働者が増加している現状に鑑み、改めて当該労働者が取組の対象であることを認識した上で、取組を進めていくことが重要である。

(5)　取組の効果という視点

次世代育成支援対策を推進することは、将来的な労働力の再生産に寄与し、我が国の経済社会の持続的な発展や企業の競争力の向上に資するものであることを踏まえつつ、また、個々の企業にとっても、当該企業のイメージアップや優秀な人材の確保、定着等の具体的なメリットが期待できることを理解し、主体的に取り組むことが必要である。

(6) 社会全体による支援の視点

次世代育成支援対策は、父母その他の保護者が子育てについての第一義的責任を有するという基本的認識の下に、国及び地方公共団体はもとより、企業や地域社会を含めた社会全体で協力して取り組むべき課題であることから、様々な担い手の協働の下に対策を進めていくという視点が必要である。

(7) 地域における子育ての支援の視点

各企業に雇用される労働者は、同時に地域社会の構成員であり、その地域における子育て支援の取組に積極的に参加することが期待されていることや、地域において、子育てしやすい環境づくりを進める中で各企業にも期待されている役割を踏まえた取組を推進することが必要である。

2 一般事業主行動計画の計画期間

一般事業主行動計画は、経済社会環境の変化や労働者のニーズ等を踏まえて策定される必要があり、計画期間内において、一定の目標が達成されることが望ましい。したがって、計画期間については、各企業の実情に応じて、次世代育成支援対策を効果的かつ適切に実施することができる期間とすることが必要であり、平成二十七年度から令和六年度までの十年間をおおむね二年間から五年間までの範囲に区切り、計画を策定することが望ましい。

3 次世代育成支援対策の実施により達成しようとする目標

一般事業主行動計画においては、各企業の実情を踏まえつつ、より一層労働者の職業生活と家庭生活との両立が図られるようにするために必要な雇用環境の整備その他の次世代育成支援対策の実施により達成しようとする目標を定める必要がある。

目標については、育児休業の男女別取得率等の制度の利用状況に関するもの、仕事と子育ての両立が図られるようにするための制度の導入に関するもの等の幅広い分野から企業の実情に応じた目標を設定すべきものであるが、可能な限り定量的な目標とする等、その達成状況を客観的に判断できるものとすることが望ましい。

また、各企業における労働者の職業生活と家庭生活との両立が図られるようにするための雇用環境の整備に関する取組の状況や課題を把握し、各企業の実情に応じ、必要な対策を実施していくことが重要であるが、この際、厚生労働省雇用環境・均等局長が定めた「両立指標に関する指針」を活用することも効果的であるとともに、「両立指標に関する指針」による評価の結果を目標として定めることも考えられる。

4 その他基本的事項

(1) 推進体制の整備

一般事業主行動計画の策定やこれに基づく措置の実施を実効あるものとするため、まず、管理職や人事労務管理担当者に対し、その趣旨を徹底することが必要であるとともに、子育てを行う労働者を含めた全ての関係労働者の理解を得ながら取り組んでいくことが重要である。

このため、各企業における次世代育成支援対策の推進体制の整備を図ることが必要であり、その方策として次のような措置を講ずることが望ましい。

ア 次世代育成支援対策を効果的に推進するため、人事労務担当者、労働者の代表等を構成員とした一般事業主行動計画の策定やこれに基づく措置の実施のための社内委員会の設置等

イ 次世代育成支援対策に関する管理職や労働者に対す

る研修・講習、情報提供等の実施

ウ　仕事と子育ての両立等についての相談・情報提供を行う窓口の設置及び当該相談・情報提供等を適切に実施するための担当者の配置

また、各企業が一般事業主行動計画を策定する際に、同一業種の企業及び事業主の団体等と連携することにより、より効果的な取組を進めることも考えられる。

(2)　労働者の意見の反映のための措置

仕事と子育ての両立を図るための雇用環境の整備に対する労働者のニーズは様々であり、必要な雇用環境の整備を効果的に実施するためには、こうした労働者のニーズも踏まえることが重要である。このため、労働者や労働組合等に対するアンケート調査や意見聴取等の方法により、次世代育成支援対策に関する労働者の意見の反映について、企業の実情に応じて工夫することが必要である。

(3)　計画の公表及び周知

一般事業主行動計画の策定義務のある事業主は計画の公表及び労働者への周知が義務とされ、一般事業主行動計画の策定が努力義務とされている事業主は、計画の公表及び労働者への周知が努力義務とされている。

一般事業主行動計画の公表により、事業主が、他の企業における取組事例を知ることができること、国民が事業主の次世代育成支援の取組について知ることができるようになり、また、就労希望者の企業選択に資すること、都道府県及び市町村が地域における次世代育成支援の取組を進める際に、地域の事業主の取組を知ることができ、円滑な連携を図ることが可能となることなどの効果が期待される。

このため、策定し、又は変更した一般事業主行動計画については「両立支援のひろば」な掲載されたサイトや自社のホームページなど適切な方法で公表するとともに、自社の様々な両立支援の取組やその実施状況を併せて公表する等その公表方法を工夫することが期待される。

また、策定し、又は変更した一般事業主行動計画に定めた目標の達成に向けて、企業全体で取り組むため、計画を企業内に周知し、企業全体で取組を推進することが重要である。

このため、策定し、又は変更した一般事業主行動計画については、全ての労働者が知り得るように書面の交付や電子メールによる送付など適切な方法で周知するとともに、啓発資料の作成・配布、研修・講習の実施等を併せて行うことが期待される。特に、次世代育成支援対策を企業全体で推進するという意識を浸透させるため、経営者の主導の下、管理職や人事労務管理担当者に対する周知を徹底することが期待される。

なお、一般事業主行動計画に基づき次世代育成支援対策を実施する場合、労働者の労働時間その他の労働条件の変更を伴うなど一定の場合には、就業規則、労働協約等に明記することが必要である。

(4)　計画の実施状況の点検

一般事業主行動計画の推進に当たっては、計画の実施状況の点検・評価を実施し、その結果をその後の対策や計画に反映させる、計画（Ｐｌａｎ）、実行（Ｄｏ）、評価（Ｃｈｅｃｋ）、改善（Ａｃｔｉｏｎ）のサイクル（ＰＤＣＡサイクル）を確立することが重要である。さらに、一般事業主自らがＰＤＣＡサイクルの中で、実効性のある対策の実施や計画の見直し等を行うことを通じて、認定や特例認定の取得に至ることが期待される。

(5)　一般事業主の認定

法第十三条の基準に適合する一般事業主の認定及び法第十四条第一項の表示の制度を活用することにより、子育て又は不妊治療をしながら働きやすい雇用環境の整備に取り組んでいることを外部に広く周知することが容易となり、その結果、企業イメージの向上及び優秀な人材の確保、定着等を通じ、企業経営にメリットを生じさせることが期待できる。したがって、一般事業主行動計画を実施し、当該計画に定めた目標を達成した場合等に、当該認定を申請することを念頭に置きつつ、計画の策定やこれに基づく措置の実施を行うことが望ましい。また、当該認定を受けることを希望する場合には、法第十三条の厚生労働省令で定める基準を踏まえた一般事業主行動計画を策定することが必要である。

また、法第十三条の認定を受けた一般事業主（(6)において「認定一般事業主」という。）においては、他の企業の取組を促す観点からも、法第十四条第一項の認定を受けた旨の表示を積極的に活用することが期待される。

(6) 認定一般事業主の認定（特例認定）

認定一般事業主のうち、既に相当程度両立支援の制度の導入や利用が進み、高い水準の取組を行っている企業を評価しつつ、継続的な両立支援の取組を促進するため、法第十五条の二の基準に適合する認定一般事業主の認定（特例認定）の制度が創設されたところである。

特例認定及び法第十五条の四第一項の表示の制度を活用することにより、高水準かつ継続的に両立支援に取り組む企業としてのアピールが可能となり、社会的な評価の向上につながり、その結果、当該企業の取組が模範となり、他の企業の取組が促進されることが期待できる。

なお、特例認定を受けた場合には、法第十五条の三第一項及び第二項の規定により一般事業主行動計画の策定・届出に代えて、毎年少なくとも一回、次世代育成支援対策の実施の状況を公表することが必要である。

六　一般事業主行動計画の内容に関する事項

五の一般事業主行動計画の策定に関する基本的な事項を踏まえ、計画期間、次世代育成支援対策の実施により達成しようとする目標並びに実施しようとする次世代育成支援対策の内容及びその実施時期を記載した一般事業主行動計画を策定する。

計画の策定に当たっては、次世代育成支援対策として重要なものと考えられる次のような事項を踏まえ、各企業の実情に応じて、必要な事項をその内容に盛り込むことが望ましい。

1　雇用環境の整備に関する事項

(1) 妊娠中の労働者及び子育てを行う労働者等の職業生活と家庭生活との両立等を支援するための雇用環境の整備

ア　妊娠中及び出産後における配慮

母性保護及び母性健康管理を適切かつ有効に実施するため、妊娠中及び出産後の労働者に対して、制度を積極的に周知するとともに、情報の提供、相談体制の整備等を実施する。

イ　男性の子育て目的の休暇の取得促進

子育ての始まりの時期に親子の時間を大切にし、子どもを持つことに対する喜びを実感するとともに出産後の配偶者を支援するため、子どもが生まれて父親となる労働者について、例えば五日間程度の休暇を取得しやすい環境を整備する。具体的には、子どもが生まれる際に取得することができる企業独自の休暇制度や子育てを目的とした企業独自の休暇制度の創設、子どもが生まれる際や子育てを行う際の時間単位付与制度の活用も含めた年次有給休暇や、配偶者の産後八週間以内の期間における育児休業の取得促進を図る。

また、小学校就学前の子どもがいない労働者においては、小学校就学後の子どもや孫の子育てのための休暇制度を創設する。例えば、学校行事や通院等のための休暇制度や孫が生まれる際に取得することのできる休暇制度を創設する。

ウ　より利用しやすい育児休業制度の実施

より利用しやすい育児休業制度とするため、その雇用する労働者のニーズに配慮して、その期間、回数等について、育児休業、介護休業等育児又は家族介護を行う労働者の福祉に関する法律（平成三年法律第七十六号。以下「育児・介護休業法」という。）に規定する育児休業制度を上回る措置を実施する。

エ　育児休業を取得しやすく、職場復帰しやすい環境の整備

育児休業を取得しやすく、また、育児休業後の就業が円滑に行われるような環境を整備し、育児休業の取得を希望する労働者について、その円滑な取得を促進するため、例えば、次に掲げる措置を実施する。

(ア)　男性の育児休業の取得を促進するための措置

出生時育児休業及び「パパ・ママ育休プラス」の制度、専業主婦の夫でも育児休業を取得できることについての周知等、男性の育児休業の取得を促進するための措置を実施する。

(イ)　育児休業に関する規定の周知

育児休業に関する規定を整備し、労働者の育児休業中における待遇及び育児休業後における賃金、配置その他の労働条件に関する事項について、労働者に周知する。

また、労働者やその配偶者が妊娠・出産したこと等を事業主が知ったときに、当該労働者に対し当該事項を個別に知らせる

(ウ)　育児休業期間中の代替要員の確保等

育児休業を取得する期間について当該労働者の業務を円滑に処理することができるよう、当該育児休業期間について当該業務を処理するための労働者の確保、業務内容や業務体制の見直し等を実施する。

(エ)　育児休業をしている労働者の職業能力の開発及び向上等

育児休業をしている労働者の希望に応じて、当該労働者の職業能力の開発及び向上等のための情報の提供、円滑な職場復帰のための講習、育児等に関する相談その他の援助を実施する。

(オ)　育児休業後における原職又は原職相当職への復帰

育児休業をした労働者について、当該育児休業後に原職又は原職相当職に復帰させるため、業務内容や業務体制の見直し等を実施する。

オ　子育てをしつつ活躍する女性労働者を増やすための環境の整備

育児休業等を取得し、又は子育てを行う女性労働者が就業を継続し、活躍できるようにするため、例えば、次のような能力の向上又はキャリア形成の支援のための取組を実施する。

(ア)　女性労働者に向けた取組

①　若手の女性労働者を対象とした、出産及び子育てを経験して働き続けるキャリアイメージの形成を支援するための研修

②　社内のロールモデルと女性労働者をマッチングさせ、当該労働者が働き続けていく上での悩みや心配事について相談に乗り助言するメンターとして継続的に支援させる取組

③　育児休業からの復職後又は子育て中の女性労働者を対象とした能力の向上のための取組又はキャリア形成を支援するためのカウンセリング等の取組

④　従来、主として男性労働者が従事してきた職務に新たに女性労働者を積極的に配置するための検証や女性労働者に対する研修等職域拡大に関する取組

⑤　管理職の手前の職階にある女性労働者を対象とした、昇格意欲の喚起又は管理職に必要なマネジメント能力等の付与のための研修

(イ)　管理職に向けた取組等

①　企業トップ等による女性の活躍推進及び能力発揮に向けた職場風土の改革に関する研修等の取組

②　女性労働者の育成に関する管理職研修等の取組

③　働き続けながら子育てを行う女性労働者がキャリア形成を進めていくために必要な業務体制及び働き方の見直し等に関する管理職研修

④　育児休業等を取得しても中長期的に処遇上の差を取り戻すことが可能となるような昇進基準及び人事評価制度の見直しに向けた取組

カ　短時間勤務制度等の実施

働き続けながら子育てを行う労働者が子育てのための時間を確保できるようにするため、子どもを育てる労働者のうち希望する者が利用できる制度として、次に掲げる措置のうち適切なものを実施する。

(ア)　三歳以上の子どもを養育する労働者に対する所定外労働の制限

(イ)　三歳以上の子どもを養育する労働者に対する短時間勤務制度

(ウ)　フレックスタイム制度

(エ)　始業・終業時刻の繰上げ又は繰下げの制度

キ　事業所内保育施設の設置及び運営

子どもを育てる労働者が利用することができる事業所内保育施設の設置及び運営について、他の企業と共同で設置することや賃借により設置することも含め、検討を行い、実施する。

ク　子育てサービスの費用の援助の措置の実施

労働者からの委任を受けてベビーシッターを手配し、当該ベビーシッターに係る費用を負担するなど、子どもを育てる労働者が子育てのためのサービスを利用する際に要する費用の援助を行う。

ケ　子どもの看護のための休暇の措置の実施

子の看護休暇について、始業の時刻から連続せず、かつ、終業の時刻まで連続しない時間単位での取得を認める等の弾力的な利用が可能となるような制度等より利用しやすい制度を導入する。

コ　職務や勤務地等の限定制度の実施

希望する労働者に対して、子育てをしやすくすることを目的として、職務や勤務地等を限定する制度を導入する。この場合、例えば限定の内容について労働者へ明示することが重要であり、また、職務や勤務地等の限定がない労働者との間の転換ができることや処遇の均衡を図ることが望ましい。

サ　その他子育てを行う労働者に配慮した措置の実施

アからコまでに掲げるもののほか、子育てを行う労働者の社宅への入居に関する配慮、子育てのために必要な費用の貸付けの実施、子どもの学校行事への参加のための休暇制度の導入その他の子育てをしながら働く労働者に配慮した措置を講ずる。

シ　不妊治療を受ける労働者に配慮した措置の実施

　働きながら不妊治療を受ける労働者が不妊治療のための時間を確保できるようにするため、不妊治療のために利用することができる休暇制度（多様な目的で利用することができる休暇制度や利用目的を限定しない休暇制度を含む。）、年次有給休暇の半日単位の付与や時間単位付与制度、所定外労働の制限、始業・終業時刻の繰上げ又は繰下げの制度、短時間勤務制度、フレックスタイム制、テレワーク（ICTを活用した場所にとらわれない働き方をいう。以下同じ。）の導入その他の措置を講ずる。

　この場合、具体的なニーズは労働者によって様々であることが想定されることから、各企業において、不妊治療と仕事の両立の推進に関する取組体制を整備し、その雇用する労働者のニーズを把握するための調査を行い、その結果を踏まえた措置を講ずることが望ましい。また、不妊治療と仕事の両立の推進に関する企業の方針や具体的措置についての労働者に対する周知、社内における理解促進のための取組、担当者による相談対応等を併せて行うことが望ましい。

　また、休暇制度等の運用に当たっては、プライバシー保護の観点から、労働者の不妊治療等の機微な個人情報の取扱いに十分留意することが必要である。

ス　諸制度の周知

　育児休業、子の看護休暇、所定外労働の制限、時間外労働の制限、深夜業の制限及び所定労働時間の短縮措置の育児・介護休業法に基づく労働者の権利や、休業期間中の育児休業給付の支給等の経済的な支援措置等の関係法令に定める諸制度について、広報誌に記載する等、手法に創意工夫を凝らし労働者に対して積極的に周知する。

セ　育児等退職者についての再雇用特別措置等の実施

　出産や子育てのために退職し、退職の際、将来、再就職を希望する旨を申し出た者を優先的に採用する再雇用特別措置や母子家庭等の児童の親の就業促進のための措置を講ずる。

(2)　働き方の見直しに資する多様な労働条件の整備

ア　時間外・休日労働の削減

　子育て世代の男性を中心に、長時間にわたり労働する労働者の割合が高い水準で推移していることから、時間外・休日労働は、通常予見することのできない業務量の大幅な増加等に伴い臨時的に行われるものであるという認識を深め、次のような時間外・休日労働を削減するための方策等を検討し、実施する。企業内に安易に残業するという意識がある場合には、それを改善するための意識啓発等の取組を行う。この場合、目標を定めて実施することが望ましい。

(ア)　労働時間等設定改善委員会及び労働時間等設定改善企業委員会を始めとする労使間の話合いの機会の整備

(イ)　「ノー残業デー」や「ノー残業ウィーク」の導入・拡充

(ウ)　フレックスタイム制や変形労働時間制の活用

(エ)　時間外労働協定における延長時間の短縮

イ　年次有給休暇の取得の促進

　年次有給休暇の取得を促進するため、年次有給休暇に対する意識の改革を図り、計画的付与制度や時間単位付与制度を活用するとともに、子どもの学校休業日等に合わせて年次有給休暇を取得できるよう配慮することや、労働者の取得希望時期をあらかじめ聴取し、年間の取得計画を作成すること等職場における年次有給休暇の取得を容易にするための措置を講ずる。この場合、目標を定めて実施することが望ましい。

ウ　短時間正社員等の多様な正社員制度の導入・定着

短時間正社員等の多様な正社員制度については、個々人のライフスタイルに応じた多様な働き方の選択肢につながることから、その導入・定着を図る。

エ　テレワーク等の導入

テレワーク等は、職住近接の実現による通勤負担の軽減に加え、多様な働き方の選択肢を拡大するものであり、仕事と子育ての両立のしやすい働き方である点に着目し、その導入の推進を図る。

オ　職場優先の意識や固定的な性別役割分担意識等の是正のための取組

職場優先の意識や固定的な性別役割分担意識等の働きやすい環境を阻害する職場における慣行その他の諸要因を積極的に解消するため、管理職を含めたその雇用する労働者全てを対象として、情報提供、研修等による意識啓発を行う。

2　その他の次世代育成支援対策に関する事項

(1)　子育てバリアフリー

多数の来訪者が利用する社屋等において、子どもを連れた人が安心して利用できるよう、託児室・授乳コーナーや乳幼児と一緒に安心して利用できるトイレの設置等の整備を行う。

また、商店街の空き店舗等を活用して、託児施設等各種の子育て支援サービスの場を提供する。

(2)　子ども・子育てに関する地域貢献活動

ア　子ども・子育てに関する活動の支援

地域において、子どもの健全育成、疾患・障害を持つ子どもの支援、子育て家庭の支援等を行うＮＰＯや地域団体等について、その活動への労働者の積極的な参加を支援する。

イ　子どもの体験活動等の支援

子どもの多様な体験活動等の機会の充実を図るため、職場見学を実施すること、子どもが参加する地域の行事・活動に企業内施設や社有地を提供すること、各種学習会等の講師、ボランティアリーダー等として社員を派遣すること、子どもの体験活動を行うＮＰＯ等に対する支援を行うこと等に取り組む。

ウ　子どもを交通事故から守る活動の実施や支援

子どもを交通事故から守るため、労働者を地域の交通安全活動に積極的に参加させるなど、当該活動を支援するとともに、業務に使用する自動車の運転者に対する交通安全教育、チャイルドシートの貸出し等、企業内における交通の安全に必要な措置を実施する。

エ　安全で安心して子どもを育てられる環境の整備

子どもを安全な環境で安心して育てることができるよう、地域住民等の自主防犯活動や少年非行防止、立ち直り支援のためのボランティア活動等への労働者の積極的な参加を支援する。

(3)　企業内における「子ども参観日」の実施

保護者でもある労働者の子どもと触れ合う機会を充実させ、心豊かな子どもを育むため、子どもが保護者の働いているところを実際に見ることができる「子ども参観日」を実施する。

(4)　企業内における学習機会の提供等による家庭の教育力の向上

保護者でもある労働者は、子どもとの交流の時間が確保しにくい状況にあることから、家庭教育に関する学習機会への参加が難しい状況にあるため、企業内において、家庭教育講座等を地域の教育委員会やＮＰＯ等と連携して開設する等の取組により、家庭教育への理解と参画の促進を図る。

(5) 若年者の安定就労や自立した生活の促進

次代の社会を担う若年者の能力開発や適職選択による安定就労を推進するため、若年者に対するインターンシップ等の就業体験機会の提供、トライアル雇用等を通じた雇入れ、適正な募集・採用機会の確保その他の雇用管理の改善又は職業訓練の推進を行う。

女性の職業生活における活躍の推進に関する法律

〔平成二七年九月四日
法律第六四号〕

沿革　平成二九年　三月三一日法律第一四号
令和　元年　六月　五日　〃　第二四号
〃　四年　三月三一日　〃　第一二号
〃　四年　六月一七日　〃　第六八号

第一章　総則

（目的）

第一条　この法律は、近年、自らの意思によって職業生活を営み、又は営もうとする女性がその個性と能力を十分に発揮して職業生活において活躍すること（以下「女性の職業生活における活躍」という。）が一層重要となっていることに鑑み、男女共同参画社会基本法（平成十一年法律第七十八号）の基本理念にのっとり、女性の職業生活における活躍の推進について、その基本原則を定め、並びに国、地方公共団体及び事業主の責務を明らかにするとともに、基本方針及び事業主の行動計画の策定、女性の職業生活における活躍を推進するための支援措置等について定めることにより、女性の職業生活における活躍を迅速かつ重点的に推進し、もって男女の人権が尊重され、かつ、急速な少子高齢化の進展、国民の需要の多様化その他の社会経済情勢の変化に対応できる豊かで活力ある社会を実現することを目的とする。

（基本原則）

第二条　女性の職業生活における活躍の推進は、職業生活における活躍に係る男女間の格差の実情を踏まえ、自らの意思によって職業生活を営み、又は営もうとする女性に対する採用、教育訓練、昇進、職種及び雇用形態の変更その他の職業生活に関する機会の積極的な提供及びその活用を通じ、かつ、性別による固定的な役割分担等を反映した職場における慣行が女性の職業生活における活躍に対して及ぼす影響に配慮して、その個性と能力が十分に発揮できるようにすることを旨として、行われなければならない。

2　女性の職業生活における活躍の推進は、職業生活を営む女性が結婚、妊娠、出産、育児、介護その他の家庭生活に関する事由によりやむを得ず退職することが多いことその他の家庭生活に関する事由が職業生活に与える影響を踏まえ、家族を構成する男女が、男女の別を問わず、相互の協力と社会の支援の下に、育児、介護その他の家庭生活における活動について家族の一員としての役割を円滑に果たしつつ職業生活における活動を行うために必要な環境の整備等により、男女の職業生活と家庭生活との円滑かつ継続的な両立が可能となることを旨として、行われなければならない。

3　女性の職業生活における活躍の推進に当たっては、女性の職業生活と家庭生活との両立に関し、本人の意思が尊重されるべきものであることに留意されなければならない。

（国及び地方公共団体の責務）

第三条　国及び地方公共団体は、前条に定める女性の職業生活における活躍の推進についての基本原則（次条及び第五条第一項において「基本原則」という。）にのっとり、女性の職業生活における活躍の推進に関して必要な施策を策定し、及びこれを実施しなければならない。

（事業主の責務）

第四条　事業主は、基本原則にのっとり、その雇用し、又は雇用しようとする女性労働者に対する職業生活に関する機会の積極的な提供、雇用する労働者の職業生活と家庭生活との両立に資する雇用環境の整備その他の女性の職業生活における活躍の推進に関する取組を自ら実施するよう努めるとともに、国又は地方公共団体が実施する女性の職業生活における活躍の推進に関する施策に協力しなければならない。

第二章　基本方針等

（基本方針）
第五条　政府は、基本原則にのっとり、女性の職業生活における活躍の推進に関する施策を総合的かつ一体的に実施するため、女性の職業生活における活躍の推進に関する基本方針（以下「基本方針」という。）を定めなければならない。
2　基本方針においては、次に掲げる事項を定めるものとする。
一　女性の職業生活における活躍の推進に関する基本的な方向
二　事業主が実施すべき女性の職業生活における活躍の推進に関する取組に関する基本的な事項
三　女性の職業生活における活躍の推進に関する施策に関する次に掲げる事項
イ　女性の職業生活における活躍を推進するための支援措置に関する事項
ロ　職業生活と家庭生活との両立を図るために必要な環境の整備に関する事項
ハ　その他女性の職業生活における活躍の推進に関する施策に関する重要事項
四　前三号に掲げるもののほか、女性の職業生活における活躍を推進するために必要な事項

3　内閣総理大臣は、基本方針の案を作成し、閣議の決定を求めなければならない。
4　内閣総理大臣は、前項の規定による閣議の決定があったときは、遅滞なく、基本方針を公表しなければならない。
5　前二項の規定は、基本方針の変更について準用する。

（都道府県推進計画等）
第六条　都道府県は、基本方針を勘案して、当該都道府県の区域内における女性の職業生活における活躍の推進に関する施策についての計画（以下この条において「都道府県推進計画」という。）を定めるよう努めるものとする。
2　市町村は、基本方針（都道府県推進計画が定められているときは、基本方針及び都道府県推進計画）を勘案して、当該市町村の区域内における女性の職業生活における活躍の推進に関する施策についての計画（次項において「市町村推進計画」という。）を定めるよう努めるものとする。
3　都道府県又は市町村は、都道府県推進計画又は市町村推進計画を定め、又は変更したときは、遅滞なく、これを公表しなければならない。

第三章　事業主行動計画等

第一節　事業主行動計画策定指針

第七条　内閣総理大臣、厚生労働大臣及び総務大臣は、事業主が女性の職業生活における活躍の推進に関する取組を総合的かつ効果的に実施することができるよう、基本方針に即して、次条第一項に規定する一般事業主行動計画及び第十九条第一項に規定する特定事業主行動計画（次項において「事業主行動計画」と総称する。）の策定に関する指針（以下「事業主行動計画策定指針」という。）を定めなければならない。

2　事業主行動計画策定指針においては、次に掲げる事項につき、事業主行動計画の指針となるべきものを定めるものとする。
一　事業主行動計画の策定に関する基本的な事項
二　女性の職業生活における活躍の推進に関する取組の内容に関する事項
三　その他女性の職業生活における活躍の推進に関する取組に関する重要事項
3　内閣総理大臣、厚生労働大臣及び総務大臣は、事業主行動計画策定指針を定め、又は変更したときは、遅滞なく、これを公表しなければならない。

第二節　一般事業主行動計画等

（一般事業主行動計画の策定等）
第八条　国及び地方公共団体以外の事業主（以下「一般事業主」という。）であって、常時雇用する労働者の数が百人を超えるものは、事業主行動計画策定指針に即して、一般事業主行動計画（一般事業主が実施する女性の職業生活における活躍の推進に関する取組に関する計画をいう。以下同じ。）を定め、厚生労働省令で定めるところにより、厚生労働大臣に届け出なければならない。これを変更したときも、同様とする。
2　一般事業主行動計画においては、次に掲げる事項を定めるものとする。
一　計画期間
二　女性の職業生活における活躍の推進に関する取組の実施により達成しようとする目標
三　実施しようとする女性の職業生活における活躍の推進に関する取組の内容及びその実施時期
3　第一項に規定する一般事業主は、一般事業主行動計画を定め、又は変更しようとするときは、厚生労働省令で定めるところにより、採用した労働者に占める女性労働者の割合、男女の継続勤務年数の差異、労働時間の状況、管理的地位にある労働者に占める女性労働者の割合その他のその事業における女性の職業生活における活躍に関する状況を把握し、女性の職業生活における活躍を推進するために改善すべき事情について分析した上で、その結果を勘案して、これを定めなければならない。この場合において、前項第二号の目標については、採用する労働者に占める女性労働者の割合、男女の継続勤務年数の差異の縮小の割合、労働時間、管理的地位にある労働者に占める女性労働者の割合その他の数値を用いて定量的に定めなければならない。
4　第一項に規定する一般事業主は、一般事業主行動計画を定め、又は変更したときは、厚生労働省令で定めるところにより、これを労働者に周知させるための措置を講じなければならない。
5　第一項に規定する一般事業主は、一般事業主行動計画を定め、又は変更したときは、厚生労働省令で定めるところにより、これを公表しなければならない。
6　第一項に規定する一般事業主は、一般事業主行動計画に基づく取組を実施するとともに、一般事業主行動計画に定められた目標を達成するよう努めなければならない。
7　一般事業主であって、常時雇用する労働者の数が百人以下のものは、事業主行動計画策定指針に即して、一般事業主行動計画を定め、厚生労働省令で定めるところにより、厚生労働大臣に届け出るよう努めなければならない。これを変更したときも、同様とする。
8　第三項の規定は前項に規定する一般事業主が一般事業主行動計画を定め、又は変更しようとする場合について、第四項から第六項までの規定は前項に規定する一般事業主が一般事業主行動計画を定め、又は変更した場合について、それぞれ準用する。

（基準に適合する一般事業主の認定）

第九条　厚生労働大臣は、前条第一項又は第七項の規定による届出をした一般事業主からの申請に基づき、厚生労働省令で定めるところにより、当該事業主について、女性の職業生活における活躍の推進に関する取組に関し、当該取組の実施の状況が優良なものであることその他の厚生労働省令で定める基準に適合するものである旨の認定を行うことができる。

（認定一般事業主の表示等）

第一〇条　前条の認定を受けた一般事業主（以下「認定一般事業主」という。）は、商品、役務の提供の用に供する物、商品又は役務の広告又は取引に用いる書類若しくは通信その他の厚生労働省令で定めるもの（次項及び第十四条第一項において「商品等」という。）に厚生労働大臣の定める表示を付することができる。

2　何人も、前項の規定による場合を除くほか、商品等に同項の表示又はこれと紛らわしい表示を付してはならない。

（認定の取消し）

第一一条　厚生労働大臣は、認定一般事業主が次の各号のいずれかに該当するときは、第九条の認定を取り消すことができる。

一　第九条に規定する基準に適合しなくなったと認めるとき。

二　この法律又はこの法律に基づく命令に違反したとき。

三　不正の手段により第九条の認定を受けたとき。

（基準に適合する認定一般事業主の認定）

第一二条　厚生労働大臣は、認定一般事業主からの申請に基づき、厚生労働省令で定めるところにより、当該事業主について、女性の職業生活における活躍の推進に関する取組に関し、当該事業主の策定した一般事業主行動計画に基づく取組を実施し、当該一般事業主行動計画に定められた目標を達成したこと、雇用の分野における男女の均等な機会及び待遇の確保等に関する法律（昭和四十七年法律第百十三号）第十三条の二に規定する業務を担当する者及び育児休業、介護休業等育児又は家族介護を行う労働者の福祉に関する法律（平成三年法律第七十六号）第二十九条に規定する業務を担当する者を選任していること、当該女性の職業生活における活躍の推進に関する取組の実施の状況が特に優良なものであることその他の厚生労働省令で定める基準に適合するものである旨の認定を行うことができる。

（特例認定一般事業主の特例等）

第一三条　前条の認定を受けた一般事業主（以下「特例認定一般事業主」という。）については、第八条第一項及び第七項の規定は、適用しない。

2　特例認定一般事業主は、厚生労働省令で定めるところにより、毎年少なくとも一回、女性の職業生活における活躍の推進に関する取組の実施の状況を公表しなければならない。

（特例認定一般事業主の表示等）

第一四条　特例認定一般事業主は、商品等に厚生労働大臣の定める表示を付することができる。

2　第十条第二項の規定は、前項の表示について準用する。

（特例認定一般事業主の認定の取消し）

第一五条　厚生労働大臣は、特例認定一般事業主が次の各号のいずれかに該当するときは、第十二条の認定を取り消すことができる。

一　第十一条の規定により第九条の認定を取り消すとき。

二　第十二条に規定する基準に適合しなくなったと認めるとき。

三　第十三条第二項の規定による公表をせず、又は虚偽の公表をしたとき。

四　前号に掲げる場合のほか、この法律又はこの法律に基づく命令に違反したとき。

五　不正の手段により第十二条の認定を受けたとき。

第一六条（委託募集の特例等）　承認中小事業主団体の構成員である中小事業主（一般事業主であって、常時雇用する労働者の数が三百人以下のものをいう。以下この項及び次項において同じ。）が、当該承認中小事業主団体をして女性の職業生活における活躍の推進に関する取組の実施に関し必要な労働者の募集を行わせようとする場合において、当該承認中小事業主団体が当該募集に従事しようとするときは、職業安定法（昭和二十二年法律第百四十一号）第三十六条第一項及び第三項の規定は、当該構成員である中小事業主については、適用しない。

2　この条及び次条において「承認中小事業主団体」とは、事業協同組合、協同組合連合会その他の特別の法律により設立された組合若しくはその連合会であって厚生労働省令で定めるもの又は一般社団法人で中小事業主を直接又は間接の構成員とするもの（厚生労働省令で定める要件に該当するものに限る。）のうち、その構成員である中小事業主に対して女性の職業生活における活躍の推進に関する取組を実施するための人材確保に関する相談及び援助を行うものであって、その申請に基づいて、厚生労働大臣が、当該相談及び援助を適切に行うための厚生労働省令で定める基準に適合する旨の承認を行ったものをいう。

3　厚生労働大臣は、承認中小事業主団体が前項に規定する基準に適合しなくなったと認めるときは、同項の承認を取り消すことができる。

4　承認中小事業主団体は、第一項に規定する募集に従事しようとするときは、厚生労働省令で定めるところにより、募集時期、募集人員、募集地域その他の労働者の募集に関する事項で厚生労働省令で定めるものを厚生労働大臣に届け出なければならない。

5　職業安定法第三十七条第二項の規定は前項の規定による届出があった場合について、同法第五条の三第一項及び第四項、第五条の四第一項及び第二項、第五条の五、第三十九条、第四十一条第二項、第四十二条、第四十八条の三第一項、第四十八条の四、第五十条第一項及び第二項並びに第五十一条の規定は前項の規定による届出をして労働者の募集に従事する者について、同法第四十条の規定は同項の規定による届出をして労働者の募集に従事する者に対する報酬の供与について、同法第五十条第三項及び第四項の規定はこの項において準用する同条第二項に規定する職権を行う場合について、それぞれ準用する。この場合において、同法第三十七条第二項中「労働者の募集を行おうとする者」とあるのは「女性の職業生活における活躍の推進に関する法律第十六条第四項の規定による届出をして労働者の募集に従事しようとする者」と、同法第四十一条第二項中「当該労働者の募集の業務の廃止を命じ、又は期間」とあるのは「期間」と読み替えるものとする。

6　職業安定法第三十六条第二項及び第四十二条の二の規定の適用については、同法第三十六条第二項中「前項の」とあるのは「被用者以外の者をして労働者の募集に従事させようとする者がその被用者以外の者に与えようとする」と、同法第四十二条の二中「第三十九条に規定する募集受託者」とあるのは「女性の職業生活における活躍の推進に関する法律（平成二十七年法律第六十四号）第十六条第四項の規定による届出をして労働者の募集に従事する者」と、「同項に」とあるのは「次項に」とする。

7　厚生労働大臣は、承認中小事業主団体に対し、第二項の相談及び援助の実施状況について報告を求めることができる。

第一七条　公共職業安定所は、前条第四項の規定による届出をして労働者の募集に従事する承認中小事業主団体に対して、雇用情報及び職業に関する調査研究の成果を提供し、かつ、これらに基づき当該募集の内容又は方法について指導することにより、当該募集の効果的かつ適切な実施を図るものとする。

（一般事業主に対する国の援助）

第一八条　国は、第八条第一項若しくは第七項の規定により一般事業主行動計画を策定しようとする一般事業主又はこれらの規定による届出をした一般事業主に対して、一般事業主行動計画の策定、労働者への周知若しくは公表又は一般事業主行動計画に基づく措置が円滑に実施されるように相談その他の援助の実施に努めるものとする。

第三節　特定事業主行動計画

第一九条　国及び地方公共団体の機関、それらの長又はそれらの職員で政令で定めるもの（以下「特定事業主」という。）は、政令で定めるところにより、事業主行動計画策定指針に即して、特定事業主行動計画（特定事業主が実施する女性の職業生活における活躍の推進に関する取組に関する計画をいう。以下この条において同じ。）を定めなければならない。

2　特定事業主行動計画においては、次に掲げる事項を定めるものとする。

一　計画期間

二　女性の職業生活における活躍の推進に関する取組の実施により達成しようとする目標

三　実施しようとする女性の職業生活における活躍の推進に関する取組の内容及びその実施時期

3　特定事業主は、特定事業主行動計画を定め、又は変更しようとするときは、内閣府令で定めるところにより、採用した職員に占める女性職員の割合、男女の継続勤務年数の差異、勤務時間の状況、管理的地位にある職員に占める女性職員の割合その他のその事務及び事業における女性の職業生活における活躍に関する状況を把握し、女性の職業生活における活躍を推進するために改善すべき事情について分析した上で、その結果を勘案して、これを定めなければならない。この場合において、前項第二号の目標については、採用する職員に占める女性職員の割合、男女の継続勤務年数の差異の縮小の割合、勤務時間、管理的地位にある職員に占める女性職員の割合その他の数値を用いて定量的に定めなければならない。

4　特定事業主は、特定事業主行動計画を定め、又は変更したときは、遅滞なく、これを職員に周知させるための措置を講じなければならない。

5　特定事業主は、特定事業主行動計画を定め、又は変更したときは、遅滞なく、これを公表しなければならない。

6　特定事業主は、毎年少なくとも一回、特定事業主行動計画に基づく取組の実施の状況を公表しなければならない。

7　特定事業主は、特定事業主行動計画に基づく取組を実施するとともに、特定事業主行動計画に定められた目標を達成するよう努めなければならない。

第四節　女性の職業選択に資する情報の公表

（一般事業主による女性の職業選択に資する情報の公表）

第二〇条　第八条第一項に規定する一般事業主（常時雇用する労働者の数が三百人を超えるものに限る。）は、厚生労働省令で定めるところにより、職業生活を営み、又は営もうとする女性の職業選択に資するよう、その事業における女性の職業生活における活躍に関する次に掲げる情報を定期的に公表しなければならない。

一　その雇用し、又は雇用しようとする女性労働者に対する職業生活に関する機会の提供に関する実績

二　その雇用する労働者の職業生活と家庭生活との両立に資する雇用環境の整備に関する実績

2　第八条第一項に規定する一般事業主（前項に規定する一般事業主を除く。）は、厚生労働省令で定めるところにより、職業生活を営み、又は営もうとする女性の職業選択に資するよう、その事業における女性の職業生活における活躍に関する前項各号に掲げる情報の少なくともいずれか一方を定期的に公表しなければならない。

3　第八条第七項に規定する一般事業主は、厚生労働省令で定めるところにより、職業生活を営み、又は営もうとする女性の職業選択に資するよう、その事業における女性の職業生活における活躍に関する第一項各号に掲げる情報の少なくともいずれか一方を定期的に公表するよう努めなければならない。

（特定事業主による女性の職業選択に資する情報の公表）

第二一条　特定事業主は、内閣府令で定めるところにより、職業生活を営み、又は営もうとする女性の職業選択に資するよう、その事務及び事業における女性の職業生活における活躍に関する次に掲げる情報を定期的に公表しなければならない。

一　その任用し、又は任用しようとする女性に対する職業生活に関する機会の提供に関する実績

二　その任用する職員の職業生活と家庭生活との両立に資する勤務環境の整備に関する実績

第四章　女性の職業生活における活躍を推進するための支援措置

（職業指導等の措置等）

第二二条　国は、女性の職業生活における活躍を推進するため、職業指導、職業紹介、職業訓練、創業の支援その他の必要な措置を講ずるよう努めるものとする。

2　地方公共団体は、女性の職業生活における活躍を推進するため、前項の措置と相まって、職業生活を営み、又は営もうとする女性及びその家族その他の関係者からの相談に応じ、関係機関の紹介その他の情報の提供、助言その他の必要な措置を講ずるよう努めるものとする。

3　地方公共団体は、前項に規定する業務に係る事務の一部を、その事務を適切に実施することができるものとして内閣府令で定める基準に適合する者に委託することができる。

4　前項の規定による委託に係る事務に従事する者又は当該事務に従事していた者は、正当な理由なく、当該事務に関して知り得た秘密を漏らしてはならない。

（財政上の措置等）

第二三条　国は、女性の職業生活における活躍の推進に関する地方公共団体の施策を支援するために必要な財政上の措置その他の措置を講ずるよう努めるものとする。

（国等からの受注機会の増大）

第二四条　国は、女性の職業生活における活躍の推進に資するため、国及び公庫等（沖縄振興開発金融公庫その他の特別の法律によって設立された法人であって政令で定めるものをいう。）の役務又は物件の調達に関し、予算の適正な使用に留意しつつ、認定一般事業主、特例認定一般事業主その他の女性の職業生活における活躍に関する状況又は女性の職業生活における活躍の推進に関する取組の実施の状況が優良な一般事業主（次項において「認定一般事業主等」という。）の受注の機会の増大その他の必要な施策を実施するものとする。

2　地方公共団体は、国の施策に準じて、認定一般事業主等の受注の機会の増大その他の必要な施策を実施するように努めるものとする。

（啓発活動）

第二五条　国及び地方公共団体は、女性の職業生活における活

躍の推進について、国民の関心と理解を深め、かつ、その協力を得るとともに、必要な啓発活動を行うものとする。

（情報の収集、整理及び提供）

第二六条　国は、女性の職業生活における活躍の推進に関する取組に資するよう、国内外における女性の職業生活における活躍の状況及び当該取組に関する情報の収集、整理及び提供を行うものとする。

（協議会）

第二七条　当該地方公共団体の区域において女性の職業生活における活躍の推進に関する事務及び事業を行う国及び地方公共団体の機関（以下この条において「関係機関」という。）は、第二十二条第一項の規定により国が講ずる措置及び同条第二項の規定により地方公共団体が講ずる措置に係る事例その他の女性の職業生活における活躍の推進に有用な情報を活用することにより、当該区域において女性の職業生活における活躍の推進に関する取組が効果的かつ円滑に実施されるようにするため、関係機関により構成される協議会（以下「協議会」という。）を組織することができる。

2　協議会を組織する関係機関は、当該地方公共団体の区域内において第二十二条第三項の規定による事務の委託がされている場合には、当該委託を受けた者を協議会の構成員として加えるものとする。

3　協議会を組織する関係機関は、必要があると認めるときは、協議会に次に掲げる者を構成員として加えることができる。

一　一般事業主の団体又はその連合団体

二　学識経験者

三　その他当該関係機関が必要と認める者

4　協議会は、関係機関及び前二項の構成員（以下この項において「関係機関等」という。）が相互の連絡を図ることにより、女性の職業生活における活躍の推進に有用な情報を共有し、関係機関等の連携の緊密化を図るとともに、地域の実情に応じた女性の職業生活における活躍の推進に関する取組について協議を行うものとする。

5　協議会が組織されたときは、当該地方公共団体は、内閣府令で定めるところにより、その旨を公表しなければならない。

（秘密保持義務）

第二八条　協議会の事務に従事する者又は協議会の事務に従事していた者は、正当な理由なく、協議会の事務に関して知り得た秘密を漏らしてはならない。

（協議会の定める事項）

第二九条　前二条に定めるもののほか、協議会の組織及び運営に関し必要な事項は、協議会が定める。

第五章　雑則

（報告の徴収並びに助言、指導及び勧告）

第三〇条　厚生労働大臣は、この法律の施行に関し必要があると認めるときは、第八条第一項に規定する一般事業主又は認定一般事業主若しくは特例認定一般事業主である同条第七項に規定する一般事業主に対して、報告を求め、又は助言、指導若しくは勧告をすることができる。

（公表）

第三一条　厚生労働大臣は、第二十条第一項若しくは第二項の規定による公表をせず、若しくは虚偽の公表をした第八条第一項に規定する一般事業主又は第二十条第三項に規定する情報に関し虚偽の公表をした認定一般事業主若しくは特例認定一般事業主である第八条第七項に規定する一般事業主に対し、前条の規定による勧告をした場合において、当該勧告を受けた者がこれに従わなかったときは、その旨を公表することができる。

（権限の委任）

第三二条　第八条、第九条、第十一条、第十二条、第十五条、第十六条、第三十条及び前条に規定する厚生労働大臣の権限は、厚生労働省令で定めるところにより、その一部を都道府県労働局長に委任することができる。

（政令への委任）

第三三条　この法律に定めるもののほか、この法律の実施のため必要な事項は、政令で定める。

第六章　罰則

第三四条現　第十六条第五項において準用する職業安定法第四十一条第二項の規定による業務の停止の命令に違反して、労働者の募集に従事した者は、一年以下の懲役又は百万円以下の罰金に処する。

第三五条現　次の各号のいずれかに該当する者は、一年以下の懲役又は五十万円以下の罰金に処する。

一　第二十二条第四項の規定に違反して秘密を漏らした者

二　第二十八条の規定に違反して秘密を漏らした者

第三六条現　次の各号のいずれかに該当する者は、六月以下の懲役又は三十万円以下の罰金に処する。

一　第十六条第四項の規定による届出をしないで、労働者の募集に従事した者

二　第十六条第五項において準用する職業安定法第三十七条第二項の規定による指示に従わなかった者

三　第十六条第五項において準用する職業安定法第三十九条又は第四十条の規定に違反した者

新［令和七年六月一日から施行］

第三四条　第十六条第五項において準用する職業安定法第四十一条第二項の規定による業務の停止の命令に違反して、労働者の募集に従事した者は、一年以下の拘禁刑又は百万円以下の罰金に処する。

第三五条　次の各号のいずれかに該当する者は、一年以下の拘禁刑又は五十万円以下の罰金に処する。

一　第二十二条第四項の規定に違反して秘密を漏らした者

二　第二十八条の規定に違反して秘密を漏らした者

第三六条　次の各号のいずれかに該当する者は、六月以下の拘禁刑又は三十万円以下の罰金に処する。

一　第十六条第四項の規定による届出をしないで、労働者の募集に従事した者

二　第十六条第五項において準用する職業安定法第三十七条第二項の規定による指示に従わなかった者

三　第十六条第五項において準用する職業安定法第三十九条又は第四十条の規定に違反した者

第三七条　次の各号のいずれかに該当する者は、三十万円以下の罰金に処する。

一　第十条第二項（第十四条第二項において準用する場合を含む。）の規定に違反した者

二　第十六条第五項において準用する職業安定法第五十条第一項の規定による報告をせず、又は虚偽の報告をした者

三　第十六条第五項において準用する職業安定法第五十条第二項の規定による立入り若しくは検査を拒み、妨げ、若しくは忌避し、又は質問に対して答弁をせず、若しくは虚偽の陳述をした者

四　第十六条第五項において準用する職業安定法第五十一条第一項の規定に違反して秘密を漏らした者

第三八条　法人の代表者又は法人若しくは人の代理人、使用人その他の従業者が、その法人又は人の業務に関し、第三十四条、第三十六条又は前条の違反行為をしたときは、行為者を罰するほか、その法人又は人に対しても、各本条の罰金刑を科する。

第三九条　第三十条の規定による報告をせず、又は虚偽の報告をした者は、二十万円以下の過料に処する。

附　則　抄

（施行期日）

第一条　この法律は、公布の日から施行する。ただし、第三章（第七条を除く。）、第五章（第二十八条を除く。）及び第六章（第三十条を除く。）の規定並びに附則第五条の規定は、平成二十八年四月一日から施行する。

（この法律の失効）

第二条　この法律は、平成三八年三月三十一日限り、その効力を失う。

２　第二十二条第三項の規定による委託に係る事務に従事していた者の当該事務に関して知り得た秘密については、同条第四項の規定（同項に係る罰則を含む。）は、前項の規定にかかわらず、同項に規定する日後も、なおその効力を有する。

３　協議会の事務に従事していた者の当該事務に関して知り得た秘密については、第二十八条の規定（同条に係る罰則を含む。）は、第一項の規定にかかわらず、同項に規定する日後も、なおその効力を有する。

４　この法律の失効前にした行為に対する罰則の適用については、この法律は、第一項の規定にかかわらず、同項に規定する日後も、なおその効力を有する。

（政令への委任）

第三条　前条第二項から第四項までに規定するもののほか、この法律の施行に伴い必要な経過措置は、政令で定める。

（検討）

第四条　政府は、この法律の施行後三年を経過した場合において、この法律の施行の状況を勘案し、必要があると認めるときは、この法律の規定について検討を加え、その結果に基づいて必要な措置を講ずるものとする。

女性の職業生活における活躍の推進に関する法律に基づく一般事業主行動計画等に関する省令

〔平成二七年一〇月二八日厚生労働省令第一六二号〕

沿革　平成二九年　三月三一日厚生労働省令第　三一号
〃　二九年　七月一一日〃　第　七一号
〃　三〇年　九月　七日〃　第一一二号
〃　三〇年一二月二八日〃　第一五三号
〃　三一年　三月二〇日〃　第　二六号
令和　元年　五月　七日〃　第　一号
〃　元年一二月二七日〃　第　八六号
〃　二年一二月二五日〃　第二〇八号
〃　四年　六月一〇日〃　第　九三号
〃　四年　七月　八日〃　第一〇四号

（法第八条第一項の届出）

第一条　女性の職業生活における活躍の推進に関する法律（以下「法」という。）第八条第一項の規定による届出は、次に掲げる事項を記載した届出書を国及び地方公共団体以外の事業主（以下「一般事業主」という。）の住所を管轄する都道府県労働局長（以下「所轄都道府県労働局長」という。）に提出することによって行われなければならない。

一　氏名又は名称及び住所並びに法人にあっては、その代表者の氏名
二　常時雇用する労働者の人数
三　一般事業主行動計画（法第八条第一項に規定する一般事業主行動計画をいう。以下同じ。）を定め、又は変更した日
四　一般事業主行動計画の計画期間
五　一般事業主行動計画を定める際に把握したその事業における女性の職業生活における活躍に関する状況の分析の概況
六　女性の職業生活における活躍の推進に関する取組の実施により達成しようとする目標及び当該取組の内容の概況
七　一般事業主行動計画の労働者への周知の方法
八　一般事業主行動計画の公表の方法
九　一般事業主行動計画を変更した場合にあっては、その変更内容
十　女性の職業生活における活躍に関する情報の公表の方法

（女性の職業生活における活躍に関する状況の把握等）

第二条　法第八条第一項に規定する一般事業主（常時雇用する労働者の数が三百人を超えるものに限る。）が、一般事業主行動計画を定め、又は変更しようとするときは、直近の事業年度におけるその事業における女性の職業生活における活躍に関する状況に関し、第一号から第四号まで及び第二十四号に掲げる事項を把握するとともに、必要に応じて第五号から第二十三号までに掲げる事項を把握しなければならない。この場合において、第一号及び第二号に掲げる事項は、雇用管理区分（職種、資格、雇用形態、就業形態等の労働者の区分であって、当該区分に属している労働者について他の区分に属している労働者とは異なる雇用管理を行うことを予定して設定しているものをいう。以下同じ。）ごとの状況を、第二十四号に掲げる事項は、その雇用する全ての労働者に係る状況及び雇用管理区分ごとの状況を、それぞれ把握するとともに、必要に応じて第五号から第十二号まで、第十四号、第十

五号、第十八号から第二十一号まで及び第二十三号に掲げる事項を把握するときは、雇用管理区分ごとの状況を把握しなければならない。

一　採用した労働者に占める女性労働者の割合

二　その雇用する労働者（期間の定めのない労働契約を締結している労働者及び同一の使用者との間で締結された一以上の期間の定めのある労働契約（契約期間の始期の到来前のものを除く。）の契約期間を通算した期間が五年を超える労働者に限る。）の男女の平均継続勤務年数の差異

三　その雇用する労働者一人当たりの各月ごとの時間外労働及び休日労働の合計時間数等の労働時間（労働基準法（昭和二十二年法律第四十九号）第四十一条の二第一項の規定により労働する労働者にあっては、同項第三号に規定する健康管理時間。第十四号において同じ。）の状況

四　管理的地位にある労働者（以下「管理職」という。）に占める女性労働者の割合

五　女性の応募者（募集に応じて労働者になろうとする者をいう。以下同じ。）の数を採用した女性労働者の数で除して得た数及び男性の応募者の数を採用した男性労働者の数で除して得た数（第十九条第一項第一号ロにおいて「男女別の採用における競争倍率」という。）

六　その雇用する労働者及びその指揮命令の下に労働させる派遣労働者（労働者派遣事業の適正な運営の確保及び派遣労働者の保護等に関する法律（昭和六十年法律第八十八号。第八条第一項第一号イにおいて「労働者派遣法」という。）第二条第二号に規定する派遣労働者をいう。以下同じ。）に占める女性労働者の割合

七　その雇用する労働者の男女別の配置の状況

八　その雇用する労働者の男女別の将来の人材育成を目的とした教育訓練の受講の状況

九　管理職、男性労働者（管理職を除く。）及び女性労働者（管理職を除く。）の配置、育成、評価、昇進及び性別による固定的な役割分担その他の職場風土等に関する意識（派遣労働者にあっては、性別による固定的な役割分担その他の職場風土等に関するものに限る。）

十　十事業年度前及びその前後の事業年度に採用した女性労働者（新たに学校若しくは専修学校を卒業した者若しくは新たに職業能力開発促進法（昭和四十四年法律第六十四号）第十五条の七第一項各号（第四号を除く。）に掲げる施設若しくは職業能力開発総合大学校の行う職業訓練を修了した者又はこれに準ずる者（以下「新規学卒者等」という。）として雇い入れたものに限る。）の数に対する当該女性労働者であって引き続き雇用されているものの数の割合並びに十事業年度前及びその前後の事業年度に採用した男性労働者（新規学卒者等として雇い入れたものに限る。）の数に対する当該男性労働者であって引き続き雇用されているものの数の割合（第十九条第一項第二号ロにおいて「男女別の継続雇用割合」という。）

十一　その雇用する女性労働者であって出産したものの数に対するその雇用する女性労働者であって育児休業（育児休業、介護休業等育児又は家族介護を行う労働者の福祉に関する法律（平成三年法律第七十六号）第二条第一号に規定する育児休業をいう。以下同じ。）をしたものの数の割合及びその雇用する男性労働者であって配偶者が出産したものの数に対するその雇用する男性労働者であって育児休業をしたものの数の割合（第十九条第一項第二号ハにおいて「男女別の育児休業取得率」という。）並びにその雇用する労働者の男女別の育児休業の取得期間の平均期間

十二　その雇用する労働者の男女別の職業生活と家庭生活との両立を支援するための制度（育児休業を除く。）の利用

実績

十三　その雇用する労働者の男女別の労働基準法第三十二条の三第一項の規定による労働時間の制度、在宅勤務、情報通信技術を活用した勤務等の柔軟な働き方に資する制度の利用実績

十四　その雇用する労働者及びその指揮命令の下に労働させる派遣労働者一人当たりの各月ごとの時間外労働及び休日労働の合計時間数等の労働時間の状況

十五　その雇用する労働者に対して与えられた労働基準法第三十九条の規定による有給休暇（以下「有給休暇」という。）の日数に対するその雇用する労働者が取得した有給休暇の日数の割合（第十九条第一項第二号へ及びトにおいて「有給休暇取得率」という。）

十六　各職階の労働者に占める女性労働者の割合及び役員に占める女性の割合

十七　事業年度の開始の日における各職階の女性労働者の数に対する当該事業年度の開始の日に属していた各職階から一つ上位の職階に昇進した女性労働者の数のそれぞれの割合及び事業年度の開始の日における各職階の男性労働者の数に対する当該事業年度の開始の日に属していた各職階から一つ上位の職階に昇進した男性労働者の数のそれぞれの割合

十八　その雇用する労働者の男女の人事評価の結果における差異

十九　その雇用する労働者及びその指揮命令の下に労働させる派遣労働者のセクシュアルハラスメント等に関する相談窓口への相談状況

二十　その雇用する労働者の男女別の職種の転換又はその雇用する労働者の男女別の雇用形態の転換及びその指揮命令の下に労働させる派遣労働者の男女別の雇入れの実績

二十一　男女別の再雇用（定年後の雇入れを除く。以下同じ。）又は新規学卒者等及び定年後の者以外の者の雇入れ（以下「中途採用」という。）の実績

二十二　その雇用する労働者の男女別の職種若しくは雇用形態の転換をした者、再雇用をした者又は中途採用をした者を管理職へ登用した実績

二十三　その雇用する労働者（通常の労働者を除く。）の男女別のキャリアアップに向けた研修の受講の状況

二十四　その雇用する労働者の男女の賃金の差異

2　法第八条第一項に規定する一般事業主（前項に規定する一般事業主を除く。）が、一般事業主行動計画を定め、又は変更しようとするときは、直近の事業年度におけるその事業における女性の職業生活における活躍に関する状況に関し、前項第一号から第四号までに掲げる事項を把握するとともに、必要に応じて同項第五号から第二十四号までに掲げる事項を把握しなければならない。この場合において、同項第一号及び第二号に掲げる事項は、雇用管理区分ごとの状況を把握するとともに、必要に応じて同項第二十四号に掲げる事項を把握するときは、その雇用する全ての労働者に係る状況及び雇用管理区分ごとの状況を、必要に応じて同項第五号から第十二号まで、第十四号、第十五号、第十八号から第二十一号まで及び第二十三号に掲げる事項を把握するときは、雇用管理区分ごとの状況を、それぞれ把握しなければならない。

3　一般事業主行動計画を定め、又は変更しようとするときは、前二項で把握した事項について、それぞれ法第七条第一項に規定する事業主行動計画策定指針（以下「事業主行動計画策定指針」という。）を踏まえ、適切な方法により分析しなければならない。

（法第八条第二項第二号の目標）

第二条の二　法第八条第一項に規定する一般事業主（常時雇用

する労働者の数が三百人を超えるものに限る。）は、同条第二項第二号の目標を同条第三項の規定により定量的に定めるに当たっては、次の各号に掲げる区分ごとに当該各号に定める事項のうち一以上の事項を選択し、当該事項に関連する目標を定めなければならない。ただし、その事業における女性の職業生活における活躍に関する状況を把握し、女性の職業生活における活躍を推進するために改善すべき事情について分析した上で、その結果を勘案し、次の各号に掲げる区分に関する取組のいずれか一方が既に進んでおり、他の区分に関する取組を集中的に実施することが適当と認められる場合には、当該他の区分に定める事項のうち二以上の事項を選択し、当該事項に関連する目標を定めることをもってこれに代えることができる。

一　その雇用し、又は雇用しようとする女性労働者に対する職業生活に関する機会の提供　前条第一項第一号、第四号から第九号まで及び第十六号から第二十四号までに掲げる事項

二　その雇用する労働者の職業生活と家庭生活との両立に資する雇用環境の整備　前条第一項第二号、第三号及び第十号から第十五号までに掲げる事項

（法第八条第四項の周知の方法）

第三条　法第八条第四項の規定による周知は、事業所の見やすい場所へ掲示すること、書面を労働者へ交付すること又は電子メールを利用して労働者へ送信することその他の適切な方法によるものとする。

（法第八条第五項の公表の方法）

第四条　法第八条第五項の規定による公表は、インターネットの利用その他の適切な方法によるものとする。

（法第八条第七項の届出）

第五条　第一条の規定は、法第八条第七項の届出を行う一般事業主について準用する。

（準用）

第六条　第二条の規定は法第八条第七項の規定により一般事業主行動計画を定め、又は変更しようとする一般事業主について、第三条の規定は法第八条第八項において準用する同条第四項の規定による周知を行う一般事業主について、第四条の規定は法第八条第八項において準用する同条第五項の規定による公表を行う一般事業主について、それぞれ準用する。

（法第九条の申請）

第七条　法第九条の認定を受けようとする一般事業主は、基準適合一般事業主認定申請書（様式第一号）に、当該一般事業主が同条の基準に適合するものであることを明らかにする書類を添えて、所轄都道府県労働局長に提出しなければならない。

（法第九条の認定の基準等）

第八条　法第九条の厚生労働省令で定める基準は、次の各号のいずれかに該当することとする。

一　次のいずれにも該当する一般事業主であること。

イ　次に掲げる事項のうち一又は二の事項に該当し、該当する事項の実績を厚生労働省のウェブサイトに公表していること。

(1)　次のいずれかに該当すること。

(i)　雇用管理区分ごとに算出した直近の三事業年度ごとに労働者の募集（期間の定めのない労働契約を締結する労働者として雇い入れることを目的とするものに限る。以下この(i)において同じ。）に対する女性の応募者の数を当該募集で採用した女性労働者の数で除して得た数を当該三事業年度において平均した数にそれぞれ十分の八を乗じて得た数が雇用管理区分ごとに算出した直近の三事業年度ごとに労働者

の募集に対する男性の応募者の数を当該募集で採用した男性労働者の数で除して得た数を当該三事業年度において平均した数よりもそれぞれ低いこと。この場合において、同一の雇用管理区分に属する労働者の数がその雇用する労働者の数のおおむね十分の一に満たない雇用管理区分がある場合は、職務の内容等に照らし、類似の雇用管理区分と合わせて一の区分として算出することができること（雇用形態が異なる場合を除く。以下同じ。）。

(ii) 次のいずれにも該当すること。ただし、通常の労働者に雇用管理区分を設定していない一般事業主にあっては、(イ)に該当すること。

(イ) 直近の事業年度におけるその雇用する通常の労働者に占める女性労働者の割合が産業ごとの通常の労働者に占める女性労働者の割合の平均値（当該平均値が四割を超える産業にあっては四割）以上であること。

(ロ) 直近の事業年度におけるその雇用する通常の労働者の基幹的な雇用管理区分における通常の労働者に占める女性労働者の割合が産業ごとの通常の労働者の基幹的な雇用管理区分における通常の労働者に占める女性労働者の割合の平均値（当該平均値が四割を超える産業にあっては四割）以上であること。

(2) 次のいずれかに該当すること。ただし、(ii)は、直近の事業年度において(i)で定める割合を算出することができない一般事業主に限ること。

(i) 雇用管理区分ごとに算出したその雇用する男性労働者（期間の定めのない労働契約を締結している者に限る。以下この(i)及び(ii)において同じ。）の直近の事業年度における平均継続勤務年数に対するその雇用する女性労働者（期間の定めのない労働契約を締結している者に限る。以下この(i)及び(ii)において同じ。）の直近の事業年度における平均継続勤務年数の割合がそれぞれ十分の七以上であること又は雇用管理区分ごとに算出した十事業年度前及びその前後の事業年度に採用した女性労働者（新規学卒者等として雇い入れた者に限る。）の数に対する当該女性労働者であって直近の事業年度において引き続き雇用されているものの数の割合を十事業年度前及びその前後の事業年度に採用した男性労働者（新規学卒者等として雇い入れた者に限る。）の数に対する当該男性労働者であって直近の事業年度において引き続き雇用されているものの数の割合で除して得た割合がそれぞれ十分の八以上であること。この場合において、同一の雇用管理区分に属する労働者の数がその雇用する労働者の数のおおむね十分の一に満たない雇用管理区分がある場合は、職務の内容等に照らし、類似の雇用管理区分と合わせて一の区分として算出することができること。

(ii) 直近の事業年度における女性の通常の労働者の平均継続勤務年数が産業ごとの女性の通常の労働者の平均継続勤務年数の平均値以上であること。

(3) その雇用する労働者（労働基準法第三十八条の二第一項の規定により労働する労働者、同法第三十八条の三第一項の規定により労働する労働者、同法第三十八条の四第一項の規定により労働する労働者、同法第四十一条各号に該当する労働者及び同法第四十一条の二第一項の規定により労働する労働者を除く。）一人当たりの各月ごとの時間外労働及び休日労働の合計時間数を雇用管理区分ごとに算出したものが、直近の事業年度に属する各月ごとに全て四十五時間未満であること。この場合において、同一の雇用管理区分に属する労働者の数がその雇用する労働者の数のおおむね十分の一に満たない雇用管理区分がある場合は、職務の内容等に照らし、類似の雇用管理区分と合わせて一の区分として算出することができること。

(4)　直近の事業年度における管理職に占める女性労働者の割合が産業ごとの管理職に占める女性労働者の割合の平均値以上であること又は直近の三事業年度ごとに当該各事業年度の開始の日に課長級より一つ下の職階にあった女性労働者の数に対する当該各事業年度において課長級に昇進した女性労働者の数の割合を当該三事業年度において平均した数を直近の三事業年度ごとに当該各事業年度の開始の日に課長級より一つ下の職階にあった男性労働者の数に対する当該各事業年度において課長級に昇進した男性労働者の数の割合を当該三事業年度において平均した数で除して得た割合が十分の八以上であること。

(5)　直近の三事業年度において、次に掲げる事項のうち一般事業主（常時雇用する労働者の数が三百人以下のものに限る。）にあっては一以上の事項、一般事業主（常時雇用する労働者の数が三百人を超えるものに限る。）にあっては二以上の事項（通常の労働者以外の労働者を雇用し、又は労働者派遣（労働者派遣法第二条第一号に規定する労働者派遣をいう。）の役務の提供を受ける一般事業主にあっては、(i)に掲げる事項及び次に掲げる事項（(i)に掲げるものを除く。）のうち一以上の事項）の実績を有すること。

(i)　その雇用する女性労働者（通常の労働者を除く。）の通常の労働者への転換又はその指揮命令の下に労働させる女性の派遣労働者の通常の労働者としての雇入れ

(ii)　女性労働者のキャリアアップに資するよう行われる雇用管理区分間の転換（(i)に掲げるものを除く。）

(iii)　女性の再雇用（通常の労働者として雇い入れる場合に限る。）

(iv)　女性の中途採用（おおむね三十歳以上の者を通常の労働者として雇い入れる場合に限る。）

ロ　イに掲げる事項のうち当該一般事業主が該当しない事項について、事業主行動計画策定指針に定められた当該事項に関する取組を実施し、その実施状況について厚生労働省のウェブサイトに公表するとともに、二年以上連続して当該事項の実績が改善していること。

ハ　事業主行動計画策定指針に即して適切な一般事業主行動計画を定めたこと。

ニ　策定した一般事業主行動計画について、適切に公表及び労働者への周知をしたこと。

ホ　次のいずれにも該当しないこと。

(1)　法第十一条の規定により認定を取り消され、又は第九条の五の規定による辞退の申出を行い、その取消し又は辞退の日から起算して三年を経過しないこと（当該辞退の日前に女性の職業生活における活躍の推進に関する取組の実施の状況が、厚生労働省雇用環境・均等局長が定める基準に該当しないことにより、当該辞退の申出をした場合を除く。）。

(2)　職業安定法施行令（昭和二十八年政令第二百四十二号）第一条で定める規定の違反に関し、法律に基づく処分、公表その他の措置が講じられたこと（職業安定法施行規則（昭和二十二年労働省令第十二号）第四条

の五第三項に規定する求人の申込みを受理しないことができる場合に該当する場合に限る。）。

(3)　法又は法に基づく命令その他関係法令に違反する重大な事実があること。

二　次のいずれにも該当する一般事業主であること。

イ　前号イに掲げる事項のうち三又は四の事項に該当し、該当する事項の実績を厚生労働省のウェブサイトに公表していること。

ロ　前号イに掲げる事項のうち当該一般事業主が該当しない事項について、事業主行動計画策定指針に定められた当該事項に関する取組を実施し、その実施状況について厚生労働省のウェブサイトに公表するとともに、二年以上連続して当該事項の実績が改善していること。

ハ　前号ハからホまでに掲げる事項のいずれにも該当すること。

三　次のいずれにも該当する一般事業主であること。

イ　第一号イに掲げる事項のいずれにも該当し、その実績を厚生労働省のウェブサイトに公表していること。

ロ　第一号ハからホまでに掲げる事項のいずれにも該当すること。

2　法第九条の認定は、前項各号に規定する事業主の類型ごとに行うものとする。

（法第十条第一項の商品等）

第九条　法第十条第一項の厚生労働省令で定めるものは、次のとおりとする。

一　商品

二　役務の提供の用に供する物

三　商品、役務又は一般事業主の広告

四　商品又は役務の取引に用いる書類又は通信

五　一般事業主の営業所、事務所その他の事業場

六　インターネットを利用した方法により公衆の閲覧に供する情報

七　労働者の募集の用に供する広告又は文書

（法第十二条の申請）

第九条の二　法第十二条の認定を受けようとする認定一般事業主（法第十条第一項に規定する認定一般事業主をいう。以下同じ。）は、基準適合認定一般事業主認定申請書（様式第二号）に、当該認定一般事業主が法第十二条の基準に適合するものであることを明らかにする書類を添えて、所轄都道府県労働局長に提出しなければならない。

（法第十二条の認定の基準等）

第九条の三　法第十二条の厚生労働省令で定める基準は、次のとおりとする。

一　事業主行動計画策定指針に即して適切な一般事業主行動計画を定めたこと。

二　策定した一般事業主行動計画について、適切に公表及び労働者への周知をしたこと。

三　策定した一般事業主行動計画（認定一般事業主が法第十二条の申請を行った日の直近にその計画期間が終了したものであって、当該計画期間が二年以上五年以下のものに限る。）に基づく取組を実施し、当該一般事業主行動計画に定められた目標を達成したこと。

四　雇用の分野における男女の均等な機会及び待遇の確保等に関する法律（昭和四十七年法律第百十三号）第十三条の二に規定する業務を担当する者及び育児休業、介護休業等育児又は家族介護を行う労働者の福祉に関する法律（平成三年法律第七十六号）第二十九条に規定する業務を担当する者を選任していること。

五　第八条第一号イ(1)から(3)まで及び(5)に掲げる事項に該当すること。この場合において、…

七」とあるのは「十分の八」と、「十分の八」とあるのは「十分の九」と読み替えるものとする。

六　直近の事業年度における管理職に占める女性労働者の割合が産業ごとの管理職に占める女性労働者の割合の平均値に一・五を乗じて得た値（次に掲げる場合にあっては、それぞれ次に定める値）以上であること。

(1)　産業ごとの管理職に占める女性労働者の割合の平均値に一・五を乗じて得た値が百分の十五以下である場合　百分の十五（直近の三事業年度ごとに当該各事業年度の開始の日に課長級より一つ下の職階にあった女性労働者の数に対する当該各事業年度において課長級に昇進した女性労働者の数の割合を当該三事業年度において平均した数を直近の三事業年度ごとに当該各事業年度の開始の日に課長級より一つ下の職階にあった男性労働者の数に対する当該各事業年度において課長級に昇進した男性労働者の数の割合を当該三事業年度において平均した数で除して得た割合が十分の一以上である場合にあっては、産業計の管理職に占める女性労働者の割合の平均値）

(2)　産業ごとの管理職に占める女性労働者の割合の平均値に一・五を乗じて得た値が百分の四十以上である場合　(i)又は(ii)のいずれか大きい値

(i)　直近の事業年度におけるその雇用する通常の労働者に占める女性労働者の割合に百分の八十を乗じて得た値

(ii)　百分の四十

七　第十九条第一項第一号及び第二号に定める事項のうち八以上の事項を厚生労働省のウェブサイトで公表していること。

八　雇用管理区分ごとのその雇用する労働者の男女の賃金の差異の状況について把握したこと。

九　次のいずれにも該当しないこと。

イ　法第十二条の申請を行った日より前に第三号の一般事業主行動計画に定められた目標を容易に達成できる目標に変更していること。

ロ　法第十五条の規定により認定を取り消され、又は第九条の五の規定による辞退の申出を行い、その取消し又は辞退の日から三年を経過しないこと（当該辞退の日前に女性の職業生活における活躍の推進に関する取組の実施の状況が、厚生労働省雇用環境・均等局長が定める基準に該当しないことにより、当該辞退の申出をした場合を除く。）。

ハ　第八条第一項第一号ホ(2)又は(3)に該当すること。

（法第十三条第二項の公表）

第九条の四　法第十三条第二項の規定による公表は、厚生労働省のウェブサイトに、前条第四号から第七号までに掲げる事項の実績を公表していることとする。

（所轄都道府県労働局長に対する申出）

第九条の五　認定一般事業主又は特例認定一般事業主（法第十三条第一項に規定する特例認定一般事業主をいう。）は、所轄都道府県労働局長に対し、法第九条又は第十二条の認定について辞退の申出をすることができる。

（法第十六条第二項の承認中小事業主団体）

第一〇条　法第十六条第二項の厚生労働省令で定める承認中小事業主団体は、次のとおりとする。

一　事業協同組合及び事業協同組合小組合並びに協同組合連合会

二　水産加工業協同組合及び水産加工業協同組合連合会

三　商工組合及び商工組合連合会

四　商店街振興組合及び商店街振興組合連合会

五　農業協同組合及び農業協同組合中央会
六　生活衛生同業組合であって、その構成員の三分の二以上が中小事業主（常時雇用する労働者の数が三百人以下のものをいう。以下同じ。）であるもの
七　酒造組合及び酒造組合連合会であって、その直接又は間接の構成員たる酒類製造業者の三分の二以上が中小事業主であるもの

（法第十六条第二項の一般社団法人の要件）

第一一条　法第十六条第二項の厚生労働省令で定める要件は、その直接又は間接の構成員の三分の二以上が中小事業主である一般社団法人であることとする。

（法第十六条第二項の厚生労働省令で定める基準）

第一二条　法第十六条第二項の厚生労働省令で定める基準は、次のとおりとする。
一　法第十六条第二項の相談及び援助として、次に掲げる事業をいずれも実施し、又は実施することが予定されていること。
イ　女性の職業生活における活躍の推進に関する取組の実施に関し必要な労働者の確保を容易にするための事例の収集及び提供に係る事業
ロ　イに掲げるもののほか、女性の職業生活における活躍の推進に関する取組の実施に関し必要な労働者が雇用される事業所における雇用管理その他に関する講習会の開催、相談及び助言その他の必要な援助を行う事業
二　前号の事業を適切に実施するために必要な体制が整備されていること。
三　その構成員である中小事業主（次号において「構成中小事業主」という。）の三分の一以上が、法第八条第一項又は第七項の届出を行っていること。
四　構成中小事業主の委託を受けて労働者の募集を行うこと当たり、当該募集に係る労働条件その他の募集の内容が適切であり、かつ、当該労働者の利益に反しないことが見込まれること。

（承認中小事業主団体の申請）

第一三条　法第十六条第二項の規定により承認を受けようとする者は、その旨及び前条の基準に係る事項を記載した申請書を所轄都道府県労働局長を経て、厚生労働大臣に提出しなければならない。

（権限の委任）

第一四条　法第十六条第四項並びに同条第五項において準用する職業安定法（昭和二十二年法律第百四十一号）第三十七条第二項及び第四十一条第二項に定める厚生労働大臣の権限のうち、次に掲げる募集に係るものは、承認中小事業主団体の所轄都道府県労働局長に委任する。ただし、厚生労働大臣が自らその権限を行うことを妨げない。
一　承認中小事業主団体の主たる事務所の所在する都道府県の区域を募集地域とする募集
二　承認中小事業主団体の主たる事務所の所在する都道府県の区域以外の地域（当該地域における労働力の需給の状況等を勘案して厚生労働大臣が指定する地域を除く。）を募集地域とする募集（当該業種における労働力の需給の状況等を勘案して厚生労働大臣の指定する業種に属する事業に係るものを除く。）であって、その地域において募集しようとする労働者の数が百人（一の都道府県の区域内において募集しようとする労働者の数が三十人以上であるときは、三十人）未満のもの

（労働者の募集に関する事項）

第一五条　法第十六条第四項の厚生労働省令で定める労働者の募集に関する事項は、次のとおりとする。
一　募集に係る事業所の名称及び所在地

二　募集時期

三　募集地域

四　女性の職業生活における活躍の推進に関する取組の実施に係る業務であって募集に係る労働者が処理するものの内容

五　募集職種及び人員

六　賃金、労働時間、雇用期間その他の募集に係る労働条件

（法第十六条第四項の届出の手続）

第一六条　法第十六条第四項の規定による届出は、同項の承認中小事業主団体の主たる事務所の所在する都道府県の区域を募集地域とする募集、当該区域以外の地域を募集地域とする募集（以下この項において「自県外募集」という。）であって第十四条第二号に該当するもの及び自県外募集であって同号に該当しないものの別に行わなければならない。

2　法第十六条第四項の規定による届出をしようとする承認中小事業主団体は、その主たる事務所の所在地を管轄する公共職業安定所（その公共職業安定所が二以上ある場合には、厚生労働省組織規則（平成十三年厚生労働省令第一号）第七百九十三条の規定により当該事務を取り扱う公共職業安定所）の長を経て、第十四条の募集にあっては同条の都道府県労働局長に、その他の募集にあっては厚生労働大臣に届け出なければならない。

3　前二項に定めるもののほか、届出の様式その他の手続は、厚生労働省職業安定局長の定めるところによる。

（労働者募集報告）

第一七条　法第十六条第四項の募集に従事する承認中小事業主団体は、厚生労働省職業安定局長の定める様式に従い、毎年度、労働者募集報告を作成し、これを当該年度の翌年度の四月末日まで（当該年度の終了前に労働者の募集を終了する場合にあっては、当該終了の日の属する月の翌月末日まで）に前条第二項の届出に係る公共職業安定所の長に提出しなければならない。

（準用）

第一八条　職業安定法施行規則第三十一条の規定は、法第十六条第四項の規定により承認中小事業主団体に委託して労働者の募集を行う中小事業主について準用する。

（法第二十条第一項の情報の公表）

第一九条　法第二十条第一項の規定による情報の公表は、次の各号に掲げる情報の区分ごとに第一号イからチまで及び第二号に定める事項のうち一般事業主が適切と認めるものをそれぞれ一以上公表するとともに、第一号リに定める事項を公表しなければならない。

一　その雇用し、又は雇用しようとする女性労働者に対する職業生活に関する機会の提供に関する実績

イ　採用した労働者に占める女性労働者の割合

ロ　男女別の採用における競争倍率

ハ　その雇用する労働者及びその指揮命令の下に労働させる派遣労働者に占める女性労働者の割合

ニ　係長級にある者に占める女性労働者の割合

ホ　管理職に占める女性労働者の割合

ヘ　役員に占める女性の割合

ト　その雇用する労働者の男女別の職種の転換又はその雇用する労働者の男女別の雇用形態の転換及びその指揮命令の下に労働させる派遣労働者の男女別の雇入れの実績

チ　男女別の再雇用（通常の労働者として雇い入れる場合に限る。）又は中途採用（おおむね三十歳以上の者を通常の労働者として雇い入れる場合に限る。）の実績

リ　その雇用する労働者の男女の賃金の差異

二　その雇用する労働者の職業生活と家庭生活との両立に資する雇用環境の整備に関する実績

イ　その雇用する労働者（期間の定めのない労働契約を締結している労働者に限る。）の男女の平均継続勤務年数の差異
ロ　男女別の継続雇用割合
ハ　男女別の育児休業取得率
ニ　その雇用する労働者（労働基準法第三十八条の二第一項の規定により労働する労働者、同法第三十八条の三第一項の規定により労働する労働者、同法第三十八条の四第一項の規定により労働する労働者、同法第四十一条各号に該当する労働者及び同法第四十一条の二第一項の規定により労働する労働者並びに短時間労働者及び有期雇用労働者の雇用管理の改善等に関する法律（平成五年法律第七十六号）第二条第一項に規定する短時間労働者を除く。ホにおいて同じ。）一人当たりの時間外労働及び休日労働の一月当たりの合計時間数
ホ　雇用管理区分ごとのその雇用する労働者及びその指揮命令の下に労働させる派遣労働者一人当たりの時間外労働及び休日労働の一月当たりの合計時間数
ヘ　有給休暇取得率
ト　雇用管理区分ごとの有給休暇取得率

2　一般事業主が前項の規定により公表する場合においては、前項第一号イからハまで及びト並びに同項第二号ハ、ホ及びトに掲げる事項は、雇用管理区分ごとの実績を、同項第一号リに掲げる事項は、その雇用する全ての労働者に係る実績及び雇用管理区分ごとの実績を、それぞれ公表しなければならない。この場合において、同一の雇用管理区分に属する労働者の数がその雇用する労働者の数のおおむね十分の一に満たない雇用管理区分がある場合は、職務の内容等に照らし、類似の雇用管理区分と合わせて一の区分として公表することができるものとする。

3　一般事業主は、第一項各号に定める事項のほか、次に掲げる事項を公表することができる。
一　その雇用し、又は雇用しようとする女性労働者に対する職業生活に関する機会の提供に資する社内制度の概要
二　その雇用する労働者の職業生活と家庭生活との両立に資する社内制度の概要

4　一般事業主は、第一項又は第三項の規定により公表するに当たっては、おおむね一年に一回以上、公表した日を明らかにして、インターネットの利用その他の方法により、女性の求職者等が容易に閲覧できるよう公表しなければならない。

（法第二十条第二項の情報公表）

第二〇条　法第二十条第二項の規定による情報の公表は、前条第一項各号に定める事項のうち一般事業主が適切と認めるものを公表しなければならない。

2　前条第二項から第四項までの規定は、法第二十条第二項の規定による情報の公表について準用する。

（法第二十条第三項の情報公表）

第二〇条の二　第十九条第二項から第四項まで及び前条第一項の規定は、法第二十条第三項の規定による情報の公表について準用する。この場合において、第十九条第二項及び第四項並びに前条第一項中「公表しなければ」とあるのは、「公表するよう努めなければ」と読み替えるものとする。

（権限の委任）

第二一条　法第三十二条の規定により、法第八条第一項及び第七項、第九条、第十一条、第十二条、第十五条並びに第三十条に規定する厚生労働大臣の権限は、所轄都道府県労働局長に委任する。ただし、法第十一条、第十五条及び第三十条に規定する権限にあっては、厚生労働大臣が自らその権限を行うことを妨げない。

（施行期日）

1　この法律は、平成二十八年四月一日から施行する。

事業主行動計画策定指針

（平成二七年一一月二〇日 内閣官房、内閣府、総務省、厚生労働省告示第一号）

沿革 令和元年一二月二七日内閣官房他告示第一号
〃 元年一二月二七日〃 第二号
〃 四年 七月 八日〃 第一号
〃 四年一二月二一日〃 第二号

第一部 はじめに

第一 事業主行動計画策定指針の位置付け

女性の職業生活における活躍の推進は、その活躍の場の主たる提供主体である事業主の役割が重要であるが、これまでは各事業主における自主的な取組に委ねられていたところである。

女性の職業生活における活躍の推進に関する法律（平成二十七年法律第六十四号。以下「法」という。）によって、各事業主に事業主行動計画（法第七条第一項に定めるものをいう。以下同じ。）の策定・公表等の義務又は努力義務が課され、各事業主が事業主行動計画で定める定量的目標や取組の内容、その実効性等が、女性の職業生活における活躍に大きく影響を与えることとなった。

女性の職業生活における活躍の状況は事業主によって様々であり、かつ、事業主行動計画の内容はそれぞれの事業主が抱える課題に応じて当該事業主が判断するものであるが、まだその活躍が十分に進んでいない事業主も含め、全ての事業主が実効性のある事業主行動計画を円滑に策定し、かつ、着実に実施できるよう促していくことが重要である。このため、国において事業主行動計画の策定に関する基本的な事項等を示すことにより、事業主行動計画の策定及び実施等に向けた事業主の積極的な取組を進め、ひいては社会全体における女性の職業生活における活躍を迅速かつ効果的に進める必要がある。

これらを踏まえ、法第七条第一項の規定に基づき、事業主行動計画策定指針（以下「策定指針」という。）を定めるものである。

第二 基本方針との関係

法第七条第一項に基づき、策定指針は、法第五条第一項に定める女性の職業生活における活躍の推進に関する基本方針に即して定めることとされており、政府は、同項に基づき、「女性の職業生活における活躍の推進に関する基本方針」（以下「基本方針」という。）を閣議決定している。

第三 事業主の区分ごとの適用

法は、事業主を法第八条第一項に定める一般事業主（国及び地方公共団体以外の事業主。以下単に「一般事業主」という。）と法第十九条第一項に定める特定事業主（国及び地方公共団体の機関等）に区分しており、事業主行動計画の策定等についても両者を別に規定している（一般事業主にあっては法第三章第二節に、特定事業主にあっては同章第三節に規定）。また、適用される労働法制も両者で異なっている。

こうしたことに鑑み、以下、策定指針においては、一般事業主に適用される事項と特定事業主に適用される事項とを区分して記載することとした。

第二部 一般事業主行動計画

第一 女性の活躍の意義、現状及び課題

一 女性の活躍の意義

「女性の活躍」とは、一人一人の女性が、その個性と能力を十分に発揮できることである。

女性の管理職比率の上昇は、女性の活躍の一側面を測るものであるが、女性の活躍は、それだけでなく、あらゆる職階や非正規雇用を含めたあらゆる雇用形態等で働く一人一人の女性が、その個性と能力を十分に発揮できることを目指して推進する必要がある。

二 女性の活躍の現状

我が国の雇用者に占める女性の割合は四割を超えている。一方、その半数以上は非正社員であり、また、管理職以上に登用されている女性の割合は一割程度であり、先進諸国やアジア諸国と比較しても、特に低い水準となっている。

三 女性の活躍に向けた課題

雇用の分野における男女の均等な機会及び待遇の確保等に関する法律（昭和四十七年法律第百十三号。以下「男女雇用機会均等法」という。）の制定から三十年以上が経つが、依然として、我が国には、以下のとおり、採用から登用に至るあらゆる雇用管理の段階において、男女間の事実上の格差が残っている。

我が国の女性の活躍が十分でない現状は、以下に見るように、まず、こうした男女間の事実上の格差から生じており、その背景には、固定的な性別役割分担意識と、それと結びついた長時間労働等の働き方がある。

(一) 採用

新規学卒者について三割以上の企業が男性のみを採用するなど、多くの企業が、男性に偏った採用を行っている。特に、総合職等の基幹的職種において採用における競争倍率をみると、男性に比して女性の方が狭き門となっている現状がある。

今後、我が国は生産年齢人口が急速に減少していく。企業は、男性のみを戦力とする姿勢では、人材確保が困難となることは必至であり、早期に、性別にかかわらず、意欲と能力本位の採用に改めていくことが求められる。

(二) 配置・育成・教育訓練

企業内の配置において性別の偏りが見られ、育成・教育訓練の中心をＯＪＴが占める職場が多い中、配置における性別の偏りが、育成・教育訓練の格差につながっている。また、Ｏｆｆ－ＪＴにおいても、将来的な育成に向けた教育訓練の状況について、男女間で格差が見られる。

グローバル化の進展の中、組織内の多様性を高め、様々な人材の能力を活かすことは、イノベーションを促進し、市場環境等の変化に対する組織の対応力を高めることから、早期に、性別にかかわらない配置・育成・教育訓練に切り替えていくことが求められる。

(三) 継続就業

依然として、約五割の女性が第一子出産を機に退職する現状にある。仕事と子育ての両立が困難であることを理由とする退職の要因としては、長時間労働等の労働時間の問題と、職場の雰囲気の問題が大きい。また、仕事のやりがいが感じられているかということも継続就業に大きく影響する。

女性が出産・子育てを通じて働き続けられる職場としていくことは、組織の人材力を高めることに貢献することから、早期に、継続就業の障壁となっている事

情を改善することが求められる。

(四) 長時間労働の是正等の働き方改革

我が国は、男性の約二割、女性の約一割が、週四十九時間以上（残業時間が一日平均二時間以上相当）の長時間労働となっている。また、女性が昇進を望まない理由として、仕事と家庭の両立が困難になるという点が挙げられる等、長時間労働は、その職場における女性の活躍の大きな障壁となるだけでなく、その職場の男性が育児等の家庭責任を果たすことを困難にし、当該男性の配偶者である女性の活躍の障壁となるとともに、我が国の少子化の要因ともなっている。このように、長時間労働は、その職場だけでなく、社会全体へ負の影響を及ぼすものである。

男女を通じて長時間労働を是正し、限られた時間の中で集中的かつ効率的に業務を行う方向へ職場環境を見直していくことは、時間当たりの労働生産性を高め、組織の競争力を高めることに貢献するものであり、早期に、男女を通じた長時間労働の是正等の働き方改革を実行することが求められる。

(五) 評価・登用

管理職の中には、「男女区別なく評価し、昇進させる」という基本的な事項を必ずしも実践できていない者も存在する。また、仕事と家庭の両立が困難であることと、ロールモデルが不在であることを主な背景として女性自身が昇進を望まない場合がある。

性別にかかわりない公正な評価・登用は、組織内の多様性を高め、組織対応力の強化等につながるとともに、後進の女性のロールモデルとして、女性全体の意欲の喚起にもつながることから、早期に、男女区別なく評価し、昇進させることが徹底されるよう、評価・登用の透明性を高めることが求められる。

(六) 性別役割分担意識等の職場風土

我が国は、依然として、家事・育児の大半は女性が担っている現状にある。一方、育児等の家庭責任を果たすために、男性が仕事に制約を抱えることが当然とは受け止められにくい職場風土がある。こうした職場における性別役割分担意識や、仕事と家庭の両立に対する不寛容な職場風土は、両立支援制度を利用する上での障壁や、様々なハラスメントの背景にもなりやすい。

これからの急速な高齢化の時代においては、男女ともに、親の介護等によって仕事に制約を抱えざるを得ない人材が増加する。多様な背景を有する人材を活かす組織風土としていくことは急務であり、男女ともに、育児等の家庭責任を果たしながら、職場においても貢献していくという方向へ、社会・職場双方において意識改革を進めていくことが求められる。

(七) 再チャレンジが可能な職場

女性の約五割が第一子出産を機に退職する一方、育児が一段落して再就職を希望する女性は多い。しかし、その再就職の多くはパートタイム労働などの非正社員であり、働く時間・日を選べるという利点がある一方、必ずしもその意欲や能力を十分に活かせる雇用形態であるとは限らない。また、これまで、(一)のように、性別にかかわりない公正な採用が必ずしも徹底されてこなかったことから、採用時の雇用管理区分にとらわれず、女性の意欲と能力を発揮できるようにする必要性は大きい。

今後、生産年齢人口が減少する中、意欲や能力のある女性の力を活かすことは、人材確保の上で有効であ

策であり、妊娠・出産等を機に退職した女性の再雇用・中途採用や、意欲と能力を有する女性の職種又は雇用形態の転換を早期に進めていくことが求められる。

第二　女性の活躍推進及び行動計画策定に向けた手順

法においては、国及び地方公共団体と、常時雇用する労働者の数が百人を超える事業主については、自らの事業における女性の活躍に関する状況把握・課題分析（二）、行動計画の策定、周知・公表（三及び四）、自らの事業における女性の活躍に関する情報の公表（六）が義務付けられている。また、常時雇用する労働者の数が百人以下の事業主については、これらの努力義務が課されている。

これらの義務又は努力義務の履行に際しては、次の一から六までに規定する事項を踏まえて行うことが重要である。

一　女性の活躍推進に向けた体制整備

(一)　女性の活躍推進に向けた組織トップの関与・実務体制の整備等

女性の活躍推進に向けた取組を効果的に行うためには、組織全体の理解の下に進めることが重要である。このため、組織のトップ自らが、経営戦略としても女性の活躍が重要であるという問題意識を人事労務担当部署と共有し、組織全体で女性の活躍を推進していくという考え方を明確にし、組織全体に強いメッセージを発信するなどにより主導的に取り組んでいくことが重要である。

また、組織のトップの関与の下に、男女雇用機会均等法第十三条の二の男女雇用機会均等推進者等の専任の担当者を配置するなど、継続的な実務体制を設けることが効果的である。

さらに、業界固有の課題等については、業界団体等を通じ、事業主間で連携することを通じて、より効果的な課題解決策を模索していくことも有効であると考えられる。

(二)　一般事業主行動計画の策定体制の整備

一般事業主行動計画（三（五）ロを除き、以下第二部において「行動計画」という。）の策定に当たっては、非正社員を含め、幅広い男女労働者の理解と協力を得ながら取り組んでいくことが重要である。このため、例えば人事労務担当者や現場管理職に加え、男女労働者や労働組合等の参画を得た行動計画策定のための体制（委員会等）を設けることが効果的である。

また、法に基づく状況把握項目として把握した数字以外の定性的な事項も含めた職場の実情の的確な把握を行うことも重要である。このため、行動計画の策定の過程において、必要に応じて、労働者や労働組合等に対するアンケート調査や意見交換等を実施するなど、職場の実情の的確な把握に努めることが重要である。

二　状況把握・課題分析

(一)　状況把握・課題分析の意義

行動計画は、自らの事業における女性の活躍の状況把握・課題分析を行い、その結果を勘案して定めなければならない（法第八条第三項及び第八項）。

女性の活躍に向けては、第一の三で見たように、採用から登用に至る各雇用管理の段階において様々な課題があるが、いずれの課題が特に大きな課題であるかは、事業主ごとに多種多様である。状況把握・課題分析の意義は、自らの組織が解決すべき女性の活躍に向けた課題を明らかにし、行動計画の策定の基礎とすることにある。

その際は、女性の活躍推進は、非正規雇用を含めたあらゆる雇用形態において、全ての女性が、その個性と能力を十分に発揮できることを目指して進める必要があることに留意し、雇用管理区分ごとの状況把握・課題分析が求められている項目に限らず、雇用管理区分ごとに実態が異なる可能性がある項目については、各事業主の実態に応じ、適切に雇用管理区分ごとの状況把握・課題分析を行うことが望ましい。

(二) 状況把握・課題分析の方法

我が国の事業主においては、とりわけ、女性の採用者が少ないこと、第一子出産前後の女性の継続就業が困難であること、男女を通じた長時間労働の状況があり仕事と家庭の両立を妨げていること、女性の活躍度合いを測る重要な指標の一つである管理職に占める女性比率が低いこと等の課題を抱える場合が多い。このため、全ての事業主において、これらの課題の有無の指標となる別紙一の第一欄の項目について、状況把握を行い、課題分析を行うことが求められる。

別紙一の第一欄の項目の状況把握・課題分析の結果、事業主にとって課題であると判断された事項については、更にその原因の分析を深めることが望ましい。課題分析は、各事業主の実情に応じて行うものであるが、その際は、別紙一の第二欄の項目を活用し、別紙二の方法も参考に、課題分析を行うことが効果的である。

この点、男女の賃金の差異の状況は、行動計画の策定等による取組の結果、特に女性の継続就業や登用の進捗を測る観点から有効な指標となり得ることから、当該状況の把握が義務付けられている常時雇用する労働者の数が三百人を超える事業主のみならず、常時雇用する労働者の数が三百人以下の事業主についても、各企業の実情を踏まえつつ、この指標の積極的な把握に努めることが重要である。

また、各事業主の実情に応じて、より深く課題分析を行うために他に適切な状況把握の項目や課題分析の方法がある場合は、当該項目の状況把握や当該方法による分析を行うことも効果的である。

三 行動計画の策定

(一) 行動計画の策定対象となる課題の選定

行動計画においては、①計画期間、②数値目標、③取組内容及び実施時期を定めるものとされている（法第八条第二項）。

また、行動計画の策定等に際しては、状況把握・課題分析を行い、その結果を勘案して定めなければならないものとされている（法第八条第三項及び第八項）。

(二) 計画期間の決定

法は令和七年度までの時限立法である。このため、行動計画の計画期間の決定に際しては、計画期間内に数値目標の達成を目指すことを念頭に、平成二十八年度から令和七年度までの十年間を、各事業主の実情に応じておおむね二年間から五年間に区切るとともに、定期的に行動計画の進捗を検証しながら、その改定を行うことが望ましい。

(三) 数値目標の設定

数値目標の設定の対象については、状況把握・課題分析の結果、各事業主にとって課題であると判断されたものに対応すべきであり、必ずしも、管理職に占める女性比率の上昇等に向けた数値目標である必要はない。

他方で、職業生活における女性の継続的な活躍を推進していくためには、①その雇用し、又は雇用しようとする女性労働者に対する職業生活に関する機会の提供と②その雇用する労働者の職業生活と家庭生活との両立に資する雇用環境の整備に関する取組をバランスよく進めていくことが重要である。このため、常時雇用する労働者の数が三百人を超える事業主については、原則として、別紙一の(1)及び(2)の区分の項目を各区分ごとに一つ以上選択し、関連する数値目標を設定するものとする。ただし、状況把握・課題分析の結果、(1)又は(2)の区分に関する取組のいずれか一方が既に進んでおり、他の区分に関する取組を集中的に実施することが適当と認められる場合には、当該他の区分の項目を二つ以上選択し、関連する数値目標を設定することをもってこれに代えることができる。

　また、常時雇用する労働者の数が三百人以下の事業主においては、まずは、各事業主にとって最も大きな課題と考えられるものから優先的に数値目標の設定を行うことが考えられるが、できる限り積極的に複数の課題に対応する数値目標の設定を行うことが効果的である。

　数値目標については、実数、割合、倍数等数値を用いるものであればいずれでもよい。

　数値目標の水準については、計画期間内に達成を目指すものとして、各事業主の実情に見合った水準とすることが重要である。

(四) 取組内容の選定・実施時期の決定

　行動計画に盛り込む取組内容を決定するに際しては、まず、状況把握・課題分析の結果、数値目標の設定を行ったものについて、優先的にその数値目標の達成に向けてどのような取組を行うべきか検討を行うことが基本である。

　検討の際は、組織全体にわたって、性別にかかわりない公正な採用・配置・育成・評価・登用が行われるように徹底していくことが必要である。

　その上で、我が国全体でみると、依然として、第一子出産前後の継続就業が困難なことが大きな課題となっているが、女性の活躍推進に早期から取り組んできた事業主の経験からは、両立支援制度の整備のみを進めても、両立支援制度を利用しながら女性が活躍していくことに協力的な職場風土が形成されていない場合や、長時間労働等働き方に課題がある職場の場合は、十分な効果が現れていないことが指摘されていることに留意する必要がある。したがって、職場風土や長時間労働等の働き方に関する課題を有する事業主においては、併せてその是正に取り組むことが効果的である。

　さらに、取組内容については、別紙二の方法を参考に、内容及び実施時期を併せて決定することが必要である。なお、実施時期については、計画期間終了時までを実施時期とするものについては、その旨を個別に記載する必要はない。

(五) その他

イ 派遣労働者の取扱い

　女性の活躍推進は、非正規雇用を含めたあらゆる雇用形態等において、一人一人の女性が、その個性と能力を十分に発揮できることを目指して進める必要がある。

　派遣労働者については、女性の活躍推進の取組は、採用・配置・育成・継続就業等、一人一人の職業生活を通じた取組が求められることから、派遣元事業主が責任を持って、状況把握・課題分析を行い、行動計画の策定等に取り組む必要がある。

　他方、職場風土改革に関する取組や長時間労働の是正は、職場単位で行うことも重要であることから、派遣先事業主は、派遣労働者も含めて全ての労働者に対して取組を進めていくことが求められる。

また、これら職場風土に関する課題や長時間労働という課題については、派遣元事業主は、派遣労働者の派遣先ごとに状況把握・課題分析を行い、必要な場合には、派遣先の人事労務担当者と話合いを行うなど、取組を推進するよう働きかけるとともに、必要なフォローアップを行うことが重要である。

ロ　次世代育成支援対策推進法に基づく行動計画との一体的策定・届出

法に基づく行動計画は、計画期間、計画目標、取組内容及び実施時期を定める必要があり、状況把握・課題分析を行った上で、その結果を勘案して定める必要がある（法第八条第二項、第三項及び第八項）。

一方、次世代育成支援対策推進法（平成十五年法律第百二十号）に基づく行動計画は、計画期間、目標（数値目標に限らない）、対策内容及び実施時期を定める必要がある。

これら二つの法律に定める要件を満たしていれば、それぞれの法律に基づく行動計画を一体的に策定することは可能である。なお、その場合は、共通の様式を活用することにより、届出も一体的に行うことができる。

ハ　男女雇用機会均等法との関係

行動計画については、男女雇用機会均等法に違反しない内容とすることが必要である。

男女雇用機会均等法においては、募集・採用・配置・昇進等において女性労働者を優先的に取り扱う措置のうち、同法に違反しないものは、女性労働者が男性労働者と比較して相当程度少ない雇用管理区分における措置であるなど、一定の場合に限られるとしている（「労働者に対する性別を理由とする差別の禁止等に関する規定に定める事項に関し、事業主が適切に対処するための指針」（平成十八年厚生労働省告示第六百十四号）第2の14⑴）。

女性の活躍推進に向けた取組として、女性労働者を優先的に取り扱う措置を講じる場合は、この点に留意が必要である。

なお、社内に女性管理職等のロールモデルがまだ育成されていない企業においては、外部から女性管理職等を登用することも考えられるが、男性労働者と同様に、自社で働く女性労働者を育成・登用することも重要であることに留意が必要である。

四　労働者に対する行動計画の周知・公表

(一)　労働者に対する周知

策定又は変更した行動計画については、労働者に周知することが求められている（法第八条第四項及び第八項）。

行動計画に定めた数値目標の達成に向けて組織全体で取り組むため、まずは、非正社員を含めた全ての労働者がその内容を知り得るように、書面の交付や電子メールによる送付等適切な方法で周知することが求められる。さらに、組織トップの主導の下、管理職や人事労務担当者に対する周知を徹底することが期待される。

(二)　公表

策定又は変更した行動計画については、公表することが求められている（法第八条第五項及び第八項）。

求職者、投資家、消費者等が各事業主の女性の活躍推進に向けた姿勢や取組等を知ることができるようにするとともに、事業主間で効果的な取組等を情報共有し、社会全体の女性の活躍が推進されるよう、国が運営する「女性の活躍推進企業データベース」や自社のホームページへの掲載等適切な方法で公表することが求められる。

五　行動計画の推進

行動計画の推進に当たっては、一の(二)の委員会等の行動計画の策定のための体制（例えば、人事労務担当者や現場管理職に加え、男女労働者や労働組合等の参画を得たもの）を活用することが効果的である。また、定期的に、数値目標の達成状況や、行動計画に基づく取組の実施状況の点検・評価を実施し、その結果をその後の取組や計画に反映させる、計画（Ｐｌａｎ）、実行（Ｄｏ）、評価（Ｃｈｅｃｋ）、改善（Ａｃｔｉｏｎ）のサイクル（以下「ＰＤＣＡサイクル」という。）を確立することが重要である。

その際には、行動計画の策定に際して状況把握を行った女性の活躍に関する状況の数値の改善状況についても、併せて点検・評価を行うことが効果的である。また、取組の結果を測るための指標である男女の賃金の差異の状況については、当該状況の把握が義務付けられている常時雇用する労働者の数が三百人を超える事業主のみならず、常時雇用する労働者の数が三百人以下の事業主についても、各企業の実情を踏まえつつ、積極的な把握に努めることが重要である。

また、行動計画の改定に向けた検討は、職場の実情を踏まえた実施状況の的確な点検を基に行うことも重要であり、必要に応じて、労働者や労働組合等に対するアンケート調査や意見交換等を実施するなど、職場の実情の的確な把握に努めることが重要である。

六　情報の公表

(一)　情報の公表の意義

事業主は、自らの事業における女性の活躍に関する情報の公表が求められている（法第二十条）。情報の公表の意義は、就職活動中の学生等の求職者の企業選択を通じ、女性が活躍しやすい企業であるほど優秀な人材が集まり、競争力を高めることができる社会環境を整備することにより、市場を通じた社会全体の女性の活躍の推進を図ることにある。

(二)　情報の公表の項目及び方法

情報の公表については、常時雇用する労働者の数が三百人を超える事業主については別紙三の(1)及び(2)の区分の項目（(1)⑨及び⑩並びに(2)⑧を除く。）の中からそれぞれ一つ以上かつ別紙三の(1)⑨の項目を、常時雇用する労働者の数が三百人以下の事業主については別紙三の項目（(1)⑩及び(2)⑧を除く。）の中から一つ以上を選択して、国が運営する「女性の活躍推進企業データベース」や自社のホームページへの掲載等、求職者が容易に閲覧できる方法によって行う必要がある（常時雇用する労働者の数が百人以下の事業主の場合は努力義務）。その際には、行動計画策定の際に状況把握・課題分析した項目から選択することが基本であると考えられる。その他、事業主は、別紙三の(1)⑩及び(2)⑧の項目を公表することができる。

別紙三の(1)⑨の項目については、常時雇用する労働者の数が三百人を超える事業主に対して一律に公表が義務付けられているものであり、より求職者の企業選択に資するよう、比較可能な実績を公表することが重要である。このため、当該項目については、その雇用する全ての労働者に係る実績及び雇用管理区分ごとの実績を、厚生労働省雇用環境・均等局長が定める方法によってそれぞれ算出し、公表するものとする。

公表に際しては、より求職者の企業選択に資するよう、情報の公表項目と併せて、行動計画を一体的に閲覧できるようにすることが望ましい。

なお、別紙三の項目については、必ずしも全ての項目を公表しなければならないものではないが、公表範囲そのものが事業主の女性活躍推進に対する姿勢を表すものとして、求職者の企業選択の要素となることに留意が必要である。

(三)　情報の公表の頻度

情報の公表の内容については、おおむね年一回以上、その時点で得られる最新の数値（特段の事情のない限り、古くとも前々事業年度の状況に関する数値）に更新し、情報更新時点を明記することが必要である。

七　認定

一般事業主のうち、女性の職業生活における活躍の推進に関する取組の実施状況が優良な事業主は、厚生労働省令で定める基準を満たすことにより、厚生労働大臣の認定を受けることができる（法第九条）。

また、当該認定を受けた一般事業主のうち、当該取組の実施状況が特に優良な事業主は、厚生労働省令で定める基準を満たすことにより、厚生労働大臣の特例認定を受けることができ、特例認定を受けた一般事業主は、行動計画の策定等の義務が免除される（法第十二条及び第十三条第一項）。

認定又は特例認定を受けた事業主であることを幅広く積極的に周知・広報することにより、優秀な人材の確保や企業イメージの向上等のメリットにつながることから、認定又は特例認定の取得に向けて積極的な取組が期待される。

第三　女性の活躍推進に関する効果的な取組

女性の活躍推進に関する効果的な取組例は、別紙二のとおりであり、これを参考に、各事業主の実情に応じて、必要な取組を検討することが求められる。

第三部　特定事業主行動計画

第一　女性の活躍の意義及び現状

一　女性の活躍の意義

「女性の活躍」とは、一人一人の女性が、個性と能力を十分に発揮できることである。特に公務部門での女性の活躍は、我が国の政策方針決定過程への女性の参画拡大という重要な意義を有するものである。

女性職員の登用の拡大は、女性の活躍の一側面を測るものであるが、女性の活躍は、それにとどまるものではなく、臨時・非常勤職員を含めた全ての女性職員が、どの役職段階においても、その個性と能力を十分に発揮できることを目指して推進する必要がある。また、多様な人材を活かすダイバーシティ・マネジメントは、公務部門に対するニーズのきめ細かい把握や新しい発想を生み出すことなどを通じて、政策の質と公務部門におけるサービスを向上させる。

このため、女性活躍の観点から、女性の採用・登用の拡大や仕事と生活の調和（以下「ワーク・ライフ・バランス」という。）の推進に積極的に取り組む必要がある。

特定事業主の女性の活躍状況は一般事業主も注目しており、一般事業主に対し率先垂範する観点からも、こうした取組を着実に進めることは大きな意義があると考えられる。

二　女性の活躍の現状

公務部門における女性の活躍は、女性職員の採用・登用の拡大など着実に進んでおり、この動きを更に加速していくことが必要である。また、特定事業主によって、女性職員の採用・登用の状況、男女が共に育児・介護等と両立して活躍しやすい環境であるか等の状況は様々である。

第二　女性の活躍に向けた課題及び具体的な取組

女性の活躍に向けた動きを更に加速していくためには、各特定事業主の実情を踏まえ、かつ、公務員法制上の平等取扱の原則及び成績主義の原則や各機関の特性に留意しつつ、採用から登用に至るあらゆる段階において、以下の視点から実効的な取組を進めていくことが必要である。特に、長時間勤務の是正などの働き方改革、性別にかかわりない職務の機会付与と適切な評価に基づく登用及び男性の家庭生活（家事及び育児等）への参加促進に取り組む必要がある。

一　採用

採用者に占める女性職員の割合は、近年、国家公務員（採用試験全体及び総合職試験）及び都道府県の地方公務員（大学卒業程度）で三割を超える水準に、市町村の地方公務員では約五割の水準に拡大してきている。女性の活躍に向けては、その入口となる女性職員の採用の拡大が重要であることから、採用試験の女性受験者・合格者の拡大に向け、積極的な広報活動を実施するとともに、多様な人材確保等の観点から、中途採用の拡大や、育児等を理由に国家公務員・地方公務員を中途退職した女性が再度公務において活躍できる取組を進めることも重要である。

二　職域拡大・計画的育成とキャリア形成支援

女性職員の意欲を維持しながら計画的な育成やキャリア形成支援を図るに当たり、出産・子育て期に入る以前の時期に、女性職員がやりがいを感じられる職務経験を重ねることが重要である。育児休業等の取得期間は、本人の希望が最大限尊重されるべきことは当然であるが、この職務経験により、育児休業を経ても、仕事への高い意欲を保ったまま職場への早期復帰を望む可能性が高まると考えられる。また、家庭生活との両立が困難な職場は、育児休業の取得期間を必要以上に長期化させ、職員のキャリア形成機会や意欲を阻害し得る観点からも改善が求められる。

三　継続勤務

我が国の女性の年齢階級別労働力率は、M字カーブを描いているものの、以前よりM字の底は浅くなり、その年齢は上昇している。したがって、全体の離職率が低い場合でも、近年の晩婚化・晩産化の傾向に留意しつつ、年代別の離職の状況を踏まえて、両立を阻む職場の課題を改善する必要がある。

なお、男女を通じたテレワーク・フレックスタイム制を活用した柔軟な働き方の推進は、能率的な公務運営にも資するものであることを踏まえることが重要である。

四　登用

女性職員の登用は、女性の活躍の進捗状況を示す最も端的な指標であり、公務部門においては、性別にかかわりない公正な人事評価に基づく成績主義の原則に基づいた率先した取組が望まれる。

また、管理的地位にある職員への女性の登用拡大に加え、女性の人材プールを確実に形成していくことが重要である。なお、女性職員に昇進を希望しない傾向がみられた場合には、長時間勤務などの昇進意欲を阻害している職場の要因を考察・改善することも重要である。

五　長時間勤務の是正等の男女双方の働き方改革

女性職員が活躍できる職場を作るためには、男女双方の職員の働き方改革によるワーク・ライフ・バランスの実現が不可欠である。中でも長時間勤務は、その職場における女性職員の活躍の大きな障壁となるだけでなく、男性職員の家事・育児・介護等の分担を困難にし、当該男性職員の配偶者である女性の活躍の障壁となるものである。

男女を通じて長時間勤務を是正し、限られた時間の中で集中的・効率的に業務を行う方向へ職場環境を見直していくことは、生産性を高め、組織の競争力を高めることにも貢献するものでもあることから、これまでの価値観・意識を大きく改革するとともに、職場における仕事の抜本的な改革、働く時間と場所の柔軟化を進めることが重要である。

このため、多様な人材を活かす業務運営及び生産性重視並びに効率的な業務運営等の取組に係る人事評価への適切な反映等についての組織のトップによる明確なメッセージの継続的な発信や、テレワーク・フレックスタイム制の推進や制度の円滑な運用に向けた取組を進める必要がある。

六　家事、育児や介護をしながら活躍できる職場環境の整備

仕事と家庭の両立支援制度の利用が女性職員に偏り、男性職員の利用が低い現状の背景には、家事・育児・介護等の家庭責任のために、男性が仕事に制約を抱えることが当然とは受け止められにくい職場の風土や性別役割分担意識があると考えられる。このような職場風土は、様々なハラスメントの背景にもなりやすい。

これからの急速な少子高齢化の時代においては、男女共に、親の介護等に携わる職員が増加する。制度の周知や管理的地位にある職員等への意識啓発、利用者の状況に応じたきめ細かい対応等により、男性職員が一定のまとまった期間、休暇等を利用して家事・育児・介護等の多様な経験を得ることは、マネジメント力の向上や多様な価値観の醸成等を通じ職務における視野を広げるなど、自身のキャリア形成にとっても有用なものであるだけでなく、働き方改革の推進、育児等の家庭生活に理解のある職場風土の形成に資するものと考えられる。

第三　特定事業主行動計画の策定等に向けた手順

法において、特定事業主については、自らの事務及び事業における女性の活躍に関する状況把握・課題分析(二)、特定事業主行動計画(三(五)ロを除き、以下第三部において「行動計画」という。)の策定・周知・公表(三及び四)、取組の実施状況の公表(五(二)及び女性の職業選択に資することを目的とした女性の活躍に関する情報の公表(六)が義務付けられている。

これらの義務の履行に際しては、以下の一から六までに規定する事項を踏まえて行うことが重要である。

一　女性の活躍推進に向けた体制整備

(一)　女性の活躍推進に向けた組織のトップの関与・推進体制の整備等

女性の活躍推進に向けた取組は、多様な職務機会や必要な研修機会の付与等の計画的育成・キャリア形成支援や、長時間勤務の是正、職場風土改革など、組織全体で継続的に取り組む必要のあるものが多く、これらの取組を効果的に行うためには、組織全体の理解の下に進めることが重要である。このため、まず、組織のトップ自らが、組織経営戦略としても女性活躍が重要であるという問題意識を持って、組織全体で女性の活躍を推進していくという考え方を明確にし、強いメッセージを発信することによりリーダーシップを持っ

て取り組んでいくことが重要である。

また、組織のトップの関与の下に、担当部局を明確に定めるなど、継続的な推進体制を設けることが効果的である。

(二) 行動計画の策定体制の整備等

行動計画の策定・推進に当たっては、常勤職員はもとより臨時・非常勤職員を含め、全ての職員を対象としていることを明確にし、男女双方の幅広い職員の理解と納得の下、協力を得ながら、各課題に応じた目標・取組を進めていくことが極めて重要である。このうち、臨時・非常勤職員については、その状況を適切に把握するとともに、課題の内容に応じ、両立支援制度やハラスメント等の各種相談体制の整備などの取組が期待される。なお、派遣労働者については、特定事業主が派遣先となっている場合、当該特定事業主が長時間勤務の是正等の働き方改革を進めるため、当該派遣労働者の状況把握を行うことも有益である。

また、法に基づく状況把握項目に現れないものも含めた職場の実情の的確な把握を行うことも重要である。このため、行動計画の策定の過程において、必要に応じて、職員に対するアンケート調査や意見交換等を実施するなど、各職場・各世代の男女の声を広くくみ上げつつ、職場の実情の的確な把握に努めることが重要である。

二 状況把握・課題分析

(一) 状況把握・課題分析の意義

行動計画は、自らの事務及び事業における女性の活躍の状況把握・課題分析を行い、その結果を勘案して定めなければならない(法第十九条第三項)。

女性の活躍に向けては、第二で見たように、採用から登用に至る各過程において様々な課題があるが、どの部分が特に大きな課題であるかは、特定事業主ごとに多種多様である。状況把握・課題分析の意義は、自らの組織が解決すべき女性の活躍に向けた課題を明らかにし、行動計画の策定の基礎とすることにある。

その際、女性の活躍推進は、常勤職員だけではなく、臨時・非常勤職員を含めた全ての女性が、その希望に応じて個性と能力を十分に発揮できることを目指して進める必要があることに留意し、職員のまとまりごとの状況把握・課題分析が求められている項目に限らず、職員のまとまりごとに実態が異なる可能性のある項目については、各特定事業主の実情に応じ、必要となる状況把握・課題分析を行っていくことが望ましい。

(二) 状況把握・課題分析の方法

行動計画の策定に当たっては、まず、別紙四の第一欄の項目の状況把握を行い、課題分析を行うことが求められる。その結果、特定事業主にとって課題であると判断された事項については、別紙四の第二欄の項目を活用し、別紙五の観点も参考に、更にその原因の分析を深めるべきである。

状況把握・課題分析に当たっては、以下の方法によることに留意されたいが、各特定事業主の実情に応じて、他に適切な方法がある場合は、当該方法による把握・分析も効果的である。

・離職者の年代別割合は、「五歳ごと」等に把握すること。

・超過勤務の状況は、組織の単位(課室や部局等)ごと等に区分して把握すること。更に実態を把握する観点からは、超過勤務時間が「一月について四十五時間」や「一年について三百六十時間」等を超えた職員数を把握すること。

・超過勤務の縮減に向けた取組の有効性を検証する観点からは、超過勤務の状況を経年的に把握すること。

・各役職段階に占める女性職員の割合については、その伸び率を把握する際には、三事業年度前からの変化等を捉えること。

・男性職員の育児休業の取得期間について一月以下が多い場合には、「五日未満」や「二週間未満」等に単位を細分化して把握すること。

・地方公務員法（昭和二十五年法律第二百六十一号）の改正により令和二年度から運用開始となる会計年度任用職員の育児休業等の両立支援制度については、その制度の整備状況等も併せて把握すること。

・配偶者出産休暇及び育児参加のための休暇の合計取得日数は、国の各府省等の政府目標となっている「五日以上」の取得割合等を把握すること。

・セクシュアルハラスメント等対策の整備状況は、特定事業主の措置義務が、男女雇用機会均等法や人事院規則等に基づき定められている趣旨を十分に踏まえ、被害の防止の観点で行う研修や制度の周知の状況、相談窓口の設置状況及び窓口担当者等が相談を受けた後に適切な対応をとるための「対応マニュアル」等の整備・周知の状況等を把握すること。

・職員の配置の状況は、女性職員が配属されていない職場の有無等を把握し、さらに、当該職場の超過勤務の状況や男性の育児休業等の取得状況を重ねて職場の課題を分析すること。

・将来的な育成に向けた教育訓練の受講状況は、選抜型の研修への参加や在外機関への異動等に性別の偏りがないかを把握すること。

・年次休暇等の取得状況は、「一年の年次休暇等が二十日以上付与された者の平均取得日数」や「取得日数が五日未満の職員割合」等を把握すること。

・職員の給与の男女の差異の状況は、「任期の定めのない常勤職員」及び「任期の定めのない常勤職員以外の職員」のまとまりごとに把握するほか、これらを総計した全職員に係る状況を把握すること。加えて、「任期の定めのない常勤職員」については、役職段階別及び勤続年数別による職員の給与の男女の差異の状況を把握すること。

三　行動計画の策定

（一）行動計画の策定対象となる課題の選定

行動計画においては、①計画期間、②数値目標、③取組内容及び実施時期を定めるものとされている（法第十九条第二項）。

また、行動計画の策定等に際しては、状況把握・課題分析の結果を勘案して定めなければならないものとされている（法第十九条第三項）。

（二）計画期間の決定

法は令和七年度までの時限立法である。このため、行動計画の計画期間の決定に際しては、計画期間内に数値目標の達成を目指すことを念頭に、平成二十八年度から令和七年度までの十年間を、各特定事業主の実情に応じておおむね二年間から五年間程度に区切ることとするとともに、定期的に行動計画の進捗を検証しながら、改定を行っていくことが望ましい。

（三）数値目標の設定

数値目標の設定の対象については、状況把握・課題分析の結果、各特定事業主にとって課題であると判断されたものに対応すべきであるが、職業生活におけ女性の継続的な活躍を推進していくためには、その任用し、又は任用しようとする女性に対する職業生活に関する機会の提供とその任用する職員の職業生活と家庭生活との両立に資する勤務環境の整備に関する取組をバランスよく進めていくことが重要である。このため、状況把握・課題分析の結果を勘案した上で、別紙四の(1)及び(2)の区分に属する状況把握項目に関連する数値目標をそれぞれ一つ以上設定することが求められる。

数値目標については、実数、割合、倍数等数値を用いるものであればいずれでもよい。

数値目標の水準については、計画期間内に達成を目指すものとして、過去の実績、将来の見込みや同種の他団体などとの比較も踏まえ、各特定事業主の実情に見合った水準とすることが重要である。なお、各府省等においては、少なくとも、女性職員の採用・登用と、男性職員の育児休業取得率、配偶者出産休暇及び育児参加のための休暇については、数値目標を設定し、積極的に取り組むものとする。

また、地方公共団体においては、各特定事業主における状況把握・課題分析の結果を勘案しつつ、国の各府省等における取組も参考にしながら数値目標を設定し、主体的かつ積極的に取り組むことが望ましい。

(四) 取組内容の選定・実施時期の決定

行動計画に盛り込む取組内容を決定するに際しては、まず、状況把握・課題分析の結果、数値目標の設定を行ったものから優先的に、その数値目標の達成に向けてどのような取組を行っていくべきかについて検討を行うことが基本である。

第二で述べた特に取り組むべき長時間勤務の是正などの働き方改革、性別にかかわりない職務の機会付与と適切な評価に基づく登用及び男性の家庭生活（家事及び育児等）への参加促進について、各特定事業主において、当該特定事業主の実情に応じて積極的かつ主体的に各課題の解決に向けた多様な取組を取り上げ、これらの取組を総合的に進めていくことが効果的であると考えられる。

こうした認識の下、具体的な取組の内容については、別紙五も参考にしつつ、実施時期も併せて決定することが望ましい。

なお、実施時期については、計画期間終了時までを実施時期とするものについては、その旨、個別に記載する必要はない。

(五) その他

イ 地方公共団体による率先垂範

地方公共団体においては、地域の先頭に立って、当該地域内の一般事業主をリードする行動計画を策定するとともに、積極的に女性職員の活躍を推進していくことが求められる。

ロ 次世代育成支援対策推進法に基づく行動計画等との一体的策定

法に基づく行動計画は、状況把握・課題分析を行った上で、その結果を勘案して、計画期間、数値目標、取組内容及び実施時期を定める必要がある（法第十九条第二項及び第三項）。

一方、次世代育成支援対策推進法に基づく行動計画は、計画期間、目標（数値目標に限らない。）、対策内容及び実施時期を定める必要がある。

これらの両法律に定める要件を満たしていれば、両法律に基づく行動計画を一体的に策定することは可能である。また、各府省等は、採用昇任等基本方針（平成二十六年六月二十四日閣議決定）の５⑷に基づき策定した取組計画と法に基づく行動計画を一体的に策定することも可能である。

なお、一体的に策定した場合、法に基づく行動計画である旨及び法に基づく部分を、分かりやすく明示することが望ましい。

四　行動計画の周知・公表

(一)　職員に対する周知

策定・変更した行動計画については、職員に周知することが求められている（法第十九条第四項）。行動計画に定めた数値目標を達成し、各役職段階や臨時・非常勤職員を含めた全ての女性職員の活躍に向けて組織全体で取り組んでいくため、まずは、全ての職員が知り得るように、電子メールによる送付その他の適切な方法で周知することが求められる。また、組織トップの主導の下、特に管理的地位にある職員に対する周知を徹底することが重要である。さらに、職員が行動計画を常時閲覧できる状態にしておくことが望ましい。

(二)　公表

策定・変更した行動計画については、公表することが求められている（法第十九条第五項）。

国民や一般事業主が各特定事業主の女性の活躍推進に向けた姿勢や取組等を了知することができるよう、また、事業主間で効果的な取組等を情報共有し、社会全体の女性の活躍が推進されるよう、広報誌やホームページへの掲載等適切な方法で公表することが求められる。

五　行動計画の推進等

(一)　行動計画の推進体制

行動計画の推進に当たっては、毎年少なくとも一回、数値目標の達成状況や、行動計画に基づく取組の実施状況の点検・評価を実施し、その結果をその後の取組や計画に反映させる、ＰＤＣＡサイクルを確立することが重要である。

その際には、行動計画の策定に際して状況把握を行った女性の活躍に関する状況の数値の改善状況についても、併せて点検・評価を行うことが効果的である。

また、行動計画の改定に向けた検討の際には、職場の実情を踏まえた実施状況の的確な点検を基に行うことも重要であり、必要に応じて、職員に対するアンケート調査や、職員との意見交換等を実施するなど、職場の実情の的確な把握に努めることが重要である。

(二)　実施状況の公表

各特定事業主は、毎年少なくとも一回、行動計画に基づく取組の実施状況を公表しなければならない（法第十九条第六項）。数値目標を設定した項目については、経年で、その進捗状況や目標達成のために実施した取組の実績を広報誌やホームページへの掲載等により公表することが求められる。加えて、当該公表の内容を、幹部職員の定例会議の場等で定期的に報告することも取組の継続的な推進の観点から有効である。

六　情報の公表

(一)　情報の公表の意義

特定事業主は、自らの事務及び事業における女性の活躍に関する情報の公表が求められている（法第二十一条）。

情報の公表の意義は、就職活動中の学生等の求職者の職業選択において、女性が活躍しやすい事業主であるほど優秀な人材が集まり、競争力を高めることができる社会環境を整備することにより、市場を通じた社会全体の女性の活躍の推進を図ることにある。

(二) 情報の公表の項目及び方法

情報の公表については、別紙六の(1)⑦のほか、別紙六の(1)及び(2)の区分の項目（(1)⑦及び⑧並びに(2)⑧を除く。）の中からそれぞれ一つ以上を選択して、広報誌やホームページへの掲載等、求職者が容易に閲覧できる方法によって行う必要がある。その際には、行動計画策定の際に状況把握・課題分析した項目から選択することが基本であり、別紙四の第一欄にも掲げられている項目（項目5を除く。）は、積極的に公表することが望ましい。また、別紙六の(1)⑧としては、セクシュアルハラスメント等対策の整備状況、特定事業主として実施する教育訓練・研修の概要及び中途採用の概要等が、同表の(2)⑧としては、テレワーク等の柔軟な働き方に資する制度の概要及びその円滑な施行のため特定事業主が実施する取組の概要等が考えられる。

別紙六の(1)⑦については、求職者の職業選択により資するよう、比較可能な実績を公表することが重要である。このため、当該項目については、以下の事項について、内閣府男女共同参画局長、内閣官房内閣人事局人事政策統括官及び総務省自治行政局公務員部長の定める方法によって算出し、公表するものとする。また、各特定事業主の実情に応じて、更に詳細な区分により公表することも可能である。

・「任期の定めのない常勤職員」及び「任期の定めのない常勤職員以外の職員」のまとまりごとの職員の給与の男女の差異の実績のほか、これらを総計した全職員に係る給与の男女の差異の実績

・「任期の定めのない常勤職員」について、役職段階別及び勤続年数別による職員の給与の男女の差異の実績

公表に際しては、求職者の選択により資するよう、情報の公表項目と併せて、行動計画を一体的に閲覧できるようにすることが望ましい。

なお、別紙六の項目（(1)⑦を除く。）については、必ずしも全ての項目を公表しなければならないものではないが、一般事業主に対し率先垂範すべき公務部門として積極的に公表することが望ましい。

(三) 情報の公表の頻度

情報の公表の内容については、おおむね年一回以上、その時点に得られる最新の数値に更新し、情報更新時点を明記することが必要である。

附　則（令和元年一二月二七日内閣官房、内閣府、総務省、厚生労働省告示第一号）　抄

1　令和二年四月一日から適用する。〈後略〉

雇用の分野における男女の均等な機会及び待遇の確保等に関する法律

（昭和四七年七月一日法律第一一三号）

沿革
昭和六〇年六月一日法律第四五号
平成九年六月一八日〃第九二号
〃一八年六月二一日〃第八二号
〃二〇年五月二日〃第二六号
〃二四年六月二七日〃第四二号
〃二六年六月一三日〃第六七号
〃二八年三月三一日〃第一七号
〃二九年六月二日〃第四五号
令和元年六月五日〃第二四号
〃四年六月一七日〃第六八号

第一章　総則

（目的）

第一条　この法律は、法の下の平等を保障する日本国憲法の理念にのつとり雇用の分野における男女の均等な機会及び待遇の確保を図るとともに、女性労働者の就業に関して妊娠中及び出産後の健康の確保を図る等の措置を推進することを目的とする。

（基本的理念）

第二条　この法律においては、労働者が性別により差別されることなく、また、女性労働者にあつては、母性を尊重されつつ、充実した職業生活を営むことができるようにすることをその基本的理念とする。

2　事業主並びに国及び地方公共団体は、前項に規定する基本的理念に従つて、労働者の職業生活の充実が図られるように努めなければならない。

（啓発活動）

第三条　国及び地方公共団体は、雇用の分野における男女の均等な機会及び待遇の確保等について国民の関心と理解を深めるとともに、特に、雇用の分野における男女の均等な機会及び待遇の確保を妨げている諸要因の解消を図るため、必要な啓発活動を行うものとする。

（男女雇用機会均等対策基本方針）

第四条　厚生労働大臣は、雇用の分野における男女の均等な機会及び待遇の確保等に関する施策の基本となるべき方針（以下「男女雇用機会均等対策基本方針」という。）を定めるものとする。

2　男女雇用機会均等対策基本方針に定める事項は、次のとおりとする。

一　男性労働者及び女性労働者のそれぞれの職業生活の動向に関する事項

二　雇用の分野における男女の均等な機会及び待遇の確保等について講じようとする施策の基本となるべき事項

3　男女雇用機会均等対策基本方針は、男性労働者及び女性労働者のそれぞれの労働条件、意識及び就業の実態等を考慮して定められなければならない。

4　厚生労働大臣は、男女雇用機会均等対策基本方針を定めるに当たつては、あらかじめ、労働政策審議会の意見を聴くほか、都道府県知事の意見を求めるものとする。

5　厚生労働大臣は、男女雇用機会均等対策基本方針を定めたときは、遅滞なく、その概要を公表するものとする。

6　前二項の規定は、男女雇用機会均等対策基本方針の変更について準用する。

第二章　雇用の分野における男女の均等な機会及び待遇の確保等

第一節　性別を理由とする差別の禁止等

（性別を理由とする差別の禁止）

第五条　事業主は、労働者の募集及び採用について、その性別にかかわりなく均等な機会を与えなければならない。

第六条　事業主は、次に掲げる事項について、労働者の性別を理由として、差別的取扱いをしてはならない。

一　労働者の配置（業務の配分及び権限の付与を含む。）、昇進、降格及び教育訓練

二　住宅資金の貸付けその他これに準ずる福利厚生の措置であつて厚生労働省令で定めるもの

三　労働者の職種及び雇用形態の変更

四　退職の勧奨、定年及び解雇並びに労働契約の更新

（性別以外の事由を要件とする措置）

第七条　事業主は、募集及び採用並びに前条各号に掲げる事項に関する措置であつて労働者の性別以外の事由を要件とするもののうち、措置の要件を満たす男性及び女性の比率その他の事情を勘案して実質的に性別を理由とする差別となるおそれがある措置として厚生労働省令で定めるものについては、当該措置の対象となる業務の性質に照らして当該措置の実施が当該業務の遂行上特に必要である場合、事業の運営の状況に照らして当該措置の実施が雇用管理上特に必要である場合その他の合理的な理由がある場合でなければ、これを講じてはならない。

（女性労働者に係る措置に関する特例）

第八条　前三条の規定は、事業主が、雇用の分野における男女の均等な機会及び待遇の確保の支障となつている事情を改善することを目的として女性労働者に関して行う措置を講ずることを妨げるものではない。

（婚姻、妊娠、出産等を理由とする不利益取扱いの禁止等）

第九条　事業主は、女性労働者が婚姻し、妊娠し、又は出産したことを退職理由として予定する定めをしてはならない。

2　事業主は、女性労働者が婚姻したことを理由として、解雇してはならない。

3　事業主は、その雇用する女性労働者が妊娠したこと、出産したこと、労働基準法（昭和二十二年法律第四十九号）第六十五条第一項の規定による休業を請求し、又は同項若しくは同条第二項の規定による休業をしたことその他の妊娠又は出産に関する事由であつて厚生労働省令で定めるものを理由として、当該女性労働者に対して解雇その他不利益な取扱いをしてはならない。

4　妊娠中の女性労働者及び出産後一年を経過しない女性労働者に対してなされた解雇は、無効とする。ただし、事業主が当該解雇が前項に規定する事由を理由とする解雇でないことを証明したときは、この限りでない。

（指針）

第一〇条　厚生労働大臣は、第五条から第七条まで及び前条第一項から第三項までの規定に定める事項に関し、事業主が適切に対処するために必要な指針（次項において「指針」という。）を定めるものとする。

2　第四条第四項及び第五項の規定は指針の策定及び変更について準用する。この場合において、同条第四項中「聴くほか、都道府県知事の意見を求める」とあるのは、「聴く」と読み替えるものとする。

第二節　事業主の講ずべき措置等

（職場における性的な言動に起因する問題に関する雇用管理上の措置等）

第一一条　事業主は、職場において行われる性的な言動に対するその雇用する労働者の対応により当該労働者がその労働条件につき不利益を受け、又は当該性的な言動により当該労働者の就業環境が害されることのないよう、当該労働者からの相談に応じ、適切に対応するために必要な体制の整備その他の雇用管理上必要な措置を講じなければならない。

2　事業主は、労働者が前項の相談を行つたこと又は事業主による当該相談への対応に協力した際に事実を述べたことを理由として、当該労働者に対して解雇その他不利益な取扱いをしてはならない。

3　事業主は、他の事業主から当該事業主の講ずる第一項の措置の実施に関し必要な協力を求められた場合には、これに応ずるように努めなければならない。

4　厚生労働大臣は、前三項の規定に基づき事業主が講ずべき措置等に関して、その適切かつ有効な実施を図るために必要な指針（次項において「指針」という。）を定めるものとする。

5　第四条第四項及び第五項の規定は、指針の策定及び変更について準用する。この場合において、同条第四項中「聴くほか、都道府県知事の意見を求める」とあるのは、「聴く」と読み替えるものとする。

（職場における性的な言動に起因する問題に関する国、事業主及び労働者の責務）

第一一条の二　国は、前条第一項に規定する不利益を与える行為又は労働者の就業環境を害する同項に規定する言動を行つてはならないことその他当該言動に起因する問題（以下この条において「性的言動問題」という。）に対する事業主その他国民一般の関心と理解を深めるため、広報活動、啓発活動その他の措置を講ずるように努めなければならない。

2　事業主は、性的言動問題に対するその雇用する労働者の関心と理解を深めるとともに、当該労働者が他の労働者に対する言動に必要な注意を払うよう、研修の実施その他の必要な配慮をするほか、国の講ずる前項の措置に協力するように努めなければならない。

3　事業主（その者が法人である場合にあつては、その役員）は、自らも、性的言動問題に対する関心と理解を深め、労働者に対する言動に必要な注意を払うように努めなければならない。

4　労働者は、性的言動問題に対する関心と理解を深め、他の労働者に対する言動に必要な注意を払うとともに、事業主の講ずる前条第一項の措置に協力するように努めなければならない。

（職場における妊娠、出産等に関する言動に起因する問題に関する雇用管理上の措置等）

第一一条の三　事業主は、職場において行われるその雇用する女性労働者に対する当該女性労働者が妊娠したこと、出産したこと、労働基準法第六十五条第一項の規定による休業を請求し、又は同項若しくは同条第二項の規定による休業をしたことその他の妊娠又は出産に関する事由であつて厚生労働省令で定めるものに関する言動により当該女性労働者の就業環境が害されることのないよう、当該女性労働者からの相談に応じ、適切に対応するために必要な体制の整備その他の雇用管理上必要な措置を講じなければならない。

2　第十一条第二項の規定は、労働者が前項の相談を行い、又は事業主による当該相談への対応に協力した際に事実を述べた場合について準用する。

3　厚生労働大臣は、前二項の規定に基づき事業主が講ずべき措置等に関して、その適切かつ有効な実施を図るために必要な指針（次項において「指針」という。）を定めるものとする。

4　第四条第四項及び第五項の規定は、指針の策定及び変更について準用する。この場合において、同条第四項中「聴くほか、都道府県知事の意見を求める」とあるのは、「聴く」と読み替えるものとする。

（職場における妊娠、出産等に関する言動に起因する問題に関する国、事業主及び労働者の責務）

第一一条の四　国は、労働者の就業環境を害する前条第一項に規定する言動を行つてはならないことその他当該言動に起因する問題（以下この条において「妊娠・出産等関係言動問題」という。）に対する事業主その他国民一般の関心と理解を深めるため、広報活動、啓発活動その他の措置を講ずるように努めなければならない。

2　事業主は、妊娠・出産等関係言動問題に対するその雇用する労働者の関心と理解を深めるとともに、当該労働者が他の労働者に対する言動に必要な注意を払うよう、研修の実施その他の必要な配慮をするほか、国の講ずる前項の措置に協力するように努めなければならない。

3　事業主（その者が法人である場合にあつては、その役員）は、自らも、妊娠・出産等関係言動問題に対する関心と理解を深め、労働者に対する言動に必要な注意を払うように努めなければならない。

4　労働者は、妊娠・出産等関係言動問題に対する関心と理解を深め、他の労働者に対する言動に必要な注意を払うとともに、事業主の講ずる前条第一項の措置に協力するように努めなければならない。

（妊娠中及び出産後の健康管理に関する措置）

第一二条　事業主は、厚生労働省令で定めるところにより、その雇用する女性労働者が母子保健法（昭和四十年法律第百四十一号）の規定による保健指導又は健康診査を受けるために必要な時間を確保することができるようにしなければならない。

第一三条　事業主は、その雇用する女性労働者が前条の保健指導又は健康診査に基づく指導事項を守ることができるようにするため、勤務時間の変更、勤務の軽減等必要な措置を講じなければならない。

2　厚生労働大臣は、前項の規定に基づき事業主が講ずべき措置に関して、その適切かつ有効な実施を図るために必要な指針（次項において「指針」という。）を定めるものとする。

3　第四条第四項及び第五項の規定は、指針の策定及び変更について準用する。この場合において、同条第四項中「聴くほか、都道府県知事の意見を求める」とあるのは、「聴く」と読み替えるものとする。

（男女雇用機会均等推進者）

第一三条の二　事業主は、厚生労働省令で定めるところにより、第八条、第十一条第一項、第十一条の二第二項、第十一条の三第一項、第十一条の四第二項、第十二条及び前条第一項に定める措置等並びに職場における男女の均等な機会及び待遇の確保が図られるようにするために講ずべきその他の措置の適切かつ有効な実施を図るための業務を担当する者を選任するように努めなければならない。

第三節　事業主に対する国の援助

第一四条　国は、雇用の分野における男女の均等な機会及び待遇が確保されることを促進するため、事業主が雇用の分野における男女の均等な機会及び待遇の確保の支障となつている事情を改善することを目的とする次に掲げる措置を講じ、又は講じようとする場合には、当該事業主に対し、相談その他の援助を行うことができる。
一　その雇用する労働者の配置その他雇用に関する状況の分析
二　前号の分析に基づき雇用の分野における男女の均等な機会及び待遇の確保の支障となつている事情を改善するに当たつて必要となる措置に関する計画の作成
三　前号の計画で定める措置の実施
四　前三号の措置を実施するために必要な体制の整備
五　前各号の措置の実施状況の開示

第三章　紛争の解決

第一節　紛争の解決の援助等

（苦情の自主的解決）
第一五条　事業主は、第六条、第七条、第九条、第十二条及び第十三条第一項に定める事項（労働者の募集及び採用に係るものを除く。）に関し、労働者から苦情の申出を受けたときは、苦情処理機関（事業主を代表する者及び当該事業場の労働者を代表する者を構成員とする当該事業場の労働者の苦情を処理するための機関をいう。）に対し当該苦情の処理をゆだねる等その自主的な解決を図るように努めなければならない。

（紛争の解決の促進に関する特例）
第一六条　第五条から第七条まで、第九条、第十一条第一項及び第二項（第十一条の三第二項において準用する場合を含む。）、第十一条の三第一項、第十二条並びに第十三条第一項に定める事項についての労働者と事業主との間の紛争については、個別労働関係紛争の解決の促進に関する法律（平成十三年法律第百十二号）第四条、第五条及び第十二条から第十九条までの規定は適用せず、次条から第二十七条までに定めるところによる。

（紛争の解決の援助）
第一七条　都道府県労働局長は、前条に規定する紛争に関し、当該紛争の当事者の双方又は一方からその解決につき援助を求められた場合には、当該紛争の当事者に対し、必要な助言、指導又は勧告をすることができる。
2　第十一条第二項の規定は、労働者が前項の援助を求めた場合について準用する。

第二節　調停

（調停の委任）
第一八条　都道府県労働局長は、第十六条に規定する紛争（労働者の募集及び採用についての紛争を除く。）について、当該紛争の当事者（以下「関係当事者」という。）の双方又は一方から調停の申請があつた場合において当該紛争の解決のために必要があると認めるときは、個別労働関係紛争の解決の促進に関する法律第六条第一項の紛争調整委員会（以下「委員会」という。）に調停を行わせるものとする。
2　第十一条第二項の規定は、労働者が前項の申請をした場合について準用する。

（調停）
第一九条　前条第一項の規定に基づく調停（以下この節において「調停」という。）は、三人の調停委員が行う。
2　調停委員は、委員会の委員のうちから、会長があらかじめ指名する。
第二〇条　委員会は、調停のため必要があると認めるときは、関係当事者又は関係当事者と同一の事業場に雇用される労働

る。

第二一条　委員会は、関係当事者からの申立てに基づき必要があると認めるときは、当該委員会が置かれる都道府県労働局の管轄区域内の主要な労働者団体又は事業主団体が指名する関係労働者を代表する者又は関係事業主を代表する者から当該事件につき意見を聴くものとする。

第二二条　委員会は、調停案を作成し、関係当事者に対しその受諾を勧告することができる。

第二三条　委員会は、調停に係る紛争について調停によつて解決の見込みがないと認めるときは、調停を打ち切ることができる。

2　委員会は、前項の規定により調停を打ち切つたときは、その旨を関係当事者に通知しなければならない。

（時効の完成猶予）

第二四条　前条第一項の規定により調停が打ち切られた場合において、当該調停の申請をした者が同条第二項の通知を受けた日から三十日以内に調停の目的となつた請求について訴えを提起したときは、時効の完成猶予に関しては、調停の申請の時に、訴えの提起があつたものとみなす。

（訴訟手続の中止）

第二五条　第十八条第一項に規定する紛争のうち民事上の紛争であるものについて関係当事者間に訴訟が係属する場合において、次の各号のいずれかに掲げる事由があり、かつ、関係当事者の共同の申立てがあるときは、受訴裁判所は、四月以内の期間を定めて訴訟手続を中止する旨の決定をすることができる。

一　当該紛争について、関係当事者間において調停が実施されていること。

二　前号に規定する場合のほか、関係当事者間に調停によつて当該紛争の解決を図る旨の合意があること。

2　受訴裁判所は、いつでも前項の決定を取り消すことができる。

3　第一項の申立てを却下する決定及び前項の規定により第一項の決定を取り消す決定に対しては、不服を申し立てることができない。

（資料提供の要求等）

第二六条　委員会は、当該委員会に係属している事件の解決のために必要があると認めるときは、関係行政庁に対し、資料の提供その他必要な協力を求めることができる。

（厚生労働省令への委任）

第二七条　この節に定めるもののほか、調停の手続に関し必要な事項は、厚生労働省令で定める。

第四章　雑則

（調査等）

第二八条　厚生労働大臣は、男性労働者及び女性労働者のそれぞれの職業生活に関し必要な調査研究を実施するものとする。

2　厚生労働大臣は、この法律の施行に関し、関係行政機関の長に対し、資料の提供その他必要な協力を求めることができる。

3　厚生労働大臣は、この法律の施行に関し、都道府県知事から必要な調査報告を求めることができる。

（報告の徴収並びに助言、指導及び勧告）

第二九条　厚生労働大臣は、この法律の施行に関し必要があると認めるときは、事業主に対して、報告を求め、又は助言、指導若しくは勧告をすることができる。

2　前項に定める厚生労働大臣の権限は、厚生労働省令で定めるところにより、その一部を都道府県労働局長に委任することができる。

（公表）

第三〇条　厚生労働大臣は、第五条から第七条まで、第九条第一項から第三項まで、第十一条第一項及び第二項（第十一条の三第二項、第十七条第二項及び第十八条第二項において準用する場合を含む。）、第十一条の三第一項、第十二条並びに第十三条第一項の規定に違反している事業主に対し、前条第一項の規定による勧告をした場合において、その勧告を受けた者がこれに従わなかつたときは、その旨を公表することができる。

（船員に関する特例）

第三一条　船員職業安定法（昭和二十三年法律第百三十号）第六条第一項に規定する船員及び同項に規定する船員になろうとする者に関しては、第四条第一項並びに同条第四項及び第五項（同条第六項、第十条第二項、第十一条第五項、第十一条の三第四項及び第十三条第三項において準用する場合を含む。）、第十条第一項、第十一条第四項、第十一条の三第三項、第十三条第二項並びに前三条中「厚生労働大臣」とあるのは「国土交通大臣」と、第四条第四項（同条第六項、第十条第二項、第十一条第五項、第十一条の三第四項及び第十三条第三項において準用する場合を含む。）中「労働政策審議会」とあるのは「交通政策審議会」と、第六条第二号、第七条、第九条第三項、第十一条の三第一項、第十二条、第十三条の二及び第二十九条第二項中「厚生労働省令」とあるのは「国土交通省令」と、第九条第三項中「労働基準法（昭和二十二年法律第四十九号）第六十五条第一項の規定による休業を請求し、又は同項若しくは同条第二項の規定による休業をしたこと」とあるのは「船員法（昭和二十二年法律第百号）第八十七条第一項又は第二項の規定によつて作業に従事しなかつたこと」と、第十一条の三第一項中「労働基準法第六十五条第一項の規定による休業を請求し、又は同項若しくは同条第二項の規定による休業をしたこと」とあるのは「船員法第八十七条第一項又は第二項の規定によつて作業に従事しなかつたこと」と、第十七条第一項、第十八条第一項及び第二十九条第二項中「都道府県労働局長」とあるのは「地方運輸局長（運輸監理部長を含む。）」と、第十八条第一項中「第六条第一項の紛争調整委員会（以下「委員会」という。）」とあるのは「第二十一条第三項のあつせん員候補者名簿に記載されている者のうちから指名する調停員」とする。

2　前項の規定により読み替えられた第十八条第一項の規定により指名を受けて調停員が行う調停については、第十九条から第二十七条までの規定は、適用しない。

3　前項の調停の事務は、三人の調停員で構成する合議体で取り扱う。

4 **現**　調停員は、破産手続開始の決定を受け、又は禁錮以上の刑に処せられたときは、その地位を失う。

4 **新**［令和七年六月一日から施行］
調停員は、破産手続開始の決定を受け、又は拘禁刑以上の刑に処せられたときは、その地位を失う。

5　第二十条から第二十七条までの規定は、第二項の調停について準用する。この場合において、第二十条から第二十三条まで及び第二十六条中「委員会は」とあるのは「調停員は」と、第二十一条中「当該委員会が置かれる都道府県労働局」とあるのは「当該調停員を指名した地方運輸局長（運輸監理部長を含む。）が置かれる地方運輸局（運輸監理部を含む。）」と、第二十六条中「当該委員会に係属している」とあるのは「当該調停員が取り扱つている」と、第二十七条中「この節」とあるのは「第三十一条第三項から第五項まで」と、「調停」とあるのは「合議体及び調停」と、「[illegible]

るのは「国土交通省令」と読み替えるものとする

（適用除外）

第三十二条 第二章第一節、第十三条の二、同章第三節、前章、第二十九条及び第三十条の規定は、国家公務員及び地方公務員に、第二章第二節（第十三条の二を除く。）の規定は、一般職の国家公務員（行政執行法人の労働関係に関する法律（昭和二十三年法律第二百五十七号）第二条第二号の職員を除く。）、裁判所職員臨時措置法（昭和二十六年法律第二百九十九号）の適用を受ける裁判所職員、国会職員法（昭和二十二年法律第八十五号）の適用を受ける国会職員及び自衛隊法（昭和二十九年法律第百六十五号）第二条第五項に規定する隊員に関しては適用しない。

第五章　罰則

第三十三条 第二十九条第一項の規定による報告をせず、又は虚偽の報告をした者は、二十万円以下の過料に処する。

附　則　抄

（施行期日）

1　この法律は、公布の日から施行する。

雇用の分野における男女の均等な機会及び待遇の確保等に関する法律施行規則

〔昭和六一年一月二七日
労働省令第二号〕

沿革 平成一〇年三月一三日労働省令第七号
平成一四年二月二二日厚生労働省令第一四号
〃一八年一〇月一一日〃第一八三号
〃一九年一〇月一一日〃第一二一号
〃二五年一二月二四日〃第一三三号
〃二八年三月三一日〃第八〇号
〃二八年八月二日〃第一三七号
令和元年一二月二七日〃第八六号
〃二年一二月二五日〃第二〇八号
〃五年三月三〇日〃第四三号

（福利厚生）

第一条 雇用の分野における男女の均等な機会及び待遇の確保等に関する法律（以下「法」という。）第六条第二号の厚生労働省令で定める福利厚生の措置は、次のとおりとする。

一　生活資金、教育資金その他労働者の福祉の増進のために行われる資金の貸付け

二　労働者の福祉の増進のために定期的に行われる金銭の給付

三　労働者の資産形成のために行われる金銭の給付

四　住宅の貸与

（実質的に性別を理由とする差別となるおそれがある措置）

第二条 法第七条の厚生労働省令で定める措置は、次のとおりとする。

一　労働者の募集又は採用に関する措置であつて、労働者の身長、体重又は体力に関する事由を要件とするもの

二　労働者の募集若しくは採用、昇進又は職種の変更に関する措置であつて、労働者の住居の移転を伴う配置転換に応じることができることを要件とするもの

三　労働者の昇進に関する措置であつて、労働者が勤務する事業場と異なる事業場に配置転換された経験があることを要件とするもの

（法第九条第三項の厚生労働省令で定める妊娠又は出産に関する事由）

第二条の二 法第九条第三項の厚生労働省令で定める妊娠又は出産に関する事由は、次のとおりとする。

一　妊娠したこと。

二　出産したこと。

三　法第十二条若しくは第十三条第一項の規定による措置を求め、又はこれらの規定による措置を受けたこと。

四　労働基準法（昭和二十二年法律第四十九号）第六十四条の二第一号若しくは第六十四条の三第一項の規定により業務に就くことができず、若しくはこれらの規定により業務に従事しなかつたこと又は同法第六十四条の二第一号若しくは女性労働基準規則（昭和六十一年労働省令第三号）第二条第二項の規定による申出をし、若しくはこれらの規定により業務に従事しなかつたこと。

五　労働基準法第六十五条第一項の規定による休業を請求し、若しくは同項の規定による休業をしたこと又は同条第二項の規定により就業できず、若しくは同項の規定による休業をしたこと。

六　労働基準法第六十五条第三項の規定による請求をし、又は同項の規定により他の軽易な業務に転換したこと。

七　労働基準法第六十六条第一項の規定による請求をし、若しくは同項の規定により一週間について同法第三十二条第一項の労働時間若しくは一日について同条第二項の労働時間を超えて労働しなかつたこと、同法第六十六条第二項の規定による請求をし、若しくは同項の規定により時間外労働をせず若しくは休日に労働しなかつたこと又は同法第六十六条第三項の規定による請求をし、若しくは同項の規定により深夜業をしなかつたこと。

八　労働基準法第六十七条第一項の規定による請求をし、又は同条第二項の規定による育児時間を取得したこと。

九　妊娠又は出産に起因する症状により労務の提供ができないこと若しくはできなかつたこと又は労働能率が低下したこと。

（法第十一条の三第一項の厚生労働省令で定める妊娠又は出産に関する事由）

第二条の三　法第十一条の三第一項の厚生労働省令で定める妊娠又は出産に関する事由は、次のとおりとする。

一　妊娠したこと。

二　出産したこと。

三　法第十二条若しくは第十三条第一項の規定による措置を求めようとし、若しくは措置を求め、又はこれらの規定による措置を受けたこと。

四　労働基準法第六十四条の二第一号若しくは第六十四条の三第一項の規定により業務に就くことができず、若しくはこれらの規定により業務に従事しなかつたこと又は同法第六十四条の二第一号若しくは女性労働基準規則第二条第二項の規定による申出をしようとし、若しくは申出をし、若しくはこれらの規定により業務に従事しなかつたこと。

五　労働基準法第六十五条第一項の規定による休業を請求しようとし、若しくは請求し、若しくは同項の規定による休業をしたこと又は同条第二項の規定により就業できず、若しくは同項の規定による休業をしたこと。

六　労働基準法第六十五条第三項の規定による請求をしようとし、若しくは請求をし、又は同項の規定により他の軽易な業務に転換したこと。

七　労働基準法第六十六条第一項の規定による請求をしようとし、若しくは請求をし、若しくは同項の規定により一週間について同法第三十二条第一項の労働時間若しくは一日について同条第二項の労働時間を超えて労働しなかつたこと、同法第六十六条第二項の規定による請求をしようとし、若しくは請求をし、若しくは同項の規定により時間外労働をせず若しくは休日に労働しなかつたこと又は同法第六十六条第三項の規定による請求をしようとし、若しくは請求をし、若しくは同項の規定により深夜業をしなかつたこと。

八　労働基準法第六十七条第一項の規定による請求をしようとし、若しくは請求をし、又は同条第二項の規定による育児時間を取得したこと。

九　妊娠又は出産に起因する症状により労務の提供ができないこと若しくはできなかつたこと又は労働能率が低下したこと。

（法第十二条の措置）

第二条の四　事業主は、次に定めるところにより、その雇用する女性労働者が保健指導又は健康診査を受けるために必要な時間を確保することができるようにしなければならない。

一　当該女性労働者が妊娠中である場合にあつては、次の表の上欄に掲げる妊娠週数の区分に応じ、それぞれ同表の下欄に掲げる期間以内ごとに一回、当該必要な時間を確保することができるようにすること。ただし、医師又は助産師がこれと異なる指示をしたときは、その指示するところにより、当該必要な時間を確保することができるようにすること。

妊娠週数	期間
妊娠二十三週まで	四週
妊娠二十四週から三十五週まで	二週
妊娠三十六週から出産まで	一週

二　当該女性労働者が出産後一年以内である場合にあつては、医師又は助産師が保健指導又は健康診査を受けることを指示したときは、その指示するところにより、当該必要な時間を確保することができるようにすること。

（主任調停委員）

第三条　紛争調整委員会（以下「委員会」という。）の会長は、調停委員のうちから、法第十八条第一項の規定により委任を受けて同項に規定する紛争についての調停を行うための会議（以下「機会均等調停会議」という。）を主任となつて主宰する調停委員（以下「主任調停委員」という。）を指名する。

2　主任調停委員に事故があるときは、あらかじめその指名する調停委員が、その職務を代理する。

（機会均等調停会議）

第四条　機会均等調停会議は、主任調停委員が招集する。

2　機会均等調停会議は、調停委員二人以上が出席しなければ、開くことができない。

3　機会均等調停会議は、公開しない。

（機会均等調停会議の庶務）

第五条　機会均等調停会議の庶務は、当該都道府県労働局雇用環境・均等部（北海道労働局、埼玉労働局、東京労働局、神奈川労働局、愛知労働局、大阪労働局、兵庫労働局及び福岡労働局以外の都道府県労働局にあつては、雇用環境・均等室）において処理する。

（調停の申請）

第六条　法第十八条第一項の調停（以下「調停」という。）の申請をしようとする者は、調停申請書（別記様式）を当該調停に係る紛争の関係当事者（労働者及び事業主をいう。以下同じ。）である労働者に係る事業場の所在地を管轄する都道府県労働局の長に提出しなければならない。

（調停開始の決定）

第七条　都道府県労働局長は、委員会に調停を行わせることとしたときは、遅滞なく、その旨を会長及び主任調停委員に通知するものとする。

2　都道府県労働局長は、委員会に調停を行わせることとしたときは関係当事者の双方に対して、調停を行わせないこととしたときは調停を申請した関係当事者に対して、遅滞なく、その旨を書面によつて通知するものとする。

（関係当事者等からの事情聴取等）

第八条　法第二十条の規定により委員会から出頭を求められた者は、主任調停委員の許可を得て、補佐人を伴つて出頭することができる。

2　補佐人は、主任調停委員の許可を得て陳述を行うことができる。

3　法第二十条の規定により委員会から出頭を求められた者は、主任調停委員の許可を得て当該事件について意見を述べることができる。この場合において、同条の規定により委員会から出頭を求められた者は、主任調停委員の許可を得て他人に代理させることができる。

4　前項の規定により他人に代理させることについて主任調停委員の許可を得ようとする者は、代理人の氏名、住所及び職業を記載した書面に、代理権授与の事実を証明[illegible]

付して、主任調停委員に提出しなければならない。

（文書等の提出）

第九条　委員会は、当該事件の事実の調査のために必要があると認めるときは、関係当事者と同一の事業場に雇用される労働者その他の参考人に対し、当該事件に関係のある文書又は物件の提出を求めることができる。

（調停手続の実施の委任）

第一〇条　委員会は、必要があると認めるときは、調停の手続の一部を特定の調停委員に行わせることができる。この場合において、第四条第一項及び第二項の規定は適用せず、第八条の規定の適用については、同条中「主任調停委員」とあるのは、「特定の調停委員」とする。

2　委員会は、必要があると認めるときは、当該事件の事実の調査を都道府県労働局雇用環境・均等部（北海道労働局、埼玉労働局、東京労働局、神奈川労働局、愛知労働局、大阪労働局、兵庫労働局及び福岡労働局以外の都道府県労働局にあつては、雇用環境・均等室）の職員に委嘱することができる。

（関係労使を代表する者の指名）

第一一条　委員会は、法第二十一条の規定により意見を聴く必要があると認めるときは、当該委員会が置かれる都道府県労働局の管轄区域内の主要な労働者団体又は事業主団体に対して、期限を付して関係労働者を代表する者又は関係事業主を代表する者の指名を求めるものとする。

2　前項の求めがあつた場合には、当該労働者団体又は事業主団体は、当該事件につき意見を述べる者の氏名及び住所を委員会に通知するものとする。

（調停案の受諾の勧告）

第一二条　調停案の作成は、調停委員の全員一致をもつて行うものとする。

2　委員会は、調停案の受諾を勧告する場合には、関係当事者の双方に対し、受諾すべき期限を定めて行うものとする。

3　関係当事者は、調停案を受諾したときは、その旨及び氏名又は名称を記載した書面を委員会に提出しなければならない。

（深夜業に従事する女性労働者に対する措置）

第一三条　事業主は、女性労働者の職業生活の充実を図るため、当分の間、女性労働者を深夜業に従事させる場合には、通勤及び業務の遂行の際における当該女性労働者の安全の確保に必要な措置を講ずるように努めるものとする。

（権限の委任）

第一四条　法第二十九条第一項に規定する厚生労働大臣の権限は、厚生労働大臣が全国的に重要であると認めた事案に係るものを除き、事業主の事業場の所在地を管轄する都道府県労働局の長が行うものとする。

附　則　抄

この省令は、昭和六十一年四月一日から施行する。

労働者に対する性別を理由とする差別の禁止等に関する規定に定める事項に関し、事業主が適切に対処するための指針

（平成一八年一〇月一一日 厚生労働省告示第六一四号）

沿革 平成二四年 九月二七日厚生労働省告示第五一八号
〃 二五年一二月二四日 〃 第三八二号
〃 二七年一一月三〇日 〃 第四五八号

第一 はじめに

この指針は、雇用の分野における男女の均等な機会及び待遇の確保等に関する法律（以下「法」という。）第一〇条第一項の規定に基づき、法第五条から第七条まで及び第九条第一項から第三項までの規定に定める事項に関し、事業主が適切に対処することができるよう、これらの規定により禁止される措置として具体的に明らかにする必要があると認められるものについて定めたものである。

第二 直接差別

1 雇用管理区分

第二において、「雇用管理区分」とは、職種、資格、雇用形態、就業形態等の区分その他の労働者についての区分であって、当該区分に属している労働者について他の区分に属している労働者と異なる雇用管理を行うことを予定して設定しているものをいう。雇用管理区分が同一か否かについては、当該区分に属する労働者の従事する職務の内容、転勤を含めた人事異動の幅や頻度等について、同一区分に属さない労働者との間に、客観的・合理的な違いが存在しているか否かにより判断されるものであり、その判断に当たっては、単なる形式ではなく、企業の雇用管理の実態に即して行う必要がある。

例えば、採用に際しては異なる職種として採用していても、入社後は、同一企業内の労働者全体について、営業や事務など様々な職務を経験させたり同一の基準で人事異動を行うなど特に取扱いを区別することなく配置等を行っているような場合には、企業全体で一つの雇用管理区分と判断することとなる。

2 募集及び採用（法第五条関係）

(1) 法第五条の「募集」とは、労働者を雇用しようとする者が、自ら又は他人に委託して、労働者となろうとする者に対し、その被用者となることを勧誘することをいう。

なお、労働者派遣事業の適正な運営の確保及び派遣労働者の保護等に関する法律（昭和六〇年法律第八八号）第二条第一号に規定する労働者派遣のうち、いわゆる登録型派遣を行う事業主（同法第五条第一項の許可を受けた者をいう。）が、派遣労働者になろうとする者に対し登録を呼びかける行為及びこれに応じた者を労働契約の締結に至るまでの過程で登録させる行為は、募集に該当する。

法第五条の「採用」とは、労働契約を締結することをいい、応募の受付、採用のための選考等募集を除く労働契約の締結に至る一連の手続を含む。

(2) 募集及び採用に関し、一の雇用管理区分において、例えば、次に掲げる措置を講ずることは、法第五条により禁止されるものである。ただし、14の(1)のポジティブ・アクションを講ずる場合については、この限りではない。

イ 募集又は採用に当たって、その対象から男女のいず

れかを排除すること。

（排除していると認められる例）

① 一定の職種（いわゆる「総合職」、「一般職」等を含む。）や一定の雇用形態（いわゆる「正社員」、「パートタイム労働者」等を含む。）について、募集又は採用の対象を男女のいずれかのみとすること。

② 募集又は採用に当たって、男女のいずれかを表す職種の名称を用い（対象を男女のいずれかのみとしないことが明らかである場合を除く。）、又は「男性歓迎」、「女性向きの職種」等の表示を行うこと。

③ 男女をともに募集の対象としているにもかかわらず、応募の受付や採用の対象を男女のいずれかのみとすること。

④ 派遣元事業主が、一定の職種について派遣労働者になろうとする者を登録させるに当たって、その対象を男女のいずれかのみとすること。

ロ 募集又は採用に当たっての条件を男女で異なるものとすること。

（異なるものとしていると認められる例）

募集又は採用に当たって、女性についてのみ、未婚者であること、子を有していないこと、自宅から通勤すること等を条件とし、又はこれらの条件を満たす者を優先すること。

ハ 採用選考において、能力及び資質の有無等を判断する場合に、その方法や基準について男女で異なる取扱いをすること。

（異なる取扱いをしていると認められる例）

① 募集又は採用に当たって実施する筆記試験や面接試験の合格基準を男女で異なるものとすること。

② 男女で異なる採用試験を実施すること。

③ 男女のいずれかについてのみ採用試験を実施すること。

④ 採用面接に際して、結婚の予定の有無、子供が生まれた場合の継続就労の希望の有無等一定の事項について女性に対してのみ質問すること。

ニ 募集又は採用に当たって男女のいずれかを優先すること。

（男女のいずれかを優先していると認められる例）

① 採用選考に当たって、採用の基準を満たす者の中から男女のいずれかを優先して採用すること。

② 男女別の採用予定人数を設定し、これを明示して、募集すること。又は、設定した人数に従って採用すること。

③ 男女のいずれかについて採用する最低の人数を設定して募集すること。

④ 男性の選考を終了した後で女性を選考すること。

ホ 求人の内容の説明等募集又は採用に係る情報の提供について、男女で異なる取扱いをすること。

（異なる取扱いをしていると認められる例）

① 会社の概要等に関する資料を送付する対象を男女のいずれかのみとし、又は資料の内容、送付時期等を男女で異なるものとすること。

② 求人の内容等に関する説明会を実施するに当たって、その対象を男女のいずれかのみとし、又は説明会を実施する時期を男女で異なるものとすること。

3 配置（業務の配分及び権限の付与を含む。）（法第六条第一号関係）

(1) 法第六条第一号の「配置」とは、労働者を一定の職務に就けること又は就いている状態をいい、従事すべき職務における業務の内容及び就業の場所を主要な要素とするものである。

なお、配置には、業務の配分及び権限の付与が含まれる。また、派遣元事業主が、労働者派遣契約に基づき、その雇用する派遣労働者に係る労働者派遣をすることも、配置に該当する。

法第六条第一号の「業務の配分」とは、特定の労働者に対し、ある部門、ラインなどが所掌している複数の業務のうち一定の業務を割り当てることをいい、日常的な業務指示は含まれない。

また、法第六条第一号の「権限の付与」とは、労働者に対し、一定の業務を遂行するに当たって必要な権限を委任することをいう。

(2) 配置に関し、一の雇用管理区分において、例えば、次に掲げる措置を講ずることは、法第六条第一号により禁止されるものである。ただし、14の(1)のポジティブ・アクションを講ずる場合については、この限りではない。

イ　一定の職務への配置に当たって、その対象から男女のいずれかを排除すること。

（排除していると認められる例）

① 営業の職務、秘書の職務、企画立案業務を内容とする職務、定型的な事務処理業務を内容とする職務、海外で勤務する職務等一定の職務への配置に当たって、その対象を男女のいずれかのみとすること。

② 時間外労働や深夜業の多い職務への配置に当たって、その対象を男性労働者のみとすること。

③ 派遣元事業主が、一定の労働者派遣契約に基づく労働者派遣について、その対象を男女のいずれかのみとすること。

④ 一定の職務への配置の資格についての試験について、その受験資格を男女のいずれかに対してのみ与えること。

ロ　一定の職務への配置に当たっての条件を男女で異なるものとすること。

（異なるものとしていると認められる例）

① 女性労働者についてのみ、婚姻したこと、一定の年齢に達したこと又は子を有していることを理由として、企画立案業務を内容とする職務への配置の対象から排除すること。

② 男性労働者については、一定数の支店の勤務を経た場合に本社の経営企画部門に配置するが、女性労働者については、当該一定数を上回る数の支店の勤務を経なければ配置しないこと。

③ 一定の職務への配置に当たって、女性労働者についてのみ、一定の国家資格の取得や研修の実績を条件とすること。

④ 営業部門について、男性労働者については全員配置の対象とするが、女性労働者については希望者のみを配置の対象とすること。

ハ　一定の職務への配置に当たって、能力及び資質の有無等を判断する場合に、その方法や基準について男女で異なる取扱いをすること。

（異なる取扱いをしていると認められる例）

① 一定の職務への配置に当たり、人事考課を考慮する場合において、男性労働者は平均的な評価がなされている場合にはその対象とするが、女性労働者は特に優秀という評価がなされている場合にのみその対象とすること。

② 一定の職務への配置の資格についての試験の合格基準を、男女で異なるものとすること。

③ 一定の職務への配置の資格についての試験の受験

を男女のいずれかに対してのみ奨励すること。

ニ　一定の職務への配置に当たって、男女のいずれかを優先すること。

（優先していると認められる例）

営業部門への配置の基準を満たす労働者が複数いる場合に、男性労働者を優先して配置すること。

ホ　配置における業務の配分に当たって、男女で異なる取扱いをすること。

（異なる取扱いをしていると認められる例）

① 営業部門において、男性労働者には外勤業務に従事させるが、女性労働者については当該業務から排除し、内勤業務のみに従事させること。

② 男性労働者には通常の業務のみに従事させるが、女性労働者については通常の業務に加え、会議の庶務、お茶くみ、そうじ当番等の雑務を行わせること。

ヘ　配置における権限の付与に当たって、男女で異なる取扱いをすること。

（異なる取扱いをしていると認められる例）

① 男性労働者には一定金額まで自己の責任で買い付けできる権限を与えるが、女性労働者には当該金額よりも低い金額までの権限しか与えないこと。

② 営業部門において、男性労働者には新規に顧客の開拓や商品の提案をする権限を与えるが、女性労働者にはこれらの権限を与えず、既存の顧客や商品の販売をする権限しか与えないこと。

ト　配置転換に当たって、男女で異なる取扱いをすること。

（異なる取扱いをしていると認められる例）

① 経営の合理化に際し、女性労働者についてのみ出向の対象とすること。

② 一定の年齢以上の女性労働者のみを出向の対象とすること。

③ 女性労働者についてのみ、婚姻又は子を有していることを理由として、通勤が不便な事業場に配置転換すること。

④ 工場を閉鎖する場合において、男性労働者については近隣の工場に配置するが、女性労働者については通勤が不便な遠隔地の工場に配置すること。

⑤ 男性労働者については、複数の部門に配置するが、女性労働者については当初に配置した部門から他部門に配置転換しないこと。

4　昇進（法第六条第一号関係）

(1) 法第六条第一号の「昇進」とは、企業内での労働者の位置付けについて下位の職階から上位の職階への移動を行うことをいう。昇進には、職制上の地位の上方移動を伴わないいわゆる「昇格」も含まれる。

(2) 昇進に関し、一の雇用管理区分において、例えば、次に掲げる措置を講ずることは、法第六条第一号により禁止されるものである。ただし、14の(1)のポジティブ・アクションを講ずる場合については、この限りではない。

イ　一定の役職への昇進に当たって、その対象から男女のいずれかを排除すること。

（排除していると認められる例）

① 女性労働者についてのみ、役職への昇進の機会を与えない、又は一定の役職までしか昇進できないものとすること。

② 一定の役職に昇進するための試験について、その受験資格を男女のいずれかに対してのみ与えること。

ロ　一定の役職への昇進に当たっての条件を男女で異なるものとすること。

（異なるものとしていると認められる例）

① 女性労働者についてのみ、婚姻したこと、一定の年齢に達したこと又は子を有していることを理由として、昇格できない、又は一定の役職までしか昇進できないものとすること。

② 課長への昇進に当たり、女性労働者については課長補佐を経ることを要するものとする一方、男性労働者については課長補佐を経ることなく課長に昇進できるものとすること。

③ 男性労働者については出勤率が一定の率以上である場合又は一定の勤続年数を経た場合に昇格させるが、女性労働者についてはこれらを超える出勤率又は勤続年数がなければ昇格できないものとすること。

④ 一定の役職に昇進するための試験について、女性労働者についてのみ上司の推薦を受けることを受験の条件とすること。

ハ 一定の役職への昇進に当たって、能力及び資質の有無等を判断する場合に、その方法や基準について男女で異なる取扱いをすること。

（異なる取扱いをしていると認められる例）

① 課長に昇進するための試験の合格基準を、男女で異なるものとすること。

② 男性労働者については人事考課において平均的な評価がなされている場合には昇進させるが、女性労働者については特に優秀という評価がなされている場合にのみその対象とすること。

③ AからEまでの五段階の人事考課制度を設けている場合において、男性労働者については最低の評価であってもCランクとする一方、女性労働者については最高の評価であってもCランクとする運用を行うこと。

④ 一定年齢に達した男性労働者については全員役職に昇進できるように人事考課を行うものとするが、女性労働者についてはそのような取扱いをしないこと。

⑤ 一定の役職に昇進するための試験について、男女のいずれかについてのみその一部を免除すること。

⑥ 一定の役職に昇進するための試験の受験を男女のいずれかに対してのみ奨励すること。

ニ 一定の役職への昇進に当たり男女のいずれかを優先すること。

（優先していると認められる例）

一定の役職への昇進基準を満たす労働者が複数いる場合に、男性労働者を優先して昇進させること。

5 降格（法第六条第一号関係）

(1) 法第六条第一号の「降格」とは、企業内での労働者の位置付けについて上位の職階から下位の職階への移動を行うことをいい、昇進の反対の措置である場合と、昇格の反対の措置である場合の双方が含まれる。

(2) 降格に関し、一の雇用管理区分において、例えば、次に掲げる措置を講ずることは、法第六条第一号により禁止されるものである。

イ 降格に当たって、その対象を男女のいずれかのみとすること。

（男女のいずれかのみとしていると認められる例）

一定の役職を廃止するに際して、当該役職に就いていた男性労働者については同格の役職に配置転換をするが、女性労働者については降格させること。

ロ 降格に当たっての条件を男女で異なるものとすること。

（異なるものとしていると認められる例）

女性労働者についてのみ、婚姻又は子を有していることを理由として、降格の対象とすること。

ハ　降格に当たって、能力及び資質の有無等を判断する場合に、その方法や基準について男女で異なる取扱いをすること。

（異なる取扱いをしていると認められる例）

①　営業成績が悪い者について降格の対象とする旨の方針を定めている場合に、男性労働者については営業成績が最低の者のみを降格の対象とするが、女性労働者については営業成績が平均以下の者は降格の対象とすること。

②　一定の役職を廃止するに際して、降格の対象となる労働者を選定するに当たり、人事考課を考慮する場合に、男性労働者については最低の評価がなされている者のみ降格の対象とするが、女性労働者については特に優秀という評価がなされている者以外は降格の対象とすること。

ニ　降格に当たって、男女のいずれかを優先すること。

（優先していると認められる例）

一定の役職を廃止するに際して、降格の対象となる労働者を選定するに当たって、男性労働者よりも優先して、女性労働者を降格の対象とすること。

6　教育訓練（法第六条第一号関係）

(1)　法第六条第一号の「教育訓練」とは、事業主が、その雇用する労働者に対して、その労働者の業務の遂行の過程外（いわゆる「オフ・ザ・ジョブ・トレーニング」）において又は当該業務の遂行の過程内（いわゆる「オン・ザ・ジョブ・トレーニング」）において、現在及び将来の業務の遂行に必要な能力を付与するために行うものをいう。

(2)　教育訓練に関し、一の雇用管理区分において、例えば、次に掲げる措置を講ずることは、法第六条第一号により禁止されるものである。ただし、14の(1)のポジティブ・アクションを講ずる場合については、この限りではない。

イ　教育訓練に当たって、その対象から男女のいずれかを排除すること。

（排除していると認められる例）

①　一定の職務に従事する者を対象とする教育訓練を行うに当たって、その対象を男女のいずれかのみとすること。

②　工場実習や海外留学による研修を行うに当たって、その対象を男性労働者のみとすること。

③　接遇訓練を行うに当たって、その対象を女性労働者のみとすること。

ロ　教育訓練を行うに当たっての条件を男女で異なるものとすること。

（異なるものとしていると認められる例）

①　女性労働者についてのみ、婚姻したこと、一定の年齢に達したこと又は子を有していることを理由として、将来従事する可能性のある職務に必要な知識を身につけるための教育訓練の対象から排除すること。

②　教育訓練の対象者について、男女で異なる勤続年数を条件とすること。

③　女性労働者についてのみ、上司の推薦がなければ教育訓練の対象としないこと。

④　男性労働者については全員を教育訓練の対象とするが、女性労働者については希望者のみを対象とすること。

ハ　教育訓練の内容について、男女で異なる取扱いをすること。

（異なる取扱いをしていると認められる例）

教育訓練の期間や課程を男女で異なるものとすること。

7　福利厚生（法第六条第二号・均等則第一条各号関係）

(1)　(2)において、「福利厚生の措置」とは、法第六条第二号の規定及び雇用の分野における男女の均等な機会及び待遇の確保等に関する法律施行規則（昭和六一年労働省令第二号。以下「均等則」という。）第一条各号に掲げる以下のものをいう。

（法第六条第二号及び均等則第一条各号に掲げる措置）

イ　住宅資金の貸付け（法第六条第二号）

ロ　生活資金、教育資金その他労働者の福祉の増進のために行われる資金の貸付け（均等則第一条第一号）

ハ　労働者の福祉の増進のために定期的に行われる金銭の給付（均等則第一条第二号）

ニ　労働者の資産形成のために行われる金銭の給付（均等則第一条第三号）

ホ　住宅の貸与（均等則第一条第四号）

(2)　福利厚生の措置に関し、一の雇用管理区分において、例えば、次に掲げる措置を講ずることは、法第六条第二号により禁止されるものである。

イ　福利厚生の措置の実施に当たって、その対象から男女のいずれかを排除すること。

（排除していると認められる例）

男性労働者についてのみ、社宅を貸与すること。

ロ　福利厚生の措置の実施に当たっての条件を男女で異なるものとすること。

（異なるものとしていると認められる例）

①　女性労働者についてのみ、婚姻を理由として、社宅の貸与の対象から排除すること。

②　住宅資金の貸付けに当たって、女性労働者に対してのみ、配偶者の所得額に関する資料の提出を求めること。

③　社宅の貸与に当たり、世帯主であることを条件とする場合において、男性労働者については本人の申請のみで貸与するが、女性労働者に対しては本人の申請に加え、住民票の提出を求め、又は配偶者に一定以上の所得がないことを条件とすること。

8　職種の変更（法第六条第三号関係）

(1)　法第六条第三号の「職種」とは、職務や職責の類似性に着目して分類されるものであり、「営業職」・「技術職」の別や、「総合職」・「一般職」の別などがある。

(2)　職種の変更に関し、一の雇用管理区分（職種の変更によって雇用管理区分が異なることとなる場合には、変更前の一の雇用管理区分をいう。）において、例えば、次に掲げる措置を講ずることは、法第六条第三号により禁止されるものである。ただし、14の(1)のポジティブ・アクションを講ずる場合については、この限りではない。

イ　職種の変更に当たって、その対象から男女のいずれかを排除すること。

（排除していると認められる例）

①　「一般職」から「総合職」への職種の変更について、その対象を男女のいずれかのみとすること。

②　「総合職」から「一般職」への職種の変更について、制度上は男女双方を対象としているが、男性労働者については職種の変更を認めない運用を行うこと。

③　「一般職」から「総合職」への職種の変更のための試験について、その受験資格を男女のいずれかに対してのみ与えること。

④　「一般職」の男性労働者については、いわゆる「準総合職」及び「総合職」への職種の変更の対象とするが、「一般職」の女性労働者については、「準総合職」のみを職種の変更の対象とすること。

ロ　職種の変更に当たっての条件を男女で異なるものとすること。

（異なるものとしていると認められる例）

①　女性労働者についてのみ、婚姻又は子を有していることを理由として、「一般職」から「総合職」への職種の変更の対象から排除すること。

②　「一般職」から「総合職」への職種の変更について、男女で異なる勤続年数を条件とすること。

③　「一般職」から「総合職」への職種の変更について、男女のいずれかについてのみ、一定の国家資格の取得、研修の実績又は一定の試験に合格することを条件とすること。

④　「一般職」から「総合職」への職種の変更のための試験について、女性労働者についてのみ上司の推薦を受けることを受験の条件とすること。

ハ　一定の職種への変更に当たって、能力及び資質の有無等を判断する場合に、その方法や基準について男女で異なる取扱いをすること。

（異なる取扱いをしていると認められる例）

①　「一般職」から「総合職」への職種の変更のための試験の合格基準を男女で異なるものとすること。

②　男性労働者については人事考課において平均的な評価がなされている場合には「一般職」から「総合職」への職種の変更の対象とするが、女性労働者については特に優秀という評価がなされている場合にのみその対象とすること。

③　「一般職」から「総合職」への職種の変更のための試験について、その受験を男女のいずれかに対してのみ奨励すること。

④　「一般職」から「総合職」への職種の変更のための試験について、男女いずれかについてのみその一部を免除すること。

ニ　職種の変更に当たって、男女のいずれかを優先すること。

（優先していると認められる例）

「一般職」から「総合職」への職種の変更の基準を満たす労働者の中から男女のいずれかを優先して職種の変更の対象とすること。

ホ　職種の変更について男女で異なる取扱いをすること。

（異なる取扱いをしていると認められる例）

①　経営の合理化に際して、女性労働者のみを、研究職から賃金その他の労働条件が劣る一般事務職への職種の変更の対象とすること。

②　女性労働者についてのみ、年齢を理由として、アナウンサー等の専門職から事務職への職種の変更の対象とすること。

9　雇用形態の変更（法第六条第三号関係）

(1)　法第六条第三号の「雇用形態」とは、労働契約の期間の定めの有無、所定労働時間の長さ等により分類されるものであり、いわゆる「正社員」、「パートタイム労働者」、「契約社員」などがある。

(2)　雇用形態の変更に関し、一の雇用管理区分（雇用形態の変更によって雇用管理区分が異なることとなる場合には、変更前の一の雇用管理区分をいう。）において、例えば、次に掲げる措置を講ずることは、法第六条第三号により禁止されるものである。ただし、14の(1)のポジティブ・アクションを講ずる場合については、この限りではない。

イ　雇用形態の変更に当たって、その対象から男女のいずれかを排除すること。

（排除していると認められる例）

①　有期契約労働者から正社員への雇用形態の変更の対象を男性労働者のみとすること。

②　パートタイム労働者から正社員への雇用形態の変更のための試験について、その受験資格を男女のいずれかに対してのみ与えること。

ロ　雇用形態の変更に当たっての条件を男女で異なるものとすること。

（異なるものとしていると認められる例）

①　女性労働者についてのみ、婚姻又は子を有していることを理由として、有期契約労働者から正社員への雇用形態の変更の対象から排除すること。

②　有期契約労働者から正社員への雇用形態の変更について、男女で異なる勤続年数を条件とすること。

③　パートタイム労働者から正社員への雇用形態の変更について、男女のいずれかについてのみ、一定の国家資格の取得や研修の実績を条件とすること。

④　パートタイム労働者から正社員への雇用形態の変更のための試験について、女性労働者についてのみ上司の推薦を受けることを受験の条件とすること。

ハ　一定の雇用形態への変更に当たって、能力及び資質の有無等を判断する場合に、その方法や基準について男女で異なる取扱いをすること。

（異なる取扱いをしていると認められる例）

①　有期契約労働者から正社員への雇用形態の変更のための試験の合格基準を男女で異なるものとすること。

②　契約社員から正社員への雇用形態の変更について、男性労働者については、人事考課において平均的な評価がなされている場合には変更の対象とするが、女性労働者については、特に優秀という評価がなされている場合にのみその対象とすること。

③　パートタイム労働者から正社員への雇用形態の変更のための試験の受験について、男女のいずれかに対してのみ奨励すること。

④　有期契約労働者から正社員への雇用形態の変更のための試験の受験について、男女のいずれかについてのみその一部を免除すること。

ニ　雇用形態の変更に当たって、男女のいずれかを優先すること。

（優先していると認められる例）

パートタイム労働者から正社員への雇用形態の変更の基準を満たす労働者の中から、男女のいずれかを優先して雇用形態の変更の対象とすること。

ホ　雇用形態の変更について、男女で異なる取扱いをすること。

（異なる取扱いをしていると認められる例）

①　経営の合理化に際して、女性労働者のみを、正社員から賃金その他の労働条件が劣る有期契約労働者への雇用形態の変更の勧奨の対象とすること。

②　女性労働者についてのみ、一定の年齢に達したこと、婚姻又は子を有していることを理由として、正社員から賃金その他の労働条件が劣るパートタイム

労働者への雇用形態の変更の勧奨の対象とすること。

③ 経営の合理化に当たり、正社員の一部をパート労働者とする場合において、正社員である男性労働者は、正社員としてとどまるか、又はパートタイム労働者に雇用形態を変更するかについて選択できるものとするが、正社員である女性労働者については、一律パートタイム労働者への雇用形態の変更を強要すること。

10 退職の勧奨（法第六条第四号関係）

(1) 法第六条第四号の「退職の勧奨」とは、雇用する労働者に対し退職を促すことをいう。

(2) 退職の勧奨に関し、一の雇用管理区分において、例えば、次に掲げる措置を講ずることは、法第六条第四号により禁止されるものである。

イ 退職の勧奨に当たって、その対象を男女のいずれかのみとすること。

（男女のいずれかのみとしていると認められる例）

女性労働者に対してのみ、経営の合理化のための早期退職制度の利用を働きかけること。

ロ 退職の勧奨に当たっての条件を男女で異なるものとすること。

（異なるものとしていると認められる例）

① 女性労働者に対してのみ、子を有していることを理由として、退職の勧奨をすること。

② 経営の合理化に際して、既婚の女性労働者に対してのみ、退職の勧奨をすること。

ハ 退職の勧奨に当たって、能力及び資質の有無等を判断する場合に、その方法や基準について男女で異なる取扱いをすること。

（異なる取扱いをしていると認められる例）

経営合理化に伴い退職勧奨を実施するに当たり、人事考課を考慮する場合において、男性労働者については最低の評価がなされている者のみ退職の勧奨の対象とするが、女性労働者については特に優秀という評価がなされている者以外は退職の勧奨の対象とすること。

ニ 退職の勧奨に当たって、男女のいずれかを優先すること。

（優先していると認められる例）

① 男性労働者よりも優先して、女性労働者に対して退職の勧奨をすること。

② 退職の勧奨の対象とする年齢を女性労働者については四五歳、男性労働者については五〇歳とするなど男女で差を設けること。

11 定年（法第六条第四号関係）

(1) 法第六条第四号の「定年」とは、労働者が一定年齢に達したことを雇用関係の終了事由とする制度をいう。

(2) 定年に関し、一の雇用管理区分において、例えば、次に掲げる措置を講ずることは、法第六条第四号により禁止されるものである。

定年の定めについて、男女で異なる取扱いをすること。

（異なる取扱いをしていると認められる例）

① 定年年齢の引上げを行うに際して、厚生年金の支給開始年齢に合わせて男女で異なる定年を定めること。

② 定年年齢の引上げを行うに際して、既婚の女性労働者についてのみ、異なる定年を定めること。

12 解雇（法第六条第四号関係）

(1) 法第六条第四号の「解雇」とは、労働契約を将来に向かって解約する事業主の一方的な意思表示をいい、労使の合意による退職は含まない。

(2) 解雇に関し、一の雇用管理区分において、例えば、次に掲げる措置を講ずることは、法第六条第四号により禁止されるものである。

イ　解雇に当たって、その対象を男女のいずれかのみとすること。

（男女のいずれかのみとしていると認められる例）

経営の合理化に際して、女性のみを解雇の対象とすること。

ロ　解雇の対象を一定の条件に該当する者とする場合において、当該条件を男女で異なるものとすること。

（異なるものとしていると認められる例）

① 経営の合理化に際して、既婚の女性労働者のみを解雇の対象とすること。

② 一定年齢以上の女性労働者のみを解雇の対象とすること。

ハ　解雇に当たって、能力及び資質の有無等を判断する場合に、その方法や基準について男女で異なる取扱いをすること。

（異なる取扱いをしていると認められる例）

経営合理化に伴う解雇に当たり、人事考課を考慮する場合において、男性労働者については最低の評価がなされている者のみ解雇の対象とするが、女性労働者については特に優秀という評価がなされている者以外は解雇の対象とすること。

ニ　解雇に当たって、男女のいずれかを優先すること。

（優先していると認められる例）

解雇の基準を満たす労働者の中で、男性労働者よりも優先して女性労働者を解雇の対象とすること。

13　労働契約の更新（法第六条第四号関係）

(1) 法第六条第四号の「労働契約の更新」とは、期間の定めのある労働契約について、期間の満了に際して、従前の契約と基本的な内容が同一である労働契約を締結することをいう。

(2) 労働契約の更新に関し、一の雇用管理区分において、例えば、次に掲げる措置を講ずることは、法第六条第四号により禁止されるものである。

イ　労働契約の更新に当たって、その対象から男女のいずれかを排除すること。

（排除していると認められる例）

経営の合理化に際して、男性労働者のみを、労働契約の更新の対象とし、女性労働者については、労働契約の更新をしない（いわゆる「雇止め」をする）こと。

ロ　労働契約の更新に当たっての条件を男女で異なるものとすること。

（異なるものとしていると認められる例）

① 経営の合理化に際して、既婚の女性労働者についてのみ、労働契約の更新をしない（いわゆる「雇止め」をする）こと。

② 女性労働者についてのみ、子を有していることを理由として、労働契約の更新をしない（いわゆる「雇止め」をする）こと。

③ 男女のいずれかについてのみ、労働契約の更新回数の上限を設けること。

ハ　労働契約の更新に当たって、能力及び資質の有無等を判断する場合に、その方法や基準について男女で異なる取扱いをすること。

（異なる取扱いをしていると認められる例）

労働契約の更新に当たって、男性労働者については平均的な営業成績である場合には労働契約の更新の対象とするが、女性労働者については、特に営業成績が良い場合にのみその対象とすること。

ニ　労働契約の更新に当たって男女のいずれかを優先すること。

（優先していると認められる例）

労働契約の更新の基準を満たす労働者の中から、男女のいずれかを優先して労働契約の更新の対象とすること。

14

(1)　法違反とならない場合

2から4まで、6、8及び9に関し、次に掲げる措置を講ずることは、法第八条に定める雇用の分野における男女の均等な機会及び待遇の確保の支障となっている事情を改善することを目的とする措置（ポジティブ・アクション）として、法第五条及び第六条の規定に違反することとはならない。

イ　女性労働者が男性労働者と比較して相当程度少ない雇用管理区分における募集若しくは採用又は役職についての募集若しくは採用に当たって、当該募集又は採用に係る情報の提供について女性に有利な取扱いをすること、採用の基準を満たす者の中から男性より女性を優先して採用することその他男性と比較して女性に有利な取扱いをすること。

ロ　一の雇用管理区分における女性労働者が男性労働者と比較して相当程度少ない職務に新たに労働者を配置する場合に、当該配置の資格についての試験の受験を女性労働者のみに奨励すること、当該配置の基準を満たす労働者の中から男性労働者より女性労働者を優先して配置することその他男性労働者と比較して女性労働者に有利な取扱いをすること。

ハ　一の雇用管理区分における女性労働者が男性労働者と比較して相当程度少ない役職への昇進に当たって、当該昇進のための試験の受験を女性労働者のみに奨励すること、当該昇進の基準を満たす労働者の中から男性労働者より女性労働者を優先して昇進させることその他男性労働者と比較して女性労働者に有利な取扱いをすること。

ニ　一の雇用管理区分における女性労働者が男性労働者と比較して相当程度少ない職務又は役職に従事するに当たって必要とされる能力を付与する教育訓練に当たって、その対象を女性労働者のみとすること、女性労働者に有利な条件を付すことその他男性労働者と比較して女性労働者に有利な取扱いをすること。

ホ　一の雇用管理区分における女性労働者が男性労働者と比較して相当程度少ない職種への変更について、当該職種の変更のための試験の受験を女性労働者のみに奨励すること、当該職種の変更の基準を満たす労働者の中から男性労働者より女性労働者を優先して職種の変更の対象とすることその他男性労働者と比較して女性労働者に有利な取扱いをすること。

ヘ　一の雇用管理区分における女性労働者が男性労働者と比較して相当程度少ない雇用形態への変更について、当該雇用形態の変更のための試験の受験を女性労働者のみに奨励すること、当該雇用形態の変更の基準を満たす労働者の中から男性労働者より女性労働者を優先して雇用形態の変更の対象とすることその他男性労働者と比較して女性労働者に有利な取扱いをすること。

(2)　次に掲げる場合において、二から四までにおいて掲げる措置を講ずることは、性別にかかわりなく均等な機会を与えていない、又は性別を理由とする差別的取扱いをしているとは解されず、法第五条及び第六条の規定に違反することとはならない。

イ　次に掲げる職務に従事する労働者に係る場合

①　芸術、芸能の分野における表現の真実性等の要請から男女のいずれかのみに従事させることが必要である職務

②　守衛、警備員等のうち防犯上の要請から男性に従事させることが必要である職務

③　①及び②に掲げるもののほか、宗教上、風紀上、スポーツにおける競技の性質上その他の業務の性質上男女のいずれかのみに従事させることについてこれらと同程度の必要性があると認められる職務

ロ　労働基準法（昭和二二年法律第四九号）第六一条第一項、第六四条の二若しくは第六四条の三第二項の規定により女性を就業させることができず、又は保健師助産師看護師法（昭和二三年法律第二〇三号）第三条の規定により男性を就業させることができないことから、通常の業務を遂行するために、労働者の性別にかかわりなく均等な機会を与え又は均等な取扱いをすることが困難であると認められる場合

ハ　風俗、風習等の相違により男女のいずれかが能力を発揮し難い海外での勤務が必要な場合その他特別の事情により労働者の性別にかかわりなく均等な機会を与え又は均等な取扱いをすることが困難であると認められる場合

第三　間接差別（法第七条関係）

1　雇用の分野における性別に関する間接差別

(1)　雇用の分野における性別に関する間接差別とは、①性別以外の事由を要件とする措置であって、②他の性の構成員と比較して、一方の性の構成員に相当程度の不利益を与えるものを、③合理的な理由がないときに講ずることをいう。

(2)　(1)の①の「性別以外の事由を要件とする措置」とは、男性、女性という性別に基づく措置ではなく、外見上は性中立的な規定、基準、慣行等（以下第三において「基準等」という。）に基づく措置をいうものである。

(1)の②の「他の性の構成員と比較して、一方の性の構成員に相当程度の不利益を与えるもの」とは、当該基準等を満たすことができる者の比率が男女で相当程度異なるものをいう。

(1)の③の「合理的な理由」とは、具体的には、当該措置の対象となる業務の性質に照らして当該措置の実施が当該業務の遂行上特に必要である場合、事業の運営の状況に照らして当該措置の実施が雇用管理上特に必要であること等をいうものである。

(3)　法第七条は、募集、採用、配置、昇進、降格、教育訓練、福利厚生、職種及び雇用形態の変更、退職の勧奨、定年、解雇並びに労働契約の更新に関する措置であって、(1)の①及び②に該当するものを厚生労働省令で定め、(1)の③の合理的な理由がある場合でなければ、これを講じてはならないこととするものである。

厚生労働省令で定めている措置は、具体的には、次のとおりである。

（均等則第二条各号に掲げる措置）

イ　労働者の募集又は採用に当たって、労働者の身長、体重又は体力を要件とすること（均等則第二条第一号関係）。

ロ　労働者の募集若しくは採用、昇進又は職種の変更に当たって、転居を伴う転勤に応じることができることを要件とすること（均等則第二条第二号関係）。

ハ　労働者の昇進に当たり、転勤の経験があることを要件とすること（均等則第二条第三号関係）。

2　労働者の募集又は採用に当たって、労働者の身長、体重又は体力を要件とすること（法第七条・均等則第二条第一号関係）

(1)　均等則第二条第一号の「労働者の募集又は採用に関する措置であって、労働者の身長、体重又は体力に関する事由を要件とするもの」とは、募集又は採用に当たって、身長若しくは体重が一定以上若しくは一定以下であることと又は一定以上の筋力や運動能力があることなど一定以上の体力を有すること（以下「身長・体重・体力要件」という。）を選考基準とするすべての場合をいい、例えば、次に掲げるものが該当する。

（身長・体重・体力要件を選考基準としていると認められる例）

イ　募集又は採用に当たって、身長・体重・体力要件を満たしている者のみを対象とすること。

ロ　複数ある採用の基準の中に、身長・体重・体力要件が含まれていること。

ハ　身長・体重・体力要件を満たしている者については、採用選考において平均的な評価がなされている場合に採用するが、身長・体重・体力要件を満たしていない者については、特に優秀という評価がなされている場合にのみその対象とすること。

(2)　合理的な理由の有無については、個別具体的な事案ごとに、総合的に判断が行われるものであるが、合理的な理由がない場合としては、例えば、次のようなものが考えられる。

（合理的な理由がないと認められる例）

イ　荷物を運搬する業務を内容とする職務について、当該業務を行うために必要な筋力より強い筋力があることを要件とする場合

ロ　荷物を運搬する業務を内容とする職務ではあるが、運搬等するための設備、機械等が導入されており、通常の作業において筋力を要さない場合に、一定以上の筋力があることを要件とする場合

ハ　単なる受付、出入者のチェックのみを行う等防犯を本来の目的としていない警備員の職務について、身長又は体重が一定以上であることを要件とする場合

3　労働者の募集若しくは採用、昇進又は職種の変更に当たって、転居を伴う転勤に応じることができることを要件とすること（法第七条・均等則第二条第二号関係）

(1)　均等則第二条第二号の「労働者の募集若しくは採用、昇進又は職種の変更に関する措置であって、労働者が住居の移転を伴う配置転換に応じることができることを要件とするもの」とは、労働者の募集若しくは採用、昇進又は職種の変更に当たって、転居を伴う転勤に応じることができること（以下「転勤要件」という。）を選考基準とするすべての場合をいい、例えば、次に掲げるものが該当する。

（転勤要件を選考基準としていると認められる例）

イ　募集若しくは採用又は昇進に当たって、転居を伴う転勤に応じることができる者のみを対象とすること又は複数ある採用又は昇進の基準の中に、転勤要件が含まれていること。

ロ　職種の変更に当たって、転居を伴う転勤に応じることができる者のみを対象とすること又は複数ある職種の変更の基準の中に、転勤要件が含まれていること。

例えば、事業主が新たにコース別雇用管理（事業主が、その雇用する労働者について、労働者の職種、資格等に基づき複数のコースを設定し、コースごとに異なる雇用管理を行うものをいう。）を導入し、その雇用す

る労働者を総合職と一般職へ区分する場合に、総合職については、転居を伴う転勤に応じることができる者のみ対象とすること又は複数ある職種の変更の基準の中に転勤要件が含まれていることなどが考えられること。

(2) 合理的な理由の有無については、個別具体的な事案ごとに、総合的に判断が行われるものであるが、合理的な理由がない場合としては、例えば、次のようなものが考えられる。

（合理的な理由がないと認められる例）

イ　広域にわたり展開する支店、支社等がなく、かつ、支店、支社等を広域にわたり展開する計画等もない場合

ロ　広域にわたり展開する支店、支社等はあるが、長期間にわたり、家庭の事情その他の特別な事情により本人が転勤を希望した場合を除き、転居を伴う転勤の実態がほとんどない場合

ハ　広域にわたり展開する支店、支社等はあるが、異なる地域の支店、支社等での勤務経験を積むこと、生産現場の業務を経験すること、地域の特殊性を経験すること等が労働者の能力の育成・確保に特に必要であるとは認められず、かつ、組織運営上、転居を伴う転勤を含む人事ローテーションを行うことが特に必要であるとは認められない場合

4　労働者の昇進に当たり、転勤の経験があることを要件とすること（法第七条・均等則第二条第三号関係）

(1) 均等則第二条第三号の「労働者の昇進に関する措置であって、労働者が勤務する事業場と異なる事業場に配置転換された経験があることを要件とするもの」とは、一定の役職への昇進に当たり、労働者に転勤の経験があること（以下「転勤経験要件」という。）を選考基準とするすべての場合をいい、例えば、次に掲げるものが該当する。

（転勤経験要件を選考基準としていると認められる例）

イ　一定の役職への昇進に当たって、転勤の経験がある者のみを対象とすること。

ロ　複数ある昇進の基準の中に、転勤経験要件が含まれていること。

ハ　転勤の経験がある者については、一定の役職への昇進の選考において平均的な評価がなされている場合に昇進の対象とするが、転勤の経験がない者については、特に優秀という評価がなされている場合にのみその対象とすること。

ニ　転勤の経験がある者についてのみ、昇進のための試験を全部又は一部免除すること。

(2) 合理的な理由の有無については、個別具体的な事案ごとに、総合的に判断が行われるものであるが、合理的な理由がない場合としては、例えば、次のようなものが考えられる。

（合理的な理由がないと認められる例）

イ　広域にわたり展開する支店、支社がある企業において、本社の課長に昇進するに当たって、本社の課長の業務を遂行する上で、異なる地域の支店、支社における勤務経験が特に必要であるとは認められず、かつ、転居を伴う転勤を含む人事ローテーションを行うことが特に必要であるとは認められない場合に、転居を伴う転勤の経験があることを要件とする場合

ロ　特定の支店の管理職としての職務を遂行する上で、異なる支店での経験が特に必要とは認められない場合において、当該支店の管理職に昇進するに際し、異な

る支店における勤務経験を要件とする場合

第四　婚姻・妊娠・出産等を理由とする不利益取扱いの禁止（法第九条関係）

1　婚姻・妊娠・出産を退職理由として予定する定め（法第九条第一項関係）

女性労働者が婚姻したこと、妊娠したこと、又は出産したことを退職理由として予定する定めをすることは、法第九条第一項により禁止されるものである。

法第九条第一項の「予定する定め」とは、女性労働者が婚姻、妊娠又は出産した場合には退職する旨をあらかじめ労働協約、就業規則又は労働契約に定めることをいうほか、労働契約の締結に際し労働者がいわゆる念書を提出する場合や、婚姻、妊娠又は出産した場合の退職慣行について、事業主が事実上退職制度として運用しているような実態がある場合も含まれる。

2　婚姻したことを理由とする解雇（法第九条第二項関係）

女性労働者が婚姻したことを理由として解雇することは、法第九条第二項により禁止されるものである。

3　妊娠・出産等を理由とする解雇その他不利益な取扱い（法第九条第三項関係）

(1)　その雇用する女性労働者が妊娠したことその他の妊娠又は出産に関する事由であって均等則第二条の二各号で定めるもの（以下「妊娠・出産等」という。）を理由として、解雇その他不利益な取扱いをすることは、法第九条第三項（労働者派遣事業の適正な運営の確保及び派遣労働者の保護等に関する法律第四七条の二の規定により適用することとされる場合を含む。）により禁止されるものである。

法第九条第三項の「理由として」とは、妊娠・出産等と、解雇その他不利益な取扱いとの間に因果関係があることをいう。

均等則第二条の二各号においては、具体的に次のような事由を定めている。

（均等則第二条の二各号に掲げる事由）

イ　妊娠したこと（均等則第二条の二第一号関係）。

ロ　出産したこと（均等則第二条の二第二号関係）。

ハ　妊娠中及び出産後の健康管理に関する措置（母性健康管理措置）を求め、又は当該措置を受けたこと（均等則第二条の二第三号関係）。

ニ　坑内業務の就業制限若しくは危険有害業務の就業制限の規定により業務に就くことができないこと、坑内業務に従事しない旨の申出若しくは就業制限の業務に従事しない旨の申出をしたこと又はこれらの業務に従事しなかったこと（均等則第二条の二第四号関係）。

ホ　産前休業を請求し、若しくは産前休業をしたこと又は産後の就業制限の規定により就業できず、若しくは産後休業をしたこと（均等則第二条の二第五号関係）。

ヘ　軽易な業務への転換を請求し、又は軽易な業務に転換したこと（均等則第二条の二第六号関係）。

ト　事業場において変形労働時間制がとられる場合において一週間又は一日について法定労働時間を超える時間について労働しないことを請求したこと、時間外若しくは休日について労働しないことを請求したこと、深夜業をしないことを請求したこと又はこれらの労働をしなかったこと（均等則第二条の二第七号関係）。

チ　育児時間の請求をし、又は育児時間を取得したこと（均等則第二条の二第八号関係）。

リ　妊娠又は出産に起因する症状により労務の提供ができないこと若しくはできなかったこと又は労働能率が低下したこと（均等則第二条の二第九号関係）。

なお、リの「妊娠又は出産に起因する症状」とは、つわり、妊娠悪阻、切迫流産、出産後の回復不全等、妊娠又は出産をしたことに起因して妊産婦に生じる症状をいう。

(2) 法第九条第三項により禁止される「解雇その他不利益な取扱い」とは、例えば、次に掲げるものが該当する。

イ 解雇すること。

ロ 期間を定めて雇用される者について、契約の更新をしないこと。

ハ あらかじめ契約の更新回数の上限が明示されている場合に、当該回数を引き下げること。

ニ 退職又は正社員をパートタイム労働者等の非正規社員とするような労働契約内容の変更の強要を行うこと。

ホ 降格させること。

ヘ 就業環境を害すること。

ト 不利益な自宅待機を命ずること。

チ 減給をし、又は賞与等において不利益な算定を行うこと。

リ 昇進・昇格の人事考課において不利益な評価を行うこと。

ヌ 不利益な配置の変更を行うこと。

ル 派遣労働者として就業する者について、派遣先が当該派遣労働者に係る労働者派遣の役務の提供を拒むこと。

(3) 妊娠・出産等を理由として(2)のイからヘまでに掲げる取扱いを行うことは、直ちに不利益な取扱いに該当すると判断されるものであるが、これらに該当するか否か、また、これ以外の取扱いが(2)のトからルまでに掲げる不利益な取扱いに該当するか否かについては、次の事項を勘案して判断すること。

イ 勧奨退職や正社員をパートタイム労働者等の非正規社員とするような労働契約内容の変更は、労働者の表面上の同意を得ていたとしても、これが労働者の真意に基づくものでないと認められる場合には、(2)のニの「退職又は正社員をパートタイム労働者等の非正規社員とするような労働契約内容の変更の強要を行うこと」に該当すること。

ロ 業務に従事させない、専ら雑務に従事させる等の行為は、(2)のヘの「就業環境を害すること」に該当すること。

ハ 事業主が、産前産後休業の休業終了予定日を超えて休業すること又は医師の指導に基づく休業の措置の期間を超えて休業することを労働者に強要することは、(2)のトの「不利益な自宅待機を命ずること」に該当すること。

なお、女性労働者が労働基準法第六五条第三項の規定により軽易な業務への転換の請求をした場合において、女性労働者が転換すべき業務を指定せず、かつ、客観的にみても他に転換すべき軽易な業務がない場合、女性労働者がやむを得ず休業する場合には、(2)のトの「不利益な自宅待機を命ずること」には該当しないこと。

ニ 次に掲げる場合には、(2)のチの「減給をし、又は賞与等において不利益な算定を行うこと」に該当すること。

① 実際には労務の不提供や労働能率の低下が生じていないにもかかわらず、女性労働者が、妊娠し、出産し、又は労働基準法に基づく産前休業の請求等をしたことのみをもって、賃金又は賞与若しくは退職金を減額すること。

② 賃金について、妊娠・出産等に係る就労しなかっ

た又はできなかった期間（以下「不就労期間」という。）分を超えて不支給とすること。

③　賞与又は退職金の支給額の算定に当たり、不就労期間や労働能率の低下を考慮の対象とする場合において、同じ期間休業した疾病等や同程度労働能率が低下した疾病等と比較して、妊娠・出産等による休業や妊娠・出産等による労働能率の低下について不利に取り扱うこと。

④　賞与又は退職金の支給額の算定に当たり、不就労期間や労働能率の低下を考慮の対象とする場合において、現に妊娠・出産等により休業した期間や労働能率が低下した割合を超えて、休業した、又は労働能率が低下したものとして取り扱うこと。

ホ　次に掲げる場合には、(2)のリの「昇進・昇格の人事考課において不利益な評価を行うこと」に該当すること。

①　実際には労務の不提供や労働能率の低下が生じていないにもかかわらず、女性労働者が、妊娠し、出産し、又は労働基準法に基づく産前休業の請求等をしたことのみをもって、人事考課において、妊娠をしていない者よりも不利に取り扱うこと。

②　人事考課において、不就労期間や労働能率の低下を考慮の対象とする場合において、同じ期間休業した疾病等や同程度労働能率が低下した疾病等と比較して、妊娠・出産等による休業や妊娠・出産等による労働能率の低下について不利に取り扱うこと。

ヘ　配置の変更が不利益な取扱いに該当するか否かについては、配置の変更の必要性、配置の変更前後の賃金その他の労働条件、通勤事情、労働者の将来に及ぼす影響等諸般の事情について総合的に比較考量の上、判断すべきものであるが、例えば、通常の人事異動のルールからは十分に説明できない職務又は就業の場所の変更を行うことにより、当該労働者に相当程度経済的又は精神的な不利益を生じさせることは、(2)のヌの「不利益な配置の変更を行うこと」に該当すること。

例えば、次に掲げる場合には、人事ローテーションなど通常の人事異動のルールからは十分に説明できず、「不利益な配置の変更を行うこと」に該当すること。

①　妊娠した女性労働者が、その従事する職務において業務を遂行する能力があるにもかかわらず、賃金その他の労働条件、通勤事情等が劣ることとなる配置の変更を行うこと。

②　妊娠・出産等に伴いその従事する職務において業務を遂行することが困難であり配置を変更する必要がある場合において、他に当該労働者を従事させることができる適当な職務があるにもかかわらず、特別な理由もなく当該職務と比較して、賃金その他の労働条件、通勤事情等が劣ることとなる配置の変更を行うこと。

③　産前産後休業からの復帰に当たって、原職又は原職相当職に就けないこと。

ト　次に掲げる場合には、(2)のルの「派遣労働者として就業する者について、派遣先が当該派遣労働者に係る派遣の役務の提供を拒むこと」に該当すること。

①　妊娠した派遣労働者が、派遣契約に定められた役務の提供ができると認められるにもかかわらず、派遣先が派遣元事業主に対し、派遣労働者の交替を求めること。

②　妊娠した派遣労働者が、派遣契約に定められた役務の提供ができると認められるにもかかわらず、派

労働者に対する性別を理由とする差別の禁止等に関する規定に定める事項に関し、事業主が適切に対処するための指針

遣先が派遣元事業主に対し、当該派遣労働者の派遣を拒むこと。

事業主が職場における性的な言動に起因する問題に関して雇用管理上講ずべき措置等についての指針

〔平成一八年一〇月一一日 厚生労働省告示第六一五号〕

沿革 平成二四年 九月二七日厚生労働省告示第五一八号
〃 二五年一二月二四日 〃 第三八三号
〃 二八年 八月 二日 〃 第三一四号
令和 二年 一月一五日 〃 第 六号

一 はじめに

この指針は、雇用の分野における男女の均等な機会及び待遇の確保等に関する法律（昭和四十七年法律第百十三号。以下「法」という。）第十一条第一項から第三項までに規定する事業主が職場において行われる性的な言動に対するその雇用する労働者の対応により当該労働者がその労働条件につき不利益を受け、又は当該性的な言動により当該労働者の就業環境が害されること（以下「職場におけるセクシュアルハラスメント」という。）のないよう雇用管理上講ずべき措置等について、同条第四項の規定に基づき事業主が適切かつ有効な実施を図るために必要な事項について定めたものである。

二 職場におけるセクシュアルハラスメントの内容

㈠ 職場におけるセクシュアルハラスメントには、職場において行われる性的な言動に対する労働者の対応により当該労働者がその労働条件につき不利益を受けるもの（以下「対価型セクシュアルハラスメント」という。）と、当該性的な言動により労働者の就業環境が害されるもの（以下「環境型セクシュアルハラスメント」という。）がある。なお、職場におけるセクシュアルハラスメントには、同性に対するものも含まれるものである。また、被害を受けた者（以下「被害者」という。）の性的指向又は性自認にかかわらず、当該者に対する職場におけるセクシュアルハラスメントも、本指針の対象となるものである。

㈡ 「職場」とは、事業主が雇用する労働者が業務を遂行する場所を指し、当該労働者が通常就業している場所以外の場所であっても、当該労働者が業務を遂行する場所については、「職場」に含まれる。取引先の事務所、取引先と打合せをするための飲食店、顧客の自宅等であっても、当該労働者が業務を遂行する場所であればこれに該当する。

㈢ 「労働者」とは、いわゆる正規雇用労働者のみならず、パートタイム労働者、契約社員等いわゆる非正規雇用労働者を含む事業主が雇用する労働者の全てをいう。

また、派遣労働者については、派遣元事業主のみならず、労働者派遣の役務の提供を受ける者についても、労働者派遣事業の適正な運営の確保及び派遣労働者の保護等に関する法律（昭和六十年法律第八十八号）第四十七条の二の規定により、その指揮命令の下に労働させる派遣労働者を雇用する事業主とみなされ、法第十一条第一項及び第十一条の二第二項の規定が適用されることから、労働者派遣の役務の提供を受ける者は、派遣労働者についてもその雇用する労働者と同様に、三㋑㈠の配慮及び四の措置を講ずることが必要である。なお、法第十一条第二項、第十七条第二項及び第十八条第二項の労働者に対する不利益な取扱いの禁止については、派遣労働者も対象に含まれるものであり、派遣元事業主のみならず、労働者派遣の役務の提供を受ける者もまた、当該者に派遣労働者が職場におけるセクシュアルハラスメントの相談を行ったこと等を理由として、当該派遣労働者に係る労働者派遣の役務の提供を拒む等、当該派遣労働者に対する不利益な取扱いを行ってはならない。

(四) 「性的な言動」とは、性的な内容の発言及び性的な行動を指し、この「性的な内容の発言」には、性的な事実関係を尋ねること、性的な内容の情報を意図的に流布すること等が、「性的な行動」には、性的な関係を強要すること、必要なく身体に触ること、わいせつな図画を配布すること等が、それぞれ含まれる。当該言動を行う者には、労働者を雇用する事業主（その者が法人である場合にあってはその役員。以下この(四)において同じ。）、上司、同僚に限らず、取引先等の他の事業主又はその雇用する労働者、顧客、患者又はその家族、学校における生徒等もなり得る。

(五) 「対価型セクシュアルハラスメント」とは、職場において行われる労働者の意に反する性的な言動に対する労働者の対応により、当該労働者が解雇、降格、減給等の不利益を受けることであって、その状況は多様であるが、典型的な例として、次のようなものがある。

イ 事務所内において事業主が労働者に対して性的な関係を要求したが、拒否されたため、当該労働者を解雇すること。

ロ 出張中の車中において上司が労働者の腰、胸等に触ったが、抵抗されたため、当該労働者について不利益な配置転換をすること。

ハ 営業所内において事業主が日頃から労働者に係る性的な事柄について公然と発言していたが、抗議されたため、当該労働者を降格すること。

(六) 「環境型セクシュアルハラスメント」とは、職場において行われる労働者の意に反する性的な言動により労働者の就業環境が不快なものとなったため、能力の発揮に重大な悪影響が生じる等当該労働者が就業する上で看過できない程度の支障が生じることであって、その状況は多様であるが、典型的な例として、次のようなものがある。

イ 事務所内において上司が労働者の腰、胸等に度々触ったため、当該労働者が苦痛に感じてその就業意欲が低下していること。

ロ 同僚が取引先において労働者に係る性的な内容の情報を意図的かつ継続的に流布したため、当該労働者が苦痛に感じて仕事が手につかないこと。

ハ 労働者が抗議をしているにもかかわらず、事務所内にヌードポスターを掲示しているため、当該労働者が苦痛に感じて業務に専念できないこと。

三 事業主等の責務

(一) 事業主の責務

法第十一条の二第二項の規定により、事業主は、職場におけるセクシュアルハラスメントを行ってはならないことその他職場におけるセクシュアルハラスメントに起因する問題（以下「セクシュアルハラスメント問題」という。）に対するその雇用する労働者の関心と理解を深めるとともに、当該労働者が他の労働者（他の事業主が雇用する労働者及び求職者を含む。(二)において同じ。）に対する言動に必要な注意を払うよう、研修の実施その他の必要な配慮をするほか、国の講ずる同条第一項の広報活動、啓発活動その他の措置に協力するように努めなければならない。なお、職場におけるセクシュアルハラスメントに起因する問題としては、例えば、労働者の意欲の低下などによる職場環境の悪化や職場全体の生産性の低下、労働者の健康状態の悪化、休職や退職などにつながり得ること、これらに伴う経営的な損失等が考えられる。

また、事業主（その者が法人である場合にあっては、その役員）は、自らも、セクシュアルハラスメント問題に対する関心と理解を深め、労働者（他の事業主が雇用する労働者及び求職者を含む。）に対する言動に必要な注意を払うように努めなければならない。

(二) 労働者の責務

法第十一条の二第四項の規定により、労働者は、セクシュアルハラスメント問題に対する関心と理解を深め、他の労働者に対する言動に必要な注意を払うとともに、事業主の講ずる四の措置に協力するように努めなければならない。

四 事業主が職場における性的な言動に起因する問題に関し雇用管理上講ずべき措置の内容

事業主は、職場におけるセクシュアルハラスメントを防止するため、雇用管理上次の措置を講じなければならない。

(一) 事業主の方針等の明確化及びその周知・啓発

事業主は、職場におけるセクシュアルハラスメントに関する方針の明確化、労働者に対するその方針の周知・啓発として、次の措置を講じなければならない。

なお、周知・啓発をするに当たっては、職場におけるセクシュアルハラスメントの防止の効果を高めるため、その発生の原因や背景について労働者の理解を深めることが重要である。その際、職場におけるセクシュアルハラスメントの発生の原因や背景には、性別役割分担意識に基づく言動もあると考えられ、こうした言動をなくしていくことがセクシュアルハラスメントの防止の効果を高める上で重要であることに留意することが必要である。

イ 職場におけるセクシュアルハラスメントの内容及び職場におけるセクシュアルハラスメントを行ってはならない旨の方針を明確化し、管理監督者を含む労働者に周知・啓発すること。

（事業主の方針を明確化し、労働者に周知・啓発していると認められる例）

① 就業規則その他の職場における服務規律等を定めた文書において、職場におけるセクシュアルハラスメントを行ってはならない旨の方針を規定し、当該規定と併せて、職場におけるセクシュアルハラスメントの内容及び性別役割分担意識に基づく言動がセクシュアルハラスメントの発生の原因や背景となり得ることを、労働者に周知・啓発すること。

② 社内報、パンフレット、社内ホームページ等広報又は啓発のための資料等に職場におけるセクシュアルハラスメントの内容及び性別役割分担意識に基づく言動がセクシュアルハラスメントの発生の原因や背景となり得ること並びに職場におけるセクシュアルハラスメントを行ってはならない旨の方針を記載し、配布等すること。

③ 職場におけるセクシュアルハラスメントの内容及び性別役割分担意識に基づく言動がセクシュアルハラスメントの発生の原因や背景となり得ること並びに職場におけるセクシュアルハラスメントを行ってはならない旨の方針を労働者に対して周知・啓発するための研修、講習等を実施すること。

ロ 職場におけるセクシュアルハラスメントに係る性的な言動を行った者については、厳正に対処する旨の方針及び対処の内容を就業規則その他の職場における服務規律等を定めた文書に規定し、管理監督者を含む労働者に周知・啓発すること。

（対処方針を定め、労働者に周知・啓発していると認められる例）

① 就業規則その他の職場における服務規律等を定めた文書において、職場におけるセクシュアルハラスメントに係る性的な言動を行った者に対する懲戒規定を定

め、その内容を労働者に周知・啓発すること。

② 職場におけるセクシュアルハラスメントに係る性的な言動を行った者は、現行の就業規則その他の職場における服務規律等を定めた文書において定められている懲戒規定の適用の対象となる旨を明確化し、これを労働者に周知・啓発すること。

(二) 相談（苦情を含む。以下同じ。）に応じ、適切に対応するために必要な体制の整備

事業主は、労働者からの相談に対し、その内容や状況に応じ適切かつ柔軟に対応するために必要な体制の整備として、次の措置を講じなければならない。

イ 相談への対応のための窓口（以下「相談窓口」という。）をあらかじめ定め、労働者に周知すること。

（相談窓口をあらかじめ定めていると認められる例）

① 相談に対応する担当者をあらかじめ定めること。

② 相談に対応するための制度を設けること。

③ 外部の機関に相談への対応を委託すること。

ロ イの相談窓口の担当者が、相談に対し、その内容や状況に応じ適切に対応できるようにすること。また、相談窓口においては、被害を受けた労働者が萎縮するなどして相談を躊躇する例もあること等も踏まえ、相談者の心身の状況や当該言動が行われた際の受け止めなどその認識にも配慮しながら、職場におけるセクシュアルハラスメントが現実に生じている場合だけでなく、その発生のおそれがある場合や、職場におけるセクシュアルハラスメントに該当するか否か微妙な場合であっても、広く相談に対応し、適切な対応を行うようにすること。例えば、放置すれば就業環境を害するおそれがある場合や、性別役割分担意識に基づく言動が原因や背景となってセクシュアルハラスメントが生じるおそれがある場合等が考えられる。

（相談窓口の担当者が適切に対応することができるようにしていると認められる例）

① 相談窓口の担当者が相談を受けた場合、その内容や状況に応じて、相談窓口の担当者と人事部門とが連携を図ることができる仕組みとすること。

② 相談窓口の担当者が相談を受けた場合、あらかじめ作成した留意点などを記載したマニュアルに基づき対応すること。

③ 相談窓口の担当者に対し、相談を受けた場合の対応についての研修を行うこと。

(三) 職場におけるセクシュアルハラスメントに係る事後の迅速かつ適切な対応

事業主は、職場におけるセクシュアルハラスメントに係る相談の申出があった場合において、その事案に係る事実関係の迅速かつ正確な確認及び適正な対処として、次の措置を講じなければならない。

イ 事案に係る事実関係を迅速かつ正確に確認すること。なお、セクシュアルハラスメントに係る性的な言動の行為者とされる者（以下「行為者」という。）が、他の事業主が雇用する労働者又は他の事業主（その者が法人である場合にあっては、その役員）である場合には、必要に応じて、他の事業主に事実関係の確認への協力を求めることも含まれる。

（事案に係る事実関係を迅速かつ正確に確認していると認められる例）

① 相談窓口の担当者、人事部門又は専門の委員会等が、相談を行った労働者（以下「相談者」という。）及び行為者の双方から事実関係を確認すること。その際、相談者の心身の状況や当該言動が行われた際の受け止

めなどその認識にも適切に配慮すること。

また、相談者と行為者との間で事実関係に関する主張に不一致があり、事実の確認が十分にできないと認められる場合には、第三者からも事実関係を聴取する等の措置を講ずること。

② 事実関係を迅速かつ正確に確認しようとしたが、確認が困難な場合などにおいて、法第十八条に基づく調停の申請を行うことその他中立な第三者機関に紛争処理を委ねること。

ロ イにより、職場におけるセクシュアルハラスメントが生じた事実が確認できた場合においては、速やかに被害を受けた労働者（以下「被害者」という。）に対する配慮のための措置を適正に行うこと。

（措置を適正に行っていると認められる例）

① 事案の内容や状況に応じ、被害者と行為者の間の関係改善に向けての援助、被害者と行為者を引き離すための配置転換、行為者の謝罪、被害者の労働条件上の不利益の回復、管理監督者又は事業場内産業保健スタッフ等による被害者のメンタルヘルス不調への相談対応等の措置を講ずること。

② 法第十八条に基づく調停その他中立な第三者機関の紛争解決案に従った措置を被害者に対して講ずること。

ハ イにより、職場におけるセクシュアルハラスメントが生じた事実が確認できた場合においては、行為者に対する措置を適正に行うこと。

（措置を適正に行っていると認められる例）

① 就業規則その他の職場における服務規律等を定めた文書における職場におけるセクシュアルハラスメントに関する規定等に基づき、行為者に対して必要な懲戒その他の措置を講ずること。あわせて、事案の内容や状況に応じ、被害者と行為者の間の関係改善に向けての援助、被害者と行為者を引き離すための配置転換、行為者の謝罪等の措置を講ずること。

② 法第十八条に基づく調停その他中立な第三者機関の紛争解決案に従った措置を行為者に対して講ずること。

ニ 改めて職場におけるセクシュアルハラスメントに関する方針を周知・啓発する等の再発防止に向けた措置を講ずること。

なお、セクシュアルハラスメントに係る性的な言動の行為者が、他の事業主が雇用する労働者又は他の事業主（その者が法人である場合にあっては、その役員）である場合には、必要に応じて、他の事業主に再発防止に向けた措置への協力を求めることも含まれる。

また、職場におけるセクシュアルハラスメントが生じた事実が確認できなかった場合においても、同様の措置を講ずること。

（再発防止に向けた措置を講じていると認められる例）

① 職場におけるセクシュアルハラスメントを行ってはならない旨の方針及び職場におけるセクシュアルハラスメントに係る性的な言動を行った者について厳正に対処する旨の方針を、社内報、パンフレット、社内ホームページ等広報又は啓発のための資料等に改めて掲載し、配布等すること。

② 労働者に対して職場におけるセクシュアルハラスメントに関する意識を啓発するための研修、講習等を改めて実施すること。

(四) (一)から(三)までの措置と併せて講ずべき措置

(一)から(三)までの措置を講ずるに際しては、併せて次の措置を講じなければならない。

イ 職場におけるセクシュアルハラスメントに係る相談

者・行為者等の情報は当該相談・行為者等のプライバシーに属するものであることから、相談への対応又は当該セクシュアルハラスメントに係る事後の対応に当たっては、相談者・行為者等のプライバシーを保護するために必要な措置を講ずるとともに、その旨を労働者に対して周知すること。

（相談者・行為者等のプライバシーを保護するために必要な措置を講じていると認められる例）

① 相談者・行為者等のプライバシーの保護のために必要な事項をあらかじめマニュアルに定め、相談窓口の担当者が相談を受けた際には、当該マニュアルに基づき対応するものとすること。

② 相談者・行為者等のプライバシー保護のために、相談窓口の担当者に必要な研修を行うこと。

③ 相談窓口においては相談者・行為者等のプライバシーを保護するために必要な措置を講じていることを、社内報、パンフレット、社内ホームページ等広報又は啓発のための資料に掲載し、配布等すること。

ロ 法第十一条第二項、第十七条第二項及び第十八条第二項の規定を踏まえ、労働者が職場におけるセクシュアルハラスメントに関し相談をしたこと若しくは事実関係の確認等の事業主の雇用管理上講ずべき措置に協力したこと、都道府県労働局に対して相談、紛争解決の援助の求め若しくは調停の申請を行ったこと又は調停の出頭の求めに応じたこと（以下「セクシュアルハラスメントの相談等」という。）を理由として、解雇その他不利益な取扱いをされない旨を定め、労働者に周知・啓発すること。

（不利益な取扱いをされない旨を定め、労働者にその周知・啓発することについて措置を講じていると認められる例）

① 就業規則その他の職場における服務規律等を定めた文書において、セクシュアルハラスメントの相談等を理由として、当該労働者が解雇等の不利益な取扱いをされない旨を規定し、労働者に周知・啓発をすること。

② 社内報、パンフレット、社内ホームページ等広報又は啓発のための資料等に、セクシュアルハラスメントの相談等を理由として、当該労働者が解雇等の不利益な取扱いをされない旨を記載し、労働者に配布等すること。

五 他の事業主の講ずる雇用管理上の措置の実施に関する協力

法第十一条第三項の規定により、事業主は、当該事業主が雇用する労働者又は当該事業主（その者が法人である場合にあっては、その役員）による他の事業主の雇用する労働者に対する職場におけるセクシュアルハラスメントに関し、他の事業主から、事実関係の確認等の雇用管理上の措置の実施に関し必要な協力を求められた場合には、これに応ずるように努めなければならない。

また、同項の規定の趣旨に鑑みれば、事業主が、他の事業主から雇用管理上の措置への協力を求められたことを理由として、当該事業主に対し、当該事業主との契約を解除する等の不利益な取扱いを行うことは望ましくないものである。

六 事業主が職場における性的な言動に起因する問題に関し行うことが望ましい取組の内容

事業主は、職場におけるセクシュアルハラスメントを防止するため、四の措置に加え、次の取組を行うことが望ましい。

(一) 職場におけるセクシュアルハラスメントは、パワーハラスメント（事業主が職場における優越的な関係を背景とした言動に起因する問題に関して雇用管理上講ずべき措置等についての指針（令和二年厚生労働省告示第五号）に規定する「職場におけるパワーハラスメント」をいう。以下同じ。）、妊娠、出産等に関するハラスメント（事業主が職場における妊娠、出産等に関する言動に起因する問題に関して雇用管理上講ずべき措置等についての指針（平成二十八年厚生労働省告示第三百十二号）に規定する「職場における妊娠、出産等に関するハラスメント」をいう。）、育児休業等に関するハラスメント（子の養育又は家族の介護を行い、又は行うこととなる労働者の職業生活と家庭生活との両立が図られるようにするために事業主が講ずべき措置等に関する指針（平成二十一年厚生労働省告示第五百九号）に規定する「職場における育児休業等に関するハラスメント」をいう。）その他のハラスメントと複合的に生じることも想定されることから、事業主は、例えば、パワーハラスメント等の相談窓口と一体的に、職場におけるセクシュアルハラスメントの相談窓口を設置し、一元的に相談に応じることのできる体制を整備することが望ましい。

（一元的に相談に応じることのできる体制の例）

① 相談窓口で受け付けることのできる相談として、職場におけるセクシュアルハラスメントのみならず、パワーハラスメント等も明示すること。

② 職場におけるセクシュアルハラスメントの相談窓口がパワーハラスメント等の相談窓口を兼ねること。

(二) 事業主は、四の措置を講じる際に、必要に応じて、労働者や労働組合等の参画を得つつ、アンケート調査や意見交換等を実施するなどにより、その運用状況の的確な把握や必要な見直しの検討等に努めることが重要である。なお、労働者や労働組合等の参画を得る方法として、例えば、労働安全衛生法（昭和四十七年法律第五十七号）第十八条第一項に規定する衛生委員会の活用なども考えられる。

七 事業主が自らの雇用する労働者以外の者に対する言動に関し行うことが望ましい取組の内容

三の事業主及び労働者の責務の趣旨に鑑みれば、事業主は、当該事業主が雇用する労働者が、他の労働者（他の事業主が雇用する労働者及び求職者を含む。）のみならず、個人事業主、インターンシップを行っている者等の労働者以外の者に対する言動についても必要な注意を払うよう配慮するとともに、事業主（その者が法人である場合にあっては、その役員）自らと労働者も、労働者以外の者に対する言動について必要な注意を払うよう努めることが望ましい。

こうした責務の趣旨も踏まえ、事業主は、四(一)イの職場におけるセクシュアルハラスメントを行ってはならない旨の方針の明確化等を行う際に、当該事業主が雇用する労働者以外の者（他の事業主が雇用する労働者、就職活動中の学生等の求職者及び労働者以外の者）に対する言動についても、同様の方針を併せて示すことが望ましい。

また、これらの者から職場におけるセクシュアルハラスメントに類すると考えられる相談があった場合には、その内容を踏まえて、四の措置も参考にしつつ、必要に応じて適切な対応を行うように努めることが望ましい。

事業主が職場における妊娠、出産等に関する言動に起因する問題に関して雇用管理上講ずべき措置等についての指針

〔平成二八年八月二日 厚生労働省告示第三一二号〕

沿革 令和二年一月一五日 厚生労働省告示第六号

一 はじめに

この指針は、雇用の分野における男女の均等な機会及び待遇の確保等に関する法律（昭和四十七年法律第百十三号。以下「法」という。）第十一条の三第一項及び第二項に規定する事業主が職場において行われるその雇用する女性労働者に対する当該女性労働者が妊娠したこと、出産したことその他の妊娠又は出産に関する事由であって雇用の分野における男女の均等な機会及び待遇の確保等に関する法律施行規則（昭和六十一年労働省令第二号。以下「均等則」という。）第二条の三で定めるもの（以下「妊娠、出産等」という。）に関する言動により当該女性労働者の就業環境が害されること（以下「職場における妊娠、出産等に関するハラスメント」という。）のないよう雇用管理上講ずべき措置等について、法第十一条の三第三項の規定に基づき事業主が適切かつ有効な実施を図るために必要な事項について定めたものである。

二 職場における妊娠、出産等に関するハラスメントの内容

(一) 職場における妊娠、出産等に関するハラスメントには、上司又は同僚から行われる以下のものがある。なお、業務分担や安全配慮等の観点から、客観的にみて、業務上の必要性に基づく言動によるものについては、職場における妊娠、出産等に関するハラスメントには該当しない。

イ その雇用する女性労働者の労働基準法（昭和二十二年法律第四十九号）第六十五条第一項の規定による休業その他の妊娠又は出産に関する制度又は措置の利用に関する言動により就業環境が害されるもの（以下「制度等の利用への嫌がらせ型」という。）

ロ その雇用する女性労働者が妊娠したこと、出産したことその他の妊娠又は出産に関する言動により就業環境が害されるもの（以下「状態への嫌がらせ型」という。）

(二) 「職場」とは、事業主が雇用する女性労働者が業務を遂行する場所を指し、当該女性労働者が通常就業している場所以外の場所であっても、当該女性労働者が業務を遂行する場所については、「職場」に含まれる。

(三) 「労働者」とは、いわゆる正規雇用労働者のみならず、パートタイム労働者、契約社員等いわゆる非正規雇用労働者を含む事業主が雇用する労働者の全てをいう。また、派遣労働者については、派遣元事業主のみならず、労働者派遣の役務の提供を受ける者についても、労働者派遣事業の適正な運営の確保及び派遣労働者の保護等に関する法律（昭和六十年法律第八十八号）第四十七条の二の規定により、その指揮命令の下に労働させる派遣労働者を雇用する事業主とみなされ、法第十一条の三第一項及び第十一条の四第二項の規定が適用されることから、労働者派遣の役務の提供を受ける者は、派遣労働者についてもその雇用する労働者と同様に、三(一)の配慮及び四の措置を講ずることが必要である。なお、法第十一条の三第二項、第十七条第二項及び第十八条第二項の労働者に対する不利益な取扱

いの禁止については、派遣労働者も対象に含まれるものであり、派遣元事業主のみならず、労働者派遣の役務の提供を受ける者もまた、当該者に派遣労働者が職場における妊娠・出産等に関するハラスメントの相談を行ったこと等を理由として、当該派遣労働者に係る労働者派遣の役務の提供を拒む等、当該派遣労働者に対する不利益な取扱いを行ってはならない。

(四) 「制度等の利用への嫌がらせ型」とは、具体的には、イ①から⑥までに掲げる制度又は措置（以下「制度等」という。）の利用に関する言動により就業環境が害されるものである。典型的な例として、ロに掲げるものがあるが、ロに掲げるものは限定列挙ではないことに留意が必要である。

イ 制度等

① 妊娠中及び出産後の健康管理に関する措置（母性健康管理措置）（均等則第二条の三第三号関係）

② 坑内業務の就業制限及び危険有害業務の就業制限（均等則第二条の三第四号関係）

③ 産前休業（均等則第二条の三第五号関係）

④ 軽易な業務への転換（均等則第二条の三第六号関係）

⑤ 変形労働時間制がとられる場合における法定労働時間を超える労働時間の制限、時間外労働及び休日労働の制限並びに深夜業の制限（均等則第二条の三第七号関係）

⑥ 育児時間（均等則第二条の三第八号関係）

ロ 典型的な例

① 解雇その他不利益な取扱い（法第九条第三項に規定する解雇その他不利益な取扱いをいう。以下同じ。）を示唆するもの

女性労働者が、制度等の利用の請求等（措置の求め、請求又は申出をいう。以下同じ。）をしたい旨を上司に相談したこと、制度等の利用の請求等をしたこと又は制度等の利用をしたことにより、上司が当該女性労働者に対し、解雇その他不利益な取扱いを示唆すること。

② 制度等の利用の請求等又は制度等の利用を阻害するもの

客観的にみて、言動を受けた女性労働者の制度等の利用の請求等又は制度等の利用が阻害されるものが該当する。

(イ) 女性労働者が制度等の利用の請求等をしたい旨を上司に相談したところ、上司が当該女性労働者に対し、当該請求等をしないよう言うこと。

(ロ) 女性労働者が制度等の利用の請求等をしたところ、上司が当該女性労働者に対し、当該請求等を取り下げるよう言うこと。

(ハ) 女性労働者が制度等の利用の請求等をしたい旨を同僚に伝えたところ、同僚が当該女性労働者に対し、繰り返し又は継続的に当該請求等をしないよう言うこと（当該女性労働者がその意に反することを当該同僚に明示しているにもかかわらず、更に言うことを含む。）。

(ニ) 女性労働者が制度等の利用の請求等をしたところ、同僚が当該女性労働者に対し、繰り返し又は継続的に当該請求等を取り下げるよう言うこと（当該女性労働者がその意に反することを当該同僚に明示しているにもかかわらず、更に言うことを含む。）。

③ 制度等の利用をしたことにより嫌がらせ等をするもの

客観的にみて、言動を受けた女性労働者の能力の発揮や継続就業に重大な悪影響が生じる等当該女性労働

者が就業する上で看過できない程度の支障が生じるようなものが該当する。

女性労働者が制度等の利用をしたことにより、上司又は同僚が当該女性労働者に対し、繰り返し又は継続的に嫌がらせ等（嫌がらせ的な言動、業務に従事させないこと又は専ら雑務に従事させることをいう。以下同じ。）をすること（当該女性労働者がその意に反することを当該上司又は同僚に明示しているにもかかわらず、更に言うことを含む。）。

(五)「状態への嫌がらせ型」とは、具体的には、イ①から⑤までに掲げる妊娠又は出産に関する事由（以下「妊娠等したこと」という。）に関する言動により就業環境が害されるものである。典型的な例として、ロに掲げるものがあるが、ロに掲げるものは限定列挙ではないことに留意が必要である。

イ　妊娠又は出産に関する事由

①　妊娠したこと（均等則第二条の三第一号関係）。

②　出産したこと（均等則第二条の三第二号関係）。

③　坑内業務の就業制限若しくは危険有害業務の就業制限の規定により業務に就くことができないこと又はこれらの業務に従事しなかったこと（均等則第二条の三第四号関係）。

④　産後の就業制限の規定により就業できず、又は産後休業をしたこと（均等則第二条の三第五号関係）。

⑤　妊娠又は出産に起因する症状により労務の提供ができないこと若しくはできなかったこと又は労働能率が低下したこと（均等則第二条の三第九号関係）。なお、「妊娠又は出産に起因する症状」とは、つわり、妊娠悪阻、切迫流産、出産後の回復不全等、妊娠又は出産をしたことに起因して妊産婦に生じる症状をいう。

ロ　典型的な例

①　解雇その他不利益な取扱いを示唆するもの

女性労働者が妊娠等したことにより、上司が当該女性労働者に対し、解雇その他不利益な取扱いを示唆すること。

②　妊娠等したことにより嫌がらせ等をするもの

客観的にみて、言動を受けた女性労働者の能力の発揮や継続就業に重大な悪影響が生じる等当該女性労働者が就業する上で看過できない程度の支障が生じるようなものが該当する。

女性労働者が妊娠等したことにより、上司又は同僚が当該女性労働者に対し、繰り返し又は継続的に嫌がらせ等をすること（当該女性労働者がその意に反することを当該上司又は同僚に明示しているにもかかわらず、更に言うことを含む。）。

三　事業主等の責務

(一)　事業主の責務

法第十一条の四第二項の規定により、事業主は、職場における妊娠、出産等に関するハラスメントを行ってはならないことその他職場における妊娠、出産等に関するハラスメントに起因する問題（以下「妊娠、出産等に関するハラスメント問題」という。）に対するその雇用する労働者の関心と理解を深めるとともに、当該労働者が他の労働者（他の事業主が雇用する労働者及び求職者を含む。(二)において同じ。）に対する言動に必要な注意を払うよう、研修の実施その他の必要な配慮をするほか、国の講ずる同条第一項の広報活動、啓発活動その他の措置に協力するように努めなければならない。なお、職場における妊娠、出産等に関するハラスメントに起因する問題としては、例えば、労働者の意欲の低下などによる職場環境の悪化や職場全体の生産性の低下、労働者の健康状態の悪化、休職や退職などにつながり得ること、これらに伴う経営的な損失等が考えられる。

また、事業主（その者が法人である場合にあっては、その役員）は、自らも、妊娠、出産等に関するハラスメント問題に対する関心と理解を深め、労働者（他の事業主が雇用する労働者及び求職者を含む。）に対する言動に必要な注意を払うように努めなければならない。

㈡ 労働者の責務

法第十一条の四第四項の規定により、労働者は、妊娠、出産等に関するハラスメント問題に対する関心と理解を深め、他の労働者に対する言動に必要な注意を払うとともに、事業主の講ずる四の措置に協力するように努めなければならない。

四 事業主が職場における妊娠、出産等に関する言動に起因する問題に関し雇用管理上講ずべき措置の内容

事業主は、職場における妊娠、出産等に関するハラスメントを防止するため、雇用管理上次の措置を講じなければならない。なお、事業主が行う妊娠、出産等を理由とする不利益取扱い（就業環境を害する行為を含む。）については、既に法第九条第三項で禁止されており、こうした不利益取扱いを行わないため、当然に自らの行為の防止に努めることが求められる。

㈠ 事業主の方針等の明確化及びその周知・啓発

事業主は、職場における妊娠、出産等に関するハラスメントに対する方針の明確化、労働者に対するその方針の周知・啓発として、次の措置を講じなければならない。

なお、周知・啓発をするに当たっては、職場における妊娠、出産等に関するハラスメントの防止の効果を高めるため、その発生の原因や背景について労働者の理解を深めることが重要である。その際、職場における妊娠、出産等に関するハラスメントの発生の原因や背景には、(i)妊娠、出産等に関する否定的な言動（不妊治療に対する否定的な言動を含め、他の女性労働者の妊娠、出産等の否定につながる言動（当該女性労働者に直接行わない言動も含む。）をいい、単なる自らの意思の表明を除く。以下同じ。）が頻繁に行われるなど制度等の利用又は制度等の利用の請求等をしにくい職場風土や、(ii)制度等の利用ができることの職場における周知が不十分であることなどもあると考えられる。そのため、これらを解消していくことが職場における妊娠、出産等に関するハラスメントの防止の効果を高める上で重要であることに留意することが必要である。

イ 職場における妊娠、出産等に関するハラスメントの内容（以下「ハラスメントの内容」という。）及び妊娠、出産等に関する否定的な言動が職場における妊娠、出産等に関するハラスメントの発生の原因や背景となり得ること（以下「ハラスメントの背景等」という。）、職場における妊娠、出産等に関するハラスメントを行ってはならない旨の方針（以下「事業主の方針」という。）並びに制度等の利用ができる旨を明確化し、管理監督者を含む労働者に周知・啓発すること。

（事業主の方針等を明確化し、労働者に周知・啓発していると認められる例）

① 就業規則その他の職場における服務規律等を定めた文書において、事業主の方針及び制度等の利用ができる旨について規定し、当該規定と併せて、ハラスメントの内容及びハラスメントの背景等を労働者に周知・啓発すること。

② 社内報、パンフレット、社内ホームページ等広報又は啓発のための資料等にハラスメントの内容及びハラ

スメントの背景等、事業主の方針並びに制度等の利用ができる旨について記載し、配布等すること。

③　ハラスメントの内容及びハラスメントの背景等、事業主の方針並びに制度等の利用ができる旨を労働者に対して周知・啓発するための研修、講習等を実施すること。

ロ　職場における妊娠、出産等に関するハラスメントに係る言動を行った者については、厳正に対処する旨の方針及び対処の内容を就業規則その他の職場における服務規律等を定めた文書に規定し、管理監督者を含む労働者に周知・啓発すること。

（対処方針を定め、労働者に周知・啓発していると認められる例）

①　就業規則その他の職場における服務規律等を定めた文書において、職場における妊娠、出産等に関するハラスメントに係る言動を行った者に対する懲戒規定を定め、その内容を労働者に周知・啓発すること。

②　職場における妊娠、出産等に関するハラスメントに係る言動を行った者は、現行の就業規則その他の職場における服務規律等を定めた文書において定められている懲戒規定の適用の対象となる旨を明確化し、これを労働者に周知・啓発すること。

（二）　相談（苦情を含む。以下同じ。）に応じ、適切に対応するために必要な体制の整備

事業主は、労働者からの相談に対し、その内容や状況に応じ適切かつ柔軟に対応するために必要な体制の整備として、イ及びロの措置を講じなければならず、また、ハの措置を講ずることが望ましい。

イ　相談への対応のための窓口（以下「相談窓口」という。）をあらかじめ定め、労働者に周知すること。

（相談窓口をあらかじめ定めていると認められる例）

①　相談に対応する担当者をあらかじめ定めること。

②　相談に対応するための制度を設けること。

③　外部の機関に相談への対応を委託すること。

ロ　イの相談窓口の担当者が、相談に対し、その内容や状況に応じ適切に対応できるようにすること。また、相談窓口においては、被害を受けた労働者が萎縮するなどして相談を躊躇する例もあること等も踏まえ、相談者の心身の状況や当該言動が行われた際の受け止めなどその認識にも配慮しながら、職場における妊娠、出産等に関するハラスメントが現実に生じている場合だけでなく、その発生のおそれがある場合や、職場における妊娠、出産等に関するハラスメントに該当するか否か微妙な場合等であっても、広く相談に対応し、適切な対応を行うようにすること。例えば、放置すれば就業環境を害するおそれがある場合や、妊娠、出産等に関する否定的な言動が原因や背景となって職場における妊娠、出産等に関するハラスメントが生じるおそれがある場合等が考えられる。

（相談窓口の担当者が適切に対応することができるようにしていると認められる例）

①　相談窓口の担当者が相談を受けた場合、その内容や状況に応じて、相談窓口の担当者と人事部門とが連携を図ることができる仕組みとすること。

②　相談窓口の担当者が相談を受けた場合、あらかじめ作成した留意点などを記載したマニュアルに基づき対応すること。

③　相談窓口の担当者に対し、相談を受けた場合の対応についての研修を行うこと。

（三）　職場における妊娠、出産等に関するハラスメントに係る事案の迅速かつ適切な対応

事業主は、職場における妊娠、出産等に関するハラスメントに係る相談の申出があった場合において、その事案に係る事実関係の迅速かつ正確な確認及び適正な対処として、次の措置を講じなければならない。

イ　事案に係る事実関係を迅速かつ正確に確認すること。

（事案に係る事実関係を迅速かつ正確に確認していると認められる例）

①　相談窓口の担当者、人事部門又は専門の委員会等が、相談を行った労働者（以下「相談者」という。）及び職場における妊娠、出産等に関するハラスメントに係る言動の行為者とされる者（以下「行為者」という。）の双方から事実関係を確認すること。その際、相談者の心身の状況や当該言動が行われた際の受け止めなどその認識にも適切に配慮すること。

また、相談者と行為者との間で事実関係に関する主張に不一致があり、事実の確認が十分にできないと認められる場合には、第三者からも事実関係を聴取する等の措置を講ずること。

②　事実関係を迅速かつ正確に確認しようとしたが、確認が困難な場合などにおいて、法第十八条に基づく調停の申請を行うことその他中立な第三者機関に紛争処理を委ねること。

ロ　イにより、職場における妊娠、出産等に関するハラスメントが生じた事実が確認できた場合においては、速やかに被害を受けた労働者（以下「被害者」という。）に対する配慮のための措置を適正に行うこと。

（措置を適正に行っていると認められる例）

①　事案の内容や状況に応じ、被害者の職場環境の改善又は迅速な制度等の利用に向けての環境整備、被害者と行為者の間の関係改善に向けての援助、行為者の謝罪、管理監督者又は事業場内産業保健スタッフ等による被害者のメンタルヘルス不調への相談対応等の措置を講ずること。

②　法第十八条に基づく調停その他中立な第三者機関の紛争解決案に従った措置を被害者に対して講ずること。

ハ　イにより、職場における妊娠、出産等に関するハラスメントが生じた事実が確認できた場合においては、行為者に対する措置を適正に行うこと。

（措置を適正に行っていると認められる例）

①　就業規則その他の職場における服務規律等を定めた文書における職場における妊娠、出産等に関するハラスメントに関する規定等に基づき、行為者に対して必要な懲戒その他の措置を講ずること。あわせて、事案の内容や状況に応じ、被害者と行為者の間の関係改善に向けての援助、行為者の謝罪等の措置を講ずること。

②　法第十八条に基づく調停その他中立な第三者機関の紛争解決案に従った措置を行為者に対して講ずること。

ニ　改めて職場における妊娠、出産等に関するハラスメントに関する方針を周知・啓発する等の再発防止に向けた措置を講ずること。

なお、職場における妊娠、出産等に関するハラスメントが生じた事実が確認できなかった場合においても、同様の措置を講ずること。

（再発防止に向けた措置を講じていると認められる例）

①　事業主の方針、制度等の利用ができる旨及び職場における妊娠、出産等に関するハラスメントに係る言動を行った者について厳正に対処する旨の方針を、社内報、パンフレット、社内ホームページ等広報又は啓発のための資料等に改めて掲載し、配布等すること。

②　労働者に対して職場における妊娠、出産等に関する

ハラスメントに関する意識を啓発するための研修、講習等を改めて実施すること。

(四) 職場における妊娠、出産等に関するハラスメントの原因や背景となる要因を解消するための措置

事業主は、職場における妊娠、出産等に関するハラスメントの原因や背景となる要因を解消するため、業務体制の整備など、事業主や妊娠等した労働者その他の労働者の実情に応じ、必要な措置を講じなければならない（派遣労働者にあっては、派遣元事業主に限る。）。

なお、措置を講ずるに当たっては、

(i) 職場における妊娠、出産等に関するハラスメントの背景には妊娠、出産等に関する否定的な言動もあるが、当該言動の要因の一つには、妊娠した労働者がつわりなどの体調不良のため労務の提供ができないことや労働能率が低下すること等により、周囲の労働者の業務負担が増大することもあることから、周囲の労働者の業務負担等にも配慮すること

(ii) 妊娠等した労働者の側においても、制度等の利用ができるという知識を持つことや、周囲と円滑なコミュニケーションを図りながら自身の体調等に応じて適切に業務を遂行していくという意識を持つこと

のいずれも重要であることに留意することが必要である。（五㈡において同じ。）。

（業務体制の整備など、必要な措置を講じていると認められる例）

① 妊娠等した労働者の周囲の労働者への業務の偏りを軽減するよう、適切に業務分担の見直しを行うこと。

② 業務の点検を行い、業務の効率化等を行うこと。

(五) ㈠から㈣までの措置と併せて講ずべき措置

㈠ ㈠から㈣までの措置を講ずるに際しては、併せて次の措置を講じなければならない。

イ 職場における妊娠、出産等に関するハラスメントに係る相談者・行為者等の情報は当該相談者・行為者等のプライバシーに属するものであることから、相談への対応又は当該妊娠、出産等に関するハラスメントに係る事後の対応に当たっては、相談者・行為者等のプライバシーを保護するために必要な措置を講ずるとともに、その旨を労働者に対して周知すること。

（相談者・行為者等のプライバシーを保護するために必要な措置を講じていると認められる例）

① 相談者・行為者等のプライバシーの保護のために必要な事項をあらかじめマニュアルに定め、相談窓口の担当者が相談を受けた際には、当該マニュアルに基づき対応するものとすること。

② 相談者・行為者等のプライバシーの保護のために、相談窓口の担当者に必要な研修を行うこと。

③ 相談窓口においては相談者・行為者等のプライバシーを保護するために必要な措置を講じていることを、社内報、パンフレット、社内ホームページ等広報又は啓発のための資料等に掲載し、配布等すること。

ロ 法第十一条の三第二項、第十七条第二項及び第十八条第二項の規定を踏まえ、労働者が職場における妊娠、出産等に関するハラスメントに関し相談をしたこと若しくは事実関係の確認等の事業主の雇用管理上講ずべき措置に協力したこと、都道府県労働局に対して相談、紛争解決の援助の求め若しくは調停の申請を行ったこと又は調停の出頭の求めに応じたこと（以下「妊娠・出産等に関するハラスメントの相談等」という。）を理由として、解雇その他不利益な取扱いをされない旨を定め、労働者に周知・啓発すること。

(不利益な取扱いをされない旨を定め、労働者にその周知・啓発することについて措置を講じていると認められる例)

① 就業規則その他の職場における服務規律等を定めた文書において、妊娠・出産等に関するハラスメントの相談等を理由として、当該労働者が解雇等の不利益な取扱いをされない旨を規定し、労働者に周知・啓発をすること。

② 社内報、パンフレット、社内ホームページ等広報又は啓発のための資料等に、妊娠・出産等に関するハラスメントの相談等を理由として、当該労働者が解雇等の不利益な取扱いをされない旨を記載し、労働者に配布等すること。

五 事業主が職場における妊娠、出産等に関する言動に起因する問題に関し行うことが望ましい取組の内容

事業主は、職場における妊娠・出産等に関するハラスメントを防止するため、四の措置に加え、次の取組を行うことが望ましい。

(一) 職場における妊娠、出産等に関するハラスメントは、育児休業等に関するハラスメント(子の養育又は家族の介護を行い、又は行うこととなる労働者の職業生活と家庭生活との両立が図られるようにするために事業主が講ずべき措置等に関する指針(平成二十一年厚生労働省告示第五百九号)に規定する「職場における育児休業等に関するハラスメント」をいう。)、セクシュアルハラスメント(事業主が職場における性的な言動に起因する問題に関して雇用管理上講ずべき措置等についての指針(平成十八年厚生労働省告示第六百十五号)に規定する「職場におけるセクシュアルハラスメント」をいう。以下同じ。)、パワーハラスメント(事業主が職場における優越的な関係を背景とした言動に起因する問題に関して雇用管理上講ずべき措置等についての指針(令和二年厚生労働省告示第五号)に規定する「職場におけるパワーハラスメント」をいう。)その他のハラスメントと複合的に生じることも想定されることから、事業主は、例えば、セクシュアルハラスメント等の相談窓口と一体的に、職場における妊娠、出産等に関するハラスメントの相談窓口を設置し、一元的に相談に応じることのできる体制を整備することが望ましい。

(一元的に相談に応じることのできる体制の例)

① 相談窓口で受け付けることのできる相談として、職場における妊娠、出産等に関するハラスメントのみならず、セクシュアルハラスメント等も明示すること。

② 職場における妊娠、出産等に関するハラスメントの相談窓口がセクシュアルハラスメント等の相談窓口を兼ねること。

(二) 事業主は、職場における妊娠、出産等に関するハラスメントの原因や背景となる要因を解消するため、妊娠等した労働者の側においても、制度等の利用ができるという知識を持つことや、周囲と円滑なコミュニケーションを図りながら自身の体調等に応じて適切に業務を遂行していくという意識を持つこと等を、妊娠等した労働者に周知・啓発することが望ましい。

(妊娠等した労働者への周知・啓発の例)

① 社内報、パンフレット、社内ホームページ等広報又は啓発のための資料等に、妊娠等した労働者の側においても、制度等の利用ができるという知識を持つことや、周囲と円滑なコミュニケーションを図りながら自身の体調等に応じて適切に業務を遂行していくという意識を持つこと等について記載し、妊娠等した労働者に配布等すること。

② 妊娠等した労働者の側においても、制度等の利用ができるという知識を持つことや、周囲と円滑なコミュニケーションを図りながら自身の体調等に応じて適切に業務を遂行していくという意識を持つこと等について、人事部門等から妊娠等した労働者に周知・啓発すること。

㈢ 事業主は、四の措置を講じる際に、必要に応じて、労働者や労働組合等の参画を得つつ、アンケート調査や意見交換等を実施するなどにより、その運用状況の的確な把握や必要な見直しの検討等に努めることが重要である。なお、労働者や労働組合等の参画を得る方法として、例えば、労働安全衛生法（昭和四十七年法律第五十七号）第十八条第一項に規定する衛生委員会の活用なども考えられる。

六 事業主が自らの雇用する労働者以外の者に対する言動に関し行うことが望ましい取組の内容

三の事業主及び労働者の責務の趣旨に鑑みれば、事業主は、当該事業主が雇用する労働者が、他の労働者（他の事業主が雇用する労働者及び求職者を含む。）のみならず、個人事業主、インターンシップを行っている者等の労働者以外の者に対する言動についても必要な注意を払うよう配慮するとともに、事業主（その者が法人である場合にあっては、その役員）自らと労働者も、労働者以外の者に対する言動について必要な注意を払うよう努めることが望ましい。

こうした責務の趣旨も踏まえ、事業主は、四㈠イの職場における妊娠、出産等に関するハラスメントを行ってはならない旨の方針の明確化等を行う際に、当該事業主が雇用する労働者以外の者（他の事業主が雇用する労働者、就職活動中の学生等の求職者及び労働者以外の者）に対する言動についても、同様の方針を併せて示すことが望ましい。

また、これらの者から職場における妊娠、出産等に関するハラスメントに類すると考えられる相談があった場合には、その内容を踏まえて、四の措置も参考にしつつ、必要に応じて適切な対応を行うように努めることが望ましい。

コース等で区分した雇用管理を行うに当たって事業主が留意すべき事項に関する指針

（平成二五年一二月二四日
厚生労働省告示第三八四号）

沿革　令和元年一二月二七日厚生労働省告示第二〇五号

第一　目的

この指針は、事業主がコース等で区分した雇用管理（以下「コース等別雇用管理」という。）を行うに当たり、その適正かつ円滑な運用に資するよう、事業主が留意すべき事項について定めたものである。

第二　コース等別雇用管理を行うに当たっての基本的考え方

事業主は、コース等別雇用管理を行うに当たっては、雇用の分野における男女の均等な機会及び待遇の確保等に関する法律（昭和四十七年法律第一一三号。以下「法」という。）を遵守するとともに、その適正かつ円滑な運用を行い、その雇用する労働者がどのようなコース等の区分に属する者であってもその有する能力を有効に発揮しつつ就労できる環境が整備されるよう、この指針で定める事項に留意すべきである。

第三　コース等別雇用管理の定義

この指針において「コース等別雇用管理」とは、事業主が、その雇用する労働者について、労働者の職種、資格等に基づき複数のコースを設定し、コースごとに異なる募集、採用、配置、昇進、教育訓練、職種の変更等の雇用管理を行うものをいい、一定の業務内容や専門性等によりコースに類似した複数のグループを設定し、処遇についてグループごとに異なる取扱いを行うもの、勤務地の限定の有無により異なる雇用管理を行うもの及び期間の定めのある労働契約から期間の定めのない労働契約へ転換した労働者について異なる雇用管理を行うものも含まれるものである。

第四　コース等別雇用管理を行うに当たって事業主が留意すべき事項

一　事業主は、コース等の新設、変更又は廃止に当たっては、次に掲げることに留意することが必要である。

（法に直ちに抵触する例）

(一)　一方の性の労働者のみを一定のコース等に分けること。

(二)　一方の性の労働者のみ特別な要件を課すこと。

(三)　形式的には男女双方に開かれた制度になっているが、実際の運用上は男女異なる取扱いを行うこと。

（制度のより適正かつ円滑な運用をするために留意すべき事項の例）

(一)　コース等別雇用管理を行う必要性及び当該コース等の区分間の処遇の違いの合理性について十分に検討すること。その際、コース等の区分に用いる基準のうち一方の性の労働者が事実上満たすことが困難なものについては、その必要性について特に注意すること。

(二)　労働者の納得が得られ、長期的な職業設計をたてることができるように制度運営がなされることが肝要であることを踏まえ、コース等の区分間の職務内容及び職務上求められる能力を明確にするとともに、労働者に対し、コース等の区分における職務内容、処遇等を十分に説明すること。

(三)　コース等の新設、変更又は廃止に際して、処遇を変更する場合には、その内容及び必要性を十分に検討するとともに、当該コース等に属する労働者及び労働組合に対し、十分に説明しつつ慎重に行うこと。またその場合には、転換制度の活用等経過措置を設けることにより柔軟な運用を図ることも考えられること。

(四) コース等を廃止する際、当該コース等に属する労働者の多くが一方の性の労働者である場合には、結果的に一方の性の労働者のみに解雇その他不利益な取扱いがなされることのないよう、教育訓練の実施等により他のコース等への円滑な転換を図る等十分な配慮を行うこと。

(労働者の能力発揮のため実施することが望ましい事項の例)

(一) コース等の区分に分ける際、労働者の従来の職種等に関わらず、その時点における意欲、能力、適性等を適切に評価するとともに、当該労働者の意思を確認すること。

(二) コース等の区分間の転換を認める制度を柔軟に設定すること。その際、労働者に対し、コース等ごとの職務内容、処遇の内容等の差異について情報を提供するとともに、労働者の意向等を十分に把握した上で、例えば、次の事項に配慮した柔軟な運用を図ることも検討すること。その際、女性労働者の活躍推進の観点から、コース等の区分間の転換を目指す労働者の努力を支援すること等に配慮した制度設計を行うことが望まれること。

(i) 転換が区分間相互に可能であること。

(ii) 転換の機会が十分に確保されていること。

(iii) 転換の可否の決定及び転換時の格付けが適正な基準で行われること。

(iv) 転換を行う労働者に対し、これまでのキャリアルートの違いを考慮した教育訓練を必要に応じ受けさせること。

二 事業主は、コース等別雇用管理における労働者の募集又は採用に当たっては、次に掲げることに留意することが必要である。

(法に直ちに抵触する例)

(一) 募集又は採用に当たり、男女別で選考基準又は採用基準に差を設けること。

(二) 募集又は採用に当たり、合理的な理由なく転居を伴う転勤に応じることができる者のみを対象とすること(いわゆる「転勤要件」)又は合理的な理由なく複数ある採用の基準の中に、転勤要件が含まれていること。

ただし、法上、総合職の女性が相当程度少ない場合に、例えば総合職の採用に当たって、女性を積極的に選考すること等女性優遇の措置をとることは許容されていること。

(制度のより適正かつ円滑な運用をするために留意すべき事項の例)

(一) 募集又は採用に当たり、応募者の自主的なコース等の選択を促進する観点から、応募者に対し、コース等ごとの職務内容、処遇の内容等の差異について情報を提供すること。

(二) 募集又は採用に当たり、合理的な理由により転勤要件を課す場合には、応募者に対し、可能な範囲で転勤要件に関する情報を提供すること。

(労働者の能力発揮のため実施することが望ましい事項の例)

(一) 採用時にはその雇用する労働者をコース等に区分せず、一定の勤務経験を経た後に、当該労働者の意欲、能力、適性等に応じて区分することも一つの方法として考えられること。

(二) 採用担当者等に対する研修の実施等により、性別に関わらず、労働者の意欲、能力、適性等に応じた採用の実施の徹底を図る等の対策を講ずること。

㈢　コース等別雇用管理を行う事業主においては、一般的に、事業の運営の基幹となる事項に関する企画立案、営業、研究開発等を行う業務に従事するコース（いわゆる「総合職」）に女性労働者が少なく、定型的業務に従事するコース（いわゆる「一般職」）に多い等の実態があることから、総合職の女性が相当程度少ない状況である場合には、その募集又は採用に当たり、女性応募者を積極的に選考することや女性応募者に対し、採用面接の際に女性の活躍を推進する意思表示を積極的に行うこと。

三　事業主は、コース等別雇用管理における配置、昇進、教育訓練、職種の変更等に当たっては、次に掲げることに留意することが必要である。

（法に直ちに抵触する例）

配置、昇進、教育訓練、職種の変更等に当たり　男女別で運用基準に差を設けること。

ただし、法上、総合職の女性が相当程度少ない場合に、例えば、コース等転換制度を積極的に用いて、一般職女性の総合職への転換促進を図ることは許容されていること。

（制度のより適正かつ円滑な運用をするために留意すべき事項の例）

コース等ごとにそれぞれ昇進の仕組みを定めている場合には、これを明確にすること。

（労働者の能力発揮のため実施することが望ましい事項の例）

一般職についても、相応の経験や能力等を要する業務に従事させる場合には、その労働者に対し、適切に教育訓練等を行い、その能力の向上を図るとともに、当該労働者の意欲、能力、適性等に応じ、総合職への転換を行うこと。

四　その他

㈠　コース等別雇用管理を行う場合において、制度を導入した後も、コース等別雇用管理の状況を把握し、それを踏まえ、コース等別雇用管理を行う必要性の検討及び法に則した雇用管理となっているかの分析を行うとともに、その結果、法に則した雇用管理への改善が必要と認められる場合においては、当該コース等別雇用管理を法に則したものとなるよう、必要な措置を講じることが重要であること。

㈡　どのようなコース等の区分を選択した者にとっても家庭生活との両立を図りながら働くことのできる職場環境を整備したり、出産、育児による休業を取得しても、その後の労働者の意欲、能力、成果等によって、中長期的には処遇上の差を取り戻すことが可能になるような人事管理制度や能力評価制度の導入を積極的に推進することが重要であること。

深夜業に従事する女性労働者の就業環境等の整備に関する指針

〔平成一〇年三月一三日
労働省告示第二一号〕

1 趣旨

この指針は、女性労働者の職業生活の充実を図るために、深夜業に従事する女性労働者の就業環境等の整備に関し、事業主が講ずべき措置について定めたものである。

2 深夜業に従事する女性労働者の就業環境等の整備

事業主は、その雇用する女性労働者を深夜業に従事させる場合には、その女性労働者の就業環境等の整備に関し、特に次の点について適切な措置を講ずるべきである。

(1) 通勤及び業務の遂行の際における安全の確保

事業主は、送迎バスの運行、公共交通機関の運行時間に配慮した勤務時間の設定、従業員駐車場の防犯灯の整備、防犯ベルの貸与等を行うことにより、深夜業に従事する女性労働者の通勤の際における安全を確保するよう努めるものとすること。

また、事業主は、防犯上の観点から、深夜業に従事する女性労働者が一人で作業をすることを避けるよう努めるものとすること。

(2) 子の養育又は家族の介護等の事情に関する配慮

事業主は、その雇用する女性労働者を新たに深夜業に従事させようとする場合には、子の養育又は家族の介護、健康等に関する事情を聴くこと等について配慮を行うよう努めるものとすること。

なお、事業主は、子の養育又は家族の介護を行う一定範囲の労働者が請求した場合には、育児休業、介護休業等育児又は家族介護を行う労働者の福祉に関する法律（平成三年法律第七十六号）の定めるところにより、深夜業をさせてはならないこと。

(3) 仮眠室、休養室等の整備

事業主は、夜間に労働者に睡眠を与える必要のあるとき又は労働者が就業の途中に仮眠することのできる機会があるときは、労働安全衛生法（昭和四十七年法律第五十七号）に基づく労働安全衛生規則（昭和四十七年労働省令第三十二号）の定めるところにより、男性用と女性用に区別して、適当な睡眠又は仮眠の場所を設けること。

なお、事業主は、同法に基づく同令の定めるところにより、男性用と女性用に区別して便所及び休養室等を設けること。

(4) 健康診断等

事業主は、同法に基づく同令の定めるところにより、深夜業を含む業務に常時従事させようとする労働者を雇い入れる際、又は当該業務への配置替えを行う際及び六月以内ごとに一回、定期に、医師による健康診断を行うこと。

また、事業主は、健康診断の結果、当該健康診断の項目に異常の所見があると診断された場合には、同法の定めるところにより、医師の意見を勘案し、必要があると認めるときは、当該労働者の実情を考慮して、深夜以外の時間帯における就業への転換、作業の転換、労働時間の短縮等の措置を講ずること。

なお、事業主は、労働基準法（昭和二十二年法律第四十九号）の定めるところにより、妊産婦が請求した場合には、深夜業をさせてはならないこと。

労働施策の総合的な推進並びに労働者の雇用の安定及び職業生活の充実等に関する法律

〔昭和四一年七月二一日
法律第一三二号〕

沿革
平成一三年四月二五日法律第三五号
〃一九年六月八日〃第七九号
〃二八年五月二〇日〃第四七号
〃三〇年七月六日〃第七一号
〃三〇年一二月一四日〃第一〇二号
令和元年六月五日〃第二四号
〃二年三月三一日〃第一四号
〃四年三月三一日〃第一二号
〃四年六月一七日〃第六八号
〃五年六月一六日〃第五六号

第一章　総則

（目的）

第一条　この法律は、国が、少子高齢化による人口構造の変化等の経済社会情勢の変化に対応して、労働に関し、その政策全般にわたり、必要な施策を総合的に講ずることにより、労働市場の機能が適切に発揮され、労働者の多様な事情に応じた雇用の安定及び職業生活の充実並びに労働生産性の向上を促進して、労働者がその有する能力を有効に発揮することができるようにし、これを通じて、労働者の職業の安定と経済的社会的地位の向上とを図るとともに、経済及び社会の発展並びに完全雇用の達成に資することを目的とする。

2　この法律の運用に当たつては、労働者の職業選択の自由及び事業主の雇用の管理についての自主性を尊重しなければならず、また、職業能力の開発及び向上を図り、職業を通じて自立しようとする労働者の意欲を高め、かつ、労働者の職業を安定させるための事業主の努力を助長するように努めなければならない。

（定義）

第二条　この法律において「職業紹介機関」とは、公共職業安定所（職業安定法（昭和二十二年法律第百四十一号）の規定により公共職業安定所の業務の一部を分担する学校の長を含む。）、同法の規定により無料の職業紹介事業を行う地方公共団体及び同法の規定により許可を受けて、又は届出をして職業紹介事業を行う者をいう。

（基本的理念）

第三条　労働者は、その職業生活の設計が適切に行われ、並びにその設計に即した能力の開発及び向上並びに転職に当たつての円滑な再就職の促進その他の措置が効果的に実施されることにより、職業生活の全期間を通じて、その職業の安定が図られるように配慮されるものとする。

2　労働者は、職務の内容及び職務に必要な能力、経験その他の職務遂行上必要な事項（以下この項において「能力等」という。）の内容が明らかにされ、並びにこれらに即した評価方法により能力等を公正に評価され、当該評価に基づく処遇を受けることその他の適切な処遇を確保するための措置が効果的に実施されることにより、その職業の安定が図られるように配慮されるものとする。

（国の施策）

第四条　国は、第一条第一項の目的を達成するため、前条に規定する基本的理念に従つて、次に掲げる事項について、総合的に取り組まなければならない。

一　各人が生活との調和を保ちつつその意欲及び能力に応じて就業することを促進するため、労働時間の短縮その他の労働条件の改善、多様な就業形態の普及及び雇用形態又は就業形態の異なる労働者の間の均衡のとれた待遇の確保に関する施策を充実すること。
二　各人がその有する能力に適合する職業に就くことをあつせんするため、及び産業の必要とする労働力を充足するため、職業指導及び職業紹介に関する施策を充実すること。
三　各人がその有する能力に適し、かつ、技術の進歩、産業構造の変動等に即応した技能及びこれに関する知識を習得し、これらにふさわしい評価を受けることを促進するため、職業訓練及び職業能力検定に関する施策を充実すること。
四　就職が困難な者の就職を容易にし、かつ、労働力の需給の不均衡を是正するため、労働者の職業の転換、地域間の移動、職場への適応等を援助するために必要な施策を充実すること。
五　事業規模の縮小等（事業規模若しくは事業活動の縮小又は事業の転換若しくは廃止をいう。以下同じ。）の際に、失業を予防するとともに、離職を余儀なくされる労働者の円滑な再就職を促進するために必要な施策を充実すること。
六　労働者の職業選択に資するよう、雇用管理若しくは採用の状況その他の職場に関する事項又は職業に関する事項の情報の提供のために必要な施策を充実すること。
七　女性の職業及び子の養育又は家族の介護を行う者の職業の安定を図るため、雇用の継続、円滑な再就職の促進、母子家庭の母及び父子家庭の父並びに寡婦の雇用の促進その他のこれらの者の就業を促進するために必要な施策を充実すること。
八　青少年の職業の安定を図るため、職業についての青少年の関心と理解を深めるとともに、雇用管理の改善の促進、実践的な職業能力の開発及び向上の促進その他の青少年の雇用を促進するために必要な施策を充実すること。
九　高年齢者の職業の安定を図るため、高年齢者雇用確保措置等の円滑な実施の促進、再就職の促進、多様な就業機会の確保その他の高年齢者がその年齢にかかわりなくその意欲及び能力に応じて就業することができるようにするために必要な施策を充実すること。
十　疾病、負傷その他の理由により治療を受ける者の職業の安定を図るため、雇用の継続、離職を余儀なくされる労働者の円滑な再就職の促進その他の治療の状況に応じた就業を促進するために必要な施策を充実すること。
十一　障害者の職業の安定を図るため、雇用の促進、職業リハビリテーションの推進その他の障害者がその職業生活において自立することを促進するために必要な施策を充実すること。
十二　不安定な雇用状態の是正を図るため、雇用形態及び就業形態の改善等を促進するために必要な施策を充実すること。
十三　高度の専門的な知識又は技術を有する外国人（日本の国籍を有しない者をいう。以下この条において同じ。）の我が国における就業を促進するとともに、労働に従事することを目的として在留する外国人について、適切な雇用機会の確保が図られるようにするため、雇用管理の改善の促進及び離職した場合の再就職の促進を図るために必要な施策を充実すること。
十四　地域的な雇用構造の改善を図るため、雇用機会が不足している地域における労働者の雇用を促進するために必要な施策を充実すること。
十五　職場における労働者の就業環境を害する言動に起因する問題の解決を促進するために必要な施策を充実すること。

十六　前各号に掲げるもののほか、職業の安定、産業の必要とする労働力の確保等に資する雇用管理の改善の促進その他労働者がその有する能力を有効に発揮することができるようにするために必要な施策を充実すること。

2　国は、前項各号に掲げる施策及びこれに関連する施策の充実に取り組むに際しては、国民経済の健全な発展、それに即応する企業経営の基盤の改善、地域振興等の諸施策と相まつて、雇用機会の着実な増大及び地域間における就業機会等の不均衡の是正を図るとともに、労働者がその有する能力を有効に発揮することの妨げとなつている雇用慣行の是正を期するように配慮しなければならない。

3　国は、第一項第十三号に規定する施策の充実に取り組むに際しては、外国人の入国及び在留の管理に関する施策と相まつて、外国人の不法就労活動（出入国管理及び難民認定法（昭和二十六年政令第三百十九号）第二十四条第三号の四イに規定する不法就労活動をいう。）を防止し、労働力の不適正な供給が行われないようにすることにより、労働市場を通じた需給調整の機能が適切に発揮されるよう努めなければならない。

（地方公共団体の施策）

第五条　地方公共団体は、国の施策と相まつて、当該地域の実情に応じ、労働に関する必要な施策を講ずるように努めなければならない。

（事業主の責務）

第六条　事業主は、その雇用する労働者の労働時間の短縮その他の労働条件の改善その他の労働者が生活との調和を保ちつつその意欲及び能力に応じて就業することができる環境の整備に努めなければならない。

2　事業主は、事業規模の縮小等に伴い離職を余儀なくされる労働者について、当該労働者が行う求職活動に対する援助その他の再就職の援助を行うことにより、その職業の安定を図るように努めなければならない。

第七条　事業主は、外国人（日本の国籍を有しない者をいい、厚生労働省令で定める者を除く。以下同じ。）が我が国の雇用慣行に関する知識及び求職活動に必要な雇用に関する情報を十分に有していないこと等にかんがみ、その雇用する外国人がその有する能力を有効に発揮できるよう、職業に適応することを容易にするための措置の実施その他の雇用管理の改善に努めるとともに、その雇用する外国人が解雇（自己の責めに帰すべき理由によるものを除く。）その他の厚生労働省令で定める理由により離職する場合において、当該外国人が再就職を希望するときは、求人の開拓その他当該外国人の再就職の援助に関し必要な措置を講ずるように努めなければならない。

（指針）

第八条　厚生労働大臣は、前条に定める事項に関し、事業主が適切に対処するために必要な指針を定め、これを公表するものとする。

（募集及び採用における年齢にかかわりない均等な機会の確保）

第九条　事業主は、労働者がその有する能力を有効に発揮するために必要であると認められるときとして厚生労働省令で定めるときは、労働者の募集及び採用について、厚生労働省令で定めるところにより、その年齢にかかわりなく均等な機会を与えなければならない。

第二章　基本方針

（基本方針）

第一〇条　国は、労働者がその有する能力を有効に発揮することができるようにするために必要な労働に関する施策の総合的な推進に関する基本的な方針（以下「基本方針」という。）を定めなければならない。

2　基本方針に定める事項は、次のとおりとする。

一　労働者がその有する能力を有効に発揮することができるようにすることの意義に関する事項

二　第四条第一項各号に掲げる事項について講ずる施策に関する基本的事項

三　前二号に掲げるもののほか、労働者がその有する能力を有効に発揮することができるようにすることに関する重要事項

3　厚生労働大臣は、基本方針の案を作成し、閣議の決定を求めなければならない。

4　厚生労働大臣は、基本方針の案を作成しようとするときは、あらかじめ、都道府県知事の意見を求めるとともに、労働政策審議会の意見を聴かなければならない。

5　厚生労働大臣は、第三項の規定による閣議の決定があったときは、遅滞なく、基本方針を公表しなければならない。

6　厚生労働大臣は、基本方針の案を作成するため必要があると認めるときは、関係行政機関の長に対し、資料の提出その他必要な協力を求めることができる。

7　国は、労働に関する施策をめぐる経済社会情勢の変化を勘案し、基本方針に検討を加え、必要があると認めるときは、これを変更しなければならない。

8　第三項から第六項までの規定は、基本方針の変更について準用する。

（関係機関への要請）

第一〇条の二　厚生労働大臣は、必要があると認めるときは、関係行政機関の長に対し、基本方針において定められた施策で、関係行政機関の所管に係るものの実施について、必要な要請をすることができる。

（中小企業における取組の推進のための関係者間の連携体制の整備）

第一〇条の三　国は、労働時間の短縮その他の労働条件の改善、多様な就業形態の普及、雇用形態又は就業形態の異なる労働者の間の均衡のとれた待遇の確保その他の基本方針において定められた施策の実施に関し、中小企業における取組が円滑に進むよう、地方公共団体、中小企業者を構成員とする団体その他の事業主団体、労働者団体その他の関係者により構成される協議会の設置その他のこれらの者の間の連携体制の整備に必要な施策を講ずるように努めるものとする。

第三章　求職者及び求人者に対する指導等

（雇用情報）

第一一条　厚生労働大臣は、求人と求職との迅速かつ適正な結合に資するため、労働力の需給の状況、求人及び求職の条件その他必要な雇用に関する情報（以下「雇用情報」という。）を収集し、及び整理しなければならない。

2　厚生労働大臣は、雇用情報を、求職者、求人者その他の関係者及び職業紹介機関、職業安定法第四条第六項に規定する募集情報等提供を業として行う機関、職業訓練機関、教育機関その他の関係機関が、職業の選択、労働者の雇入れ、職業指導、職業紹介、募集情報等提供、職業訓練その他の措置を行うに際して活用することができるように提供するものとする。

3　厚生労働大臣は、雇用情報の収集、整理及び活用並びに利用のための提供が迅速かつ効果的に行われるために必要な組織を維持し、及び整備しなければならない。

（職業に関する調査研究）

第一二条 厚生労働大臣は、職業の現況及び動向の分析、職業に関する適性の検査及び適応性の増大並びに職務分析のための方法その他職業に関する基礎的事項について、調査研究をしなければならない。

2 前条第二項の規定は、前項の調査研究の成果（以下「職業に関する調査研究の成果」という。）について準用する。

（求職者に対する指導）

第一三条 職業紹介機関は、求職者に対して、雇用情報、職業に関する調査研究の成果等を提供し、かつ、これに基づき職種、就職地その他の求職の内容、必要な技能等について指導することにより、求職者がその適性、能力、経験、技能の程度等にふさわしい職業を選択することを促進し、もつて職業選択の自由が積極的に生かされるように努めなければならない。

（求人者に対する指導）

第一四条 職業紹介機関は、求人者に対して、雇用情報、職業に関する調査研究の成果等を提供し、かつ、これに基づき求人の内容について指導することにより、求人者が当該作業又は職務に適合する労働者を雇い入れることを促進するように努めなければならない。

2 職業紹介機関は、労働力の需給の適正な均衡を図るために必要があると認めるときは、求人者に対して、雇用情報等を提供し、かつ、これに基づき求人の時期、人員又は地域その他の求人の方法について指導することができる。

（雇用に関する援助）

第一五条 職業安定機関及び公共職業能力開発施設は、労働者の雇入れ又は配置、適性検査、職業訓練その他の雇用に関する事項について事業主、労働組合その他の関係者から援助を求められたときは、雇用情報、職業に関する調査研究の成果等を活用してその者に対して必要な助言その他の措置を行わなければならない。

第四章 職業訓練等の充実

（職業訓練の充実）

第一六条 国は、職業訓練施設の整備、職業訓練の内容の充実及び方法の研究開発、職業訓練指導員の養成確保及び資質の向上等職業訓練を充実するために必要な施策を積極的に講ずるものとする。

2 国は、労働者の職業能力の開発及び向上が効果的に図られるようにするため、公共職業能力開発施設が行う職業訓練と事業主又はその団体が行う職業訓練とが相互に密接な関連の下で行われるように努めなければならない。

（職業能力検定制度の充実）

第一七条 国は、技術の進歩の状況、円滑な再就職のために必要な職業能力の水準その他の事情を考慮して、事業主団体その他の関係者の協力の下に、職業能力の評価のための適正な基準を設定し、これに準拠して労働者の有する職業能力の程度を検定する制度を確立し、及びその充実を図ることにより、労働者の職業能力の開発及び向上、職業の安定並びに経済的社会的地位の向上を図るように努めるものとする。

第五章 職業転換給付金

（職業転換給付金の支給）

第一八条 国及び都道府県は、他の法令の規定に基づき支給するものを除くほか、労働者がその有する能力に適合する職業に就くことを容易にし、及び促進するため、求職者その他の労働者又は事業主に対して、政令で定める区分に従い、次に掲げる給付金（以下「職業転換給付金」という。）を支給することができる。
一　求職者の求職活動の促進とその生活の安定とを図るための給付金
二　求職者の知識及び技能の習得を容易にするための給付金
三　広範囲の地域にわたる求職活動に要する費用に充てるための役務の利用に要する費用に充てるための給付金
四　就職又は知識若しくは技能の習得をするための移転に要する費用に充てるための給付金
五　求職者を作業環境に適応させる訓練を行うことを促進するための給付金
六　前各号に掲げるもののほか、政令で定める給付金

（支給基準等）
第一九条　職業転換給付金の支給に関し必要な基準は、厚生労働省令で定める。
2　前項の基準の作成及びその運用に当たつては、他の法令の規定に基づき支給する給付金でこれに類するものとの関連を十分に参酌し、求職者の雇用が促進されるように配慮しなければならない。

（国の負担）
第二〇条　国は、政令で定めるところにより、都道府県が支給する職業転換給付金に要する費用の一部を負担する。

（譲渡等の禁止）
第二一条　職業転換給付金の支給を受けることとなつた者の当該支給を受ける権利は、譲り渡し、担保に供し、又は差し押えることができない。ただし、事業主に係る当該権利については、国税滞納処分（その例による処分を含む。）により差し押える場合は、この限りでない。

（公課の禁止）
第二二条　租税その他の公課は、職業転換給付金（事業主に対して支給するものを除く。）を標準として、課することができない。

（連絡及び協力）
第二三条　都道府県労働局、公共職業安定所、都道府県及び独立行政法人高齢・障害・求職者雇用支援機構は、職業転換給付金の支給が円滑かつ効果的に行われるように相互に緊密に連絡し、及び協力しなければならない。

第六章　事業主による再就職の援助を促進するための措置等

（再就職援助計画の作成等）
第二四条　事業主は、その実施に伴い一の事業所において相当数の労働者が離職を余儀なくされることが見込まれる事業規模の縮小等であつて厚生労働省令で定めるものを行おうとするときは、厚生労働省令で定めるところにより、当該離職を余儀なくされる労働者の再就職の援助のための措置に関する計画（以下「再就職援助計画」という。）を作成しなければならない。
2　事業主は、前項の規定により再就職援助計画を作成するに当たつては、当該再就職援助計画に係る事業所に、労働者の過半数で組織する労働組合がある場合においてはその労働組合の、労働者の過半数で組織する労働組合がない場合においては労働者の過半数を代表する者の意見を聴かなければならない。当該再就職援助計画を変更しようとするときも、同様とする。
3　事業主は、前二項の規定により再就職援助計画を作成したときは、厚生労働省令で定めるところにより、公共職業安定所長に提出し、その認定を受けなければならない。当該再就職援助計画を変更したときも、同様とする。
4　公共職業安定所長は、前項の認定の申請があつた場合にお

いて、その再就職援助計画で定める措置の内容が再就職の促進を図る上で適当でないと認めるときは、当該事業主に対して、その変更を求めることができる。その変更を求めた場合において、当該事業主がその求めに応じなかつたときは、公共職業安定所長は、同項の認定を行わないことができる。

5　第三項の認定の申請をした事業主は、当該申請をした日に、第二十七条第一項の規定による届出をしたものとみなす。

第二五条　事業主は、一の事業所について行おうとする事業規模の縮小等が前条第一項の規定に該当しない場合においても、厚生労働省令で定めるところにより、当該事業規模の縮小等に伴い離職を余儀なくされる労働者に関し、再就職援助計画を作成し、公共職業安定所長に提出して、その認定を受けることができる。当該再就職援助計画を変更したときも、同様とする。

2　前条第二項の規定は前項の規定により再就職援助計画を作成し、又は変更する場合について、同条第四項及び第五項の規定は前項の認定の申請があつた場合について準用する。

（円滑な再就職の促進のための助成及び援助）

第二六条　政府は、事業規模の縮小等に伴い離職を余儀なくされる労働者（以下この条において「援助対象労働者」という。）の円滑な再就職を促進するため、雇用保険法（昭和四十九年法律第百十六号）第六十二条の雇用安定事業として、第二十四条第三項又は前条第一項の規定による認定を受けた再就職援助計画に基づき、その雇用する援助対象労働者に関し、求職活動をするための休暇（労働基準法（昭和二十二年法律第四十九号）第三十九条の規定による年次有給休暇として与えられるものを除く。）の付与その他の再就職の促進に特に資すると認められる措置を講ずる事業主に対して、必要な助成及び援助を行うものとする。

（大量の雇用変動の届出等）

第二七条　事業主は、その事業所における雇用量の変動（事業規模の縮小その他の理由により一定期間内に相当数の離職者が発生することをいう。）であつて、厚生労働省令で定める場合に該当するもの（以下この条において「大量雇用変動」という。）については、厚生労働省令で定めるところにより、当該大量雇用変動の前に、当該離職者の数その他の厚生労働省令で定める事項を厚生労働大臣に届け出なければならない。

2　国又は地方公共団体に係る大量雇用変動については、前項の規定は、適用しない。この場合において、国又は地方公共団体の任命権者（委任を受けて任命権を行う者を含む。第二十八条第三項において同じ。）は、当該大量雇用変動の前に、政令で定めるところにより、厚生労働大臣に通知するものとする。

3　第一項の規定による届出又は前項の規定による通知があつたときは、国は、次に掲げる措置を講ずることにより、当該届出又は通知に係る労働者の再就職の促進に努めるものとする。

一　職業安定機関において、相互に連絡を緊密にしつつ、当該労働者の求めに応じて、その離職前から、当該労働者その他の関係者に対する雇用情報の提供並びに広範囲にわたる求人の開拓及び職業紹介を行うこと。

二　公共職業能力開発施設において必要な職業訓練を行うこと。

第七章　中途採用に関する情報の公表を促進するための措置等

第二七条の二　常時雇用する労働者の数が三百人を超える事業主は、厚生労働省令で定めるところにより、労働者の職業選択に資するよう、雇い入れた通常の労働者及びこれに準ずる者として厚生労働省令で定める者の数に占める中途採用（新規学卒等採用者（学校教育法（昭和二十二年法律第二十六号）第一条に規定する学校（小学校及び幼稚園を除く。）その他厚生労働省令で定める施設の学生又は生徒であつて卒業することが見込まれる者その他厚生労働省令で定める者であることを条件とした求人により雇い入れられた者をいう。）以外の雇入れをいう。次項において同じ。）により雇い入れられた者の数の割合を定期的に公表しなければならない。

2　国は、事業主による前項に規定する割合その他の中途採用に関する情報の自主的な公表が促進されるよう、必要な支援を行うものとする。

第八章　外国人の雇用管理の改善、再就職の促進等の措置

（外国人雇用状況の届出等）

第二八条現　事業主は、新たに外国人を雇い入れた場合又はその雇用する外国人が離職した場合には、厚生労働省令で定めるところにより、その者の氏名、在留資格（出入国管理及び難民認定法第二条の二第一項に規定する在留資格をいう。次項において同じ。）、在留期間（同条第三項に規定する在留期間をいう。）その他厚生労働省令で定める事項について確認し、当該事項を厚生労働大臣に届け出なければならない。

新　〔公布の日から起算して一年を超えない範囲内において政令で定める日から施行〕

（外国人雇用状況の届出等）

第二八条　事業主は、新たに外国人を雇い入れた場合又はその雇用する外国人が離職した場合には、厚生労働省令で定めるところにより、その者の氏名並びに出入国管理及び難民認定法第二条の二第一項に規定する在留資格（以下この項及び次項において「在留資格」という。）及び同条第三項に規定する在留期間（その者が在留資格を有しない者であつて、同法第四十四条の五第一項又は第六十一条の二の七第二項の規定による許可を受けて報酬を受ける活動を行うものである場合にあつては、これらの許可を受けている旨）その他厚生労働省令で定める事項について確認し、当該事項を厚生労働大臣に届け出なければならない。

2　前項の規定による届出があつたときは、国は、次に掲げる措置を講ずることにより、当該届出に係る外国人の雇用管理の改善の促進又は再就職の促進に努めるものとする。

一　職業安定機関において、事業主に対して、当該外国人の有する在留資格、知識経験等に応じた適正な雇用管理を行うことについて必要な指導及び助言を行うこと。

二　職業安定機関において、事業主に対して、その求めに応じて、当該外国人に対する再就職の援助を行うことについて必要な指導及び助言を行うこと。

三　職業安定機関において、当該外国人の有する能力、在留資格等に応じて、当該外国人に対する雇用情報の提供並びに求人の開拓及び職業紹介を行うこと。

四　公共職業能力開発施設において必要な職業訓練を行うこと。

3　国又は地方公共団体に係る外国人の雇入れ又は離職については、第一項の規定は、適用しない。この場合において、国又は地方公共団体の任命権者は、新たに外国人を雇い入れた場合又はその雇用する外国人が離職した場合には、政令で定めるところにより、厚生労働大臣に通知するものとする。

4　第二項（第一号及び第二号を除く。）の規定は、前項の規定による通知があつた場合について準用する。

（届出に係る情報の提供）

第二九条　厚生労働大臣は、法務大臣又は出入国在留管理庁長官から、出入国管理及び難民認定法に定める事務の処理に関し、外国人の在留に関する事項の確認のための求めがあつたときは、前条第一項の規定による届出及び同条第三項の規定による通知に係る情報を提供するものとする。

（法務大臣等の連絡又は協力）

第三〇条　厚生労働大臣は、労働力の需要供給の適正かつ円滑な調整等を図るため、法務大臣又は出入国在留管理庁長官に対し、労働に従事することを目的として在留する外国人の出入国に関する必要な連絡又は協力を求めることができる。

2　法務大臣又は出入国在留管理庁長官は、前項の規定による連絡又は協力を求められたときは、本来の任務の遂行を妨げない範囲において、できるだけその求めに応じなければならない。

第九章　職場における優越的な関係を背景とした言動に起因する問題に関して事業主の講ずべき措置等

（雇用管理上の措置等）

第三〇条の二　事業主は、職場において行われる優越的な関係を背景とした言動であつて、業務上必要かつ相当な範囲を超えたものによりその雇用する労働者の就業環境が害されることのないよう、当該労働者からの相談に応じ、適切に対応するために必要な体制の整備その他の雇用管理上必要な措置を講じなければならない。

2　事業主は、労働者が前項の相談を行つたこと又は事業主による当該相談への対応に協力した際に事実を述べたことを理由として、当該労働者に対して解雇その他不利益な取扱いをしてはならない。

3　厚生労働大臣は、前二項の規定に基づき事業主が講ずべき措置等に関して、その適切かつ有効な実施を図るために必要な指針（以下この条において「指針」という。）を定めるものとする。

4　厚生労働大臣は、指針を定めるに当たつては、あらかじめ、労働政策審議会の意見を聴くものとする。

5　厚生労働大臣は、指針を定めたときは、遅滞なく、これを公表するものとする。

6　前二項の規定は、指針の変更について準用する。

（国、事業主及び労働者の責務）

第三〇条の三　国は、労働者の就業環境を害する前条第一項に規定する言動を行つてはならないことその他当該言動に起因する問題（以下この条において「優越的言動問題」という。）に対する事業主その他国民一般の関心と理解を深めるため、広報活動、啓発活動その他の措置を講ずるように努めなければならない。

2　事業主は、優越的言動問題に対するその雇用する労働者の関心と理解を深めるとともに、当該労働者が他の労働者に対する言動に必要な注意を払うよう、研修の実施その他の必要な配慮をするほか、国の講ずる前項の措置に協力するように努めなければならない。

3　事業主（その者が法人である場合にあつては、その役員）は、自らも、優越的言動問題に対する関心と理解を深め、労働者に対する言動に必要な注意を払うように努めなければならない。

4　労働者は、優越的言動問題に対する関心と理解を深め、他の労働者に対する言動に必要な注意を払うとともに、事業主の講ずる前条第一項の措置に協力するように努めなければならない。

（紛争の解決の促進に関する特例）

第三〇条の四　第三十条の二第一項及び第二項に定める事項についての労働者と事業主との間の紛争については、個別労働関係紛争の解決の促進に関する法律（平成十三年法律第百十二号）第四条、第五条及び第十二条から第十九条までの規定は適用せず、次条から第三十条の八までに定めるところによる。

（紛争の解決の援助）

第三〇条の五　都道府県労働局長は、前条に規定する紛争に関し、当該紛争の当事者の双方又は一方からその解決につき援助を求められた場合には、当該紛争の当事者に対し、必要な助言、指導又は勧告をすることができる。

2　第三〇条の二第二項の規定は、労働者が前項の援助を求めた場合について準用する。

（調停の委任）

第三〇条の六　都道府県労働局長は、第三十条の四に規定する紛争について、当該紛争の当事者の双方又は一方から調停の申請があつた場合において当該紛争の解決のために必要があると認めるときは、個別労働関係紛争の解決の促進に関する法律第六条第一項の紛争調整委員会に調停を行わせるものとする。

2　第三十条の二第二項の規定は、労働者が前項の申請をした場合について準用する。

（調停）

第三〇条の七　雇用の分野における男女の均等な機会及び待遇の確保等に関する法律（昭和四十七年法律第百十三号）第十九条から第二十六条までの規定は、前条第一項の調停の手続について準用する。この場合において、同法第十九条第一項中「前条第一項」とあるのは「労働施策の総合的な推進並びに労働者の雇用の安定及び職業生活の充実等に関する法律（昭和四十一年法律第百三十二号）第三十条の六第一項」と、同法第二十条中「事業場」とあるのは「事業所」と、同法第二十五条第一項中「第十八条第一項」とあるのは「労働施策の総合的な推進並びに労働者の雇用の安定及び職業生活の充実等に関する法律第三十条の四」と読み替えるものとする。

（厚生労働省令への委任）

第三〇条の八　前二条に定めるもののほか、調停の手続に関し必要な事項は、厚生労働省令で定める。

第一〇章　国と地方公共団体との連携等

（国と地方公共団体との連携）

第三一条　国及び地方公共団体は、国の行う職業指導及び職業紹介の事業等と地方公共団体の講ずる雇用に関する施策について、相互の連携協力の確保に関する協定の締結、同一の施設における一体的な実施その他の措置を講ずることにより、密接な関連の下に円滑かつ効果的に実施されるように相互に連絡し、及び協力するものとする。

（要請）

第三二条　地方公共団体の長は、当該地方公共団体の区域内において、多数の離職者が発生し、又はそのおそれがあると認めるときその他労働者の職業の安定のため必要があると認めるときは、厚生労働大臣に対し、労働者の職業の安定に関し必要な措置の実施を要請することができる。

2　厚生労働大臣は、前項の規定による要請（以下この条において「措置要請」という。）に基づき労働者の職業の安定に関し必要な措置を実施するときはその旨を、当該措置要請こ係る措置を実施する必要がないと認めるときはその旨及びその理由を、遅滞なく、当該措置要請をした地方公共団体の長に通知しなければならない。

3　厚生労働大臣は、措置要請に係る措置を行う必要があるか否かを判断するに当たつては、あらかじめ、厚生労働省令で定めるところにより、学識経験者その他の厚生労働省令で定める者の意見を聴かなければならない。

4　前項の規定により意見を求められた者は、その意見を求められた事案に関して知り得た秘密を漏らしてはならない。

第一一章　雑則

（助言、指導及び勧告並びに公表）

第三三条　厚生労働大臣は、この法律の施行に関し必要があると認めるときは、事業主に対して、助言、指導又は勧告をすることができる。

2　厚生労働大臣は、第三十条の二第一項及び第二項（第三十条の五第二項及び第三十条の六第二項において準用する場合を含む。第三十五条及び第三十六条第一項において同じ。）の規定に違反している事業主に対し、前項の規定による勧告をした場合において、その勧告を受けた者がこれに従わなかつたときは、その旨を公表することができる。

（報告等）

第三四条　厚生労働大臣は、第二十七条第一項及び第二十八条第一項の規定を施行するために必要な限度において、厚生労働省令で定めるところにより、事業主に対して、労働者の雇用に関する状況その他の事項についての報告を命じ、又はその職員に、事業主の事業所に立ち入り、関係者に対して質問させ、若しくは帳簿書類その他の物件の検査をさせることができる。

2　前項の規定により立入検査をする職員は、その身分を示す証明書を携帯し、関係者に提示しなければならない。

3　第一項の規定による立入検査の権限は、犯罪捜査のために認められたものと解釈してはならない。

（資料の提出の要求等）

第三五条　厚生労働大臣は、この法律（第二十七条第一項、第二十八条第一項並びに第三十条の二第一項及び第二項を除く。）を施行するために必要があると認めるときは、事業主に対して、必要な資料の提出及び説明を求めることができる。

（報告の請求）

第三六条　厚生労働大臣は、事業主から第三十条の二第一項及び第二項の規定の施行に関し必要な事項について報告を求めることができる。

2　都道府県知事又は公共職業安定所長は、職業転換給付金の支給を受け、又は受けた者から当該給付金の支給に関し必要な事項について報告を求めることができる。

（権限の委任）

第三七条　この法律に定める厚生労働大臣の権限は、厚生労働省令で定めるところにより、その一部を都道府県労働局長に委任することができる。

2　前項の規定により都道府県労働局長に委任された権限は、厚生労働省令で定めるところにより、公共職業安定所長に委任することができる。

（船員に関する特例）

第三八条　この法律（第一条、第四条第一項第十五号及び第二項、第九章（第三十条の七及び第三十条の八を除く。）、第三十三条、第三十六条第一項、前条第一項並びに第四十一条を除く。）の規定は、船員職業安定法（昭和二十三年法律第百三十号）第六条第一項に規定する船員（次項において「船員」という。）については、適用しない。

2　船員に関しては、第三十条の二第三項から第五項まで、第三十三条、第三十六条第一項及び前条第一項中「厚生労働大臣」とあるのは「国土交通大臣」と、第三十条の二第四項中「労働政策審議会」とあるのは「交通政策審議会」と、第三十条の四中「から第三十条の八まで」とあるのは「、第三十条の六及び第三十八条第三項」と、第三十条の五第一項、第三十条の六第一項及び前条第一項中「都道府県労働局長」とあるのは「地方運輸局長（運輸監理部長を含む。）」と、第三十条の六第一項中「第六条第一項の紛争調整委員会」とあるのは「第二十一条第三項のあつせん員候補者名簿に記載されている者のうちから指名する調停員」と、第三十三条第二項中「第三十五条及び第三十六条第一項」とあるのは「第三十六条第一項」と、前条第一項中「厚生労働省令」とあるのは「国土交通省令」とする。

3　雇用の分野における男女の均等な機会及び待遇の確保等に関する法律第二十条から第二十七条まで並びに第三十一条第三項及び第四項の規定は、前項の規定により読み替えて適用する第三十条の六第一項の規定により指名を受けて調停員が行う調停について準用する。この場合において、同法第二十条から第二十三条まで及び第二十六条中「委員会は」とあるのは「調停員は」と、同法第二十条中「事業場」とあるのは「事業所」と、同法第二十一条中「当該委員会が置かれる都道府県労働局」とあるのは「当該調停員を指名した地方運輸局長（運輸監理部長を含む。）が置かれる地方運輸局（運輸監理部を含む。）」と、同法第二十五条第一項中「第十八条第一項」とあるのは「労働施策の総合的な推進並びに労働者の雇用の安定及び職業生活の充実等に関する法律（昭和四十一年法律第百三十二号）第三十条の四」と、同法第二十六条中「当該委員会に係属している」とあるのは「当該調停員が取り扱つている」と、同法第二十七条中「この節」とあるのは「労働施策の総合的な推進並びに労働者の雇用の安定及び職業生活の充実等に関する法律第三十八条第三項において準用する第二十条から前条まで並びに第三十一条第三項及び第四項」と、「調停」とあるのは「合議体及び調停」と、「厚生労働省令」とあるのは「国土交通省令」と、同法第三十一条第三項中「前項」とあるのは「労働施策の総合的な推進並びに労働者の雇用の安定及び職業生活の充実等に関する法律第三十条の六第一項」と読み替えるものとする。

（適用除外）

第三八条の二　第六条から第九条まで、第六章（第二十七条を除く。）、第七章、第三十条の四から第三十条の八まで、第三十三条第一項（第九章の規定の施行に関するものに限る。）及び第二項並びに第三十六条第一項の規定は国家公務員及び地方公務員について、第三十条の二及び第三十条の三の規定は一般職の国家公務員（行政執行法人の労働関係に関する法律（昭和二十三年法律第二百五十七号）第二条第二号の職員を除く。）、裁判所職員臨時措置法（昭和二十六年法律第二百九十九号）の適用を受ける裁判所職員、国会職員法（昭和二十二年法律第八十五号）第一条に規定する国会職員及び自衛隊法（昭和二十九年法律第百六十五号）第二条第五項に規定する隊員については、適用しない。

（罰則）

第三九条 現　第三十二条第四項の規定に違反した者は、六月以下の懲役又は五十万円以下の罰金に処する。

新［令和七年六月一日から施行］

第三九条　第三十二条第四項の規定に違反した者は、六月以下の拘禁刑又は五十万円以下の罰金に処する。

第四〇条　次の各号のいずれかに該当する者は、三十万円以下の罰金に処する。
一　第二十七条第一項の規定に違反して届出をせず、又は虚偽の届出をした者
二　第二十八条第一項の規定による届出をせず、又は虚偽の届出をした者
三　第三十四条第一項の規定による報告をせず、若しくは虚偽の報告をし、又は同項の規定による当該職員の質問に対して答弁せず、若しくは虚偽の陳述をし、若しくは同項の規定による検査を拒み、妨げ、若しくは忌避した者
四　第三十六条第二項の規定による報告をせず、又は虚偽の報告をした者

2　法人の代表者又は法人若しくは人の代理人、使用人その他の従業者が、その法人又は人の業務に関し、前項の違反行為をしたときは、行為者を罰するほか、その法人又は人に対しても、同項の刑を科する。

第四一条　第三十六条第一項の規定による報告をせず、又は虚偽の報告をした者は、二十万円以下の過料に処する。

附　則　抄

（施行期日）

第一条　この法律は、公布の日から施行する。ただし、第二十一条の規定は、公布の日から起算して六月を経過した日から施行する。

附　則〔平成三〇年七月六日法律第七一号〕抄

（施行期日）

第一条　この法律は、平成三十一年四月一日から施行する。ただし、次の各号に掲げる規定は、当該各号に定める日から施行する。

（検討）

第一二条

3　政府は、前二項に定める事項のほか、この法律の施行後五年を目途として、この法律による改正後のそれぞれの法律（以下この項において「改正後の各法律」という。）の規定について、労働者と使用者の協議の促進等を通じて、仕事と生活の調和、労働条件の改善、雇用形態又は就業形態の異なる労働者の間の均衡のとれた待遇の確保その他の労働者の職業生活の充実を図る観点から、改正後の各法律の施行の状況等を勘案しつつ検討を加え、必要があると認めるときは、その結果に基づいて所要の措置を講ずるものとする。

労働施策の総合的な推進並びに労働者の雇用の安定及び職業生活の充実等に関する法律施行規則　抄

〔昭和四一年七月二一日
労働省令第二三号〕

沿革
令和二年二月一四日厚生労働省令第一八号
〃　二年一二月二八日　〃　第二一〇号
〃　三年九月一三日　〃　第一五一号
〃　四年三月三一日　〃　第六六号
〃　四年四月一日　〃　第七四号
〃　四年六月一〇日　〃　第九三号
〃　四年一一月二五日　〃　第一五七号
〃　五年三月一七日　〃　第二四号
〃　五年三月三一日　〃　第六二号
〃　五年六月二六日　〃　第八八号

第一条　削除〔平成三十年七月厚労令八三号〕

（外国人の範囲から除かれる者等）

第一条の二　労働施策の総合的な推進並びに労働者の雇用の安定及び職業生活の充実等に関する法律（昭和四十一年法律第百三十二号。以下「法」という。）第七条の厚生労働省令で定める者は、次のとおりとする。

一　出入国管理及び難民認定法（昭和二十六年政令第三百十九号）別表第一の一の表の外交又は公用の在留資格（同法第二条の二第一項に規定する在留資格をいう。以下同じ。）をもつて在留する者

二　日本国との平和条約に基づき日本の国籍を離脱した者等の出入国管理に関する特例法（平成三年法律第七十一号）に定める特別永住者

2　法第七条の厚生労働省令で定める理由は、解雇（自己の責めに帰すべき理由によるものを除く。）その他事業主の都合とする。

（募集及び採用における年齢にかかわりない均等な機会の確保）

第一条の三　法第九条の厚生労働省令で定めるときは、次の各号に掲げるとき以外のときとする。

一　事業主が、その雇用する労働者の定年（以下単に「定年」という。）の定めをしている場合において当該定年の年齢を下回ることを条件として労働者の募集及び採用を行うとき（期間の定めのない労働契約を締結することを目的とする場合に限る。）。

二　事業主が、労働基準法（昭和二十二年法律第四十九号）その他の法令の規定により特定の年齢の範囲に属する労働者の就業等が禁止又は制限されている業務について当該年齢の範囲に属する労働者以外の労働者の募集及び採用を行うとき。

三　事業主の募集及び採用における年齢による制限を必要最小限のものとする観点から見て合理的な制限である場合として次のいずれかに該当するとき。

イ　長期間の継続勤務による職務に必要な能力の開発及び向上を図ることを目的として、青少年その他特定の年齢を下回る労働者の募集及び採用を行うとき（期間の定めのない労働契約を締結することを目的とする場合に限り、かつ、当該労働者が職業に従事した経験があることを求人の条件としない場合であつて学校教育法（昭和二十二年法律第二十六号）第一条に規定する学校（幼稚園（特

別支援学校の幼稚部を含む。）及び小学校（義務教育学校の前期課程及び特別支援学校の小学部を含む。）を除く。）（第二条第二項第四号の二及び第九条の二第四項第二号において「学校」という。）、同法第百二十四条に規定する専修学校（以下「専修学校」という。）、職業能力開発促進法（昭和四十四年法律第六十四号）第十五条の七第一項各号に掲げる施設又は同法第二十七条第一項に規定する職業能力開発総合大学校（第二条第二項第四号の二及び第九条の二第四項において「職業能力開発総合大学校」という。）を新たに卒業しようとする者として又は当該者と同等の処遇で募集及び採用を行うときに限る。）。

ロ　当該事業主が雇用する特定の年齢の範囲に属する特定の職種の労働者（以下この項において「特定労働者」という。）の数が相当程度少ないものとして厚生労働大臣が定める条件に適合する場合において、当該職種の業務の遂行に必要な技能及びこれに関する知識の継承を図ることを目的として、特定労働者の募集及び採用を行うとき（期間の定めのない労働契約を締結することを目的とする場合に限る。）。

ハ　芸術又は芸能の分野における表現の真実性等を確保するために特定の年齢の範囲に属する労働者の募集及び採用を行うとき。

ニ　高年齢者の雇用の促進を目的として、特定の年齢以上の高年齢者（六十歳以上の者に限る。）である労働者の募集及び採用を行うとき、又は特定の年齢の範囲に属する労働者の雇用を促進するため、当該特定の年齢の範囲に属する労働者の募集及び採用を行うとき（当該特定の年齢の範囲に属する労働者の雇用の促進に係る国の施策を活用しようとする場合に限る。）。

2　事業主は、法第九条に基づいて行う労働者の募集及び採用に当たつては、事業主が当該募集及び採用に係る職務に適合する労働者を雇い入れ、かつ、労働者がその年齢にかかわりなく、その有する能力を有効に発揮することができる職業を選択することを容易にするため、当該募集及び採用に係る職務の内容、当該職務を遂行するために必要とされる労働者の適性、能力、経験、技能の程度その他の労働者が応募するに当たり求められる事項をできる限り明示するものとする。

（法第二十四条第一項の厚生労働省令で定める事業規模の縮小等）

第七条の二　法第二十四条第一項の厚生労働省令で定める事業規模の縮小等は、経済的事情による法第六条第二項に規定する事業規模の縮小等であつて、当該事業規模の縮小等の実施に伴い、一の事業所において、常時雇用する労働者について一箇月の期間内に三十人以上の離職者を生ずることとなるものとする。

（再就職援助計画の作成）

第七条の三　法第二十四条第一項に規定する再就職援助計画（以下「再就職援助計画」という。）は、同項に規定する事業規模の縮小等（次条において「事業規模の縮小等」という。）の実施に伴う最初の離職者の生ずる日の一月前までに作成しなければならない。

2　再就職援助計画は、様式第一号によるものとする。

（再就職援助計画の認定の申請）

第七条の四　法第二十四条第三項の認定の申請は、再就職援助計画の作成又は変更後遅滞なく、再就職援助計画（様式第一号）に当該再就職援助計画に係る事業規模の縮小等に関する資料を添えて、当該事業所の所在地を管轄する公共職業安定所の長に提出することによって行わなければならない。ただし、当該再就職援助計画が産業競争力強化法（平成二十五年法律第九十八号）第二十四条第二項に規定する認定事業再編計画（以下この条において「産業競争力強化法に基づく認定事業再編計画」という。）に従って実施する事業再編（同法第二条第十一項に規定する事業再編をいう。）又は農業競争力強化支援法（平成二十九年法律第三十五号）第十九条第二項に規定する認定事業再編計画（以下この条において「農業競争力強化支援法に基づく認定事業再編計画」という。）に従って実施する事業再編（同法第二条第五項に規定する事業再編をいう。）に伴う離職に係るものであるときは、当該資料については、当該産業競争力強化法に基づく認定事業再編計画又は当該農業競争力強化支援法に基づく認定事業再編計画の写しをもって代えることができる。

（準用）

第七条の五　前二条の規定は、法第二十五条第一項の規定による再就職援助計画の作成若しくは変更又は認定の申請について準用する。

（大量の雇用変動の届出等）

第八条　法第二十七条第一項の厚生労働省令で定める場合は、一の事業所において、一月以内の期間に、次の各号のいずれかに該当する者及び既に法第二十七条第一項又は第二項の規定に基づいて行われた届出又は通知に係る者を除き、自己の都合又は自己の責めに帰すべき理由によらないで離職する者（天災事変その他やむを得ない事由のために事業の継続が不可能となつたことにより離職する者を除く。）の数が三十以上となる場合とする。

一　日日又は期間を定めて雇用されている者（日日又は六月以内の期間を定めて雇用された者であつて、同一の事業主に六月を超えて引き続き雇用されるに至つているもの及び六月を超える期間を定めて雇用された者であつて、同一の事業主に当該期間を超えて引き続き雇用されるに至つているものを除く。）

二　試の使用期間中の者（同一の事業主に十四日を超えて引き続き雇用されるに至つている者を除く。）

三　常時勤務に服することを要しない者として雇用されている者

第九条　法第二十七条第一項の規定による届出は、前条に該当する大量雇用変動がある日（当該大量雇用変動に係る離職の全部が同一の日に生じない場合にあつては、当該大量雇用変動に係る最後の離職が生じる日）の少なくとも一月前に、大量離職届（様式第二号）を当該事業所の所在地を管轄する公共職業安定所の長に提出することによつて行わなければならない。

（中途採用に関する情報の公表）

第九条の二　法第二十七条の二第一項の規定による公表は、おおむね一年に一回以上、公表した日を明らかにして、直近の三事業年度について、インターネットの利用その他の方法により、求職者等が容易に閲覧できるように行わなければならない。

2　法第二十七条の二第一項の通常の労働者に準ずる者として厚生労働省令で定める者は、短時間正社員（期間の定めのない労働契約を締結している労働者であつて、一週間の所定労働時間が同一の事業主に雇用される通常の労働者の一週間の所定労働時間に比し短く、かつ、通常の労働者と同等の待遇を受けるものをいう。）とする。

3　法第二十七条の二第一項の厚生労働省令で定める施設は、専修学校とする。

4　法第二十七条の二第一項のその他厚生労働省令で定める者は、次のとおりとする。

一　公共職業能力開発施設（職業能力開発促進法第十五条の七第一項各号（第四号を除く。）に掲げる施設をいう。）

号ロにおいて同じ。）又は職業能力開発総合大学校の行う職業訓練を受ける者であつて修了することが見込まれるもの

二　次に掲げる者であつて、学校の生徒若しくは学生又は専修学校の生徒であつて卒業することが見込まれる者及び前号に掲げる者に準ずるもの

イ　学校又は専修学校を卒業した者

ロ　公共職業能力開発施設又は職業能力開発総合大学校の行う職業訓練を修了した者

ハ　学校教育法第百三十四条第一項に規定する各種学校に在学する者であつて卒業することが見込まれるもの又は当該各種学校を卒業した者

ニ　学校若しくは専修学校に相当する外国の教育施設に在学する者であつて卒業することが見込まれるもの又は当該外国の教育施設を卒業した者

（外国人雇用状況の届出事項等）

第一〇条　法第二十八条第一項の厚生労働省令で定める事項は、新たに外国人を雇い入れた場合における届出にあつては第一号から第七号まで、第九号及び第十号に掲げる事項と、その雇用する外国人が離職した場合における届出にあつては第一号から第三号まで、及び第五号から第九号に掲げる事項とする。

一　生年月日

二　性別

三　国籍の属する国又は出入国管理及び難民認定法第二条第五号ロに規定する地域

四　出入国管理及び難民認定法第十九条第二項前段の許可（以下「資格外活動の許可」という。）を受けている者にあつては、当該許可を受けていること。

五　出入国管理及び難民認定法第十九条の三に規定する中長期在留者（次条において「中長期在留者」という。）にあつては、同法第十九条の四第一項第五号の在留カードの番号

六　出入国管理及び難民認定法別表第一の二の表の特定技能（次条第三項において「特定技能」という。）の在留資格をもつて在留する者にあつては、法務大臣が当該外国人について指定する特定産業分野（同表の特定技能の項の下欄第一号に規定する特定産業分野をいう。）

七　出入国管理及び難民認定法別表第一の五の表の特定活動（次条第四項において「特定活動」という。）の在留資格をもつて在留する者にあつては、法務大臣が当該外国人について特に指定する活動

八　住所

九　雇入れ又は離職に係る事業所の名称及び所在地

十　賃金その他の雇用状況に関する事項

2　新たに雇い入れられ、又は離職する外国人が雇用保険法第四条第一項に規定する被保険者（以下「被保険者」という。）である場合には、法第二十八条第一項の届出（以下「外国人雇用状況届出」という。）は、雇入れに係るものにあつては雇用保険法施行規則第六条第一項の届出と併せて、当該外国人の在留資格及び在留期間（出入国管理及び難民認定法第二条の二第三項前段に規定する在留期間をいう。以下同じ。）並びに前項第二号から第七号までに掲げる事項を届け出ることにより行うものとし、離職に係るものにあつては同令第七条第一項の届出と併せて、当該外国人の在留資格及び在留期間並びに前項第三号及び第五号から第七号までに掲げる事項を届け出ることにより行うものとする。

3　新たに雇い入れられ、又は離職する外国人が被保険者でない場合にあつては、第一項の規定にかかわらず、法第二十八条第一項の厚生労働省令で定める事項は、雇入れに係る届出

にあつては第一項第一号から第七号まで及び第九号に掲げる事項と、離職に係る届出にあつては同項第一号から第三号まで、第五号から第七号まで及び第九号に掲げる事項とし、外国人雇用状況届出は、外国人雇用状況届出書（様式第三号）により行うものとする。

（外国人雇用状況の届出事項の確認）

第一一条　事業主は、外国人雇用状況届出を行うに当たつては、新たに雇い入れられ、又は離職する外国人の氏名、在留資格、在留期間並びに前条第一項第一号から第三号まで及び第五号に掲げる事項を、次の各号に掲げる外国人の区分に応じ、それぞれ当該各号に定める書類により、確認しなければならない。

一　中長期在留者　出入国管理及び難民認定法第十九条の三に規定する中長期在留者（以下この条において「中長期在留者」という。）
　同法第十九条の三に規定する在留カード（次項第一号において「在留カード」という。）

二　中長期在留者以外の外国人　旅券又は在留資格証明書（出入国管理及び難民認定法第二十条第四項に規定する在留資格証明書をいう。次項第二号において同じ。）

2　外国人雇用状況届出に係る外国人が資格外活動の許可を受けている者である場合にあつては、事業主は、前条第一項第四号に掲げる事項を、次の各号に掲げる外国人の区分に応じ、それぞれ当該各号に定める書類により、確認しなければならない。

一　中長期在留者　在留カード

二　中長期在留者以外の外国人　旅券、在留資格証明書、出入国管理及び難民認定法施行規則（昭和五十六年法務省令第五十四号）第十九条第四項の規定による資格外活動許可書又は同令第十九条の四第一項に規定する就労資格証明書

3　外国人雇用状況届出に係る外国人が特定技能の在留資格をもつて在留する者である場合にあつては、事業主は、前条第一項第五号に掲げる事項を、出入国管理及び難民認定法施行規則別記第三十一号の四様式による指定書により、確認しなければならない。

4　外国人雇用状況届出に係る外国人が特定活動の在留資格をもつて在留する者である場合にあつては、事業主は、前条第一項第六号に掲げる事項を、出入国管理及び難民認定法施行規則別記第七号の四様式による指定書により、確認しなければならない。

（外国人雇用状況の届出時期）

第一二条　外国人雇用状況届出は、新たに外国人を雇い入れた場合にあつては当該事実のあつた日の属する月の翌月十日までに、その雇用する外国人が離職した場合にあつては当該事実のあつた日の翌日から起算して十日以内に、当該事業所の所在地を管轄する公共職業安定所の長に提出することによつて行わなければならない。

2　被保険者でない外国人に係る外国人雇用状況届出は、前項の規定にかかわらず、当該外国人を雇い入れた日又は当該外国人が離職した日の属する月の翌月の末日までに、当該事業所の所在地を管轄する公共職業安定所の長に提出することによつて行わなければならない。

（準用）

第一二条の二　雇用の分野における男女の均等な機会及び待遇の確保等に関する法律施行規則（昭和六十一年労働省令第二号）第三条から第十二条までの規定は、法第三十条の六第一項の調停の手続について準用する。この場合において、同令第三条第一項中「法第十八条第一項」とあるのは「労働施策の総合的な推進並びに労働者の雇用の安定及び職業生活の充実等に関する法律（昭和四十一年法律第百三十二号。以下

「労働施策総合推進法」という。）第三十条の六第一項」と、同項並びに同令第四条（見出しを含む。）及び第五条（見出しを含む。）中「機会均等調停会議」とあるのは「優越的言動問題調停会議」と、同令第六条中「法第十八条第一項」とあるのは「労働施策総合推進法第三十条の六第一項」と、「事業場」とあるのは「事業所」と、同令第八条第一項及び第三項中「法第二十条」とあるのは「労働施策総合推進法第三十条の七において準用する法第二十条」と、同令第九条中「事業場」とあるのは「事業所」と、同令第十条第一項中「第四条第一項及び第二項」とあるのは「労及び第二項」とあるのは「労働施策の総合的な推進並びに労働者の雇用の安定及び職業生活の充実等に関する法律施行規則（昭和四十一年労働省令第二十三号）第十二条の二において準用する第四条第一項及び第二項」と、「第八条」とあるのは「同令第十二条の二において準用する第八条」と、同令第十一条第一項中「法第二十一条」とあるのは「労働施策総合推進法第三十条の七において準用する法第二十一条」と、同令別記様式中「事業場」とあるのは「事業所」と読み替えるものとする。

（報告等）

第一四条　厚生労働大臣は、法第三十四条第一項の規定により、事業主に対して労働者の雇用に関する状況その他の事項についての報告を命じるときは、当該報告すべき事項及び当該報告を命じる理由を書面により通知するものとする。

2　法第三十四条第二項の証明書は、様式第四号による。

（権限の委任）

第一五条　法第三十七条第一項の規定により、次に掲げる厚生労働大臣の権限は、都道府県労働局長に委任する。ただし、厚生労働大臣が自らその権限を行うことを妨げない。

一　法第二十七条第一項及び第二項並びに第二十八条第一項及び第三項に規定する厚生労働大臣の権限

二　法第三十二条第一項から第三項までに規定する厚生労働大臣の権限

三　法第三十三条第一項に規定する厚生労働大臣の権限

四　法第三十四条第一項に規定する厚生労働大臣の権限

五　法第三十五条に規定する厚生労働大臣の権限

六　法第三十六条第一項に規定する厚生労働大臣の権限

2　前項（第二号に係る部分を除く。）の規定により都道府県労働局長に委任された権限は、法第二十七条第一項及び第二項、第二十八条第一項及び第三項、第三十三条第一項、第三十四条第一項並びに第三十五条に規定する事業主又は国若しくは地方公共団体の事業所の所在地を管轄する公共職業安定所の長に委任する。ただし、都道府県労働局長が自らその権限を行うことを妨げない。

3　第十三条第四項第三号に規定する厚生労働大臣の権限は、都道府県労働局長に委任する。ただし、厚生労働大臣が自らその権限を行うことを妨げない。

附　則　抄

（施行期日）

第一条　この省令は、公布の日から施行する。

（募集及び採用における年齢にかかわりない均等な機会の確保に関する暫定措置）

第一〇条　令和七年三月三十一日までの間、第一条の三第一項第三号ニ中「行うとき、」とあるのは、「行うとき、昭和四十三年四月二日から昭和六十三年四月一日までの間に生まれた労働者の安定した雇用を促進するため、当該昭和四十三年四月二日から昭和六十三年四月一日までの間に生まれた労働者の募集及び採用を行うとき（公共職業安定所に求人を申し込んでいる場合であって、安定した職業に就いていない者との間で期間の定めのない労働契約を締結することを目的とし、当該昭和四十三年四月二日から昭和六十三年四月一日までの間に生まれた労働者が職業に従事した経験があることを求人の条件としない場合に限る。）、」とする。

事業主が職場における優越的な関係を背景とした言動に起因する問題に関して雇用管理上講ずべき措置等についての指針

〔令和二年一月一五日 厚生労働省告示第五号〕

一 はじめに

この指針は、労働施策の総合的な推進並びに労働者の雇用の安定及び職業生活の充実等に関する法律（昭和四十一年法律第百三十二号。以下「法」という。）第三十条の二第一項及び第二項に規定する事業主が職場において行われる優越的な関係を背景とした言動であって、業務上必要かつ相当な範囲を超えたものにより、その雇用する労働者の就業環境が害されること（以下「職場におけるパワーハラスメント」という。）のないよう雇用管理上講ずべき措置等について、同条第三項の規定に基づき事業主が適切かつ有効な実施を図るために必要な事項について定めたものである。

二 職場におけるパワーハラスメントの内容

(一) 職場におけるパワーハラスメントは、職場において行われる①優越的な関係を背景とした言動であって、②業務上必要かつ相当な範囲を超えたものにより、③労働者の就業環境が害されるものであり、①から③までの要素を全て満たすものをいう。

なお、客観的にみて、業務上必要かつ相当な範囲で行われる適正な業務指示や指導については、職場におけるパワーハラスメントには該当しない。

(二) 「職場」とは、事業主が雇用する労働者が業務を遂行する場所を指し、当該労働者が通常就業している場所以外の場所であっても、当該労働者が業務を遂行する場所については、「職場」に含まれる。

(三) 「労働者」とは、いわゆる正規雇用労働者のみならず、パートタイム労働者、契約社員等いわゆる非正規雇用労働者を含む事業主が雇用する労働者の全てをいう。

また、派遣労働者については、派遣元事業主のみならず、労働者派遣の役務の提供を受ける者についても、労働者派遣事業の適正な運営の確保及び派遣労働者の保護等に関する法律（昭和六十年法律第八十八号）第四十七条の四の規定により、その指揮命令の下に労働させる派遣労働者を雇用する事業主とみなされ、法第三十条の二第一項及び第三十条の三第二項の規定が適用されることから、労働者派遣の役務の提供を受ける者は、派遣労働者についてもその雇用する労働者と同様に、三(一)の配慮及び四の措置を講ずることが必要である。なお、法第三十条の二第二項、第三十条の五第二項及び第三十条の六第二項の労働者に対する不利益な取扱いの禁止については、派遣労働者も対象に含まれるものであり、派遣元事業主のみならず、労働者派遣の役務の提供を受ける者もまた、当該者に派遣労働者が職場におけるパワーハラスメントの相談を行ったこと等を理由として、当該派遣労働者に係る労働者派遣の役務の提供を拒む等、当該派遣労働者に対する不利益な取扱いを行ってはならない。

(四) 「優越的な関係を背景とした」言動とは、当該事業主の業務を遂行するに当たって、当該言動を受ける労働者が当該言動の行為者とされる者（以下「行為者」という。）に対して抵抗又は拒絶することができない蓋然性が高い関係を背景として行われるものを指し、例えば、以下のもの等が含まれる。

・職務上の地位が上位の者による言動

・同僚又は部下による言動で、当該言動を行う者が業務上必要な知識や豊富な経験を有しており、当該者の協力を得なければ業務の円滑な遂行を行うことが困難であるもの

・同僚又は部下からの集団による行為で、これに抵抗又は拒絶することが困難であるもの

㈤　「業務上必要かつ相当な範囲を超えた」言動とは、社会通念に照らし、当該事業主の業務上必要性がない、又はその態様が相当でないものを指し、例えば、以下のもの等が含まれる。

・業務上明らかに必要性のない言動

・業務の目的を大きく逸脱した言動

・業務を遂行するための手段として不適当な言動

・当該行為の回数、行為者の数等、その態様や手段が社会通念に照らして許容される範囲を超える言動

この判断に当たっては、様々な要素（当該言動の目的、当該言動を受けた労働者の問題行動の有無や内容・程度を含む当該言動が行われた経緯や状況、業種・業態、業務の内容・性質、当該言動の態様・頻度・継続性、労働者の属性や心身の状況、行為者との関係性等）を総合的に考慮することが適当である。また、その際には、個別の事案における労働者の行動が問題となる場合は、その内容・程度とそれに対する指導の態様等の相対的な関係性が重要な要素となることについても留意が必要である。

㈥　「労働者の就業環境が害される」とは、当該言動により労働者が身体的又は精神的に苦痛を与えられ、労働者の就業環境が不快なものとなったため、能力の発揮に重大な悪影響が生じる等当該労働者が就業する上で看過できない程度の支障が生じることを指す。

この判断に当たっては、「平均的な労働者の感じ方」、すなわち、同様の状況で当該言動を受けた場合に、社会一般の労働者が、就業する上で看過できない程度の支障が生じたと感じるような言動であるかどうかを基準とすることが適当である。

㈦　職場におけるパワーハラスメントは、㈠の①から③までの要素を全て満たすものをいい（客観的にみて、業務上必要かつ相当な範囲で行われる適正な業務指示や指導については、職場におけるパワーハラスメントには該当しない。）、個別の事案についてその該当性を判断するに当たっては、㈤で総合的に考慮することとした事項のほか、当該言動により労働者が受ける身体的又は精神的な苦痛の程度等を総合的に考慮して判断することが必要である。

このため、個別の事案の判断に際しては、相談窓口の担当者等がこうした事項に十分留意し、相談を行った労働者（以下「相談者」という。）の心身の状況や当該言動が行われた際の受け止めなどその認識にも配慮しながら、相談者及び行為者の双方から丁寧に事実確認等を行うことも重要である。

これらのことを十分踏まえて、予防から再発防止に至る一連の措置を適切に講じることが必要である。

職場におけるパワーハラスメントの状況は多様であるが、代表的な言動の類型としては、以下のイからヘまでのものがあり、当該言動の類型ごとに、典型的に職場におけるパワーハラスメントに該当し、又は該当しないと考えられる例としては、次のようなものがある。

ただし、個別の事案の状況等によって判断が異なる場合もあり得ること、また、次の例は限定列挙ではないことに十分留意し、四(二)ロにあるとおり広く相談に対応するなど、適切な対応を行うようにすることが必要である。

なお、職場におけるパワーハラスメントに該当すると考えられる以下の例については、行為者と当該言動を受ける労働者の関係性を個別に記載していないが、四にあるとおり、優越的な関係を背景として行われたものであることが前提である。

イ　身体的な攻撃（暴行・傷害）

(イ)　該当すると考えられる例

①　殴打、足蹴りを行うこと。

②　相手に物を投げつけること。

(ロ)　該当しないと考えられる例

①　誤ってぶつかること。

ロ　精神的な攻撃（脅迫・名誉棄損・侮辱・ひどい暴言）

(イ)　該当すると考えられる例

①　人格を否定するような言動を行うこと。相手の性的指向・性自認に関する侮辱的な言動を行うことを含む。

②　業務の遂行に関する必要以上に長時間にわたる厳しい叱責を繰り返し行うこと。

③　他の労働者の面前における大声での威圧的な叱責を繰り返し行うこと。

④　相手の能力を否定し、罵倒するような内容の電子メール等を当該相手を含む複数の労働者宛てに送信すること。

(ロ)　該当しないと考えられる例

①　遅刻など社会的ルールを欠いた言動が見られ、再三注意してもそれが改善されない労働者に対して一定程度強く注意をすること。

②　その企業の業務の内容や性質等に照らして重大な問題行動を行った労働者に対して、一定程度強く注意をすること。

ハ　人間関係からの切り離し（隔離・仲間外し・無視）

(イ)　該当すると考えられる例

①　自身の意に沿わない労働者に対して、仕事を外し、長期間にわたり、別室に隔離したり、自宅研修させたりすること。

②　一人の労働者に対して同僚が集団で無視をし、職場で孤立させること。

(ロ)　該当しないと考えられる例

①　新規に採用した労働者を育成するために短期間集中的に別室で研修等の教育を実施すること。

②　懲戒規定に基づき処分を受けた労働者に対し、通常の業務に復帰させるために、その前に、一時的に別室で必要な研修を受けさせること。

ニ　過大な要求（業務上明らかに不要なことや遂行不可能なことの強制・仕事の妨害）

(イ)　該当すると考えられる例

①　長期間にわたる、肉体的苦痛を伴う過酷な環境下での勤務に直接関係のない作業を命ずること。

②　新卒採用者に対し、必要な教育を行わないまま到底対応できないレベルの業績目標を課し、達成できなかったことに対し厳しく叱責すること。

③　労働者に業務とは関係のない私的な雑用の処理を強制的に行わせること。

(ロ)　該当しないと考えられる例

①　労働者を育成するために現状よりも少し高いレベルの業務を任せること。

② 業務の繁忙期に、業務上の必要性から、当該業務の担当者に通常時よりも一定程度多い業務の処理を任せること。

ホ 過小な要求（業務上の合理性なく能力や経験とかけ離れた程度の低い仕事を命じることや仕事を与えないこと）

(イ) 該当すると考えられる例

① 管理職である労働者を退職させるため、誰でも遂行可能な業務を行わせること。

② 気にいらない労働者に対して嫌がらせのために仕事を与えないこと。

(ロ) 該当しないと考えられる例

① 労働者の能力に応じて、一定程度業務内容や業務量を軽減すること。

ヘ 個の侵害（私的なことに過度に立ち入ること）

(イ) 該当すると考えられる例

① 労働者を職場外でも継続的に監視したり、私物の写真撮影をしたりすること。

② 労働者の性的指向・性自認や病歴、不妊治療等の機微な個人情報について、当該労働者の了解を得ずに他の労働者に暴露すること。

(ロ) 該当しないと考えられる例

① 労働者への配慮を目的として、労働者の家族の状況等についてヒアリングを行うこと。

② 労働者の了解を得て、当該労働者の性的指向・性自認や病歴、不妊治療等の機微な個人情報について、必要な範囲で人事労務部門の担当者に伝達し、配慮を促すこと。

この点、プライバシー保護の観点から、ヘ(イ)②のように機微な個人情報を暴露することのないよう、労働者に周知・啓発する等の措置を講じることが必要である。

三 事業主等の責務

(一) 事業主の責務

法第三十条の三第二項の規定により、事業主は、職場におけるパワーハラスメントを行ってはならないことその他職場におけるパワーハラスメントに起因する問題（以下「パワーハラスメント問題」という。）に対するその雇用する労働者の関心と理解を深めるとともに、当該労働者が他の労働者（他の事業主が雇用する労働者及び求職者を含む。(二)において同じ。）に対する言動に必要な注意を払うよう、研修の実施その他の必要な配慮をするほか、国の講ずる同条第一項の広報活動、啓発活動その他の措置に協力するように努めなければならない。なお、職場におけるパワーハラスメントに起因する問題としては、例えば、労働者の意欲の低下などによる職場環境の悪化や職場全体の生産性の低下、労働者の健康状態の悪化、休職や退職などにつながり得ること、これらに伴う経営的な損失等が考えられる。

また、事業主（その者が法人である場合にあっては、その役員）は、自らも、パワーハラスメント問題に対する関心と理解を深め、労働者（他の事業主が雇用する労働者及び求職者を含む。）に対する言動に必要な注意を払うように努めなければならない。

(二) 労働者の責務

法第三十条の三第四項の規定により、労働者は、パワーハラスメント問題に対する関心と理解を深め、他の労働者に対する言動に必要な注意を払うとともに、事業主の講ずる四の措置に協力するように努めなければならない。

四 事業主が職場における優越的な関係を背景とした言動に起因する問題に関し雇用管理上講ずべき措置の内容

事業主は、当該事業主が雇用する労働者又は当該事業主（その者が法人である場合にあっては、その役員）が行う職場におけるパワーハラスメントを防止するため、雇用管理上次の措置を講じなければならない。

(一) 事業主の方針等の明確化及びその周知・啓発

事業主は、職場におけるパワーハラスメントに関する方針の明確化、労働者に対するその方針の周知・啓発として、次の措置を講じなければならない。

なお、周知・啓発をするに当たっては、職場におけるパワーハラスメントの防止の効果を高めるため、その発生の原因や背景について労働者の理解を深めることが重要である。その際、職場におけるパワーハラスメントの発生の原因や背景には、労働者同士のコミュニケーションの希薄化などの職場環境の問題もあると考えられる。そのため、これらを幅広く解消していくことが職場におけるパワーハラスメントの防止の効果を高める上で重要であることに留意することが必要である。

イ 職場におけるパワーハラスメントの内容及び職場におけるパワーハラスメントを行ってはならない旨の方針を明確化し、管理監督者を含む労働者に周知・啓発すること。

(事業主の方針等を明確化し、労働者に周知・啓発していると認められる例)

① 就業規則その他の職場における服務規律等を定めた文書において、職場におけるパワーハラスメントを行ってはならない旨の方針を規定し、当該規定と併せて、職場におけるパワーハラスメントの内容及びその発生の原因や背景を労働者に周知・啓発すること。

② 社内報、パンフレット、社内ホームページ等広報又は啓発のための資料等に職場におけるパワーハラスメントの内容及びその発生の原因や背景並びに職場におけるパワーハラスメントを行ってはならない旨の方針を記載し、配布等すること。

③ 職場におけるパワーハラスメントの内容及びその発生の原因や背景並びに職場におけるパワーハラスメントを行ってはならない旨の方針を労働者に対して周知・啓発するための研修、講習等を実施すること。

ロ 職場におけるパワーハラスメントに係る言動を行った者については、厳正に対処する旨の方針及び対処の内容を就業規則その他の職場における服務規律等を定めた文書に規定し、管理監督者を含む労働者に周知・啓発すること。

(対処方針を定め、労働者に周知・啓発していると認められる例)

① 就業規則その他の職場における服務規律等を定めた文書において、職場におけるパワーハラスメントに係る言動を行った者に対する懲戒規定を定め、その内容を労働者に周知・啓発すること。

② 職場におけるパワーハラスメントに係る言動を行った者は、現行の就業規則その他の職場における服務規律等を定めた文書において定められている懲戒規定の適用の対象となる旨を明確化し、これを労働者に周知・啓発すること。

(二) 相談(苦情を含む。以下同じ。)に応じ、適切に対応するために必要な体制の整備

事業主は、労働者からの相談に対し、その内容や状況に応じ適切かつ柔軟に対応するために必要な体制の整備として、次の措置を講じなければならない。

イ 相談への対応のための窓口(以下「相談窓口」という。)をあらかじめ定め、労働者に周知すること。

(相談窓口をあらかじめ定めていると認められる例)

① 相談に対応する担当者をあらかじめ定めること。

② 相談に対応するための制度を設けること。

③ 外部の機関に相談への対応を委託すること。

ロ イの相談窓口の担当者が、相談に対し、その内容や状況に応じ適切に対応できるようにすること。また、相談窓口においては、被害を受けた労働者が萎縮するなどして相談を躊躇する例もあること等も踏まえ、相談者の心身の状況や当該言動が行われた際の受け止めなどその認識にも配慮しながら、職場におけるパワーハラスメントが現実に生じている場合だけでなく、その発生のおそれがある場合や、職場におけるパワーハラスメントに該当するか否か微妙な場合であっても、広く相談に対応し、適切な対応を行うようにすること。例えば、放置すれば就業環境を害するおそれがある場合や、労働者同士のコミュニケーションの希薄化などの職場環境の問題が原因や背景となってパワーハラスメントが生じるおそれがある場合等が考えられる。

（相談窓口の担当者が適切に対応することができるようにしていると認められる例）

① 相談窓口の担当者が相談を受けた場合、その内容や状況に応じて、相談窓口の担当者と人事部門とが連携を図ることができる仕組みとすること。

② 相談窓口の担当者が相談を受けた場合、あらかじめ作成した留意点などを記載したマニュアルに基づき対応すること。

③ 相談窓口の担当者に対し、相談を受けた場合の対応についての研修を行うこと。

(三) 職場におけるパワーハラスメントに係る事後の迅速かつ適切な対応

事業主は、職場におけるパワーハラスメントに係る相談の申出があった場合において、その事案に係る事実関係の迅速かつ正確な確認及び適正な対処として、次の措置を講じなければならない。

イ 事案に係る事実関係を迅速かつ正確に確認すること。

（事案に係る事実関係を迅速かつ正確に確認していると認められる例）

① 相談窓口の担当者、人事部門又は専門の委員会等が、相談者及び行為者の双方から事実関係を確認すること。その際、相談者の心身の状況や当該言動が行われた際の受け止めなどその認識にも適切に配慮すること。

また、相談者と行為者との間で事実関係に関する主張に不一致があり、事実の確認が十分にできないと認められる場合には、第三者からも事実関係を聴取する等の措置を講ずること。

② 事実関係を迅速かつ正確に確認しようとしたが、確認が困難な場合などにおいて、法第三十条の六に基づく調停の申請を行うことその他中立な第三者機関に紛争処理を委ねること。

ロ イにより、職場におけるパワーハラスメントが生じた事実が確認できた場合においては、速やかに被害を受けた労働者（以下「被害者」という。）に対する配慮のための措置を適正に行うこと。

（措置を適正に行っていると認められる例）

① 事案の内容や状況に応じ、被害者と行為者の間の関係改善に向けての援助、被害者と行為者を引き離すための配置転換、行為者の謝罪、被害者の労働条件上の不利益の回復、管理監督者又は事業場内産業保健スタッフ等による被害者のメンタルヘルス不調への相談対応等の措置を講ずること。

② 法第三十条の六に基づく調停その他中立な第三者機関の紛争解決案に従った措置を被害者に対して講ずること。

こと。

ハ　イにより、職場におけるパワーハラスメントが生じた事実が確認できた場合においては、行為者に対する措置を適正に行うこと。

（措置を適正に行っていると認められる例）

① 就業規則その他の職場における服務規律等を定めた文書における職場におけるパワーハラスメントに関する規定等に基づき、行為者に対して必要な懲戒その他の措置を講ずること。あわせて、事案の内容や状況に応じ、被害者と行為者の間の関係改善に向けての援助、被害者と行為者を引き離すための配置転換、行為者の謝罪等の措置を講ずること。

② 法第三十条の六に基づく調停その他中立な第三者機関の紛争解決案に従った措置を行為者に対して講ずること。

ニ　改めて職場におけるパワーハラスメントに関する方針を周知・啓発する等の再発防止に向けた措置を講ずること。

なお、職場におけるパワーハラスメントが生じた事実が確認できなかった場合においても、同様の措置を講ずること。

（再発防止に向けた措置を講じていると認められる例）

① 職場におけるパワーハラスメントを行ってはならない旨の方針及び職場におけるパワーハラスメントに係る言動を行った者について厳正に対処する旨の方針を、社内報、パンフレット、社内ホームページ等広報又は啓発のための資料等に改めて掲載し、配布等すること。

② 労働者に対して職場におけるパワーハラスメントに関する意識を啓発するための研修、講習等を改めて実施すること。

㈣ ㈠から㈢までの措置と併せて講ずべき措置

㈠から㈢までの措置を講ずるに際しては、併せて次の措置を講じなければならない。

イ　職場におけるパワーハラスメントに係る相談者・行為者等の情報は当該相談者・行為者等のプライバシーに属するものであることから、相談への対応又は当該パワーハラスメントに係る事後の対応に当たっては、相談者・行為者等のプライバシーを保護するために必要な措置を講ずるとともに、その旨を労働者に対して周知すること。なお、相談者・行為者等のプライバシーには、性的指向・性自認や病歴、不妊治療等の機微な個人情報も含まれるものであること。

（相談者・行為者等のプライバシーを保護するために必要な措置を講じていると認められる例）

① 相談者・行為者等のプライバシーの保護のために必要な事項をあらかじめマニュアルに定め、相談窓口の担当者が相談を受けた際には、当該マニュアルに基づき対応するものとすること。

② 相談者・行為者等のプライバシーの保護のために、相談窓口の担当者に必要な研修を行うこと。

③ 相談窓口においては相談者・行為者等のプライバシーを保護するために必要な措置を講じていることを、社内報、パンフレット、社内ホームページ等広報又は啓発のための資料等に掲載し、配布等すること。

ロ　法第三十条の二第二項、第三十条の五第二項及び第三十条の六第二項の規定を踏まえ、労働者が職場におけるパワーハラスメントに関し相談をしたこと若しくは事実関係の確認等の事業主の雇用管理上講ずべき措置に協力したこと、都道府県労働局に対して相談、紛争解決の援助の求め若しくは調停の申請を行ったこと又は調停の出頭の求めに応じたこと（以下「パワーハラスメントの相談等」という。）を理由として、解雇その他不利益な取扱いをされない旨を定め、労働者に周知・啓発すること。

（不利益な取扱いをされない旨を定め、労働者にその周知・啓発することについて措置を講じていると認められる例）

① 就業規則その他の職場における服務規律等を定めた文書において、パワーハラスメントの相談等を理由として、労働者が解雇等の不利益な取扱いをされない旨を規定し、労働者に周知・啓発をすること。

② 社内報、パンフレット、社内ホームページ等広報又は啓発のための資料等に、パワーハラスメントの相談等を理由として、労働者が解雇等の不利益な取扱いをされない旨を記載し、労働者に配布等すること。

五 事業主が職場における優越的な関係を背景とした言動に起因する問題に関し行うことが望ましい取組の内容

事業主は、当該事業主が雇用する労働者又は当該事業主（その者が法人である場合にあってはその役員）が行う職場におけるパワーハラスメントを防止するため、四の措置に加え、次の取組を行うことが望ましい。

(一) 職場におけるパワーハラスメントは、セクシュアルハラスメント（事業主が職場における性的な言動に起因する問題に関して雇用管理上講ずべき措置等についての指針（平成十八年厚生労働省告示第六百十五号）に規定する「職場におけるセクシュアルハラスメント」をいう。以下同じ。）、妊娠、出産等に関するハラスメント（事業主が職場における妊娠、出産等に関する言動に起因する問題に関して雇用管理上講ずべき措置等についての指針（平成二十八年厚生労働省告示第三百十二号）に規定する「職場における妊娠、出産等に関するハラスメント」をいう。）、育児休業等に関するハラスメント（子の養育又は家族の介護を行い、又は行うこととなる労働者の職業生活と家庭生活との両立が図られるようにするために事業主が講ずべき措置等に関する指針（平成二十一年厚生労働省告示第五百九号）に規定する「職場における育児休業等に関するハラスメント」をいう。）その他のハラスメントと複合的に生じることも想定されることから、事業主は、例えば、セクシュアルハラスメント等の相談窓口と一体的に、職場におけるパワーハラスメントの相談窓口を設置し、一元的に相談に応じることのできる体制を整備することが望ましい。

（一元的に相談に応じることのできる体制の例）

① 相談窓口で受け付けることのできる相談として、職場におけるパワーハラスメントのみならず、セクシュアルハラスメント等も明示すること。

② 職場におけるパワーハラスメントの相談窓口がセクシュアルハラスメント等の相談窓口を兼ねること。

(二) 事業主は、職場におけるパワーハラスメントの原因や背景となる要因を解消するため、次の取組を行うことが望ましい。

なお、取組を行うに当たっては、労働者個人のコミュニケーション能力の向上を図ることは、職場におけるパワーハラスメントの行為者・被害者の双方になることを防止する上で重要であることや、業務上必要かつ相当な範囲で行われる適正な業務指示や指導については、職場におけるパワーハラスメントには該当せず、労働者が、こうした適正な業務指示や指導を踏まえて真摯に業務を遂行する意識を持つことも重要であることに留意することが必要である。

イ コミュニケーションの活性化や円滑化のために研修等の必要な取組を行うこと。

（コミュニケーションの活性化や円滑化のために必要

（取組例）

① 日常的なコミュニケーションを取るよう努めることや定期的に面談やミーティングを行うことにより、風通しの良い職場環境や互いに助け合える労働者同士の信頼関係を築き、コミュニケーションの活性化を図ること。

② 感情をコントロールする手法についての研修、コミュニケーションスキルアップについての研修、マネジメントや指導についての研修等の実施や資料の配布等により、労働者が感情をコントロールする能力やコミュニケーションを円滑に進める能力等の向上を図ること。

ロ 適正な業務目標の設定等の職場環境の改善のための取組を行うこと。

（職場環境の改善のための取組例）

① 適正な業務目標の設定や適正な業務体制の整備、業務の効率化による過剰な長時間労働の是正等を通じて、労働者に過度に肉体的・精神的負荷を強いる職場環境や組織風土を改善すること。

(三) 事業主は、四の措置を講じる際に、必要に応じて、労働者や労働組合等の参画を得つつ、アンケート調査や意見交換等を実施するなどにより、その運用状況の的確な把握や必要な見直しの検討等に努めることが重要である。なお、労働者や労働組合等の参画を得る方法として、例えば、労働安全衛生法（昭和四十七年法律第五十七号）第十八条第一項に規定する衛生委員会の活用なども考えられる。

六 事業主が自らの雇用する労働者以外の者に対する言動に関し行うことが望ましい取組の内容

三の事業主及び労働者の責務の趣旨に鑑みれば、事業主は、当該事業主が雇用する労働者が、他の労働者（他の事業主が雇用する労働者及び求職者を含む。）のみならず、個人事業主、インターンシップを行っている者等の労働者以外の者に対する言動についても必要な注意を払うよう配慮するとともに、事業主（その者が法人である場合にあっては、その役員）自らと労働者も、労働者以外の者に対する言動について必要な注意を払うよう努めることが望ましい。

こうした責務の趣旨も踏まえ、事業主は、四(一)イの職場におけるパワーハラスメントを行ってはならない旨の方針の明確化等を行う際に、当該事業主が雇用する労働者以外の者（他の事業主が雇用する労働者、就職活動中の学生等の求職者及び労働者以外の者）に対する言動についても、同様の方針を併せて示すことが望ましい。

また、これらの者から職場におけるパワーハラスメントに類すると考えられる相談があった場合には、その内容を踏まえて、四の措置も参考にしつつ、必要に応じて適切な対応を行うように努めることが望ましい。

七 事業主が他の事業主の雇用する労働者等からのパワーハラスメントや顧客等からの著しい迷惑行為に関し行うことが望ましい取組の内容

事業主は、取引先等の他の事業主が雇用する労働者又は他の事業主（その者が法人である場合にあっては、その役員）からのパワーハラスメントや顧客等からの著しい迷惑行為（暴行、脅迫、ひどい暴言、著しく不当な要求等）により、その雇用する労働者が就業環境を害されることのないよう、雇用管理上の配慮として、例えば、(一)及び(二)の取組を行うことが望ましい。また、(三)のような取組を行うことも、その雇用する労働者が被害を受けることを防止する上で有効と考えられる。

(一) 相談に応じ、適切に対応するために必要な体制の整備

事業主は、他の事業主が雇用する労働者等からのパワー

ハラスメントや顧客等からの著しい迷惑行為に関する労働者からの相談に対し、その内容や状況に応じ適切かつ柔軟に対応するために必要な体制の整備として、四㈡イ及びロの例も参考にしつつ、次の取組を行うことが望ましい。

また、併せて、労働者が当該相談をしたことを理由として、解雇その他不利益な取扱いを行ってはならない旨を定め、労働者に周知・啓発することが望ましい。

イ　相談先（上司、職場内の担当者等）をあらかじめ定め、これを労働者に周知すること。

ロ　イの相談を受けた者が、相談に対し、その内容や状況に応じ適切に対応できるようにすること。

㈡ 被害者への配慮のための取組

事業主は、相談者から事実関係を確認し、他の事業主が雇用する労働者等からのパワーハラスメントや顧客等からの著しい迷惑行為が認められた場合には、速やかに被害者に対する配慮のための取組を行うことが望ましい。

（被害者への配慮のための取組例）

事案の内容や状況に応じ、被害者のメンタルヘルス不調への相談対応、著しい迷惑行為を行った者に対する対応が必要な場合に一人で対応させない等の取組を行うこと。

㈢ 他の事業主が雇用する労働者等からのパワーハラスメントや顧客等からの著しい迷惑行為による被害を防止するための取組

㈠及び㈡の取組のほか、他の事業主が雇用する労働者等からのパワーハラスメントや顧客等からの著しい迷惑行為からその雇用する労働者が被害を受けることを防止する上では、事業主が、こうした行為への対応に関するマニュアルの作成や研修の実施等の取組を行うことも有効と考えられる。

また、業種・業態等によりその被害の実態や必要な対応も異なると考えられることから、業種・業態等における被害の実態や業務の特性等を踏まえて、それぞれの状況に応じた必要な取組を進めることも、被害の防止に当たっては効果的と考えられる。

外国人労働者の雇用管理の改善等に関して事業主が適切に対処するための指針

（平成一九年八月三日 厚生労働省告示第二七六号）

沿革 平成二一年一二月二八日厚生労働省告示第五〇五号
〃二二年 七月 一日〃 第二六四号
〃二四年 六月二九日〃 第四一六号
〃二四年 九月二七日〃 第五一八号
〃二八年 八月一九日〃 第三二一号
〃二九年一〇月一〇日〃 第三二五号
〃三〇年 七月 六日〃 第二六一号
〃三一年 三月二九日〃 第一〇六号
令和 元年 九月一九日〃 第一二〇号

第一 趣旨

この指針は、労働施策の総合的な推進並びに労働者の雇用の安定及び職業生活の充実等に関する法律（昭和四十一年法律第百三十二号）第七条に定める事項に関し、事業主が適切に対処することができるよう、事業主が講ずべき必要な措置について定めたものである。

第二 外国人労働者の雇用管理の改善等に関して必要な措置を講ずるに当たっての基本的考え方

外国人労働者が我が国で安心して就労し、企業や地域社会の一員として活躍するためには、事業主による関係法令の遵守や適切な待遇の確保、日本人との相互理解等を通じた魅力ある職場環境の整備、職業生活上、日常生活上又は社会生活上の適切な支援等が重要となる。

また、労働者の国籍にかかわらず、労働施策の総合的な推進並びに労働者の雇用の安定及び職業生活の充実等に関する法律、職業安定法（昭和二十二年法律第百四十一号）、労働者派遣事業の適正な運営の確保及び派遣労働者の保護等に関する法律（昭和六十年法律第八十八号。以下「労働者派遣法」という。）、雇用保険法（昭和四十九年法律第百十六号）、労働基準法（昭和二十二年法律第四十九号）、最低賃金法（昭和三十四年法律第百三十七号）、労働安全衛生法（昭和四十七年法律第五十七号）、労働者災害補償保険法（昭和二十二年法律第五十号）、労働契約法（平成十九年法律第百二十八号）、労働組合法（昭和二十四年法律第百七十四号）、短時間労働者及び有期雇用労働者の雇用管理の改善等に関する法律（平成五年法律第七十六号。以下「短時間・有期雇用労働法」という。）、雇用の分野における男女の均等な機会及び待遇の確保等に関する法律（昭和四十七年法律第百十三号。以下「男女雇用機会均等法」という。）、健康保険法（大正十一年法律第七十号）、厚生年金保険法（昭和二十九年法律第百十五号）等の労働関係法令及び社会保険関係法令は適用されるものであり、事業主は、外国人労働者についても、これらを遵守するとともに、その在留資格の範囲内で、適正な労働条件及び安全衛生の確保や、雇用保険、労働者災害補償保険、健康保険及び厚生年金保険（以下「労働・社会保険」という。）の適用、人事管理の運用の透明性及び公正性の確保や生活支援等を通じ、その有する能力を有効に発揮しつつ就労できる環境が確保されるよう、この指針で定める事項について、適切な措置を講ずるべきである。

第三 外国人労働者の定義

この指針において「外国人」とは、日本国籍を有しない者をいい、特別永住者並びに在留資格が「外交」及び「公用」の者を除くものとする。また、「外国人労働者」とは、外国人の労働者をいうものとする。

なお、「外国人労働者」には、外国人の技能実習の適正な実施及び技能実習生の保護に関する法律（平成二十八年法律第八十九号）第二条第一項に規定する技能実習生（以下「技能実習生」という。）も含まれるものである。

第四 外国人労働者の雇用管理の改善等に関して事業主が講ずべき必要な措置

一 外国人労働者の募集及び採用の適正化

1 募集

イ 募集を行う際の労働条件の明示

事業主は、労働者を募集するに当たっては、募集に応じて労働者になろうとする外国人に対し、当該外国人が従事すべき業務の内容、労働契約の期間、就業の場所、労働時間や休日、賃金、労働・社会保険の適用に関する事項等（ロにおいて「明示事項」という。）について、その内容を明らかにした書面の交付により、明示すること。ただし、当該外国人が希望する場合においては、ファクシミリを利用してする送信又は電子メールその他のその受信をする者を特定して情報を伝達するために用いられる電気通信（電気通信事業法（昭和五十九年法律第八十六号）第二条第一号に規定する電気通信をいい、以下「電子メール等」という。）の送信の方法（当該外国人が当該電子メール等の記録を出力することにより書面を作成することができるものに限る。）により明示することも可能であることに留意すること。その際、母国語その他の当該外国人が使用する言語又は平易な日本語（以下「母国語等」という。）を用いる等、当該外国人が理解できる方法により明示するよう努めること。特に、募集に応じて労働者になろうとする外国人が国外に居住している場合にあっては、入国後に、募集条件に係る相互の理解の齟齬《そご》等から労使間のトラブル等が生じることのないよう、事業主による渡航又は帰国に要する旅費その他の費用の負担の有無や負担割合、住居の確保等の募集条件の詳細について、あらかじめ明確にするよう努めること。

ロ 職業紹介事業者等の利用

事業主は、外国人労働者のあっせんを受ける場合には、職業安定法等の定めるところにより、無料の職業紹介事業を行う地方公共団体又は職業紹介事業の許可を受けている者若しくは届出を行っている者（以下このロにおいて「職業紹介事業者等」という。）から受け、外国人労働者と違約金若しくは保証金の徴収等に係る契約を結ぶ等同法に違反する者又は労働者派遣法に違反する者からは受けないこと。また、国外に居住する外国人労働者のあっせんを受ける場合には、外国人労働者と違約金又は保証金の徴収等に係る契約を結ぶ者を取次機関として利用する職業紹介事業者等からあっせんを受けないこと。特に、出入国管理及び難民認定法（昭和二十六年政令第三百十九号）別表第一の二の表の特定技能（以下「特定技能」という。）の在留資格を取得しようとする者のあっせんを受ける事業主においては、同法第十九条の十八第一項に規定する特定技能所属機関（以下「特定技能所属機関」という。）の基準として、当該職業紹介事業者等からあっせんを受けてはならないこととされていることに留意すること。

また、事業主は、求人の申込みに当たり、職業紹介事業者等に対し、明示事項について、その内容を明らかにした書面の交付又は当該職業紹介事業者等が希望する場合におけるファクシミリを利用してする送信若しくは電子メール等の送信の方法（当該職業紹介事業者等が当該電子メール等の記録を出力することにより書面を作成することができるものに限る。）により明示すること。

なお、職業紹介事業者等が職業紹介を行うに当たり、国籍を理由とした差別的取扱いをすることは、職業安定法上禁止されているところであるが、事業主においても、職業紹介事業者等に対し求人の申込みを行うに当たり、国籍による条件を付すなど差別的取扱いをしないよう十分留意すること。

ハ　労働条件の変更等の明示

事業主は、募集に応じて労働者になろうとする外国人と労働契約を締結しようとする場合であって、募集するに当たって当該外国人に対して明示した事項を変更、特定等する場合は、明示した事項と変更内容等を対照することができる書面を交付する等、適切な方法により明示すること。その際、母国語等を用いる等、当該外国人が変更内容等を理解できる方法により明示するよう努めること。

2　採用

事業主は、外国人労働者を採用するに当たっては、第五に定める方法等を通じ、あらかじめ、当該外国人が、採用後に従事すべき業務について、在留資格上、従事することが認められる者であることを確認することとし、従事することが認められない者については、採用してはならないこと。

事業主は、外国人労働者について、在留資格の範囲内で、外国人労働者がその有する能力を有効に発揮できるよう、公平な採用選考に努めること。特に、永住者、定住者等その身分に基づき在留する外国人に関しては、その活動内容に制限がないことに留意すること。

二　適正な労働条件の確保

1　均等待遇

事業主は、労働者の国籍を理由として、賃金、労働時間その他の労働条件について、差別的取扱いをしてはならないこと。

2　労働条件の明示

イ　書面の交付

事業主は、外国人労働者との労働契約の締結に際し、賃金、労働時間等主要な労働条件について、その内容を明らかにした書面を交付すること。ただし、当該外国人労働者が希望する場合においては、ファクシミリを利用してする送信又は電子メール等の送信の方法（当該外国人労働者が当該電子メール等の記録を出力することにより書面を作成することができるものに限る。）により明示することも可能であることに留意すること。その際、モデル労働条件通知書やモデル就業規則を活用する、母国語等を用いて説明する等、当該外国人労働者が理解できる方法により明示するよう努めること。

ロ　賃金に関する説明

事業主は、賃金について明示する際には、賃金の決定、計算及び支払の方法等はもとより、これに関連する事項として税金、雇用保険及び社会保険の保険料、労使協定に基づく賃金の一部控除の取扱いについても、母国語等を用いる等、外国人労働者が理解できるよう説明し、当該外国人労働者に実際に支給する額が明らかとなるよう努めること。

3　賃金の支払い

事業主は、外国人労働者に対し、最低賃金法等の定めるところにより最低賃金額以上の賃金を支払うことはもとより、基本給、割増賃金等の賃金について、法令で別段の定めがある場合又は労使協定が締結されている場合を除き、全額を支払うこと。また、労使協定に基づき食費、居住費等を賃金から控除する場合等については、その額について、実費を勘案し、不当な額とならないようにすること。

また、労働契約に付随して貯蓄の契約をさせ、又は貯蓄金を管理する契約をしてはならず、労働契約に付随することなく、外国人労働者の希望する貯蓄金をその委託を受けて管理する場合であっても、労使協定の締結及び届出等が必要であることに留意すること。

4　適正な労働時間等の管理

事業主は、法定労働時間及び時間外・休日労働の上限規制の遵守、週休日の確保をはじめ適正な労働時間管理を行うとともに、時間外・休日労働の削減に努めること。また、労働時間の状況の把握に当たっては、タイムカードによる記録等の客観的な方法その他の適切な方法によるものとすること。

あわせて、事業主は、労働基準法等の定めるところにより、年次有給休暇を与えること。労働者ごとにその時季を定めることにより年次有給休暇を与える際には、その時季について外国人労働者の意見を聴くとともに、聴取した意見を尊重するよう努めること。

5　労働基準法等の周知

事業主は、労働基準法等の定めるところにより、その内容、就業規則、労使協定等について周知すること。その際には、分かりやすい説明書や行政機関が作成している多言語対応の広報資料等を用いる、母国語等を用いて説明する等、外国人労働者の理解を促進するため必要な配慮をするよう努めること。

6　労働者名簿等の調製

事業主は、労働基準法等の定めるところにより労働者名簿、賃金台帳及び年次有給休暇管理簿を調製すること。その際には、外国人労働者について、家族の住所その他の緊急時における連絡先を把握しておくよう努めること。

7　金品の返還等

事業主は、外国人労働者の旅券、在留カード等を保管しないようにすること。また、外国人労働者が退職する際には、労働基準法の定めるところにより当該外国人労働者の権利に属する金品を返還すること。また、返還の請求から七日以内に外国人労働者が出国する場合には、出国前に返還すること。

8　寄宿舎

事業の附属寄宿舎に外国人労働者を寄宿させる事業主は、労働基準法等の定めるところにより、寄宿舎について換気、採光、照明、保温、防湿、清潔、避難、定員の収容、就寝に必要な措置その他労働者の健康、風紀及び生命の保持に必要な措置を講ずること。

9　雇用形態又は就業形態に関わらない公正な待遇の確保

イ　不合理な待遇の禁止

事業主は、短時間・有期雇用労働法及び労働者派遣法の定めるところにより、短時間・有期雇用労働者又は派遣労働者である外国人労働者の基本給、賞与その他の待遇のそれぞれについて、当該待遇に対応する通常の労働者（派遣労働者である外国人労働者にあっては、派遣先に雇用される通常の労働者。以下このイ及び口において同じ。）の待遇との間において、当該短時間・有期雇用労働者又は派遣労働者及び通常の労働者の業務の内容及び当該業務に伴う責任の程度（以下「職務の内容」という。）、当該職務の内容及び配置の変更の範囲その他の事情のうち、当該待遇の性質及び当該待遇を行う目的に照らして適切と認められるものを考慮して、不合理と認められる相違を設けてはならないこと。

ロ　差別的取扱いの禁止

事業主は、短時間・有期雇用労働法及び労働者派遣法の定めるところにより、職務の内容が通常の労働者と同一の短時間・有期雇用労働者又は派遣労働者である外国人労働者であって、当該事業所における慣行その他の事情（派遣労働者である外国人労働者にあっては、当該労働者派遣契約及び当該派遣先における慣行その他の事情）からみて、当該事業主との雇用関係が終了するまでの全期間（派遣労働者である外国人労働者にあっては、当該派遣先における派遣就業が終了するまでの全期間）において、その職務の内容及び配置が当該通常の労働者の職務の内容及び配置の変更の範囲と同一の範囲で変更されることが見込まれるものについては、短時間・有期雇用労働者又は派遣労働者であることを理由として、基本給、賞与その他の待遇のそれぞれについて、差別的取扱いをしてはならないこと。

ハ　労使協定による派遣労働者の待遇の確保

労働者派遣の形態で外国人労働者を就業させる事業主は、イ及びロ（労働者派遣法に係るものに限る。）にかかわらず、労働者派遣法等の定めるところにより、派遣労働者である外国人労働者の待遇（労働者派遣法第四十条第二項の教育訓練及び同条第三項の福利厚生施設を除く。）について労使協定により一定の事項を定めたときは、当該労使協定による待遇を確保すること。

ニ　待遇に関する説明

事業主は、短時間・有期雇用労働者又は派遣労働者である外国人労働者から求めがあったときは、通常の労働者（派遣労働者にあっては、労働者派遣法第二十六条第八項に規定する比較対象労働者）との間の待遇の相違の内容及び理由等について説明すること。その際、母国語等を用いる等、当該外国人労働者が理解できる方法により説明するよう努めること。

三　安全衛生の確保

1　安全衛生教育の実施

事業主は、労働安全衛生法等の定めるところにより外国人労働者に対し安全衛生教育を実施するに当たっては、母国語等を用いる、視聴覚教材を用いる等、当該外国人労働者がその内容を理解できる方法により行うこと。特に、外国人労働者に使用させる機械等、原材料等の危険性又は有害性及びこれらの取扱方法等が確実に理解されるよう留意すること。

2　労働災害防止のための日本語教育等の実施

事業主は、外国人労働者が労働災害防止のための指示等を理解することができるようにするため、必要な日本語及び基本的な合図等を習得させるよう努めること。

3　労働災害防止に関する標識、掲示等

事業主は、事業場内における労働災害防止に関する標識、掲示等について、図解等の方法を用いる等、外国人労働者がその内容を理解できる方法により行うよう努めること。

4　健康診断の実施等

事業主は、労働安全衛生法等の定めるところにより外国人労働者に対して健康診断、面接指導及び心理的な負担の程度を把握するための検査を実施すること。実施に当たっては、これらの目的・内容を、母国語等を用いる等、当該外国人労働者が理解できる方法により説明するよう努めること。また、外国人労働者に対しこれらの結果に基づく事後措置を実施するときは、その結果並びに事後措置の必要性及び内容を当該外国人労働者が理解できる方法により説明するよう努めること。

5　健康指導及び健康相談の実施

事業主は、産業医、衛生管理者等を活用して外国人労働者に対して健康指導及び健康相談を行うよう努めること。

6　母性保護等に関する措置の実施

事業主は、女性である外国人労働者に対し、労働基準法、男女雇用機会均等法等の定めるところにより、産前及び産後休業、妊娠中の外国人労働者が請求した際の軽易な業務への転換、妊産婦である外国人労働者が請求した場合の時間外労働等の制限、妊娠中及び出産後の健康管理に関する措置等、必要な措置を講ずること。

7　労働安全衛生法等の周知

事業主は、労働安全衛生法等の定めるところにより、その内容について周知すること。その際には、分かりやすい説明書を用いる、母国語等を用いて説明する等、外国人労働者の理解を促進するため必要な配慮をするよう努めること。

四　労働・社会保険の適用等

1　制度の周知及び必要な手続の履行等

事業主は、外国人労働者に対し、労働・社会保険に係る法令の内容及び保険給付に係る請求手続等について、雇入れ時に行政機関が作成している多言語対応の広報資料等を活用する、母国語等を用いて説明する等、外国人労働者が理解できる方法により周知に努めること。また、労働・社会保険に係る法令の定めるところに従い、被保険者に該当する外国人労働者に係る適用手続等必要な手続をとること。

さらに、健康保険及び厚生年金保険の適用となる事業所の事業主は、外国人労働者が離職したときは、遅滞なく被保険者証を回収するとともに、国民健康保険又は国民年金の適用の手続が必要になる場合にあっては、その旨を教示するよう努めること。

健康保険及び厚生年金保険の適用とならない事業所の事業主は、外国人労働者及びその家族が適切に国民健康保険及び国民年金の適用の手続が行えるよう、母国語等での手続の説明や市区町村等の相談窓口の案内、必要に応じた同行等の必要な援助を行うよう努めること。

なお、個人経営で農業を営み、常時五人未満の労働者を使用している事業所等、労働保険の適用が任意の事業所においては、事業主は外国人労働者を含む労働者の希望等に応じ、労働保険の加入の申請を行うこと。

2　保険給付の請求等についての援助

イ　雇用保険

事業主は、外国人労働者が離職する場合には、外国人労働者本人への雇用保険被保険者離職票の交付等、必要な手続を行うとともに、失業等給付の受給に係る公共職業安定所の窓口の教示その他必要な援助を行うよう努めること。

ロ　労働者災害補償保険

事業主は、外国人労働者に係る労働災害等が発生した場合には、労働者災害補償保険の給付の請求その他の手続に関し、外国人労働者やその家族等からの相談に応ずること。加えて、外国人労働者やその家族等が自ら手続を行うことが困難な場合等には、その手続を行うことができるよう必要な援助を行うよう努めること。

ハ　健康保険

事業主は、外国人労働者が病気、負傷等（労働災害によるものを除く。）のため就業することができない場合には、健康保険において傷病手当金が支給され得ることについて、当該外国人労働者に教示するよう努めること。

ニ　公的年金

事業主は、外国人労働者が国民年金又は厚生年金保険（以下このニにおいて「公的年金」という。）の被保険者期間中に初診日のある傷病によって障害等級に該当する程度の障害の状態になったときは、障害年金が支給され得ることについて、当該外国人労働者に教示するよう努めること。また、公的年金の被保険者期間が一定期間以上の外国人労働者が帰国する場合、帰国後、被保険者期間等に応じた脱退一時金の支給を請求し得る旨帰国前に説明するとともに、年金事務所等の関係機関の窓口を教示するよう努めること。なお、説明の際には、次に掲げる事項を踏まえつつ、請求を検討すべきであることを教示するよう努めること。

(1) 脱退一時金を受給した場合、その支給を受けた者は、その額の計算の基礎となった被保険者であった期間は、被保険者でなかったものとみなされるため、受給資格期間が十年であることを踏まえた将来的な老齢年金の受給の可能性に留意すべきであること

(2) 公的年金を受給することができる年齢に達した際に社会保障協定（被保険者期間の通算規定を有するものに限る。）の相手国の年金制度に加入していた期間がある外国人労働者は、当該期間と公的年金の被保険者期間等を通算することにより、公的年金を受け取ることができる場合があること。

五　適切な人事管理、教育訓練、福利厚生等

1　適切な人事管理

事業主は、その雇用する外国人労働者が円滑に職場に適応できるよう、社内規程その他文書の多言語化等、職場における円滑なコミュニケーションの前提となる環境の整備に努めること。また、当該職場での評価や待遇に納得しつつ就労することができるよう、職場で求められる資質、能力等の社員像の明確化、評価・賃金決定、配置等の人事管理に関する運用の透明性・公正性の確保等、多様な人材が適切な待遇の下で能力発揮しやすい環境の整備に努めること。その際、公共職業安定所の行う雇用管理に係る助言・指導を踏まえ、適切に対応すること。

2　生活支援

事業主は、外国人労働者の日本社会への対応の円滑化を図るため、外国人労働者に対して日本語教育及び日本の生活習慣、文化、風習、雇用慣行等について理解を深めるための支援を行うとともに、外国人労働者が地域社会における行事や活動に参加する機会を設けるように努めること。また、事業主は、居住地周辺の行政機関、医療機関、金融機関等に関する各種情報の提供や同行等、外国人労働者が、居住地域において安心して日常生活又は社会生活を営むために必要な支援を行うよう努めること。

3 苦情・相談体制の整備
事業主は、外国人労働者の苦情や相談を受け付ける窓口の設置等、体制を整備し、日本における生活上又は職業上の苦情・相談等に対応するよう努めるとともに、必要に応じ、地方公共団体が情報提供及び相談を行う一元的な窓口等、行政機関の設ける相談窓口についても教示するよう努めること。

4 教育訓練の実施等
事業主は、外国人労働者が、在留資格の範囲内でその能力を有効に発揮しつつ就労することが可能となるよう、教育訓練の実施その他必要な措置を講ずるように努めるとともに、母国語での導入研修の実施等働きやすい職場環境の整備に努めること。

5 福利厚生施設
事業主は、外国人労働者について適切な宿泊の施設を確保するように努めるとともに、給食、医療、教養、文化、体育、レクリエーション等の施設の利用について、外国人労働者にも十分な機会が保障されるように努めること。

6 帰国及び在留資格の変更等の援助
イ 事業主は、その雇用する外国人労働者の在留期間が満了し、在留資格の更新がなされない場合には、当該外国人労働者の雇用関係を終了し、帰国のための諸手続の相談その他必要な援助を行うよう努めること。
また、その雇用する外国人労働者が帰国する際、病気等やむを得ない理由により帰国に要する旅費を支弁できない場合には、当該旅費を負担するよう努めること。特に、特定技能の在留資格をもって在留する者については、出入国管理及び難民認定法第二条の五第一項に規定する特定技能雇用契約（以下「特定技能雇用契約」という。）の基準として、当該外国人労働者が特定技能雇用契約の終了後の帰国に要する旅費を負担することができないときは、当該旅費を負担するとともに、契約終了後の出国が円滑になされるよう必要な措置を講ずることとされていることに留意すること。また、技能実習生については、帰国事由が自己都合による場合も含め、監理団体（企業単独型技能実習の場合は事業主）が帰国に要する旅費を負担するとともに、契約終了後の出国が円滑になされるよう必要な措置を講ずることとされていることに留意すること。
ロ 事業主は、外国人労働者が在留資格を変更しようとするとき又は在留期間の更新を受けようとするときは、その手続を行うに当たっての勤務時間の配慮その他必要な援助を行うように努めること。
ハ 事業主は、外国人労働者が一時帰国を希望する場合には、休暇の取得への配慮その他必要な援助を行うよう努めること。特に、特定技能の在留資格をもって在留する者については、特定技能雇用契約の基準として、当該外国人労働者が一時帰国を希望した場合には、必要な休暇を取得させることとされていることに留意すること。

7 外国人労働者と共に就労する上で必要な配慮
事業主は、外国人労働者を受け入れるに当たっては、日本人労働者と外国人労働者とが、文化、慣習等の多様性を理解しつつ共に就労できるよう努めること。

六 解雇等の予防及び再就職の援助
1 解雇
事業主は、事業規模の縮小等を理由として解雇を行う場合であっても、労働契約法において、客観的に合理的な理由を欠き、社会通念上相当であると認められない場合は、その権利を濫用したものとして無効とされていること及び期間の定めのある労働契約（2において「有期労働契約」という。）については、やむを得ない事由がある場合でなければ、その契約期間が満了するまでの間において、労働者を解雇することができないとされていることに留意し、外国人労働者に対して安易な解雇を行わないようにすること。

2 雇止め

事業主は、有期労働契約の更新を拒絶すること（以下「雇止め」という。）は、労働契約法において、労働者が有期労働契約の契約期間の満了時に当該有期労働契約が更新されるものと期待することについて合理的な理由があると認められる場合等であって、当該雇止めが客観的に合理的な理由を欠き、社会通念上相当でないときは、認められないこととされていることに留意し、外国人労働者に対して、安易な雇止めを行わないようにすること。

3 再就職の援助

事業主は、外国人労働者が解雇（自己の責めに帰すべき理由によるものを除く。）その他事業主の都合により離職する場合において、当該外国人労働者が再就職を希望するときは、関連企業等へのあっせん、教育訓練等の実施・受講あっせん、求人情報の提供等当該外国人労働者の在留資格に応じた再就職が可能となるよう、必要な援助を行うよう努めること。その際、公共職業安定所と密接に連携するとともに、公共職業安定所の行う再就職援助に係る助言・指導を踏まえ、適切に対応すること。

4 解雇制限

事業主は、外国人労働者が業務上負傷し、又は疾病にかかり療養のために休業する期間及びその後三十日間等、労働基準法の定めるところにより解雇が禁止されている期間があることに留意すること。

5 妊娠、出産等を理由とした解雇の禁止等

事業主は、女性である外国人労働者が婚姻し、妊娠し、又は出産したことを退職理由として予定する定めをしてはならないこと。また、妊娠、出産等を理由として解雇その他不利益な取扱いをしてはならないこと。

七 労働者派遣又は請負を行う事業主に係る留意事項

1 労働者派遣

労働者派遣の形態で外国人労働者を就業させる事業主にあっては、当該外国人労働者が従事する業務の内容、就業の場所、当該外国人労働者を直接指揮命令する者に関する事項等、当該外国人労働者の派遣就業の具体的内容を当該外国人労働者に明示する、派遣先に対し派遣する外国人労働者の氏名、雇用保険及び社会保険の加入の有無を通知する等、労働者派遣法等の定めるところに従い、適正な事業運営を行うこと。また、派遣先は、労働者派遣事業の許可を受けていない者からは外国人労働者に係る労働者派遣を受けないこと。

2 請負

請負を行う事業主にあっては、請負契約の名目で実質的に労働者供給事業又は労働者派遣事業を行うことのないよう、職業安定法及び労働者派遣法を遵守すること。具体的には、自ら雇用する外国人労働者の就業場所が注文主である他の事業主の事業所内である場合には、当該注文主が当該外国人労働者の使用者であるとの誤解を招くことがないよう、当該事業所内で業務の処理の進行管理を行うこと。また、その就業場所において適切に雇用管理がなされるよう、当該事業所内で、第六で選任する雇用労務責任者等に人事管理、生活支援等の職務を行わせること。

さらに、請負を行う事業主は、外国人労働者の希望により、労働契約の期間をできる限り長期のものとし、労働契約の期間中に業務に従事させることができない期間が生じた場合にも教育訓練を実施する等により労働契約を継続する等、安定的な雇用の確保に努めること。

第五　外国人労働者の雇用状況の届出

事業主は、労働施策の総合的な推進並びに労働者の雇用の安定及び職業生活の充実等に関する法律第二十八条第一項の規定に基づき、新たに外国人労働者を雇い入れた場合又はその雇用する外国人労働者が離職した場合には、当該外国人労働者の氏名、在留資格、在留期間等の一に掲げる事項について、二に掲げる方法により確認し、三に掲げる方法及び期限に従って、当該事項を当該事業主の事業所の所在地を管轄する公共職業安定所の長に届け出ること。なお、確認に当たっての留意事項は、四のとおりとすること。

一　確認し、届け出るべき事項

イ　雇用保険被保険者資格を有する外国人労働者について

氏名、在留資格（資格外活動の許可を受けて就労する者を雇い入れる場合にあっては当該許可の有無、特定技能の在留資格をもって在留する者を雇い入れる場合又は特定技能の在留資格をもって在留する者が離職した場合にあっては法務大臣が当該外国人について指定する特定産業分野（出入国管理及び難民認定法別表第一の二の表の特定技能の項の下欄第一号に規定する特定産業分野をいう。二のハにおいて同じ。）、特定活動の在留資格をもって在留する者を雇い入れる場合又は特定活動の在留資格をもって在留する者が離職した場合にあっては法務大臣が当該外国人について特に指定する活動を含む。ロにおいて同じ。）、在留期間、生年月日、性別、国籍の属する国又は同法第二条第五号ロに規定する地域（以下「国籍・地域」という。）のほか、職種、賃金、住所等の雇用保険被保険者資格取得届又は雇用保険被保険者資格喪失届に記載すべき当該外国人の雇用状況等に関する事項（同法第十九条の三に規定する中長期在留者（以下このイ及びロにおいて「中長期在留者」という。）を雇い入れる場合又は中長期在留者が離職した場合にあっては、これらに加えて、同法第十九条の四第一項第五号の在留カードの番号（ロにおいて「在留カードの番号」という。））

ロ　氏名、在留資格、在留期間、生年月日、性別及び国籍・地域（中長期在留者を雇い入れる場合又は中長期在留者が離職した場合にあっては、これらに加えて、在留カードの番号）

二　確認の方法

イ　ロから二までに該当する者以外の外国人労働者について

当該外国人労働者の在留カード（在留カードを所持しない者にあっては、旅券又は在留資格証明書）の提示を求め、届け出るべき事項を確認する方法

ロ　資格外活動の許可を受けて就労する者について

当該外国人労働者の在留カード（在留カードを所持しない者にあっては、旅券又は在留資格証明書（当該外国人労働者が資格外活動の許可を受けている旨が記載されていない場合には、資格外活動許可書又は就労資格証明書を含む。））の提示を求め、届け出るべき事項を確認する方法

ハ　特定技能の在留資格をもって在留する者について

当該外国人労働者の在留カード及び特定産業分野を記載した指定書の提示を求め、届け出るべき事項を確

認する方法

ニ 特定活動の在留資格をもって在留する者について当該外国人労働者の在留カード（在留カードを所持しない者にあっては、旅券又は在留資格証明書）及び法務大臣が当該外国人について特に指定する活動を記載した指定書の提示を求め、届け出るべき事項を確認する方法

三 届出の方法・期限

イ 雇用保険被保険者資格を有する外国人労働者について

雇入れに係る届出にあっては雇い入れた日の属する月の翌月十日までに、雇用保険法施行規則（昭和五十年労働省令第三号）第六条第一項の届出と併せて、必要事項を届け出ることとし、離職に係る届出にあっては離職した日の翌日から起算して十日以内に、同令第七条第一項の届出と併せて、必要事項を届け出ること。

ロ 雇用保険被保険者資格を有さない外国人労働者について

雇入れに係る届出、離職に係る届出ともに、雇入れ又は離職した日の属する月の翌月の末日までに、労働施策の総合的な推進並びに労働者の雇用の安定及び職業生活の充実等に関する法律施行規則（昭和四十一年労働省令第二十三号）様式第三号（以下「様式第三号」という。）に必要事項を記載の上、届け出ること。

四 確認に当たっての留意事項

事業主は、雇い入れようとする者について、通常の注意力をもって当該者が外国人であると判断できる場合に、当該者に係る一の事項を確認すること。ここで通常の注意力をもって当該者が外国人であると判断できる場合とは、特別な調査等を伴うものではなく、氏名や言語などから、当該者が外国人であることが一般的に明らかである場合をいうこと。このため、例えば、通称として日本名を用いており、かつ、日本語の堪能な者など、通常の注意力をもっては、当該者が外国人であると判断できない場合にまで、確認を求めるものではないこと。なお、一に掲げる事項以外の事項の確認・届出は必要のないものであり、外国人労働者のプライバシーの保護の観点からも、この点に十分留意すること。

第六 外国人労働者の雇用労務責任者の選任

事業主は、外国人労働者を常時十人以上雇用するときは、この指針の第四に定める事項等を管理させるため、人事課長等を雇用労務責任者（外国人労働者の雇用管理に関する責任者をいう。）として選任すること。

第七 外国人労働者の在留資格に応じて講ずべき必要な措置

一 特定技能の在留資格をもって在留する者に関する事項

特定技能の在留資格をもって在留する者については、第四から第六までに掲げるところによるものとするほか、事業主は、出入国管理及び難民認定法の規定に基づく特定技能雇用契約の基準及び特定技能所属機関の基準に留意するとともに、同法第二条の五第六項に規定する一号特定技能外国人支援（以下この一において「一号特定技能外国人支援」という。）及び必要な届出等を適切に実施すること。また、一号特定技能外国人支援には、社会保険その他外国人労働者が行わなければならない各種行政手続についての情報提供や相談窓口の案内、必要に応じた相談窓口への同行等の支援、生活のための日本語習得の支援、医療機関に関する情報の提供、苦情・相談への対応、外国人労働者と日本人との交流の促進に係る支援が含まれることに留意すること。

二 技能実習生に関する事項

技能実習生については、外国人労働者に含まれるものであることから、第四から第六までに掲げるところによるものとするほか、事業主は、技能実習の適正な実施及び技能実習生の保護に関する基本方針（平成二十九年法務省／厚生労働省告示第一号）に規定する技能実習の適正な実施及び技能実習生の保護を図るための施策に関する事項等の内容に留意し、技能実習生に対し実効ある技能等の修得が図られるように取り組むこと。

三　留学生に関する事項

留学生については、事業主は、新規学卒者等を採用する際、留学生であることを理由として、その対象から除外することのないようにするとともに、企業の活性化・国際化を図るためには、異なる教育、文化等を背景とした発想が期待できる留学生の採用も効果的であることに留意すること。あわせて、採用する際には、当該留学生が在留資格の変更の許可を受ける必要があることに留意するとともに、審査に要する期間を考慮して採用活動を行うよう努めること。また、留学生を採用するに際しては、インターンシップ・職場体験の機会を提供することが効果的であるが、その実施に当たっては、企業等に対する理解の促進や職業意識の形成支援等の趣旨を損なわないようにすること。

留学生をアルバイト等で雇用する場合には、資格外活動許可が必要であり、資格外活動は原則として週二十八時間以内に制限されていることに留意すること。

四　その他

その他の在留資格については、第四から第六までに掲げるところによるものとするほか、事業主は、出入国管理及び難民認定法等の定めるところにより、外国人労働者の在留資格に応じて講ずべき必要な措置を適切に実施すること。

第八　職業安定機関、労働基準監督機関その他関係行政機関の援助と協力

事業主は、職業安定機関、労働基準監督機関その他関係行政機関の必要な援助と協力を得て、この指針に定められた事項を実施すること。

青少年の雇用の促進等に関する法律　抄

（昭和四五年五月二五日法律第九八号）

沿革　平成一四年一二月一三日法律第一七〇号
〃　一九年　四月二三日〃第　三〇号
〃　二〇年　五月　二日〃第　二六号
〃　二三年　四月二七日〃第　二六号
〃　二三年　八月三〇日〃第一〇五号
〃　二七年　九月一八日〃第　七二号
〃　二八年　五月二〇日〃第　四七号
〃　二九年　三月三一日〃第　一四号
令和　四年　三月三一日〃第　一二号
〃　四年　六月一七日〃第　六八号

第一章　総則

（目的）

第一条　この法律は、青少年について、適性並びに技能及び知識の程度にふさわしい職業（以下「適職」という。）の選択並びに職業能力の開発及び向上に関する措置等を総合的に講ずることにより、雇用の促進等を図ることを通じて青少年がその有する能力を有効に発揮することができるようにし、もつて福祉の増進を図り、あわせて経済及び社会の発展に寄与することを目的とする。

（基本的理念）

第二条　全て青少年は、将来の経済及び社会を担う者であることに鑑み、青少年が、その意欲及び能力に応じて、充実した職業生活を営むとともに、有為な職業人として健やかに成育するように配慮されるものとする。

第三条　青少年である労働者は、将来の経済及び社会を担う者としての自覚を持ち、自ら進んで有為な職業人として成育するように努めなければならない。

（事業主等の責務）

第四条　事業主は、青少年について、その有する能力を正当に評価するための募集及び採用の方法の改善、職業の選択に資する情報の提供並びに職業能力の開発及び向上に関する措置等を講ずることにより、雇用機会の確保及び職場への定着を図り、青少年がその有する能力を有効に発揮することができるように努めなければならない。

2　特定地方公共団体（職業安定法（昭和二十二年法律第百四十一号）第四条第九項に規定する特定地方公共団体をいう。以下同じ。）並びに職業紹介事業者（同条第十項に規定する職業紹介事業者をいう。第十四条において同じ。）、募集受託者（同法第三十九条に規定する募集受託者をいう。第十三条において同じ。）、同法第四条第六項に規定する募集情報等提供を業として行う者並びに青少年の職業能力の開発及び向上の支援を業として行う者（以下「職業紹介事業者等」という。）は、青少年の雇用機会の確保及び職場への定着が図られるよう、相談に応じ、及び必要な助言その他の措置を適切に行うように努めなければならない。

（国及び地方公共団体の責務）

第五条　国は、青少年について、適職の選択を可能とする環境の整備、職業能力の開発及び向上その他福祉の増進を図るために必要な施策を総合的かつ効果的に推進するように努めなければならない。

2　地方公共団体は、前項の国の施策と相まって、地域の実情に応じ、適職の選択を可能とする環境の整備、職業能力の開発及び向上その他青少年の福祉の増進を図るために必要な施策を推進するように努めなければならない。

（関係者相互の連携及び協力）

第六条　国、地方公共団体（特定地方公共団体を含む。）、事業主、職業紹介事業者等、教育機関その他の関係者は、第二条及び第三条の基本的理念にのっとり、青少年の福祉の増進を図るために必要な施策が効果的に実施されるよう、相互に連携を図りながら協力するように努めなければならない。

（指針）

第七条　厚生労働大臣は、第四条及び前条に定める事項についての必要な措置に関し、事業主、特定地方公共団体、職業紹介事業者等その他の関係者が適切に対処するために必要な指針を定め、これを公表するものとする。

第二章　青少年雇用対策基本方針

第八条　厚生労働大臣は、青少年の福祉の増進を図るため、適職の選択並びに職業能力の開発及び向上に関する措置等に関する施策の基本となるべき方針（以下この条及び第三十条において「青少年雇用対策基本方針」という。）を定めるものとする。

2　青少年雇用対策基本方針に定める事項は、次のとおりとする。

一　青少年の職業生活の動向に関する事項

二　青少年について適職の選択を可能とする環境の整備並びに職業能力の開発及び向上を図るために講じようとする施策の基本となるべき事項

三　前二号に掲げるもののほか、青少年の福祉の増進を図るために講じようとする施策の基本となるべき事項

3　青少年雇用対策基本方針は、青少年の労働条件、意識並びに地域別、産業別及び企業規模別の就業状況等を考慮して定められなければならない。

4　厚生労働大臣は、青少年雇用対策基本方針を定めるに当たっては、あらかじめ、労働政策審議会の意見を聴くほか、都道府県知事の意見を求めるものとする。

5　厚生労働大臣は、青少年雇用対策基本方針を定めたときは、遅滞なく、その概要を公表するものとする。

6　前二項の規定は、青少年雇用対策基本方針の変更について準用する。

第三章　青少年の適職の選択に関する措置

第一節　公共職業安定所による職業指導等

（職業指導等）

第九条　公共職業安定所は、青少年が適職を選択することを可能とするため、青少年その他関係者に対して雇用情報、職業に関する調査研究の成果等を提供し、職業経験がないこと、学校教育法（昭和二十二年法律第二十六号）第一条に規定する学校（以下「学校」という。）を退学したこと、不安定な就業を繰り返していることその他青少年の状況に応じた職業指導及び職業紹介を行う等必要な措置を講ずるものとする。

第一〇条　公共職業安定は、青少年が職業に適応することを容易にするため、その就職後においても、青少年その他関係者に対して、相談に応じ、及び必要な指導を行うものとする。

第一一条　削除

（国と地方公共団体の連携）

第一二条　国及び地方公共団体は、青少年が希望する地域において適職を選択することを可能とするため、相互に連携を図

りつつ、地域における青少年の希望を踏まえた求人に関する情報の収集及び提供その他必要な措置を講ずるように努めなければならない。

第二節　労働者の募集を行う者等が講ずべき措置

（青少年雇用情報の提供）

第一三条　労働者の募集を行う者及び募集受託者は、学校（小学校及び幼稚園を除く。）その他厚生労働省令で定める施設の学生又は生徒であって卒業することが見込まれる者その他厚生労働省令で定める者（以下この条及び次条において「学校卒業見込者等」という。）であることを条件とした労働者の募集（次項において「学校卒業見込者等募集」という。）を行うときは、学校卒業見込者等に対し、青少年の募集及び採用の状況、職業能力の開発及び向上並びに職場への定着の促進に関する取組の実施状況その他の青少年の適職の選択に資するものとして厚生労働省令で定める事項（同項及び同条において「青少年雇用情報」という。）を提供するように努めなければならない。

2　労働者の募集を行う者及び募集受託者は、学校卒業見込者等募集に当たり、当該学校卒業見込者等募集に応じ、又は応じようとする学校卒業見込者等の求めに応じ、青少年雇用情報を提供しなければならない。

第一四条　求人者は、学校卒業見込者等であることを条件とした求人（次項において「学校卒業見込者等求人」という。）の申込みに当たり、その申込みに係る公共職業安定所、特定地方公共団体又は職業紹介事業者に対し、青少年雇用情報を提供するように努めなければならない。

2　公共職業安定所、特定地方公共団体又は職業紹介事業者に学校卒業見込者等求人の申込みをした求人者は、その申込みをした公共職業安定所、特定地方公共団体若しくは職業紹介事業者又はこれらの紹介を受け若しくは受けようとする学校卒業見込者等の求めに応じ、青少年雇用情報を提供しなければならない。

第三節　基準に適合する事業主の認定等

（基準に適合する事業主の認定）

第一五条　厚生労働大臣は、事業主（常時雇用する労働者の数が三百人以下のものに限る。）からの申請に基づき、当該事業主について、青少年の募集及び採用の方法の改善、職業能力の開発及び向上並びに職場への定着の促進に関する取組に関し、その実施状況が優良なものであることその他の厚生労働省令で定める基準に適合するものである旨の認定を行うことができる。

（表示等）

第一六条　前条の認定を受けた事業主（次条及び第十八条において「認定事業主」という。）は、商品、役務の提供の用に供する物、商品又は役務の広告又は取引に用いる書類その他の厚生労働省令で定めるもの（次項において「商品等」という。）に厚生労働大臣の定める表示を付することができる。

2　何人も、前項の規定による場合を除くほか、商品等に同項の表示又はこれと紛らわしい表示を付してはならない。

（認定の取消し）

第一七条　厚生労働大臣は、認定事業主が次の各号のいずれかに該当するときは、第十五条の認定を取り消すことができる。

一　第十五条に規定する基準に適合しなくなったと認めるとき。

二　この法律又はこの法律に基づく命令に違反したとき。

三　不正の手段により第十五条の認定を受けたとき。

（委託募集の特例等）

第一八条　承認中小事業主団体の構成員である認定事業主が、

当該承認中小事業主団体をして青少年の募集及び採用を担当する者の募集を行わせようとする場合において、当該承認中小事業主団体が当該募集に従事しようとするときは、職業安定法第三十六条第一項及び第三項の規定は、当該構成員である認定事業主については、適用しない。

2　この条及び次条において「承認中小事業主団体」とは、事業協同組合、協同組合連合会その他の特別の法律により設立された組合若しくはその連合会であって厚生労働省令で定めるもの又は一般社団法人で認定事業主を直接又は間接の構成員とするもの（厚生労働省令で定める要件に該当するものに限る。）のうち、その構成員である認定事業主に対して青少年の募集及び採用を担当する者の募集についての相談及び援助を行うものであって、その申請に基づいて、厚生労働大臣が、当該相談及び援助を適切に行うための厚生労働省令で定める基準に適合する旨の承認を行ったものをいう。

3　厚生労働大臣は、承認中小事業主団体が前項に規定する基準に適合しなくなったと認めるときは、同項の承認を取り消すことができる。

4　承認中小事業主団体は、第一項に規定する募集に従事しようとするときは、厚生労働省令で定めるところにより、募集時期、募集人員、募集地域その他の労働者の募集に関する事項で厚生労働省令で定めるものを厚生労働大臣に届け出なければならない。

5　職業安定法第三十七条第二項の規定は前項の規定による届出があった場合について、同法第五条の三第一項及び第四項、第五条の四第一項及び第二項、第五条の五、第三十九条、第四十一条第二項、第四十二条、第四十八条の三第一項、第四十八条の四、第五十条第一項及び第二項並びに第五十一条の規定は前項の規定による届出をして労働者の募集に従事する者について、同法第四十条の規定は同項の規定による届出をして労働者の募集に従事する者に対する報酬の供与について、同法第五十条第三項及び第四項の規定はこの項において準用する同条第二項に規定する職権を行う場合について、それぞれ準用する。この場合において、同法第三十七条第二項中「労働者の募集を行おうとする者」とあるのは「青少年の雇用の促進等に関する法律（昭和四十五年法律第九十八号）第十八条第四項の規定による届出をして労働者の募集に従事しようとする者」と、同法第四十一条第二項中「当該労働者の募集の業務の廃止を命じ、又は期間」とあるのは「期間」と読み替えるものとする。

6　職業安定法第三十六条第二項及び第四十二条の二の規定の適用については、同法第三十六条第二項中「前項の」とあるのは「被用者以外の者をして労働者の募集に従事させようとする者がその被用者以外の者に与えようとする」と、同法第四十二条の二中「第三十九条に規定する募集受託者」とあるのは「青少年の雇用の促進等に関する法律（昭和四十五年法律第九十八号）第十八条第四項の規定による届出をして労働者の募集に従事する者」とする。

7　厚生労働大臣は、承認中小事業主団体に対し、第二項の相談及び援助の実施状況について報告を求めることができる。

第四章　青少年の職業能力の開発及び向上に関する措置

（職業訓練等の措置）

第二一条　国は、青少年の職業能力の開発及び向上を図るため、地方公共団体その他の関係者と連携し、青少年に対して、職業訓練の推進、職業能力検定の活用の促進、職業能力開発促進法（昭和四十四年法律第六十四号）第三十条の三に規定するキャリアコンサルタントによる相談の機会の付与、同法第十五条の四第一項に規定する職務経歴等記録書の普及の促進その他必要な措置を総合的かつ効果的に講ずるように努めなければならない。

第五章　職業生活における自立促進のための措置

（職業生活における自立の促進）

第二三条　国は、就業、修学及び職業訓練の受講のいずれもしていない青少年であって、職業生活を円滑に営む上での困難を有するもの（次条及び第二十五条において「無業青少年」という。）に対し、その特性に応じた適職の選択その他の職業生活に関する相談の機会の提供、職業生活における自立を支援するための施設の整備その他の必要な措置を講ずるように努めなければならない。

第二四条　地方公共団体は、前条の国の措置と相まって、地域の実情に応じ、無業青少年の職業生活における自立を促進するために必要な措置を講ずるように努めなければならない。

（求人者等に対する指導及び援助）

第二五条　公共職業安定所は、無業青少年に適職を紹介するため必要があるときは、求人者に対して、職業経験その他の求人の条件について指導するものとする。

2　公共職業安定所は、無業青少年を雇用し、又は雇用しようとする者に対して、配置その他の無業青少年の雇用に関する事項について、必要な助言その他の援助を行うことができる。

第六章　雑則

（労働に関する法令に関する知識の付与）

第二六条　国は、学校と協力して、その学生又は生徒に対し職業生活において必要な労働に関する法令に関する知識を付与するように努めなければならない。

（事業主等に対する援助）

第二七条　国は、青少年の福祉の増進を図るため、事業主、特定地方公共団体、職業紹介事業者等その他の関係者に対して、必要な助言、指導その他の援助を行うように努めなければならない。

（報告の徴収並びに助言、指導及び勧告）

第二八条　厚生労働大臣は、この法律の施行に関し必要があると認めるときは、事業主、職業紹介事業者等、求人者及び労働者の募集を行う者に対して、報告を求め、又は助言、指導若しくは勧告をすることができる。

（相談及び援助）

第二九条　公共職業安定所は、この法律に定める事項について、青少年の相談に応じ、及び必要な助言その他の援助を行うことができる。

（調査等）

第三〇条　厚生労働大臣は、青少年雇用対策基本方針を定めるについて必要な調査を実施するものとする。

2　厚生労働大臣は、この法律の施行に関し、関係行政機関の長に対し、資料の提供その他必要な協力を求めることができる。

3　厚生労働大臣は、この法律の施行に関し、都道府県知事から必要な調査報告を求めることができる。

（権限の委任）

第三一条　この法律に定める厚生労働大臣の権限は、厚生労働省令で定めるところにより、その一部を都道府県労働局長に委任することができる。

2　前項の規定により都道府県労働局長に委任された権限は、

厚生労働省令で定めるところにより、公共職業安定所長に委任することができる。

（厚生労働省令への委任）

第三三条　この法律に定めるもののほか、この法律の実施のために必要な手続その他の事項は、厚生労働省令で定める。

第七章　罰則

第三五条現　第十八条第五項において準用する職業安定法第四十一条第二項の規定による業務の停止の命令に違反して、労働者の募集に従事した者は、一年以下の懲役又は百万円以下の罰金に処する。

第三六条現　次の各号のいずれかに該当する者は、六月以下の懲役又は三十万円以下の罰金に処する。

新［令和七年六月一日から施行］

第三五条　第十八条第五項において準用する職業安定法第四十一条第二項の規定による業務の停止の命令に違反して、労働者の募集に従事した者は、一年以下の拘禁刑又は百万円以下の罰金に処する。

第三六条　次の各号のいずれかに該当する者は、六月以下の拘禁刑又は三十万円以下の罰金に処する。

一　第十八条第四項の規定による届出をしないで、労働者の募集に従事した者

二　第十八条第五項において準用する職業安定法第三十七条第二項の規定による指示に従わなかった者

三　第十八条第五項において準用する職業安定法第三十九条又は第四十条の規定に違反した者

第三七条　次の各号のいずれかに該当する者は、三十万円以下の罰金に処する。

一　第十六条第二項の規定に違反した者

二　第十八条第五項において準用する職業安定法第五十条第一項の規定による報告をせず、又は虚偽の報告をした者

三　第十八条第五項において準用する職業安定法第五十条第二項の規定による立入り若しくは検査を拒み、妨げ、若しくは忌避し、又は質問に対して答弁をせず、若しくは虚偽の陳述をした者

四　第十八条第五項において準用する職業安定法第五十一条第一項の規定に違反して秘密を漏らした者

第三八条　法人の代表者又は法人若しくは人の代理人、使用人その他の従業者が、その法人又は人の業務に関し、前三条の違反行為をしたときは、行為者を罰するほか、その法人又は人に対しても、各本条の罰金刑を科する。

第三九条　第二十八条の規定による報告をせず、又は虚偽の報告をした者は、二十万円以下の過料に処する。

附　則　抄

この法律は、公布の日から施行する。

青少年の雇用の促進等に関する法律施行規則

（平成二七年九月三〇日厚生労働省令第一五五号）

沿革　平成二八年　八月一九日厚生労働省令第一四二号
〃　二九年　三月三〇日〃　第三一号
〃　二九年　六月三〇日〃　第六六号
〃　二九年　七月一一日〃　第七一号
〃　三〇年　七月　六日〃　第八二号
〃　三一年　三月二〇日〃　第二六号
令和　元年　五月　七日〃　第一号
〃　二年一二月二五日〃　第二〇八号
〃　四年　三月三一日〃　第七三号
〃　四年　六月一〇日〃　第九二号

（法第十三条第一項の厚生労働省令で定める施設）

第一条　青少年の雇用の促進等に関する法律（昭和四十五年法律第九十八号。以下「法」という。）第十三条第一項の厚生労働省令で定める施設は、専修学校（学校教育法（昭和二十二年法律第二十六号）第百二十四条に規定する専修学校をいう。以下同じ。）とする。

（法第十三条第一項の厚生労働省令で定める者）

第二条　法第十三条第一項の厚生労働省令で定める者は、次のとおりとする。

一　公共職業能力開発施設（職業能力開発促進法（昭和四十四年法律第六十四号）第十五条の七第一項各号（第四号を除く。）に掲げる施設をいう。以下同じ。）又は職業能力開発総合大学校（同法第二十七条第一項に規定する職業能力開発総合大学校をいう。以下同じ。）の行う職業訓練を受ける者であって修了することが見込まれるもの

二　次に掲げる者であって、学校教育法第一条に規定する学校（小学校（義務教育学校の前期課程及び特別支援学校の小学部を含む。）及び幼稚園（特別支援学校の幼稚部を含む。）を除く。以下「学校」という。）若しくは専修学校の学生又は生徒であって卒業することが見込まれる者及び前号に掲げる者に準ずるもの

イ　学校又は専修学校を卒業した者

ロ　公共職業能力開発施設又は職業能力開発総合大学校の行う職業訓練を修了した者

ハ　学校教育法第百三十四条第一項に規定する各種学校（以下このハ、第四条第二項第二号ハ及び第七条第一号イにおいて「各種学校」という。）に在学する者であって卒業することが見込まれるもの又は各種学校を卒業した者

ニ　学校若しくは専修学校に相当する外国の教育施設（以下このニ、第四条第二項第二号ハ及び第七条第一号イにおいて「外国の教育施設」という。）に在学する者であって卒業することが見込まれるもの又は外国の教育施設を卒業した者

（青少年雇用情報）

第三条　法第十三条第一項の厚生労働省令で定める事項は、次に掲げるものとする。

一　青少年の募集及び採用の状況に関する事項として次に掲げる事項

イ　直近の三事業年度に採用した者（新たに学校若しくは専修学校を卒業した者若しくは新たに公共職業能力開発施設若しくは職業能力開発総合大学校の行う職業訓練を

修了した者又はこれに準ずる者（以下「新規学卒者等」という。）に限る。）の数及び当該採用した者のうち直近の三事業年度に離職した者の数

ロ　男女別の直近三事業年度に採用した新規学卒者等の数

ハ　その雇用する労働者の平均継続勤務年数

二　職業能力の開発及び向上に関する取組の実施状況に関する事項として次に掲げる事項

イ　その雇用する労働者に対する研修の有無及びその内容

ロ　その雇用する労働者が自発的な職業能力の開発及び向上を図ることを容易にするために必要な援助の有無並びにその内容（ニに掲げる事項を除く。）

ハ　新たに雇い入れた新規学卒者等からの職業能力の開発及び向上その他の職業生活に関する相談に応じ、並びに必要な助言その他の援助を行う者を当該新規学卒者等に割り当てる制度の有無

ニ　その雇用する労働者に対してキャリアコンサルティング（職業能力開発促進法第二条第五項に規定するキャリアコンサルティングをいう。第七条第四号チにおいて同じ。）の機会を付与する制度の有無及びその内容

ホ　その雇用する労働者に対する職業に必要な知識及び技能に関する検定に係る制度の有無並びにその内容

三　職場への定着の促進に関する取組の実施状況に関する事項として次に掲げる事項

イ　その雇用する労働者一人当たりの直近の事業年度における平均した一月当たりの所定外労働時間（所定労働時間を超えて労働した時間をいう。第七条第三号ハ及び第四号ヌにおいて同じ。）

ロ　その雇用する労働者一人当たりの直近の事業年度において取得した有給休暇（労働基準法（昭和二十二年法律第四十九号）第三十九条の規定による年次有給休暇をいう。第七条第三号ニ及び第四号ルにおいて同じ。）の平均日数

ハ　育児休業（育児休業、介護休業等育児又は家族介護を行う労働者の福祉に関する法律（平成三年法律第七十六号。第七条第三号ホにおいて「育児・介護休業法」という。）第二条第一号に規定する育児休業をいう。以下このハ、第七条第三号ホ及び第四号ヲにおいて同じ。）の取得の状況として、次に掲げる全ての事項

(1)　その雇用する男性労働者であって、直近の事業年度において配偶者が出産したものの数及び当該事業年度において育児休業をしたものの数。

(2)　の雇用する女性労働者であって、直近の事業年度において出産したものの数及び当該事業年度において育児休業をしたものの数

ニ　役員に占める女性の割合及び管理的地位にある者に占める女性の割合

2　前項各号に掲げる事項（第三号ニに掲げる事項を除く。）については、労働者の募集を行う者及び募集受託者（職業安定法（昭和二十二年法律第百四十一号）第三十九条に規定する募集受託者をいう。以下この項及び次条第二項において同じ。）が法第十三条に規定する学校卒業見込者等募集（以下この項及び第七条第一号イにおいて「学校卒業見込者等募集」という。）であって通常の労働者に係る労働者の募集を行う場合は、通常の労働者に係る事項とし、労働者の募集を行う者及び募集受託者が学校卒業見込者等募集であって通常の労働者以外の労働者に係る労働者の募集を行う場合は、通常の労働者以外の労働者に係る事項とする。

3　前項の規定は、法第十四条の規定により求人者が学校卒業見込者等求人（同条第一項に規定する学校卒業見込者等求人をいう。第五条第二項第一号及び第七条第一号において同

じ。）の申込みを行う場合について準用する。この場合において、前項中「労働者の募集を行う場合」とあるのは、「求人の申込みを行う場合」とする。

（青少年雇用情報の提供の方法等）

第四条　法第十三条第一項の規定による青少年雇用情報の提供は、電子メールの送信その他のインターネットを利用する方法又は書面を交付する方法その他の適切な方法により行うものとする。

2　法第十三条第二項の規定により青少年雇用情報の提供を求める場合には、学校卒業見込者等（同条第一項に規定する学校卒業見込者等をいう。次条第二項第二号において同じ。）は、次に掲げる事項について、電子メールを送信する方法又は書面を交付する方法その他の適切な方法により、労働者の募集を行う者又は募集受託者に明示しなければならない。

一　当該学校卒業見込者等の氏名及び住所又は電子メールアドレス

二　次に掲げる当該学校卒業見込者等の区分に応じ、それぞれ次に定める事項

イ　学校若しくは専修学校（以下このイにおいて「学校等」という。）の学生若しくは生徒又は学校等を卒業した者　学校等の名称及び在学年又は卒業した年月

ロ　公共職業能力開発施設若しくは職業能力開発総合大学校（以下このロにおいて「施設等」という。）の行う職業訓練を受ける者又は当該職業訓練を修了した者　施設等及び職業訓練の名称並びに修了することが見込まれる年月又は修了した年月

ハ　第二条第二号ハ又はニに掲げる者　各種学校又は外国の教育施設の名称及び在学年又は卒業した年月

三　青少年雇用情報の提供を希望する旨

3　法第十三条第二項の規定による青少年雇用情報の提供は、前条第一項第一号イからハまでに掲げる事項、同項第二号イからホまでに掲げる事項及び同項第三号イからニまでに掲げる事項のうちそれぞれ一以上について、電子メールを送信する方法又は書面を交付する方法その他の適切な方法により行うものとする。

第五条　法第十四条第一項の規定による青少年雇用情報の提供は、電子メールを送信する方法又は書面を交付する方法その他の適切な方法により行うものとする。

2　法第十四条第二項の規定により青少年雇用情報の提供を求める場合には、次の各号に掲げる者は、当該各号に定める事項について、電子メールを送信する方法又は書面を交付する方法その他の適切な方法により、求人者に明示しなければならない。

一　当該求人者が学校卒業見込者等求人の申込みをした公共職業安定所、特定地方公共団体（職業安定法第四条第九項に規定する特定地方公共団体をいう。第七条第一号において同じ。）又は職業紹介事業者（同法第四条第十項に規定する職業紹介事業者をいう。同号において同じ。）　前条第二項第三号に掲げる事項

二　前号に掲げる者から職業の紹介を受け、又は受けようとする学校卒業見込者等　前条第二項各号に掲げる事項

3　前条第三項の規定は、法第十四条第二項の規定による青少年雇用情報の提供について準用する。

（認定の申請）

第六条　法第十五条の認定を受けようとする事業主は、基準適合事業主認定申請書（様式第一号）に、当該事業主が同条の基準に適合するものであることを明らかにする書類を添えて、その主たる事業所の所在地を管轄する都道府県労働局長（以下「所轄都道府県労働局長」という。）に提出しなければならない。

（認定の基準）

第七条 法第十五条の厚生労働省令で定める基準は、次のとおりとする。

一 法第十五条の申請の時において、次のいずれかに該当すること。

イ 公共職業安定所、特定地方公共団体若しくは職業紹介事業者への学校卒業見込者等求人の申込み又は学校卒業見込者等募集を行っていること（通常の労働者として雇い入れることを目的とする場合であって、学校若しくは専修学校を卒業した者、公共職業能力開発施設若しくは職業能力開発総合大学校の行う職業訓練を修了した者又は各種学校若しくは外国の教育施設を卒業した者であって学校若しくは専修学校を卒業した者及び公共職業能力開発施設若しくは職業能力開発総合大学校の行う職業訓練を修了した者に準ずるものが、当該卒業又は修了の日の属する年度の翌年度以降少なくとも三年間応募できるときに限る。）。

ロ 十五歳以上三十五歳未満の青少年（以下この条において「青少年」という。）であることを条件とした公共職業安定所、特定地方公共団体若しくは職業紹介事業者への求人の申込み又は青少年であることを条件とした労働者の募集を行っていること（通常の労働者として雇い入れることを目的とする場合であって、労働施策の総合的な推進並びに労働者の雇用の安定及び職業生活の充実等に関する法律施行規則（昭和四十一年労働省令第二十三号）第一条の三第一項第三号イからニまでのいずれかに該当するときに限る。）。

二 青少年である労働者の採用及び育成に積極的に取り組んでいること。

三 次のいずれにも該当すること。ただし、直近の三事業年度に採用した者（新規学卒者等であって通常の労働者として雇い入れたものに限る。イ及び次号において「直近三事業年度新規学卒等採用者」という。）がいない場合にあっては、イに該当することを要しない。

イ 直近三事業年度新規学卒等採用者の数に対する当該直近三事業年度に離職したものの数の割合が五分の一以下であること。ただし、直近三事業年度新規学卒等採用者の数が三人又は四人の場合にあっては、直近の三事業年度に離職した直近三事業年度新規学卒等採用者の数が一人以下であれば足りること。

ロ その雇用する労働者の育成に関する方針並びにその雇用する労働者の職業能力の開発及び向上を促進するための計画を策定していること。

ハ 直近の事業年度において、その雇用する労働者（通常の労働者に限る。以下この条において同じ。）一人当たりの平均した一月当たりの所定外労働時間が二十時間以下であり、かつ、その雇用する労働者であって平均した一月当たりの時間外労働時間が六十時間以上であるものがいないこと。

ニ 直近の事業年度において、その雇用する労働者に対して与えられた有給休暇（有給休暇に準ずる休暇として厚生労働省人材開発統括官（以下「人材開発統括官」という。）が定めるものが与えられた場合にあっては、当該休暇を含む。以下このニにおいて同じ。）の日数（有給休暇に準ずるものとして人材開発統括官が定めるものにあっては、その雇用する労働者一人当たり五日を上限として算入する。以下このニにおいて同じ。）に対するその雇用する労働者が取得した有給休暇の日数の割合が十分の七以上であること又はその雇用する労働者一人当りの取得した有給休暇の平均日数が十日以上であること。

ホ　次のいずれかに該当すること。ただし、その雇用する男性労働者のうち直近の三事業年度において配偶者が出産したもの及びその雇用する女性労働者のうち直近の三事業年度において出産したものがいない場合にあっては、育児休業等（育児休業及び育児・介護休業法第二十三条第二項又は第二十四条第一項の規定に基づく措置として育児休業に関する制度に準ずる措置が講じられた場合の当該措置によりする休業をいう。以下このホにおいて同じ。）に関する制度を設けていれば足りること。

(1)　直近の三事業年度において、その雇用する男性労働者のうち育児休業等をしたものがいること。

(2)　その雇用する女性労働者であって直近の三事業年度において出産したものの数に対するその雇用する女性労働者であって直近の三事業年度において育児休業等をしたものの数の割合が四分の三以上であること。

四　インターネットを利用する方法その他の適切な方法により、次に掲げる全ての事項を公表していること。

イ　直近三事業年度新規学卒等採用者の数及びそのうち直近の三事業年度に離職した者の数

ロ　男女別の直近三事業年度新規学卒等採用者の数

ハ　直近の三事業年度に採用した青少年である労働者（直近三事業年度新規学卒等採用者を除く。）の数及びそのうち直近の三事業年度に離職した者の数

ニ　その雇用する労働者の平均継続勤務年数

ホ　その雇用する労働者に対する研修の内容

ヘ　その雇用する労働者が自発的な職業能力の開発及び向上を図ることを容易にするために必要な援助の有無並びにその内容（チに掲げる事項を除く。）

ト　新たに雇い入れた新規学卒者等からの職業能力の開発及び向上その他の職業生活に関する相談に応じ、必要な助言その他の援助を行う者を当該新規学卒者等に割り当てる制度の有無

チ　その雇用する労働者に対してキャリアコンサルティングの機会を付与する制度の有無及びその内容

リ　その雇用する労働者に対する職業に必要な知識及び技能に関する検定に係る制度の有無並びにその内容

ヌ　その雇用する労働者一人当たりの直近の事業年度における平均した一月当たりの所定外労働時間

ル　その雇用する労働者一人当たりの直近の事業年度において取得した有給休暇の平均日数

ヲ　育児休業の取得の状況として、次に掲げる全ての事項

(1)　その雇用する男性労働者であって、直近の事業年度において配偶者が出産したものの数及び当該事業年度において育児休業をしたものの数

(2)　その雇用する女性労働者であって、直近の事業年度において出産したものの数及び当該事業年度において育児休業をしたものの数

ワ　役員に占める女性の割合及び管理的地位にある者に占める女性の割合

五　次のいずれにも該当しない者であること。

イ　法第十七条の規定により認定を取り消され、その取消しの日から起算して三年を経過しない者（当該取消しの日前に第十条の規定による申出をした者（ロからトまでに掲げる者に該当することによりこの号に掲げる基準に該当しなくなった旨の申出をした者を除く。）を除く。）

ロ　過去三年間に職業安定法施行規則（昭和二十二年労働省令第十二号）第三十五条第二項第二号の規定による取消し又は撤回（当該取消し又は撤回の対象となった者の責めに帰すべき理由によるものを除く。）を行った者

ハ　過去一年間に労働者に対する退職の勧奨又は労働者の解雇（労働者の責めに帰すべき理由によるものを除く。）を行った者
ニ　暴力団員による不当な行為の防止等に関する法律（平成三年法律第七十七号）第二条第六号に規定する暴力団員若しくは暴力団員でなくなった日から五年を経過しない者（以下このニにおいて「暴力団員等」という。）、暴力団員等がその事業活動を支配する者又は暴力団員等をその業務に従事させ、若しくは当該業務の補助者として使用するおそれのある者
ホ　風俗営業等の規制及び業務の適正化等に関する法律（昭和二十三年法律第百二十二号）第二条第一項に規定する風俗営業又は同条第五項に規定する性風俗関連特殊営業に該当する事業を行う者
ヘ　偽りその他不正の行為により雇用に係る国の助成金、補助金又は給付金（以下このヘにおいて「雇用関係助成金等」という。）の支給を受け、又は受けようとしたこと等により、当該雇用関係助成金等の支給要件を満たさなくなった者
ト　法又は法に基づく命令その他関係法令に違反する重大な事実があると認められる者

（法第十六条第一項の商品等）

第八条　法第十六条第一項の厚生労働省令で定めるものは、次のとおりとする。
一　商品
二　役務の提供の用に供する物
三　商品、役務又は事業主の広告
四　商品又は役務の取引に用いる書類又は電磁的記録（電子的方式、磁気的方式その他人の知覚によっては認識することができない方式で作られた記録をいう。）
五　事業主の営業所、事務所その他の事業場
六　インターネットを利用する方法により公衆の閲覧に供する情報
七　労働者の募集の用に供する広告又は文書

（報告）

第九条　認定事業主（法第十六条第一項に規定する認定事業主をいう。以下同じ。）は、毎事業年度終了後一月以内に、認定状況報告書（様式第二号）に第六条の書類を添えて所轄都道府県労働局長に提出しなければならない。ただし、やむを得ない理由により当該一月以内に認定状況報告書を提出できないと所轄都道府県労働局長が認めた場合には、この限りではない。

（所轄都道府県労働局長に対する申出）

第一〇条　認定事業主は、第七条各号に掲げる基準に適合しなくなったときは、所轄都道府県労働局長にその旨を申し出ることができる。

（法第十八条第二項の厚生労働省令で定めるもの）

第一一条　法第十八条第二項の厚生労働省令で定めるものは、次のとおりとする。
一　事業協同組合及び事業協同組合小組合並びに協同組合連合会
二　水産加工業協同組合及び水産加工業協同組合連合会
三　商工組合及び商工組合連合会
四　商店街振興組合及び商店街振興組合連合会
五　農業協同組合及び農業協同組合中央会
六　生活衛生同業組合であって、その構成員の三分の二以上が中小事業主（常時雇用する労働者の数が三百人以下のものをいう。次号及び次条において同じ。）であるもの
七　酒造組合及び酒造組合連合会であって、その直接又は間接の構成員たる酒類製造業者の三分の二以上が中小事業主

であるもの

（法第十八条第二項の一般社団法人の要件）

第一二条　法第十八条第二項の厚生労働省令で定める要件は、その直接又は間接の構成員の三分の二以上が中小事業主である一般社団法人であることとする。

（法第十八条第二項の承認中小事業主団体の基準）

第一三条　法第十八条第二項の厚生労働省令で定める基準は、次のとおりとする。

一　法第十八条第二項の相談及び援助として、次に掲げる事業をいずれも実施し、又は実施することが予定されていること。

イ　法第十八条第一項の青少年の募集及び採用を担当する者（以下「青少年募集採用担当者」という。）の確保を容易にするための事例の収集及び提供に係る事業

ロ　イに掲げるもののほか、青少年募集採用担当者が雇用される事業所における雇用管理その他に関する講習会の開催、相談及び助言その他の必要な援助を行う事業

二　前号の事業を適切に実施するために必要な体制が整備されていること。

三　その構成員である認定事業主の委託を受けて青少年募集採用担当者の募集を行うに当たり、当該募集に係る労働条件その他の募集の内容が適切であり、かつ、当該青少年募集採用担当者の利益に反しないことが見込まれること。

（承認中小事業主団体の申請）

第一四条　法第十八条第二項の規定により承認を受けようとする者は、その旨及び前条の基準に係る事項を記載した申請書を厚生労働大臣に提出しなければならない。

（権限の委任）

第一五条　法第十八条第四項並びに同条第五項において準用する職業安定法第三十七条第二項及び第四十一条第二項に定める厚生労働大臣の権限のうち、次に掲げる募集に係るものは、承認中小事業主団体の主たる事務所の所在地を管轄する都道府県労働局長に委任する。ただし、厚生労働大臣が自らその権限を行うことを妨げない。

一　承認中小事業主団体の主たる事務所の所在する都道府県の区域を募集地域とする募集

二　承認中小事業主団体の主たる事務所の所在する都道府県の区域以外の地域（当該地域における労働力の需給の状況等を勘案して厚生労働大臣が指定する地域を除く。）を募集地域とする募集（当該業種における労働力の需給の状況等を勘案して厚生労働大臣の指定する業種に属する事業に係るものを除く。）であって、その地域において募集しようとする労働者の数が百人（一の都道府県の区域内において募集しようとする労働者の数が三十人以上であるときは、三十人）未満のもの

（青少年募集採用担当者の募集に関する事項）

第一六条　法第十八条第四項の厚生労働省令で定める労働者の募集に関する事項は、次のとおりとする。

一　募集に係る事業所の名称及び所在地

二　募集時期

三　募集職種及び人員

四　募集地域

五　募集に係る青少年募集採用担当者の業務の内容

六　賃金、労働時間その他の募集に係る労働条件

（届出の手続）

第一七条　法第十八条第四項の規定による届出は、承認中小事業主団体の主たる事務所の所在する都道府県の区域を募集地域とする募集、当該区域以外の地域を募集地域とする募集（以下この項において「自県外募集」という。）であって第十五条第二号に該当するもの及び自県外募集であって同号に該

当しないものの別に行わなければならない。

2　法第十八条第四項の規定による届出をしようとする承認中小事業主団体は、その主たる事務所の所在地を管轄する公共職業安定所（その公共職業安定所が二以上ある場合には、厚生労働省組織規則（平成十三年厚生労働省令第一号）第七百九十三条の規定により当該事務を取り扱う公共職業安定所）の長を経て、第十五条の募集にあっては同条の都道府県労働局長に、その他の募集にあっては厚生労働大臣に届け出なければならない。

3　前二項に定めるもののほか、届出の様式その他の手続は、人材開発統括官の定めるところによる。

（青少年募集採用担当者募集報告）

第一八条　法第十八条第一項の募集に従事する承認中小事業主団体は、人材開発統括官の定める様式に従い、毎年度、青少年募集採用担当者募集報告を作成し、これを当該年度の翌年度の四月末日まで（当該年度の終了前に青少年募集採用担当者の募集を終了する場合にあっては、当該終了の日の属する月の翌月末日まで）に前条第二項の届出に係る公共職業安定所の長に提出しなければならない。

（準用）

第一九条　職業安定法施行規則第三十一条の規定は、法第十八条第一項の規定により承認中小事業主団体に委託して青少年募集採用担当者の募集を行う認定事業主について準用する。

（権限の委任）

第二〇条　法第三十一条第一項の規定により、法第十五条、第十七条及び第二十八条に規定する厚生労働大臣の権限は、所轄都道府県労働局長に委任する。ただし、法第十七条及び第二十八条に規定する権限にあっては、厚生労働大臣が自らその権限を行うことを妨げない。

2　前項の規定により所轄都道府県労働局長に委任された権限（法第二十八条に規定するものに限る。）は、事業主の主たる事業所の所在地を管轄する公共職業安定所の長に委任する。ただし、所轄都道府県労働局長が自らその権限を行うことを妨げない。

附　則

この省令は、平成二十七年十月一日から施行する。

青少年の雇用機会の確保及び職場への定着に関して事業主、特定地方公共団体、職業紹介事業者等その他の関係者が適切に対処するための指針

〔平成二十七年九月三十日
厚生労働省告示第四〇六号〕

沿革 平成二九年 六月三〇日厚生労働省告示第二三二号
〃 三〇年 三月三〇日 〃 第一六三号
〃 三〇年 九月 七日 〃 第三二二号
〃 三一年 三月二〇日 〃 第 七八号
〃 三一年 三月二九日 〃 第一一一号
令和 三年 四月三〇日 〃 第一八七号
〃 四年 三月二五日 〃 第 九二号
〃 四年 三月三一日 〃 第一四三号
〃 四年 九月三〇日 〃 第三〇四号
〃 六年 一月三〇日 〃 第 二五号

第一 趣旨

この指針は、青少年の雇用の促進等に関する法律（以下「法」という。）第四条及び第六条に定める事項についての必要な措置に関し、事業主、特定地方公共団体（職業安定法（昭和二十二年法律第百四十一号）第四条第九項に規定する特定地方公共団体をいう。以下同じ。）、職業紹介事業者等（法第四条第二項に規定する職業紹介事業者等をいう。以下同じ。）その他の関係者が適切に対処することができるよう、我が国の雇用慣行、近年における青少年の雇用失業情勢等を考慮して、これらの者が講ずべき措置について定めたものである。

なお、中学校、義務教育学校、高等学校又は中等教育学校の新規卒業予定者については、経済団体、学校及び行政機関による就職に関する申合せ等がある場合には、それに留意すること。

第二 事業主等が青少年の募集及び採用に当たって講ずべき措置

一 労働関係法令等の遵守

事業主、青少年の募集を行う者、募集受託者（職業安定法第三十九条に規定する募集受託者をいう。㈠及び第四の三㈢において同じ。）及び求人者は、青少年が適切に職業選択を行い、安定的に働くことができるようにするためには、労働条件等が的確に示されることが重要であることに鑑み、次に掲げる労働条件等の明示等に関する事項を遵守すること。

㈠ 募集に当たって遵守すべき事項

イ 青少年の募集を行う者及び募集受託者は職業安定法第五条の三第一項の規定に基づき、募集に応じて労働者になろうとする青少年に対し、従事すべき業務の内容及び賃金、労働時間その他の労働条件（以下「従事すべき業務の内容等」という。）を可能な限り速やかに明示しなければならないこと。

ロ 求人者は、青少年を対象とした求人の申込みに当たり、公共職業安定所、特定地方公共団体又は職業紹介事業者（職業安定法第四条第十項に規定する職業紹介事業者をいう。以下同じ。）に対し、同法第五条の三第二項の規定に基づき、従事すべき業務の内容等を明示しなければならないこと。

ハ　青少年の募集を行う者、募集受託者及び求人者（以下この㈠において「募集者等」という。）は、イ又はロにより従事すべき業務の内容等を明示するに当たっては、次に掲げるところによらなければならないこと。

(イ)　明示する従事すべき業務の内容等は、虚偽又は誇大な内容としないこと。

(ロ)　労働時間に関しては、始業及び終業の時刻、所定労働時間を超える労働の有無、休憩時間、休日等について明示すること。また、労働基準法（昭和二十二年法律第四十九号）第三十八条の三第一項の規定により同項第二号に掲げる時間労働したものとみなす場合又は同法第三十八条の四第一項の規定により同項第三号に掲げる時間労働したものとみなす場合は、その旨を明示すること。また、同法第四十一条の二第一項の同意をした場合に、同項の規定により労働する労働者として業務に従事することとなるときは、その旨を明示すること。

(ハ)　賃金に関しては、賃金形態（月給、日給、時給等の区分）、基本給、定額的に支払われる手当、通勤手当、昇給に関する事項等について明示すること。また、一定時間分の時間外労働、休日労働及び深夜労働に対する割増賃金を定額で支払うこととする労働契約を締結する仕組みを採用する場合は、名称のいかんにかかわらず、一定時間分の時間外労働、休日労働及び深夜労働に対して定額で支払われる割増賃金（以下この(ハ)及びレ(ハ)において「固定残業代」という。）に係る計算方法（固定残業代の算定の基礎として設定する労働時間数（以下この(ハ)において「固定残業時間」という。）及び金額を明らかにするものに限る。）、固定残業代を除外した基本給の額、固定残業時間を超える時間外労働、休日労働及び深夜労働分についての割増賃金を追加で支払うこと等を明示すること。

(ニ)　期間の定めのある労働契約を締結しようとする場合は、当該契約が試みの使用期間の性質を有するものであっても、当該試みの使用期間の終了後の従事すべき業務の内容等ではなく、当該試みの使用期間に係る従事すべき業務の内容等を明示すること。

ニ　募集者等は、イ又はロにより従事すべき業務の内容等を明示するに当たっては、次に掲げるところによるべきであること。

(イ)　原則として、求職者又は募集に応じて労働者になろうとする青少年（以下この㈠において「求職者等」という。）と最初に接触する時点までに従事すべき業務の内容等を明示すること。なお、ハ(ロ)中段及び後段並びにハ(ハ)後段に係る内容の明示については、特に留意すること。

(ロ)　従事すべき業務の内容等の事項の一部をやむを得ず別途明示することとするときは、その旨を併せて明示すること。

ホ　募集者等は、イ又はロにより従事すべき業務の内容等を明示するに当たっては、次に掲げる事項に配慮すること。

(イ)　求職者等に具体的に理解されるものとなるよう、従事すべき業務の内容等の水準、範囲等を可能な限り限定すること。

(ロ)　求職者等が従事すべき業務の内容に関しては、職場環境を含め、可能な限り具体的かつ詳細に明示すること。

(ハ)　明示する従事すべき業務の内容等が労働契約締結

時の従事すべき業務の内容等と異なることとなる可能性がある場合は、その旨を併せて明示するとともに、従事すべき業務の内容等が既に明示した内容と異なることとなった場合には、当該明示を受けた求職者等に速やかに知らせること。

へ　求人者及び青少年の募集を行う者（以下この(一)において「求人者等」という。）は、職業安定法第五条の三第三項の規定に基づき、それぞれ、紹介された求職者又は募集に応じて労働者になろうとする青少年（ト及びチにおいて「紹介求職者等」という。）と労働契約を締結しようとする場合であって、これらの者に対して同条第一項の規定により明示された従事すべき業務の内容等（以下この(一)において「第一項明示」という。）を変更し、特定し、削除し、又は第一項明示に含まれない従事すべき業務の内容等を追加する場合は、当該契約の相手方となろうとする青少年に対し、当該変更し、特定し、削除し、又は追加する従事すべき業務の内容等（トにおいて「変更内容等」という。）を明示しなければならないこと。

ト　求人者等は、への明示を行うに当たっては、紹介求職者等が変更内容等を十分に理解することができるよう、適切な明示方法をとらなければならないこと。その際、(イ)の方法によることが望ましいものであるが、(ロ)などの方法によることも可能であること。

(イ)　第一項明示と変更内容等とを対照することができる書面を交付すること。

(ロ)　労働基準法第十五条第一項の規定に基づき交付される書面（労働基準法施行規則（昭和二十二年厚生省令第二十三号）第五条第四項第一号の規定に基づき送信されるファクシミリの記録又は同項第二号の規定に基づき送信される電子メールその他のその受信をする者を特定して情報を伝達するために用いられる電気通信の記録を含む。）において、変更内容等に下線を引き、若しくは着色し、又は変更内容等を注記すること。なお、第一項明示の一部の事項を削除する場合にあっては、削除される前の当該従事すべき業務の内容等も併せて記載すること。

チ　求人者等は、締結しようとする労働契約に係る従事すべき業務の内容等の調整が終了した後、当該労働契約を締結するかどうか紹介求職者等が考える時間が確保されるよう、可能な限り速やかにへの明示を行うこと。また、への明示を受けた紹介求職者等から、第一項明示を変更し、特定し、削除し、又は第一項明示に含まれない従事すべき業務の内容等を追加する理由等について質問された場合には、適切に説明すること。

リ　第一項明示は、そのまま労働契約の内容となることが期待されているものであること。また、第一項明示を安易に変更し、削除し、又は第一項明示に含まれない従事すべき業務の内容等を追加してはならないこと。

ヌ　学校卒業見込者等（法第十三条第一項に規定する学校卒業見込者等をいう。以下同じ。）については、特に配慮が必要であることから、第一項明示を変更し、削除し、又は第一項明示に含まれない従事すべき業務の内容等を追加すること（(ニ)(ロ)により、従事すべき業務の内容等の一部をやむを得ず別途明示することとした場合において、当該別途明示することとされた事項を追加することを除く。）は不適切であること。また、原則として、学校卒業見込者等を労働させ、賃金を支払う旨を約し、又は通知するまでに、職業安定法第五条の三第一項及びへの明示が書面により行われるべきであること。

ル　職業安定法第五条の三第一項の規定に基づく明示が同法の規定に抵触するものであった場合、ヘの明示を行ったとしても、同項の規定に基づく明示が適切であったとみなされるものではないこと。

ヲ　求人者等は、第一項明示を変更し、削除し、又は第一項明示に含まれない従事すべき業務の内容等を追加した場合は、求人票等の内容を検証し、修正等を行うべきであること。

ワ　イ又はロ及びヘにより従事すべき業務の内容等を明示するに当たっては、職業安定法第五条の三第四項の規定により、次に掲げる事項（(ニ)に掲げる事項については期間の定めのある労働契約（以下「有期労働契約」という。）であって当該労働契約の期間の満了後に当該労働契約を更新する場合があるものに係る職業紹介、青少年の募集又は労働者供給の場合に限り、(ヌ)に掲げる事項については青少年を派遣労働者（労働者派遣事業の適正な運営の確保及び派遣労働者の保護等に関する法律（昭和六十年法律第八十八号）第二条第二号に規定する派遣労働者をいう。以下このワにおいて同じ。）として雇用しようとする場合に限る。）については、書面の交付（職業安定法施行規則（昭和二十二年労働省令第十二号）第四条の二第四項第二号の場合においては、同号イ及びロに掲げる方法を含む。）により行わなければならないこと。

(イ)　青少年が従事すべき業務の内容に関する事項（従事すべき業務の内容の変更の範囲を含む。）

(ロ)　労働契約の期間に関する事項

(ハ)　試みの使用期間に関する事項

(ニ)　有期労働契約を更新する場合の基準に関する事項（通算契約期間（労働契約法（平成十九年法律第百二十八号）第十八条第一項に規定する通算契約期間をいう。(二)ホ(ロ)において同じ。）又は有期労働契約の更新回数に上限の定めがある場合には当該上限を含む。）

(ホ)　就業の場所に関する事項（就業の場所の変更の範囲を含む。）

(ヘ)　始業及び終業の時刻、所定労働時間を超える労働の有無、休憩時間及び休日に関する事項

(ト)　賃金（臨時に支払われる賃金、賞与、精勤手当、勤続手当及び奨励加給又は能率手当を除く。）の額に関する事項

(チ)　健康保険、厚生年金、労働者災害補償保険及び雇用保険の適用に関する事項

(リ)　青少年を雇用しようとする者の氏名又は名称に関する事項

(ヌ)　青少年を派遣労働者として雇用しようとする旨

(ル)　就業の場所における受動喫煙を防止するための措置に関する事項

カ　イ又はロ及びヘによる明示は、試みの使用期間中の従事すべき業務の内容等と当該期間が終了した後の従事すべき業務の内容等とが異なる場合には、それぞれの従事すべき業務の内容等を示すことにより行わなければならないこと。

ヨ　求人者等は、求職者等に対する第一項明示に関する記録を、当該明示に係る職業紹介又は青少年の募集が終了する日（当該明示に係る職業紹介又は青少年の募集が終了する日以降に当該明示に係る労働契約を締結しようとする者にあっては、当該明示に係る労働契約を締結する日）までの間保存しなければならないこと

タ　青少年の募集を行う者及び募集受託者は、新聞、雑誌その他の刊行物に掲載する広告、文書の掲出若しくは頒布又は職業安定法施行規則第四条の三第一項に定める方法（レにおいて「広告等」という。）により青少年の募集に関する情報又は同条第三項に定める情報（レにおいて「青少年の募集等に関する情報」という。）を提供するに当たっては、同令第四条の二第三項各号に掲げる事項及びハ(ロ)から(ニ)までにより明示することとされた事項を可能な限り当該情報に含めることが望ましいこと。

レ　青少年の募集を行う者及び募集受託者は、広告等により青少年の募集等に関する情報を提供するに当たっては、労働者になろうとする青少年に誤解を生じさせることのないよう、次に掲げる事項に留意すること。

(イ)　関係会社を有する者が青少年の募集を行う場合、青少年を雇用する予定の者を明確にし、当該関係会社と混同されることのないよう表示しなければならないこと。

(ロ)　青少年の募集と、請負契約による受注者の募集が混同されることのないよう表示しなければならないこと。

(ハ)　賃金等（賃金形態、基本給、定額的に支払われる手当、通勤手当、昇給、固定残業代等に関する事項をいう。以下この(ハ)において同じ。）について、実際の賃金等よりも高額であるかのように表示してはならないこと。

(ニ)　職種又は業種について、実際の業務の内容と著しく乖離する名称を用いてはならないこと。

ソ　青少年の募集を行う者及び募集受託者は、職業安定法第五条の四第二項の規定により青少年の募集に関する情報を正確かつ最新の内容に保つに当たっては、次に掲げる措置を講ずる等適切に対応しなければならないこと。

(イ)　青少年の募集を終了した場合又は青少年の募集の内容を変更した場合には、当該募集に関する情報の提供を速やかに終了し、又は当該募集に関する情報を速やかに変更するとともに、当該情報の提供を依頼した募集情報等提供（職業安定法第四条第六項に規定する募集情報等提供をいう。第四の三(六)(2)(2)(2)において同じ。）を業として行う者（以下「募集情報等提供事業者」という。）に対して当該情報の提供を終了するよう依頼し、又は当該情報の内容を変更するよう依頼すること。

(ロ)　青少年の募集に関する情報を提供するに当たっては、当該情報の時点を明らかにすること。

(ハ)　募集情報等提供事業者から、職業安定法施行規則第四条の三第四項又は職業紹介事業者、求人者、労働者の募集を行う者、募集受託者、募集情報等提供事業を行う者、労働者供給事業者、労働者供給を受けようとする者等がその責務等に関して適切に対処するための指針（平成十一年労働省告示第百四十一号。以下「職業紹介事業者等指針」という。）第八の二の(一)により、当該青少年の募集に関する情報の訂正又は変更を依頼された場合には、速やかに対応すること。

ツ　ミスマッチ防止の観点から、募集者等は、青少年の募集又は求人の申込みに当たり、企業の求める人材像、採用選考に当たって重視する点、職場で求められる能力・資質、キャリア形成等についての情報を青少年又は公共職業安定所、特定地方公共団体、職業紹介事業者若しくは募集情報等提供事業者に対し明示するよう努めること。

ネ　募集者等は、職業紹介事業者等指針第五を踏まえ、求職者等の個人情報を適切に取り扱うこと。

ナ　青少年の募集を行う者又は募集受託者は、職業安定機関、特定地方公共団体等と連携を図りつつ、当該事業に係る募集に応じて労働者になろうとする青少年からの苦情を迅速、適切に処理するための体制の整備及び改善向上に努めること。

ラ　虚偽の広告をなし、若しくは虚偽の条件を提示して青少年の募集を行った場合、又は虚偽の条件を提示して、公共職業安定所又は職業紹介を行う者に求人の申込みを行った場合は、職業安定法第六十五条第九号又は第十号の規定により、罰則の対象となることに留意すること。

ム　第三の一の雇用管理上の措置を講ずることに関連して、事業主は、就職活動中の学生やインターンシップを行っている者等（以下このムにおいて「就活生等」という。）に対する言動に関し、次に掲げる取組を行うことが望ましいこと。

(イ)　事業主が雇用する労働者の就活生等に対する言動について必要な注意を払うよう配慮すること。

(ロ)　事業主（その者が法人である場合にあっては、その役員）自らの就活生等に対する言動について必要な注意を払うよう努めること。

(ハ)　第三の一の雇用管理上の措置として、職場におけるパワーハラスメント、セクシュアルハラスメント及び妊娠、出産等に関するハラスメント（(二)において「職場におけるパワーハラスメント等」という。）を行ってはならない旨の方針の明確化等を行う際に、就活生等に対する言動についても、同様の方針を併せて示すこと。

(ニ)　就活生等から職場におけるパワーハラスメント等に類すると考えられる相談があった場合には、その内容を踏まえて、第三の一の雇用管理上の措置も参考にしつつ、必要に応じて適切な対応を行うように努めること。

(二)　採用内定・労働契約締結に当たって遵守すべき事項等

イ　事業主は、採用内定を行うに当たっては、採否の結果を明確に伝えるとともに、確実な採用の見通しに基づいて行うよう努めること。採用内定者に対しては、書面の交付等により、採用の時期、採用条件、採用内定の取消事由等を明示するとともに、採用内定者が学校等を卒業することを採用の条件としている場合についても、内定時にその旨を明示するよう留意すること。

ロ　事業主は、採用内定者について労働契約が成立したと認められる場合には、客観的に合理的な理由を欠き、社会通念上相当であると認められない採用内定の取消しは無効とされることについて十分に留意し、採用内定の取消しを防止するため、最大限の経営努力を行う等あらゆる手段を講ずること。

また、やむを得ない事情により採用内定の取消し又は入職時期の繰下げを行う場合には、当該取消しの対象となった学校等の新規卒業予定者の就職先の確保について最大限の努力を行うとともに、当該取消し又は繰下げの対象となった者からの補償等の要求には誠意を持って対応すること。

ハ　採用内定者について、労働契約が成立したと認められる場合には、当該採用内定者に対して、自由な意思決定を妨げるような内定辞退の勧奨は、違法な権利侵害に当たるおそれがあることから行わないこと。

ニ　採用内定又は採用内々定を行うことと引換えに、他の事業主に対する就職活動を取りやめるよう強要すること等青少年の職業選択の自由を妨げる行為又は青少年の意思に反して就職活動の終了を強要する行為については、青少年に対する公平かつ公正な就職機会の提供の観点から行わないこと。

ホ　労働契約の締結に当たっては、労働基準法第十五条第一項の規定により、事業主は、青少年に対して、労働基準法施行規則第五条第一項各号に掲げる事項として次に掲げる事項（(ロ)に掲げる事項については、有期労働契約であって当該労働契約の期間の満了後に当該労働契約を更新する場合があるものの締結の場合に限る。）を明示しなければならないこと。この場合において、(イ)から(ヘ)までに掲げる事項（昇給に関する事項を除く。）については、書面の交付（同条第四項ただし書の場合においては、同項各号に掲げる方法を含む。へにおいて同じ。）により明示しなければならないこと。なお、これらの明示された労働条件が事実と相違する場合においては、同法第十五条第二項の規定により、青少年は、即時に労働契約を解除することができることに留意すること。

(イ)　労働契約の期間に関する事項

(ロ)　有期労働契約を更新する場合の基準に関する事項（通算契約期間又は有期労働契約の更新回数に上限の定めがある場合には当該上限を含む。）

(ハ)　就業の場所及び従事すべき業務に関する事項（就業の場所及び従事すべき業務の変更の範囲を含む。）

(ニ)　始業及び終業の時刻、所定労働時間を超える労働の有無、休憩時間、休日、休暇並びに労働者を二組以上に分けて就業させる場合における就業時転換に関する事項

(ホ)　賃金（退職手当及び(チ)に規定する賃金を除く。以下この(ホ)において同じ。）の決定、計算及び支払の方法、賃金の締切り及び支払の時期並びに昇給に関する事項

(ヘ)　退職に関する事項（解雇の事由を含む。）

(ト)　退職手当の定めが適用される労働者の範囲、退職手当の決定、計算及び支払の方法並びに退職手当の支払の時期に関する事項

(チ)　臨時に支払われる賃金（退職手当を除く。）、賞与、精勤手当、勤続手当及び奨励加給又は能率手当並びに最低賃金額に関する事項

(リ)　労働者に負担させるべき食費、作業用品その他に関する事項

(ヌ)　安全及び衛生に関する事項

(ル)　職業訓練に関する事項

(ヲ)　災害補償及び業務外の傷病扶助に関する事項

(ワ)　表彰及び制裁に関する事項

(カ)　休職に関する事項

ヘ　その契約期間内に青少年が労働契約法第十八条第一項の適用を受ける期間の定めのない労働契約の締結の申込み（以下「労働契約法第十八条第一項の無期転換申込み」という。）をすることができることとなる有期労働契約の締結の場合においては、事業主は、青少年に対して、労働基準法第十五条第一項の規定によるもののほか、労働契約法第十八条第一項の無期転換申込みに関する事項並びに当該申込みに係る期間の定めのない労働契約の内容である労働条件のうちホ(イ)及びホ(ハ)から(カ)までに掲げる事項を明示しな

ければならないこと。この場合において、ホ(イ)から(ヘ)までに掲げる事項（昇給に関する事項を除く。）のほか、労働契約法第十八条第一項の無期転換申込みに関する事項並びに当該申込みに係る期間の定めのない労働契約の内容である労働条件のうちホ(イ)及びホ(ハ)から(ヘ)までに掲げる事項（昇給に関する事項を除く。）については、書面の交付により明示しなければならないこと。なお、これらの明示された労働条件が事実と相違する場合においては、労働基準法第十五条第二項の規定により、青少年は、即時に労働契約を解除することができることに留意すること。

ト　労働条件の明示に関し、労働基準法第十五条第一項の規定に違反した場合は、同法第百二十条第一号の規定により、罰則の対象となることに留意すること。

チ　締結された労働契約の内容である労働条件の変更に当たっては、労働契約法第八条の規定により、原則として、青少年及び事業主の合意が必要であること。なお、就業規則を変更することにより、青少年の不利益に労働契約の内容である労働条件を変更する場合においては、同法第九条及び第十条の規定を遵守すること。

二　青少年雇用情報の提供

マッチングの向上のためには、労働条件等に加えて、職場における就労実態に係る情報の提供が重要であることに鑑み、事業主等は、法第十三条及び第十四条に規定する青少年雇用情報の提供に当たっては、次に掲げる事項に留意すること。

(一)　ホームページ等での公表、会社説明会での提供又は求人票への記載等により、青少年の雇用の促進等に関する法律施行規則（平成二十七年厚生労働省令第百五十五号。第四の四において「施行規則」という。）第三条第一項各号に掲げる事項の全てについて情報提供することが望ましいこと。

(二)　学校卒業見込者等が具体的な項目の情報提供を求めた場合には、特段の事情がない限り、当該項目を情報提供することが望ましいこと。

(三)　情報提供の求めを行った学校卒業見込者等に対して、当該求めを行ったことを理由とする不利益な取扱いをしないこと。

(四)　情報提供の求めに備え、あらかじめ提供する情報を整備しておくことが望ましいこと。また、その求めがあった場合には、速やかな情報提供に努めること。

三　意欲・能力に応じた就職機会の提供等

事業主は、青少年の募集及び採用に当たり、就業等を通じて培われた能力や経験について、過去の就業形態や離職状況、学校等の卒業時期等にとらわれることなく、人物本位による正当な評価を行うべく、次に掲げる措置を講ずるように努めること。

(一)　学校等の卒業者の取扱い

意欲や能力を有する青少年に応募の機会を広く提供する観点から、学校等の卒業者についても、学校等の新規卒業予定者の採用枠に応募できるような募集条件を設定すること。当該条件の設定に当たっては、学校等の卒業者が卒業後少なくとも三年間は応募できるものとすること。

また、学校等の新規卒業予定者を募集するに当たっては、できる限り年齢の上限を設けないようにするとともに、上限を設ける場合には、青少年が広く応募することができるよう検討すること。

(二)　学校等の新規卒業予定者に係る採用方法

イ　通年採用や秋季採用の積極的な導入

学校等の新規卒業予定者の採用時期については、春季の一括採用が雇用慣行として定着しているところであるが、何らかの理由により当該時期を逸した青少年に対しても応募の機会を提供する観点から、通年採用や秋季採用の導入等の個々の事情に配慮した柔軟な対応を積極的に検討すること。

ロ　青少年が希望する地域における就職機会の提供

青少年が希望する地域において就職し、安定的に働き続けることができるよう、国や地方公共団体等の施策を活用しながら、いわゆるＵＩＪターン就職等による就職機会の提供に積極的に取り組むことが望ましいこと。

(三)　職業経験が少ない青少年等に対する就職機会の提供

職業経験が少ないこと等により、青少年を雇入れの当初から正社員として採用することが困難な場合には、トライアル雇用、雇用型訓練等の積極的な活用により、当該青少年の適性、能力等についての理解を深めることを通じて、青少年に安定した職業に就く機会を提供すること。

(四)　選考に当たってのいわゆるフリーター等に対する評価基準

いわゆるフリーター等についても、その選考に当たっては、その有する適性、能力等を正当に評価するとともに、応募時点における職業経験のみならず、留学経験やボランティア活動の実績等を考慮するなど、その将来性も含めて長期的な視点に立って判断することが望ましいこと。

(五)　インターンシップ・職場体験の機会の提供

青少年の職業意識の形成支援のため、事業主においても、学校や公共職業安定所等と連携して、インターンシップや職場体験の受入れを行うなど、積極的に協力することが望ましいこと。

なお、インターンシップに関しては、「インターンシップを始めとする学生のキャリア形成支援に係る取組の推進に当たっての基本的考え方」(平成九年九月十八日文部科学省・厚生労働省・経済産業省策定)を踏まえた実施が求められること及びインターンシップや職場体験であっても、労働関係法令が適用される場合もあることに留意が必要であること。

四　学校卒業見込者等が希望する地域等で働ける環境の整備

青少年が、希望する働き方を選択し、自ら主体的・継続的なキャリア形成を図ることを可能とするためには、より柔軟かつ多様な就業機会の選択肢が必要である。特に、仕事と生活の調和等の観点から、学校卒業段階で希望する地域で就職機会を得、その地域において中長期的にキャリア形成ができる環境整備が求められる。このため、事業主は、ＩＣＴ利活用の可能性も検討しつつ、次に掲げる措置を講ずるよう努めること。

(一)　地域を限定して働ける勤務制度の積極的な導入

学校卒業見込者等が一定の地域において働き続けることができるよう、広域的な事業拠点を有する企業は、一定の地域に限定して働ける勤務制度の導入を積極的に検討すること。

(二)　キャリア展望に係る情報開示

学校卒業見込者等が適職を選択し、安定的に働き続けることができるよう、採用後の就業場所や職務内容等を限定した採用区分については、それぞれの選択肢ごとのキャリア形成の見通しなど、将来のキャリア展望に係る情報開示を積極的に行うこと。

第三　事業主が青少年の職場への定着促進のために講ずべき措

置

一 雇用管理の改善に係る措置

事業主は、賃金不払い等の労働関係法令違反が行われないよう適切な雇用管理を行うこと。また、事業主は、労働施策の総合的な推進並びに労働者の雇用の安定及び職業生活の充実等に関する法律（昭和四十一年法律第百三十二号）第三十条の二第一項、雇用の分野における男女の均等な機会及び待遇の確保等に関する法律（昭和四十七年法律第百十三号）第十一条第一項及び第十一条の三第一項並びに育児休業、介護休業等育児又は家族介護を行う労働者の福祉に関する法律（平成三年法律第七十六号）第二十五条第一項の規定並びに事業主が職場における優越的な関係を背景とした言動に起因する問題に関して雇用管理上講ずべき措置等についての指針（令和二年厚生労働省告示第五号）、事業主が職場における性的な言動に起因する問題に関して雇用管理上講ずべき措置等についての指針（平成十八年厚生労働省告示第六百十五号）、事業主が職場における妊娠、出産等に関する言動に起因する問題に関して雇用管理上講ずべき措置等についての指針（平成二十八年厚生労働省告示第三百十二号）及び子の養育又は家族の介護を行い、又は行うこととなる労働者の職業生活と家庭生活との両立が図られるようにするために事業主が講ずべき措置等に関する指針（平成二十一年厚生労働省告示第五百九号）に基づき、職場におけるパワーハラスメント、セクシュアルハラスメント及び妊娠、出産、育児休業等に関するハラスメントの防止のため、雇用管理上の措置を講ずること。

さらに、事業主は、青少年について、早期に離職する者の割合が高いことを踏まえ、職場に定着し、就職した企業で安定的にキャリアを形成していくため、青少年の能力や経験に応じた適切な待遇を確保するよう雇用管理の改善に努めるとともに、次に掲げる措置を講ずるよう努めること。

(一) 能力・資質、キャリア形成等に係る情報明示

青少年が採用後の職場の実態と入職前の情報に格差を感じることのないよう、職場で求められる能力・資質、キャリア形成等についての情報を明示すること。

(二) 不安定な雇用状態にある青少年の正社員登用等

意欲や能力を有する青少年に安定した雇用機会を提供するため、期間を定めて雇用されていること等により不安定な雇用状態にある青少年が希望した場合に、正社員への登用が与えられるような仕組みを検討すること。

(三) 労働法制に関する基礎知識の付与

青少年の労働法制に対する理解促進は、事業主にとっても職場環境の改善やトラブルの防止等に資するものであることを踏まえ、新入社員研修の機会等を捉え、労働法制の基礎的な内容の周知を図ることが望ましいこと。

二 職業能力の開発及び向上に係る措置

事業主は、青少年の職場への定着を図り、その有する能力を有効に発揮することができるようにする観点から、職業能力の開発及び向上に関する措置を講ずることが重要であることに鑑み、次に掲げる措置を講ずるよう努めること。

(一) ＯＪＴ（業務の遂行の過程内において行う職業訓練）及びＯＦＦ－ＪＴ（業務の遂行の過程外において行う職業訓練）を計画的に実施すること。

(二) 職業能力開発促進法（昭和四十四年法律第六十四号）第十条の二第二項に規定する実習併用職業訓練を必要に応じ実施すること。

(三) 青少年の希望等に応じ、青少年が自ら職業能力の開発及び向上に関する目標を定めるために、業務の遂行に必要な技能及びこれに関する知識の内容及び程度、企業内

におけるキャリアパス等についての必要な情報の提供キャリアコンサルティング（職業能力開発促進法第二条第五項のキャリアコンサルティングをいう。）を受ける機会の確保その他の援助を行うこと。その際には、青少年自らの取組を容易にするため、職業能力評価基準等を活用すること。また、青少年が実務の経験を通じて自ら職業能力の開発及び向上を図ることができるようにするために、配置その他の雇用管理について配慮すること。

(四) 青少年の自発的な職業能力の開発及び向上を促進するため、必要に応じて、有給教育訓練休暇、長期教育訓練休暇その他の休暇の付与、始業及び終業時刻の変更、勤務時間の短縮の措置等の必要な援助を行うこと。

(五) 各企業における活用状況を踏まえて、必要に応じて、ジョブ・カード（職業能力開発促進法第十五条の四第一項に規定する職務経歴等記録書をいう。第四の五において同じ。）を、青少年が職業生活設計及び職業能力の証明のツールとして活用するための支援を行うこと。

(六) 青少年の職業能力の開発及び向上が段階的かつ体系的に行われることを促進するため、職業能力開発促進法第十一条第一項の計画の作成や同法第十二条の職業能力開発推進者の選任を行うこと。

第四 特定地方公共団体及び職業紹介事業者等が青少年の雇用機会の確保及び職場への定着促進のために講ずべき措置

青少年の就職支援並びに職業能力の開発及び向上に携わる主な関係者として、特定地方公共団体及び職業紹介事業者等は、青少年が安定的な就業機会を得て、職場定着及びキャリアアップを実現できるよう、次に掲げる措置を講ずるように努めるとともに、第二の一(一)に掲げる事項が適切に履行されるよう、必要な措置を講ずること。

一 青少年の主体的な職業選択・キャリア形成の促進

特定地方公共団体、職業紹介事業者、募集情報等提供事業者、地域若者サポートステーション等は、青少年自身が主体的に職業選択及びキャリア形成を行えるよう、青少年の希望等を踏まえながら、個々の状況に応じた支援を行うことが望ましいこと。

二 中途退学者及び未就職卒業者への対応

学校等を中途退学した者（以下この二において「中途退学者」という。）や、卒業時までに就職先が決まらなかった者（以下この二において「未就職卒業者」という。）については、個々の事情に配慮しつつ希望に応じた就職支援が必要である。

このため、中途退学者について、特定地方公共団体、職業紹介事業者及び地域若者サポートステーションは、学校等及び公共職業安定所と協力しつつ相互に連携し、中途退学者の個々の状況に応じた自立支援を行うとともに、自らの支援内容が中途退学者に対して効果的に提供されるようにすること。また、未就職卒業者について、特定地方公共団体及び職業紹介事業者は、学校等及び新卒応援ハローワークと協力し、個別支援や面接会の開催など、卒業直後の支援を充実させること。

三 募集情報等提供事業者による就職支援サイトの運営

事業主が募集情報等提供事業者の就職支援サイトを活用して青少年の募集を行う場合において、募集情報等提供事業者は、当該募集に関する情報を提供するに当たって、次に掲げる事項に留意すること。

(一) 職業紹介事業者等指針第四を踏まえ、情報の的確な表示を行うこと。

(二) 青少年が、適切に職業選択を行うことができるよう、就職支援サイトで提供する情報はわかりやすいものとすること、提供する情報の量を適正なものとすること、青少年の主体性を尊重したサービスの提供を行うこと等について配慮すること。

(三) 労働者になろうとする青少年、青少年の募集を行う者、募集受託者、職業紹介事業者、他の募集情報等提供事業者、特定地方公共団体又は職業安定法第四条第十二項に規定する労働者供給事業者から申出を受けた当該募集情報等提供事業者の募集情報等提供事業に関する苦情を適切かつ迅速に処理するため、相談窓口を明確にするとともに、必要な場合には職業安定機関と連携を行うこと。

(四) 学生、生徒等を対象とした事業を行うときは、学業への影響を考慮した適正な事業運営を行うこと。

(五) 職業安定法第四条第十一項に規定する特定募集情報等提供事業者は、同法第五条の五の規定に基づき、及び職業紹介事業者等指針第五を踏まえ、労働者になろうとする青少年の個人情報を適切に取り扱うこと。

(六) 虚偽の広告をなし、又は虚偽の条件を提示して募集情報等提供を行った場合は、職業安定法第六十五条第九号の規定により、罰則の対象となること。

四 青少年雇用情報の提供

(一) 特定地方公共団体及び職業紹介事業者（職業安定法第三十三条の二第一項の規定により無料職業紹介事業の届出を行った場合は、学校等も含まれることに留意すること。）は、学校卒業見込者等求人（法第十四条第一項に規定する学校卒業見込者等求人をいう。以下同じ。）の申込みを受理する際に、同条の趣旨に沿って、求人者に青少年雇用情報の提供を求めるとともに、施行規則第三条第一項各号に掲げる事項の全てを提供するよう働きかけ、学校卒業見込者等に対する職業紹介に活用することが望ましいこと。また、特定地方公共団体及び職業紹介事業者は、就職支援サイトを運営する場合は、事業主の青少年雇用情報について、可能な限り同項各号に掲げる事項の全てが掲載されるように取り組むこと。

求人の申込みを受理する段階で提供がなされていない青少年雇用情報について、学校卒業見込者等から特定地方公共団体又は職業紹介事業者に対して個別に照会があった場合は、法第十四条の趣旨に沿って、特定地方公共団体又は職業紹介事業者から求人者に対して当該照会に係る青少年雇用情報の提供を求めることが望ましいこと。この場合において、当該照会を行った学校卒業見込者等に関する情報を求人者に明示する必要はないことに留意すること。

(二) 募集情報等提供事業者は、自らの運営する就職支援サイトに、学校卒業見込者等募集（法第十三条第一項の学校卒業見込者等募集をいう。）を行う事業主の青少年雇用情報について、可能な限り施行規則第三条第一項各号に掲げる事項の全てが掲載されるように取り組むこと。

五 職業能力の開発及び向上に係る措置

職業訓練機関は、青少年の個性に応じ、かつ、その適性を生かすよう、効果的に職業訓練を実施すること。また、青少年の状況に応じた、ジョブ・カードを活用した円滑な就職に向けた支援を行うこと。

六 職業生活における自立促進のための措置

地域若者サポートステーションは、いわゆるニート等に対し、その特性に応じた適職（法第一条に規定する適職をいう。）の選択その他の職業生活に関する相談の機会、職場体験機会その他の必要な措置を講ずること。

七 青少年の希望及び状況に応じた関係機関の紹介

特定地方公共団体、職業紹介事業者、職業訓練機関及び地域若者サポートステーションは、青少年の希望及び状況に応じて、支援対象の青少年を適切な機関に紹介するなど、適宜連携しながら切れ目なく必要な支援が受けられるように配慮すること。

八　その他の各関係者が講ずべき措置

一から七までに定めるもののほか、他の法令、指針等に基づく措置にも留意しながら、全ての関係者は、青少年の希望及び状況に応じ、その雇用機会の確保及び職場定着の促進のために必要な支援を適切に行うこと。

職業安定法　抄

〔昭和二二年一一月三〇日
法律第一四一号〕

沿革
昭和六〇年　七月　五日法律第八九号
平成一一年　七月　七日〃第八五号
〃二七年　九月一八日〃第七二号
〃二八年　三月三一日〃第一七号
〃二八年　五月二〇日〃第四七号
〃二九年　三月三一日〃第一四号
〃三〇年　七月　六日〃第七一号
令和　元年　六月一四日〃第三七号
〃　四年　三月三一日〃第一二号
〃　四年　六月一七日〃第六八号

第一章　総則

（法律の目的）
第一条　この法律は、労働施策の総合的な推進並びに労働者の雇用の安定及び職業生活の充実等に関する法律（昭和四十一年法律第百三十二号）と相まつて、公共に奉仕する公共職業安定所その他の職業安定機関が関係行政庁又は関係団体の協力を得て職業紹介事業等を行うこと、職業安定機関以外の者の行う職業紹介事業等が労働力の需要供給の適正かつ円滑な調整に果たすべき役割に鑑みその適正な運営を確保すること等により、各人にその有する能力に適合する職業に就く機会を与え、及び産業に必要な労働力を充足し、もつて職業の安定を図るとともに、経済及び社会の発展に寄与することを目的とする。

（職業選択の自由）
第二条　何人も、公共の福祉に反しない限り、職業を自由に選択することができる。

（均等待遇）
第三条　何人も、人種、国籍、信条、性別、社会的身分、門地、従前の職業、労働組合の組合員であること等を理由として、職業紹介、職業指導等について、差別的取扱を受けることがない。但し、労働組合法の規定によつて、雇用主と労働組合との間に締結された労働協約に別段の定のある場合は、この限りでない。

（定義）
第四条　この法律において「職業紹介」とは、求人及び求職の申込みを受け、求人者と求職者との間における雇用関係の成立をあつせんすることをいう。

②　この法律において「無料の職業紹介」とは、職業紹介に関し、いかなる名義でも、その手数料又は報酬を受けないで行う職業紹介をいう。

③　この法律において「有料の職業紹介」とは、無料の職業紹介以外の職業紹介をいう。

④　この法律において「職業指導」とは、職業に就こうとする者に対し、実習、講習、指示、助言、情報の提供その他の方法により、その者の能力に適合する職業の選択を容易にさせ、及びその職業に対する適応性を増大させるために行う指導をいう。

⑤　この法律において「労働者の募集」とは、労働者を雇用しようとする者が、自ら又は他人に委託して、労働者となろうとする者に対し、その被用者となることを勧誘することをいう。

⑥　この法律において「募集情報等提供」とは、次に掲げる行為をいう。

一　労働者の募集を行う者等（労働者の募集を行う者、募集受託者（第三十九条に規定する募集受託者をいう。第二号、第五条の三第一項、第五条の四第一項及び第二項並びに第五条の五第一項において同じ。）又は職業紹介事業者その他厚生労働省令で定める者（以下この項において「職業紹介事業者等」という。）をいう。第四号において同じ。）の依頼を受け、労働者の募集に関する情報を労働者になろうとする者又は他の職業紹介事業者等に提供すること。

二　前号に掲げるもののほか、労働者の募集に関する情報を、労働者になろうとする者の職業の選択を容易にすることを目的として収集し、労働者になろうとする者等（労働者になろうとする者又は職業紹介事業者等をいう。次号において同じ。）に提供すること。

三　労働者になろうとする者等の依頼を受け、労働者になろうとする者に関する情報を労働者の募集を行う者、募集受託者又は他の職業紹介事業者等に提供すること。

四　前号に掲げるもののほか、労働者になろうとする者に関する情報を、労働者の募集を行う者の必要とする労働力の確保を容易にすることを目的として収集し、労働者の募集を行う者等に提供すること。

⑦　この法律において「特定募集情報等提供」とは、労働者になろうとする者に関する情報を収集して行う募集情報等提供をいう。

⑧　この法律において「労働者供給」とは、供給契約に基づいて労働者を他人の指揮命令を受けて労働に従事させることをいい、労働者派遣事業の適正な運営の確保及び派遣労働者の保護等に関する法律（昭和六十年法律第八十八号。以下「労働者派遣法」という。）第二条第一号に規定する労働者派遣に該当するものを含まないものとする。

⑨　この法律において「特定地方公共団体」とは、第二十九条第一項の規定により無料の職業紹介事業を行う地方公共団体をいう。

⑩　この法律において「職業紹介事業者」とは、第三十条第一項若しくは第三十三条第一項の許可を受けて、又は第三十三条の二第一項若しくは第三十三条の三第一項の規定による届出をして職業紹介事業を行う者をいう。

⑪　この法律において「特定募集情報等提供事業者」とは、第四十三条の二第一項の規定による届出をして特定募集情報等提供事業を行う者をいう。

⑫　この法律において「労働者供給事業者」とは、第四十五条の規定により労働者供給事業を行う労働組合等（労働組合法による労働組合その他これに準ずるものであつて厚生労働省令で定めるものをいう。以下同じ。）をいう。

⑬　この法律において「個人情報」とは、個人に関する情報であつて、特定の個人を識別することができるもの（他の情報と照合することにより特定の個人を識別することができることとなるものを含む。）をいう。

第五条（政府の行う業務）　政府は、第一条の目的を達成するために、次に掲げる業務を行う。

一　労働力の需要供給の適正かつ円滑な調整を図ること。

二　失業者に対し、職業に就く機会を与えるために、必要な政策を樹立し、その実施に努めること。

三　求職者に対し、迅速に、その能力に適合する職業に就くことをあつせんするため、及び求人者に対し、その必要とする労働力を充足するために、無料の職業紹介事業を行うこと。

四　政府以外の者（第二十九条第一項の規定により無料の職業紹介事業を行う場合における特定地方公共団体及び募集情報等提供事業を行う場合における地方公共団体を除

く。）の行う職業紹介、労働者の募集、募集情報等提供事業、労働者供給事業又は労働者派遣法第二条第三号に規定する労働者派遣事業及び建設労働者の雇用の改善等に関する法律（昭和五十一年法律第三十三号。以下「建設労働法」という。）第二条第十項に規定する建設業務労働者就業機会確保事業（以下「労働者派遣事業等」という。）を労働者及び公共の利益を増進するように、指導監督すること。

五　求職者に対し、必要な職業指導を行うこと。

六　個人、団体、学校又は関係行政庁の協力を得て、公共職業安定所の業務の運営の改善向上を図ること。

七　雇用保険法（昭和四十九年法律第百十六号）の規定によつて、給付を受けるべき者について、職業紹介又は職業指導を行い、雇用保険制度の健全な運用を図ること。

第五条の二（職業安定機関と特定地方公共団体等の協力）　職業安定機関及び特定地方公共団体、職業紹介事業者、募集情報等提供事業を行う者又は労働者供給事業者は、労働力の需要供給の適正かつ円滑な調整を図るため、雇用情報の充実、労働力の需要供給の調整に係る技術の向上等に関し、相互に協力するように努めなければならない。

② 公共職業安定所及び特定地方公共団体又は職業紹介事業者は、求職者が希望する地域においてその能力に適合する職業に就くことができるよう、職業紹介に関し、相互に協力するように努めなければならない。

第五条の三（労働条件等の明示）　公共職業安定所、特定地方公共団体及び職業紹介事業者、労働者の募集を行う者及び募集受託者並びに労働者供給事業者は、それぞれ、職業紹介、労働者の募集又は労働者供給に当たり、求職者、募集に応じて労働者になろうとする者又は供給される労働者に対し、その者が従事すべき業務の内容及び賃金、労働時間その他の労働条件を明示しなければならない。

② 求人者は求人の申込みに当たり公共職業安定所、特定地方公共団体又は職業紹介事業者に対し、労働者供給を受けようとする者はあらかじめ労働者供給事業者に対し、それぞれ、求職者又は供給される労働者が従事すべき業務の内容及び賃金、労働時間その他の労働条件を明示しなければならない。

③ 求人者、労働者の募集を行う者及び労働者供給を受けようとする者（供給される労働者を雇用する場合に限る。）は、それぞれ、求人の申込みをした公共職業安定所、特定地方公共団体若しくは職業紹介事業者の紹介による求職者、募集に応じて労働者になろうとする者又は供給される労働者と労働契約を締結しようとする場合であつて、これらの者に対して第一項の規定により明示された従事すべき業務の内容及び賃金、労働時間その他の労働条件（以下この項において「従事すべき業務の内容等」という。）を変更する場合その他厚生労働省令で定める場合は、当該契約の相手方となろうとする者に対し、当該変更する従事すべき業務の内容等その他厚生労働省令で定める事項を明示しなければならない。

④ 前三項の規定による明示は、賃金及び労働時間に関する事項その他の厚生労働省令で定める事項については、厚生労働省令で定める方法により行わなければならない。

第五条の四（求人等に関する情報の的確な表示）　公共職業安定所、特定地方公共団体及び職業紹介事業者、労働者の募集を行う者及び募集受託者、募集情報等提供事業を行う者並びに労働者供給事業者は、この法律に基づく業務に関して新聞、雑誌その他の刊行物に掲載する広告、文書の掲出又は頒布その他厚生労働省令で定める方法（以下この条において「広告等」という。）により求人若しくは労働者の募集に関する情報又は求職者若しくは労働者になろうとする者に関する情報その他厚生労働省令で定める情報（第三項において「求人等に関する情報」という。）を提供するときは、当該情報について虚偽の表示又は誤解を生じさせる表示をしてはならない。

② 労働者の募集を行う者及び募集受託者は、この法律に基づく業務に関して広告等により労働者の募集に関する情報その他厚生労働省令で定める情報を提供するときは、正確かつ最新の内容に保たなければならない。

③ 公共職業安定所、特定地方公共団体及び職業紹介事業者、募集情報等提供事業を行う者並びに労働者供給事業者は、この法律に基づく業務に関して広告等により求人等に関する情報を提供するときは、厚生労働省令で定めるところにより正確かつ最新の内容に保つための措置を講じなければならない。

（求職者等の個人情報の取扱い）

第五条の五 公共職業安定所、特定地方公共団体、職業紹介事業者及び求人者、労働者の募集を行う者及び募集受託者、特定募集情報等提供事業者並びに労働者供給事業者及び労働者供給を受けようとする者（次項において「公共職業安定所等」という。）は、それぞれ、その業務に関し、求職者、労働者になろうとする者又は供給される労働者の個人情報（以下この条において「求職者等の個人情報」という。）を収集し、保管し、又は使用するに当たつては、その業務の目的の達成に必要な範囲内で、厚生労働省令で定めるところにより、当該目的を明らかにして求職者等の個人情報を収集し、並びに当該収集の目的の範囲内でこれを保管し、及び使用しなければならない。ただし、本人の同意がある場合その他正当な事由がある場合は、この限りでない。

② 公共職業安定所等は、求職者等の個人情報を適正に管理するために必要な措置を講じなければならない。

（求人の申込み）

第五条の六 公共職業安定所、特定地方公共団体及び職業紹介事業者は、求人の申込みは全て受理しなければならない。ただし、次の各号のいずれかに該当する求人の申込みは受理しないことができる。

一 その内容が法令に違反する求人の申込み

二 その内容である賃金、労働時間その他の労働条件が通常の労働条件と比べて著しく不適当であると認められる求人の申込み

三 労働に関する法律の規定であつて政令で定めるものの違反に関し、法律に基づく処分、公表その他の措置が講じられた者（厚生労働省令で定める場合に限る。）からの求人の申込み

四 第五条の三第二項の規定による明示が行われない求人の申込み

五 次に掲げるいずれかの者からの求人の申込み

イ 暴力団員による不当な行為の防止等に関する法律（平成三年法律第七十七号）第二条第六号に規定する暴力団員（以下この号及び第三十二条において「暴力団員」という。）

ロ 法人であつて、その役員（業務を執行する社員、取締役、執行役又はこれらに準ずる者をいい、相談役、顧問その他いかなる名称を有する者であるかを問わず、法人に対し業務を執行する社員、取締役、執行役又はこれらに準ずる者と同等以上の支配力を有するものと認められる者を含む。第三十二条において同じ。）のうちに暴力団員があるもの

ハ 暴力団員がその事業活動を支配する者

六 正当な理由なく次項の規定による求めに応じない者からの求人の申込み

② 公共職業安定所、特定地方公共団体及び職業紹介事業者は、

求人の申込みが前項各号に該当するかどうかを確認するため必要があると認めるときは、当該求人者に報告を求めることができる。

③　求人者は、前項の規定による求めがあつたときは、正当な理由がない限り、その求めに応じなければならない。

（求職の申込み）

第五条の七　公共職業安定所、特定地方公共団体及び職業紹介事業者は、求職の申込みは全て受理しなければならない。ただし、その申込みの内容が法令に違反するときは、これを受理しないことができる。

②　公共職業安定所、特定地方公共団体及び職業紹介事業者は、特殊な業務に対する求職者の適否を決定するため必要があると認めるときは、試問及び技能の検査を行うことができる。

（求職者の能力に適合する職業の紹介等）

第五条の八　公共職業安定所、特定地方公共団体及び職業紹介事業者は、求職者に対しては、その能力に適合する職業を紹介し、求人者に対しては、その雇用条件に適合する求職者を紹介するように努めなければならない。

第二章　職業安定機関の行う職業紹介及び職業指導

第一節　通則

（職業安定主管局長の権限）

第六条　職業安定主管局（厚生労働省の内部部局として置かれる局で職業紹介及び職業指導その他職業の安定に関する事務を所掌するものをいう。第九条において同じ。）の局長（以下「職業安定主管局長」という。）は、厚生労働大臣の指揮監督を受け、この法律の施行に関する事項について、都道府県労働局長を指揮監督するとともに、公共職業安定所の指揮監督に関する基準の制定、産業に必要な労働力を充足するための対策の企画及び実施、失業対策の企画及び実施、労働力の需要供給を調整するための主要労働力需要供給圏の決定、職業指導の企画及び実施その他この法律の施行に関し必要な事務をつかさどり、所属の職員を指揮監督する。

（都道府県労働局長の権限）

第七条　都道府県労働局長は、職業安定主管局長の指揮監督を受け、この法律の施行に関する事項について、公共職業安定所の業務の連絡統一に関する業務をつかさどり、所属の職員及び公共職業安定所長を指揮監督する。

（公共職業安定所）

第八条　公共職業安定所は、職業紹介、職業指導、雇用保険その他この法律の目的を達成するために必要な業務を行い、無料で公共に奉仕する機関とする。

②　公共職業安定所長は、都道府県労働局長の指揮監督を受けて、所務をつかさどり、所属の職員を指揮監督する。

（職員の資格等）

第九条　公共職業安定所その他の職業安定機関の業務が効果的に行われるために、職業安定主管局、都道府県労働局又は公共職業安定所において、専らこの法律を施行する業務に従事する職員は、人事院の定める資格又は経験を有する者でなければならない。

第九条の二　公共職業安定所に就職促進指導官を置く。

②　就職促進指導官は、専門的知識に基づいて、主として、高年齢者等の雇用の安定等に関する法律（昭和四十六年法律第六十八号）第二十六条第一項又は第二項の指示を受けた者に対し、職業指導を行うものとする。

③　前二項に定めるもののほか、就職促進指導官に関し必要な

事項は、厚生労働大臣が定める。

（地方運輸局に対する協力）

第一〇条 公共職業安定所は、地方運輸局長（運輸監理部長を含む。）の行う船員の職業の安定に関する業務について、これに協力しなければならない。

（市町村が処理する事務）

第一一条 公共職業安定所との交通が不便であるため当該公共職業安定所に直接求人又は求職を申し込むことが困難であると認められる地域として厚生労働大臣が指定する地域（以下この項において「指定地域」という。）を管轄する市町村長は、次に掲げる事務を行う。

一 指定地域内に所在する事業所からの求人又は指定地域内に居住する求職者からの求職の申込みを当該公共職業安定所に取り次ぐこと。

二 当該公共職業安定所からの照会に応じて、指定地域内に所在する事業所に係る求人者又は指定地域内に居住する求職者の職業紹介に関し必要な事項を調査すること。

三 当該公共職業安定所からの求人又は求職に関する情報を指定地域内に所在する事業所に係る求人者又は指定地域内に居住する求職者に周知させること。

② 当該公共職業安定所の長は、前項の事務に関し特に必要があると認めるときは、市町村長に対し、必要な指示をすることができる。

③ 市町村長は、第一項の事務に関し、求人者又は求職者から、いかなる名義でも、実費その他の手数料を徴収してはならない。

④ 第一項の規定により市町村が処理することとされている事務は、地方自治法（昭和二十二年法律第六十七号）第二条第九項第一号に規定する第一号法定受託事務とする。

（労働力の需給に関する調査等）

第一四条 職業安定主管局長は、労働力の需要供給の適正かつ円滑な調整に資するため、都道府県労働局及び公共職業安定所からの労働力の需要供給に関する調査報告等により、雇用及び失業の状況に関する情報を収集するとともに、当該情報の整理、分析、公表等必要な措置を講ずるように努めなければならない。

（標準職業名等）

第一五条 職業安定主管局長は、職業に関する調査研究の成果等に基づき、職業紹介事業、労働者の募集及び労働者供給事業に共通して使用されるべき標準職業名を定め、職業解説及び職業分類表を作成し、並びにそれらの普及に努めなければならない。

（職業紹介等の基準）

第一六条 厚生労働大臣は、身体又は精神に障害のある者、新たに職業に就こうとする者、中高年齢の失業者その他職業に就くことについて特別の配慮を必要とする者に対して行われる職業紹介及び職業指導の実施に関し必要な基準を定めることができる。

第二節 職業紹介

（職業紹介の地域）

第一七条 公共職業安定所は、求職者に対し、できる限り、就職の際にその住所又は居所の変更を必要としない職業を紹介するよう努めなければならない。

② 公共職業安定所は、その管轄区域内において、求職者にその希望及び能力に適合する職業を紹介することができないとき、又は求人者の希望する求職者若しくは求人数を充足することができないときは、広範囲の地域にわたる職業紹介活動をするものとする。

③ 前項の広範囲の地域にわたる職業紹介活動は、できる限り

近隣の公共職業安定所が相互に協力して行うように努めなければならない。

④　第二項の広範囲の地域にわたる職業紹介活動に関し必要な事項は、厚生労働省令で定める。

（求人又は求職の開拓等）

第一八条　公共職業安定所は、他の法律の規定に基づいて行うもののほか、厚生労働省令で定めるところにより、求職者に対しその能力に適合する職業に就く機会を与えるため、及び求人者に対しその必要とする労働力を確保することができるようにするために、必要な求人又は求職の開拓を行うものとする。

②　公共職業安定所は、前項の規定による求人又は求職の開拓に関し、地方公共団体、事業主の団体、労働組合その他の関係者に対し、情報の提供その他必要な連絡又は協力を求めることができる。

（業務情報の提供）

第一八条の二　公共職業安定所は、厚生労働省令で定めるところにより、求職者又は求人者に対し、特定地方公共団体又は職業紹介事業者（第三十二条の九第二項の命令を受けている者その他の公共職業安定所が求職者又は求人者に対してその職業紹介事業の業務に係る情報の提供を行うことが適当でない者として厚生労働省令で定めるものを除く。この項において同じ。）に関する第三十二条の十六第三項に規定する事項、特定地方公共団体又は職業紹介事業者の紹介により就職した者のうち雇用保険法第五十八条の規定による移転費の支給を受けたものの数その他職業紹介事業の業務に係る情報を提供するものとする。

（公共職業訓練のあつせん）

第一九条　公共職業安定所は、求職者に対し、公共職業能力開発施設の行う職業訓練（職業能力開発総合大学校の行うものを含む。）を受けることについてあつせんを行うものとする。

（労働争議に対する不介入）

第二〇条　公共職業安定所は、労働争議に対する中立の立場を維持するため、同盟罷業又は作業所閉鎖の行われている事業所に、求職者を紹介してはならない。

②　前項に規定する場合の外、労働委員会が公共職業安定所に対し、事業所において、同盟罷業又は作業所閉鎖に至る虞の多い争議が発生していること及び求職者を無制限に紹介することによつて、当該争議の解決が妨げられることを通報した場合においては、公共職業安定所は当該事業所に対し、求職者を紹介してはならない。但し、当該争議の発生前、通常使用されていた労働者の員数を維持するため必要な限度まで労働者を紹介する場合は、この限りでない。

第三節　職業指導

（職業指導の実施）

第二二条　公共職業安定所は、身体又は精神に障害のある者、新たに職業に就こうとする者その他職業に就くについて特別の指導を加えることを必要とする者に対し、職業指導を行わなければならない。

（適性検査）

第二三条　公共職業安定所は、必要があると認めるときは、職業指導を受ける者について、適性検査を行うことができる。

（公共職業能力開発施設等との連携）

第二四条　公共職業安定所は、職業指導を受ける者に対し、公共職業能力開発施設の行う職業訓練（職業能力開発総合大学校の行うものを含む。）に関する情報の提供、相談その他の援助を与えることが必要であると認めるときは、公共職業能力開発施設その他の関係者に対し、必要な協力を求めることができる。

第四節　学生若しくは生徒又は学校卒業者の職業紹介等

（学生生徒等の職業紹介等）

第二十六条　公共職業安定所は、学校教育法（昭和二十二年法律第二十六号）第一条に規定する学校（以下「学校」という。）の学生若しくは生徒又は学校を卒業し、又は退学した者（政令で定める者を除く。以下「学生生徒等」という。）の職業紹介については、学校と協力して、学生生徒等に対し、雇用情報、職業に関する調査研究の成果等を提供し、職業指導を行い、及び公共職業安定所間の連絡により、学生生徒等に対して紹介することが適当と認められるできる限り多くの求人を開拓し、各学生生徒等の能力に適合した職業にあつせんするよう努めなければならない。

② 公共職業安定所は、学校が学生又は生徒に対して行う職業指導に協力しなければならない。

③ 公共職業安定所は、学生生徒等に対する職業指導を効果的かつ効率的に行うことができるよう、学校その他の関係者と協力して、職業を体験する機会又は職業能力開発促進法（昭和四十四年法律第六十四号）第三十条の三に規定するキャリアコンサルタントによる相談の機会の付与その他の職業の選択についての学生又は生徒の関心と理解を深めるために必要な措置を講ずるものとする。

（学校による公共職業安定所業務の分担）

第二十七条　公共職業安定所長は、学生生徒等の職業紹介を円滑に行うために必要があると認めるときは、学校の長の同意を得て、又は学校の長の要請により、その学校の長に、公共職業安定所の業務の一部を分担させることができる。

② 前項の規定により公共職業安定所長が学校の長に分担させることができる業務は、次に掲げる事項に限られるものとする。

一　求人の申込みを受理し、かつ、その受理した求人の申込みを公共職業安定所に連絡すること。

二　求職の申込みを受理すること。

三　求職者を求人者に紹介すること。

四　職業指導を行うこと。

五　就職後の指導を行うこと。

六　公共職業能力開発施設（職業能力開発総合大学校を含む。）への入所のあつせんを行うこと。

③ 第一項の規定により公共職業安定所の業務の一部を分担する学校の長（以下「業務分担学校長」という。）は、第五条の六第一項本文及び第五条の七第一項本文の規定にかかわらず、学校の教育課程に適切でない職業に関する求人又は求職の申込みを受理しないことができる。

④ 業務分担学校長は、公共職業安定所長と協議して、その学校の職員の中から職業安定担当者を選任し、その者に第二項各号の業務を担当させ、及び公共職業安定所との連絡を行わせることができる。

⑤ 公共職業安定所長は、業務分担学校長に対して、雇用情報、職業に関する調査研究の成果等の提供その他業務分担学校長の行う第二項各号の業務の執行についての援助を与えるとともに、特に必要があると認めるときは、業務分担学校長に対して、経済上の援助を与えることができる。

⑥ 業務分担学校長は、その業務の執行に関し、厚生労働大臣が文部科学大臣と協議して定める基準に従わなければならない。

⑦ 公共職業安定所長は、業務分担学校長が、法令又は前項の基準に違反したときは、当該業務分担学校長の行う第二項各号の業務を停止させることができる。

⑧ 前各項の規定は、学校の長が第三十三条の二の規定に基づ

いて無料の職業紹介事業を行う場合には適用しない。

第二章の二　地方公共団体の行う職業紹介

（地方公共団体の行う職業紹介）

第二九条　地方公共団体は、無料の職業紹介事業を行うことができる。

② 特定地方公共団体は、前項の規定により無料の職業紹介事業を行う旨を、厚生労働大臣に通知しなければならない。

③ 特定地方公共団体は、取扱職種の範囲等（その職業紹介事業において取り扱う職種の範囲その他業務の範囲をいう。以下同じ。）を定めることができる。

④ 特定地方公共団体が、前項の規定により取扱職種の範囲等を定めた場合においては、第五条の六第一項及び第五条の七第一項の規定は、その範囲内に限り適用するものとする。

（事業の廃止）

第二九条の二　特定地方公共団体は、無料の職業紹介事業を廃止したときは、遅滞なく、その旨を厚生労働大臣に通知しなければならない。

（名義貸しの禁止）

第二九条の三　特定地方公共団体は、自己の名義をもつて、他人に無料の職業紹介事業を行わせてはならない。

（取扱職種の範囲等の明示等）

第二九条の四　特定地方公共団体は、取扱職種の範囲等、苦情の処理に関する事項その他無料の職業紹介事業の業務の内容に関しあらかじめ求人者及び求職者に対して知らせることが適当であるものとして厚生労働省令で定める事項について、求人者及び求職者に対し、明示しなければならない。

（公共職業安定所による情報提供）

第二九条の五　公共職業安定所は、特定地方公共団体が求人又は求職に関する情報の提供を希望するときは、当該特定地方公共団体に対して、求人又は求職に関する情報として厚生労働省令で定めるものを電磁的方法（電子情報処理組織を使用する方法その他の情報通信の技術を利用する方法をいう。）その他厚生労働省令で定める方法により提供するものとする。

（公共職業安定所による援助）

第二九条の六　公共職業安定所は、特定地方公共団体に対して、雇用情報、職業に関する調査研究の成果等の提供その他無料の職業紹介事業の運営についての援助を与えることができる。

（特定地方公共団体の責務）

第二九条の七　特定地方公共団体は、無料の職業紹介事業の運営に当たつては、職業安定機関との連携の下に、その改善向上を図るために必要な措置を講ずるように努めなければならない。

（準用）

第二九条の八　第二十条の規定は、特定地方公共団体が無料の職業紹介事業を行う場合について準用する。この場合において、同条第一項中「公共職業安定所」とあるのは「特定地方公共団体」と、同条第二項中「公共職業安定所は」とあるのは「公共職業安定所は、その旨を特定地方公共団体に通報するものとし、当該通報を受けた特定地方公共団体は、」と読み替えるものとする。

第三章　職業安定機関及び地方公共団体以外の者の行う職業紹介

第一節　有料職業紹介事業

（有料職業紹介事業の許可）

第三〇条　有料の職業紹介事業を行おうとする者は、厚生労働大臣の許可を受けなければならない。

② 前項の許可を受けようとする者は、次に掲げる事項を記載した申請書を厚生労働大臣に提出しなければならない。

一 氏名又は名称及び住所並びに法人にあつては、その代表者の氏名

二 法人にあつては、その役員の氏名及び住所

三 有料の職業紹介事業を行う事業所の名称及び所在地

四 第三十二条の十四の規定により選任する職業紹介責任者の氏名及び住所

五 その他厚生労働省令で定める事項

③ 前項の申請書には、有料の職業紹介事業を行う事業所ごとの当該事業に係る事業計画書その他厚生労働省令で定める書類を添付しなければならない。

④ 前項の事業計画書には、厚生労働省令で定めるところにより、有料の職業紹介事業を行う事業所ごとの当該事業に係る求職者の見込数その他職業紹介に関する事項を記載しなければならない。

⑤ 厚生労働大臣は、第一項の許可をしようとするときは、あらかじめ、労働政策審議会の意見を聴かなければならない。

⑥ 第一項の許可を受けようとする者は、実費を勘案して厚生労働省令で定める額の手数料を納付しなければならない。

（許可の基準等）

第三十一条 厚生労働大臣は、前条第一項の許可の申請が次に掲げる基準に適合していると認めるときは、同項の許可をしなければならない。

一 申請者が、当該事業を健全に遂行するに足りる財産的基礎を有すること。

二 個人情報を適正に管理し、及び求人者、求職者等の秘密を守るために必要な措置が講じられていること。

三 前二号に定めるもののほか、申請者が、当該事業を適正に遂行することができる能力を有すること。

② 厚生労働大臣は、前条第一項の許可をしないときは、遅滞なく、理由を示してその旨を当該申請者に通知しなければならない。

（許可の欠格事由）

第三十二条 厚生労働大臣は、前条第一項の規定にかかわらず、次の各号のいずれかに該当する者に対しては、第三十条第一項の許可をしてはならない。

一 **現** 禁錮以上の刑に処せられ、又はこの法律の規定その他労働に関する法律の規定（次号に規定する規定を除く。）であつて政令で定めるもの若しくは暴力団員による不当な行為の防止等に関する法律の規定（同法第五十条（第二号に係る部分に限る。）及び第五十二条の規定を除く。）により、若しくは刑法（明治四十年法律第四十五号）第二百四条、第二百六条、第二百八条、第二百八条の二、第二百二十二条若しくは第二百四十七条の罪、暴力行為等処罰に関する法律（大正十五年法律第六十号）の罪若しくは出入国管理及び難民認定法（昭和二十六年政令第三百十九号）第七十三条の二第一項の罪を犯したことにより、罰金の刑に処せられ、その執行を終わり、又は執行を受けることがなくなつた日から起算して五年を経過しない者

新 ［令和七年六月一日から施行］

一 拘禁刑以上の刑に処せられ、又はこの法律の規定その他労働に関する法律の規定（次号に規定する規定を除く。）であつて政令で定めるもの若しくは暴力団員による不当な行為の防止等に関する法律の規定（同法第五十条（第二号に係る部分に限る。）及び第五十二条の規定を除く。）により、若しくは刑法（明治四十年法律第四十五号）第二百四条、第二百六条、第二百

八条、第二百八条の二、第二百二十二条若しくは第二百四十七条の罪、暴力行為等処罰に関する法律（大正十五年法律第六十号）の罪若しくは出入国管理及び難民認定法（昭和二十六年政令第三百十九号）第七十三条の二第一項の罪を犯したことにより、罰金の刑に処せられ、その執行を終わり、又は執行を受けることがなくなつた日から起算して五年を経過しない者

二　健康保険法（大正十一年法律第七十号）第二百八条、第二百十三条の二若しくは第二百十四条第一項、船員保険法（昭和十四年法律第七十三号）第百五十六条、第百五十九条若しくは第百六十条第一項、労働者災害補償保険法（昭和二十二年法律第五十号）第五十一条前段若しくは第五十四条第一項（同法第五十一条前段の規定に係る部分に限る。）、厚生年金保険法（昭和二十九年法律第百十五号）第百二条、第百三条の二若しくは第百四条第一項（同法第百二条又は第百三条の二の規定に係る部分に限る。）、労働保険の保険料の徴収等に関する法律（昭和四十四年法律第八十四号）第四十六条前段若しくは第四十八条第一項（同法第四十六条前段の規定に係る部分に限る。）又は雇用保険法第八十三条若しくは第八十六条（同法第八十三条の規定に係る部分に限る。）の規定により罰金の刑に処せられ、その執行を終わり、又は執行を受けることがなくなつた日から起算して五年を経過しない者

三　心身の故障により有料の職業紹介事業を適正に行うことができない者として厚生労働省令で定めるもの

四　破産手続開始の決定を受けて復権を得ない者

五　第三十二条の九第一項（第三十三条第四項において準用する場合を含む。）の規定により職業紹介事業の許可を取り消され、又は第三十三条の三第二項において準用する第三十二条の九第一項（第一号を除く。）の規定により無料の職業紹介事業の廃止を命じられ、当該取消し又は命令の日から起算して五年を経過しない者

六　第三十二条の九第一項（第三十三条第四項において準用する場合を含む。）の規定により職業紹介事業の許可を取り消された者が法人である場合（第三十二条の九第一項（第一号に限る。）（第三十三条第四項において準用する場合を含む。）の規定により許可を取り消された場合については、当該法人が第一号又は第二号に規定する者に該当することとなつたことによる場合に限る。）又は第三十三条の三第二項において準用する第三十二条の九第一項の規定により無料の職業紹介事業の廃止を命じられた者が法人である場合（第三十三条の三第二項において準用する第三十二条の九第一項（第一号に限る。）の規定により廃止を命じられた場合については、当該法人が第一号又は第二号に規定する者に該当することとなつたことによる場合に限る。）において、当該取消し又は命令の処分を受ける原因となつた事項が発生した当時現に当該法人の役員であつた者で、当該取消し又は命令の日から起算して五年を経過しないもの

七　第三十二条の九第一項（第三十三条第四項において準用する場合を含む。）の規定による職業紹介事業の許可の取消し又は第三十三条の三第二項において準用する第三十二条の九第一項の規定による無料の職業紹介事業の廃止の命令の処分に係る行政手続法（平成五年法律第八十八号）第十五条の規定による通知があつた日から当該処分をする日又は処分をしないことを決定する日までの間に第三十二条の八第一項（第三十三条第四項及び第三十三条の三第二項において準用する場合を含む。）の規定による職業紹介事業の廃止の届出をした者（当該事業の廃止について

理由がある者を除く。）で、当該届出の日から起算して五年を経過しないもの

八　前号に規定する期間内に第三十二条の八第一項（第三十三条第四項及び第三十三条の三第二項において準用する場合を含む。）の規定による職業紹介事業の廃止の届出をした者が法人である場合において、同号の通知の日前六十日以内に当該法人（当該事業の廃止について相当の理由がある法人を除く。）の役員であつた者で、当該届出の日から起算して五年を経過しないもの

九　暴力団員又は暴力団員でなくなつた日から五年を経過しない者（以下この条において「暴力団員等」という。）

十　営業に関し成年者と同一の行為能力を有しない未成年者であつて、その法定代理人が前各号又は次号のいずれかに該当するもの

十一　法人であつて、その役員のうちに前各号のいずれかに該当する者があるもの

十二　暴力団員等がその事業活動を支配する者

十三　暴力団員等をその業務に従事させ、又はその業務の補助者として使用するおそれのある者

第三二条の二　削除

（手数料）

第三二条の三　第三十条第一項の許可を受けた者（以下「有料職業紹介事業者」という。）は、次に掲げる場合を除き、職業紹介に関し、いかなる名義でも、実費その他の手数料又は報酬を受けてはならない。

一　職業紹介に通常必要となる経費等を勘案して厚生労働省令で定める種類及び額の手数料を徴収する場合

二　あらかじめ厚生労働大臣に届け出た手数料表（手数料の種類、額その他手数料に関する事項を定めた表をいう。）に基づき手数料を徴収する場合

②　有料職業紹介事業者は、前項の規定にかかわらず、求職者からは手数料を徴収してはならない。ただし、手数料を求職者から徴収することが当該求職者の利益のために必要であると認められるときとして厚生労働省令で定めるときは、同項各号に掲げる場合に限り、手数料を徴収することができる。

③　第一項第二号に規定する手数料表は、厚生労働省令で定める方法により作成しなければならない。

④　厚生労働大臣は、第一項第二号に規定する手数料表に基づく手数料が次の各号のいずれかに該当すると認めるときは、当該有料職業紹介事業者に対し、期限を定めて、その手数料表を変更すべきことを命ずることができる。

一　特定の者に対し不当な差別的取扱いをするものであるとき。

二　手数料の種類、額その他手数料に関する事項が明確に定められていないことにより、当該手数料が著しく不当であると認められるとき。

（許可証）

第三二条の四　厚生労働大臣は、第三十条第一項の許可をしたときは、厚生労働省令で定めるところにより、有料の職業紹介事業を行う事業所の数に応じ、許可証を交付しなければならない。

②　許可証の交付を受けた者は、当該許可証を、有料の職業紹介事業を行う事業所ごとに備え付けるとともに、関係者から請求があつたときは提示しなければならない。

③　許可証の交付を受けた者は、当該許可証を亡失し、又は当該許可証が滅失したときは、速やかにその旨を厚生労働大臣に届け出て、許可証の再交付を受けなければならない。

（許可の条件）

第三二条の五　第三十条第一項の許可には、条件を付し、及びこれを変更することができる。

② 前項の条件は、第三十条第一項の許可の趣旨に照らして、又は当該許可に係る事項の確実な実施を図るために必要な最小限度のものに限り、かつ、当該許可を受ける者に不当な義務を課することとなるものであつてはならない。

（許可の有効期間等）

第三二条の六　第三十条第一項の許可の有効期間は、当該許可の日から起算して三年とする。

② 前項に規定する許可の有効期間（当該許可の有効期間についてこの項の規定により更新を受けたときにあつては、当該更新を受けた許可の有効期間）の満了後引き続き当該許可に係る有料の職業紹介事業を行おうとする者は、許可の有効期間の更新を受けなければならない。

③ 厚生労働大臣は、前項に規定する許可の有効期間の更新の申請があつた場合において、当該申請が第三十一条第一項各号に掲げる基準に適合していると認めるときは、当該許可の有効期間の更新をしなければならない。

④ 第二項に規定する許可の有効期間の更新を受けようとする者は、実費を勘案して厚生労働省令で定める額の手数料を納付しなければならない。

⑤ 第二項の規定によりその更新を受けた場合における第三十条第一項の許可の有効期間は、当該更新前の許可の有効期間が満了する日の翌日から起算して五年とする。

⑥ 第三十条第二項から第四項まで、第三十一条第二項及び第三十二条（第五号から第八号までを除く。）の規定は、第二項に規定する許可の有効期間の更新について準用する。

（変更の届出）

第三二条の七　有料職業紹介事業者は、第三十条第二項各号に掲げる事項（厚生労働省令で定めるものを除く。）に変更があつたときは、遅滞なく、その旨を厚生労働大臣に届け出なければならない。この場合において、当該変更に係る事項が有料の職業紹介事業を行う事業所の新設に係るものであるときは、当該事業所に係る事業計画書その他厚生労働省令で定める書類を添付しなければならない。

② 第三十条第四項の規定は、前項の事業計画書について準用する。

③ 厚生労働大臣は、第一項の規定により有料の職業紹介事業を行う事業所の新設に係る変更の届出があつたときは、厚生労働省令で定めるところにより、当該新設に係る事業所の数に応じ、許可証を交付しなければならない。

④ 有料職業紹介事業者は、第一項の規定による届出をする場合において、当該届出に係る事項が許可証の記載事項に該当するときは、厚生労働省令で定めるところにより、その書換えを受けなければならない。

（事業の廃止）

第三二条の八　有料職業紹介事業者は、当該有料の職業紹介事業を廃止したときは、遅滞なく、厚生労働省令で定めるところにより、その旨を厚生労働大臣に届け出なければならない。

② 前項の規定による届出があつたときは、第三十条第一項の許可は、その効力を失う。

（許可の取消し等）

第三二条の九　厚生労働大臣は、有料職業紹介事業者が次の各号のいずれかに該当するときは、第三十条第一項の許可を取り消すことができる。

一　第三十二条各号（第五号から第八号までを除く。）のいずれかに該当しているとき。

二　この法律若しくは労働者派遣法（第三章第四節の規定を除く。）の規定又はこれらの規定に基づく命令若しくは処分に違反したとき。

三　第三十二条の五第一項の規定により付された許可の条件に違反したとき。

② 厚生労働大臣は、有料職業紹介事業者が前項第二号又は第三号に該当するときは、期間を定めて当該有料の職業紹介事業の全部又は一部の停止を命ずることができる。

（名義貸しの禁止）

第三二条の一〇 有料職業紹介事業者は、自己の名義をもつて、他人に有料の職業紹介事業を行わせてはならない。

（取扱職業の範囲）

第三二条の一一 有料職業紹介事業者は、港湾運送業務（港湾労働法（昭和六十三年法律第四十号）第二条第二号に規定する港湾運送の業務又は同条第一号に規定する港湾以外の港湾において行われる当該業務に相当する業務として厚生労働省令で定める業務をいう。）に就く職業、建設業務（土木、建築その他工作物の建設、改造、保存、修理、変更、破壊若しくは解体の作業又はこれらの作業の準備の作業に係る業務をいう。）に就く職業その他有料の職業紹介事業においてその職業のあつせんを行うことが当該職業に就く労働者の保護に支障を及ぼすおそれがあるものとして厚生労働省令で定める職業を求職者に紹介してはならない。

② 第五条の六第一項及び第五条の七第一項の規定は、有料職業紹介事業者に係る前項に規定する職業に係る求人の申込み及び求職の申込みについては、適用しない。

（取扱職種の範囲等の届出等）

第三二条の一二 有料の職業紹介事業を行おうとする者又は有料職業紹介事業者は、取扱職種の範囲等を定めたときは、これを厚生労働大臣に届け出なければならない。これを変更したときも、同様とする。

② 有料の職業紹介事業を行おうとする者又は有料職業紹介事業者が、前項の規定により、取扱職種の範囲等を届け出た場合には、第五条の六第一項及び第五条の七第一項の規定は、その範囲内に限り適用するものとする。

③ 厚生労働大臣は、第一項の規定により届け出られた取扱職種の範囲等が、特定の者に対し不当な差別的取扱いをするものであると認めるときは、当該有料職業紹介事業を行おうとする者又は有料職業紹介事業者に対し、期限を定めて、当該取扱職種の範囲等を変更すべきことを命ずることができる。

（取扱職種の範囲等の明示等）

第三二条の一三 有料職業紹介事業者は、取扱職種の範囲等、手数料に関する事項、苦情の処理に関する事項その他当該職業紹介事業の業務の内容に関しあらかじめ求人者及び求職者に対して知らせることが適当であるものとして厚生労働省令で定める事項について、厚生労働省令で定めるところにより、求人者及び求職者に対し、明示しなければならない。

（職業紹介責任者）

第三二条の一四 有料職業紹介事業者は、職業紹介に関し次に掲げる事項を統括管理させ、及び従業者に対する職業紹介の適正な遂行に必要な教育を行わせるため、厚生労働省令で定めるところにより、第三十二条第一号、第二号及び第四号から第九号までに該当しない者（未成年者を除き、有料の職業紹介事業の管理を適正に行うに足りる能力を有する者として、厚生労働省令で定める基準に適合するものに限る。）のうちから職業紹介責任者を選任しなければならない。

一 求人者又は求職者から申出を受けた苦情の処理に関すること。

二 求人者の情報（職業紹介に係るものに限る。）及び求職者の個人情報の管理に関すること。

三 求人及び求職の申込みの受理、求人者及び求職者に対する助言及び指導その他有料の職業紹介事業の業務の運営及び改善に関すること。

四 職業安定機関との連絡調整に関すること。

（帳簿の備付け）

第三二条の一五　有料職業紹介事業者は、その業務に関して、厚生労働省令で定める帳簿書類を作成し、その事業所に備えて置かなければならない。

（事業報告等）
第三二条の一六　有料職業紹介事業者は、厚生労働省令で定めるところにより、有料の職業紹介事業を行う事業所ごとの当該事業に係る事業報告書を作成し、厚生労働大臣に提出しなければならない。
②　前項の事業報告書には、厚生労働省令で定めるところにより、有料の職業紹介事業を行う事業所ごとの当該事業に係る求職者の数、職業紹介に関する手数料の額その他職業紹介に関する事項を記載しなければならない。
③　有料職業紹介事業者は、厚生労働省令で定めるところにより、当該有料職業紹介事業者の紹介により就職した者の数、当該有料職業紹介事業者の紹介により就職した者（期間の定めのない労働契約を締結した者に限る。）のうち離職した者（解雇により離職した者その他厚生労働省令で定める者を除く。）の数、手数料に関する事項その他厚生労働省令で定める事項に関し情報の提供を行わなければならない。

第二節　無料職業紹介事業

（無料職業紹介事業）
第三三条　無料の職業紹介事業（職業安定機関及び特定地方公共団体の行うものを除く。以下同じ。）を行おうとする者は、次条及び第三十三条の三の規定により行う場合を除き、厚生労働大臣の許可を受けなければならない。
②　厚生労働大臣は、前項の許可をしようとするときは、あらかじめ、労働政策審議会の意見を聴かなければならない。ただし、労働組合等に対し許可をしようとするときは、この限りでない。
③　第一項の許可の有効期間は、当該許可の日から起算して五年とする。
④　第三十条第二項から第四項まで、第三十一条、第三十二条、第三十二条の四、第三十二条の五、第三十二条の六第二項、第三項及び第五項、第三十二条の七から第三十二条の十まで並びに第三十二条の十二から前条までの規定は、第一項の許可を受けて行う無料の職業紹介事業及び同項の許可を受けた者について準用する。この場合において、第三十条第二項中「前項の許可」とあり、並びに第三十二条、第三十二条の四第一項、第三十二条の五、第三十二条の六第五項、第三十二条の八第二項及び第三十二条の九第一項中「第三十条第一項の許可」とあるのは「第三十三条第一項の許可」と、第三十二条の六第二項中「前項」とあるのは「第三十三条第三項」と、第三十二条の十三中「手数料に関する事項、苦情」とあるのは「苦情」と、前条第二項中「、職業紹介に関する手数料の額その他」とあり、及び同条第三項中「、手数料に関する事項その他」とあるのは「その他」と読み替えるものとする。
⑤　第三十条第二項から第四項まで、第三十一条第二項及び第三十二条（第五号から第八号までを除く。）の規定は、前項において準用する第三十二条の六第二項に規定する許可の有効期間の更新について準用する。

（学校等の行う無料職業紹介事業）
第三三条の二　次の各号に掲げる施設の長は、厚生労働大臣に届け出て、当該各号に定める者（これらの者に準ずる者として厚生労働省令で定めるものを含む。）について、無料の職業紹介事業を行うことができる。
一　学校（小学校及び幼稚園を除く。）　当該学校の学生生徒等
二　専修学校　当該専修学校の生徒又は当該専修学校を卒業

した者

三　職業能力開発促進法第十五条の七第一項各号に掲げる施設　当該施設の行う職業訓練を受ける者又は当該職業訓練を修了した者

四　職業能力開発総合大学校　当該職業能力開発総合大学校の行う職業訓練若しくは職業能力開発促進法第二十七条第一項に規定する指導員訓練を受ける者又は当該職業訓練若しくは当該指導員訓練を修了した者

② 前項の規定により無料の職業紹介事業を行う同項各号に掲げる施設の長は、当該施設の職員のうちから、職業紹介事業に関する業務を担当する者を定めて、自己に代わつてその業務を行わせることができる。

③ 厚生労働大臣は、第一項各号に掲げる施設の長が同項の規定により行う無料の職業紹介事業の業務の執行に関する基準を定めることができる。

④ 厚生労働大臣は、第一項第一号及び第二号に掲げる施設の長に係る前項の基準を定めようとするときは、あらかじめ文部科学大臣と協議しなければならない。

⑤ 第一項の規定により無料の職業紹介事業を行おうとする同項各号に掲げる施設の長は、その取り扱う職業紹介の範囲を定めて、同項の届出をすることができる。

⑥ 前項の規定により、第一項各号に掲げる施設の長が職業紹介の範囲を定めて届出をした場合においては、第五条の六第一項及び第五条の七第一項の規定は、その範囲内に限り適用するものとする。

⑦ 第三十二条の八第一項、第三十二条の九第二項、第三十二条の十、第三十二条の十三、第三十二条の十五及び第三十二条の十六の規定は、第一項の規定により同項各号に掲げる施設の長が行う無料の職業紹介事業について準用する。この場合において、第三十二条の九第二項中「前項第二号又は第三号」とあるのは「前項第二号」と、第三十二条の十三中「手数料に関する事項、苦情」とあるのは「苦情」と、第三十二条の十六第一項中「有料の職業紹介事業を行う事業所ごとの当該事業に係る事業報告書」とあるのは「事業報告書」と、同条第二項中「有料の職業紹介事業を行う事業所ごとの当該事業」とあるのは「当該事業」と、同項中「、職業紹介に関する手数料の額その他」とあり、及び同条第三項中「、手数料に関する事項その他」とあるのは「その他」と、同項中「行わなければ」とあるのは「行うように努めなければ」と読み替えるものとする。

⑧ 厚生労働大臣は、第一項の規定により無料の職業紹介事業を行う同項第一号又は第二号に掲げる施設の長に対し、前項において準用する第三十二条の九第二項の規定により事業の停止を命じようとする場合には、あらかじめ教育行政庁に通知しなければならない。

（特別の法人の行う無料職業紹介事業）

第三十三条の三　特別の法律により設立された法人であつて厚生労働省令で定めるものは、厚生労働大臣に届け出て、当該法人の直接若しくは間接の構成員（以下この項において「構成員」という。）を求人者とし、又は当該法人の構成員若しくは構成員に雇用されている者を求職者とする無料の職業紹介事業を行うことができる。

② 第三十条第二項から第四項まで、第三十二条、第三十二条の四第二項、第三十二条の七第一項及び第二項、第三十二条の八第一項、第三十二条の九、第三十二条の十並びに第三十二条の十二から第三十二条の十六までの規定は、前項の届出をして行う無料の職業紹介事業及び同項の届出をした法人について準用する。この場合において、次の表の上欄に掲げる規定中同表の中欄に掲げる字句は、それぞれ同表の下欄に掲げる字句に読み替えるものとする。

〔表　略〕

（公共職業安定所による援助）

第三三条の四　公共職業安定所は、第三十三条第一項の許可を受けて、又は第三十三条の二第一項若しくは前条第一項の規定による届出をして無料の職業紹介事業を行う者に対して、雇用情報、職業に関する調査研究の成果等の提供その他当該無料の職業紹介事業の運営についての援助を与えることができる。

第三節　補則

（職業紹介事業者の責務）

第三三条の五　職業紹介事業者は、当該事業の運営に当たつては、職業安定機関との連携の下に、その改善向上を図るために必要な措置を講ずるように努めなければならない。

（厚生労働大臣の指導等）

第三三条の六　厚生労働大臣は、労働力の需要供給を調整するため特に必要があるときは、厚生労働省令で定めるところにより、職業紹介事業者に対し、職業紹介の範囲、時期、手段、件数その他職業紹介を行う方法に関し必要な指導、助言及び勧告をすることができる。

（準用）

第三四条　第二十条の規定は、職業紹介事業者が職業紹介事業を行う場合について準用する。この場合において、同条第一項中「公共職業安定所」とあるのは「職業紹介事業者」と、同条第二項中「公共職業安定所は」とあるのは「公共職業安定所は、その旨を職業紹介事業者に通報するものとし、当該通報を受けた職業紹介事業者は、」と読み替えるものとする。

（施行規定）

第三五条　この章に定めるもののほか、職業紹介事業に関する許可の申請手続その他職業紹介事業に関し必要な事項は、厚生労働省令で定める。

第三章の二　労働者の募集

（委託募集）

第三六条　労働者を雇用しようとする者が、その被用者以外の者をして報酬を与えて労働者の募集に従事させようとするときは、厚生労働大臣の許可を受けなければならない。

②　前項の報酬の額については、あらかじめ、厚生労働大臣の認可を受けなければならない。

③　労働者を雇用しようとする者が、その被用者以外の者をして報酬を与えることなく労働者の募集に従事させようとするときは、その旨を厚生労働大臣に届け出なければならない。

（募集の制限）

第三七条　厚生労働大臣又は公共職業安定所長は、厚生労働省令で定めるところにより、労働力の需要供給を調整するため特に必要があるときは、労働者の募集（前条第一項の規定によるものを除く。）に関し、募集時期、募集人員、募集地域その他募集方法について、理由を付して制限することができる。

②　厚生労働大臣は、前条第一項の規定によつて労働者の募集を許可する場合においては、労働者の募集を行おうとする者に対し、募集時期、募集人員、募集地域その他募集方法に関し必要な指示をすることができる。

第三八条　削除

（報酬受領の禁止）

第三九条　労働者の募集を行う者及び第三十六条第一項又は第三項の規定により労働者の募集に従事する者（以下「募集受託者」という。）は、募集に応じた労働者から、その募集に関し、いかなる名義でも、報酬を受けてはならない。

（報酬の供与の禁止）
第四〇条　労働者の募集を行う者は、その被用者で当該労働者の募集に従事するもの又は募集受託者に対し、賃金、給料その他これらに準ずるものを支払う場合又は第三十六条第二項の認可に係る報酬を与える場合を除き、報酬を与えてはならない。

（許可の取消し等）
第四一条　厚生労働大臣は、第三十六条第一項の許可を受けて労働者の募集を行う者又は同項の規定により労働者の募集に従事する者がこの法律若しくは労働者派遣法（第三章第四節の規定を除く。次項において同じ。）の規定又はこれらの規定に基づく命令若しくは処分に違反したときは、同項の許可を取り消し、又は期間を定めて当該労働者の募集の業務の停止を命ずることができる。

②　厚生労働大臣は、第三十六条第三項の届出をして労働者の募集を行う者又は同項の規定により労働者の募集に従事する者がこの法律若しくは労働者派遣法の規定又はこれらの規定に基づく命令若しくは処分に違反したときは、当該労働者の募集の業務の廃止を命じ、又は期間を定めて当該労働者の募集の業務の停止を命ずることができる。

（労働者の募集を行う者等の責務）
第四二条　労働者の募集を行う者及び募集受託者は、労働者の適切な職業の選択に資するため、それぞれ、その業務の運営に当たつては、その改善向上を図るために必要な措置を講ずるように努めなければならない。

（準用）
第四二条の二　第二十条の規定は、労働者の募集について準用する。この場合において、同条第一項中「公共職業安定所」とあるのは「労働者の募集を行う者（厚生労働省令で定める者を除く。次項において同じ。）及び募集受託者（第三十九条に規定する募集受託者をいう。同項において同じ。）」と、「事業所に、求職者を紹介してはならない」とあるのは「事業所における就業を内容とする労働者の募集をしてはならない」と、同条第二項中「求職者を無制限に紹介する」とあるのは「労働者を無制限に募集する」と、「公共職業安定所は当該事業所に対し、求職者を紹介してはならない」とあるのは「公共職業安定所は、その旨を労働者の募集を行う者及び募集受託者に通報するものとし、当該通報を受けた労働者の募集を行う者又は募集受託者は、当該事業所における就業を内容とする労働者の募集をしてはならない」と、同項ただし書中「紹介する」とあるのは「募集する」と読み替えるものとする。

第三章の三　募集情報等提供事業

（特定募集情報等提供事業の届出）
第四三条の二　特定募集情報等提供事業を行おうとする者は、厚生労働省令で定めるところにより、氏名又は名称及び住所その他の厚生労働省令で定める事項を厚生労働大臣に届け出なければならない。

②　特定募集情報等提供事業者は、前項の規定により届け出た事項に変更があつたときは、遅滞なく、厚生労働省令で定めるところにより、その旨を厚生労働大臣に届け出なければならない。

③　特定募集情報等提供事業者は、第一項の規定による届出に係る特定募集情報等提供事業を廃止したときは、遅滞なく、厚生労働省令で定めるところにより、その旨を厚生労働大臣に届け出なければならない。

（報酬受領の禁止）
第四三条の三　特定募集情報等提供事業者は、その行つた募集情報等提供に係る労働者の募集に応じた労働者から、当該募集情報等提供に関し、いかなる名義でも、報酬を受けてはならない。

（事業の停止）

第四三条の四　厚生労働大臣は、特定募集情報等提供事業者が第五条の五、前条若しくは第五十一条の規定又は第四十八条の三第一項の規定に基づく命令に違反したときは、期間を定めて当該特定募集情報等提供事業の全部又は一部の停止を命ずることができる。

（事業概況報告書の提出）

第四三条の五　特定募集情報等提供事業者は、厚生労働省令で定めるところにより、その行う特定募集情報等提供事業の実施の状況を記載した事業概況報告書を作成し、厚生労働大臣に提出しなければならない。

（事業情報の公開）

第四三条の六　募集情報等提供事業を行う者は、厚生労働省令で定めるところにより、労働者の募集に関する情報の的確な表示に関する事項、苦情の処理に関する事項その他厚生労働省令で定める事項に関し情報の提供を行うように努めなければならない。

（苦情の処理）

第四三条の七　募集情報等提供事業を行う者は、労働者になろうとする者、労働者の募集を行う者、募集受託者、職業紹介事業者その他厚生労働省令で定める者から申出を受けた当該事業に関する苦情を適切かつ迅速に処理しなければならない。

②　募集情報等提供事業を行う者は、前項の目的を達成するために必要な体制を整備しなければならない。

（募集情報等提供事業を行う者の責務）

第四三条の八　募集情報等提供事業を行う者は、労働者の適切な職業の選択に資するため、その業務の運営に当たつては、その改善向上を図るために必要な措置を講ずるように努めなければならない。

（地方公共団体の行う募集情報等提供事業）

第四三条の九　地方公共団体が募集情報等提供事業を行う場合のこの法律の規定の適用については、第五条の五第一項及び第四十三条の三中「特定募集情報等提供事業者」とあるのは、「特定募集情報等提供事業を行う地方公共団体」とし、第四十三条の二、第四十八条、第四十八条の二及び第四十八条の三第一項の規定は、適用しない。

第三章の四　労働者供給事業

（労働者供給事業の禁止）

第四四条　何人も、次条に規定する場合を除くほか、労働者供給事業を行い、又はその労働者供給事業を行う者から供給される労働者を自らの指揮命令の下に労働させてはならない。

（労働者供給事業の許可）

第四五条　労働組合等が、厚生労働大臣の許可を受けた場合は、無料の労働者供給事業を行うことができる。

（労働者供給事業者の責務）

第四五条の二　労働者供給事業者は、労働力の需要供給の適正かつ円滑な調整に資するため、当該事業の運営に当たつては、その改善向上を図るために必要な措置を講ずるように努めなければならない。

（準用）

第四六条　第二十条、第三十三条の四及び第四十一条第一項の規定は、労働組合等が前条の規定により労働者供給事業を行う場合について準用する。この場合において、第二十条第一項中「公共職業安定所」とあるのは「労働者供給事業者」と、「求職者を紹介してはならない」とあるのは「労働者を供給してはならない」と、同条第二項中「求職者を無制限に供給する」とあるのは「労働者を無制限に供給する」と、「公共職業安定所は当該事業所に対し、求職者を紹介してはならない」とあるのは「公共職業安定所は、その旨を労働者供給事業者に通報するものとし、当該通報を受けた労働者供給事業者は、当該事業所に対し、労働者を供給してはならない」と、同項ただし書中「紹介する」とあるのは「供給する」と、第四十一条第一項中「同項の許可」とあるのは「同条の許可」と、「当該労働者の募集の業務」とあるのは「当該労働者供給事業の全部若しくは一部」と読み替えるものとする。

第三章の五　労働者派遣事業等

第四七条の二　労働者派遣事業等に関しては、労働者派遣法及び港湾労働法並びに建設労働法の定めるところによる。

第四章　雑則

（事業者団体等の責務）

第四七条の三　職業紹介事業者又は募集情報等提供事業を行う者を直接又は間接の構成員（以下この項において「構成員」という。）とする団体（次項において「事業者団体」という。）は、職業紹介事業又は募集情報等提供事業の適正な運営の確保及び求職者又は労働者になろうとする者の保護が図られるよう、構成員に対し、必要な助言、協力その他の援助を行うように努めなければならない。

②　国は、事業者団体に対し、職業紹介事業又は募集情報等提供事業の適正な運営の確保及び求職者又は労働者になろうとする者の保護に関し必要な助言及び協力を行うように努めるものとする。

（指針）

第四八条　厚生労働大臣は、第三条、第五条の三から第五条の五まで、第三十三条の五、第四十二条、第四十三条の八及び第四十五条の二に定める事項に関し、職業紹介事業者、求人者、労働者の募集を行う者、募集受託者、募集情報等提供事業を行う者、労働者供給事業者及び労働者供給を受けようとする者が適切に対処するために必要な指針を公表するものとする。

（指導及び助言）

第四八条の二　厚生労働大臣は、この法律の施行に関し必要があると認めるときは、職業紹介事業者、求人者、労働者の募集を行う者、募集受託者、募集情報等提供事業を行う者、労働者供給事業者及び労働者供給を受けようとする者に対し、その業務の適正な運営を確保するために必要な指導及び助言をすることができる。

（改善命令等）

第四八条の三　厚生労働大臣は、職業紹介事業者、労働者の募集を行う者、募集受託者、募集情報等提供事業を行う者又は労働者供給事業者が、その業務に関しこの法律の規定又はこれに基づく命令の規定に違反した場合において、当該業務の適正な運営を確保するために必要があると認めるときは、これらの者に対し、当該業務の運営を改善するために必要な措置を講ずべきことを命ずることができる。

②　厚生労働大臣は、求人者又は労働者供給を受けようとする者が、第五条の三第二項若しくは第三項の規定に違反しているとき、若しくは第五条の六第三項の規定による求めに対して事実に相違する報告をしたとき、又はこれらの規定に違反して前条の規定による指導若しくは助言を受けたにもかかわらずなおこれらの規定に違反するおそれがあると認めるときは、当該求人者又は労働者供給を受けようとする者に対し、

第五条の三第二項若しくは第三項又は第五条の六第三項の規定の違反を是正するために必要な措置又はその違反を防止するために必要な措置を執るべきことを勧告することができる。

③　厚生労働大臣は、労働者の募集を行う者に対し第一項の規定による命令をした場合又は前項の規定による勧告をした場合において、当該命令又は勧告を受けた者がこれに従わなかつたときは、その旨を公表することができる。

（厚生労働大臣に対する申告）

第四八条の四　特定地方公共団体、職業紹介事業者、求人者、労働者の募集を行う者、募集受託者、募集情報等提供事業を行う者、労働者供給事業者又は労働者供給を受けようとする者がこの法律の規定又はこれに基づく命令の規定に違反する事実がある場合においては、当該特定地方公共団体若しくは職業紹介事業者に求職の申込みをした求職者、当該募集に応じた労働者、当該募集情報等提供事業を行う者から募集情報等提供を受け当該募集情報等提供に係る労働者の募集に応じた労働者若しくは当該募集情報等提供事業を行う者により自らに関する情報を提供された労働者又は当該労働者供給事業者から供給される労働者は、厚生労働大臣に対し、その事実を申告し、適当な措置を執るべきことを求めることができる。

②　厚生労働大臣は、前項の規定による申告があつたときは、必要な調査を行い、その申告の内容が事実であると認めるときは、この法律に基づく措置その他適当な措置を執らなければならない。

（報告の請求）

第四九条　行政庁は、必要があると認めるときは、労働者を雇用する者から、労働者の雇入又は離職の状況、賃金その他の労働条件等職業安定に関し必要な報告をさせることができる。

（報告及び検査）

第五〇条　行政庁は、この法律を施行するために必要な限度において、厚生労働省令で定めるところにより、職業紹介事業を行う者（第二十九条第一項の規定により無料の職業紹介事業を行う場合における特定地方公共団体を除く。）、求人者、労働者の募集を行う者、募集受託者、募集情報等提供事業を行う者（募集情報等提供事業を行う場合における地方公共団体を除く。）、労働者供給事業を行う者又は労働者供給を受けようとする者に対し、必要な事項を報告させることができる。

②　行政庁は、この法律を施行するために必要な限度において、所属の職員に、職業紹介事業を行う者（第二十九条第一項の規定により無料の職業紹介事業を行う場合における特定地方公共団体を除く。）、求人者、労働者の募集を行う者、募集受託者、募集情報等提供事業を行う者（募集情報等提供事業を行う場合における地方公共団体を除く。）、労働者供給事業を行う者又は労働者供給を受けようとする者の事業所その他の施設に立ち入り、関係者に質問させ、又は帳簿、書類その他の物件を検査させることができる。

③　前項の規定により立入検査をする職員は、その身分を示す証明書を携帯し、関係者に提示しなければならない。

④　第二項の規定による立入検査の権限は、犯罪捜査のために認められたものと解釈してはならない。

（秘密を守る義務等）

第五一条　職業紹介事業者、求人者、労働者の募集を行う者、募集受託者、特定募集情報等提供事業者、労働者供給事業者及び労働者供給を受けようとする者（以下この条において「職業紹介事業者等」という。）並びにこれらの代理人、使用人その他の従業者は、正当な理由なく、その業務上取り扱つたことについて知り得た人の秘密を漏らしてはならない。職業紹介事業者等及びこれらの代理人、使用人その他の従業者でなくなつた後においても、同様とする。

業者は、前項の秘密のほか、その業務に関して知り得た個人情報その他厚生労働省令で定める者に関する情報を、みだりに他人に知らせてはならない。職業紹介事業者等及びこれらの代理人、使用人その他の従業者でなくなつた後においても、同様とする。

第五一条の二 特定地方公共団体及び特定募集情報等提供事業を行う地方公共団体並びに公共職業安定所の業務に従事する者、特定地方公共団体の業務に従事する者及び特定募集情報等提供事業を行う地方公共団体の業務に従事する者は、その業務に関して知り得た個人情報その他厚生労働省令で定める者に関する情報を、みだりに他人に知らせてはならない。特定地方公共団体及び特定募集情報等提供事業を行う地方公共団体並びに公共職業安定所の業務に従事する者、特定地方公共団体の業務に従事する者及び特定募集情報等提供事業を行う地方公共団体の業務に従事する者でなくなつた後においても、同様とする。

（相談及び援助）

第五一条の三 公共職業安定所は、職業紹介、労働者の募集又は労働者供給に関する事項について、求職者等の相談に応じ、及び必要な助言その他の援助を行うことができる。

第五章　罰則

第六三条現 次の各号のいずれかに該当するときは、その違反行為をした者は、これを一年以上十年以下の懲役又は二十万円以上三百万円以下の罰金に処する。

新［令和七年六月一日から施行］
第六三条 次の各号のいずれかに該当するときは、その違反行為をした者は、一年以上十年以下の拘禁刑又は二十

一 暴行、脅迫、監禁その他精神又は身体の自由を不当に拘束する手段によつて、職業紹介、労働者の募集若しくは労働者の供給を行い、又はこれらに従事したとき。
二 公衆衛生又は公衆道徳上有害な業務に就かせる目的で、職業紹介、労働者の募集、募集情報等提供若しくは労働者の供給を行い、又はこれらに従事したとき。

第六四条現 次の各号のいずれかに該当するときは、その違反行為をした者は、これを一年以下の懲役又は百万円以下の罰金に処する。

新［令和七年六月一日から施行］
第六四条 次の各号のいずれかに該当するときは、その違反行為をした者は、一年以下の拘禁刑又は百万円以下の罰金に処する。

一 第三十条第一項の規定に違反したとき。
一の二 偽りその他不正の行為により、第三十条第一項の許可、第三十二条の六第二項（第三十三条第四項において準用する場合を含む。）の規定による許可の有効期間の更新、第三十三条第一項の許可、第三十六条第一項の許可又は第四十五条の許可を受けたとき。
二 第三十二条の九第二項（第三十三条第四項、第三十三条の二第七項及び第三十三条の三第二項において準用する場合を含む。）の規定による事業の停止の命令に違反したとき。
三 第三十二条の十（第三十三条第四項、第三十三条の二第七項及び第三十三条の三第二項において準用する場合を含む。）の規定に違反したとき。

四　第三十二条の十一第一項の規定に違反したとき。
五　第三十三条第一項の規定に違反したとき。
六　第三十三条の三第二項において準用する第三十二条の九第一項の規定による事業の廃止の命令に違反したとき。
七　第三十六条第一項の規定に違反したとき。
八　第四十一条第一項（第四十六条において準用する場合を含む。）の規定による労働者の募集の業務若しくは労働者供給事業の停止又は第四十一条第二項の規定による労働者の募集の業務の廃止若しくは停止の命令に違反したとき。
九　第四十三条の四の規定による特定募集情報等提供事業の停止の命令に違反したとき。
十　第四十四条の規定に違反したとき。

第六五条現　次の各号のいずれかに該当するときは、その違反行為をした者は、これを六月以下の懲役又は三十万円以下の罰金に処する。

新［令和七年六月一日から施行］
第六五条　次の各号のいずれかに該当するときは、その違反行為をした者は、六月以下の拘禁刑又は三十万円以下の罰金に処する。

一　第十一条第三項の規定に違反したとき。
二　第三十二条の三第一項又は第二項の規定に違反したとき。
三　第三十三条の二第一項又は第三十三条の三第一項の規定による届出をしないで、無料の職業紹介事業を行つたとき。
四　第三十六条第二項又は第三項の規定に違反したとき。
五　第三十七条の規定による制限又は指示に従わなかつたとき。
六　第三十九条、第四十条又は第四十三条の三の規定に違反したとき。
七　第四十三条の二第一項の規定による届出をしないで、特定募集情報等提供事業を行つたとき。
八　第四十八条の三第一項の規定による命令に違反したとき。
九　虚偽の広告をなし、又は虚偽の条件を提示して、職業紹介、労働者の募集、募集情報等提供若しくは労働者の供給を行い、又はこれらに従事したとき。
十　虚偽の条件を提示して、公共職業安定所又は職業紹介を行う者に求人の申込みを行つたとき。
十一　労働条件が法令に違反する工場事業場等のために、職業紹介、労働者の募集若しくは労働者の供給を行い、又はこれに従事したとき。

第六六条　次の各号のいずれかに該当するときは、その違反行為をした者は、これを三十万円以下の罰金に処する。

一　第三十条第二項（第三十二条の六第六項、第三十三条第四項及び第五項並びに第三十三条の三第二項において準用する場合を含む。）に規定する申請書若しくは届出書又は第三十条第三項（第三十二条の六第六項、第三十三条第四項及び第五項並びに第三十三条の三第二項において準用する場合を含む。）に規定する書類に虚偽の記載をして提出したとき。
二　第三十二条の三第四項の規定による命令に違反したとき。
三　第三十二条の七第一項（第三十三条第四項及び第三十三条の三第二項において準用する場合を含む。）の規定による届出をせず、若しくは虚偽の届出をし、又は第三十二条の七第一項（第三十三条第四項及び第三十三条の三第二項において準用する場合を含む。）に規定する書類に虚偽の記載をして提出したとき。

の二第七項及び第三十三条の三第二項において準用する場合を含む。）の規定による届出をせず、又は虚偽の届出をしたとき。

五　第三十二条の十四（第三十三条第四項及び第三十三条の三第二項において準用する場合を含む。）の規定に違反したとき。

六　第三十二条の十五（第三十三条第四項、第三十三条の二第七項及び第三十三条の三第二項において準用する場合を含む。）の規定に違反して帳簿書類を作成せず、若しくは事業所に備えて置かず、又は虚偽の帳簿書類を作成したとき。

七　第四十三条の二第一項の規定による届出をする場合において虚偽の届出をしたとき。

八　第四十三条の二第二項又は第三項の規定による届出をせず、又は虚偽の届出をしたとき。

九　第四十九条又は第五十条第一項の規定による報告をせず、又は虚偽の報告をしたとき。

十　第五十条第二項の規定による立入り若しくは検査を拒み、妨げ、若しくは忌避し、又は質問に対して答弁をせず、若しくは虚偽の陳述をしたとき。

十一　第五十一条第一項の規定に違反したとき。

第六七条　法人の代表者又は法人若しくは人の代理人、使用人その他の従業者が、その法人又は人の業務に関して、第六十三条から前条までの違反行為をしたときは、行為者を罰するほか、その法人又は人に対しても、各本条の罰金刑を科する。

附　則　抄

①　この法律は、昭和二十二年十二月一日から、これを施行する。

③　職業紹介法は、これを廃止する。

附　則〔令和四年三月三一日法律第一二号〕　抄

（検討）

第九条

4　政府は、この法律の施行後五年を目途として、この法律により改正された雇用保険法及び職業安定法の規定の施行の状況等を勘案し、当該規定に基づく規制の在り方について検討を加え、必要があると認めるときは、その結果に基づいて所要の措置を講ずるものとする。

職業安定法施行令　抄

（昭和二八年八月三一日 政令第二四二号）

沿革
平成二四年 八月一〇日政令第二一一号
〃二七年一二月一六日〃第四二一号
〃二八年 三月三一日〃第一四〇号
〃二九年 四月 七日〃第一三六号
〃二九年 六月三〇日〃第一七六号
〃三一年 三月二〇日〃第 五一号
令和 元年一二月一六日〃第二一一号
〃三年 九月二七日〃第二六八号
〃四年 一月一九日〃第 二三号
〃四年 六月一〇日〃第二一二号

（法第五条の六第一項第三号の政令で定める労働に関する法律の規定）

第一条 職業安定法（以下「法」という。）第五条の六第一項第三号の労働に関する法律の規定であって政令で定めるものは、次のとおりとする。

一 労働基準法（昭和二十二年法律第四十九号）第四条、第五条、第十五条第一項及び第三項、第二十四条、第三十二条、第三十四条、第三十五条第一項、第三十六条第六項（第二号及び第三号に係る部分に限る。）、第三十七条第一項及び第四項、第三十九条第一項、第二項、第五項、第七項及び第九項、第五十六条第一項、第六十一条第一項、第六十二条第一項及び第二項、第六十三条、第六十四条の二（第一号に係る部分に限る。）、第六十四条の三第一項、第六十五条、第六十六条、第六十七条第二項並びに第百四十一条第三項の規定（これらの規定を労働者派遣事業の適正な運営の確保及び派遣労働者の保護等に関する法律（昭和六十年法律第八十八号。以下「労働者派遣法」という。）第四十四条（第四項を除く。）の規定により適用する場合を含む。）

二 法第五条の三第一項（労働者の募集を行う者に係る部分に限る。）、第二項及び第三項、第五条の四第一項（労働者の募集を行う者に係る部分に限る。）及び第二項（労働者の募集を行う者に係る部分に限る。）、第五条の五（労働者の募集を行う者に係る部分に限る。）、第五条の六第三項、第三十六条、第三十九条（労働者の募集を行う者に係る部分に限る。）並びに第四十条、法第四十二条の二において読み替えて準用する法第二十条（労働者の募集を行う者に係る部分に限る。）並びに法第五十一条（労働者の募集を行う者に係る部分に限る。）の規定

三 最低賃金法（昭和三十四年法律第百三十七号）第四条第一項の規定

四 労働施策の総合的な推進並びに労働者の雇用の安定及び職業生活の充実等に関する法律（昭和四十一年法律第百三十二号）第三十条の二第一項及び第二項（同法第三十条の五第二項及び第三十条の六第二項において準用する場合を含む。）の規定（同法第三十条の二第一項の規定を労働者派遣法第四十七条の四の規定により適用する場合を含む。）

五 雇用の分野における男女の均等な機会及び待遇の確保等に関する法律（昭和四十七年法律第百十三号）第五条から第七条まで、第九条第一項から第三項まで、第十一条第一項及び第二項（同法第十一条の三第二項、第十七条第二項及び第十八条第二項において準用する場合を含む。）、第十一条の三第一項、第十二条並びに第十三条第一項の規定（これらの規定を労働者派遣法第四十七条の二の規定により適用する場合を含む。）

六　育児休業、介護休業等育児又は家族介護を行う労働者の福祉に関する法律（平成三年法律第七十六号）第六条第一項、第九条の三第一項、第十条、第十二条第一項、第十六条（同法第十六条の四及び第十六条の七において準用する場合を含む。）、第十六条の三第一項、第十六条の六第一項、第十六条の八第一項（同法第十六条の九第一項において準用する場合を含む。）、第十六条の十、第十七条第一項（同法第十八条第一項において準用する場合を含む。）、第十八条の二、第十九条第一項（同法第二十条第一項において準用する場合を含む。）、第二十条の二、第二十一条第一項、第二十三条第一項から第三項まで、第二十三条の二、第二十五条第一項及び第二項（同法第五十二条の四第二項及び第五十二条の五第二項において準用する場合を含む。）並びに第二十六条の規定（これらの規定を労働者派遣法第四十七条の三の規定により適用する場合を含む。）

（法第二十六条第一項の政令で定める者）

第二条　法第二十六条第一項の政令で定める者は、小学校（義務教育学校の前期課程及び特別支援学校の小学部を含む。）のみを卒業した者（中学校、義務教育学校の後期課程、高等学校、中等教育学校、大学若しくは高等専門学校又は特別支援学校の中学部若しくは高等部の学生又は生徒を除く。）とする。

（法第三十二条第一号の政令で定める労働に関する法律の規定）

第三条　法第三十二条第一号（法第三十二条の六第六項、第三十三条第四項及び第五項並びに第三十三条の三第二項において準用する場合を含む。）の労働に関する法律の規定であって政令で定めるものは、次のとおりとする。

一　労働基準法第百十七条及び第百十八条第一項（同法第六条及び第五十六条に係る部分に限る。）の規定並びにこれらの規定に係る同法第百二十一条の規定（これらの規定が労働者派遣法第四十四条（第四項を除く。）の規定により適用される場合を含む。）

二　労働者派遣法第五十八条から第六十二条までの規定

三　港湾労働法（昭和六十三年法律第四十号）第四十八条、第四十九条（第一号を除く。）及び第五十一条（第二号及び第三号に係る部分に限る。）の規定並びにこれらの規定に係る同法第五十二条の規定

四　建設労働者の雇用の改善等に関する法律（昭和五十一年法律第三十三号）第四十九条、第五十条及び第五十一条（第二号及び第三号を除く。）の規定並びにこれらの規定に係る同法第五十二条の規定

五　中小企業における労働力の確保及び良好な雇用の機会の創出のための雇用管理の改善の促進に関する法律（平成三年法律第五十七号）第十九条、第二十条及び第二十一条（第三号を除く。）の規定並びにこれらの規定に係る同法第二十二条の規定

六　育児休業、介護休業等育児又は家族介護を行う労働者の福祉に関する法律第六十二条から第六十五条までの規定

七　林業労働力の確保の促進に関する法律（平成八年法律第四十五号）第三十二条、第三十三条及び第三十四条（第三号を除く。）の規定並びにこれらの規定に係る同法第三十五条の規定

八　外国人の技能実習の適正な実施及び技能実習生の保護に関する法律（平成二十八年法律第八十九号）第百八条、第百九条、第百十条（同法第四十四条に係る部分に限る。）、第百十一条（第一号を除く。）及び第百十二条（第一号（同法第三十五条第一項に係る部分に限る。）及び第六号から第十一号までに係る部分に限る。）の規定並びにこれらの規定に係る同法第百十三条の規定

附　則

この政令は、昭和二十八年九月一日から施行する。

附　則〔令和四年一月一九日政令第二三号〕　抄

この政令は、育児休業、介護休業等育児又は家族介護を行う労働者の福祉に関する法律及び雇用保険法の一部を改正する法律附則第一条第三号に掲げる規定の施行の日（令和四年十月一日）から施行する。

職業安定法施行規則　抄

（昭和二二年一二月二九日
労働省令第一二号）

沿革　令和　元年　六月二八日厚生労働省令第　二〇号
〃　元年　九月一三日　〃　第　四六号
〃　元年　九月一九日　〃　第　四八号
〃　元年一二月二七日　〃　第　八六号
〃　二年　五月二九日　〃　第一〇九号
〃　二年一二月二五日　〃　第二〇八号
〃　三年一〇月一九日　〃　第一七三号
〃　四年　六月一〇日　〃　第　九三号
〃　五年　六月二八日　〃　第　八九号
〃　五年一〇月二三日　〃　第一三一号

（職業安定組織の定義）

第一条　この命令で職業安定組織とは、厚生労働省職業安定局（以下「職業安定局」という。）、都道府県労働局、公共職業安定所等すべての職業安定機関の組織をいう。

（法第二条に関する事項）

第二条　公共職業安定所は、できるだけ多くの職業について求人開拓に努めると共に、求職者に対しては、できるだけ多くの適当な求人についての情報を提供し他に、より適当な求職者がない場合においては、その選択するいかなる職業についても紹介するよう努めなければならない。

（法第三条に関する事項）

第三条　公共職業安定所は、すべての利用者に対し、その申込の受理、面接、指導、紹介等の業務について人種、国籍、信条、性別、社会的身分、門地、従前の職業、労働組合の組合員であること等を理由として、差別的な取扱をしてはならない。

2　職業安定組織は、すべての求職者に対して、その能力に応じた就職の機会を多からしめると共に、雇用主に対しては、絶えず緊密な連絡を保ち、労働者の雇用条件は、専ら作業の遂行を基礎としてこれを定めるように、指導しなければならない。

3　職業安定法（昭和二十二年法律第百四十一号。以下法という。）第三条の規定は、労働協約に別段の定ある場合を除いて、雇用主が労働者を選択する自由を妨げず、又公共職業安定所が求職者をその能力に応じて紹介することを妨げない。

（法第四条に関する事項）

第四条　法第四条第六項第一号の厚生労働省令で定める者は、同項の規定による募集情報等提供の事業を行う者、同条第九項に規定する特定地方公共団体又は同条第十二項に規定する労働者供給事業者とする。

2　労働者を提供しこれを他人の指揮命令を受けて労働に従事させる者（労働者派遣事業の適正な運営の確保及び派遣労働者の保護等に関する法律（昭和六十年法律第八十八号。以下「労働者派遣法」という。）第二条第三号に規定する労働者派遣事業を行う者を除く。）は、たとえその契約の形式が請負契約であつても、次の各号の全てに該当する場合を除き、法第四条第八項の規定による労働者供給の事業を行う者とする。

一　作業の完成について事業主としての財政上及び法律上の全ての責任を負うものであること。

二　作業に従事する労働者を、指揮監督するものであること。

三　作業に従事する労働者に対し、使用者として法律に規定された全ての義務を負うものであること。

四　自ら提供する機械、設備、器材（業務上必要なる簡易な工具を除く。）若しくはその作業に必要な材料、資材を使用し又は企画若しくは専門的な技術若しくは専門的な経験を必要とする作業を行うものであつて、単に肉体的な労働力を提供するものでないこと。

3 前項の各号の全てに該当する場合（労働者派遣法第二条第三号に規定する労働者派遣事業を行う場合を除く。）であつても、それが法第四十四条の規定に違反することを免れるため故意に偽装されたものであつて、その事業の真の目的が労働力の供給にあるときは、法第四条第八項の規定による労働者供給の事業を行う者であることを免れることができない。

4 第二項の労働者を提供する者とは、それが使用者、個人、団体、法人又はその他いかなる名称形式であるとを問わない。

5 第二項の労働者の提供を受けてこれを自らの指揮命令の下に労働させる者とは、個人、団体、法人、政府機関又はその他いかなる名称形式であるとを問わない。

6 法第四条第十二項の厚生労働省令で定めるものは、次のとおりとする。

一 国家公務員法（昭和二十二年法律第百二十号）第百八条の二第一項（裁判所職員臨時措置法（昭和二十六年法律第二百九十九号）第一号において準用する場合を含む。）に規定する職員団体、地方公務員法（昭和二十五年法律第二百六十一号）第五十二条第一項に規定する職員団体又は国会職員法（昭和二十二年法律第八十五号）第十八条の二第一項に規定する国会職員の組合

二 前号に掲げる団体又は労働組合法（昭和二十四年法律第百七十四号）第二条及び第五条第二項の規定に該当する労働組合が主体となつて構成され、自主的に労働条件の維持改善その他経済的地位の向上を図ることを主たる目的とする団体（団体に準ずる組織を含む。）であつて、次のいずれかに該当するもの

イ 一の都道府県の区域内において組織されているもの

ロ イ以外のものであつて厚生労働省職業安定局長（以下「職業安定局長」という。）が定める基準に該当するもの

（法第五条の三に関する事項）

第四条の二 法第五条の三第三項の厚生労働省令で定める場合は次のとおりとする。

一 求人の申込みをした公共職業安定所、特定地方公共団体若しくは職業紹介事業者の紹介による求職者、募集に応じて労働者になろうとする者又は供給される労働者（以下この項において「紹介求職者等」という。）に対して法第五条の三第一項の規定により明示された従事すべき業務の内容及び賃金、労働時間その他の労働条件（以下「従事より明示された従事すべき業務の内容及び賃金、労働時間その他の労働条件（以下「従事すべき業務の内容等」という。）の範囲内で従事すべき業務の内容等を特定する場合

二 紹介求職者等に対して法第五条の三第一項の規定により明示された従事すべき業務の内容等を削除する場合

三 従事すべき業務の内容等を追加する場合

2 法第五条の三第三項の厚生労働省令で定める事項は、次のとおりとする。

一 前項第一号の場合において特定する従事すべき業務の内容等

二 前項第二号の場合において削除する従事すべき業務の内容等

三 前項第三号の場合において追加する従事すべき業務の内容等。

3 法第五条の三第四項の厚生労働省令で定める事項は、次のとおりとする。ただし、第二号の三に掲げる事項にあつては期間の定めのある労働契約（当該労働契約の期間の満了後に当該労働契約を更新する場合があるものに限る。以下この項において「有期労働契約」という。）に係る職業紹介、労働者の募集又は労働者供給の場合に限り、第八号に掲げる事項

にあつては労働者を派遣労働者（労働者派遣法第二条第二号に規定する派遣労働者をいう。以下同じ。）として雇用しようとする場合に限るものとする。

一　労働者が従事すべき業務の内容に関する事項（従事すべき業務の内容の変更の範囲を含む。）

二　労働契約の期間に関する事項

二の二　試みの使用期間に関する事項

二の三　有期労働契約を更新する場合の基準に関する事項（通算契約期間（労働契約法（平成十九年法律第百二十八号）第十八条第一項に規定する通算契約期間をいう。）又は有期労働契約の更新回数に上限の定めがある場合には当該上限を含む。）

三　就業の場所に関する事項（就業の場所の変更の範囲を含む。）

四　始業及び終業の時刻、所定労働時間を超える労働の有無、休憩時間及び休日に関する事項

五　賃金（臨時に支払われる賃金、賞与及び労働基準法施行規則（昭和二十二年厚生省令第二十三号）第八条各号に掲げる賃金を除く。）の額に関する事項

六　健康保険法（大正十一年法律第七十号）による健康保険、厚生年金保険法（昭和二十九年法律第百十五号）による厚生年金、労働者災害補償保険法（昭和二十二年法律第五十号）による労働者災害補償保険及び雇用保険法（昭和四十九年法律第百十六号）による雇用保険の適用に関する事項

七　労働者を雇用しようとする者の氏名又は名称に関する事項

八　労働者を派遣労働者として雇用しようとする旨

九　就業の場所における受動喫煙を防止するための措置に関する事項

4　法第五条の三第四項の厚生労働省令で定める方法は、前項各号に掲げる事項（以下この項及び次項において「明示事項」という。）が明らかとなる次のいずれかの方法とする。ただし、職業紹介の実施について緊急の必要があるためあらかじめこれらの方法によることができない場合において、明示事項をあらかじめこれらの方法以外の方法により明示したときは、この限りでない。

一　書面の交付の方法

二　次のいずれかの方法によることを書面被交付者（明示事項を前号の方法により明示する場合において、書面の交付を受けるべき者をいう。以下この号及び次項において同じ。）が希望した場合における当該方法

イ　ファクシミリを利用してする送信の方法

ロ　電子メールその他のその受信をする者を特定して情報を伝達するために用いられる電気通信（電気通信事業法（昭和五十九年法律第八十六号）第二条第一号に規定する電気通信をいう。以下「電子メール等」という。）の送信の方法（当該書面被交付者が当該電子メール等の記録を出力することにより書面を作成することができるものに限る。）

5　前項第二号イの方法により行われた明示事項の明示は、当該書面被交付者の使用に係るファクシミリ装置により受信した時に、同号ロの方法により行われた明示事項の明示は、当該書面被交付者の使用に係る通信端末機器に備えられたファイルに記録された時に、それぞれ当該書面被交付者に到達したものとみなす。

6　法第五条の三第一項から第三項までの規定による明示は、試みの使用期間中の従事すべき業務の内容等と当該期間が終了した後の従事すべき業務の内容等とが異なる場合には、それぞれの従事すべき業務の内容等を示すことにより行わなければならない。

7　求人者、労働者の募集を行う者及び労働者供給を受けようとする者は、求職者、募集に応じて労働者となろうとする者又は供給される労働者に対して法第五条の三第一項の規定により明示された従事すべき業務の内容等に関する記録を、当該明示に係る職業紹介、労働者の募集又は労働者供給が終了する日（当該明示に係る職業紹介、労働者の募集又は労働者供給が終了する日以降に当該明示に係る労働契約を締結しようとする者にあつては、当該明示に係る労働契約を締結する日）までの間保存しなければならない。

8　求人者は、公共職業安定所から求職者の紹介を受けたときは、当該公共職業安定所に、その者を採用したかどうかを及び採用しないときはその理由を、速やかに、通知するものとする。

（法第五条の四に関する事項）

第四条の三　法第五条の四第一項の厚生労働省令で定める方法は、書面の交付の方法、ファクシミリを利用してする送信の方法若しくは電子メール等の送信の方法又は著作権法（昭和四十五年法律第四十八号）第二条第一項第八号に規定する放送、同項第九号の二に規定する有線放送若しくは同項第九号の五イに規定する自動公衆送信装置その他電子計算機と電気通信回線を接続してする方法その他これらに類する方法とする。

2　法第五条の四第一項の厚生労働省令で定める情報は、次のとおりとする。

一　自ら又は求人者、労働者の募集を行う者若しくは労働者供給を受けようとする者に関する情報

二　法に基づく業務の実績に関する情報

3　法第五条の四第二項の厚生労働省令で定める情報は、次のとおりとする。

一　自ら又は労働者の募集を行う者に関する情報

二　法に基づく業務の実績に関する情報

4　法第五条の四第三項の規定により、求人等に関する情報を提供するに当たつては、次に掲げる措置を講じなければならない。

一　当該情報の提供を依頼した者又は当該情報に自らに関する情報が含まれる者から、当該情報の提供の中止又は内容の訂正の求めがあつたときは、遅滞なく、当該情報の提供の中止又は内容の訂正をすること。

二　当該情報が正確でない、又は最新でないことを確認したときは、遅滞なく、当該情報の提供を依頼した者にその内容の訂正の有無を確認し、又は当該情報の提供を中止すること。

三　次のイからへまでに掲げる区分に応じ、当該イからへまでに定める措置

イ　公共職業安定所、特定地方公共団体又は職業紹介事業者　次に掲げるいずれかの措置

(1)　求人者又は求職者に対し、定期的に求人又は求職者に関する情報が最新かどうかを確認すること。

(2)　求人又は求職者に関する情報の時点を明らかにすること。

ロ　法第四条第六項第一号に掲げる行為に該当する募集情報等提供の事業を行う者　次に掲げるいずれかの措置

(1)　労働者の募集に関する情報の提供を依頼した者に対し、当該労働者の募集が終了したとき又は当該労働者の募集の内容が変更されたときは、速やかにその旨を当該募集情報等提供事業を行う者に通知するよう依頼すること。

(2)　労働者の募集に関する情報の時点を明らかにすること。

ハ　法第四条第六項第二号に掲げる行為に該当する募集情

(1) 報等提供の事業を行う者　次に掲げるいずれかの措置
労働者の募集に関する情報を定期的に収集し、及び更新し、並びに当該収集及び更新の頻度を明らかにすること。
(2) 労働者の募集に関する情報を収集した時点を明らかにすること。

ニ　法第四条第六項第三号に掲げる行為に該当する募集情報等提供の事業を行う者　次に掲げるいずれかの措置
(1) 労働者になろうとする者に関する情報の提供を依頼した者に対し、当該情報を正確かつ最新の内容に保つよう依頼すること。
(2) 労働者になろうとする者に関する情報の時点を明らかにすること。

ホ　法第四条第六項第四号に掲げる行為に該当する募集情報等提供の事業を行う者　次に掲げるいずれかの措置
(1) 労働者になろうとする者に関する情報を定期的に収集し、及び更新し、並びに当該収集及び更新の頻度を明らかにすること。
(2) 労働者になろうとする者に関する情報を収集した時点を明らかにすること。

ヘ　労働者供給事業者　次に掲げるいずれかの措置
(1) 労働者供給を受けようとする者又は供給される労働者に対し、定期的に労働者供給又は供給される労働者に関する情報が最新かどうかを確認すること。
(2) 労働者供給又は供給される労働者に関する情報の時点を明らかにすること。

（法第五条の五に関する事項）

第四条の四　法第五条の五第一項の規定により業務の目的を明らかにするに当たつては、インターネットの利用その他適切な方法により行うものとする。

（法第五条の六に関する事項）

第四条の五　公共職業安定所に対する求人の申込みは、原則として、求人者の事業所の所在地を管轄する公共職業安定所（その公共職業安定所が二以上ある場合には、厚生労働省組織規則（平成十三年厚生労働省令第一号）第七百九十二条の規定により当該事務を取り扱う公共職業安定所）においてこれを受理するものとする。

2　前項の公共職業安定所に申し込むことが、求人者にとつて不便である場合には、求人の申込みは、厚生労働省組織規則第七百九十二条の規定により当該事務を取り扱う公共職業安定所であつて求人者に最も便利なものに対して行うことができる。

3　法第五条の六第一項第三号の厚生労働省令で定める場合は、次のとおりとする。

一　求人者が職業安定法施行令（昭和二十八年政令第二百四十二号。以下この項において「令」という。）第一条第一号又は第三号に掲げる法律の規定に違反する行為（労働基準法施行規則第二十五条の二第一項並びに第三十四条の三第一項及び第二項の規定に違反する行為を含む。以下この号において「違反行為」という。）をした場合であつて、法第五条の六第二項の規定による報告の求め（以下この項において「報告の求め」という。）により、次のいずれかに該当することが確認された場合

イ　求人の申込みの時において、当該違反行為の是正が行われていないこと又は是正が行われた日から起算して六月を経過していないこと（当該違反行為をした日から起算して過去一年以内において当該違反行為と同一の規定に違反する行為（ロにおいて「同一違行為」という。）をしたことがある場合その他当該違反行為が求職者の職場への定着に重大な影響を及ぼすおそれがある場合に限

る。）。

ロ　当該違反行為に係る事件について刑事訴訟法（昭和二十三年法律第百三十一号）第二百三条第一項（同法第二百十一条及び第二百十六条において準用する場合を含む。）若しくは第二百四十六条の規定による送致又は同法第二百四十二条の規定による送付（以下このロにおいて「送致等」という。）が行われ、その旨の公表が行われた場合であつて、次のいずれかに該当すること。

(1)　当該送致等の日前に当該違反行為の是正が行われた場合（当該違反行為をした日から起算して過去一年以内において同一違反行為をしたことがある場合であつて、当該違反行為の是正が行われた日から当該送致等の日までの期間（以下このロにおいて「経過期間」という。）が六月を超えるときに限る。）であつて、求人の申込みの時において、当該送致等の日から起算して六月を経過していないこと。

(2)　当該送致等の日前に当該違反行為の是正が行われた場合（当該違反行為をした日から起算して過去一年以内において同一違反行為をしたことがある場合であつて、経過期間が六月を超えないときに限る。）であつて、求人の申込みの時において、当該送致等の日から起算して一年から経過期間を減じた期間が経過していないこと。

(3)　当該送致等の日前に当該違反行為の是正が行われた場合（当該違反行為をした日から起算して過去一年以内において同一違反行為をしたことがある場合を除く。）又は当該送致等の日前に当該違反行為の是正が行われていない場合であつて、求人の申込みの時において、当該送致等の日から起算して一年を経過していないこと、当該違反行為の是正が行われていないこと又は是正が行われた日から起算して六月が経過していないこと。

二　求人者が令第一条第二号に掲げる法律の規定に違反する行為（以下この号において「違反行為」という。）をし、法第四十八条の三第三項の規定による公表がされた場合であつて、報告の求めにより、次のいずれかに該当することが確認された場合

イ　求人の申込みの時において、当該違反行為の是正が行われていないこと又は是正が行われた日から起算して六月を経過していないこと。

ロ　当該違反行為の是正が行われた日から起算して六月を経過する前に当該違反行為と同一の規定に違反する行為（以下このロにおいて「同一違反行為」という。）を行つた場合であつて、求人の申込みの時において、当該同一違反行為の是正が行われていないこと又は是正が行われた日から起算して六月を経過していないことその他当該同一違反行為が求職者の職場への定着に重大な影響を及ぼすおそれがあること。

二の二　求人者が令第一条第四号に掲げる法律の規定に違反する行為（以下この号において「違反行為」という。）をし、労働施策の総合的な推進並びに労働者の雇用の安定及び職業生活の充実等に関する法律（昭和四十一年法律第百三十二号）第三十三条第二項の規定による公表がされた場合であつて、報告の求めにより、次のいずれかに該当することが確認された場合

イ　求人の申込みの時において、当該違反行為の是正が行われていないこと又は是正が行われた日から起算して六月を経過していないこと。

ロ　当該違反行為の是正が行われた日から起算して六月を経過する前に当該違反行為と同一の規定に違反する行為

（以下このロにおいて「同一違反行為」という。）を行つた場合であつて、求人の申込みの時において、当該同一違反行為の是正が行われていないこと又は是正が行われた日から起算して六月を経過していないことその他当該同一違反行為が求職者の職場への定着に重大な影響を及ぼすおそれがあること。

三　求人者が令第一条第五号に掲げる法律の規定に違反する行為（以下この号において「違反行為」という。）をし、雇用の分野における男女の均等な機会及び待遇の確保等に関する法律（昭和四十七年法律第百十三号）第三十条の規定による公表がされた場合であつて、報告の求めにより、次のいずれかに該当することが確認された場合

イ　求人の申込みの時において、当該違反行為の是正が行われていないこと又は是正が行われた日から起算して六月を経過していないこと。

ロ　当該違反行為の是正が行われた日から起算して六月を経過する前に当該違反行為と同一の規定に違反する行為（以下このロにおいて「同一違反行為」という。）を行つた場合であつて、求人の申込みの時において、当該同一違反行為の是正が行われていないこと又は是正が行われた日から起算して六月を経過していないことその他当該同一違反行為が求職者の職場への定着に重大な影響を及ぼすおそれがあること。

四　求人者が令第一条第六号に掲げる法律の規定に違反する行為（以下この号において「違反行為」という。）をし、育児休業、介護休業等育児又は家族介護を行う労働者の福祉に関する法律（平成三年法律第七十六号）第五十六条の二の規定による公表がされた場合であつて、報告の求めにより、次のいずれかに該当することが確認された場合

イ　求人の申込みの時において、当該違反行為の是正が行われていないこと又は是正が行われた日から起算して六月を経過していないこと。

ロ　当該違反行為の是正が行われた日から起算して六月を経過する前に当該違反行為と同一の規定に違反する行為（以下このロにおいて「同一違反行為」という。）を行つた場合であつて、求人の申込みの時において、当該同一違反行為の是正が行われていないこと又は是正が行われた日から起算して六月を経過していないことその他当該同一違反行為が求職者の職場への定着に重大な影響を及ぼすおそれがあること。

4　公共職業安定所、特定地方公共団体又は職業紹介事業者が、法第五条の六第一項ただし書の規定により求人の申込みを受理しないときは、求人者に対し、その理由を説明しなければならない。

（法第五条の七に関する事項）

第四条の六　公共職業安定所、特定地方公共団体又は職業紹介事業者が法第五条の七第一項ただし書の規定により求職の申込みを受理しないときは、その理由を求職者に説明しなければならない。

（法第八条に関する事項）

第六条　公共職業安定所の位置、管轄区域及び施設の規模は、主として次の基準による。

一　産業が少くて労働力の自給できる村落地域又は産業の種類が単一であり、若しくは工場、事業場が少い都市地域には、公共職業安定所の設置を必要としないこと。

二　工場、事業場が多い産業都市地域には、公共職業安定所の設置を必要とすること。

三　公共職業安定所の設置及び管轄区域の決定に当つては、前二号によるの外、工場、事業場が少い地域であつても、他の地域に対する労働力の給源をなしている地域又は通勤

範囲から適当な労働者を求めることができない工場、事業場のある地域にも、必要により公共職業安定所を設置する等、国の労働力を最高度に活用するために、地方的な必要のみでなく、他の地域又は国全体との関連を十分考慮することを必要とすること。

四　公共職業安定所の業務の運営上必要な地域には、出張所を設置すること。

五　日雇労働者のため、必要に応じ常設又は臨時の公共職業安定所を設置すること。

六　季節労働者のため、その他特別の必要があるときは、臨時に公共職業安定所を設置すること。

七　公共職業安定所は、雇用主及び労働者の多くがこれを利用するに便利な位置に、これを設置すること。

八　公共職業安定所は、これを利用する求人者、求職者等に対し、十分な奉仕をなすに足る数と施設を備えること。

九　公共職業安定所は、利用者の出入に便利で、且つ、その秘密が保たれるようその設備を整えること。

（法第十七条に関する事項）

第一二条　公共職業安定所は、次の各号のいずれかに該当する場合には、求職者を、その希望に応じ、通常通勤することができない地域の求人者に紹介するよう努めなければならない。

一　その求職者に対しては最もよい就職の機会を与えるものであること。

二　その地域で適当な求職者を得ることができない求人者に対しては、最もよい求職者を雇用し得る機会を与えるものであること。

2　公共職業安定所は、その通常通勤することができる地域において適当な労働者が得られる場合においては、求人者に対してその労働者を雇い入れるよう指導しなければならない。

3　公共職業安定所は、求人者が前項の指導に応じないで、その通常通勤することができない地域において労働者を雇い入れようとするときは、職業安定局長の特別の指示がない限り、これに対し援助を行わないものとする。

4　公共職業安定所が、その通常通勤することができない地域から労働者を雇い入れようとする求人者を援助しようとする場合は、求人者の事業所における賃金その他の労働条件が法令に違反しないこと及びその通常通勤することができる地域内における一般的水準より低くないことを確認しなければならない。

5　公共職業安定所は、必要があると認めるときは、その紹介により就職する者に対し、就業に至るまでの間移転その他に関し必要な助言援助を与えなければならない。

（法第二十条に関する事項）

第一四条　都道府県労働局長は、常時地方労働委員会と緊密な連絡を保ち、次の各号の一に該当する場合には、地方労働委員会に対し関係公共職業安定所へその旨を通報するよう、求めなければならない。

一　同盟罷業又は作業所閉鎖の事態が、発生したとき又は解決したとき。

二　同盟罷業又は作業所閉鎖に至る虞れが多く、且つその事業所に求職者を紹介することによつて正当な解決が妨げられるような労働争議が発生し又は解決したとき。

2　求人者は、その事業所において、労働争議が発生したとき又は解決したときは、その旨を関係公共職業安定所に届け出でなければならない。

3　労働争議の行われている事業所に求職者を紹介する場合の手続は、職業安定局長が別にこれを定める。

（法第二十二条に関する事項）

第一六条　公共職業安定所が行う職業指導は、求職者に対し、職業知識の授与、職業の選択、就職のあつ旋及び就職後の指導を一連の過程として、これを実施するものとする。

2 公共職業安定所が行う職業指導は、職業指導を受ける者が職業の諸条件及び就職の機会と照合して、自己の素質及び能力を判断することができるよう助言援助するものでなければならない。特に身体又は精神に障害のある者についての職業指導は、特別な奉仕と紹介技術とをもつて、その者が関心を有し、且つ身体的及び精神的能力並びに技能にふさわしい職業に就くことができるよう助言、援助をしなければならない。

3 公共職業安定所は、職業指導を受ける者が任意に閲覧できるよう、必要な参考資料を整備しなければならない。

4 公共職業安定所は、職業指導を受けて就職した者に対し、必要に応じ、就職後の指導を行い、その職業に対する適応を容易にさせなければならない。但し、就職後の指導を行うに当り、労働条件に関する問題がある場合には、関係労働基準監督署に、適当な措置を講ずるよう、求めなければならない。

5 公共職業安定所は、職業指導を受けた者が、適当な職業を選択していない場合においては、その者の要求に応じ再び職業指導を行わなければならない。

6 職業安定局長は、年少者に対し特別の職業指導を行う必要がある場合においては、公共職業安定所を指定し、年少者に対する特別の職業指導に関する事項を専掌する部門を設置させることができる。

7 職業安定局長は、身体又は精神に障害のある者に対し特別の職業指導を行う必要がある場合においては、公共職業安定所を指定して身体若しくは精神に障害のある者に対する特別の職業指導に関する事項を専掌する部門を設置し、又は身体若しくは精神に障害のある者に対する特別の職業指導に関する調査研究を、身体若しくは精神に障害のある者の更生援護を目的とする公益法人に委託することができる。

8 公共職業安定所は、年少者及び身体又は精神に障害のある者の就職について、教育関係機関及び社会福祉関係機関と協力しなければならない。

（法第二十七条に関する事項）

第一七条の二 公共職業安定所長は、法第二十七条第一項の規定により学校の長にその業務の一部を分担させるときは、その学校の長に対し、文書をもつて通知しなければならない。
通知の手続及び様式は、職業安定局長の定めるところによる。

2 公共職業安定所は、法第二十七条第一項の規定により公共職業安定所の業務の一部を分担する学校の長（以下「業務分担学校長」という。）に、公共職業安定所において受理した求人のうち、その学校において取り扱うのが適当であると認められるものを連絡しなければならない。

3 業務分担学校長は、その受理した求人を、業務の一部を分担させた公共職業安定所に速やかに連絡しなければならない。

4 業務分担学校長は、あつ旋することが困難である求人及び求職は、職業安定局長の定める手続及び様式によつて、業務の一部を分担させた公共職業安定所に、速やかにこれを連絡しなければならない。

5 公共職業安定所は、前項の求人又は求職の連絡を受けたときは、速に必要な求人開拓又は求職開拓を行つて、そのあつ旋に努めなければならない。

6 業務分担学校長は、法第二十七条第三項の規定により求人又は求職の申込みを受理しないときは、その申込みをなした求人者又は求職者に対して、申込みを受理しない理由を説明し、かつ、求人者に対しては、公共職業安定所に求人申込みを行うよう、指導しなければならない。

7 業務分担学校長は、公共職業安定所から提供された求人票、求職票その他法及びこの命令に基づいて定められた基準に従い作成された必要な諸票用紙を使用しなければならない。

8 公共職業安定所長が、法第二十七条第七項の規定により、業務分担学校長に分担させた業務を停止させることのできる場合は、あらかじめその業務分担学校長に対して行う違反事項の是正に関する勧告に従わず、かつ、公共職業安定所の業務の一部を分担させることが不適当と認められる場合に限られるものとする。

9　公共職業安定所長は、業務分担学校長に分担させた業務を停止し、又はやめさせようとするときは、その業務分担学校長に対し、文書をもつて通知しなければならない。業務分担学校長の要請により、これに分担させた業務をやめさせようとするときもまた同様とする。通知の手続及び様式は、職業安定局長の定めるところによる。

（法第二十八条に関する事項）

第一七条の三　公共職業安定所は、学生又は生徒に適当な求人の申込を受理したときは、その管轄区域内にある適当と認める学校に、その情報を提供するものとする。

2　公共職業安定所は、その管轄区域内にある学校に対し、次に掲げる事項の実施について、協力を求めるものとする。

一　新たに学校を卒業しようとする者の就職に関する希望についての調査の結果を公共職業安定所に通報すること

二　公共職業安定所の紹介により就職することを希望する者の求職の申込を公共職業安定所に取り次ぐこと

三　新たに学校を卒業しようとする者に対して行つた職業指導の状況その他の学生又は生徒の就職のあつ旋に必要な情報を公共職業安定所に提供すること

第一七条の四　厚生労働大臣は、第三十五条第三項の規定により報告された同条第二項（第二号に係る部分に限る。）の規定による取り消し、又は撤回する旨の通知の内容（当該取消し又は撤回の対象となつた者の責めに帰すべき理由によるものを除く。）が、厚生労働大臣が定める場合に該当するとき（倒産（雇用保険法第二十三条第二項第一号に規定する倒産をいう。）により第三十五条第二項に規定する新規学卒者に係る翌年度の募集又は採用が行われないことが確実な場合を除く。）は、学生生徒等の適切な職業選択に資するよう学生生徒等に当該報告の内容を提供するため、当該内容を公表することができる。

2　公共職業安定所は、前項の規定による公表が行われたときは、その管轄区域内にある適当と認める学校に、当該公表の内容を提供するものとする。

（法第二十九条に関する事項）

第一七条の五　法第二十九条第二項の規定による通知をしようとする特定地方公共団体は、次に掲げる事項を厚生労働大臣に対し書面により通知しなければならない。

一　特定地方公共団体の名称

二　無料の職業紹介事業を行う事業所の名称及び所在地

三　無料の職業紹介事業の開始年月日又は開始予定年月日

四　担当者の職名、氏名及び電話番号

五　法の施行地外の地域における求人又は求職の申込みについて取次ぎを行う機関（以下「取次機関」という。）を利用する場合における当該取次機関の名称、住所及び事業内容。

六　地方公務員法第三十八条の六第一項（地方独立行政法人法（平成十五年法律第百十八号）第五十条の二において準用する場合を含む。）に規定する退職管理の適正を確保するために必要と認められる措置として無料の職業紹介事業を行う場合は、その旨

七　法第二十九条第三項の規定により取扱職種の範囲等を定める場合における当該取扱職種の範囲等

2　特定地方公共団体は、前項各号に掲げる事項（特定地方公共団体が取次機関を利用しなくなつた場合にあつては、同項第五号に掲げる事項を除く。）に変更があつたときは、遅滞

なく、その旨及び変更した年月日を厚生労働大臣に対し書面により通知しなければならない。

（法第二十九条の二に関する事項）

第一七条の六　法第二十九条の二の規定による通知をしようとする特定地方公共団体は、次に掲げる事項を厚生労働大臣に対し書面により通知しなければならない。

一　無料の職業紹介事業を廃止した年月日

二　無料の職業紹介事業を廃止した理由

（法第二十九条の四に関する事項）

第一七条の七　法第二十九条の四の厚生労働省令で定める事項は、求人者の情報（職業紹介に係るものに限る。第二十四条の五第一項第一号において同じ。）及び求職者の個人情報の取扱いに関する事項とする。

2　法第二十九条の四の規定による明示は、求人の申込み又は求職の申込みを受理した後、速やかに、次のいずれかの方法により行わなければならない。ただし、職業紹介の実施について緊急の必要があるためあらかじめこれらの方法によることができない場合において、当該明示すべき事項（以下この項及び次項並びに第二十四条の五において「明示事項」という。）をあらかじめこれらの方法以外の方法により明示したときは、この限りでない。

一　書面の交付の方法

二　次のいずれかの方法によることを書面被交付者（明示事項を前号の方法により明示する場合において、書面の交付を受けるべき者をいう。以下この号及び次項並びに第二十四条の五第三項において同じ。）が希望した場合における当該方法

イ　ファクシミリを利用してする送信の方法

ロ　電子メール等の送信の方法（当該書面被交付者が当該電子メール等の記録を出力することにより書面を作成することができるものに限る。）

3　前項第二号イの方法により行われた明示事項の明示は、当該書面被交付者の使用に係るファクシミリ装置により受信した時に、同号ロの方法により行われた明示事項の明示は、当該書面被交付者の使用に係る通信端末機器に備えられたファイルに記録された時に、それぞれ当該書面被交付者に到達したものとみなす。

（法第二十九条の五に関する事項）

第一七条の八　法第二十九条の五の厚生労働省令で定めるものは、求人又は求職に関する情報のうち、求人者又は求職者が自らの情報について特定地方公共団体に提供することに同意したもの（当該求職者の法第四条第十三項に規定する個人情報その他求職者の家族の状況等法第二十九条の五の規定に基づき提供する情報として適切でないと認められるものを除く。）とする。

2　法第二十九条の五の厚生労働省令で定める方法は、書面の提出による提供とする。

3　公共職業安定所は、特定地方公共団体が求人又は求職に関する情報を適切に取り扱うことができないおそれがあると認めるときは、当該特定地方公共団体に対し、法第二十九条の五の規定による情報の提供を停止することができる。

（法第三十条に関する事項）

第一八条　法第三十条第二項の申請書は、有料職業紹介事業許可申請書（様式第一号）のとおりとする。

2　法第三十条第二項第五号の厚生労働省令で定める事項は、他に事業を行つている場合における当該事業の種類及び内容並びに取次機関を利用する場合における当該取次機関の名称、住所及び事業内容とする。

3　法第三十条第三項の厚生労働省令で定める書類は、次のとおりとする。

一　申請者が法人である場合にあつては、次に掲げる書類
イ　定款又は寄附行為
ロ　法人の登記事項証明書
ハ　役員の住民票の写し（出入国管理及び難民認定法（昭和二十六年政令第三百十九号）第十九条の三に規定する中長期在留者にあつては住民票の写し（国籍等（住民基本台帳法（昭和四十二年法律第八十一号）第三十条の四十五に規定する国籍等をいう。以下この号において同じ。）及び在留資格（出入国管理及び難民認定法第二条の二第一項に規定する在留資格をいう。）を記載したものに限る。）とし、日本国との平和条約に基づき日本の国籍を離脱した者等の出入国管理に関する特例法（平成三年法律第七十一号）に定める特別永住者にあつては住民票の写し（国籍等及び同法に定める特別永住者である旨を記載したものに限る。）とし、出入国管理及び難民認定法第十九条の三第一号に掲げる者にあつては旅券その他の身分を証する書類の写しとする。以下同じ。）及び履歴書
ニ　役員の精神の機能の障害に関する医師の診断書（当該役員が精神の機能の障害により認知、判断又は意思疎通を適切に行うことができないおそれがある者である場合に限る。）
ホ　役員が未成年者で職業紹介事業に関し営業の許可を受けていない場合にあつては、次に掲げる場合の区分に応じ、それぞれ次に定める書類
(1)　当該役員の法定代理人が個人である場合　当該法定代理人の住民票の写し及び履歴書並びに当該法定代理人の精神の機能の障害に関する医師の診断書（当該法定代理人が精神の機能の障害により認知、判断又は意思疎通を適切に行うことができないおそれがある者である場合に限る。）
(2)　当該役員の法定代理人が法人である場合　当該法定代理人に係るイからニまでに掲げる書類（法定代理人の役員が未成年者で職業紹介事業に関し営業の許可を受けていない場合にあつては、当該役員の法定代理人（法人に限る。）に係るイからニまでに掲げる書類又は当該役員の法定代理人（個人に限る。以下この(2)において同じ。）の住民票の写し及び履歴書並びに当該役員の法定代理人の精神の機能の障害に関する医師の診断書（当該役員の法定代理人が精神の機能の障害により認知、判断又は意思疎通を適切に行うことができないおそれがある者である場合に限る。）を含む。）
ヘ　最近の事業年度における貸借対照表及び損益計算書
ト　職業紹介事業に関する資産の内容及びその権利関係を証する書類
チ　有料の職業紹介事業を行う事業所ごと（以下この条において単に「事業所ごと」という。）の個人情報の適正管理及び秘密の保持に関する規程
リ　事業所ごとの業務の運営に関する規程
ヌ　事業所ごとに選任する職業紹介責任者の住民票の写し、履歴書及び第二十四条の六第二項第一号に規定する講習を修了したことを証する書類（以下「受講証明書」という。）並びに当該職業紹介責任者の精神の機能の障害に関する医師の診断書（当該職業紹介責任者が精神の機能の障害により認知、判断又は意思疎通を適切に行うことができないおそれがある者である場合に限る。）
ル　建物の登記事項証明書その他の事業所ごとの施設の概要を記載した書面
ヲ　国外にわたる職業紹介を行おうとするときは、当該国外にわたる職業紹介の相手先国に関する書類

ワ　国外にわたる職業紹介を行おうとする場合であつて、取次機関を利用しようとするときは、当該取次機関に関する書類

二　申請者が個人である場合にあつては、次に掲げる書類

イ　住民票の写し及び履歴書

ロ　申請者の精神の機能の障害に関する医師の診断書（当該申請者が精神の機能の障害により認知、判断又は意思疎通を適切に行うことができないおそれがある者である場合に限る。）

ハ　申請者が未成年者で職業紹介事業に関し営業の許可を受けていない場合にあつては、次に掲げる場合の区分に応じ、それぞれ次に定める書類

(1)　当該申請者の法定代理人が個人である場合　当該法定代理人の住民票の写し及び履歴書並びに当該法定代理人の精神の機能の障害に関する医師の診断書（当該法定代理人が精神の機能の障害により認知、判断又は意思疎通を適切に行うことができないおそれがある者である場合に限る。）

(2)　当該申請者の法定代理人が法人である場合　当該法定代理人に係る前号イからニまでに掲げる書類（法定代理人の役員が未成年者で職業紹介事業に関し営業の許可を受けていない場合にあつては、当該役員の法定代理人（法人に限る。）に係る前号イからニまでに掲げる書類又は当該役員の法定代理人（個人に限る。以下この(2)において同じ。）の住民票の写し及び履歴書並びに当該役員の法定代理人の精神の機能の障害に関する医師の診断書（当該役員の法定代理人が精神の機能の障害により認知、判断又は意思疎通を適切に行うことができないおそれがある者である場合に限る。）を含む。）

ニ　前号トからワまでに掲げる書類

4　法第三十条第三項の規定により添付すべき事業計画書は、有料職業紹介事業計画書（様式第二号）のとおりとする。

5　法第三十三条第一項の規定による許可を受けた者が法第三十条第一項の規定による許可を申請するときは、法人にあつては第三項第一号イからハまで及びホ（住民票の写し及び履歴書に係る部分に限る。）に掲げる書類を、個人にあつては同項第二号イ及びハ（住民票の写し及び履歴書に係る部分に限る。）に掲げる書類を添付することを要しない。

6　法第三十三条第一項の規定による許可を受けた者が法第三十条第一項の規定による許可を申請する場合であつて、無料の職業紹介事業を行つている事業所の職業紹介責任者を当該申請に係る事業所の職業紹介責任者として引き続き選任するときは、法人にあつては第三項第一号ヌに掲げる書類のうち履歴書（選任する職業紹介責任者の住所に変更がないときは、住民票の写し及び履歴書。以下この項において同じ。）を、個人にあつては同項第二号ニの書類のうち履歴書を添付することを要しない。

7　法第三十三条の三第一項の規定による届出をした法人が法第三十条第一項の規定による許可を申請するときは、第三項第一号イ、ロ及びチからワまでに掲げる書類を添付することを要しない。ただし、当該書類により証明しようとする事項が当該法人に係る法第三十三条の三第一項の規定による届出又は同条第二項において準用する法第三十二条の七第一項の規定による届出の際に添付した書類により証明することができない場合における当該書類については、この限りでない。

8　労働者派遣法第二条第四号に規定する派遣元事業主若しくは労働者派遣法第五条第一項の規定による許可（以下「労働者派遣事業の許可」という。）の申請を現にしている者（以下「派遣元事業主等」という。）が法第三十条第一項の規定

による許可の申請をするとき又は労働者派遣事業の許可を受けようとする者が同時に同項の規定による許可の申請をするときは、次の各号に掲げる場合の区分に応じ、それぞれ当該各号に定める書類を添付することを要しない。ただし、当該書類により証明しようとする事項が当該者に係る労働者派遣事業の許可の申請、労働者派遣法第十条第二項の規定による許可の有効期間の更新の申請又は労働者派遣法第十一条第一項の規定による届出の際に添付した書類により証することができない場合における当該書類については、この限りでない。

一　申請者が法人である場合　第三項第一号イからトまでに掲げる書類

二　申請者が個人である場合　第三項第二号イからハまで、及びニ（同項第一号トに係る部分に限る。）に掲げる書類

9　法第三十条第六項の厚生労働省令で定める額は、五万円（有料の職業紹介事業を行う事業所の数が二以上の場合にあつては、一万八千円に当該事業所数から一を減じた数を乗じて得た額に五万円を加えた額）とする。

10　前項の手数料は、第一項の申請書に当該手数料の額に相当する収入印紙をはつて、納付しなければならない。

11　前項の手数料は、これを納付した後においては、返還しない。

（法第三十二条の三に関する事項）

第二〇条　法第三十二条の三第一項第一号の厚生労働省令で定める種類及び額並びに手数料の徴収手続は、別表に定めるところによる。

2　法第三十二条の三第二項の厚生労働省令で定めるときは、芸能家（放送番組（広告放送を含む。）、映画、寄席、劇場等において音楽、演芸その他の芸能の提供を行う者）若しくはモデル（商品展示等のため、ファッションショーその他の催事に出席し、若しくは新聞、雑誌等に用いられる写真等の制作の題材となる者又は絵画、彫刻その他の美術品の創作の題材となる者）の職業に紹介した求職者又は科学技術者（高度の科学的、専門的な知識及び手段を応用し、研究を行い、又は生産その他の事業活動に関する技術的事項の企画、管理、指導等を行う者）、経営管理者（会社その他の団体の経営に関する高度の専門的知識及び経験を有し、会社その他の団体の経営のための管理的職務を行う者）若しくは熟練技能者（職業能力開発促進法（昭和四十四年法律第六十四号）第四十四条第一項に規定する技能検定のうち特級若しくは一級の技能検定に合格した者が有する技能又はこれに相当する技能を有し、生産その他の事業活動において当該技能を活用した業務を行う者）の職業に紹介した求職者（当該紹介により就いた職業の賃金の額が厚生労働大臣の定める額を超える者に限る。）から、就職後六箇月以内に支払われた賃金の百分の十一（免税事業者にあつては、百分の十・三）に相当する額以下の手数料を徴収するときとする。

3　法第三十二条の三第三項の厚生労働省令で定める方法は、職業紹介に関する役務の種類ごとに、当該役務に対する手数料の額及び当該手数料を負担すべき者が明らかとなる方法とする。

4　有料職業紹介事業者は、法第三十二条の三第一項第二号に規定する手数料表に基づき手数料を徴収する場合であつて、その紹介により就職した者のうち労働者災害補償保険法施行規則（昭和三十年労働省令第二十二号）第四十六条の十八第五号の作業に従事する者に係る労働保険の保険料の徴収等に関する法律（昭和四十四年法律第八十四号）第十条第二項第三号の第二種特別加入保険料（以下この項及び別表において「第二種特別加入保険料」という。）に充てるべきものを徴収しようとするときは、当該手数料表において、第二種特別加入保険料に充てるべき手数料を徴収する旨及び当該手数料

の額を定めるものとし、この場合において、当該手数料の額は、当該従事する者に支払われた賃金額の千分の五・五に相当する額以下としなければならない。

5　法第三十二条の三第一項第二号の手数料表を届け出ようとする者は、届出制手数料届出書（様式第二号）により厚生労働大臣に届け出なければならない。

6　前項の規定により届け出た手数料表を変更しようとする者は、届出制手数料変更届出書（様式第三号）により厚生労働大臣に届け出なければならない。

7　厚生労働大臣は、法第三十二条の三第四項の規定により、有料職業紹介事業者になろうとする者又は有料職業紹介事業者に対し手数料表の変更を命令しようとするときは、届出制手数料変更命令通知書（様式第四号）により通知するものとする。

8　第四項及び別表に規定する第二種特別加入保険料に充てるべき手数料の管理の方法その他当該手数料に関し必要な事項については、職業安定局長の定めるところによる。

（法第三十二条の四に関する事項）

第二一条　法第三十二条の四第一項の許可証は、有料職業紹介事業許可証（様式第五号。以下「有料許可証」という。）のとおりとする。

2　法第三十二条の四第三項の規定により有料許可証の再交付を受けようとする者は、有料職業紹介事業許可証再交付申請書（様式第六号）を、厚生労働大臣に提出しなければならない。

3　有料許可証の交付を受けた者は、次の各号のいずれかに該当することとなつたときは、当該事実のあつた日の翌日から起算して十日以内に、第一号又は第二号の場合にあつては有料の職業紹介事業を行うすべての事業所に係る有料許可証、第三号の場合にあつては発見し又は回復した有料許可証を厚生労働大臣に返納しなければならない。

一　許可が取り消されたとき。

二　許可の有効期間が満了したとき。

三　有料許可証の再交付を受けた場合において、亡失した有料許可証を発見し、又は回復したとき。

4　有料許可証の交付を受けた者が次の各号に掲げる場合のいずれかに該当することとなつたときは、当該各号に定める者は、当該事実のあつた日の翌日から起算して十日以内に、有料の職業紹介事業を行うすべての事業所に係る有料許可証を厚生労働大臣に返納しなければならない。

一　死亡した場合　同居の親族又は法定代理人

二　法人が合併により消滅した場合　合併後存続し、又は合併により設立された法人の代表者

（法第三十二条の六に関する事項）

第二二条　法第三十二条の六第二項の規定による許可の有効期間の更新を受けようとする者は、当該許可の有効期間が満了する日の三月前までに、有料職業紹介事業許可有効期間更新申請書（様式第一号）を厚生労働大臣に提出しなければならない。

2　法第三十二条の六第四項の厚生労働省令で定める額は、一万八千円に有料の職業紹介事業を行う事業所の数を乗じて得た額とする。

3　法第三十二条の六第六項において準用する法第三十条第二項第五号の厚生労働省令で定める事項は、第十八条第二項に掲げる事項とする。

4　法第三十二条の六第六項において準用する法第三十条第三項の厚生労働省令で定める書類は、次のとおりとする。

一　申請者が法人である場合にあつては、第十八条第三項第一号イ、ロ、ニからトまで、及びヌ（受講証明書及び医師の診断書に係る部分に限る。次号において同じ。）に掲げ

る書類（同号イ、ロ及びホに掲げる書類にあつては、当該書類の内容に変更があつた場合に限る。）

二　申請者が個人である場合にあつては、第十八条第三項第一号ト及びヌ並びに同項第二号ロ及びハに掲げる書類（同号ハに掲げる書類にあつては、当該書類の内容に変更があつた場合に限る。）

5　派遣元事業主等が法第三十二条の六第二項の規定による許可の有効期間の更新を申請するとき又は労働者派遣事業の許可を受けようとする者が同時に同項の規定による許可の有効期間の更新の申請をするときは、次の各号に掲げる場合の区分に応じ、それぞれ当該各号に定める書類を添付することを要しない。ただし、当該書類により証明しようとする事項が当該者に係る労働者派遣事業の許可の申請、労働者派遣法第十条第二項の規定による許可の有効期間の更新の申請又は労働者派遣法第十一条第一項の規定による届出の際に添付した書類により証することができない場合における当該書類については、この限りでない。

一　申請者が法人である場合　第十八条第三項第一号イ、ロ及びニからトまでに掲げる書類

二　申請者が個人である場合　第十八条第三項第二号ロ、ハ及びニ（同項第一号トに係る部分に限る。）に掲げる書類

6　法第三十二条の六第六項において準用する法第三十条第三項の規定により添付すべき事業計画書は、有料職業紹介事業計画書（様式第二号）のとおりとする。

7　法第三十二条の六第二項の規定による許可の有効期間の更新は、当該更新を受けようとする者が現に有する有料許可証と引き換えに新たな有料許可証を交付することにより行うものとする。

（法第三十二条の七に関する事項）

第二十三条　法第三十二条の七第一項の厚生労働省令で定めるものは、有料職業紹介事業者が取次機関を利用しなくなつた場合における当該取次機関の名称、住所及び事業内容とする。

2　法第三十二条の七第一項の規定による届出をしようとする者は、法第三十条第二項第四号に掲げる事項の変更の届出にあつては当該変更に係る事実のあつた日の翌日から起算して三十日以内、同号に掲げる事項以外の事項の変更の届出にあつては当該変更に係る事実のあつた日の翌日から起算して十日（第四項の規定により登記事項証明書を添付すべき場合にあつては、三十日）以内に、当該届出に係る事項が有料許可証の記載事項に該当しない場合にあつては有料職業紹介事業変更届出書（様式第六号）を、当該届出に係る事項が有料許可証の記載事項に該当する場合にあつては有料職業紹介事業変更届出書及び有料職業紹介事業許可証書換申請書（様式第六号）を厚生労働大臣に提出しなければならない。

3　法第三十二条の七第一項の規定による届出のうち、事業所の新設に係る変更の届出にあつては、第二項の有料職業紹介事業変更届出書には、当該新設する事業所に係る第十八条第三項第一号チからルまでに掲げる書類を添付しなければならない。ただし、当該有料職業紹介事業者が有料の職業紹介事業又は無料の職業紹介事業を行つている他の事業所の職業紹介責任者を当該新設する事業所の職業紹介責任者として引き続き選任したときは、同号ヌに掲げる書類のうち履歴書及び受講証明書（選任した職業紹介責任者の住所に変更がないときは、住民票の写し、履歴書及び受講証明書。以下この条において同じ。）を添付することを要しない。

4　法第三十二条の七第一項の規定による届出のうち、事業所の新設に係る変更の届出以外の届出にあつては、第二項の有料職業紹介事業変更届出書又は有料職業紹介事業許可証書換申請書には、第十八条第三項に規定する書類のうち当該変更事項に係る書類（事業所の

廃止に係る変更の届出にあつては、当該廃止した事業所に係る有料許可証）を添付しなければならない。

5　法第三十条第二項第四号に掲げる事項のうち職業紹介責任者の氏名に変更があつた場合において、当該有料職業紹介事業者が有料の職業紹介事業又は無料の職業紹介事業を行つている他の事業所の職業紹介責任者を当該変更に係る事業所の変更後の職業紹介責任者として引き続き選任したときは、法人にあつては第十八条第三項第一号ヌに掲げる書類のうち履歴書及び受講証明書を、個人にあつては同項第二号ニの書類のうち履歴書及び受講証明書を添付することを要しない。

6　派遣元事業主等が法第三十二条の七第一項の規定による届出をするとき又は労働者派遣事業の許可を受けようとする者が同時に同項の規定による届出をするときは、次の各号に掲げる場合の区分に応じ、それぞれ当該各号に定める書類のうち当該変更事項に係るものを添付することを要しない。ただし、当該書類により証明しようとする事項が当該者に係る労働者派遣事業の許可の申請、労働者派遣法第十条第二項の規定による許可の有効期間の更新の申請又は労働者派遣法第十一条第一項の規定による届出の際に添付した書類により証することができない場合における当該書類については、この限りでない。

一　申請者が法人である場合　第十八条第三項第一号イからトまでに掲げる書類

二　申請者が個人である場合　第十八条第三項第二号イからハまで及びニ（同項第一号トに係る部分に限る。）に掲げる書類

7　法第三十二条の七第三項の規定による許可証の交付は、当該新設に係る事業所ごとに交付するものとする。

（法第三十二条の八に関する事項）

第二十四条　法第三十二条の八第一項の規定による届出をしようとする者は、当該有料の職業紹介事業を廃止した日から十日以内に、有料の職業紹介事業を行う全ての事業所に係る有料許可証を添えて、有料職業紹介事業廃止届出書（様式第七号）を厚生労働大臣に提出しなければならない。

（法第三十二条の十一に関する事項）

第二十四条の三　法第三十二条の十一第一項の港湾労働法（昭和六十三年法律第四十号）第二条第一号に規定する港湾以外の港湾において行われる同条第二号に規定する港湾運送業務に相当する業務として厚生労働省令で定める業務は、港湾労働法第二条第一号に規定する港湾以外の港湾で港湾運送事業法（昭和二十六年法律第百六十一号）第二条第四項に規定するもの（第三号において「特定港湾」という。）において他人の需要に応じて行う次に掲げる行為に係る業務とする。

一　港湾運送事業法第二条第一項第二号から第五号までのいずれかに該当する行為

二　港湾労働法施行令（昭和六十三年政令第三百三十五号）第二条第一号及び第二号に掲げる行為

三　船舶若しくははしけにより若しくはいかだに組んで運送された貨物の特定港湾の水域の沿岸からおおむね五百メートル（水島港にあつては千メートル、鹿児島港にあつては千五百メートル）の範囲内において厚生労働大臣が指定した区域内にある倉庫（船舶若しくははしけにより又はいかだに組んでする運送に係る貨物以外の貨物のみを通常取り扱うものを除く。以下この条において「特定港湾倉庫」という。）への搬入（上屋その他の荷さばき場から搬出された貨物の搬入であつて、港湾運送事業法第二条第三項に規定する港湾運送関連事業のうち同項第一号に掲げる行為に係るもの若しくは同法第三条第一号から第四号までに掲げる事業又は倉庫業法（昭和三十一年法律第百二十一号）第二条第二項に規定する倉庫業のうち特定港湾倉庫に係るも

のを営む者（以下この条において「特定港湾運送関係事業者」という。）以外の者が行うものを除く。）、船舶若しくははしけにより若しくはいかだに組んで運送されるべき貨物の特定港湾倉庫からの搬出（上屋その他の荷さばき場に搬入すべき貨物の搬出であつて、特定港湾運送関係事業者以外の者が行うものを除く。）又は貨物の特定港湾倉庫における荷さばき。ただし、冷蔵倉庫の場合にあつては、貨物の当該倉庫に附属する荷さばき場から冷蔵室への搬入、冷蔵室から当該倉庫に附属する荷さばき場への搬出及び冷蔵室における荷さばきを除く。

四　道路運送車両法（昭和二十六年法律第百八十五号）第二条第一項に規定する道路運送車両若しくは鉄道（軌道を含む。）（以下この号において「車両等」という。）により運送された貨物の特定港湾倉庫若しくは上屋その他の荷さばき場への搬入（特定港湾運送関係事業者以外の者が行う当該貨物の搬入を除く。）又は車両等により運送されるべき貨物の特定港湾倉庫若しくは上屋その他の荷さばき場からの搬出（特定港湾運送関係事業者以外の者が行う当該貨物の搬出を除く。）。ただし、冷蔵倉庫の場合にあつては、貨物の当該倉庫に附属する荷さばき場から冷蔵室への搬入及び冷蔵室から当該倉庫に附属する荷さばき場への搬出を除く。

（法第三十二条の十三に関する事項）

第二四条の五　法第三十二条の十三の厚生労働省令で定める事項は、次のとおりとする。

一　求人者の情報及び求職者の個人情報の取扱いに関する事項

二　返戻金制度（その紹介により就職した者が早期に離職したことその他これに準ずる事あつた場合に、当該者を紹介した雇用主から徴収すべき手数料の全部又は一部を返戻する制度その他これに準ずる制度をいう。以下同じ。）に関する事項

2　法第三十二条の十三の規定による明示は、求人の申込み又は求職の申込みを受理した後、速やかに、第十七条の七第二項各号に掲げるいずれかの方法により行わなければならない。ただし、職業紹介の実施について緊急の必要があるためあらかじめこれらの方法によることができない場合において、当該明示事項をあらかじめこれらの方法以外の方法により明示したときは、この限りでない。

3　第十七条の七第二項第二号イの方法により行われた明示事項の明示は、当該書面被交付者の使用に係るファクシミリ装置により受信した時に、同号ロの方法により行われた明示事項の明示は、当該書面被交付者の使用に係る通信端末機器に備えられたファイルに記録された時に、それぞれ当該書面被交付者に到達したものとみなす。

4　有料職業紹介事業者は、手数料表、返戻金制度に関する事項を記載した書面及び業務の運営に関する規程について、その事業所内の一般の閲覧に便利な場所への掲示、インターネットの利用その他の適切な方法により、情報の提供を行わなければならない。

（法第三十二条の十四に関する事項）

第二四条の六　法第三十二条の十四の規定による職業紹介責任者の選任は、次に定めるところにより行わなければならない。

一　有料職業紹介事業者の事業所（以下この条において単に「事業所」という。）ごとに当該事業所に専属の職業紹介責任者として自己の雇用する労働者の中から選任すること。ただし、有料職業紹介事業者（法人である場合は、その役員）を職業紹介責任者とすることを妨げない。

二　当該事業所において職業紹介に係る業務に従事する者の数が五十人以下のときは一人以上の者を、五十一人以上百

人以下のときは二人以上の者を、百人を超えるときは、当該職業紹介に係る業務に従事する者の数が五十人を超える五十人ごとに一人を二人に加えた数以上の者を選任すること。

2　法第三十二条の十四の厚生労働省令で定める基準は、次の各号のいずれにも該当することとする。

一　過去五年以内に、職業紹介事業の業務の適正な遂行のために必要な知識を習得させるための講習として厚生労働大臣が定めるものを修了していること。

二　精神の機能の障害により職業紹介責任者の業務を適正に行うに当たつて必要な認知、判断及び意思疎通を適切に行うことができない者でないこと。

（法第三十二条の十五に関する事項）

第二十四条の七　法第三十二条の十五の厚生労働省令で定める帳簿書類は、求人求職管理簿及び手数料管理簿とする。

2　前項の帳簿書類の記載及び備付けについては、職業安定局長の定めるところによる。

（法第三十二条の十六に関する事項）

第二十四条の八　有料職業紹介事業者は、毎年四月三十日までに、この条の定めるところにより、有料の職業紹介事業を行う事業所ごとの当該事業に係る事業報告書を作成し、厚生労働大臣に提出しなければならない。

2　法第三十二条の十六第一項の規定により提出すべき事業報告書は、有料職業紹介事業報告書（様式第八号）のとおりとする。

3　有料職業紹介事業者は、職業安定局長の定めるところによりインターネットを利用して、第一号に掲げる事項にあつては前年度（年度は、四月一日から翌年三月三十一日までをいう。以下この項及び次項において同じ。）の総数及び当該年度前四年度内の各年度の総数（四月一日から九月三十日までの間は前年度の総数及び当該年度前五年度内の各年度の総数）に関する情報を、第二号及び第三号に掲げる事項にあつては前年度の総数及び当該年度前四年度内の各年度の総数（四月一日から九月三十日までの間は前年度前五年度内の各年度の総数）に関する情報を、第四号及び第五号に掲げる事項にあつてはその時点における情報を、それぞれ、提供しなければならない。

一　当該有料職業紹介事業者の紹介により就職した者（以下この号において「就職者」という。）の数及び就職者のうち期間の定めのない労働契約を締結した者（以下この条において「無期雇用就職者」という。）の数

二　無期雇用就職者のうち、離職した者（解雇により離職した者及び就職した日から六月経過後に離職した者を除く。）の数

三　無期雇用就職者のうち、前号に掲げる者に該当するかどうか明らかでない者の数

四　手数料に関する事項

五　返戻金制度に関する事項

4　前項の規定にかかわらず、同項に規定する有料職業紹介事業者が提供しなければならない情報のうち、同項第一号に掲げる事項に関する情報については四月一日から四月三十日までの間は前年度前五年度内の各年度の総数に関する情報と、同項第二号及び第三号に掲げる事項に関する情報については十月一日から十二月三十一日までの間は前年度前五年度内の各年度の総数に関する情報とすることができる。

5　有料職業紹介事業者は、法第三十二条の十六第三項の規定による情報の提供を行うに当たり、無期雇用就職者が第三項第二号に規定する者に該当するかどうかを確認するため、当該無期雇用就職者に係る雇用主に対し、必要な調査を行わなければならない。

6　前項の規定にかかわらず、有料職業紹介事業者が、返戻金制度を設けている場合であつて、無期雇用就職者のうち返戻金制度に基づき手数料を免除する事由に該当したものの数を集計する方法により第三項第二号に規定する数を集計する場合は、前項の調査は、行うことを要しない。

（法第三十三条に関する事項）

第二五条　第十八条第一項から第八項まで、第十九条、第二十一条、第二十二条第一項及び第七項、第二十三条、第二十四条並びに第二十四条の四から第二十四条の八まで（第二十四条の五第一項第二号並びに前条第三項第四号及び第五号並びに第六項の規定を除く。）の規定は、法第三十三条第一項の許可を受けて行う無料の職業紹介事業及び同項の許可を受けた者について準用する。この場合において、第十八条第一項中「第三十条第二項」とあるのは「第三十三条第四項において準用する法第三十条第二項」と、「有料職業紹介事業許可申請書（様式第一号）」とあるのは「無料職業紹介事業許可申請書（様式第一号）」と、第十八条第二項中「第三十条第二項第五号」とあるのは「第三十三条第四項において準用する法第三十条第二項第五号」と、第十八条第三項中「第三十条第三項」とあるのは「第三十三条第四項において準用する法第三十条第三項」と、第十八条第四項中「第三十条第三項」とあるのは「第三十三条第四項において準用する法第三十条第三項」と、「有料職業紹介事業計画書（様式第二号）」とあるのは「無料職業紹介事業計画書（様式第二号）」と、第十八条第五項中「第三十三条第一項」とあるのは「第三十条第一項」と、「第三十条第一項」とあるのは「第三十三条第一項」と、第十八条第六項中「第三十三条第一項」とあるのは「第三十条第一項」と、「第三十条第一項」とあるのは「第三十三条第一項」と、「無料の職業紹介事業」とあるのは「有料の職業紹介事業」と、第十八条第七項及び第八項中「第三十条第一項」とあるのは「第三十三条第一項」と、第十九条中「第三十二条第三号」とあるのは「第三十三条第四項において準用する法第三十二条第三号」と、「有料の職業紹介事業」とあるのは「無料の職業紹介事業」と、第二十一条第一項中「第三十二条の四第一項」とあるのは「第三十三条第四項において準用する法第三十二条の四第一項」と、「有料職業紹介事業許可証（様式第五号。以下「有料許可証」という。）」とあるのは「無料職業紹介事業許可証（様式第五号。以下「無料許可証」という。）」と、第二十一条第二項中「第三十二条の四第三項」とあるのは「第三十三条第四項において準用する法第三十二条の四第三項」と、「有料許可証」とあるのは「無料許可証」と、「有料職業紹介事業許可証再交付申請書（様式第六号）」とあるのは「無料職業紹介事業許可証再交付申請書（様式第六号）」と、第二十一条第三項及び第四項中「有料許可証」とあるのは「無料許可証」と、第二十二条第一項中「第三十二条の六第二項」とあるのは「第三十三条第四項において準用する法第三十二条の六第二項」と、「有料職業紹介事業許可有効期間更新申請書（様式第一号）」とあるのは「無料職業紹介事業許可有効期間更新申請書（様式第一号）」と、第二十二条第七項中「第三十二条の六第二項」とあるのは「第三十三条第四項において準用する法第三十二条の六第二項」と、「有料許可証」とあるのは「無料許可証」と、第二十三条第一項中「第三十二条の七第一項」とあるのは「第三十三条第四項において準用する法第三十二条の七第一項」と、第二十三条第二項中「第三十二条の七第一項」とあるのは「第三十三条第四項において準用する法第三十二条の七第一項」と、「第三十条第二項第四号」とあるのは「第三十三条第四項において準用する法第三十条第二項第四号」と、「有料許可証」とあるのは「無料許可証」と、「有料職業紹介事業変更届出書（様式第号)」とあるのは「無料職業紹介事業変更届出書(様式第六号)」と、「有料職業紹介事業変更届出書及び有料職業紹介事業許可証書換申請書(様式第六号)」とあるのは「無料職業紹介事業変更届出書及び無料職業紹介事業許可証書換申請書(様式第六号)」と、第二十三条第三項中「第三十二条の七第一項」とあるのは「第三十三条第四項において準用する法第三十二条の七第一項」と、「第二項」とあるのは「第二十五条第一項において準用する第二十三条第二項」と、「有料職業紹介事業変更届出書」とあるのは「無料職業紹介事業変更届出書」と、「有料の職業紹介事業又は無料の職業紹介事業」とあるのは「無料の職業紹介事業又は有料の職業紹介事業」と、第二十三条第四項中「第三十二条の七第一項」とあるのは「第三十三条第四項において準用する法第三十二条の七第一項」と、「第二項」とあるのは「第二十五条第一項において準用する第二十三条第二項」と、「有料職業紹介事業変更届出書」とあるのは「無料職業紹介事業変更届出書」と、「有料職業紹介事業変更届出書及び有料職業紹介事業許可証書換申請書」とあるのは「無料職業紹介事業変更届出書及び無料職業紹介事業許可証書換申請書」と、「有料許可証」とあるのは「無料許可証」と、第二十三条第五項中「第三十条第二項第四号」とあるのは「第三十三条第四項において準用する法第三十条第二項第四号」と、「有料の職業紹介事業又は無料の職業紹介事業」とあるのは「無料の職業紹介事業又は有料の職業紹介事業」と、第二十三条第六項中「第三十二条の七第一項」とあるのは「第三十三条第四項において準用する法第三十二条の七第一項」と、第二十三条第七項中「第三十二条の七第三項」とあるのは「第三十三条第四項において準用する法第三十二条の七第三項」と、第二十四条中「第三十二条の八第一項」とあるのは「第三十三条第四項において準用する法第三十二条の八第一項」と、「有料許可証」とあるのは「無料許可証」と、「有料職業紹介事業廃止届出書(様式第七号)」とあるのは「無料職業紹介事業廃止届出書(様式第七号)」と、第二十四条の四第一項中「第三十二条の十二第一項」とあるのは「第三十三条第四項において準用する法第三十二条の十二第一項」と、「有料職業紹介事業取扱職種範囲等届出書(様式第六号)」とあるのは「無料職業紹介事業取扱職種範囲等届出書(様式第六号)」と、第二十四条の四第二項中「有料許可証」とあるのは「無料許可証」と、第二十四条の四第三項中「第三十二条の十二第三項」とあるのは「第三十三条第四項において準用する法第三十二条の十二第三項」と、第二十四条の五第一項及び第二項中「第三十二条の十三」とあるのは「第三十三条第四項において準用する法第三十二条の十三」と、第二十四条の五第四項中「手数料表、返戻金制度に関する事項を記載した書面及び業務の運営に関する規程」とあるのは「業務の運営に関する規程」と、第二十四条の六中「第三十二条の十四」とあるのは「第三十三条第四項において準用する法第三十二条の十四」と、第二十四条の七第一項中「第三十二条の十五」とあるのは「第三十三条第四項において準用する法第三十二条の十五」と、「求人求職管理簿及び手数料管理簿」とあるのは「求人求職管理簿」と、第二十四条の八第二項中「第三十二条の十六第一項」とあるのは「第三十三条第四項において準用する法第三十二条の十六第一項」と、「有料職業紹介事業報告書(様式第八号)」とあるのは「無料職業紹介事業報告書(様式第八号)」と、第二十四条の八第三項中「第四号及び第五号に掲げる事項にあつてはその時点における情報を、それぞれ」とあるのは「それぞれ」と、第二十四条の八第五項中「第三十二条の十六第三項」とあるのは「第三十三条第四項において準用する法第三十二条の十六第三項」と読み替えるものとする。

2　第二十二条第三項から第六項までの規定は、法第三十三条第一項の許可の有効期間の更新について準用する。この場合において、第二十二条第三項中「第三十二条の六第六項において準用する法第三十二条第二項第五号」とあるのは「第三十三条第五項において準用する法第三十条第二項第五号」と、第二十二条第四項中「第三十二条の六第六項において準用する法第三十条第三項」とあるのは「第三十三条第五項において準用する法第三十条第三項」と、第二十二条第五項中「第三十二条の六第二項」とあるのは「第三十三条第五項において準用する法第三十二条の六第二項」と、第二十二条第六項中「第三十二条の六第六項において準用する法第三十条第三項」とあるのは「第三十三条第五項において準用する法第三十条第三項」と、「有料職業紹介事業計画書（様式第二号）」とあるのは「無料職業紹介事業計画書（様式第二号）」と読み替えるものとする。

（法第三十三条の二に関する事項）

第二五条の二　法第三十三条の二第一項の厚生労働省令で定めるものは、次のとおりとする。

一　学校（大学に限る。）の長が無料の職業紹介事業を行う場合にあつては、当該大学に附属する病院において医師法（昭和二十三年法律第二百一号）第十六条の二第一項に規定する臨床研修を受けている者及び修了した者

二　学校又は専修学校の長が無料の職業紹介事業を行う場合にあつては、当該学校又は専修学校において職業能力開発促進法第十五条の七第三項の規定により公共職業能力開発施設の行う職業訓練とみなされる教育訓練を受けている者及び修了した者

2　法第三十三条の二第一項の規定により無料の職業紹介事業を行おうとする同項各号に掲げる施設の長（以下この条において単に「施設の長」という。）は、厚生労働省人材開発統括官（以下「人材開発統括官」という。）の定める手続及び様式に従い、厚生労働大臣に届け出なければならない。

3　前項の届出に当つては、業務の運営に関する規定を添附しなければならない。

4　法第三十三条の二第七項において準用する法第三十二条の八第一項の規定による届出をしようとする者は、当該無料の職業紹介事業の全部又は一部を廃止した日から十日以内に文書により、厚生労働大臣に届け出なければならない。

5　法第三十三条の二第一項の規定により無料の職業紹介事業を行う施設の長は、人材開発統括官の定める手続及び様式に従い、事業報告書を作成し、厚生労働大臣に届け出なければならない。

6　第二十四条の五第一項から第三項まで（同条第一項第二号の規定を除く。）及び第二十四条の七及び第二十四条の八第三項（第四号及び第五号の規定を除く。）から第五項までの規定は、法第三十三条の二第一項の規定により同項各号の施設の長が行う無料の職業紹介事業及び同条の職業紹介事業を行う施設の長について準用する。この場合において、第二十四条の五第一項中「第三十二条の十三」とあるのは「第三十三条の二第七項において準用する法第三十二条の十三」と、同項第一号中「求人者の情報及び求職者の個人情報」とあるのは「求職者の個人情報」と、同条第二項中「第三十二条の十三」とあるのは「第三十三条の二第七項において準用する法第三十二条の十三」と、「書面の交付」とあるのは「書面の交付等」と、第二十四条の七第一項中「第三十二条の十五」とあるのは「第三十三条の二第七項において準用する法第三十二条の十五」と、「求人求職管理簿及び手数料管理簿」とあるのは「求人求職管理簿」と、第二十四条の八第三項中「職業安定局長の定めるところによりインターネットを利用して」とあるのは「人材開発統括官の定めるところに

り」と、「第四号及び第五号に掲げる事項にあつてはその時点における情報を、それぞれ、提供しなければ」とあるのは「それぞれ、提供するよう努めなければ」と、同条第四項中「提供しなければ」とあるのは「提供するよう努めなければ」と、同条第五項中「第三十二条の十六第三項」とあるのは「第三十三条の二第七項において準用する法第三十二条の十六第三項」と、「行わなければ」とあるのは「行うよう努めなければ」と読み替えるものとする。

（法第三十三条の六に関する事項）

第二十六条　法第三十三条の六の規定により厚生労働大臣が行う指導、助言及び勧告は、書面で行うものとする。

（法第三十六条に関する事項）

第二十八条　法第三十六条第一項の規定による許可の申請又は同条第三項の届出は、募集に係る事業所（以下「募集事業所」という。）の所在する都道府県の区域を募集地域とする募集、当該区域以外の地域を募集地域とする募集（以下この項において「自県外募集」という。）であつて第三十七条第一項第六号ロに該当するもの及び自県外募集であつて同号ロに該当しないものの別に行わなければならない。

2　法第三十六条第一項の規定による許可若しくは同条第二項の規定による認可の申請又は同条第三項の規定による届出の手続及び様式は、職業安定局長の定めるところによる。

3　法第三十六条第一項の規定による許可を受けて、又は同条第三項の規定による届出をして労働者を募集する者は、職業安定局長の定める様式に従い、毎年度、労働者募集報告を作成し、これを当該年度の翌年度の四月末日まで（当該年度の終了前に労働者の募集を終了する場合にあつては、当該終了の日の属する月の翌月末日まで）に法第三十六条第一項の規定による許可の申請又は同条第三項の規定による届出をした都道府県労働局長に提出しなければならない。

（法第三十七条に関する事項）

第三十条　法第三十七条第一項の規定により公共職業安定所長が行う募集の制限又は指示は、書面で行うものとする。

2　募集の制限又は指示は、通常、国家的に緊要な政策の遂行を容易ならしめるため又は募集地域若しくは就業地域における一般的な労働基準を不当に害するような募集を防止するために、これを行うものとする。

3　募集の指示は、厚生労働大臣又は都道府県労働局長が文書による理由を付して行うものとする。

4　前三項に定めるもののほか、募集の制限（公共職業安定所長が行なうものに限る。）及び指示に関する方針及び手続は、職業安定局長が定めるものとする。

（法第四十二条の二に関する事項）

第三十条の四　法第四十二条の二において準用する第二十条第一項の厚生労働省令で定める者は、次のとおりとする。

一　自ら労働者の募集を行う者

二　その被用者をして労働者の募集に従事させる者であつて、当該被用者が労働組合法第二条第一号の役員、監督的地位にある労働者又は使用者の利益を代表する者に該当するもの

（法第四十三条に関する事項）

第三十一条　法第三十六条第一項の許可を受けて、又は同条第三項の届出をして労働者の募集を行う者は、応募者が次の各号の一に該当する事由により帰郷する場合においては、当該応募者に対し、帰郷に要する費用の支給その他必要な措置を講じなければならない。

一　雇用契約の内容が募集条件と相違したとき

二　許可を受けて、又は届出をして労働者の募集を行う者の都合により応募者を採用しないとき

（法第四十三条の二に関する事項）

第三一条の二　法第四十三条の二第一項の規定による届出をしようとする者は、特定募集情報等提供事業届出書（様式第八号の三）に、次に掲げる書類を添付して、厚生労働大臣に届け出なければならない。
一　届出をしようとする者が法人である場合にあつては、当該法人の登記事項証明書
二　届出をしようとする者が個人である場合にあつては、当該個人の住民票の写し
2　法第四十三条の二第一項の厚生労働省令で定める事項は、次のとおりとする。
一　氏名又は名称及び住所並びに法人にあつては、その代表者の氏名
二　電話番号
三　職業紹介事業者又は派遣元事業主にあつては、許可番号又は届出受理番号
3　法第三十条第一項の規定による許可を受けた者、法第三十三条第一項若しくは第三十三条の三第一項の規定による届出をした者又は派遣元事業主が法第四十三条の二第一項の規定による届出をしようとするときは、法人にあつては第一項第一号に掲げる書類を、個人にあつては同項第二号に掲げる書類を添付することを要しない。
4　特定募集情報等提供事業者は、第二項各号に掲げる事項に変更が生じた場合は、当該変更に係る事実のあつた日の翌日から起算して三十日以内に、特定募集情報等提供事業変更届出書（様式第八号の四）を厚生労働大臣に提出しなければならない。
5　法第四十三条の二第三項の規定による届出をしようとする者は、当該特定募集情報等提供事業を廃止した日から十日以内に、特定募集情報等提供事業廃止届出書（様式第八号の五）を厚生労働大臣に提出しなければならない。
6　情報通信技術を活用した行政の推進等に関する法律（平成十四年法律第百五十一号）第六条第一項の規定により、同項に規定する電子情報処理組織を使用して第一項及び前二項に定める様式を提出する場合には、当該様式における氏名又は名称の記載については、厚生労働省の所管する法令に係る情報通信技術を活用した行政の推進等に関する法律施行規則（平成十五年厚生労働省令第四十号）第六条第一項各号に掲げる措置のほか、当該氏名又は名称を電磁的記録（同法第三条第七号に規定する電磁的記録をいう。）に記録することをもつて代えることができる。

（法第四十三条の五に関する事項）
第三一条の三　特定募集情報等提供事業者は、毎年八月三十一日までに、事業概況報告書（様式第八号の六）を作成し、厚生労働大臣に提出しなければならない。
2　前条第六項の規定は、前項の規定による事業概況報告書の提出について準用する。

（法第四十三条の六に関する事項）
第三一条の四　法第四十三条の六の規定による情報の提供は、インターネットの利用その他適切な方法により行うものとする。
2　法第四十三条の六の厚生労働省令で定める事項は、次のとおりとする。
一　法第五条の五第二項の規定に基づき労働者になろうとする者の個人情報を適正に管理するために講じている措置
二　労働者の募集に関する情報又は労働者になろうとする者に関する情報に順位を付して表示する場合における当該順位を決定するために用いられる主要な事項（当該情報の提供を依頼した者からの当該募集情報等提供事業を行う者に対する広告宣伝の費用その他の金銭の支払が、当該決定に影響を及ぼす可能性がある場合には、これを含む。）

（法第四十三条の七に関する事項）

第三一条の五　法第四十三条の七第一項の厚生労働省令で定める者は、第四条第一項に定める者とする。

（法第四十五条に関する事項）

第三二条　労働者供給事業を行おうとする労働組合等は、職業安定局長の定める手続及び様式に従い、厚生労働大臣に許可を申請しなければならない。

2　厚生労働大臣は、その許可を申請した労働組合等が労働組合法第二条及び第五条第二項の規定又は第四条第六項第一号若しくは第二号の規定に適合することを、関係労働委員会等を通じて確かめた上、許可するかどうかを決定する。

3　労働者供給事業の許可の有効期間は三年とする。

4　前項に規定する許可の有効期間（当該許可の有効期間についてこの項の規定により更新を受けたときにあつては、当該更新を受けた許可の有効期間）の満了後引き続き当該許可に係る労働者供給事業を行おうとする者は、許可の有効期間の更新を受けなければならない。

5　第一項から第三項までの規定は、前項の許可の有効期間の更新について準用する。この場合において、第三項中「三年」とあるのは「五年」と読み替えるものとする。

6　労働者供給事業者は、当該労働者供給事業を廃止したときは、当該労働者供給事業を廃止した日から十日以内に文書により、その旨をその主たる事務所の所在地を管轄する都道府県労働局長に届け出なければならない。

7　労働者供給事業を行う労働組合等は、労働者供給事業に関し、職業安定局長の定める手続及び様式に従い帳簿書類を備え付けるとともに、報告書を作成し、これを主たる事務所の所在地を管轄する都道府県労働局長を経て、厚生労働大臣に提出しなければならない。

（法第五十条に関する事項）

第三三条　厚生労働大臣は、法第五十条第一項の規定により無料の職業紹介事業を行う者（法第二十九条第一項の規定により無料の職業紹介事業を行う場合における特定地方公共団体を除く。）、求人者、労働者の募集を行う者、募集受託者、募集情報等提供事業を行う者（募集情報等提供事業を行う場合における地方公共団体を除く。）、労働者供給事業を行う者又は労働者供給を受けようとする者に対し必要な事項を報告させるときは、当該報告すべき事項及び当該報告をさせる理由を書面により通知するものとする。

2　法第五十条第三項の証明書は、職業紹介事業等立入検査証（様式第九号）による。

（法第五十一条及び法第五十一条の二に関する事項）

第三四条　法第五十一条第二項及び法第五十一条の二の厚生労働省令で定める者は、法人である雇用主とする。

（法第五十四条に関する事項）

第三五条　厚生労働大臣は、労働者の雇入方法の改善についての指導を適切かつ有効に実施するため、労働者の雇入れの動向の把握に努めるものとする。

2　学校（小学校（義務教育学校の前期課程及び特別支援学校の小学部を含む。）及び幼稚園（特別支援学校の幼稚部を含む。）を除く。）、専修学校、職業能力開発促進法第十五条の七第一項各号に掲げる施設又は職業能力開発総合大学校（以下この条において「施設」と総称する。）を新たに卒業しようとする者（以下この項において「新規学卒者」という。）を雇い入れようとする者は、次の各号のいずれかに該当する場合においては、あらかじめ、公共職業安定所及び施設の長（業務分担学校長及び法第三十三条の二第一項の規定により届出をして職業紹介事業を行う者に限る。）に人材開発統括官が定める様式によりその旨を通知するものとする。

一　新規学卒者について、募集を中止し、又は募集人員を減ずるとき（厚生労働大臣が定める新規学卒者について募集人員を減ずるときにあつては、厚生労働大臣が定める場合に限る。）。

二　新規学卒者の卒業後当該新規学卒者を労働させ、賃金を支払う旨を約し、又は通知した後、当該新規学卒者が就業を開始することを予定する日までの間（次号において「内定期間」という。）に、これを取り消し、又は撤回するとき。

三　新規学卒者について内定期間を延長しようとするとき。

3　公共職業安定所長は、前項の規定による通知の内容を都道府県労働局長を経て厚生労働大臣に報告しなければならない。

4　法第五十四条の規定による工場、事業場等の指導については、職業安定局長又は人材開発統括官の定める計画並びに具体的援助要項に基づき、職業安定組織がこれを行うものとする。

5　職業安定組織が前項の指導を行うに当たつては、労働争議に介入し、又は労働協約の内容に関与してはならない。

（法第六十条に関する事項）

第三七条　法に定める厚生労働大臣の権限のうち、次の各号に掲げる権限は、当該各号に定める都道府県労働局長に委任する。ただし、厚生労働大臣が自らその権限を行うことを妨げない。

一　法第三十二条の三第四項の規定による手数料表の変更命令に関する権限　当該職業紹介事業を行う者の主たる事務所及び当該職業紹介事業を行う事業所の所在地を管轄する都道府県労働局長

二　法第三十二条の八第一項（法第三十三条第四項及び法第三十三条の三第二項において準用する場合を含む。）の規定による届出の受理に関する権限　当該職業紹介事業を行う者の主たる事務所の所在地を管轄する都道府県労働局長

三　法第三十二条の九第二項（法第三十三条第四項及び法第三十三条の三第二項において準用する場合を含む。）の規定による職業紹介事業の全部又は一部の停止に関する権限　当該職業紹介事業を行う者の主たる事務所及び当該職業紹介事業を行う事業所の所在地を管轄する都道府県労働局長

四　法第三十二条の十二第三項（法第三十三条第四項及び法第三十三条の三第二項において準用する場合を含む。）の規定による取扱職種の範囲等の変更の命令に関する権限　当該職業紹介事業を行う者の主たる事務所及び当該職業紹介事業を行う事業所の所在地を管轄する都道府県労働局長

五　法第三十三条の二第一項の無料の職業紹介事業に係る同項の規定又は同条第七項において準用する法第三十二条の八第一項の規定による届出の受理及び法第三十三条の二第七項において準用する法第三十二条の九第二項の規定による当該事業の停止に関する権限　法第三十三条の二第一項各号に掲げる施設の主たる事務所の所在地を管轄する都道府県労働局長

六　法第三十六条第一項の規定による許可のうち次に掲げる募集に係るもの、同条第二項の規定による認可のうち当該募集に係るもの、同条第三項の規定による届出の受理のうち当該募集に係るもの、当該許可に際して行う法第三十七条第二項の規定による指示並びに法第四十一条第一項の規定による当該許可の取消し及び当該許可に係る募集の業務の停止並びに同条第二項の規定による当該届出に係る募集の業務の廃止及び停止に関する権限　募集事業所の所在地を管轄する都道府県労働局長

イ　募集事業所の所在する都道府県の区域を募集地域とする募集

ロ　募集事業所の所在する都道府県の区域以外の地域（当

該地域における労働力の需給の状況等を勘案して厚生労働大臣の指定する地域を除く。）を募集地域とする募集（当該業種における労働力の需給の状況等を勘案して厚生労働大臣の指定する業種の属する事業の事業主が行うものを除く。）であつて、その地域において募集しようとする労働者の数が百人（一の都道府県の区域において募集しようとする労働者の数が三十人以上であるときは三十人）未満のもの

八　法第四十八条の二の規定による指導及び助言に関する権限　次に掲げる区分に応じ、それぞれ次に定める都道府県労働局長（以下この項において「管轄都道府県労働局長」という。）

イ　法第三十三条の二第一項の無料の職業紹介事業　施設の主たる事務所又は当該施設に求人の申込みを行う求人者の当該求人に係る事業所の所在地を管轄する都道府県労働局長

ロ　法第三十三条の二第一項の無料の職業紹介事業以外の職業紹介事業　職業紹介事業を行う者の主たる事務所若しくは当該事業を行う事業所又は当該者に求人の申込みを行う求人者の当該求人に係る事業所の所在地を管轄する都道府県労働局長

ハ　労働者の募集　募集事業所又は募集情報等提供事業を行う者の主たる事務所若しくは当該事業を行う事業所の所在地を管轄する都道府県労働局長

ホ　労働者供給事業　労働者供給事業を行う者の主たる事務所若しくは当該事業を行う事業所又は当該者から労働者供給を受けようとする者の当該労働者供給に係る事業所の所在地を管轄する都道府県労働局長

九　法第四十八条の三第一項の規定による命令、同条第一項の規定による勧告及び同条第三項の規定による公表に関する権限　管轄都道府県労働局長

十　法第五十条第一項の規定による報告徴収及び同条第二項の規定による立入検査に関する権限　管轄都道府県労働局長

2　法第三十三条の二第八項の規定による通知は、前項第五号に定める都道府県労働局長が行うものとする。

3　法第四十八条の二、法第四十八条の三及び法第五十条に規定する厚生労働大臣の権限のうち法第三十三条の二第一項の無料の職業紹介事業に係るものについては、公共職業安定所長が行うものとする。ただし、厚生労働大臣が自らその権限を行うことを妨げない。

（法第六十一条に関する事項）

第三八条　法第二十九条第二項の規定並びに第十七条の五第一項及び第二項並びに第十七条の六の規定により厚生労働大臣に提出する書類は、特定地方公共団体の主たる事務所の所在地を管轄する都道府県労働局長を経由して提出するものとする。ただし、第十七条の五第二項の規定により厚生労働大臣に提出する書類のうち、同条第一項第一号に規定する事項以外の事項に係るものについては、当該事業所の所在地を管轄する都道府県労働局長を経由して提出することができる。

2　法第三章から法第三章の二までの規定及び法第三章の四の規定並びにこの命令の規定により厚生労働大臣に提出する書類は、職業紹介事業若しくは労働者供給事業を行う者の主たる事務所又は募集事業所の所在地を管轄する都道府県労働局長（法第三十三条の二第一項の規定による届出をして行う職業紹介事業にあつては、当該施設の主たる事務所の所在地を管轄する公共職業安定所（その公共職業安定所が二以上ある場合には、厚生労働省組織規則第七百九十二条の規定により当該事務を取り扱う公共職業安定所）の長）を経由して提出するものとする。ただし、法第三十二条の四第三項（法第三

十三条第四項において準用する場合を含む。）、法第三十二条の七第一項若しくは第四項（法第三十三条第四項又は法第三十三条の三第二項において準用する場合を含む。）又は第二十一条第三項（第二十五条において準用する場合を含む。）の規定により厚生労働大臣に提出する書類（有料許可証及び無料許可証を含む。）のうち、法第三十条第二項第一号及び第二号（法第三十三条第四項又は法第三十三条の三第二項において準用する場合を含む。）に規定する事項以外の事項に係るものについては、当該事業所の所在地を管轄する都道府県労働局長を経由して提出することができる。

3　法第三章から法第三章の四までの規定及びこの命令の規定により提出する書類（有料許可証及び無料許可証を除く。）は、正本にその写し二通（第十八条第三項（第二十五条第一項において準用する場合を含む。）、第二十二条第四項（第二十五条第二項において準用する場合を含む。）、第二十三条第四項（第二十五条第一項において準用する場合を含む。）並びに第三十一条の二第一項、第四項及び第五項に規定する書類については、一通）を添えて提出しなければならない。

附　則　抄

①　この命令は、職業安定法施行の日から、これを適用する。

②　職業紹介法施行規則、無料職業紹介事業規則、営利職業紹介事業規則、労務供給事業規則及び労務者募集規則はこれを廃止する。

④　法第三十二条の三第二項の厚生労働省令で定めるときは、当分の間、第二十条第二項に規定するほか、同項の芸能家、家政婦（家政一般の業務（個人の家庭又は寄宿舎その他これに準ずる施設において行われるものに限る。）、患者、病弱者等の付添いの業務又は看護の補助の業務（病院等の施設において行われるものに限る。）を行う者）、配ぜん人（正式の献立による食事を提供するホテル、料理店、会館等において、正式の作法による食卓の布設、配ぜん、給仕等の業務（これらの業務に付随した飲食器等の器具の整理及び保管に必要な業務を含む。）を行う者）、調理士（調理、栄養及び衛生に関する専門的な知識及び技能を有し、調理の業務を行う者）、同項のモデル又はマネキン（専門的な商品知識及び宣伝技能を有し、店頭、展示会等において相対する顧客の購買意欲をそそり、販売の促進に資するために各種商品の説明、実演等の宣伝の業務（この業務に付随した販売の業務を含む。）を行う者）の職業に係る求職者から求職の申込みを受理した時以降七百十円（免税事業者にあつては、六百六十円）の求職受付手数料を徴収するときとする。ただし、同一の求職者に係る求職の申込みの受理が一箇月間に三件を超える場合にあつては、一箇月につき三件分に相当する額とする。

別表（第二十条関係）

種類	手数料の最高額	徴収方法
受付手数料	求人の申込みを受理した場合は、一件につき七百十円（免税事業者にあつては、六百六十円）	求人の申込みを受理した時以降求人者から徴収する。
紹介手数料	一　支払われた賃金額の百分の十一（免税事業者にあつては、百分の十・三）に相当する額（次号及び第三号の場合を除く。） 二　同一の者に引き続き六箇月を超えて雇用された場合（次号の場合を除く。）にあつては、	徴収の基礎となる賃金が支払われた日（手数料を支払う者に対し、雇用関係が成立しなかつた場合における手数料に係る必要な精算の措置及び雇用関係が成立した場合における当該雇用関係が成立し

	六箇月間の雇用に係る賃金について支払われれた賃金額の百分の十一（免税事業者にあつては、百分の十・三）に相当する額 三　期間の定めのない雇用契約に基づき同一の者に引き続き六箇月を超えて雇用された場合にあつては、六箇月間の雇用に係る賃金について支払われた賃金額の百分の十一（免税事業者にあつては、百分の十・三）に相当する額又は当該支払われた賃金から臨時に支払われる賃金及び三箇月を超える期間ごとに支払われる賃金を除いた額の百分の十四・八（免税事業者にあつては、百分の十三・九）に相当する額のうちいずれか大きい額	た時以降講じられることとなる手数料に係る必要な精算の措置を講ずることを約して徴収する場合にあつては、求人の申込み又は関係雇用主が雇用しており、若しくは雇用していた者の求職の申込みを受理した時）以降求人者又は関係雇用主から徴収する。
第二種特別加入保険	支払われた賃金額の千分の五・五に相当する額	徴収の基礎となる賃金が支払われた日以降求人者から徴収す

料に充てるべき手数料		る

備考
一　この表において「関係雇用主」とは、求職者の再就職を援助しようとする当該求職者の雇用主又は雇用主であつた者をいう。
二　この表において「手数料」とは、求人者から徴収する手数料及び関係雇用主から徴収する手数料の合計額をいう。
三　この表において「免税事業者」とは、消費税法（昭和六十三年法律第百八号）第九条第一項本文の規定の適用を受ける者をいう。

職業安定法施行規則第十七条の四第一項の規定に基づき厚生労働大臣が定める場合

〔平成二一年一月一九日厚生労働省告示第五号〕

職業安定法施行規則第十七条の四第一項の厚生労働大臣が定める場合は、同令第三十五条第三項の規定により報告された同条第二項（第二号に係る部分に限る。）の規定による取り消し、又は撤回する旨の通知の内容が、次のいずれかに該当する場合とする。

一　二年度以上連続して行われたもの

二　同一年度内において十名以上の者に対して行われたもの（職業安定法施行規則第三十五条第三項の規定により報告された取消し又は撤回（以下「内定取消し」という。）の対象となった新規学卒者の安定した雇用を確保するための措置を講じ、これらの者の安定した雇用を速やかに確保した場合を除く。）

三　生産量その他事業活動を示す最近の指標、雇用者数その他雇用量を示す最近の指標等にかんがみ、事業活動の縮小を余儀なくされているものとは明らかに認められないときに、行われたもの

四　前三号に掲げるもののほか、次のいずれかに該当する事実が確認されたもの

イ　内定取消しの対象となった新規学卒者に対して、内定取消しを行わざるを得ない理由について十分な説明を行わなかったとき。

ロ　内定取消しの対象となった新規学卒者の就職先の確保に向けた支援を行わなかったとき。

職業紹介事業者、求人者、労働者の募集を行う者、募集受託者、募集情報等提供事業を行う者、労働者供給事業者、労働者供給を受けようとする者等がその責務等に関して適切に対処するための指針

〔平成一一年一一月一七日
労働省告示第一四一号〕

沿革

平成三一年	三月二九日	厚生労働省告示	第一一一号
〃 三一年	三月二九日	〃	第一二二号
令和 二年	三月三一日	〃	第一六〇号
〃 三年	三月 二日	〃	第 六一号
〃 三年	三月二四日	〃	第 九四号
〃 三年	三月三一日	〃	第一六二号
〃 四年	三月二五日	〃	第 九二号
〃 四年	三月三一日	〃	第一四三号
〃 四年	六月一〇日	〃	第一九八号
〃 五年	三月三一日	〃	第一六五号

第一　趣旨

この指針は、職業安定法（以下「法」という。）第三条、第五条の三から第五条の五まで、第三十三条の五、第四十二条、第四十三条の八及び第四十五条の二に定める事項等に関し、職業紹介事業者、求人者、労働者の募集を行う者、募集受託者、募集情報等提供事業を行う者、労働者供給事業者、労働者供給を受けようとする者等が適切に対処するために必要な事項について定めたものである。

また、法第五条の五の規定により職業紹介事業者、求人者、労働者の募集を行う者、募集受託者、募集情報等提供事業を行う者、労働者供給事業者及び労働者供給を受けようとする者が講ずべき措置に関する必要な事項と併せ、個人情報の保護に関する法律（平成十五年法律第五十七号）の遵守等についても定めたものである。

第二　均等待遇に関する事項（法第三条）

一　差別的な取扱いの禁止

職業紹介事業者、募集情報等提供事業を行う者、労働者供給事業者及び労働者派遣事業の適正な運営の確保及び派遣労働者の保護等に関する法律（昭和六十年法律第八十八号）第二条第四号に規定する派遣元事業主（以下「職業紹介事業者等」という。）は、全ての利用者に対し、その申込みの受理、面接、指導、紹介等の業務について人種、国籍、信条、性別、社会的身分、門地、従前の職業、労働組合の組合員であること等を理由として、差別的な取扱いをしてはならないこと。

また、職業紹介事業者、募集情報等提供事業を行う者及び労働者供給事業者は、求職者又は労働者が法第四十八条の四第一項に基づく厚生労働大臣に対する申告を行ったことを理由として、差別的な取扱いをしてはならないこと。

二　募集に関する男女の均等な機会の確保

職業紹介事業者、募集情報等提供事業を行う者及び労働者供給事業者が、雇用の分野における男女の均等な機会及び待遇の確保等に関する法律（昭和四十七年法律第百十三号）第五条の規定に違反する内容の求人の申込みを受理して当該求人に対して職業紹介を行い、同条の規定に違反す

る内容の労働者の募集に関する情報の提供を行い、若しくは同条の規定に違反する募集を行う者に労働者になろうとする者に関する情報の提供を行い、又は同条の規定に違反する募集に対して労働者を供給することは法第三条の趣旨に反するものであること。

第三

一　労働条件等の明示に関する事項（法第五条の三）

㈠　職業紹介事業者等による労働条件等の明示

職業紹介事業者、労働者の募集を行う者、募集受託者及び労働者供給事業者は、法第五条の三第一項の規定に基づき、求職者、募集に応じて労働者になろうとする者又は供給される労働者（以下「求職者等」という。）に対し、従事すべき業務の内容及び賃金、労働時間その他の労働条件（以下「従事すべき業務の内容等」という。）を可能な限り速やかに明示しなければならないこと。

㈡　求人者は求人の申込みに当たり公共職業安定所、特定地方公共団体又は職業紹介事業者に対し、労働者供給を受けようとする者はあらかじめ労働者供給事業者に対し、それぞれ、法第五条の三第二項の規定に基づき、従事すべき業務の内容等を明示しなければならないこと。

㈢　職業紹介事業者、求人者、労働者の募集を行う者、募集受託者、労働者供給事業者及び労働者供給を受けようとする者は、㈠又は㈡により従事すべき業務の内容等を明示するに当たっては、次に掲げるところによらなければならないこと。

イ　明示する従事すべき業務の内容等は、虚偽又は誇大な内容としないこと。

ロ　労働時間に関しては、始業及び終業の時刻、所定労働時間を超える労働の有無、休憩時間、休日等について明示すること。また、労働基準法（昭和二十二年法律第四十九号）第三十八条の三第一項の規定により同項第二号に掲げる時間労働したものとみなす場合又は同法第三十八条の四第一項の規定により同項第三号に掲げる時間労働したものとみなす場合は、その旨を明示すること。また、同法第四十一条の二第一項の同意をした場合に、同項の規定により労働する労働者として業務に従事することとなるときは、その旨を明示すること。

ハ　賃金に関しては、賃金形態（月給、日給、時給等の区分）、基本給、定額的に支払われる手当、通勤手当、昇給に関する事項等について明示すること。また、一定時間分の時間外労働、休日労働及び深夜労働に対する割増賃金を定額で支払うこととする労働契約を締結する仕組みを採用する場合は、名称のいかんにかかわらず、一定時間分の時間外労働、休日労働及び深夜労働に対して定額で支払われる割増賃金（以下このハ及び第四の二の㈢において「固定残業代」という。）に係る計算方法（固定残業代の算定の基礎として設定する労働時間数（以下このハにおいて「固定残業時間」という。）及び金額を明らかにするものに限る。）、固定残業代を除外した基本給の額、固定残業時間を超える時間外労働、休日労働及び深夜労働分についての割増賃金を追加で支払うこと等を明示すること。

ニ　期間の定めのある労働契約を締結しようとする場合は、当該契約が試みの使用期間の性質を有するものであっても、当該試みの使用期間の終了後の従事すべき業務の内容等ではなく、当該試みの使用期間に係る従事すべき業務の内容等を明示すること。

㈣　職業紹介事業者、求人者、労働者の募集を行う者、募集受託者、労働者供給事業者及び労働者供給を受けようとする者は、㈠又は㈡により従事すべき業務の内容等を明示するに当たっては、次に掲げるところによるべきであること。

イ　原則として、求職者等と最初に接触する時点までに従事すべき業務の内容等を明示すること。なお、㈢ロ中段及び後段並びに㈢ハ後段に係る内容の明示については、特に留意すること。

ロ　従事すべき業務の内容等の事項の一部をやむを得ず別途明示することとするときは、その旨を併せて明示すること。

㈤　職業紹介事業者、求人者、労働者の募集を行う者、募集受託者、労働者供給事業者及び労働者供給を受けようとする者は、㈠又は㈡により従事すべき業務の内容等を明示するに当たっては、次に掲げる事項に配慮すること。

イ　求職者等に具体的に理解されるものとなるよう、従事すべき業務の内容等の水準、範囲等を可能な限り限定すること。

ロ　求職者等が従事すべき業務の内容に関しては、職場環境を含め、可能な限り具体的かつ詳細に明示すること。

ハ　明示する従事すべき業務の内容等が労働契約締結時の従事すべき業務の内容等と異なることとなる可能性がある場合は、その旨を併せて明示するとともに、従事すべき業務の内容等が既に明示した内容と異なることとなった場合には、当該明示を受けた求職者等に速やかに知らせること。

二　求人者等による労働条件等の変更等に係る明示

㈠　求人者、労働者の募集を行う者及び労働者供給を受けようとする者（以下「求人者等」という。）は、法第五条の三第三項の規定に基づき、それぞれ、紹介された求職者、募集に応じて労働者になろうとする者又は供給される労働者（㈢及び㈣において「紹介求職者等」という。）と労働契約を締結しようとする場合であって、これらの者に対して同条第一項の規定により明示された従事すべき業務の内容等（以下この三において「第一項明示」という。）を変更し、特定し、削除し、又は第一項明示に含まれない従事すべき業務の内容等を追加する場合は、当該契約の相手方となろうとする者に対し、当該変更し、特定し、削除し、又は追加する従事すべき業務の内容等（㈢において「変更内容等」という。）を明示しなければならないこと。

㈡　法第五条の三第一項の規定に基づく明示について、一㈣ロにより、従事すべき業務の内容等の事項の一部（以下この㈡において「当初明示事項」という。）が明示され、別途、当初明示事項以外の従事すべき業務の内容等の事項が明示された場合は、当初明示事項を第一項明示として取り扱うこと。

㈢　求人者等は、㈠の明示を行うに当たっては、紹介求職者等が変更内容等を十分に理解することができるよう、適切な明示方法をとらなければならないこと。その際、イの方法によることが望ましいものであるが、ロなどの方法によることも可能であること。

イ　第一項明示と変更内容等とを対照することができる書面を交付すること。

ロ　労働基準法第十五条第一項の規定に基づき交付される書面（労働基準法施行規則（昭和二十二年厚生省令第二十三号）第五条第四項第一号の規定に基づき送信されるファクシミリの記録又は同項第二号の規定に基づき送信される電子メールその他のその受信をする者を特定して情報を伝達するために用いられる電気通信

の記録を含む。）において、変更内容等に下線を引き、若しくは着色し、又は変更内容等を注記すること。なお、第一項明示の一部の事項を削除する場合にあっては、削除される前の当該従事すべき業務の内容等も併せて記載すること。

(四) 求人者等は、締結しようとする労働契約に係る従事すべき業務の内容等の調整が終了した後、当該労働契約を締結するかどうか紹介求職者等が考える時間が確保されるよう、可能な限り速やかに(一)の明示を行うこと。また、(一)の明示を受けた紹介求職者等から、第一項明示を変更し、特定し、削除し、又は第一項明示に含まれない従事すべき業務の内容等を追加する理由等について質問された場合には、適切に説明すること。

(五) 第一項明示は、そのまま労働契約の内容となることが期待されているものであること。また、第一項明示を安易に変更し、削除し、又は第一項明示に含まれない従事すべき業務の内容等を追加してはならないこと。

(六) 学校卒業見込者等（青少年の雇用の促進等に関する法律（昭和四十五年法律第九十八号）第十三条第一項に規定する学校卒業見込者等をいう。以下この(六)において同じ。）については、特に配慮が必要であることから、第一項明示を変更し、削除し、又は第一項明示に含まれない従事すべき業務の内容等を追加すること（一(四)ロにより、従事すべき業務の内容等の一部をやむを得ず別途明示することとした場合において、当該別途明示することとされた事項を追加することを除く。）は不適切であること。また、原則として、学校卒業見込者等を労働させ、賃金を支払う旨を約し、又は通知するまでに、法第五条の三第一項及び(一)の明示が書面により行われるべきであること。

(七) 法第五条の三第一項の規定に基づく明示が法の規定に抵触するものであった場合、(一)の明示を行ったとしても、同項の規定に基づく明示が適切であったとみなされるものではないこと。

(八) 求人者等は、第一項明示を変更し、削除し、又は第一項明示に含まれない従事すべき業務の内容等を追加した場合は、求人票等の内容を検証し、修正等を行うべきであること。

三 高年齢者等の雇用の安定等に関する法律第二十条第一項に規定する理由の適切な提示

職業紹介事業者、募集受託者及び労働者供給事業者は、高年齢者等の雇用の安定等に関する法律施行規則（昭和四十六年労働省令第二十四号）第六条の六第二項各号に掲げる書面又は電磁的記録により、高年齢者等の雇用の安定等に関する法律（昭和四十六年法律第六十八号）第二十条第一項に規定する理由の提示を受けたときは、当該理由を求職者等に対して、適切に提示すべきこと。

第四 求人等に関する情報の的確な表示に関する事項（法第五条の四）

一 提供する求人等に関する情報の内容

職業紹介事業者、労働者の募集を行う者、募集受託者、募集情報等提供事業を行う者及び労働者供給事業者は、広告等により求人等に関する情報を提供するに当たっては、職業安定法施行規則（昭和二十二年労働省令第十二号）第四条の二第三項各号に掲げる事項及び第三の一の(三)ロからニまでにより明示することとされた事項を可能な限り当該情報に含めることが望ましいこと。

二 誤解を生じさせる表示の禁止

職業紹介事業者、労働者の募集を行う者、募集受託者、募集情報等提供事業を行う者及び労働者供給事業者は、広告等により求人等に関する情報を提供するに当たっては、求職者、労働者になろうとする者又は供給される労働者に誤解を生じさせることのないよう、次に掲げる事項に留意すること。

(一) 関係会社を有する者が労働者の募集を行う場合、労働者を雇用する予定の者を明確にし、当該関係会社と混同されることのないよう表示しなければならないこと。

(二) 労働者の募集と、請負契約による受注者の募集が混同されることのないよう表示しなければならないこと。

(三) 賃金等（賃金形態、基本給、定額的に支払われる手当、通勤手当、昇給、固定残業代等に関する事項をいう。以下同じ。）について、実際の賃金等よりも高額であるかのように表示してはならないこと。

(四) 職種又は業種について、実際の業務の内容と著しく乖離する名称を用いてはならないこと。

三 労働者の募集を行う者及び募集受託者による労働者の募集等に関する情報の提供

労働者の募集を行う者及び募集受託者は、法第五条の四第二項の規定により労働者の募集に関する情報を正確かつ最新の内容に保つに当たっては、次に掲げる措置を講ずる等適切に対応しなければならないこと。

(一) 労働者の募集を終了した場合又は労働者の募集の内容を変更した場合には、当該募集に関する情報の提供を速やかに終了し、又は当該募集に関する情報を速やかに変更するとともに、当該情報の提供を依頼した募集情報等提供事業を行う者に対して当該情報の提供を終了するよう依頼し、又は当該情報の内容を変更するよう依頼すること。

(二) 労働者の募集に関する情報を提供するに当たっては、当該情報の時点を明らかにすること。

(三) 募集情報等提供事業を行う者から、職業安定法施行規則第四条の三第四項又は第八の二の(一)により、当該募集に関する情報の訂正又は変更を依頼された場合には、速やかに対応すること。

四 求人等に関する情報を正確かつ最新の内容に保つための措置

職業紹介事業者、募集情報等提供事業を行う者及び労働者供給事業者は、職業安定法施行規則第四条の三第四項第三号イからへまでに掲げる区分に応じ、当該イからへまでの(1)及び(2)に掲げる措置を可能な限りいずれも講ずることが望ましいこと。

五 公共職業安定所の求人情報の転載

公共職業安定所が受理した求人の情報を転載する場合は、出所を明記するとともに、転載を行う者の氏名又は名称、所在地及び電話番号を明示しなければならないこと。また、求人情報の更新を随時行い、最新の内容にすること。

第五 求職者等の個人情報の取扱いに関する事項（法第五条の五）

一 個人情報の収集、保管及び使用

(一) 職業紹介事業者、求人者、労働者の募集を行う者、募集受託者、特定募集情報等提供事業者、労働者供給事業者及び労働者供給を受けようとする者は、法第五条の五第一項の規定によりその業務の目的を明らかにするに当たっては、求職者等の個人情報（一及び二において単に「個人情報」という。）がどのような目的で収集され、保管され、又は使用されるのか、求職者等が一般的かつ合理的に想定できる程度に具体的に明示すること。

(二) 職業紹介事業者、求人者、労働者の募集を行う者、募集受託者、特定募集情報等提供事業者、労働者供給事業者及び労働者供給を受けようとする者は、その業務の目的の達成に必要な範囲内で、当該目的を明らかにして個人情報を収集することとし、次に掲げる個人情報を収集してはならないこと。ただし、特別な職業上の必要性が存在することその他業務の目的の達成に必要不可欠であって、収集目的を示して本人から収集する場合はこの限りでないこと。

イ　人種、民族、社会的身分、門地、本籍、出生地その他社会的差別の原因となるおそれのある事項

ロ　思想及び信条

ハ　労働組合への加入状況

(三)　職業紹介事業者、求人者、労働者の募集を行う者、募集受託者、特定募集情報等提供事業者、労働者供給事業者及び労働者供給を受けようとする者は、個人情報を収集する際には、本人から直接収集し、本人の同意の下で本人以外の者から収集し、又は本人により公開されている個人情報を収集する等の手段であって、適法かつ公正なものによらなければならないこと。

(四)　職業紹介事業者、求人者、労働者の募集を行う者、募集受託者、特定募集情報等提供事業者、労働者供給事業者及び労働者供給を受けようとする者は、高等学校若しくは中等教育学校又は中学校若しくは義務教育学校の新規卒業予定者から応募書類の提出を求めるときは、厚生労働省職業安定局長（以下「職業安定局長」という。）の定める書類により提出を求めること。

(五)　個人情報の保管又は使用は、収集目的の範囲に限られること。ただし、他の保管若しくは使用の目的を示して本人の同意を得た場合又は他の法律に定めのある場合はこの限りでないこと。

(六)　職業紹介事業者、求人者、労働者の募集を行う者、募集受託者、特定募集情報等提供事業者、労働者供給事業者及び労働者供給を受けようとする者は、法第五条の五第一項又は(二)、(三)若しくは(五)の求職者等本人の同意を得る際には、次に掲げるところによらなければならないこと。

イ　同意を求める事項について、求職者等が適切な判断を行うことができるよう、可能な限り具体的かつ詳細に明示すること。

ロ　業務の目的の達成に必要な範囲を超えて個人情報を収集し、保管し、又は使用することに対する同意を、職業紹介、労働者の募集、募集情報等提供又は労働者供給の条件としないこと。

ハ　求職者等の自由な意思に基づき、本人により明確に表示された同意であること。

二　個人情報の適正な管理

(一)　職業紹介事業者、求人者、労働者の募集を行う者、募集受託者、特定募集情報等提供事業者、労働者供給事業者及び労働者供給を受けようとする者は、その保管又は使用に係る個人情報に関し、次の事項に係る措置を講ずるとともに、求職者等からの求めに応じ、当該措置の内容を説明しなければならないこと。

イ　個人情報を目的に応じ必要な範囲において正確かつ最新のものに保つための措置

ロ　個人情報の漏えい、滅失又は毀損を防止するための措置

ハ　正当な権限を有しない者による個人情報へのアクセスを防止するための措置

ニ　収集目的に照らして保管する必要がなくなった個人情報を破棄又は削除するための措置

(二)　職業紹介事業者、求人者、労働者の募集を行う者、募集受託者、特定募集情報等提供事業者、労働者供給事業

者及び労働者供給を受けようとする者が、求職者等の秘密に該当する個人情報を知り得た場合には、当該個人情報が正当な理由なく他人に知られることのないよう、厳重な管理を行わなければならないこと。

(三) 職業紹介事業者及び労働者供給事業者は、次に掲げる事項を含む個人情報の適正管理に関する規程を作成し、これを遵守しなければならないこと。

イ 個人情報を取り扱うことができる者の範囲に関する事項

ロ 個人情報を取り扱う者に対する研修等教育訓練に関する事項

ハ 本人から求められた場合の個人情報の開示又は訂正(削除を含む。以下同じ。)の取扱いに関する事項

ニ 個人情報の取扱いに関する苦情の処理に関する事項

(四) 職業紹介事業者、特定募集情報等提供事業者及び労働者供給事業者は、本人が個人情報の開示又は訂正の求めをしたことを理由として、当該本人に対して不利益な取扱いをしてはならないこと。

三 個人情報の保護に関する法律の遵守等

一及び二に定めるもののほか、職業紹介事業者、求人者、労働者の募集を行う者、募集受託者、特定募集情報等提供事業者、労働者供給事業者及び労働者供給を受けようとする者は、個人情報の保護に関する法律第二条第十一項に規定する行政機関等又は同法第十六条第二項に規定する個人情報取扱事業者に該当する場合には、それぞれ同法第五章第二節から第四節まで又は同法第四章第二節に規定する義務を遵守しなければならないこと。

第六 職業紹介事業者の責務等に関する事項(法第三十二条の十五)

一 職業安定機関等との連携

(一) 職業安定機関との連携

職業紹介等事業者は、求人、求職等の内容がその業務の範囲外にあると認めるときは、公共職業安定所の利用を勧奨する等適切に対応すること。また、職業紹介等事業者は、労働力の需要供給の適正かつ円滑な調整を図るため、職業安定機関の行う雇用情報の収集、標準職業名の普及等に協力するよう努めるものとする。

(二) 学校との連携

職業紹介事業者(法第三十三条の二第一項の規定による届出をして職業紹介事業を行う学校を除く。)は、高等学校、中等教育学校、中学校又は義務教育学校の新規卒業予定者に対する職業紹介を行うに当たっては、学校との連携に関し、次に掲げる事項に留意すること。

イ 生徒に対して求人情報の提供等を行う際には、当該生徒が在籍する学校を通じて行うようにすること。

ロ 職業紹介事業者が行う職業紹介が、公共職業安定所及び学校が行う新規学校卒業予定者に対する職業紹介の日程に沿ったものとなるようにし、生徒の職業選択について必要な配慮を行うこと。

ハ その他学校教育の円滑な実施に支障がないよう必要な配慮を行うこと。

二 職業紹介事業者における求人の申込みの受理に関する事項

(一) 職業紹介事業者は、原則として、求人者に対し、求人の申込みが法第五条の六第一項各号のいずれかに該当するか否かを申告させるべきこと。

(二) 職業紹介事業者は、求人の申込みが法第五条の六第一項各号のいずれかに該当することを知った場合は、当該求人の申込みを受理しないことが望ましいこと。

三 求職者の能力に適合する職業の紹介の推進

職業紹介事業者は、求職者の能力に適合した職業紹介を行うことができるよう、求職者の能力の的確な把握に努めるとともに、その業務の範囲内において、可能な限り幅広い求人の確保に努めること。

四　求職者又は求人者からの苦情の適切な処理

職業紹介事業者は、職業安定機関、特定地方公共団体及び他の職業紹介事業者と連携を図りつつ、当該事業に係る求職者又は求人者からの苦情（あっせんを行った後の苦情を含む。）を迅速、適切に処理するための体制の整備及び改善向上に努めること。

五　職業紹介により就職した者の早期離職等に関する事項

(一)　職業紹介事業者は、その紹介により就職した者（期間の定めのない労働契約を締結した者に限る。）に対し、当該就職した日から二年間、転職の勧奨を行ってはならないこと。

(二)　有料職業紹介事業者は、返戻金制度（職業安定法施行規則第二十四条の五第一項第二号に規定する返戻金制度をいう。以下同じ。）を設けることが望ましいこと。

(三)　有料職業紹介事業者は、法第三十二条の十三の規定に基づき求職者に対して手数料に関する事項を明示する場合、求職者から徴収する手数料に関する事項及び求人者から徴収する手数料に関する事項を明示しなければならないこと。また、職業紹介事業者は、同条の規定に基づき、返戻金制度に関する事項について、求人者及び求職者に対し、明示しなければならないこと。

六　職業紹介事業に係る適正な許可の取得

(一)　求人者に紹介するため求職者を探索した上当該求職者に就職するよう勧奨し、これに応じて求職の申込みをした者をあっせんするいわゆるスカウト行為を事業として行う場合は、職業紹介事業の許可等が必要であること。また、いわゆるアウトプレースメント業のうち、教育訓練、相談、助言等のみならず、職業紹介を行う事業は職業紹介事業に該当するものであり、当該事業を行うためには、職業紹介事業の許可等が必要であること。

(二)　次のいずれかに該当する行為を事業として行う場合は、当該者の判断が電子情報処理組織により自動的に行われているかどうかにかかわらず、職業紹介事業の許可等が必要であること。また、宣伝広告の内容、求人者又は求職者との間の契約内容等の実態から判断して、求人者に求職者を、又は求職者に求人者をあっせんする行為を事業として行うものであり、募集情報等提供事業はその一部として行われているものである場合には、全体として職業紹介事業に該当するものであり、当該事業を行うためには、職業紹介事業の許可等が必要であること。

イ　求職者に関する情報又は求人に関する情報について、当該者の判断により選別した提供相手に対してのみ提供を行い、又は当該者の判断により選別した情報のみ提供を行うこと。

ロ　求職者に関する情報又は求人に関する情報の内容について、当該者の判断により提供相手となる求人者又は求職者に応じて加工し、提供を行うこと。

ハ　求職者と求人者との間の意思疎通を当該者を介して中継する場合に、当該者の判断により当該意思疎通に加工を行うこと。

七　再就職支援を行う職業紹介事業者に関する事項

(一)　事業主の依頼に応じて、その雇用する労働者に対し再就職支援を行う職業紹介事業者（以下「再就職支援事業者」という。）が、直接当該労働者の権利を違法に侵害し、又は当該事業主による当該労働者の権利の違法な侵害を助長し、若しくは誘発する次に掲げる行為を行うことは許されないこと。

イ　当該労働者に対して、退職の強要（勧奨を受ける者の自由な意思決定を妨げる退職の勧奨であって、民事訴訟において違法とされるものをいう。以下同じ。）となり得る行為を直接行うこと。

ロ　退職の強要を助長し、又は誘発するマニュアル等を作成し事業主に提供する等、退職の強要を助長し、又は誘発する物又は役務を事業主に提供すること。

(二)　再就職支援事業者が次に掲げる行為を行うことは不適切であること。

イ　当該労働者に対して、退職の勧奨（退職の強要を除く。）を直接行うこと。

ロ　事業主に対して、その雇用する労働者に退職の勧奨を行うよう積極的に提案すること。

八　助成金の支給に関する基準を満たす職業紹介事業者に関する事項

雇用保険法施行規則（昭和五十年労働省令第三号）第百二条の五第二項第一号イ(4)、第百十条第二項第一号イ、第七項第一号イ、第九項第一号イ及び第十項第一号イ、第百十条の三第二項第一号イ及び第三項第一号並びに第百十二条第二項第一号ハ、第二号ハ、第三号イ(3)及び第四号ハ並びに附則第十五条の五の二の規定に基づき助成金の支給に関し職業安定局長が定める基準を満たす職業紹介事業者は、当該基準を遵守すること。

九　適正な宣伝広告等に関する事項

(一)　職業安定機関その他公的機関と関係を有しない職業紹介事業者は、これと誤認させる名称を用いてはならないこと。

(二)　職業紹介事業に関する宣伝広告の実施に当たっては、法第五条の四第一項及び第三項並びに不当景品類及び不当表示防止法（昭和三十七年法律第百三十四号）の趣旨に鑑みて、不当に求人者又は求職者を誘引し、合理的な選択を阻害するおそれがある不当な表示をしてはならないこと。

(三)　求職の申込みの勧奨については、求職者が希望する地域においてその能力に適合する職業に就くことができるよう、職業紹介事業の質を向上させ、これを訴求することによって行うべきものであり、職業紹介事業者が求職者に金銭等を提供することによって行うことは好ましくなく、お祝い金その他これに類する名目で社会通念上相当と認められる程度を超えて金銭等を提供することによって行ってはならないこと。

十　国外にわたる職業紹介を行う職業紹介事業者に関する事項

(一)　職業紹介事業者（法第三十三条の二第一項の規定により無料の職業紹介事業を行う同項各号に掲げる施設の長を除く。以下この十において同じ。）は、国外にわたる職業紹介を行うに当たっては、法第三十二条の十二第一項（法第三十三条第四項及び第三十三条の三第二項において準用する場合を含む。）の規定により、その職業紹介事業において取り扱う職種の範囲その他業務の範囲を届け出た場合には、その相手先国をはじめ、その範囲内で職業紹介を行わなければならないこと。

(二)　職業紹介事業者は、国外にわたる職業紹介を行うに当たっては、出入国管理及び難民認定法（昭和二十六年政令第三百十九号）その他の出入国に関する法令及び相手先国の法令を遵守して職業紹介を行わなければならないこと。

(三)　職業紹介事業者は、国外にわたる職業紹介を行うに当たっては、求職者に渡航費用その他の金銭を貸し付け、又は求人者がそれらの金銭を貸し付けた求職者に対して職業紹介を行ってはならないこと。

(四) 職業紹介事業者は、国外にわたる職業紹介を行うに当たり、取次機関を利用するときは、次に該当するものを利用してはならないこと。

イ 相手先国において活動を認められていない取次機関

ロ 職業紹介に関し、保証金の徴収その他名目のいかんを問わず、求職者の金銭その他の財産を管理し、求職者との間で職業紹介に係る契約の不履行について違約金を定める契約その他の不当に金銭その他の財産の移転を予定する契約を締結し、又は求職者に対して渡航費用その他の金銭を貸し付ける取次機関

(五) 職業紹介事業者は、職業紹介に関し、求職者が他者に保証金の徴収その他名目のいかんを問わず、金銭その他の財産を管理され、又は他者が求職者との間で職業紹介に係る契約の不履行について違約金を定める契約その他の不当に金銭その他の財産の移転を予定する契約を締結していることを認識して、当該求職者に対して職業紹介を行ってはならないこと。

十一 職業紹介事業者が行う離職状況に係る調査に関する事項

(一) 職業紹介事業者は、法第三十二条の十六第三項（法第三十三条第四項、第三十三条の二第七項及び第三十三条の三第二項において準用する場合を含む。）の規定による情報の提供を行うに当たり、その紹介により就職した者のうち期間の定めのない労働契約を締結した者（以下この十一において「無期雇用就職者」という。）が職業安定法施行規則第二十四条の八第三項第二号（同令第二十五条第一項、第二十五条の二第六項及び第二十五条の三第二項において準用する場合を除く。）に規定する者に該当するかどうかを確認するため、当該無期雇用就職者に係る雇用主に対し、必要な調査を行わなければならないこと。

(二) 求人者は、無期雇用就職者を雇用した場合は、可能な限り、当該無期雇用就職者を紹介した職業紹介事業者が行う(一)の調査に協力すること。

第七 労働者の募集を行う者等の責務に関する事項（法第四十二条）

労働者の募集を行う者及び募集受託者は、職業安定機関、特定地方公共団体等と連携を図りつつ、当該事業に係る募集に応じて労働者になろうとする者からの苦情を適切かつ迅速に処理するための体制の整備及び改善向上に努めること。

第八 募集情報等提供事業を行う者の責務に関する事項（法第四十三条の八）

一 職業安定機関等との連携

募集情報等提供事業を行う者は、労働力の需要供給の適正かつ円滑な調整を図るため、職業安定機関の行う雇用情報の収集、標準職業名の普及等に協力するよう努めるものとすること。

二 労働者の募集等に関する情報の提供

(一) 募集情報等提供事業を行う者は、労働者の募集に関する情報が次のいずれかに該当すると認めるときは、当該情報の提供を依頼した者に対して当該情報の変更を依頼し、又は当該情報の提供を中止しなければならないこと。特に、当該情報がイに該当することを認めながら提供した場合には、法第六十三条第二号に違反することとなるおそれがあること。

イ 公衆衛生又は公衆道徳上有害な業務に就かせる目的の労働者の募集に関する情報

ロ その内容が法令に違反する労働者の募集に関する情

報

(二) 募集情報等提供事業を行う者は、労働者の募集に関する情報が(一)のイ又はロのいずれかに該当するおそれがあると認めるときは、当該情報の提供を依頼した者に対し、当該情報が(一)のイ若しくはロのいずれかに該当するかどうか確認し、又は当該情報の提供を中止すること。

(三) 募集情報等提供事業を行う者は、労働者の募集に関する情報又は労働者になろうとする者に関する情報について、当該情報の提供を依頼した者の承諾を得ることなく当該情報を改変して提供してはならないこと。

三 募集情報等提供事業を行う者は、労働争議に対する中立の立場を維持するため、同盟罷業又は作業所閉鎖の行われている事業所に関する募集情報等提供を行ってはならないこと。

四 労働者になろうとする者に関する情報を収集して募集情報等提供事業を行う場合は、当該情報により必ずしも特定の個人を識別することができない場合であっても特定募集情報等提供事業に該当すること。

五 適正な宣伝広告等に関する事項

(一) 職業安定機関その他公的機関と関係を有しない募集情報等提供事業を行う者は、これと誤認させる名称を用いてはならないこと。

(二) 募集情報等提供事業に関する宣伝広告の実施に当たっては、法第五条の四第一項及び第三項並びに不当景品類及び不当表示防止法の趣旨に鑑みて、不当に利用者を誘引し、合理的な選択を阻害するおそれがある不当な表示をしてはならないこと。

六 適切かつ迅速な苦情処理のための体制整備

募集情報等提供事業を行う者は、労働者になろうとする者、労働者の募集を行う者、募集受託者、職業紹介事業者、他の募集情報等提供事業を行う者、特定地方公共団体又は労働者供給事業者から申出を受けた当該事業に関する苦情を適切かつ迅速に処理するため、相談窓口を明確にするとともに、必要な場合には職業安定機関と連携を行うこと。

第九　労働者供給事業者の責務に関する事項（法第四十五条の二）

労働者供給事業者は、当該事業の運営に当たっては、その改善向上を図るために次に掲げる事項に係る措置を講ずる必要があること。

一 労働者供給事業者は、供給される労働者に対し、供給される労働者でなくなる自由を保障しなければならないこと。

二 労働者供給事業者は、労働組合法（昭和二十四年法律第百七十四号）第五条第二項各号に掲げる規定を含む労働組合の規約を定め、これを遵守する等、民主的な方法により運営しなければならないこと。

三 労働者供給事業者は、無料で労働者供給事業を行わなければならないこと。

四 労働者供給事業者は、供給される労働者から過度に高額な組合費を徴収してはならないこと。

五 労働者供給事業者は、供給される労働者の就業の状況等を踏まえ、労働者供給事業者又は労働者供給を受ける者が社会保険及び労働保険の適用手続を適切に進めるように管理すること。

六 労働者供給事業者は、職業安定機関、特定地方公共団体等と連携を図りつつ、当該事業に係る供給される労働者からの苦情を迅速、適切に処理するための体制の整備及び改善向上に努めること。

附　則〔平成一二年一二月二五日労働省告示第一二〇号〕　抄

（適用期日）

第一　この告示は、内閣法の一部を改正する法律（平成十二年法律第八十八号）の施行の日（平成十三年一月六日）から適用する。

労働者派遣事業の適正な運営の確保及び派遣労働者の保護等に関する法律　抄

（昭和六〇年七月五日
法律第八八号）

沿革　平成一一年七月七日法律第八四号
〃一五年六月一三日〃第八二号
〃二四年四月六日〃第二七号
〃二七年九月一八日〃第七三号
〃三〇年七月六日〃第七一号
令和元年六月五日〃第二四号
〃元年六月一四日〃第三七号
〃二年三月三一日〃第一四号
〃三年六月九日〃第五八号
〃四年六月一七日〃第六八号

第一章　総則

（目的）

第一条　この法律は、職業安定法（昭和二十二年法律第百四十一号）と相まつて労働力の需給の適正な調整を図るため労働者派遣事業の適正な運営の確保に関する措置を講ずるとともに、派遣労働者の保護等を図り、もつて派遣労働者の雇用の安定その他福祉の増進に資することを目的とする。

（用語の意義）

第二条　この法律において、次の各号に掲げる用語の意義は、当該各号に定めるところによる。

一　労働者派遣　自己の雇用する労働者を、当該雇用関係の下に、かつ、他人の指揮命令を受けて、当該他人のために労働に従事させることをいい、当該他人に対し当該労働者を当該他人に雇用させることを約してするものを含まないものとする。

二　派遣労働者　事業主が雇用する労働者であつて、労働者派遣の対象となるものをいう。

三　労働者派遣事業　労働者派遣を業として行うことをいう。

四　紹介予定派遣　労働者派遣のうち、第五条第一項の許可を受けた者（以下「派遣元事業主」という。）が労働者派遣の役務の提供の開始前又は開始後に、当該労働者派遣に係る派遣労働者及び当該派遣労働者に係る労働者派遣の役務の提供を受ける者（第三章第四節を除き、以下「派遣先」という。）について、職業安定法その他の法律の規定による許可を受けて、又は届出をして、職業紹介を行い、又は行うことを予定してするものをいい、当該職業紹介により、当該派遣労働者が当該派遣先に雇用される旨が、当該労働者派遣の役務の提供の終了前に当該派遣労働者と当該派遣先との間で約されるものを含むものとする。

第二章　労働者派遣事業の適正な運営の確保に関する措置

第一節　業務の範囲

第四条　何人も、次の各号のいずれかに該当する業務について、労働者派遣事業を行つてはならない。

一　港湾運送業務（港湾労働法（昭和六十三年法律第四十号）第二条第二号に規定する港湾運送の業務及び同条第一号に規定する港湾以外の港湾において行われる当該業務に

相当する業務として政令で定める業務をいう。）
二　建設業務（土木、建築その他工作物の建設、改造、保存、修理、変更、破壊若しくは解体の作業又はこれらの作業の準備の作業に係る業務をいう。）
三　警備業法（昭和四十七年法律第百十七号）第二条第一項各号に掲げる業務その他その業務の実施の適正を確保するためには業として行う労働者派遣（次節並びに第二十三条第二項、第四項及び第五項において単に「労働者派遣」という。）により派遣労働者に従事させることが適当でないと認められる業務として政令で定める業務

2　厚生労働大臣は、前項第三号の政令の制定又は改正の立案をしようとするときは、あらかじめ、労働政策審議会の意見を聴かなければならない。

3　労働者派遣事業を行う事業主から労働者派遣の役務の提供を受ける者は、その指揮命令の下に当該労働者派遣に係る派遣労働者を第一項各号のいずれかに該当する業務に従事させてはならない。

第二節　事業の許可

（労働者派遣事業の許可）

第五条　労働者派遣事業を行おうとする者は、厚生労働大臣の許可を受けなければならない。

2　前項の許可を受けようとする者は、次に掲げる事項を記載した申請書を厚生労働大臣に提出しなければならない。
一　氏名又は名称及び住所並びに法人にあつては、その代表者の氏名
二　法人にあつては、その役員の氏名及び住所
三　労働者派遣事業を行う事業所の名称及び所在地
四　第三十六条の規定により選任する派遣元責任者の氏名及び住所

3　前項の申請書には、労働者派遣事業を行う事業所ごとの当該事業に係る事業計画書その他厚生労働省令で定める書類を添付しなければならない。

4　前項の事業計画書には、厚生労働省令で定めるところにより、労働者派遣事業を行う事業所ごとの当該事業に係る派遣労働者の数、労働者派遣に関する料金の額その他労働者派遣に関する事項を記載しなければならない。

5　厚生労働大臣は、第一項の許可をしようとするときは、あらかじめ、労働政策審議会の意見を聴かなければならない。

（許可の欠格事由）

第六条　次の各号のいずれかに該当する者は、前条第一項の許可を受けることができない。

一 **現**　禁錮以上の刑に処せられ、又はこの法律の規定その他労働に関する法律の規定（次号に規定する規定を除く。）であつて政令で定めるもの若しくは暴力団員による不当な行為の防止等に関する法律（平成三年法律第七十七号）の規定（同法第五十条（第二号に係る部分に限る。）及び第五十二条の規定を除く。）により、若しくは刑法（明治四十年法律第四十五号）第二百四条、第二百六条、第二百八条、第二百八条の二、第二百二十二条若しくは第二百四十七条の罪、暴力行為等処罰に関する法律（大正十五年法律第六十号）の罪若しくは出入国管理及び難民認定法（昭和二十六年政令第三百十九号）第七十三条の二第一項の罪を犯したことにより、罰金の刑に処せられ、その執行を終わり、又は執行を受けることがなくなつた日から起算して五年を経過しない者

新［令和七年六月一日から施行］
一　拘禁刑以上の刑に処せられ、又はこの法律の規定その他労働に関する法律の規定（次号に規定する規定を除

く。）であつて政令で定めるもの若しくは暴力団員による不当な行為の防止等に関する法律（平成三年法律第七十七号）の規定（同法第五十条（第二号に係る部分に限る。）及び第五十二条の規定を除く。）により、若しくは刑法（明治四十年法律第四十五号）第二百四条、第二百六条、第二百八条、第二百八条の二、第二百二十二条若しくは第二百四十七条の罪、暴力行為等処罰に関する法律（大正十五年法律第六十号）の罪若しくは出入国管理及び難民認定法（昭和二十六年政令第三百十九号）第七十三条の二第一項の罪を犯したことにより、罰金の刑に処せられ、その執行を終わり、又は執行を受けることがなくなつた日から起算して五年を経過しない者

二　健康保険法（大正十一年法律第七十号）第二百八条、第二百十三条の二若しくは第二百十四条第一項、船員保険法（昭和十四年法律第七十三号）第百五十六条、第百五十九条若しくは第百六十条第一項、労働者災害補償保険法（昭和二十二年法律第五十号）第五十一条前段若しくは第五十四条第一項（同法第五十一条前段の規定に係る部分に限る。）、厚生年金保険法（昭和二十九年法律第百十五号）第百二条、第百三条の二若しくは第百四条第一項（同法第百二条又は第百三条の二の規定に係る部分に限る。）、労働保険の保険料の徴収等に関する法律（昭和四十四年法律第八十四号）第四十六条前段若しくは第四十八条第一項（同法第四十六条前段の規定に係る部分に限る。）又は雇用保険法（昭和四十九年法律第百十六号）第八十三条若しくは第八十六条（同法第八十三条の規定に係る部分に限る。）の規定により罰金の刑に処せられ、その執行を終わり、又は執行を受けることがなくなつた日から起算して五年を経過しない者

三　心身の故障により労働者派遣事業を適正に行うことができない者として厚生労働省令で定めるもの

四　破産手続開始の決定を受けて復権を得ない者

五　第十四条第一項（第一号を除く。）の規定により労働者派遣事業の許可を取り消され、当該取消しの日から起算して五年を経過しない者

六　第十四条第一項の規定により労働者派遣事業の許可を取り消された者が法人である場合（同項第一号の規定により許可を取り消された場合については、当該法人が第一号又は第二号に規定する者に該当することとなつたことによる場合に限る。）において、当該取消しの処分を受ける原因となつた事項が発生した当時現に当該法人の役員（業務を執行する社員、取締役、執行役又はこれらに準ずる者をいい、相談役、顧問その他いかなる名称を有する者であるかを問わず、法人に対し業務を執行する社員、取締役、執行役又はこれらに準ずる者と同等以上の支配力を有するものと認められる者を含む。以下この条において同じ。）であつた者で、当該取消しの日から起算して五年を経過しないもの

七　第十四条第一項の規定による労働者派遣事業の許可の取消しの処分に係る行政手続法（平成五年法律第八十八号）第十五条の規定による通知があつた日から当該処分をする日又は処分をしないことを決定する日までの間に第十三条第一項の規定による労働者派遣事業の廃止の届出をした者（当該事業の廃止について相当の理由がある者を除く。）で、当該届出の日から起算して五年を経過しないもの

八　前号に規定する期間内に第十三条第一項の規定による労働者派遣事業の廃止の届出をした者が法人である場合において、同号の通知の日前六十日以内に当該法人（当該事業の廃止について相当の理由がある法人を除く。）の役員で

あつた者で、当該届出の日から起算して五年を経過しないもの
九　暴力団員による不当な行為の防止等に関する法律第二条第六号に規定する暴力団員（以下この号において「暴力団員」という。）又は暴力団員でなくなつた日から五年を経過しない者（以下この条において「暴力団員等」という。）
十　営業に関し成年者と同一の行為能力を有しない未成年者であつて、その法定代理人が前各号又は次号のいずれかに該当するもの
十一　法人であつて、その役員のうちに前各号のいずれかに該当する者があるもの
十二　暴力団員等がその事業活動を支配する者
十三　暴力団員等をその業務に従事させ、又はその業務の補助者として使用するおそれのある者

第七条（許可の基準等）　厚生労働大臣は、第五条第一項の許可の申請が次に掲げる基準に適合していると認めるときでなければ、許可をしてはならない。
一　当該事業が専ら労働者派遣の役務を特定の者に提供することを目的として行われるもの（雇用の機会の確保が特に困難であると認められる労働者の雇用の継続等を図るために必要であると認められる場合として厚生労働省令で定める場合において行われるものを除く。）でないこと。
二　申請者が、当該事業の派遣労働者に係る雇用管理を適正に行うに足りる能力を有するものとして厚生労働省令で定める基準に適合するものであること。
三　個人情報（個人に関する情報であつて、特定の個人を識別することができるもの（他の情報と照合することにより特定の個人を識別することができることとなるものを含む。）をいう。以下同じ。）を適正に管理し、及び派遣労働者等の秘密を守るために必要な措置が講じられていること。
四　前二号に掲げるもののほか、申請者が、当該事業を的確に遂行するに足りる能力を有するものであること。

2　厚生労働大臣は、第五条第一項の許可をしないときは、遅滞なく、理由を示してその旨を当該申請者に通知しなければならない。

第八条（許可証）　厚生労働大臣は、第五条第一項の許可をしたときは、厚生労働省令で定めるところにより、労働者派遣事業を行う事業所の数に応じ、許可証を交付しなければならない。

2　許可証の交付を受けた者は、当該許可証を、労働者派遣事業を行う事業所ごとに備え付けるとともに、関係者から請求があつたときは提示しなければならない。

3　許可証の交付を受けた者は、当該許可証を亡失し、又は当該許可証が滅失したときは、速やかにその旨を厚生労働大臣に届け出て、許可証の再交付を受けなければならない。

第九条（許可の条件）　第五条第一項の許可には、条件を付し、及びこれを変更することができる。

2　前項の条件は、当該許可の趣旨に照らして、又は当該許可に係る事項の確実な実施を図るために必要な最小限度のものに限り、かつ、当該許可を受ける者に不当な義務を課することとなるものであつてはならない。

第一〇条（許可の有効期間等）　第五条第一項の許可の有効期間は、当該許可の日から起算して三年とする。

2　前項に規定する許可の有効期間（当該許可の有効期間について この項の規定により更新を受けたときにあつては、当該更新を受けた許可の有効期間）の満了後引き続き当該許可に係る労働者派遣事業を行おうとする者は、厚生労働省令で定

めるところにより、許可の有効期間の更新を受けなければならない。

3　厚生労働大臣は、前項に規定する許可の有効期間の更新の申請があつた場合において、当該申請が第七条第一項各号に掲げる基準に適合していないと認めるときは、当該許可の有効期間の更新をしてはならない。

4　第二項の規定によりその更新を受けた場合における第五条第一項の許可の有効期間は、当該更新前の許可の有効期間が満了する日の翌日から起算して五年とする。

5　第五条第二項から第四項まで、第六条（第五号から第八号までを除く。）及び第七条第一項の規定は、第二項に規定する許可の有効期間の更新について準用する。

（許可の取消し等）

第一四条　厚生労働大臣は、派遣元事業主が次の各号のいずれかに該当するときは、第五条第一項の許可を取り消すことができる。

一　第六条各号（第五号から第八号までを除く。）のいずれかに該当しているとき。

二　この法律（第二十三条第三項、第二十三条の二、第三十条第二項の規定により読み替えて適用する同条第一項及び次章第四節の規定を除く。）若しくは職業安定法の規定又はこれらの規定に基づく命令若しくは処分に違反したとき。

三　第九条第一項の規定により付された許可の条件に違反したとき。

四　第四十八条第三項の規定による指示を受けたにもかかわらず、なお第二十三条第三項、第二十三条の二又は第三十条第二項の規定により読み替えて適用する同条第一項の規定に違反したとき。

2　厚生労働大臣は、派遣元事業主が前項第二号又は第三号に該当するときは、期間を定めて当該労働者派遣事業の全部又は一部の停止を命ずることができる。

（名義貸しの禁止）

第一五条　派遣元事業主は、自己の名義をもつて、他人に労働者派遣事業を行わせてはならない。

第一六条から第二二条まで　削除〔平成二七年九月法律七三号〕

第三節　補則

（事業報告等）

第二三条　派遣元事業主は、厚生労働省令で定めるところにより、労働者派遣事業を行う事業所ごとの当該事業に係る事業報告書及び収支決算書を作成し、厚生労働大臣に提出しなければならない。

2　前項の事業報告書には、厚生労働省令で定めるところにより、労働者派遣事業を行う事業所ごとの当該事業に係る派遣労働者の数、労働者派遣の役務の提供を受けた者の数、労働者派遣に関する料金の額その他労働者派遣に関する事項を記載しなければならない。

3　派遣元事業主は、厚生労働省令で定めるところにより、次条に規定する関係派遣先への派遣割合を厚生労働大臣に報告しなければならない。

4　派遣元事業主は、派遣労働者をこの法律の施行地外の地域に所在する事業所その他の施設において就業させるための労働者派遣（以下「海外派遣」という。）をしようとするときは、厚生労働省令で定めるところにより、あらかじめ、その旨を厚生労働大臣に届け出なければならない。

5　派遣元事業主は、厚生労働省令で定めるところにより、労働者派遣事業を行う事業所ごとの当該事業に係る派遣労働者の数、労働者派遣の役務の提供を受けた者の数、労働者派遣に関する料金の額の平均額から派遣労働者の賃金の額の平均額を控除した額を当該労働者派遣に関する料金の額の平均額で除して得た割合として厚生労働省令で定めるところにより算定した割合、教育訓練に関する事項その他当該労働者派遣事業の業務に関しあらかじめ関係者に対して知らせることが適当であるものとして厚生労働省令で定める事項に関し情報の提供を行わなければならない。

（派遣元事業主の関係派遣先に対する労働者派遣の制限）

第二三条の二　派遣元事業主は、当該派遣元事業主の経営を実質的に支配することが可能となる関係にある者その他の当該派遣元事業主と特殊の関係のある者として厚生労働省令で定める者（以下この条において「関係派遣先」という。）に労働者派遣をするときは、関係派遣先への派遣割合（一の事業年度における当該派遣元事業主が雇用する派遣労働者の関係派遣先に係る派遣就業（労働者派遣に係る派遣労働者の就業をいう。以下同じ。）に係る総労働時間を、その事業年度における当該派遣元事業主が雇用する派遣労働者のすべての派遣就業に係る総労働時間で除して得た割合として厚生労働省令で定めるところにより算定した割合をいう。）が百分の八十以下となるようにしなければならない。

（職業安定法第二十条の準用）

第二四条　職業安定法第二十条の規定は、労働者派遣事業について準用する。この場合において、同条第一項中「公共職業安定所」とあるのは「労働者派遣事業の適正な運営の確保及び派遣労働者の保護等に関する法律第二条四号に規定する派遣元事業主（以下単に「派遣元事業主」という。）」と、「事業所に、求職者を紹介してはならない」とあるのは「事業所に関し、同条第一号に規定する労働者派遣（以下単に「労働者派遣」という。）（当該同盟罷業又は作業所閉鎖の行われる際現に当該事業所に関し労働者派遣をしている場合にあつては、当該労働者派遣及びこれに相当するものを除く。）をしてはならない」と、同条第二項中「求職者を無制限に紹介する」とあるのは「無制限に労働者派遣がされる」と、「公共職業安定所は当該事業所に対し、求職者を紹介してはならない」とあるのは「公共職業安定所は、その旨を派遣元事業主に通報するものとし、当該通報を受けた派遣元事業主は、当該事業所に関し、労働者派遣（当該通報の際現に当該事業所に関し労働者派遣をしている場合にあつては、当該労働者派遣及びこれに相当するものを除く。）をしてはならない」と、「使用されていた労働者」とあるのは「使用されていた労働者（労働者派遣に係る労働に従事していた労働者を含む。）」と、「労働者を紹介する」とあるのは「労働者派遣をする」と読み替えるものとする。

（派遣元事業主以外の労働者派遣事業を行う事業主からの労働者派遣の受入れの禁止）

第二四条の二　労働者派遣の役務の提供を受ける者は、派遣元事業主以外の労働者派遣事業を行う事業主から、労働者派遣の役務の提供を受けてはならない。

（個人情報の取扱い）

第二四条の三　派遣元事業主は、労働者派遣に関し、労働者の個人情報を収集し、保管し、又は使用するに当たつては、その業務（紹介予定派遣をする場合における職業紹介を含む。次条において同じ。）の目的の達成に必要な範囲内で労働者の個人情報を収集し、並びに当該収集の目的の範囲内でこれを保管し、及び使用しなければならない。ただし、本人の同意がある場合その他正当な事由がある場合は、この限りでない。

２　派遣元事業主は、労働者の個人情報を適正に管理するために必要な措置を講じなければならない。

（秘密を守る義務）

第二四条の四　派遣元事業主及びその代理人、使用人その他の従業者は、正当な理由がある場合でなければ、その業務上取り扱つたことについて知り得た秘密を他に漏らしてはならない。派遣元事業主及びその代理人、使用人その他の従業者でなくなつた後においても、同様とする。

（運用上の配慮）

第二五条　厚生労働大臣は、労働者派遣事業に係るこの法律の規定の運用に当たつては、労働者の職業生活の全期間にわたるその能力の有効な発揮及びその雇用の安定に資すると認められる雇用慣行並びに派遣就業は臨時的かつ一時的なものであることを原則とするとの考え方を考慮するとともに、労働者派遣事業による労働力の需給の調整が職業安定法に定める他の労働力の需給の調整に関する制度に基づくものとの調和の下に行われるように配慮しなければならない。

第三章　派遣労働者の保護等に関する措置

第一節　労働者派遣契約

（契約の内容等）

第二六条　労働者派遣契約（当事者の一方が相手方に対し労働者派遣をすることを約する契約をいう。以下同じ。）の当事者は、厚生労働省令で定めるところにより、当該労働者派遣契約の締結に際し、次に掲げる事項を定めるとともに、その内容の差異に応じて派遣労働者の人数を定めなければならない。

一　派遣労働者が従事する業務の内容

二　派遣労働者が労働者派遣に係る労働に従事する事業所の名称及び所在地その他派遣就業の場所並びに組織単位（労働者の配置の区分であつて、配置された労働者の業務の遂行を指揮命令する職務上の地位にある者が当該労働者の業務の配分に関して直接の権限を有するものとして厚生労働省令で定めるものをいう。以下同じ。）

三　労働者派遣の役務の提供を受ける者のために、就業中の派遣労働者を直接指揮命令する者に関する事項

四　労働者派遣の期間及び派遣就業をする日

五　派遣就業の開始及び終了の時刻並びに休憩時間

六　安全及び衛生に関する事項

七　派遣労働者から苦情の申出を受けた場合における当該申出を受けた苦情の処理に関する事項

八　派遣労働者の新たな就業の機会の確保、派遣労働者に対する休業手当（労働基準法（昭和二十二年法律第四十九号）第二十六条の規定により使用者が支払うべき手当をいう。第二十九条の二において同じ。）等の支払に要する費用を確保するための当該費用の負担に関する措置その他の労働者派遣契約の解除に当たつて講ずる派遣労働者の雇用の安定を図るために必要な措置に関する事項

九　労働者派遣契約が紹介予定派遣に係るものである場合にあつては、当該職業紹介により従事すべき業務の内容及び労働条件その他の当該紹介予定派遣に関する事項

十　前各号に掲げるもののほか、厚生労働省令で定める事項

2　前項に定めるもののほか、派遣元事業主は、労働者派遣契約であつて海外派遣に係るものの締結に際しては、厚生労働省令で定めるところにより、当該海外派遣に係る役務の提供を受ける者が次に掲げる措置を講ずべき旨を定めなければならない。

一　第四十一条の派遣先責任者の選任

二　第四十二条第一項の派遣先管理台帳の作成、同項各号に掲げる事項の当該台帳への記載及び同条第三項の厚生労働省令で定める条件に従つた通知

三　その他厚生労働省令で定める当該派遣就業が適正に行われるため必要な措置

3 派遣元事業主は、第一項の規定により労働者派遣契約を締結するに当たつては、あらかじめ、当該契約の相手方に対し、第五条第一項の許可を受けている旨を明示しなければならない。

4 派遣元事業主から新たな労働者派遣契約に基づく労働者派遣（第四十条の二第一項各号のいずれかに該当するものを除く。次項において同じ。）の役務の提供を受けようとする者は、第一項の規定により当該労働者派遣契約を締結するに当たつては、あらかじめ、当該派遣元事業主に対し、当該労働者派遣の役務の提供が開始される日以後当該労働者派遣の役務の提供を受けようとする者の事業所その他派遣就業の場所の業務について同条第一項の規定に抵触することとなる最初の日を通知しなければならない。

5 派遣元事業主は、新たな労働者派遣契約に基づく労働者派遣の役務の提供を受けようとする者から前項の規定による通知がないときは、当該者との間で、当該者の事業所その他派遣就業の場所の業務に係る労働者派遣契約を締結してはならない。

6 労働者派遣（紹介予定派遣を除く。）の役務の提供を受けようとする者は、労働者派遣契約の締結に際し、当該労働者派遣契約に基づく労働者派遣に係る派遣労働者を特定することを目的とする行為をしないように努めなければならない。

7 労働者派遣の役務の提供を受けようとする者は、第一項の規定により労働者派遣契約を締結するに当たつては、あらかじめ、派遣元事業主に対し、厚生労働省令で定めるところにより、当該労働者派遣に係る派遣労働者が従事する業務ごとに、比較対象労働者の賃金その他の待遇に関する情報その他の厚生労働省令で定める情報を提供しなければならない。

8 前項の「比較対象労働者」とは、当該労働者派遣の役務の提供を受けようとする者に雇用される通常の労働者であつて、その業務の内容及び当該業務に伴う責任の程度（以下「職務の内容」という。）並びに当該職務の内容及び配置の変更の範囲が、当該労働者派遣に係る派遣労働者と同一であると見込まれるものその他の当該派遣労働者と待遇を比較すべき労働者として厚生労働省令で定めるものをいう。

9 派遣元事業主は、労働者派遣の役務の提供を受けようとする者から第七項の規定による情報の提供がないときは、当該者との間で、当該労働者派遣に係る派遣労働者が従事する業務に係る労働者派遣契約を締結してはならない。

10 派遣先は、第七項の情報に変更があつたときは、遅滞なく、厚生労働省令で定めるところにより、派遣元事業主に対し、当該変更の内容に関する情報を提供しなければならない。

11 労働者派遣の役務の提供を受けようとする者及び派遣先は、当該労働者派遣に関する料金の額について、派遣元事業主が、第三十条の四第一項の協定に係る労働者派遣以外の労働者派遣にあつては第三十条の三の規定、同項の協定に係る労働者派遣にあつては同項第二号から第五号までに掲げる事項に関する協定の定めを遵守することができるものとなるように配慮しなければならない。

（契約の解除等）

第二十七条 労働者派遣の役務の提供を受ける者は、派遣労働者の国籍、信条、性別、社会的身分、派遣労働者が労働組合の正当な行為をしたこと等を理由として、労働者派遣契約を解除してはならない。

第二十八条 労働者派遣をする事業主は、当該労働者派遣の役務の提供を受ける者が、当該派遣就業に関し、この法律又は第四節の規定により適用される法律の規定（これらの規定に基づく命令の規定を含む。第三十一条及び第四十条の六第一項第五号において同じ。）に違反した場合においては、当該労働者派遣を停止し、又は当該労働者派遣契約を解除することがができる。

第二九条　労働者派遣契約の解除は、将来に向かつてのみその効力を生ずる。

（労働者派遣契約の解除に当たつて講ずべき措置）

第二九条の二　労働者派遣の役務の提供を受ける者は、その者の都合による労働者派遣契約の解除に当たつては、当該労働者派遣に係る派遣労働者の新たな就業の機会の確保、労働者派遣をする事業主による当該派遣労働者に対する休業手当等の支払に要する費用を確保するための当該費用の負担その他の当該派遣労働者の雇用の安定を図るために必要な措置を講じなければならない。

第二節　派遣元事業主の講ずべき措置等

（特定有期雇用派遣労働者等の雇用の安定等）

第三〇条　派遣元事業主は、その雇用する有期雇用派遣労働者（期間を定めて雇用される派遣労働者をいう。以下同じ。）であつて派遣先の事業所その他派遣就業の場所における同一の組織単位の業務について継続して一年以上の期間当該労働者派遣に係る労働に従事する見込みがあるものとして厚生労働省令で定めるもの（以下「特定有期雇用派遣労働者」という。）その他雇用の安定を図る必要性が高いと認められる者として厚生労働省令で定めるもの又は派遣労働者として期間を定めて雇用しようとする労働者であつて雇用の安定を図る必要性が高いと認められるものとして厚生労働省令で定めるもの（以下この項において「特定有期雇用派遣労働者等」という。）に対し、厚生労働省令で定めるところにより、次の各号の措置を講ずるように努めなければならない。

一　派遣先に対し、特定有期雇用派遣労働者に対して労働契約の申込みをすることを求めること。

二　派遣労働者として就業させることができるように就業（その条件が、特定有期雇用派遣労働者等の能力、経験その他厚生労働省令で定める事項に照らして合理的なものに限る。）の機会を確保するとともに、その機会を特定有期雇用派遣労働者等に提供すること。

三　派遣労働者以外の労働者として期間を定めないで雇用することができるように雇用の機会を確保するとともに、その機会を特定有期雇用派遣労働者等に提供すること。

四　前三号に掲げるもののほか、特定有期雇用派遣労働者等を対象とした教育訓練であつて雇用の安定に特に資すると認められるものとして厚生労働省令で定めるものその他の雇用の安定を図るために必要な措置として厚生労働省令で定めるものを講ずること。

2　派遣先の事業所その他派遣就業の場所における同一の組織単位の業務について継続して三年間当該労働者派遣に係る労働に従事する見込みがある特定有期雇用派遣労働者に係る前項の規定の適用については、同項中「講ずるように努めなければ」とあるのは、「講じなければ」とする。

（段階的かつ体系的な教育訓練等）

第三〇条の二　派遣元事業主は、その雇用する派遣労働者が段階的かつ体系的に派遣就業に必要な技能及び知識を習得することができるように教育訓練を実施しなければならない。この場合において、当該派遣労働者が無期雇用派遣労働者（期間を定めないで雇用される派遣労働者をいう。以下同じ。）であるときは、当該無期雇用派遣労働者がその職業生活の全期間を通じてその有する能力を有効に発揮できるように配慮しなければならない。

2　派遣元事業主は、その雇用する派遣労働者の求めに応じ、当該派遣労働者の職業生活の設計に関し、相談の機会の確保その他の援助を行わなければならない。

（不合理な待遇の禁止等）

第三〇条の三　派遣元事業主は、その雇用する派遣労働者の基本給、賞与その他の待遇のそれぞれについて、当該待遇に対応する派遣先に雇用される通常の労働者の待遇との間において、当該派遣労働者及び通常の労働者の職務の内容、当該職務の内容及び配置の変更の範囲その他の事情のうち、当該待遇の性質及び当該待遇を行う目的に照らして適切と認められるものを考慮して、不合理と認められる相違を設けてはならない。

2　派遣元事業主は、職務の内容が派遣先に雇用される通常の労働者と同一の派遣労働者であつて、当該労働者派遣契約及び当該派遣先における慣行その他の事情からみて、当該派遣先における派遣就業が終了するまでの全期間において、その職務の内容及び配置が当該派遣先との雇用関係が終了するまでの全期間における当該通常の労働者の職務の内容及び配置の変更の範囲と同一の範囲で変更されることが見込まれるものについては、正当な理由がなく、基本給、賞与その他の待遇のそれぞれについて、当該待遇に対応する当該通常の労働者の待遇に比して不利なものとしてはならない。

第三〇条の四　派遣元事業主は、厚生労働省令で定めるところにより、労働者の過半数で組織する労働組合がある場合においてはその労働組合、労働者の過半数で組織する労働組合がない場合においては労働者の過半数を代表する者との書面による協定により、その雇用する派遣労働者の待遇（第四十条第二項の教育訓練、同条第三項の福利厚生施設その他の厚生労働省令で定めるものに係るものを除く。以下この項において同じ。）について、次に掲げる事項を定めたときは、前条の規定は、第一号に掲げる範囲に属する派遣労働者の待遇については適用しない。ただし、第二号、第四号若しくは第五号に掲げる事項であつて当該協定で定めたものを遵守していない場合又は第三号に関する当該協定の定めによる公正な評価に取り組んでいない場合は、この限りでない。

一　その待遇が当該協定で定めるところによることとされる派遣労働者の範囲

二　前号に掲げる範囲に属する派遣労働者の賃金の決定の方法（次のイ及びロ（通勤手当その他の厚生労働省令で定めるものにあつては、イ）に該当するものに限る。）

イ　派遣労働者が従事する業務と同種の業務に従事する一般の労働者の平均的な賃金の額として厚生労働省令で定めるものと同等以上の賃金の額となるものであること。

ロ　派遣労働者の職務の内容、職務の成果、意欲、能力又は経験その他の就業の実態に関する事項の向上があつた場合に賃金が改善されるものであること。

三　派遣元事業主は、前号に掲げる賃金の決定の方法により賃金を決定するに当たつては、派遣労働者の職務の内容、職務の成果、意欲、能力又は経験その他の就業の実態に関する事項を公正に評価し、その賃金を決定すること。

四　第一号に掲げる範囲に属する派遣労働者の待遇（賃金を除く。以下この号において同じ。）の決定の方法（派遣労働者の待遇のそれぞれについて、当該待遇に対応する派遣元事業主に雇用される通常の労働者（派遣労働者を除く。）の待遇との間において、当該派遣労働者及び通常の労働者の職務の内容、当該職務の内容及び配置の変更の範囲その他の事情のうち、当該待遇の性質及び当該待遇を行う目的に照らして適切と認められるものを考慮して、不合理と認められる相違が生じることとならないものに限る。）

五　派遣元事業主は、第一号に掲げる範囲に属する派遣労働者に対して第三十条の二第一項の規定による教育訓練を実施すること。

六　前各号に掲げるもののほか、厚生労働省令で定める事項

2　前項の協定を締結した派遣元事業主は、

めるところにより、当該協定をその雇用する労働者に周知しなければならない。

（職務の内容等を勘案した賃金の決定）

第三〇条の五　派遣元事業主は、派遣先に雇用される通常の労働者との均衡を考慮しつつ、その雇用する派遣労働者（第三十条の三第二項の派遣労働者及び前条第一項の協定で定めるところによる待遇とされる派遣労働者（以下「協定対象派遣労働者」という。）を除く。）の職務の内容、職務の成果、意欲、能力又は経験その他の就業の実態に関する事項を勘案し、その賃金（通勤手当その他の厚生労働省令で定めるものを除く。）を決定するように努めなければならない。

（就業規則の作成の手続）

第三〇条の六　派遣元事業主は、派遣労働者に係る事項について就業規則を作成し、又は変更しようとするときは、あらかじめ、当該事業所において雇用する派遣労働者の過半数を代表すると認められるものの意見を聴くように努めなければならない。

（派遣労働者等の福祉の増進）

第三〇条の七　第三十条から前条までに規定するもののほか、派遣元事業主は、その雇用する派遣労働者又は派遣労働者として雇用しようとする労働者について、各人の希望、能力及び経験に応じた就業の機会（派遣労働者以外の労働者としての就業の機会を含む。）及び教育訓練の機会の確保、労働条件の向上その他雇用の安定を図るために必要な措置を講ずることにより、これらの者の福祉の増進を図るように努めなければならない。

（適正な派遣就業の確保）

第三一条　派遣元事業主は、派遣先がその指揮命令の下に派遣労働者に労働させるに当たつて当該派遣就業に関しこの法律又は第四節の規定により適用される法律の規定に違反することがないようその他派遣就業が適正に行われるように、必要な措置を講ずる等適切な配慮をしなければならない。

（待遇に関する事項等の説明）

第三一条の二　派遣元事業主は、派遣労働者として雇用しようとする労働者に対し、厚生労働省令で定めるところにより、当該労働者を派遣労働者として雇用した場合における当該労働者の賃金の額の見込みその他の当該労働者の待遇に関する事項その他の厚生労働省令で定める事項を説明しなければならない。

2　派遣元事業主は、労働者を派遣労働者として雇い入れようとするときは、あらかじめ、当該労働者に対し、文書の交付その他厚生労働省令で定める方法（次項において「文書の交付等」という。）により、第一号に掲げる事項を明示するとともに、厚生労働省令で定めるところにより、第二号に掲げる措置の内容を説明しなければならない。

一　労働条件に関する事項のうち、労働基準法第十五条第一項に規定する厚生労働省令で定める事項以外のものであつて厚生労働省令で定めるもの

二　第三十条の三、第三十条の四第一項及び第三十条の五の規定により措置を講ずべきこととされている事項（労働基準法第十五条第一項に規定する厚生労働省令で定める事項及び前号に掲げる事項を除く。）に関し講ずることとしている措置の内容

3　派遣元事業主は、労働者派遣（第三十条の四第一項の協定に係るものを除く。）をしようとするときは、あらかじめ、当該労働者派遣に係る派遣労働者に対し、文書の交付等により、第一号に掲げる事項を明示するとともに、厚生労働省令で定めるところにより、第二号に掲げる措置の内容を説明しなければならない。

一　労働基準法第十五条第一項に規定する厚生労働省令で定

める事項及び前項第一号に掲げる事項（厚生労働省令で定めるものを除く。）
二　前項第二号に掲げる措置の内容

4　派遣元事業主は、その雇用する派遣労働者から求めがあつたときは、当該派遣労働者に対し、当該派遣労働者と第二十六条第八項に規定する比較対象労働者との間の待遇の相違の内容及び理由並びに第三十条の三から第三十条の六までの規定により措置を講ずべきこととされている事項に関する決定をするに当たつて考慮した事項を説明しなければならない。

5　派遣元事業主は、派遣労働者が前項の求めをしたことを理由として、当該派遣労働者に対して解雇その他不利益な取扱いをしてはならない。

（派遣労働者であることの明示等）

第三二条　派遣元事業主は、労働者を派遣労働者として雇い入れようとするときは、あらかじめ、当該労働者にその旨（紹介予定派遣に係る派遣労働者として雇い入れようとする場合にあつては、その旨を含む。）を明示しなければならない。

2　派遣元事業主は、その雇用する労働者であつて、派遣労働者として雇い入れた労働者以外のものを新たに労働者派遣の対象としようとするときは、あらかじめ、当該労働者にその旨（新たに紹介予定派遣の対象としようとする場合にあつては、その旨を含む。）を明示し、その同意を得なければならない。

（派遣労働者に係る雇用制限の禁止）

第三三条　派遣元事業主は、その雇用する派遣労働者又は派遣労働者として雇用しようとする労働者との間で、正当な理由がなく、その者に係る派遣先である者（派遣先であつた者を含む。次項において同じ。）又は派遣先となることとなる者に当該派遣元事業主との雇用関係の終了後雇用されることを禁ずる旨の契約を締結してはならない。

2　派遣元事業主は、その雇用する派遣労働者に係る派遣先である者又は派遣先となろうとする者との間で、正当な理由がなく、その者が当該派遣労働者を当該派遣元事業主との雇用関係の終了後雇用することを禁ずる旨の契約を締結してはならない。

（就業条件等の明示）

第三四条　派遣元事業主は、労働者派遣をしようとするときは、あらかじめ、当該労働者派遣に係る派遣労働者に対し、厚生労働省令で定めるところにより、次に掲げる事項（当該労働者派遣が第四十条の二第一項各号のいずれかに該当する場合にあつては、第三号及び第四号に掲げる事項を除く。）を明示しなければならない。
一　当該労働者派遣をしようとする旨
二　第二十六条第一項各号に掲げる事項その他厚生労働省令で定める事項であつて当該派遣労働者に係るもの
三　当該派遣労働者が労働者派遣に係る労働に従事する事業所その他派遣就業の場所における組織単位の業務について派遣元事業主が第三十五条の三の規定に抵触することとなる最初の日
四　当該派遣労働者が労働者派遣に係る労働に従事する事業所その他派遣就業の場所の業務について派遣先が第四十条の二第一項の規定に抵触することとなる最初の日

2　派遣元事業主は、派遣先から第四十条の二第七項の規定による通知を受けたときは、遅滞なく、当該通知に係る事業所その他派遣就業の場所の業務に従事する派遣労働者に対し、厚生労働省令で定めるところにより、当該事業所その他派遣就業の場所の業務について派遣先が同条第一項の規定に抵触することとなる最初の日を明示しなければならない。

3　派遣元事業主は、前二項の規定による明示をするに当たつては、派遣先が第四十条の六第一項第三号又は第四号に該当する行為を行つた場合には同項の規定により労働契約の申込みをしたものとみなされることとなる旨を併せて明示しなければならない。

（労働者派遣に関する料金の額の明示）

第三四条の二　派遣元事業主は、次の各号に掲げる場合には、当該各号に定める労働者に対し、厚生労働省令で定めるところにより、当該労働者に係る労働者派遣に関する料金の額として厚生労働省令で定める額を明示しなければならない。

一　労働者を派遣労働者として雇い入れようとする場合　当該労働者

二　労働者派遣をしようとする場合及び労働者派遣に関する料金の額を変更する場合　当該労働者派遣に係る派遣労働者

（派遣先への通知）

第三五条　派遣元事業主は、労働者派遣をするときは、厚生労働省令で定めるところにより、次に掲げる事項を派遣先に通知しなければならない。

一　当該労働者派遣に係る派遣労働者の氏名

二　当該労働者派遣に係る派遣労働者が協定対象派遣労働者であるか否かの別

三　当該労働者派遣に係る派遣労働者が無期雇用派遣労働者であるか有期雇用派遣労働者であるかの別

四　当該労働者派遣に係る派遣労働者が第四十条の二第一項第二号の厚生労働省令で定める者であるか否かの別

五　当該労働者派遣に係る派遣労働者に関する健康保険法第三十九条第一項の規定による被保険者の資格の取得の確認、厚生年金保険法第十八条第一項の規定による被保険者の資格の取得の確認及び雇用保険法第九条第一項の規定による被保険者となつたことの確認の有無に関する事項であつて厚生労働省令で定めるもの

六　その他厚生労働省令で定める事項

2　派遣元事業主は、前項の規定による通知をした後に同項第二号から第五号までに掲げる事項に変更があつたときは、遅滞なく、その旨を当該派遣先に通知しなければならない。

（労働者派遣の期間）

第三五条の二　派遣元事業主は、派遣先が当該派遣元事業主から労働者派遣の役務の提供を受けたならば第四十条の二第一項の規定に抵触することとなる場合には、当該抵触することとなる最初の日以降継続して労働者派遣を行つてはならない。

第三五条の三　派遣元事業主は、派遣先の事業所その他派遣就業の場所における組織単位ごとの業務について、三年を超える期間継続して同一の派遣労働者に係る労働者派遣（第四十条の二第一項各号のいずれかに該当するものを除く。）を行つてはならない。

（日雇労働者についての労働者派遣の禁止）

第三五条の四　派遣元事業主は、その業務を迅速かつ的確に遂行するために専門的な知識、技術又は経験を必要とする業務のうち、労働者派遣により日雇労働者（日々又は三十日以内の期間を定めて雇用する労働者をいう。以下この項において同じ。）を従事させても当該日雇労働者の適正な雇用管理に支障を及ぼすおそれがないと認められる業務として政令で定める業務について労働者派遣をする場合又は雇用の機会の確保が特に困難であると認められる労働者の雇用の継続等を図るために必要であると認められる場合その他の場合で政令で定める場合を除き、その雇用する日雇労働者について労働者派遣を行つてはならない。

2　厚生労働大臣は、前項の政令の制定又は改正の立案をしようとするときは、あらかじめ、労働政策審議会の意見を聴かなければならない。

（離職した労働者についての労働者派遣の禁止）

第三五条の五 派遣元事業主は、労働者派遣をしようとする場合において、派遣先が当該労働者派遣の役務の提供を受けたならば第四十条の九第一項の規定に抵触することとなるときは、当該労働者派遣を行つてはならない。

（派遣元責任者）

第三六条 派遣元事業主は、派遣就業に関し次に掲げる事項を行わせるため、厚生労働省令で定めるところにより、第六条第一号、第二号及び第四号から第九号までに該当しない者（未成年者を除き、派遣労働者に係る雇用管理を適正に行うに足りる能力を有する者として、厚生労働省令で定める基準に適合するものに限る。）のうちから派遣元責任者を選任しなければならない。

一 第三十二条、第三十四条、第三十五条及び次条に定める事項に関すること。
二 当該派遣労働者に対し、必要な助言及び指導を行うこと。
三 当該派遣労働者から申出を受けた苦情の処理に当たること。
四 当該派遣労働者等の個人情報の管理に関すること。
五 当該派遣労働者についての教育訓練の実施及び職業生活の設計に関する相談の機会の確保に関すること。
六 当該派遣労働者の安全及び衛生に関し、当該事業所の労働者の安全及び衛生に関する業務を統括管理する者及び当該派遣先との連絡調整を行うこと。
七 前号に掲げるもののほか、当該派遣先との連絡調整に関すること。

（派遣元管理台帳）

第三七条 派遣元事業主は、厚生労働省令で定めるところにより、派遣就業に関し、派遣元管理台帳を作成し、当該台帳に派遣労働者ごとに次に掲げる事項を記載しなければならない。

一 協定対象派遣労働者であるか否かの別
二 無期雇用派遣労働者であるか有期雇用派遣労働者であるかの別（当該派遣労働者が有期雇用派遣労働者である場合にあつては、当該有期雇用派遣労働者に係る労働契約の期間）
三 第四十条の二第一項第二号の厚生労働省令で定める者であるか否かの別
四 派遣先の氏名又は名称
五 事業所の所在地その他派遣就業の場所及び組織単位
六 労働者派遣の期間及び派遣就業をする日
七 始業及び終業の時刻
八 従事する業務の種類
九 第三十条第一項（同条第二項の規定により読み替えて適用する場合を含む。）の規定により講じた措置
十 教育訓練（厚生労働省令で定めるものに限る。）を行つた日時及び内容
十一 派遣労働者から申出を受けた苦情の処理に関する事項
十二 紹介予定派遣に係る派遣労働者については、当該紹介予定派遣に関する事項
十三 その他厚生労働省令で定める事項

2 派遣元事業主は、前項の派遣元管理台帳を三年間保存しなければならない。

（準用）

第三八条 第三十三条及び第三十四条第一項（第三号及び第四号を除く。）の規定は、派遣元事業主以外の労働者派遣をする事業主について準用する。この場合において、第三十三条中「派遣先」とあるのは、「労働者派遣の役務の提供を受ける者」と読み替えるものとする。

第三節 派遣先の講ずべき措置等

（労働者派遣契約に関する措置）

第三九条 派遣先は、

他厚生労働省令で定める事項に関する労働者派遣契約の定めに反することのないように適切な措置を講じなければならない。

第四〇条（適正な派遣就業の確保等）　派遣先は、その指揮命令の下に労働させる派遣労働者から当該派遣就業に関し、苦情の申出を受けたときは、当該苦情の内容を当該派遣元事業主に通知するとともに、当該派遣元事業主との密接な連携の下に、誠意をもつて、遅滞なく、当該苦情の適切かつ迅速な処理を図らなければならない。

2　派遣先は、その指揮命令の下に労働させる派遣労働者について、当該派遣労働者を雇用する派遣元事業主からの求めに応じ、当該派遣労働者が従事する業務と同種の業務に従事するその雇用する労働者が従事する業務の遂行に必要な能力を付与するための教育訓練については、当該派遣労働者が当該業務に必要な能力を習得することができるようにするため、当該派遣労働者が既に当該業務に必要な能力を有している場合その他厚生労働省令で定める場合を除き、当該派遣労働者に対しても、これを実施する等必要な措置を講じなければならない。

3　派遣先は、当該派遣先に雇用される労働者に対して利用の機会を与える福利厚生施設であつて、業務の円滑な遂行に資するものとして厚生労働省令で定めるものについては、その指揮命令の下に労働させる派遣労働者に対しても、利用の機会を与えなければならない。

4　前三項に定めるもののほか、派遣先は、その指揮命令の下に労働させる派遣労働者について、当該派遣就業が適正かつ円滑に行われるようにするため、適切な就業環境の維持、診療所等の施設であつて現に当該派遣先に雇用される労働者が通常利用しているもの（前項に規定する厚生労働省令で定める福利厚生施設を除く。）の利用に関する便宜の供与等必要な措置を講ずるように配慮しなければならない。

5　派遣先は、第三十条の二、第三十条の三、第三十条の四第一項及び第三十一条の二第四項の規定による措置が適切に講じられるようにするため、派遣元事業主の求めに応じ、当該派遣先に雇用される労働者に関する情報、当該派遣労働者の業務の遂行の状況その他の情報であつて当該措置に必要なものを提供する等必要な協力をするように配慮しなければならない。

第四〇条の二（労働者派遣の役務の提供を受ける期間）　派遣先は、当該派遣先の事業所その他派遣就業の場所ごとの業務について、派遣元事業主から派遣可能期間を超える期間継続して労働者派遣の役務の提供を受けてはならない。ただし、当該労働者派遣が次の各号のいずれかに該当するものであるときは、この限りでない。

一　無期雇用派遣労働者に係る労働者派遣

二　雇用の機会の確保が特に困難である派遣労働者であつてその雇用の継続等を図る必要があると認められるものとして厚生労働省令で定める者に係る労働者派遣

三　次のイ又はロに該当する業務に係る労働者派遣

イ　事業の開始、転換、拡大、縮小又は廃止のための業務であつて一定の期間内に完了することが予定されているもの

ロ　その業務が一箇月間に行われる日数が、当該派遣就業に係る派遣先に雇用される通常の労働者の一箇月間の所定労働日数に比し相当程度少なく、かつ、厚生労働大臣の定める日数以下である業務

四　当該派遣先に雇用される労働者が労働基準法第六十五条第一項及び第二項の規定により休業し、並びに育児休業、介護休業等育児又は家族介護を行う労働者の福祉に関する法律（平成三年法律第七十六号）第二条第一号に規定する

育児休業をする場合における当該労働者の業務その他これに準ずる場合として厚生労働省令で定める場合における当該労働者の業務に係る労働者派遣

五　当該派遣先に雇用される労働者が育児休業、介護休業等育児又は家族介護を行う労働者の福祉に関する法律第二条第二号に規定する介護休業をし、及びこれに準ずる休業として厚生労働省令で定める休業をする場合における当該労働者の業務に係る労働者派遣

2　前項の派遣可能期間（以下「派遣可能期間」という。）は、三年とする。

3　派遣先は、当該派遣先の事業所その他派遣就業の場所ごとの業務について、派遣元事業主から三年を超える期間継続して労働者派遣（第一項各号のいずれかに該当するものを除く。以下この項において同じ。）の役務の提供を受けようとするときは、当該派遣先の事業所その他派遣就業の場所ごとの業務に係る労働者派遣の役務の提供が開始された日（この項の規定により派遣可能期間を延長した場合にあつては、当該延長前の派遣可能期間が経過した日）以後当該事業所その他派遣就業の場所ごとの業務について第一項の規定に抵触することとなる最初の日の一月前の日までの間（次項において「意見聴取期間」という。）に、厚生労働省令で定めるところにより、三年を限り、派遣可能期間を延長することができる。当該延長に係る期間が経過した場合において、これを更に延長しようとするときも、同様とする。

4　派遣先は、派遣可能期間を延長しようとするときは、意見聴取期間に、厚生労働省令で定めるところにより、過半数労働組合等（当該派遣先の事業所に、労働者の過半数で組織する労働組合がある場合においてはその労働組合、労働者の過半数で組織する労働組合がない場合においては労働者の過半数を代表する者をいう。次項において同じ。）の意見を聴かなければならない。

5　派遣先は、前項の規定により意見を聴かれた過半数労働組合等が異議を述べたときは、当該事業所その他派遣就業の場所ごとの業務について、延長前の派遣可能期間が経過することとなる日の前日までに、当該過半数労働組合等に対し、派遣可能期間の延長の理由その他の厚生労働省令で定める事項について説明しなければならない。

6　派遣先は、第四項の規定による意見の聴取及び前項の規定による説明を行うに当たつては、この法律の趣旨にのつとり、誠実にこれらを行うように努めなければならない。

7　派遣先は、第三項の規定により派遣可能期間を延長したときは、速やかに、当該労働者派遣をする派遣元事業主に対し、当該事業所その他派遣就業の場所ごとの業務について第一項の規定に抵触することとなる最初の日を通知しなければならない。

8　厚生労働大臣は、第一項第二号、第四号若しくは第五号の厚生労働省令の制定又は改正をしようとするときは、あらかじめ、労働政策審議会の意見を聴かなければならない。

第四〇条の三　派遣先は、前条第三項の規定により派遣可能期間が延長された場合において、当該派遣先の事業所その他派遣就業の場所における組織単位ごとの業務について、派遣元事業主から三年を超える期間継続して同一の派遣労働者に係る労働者派遣（同条第一項各号のいずれかに該当するものを除く。）の役務の提供を受けてはならない。

（特定有期雇用派遣労働者の雇用）

第四〇条の四　派遣先は、当該派遣先の事業所その他派遣就業の場所における組織単位ごとの同一の業務について派遣元事業主から継続して一年以上の期間同一の特定有期雇用派遣労働者に係る労働者派遣（第四十条の二第一項各号のいずれかに該当するものを除く。）の役務の提供を受けた場合におい

て、引き続き当該同一の業務に労働者を従事させるため、当該労働者派遣の役務の提供を受けた期間（以下この条において「派遣実施期間」という。）が経過した日以後労働者を雇い入れようとするときは、当該同一の業務に派遣実施期間継続して従事した特定有期雇用派遣労働者（継続して就業することを希望する者として厚生労働省令で定めるものに限る。）を、遅滞なく、雇い入れるように努めなければならない。

（派遣先に雇用される労働者の募集に係る事項の周知）

第四〇条の五　派遣先は、当該派遣先の同一の事業所その他派遣就業の場所において派遣元事業主から一年以上の期間継続して同一の派遣労働者に係る労働者派遣の役務の提供を受けている場合において、当該事業所その他派遣就業の場所において労働に従事する通常の労働者の募集を行うときは、当該募集に係る事業所その他派遣就業の場所に掲示することその他の措置を講ずることにより、その者が従事すべき業務の内容、賃金、労働時間その他の当該募集に係る事項を当該派遣労働者に周知しなければならない。

2　派遣先の事業所その他派遣就業の場所における同一の組織単位の業務について継続して三年間当該労働者派遣に係る労働に従事する見込みがある特定有期雇用派遣労働者（継続して就業することを希望する者として厚生労働省令で定めるものに限る。）に係る前項の規定の適用については、同項中「労働者派遣」とあるのは「労働者派遣（第四十条の二第一項各号のいずれかに該当するものを除く。）」と、「通常の労働者」とあるのは「労働者」とする。

第四〇条の六　労働者派遣の役務の提供を受ける者（国（行政執行法人（独立行政法人通則法（平成十一年法律第百三号）第二条第四項に規定する行政執行法人をいう。）を含む。次条において同じ。）及び地方公共団体（特定地方独立行政法人（地方独立行政法人法（平成十五年法律第百十八号）第二条第二項に規定する特定地方独立行政法人をいう。）を含む。次条において同じ。）の機関を除く。以下この条において同じ。）が次の各号のいずれかに該当する行為を行つた場合には、その時点において、当該労働者派遣の役務の提供を受ける者から当該労働者派遣に係る派遣労働者に対し、その時点における当該派遣労働者に係る労働条件と同一の労働条件を内容とする労働契約の申込みをしたものとみなす。ただし、労働者派遣の役務の提供を受ける者が、その行つた行為が次の各号のいずれかの行為に該当することを知らず、かつ、知らなかつたことにつき過失がなかつたときは、この限りでない。

一　第四条第三項の規定に違反して派遣労働者を同条第一項各号のいずれかに該当する業務に従事させること。

二　第二十四条の二の規定に違反して労働者派遣の役務の提供を受けること。

三　第四十条の二第一項の規定に違反して労働者派遣の役務の提供を受けること（同条第四項に規定する意見の聴取の手続のうち厚生労働省令で定めるものが行われないことにより同条第一項の規定に違反することとなつたときを除く。）。

四　第四十条の三の規定に違反して労働者派遣の役務の提供を受けること。

五　この法律又は次節の規定により適用される法律の規定の適用を免れる目的で、請負その他労働者派遣以外の名目で契約を締結し、第二十六条第一項各号に掲げる事項を定めずに労働者派遣の役務の提供を受けること。

2　前項の規定により労働契約の申込みをしたものとみなされた労働者派遣の役務の提供を受ける者は、当該労働契約の申込みに係る同項に規定する行為が終了した日から一年を経過する日までの間は、当該申込みを撤回することができない。

3　第一項の規定により労働契約の申込みをしたものとみなされた労働者派遣の役務の提供を受ける者が、当該申込みに対して前項に規定する期間内に承諾する旨又は承諾しない旨の意思表示を受けなかつたときは、当該申込みは、その効力を失う。

4　第一項の規定により申し込まれたものとみなされた労働契約に係る派遣労働者に係る労働者派遣をする事業主は、当該労働者派遣の役務の提供を受ける者から求めがあつた場合においては、当該労働者派遣の役務の提供を受ける者に対し、速やかに、同項の規定により労働契約の申込みをしたものとみなされた時点における当該派遣労働者に係る労働条件の内容を通知しなければならない。

第四〇条の七　労働者派遣の役務の提供を受ける者が国又は地方公共団体の機関である場合であつて、前条第一項各号のいずれかに該当する行為を行つた場合（同項ただし書に規定する場合を除く。）においては、当該行為が終了した日から一年を経過する日までの間に、当該労働者派遣に係る派遣労働者が、当該国又は地方公共団体の機関において当該労働者派遣に係る業務と同一の業務に従事することを求めるときは、当該国又は地方公共団体の機関は、同項の規定の趣旨を踏まえ、当該派遣労働者の雇用の安定を図る観点から、国家公務員法（昭和二十二年法律第百二十号。裁判所職員臨時措置法（昭和二十六年法律第二百九十九号）において準用する場合を含む。）、国会職員法（昭和二十二年法律第八十五号）、自衛隊法（昭和二十九年法律第百六十五号）又は地方公務員法（昭和二十五年法律第二百六十一号）その他関係法令の規定に基づく採用その他の適切な措置を講じなければならない。

2　前項に規定する求めを行つた派遣労働者に係る労働者派遣をする事業主は、当該労働者派遣に係る国又は地方公共団体の機関から求めがあつた場合においては、当該国又は地方公共団体の機関に対し、速やかに、当該国又は地方公共団体の機関が前条第一項各号のいずれかに該当する行為を行つた時点における当該派遣労働者に係る労働条件の内容を通知しなければならない。

第四〇条の八　厚生労働大臣は、労働者派遣の役務の提供を受ける者又は派遣労働者からの求めに応じて、労働者派遣の役務の提供を受ける者の行為が、第四十条の六第一項各号のいずれかに該当するかどうかについて必要な助言をすることができる。

2　厚生労働大臣は、第四十条の六第一項の規定により申し込まれたものとみなされた労働契約に係る派遣労働者が当該申込みを承諾した場合において、同項の規定により当該労働契約の申込みをしたものとみなされた労働者派遣の役務の提供を受ける者が当該派遣労働者を就労させない場合には、当該労働者派遣の役務の提供を受ける者に対し、当該派遣労働者の就労に関し必要な助言、指導又は勧告をすることができる。

3　厚生労働大臣は、前項の規定により、当該派遣労働者を就労させるべき旨の勧告をした場合において、その勧告を受けた第四十条の六第一項の規定により労働契約の申込みをしたものとみなされた労働者派遣の役務の提供を受ける者がこれに従わなかつたときは、その旨を公表することができる。

（離職した労働者についての労働者派遣の役務の提供の受入れの禁止）

第四〇条の九　派遣先は、労働者派遣の役務の提供を受けようとする場合において、当該労働者派遣に係る派遣労働者が当該派遣先を離職した者であるときは、当該離職の日から起算して一年を経過する日までの間は、当該派遣労働者（雇用の機会の確保が特に困難であり、その雇用の継続等を図る必要があると認められる者として厚生労働省令で定める者を除く。）に係る労働者派遣の役務の提供を受けてはならない。

2　派遣先は、第三十五条第一項の規定による通知を受けた場合において、当該労働者派遣の役務の提供を受けたならば前項の規定に抵触することとなるときは、速やかに、その旨を当該労働者派遣をしようとする派遣元事業主に通知しなければならない。

（派遣先責任者）

第四一条　派遣先は、派遣就業に関し次に掲げる事項を行わせるため、厚生労働省令で定めるところにより、派遣先責任者を選任しなければならない。

一　次に掲げる事項の内容を、当該派遣労働者の業務の遂行を指揮命令する職務上の地位にある者その他の関係者に周知すること。

イ　この法律及び次節の規定により適用される法律の規定（これらの規定に基づく命令の規定を含む。）

ロ　当該派遣労働者に係る第三十九条に規定する労働者派遣契約の定め

ハ　当該派遣労働者に係る第三十五条の規定による通知

二　第四十条の二第七項及び次条に定める事項に関すること。

三　当該派遣労働者から申出を受けた苦情の処理に当たること。

四　当該派遣労働者の安全及び衛生に関し、当該事業所の労働者の安全及び衛生に関する業務を統括管理する者及び当該派遣元事業主との連絡調整を行うこと。

五　前号に掲げるもののほか、当該派遣元事業主との連絡調整に関すること。

（派遣先管理台帳）

第四二条　派遣先は、厚生労働省令で定めるところにより、派遣就業に関し、派遣先管理台帳を作成し、当該台帳に派遣労働者ごとに次に掲げる事項を記載しなければならない。

一　協定対象派遣労働者であるか否かの別

二　無期雇用派遣労働者であるか有期雇用派遣労働者であるかの別

三　第四十条の二第一項第二号の厚生労働省令で定める者であるか否かの別

四　派遣元事業主の氏名又は名称

五　派遣就業をした日

六　派遣就業をした日ごとの始業し、及び終業した時刻並びに休憩した時間

七　従事した業務の種類

八　派遣労働者から申出を受けた苦情の処理に関する事項

九　紹介予定派遣に係る派遣労働者については、当該紹介予定派遣に関する事項

十　教育訓練（厚生労働省令で定めるものに限る。）を行つた日時及び内容

十一　その他厚生労働省令で定める事項

2　派遣先は、前項の派遣先管理台帳を三年間保存しなければならない。

3　派遣先は、厚生労働省令で定めるところにより、第一項各号（第四号を除く。）に掲げる事項を派遣元事業主に通知しなければならない。

（準用）

第四三条　第三十九条の規定は、労働者派遣の役務の提供を受ける者であつて派遣先以外のものについて準用する。

第四節　労働基準法等の適用に関する特例等

（労働基準法の適用に関する特例）

第四四条　労働基準法第九条に規定する事業（以下この節において単に「事業」という。）の事業主（以下この条において単に「事業主」という。）に雇用され、他の事業主の事業に

おける派遣就業のために当該事業に派遣されている同条に規定する労働者（同居の親族のみを使用する事業に使用される者及び家事使用人を除く。）であつて、当該他の事業主（以下この条において「派遣先の事業主」という。）に雇用されていないもの（以下この節において「派遣中の労働者」という。）の派遣就業に関しては、当該派遣中の労働者が派遣されている事業（以下この節において「派遣先の事業」という。）もまた、派遣中の労働者を使用する事業とみなして、同法第三条、第五条及び第六十九条の規定（これらの規定に係る罰則の規定を含む。）を適用する。

2　派遣中の労働者の派遣就業に関しては、派遣先の事業のみを、派遣中の労働者を使用する事業とみなして、労働基準法第七条、第三十二条、第三十二条の二第一項、第三十二条の三第一項、第三十二条の四第一項から第三項まで、第三十三条から第三十五条まで、第三十六条第一項及び第六項、第四十条、第四十一条、第六十条から第六十三条まで、第六十四条の二、第六十四条の三、第六十六条から第六十八条まで並びに第百四十一条第三項の規定並びに当該規定に基づいて発する命令の規定（これらの規定に係る罰則の規定を含む。）を適用する。この場合において、同法第三十二条の二第一項中「当該事業場に」とあるのは「労働者派遣事業の適正な運営の確保及び派遣労働者の保護等に関する法律（以下「労働者派遣法」という。）第四十四条第三項に規定する派遣元の使用者（以下単に「派遣元の使用者」という。）が、当該派遣元の事業（同項に規定する派遣元の事業をいう。以下同じ。）の事業場に」と、同法第三十二条の三第一項中「就業規則その他これに準ずるものにより、」とあるのは「派遣元の使用者が就業規則その他これに準ずるものにより」と、「とした労働者」とあるのは「とした労働者であつて、当該労働者に係る労働者派遣法第二十六条第一項に規定する労働者派遣契約に基づきこの条の規定による労働時間により労働させることができるもの」と、「当該事業場の」とあるのは「派遣元の使用者が、当該派遣元の事業の事業場の」と、同法第三十二条の四第一項及び第二項中「当該事業場に」とあるのは「派遣元の使用者が、当該派遣元の事業の事業場に」と、同法第三十六条第一項中「当該事業場に」とあるのは「派遣元の使用者が、当該派遣元の事業の事業場に」と、「協定をし、」とあるのは「協定をし、及び」とする。

3　労働者派遣をする事業主の事業（以下この節において「派遣元の事業」という。）の労働基準法第十条に規定する使用者（以下この条において「派遣元の使用者」という。）は、労働者派遣をする場合であつて、前項の規定により当該労働者派遣の役務の提供を受ける事業主の事業の同条に規定する使用者とみなされることとなる者が当該労働者派遣に係る労働者派遣契約に定める派遣就業の条件に従つて当該労働者派遣に係る派遣労働者を労働させたならば、同項の規定により適用される同法第三十二条、第三十四条、第三十五条、第三十六条第六項、第四十条、第六十一条から第六十三条まで、第六十四条の二、第六十四条の三若しくは第百四十一条第三項の規定又はこれらの規定に基づいて発する命令の規定（次項において「労働基準法令の規定」という。）に抵触することとなるときにおいては、当該労働者派遣をしてはならない。

4　派遣元の使用者が前項の規定に違反したとき（当該労働者派遣に係る派遣中の労働者に関し第二項の規定により当該派遣先の事業の労働基準法第十条に規定する使用者とみなされる者において当該労働基準法令の規定に抵触することとなつたときに限る。）は、当該派遣元の使用者は当該労働基準法令の規定に違反したものとみなして、同法第百十八条、第百十九条及び第百二十一条の規定を適用する。

5　前各項の規定による労働基準法の特例については、同法第三十八条の二第二項中「当該事業場」とあるのは「当該事業場（労働者派遣事業の適正な運営の確保及び派遣労働者の保護等に関する法律（昭和六十年法律第八十八号。以下「労働者派遣法」という。）第二十三条の二に規定する派遣就業にあつては、労働者派遣法第四十四条第三項に規定する派遣元の事業の事業場）」と、同法第三十八条の三第一項中「就かせたとき」とあるのは「就かせたとき（派遣先の使用者（労働者派遣法第四十四条第一項又は第二項の規定により同条第一項に規定する派遣先の事業の第十条に規定する使用者とみなされる者をいう。以下同じ。）が就かせたときを含む。）」と、同法第九十九条第一項から第三項まで、第百条第一項及び第三項並びに第百四条の二中「この法律」とあるのは「この法律及び労働者派遣法第四十四条の規定」と、同法第百一条第一項、第百四条第二項、第百四条の二、第百五条の二、第百六条第一項及び第百九条中「使用者」とあるのは「使用者（派遣先の使用者を含む。）」と、同法第百二条中「この法律違反の罪」とあるのは「この法律（労働者派遣法第四十四条の規定により適用される場合を含む。）の違反の罪（同条第四項の規定による第百十八条、第百十九条及び第百二十一条の罪を含む。）」と、同法第百四条第一項中「この法律又はこの法律に基いて発する命令」とあるのは「この法律若しくはこの法律に基づいて発する命令の規定（労働者派遣法第四十四条の規定により適用される場合を含む。）又は同条第三項の規定」と、同法第百六条第一項中「この法律」とあるのは「この法律（労働者派遣法第四十四条の規定を含む。以下この項において同じ。）」と、「協定並びに第三十八条の四第一項及び第五項（第四十一条の二第三項において準用する場合を含む。）並びに第四十一条の二第一項に規定する決議」とあるのは「協定並びに第三十八条の四第一項及び第五項（第四十一条の二第三項において準用する場合を含む。）並びに第四十一条の二第一項に規定する決議（派遣先の使用者にあつては、この法律及びこれに基づく命令の要旨）」と、同法第百十二条中「この法律及びこの法律に基いて発する命令」とあるのは「この法律及びこの法律に基づいて発する命令の規定（労働者派遣法第四十四条の規定により適用される場合を含む。）並びに同条第三項の規定」として、これらの規定（これらの規定に係る罰則の規定を含む。）を適用する。

6　この条の規定により労働基準法及び同法に基づいて発する命令の規定を適用する場合における技術的読替えその他必要な事項は、命令で定める。

（労働安全衛生法の適用に関する特例等）

第四五条　労働者がその事業における派遣就業のために派遣されている派遣先の事業に関しては、当該派遣先の事業を行う者もまた当該派遣中の労働者を使用する事業者（労働安全衛生法（昭和四十七年法律第五十七号）第二条第三号に規定する事業者をいう。以下この条において同じ。）と、当該派遣中の労働者を当該派遣先の事業を行う者にもまた使用される労働者とみなして、同法第三条第一項、第四条、第十条、第十二条から第十三条（第二項及び第三項を除く。）まで、第十三条の二、第十三条の三、第十八条、第十九条の二、第五十九条第二項、第六十条の二、第六十二条、第六十六条の五第一項、第六十九条及び第七十条の規定（これらの規定に係る罰則の規定を含む。）を適用する。この場合において、同法第十条第一項中「第二十五条の二第二項」とあるのは「第二十五条の二第二項（労働者派遣事業の適正な運営の確保及び派遣労働者の保護等に関する法律（以下「労働者派遣法」という。）第四十五条第三項の規定により適用される場合を含む。）」と、「次の業務」とあるのは「次の業務（労働者派遣法第四十四条第一項に規定する派遣中の労働者（以下単に「派遣中の労働者」という。）に関しては、第二号の業務

（第五十九条第三項に規定する安全又は衛生のための特別の教育に係るものを除く。）、第三号の業務（第六十六条第一項の規定による健康診断（同条第二項後段の規定による健康診断であつて厚生労働省令で定めるものを含む。）及び当該健康診断に係る同条第四項の規定による健康診断並びにこれらの健康診断に係る同条第五項ただし書の規定による健康診断に係るものに限る。）及び第五号の業務（厚生労働省令で定めるものに限る。）を除く。第十二条第一項及び第十二条の二において「派遣先安全衛生管理業務」という。）」と、同法第十二条第一項及び第十二条の二中「第十条第一項各号の業務」とあるのは「派遣先安全衛生管理業務」と、「第二十五条の二第二項」とあるのは「第二十五条の二第二項（労働者派遣法第四十五条第三項の規定により適用される場合を含む。）」と、「同条第一項各号」とあるのは「第二十五条の二第一項各号」と、同法第十三条第一項中「健康管理その他の厚生労働省令で定める事項（以下」とあるのは「健康管理その他の厚生労働省令で定める事項（派遣中の労働者に関しては、当該事項のうち厚生労働省令で定めるものを除く。第四項及び第五項、次条並びに第十三条の三において」」と、同条第四項中「定めるもの」とあるのは「定めるもの（派遣中の労働者に関しては、当該情報のうち第一項の厚生労働省令で定めるものに関するものを除く。）」と、同法第十八条第一項中「次の事項」とあるのは「次の事項（派遣中の労働者に関しては、当該事項のうち厚生労働省令で定めるものを除く。）」とする。

2　その事業に使用する労働者が派遣先の事業における派遣就業のために派遣されている派遣元の事業に関する労働安全衛生法第十条第一項、第十二条第一項、第十二条の二、第十三条第一項及び第四項並びに第十八条第一項の規定の適用については、同法第十条第一項中「次の業務」とあるのは「次の業務（労働者派遣事業の適正な運営の確保及び派遣労働者の保護等に関する法律（以下「労働者派遣法」という。）第四十四条第一項に規定する派遣中の労働者（以下単に「派遣中の労働者」という。）に関しては、労働者派遣法第四十五条第一項の規定により読み替えて適用されるこの項の規定により労働者派遣法第四十四条第一項に規定する派遣先の事業を行う者がその選任する総括安全衛生管理者に統括管理させる業務を除く。第十二条第一項及び第十二条の二において「派遣元安全衛生管理業務」という。）」と、同法第十二条第一項及び第十二条の二中「第十条第一項各号の業務」とあるのは「派遣元安全衛生管理業務」と、同法第十三条第一項中「健康管理その他の厚生労働省令で定める事項（以下」とあるのは「健康管理その他の厚生労働省令で定める事項（派遣中の労働者に関しては、当該事項のうち厚生労働省令で定めるものに限る。第四項及び第五項、次条並びに第十三条の三において」」と、同条第四項中「定めるもの」とあるのは「定めるもの（派遣中の労働者に関しては、当該情報のうち第一項の厚生労働省令で定めるものに関するものに限る。）」と、同法第十八条第一項中「次の事項」とあるのは「次の事項（派遣中の労働者に関しては、当該事項のうち厚生労働省令で定めるものに限る。）」とする。

3　労働者がその事業における派遣就業のために派遣されている派遣先の事業に関しては、当該派遣先の事業を行う者を当該派遣中の労働者を使用する事業者と、当該派遣中の労働者を当該派遣先の事業を行う者に使用される労働者とみなして、労働安全衛生法第十一条、第十四条から第十五条の三まで、第十七条、第二十条から第二十七条まで、第二十八条の二から第三十条の三まで、第三十一条の三、第三十六条（同法第三十条第一項及び第四項、第三十条の二第一項及び第四項並びに第三十条の三第一項及び第四項の規定に係る部分に限る。）、第四十五条（第二項を除く。）、第五十七条の三から第五十八条まで、第五十九条第三項、第六十条、第六十一条第一項、第六十五条から第六十五条の四まで、第六十六条第二項前段及び後段（派遣先の事業を行う者が同項後段の政令で定める業務に従事させたことのある労働者（派遣中の労働者を含む。）に係る部分に限る。以下この条において同じ。）、第三項、第四項（同法第六十六条第二項前段及び後段並びに第三項の規定に係る部分に限る。以下この条において同じ。）並びに第五項（同法第六十六条第二項前段及び後段、第三項並びに第四項の規定に係る部分に限る。以下この条において同じ。）、第六十六条の三（同法第六十六条第二項前段及び後段、第三項、第四項並びに第五項の規定に係る部分に限る。以下この条において同じ。）、第六十六条の四、第六十六条の八の三、第六十八条、第六十八条の二、第七十一条の二、第九章第一節並びに第八十八条から第八十九条の二までの規定並びに当該規定に基づく命令の規定（これらの規定に係る罰則を含む。）を適用する。この場合において、同法第二十九条第一項中「この法律又はこれに基づく命令の規定」とあるのは「この法律若しくはこれに基づく命令の規定（労働者派遣事業の適正な運営の確保及び派遣労働者の保護等に関する法律（以下「労働者派遣法」という。）第四十五条の規定により適用される場合を含む。）又は同条第十項の規定若しくは同項の規定に基づく命令の規定」と、同条第二項中「この法律又はこれに基づく命令の規定」とあるのは「この法律若しくはこれに基づく命令の規定（労働者派遣法第四十五条の規定により適用される場合を含む。）又は同条第十項の規定若しくは同項の規定に基づく命令の規定」と、同法第三十条第一項第五号及び第八十八条第六項中「この法律又はこれに基づく命令の規定」とあるのは「この法律又はこれに基づく命令の規定（労働者派遣法第四十五条の規定により適用される場合を含む。）」と、同法第六十六条の四中「第六十六条第一項から第四項まで若しくは第五項ただし書又は第六十六条の二」とあるのは「第六十六条第二項前段若しくは後段（派遣先の事業を行う者が同項後段の政令で定める業務に従事させたことのある労働者（労働者派遣法第四十四条第一項に規定する派遣中の労働者を含む。）に係る部分に限る。以下この条において同じ。）、第三項、第四項（第六十六条第二項前段及び後段並びに第三項の規定に係る部分に限る。以下この条において同じ。）又は第五項ただし書（第六十六条第二項前段及び後段、第三項並びに第四項の規定に係る部分に限る。）」と、同法第六十六条の八の三中「第六十六条の八第一項」とあるのは「派遣元の事業（労働者派遣法第四十四条第三項に規定する派遣元の事業をいう。）の事業者が、第六十六条の八第一項」とする。

4　前項の規定により派遣中の労働者を使用する事業者とみなされた者に関しては、労働安全衛生法第四十五条第二項中「事業者」とあるのは、「労働者派遣事業の適正な運営の確保及び派遣労働者の保護等に関する法律第四十五条第三項の規定により同法第四十四条第一項に規定する派遣中の労働者を使用する事業者とみなされた者」として、同項の規定を適用する。

5　その事業に使用する労働者が派遣先の事業における派遣就業のために派遣されている派遣元の事業に関する第三項前段に掲げる規定及び労働安全衛生法第四十五条第二項の規定の適用については、当該派遣元の事業の事業者は当該派遣中の労働者を使用しないものと、当該派遣中の労働者は当該派遣元の事業の事業者に使用されないものとみなす。

6　派遣元の事業の事業者は、労働者派遣をする場合であつて、第三項の規定によりその事業における当該派遣就業のために派遣される労働者を使用する事業者とみなされることとなる者が当該労働者派遣に係る労働者派遣契約に定める派遣就業の条件に従つて当該労働者派遣に係る派遣労働者を労働させたならば、同項の規定により適用される労働安全衛生法第五十九条第三項、第六十一条第一項、第六十五条の四又は第六十八条の規定（次項において単に「労働安全衛生法の規定」という。）に抵触することとなるときにおいては、当該労働者派遣をしてはならない。

7　派遣元の事業の事業者が前項の規定に違反したとき（当該労働者派遣に係る派遣中の労働者に関し第三項の規定により当該派遣中の労働者を使用する事業者とみなされる者において当該労働安全衛生法の規定に抵触することとなつたときに限る。）は、当該派遣元の事業の事業者は当該労働安全衛生法の規定に違反したものとみなして、同法第百十九条及び第百二十二条の規定を適用する。

8　第一項、第三項及び第四項に定めるもののほか、労働者がその事業における派遣就業のために派遣されている派遣先の事業に関しては、労働安全衛生法第五条第一項中「事業者」とあるのは「事業者（労働者派遣事業の適正な運営の確保及び派遣労働者の保護等に関する法律（以下「労働者派遣法」という。）第四十四条第一項に規定する派遣先の事業を行う者（以下「派遣先の事業者」という。）を含む。）」と、同条第四項中「当該事業の事業者」とあるのは「当該事業の事業者又は労働者派遣法第四十五条の規定により当該事業の事業者とみなされる者」と、「当該代表者のみが使用する」とあるのは「当該代表者が使用し、かつ、当該事業の事業者（派遣先の事業者を含む。）のうち当該代表者以外の者が使用しない」と、「この法律」とあるのは「この法律（労働者派遣法第四十五条の規定により適用される場合を含む。）」と、同法第十六条第一項中「第十五条第一項又は第三項」とあるのは「労働者派遣法第四十五条第三項の規定により適用される第十五条第一項又は第三項」と、同法第十九条及び同条第四項において準用する同法第十七条第四項中「事業者」とあるのは「派遣先の事業者」と、同法第十九条第一項中「第十七条及び前条」とあるのは「労働者派遣法第四十五条の規定により適用される第十七条及び前条」と、同条第二項及び第三項並びに同条第四項において準用する同法第十七条第四項及び第五項中「労働者」とあるのは「労働者（労働者派遣法第四十四条第一項に規定する派遣中の労働者を含む。）」として、これらの規定を適用する。

9　その事業に使用する労働者が派遣先の事業における派遣就業のために派遣されている派遣元の事業に関する労働安全衛生法第十九条第一項の規定の適用については、同項中「第十七条及び前条」とあるのは、「労働者派遣事業の適正な運営の確保及び派遣労働者の保護等に関する法律第四十五条の規定により適用される第十七条及び前条」とする。

10　第三項の規定により派遣中の労働者を使用する事業者とみなされた者（第八項の規定により読み替えて適用される労働安全衛生法第五条第四項の規定により当該者とみなされる者を含む。）は、当該派遣中の労働者に対し第三項の規定により適用される同法第六十六条第二項、第三項若しくは第四項の規定による健康診断を行つたとき、又は当該派遣中の労働者から同条第五項ただし書の規定による健康診断の結果を証明する書面の提出があつたときは、遅滞なく、厚生労働省令で定めるところにより、当該派遣中の労働者に係る第六十六条の三の規定による記録に基づいてこれらの健康診断の結果を記載した書面を作成し、当該派遣元の事業の事業者に送付しなければならない。

11　前項の規定により同項の書面の送付を受けた派遣元の事業の事業者は、厚生労働省令で定めるところにより、当該書面を保存しなければならない。

12　前二項の規定に違反した者は、三十万円以下の罰金に処する。

13 法人の代表者又は法人若しくは人の代理人、使用人その他の従業者が、その法人又は人の業務に関して、前項の違反行為をしたときは、行為者を罰するほか、その法人又は人に対しても、同項の罰金刑を科する。

14 第十項の者は、当該派遣中の労働者に対し第三項の規定により適用される労働安全衛生法第六十六条の四の規定により医師又は歯科医師の意見を聴いたときは、遅滞なく、厚生労働省令で定めるところにより、当該意見を当該派遣元の事業の事業者に通知しなければならない。

15 前各項の規定による労働安全衛生法の特例については、同法第九条中「事業者」とあるのは「事業者（労働者派遣事業の適正な運営の確保及び派遣労働者の保護等に関する法律（以下「労働者派遣法」という。）第四十四条第一項に規定する派遣先の事業を行う者（以下「派遣先の事業者」という。）を含む。以下この条において同じ。）」と、同法第二十八条第四項、第三十二条第一項から第四項まで、第三十三条第一項、第三十四条、第六十三条、第六十六条の五第二項、第七十条の二第二項、第七十一条の三第二項、第七十一条の四、第九十三条第二項及び第三項、第九十七条第二項、第九十八条第一項、第九十九条第一項、第九十九条の二第一項及び第二項、第百条から第百二条まで、第百三条第一項、第百四条第一項、第二項及び第四項、第百六条第一項並びに第百八条の二第三項中「事業者」とあるのは「事業者（派遣先の事業者を含む。）」と、同法第三十一条第一項中「の労働者」とあるのは「の労働者（労働者派遣法第四十四条第一項に規定する派遣中の労働者（以下単に「派遣中の労働者」という。）を含む。）」と、同法第三十一条の二、第三十一条の四並びに第三十二条第四項、第六項及び第七項中「労働者」とあるのは「労働者（派遣中の労働者を含む。）」と、同法第三十一条の四及び第九十七条第一項中「この法律又はこれに基づく命令の規定」とあるのは「この法律若しくはこれに基づく命令の規定（労働者派遣法第四十五条の規定により適用される場合を含む。）又は同条第六項、第十項若しくは第十一項の規定若しくはこれらの規定に基づく命令の規定」と、同法第九十条、第九十一条第一項及び第百条中「この法律」とあるのは「この法律及び労働者派遣法第四十五条の規定」と、同法第九十二条中「この法律の規定に違反する罪」とあるのは「この法律の規定（労働者派遣法第四十五条の規定により適用される場合を含む。）に違反する罪（同条第七項の規定による第百十九条及び第百二十二条の罪を含む。）並びに労働者派遣法第四十五条第十二項及び第十三項の罪」と、同法第九十八条第一項中「第三十四条の規定」とあるのは「第三十四条の規定（労働者派遣法第四十五条の規定により適用される場合を含む。）」と、同法第百一条第一項中「この法律」とあるのは「この法律（労働者派遣法第四十五条の規定を含む。）」と、同法第百三条第一項中「この法律又はこれに基づく命令の規定」とあるのは「この法律又はこれに基づく命令の規定（労働者派遣法第四十五条の規定により適用される場合を含む。）」と、同法第百四条第一項中「この法律又はこれに基づく命令の規定」とあるのは「この法律若しくはこれに基づく命令の規定（労働者派遣法第四十五条の規定により適用される場合を含む。）又は同条第十項若しくは第十一項の規定若しくはこれらの規定に基づく命令の規定」と、同法第百十五条第一項「（第二章の規定を除く。）」とあるのは「（第二章の規定を除く。）及び労働者派遣法第四十五条の規定」として、これらの規定（これらの規定に係る罰則の規定を含む。）を適用する。

16 第一項から第五項まで、第七項から第九項まで及び前項の規定により適用される労働安全衛生法若しくは同法に基づく命令の規定又は第六項、第十項若しくは第十一項の規定若しくはこれらの規定に基づく命令の規定に違反した者に関する同法の規定の適用については、同法第四十六条第二項第一号中「この法律又はこれに基づく命令の規定」とあるのは「この法律若しくはこれに基づく命令の規定（労働者派遣事業の適正な運営の確保及び派遣労働者の保護等に関する法律（以下「労働者派遣法」という。）第四十五条の規定により適用される場合を含む。）又は同条第六項、第十項若しくは第十一項の規定若しくはこれらの規定に基づく命令の規定」と、同法第五十四条の三第二項第一号中「第四十五条第一項若しくは第二項の規定若しくはこれらの規定に基づく命令」とあるのは「第四十五条第一項若しくは第二項の規定若しくはこれらの規定に基づく命令の規定（労働者派遣法第四十五条第三項及び第四項の規定により適用される場合を含む。）」と、同法第五十六条第六項中「この法律若しくはこれに基づく命令の規定又はこれらの規定に基づく処分」とあるのは「この法律若しくはこれに基づく命令の規定（労働者派遣法第四十五条の規定により適用される場合を含む。）、これらの規定に基づく処分又は同条第六項、第十項若しくは第十一項の規定若しくはこれらの規定に基づく命令の規定」と、同法第七十四条第二項第二号、第七十五条の三第二項第三号（同法第八十三条の三及び第八十五条の三において準用する場合を含む。）、第八十四条第二項第二号及び第九十九条の三第一項中「この法律又はこれに基づく命令の規定」とあるのは「この法律若しくはこれに基づく命令の規定（労働者派遣法第四十五条の規定により適用される場合を含む。）又は同条第六項、第十項若しくは第十一項の規定若しくはこれらの規定に基づく命令の規定」と、同法第七十五条の四第二項（同法第八十三条の三及び第八十五条の三において準用する場合を含む。）及び第七十五条の五第四項（同法第八十三条の三において準用する場合を含む。）中「この法律（これに基づく命令又は処分を含む。）」とあるのは「この法律若しくはこれに基づく命令の規定（労働者派遣法第四十五条の規定により適用される場合を含む。）、これらの規定に基づく処分、同条第六項、第十項若しくは第十一項の規定若しくはこれらの規定に基づく命令の規定」と、同法第八十四条第二項第三号中「この法律及びこれに基づく命令」とあるのは「この法律及びこれに基づく命令（労働者派遣法第四十五条の規定により適用される場合を含む。）並びに労働者派遣法（同条第六項、第十項及び第十一項の規定に限る。）及びこれに基づく命令」とする。

17　この条の規定により労働安全衛生法及び同法に基づく命令の規定を適用する場合における技術的読替えその他必要な事項は、命令で定める。

（雇用の分野における男女の均等な機会及び待遇の確保等に関する法律の適用に関する特例）

第四七条の二　労働者派遣の役務の提供を受ける者がその指揮命令の下に労働させる派遣労働者の当該労働者派遣に係る就業に関しては、当該労働者派遣の役務の提供を受ける者もまた、当該派遣労働者を雇用する事業主とみなして、雇用の分野における男女の均等な機会及び待遇の確保等に関する法律（昭和四十七年法律第百十三号）第九条第三項、第十一条第一項、第十一条の二第二項、第十一条の三第一項、第十一条の四第二項、第十二条及び第十三条第一項の規定を適用する。この場合において、同法第十一条第一項及び第十一条の三第一項中「雇用管理上」とあるのは、「雇用管理上及び指揮命令上」とする。

（育児休業、介護休業等育児又は家族介護を行う労働者の福祉に関する法律の適用に関する特例）

第四七条の三　労働者派遣の役務の提供を受ける者がその指揮

命令の下に労働させる派遣労働者の当該労働者派遣に係る就業に関しては、当該労働者派遣の役務の提供を受ける者もまた、当該派遣労働者を雇用する事業主とみなして、育児休業、介護休業等育児又は家族介護を行う労働者の福祉に関する法律第十条、第十六条（同法第十六条の四及び第十六条の七において準用する場合を含む。）、第十六条の十、第十八条の二、第二十条の二、第二十一条第二項、第二十三条の二、第二十五条及び第二十五条の二第二項の規定を適用する。この場合において、同法第二十五条第一項中「雇用管理上」とあるのは、「雇用管理上及び指揮命令上」とする。

（労働施策の総合的な推進並びに労働者の雇用の安定及び職業生活の充実等に関する法律の適用に関する特例）

第四七条の四　労働者派遣の役務の提供を受ける者がその指揮命令の下に労働させる派遣労働者の当該労働者派遣に係る就業に関しては、当該労働者派遣の役務の提供を受ける者もまた、当該派遣労働者を雇用する事業主とみなして、労働施策の総合的な推進並びに労働者の雇用の安定及び職業生活の充実等に関する法律（昭和四十一年法律第百三十二号）第三十条の二第一項及び第三十条の三第二項の規定を適用する。この場合において、同法第三十条の二第一項中「雇用管理上」とあるのは、「雇用管理上及び指揮命令上」とする。

第四章　紛争の解決

第一節　紛争の解決の援助等

（苦情の自主的解決）

第四七条の五　派遣元事業主は、第三十条の三、第三十条の四及び第三十一条の二第二項から第五項までに定める事項に関し、派遣労働者から苦情の申出を受けたとき、又は派遣労働者が派遣先に対して申し出た苦情の内容が当該派遣先から通知されたときは、その自主的な解決を図るように努めなければならない。

2　派遣先は、第四十条第二項及び第三項に定める事項に関し、派遣労働者から苦情の申出を受けたときは、その自主的な解決を図るように努めなければならない。

（紛争の解決の促進に関する特例）

第四七条の六　前条第一項の事項についての派遣労働者と派遣元事業主との間の紛争及び同条第二項の事項についての派遣労働者と派遣先との間の紛争については、個別労働関係紛争の解決の促進に関する法律（平成十三年法律第百十二号）第四条、第五条及び第十二条から第十九条までの規定は適用せず、次条から第四十七条の十までに定めるところによる。

（紛争の解決の援助）

第四七条の七　都道府県労働局長は、前条に規定する紛争に関し、当該紛争の当事者の双方又は一方からその解決につき援助を求められた場合には、当該紛争の当事者に対し、必要な助言、指導又は勧告をすることができる。

2　派遣元事業主及び派遣先は、派遣労働者が前項の援助を求めたことを理由として、当該派遣労働者に対して不利益な取扱いをしてはならない。

第二節　調停

（調停の委任）

第四七条の八　都道府県労働局長は、第四十七条の六に規定する紛争について、当該紛争の当事者の双方又は一方から調停の申請があつた場合において当該紛争の解決のために必要があると認めるときは、個別労働関係紛争の解決の促進に関する法律第六条第一項の紛争調整委員会に調停を行わせるものとする。

2　前条第二項の規定は、派遣労働者が前項の申請をした場合について準用する。

（調停）

第四七条の九　雇用の分野における男女の均等な機会及び待遇の確保等に関する法律第十九条から第二十六条までの規定は、前条第一項の調停の手続について準用する。この場合において、同法第十九条第一項中「前条第一項」とあるのは「労働者派遣事業の適正な運営の確保及び派遣労働者の保護等に関する法律（昭和六十年法律第八十八号）第四十七条の八第一項」と、同法第二十条中「事業場」とあるのは「事業所」と、同法第二十五条第一項中「第十八条第一項」とあるのは「労働者派遣事業の適正な運営の確保及び派遣労働者の保護等に関する法律第四十七条の六」と読み替えるものとする。

（厚生労働省令への委任）

第四七条の一〇　この節に定めるもののほか、調停の手続に関し必要な事項は、厚生労働省令で定める。

第五章　雑則

（指針）

第四七条の一二　厚生労働大臣は、第二十四条の三及び第三章第一節から第三節までの規定により派遣元事業主及び派遣先が講ずべき措置に関して、その適切かつ有効な実施を図るため必要な指針を公表するものとする。

（指導及び助言等）

第四八条　厚生労働大臣は、この法律（第三章第四節の規定を除く。第四十九条の三第一項、第五十条及び第五十一条第一項において同じ。）の施行に関し必要があると認めるときは、労働者派遣をする事業主及び労働者派遣の役務の提供を受ける者に対し、労働者派遣事業の適正な運営又は適正な派遣就業を確保するために必要な指導及び助言をすることができる。

2　厚生労働大臣は、労働力需給の適正な調整を図るため、労働者派遣事業が専ら労働者派遣の役務を特定の者に提供することを目的として行われている場合（第七条第一項第一号の厚生労働省令で定める場合を除く。）において必要があると認めるときは、当該派遣元事業主に対し、当該労働者派遣事業の目的及び内容を変更するように勧告することができる。

3　厚生労働大臣は、第二十三条第三項、第二十三条の二又は第三十条第二項の規定により読み替えて適用する同条第一項の規定に違反した派遣元事業主に対し、第一項の規定による指導又は助言をした場合において、当該派遣元事業主がなお第二十三条第三項、第二十三条の二又は第三十条第二項の規定により読み替えて適用する同条第一項の規定に違反したときは、当該派遣元事業主に対し、必要な措置をとるべきことを指示することができる。

（改善命令等）

第四九条　厚生労働大臣は、派遣元事業主が当該労働者派遣事業に関しこの法律（第二十三条第三項、第二十三条の二及び第三十条第二項の規定により読み替えて適用する同条第一項の規定を除く。）その他労働に関する法律の規定（これらの規定に基づく命令の規定を含む。）に違反した場合において、適正な派遣就業を確保するため必要があると認めるときは、当該派遣元事業主に対し、派遣労働者に係る雇用管理の方法の改善その他当該労働者派遣事業の運営を改善するために必要な措置を講ずべきことを命ずることができる。

2　厚生労働大臣は、派遣先が第四条第三項の規定に違反している場合において、同項の規定に違反している派遣就業を継続させることが著しく不適当であると認めるときは、当該派遣先に労働者派遣をする派遣元事業主に対し、当該派遣就業に係る労働者派遣契約による労働者派遣の停止を命ずることができる。

（**公表等**）

第四九条の二　厚生労働大臣は、労働者派遣の役務の提供を受ける者が、第四条第三項、第二十四条の二、第二十六条第七項若しくは第十項、第四十条第二項若しくは第三項、第四十条の二第一項、第四項若しくは第五項、第四十条の三若しくは第四十条の九第一項の規定に違反しているとき、又はこれらの規定に違反して第四十八条第一項の規定による指導若しくは助言を受けたにもかかわらずなおこれらの規定に違反するおそれがあると認めるときは、当該労働者派遣の役務の提供を受ける者に対し、第四条第三項、第二十四条の二、第二十六条第七項若しくは第十項、第四十条第二項若しくは第三項、第四十条の二第一項、第四項若しくは第五項、第四十条の三若しくは第四十条の九第一項の規定に違反する派遣就業を是正するために必要な措置又は当該派遣就業が行われることを防止するために必要な措置をとるべきことを勧告することができる。

2　厚生労働大臣は、前項の規定による勧告をした場合において、その勧告を受けた者がこれに従わなかつたときは、その旨を公表することができる。

（**厚生労働大臣に対する申告**）

第四九条の三　労働者派遣をする事業主又は労働者派遣の役務の提供を受ける者がこの法律又はこれに基づく命令の規定に違反する事実がある場合においては、派遣労働者は、その事実を厚生労働大臣に申告することができる。

2　労働者派遣をする事業主及び労働者派遣の役務の提供を受ける者は、前項の申告をしたことを理由として、派遣労働者に対して解雇その他不利益な取扱いをしてはならない。

（**報告**）

第五〇条　厚生労働大臣は、この法律を施行するために必要な限度において、厚生労働省令で定めるところにより、労働者派遣事業を行う事業主及び当該事業主から労働者派遣の役務の提供を受ける者に対し、必要な事項を報告させることができる。

（**立入検査**）

第五一条　厚生労働大臣は、この法律を施行するために必要な限度において、所属の職員に、労働者派遣事業を行う事業主及び当該事業主から労働者派遣の役務の提供を受ける者の事業所その他の施設に立ち入り、関係者に質問させ、又は帳簿、書類その他の物件を検査させることができる。

2　前項の規定により立入検査をする職員は、その身分を示す証明書を携帯し、関係者に提示しなければならない。

3　第一項の規定による立入検査の権限は、犯罪捜査のために認められたものと解釈してはならない。

（**相談及び援助**）

第五二条　公共職業安定所は、派遣就業に関する事項について、労働者等の相談に応じ、及び必要な助言その他の援助を行うことができる。

（**労働者派遣事業適正運営協力員**）

第五三条　厚生労働大臣は、社会的信望があり、かつ、労働者派遣事業の運営及び派遣就業について専門的な知識経験を有する者のうちから、労働者派遣事業適正運営協力員を委嘱することができる。

2　労働者派遣事業適正運営協力員は、労働者派遣事業の適正な運営及び適正な派遣就業の確保に関する施策に協力して、労働者派遣をする事業主、労働者派遣の役務の提供を受ける者、労働者等の相談に応じ、及びこれらの者に対する専門的な助言を行う。

3　労働者派遣事業適正運営協力員は、正当な理由がある場合でなければ、その職務に関して知り得た秘密を他に漏らしてはならない。労働者派遣事業適正運営協力員でなくなつた後においても、同様とする。

4　労働者派遣事業適正運営協力員は、その職務に関して、国から報酬を受けない。

5　労働者派遣事業適正運営協力員は、予算の範囲内において、その職務を遂行するために要する費用の支給を受けることができる。

第六章　罰則

第五八条現　公衆衛生又は公衆道徳上有害な業務に就かせる目的で労働者派遣をした者は、一年以上十年以下の懲役又は二十万円以上三百万円以下の罰金に処する。

新［令和七年六月一日から施行］
第五八条　公衆衛生又は公衆道徳上有害な業務に就かせる目的で労働者派遣をした者は、一年以上十年以下の拘禁刑又は二十万円以上三百万円以下の罰金に処する。

第五九条現　次の各号のいずれかに該当する者は、一年以下の懲役又は百万円以下の罰金に処する。

新［令和七年六月一日から施行］
第五九条　次の各号のいずれかに該当する者は、一年以下の拘禁刑又は百万円以下の罰金に処する。

一　第四条第一項又は第十五条の規定に違反した者

二　第五条第一項の許可を受けないで労働者派遣事業を行つた者

三　偽りその他不正の行為により第五条第一項の許可又は第十条第二項の規定による許可の有効期間の更新を受けた者

四　第十四条第二項の規定による処分に違反した者

第六〇条現　次の各号のいずれかに該当する者は、六月以下の懲役又は三十万円以下の罰金に処する。

新［令和七年六月一日から施行］
第六〇条　次の各号のいずれかに該当する者は、六月以下の拘禁刑又は三十万円以下の罰金に処する。

一　第四十九条の規定による処分に違反した者

二　第四十九条の三第二項の規定に違反した者

第六一条　次の各号のいずれかに該当する者は、三十万円以下の罰金に処する。

一　第五条第二項（第十条第五項において準用する場合を含む。）に規定する申請書又は第五条第三項（第十条第五項において準用する場合を含む。）に規定する書類に虚偽の記載をして提出した者

二　第十一条第一項、第十三条第一項若しくは第二十三条第四項の規定による届出をせず、若しくは虚偽の届出をし、又は第十一条第一項に規定する書類に虚偽の記載をして提出した者

三　第三十四条、第三十五条の二、第三十五条の三、第三十六条、第三十七条、第四十一条又は第四十二条の規定に違反した者

四　第三十五条の規定による通知をせず、又は虚偽の通知をした者

五　第五十条の規定による報告をせず、又は虚偽の報告をした者

六　第五十一条第一項の規定による立入り若しくは検査を拒み、妨げ、若しくは忌避し、又は質問に対して答弁をせず、

若しくは虚偽の陳述をした者

第六二条　法人の代表者又は法人若しくは人の代理人、使用人その他の従業者が、その法人又は人の業務に関して、第五十八条から前条までの違反行為をしたときは、行為者を罰するほか、その法人又は人に対しても、各本条の罰金刑を科する。

附　則

1　この法律は、公布の日から起算して一年を超えない範囲内において政令で定める日から施行する。

2　次項に定めるもののほか、この法律の施行に関して必要な経過措置は、政令で定める。

3　この法律の施行前にした行為に対する罰則の適用については、なお従前の例による。

4　第五条第二項の規定の適用については、当分の間、同項第三号中「所在地」とあるのは、「所在地並びに当該事業所において物の製造の業務（物の溶融、鋳造、加工、組立て、洗浄、塗装、運搬等物を製造する工程における作業に係る業務をいう。）であつて、その業務に従事する労働者の就業の実情並びに当該業務に係る派遣労働者の就業条件の確保及び労働力の需給の適正な調整に与える影響を勘案して厚生労働省令で定めるものについて労働者派遣事業を行う場合にはその旨」とする。

附　則〔平成三〇年七月六日法律第七一号〕抄

（検討）

第一二条　政府は、この法律の施行後五年を経過した場合において、新労基法第三十六条の規定について、その施行の状況、労働時間の動向その他の事情を勘案しつつ検討を加え、必要があると認めるときは、その結果に基づいて所要の措置を講ずるものとする。

3　政府は、前二項に定める事項のほか、この法律の施行後五年を目途として、この法律による改正後のそれぞれの法律（以下この項において「改正後の各法律」という。）の規定について、労働者と使用者の協議の促進等を通じて、仕事と生活の調和、労働条件の改善、雇用形態又は就業形態の異なる労働者の間の均衡のとれた待遇の確保その他の労働者の職業生活の充実を図る観点から、改正後の各法律の施行の状況等を勘案しつつ検討を加え、必要があると認めるときは、その結果に基づいて所要の措置を講ずるものとする。

労働者派遣事業の適正な運営の確保及び派遣労働者の保護等に関する法律施行令　抄

〔昭和六一年四月三日
政令第九五号〕

沿革　平成二八年　三月三一日政令第一四〇号
〃　三〇年　三月二二日　〃　第　五五号
〃　三〇年　九月　七日　〃　第二五三号
〃　三〇年一二月一九日　〃　第三三九号
〃　三一年　三月二〇日　〃　第　五一号
〃　三一年　四月一七日　〃　第一五五号
令和　元年　六月一四日　〃　第　二七号
〃　三年　二月二五日　〃　第　四〇号
〃　三年　三月三一日　〃　第一三七号
〃　三年　六月　二日　〃　第一六二号

（法第四条第一項第一号の政令で定める業務）

第一条　労働者派遣事業の適正な運営の確保及び派遣労働者の保護等に関する法律（以下「法」という。）第四条第一項第一号の政令で定める業務は、港湾労働法（昭和六十三年法律第四十号）第二条第一号に規定する港湾以外の港湾で港湾運送事業法（昭和二十六年法律第百六十一号）第二条第四項に規定するもの（第三号において「特定港湾」という。）において、他人の需要に応じて行う次に掲げる行為に係る業務とする。

一　港湾運送事業法第二条第一項に規定する港湾運送のうち、同項第二号から第五号までのいずれかに該当する行為

二　港湾労働法施行令（昭和六十三年政令第三百三十五号）第二条第一号及び第二号に掲げる行為

三　船舶若しくははしけにより若しくはいかだに組んで運送された貨物の特定港湾の水域の沿岸からおおむね五百メートル（水島港にあつては千メートル、鹿児島港にあつては千五百メートル）の範囲内において厚生労働大臣が指定した区域内にある倉庫（船舶若しくははしけにより又はいかだに組んでする運送に係る貨物以外の貨物のみを通常取り扱うものを除く。以下この条において「特定港湾倉庫」という。）への搬入（上屋その他の荷さばき場から搬出された貨物の搬入であつて、港湾運送事業法第二条第三項に規定する港湾運送関連事業のうち同項第一号から第四号までに掲げる行為に係るもの若しくは倉庫業法（昭和三十一年法律第百二十一号）第二条第二項に規定する倉庫業のうち特定港湾倉庫に係るものを営む者（以下この条において「特定港湾運送関係事業者」という。）以外の者が行うものを除く。）、船舶若しくははしけにより若しくはいかだに組んで運送されるべき貨物の特定港湾倉庫からの搬出（上屋その他の荷さばき場に搬入すべき貨物の搬出であつて、特定港湾運送関係事業者以外の者が行うものを除く。）又は貨物の特定港湾倉庫における荷さばき。ただし、冷蔵倉庫の場合にあつては、貨物の当該倉庫に附属する荷さばき場から冷蔵室への搬入、冷蔵室から当該倉庫に附属する荷さばき場への搬出及び冷蔵室における荷さばきを除く。

四　道路運送車両法（昭和二十六年法律第百八十五号）第二条第一項に規定する道路運送車両若しくは鉄道（軌道を含む。）（以下この号において「車両等」という。）により運送された貨物の特定港湾倉庫若しくは上屋その他の荷さばき場への搬入（特定港湾運送関係事業者以外の者が行う当

該貨物の搬入を除く。）又は車両等により運送されるべき貨物の特定港湾倉庫若しくは上屋その他の荷さばき場からの搬出（特定港湾運送関係事業者以外の者が行う当該貨物の搬出を除く。）。ただし、冷蔵倉庫の場合にあつては、貨物の当該倉庫に附属する荷さばき場から冷蔵室への搬入及び冷蔵室から当該倉庫に附属する荷さばき場への搬出を除く。

（法第四条第一項第三号の政令で定める業務）

第二条　法第四条第一項第三号の政令で定める業務は、次に掲げる業務（当該業務について紹介予定派遣をする場合、当該業務に係る労働者派遣が法第四十条の二第一項第四号又は第五号に該当する場合、第一号及び第三号に掲げる業務並びに第四号に掲げる業務（保健師助産師看護師法（昭和二十三年法律第二百三号）第五条及び第六条に規定する業務並びに診療放射線技師法（昭和二十六年法律第二百二十六号）第二十四条の二に規定する業務及び臨床検査技師等に関する法律（昭和三十三年法律第七十六号）第二十条の二第一項に規定する業務に限る。）並びに第七号に掲げる業務に係る派遣労働者の就業の場所がへき地にある場合並びに第一号に掲げる業務に係る派遣労働者の就業の場所が地域における医療の確保のためには同号に掲げる業務に業として行う労働者派遣により派遣労働者を従事させる必要があると認められるものとして厚生労働省令で定める場所（へき地にあるものを除く。）である場合を除く。）とする。

一　医師法（昭和二十三年法律第二百一号）第十七条に規定する医業（医療法（昭和二十三年法律第二百五号）第一条の五第一項に規定する病院若しくは同条第二項に規定する診療所（厚生労働省令で定めるものを除く。以下この条及び第四条第一項第十九号において「病院等」という。）、同法第二条第一項に規定する助産所（以下この条及び同号において「助産所」という。）、介護保険法（平成九年法律第百二十三号）第八条第二十八項に規定する介護老人保健施設（以下この条及び同号において「介護老人保健施設」という。）、同条第二十九項に規定する介護医療院（以下この条及び同号において「介護医療院」という。）又は医療を受ける者の居宅（以下この条及び同号において「居宅」という。）において行われるものに限る。）

二　歯科医師法（昭和二十三年法律第二百二号）第十七条に規定する歯科医業（病院等、介護老人保健施設、介護医療院又は居宅において行われるものに限る。）

三　薬剤師法（昭和三十五年法律第百四十六号）第十九条に規定する調剤の業務（病院又は介護医療院において行われるものに限る。）

四　保健師助産師看護師法第二条、第三条、第五条、第六条及び第三十一条第二項に規定する業務（他の法令の規定により、同条第一項及び第三十二条の規定にかかわらず、診療の補助として行うことができることとされている業務を含み、病院等、助産所、介護老人保健施設、介護医療院又は居宅において行われるもの（介護保険法第八条第三項に規定する訪問入浴介護及び同法第八条の二第二項に規定する介護予防訪問入浴介護に係るものを除く。）に限る。）

五　栄養士法（昭和二十二年法律第二百四十五号）第一条第二項に規定する業務（傷病者に対する療養のため必要な栄養の指導に係るものであつて、病院等、介護老人保健施設、介護医療院又は居宅において行われるものに限る。）

六　歯科衛生士法（昭和二十三年法律第二百四号）第二条第一項に規定する業務（病院等、介護老人保健施設、介護医療院又は居宅において行われるものに限る。）

七　診療放射線技師法第二条第二項に規定する業務（病院等、介護老人保健施設、介護医療院又は居宅において行われるものに限る。）

八　歯科技工士法（昭和三十年法律第百六十八号）第二条第一項に規定する業務（病院等又は介護医療院において行われるものに限る。）

2　前項のへき地とは、次の各号のいずれかに該当する地域をその区域に含む厚生労働省令で定める市町村とする。

一　離島振興法（昭和二十八年法律第七十二号）第二条第一項の規定により離島振興対策実施地域として指定された離島の区域

二　奄美群島振興開発特別措置法（昭和二十九年法律第百八十九号）第一条に規定する奄美群島の区域

三　辺地に係る公共的施設の総合整備のための財政上の特別措置等に関する法律（昭和三十七年法律第八十八号）第二条第一項に規定する辺地

四　山村振興法（昭和四十年法律第六十四号）第七条第一項の規定により指定された振興山村の地域

五　小笠原諸島振興開発特別措置法（昭和四十四年法律第七十九号）第四条第一項に規定する小笠原諸島の地域

六　沖縄振興特別措置法（平成十四年法律第十四号）第三条第三号に規定する離島の地域

七　過疎地域の持続的発展の支援に関する特別措置法（令和三年法律第十九号）第二条第一項に規定する過疎地域

（法第六条第一号の労働に関する法律の規定であつて政令で定めるもの）

第三条　法第六条第一号の労働に関する法律の規定であつて政令で定めるものは、次のとおりとする。

一　労働基準法（昭和二十二年法律第四十九号）第百十七条、第百十八条第一項（同法第六条及び第五十六条の規定に係る部分に限る。）、第百十九条（同法第十六条、第十七条、第十八条第一項及び第三十七条の規定に係る部分に限る。）及び第百二十条（同法第十八条第七項及び第二十三条から第二十七条までの規定に係る部分に限る。）の規定並びに当該規定に係る同法第百二十一条の規定（これらの規定が法第四十四条（第四項を除く。）の規定により適用される場合を含む。）

二　職業安定法（昭和二十二年法律第百四十一号）第六十三条、第六十四条、第六十五条（第一号を除く。）及び第六十六条の規定並びにこれらの規定に係る同法第六十七条の規定

三　最低賃金法（昭和三十四年法律第百三十七号）第四十条の規定及び同条の規定に係る同法第四十二条の規定

四　建設労働者の雇用の改善等に関する法律（昭和五十一年法律第三十三号）第四十九条、第五十条及び第五十一条（第二号及び第三号を除く。）の規定並びにこれらの規定に係る同法第五十二条の規定

五　賃金の支払の確保等に関する法律（昭和五十一年法律第三十四号）第十八条の規定及び同条の規定に係る同法第二十条の規定

六　港湾労働法第四十八条、第四十九条（第一号を除く。）及び第五十一条（第二号及び第三号に係る部分に限る。）の規定並びにこれらの規定に係る同法第五十二条の規定

七　中小企業における労働力の確保及び良好な雇用の機会の創出のための雇用管理の改善の促進に関する法律（平成三年法律第五十七号）第十九条、第二十条及び第二十一条（第三号を除く。）の規定並びにこれらの規定に係る同法第二十二条の規定

八　育児休業、介護休業等育児又は家族介護を行う労働者の福祉に関する法律（平成三年法律第七十六号）第六十二条から第六十五条までの規定

九　林業労働力の確保の促進に関する法律（平成八年法律第

四十五号）第三十二条、第三十三条及び第三十四条（第三号を除く。）の規定並びにこれらの規定に係る同法第二十五条の規定

十　外国人の技能実習の適正な実施及び技能実習生の保護に関する法律（平成二十八年法律第八十九号）第百八条、第百九条、第百十条（同法第四十四条の規定に係る部分に限る。）、第百十一条（第一号を除く。）及び第百十二条（第一号（同法第三十五条第一項の規定に係る部分に限る。）及び第六号から第十一号までに係る部分に限る。）の規定並びにこれらの規定に係る同法第百十三条の規定

十一　法第四十四条第四項の規定により適用される労働基準法第百十八条、第百十九条及び第百二十一条の規定並びに法第四十五条第七項の規定により適用される労働安全衛生法（昭和四十七年法律第五十七号）第百十九条及び第百二十二条の規定

（法第三十五条の四第一項の政令で定める業務等）

第四条　法第三十五条の四第一項の政令で定める業務は、次のとおりとする。

一　電子計算機を使用することにより機能するシステムの設計若しくは保守（これらに先行し、後続し、その他これらに関連して行う分析を含む。）又はプログラム（電子計算機に対する指令であつて、一の結果を得ることができるように組み合わされたものをいう。第十七号及び第十八号において同じ。）の設計、作成若しくは保守の業務

二　機械、装置若しくは器具（これらの部品を含む。以下この号及び第十八号において「機械等」という。）又は機械等により構成される設備の設計又は製図（現図製作を含む。）の業務

三　電子計算機、タイプライター又はこれらに準ずる事務用機器（第十七号において「事務用機器」という。）の操作の業務

四　通訳、翻訳又は速記の業務

五　法人の代表者その他の事業運営上の重要な決定を行い、又はその決定に参画する管理的地位にある者の秘書の業務

六　文書、磁気テープ等のファイリング（能率的な事務処理を図るために総合的かつ系統的な分類に従つてする文書、磁気テープ等の整理（保管を含む。）をいう。以下この号において同じ。）に係る分類の作成又はファイリング（高度の専門的な知識、技術又は経験を必要とするものに限る。）の業務

七　新商品の開発、販売計画の作成等に必要な基礎資料を得るためにする市場等に関する調査又は当該調査の結果の整理若しくは分析の業務

八　貸借対照表、損益計算書等の財務に関する書類の作成その他財務の処理の業務

九　外国貿易その他の対外取引に関する文書又は商品の売買その他の国内取引に係る契約書、船荷証券、複合運送証券若しくはこれらに準ずる国内取引に関する文書の作成（港湾運送事業法第二条第一項第一号に掲げる行為に附帯して行うもの及び通関業法（昭和四十二年法律第百二十二号）第二条第一号に規定する通関業務として行われる同号ロに規定する通関書類の作成を除く。）の業務

十　電子計算機、自動車その他その用途に応じて的確な操作をするためには高度の専門的な知識、技術又は経験を必要とする機械の性能、操作方法等に関する紹介及び説明の業務

十一　旅行業法（昭和二十七年法律第二百三十九号）第十二条の十一第一項に規定する旅程管理業務（旅行者に同行して行うものに限る。）若しくは同法第四条第一項第三号に規定する企画旅行以外の旅行の旅行者に同行して行う旅程

管理業務に相当する業務（以下この号において「旅程管理業務等」という。）、旅程管理業務等に付随して行う旅行者の便宜となるサービスの提供の業務（車両、船舶又は航空機内において行う案内の業務を除く。）又は車両の停車場若しくは船舶若しくは航空機の発着場に設けられた旅客の乗降若しくは待合いの用に供する建築物内において行う旅行者に対する送迎サービスの提供の業務

十二　建築物又は博覧会場における来訪者の受付又は案内の業務

十三　科学に関する研究又は科学に関する知識若しくは科学を応用した技術を用いて製造する新製品若しくは科学に関する知識若しくは科学を応用した技術を用いて製造する製品の新たな製造方法の開発の業務（第一号及び第二号に掲げる業務を除く。）

十四　企業等がその事業を実施するために必要な体制又はその運営方法の整備に関する調査、企画又は立案の業務（労働条件その他の労働に関する事項の設定又は変更を目的として行う業務を除く。）

十五　書籍、雑誌その他の文章、写真、図表等により構成される作品の制作における編集の業務

十六　商品若しくはその包装のデザイン、商品の陳列又は商品若しくは企業等の広告のために使用することを目的として作成するデザインの考案、設計又は表現の業務（建築物内における照明器具、家具等のデザイン又は配置に関する相談又は考案若しくは表現の業務（法第四条第一項第二号に規定する建設業務を除く。）を除く。）

十七　事務用機器の操作方法、電子計算機を使用することにより機能するシステムの使用方法又はプログラムの使用方法を習得させるための教授又は指導の業務

十八　顧客の要求に応じて設計（構造を変更する設計を含む。）を行う機械等若しくは機械等により構成される設備若しくはプログラム又は顧客に対して専門的知識に基づく助言を行うことが必要である金融商品（金融サービスの提供に関する法律（平成十二年法律第百一号）第三条第一項に規定する金融商品の販売の対象となるものをいう。）に係る当該顧客に対して行う説明若しくは相談又は売買契約（これに類する契約で同項に規定する金融商品の販売に係るものを含む。以下この号において同じ。）についての申込み、申込みの受付若しくは締結若しくは売買契約の申込み若しくは締結の勧誘の業務

十九　保健師助産師看護師法第五条に規定する業務（病院等、助産所、介護老人保健施設、介護医療院及び居宅において行われるもの（介護保険法第八条第三項に規定する訪問入浴介護及び同法第八条の二第二項に規定する介護予防訪問入浴介護に係るものを除く。）を除く。）

2　法第三十五条の四第一項の政令で定める場合は、法第二条第四号に規定する派遣元事業主が労働者派遣に係る法第三十五条の四第一項に規定する日雇労働者（以下この項において「日雇労働者」という。）の安全又は衛生を確保するため必要な措置その他の雇用管理上必要な措置を講じている場合であつて次の各号のいずれかに該当するときとする。

一　当該日雇労働者が六十歳以上の者である場合

二　当該日雇労働者が学校教育法（昭和二十二年法律第二十六号）第一条、第百二十四条又は第百三十四条第一項の学校の学生又は生徒（同法第四条第一項に規定する定時制の課程に在学する者その他厚生労働省令で定める者を除く。）である場合

三　当該日雇労働者及びその属する世帯の他の世帯員について厚生労働省令で定めるところにより算定した収入の額が厚生労働省令で定める額以上である場合

第五条（**労働基準法を適用する場合の読替え**）　法第四十四条の規定により同条第一項に規定する派遣中の労働者（次条において「派遣中の労働者」という。）の法第二十三条の二に規定する派遣就業（次条において「派遣就業」という。）に関し労働基準法の規定を適用する場合における法第四十四条第六項の規定による労働基準法の規定の技術的読替えは、次の表のとおりとする。

読替えに係る労働基準法の規定	読み替えられる字句	読み替える字句
第三十二条の三の二	使用者	使用者は、労働者派遣事業の適正な運営の確保及び派遣労働者の保護等に関する法律（昭和六十年法律第八十八号。以下「労働者派遣法」という。）第四十四条第二項の規定により同条第一項に規定する派遣先の事業（以下単に「派遣先の事業」という。）の第十条に規定する使用者とみなされる者
	前条第一項の規定	労働者派遣法第四十四条第二項の規定により適用される前条第一項の規定
	第三十三条又は第三十六条第一項の規定	当該使用者とみなされる者が労働者派遣法第四十四条第二項の規定により適用される第三十三条又は第三十六条第一項の規定
第三十二条の四の二	使用者	使用者は、労働者派遣法第四十四条第二項の規定により派遣先の事業の第十条に規定する使用者とみなされる者
	前条の規定	労働者派遣法第四十四条第二項の規定により適用される前条の規定
	第三十三条又は第三十六条第一項の規定	当該使用者とみなされる者が同項の規定により適用される第三十三条又は第三十六条第一項の規定
第三十七条第一項	使用者が、第三十三条又は前条第一項の規定	使用者は、労働者派遣法第四十四条第二項の規定により派遣先の事業の第十条に規定する使用者とみなされる者が、同項の規定により適用される第三十三条又は前条第一項の規定
第三十七条第三項	使用者	使用者は、労働者派遣法第四十四条第二項の規定により派遣先の事業の第十条に規定する使用者とみなされる者
第三十八条第二項	第三十四条第二項及び第三項	労働者派遣法第四十四条第二項の規定により適用される第三十四条第二項及び第三項
第六十条第二項、第六	第五十六条第二項の規	労働者派遣法第四十四条第三項に規定する派遣元の使用者

十一条第五項	定によって	が第五十六条第二項の規定によって
第百一条第二項	前項	前項（労働者派遣法第四十四条第五項の規定により適用される場合を含む。）

第六条（労働安全衛生法等を適用する場合の読替え等） 法第四十五条の規定により法第四十四条第一項に規定する派遣先の事業（以下この条において「派遣先の事業」という。）に関し労働安全衛生法の規定を適用する場合における法第四十五条第十七項の規定による労働安全衛生法の規定の技術的読替えは、次の表のとおりとする。

読替えに係る労働安全衛生法の規定	読み替えられる字句	読み替える字句
第五条第二項	前項	労働者派遣事業の適正な運営の確保及び派遣労働者の保護等に関する法律（以下「労働者派遣法」という。）第四十五条第八項の規定により適用される前項
第五条第三項	前二項	労働者派遣法第四十五条第八項の規定により適用される第一項及び前項
第十六条第一項	事業者	事業者（労働者派遣法第四十五条第三項の規定により事業者とみなされる者を含む。次項において同じ。）
第十六条第二項	前項	労働者派遣法第四十五条第八項の規定により適用される前項
第三十二条第一項	第三十条第一項又は第四項	第三十条第一項又は第四項（労働者派遣法第四十五条第三項の規定により適用される場合を含む。）
	同条第一項	第三十条第一項
第三十二条第二項	第三十条の二第一項又は第四項	第三十条の二第一項又は第四項（労働者派遣法第四十五条第三項の規定により適用される場合を含む。）
	同条第一項	第三十条の二第一項
第三十二条第三項	第三十条の三第一項又は第四項	第三十条の三第一項又は第四項（労働者派遣法第四十五条第三項の規定により適用される場合を含む。）
第三十二条第六項及び第七項	若しくは第四項、第三十条の二第一項若しくは第四項、第三十条の三第一項若しくは第四項	若しくは第四項（労働者派遣法第四十五条第三項の規定により適用される場合を含む。）、第三十条の二第一項若しくは第四項（労働者派遣法第四十五条第三項の規定により適用される場合を含む。）、第三十条の三第一項若しくは第四項（労働者派遣法第四十五条第三項の規定により適用される

		場合を含む。）
第三十三条第二項	その使用する労働者	その使用する労働者（労働者派遣法第四十五条第三項の規定によりその使用する労働者とみなされる者を含む。）
第四十五条第二項	同項	労働者派遣法第四十五条第三項の規定により適用される前項
第六十六条の五第一項	前条	労働者派遣法第四十五条第三項の規定により適用される前条
第百五条	第六十五条の二第一項及び第六十六条第一項から第四項まで	第六十五条の二第一項（労働者派遣法第四十五条第三項の規定により適用される場合を含む。）、第六十六条第一項及び同条第二項から第四項まで（労働者派遣法第四十五条第三項の規定により適用される場合を含む。）
第百二十条第一号	第十六条第一項	第十六条第一項（労働者派遣法第四十五条第八項の規定により適用される場合を含む。）
	第四十五条第一項若しくは第二項	第四十五条第一項、同条第二項（労働者派遣法第四十五条第四項の規定により適用される場合を含む。）

2　前項に定めるもののほか、法第四十五条の規定により労働安全衛生法の規定を適用する場合における同条第十七項の規定による同法の規定の技術的読替えは、次の表のとおりとする。

読替えに係る労働安全衛生法の規定	読み替えられる字句	読み替える字句
第三十一条第二項	前項	前項（労働者派遣事業の適正な運営の確保及び派遣労働者の保護等に関する法律（以下「労働者派遣法」という。）第四十五条第十五項の規定により適用される場合を含む。）
第三十六条	同項	前項
	第三十一条第一項、第三十一条の二、第三十二条第一項から第五項まで、第三十三条第一項若しくは第二項又は第三十四条	第三十一条第一項（労働者派遣法第四十五条第十五項の規定により適用される場合を含む。）、第三十一条の二（労働者派遣法第四十五条第十五項の規定により適用される場合を含む。）、第三十二条第一項から第四項まで（労働者派遣法第四十五条第十五項の規定により適用される場合を含む。）、第三十二条第五項、第三十三条第一項（労働者派遣法第四十五条第十五項の規定により適用される場合を含む。）、第三十三条第二項又は第三十四条（労働者派遣法第

		四十五条第十五項の規定により適用される場合を含む。）
	第三十二条第六項	第三十二条第六項（労働者派遣法第四十五条第十五項の規定により適用される場合を含む。）
第九十一条第三項	前二項	第一項（労働者派遣法第四十五条第十五項の規定により適用される場合を含む。）及び前項
第九十一条第四項	第一項	第一項（労働者派遣法第四十五条第十五項の規定により適用される場合を含む。）
第九十四条第一項	前条第二項又は第三項	前条第二項又は第三項（労働者派遣法第四十五条第十五項の規定により適用される場合を含む。）
第九十八条第二項	前項	前項（労働者派遣法第四十五条第十五項の規定により適用される場合を含む。）
第九十八条第三項	前二項	第一項（労働者派遣法第四十五条第十五項の規定により適用される場合を含む。）及び前項
第九十八条第四項	第一項	第一項（労働者派遣法第四十五条第十五項の規定により適用される場合を含む。）
第九十九条第二項	前項	前項（労働者派遣法第四十五条第十五項の規定により適用される場合を含む。）
第百十四条第一項	第二章	第二章（労働者派遣法第四十五条第十五項の規定により適用される場合を含む。）
第百十四条第二項	第三章	第三章（労働者派遣法第四十五条の規定により適用される場合を含む。）

3　労働者がその事業場における派遣就業のために派遣されている派遣先の事業の事業場に関する労働安全衛生法施行令（昭和四十七年政令第三百十八号）第二条、第四条、第五条及び第九条の規定の適用については、当該派遣先の事業の事業場もまた当該派遣中の労働者を使用する事業場とみなす。

4　労働者がその事業場における派遣就業のために派遣されている派遣先の事業の事業場に関する労働安全衛生法施行令第三条及び第八条の規定の適用については、当該派遣先の事業の事業場を当該派遣中の労働者を使用する事業場とみなす。

5　その事業場に使用する労働者が派遣先の事業における派遣就業のために派遣されている法第四十四条第三項に規定する派遣元の事業の事業場に関する労働安全衛生法施行令第三条及び第八条の規定の適用については、当該派遣元の事業の事業場は、当該派遣中の労働者を使用しないものとみなす。

附　則

この政令は、法の施行の日（昭和六十一年七月一日）から施行する。

労働者派遣事業の適正な運営の確保及び派遣労働者の保護等に関する法律施行規則　抄

〔昭和六一年四月一七日
労働省令第二〇号〕

沿革　令和　二年一二月二五日厚生労働省令第二〇八号
〃　三年　三月三一日　〃　第　六八号
〃　三年　四月二三日　〃　第　八九号
〃　三年一〇月一九日　〃　第一七三号
〃　四年　一月二一日　〃　第　一四号
〃　四年　六月二一日　〃　第　九六号
〃　四年一二月　九日　〃　第一六五号
〃　五年　三月三〇日　〃　第　四三号
〃　五年　三月三〇日　〃　第　四五号
〃　五年一二月二六日　〃　第一六二号

第一章　労働者派遣事業の適正な運営の確保に関する措置

第一節　業務の範囲

（令第二条第一項の厚生労働省令で定める場所等）

第一条　労働者派遣事業の適正な運営の確保及び派遣労働者の保護等に関する法律施行令（昭和六十一年政令第九十五号。以下「令」という。）第二条第一項の厚生労働省令で定める場所は、次に掲げる場所とする。

一　都道府県が医療法（昭和二十三年法律第二百五号）第三十条の二十三第一項に規定する医療計画において定める医師の確保に関する事項の実施に必要な事項として地域における医療の確保のためには令第二条第一項第一号に掲げる業務に業として行う労働者派遣により派遣労働者を従事させる必要があると認めた病院等（同号に規定する病院等をいう。次号において同じ。）であつて厚生労働大臣が定めるもの

二　前号に掲げる病院等に係る患者の居宅

2　令第二条第一項第一号の厚生労働省令で定めるものは、次のとおりとする。

一　障害者の日常生活及び社会生活を総合的に支援するための法律（平成十七年法律第百二十三号）第五条第十一項に規定する障害者支援施設の中に設けられた診療所

二　生活保護法（昭和二十五年法律第百四十四号）第三十八条第一項第一号（中国残留邦人等の円滑な帰国の促進並びに永住帰国した中国残留邦人等及び特定配偶者の自立の支援に関する法律（平成六年法律第三十号。次号において「中国残留邦人等支援法」という。）第十四条第四項（中国残留邦人等の円滑な帰国の促進及び永住帰国後の自立の支援に関する法律の一部を改正する法律（平成十九年法律第百二十七号）附則第四条第二項において準用する場合を含む。次号において同じ。）においてその例による場合を含む。）に規定する救護施設の中に設けられた診療所

三　生活保護法第三十八条第一項第二号（中国残留邦人等支援法第十四条第四項においてその例による場合を含む。）に規定する更生施設の中に設けられた診療所

四　削除

五　老人福祉法（昭和三十八年法律第百三十三号）第二十条の四に規定する養護老人ホームの中に設けられた診療所

六　老人福祉法第二十条の五に規定する特別養護老人ホームの中に設けられた診療所

七　原子爆弾被爆者に対する援護に関する法律（平成六年法律第百十七号）第三十九条に規定する養護事業を行う施設の中に設けられた診療所

第二節　事業の許可

（許可の申請手続）

第一条の二　労働者派遣事業の適正な運営の確保及び派遣労働者の保護等に関する法律（以下「法」という。）第五条第二項の申請書は、労働者派遣事業許可申請書（様式第一号）のとおりとする。

2　法第五条第三項の厚生労働省令で定める書類は、次のとおりとする。

一　申請者が法人である場合にあつては、次に掲げる書類

イ　定款又は寄附行為

ロ　法人の登記事項証明書

ハ　役員の住民票の写し（出入国管理及び難民認定法（昭和二十六年政令第三百十九号）第十九条の三に規定する中長期在留者にあつては住民票の写し（国籍等（住民基本台帳法（昭和四十二年法律第八十一号）第三十条の四十五に規定する国籍等をいう。以下この号において同じ。）及び在留資格（出入国管理及び難民認定法第二条の二第一項に規定する在留資格をいう。）を記載したものに限る。）とし、日本国との平和条約に基づき日本の国籍を離脱した者等の出入国管理に関する特例法（平成三年法律第七十一号）に定める特別永住者にあつては住民票の写し（国籍等及び同法に定める特別永住者である旨を記載したものに限る。）とし、出入国管理及び難民認定法第十九条の三第一号に掲げる者にあつては旅券その他の身分を証する書類の写しとする。以下同じ。）及び履歴書

ニ　役員の精神の機能の障害に関する医師の診断書（当該役員が精神の機能の障害により認知、判断又は意思疎通を適切に行うことができないおそれがある者である場合に限る。）

ホ　役員が未成年者で労働者派遣事業に関し営業の許可を受けていない場合にあつては、次に掲げる場合の区分に応じ、それぞれ次に定める書類

(1)　当該役員の法定代理人が個人である場合当該法定代理人の住民票の写し及び履歴書並びに当該法定代理人の精神の機能の障害に関する医師の診断書（当該法定代理人が精神の機能の障害により認知、判断又は意思疎通を適切に行うことができないおそれがある者である場合に限る。）

(2)　当該役員の法定代理人が法人である場合当該法定代理人に係るイからニまでに掲げる書類（法定代理人の役員が未成年者で労働者派遣事業に関し営業の許可を受けていない場合にあつては、当該役員の法定代理人（法人に限る。）に係るイからニまでに掲げる書類又は当該役員の法定代理人（個人に限る。以下この(2)において同じ。）の住民票の写し及び履歴書並びに当該役員の法定代理人の精神の機能の障害に関する医師の診断書（当該役員の法定代理人が精神の機能の障害により認知、判断又は意思疎通を適切に行うことができないおそれがある者である場合に限る。）を含む。）

へ　労働者派遣事業を行う事業所ごとの個人情報の適正管理及び秘密の保持に関する規程（以下「個人情報適正管理規程」という。）

ト　最近の事業年度における貸借対照表及び損益計算書

チ　労働者派遣事業に関する資産の内容を証する書類及び建物の登記事項証明書その他の当該資産の権利関係を証する書類

リ　労働者派遣事業を行う事業所ごとに選任する派遣元責任者の住民票の写し、履歴書及び第二十九条の二第一号に規定する講習を修了したことを証する書類（以下「受講証明書」という。）並びに当該派遣元責任者の精神の機能の障害に関する医師の診断書（当該派遣元責任者が精神の機能の障害により認知、判断又は意思疎通を適切に行うことができないおそれがある者である場合に限る。）

ヌ　派遣労働者のキャリアの形成の支援に関する規程

ル　派遣労働者の解雇に関する規程

ヲ　派遣労働者に対する休業手当に関する規程

二　申請者が個人である場合にあつては、次に掲げる書類

イ　住民票の写し及び履歴書

ロ　申請者の精神の機能の障害に関する医師の診断書（当該申請者が精神の機能の障害により認知、判断又は意思疎通を適切に行うことができないおそれがある者である場合に限る。）

ハ　申請者が未成年者で労働者派遣事業に関し営業の許可を受けていない場合にあつては、次に掲げる場合の区分に応じ、それぞれ次に定める書類

(1)　当該申請者の法定代理人が個人である場合当該法定代理人の住民票の写し及び履歴書並びに当該法定代理人の精神の機能の障害に関する医師の診断書（当該法定代理人が精神の機能の障害により認知、判断又は意思疎通を適切に行うことができないおそれがある者である場合に限る。）

(2)　当該申請者の法定代理人が法人である場合当該法定代理人に係る前号イからニまでに掲げる書類（法定代理人の役員が未成年者で労働者派遣事業に関し営業の許可を受けていない場合にあつては、当該役員の法定代理人（法人に限る。）に係る同号イからニまでに掲げる書類又は当該役員の法定代理人（個人に限る。以下この(2)において同じ。）の住民票の写し及び履歴書並びに当該役員の法定代理人の精神の機能の障害に関する医師の診断書（当該役員の法定代理人が精神の機能の障害により認知、判断又は意思疎通を適切に行うことができないおそれがある者である場合に限る。）を含む。）

ニ　前号ヘ及びチからヲまでに掲げる書類

3　法第五条第三項の規定により添付すべき事業計画書は、労働者派遣事業計画書（様式第三号から様式第三号の三まで）のとおりとする。

（法第六条第三号の厚生労働省令で定める者）

第一条の三　法第六条第三号の厚生労働省令で定める者は、精神の機能の障害により労働者派遣事業を適正に行うに当たつて必要な認知、判断及び意思疎通を適切に行うことができない者とする。

（法第七条第一項第一号の厚生労働省令で定める場合）

第一条の四　法第七条第一項第一号の厚生労働省令で定める場合は、当該事業を行う派遣元事業主が雇用する派遣労働者のうち、十分の三以上の者が六十歳以上の者（他の事業主の事業所を六十歳以上の定年により退職した後雇い入れた者に限る。）である場合とする。

（法第七条第一項第二号の厚生労働省令で定める基準）

第一条の五　法第七条第一項第二号の厚生労働省令で定める基準は、次のとおりとする。

一　派遣労働者のキャリアの形成を支援する制度（厚生労働

大臣が定める基準を満たすものに限る。）を有すること。
二　前号に掲げるもののほか、派遣労働者に係る雇用管理を適正に行うための体制が整備されていること。

（許可証）
第二条　法第八条第一項の許可証は、労働者派遣事業許可証（様式第四号。以下単に「許可証」という。）のとおりとする。

（許可の有効期間の更新の申請手続）
第五条　法第十条第二項の規定による許可の有効期間の更新を受けようとする者は、当該許可の有効期間が満了する日の三月前までに、労働者派遣事業許可有効期間更新申請書（様式第一号）を、厚生労働大臣に提出しなければならない。
2　法第十条第五項において準用する法第五条第三項の厚生労働省令で定める書類は、次のとおりとする。
一　申請者が法人である場合にあつては、第一条の二第二項第一号イ、ロ、ニからチまで、リ（受講証明書及び医師の診断書に係る部分に限る。）及びヌからヲまでに掲げる書類
二　申請者が個人である場合にあつては、第一条の二第二項第一号へ、チ、リ（受講証明書及び医師の診断書に係る部分に限る。）及びヌからヲまで並びに同項第二号ロに掲げる書類
3　法第十条第五項において準用する法第五条第三項の規定により添付すべき事業計画書は、労働者派遣事業計画書（様式第三号から様式第三号の三まで）のとおりとする。
4　法第十条第二項の規定による許可の有効期間の更新は、当該更新を受けようとする者が現に有する許可証と引換えに新たな許可証を交付することにより行うものとする。

第三節　補則

（事業報告書及び収支決算書）
第一七条　派遣元事業主は、毎事業年度に係る労働者派遣事業を行う事業所ごとの当該事業に係る事業報告書及び収支決算書を作成し、厚生労働大臣に提出しなければならない。ただし、派遣元事業主が当該事業年度に係る貸借対照表及び損益計算書を提出したときは、収支決算書を提出することを要しない。
2　前項の事業報告書及び収支決算書は、それぞれ労働者派遣事業報告書（様式第十一号）及び労働者派遣事業収支決算書（様式第十二号）のとおりとする。
3　法第三十条の四第一項の協定を締結した派遣元事業主は、第一項の事業報告書には、当該協定を添付しなければならない。
4　第一項の事業報告書及び収支決算書の提出期限は、次の各号に掲げる区分に応じ、それぞれ当該各号に定める期限とする。
一　労働者派遣事業報告書（様式第十一号）　毎事業年度における事業年度の終了の日の属する月の翌月以後の最初の六月三十日
二　労働者派遣事業収支決算書（様式第十二号）　毎事業年度経過後三月が経過する日

（関係派遣先への派遣割合の報告）
第一七条の二　法第二十三条第三項の規定による報告は、毎事業年度経過後三月が経過する日までに、当該事業年度に係る関係派遣先派遣割合報告書（様式第十二号の二）を厚生労働大臣に提出することにより行わなければならない。

（海外派遣の届出）
第一八条　派遣元事業主は、法第二十三条第四項の規定による海外派遣（以下単に「海外派遣」という。）をしようとするときは、海外派遣届出書（様式第十三号）に第二十三条の規定による書面の写しを添えて厚生労働大臣に提出しなければ

ならない。

（情報提供の方法等）

第一八条の二　法第二十三条第五項の規定による情報の提供は、インターネットの利用その他の適切な方法により行わなければならない。

2　法第二十三条第五項の厚生労働省令で定めるところにより算定した割合は、前事業年度に係る労働者派遣事業を行う事業所（以下この項において「一の事業所」という。）ごとの当該事業に係る労働者派遣に関する料金の額の平均額（当該事業年度における派遣労働者一人一日当たりの労働者派遣に関する料金の額の平均額をいう。以下この条において同じ。）から派遣労働者の賃金の額の平均額（当該事業年度における派遣労働者一人一日当たりの賃金の額の平均額をいう。次項において同じ。）を控除した額を労働者派遣に関する料金の額の平均額で除して得た割合（当該割合に小数点以下一位未満の端数があるときは、これを四捨五入する。）とする。ただし、一の事業所が当該派遣元事業主の労働者派遣事業を行う他の事業所と一体的な経営を行つている場合には、その範囲内において同様の方法により当該割合を算定することを妨げない。

3　法第二十三条第五項の厚生労働省令で定める事項は、次のとおりとする。

一　労働者派遣に関する料金の額の平均額

二　派遣労働者の賃金の額の平均額

三　法第三十条の四第一項の協定を締結しているか否かの別

四　法第三十条の四第一項の協定を締結している場合にあつては、協定対象派遣労働者（法第三十条の五に規定する協定対象派遣労働者をいう。以下同じ。）の範囲及び当該協定の有効期間の終期

五　その他労働者派遣事業の業務に関し参考となると認められる事項

（法第二十三条の二の厚生労働省令で定める者等）

第一八条の三　法第二十三条の二の厚生労働省令で定める者は、次に掲げる者とする。

一　派遣元事業主を連結子会社（連結財務諸表の用語、様式及び作成方法に関する規則（昭和五十一年大蔵省令第二十八号）第二条第四号に規定する連結子会社をいう。以下この号において同じ。）とする者及び当該者の連結子会社

二　派遣元事業主の親会社等又は派遣元事業主の親会社等の子会社等（前号に掲げる者を除く。）

2　前項第二号の派遣元事業主の親会社等は、次に掲げる者とする。

一　派遣元事業主（株式会社である場合に限る。）の議決権の過半数を所有している者

二　派遣元事業主（持分会社（会社法（平成十七年法律第八十六号）第五百七十五条第一項に規定する持分会社をいう。次項において同じ。）である場合に限る。）の資本金の過半数を出資している者

三　派遣元事業主の事業の方針の決定に関して、前二号に掲げる者と同等以上の支配力を有すると認められる者

3　第一項第二号の派遣元事業主の親会社等の子会社等は、次に掲げる者とする。

一　派遣元事業主の親会社等が議決権の過半数を所有している者（株式会社である場合に限る。）

二　派遣元事業主の親会社等が資本金の過半数を出資している者（持分会社である場合に限る。）

三　事業の方針の決定に関する派遣元事業主の親会社等の支配力が前二号に掲げる者と同等以上と認められる者

4　法第二十三条の二の厚生労働省令で定めるところにより算定した割合は、一の事業年度における派遣元事業主が雇用す

る派遣労働者（六十歳以上の定年に達したことにより退職した者であつて当該派遣元事業主に雇用されているものを除く。）の関係派遣先（同条に規定する関係派遣先をいう。）に係る同条に規定する派遣就業（以下単に「派遣就業」という。）に係る総労働時間を、その事業年度における当該派遣元事業主が雇用する派遣労働者の全ての派遣就業に係る総労働時間で除して得た割合（当該割合に小数点以下一位未満の端数があるときは、これを切り捨てる。）とする。

第二章　派遣労働者の保護等に関する措置

第一節　労働者派遣契約

（労働者派遣契約における定めの方法等）

第二十一条　法第二十六条第一項の規定による定めは、同項各号に掲げる事項の内容の組合せが一であるときは当該組合せに係る派遣労働者の数を、当該組合せが二以上であるときは当該それぞれの組合せの内容及び当該組合せごとの派遣労働者の数を定めることにより行わなければならない。

2　法第二十六条第一項第一号の業務の内容に令第四条第一項各号に掲げる業務が含まれるときは、当該業務が該当する同項各号に掲げる業務の号番号を付するものとする。ただし、日雇労働者に係る労働者派遣が行われないことが明らかである場合は、この限りでない。

3　労働者派遣契約の当事者は、当該労働者派遣契約の締結に際し法第二十六条第一項の規定により定めた事項を、書面に記載しておかなければならない。

4　派遣元事業主から労働者派遣の役務の提供を受ける者は、当該労働者派遣契約の締結に当たり法第二十六条第三項の規定により明示された内容を、前項の書面に併せて記載しておかなければならない。

（法第二十六条第一項第二号の厚生労働省令で定める区分）

第二十一条の二　法第二十六条第一項第二号の厚生労働省令で定める区分は、名称のいかんを問わず、業務の関連性に基づいて法第二条第四号に規定する派遣先（以下単に「派遣先」という。）が設定した労働者の配置の区分であつて、配置された労働者の業務の遂行を指揮命令する職務上の地位にある者が当該労働者の業務の配分及び当該業務に係る労務管理に関して直接の権限を有するものとする。

（法第二十六条第一項第十号の厚生労働省令で定める事項）

第二十二条　法第二十六条第一項第十号の厚生労働省令で定める事項は、次のとおりとする。

一　派遣労働者が従事する業務に伴う責任の程度

二　派遣元責任者及び派遣先責任者に関する事項

三　労働者派遣の役務の提供を受ける者が法第二十六条第一項第四号に掲げる派遣就業をする日以外の日に派遣就業をさせることができ、又は同項第五号に掲げる派遣就業の開始の時刻から終了の時刻までの時間を延長することができる旨の定めをした場合における当該派遣就業をさせることができる日又は延長することができる時間数

四　派遣元事業主が、派遣先である者又は派遣先となろうとする者との間で、これらの者が当該派遣労働者に対し、診療所等の施設であつて現に当該派遣先である者又は派遣先になろうとする者に雇用される労働者が通常利用しているもの（第三十二条の三各号に掲げるものを除く。）の利用、レクリエーション等に関する施設又は設備の利用、制服の貸与その他の派遣労働者の福祉の増進のための便宜を供与する旨の定めをした場合における当該便宜供与の内容及び

五　労働者派遣の役務の提供を受ける者が、労働者派遣の終了後に当該労働者派遣に係る派遣労働者を雇用する場合に、労働者派遣をする事業主に対し、あらかじめその旨を通知すること、手数料を支払うことその他の労働者派遣の終了後に労働者派遣契約の当事者間の紛争を防止するために講ずる措置

六　派遣労働者を協定対象派遣労働者に限るか否かの別

七　派遣労働者を無期雇用派遣労働者（法第三十条の二第一項に規定する無期雇用派遣労働者をいう。）又は第三十二条の四に規定する者に限るか否かの別

（契約に係る書面の記載事項）

第二十二条の二　第二十一条第三項に規定する書面には、同項及び同条第四項に規定する事項のほか、次の各号に掲げる場合の区分に応じ、それぞれ当該各号に定める事項を記載しなければならない。

一　紹介予定派遣の場合　当該派遣先が職業紹介を受けることを希望しない場合又は職業紹介を受けた者を雇用しない場合には、派遣元事業主の求めに応じ、その理由を、書面の交付若しくはファクシミリを利用してする送信又は電子メールその他のその受信をする者を特定して情報を伝達するために用いられる電気通信（電気通信事業法（昭和五十九年法律第八十六号）第二条第一号に規定する電気通信をいう。以下「電子メール等」という。）の送信の方法（当該電子メール等の受信をする者が当該電子メール等の記録を出力することにより書面を作成することができるものに限る。以下同じ。）（以下「書面の交付等」という。）により、派遣元事業主に対して明示する旨

二　法第四十条の二第一項第三号イの業務について行われる労働者派遣の場合　同号イに該当する旨

三　法第四十条の二第一項第三号ロの業務について行われる労働者派遣の場合　次のイからハまでに掲げる事項

イ　法第四十条の二第一項第三号ロに該当する旨

ロ　当該派遣先において当該業務が一箇月間に行われる日数

ハ　当該派遣先に雇用される通常の労働者の一箇月間の所定労働日数

四　法第四十条の二第一項第四号の労働者派遣の場合　次のイ及びロに掲げる事項

イ　労働基準法（昭和二十二年法律第四十九号）第六十五条第一項若しくは第二項の規定による休業（以下「産前産後休業」という。）、育児休業、介護休業等育児又は家族介護を行う労働者の福祉に関する法律（平成三年法律第七十六号。以下「育児・介護休業法」という。）第二条第一号に規定する育児休業（以下「育児休業」という。）又は第三十三条に規定する場合における休業をする労働者の氏名及び業務

ロ　イの労働者がする産前産後休業、育児休業又は第三十三条に規定する場合における休業の開始及び終了予定の日

五　法第四十条の二第一項第五号の労働者派遣の場合　次のイ及びロに掲げる事項

イ　育児・介護休業法第二条第二号に規定する介護休業（以下「介護休業」という。）又は第三十三条の二に規定する休業をする労働者の氏名及び業務

ロ　イの労働者がする介護休業又は第三十三条の二に規定する休業の開始及び終了予定の日

（海外派遣に係る労働者派遣契約における定めの方法）

第二十三条　派遣元事業主は、海外派遣に係る労働者派遣契約の締結に際し、法第二十六条第二項の規定により定めた事項を書面に記載して、当該海外派遣に係る役務の提供を受ける者

に当該書面の交付等をしなければならない。

（法第二十六条第二項第三号の厚生労働省令で定める措置）

第二四条　法第二十六条第二項第三号の厚生労働省令で定める措置は、次のとおりとする。

一　法第二十六条第四項に規定する法第四十条の二第一項の規定に抵触することとなる最初の日の通知

二　法第三十九条の労働者派遣契約に関する措置

三　法第四十条第一項の苦情の内容の通知及び当該苦情の処理

四　法第四十条第二項に規定する教育訓練の実施等必要な措置

五　法第四十条第三項に規定する福利厚生施設の利用の機会の付与

六　法第四十条の四に規定する派遣労働者の雇用に関する事項に関する措置

七　法第四十条の五に規定する労働者の募集に係る事項の周知

八　法第四十条の九第二項に規定する通知

九　疾病、負傷等の場合における療養の実施その他派遣労働者の福祉の増進に係る必要な援助

十　前各号に掲げるもののほか、派遣就業が適正かつ円滑に行われるようにするため必要な措置

（法第二十六条第四項に規定する法第四十条の二第一項の規定に抵触することとなる最初の日の通知の方法）

第二四条の二　法第二十六条第四項に規定する法第四十条の二第一項の規定に抵触することとなる最初の日の通知は、労働者派遣契約を締結するに当たり、あらかじめ、法第二十六条第四項の規定により通知すべき事項に係る書面の交付等により行わなければならない。

（法第二十六条第七項の情報の提供の方法等）

第二四条の三　法第二十六条第七項の情報の提供は、同項の規定により提供すべき事項に係る書面の交付等により行わなければならない。

2　派遣元事業主は前項の規定による情報の提供に係る書面等を、派遣先は当該書面等の写しを、当該労働者派遣契約に基づく労働者派遣が終了した日から起算して三年を経過する日まで保存しなければならない。

（法第二十六条第七項の厚生労働省令で定める情報）

第二四条の四　法第二十六条第七項の厚生労働省令で定める情報は、次の各号に掲げる場合の区分に応じ、それぞれ当該各号に定める情報とする。

一　労働者派遣契約に、当該労働者派遣契約に基づく労働者派遣に係る派遣労働者を協定対象派遣労働者に限定しないことを定める場合次のイからホまでに掲げる情報

イ　比較対象労働者（法第二十六条第八項に規定する比較対象労働者をいう。以下同じ。）の職務の内容（同項に規定する職務の内容をいう。以下同じ。）、当該職務の内容及び配置の変更の範囲並びに雇用形態

ロ　当該比較対象労働者を選定した理由

ハ　当該比較対象労働者の待遇のそれぞれの内容（昇給、賞与その他の主な待遇がない場合には、その旨を含む。）

ニ　当該比較対象労働者の待遇のそれぞれの性質及び当該待遇を行う目的

ホ　当該比較対象労働者の待遇のそれぞれについて、職務の内容、当該職務の内容及び配置の変更の範囲その他の事情のうち、当該待遇に係る決定をするに当たつて考慮したもの

二　労働者派遣契約に、当該労働者派遣契約に基づく労働者派遣に係る派遣労働者を協定対象派遣労働者に限定することを定める場合次のイ及びロに掲げる情報

イ　法第四十条第二項の教育訓練の内容（当該教育訓練がない場合には、その旨）

ロ　第三十二条の三各号に掲げる福利厚生施設の内容（当該福利厚生施設がない場合には、その旨）

（法第二十六条第八項の厚生労働省令で定める者）

第二四条の五　法第二十六条第八項の厚生労働省令で定める者は、次のとおりとする。

一　職務の内容並びに当該職務の内容及び配置の変更の範囲が派遣労働者と同一であると見込まれる通常の労働者

二　前号に該当する労働者がいない場合にあつては、職務の内容が派遣労働者と同一であると見込まれる通常の労働者

三　前二号に該当する労働者がいない場合にあつては、前二号に掲げる者に準ずる労働者

（法第二十六条第十項の情報の提供の方法等）

第二四条の六　法第二十六条第十項の情報の提供は、同条第七項の情報に変更があつたときは、遅滞なく、同条第十項の規定により提供すべき事項に係る書面の交付等により行わなければならない。

2　派遣労働者を協定対象派遣労働者に限定しないことを定めた労働者派遣契約に基づき現に行われている労働者派遣に係る派遣労働者の中に協定対象派遣労働者以外の者がいない場合には、法第二十六条第十項の情報（法第四十条第二項の教育訓練及び第三十二条の三各号に掲げる福利厚生施設に係るものを除く。）の提供を要しない。この場合において、当該派遣労働者の中に新たに協定対象派遣労働者以外の者が含まれることとなつたときは、派遣先は、遅滞なく、当該情報を提供しなければならない。

3　労働者派遣契約が終了する日前一週間以内における変更であつて、当該変更を踏まえて派遣労働者の待遇を変更しなくても法第三十条の三の規定に違反しないものであり、かつ、当該変更の内容に関する情報の提供を要しないものとして労働者派遣契約で定めた範囲を超えないものが生じた場合には、法第二十六条第十項の情報の提供を要しない。

4　第二十四条の三第二項の規定については、法第二十六条第十項の情報の提供について準用する。

第二節　派遣元事業主の講ずべき措置等

（法第三十条第一項の厚生労働省令で定める者等）

第二五条　法第三十条第一項の派遣先の事業所その他派遣就業の場所における同一の組織単位（法第二十六条第一項第二号に規定する組織単位をいう。以下同じ。）の業務について継続して一年以上の期間当該労働者派遣に係る労働に従事する見込みがある者として厚生労働省令で定めるものは、派遣先の事業所その他派遣就業の場所（以下「事業所等」という。）における同一の組織単位の業務について継続して一年以上の期間当該労働者派遣に係る労働に従事する見込みがある者であつて、当該労働者派遣の終了後も継続して就業することを希望しているもの（法第四十条の二第一項各号に掲げる労働者派遣に係る派遣労働者を除く。）とする。

2　前項の派遣労働者の希望については、派遣元事業主が当該派遣労働者に係る労働者派遣が終了する日の前日までに当該派遣労働者に対して聴くものとする。

3　法第三十条第一項のその他雇用の安定を図る必要性が高いと認められる者として厚生労働省令で定めるものは、当該派遣元事業主に雇用された期間が通算して一年以上である有期雇用派遣労働者（同項に規定する有期雇用派遣労働者をいい、第一項に規定する者を除く。）とする。

4　法第三十条第一項の派遣労働者として期間を定めて雇用しようとする労働者であつて雇用の安定を図る必要性が高いと認められるものとして厚生労働省令で定めるものは、当該派

遺元事業主に雇用された期間が通算して一年以上である派遣労働者として期間を定めて雇用しようとする労働者とする。

（法第三十条の措置の実施の方法）

第二五条の二　派遣元事業主は、法第三十条第一項の規定による措置を講ずるに当たつては、同項各号のいずれかの措置を講ずるように努めなければならない。

2　法第三十条第二項の規定により読み替えて適用する同条第一項の規定による措置を講ずる場合における前項の規定の適用については、同項中「講ずるように努めなければならない」とあるのは、「講じなければならない。ただし、同項第一号の措置が講じられた場合であつて、当該措置の対象となつた特定有期雇用派遣労働者（同項に規定する特定有期雇用派遣労働者をいう。）が当該派遣先に雇用されなかつたときは、同項第二号から第四号までのいずれかの措置を講じなければならない」とする。

3　派遣元事業主は、法第三十条第一項（同条第二項の規定により読み替えて適用する場合を含む。）の規定による措置を講ずるに当たつては、特定有期雇用派遣労働者等（同条第一項に規定する特定有期雇用派遣労働者等をいう。以下同じ。）から、当該特定有期雇用派遣労働者等が希望する当該措置の内容を聴取しなければならない。

（法第三十条第一項第二号の厚生労働省令で定める事項）

第二五条の三　法第三十条第一項第二号の厚生労働省令で定める事項は、特定有期雇用派遣労働者等の居住地、従前の職務に係る待遇その他派遣労働者の配置に関して通常考慮すべき事項とする。

（法第三十条第一項第四号の厚生労働省令で定める教育訓練）

第二五条の四　法第三十条第一項第四号の厚生労働省令で定める教育訓練は、新たな就業の機会を提供するまでの間に行われる教育訓練（当該期間中、特定有期雇用派遣労働者等に対し賃金が支払われる場合に限る。）とする。

（法第三十条第一項第四号の厚生労働省令で定める措置）

第二五条の五　法第三十条第一項第四号の厚生労働省令で定める措置は、次のとおりとする。

一　前条に規定する教育訓練

二　当該派遣元事業主が職業安定法（昭和二十二年法律第百四十一号）その他の法律の規定による許可を受けて、又は届出をして職業紹介を行うことができる場合にあつては、特定有期雇用派遣労働者等を紹介予定派遣の対象とし、又は紹介予定派遣に係る派遣労働者として雇い入れること。

三　その他特定有期雇用派遣労働者等の雇用の継続が図られると認められる措置

（法第三十条の四第一項の過半数代表者）

第二五条の六　法第三十条の四第一項の労働者の過半数を代表する者（以下この条において「過半数代表者」という。）は、次の各号のいずれにも該当する者とする。ただし、第一号に該当する者がいない場合にあつては、過半数代表者は第二号に該当する者とする。

一　労働基準法第四十一条第二号に規定する監督又は管理の地位にある者でないこと。

二　法第三十条の四第一項の協定をする者を選出することを明らかにして実施される投票、挙手等の民主的な方法による手続により選出された者であつて、派遣元事業主の意向に基づき選出されたものでないこと。

2　派遣元事業主は、労働者が過半数代表者であること若しくは過半数代表者になろうとしたこと又は過半数代表者として正当な行為をしたことを理由として、当該労働者に対して不利益な取扱いをしないようにしなければならない。

3　派遣元事業主は、過半数代表者が法第三十条の四第一項の協定に関する事務を円滑に遂行することができるよう必要な配慮を行わなければならない。

（法第三十条の四第一項の厚生労働省令で定める待遇）

第二五条の七　法第三十条の四第一項の厚生労働省令で定める待遇は、次のとおりとする。

一　法第四十条第二項の教育訓練

二　第三十二条の三各号に掲げる福利厚生施設

（法第三十条の四第一項第二号の厚生労働省令で定める賃金）

第二五条の八　法第三十条の四第一項第二号の厚生労働省令で定める賃金は、通勤手当、家族手当、住宅手当、別居手当、子女教育手当その他名称の如何を問わず支払われる賃金（職務の内容に密接に関連して支払われるものを除く。）とする。

（法第三十条の四第一項第二号イの厚生労働省令で定める賃金の額）

第二五条の九　法第三十条の四第一項第二号イの厚生労働省令で定める賃金の額は、派遣先の事業所その他派遣就業の場所の所在地を含む地域において派遣労働者が従事する業務と同種の業務に従事する一般の労働者であつて、当該派遣労働者と同程度の能力及び経験を有する者の平均的な賃金の額とする。

（法第三十条の四第一項第六号の厚生労働省令で定める事項）

第二五条の一〇　法第三十条の四第一項第六号の厚生労働省令で定める事項は、次のとおりとする。

一　有効期間

二　法第三十条の四第一項第一号に掲げる派遣労働者の範囲を派遣労働者の一部に限定する場合には、その理由

三　派遣元事業主は、特段の事情がない限り、一の労働契約の契約期間中に、当該労働契約に係る派遣労働者について、派遣先の変更を理由として、協定対象派遣労働者であるか否かを変更しようとしないこと。

（法第三十条の四第二項の周知の方法）

第二五条の一一　法第三十条の四第二項の周知は、次のいずれかの方法により行わなければならない。

一　書面の交付の方法

二　次のいずれかの方法によることを当該労働者が希望した場合における当該方法

イ　ファクシミリを利用してする送信の方法

ロ　電子メール等の送信の方法

三　電子計算機に備えられたファイル、磁気ディスクその他これらに準ずる物に記録し、かつ、労働者が当該記録の内容を常時確認できる方法

四　常時当該派遣元事業主の各事業所の見やすい場所に掲示し、又は備え付ける方法（法第三十条の四第一項の協定の概要について、第一号又は第二号の方法により併せて周知する場合に限る。）

（協定に係る書面の保存）

第二五条の一二　派遣元事業主は、法第三十条の四第一項の協定を締結したときは、当該協定に係る書面を、その有効期間が終了した日から起算して三年を経過する日まで保存しなければならない。

（法第三十条の五の厚生労働省令で定める賃金）

第二五条の一三　法第三十条の五の厚生労働省令で定める賃金は、通勤手当、家族手当、住宅手当、別居手当、子女教育手当その他名称の如何を問わず支払われる賃金（職務の内容に密接に関連して支払われるものを除く。）とする。

（待遇に関する事項等の説明）

第二五条の一四　法第三十一条の二第一項の規定による説明は、書面の交付等その他の適切な方法により行わなければならない。ただし、次項第一号に規定する労働者の賃金の額の見込みに関する事項の説明は、書面の交付等の方法により行わなければならない。

2　法第三十一条の二第一項の厚生労働省令で定める事項は、次のとおりとする。

一　労働者を派遣労働者として雇用した場合における当該労働者の賃金の額の見込み、健康保険法（大正十一年法律第七十号）に規定する被保険者の資格の取得、厚生年金保険法（昭和二十九年法律第百十五号）に規定する被保険者の資格の取得及び雇用保険法（昭和四十九年法律第百十六号）に規定する被保険者となることに関する事項その他の当該労働者の待遇に関する事項

二　事業運営に関する事項

三　労働者派遣に関する制度の概要

四　法第三十条の二第一項の規定による教育訓練及び同条第二項の規定による援助の内容

第二五条の一五　法第三十一条の二第二項の厚生労働省令で定める方法は、次条各号に掲げる事項が明らかとなる次のいずれかの方法によることを当該派遣労働者が希望した場合における当該方法とする。

一　ファクシミリを利用してする送信の方法

二　電子メール等の送信の方法

第二五条の一六　法第三十一条の二第二項第一号の厚生労働省令で定める事項は、次のとおりとする。

一　昇給の有無

二　退職手当の有無

三　賞与の有無

四　協定対象派遣労働者であるか否か（協定対象派遣労働者である場合には、当該協定の有効期間の終期）

五　派遣労働者から申出を受けた苦情の処理に関する事項

第二五条の一七　派遣元事業主は、法第三十一条の二第二項の規定により派遣労働者に対して明示しなければならない同項第一号に掲げる事項を事実と異なるものとしてはならない。

第二五条の一八　法第三十一条の二第二項（第二号に係る部分に限る。）及び第三項（第二号に係る部分に限る。）の規定による説明は、書面の活用その他の適切な方法により行わなければならない。

第二五条の一九　労働者派遣の実施について緊急の必要があるためあらかじめ法第三十一条の二第三項に規定する文書の交付等により同項（第一号に係る部分に限る。）の明示を行うことができないときは、当該文書の交付等以外の方法によることができる。

2　前項の場合であつて、次の各号のいずれかに該当するときは、当該労働者派遣の開始の後遅滞なく、法第三十一条の二第三項（第一号に係る部分に限る。）の規定により明示すべき事項を同項に規定する文書の交付等により当該派遣労働者に明示しなければならない。

一　当該派遣労働者から請求があつたとき。

二　前号以外の場合であつて、当該労働者派遣の期間が一週間を超えるとき。

第二五条の二〇　法第三十一条の二第三項第一号の厚生労働省令で定める事項は、次のとおりとする。

一　労働契約の期間に関する事項

二　期間の定めのある労働契約を更新する場合の基準に関する事項

三　就業の場所及び従事すべき業務に関する事項

四　始業及び終業の時刻、所定労働時間を超える労働の有無、休憩時間、休日並びに労働者を二組以上に分けて就業させる場合における就業時転換に関する事項

五　退職に関する事項（解雇の事由を含む。）

六　派遣労働者から申出を受けた苦情の処理に関する事項

（就業条件の明示の方法等）

第二六条　法第三十四条第一項及び第二項の規定による明示は、

当該規定により明示すべき事項を次のいずれかの方法により明示することにより行わなければならない。ただし、同条第一項の規定による明示にあつては、労働者派遣の実施について緊急の必要があるためあらかじめこれらの方法によることができない場合において、当該明示すべき事項をあらかじめこれらの方法以外の方法により明示したときは、この限りでない。

一　書面の交付の方法
二　次のいずれかの方法によることを当該派遣労働者が希望した場合における当該方法
　イ　ファクシミリを利用してする送信の方法
　ロ　電子メール等の送信の方法

2　前項ただし書の場合であつて、次の各号のいずれかに該当するときは、当該労働者派遣の開始の後遅滞なく、当該事項を前項各号に掲げるいずれかの方法により当該派遣労働者に明示しなければならない。

一　当該派遣労働者から請求があつたとき
二　前号以外の場合であつて、当該労働者派遣の期間が一週間を超えるとき

3　前二項の規定は、法第三十四条第三項の規定による明示について準用する。

（法第三十四条第一項第二号の厚生労働省令で定める事項）

第二十六条の二　法第三十四条第一項第二号の厚生労働省令で定める事項は、第二十七条の二第一項各号に掲げる書類が同項に規定する行政機関に提出されていない場合のその具体的な理由とする。

（労働者派遣に関する料金の額の明示の方法等）

第二十六条の三　法第三十四条の二の規定による明示は、第三項の規定による額を書面の交付等の方法により行わなければならない。

2　派遣元事業主が労働者派遣をしようとする場合における次項の規定による額が労働者を派遣労働者として雇い入れようとする場合における法第三十四条の二の規定により明示した額と同一である場合には、同条の規定による明示を要しない。

3　法第三十四条の二の厚生労働省令で定める額は、次のいずれかに掲げる額とする。

一　当該労働者に係る労働者派遣に関する料金の額
二　当該労働者に係る労働者派遣を行う事業所における第十八条の二第二項に規定する労働者派遣に関する料金の額の平均額

（派遣先への通知の方法等）

第二十七条　法第三十五条第一項の規定による通知は、法第二十六条第一項各号に掲げる事項の内容の組合せが一であるときは当該組合せに係る派遣労働者の氏名及び次条第一項各号に掲げる事項を、当該組合せが二以上であるときは当該組合せごとに派遣労働者の氏名及び同条第一項各号に掲げる事項を通知することにより行わなければならない。

2　法第三十五条第一項の規定による通知は、労働者派遣に際し、あらかじめ、同項により通知すべき事項に係る書面の交付等により行わなければならない。ただし、労働者派遣の実施について緊急の必要があるためあらかじめ書面の交付等ができない場合において、当該通知すべき事項をあらかじめ書面の交付等以外の方法により通知したときは、この限りでない。

3　前項ただし書の場合であつて、当該労働者派遣の期間が二週間を超えるとき（法第二十六条第一項各号に掲げる事項の内容の組合せが二以上である場合に限る。）は、当該労働者派遣の開始の後遅滞なく、当該事項に係る書面の交付等をしなければならない。

4　第二項に定めるほか、派遣元事業主は、法第三十五条第一

項の規定により次条第一項各号に掲げる書類がそれぞれ当該各号に掲げる省令により当該書類を届け出るべきこととされている行政機関に提出されていることを派遣先に通知するときは、その事実を当該事実を証する書類の提示その他の適切な方法により示さなければならない。

5 法第三十五条第二項の規定による通知は、書面の交付等により行わなければならない。

6 第四項の規定は、前項の通知について準用する。

（法第三十五条第一項第五号の厚生労働省令で定める事項）

第二十七条の二 法第三十五条第一項第五号の厚生労働省令で定める事項は、当該労働者派遣に係る派遣労働者に関して、次の各号に掲げる書類がそれぞれ当該各号に掲げる省令により当該書類を届け出るべきこととされている行政機関に提出されていることの有無とする。

一 健康保険法施行規則（大正十五年内務省令第三十六号）第二十四条第一項に規定する健康保険被保険者資格取得届

二 厚生年金保険法施行規則（昭和二十九年厚生省令第三十七号）第十五条に規定する厚生年金保険被保険者資格取得届

三 雇用保険法施行規則（昭和五十年労働省令第三号）第六条に規定する雇用保険被保険者資格取得届

2 派遣元事業主は、前項の規定により同項各号に掲げる書類が提出されていないことを派遣先に通知するときは、当該書類が提出されていない具体的な理由を付さなければならない。

（法第三十五条第一項第六号の厚生労働省令で定める事項）

第二十八条 法第三十五条第一項第六号の厚生労働省令で定める事項は、次のとおりとする。

一 派遣労働者の性別（派遣労働者が四十五歳以上である場合にあつてはその旨及び当該派遣労働者の性別、派遣労働者が十八歳未満である場合にあつては当該派遣労働者の年齢及び性別）

二 派遣労働者に係る法第二十六条第一項第四号、第五号又は第十号に掲げる事項の内容が、同項の規定により労働者派遣契約に定めた当該派遣労働者に係る組合せにおけるそれぞれの事項の内容と異なる場合における当該内容

（令第四条第二項第二号の厚生労働省令で定める者）

第二十八条の二 令第四条第二項第二号の厚生労働省令で定める者は、次に掲げる者とする。

一 卒業を予定している者であつて、雇用保険法第五条第一項に規定する適用事業に雇用され、卒業した後も引き続き当該事業に雇用されることになつているもの

二 休学中の者

三 前二号に掲げる者に準ずる者

（令第四条第二項第三号の厚生労働省令で定めるところにより算定した収入の額等）

第二十八条の三 令第四条第二項第三号の厚生労働省令で定めるところにより算定した収入の額は、次に掲げる額とする。

一 日雇労働者の一年分の賃金その他の収入の額

二 日雇労働者（主として生計を一にする配偶者（婚姻の届出をしていないが、事実上婚姻関係と同様の事情にある者を含む。）その他の親族（以下この号において「配偶者等」という。）の収入により生計を維持する者に限る。）及び当該日雇労働者と生計を一にする配偶者等の一年分の賃金その他の収入の額を合算した額

2 令第四条第二項第三号の厚生労働省令で定める額は、五百万円とする。

（派遣元責任者の選任）

第二十九条 法第三十六条の規定による派遣元責任者の選任は、次に定めるところにより行わなければならない。

一 派遣元事業主の事業所（以下この条において単に「事業

所」という。）ごとに当該事業所に専属の派遣元責任者として自己の雇用する労働者の中から選任すること。ただし、派遣元事業主（法人である場合は、その役員）を派遣元責任者とすることを妨げない。
二　当該事業所の派遣労働者の数が百人以下のときは一人以上の者を、百人を超え二百人以下のときは二人以上の者を、二百人を超えるときは、当該派遣労働者の数が百人を超える百人ごとに一人を二人に加えた数以上の者を選任すること。
三　法附則第四項に規定する物の製造の業務（以下「製造業務」という。）に労働者派遣をする事業所にあつては、当該事業所の派遣元責任者のうち、製造業務に従事する派遣労働者の数が百人以下のときは一人以上の者を、百人を超え二百人以下のときは二人以上の者を、二百人を超えるときは、当該派遣労働者の数が百人を超える百人ごとに一人を二人に加えた数以上の者を当該派遣労働者を専門に担当する者（以下「製造業務専門派遣元責任者」という。）とすること。ただし、製造業務専門派遣元責任者のうち一人は、製造業務に従事しない派遣労働者を併せて担当することができる。

（法第三十六条の厚生労働省令で定める基準）
第二九条の二　法第三十六条の厚生労働省令で定める基準は、次の各号のいずれにも該当することとする。
一　過去三年以内に、派遣労働者に係る雇用管理の適正な実施のために必要な知識を習得させるための講習として厚生労働大臣が定めるものを修了していること。
二　精神の機能の障害により派遣元責任者の業務を適正に行うに当たつて必要な認知、判断及び意思疎通を適切に行うことができない者でないこと。

（派遣元管理台帳の作成及び記載）
第三〇条　法第三十七条第一項の規定による派遣元管理台帳の作成は、派遣元事業主の事業所ごとに、行わなければならない。
2　法第三十七条第一項の規定による派遣元管理台帳の記載は、労働者派遣をするに際し、行わなければならない。
3　前項に定めるもののほか、法第四十二条第三項の規定による通知が行われる場合において、当該通知に係る事項が法第三十七条第一項各号に掲げる事項に該当する場合であつて当該通知に係る事項の内容が前項の記載と異なるときは、当該通知が行われた都度、当該通知に係る事項の内容を記載しなければならない。

（法第三十七条第一項第十号の厚生労働省令で定める教育訓練）
第三〇条の二　法第三十七条第一項第十号の厚生労働省令で定める教育訓練は、法第三十条の二第一項の規定による教育訓練とする。

（法第三十七条第一項第十三号の厚生労働省令で定める事項）
第三一条　法第三十七条第一項第十三号の厚生労働省令で定める事項は、次のとおりとする。
一　派遣労働者の氏名
二　派遣労働者が従事する業務に伴う責任の程度
三　事業所の名称
四　派遣元責任者及び派遣先責任者に関する事項
五　令第四条第一項各号に掲げる業務について労働者派遣をするときは、第二十一条第二項の規定により付することとされる号番号
六　法第四十条の二第一項第三号イの業務について労働者派遣をするときは、第二十二条の二第二号の事項
七　法第四十条の二第一項第三号ロの業務について労働者派遣をするときは、第二十二条の二第三号の事項

八　法第四十条の二第一項第四号の労働者派遣をするときは、第二十二条の二第四号の事項
九　法第四十条の二第一項第五号の労働者派遣をするときは、第二十二条の二第五号の事項
十　第二十五条の二第三項の規定により聴取した内容
十一　法第三十条の二第二項の規定による援助を行つた日及び当該援助の内容
十二　第二十七条の二の規定による通知の内容

（保存期間の起算日）

第三二条　法第三十七条第二項の規定による派遣元管理台帳を保存すべき期間の計算についての起算日は、労働者派遣の終了の日とする。

第三節　派遣先の講ずべき措置等

（法第四十条第二項の厚生労働省令で定める場合）

第三二条の二　法第四十条第二項の厚生労働省令で定める場合は、当該教育訓練と同様の教育訓練を派遣元事業主が既に実施した場合又は実施することができる場合とする。

（法第四十条第三項の厚生労働省令で定める福利厚生施設）

第三二条の三　法第四十条第三項の厚生労働省令で定める福利厚生施設は、次のとおりとする。

一　給食施設
二　休憩室
三　更衣室

（法第四十条の二第一項第二号の厚生労働省令で定める者）

第三二条の四　法第四十条の二第一項第二号の厚生労働省令で定める者は、六十歳以上の者とする。

（法第四十条の二第一項第四号の厚生労働省令で定める場合）

第三三条　法第四十条の二第一項第四号の厚生労働省令で定める場合は、労働基準法第六十五条第一項の規定による休業に先行し、又は同条第二項の規定による休業若しくは育児休業に後続する休業であつて、母性保護又は子の養育をするためのものをする場合とする。

（法第四十条の二第一項第五号の厚生労働省令で定める休業）

第三三条の二　法第四十条の二第一項第五号の厚生労働省令で定める休業は、介護休業に後続する休業であつて育児・介護休業法第二条第四号に規定する対象家族を介護するためにする休業とする。

（派遣可能期間の延長に係る意見の聴取）

第三三条の三　法第四十条の二第四項の規定により労働者の過半数で組織する労働組合（以下「過半数労働組合」という。）又は労働者の過半数を代表する者（以下「過半数代表者」という。）の意見を聴くに当たつては、当該過半数労働組合又は過半数代表者に、次に掲げる事項を書面により通知しなければならない。

一　派遣可能期間を延長しようとする事業所等
二　延長しようとする期間

2　前項の過半数代表者は、次の各号のいずれにも該当する者とする。ただし、第一号に該当する者がいない事業所等にあつては、過半数代表者は第二号に該当する者とする。

一　労働基準法第四十一条第二号に規定する監督又は管理の地位にある者でないこと。
二　法第四十条の二第四項の規定により意見を聴取される者を選出することを明らかにして実施される投票、挙手等の民主的な方法による手続により選出された者であつて、派遣先の意向に基づき選出されたものでないこと。

3　派遣先は、法第四十条の二第四項の規定により意見を聴い

た場合には、次に掲げる事項を書面に記載し、延長前の派遣可能期間が経過した日から三年間保存しなければならない。

一 意見を聴いた過半数労働組合の名称又は過半数代表者の氏名

二 第一項の規定により過半数労働組合又は過半数代表者に通知した日及び通知した事項

三 過半数労働組合又は過半数代表者から意見を聴いた日及び当該意見の内容

四 意見を聴いて、延長する期間を変更したときは、その変更した期間

4 派遣先は、前項各号に掲げる事項を、次に掲げるいずれかの方法によつて、当該事業所等の労働者に周知しなければならない。

一 常時当該事業所等の見やすい場所に掲示し、又は備え付けること。

二 書面を労働者に交付すること。

三 電子計算機に備えられたファイル、磁気ディスクその他これらに準ずる物に記録し、かつ、当該事業所等に労働者が当該記録の内容を常時確認できる機器を設置すること。

5 派遣先は、過半数代表者が法第四十条の二第四項の規定による意見の聴取に関する事務を円滑に遂行することができるよう必要な配慮を行わなければならない。

第三三条の四 法第四十条の二第五項の厚生労働省令で定める事項は、次のとおりとする。

一 派遣可能期間の延長の理由及びその延長の期間

二 当該異議（労働者派遣により労働者の職業生活の全期間にわたるその能力の有効な発揮及びその雇用の安定に資すると認められる雇用慣行が損なわれるおそれがある旨の意見に限る。）への対応に関する方針

2 派遣先は、法第四十条の二第五項の規定により過半数労働組合又は過半数代表者に対して説明した日及び説明した内容を書面に記載し、当該事業所等ごとの業務について延長前の派遣可能期間が経過した日から三年間保存しなければならない。

3 派遣先は、前項の書面に記載した事項を、前条第四項各号に掲げる方法によつて、当該事業所等の労働者に周知しなければならない。

第三三条の五 派遣先は、労働者が過半数代表者であること若しくは過半数代表者になろうとしたこと又は過半数代表者として正当な行為をしたことを理由として、当該労働者に対して不利益な取扱いをしないようにしなければならない。

第三三条の六 法第四十条の二第七項の規定による通知は、同項の規定により通知すべき事項に係る書面の交付等により行わなければならない。

（法第四十条の四の厚生労働省令で定める者）

第三三条の七 法第四十条の四の厚生労働省令で定める者は、法第三十条第一項（同条第二項の規定により読み替えて適用する場合を含む。）の規定により同条第一項第一号の措置が講じられた者とする。

（法第四十条の五第二項の厚生労働省令で定める者）

第三三条の八 法第四十条の五第二項の厚生労働省令で定める者は、法第三十条第二項の規定により読み替えて適用する同条第一項の規定により同項第一号の措置が講じられた者とする。

（法第四十条の六第一項第三号の厚生労働省令で定める意見の聴取の手続）

第三三条の九 法第四十条の六第一項第三号の厚生労働省令で定める意見の聴取の手続は、次のとおりとする。

一 第三十三条の三第一項の規定による通知

二 第三十三条の三第三項の規定による書面の記載及びその

保存

三　第三十三条の三第四項の規定による周知

（法第四十条の九第一項の厚生労働省令で定める者等）

第三三条の一〇　法第四十条の九第一項の厚生労働省令で定める者は、六十歳以上の定年に達したことにより退職した者であつて当該労働者派遣をしようとする派遣元事業主に雇用されているものとする。

2　法第四十条の九第二項の規定による通知は、書面の交付等により行わなければならない。

（派遣先責任者の選任）

第三四条　法第四十一条の規定による派遣先責任者の選任は、次に定めるところにより行わなければならない。

一　事業所等ごとに当該事業所等に専属の派遣先責任者として自己の雇用する労働者の中から選任すること。ただし、派遣先（法人である場合は、その役員）を派遣先責任者とすることを妨げない。

二　事業所等において派遣先がその指揮命令の下に労働させる派遣労働者の数が百人以下のときは一人以上の者を、百人を超え二百人以下のときは二人以上の者を、二百人を超えるときは当該派遣労働者の数が百人を超える百人ごとに一人を二人に加えた数以上の者を選任すること。ただし、当該派遣労働者の数に当該派遣先が当該事業所等において雇用する労働者の数を加えた数が五人を超えないときは、派遣先責任者を選任することを要しない。

三　製造業務に五十人を超える派遣労働者を従事させる事業所等にあつては、当該事業所等の派遣先責任者のうち、製造業務に従事させる派遣労働者の数が五十人を超え百人以下のときは一人以上の者を、百人を超え二百人以下のときは二人以上の者を、二百人を超えるときは、当該派遣労働者の数が百人を超える百人ごとに一人を二人に加えた数以上の者を、当該派遣労働者を専門に担当する者（以下「製造業務専門派遣先責任者」という。）とすること。ただし、製造業務専門派遣先責任者のうち一人は、製造業務に従事させない派遣労働者を併せて担当することができ、また、製造業務に従事させる派遣労働者と製造業務に付随する製造業務以外の業務（以下「製造付随業務」という。）に従事させる派遣労働者を、同一の派遣先責任者が担当することが、当該製造付随業務に従事させる派遣労働者の安全衛生の確保のために必要な場合においては、一人の製造業務専門派遣先責任者が担当する製造業務に従事させる派遣労働者と製造付随業務に従事させる派遣労働者の合計数が百人を超えない範囲内で、製造業務専門派遣先責任者に製造付随業務に従事させる派遣労働者を併せて担当させることができる。

（派遣先管理台帳の作成及び記載）

第三五条　法第四十二条第一項の規定による派遣先管理台帳の作成は、事業所等ごとに行わなければならない。

2　法第四十二条第一項の規定による派遣先管理台帳の記載は、労働者派遣の役務の提供を受けるに際し、行わなければならない。

3　前二項の規定にかかわらず、当該派遣先が当該事業所等においてその指揮命令の下に労働させる派遣労働者の数に当該事業所等において雇用する労働者の数を加えた数が五人を超えないときは、派遣先管理台帳の作成及び記載を行うことを要しない。

（法第四十二条第一項第十号の厚生労働省令で定める教育訓練）

第三五条の二　法第四十二条第一項第十号の厚生労働省令で定める教育訓練は、次のとおりとする。

一　業務の遂行の過程内における実務を通じた実践的な技能

及びこれに関する知識の習得に係る教育訓練であつて計画的に行われるもの

二　業務の遂行の過程外において行われる教育訓練

第三六条（法第四十二条第一項第十一号の厚生労働省令で定める事項）　法第四十二条第一項第十一号の厚生労働省令で定める事項は、次のとおりとする。

一　派遣労働者の氏名
二　派遣労働者が従事する業務に伴う責任の程度
三　派遣元事業主の事業所の名称
四　派遣元事業主の事業所の所在地
五　派遣労働者が労働者派遣に係る労働に従事した事業所の名称及び所在地その他派遣就業をした場所並びに組織単位
六　派遣先責任者及び派遣元責任者に関する事項
七　令第四条第一項各号に掲げる業務について労働者派遣をするときは、第二十一条第二項の規定により付することとされている号番号
八　法第四十条の二第一項第三号イの業務について労働者派遣をするときは、第二十二条の二第二号の事項
九　法第四十条の二第一項第三号ロの業務について労働者派遣をするときは、第二十二条の二第三号の事項
十　法第四十条の二第一項第四号の労働者派遣をするときは、第二十二条の二第四号の事項
十一　法第四十条の二第一項第五号の労働者派遣をするときは、第二十二条の二第五号の事項
十二　第二十七条の二の規定による通知の内容

第三八条（派遣元事業主に対する通知）　法第四十二条第三項の規定による派遣元事業主に対する通知は、派遣労働者ごとの同条第一項第五号から第七号まで並びに第三十六条第一号、第二号及び第五号に掲げる事項を、一箇月ごとに一回以上、一定の期日を定めて、書面の交付等により通知することにより行わなければならない。

2　前項の規定にかかわらず、派遣元事業主から請求があつたときは、同項に定める事項を、遅滞なく、書面の交付等により通知しなければならない。

第四節　労働基準法等の適用に関する特例等

第三九条（労働基準法施行規則を適用する場合の読替え）　法第四十四条の規定により同条第一項に規定する派遣中の労働者（以下単に「派遣中の労働者」という。）の派遣就業に関する労働基準法施行規則（昭和二十二年厚生省令第二十三号）の規定の適用については、同令第十九条中「法第三十三条若しくは法第三十六条第一項の規定」とあるのは「労働者派遣事業の適正な運営の確保及び派遣労働者の保護等に関する法律（以下「労働者派遣法」という。）第四十四条第二項の規定により適用される法第三十三条若しくは法第三十六条第一項の規定」と、同令第二十条中「法第三十三条又は法第三十六条第一項の規定」とあるのは「労働者派遣法第四十四条第二項の規定により適用される法第三十三条又は法第三十六条第一項の規定」と、同令第二十四条中「使用者」とあるのは「労働者派遣法第四十四条第二項の規定により同条第一項に規定する派遣先の事業の法第十条に規定する使用者とみなされる者」とする。

第四〇条（法第四十五条の厚生労働省令で定める事項等）　法第四十五条第一項の厚生労働省令で定める労働安全衛生法（昭和四十七年法律第五十七号）第六十六条第二項後段の規定による健康診断は、法第四十四条第三項に規定する派遣元の事業（以下単に「派遣元の事業」という。）の事業者が労働安全衛生法第六十六条第二項後段の規定により派遣中の労働者に対して行う健康診断とする。

2　労働安全衛生法第十三条第一項の健康管理その他の厚生労

働省令で定める事項のうち派遣中の労働者に関して法第四十五条第一項の厚生労働省令で定めるものは、次の事項で医学に関する専門的知識を必要とするものとする。

一　労働安全衛生規則（昭和四十七年労働省令第三十二号）第十四条第一項第一号に掲げる事項のうち労働安全衛生法第六十六条第一項の規定による健康診断（前項の健康診断を含む。）の実施及びその結果に基づく労働者の健康を保持するための措置に関すること。

二　労働安全衛生規則第十四条第一項第二号に掲げる事項

三　労働安全衛生規則第十四条第一項第三号に掲げる事項

四　労働安全衛生規則第十四条第一項第七号に掲げる事項

五　労働安全衛生規則第十四条第一項第八号に掲げる事項のうち労働安全衛生法第五十九条第一項及び第二項の規定による衛生のための教育に関すること。

3　労働安全衛生法第十八条第一項各号の事項のうち派遣中の労働者に関して法第四十五条第一項の厚生労働省令で定めるものは、次のとおりとする。

一　労働安全衛生法第十八条第一項第一号に掲げる事項のうち前項第一号に掲げるものに係るものに関すること。

二　労働安全衛生法第十八条第一項第二号に掲げる事項

三　労働安全衛生法第十八条第一項第四号に掲げる事項のうち次に掲げるもの

イ　労働安全衛生規則第二十二条第一号に掲げる事項のうち前項第一号に規定する健康診断に係るものに関すること。

ロ　労働安全衛生規則第二十二条第四号に掲げる事項のうち前項第五号に規定する衛生のための教育に係るものに関すること。

ハ　労働安全衛生規則第二十二条第七号に掲げる事項のうち前項第一号に規定する健康診断の結果に係るものに関すること。

ニ　労働安全衛生規則第二十二条第八号に掲げる事項

4　労働安全衛生法第十三条第一項の健康管理その他の厚生労働省令で定める事項のうち派遣中の労働者に関して法第四十五条第二項の厚生労働省令で定めるものは、第二項各号に掲げる事項で医学に関する専門的知識を必要とするものとする。

5　労働安全衛生法第十八条第一項各号の事項のうち派遣中の労働者に関して法第四十五条第二項の厚生労働省令で定めるものは、第三項各号に掲げるものとする。

6　法第四十五条第十項に規定する派遣中の労働者を使用する事業者とみなされた者は、同項の健康診断の結果を記載した書面の作成を、当該派遣中の労働者が受けた健康診断の種類に応じ、労働安全衛生規則様式第五号、有機溶剤中毒予防規則（昭和四十七年労働省令第三十六号）様式第三号、鉛中毒予防規則（昭和四十七年労働省令第三十七号）様式第二号、四アルキル鉛中毒予防規則（昭和四十七年労働省令第三十八号）様式第二号、特定化学物質障害予防規則（昭和四十七年労働省令第三十九号）様式第二号、高気圧作業安全衛生規則（昭和四十七年労働省令第四十号）様式第一号、電離放射線障害防止規則（昭和四十七年労働省令第四十一号）様式第一号の二若しくは様式第一号の三、石綿障害予防規則（平成十七年厚生労働省令第二十一号）様式第二号又は東日本大震災により生じた放射性物質により汚染された土壌等を除染するための業務等に係る電離放射線障害防止規則（平成二十三年厚生労働省令第百五十二号）様式第二号によるそれぞれの書面の写しを作成することにより行わなければならない。

7　派遣元の事業の事業者は、法第四十五条第十項の規定により送付を受けた同項の書面を五年間（当該書面が特定化学物質障害予防規則様式第二号によるもの（同令第四十条第二項に規定する業務に係るものに限る。）、電離放射線障害防止規則様式第一号の二若しくは様式第一号の三によるものである場合（同令第五十七条ただし書の規定の例により同条の機関に引き渡す場合を除く。）又は東日本大震災により生じた放射性物質により汚染された土壌等を除染するための業務等に係る電離放射線障害防止規則様式第二号によるものである場合（同令第二十一条ただし書の規定の例により同条の機関に引き渡す場合を除く。）にあつては三十年間、石綿障害予防規則様式第二号によるものである場合にあつては当該労働者が常時当該業務に従事しないこととなつた日から四十年間）保存しなければならない。

8　法第四十五条第十項に規定する派遣中の労働者を使用する事業者とみなされた者は、同条第十四項の通知を、当該派遣中の労働者が受けた健康診断の種類に応じ、同項の医師又は歯科医師の意見が記載された労働安全衛生規則様式第五号、有機溶剤中毒予防規則様式第三号、鉛中毒予防規則様式第二号、四アルキル鉛中毒予防規則様式第二号、高気圧作業安全衛生規則様式第一号、特定化学物質障害予防規則様式第二号、電離放射線障害防止規則様式第一号の二若しくは様式第一号の三、石綿障害予防規則様式第二号又は東日本大震災により生じた放射性物質により汚染された土壌等を除染するための業務等に係る電離放射線障害防止規則様式第二号によるそれぞれの書面の写しを作成し、同項の派遣元の事業の事業者に送付することにより行わなければならない。

附　則

1　この省令は、法の施行の日（昭和六十一年七月一日）から施行する。

2　法附則第四項の規定により読み替えて適用される法第五条第二項第三号の厚生労働省令で定めるものは、製造業務のうち、労働者が産前産後休業、育児休業若しくは第二十三条に規定する場合における休業又は介護休業若しくは第二十三条の二に規定する休業をする場合において当該労働者の業務について労働者派遣事業が行われるときの当該業務以外の業務とする。

3　令和二年四月一日から同年六月三十日までの期間に、第二十九条の二第一号に掲げる基準に該当しないこととなる派遣元責任者については、当該基準に該当しないこととなる日の翌日から三月の期間は、同号の規定にかかわらず、引き続き当該基準に該当するものとみなす。

労働者派遣事業の適正な運営の確保及び派遣労働者の保護等に関する法律施行規則第一条の五第一号の規定に基づき厚生労働大臣が定める基準

〔平成二七年九月二九日
厚生労働省告示第三九一号〕

沿革　平成二八年三月　四日厚生労働省告示第　四九号
令和　元年九月一三日　〃　第一一六号

労働者派遣事業の適正な運営の確保及び派遣労働者の保護等に関する法律施行規則（昭和六十一年労働省令第二十号）第一条の五第一号の規定に基づき、労働者派遣事業の適正な運営の確保及び派遣労働者の保護等に関する法律施行規則第一条の五第一号の規定に基づき厚生労働大臣が定める基準を次のように定め、平成二七年九月三〇日から適用する。

一　労働者派遣を行うに当たり、対象となる派遣労働者のキャリアの形成を念頭に置いて派遣先の業務を選定する旨を明示的に記載した手引を整備していること。

二　その雇用する全ての派遣労働者が利用できる、派遣労働者の職業生活の設計に関する相談窓口を設けていること。

三　前号の相談窓口に、キャリア・コンサルティング（職業能力開発促進法（昭和四十四年法律第六十四号）第二条第五項に規定するキャリアコンサルティングのうち労働者の職業生活の設計に関する相談その他の援助を行うことをいう。）の知見を有する担当者を配置していること。

四　労働者派遣事業の適正な運営の確保及び派遣労働者の保護等に関する法律（昭和六十年法律第八十八号。以下「法」という。）第三十条の二第一項に規定する教育訓練の実施計画（次に掲げる要件を満たすものに限る。）を定めていること。

イ　実施する教育訓練がその雇用する全ての派遣労働者を対象としたものであること。

ロ　実施する教育訓練が有給かつ無償で行われるものであること。

ハ　実施する教育訓練が派遣労働者のキャリアアップに資する内容のものであること。

ニ　派遣労働者として雇用するに当たり実施する教育訓練が含まれたものであること。

ホ　法第三十条の二第一項に規定する無期雇用派遣労働者に対して実施する教育訓練は、長期的なキャリアの形成を念頭に置いた内容のものであること。

労働者派遣事業と請負により行われる事業との区分に関する基準

〔昭和六一年四月一七日
労働省告示第三七号〕

沿革　平成二四年九月二七日厚生労働省告示第五一八号

第一条　この基準は、労働者派遣事業の適正な運営の確保及び派遣労働者の保護等に関する法律（昭和六十年法律第八十八号。以下「法」という。）の施行に伴い、法の適正な運用を確保するためには労働者派遣事業（法第二条第三号に規定する労働者派遣事業をいう。以下同じ。）に該当するか否かの判断を的確に行う必要があることに鑑み、労働者派遣事業と請負により行われる事業との区分を明らかにすることを目的とする。

第二条　請負の形式による契約により行う業務に自己の雇用する労働者を従事させることを業として行う事業主であつても、当該事業主が当該業務の処理に関し次の各号のいずれにも該当する場合を除き、労働者派遣事業を行う事業主とする。

一　次のイ、ロ及びハのいずれにも該当することにより自己の雇用する労働者の労働力を自ら直接利用するものであること。

イ　次のいずれにも該当することにより業務の遂行に関する指示その他の管理を自ら行うものであること。

(1)　労働者に対する業務の遂行方法に関する指示その他の管理を自ら行うこと。

(2)　労働者の業務の遂行に関する評価等に係る指示その他の管理を自ら行うこと。

ロ　次のいずれにも該当することにより労働時間等に関する指示その他の管理を自ら行うものであること。

(1)　労働者の始業及び終業の時刻、休憩時間、休日、休暇等に関する指示その他の管理（これらの単なる把握を除く。）を自ら行うこと。

(2)　労働者の労働時間を延長する場合又は労働者を休日に労働させる場合における指示その他の管理（これらの場合における労働時間等の単なる把握を除く。）を自ら行うこと。

ハ　次のいずれにも該当することにより企業における秩序の維持、確保等のための指示その他の管理を自ら行うものであること。

(1)　労働者の服務上の規律に関する事項についての指示その他の管理を自ら行うこと。

(2)　労働者の配置等の決定及び変更を自ら行うこと。

二　次のイ、ロ及びハのいずれにも該当することにより請負契約により請け負つた業務を自己の業務として当該契約の相手方から独立して処理するものであること。

イ　業務の処理に要する資金につき、すべて自らの責任の下に調達し、かつ、支弁すること。

ロ　業務の処理について、民法、商法その他の法律に規定された事業主としてのすべての責任を負うこと。

ハ　次のいずれかに該当するものであつて、単に肉体的な労働力を提供するものでないこと。

(1)　自己の責任と負担で準備し、調達する機械、設備若しくは器材（業務上必要な簡易な工具を除く。）又は材料若しくは資材により、業務を処理すること。

(2)　自ら行う企画又は自己の有する専門的な技術若しくは

は経験に基づいて、業務を処理すること。

第三条 前条各号のいずれにも該当する事業主であつても、それが法の規定に違反することを免れるため故意に偽装されたものであつて、その事業の真の目的が法第二条第一号に規定する労働者派遣を業として行うことにあるときは、労働者派遣事業を行う事業主であることを免れることができない。

派遣元事業主が講ずべき措置に関する指針

〔平成一一年一一月一七日 労働省告示第一三七号〕

沿革

平成二八年	二月 三日厚生労働省告示	第 二二号
〃 二八年	三月 四日 〃	第 四九号
〃 二八年	三月二二日 〃	第 七七号
〃 二八年	一〇月二〇日 〃	第三七九号
〃 二九年	五月二九日 〃	第二一〇号
〃 三〇年	一二月一九日 〃	第四一七号
〃 三〇年	一二月二八日 〃	第四二七号
令和 二年	一〇月 九日 〃	第三四六号
〃 二年	一〇月 九日 〃	第三四七号
〃 四年	三月二五日 〃	第 九二号

第一 趣旨

この指針は、労働者派遣事業の適正な運営の確保及び派遣労働者の保護等に関する法律（以下「労働者派遣法」という。）第二十四条の三並びに第三章第一節及び第二節の規定により派遣元事業主が講ずべき措置に関して、その適切かつ有効な実施を図るために必要な事項を定めたものである。

また、労働者派遣法第二十四条の三の規定により派遣元事業主が講ずべき措置に関する必要な事項と併せ、個人情報の保護に関する法律（平成十五年法律第五十七号）の遵守等についても定めたものである。

第二 派遣元事業主が講ずべき措置

一 労働者派遣契約の締結に当たっての就業条件の確認

派遣元事業主は、派遣先との間で労働者派遣契約を締結するに際しては、派遣先が求める業務の内容及び当該業務に伴う責任の程度（八及び九において「職務の内容」という。）、当該業務を遂行するために必要とされる知識、技術又は経験の水準、労働者派遣の期間その他労働者派遣契約の締結に際し定めるべき就業条件を事前にきめ細かに把握すること。

二 派遣労働者の雇用の安定を図るために必要な措置

(一) 労働契約の締結に際して配慮すべき事項

派遣元事業主は、労働者を派遣労働者として雇い入れようとするときは、当該労働者の希望及び労働者派遣契約における労働者派遣の期間を勘案して、労働契約の期間について、当該期間を当該労働者派遣契約における労働者派遣の期間と合わせる等、派遣労働者の雇用の安定を図るために必要な配慮をするよう努めること。

(二) 労働者派遣契約の締結に当たって講ずべき措置

イ 派遣元事業主は、労働者派遣契約の締結に当たって、派遣先の責に帰すべき事由により労働者派遣契約の契約期間が満了する前に当該労働者派遣契約の解除が行われる場合には、派遣先は当該労働者派遣に係る派遣労働者の新たな就業機会の確保を図ること及びこれができないときには少なくとも当該労働者派遣契約の解除に伴い当該派遣元事業主が当該労働者派遣に係る派遣労働者を休業させること等を余儀なくされることにより生ずる損害である休業手当、解雇予告手当等に相当する額以上の額について損害の賠償を行うことを定めるよう求めること。

ロ 派遣元事業主は、労働者派遣契約の締結に当たって、労働者派遣の終了後に当該労働者派遣に係る派遣労働者を派遣先が雇用する場合に、当該雇用が円滑に行われるよう、派遣先が当該労働者派遣の終了後に当該派遣労働者を雇用する意思がある場合には、当該意思を事前に派遣元事業主に示すこと、派遣元事業主が職業安定法（昭和二十二年法律第百四十一号）その他の法律の規定による許可を受けて、又は届出をして職業紹介を行うことができる場合には、派遣先は職業紹介により当該派遣労働者を雇用し、派遣元事業主に当該職業紹介に係る手数料を支払うこと等を定めるよう求めること。

(三)　労働者派遣契約の解除に当たって講ずべき措置

派遣元事業主は、労働者派遣契約の契約期間が満了する前に派遣労働者の責に帰すべき事由以外の事由によって労働者派遣契約の解除が行われた場合には、当該労働者派遣契約に係る派遣先と連携して、当該派遣先からその関連会社での就業のあっせんを受けること、当該派遣元事業主において他の派遣先を確保すること等により、当該労働者派遣契約に係る派遣労働者の新たな就業機会の確保を図ること。また、当該派遣元事業主は、当該労働者派遣契約の解除に当たって、新たな就業機会の確保ができない場合は、まず休業等を行い、当該派遣労働者の雇用の維持を図るようにするとともに、休業手当の支払等の労働基準法（昭和二十二年法律第四十九号）等に基づく責任を果たすこと。さらに、やむを得ない事由によりこれができない場合において、当該派遣労働者を解雇しようとするときであっても、労働契約法（平成十九年法律第百二十八号）の規定を遵守することはもとより、当該派遣労働者に対する解雇予告、解雇予告手当の支払等の労働基準法等に基づく責任を果たすこと。

(四)　労働者派遣契約の終了に当たって講ずべき事項

イ　派遣元事業主は、無期雇用派遣労働者（労働者派遣法第三十条の二第一項に規定する無期雇用派遣労働者をいう。以下同じ。）の雇用の安定に留意し、労働者派遣が終了した場合において、当該労働者派遣の終了のみを理由として当該労働者派遣に係る無期雇用派遣労働者を解雇してはならないこと。

ロ　派遣元事業主は、有期雇用派遣労働者（労働者派遣法第三十条第一項に規定する有期雇用派遣労働者をいう。以下同じ。）の雇用の安定に留意し、労働者派遣が終了した場合であって、当該労働者派遣に係る有期雇用派遣労働者との労働契約が継続しているときは、当該労働者派遣の終了のみを理由として当該有期雇用派遣労働者を解雇してはならないこと。

三　適切な苦情の処理

派遣元事業主は、派遣労働者の苦情の申出を受ける者、派遣元事業主において苦情の処理を行う方法、派遣元事業主と派遣先との連携のための体制等を労働者派遣契約において定めること。また、派遣元管理台帳に苦情の申出を受けた年月日、苦情の内容及び苦情の処理状況について、苦情の申出を受け、及び苦情の処理に当たった都度、記載すること。また、派遣労働者から苦情の申出を受けたことを理由として、当該派遣労働者に対して不利益な取扱いをしてはならないこと。

四　労働・社会保険の適用の促進

派遣元事業主は、その雇用する派遣労働者の就業の状況等を踏まえ、労働・社会保険の適用手続を適切に進め、労働・社会保険に加入する必要がある派遣労働者については、加入させてから労働者派遣を行うこと。ただし、新規に雇用する派遣労働者について労働者派遣を行う場合であって、当該労働者派遣の開始後速やかに労働・社会保険の加入手続を行うときは、この限りでないこと。

五　派遣先との連絡体制の確立

派遣元事業主は、派遣先を定期的に巡回すること等により、派遣労働者の就業の状況が労働者派遣契約の定めに反していないことの確認等を行うとともに、派遣労働者の適正な派遣就業の確保のために、きめ細かな情報提供を行う等により、派遣先との連絡調整を的確に行うこと。特に、労働基準法第三十六条第一項の時間外及び休日の労働に関する協定の内容等派遣労働者の労働時間の枠組みについては、情報提供を行う等により、派遣先との連絡調整を的確に行うこと。なお、同項の協定の締結に当たり、労働者の過半数を代表する者の選出を行う場合には、労働基準法施行規則（昭和二十二年厚生省令第二十三号）第六条の二の規定に基づき、適正に行うこと。

　また、派遣元事業主は、割増賃金等の計算に当たり、その雇用する派遣労働者の実際の労働時間等について、派遣先に情報提供を求めること。

六　派遣労働者に対する就業条件の明示

　派遣元事業主は、モデル就業条件明示書の活用等により、派遣労働者に対し就業条件を明示すること。

七　労働者を新たに派遣労働者とするに当たっての不利益取扱いの禁止

　派遣元事業主は、その雇用する労働者であって、派遣労働者として雇い入れた労働者以外のものを新たに労働者派遣の対象としようとする場合であって、当該労働者が同意をしないことを理由として、当該労働者に対し解雇その他不利益な取扱いをしてはならないこと。

八　派遣労働者の雇用の安定及び福祉の増進等

(一)　無期雇用派遣労働者について留意すべき事項

　派遣元事業主は、無期雇用派遣労働者の募集に当たっては、「無期雇用派遣」という文言を使用すること等により、無期雇用派遣労働者の募集であることを明示しなければならないこと。

(二)　特定有期雇用派遣労働者等について留意すべき事項

イ　派遣元事業主が、労働者派遣法第三十条第二項の規定の適用を避けるために、業務上の必要性等なく同一の派遣労働者に係る派遣先の事業所その他派遣就業の場所（以下「事業所等」という。）における同一の組織単位（労働者派遣法第二十六条第一項第二号に規定する組織単位をいう。以下同じ。）の業務について継続して労働者派遣に係る労働に従事する期間を三年未満とすることは、労働者派遣法第三十条第二項の規定の趣旨に反する脱法的な運用であって、義務違反と同視できるものであり、厳に避けるべきものであること。

ロ　派遣元事業主は、労働者派遣法第三十条第一項（同条第二項の規定により読み替えて適用する場合を含む。以下同じ。）の規定により同条第一項の措置（以下「雇用安定措置」という。）を講ずるに当たっては、当該雇用安定措置の対象となる特定有期雇用派遣労働者等（同条第一項に規定する特定有期雇用派遣労働者等をいう。以下同じ。）（近い将来に該当する見込みのある者を含む。）に対し、キャリアコンサルティング（職業能力開発促進法（昭和四十四年法律第六十四号）第二条第五項に規定するキャリアコンサルティングのうち労働者の職業生活の設計に関する相談その他の援助を行うことをいう。）や労働契約の更新の際の面談等の機会を利用し、又は電子メールを活用すること等により、労働者派遣の終了後に継続して就業することの希望の有無及び希望する雇用安定措置の内容を把握すること。

ハ　派遣元事業主は、雇用安定措置を講ずるに当たっては、当該雇用安定措置の対象となる特定有期雇用派遣労働者等の希望する雇用安定措置を講ずるよう努めること。また、派遣元事業主は、特定有期雇用派遣労働者（労働者派遣法第三十条第一項に規定する特定有期雇用派遣労働者をいう。）が同項第一号の措置を希望する場合には、派遣先での直接雇用が実現するよう努めること。

ニ　派遣元事業主は、雇用安定措置を講ずるに当たっては、当該雇用安定措置の対象となる特定有期雇用派遣労働者等の労働者派遣の終了の直前ではなく、早期に当該特定有期雇用派遣労働者等の希望する雇用安定措置の内容について聴取した上で、十分な時間的余裕をもって当該措置に着手すること。

㈢　労働契約法等の適用について留意すべき事項

イ　派遣元事業主は、派遣労働者についても労働契約法の適用があることに留意すること。

ロ　派遣元事業主が、その雇用する有期雇用派遣労働者について、当該有期雇用派遣労働者からの労働契約法第十八条第一項の規定による期間の定めのない労働契約の締結の申込みを妨げるために、当該有期雇用派遣労働者に係る期間の定めのある労働契約の更新を拒否し、また、空白期間（同条第二項に規定する空白期間をいう。）を設けることは、同条の規定の趣旨に反する脱法的な運用であること。

ハ　派遣元事業主は、短時間労働者及び有期雇用労働者の雇用管理の改善等に関する法律（平成五年法律第七十六号）第八条の規定により、その雇用する有期雇用派遣労働者の通勤手当について、その雇用する通常の労働者の通勤手当との間において、当該有期雇用派遣労働者及び通常の労働者の職務の内容、当該職務の内容及び配置の変更の範囲その他の事情のうち、当該通勤手当の性質及び当該通勤手当を支給する目的に照らして適切と認められるものを考慮して、不合理と認められる相違を設けてはならないこと。また、派遣元事業主は、同法第九条の規定により、職務の内容が通常の労働者と同一の有期雇用派遣労働者であって、当該派遣元事業主との雇用関係が終了するまでの全期間において、その職務の内容及び配置が当該通常の労働者の職務の内容及び配置の変更の範囲と同一の範囲で変更されることが見込まれるものについては、有期雇用労働者であることを理由として、通勤手当について差別的取扱いをしてはならないこと。なお、有期雇用派遣労働者の通勤手当については、当然に労働者派遣法第三十条の三又は第三十条の四第一項の規定の適用があることに留意すること。

㈣　派遣労働者等の適性、能力、経験、希望等に適合する就業機会の確保等

派遣元事業主は、派遣労働者又は派遣労働者となろうとする者（以下「派遣労働者等」という。）について、当該派遣労働者等の適性、能力、経験等を勘案して、最も適した就業の機会の確保を図るとともに、就業する期間及び日、就業時間、就業場所、派遣先における就業環境等について当該派遣労働者等の希望と適合するような就業機会を確保するよう努めなければならないこと。また、派遣労働者等はその有する知識、技術、経験等を活かして就業機会を得ていることに鑑み、派遣元事業主は、労働者派遣法第三十条の二の規定による教育訓練等の措置を講じなければならないほか、就業機会と密接に関連する教育訓練の機会を確保するよう努めなければならないこと。

㈤　派遣労働者に対するキャリアアップ措置

イ　派遣元事業主は、その雇用する派遣労働者に対し、

労働者派遣法第三十条の二第一項の規定による教育訓練を実施するに当たっては、労働者派遣事業の適正な運営の確保及び派遣労働者の保護等に関する法律施行規則第一条の四第一号の規定に基づき厚生労働大臣が定める基準（平成二十七年厚生労働省告示第三百九十一号）第四号に規定する教育訓練の実施計画（以下「教育訓練計画」という。）に基づく教育訓練を行わなければならないこと。

ロ　派遣元事業主は、派遣労働者として雇用しようとする労働者に対し、労働契約の締結時までに教育訓練計画を説明しなければならないこと。また、派遣元事業主は、当該教育訓練計画に変更があった場合は、その雇用する派遣労働者に対し、速やかにこれを説明しなければならないこと。

ハ　派遣元事業主は、その雇用する派遣労働者が教育訓練計画に基づく教育訓練を受講できるよう配慮しなければならないこと。特に、教育訓練計画の策定に当たっては、派遣元事業主は、教育訓練の複数の受講機会を設け、又は開催日時や時間の設定について配慮すること等により、可能な限り派遣労働者が教育訓練を受講しやすくすることが望ましいこと。

ニ　派遣元事業主は、その雇用する派遣労働者のキャリアアップを図るため、教育訓練計画に基づく教育訓練を実施するほか、更なる教育訓練を自主的に実施するとともに、当該教育訓練に係る派遣労働者の費用負担を実費程度とすることで、派遣労働者が教育訓練を受講しやすくすることが望ましいこと。

ホ　派遣元事業主は、その雇用する派遣労働者のキャリアアップを図るとともに、その適正な雇用管理に資するため、当該派遣労働者に係る労働者派遣の期間及び派遣就業をした日、従事した業務の種類、労働者派遣法第三十七条第一項第十号に規定する教育訓練を行った日時及びその内容等を記載した書類を保存するよう努めること。

（六）　労働者派遣に関する料金の額に係る交渉等

イ　労働者派遣法第三十条の三の規定による措置を講じた結果のみをもって、派遣労働者の賃金を従前より引き下げるような取扱いは、同条の規定の趣旨を踏まえた対応とはいえないこと。

ロ　派遣元事業主は、労働者派遣に関する料金の額に係る派遣先との交渉が当該労働者派遣に係る派遣労働者の待遇の改善にとって極めて重要であることを踏まえつつ、当該交渉に当たるよう努めること。

ハ　派遣元事業主は、労働者派遣に関する料金の額が引き上げられた場合には、可能な限り、当該労働者派遣に係る派遣労働者の賃金を引き上げるよう努めること。

（七）　同一の組織単位の業務への労働者派遣

派遣元事業主が、派遣先の事業所等における同一の組織単位の業務について継続して三年間同一の派遣労働者に係る労働者派遣を行った場合において、当該派遣労働者が希望していないにもかかわらず、当該労働者派遣の終了後三月が経過した後に、当該同一の組織単位の業務について再度当該派遣労働者を派遣することは、派遣労働者のキャリアアップの観点から望ましくないこと。

（八）　派遣元事業主がその雇用する協定対象派遣労働者（労働者派遣法第三十条の五に規定する協定対象派遣労働者をいう。以下同じ。）に対して行う安全管理に関する措置及び給付のうち、当該協定対象派遣労働者の職務の内容に密接に関連するものについては、派遣先に雇用される通常の労働者との間で不合理と認められる相違等が生じないようにすることが望ましいこと。

(九) 派遣元事業主は、派遣労働者が育児休業、介護休業等育児又は家族介護を行う労働者の福祉に関する法律（平成三年法律第七十六号）第二条第一号に規定する育児休業から復帰する際には、当該派遣労働者が就業を継続できるよう、当該派遣労働者の派遣先に係る希望も勘案しつつ、就業機会の確保に努めるべきであることに留意すること。

(十) 障害者である派遣労働者の有する能力の有効な発揮の支障となっている事情の改善を図るための措置

派遣元事業主は、障害者の雇用の促進等に関する法律（昭和三十五年法律第百二十三号。以下「障害者雇用促進法」という。）第二条第一号に規定する障害者（以下単に「障害者」という。）である派遣労働者から派遣先の職場において障害者である派遣労働者の有する能力の有効な発揮の支障となっている事情の申出があった場合又は派遣先から当該事情に関する苦情があった旨の通知を受けた場合等において、同法第三十六条の三の規定による措置を講ずるに当たって、当該障害者である派遣労働者と話合いを行い、派遣元事業主において実施可能な措置を検討するとともに、必要に応じ、派遣先と協議等を行い、協力を要請すること。

九 派遣労働者の待遇に関する説明等

派遣元事業主は、その雇用する派遣労働者に対し、労働者派遣法第三十一条の二第四項の規定による説明を行うに当たっては、次の事項に留意すること。

(一) 派遣労働者（協定対象派遣労働者を除く。以下この(一)及び(二)において同じ。）に対する説明の内容

イ 派遣元事業主は、労働者派遣法第二十六条第七項及び第十項並びに第四十条第五項の規定により提供を受けた情報（十一及び十二において「待遇等に関する情報」という。）に基づき、派遣労働者と比較対象労働者（労働者派遣法第二十六条第八項に規定する比較対象労働者をいう。以下この九において同じ。）との間の待遇の相違の内容及び理由について説明すること。

ロ 派遣元事業主は、派遣労働者と比較対象労働者との間の待遇の相違の内容として、次の(イ)及び(ロ)に掲げる事項を説明すること。

(イ) 派遣労働者及び比較対象労働者の待遇のそれぞれを決定するに当たって考慮した事項の相違の有無

(ロ) 次の(i)又は(ii)に掲げる事項

(i) 派遣労働者及び比較対象労働者の待遇の個別具体的な内容

(ii) 派遣労働者及び比較対象労働者の待遇に関する基準

ハ 派遣元事業主は、派遣労働者及び比較対象労働者の職務の内容、職務の内容及び配置の変更の範囲その他の事情のうち、待遇の性質及び待遇を行う目的に照らして適切と認められるものに基づき、待遇の相違の理由を説明すること。

(二) 協定対象派遣労働者に対する説明の内容

イ 派遣元事業主は、協定対象派遣労働者の賃金が労働者派遣法第三十条の四第一項第二号に掲げる事項であって同項の協定で定めたもの及び同項第三号に関する当該協定の定めによる公正な評価に基づき決定されていることについて説明すること。

ロ 派遣元事業主は、協定対象派遣労働者の待遇（賃金、労働者派遣法第四十条第二項の教育訓練及び労働者派遣事業の適正な運営の確保及び派遣労働者の保護等に関する法律施行規則（昭和六十一年労働省令第二十

号）第三十二条の三各号に掲げる福利厚生施設を除く。）が労働者派遣法第三十条の四第一項第四号に基づき決定されていること等について、派遣労働者に対する説明の内容に準じて説明すること。

(三) 派遣労働者に対する説明の方法

派遣元事業主は、派遣労働者が説明の内容を理解することができるよう、資料を活用し、口頭により説明することを基本とすること。ただし、説明すべき事項を全て記載した派遣労働者が容易に理解できる内容の資料を用いる場合には、当該資料を交付する等の方法でも差し支えないこと。

(四) 比較対象労働者との間の待遇の相違の内容等に変更があったときの情報提供

派遣元事業主は、派遣労働者から求めがない場合でも、当該派遣労働者に対し、比較対象労働者との間の待遇の相違の内容及び理由並びに労働者派遣法第三十条の三から第三十条の六までの規定により措置を講ずべきこととされている事項に関する決定をするに当たって考慮した事項に変更があったときは、その内容を情報提供することが望ましいこと。

十　関係法令の関係者への周知

派遣元事業主は、労働者派遣法の規定による派遣元事業主及び派遣先が講ずべき措置の内容並びに労働者派遣法第三章第四節に規定する労働基準法等の適用に関する特例等関係法令の関係者への周知の徹底を図るために、説明会等の実施、文書の配布等の措置を講ずること。

十一　個人情報等の保護

(一) 個人情報の収集、保管及び使用

イ　派遣元事業主は、派遣労働者となろうとする者を登録する際には当該労働者の希望、能力及び経験に応じた就業の機会の確保を図る目的の範囲内で、派遣労働者として雇用し労働者派遣を行う際には当該派遣労働者の適正な雇用管理を行う目的の範囲内で、派遣労働者等の個人情報（以下この(一)、(二)及び(四)において単に「個人情報」という。）を収集することとし、次に掲げる個人情報を収集してはならないこと。ただし、特別な業務上の必要性が存在することその他業務の目的の達成に必要不可欠であって、収集目的を示して本人から収集する場合はこの限りでないこと。

(イ) 人種、民族、社会的身分、門地、本籍、出生地その他社会的差別の原因となるおそれのある事項

(ロ) 思想及び信条

(ハ) 労働組合への加入状況

ロ　派遣元事業主は、個人情報を収集する際には、本人から直接収集し、又は本人の同意の下で本人以外の者から収集する等適法かつ公正な手段によらなければならないこと。

ハ　派遣元事業主は、高等学校若しくは中等教育学校又は中学校若しくは義務教育学校の新規卒業予定者であって派遣労働者となろうとする者から応募書類の提出を求めるときは、職業安定局長の定める書類によりその提出を求めること。

ニ　個人情報の保管又は使用は、収集目的の範囲に限られること。このため、例えば、待遇等に関する情報のうち個人情報に該当するものの保管又は使用は、労働者派遣法第三十条の二、第三十条の三、第三十条の四第一項、第三十条の五及び第三十一条の二第四項の規定による待遇の確保等という目的（(四)において「待遇の確保等の目的」という。）の範囲に限られること。なお、派遣労働者として雇用し労働者派遣を行う際には、

労働者派遣事業制度の性質上、派遣元事業主が派遣先に提供することができる派遣労働者の個人情報は、労働者派遣法第三十五条第一項各号に掲げる派遣先に通知しなければならない事項のほか、当該派遣労働者の業務遂行能力に関する情報に限られるものであること。ただし、他の保管若しくは使用の目的を示して本人の同意を得た場合又は他の法律に定めのある場合は、この限りでないこと。

(二) 適正管理

イ 派遣元事業主は、その保管又は使用に係る個人情報に関し、次に掲げる措置を適切に講ずるとともに、派遣労働者等からの求めに応じ、当該措置の内容を説明しなければならないこと。

(イ) 個人情報を目的に応じ必要な範囲において正確かつ最新のものに保つための措置

(ロ) 個人情報の紛失、破壊及び改ざんを防止するための措置

(ハ) 正当な権限を有しない者による個人情報へのアクセスを防止するための措置

(ニ) 収集目的に照らして保管する必要がなくなった個人情報を破棄又は削除するための措置

ロ 派遣元事業主が、派遣労働者等の秘密に該当する個人情報を知り得た場合には、当該個人情報が正当な理由なく他人に知られることのないよう、厳重な管理を行わなければならないこと。

ハ 派遣元事業主は、次に掲げる事項を含む個人情報適正の管理規程を作成し、これを遵守しなければならないこと。

(イ) 個人情報を取り扱うことができる者の範囲に関する事項

(ロ) 個人情報を取り扱う者に対する研修等教育訓練に関する事項

(ハ) 本人から求められた場合の個人情報の開示又は訂正（削除を含む。以下同じ。）の取扱いに関する事項

(ニ) 個人情報の取扱いに関する苦情の処理に関する事項

ニ 派遣元事業主は、本人が個人情報の開示又は訂正の求めをしたことを理由として、当該本人に対して不利益な取扱いをしてはならないこと。

(三) 個人情報の保護に関する法律の遵守等

(一)及び(二)に定めるもののほか、派遣元事業主は、個人情報の保護に関する法律第十六条第二項に規定する個人情報取扱事業者（以下「個人情報取扱事業者」という。）に該当する場合には、同法第四章第二節に規定する義務を遵守しなければならないこと。また、個人情報取扱事業者に該当しない場合であっても、個人情報取扱事業者に準じて、個人情報の適正な取扱いの確保に努めること。

(四) 待遇等に関する情報のうち個人情報に該当しないものの保管及び使用

派遣元事業主は、待遇等に関する情報のうち個人情報に該当しないものの保管又は使用を待遇の確保等の目的の範囲に限定する等適切に対応すること。

十二 秘密の保持

待遇等に関する情報は、労働者派遣法第二十四条の四の秘密を守る義務の対象となるものであること。

十三 派遣労働者を特定することを目的とする行為に対する協力の禁止等

(一) 派遣元事業主は、紹介予定派遣の場合を除き、派遣先による派遣労働者を特定することを目的とする行為に協

力してはならないこと。なお、派遣労働者等が自らの判断の下に派遣就業開始前の事業所訪問若しくは履歴書の送付又は派遣就業期間中の履歴書の送付を行うことは、派遣先によって派遣労働者を特定することを目的とする行為が行われたことには該当せず、実施可能であるが、派遣元事業主は、派遣労働者等に対してこれらの行為を求めないこととする等、派遣労働者を特定することを目的とする行為への協力の禁止に触れないよう十分留意すること。

(二) 派遣元事業主は、派遣先との間で労働者派遣契約を締結するに当たっては、職業安定法第三条の規定を遵守するとともに、派遣労働者の性別を労働者派遣契約に記載し、かつ、これに基づき当該派遣労働者を当該派遣先に派遣してはならないこと。

(三) 派遣元事業主は、派遣先との間で労働者派遣契約を締結するに当たっては、派遣元事業主が当該派遣先の指揮命令の下に就業させようとする労働者について、障害者であることを理由として、障害者を排除し、又はその条件を障害者に対してのみ不利なものとしてはならず、かつ、これに基づき障害者でない派遣労働者を当該派遣先に派遣してはならないこと。

十四　安全衛生に係る措置

派遣元事業主は、派遣労働者に対する雇入れ時及び作業内容変更時の安全衛生教育を適切に行えるよう、当該派遣労働者が従事する業務に係る情報を派遣先から入手すること、健康診断等の結果に基づく就業上の措置を講ずるに当たって、派遣先の協力が必要な場合には、派遣先に対して、当該措置の実施に協力するよう要請すること等、派遣労働者の安全衛生に係る措置を実施するため、派遣先と必要な連絡調整等を行うこと。

十五　紹介予定派遣

(一) 紹介予定派遣を受け入れる期間

派遣元事業主は、紹介予定派遣を行うに当たっては、六箇月を超えて、同一の派遣労働者の労働者派遣を行わないこと。

(二) 派遣先が職業紹介を希望しない場合又は派遣労働者を雇用しない場合の理由の明示

派遣元事業主は、紹介予定派遣を行った派遣先が職業紹介を受けることを希望しなかった場合又は職業紹介を受けた派遣労働者を雇用しなかった場合には、派遣労働者の求めに応じ、派遣先に対し、それぞれその理由を書面、ファクシミリ又は電子メールその他のその受信をする者を特定して情報を伝達するために用いられる電気通信（電気通信事業法（昭和五十九年法律第八十六号）第二条第一号に規定する電気通信をいう。以下この(二)において「電子メール等」という。）（当該派遣元事業主が当該電子メール等の記録を出力することにより書面を作成することができるものに限る。）により明示するよう求めること。また、派遣先から明示された理由を、派遣労働者に対して書面、ファクシミリ又は電子メール等（当該派遣労働者が当該電子メール等の記録を出力することにより書面を作成することができるものに限る。）（ファクシミリ又は電子メール等による場合にあっては、当該派遣労働者が希望した場合に限る。）により明示すること。

(三) 派遣元事業主は、派遣先が障害者に対し、面接その他紹介予定派遣に係る派遣労働者を特定することを目的とする行為を行う場合に、障害者雇用促進法第三十六条の二又は第三十六条の三の規定による措置を講ずるに当たっては、障害者と話合いを行い、派遣元事業主において実施可能な措置を検討するとともに、必要に応じ、派遣先と協議等を行い、協力を要請すること。

十六　情報の提供

派遣元事業主は、派遣労働者及び派遣先が良質な派遣元事業主を適切に選択できるよう、労働者派遣の実績、労働者派遣に関する料金の額の平均額から派遣労働者の賃金の額の平均額を控除した額を当該労働者派遣に関する料金の額の平均額で除して得た割合、教育訓練に関する事項、労働者派遣法第三十条の四第一項の協定を締結しているか否かの別並びに当該協定を締結している場合における協定対象派遣労働者の範囲及び当該協定の有効期間の終期等の情報提供に当たっては、常時インターネットの利用により、広く関係者、とりわけ派遣労働者に必要な情報を提供することを原則とすること。また、労働者派遣の期間の区分ごとの雇用安定措置を講じた人数等の実績及び教育訓練計画については、インターネットの利用その他の適切な方法により関係者に対し情報提供することが望ましいこと。

派遣先が講ずべき措置に関する指針

〔平成一一年一一月一七日 労働省告示第一三八号〕

沿革
平成二一年 三月三一日厚生労働省告示第二四五号
〃二七年 九月二九日 〃 第三九四号
〃二七年 九月三〇日 〃 第四〇七号
〃二八年 二月 三日 〃 第 二二号
〃二八年 三月二二日 〃 第 七八号
〃二八年一〇月二〇日 〃 第三七九号
〃三〇年 七月 六日 〃 第二六一号
〃三〇年一二月一九日 〃 第四一七号
〃三〇年一二月二八日 〃 第四二八号
令和 二年一〇月 九日 〃 第三四六号

第一 趣旨

この指針は、労働者派遣事業の適正な運営の確保及び派遣労働者の保護等に関する法律（以下「労働者派遣法」という。）第三章第一節及び第三節の規定により派遣先が講ずべき措置に関して、その適切かつ有効な実施を図るために必要な事項を定めたものである。

第二 派遣先が講ずべき措置

一 労働者派遣契約の締結に当たっての就業条件の確認

派遣先は、労働者派遣契約の締結の申込みを行うに際しては、就業中の派遣労働者を直接指揮命令することが見込まれる者から、業務の内容及び当該業務に伴う責任の程度、当該業務を遂行するために必要とされる知識、技術又は経験の水準その他労働者派遣契約の締結に際し定めるべき就業条件の内容を十分に確認すること。

二 労働者派遣契約に定める就業条件の確保

派遣先は、労働者派遣契約を円滑かつ的確に履行するため、次に掲げる措置その他派遣先の実態に即した適切な措置を講ずること。

(一) 就業条件の周知徹底

労働者派遣契約で定められた就業条件について、当該派遣労働者の業務の遂行を指揮命令する職務上の地位にある者その他の関係者に当該就業条件を記載した書面を交付し、又は就業場所に掲示する等により、周知の徹底を図ること。

(二) 就業場所の巡回

定期的に派遣労働者の就業場所を巡回し、当該派遣労働者の就業の状況が労働者派遣契約に反していないことを確認すること。

(三) 就業状況の報告

派遣労働者を直接指揮命令する者から、定期的に当該派遣労働者の就業の状況について報告を求めること。

(四) 労働者派遣契約の内容の遵守に係る指導

派遣労働者を直接指揮命令する者に対し、労働者派遣契約の内容に違反することとなる業務上の指示を行わないようにすること等の指導を徹底すること。

三 派遣労働者を特定することを目的とする行為の禁止

派遣先は、紹介予定派遣の場合を除き、派遣元事業主が当該派遣先の指揮命令の下に就業させようとする労働者について、労働者派遣に先立って面接すること、派遣先に対して当該労働者に係る履歴書を送付させることのほか、若年者に限ることとすること等派遣労働者を特定することを目的とする行為を行わないこと。なお、派遣労働者又は派遣労働者となろうとする者が、自らの判断の下に派遣就業開始前の事業所訪問若しくは履歴書の送付又は派遣就業期間中の履歴書の送付を行うことは、派遣先によって派遣労働者を特定することを目的とする行為が行われたことには該当せず、実施可能であるが、派遣先は、派遣元事業主又は派遣労働者若しくは派遣労働者となろうとする者に対してこれらの行為を求めないこととする等、派遣労働者を特定することを目的とする行為の禁止に触れないよう十分留意すること。

四　性別による差別及び障害者であることを理由とする不当な差別的取扱いの禁止

㈠　性別による差別の禁止

派遣先は、派遣元事業主との間で労働者派遣契約を締結するに当たっては、当該労働者派遣契約に派遣労働者の性別を記載してはならないこと。

㈡　障害者であることを理由とする不当な差別的取扱いの禁止

派遣先は、派遣元事業主との間で労働者派遣契約を締結するに当たっては、派遣元事業主が当該派遣先の指揮命令の下に就業させようとする労働者について、障害者の雇用の促進等に関する法律（昭和三十五年法律第百二十三号。以下「障害者雇用促進法」という。）第二条第一号に規定する障害者（以下単に「障害者」という。）であることを理由として、障害者を排除し、又はその条件を障害者に対してのみ不利なものとしてはならないこと。

五　労働者派遣契約の定めに違反する事実を知った場合の是正措置等

派遣先は、労働者派遣契約の定めに反する事実を知った場合には、これを早急に是正するとともに、労働者派遣契約の定めに反する行為を行った者及び派遣先責任者に対し労働者派遣契約を遵守させるために必要な措置を講ずること、派遣元事業主と十分に協議した上で損害賠償等の善後処理方策を講ずること等適切な措置を講ずること。

六　派遣労働者の雇用の安定を図るために必要な措置

㈠　労働者派遣契約の締結に当たって講ずべき措置

イ　派遣先は、労働者派遣契約の締結に当たって、派遣先の責に帰すべき事由により労働者派遣契約の契約期間が満了する前に労働者派遣契約の解除を行おうとする場合には、派遣先は派遣労働者の新たな就業機会の確保を図ること及びこれができないときには少なくとも当該労働者派遣契約の解除に伴い当該派遣元事業主が当該労働者派遣に係る派遣労働者を休業させること等を余儀なくされることにより生ずる損害である休業手当、解雇予告手当等に相当する額以上の額について損害の賠償を行うことを定めなければならないこと。また、労働者派遣の期間を定めるに当たっては、派遣元事業主と協力しつつ、当該派遣先において労働者派遣の役務の提供を受けようとする期間を勘案して可能な限り長く定める等、派遣労働者の雇用の安定を図るために必要な配慮をするよう努めること。

ロ　派遣先は、労働者派遣契約の締結に当たって、労働者派遣の終了後に当該労働者派遣に係る派遣労働者を雇用する場合に、当該雇用が円滑に行われるよう、派遣元事業主の求めに応じ、派遣先が当該労働者派遣の終了後に当該派遣労働者を雇用する意思がある場合には、当該意思を事前に派遣元事業主に示すこと、派遣元事業主が職業安定法（昭和二十二年法律第百四十一号）その他の法律の規定による許可を受けて、又は届出をして職業紹介を行うことができる場合には、派遣先は職業紹介により当該派遣労働者を雇用し、派遣元事業主に当該職業紹介に係る手数料を支払うこと等を定め、これらの措置を適切に講ずること。

(二) 労働者派遣契約の解除の事前の申入れ

派遣先は、専ら派遣先に起因する事由により、労働者派遣契約の契約期間が満了する前の解除を行おうとする場合には、派遣元事業主の合意を得ることはもとより、あらかじめ相当の猶予期間をもって派遣元事業主に解除の申入れを行うこと。

(三) 派遣先における就業機会の確保

派遣先は、労働者派遣契約の契約期間が満了する前に派遣労働者の責に帰すべき事由以外の事由によって労働者派遣契約の解除が行われた場合には、当該派遣先の関連会社での就業をあっせんする等により、当該労働者派遣契約に係る派遣労働者の新たな就業機会の確保を図ること。

(四) 損害賠償等に係る適切な措置

派遣先は、派遣先の責に帰すべき事由により労働者派遣契約の契約期間が満了する前に労働者派遣契約の解除を行おうとする場合には、派遣労働者の新たな就業機会の確保を図ることとし、これができないときには、少なくとも当該労働者派遣契約の解除に伴い当該派遣元事業主が当該労働者派遣に係る派遣労働者を休業させること等を余儀なくされたことにより生じた損害の賠償を行わなければならないこと。例えば、当該派遣元事業主が当該派遣労働者を休業させる場合は休業手当に相当する額以上の額について、当該派遣元事業主がやむを得ない事由により当該派遣労働者を解雇する場合は、派遣先による解除の申入れが相当の猶予期間をもって行われなかったことにより当該派遣元事業主が解雇の予告をしないときは三十日分以上、当該予告をした日から解雇の日までの期間が三十日に満たないときは当該解雇の日の三十日前の日から当該予告の日までの日数分以上の賃金に相当する額以上の額について、損害の賠償を行わなければならないこと。その他派遣先は派遣元事業主と十分に協議した上で適切な善後処理方策を講ずること。また、派遣元事業主及び派遣先の双方の責に帰すべき事由がある場合には、派遣元事業主及び派遣先のそれぞれの責に帰すべき部分の割合についても十分に考慮すること。

(五) 労働者派遣契約の解除の理由の明示

派遣先は、労働者派遣契約の契約期間が満了する前に労働者派遣契約の解除を行う場合であって、派遣元事業主から請求があったときは、労働者派遣契約の解除を行った理由を当該派遣元事業主に対し明らかにすること。

七 適切な苦情の処理

(一) 適切かつ迅速な処理を図るべき苦情

派遣先が適切かつ迅速な処理を図るべき苦情には、セクシュアルハラスメント、妊娠、出産等に関するハラスメント、育児休業等に関するハラスメント、パワーハラスメント、障害者である派遣労働者の有する能力の有効な発揮の支障となっている事情に関するもの等が含まれることに留意すること。

(二) 苦情の処理を行う際の留意点等

派遣先は、派遣先の労働組合法（昭和二十四年法律第百七十四号）上の使用者性に関する代表的な裁判例や中央労働委員会の命令に留意し、特に、労働者派遣法第四十四条の規定により派遣先の事業を派遣中の労働者を使用する事業と、労働者派遣法第四十五条及び第四十六条の規定により派遣先の事業を行う者を派遣中の労働者を使用する事業者と、労働者派遣法第四十七条の二から第四十七条の四までの規定により労働者派遣の役務の提供を受ける者を派遣労働者を雇用する事業主とみなして労働関係法令を適用する事項に関する苦情については、誠実かつ主体的に対応しなければならないこと。また、派遣先は、派遣労働者の苦情の申出を受ける者、派遣先において苦情の処理を行う方法、派遣元事業主と派遣先との連携のための体制等を労働者派遣契約において定めるとともに、派遣労働者の受入れに際し、説明会等を実施して、その内容を派遣労働者に説明すること。さらに、派遣先管理台帳に苦情の申出を受けた年月日、苦情の内容及び苦情の処理状況について、苦情の申出を受け、及び苦情の処理に当たった都度、記載するとともに、その内容を派遣元事業主に通知すること。また、派遣労働者から苦情の申出を受けたことを理由として、当該派遣労働者に対して不利益な取扱いをしてはならないこと。

八　労働・社会保険の適用の促進

派遣先は、労働・社会保険に加入する必要がある派遣労働者については、労働・社会保険に加入している派遣労働者（派遣元事業主が新規に雇用した派遣労働者であって、当該派遣先への労働者派遣の開始後速やかに労働・社会保険への加入手続が行われているものを含む。）を受け入れるべきであり、派遣元事業主から派遣労働者が労働・社会保険に加入していない理由の通知を受けた場合において、当該理由が適正でないと考えられる場合には、派遣元事業主に対し、当該派遣労働者を労働・社会保険に加入させてから派遣するよう求めること。

九　適正な派遣就業の確保

(一)　適切な就業環境の維持、福利厚生等

派遣先は、その指揮命令の下に労働させている派遣労働者について、派遣就業が適正かつ円滑に行われるようにするため、労働者派遣法第四十条第一項から第三項までに定めるもののほか、セクシュアルハラスメントの防止等適切な就業環境の維持並びに派遣先が設置及び運営し、その雇用する労働者が通常利用している物品販売所、病院、診療所、浴場、理髪室、保育所、図書館、講堂、娯楽室、運動場、体育館、保養施設等の施設の利用に関する便宜の供与の措置を講ずるように配慮しなければならないこと。また、派遣先は、労働者派遣法第四十条第五項の規定に基づき、派遣元事業主の求めに応じ、当該派遣先に雇用される労働者の賃金、教育訓練、福利厚生等の実状をより的確に把握するために必要な情報を派遣元事業主に提供するとともに、派遣元事業主が当該派遣労働者の職務の成果等に応じた適切な賃金を決定できるよう、派遣元事業主からの求めに応じ、当該派遣労働者の職務の評価等に協力をするように配慮しなければならないこと。

(二)　労働者派遣に関する料金の額

イ　派遣先は、労働者派遣法第二十六条第十一項の規定により、労働者派遣に関する料金の額について、派遣元事業主が、労働者派遣法第三十条の四第一項の協定に係る労働者派遣以外の労働者派遣にあっては労働者派遣法第三十条の三の規定、同項の協定に係る労働者派遣にあっては同項第二号から第五号までに掲げる事項に関する協定の定めを遵守することができるものとなるように配慮しなければならないこととされているが、当該配慮は、当該締結又は更新がなされた後にも求められるものであること。

ロ　派遣先は、労働者派遣に関する料金の額の決定に当たっては、その指揮命令の下に労働させる派遣労働者の就業の実態、労働市場の状況、当該派遣労働者が従事する業務の内容及び当該業務に伴う責任の程度並び

に当該派遣労働者に要求する技術水準の変化等を勘案するよう努めなければならないこと。

(三) 教育訓練・能力開発

派遣先は、その指揮命令の下に労働させる派遣労働者に対して労働者派遣法第四十条第二項の規定による教育訓練を実施する等必要な措置を講ずるほか、派遣元事業主が労働者派遣法第三十条の二第一項の規定による教育訓練を実施するに当たり、派遣元事業主から求めがあったときは、派遣元事業主と協議等を行い、派遣労働者が当該教育訓練を受講できるよう可能な限り協力するとともに、必要に応じた当該教育訓練に係る便宜を図るよう努めなければならないこと。派遣元事業主が行うその他の教育訓練、派遣労働者の自主的な能力開発等についても同様とすること。

(四) 障害者である派遣労働者の適正な就業の確保

① 派遣先は、その指揮命令の下に労働させる派遣労働者に対する教育訓練及び福利厚生の実施について、派遣労働者が障害者であることを理由として、障害者でない派遣労働者と不当な差別的取扱いをしてはならないこと。

② 派遣先は、労働者派遣契約に基づき派遣された労働者について、派遣元事業主が障害者雇用促進法第三十六条の三の規定による措置を講ずるため、派遣元事業主から求めがあったときは、派遣元事業主と協議等を行い、可能な限り協力するよう努めなければならないこと。

十 関係法令の関係者への周知

派遣先は、労働者派遣法の規定により派遣先が講ずべき措置の内容及び労働者派遣法第三章第四節に規定する労働基準法（昭和二十二年法律第四十九号）等の適用に関する特例等関係法令の関係者への周知の徹底を図るために説明会等の実施、文書の配布等の措置を講ずること。

十一 派遣元事業主との労働時間等に係る連絡体制の確立

派遣先は、派遣元事業主の事業場で締結される労働基準法第三十六条第一項の時間外及び休日の労働に関する協定の内容等派遣労働者の労働時間の枠組みについて派遣元事業主に情報提供を求める等により、派遣元事業主との連絡調整を的確に行うこと。

また、労働者派遣法第四十二条第一項及び第三項において、派遣先は派遣先管理台帳に派遣就業をした日ごとの始業及び終業時刻並びに休憩時間等を記載し、これを派遣元事業主に通知しなければならないとされており、派遣先は、適正に把握した実際の労働時間等について、派遣元事業主に正確に情報提供すること。

十二 派遣労働者に対する説明会等の実施

派遣先は、派遣労働者の受入れに際し、説明会等を実施し、派遣労働者が利用できる派遣先の各種の福利厚生に関する措置の内容についての説明、派遣労働者が円滑かつ的確に就業するために必要な、派遣労働者を直接指揮命令する者以外の派遣先の労働者との業務上の関係についての説明及び職場生活上留意を要する事項についての助言等を行うこと。

十三 派遣先責任者の適切な選任及び適切な業務の遂行

派遣先は、派遣先責任者の選任に当たっては、労働関係法令に関する知識を有する者であること、人事・労務管理等について専門的な知識又は相当期間の経験を有する者であること、派遣労働者の就業に係る事項に関する一定の決定、変更を行い得る権限を有する者であること等派遣先責任者の職務を的確に遂行することができる者を選任するよう努めること。

十四　労働者派遣の役務の提供を受ける期間の制限の適切な運用

派遣先は、労働者派遣法第四十条の二及び第四十条の三の規定に基づき派遣就業を望まない派遣労働者が派遣就業に固定化されることの防止を図るため、次に掲げる基準に従い、事業所その他派遣就業の場所（以下「事業所等」という。）ごとの業務について、派遣元事業主から労働者派遣法第四十条の二第二項の派遣可能期間を超える期間継続して労働者派遣（同条第一項各号のいずれかに該当するものを除く。以下この十四において同じ。）の役務の提供を受けてはならず、また、事業所等における組織単位ごとの業務について、派遣元事業主から三年を超える期間継続して同一の派遣労働者に係る労働者派遣の役務の提供を受けてはならないこと。

(一)　事業所等については、工場、事務所、店舗等、場所的に他の事業所その他の場所から独立していること、経営の単位として人事、経理、指導監督、労働の態様等においてある程度の独立性を有すること、一定期間継続し、施設としての持続性を有すること等の観点から実態に即して判断すること。

(二)　事業所等における組織単位については、労働者派遣法第四十条の三の労働者派遣の役務の提供を受ける期間の制限の目的が、派遣労働者がその組織単位の業務に長期間にわたって従事することによって派遣就業を望まない派遣労働者が派遣就業に固定化されることを防止することにあることに留意しつつ判断すること。すなわち、課、グループ等の業務としての類似性や関連性がある組織であり、かつ、その組織の長が業務の配分や労務管理上の指揮監督権限を有するものであって、派遣先における組織の最小単位よりも一般に大きな単位を想定しており、名称にとらわれることなく実態により判断すべきものであること。ただし、小規模の事業所等においては、組織単位と組織の最小単位が一致する場合もあることに留意すること。

(三)　派遣先は、労働者派遣の役務の提供を受けていた当該派遣先の事業所等ごとの業務について、新たに労働者派遣の役務の提供を受ける場合には、当該新たな労働者派遣の開始と当該新たな労働者派遣の役務の受入れの直前に受け入れていた労働者派遣の終了との間の期間が三月を超えない場合には、当該派遣先は、当該新たな労働者派遣の役務の受入れの直前に受け入れていた労働者派遣から継続して労働者派遣の役務の提供を受けているものとみなすこと。

(四)　派遣先は、労働者派遣の役務の提供を受けていた当該派遣先の事業所等における組織単位ごとの業務について、同一の派遣労働者に係る新たな労働者派遣の役務の提供を受ける場合には、当該新たな労働者派遣の開始と当該新たな労働者派遣の役務の受入れの直前に受け入れていた労働者派遣の終了との間の期間が三月を超えない場合には、当該派遣先は、当該新たな労働者派遣の役務の受入れの直前に受け入れていた労働者派遣から継続して労働者派遣の役務の提供を受けているものとみなすこと。

(五)　派遣先は、当該派遣先の事業所等ごとの業務について派遣元事業主から三年間継続して労働者派遣の役務の提供を受けている場合において、派遣可能期間の延長に係る手続を回避することを目的として、当該労働者派遣の終了後三月が経過した後に再度当該労働者派遣の役務の提供を受けるような、実質的に派遣労働者の受入れを継続する行為は、同項の規定の趣旨に反するものであること。

十五　派遣可能期間の延長に係る意見聴取の適切かつ確実な実施

（一）意見聴取に当たっての情報提供

派遣先は、労働者派遣法第四十条の二第四項の規定に基づき、過半数労働組合等（同項に規定する過半数労働組合等をいう。以下同じ。）に対し、派遣可能期間を延長しようとする際に意見を聴くに当たっては、当該派遣先の事業所等ごとの業務について、当該業務に係る労働者派遣の役務の提供の開始時（派遣可能期間を延長した場合には、当該延長時）から当該業務に従事した派遣労働者の数及び当該派遣先に期間を定めないで雇用される労働者の数の推移に関する資料等、意見聴取の際に過半数労働組合等が意見を述べるに当たり参考となる資料を過半数労働組合等に提供するものとすること。また、派遣先は、意見聴取の実効性を高める観点から、過半数労働組合等からの求めに応じ、当該派遣先の部署ごとの派遣労働者の数、各々の派遣労働者に係る労働者派遣の役務の提供を受けた期間等に係る情報を提供することが望ましいこと。

（二）十分な考慮期間の設定

派遣先は、過半数労働組合等に対し意見を聴くに当たっては、十分な考慮期間を設けること。

（三）異議への対処

イ　派遣先は、派遣可能期間を延長することに対して過半数労働組合等から異議があった場合に、労働者派遣法第四十条の二第五項の規定により当該意見への対応に関する方針等を説明するに当たっては、当該意見を勘案して当該延長について再検討を加えること等により、当該過半数労働組合等の意見を十分に尊重するよう努めること。

ロ　派遣先は、派遣可能期間を延長する際に過半数労働組合等から異議があった場合において、当該延長に係る期間が経過した場合にこれを更に延長しようとするに当たり、再度、過半数労働組合等から異議があったときは、当該意見を十分に尊重し、派遣可能期間の延長の中止又は延長する期間の短縮、派遣可能期間の延長に係る派遣労働者の数の削減等の対応を採ることについて検討した上で、その結論をより一層丁寧に当該過半数労働組合等に説明しなければならないこと。

（四）誠実な実施

派遣先は、労働者派遣法第四十条の二第六項の規定に基づき、（一）から（三）までの内容を含め、派遣可能期間を延長しようとする場合における過半数労働組合等からの意見の聴取及び過半数労働組合等が異議を述べた場合における当該過半数労働組合等に対する派遣可能期間の延長の理由等の説明を行うに当たっては、誠実にこれらを行うよう努めなければならないものとすること。

十六　雇用調整により解雇した労働者が就いていたポストへの派遣労働者の受け入れ

派遣先は、雇用調整により解雇した労働者が就いていたポストに、当該解雇後三箇月以内に派遣労働者を受け入れる場合には、必要最小限度の労働者派遣の期間を定めるとともに、当該派遣先に雇用される労働者に対し労働者派遣の役務の提供を受ける理由を説明する等、適切な措置を講じ、派遣先の労働者の理解が得られるよう努めること。

十七　安全衛生に係る措置

派遣先は、派遣元事業主が派遣労働者に対する雇入れ時及び作業内容変更時の安全衛生教育を適切に行えるよう、当該派遣労働者が従事する業務に係る情報を派遣元事業主に対し積極的に提供するとともに、派遣元事業主から雇入れ時及び作業内容変更時の安全衛生教育の委託の申入れがあった場合には可能な限りこれに応じるよう努めること、派遣元事業主が健康診断等の結果に基づく就業上の措置を講ずるに当たって、当該措置に協力するよう要請があった場合には、これに応じ、必要な協力を行うこと等、派遣労働者の安全衛生に係る措置を実施するために必要な協力や配慮を行うこと。

十八　紹介予定派遣

(一)　紹介予定派遣を受け入れる期間

派遣先は、紹介予定派遣を受け入れるに当たっては、六箇月を超えて、同一の派遣労働者を受け入れないこと。

(二)　職業紹介を希望しない場合又は派遣労働者を雇用しない場合の理由の明示

派遣先は、紹介予定派遣を受け入れた場合において、職業紹介を受けることを希望しなかった場合又は職業紹介を受けた派遣労働者を雇用しなかった場合には、派遣元事業主の求めに応じ、それぞれその理由を派遣元事業主に対して書面、ファクシミリ又は電子メールその他のその受信をする者を特定して情報を伝達するために用いられる電気通信（電気通信事業法（昭和五十九年法律第八十六号）第二条第一号に規定する電気通信をいう。以下この(二)において「電子メール等」という。）（当該派遣元事業主が当該電子メール等の記録を出力することにより書面を作成することができるものに限る。）により明示すること。

(三)　派遣先が特定等に当たり労働施策の総合的な推進並びに労働者の雇用の安定及び職業生活の充実等に関する法律（昭和四十一年法律第百三十二号）第九条の趣旨に照らし講ずべき措置

①　派遣先は、紹介予定派遣に係る派遣労働者を特定することを目的とする行為又は派遣労働者の特定（以下「特定等」という。）を行うに当たっては、次に掲げる措置を講ずる。

ア　②に該当するときを除き、派遣労働者の年齢を理由として、特定等の対象から当該派遣労働者を排除しないこと。

イ　派遣先が職務に適合する派遣労働者を受け入れ又は雇い入れ、かつ、派遣労働者がその年齢にかかわりなく、その有する能力を有効に発揮することができる職業を選択することを容易にするため、特定等に係る職務の内容、当該職務を遂行するために必要とされる派遣労働者の適性、能力、経験、技能の程度その他の派遣労働者が紹介予定派遣を希望するに当たり求められる事項をできる限り明示すること。

②　年齢制限が認められるとき（派遣労働者がその有する能力を有効に発揮するために必要であると認められるとき以外のとき）

派遣先が行う特定等が次のアからウまでのいずれかに該当するときには、年齢制限をすることが認められるものとする。

ア　派遣先が、その雇用する労働者の定年（以下単に「定年」という。）の定めをしている場合において当該定年の年齢を下回ることを条件として派遣労働者の特定等を行うとき（当該派遣労働者について期間の定めのない労働契約を締結することを予定する場合に限る。）

イ　派遣先が、労働基準法その他の法令の規定により特定の年齢の範囲に属する労働者の就業等が禁止又は制限されている業務について当該年齢の範囲に属する派遣労働者以外の派遣労働者の特定等を行うこ

き。

ウ　派遣先の特定等における年齢による制限を必要最小限のものとする観点から見て合理的な制限である場合として次のいずれかに該当するとき。

i　長期間の継続勤務による職務に必要な能力の開発及び向上を図ることを目的として、青少年その他特定の年齢を下回る派遣労働者の特定等を行うとき（当該派遣労働者について期間の定めのない労働契約を締結することを予定する場合に限り、かつ、当該派遣労働者が職業に従事した経験があることを特定等の条件としない場合であって学校（小学校（義務教育学校の前期課程を含む。）及び幼稚園を除く。）、専修学校、職業能力開発促進法（昭和四十四年法律第六十四号）第十五条の七第一項各号に掲げる施設又は同法第二十七条第一項に規定する職業能力開発総合大学校を新たに卒業しようとする者として又は当該者と同等の処遇で採用する予定で特定等を行うときに限る。）。

ii　当該派遣先が雇用する特定の年齢の範囲に属する特定の職種の労働者（当該派遣先の人事管理制度に照らし必要と認められるときは、当該派遣先がその一部の事業所において雇用する特定の職種に従事する労働者。以下「特定労働者」という。）の数が相当程度少ない場合（特定労働者の年齢について、三十歳から四十九歳までの範囲内において、派遣先が特定等を行おうとする任意の労働者の年齢の範囲（当該範囲内の年齢のうち最も高いもの（以下「範囲内最高年齢」という。）と最も低いもの（以下「範囲内最低年齢」という。）との差（以下「特定数」という。）が四から九までの場合に限る。）に属する労働者数が範囲内最高年齢に一を加えた年齢から当該年齢に特定数を加えた年齢までの範囲に属する労働者数の二分の一以下であり、かつ、範囲内最低年齢から一に特定数を加えた年齢を減じた年齢から範囲内最低年齢から一を減じた年齢までの範囲に属する労働者数の二分の一以下である場合をいう。）において、当該職種の業務の遂行に必要な技能及びこれに関する知識の継承を図ることを目的として、特定労働者である派遣労働者の特定等を行うとき（当該派遣労働者について期間の定めのない労働契約を締結することを予定する場合に限る。）。

iii　芸術又は芸能の分野における表現の真実性等を確保するために特定の年齢の範囲に属する派遣労働者の特定等を行うとき。

iv　高年齢者の雇用の促進を目的として、特定の年齢以上の高年齢者（六十歳以上の者に限る。）である派遣労働者の特定等を行うとき、又は特定の年齢の範囲に属する労働者の雇用を促進するため、当該特定の年齢の範囲に属する派遣労働者の特定等を行うとき（当該特定の年齢の範囲に属する労働者の雇用の促進に係る国の施策を活用しようとする場合に限る。）。

(四)　派遣先が特定等に当たり雇用の分野における男女の均等な機会及び待遇の確保等に関する法律（昭和四十七年法律第百十三号。以下「均等法」という。）第五条及び第七条の趣旨に照らし行ってはならない措置等

①　派遣先は、特定等を行うに当たっては、例えば、次に掲げる措置を行わないこと。

ア　特定等に当たって、その対象から男女のいずれか

を排除すること。

イ　特定等に当たっての条件を男女で異なるものとすること。

ウ　特定に係る選考において、能力及び資質の有無等を判断する場合に、その方法や基準について男女で異なる取扱いをすること。

エ　特定等に当たって男女のいずれかを優先すること。

オ　派遣就業又は雇用の際に予定される求人の内容の説明等特定等に係る情報の提供について、男女で異なる取扱いをすること又は派遣元事業主にその旨要請すること。

②　派遣先は、特定等に関する措置であって派遣労働者の性別以外の事由を要件とするもののうち次に掲げる措置については、当該措置の対象となる業務の性質に照らして当該措置の実施が当該業務の遂行上特に必要である場合、事業の運営の状況に照らして当該措置の実施が派遣就業又は雇用の際に予定される雇用管理上特に必要である場合その他の合理的な理由がある場合でなければ、これを講じてはならない。

ア　派遣労働者の特定等に当たって、派遣労働者の身長、体重又は体力に関する事由を要件とすること。

イ　将来、コース別雇用管理における総合職の労働者として当該派遣労働者を採用することが予定されている場合に、派遣労働者の特定等に当たって、転居を伴う転勤に応じることができることを要件とすること。

③　紹介予定派遣に係る特定等に当たっては、将来、当該派遣労働者を採用することが予定されている雇用管理区分において、女性労働者が男性労働者と比較して相当程度少ない場合においては、特定等の基準を満たす者の中から男性より女性を優先して特定することその他男性と比較して女性に有利な取扱いをすることは、均等法第八条に定める雇用の分野における男女の均等な機会及び待遇の確保の支障となっている事情を改善することを目的とする措置（ポジティブ・アクション）として、①にかかわらず、行って差し支えない。

④　次に掲げる場合において①において掲げる措置を講ずることは、性別にかかわりなく均等な機会を与えていない、又は性別を理由とする差別的取扱いをしているとは解されず、①にかかわらず、行って差し支えない。

ア　次に掲げる職務に従事する派遣労働者に係る場合

i　芸術・芸能の分野における表現の真実性等の要請から男女のいずれかのみに従事させることが必要である職務

ii　守衛、警備員等防犯上の要請から男性に従事させることが必要である職務（労働者派遣事業を行ってはならない警備業法（昭和四十七年法律第百十七号）第二条第一項各号に掲げる業務を内容とするものを除く。）

iii　i及びiiに掲げるもののほか、宗教上、風紀上、スポーツにおける競技の性質上その他の業務の性質上男女のいずれかのみに従事させることについてこれらと同程度の必要性があると認められる職務

イ　労働基準法第六十一条第一項、第六十四条の二若しくは第六十四条の三第二項の規定により女性を就業させることができず、又は保健師助産師看護師法（昭和二十三年法律第二百三号）第三条の規定により男性を就業させることができないことから、通常

の業務を遂行するために、派遣労働者の性別にかかわりなく均等な機会を与え又は均等な取扱いをすることが困難であると認められる場合

ウ　風俗、風習等の相違により男女のいずれかが能力を発揮し難い海外での勤務が必要な場合その他特別の事情により派遣労働者の性別にかかわりなく均等な機会を与え又は均等な取扱いをすることが困難であると認められる場合

(五)　派遣先が特定等に当たり障害者雇用促進法第三十四条の趣旨に照らし行ってはならない措置等

①　派遣先は、特定等を行うに当たっては、例えば次に掲げる措置を行わないこと。

ア　特定等に当たって、障害者であることを理由として、障害者をその対象から排除すること。

イ　特定等に当たって、障害者に対してのみ不利な条件を付すこと。

ウ　特定等に当たって、障害者でない者を優先すること。

エ　派遣就業又は雇用の際に予定される求人の内容の説明等の特定等に係る情報の提供について、障害者であることを理由として障害者でない者と異なる取扱いをすること又は派遣元事業主にその旨要請すること。

②　①に関し、特定等に際して一定の能力を有することを条件とすることについては、当該条件が当該派遣先において業務遂行上特に必要なものと認められる場合には、行って差し支えないこと。一方、特定等に当たって、業務遂行上特に必要でないにもかかわらず、障害者を排除するために条件を付すことは、行ってはならないこと。

③　①及び②に関し、積極的差別是正措置として、障害者でない者と比較して障害者を有利に取り扱うことは、障害者であることを理由とする差別に該当しないこと。

④　派遣先は、障害者に対し、面接その他特定することを目的とする行為を行う場合に、派遣元事業主が障害者雇用促進法第三十六条の二又は第三十六条の三の規定による措置を講ずるため、派遣元事業主から求めがあったときは、派遣元事業主と協議等を行い、可能な限り協力するよう努めなければならないこと。

日雇派遣労働者の雇用の安定等を図るために派遣元事業主及び派遣先が講ずべき措置に関する指針

（平成二〇年二月二八日 厚生労働省告示第三六号）

沿革 平成二四年 八月一〇日厚生労働省告示第四七六号
〃 二七年 九月二九日 〃 第三九五号
〃 三〇年 九月 七日 〃 第三二二号
令和 二年一〇月 九日 〃 第三四六号

第一 趣旨

この指針は、労働者派遣事業の適正な運営の確保及び派遣労働者の保護等に関する法律（昭和六十年法律第八十八号。以下「労働者派遣法」という。）第三章第一節から第三節までの規定により、派遣元事業主が講ずべき措置に関する指針（平成十一年労働省告示第百三十七号。以下「派遣元指針」という。）及び派遣先が講ずべき措置に関する指針（平成十一年労働省告示第百三十八号。以下「派遣先指針」という。）に加えて、日雇労働者（労働者派遣法第三十五条の四第一項に規定する日雇労働者をいう。以下単に「日雇労働者」という。）について労働者派遣を行う派遣元事業主及び派遣先が講ずべき措置に関して、その適切かつ有効な実施を図るために必要な事項を定めたものである。

第二 日雇派遣労働者の雇用の安定を図るために必要な措置

一 労働者派遣契約の締結に当たっての就業条件の確認

(一) 派遣先は、労働者派遣契約の締結の申込みを行うに際しては、就業中の日雇派遣労働者（労働者派遣の対象となる日雇労働者をいう。以下同じ。）を直接指揮命令することが見込まれる者から、業務の内容、当該業務を遂行するために必要とされる知識、技術又は経験の水準その他労働者派遣契約の締結に際し定めるべき就業条件の内容を十分に確認すること。

(二) 派遣元事業主は、派遣先との間で労働者派遣契約を締結するに際しては、派遣先が求める業務の内容、当該業務を遂行するために必要とされる知識、技術又は経験の水準、労働者派遣の期間その他労働者派遣契約の締結に際し定めるべき就業条件を事前にきめ細かに把握すること。

二 労働者派遣契約の期間の長期化

派遣元事業主及び派遣先は、労働者派遣契約の締結に際し、労働者派遣の期間を定めるに当たっては、相互に協力しつつ、当該派遣先が労働者派遣の役務の提供を受けようとする期間を勘案して可能な限り長く定める等、日雇派遣労働者の雇用の安定を図るために必要な配慮をすること。

三 労働契約の締結に際して講ずべき措置

派遣元事業主は、労働者を日雇派遣労働者として雇い入れようとするときは、当該日雇派遣労働者が従事する業務が労働者派遣事業の適正な運営の確保及び派遣労働者の保護等に関する法律施行令（昭和六十一年政令第九十五号）第四条第一項各号に掲げる業務に該当するかどうか、又は当該日雇派遣労働者が同条第二項各号に掲げる場合に該当するかどうかを確認すること。

四 労働契約の期間の長期化

派遣元事業主は、労働者を日雇派遣労働者として雇い入れようとするときは、当該労働者の希望及び労働者派遣契約における労働者派遣の期間を勘案して、労働契約の期間について、できるだけ長期にする、当該期間を当該労働者派遣契約における労働者派遣の期間と合わせる等、日雇派遣労働者の雇用の安定を図るために必要な配慮をすること。

五　労働者派遣契約の解除に当たって講ずべき措置

(一)　派遣先は、専ら派遣先に起因する事由により、労働者派遣契約の契約期間が満了する前の解除を行おうとする場合には、派遣元事業主の合意を得ること。

(二)　派遣元事業主及び派遣先は、労働者派遣契約の契約期間が満了する前に日雇派遣労働者の責に帰すべき事由以外の事由によって労働者派遣契約の解除が行われた場合には、互いに連携して、当該派遣先の関連会社での就業のあっせん等により、当該労働者派遣契約に係る日雇派遣労働者の新たな就業機会の確保を図ること。また、当該派遣元事業主は、当該労働者派遣契約の解除に当たって、新たな就業機会の確保ができない場合は、まず休業等を行い、当該日雇派遣労働者の雇用の維持を図るようにするとともに、休業手当の支払等の労働基準法（昭和二十二年法律第四十九号）等に基づく責任を果たすこと。

(三)　派遣先は、派遣先の責に帰すべき事由により労働者派遣契約の契約期間が満了する前に労働者派遣契約の解除を行おうとする場合には、日雇派遣労働者の新たな就業機会の確保を図ることとし、これができないときには、速やかに、損害の賠償を行わなければならないこと。その他派遣先は、派遣元事業主と十分に協議した上で適切な善後処理方策を講ずること。また、派遣元事業主及び派遣先の双方の責に帰すべき事由がある場合には、派遣元事業主及び派遣先のそれぞれの責に帰すべき部分の割合についても十分に考慮すること。

(四)　派遣先は、労働者派遣契約の契約期間が満了する前に労働者派遣契約の解除を行う場合であって、派遣元事業主から請求があったときは、労働者派遣契約の解除を行う理由を当該派遣元事業主に対し明らかにすること。

第三

一　労働者派遣契約に定める就業条件の確保

派遣元事業主は、派遣先を定期的に巡回すること等により、日雇派遣労働者の就業の状況が労働者派遣契約の定めに反していないことの確認等を行うとともに、日雇派遣労働者の適正な派遣就業の確保のためにきめ細かな情報提供を行う等により派遣先との連絡調整を的確に行うこと。また、派遣元事業主は、日雇派遣労働者からも就業の状況が労働者派遣契約の定めに反していなかったことを確認すること。

二　派遣先は、労働者派遣契約を円滑かつ的確に履行するため、次に掲げる措置その他派遣先の実態に即した適切な措置を講ずること。

(一)　就業条件の周知徹底

労働者派遣契約で定められた就業条件について、当該日雇派遣労働者の業務の遂行を指揮命令する職務上の地位にある者その他の関係者に当該就業条件を記載した書面を交付し、又は就業場所に掲示する等により、周知の徹底を図ること。

(二)　就業場所の巡回

一の労働者派遣契約について少なくとも一回以上の頻度で定期的に日雇派遣労働者の就業場所を巡回し、当該日雇派遣労働者の就業の状況が労働者派遣契約の定めに反していないことを確認すること。

(三)　就業状況の報告

日雇派遣労働者を直接指揮命令する者から、一の労働者派遣契約について少なくとも一回以上の頻度で定期的に当該日雇派遣労働者の就業の状況について報告を求めること。

(四) 労働者派遣契約の内容の遵守に係る指導

日雇派遣労働者を直接指揮命令する者に対し、労働者派遣契約の内容に違反することとなる業務上の指示を行わないようにすること等の指導を徹底すること。

第四 労働・社会保険の適用の促進

一 日雇労働被保険者及び日雇特例被保険者に係る適切な手続

派遣元事業主は、日雇派遣労働者が雇用保険法（昭和四十九年法律第百十六号）第四十三条第一項に規定する日雇労働被保険者又は健康保険法（大正十一年法律第七十号）第三条第二項に規定する日雇特例被保険者に該当し、日雇労働被保険者手帳又は日雇特例被保険者手帳の交付を受けている者（以下「手帳所持者」という。）である場合には、印紙の貼付等の手続（以下「日雇手続」という。）を適切に行うこと。

二 労働・社会保険に係る適切な手続

派遣元事業主は、その雇用する日雇派遣労働者の就業の状況等を踏まえ、労働・社会保険に係る手続を適切に進め、被保険者である旨の行政機関への届出（労働者派遣事業の適正な運営の確保及び派遣労働者の保護等に関する法律施行規則（昭和六十一年労働省令第二十号）第二十七条の二第一項各号に掲げる書類の届出をいう。以下単に「届出」という。）が必要とされている場合には、当該届出を行ってから労働者派遣を行うこと。ただし、当該届出が必要となる日雇派遣労働者について労働者派遣を行う場合であって、当該労働者派遣の開始後速やかに当該届出を行うときは、この限りでないこと。

三 派遣先に対する通知

派遣元事業主は、労働者派遣法第三十五条第一項に基づき、派遣先に対し、日雇派遣労働者について届出を行っているか否かを通知すること。さらに、派遣元事業主は、日雇派遣労働者が手帳所持者である場合においては、派遣先に対し、日雇手続を行うか行えないかを通知すること。

四 届出又は日雇手続を行わない理由に関する派遣先及び日雇派遣労働者への通知

派遣元事業主は、日雇派遣労働者について届出を行っていない場合には、その具体的な理由を派遣先及び当該日雇派遣労働者に対し、通知すること。さらに、派遣元事業主は、日雇派遣労働者が手帳所持者である場合であって、日雇手続を行えないときには、その具体的な理由を派遣先及び当該日雇派遣労働者に対し、通知すること。

五 派遣先による届出又は日雇手続の確認

派遣先は、派遣元事業主が届出又は日雇手続を行う必要がある日雇派遣労働者については、当該届出を行った又は日雇手続を行う日雇派遣労働者（当該派遣先への労働者派遣の開始後速やかに当該届出が行われるものを含む。）を受け入れるべきであり、派遣元事業主から日雇派遣労働者について当該届出又は当該日雇手続を行わない理由の通知を受けた場合において、当該理由が適正でないと考えられる場合には、派遣元事業主に対し、当該日雇派遣労働者について当該届出を行ってから派遣するよう又は当該日雇手続を行うよう求めること。

第五 日雇派遣労働者に対する就業条件等の明示

一 派遣元事業主は、労働基準法第十五条の規定に基づき、日雇派遣労働者との労働契約の締結に際し、労働契約の期間に関する事項、就業の場所及び従事すべき業務に関する事項、労働時間に関する事項、賃金に関する事項（労使協定に基づく賃金の一部控除の取扱いを含む。）及び退職に関する事項について、書面の交付（労働基準法施行規則（昭和二十二年厚生省令第二十三号）第五条第四項ただし書の場合においては、同項各号に掲げる方法を含む。以下同じ。）による明示を確実に行うこと。また、その他の労働条件についても、書面の交付により明示を行うよう努めること。

二　派遣元事業主は、モデル就業条件明示書（日雇派遣・携帯メール用）の活用等により、日雇派遣労働者に対し労働者派遣法第三十四条に規定する就業条件等の明示を確実に行うこと。

第六　教育訓練の機会の確保等

一　派遣元事業主は、職業能力開発促進法（昭和四十四年法律第六十四号）及び労働者派遣法第三十条の四に基づき、日雇派遣労働者の職業能力の開発及び向上を図ること。

二　派遣元事業主は、日雇派遣労働者が従事する職務の遂行に必要な能力を付与するための教育訓練については、派遣就業前に実施しなければならないこと。

三　派遣元事業主は、日雇派遣労働者が従事する職務を効率的に遂行するために必要な能力を付与するための教育訓練を実施するよう努めること。

四　派遣元事業主は、二及び三に掲げる教育訓練以外の教育訓練については、日雇派遣労働者の職務の内容、職務の成果、意欲、能力及び経験等に応じ、実施することが望ましいこと。

五　派遣元事業主は、日雇派遣労働者又は日雇派遣労働者として雇用しようとする労働者について、当該労働者の適性、能力等を勘案して、最も適合した就業の機会の確保を図るとともに、就業する期間及び日、就業時間、就業場所、派遣先における就業環境等について当該労働者の希望と適合するような就業機会を確保するよう努めること。

六　派遣先は、派遣元事業主が行う教育訓練や日雇派遣労働者の自主的な能力開発等の日雇派遣労働者の教育訓練・能力開発について、可能な限り協力するほか、必要に応じた教育訓練に係る便宜を図るよう努めること。

第七　関係法令等の関係者への周知

一　派遣元事業主は、日雇派遣労働者を登録するためのホームページを設けている場合には、関係法令等に関するコーナーを設けるなど、日雇派遣労働者となろうとする者に対する関係法令等の周知を徹底すること。また、派遣元事業主は、登録説明会等を活用して、日雇派遣労働者となろうとする者に対する関係法令等の周知を徹底すること。

二　派遣元事業主は、労働者派遣法の規定による派遣元事業主及び派遣先が講ずべき措置の内容並びに労働者派遣法第三章第四節に規定する労働基準法等の適用に関する特例等関係法令について、派遣先、日雇派遣労働者等の関係者への周知の徹底を図るために、文書の配布等の措置を講ずること。

三　派遣先は、労働者派遣法の規定による派遣先が講ずべき措置の内容及び労働者派遣法第三章第四節に規定する労働基準法等の適用に関する特例等関係法令について、日雇派遣労働者を直接指揮命令する者、日雇派遣労働者等の関係者への周知の徹底を図るために、文書の配布等の措置を講ずること。

四　派遣先は、日雇派遣労働者の受入れに際し、日雇派遣労働者が利用できる派遣先の各種の福利厚生に関する措置の内容についての説明、日雇派遣労働者が円滑かつ的確に就業するために必要な、日雇派遣労働者を直接指揮命令する者以外の派遣先の労働者との業務上の関係についての説明及び職場生活上留意を要する事項についての助言等を行うこと。

第八　安全衛生に係る措置

一　派遣元事業主が講ずべき事項

㈠ 派遣元事業主は、日雇派遣労働者に対して、労働安全衛生法（昭和四十七年法律第五十七号）第五十九条第一項に規定する雇入れ時の安全衛生教育を確実に行わなければならないこと。その際、日雇派遣労働者が従事する具体的な業務の内容について、派遣先から確実に聴取した上で、当該業務の内容に即した安全衛生教育を行うこと。

㈡ 派遣元事業主は、日雇派遣労働者が労働安全衛生法第五十九条第三項に規定する危険有害業務に従事する場合には、派遣先が同項に規定する危険有害業務就業時の安全衛生教育を確実に行ったかどうか確認すること。

二 派遣先が講ずべき事項

㈠ 派遣先は、派遣元事業主が日雇派遣労働者に対する雇入れ時の安全衛生教育を適切に行えるよう、日雇派遣労働者が従事する具体的な業務に係る情報を派遣元事業主に対し積極的に提供するとともに、派遣元事業主から雇入れ時の安全衛生教育の委託の申入れがあった場合には可能な限りこれに応じるよう努める等、日雇派遣労働者の安全衛生に係る措置を実施するために必要な協力や配慮を行うこと。

㈡ 派遣先は、派遣元事業主が日雇派遣労働者に対する雇入れ時の安全衛生教育を確実に行ったかどうか確認すること。

㈢ 派遣先は、日雇派遣労働者の安全と健康の確保に責務を有することを十分に認識し、労働安全衛生法第五十九条第三項に規定する危険有害業務就業時の安全衛生教育の適切な実施等必要な措置を確実に行わなければならないこと。

第九 労働条件確保に係る措置

一 派遣元事業主は、日雇派遣労働者の労働条件の確保に当たっては、第五の一に掲げる労働条件の明示のほか、特に次に掲げる事項に留意すること。

㈠ 賃金の一部控除

派遣元事業主は、日雇派遣労働者の賃金について、その一部を控除する場合には、購買代金、福利厚生施設の費用等事理明白なものについて適正な労使協定を締結した場合に限り認められることに留意し、不適正な控除が行われないようにすること。

㈡ 労働時間

派遣元事業主は、集合場所から就業場所への移動時間等であっても、日雇派遣労働者がその指揮監督の下にあり、当該時間の自由利用が当該日雇派遣労働者に保障されていないため労働時間に該当する場合には、労働時間を適正に把握し、賃金を支払うこと。

二 一に掲げる事項のほか、派遣元事業主及び派遣先は、日雇派遣労働者に関して、労働基準法等関係法令を遵守すること。

第一〇 情報の提供

派遣元事業主は、日雇派遣労働者及び派遣先が良質な派遣元事業主を適切に選択できるよう、労働者派遣の実績、労働者派遣に関する料金の額の平均額から派遣労働者の賃金の額の平均額を控除した額を当該労働者派遣に関する料金の額の平均額で除して得た割合、教育訓練に関する事項等に関する情報を事業所への書類の備付け、インターネットの利用その他の適切な方法により提供すること。

第一一 派遣元責任者及び派遣先責任者の連絡調整等

一 派遣元責任者は、日雇派遣労働者の就業に関し、労働者派遣法第三十六条に規定する派遣労働者に対する必要な助言及び指導等を十分に行うこと。

二 派遣元責任者及び派遣先責任者は、日雇派遣労働者の就業に関し、労働者派遣法第三十六条及び第四十一条に規定する派遣労働者から申出を受けた苦情の処理、派遣労働者の安全、衛生等に関する相互の連絡調整等を十分に行うこと。

第一二　派遣先への説明

派遣元事業主は、派遣先が日雇派遣労働者についてこの指針に定める必要な措置を講ずることができるようにするため、派遣先に対し、労働者派遣契約の締結に際し、日雇派遣労働者を派遣することが予定されている場合には、その旨を説明すること。また、派遣元事業主は、派遣先に対し、労働者派遣をするに際し、日雇派遣労働者を派遣する場合には、その旨を説明すること。

第一三　その他

日雇派遣労働者について労働者派遣を行う派遣元事業主及び当該派遣元事業主から労働者派遣の役務の提供を受ける派遣先に対しても、派遣元指針及び派遣先指針は当然に適用されるものであることに留意すること。

高年齢者等の雇用の安定等に関する法律　抄

（昭和四六年五月二五日法律第六八号）

沿革
昭和六一年　四月三〇日法律第　四三号
平成　二年　六月二九日〃第　六〇号
〃　六年　六月一七日〃第　三四号
〃一六年　六月一一日〃第一〇三号
〃二八年　五月二〇日〃第　四七号
〃二九年　三月三一日〃第　一四号
〃三〇年　七月　六日〃第　七一号
令和　元年　六月一四日〃第　三七号
〃　二年　三月三一日〃第　一四号
〃　四年　三月三一日〃第　一二号

第一章　総則

（目的）

第一条　この法律は、定年の引上げ、継続雇用制度の導入等による高年齢者の安定した雇用の確保の促進、高年齢者等の再就職の促進、定年退職者その他の高年齢退職者に対する就業の機会の確保等の措置を総合的に講じ、もつて高年齢者等の職業の安定その他福祉の増進を図るとともに、経済及び社会の発展に寄与することを目的とする。

（定義）

第二条　この法律において「高年齢者」とは、厚生労働省令で定める年齢以上の者をいう。

2　この法律において「高年齢者等」とは、高年齢者及び次に掲げる者で高年齢者に該当しないものをいう。

一　中高年齢者（厚生労働省令で定める年齢以上の者をいう。次項において同じ。）である求職者（次号に掲げる者を除く。）

二　中高年齢失業者等（厚生労働省令で定める範囲の年齢の失業者その他就職が特に困難な厚生労働省令で定める失業者をいう。第三章第三節において同じ。）

3　この法律において「特定地域」とは、中高年齢者である失業者が就職することが著しく困難である地域として厚生労働大臣が指定する地域をいう。

（基本的理念）

第三条　高年齢者等は、その職業生活の全期間を通じて、その意欲及び能力に応じ、雇用の機会その他の多様な就業の機会が確保され、職業生活の充実が図られるように配慮されるものとする。

2　労働者は、高齢期における職業生活の充実のため、自ら進んで、高齢期における職業生活の設計を行い、その設計に基づき、その能力の開発及び向上並びにその健康の保持及び増進に努めるものとする。

（事業主の責務）

第四条　事業主は、その雇用する高年齢者について職業能力の開発及び向上並びに作業施設の改善その他の諸条件の整備を行い、並びにその雇用する高年齢者等について再就職の援助等を行うことにより、その意欲及び能力に応じてその者のための雇用の機会の確保等が図られるよう努めるものとする。

2　事業主は、その雇用する労働者が高齢期においてその意欲及び能力に応じて就業することにより職業生活の充実を図ることができるようにするため、その高齢期における職業生活の設計について必要な援助を行うよう努めるものとする。

（国及び地方公共団体の責務）

第五条　国及び地方公共団体は、事業主、労働者その他の関係者の自主的な努力を尊重しつつその実情に応じてこれらの者に対し必要な援助等を行うとともに、高年齢者等の再就職の促進のために必要な職業紹介、職業訓練等の体制の整備を行う等、高年齢者等の意欲及び能力に応じた雇用の機会その他の多様な就業の機会の確保等を図るために必要な施策を総合的かつ効果的に推進するように努めるものとする。

（高年齢者等職業安定対策基本方針）

第六条　厚生労働大臣は、高年齢者等の職業の安定に関する施策の基本となるべき方針（以下「高年齢者等職業安定対策基本方針」という。）を策定するものとする。

2　高年齢者等職業安定対策基本方針に定める事項は、次のとおりとする。

一　高年齢者等の就業の動向に関する事項

二　高年齢者の就業の機会の増大の目標に関する事項

三　第四条第一項の事業主が行うべき職業能力の開発及び向上、作業施設の改善その他の諸条件の整備、再就職の援助等並びに同条第二項の事業主が行うべき高齢期における職業生活の設計の援助に関して、その適切かつ有効な実施を図るため必要な指針となるべき事項

四　高年齢者雇用確保措置等（第九条第一項に規定する高年齢者雇用確保措置及び第十条の二第四項に規定する高年齢者就業確保措置をいう。第十一条において同じ。）の円滑な実施を図るため講じようとする施策の基本となるべき事項

五　高年齢者等の再就職の促進のため講じようとする施策の基本となるべき事項

六　前各号に掲げるもののほか、高年齢者等の職業の安定を図るため講じようとする施策の基本となるべき事項

3　厚生労働大臣は、高年齢者等職業安定対策基本方針を定めるに当たつては、あらかじめ、関係行政機関の長と協議するとともに、労働政策審議会の意見を聴かなければならない。

4　厚生労働大臣は、高年齢者等職業安定対策基本方針を定めたときは、遅滞なく、その概要を公表しなければならない。

5　前二項の規定は、高年齢者等職業安定対策基本方針の変更について準用する。

（適用除外）

第七条　この法律は、船員職業安定法（昭和二十三年法律第百三十号）第六条第一項に規定する船員については、適用しない。

2　前条、次章、第三章第二節、第四十九条及び第五十二条の規定は、国家公務員及び地方公務員については、適用しない。

第二章　定年の引上げ、継続雇用制度の導入等による高年齢者の安定した雇用の確保の促進等

（定年を定める場合の年齢）

第八条　事業主がその雇用する労働者の定年（以下単に「定年」という。）の定めをする場合には、当該定年は、六十歳を下回ることができない。ただし、当該事業主が雇用する労働者のうち、高年齢者が従事することが困難であると認められる業務として厚生労働省令で定める業務に従事している労働者については、この限りでない。

（高年齢者雇用確保措置）

第九条　定年（六十五歳未満のものに限る。以下この条において同じ。）の定めをしている事業主は、その雇用する高年齢者の六十五歳までの安定した雇用を確保するため、次の各号に掲げる措置（以下「高年齢者雇用確保措置」という。）のいずれかを講じなければならない。

一　当該定年の引上げ
二　継続雇用制度（現に雇用している高年齢者が希望するときは、当該高年齢者をその定年後も引き続いて雇用する制度をいう。以下同じ。）の導入
三　当該定年の定めの廃止

2　継続雇用制度には、事業主が、特殊関係事業主（当該事業主の経営を実質的に支配することが可能となる関係にある事業主その他の当該事業主と特殊の関係のある事業主として厚生労働省令で定める事業主をいう。以下この項及び第十条の二第一項において同じ。）との間で、当該事業主の雇用する高年齢者であつてその定年後に雇用されることを希望するものをその定年後に当該特殊関係事業主が引き続いて雇用することを約する契約を締結し、当該契約に基づき当該高年齢者の雇用を確保する制度が含まれるものとする。

3　厚生労働大臣は、第一項の事業主が講ずべき高年齢者雇用確保措置の実施及び運用（心身の故障のため業務の遂行に堪えない者等の継続雇用制度における取扱いを含む。）に関する指針（次項において「指針」という。）を定めるものとする。

4　第六条第三項及び第四項の規定は、指針の策定及び変更について準用する。

（公表等）

第一〇条　厚生労働大臣は、前条第一項の規定に違反している事業主に対し、必要な指導及び助言をすることができる。

2　厚生労働大臣は、前項の規定による指導又は助言をした場合において、その事業主がなお前条第一項の規定に違反していると認めるときは、当該事業主に対し、高年齢者雇用確保措置を講ずべきことを勧告することができる。

3　厚生労働大臣は、前項の規定による勧告をした場合において、その勧告を受けた者がこれに従わなかつたときは、その旨を公表することができる。

（高年齢者就業確保措置）

第一〇条の二　定年（六十五歳以上七十歳未満のものに限る。以下この条において同じ。）の定めをしている事業主又は継続雇用制度（高年齢者を七十歳以上まで引き続いて雇用する制度を除く。以下この項において同じ。）を導入している事業主は、その雇用する高年齢者（第九条第二項の契約に基づき、当該事業主と当該契約を締結した特殊関係事業主に現に雇用されている者を含み、厚生労働省令で定める者を除く。以下この条において同じ。）について、次に掲げる措置を講ずることにより、六十五歳から七十歳までの安定した雇用を確保するよう努めなければならない。ただし、当該事業主が、労働者の過半数で組織する労働組合がある場合においてはその労働組合の、労働者の過半数で組織する労働組合がない場合においては労働者の過半数を代表する者の同意を厚生労働省令で定めるところにより得た創業支援等措置を講ずることにより、その雇用する高年齢者について、定年後等（定年後又は継続雇用制度の対象となる年齢の上限に達した後をいう。以下この条において同じ。）又は第二号の六十五歳以上継続雇用制度の対象となる年齢の上限に達した後七十歳までの間の就業を確保する場合は、この限りでない。

一　当該定年の引上げ
二　六十五歳以上継続雇用制度（その雇用する高年齢者が希望するときは、当該高年齢者をその定年後等も引き続いて雇用する制度をいう。以下この条及び第五十二条第一項において同じ。）の導入
三　当該定年の定めの廃止

2　前項の創業支援等措置は、次に掲げる措置をいう。
一　その雇用する高年齢者が希望するときは、当該高年齢者が新たに事業を開始する場合（厚生労働省令で定める場合

を含む。）に、事業主が、当該事業を開始する当該高年齢者（厚生労働省令で定める者を含む。以下この号において「創業高年齢者等」という。）との間で、当該事業に係る委託契約その他の契約（労働契約を除き、当該委託契約その他の契約に基づき当該事業主が当該事業を開始する当該創業高年齢者等に金銭を支払うものに限る。）を締結し、当該契約に基づき当該高年齢者の就業を確保する措置

二　その雇用する高年齢者が希望するときは、次に掲げる事業（ロ又はハの事業については、事業主と当該事業を実施する者との間で、当該事業を実施する者が当該高年齢者に対して当該事業に従事する機会を提供することを約する契約を締結したものに限る。）について、当該事業を実施する者が、当該高年齢者との間で、当該事業に係る委託契約その他の契約（労働契約を除き、当該委託契約その他の契約に基づき当該事業を実施する者が当該高年齢者に金銭を支払うものに限る。）を締結し、当該契約に基づき当該高年齢者の就業を確保する措置（前号に掲げる措置に該当するものを除く。）

イ　当該事業主が実施する社会貢献事業（社会貢献活動その他不特定かつ多数の者の利益の増進に寄与することを目的とする事業をいう。以下この号において同じ。）

ロ　法人その他の団体が当該事業主から委託を受けて実施する社会貢献事業

ハ　法人その他の団体が実施する社会貢献事業であつて、当該事業主が当該社会貢献事業の円滑な実施に必要な資金の提供その他の援助を行つているもの

3　六十五歳以上継続雇用制度には、事業主が、他の事業主との間で、当該事業主の雇用する高年齢者であつてその定年後等に雇用されることを希望するものをその定年後等に当該他の事業主が引き続いて雇用することを約する契約を締結し、当該契約に基づき当該高年齢者の雇用を確保する制度が含まれるものとする。

4　厚生労働大臣は、第一項各号に掲げる措置及び創業支援等措置（次条第一項及び第二項において「高年齢者就業確保措置」という。）の実施及び運用（心身の故障のため業務の遂行に堪えない者等の六十五歳以上継続雇用制度及び創業支援等措置における取扱いを含む。）に関する指針（次項において「指針」という。）を定めるものとする。

5　第六条第三項及び第四項の規定は、指針の策定及び変更について準用する。

（高年齢者就業確保措置に関する計画）

第一〇条の三　厚生労働大臣は、高年齢者等職業安定対策基本方針に照らして、高年齢者の六十五歳から七十歳までの安定した雇用の確保その他就業機会の確保のため必要があると認めるときは、事業主に対し、高年齢者就業確保措置の実施について必要な指導及び助言をすることができる。

2　厚生労働大臣は、前項の規定による指導又は助言をした場合において、高年齢者就業確保措置の実施に関する状況が改善していないと認めるときは、当該事業主に対し、厚生労働省令で定めるところにより、高年齢者就業確保措置の実施に関する計画の作成を勧告することができる。

3　事業主は、前項の計画を作成したときは、厚生労働省令で定めるところにより、これを厚生労働大臣に提出するものとする。これを変更したときも、同様とする。

4　厚生労働大臣は、第二項の計画が著しく不適当であると認めるときは、当該計画を作成した事業主に対し、その変更を勧告することができる。

（高年齢者雇用等推進者）

第一一条　事業主は、厚生労働省令で定めるところにより、高年齢者雇用確保措置等を推進するため、作業施設の改善その

他の諸条件の整備を図るための業務を担当する者を選任するように努めなければならない。

第三章　高年齢者等の再就職の促進等

第一節　国による高年齢者等の再就職の促進等

（再就職の促進等の措置の効果的な推進）

第一二条　国は、高年齢者等の再就職の促進等を図るため、高年齢者等に係る職業指導、職業紹介、職業訓練その他の措置が効果的に関連して実施されるように配慮するものとする。

（求人の開拓等）

第一三条　公共職業安定所は、高年齢者等の再就職の促進等を図るため、高年齢者等の雇用の機会が確保されるように求人の開拓等を行うとともに、高年齢者等に係る求人及び求職に関する情報を収集し、並びに高年齢者等である求職者及び事業主に対して提供するように努めるものとする。

（求人者等に対する指導及び援助）

第一四条　公共職業安定所は、高年齢者等にその能力に適合する職業を紹介するため必要があるときは、求人者に対して、年齢その他の求人の条件について指導するものとする。

2　公共職業安定所は、高年齢者等を雇用し、又は雇用しようとする者に対して、雇入れ、配置、作業の設備又は環境等高年齢者等の雇用に関する技術的事項について、必要な助言その他の援助を行うことができる。

第二節　事業主による高年齢者等の再就職の援助等

（再就職援助措置）

第一五条　事業主は、その雇用する高年齢者等（厚生労働省令で定める者に限る。）その他厚生労働省令で定める者（以下この項及び次条第一項において「再就職援助対象高年齢者等」という。）が解雇（自己の責めに帰すべき理由によるものを除く。）その他の厚生労働省令で定める理由により離職する場合において、当該再就職援助対象高年齢者等が再就職を希望するときは、求人の開拓その他当該再就職援助対象高年齢者等の再就職の援助に関し必要な措置（以下「再就職援助措置」という。）を講ずるように努めなければならない。

2　公共職業安定所は、前項の規定により事業主が講ずべき再就職援助措置について、当該事業主の求めに応じて、必要な助言その他の援助を行うものとする。

（多数離職の届出）

第一六条　事業主は、再就職援助対象高年齢者等のうち厚生労働省令で定める数以上の者が前条第一項に規定する厚生労働省令で定める理由により離職する場合には、あらかじめ、厚生労働省令で定めるところにより、その旨を公共職業安定所長に届け出なければならない。

2　前項の場合における離職者の数の算定は、厚生労働省令で定める算定方法により行うものとする。

（求職活動支援書の作成等）

第一七条　事業主は、厚生労働省令で定めるところにより、解雇（自己の責めに帰すべき理由によるものを除く。）その他これに類するものとして厚生労働省令で定める理由（以下この項において「解雇等」という。）により離職することとなっている高年齢者等（厚生労働省令で定める者に限る。）が希望するときは、その円滑な再就職を促進するため、当該高年齢者等の職務の経歴、職業能力その他の当該高年齢者等の再就職に資する事項（解雇等の理由を除く。）として厚生労働省令で定める事項及び事業主が講ずる再就職援助措置を明らかにする書面（以下「求職活動支援書」という。）を作成し、当該高年齢者等に交付しなければならない。

2　前項の規定により求職活動支援書を作成した事業主は、その雇用する者のうちから再就職援助担当者を選任し、その者に、当該求職活動支援書に基づいて、厚生労働省令で定めるところにより、公共職業安定所と協力して、当該求職活動支援書に係る高年齢者等の再就職の援助に関する業務を行わせるものとする。

（求職活動支援書に係る労働者に対する助言その他の援助）

第一九条　求職活動支援書の交付を受けた労働者は、公共職業安定所に求職の申込みを行うときは、公共職業安定所に、当該求職活動支援書を提示することができる。

2　公共職業安定所は、前項の規定により求職活動支援書の提示を受けたときは、当該求職活動支援書の記載内容を参酌し、当該求職者に対し、その職務の経歴等を明らかにする書面の作成に関する助言その他の援助を行うものとする。

3　公共職業安定所長は、前項の助言その他の援助を行うに当たり、必要と認めるときは、当該求職活動支援書を作成した事業主に対し、情報の提供その他必要な協力を求めることができる。

（募集及び採用についての理由の提示等）

第二〇条　事業主は、労働者の募集及び採用をする場合において、やむを得ない理由により一定の年齢（六十五歳以下のものに限る。）を下回ることを条件とするときは、求職者に対し、厚生労働省令で定める方法により、当該理由を示さなければならない。

2　厚生労働大臣は、前項に規定する理由の提示の有無又は当該理由の内容に関して必要があると認めるときは、事業主に対して、報告を求め、又は助言、指導若しくは勧告をすることができる。

（定年退職等の場合の退職準備援助の措置）

第二一条　事業主は、その雇用する高年齢者が定年その他これに準ずる理由により退職した後においてその希望に応じ職業生活から円滑に引退することができるようにするために必要な備えをすることを援助するため、当該高年齢者に対し、引退後の生活に関する必要な知識の取得の援助その他の措置を講ずるように努めなければならない。

第三節　中高年齢失業者等に対する特別措置

（中高年齢失業者等求職手帳の発給）

第二二条　公共職業安定所長は、中高年齢失業者等であつて、次の各号に該当するものに対して、その者の申請に基づき、中高年齢失業者等求職手帳（以下「手帳」という。）を発給する。

一　公共職業安定所に求職の申込みをしていること。

二　誠実かつ熱心に就職活動を行う意欲を有すると認められること。

三　第二十五条第一項各号に掲げる措置を受ける必要があると認められること。

四　前三号に掲げるもののほか、生活の状況その他の事項について厚生労働大臣が労働政策審議会の意見を聴いて定める要件に該当すること。

（手当の支給）

第二八条　国及び都道府県は、第二十六条第一項又は第二項の指示を受けて就職促進の措置を受ける者に対して、その就職活動を容易にし、かつ、生活の安定を図るため、手帳の有効期間中、労働施策の総合的な推進並びに労働者の雇用の安定及び職業生活の充実等に関する法律（昭和四十一年法律第百三十二号）の規定に基づき、手当を支給することができる。

第四章　地域の実情に応じた高年齢者の多様な就業の機会の確保

（地域の実情に応じた高年齢者の多様な就業の機会の確保に関する計画）

第三四条　地方公共団体は、単独で又は共同して、次条第一項の協議会における協議を経て、地域の実情に応じた高年齢者の多様な就業の機会の確保に関する計画（以下この条及び同項において「地域高年齢者就業機会確保計画」という。）を策定し、厚生労働大臣に協議し、その同意を求めることができる。

2　地域高年齢者就業機会確保計画においては、次に掲げる事項を定めるものとする。

一　地域高年齢者就業機会確保計画の対象となる区域（次項第一号において「計画区域」という。）

二　地域の特性を生かして重点的に高年齢者の就業の機会の確保を図る業種に関する事項

三　国が実施する高年齢者の雇用に資する事業に関する事項

四　計画期間

3　地域高年齢者就業機会確保計画においては、前項各号に掲げる事項のほか、次に掲げる事項を定めるよう努めるものとする。

一　計画区域における高年齢者の就業の機会の確保の目標に関する事項

二　地方公共団体及び次条第一項の協議会の構成員その他の関係者が実施する高年齢者の就業の機会の確保に資する事業に関する事項

4　地方公共団体は、第一項の同意を得た地域高年齢者就業機会確保計画を変更しようとするときは、厚生労働大臣に協議し、その同意を得なければならない。

5　政府は、第一項の同意を得た地域高年齢者就業機会確保計画（前項の規定による変更の同意があつたときは、その変更後のもの）に係る二項第三号に規定する事業について、雇用保険法（昭和四十九年法律第百十六号）第六十二条の雇用安定事業又は同法第六十三条の能力開発事業として行うものとする。

（協議会）

第三五条　地方公共団体、関係機関、第三十七条第二項に規定するシルバー人材センター、事業主団体、高年齢者の就業に関連する業務に従事する者その他の関係者は、高年齢者の多様な就業の機会の確保に関する地域の課題について情報を共有し、連携の緊密化を図るとともに、地域高年齢者就業機会確保計画に関し必要な事項その他地域の実情に応じた高年齢者の多様な就業の機会の確保の方策について協議を行うための協議会を組織することができる。

2　前項の協議会において協議が調つた事項については、当該協議会の構成員は、その協議の結果を尊重しなければならない。

第五章　定年退職者等に対する就業の機会の確保

（国及び地方公共団体の講ずる措置）

第三六条　国及び地方公共団体は、定年退職者その他の高年齢退職者の職業生活の充実その他福祉の増進に資するため、臨時的かつ短期的な就業又は次条第一項の軽易な業務に係る就業を希望するこれらの者について、就業に関する相談を実施し、その希望に応じた就業の機会を提供する団体を育成し、その他その就業の機会の確保のために必要な措置を講ずるように努めるものとする。

第六章　シルバー人材センター等

第一節　シルバー人材センター

（指定等）

第三十七条　都道府県知事は、定年退職者その他の高年齢退職者の希望に応じた就業で、臨時的かつ短期的なもの又はその他の軽易な業務（当該業務に係る労働力の需給の状況、当該業務の処理の実情等を考慮して厚生労働大臣が定めるものに限る。次条において同じ。）に係るものの機会を確保し、及びこれらの者に対して組織的に提供することにより、その就業を援助して、これらの者の能力の積極的な活用を図ることができるようにし、もつて高年齢者の福祉の増進に資することを目的とする一般社団法人又は一般財団法人（次項及び第四十四条第一項において「高年齢者就業援助法人」という。）であつて、次条に規定する業務に関し次に掲げる基準に適合すると認められるものを、その申請により、市町村（特別区を含む。第三十九条及び第四十四条において同じ。）の区域（当該地域における臨時的かつ短期的な就業の機会の状況その他の事情を考慮して厚生労働省令で定める基準に従い、次条第一項第一号及び第二号に掲げる業務の円滑な運営を確保するために必要と認められる場合には、都道府県知事が指定する二以上の市町村の区域）ごとに一個に限り、同条に規定する業務を行う者として指定することができる。ただし、第四十四条第一項の指定を受けた者（以下「シルバー人材センター連合」という。）に係る同項の指定に係る区域（同条第二項又は第四項の変更があつたときは、その変更後の区域。以下「連合の指定区域」という。）については、この項の指定に係る区域とすることはできない。

一　職員、業務の方法その他の事項についての業務の実施に関する計画が適正なものであり、かつ、その計画を確実に遂行するに足りる経理的及び技術的な基礎を有すると認められること。

二　前号に定めるもののほか、業務の運営が適正かつ確実に行われ、高年齢者の福祉の増進に資すると認められること。

2　前項の指定は、その会員に同項の指定を受けた者（以下「シルバー人材センター」という。）を二以上有する高年齢者就業援助法人に対してはすることができない。

3　都道府県知事は、第一項の指定をしたときは、シルバー人材センターの名称及び住所、事務所の所在地並びに当該指定に係る地域を公示しなければならない。

4　シルバー人材センターは、その名称及び住所並びに事務所の所在地を変更しようとするときは、あらかじめ、その旨を都道府県知事に届け出なければならない。

5　都道府県知事は、前項の届出があつたときは、当該届出に係る事項を公示しなければならない。

（業務等）

第三十八条　シルバー人材センターは、前条第一項の指定に係る区域（以下「センターの指定区域」という。）において、次に掲げる業務を行うものとする。

一　臨時的かつ短期的な就業（雇用によるものを除く。）又はその他の軽易な業務に係る就業（雇用によるものを除く。）を希望する高年齢退職者のために、これらの就業の機会を確保し、及び組織的に提供すること。

二　臨時的かつ短期的な雇用による就業又はその他の軽易な業務に係る就業（雇用によるものに限る。）を希望する高年齢退職者のために、職業紹介事業を行うこと。

三　高年齢退職者に対し、臨時的かつ短期的な就業及びその他の軽易な業務に係る就業に必要な知識及び技能の付与を目的とした講習を行うこと。

四　前三号に掲げるもののほか、高年齢退職者のための臨時的かつ短期的な就業及びその他の軽易な業務に係る就業に関し必要な業務を行うこと。

2　シルバー人材センターは、職業安定法第三十条第一項の規定にかかわらず、厚生労働省令で定めるところにより、厚生労働大臣に届け出て、前項第二号の業務として、有料の職業紹介事業を行うことができる。

3　前項の規定による有料の職業紹介事業に関しては、シルバー人材センターを職業安定法第四条第十項に規定する職業紹介事業者若しくは同法第三十二条の三第一項に規定する有料職業紹介事業者又は労働施策の総合的な推進並びに労働者の雇用の安定及び職業生活の充実等に関する法律第二条に規定する職業紹介機関と、前項の規定による届出を職業安定法第三十条第一項の規定による許可とみなして、同法第五条の二から第五条の八まで、第十八条の二、第三十二条の三、第三十二条の四第二項、第三十二条の八第一項、第三十二条の九第二項、第三十二条の十から第三十二条の十三まで、第三十二条の十五、第三十二条の十六、第三十三条の五から第三十四条まで、第四十八条から第四十八条の四まで、第五十一条及び第六十四条から第六十七条までの規定並びに労働施策の総合的な推進並びに労働者の雇用の安定及び職業生活の充実等に関する法律第三章の規定を適用する。この場合において、職業安定法第十八条の二中「第三十二条の九第二項」とあるのは「高年齢者等の雇用の安定等に関する法律第三十八条第三項の規定により適用される第三十二条の九第二項」と、同法第三十二条の三第一項中「第三十条第一項の許可を受けた者」とあるのは「高年齢者等の雇用の安定等に関する法律第三十八条第二項の規定により届け出て、有料の職業紹介事業を行う者」と、同法第三十二条の四第二項中「許可証の交付を受けた者は、当該許可証」とあるのは「高年齢者等の雇用の安定等に関する法律第三十八条第二項の規定により届出書を提出した者は、当該届出書を提出した旨その他厚生労働省令で定める事項を記載した書類」と、同法第三十二条の九第二項中「前項第二号又は第三号」とあるのは「前項第二号」とする。

4　前二項に定めるもののほか、第二項の規定による有料の職業紹介事業に関し必要な事項は、厚生労働省令で定める。

5　シルバー人材センターは、労働者派遣事業の適正な運営の確保及び派遣労働者の保護等に関する法律（昭和六十年法律第八十八号。以下「労働者派遣法」という。）第五条第一項の規定にかかわらず、厚生労働省令で定めるところにより、厚生労働大臣に届け出て、第一項第四号の業務として、その構成員である高年齢退職者のみを対象として労働者派遣法第二条第三号に規定する労働者派遣事業（以下「労働者派遣事業」という。）を行うことができる。

6　前項の規定による労働者派遣事業に関しては、労働者派遣法第五条第五項、第七条、第八条第一項及び第三項、第九条、第十条、第十一条第三項及び第四項、第十三条第二項、第十四条第一項第三号、第三十条、第三十七条第一項第九号並びに第五十四条の規定は適用しないものとし、労働者派遣法の他の規定の適用については、シルバー人材センターを労働者派遣法第二条第四号に規定する派遣元事業主と、前項の規定による届出を労働者派遣法第五条第一項の規定による許可とみなす。この場合において、次の表の上欄に掲げる労働者派遣法の規定中同表の中欄に掲げる字句は、同表の下欄に掲げる字句とする。

第五条第二項	前項の許可を受けようとする者	高年齢者等の雇用の安定等に関する法律（昭和四十六年法律第六十八号）第四十二条第五項の規定により届け出て労働者派遣事業を行おうとする者
	申請書	届出書
第五条第三項	申請書	届出書
第六条	前条第一項の許可を受けることができない	新たに労働者派遣事業の事業所を設けて当該労働者派遣事業を行ってはならない
第六条第四号	労働者派遣事業の許可を取り消され、当該取消しの日	労働者派遣事業の廃止を命じられ、当該命令の日
第六条第五号	第十四条第一項の規定により労働者派遣事業の許可を取り消された者が法人である場合（同項第一号の規定により許可を取り消された場合については、当該法人	シルバー人材センターが第十四条第一項の規定により労働者派遣事業の廃止を命じられた場合（同項第一号の規定により廃止を命じられた場合については、当該シルバー人材センター
	取消し	命令
	当該法人の	当該シルバー人材センターの

第六条第六号	労働者派遣事業の許可の取消し	労働者派遣事業の廃止の命令
第六条第七号	前号	シルバー人材センターが、前号
	届出をした者が法人である	届出をした
	当該法人（当該事業の廃止について相当の理由がある法人を除く。）	当該シルバー人材センター（当該事業の廃止について相当の理由があるものを除く。）
第八条第二項	許可証の交付を受けた者は、当該許可証	第五条第二項の規定による届出書を提出した者は、当該届出書を提出した旨その他厚生労働省令で定める事項を記載した書類
第十四条第一項	、第五条第一項の許可を取り消すことができる	労働者派遣事業の廃止を、当該労働者派遣事業（二以上の事業所を設けて労働者派遣事業を行う場合にあっては、各事業所ごとの労働者派遣事業。以下この項において同じ。）の開始の当時第六条第四号から第七号までのいずれかに該当するときは当該労働者派遣事業廃止を、命ずることがで

		きる。
第十四条第一項第四号	、第二十三条の二又は三十条第二項の規定により読み替えて適用する同条第一項	又は第二十三条の二
第二十六条第三項	第五条第一項の許可を受けている	第五条第二項の規定により届出書を提出している
第三十条の七	第三十条から前条まで	第三十条の二から前条まで
第五十九条第四	第十四条第二項	第十四条
第六十一条第一号	第五条第二項（第十条第五項において準用する場合を含む。）に規定する申請書又は第五条第三項（第十条第五項において準用する場合を含む。）に規定する書類	第五条第二項に規定する届出書又は同条第三項に規定する書類

7　前二項に定めるもののほか、第五項の規定による労働者派遣事業に関し必要な事項は、厚生労働省令で定める。

（業務拡大に係る業種及び職種の指定等）

第三九条　都道府県知事は、シルバー人材センターが行う前条第一項第二号及び第四号に掲げる業務に関し、労働力の確保が必要な地域においてその取り扱う範囲を拡張することにより高年齢退職者の就業の機会の確保に相当程度寄与することが見込まれる業種及び職種であつて、労働力の需給の状況、同項第二号及び第四号に掲げる業務（同号に掲げる業務にあつては、労働者派遣事業に限る。）と同種の業務を営む事業者の事業活動に与える影響等を考慮して厚生労働省令で定める基準に適合するものを、センターの指定区域内の市町村の区域ごとに指定することができる。

2　都道府県知事は、前項の指定をしようとするときは、あらかじめ、次に掲げる者の意見を聴かなければならない。

一　当該指定に係る市町村の長

二　当該指定に係るシルバー人材センター

三　指定しようとする業種及び職種に係る有料の職業紹介事業若しくは労働者派遣事業又はこれらと同種の事業を当該指定に係る市町村の区域において営む事業者を代表する者

四　当該指定に係る市町村の区域の労働者を代表する者

3　都道府県知事は、第一項の指定をしようとするときは、あらかじめ、厚生労働大臣に協議しなければならない。

4　都道府県知事は、第一項の指定をしたときは、当該指定をした業種及び職種並びに当該指定に係る市町村の区域を公示しなければならない。

5　第一項の指定に係る市町村の区域において、シルバー人材センターが同項の規定により指定された業種及び職種について前条第二項の規定により有料の職業紹介事業（就業の場所が当該市町村の区域内にある求人に係るものに限る。）を行う場合における同条第一項第二号の規定の適用については、同号中「軽易な業務」とあるのは、「軽易な業務若しくはその能力を活用して行う業務」とする。

6　第一項の指定に係る市町村の区域において、シルバー人材センターが同項の規定により指定された業種及び職種について前条第五項の規定により労働者派遣事業（派遣就業（労働者派遣法第二十三条の二に規定する派遣就業をいう。）の場所が当該市町村の区域内にある場合に限る。）を行う場合における前条第一項第四号の規定の適用については、同号中「及びその他の軽易な業務」とあるのは、「並びにその他の軽易な業務及びその能力を活用して行う業務」とする。

第四〇条　都道府県知事は、前条第一項の指定をした業種及び職種が同項に規定する基準に適合しなくなつたときは、遅滞なく、その指定を取り消すものとする。

2　前条第四項の規定は、前項の規定による取消しについて準用する。

第七章　国による援助等

（事業主等に対する援助等）

第四九条　国は、高年齢者等（厚生労働省令で定める者を除く。以下この項において同じ。）の職業の安定その他福祉の増進を図るため、高年齢者等職業安定対策基本方針に従い、事業主、労働者その他の関係者に対し、次に掲げる措置その他の援助等の措置を講ずることができる。

一　定年の引上げ、継続雇用制度の導入、再就職の援助等高年齢者等の雇用の機会の増大に資する措置を講ずる事業主又はその事業主の団体に対して給付金を支給すること。

二　高年齢者等の雇用に関する技術的事項について、事業主その他の関係者に対して相談その他の援助を行うこと。

三　労働者がその高齢期における職業生活の設計を行うことを容易にするため、労働者に対して、必要な助言又は指導を行うこと。

2　厚生労働大臣は、前項各号に掲げる措置の実施に関する事務の全部又は一部を機構に行わせるものとする。

3　機構は、第一項第一号に掲げる措置の実施に関する事務を行う場合において当該事務に関し必要があると認めるときは、事業主に対し、必要な事項についての報告を求めることができる。

（雇用管理の改善の研究等）

第五〇条　国は、高年齢者の雇用の安定その他福祉の増進に資するため、高年齢者の職域の拡大その他の雇用管理の改善、職業能力の開発及び向上等の事項に関し必要な調査、研究及び資料の整備に努めるものとする。

（職業紹介等を行う施設の整備等）

第五一条　国は、高年齢者に対する職業紹介等を効果的に行うために必要な施設の整備に努めるものとする。

2　国は、地方公共団体等が、高年齢者に対し職業に関する相談に応ずる業務を行う施設を設置する等高年齢者の雇用を促進するための措置を講ずる場合には、必要な援助を行うことができる。

第八章　雑則

（雇用状況等の報告）

第五二条　事業主は、毎年一回、厚生労働省令で定めるところにより、定年、継続雇用制度、六十五歳以上継続雇用制度及び創業支援等措置の状況その他高年齢者の就業の機会の確保に関する状況を厚生労働大臣に報告しなければならない。

2　厚生労働大臣は、前項の毎年一回の報告のほか、この法律を施行するために必要があると認めるときは、厚生労働省令で定めるところにより、事業主に対し、同項に規定する状況について必要な事項の報告を求めることができる。

第九章　罰則

第五五条　第四十九条第三項の規定による報告をせず、又は虚偽の報告をした者は、五十万円以下の罰金に処する。

第五六条　法人の代表者又は法人若しくは人の代理人、使用人その他の従業者が、その法人又は人の業務に関して前条の違反行為をしたときは、行為者を罰するほか、その法人又は人に対しても、同条の刑を科する。

第五七条　第十六条第一項の規定による届出をせず、又は虚偽の届出をした者（法人であるときは、その代表者）は、十万円以下の過料に処する。

附　則　抄

（施行期日）

第一条　この法律は、昭和四十六年十月一日から施行する。

（国、地方公共団体等における中高年齢者の雇用に関する暫定措置）

第三条　国及び地方公共団体並びに法律により直接に設立された法人、特別の法律により特別の設立行為をもつて設立された法人又は特別の法律により地方公共団体が設立者となつて設立された法人（これらの法人のうち、その資本金の全部若しくは大部分が国若しくは地方公共団体からの出資による法人又はその事業の運営のために必要な経費の主たる財源を国若しくは地方公共団体からの交付金若しくは補助金によつて得ている法人であつて、政令で定めるものに限る。）が行う第二条第二項第一号に規定する中高年齢者の雇用については、当分の間、なお身体障害者雇用促進法及び中高年齢者等の雇用の促進に関する特別措置法の一部を改正する法律（昭和五十一年法律第三十六号）第二条の規定による改正前の第七条から第九条までの規定の例による。この場合において、同法第二条の規定による改正前の第七条第一項及び第九条中「労働大臣」とあるのは、「厚生労働大臣」とする。

附　則　〔平成二四年九月五日法律第七八号〕　抄

（経過措置）

3　この法律の施行の際現にこの法律による改正前の第九条第二項の規定により同条第一項第二号に掲げる措置を講じたものとみなされている事業主については、同条第二項の規定は、令和七年三月三十一日までの間は、なおその効力を有する。この場合において、同項中「係る基準」とあるのは、この法律の施行の日から平成二十八年三月三十一日までの間については「係る基準（六十一歳以上の者を対象とするものに限る。）」と、同年四月一日から平成三十一年三月三十一日までの間については「係る基準（六十二歳以上の者を対象とするものに限る。）」と、同年四月一日から令和四年三月三十一日までの間については「係る基準（六十三歳以上の者を対象とするものに限る。）」と、同年四月一日から令和七年三月三十一日までの間については「係る基準（六十四歳以上の者を対象とするものに限る。）」とする。

高年齢者等の雇用の安定等に関する法律施行規則　抄

（昭和四六年九月八日
労働省令第二四号）

沿革
平成三〇年　四月一〇日厚生労働省令第　六〇号
令和　二年　三月三一日　〃　第　七八号
〃　二年　五月二九日　〃　第一〇六号
〃　二年一〇月三〇日　〃　第一八〇号
〃　四年　三月　一日　〃　第　二八号
〃　四年　四月　一日　〃　第　七四号
〃　五年　一月　五日　〃　第　　一号
〃　五年　四月　七日　〃　第　六八号
〃　五年一二月二六日　〃　第一六一号
〃　五年一二月二七日　〃　第一六五号

第一章　総則

（高年齢者の年齢）
第一条　高年齢者等の雇用の安定等に関する法律（昭和四十六年法律第六十八号。以下「法」という。）第二条第一項の厚生労働省令で定める年齢は、五十五歳とする。

（中高年齢者の年齢）
第二条　法第二条第二項第一号の厚生労働省令で定める年齢は、四十五歳とする。

（中高年齢失業者等の範囲）
第三条　法第二条第二項第二号の厚生労働省令で定める範囲の年齢は、四十五歳以上六十五歳未満とする。

2　法第二条第二項第二号の就職が特に困難な厚生労働省令で定める失業者は、六十五歳未満の失業者であつて、次の各号のいずれかに該当するものとする。
一　障害者の雇用の促進等に関する法律（昭和三十五年法律第百二十三号）第二条第二号の身体障害者
二　更生保護法（平成十九年法律第八十八号）第四十八条各号又は第八十五条第一項各号に掲げる者であつて、その者の職業のあつせんに関し保護観察所長から公共職業安定所長に連絡があつたもの
三　その他社会的事情により就職が著しく阻害されている者

（特定地域の指定）
第四条　法第二条第三項の特定地域（以下「特定地域」という。）の指定は、雇用保険法（昭和四十九年法律第百十六号）第二十五条第一項に規定する広域職業紹介活動に係る地域であつて、次の各号に該当するものについて行うものとする。
一　法第二条第二項第一号の中高年齢者（以下「中高年齢者」という。）である求職者の数が著しく多いこと。
二　中高年齢者に係る求人の数に対する中高年齢者である求職者の数の比率が著しく高いこと。
三　中高年齢者である求職者のうち就職した者の割合が著しく小さいこと。

2　厚生労働大臣は、中高年齢者である失業者が多数発生することが見込まれ、前項各号に該当することとなると認められる地域その他前項の地域に準ずる地域であつて必要があると認めるものについても、特定地域の指定を行なうことができる。

3　特定地域の単位は、公共職業安定所の管轄区域とする。ただし、特別の事情がある場合には、別に厚生労働大臣が定める地域とする。

第二章　定年の引上げ、継続雇用制度の導入等による高年齢者の安定した雇用の確保の促進等

（法第八条の業務）

第四条の二　法第八条の厚生労働省令で定める業務は、鉱業法（昭和二十五年法律第二百八十九号）第四条に規定する事業における坑内作業の業務とする。

（特殊関係事業主）

第四条の三　法第九条第二項に規定する厚生労働省令で定める事業主は、次の各号に掲げる者とする。

一　当該事業主の子法人等
二　当該事業主を子法人等とする親法人等
三　当該事業主を子法人等とする親法人等の子法人等（当該事業主及び前二号に掲げる者を除く。）
四　当該事業主の関連法人等
五　当該事業主を子法人等とする親法人等の関連法人等（前号に掲げる者を除く。）

2　前項に規定する「親法人等」とは、次の各号に掲げる法人等（会社、組合その他これらに準ずる事業体（外国におけるこれらに相当するものを含む。）をいう。以下同じ。）とする。ただし、財務上又は営業上若しくは事業上の関係からみて他の法人等の財務及び営業又は事業の方針を決定する機関（株主総会その他これに準ずる機関をいう。以下「意思決定機関」という。）を支配していないことが明らかであると認められるときは、この限りでない。

一　他の法人等（破産手続開始の決定、再生手続開始の決定又は更生手続開始の決定を受けた他の法人等その他これらに準ずる他の法人等であつて、有効な支配従属関係が存在しないと認められるものを除く。以下この項において同じ。）の議決権の過半数を自己の計算において所有している法人等

二　他の法人等の議決権の百分の四十以上、百分の五十以下を自己の計算において所有している法人等であつて、次に掲げるいずれかの要件に該当するもの

イ　当該法人等が自己の計算において所有している議決権と当該法人等と出資、人事、資金、技術、取引等において緊密な関係があることにより当該法人等の意思と同一の内容の議決権を行使すると認められる者及び当該法人等の意思と同一の内容の議決権を行使することに同意している者が所有している議決権とを合わせて、当該他の法人等の議決権の過半数を占めていること。

ロ　当該法人等の役員、業務を執行する社員若しくは使用人である者、又はこれらであつた者であつて当該法人等が当該他の法人等の財務及び営業又は事業の方針の決定に関して影響を与えることができるものが、当該他の法人等の取締役会その他これに準ずる機関の構成員の過半数を占めていること。

ハ　当該法人等と当該他の法人等との間に当該他の法人等の重要な財務及び営業又は事業の方針の決定を支配する契約等が存在すること。

ニ　当該他の法人等の資金調達額（貸借対照表の負債の部に計上されているものに限る。）の総額の過半について当該法人等が融資（債務の保証及び担保の提供を含む。以下同じ。）を行つていること（当該法人等と出資、人事、資金、技術、取引等において緊密な関係のある者が行う融資の額を合わせて資金調達額の総額の過半となる場合を含む。）。

ホ　その他当該法人等が当該他の法人等の意思決定機関を

支配していることが推測される事実が存在すること。

三　法人等が自己の計算において所有している議決権と当該法人等と出資、人事、資金、技術、取引等において緊密な関係があることにより当該法人等の意思と同一の内容の議決権を行使すると認められる者及び当該法人等の意思と同一の内容の議決権を行使することに同意している者が所有している議決権とを合わせて、他の法人等の議決権の過半数を占めている場合（当該法人等が自己の計算において議決権を所有していない場合を含む。）における当該法人等であつて、前号ロからホまでに掲げるいずれかの要件に該当するもの

3　第一項に規定する「子法人等」とは、親法人等によりその意思決定機関を支配されている他の法人等をいう。この場合において、親法人等及び子法人等又は子法人等が他の法人等の意思決定機関を支配している場合における当該他の法人等は、その親法人等の子法人等とみなす。

4　第一項に規定する「関連法人等」とは、次の各号に掲げるものとする。ただし、財務上又は営業上若しくは事業上の関係からみて法人等（当該法人等の子法人等を含む。）が子法人等以外の他の法人等の財務及び営業又は事業の方針の決定に対して重要な影響を与えることができないことが明らかであると認められるときは、この限りでない。

一　法人等（当該法人等の子法人等を含む。）が子法人等以外の他の法人等（破産手続開始の決定、再生手続開始の決定又は更生手続開始の決定を受けた子法人等以外の他の法人等その他これらに準ずる子法人等以外の他の法人等であつて、当該法人等がその財務及び営業又は事業の方針の決定に対して重要な影響を与えることができないと認められるものを除く。以下同じ。）の議決権の百分の二十以上を自己の計算において所有している場合における当該子法人等以外の他の法人等

二　法人等（当該法人等の子法人等を含む。）が子法人等以外の他の法人等の議決権の百分の十五以上、百分の二十未満を自己の計算において所有している場合における当該子法人等以外の他の法人等であつて、次に掲げるいずれかの要件に該当するもの

イ　当該法人等の役員、業務を執行する社員若しくは使用人である者、又はこれらであつた者であつて当該法人等がその財務及び営業又は事業の方針の決定に関して影響を与えることができるものが、その代表取締役、取締役又はこれらに準ずる役職に就任していること。

ロ　当該法人等から重要な融資を受けていること。

ハ　当該法人等から重要な技術の提供を受けていること。

ニ　当該法人等との間に重要な販売、仕入れその他の営業上又は事業上の取引があること。

ホ　その他当該法人等がその財務及び営業又は事業の方針の決定に対して重要な影響を与えることができることが推測される事実が存在すること。

三　法人等（当該法人等の子法人等を含む。）が自己の計算において所有している議決権と当該法人等と出資、人事、資金、技術、取引等において緊密な関係があることにより当該法人等の意思と同一の内容の議決権を行使すると認められる者及び当該法人等の意思と同一の内容の議決権を行使することに同意している者が所有している議決権とを合わせて、子法人等以外の他の法人等の議決権の百分の二十以上を占めている場合（当該法人等が自己の計算において議決権を所有していない場合を含む。）における当該子法人等以外の他の法人等であつて、前号イからホまでに掲げるいずれかの要件に該当するもの

（法第十条の二第一項の厚生労働省令で定める者）

第四条の四　法第十条の二第一項の厚生労働省令で定める者は、事業主の雇用する高年齢者のうち、他の事業主との間で締結した法第九条第二項の契約に基づき雇用する者とする。

（創業支援等措置の実施に関する計画）

第四条の五　事業主は、法第十条の二第二項の創業支援等措置（以下「創業支援等措置」という。）に関する計画を作成し、当該計画について、労働者の過半数で組織する労働組合がある場合においてはその労働組合の、労働者の過半数で組織する労働組合がない場合においては労働者の過半数を代表する者の同意を得るものとする。

2　前項の計画には、次に掲げる事項を記載するものとする。

一　法第十条の二第四項の高年齢者就業確保措置（以下「高年齢者就業確保措置」という。）のうち、創業支援等措置を講ずる理由

二　法第十条の二第二項第一号に規定する委託契約その他の契約（以下この項において「契約」という。）に基づいて高年齢者が従事する業務の内容に関する事項

三　契約に基づいて高年齢者に支払う金銭に関する事項

四　契約を締結する頻度に関する事項

五　契約に係る納品に関する事項

六　契約の変更に関する事項

七　契約の終了に関する事項（契約の解除事由を含む。）

八　諸経費の取扱いに関する事項

九　安全及び衛生に関する事項

十　災害補償及び業務外の傷病扶助に関する事項

十一　法第十条の二第二項第二号ロ又はハに規定する社会貢献事業に係る委託契約その他の契約を締結し、当該契約に基づき高年齢者の就業を確保する措置を講ずる場合におい

する事項

十二　前各号に掲げるもののほか、創業支援等措置の対象となる労働者の全てに適用される定めをする場合においては、これに関する事項

3　事業主は法第十条の二第一項ただし書の同意を得た第一項の計画を、次に掲げるいずれかの方法によつて、各事業所の労働者に周知するものとする。

一　常時当該事業所の見やすい場所へ掲示し、又は備え付けること。

二　書面を労働者に交付すること。

三　事業主の使用に係る電子計算機に備えられたファイル又は電磁的記録媒体（電磁的記録（電子的方式、磁気的方式その他人の知覚によつては認識することができない方式で作られる記録であつて、電子計算機による情報処理の用に供されるものをいう。以下同じ。）に係る記録媒体をいう。以下同じ。）をもつて調製するファイルに記録し、かつ、当該事業所に労働者が当該記録の内容を常時確認できる機器を設置すること。

（法第十条の二第一項の過半数代表者）

第四条の六　法第十条の二第一項に規定する労働者の過半数を代表する者（以下この条において「過半数代表者」という。）は、次のいずれにも該当する者とする。

一　労働基準法（昭和二十二年法律第四十九号）第四十一条第二号に規定する監督又は管理の地位にある者でないこと。

二　法第十条の二第一項ただし書の同意を行う過半数代表者を選出することを明らかにして実施される投票、挙手等の方法による手続により選出された者であつて、事業主の意向に基づき選出されたものでないこと。

2　前項第一号に該当する者がいない場合にあつては、過半数

3　事業主は、労働者が過半数代表者であること若しくは過半数代表者になろうとしたこと又は過半数代表者として正当な行為をしたことを理由として不利益な取扱いをしないようにしなければならない。
4　事業主は、過半数代表者が法第十条の二第一項ただし書の同意に関する事務を円滑に遂行することができるよう必要な配慮を行わなければならない。

（法第十条の二第二項第一号の厚生労働省令で定める場合等）

第四条の七　法第十条の二第二項第一号の厚生労働省令で定める場合は、高年齢者が定年後又は法第九条第一項第二号の継続雇用制度の対象となる年齢の上限に達した後に新たに法人を設立し、当該法人が新たに事業を開始する場合とする。
2　法第十条の二第二項第一号の厚生労働省令で定める者は、前項の場合における法人とする。

（高年齢者就業確保措置の実施に関する計画）

第四条の八　法第十条の三第二項の高年齢者就業確保措置の実施に関する計画（以下この条において「計画」という。）には次に掲げる事項を含むものとする。
一　計画の始期及び終期
二　計画の期間中に実施する措置及びその実施時期
三　計画の期間中及び終期における定年又は高年齢者就業確保措置の対象となる年齢の上限
2　計画の作成に関する勧告は、文書により行うものとする。
3　事業主は、計画を作成したときは、遅滞なく、これをその主たる事務所の所在地を管轄する公共職業安定所（その公共職業安定所が二以上ある場合には、厚生労働省組織規則（平成十三年厚生労働省令第一号）第七百九十二条の規定により当該事務を取り扱う公共職業安定所とする。以下同じ。）の長に提出しなければならない。

（高年齢者雇用等推進者の選任）

第五条　事業主は、法第十一条の業務を遂行するために必要な知識及び経験を有していると認められる者のうちから当該業務を担当する者を高年齢者雇用等推進者として選任するものとする。

第三章　高年齢者等の再就職の促進等

第一節　事業主による高年齢者等の再就職の援助等

（再就職援助措置の対象となる高年齢者等の範囲等）

第六条　法第十五条第一項前段の厚生労働省令で定める者は、四十五歳以上七十歳未満の者であつて次の各号のいずれにも該当しないものとする。
一　日々又は期間を定めて雇用されている者（同一の事業主に六月を超えて引き続き雇用されるに至つている者を除く。）
二　試みの使用期間中の者（同一の事業主に十四日を超えて引き続き雇用されるに至つている者を除く。）
三　常時勤務に服することを要しない者として雇用されている者
四　事業主の雇用する高年齢者のうち、他の事業主との間で締結した法第九条第二項に規定する契約に基づき雇用する者（第三項第四号、第五号又は第七号の理由により離職する者を除く。）
五　事業主の雇用する高年齢者のうち、他の事業主との間で締結した法第十条の二第三項に規定する契約に基づき雇用する者（第三項第六号又は第七号の理由により離職する者を除く。）
2　法第十五条第一項後段の厚生労働省令で定める者は、次のとおりとする。

一　事業主が法第九条第二項の特殊関係事業主との間で同項に規定する契約を締結し、当該契約に基づき特殊関係事業主に雇用される者（次項第二号の理由により離職する者に限る。）
二　事業主が他の事業主との間で法第十条の二第三項に規定する契約を締結し、当該契約に基づき他の事業主に雇用される者（次項第三号の理由により離職する者に限る。）
三　創業支援等措置に基づいて事業主と法第十条の二第二項第一号に規定する委託契約その他の契約又は同項第二号に規定する委託契約その他の契約を締結する者
四　創業支援等措置に基づいて、法第十条の二第二項第二号ロ又はハの事業を実施する者と同号に規定する委託契約その他の契約を締結する者
3　法第十五条第一項の厚生労働省令で定める理由は、次のとおりとする。
一　定年（六十五歳以上のものに限る。）
二　法第九条第二項の継続雇用制度の対象となる年齢の上限に達したことによる離職（六十五歳以上のものに限る。）
三　高年齢者就業確保措置（定年の引上げ及び定年の定めの廃止を除く。第六号において同じ。）の対象となる年齢の上限に達したことによる離職
四　高年齢者等の雇用の安定等に関する法律の一部を改正する法律（平成二十四年法律第七十八号。第六条の三第八項において「平成二十四年改正法」という。）附則第三項の規定によりなおその効力を有することとされる同法による改正前の法第九条第二項の継続雇用制度の対象となる高年齢者に係る基準を定めた場合における当該基準に該当しなかつたことによる離職
五　法第九条第二項の継続雇用制度の対象となる高年齢者に係る基準を定めた場合における当該基準に該当しなかつたことによる離職
六　高年齢者就業確保措置の対象となる高年齢者に係る基準を定めた場合における当該基準に該当しなかつたことによる離職
七　解雇（自己の責めに帰すべき理由によるものを除く。）その他の事業主の都合

第六条の二（多数離職の届出の対象となる高年齢者等の数等）　法第十六条第一項の厚生労働省令で定める数は、五人とする。
2　法第十六条第一項の規定による届出は、多数離職届（様式第一号）を当該届出に係る離職が生ずる日（当該届出に係る離職の全部が同一の日に生じない場合にあつては、当該届出に係る最後の離職が生ずる日）の一月前までに当該事業所の所在地を管轄する公共職業安定所の長に提出することによつて行わなければならない。
3　法第十六条第二項の規定による離職者の数の算定は、同一の事業所において、一月以内の期間に、前条第三項各号に掲げる理由により離職する法第十五条第一項の再就職援助対象高年齢者等（以下この項において「再就職援助対象高年齢者等」という。）の数を合計することにより行うものとする。ただし、当該離職に係る再就職援助対象高年齢者等のうちに既に労働施策の総合的な推進並びに労働者の雇用の安定及び職業生活の充実等に関する法律（昭和四十一年法律第百三十二号）第二十七条第一項の規定に基づいて行われた届出（同法第二十四条第五項の規定により同法第二十七条第一項の大量雇用変動の届出をしたものとされる同法第二十四条第三項の認定の申請を含む。）に係る者（当該多数離職の届出に係る期間において前条第三項各号に掲げる理由により離職する者に限る。）がある場合には、その者の数を当該合計数から控除するものとする。

（求職活動支援書の作成等）

第六条の三　事業主は、法第十七条第一項の求職活動支援書（以下「求職活動支援書」という。）を作成する前に、離職することとなつている高年齢者等であつて第九項に規定する者（以下「高年齢離職予定者」という。）に共通して講じようとする再就職援助措置の内容について、当該求職活動支援書に係る事業所に、労働者の過半数で組織する労働組合がある場合においてはその労働組合の、労働者の過半数で組織する労働組合がない場合においては労働者の過半数を代表する者の意見を聴くものとする。

2　事業主は、高年齢離職予定者の決定後速やかに、求職活動支援書の交付についての本人の希望を聴いて、これを作成し、交付するものとする。

3　事業主は、求職活動支援書の作成に当たつては、あらかじめ、当該求職活動支援書に係る高年齢離職予定者の再就職及び在職中の求職活動に関する希望の内容を聴くものとする。

4　事業主は、第二項の規定による求職活動支援書の交付に代えて、第六項で定めるところにより高年齢離職予定者の承諾を得て、第十項各号に掲げる事項（以下この条において「支援書情報」という。）を電子情報処理組織を使用する方法その他の情報通信の技術を利用する方法であつて次に掲げるもの（以下この条において「電磁的方法」という。）により提供することができる。この場合において、事業主は、求職活動支援書を交付したものとみなす。

一　電子情報処理組織（事業主の使用に係る電子計算機と、高年齢離職予定者の使用に係る電子計算機とを電気通信回線で接続した電子情報処理組織をいう。）を使用する方法のうち、事業主の使用に係る電子計算機と高年齢離職予定者の使用に係る電子計算機とを接続する電気通信回線を通じて支援書情報を送信し、高年齢離職予定者の使用に係る電子計算機に備えられたファイルに記録する方法

二　電磁的記録媒体をもつて調製するファイルに支援書情報を記録したものを交付する方法

5　前項各号に掲げる方法は、高年齢離職予定者がファイルへの記録を出力することにより書面を作成することができるものでなければならない。

6　事業主は、第四項の規定により支援書情報を提供しようとするときは、あらかじめ、当該高年齢離職予定者に対し、その用いる次に掲げる電磁的方法の種類及び内容を示し、書面又は電磁的方法による承諾を得なければならない。

一　第四項各号に規定する方法のうち事業主が使用するもの

二　ファイルへの記録の方式

7　前項の規定による承諾を得た事業主は、当該高年齢離職予定者から書面又は電磁的方法により電磁的方法による提供を受けない旨の申出があつたときは、当該高年齢離職予定者に対し、支援書情報の提供を電磁的方法によつてしてはならない。ただし、当該高年齢離職予定者が再び前項の規定による承諾をした場合は、この限りでない。

8　法第十七条第一項の厚生労働省令で定める理由は、平成二十四年改正法附則第三項の規定によりなおその効力を有することとされる同法による改正前の法第九条第二項の継続雇用制度の対象となる高年齢者に係る基準を定めた場合における当該基準に該当しなかつたことその他事業主の都合とする。

9　法第十七条第一項の厚生労働省令で定める者は、四十五歳以上七十歳未満の者であつて次のいずれにも該当しないものとする。

一　日々又は期間を定めて雇用されている者（同一の事業主に六月を超えて引き続き雇用されるに至つている者を除く。）

二　試みの使用期間中の者（同一の事業主に十四日を超えて

引き続き雇用されるに至つている者を除く。）

三　常時勤務に服することを要しない者として雇用されている者

10　法第十七条第一項の厚生労働省令で定める事項は、次のとおりとする。

一　高年齢離職予定者の氏名、年齢及び性別

二　高年齢離職予定者が離職することとなる日（離職することとなる日が決定していない場合には離職することとなる時期）

三　高年齢離職予定者の職務の経歴（従事した主な業務の内容、実務経験、業績及び達成事項を含む。）

四　高年齢離職予定者が有する資格、免許及び受講した講習

五　高年齢離職予定者が有する技能、知識その他の職業能力に関する事項

六　前三号に掲げる事項のほか、高年齢離職予定者が職務の経歴等を明らかにする書面を作成するに当たつて参考となる事項その他の再就職に資する事項

第六条の四　法第十七条第二項の規定による再就職援助担当者の業務は、次のとおりとする。

一　高年齢離職予定者に係る求人の開拓及び求人に関する情報の収集並びにこれらによつて得た求人に関する情報の高年齢離職予定者に対する提供

二　高年齢離職予定者に対する再就職を容易にするために必要な相談の実施

三　高年齢離職予定者の再就職の援助に関する公共職業安定所、公共職業能力開発施設等との連絡

四　前三号に掲げるもののほか、高年齢離職予定者の再就職の援助のために必要な業務

2　事業主は、再就職援助担当者に、その業務の遂行に係る基本的な事項について、求職活動支援書に係る事業所に、労働者の過半数で組織する労働組合がある場合においてはその労働組合の、労働者の過半数で組織する労働組合がない場合においては労働者の過半数を代表する者の意見を聴いてその業務を行うようにさせるものとする。

　第六条の五第四条の六第一項及び第二項の規定は第六条の三第一項及び前条第二項に規定する労働者の過半数を代表する者について、第四条の六第三項及び第四項の規定は第六条の三第一項及び前条第二項の事業主について準用する。

第六条の五　第四条の六第一項及び第二項の規定は第六条の三第一項及び前条第二項に規定する労働者の過半数を代表する者について、第四条の六第三項及び第四項の規定は第六条の三第一項及び前条第二項の事業主について準用する。

（法第二十条第一項の厚生労働省令で定める方法）

第六条の六　法第二十条第一項の厚生労働省令で定める方法は、同項に規定する理由（第三項において「理由」という。）を労働者の募集及び採用の用に供する書面又は電磁的記録をもつて調製するファイルに併せて記載又は記録する方法とする。

2　前項の書面又は電磁的記録をもつて調製するファイルには、次の各号に掲げるものを含むものとする。

一　公共職業安定所又は職業安定法（昭和二十二年法律第百四十一号）その他の法律の規定による許可を受けて、若しくは届出をして、職業紹介を行う者に事業主が求人を申し込む場合における当該求人の申込みの内容を記載し、又は記録したもの

二　職業安定法その他の法律の規定による許可を受けて、又は届出をして、事業主がその被用者以外のものに委託して労働者の募集を行う場合における当該委託に係る募集の内容を記載し、又は記録したもの

三　職業安定法第四十五条の規定により労働者供給事業を行うものから事業主が労働者供給を受けようとする場合にお

ける供給される労働者が従事すべき業務の内容等を当該労働者供給事業者に対して明らかにしたもの

3 第一項の規定にかかわらず、新聞、雑誌その他の刊行物に掲載する広告その他これに類する方法により労働者の募集及び採用を行う場合又は第一項の書面若しくは電磁的記録をもつて調製するファイルがない場合において、あらかじめ同項の方法により理由を提示することが困難なときは、求職者の求めに応じて、遅滞なく、次のいずれかの方法により理由を示すことができる。

一 書面の交付の方法

二 電子情報処理組織（事業主の使用に係る電子計算機と、求職者の使用に係る電子計算機とを電気通信回線で接続した電子情報処理組織をいう。）を使用する方法その他の情報通信の技術を利用する方法であつて、求職者が当該方法により記録された電磁的記録をもつて調製するファイルを出力することによる書面を作成することができるもの

第五章 シルバー人材センター等

第一節 シルバー人材センター

（法第三十七条第一項の厚生労働省令で定める基準）

第二四条 法第三十七条第一項の厚生労働省令で定める基準は、都道府県知事が指定しようとする二以上の市町村の区域が次に掲げる要件に該当することとする。

一 当該二以上の市町村の区域が近接し、かつ、当該区域に定年退職者その他の高年齢退職者が相当数存在すること。

二 当該二以上の市町村の区域において法第三十八条第一項に規定する業務が行われる場合には、単一の市町村の区域において当該業務が行われる場合に比し、臨時的かつ短期的な就業及びその他の軽易な業務に係る就業の機会の状況等に鑑み、当該業務がより効率的に行われる見込みがあること。

（指定の申請）

第二四条の二 法第三十七条第一項の規定による指定を受けようとする者は、次の事項を記載した申請書を都道府県知事に提出しなければならない。

一 名称及び住所

二 代表者の氏名

三 事務所の所在地

2 前項の申請書には、次に掲げる書面を添付しなければならない。

一 定款及び登記事項証明書

二 資産の総額並びにその種類及びこれを証する書類

三 法第三十八条第一項に規定する業務に関する基本的な計画

四 役員の氏名及び略歴を記載した書面

（名称等の変更の届出）

第二四条の三 法第三十七条第四項の規定による届出をしようとする同条第二項に規定するシルバー人材センター（以下「シルバー人材センター」という。）は、次の事項を記載した書面を都道府県知事に提出しなければならない。

一 変更後の名称若しくは住所又は事務所の所在地

二 変更しようとする日

三 変更の理由

（有料の職業紹介事業の届出等）

第二四条の四 法第三十八条第二項の規定により有料の職業紹介事業を行おうとするシルバー人材センターは、その主たる事務所の所在地を管轄する都道府県労働局長（以下「管轄都道府県労働局長」という。）に届け出なければならない。

2　前項の届出に当たつては、有料の職業紹介事業の運営に関する規定を添付しなければならない。
3　管轄都道府県労働局長は、第一項の届出を受理したときは、受理した日付を届け出た者に通知しなければならない。
4　第一項の届出の手続及び様式は、職業安定局長の定めるところによる。
5　法第三十八条第二項の規定により届出をして有料の職業紹介事業を行うシルバー人材センターがその事業の全部又は一部を廃止したときは、その旨を、当該廃止の日から十日以内に、文書により、管轄都道府県労働局長に届け出なければならない。
6　職業安定法施行規則（昭和二十二年労働省令第十二号）中、公共職業安定所に適用される規定は、職業安定局長の定めるところにより、シルバー人材センターの行う有料の職業紹介事業について準用する。

（報告書の提出等）
第二四条の五　法第三十八条第二項の規定により届出をして有料の職業紹介事業を行うシルバー人材センターは、職業安定局長の定める手続及び様式に従い、帳簿書類を備え付けるとともに、報告書を作成し、これを管轄都道府県労働局長を経て、職業安定局長に提出しなければならない。
2　管轄都道府県労働局長は、前項の報告書を受理したときは、速やかにこれを職業安定局長に送付しなければならない。

（法第三十八条第三項の規定により読み替えて適用される職業安定法第三十二条の四第二項の厚生労働省令で定める事項）
第二四条の六　法第三十八条第三項の規定により読み替えて適用される職業安定法第三十二条の四第二項の厚生労働省令で定める事項は、次のとおりとする。
一　名称及び代表者の氏名
二　事業所の名称及び所在地

（労働者派遣事業の届出）
第二四条の七　法第三十八条第五項の規定により労働者派遣事業を行おうとするシルバー人材センターは、管轄都道府県労働局長に届け出なければならない。

（法第三十八条第六項の規定により読み替えて適用される労働者派遣法第八条第二項の厚生労働省令で定める事項）
第二四条の八　法第三十八条第六項の規定により読み替えて適用される労働者派遣事業の適正な運営の確保及び派遣労働者の保護等に関する法律（昭和六十年法律第八十八号。以下「労働者派遣法」という。）第八条第二項の厚生労働省令で定める事項は、次のとおりとする。
一　名称及び代表者の氏名
二　事業所の名称及び所在地

（労働者派遣法施行規則の特例）
第二四条の九　労働者派遣事業の適正な運営の確保及び派遣労働者の保護等に関する法律施行規則（昭和六十一年労働省令第二十号。以下「労働者派遣法施行規則」という。）第一条の二第一項の規定にかかわらず、法第三十八条第六項において読み替えて適用する労働者派遣法第五条第二項の届出書は、職業安定局長の定める様式によるものとする。
2　労働者派遣法施行規則第一条の二第三項の規定にかかわらず、シルバー人材センターが労働者派遣法第五条第三項の規定により添付すべき事業計画書は、職業安定局長の定める様式によるものとする。
3　労働者派遣法施行規則第八条第一項の規定にかかわらず、労働者派遣法第十一条第一項の規定による届出をしようとするシルバー人材センターは、労働者派遣法第五条第二項第四号に掲げる事項の変更の届出にあつては当該変更に係る事実のあつた日の翌日から起算して三十日以内に、同号に掲げる事項以外の事項の変更の届出にあつては当該変更に係る事実のあつた日の翌日から起算して十日（労働者派遣法施行規則第八条第三項の規定により登記事項証明書を添付すべき場合にあつては、三十日）以内に、職業安定局長の定める様式による届出書を管轄都道府県労働局長に提出しなければならない。

4　労働者派遣法施行規則第十条の規定にかかわらず、労働者派遣法第十三条第一項の規定による届出をしようとするシルバー人材センターは、当該労働者派遣事業を廃止した日の翌日から起算して十日以内に、職業安定局長の定める様式による届出書を管轄都道府県労働局長に提出しなければならない。

5　労働者派遣法施行規則第十七条第二項及び第十七条の二の規定にかかわらず、シルバー人材センターが行う法第三十八条第六項の規定によりみなして適用する労働者派遣法第二十三条第一項の規定による事業報告書及び収支決算書の提出並びに法第三十八条第六項の規定によりみなして適用する労働者派遣法第二十三条第三項の規定による関係派遣先への派遣割合の報告は、それぞれ職業安定局長の定める様式によるものとする。

6　法第三十八条第五項の規定による労働者派遣事業に関する次の表の上欄に掲げる労働者派遣法施行規則の規定の適用については、これらの規定中同表の中欄に掲げる字句は、同表の下欄に掲げる字句とし、労働者派遣法施行規則第一条の二第二項第一号ト及びヌからヲまで並びに第四条の規定は適用しない。

第一条の二第二項第一号チ	に関する資産の内容を証する書類及び建物の登記事項証明書その他の当該資産の	を行う事業所に係る
第八条第二項	前項の労働者派遣事業変更届出書	高年齢者等の雇用の安定等に関する法律施行規則第二十四条の九第三項の職業安定局長の定める様式による届出書
	及びチからヲまで	、チ及びリ
第八条第三項	第一項の労働者派遣事業変更届出書又は労働者派遣事業変更届出書及び許可証書換申請書	高年齢者等の雇用の安定等に関する法律施行規則第二十四条の九第三項の職業安定局長の定める様式による届出書
	（事業所の廃止に係る変更の届出にあつては、当該廃止した事業所に係る許可証）を添付しなければならない	を添付しなければならない

（法第三十九条第一項の厚生労働省令で定める基準）

第二四条の一〇　法第三十九条第一項の厚生労働省令で定める基準は、次のとおりとする。

一　指定しようとする業種及び職種に係る有料の職業紹介事業若しくは労働者派遣事業又はこれらと同種の事業を当該指定に係る市町村の区域において営む事業者の利益を不当に害することがないと認められること。

二　当該指定に係る市町村の区域の労働者の雇用の機会又は労働条件に著しい影響を与えることがないと認められること。

（事業計画書等の提出）

第二五条　法第四十一条第一項前段の事業計画書及び収支予算書の提出は、毎事業年度開始前に（指定を受けた日の属する事業年度にあつては、その指定を受けた後遅滞なく）行わなければならない。

2　シルバー人材センターは、法第四十一条第一項後段の規定により事業計画書又は収支予算書を変更したときは、遅滞なく、変更した事項及びその理由を記載した書面を都道府県知事に提出しなければならない。

3　法第四十一条第二項の事業報告書及び収支決算書の提出は、毎事業年度終了後三月以内に行わなければならない。

第二節　シルバー人材センター連合

（法第四十四条第一項の厚生労働省令で定める基準）

第二六条　法第四十四条第一項の厚生労働省令で定める基準は、都道府県知事が法第三十七条第一項に規定するシルバー人材センター連合（以下「シルバー人材センター連合」という。）に係る法第四十四条第一項の指定に係る区域（次条第一項第四号において「連合の指定に係る区域」という。）としようとする市町村の区域が次に掲げる要件に該当することとする。

一　当該市町村の区域と法第四十四条第一項の規定による指定を受けようとする者の会員であるシルバー人材センターに係る法第三十七条第一項の指定に係る区域が近接し、又は当該市町村の区域若しくは近接する二以上の当該市町村の区域に定年退職者その他の高年齢退職者が相当数存在すること。

二　当該市町村の区域においてシルバー人材センター連合により法第四十五条において準用する法第三十八条第一項に規定する業務が行われる場合には、当該市町村の区域においてシルバー人材センターにより法第三十八条第一項に規定する業務が行われる場合に比し、臨時的かつ短期的な就業及びその他の軽易な業務に係る就業の機会の状況等に鑑み、当該業務がより効率的に行われる見込みがあること。

（指定の申請）

第二七条　法第四十四条第一項の規定による指定を受けようとする者は、次の事項を記載した申請書を都道府県知事に提出しなければならない。

一　名称及び住所
二　代表者の氏名
三　事務所の所在地
四　連合の指定に係る区域とされることを求める区域

2　前項の申請書には、次に掲げる書面を添付しなければならない。

一　定款及び登記事項証明書
二　資産の総額並びにその種類及びこれを証する書類
三　法第四十五条において準用する法第三十八条第一項に規定する業務に関する基本的な計画
四　役員の氏名及び略歴を記載した書面
五　会員であるシルバー人材センターの名称及び住所を記載した書面

（シルバー人材センター連合の会員の追加の届出）

第二八条　シルバー人材センター連合は、法第四十四条第二項の規定による届出をしようとするときは、会員となつたシルバー人材センターの名称及び住所を記載した書面を都道府県知事に提出しなければならない。

（シルバー人材センター連合の指定区域の変更に関する申出）

第二九条　シルバー人材センター連合は、法第四十四条第四項の規定による申出をしようとするときは、変更により法第三十七条第一項ただし書に規定する連合の指定区域とされることを求める区域を記載した申出書に当該変更後の連合の指定区域における第二十七条第二項第三号に規定する書面を添付して都道府県知事に提出しなければならない。

（労働者派遣法施行規則の特例）

第二九条の二　法第四十五条において準用する法第三十八条第五項の規定による労働者派遣事業に関する労働者派遣法施行規則第二十九条第一号の規定の適用については、同号中「自己の雇用する労働者の中から選任すること」とあるのは、「選任すること」とする。

（準用）

第三〇条　第二十四条の三から第二十五条までの規定は、シルバー人材センター連合について準用する。この場合において、第二十四条の三中「法第三十七条第四項」とあるのは「法第四十五条において準用する法第三十七条第四項」と、第二十四条の四第一項及び第五項並びに第二十四条の五第一項中「法第三十八条第二項」とあるのは「法第四十五条において準用する法第三十八条第二項」と、第二十四条の七及び第二十四条の九第六項中「法第三十八条第五項」とあるのは「法第四十五条において準用する法第三十八条第五項」と、第二十四条の八及び第二十四条の九第一項中「法第三十八条第六項」とあるのは「法第四十五条において準用する法第三十八条第六項」と、第二十四条の九第六項の表第八条第二項の項及び第八条第三項の項中「第二十四条の九第三項」とあるのは「第三十条において準用する同令第二十四条の九第三項」と、第二十四条の十中「法第三十九条第一項」とあるのは「法第四十五条において準用する法第三十九条第一項」と、第二十五条第一項中「法第四十一条第一項前段」とあるのは「法第四十五条において準用する法第四十一条第一項前段」と、同条第二項中「法第四十一条第一項後段」とあるのは「法第四十五条において準用する法第四十一条第一項後段」と、同条第三項中「法第四十一条第二項」とあるのは「法第四十五条において準用する法第四十一条第二項」と読み替えるものとする。

第三節　全国シルバー人材センター事業協会

（指定の基準等）

第三一条　法第四十六条の規定による指定の基準は、次のとおりとする。

一　職員、業務の方法その他の事項についての業務の実施に関する計画が適正なものであり、かつ、その計画を確実に遂行するに足りる経理的及び技術的な基礎を有すると認められること。

二　前号に定めるもののほか、業務の運営が適正かつ確実に行われ、高年齢者の福祉の増進に資すると認められること。

第三一条の二　第二十四条の二の規定は法第四十六条の規定による指定を受けようとする者について、第二十四条の三及び第二十五条の規定は法第四十七条に規定する全国シルバー人材センター事業協会について準用する。この場合において、第二十四条の二第一項中「法第三十七条第一項」とあるのは「法第四十六条」と、「都道府県知事」とあるのは「厚生労働大臣」と、同条第二項第三号中「法第三十八条第一項」とあるのは「法第四十七条」と、第二十四条の三中「法第三十七条第四項」とあるのは「法第四十八条において準用する法第三十七条第四項」と、「都道府県知事」とあるのは「厚生労働大臣」と、第二十五条第一項中「法第四十一条第一項前段」とあるのは「法第四十八条において準用する法第四十一条第一項前段」と、同条第二項中「法第四十一条第一項後段」とあるのは「法第四十八条において準用する法第四十一条第一項後段」と、「都道府県知事」とあるのは「厚生労働大臣」と、同条第三項中「法第四十一条第二項」とあるのは

「法第四十八条において準用する法第四十一条第二項」と読み替えるものとする。

第六章　国による援助等

（法第四十九条第一項の厚生労働省令で定める者）

第三二条　法第四十九条第二項に規定する独立行政法人高齢・障害・求職者雇用支援機構が同条第一項各号の業務を行う場合における同条第一項の厚生労働省令で定める者は、法第二条第二項第二号に規定する中高年齢失業者等であつて、五十五歳未満のものとする。

第七章　雑則

（高年齢者の雇用状況等の報告）

第三三条　事業主は、毎年、六月一日現在における定年、継続雇用制度、六十五歳以上継続雇用制度及び創業支援等措置の状況その他高年齢者の就業の機会の確保に関する状況を翌月十五日までに、高年齢者雇用状況等報告書（様式第二号）により、その主たる事務所の所在地を管轄する公共職業安定所（次条第二項において「管轄公共職業安定所」という。）の長を経由して厚生労働大臣に報告しなければならない。

2　厚生労働大臣は、法第五十二条第二項の規定により、事業主から同条第一項に規定する状況について必要な事項の報告を求めるときは、当該報告すべき事項を書面により通知するものとする。

（権限の委任）

第三四条　法第五十四条第一項の規定により、次に掲げる厚生労働大臣の権限は、都道府県労働局長に委任する。ただし、厚生労働大臣が第一号から第四号まで及び第八号に掲げる権限を自ら行うことを妨げない。

一　法第十条に規定する厚生労働大臣の権限

二　法第十条の三第一項、第二項及び第四項に規定する厚生労働大臣の権限

三　法第十八条に規定する厚生労働大臣の権限

四　法第二十条第二項に規定する厚生労働大臣の権限

五　法第二十八条第二項（法第四十五条において準用する場合を含む。）に規定する厚生労働大臣の権限

六　法第三十八条第五項（法第四十五条において準用する場合を含む。）に規定する厚生労働大臣の権限

七　法第三十八条第六項において読み替えて適用する労働者派遣法第五条第二項並びに法第三十八条第六項において適用する労働者派遣法第十一条第一項、第十三条第一項及び第二十三条第一項に規定する厚生労働大臣の権限

八　法第五十二条第二項に規定する厚生労働大臣の権限

2　法第五十四条第二項の規定により、前項第一号から第四号まで及び第八号に掲げる権限は、管轄公共職業安定所の長に委任する。ただし、都道府県労働局長が前項第一号から第四号までに掲げる権限を自ら行うことを妨げない。

附　則

（施行期日）

1　この省令は、法の施行の日（昭和四十六年十月一日）から施行する。

高年齢者雇用確保措置の実施及び運用に関する指針

〔平成二四年一一月九日
厚生労働省告示第五六〇号〕

第1　趣旨

この指針は、高年齢者等の雇用の安定等に関する法律（昭和46年法律第68号。以下「法」という。）第9条第3項の規定に基づき、事業主がその雇用する高年齢者の65歳までの安定した雇用を確保するため講ずべき同条第1項に規定する高年齢者雇用確保措置（定年の引上げ、継続雇用制度（現に雇用している高年齢者が希望するときは、当該高年齢者をその定年後も引き続いて雇用する制度をいう。以下同じ。）の導入又は定年の定めの廃止をいう。以下同じ。）に関し、その実施及び運用を図るために必要な事項を定めたものである。

第2　高年齢者雇用確保措置の実施及び運用

65歳未満の定年の定めをしている事業主は、高年齢者雇用確保措置に関して、労使間で十分な協議を行いつつ、次の1から5までの事項について、適切かつ有効な実施に努めるものとする。

1　高年齢者雇用確保措置

事業主は、高年齢者がその意欲と能力に応じて65歳まで働くことができる環境の整備を図るため、法に定めるところに基づき、65歳までの高年齢者雇用確保措置のいずれかを講ずる。

2　継続雇用制度

継続雇用制度を導入する場合には、希望者全員を対象とする制度とする。この場合において法第9条第2項に規定する特殊関係事業主により雇用を確保しようとするときは、事業主は、その雇用する高年齢者を当該特殊関係事業主が引き続いて雇用することを約する契約を、当該特殊関係事業主との間で締結する必要があることに留意する。

心身の故障のため業務に堪えられないと認められること、勤務状況が著しく不良で引き続き従業員としての職責を果たし得ないこと等就業規則に定める解雇事由又は退職事由（年齢に係るものを除く。以下同じ。）に該当する場合には、継続雇用しないことができる。

就業規則に定める解雇事由又は退職事由と同一の事由を、継続雇用しないことができる事由として、解雇や退職の規定とは別に、就業規則に定めることもできる。また、当該同一の事由について、継続雇用制度の円滑な実施のため、労使が協定を締結することができる。なお、解雇事由又は退職事由とは異なる運営基準を設けることは高年齢者等の雇用の安定等に関する法律の一部を改正する法律（平成24年法律第78号。以下「改正法」という。）の趣旨を没却するおそれがあることに留意する。

ただし、継続雇用しないことについては、客観的に合理的な理由があり、社会通念上相当であることが求められると考えられることに留意する。

3　経過措置

改正法の施行の際、既に労使協定により、継続雇用制度の対象となる高年齢者に係る基準を定めている事業主は、改正法附則第3項の規定に基づき、当該基準の対象者の年齢を平成37年3月31日まで段階的に引き上げながら、当該基準を定めてこれを用いることができる。

4　賃金・人事処遇制度の見直し
　高年齢者雇用確保措置を適切かつ有効に実施し、高年齢者の意欲及び能力に応じた雇用の確保を図るために、賃金・人事処遇制度の見直しが必要な場合には、次の(1)から(7)までの事項に留意する。
(1)　年齢的要素を重視する賃金・人事処遇制度から、能力、職務等の要素を重視する制度に向けた見直しに努めること。
(2)　継続雇用制度を導入する場合における継続雇用後の賃金については、継続雇用されている高年齢者の就業の実態、生活の安定等を考慮し、適切なものとなるよう努めること。
　この場合においては、当該制度が、その雇用する高年齢者の雇用及び生活の安定にも配慮した、計画的かつ段階的なものとなるよう努めること。
(3)　短時間勤務制度、隔日勤務制度など、高年齢者の希望に応じた勤務が可能となる制度の導入に努めること。
(4)　継続雇用制度を導入する場合において、契約期間を定めるときには、高年齢者雇用確保措置が65歳までの雇用の確保を義務付ける制度であることに鑑み、65歳前に契約期間が終了する契約とする場合には、65歳までは契約更新ができる旨を周知すること。
　また、むやみに短い契約期間とすることがないように努めること。
(5)　職業能力を評価する仕組みの整備とその有効な活用を通じ、高年齢者の意欲及び能力に応じた適正な配置及び処遇の実現に努めること。
(6)　勤務形態や退職時期の選択を含めた人事処遇について、個々の高年齢者の意欲及び能力に応じた多様な選択が可能な制度となるよう努めること。
　この場合においては、高年齢者の雇用の安定及び円滑なキャリア形成を図るとともに、企業における人事管理の効率性を確保する観点も踏まえつつ、就業生活の早い段階からの選択が可能となるよう勤務形態等の選択に関する制度の整備を行うこと。
(7)　継続雇用制度を導入する場合において、継続雇用の希望者の割合が低い場合には、労働者のニーズや意識を分析し、制度の見直しを検討すること。

5　高年齢者雇用アドバイザー等の有効な活用
　高年齢者雇用確保措置のいずれかを講ずるに当たって、高年齢者の職業能力の開発及び向上、作業施設の改善、職務の再設計や賃金・人事処遇制度の見直し等を図るため、独立行政法人高齢・障害・求職者雇用支援機構に配置されている高年齢者雇用アドバイザーや雇用保険制度に基づく助成制度等の有効な活用を図る。

高年齢者就業確保措置の実施及び運用に関する指針

〔令和二年一〇月三〇日
厚生労働省告示第三五一号〕

第1　趣旨

この指針は、高年齢者等の雇用の安定等に関する法律（昭和46年法律第68号。以下「法」という。）第10条の2第4項の規定に基づき、事業主がその雇用する高年齢者（法第9条第2項の契約に基づき、当該事業主と当該契約を締結した特殊関係事業主に現に雇用されている者を含み、高年齢者等の雇用の安定等に関する法律施行規則（昭和46年労働省令第24号）第4条の4に規定する者を除く。以下同じ。）の65歳から70歳までの安定した雇用の確保その他就業機会の確保のため講ずべき法第10条の2第4項に規定する高年齢者就業確保措置（定年の引上げ、65歳以上継続雇用制度（その雇用する高年齢者が希望するときは、当該高年齢者をその定年後等（定年後又は継続雇用制度の対象となる年齢の上限に達した後をいう。以下同じ。）も引き続いて雇用する制度をいう。以下同じ。）の導入、定年の定めの廃止又は創業支援等措置をいう。以下同じ。）に関し、その実施及び運用を図るために必要な事項を定めたものである。

第2　高年齢者就業確保措置の実施及び運用

65歳以上70歳未満の定年の定めをしている事業主又は継続雇用制度（高年齢者を70歳以上まで引き続いて雇用する制度を除く。以下同じ。）を導入している事業主は、高年齢者就業確保措置に関して、労使間で十分な協議を行いつつ、次の1から5までの事項について、適切かつ有効な実施に努めるものとする。

1　高年齢者就業確保措置

事業主は、高年齢者がその意欲と能力に応じて70歳まで働くことができる環境の整備を図るため、法に定めるところに基づき、高年齢者就業確保措置のいずれかを講ずることにより65歳から70歳までの安定した就業を確保するよう努めなければならない。

高年齢者就業確保措置を講ずる場合には、次の(1)から(4)までの事項に留意すること。

(1)　努力義務への対応

イ　継続雇用制度に基づいて特殊関係事業主に雇用されている高年齢者については、原則として、当該高年齢者を定年まで雇用していた事業主が高年齢者就業確保措置を講ずること。

ただし、当該事業主と特殊関係事業主で協議を行い、特殊関係事業主が高年齢者就業確保措置を講ずることも可能であること。その際には、特殊関係事業主が高年齢者就業確保措置を講ずる旨を法第10条の2第3項の契約に含めること。

ロ　一の措置により70歳までの就業機会を確保するほか、複数の措置を組み合わせることにより65歳から70歳までの就業機会を確保することも可能であること。

(2)　労使間での協議

イ　高年齢者就業確保措置のうちいずれの措置を講ずるかについては、労使間で十分に協議を行い、高年齢者のニーズに応じた措置が講じられることが望ましいこと。

ロ　雇用による措置（法第10条の2第1項各号に掲げる措置をいう。以下同じ。）に加えて創業支援等措置

（同条第2項の創業支援等措置をいう。以下同じ。）を講ずる場合には、雇用による措置により努力義務を実施していることとなるため、創業支援等措置を講ずるに当たり、同条第1項の同意を得る必要はないが、過半数労働組合等（労働者の過半数で組織する労働組合がある場合においてはその労働組合を、労働者の過半数で組織する労働組合がない場合においては労働者の過半数を代表する者をいう。以下同じ。）の同意を得た上で創業支援等措置を講ずることが望ましいこと。

ハ　高年齢者就業確保措置のうち複数の措置を講ずる場合には、個々の高年齢者にいずれの措置を適用するかについて、個々の労働者の希望を聴取し、これを十分に尊重して決定すること。

(3)　対象者基準

イ　高年齢者就業確保措置を講ずることは、努力義務であることから、措置（定年の延長及び廃止を除く。）の対象となる高年齢者に係る基準（以下「対象者基準」という。）を定めることも可能とすること。

ロ　対象者基準の策定に当たっては、労使間で十分に協議の上、各企業等の実情に応じて定められることを想定しており、その内容については原則として労使に委ねられるものであり、当該対象者基準を設ける際には、過半数労働組合等の同意を得ることが望ましいこと。

ただし、労使間で十分に協議の上で定められたものであっても、事業主が恣意的に高年齢者を排除しようとするなど法の趣旨や、他の労働関係法令に反する又は公序良俗に反するものは認められないこと。

(4)　その他留意事項

イ　高年齢者の健康及び安全の確保のため、高年齢者就業確保措置により働く高年齢者について、「高年齢労働者の安全と健康確保のためのガイドライン」を参考に就業上の災害防止対策に積極的に取り組むよう努めること。

ロ　高年齢者が従前と異なる業務等に従事する場合には、必要に応じて新たに従事する業務に関する研修、教育又は訓練等を事前に実施することが望ましいこと。

2　65歳以上継続雇用制度

65歳以上継続雇用制度を導入する場合には、次の(1)から(4)までの事項に留意すること。

(1)　65歳以上継続雇用制度を導入する場合において法第10条の2第3項に規定する他の事業主により雇用を確保しようとするときは、事業主は、当該他の事業主との間で、当該雇用する高年齢者を当該他の事業主が引き続いて雇用することを約する契約を締結する必要があること。

(2)　他の事業主において継続して雇用する場合であっても、可能な限り個々の高年齢者のニーズや知識・経験・能力等に応じた業務内容及び労働条件とすべきことが望ましいこと。

(3)　他の事業主において、継続雇用されることとなる高年齢者の知識・経験・能力に係るニーズがあり、これらが活用される業務があるかについて十分な協議を行った上で、(1)の契約を締結する必要があること。

(4)　心身の故障のため業務に堪えられないと認められること、勤務状況が著しく不良で引き続き従業員としての職責を果たし得ないこと等就業規則に定める解雇事由又は退職事由（年齢に係るものを除く。以下同じ。）に該当する場合には、継続雇用しないことができること。

就業規則に定める解雇事由又は退職事由と同一の事由を、継続雇用しないことができる事由として、解雇や退職の規定とは別に、就業規則に定めることもできること。

また、当該同一の事由について、65歳以上継続雇用制度の円滑な実施のため、労使が協定を締結することができること。

ただし、継続雇用しないことについては、客観的に合理的な理由があり、社会通念上相当であることが求められると考えられること。

3 創業支援等措置

創業支援等措置を講ずる場合には、次の(1)から(3)までの事項に留意すること。

(1) 措置の具体的な内容

イ 法第10条の2第2項第2号ロ又はハに掲げる事業に係る措置を講じようとするときは、事業主は、社会貢献事業を実施する者との間で、当該者が当該措置の対象となる高年齢者に対して当該事業に従事する機会を提供することを約する契約を締結する必要があること。

ロ 法第10条の2第2項第2号ハの援助は、資金の提供のほか、法人その他の団体が事務を行う場所を提供又は貸与すること等が考えられること。

ハ 法第10条の2第2項第2号に掲げる社会貢献事業は、社会貢献活動その他不特定かつ多数の者の利益の増進に寄与することを目的とする事業である必要があり、特定又は少数の者の利益に資することを目的とした事業は対象とならないこと。

また、特定の事業が不特定かつ多数の者の利益の増進に寄与することを目的とする事業に該当するかについては、事業の性質や内容等を勘案して個別に判断されること。

ニ 雇用時における業務と、内容及び働き方が同様の業務を創業支援等措置と称して行わせることは、法の趣旨に反するものであること。

(2) 過半数労働組合等の合意に係る留意事項

イ 過半数労働組合等に対して、創業支援等措置による就業は労働関係法令による労働者保護が及ばないことから、高年齢者等の雇用の安定等に関する法律施行規則第4条の5第1項に規定する創業支援等措置の実施に関する計画（以下「実施計画」という。）に記載する事項について定めるものであること及び当該措置を選択する理由を十分に説明すること。

ロ 実施計画に記載する事項については、次に掲げる点に留意すること。

① 業務の内容については、高年齢者のニーズを踏まえるとともに、高年齢者の知識・経験・能力等を考慮した上で決定し、契約内容の一方的な決定や不当な契約条件の押し付けにならないようにすること。

② 高年齢者に支払う金銭については、業務の内容や当該業務の遂行に必要な知識・経験・能力、業務量等を考慮したものとすること。

また、支払期日や支払方法についても記載し、不当な減額や支払を遅延しないこと。

③ 個々の高年齢者の希望を踏まえつつ、個々の業務の内容・難易度や業務量等を考慮し、できるだけ過大又は過小にならないよう適切な業務量や頻度による契約を締結すること。

④ 成果物の受領に際しては、不当な修正、やり直しの要求又は受領拒否を行わないこと。

⑤ 契約を変更する際には、高年齢者に支払う金銭や納期等の取扱いを含め労使間で十分に協議を行うこと。

⑥ 高年齢者の安全及び衛生の確保に関して、業務内容を高年齢者の能力等に配慮したものとするととも

に、創業支援等措置により就業する者について、同種の業務に労働者が従事する場合における労働契約法に規定する安全配慮義務をはじめとする労働関係法令による保護の内容も勘案しつつ、当該措置を講ずる事業主が委託業務の内容・性格等に応じた適切な配慮を行うことが望ましいこと。

また、業務委託に際して機械器具や原材料等を譲渡し、貸与し、又は提供する場合には、当該機械器具や原材料による危害を防止するために必要な措置を講ずること。

さらに、業務の内容及び難易度、業務量、納期等を勘案し、作業時間が過大とならないように配慮することが望ましいこと。

⑦ 法第10条の2第2項第2号ハに掲げる事業に高年齢者が従事する措置を講ずる場合において、事業主から当該事業を実施する者に対する個々の援助が、社会貢献事業の円滑な実施に必要なものに該当すること。

⑧ 創業支援等措置は、労働契約によらない働き方となる措置であることから、個々の高年齢者の働き方についても、業務の委託を行う事業主が指揮監督を行わず、業務依頼や業務従事の指示等に対する高年齢者の諾否の自由を拘束しない等、労働者性が認められるような働き方とならないよう留意すること。

ハ 実施計画に記載した内容に沿って、個々の高年齢者の就業機会が確保されるよう努める必要があること。

(3) その他留意事項

イ 創業支援等措置により導入した制度に基づいて個々の高年齢者と契約を締結する際には、書面により契約を締結すること。なお、その際には、高年齢者の雇用の安定等に関する法律施行規則第4条の5第2項第2号に掲げる事項について、個々の高年齢者との契約における就業条件を記載すること。

また、この際、当該高年齢者に対して実施計画を記載した書面を交付するとともに、創業支援等措置による就業は労働関係法令による労働者保護が及ばないことから実施計画に記載する事項について定めるものであること及び当該措置を選択する理由を丁寧に説明し、納得を得る努力をすること。

ロ 創業支援等措置により就業する高年齢者が、委託業務に起因する事故等により被災したことを当該措置を講ずる事業主が把握した場合には、当該事業主が当該高年齢者が被災した旨を厚生労働大臣に報告することが望ましいこと。

また、同種の災害の再発防止対策を検討する際に当該報告を活用することが望ましいこと。

ハ 契約に基づく業務の遂行に関して高年齢者から相談がある場合には誠実に対応すること。

ニ 心身の故障のため業務に堪えられないと認められること、業務の状況が著しく不良で引き続き業務を果たし得ないこと等実施計画に定める契約解除事由又は契約を更新しない事由（年齢に係るものを除く。）に該当する場合には、契約を継続しないことができること。

なお、契約を継続しないことについては、客観的に合理的な理由があり、社会通念上相当であることが求められると考えられること。

また、契約を継続しない場合は、事前に適切な予告を行うことが望ましいこと。

4 賃金・人事処遇制度の見直し

高年齢者就業確保措置を適切かつ有効に実施し、高年齢者の意欲及び能力に応じた就業の確保を図るために、賃金・人事処遇制度の見直しが必要な場合には、次の(1)から(7)までの事項に留意すること。

(1) 年齢的要素を重視する賃金・処遇制度から、能力、職務等の要素を重視する制度に向けた見直しに努めること。この場合においては、当該制度が、制度を利用する高年齢者の就業及び生活の安定にも配慮した計画的かつ段階的なものとなるよう努めること。

(2) 高年齢者就業確保措置において支払われる金銭については、制度を利用する高年齢者の就業の実態、生活の安定等を考慮し、業務内容に応じた適切なものとなるよう努めること。

(3) 短時間や隔日での就業制度など、高年齢者の希望に応じた就業形態が可能となる制度の導入に努めること。

(4) 65歳以上継続雇用制度又は創業支援等措置を導入する場合において、契約期間を定めるときには、高年齢者就業確保措置が70歳までの就業の確保を事業主の努力義務とする制度であることに鑑み、70歳前に契約期間が終了する契約とする場合には、70歳までは契約更新ができる措置を講ずるよう努めることとし、その旨を周知するよう努めること。また、むやみに短い契約期間とすることがないように努めること。

(5) 職業能力を評価する仕組みの整備とその有効な活用を通じ、高年齢者の意欲及び能力に応じた適正な配置及び処遇の実現に努めること。

(6) 勤務形態や退職時期の選択を含めた人事処遇について、個々の高年齢者の意欲及び能力に応じた多様な選択が可能な制度となるよう努めること。この場合においては、高年齢者の雇用の安定及び円滑なキャリア形成を図るとともに、企業における人事管理の効率性を確保する観点も踏まえつつ、就業生活の早い段階からの選択が可能となるよう勤務形態等の選択に関する制度の整備を行うこと。

(7) 事業主が導入した高年齢者就業確保措置（定年の引上げ及び定年の定めの廃止を除く。）の利用を希望する者の割合が低い場合には、労働者のニーズや意識を分析し、制度の見直しを検討すること。

5 高年齢者雇用アドバイザー等の有効な活用

高年齢者就業確保措置のいずれかを講ずるに当たって、高年齢者の職業能力の開発及び向上、作業施設の改善、職務の再設計や賃金・人事処遇制度の見直し等を図るため、独立行政法人高齢・障害・求職者雇用支援機構に配置されている高年齢者雇用アドバイザーや雇用保険制度に基づく助成制度、公益財団法人産業雇用安定センターにおける他の事業主とのマッチング支援等の有効な活用を図る。

障害者の雇用の促進等に関する法律　抄

（昭和三五年七月二五日法律第一二三号）

沿革　昭和六二年　六月　一日法律第　四一号
平成　九年　四月　九日　〃　第　三二号
〃　一四年　五月　七日　〃　第　三五号
〃　一七年　七月　六日　〃　第　八一号
〃　二〇年一二月二六日　〃　第　九六号
令和　元年　六月　五日　〃　第　二四号
〃　元年　六月一四日　〃　第　三六号
〃　四年　六月一七日　〃　第　六八号
〃　四年一二月一六日　〃　第一〇四号
〃　五年　五月　八日　〃　第　二一号

第一章　総則

（目的）

第一条　この法律は、障害者の雇用義務等に基づく雇用の促進等のための措置、雇用の分野における障害者と障害者でない者との均等な機会及び待遇の確保並びに障害者がその有する能力を有効に発揮することができるようにするための措置、職業リハビリテーションの措置その他障害者がその能力に適合する職業に就くこと等を通じてその職業生活において自立することを促進するための措置を総合的に講じ、もつて障害者の職業の安定を図ることを目的とする。

（用語の意義）

第二条　この法律において、次の各号に掲げる用語の意義は、当該各号に定めるところによる。

一　障害者　身体障害、知的障害、精神障害（発達障害を含む。第六号において同じ。）その他の心身の機能の障害（以下「障害」と総称する。）があるため、長期にわたり、職業生活に相当の制限を受け、又は職業生活を営むことが著しく困難な者をいう。

二　身体障害者　障害者のうち、身体障害がある者であつて別表に掲げる障害があるものをいう。

三　重度身体障害者　身体障害者のうち、身体障害の程度が重い者であつて厚生労働省令で定めるものをいう。

四　知的障害者　障害者のうち、知的障害がある者であつて厚生労働省令で定めるものをいう。

五　重度知的障害者　知的障害者のうち、知的障害の程度が重い者であつて厚生労働省令で定めるものをいう。

六　精神障害者　障害者のうち、精神障害がある者であつて厚生労働省令で定めるものをいう。

七　職業リハビリテーション　障害者に対して職業指導、職業訓練、職業紹介その他この法律に定める措置を講じ、その職業生活における自立を図ることをいう。

（基本的理念）

第三条　障害者である労働者は、経済社会を構成する労働者の一員として、職業生活においてその能力を発揮する機会を与えられるものとする。

第四条　障害者である労働者は、職業に従事する者としての自覚を持ち、自ら進んで、その能力の開発及び向上を図り、有為な職業人として自立するように努めなければならない。

（事業主の責務）

第五条　全て事業主は、障害者の雇用に関し、社会連帯の理念に基づき、障害者である労働者が有為な職業人として自立しようとする努力に対して協力する責務を有するものであつて、その有する能力を正当に評価し、適当な雇用の場を与えるとともに適正な雇用管理並びに職業能力の開発及び向上に関する措置を行うことによりその雇用の安定を図るように努めなければならない。

（国及び地方公共団体の責務）

第六条　国及び地方公共団体は自ら率先して障害者を雇用するとともに、障害者の雇用について事業主その他国民一般の理解を高めるほかに、事業主、障害者その他の関係者に対する援助の措置及び障害者の特性に配慮した職業リハビリテーションの措置を講ずる等障害者の雇用の促進及びその職業の安定を図るために必要な施策を、障害者の福祉に関する施策との有機的な連携を図りつつ総合的かつ効果的に推進するように努めなければならない。

（障害者雇用対策基本方針）

第七条　厚生労働大臣は、障害者の雇用の促進及びその職業の安定に関する施策の基本となるべき方針（以下「障害者雇用対策基本方針」という。）を策定するものとする。

2　障害者雇用対策基本方針に定める事項は、次のとおりとする。

一　障害者の就業の動向に関する事項

二　職業リハビリテーションの措置の総合的かつ効果的な実施を図るため講じようとする施策の基本となるべき事項

三　前二号に掲げるもののほか、障害者の雇用の促進及びその職業の安定を図るため講じようとする施策の基本となるべき事項

3　厚生労働大臣は、障害者雇用対策基本方針を定めるに当たつては、あらかじめ、労働政策審議会の意見を聴くほか、都道府県知事の意見を求めるものとする。

4　厚生労働大臣は、障害者雇用対策基本方針を定めたときは、遅滞なく、その概要を公表しなければならない。

5　前二項の規定は、障害者雇用対策基本方針の変更について準用する。

（障害者活躍推進計画作成指針）

第七条の二　厚生労働大臣は、国及び地方公共団体が障害者である職員がその有する能力を有効に発揮して職業生活において活躍することの推進（次項、次条及び第七十八条第一項第二号において「障害者である職員の職業生活における活躍の推進」という。）に関する取組を総合的かつ効果的に実施することができるよう、障害者雇用対策基本方針に基づき、次条第一項に規定する障害者活躍推進計画（次項において「障害者活躍推進計画」という。）の作成に関する指針（以下この条及び次条第一項において「障害者活躍推進計画作成指針」という。）を定めるものとする。

2　障害者活躍推進計画作成指針においては、次に掲げる事項につき、障害者活躍推進計画の指針となるべきものを定めるものとする。

一　障害者活躍推進計画の作成に関する基本的な事項

二　障害者である職員の職業生活における活躍の推進に関する取組の内容に関する事項

三　その他障害者である職員の職業生活における活躍の推進に関する取組に関する重要事項

3　厚生労働大臣は、障害者活躍推進計画作成指針を定め、又は変更したときは、遅滞なく、これを公表しなければならない。

（障害者活躍推進計画の作成等）

第七条の三　国及び地方公共団体の任命権者（委任を受けて任命権を行う者を除く。以下同じ。）は、障害者活躍推進計画作成指針に即して、当該機関（当該任命権者の委任を受けて任命権を行う者に係る機関を含む。）が実施する障害者である職員の職業生活における活躍の推進に関する取組に関する

計画（以下この条及び第七十八条第一項第二号において「障害者活躍推進計画」という。）を作成しなければならない。

2　障害者活躍推進計画においては、次に掲げる事項を定めるものとする。

一　計画期間

二　障害者である職員の職業生活における活躍の推進に関する取組の実施により達成しようとする目標

三　実施しようとする障害者である職員の職業生活における活躍の推進に関する取組の内容及びその実施時期

3　厚生労働大臣は、国又は地方公共団体の任命権者の求めに応じ、障害者活躍推進計画の作成に関し必要な助言を行うことができる。

4　国及び地方公共団体の任命権者は、障害者活躍推進計画を作成し、又は変更したときは、遅滞なく、これを職員に周知させるための措置を講じなければならない。

5　国及び地方公共団体の任命権者は、障害者活躍推進計画を作成し、又は変更したときは、遅滞なく、これを公表しなければならない。

6　国及び地方公共団体の任命権者は、毎年少なくとも一回、障害者活躍推進計画に基づく取組の実施の状況を公表しなければならない。

7　国及び地方公共団体の任命権者は、障害者活躍推進計画に基づく取組を実施するとともに、障害者活躍推進計画に定められた目標を達成するように努めなければならない。

第二章　職業リハビリテーションの推進

第一節　通則

（職業リハビリテーションの原則）

第八条　職業リハビリテーションの措置は、障害者各人の障害の種類及び程度並びに希望、適性、職業経験等の条件に応じ、総合的かつ効果的に実施されなければならない。

2　職業リハビリテーションの措置は、必要に応じ、医学的リハビリテーション及び社会的リハビリテーションの措置との適切な連携の下に実施されるものとする。

第二節　職業紹介等

（求人の開拓等）

第九条　公共職業安定所は、障害者の雇用を促進するため、障害者の求職に関する情報を収集し、事業主に対して当該情報の提供、障害者の雇入れの勧奨等を行うとともに、その内容が障害者の能力に適合する求人の開拓に努めるものとする。

（求人の条件等）

第一〇条　公共職業安定所は、障害者にその能力に適合する職業を紹介するため必要があるときは、求人者に対して、身体的又は精神的な条件その他の求人の条件について指導するものとする。

2　公共職業安定所は、障害者について職業紹介を行う場合において、求人者から求めがあるときは、その有する当該障害者の職業能力に関する資料を提供するものとする。

（職業指導等）

第一一条　公共職業安定所は、障害者がその能力に適合する職業に就くことができるようにするため、適性検査を実施し、雇用情報を提供し、障害者に適応した職業指導を行う等必要な措置を講ずるものとする。

（障害者職業センターとの連携）

第一二条　公共職業安定所は、前条の適性検査、職業指導等を特に専門的な知識及び技術に基づいて行う必要があると認める障害者については、第十九条第一項に規定する障害者職業センターとの密接な連携の下に当該適性検査、職業指導等を行い、又は当該障害者職業センターにおいて当該適性検査、職業指導等を受けることについてあつせんを行うものとする。

（適応訓練）

第一三条　都道府県は、必要があると認めるときは、求職者である障害者（身体障害者、知的障害者又は精神障害者に限る。次条及び第十五条第二項において同じ。）について、その能力に適合する作業の環境に適応することを容易にすることを目的として、適応訓練を行うものとする。

2　適応訓練は、前項に規定する作業でその環境が標準的なものであると認められるものを行う事業主に委託して実施するものとする。

（適応訓練のあつせん）

第一四条　公共職業安定所は、その雇用の促進のために必要があると認めるときは、障害者に対して、適応訓練を受けることについてあつせんするものとする。

（適応訓練を受ける者に対する措置）

第一五条　適応訓練は、無料とする。

2　都道府県は、適応訓練を受ける障害者に対して、労働施策の総合的な推進並びに労働者の雇用の安定及び職業生活の充実等に関する法律（昭和四十一年法律第百三十二号）の規定に基づき、手当を支給することができる。

（事業主に対する助言及び指導）

第一八条　公共職業安定所は、障害者の雇用の促進及びその職業の安定を図るために必要があると認めるときは、障害者を雇用し、又は雇用しようとする者に対して、雇入れ、配置、作業補助具、作業の設備又は環境その他障害者の雇用に関する技術的事項（次節において「障害者の雇用管理に関する事項」という。）についての助言又は指導を行うことができる。

第三節　障害者職業センター

（障害者職業センターの設置等の業務）

第一九条　厚生労働大臣は、障害者の職業生活における自立を促進するため、次に掲げる施設（以下「障害者職業センター」という。）の設置及び運営の業務を行う。

一　障害者職業総合センター

二　広域障害者職業センター

三　地域障害者職業センター

2　厚生労働大臣は、前項に規定する業務の全部又は一部を独立行政法人高齢・障害・求職者雇用支援機構（以下「機構」という。）に行わせるものとする。

（障害者職業総合センター）

第二〇条　障害者職業総合センターは、次に掲げる業務を行う。

一　職業リハビリテーション（職業訓練を除く。第五号イ及び第二十五条第三項を除き、以下この節において同じ。）に関する調査及び研究を行うこと。

二　障害者の雇用に関する情報の収集、分析及び提供を行うこと。

三　第二十四条の障害者職業カウンセラー及び職場適応援助者（身体障害者、知的障害者、精神障害者その他厚生労働省令で定める障害者（以下「知的障害者等」という。）が職場に適応することを容易にするための援助を行う者をいう。以下同じ。）の養成及び研修を行うこと。

四　**現**　広域障害者職業センター、地域障害者職業センター、第二十七条第二項の障害者就業・生活支援センター、就労支援事業者（障害者の日常生活及び社会生活を総合的に支援するための法律（平成十七年法律第百二十三号）第五条第十三項に規定する就労移行支援を行う事業者をいう。第二十二条第五号において同じ。）その他の関係機関及びこれらの機関の職員に対する職業リハビリテーションに関する技術的事項についての助言、指導、研修その他の援助を行うこと。

新［公布の日から起算して三年を超えない範囲内において政令で定める日から施行］

四　広域障害者職業センター、地域障害者職業センター、第二十七条第二項の障害者就業・生活支援センター、就労支援事業者（障害者の日常生活及び社会生活を総合的に支援するための法律第五条第十三項に規定する就労選択支援又は同条第十四項に規定する就労移行支援を行う事業者をいう。第二十二条第五号において同じ。）その他の関係機関及びこれらの機関の職員に対する職業リハビリテーションに関する技術的事項についての助言、指導、研修その他の援助を行うこと。

五　前各号に掲げる業務に付随して、次に掲げる業務を行うこと。

イ　障害者に対する職業評価（障害者の職業能力、適性等を評価し、及び必要な職業リハビリテーションの措置を判定することをいう。以下同じ。）、職業指導、基本的な労働の習慣を体得させるための訓練（第二十二条第一号及び第二十八条第二号において「職業準備訓練」という。）並びに職業に必要な知識及び技能を習得させるための講習（以下「職業講習」という。）を行うこと。

ロ　事業主に雇用されている知的障害者等に対する職場への適応に関する事項についての助言又は指導を行うこと。

ハ　事業主に対する障害者の雇用管理に関する事項についての助言その他の援助を行うこと。

六　前各号に掲げる業務に附帯する業務を行うこと。

（広域障害者職業センター）

第二十一条　広域障害者職業センターは、広範囲の地域にわたり、系統的に職業リハビリテーションの措置を受けることを必要とする障害者に関して、障害者職業能力開発校又は独立行政法人労働者健康安全機構法（平成十四年法律第百七十一号）第十二条第一項第一号に掲げる療養施設その他の厚生労働省令で定める施設との密接な連携の下に、次に掲げる業務を行う。

一　厚生労働省令で定める障害者に対する職業評価、職業指導及び職業講習を系統的に行うこと。

二　前号の措置を受けた障害者を雇用し、又は雇用しようとする事業主に対する障害者の雇用管理に関する事項についての助言その他の援助を行うこと。

三　前二号に掲げる業務に附帯する業務を行うこと。

（地域障害者職業センター）

第二十二条　地域障害者職業センターは、都道府県の区域内において、次に掲げる業務を行う。

一　障害者に対する職業評価、職業指導、職業準備訓練及び職業講習を行うこと。

二　事業主に雇用されている知的障害者等に対する職場への適応に関する事項についての助言又は指導を行うこと。

三　事業主に対する障害者の雇用管理に関する事項についての助言その他の援助を行うこと。

四　職場適応援助者の養成及び研修を行うこと。

五　第二十七条第二項の障害者就業・生活支援センター、就労支援事業者その他の関係機関及びこれらの機関の職員に対する職業リハビリテーションに関する技術的事項についての助言、研修その他の援助を行うこと。

六　前各号に掲げる業務に附帯する業務を行うこと。

（障害者職業カウンセラー）

第二四条　機構は、障害者職業センターに、障害者職業カウンセラーを置かなければならない。

2　障害者職業カウンセラーは、厚生労働大臣が指定する試験に合格し、かつ、厚生労働大臣が指定する講習を修了した者その他厚生労働省令で定める資格を有する者でなければならない。

（障害者職業センター相互の連絡及び協力等）

第二五条　障害者職業センターは、相互に密接に連絡し、及び協力して、障害者の職業生活における自立の促進に努めなければならない。

2　障害者職業センターは、精神障害者について、第二十条第五号、第二十一条第一号若しくは第二号又は第二十二条第一号から第三号までに掲げる業務を行うに当たつては、医師その他の医療関係者との連携に努めるものとする。

3　障害者職業センターは、公共職業安定所の行う職業紹介等の措置、第二十七条第二項の障害者就業・生活支援センターの行う業務並びに職業能力開発促進法（昭和四十四年法律第六十四号）第十五条の七第三項の公共職業能力開発施設及び同法第二十七条の職業能力開発総合大学校（第八十三条において「公共職業能力開発施設等」という。）の行う職業訓練と相まつて、効果的に職業リハビリテーションが推進されるように努めるものとする。

（職業リハビリテーションの措置の無料実施）

第二六条　障害者職業センターにおける職業リハビリテーションの措置は、無料とするものとする。

第四節　障害者就業・生活支援センター

（指定）

第二七条　都道府県知事は、職業生活における自立を図るために就業及びこれに伴う日常生活又は社会生活上の支援を必要とする障害者（以下この節において「支援対象障害者」という。）の職業の安定を図ることを目的とする一般社団法人若しくは一般財団法人、社会福祉法（昭和二十六年法律第四十五号）第二十二条に規定する社会福祉法人又は特定非営利活動促進法（平成十年法律第七号）第二条第二項に規定する特定非営利活動法人その他厚生労働省令で定める法人であつて、次条に規定する業務に関し次に掲げる基準に適合すると認められるものを、その申請により、同条に規定する業務を行う者として指定することができる。

一　職員、業務の方法その他の事項についての業務の実施に関する計画が適正なものであり、かつ、その計画を確実に遂行するに足りる経理的及び技術的な基礎を有すると認められること。

二　前号に定めるもののほか、業務の運営が適正かつ確実に行われ、支援対象障害者の雇用の促進その他福祉の増進に資すると認められること。

2　都道府県知事は、前項の規定による指定をしたときは、同項の規定による指定を受けた者（以下「障害者就業・生活支援センター」という。）の名称及び住所並びに事務所の所在地を公示しなければならない。

3　障害者就業・生活支援センターは、その名称及び住所並びに事務所の所在地を変更しようとするときは、あらかじめ、その旨を都道府県知事に届け出なければならない。

4　都道府県知事は、前項の規定による届出があつたときは、当該届出に係る事項を公示しなければならない。

（業務）

第二八条　障害者就業・生活支援センターは、次に掲げる業務を行うものとする。

一　支援対象障害者からの相談に応じ、必要な指導及び助言を行うとともに、公共職業安定所、地域障害者職業センター、社会福祉施設、医療施設、特別支援学校その他の関係機関との連絡調整その他厚生労働省令で定める援助を総合的に行うこと。

二　支援対象障害者が障害者職業総合センター、地域障害者職業センターその他厚生労働省令で定める事業主により行われる職業準備訓練を受けることについてあつせんすること。

三　前二号に掲げるもののほか、支援対象障害者がその職業生活における自立を図るために必要な業務を行うこと。

（地域障害者職業センターとの関係）

第二九条　障害者就業・生活支援センターは、地域障害者職業センターの行う支援対象障害者に対する職業評価に基づき、前条第二号に掲げる業務を行うものとする。

（事業計画等）

第三〇条　障害者就業・生活支援センターは、毎事業年度、厚生労働省令で定めるところにより、事業計画書及び収支予算書を作成し、都道府県知事に提出しなければならない。これを変更しようとするときも、同様とする。

2　障害者就業・生活支援センターは、厚生労働省令で定めるところにより、毎事業年度終了後、事業報告書及び収支決算書を作成し、都道府県知事に提出しなければならない。

（秘密保持義務）

第三三条　障害者就業・生活支援センターの役員若しくは職員又はこれらの職にあつた者は、第二十八条第一号に掲げる業務に関して知り得た秘密を漏らしてはならない。

第二章の二　障害者に対する差別の禁止等

（障害者に対する差別の禁止）

第三四条　事業主は、労働者の募集及び採用について、障害者に対して、障害者でない者と均等な機会を与えなければならない。

第三五条　事業主は、賃金の決定、教育訓練の実施、福利厚生施設の利用その他の待遇について、労働者が障害者であることを理由として、障害者でない者と不当な差別的取扱いをしてはならない。

（障害者に対する差別の禁止に関する指針）

第三六条　厚生労働大臣は、前二条の規定に定める事項に関し、事業主が適切に対処するために必要な指針（次項において「差別の禁止に関する指針」という。）を定めるものとする。

2　第七条第三項及び第四項の規定は、差別の禁止に関する指針の策定及び変更について準用する。この場合において、同条第三項中「聴くほか、都道府県知事の意見を求める」とあるのは、「聴く」と読み替えるものとする。

（雇用の分野における障害者と障害者でない者との均等な機会の確保等を図るための措置）

第三六条の二　事業主は、労働者の募集及び採用について、障害者と障害者でない者との均等な機会の確保の支障となつている事情を改善するため、労働者の募集及び採用に当たり障害者からの申出により当該障害者の障害の特性に配慮した必要な措置を講じなければならない。ただし、事業主に対して過重な負担を及ぼすこととなるときは、この限りでない。

第三六条の三　事業主は、障害者である労働者について、障害者でない労働者との均等な待遇の確保又は障害者である労働者の有する能力の有効な発揮の支障となつている事情を改善するため、その雇用する障害者である労働者の障害の特性に配慮した職務の円滑な遂行に必要な施設の整備、援助を行う者の配置その他の必要な措置を講じなければならない。ただし、事業主に対して過重な負担を及ぼすこととなるときは、この限りでない。

第三六条の四　事業主は、前二条に規定する措置を講ずるに当たつては、障害者の意向を十分に尊重しなければならない。
2　事業主は、前条に規定する措置に関し、その雇用する障害者である労働者からの相談に応じ、適切に対応するために必要な体制の整備その他の雇用管理上必要な措置を講じなければならない。

（雇用の分野における障害者と障害者でない者との均等な機会の確保等に関する指針）
第三六条の五　厚生労働大臣は、前三条の規定に基づき事業主が講ずべき措置に関して、その適切かつ有効な実施を図るために必要な指針（次項において「均等な機会の確保等に関する指針」という。）を定めるものとする。
2　第七条第三項及び第四項の規定は、均等な機会の確保等に関する指針の策定及び変更について準用する。この場合において、同条第三項中「聴くほか、都道府県知事の意見を求める」とあるのは、「聴く」と読み替えるものとする。

（助言、指導及び勧告）
第三六条の六　厚生労働大臣は、第三十四条、第三十五条及び第三十六条の二から第三十六条の四までの規定の施行に関し必要があると認めるときは、事業主に対して、助言、指導又は勧告をすることができる。

第三章　対象障害者の雇用義務等に基づく雇用の促進等

第一節　対象障害者の雇用義務等

（対象障害者の雇用に関する事業主の責務）
第三七条　全て事業主は、対象障害者の雇用に関し、社会連帯の理念に基づき、適当な雇用の場を与える共同の責務を有するものであつて、進んで対象障害者の雇入れに努めなければならない。
2　この章、第八十六条第二号及び附則第三条から第六条までにおいて「対象障害者」とは、身体障害者、知的障害者又は精神障害者（精神保健及び精神障害者福祉に関する法律（昭和二十五年法律第百二十三号）第四十五条第二項の規定により精神障害者保健福祉手帳の交付を受けているものに限る。第四節及び第七十九条第一項を除き、以下同じ。）をいう。

（雇用に関する国及び地方公共団体の義務）
第三八条　国及び地方公共団体の任命権者は、職員（当該機関（当該任命権者の委任を受けて任命権を行う者に係る機関を含む。以下同じ。）に常時勤務する職員であつて、警察官、自衛官その他の政令で定める職員以外のものに限る。第七十九条第一項及び第八十一条第二項を除き、以下この節及び第三十九条の十一において同じ。）の採用について、当該機関に勤務する対象障害者である職員の数が、当該機関の職員の総数に、第四十三条第二項に規定する障害者雇用率を下回らない率であつて政令で定めるものを乗じて得た数（その数に一人未満の端数があるときは、その端数は、切り捨てる。）未満である場合には、対象障害者である職員の数がその率を乗じて得た数以上となるようにするため、政令で定めるところにより、対象障害者の採用に関する計画を作成しなければならない。
2　前項の職員の総数の算定に当たつては、短時間勤務職員（一週間の勤務時間が、当該機関に勤務する通常の職員の一週間の勤務時間に比し短く、かつ、第四十三条第三項の厚生労働大臣の定める時間数未満である常時勤務する職員をいう。以下同じ。）は、その一人をもつて、厚生労働省令で定める数の職員に相当するものとみなす。
3　第一項の対象障害者である職員の数の算定に当たつては、

対象障害者である短時間勤務職員は、その一人をもつて、厚生労働省令で定める数の対象障害者である職員に相当するものとみなす。

4　第一項の対象障害者である職員の数の算定に当たつては、重度身体障害者又は重度知的障害者である職員（短時間勤務職員を除く。）は、その一人をもつて、政令で定める数の対象障害者である職員に相当するものとみなす。

5　第一項の対象障害者である職員の数の算定に当たつては、第三項の規定にかかわらず、重度身体障害者又は重度知的障害者である短時間勤務職員は、その一人をもつて、前項の政令で定める数に満たない範囲内において厚生労働省令で定める数の対象障害者である職員に相当するものとみなす。

6　当該機関に勤務する職員が対象障害者であるかどうかの確認は、厚生労働省令で定める書類により行うものとする。

7　厚生労働大臣は、必要があると認めるときは、国及び地方公共団体の任命権者に対して、前項の規定による確認の適正な実施に関し、勧告をすることができる。

（採用状況の通報等）

第三九条　国及び地方公共団体の任命権者は、政令で定めるところにより、前条第一項の計画及びその実施状況を厚生労働大臣に通報しなければならない。

2　厚生労働大臣は、特に必要があると認めるときは、前条第一項の計画を作成した国及び地方公共団体の任命権者に対して、その適正な実施に関し、勧告をすることができる。

（任免に関する状況の通報等）

第四〇条　国及び地方公共団体の任命権者は、毎年一回、政令で定めるところにより、当該機関における対象障害者である職員の任免に関する状況を厚生労働大臣に通報しなければならない。

2　国及び地方公共団体の任命権者は、厚生労働省令で定めるところにより、前項の規定により厚生労働大臣に通報した内容を公表しなければならない。

（国に勤務する職員に関する特例）

第四一条　省庁（内閣府設置法（平成十一年法律第八十九号）第四十九条第一項に規定する機関又は国家行政組織法（昭和二十三年法律第百二十号）第三条第二項に規定する省若しくは庁をいう。以下同じ。）で、当該省庁の任命権者及び当該省庁に置かれる外局等（内閣府設置法第四十九条第二項に規定する機関、国家行政組織法第三条第二項に規定する委員会若しくは庁又は同法第八条の三に規定する特別の機関をいう。以下同じ。）の任命権者の申請に基づいて、一体として対象障害者である職員の採用の促進を図ることができるものとして厚生労働大臣の承認を受けたもの（以下「承認省庁」という。）に係る第三十八条第一項及び前条の規定の適用については、当該外局等に勤務する職員は当該承認省庁のみに勤務する職員と、当該外局等は当該承認省庁とみなす。

2　厚生労働大臣は、前項の規定による承認をした後において、承認省庁若しくは外局等が廃止されたとき、又は承認省庁若しくは外局等における対象障害者である職員の採用の促進を図ることができなくなつたと認めるときは、当該承認を取り消すことができる。

（地方公共団体に勤務する職員に関する特例）

第四二条　地方公共団体の機関で、当該機関の任命権者及び当該機関以外の地方公共団体の機関（以下「その他機関」という。）の任命権者の申請に基づいて当該機関及び当該その他機関について次に掲げる基準に適合する旨の厚生労働大臣の認定を受けたもの（以下「認定地方機関」という。）に係る第三十八条第一項及び第四十条の規定の適用については、当該その他機関に勤務する職員は当該認定地方機関のみに勤務する職員と、当該その他機関は当該認定地方機関とみなす。

一　当該認定地方機関と当該その他機関との人的関係が緊密であること。

二　当該認定地方機関及び当該その他機関において、対象障害者である職員の採用の促進が確実に達成されると認められること。

2　厚生労働大臣は、前項の規定による認定をした後において、認定地方機関若しくはその他機関が廃止されたとき、又は前項各号に掲げる基準に適合しなくなつたと認めるときは、当該認定を取り消すことができる。

（一般事業主の雇用義務等）

第四三条　事業主（常時雇用する労働者（以下単に「労働者」という。）を雇用する事業主をいい、国及び地方公共団体を除く。次章及び第八十一条の二を除き、以下同じ。）は、厚生労働省令で定める雇用関係及び第八十一条の二の変動がある場合には、その雇用する対象障害者である労働者の数が、その雇用する労働者の数に障害者雇用率を乗じて得た数（その数に一人未満の端数があるときは、その端数は、切り捨てる。第四十六条第一項において「法定雇用障害者数」という。）以上であるようにしなければならない。

2　前項の障害者雇用率は、労働者（労働の意思及び能力を有するにもかかわらず、安定した職業に就くことができない状態にある者を含む。第五十四条第三項において同じ。）の総数に対する対象障害者である労働者（労働の意思及び能力を有するにもかかわらず、安定した職業に就くことができない状態にある対象障害者を含む。第五十四条第三項において同じ。）の総数の割合を基準として設定するものとし、少なくとも五年ごとに、当該割合の推移を勘案して政令で定める。

3　第一項の対象障害者である労働者の数及び前項の対象障害者である労働者の総数の算定に当たつては、対象障害者である短時間労働者（一週間の所定労働時間が、当該事業主の事業所に雇用する通常の労働者の一週間の所定労働時間に比し短く、かつ、厚生労働大臣の定める時間数未満である常時雇用する労働者をいう。以下同じ。）は、その一人をもつて、厚生労働省令で定める数の対象障害者である労働者に相当するものとみなす。

4　第一項の対象障害者である労働者の数及び第二項の対象障害者である労働者の総数の算定に当たつては、重度身体障害者又は重度知的障害者である労働者（短時間労働者を除く。）は、その一人をもつて、政令で定める数の対象障害者である労働者に相当するものとみなす。

5　第一項の対象障害者である労働者の数及び第二項の対象障害者である労働者の総数の算定に当たつては、第三項の規定にかかわらず、重度身体障害者又は重度知的障害者である短時間労働者は、その一人をもつて、前項の政令で定める数に満たない範囲内において厚生労働省令で定める数の対象障害者である労働者に相当するものとみなす。

6　第二項の規定にかかわらず、特殊法人（法律により直接に設立された法人、特別の法律により特別の設立行為をもつて設立された法人又は特別の法律により地方公共団体が設立者となつて設立された法人のうち、その資本金の全部若しくは大部分が国若しくは地方公共団体からの出資による法人又はその事業の運営のために必要な経費の主たる財源を国若しくは地方公共団体からの交付金若しくは補助金によつて得ている法人であつて、政令で定めるものをいう。以下同じ。）に係る第一項の障害者雇用率は、第二項の規定による率を下回らない率であつて政令で定めるものとする。

7　事業主（その雇用する労働者の数が常時厚生労働省令で定める数以上である事業主に限る。）は、毎年一回、厚生労働省令で定めるところにより、対象障害者である労働者の雇用に関する状況を厚生労働大臣に報告しなければならない。

8　第一項及び前項の雇用する労働者の数並びに第二項の労働者の総数の算定に当たつては、短時間労働者は、その一人をもつて、厚生労働省令で定める数の労働者に相当するものとみなす。

9　当該事業主が雇用する労働者が対象障害者であるかどうかの確認は、厚生労働省令で定める書類により行うものとする。

（子会社に雇用される労働者に関する特例）

第四四条　特定の株式会社（第四十五条の三第一項の認定に係る組合員たる事業主であるものを除く。）と厚生労働省令で定める特殊の関係のある事業主で、当該事業主及び当該株式会社（以下「子会社」という。）の申請に基づいて当該子会社について次に掲げる基準に適合する旨の厚生労働大臣の認定を受けたもの（以下「親事業主」という。）に係る前条第一項及び第七項の規定の適用については、当該子会社が雇用する労働者は当該親事業主のみが雇用する労働者と、当該子会社の事業所は当該親事業主の事業所とみなす。

一　当該子会社の行う事業と当該事業主の行う事業との人的関係が緊密であること。

二　当該子会社が雇用する対象障害者である労働者の数及びその数の当該子会社が雇用する労働者の総数に対する割合が、それぞれ、厚生労働大臣が定める数及び率以上であること。

三　当該子会社がその雇用する対象障害者である労働者の雇用管理を適正に行うに足りる能力を有するものであること。

四　前二号に掲げるもののほか、当該子会社の行う事業において、当該子会社が雇用する重度身体障害者又は重度知的障害者その他の対象障害者である労働者の雇用の促進及びその雇用の安定が確実に達成されると認められること。

2　前項第二号の労働者の総数の算定に当たつては、短時間労働者は、その一人をもつて、厚生労働省令で定める数の労働者に相当するものとみなす。

3　第一項第二号の対象障害者である短時間労働者の数の算定に当たつては、対象障害者である短時間労働者は、その一人をもつて、厚生労働省令で定める数の対象障害者である労働者に相当するものとみなす。

4　厚生労働大臣は、第一項の規定による認定をした後において、親事業主が同項に定める特殊の関係についての要件を満たさなくなつたとき若しくは事業を廃止したとき、又は当該認定に係る子会社について同項各号に掲げる基準に適合しなくなつたと認めるときは、当該認定を取り消すことができる。

第四五条　親事業主であつて、特定の株式会社（当該親事業主の子会社及び第四十五条の三第一項の認定に係る組合員たる事業主であるものを除く。）と厚生労働省令で定める特殊の関係にあるもので、当該親事業主、当該子会社及び当該株式会社（以下「関係会社」という。）の申請に基づいて当該親事業主及び当該関係会社について次に掲げる基準に適合する旨の厚生労働大臣の認定を受けたものに係る第四十三条第一項及び第七項の規定の適用については、当該関係会社が雇用する労働者は当該親事業主のみが雇用する労働者と、当該関係会社の事業所は当該親事業主の事業所とみなす。

一　当該関係会社の行う事業と当該子会社の行う事業との人的関係若しくは営業上の関係が緊密であること、又は当該関係会社が当該子会社に出資していること。

二　当該親事業主が第七十八条第二項各号に掲げる業務を担当する者を同項の規定により選任しており、かつ、その者が当該子会社及び当該関係会社についても同項第一号に掲げる業務を行うこととしていること。

三　当該親事業主が、自ら雇用する対象障害者である労働者並びに当該子会社及び当該関係会社に雇用される対象障害者である労働者の雇用の促進及び雇用の安定を確実に達成することができると認められること。

2 関係会社が、前条第一項又は次条第一項の認定を受けたものである場合は、前項の申請をすることができない。

3 前条第四項の規定は、第一項の場合について準用する。

（関係子会社に雇用される労働者に関する特例）

第四五条の二 事業主であつて、当該事業主及びその全ての子会社の申請に基づいて当該事業主及び当該申請に係る子会社（以下「関係子会社」という。）について次に掲げる基準に適合する旨の厚生労働大臣の認定を受けたもの（以下「関係親事業主」という。）に係る第四十三条第一項及び第七項の規定の適用については、当該関係子会社が雇用する労働者は当該関係親事業主のみが雇用する労働者と、当該関係子会社の事業所は当該関係親事業主の事業所とみなす。

一 当該事業主が第七十八条第二項各号に掲げる業務を担当する者を同項の規定により選任しており、かつ、その者が当該関係子会社についても同項第一号に掲げる業務を行うこととしていること。

二 当該事業主が、自ら雇用する対象障害者である労働者及び当該関係子会社に雇用される対象障害者である労働者の雇用の促進及び雇用の安定を確実に達成することができると認められること。

三 当該関係子会社が雇用する対象障害者である労働者の数が、厚生労働大臣が定める数以上であること。

四 当該関係子会社がその雇用する対象障害者である労働者の雇用管理を適正に行うに足りる能力を有し、又は他の関係子会社が雇用する対象障害者である労働者の行う業務に関し、その行う事業と当該他の関係子会社の行う事業との人的関係若しくは営業上の関係が緊密であること。

2 関係子会社が第四十四条第一項又は前条第一項の認定を受けたものである場合については、これらの規定にかかわらず、当該子会社又は当該関係会社を関係子会社とみなして前項（第三号及び第四号を除く。）の規定を適用する。

3 事業主であつて、その関係子会社に第一項の認定を受けたものがあるものは、同項の認定を受けることができない。

4 第一項第三号の対象障害者である労働者の数の算定に当たつては、対象障害者である短時間労働者は、その一人をもつて、厚生労働省令で定める数の対象障害者である労働者に相当するものとみなす。

5 第一項第三号の対象障害者である労働者の数の算定に当たつては、重度身体障害者又は重度知的障害者である労働者（短時間労働者を除く。）は、その一人をもつて、政令で定める数の対象障害者である労働者に相当するものとみなす。

6 第一項第三号の対象障害者である労働者の数の算定に当たつては、第四項の規定にかかわらず、重度身体障害者又は重度知的障害者である短時間労働者は、その一人をもつて、前項の政令で定める数に満たない範囲内において厚生労働省令で定める数の対象障害者である労働者に相当するものとみなす。

7 第四十四条第四項の規定は、第一項の場合について準用する。

（特定事業主に雇用される労働者に関する特例）

第四五条の三 事業協同組合等であつて、当該事業協同組合等及び複数のその組合員たる事業主（その雇用する労働者の数が常時第四十三条第七項の厚生労働省令で定める数以上である事業主に限り、第四十四条第一項、第四十五条第一項、前条第一項又はこの項の認定に係る子会社、関係会社、関係子会社又は組合員たる事業主であるものを除く。以下「特定事業主」という。）の申請に基づいて当該事業協同組合等及び当該特定事業主について次に掲げる基準に適合する旨の厚生労働大臣の認定を受けたもの（以下「特定組合等」という。）に係る第四十三条第一項及び第七項の規定の適用については、当該特定事業主が雇用する労働者は当該特定組合等のみが雇用する労働者と、当該特定事業主の事業所は当該特定組合等の事業所とみなす。

一　当該事業協同組合等が自ら雇用する対象障害者である労働者が行う業務に関し、当該事業協同組合等の行う事業と当該特定事業主の行う事業との人的関係又は営業上の関係が緊密であること。

二　当該事業協同組合等の定款、規約その他これらに準ずるものにおいて、当該事業協同組合等が第五十三条第一項の障害者雇用納付金を徴収された場合に、特定事業主の対象障害者である労働者の雇用状況に応じて当該障害者雇用納付金に係る経費を特定事業主に賦課する旨の定めがあること。

三　当該事業協同組合等が、自ら雇用する対象障害者である労働者及び当該特定事業主に雇用される対象障害者である労働者の雇用の促進及び雇用の安定に関する事業（第三項において「雇用促進事業」という。）を適切に実施するための計画（以下この号及び同項において「実施計画」という。）を作成し、実施計画に従つて、当該対象障害者である労働者の雇用の促進及び雇用の安定を確実に達成することができると認められること。

四　当該事業協同組合等が自ら雇用する対象障害者である労働者の数及びその数の当該事業協同組合等が雇用する労働者の総数に対する割合が、それぞれ、厚生労働大臣が定める数及び率以上であること。

五　当該事業協同組合等が自ら雇用する対象障害者である労働者の雇用管理を適正に行うに足りる能力を有するものであること。

六　当該特定事業主が雇用する対象障害者である労働者の数が、厚生労働大臣が定める数以上であること。

2　この条において「事業協同組合等」とは、事業協同組合、有限責任事業組合契約に関する法律（平成十七年法律第四十号）第二条に規定する有限責任事業組合（中小企業者（中小企業基本法（昭和三十八年法律第百五十四号）第二条第一項各号に掲げるものに限る。）のみがその組合員となつていることその他の厚生労働省令で定める要件を満たすものに限る。次項第四号及び第七項において「特定有限責任事業組合」という。）その他の特別の法律により設立された組合であつて厚生労働省令で定めるものをいう。

3　実施計画には、次に掲げる事項を記載しなければならない。

一　雇用促進事業の目標（事業協同組合等及び特定事業主がそれぞれ雇用しようとする対象障害者である労働者の数に関する目標を含む。）

二　雇用促進事業の内容

三　雇用促進事業の実施時期

四　特定有限責任事業組合にあつては、解散の事由が生じた場合に講ずることが必要な措置として厚生労働省令で定める措置のうち、当該特定有限責任事業組合が講ずることとするもの

4　特定事業主が、第四十四条第一項、前条第一項又は第一項の認定を受けたものである場合は、同項の申請をすることができない。

5　第四十三条第八項の規定は、第一項の雇用する労働者の数及び同項第四号の労働者の総数の算定について準用する。

6　前条第四項の規定は第一項第四号の対象障害者である労働者の数の算定について、同条第四項から第六項までの規定は第一項第六号の対象障害者である労働者の数の算定について準用する。

7　厚生労働大臣は、第一項の規定による認定をした後におい

て、当該認定に係る事業協同組合等及び特定事業主について同項各号に掲げる基準に適合しなくなつたと認めるとき、又は当該認定に係る特定有限責任事業組合が第二項の厚生労働省令で定める要件を満たさなくなつたと認めるときは、当該認定を取り消すことができる。

（一般事業主の対象障害者の雇入れに関する計画）

第四六条　厚生労働大臣は、対象障害者の雇用を促進するため必要があると認める場合には、その雇用する対象障害者である労働者の数が法定雇用障害者数未満である事業主（特定組合等及び前条第一項の認定に係る特定事業主であるものを除く。以下この条及び次条において同じ。）に対して、対象障害者である労働者の数がその法定雇用障害者数以上となるようにするため、厚生労働省令で定めるところにより、対象障害者の雇入れに関する計画の作成を命ずることができる。

2　第四十五条の二第四項から第六項までの規定は、前項の対象障害者である労働者の数の算定について準用する。

3　親事業主又は関係親事業主に係る第一項の規定の適用については、当該子会社及び当該関係会社が雇用する労働者は当該親事業主のみが雇用する労働者と、当該関係子会社が雇用する労働者は当該関係親事業主のみが雇用する労働者とみなす。

4　事業主は、第一項の計画を作成したときは、厚生労働省令で定めるところにより、これを厚生労働大臣に提出しなければならない。これを変更したときも、同様とする。

5　厚生労働大臣は、第一項の計画が著しく不適当であると認めるときは、当該計画を作成した事業主に対してその変更を勧告することができる。

6　厚生労働大臣は、特に必要があると認めるときは、第一項の計画を作成した事業主に対して、その適正な実施に関し、勧告をすることができる。

（一般事業主についての公表）

第四七条　厚生労働大臣は、前条第一項の計画を作成した事業主が、正当な理由がなく、同条第五項又は第六項の勧告に従わないときは、その旨を公表することができる。

（特定身体障害者）

第四八条　国及び地方公共団体の任命権者は、特定職種（労働能力はあるが、別表に掲げる障害の程度が重いため通常の職業に就くことが特に困難である身体障害者の能力にも適合すると認められる職種で政令で定めるものをいう。以下この条において同じ。）の職員（短時間勤務職員を除く。以下この項、及び第三項及び第四項において同じ。）の採用について、当該機関に勤務する特定身体障害者（身体障害者のうち特定職種ごとに政令で定める者に該当する者をいう。以下この条において同じ。）である当該職種の職員の数が、当該機関に勤務する当該職種の職員の総数に、職種に応じて政令で定める特定身体障害者雇用率を乗じて得た数（その数に一人未満の端数があるときは、その端数は、切り捨てる。）未満である場合には、特定身体障害者である当該職種の職員の数がその特定身体障害者雇用率を乗じて得た数以上となるようにするため、政令で定めるところにより、特定身体障害者の採用に関する計画を作成しなければならない。

2　第三十九条の規定は、前項の計画について準用する。

3　承認省庁又は認定地方機関に係る第一項の規定の適用については、当該外局等又は当該その他機関に勤務する職員は、当該承認省庁又は当該認定地方機関のみに勤務する職員とみなす。

4　当該機関に勤務する職員が特定身体障害者であるかどうかの確認は、厚生労働省令で定める書類により行うものとする。

5　厚生労働大臣は、必要があると認めるときは、国及び地方公共団体の任命権者に対して、前項の規定による確認の適正な実施に関し、勧告をすることができる。

6　事業主は、特定職種の労働者（短時間労働者を除く。以下この項及び次項において同じ。）の雇入れについては、その雇用する特定身体障害者である当該職種の労働者の数が、その雇用する当該職種の労働者の総数に、職種に応じて厚生労働省令で定める特定身体障害者雇用率を乗じて得た数（その数に一人未満の端数があるときは、その端数は、切り捨てる。）以上であるように努めなければならない。

7　厚生労働大臣は、特定身体障害者の雇用を促進するため特に必要があると認める場合には、その雇用する特定身体障害者である特定職種の労働者の数が前項の規定により算定した数未満であり、かつ、その数を増加するのに著しい困難を伴わないと認められる事業主（その雇用する当該職種の労働者の数が職種に応じて厚生労働省令で定める数以上であるものに限る。）に対して、特定身体障害者である当該職種の労働者の数が同項の規定により算定した数以上となるようにするため、厚生労働省令で定めるところにより、特定身体障害者の雇入れに関する計画の作成を命ずることができる。

8　親事業主、関係親事業主又は特定組合等に係る前二項の規定の適用については、当該子会社及び当該関係会社が雇用する労働者は当該親事業主のみが雇用する労働者と、当該関係子会社が雇用する労働者は当該関係親事業主のみが雇用する労働者と、当該特定事業主が雇用する労働者は当該特定組合等のみが雇用する労働者とみなす。

9　当該事業主が雇用する労働者が特定身体障害者であるかどうかの確認は、厚生労働省令で定める書類により行うものとする。

10　第四十六条第四項及び第五項の規定は、第七項の計画について準用する。

第二節　障害者雇用調整金の支給等及び障害者雇用納付金の徴収

第一款　障害者雇用調整金の支給等

（納付金関係業務）

第四九条　厚生労働大臣は、対象障害者の雇用に伴う経済的負担の調整並びにその雇用の促進及び継続を図るため、次に掲げる業務（以下「納付金関係業務」という。）を行う。

一　事業主（特殊法人を除く。以下この節及び第五節において同じ。）で次条第一項の規定に該当するものに対して、同項の障害者雇用調整金を支給すること。

一の二　削除

二　対象障害者を労働者として雇い入れる事業主又は対象障害者である労働者を雇用する事業主に対して、これらの者の雇入れ又は雇用の継続のために必要となる施設又は設備の設置又は整備に要する費用に充てるための助成金を支給すること。

三　対象障害者である労働者を雇用する事業主又は当該事業主の加入している事業主の団体に対して、対象障害者である労働者の福祉の増進を図るための施設の設置又は整備に要する費用に充てるための助成金を支給すること。

四　対象障害者である労働者を雇用する事業主であつて、次のいずれかを行うものに対して、その要する費用に充てるための助成金を支給すること。

イ　身体障害者又は精神障害者となつた労働者の雇用の継続のために必要となる当該労働者が職場に適応することを容易にするための措置

ロ　加齢に伴つて生ずる心身の変化により職場への適応が困難となつた対象障害者である労働者の雇用の継続のこ

めに必要となる当該労働者が職場に適応することを容易にするための措置

ハ　対象障害者である労働者の雇用に伴い必要となる介助その他その雇用の安定を図るために必要な業務（対象障害者である労働者の通勤を容易にするための業務を除く。）を行う者を置くこと（次号ロに掲げるものを除く。）。

四の二　対象障害者に対する職場適応援助者による援助であつて、次のいずれかを行う者に対して、その要する費用に充てるための助成金を支給すること。

イ　社会福祉法第二十二条に規定する社会福祉法人その他対象障害者の雇用の促進に係る事業を行う法人が行う職場適応援助者による援助の事業

ロ　対象障害者である労働者を雇用する事業主が対象障害者である労働者の雇用に伴い必要となる援助を行う職場適応援助者を置くこと。

五　身体障害者（重度身体障害者その他の厚生労働省令で定める身体障害者に限る。以下この号において同じ。）、知的障害者若しくは精神障害者である労働者を雇用する事業主又は当該事業主の加入している事業主の団体に対して、身体障害者、知的障害者又は精神障害者である労働者の通勤を容易にするための措置に要する費用に充てるための助成金を支給すること。

六　重度身体障害者、知的障害者又は精神障害者である労働者を多数雇用する事業所の事業主に対して、当該事業所の事業の用に供する施設又は設備の設置又は整備に要する費用に充てるための助成金を支給すること。

七　対象障害者の職業に必要な能力を開発し、及び向上させるための教育訓練（厚生労働大臣が定める基準に適合するものに限る。以下この号において同じ。）の事業を行う次に掲げるものに対して、当該事業に要する費用に充てるための助成金を支給すること並びに対象障害者である労働者を雇用する事業主に対して、対象障害者である労働者の教育訓練の受講を容易にするための措置に要する費用に充てるための助成金を支給すること。

イ　事業主又はその団体

ロ **現** 学校教育法（昭和二十二年法律第二十六号）第百二十四条に規定する専修学校又は同法第百三十四条第一項に規定する各種学校を設置する私立学校法（昭和二十四年法律第二百七十号）第三条に規定する学校法人又は同法第六十四条第四項に規定する法人

新［令和七年四月一日から施行］

ロ　学校教育法（昭和二十二年法律第二十六号）第百二十四条に規定する専修学校又は同法第百三十四条第一項に規定する各種学校を設置する私立学校法（昭和二十四年法律第二百七十号）第三条に規定する学校法人又は同法第百五十二条第五項に規定する法人

ハ　社会福祉法第二十二条に規定する社会福祉法人

ニ　その他対象障害者の雇用の促進に係る事業を行う法人

七の二　対象障害者の雇入れ及びその雇用の継続を図るために必要な対象障害者の一連の雇用管理に関する援助の事業を行うものに対して、当該援助の事業に要する費用に充てるための助成金を支給すること。

八　障害者の技能に関する競技大会に係る業務を行うこと。

九　対象障害者の雇用に関する技術的事項についての研究、調査若しくは講習の業務又は対象障害者の雇用について事業主その他国民一般の理解を高めるための啓発の業務を行うこと（前号に掲げる業務を除く。）。

十　第五十三条第一項に規定する障害者雇用納付金の徴収を行うこと。

十一　前各号に掲げる業務に附帯する業務を行うこと。

2　厚生労働大臣は、前項各号に掲げる業務の全部又は一部を機構に行わせるものとする。

（障害者雇用調整金の支給）

第五〇条　機構は、政令で定めるところにより、各年度（四月一日から翌年三月三十一日までをいう。以下同じ。）ごとに、第五十四条第二項に規定する調整基礎額に当該年度に属する各月（当該年度の中途に事業を開始し、又は廃止した事業主にあつては、当該事業を開始した日の属する月の翌月以後の各月又は当該事業を廃止した日の属する月の前月以前の各月に限る。以下同じ。）ごとの初日におけるその雇用する対象障害者である労働者の数の合計数を乗じて得た額が同条第一項の規定により算定した額を超える事業主に対して、その差額に相当する額を当該調整基礎額で除して得た数（以下この項において「超過数」という。）を単位調整額に乗じて得た額（超過数が政令で定める数を超えるときは、当該政令で定める数を単位調整額に乗じて得た額に、当該超過数から当該政令で定める数を減じた数を次項の政令で定める金額に満たない範囲内において厚生労働省令で定める金額に乗じて得た額を加えた額）に相当する金額を、当該年度分の障害者雇用調整金（以下「調整金」という。）として支給する。

2　前項の単位調整額は、事業主がその雇用する労働者の数に第五十四条第三項に規定する基準雇用率を乗じて得た数を超えて新たに対象障害者である者を雇用するものとした場合に当該対象障害者である者一人につき通常追加的に必要とされる一月当たりの同条第二項に規定する特別費用の額の平均額を基準として、政令で定める金額とする。

3　第四十三条第八項の規定は、前項の雇用する労働者の数の算定について準用する。

4　第四十五条の二第四項から第六項までの規定は第一項の対象障害者である労働者の数の算定について、第四十八条第八項の規定は親事業主、関係親事業主又は特定組合等に係る第一項の規定の適用について準用する。

5　親事業主、関係親事業主又は特定組合等に係る第一項の規定の適用については、機構は、厚生労働省令で定めるところにより、当該親事業主、当該子会社、当該関係会社、当該関係親事業主若しくは当該関係子会社又は当該特定組合等若しくは当該特定事業主に対して調整金を支給することができる。

6　第二項から前項までに定めるもののほか、法人である事業主が合併した場合又は個人である事業主について相続（包括遺贈を含む。第六十八条において同じ。）があつた場合における調整金の額の算定の特例その他調整金に関し必要な事項は、政令で定める。

（助成金の支給）

第五一条　機構は、厚生労働省令で定める支給要件、支給額その他の支給の基準に従つて第四十九条第一項第二号から第七号の二までの助成金を支給する。

2　前項の助成金の支給については、対象障害者の職業の安定を図るため講じられるその他の措置と相まつて、対象障害者の雇用が最も効果的かつ効率的に促進され、及び継続されるように配慮されなければならない。

（資料の提出等）

第五二条　機構は、第四十九条第一項第十号に掲げる業務に関して必要な限度において、事業主に対し、対象障害者である労働者の雇用の状況その他の事項についての文書その他の物件の提出を求めることができる。

2　機構は、納付金関係業務に関し必要があると認めるときは、

事業主　その団体　第四十九条第一項第四号の二イに規定する法人又は同項第七号ロから二までに掲げる法人に対し、必要な事項についての報告を求めることができる。

第二款　障害者雇用納付金の徴収

（障害者雇用納付金の徴収及び納付義務）

第五三条　機構は、第四十九条第一項第一号の調整金及び同項第二号から第七号の二までの助成金の支給に要する費用、同項第八号及び第九号の業務の実施に要する費用並びに同項各号に掲げる業務に係る事務の処理に要する費用に充てるため、この款に定めるところにより、事業主から、毎年度、障害者雇用納付金（以下「納付金」という。）を徴収する。

2　事業主は、納付金を納付する義務を負う。

（納付金の額等）

第五四条　事業主が納付すべき納付金の額は、各年度につき、調整基礎額に、当該年度に属する各月ごとにその初日におけるその雇用する労働者の数に基準雇用率を乗じて得た数（その数に一人未満の端数があるときは、その端数は、切り捨てる。）の合計数を乗じて得た額とする。

2　前項の調整基礎額は、事業主がその雇用する労働者の数に基準雇用率を乗じて得た数に達するまでの数の対象障害者である者を雇用するものとした場合に当該対象障害者である者一人につき通常必要とされる一月当たりの特別費用（対象障害者である者を雇用する場合に必要な施設又は設備の設置又は整備その他の対象障害者である者の適正な雇用管理に必要な措置に通常要する費用その他対象障害者である者を雇用するために特別に必要とされる費用をいう。）の額の平均額を基準として、政令で定める金額とする。

3　前二項の基準雇用率は、労働者の総数に対する対象障害者である労働者の総数の割合を基準として設定するものとし、少なくとも五年ごとに、当該割合の推移を勘案して政令で定める。

4　第四十三条第八項の規定は、第一項及び第二項の雇用する労働者の数並びに前項の労働者の総数の算定について準用する。

5　第四十五条の二第四項から第六項までの規定は第三項の対象障害者である労働者の総数の算定について、第四十八条第八項の規定は親事業主、関係親事業主又は特定組合等に係る第一項の規定の適用について準用する。

第五五条　前条第一項の場合において、当該事業主が当該年度において対象障害者である労働者を雇用しており、かつ、同条第二項に規定する調整基礎額に当該年度に属する各月ごとの初日における当該事業主の雇用する対象障害者である労働者の数の合計数を乗じて得た額が同条第一項の規定により算定した額に達しないときは、当該事業主が納付すべき納付金の額は、同項の規定にかかわらず、その差額（第七十四条の二第四項及び第五項において「算定額」という。）に相当する金額とする。

2　前条第一項の場合において、当該事業主が当該年度において対象障害者である労働者を雇用しており、かつ、同条第二項に規定する調整基礎額に当該年度に属する各月ごとの初日における当該事業主の雇用する対象障害者である労働者の数の合計数を乗じて得た額が同条第一項の規定により算定した額以上であるときは、当該事業主については、同項の規定にかかわらず、納付金は、徴収しない。

3　第四十五条の二第四項から第六項までの規定は前二項の対象障害者である労働者の数の算定について、第四十八条第八項の規定は親事業主、関係親事業主又は特定組合等に係る前二項の規定の適用について準用する。

（納付金の納付等）

第五六条　事業主は、各年度ごとに、当該年度に係る納付金の額その他の厚生労働省令で定める事項を記載した申告書を翌年度の初日（当該年度の中途に事業を廃止した事業主にあつては、当該事業を廃止した日）から四十五日以内に機構に提出しなければならない。

2　事業主は、前項の申告に係る額の納付金を、同項の申告書の提出期限までに納付しなければならない。

3　第一項の申告書には、当該年度に属する各月ごとの初日における各事業所ごとの労働者の数及び対象障害者である労働者の数その他の厚生労働省令で定める事項を記載した書類を添付しなければならない。

4　機構は、事業主が第一項の申告書の提出期限までに同項の申告書を提出しないとき、又は同項の申告書の記載に誤りがあると認めたときは、納付金の額を決定し、事業主に納入の告知をする。

5　前項の規定による納入の告知を受けた事業主は、第一項の申告書を提出していないとき（納付すべき納付金の額がない旨の記載をした申告書を提出しているときを含む。）は前項の規定により機構が決定した額の納付金の全額を、第一項の申告に係る納付金の額が前項の規定により機構が決定した納付金の額に足りないときはその不足額を、その通知を受けた日から十五日以内に機構に納付しなければならない。

6　事業主が納付した納付金の額が、第四項の規定により機構が決定した納付金の額を超える場合には、機構は、その超える額について、未納の納付金その他この款の規定による徴収金があるときはこれに充当し、なお残余があれば還付し、未納の納付金その他この款の規定による徴収金がないときはこれを還付しなければならない。

7　第四十八条第八項の規定は、親事業主、関係親事業主又は特定組合等に係る第一項、第三項及び第四項の規定の適用について準用する。この場合において、同条第八項中「とみなす」とあるのは、「と、当該子会社及び当該関係会社の事業所は当該親事業主の事業所と、当該関係子会社の事業所は当該関係親事業主の事業所と、当該特定事業主の事業所は当該特定組合等の事業所とみなす」と読み替えるものとする。

（納付金の延納）

第五七条　機構は、厚生労働省令で定めるところにより、事業主の申請に基づき、当該事業主の納付すべき納付金を延納させることができる。

（追徴金）

第五八条　機構は、事業主が第五十六条第五項の規定による納付金の全額又はその不足額を納付しなければならない場合には、その納付すべき額（その額に千円未満の端数があるときは、その端数は、切り捨てる。）に百分の十を乗じて得た額の追徴金を徴収する。ただし、事業主が天災その他やむを得ない理由により、同項の規定による納付金の全額又はその不足額を納付しなければならなくなつた場合は、この限りでない。

2　前項の規定にかかわらず、同項に規定する納付金の全額又はその不足額が千円未満であるときは、同項の規定による追徴金は、徴収しない。

3　機構は、第一項の規定により追徴金を徴収する場合には、厚生労働省令で定めるところにより、事業主に対して、期限を指定して、その納付すべき追徴金の額を通知しなければならない。

（徴収金の督促及び滞納処分）

第五九条　納付金その他この款の規定による徴収金を納付しない者があるときは、機構は、期限を指定して督促しなければならない。

2　前項の規定による督促をするときは、機構は、納付義務者に対して督促状を発する。この場合において、督促状に指定すべき期限は、督促状を発する日から起算して十日以上経過した日でなければならない。

3　第一項の規定による督促を受けた者がその指定の期限までに納付金その他この款の規定による徴収金を完納しないときは、機構は、厚生労働大臣の認可を受けて、国税滞納処分の例により、滞納処分をすることができる。

（延滞金）

第六〇条　前条第一項の規定により納付金の納付を督促したときは、機構は、その督促に係る納付金の額につき年十四・五パーセントの割合で、納付期限の翌日からその完納又は財産差押えの日の前日までの日数により計算した延滞金を徴収する。ただし、督促に係る納付金の額が千円未満であるときは、この限りでない。

2　前項の場合において、納付金の額の一部につき納付があつたときは、その納付の日以降の期間に係る延滞金の額の計算の基礎となる納付金の額は、その納付のあつた納付金の額を控除した額とする。

3　延滞金の計算において、前二項の納付金の額に千円未満の端数があるときは、その端数は、切り捨てる。

4　前三項の規定によつて計算した延滞金の額に百円未満の端数があるときは、その端数は、切り捨てる。

5　延滞金は、次の各号のいずれかに該当する場合には、徴収しない。ただし、第四号の場合には、その執行を停止し、又は猶予した期間に対応する部分の金額に限る。

一　督促状に指定した期限までに納付金を完納したとき。

二　納付義務者の住所又は居所がわからないため、公示送達の方法によつて督促したとき。

三　延滞金の額が百円未満であるとき。

四　納付金について滞納処分の執行を停止し、又は猶予したとき。

五　納付金を納付しないことについてやむを得ない理由があると認められるとき。

（先取特権の順位）

第六一条　納付金その他この款の規定による徴収金の先取特権の順位は、国税及び地方税に次ぐものとする。

（徴収金の徴収手続等）

第六二条　納付金その他この款の規定による徴収金は、この款に別段の定めがある場合を除き、国税徴収の例により徴収する。

（時効）

第六三条　納付金その他この款の規定による徴収金を徴収し、又はその還付を受ける権利は、これらを行使することができる時から二年を経過したときは、時効によつて消滅する。

2　機構が行う納付金その他この款の規定による徴収金の納入の告知又は第五十九条第一項の規定による督促は、時効の更新の効力を生ずる。

（徴収金の帰属）

第六四条　機構が徴収した納付金その他この款の規定による徴収金は、機構の収入とする。

（徴収金の徴収に関する審査請求）

第六五条　納付金その他この款の規定による徴収金の賦課又は徴収の処分について不服がある者は、厚生労働大臣に対して審査請求をすることができる。この場合において、厚生労働大臣は、行政不服審査法（平成二十六年法律第六十八号）第二十五条第二項及び第三項、第四十六条第一項並びに第四十七条の規定の適用については、機構の上級行政庁とみなす。

第六六条　削除

（行政手続法の適用除外）

第六七条　納付金その他この款の規定による徴収金の賦課又は

徴収の処分については、行政手続法（平成五年法律第八十八号）第二章及び第三章の規定は、適用しない。

（政令への委任）

第六八条　この款に定めるもののほか、法人である事業主が合併した場合又は個人である事業主について相続があつた場合における納付金の額の算定の特例その他この款に定める納付金その他の徴収金に関し必要な事項は、政令で定める。

第三節　特定短時間労働者等に関する特例

（雇用義務に係る規定の特定短時間勤務職員についての適用に関する特例）

第六九条　第三十八条第一項の対象障害者である職員の数の算定に当たつては、同条第三項及び第五項の規定にかかわらず、重度身体障害者、重度知的障害者又は精神障害者である特定短時間勤務職員（短時間勤務職員のうち、一週間の勤務時間が厚生労働大臣の定める時間の範囲内にある職員をいう。）は、その一人をもつて、第四十三条第五項の厚生労働省令で定める数に満たない範囲内において厚生労働省令で定める数の対象障害者である職員に相当するものとみなす。

（雇用義務に係る規定の特定短時間労働者についての適用に関する特例）

第七〇条現　第四十三条第一項、第四十四条第一項第二号、第四十五条の二第一項第三号、第四十五条の三第一項第四号及び第六号並びに第四十六条第一項の対象障害者である労働者の数の算定に当たつては、第四十三条第三項及び第五項、第四十四条第三項並びに第四十五条の二第四項及び第六項（第四十五条の三第六項及び第四十六条第二項において準用する場合を含む。）の規定にかかわらず、重度身体障害者、重度知的障害者又は精神障害者である特定短時間労働者（短時間労働者のうち、一週間の所定労働時間が厚生労働大臣の定める時間の範囲内にある労働者をいい、当該算定に係る事業主から障害者の日常生活及び社会生活を総合的に支援するための法律第二十九条第一項の指定障害福祉サービス（同法第五条第十四項に規定する就労継続支援であつて、厚生労働省令で定める便宜を供与するものに限る。）を受けている者を除く。以下同じ。）は、その一人をもつて、第四十三条第五項の厚生労働省令で定める数に満たない範囲内において厚生労働省令で定める数の対象障害者である労働者に相当するものとみなす。

新［公布の日から起算して三年を超えない範囲内において政令で定める日から施行］

（雇用義務に係る規定の特定短時間労働者についての適用に関する特例）

第七〇条　第四十三条第一項、第四十四条第一項第二号、第四十五条の二第一項第三号、第四十五条の三第一項第四号及び第六号並びに第四十六条第一項の対象障害者である労働者の数の算定に当たつては、第四十三条第三項並びに第四十四条第三項並びに第四十五条の二第四項及び第六項（第四十五条の三第六項及び第四十六条第二項において準用する場合を含む。）の規定にかかわらず、重度身体障害者、重度知的障害者又は精神障害者である特定短時間労働者（短時間労働者のうち、一週間の所定労働時間が厚生労働大臣の定める時間の範囲内にある労働者をいい、当該算定に係る事業主から障害者の日常生活及び社会生活を総合的に支援するための法律第二十九条第一項の指定障害福祉サービス（同法第五条第十五項に規定する就労継続支援であつて、厚生労働省令

を除く。以下同じ。）は、その一人をもつて、第四十三条第五項の厚生労働省令で定める数に満たない範囲内において厚生労働省令で定める数の対象障害者である労働者に相当するものとみなす。

（納付金関係業務に係る規定の特定短時間労働者についての適用に関する特例）

第七一条　第五十条第一項並びに第五十五条第一項及び第二項の対象障害者である労働者の数の算定に当たつては、第五十条第四項及び第五十五条第三項において準用する第四十五条の二第四項及び第六項の規定にかかわらず、重度身体障害者、重度知的障害者又は精神障害者である特定短時間労働者は、その一人をもつて、第四十三条第五項の厚生労働省令で定める数に満たない範囲内において厚生労働省令で定める数の対象障害者である労働者に相当するものとみなす。

第七二条　削除

第四節　対象障害者以外の障害者に関する特例

（精神障害者に関する助成金の支給業務の実施等）

第七三条　厚生労働大臣は、精神障害者（精神保健及び精神障害者福祉に関する法律第四十五条第二項の規定により精神障害者保健福祉手帳の交付を受けているものを除く。）である労働者に関しても、第四十九条第一項第二号から第九号まで及び第十一号に掲げる業務に相当する業務を行うことができる。

2　厚生労働大臣は、前項に規定する業務の全部又は一部を機構に行わせるものとする。

3　前項の場合においては、当該業務は、第四十九条第一項第二号から第九号まで及び第十一号に掲げる業務に含まれるものとみなして、第五十一条及び第五十三条の規定を適用する。この場合において、第五十一条第二項中「対象障害者」とあるのは、「身体障害者、知的障害者又は第二条第六号に規定する精神障害者」とする。

（身体障害者、知的障害者及び精神障害者以外の障害者に関する助成金の支給業務の実施等）

第七四条　厚生労働大臣は、障害者（身体障害者、知的障害者及び精神障害者を除く。）のうち厚生労働省令で定める者に関しても、第四十九条第一項第二号から第九号まで及び第十一号に掲げる業務であつて厚生労働省令で定めるものに相当する業務を行うことができる。

2　厚生労働大臣は、前項に規定する業務の全部又は一部を機構に行わせるものとする。

3　前項の場合においては、当該業務は、第四十九条第一項第二号から第九号まで及び第十一号に掲げる業務に含まれるものとみなして、第五十一条及び第五十三条の規定を適用する。

第五節　障害者の在宅就業に関する特例

（在宅就業障害者特例調整金）

第七四条の二　厚生労働大臣は、在宅就業障害者の就業機会の確保を支援するため、事業主で次項の規定に該当するものに対して、同項の在宅就業障害者特例調整金を支給する業務を行うことができる。

2　厚生労働大臣は、厚生労働省令で定めるところにより、各年度ごとに、在宅就業障害者との間で書面により在宅就業契約を締結した事業主（次条第一項に規定する在宅就業支援団体を除く。以下この節において同じ。）であつて、在宅就業障害者に在宅就業契約に基づく業務の対価を支払つたものに対して、調整額に、当該年度に支払つた当該対価の総額（以下「対象額」という。）を評価額で除して得た数（その数に一未満の端数があるときは、その端数は切り捨てる。）を乗じて得た額に相当する金額を、当該年度分の在宅就業障害者特例調整金として支給する。ただし、在宅就業単位調整額に当該年度に属する各月ごとの初日における当該事業主の雇用する対象障害者である労働者の数の合計数を乗じて得た額に相当する金額を超えることができない。

3　この節、第四章、第五章及び附則第四条において、次の各号に掲げる用語の意義は、当該各号に定めるところによる。

一　在宅就業障害者　対象障害者であつて、自宅その他厚生労働省令で定める場所において物品の製造、役務の提供その他これらに類する業務を自ら行うもの（雇用されている者を除く。）

二　在宅就業契約　在宅就業障害者が物品の製造、役務の提供その他これらに類する業務を行う旨の契約

三　在宅就業単位調整額　第五十条第二項に規定する単位調整額以下の額で政令で定める額

四　調整額　在宅就業単位調整額に評価基準月数（在宅就業障害者の就業機会の確保に資する程度その他の状況を勘案して政令で定める月数をいう。以下同じ。）を乗じて得た額

五　評価額　障害者である労働者の平均的な給与の状況その他の状況を勘案して政令で定める額に評価基準月数を乗じて得た額

4　第五十五条第一項の場合において、当該事業主が当該年度において在宅就業障害者に在宅就業契約に基づく業務の対価を支払つており、かつ、第二項の規定により算定した在宅就業障害者特例調整金の額が算定額に達しないときは、当該事業主が納付すべき納付金の額は、同条第一項の規定にかかわらず、その差額に相当する金額とする。この場合においては、当該事業主については、第二項の規定にかかわらず、在宅就業障害者特例調整金は支給しない。

5　第五十五条第一項の場合において、当該事業主が当該年度において在宅就業障害者に在宅就業契約に基づく業務の対価を支払つており、かつ、第二項の規定により算定した在宅就業障害者特例調整金の額が算定額以上であるときは、同項の規定にかかわらず、当該事業主に対して、その差額に相当する金額を、当該年度分の在宅就業障害者特例調整金として支給する。この場合においては、当該事業主については、同条第一項の規定にかかわらず、納付金は徴収しない。

6　厚生労働大臣は、第一項に規定する業務の全部又は一部を機構に行わせるものとする。

7　機構は、第一項に規定する業務に関し必要があると認めるときは、事業主又は在宅就業障害者に対し、必要な事項についての報告を求めることができる。

8　第六項の場合における第五十三条の規定の適用については、同条第一項中「並びに同項各号に掲げる業務」とあるのは、「、第七十四条の二第一項の在宅就業障害者特例調整金の支給に要する費用並びに第四十九条第一項各号に掲げる業務及び第七十四条の二第一項に規定する業務」とする。

9　親事業主、関係親事業主又は特定組合等に係る第二項、第四項及び第五項並びに第五十六条第一項及び第四項の規定の適用については、在宅就業契約に基づく業務の対価として在宅就業障害者に対して支払つた額に関し、当該子会社及び当該関係会社が支払つた額は当該親事業主のみが支払つた額と、当該関係子会社が支払つた額は当該関係親事業主のみが支払つた額と、当該特定事業主が支払つた額は当該特定組合等のみが支払つた額とみなす。

10　第四十五条の二第四項から第六項までの規定は第二項の対象障害者である労働者の数の算定について、第五十条第五項及び第六項の規定は第一項の在宅就業障害者特例調整金について準用する。

11 第二項の対象障害者である労働者の数の算定に当たつては、前項において準用する第四十五条の二第四項及び第六項の規定にかかわらず、重度身体障害者、重度知的障害者又は精神障害者である特定短時間労働者は、その一人をもつて、第四十三条第五項の厚生労働省令で定める数に満たない範囲内において厚生労働省令で定める数の対象障害者である労働者に相当するものとみなす。

（在宅就業支援団体）

第七四条の三 各年度ごとに、事業主に在宅就業対価相当額（事業主が厚生労働大臣の登録を受けた法人（以下「在宅就業支援団体」という。）との間で締結した物品の製造、役務の提供その他これらに類する業務に係る契約に基づき当該事業主が在宅就業支援団体に対して支払つた金額のうち、当該契約の履行に当たり在宅就業支援団体が在宅就業障害者との間で締結した在宅就業契約に基づく業務の対価として支払つた部分の金額に相当する金額をいう。以下同じ。）があるときは、その総額を当該年度の対象額に加算する。この場合において、前条の規定の適用については、同条第二項中「当該対価の総額」とあるのは「当該対価の総額と次条第一項に規定する在宅就業対価相当額の総額とを合計した額」と、同条第九項中「に関し、」とあるのは「に関し」と、「とみなす」とあるのは「と、当該子会社及び当該関係会社に係る次条第一項に規定する在宅就業対価相当額（以下この項において「在宅就業対価相当額」という。）は当該親事業主のみに係る在宅就業対価相当額と、当該関係親事業主のみに係る在宅就業対価相当額と、当該特定事業主に係る在宅就業対価相当額は当該特定組合等のみに係る在宅就業対価相当額とみなす」とする。

2 前項の登録は、在宅就業障害者の希望に応じた就業の機会を確保し、及び在宅就業障害者に対して組織的に提供することその他の在宅就業障害者に対する援助の業務を行う法人の申請により行う。

3 次の各号のいずれかに該当する法人は、第一項の登録を受けることができない。

一 この法律の規定その他労働に関する法律の規定であつて政令で定めるもの又は出入国管理及び難民認定法（昭和二十六年政令第三百十九号）第七十三条の二第一項の規定及び同項の規定に係る同法第七十六条の二の規定により、罰金の刑に処せられ、その執行を終わり、又は執行を受けることがなくなつた日から五年を経過しない法人

二 第十八項の規定により登録を取り消され、その取消しの日から五年を経過しない法人

三 **現** 役員のうちに、禁錮以上の刑に処せられ、又はこの法律の規定その他労働に関する法律の規定であつて政令で定めるもの若しくは暴力団員による不当な行為の防止等に関する法律（平成三年法律第七十七号）の規定（同法第五十条（第二号に係る部分に限る。）及び第五十二条の規定を除く。）により、若しくは刑法（明治四十年法律第四十五号）第二百四条、第二百六条、第二百八条、第二百八条の二、第二百二十二条若しくは第二百四十七条の罪、暴力行為等処罰に関する法律（大正十五年法律第六十号）の罪若しくは出入国管理及び難民認定法第七十三条の二第一項の罪を犯したことにより、罰金の刑に処せられ、その執行を終わり、又は執行を受けることがなくなつた日から五年を経過しない者のある法人

新 ［令和七年六月一日から施行］

三 役員のうちに、拘禁刑以上の刑に処せられ、又はこの法律の規定その他労働に関する法律の規定であつて政令で定めるもの若しくは暴力団員による不当な行為

の防止等に関する法律（平成三年法律第七十七号）の規定（同法第五十条（第二号に係る部分に限る。）及び第五十二条の規定を除く。）により、若しくは刑法（明治四十年法律第四十五号）第二百四条、第二百六条、第二百八条、第二百八条の二、第二百二十二条若しくは第二百四十七条の罪、暴力行為等処罰に関する法律（大正十五年法律第六十号）の罪若しくは出入国管理及び難民認定法第七十三条の二第一項の罪を犯したことにより、罰金の刑に処せられ、その執行を終わり、又は執行を受けることがなくなつた日から五年を経過しない者のある法人

4 **現** 厚生労働大臣は、第二項の規定により登録を申請した法人が次に掲げる要件のすべてに適合しているときは、その登録をしなければならない。この場合において、登録に関して必要な手続は、厚生労働省令で定める。

一 **現** 常時五人以上の在宅就業障害者に対して、次に掲げる業務のすべてを継続的に実施していること。

新［令和七年六月一日から施行］

4 厚生労働大臣は、第二項の規定により登録を申請した法人が次に掲げる要件の全てに適合しているときは、その登録をしなければならない。この場合において、登録に関して必要な手続は、厚生労働省令で定める。

一 常時五人以上の在宅就業障害者に対して、次に掲げる業務の全てを継続的に実施していること。

イ 在宅就業障害者の希望に応じた就業の機会を確保し、及び在宅就業障害者に対して組織的に提供すること。

ロ 在宅就業障害者に対して、その業務を適切に行うために必要な知識及び技能を習得するための職業講習又は情報提供を行うこと。

ハ 在宅就業障害者に対して、その業務を適切に行うために必要な助言その他の援助を行うこと。

ニ 雇用による就業を希望する在宅就業障害者に対して、必要な助言その他の援助を行うこと。

二 前号イからニまでに掲げる業務（以下「実施業務」という。）の対象である障害者に係る障害に関する知識及び当該障害に係る障害者の援助を行う業務に従事した経験並びに在宅就業障害者に対して提供する就業の機会に係る業務の内容に関する知識を有する者（次号において「従事経験者」という。）が実施業務を実施していること。

三 前号に掲げる者のほか、実施業務を適正に行うための管理者（従事経験者である者に限る。）が置かれていること。

四 実施業務を行うために必要な施設及び設備を有すること。

5 登録は、在宅就業支援団体登録簿に次に掲げる事項を記載してするものとする。

一 登録年月日及び登録番号

二 在宅就業支援団体の名称及び住所並びにその代表者の氏名

三 在宅就業支援団体が在宅就業障害者に係る業務を行う事業所の所在地

6 第一項の登録は、三年以内において政令で定める期間ごとにその更新を受けなければ、その期間の経過によつて、その効力を失う。

7 第二項から第五項までの規定は、前項の登録の更新について準用する。

8 在宅就業支援団体は、物品の製造、役務の提供その他これらに類する業務に係る契約に基づき事業主から対価の支払を受けたときは、厚生労働省令で定めるところにより、当該事

業主に対し、在宅就業対価相当額を証する書面を交付しなければならない。

9 在宅就業支援団体は、前項に定めるもののほか、第四項各号に掲げる要件及び厚生労働省令で定める基準に適合する方法により在宅就業障害者に係る業務を行わなければならない。

10 在宅就業支援団体は、第五項第二号又は第三号に掲げる事項を変更しようとするときは、変更しようとする日の二週間前までに、その旨を厚生労働大臣に届け出なければならない。

11 在宅就業支援団体は、在宅就業障害者に係る業務に関する規程（次項において「業務規程」という。）を定め、当該業務の開始前に、厚生労働大臣に届け出なければならない。これを変更しようとするときも、同様とする。

12 業務規程には、在宅就業障害者に係る業務の実施方法その他の厚生労働省令で定める事項を定めておかなければならない。

13 在宅就業支援団体は、在宅就業障害者に係る業務の全部又は一部を休止し、又は廃止しようとするときは、厚生労働省令で定めるところにより、あらかじめ、その旨を厚生労働大臣に届け出なければならない。

14 在宅就業支援団体は、毎事業年度経過後三月以内に、その事業年度の財産目録、貸借対照表及び損益計算書又は収支計算書並びに事業報告書（その作成に代えて電磁的記録（電子的方式、磁気的方式その他の人の知覚によつては認識することができない方式で作られる記録であつて、電子計算機による情報処理の用に供されるものをいう。以下同じ。）の作成がされている場合における当該電磁的記録を含む。以下「財務諸表等」という。）を作成し、五年間事業所に備えて置かなければならない。

15 在宅就業障害者その他の利害関係人は、在宅就業支援団体の業務時間内は、いつでも、次に掲げる請求をすることができる。ただし、第二号又は第四号の請求をするには、在宅就業支援団体の定めた費用を支払わなければならない。

一 財務諸表等が書面をもつて作成されているときは、当該書面の閲覧又は謄写の請求

二 前号の書面の謄本又は抄本の請求

三 財務諸表等が電磁的記録をもつて作成されているときは、当該電磁的記録に記録された事項を厚生労働省令で定める方法により表示したものの閲覧又は謄写の請求

四 前号の電磁的記録に記録された事項を電磁的方法であつて厚生労働省令で定めるものにより提供することの請求又は当該事項を記載した書面の交付の請求

16 厚生労働大臣は、在宅就業支援団体が第四項各号のいずれかに適合しなくなつたと認めるときは、当該在宅就業支援団体に対し、これらの規定に適合するため必要な措置をとるべきことを命ずることができる。

17 厚生労働大臣は、在宅就業支援団体が第九項の規定に違反していると認めるときは、当該在宅就業支援団体に対し、在宅就業障害者に係る業務を行うべきこと又は当該業務の実施の方法その他の業務の方法の改善に関し必要な措置をとるべきことを命ずることができる。

18 厚生労働大臣は、在宅就業支援団体が次の各号のいずれかに該当するときは、その登録を取り消し、又は期間を定めて在宅就業障害者に係る業務の全部若しくは一部の停止を命ずることができる。

一 第三項第一号又は第三号に該当するに至つたとき。

二 第八項、第十項から第十四項まで又は次項の規定に違反したとき。

三 正当な理由がないのに第十五項各号の規定による請求を拒んだとき。

四 前二項の規定による命令に違反したとき。

五　不正の手段により第一項の登録を受けたとき。

19　在宅就業支援団体は、厚生労働省令で定めるところにより、帳簿を備え、在宅就業障害者に係る業務に関し厚生労働省令で定める事項を記載し、これを保存しなければならない。

20　機構は、第一項において読み替えて適用する前条第二項の場合における同条第一項の業務に関し必要があると認めるときは、事業主、在宅就業障害者又は在宅就業支援団体に対し、必要な事項についての報告を求めることができる。

21　在宅就業支援団体は、毎年一回、厚生労働省令で定めるところにより、在宅就業障害者に係る業務に関し厚生労働省令で定める事項を厚生労働大臣に報告しなければならない。

22　厚生労働大臣は、次に掲げる場合には、その旨を官報に公示しなければならない。

一　第一項の登録をしたとき。

二　第十項の規定による届出があつたとき。

三　第十三項の規定による届出があつたとき。

四　第十八項の規定により第一項の登録を取り消し、又は在宅就業障害者に係る業務の停止を命じたとき。

第五章　罰則

第八六条　事業主が次の各号のいずれかに該当するときは、三十万円以下の罰金に処する。

一　第四十三条第七項、第五十二条第二項、第七十四条の二第七項又は第七十四条の三第二十項の規定による報告をせず、又は虚偽の報告をしたとき。

二　第四十六条第一項の規定による命令に違反して対象障害者の雇入れに関する計画を作成せず、又は同条第四項の規定に違反して当該計画を提出しなかつたとき。

三　第五十二条第一項の規定による文書その他の物件の提出をせず、又は虚偽の記載をした文書の提出をしたとき。

〔四号・五号　略〕

第八六条の二　事業主の団体、第四十九条第一項第四号の二イに規定する法人又は同項第七号ロからニまでに掲げる法人が次の各号のいずれかに該当するときは、三十万円以下の罰金に処する。

一　第五十二条第二項の規定による報告をせず、又は虚偽の報告をしたとき。

〔二号　略〕

第八七条　法人（法人でない事業主の団体を含む。以下この項において同じ。）の代表者又は法人若しくは人の代理人、使用人その他の従業者が、その法人又は人の業務に関して第八十五条の四から前条までの違反行為をしたときは、行為者を罰するほか、その法人又は人に対しても、各本条の罰金刑を科する。

2　前項の規定により法人でない事業主の団体を処罰する場合においては、その代表者が訴訟行為につきその団体を代表するほか、法人を被告人又は被疑者とする場合の刑事訴訟に関する法律の規定を準用する。

第八八条　第三十三条の規定に違反した者は、二十万円以下の過料に処する。

附　則

（施行期日）

第一条　この法律は、公布の日から施行する。

（広域障害者職業センターの設置の特例）

第二条　身体障害者雇用促進法の一部を改正する法律（昭和六十二年法律第四十一号）の施行の日の前日に国が設置していた広域障害者職業センターに相当する施設であつて、同法の施行の日に国が設置する広域障害者職業センターとなるものとして厚生労働省令で定める施設に係る第十九条の規定の適用については、同条第一項中「設置及び運営」とあるのは「運営」とする。ただし、当該施設のうち厚生労働省令で定める施設については、当該厚生労働省令で定める日以後においては、この限りでない。

2　前項の規定により機構にその運営の業務のみを行わせる広域障害者職業センターの名称及び位置は、厚生労働省令で定める。

（雇用に関する国及び地方公共団体の義務等に関する経過措置）

第三条　第三十八条の規定の適用については、当分の間、同条第一項中「当該機関の職員の総数」とあるのは、「当該機関の職員の総数（対象障害者が就業することが困難であると認められる職種の職員が相当の割合を占める機関として政令で定める機関（以下「除外率設定機関」という。）にあつては、当該除外率設定機関の職員の総数から、当該除外率設定機関における職員の総数に当該除外率設定機関に係る除外率（九十五パーセント以内において政令で定める率をいう。）を乗じて得た数（その数に一人未満の端数があるときは、その端数は、切り捨てる。）を控除した数）」とする。

2　第四十三条の規定の適用については、当分の間、同条第一項中「その雇用する労働者の数」とあるのは「その雇用する労働者の数（除外率設定業種（対象障害者が就業することが困難であると認められる職種の労働者が相当の割合を占める業種として厚生労働省令で定める業種をいう。以下同じ。）に属する事業を行う事業所の事業主にあつては、その雇用する労働者の数から、当該事業所に係る除外率設定業種ごとの労働者の数に当該除外率設定業種に係る除外率（除外率設定業種に係る労働者のうちに当該職種の労働者が通常占める割合を考慮して除外率設定業種ごとに九十五パーセント以内において厚生労働省令で定める率をいう。以下同じ。）を乗じて得た数（その数に一人未満の端数があるときは、その端数は、切り捨てる。）を合計した数を控除した数。第七項及び第七十八条第二項において同じ。）」と、同条第二項中「総数に」とあるのは「総数から除外率設定業種ごとの労働者の総数に当該除外率設定業種に係る除外率を乗じて得た数の合計数を控除した数に」とする。

3　第一項の規定により読み替えて適用する第三十八条の政令及び前項の規定により読み替えて適用する第四十三条の厚生労働省令は、除外率設定機関及び除外率設定業種における対象障害者の雇用の状況、障害者が職業に就くことを容易にする技術革新の進展の状況その他の事項を考慮し、当該政令及び厚生労働省令で定める率が段階的に縮小されるように制定され、及び改正されるものとする。

（雇用する労働者の数が百人以下である事業主に係る納付金及び報奨金等に関する暫定措置）

第四条　その雇用する労働者の数が常時百人以下である事業主（特殊法人を除く。以下この条において同じ。）については、当分の間、第四十九条第一項第一号、第五十条並びに第三章第二節第二款及び第五節の規定は、適用しない。

2　厚生労働大臣は、当分の間、その雇用する労働者の数が常時百人以下である事業主に対して次項の報奨金及び第四項の在宅就業障害者特例報奨金（以下「報奨金等」という。）を支給する業務を行うことができる。

3　厚生労働大臣は、当分の間、厚生労働省令で定めるところにより、各年度ごとに、その雇用する労働者の数が常時百人以下である事業主のうち、当該年度に属する各月ごとの初日におけるその雇用する対象障害者である労働者の数の合計数が、当該年度に属する各月ごとにその初日におけるその雇用する労働者の数に第五十四条第三項に規定する基準雇用率を超える率であつて厚生労働省令で定めるものを乗じて得た数

（その数に一人未満の端数があるときは、その端数は、切り捨てる。）の合計数又は厚生労働省令で定める数のいずれか多い数を超える事業主（以下この条において「対象事業主」という。）に対して、その超える数（以下この項において「超過数」という。）を第五十条第二項に規定する単位調整額以下の額で厚生労働省令で定める額に乗じて得た額（超過数が同条第一項の政令で定める数以上の数で厚生労働省令で定める数を超えるときは、当該厚生労働省令で定める数を同条第二項に規定する単位調整額以下の額で厚生労働省令で定める額に乗じて得た額に、当該超過数から当該厚生労働省令で定める数を減じた数を当該厚生労働省令で定める額に満たない範囲内において厚生労働省令で定める額に乗じて得た額を加えた額）に相当する金額を、当該年度分の報奨金として支給する。

4　厚生労働大臣は、当分の間、厚生労働省令で定めるところにより、各年度ごとに、在宅就業障害者との間で書面により在宅就業契約を締結した対象事業主（在宅就業支援団体を除く。以下同じ。）であつて、在宅就業障害者に在宅就業契約に基づく業務の対価を支払つたものに対して、報奨額に、対象額を評価額で除して得た数（その数に一未満の端数があるときは、その端数は切り捨てる。）を乗じて得た額に相当する金額を、当該年度分の在宅就業障害者特例報奨金として支給する。ただし、在宅就業単位報奨額に当該年度に属する各月ごとの初日における当該対象事業主の雇用する対象障害者である労働者の数の合計数を乗じて得た額に相当する金額を超えることができない。

5　前項において次の各号に掲げる用語の意義は、当該各号に定めるところによる。

一　在宅就業単位報奨額　第五十条第二項に規定する単位調整額以下の額で厚生労働省令で定める額

二　報奨額　在宅就業単位報奨額に評価基準月数を乗じて得た額

6　各年度ごとに、対象事業主に在宅就業対価相当額があるときは、その総額を当該年度の対象額に加算する。この場合において、第四項の規定の適用については、同項中「対象額」とあるのは、「対象額と在宅就業対価相当額の総額とを合計した額」とし、第八項において準用する第七十四条の二第九項の規定の適用については、同項中「に関し、」とあるのは「に関し」と、「とみなす」とあるのは「と、当該子会社及び当該関係会社に係る次条第一項に規定する在宅就業対価相当額（以下この項において「在宅就業対価相当額」という。）は当該親事業主のみに係る在宅就業対価相当額と、当該関係子会社に係る在宅就業対価相当額は当該関係親事業主のみに係る在宅就業対価相当額と、当該特定事業主に係る在宅就業対価相当額は当該特定組合等のみに係る在宅就業対価相当額とみなす」とする。

7　厚生労働大臣は、第二項に規定する業務の全部又は一部を機構に行わせるものとする。

8　第四十三条第八項の規定は第一項から第三項までの雇用する労働者の数の算定について、第四十五条の二第四項から第六項までの規定は第三項の対象障害者である労働者の数の算定について、第四十八条第八項の規定は親事業主、関係親事業主又は特定組合等に係る第一項から第三項までの規定の適用について、第五十条第五項及び第六項の規定は報奨金等について、第七十四条の二第七項及び第七十四条の三第二十項の規定は第二項に規定する業務（第四項に係るものに限る。）について、第七十四条の二第九項の規定は第四項の在宅就業障害者特例報奨金について、同条第十項の規定は第四項の対象障害者である労働者の数の算定について準用する。

9　第三項及び第四項の

当たつては、前項において準用する第四十五条の二第四項及び第六項並びに第七十四条の二第十項の規定にかかわらず、重度身体障害者、重度知的障害者又は精神障害者である特定短時間労働者は、その一人をもつて、第四十三条第五項の厚生労働省令で定める数に満たない範囲内において厚生労働省令で定める数の対象障害者である労働者に相当するものとみなす。

10 第五十二条第二項、第五十三条、第八十六条第一号（第四十三条第七項に係る部分を除く。）、第八十七条及び第八十九条の規定の適用については、当分の間、第五十三条第一項中「並びに同項各号に掲げる業務」とあるのは「、附則第四条第二項の報奨金等の支給に要する費用並びに第四十九条第一項各号に掲げる業務及び附則第四条第二項に規定する業務」と、第八十六条第一号中「、第七十四条の二第七項又は第七十四条の三第二十項」とあるのは「又は第七十四条の二第七項若しくは第七十四条の三第二十項（附則第四条第八項において準用する場合を含む。）」とする。

（除外率設定業種に係る納付金の額の算定等に関する暫定措置）

第五条 第五十条、第五十四条及び前条の規定の適用については、当分の間、第五十条第一項中「同条第一項の規定により算定した額」とあるのは「当該調整基礎額に当該年度に属する各月ごとにその初日におけるその雇用する労働者の数に附則第五条第一項の規定により読み替えて適用される第五十四条第三項に規定する基準雇用率を乗じて得た数（その数に一人未満の端数があるときは、その端数は、切り捨てる。）の合計数を乗じて得た額」と、同条第二項及び前条第三項中「第五十四条第三項に規定する基準雇用率」とあるのは「附則第五条第一項の規定により読み替えて適用される第五十四条第三項に規定する基準雇用率」と、第五十四条第一項及び第二項中「その雇用する労働者の数」とあるのは「その雇用する労働者の数（除外率設定業種に属する事業を行う事業所の事業主にあつては、その日におけるその雇用する労働者の数から、その日における当該事業所に係る除外率設定業種ごとの労働者の数に当該除外率設定業種に係る除外率を乗じて得た数（その数に一人未満の端数があるときは、その端数は、切り捨てる。）を合計した数を控除した数）」と、同条第三項中「労働者の総数に対する」とあるのは「労働者の総数から除外率設定業種ごとの労働者の総数に当該除外率設定業種に係る除外率を乗じて得た数の合計数を控除した数に対する」と、同条第五項中「準用する」とあるのは「準用する。この場合において、同条第八項中「とみなす」とあるのは「と、当該子会社及び当該関係会社の事業所は当該親事業主の事業所と、当該関係子会社の事業所は当該関係親事業主の事業所と、当該特定事業主の事業所は当該特定組合等の事業所とみなす」と読み替えるものとする」とする。

2 前項の措置は、対象障害者である労働者とその他の労働者との交替、対象障害者の職業訓練の充実、対象障害者の就業上必要な作業設備及び作業補助具の改善整備の状況等に照らして、除外率設定業種に属する事業を行う事業主について、同項の規定を適用しなくてもその事業の運営に支障を生じないと認められる事業主が多数を占めるに至つたときは、速やかに廃止するものとする。

（対象障害者以外の障害者の雇用の促進等に関する検討）

第六条 政府は、対象障害者以外の障害者の雇用の促進及びその職業の安定について、その職能的諸条件についての調査及び研究に努めるものとし、その結果に基づいて、当該障害者の雇用の促進及びその職業の安定を図るための施策の推進について検討するものとする。

附　則〔令和元年六月一四日法律第三六号〕　抄

（検討）

第四条　政府は、この法律の施行後三年を目途として、新法の規定について、その施行の状況等を勘案しつつ検討を加え、必要があると認めるときは、その結果に基づいて所要の措置を講ずるものとする。

別表　障害の範囲（第二条、第四十八条関係）

一　次に掲げる視覚障害で永続するもの
イ　両眼の視力（万国式試視力表によつて測つたものをいい、屈折異状がある者については、矯正視力について測つたものをいう。以下同じ。）がそれぞれ〇・一以下のもの
ロ　一眼の視力が〇・〇二以下、他眼の視力が〇・六以下のもの
ハ　両眼の視野がそれぞれ一〇度以内のもの
ニ　両眼による視野の二分の一以上が欠けているもの

二　次に掲げる聴覚又は平衡機能の障害で永続するもの
イ　両耳の聴力レベルがそれぞれ七〇デシベル以上のもの
ロ　一耳の聴力レベルが九〇デシベル以上、他耳の聴力レベルが五〇デシベル以上のもの
ハ　両耳による普通話声の最良の語音明瞭度が五〇パーセント以下のもの
ニ　平衡機能の著しい障害

三　次に掲げる音声機能、言語機能又はそしやく機能の障害
イ　音声機能、言語機能又はそしやく機能の喪失
ロ　音声機能、言語機能又はそしやく機能の著しい障害で、永続するもの

四　次に掲げる肢体不自由
イ　一上肢、一下肢又は体幹の機能の著しい障害で永続するもの
ロ　一上肢のおや指を指骨間関節以上で欠くもの又はひとさし指を含めて一上肢の二指以上をそれぞれ第一指骨間関節以上で欠くもの

ハ　一下肢をリスフラン関節以上で欠くもの
ニ　一上肢のおや指の機能の著しい障害又はひとさし指を含めて一上肢の三指以上の機能の著しい障害で、永続するもの
ホ　両下肢のすべての指を欠くもの
ヘ　イからホまでに掲げるもののほか、その程度がイからホまでに掲げる障害の程度以上であると認められる障害

五　心臓、じん臓又は呼吸器の機能の障害その他政令で定める障害で、永続し、かつ、日常生活が著しい制限を受ける程度であると認められるもの

職業能力開発促進法　抄

〔昭和四四年七月一八日
法律第六四号〕

沿革
昭和六〇年六月　八日法律第五六号
平成　四年六月　三日〃第六七号
〃　二六年六月二五日〃第八二号
〃　二七年六月二四日〃第四六号
〃　二七年九月一八日〃第七二号
〃　二九年三月三一日〃第一四号
〃　三〇年七月　六日〃第七一号
令和　元年六月一四日〃第三七号
〃　四年三月三一日〃第一二号
〃　四年六月一七日〃第六八号

第一章　総則

（目的）

第一条　この法律は、労働施策の総合的な推進並びに労働者の雇用の安定及び職業生活の充実等に関する法律（昭和四十一年法律第百三十二号）と相まつて、職業訓練及び職業能力検定の内容の充実強化及びその実施の円滑化のための施策並びに労働者が自ら職業に関する教育訓練又は職業能力検定を受ける機会を確保するための施策等を総合的かつ計画的に講ずることにより、職業に必要な労働者の能力を開発し、及び向上させることを促進し、もつて、職業の安定と労働者の地位の向上を図るとともに、経済及び社会の発展に寄与することを目的とする。

（定義）

第二条　この法律において「労働者」とは、事業主に雇用される者（船員職業安定法（昭和二十三年法律第百三十号）第六条第一項に規定する船員を除く。第九十五条第二項において「雇用労働者」という。）及び求職者（同法第六条第一項に規定する船員となろうとする者を除く。以下同じ。）をいう。

2　この法律において「職業能力」とは、職業に必要な労働者の能力をいう。

3　この法律において「職業能力検定」とは、職業に必要な労働者の技能及びこれに関する知識についての検定（厚生労働省の所掌に属しないものを除く。）をいう。

4　この法律において「職業生活設計」とは、労働者が、自らその長期にわたる職業生活における職業に関する目的を定めるとともに、その目的の実現を図るため、その適性、職業経験その他の実情に応じ、職業の選択、職業能力の開発及び向上のための取組その他の事項について自ら計画することをいう。

5　この法律において「キャリアコンサルティング」とは、労働者の職業の選択、職業生活設計又は職業能力の開発及び向上に関する相談に応じ、助言及び指導を行うことをいう。

（職業能力開発促進の基本理念）

第三条　労働者がその職業生活の全期間を通じてその有する能力を有効に発揮できるようにすることが、職業の安定及び労働者の地位の向上のために不可欠であるとともに、経済及び社会の発展の基礎をなすものであることにかんがみ、この法律の規定による職業能力の開発及び向上の促進は、産業構造の変化、技術の進歩その他の経済的環境の変化による業務の内容の変化に対する労働者の適応性を増大させ、及び転職に当たつての円滑な再就職に資するよう、労働者の職業生活設計に配慮しつつ、その職業生活の全期間を通じて段階的かつ体系的に行われることを基本理念とする。

第三条の二　労働者の自発的な職業能力の開発及び向上の促進は、前条の基本理念に従い、職業生活設計に即して、必要な職業訓練及び職業に関する教育訓練を受ける機会が確保され、並びに必要な実務の経験がなされ、並びにこれらにより習得された職業に必要な技能及びこれに関する知識の適正な評価を行うことによつて図られなければならない。

2　職業訓練は、学校教育法（昭和二十二年法律第二十六号）による学校教育との重複を避け、かつ、これとの密接な関連の下に行われなければならない。

3　青少年に対する職業訓練は、特に、その個性に応じ、かつ、その適性を生かすように配慮するとともに、有為な職業人として自立しようとする意欲を高めることができるように行われなければならない。

4　身体又は精神に障害がある者等に対する職業訓練は、特にこれらの者の身体的又は精神的な事情等に配慮して行われなければならない。

5　技能検定その他の職業能力検定は、職業能力の評価に係る客観的かつ公正な基準の整備及び試験その他の評価方法の充実が図られ、並びに職業訓練、職業に関する教育訓練及び実務の経験を通じて習得された職業に必要な技能及びこれに関する知識についての評価が適正になされるように行われなければならない。

第三条の三　労働者は、職業生活設計を行い、その職業生活設計に即して自発的な職業能力の開発及び向上に努めるものとする。

（関係者の責務）

第四条　事業主は、その雇用する労働者に対し、必要な職業訓練を行うとともに、その労働者が自ら職業に関する教育訓練又は職業能力検定を受ける機会を確保するために必要な援助その他その労働者が職業生活設計に即して自発的な職業能力の開発及び向上を図ることを容易にするために必要な援助を行うこと等によりその労働者に係る職業能力の開発及び向上の促進に努めなければならない。

2　国及び都道府県は、事業主その他の関係者の自主的な努力を尊重しつつ、その実情に応じて必要な援助等を行うことにより事業主その他の関係者の行う職業訓練及び職業能力検定の振興並びにこれらの内容の充実並びに労働者が自ら職業に関する教育訓練又は職業能力検定を受ける機会を確保するために事業主の行う援助その他労働者が職業生活設計に即して自発的な職業能力の開発及び向上を図ることを容易にするために事業主の講ずる措置等の奨励に努めるとともに、職業を転換しようとする労働者その他職業能力の開発及び向上について特に援助を必要とする者に対する職業訓練の実施、事業主、事業主の団体等により行われる職業訓練の状況等にかんがみ必要とされる職業訓練の実施、労働者が職業生活設計に即して自発的な職業能力の開発及び向上を図ることを容易にするための援助、技能検定の円滑な実施等に努めなければならない。

第二章　職業能力開発計画

（職業能力開発基本計画）

第五条　厚生労働大臣は、職業能力の開発（職業訓練、職業能力検定その他この法律の規定による職業能力の開発及び向上をいう。次項及び第七条第一項において同じ。）に関する基本となるべき計画（以下「職業能力開発基本計画」という。）を策定するものとする。

2　職業能力開発基本計画に定める事項は、次のとおりとする。

一　技能労働力等の労働力の需給の動向に関する事項

二　職業能力の開発の実施目標に関する事項

三　職業能力の開発について講じようとする施策の基本となるべき事項

3　職業能力開発基本計画は、経済の動向、労働市場の推移等についての長期見通しに基づき、かつ、技能労働力等の労働力の産業別、職種別、企業規模別、年齢別等の需給状況、労働者の労働条件及び労働能率の状態等を考慮して定められなければならない。

4　厚生労働大臣は、必要がある場合には、職業能力開発基本計画において、特定の職種等に係る職業訓練の振興を図るために必要な施策を定めることができる。

5　厚生労働大臣は、職業能力開発基本計画を定めるに当たつては、あらかじめ、労働政策審議会の意見を聴くほか、関係行政機関の長及び都道府県知事の意見を聴くものとする。

6　厚生労働大臣は、職業能力開発基本計画を定めたときは、遅滞なく、その概要を公表しなければならない。

7　前二項の規定は、職業能力開発基本計画の変更について準用する。

（勧告）

第六条　厚生労働大臣は、職業能力開発基本計画を的確に実施するために必要があると認めるときは、労働政策審議会の意見を聴いて、関係事業主の団体に対し、職業訓練の実施その他関係労働者に係る職業能力の開発及び向上を促進するための措置の実施に関して必要な勧告をすることができる。

（都道府県職業能力開発計画等）

第七条　都道府県は、職業能力開発基本計画に基づき、当該都道府県の区域内において行われる職業能力の開発に関する基本となるべき計画（以下「都道府県職業能力開発計画」という。）を策定するよう努めるものとする。

2　都道府県職業能力開発計画においては、おおむね第五条第二項各号に掲げる事項について定めるものとする。

3　都道府県知事は、都道府県職業能力開発計画の案を作成するに当たつては、あらかじめ、事業主、労働者その他の関係者の意見を反映させるために必要な措置を講ずるよう努めるものとする。

4　都道府県知事は、都道府県職業能力開発計画を定めたときは、遅滞なく、その概要を公表するよう努めるものとする。

5　第五条第三項及び第四項の規定は都道府県職業能力開発計画の策定について、前二項の規定は都道府県職業能力開発計画の変更について、前条の規定は都道府県職業能力開発計画の実施について準用する。この場合において、第五条第四項中「厚生労働大臣」とあるのは「都道府県」と、前条中「厚生労働大臣」とあるのは「都道府県知事」と、「労働政策審議会の意見を聴いて」とあるのは「事業主、労働者その他の関係者の意見を反映させるために必要な措置を講じた上で」と読み替えるものとする。

第三章　職業能力開発の促進

第一節　事業主等の行う職業能力開発促進の措置

（多様な職業能力開発の機会の確保）

第八条　事業主は、その雇用する労働者が多様な職業訓練を受けること等により職業能力の開発及び向上を図ることができるように、その機会の確保について、次条から第十条の四までに定める措置を通じて、配慮するものとする。

第九条　事業主は、その雇用する労働者に対して職業訓練を行う場合には、その労働者の業務の遂行の過程内において又は当該業務の遂行の過程外において、自ら又は共同して行うほか、第十五条の七第三項に規定する公共職業能力開発施設その他職業能力の開発及び向上について適切と認められる他の者の設置する施設により行われる職業訓練を受けさせること によつて行うことができる。

第一〇条　事業主は、前条の措置によるほか、必要に応じ、次に掲げる措置を講ずること等により、その雇用する労働者に係る職業能力の開発及び向上を促進するものとする。

一　他の者の設置する施設により行われる職業に関する教育訓練を受けさせること。

二　自ら若しくは共同して行う職業能力検定又は職業能力の開発及び向上について適切と認められる他の者の行う職業能力検定を受けさせること。

第一〇条の二　事業主は、必要に応じ、実習併用職業訓練を実施することにより、その雇用する労働者の実践的な職業能力の開発及び向上を促進するものとする。

2　前項の実習併用職業訓練とは、事業主が、その雇用する労働者の業務の遂行の過程内において行う職業訓練と次のいずれかの職業訓練又は教育訓練とを効果的に組み合わせることにより実施するものであつて、これにより習得された技能及びこれに関する知識についての評価を行うものをいう。

一　第十五条の七第三項に規定する公共職業能力開発施設により行われる職業訓練

二　第二十四条第三項に規定する認定職業訓練

三　前二号に掲げるもののほか、当該事業主以外の者の設置する施設であつて職業能力の開発及び向上について適切と認められるものにより行われる教育訓練

3　厚生労働大臣は、前項に規定する実習併用職業訓練の適切かつ有効な実施を図るため事業主が講ずべき措置に関する指針を公表するものとする。

第一〇条の三　事業主は、前三条の措置によるほか、必要に応じ、次に掲げる措置を講ずることにより、その雇用する労働者の職業生活設計に即した自発的な職業能力の開発及び向上を促進するものとする。

一　労働者が自ら職業能力の開発及び向上に関する目標を定めることを容易にするために、業務の遂行に必要な技能及びこれに関する知識の内容及び程度その他の事項に関し、情報を提供すること、職業能力の開発及び向上の促進に係る各段階において、並びに労働者の求めに応じてキャリアコンサルティングの機会を確保することその他の援助を行うこと。

二　労働者が実務の経験を通じて自ら職業能力の開発及び向上を図ることができるようにするために、労働者の配置その他の雇用管理について配慮すること。

2　事業主は、前項第一号の規定によりキャリアコンサルティングの機会を確保する場合には、キャリアコンサルタントを有効に活用するように配慮するものとする。

第一〇条の四　事業主は、第九条から前条までに定める措置によるほか、必要に応じ、その雇用する労働者が自ら職業に関する教育訓練又は職業能力検定を受ける機会を確保するために必要な次に掲げる援助を行うこと等によりその労働者の職業生活設計に即した自発的な職業能力の開発及び向上を促進するものとする。

一　有給教育訓練休暇、長期教育訓練休暇、再就職準備休暇その他の休暇を付与すること。

二　始業及び終業の時刻の変更、勤務時間の短縮その他職業に関する教育訓練又は職業能力検定を受ける時間を確保するために必要な措置を講ずること。

2　前項第一号の有給教育訓練休暇とは、職業人としての資質の向上その他職業に関する教育訓練を受ける労働者に対して与えられる有給休暇（労働基準法（昭和二十二年法律第四十九号）第三十九条の規定による年次有給休暇として与えられ

るものを除く。）をいう。

3　第一項第一号の長期教育訓練休暇とは、職業人としての資質の向上その他職業に関する教育訓練を受ける労働者に対して与えられる休暇であつて長期にわたるもの（労働基準法第三十九条の規定による年次有給休暇として与えられるもの及び前項に規定する有給教育訓練休暇として与えられるものを除く。）をいう。

4　第一項第一号の再就職準備休暇とは、再就職のための準備として職業能力の開発及び向上を図る労働者に対して与えられる休暇（労働基準法第三十九条の規定による年次有給休暇として与えられるもの、第二項に規定する有給教育訓練休暇として与えられるもの及び前項に規定する長期教育訓練休暇として与えられるものを除く。）をいう。

第一〇条の五　厚生労働大臣は、前二条の規定により労働者の職業生活設計に即した自発的な職業能力の開発及び向上を促進するために事業主が講ずる措置に関して、その適切かつ有効な実施を図るために必要な指針を公表するものとする。

（計画的な職業能力開発の促進）

第一一条　事業主は、その雇用する労働者に係る職業能力の開発及び向上が段階的かつ体系的に行われることを促進するため、第九条から第十条の四までに定める措置に関する計画を作成するように努めなければならない。

2　事業主は、前項の計画を作成したときは、その計画の内容をその雇用する労働者に周知させるために必要な措置を講ずることによりその労働者の職業生活設計に即した自発的な職業能力の開発及び向上を促進するように努めるとともに、次条の規定により選任した職業能力開発推進者を有効に活用することによりその計画の円滑な実施に努めなければならない。

（職業能力開発推進者）

第一二条　事業主は、厚生労働省令で定めるところにより、次に掲げる業務を担当する者（以下「職業能力開発推進者」という。）を選任するように努めなければならない。

一　前条第一項の計画の作成及びその実施に関する業務

二　第九条から第十条の四までに定める措置に関し、その雇用する労働者に対して行う相談、指導等の業務

三　事業主に対して、国、都道府県又は中央職業能力開発協会若しくは都道府県職業能力開発協会（以下この号において「国等」という。）により前条第一項の計画の作成及び実施に関する助言及び指導その他の援助等が行われる場合にあつては、国等との連絡に関する業務

（熟練技能等の習得の促進）

第一二条の二　事業主は、必要に応じ、労働者がその習得に相当の期間を要する熟練した技能及びこれに関する知識（以下この条において「熟練技能等」という。）に関する情報を体系的に管理し、提供することその他の必要な措置を講ずることにより、その雇用する労働者の熟練技能等の効果的かつ効率的な習得による職業能力の開発及び向上の促進に努めなければならない。

2　厚生労働大臣は、前項の規定により労働者の熟練技能等の習得を促進するために事業主が講ずる措置に関して、その適切かつ有効な実施を図るために必要な指針を公表するものとする。

（認定職業訓練の実施）

第一三条　事業主、事業主の団体若しくはその連合団体、職業訓練法人若しくは中央職業能力開発協会若しくは都道府県職業能力開発協会又は一般社団法人若しくは一般財団法人、法人である労働組合その他の営利を目的としない法人で、職業訓練を行い、若しくは行おうとするもの（以下「事業主等」と総称する。）は、第四節及び第七節に定めるところにより、当該事業主等の行う職業訓練が職業訓練の水準の維持向上の

ための基準に適合するものであることの認定を受け
職業訓練を実施することができる。

（認定実習併用職業訓練の実施）

第一四条　事業主は、第五節に定めるところにより、当該事業主の行う実習併用職業訓練（第十条の二第二項に規定する実習併用職業訓練をいう。以下同じ。）の実施計画が青少年（厚生労働省令で定める者に限る。以下同じ。）の実践的な職業能力の開発及び向上を図るために効果的であることの認定を受けて、当該実習併用職業訓練を実施することができる。

第二節　国及び都道府県による職業能力開発促進の措置

（多様な職業能力開発の機会の確保）

第一四条の二　国及び都道府県は、労働者が多様な職業訓練を受けること等により職業能力の開発及び向上を図ることができるように、その機会の確保について、第十三条に定めるもののほか、この節及び次節に定める措置を通じて、配慮するものとする。

（協議会）

第一五条　都道府県の区域において職業訓練に関する事務及び事業を行う国及び都道府県の機関（以下この項において「関係機関」という。）は、地域の実情に応じた職業能力の開発及び向上の促進のための取組が適切かつ効果的に実施されるようにするため、関係機関及び次に掲げる者により構成される協議会（以下この条において単に「協議会」という。）を組織することができる。

一　第十五条の七第三項に規定する公共職業能力開発施設を設置する市町村

二　職業訓練若しくは職業に関する教育訓練を実施する者又はその団体

三　労働者団体

四　事業主団体

五　職業安定法（昭和二十二年法律第百四十一号）第四条第十項に規定する職業紹介事業者若しくは同条第十一項に規定する特定募集情報等提供事業者又はこれらの団体

六　学識経験者

七　その他関係機関が必要と認める者

2　協議会は、職業能力の開発及び向上の促進に有用な情報を共有し、その構成員の連携の緊密化を図りつつ、都道府県の区域における職業訓練及び職業に関する教育訓練の需要及び実施の状況その他の地域の実情に応じた適切かつ効果的な職業訓練及び職業に関する教育訓練の実施並びにキャリアコンサルティングの機会の確保その他の職業能力の開発及び向上の促進のための取組について協議を行うものとする。

3　協議会の事務に従事する者又は協議会の事務に従事していた者は、正当な理由なく、協議会の事務に関して知り得た秘密を漏らしてはならない。

4　前三項に定めるもののほか、協議会の組織及び運営に関し必要な事項は、協議会が定める。

（事業主その他の関係者に対する援助）

第一五条の二　国及び都道府県は、事業主等の行う職業訓練及び職業能力検定並びに労働者が自ら職業に関する教育訓練又は職業能力検定を受ける機会を確保するために必要な援助その他労働者が職業生活設計に即して自発的な職業能力の開発及び向上を図ることを容易にする等のために事業主の講ずる措置に関し、次の援助を行うように努めなければならない。

一　第十条の三第一項第一号のキャリアコンサルティングに関する講習の実施

二　第十一条の計画の作成及び実施に関する助言及び指導を行うこと。

三　職業能力の開発及び向上の促進に関する技術的事項について相談その他の援助を行うこと（キャリアコンサルティングの機会の確保に係るものを含む。）。
四　情報及び資料を提供すること。
五　職業能力開発推進者に対する講習の実施及び職業能力開発推進者相互の啓発の機会の提供を行うこと。
六　第二十七条第一項に規定する職業訓練指導員を派遣すること。
七　委託を受けて職業訓練の一部を行うこと。
八　前各号に掲げるもののほか、第十五条の七第三項に規定する公共職業能力開発施設を使用させる等の便益を提供すること。

2　国及び都道府県は、職業能力の開発及び向上を促進するため、労働者に対し、前項第三号及び第四号に掲げる援助を行うように努めなければならない。

3　国は、事業主等及び労働者に対する第一項第二号から第四号までに掲げる援助を適切かつ効果的に行うため必要な施設の設置等特別の措置を講ずることができる。

4　第一項及び第二項の規定により国及び都道府県が事業主等及び労働者に対して援助を行う場合には、中央職業能力開発協会又は都道府県職業能力開発協会と密接な連携の下に行うものとする。

（事業主等に対する助成等）

第一五条の三　国は、事業主等の行う職業訓練及び職業能力検定の振興を図り、及び労働者に対する第十条の四第二項に規定する有給教育訓練休暇の付与その他の労働者が自ら職業に関する教育訓練又は職業能力検定を受ける機会を確保するための援助その他労働者が第十五条の七第三項に規定する公共職業能力開発施設等の行う職業訓練、職業能力検定等を受けることを容易にするための援助等の措置が事業主によつて講ぜられることを奨励するため、事業主等に対する助成その他必要な措置を講ずることができる。

（職務経歴等記録書の普及）

第一五条の四　国は、労働者の職業生活設計に即した自発的な職業能力の開発及び向上を促進するため、労働者の職務の経歴、職業能力その他の労働者の職業能力の開発及び向上に関する事項を明らかにする書面（次項において「職務経歴等記録書」という。）の様式を定め、その普及に努めなければならない。

2　国は、職務経歴等記録書の様式を定めるに当たつては、青少年の職業生活設計に即した自発的な職業能力の開発及び向上が促進されるように、その特性にも配慮するものとする。

（職業能力の開発に関する調査研究等）

第一五条の五　国は、中央職業能力開発協会の協力を得て、職業訓練、職業能力検定その他職業能力の開発及び向上に関し、調査研究及び情報の収集整理を行い、事業主、労働者その他の関係者が当該調査研究の成果及びその情報を利用することができるように努めなければならない。

（職業に必要な技能に関する広報啓発等）

第一五条の六　国は、職業能力の開発及び向上が円滑に促進されるような環境を整備するため、職業に必要な技能について事業主その他国民一般の理解を高めるために必要な広報その他の啓発活動等を行うものとする。

第三節　国及び都道府県等による職業訓練の実施等

（国及び都道府県の行う職業訓練等）

第一五条の七　国及び都道府県は、労働者が段階的かつ体系的に職業に必要な技能及びこれに関する知識を習得することが

ころにより設置して、当該施設の区分に応じ当該各号に規定する職業訓練を行うものとする。ただし、当該職業訓練のうち主として知識を習得するために行われるもので厚生労働省令で定めるもの（都道府県にあつては、当該職業訓練のうち厚生労働省令で定める要件を参酌して条例で定めるもの）については、当該施設以外の施設においても適切と認められる方法により行うことができる。

一　職業能力開発校（普通職業訓練（次号に規定する高度職業訓練以外の職業訓練をいう。以下同じ。）で長期間及び短期間の訓練課程のものを行うための施設をいう。以下同じ。）

二　職業能力開発短期大学校（高度職業訓練（労働者に対し、職業に必要な高度の技能及びこれに関する知識を習得させるための職業訓練をいう。以下同じ。）で長期間及び短期間の訓練課程（次号の厚生労働省令で定める長期間の訓練課程を除く。）のものを行うための施設をいう。以下同じ。）

三　職業能力開発大学校（高度職業訓練で前号に規定する長期間及び短期間の訓練課程のもの並びに高度職業訓練で専門的かつ応用的な職業能力を開発し、及び向上させるためのものとして厚生労働省令で定める長期間の訓練課程のものを行うための施設をいう。以下同じ。）

四　職業能力開発促進センター（普通職業訓練又は高度職業訓練のうち短期間の訓練課程のものを行うための施設をいう。以下同じ。）

五　障害者職業能力開発校（前各号に掲げる施設において職業訓練を受けることが困難な身体又は精神に障害がある者等に対して行うその能力に適応した普通職業訓練又は高度職業訓練を行うための施設をいう。以下同じ。）

2　国及び都道府県が設置する前項各号に掲げる施設は、当該各号に規定する職業訓練を行うほか、事業主、労働者その他の関係者に対し、第十五条の二第一項第三号、第四号及び第六号から第八号までに掲げる援助を行うように努めなければならない。

3　国及び都道府県（第十六条第二項の規定により地方自治法（昭和二十二年法律第六十七号）第二百五十二条の十九第一項の指定都市（以下「指定都市」という。）が職業能力開発短期大学校、職業能力開発大学校、職業能力開発促進センター又は障害者職業能力開発短期大学校等」という。）を設置する場合には、当該指定都市を、市町村が職業能力開発校を設置する場合には、当該市町村を含む。以下この項において同じ。）が第一項各号に掲げる施設を設置して職業訓練を行う場合には、その設置する同項各号に掲げる施設（以下「公共職業能力開発施設」という。）内において行うほか、国にあつては職業を転換しようとする労働者等に対する迅速かつ効果的な職業訓練を、都道府県にあつては厚生労働省令で定める要件を参酌して条例で定める職業訓練を実施するため必要があるときは、職業能力の開発及び向上について適切と認められる他の施設により行われる教育訓練を当該公共職業能力開発施設の行う職業訓練とみなし、当該教育訓練を受けさせることによつて行うことができる。

4　公共職業能力開発施設は、第一項各号に規定する職業訓練及び第二項に規定する援助（指定都市が設置する職業能力開発短期大学校等及び市町村が設置する職業能力開発校に係るものを除く。）を行うほか、次に掲げる業務を行うことができる。

一　開発途上にある海外の地域において事業を行う者に当該地域において雇用されている者の訓練を担当する者になろうとする者又は現に当該訓練を担当している者に対して、

必要な技能及びこれに関する知識を習得させるための訓練を行うこと。

二　前号に掲げるもののほか、職業訓練その他この法律の規定による職業能力の開発及び向上に関し必要な業務で厚生労働省令で定めるものを行うこと。

（職業訓練の実施に関する計画）

第一五条の八　国が設置する公共職業能力開発施設の行う職業訓練及び国が行う前条第一項ただし書に規定する職業訓練は、厚生労働大臣が厚生労働省令で定めるところにより作成する当該職業訓練の実施に関する計画に基づいて実施するものとする。

2　厚生労働大臣は、前項の計画を定めるに当たつては、あらかじめ、関係行政機関の長その他の関係者の意見を聴くものとする。

（公共職業能力開発施設）

第一六条　国は、職業能力開発短期大学校、職業能力開発大学校、職業能力開発促進センター及び障害者職業能力開発校を設置し、都道府県は、職業能力開発校を設置する。

2　前項に定めるもののほか、都道府県及び指定都市は職業能力開発短期大学校等を、市町村は職業能力開発校を設置することができる。

3　公共職業能力開発施設の位置、名称その他運営について必要な事項は、国が設置する公共職業能力開発施設については厚生労働省令で、都道府県又は市町村が設置する公共職業能力開発施設については条例で定める。

4　国は、第一項の規定により設置した障害者職業能力開発校のうち、厚生労働省令で定めるものの運営を独立行政法人高齢・障害・求職者雇用支援機構に行わせるものとし、当該厚生労働省令で定めるもの以外の障害者職業能力開発校の運営を都道府県に委託することができる。

5　公共職業能力開発施設の長は、職業訓練に関し高い識見を有する者でなければならない。

（名称使用の制限）

第一七条　公共職業能力開発施設でないもの（第二十五条の規定により設置される施設を除く。）は、その名称中に職業能力開発校、職業能力開発短期大学校、職業能力開発大学校、職業能力開発促進センター又は障害者職業能力開発校という文字を用いてはならない。

（国、都道府県及び市町村による配慮）

第一八条　国、都道府県及び市町村は、その設置及び運営について、公共職業能力開発施設が相互に競合することなくその機能を十分に発揮することができるように配慮するものとする。

2　国、都道府県及び市町村は、職業訓練の実施に当たり、関係地域における労働者の職業の安定及び産業の振興に資するように、職業訓練の開始の時期、期間及び内容等について十分配慮するものとする。

3　国、都道府県及び市町村は、職業訓練の実施に当たり、労働者がその生活との調和を保ちつつ、職業能力の開発及び向上を図ることができるように、職業訓練の期間及び時間等について十分配慮するものとする。

（職業訓練の基準）

第一九条　公共職業能力開発施設は、職業訓練の水準の維持向上のための基準として当該職業訓練の訓練課程ごとに教科、訓練時間、設備その他の厚生労働省令で定める事項に関し厚生労働省令で定める基準（都道府県又は市町村が設置する公共職業能力開発施設にあつては、当該都道府県又は市町村の条例で定める基準）に従い、普通職業訓練又は高度職業訓練を行うものとする。

2　前項の訓練課程の区分は、厚生労働省令で定める。

3　都道府県又は市町村が第一項の規定により条例を定めるに当たつては、公共職業能力開発施設における訓練生の数については同項に規定する厚生労働省令で定める基準を標準として定めるものとし、その他の事項については同項に規定する厚生労働省令で定める基準を参酌するものとする。

（教材）

第二〇条　公共職業能力開発施設の行う普通職業訓練又は高度職業訓練（以下「公共職業訓練」という。）においては、厚生労働大臣の認定を受けた教科書その他の教材を使用するように努めなければならない。

（技能照査）

第二一条　公共職業能力開発施設の長は、公共職業訓練（長期間の訓練課程のものに限る。）を受ける者に対して、技能及びこれに関する知識の照査（以下この条において「技能照査」という。）を行わなければならない。

2　技能照査に合格した者は、技能士補と称することができる。

3　技能照査の基準その他技能照査の実施に関し必要な事項は、厚生労働省令で定める。

（修了証書）

第二二条　公共職業能力開発施設の長は、公共職業訓練を修了した者に対して、厚生労働省令で定めるところにより、修了証書を交付しなければならない。

（職業訓練を受ける求職者に対する措置）

第二三条　公共職業訓練のうち、次に掲げるものは、無料とする。

一　国が設置する職業能力開発促進センターにおいて職業の転換を必要とする求職者その他の厚生労働省令で定める求職者に対して行う普通職業訓練（短期間の訓練課程で厚生労働省令で定めるものに限る。）

二　国が設置する障害者職業能力開発校において求職者に対して行う職業訓練

三　都道府県又は市町村が設置する公共職業能力開発施設の行う職業訓練（厚生労働省令で定める基準を参酌して当該都道府県又は市町村の条例で定めるものに限る。）

2　国及び都道府県は、公共職業訓練のうち、職業能力開発校及び職業能力開発促進センターにおいて職業の転換を必要とする求職者その他の厚生労働省令で定める求職者に対して行う普通職業訓練（短期間の訓練課程で厚生労働省令で定めるものに限る。）並びに障害者職業能力開発校において求職者に対して行う職業訓練を受ける求職者に対して、労働施策の総合的な推進並びに労働者の雇用の安定及び職業生活の充実等に関する法律の規定に基づき、手当を支給することができる。

3　公共職業能力開発施設の長は、公共職業安定所長との密接な連携の下に、公共職業訓練を受ける求職者の就職の援助に関し必要な措置を講ずるように努めなければならない。

4　公共職業能力開発施設の長は、公共職業訓練を受ける求職者が自ら職業能力の開発及び向上に関する目標を定めることを容易にするために、必要に応じ、キャリアコンサルタントによる相談の機会の確保その他の援助を行うように努めなければならない。

第四節　事業主等の行う職業訓練の認定等

（都道府県知事による職業訓練の認定）

第二四条　都道府県知事は、事業主等の申請に基づき、当該事業主等の行う職業訓練について、第十九条第一項の厚生労働省令で定める基準に適合するものであることの認定をすることができる。ただし、当該事業主等が当該職業訓練を的確に実施することができる能力を有しないと認めるときは、この限りでない。

2　都道府県知事は、前項の認定をしようとする場合において、当該職業訓練を受ける労働者が労働基準法第七十条の規定に基づく厚生労働省令又は労働安全衛生法（昭和四十七年法律第五十七号）第六十一条第四項の規定に基づく厚生労働省令の適用を受けるべきものであるときは、厚生労働省令で定める場合を除き、都道府県労働局長の意見を聴くものとする。

3　都道府県知事は、第一項の認定に係る職業訓練（以下「認定職業訓練」という。）が第十九条第一項の厚生労働省令で定める基準に適合しなくなつたと認めるとき、又は事業主等が当該認定職業訓練を行わなくなつたとき、若しくは当該認定職業訓練を的確に実施することができる能力を有しなくなつたと認めるときは、当該認定を取り消すことができる。

（事業主等の設置する職業訓練施設）

第二五条　認定職業訓練を行う事業主等は、厚生労働省令で定めるところにより、職業訓練施設として職業能力開発校、職業能力開発短期大学校、職業能力開発大学校又は職業能力開発促進センターを設置することができる。

（事業主等の協力）

第二六条　認定職業訓練を行う事業主等は、その事業に支障のない範囲内で、認定職業訓練のための施設を他の事業主等の行う職業訓練のために使用させ、又は委託を受けて他の事業主等に係る労働者に対して職業訓練を行うように努めるものとする。

（準用）

第二六条の二　第二十条から第二十二条までの規定は、認定職業訓練について準用する。この場合において、第二十一条第一項及び第二十二条中「公共職業能力開発施設の長」とあるのは、「認定職業訓練を行う事業主等」と読み替えるものとする。

第五節　実習併用職業訓練実施計画の認定等

（実施計画の認定）

第二六条の三　実習併用職業訓練を実施しようとする事業主は、厚生労働省令で定めるところにより、実習併用職業訓練の実施計画（以下この節において「実施計画」という。）を作成し、厚生労働大臣の認定を申請することができる。

2　実施計画には、実習併用職業訓練に関する次に掲げる事項を記載しなければならない。

一　対象者

二　期間及び内容

三　職業能力の評価の方法

四　訓練を担当する者

五　その他厚生労働省令で定める事項

3　厚生労働大臣は、第一項の認定の申請があつた場合において、その実施計画が青少年の実践的な職業能力の開発及び向上を図るために効果的な実習併用職業訓練に関する基準として厚生労働省令で定める基準に適合すると認めるときは、その認定をすることができる。

（実施計画の変更等）

第二六条の四　前条第三項の認定を受けた事業主（以下「認定事業主」という。）は、当該認定に係る実施計画を変更しようとするときは、厚生労働大臣の認定を受けなければならない。

2　厚生労働大臣は、前条第三項の認定に係る実施計画（前項の規定による変更の認定があつたときは、その変更後のもの。以下この節において「認定実施計画」という。）が、同条第三項の厚生労働省令で定める基準に適合しなくなつたと認めるとき、又は認定事業主が認定実施計画に従って実習併用職業訓練を実施していないと認めるときは、その認定を取り消すことができる。

3　前条第三項の規定は、第一項の認定について準用する。

（表示等）

第二十六条の五　認定事業主は、認定実施計画に係る実習併用職業訓練（以下「認定実習併用職業訓練」という。）を実施するときは、労働者の募集の広告その他の厚生労働省令で定めるもの（次項において「広告等」という。）に、厚生労働省令で定めるところにより、当該認定実習併用職業訓練が実施計画の認定を受けている旨の表示を付することができる。

2　何人も、前項の規定による場合を除くほか、広告等に同項の表示又はこれと紛らわしい表示を付してはならない。

（委託募集の特例等）

第二十六条の六　承認中小事業主団体の構成員である中小事業主（認定事業主に限る。以下同じ。）が、当該承認中小事業主団体をして認定実習併用職業訓練を担当する者（以下「訓練担当者」という。）の募集を行わせようとする場合において、当該承認中小事業主団体が当該募集に従事しようとするときは、職業安定法第三十六条第一項及び第三項の規定は、当該構成員である中小事業主については、適用しない。

2　この条及び次条において、次の各号に掲げる用語の意義は、当該各号に定めるところによる。

一　中小事業主　中小企業における労働力の確保及び良好な雇用の機会の創出のための雇用管理の改善の促進に関する法律（平成三年法律第五十七号）第二条第一項第一号から第三号までに掲げる者をいう。

二　承認中小事業主団体　事業協同組合、協同組合連合会その他の特別の法律により設立された組合若しくはその連合会であつて厚生労働省令で定めるもの又は一般社団法人で中小事業主を直接又は間接の構成員とするもの（厚生労働省令で定める要件に該当するものに限る。以下この号において「事業協同組合等」という。）であつて、その構成員である中小事業主に対し、認定実習併用職業訓練の適切かつ有効な実施を図るための人材確保に関する相談及び援助を行うものとして、当該事業協同組合等の申請に基づき厚生労働大臣がその定める基準により適当であると承認したものをいう。

3　厚生労働大臣は、承認中小事業主団体が前項第二号の相談及び援助を行うものとして適当でなくなつたと認めるときは、同号の承認を取り消すことができる。

4　第一項の承認中小事業主団体は、当該募集に従事しようとするときは、厚生労働省令で定めるところにより、募集時期、募集人員、募集地域その他の訓練担当者の募集に関する事項で厚生労働省令で定めるものを厚生労働大臣に届け出なければならない。

5　職業安定法第三十七条第二項の規定は前項の規定による届出があつた場合について、同法第五条の三第一項及び第四項、第五条の四第一項及び第二項、第五条の五、第三十九条、第四十一条第二項、第四十二条、第四十八条の三第一項、第四十八条の四、第五十条第一項及び第二項並びに第五十一条の規定は前項の規定による届出をして訓練担当者の募集に従事する者について、同法第四十条の規定は同項の規定による届出をして訓練担当者の募集に従事する者に対する報酬の供与について、同法第五十条第三項及び第四項の規定はこの項において準用する同条第二項に規定する職権を行う場合について準用する。この場合において、同法第三十七条第二項中「労働者の募集を行おうとする者」とあるのは「職業能力開発促進法第二十六条の六第四項の規定による届出をして同条第一項に規定する訓練担当者の募集に従事しようとする者」と、同法第四十一条第二項中「当該労働者の募集の業務の廃止を命じ、又は期間」とあるのは「期間」と読み替えるものとする。

6 職業安定法第三十六条第二項及び第四十二条の二の規定の適用については、同項中「前項の」とあるのは「被用者以外の者をして職業能力開発促進法第二十六条の六第一項に規定する訓練担当者の募集に従事させようとする者がその被用者以外の者に与えようとする」と、同条中「第三十九条に規定する募集受託者」とあるのは「職業能力開発促進法第二十六条の六第四項の規定による届出をして同条第一項に規定する訓練担当者の募集に従事する者」と、「同項に」とあるのは「次項に」とする。

7 厚生労働大臣は、承認中小事業主団体に対し、第二項第二号の相談及び援助の実施状況について報告を求めることができる。

第二六条の七 公共職業安定所は、前条第四項の規定による届出をして訓練担当者の募集に従事する承認中小事業主団体に対して、雇用情報及び職業に関する調査研究の成果を提供し、かつ、これらに基づき当該募集の内容又は方法について指導することにより、当該募集の効果的かつ適切な実施の促進に努めなければならない。

第六節 職業能力開発総合大学校

第二七条 職業能力開発総合大学校は、公共職業訓練その他の職業訓練の円滑な実施その他職業能力の開発及び向上の促進に資するため、公共職業訓練及び認定職業訓練（以下「準則訓練」という。）において訓練を担当する者（以下「職業訓練指導員」という。）になろうとする者又は職業訓練指導員に対し、必要な技能及びこれに関する知識を付与することによつて、職業訓練指導員を養成し、又はその能力の向上に資するための訓練（以下「指導員訓練」という。）、職業訓練のうち準則訓練の実施の円滑化に資するものとして厚生労働省令で定めるもの並びに職業能力の開発及び向上に関する調査及び研究を総合的に行うものとする。

2 職業能力開発総合大学校は、前項に規定する業務を行うほか、この法律の規定による職業能力の開発及び向上に関し必要な業務で厚生労働省令で定めるものを行うことができる。

3 国は、職業能力開発総合大学校を設置する。

4 職業能力開発総合大学校でないものは、その名称中に職業能力開発総合大学校という文字を用いてはならない。

5 第十五条の七第二項及び第四項（第二号を除く。）、第十六条第三項（国が設置する公共職業能力開発施設に係る部分に限る。）及び第五項並びに第二十三条第三項及び第四項の規定は職業能力開発総合大学校について、第十九条から第二十二条までの規定は職業能力開発総合大学校において行う職業訓練について準用する。この場合において、第十五条の七第二項中「当該各号に規定する職業訓練」とあり、及び同条第四項中「第一項各号に規定する職業訓練」とあるのは「第二十七条第一項に規定する業務」と、第二十一条第一項及び第二十二条中「公共職業能力開発施設」とあるのは「職業能力開発総合大学校」と、第二十三条第三項及び第四項中「公共職業訓練を受ける」とあるのは「指導員訓練（第二十七条第一項に規定する指導員訓練をいう。）又は職業訓練を受ける」と読み替えるものとする。

第七節 職業訓練指導員等

（指導員訓練の基準等）

第二七条の二 指導員訓練の訓練課程の区分及び訓練課程ごとの教科、訓練時間、設備その他の事項に関する基準については、厚生労働省令で定める。

2 第二十二条及び第二十四条第一項から第三項までの規定は、指導員訓練について準用する。この場合において、第二十二条中「公共職業能力開発施設の長」とあるのは「職業能力開発総合大学校の長及び第二十七条の二第二項において準用する第二十四条第一項の認定に係る第二十七条第一項に規定する指導員訓練を行う事業主等」と、第二十四条第一項及び第三項中「第十九条第一項」とあるのは「第二十七条の二第一項」と読み替えるものとする。

（職業訓練指導員免許）

第二八条　準則訓練のうち普通職業訓練（短期間の訓練課程で厚生労働省令で定めるものを除く。以下この項において同じ。）における職業訓練指導員は、都道府県知事の免許を受けた者（都道府県又は市町村が設置する公共職業能力開発施設の行う普通職業訓練における職業訓練指導員にあつては、厚生労働省令で定める基準に従い当該都道府県又は市町村の条例で定める者）でなければならない。

2 **現**　前項の免許（以下「職業訓練指導員免許」という。）は、厚生労働省令で定める職種ごとに行なう。

3 **現**　職業訓練指導員免許は、申請に基づき、次の各号のいずれかに該当する者に対して、免許証を交付して行なう。

> **新**［令和七年六月一日から施行］
>
> 2　前項の免許（以下「職業訓練指導員免許」という。）は、厚生労働省令で定める職種ごとに行う。
>
> 3　職業訓練指導員免許は、申請に基づき、次の各号のいずれかに該当する者に対して、免許証を交付して行う。

一　指導員訓練のうち厚生労働省令で定める訓練課程を修了した者

二　第三十条第一項の職業訓練指導員試験に合格した者

三　職業訓練指導員の業務に関して前二号に掲げる者と同等以上の能力を有すると認められる者

4　前項第三号に掲げる者の範囲は、厚生労働省令で定める。

5　次の各号のいずれかに該当する者は、第三項の規定にかかわらず、職業訓練指導員免許を受けることができない。

一　心身の故障により職業訓練指導員の業務を適正に行うことができない者として厚生労働省令で定めるもの

二 **現**　禁錮以上の刑に処せられた者

> **新**［令和七年六月一日から施行］
>
> 二　拘禁刑以上の刑に処せられた者

三　職業訓練指導員免許の取消しを受け、当該取消しの日から二年を経過しない者

（職業訓練指導員資格の特例）

第三〇条の二　準則訓練のうち高度職業訓練（短期間の訓練課程で厚生労働省令で定めるものを除く。以下この項において同じ。）における職業訓練指導員は、当該訓練に係る教科につき、第二十八条第三項各号に掲げる者と同等以上の能力を有する者のうち、相当程度の知識又は技能を有する者として厚生労働省令で定める者（都道府県又は指定都市が設置する公共職業能力開発施設の行う高度職業訓練にあつては、厚生労働省令で定める基準を参酌して当該都道府県又は指定都市の条例で定める者）であつて、同条第五項各号のいずれかに該当する者以外の者でなければならない。

2　第二十八条第一項に規定する職業訓練（都道府県又は市町村が設置する公共職業能力開発施設の行うものを除く。）における職業訓練指導員については、当該職業訓練指導員が当該職業訓練に係る教科につき同条第三項各号に掲げる者と同等以上の能力を有する者として厚生労働省令で定める者（同条第五項各号のいずれかに該当する者を除く。）に該当するときは、当該教科に関しては、同条第一項の規定にかかわらず、職業訓練指導員免許を受けた者であることを要しない。

第八節　キャリアコンサルタント

（業務）

第三〇条の三　キャリアコンサルタントは、キャリアコンサルタントの名称を用いて、キャリアコンサルティングを行うことを業とする。

（キャリアコンサルタント試験）

第三〇条の四　キャリアコンサルタント試験は、厚生労働大臣が行う。

2　前項のキャリアコンサルタント試験（以下この節において「キャリアコンサルタント試験」という。）は、学科試験及び実技試験によつて行う。

3　次の各号のいずれかに該当する者でなければ、キャリアコンサルタント試験を受けることができない。

一　キャリアコンサルティングに必要な知識及び技能に関する講習で厚生労働省令で定めるものの課程を修了した者

二　厚生労働省令で定める実務の経験を有する者

三　前二号に掲げる者と同等以上の能力を有すると認められる者として厚生労働省令で定めるもの

4　厚生労働大臣は、厚生労働省令で定める資格を有する者に対し、第二項の学科試験又は実技試験の全部又は一部を免除することができる。

（登録試験機関の登録）

第三〇条の五　厚生労働大臣は、厚生労働大臣の登録を受けた法人（以下「登録試験機関」という。）に、キャリアコンサルタント試験の実施に関する業務（以下「資格試験業務」という。）を行わせることができる。

2　前項の登録を受けようとする者は、厚生労働省令で定めるところにより、次に掲げる事項を記載した申請書を厚生労働大臣に提出しなければならない。

一　名称及び住所並びに代表者の氏名

二　資格試験業務を行う事業所の所在地

三　前二号に掲げるもののほか、厚生労働省令で定める事項

3　厚生労働大臣は、第一項の規定により登録試験機関に資格試験業務を行わせるときは、資格試験業務を行わないものとする。

（欠格条項）

第三〇条の六　厚生労働大臣は、前条第二項の規定により登録の申請を行う者（以下この条及び次条において「申請者」という。）が、次の各号のいずれかに該当するときは、登録をしてはならない。

一　この法律又はこの法律に基づく命令に違反し、罰金以上の刑に処せられ、その執行を終わり、又は執行を受けることがなくなつた日から二年を経過しない者

二　第三十条の十五の規定により登録を取り消され、その取消しの日から二年を経過しない者

三　申請者の役員のうちに第一号に該当する者がある者

四　申請者の役員のうちに第三十条の十二第一項の規定による命令により解任され、その解任の日から起算して二年を経過しない者がある者

（登録の要件等）

第三〇条の七　厚生労働大臣は、申請者が次の各号のいずれにも適合していると認めるときは、その登録をしなければならない。この場合において、登録に関して必要な手続は、厚生労働省令で定める。

一　次に掲げる科目について試験を行うこと。

イ　この法律その他関係法令に関する科目

ロ　キャリアコンサルティングの理論に関する科目

ハ　キャリアコンサルティングの実務に関する科目

ニ　その他厚生労働省令で定める科目

二　次に掲げる条件のいずれかに適合する知識経験を有する試験委員が試験の問題の作成及び採点を行うこと。
イ　学校教育法による大学において心理学、社会学若しくは経営学に関する科目を担当する教授若しくは准教授の職にあり、又はこれらの職にあつた者
ロ　キャリアコンサルティングに五年以上従事した経験を有する者
ハ　イ又はロに掲げる者と同等以上の知識及び経験を有する者
三　資格試験業務の信頼性の確保のための次に掲げる措置がとられていること。
イ　資格試験業務に関する規程（試験に関する秘密の保持に関することを含む。以下「試験業務規程」という。）に従い資格試験業務の管理を行う専任の部門を置くこと。
ロ　イに掲げるもののほか、資格試験業務の信頼性を確保するための措置として厚生労働省令で定めるもの
四　債務超過の状態にないこと。
2　第三十条の五第一項の登録は、登録試験機関登録簿に次に掲げる事項を記載してするものとする。
一　登録年月日及び登録番号
二　第三十条の五第二項各号に掲げる事項

（キャリアコンサルタントの登録）
第三〇条の一九　キャリアコンサルタント試験に合格した者は、厚生労働省に備えるキャリアコンサルタント名簿に、氏名、事務所の所在地その他厚生労働省令で定める事項の登録を受けて、キャリアコンサルタントとなることができる。
2　次の各号のいずれかに該当する者は、前項の登録を受けることができない。
一　心身の故障によりキャリアコンサルタントの業務を適正に行うことができない者として厚生労働省令で定めるもの
二　この法律又はこの法律に基づく命令に違反し、罰金以上の刑に処せられ、その執行を終わり、又は執行を受けることがなくなつた日から二年を経過しない者
三**現**　この法律及びこの法律に基づく命令以外の法令に違反し、禁錮以上の刑に処せられ、その執行を終わり、又は執行を受けることがなくなつた日から二年を経過しない者

新［令和七年六月一日から施行］
三　この法律及びこの法律に基づく命令以外の法令に違反し、拘禁刑以上の刑に処せられ、その執行を終わり、又は執行を受けることがなくなつた日から二年を経過しない者

四　第三十条の二十二第二項の規定により登録を取り消され、その取消しの日から二年を経過しない者
3　第一項の登録は、五年ごとにその更新を受けなければ、その期間の経過によつて、その効力を失う。
4　前項の更新に関し必要な事項は、厚生労働省令で定める。

（キャリアコンサルタント登録証）
第三〇条の二〇　厚生労働大臣は、キャリアコンサルタントの登録をしたときは、申請者に前条第一項に規定する事項を記載したキャリアコンサルタント登録証（次条第二項において「登録証」という。）を交付する。

（登録事項の変更の届出等）
第三〇条の二一　キャリアコンサルタントは、第三十条の十九第一項に規定する事項に変更があつたときは、遅滞なく、その旨を厚生労働大臣に届け出なければならない。
2　キャリアコンサルタントは、前項の規定による届出をするときは、当該届出に登録証を添えて提出し、その訂正を受けなければならない。

（登録の取消し等）
第三〇条の二二　厚生労働大臣は、キャリアコンサルタントが第三十条の十九第二項第一号から第三号までのいずれかに該当するに至つたときは、その登録を取り消さなければならない。
2　厚生労働大臣は、キャリアコンサルタントが第三十条の二十七の規定に違反したときは、その登録を取り消し、又は期間を定めてキャリアコンサルタントの名称の使用の停止を命ずることができる。

（登録の消除）
第三〇条の二三　厚生労働大臣は、キャリアコンサルタントの登録がその効力を失つたときは、その登録を消除しなければならない。

（指定登録機関の指定）
第三〇条の二四　厚生労働大臣は、厚生労働大臣の指定する者（以下「指定登録機関」という。）に、キャリアコンサルタントの登録の実施に関する事務（以下「登録事務」という。）を行わせることができる。
2　前項の指定は、登録事務を行おうとする者の申請により行う。
3　指定登録機関が登録事務を行う場合における第三十条の十九第一項、第三十条の二十、第三十条の二十一第一項及び前条の規定の適用については、第三十条の十九第一項中「厚生労働省に」とあるのは「指定登録機関に」と、第三十条の二十、第三十条の二十一第一項及び前条中「厚生労働大臣」とあるのは「指定登録機関」とする。

（指定の基準）
第三〇条の二五　厚生労働大臣は、他に指定を受けた者がなく、かつ、前条第二項の申請が次の各号のいずれにも適合していると認めるときでなければ、指定をしてはならない。

一　職員、設備、登録事務の実施の方法その他の事項についての登録事務の実施に関する計画が、登録事務の適正かつ確実な実施のために適切なものであること。
二　前号の登録事務の実施に関する計画の適正かつ確実な実施に必要な経理的及び技術的な基礎を有するものであること。
三　営利を目的としない法人であること。

（義務）
第三〇条の二七　キャリアコンサルタントは、キャリアコンサルタントの信用を傷つけ、又はキャリアコンサルタント全体の不名誉となるような行為をしてはならない。
2　キャリアコンサルタントは、その業務に関して知り得た秘密を漏らし、又は盗用してはならない。キャリアコンサルタントでなくなつた後においても、同様とする。

（名称の使用制限）
第三〇条の二八　キャリアコンサルタントでない者は、キャリアコンサルタント又はこれに紛らわしい名称を用いてはならない。

第五章　職業能力検定

第一節　技能検定

（技能検定）
第四四条　技能検定は、厚生労働大臣が、厚生労働省令で定める職種（以下この条において「検定職種」という。）ごとに、厚生労働省令で定める等級に区分して行う。ただし、検定職種のうち、等級に区分することが適当でない職種として厚生労働省令で定めるものについては、等級に区分しないで行うことができる。

2 前項の技能検定（以下この章において「技能検定」という。）の合格に必要な技能及びこれに関する知識の程度は、検定職種ごとに、厚生労働省令で定める。
3 技能検定は、実技試験及び学科試験によつて行う。
4 実技試験の実施方法は、検定職種ごとに、厚生労働省令で定める。

（受検資格）
第四五条 技能検定を受けることができる者は、次の者とする。
一 厚生労働省令で定める準則訓練を修了した者
二 厚生労働省令で定める実務の経験を有する者
三 前二号に掲げる者に準ずる者で、厚生労働省令で定めるもの

（技能検定の実施）
第四六条 厚生労働大臣は、毎年、技能検定の実施計画を定め、これを関係者に周知させなければならない。
2 都道府県知事は、前項に規定する計画に従い、第四十四条第三項の実技試験及び学科試験（以下「技能検定試験」という。）の実施その他技能検定に関する業務で、政令で定めるものを行うものとする。
3 厚生労働大臣は、技能検定試験に係る試験問題及び試験実施要領の作成並びに技能検定試験の実施に関する技術的指導その他技能検定試験に関する業務の一部を中央職業能力開発協会に行わせることができる。
4 都道府県知事は、技能検定試験の実施その他技能検定試験に関する業務の一部を都道府県職業能力開発協会に行わせることができる。

第四七条 厚生労働大臣は、厚生労働省令で定めるところにより、事業主の団体若しくはその連合団体又は一般社団法人若しくは一般財団法人、法人である労働組合その他の営利を目的としない法人であつて、次の各号のいずれにも適合していると認めるもの（以下「指定試験機関」という。）に、技能検定試験に関する業務のうち、前条第二項の規定により都道府県知事が行うもの以外のもの（合格の決定に関するものを除く。以下この条及び第九十六条の二において「技能検定試験業務」という。）の全部又は一部を行わせることができる。
一 職員、設備、技能検定試験業務の実施の方法その他の事項についての技能検定試験業務の実施に関する計画が、技能検定試験業務の適正かつ確実な実施のために適切なものであること。
二 前号の技能検定試験業務の実施に関する計画の適正かつ確実な実施に必要な経理的及び技術的な基礎を有するものであること。
2 指定試験機関の役員若しくは職員又はこれらの職にあつた者は、技能検定試験業務に関して知り得た秘密を漏らしてはならない。
3 技能検定試験業務に従事する指定試験機関の役員及び職員は、刑法その他の罰則の適用については、法令により公務に従事する職員とみなす。
4 厚生労働大臣は、指定試験機関が次の各号のいずれかに該当するときは、その指定を取り消し、又は期間を定めて技能検定試験業務の全部若しくは一部の停止を命ずることができる。
一 第一項各号の要件を満たさなくなつたと認められるとき。
二 不正な手段により第一項の規定による指定を受けたとき。

（報告等）
第四八条 厚生労働大臣は、必要があると認めるときは、指定試験機関に対してその業務に関し必要な報告を求め、又はその職員に、指定試験機関の事務所に立ち入り、業務の状況若しくは帳簿、書類その他の物件を検査させることができる。

2　前項の規定により立入検査をする職員は、その身分を示す証票を携帯し、関係者に提示しなければならない。
3　第一項の規定による立入検査の権限は、犯罪捜査のために認められたものと解釈してはならない。

（合格証書）
第四九条　技能検定に合格した者には、厚生労働省令で定めるところにより、合格証書を交付する。

（合格者の名称）
第五〇条　技能検定に合格した者は、技能士と称することができる。
2　技能検定に合格した者は、前項の規定により技能士と称するときは、その合格した技能検定に係る職種及び等級（当該技能検定が等級に区分しないで行われたものである場合にあつては、職種）を表示してするものとし、合格していない技能検定に係る職種又は等級を表示してはならない。
3　厚生労働大臣は、技能士が前項の規定に違反して合格していない技能検定の職種又は等級を表示した場合には、二年以内の期間を定めて技能士の名称の使用の停止を命ずることができる。
4　技能士でない者は、技能士という名称を用いてはならない。

第二節　補則

（職業能力検定に関する基準の整備）
第五〇条の二　厚生労働大臣は、職業能力検定（技能検定を除く。以下この条において同じ。）の振興を図るため、事業主その他の関係者が職業能力検定を適正に実施するために必要な事項に関する基準を定めるものとする。

（厚生労働省令への委任）
第五一条　この章に定めるもののほか、職業能力検定に関して必要な事項は、厚生労働省令で定める。

附　則　抄

（施行期日）
第一条　この法律（以下「新法」という。）は、昭和四十四年十月一日から施行する。ただし、第六章の規定、第百三条から第百六条までの規定及び第百八条の規定（第六十七条第二項及び第八十七条第二項に係る部分に限る。）並びに附則第八条第一項の規定は、公布の日から施行する。

（法律の廃止）
第二条　職業訓練法（昭和三十三年法律第百三十三号）は、廃止する。

附　則〔平成三〇年七月六日法律第七一号〕抄

（施行期日）
第一条　この法律は、平成三十一年四月一日から施行する。ただし、次の各号に掲げる規定は、当該各号に定める日から施行する。
一　第三条の規定並びに附則第七条第二項、第八条第二項、第十四条及び第十五条の規定、附則第十八条中社会保険労務士法（昭和四十三年法律第八十九号）別表第一第十八号の改正規定、附則第十九条中高年齢者等の雇用の安定等に関する法律（昭和四十六年法律第六十八号）第二十八条及び第三十八条第三項の改正規定、附則第二十条中建設労働者の雇用の改善等に関する法律（昭和五十一年法律第三十三号）第三十条第二項の改正規定、附則第二十七条の規定、附則第二十八条中厚生労働省設置法（平成十一年法律第九十七号）第四条第一項第五十二号の改正規定及び同法第九条第一項第四号の改正規定（「（平成十年法律第四十六号）」の下に「、労働施策の総合的な推進並びに労働者の雇用の安定及び職業生活の充実等に関する法律」を加える部分に限る。）並びに附則第三十条の規定　公布の日

雇用保険法 抄

（昭和四九年一二月二八日法律第一一六号）

沿革
昭和五九年七月一三日法律第五四号
平成元年六月二八日〃第三六号
〃六年六月二九日〃第五七号
〃一〇年三月三一日〃第一九号
〃一二年五月一二日〃第五九号
〃一五年四月三〇日〃第三一号
令和二年六月一二日〃第五四号
〃三年六月九日〃第五八号
〃四年三月三一日〃第一二号
〃四年六月一七日〃第六八号

第一章　総則

（目的）

第一条　雇用保険は、労働者が失業した場合及び労働者について雇用の継続が困難となる事由が生じた場合に必要な給付を行うほか、労働者が自ら職業に関する教育訓練を受けた場合及び労働者が子を養育するための休業をした場合に必要な給付を行うことにより、労働者の生活及び雇用の安定を図るとともに、求職活動を容易にする等その就職を促進し、あわせて、労働者の職業の安定に資するため、失業の予防、雇用状態の是正及び雇用機会の増大、労働者の能力の開発及び向上その他労働者の福祉の増進を図ることを目的とする。

（管掌）

第二条　雇用保険は、政府が管掌する。

道府県知事が行うこととすることができる。

（雇用保険事業）

第三条　雇用保険は、第一条の目的を達成するため、失業等給付及び育児休業給付を行うほか、雇用安定事業及び能力開発事業を行うことができる。

（定義）

第四条　この法律において「被保険者」とは、適用事業に雇用される労働者であつて、第六条各号に掲げる者以外のものをいう。

2　この法律において「離職」とは、被保険者について、事業主との雇用関係が終了することをいう。

3　この法律において「失業」とは、被保険者が離職し、労働の意思及び能力を有するにもかかわらず、職業に就くことができない状態にあることをいう。

4　この法律において「賃金」とは、賃金、給料、手当、賞与その他名称のいかんを問わず、労働の対償として事業主が労働者に支払うもの（通貨以外のもので支払われるものであつて、厚生労働省令で定める範囲外のものを除く。）をいう。

5　賃金のうち通貨以外のもので支払われるものの評価に関して必要な事項は、厚生労働省令で定める。

第二章　適用事業等

（適用事業）

第五条　この法律においては、労働者が雇用される事業を適用事業とする。

2　適用事業についての保険関係の成立及び消滅については、労働保険の保険料の徴収等に関する法律（昭和四十四年法律第八十四号。以下「徴収法」という。）の定めるところによる。

（適用除外）
第六条　次に掲げる者については、この法律は、適用しない。
一　一週間の所定労働時間が二十時間未満である者（第三十七条の五第一項の規定による申出をして高年齢被保険者となる者及びこの法律を適用することとした場合において第四十三条第一項に規定する日雇労働被保険者に該当することとなる者を除く。）
二　同一の事業主の適用事業に継続して三十一日以上雇用されることが見込まれない者（前二月の各月において十八日以上同一の事業主の適用事業に雇用された者及びこの法律を適用することとした場合において第四十二条に規定する日雇労働者であつて第四十三条第一項各号のいずれかに該当することとなる者を除く。）
三　季節的に雇用される者であつて、第三十八条第一項各号のいずれかに該当するもの
四　学校教育法（昭和二十二年法律第二十六号）第一条、第百二十四条又は第百三十四条第一項の学校の学生又は生徒であつて、前三号に掲げる者に準ずるものとして厚生労働省令で定める者
五　船員法（昭和二十二年法律第百号）第一条に規定する船員（船員職業安定法（昭和二十三年法律第百三十号）第九十二条第一項の規定により船員法第二条第二項に規定する予備船員とみなされる者及び船員の雇用の促進に関する特別措置法（昭和五十二年法律第九十六号）第十四条第一項の規定により船員法第二条第二項に規定する予備船員とみなされる者を含む。以下「船員」という。）であつて、漁船（政令で定めるものに限る。）に乗り組むため雇用される者（一年を通じて船員として適用事業に雇用される場合を除く。）
六　国、都道府県、市町村その他これらに準ずるものの事業に雇用される者のうち、離職した場合に、他の法令、条例、規則等に基づいて支給を受けるべき諸給与の内容が、求職者給付及び就職促進給付の内容を超えると認められる者であつて、厚生労働省令で定めるもの

（被保険者に関する届出）
第七条　事業主（徴収法第八条第一項又は第二項の規定により元請負人が事業主とされる場合にあつては、当該事業に係る労働者のうち元請負人が雇用する労働者以外の労働者については、当該労働者を雇用する下請負人。以下同じ。）は、厚生労働省令で定めるところにより、その雇用する労働者に関し、当該事業主の行う適用事業（同条第一項又は第二項の規定により数次の請負によつて行われる事業が一の事業とみなされる場合にあつては、当該事業に係る労働者のうち元請負人が雇用する労働者以外の労働者については、当該請負に係るそれぞれの事業。以下同じ。）に係る被保険者となつたこと、当該事業主の行う適用事業に係る被保険者でなくなつたことその他厚生労働省令で定める事項を厚生労働大臣に届け出なければならない。当該事業主から徴収法第三十三条第一項の委託を受けて同項に規定する労働保険事務の一部として前段の届出に関する事務を処理する同条第三項に規定する労働保険事務組合（以下「労働保険事務組合」という。）についても、同様とする。

（確認の請求）
第八条　被保険者又は被保険者であつた者は、いつでも、次条の規定による確認を請求することができる。

（確認）
第九条　厚生労働大臣は、第七条の規定による届出若しくは前条の規定による請求により、又は職権で、労働者が被保険者

のとする。

2　前項の確認については、行政手続法（平成五年法律第八十八号）第三章（第十二条及び第十四条を除く。）の規定は、適用しない。

第三章　失業等給付

第一節　通則

（失業等給付）

第一〇条　失業等給付は、求職者給付、就職促進給付、教育訓練給付及び雇用継続給付とする。

2　求職者給付は、次のとおりとする。

一　基本手当

二　技能習得手当

三　寄宿手当

四　傷病手当

3　前項の規定にかかわらず、第三十七条の二第一項に規定する高年齢被保険者に係る求職者給付は、高年齢求職者給付金とし、第三十八条第一項に規定する短期雇用特例被保険者に係る求職者給付は、特例一時金とし、第四十三条第一項に規定する日雇労働被保険者に係る求職者給付は、日雇労働求職者給付金とする。

4　就職促進給付は、次のとおりとする。

一　就業促進手当

二　移転費

三　求職活動支援費

5　教育訓練給付は、教育訓練給付金とする。

6　雇用継続給付は、次のとおりとする。

一　高年齢雇用継続基本給付金及び高年齢再就職給付金（第六節第一款において「高年齢雇用継続給付」という。）

二　介護休業給付金

（就職への努力）

第一〇条の二　求職者給付の支給を受ける者は、必要に応じ職業能力の開発及び向上を図りつつ、誠実かつ熱心に求職活動を行うことにより、職業に就くように努めなければならない。

（未支給の失業等給付）

第一〇条の三　失業等給付の支給を受けることができる者が死亡した場合において、その者に支給されるべき失業等給付でまだ支給されていないものがあるときは、その者の配偶者（婚姻の届出をしていないが、事実上婚姻関係と同様の事情にあつた者を含む。）、子、父母、孫、祖父母又は兄弟姉妹であつて、その者の死亡の当時その者と生計を同じくしていたものは、自己の名で、その未支給の失業等給付の支給を請求することができる。

2　前項の規定による未支給の失業等給付の支給を受けるべき者の順位は、同項に規定する順序による。

3　第一項の規定による未支給の失業等給付の支給を受けるべき同順位者が二人以上あるときは、その一人のした請求は、全員のためその全額につきしたものとみなし、その一人に対してした支給は、全員に対してしたものとみなす。

（返還命令等）

第一〇条の四　偽りその他不正の行為により失業等給付の支給を受けた者がある場合には、政府は、その者に対して、支給した失業等給付の全部又は一部を返還することを命ずることができ、また、厚生労働大臣の定める基準により、当該偽りその他不正の行為により支給を受けた失業等給付の額の二倍に相当する額以下の金額を納付することを命ずることができる。

2　前項の場合において、事業主、職業紹介事業者等（労働施策の総合的な推進並びに労働者の雇用の安定及び職業生活の充実等に関する法律（昭和四十一年法律第百三十二号）第二条に規定する職業紹介機関又は業として職業安定法（昭和二十二年法律第百四十一号）第四条第四項に規定する職業指導（職業に就こうとする者の適性、職業経験その他の実情に応じて行うものに限る。）を行う者（公共職業安定所その他の職業安定機関を除く。）をいう。以下同じ。）、募集情報等提供事業を行う者（同条第六項に規定する募集情報等提供を業として行う者をいい、同項第三号に掲げる行為（労働者になろうとする者の依頼を受けて行う場合に限る。）を行う者に限る。以下この項及び第七十六条第二項において同じ。）又は指定教育訓練実施者（第六十条の二第一項に規定する厚生労働大臣が指定する教育訓練を行う者をいう。以下同じ。）が偽りの届出、報告又は証明をしたためその失業等給付が支給されたものであるときは、政府は、その事業主、職業紹介事業者等、募集情報等提供事業を行う者又は指定教育訓練実施者に対し、その失業等給付の支給を受けた者と連帯して、前項の規定による失業等給付の返還又は納付を命ぜられた金額の納付をすることを命ずることができる。

3　徴収法第二十七条及び第四十一条第二項の規定は、前二項の規定により返還又は納付を命ぜられた金額の納付を怠つた場合に準用する。

（受給権の保護）

第一一条　失業等給付を受ける権利は、譲り渡し、担保に供し、又は差し押えることができない。

（公課の禁止）

第一二条　租税その他の公課は、失業等給付として支給を受けた金銭を標準として課することができない。

第二節　一般被保険者の求職者給付

第一款　基本手当

（基本手当の受給資格）

第一三条　基本手当は、被保険者が失業した場合において、離職の日以前二年間（当該期間に疾病、負傷その他厚生労働省令で定める理由により引き続き三十日以上賃金の支払を受けることができなかつた被保険者については、当該理由により賃金の支払を受けることができなかつた日数を二年に加算した期間（その期間が四年を超えるときは、四年間）。第十七条第一項において「算定対象期間」という。）に、次条の規定による被保険者期間が通算して十二箇月以上であつたときに、この款の定めるところにより、支給する。

2　特定理由離職者及び第二十三条第二項各号のいずれかに該当する者（前項の規定により基本手当の支給を受けることができる資格を有することとなる者を除く。）に対する前項の規定の適用については、同項中「二年間」とあるのは「一年間」と、「二年に」とあるのは「一年に」と、「十二箇月」とあるのは「六箇月」とする。

3　前項の特定理由離職者とは、離職した者のうち、第二十三条第二項各号のいずれかに該当する者以外の者であつて、期間の定めのある労働契約の期間が満了し、かつ、当該労働契約の更新がないこと（その者が当該更新を希望したにもかかわらず、当該更新についての合意が成立するに至らなかつた場合に限る。）その他のやむを得ない理由により離職したものとして厚生労働省令で定める者をいう。

（被保険者期間）

第一四条　被保険者期間は、被保険者であつた期間のうち、当該被保険者でなくなつた日又は各月においてその日に応当し、かつ、当該被保険者であつた期間内にある日（その日に応当する日がない月においては、その月の末日。以下この項において「喪失応当日」という。）の各前日から各前月の喪失応当日までさかのぼつた各期間（賃金の支払の基礎となつた日数が十一日以上であるものに限る。）を一箇月として計算し、その他の期間は、被保険者期間に算入しない。ただし、当該被保険者となつた日からその日後における最初の喪失応当日の前日までの期間の日数が十五日以上であり、かつ、当該期間内における賃金の支払の基礎となつた日数が十一日以上であるときは、当該期間を二分の一箇月の被保険者期間として計算する。

2　前項の規定により被保険者期間を計算する場合において、次に掲げる期間は、同項に規定する被保険者であつた期間に含めない。

一　最後に被保険者となつた日前に、当該被保険者が受給資格（前条第一項（同条第二項において読み替えて適用する場合を含む。）の規定により基本手当の支給を受けることができる資格をいう。次節から第四節までを除き、以下同じ。）、第三十七条の三第二項に規定する高年齢受給資格又は第三十九条第二項に規定する特例受給資格を取得したことがある場合には、当該受給資格、高年齢受給資格又は特例受給資格に係る離職の日以前における被保険者であつた期間

二　第九条の規定による被保険者となつたことの確認があつた日の二年前の日（第二十二条第五項に規定する者にあつては、同項第二号に規定する被保険者の負担すべき額に相当する額がその者に支払われた賃金から控除されていたことが明らかである時期のうち最も古い時期として厚生労働省令で定める日）前における被保険者であつた期間

3　前二項の規定により計算された被保険者期間が十二箇月（前条第二項の規定により読み替えて適用する場合にあつては、六箇月）に満たない場合における第一項の規定の適用については、同項中「であるもの」とあるのは「であるもの又は賃金の支払の基礎となつた時間数が八十時間以上であるもの」と、「であるとき」とあるのは「であるとき又は賃金の支払の基礎となつた時間数が八十時間以上であるとき」とする。

（失業の認定）

第一五条　基本手当は、受給資格を有する者（次節から第四節までを除き、以下「受給資格者」という。）が失業している日（失業していることについての認定を受けた日に限る。以下この款において同じ。）について支給する。

2　前項の失業していることについての認定（以下この款において「失業の認定」という。）を受けようとする受給資格者は、離職後、厚生労働省令で定めるところにより、公共職業安定所に出頭し、求職の申込みをしなければならない。

3　失業の認定は、求職の申込みを受けた公共職業安定所において、受給資格者が離職後最初に出頭した日から起算して四週間に一回ずつ直前の二十八日の各日について行うものとする。ただし、厚生労働大臣は、公共職業安定所長の指示した公共職業訓練等（国、都道府県及び市町村並びに独立行政法人高齢・障害・求職者雇用支援機構が設置する公共職業能力開発施設の行う職業訓練（職業能力開発総合大学校の行うものを含む。）、職業訓練の実施等による特定求職者の就職の支援に関する法律（平成二十三年法律第四十七号）第四条第二項に規定する認定職業訓練（厚生労働省令で定めるものを除く。）その他法令の規定に基づき失業者に対して作業環境に適応することを容易にさせ、又は就職に必要な知識及び技能を習得させるために行われる訓練又は講習であつて、政令で定めるものをいう。以下同じ。）を受ける受給資格者その他厚生労働省令で定める受給資格者に係る失業の認定について別段の定めをすることができる。

4　受給資格者は、次の各号のいずれかに該当するときは、前項の規定にかかわらず、厚生労働省令で定めるところにより、公共職業安定所に出頭することができなかつた理由を記載した証明書を提出することによつて、失業の認定を受けることができる。
一　疾病又は負傷のために公共職業安定所に出頭することができなかつた場合において、その期間が継続して十五日未満であるとき。
二　公共職業安定所の紹介に応じて求人者に面接するために公共職業安定所に出頭することができなかつたとき。
三　公共職業安定所長の指示した公共職業訓練等を受けるために公共職業安定所に出頭することができなかつたとき。
四　天災その他やむを得ない理由のために公共職業安定所に出頭することができなかつたとき。
5　失業の認定は、厚生労働省令で定めるところにより、受給資格者が求人者に面接したこと、公共職業安定所その他の職業安定機関若しくは職業紹介事業者等から職業を紹介され、又は職業指導を受けたことその他求職活動を行つたことを確認して行うものとする。

（基本手当の日額）
第一六条　基本手当の日額は、賃金日額に百分の五十（二千四百六十円以上四千九百二十円未満の賃金日額（その額が第十八条の規定により変更されたときは、その変更された額）については百分の八十、四千九百二十円以上一万二千九十円以下の賃金日額（その額が同条の規定により変更されたときは、その変更された額）については百分の八十から百分の五十までの範囲で、賃金日額の逓増に応じ、逓減するように厚生労働省令で定める率）を乗じて得た金額とする。
2　受給資格に係る離職の日において六十歳以上六十五歳未満である受給資格者に対する前項の規定の適用については、同項中「百分の五十」とあるのは「百分の四十五」と、「四千九百二十円以上一万二千九十円以下」とあるのは「四千九百二十円以上一万八百八十円以下」とする。

（賃金日額）
第一七条　賃金日額は、算定対象期間において第十四条（第一項ただし書を除く。）の規定により被保険者期間として計算された最後の六箇月間に支払われた賃金（臨時に支払われる賃金及び三箇月を超える期間ごとに支払われる賃金を除く。次項、第六節及び次章において同じ。）の総額を百八十で除して得た額とする。
2　前項の規定による額が次の各号に掲げる額に満たないときは、賃金日額は、同項の規定にかかわらず、当該各号に掲げる額とする。
一　賃金が、労働した日若しくは時間によつて算定され、又は出来高払制その他の請負制によつて定められている場合には、前項に規定する最後の六箇月間に支払われた賃金の総額を当該最後の六箇月間に労働した日数で除して得た額の百分の七十に相当する額
二　賃金の一部が、月、週その他一定の期間によつて定められている場合には、その部分の総額をその期間の総日数（賃金の一部が月によつて定められている場合には、一箇月を三十日として計算する。）で除して得た額と前号に掲げる額との合算額
3　前二項の規定により賃金日額を算定することが困難であるとき、又はこれらの規定により算定した額を賃金日額とすることが適当でないと認められるときは、厚生労働大臣が定めるところにより算定した額を賃金日額とする。
4　前三項の規定にかかわらず、これらの規定により算定した賃金日額が、第一号に掲げる額を下るときはその額を、第二号に掲げる額を超えるときはその額を、それぞれ賃金日額と

する。

一　二千四百六十円（その額が次条の規定により変更されたときは、その変更された額）

二　次のイからニまでに掲げる受給資格者の区分に応じ、当該イからニまでに定める額（これらの額が次条の規定により変更されたときは、それぞれその変更された額）

イ　受給資格に係る離職の日において六十歳以上六十五歳未満である受給資格者　一万五千五百九十円

ロ　受給資格に係る離職の日において四十五歳以上六十歳未満である受給資格者　一万六千三百四十円

ハ　受給資格に係る離職の日において三十歳以上四十五歳未満である受給資格者　一万四千八百五十円

ニ　受給資格に係る離職の日において三十歳未満である受給資格者　一万三千三百七十円

（基本手当の日額の算定に用いる賃金日額の範囲等の自動的変更）

第一八条　厚生労働大臣は、年度（四月一日から翌年の三月三十一日までをいう。以下同じ。）の平均給与額（厚生労働省において作成する毎月勤労統計における労働者の平均定期給与額を基礎として厚生労働省令で定めるところにより算定した労働者一人当たりの給与の平均額をいう。以下同じ。）が平成二十七年四月一日から始まる年度（この条の規定により自動変更対象額が変更されたときは、直近の当該変更がされた年度の前年度）の平均給与額を超え、又は下るに至つた場合においては、その上昇し、又は低下した比率に応じて、その翌年度の八月一日以後の自動変更対象額を変更しなければならない。

2　前項の規定により変更された自動変更対象額に五円未満の端数があるときは、これを切り捨て、五円以上十円未満の端数があるときは、これを十円に切り上げるものとする。

3　前二項の規定に基づき算定された各年度の八月一日以後に適用される自動変更対象額のうち、最低賃金日額（当該年度の四月一日に効力を有する地域別最低賃金（最低賃金法（昭和三十四年法律第百三十七号）第九条第一項に規定する地域別最低賃金をいう。）の額を基礎として厚生労働省令で定める算定方法により算定した額をいう。）に達しないものは、当該年度の八月一日以後、当該最低賃金日額とする。

4　前三項の「自動変更対象額」とは、第十六条第一項（同条第二項において読み替えて適用する場合を含む。）の規定による基本手当の日額の算定に当たつて、百分の八十を乗ずる賃金日額の範囲となる同条第一項に規定する二千四百六十円以上四千九百二十円未満の額及び百分の八十から百分の五十までの範囲の率を乗ずる賃金日額の範囲となる同項に規定する四千九百二十円以上一万二千九十円以下の額並びに前条第四項各号に掲げる額をいう。

（基本手当の減額）

第一九条　受給資格者が、失業の認定に係る期間中に自己の労働によつて収入を得た場合には、その収入の基礎となつた日数（以下この項において「基礎日数」という。）分の基本手当の支給については、次に定めるところによる。

一　その収入の一日分に相当する額（収入の総額を基礎日数で除して得た額をいう。）から千二百八十二円（その額が次項の規定により変更されたときは、その変更された額。同項において「控除額」という。）を控除した額と基本手当の日額との合計額（次号において「合計額」という。）が賃金日額の百分の八十に相当する額を超えないとき　基本手当の日額に基礎日数を乗じて得た額を支給する。

二　合計額が賃金日額の百分の八十に相当する額を超えるとき（次号に該当する場合を除く。）　当該超える額（次号において「超過額」という。）を基本手当の日額から控除した残りの額に基礎日数を乗じて得た額を支給する。

三　超過額が基本手当の日額以上であるとき　基礎日数分の基本手当を支給しない。

2　厚生労働大臣は、年度の平均給与額が平成二十七年四月一日から始まる年度（この項の規定により控除額が変更されたときは、直近の当該変更がされた年度の前年度）の平均給与額を超え、又は下るに至つた場合においては、その上昇し、又は低下した比率を基準として、その翌年度の八月一日以後の控除額を変更しなければならない。

3　受給資格者は、失業の認定を受けた期間中に自己の労働によつて収入を得たときは、厚生労働省令で定めるところにより、その収入の額その他の事項を公共職業安定所長に届け出なければならない。

（支給の期間及び日数）

第二〇条　基本手当は、この法律に別段の定めがある場合を除き、次の各号に掲げる受給資格者の区分に応じ、当該各号に定める期間（当該期間内に妊娠、出産、育児その他厚生労働省令で定める理由により引き続き三十日以上職業に就くことができない者が、厚生労働省令で定めるところにより公共職業安定所長にその旨を申し出た場合には、当該理由により職業に就くことができない日数を加算するものとし、その加算された期間が四年を超えるときは、四年とする。）内の失業している日について、第二十二条第一項に規定する所定給付日数に相当する日数分を限度として支給する。

一　次号及び第三号に掲げる受給資格者以外の受給資格者　当該基本手当の受給資格に係る離職の日（以下この款において「基準日」という。）の翌日から起算して一年

二　基準日において第二十二条第二項第一号に該当する受給資格者　基準日の翌日から起算して一年に六十日を加えた期間

三　基準日において第二十三条第一項第二号イに該当する同条第二項に規定する特定受給資格者　基準日の翌日から起算して一年に三十日を加えた期間

2　受給資格者であつて、当該受給資格に係る離職が定年（厚生労働省令で定める年齢以上の定年に限る。）に達したことその他厚生労働省令で定める理由によるものであるものが、当該離職後一定の期間第十五条第二項の規定による求職の申込みをしないことを希望する場合において、厚生労働省令で定めるところにより公共職業安定所長にその旨を申し出たときは、前項中「次の各号に掲げる受給資格者の区分に応じ、当該各号に定める期間」とあるのは「次の各号に掲げる受給資格者の区分に応じ、当該各号に定める期間と、次項に規定する求職の申込みをしないことを希望する一定の期間（一年を限度とする。）に相当する期間を合算した期間（当該求職の申込みをしないことを希望する一定の期間内に第十五条第二項の規定による求職の申込みをしたときは、当該各号に定める期間に当該基本手当の受給資格に係る離職の日（以下この款において「基準日」という。）の翌日から当該求職の申込みをした日の前日までの期間に相当する期間を加算した期間）」と、「当該期間内」とあるのは「当該合算した期間内」と、同項第一号中「当該基本手当の受給資格に係る離職の日（以下この款において「基準日」という。）」とあるのは「基準日」とする。

3　前二項の場合において、第一項の受給資格（以下この項において「前の受給資格」という。）を有する者が、前二項の規定による期間内に新たに受給資格、第三十七条の三第二項に規定する高年齢受給資格又は第三十九条第二項に規定する特例受給資格を取得したときは、その取得した日以後においては、前の受給資格に基づく基本手当は、支給しない。

（支給の期間の特例）

第二〇条の二　受給資格者であつて、基準日後に事業（その実施期間が三十日未満のものその他厚生労働省令で定めるものを除く。）を開始したものその他これに準ずるものとして厚生労働省令で定める者が、厚生労働省令で定めるところにより公共職業安定所長にその旨を申し出た場合には、当該事業の実施期間（当該実施期間の日数が四年から前条第一項及び第二項の規定により算定される期間の日数を除いた日数を超える場合における当該超える日数を除く。）は、同条第一項及び第二項の規定による期間に算入しない。

（待期）

第二一条　基本手当は、受給資格者が当該基本手当の受給資格に係る離職後最初に公共職業安定所に求職の申込みをした日以後において、失業している日（疾病又は負傷のため職業に就くことができない日を含む。）が通算して七日に満たない間は、支給しない。

（所定給付日数）

第二二条　一の受給資格に基づき基本手当を支給する日数（以下「所定給付日数」という。）は、次の各号に掲げる受給資格者の区分に応じ、当該各号に定める日数とする。

一　算定基礎期間が二十年以上である受給資格者　百五十日

二　算定基礎期間が十年以上二十年未満である受給資格者　百二十日

三　算定基礎期間が十年未満である受給資格者　九十日

2　前項の受給資格者で厚生労働省令で定める理由により就職が困難なものに係る所定給付日数は、同項の規定にかかわらず、その算定基礎期間が一年以上の受給資格者にあつては次の各号に掲げる当該受給資格者の区分に応じ当該各号に定める日数とし、その算定基礎期間が一年未満の受給資格者にあつては百五十日とする。

一　基準日において四十五歳以上六十五歳未満である受給資格者　三百六十日

二　基準日において四十五歳未満である受給資格者　三百日

3　前二項の算定基礎期間は、これらの規定の受給資格者が基準日まで引き続いて同一の事業主の適用事業に被保険者として雇用された期間（当該雇用された期間に係る被保険者となつた日前に被保険者であつたことがある者については、当該雇用された期間と当該被保険者であつた期間を通算した期間）とする。ただし、当該期間に次の各号に掲げる期間が含まれているときは、当該各号に掲げる期間に該当するすべての期間を除いて算定した期間とする。

一　当該雇用された期間又は当該被保険者であつた期間に係る被保険者となつた日の直前の被保険者でなくなつた日が当該被保険者となつた日前一年の期間内にないときは、当該直前の被保険者でなくなつた日前の被保険者であつた期間

二　当該雇用された期間に係る被保険者となつた日前に基本手当又は特例一時金の支給を受けたことがある者については、これらの給付の受給資格又は第三十九条第二項に規定する特例受給資格に係る離職の日以前の被保険者であつた期間

4　一の被保険者であつた期間に関し、被保険者となつた日が第九条の規定による被保険者となつたことの確認があつた日の二年前の日より前であるときは、当該確認のあつた日の二年前の日に当該被保険者となつたものとみなして、前項の規定による算定を行うものとする。

5　次に掲げる要件のいずれにも該当する者（第一号に規定する事実を知つていた者を除く。）に対する前項の規定の適用については、同項中「当該確認のあつた日の二年前の日」とあるのは、「次項第二号に規定する被保険者の負担すべき額に相当する額がその者に支払われた賃金から控除されていた

ことが明らかである時期のうち最も古い時期として厚生労働省令で定める日」とする。

一　その者に係る第七条の規定による届出がされていなかつたこと。

二　厚生労働省令で定める書類に基づき、第九条の規定による被保険者となつたことの確認があつた日の二年前の日より前に徴収法第三十二条第一項の規定により被保険者の負担すべき額に相当する額がその者に支払われた賃金から控除されていたことが明らかである時期があること。

第二三条　特定受給資格者（前条第三項に規定する算定基礎期間（以下この条において単に「算定基礎期間」という。）が一年（第五号に掲げる特定受給資格者にあつては、五年）以上のものに限る。）に係る所定給付日数は、前条第一項の規定にかかわらず、次の各号に掲げる当該特定受給資格者の区分に応じ、当該各号に定める日数とする。

一　基準日において六十歳以上六十五歳未満である特定受給資格者　次のイからニまでに掲げる算定基礎期間の区分に応じ、当該イからニまでに定める日数

イ　二十年以上　二百四十日
ロ　十年以上二十年未満　二百十日
ハ　五年以上十年未満　百八十日
ニ　一年以上五年未満　百五十日

二　基準日において四十五歳以上六十歳未満である特定受給資格者　次のイからニまでに掲げる算定基礎期間の区分に応じ、当該イからニまでに定める日数

イ　二十年以上　三百三十日
ロ　十年以上二十年未満　二百七十日
ハ　五年以上十年未満　二百四十日
ニ　一年以上五年未満　百八十日

三　基準日において三十五歳以上四十五歳未満である特定受給資格者　次のイからニまでに掲げる算定基礎期間の区分に応じ、当該イからニまでに定める日数

イ　二十年以上　二百七十日
ロ　十年以上二十年未満　二百四十日
ハ　五年以上十年未満　百八十日
ニ　一年以上五年未満　百五十日

四　基準日において三十歳以上三十五歳未満である特定受給資格者　次のイからニまでに掲げる算定基礎期間の区分に応じ、当該イからニまでに定める日数

イ　二十年以上　二百四十日
ロ　十年以上二十年未満　二百十日
ハ　五年以上十年未満　百八十日
ニ　一年以上五年未満　百二十日

五　基準日において三十歳未満である特定受給資格者　次のイ又はロに掲げる算定基礎期間の区分に応じ、当該イ又はロに定める日数

イ　十年以上　百八十日
ロ　五年以上十年未満　百二十日

2　前項の特定受給資格者とは、次の各号のいずれかに該当する受給資格者（前条第二項に規定する受給資格者を除く。）をいう。

一　当該基本手当の受給資格に係る離職が、その者を雇用していた事業主の事業について発生した倒産（破産手続開始、再生手続開始、更生手続開始又は特別清算開始の申立てその他厚生労働省令で定める事由に該当する事態をいう。第五十七条第二項第一号において同じ。）又は当該事業主の適用事業の縮小若しくは廃止に伴うものである者として厚生労働省令で定めるもの

二　前号に定めるもののほか、解雇（自己の責めに帰すべき重大な理由によるものを除く。第五十七条第二項第二号に

おいて同じ。）その他の厚生労働省令で定める理由により離職した者

（訓練延長給付）

第二四条　受給資格者が公共職業安定所長の指示した公共職業訓練等（その期間が政令で定める期間を超えるものを除く。以下この条、第三十六条第一項及び第二項並びに第四十一条第一項において同じ。）を受ける場合には、当該公共職業訓練等を受ける期間（その者が当該公共職業訓練等を受けるため待期している期間（政令で定める期間に限る。）を含む。）内の失業している日について、所定給付日数（当該受給資格者が第二十条第一項及び第二項の規定による期間内に基本手当の支給を受けた日数が所定給付日数に満たない場合には、その支給を受けた日数。第三十三条第三項を除き、以下この節において同じ。）を超えてその者に基本手当を支給することができる。

2　公共職業安定所長が、その指示した公共職業訓練等を受ける受給資格者（その者が当該公共職業訓練等を受け終わる日における基本手当の支給残日数（当該公共職業訓練等を受け終わる日の翌日から第四項の規定の適用がないものとした場合における受給期間（当該期間内の失業している日について基本手当の支給を受けることができる期間をいう。以下同じ。）の最後の日までの間に基本手当の支給を受けることができる日数をいう。以下この項及び第四項において同じ。）が政令で定める日数に満たないものに限る。）で、政令で定める基準に照らして当該公共職業訓練等を受け終わつてもなお就職が相当程度に困難な者であると認めたものについては、同項の規定による期間内の失業している日について、所定給付日数を超えてその者に基本手当を支給することができる。この場合において、所定給付日数を超えて基本手当を支給する日数は、前段に規定する政令で定める日数から支給残日数を差し引いた日数を限度とするものとする。

3　第一項の規定による基本手当の支給を受ける受給資格者が第二十条第一項及び第二項の規定による期間を超えて公共職業安定所長の指示した公共職業訓練等を受けるときは、その者の受給期間は、これらの規定にかかわらず、当該公共職業訓練等を受け終わる日までの間とする。

4　第二項の規定による基本手当の支給を受ける受給資格者の受給期間は、第二十条第一項及び第二項の規定にかかわらず、これらの規定による期間に第二項前段に規定する政令で定める日数から支給残日数を差し引いた日数を加えた期間（同条第一項及び第二項の規定による期間を超えて公共職業安定所長の指示した公共職業訓練等を受ける者で、当該公共職業訓練等を受け終わる日について第一項の規定による基本手当の支給を受けることができるものにあつては、同日から起算して第二項前段に規定する政令で定める日数を経過した日までの間）とする。

（個別延長給付）

第二四条の二　第二十二条第二項に規定する就職が困難な受給資格者以外の受給資格者のうち、第十三条第三項に規定する特定理由離職者（厚生労働省令で定める者に限る。）である者又は第二十三条第二項に規定する特定受給資格者であつて、次の各号のいずれかに該当し、かつ、公共職業安定所長が厚生労働省令で定める基準（次項において「指導基準」という。）に照らして再就職を促進するために必要な職業指導を行うことが適当であると認めたものについては、第四項の規定による期間内の失業している日（失業していることについての認定を受けた日に限る。）について、所定給付日数を超えて基本手当を支給することができる。

一　心身の状況が厚生労働省令で定める基準に該当する者

二　雇用されていた適用事業が激甚（じん）災害に対処する

ための特別の財政援助等に関する法律（昭和三十七年法律第百五十号。以下この項において「激甚災害法」という。）第二条の規定により激甚災害として政令で指定された災害（次号において「激甚災害」という。）の被害を受けたため離職を余儀なくされた者又は激甚災害法第二十五条第三項の規定により離職したものとみなされた者であつて、政令で定める基準に照らして職業に就くことが特に困難であると認められる地域として厚生労働大臣が指定する地域内に居住する者

三　雇用されていた適用事業が激甚災害その他の災害（厚生労働省令で定める災害に限る。）の被害を受けたため離職を余儀なくされた者又は激甚災害法第二十五条第三項の規定により離職したものとみなされた者（前号に該当する者を除く。）

2　第二十二条第二項に規定する就職が困難な受給資格者であつて、前項第二号に該当し、かつ、公共職業安定所長が指導基準に照らして再就職を促進するために必要な職業指導を行うことが適当であると認めたものについては、第四項の規定による期間内の失業している日（失業していることについての認定を受けた日に限る。）について、所定給付日数を超えて基本手当を支給することができる。

3　前二項の場合において、所定給付日数を超えて基本手当を支給する日数は、次の各号に掲げる受給資格者の区分に応じ、当該各号に定める日数を限度とするものとする。

一　第一項（第一号及び第三号に限る。）又は前項に該当する受給資格者六十日（所定給付日数が第二十三条第一項第二号イ又は第三号イに該当する受給資格者にあつては、三十日）

二　第一項（第二号に限る。）に該当する受給資格者百二十日（所定給付日数が第二十三条第一項第二号イ又は第三号イに該当する受給資格者にあつては、九十日）

4　第一項又は第二項の規定による基本手当の支給（以下「個別延長給付」という。）を受ける受給資格者の受給期間は、第二十条第一項及び第二項の規定にかかわらず、これらの規定による期間に前項に規定する日数を加えた期間とする。

（広域延長給付）

第二五条　厚生労働大臣は、その地域における雇用に関する状況等から判断して、その地域内に居住する求職者がその地域において職業に就くことが困難であると認める地域について、求職者が他の地域において職業に就くことを促進するための計画を作成し、関係都道府県労働局長及び公共職業安定所長に、当該計画に基づく広範囲の地域にわたる職業紹介活動（以下この条において「広域職業紹介活動」という。）を行わせた場合において、当該広域職業紹介活動に係る地域について、政令で定める基準に照らして必要があると認めるときは、その指定する期間内に限り、公共職業安定所長が当該地域に係る当該広域職業紹介活動により職業のあつせんを受けることが適当であると認定する受給資格者について、第四項の規定による期間内の失業している日について、所定給付日数を超えて基本手当を支給する措置を決定することができる。この場合において、所定給付日数を超えて基本手当を支給する日数は、政令で定める日数を限度とするものとする。

2　前項の措置に基づく基本手当の支給（以下「広域延長給付」という。）を受けることができる者が厚生労働大臣の指定する地域に住所又は居所を変更した場合には、引き続き当該措置に基づき基本手当を支給することができる。

3　公共職業安定所長は、受給資格者が広域職業紹介活動により職業のあつせんを受けることが適当であるかどうかを認定するときは、厚生労働大臣の定める基準によらなければならない。

4　広域延長給付を受ける受給資格者の受給期間は、第二十条第一項及び第二項の規定にかかわらず、これらの規定による期間に第一項後段に規定する政令で定める日数を加えた期間とする。

第二十六条　前条第一項の措置が決定された日以後に他の地域から当該措置に係る地域に移転した受給資格者であつて、その移転について特別の理由がないと認められるものには、当該措置に基づく基本手当は、支給しない。

2　前項に規定する特別の理由があるかどうかの認定は、公共職業安定所長が厚生労働大臣の定める基準に従つてするものとする。

（全国延長給付）

第二十七条　厚生労働大臣は、失業の状況が全国的に著しく悪化し、政令で定める基準に該当するに至つた場合において、受給資格者の就職状況からみて必要があると認めるときは、その指定する期間内に限り、第三項の規定による期間内の失業している日について、所定給付日数を超えて受給資格者に基本手当を支給する措置を決定することができる。この場合において、所定給付日数を超えて基本手当を支給する日数は、政令で定める日数を限度とするものとする。

2　厚生労働大臣は、前項の措置を決定した後において、政令で定める基準に照らして必要があると認めるときは、同項の規定により指定した期間（その期間がこの項の規定により延長されたときは、その延長された期間）を延長することができる。

3　第一項の措置に基づく基本手当の支給（以下「全国延長給付」という。）を受ける受給資格者の受給期間は、第二十条第一項及び第二項の規定にかかわらず、これらの規定による期間に第一項後段に規定する政令で定める日数を加えた期間とする。

（延長給付に関する調整）

第二十八条　個別延長給付を受けている受給資格者については、当該個別延長給付が終わつた後でなければ広域延長給付、全国延長給付及び訓練延長給付（第二十四条第一項又は第二項の規定による基本手当の支給をいう。以下同じ。）は行わず、広域延長給付を受けている受給資格者については、当該広域延長給付が終わつた後でなければ全国延長給付及び訓練延長給付は行わず、全国延長給付を受けている受給資格者については、当該全国延長給付が終わつた後でなければ訓練延長給付は行わない。

2　訓練延長給付を受けている受給資格者について個別延長給付、広域延長給付又は全国延長給付が行われることとなつたときは、これらの延長給付が行われる間は、その者について訓練延長給付は行わず、全国延長給付を受けている受給資格者について個別延長給付又は広域延長給付が行われることとなつたときは、これらの延長給付が行われる間は、その者について全国延長給付は行わず、広域延長給付を受けている受給資格者について個別延長給付が行われることになつたときは個別延長給付が行われる間は、その者について広域延長給付は行わない。

3　前二項に規定するもののほか、第一項に規定する各延長給付を順次受ける受給資格者に係る基本手当を支給する日数、受給期間その他これらの延長給付についての調整に関して必要な事項は、政令で定める。

（給付日数を延長した場合の給付制限）

第二十九条　訓練延長給付（第二十四条第二項の規定による基本手当の支給に限る。第三十二条第一項において同じ。）、個別延長給付、広域延長給付又は全国延長給付を受けている受給資格者が、正当な理由がなく、公共職業安定所の紹介する職業に就くこと、公共職業安定所長の指示した公共職業訓練等を受けること又は厚生労働大臣の定める基準に従つて公共職業安定所が行うその者の再就職を促進するために必要な職業指導を受けることを拒んだときは、その拒んだ日以後基本手当を支給しない。ただし、その者が新たに受給資格を取得したときは、この限りでない。

2　前項に規定する正当な理由があるかどうかの認定は、公共職業安定所長が厚生労働大臣の定める基準に従つてするものとする。

（支給方法及び支給期日）

第三〇条　基本手当は、厚生労働省令で定めるところにより、四週間に一回、失業の認定を受けた日分を支給するものとする。ただし、厚生労働大臣は、公共職業安定所長の指示した公共職業訓練等を受ける受給資格者その他厚生労働省令で定める受給資格者に係る基本手当の支給について別段の定めをすることができる。

2　公共職業安定所長は、各受給資格者について基本手当を支給すべき日を定め、その者に通知するものとする。

（未支給の基本手当の請求手続）

第三一条　第十条の三第一項の規定により、受給資格者が死亡したため失業の認定を受けることができなかつた期間に係る基本手当の支給を請求する者は、厚生労働省令で定めるところにより、当該受給資格者について失業の認定を受けなければならない。

2　前項の受給資格者が第十九条第一項の規定に該当する場合には、第十条の三第一項の規定による未支給の基本手当の支給を受けるべき者は、厚生労働省令で定めるところにより、第十九条第一項の収入の額その他の事項を公共職業安定所長に届け出なければならない。

（給付制限）

第三二条　受給資格者（訓練延長給付、個別延長給付、広域延長給付又は全国延長給付を受けている者を除く。以下この条において同じ。）が、公共職業安定所の紹介する職業に就くこと又は公共職業安定所長の指示した公共職業訓練等を受けることを拒んだときは、その拒んだ日から起算して一箇月間は、基本手当を支給しない。ただし、次の各号のいずれかに該当するときは、この限りでない。

一　紹介された職業又は公共職業訓練等を受けることを指示された職種が、受給資格者の能力からみて不適当であると認められるとき。

二　就職するため、又は公共職業訓練等を受けるため、現在の住所又は居所を変更することを要する場合において、その変更が困難であると認められるとき。

三　就職先の賃金が、同一地域における同種の業務及び同程度の技能に係る一般の賃金水準に比べて、不当に低いとき。

四　職業安定法第二十条（第二項ただし書を除く。）の規定に該当する事業所に紹介されたとき。

五　その他正当な理由があるとき。

2　受給資格者が、正当な理由がなく、厚生労働大臣の定める基準に従つて公共職業安定所が行うその者の再就職を促進するために必要な職業指導を受けることを拒んだときは、その拒んだ日から起算して一箇月を超えない範囲内において公共職業安定所長の定める期間は、基本手当を支給しない。

3　受給資格者についての第一項各号のいずれかに該当するかどうかの認定及び前項に規定する正当な理由があるかどうかの認定は、公共職業安定所長が厚生労働大臣の定める基準に従つてするものとする。

第三三条　被保険者が自己の責めに帰すべき重大な理由によつて解雇され、又は正当な理由がなく自己の都合によつて退職した場合には、第二十一条の規定による期間の満了後一箇月以上三箇月以内の間で公共職業安定所長の定める期間は、基本手当を支給しない。ただし、公共職業安定所長の指示した公共職業訓練等を受ける期間及び当該公共職業訓練等を受け終わつた日後の期間については、この限りでない。

2　受給資格者が前項の場合に該当するかどうかの認定は、公共職業安定所長が厚生労働大臣の定める基準に従つてするものとする。

3　基本手当の受給資格に係る離職について第一項の規定により基本手当を支給しないこととされる場合において、当該基本手当を支給しないこととされる期間に七日を超え三十日以下の範囲内で厚生労働省令で定める日数及び当該受給資格に係る所定給付日数に相当する日数を加えた期間が一年（当該基本手当の受給資格に係る離職の日において第二十二条第二項第一号に該当する受給資格者にあつては、一年に六十日を加えた期間）を超えるときは、当該受給資格者の受給期間は、第二十条第一項及び第二項の規定にかかわらず、これらの規定による期間に当該超える期間を加えた期間とする。

4　前項の規定に該当する受給資格者については、第二十四条第一項中「第二十条第一項及び第二項」とあるのは、「第三十三条第三項」とする。

5　第三項の規定に該当する受給資格者が個別延長給付、広域延長給付、全国延長給付又は訓練延長給付を受ける場合におけるその者の受給期間についての調整に関して必要な事項は、厚生労働省令で定める。

第三四条　偽りその他不正の行為により求職者給付又は就職促進給付の支給を受け、又は受けようとした者には、これらの給付の支給を受け、又は受けようとした日以後、基本手当を支給しない。ただし、やむを得ない理由がある場合には、基本手当の全部又は一部を支給することができる。

2　前項に規定する者が同項に規定する日以後新たに受給資格を取得した場合には、同項の規定にかかわらず、その新たに取得した受給資格に基づく基本手当を支給する。

3　受給資格者が第一項の規定により基本手当を支給されないこととされたため、当該受給資格に基づき基本手当の支給を受けることができる日数の全部について基本手当の支給を受けることができなくなつた場合においても、第二十二条第三項の規定の適用については、当該受給資格に基づく基本手当の支給があつたものとみなす。

4　受給資格者が第一項の規定により基本手当を支給されないこととされたため、同項に規定する日以後当該受給資格に基づき基本手当の支給を受けることができる日数の全部又は一部について基本手当の支給を受けることができなくなつたときは、第三十七条第四項の規定の適用については、その支給を受けることができないこととされた日数分の基本手当の支給があつたものとみなす。

第三五条　削除

第二款　技能習得手当及び寄宿手当

第三六条　技能習得手当は、受給資格者が公共職業安定所長の指示した公共職業訓練等を受ける場合に、その公共職業訓練等を受ける期間について支給する。

2　寄宿手当は、受給資格者が、公共職業安定所長の指示した公共職業訓練等を受けるため、その者により生計を維持されている同居の親族（婚姻の届出をしていないが、事実上その者と婚姻関係と同様の事情にある者を含む。第五十八条第二項において同じ。）と別居して寄宿する場合に、その寄宿する期間について支給する。

3　第三十二条第一項若しくは第二項又は第三十三条第一項の規定により基本手当を支給しないこととされる期間については、技能習得手当及び寄宿手当を支給しない。

4　技能習得手当及び寄宿手当の支給要件及び額は、厚生労働

5　第三十四条第一項及び第二項の規定は、技能習得手当及び寄宿手当について準用する。

第三款　傷病手当

第三七条　傷病手当は、受給資格者が、離職後公共職業安定所に出頭し、求職の申込みをした後において、疾病又は負傷のために職業に就くことができない場合に、第二十条第一項及び第二項の規定による期間（第三十三条第三項の規定に該当する者については同項の規定による期間とし、第五十七条第一項の規定に該当する者については同項の規定による期間とする。）内の当該疾病又は負傷のために基本手当の支給を受けることができない日（疾病又は負傷のために基本手当の支給を受けることができないことについての認定を受けた日に限る。）について、第四項の規定による日数に相当する日数分を限度として支給する。

2　前項の認定は、厚生労働省令で定めるところにより、公共職業安定所長が行う。

3　傷病手当の日額は、第十六条の規定による基本手当の日額に相当する額とする。

4　傷病手当を支給する日数は、第一項の認定を受けた受給資格者の所定給付日数から当該受給資格に基づき既に基本手当を支給した日数を差し引いた日数とする。

5　第三十二条第一項若しくは第二項又は第三十三条第一項の規定により基本手当を支給しないこととされる期間については、傷病手当を支給しない。

6　傷病手当を支給したときは、この法律の規定（第十条の四及び第三十四条の規定を除く。）の適用については、当該傷病手当を支給した日数に相当する日数分の基本手当を支給したものとみなす。

7　傷病手当は、厚生労働省令で定めるところにより、第一項の認定を受けた日分を、当該職業に就くことができない理由がやんだ後最初に基本手当を支給すべき日（当該職業に就くことができない理由がやんだ後において基本手当を支給すべき日がない場合には、公共職業安定所長の定める日）に支給する。ただし、厚生労働大臣は、必要があると認めるときは、傷病手当の支給について別段の定めをすることができる。

8　第一項の認定を受けた受給資格者が、当該認定を受けた日について、健康保険法（大正十一年法律第七十号）第九十九条の規定による傷病手当金、労働基準法（昭和二十二年法律第四十九号）第七十六条の規定による休業補償、労働者災害補償保険法（昭和二十二年法律第五十号）の規定による休業補償給付、複数事業労働者休業給付又は休業給付その他これらに相当する給付であつて法令（法令の規定に基づく条例又は規約を含む。）により行われるもののうち政令で定めるものの支給を受けることができる場合には、傷病手当は、支給しない。

9　第十九条、第二十一条、第三十一条並びに第三十四条第一項及び第二項の規定は、傷病手当について準用する。この場合において、第十九条第一項及び第三項並びに第三十一条第一項中「失業の認定」とあるのは、「第三十七条第一項の認定」と読み替えるものとする。

第二節の二　高年齢被保険者の求職者給付

（高年齢被保険者）

第三七条の二　六十五歳以上の被保険者（第三十八条第一項に規定する短期雇用特例被保険者及び第四十三条第一項に規定する日雇労働被保険者を除く。以下「高年齢被保険者」という。）が失業した場合には、この節の定めるところにより、高年齢求職者給付金を支給する。

2　高年齢被保険者に関しては、前節（第十四条を除く。）、次節及び第四節の規定は、適用しない。

（高年齢受給資格）

第三七条の三　高年齢求職者給付金は、高年齢被保険者が失業した場合において、離職の日以前一年間（当該期間に疾病、負傷その他厚生労働省令で定める理由により引き続き三十日以上賃金の支払を受けることができなかつた高年齢被保険者である被保険者については、当該理由により賃金の支払を受けることができなかつた日数を一年に加算した期間（その期間が四年を超えるときは、四年間））に、第十四条の規定による被保険者期間が通算して六箇月以上であつたときに、次条に定めるところにより、支給する。この場合における第十四条の規定の適用については、同条第三項中「十二箇月（前条第二項の規定により読み替えて適用する場合にあつては、六箇月）」とあるのは、「六箇月」とする。

2　前項の規定により高年齢求職者給付金の支給を受けることができる資格（以下「高年齢受給資格」という。）を有する者（以下「高年齢受給資格者」という。）が次条第五項の規定による期間内に高年齢求職者給付金の支給を受けることなく就職した後再び失業した場合（新たに高年齢受給資格又は第三十九条第二項に規定する特例受給資格を取得した場合を除く。）において、当該期間内に公共職業安定所に出頭し、求職の申込みをした上、次条第五項の認定を受けたときは、その者は、当該高年齢受給資格に基づく高年齢求職者給付金の支給を受けることができる。

（高年齢求職者給付金）

第三七条の四　高年齢求職者給付金の額は、高年齢受給資格者を第十五条第一項に規定する受給資格者とみなして第十六条から第十八条まで（第十七条第四項第二号を除く。）の規定を適用した場合にその者に支給されることとなる基本手当の日額に、次の各号に掲げる算定基礎期間の区分に応じ、当該各号に定める日数（第五項の認定があつた日から同項の規定による期間の最後の日までの日数が当該各号に定める日数に満たない場合には、当該認定のあつた日から当該最後の日までの日数に相当する日数）を乗じて得た額とする。

一　一年以上　五十日

二　一年未満　三十日

2　前項の規定にかかわらず、同項の規定により算定した高年齢受給資格者の賃金日額が第十七条第四項第二号ニに定める額（その額が第十八条の規定により変更されたときは、その変更された額）を超えるときは、その額を賃金日額とする。

3　第一項の算定基礎期間は、当該高年齢受給資格者を第十五条第一項に規定する受給資格者と、当該高年齢受給資格に係る離職の日を第二十条第一項第一号に規定する基準日とみなして第二十二条第三項及び第四項の規定を適用した場合に算定されることとなる期間に相当する期間とする。

4　前項に規定する場合における第二十二条第三項の規定の適用については、同項第二号中「又は特例一時金」とあるのは「、高年齢求職者給付又は特例一時金」と、「又は第三十九条第二項」とあるのは、「、第三十七条の三第二項に規定する高年齢受給資格又は第三十九条第二項」とする。

5　高年齢求職者給付金の支給を受けようとする高年齢受給資格者は、離職の日の翌日から起算して一年を経過する日までに、厚生労働省令で定めるところにより、公共職業安定所に出頭し、求職の申込みをした上、失業していることについての認定を受けなければならない。

6　第二十一条、第三十一条第一項、第三十二条、第三十三条第一項及び第二項並びに第三十四条第一項から第三項までの規定は、高年齢求職者給付金について準用する。この場合において、これらの規定中「受給資格者」とあるのは「高年齢受給資格者」と、「受給資格」とあるのは「高年齢受給資格」と、第三十一条第一項中「失業の認定を受けることができなかつた期間」とあるのは「第三十七条の四第五項の認定を受けることができなかつた場合における当該高年齢受給資格者」と、「失業の認定を受けなければならない」とあるのは「同項の認定を受けなければならない」と、第三十三条第一項中「第二十一条の規定による期間」とあるのは「第三十七条の四第六項において準用する第二十一条の規定による期間」と読み替えるものとする。

（高年齢被保険者の特例）

第三十七条の五　次に掲げる要件のいずれにも該当する者は、厚生労働省令で定めるところにより、厚生労働大臣に申し出て、当該申出を行つた日から高年齢被保険者となることができる。

一　二以上の事業主の適用事業に雇用される六十五歳以上の者であること。

二　一の事業主の適用事業における一週間の所定労働時間が二十時間未満であること。

三　二の事業主の適用事業（申出を行う労働者の一の事業主の適用事業における一週間の所定労働時間が厚生労働省令で定める時間数以上であるものに限る。）における一週間の所定労働時間の合計が二十時間以上であること。

2　前項の規定により高年齢被保険者となつた者は、同項各号の要件を満たさなくなつたときは、厚生労働省令で定めるところにより、厚生労働大臣に申し出なければならない。

3　前二項の規定による申出を行つた労働者については、第九条第一項の規定による確認が行われたものとみなす。

4　厚生労働大臣は、第一項又は第二項の規定による申出があつたときは、第一項第三号の二の事業主に対し、当該労働者が被保険者となつたこと又は被保険者でなくなつたことを通知しなければならない。

（特例高年齢被保険者に対する失業等給付等の特例）

第三十七条の六　前条第一項の規定により高年齢被保険者となつた者に対する第六十一条の四第一項、第六十一条の七第一項及び第六十一条の八第一項の規定の適用については、これらの規定中「をした場合」とあるのは、「を全ての適用事業においてした場合」とする。

2　前項に定めるもののほか、前条第一項の規定により高年齢被保険者となつた者が、同項の規定による申出に係る適用事業のうちいずれか一の適用事業を離職した場合における第三十七条の四第一項及び第五十六条の三第三項第三号の規定の適用については、第三十七条の四第一項中「第十七条第四項第二号」とあるのは「第十七条第四項」と、「額とする」とあるのは「額とする。この場合における第十七条の規定の適用については、同条第一項中「賃金（」とあるのは、「賃金（離職した適用事業において支払われた賃金に限り、」とする」と、第五十六条の三第三項第三号ロ中「第十八条まで」とあるのは「第十八条まで（第十七条第四項第一号を除く。）」とする。

第三節　短期雇用特例被保険者の求職者給付

（短期雇用特例被保険者）

第三十八条　被保険者であつて、季節的に雇用されるもののうち次の各号のいずれにも該当しない者（第四十三条第一項に規定する日雇労働被保険者を除く。以下「短期雇用特例被保険者」という。）が失業した場合には、この節の定めるところにより、特例一時金を支給する。

一　四箇月以内の期間を定めて雇用される者

二　一週間の所定労働時間が二十時間以上であつて厚生労働大臣の定める時間数未満である者

2　被保険者が前項各号に掲げる者に該当するかどうかの確認は、厚生労働大臣が行う。
3　短期雇用特例被保険者に関しては、第二節（第十四条を除く。）、前節及び次節の規定は、適用しない。

（特例受給資格）

第三九条　特例一時金は、短期雇用特例被保険者が失業した場合において、離職の日以前一年間（当該期間に疾病、負傷その他厚生労働省令で定める理由により引き続き三十日以上賃金の支払を受けることができなかつた短期雇用特例被保険者である被保険者については、当該理由により賃金の支払を受けることができなかつた日数を一年に加算した期間（その期間が四年を超えるときは、四年間））に、第十四条の規定による被保険者期間が通算して六箇月以上であつたときに、次条に定めるところにより、支給する。

　この場合における第十四条の規定の適用については、同条第三項中「十二箇月（前条第二項の規定により読み替えて適用する場合にあつては、六箇月）」とあるのは、「六箇月」とする。
2　前項の規定により特例一時金の支給を受けることができる資格（以下「特例受給資格」という。）を有する者（以下「特例受給資格者」という。）が次条第三項の規定による期間内に特例一時金の支給を受けることなく就職した後再び失業した場合（新たに第十四条第二項第一号に規定する受給資格、高年齢受給資格又は特例受給資格を取得した場合を除く。）において、当該期間内に公共職業安定所に出頭し、求職の申込みをした上、次条第三項の認定を受けたときは、その者は、当該特例受給資格に基づく特例一時金の支給を受けることができる。

（特例一時金）
第四〇条　特例一時金の額は、特例受給資格者を第十五条第一項に規定する受給資格者とみなして第十六条から第十八条までの規定を適用した場合にその者に支給されることとなる基本手当の日額の三十日分（第三項の認定があつた日から同項の規定による期間の最後の日までの日数が三十日に満たない場合には、その日数に相当する日数分）とする。
2　前項に規定する場合における第十七条第四項の規定の適用については、同項第二号ニ中「三十歳未満」とあるのは「三十歳未満又は六十五歳以上」とする。
3　特例一時金の支給を受けようとする特例受給資格者は、離職の日の翌日から起算して六箇月を経過する日までに、厚生労働省令で定めるところにより、公共職業安定所に出頭し、求職の申込みをした上、失業していることについての認定を受けなければならない。
4　第二十一条、第三十一条第一項、第三十二条、第三十三条第一項及び第二項並びに第三十四条第一項から第三項までの規定は、特例一時金について準用する。この場合において、第二十一条中「受給資格者」とあるのは「特例受給資格者」と、「受給資格」とあるのは「特例受給資格」と、第三十一条第一項中「受給資格者」とあるのは「特例受給資格者」と、「失業の認定を受けることができなかつた期間」とあるのは「第四十条第三項の認定を受けることができなかつた場合における当該特例受給資格者」と、「失業の認定を受けなければならない」とあるのは「同項の認定を受けなければならない」と、第三十二条中「受給資格者」とあるのは「特例受給資格者」と、第三十三条第一項中「支給しない。ただし公共職業安定所長の指示した公共職業訓練等を受ける期間及び当該公共職業訓練等を受け終わつた日後の期間については、この限りでない」とあるのは「支給しない」と、同条第二項中「受給資格者」とあるのは「特例受給資格者」と、第三十四条第二項中「受給資格」とあるのは「特例受給資格」と、同条第三項中「受給資格者」とあるのは「特例受給資格者」と、「受給資格」とあるのは「特例受給資格」とそれぞれ読み替えるものとする。

（公共職業訓練等を受ける場合）

第四一条　特例受給資格者が、当該特例一時金の支給を受ける前に公共職業安定所長の指示した公共職業訓練等（その期間が政令で定める期間に達しないものを除く。）を受ける場合には、第十条第三項及び前三条の規定にかかわらず、特例一時金を支給しないものとし、その者を第十五条第一項に規定する受給資格者とみなして、当該公共職業訓練等を受け終わる日までの間に限り、第二節（第三十三条第一項ただし書の規定を除く。）に定めるところにより、求職者給付を支給する。

2　前項の特例受給資格者は、当該特例受給資格に係る被保険者となつた日前に第二十九条第一項又は第三十四条第一項の規定により基本手当の支給を受けることができないこととされている場合においても、前項の規定により求職者給付の支給を受けることができる。

第四節　日雇労働被保険者の求職者給付

（日雇労働者）

第四二条　この節において日雇労働者とは、次の各号のいずれかに該当する労働者（前二月の各月において十八日以上同一の事業主の適用事業に雇用された者及び同一の事業主の適用事業に継続して三十一日以上雇用された者（次条第二項の認可を受けた者を除く。）を除く。）をいう。

一　日々雇用される者

二　三十日以内の期間を定めて雇用される者

（日雇労働被保険者）

第四三条　被保険者である日雇労働者であつて、次の各号のいずれかに該当するもの（以下「日雇労働被保険者」という。）が失業した場合には、この節の定めるところにより、日雇労働求職者給付金を支給する。

一　特別区若しくは公共職業安定所の所在する市町村の区域（厚生労働大臣が指定する区域を除く。）又はこれらに隣接する市町村の全部又は一部の区域であつて、厚生労働大臣が指定するもの（以下この項において「適用区域」という。）に居住し、適用事業に雇用される者

二　適用区域外の地域に居住し、適用区域内にある適用事業に雇用される者

三　適用区域外の地域に居住し、適用区域外の地域にある適用事業であつて、日雇労働の労働市場の状況その他の事情に基づいて厚生労働大臣が指定したものに雇用される者

四　前三号に掲げる者のほか、厚生労働省令で定めるところにより公共職業安定所長の認可を受けた者

2　日雇労働被保険者が前二月の各月において十八日以上同一の事業主の適用事業に雇用された場合又は同一の事業主の適用事業に継続して三十一日以上雇用された場合において、厚生労働省令で定めるところにより公共職業安定所長の認可を受けたときは、その者は、引き続き、日雇労働被保険者となることができる。

3　前二月の各月において十八日以上同一の事業主の適用事業に雇用された日雇労働被保険者又は同一の事業主の適用事業に継続して三十一日以上雇用された日雇労働被保険者が前項の認可を受けなかつたため、日雇労働被保険者とされなくなつた最初の月に離職し、失業した場合には、その失業した月の間における日雇労働求職者給付金の支給については、その者を日雇労働被保険者とみなす。

4　日雇労働被保険者に関しては、第六条（第三号に限る。）及び第七条から第九条まで並びに前三節の規定は、適用しな

い。

（日雇労働被保険者手帳）

第四四条　日雇労働被保険者は、厚生労働省令で定めるところにより、公共職業安定所において、日雇労働被保険者手帳の交付を受けなければならない。

（日雇労働求職者給付金の受給資格）

第四五条　日雇労働求職者給付金は、日雇労働被保険者が失業した場合において、その失業の日の属する月の前二月間に、その者について、徴収法第十条第二項第四号の印紙保険料（以下「印紙保険料」という。）が通算して二十六日分以上納付されているときに、第四十七条から第五十二条までに定めるところにより支給する。

第四六条　前条の規定により日雇労働求職者給付金の支給を受けることができる者が第十五条第一項に規定する受給資格者である場合において、その者が、基本手当の支給を受けたときは、その支給の対象となつた日については日雇労働求職者給付金を支給せず、日雇労働求職者給付金の支給を受けたときはその支給の対象となつた日については基本手当を支給しない。

（日雇労働被保険者に係る失業の認定）

第四七条　日雇労働求職者給付金は、日雇労働被保険者が失業している日（失業していることについての認定を受けた日に限る。第五十四条第一号において同じ。）について支給する。

2　前項の失業していることについての認定（以下この節において「失業の認定」という。）を受けようとする者は、厚生労働省令で定めるところにより、公共職業安定所に出頭し、求職の申込みをしなければならない。

3　厚生労働大臣は、必要があると認めるときは、前項の規定にかかわらず、日雇労働被保険者に係る失業の認定について別段の定めをすることができる。

（日雇労働求職者給付金の日額）

第四八条　日雇労働求職者給付金の日額は、次の各号に掲げる区分に応じ、当該各号に定める額とする。

一　前二月間に納付された印紙保険料のうち、徴収法第二十二条第一項第一号に掲げる額（その額が同条第二項又は第四項の規定により変更されたときは、その変更された額）の印紙保険料（以下「第一級印紙保険料」という。）が二十四日分以上であるとき　七千五百円（その額が次条第一項の規定により変更されたときは、その変更された額）

二　次のいずれかに該当するとき　六千二百円（その額が次条第一項の規定により変更されたときは、その変更された額）

イ　前二月間に納付された印紙保険料のうち、第一級印紙保険料及び徴収法第二十二条第一項第二号に掲げる額（その額が同条第二項又は第四項の規定により変更された額）の印紙保険料（以下「第二級印紙保険料」という。）が二十四日分以上であるとき（前号に該当するときを除く。）。

ロ　前二月間に納付された印紙保険料のうち、第一級印紙保険料及び第二級印紙保険料が二十四日分未満である場合において、第一級印紙保険料の納付額と第二級印紙保険料の納付額との合計額に、徴収法第二十二条第一項第三号に掲げる額（その額が同条第二項又は第四項の規定により変更されたときは、その変更された額）の印紙保険料（以下「第三級印紙保険料」という。）の納付額のうち二十四日から第一級印紙保険料及び第二級印紙保険料の納付日数を差し引いた日数に相当する日数分の額を加算した額を二十四で除して得た額が第二級印紙保険料の日額以上であるとき。

三　前二号のいずれにも該当しないとき　四千百円（その額

が次条第一項の規定により変更されたときは、その変更された額）

（日雇労働求職者給付金の日額等の自動的変更）

第四九条　厚生労働大臣は、平均定期給与額（第十八条第一項の平均定期給与額をいう。以下この項において同じ。）が、平成六年九月の平均定期給与額（この項の規定により日雇労働求職者給付金の日額等が変更されたときは直近の当該変更の基礎となつた平均定期給与額）の百分の百二十を超え、又は百分の八十三を下るに至つた場合において、その状態が継続すると認めるときは、その平均定期給与額の上昇し、又は低下した比率を基準として、日雇労働求職者給付金の日額等を変更しなければならない。

2　前項の「日雇労働求職者給付金の日額等」とは、前条第一号に定める額の日雇労働求職者給付金（次項及び第五十四条において「第一級給付金」という。）の日額、前条第二号に定める額の日雇労働求職者給付金（次項及び第五十四条において「第二級給付金」という。）の日額及び前条第三号に定める額の日雇労働求職者給付金（次項及び第五十四条において「第三級給付金」という。）の日額並びに徴収法第二十二条第一項に規定する印紙保険料の額の区分に係る賃金の日額のうち第一級印紙保険料と第二級印紙保険料との区分に係る賃金の日額（その額が前項の規定により変更されたときは、その変更された額。次項において「一級・二級印紙保険料区分日額」という。）及び第二級印紙保険料と第三級印紙保険料との区分に係る賃金の日額（その額が前項の規定により変更されたときは、その変更された額。次項において「二級・三級印紙保険料区分日額」という。）をいう。

3　徴収法第二十二条第五項の規定により同条第二項に規定する第一級保険料日額、第二級保険料日額及び第三級保険料日額の変更があつた場合には、厚生労働大臣は、その変更のあつた日から一年を経過した日の前日（その日前に当該変更に関して国会の議決があつた場合には、その議決のあつた日の前日）までの間は、第一項の規定による第一級給付金の日額、第二級給付金の日額及び第三級給付金の日額並びに一級・二級印紙保険料区分日額及び二級・三級印紙保険料区分日額の変更を行うことができない。

（日雇労働求職者給付金の支給日数等）

第五〇条　日雇労働求職者給付金は、日雇労働被保険者が失業した日の属する月における失業の認定を受けた日について、その月の前二月間に、その者について納付されている印紙保険料が通算して二十八日分以下であるときは、通算して十三日分を限度として支給し、その者について納付されている印紙保険料が通算して二十八日分を超えているときは、通算して、二十八日分を超える四日分ごとに一日を十三日に加えて得た日数分を限度として支給する。ただし、その月において通算して十七日分を超えては支給しない。

2　日雇労働求職者給付金は、各週（日曜日から土曜日までの七日をいう。）につき日雇労働被保険者が職業に就かなかつた最初の日については、支給しない。

（日雇労働求職者給付金の支給方法等）

第五一条　日雇労働求職者給付金は、公共職業安定所において、失業の認定を行つた日に支給するものとする。

2　厚生労働大臣は、必要があると認めるときは、前項の規定にかかわらず、日雇労働求職者給付金の支給について別段の定めをすることができる。

3　第三十一条第一項の規定は、日雇労働求職者給付金について準用する。この場合において、同項中「受給資格者」とあるのは「日雇労働求職者給付金の支給を受けることができる者」と、「失業の認定」とあるのは「第四十七条第二項の失業の認定」と読み替えるものとする。

（給付制限）

第五二条　日雇労働求職者給付金の支給を受けることができる者が公共職業安定所の紹介する業務に就くことを拒んだときは、その拒んだ日から起算して七日間は、日雇労働求職者給付金を支給しない。ただし、次の各号のいずれかに該当するときは、この限りでない。

一　紹介された業務が、その者の能力からみて不適当であると認められるとき。

二　紹介された業務に対する賃金が、同一地域における同種の業務及び同程度の技能に係る一般の賃金水準に比べて、不当に低いとき。

三　職業安定法第二十条（第二項ただし書を除く。）の規定に該当する事業所に紹介されたとき。

四　その他正当な理由があるとき。

2　日雇労働求職者給付金の支給を受けることができる者についての前項各号のいずれかに該当するかどうかの認定は、公共職業安定所長が厚生労働大臣の定める基準に従つてするものとする。

3　日雇労働求職者給付金の支給を受けることができる者が、偽りその他不正の行為により求職者給付又は就職促進給付の支給を受け、又は受けようとしたときは、その支給を受け、又は受けようとした月及びその月の翌月から三箇月間は、日雇労働求職者給付金を支給しない。ただし、やむを得ない理由がある場合には、日雇労働求職者給付金の全部又は一部を支給することができる。

（日雇労働求職者給付金の特例）

第五三条　日雇労働被保険者が失業した場合において、次の各号のいずれにも該当するときは、その者は、公共職業安定所長に申し出て、次条に定める日雇労働求職者給付金の支給を受けることができる。

一　継続する六月間に当該日雇労働被保険者について印紙保険料が各月十一日分以上、かつ、通算して七十八日分以上納付されていること。

二　前号に規定する継続する六月間（以下「基礎期間」という。）のうち後の五月間に第四十五条の規定による日雇労働求職者給付金の支給を受けていないこと。

三　基礎期間の最後の月の翌月以後二月間（申出をした日が当該二月の期間内にあるときは、同日までの間）に第四十五条の規定による日雇労働求職者給付金の支給を受けていないこと。

2　前項の申出は、基礎期間の最後の月の翌月以後四月の期間内に行わなければならない。

第五四条　前条第一項の申出をした者に係る日雇労働求職者給付金の支給については、第四十八条及び第五十条第一項の規定にかかわらず、次の各号に定めるところによる。

一　日雇労働求職者給付金の支給を受けることができる期間及び日数は、基礎期間の最後の月の翌月以後四月の期間内の失業している日について、通算して六十日分を限度とする。

二　日雇労働求職者給付金の日額は、次のイからハまでに掲げる区分に応じ、当該イからハまでに定める額とする。

イ　基礎期間に納付された印紙保険料のうち、第一級印紙保険料が七十二日分以上であるとき　第一級給付金の日額

ロ　次のいずれかに該当するとき　第二級給付金の日額

(1)　基礎期間に納付された印紙保険料のうち、第一級印紙保険料及び第二級印紙保険料が七十二日分以上であるとき（イに該当するときを除く。）。

(2)　基礎期間に納付された印紙保険料のうち、第一級印紙保険料及び第二級印紙保険料が七十二日分未満であ

る場合において、第一級印紙保険料の納付額と第二級印紙保険料の納付額との合計額に、第三級印紙保険料の納付額のうち七十二日から第一級印紙保険料及び第二級印紙保険料の納付日数を差し引いた日数に相当する日数分の額を加算した額を七十二で除して得た額が第二級印紙保険料の日額以上であるとき。

ハ　イ又はロに該当しないとき　第三級給付金の日額

第五五条　基礎期間の最後の月の翌月以後二月の期間内に第五十三条第一項の申出をした者については、当該二月を経過する日までは、第四十五条の規定による日雇労働求職者給付金は、支給しない。

2　第五十三条第一項の申出をした者が、基礎期間の最後の月の翌月から起算して第三月目又は第四月目に当たる月において、第四十五条の規定による日雇労働求職者給付金の支給を受けたときは当該日雇労働求職者給付金の支給の対象となつた日については前条の規定による日雇労働求職者給付金を支給せず、同条の規定による日雇労働求職者給付金の支給を受けたときは当該日雇労働求職者給付金の支給の対象となつた日については第四十五条の規定による日雇労働求職者給付金を支給しない。

3　前条の規定による日雇労働求職者給付金の支給を受けた者がその支給を受けた後に第五十三条第一項の申出をする場合における同項第二号の規定の適用については、その者は、第四十五条の規定による日雇労働求職者給付金の支給を受けたものとみなす。

4　第四十六条、第四十七条、第五十条第二項、第五十一条及び第五十二条の規定は、前条の規定による日雇労働求職者給付金について準用する。

（日雇労働被保険者であつた者に係る被保険者期間等の特例）

第五六条　日雇労働被保険者が二月の各月において十八日以上同一の事業主の適用事業に雇用され、その翌月以後において離職した場合には、その二月を第十四条の規定による被保険者期間の二箇月として計算することができる。ただし、その者が第四十三条第二項又は第三項の規定の適用を受けた者である場合には、この限りでない。

2　前項の規定により同項に規定する二月を被保険者期間として計算することによつて第十四条第二項第一号に規定する受給資格、高年齢受給資格又は特例受給資格を取得した者について、第十七条に規定する賃金日額を算定する場合には、その二月の各月において納付された印紙保険料の額を厚生労働省令で定める率で除して得た額をそれぞれその各月に支払われた賃金額とみなす。

3　第一項の規定は、第二十二条第三項の規定による算定基礎期間の算定について準用する。この場合において、第一項中「その二月を第十四条の規定による被保険者期間の二箇月として」とあるのは、「当該雇用された期間を第二十二条第三項に規定する基準日まで引き続いて同一の事業主の適用事業に被保険者として雇用された期間に該当するものとして」と読み替えるものとする。

第五六条の二　日雇労働被保険者が同一の事業主の適用事業に継続して三十一日以上雇用された後に離職した場合（前条第一項本文に規定する場合を除く。）には、その者の日雇労働被保険者であつた期間を第十四条の規定による被保険者期間の計算において被保険者であつた期間とみなすことができる。ただし、その者が第四十三条第二項又は第三項の規定の適用を受けた者である場合には、この限りでない。

2　前項の規定により第十四条の規定による被保険者期間を計算することによつて同条第二項第一号に規定する受給資格、高年齢受給資格又は特例受給資格を取得した者について、第十七条に規定する賃金日額を算定する場合には、日雇労働被保険者であつた期間のうち、同条第一項に規定する算定対象期間における被保険者期間として計算された最後の六箇月間に含まれる期間において納付された印紙保険料の額を厚生労働省令で定める率で除して得た額を当該期間に支払われた賃金額とみなす。

3 第一項の規定は、第二十二条第三項の規定による算定基礎期間の算定について準用する。この場合において、第一項中「その者の日雇労働被保険者であつた期間を第十四条の規定による被保険者期間の計算において被保険者であつた期間とみなす」とあるのは、「当該日雇労働被保険者であつた期間を第二十二条第三項に規定する基準日まで引き続いて同一の事業主の適用事業に被保険者として雇用された期間に該当するものとして計算する」と読み替えるものとする。

第五節　就職促進給付

（就業促進手当）

第五六条の三　就業促進手当は、次の各号のいずれかに該当する者に対して、公共職業安定所長が厚生労働省令で定める基準に従つて必要があると認めたときに、支給する。

一　次のイ又はロのいずれかに該当する受給資格者である者

イ　職業に就いた者（厚生労働省令で定める安定した職業に就いた者を除く。）であつて、当該職業に就いた日の前日における基本手当の支給残日数（当該職業に就かなかつたこととした場合における同日の翌日から当該受給資格に係る第二十条第一項及び第二項の規定による期間（第三十三条第三項の規定に該当する受給資格者については同項の規定による期間とし、次条第一項の規定に該当する受給資格者については同項の規定による期間とする。）の最後の日までの間に基本手当の支給を受けることができることとなる日数をいう。以下同じ。）が当該受給資格に基づく所定給付日数の三分の一以上かつ四十五日以上であるもの

ロ　厚生労働省令で定める安定した職業に就いた者であつて、当該職業に就いた日の前日における基本手当の支給残日数が当該受給資格に基づく所定給付日数の三分の一以上であるもの

二　厚生労働省令で定める安定した職業に就いた受給資格者（当該職業に就いた日の前日における基本手当の支給残日数が当該受給資格に基づく所定給付日数の三分の一未満である者に限る。）、高年齢受給資格者（高年齢求職者給付金の支給を受けた者であつて、当該高年齢受給資格に係る離職の日の翌日から起算して一年を経過していないものを含む。以下この節において同じ。）、特例受給資格者（特例一時金の支給を受けた者であつて、当該特例受給資格に係る離職の日の翌日から起算して六箇月を経過していないものを含む。以下この節において同じ。）又は日雇受給資格者（第四十五条又は第五十四条の規定による日雇労働求職者給付金の支給を受けることができる者をいう。以下同じ。）であつて、身体障害者その他の就職が困難な者として厚生労働省令で定めるもの

2　受給資格者、高年齢受給資格者、特例受給資格者又は日雇受給資格者（第五十八条及び第五十九条第一項において「受給資格者等」という。）が、前項第一号ロ又は同項第二号に規定する安定した職業に就いた日前厚生労働省令で定める期間内の就職について就業促進手当（同項第一号イに該当する者に係るものを除く。以下この項において同じ。）の支給を受けたことがあるときは、前項の規定にかかわらず、就業促進手当は、支給しない。

3　就業促進手当の額は、次の各号に掲げる者の区分に応じ、

当該各号に定める額とする。

一　第一項第一号イに該当する者　現に職業に就いている日（当該職業に就かなかつたこととした場合における同日から当該就業促進手当に係る基本手当の受給資格に係る第二十条第一項及び第二項の規定による期間（第三十三条第三項の規定に該当する受給資格者については同項の規定による期間とし、次条第一項の規定に該当する受給資格者については同項の規定による期間とする。）の最後の日までの間に基本手当の支給を受けることができることとなる日があるときに限る。）について、第十六条の規定による基本手当の日額（その金額が同条第一項（同条第二項において読み替えて適用する場合を含む。）に規定する一万二千九十円（その額が第十八条の規定により変更されたときは、その変更された額）に百分の五十（受給資格に係る離職の日において六十歳以上六十五歳未満である受給資格者にあつては、百分の四十五）を乗じて得た金額を超えるときは、当該金額。以下この条において「基本手当日額」という。）に十分の三を乗じて得た額（同一の事業主の適用事業にその職業に就いた日から引き続いて六箇月以上雇用される者であつて厚生労働省令で定めるものにあつては、当該額に、基本手当日額に支給残日数に相当する日数に十分の四を乗じて得た数を乗じて得た額を限度として厚生労働省令で定める額を加えて得た額）

二　第一項第一号ロに該当する者　基本手当日額に支給残日数に相当する日数に十分の六（その職業に就いた日の前日における基本手当の支給残日数が当該受給資格に基づく所定給付日数の三分の二以上であるもの（以下この号において「早期再就職者」という。）にあつては、十分の七）を乗じて得た数を乗じて得た額（同一の事業主の適用事業にその職業に就いた日から引き続いて六箇月以上雇用される者であつて厚生労働省令で定めるものにあつては、当該額に、基本手当日額に支給残日数に相当する日数に十分の四（早期再就職者にあつては、十分の三）を乗じて得た数を乗じて得た額を限度として厚生労働省令で定める額を加えて得た額）

三　第一項第二号に該当する者　次のイからニまでに掲げる者の区分に応じ、当該イからニまでに定める額に四十を乗じて得た額を限度として厚生労働省令で定める額

イ　受給資格者　基本手当日額

ロ　高年齢受給資格者　その者を高年齢受給資格に係る離職の日において三十歳未満である基本手当の受給資格者とみなして第十六条から第十八条までの規定を適用した場合にその者に支給されることとなる基本手当の日額（その金額がその者を基本手当の受給資格者とみなして適用される第十六条第一項に規定する一万二千九十円（その額が第十八条の規定により変更されたときは、その変更された額）に百分の五十を乗じて得た金額を超えるときは、当該金額）

ハ　特例受給資格者　その者を基本手当の受給資格者とみなして第十六条から第十八条までの規定を適用した場合にその者に支給されることとなる基本手当の日額（その金額がその者を基本手当の受給資格者とみなして適用される第十六条第一項（同条第二項において読み替えて適用する場合を含む。）に規定する一万二千九十円（その額が第十八条の規定により変更されたときは、その変更された額）に百分の五十（特例受給資格に係る離職の日において六十歳以上六十五歳未満である特例受給資格者にあつては、百分の四十五）を乗じて得た金額を超えるときは、当該金額）

ニ　日雇受給資格者　第四十八条又は第五十四条第二号の

規定による日雇労働求職者給付金の日額

4　第一項第一号イに該当する者に係る就業促進手当を支給したときは、この法律の規定（第十条の四及び第三十四条の規定を除く。次項において同じ。）の適用については、当該就業促進手当を支給した日数に相当する日数分の基本手当を支給したものとみなす。

5　第一項第一号ロに該当する者に係る就業促進手当を支給したときは、この法律の規定の適用については、当該就業促進手当の額を基本手当日額で除して得た日数に相当する日数分の基本手当を支給したものとみなす。

（就業促進手当の支給を受けた場合の特例）

第五七条　特定就業促進手当受給者について、第一号に掲げる期間が第二号に掲げる期間を超えるときは、当該特定就業促進手当受給者の基本手当の受給期間は、第二十条第一項及び第二項並びに第三十三条第三項の規定にかかわらず、これらの規定による期間に当該超える期間を加えた期間とする。

一　就業促進手当（前条第一項第一号ロに該当する者に係るものに限る。以下この条において同じ。）に係る基本手当の受給資格に係る離職の日の翌日から再離職（当該就業促進手当の支給を受けた後の最初の離職（新たに受給資格、高年齢受給資格又は特例受給資格を取得した場合における当該受給資格、高年齢受給資格又は特例受給資格に係る離職を除く。）をいう。次項において同じ。）の日までの期間に次のイ及びロに掲げる日数を加えた期間

イ　二十日以下の範囲内で厚生労働省令で定める日数

ロ　当該就業促進手当に係る職業に就いた日の前日における支給残日数から前条第五項の規定により基本手当を支給したものとみなされた日数を差し引いた日数

二　当該職業に就かなかつたこととした場合における当該受給資格に係る第二十条第一項及び第二項の規定による期間（第三十三条第三項の規定に該当する受給資格者については、同項の規定による期間）

2　前項の特定就業促進手当受給者とは、就業促進手当の支給を受けた者であつて、再離職の日が当該就業促進手当に係る基本手当の受給資格に係る第二十条第一項及び第二項の規定による期間（第三十三条第三項の規定に該当する受給資格者については、同項の規定による期間）内にあり、かつ、次の各号のいずれかに該当するものをいう。

一　再離職が、その者を雇用していた事業主の事業について発生した倒産又は当該事業主の適用事業の縮小若しくは廃止に伴うものである者として厚生労働省令で定めるもの

二　前号に定めるもののほか、解雇その他の厚生労働省令で定める理由により離職した者

3　第一項の規定に該当する受給資格者については、第二十四条第一項中「第二十条第一項及び第二項」とあるのは、「第五十七条第一項」とする。

4　第三十三条第五項の規定は、第一項の規定に該当する受給資格者について準用する。

（移転費）

第五八条　移転費は、受給資格者等が公共職業安定所、職業安定法第四条第九項に規定する特定地方公共団体若しくは同法第十八条の二に規定する職業紹介事業者の紹介した職業に就くため、又は公共職業安定所長の指示した公共職業訓練等を受けるため、その住所又は居所を変更する場合において、公共職業安定所長が厚生労働大臣の定める基準に従つて必要があると認めたときに、支給する。

2　移転費の額は、受給資格者等及びその者により生計を維持されている同居の親族の移転に通常要する費用を考慮して、厚生労働省令で定める。

（求職活動支援費）

第五九条　求職活動支援費は、受給資格者等が求職活動に伴い次の各号のいずれかに該当する行為をする場合において、公共職業安定所長が厚生労働大臣の定める基準に従つて必要があると認めたときに、支給する。
一　公共職業安定所の紹介による広範囲の地域にわたる求職活動
二　公共職業安定所の職業指導に従つて行う職業に関する教育訓練の受講その他の活動
三　求職活動を容易にするための役務の利用
2　求職活動支援費の額は、前項各号の行為に通常要する費用を考慮して、厚生労働省令で定める。

（給付制限）
第六〇条　偽りその他不正の行為により求職者給付又は就職促進給付の支給を受け、又は受けようとした者には、これらの給付の支給を受け、又は受けようとした日以後、就職促進給付を支給しない。ただし、やむを得ない理由がある場合には、就職促進給付の全部又は一部を支給することができる。
2　前項に規定する者が同項に規定する日以後新たに受給資格、高年齢受給資格又は特例受給資格を取得した場合には、同項の規定にかかわらず、その受給資格、高年齢受給資格又は特例受給資格に基づく就職促進給付を支給する。
3　第一項に規定する者であつて、第五十二条第三項（第五十五条第四項において準用する場合を含む。次項において同じ。）の規定により日雇労働求職者給付金の支給を受けることができない者とされたものが、その支給を受けることができない期間を経過した後において、日雇受給資格者である場合又は日雇受給資格者となつた場合には、第一項の規定にかかわらず、その日雇受給資格者たる資格に基づく就職促進給付を支給する。
4　第一項に規定する者（第五十二条第三項の規定により日雇労働求職者給付金の支給を受けることができない者とされている者を除く。）が新たに日雇受給資格者となつた場合には、第一項の規定にかかわらず、その日雇受給資格者たる資格に基づく就職促進給付を支給する。
5　受給資格者が第一項の規定により就職促進給付を支給されないこととされたため、当該受給資格に基づく就業促進手当の全部又は一部の支給を受けることができなくなつたときは、第五十六条の三第四項及び第五項の規定の適用については、その全部又は一部の支給を受けることができないこととされた就業促進手当の支給があつたものとみなす。

第五節の二　教育訓練給付

（教育訓練給付金）
第六〇条の二　教育訓練給付金は、次の各号のいずれかに該当する者（以下「教育訓練給付対象者」という。）が、厚生労働省令で定めるところにより、雇用の安定及び就職の促進を図るために必要な職業に関する教育訓練として厚生労働大臣が指定する教育訓練を受け、当該教育訓練を修了した場合（当該教育訓練を受けている場合であつて厚生労働省令で定める場合を含み、当該教育訓練に係る指定教育訓練実施者により厚生労働省令で定める証明がされた場合に限る。）において、支給要件期間が三年以上であるときに、支給する。
一　当該教育訓練を開始した日（以下この条において「基準日」という。）に一般被保険者（被保険者のうち、高年齢被保険者、短期雇用特例被保険者及び日雇労働被保険者以外の者をいう。次号において同じ。）又は高年齢被保険者である者
二　前号に掲げる者以外の者であつて、基準日が当該基準日の直前の一般被保険者又は高年齢被保険者でなくなつた日から厚生労働省令で定める期間内にあるもの

2 前項の支給要件期間は、教育訓練給付対象者が基準日までの間に同一の事業主の適用事業に引き続いて被保険者として雇用された期間（当該雇用された期間に係る被保険者となつた日前に被保険者であつたことがある者については、当該雇用された期間と当該被保険者であつた期間を通算した期間）とする。ただし、当該期間に次の各号に掲げる期間が含まれているときは、当該各号に掲げる期間に該当する全ての期間を除いて算定した期間とする。

一 当該雇用された期間又は当該被保険者であつた期間に係る被保険者となつた日の直前の被保険者でなくなつた日が当該被保険者となつた日前一年の期間内にないときは、当該直前の被保険者でなくなつた日前の被保険者であつた期間

二 当該基準日前に教育訓練給付金の支給を受けたことがあるときは、当該給付金に係る基準日前の被保険者であつた期間

3 第二十二条第四項の規定は、前項の支給要件期間の算定について準用する。

4 教育訓練給付金の額は、教育訓練給付対象者が第一項に規定する教育訓練の受講のために支払つた費用（厚生労働省令で定める範囲内のものに限る。）の額（当該教育訓練の受講のために支払つた費用の額であることについて当該教育訓練に係る指定教育訓練実施者により証明がされたものに限る。）に百分の二十以上百分の七十以下の範囲内において厚生労働省令で定める率を乗じて得た額（その額が厚生労働省令で定める額を超えるときは、その定める額）とする。

5 第一項及び前項の規定にかかわらず、同項の規定により教育訓練給付金の額として算定された額が厚生労働省令で定める額を超えないとき、又は教育訓練給付対象者が基準日前厚生労働省令で定める期間内に教育訓練給付金の支給を受けたことがあるときは、教育訓練給付金は、支給しない。

（給付制限）

第六〇条の三 偽りその他不正の行為により教育訓練給付金の支給を受け、又は受けようとした者には、当該給付金の支給を受け、又は受けようとした日以後、教育訓練給付金を支給しない。ただし、やむを得ない理由がある場合には、教育訓練給付金の全部又は一部を支給することができる。

2 前項の規定により教育訓練給付金の支給を受けることができない者とされたものが、同項に規定する日以後、新たに教育訓練給付金の支給を受けることができる者となつた場合には、同項の規定にかかわらず、教育訓練給付金を支給する。

3 第一項の規定により教育訓練給付金の支給を受けることができなくなつた場合においても、前条第二項の規定の適用については、当該給付金の支給があつたものとみなす。

第六節 雇用継続給付

第一款 高年齢雇用継続給付

（高年齢雇用継続基本給付金）

第六一条 高年齢雇用継続基本給付金は、被保険者（短期雇用特例被保険者及び日雇労働被保険者を除く。以下この款において同じ。）に対して支給対象月（当該被保険者が第一号に該当しなくなつたときは、同号に該当しなくなつた日の属する支給対象月以後の支給対象月）に支払われた賃金の額（支給対象月において非行、疾病その他の厚生労働省令で定める理由により支払を受けることができなかつた賃金がある場合には、その支払を受けたものとみなして算定した賃金の額。以下この項、第四項及び第五項各号（次条第三項において準用する場合を含む。）並びに同条第一項において同じ。）が、当該被保険者を受給資格者と、当該被保険者が六十歳に達し

た日（当該被保険者が第一号に該当しなくなつたときは、同号に該当しなくなつた日）を受給資格に係る離職の日とみなして第十七条（第三項を除く。）の規定を適用した場合に算定されることとなる賃金日額に相当する額（以下この条において「みなし賃金日額」という。）に三十を乗じて得た額の百分の七十五に相当する額を下るに至つた場合に、当該支給対象月について支給する。ただし、次の各号のいずれかに該当するときは、この限りでない。

一　当該被保険者を受給資格者と、当該被保険者が六十歳に達した日又は当該支給対象月においてその日に応当する日（その日に応当する日がない月においては、その月の末日。）を第二十条第一項第一号に規定する基準日とみなして第二十二条第三項及び第四項の規定を適用した場合に算定されることとなる期間に相当する期間が、五年に満たないとき。

二　当該支給対象月に支払われた賃金の額が、三十五万六千四百円（その額が第七項の規定により変更されたときは、その変更された額。以下この款において「支給限度額」という。）以上であるとき。

2　この条において「支給対象月」とは、被保険者が六十歳に達した日の属する月から六十五歳に達する日の属する月までの期間内にある月（その月の初日から末日まで引き続いて、被保険者であり、かつ、介護休業給付金又は育児休業給付金若しくは出生時育児休業給付金の支給を受けることができる休業をしなかつた月に限る。）をいう。

3　第一項の規定によりみなし賃金日額を算定する場合における第十七条第四項の規定の適用については、同項中「前三項の規定」とあるのは、「第一項及び第二項の規定」とする。

4　第一項の規定によりみなし賃金日額を算定することができないとき若しくは困難であるとき、又は同項の規定により算定したみなし賃金日額を用いて同項の規定を適用することが適当でないと認められるときは、厚生労働大臣が定めるところにより算定した額をみなし賃金日額とする。この場合において、第十七条第四項の規定は、この項の規定により算定したみなし賃金日額について準用する。

5　高年齢雇用継続基本給付金の額は、一支給対象月について、次の各号に掲げる区分に応じ、当該支給対象月に支払われた賃金の額に当該各号に定める率を乗じて得た額とする。ただし、その額に当該賃金の額を加えて得た額が支給限度額を超えるときは、支給限度額から当該賃金の額を減じて得た額とする。

一 **現** 当該賃金の額が、みなし賃金日額に三十を乗じて得た額の百分の六十一に相当する額未満であるとき。　百分の十五

二 **現** 前号に該当しないとき。　みなし賃金日額に三十を乗じて得た額に対する当該賃金の額の割合が逓増する程度に応じ、百分の十五から一定の割合で逓減するように厚生労働省令で定める率

新［令和七年四月一日から施行］

一　当該賃金の額が、みなし賃金日額に三十を乗じて得た額の百分の六十四に相当する額未満であるとき　百分の十

二　前号に該当しないとき　みなし賃金日額に三十を乗じて得た額に対する当該賃金の額の割合が逓増する程度に応じ、百分の十から一定の割合で逓減するように厚生労働省令で定める率

6　第一項及び前項の規定にかかわらず、同項の規定により支給対象月における高年齢雇用継続基本給付金の額として算定

された額が第十七条第四項第一号に掲げる額（その額が第十八条の規定により変更されたときは、その変更された額）の百分の八十に相当する額を超えないときは、当該支給対象月については、高年齢雇用継続基本給付金は、支給しない。

7　厚生労働大臣は、年度の平均給与額が平成二十七年四月一日から始まる年度（この項の規定により支給限度額が変更されたときは、直近の当該変更がされた年度の前年度）の平均給与額を超え、又は下るに至つた場合においては、その上昇し、又は低下した比率を基準として、その翌年度の八月一日以後の支給限度額を変更しなければならない。

（高年齢再就職給付金）

第六一条の二　高年齢再就職給付金は、受給資格者（その受給資格に係る離職の日における第二十二条第三項の規定による算定基礎期間が五年以上あり、かつ、当該受給資格に基づく基本手当の支給を受けたことがある者に限る。）が六十歳に達した日以後安定した職業に就くことにより被保険者となつた場合において、当該被保険者に対し再就職後の支給対象月に支払われた賃金の額が、当該基本手当の日額の算定の基礎となつた賃金日額に三十を乗じて得た額の百分の七十五に相当する額を下るに至つたときに、当該再就職後の支給対象月について支給する。ただし、次の各号のいずれかに該当するときは、この限りでない。

一　当該職業に就いた日（次項において「就職日」という。）の前日における支給残日数が、百日未満であるとき。

二　当該再就職後の支給対象月に支払われた賃金の額が、支給限度額以上であるとき。

2　前項の「再就職後の支給対象月」とは、就職日の属する月から当該就職日の翌日から起算して二年（当該就職日の前日における支給残日数が二百日未満である同項の被保険者については、一年）を経過する日の属する月（その月が同項の被保険者が六十五歳に達する日の属する月後であるときは、六十五歳に達する日の属する月）までの期間内にある月（その月の初日から末日まで引き続いて、被保険者であり、かつ、介護休業給付金又は育児休業給付金若しくは出生時育児休業給付金の支給を受けることができる休業をしなかつた月に限る。）をいう。

3　前条第五項及び第六項の規定は、高年齢再就職給付金の額について準用する。この場合において、同条第五項中「支給対象月について」とあるのは「再就職後の支給対象月（次条第二項に規定する再就職後の支給対象月をいう。次条第三項において準用する第六項において同じ。）について」と、「当該支給対象月」とあるのは「当該再就職後の支給対象月」と、「みなし賃金日額」とあるのは「次条第一項の賃金日額」と、同条第六項中「第一項」とあるのは「次条第一項」と、「支給対象月」とあるのは「再就職後の支給対象月」と読み替えるものとする。

4　高年齢再就職給付金の支給を受けることができる者が、同一の就職につき就業促進手当（第五十六条の三第一項第一号ロに該当する者に係るものに限る。以下この項において同じ。）の支給を受けることができる場合において、その者が就業促進手当の支給を受けたときは高年齢再就職給付金を支給せず、高年齢再就職給付金の支給を受けたときは就業促進手当を支給しない。

（給付制限）

第六一条の三　偽りその他不正の行為により次の各号に掲げる失業等給付の支給を受け、又は受けようとした者には、当該給付の支給を受け、又は受けようとした日以後、当該各号に定める高年齢雇用継続給付を支給しない。ただし、やむを得ない理由がある場合には、当該高年齢雇用継続給付の全部又は一部を支給することができる。

一　高年齢雇用継続基本給付金　高年齢雇用継続基本給付金
二　高年齢再就職給付金又は当該給付金に係る受給資格に基づく求職者給付若しくは就職促進給付　高年齢再就職給付金

第二款　介護休業給付

（介護休業給付金）

第六一条の四　介護休業給付金は、被保険者（短期雇用特例被保険者及び日雇労働被保険者を除く。以下この条において同じ。）が、厚生労働省令で定めるところにより、対象家族（当該被保険者の配偶者（婚姻の届出をしていないが、事実上婚姻関係と同様の事情にある者を含む。以下この項において同じ。）、父母及び子（これらの者に準ずる者として厚生労働省令で定めるものを含む。）並びに配偶者の父母をいう。以下この条において同じ。）を介護するための休業（以下「介護休業」という。）をした場合において、当該介護休業（当該対象家族を介護するための二回以上の介護休業をした場合にあつては、初回の介護休業とする。以下この項において同じ。）を開始した日前二年間（当該介護休業を開始した日前二年間に疾病、負傷その他厚生労働省令で定める理由により引き続き三十日以上賃金の支払を受けることができなかつた被保険者については、当該理由により賃金の支払を受けることができなかつた日数を二年に加算した期間（その期間が四年を超えるときは、四年間））に、みなし被保険者期間が通算して十二箇月以上であつたときに、支給単位期間について支給する。

2　前項の「みなし被保険者期間」は、介護休業（同一の対象家族について二回以上の介護休業をした場合にあつては、初回の介護休業とする。）を開始した日を被保険者でなくなつた日とみなして第十四条の規定を適用した場合に計算されることとなる被保険者期間に相当する期間とする。

3　この条において「支給単位期間」とは、介護休業をした期間（当該介護休業を開始した日から起算して三月を経過する日までの期間に限る。）を、当該休業を開始した日又は各月においてその日に応当し、かつ、当該介護休業をした期間内にある日（その日に応当する日がない月においては、その月の末日。以下この項及び次項第二号において「休業開始応当日」という。）から各翌月の休業開始応当日の前日（当該介護休業を終了した日の属する月にあつては、当該介護休業を終了した日）までの各期間に区分した場合における当該区分による一の期間をいう。

4　介護休業給付金の額は、一支給単位期間について、介護休業給付金の支給を受けることができる被保険者を受給資格者と、当該被保険者が当該介護休業給付金の支給に係る介護休業を開始した日の前日を受給資格に係る離職の日とみなして第十七条の規定を適用した場合に算定されることとなる賃金日額に相当する額（次項において「休業開始時賃金日額」という。）に次の各号に掲げる支給単位期間の区分に応じて当該各号に定める日数（次項において「支給日数」という。）を乗じて得た額の百分の四十に相当する額とする。この場合における同条の規定の適用については、同条第三項中「困難であるとき」とあるのは「できないとき若しくは困難であるとき」と、同条第四項中「第二号に掲げる額」とあるのは「第二号ロに定める額」とする。

一　次号に掲げる支給単位期間以外の支給単位期間　三十日
二　当該介護休業を終了した日の属する支給単位期間　当該支給単位期間における当該休業を開始した日又は休業開始応当日から当該介護休業を終了した日までの日数

5　前項の規定にかかわらず、介護休業をした被保険者に当該被保険者を雇用している事業主から支給単位期間に賃金が支払われた場合において、当該賃金の額に当該支給単位期間における介護休業給付金の額を加えて得た額が休業開始時賃金日額に支給日数を乗じて得た額の百分の八十に相当する額以上であるときは、休業開始時賃金日額に支給日数を乗じて得た額の百分の八十に相当する額から当該賃金の額を減じて得た額を、当該支給単位期間における介護休業給付金の額とする。この場合において、当該賃金の額が休業開始時賃金日額に支給日数を乗じて得た額の百分の八十に相当する額以上であるときは、第一項の規定にかかわらず、当該賃金が支払われた支給単位期間については、介護休業給付金は、支給しない。

6　第一項の規定にかかわらず、被保険者が介護休業についてこの款の定めるところにより介護休業給付金の支給を受けたことがある場合において、当該被保険者が次の各号のいずれかに該当する介護休業をしたときは、介護休業給付金は、支給しない。

一　同一の対象家族について当該被保険者が四回以上の介護休業をした場合における四回目以後の介護休業

二　同一の対象家族について当該被保険者がした介護休業ごとに、当該介護休業を開始した日から当該介護休業を終了した日までの日数を合算して得た日数が九十三日に達した日後の介護休業

（給付制限）

第六一条の五　偽りその他不正の行為により介護休業給付金の支給を受け、又は受けようとした者には、当該給付金の支給を受け、又は受けようとした日以後、介護休業給付金を支給しない。ただし、やむを得ない理由がある場合には、介護休業給付金の全部又は一部を支給することができる。

2　前項の規定により介護休業給付金の支給を受けることができない者とされたものが、同項に規定する日以後、新たに介護休業を開始し、介護休業給付金の支給を受けることができる者となつた場合には、同項の規定にかかわらず、当該介護休業に係る介護休業給付金を支給する。

第三章の二　育児休業給付

（育児休業給付）

第六一条の六　育児休業給付は、育児休業給付金及び出生時育児休業給付金とする。

2　第十条の三から第十二条までの規定は、育児休業給付について準用する。

（育児休業給付金）

第六一条の七　育児休業給付金は、被保険者（短期雇用特例被保険者及び日雇労働被保険者を除く。以下この条及び次条において同じ。）が、厚生労働省令で定めるところにより、その一歳に満たない子（民法（明治二十九年法律第八十九号）第八百十七条の二第一項の規定により被保険者が当該被保険者との間における同項に規定する特別養子縁組の成立について家庭裁判所に請求した者（当該請求に係る家事審判事件が裁判所に係属している場合に限る。）であつて、当該被保険者が現に監護するもの、児童福祉法（昭和二十二年法律第百六十四号）第二十七条第一項第三号の規定により同法第六条の四第二号に規定する養子縁組里親である被保険者に委託されている児童及びその他これらに準ずる者として厚生労働省令で定める者に、厚生労働省令で定めるところにより委託されている者を含む。以下この章において同じ。）（その子が一歳に達した日後の期間について休業することが雇用の継続のために特に必要と認められる場合として厚生労働省令で定める場合に該当する場合にあつては、一歳六か月に満たない子（その子が一歳六か月に達した日後の期間について休業する

ことが雇用の継続のために特に必要と認められる場合として厚生労働省令で定める場合に該当する場合にあつては、二歳に満たない子））を養育するための休業（以下この章において「育児休業」という。）をした場合において、当該育児休業（当該子について二回以上の育児休業をした場合にあつては、初回の育児休業とする。以下この項及び第三項において同じ。）を開始した日前二年間（当該育児休業を開始した日前二年間に疾病、負傷その他厚生労働省令で定める理由により引き続き三十日以上賃金の支払を受けることができなかつた被保険者については、当該理由により賃金の支払を受けることができなかつた日数を二年に加算した期間（その期間が四年を超えるときは、四年間））に、みなし被保険者期間が通算して十二箇月以上であつたときに、支給単位期間について支給する。

2　被保険者が育児休業についてこの章の定めるところにより育児休業給付金の支給を受けたことがある場合において、当該被保険者が同一の子について三回以上の育児休業（厚生労働省令で定める場合に該当するものを除く。）をした場合における三回目以後の育児休業については、前項の規定にかかわらず、育児休業給付金は、支給しない。

3　第一項の「みなし被保険者期間」は、育児休業を開始した日を被保険者でなくなつた日とみなして第十四条の規定を適用した場合に計算されることとなる被保険者期間に相当する期間とする。

4　労働基準法第六十五条第二項の規定による休業をした被保険者であつて、前項に規定するみなし被保険者期間が十二箇月に満たないものについての第一項及び前項の規定の適用については、第一項中「当該育児休業（当該子について二回以上の育児休業をした場合にあつては、初回の育児休業とする。以下この項及び第三項において同じ。）を開始した日」とあるのは「特例基準日（当該子について労働基準法第六十五条第二項の規定による休業を開始した日（厚生労働省令で定める理由により当該日によることが適当でないと認められる場合においては、当該理由に応じて厚生労働省令で定める日）をいう。以下この項及び第三項において同じ。）」と、「育児休業を開始した日」とあるのは「特例基準日」と、前項中「育児休業を開始した日」とあるのは「特例基準日」とする。

5　この条において「支給単位期間」とは、育児休業をした期間を、当該育児休業を開始した日又は各月においてその日に応当し、かつ、当該育児休業をした期間内にある日（その日に応当する日がない月においては、その月の末日。以下この項及び次項において「休業開始応当日」という。）から各翌月の休業開始応当日の前日（当該育児休業を終了した日の属する月にあつては、当該育児休業を終了した日）までの各期間に区分した場合における当該区分による一の期間をいう。

6　育児休業給付金の額は、一支給単位期間について、育児休業給付金の支給を受けることができる被保険者を受給資格者と、当該被保険者が当該育児休業給付金の支給に係る育児休業（同一の子について二回以上の育児休業をした場合にあつては、初回の育児休業とする。）を開始した日の前日を受給資格に係る離職の日とみなして第十七条の規定を適用した場合に算定されることとなる賃金日額に相当する額（以下この項及び次項において「休業開始時賃金日額」という。）に次の各号に掲げる支給単位期間の区分に応じて当該各号に定める日数（同項において「支給日数」という。）を乗じて得た額の百分の五十（当該育児休業（同一の子について二回以上の育児休業をした場合にあつては、初回の育児休業とする。）を開始した日から起算し当該育児休業給付金の支給に係る休業日数が通算して百八十日に達するまでの間に限り、百分の六十七）に相当する額（支給単位期間に当該育児休業給付金の支給に係る休業日数の百八十日目に当たる日が属する場合にあつては、休業開始時賃金日額に当該休業開始応当日から当該休業日数の百八十日目に当たる日までの日数を乗じて得た額の百分の六十七に相当する額に、休業開始時賃金日額に当該休業日数の百八十一日目に当たる日から育児休業を終了した日又は翌月の休業開始応当日の前日のいずれか早い日までの日数を乗じて得た額の百分の五十に相当する額を加えて得た額）とする。この場合における同条の規定の適用については、同条第三項中「困難であるとき」とあるのは「できないとき若しくは困難であるとき」と、同条第四項中「第二号に掲げる額」とあるのは「第二号ハに定める額」とする。

一　次号に掲げる支給単位期間以外の支給単位期間　三十日

二　育児休業を終了した日の属する支給単位期間　当該支給単位期間における当該育児休業を開始した日又は休業開始応当日から当該育児休業を終了した日までの日数

7　前項の規定にかかわらず、育児休業をした被保険者に当該被保険者を雇用している事業主から支給単位期間に賃金が支払われた場合において、当該賃金の額に当該支給単位期間における育児休業給付金の額を加えて得た額が休業開始時賃金日額に支給日数を乗じて得た額の百分の八十に相当する額以上であるときは、休業開始時賃金日額に支給日数を乗じて得た額の百分の八十に相当する額から当該賃金の額を減じて得た額を、当該支給単位期間における育児休業給付金の額とする。この場合において、当該賃金の額が休業開始時賃金日額に支給日数を乗じて得た額の百分の八十に相当する額以上であるときは、第一項の規定にかかわらず、当該賃金が支払われた支給単位期間については、育児休業給付金は、支給しない。

8　被保険者の養育する子について、当該被保険者の配偶者（婚姻の届出をしていないが、事実上婚姻関係と同様の事情にある者を含む。）が当該子の一歳に達する日以前のいずれかの日において当該子を養育するための休業をしている場合における第一項の規定の適用については、同項中「その一歳」とあるのは、「その一歳二か月」とする。

9　育児休業給付金の支給を受けたことがある者に対する第二十二条第三項及び第三十七条の四第三項の規定の適用については、第二十二条第三項中「とする。ただし、当該期間」とあるのは「とし、当該雇用された期間又は当該被保険者であつた期間に育児休業給付金の支給に係る休業の期間があるときは、当該休業の期間を除いて算定した期間とする。ただし、当該雇用された期間又は当該被保険者であつた期間」と、第三十七条の四第三項中「第二十二条第三項」とあるのは「第二十二条第三項（第六十一条の七第九項において読み替えて適用する場合を含む。）」とする。

（出生時育児休業給付金）

第六一条の八　出生時育児休業給付金は、被保険者が、厚生労働省令で定めるところにより、その子の出生の日から起算して八週間を経過する日の翌日まで（出産予定日前に当該子が出生した場合にあつては当該出生の日から当該出産予定日から起算して八週間を経過する日の翌日までとし、出産予定日後に当該子が出生した場合にあつては当該出産予定日から当該出生の日から起算して八週間を経過する日の翌日までとする。）の期間内に四週間以内の期間を定めて当該子を養育するための休業（当該被保険者が出生時育児休業給付金の支給を受けることを希望する旨を公共職業安定所長に申し出たものに限る。以下この条において「出生時育児休業」という。）をした場合において、当該出生時育児休業（当該子について二回目の出生時育児休業をした場合にあつては、初回の出生時育児休業とする。以下この項及び第三項において同じ。）を開始した日前二年間（当該出生時育児休業を開始した日前二年間に疾病、負傷その他厚生労働省令で定める理由により引き続き三十日以上賃金の支払を受けることができなかつた被保険者については、当該理由により賃金の支払を受けることができなかつた日数を二年に加算した期間（その期間が四年を超えるときは、四年間））に、みなし被保険者期間が通算して十二箇月以上であつたときに、支給する。

2　被保険者が出生時育児休業について この章の定めるところにより出生時育児休業給付金の支給を受けたことがある場合において、当該被保険者が次の各号のいずれかに該当する出生時育児休業をしたときは、前項の規定にかかわらず、出生時育児休業給付金は、支給しない。

一　同一の子について当該被保険者が三回以上の出生時育児休業をした場合における三回目以後の出生時育児休業

二　同一の子について当該被保険者がした出生時育児休業ごとに、当該出生時育児休業を開始した日から当該出生時育児休業を終了した日までの日数を合算して得た日数が二十八日に達した日後の出生時育児休業

3　第一項の「みなし被保険者期間」は、出生時育児休業を開始した日を被保険者でなくなつた日とみなして第十四条の規定を適用した場合に計算されることとなる被保険者期間に相当する期間とする。

4　出生時育児休業給付金の額は、出生時育児休業給付金の支給を受けることができる被保険者を受給資格者と、当該被保険者が当該出生時育児休業給付金の支給に係る出生時育児休業（同一の子について二回目の出生時育児休業をした場合にあつては、初回の出生時育児休業とする。）を開始した日の前日を受給資格に係る離職の日とみなして第十七条の規定を適用した場合に算定されることとなる賃金日額に相当する額（次項において「休業開始時賃金日額」という。）に第二項第二号に規定する合算して得た日数（その日数が二十八日を超えるときは、二十八日。次項において「支給日数」という。）を乗じて得た額の百分の六十七に相当する額（次項において「支給額」という。）とする。この場合における同条の規定の適用については、同条第三項中「困難であるとき」とあるのは「できないとき若しくは困難であるとき」と、同条第四項中「第二号に掲げる額」とあるのは「第二号ハに定める額」とする。

5　前項の規定にかかわらず、出生時育児休業をした被保険者に当該被保険者を雇用している事業主から当該出生時育児休業をした期間（第二項第二号に規定する合算して得た日数が二十八日を超えるときは、当該日数が二十八日に達する日までの期間に限る。）に賃金が支払われた場合において、当該賃金の額に支給額を加えて得た額が休業開始時賃金日額に支給日数を乗じて得た額の百分の八十に相当する額以上であるときは、休業開始時賃金日額に支給日数を乗じて得た額の百分の八十に相当する額から当該賃金の額を減じて得た額を、出生時育児休業給付金の額とする。この場合において、当該賃金の額が休業開始時賃金日額に支給日数を乗じて得た額の百分の八十に相当する額以上であるときは、第一項の規定にかかわらず、出生時育児休業給付金は、支給しない。

6　前条第九項の規定は、出生時育児休業給付金について準用する。この場合において、同項中「第六十一条の七第九項」とあるのは、「第六十一条の八第六項において読み替えて準用する第六十一条の七第九項」と読み替えるものとする。

7　出生時育児休業給付金の支給を受けようとする被保険者が、既に同一の子について育児休業給付金の支給を受けていた場合における第一項、第三項及び第四項の規定の適用については、第一項中「限る」とあるのは「限り、育児休業給付金の支給に係るものを除く」と、「当該出生時育児休業（当該子

について二回目の出生時育児休業をした場合にあつては、初回の出生時育児休業とする。以下この項及び第三項において同じ。）」とあるのは「当該子について当該被保険者がした初回の育児休業」と、「（当該出生時育児休業」とあるのは「（当該育児休業」と、第三項中「出生時育児休業」とあるのは「同一の子についてした初回の育児休業」と、第四項中「当該出生時育児休業給付金の支給に係る出生時育児休業（同一の子について二回目の出生時育児休業をした場合にあつては、初回の出生時育児休業とする。）」とあるのは「同一の子についてした初回の育児休業」とする。

8　育児休業給付金の支給を受けようとする被保険者が、既に同一の子について出生時育児休業給付金の支給を受けていた場合における前条第二項、第五項及び第六項の規定の適用については、同条第二項中「育児休業（」とあるのは「育児休業（次条第一項に規定する出生時育児休業及び」と、同条第五項中「、育児休業」とあるのは「、育児休業（次条第一項に規定する出生時育児休業を除く。）」と、同条第六項中「起算し当該育児休業給付金」とあるのは「起算し当該育児休業給付金（同一の子について当該被保険者が支給を受けていた次条第一項に規定する出生時育児休業給付金を含む。以下この項において同じ。）」とする。

（給付制限）

第六一条の九　偽りその他不正の行為により育児休業給付の支給を受け、又は受けようとした者には、当該給付の支給を受け、又は受けようとした日以後、育児休業給付を支給しない。ただし、やむを得ない理由がある場合には、育児休業給付の全部又は一部を支給することができる。

2　前項の規定により育児休業給付の支給を受けることができない者とされたものが、同項に規定する日以後、当該育児休業給付の支給に係る育児休業を開始した日に養育していた子以外の子について新たに育児休業を開始し、育児休業給付の支給を受けることができる者となつた場合には、同項の規定にかかわらず、当該育児休業に係る育児休業給付を支給する。

第四章　雇用安定事業等

（雇用安定事業）

第六二条　政府は、被保険者、被保険者であつた者及び被保険者になろうとする者（以下この章において「被保険者等」という。）に関し、失業の予防、雇用状態の是正、雇用機会の増大その他雇用の安定を図るため、雇用安定事業として、次の事業を行うことができる。

一　景気の変動、産業構造の変化その他の経済上の理由により事業活動の縮小を余儀なくされた場合において、労働者を休業させる事業主その他労働者の雇用の安定を図るために必要な措置を講ずる事業主に対して、必要な助成及び援助を行うこと。

二　離職を余儀なくされる労働者に対して、労働施策の総合的な推進並びに労働者の雇用の安定及び職業生活の充実等に関する法律第二十六条第一項に規定する休暇を与える事業主その他当該労働者の再就職を促進するために必要な措置を講ずる事業主に対して、必要な助成及び援助を行うこと。

三　定年の引上げ、高年齢者等の雇用の安定等に関する法律（昭和四十六年法律第六十八号）第九条に規定する継続雇用制度の導入、同法第十条の二第四項に規定する高年齢者就業確保措置の実施等により高年齢者の雇用を延長し、又は同法第二条第二項に規定する高年齢者等（以下この号において単に「高年齢者等」という。）に対し再就職の援助を行い、若しくは高年齢者等を雇い入れる事業主その他高年齢者等の雇用の安定を図るために必要な措置を講ずる事業主に対して、必要な助成及び援助を行うこと。

四　高年齢者等の雇用の安定等に関する法律第三十四条第一項の同意を得た同項に規定する地域高年齢者就業機会確保計画（同条第四項の規定による変更の同意があつたときは、その変更後のもの。次条第一項第八号において「同意地域高年齢者就業機会確保計画」という。）に係る同法第三十四条第二項第三号に規定する事業のうち雇用の安定に係るものを行うこと。

五　雇用機会を増大させる必要がある地域への事業所の移転により新たに労働者を雇い入れる事業主、季節的に失業する者が多数居住する地域においてこれらの者を年間を通じて雇用する事業主その他雇用に関する状況を改善する必要がある地域における労働者の雇用の安定を図るために必要な措置を講ずる事業主に対して、必要な助成及び援助を行うこと。

六　前各号に掲げるもののほか、障害者その他就職が特に困難な者の雇入れの促進、雇用に関する状況が全国的に悪化した場合における労働者の雇入れの促進その他被保険者等の雇用の安定を図るために必要な事業であつて、厚生労働省令で定めるものを行うこと。

2　前項各号に掲げる事業の実施に関して必要な基準は、厚生労働省令で定める。

3　政府は、独立行政法人高齢・障害・求職者雇用支援機構法（平成十四年法律第百六十五号）及びこれに基づく命令で定めるところにより、第一項各号に掲げる事業の一部を独立行政法人高齢・障害・求職者雇用支援機構に行わせるものとする。

（能力開発事業）

第六三条　政府は、被保険者等に関し、職業生活の全期間を通じて、これらの者の能力を開発し、及び向上させることを促進するため、能力開発事業として、次の事業を行うことができる。

一　職業能力開発促進法（昭和四十四年法律第六十四号）第十三条に規定する事業主等及び職業訓練の推進のための活動を行う者に対して、同法第十一条に規定する計画に基づく職業訓練、同法第二十四条第三項（同法第二十七条の二第二項において準用する場合を含む。）に規定する認定職業訓練（第五号において「認定職業訓練」という。）その他当該事業主等の行う職業訓練を振興するために必要な助成及び援助を行うこと並びに当該職業訓練を振興するために必要な助成及び援助を行う都道府県に対して、これらに要する経費の全部又は一部の補助を行うこと。

二　公共職業能力開発施設（公共職業能力開発施設の行う職業訓練を受ける者のための宿泊施設を含む。以下この号において同じ。）又は職業能力開発総合大学校（職業能力開発総合大学校の行う指導員訓練又は職業訓練を受ける者のための宿泊施設を含む。）を設置し、又は運営すること、職業能力開発促進法第十五条の七第一項ただし書に規定する職業訓練を行うこと及び公共職業能力開発施設を設置し、又は運営する都道府県に対して、これらに要する経費の全部又は一部の補助を行うこと。

三　求職者及び退職を予定する者に対して、再就職を容易にするために必要な知識及び技能を習得させるための講習（第五号において「職業講習」という。）並びに作業環境に適応させるための訓練を実施すること。

四　職業能力開発促進法第十条の四第二項に規定する有給教育訓練休暇を与える事業主に対して、必要な助成及び援助を行うこと。

五　職業訓練（公共職業能力開発施設又は職業能力開発総合

大学校の行うものに限る。）又は職業講習を受ける労働者に対して、当該職業訓練又は職業講習を受けることを容易にし、又は促進するために必要な交付金を支給すること及びその雇用する労働者に職業能力開発促進法第十一条に規定する計画に基づく職業訓練、認定職業訓練その他の職業訓練を受けさせる事業主（当該職業訓練を受ける期間、労働者に対し所定労働時間労働した場合に支払われる通常の賃金を支払う事業主に限る。）に対して、必要な助成を行うこと。

六　職業能力開発促進法第十条の三第一項第一号の規定によりキャリアコンサルティング（同法第二条第五項に規定するキャリアコンサルティングをいう。以下この号において同じ。）の機会を確保する事業主に対して必要な援助を行うこと及び労働者に対してキャリアコンサルティングの機会の確保を行うこと。

七　技能検定の実施に要する経費を負担すること、技能検定を行う法人その他の団体に対して、技能検定を促進するために必要な助成を行うこと及び技能検定を促進するために必要な助成を行う都道府県に対して、これに要する経費の全部又は一部の補助を行うこと。

八　同意地域高年齢者就業機会確保計画に係る高年齢者等の雇用の安定等に関する法律第三十四条第二項第三号に規定する事業のうち労働者の能力の開発及び向上に係るものを行うこと。

九　前各号に掲げるもののほか、労働者の能力の開発及び向上のために必要な事業であつて、厚生労働省令で定めるものを行うこと。

2　前項各号に掲げる事業の実施に関して必要な基準については、同項第二号の規定による都道府県に対する経費の補助に係るものにあつては政令で、その他の事業に係るものにあつては厚生労働省令で定める。

3　政府は、独立行政法人高齢・障害・求職者雇用支援機構法及びこれに基づく命令で定めるところにより、第一項各号に掲げる事業の一部を独立行政法人高齢・障害・求職者雇用支援機構に行わせるものとする。

第六四条　政府は、被保険者であつた者及び被保険者になろうとする者の就職に必要な能力を開発し、及び向上させるため、能力開発事業として、職業訓練の実施等による特定求職者の就職の支援に関する法律第四条第二項に規定する認定職業訓練を行う者に対して、同法第五条の規定による助成を行うこと及び同法第二条に規定する特定求職者に対して、同法第七条第一項の職業訓練受講給付金を支給することができる。

（事業における留意事項）

第六四条の二　雇用安定事業及び能力開発事業は、被保険者等の職業の安定を図るため、労働生産性の向上に資するものとなるよう留意しつつ、行われるものとする。

（事業等の利用）

第六五条　第六十二条及び第六十三条の規定による事業又は当該事業に係る施設は、被保険者等の利用に支障がなく、かつ、その利益を害しない限り、被保険者等以外の者に利用させることができる。

第五章　費用の負担

（国庫の負担）

第六六条　国庫は、次に掲げる区分によつて、求職者給付（高年齢求職者給付金を除く。第一号において同じ。）及び雇用継続給付（介護休業給付金に限る。第三号において同じ。）、育児休業給付並びに第六十四条に規定する職業訓練受講給付金の支給に要する費用の一部を負担する。

一　日雇労働求職者給付金以外の求職者給付については、次のイ又はロに掲げる場合の区分に応じ、当該イ又はロに定める割合
イ　毎会計年度の前々会計年度における労働保険特別会計の雇用勘定の財政状況及び求職者給付の支給を受けた受給資格者の数の状況が、当該会計年度における求職者給付の支給に支障が生じるおそれがあるものとして政令で定める基準に該当する場合　当該日雇労働求職者給付金以外の求職者給付に要する費用の四分の一
ロ　イに掲げる場合以外の場合　当該日雇労働求職者給付金以外の求職者給付に要する費用の四十分の一
二　日雇労働求職者給付金については、次のイ又はロに掲げる場合の区分に応じ、当該イ又はロに定める割合
イ　前号イに掲げる場合　当該日雇労働求職者給付金に要する費用の三分の一
ロ　前号ロに掲げる場合　当該日雇労働求職者給付金に要する費用の三十分の一
三　雇用継続給付については、当該雇用継続給付に要する費用の八分の一
四　育児休業給付については、当該育児休業給付に要する費用の八分の一
五　第六十四条に規定する職業訓練受講給付金の支給については、当該職業訓練受講給付金に要する費用の二分の一

2　前項第一号に規定する日雇労働求職者給付金以外の求職者給付については、国庫は、毎会計年度（国庫が同号ロの規定による負担額を負担する会計年度を除く。）において、支給した当該求職者給付の総額の四分の三に相当する額が徴収法の規定により徴収した一般保険料の額を超える場合には、同号の規定にかかわらず、当該超過額について、同号の規定による国庫の負担額を加えて国庫の負担が当該会計年度において支給した当該求職者給付の総額の三分の一に相当する額に達する額までを負担する。

3　前項に規定する一般保険料の額は、第一号に掲げる額から第二号から第四号までに掲げる額の合計額を減じた額とする。
一　次に掲げる額の合計額（以下この条及び第六十八条第二項において「一般保険料徴収額」という。）
イ　徴収法の規定により徴収した徴収法第十二条第一項第一号に掲げる事業に係る一般保険料の額のうち雇用保険率（その率が同条第五項（同条第十項又は第十一項の規定により読み替えて適用する場合を含む。）、第八項又は第九項の規定により変更されたときは、その変更された率。以下この条及び第六十七条の二において同じ。）に応ずる部分の額
ロ　徴収法第十二条第一項第三号に掲げる事業に係る一般保険料の額
二　徴収法の規定により徴収した印紙保険料の額に相当する額に厚生労働大臣が財務大臣と協議して定める率を乗じて得た額
三　一般保険料徴収額から前号に掲げる額を減じた額に千分の四の率を雇用保険率で除して得た率（第五項及び第六十八条第二項において「育児休業給付率」という。）を乗じて得た額
四　一般保険料徴収額から第二号に掲げる額を減じた額に千分の三・五の率（徴収法第十二条第四項第三号に掲げる事業については、千分の四・五の率）を雇用保険率で除して得た率（第五項及び第六十八条第二項において「二事業率」という。）を乗じて得た額

4　徴収法第十二条第八項の規定により雇用保険率が変更されている場合においては、前項第四号中「千分の三・五」とあるのは「千分の三」と、「千分の四・五」とあるのは「千分

の四」とし、同条第九項の規定により雇用保険率が変更されている場合においては、前項第四号中「千分の三・五」とあるのは「千分の二・五」と、「千分の四・五」とあるのは「千分の三・五」とする。

5　日雇労働求職者給付金については、国庫は、毎会計年度（国庫が第一項第二号ロの規定による負担額を負担する会計年度を除く。）において第一号に掲げる額が第二号に掲げる額を超える場合には、同項第二号の規定にかかわらず、同号の規定による国庫の負担額から当該超過額に相当する額を減じた額（その額が当該会計年度において支給した日雇労働求職者給付金の総額の四分の一に相当する額を下回る場合には、その四分の一に相当する額）を負担する。

一　次に掲げる額を合計した額

イ　徴収法の規定により徴収した印紙保険料の額

ロ　イの額に相当する額に第三項第二号に掲げる厚生労働大臣が財務大臣と協議して定める率を乗じて得た額から、その額に育児休業給付率と二事業率とを合算した率を乗じて得た額を減じた額

二　支給した日雇労働求職者給付金の総額の三分の二に相当する額

6　国庫は、前各項に規定するもののほか、毎年度、予算の範囲内において、第六十四条に規定する事業（第六十八条第二項において「就職支援法事業」という。）に要する費用（第一項第五号に規定する費用を除く。）及び雇用保険事業の事務の執行に要する経費を負担する。

第六十七条　第二十五条第一項の措置が決定された場合には、前条第一項第一号の規定にかかわらず、国庫は、次に掲げる区分によつて、広域延長給付を受ける者に係る求職者給付に要する費用の一部を負担する。この場合において、同条第二項中「支給した当該求職者給付の総額」とあるのは「支給した当該求職者給付の総額から広域延長給付を受ける者に係る求職者給付の総額を控除した額」と、「一般保険料の額を超える場合には」とあるのは「一般保険料の額から広域延長給付を受ける者に係る求職者給付の総額の三分の二に相当する額を控除した額を超える場合には」とする。

一　前条第一項第一号イに掲げる場合　広域延長給付を受ける者に係る求職者給付に要する費用の三分の一

二　前条第一項第一号ロに掲げる場合　広域延長給付を受ける者に係る求職者給付に要する費用の三十分の一

第六十七条の二　国庫は、毎会計年度において、労働保険特別会計の雇用勘定の財政状況を踏まえ、必要がある場合（雇用保険率が千分の十五・五（徴収法第十二条第八項の規定により雇用保険率が変更されている場合においては千分の十五、同条第九項の規定により雇用保険率が変更されている場合においては千分の十四・五）以上である場合その他の政令で定める場合に限る。）には、当該会計年度における失業等給付及び第六十四条に規定する職業訓練受講給付金の支給に要する費用の一部に充てるため、予算で定めるところにより、第六十六条第一項、第二項及び第五項並びに前条の規定により負担する額を超えて、その費用の一部を負担することができる。

（保険料）

第六十八条　雇用保険事業に要する費用に充てるため政府が徴収する保険料については、徴収法の定めるところによる。

2　前項の保険料のうち、一般保険料徴収額から当該一般保険料徴収額に育児休業給付率を乗じて得た額及び当該一般保険料徴収額に二事業率を乗じて得た額の合計額を減じた額並びに印紙保険料の額に相当する額の合計額は、失業等給付及び就職支援法事業に要する費用に充てるものとし、一般保険料徴収額に育児休業給付率を乗じて得た額は、育児休業給付に要する費用に充てるものとし、一般保険料徴収額に二事業率

を乗じて得た額は、雇用安定事業及び能力開発事業（第六十三条に規定するものに限る。）に要する費用に充てるものとする。

第六章　不服申立て及び訴訟

（不服申立て）

第六九条　第九条の規定による確認、失業等給付及び育児休業給付（以下「失業等給付等」という。）に関する処分又は第十条の四第一項若しくは第二項の規定（これらの規定を第六十一条の六第二項において準用する場合を含む。）による処分に不服のある者は、雇用保険審査官に対して審査請求をし、その決定に不服のある者は、労働保険審査会に対して再審査請求をすることができる。

2　前項の審査請求をしている者は、審査請求をした日の翌日から起算して三箇月を経過しても審査請求についての決定がないときは、雇用保険審査官が審査請求を棄却したものとみなすことができる。

3　第一項の審査請求及び再審査請求は、時効の完成猶予及び更新に関しては、裁判上の請求とみなす。

4　第一項の審査請求及び再審査請求については、行政不服審査法（平成二十六年法律第六十八号）第二章（第二十二条を除く。）及び第四章の規定は、適用しない。

（不服理由の制限）

第七〇条　第九条の規定による確認に関する処分が確定したときは、当該処分についての不服を当該処分に基づく失業等給付等に関する処分についての不服の理由とすることができない。

（審査請求と訴訟との関係）

第七一条　第六十九条第一項に規定する処分の取消しの訴えは、当該処分についての審査請求に対する雇用保険審査官の決定を経た後でなければ、提起することができない。

附　則　抄

（施行期日）

第一条　この法律は、昭和五十年四月一日から施行する。ただし、附則第二十一条の規定は、同年一月一日から施行する。

（適用範囲に関する暫定措置）

第二条　次の各号に掲げる事業（国、都道府県、市町村その他これらに準ずるものの事業及び法人である事業主の事業（事務所に限る。）を除く。）であつて、政令で定めるものは、当分の間、第五条第一項の規定にかかわらず、任意適用事業とする。

一　土地の耕作若しくは開墾又は植物の栽植、栽培、採取若しくは伐採の事業その他農林の事業

二　動物の飼育又は水産動植物の採捕若しくは養殖の事業その他畜産、養蚕又は水産の事業（船員が雇用される事業を除く。）

2　前項に規定する事業の保険関係の成立及び消滅については、徴収法附則の定めるところによるものとし、徴収法附則第二条又は第三条の規定により雇用保険に係る労働保険の保険関係が成立している事業は、第五条第一項に規定する適用事業に含まれるものとする。

（基本手当の支給に関する暫定措置）

第四条　第十三条第三項に規定する特定理由離職者（厚生労働省令で定める者に限る。）であつて、受給資格に係る離職の日が平成二十一年三月三十一日から令和七年三月三十一日までの間であるものに係る基本手当の支給については、当該受給資格者（第二十三条第二項に規定する特定受給資格者を除く。）を第二十三条第二項に規定する特定受給資格者とみなして第二十条、第二十二条及び第二十三条第一項の規定を適用する。

2　前項の規定の適用がある場合における第七十二条第一項の規定の適用については、同項中「若しくは第二十四条の二第一項」とあるのは、「、第二十四条の二第一項若しくは附則第四条第一項」とする。

（給付日数の延長に関する暫定措置）

第五条　受給資格に係る離職の日が令和七年三月三十一日以前である受給資格者（第二十二条第二項に規定する就職が困難な受給資格者以外の受給資格者のうち第十三条第三項に規定する特定理由離職者（厚生労働省令で定める者に限る。）である者及び第二十三条第二項に規定する特定受給資格者に限る。）であつて、厚生労働省令で定める基準に照らして雇用機会が不足していると認められる地域として厚生労働大臣が指定する地域内に居住し、かつ、公共職業安定所長が第二十四条の二第一項に規定する指導基準に照らして再就職を促進するために必要な職業指導を行うことが適当であると認めたもの（個別延長給付を受けることができる者を除く。）については、第三項の規定による期間内の失業している日（失業していることについての認定を受けた日に限る。）について、所定給付日数（当該受給資格者が第二十条第一項及び第二項の規定による期間内に基本手当の支給を受けた日数が所定給付日数に満たない場合には、その支給を受けた日数。次項において同じ。）を超えて、基本手当を支給することができる。

2　前項の場合において、所定給付日数を超えて基本手当を支給する日数は、六十日（所定給付日数が第二十三条第一項第二号イ又は第三号イに該当する受給資格者にあつては、三十日）を限度とするものとする。

3　第一項の規定による基本手当の支給を受ける受給資格者の受給期間は、第二十条第一項及び第二項の規定にかかわらず、これらの規定による期間に前項に規定する日数を加えた期間とする。

4　第一項の規定の適用がある場合における第二十八条、第二十九条、第三十二条、第三十三条、第七十二条第一項及び第七十九条の二の規定の適用については、第二十八条第一項中「個別延長給付を」とあるのは「個別延長給付又は附則第五条第一項の規定による基本手当の支給（以下「地域延長給付」という。）を」と、「個別延長給付が」とあるのは「個別延長給付又は地域延長給付が」と、同条第二項中「個別延長給付、」とあるのは「個別延長給付、地域延長給付、」と、「個別延長給付又は広域延長給付」とあるのは「個別延長給付、地域延長給付又は広域延長給付」と、「個別延長給付が行われること」とあるのは「個別延長給付又は地域延長給付が行われること」と、「個別延長給付が行われる間」とあるのは「個別延長給付又は地域延長給付が行われる間」と、第二十九条第一項及び第三十二条第一項中「又は全国延長給付」とあるのは「、全国延長給付又は地域延長給付」と、第三十三条第五項中「広域延長給付」とあるのは「地域延長給付、広域延長給付」と、第七十二条第一項中「若しくは第二十四条の二第一項」とあるのは「、第二十四条の二第一項若しくは附則第五条第一項」と、「若しくは第五十六条の三第一項」とあるのは「、第五十六条の三第一項若しくは附則第五条第一項」と、第七十九条の二中「並びに第五十九条第一項」とあるのは「、第五十九条第一項並びに附則第五条第一項」とする。

（教育訓練給付金に関する暫定措置）

第十一条　教育訓練給付対象者であつて、第六十条の二第一項第一号に規定する基準日前に教育訓練給付金の支給を受けたことがないものに対する同項の規定の適用については、当分の間、同項中「三年」とあるのは、「一年」とする。

（教育訓練支援給付金）

第十一条の二　教育訓練支援給付金は、教育訓練給付対象者

（前条に規定する者のうち、第六十条の二第一項第二号に該当する者であつて、厚生労働省令で定めるものに限る。）であつて、厚生労働省令で定めるところにより、令和七年三月三十一日以前に同項に規定する教育訓練であつて厚生労働省令で定めるものを開始したもの（当該教育訓練を開始した日における年齢が四十五歳未満であるものに限る。）が、当該教育訓練を受けている日（当該教育訓練に係る指定教育訓練実施者によりその旨の証明がされた日に限る。）のうち失業している日（失業していることについての認定を受けた日に限る。）について支給する。この場合における第十条第五項、第六十条の三及び第七十二条第一項の規定の適用については、第十条第五項中「教育訓練給付金」とあるのは「教育訓練給付金及び教育訓練支援給付金」と、第六十条の三第一項中「により教育訓練給付金」とあるのは「により教育訓練給付金又は教育訓練支援給付金」と、「、教育訓練給付金」とあるのは「、教育訓練給付金及び教育訓練支援給付金」と、同条第二項中「により教育訓練給付金」とあるのは「により教育訓練給付金及び教育訓練支援給付金」と、同条第三項中「教育訓練給付金」とあるのは「教育訓練給付金及び教育訓練支援給付金」と、「前条第二項」とあるのは「前条第二項及び附則第十一条の二第一項」と、第七十二条第一項中「若しくは第二十四条の二第一項」とあるのは「、第二十四条の二第一項若しくは附則第十一条の二第一項」とする。

2　前項の失業していることについての認定は、厚生労働省令で定めるところにより、公共職業安定所長が行う。

3　教育訓練支援給付金の額は、第十七条に規定する賃金日額（以下この項において単に「賃金日額」という。）に百分の五十（二千四百六十円以上四千九百二十円未満の賃金日額（その額が第十八条の規定により変更されたときは、その変更された額）については百分の八十、四千九百二十円以上一万二千九十円以下の賃金日額（その額が第十八条の規定により変更されたときは、その変更された額）については百分の八十から百分の五十までの範囲で、賃金日額の逓増に応じ、逓減するように厚生労働省令で定める率）を乗じて得た金額に百分の八十を乗じて得た額とする。

4　基本手当が支給される期間及び第二十一条、第二十九条第一項（附則第五条第四項の規定により読み替えて適用する場合を含む。）、第三十二条第一項若しくは第二項又は第三十三条第一項の規定により基本手当を支給しないこととされる期間については、教育訓練支援給付金は、支給しない。

5　第二十一条、第三十一条第一項及び第七十八条の規定は、教育訓練支援給付金について準用する。この場合において、第二十一条及び同項中「受給資格者」とあるのは「教育訓練支援給付金の支給を受けることができる者」と、同項中「死亡したため失業の認定」とあるのは「死亡したため附則第十一条の二第一項の失業していることについての認定」と、「について失業の認定」とあるのは「について同項の失業していることについての認定」と、第七十八条中「第十五条第四項第一号の規定により同条第二項に規定する失業の認定」とあるのは「附則第十一条の二第一項の失業していることについての認定」と読み替えるものとする。

（介護休業給付金に関する暫定措置）

第十二条　介護休業を開始した被保険者に対する第六十一条の四第四項の規定の適用については、当分の間、同項中「百分の四十」とあるのは、「百分の六十七」とする。

（国庫負担に関する暫定措置）

第十三条　国庫は、第六十六条第一項（同項第三号から第五号までに規定する費用に係る部分に限る。以下この項において同じ。）の規定による国庫の負担については、当分の間、同項の規定にかかわらず、同項の規定による国庫の負担額の百分の五十五に相当する額を負担する。

2　前項の規定の適用がある場合における第六十六条第六項の規定の適用については、同項中「前各項」とあるのは、「前各項（第一項第三号から第五号までを除く。）及び附則第十三条第一項」とする。

第一四条の三　令和四年度から令和六年度までの各年度においては、第六十六条第一項（同項第三号及び第四号に規定する費用に係る部分に限る。）の規定及び附則第十三条（同項第三号及び第四号に規定する費用に係る部分に限る。）の規定にかかわらず、国庫は、同項（同項第三号及び第四号に規定する費用に係る部分に限る。）の規定による国庫の負担額の百分の十に相当する額を負担する。

2　前項の規定の適用がある場合における第六十六条第六項の規定の適用については、附則第十三条第二項の規定にかかわらず、第六十六条第六項中「前各項」とあるのは、「前各項（第一項第三号から第五号までを除く。）並びに附則第十三条第一項（第一項第五号に規定する費用に係る部分に限る。）及び第十四条の三第一項」とする。

職業訓練の実施等による特定求職者の就職の支援に関する法律

〔平成二三年五月二〇日 法律第四七号〕

沿革　平成二九年六月　二日法律第四五号
令和　四年三月三一日　〃　第一二号
〃　四年六月一七日　〃　第六八号

第一章　総則

（目的）

第一条　この法律は、特定求職者に対し、職業訓練の実施、当該職業訓練を受けることを容易にするための給付金の支給その他の就職に関する支援措置を講ずることにより、特定求職者の就職を促進し、もって特定求職者の職業及び生活の安定に資することを目的とする。

（定義）

第二条　この法律において「特定求職者」とは、公共職業安定所に求職の申込みをしている者（雇用保険法（昭和四十九年法律第百十六号）第四条第一項に規定する被保険者である者及び同法第十五条第一項に規定する受給資格者である者を除く。）のうち、労働の意思及び能力を有しているものであって、職業訓練その他の支援措置を行う必要があるものと公共職業安定所長が認めたものをいう。

第二章　特定求職者に対する職業訓練の実施

（職業訓練実施計画）

第三条　厚生労働大臣は、特定求職者について、その知識、職業経験その他の事情に応じた職業訓練を受ける機会を十分に確保するため、次条第二項に規定する認定職業訓練その他の特定求職者に対する職業訓練の実施に関し重要な事項を定めた計画（以下「職業訓練実施計画」という。）を策定するものとする。

2　職業訓練実施計画に定める事項は、次のとおりとする。

一　特定求職者の数の動向に関する事項

二　特定求職者に対する職業訓練の実施目標に関する事項

三　特定求職者に対する職業訓練の効果的な実施を図るために講じようとする施策の基本となるべき事項

3　厚生労働大臣は、職業訓練実施計画を定めるに当たっては、あらかじめ、関係行政機関の長その他の関係者の意見を聴くものとする。

4　厚生労働大臣は、職業訓練実施計画を定めたときは、遅滞なく、これを公表しなければならない。

5　前二項の規定は、職業訓練実施計画の変更について準用する。

（厚生労働大臣による職業訓練の認定）

第四条　厚生労働大臣は、職業訓練を行う者の申請に基づき、当該者の行う職業訓練について、次の各号のいずれにも適合するものであることの認定をすることができる。

一　職業訓練実施計画に照らして適切なものであること。

二　就職に必要な技能及びこれに関する知識を十分に有していない者の職業能力の開発及び向上を図るために効果的なものであること。

三　その他厚生労働省令で定める基準に適合するものであること。

2　厚生労働大臣は、前項の認定に係る職業訓練（以下「認定職業訓練」という。）が同項各号のいずれかに適合しないものとなったと認めるときは、当該認定を取り消すことができる。

3　厚生労働大臣は、第一項の規定による認定に関する事務を独立行政法人高齢・障害・求職者雇用支援機構（以下「機構」という。）に行わせるものとする。

（認定職業訓練を行う者に対する助成）

第五条　国は、認定職業訓練が円滑かつ効果的に行われることを奨励するため、認定職業訓練を行う者に対して、予算の範囲内において、必要な助成及び援助を行うことができる。

（指導及び助言）

第六条　機構は、認定職業訓練を行う者に対し、当該認定職業訓練の実施に必要な指導及び助言を行うことができる。

第三章　職業訓練受講給付金

（職業訓練受講給付金の支給）

第七条　国は、第十二条第一項の規定により公共職業安定所長が指示した認定職業訓練等（認定職業訓練、国、都道府県及び市町村並びに独立行政法人高齢・障害・求職者雇用支援機構が設置する公共職業能力開発施設の行う職業訓練（職業能力開発総合大学校の行うものを含む。）並びに雇用保険法第十五条第三項の政令で定める訓練又は講習をいう。第十一条第二号において同じ。）を特定求職者が受けることを容易にするため、当該特定求職者に対して、職業訓練受講給付金を支給することができる。

2　職業訓練受講給付金の支給に関し必要な基準は、厚生労働省令で定める。

（返還命令等）

第八条　偽りその他不正の行為により職業訓練受講給付金の支給を受けた者がある場合には、政府は、その者に対して、支給した職業訓練受講給付金の全部又は一部を返還することを命ずることができ、また、厚生労働大臣の定める基準により、当該偽りその他不正の行為により支給を受けた職業訓練受講給付金の額の二倍に相当する額以下の金額を納付することを命ずることができる。

2　前項の場合において、認定職業訓練を行う者が偽りの届出、報告又は証明をしたことによりその職業訓練受講給付金が支給されたものであるときは、政府は、当該認定職業訓練を行う者に対し、その職業訓練受講給付金の支給を受けた者と連帯して、同項の規定による職業訓練受講給付金の返還又は納付を命ぜられた金額の納付をすることを命ずることができる。

3　労働保険の保険料の徴収等に関する法律（昭和四十四年法律第八十四号）第二十七条及び第四十一条第二項の規定は、前二項の規定により返還又は納付を命ぜられた金額の納付を怠った場合に準用する。

（譲渡等の禁止）

第九条　職業訓練受講給付金の支給を受けることとなった者の当該支給を受ける権利は、譲り渡し、担保に供し、又は差し押さえることができない。

（公課の禁止）

第一〇条　租税その他の公課は、職業訓練受講給付金として支給を受けた金銭を標準として課することができない。

第四章　就職支援計画の作成等

（就職支援計画の作成）

第一一条　公共職業安定所長は、特定求職者の就職を容易にするため、当該特定求職者に関し、次の各号に掲げる措置が効果的に関連して実施されるための計画（以下「就職支援計画」という。）を作成するものとする。

一　職業指導及び職業紹介
二　認定職業訓練等
三　前二号に掲げるもののほか、厚生労働省令で定めるもの

（公共職業安定所長の指示）
第一二条　公共職業安定所長は、特定求職者に対して、就職支援計画に基づき前条各号に掲げる措置（次項及び次条において、「就職支援措置」という。）を受けることを指示するものとする。
2　公共職業安定所長は、前項の規定による指示を受けた特定求職者の就職支援措置の効果を高めるために必要があると認めたときは、その者に対する指示を変更することができる。
3　公共職業安定所長は、第一項の規定による指示を受けた特定求職者の就職の支援を行う必要がなくなったと認めるときは、遅滞なく、当該特定求職者に係る指示を取り消すものとする。

（関係機関等の責務）
第一三条　職業安定機関、認定職業訓練を行う者、公共職業能力開発施設の長その他関係者は、前条第一項の規定による指示を受けた特定求職者の就職支援措置の円滑な実施を図るため、相互に密接に連絡し、及び協力するように努めなければならない。
2　前条第一項の規定による指示を受けた特定求職者は、その就職支援措置の実施に当たる職員の指導又は指示に従うとともに、自ら進んで、速やかに職業に就くように努めなければならない。

第五章　雑則

（時効）
第一四条　職業訓練受講給付金の支給を受け、又はその返還を受ける権利及び第八条第一項又は第二項の規定により納付をすべきことを命ぜられた金額を徴収する権利は、これらを行使することができる時から二年を経過したときは、時効によって消滅する。

（報告）
第一五条　厚生労働大臣は、この法律の施行のため必要があると認めるときは、認定職業訓練を行う者又は認定職業訓練を行っていた者（以下「認定職業訓練を行う者等」という。）に対して、報告を求めることができる。
2　厚生労働大臣は、この法律の施行のため必要があると認めるときは、特定求職者又は特定求職者であった者（以下「特定求職者等」という。）に対して、報告を求めることができる。
3　機構は、第四条第一項の規定による認定に関する事務に関し必要があると認めるときは、認定職業訓練を行う者等に対し、報告を求めることができる。

（立入検査）
第一六条　厚生労働大臣は、この法律の施行のため必要があると認めるときは、当該職員に、認定職業訓練を行う者等の事務所に立ち入り、関係者に対して質問させ、又は帳簿書類（その作成又は保存に代えて電磁的記録（電子的方式、磁気的方式その他人の知覚によっては認識することができない方式で作られる記録であって、電子計算機による情報処理の用に供されるものをいう。）の作成又は保存がされている場合における当該電磁的記録を含む。）の検査をさせることができる。
2　前項の規定により立入検査をする職員は、その身分を示す証明書を携帯し、関係者に提示しなければならない。
3　厚生労働大臣は、機構に、第一項の規定による質問又は立入検査（認定職業訓練が第四条第一項各号に掲げる要件に適

合して行われていることを調査するために行うものに限る。）を行わせることができる。

4　機構は、前項の規定により同項に規定する質問又は立入検査をしたときは、厚生労働省令で定めるところにより、当該質問又は立入検査の結果を厚生労働大臣に通知しなければならない。

5　第二項の規定は、第三項の規定による立入検査について準用する。

6　第一項の規定による立入検査の権限は、犯罪捜査のために認められたものと解釈してはならない。

（船員となろうとする者に関する特例）

第一七条　船員職業安定法（昭和二十三年法律第百三十号）第六条第一項に規定する船員となろうとする者に関しては、第二条中「公共職業安定所に」とあるのは「地方運輸局（運輸監理部並びに厚生労働大臣が国土交通大臣に協議して指定する運輸支局及び地方運輸局、運輸監理部又は運輸支局の事務所を含む。以下同じ。）に」と、同条、第七条第一項、第十一条及び第十二条中「公共職業安定所長」とあるのは「地方運輸局の長」とする。

（権限の委任）

第一八条　この法律に定める厚生労働大臣の権限は、厚生労働省令で定めるところにより、その一部を都道府県労働局長に委任することができる。

2　前項の規定により都道府県労働局長に委任された権限は、厚生労働省令で定めるところにより、公共職業安定所長に委任することができる。

（厚生労働省令への委任）

第一九条　この法律に規定するもののほか、この法律の実施のため必要な手続その他の事項は、厚生労働省令で定める。

第六章　罰則

第二〇条 **現**　認定職業訓練を行う者等が次の各号のいずれかに該当するときは、六月以下の懲役又は三十万円以下の罰金に処する。

新［令和七年六月一日から施行］
第二〇条　認定職業訓練を行う者等が次の各号のいずれかに該当するときは、六月以下の拘禁刑又は三十万円以下の罰金に処する。

一　第十五条第一項又は第三項の規定による報告をせず、又は虚偽の報告をした場合

二　第十六条第一項の規定による質問（同条第三項の規定により機構が行うものを含む。）に対して答弁をせず、若しくは虚偽の答弁をし、又は同条第一項の規定による検査（同条第三項の規定により機構が行うものを含む。）を拒み、妨げ、若しくは忌避した場合

第二一条 **現**　特定求職者等が次の各号のいずれかに該当するときは、六月以下の懲役又は二十万円以下の罰金に処する。

新［令和七年六月一日から施行］
第二一条　特定求職者等が次の各号のいずれかに該当するときは、六月以下の拘禁刑又は二十万円以下の罰金に処する。

一　第十五条第二項の規定による報告をせず、又は虚偽の報告をした場合

二　第十六条第一項の規定による質問（同条第三項の規定に

より機構が行うものを含む。）に対して答弁をせず、若しくは虚偽の答弁をし、又は同条第一項の規定による検査（同条第三項の規定により機構が行うものを含む。）を拒み、妨げ、若しくは忌避した場合

第二二条　法人（法人でない団体で代表者又は管理人の定めのあるものを含む。以下この条において同じ。）の代表者又は法人若しくは人の代理人、使用人その他の従業者が、その法人又は人の業務に関して、第二十条の違反行為をしたときは、その行為者を罰するほか、その法人又は人に対しても同条の罰金刑を科する。

2　前項の規定により法人でない団体を処罰する場合においては、その代表者又は管理人がその訴訟行為につきその団体を代表するほか、法人を被告人又は被疑者とする場合の刑事訴訟に関する法律の規定を準用する。

附　則　抄

（施行期日）

第一条　この法律は、平成二十三年十月一日から施行する。

〈後略〉

外国人の技能実習の適正な実施及び技能実習生の保護に関する法律

〔平成二八年一一月二八日
法律第八九号〕

沿革　平成二九年　三月三一日法律第　一四号
〃　三〇年　七月　六日　〃　第　七一号
〃　三〇年一二月一四日　〃　第一〇二号
令和　元年　六月一四日　〃　第　三七号
〃　四年　三月三一日　〃　第　一二号
〃　四年　六月一七日　〃　第　六八号
〃　五年　六月一六日　〃　第　五六号

第一章　総則

（目的）

第一条　この法律は、技能実習に関し、基本理念を定め、国等の責務を明らかにするとともに、技能実習計画の認定及び監理団体の許可の制度を設けること等により、出入国管理及び難民認定法（昭和二十六年政令第三百十九号。次条及び第四十八条第一項において「入管法」という。）その他の出入国に関する法令及び労働基準法（昭和二十二年法律第四十九号）、労働安全衛生法（昭和四十七年法律第五十七号）その他の労働に関する法令と相まって、技能実習の適正な実施及び技能実習生の保護を図り、もって人材育成を通じた開発途上地域等への技能、技術又は知識（以下「技能等」という。）の移転による国際協力を推進することを目的とする。

（定義）

第二条　この法律において「技能実習」とは、企業単独型技能実習及び団体監理型技能実習をいい、「技能実習生」とは、企業単独型技能実習生及び団体監理型技能実習生をいう。

2　この法律において「企業単独型技能実習」とは、次に掲げるものをいう。

一　第一号企業単独型技能実習（本邦の公私の機関の外国にある事業所の職員である外国人（入管法第二条第一号に規定する外国人をいう。以下同じ。）又は本邦の公私の機関と主務省令で定める密接な関係を有する外国の公私の機関の外国にある事業所の職員である外国人が、技能等を修得するため、在留資格（入管法別表第一の二の表の技能実習の項の下欄第一号イに係るものに限る。）をもって、これらの本邦の公私の機関により受け入れられて必要な講習を受けること及び当該機関との雇用契約に基づいて当該機関の本邦にある事業所において当該技能等に係る業務に従事することをいう。以下同じ。）

二　第二号企業単独型技能実習（第一号企業単独型技能実習を修了した者が、技能等に習熟するため、在留資格（入管法別表第一の二の表の技能実習の項の下欄第二号イに係るものに限る。）をもって、本邦の公私の機関との雇用契約に基づいて当該機関の本邦にある事業所において当該技能等を要する業務に従事することをいう。以下同じ。）

三　第三号企業単独型技能実習（第二号企業単独型技能実習を修了した者が、技能等に熟達するため、在留資格（入管法別表第一の二の表の技能実習の項の下欄第三号イに係るものに限る。）をもって、本邦の公私の機関との雇用契約に基づいて当該機関の本邦にある事業所において当該技能等を要する業務に従事することをいう。以下同じ。）

3　この法律において「企業単独型技能実習生」とは、次に掲げるものをいう。

一　第一号企業単独型技能実習生（第一号企業単独型技能実

習を行う外国人をいう。以下同じ。）

二　第二号企業単独型技能実習生（第二号企業単独型技能実習を行う外国人をいう。以下同じ。）

三　第三号企業単独型技能実習生（第三号企業単独型技能実習を行う外国人をいう。以下同じ。）

4　この法律において「団体監理型技能実習」とは、次に掲げるものをいう。

一　第一号団体監理型技能実習（外国人が、技能等を修得するため、在留資格（入管法別表第一の二の表の技能実習の項の下欄第一号ロに係るものに限る。）をもって、本邦の営利を目的としない法人により受け入れられて必要な講習を受けること及び当該法人による実習監理を受ける本邦の公私の機関との雇用契約に基づいて当該機関の本邦にある事業所において当該技能等に係る業務に従事することをいう。以下同じ。）

二　第二号団体監理型技能実習（第一号団体監理型技能実習を修了した者が、技能等に習熟するため、在留資格（入管法別表第一の二の表の技能実習の項の下欄第二号ロに係るものに限る。）をもって、本邦の営利を目的としない法人による実習監理を受ける本邦の公私の機関との雇用契約に基づいて当該機関の本邦にある事業所において当該技能等を要する業務に従事することをいう。以下同じ。）

三　第三号団体監理型技能実習（第二号団体監理型技能実習を修了した者が、技能等に熟達するため、在留資格（入管法別表第一の二の表の技能実習の項の下欄第三号ロに係るものに限る。）をもって、本邦の営利を目的としない法人による実習監理を受ける本邦の公私の機関との雇用契約に基づいて当該機関の本邦にある事業所において当該技能等を要する業務に従事することをいう。以下同じ。）

5　この法律において「団体監理型技能実習生」とは、次に掲げるものをいう。

一　第一号団体監理型技能実習生（第一号団体監理型技能実習を行う外国人をいう。以下同じ。）

二　第二号団体監理型技能実習生（第二号団体監理型技能実習を行う外国人をいう。以下同じ。）

三　第三号団体監理型技能実習生（第三号団体監理型技能実習を行う外国人をいう。以下同じ。）

6　この法律において「実習実施者」とは、企業単独型実習実施者及び団体監理型実習実施者をいう。

7　この法律において「企業単独型実習実施者」とは、実習認定（第八条第一項の認定（第十一条第一項の規定による変更の認定があったときは、その変更後のもの）をいう。以下同じ。）を受けた第八条第一項に規定する技能実習計画に基づき、企業単独型技能実習を行わせる者をいう。

8　この法律において「団体監理型実習実施者」とは、実習認定を受けた第八条第一項に規定する技能実習計画に基づき、団体監理型技能実習を行わせる者をいう。

9　この法律において「実習監理」とは、団体監理型実習実施者等（団体監理型実習実施者又は団体監理型技能実習を行わせようとする者をいう。以下同じ。）と団体監理型技能実習生等（団体監理型技能実習生又は団体監理型技能実習生になろうとする者をいう。以下同じ。）との間における雇用関係の成立のあっせん及び団体監理型実習実施者に対する団体監理型技能実習の実施に関する監理を行うことをいう。

10　この法律において「監理団体」とは、監理許可（第二十三条第一項の許可（第三十二条第一項の規定による変更の許可があったとき、又は第三十七条第二項の規定による第二十三条第一項第二号に規定する特定監理事業に係る許可への変更があったときは、これらの変更後のもの）をいう。以下同じ。）を受けて実習監理を行う事業（以下「監理事業」という。）を行う本邦の営利を目的としない法人をいう。

（基本理念）
第三条　技能実習は、技能等の適正な修得、習熟又は熟達（以下「修得等」という。）のために整備され、かつ、技能実習生が技能実習に専念できるようにその保護を図る体制が確立された環境で行われなければならない。
2　技能実習は、労働力の需給の調整の手段として行われてはならない。

（国及び地方公共団体の責務）
第四条　国は、この法律の目的を達成するため、前条の基本理念に従って、技能実習の適正な実施及び技能実習生の保護を図るために必要な施策を総合的かつ効果的に推進しなければならない。
2　地方公共団体は、前項の国の施策と相まって、地域の実情に応じ、技能実習の適正な実施及び技能実習生の保護を図るために必要な施策を推進するように努めなければならない。

（実習実施者、監理団体等の責務）
第五条　実習実施者は、技能実習の適正な実施及び技能実習生の保護について技能実習を行わせる者としての責任を自覚し、第三条の基本理念にのっとり、技能実習を行わせる環境の整備に努めるとともに、国及び地方公共団体が講ずる施策に協力しなければならない。
2　監理団体は、技能実習の適正な実施及び技能実習生の保護について重要な役割を果たすものであることを自覚し、実習監理の責任を適切に果たすとともに、国及び地方公共団体が講ずる施策に協力しなければならない。
3　実習実施者又は監理団体を構成員とする団体は、実習実施者又は監理団体に対し、技能実習の適正な実施及び技能実習生の保護を図るために必要な指導及び助言をするように努めなければならない。

（技能実習生の責務）
第六条　技能実習生は、技能実習に専念することにより、技能等の修得等をし、本国への技能等の移転に努めなければならない。

（基本方針）
第七条　主務大臣は、技能実習の適正な実施及び技能実習生の保護に関する基本方針（以下この条において「基本方針」という。）を定めなければならない。
2　基本方針には、次に掲げる事項について定めるものとする。
一　技能実習の適正な実施及び技能実習生の保護に関する基本的事項
二　技能実習の適正な実施及び技能実習生の保護を図るための施策に関する事項
三　技能実習の適正な実施及び技能実習生の保護に際し配慮すべき事項
四　技能等の移転を図るべき分野その他技能等の移転の推進に関する事項
3　主務大臣は、必要がある場合には、基本方針において、特定の職種に係る技能実習の適正な実施及び技能実習生の保護を図るための施策を定めるものとする。
4　主務大臣は、基本方針を定め、又はこれを変更しようとするときは、あらかじめ、関係行政機関の長に協議しなければならない。
5　主務大臣は、基本方針を定め、又はこれを変更したときは、遅滞なく、これを公表しなければならない。

第二章　技能実習

第一節　技能実習計画

（技能実習計画の認定）
第八条　技能実習を行わせようとする本邦の個人又は法人（親会社（会社法（平成十七年法律第八十六号）第二条第四号に規定する親会社をいう。）とその子会社（同条第三号に規定する子会社をいう。）の関係その他主務省令で定める密接な関係を有する複数の法人が技能実習を共同で行わせる場合はこれら複数の法人）は、主務省令で定めるところにより、技能実習生ごとに、技能実習の実施に関する計画（以下「技能実習計画」という。）を作成し、これを出入国在留管理庁長官及び厚生労働大臣に提出して、その技能実習計画が適当である旨の認定を受けることができる。
2　技能実習計画には、次に掲げる事項を記載しなければならない。
一　前項に規定する本邦の個人又は法人（以下この条、次条及び第十二条第五項において「申請者」という。）の氏名又は名称及び住所並びに法人にあっては、その代表者の氏名
二　法人にあっては、その役員の氏名及び住所
三　技能実習を行わせる事業所の名称及び所在地
四　技能実習生の氏名及び国籍
五　技能実習の区分（第一号企業単独型技能実習、第二号企業単独型技能実習若しくは第三号企業単独型技能実習又は第一号団体監理型技能実習、第二号団体監理型技能実習若しくは第三号団体監理型技能実習の区分をいう。次条第二号において同じ。）
六　技能実習の目標（技能実習を修了するまでに職業能力開発促進法（昭和四十四年法律第六十四号）第四十四条第一項の技能検定（次条において「技能検定」という。）又は主務省令で指定する試験（次条及び第五十二条において「技能実習評価試験」という。）に合格することその他の目標をいう。次条において同じ。）、内容及び期間
七　技能実習を行わせる事業所ごとの技能実習の実施に関する責任者の氏名
八　団体監理型技能実習に係るものである場合は、実習監理を受ける監理団体の名称及び住所並びに代表者の氏名
九　報酬、労働時間、休日、休暇、宿泊施設、技能実習生が負担する食費及び居住費その他の技能実習生の待遇
十　その他主務省令で定める事項
3　技能実習計画には、次条各号に掲げる事項を証する書面その他主務省令で定める書類を添付しなければならない。
4　団体監理型技能実習を行わせようとする申請者は、実習監理を受ける監理団体（その技能実習計画が第三号団体監理型技能実習に係るものである場合は、監理許可（第二十三条第一項第一号に規定する一般監理事業に係るものに限る。）を受けた者に限る。）の指導に基づき、技能実習計画を作成しなければならない。
5　申請者は、実費を勘案して主務省令で定める額の手数料を納付しなければならない。

（認定の基準）
第九条　出入国在留管理庁長官及び厚生労働大臣は、前条第一項の認定の申請があった場合において、その技能実習計画が次の各号のいずれにも適合するものであると認めるときは、その認定をするものとする。
一　修得等をさせる技能等が、技能実習生の本国において修得等が困難なものであること。
二　技能実習の目標及び内容が、技能実習の区分に応じて主務省令で定める基準に適合していること。
三　技能実習の期間が、第一号企業単独型技能実習又は第一号団体監理型技能実習に係るものである場合は一年以内、第二号企業単独型技能実習若しくは第三号企業単独型技能

実習又は第二号団体監理型技能実習若しくは第三号団体監理型技能実習に係るものである場合は二年以内であること。

四　第二号企業単独型技能実習又は第二号団体監理型技能実習に係るものである場合はそれぞれ当該技能実習計画に係る技能等に係る第一号企業単独型技能実習又は第一号団体監理型技能実習に係る技能実習計画、第三号企業単独型技能実習又は第三号団体監理型技能実習に係るものである場合はそれぞれ当該技能実習計画に係る技能等に係る第二号企業単独型技能実習又は第二号団体監理型技能実習に係る技能実習計画において定めた技能検定又は技能実習評価試験の合格に係る目標が達成されていること。

五　技能実習を修了するまでに、技能実習生が修得等をした技能等の評価を技能検定若しくは技能実習評価試験又は主務省令で定める評価により行うこと。

六　技能実習を行わせる体制及び事業所の設備が主務省令で定める基準に適合していること。

七　技能実習を行わせる事業所ごとに、主務省令で定めるところにより技能実習の実施に関する責任者が選任されていること。

八　団体監理型技能実習に係るものである場合は、申請者が、技能実習計画の作成について指導を受けた監理団体（その技能実習計画が第三号団体監理型技能実習に係るものである場合は、監理許可（第二十三条第一項第一号に規定する一般監理事業に係るものに限る。）を受けた者に限る。）による実習監理を受けること。

九　技能実習生に対する報酬の額が日本人が従事する場合の報酬の額と同等以上であることその他技能実習生の待遇が主務省令で定める基準に適合していること。

十　第三号企業単独型技能実習又は第三号団体監理型技能実習に係るものである場合は、申請者が技能等の修得等をさせる能力につき高い水準を満たすものとして主務省令で定める基準に適合していること。

十一　申請者が技能実習の期間において同時に複数の技能実習生に技能実習を行わせる場合は、その数が主務省令で定める数を超えないこと。

（認定の欠格事由）

第一〇条　次の各号のいずれかに該当する者は、第八条第一項の認定を受けることができない。

一　**現**　禁錮以上の刑に処せられ、その執行を終わり、又は執行を受けることがなくなった日から起算して五年を経過しない者

新　［令和七年六月一日から施行］

一　拘禁刑以上の刑に処せられ、その執行を終わり、又は執行を受けることがなくなった日から起算して五年を経過しない者

二　この法律の規定その他出入国若しくは労働に関する法律の規定（第四号に規定する規定を除く。）であって政令で定めるもの又はこれらの規定に基づく命令の規定により、罰金の刑に処せられ、その執行を終わり、又は執行を受けることがなくなった日から起算して五年を経過しない者

三　暴力団員による不当な行為の防止等に関する法律（平成三年法律第七十七号）の規定（同法第五十条（第二号に係る部分に限る。）及び第五十二条の規定を除く。）により、又は刑法（明治四十年法律第四十五号）第二百四条、第二百六条、第二百八条、第二百八条の二、第二百二十二条若しくは第二百四十七条の罪若しくは暴力行為等処罰に関する法律（大正十五年法律第六十号）の罪を犯したことにより、罰金の刑に処せられ、その執行を終わり、又は執行を

受けることがなくなった日から起算して五年を経過しない者

四　健康保険法（大正十一年法律第七十号）第二百八条、第二百十三条の二若しくは第二百十四条第一項、船員保険法（昭和十四年法律第七十三号）第百五十六条、第百五十九条若しくは第百六十条第一項、労働者災害補償保険法（昭和二十二年法律第五十号）第五十一条前段若しくは第五十四条第一項（同法第五十一条前段の規定に係る部分に限る。）、厚生年金保険法（昭和二十九年法律第百十五号）第百二条、第百三条の二若しくは第百四条第一項（同法第百二条又は第百三条の二の規定に係る部分に限る。）、労働保険の保険料の徴収等に関する法律（昭和四十四年法律第八十四号）第四十六条前段若しくは第四十八条第一項（同法第四十六条前段の規定に係る部分に限る。）又は雇用保険法（昭和四十九年法律第百十六号）第八十三条若しくは第八十六条（同法第八十三条の規定に係る部分に限る。）の規定により、罰金の刑に処せられ、その執行を終わり、又は執行を受けることがなくなった日から起算して五年を経過しない者

五　心身の故障により技能実習に関する業務を適正に行うことができない者として主務省令で定めるもの

六　破産手続開始の決定を受けて復権を得ない者

七　第十六条第一項の規定により実習認定を取り消され、当該取消しの日から起算して五年を経過しない者

八　第十六条第一項の規定により実習認定を取り消された者が法人である場合（同項第三号の規定により実習認定を取り消された場合については、当該法人が第二号又は第四号に規定する者に該当することとなったことによる場合に限る。）において、当該取消しの処分を受ける原因となった事項が発生した当時現に当該法人の役員（業務を執行する社員、取締役、執行役又はこれらに準ずる者をいい、相談役、顧問その他いかなる名称を有する者であるかを問わず、法人に対し業務を執行する社員、取締役、執行役又はこれらに準ずる者と同等以上の支配力を有するものと認められる者を含む。第十二号、第二十五条第一項第五号及び第二十六条第五号において同じ。）であった者で、当該取消しの日から起算して五年を経過しないもの

九　第八条第一項の認定の申請の日前五年以内に出入国又は労働に関する法令に関し不正又は著しく不当な行為をした者

十　暴力団員による不当な行為の防止等に関する法律第二条第六号に規定する暴力団員（以下この号において「暴力団員」という。）又は暴力団員でなくなった日から五年を経過しない者（第十三号及び第二十六条第六号において「暴力団員等」という。）

十一　営業に関し成年者と同一の行為能力を有しない未成年者であって、その法定代理人が前各号又は次号のいずれかに該当するもの

十二　法人であって、その役員のうちに前各号のいずれかに該当する者があるもの

十三　暴力団員等がその事業活動を支配する者

（技能実習計画の変更）

第一一条　実習実施者は、実習認定を受けた技能実習計画（以下「認定計画」という。）について第八条第二項各号（第五号を除く。）に掲げる事項の変更（主務省令で定める軽微な変更を除く。）をしようとするときは、出入国在留管理庁長官及び厚生労働大臣の認定を受けなければならない。

2　第八条第三項から第五項まで及び前二条の規定は、前項の認定について準用する。

（機構による認定の実施）

第一二条　出入国在留管理庁長官及び厚生労働大臣は、外国人技能実習機構（以下この章において「機構」という。）に、第八条第一項の認定（前条第一項の規定による変更の認定を含む。第四項において同じ。）に関する事務（以下「認定事務」という。）の全部又は一部を行わせることができる。

2　出入国在留管理庁長官及び厚生労働大臣は、前項の規定により機構に認定事務の全部又は一部を行わせるときは、当該認定事務の全部又は一部を行わないものとする。

3　機構が認定事務の全部又は一部を行う場合における第八条から前条までの規定の適用については、第八条第一項、第九条及び前条第一項中「出入国在留管理庁長官及び厚生労働大臣」とあるのは、「機構」とする。

4　機構は、第八条第一項の認定を行ったときは、遅滞なく、その旨を出入国在留管理庁長官及び厚生労働大臣に報告しなければならない。

5　出入国在留管理庁長官及び厚生労働大臣が第一項の規定により機構に認定事務の全部又は一部を行わせるときは、申請者は、第八条第五項（前条第二項において準用する場合を含む。）に規定する手数料を機構に納付しなければならない。

6　前項の規定により機構に納付された手数料は、機構の収入とする。

7　出入国在留管理庁長官及び厚生労働大臣は、第一項の規定により機構に認定事務の全部若しくは一部を行わせることとするとき、又は機構に行わせていた認定事務の全部若しくは一部を行わせないこととするときは、その旨を公示しなければならない。

（報告徴収等）

第一三条　主務大臣は、この章（次節を除く。）の規定を施行するために必要な限度において、実習実施者若しくは実習実施者であった者（以下この項及び次条第一項において「実習実施者等」という。）、監理団体若しくは監理団体であった者（以下この項、次条第一項及び第三十五条第一項において監理団体等」という。）若しくは実習実施者等若しくは監理団体等の役員若しくは職員（以下この項において「役職員」という。）若しくは役職員であった者（以下この項及び次条第一項において「役職員等」という。）に対し、報告若しくは帳簿書類の提出若しくは提示を命じ、「若しくは実習実施者等若しくは役職員等に対し出頭を求め、又は当該主務大臣の職員に関係者に対して質問させ、若しくは実習実施者等若しくは監理団体等に係る事業所その他技能実習に関係のある場所に立ち入り、その設備若しくは帳簿書類その他の物件を検査させることができる。

2　前項の規定による質問又は立入検査を行う場合においては、当該主務大臣の職員は、その身分を示す証明書を携帯し、かつ、関係者の請求があるときは、これを提示しなければならない。

3　第一項の規定による権限は、犯罪捜査のために認められたものと解釈してはならない。

（機構による事務の実施）

第一四条　出入国在留管理庁長官及び厚生労働大臣は、第十二条第一項の規定により機構に認定事務の全部又は一部を行わせるときは、この節の規定を施行するために必要な限度において、次に掲げる事務を機構に行わせることができる。

一　実習実施者等若しくは監理団体等又は役職員等に対して必要な報告又は帳簿書類の提出若しくは提示を求める事務

二　その職員をして、関係者に対して質問させ、又は実地に実習実施者等若しくは監理団体等の設備若しくは帳簿書類その他の物件を検査させる事務

2　出入国在留管理庁長官及び厚生労働大臣は、前項の規定により機構に報告若しくは帳簿書類の提出若しくは提示を求め

させ、又は質問若しくは検査を行わせる場合には、機構に対し、必要な事項を示してこれを実施すべきことを指示するものとする。

3　機構は、前項の指示に従って第一項に規定する報告若しくは帳簿書類の提出若しくは提示を求め、又は質問若しくは検査を行ったときは、その結果を出入国在留管理庁長官及び厚生労働大臣に報告しなければならない。

（改善命令等）

第一五条　出入国在留管理庁長官及び厚生労働大臣は、実習実施者が認定計画に従って技能実習を行わせていないと認めるとき、又はこの法律その他出入国若しくは労働に関する法律若しくはこれらに基づく命令の規定に違反した場合において、技能実習の適正な実施を確保するために必要があると認めるときは、当該実習実施者に対し、期限を定めて、その改善に必要な措置をとるべきことを命ずることができる。

2　出入国在留管理庁長官及び厚生労働大臣は、前項の規定による命令をした場合には、その旨を公示しなければならない。

（認定の取消し等）

第一六条　出入国在留管理庁長官及び厚生労働大臣は、次の各号のいずれかに該当するときは、実習認定を取り消すことができる。

一　実習実施者が認定計画に従って技能実習を行わせていないと認めるとき。

二　認定計画が第九条各号のいずれかに適合しなくなったと認めるとき。

三　実習実施者が第十条各号のいずれかに該当することとなったとき。

四　第十三条第一項の規定による報告若しくは帳簿書類の提出若しくは提示をせず、若しくは虚偽の報告若しくは虚偽の帳簿書類の提出若しくは提示をし、又は同項の規定による質問に対して答弁をせず、若しくは虚偽の答弁をし、若しくは同項の規定による検査を拒み、妨げ、若しくは忌避したとき。

五　第十四条第一項の規定により機構が行う報告若しくは帳簿書類の提出若しくは提示の求めに虚偽の報告若しくは虚偽の帳簿書類の提出若しくは提示をし、又は同項の規定により機構の職員が行う質問に対して虚偽の答弁をしたとき。

六　前条第一項の規定による命令に違反したとき。

七　出入国又は労働に関する法令に関し不正又は著しく不当な行為をしたとき。

2　出入国在留管理庁長官及び厚生労働大臣は、前項の規定による実習認定の取消しをした場合には、その旨を公示しなければならない。

（実施の届出）

第一七条　実習実施者は、技能実習を開始したときは、遅滞なく、開始した日その他主務省令で定める事項を出入国在留管理庁長官及び厚生労働大臣に届け出なければならない。

（機構による届出の受理）

第一八条　出入国在留管理庁長官及び厚生労働大臣は、機構に、前条の規定による届出の受理に係る事務を行わせることができる。

2　出入国在留管理庁長官及び厚生労働大臣が前項の規定により機構に届出の受理に係る事務を行わせるときは、前条の規定による届出をしようとする者は、同条の規定にかかわらず、機構に届け出なければならない。

3　機構は、前項の規定による届出を受理したときは、出入国在留管理庁長官及び厚生労働大臣にその旨を報告しなければならない。

4　出入国在留管理庁長官及び厚生労働大臣は、第一項の規定により機構に届出の受理に係る事務を行わせることとするとき、又は機構に行わせていた届出の受理に係る事務を行わせないこととするときは、その旨を公示しなければならない。

（技能実習を行わせることが困難となった場合の届出等）

第一九条　企業単独型実習実施者は、企業単独型技能実習を行わせることが困難となったときは、遅滞なく、企業単独型技能実習を行わせることが困難となった企業単独型技能実習生の氏名、その企業単独型技能実習生の企業単独型技能実習の継続のための措置その他の主務省令で定める事項を出入国在留管理庁長官及び厚生労働大臣に届け出なければならない。

2　団体監理型実習実施者は、団体監理型技能実習を行わせることが困難となったときは、遅滞なく、団体監理型技能実習を行わせることが困難となった団体監理型技能実習生の氏名、その団体監理型技能実習生の団体監理型技能実習の継続のための措置その他の主務省令で定める事項を実習監理を受ける監理団体に通知しなければならない。

3　第一項の規定による届出の受理に係る事務については、前条の規定を準用する。

（帳簿の備付け）

第二〇条　実習実施者は、技能実習に関して、主務省令で定める帳簿書類を作成し、技能実習を行わせる事業所に備えて置かなければならない。

（実施状況報告）

第二一条　実習実施者は、技能実習を行わせたときは、主務省令で定めるところにより、技能実習の実施の状況に関する報告書を作成し、出入国在留管理庁長官及び厚生労働大臣に提出しなければならない。

2　前項の規定による報告書の受理に係る事務については、第十八条の規定を準用する。

（主務省令への委任）

第二二条　この節に定めるもののほか、技能実習計画の認定の手続その他この節の規定の実施に関し必要な事項は、主務省令で定める。

第二節　監理団体

（監理団体の許可）

第二三条　監理事業を行おうとする者は、次に掲げる事業の区分に従い、主務大臣の許可を受けなければならない。

一　一般監理事業（監理事業のうち次号に掲げるもの以外のものをいう。以下同じ。）

二　特定監理事業（第一号団体監理型技能実習又は第二号団体監理型技能実習のみを行わせる団体監理型実習実施者について実習監理を行う事業をいう。以下同じ。）

2　前項の許可を受けようとする者（第七項、次条及び第二十五条において「申請者」という。）は、主務省令で定めるところにより、次に掲げる事項を記載した申請書を主務大臣に提出しなければならない。

一　名称及び住所並びに代表者の氏名

二　役員の氏名及び住所

三　監理事業を行う事業所の名称及び所在地

四　一般監理事業又は特定監理事業の別

五　第四十条第一項の規定により選任する監理責任者の氏名及び住所

六　外国の送出機関（団体監理型技能実習生になろうとする者からの団体監理型技能実習に係る求職の申込みを適切に本邦の監理団体に取り次ぐことができる者として主務省令で定める要件に適合するものをいう。第二十五条第一項第六号において同じ。）より団体監理型技能実習生になろうとする者からの団体監理型技能実習に係る求職の申込みの取次ぎを受けようとする場合にあっては、その氏名又は名称及び住所並びに法人にあっては、その代表者の氏名

七　その他主務省令で定める事項

3　前項の申請書には、監理事業を行う事業所ごとの監理事業に係る事業計画書、第二十五条第一項各号に掲げる事項を証する書面その他主務省令で定める書類を添付しなければならない。

4　前項の事業計画書には、主務省令で定めるところにより、監理事業を行う事業所ごとの実習監理を行う団体監理型実習実施者の見込数、当該団体監理型実習実施者における団体監理型技能実習生の見込数その他監理事業に関する事項を記載しなければならない。

5　主務大臣は、第一項の許可の申請を受けたときは、第二項の申請書及び第三項の書類に係る事実関係につき調査を行うものとする。

6　厚生労働大臣は、第一項の許可をしようとするときは、あらかじめ、労働政策審議会の意見を聴かなければならない。

7　申請者は、実費を勘案して主務省令で定める額の手数料を納付しなければならない。

（機構による事実関係の調査の実施）

第二四条　主務大臣は、機構に、前条第五項の事実関係の調査の全部又は一部を行わせることができる。

2　主務大臣は、前項の規定により機構に調査の全部又は一部を行わせるときは、当該調査の全部又は一部を行わないものとする。この場合において、主務大臣は、前条第一項の許可をするときは、機構が第四項の規定により報告する調査の結果を考慮しなければならない。

3　主務大臣が第一項の規定により機構に調査の全部又は一部を行わせるときは、申請者は、前条第二項の規定にかかわらず、同項の申請書を機構に提出するとともに、機構が行う当該調査を受けなければならない。

4　機構は、前項の申請書を受理したときは、主務大臣にその旨を報告するとともに、同項の調査を行ったときは、遅滞なく、当該調査の結果を主務大臣に報告しなければならない。

5　主務大臣が第一項の規定により機構に調査の全部又は一部を行わせるときは、申請者は、実費を勘案して主務省令で定める額の手数料を機構に納付しなければならない。

6　前項の規定により機構に納付された手数料は、機構の収入とする。

7　主務大臣は、第一項の規定により機構に調査の全部若しくは一部を行わせることとするとき、又は機構に行わせていた調査の全部若しくは一部を行わせないこととするときは、その旨を公示しなければならない。

（許可の基準等）

第二五条　主務大臣は、第二十三条第一項の許可の申請があった場合において、その申請者が次の各号のいずれにも適合するものであると認めるときでなければ、その許可をしてはならない。

一　本邦の営利を目的としない法人であって主務省令で定めるものであること。

二　監理事業を第三十九条第三項の主務省令で定める基準に従って適正に行うに足りる能力を有するものであること。

三　監理事業を健全に遂行するに足りる財産的基礎を有するものであること。

四　個人情報（個人に関する情報であって、特定の個人を識別することができるもの（他の情報と照合することにより特定の個人を識別することができることとなるものを含む。）をいう。第四十条第一項第四号及び第四十三条において同じ。）を適正に管理し、並びに団体監理型実習実施者等及び団体監理型技能実習生等の秘密を守るために必要な措置を講じていること。

五　監理事業を適切に運営するための次のいずれかの措置を

講じていること。

イ　役員が団体監理型実習実施者と主務省令で定める密接な関係を有する者のみにより構成されていないことその他役員の構成が監理事業の適切な運営の確保に支障を及ぼすおそれがないものとすること。

ロ　監事その他法人の業務を監査する者による監査のほか、団体監理型実習実施者と主務省令で定める密接な関係を有しない者であって主務省令で定める要件に適合するものに、主務省令で定めるところにより、役員の監理事業に係る職務の執行の監査を行わせるものとすること。

六　外国の送出機関から団体監理型技能実習に係る求職の申込みの取次ぎを受けようとする場合にあっては、外国の送出機関との間で当該取次ぎに係る契約を締結していること。

七　第二十三条第一項の許可の申請が一般監理事業に係るものである場合は、申請者が団体監理型技能実習の実施状況の監査その他の業務を遂行する能力につき高い水準を満たすものとして主務省令で定める基準に適合していること。

八　前各号に定めるもののほか、申請者が、監理事業を適正に遂行することができる能力を有するものであること。

2　主務大臣は、第二十三条第一項の許可をしないときは、遅滞なく、理由を示してその旨を申請者に通知しなければならない。

3　主務大臣は、前条第一項の規定により機構に調査の全部又は一部を行わせるときは、前項の通知を機構を経由して行わなければならない。

（許可の欠格事由）

第二十六条　次の各号のいずれかに該当する者は、第二十三条第一項の許可を受けることができない。

一　第十条第二号、第四号又は第十三号に該当する者

二　第三十七条第一項の規定により監理許可を取り消され、当該取消しの日から起算して五年を経過しない者

三　第三十七条第一項の規定による監理許可の取消しの処分に係る行政手続法（平成五年法律第八十八号）第十五条の規定による通知があった日から当該処分をする日又は処分をしないことを決定する日までの間に、第三十四条第一項の規定による監理事業の廃止の届出をした者（当該事業の廃止について相当の理由がある者を除く。）で、当該届出の日から起算して五年を経過しないもの

四　第二十三条第一項の許可の申請の日前五年以内に出入国又は労働に関する法令に関し不正又は著しく不当な行為をした者

五　役員のうちに次のいずれかに該当する者があるもの

イ　第十条第一号、第三号、第五号、第六号、第十号又は第十一号に該当する者

ロ　第一号（第十条第十三号に係る部分を除く。）又は前号に該当する者

ハ　第三十七条第一項の規定により監理許可を取り消された場合（同項第二号の規定により監理許可を取り消された場合については、第一号（第十条第十三号に係る部分に限る。）に該当する者となったことによる場合に限る。）において、当該取消しの処分を受ける原因となった事項が発生した当時現に当該処分を受けた者の役員であった者で、当該取消しの日から起算して五年を経過しないもの

ニ　第三号に規定する期間内に第三十四条第一項の規定による監理事業の廃止の届出をした場合において、同号の通知の日前六十日以内に当該届出をした者（当該事業の廃止について相当の理由がある者を除く。）の役員であった者で、当該届出の日から起算して五年を経過しない

もの

六　暴力団員等をその業務に従事させ、又はその業務の補助者として使用するおそれのある者

（職業安定法の特例等）

第二七条　監理団体は、職業安定法（昭和二十二年法律第百四十一号）第三十条第一項及び第三十三条第一項の規定にかかわらず、技能実習職業紹介事業（監理団体の実習監理を受ける団体監理型実習実施者等のみを求人者とし、当該監理団体の実習監理に係る団体監理型技能実習生等のみを求職者とし、求人及び求職の申込みを受け、求人者と求職者との間における技能実習に係る雇用関係の成立をあっせんすることを業として行うものをいう。以下この条において同じ。）を行うことができる。

2　監理団体が行う技能実習職業紹介事業に関しては、監理団体を職業安定法第四条第十項に規定する職業紹介事業者、同法第三十二条の三第一項に規定する有料職業紹介事業者若しくは同法第三十三条第一項の許可を受けた者又は労働施策の総合的な推進並びに労働者の雇用の安定及び職業生活の充実等に関する法律（昭和四十一年法律第百三十二号）第二条に規定する職業紹介機関とみなして、職業安定法第五条の二、第五条の三、第五条の四第一項及び第三項、第五条の六から第五条の八まで、第三十二条の十二及び第三十二条の十三（これらの規定を同法第三十三条第四項において準用する場合を含む。）、第三十三条の五から第三十四条まで、第四十八条並びに第四十八条の三第二項及び第三項並びに労働施策の総合的な推進並びに労働者の雇用の安定及び職業生活の充実等に関する法律第三章の規定を適用する。この場合において、職業安定法第五条の三第三項及び第四項、第五条の四第一項及び第三項、第五条の六第一項第三号、第三十二条の十三（同法第三十三条第四項において準用する場合を含む。）並びに第三十三条の六の規定中「厚生労働省令」とあるのは「主務省令」と、同法第三十二条の十二第一項及び第三項（これらの規定を同法第三十三条第四項において準用する場合を含む。）、第三十三条の六、第四十八条の三第二項及び第三項並びに労働施策の総合的な推進並びに労働者の雇用の安定及び職業生活の充実等に関する法律第十一条及び第十二条第一項の規定中「厚生労働大臣」とあるのは「主務大臣」とする。

3　前項において読み替えて適用する職業安定法第三十二条の十二第一項（同法第三十三条第四項において準用する場合を含む。）の規定による届出の受理に係る事務については、第十八条の規定を準用する。

4　前三項に定めるもののほか、技能実習職業紹介事業に関し必要な事項は、主務省令で定める。

（監理費）

第二八条　監理団体は、監理事業に関し、団体監理型実習実施者等、団体監理型技能実習生等その他の関係者から、いかなる名義でも、手数料又は報酬を受けてはならない。

2　監理団体は、前項の規定にかかわらず、監理事業に通常必要となる経費等を勘案して主務省令で定める適正な種類及び額の監理費を団体監理型実習実施者等へあらかじめ用途及び金額を明示した上で徴収することができる。

（許可証）

第二九条　主務大臣は、第二十三条第一項の許可をしたときは、監理事業を行う事業所の数に応じ、許可証を交付しなければならない。

2　許可証の交付を受けた者は、当該許可証を、監理事業を行う事業所ごとに備え付けるとともに、関係者から請求があったときは提示しなければならない。

3　許可証の交付を受けた者は、当該許可証を亡失し、又は当

該許可証が滅失したときは、速やかにその旨を主務大臣に届け出て、許可証の再交付を受けなければならない。

4 主務大臣は、機構に、第一項の規定による交付又は前項の規定による再交付に係る事務を行わせることができる。

5 主務大臣は、前項の規定により機構に第一項の規定による交付若しくは第三項の規定による再交付に係る事務を行わせることとするとき、又は機構に行わせていた第一項の規定による交付若しくは第三項の規定による再交付に係る事務を行わせないこととするときは、その旨を公示しなければならない。

（許可の条件）

第三〇条 監理許可には、条件を付し、及びこれを変更することができる。

2 前項の条件は、監理許可の趣旨に照らして、又は当該監理許可に係る事項の確実な実施を図るために必要な最小限度のものに限り、かつ、当該監理許可を受ける者に不当な義務を課することとなるものであってはならない。

（許可の有効期間等）

第三一条 第二十三条第一項の許可の有効期間（次項の規定により許可の有効期間の更新を受けた場合にあっては、当該更新された有効期間）は、当該許可の日（次項の規定により許可の有効期間の更新を受けた場合にあっては、当該更新前の許可の有効期間が満了する日の翌日）から起算して三年を下らない期間であって監理事業の実施に関する能力及び実績を勘案して政令で定める期間とする。

2 前項に規定する許可の有効期間（以下この条において「許可の有効期間」という。）の満了後引き続き当該許可に係る監理事業（次条第一項の規定による変更の許可があったとき、又は第三十七条第二項の規定による特定監理事業に係る許可への変更があったときは、これらの変更後の許可に係るもの）を行おうとする者は、許可の有効期間の更新を受けなければならない。

3 主務大臣は、許可の有効期間の更新の申請があった場合において、当該申請が第二十五条第一項各号のいずれかに適合していないと認めるときは、当該許可の有効期間の更新をしてはならない。

4 許可の有効期間の更新を受けようとする者は、実費を勘案して主務省令で定める額の手数料を納付しなければならない。

5 第二十三条第二項から第五項まで、第二十四条、第二十五条第二項及び第三項、第二十六条（第二号、第三号並びに第五号ハ及びニを除く。）並びに第二十九条の規定は、許可の有効期間の更新について準用する。

（変更の許可等）

第三二条 監理団体は、監理許可に係る事業の区分を変更しようとするときは、主務大臣の許可を受けなければならない。この場合において、監理団体は、許可証の書換えを受けなければならない。

2 前項の許可については、第二十三条第二項から第五項まで及び第七項、第二十四条、第二十五条、第二十六条（第二号、第三号並びに第五号ハ及びニを除く。）並びに第二十九条の規定を準用する。

3 監理団体は、第二十三条第二項各号（第四号を除く。）に掲げる事項（主務省令で定めるものを除く。）に変更があったときは、変更の日から一月以内に、その旨を出入国在留管理庁長官及び厚生労働大臣に届け出なければならない。この場合において、当該変更に係る事項が監理事業を行う事業所の新設に係るものであるときは、当該事業所に係る事業計画書その他主務省令で定める書類を添付しなければならない。

4 第二十三条第四項の規定は、前項の事業計画書について準用する。

5　主務大臣は、第三項の規定による監理事業を行う事業所の新設に係る変更の届出があったときは、当該新設に係る事業所の数に応じ、許可証を交付しなければならない。
6　監理団体は、第三項の規定による届出をする場合において、当該届出に係る事項が許可証の記載事項に該当するときは、その書換えを受けなければならない。
7　第三項の規定による届出の受理に係る事務については第十八条の規定を、第五項の規定による許可証の交付に係る事務については第二十九条第四項及び第五項の規定を、それぞれ準用する。

（技能実習の実施が困難となった場合の届出）
第三三条　監理団体は、第十九条第二項の規定による通知を受けた場合その他実習監理を行う団体監理型実習実施者が団体監理型技能実習を行わせることが困難となったと認めるときは、遅滞なく、当該通知に係る事項その他の主務省令で定める事項を出入国在留管理庁長官及び厚生労働大臣に届け出なければならない。
2　前項の規定による届出の受理に係る事務については、第十八条の規定を準用する。

（事業の休廃止）
第三四条　監理団体は、監理事業を廃止し、又はその全部若しくは一部を休止しようとするときは、その廃止又は休止の日の一月前までに、その旨及び当該監理団体が実習監理を行う団体監理型実習実施者に係る団体監理型技能実習の継続のための措置その他の主務省令で定める事項を出入国在留管理庁長官及び厚生労働大臣に届け出なければならない。
2　前項の規定による届出の受理に係る事務については、第十八条の規定を準用する。

（報告徴収等）
第三五条　主務大臣は、この節の規定を施行するために必要な限度において、団体監理型技能実習関係者（監理団体等又は団体監理型実習実施者若しくは団体監理型実習実施者であった者をいう。以下この項において同じ。）若しくは団体監理型技能実習関係者の役員若しくは職員（以下この項において「役職員」という。）若しくは役職員であった者（以下この項において「役職員等」という。）に対し、報告若しくは帳簿書類の提出若しくは提示を命じ、若しくは団体監理型技能実習関係者若しくは役職員等に対し出頭を求め、又は当該主務大臣の職員に関係者に対して質問させ、若しくは団体監理型技能実習関係者に係る事業所その他団体監理型技能実習に関係のある場所に立ち入り、その設備若しくは帳簿書類その他の物件を検査させることができる。
2　第十三条第二項の規定は前項の規定による質問又は立入検査について、同条第三項の規定は前項の規定による権限について、それぞれ準用する。

（改善命令等）
第三六条　主務大臣は、監理団体が、この法律その他出入国若しくは労働に関する法律又はこれらに基づく命令の規定に違反した場合において、監理事業の適正な運営を確保するために必要があると認めるときは、当該監理団体に対し、期限を定めて、その監理事業の運営を改善するために必要な措置をとるべきことを命ずることができる。
2　主務大臣は、前項の規定による命令をした場合には、その旨を公示しなければならない。

（許可の取消し等）
第三七条　主務大臣は、監理団体が次の各号のいずれかに該当するときは、監理許可を取り消すことができる。
一　第二十五条第一項各号のいずれかに適合しなくなったと認めるとき。
二　第二十六条各号（第二号、第三号並びに第五号ハ及びニを除く。）のいずれかに該当することとなったとき。
三　第三十条第一項の規定により付された監理許可の条件に違反したとき。
四　この法律の規定若しくは出入国若しくは労働に関する法律の規定であって政令で定めるもの又はこれらの規定に基づく命令若しくは処分に違反したとき。
五　出入国又は労働に関する法令に関し不正又は著しく不当な行為をしたとき。
2　主務大臣は、監理許可（一般監理事業に係るものに限る。）を受けた監理団体が第二十五条第一項第七号の主務省令で定める基準に適合しなくなったと認めるときは、職権で、当該監理許可を特定監理事業に係るものに変更することができる。
3　主務大臣は、監理団体が第一項第一号又は第三号から第五号までのいずれかに該当するときは、期間を定めて当該監理事業の全部又は一部の停止を命ずることができる。
4　主務大臣は、第一項の規定による監理許可の取消し、第二項の規定による監理許可の変更又は前項の規定による命令をした場合には、その旨を公示しなければならない。

（名義貸しの禁止）
第三八条　監理団体は、自己の名義をもって、他人に監理事業を行わせてはならない。

（認定計画に従った実習監理等）
第三九条　監理団体は、認定計画に従い、団体監理型技能実習生が団体監理型技能実習を行うために必要な知識の修得をさせるよう努めるとともに、団体監理型技能実習を実習監理しなければならない。
2　監理団体は、その実習監理を行う団体監理型実習実施者が団体監理型技能実習生が修得等をした技能等の評価を行うに当たっては、当該団体監理型実習実施者に対し、必要な指導及び助言を行わなければならない。
3　前二項に規定するもののほか、監理団体は、団体監理型技能実習の実施状況の監査その他の業務の実施に関し主務省令で定める基準に従い、その業務を実施しなければならない。

（監理責任者の設置等）
第四〇条　監理団体は、監理事業に関し次に掲げる事項を統括管理させるため、主務省令で定めるところにより、監理事業を行う事業所ごとに監理責任者を選任しなければならない。
一　団体監理型技能実習生の受入れの準備に関すること。
二　団体監理型技能実習生の技能等の修得等に関する団体監理型実習実施者への指導及び助言並びに団体監理型実習実施者との連絡調整に関すること。
三　次節に規定する技能実習生の保護その他団体監理型技能実習生の保護に関すること。
四　団体監理型実習実施者等及び団体監理型技能実習生等の個人情報の管理に関すること。
五　団体監理型技能実習生の労働条件、産業安全及び労働衛生に関し、第九条第七号に規定する責任者との連絡調整に関すること。
六　国及び地方公共団体の機関であって技能実習に関する事務を所掌するもの、機構その他関係機関との連絡調整に関すること。
2　監理責任者は、次に掲げる者以外の者でなければならない。
一　第二十六条第五号イ（第十条第十一号に係る部分を除く。）又はロから二までに該当する者
二　前項の規定による選任の日前五年以内又はその選任の日以後に出入国又は労働に関する法令に関し不正又は著しく不当な行為をした者
三　未成年者
3　監理団体は、団体監理型実習実施者が、団体監理型技能実

習に関し労働基準法、労働安全衛生法その他の労働に関する法令に違反しないよう、監理責任者をして、必要な指導を行わせなければならない。

4　監理団体は、団体監理型実習実施者が、団体監理型技能実習に関し労働基準法、労働安全衛生法その他の労働に関する法令に違反していると認めるときは、監理責任者をして、是正のため必要な指示を行わせなければならない。

5　監理団体は、前項に規定する指示を行ったときは、速やかに、その旨を関係行政機関に通報しなければならない。

（帳簿の備付け）

第四一条　監理団体は、監理事業に関して、主務省令で定める帳簿書類を作成し、監理事業を行う事業所に備えて置かなければならない。

（監査報告等）

第四二条　監理団体は、その実習監理を行う団体監理型実習実施者について、第三十九条第三項の主務省令で定める基準に従い監査を行ったときは、当該監査の終了後遅滞なく、監査報告書を作成し、出入国在留管理庁長官及び厚生労働大臣に提出しなければならない。

2　監理団体は、主務省令で定めるところにより、監理事業を行う事業所ごとに監理事業に関する事業報告書を作成し、出入国在留管理庁長官及び厚生労働大臣に提出しなければならない。

3　第一項の規定による監査報告書の受理及び前項の規定による事業報告書の受理に係る事務については、第十八条の規定を準用する。

（個人情報の取扱い）

第四三条　監理団体は、監理事業に関し、団体監理型実習実施者等及び団体監理型技能実習生等の個人情報を収集し、保管し、又は使用するに当たっては、監理事業の目的の達成に必要な範囲内で団体監理型実習実施者等及び団体監理型技能実習生等の個人情報を収集し、並びにその収集の目的の範囲内でこれを保管し、及び使用しなければならない。ただし、本人の同意がある場合その他正当な事由がある場合は、この限りでない。

2　監理団体は、団体監理型実習実施者等及び団体監理型技能実習生等の個人情報を適正に管理するために必要な措置を講じなければならない。

（秘密保持義務）

第四四条　監理団体の役員若しくは職員又はこれらの者であった者は、正当な理由なく、その業務に関して知ることができた秘密を漏らし、又は盗用してはならない。

（主務省令への委任）

第四五条　この節に定めるもののほか、監理団体の許可の手続その他この節の規定の実施に関し必要な事項は、主務省令で定める。

第三節　技能実習生の保護

（禁止行為）

第四六条　実習監理を行う者（第四十八条第一項において「実習監理者」という。）又はその役員若しくは職員（次条において「実習監理者等」という。）は、暴行、脅迫、監禁その他精神又は身体の自由を不当に拘束する手段によって、技能実習生の意思に反して技能実習を強制してはならない。

第四七条　実習監理者等は、技能実習生等（技能実習生又は技能実習生になろうとする者をいう。以下この条において同じ。）又はその配偶者、直系若しくは同居の親族その他技能実習生等と社会生活において密接な関係を有する者との間で、技能実習に係る契約の不履行について違約金を定め、又は損害賠償額を予定する契約をしてはならない。

2　実習監理者等は、技能実習生等に技能実習に係る契約に付随して貯蓄の契約をさせ、又は技能実習生等との間で貯蓄金を管理する契約をしてはならない。

第四八条　技能実習を行わせる者若しくは実習監理者又はこれらの役員若しくは職員（次項において「技能実習関係者」という。）は、技能実習生の旅券（入管法第二条第五号に規定する旅券をいう。第百十一条第五号において同じ。）又は在留カード（入管法第十九条の三に規定する在留カードをいう。同号において同じ。）を保管してはならない。

2　技能実習関係者は、技能実習生の外出その他の私生活の自由を不当に制限してはならない。

（出入国在留管理庁長官及び厚生労働大臣に対する申告）

第四九条　実習実施者若しくは監理団体又はこれらの役員若しくは職員（次項において「実習実施者等」という。）がこの法律又はこれに基づく命令の規定に違反する事実がある場合においては、技能実習生は、その事実を出入国在留管理庁長官及び厚生労働大臣に申告することができる。

2　実習実施者等は、前項の申告をしたことを理由として、技能実習生に対して技能実習の中止その他不利益な取扱いをしてはならない。

第四節　補則

（指導及び助言等）

第五〇条　出入国在留管理庁長官及び厚生労働大臣は、実習実施者に対し、主務大臣は監理団体に対し、この章の規定の施行に関し必要があると認めるときは、技能実習の適正な実施及び技能実習生の保護のために必要な指導及び助言をすることができる。

2　出入国在留管理庁長官及び厚生労働大臣は、技能実習の適正な実施及び技能実習生の保護のため、技能実習生からの相談に応じ、必要な情報の提供、助言その他の援助を行うものとする。

（連絡調整等）

第五一条　実習実施者及び監理団体は、第十九条第一項若しくは第三十三条第一項の規定による届出、第十九条第二項の規定による通知又は第三十四条第一項の規定による事業の廃止若しくは休止の届出をしようとするときは、当該実習実施者及び当該監理団体に係る技能実習生であって引き続き技能実習を行うことを希望するものが技能実習を行うことができるよう、他の実習実施者又は監理団体その他関係者との連絡調整その他の必要な措置を講じなければならない。

2　出入国在留管理庁長官及び厚生労働大臣は第一号に掲げる者に対し、主務大臣は第二号に掲げる者に対し、前項に規定する措置の円滑な実施のためその他必要があると認めるときは、必要な指導及び助言を行うことができる。

一　実習実施者及びその関係者（監理団体の関係者を除く。）

二　監理団体及びその関係者その他関係者（前号に掲げる者を除く。）

（技能実習評価試験）

第五二条　主務大臣は、実習実施者が円滑に技能等の評価を行うことができるよう、技能実習評価試験の振興に努めなければならない。

2　主務大臣は、公正な技能実習評価試験が実施されるよう、技能実習評価試験の基準を主務省令で定めるものとする。

（事業所管大臣への要請）

第五三条　出入国在留管理庁長官及び厚生労働大臣は、技能実習の適正な実施及び技能実習生の保護のために必要があると認めるときは、特定の業種に属する事業を所管する大臣（次条第一項において「事業所管大臣」という。）に対して、当該特定の業種に属する事業に係る技能実習に関し必要な協力を要請することができる。

（事業協議会）

第五四条　事業所管大臣は、当該事業所管大臣及びその所管する特定の業種に属する事業に係る実習実施者又は監理団体を構成員とする団体その他の関係者により構成される協議会（以下この条において「事業協議会」という。）を組織することができる。

2　事業協議会は、必要があると認めるときは、機構その他の事業協議会が必要と認める者をその構成員として加えることができる。

3　事業協議会は、その構成員が相互の連絡を図ることにより、技能実習の適正な実施及び技能実習生の保護に有用な情報を共有し、その構成員の連携の緊密化を図るとともに、その事業の実情を踏まえた技能実習の適正な実施及び技能実習生の保護に資する取組について協議を行うものとする。

4　事業協議会の事務に従事する者又は従事していた者は、正当な理由なく、当該事務に関して知ることができた秘密を漏らし、又は盗用してはならない。

5　前各項に定めるもののほか、事業協議会の組織及び運営に関し必要な事項は、事業協議会が定める。

（他の法律の規定に基づく措置の実施に関する要求等）

第五五条　出入国在留管理庁長官及び厚生労働大臣は、技能実習の適正な実施及び技能実習生の保護のため必要があると認めるときは、関係行政機関の長に対し、技能実習の適正な実施及び技能実習生の保護に資する情報の提供をすることができる。

2　出入国在留管理庁長官及び厚生労働大臣は、技能実習の適正な実施及び技能実習生の保護を図るために実施し得る他の法律の規定に基づく措置があり、技能実習の適正な実施及び技能実習生の保護を図るため、当該措置が速やかに実施されることが必要であると認めるときは、当該措置の実施に関する事務を所掌する大臣に対し、当該措置の速やかな実施を求めることができる。

3　出入国在留管理庁長官及び厚生労働大臣は、前項の規定により同項の措置の速やかな実施を求めたときは、同項の大臣に対し、当該措置の実施状況について報告を求めることができる。

（地域協議会）

第五六条　地域において技能実習に関する事務を所掌する国の機関は、当該機関及び地方公共団体の機関その他の関係機関により構成される協議会（以下この条において「地域協議会」という。）を組織することができる。

2　地域協議会は、必要があると認めるときは、機構その他の地域協議会が必要と認める者をその構成員として加えることができる。

3　地域協議会は、その構成員が相互の連絡を図ることにより、技能実習の適正な実施及び技能実習生の保護に有用な情報を共有し、その構成員の連携の緊密化を図るとともに、その地域の実情を踏まえた技能実習の適正な実施及び技能実習生の保護に資する取組について協議を行うものとする。

4　地域協議会の事務に従事する者又は従事していた者は、正当な理由なく、当該事務に関して知ることができた秘密を漏らし、又は盗用してはならない。

5　前各項に定めるもののほか、地域協議会の組織及び運営に関し必要な事項は、地域協議会が定める。

第三章　外国人技能実習機構

第一節　総則

（機構の目的）
第五七条 外国人技能実習機構（以下「機構」という。）は、外国人の技能等の修得等に関し、もって人材育成を通じた開発途上地域等への技能等の移転による国際協力を推進することを目的とする。

（法人格）
第五八条 機構は、法人とする。

（数）
第五九条 機構は、一を限り、設立されるものとする。

（資本金）
第六〇条 機構の資本金は、その設立に際し、政府及び政府以外の者が出資する額の合計額とする。
2 機構は、必要があるときは、主務大臣の認可を受けて、その資本金を増加することができる。

（名称）
第六一条 機構は、その名称中に外国人技能実習機構という文字を用いなければならない。
2 機構でない者は、その名称中に外国人技能実習機構という文字を用いてはならない。

（登記）
第六二条 機構は、政令で定めるところにより、登記しなければならない。
2 前項の規定により登記しなければならない事項は、登記の後でなければ、これをもって第三者に対抗することができない。

（一般社団法人及び一般財団法人に関する法律の準用）
第六三条 一般社団法人及び一般財団法人に関する法律（平成十八年法律第四十八号）第四条及び第七十八条の規定は、機構について準用する。

第二節 設立

（発起人）
第六四条 機構を設立するには、技能実習に関して専門的な知識と経験を有する者三人以上が発起人になることを必要とする。

（定款の作成等）
第六五条 発起人は、速やかに、機構の定款を作成し、政府以外の者に対し機構に対する出資を募集しなければならない。
2 前項の定款には、次の事項を記載しなければならない。
一 目的
二 名称
三 事務所の所在地
四 資本金及び出資に関する事項
五 役員に関する事項
六 評議員会に関する事項
七 業務及びその執行に関する事項
八 財務及び会計に関する事項
九 定款の変更に関する事項
十 公告の方法

（設立の認可等）
第六六条 発起人は、前条第一項の募集が終わったときは、速やかに、定款を主務大臣に提出して、設立の認可を申請しなければならない。
2 主務大臣は、機構の理事長となるべき者及び監事となるべき者を指名する。
3 前項の規定により指名された機構の理事長となるべき者及び監事となるべき者は、機構の成立の時において、第七十一条第一項の規定により、それぞれ理事長及び監事に任命されたものとする。

（事務の引継ぎ）

第六七条　発起人は、前条第一項の認可を受けたときは、遅滞なく、その事務を同条第二項の規定により指名された機構の理事長となるべき者に引き継がなければならない。

2　前条第二項の規定により指名された機構の理事長となるべき者は、前項の規定による事務の引継ぎを受けたときは、遅滞なく、政府及び出資の募集に応じた政府以外の者に対し、出資金の払込みを求めなければならない。

（設立の登記）

第六八条　第六十六条第二項の規定により指名された機構の理事長となるべき者は、前条第二項の規定による出資金の払込みがあったときは、遅滞なく、政令で定めるところにより、設立の登記をしなければならない。

2　機構は、設立の登記をすることにより成立する。

第三節　役員等

（役員）

第六九条　機構に、役員として理事長一人、理事三人以内及び監事二人以内を置く。

（役員の職務及び権限）

第七〇条　理事長は、機構を代表し、その業務を総理する。

2　理事は、理事長の定めるところにより、機構を代表し、理事長を補佐して機構の業務を掌理し、理事長に事故があるときはその職務を代理し、理事長が欠員のときはその職務を行う。

3　監事は、機構の業務を監査する。

4　監事は、監査の結果に基づき、必要があると認めるときは、理事長又は主務大臣に意見を提出することができる。

（役員の任命）

第七一条　理事長及び監事は、主務大臣が任命する。

2　理事は、理事長が主務大臣の認可を受けて任命する。

（役員の任期）

第七二条　役員の任期は、二年とする。ただし、補欠の役員の任期は、前任者の残任期間とする。

2　役員は、再任されることができる。

（役員の欠格条項）

第七三条　政府又は地方公共団体の職員（非常勤の者を除く。）は、役員となることができない。

（役員の解任）

第七四条　主務大臣又は理事長は、それぞれその任命に係る役員が前条の規定に該当するに至ったときは、その役員を解任しなければならない。

2　主務大臣又は理事長は、それぞれその任命に係る役員が次の各号のいずれかに該当するに至ったときその他役員たるに適しないと認めるときは、第七十一条の規定の例により、その役員を解任することができる。

一　破産手続開始の決定を受けたとき。

二 **現**　禁錮以上の刑に処せられたとき。

新 [令和七年六月一日から施行]

二　拘禁刑以上の刑に処せられたとき。

三　心身の故障のため職務を執行することができないと認められるとき。

四　職務上の義務違反があるとき。

（役員の兼職禁止）

第七五条　役員（非常勤の者を除く。）は、営利を目的とする団体の役員となり、又は自ら営利事業に従事してはならない。ただし、主務大臣の承認を受けたときは、この限りでない。

（監事の兼職禁止）

第七六条 監事は、理事長、理事、評議員又は機構の職員を兼ねてはならない。

（代表権の制限）
第七七条 機構と理事長又は理事との利益が相反する事項については、これらの者は、代表権を有しない。この場合においては、監事が機構を代表する。

（代理人の選任）
第七八条 理事長は、機構の職員のうちから、機構の業務の一部に関する一切の裁判上又は裁判外の行為を行う権限を有する代理人を選任することができる。

（職員の任命）
第七九条 機構の職員は、理事長が任命する。

（役員及び職員の秘密保持義務）
第八〇条 機構の役員若しくは職員又はこれらの職にあった者は、正当な理由なく、その職務上知ることができた秘密を漏らし、又は盗用してはならない。

（役員及び職員の地位）
第八一条 機構の役員及び職員は、刑法その他の罰則の適用については、法令により公務に従事する職員とみなす。

第四節　評議員会

（設置）
第八二条 機構に、第八十七条の業務（同条第一号に掲げる業務及びこれに附帯する業務を除く。以下この条において同じ。）の円滑な運営を図るため、評議員会を置く。
2　評議員会は、第八十七条の業務の運営に関する重要事項を審議する。
3　評議員会は、前項に規定するもののほか、第八十七条の業務の運営に関し、理事長の諮問に応じて重要事項について意見を述べ、又は必要と認める事項について理事長に建議することができる。

（組織）
第八三条 評議員会は、評議員十五人以内をもって組織する。

（評議員）
第八四条 評議員は、労働者を代表する者、事業主を代表する者及び技能実習に関して専門的な知識と経験を有する者のうちから、理事長が主務大臣の認可を受けて任命する。
2　評議員のうち、労働者を代表する者及び事業主を代表する者は、各同数とする。
3　評議員の任期は、四年とする。ただし、補欠の評議員の任期は、前任者の残任期間とする。
4　評議員は、再任されることができる。

（評議員の解任）
第八五条 理事長は、評議員が第七十四条第二項各号のいずれかに該当するに至ったときは、前条第一項の規定の例により、その評議員を解任することができる。

（評議員の秘密保持義務等）
第八六条 第八十条及び第八十一条の規定は、評議員について準用する。

第五節　業務

（業務の範囲）
第八七条 機構は、第五十七条の目的を達成するため、次に掲げる業務を行う。
一　技能実習に関し行う次に掲げる業務
イ　第十二条第一項の規定により認定事務を行うこと。
ロ　第十四条第一項の規定により報告若しくは帳簿書類の提出若しくは提示を求め、又はその職員をして、質問させ、若しくは検査させること。
ハ　第十八条第一項（第十九条第三項、第二十一条第二項、

第二十七条第三項、第三十二条第七項、第三十三条第二項、第三十四条第二項及び第四十二条第三項において準用する場合を含む。）の規定により届出、報告書、監査報告書又は事業報告書を受理すること。

ニ　第二十四条第一項（第三十一条第五項及び第三十二条第二項において準用する場合を含む。）の規定により事実関係の調査を行うこと。

ホ　第二十四条第三項（第三十一条第五項及び第三十二条第二項において準用する場合を含む。）の規定により申請書を受理すること。

ヘ　第二十九条第四項（第三十一条第五項並びに第三十二条第二項及び第七項において準用する場合を含む。）の規定により許可証の交付又は再交付に係る事務を行うこと。

二　技能実習の適正な実施及び技能実習生の保護を図るために技能実習生からの相談に応じ、必要な情報の提供、助言その他の援助を行う業務（次号に掲げる業務に該当するものを除く。）

三　技能実習を行うことが困難となった技能実習生であって引き続き技能実習を行うことを希望するものが技能実習を行うことができるよう、技能実習生からの相談に応じ、必要な情報の提供、助言その他の援助を行うとともに、実習実施者、監理団体その他関係者に対する必要な指導及び助言を行う業務

四　技能実習に関し、調査及び研究を行う業務

五　その他技能実習の適正な実施及び技能実習生の保護に関する業務

六　前各号に掲げる業務（これらに附帯する業務を含み、主務省令で定める業務を除く。）に係る手数料を徴収する業務

七　前各号に掲げる業務に附帯する業務

（業務の委託）

第八八条　機構は、主務大臣の認可を受けて、前条の業務（同条第一号に掲げる業務及びこれに附帯する業務を除く。）の一部を委託することができる。

2　第八十条及び第八十一条の規定は、前項の規定による委託を受けた者（その者が法人である場合にあっては、その役員）又はその職員その他の当該委託を受けた業務に従事する者について準用する。

（業務方法書）

第八九条　機構は、業務開始の際、業務方法書を作成し、主務大臣の認可を受けなければならない。これを変更しようとするときも、同様とする。

2　前項の業務方法書には、主務省令で定める事項を記載しなければならない。

（資料の交付の要請等）

第九〇条　国又は地方公共団体は、機構がその業務を行うため特に必要があると認めて要請をしたときは、機構に対し、必要な資料を交付し、又はこれを閲覧させることができる。

2　機構は、その業務を行うため必要があると認めるときは、国の行政機関の長及び地方公共団体の長その他の執行機関に対して、資料の提供、意見の表明、説明その他必要な協力を求めることができる。

第六節　財務及び会計

（事業年度）

第九一条　機構の事業年度は、毎年四月一日に始まり、翌年三月三十一日に終わる。

（予算等の認可）

第九二条　機構は、毎事業年度、予算及び事業計画を作成し、

当該事業年度の開始前に、主務大臣の認可を受けなければならない。これを変更しようとするときも、同様とする。

2　主務大臣は、前項の認可をしようとするときは、あらかじめ、財務大臣に協議しなければならない。

（財務諸表等）

第九三条　機構は、毎事業年度、貸借対照表、損益計算書その他主務省令で定める書類及びこれらの附属明細書（以下この条において「財務諸表」という。）を作成し、当該事業年度の終了後三月以内に主務大臣に提出し、その承認を受けなければならない。

2　機構は、前項の規定により財務諸表を主務大臣に提出するときは、これに当該事業年度の事業報告書及び予算の区分に従い作成した決算報告書並びに財務諸表及び決算報告書に関する監事の意見書を添付しなければならない。

3　機構は、第一項の規定による主務大臣の承認を受けたときは、遅滞なく、財務諸表を官報に公告し、かつ、財務諸表並びに前項の事業報告書、決算報告書及び監事の意見書（以下この条において「財務諸表等」という。）を、各事務所に備え置き、主務省令で定める期間、公衆の縦覧に供しなければならない。

4　財務諸表等は、電磁的記録（電子的方式、磁気的方式その他人の知覚によっては認識することができない方式で作られる記録であって、電子計算機による情報処理の用に供されるものとして主務省令で定めるものをいう。次項において同じ。）をもって作成することができる。

5　財務諸表等が電磁的記録をもって作成されているときは、機構の事務所において、当該電磁的記録に記録された情報を電磁的方法（電子情報処理組織を使用する方法その他の情報通信の技術を利用する方法であって主務省令で定めるものをいう。）により不特定多数の者が提供を受けることができる状態に置く措置として主務省令で定めるものをとることができる。この場合においては、財務諸表等を、第三項の規定により備え置き、公衆の縦覧に供したものとみなす。

（利益及び損失の処理）

第九四条　機構は、毎事業年度、損益計算において利益を生じたときは、前事業年度から繰り越した損失を埋め、なお残余があるときは、その残余の額は、積立金として整理しなければならない。

2　機構は、毎事業年度、損益計算において損失を生じたときは、前項の規定による積立金を減額して整理し、なお不足があるときは、その不足額は、繰越欠損金として整理しなければならない。

3　機構は、予算をもって定める額に限り、第一項の規定による積立金を第八十七条の業務に要する費用に充てることができる。

（借入金）

第九五条　機構は、その業務に要する費用に充てるため必要な場合において、主務大臣の認可を受けて、短期借入金をすることができる。

2　前項の規定による短期借入金は、当該事業年度内に償還しなければならない。ただし、資金の不足のため償還することができないときは、その償還することができない金額に限り、主務大臣の認可を受けて、これを借り換えることができる。

3　前項ただし書の規定により借り換えた短期借入金は、一年以内に償還しなければならない。

4　主務大臣は、第一項及び第二項の認可をしようとするときは、あらかじめ、財務大臣に協議しなければならない。

5　機構は、長期借入金及び債券発行をすることができない。

（交付金）

第九六条　政府は、予算の範囲内において、機構に対し、その業務に要する費用に相当する金額を交付するものとする。

（余裕金の運用）
第九七条　機構は、次の方法によるほか、業務上の余裕金を運用してはならない。
一　国債その他主務大臣の指定する有価証券の保有
二　主務大臣の指定する金融機関への預金
三　その他主務省令で定める方法

（主務省令への委任）
第九八条　この法律に定めるもののほか、この節の規定の実施に関し必要な事項は、主務省令で定める。

第七節　監督

（監督）
第九九条　機構は、主務大臣が監督する。
2　主務大臣は、この法律を施行するため必要があると認めるときは、機構に対し、その業務に関して監督上必要な命令をすることができる。

（報告及び検査）
第一〇〇条　主務大臣は、この法律を施行するため必要があると認めるときは、機構に対しその業務に関し報告をさせ、又は当該職員に機構の事務所に立ち入り、帳簿、書類その他の物件を検査させることができる。
2　第十三条第二項の規定は前項の規定による立入検査について、同条第三項の規定は前項の規定による権限について、それぞれ準用する。

第八節　補則

（定款の変更）
第一〇一条　機構の定款の変更は、主務大臣の認可を受けなければ、その効力を生じない。

（解散）
第一〇二条　機構は、解散した場合において、その債務を弁済してなお残余財産があるときは、これを各出資者に対し、その出資額を限度として分配するものとする。
2　前項に規定するもののほか、機構の解散については、別に法律で定める。

第四章　雑則

（主務大臣等）
第一〇三条　この法律における主務大臣は、法務大臣及び厚生労働大臣とする。
2　この法律における主務省令は、主務大臣の発する命令とする。

（権限の委任等）
第一〇四条　主務大臣は、政令で定めるところにより、第三十五条第一項の規定による報告の徴収、帳簿書類の提出若しくは提示の命令、出頭の命令、質問又は立入検査（第四十条第三項から第五項までの規定を施行するために行うものに限る。）（次項及び次条において「報告徴収等」という。）の権限の一部を国土交通大臣に委任することができる。
2　国土交通大臣は、前項の規定による委任に基づき、報告徴収等を行ったときは、速やかに、その結果について主務大臣に報告するものとする。
3　国土交通大臣は、政令で定めるところにより、第一項の規定により委任された権限を地方運輸局長（運輸監理部長を含む。次項において同じ。）に委任することができる。
4　前項の規定により地方運輸局長に委任された権限は、政令で定めるところにより、運輸支局長又は地方運輸局、運輸監理部若しくは運輸支局の事務所の長に委任することができる。

5　この法律に規定する法務大臣の権限（第七条第一項及び第三項から第五項までに規定するもの並びに第一項の規定により国土交通大臣に委任されたものを除く。）は、政令で定めるところにより、出入国在留管理庁長官に委任することができる。

6　この法律に規定する出入国在留管理庁長官の権限（前項の規定により出入国在留管理庁長官に委任されたものを含む。）及び厚生労働大臣の権限（第七条第一項及び第三項から第五項までに規定するもの並びに第一項の規定により国土交通大臣に委任されたものを除く。）は、主務省令で定めるところにより、地方支分部局の長に委任することができる。

（職権の行使）

第一〇五条　主務大臣は、報告徴収等に関する事務について、第三十五条第一項に規定する当該主務大臣の職員の職権を労働基準監督官に行わせることができる。

2　国土交通大臣は、主務大臣の権限が前条第一項の規定により国土交通大臣に委任された場合には、報告徴収等に関する事務について、第三十五条第一項に規定する当該主務大臣の職員の職権を船員労務官に行わせることができる。

（国等の連携）

第一〇六条　国、地方公共団体及び機構は、技能実習が円滑に行われるよう、必要な情報交換を行うことその他相互の密接な連携の確保に努めるものとする。

2　機構は、前項に規定する連携のため、主務大臣及び出入国在留管理庁長官に対し、主務大臣及び出入国在留管理庁長官の権限の行使に関して必要な情報の提供を行わなければならない。

（主務省令への委任）

第一〇七条　この法律に定めるもののほか、この法律の規定の実施に関し必要な事項は、主務省令で定める。

第五章　罰則

第一〇八条 **現**　第四十六条の規定に違反した者は、一年以上十年以下の懲役又は二十万円以上三百万円以下の罰金に処する。

新　［令和七年六月一日から施行］
第一〇八条　第四十六条の規定に違反した者は、一年以上十年以下の拘禁刑又は二十万円以上三百万円以下の罰金に処する。

第一〇九条 **現**　次の各号のいずれかに該当する者は、一年以下の懲役又は百万円以下の罰金に処する。

新　［令和七年六月一日から施行］
第一〇九条　次の各号のいずれかに該当する者は、一年以下の拘禁刑又は百万円以下の罰金に処する。

一　第二十三条第一項の規定に違反して実習監理を行った者
二　偽りその他不正の行為により、第二十三条第一項の許可、第三十一条第二項の規定による許可の有効期間の更新又は第三十二条第一項の変更の許可を受けた者
三　第三十七条第三項の規定による処分に違反した場合におけるその違反行為をした監理団体の役員又は職員
四　第三十八条の規定に違反した場合におけるその違反行為をした監理団体の役員又は職員

第一一〇条 **現**　第四十四条、第五十四条第四項、第五十六条第四項又は第八十条（第八十六条及び第八十八条第二項において準用する場合を含む。）の規定に違反した者は、一年以下の懲役又は五十万円以下の罰金に処する。

新［令和七年六月一日から施行］
第一一〇条　第四十四条、第五十四条第四項、第五十六条第四項又は第八十条（第八十六条及び第八十八条第二項において準用する場合を含む。）の規定に違反した者は、一年以下の拘禁刑又は五十万円以下の罰金に処する。

第一一一条 現　次の各号のいずれかに該当する者は、六月以下の懲役又は三十万円以下の罰金に処する。

新［令和七年六月一日から施行］
第一一一条　次の各号のいずれかに該当する者は、六月以下の拘禁刑又は三十万円以下の罰金に処する。

一　第十五条第一項の規定による処分に違反した者
二　第二十八条第一項の規定に違反した場合におけるその違反行為をした監理団体の役員又は職員
三　第三十六条第一項の規定による処分に違反した場合におけるその違反行為をした監理団体の役員又は職員
四　第四十七条の規定に違反した者
五　第四十八条第一項の規定に違反して、技能実習生の意思に反して技能実習生の旅券又は在留カードを保管した者
六　第四十八条第二項の規定に違反して、技能実習生に対し、解雇その他の労働関係上の不利益又は制裁金の徴収その他の財産上の不利益を示して、技能実習が行われる時間以外における他の者との通信若しくは面談又は外出の全部又は一部を禁止する旨を告知した者
七　第四十九条第二項の規定に違反した者

第一一二条　次の各号のいずれかに該当する者は、三十万円以下の罰金に処する。

一　第十三条第一項又は第三十五条第一項の規定による報告若しくは帳簿書類の提出若しくは提示をせず、若しくは虚偽の報告若しくは虚偽の帳簿書類の提出若しくは提示をし、又はこれらの規定による質問に対して答弁をせず、若しくは虚偽の答弁をし、若しくはこれらの規定による検査を拒み、妨げ、若しくは忌避した者
二　第十七条の規定による届出をせず、又は虚偽の届出をした者
三　第十九条第一項の規定による届出をせず、又は虚偽の届出をした者
四　第十九条第二項の規定による通知をせず、又は虚偽の通知をした者
五　第二十条の規定に違反して帳簿書類を作成せず、若しくは事業所に備えて置かず、又は虚偽の帳簿書類を作成した者
六　第二十三条第二項（第三十一条第五項及び第三十二条第二項において準用する場合を含む。）に規定する申請書又は第二十三条第三項（第三十一条第五項及び第三十二条第二項において準用する場合を含む。）に規定する書類であって虚偽の記載のあるものを提出した者
七　第三十二条第三項の規定による届出をせず、若しくは虚偽の届出をし、又は同項に規定する書類であって虚偽の記載のあるものを提出した場合におけるその違反行為をした監理団体の役員又は職員
八　第三十三条第一項の規定による届出をせず、又は虚偽の届出をした場合におけるその違反行為をした監理団体の役員又は職員
九　第三十四条第一項の規定による届出をしないで、又は虚偽の届出をして、監理事業を廃止し、又はその全部若しくは一部を休止した場合におけるその違反行為をした監理団

体の役員又は職員
十　第四十条第一項の規定に違反した場合におけるその違反行為をした監理団体の役員又は職員
十一　第四十一条の規定に違反して帳簿書類を作成せず、若しくは事業所に備えて置かず、又は虚偽の帳簿書類を作成した場合におけるその違反行為をした監理団体の役員又は職員
十二　第百条第一項の規定による報告をせず、若しくは虚偽の報告をし、又は同項の規定による検査を拒み、妨げ、若しくは忌避した場合におけるその違反行為をした機構の役員又は職員

第一一三条　法人の代表者又は法人若しくは人の代理人、使用人その他の従業者が、その法人又は人の業務に関して、第百八条、第百九条、第百十条（第四十四条に係る部分に限る。）、第百十一条及び前条（第十二号を除く。）の違反行為をしたときは、行為者を罰するほか、その法人又は人に対しても、各本条の罰金刑を科する。

第一一四条　次の各号のいずれかに該当する場合には、その違反行為をした機構の役員は、二十万円以下の過料に処する。
一　第三章の規定により主務大臣の認可又は承認を受けなければならない場合において、その認可又は承認を受けなかったとき。
二　第六十二条第一項の規定による政令に違反して登記することを怠ったとき。
三　第八十七条に規定する業務以外の業務を行ったとき。
四　第九十三条第三項の規定に違反して、書類を備え置かず、又は縦覧に供しなかったとき。
五　第九十七条の規定に違反して業務上の余裕金を運用したとき。
六　第九十九条第二項の規定による主務大臣の命令に違反したとき。

第一一五条　第六十一条第二項の規定に違反した者は、二十万円以下の過料に処する。

附　則　抄

（施行期日）

第一条　この法律は、公布の日から起算して一年を超えない範囲内において政令で定める日から施行する。ただし、第一章、第三章、第百三条、第百六条、第百七条、第百十条（第八十条（第八十六条及び第八十八条第二項において準用する場合を含む。）に係る部分に限る。）、第百十二条（第十二号に係る部分に限る。）、第百十四条及び第百十五条の規定並びに附則第五条から第九条まで、第十一条、第十四条から第十七条まで、第十八条（登録免許税法（昭和四十二年法律第三十五号）別表第三の改正規定に限る。）、第二十条から第二十三条まで及び第二十六条の規定は、公布の日から施行する。

健康保険法　抄

〔大正一一年四月二二日法律第七〇号〕

沿革　昭和四四年　八月　七日法律第六九号
〃四八年　九月二六日〃第八九号
〃五九年　八月一四日〃第七七号
平成　六年　六月二九日〃第五六号
〃一四年　八月　二日〃第一〇二号
令和　四年　六月一七日〃第六八号
〃四年一二月　九日〃第九六号
〃五年　三月三一日〃第　三号
〃五年　五月一九日〃第三一号
〃五年　六月　九日〃第四八号

第一章　総則

（目的）

第一条　この法律は、労働者又はその被扶養者の業務災害（労働者災害補償保険法（昭和二十二年法律第五十号）第七条第一項第一号に規定する業務災害をいう。）以外の疾病、負傷若しくは死亡又は出産に関して保険給付を行い、もって国民の生活の安定と福祉の向上に寄与することを目的とする。

（基本的理念）

第二条　健康保険制度については、これが医療保険制度の基本をなすものであることにかんがみ、高齢化の進展、疾病構造の変化、社会経済情勢の変化等に対応し、その他の医療保険制度及び後期高齢者医療制度並びにこれらに密接に関連する制度と併せてその在り方に関して常に検討が加えられ、その効果に基づき、医療保険の運営の効率化、給付の内容及び費用の負担の適正化並びに国民が受ける医療の質の向上を総合的に図りつつ、実施されなければならない。

（定義）

第三条　この法律において「被保険者」とは、適用事業所に使用される者及び任意継続被保険者をいう。ただし、次の各号のいずれかに該当する者は、日雇特例被保険者となる場合を除き、被保険者となることができない。

一　船員保険の被保険者（船員保険法（昭和十四年法律第七十三号）第二条第二項に規定する疾病任意継続被保険者を除く。）

二　臨時に使用される者であって、次に掲げるもの（イに掲げる者にあっては一月を超え、ロに掲げる者にあってはロに掲げる定めた期間を超え、引き続き使用されるに至った場合を除く。）

イ　日々雇い入れられる者

ロ　二月以内の期間を定めて使用される者であって、当該定めた期間を超えて使用されることが見込まれないもの

三　事業所又は事務所（第八十八条第一項及び第八十九条第一項を除き、以下単に「事業所」という。）で所在地が一定しないものに使用される者

四　季節的業務に使用される者（継続して四月を超えて使用されるべき場合を除く。）

五　臨時的事業の事業所に使用される者（継続して六月を超えて使用されるべき場合を除く。）

六　国民健康保険組合の事業所に使用される者

七　後期高齢者医療の被保険者（高齢者の医療の確保に関する法律（昭和五十七年法律第八十号）第五十条の規定による被保険者をいう。）及び同条各号のいずれかに該当する者で同法第五十一条の規定により後期高齢者医療の被保険者とならないもの（以下「後期高齢者医療の被保険者等」

という。）

八　厚生労働大臣、健康保険組合又は共済組合の承認を受けた者（健康保険の被保険者でないことにより国民健康保険の被保険者であるべき期間に限る。）

九　事業所に使用される者であって、その一週間の所定労働時間が同一の事業所に使用される通常の労働者（当該事業所に使用される通常の労働者と同種の業務に従事する当該事業所に使用される者にあっては、厚生労働省令で定める場合を除き、当該者と同種の業務に従事する当該通常の労働者。以下この号において単に「通常の労働者」という。）の一週間の所定労働時間の四分の三未満である短時間労働者（一週間の所定労働時間が同一の事業所に使用される通常の労働者の一週間の所定労働時間に比し短い者をいう。以下この号において同じ。）又はその一月間の所定労働日数が同一の事業所に使用される通常の労働者の一月間の所定労働日数の四分の三未満である短時間労働者に該当し、かつ、イからハまでのいずれかの要件に該当するもの

イ　一週間の所定労働時間が二十時間未満であること。

ロ　報酬（最低賃金法（昭和三十四年法律第百三十七号）第四条第三項各号に掲げる賃金に相当するものとして厚生労働省令で定めるものを除く。）について、厚生労働省令で定めるところにより、第四十二条第一項の規定の例により算定した額が、八万八千円未満であること。

ハ　学校教育法（昭和二十二年法律第二十六号）第五十条に規定する高等学校の生徒、同法第八十三条に規定する大学の学生その他の厚生労働省令で定める者であること。

2　この法律において「日雇特例被保険者」とは、適用事業所に使用される日雇労働者をいう。ただし、後期高齢者医療の被保険者等である者又は次の各号のいずれかに該当する者として厚生労働大臣の承認を受けたものは、この限りでない。

一　適用事業所において、引き続く二月間に通算して二十六日以上使用される見込みのないことが明らかであるとき。

二　任意継続被保険者であるとき。

三　その他特別の理由があるとき。

3　この法律において「適用事業所」とは、次の各号のいずれかに該当する事業所をいう。

一　次に掲げる事業の事業所であって、常時五人以上の従業員を使用するもの

イ　物の製造、加工、選別、包装、修理又は解体の事業

ロ　土木、建築その他工作物の建設、改造、保存、修理、変更、破壊、解体又はその準備の事業

ハ　鉱物の採掘又は採取の事業

ニ　電気又は動力の発生、伝導又は供給の事業

ホ　貨物又は旅客の運送の事業

ヘ　貨物積卸しの事業

ト　焼却、清掃又はと殺の事業

チ　物の販売又は配給の事業

リ　金融又は保険の事業

ヌ　物の保管又は賃貸の事業

ル　媒介周旋の事業

ヲ　集金、案内又は広告の事業

ワ　教育、研究又は調査の事業

カ　疾病の治療、助産その他医療の事業

ヨ　通信又は報道の事業

タ　社会福祉法（昭和二十六年法律第四十五号）に定める社会福祉事業及び更生保護事業法（平成七年法律第八十六号）に定める更生保護事業

レ　弁護士、公認会計士その他政令で定める者が法令の規定に基づき行うこととされている法律又は会計に係る業

務を行う事業

二　前号に掲げるもののほか、国、地方公共団体又は法人の事業所であって、常時従業員を使用するもの

4　この法律において「任意継続被保険者」とは、適用事業所に使用されなくなったため、又は第一項ただし書に該当するに至ったため被保険者（日雇特例被保険者を除く。）の資格を喪失した者であって、喪失の日の前日まで継続して二月以上被保険者（日雇特例被保険者、任意継続被保険者又は共済組合の組合員である被保険者を除く。）であったもののうち、保険者に申し出て、継続して当該保険者の被保険者となった者をいう。ただし、船員保険の被保険者又は後期高齢者医療の被保険者等である者は、この限りでない。

5　この法律において「報酬」とは、賃金、給料、俸給、手当、賞与その他いかなる名称であるかを問わず、労働者が、労働の対償として受けるすべてのものをいう。ただし、臨時に受けるもの及び三月を超える期間ごとに受けるものは、この限りでない。

6　この法律において「賞与」とは、賃金、給料、俸給、手当、賞与その他いかなる名称であるかを問わず、労働者が、労働の対償として受けるすべてのもののうち、三月を超える期間ごとに受けるものをいう。

7　この法律において「被扶養者」とは、次に掲げる者で、日本国内に住所を有するもの又は外国において留学をする学生その他の日本国内に住所を有しないが渡航目的その他の事情を考慮して日本国内に生活の基礎があると認められるものとして厚生労働省令で定めるものをいう。ただし、後期高齢者医療の被保険者等である者その他この法律の適用を除外すべき特別の理由がある者として厚生労働省令で定める者は、この限りでない。

一　被保険者（日雇特例被保険者であった者を含む。以下この項において同じ。）の直系尊属、配偶者（届出をしていないが、事実上婚姻関係と同様の事情にある者を含む。以下この項において同じ。）、子、孫及び兄弟姉妹であって、主としてその被保険者により生計を維持するもの

二　被保険者の三親等内の親族で前号に掲げる者以外のものであって、その被保険者と同一の世帯に属し、主としてその被保険者により生計を維持するもの

三　被保険者の配偶者で届出をしていないが事実上婚姻関係と同様の事情にあるものの父母及び子であって、その被保険者と同一の世帯に属し、主としてその被保険者により生計を維持するもの

四　前号の配偶者の死亡後におけるその父母及び子であって、引き続きその被保険者と同一の世帯に属し、主としてその被保険者により生計を維持するもの

8　この法律において「日雇労働者」とは、次の各号のいずれかに該当する者をいう。

一　臨時に使用される者であって、次に掲げるもの（同一の事業所において、イに掲げる者にあっては一月を超え、ロに掲げる者にあってはロに掲げる定めた期間を超え、引き続き使用されるに至った場合（所在地の一定しない事業所において引き続き使用されるに至った場合を除く。）を除く。）

イ　日々雇い入れられる者

ロ　二月以内の期間を定めて使用される者であって、当該定めた期間を超えて使用されることが見込まれないもの

二　季節的業務に使用される者（継続して四月を超えて使用されるべき場合を除く。）

三　臨時的事業の事業所に使用される者（継続して六月を超えて使用されるべき場合を除く。）

9　この法律において「賃金」とは、賃金、給料、手当、賞与

その他いかなる名称であるかを問わず、日雇労働者が、労働の対償として受けるすべてのものをいう。ただし、三月を超える期間ごとに受けるものは、この限りでない。

10　この法律において「共済組合」とは、法律によって組織された共済組合をいう。

11　この法律において「保険者番号」とは、厚生労働大臣が健康保険事業において保険者を識別するための番号として、保険者ごとに定めるものをいう。

12　この法律において「被保険者等記号・番号」とは、保険者が被保険者又は被扶養者の資格を管理するための記号、番号その他の符号として、被保険者又は被扶養者ごとに定めるものをいう。

13　この法律において「電子資格確認」とは、保険医療機関等（第六十三条第三項各号に掲げる病院若しくは診療所又は薬局をいう。以下同じ。）から療養を受けようとする者又は第八十八条第一項に規定する指定訪問看護事業者から同項に規定する指定訪問看護を受けようとする者が、保険者に対し、個人番号カード（行政手続における特定の個人を識別するための番号の利用等に関する法律（平成二十五年法律第二十七号）第二条第七項に規定する個人番号カードをいう。）に記録された利用者証明用電子証明書（電子署名等に係る地方公共団体情報システム機構の認証業務に関する法律（平成十四年法律第百五十三号）第二十二条第一項に規定する利用者証明用電子証明書をいう。）を送信する方法その他の厚生労働省令で定める方法により、被保険者又は被扶養者の資格に係る情報（保険給付に係る費用の請求に必要な情報を含む。）の照会を行い、電子情報処理組織を使用する方法その他の情報通信の技術を利用する方法により、保険者から回答を受けて当該情報を当該保険医療機関等又は指定訪問看護事業者に提供し、当該保険医療機関等又は指定訪問看護事業者から被保険者又は被扶養者であることの確認を受けることをいう。

附　則　抄

（施行期日）

第一条　この法律は、大正十五年七月一日から施行する。ただし、保険給付及び費用の負担に関する規定は、大正十六年一月一日から施行する。

厚生年金保険法　抄

〔昭和二九年五月一九日
法律第一一五号〕

沿革　昭和四〇年六月一日法律第一〇四号
〃　四四年一二月六日　〃　第七八号
〃　四八年九月二六日　〃　第九二号
〃　六〇年五月一日　〃　第三四号
平成　六年一一月九日　〃　第九五号
〃　一六年六月一一日　〃　第一〇四号
令和　三年六月一一日　〃　第六六号
〃　四年六月一七日　〃　第六八号
〃　五年三月三一日　〃　第三号
〃　五年六月一四日　〃　第五三号

第一章　総則

（この法律の目的）

第一条　この法律は、労働者の老齢、障害又は死亡について保険給付を行い、労働者及びその遺族の生活の安定と福祉の向上に寄与することを目的とする。

（管掌）

第二条　厚生年金保険は、政府が、管掌する。

（年金額の改定）

第二条の二　この法律による年金たる保険給付の額は、国民の生活水準、賃金その他の諸事情に著しい変動が生じた場合には、変動後の諸事情に応ずるため、速やかに改定の措置が講ぜられなければならない。

（実施機関）

第二条の五　この法律における実施機関は、次の各号に掲げる事務の区分に応じ、当該各号に定める者とする。

一　次号から第四号までに規定する被保険者以外の厚生年金保険の被保険者（以下「第一号厚生年金被保険者」という。）の資格、第一号厚生年金被保険者に係る標準報酬（第二十八条に規定する標準報酬をいう。以下この項において同じ。）、事業所及び被保険者期間、第一号厚生年金被保険者であつた期間（以下「第一号厚生年金被保険者期間」という。）に基づくこの法律による保険給付、当該保険給付の受給権者、第一号厚生年金被保険者に係る国民年金法（昭和三十四年法律第百四十一号）第九十四条の二第一項の規定による基礎年金拠出金の負担、第一号厚生年金被保険者期間に係る保険料その他この法律の規定による徴収金並びに第一号厚生年金被保険者の保険料に係る運用に関する事務　厚生労働大臣

二　国家公務員共済組合の組合員たる厚生年金保険の被保険者（以下「第二号厚生年金被保険者」という。）の資格、第二号厚生年金被保険者に係る標準報酬、事業所及び被保険者期間、第二号厚生年金被保険者であつた期間（以下「第二号厚生年金被保険者期間」という。）に基づくこの法律による保険給付、当該保険給付の受給権者、第二号厚生年金被保険者に係る国民年金法第九十四条の二第二項の規定による基礎年金拠出金の納付及び第八十四条の五第一項の規定による拠出金の納付、第二号厚生年金被保険者期間に係る保険料その他この法律の規定による徴収金並びに第二号厚生年金被保険者の保険料に係る運用に関する事務
　国家公務員共済組合及び国家公務員共済組合連合会

三　地方公務員共済組合の組合員たる厚生年金保険の被保険者（以下「第三号厚生年金被保険者」という。）の資格、第三号厚生年金被保険者に係る標準報酬、事業所及び被保険者期間、第三号厚生年金被保険

険者期間、第三号厚生年金被保険者であつた期間（以下「第三号厚生年金被保険者期間」という。）に基づくこの法律による保険給付、当該保険給付の受給権者、第三号厚生年金被保険者に係る国民年金法第九十四条の二第一項の規定による基礎年金拠出金の納付及び第八十四条の五第一項の規定による拠出金の納付、第三号厚生年金被保険者期間に係る保険料その他この法律の規定による徴収金並びに第三号厚生年金被保険者の保険料に係る運用に関する事務　地方公務員共済組合、全国市町村職員共済組合連合会及び地方公務員共済組合連合会

四　私立学校教職員共済法（昭和二十八年法律第二百四十五号）の規定による私立学校教職員共済制度の加入者たる厚生年金保険の被保険者（以下「第四号厚生年金被保険者」という。）の資格、第四号厚生年金被保険者に係る標準報酬、事業所及び被保険者期間、第四号厚生年金被保険者であつた期間（以下「第四号厚生年金被保険者期間」という。）に基づくこの法律による保険給付、当該保険給付の受給権者、第四号厚生年金被保険者に係る国民年金法第九十四条の二第二項の規定による基礎年金拠出金の納付及び第八十四条の五第一項の規定による拠出金の納付、第四号厚生年金被保険者期間に係る保険料その他この法律の規定による徴収金並びに第四号厚生年金被保険者の保険料に係る運用に関する事務　日本私立学校振興・共済事業団

2　前項第二号又は第三号に掲げる事務のうち、第八十四条の三、第八十四条の五、第八十四条の六、第八十四条の八及び第八十四条の九の規定に係るものについては、国家公務員共済組合連合会又は地方公務員共済組合連合会が行い、その他の規定に係るものについては、政令で定めるところにより、同項第二号又は第三号に定める者のうち政令で定めるものが行う。

（用語の定義）

第三条　この法律において、次の各号に掲げる用語の意義は、それぞれ当該各号に定めるところによる。

一　保険料納付済期間　国民年金法第五条第一項に規定する保険料納付済期間をいう。

二　保険料免除期間　国民年金法第五条第二項に規定する保険料免除期間をいう。

三　報酬　賃金、給料、俸給、手当、賞与その他いかなる名称であるかを問わず、労働者が、労働の対償として受ける全てのものをいう。ただし、臨時に受けるもの及び三月を超える期間ごとに受けるものは、この限りでない。

四　賞与　賃金、給料、俸給、手当、賞与その他いかなる名称であるかを問わず、労働者が労働の対償として受ける全てのもののうち、三月を超える期間ごとに受けるものをいう。

2　この法律において、「配偶者」、「夫」及び「妻」には、婚姻の届出をしていないが、事実上婚姻関係と同様の事情にある者を含むものとする。

第二章　被保険者

第一節　資格

（適用事業所）

第六条　次の各号のいずれかに該当する事業所若しくは事務所（以下単に「事業所」という。）又は船舶を適用事業所とする。

一　次に掲げる事業の事業所又は事務所であつて、常時五人以上の従業員を使用するもの

イ　物の製造、加工、選別、包装、修理又は解体の事業

ロ　土木、建築その他工作物の建設、改造、保存、修理、

変更、破壊、解体又はその準備の事業
ハ　鉱物の採掘又は採取の事業
ニ　電気又は動力の発生、伝導又は供給の事業
ホ　貨物又は旅客の運送の事業
ヘ　貨物積卸しの事業
ト　焼却、清掃又はと殺の事業
チ　物の販売又は配給の事業
リ　金融又は保険の事業
ヌ　物の保管又は賃貸の事業
ル　媒介周旋の事業
ヲ　集金、案内又は広告の事業
ワ　教育、研究又は調査の事業
カ　疾病の治療、助産その他医療の事業
ヨ　通信又は報道の事業
タ　社会福祉法（昭和二十六年法律第四十五号）に定める社会福祉事業及び更生保護事業法（平成七年法律第八十六号）に定める更生保護事業
レ　弁護士、公認会計士その他政令で定める者が法令の規定に基づき行うこととされている法律又は会計に係る業務を行う事業
二　前号に掲げるもののほか、国、地方公共団体又は法人の事業所又は事務所であつて、常時従業員を使用するもの
三　船員法（昭和二十二年法律第百号）第一条に規定する船員（以下単に「船員」という。）として船舶所有者（船員保険法（昭和十四年法律第七十三号）第三条に規定する場合にあつては、同条の規定により船舶所有者とされる者。以下単に「船舶所有者」という。）に使用される者が乗り組む船舶（第五十九条の二を除き、以下単に「船舶」という。）

2　前項第三号に規定する船舶の船舶所有者は、適用事業所の事業主とみなす。

3　第一項の事業所以外の事業所の事業主は、厚生労働大臣の認可を受けて、当該事業所を適用事業所とすることができる。

4　前項の認可を受けようとするときは、当該事業所の事業主は、当該事業所に使用される者（第十二条に規定する者を除く。）の二分の一以上の同意を得て、厚生労働大臣に申請しなければならない。

（被保険者）

第九条　適用事業所に使用される七十歳未満の者は、厚生年金保険の被保険者とする。

（適用除外）

第一二条　次の各号のいずれかに該当する者は、第九条及び第十条第一項の規定にかかわらず、厚生年金保険の被保険者としない。

一　臨時に使用される者（船舶所有者に使用される船員を除く。）であつて、次に掲げるもの。ただし、イに掲げる者にあつては一月を超え、ロに掲げる者にあつては定めた期間を超え、引き続き使用されるに至つた場合を除く。
イ　日々雇い入れられる者
ロ　二月以内の期間を定めて使用される者であつて、当該定めた期間を超えて使用されることが見込まれないもの
二　所在地が一定しない事業所に使用される者
三　季節的業務に使用される者（船舶所有者に使用される船員を除く。）。ただし、継続して四月を超えて使用されるべき場合は、この限りでない。
四　臨時的事業の事業所に使用される者。ただし、継続して六月を超えて使用されるべき場合は、この限りでない。
五　事業所に使用される者であつて、その一週間の所定労働時間が同一の事業所に使用される通常の労働者（当該事業所に使用される通常の労働者と同種の業務に従事する当該

事業所に使用される者にあつては、厚生労働省令で定める場合を除き、当該者と同種の業務に従事する当該通常の労働者。以下この号において単に「通常の労働者」という。）の一週間の所定労働時間の四分の三未満である短時間労働者（一週間の所定労働時間が同一の事業所に使用される通常の労働者の一週間の所定労働時間に比し短い者をいう。以下この号において同じ。）又はその一月間の所定労働日数が同一の事業所に使用される通常の労働者の一月間の所定労働日数の四分の三未満である短時間労働者に該当し、かつ、イからハまでのいずれかの要件に該当するもの

イ　一週間の所定労働時間が二十時間未満であること。

ロ　報酬（最低賃金法（昭和三十四年法律第百三十七号）第四条第三項各号に掲げる賃金に相当するものとして厚生労働省令で定めるものを除く。）について、厚生労働省令で定めるところにより、第二十二条第一項の規定の例により算定した額が、八万八千円未満であること。

ハ　学校教育法（昭和二十二年法律第二十六号）第五十条に規定する高等学校の生徒、同法第八十三条に規定する大学の学生その他の厚生労働省令で定める者であること。

第三章　保険給付

第二節　老齢厚生年金

（受給権者）

第四十二条　老齢厚生年金は、被保険者期間を有する者が、次の各号のいずれにも該当するに至つたときに、その者に支給する。

一　六十五歳以上であること。

二　保険料納付済期間と保険料免除期間とを合算した期間が十年以上であること。

（支給の繰下げ）

第四十四条の三　老齢厚生年金の受給権を有する者であつてその受給権を取得した日から起算して一年を経過した日（以下この条において「一年を経過した日」という。）前に当該老齢厚生年金を請求していなかつたものは、実施機関に当該老齢厚生年金の支給繰下げの申出をすることができる。ただし、その者が当該老齢厚生年金の受給権を取得したときに、他の年金たる給付（他の年金たる保険給付又は国民年金法による年金たる給付（老齢基礎年金及び付加年金並びに障害基礎年金を除く。）をいう。以下この条において同じ。）の受給権者であつたとき、又は当該老齢厚生年金の受給権を取得した日から一年を経過した日までの間において他の年金たる給付の受給権者となつたときは、この限りでない。

2　一年を経過した日後に次の各号に掲げる者が前項の申出（第五項の規定により前項の申出があつたものとみなされた場合における当該申出を除く。以下この項において同じ。）をしたときは、当該各号に定める日において、前項の申出があつたものとみなす。

一　老齢厚生年金の受給権を取得した日から起算して十年を経過した日（次号において「十年を経過した日」という。）前に他の年金たる給付の受給権者となつた者　他の年金たる給付を支給すべき事由が生じた日

二　十年を経過した日後にある者（前号に該当する者を除く。）　十年を経過した日

3　第一項の申出（第五項の規定により第一項の申出があつたものとみなされた場合における当該申出を含む。次項において同じ。）をした者に対する老齢厚生年金の支給は、第三十六条第一項の規定にかかわらず、当該申出のあつた月の翌月

から始めるものとする。

4　第一項の申出をした者に支給する老齢厚生年金の額は、第四十三条第一項及び第四十四条の規定にかかわらず、これらの規定により計算した額に、老齢厚生年金の受給権を取得した日の属する月の前月までの被保険者期間を基礎として第四十三条第一項の規定の例により計算した額及び第四十六条第一項の規定の例により計算したその支給を停止するものとされた額を勘案して政令で定める額を加算した額とする。

5　第一項の規定により老齢厚生年金の支給繰下げの申出をすることができる者が、その受給権を取得した日から起算して五年を経過した日後に当該老齢厚生年金を請求し、かつ、当該請求の際に同項の申出をしないときは、当該請求をした日の五年前の日に同項の申出があつたものとみなす。ただし、その者が次の各号のいずれかに該当する場合は、この限りでない。

一　当該老齢厚生年金の受給権を取得した日から起算して十五年を経過した日以後にあるとき。

二　当該請求をした日の五年前の日以前に他の年金たる給付の受給権者であつたとき。

（支給停止）

第四六条　老齢厚生年金の受給権者が被保険者（前月以前の月に属する日から引き続き当該被保険者の資格を有する者に限る。）である日（厚生労働省令で定める日を除く。）、国会議員若しくは地方公共団体の議会の議員（前月以前の月に属する日から引き続き当該国会議員又は地方公共団体の議会の議員である者に限る。）である日又は七十歳以上の使用される者（前月以前の月に属する日から引き続き当該適用事業所において第二十七条の厚生労働省令で定める要件に該当する者に限る。）である日が属する月において、その者の標準報酬月額とその月以前の一年間の標準賞与額の総額を十二で除して得た額とを合算して得た額（国会議員又は地方公共団体の議会の議員については、その者の標準報酬月額に相当する額として政令で定める額とその月以前の一年間の標準賞与額及び標準賞与額に相当する額として政令で定める額の総額を十二で除して得た額とを合算して得た額とし、七十歳以上の使用される者（国会議員又は地方公共団体の議会の議員を除く。次項において同じ。）については、その者の標準報酬月額に相当する額とその月以前の一年間の標準賞与額及び標準賞与額に相当する額の総額を十二で除して得た額とを合算して得た額とする。以下「総報酬月額相当額」という。）及び老齢厚生年金の額（第四十四条第一項に規定する加給年金額及び第四十四条の三第四項に規定する加算額を除く。以下この項において同じ。）を十二で除して得た額（以下この項において「基本月額」という。）との合計額が支給停止調整額を超えるときは、その月の分の当該老齢厚生年金について、総報酬月額相当額と基本月額との合計額から支給停止調整額を控除して得た額の二分の一に相当する額に十二を乗じて得た額（以下この項において「支給停止基準額」という。）に相当する部分の支給を停止する。ただし、支給停止基準額が老齢厚生年金の額以上であるときは、老齢厚生年金の全部（同条第四項に規定する加算額を除く。）の支給を停止するものとする。

2　第二十条から第二十五条までの規定は、前項の七十歳以上の使用される者の標準報酬月額に相当する額及び標準賞与額に相当する額を算定する場合に準用する。この場合において、これらの規定に関し必要な技術的読替えは、政令で定める。

3　第一項の支給停止調整額は、四十八万円とする。ただし、四十八万円に平成十七年度以後の各年度の物価変動率に第四十三条の二第一項第二号に掲げる率を乗じて得た率をそれぞれ乗じて得た額（その額に五千円未満の端数が生じたときは、これを切り捨て、五千円以上一万円未満の端数が生じたときは、これを一万円に切り上げるものとする。以下この項において同じ。）が四十八万円（この項の規定による支給停止調整額の改定の措置が講ぜられたときは、直近の当該措置により改定した額）を超え、又は下るに至つた場合においては、当該年度の四月以後の支給停止調整額を当該乗じて得た額に改定する。

4　前項ただし書の規定による支給停止調整額の改定の措置は、政令で定める。

5　第一項の規定により老齢厚生年金の全部又は一部の支給を停止する場合においては、第三十六条第二項の規定は適用しない。

6　第四十四条第一項の規定によりその額が加算された老齢厚生年金については、同項の規定によりその者について加算が行われている配偶者が、老齢厚生年金（その年金額の計算の基礎となる被保険者期間の月数が二百四十以上であるものに限る。）、障害厚生年金、国民年金法による障害基礎年金その他の年金たる給付のうち、老齢若しくは退職又は障害を支給事由とする給付であつて政令で定めるものの支給を受けることができるときは、その間、同項の規定により当該配偶者について加算する額に相当する部分の支給を停止する。

（老齢厚生年金の支給の繰下げの特例）

第七八条の二八　第四十四条の三の規定は、二以上の種別の被保険者であつた期間を有する者に係る老齢厚生年金について適用する。この場合において、同条第一項ただし書中「他の年金たる保険給付」とあるのは「他の年金たる保険給付（当該老齢厚生年金と同一の支給事由に基づいて支給される老齢厚生年金を除く。）」と、同条第四項中「第四十六条第一項」とあるのは「第七十八条の二十九の規定により読み替えて適用する第四十六条第一項」とするほか、同条の規定の適用に関し必要な読替えその他必要な事項は、政令で定める。

2　前項の規定により第四十四条の三第一項の規定を適用する場合においては、一の期間に基づく老齢厚生年金についての同項の規定による申出は、他の期間に基づく老齢厚生年金についての当該申出と同時に行わなければならない。

3　第一項の規定により第四十四条の三第五項の規定を適用する場合においては、一の期間に基づく老齢厚生年金の受給権を取得した日から起算して五年を経過した日後の同条第一項の申出をしないで行う当該一の期間に基づく老齢厚生年金の請求は、他の期間に基づく老齢厚生年金の受給権を取得した日から起算して五年を経過した日後に同項の申出をしないで行う当該他の期間に基づく老齢厚生年金の請求と同時に行わなければならない。

第一〇三条の二　次の各号のいずれかに該当する場合には、当該違反行為をした者は、五十万円以下の罰金に処する。

一　第八十九条の規定によりその例によるものとされる国税徴収法第百四十一条の規定による徴収職員の質問に対して答弁をせず、又は偽りの陳述をしたとき。

二　第八十九条の規定によりその例によるものとされる国税徴収法第百四十一条の規定による検査を拒み、妨げ、又は忌避したとき。

三　第八十九条の規定によりその例によるものとされる国税徴収法第百四十一条の規定による物件の提示又は提出の要求に対し、正当な理由がなくこれに応じず、又は偽りの記載若しくは記録をした帳簿書類その他の物件を提示し、若しくは提出したとき。

附　則　抄

（施行期日）

第一条　この法律は、公布の日から施行し、昭和二十九年五月一日から適用する。

（老齢厚生年金の特例）

第八条　当分の間、六十五歳未満の者（附則第七条の三第一項各号に掲げる者を除く。）が、次の各号のいずれにも該当するに至つたときは、その者に老齢厚生年金を支給する。

一　六十歳以上であること。

二　一年以上の被保険者期間を有すること。

三　第四十二条第二号に該当すること。

（特例による老齢厚生年金の支給開始年齢の特例）

第八条の二　男子又は女子（第二号厚生年金被保険者であり、若しくは第二号厚生年金被保険者期間を有する者、第三号厚生年金被保険者であり、若しくは第三号厚生年金被保険者期間を有する者又は第四号厚生年金被保険者であり、若しくは第四号厚生年金被保険者期間を有する者に限る。）であつて次の表の上欄に掲げる者（第三項及び第四項に規定する者を除く。）について前条の規定を適用する場合においては、同条第一号中「六十歳」とあるのは、それぞれ同表の下欄に掲げる字句に読み替えるものとする。

昭和二十八年四月二日から昭和三十年四月一日までの間に生まれた者	六十一歳
昭和三十年四月二日から昭和三十二年四月一日までの間に生まれた者	六十二歳
昭和三十二年四月二日から昭和三十四年四月一日までの間に生まれた者	六十三歳
昭和三十四年四月二日から昭和三十六年四月一日までの間に生まれた者	六十四歳

2　女子（第一号厚生年金被保険者であり、又は第一号厚生年金被保険者期間を有する者に限る。）であつて次の表の上欄に掲げる者（次項及び第四項に規定する者を除く。）について前条の規定を適用する場合においては、同条第一号中「六十歳」とあるのは、それぞれ同表の下欄に掲げる字句に読み替えるものとする。

昭和三十三年四月二日から昭和三十五年四月一日までの間に生まれた者	六十一歳
昭和三十五年四月二日から昭和三十七年四月一日までの間に生まれた者	六十二歳
昭和三十七年四月二日から昭和三十九年四月一日までの間に生まれた者	六十三歳
昭和三十九年四月二日から昭和四十一年四月一日までの間に生まれた者	六十四歳

3　坑内員たる被保険者であつた期間と船員たる被保険者であつた期間とを合算した期間が十五年以上である者であつて、次の表の上欄に掲げるもの（次項に規定する者を除く。）について前条の規定を適用する場合においては、同条第一号中「六十歳」とあるのはそれぞれ同表の下欄に掲げる字句に、同条第二号中「一年以上の被保険者期間を有する」とあるのは「坑内員たる被保険者であつた期間と船員たる被保険者であつた期間とを合算した期間が十五年以上である」と読み替えるものとする。

昭和三十三年四月二日から昭和三十五年四月一日までの間に生まれた者	六十一歳
昭和三十五年四月二日から昭和三十七年四月一日までの間に生まれた者	六十二歳
昭和三十七年四月二日から昭和三十九年四月一日までの間に生まれた者	六十三歳
昭和三十九年四月二日から昭和四十一年四月一日までの間に生まれた者	六十四歳

4　特定警察職員等である者であつて次の表の上欄に掲げるものについて前条の規定を適用する場合においては、同条第一

号中「六十歳」とあるのは、それぞれ同表の下欄に掲げる字句に読み替えるものとする。

昭和三十四年四月二日から昭和三十六年四月一日までの間に生まれた者	六十一歳
昭和三十六年四月二日から昭和三十八年四月一日までの間に生まれた者	六十二歳
昭和三十八年四月二日から昭和四十年四月一日までの間に生まれた者	六十三歳
昭和四十年四月二日から昭和四十二年四月一日までの間に生まれた者	六十四歳

附　則〔平成二四年八月二二日法律第六二号〕抄

第一七条　当分の間、特定適用事業所以外の適用事業所（厚生年金保険法第六条の適用事業所をいう。以下この条及び附則第十七条の三において同じ。）（国又は地方公共団体の適用事業所を除く。以下この条において同じ。）に使用される第一号又は第二号に掲げる者であって同法第十二条各号のいずれにも該当しないもの（前条の規定により同法第十二条（第五号に係る部分に限る。）の規定が適用されない者を除く。以下この条及び附則第十七条の三において「特定四分の三未満短時間労働者」という。）については、同法第九条及び附則第四条の三第一項の規定にかかわらず、厚生年金保険の被保険者としない。

一　その一週間の所定労働時間が同一の事業所又は事務所（以下単に「事業所」という。）に使用される通常の労働者（厚生年金保険法第十二条第五号に規定する通常の労働者をいう。次号において同じ。）の一週間の所定労働時間の四分の三未満である短時間労働者（同条第五号に規定する短時間労働者をいう。次号において同じ。）

二　その一月間の所定労働日数が同一の事業所に使用される通常の労働者の一月間の所定労働日数の四分の三未満である短時間労働者

2　特定適用事業所に該当しなくなった適用事業所に使用される特定四分の三未満短時間労働者については、前項の規定は、適用しない。ただし、当該適用事業所の事業主が、次の各号に掲げる場合に応じ、当該各号に定める同意を得て、実施機関（厚生年金保険法第二条の五第一項に規定する実施機関をいい、厚生労働大臣及び日本私立学校振興・共済事業団に限る。以下同じ。）に当該特定四分の三未満短時間労働者について前項の規定の適用を受ける旨の申出をした場合は、この限りでない。

一　当該事業主の一又は二以上の適用事業所に使用される厚生年金保険の被保険者及び七十歳以上の使用される者（厚生年金保険法第二十七条に規定する七十歳以上の使用される者をいう。第五項第一号において同じ。）（以下「四分の三以上同意対象者」という。）の四分の三以上で組織する労働組合があるとき　当該労働組合の同意

二　前号に規定する労働組合がないとき　イ又はロに掲げる同意

イ　当該事業主の一又は二以上の適用事業所に使用される四分の三以上同意対象者の四分の三以上を代表する者の同意

ロ　当該事業主の一又は二以上の適用事業所に使用される四分の三以上同意対象者の四分の三以上の同意

3　前項ただし書の申出は、附則第四十六条第二項ただし書の規定により同項ただし書の申出をすることができる事業主にあっては、当該申出と同時に行わなければならない。

4　第二項ただし書の申出があったときは、当該特定四分の三未満短時間労働者（厚生年金保険の被保険者の資格を有する者に限る。）は、当該申出が受理された日の翌日に、厚生年

金保険の被保険者の資格を喪失する。

5　特定適用事業所（第二項本文の規定により第一項の規定が適用されない特定四分の三未満短時間労働者を使用する適用事業所を含む。）以外の適用事業所の事業主は、次の各号に掲げる場合に応じ、当該各号に定める同意を得て、実施機関に当該事業主の一又は二以上の適用事業所に使用される特定四分の三未満短時間労働者について同項の規定の適用を受けない旨の申出をすることができる。

一　当該事業主の一又は二以上の適用事業所に使用される厚生年金保険の被保険者、七十歳以上の使用される者及び特定四分の三未満短時間労働者（次号及び附則第四十六条第五項において「二分の一以上同意対象者」という。）の過半数で組織する労働組合があるとき　当該労働組合の同意

二　前号に規定する労働組合がないとき　イ又はロに掲げる同意

イ　当該事業主の一又は二以上の適用事業所に使用される二分の一以上同意対象者の過半数を代表する者の同意

ロ　当該事業主の一又は二以上の適用事業所に使用される二分の一以上同意対象者の二分の一以上の同意

6　前項の申出は、附則第四十六条第五項の規定により同項の申出をすることができる事業主にあっては、当該申出と同時に行わなければならない。

7　第五項の申出があったときは、当該特定四分の三未満短時間労働者については、当該申出が受理された日以後においては、第一項の規定は、適用しない。この場合において、当該特定四分の三未満短時間労働者についての厚生年金保険法第十三条第一項の規定の適用については、同項中「適用事業所に使用されるに至つた日若しくはその使用される事業所が適用事業所となつた日又は前条の規定に該当しなくなつた」とあるのは、「公的年金制度の財政基盤及び最低保障機能の強化等のための国民年金法等の一部を改正する法律（平成二十四年法律第六十二号）附則第十七条第五項の申出が受理された」とする。

8　第五項の申出をした事業主は、次の各号に掲げる場合に応じ、当該各号に定める同意を得て、実施機関に当該事業主の一又は二以上の適用事業所に使用される特定四分の三未満短時間労働者について第一項の規定の適用を受ける旨の申出をすることができる。ただし、当該事業主の適用事業所が特定適用事業所に該当する場合は、この限りでない。

一　当該事業主の一又は二以上の適用事業所に使用される四分の三以上同意対象者の四分の三以上で組織する労働組合があるとき　当該労働組合の同意

二　前号に規定する労働組合がないとき　イ又はロに掲げる同意

イ　当該事業主の一又は二以上の適用事業所に使用される四分の三以上同意対象者の四分の三以上を代表する者の同意

ロ　当該事業主の一又は二以上の適用事業所に使用される四分の三以上同意対象者の四分の三以上の同意

9　前項の申出は、附則第四十六条第八項の規定により同項の申出をすることができる事業主にあっては、当該申出と同時に行わなければならない。

10　第八項の申出があったときは、当該特定四分の三未満短時間労働者（厚生年金保険の被保険者の資格を有する者に限る。）は、当該申出が受理された日の翌日に、厚生年金保険の被保険者の資格を喪失する。

11　第二項ただし書、第五項及び第八項の規定による実施機関（厚生労働大臣に限る。）の申出の受理の権限に係る事務は、日本年金機構に行わせるものとする。この場合において、日本年金機構法（平成十九年法律第百九号）第二十三条第三項

中「厚生年金保険法」とあるのは「厚生年金保険法若しくは公的年金制度の財政基盤及び最低保障機能の強化等のための国民年金法等の一部を改正する法律（平成二十四年法律第六十二号）」と、同法第二十六条第二項中「厚生年金保険法」とあるのは「厚生年金保険法若しくは公的年金制度の財政基盤及び最低保障機能の強化等のための国民年金法等の一部を改正する法律」と、同法第二十七条第一項第一号中「に規定する権限に係る事務、同法」とあるのは「並びに公的年金制度の財政基盤及び最低保障機能の強化等のための国民年金法等の一部を改正する法律附則第十七条第二項ただし書、第五項及び第八項に規定する権限に係る事務、厚生年金保険法」と、同法第四十八条第一項中「厚生年金保険法」とあるのは「厚生年金保険法若しくは公的年金制度の財政基盤及び最低保障機能の強化等のための国民年金法等の一部を改正する法律」とする。

12 **現** この条において特定適用事業所とは、事業主が同一である一又は二以上の適用事業所であって、当該一又は二以上の適用事業所に使用される特定労働者（七十歳未満の者のうち、厚生年金保険法第十二条各号のいずれにも該当しないものであって、特定四分の三未満短時間労働者以外のものをいう。附則第四十六条第十二項において同じ。）の総数が常時百人を超えるものの各適用事業所をいう。

12 **新** ［令和六年一〇月一日から施行］
この条において特定適用事業所とは、事業主が同一である一又は二以上の適用事業所であって、当該一又は二以上の適用事業所に使用される特定労働者（七十歳未満の者のうち、厚生年金保険法第十二条各号のいずれにも該当しないものであって、特定四分の三未満短時間労働者以外のものをいう。附則第四十六条第十二項において同じ。）の総数が常時五十人を超えるものの各適用事業所をいう。

民法　抄

〔明治二九年四月二七日
法律第八九号〕

沿革
昭和五四年一二月二〇日法律第　六八号
〃　五五年　五月一七日　〃　第　五一号
〃　六二年　九月二六日　〃　第一〇一号
平成一一年一二月　八日　〃　第一四九号
〃　一五年　八月　一日　〃　第一三四号
〃　一六年一二月　一日　〃　第一四七号
〃　一八年　六月　二日　〃　第　五〇号
〃　二九年　六月　二日　〃　第　四四号
令和　四年一二月一六日　〃　第一〇二号
〃　五年　六月一四日　〃　第　五三号

第一編　総則

第一章　通則

（基本原則）

第一条　私権は、公共の福祉に適合しなければならない。

2　権利の行使及び義務の履行は、信義に従い誠実に行わなければならない。

3　権利の濫用は、これを許さない。

（解釈の基準）

第二条　この法律は、個人の尊厳と両性の本質的平等を旨として、解釈しなければならない。

第二章　人

（成年）

第四条　年齢十八歳をもって、成年とする。

（未成年者の法律行為）

第五条　未成年者が法律行為をするには、その法定代理人の同意を得なければならない。ただし、単に権利を得、又は義務を免れる法律行為については、この限りでない。

2　前項の規定に反する法律行為は、取り消すことができる。

3　第一項の規定にかかわらず、法定代理人が目的を定めて処分を許した財産は、その目的の範囲内において、未成年者が自由に処分することができる。目的を定めないで処分を許した財産を処分するときも、同様とする。

第三章　法人

（法人の成立等）

第三三条　法人は、この法律その他の法律の規定によらなければ、成立しない。

2　学術、技芸、慈善、祭祀、宗教その他の公益を目的とする法人、営利事業を営むことを目的とする法人その他の法人の設立、組織、運営及び管理については、この法律その他の法律の定めるところによる。

（法人の能力）

第三四条　法人は、法令の規定に従い、定款その他の基本約款で定められた目的の範囲内において、権利を有し、義務を負う。

第五章　法律行為

第一節　総則

（公序良俗）

第九〇条　公の秩序又は善良の風俗に反する法律行為は、無効とする。

（任意規定と異なる意思表示）

第九一条　法律行為の当事者が法令中の公の秩序に関しない規定と異なる意思を表示したときは、その意思に従う。

（任意規定と異なる慣習）

第九二条　法令中の公の秩序に関しない規定と異なる慣習がある場合において、法律行為の当事者がその慣習による意思を有しているものと認められるときは、その慣習に従う。

第二節　意思表示

（心裡《り》留保）

第九三条　意思表示は、表意者がその真意ではないことを知ってしたときであっても、そのためにその効力を妨げられない。ただし、相手方がその意思表示が表意者の真意ではないことを知り、又は知ることができたときは、その意思表示は、無効とする。

2　前項ただし書の規定による意思表示の無効は、善意の第三者に対抗することができない。

（虚偽表示）

第九四条　相手方と通じてした虚偽の意思表示は、無効とする。

2　前項の規定による意思表示の無効は、善意の第三者に対抗することができない。

（錯誤）

第九五条　意思表示は、次に掲げる錯誤に基づくものであって、その錯誤が法律行為の目的及び取引上の社会通念に照らして重要なものであるときは、取り消すことができる。

一　意思表示に対応する意思を欠く錯誤

二　表意者が法律行為の基礎とした事情についてのその認識が真実に反する錯誤

2　前項第二号の規定による意思表示の取消しは、その事情が法律行為の基礎とされていることが表示されていたときに限り、することができる。

3　錯誤が表意者の重大な過失によるものであった場合には、次に掲げる場合を除き、第一項の規定による意思表示の取消しをすることができない。

一　相手方が表意者に錯誤があることを知り、又は重大な過失によって知らなかったとき。

二　相手方が表意者と同一の錯誤に陥っていたとき。

4　第一項の規定による意思表示の取消しは、善意でかつ過失がない第三者に対抗することができない。

（詐欺又は強迫）

第九六条　詐欺又は強迫による意思表示は、取り消すことができる。

2　相手方に対する意思表示について第三者が詐欺を行った場合においては、相手方がその事実を知り、又は知ることができたときに限り、その意思表示を取り消すことができる。

3　前二項の規定による詐欺による意思表示の取消しは、善意でかつ過失がない第三者に対抗することができない。

第三節　代理

（代理行為の要件及び効果）

第九九条　代理人がその権限内において本人のためにすること

を示してした意思表示は、本人に対して直接にその効力を生ずる。

2　前項の規定は、第三者が代理人に対してした意思表示について準用する。

（本人のためにすることを示さない意思表示）

第一〇〇条　代理人が本人のためにすることを示さないでした意思表示は、自己のためにしたものとみなす。ただし、相手方が、代理人が本人のためにすることを知り、又は知ることができたときは、前条第一項の規定を準用する。

（代理行為の瑕疵《かし》）

第一〇一条　代理人が相手方に対してした意思表示の効力が意思の不存在、錯誤、詐欺、強迫又はある事情を知っていたこと若しくは知らなかったことにつき過失があったことによって影響を受けるべき場合には、その事実の有無は、代理人について決するものとする。

2　相手方が代理人に対してした意思表示の効力が意思表示を受けた者がある事情を知っていたこと又は知らなかったことにつき過失があったことによって影響を受けるべき場合には、その事実の有無は、代理人について決するものとする。

3　特定の法律行為をすることを委託された代理人がその行為をしたときは、本人は、自ら知っていた事情について代理人が知らなかったことを主張することができない。本人が過失によって知らなかった事情についても、同様とする。

（代理人の行為能力）

第一〇二条　制限行為能力者が代理人としてした行為は、行為能力の制限によっては取り消すことができない。ただし、制限行為能力者が他の制限行為能力者の法定代理人としてした行為については、この限りでない。

（権限の定めのない代理人の権限）

第一〇三条　権限の定めのない代理人は、次に掲げる行為のみをする権限を有する。

一　保存行為

二　代理の目的である物又は権利の性質を変えない範囲内において、その利用又は改良を目的とする行為

第七章　時効

第一節　総則

（時効の効力）

第一四四条　時効の効力は、その起算日にさかのぼる。

（時効の援用）

第一四五条　時効は、当事者（消滅時効にあっては、保証人、物上保証人、第三取得者その他権利の消滅について正当な利益を有する者を含む。）が援用しなければ、裁判所がこれによって裁判をすることができない。

（時効の利益の放棄）

第一四六条　時効の利益は、あらかじめ放棄することができない。

（裁判上の請求等による時効の完成猶予及び更新）

第一四七条　次に掲げる事由がある場合には、その事由が終了する（確定判決又は確定判決と同一の効力を有するものによって権利が確定することなくその事由が終了した場合にあっては、その終了の時から六箇月を経過する）までの間は、時効は、完成しない。

一　裁判上の請求

二　支払督促

三　民事訴訟法第二百七十五条第一項の和解又は民事調停法（昭和二十六年法律第二百二十二号）若しくは家事事件手

続法（平成二十三年法律第五十二号）による調停
四　破産手続参加、再生手続参加又は更生手続参加
2　前項の場合において、確定判決又は確定判決と同一の効力を有するものによって権利が確定したときは、時効は、同項各号に掲げる事由が終了した時から新たにその進行を始める。

（強制執行等による時効の完成猶予及び更新）

第一四八条　次に掲げる事由がある場合には、その事由が終了する（申立ての取下げ又は法律の規定に従わないことによる取消しによってその事由が終了した場合にあっては、その終了の時から六箇月を経過する）までの間は、時効は、完成しない。
一　強制執行
二　担保権の実行
三　民事執行法（昭和五十四年法律第四号）第百九十五条に規定する担保権の実行としての競売の例による競売
四　民事執行法第百九十六条に規定する財産開示手続又は同法第二百四条に規定する第三者からの情報取得手続
2　前項の場合には、時効は、同項各号に掲げる事由が終了した時から新たにその進行を始める。ただし、申立ての取下げ又は法律の規定に従わないことによる取消しによってその事由が終了した場合は、この限りでない。

（仮差押え等による時効の完成猶予）

第一四九条　次に掲げる事由がある場合には、その事由が終了した時から六箇月を経過するまでの間は、時効は、完成しない。
一　仮差押え
二　仮処分

（催告による時効の完成猶予）

第一五〇条　催告があったときは、その時から六箇月を経過するまでの間は、時効は、完成しない。
2　催告によって時効の完成が猶予されている間にされた再度の催告は、前項の規定による時効の完成猶予の効力を有しない。

（協議を行う旨の合意による時効の完成猶予）

第一五一条　権利についての協議を行う旨の合意が書面でされたときは、次に掲げる時のいずれか早い時までの間は、時効は、完成しない。
一　その合意があった時から一年を経過した時
二　その合意において当事者が協議を行う期間（一年に満たないものに限る。）を定めたときは、その期間を経過した時
三　当事者の一方から相手方に対して協議の続行を拒絶する旨の通知が書面でされたときは、その通知の時から六箇月を経過した時
2　前項の規定により時効の完成が猶予されている間にされた再度の同項の合意は、同項の規定による時効の完成猶予の効力を有する。ただし、その効力は、時効の完成が猶予されなかったとすれば時効が完成すべき時から通じて五年を超えることができない。
3　催告によって時効の完成が猶予されている間にされた第一項の合意は、同項の規定による時効の完成猶予の効力を有しない。同項の規定により時効の完成が猶予されている間にされた催告についても、同様とする。
4　**現**　第一項の合意がその内容を記録した電磁的記録（電子的方式、磁気的方式その他人の知覚によっては認識することができない方式で作られる記録であって、電子計算機による情報処理の用に供されるものをいう。以下同じ。）によってされたときは、その合意は、書面によってされたものとみなし

て、前三項の規定を適用する。

新 [公布の日から起算して五年を超えない範囲内において政令で定める日から施行]

4 第一項の合意がその内容を記録した電磁的記録によってされたときは、その合意は、書面によってされたものとみなして、前三項の規定を適用する。

5 前項の規定は、第一項第三号の通知について準用する。

（承認による時効の更新）

第一五二条 時効は、権利の承認があったときは、その時から新たにその進行を始める。

2 前項の承認をするには、相手方の権利についての処分につき行為能力の制限を受けていないこと又は権限があることを要しない。

（時効の完成猶予又は更新の効力が及ぶ者の範囲）

第一五三条 第百四十七条又は第百四十八条の規定による時効の完成猶予又は更新は、完成猶予又は更新の事由が生じた当事者及びその承継人の間においてのみ、その効力を有する。

2 第百四十九条から第百五十一条までの規定による時効の完成猶予は、完成猶予の事由が生じた当事者及びその承継人の間においてのみ、その効力を有する。

3 前条の規定による時効の更新は、更新の事由が生じた当事者及びその承継人の間においてのみ、その効力を有する。

第一五四条 第百四十八条第一項各号又は第百四十九条各号に掲げる事由に係る手続は、時効の利益を受ける者に対してしないときは、その者に通知をした後でなければ、第百四十八条又は第百四十九条の規定による時効の完成猶予又は更新の効力を生じない。

第一五五条から第一五七条まで 削除

（未成年者又は成年被後見人と時効の完成猶予）

第一五八条 時効の期間の満了前六箇月以内の間に未成年者又は成年被後見人に法定代理人がないときは、その未成年者若しくは成年被後見人が行為能力者となった時又は法定代理人が就職した時から六箇月を経過するまでの間は、その未成年者又は成年被後見人に対して、時効は、完成しない。

2 未成年者又は成年被後見人がその財産を管理する父、母又は後見人に対して権利を有するときは、その未成年者若しくは成年被後見人が行為能力者となった時又は後任の法定代理人が就職した時から六箇月を経過するまでの間は、その権利について、時効は、完成しない。

（夫婦間の権利の時効の完成猶予）

第一五九条 夫婦の一方が他の一方に対して有する権利については、婚姻の解消の時から六箇月を経過するまでの間は、時効は、完成しない。

（相続財産に関する時効の完成猶予）

第一六〇条 相続財産に関しては、相続人が確定した時、管理人が選任された時又は破産手続開始の決定があった時から六箇月を経過するまでの間は、時効は、完成しない。

（天災等による時効の完成猶予）

第一六一条 時効の期間の満了の時に当たり、天災その他避けることのできない事変のため第百四十七条第一項各号又は第百四十八条第一項各号に掲げる事由に係る手続を行うことができないときは、その障害が消滅した時から三箇月を経過するまでの間は、時効は、完成しない。

第二節 取得時効

（所有権の取得時効）

第一六二条 二十年間、所有の意思をもって、平穏に、かつ、

公然と他人の物を占有した者は、その所有権を取得す

2　十年間、所有の意思をもって、平穏に、かつ、公然と他人の物を占有した者は、その占有の開始の時に、善意であり、かつ、過失がなかったときは、その所有権を取得する。

（所有権以外の財産権の取得時効）

第一六三条　所有権以外の財産権を、自己のためにする意思をもって、平穏に、かつ、公然と行使する者は、前条の区別に従い二十年又は十年を経過した後、その権利を取得する。

（占有の中止等による取得時効の中断）

第一六四条　第百六十二条の規定による時効は、占有者が任意にその占有を中止し、又は他人によってその占有を奪われたときは、中断する。

第一六五条　前条の規定は、第百六十三条の場合について準用する。

第三節　消滅時効

（債権等の消滅時効）

第一六六条　債権は、次に掲げる場合には、時効によって消滅する。

一　債権者が権利を行使することができることを知った時から五年間行使しないとき。

二　権利を行使することができる時から十年間行使しないとき。

2　債権又は所有権以外の財産権は、権利を行使することができる時から二十年間行使しないときは、時効によって消滅する。

3　前二項の規定は、始期付権利又は停止条件付権利の目的物を占有する第三者のために、その占有の開始の時から取得時効が進行することを妨げない。ただし、権利者は、その時効を更新するため、いつでも占有者の承認を求めることができる。

（人の生命又は身体の侵害による損害賠償請求権の消滅時効）

第一六七条　人の生命又は身体の侵害による損害賠償請求権の消滅時効についての前条第一項第二号の規定の適用については、同号中「十年間」とあるのは、「二十年間」とする。

（定期金債権の消滅時効）

第一六八条　定期金の債権は、次に掲げる場合には、時効によって消滅する。

一　債権者が定期金の債権から生ずる金銭その他の物の給付を目的とする各債権を行使することができることを知った時から十年間行使しないとき。

二　前号に規定する各債権を行使することができる時から二十年間行使しないとき。

2　定期金の債権者は、時効の更新の証拠を得るため、いつでも、その債務者に対して承認書の交付を求めることができる。

（判決で確定した権利の消滅時効）

第一六九条　確定判決又は確定判決と同一の効力を有するものによって確定した権利については、十年より短い時効期間の定めがあるものであっても、その時効期間は、十年とする。

2　前項の規定は、確定の時に弁済期の到来していない債権については、適用しない。

第一七〇条から第一七四条まで　削除〔平成二九年六月法律四四号〕

第二編　物権

第八章　先取特権

第一節　総則

（先取特権の内容）
第三〇三条　先取特権者は、この法律その他の法律の規定に従い、その債務者の財産について、他の債権者に先立って自己の債権の弁済を受ける権利を有する。

第二節　先取特権の種類

第一款　一般の先取特権

（一般の先取特権）
第三〇六条　次に掲げる原因によって生じた債権を有する者は、債務者の総財産について先取特権を有する。
一　共益の費用
二　雇用関係
三　葬式の費用
四　日用品の供給

（共益費用の先取特権）
第三〇七条　共益の費用の先取特権は、各債権者の共同の利益のためにされた債務者の財産の保存、清算又は配当に関する費用について存在する。
2　前項の費用のうちすべての債権者に有益でなかったものについては、先取特権は、その費用によって利益を受けた債権者に対してのみ存在する。

（雇用関係の先取特権）
第三〇八条　雇用関係の先取特権は、給料その他債務者と使用人との間の雇用関係に基づいて生じた債権について存在する。

（葬式費用の先取特権）
第三〇九条　葬式の費用の先取特権は、債務者のためにされた葬式の費用のうち相当な額について存在する。
2　前項の先取特権は、債務者がその扶養すべき親族のためにした葬式の費用のうち相当な額についても存在する。

（日用品供給の先取特権）
第三一〇条　日用品の供給の先取特権は、債務者又はその扶養すべき同居の親族及びその家事使用人の生活に必要な最後の六箇月間の飲食料品、燃料及び電気の供給について存在する。

第二款　動産の先取特権

（動産の先取特権）
第三一一条　次に掲げる原因によって生じた債権を有する者は、債務者の特定の動産について先取特権を有する。
一　不動産の賃貸借
二　旅館の宿泊
三　旅客又は荷物の運輸
四　動産の保存
五　動産の売買
六　種苗又は肥料（蚕種又は蚕の飼養に供した桑葉を含む。以下同じ。）の供給
七　農業の労務
八　工業の労務

（農業労務の先取特権）
第三二三条　農業の労務の先取特権は、その労務に従事する者の最後の一年間の賃金に関し、その労務によって生じた果実について存在する。

（工業労務の先取特権）
第三二四条　工業の労務の先取特権は、その労務に従事する者の最後の三箇月間の賃金に関し、その労務によって生じた製作物について存在する。

第三節　先取特権の順位

（一般の先取特権の順位）
第三二九条　一般の先取特権が互いに競合する場合には、その優先権の順位は、第三百六条各号に掲げる順序に従う。
2　一般の先取特権と特別の先取特権とが競合する場合には、特別の先取特権は、一般の先取特権に優先する。ただし、共益の費用の先取特権は、その利益を受けたすべての債権者に対して優先する効力を有する。

（動産の先取特権の順位）
第三三〇条　同一の動産について特別の先取特権が互いに競合する場合には、その優先権の順位は、次に掲げる順序に従う。この場合において、第二号に掲げる動産の保存の先取特権について数人の保存者があるときは、後の保存者が前の保存者に優先する。
一　不動産の賃貸、旅館の宿泊及び運輸の先取特権
二　動産の保存の先取特権
三　動産の売買、種苗又は肥料の供給、農業の労務及び工業の労務の先取特権
2　前項の場合において、第一順位の先取特権者は、その債権取得の時において第二順位又は第三順位の先取特権者があることを知っていたときは、これらの者に対して優先権を行使することができない。第一順位の先取特権者のために物を保存した者に対しても、同様とする。
3　果実に関しては、第一の順位は農業の労務に従事する者に、第二の順位は種苗又は肥料の供給者に、第三の順位は土地の賃貸人に属する。

第三編　債権

第一章　総則

第一節　債権の目的

（法定利率）
第四〇四条　利息を生ずべき債権について別段の意思表示がないときは、その利率は、その利息が生じた最初の時点における法定利率による。
2　法定利率は、年三パーセントとする。
3　前項の規定にかかわらず、法定利率は、法務省令で定めるところにより、三年を一期とし、一期ごとに、次項の規定により変動するものとする。
4　各期における法定利率は、この項の規定により法定利率に変動があった期のうち直近のもの（以下この項において「直近変動期」という。）における基準割合と当期における基準割合との差に相当する割合（その割合に一パーセント未満の端数があるときは、これを切り捨てる。）を直近変動期における法定利率に加算し、又は減算した割合とする。
5　前項に規定する「基準割合」とは、法務省令で定めるところにより、各期の初日の属する年の六年前の年の一月から前々年の十二月までの各月における短期貸付けの平均利率（当該各月において銀行が新たに行った貸付け（貸付期間が一年未満のものに限る。）に係る利率の平均をいう。）の合計を六十で除して計算した割合（その割合に〇・一パーセント未満の端数があるときは、これを切り捨てる。）として法務大臣が告示するものをいう。

第二節　債権の効力

第一款　債務不履行の責任等

（履行期と履行遅滞）
第四一二条　債務の履行について確定期限があるときは、債務者は、その期限の到来した時から遅滞の責任を負う。
2　債務の履行について不確定期限があるときは、債務者は、その期限の到来した後に履行の請求を受けた時又はその期限の到来したことを知った時のいずれか早い時から遅滞の責任を負う。
3　債務の履行について期限を定めなかったときは、債務者は、履行の請求を受けた時から遅滞の責任を負う。

（履行不能）
第四一二条の二　債務の履行が契約その他の債務の発生原因及び取引上の社会通念に照らして不能であるときは、債権者は、その債務の履行を請求することができない。
2　契約に基づく債務の履行がその契約の成立の時に不能であったことは、第四百十五条の規定によりその履行の不能によって生じた損害の賠償を請求することを妨げない。

（受領遅滞）
第四一三条　債権者が債務の履行を受けることを拒み、又は受けることができない場合において、その債務の目的が特定物の引渡しであるときは、債務者は、履行の提供をした時からその引渡しをするまで、自己の財産に対するのと同一の注意をもって、その物を保存すれば足りる。
2　債権者が債務の履行を受けることを拒み、又は受けることができないことによって、その履行の費用が増加したときは、その増加額は、債権者の負担とする。

（履行遅滞中又は受領遅滞中の履行不能と帰責事由）
第四一三条の二　債務者がその債務について遅滞の責任を負っている間に当事者双方の責めに帰することができない事由によってその債務の履行が不能となったときは、その履行の不能は、債務者の責めに帰すべき事由によるものとみなす。
2　債権者が債務の履行を受けることを拒み、又は受けることができない場合において、履行の提供があった時以後に当事者双方の責めに帰することができない事由によってその債務の履行が不能となったときは、その履行の不能は、債権者の責めに帰すべき事由によるものとみなす。

（履行の強制）
第四一四条　債務者が任意に債務の履行をしないときは、債権者は、民事執行法その他強制執行の手続に関する法令の規定に従い、直接強制、代替執行、間接強制その他の方法による履行の強制を裁判所に請求することができる。ただし、債務の性質がこれを許さないときは、この限りでない。
2　前項の規定は、損害賠償の請求を妨げない。

（債務不履行による損害賠償）
第四一五条　債務者がその債務の本旨に従った履行をしないとき又は債務の履行が不能であるときは、債権者は、これによって生じた損害の賠償を請求することができる。ただし、その債務の不履行が契約その他の債務の発生原因及び取引上の社会通念に照らして債務者の責めに帰することができない事由によるものであるときは、この限りでない。
2　前項の規定により損害賠償の請求をすることができる場合において、債権者は、次に掲げるときは、債務の履行に代わる損害賠償の請求をすることができる。
一　債務の履行が不能であるとき。
二　債務者がその債務の履行を拒絶する意思を明確に表示したとき。
三　債務が契約によって生じたものである場合において、その契約が解除され、又は債務の不履行による契約の解除権が発生したとき。

（損害賠償の範囲）
第四一六条　債務の不履行に対する損害賠償の請求は、これによって通常生ずべき損害の賠償をさせることをその目的とする。
2　特別の事情によって生じた損害であっても、当事者がその事情を予見すべきであったときは、債権者は、その賠償を請求することができる。
（損害賠償の方法）
第四一七条　損害賠償は、別段の意思表示がないときは、金銭をもってその額を定める。
（中間利息の控除）
第四一七条の二　将来において取得すべき利益についての損害賠償の額を定める場合において、その利益を取得すべき時までの利息相当額を控除するときは、その損害賠償の請求権が生じた時点における法定利率により、これをする。
2　将来において負担すべき費用についての損害賠償の額を定める場合において、その費用を負担すべき時までの利息相当額を控除するときも、前項と同様とする。
（過失相殺）
第四一八条　債務の不履行又はこれによる損害の発生若しくは拡大に関して債権者に過失があったときは、裁判所は、これを考慮して、損害賠償の責任及びその額を定める。

第六節　債権の消滅

第一款　弁済

第一目　総則

（弁済の提供の方法）
第四九三条　弁済の提供は、債務の本旨に従って現実にしなければならない。ただし、債権者があらかじめその受領を拒み、又は債務の履行について債権者の行為を要するときは、弁済の準備をしたことを通知してその受領の催告をすれば足りる。

第二款　相殺

（相殺の要件等）
第五〇五条　二人が互いに同種の目的を有する債務を負担する場合において、双方の債務が弁済期にあるときは、各債務者は、その対当額について相殺によってその債務を免れることができる。ただし、債務の性質がこれを許さないときは、この限りでない。
2　前項の規定にかかわらず、当事者が相殺を禁止し、又は制限する旨の意思表示をした場合には、その意思表示は、第三者がこれを知り、又は重大な過失によって知らなかったときに限り、その第三者に対抗することができる。
（相殺の方法及び効力）
第五〇六条　相殺は、当事者の一方から相手方に対する意思表示によってする。この場合において、その意思表示には、条件又は期限を付することができない。
2　前項の意思表示は、双方の債務が互いに相殺に適するようになった時にさかのぼってその効力を生ずる。
（履行地の異なる債務の相殺）
第五〇七条　相殺は、双方の債務の履行地が異なるときであっても、することができる。この場合において、相殺をする当事者は、相手方に対し、これによって生じた損害を賠償しなければならない。
（時効により消滅した債権を自働債権とする相殺）
第五〇八条　時効によって消滅した債権がその消滅以前に相殺

に適するようになっていた場合には、その債権者は、相殺をすることができる。

（不法行為等により生じた債権を受働債権とする相殺の禁止）

第五〇九条　次に掲げる債務の債務者は、相殺をもって債権者に対抗することができない。ただし、その債権者がその債務に係る債権を他人から譲り受けたときは、この限りでない。

一　悪意による不法行為に基づく損害賠償の債務

二　人の生命又は身体の侵害による損害賠償の債務（前号に掲げるものを除く。）

（差押禁止債権を受働債権とする相殺の禁止）

第五一〇条　債権が差押えを禁じたものであるときは、その債務者は、相殺をもって債権者に対抗することができない。

（差押えを受けた債権を受働債権とする相殺の禁止）

第五一一条　差押えを受けた債権の第三債務者は、差押え後に取得した債権による相殺をもって差押債権者に対抗することはできないが、差押え前に取得した債権による相殺をもって対抗することができる。

2　前項の規定にかかわらず、差押え後に取得した債権が差押え前の原因に基づいて生じたものであるときは、その第三債務者は、その債権による相殺をもって差押債権者に対抗することができる。ただし、第三債務者が差押え後に他人の債権を取得したときは、この限りでない。

（相殺の充当）

第五一二条　債権者が債務者に対して有する一個又は数個の債権と、債権者が債務者に対して負担する一個又は数個の債務について、債権者が相殺の意思表示をした場合において、当事者が別段の合意をしなかったときは、債権者の有する債権とその負担する債務は、相殺に適するようになった時期の順序に従って、その対当額について相殺によって消滅する。

2　前項の場合において、相殺をする債権者の有する債権がその負担する債務の全部を消滅させるのに足りないときであって、当事者が別段の合意をしなかったときは、次に掲げるところによる。

一　債権者が数個の債務を負担するとき（次号に規定する場合を除く。）は、第四百八十八条第四項第二号から第四号までの規定を準用する。

二　債権者が負担する一個又は数個の債務について元本のほか利息及び費用を支払うべきときは、第四百八十九条の規定を準用する。この場合において、同条第二項中「前条」とあるのは、「前条第四項第二号から第四号まで」と読み替えるものとする。

3　第一項の場合において、相殺をする債権者の負担する債務がその有する債権の全部を消滅させるのに足りないときは、前項の規定を準用する。

第二章　契約

第一節　総則

第一款　契約の成立

（契約の締結及び内容の自由）

第五二一条　何人も、法令に特別の定めがある場合を除き、契約をするかどうかを自由に決定することができる。

2　契約の当事者は、法令の制限内において、契約の内容を自由に決定することができる。

（契約の成立と方式）

第五二二条　契約は、契約の内容を示してその締結を申し入れる意思表示（以下「申込み」という。）に対して相手方が承諾をしたときに成立する。

2　契約の成立には、法令に特別の定めがある場合を除き、書面の作成その他の方式を具備することを要しない。

（承諾の期間の定めのある申込み）

第五二三条　承諾の期間を定めてした申込みは、撤回することができない。ただし、申込者が撤回をする権利を留保したときは、この限りでない。

2　申込者が前項の申込みに対して同項の期間内に承諾の通知を受けなかったときは、その申込みは、その効力を失う。

（遅延した承諾の効力）

第五二四条　申込者は、遅延した承諾を新たな申込みとみなすことができる。

（承諾の期間の定めのない申込み）

第五二五条　承諾の期間を定めないでした申込みは、申込者が承諾の通知を受けるのに相当な期間を経過するまでは、撤回することができない。ただし、申込者が撤回をする権利を留保したときは、この限りでない。

2　対話者に対してした前項の申込みは、同項の規定にかかわらず、その対話が継続している間は、いつでも撤回することができる。

3　対話者に対してした第一項の申込みに対して対話が継続している間に申込者が承諾の通知を受けなかったときは、その申込みは、その効力を失う。ただし、申込者が対話の終了後もその申込みが効力を失わない旨を表示したときは、この限りでない。

（申込者の死亡等）

第五二六条　申込者が申込みの通知を発した後に死亡し、意思能力を有しない常況にある者となり、又は行為能力の制限を受けた場合において、申込者がその事実が生じたとすればその申込みは効力を有しない旨の意思を表示していたとき、又はその相手方が承諾の通知を発するまでにその事実が生じたことを知ったときは、その申込みは、その効力を有しない。

（承諾の通知を必要としない場合における契約の成立時期）

第五二七条　申込者の意思表示又は取引上の慣習により承諾の通知を必要としない場合には、契約は、承諾の意思表示と認めるべき事実があった時に成立する。

（申込みに変更を加えた承諾）

第五二八条　承諾者が、申込みに条件を付し、その他変更を加えてこれを承諾したときは、その申込みの拒絶とともに新たな申込みをしたものとみなす。

第二款　契約の効力

（同時履行の抗弁）

第五三三条　双務契約の当事者の一方は、相手方がその債務の履行（債務の履行に代わる損害賠償の債務の履行を含む。）を提供するまでは、自己の債務の履行を拒むことができる。ただし、相手方の債務が弁済期にないときは、この限りでない。

第五三四条及び第五三五条　削除〔平成二九年六月法律四四号〕

（債務者の危険負担等）

第五三六条　当事者双方の責めに帰することができない事由によって債務を履行することができなくなったときは、債権者は、反対給付の履行を拒むことができる。

2　債権者の責めに帰すべき事由によって債務を履行することができなくなったときは、債権者は、反対給付の履行を拒むことができない。この場合において、債務者は、自己の債務を免れたことによって利益を得たときは、これを債権者に償還しなければならない。

（第三者のためにする契約）

第五三七条　契約により当事者の一方が第三者に対してある給付をすることを約したときは、その第三者は、債務者に対して直接にその給付を請求する権利を有する。
2　前項の契約は、その成立の時に第三者が現に存しない場合又は第三者が特定していない場合であっても、そのためにその効力を妨げられない。
3　第一項の場合において、第三者の権利は、その第三者が債務者に対して同項の契約の利益を享受する意思を表示した時に発生する。

第八節　雇用

（雇用）
第六二三条　雇用は、当事者の一方が相手方に対して労働に従事することを約し、相手方がこれに対してその報酬を与えることを約することによって、その効力を生ずる。

（報酬の支払時期）
第六二四条　労働者は、その約した労働を終わった後でなければ、報酬を請求することができない。
2　期間によって定めた報酬は、その期間を経過した後に、請求することができる。

（履行の割合に応じた報酬）
第六二四条の二　労働者は、次に掲げる場合には、既にした履行の割合に応じて報酬を請求することができる。
一　使用者の責めに帰することができない事由によって労働に従事することができなくなったとき。
二　雇用が履行の中途で終了したとき。

（使用者の権利の譲渡の制限等）
第六二五条　使用者は、労働者の承諾を得なければ、その権利を第三者に譲り渡すことができない。
2　労働者は、使用者の承諾を得なければ、自己に代わって第三者を労働に従事させることができない。
3　労働者が前項の規定に違反して第三者を労働に従事させたときは、使用者は、契約の解除をすることができる。

（期間の定めのある雇用の解除）
第六二六条　雇用の期間が五年を超え、又はその終期が不確定であるときは、当事者の一方は、五年を経過した後、いつでも契約の解除をすることができる。
2　前項の規定により契約の解除をしようとする者は、それが使用者であるときは三箇月前、労働者であるときは二週間前に、その予告をしなければならない。

（期間の定めのない雇用の解約の申入れ）
第六二七条　当事者が雇用の期間を定めなかったときは、各当事者は、いつでも解約の申入れをすることができる。この場合において、雇用は、解約の申入れの日から二週間を経過することによって終了する。
2　期間によって報酬を定めた場合には、使用者からの解約の申入れは、次期以後についてすることができる。ただし、その解約の申入れは、当期の前半にしなければならない。
3　六箇月以上の期間によって報酬を定めた場合には、前項の解約の申入れは、三箇月前にしなければならない。

（やむを得ない事由による雇用の解除）
第六二八条　当事者が雇用の期間を定めた場合であっても、やむを得ない事由があるときは、各当事者は、直ちに契約の解除をすることができる。この場合において、その事由が当事者の一方の過失によって生じたものであるときは、相手方に対して損害賠償の責任を負う。

（雇用の更新の推定等）
第六二九条　雇用の期間が満了した後労働者が引き続きその労働に従事する場合において、使用者がこれを知りながら異議を述べないときは、従前の雇用と同一の条件で更に雇用をしたものと推定する。この場合において、各当事者は、第六百二十七条の規定により解約の申入れをすることができる。

２　従前の雇用について当事者が担保を供していたときは、その担保は、期間の満了によって消滅する。ただし、身元保証金については、この限りでない。

（雇用の解除の効力）

第六三〇条　第六百二十条の規定は、雇用について準用する。

（使用者についての破産手続の開始による解約の申入れ）

第六三一条　使用者が破産手続開始の決定を受けた場合には、雇用に期間の定めがあるときであっても、労働者又は破産管財人は、第六百二十七条の規定により解約の申入れをすることができる。この場合において、各当事者は、相手方に対し、解約によって生じた損害の賠償を請求することができない。

第九節　請負

（請負）

第六三二条　請負は、当事者の一方がある仕事を完成することを約し、相手方がその仕事の結果に対してその報酬を支払うことを約することによって、その効力を生ずる。

（報酬の支払時期）

第六三三条　報酬は、仕事の目的物の引渡しと同時に、支払わなければならない。ただし、物の引渡しを要しないときは、第六百二十四条第一項の規定を準用する。

（注文者が受ける利益の割合に応じた報酬）

第六三四条　次に掲げる場合において、請負人が既にした仕事の結果のうち可分な部分の給付によって注文者が利益を受けるときは、その部分を仕事の完成とみなす。この場合において、請負人は、注文者が受ける利益の割合に応じて報酬を請求することができる。

一　注文者の責めに帰することができない事由によって仕事を完成することができなくなったとき。

二　請負が仕事の完成前に解除されたとき。

第六三五条　削除〔平成二九年六月法律四四号〕

（請負人の担保責任の制限）

第六三六条　請負人が種類又は品質に関して契約の内容に適合しない仕事の目的物を注文者に引き渡したとき（その引渡しを要しない場合にあっては、仕事が終了した時に仕事の目的物が種類又は品質に関して契約の内容に適合しないとき）は、注文者は、注文者の供した材料の性質又は注文者の与えた指図によって生じた不適合を理由として、履行の追完の請求、報酬の減額の請求、損害賠償の請求及び契約の解除をすることができない。ただし、請負人がその材料又は指図が不適当であることを知りながら告げなかったときは、この限りでない。

（目的物の種類又は品質に関する担保責任の期間の制限）

第六三七条　前条本文に規定する場合において、注文者がその不適合を知った時から一年以内にその旨を請負人に通知しないときは、注文者は、その不適合を理由として、履行の追完の請求、報酬の減額の請求、損害賠償の請求及び契約の解除をすることができない。

２　前項の規定は、仕事の目的物を注文者に引き渡した時（その引渡しを要しない場合にあっては、仕事が終了した時）において、請負人が同項の不適合を知り、又は重大な過失によって知らなかったときは、適用しない。

第六三八条から第六四〇条まで　削除〔平成二九年六月法律四四号〕

（注文者による契約の解除）

第六四一条　請負人が仕事を完成しない間は、注文者は、いつでも損害を賠償して契約の解除をすることができる。

（注文者についての破産手続の開始による解除）

第六四二条　注文者が破産手続開始の決定を受けたときは、請負人又は破産管財人は、契約の解除をすることができる。ただし、請負人による契約の解除については、仕事を完成した後は、この限りでない。
2　前項に規定する場合において、請負人は、既にした仕事の報酬及びその中に含まれていない費用について、破産財団の配当に加入することができる。
3　第一項の場合には、契約の解除によって生じた損害の賠償は、破産管財人が契約の解除をした場合における請負人に限り、請求することができる。この場合において、請負人は、その損害賠償について、破産財団の配当に加入する。

第十節　委任

（委任）
第六四三条　委任は、当事者の一方が法律行為をすることを相手方に委託し、相手方がこれを承諾することによって、その効力を生ずる。
（受任者の注意義務）
第六四四条　受任者は、委任の本旨に従い、善良な管理者の注意をもって、委任事務を処理する義務を負う。
（復受任者の選任等）
第六四四条の二　受任者は、委任者の許諾を得たとき、又はやむを得ない事由があるときでなければ、復受任者を選任することができない。
2　代理権を付与する委任において、受任者が代理権を有する復受任者を選任したときは、復受任者は、委任者に対して、その権限の範囲内において、受任者と同一の権利を有し、義務を負う。
（受任者による報告）
第六四五条　受任者は、委任者の請求があるときは、いつでも委任事務の処理の状況を報告し、委任が終了した後は、遅滞なくその経過及び結果を報告しなければならない。
（受任者による受取物の引渡し等）
第六四六条　受任者は、委任事務を処理するに当たって受け取った金銭その他の物を委任者に引き渡さなければならない。その収取した果実についても、同様とする。
2　受任者は、委任者のために自己の名で取得した権利を委任者に移転しなければならない。
（受任者の金銭の消費についての責任）
第六四七条　受任者は、委任者に引き渡すべき金額又はその利益のために用いるべき金額を自己のために消費したときは、その消費した日以後の利息を支払わなければならない。この場合において、なお損害があるときは、その賠償の責任を負う。
（受任者の報酬）
第六四八条　受任者は、特約がなければ、委任者に対して報酬を請求することができない。
2　受任者は、報酬を受けるべき場合には、委任事務を履行した後でなければ、これを請求することができない。ただし、期間によって報酬を定めたときは、第六百二十四条第二項の規定を準用する。
3　受任者は、次に掲げる場合には、既にした履行の割合に応じて報酬を請求することができる。
一　委任者の責めに帰することができない事由によって委任事務の履行をすることができなくなったとき。
二　委任が履行の中途で終了したとき。
（成果等に対する報酬）
第六四八条の二　委任事務の履行により得られる成果に対して報酬を支払うことを約した場合において、その成果が引渡しを要するときは、報酬は、その成果の引渡しと同時に、支払わなければならない。
2　第六百三十四条の規定は、委任事務の履行により得られる成果に対して報酬を支払うことを約した場合について準用する。

（受任者による費用の前払請求）

第六四九条　委任事務を処理するについて費用を要するときは、委任者は、受任者の請求により、その前払をしなければならない。

（受任者による費用等の償還請求等）

第六五〇条　受任者は、委任事務を処理するのに必要と認められる費用を支出したときは、委任者に対し、その費用及び支出の日以後におけるその利息の償還を請求することができる。

2　受任者は、委任事務を処理するのに必要と認められる債務を負担したときは、委任者に対し、自己に代わってその弁済をすることを請求することができる。この場合において、その債務が弁済期にないときは、委任者に対し、相当の担保を供させることができる。

3　受任者は、委任事務を処理するため自己に過失なく損害を受けたときは、委任者に対し、その賠償を請求することができる。

（委任の解除）

第六五一条　委任は、各当事者がいつでもその解除をすることができる。

2　前項の規定により委任の解除をした者は、次に掲げる場合には、相手方の損害を賠償しなければならない。ただし、やむを得ない事由があったときは、この限りでない。

一　相手方に不利な時期に委任を解除したとき。

二　委任者が受任者の利益（専ら報酬を得ることによるものを除く。）をも目的とする委任を解除したとき。

（委任の解除の効力）

第六五二条　第六百二十条の規定は、委任について準用する。

（委任の終了事由）

第六五三条　委任は、次に掲げる事由によって終了する。

一　委任者又は受任者の死亡

二　委任者又は受任者が破産手続開始の決定を受けたこと。

三　受任者が後見開始の審判を受けたこと。

（委任の終了後の処分）

第六五四条　委任が終了した場合において、急迫の事情があるときは、受任者又はその相続人若しくは法定代理人は、委任者又はその相続人若しくは法定代理人が委任事務を処理することができるに至るまで、必要な処分をしなければならない。

（委任の終了の対抗要件）

第六五五条　委任の終了事由は、これを相手方に通知したとき、又は相手方がこれを知っていたときでなければ、これをもってその相手方に対抗することができない。

（準委任）

第六五六条　この節の規定は、法律行為でない事務の委託について準用する。

第十四節　和解

（和解）

第六九五条　和解は、当事者が互いに譲歩をしてその間に存する争いをやめることを約することによって、その効力を生ずる。

（和解の効力）

第六九六条　当事者の一方が和解によって争いの目的である権利を有するものと認められ、又は相手方がこれを有しないものと認められた場合において、その当事者の一方が従来その権利を有していなかった旨の確証又は相手方がこれを有していた旨の確証が得られたときは、その権利は、和解によってその当事者の一方に移転し、又は消滅したものとする。

第四章　不当利得

（不当利得の返還義務）
第七〇三条　法律上の原因なく他人の財産又は労務によって利益を受け、そのために他人に損失を及ぼした者（以下この章において「受益者」という。）は、その利益の存する限度において、これを返還する義務を負う。

（悪意の受益者の返還義務等）
第七〇四条　悪意の受益者は、その受けた利益に利息を付して返還しなければならない。この場合において、なお損害があるときは、その賠償の責任を負う。

（債務の不存在を知ってした弁済）
第七〇五条　債務の弁済として給付をした者は、その時において債務の存在しないことを知っていたときは、その給付したものの返還を請求することができない。

（期限前の弁済）
第七〇六条　債務者は、弁済期にない債務の弁済として給付をしたときは、その給付したものの返還を請求することができない。ただし、債務者が錯誤によってその給付をしたときは、債権者は、これによって得た利益を返還しなければならない。

（他人の債務の弁済）
第七〇七条　債務者でない者が錯誤によって債務の弁済をした場合において、債権者が善意で証書を滅失させ若しくは損傷し、担保を放棄し、又は時効によってその債権を失ったときは、その弁済をした者は、返還の請求をすることができない。
2　前項の規定は、弁済をした者から債務者に対する求償権の行使を妨げない。

（不法原因給付）
第七〇八条　不法な原因のために給付をした者は、その給付したものの返還を請求することができない。ただし、不法な原因が受益者についてのみ存したときは、この限りでない。

第五章　不法行為

（不法行為による損害賠償）
第七〇九条　故意又は過失によって他人の権利又は法律上保護される利益を侵害した者は、これによって生じた損害を賠償する責任を負う。

（財産以外の損害の賠償）
第七一〇条　他人の身体、自由若しくは名誉を侵害した場合又は他人の財産権を侵害した場合のいずれであるかを問わず、前条の規定により損害賠償の責任を負う者は、財産以外の損害に対しても、その賠償をしなければならない。

（近親者に対する損害の賠償）
第七一一条　他人の生命を侵害した者は、被害者の父母、配偶者及び子に対しては、その財産権が侵害されなかった場合においても、損害の賠償をしなければならない。

（責任能力）
第七一二条　未成年者は、他人に損害を加えた場合において、自己の行為の責任を弁識するに足りる知能を備えていなかったときは、その行為について賠償の責任を負わない。
第七一三条　精神上の障害により自己の行為の責任を弁識する能力を欠く状態にある間に他人に損害を加えた者は、その賠償の責任を負わない。ただし、故意又は過失によって一時的にその状態を招いたときは、この限りでない。

（責任無能力者の監督義務者等の責任）
第七一四条　前二条の規定により責任無能力者がその責任を負わない場合において、その責任無能力者を監督する法定の義務を負う者は、その責任無能力者が第三者に加えた損害を賠償する責任を負う。ただし、監督義務者がその義務を怠らなかったとき、又はその義務を怠らなくても損害が生ずべきであったときは、この限りでない。
2 監督義務者に代わって責任無能力者を監督する者も、前項の責任を負う。

（使用者等の責任）
第七一五条 ある事業のために他人を使用する者は、被用者がその事業の執行について第三者に加えた損害を賠償する責任を負う。ただし、使用者が被用者の選任及びその事業の監督について相当の注意をしたとき、又は相当の注意をしても損害が生ずべきであったときは、この限りでない。
2 使用者に代わって事業を監督する者も、前項の責任を負う。
3 前二項の規定は、使用者又は監督者から被用者に対する求償権の行使を妨げない。

（注文者の責任）
第七一六条 注文者は、請負人がその仕事について第三者に加えた損害を賠償する責任を負わない。ただし、注文又は指図についてその注文者に過失があったときは、この限りでない。

（土地の工作物等の占有者及び所有者の責任）
第七一七条 土地の工作物の設置又は保存に瑕疵があることによって他人に損害を生じたときは、その工作物の占有者は、被害者に対してその損害を賠償する責任を負う。ただし、占有者が損害の発生を防止するのに必要な注意をしたときは、所有者がその損害を賠償しなければならない。
2 前項の規定は、竹木の栽植又は支持に瑕疵がある場合について準用する。
3 前二項の場合において、損害の原因について他にその責任を負う者があるときは、占有者又は所有者は、その者に対して求償権を行使することができる。

（動物の占有者等の責任）
第七一八条 動物の占有者は、その動物が他人に加えた損害を賠償する責任を負う。ただし、動物の種類及び性質に従い相当の注意をもってその管理をしたときは、この限りでない。
2 占有者に代わって動物を管理する者も、前項の責任を負う。

（共同不法行為者の責任）
第七一九条 数人が共同の不法行為によって他人に損害を加えたときは、各自が連帯してその損害を賠償する責任を負う。共同行為者のうちいずれの者がその損害を加えたかを知ることができないときも、同様とする。
2 行為者を教唆した者及び幇助した者は、共同行為者とみなして、前項の規定を適用する。

（正当防衛及び緊急避難）
第七二〇条 他人の不法行為に対し、自己又は第三者の権利又は法律上保護される利益を防衛するため、やむを得ず加害行為をした者は、損害賠償の責任を負わない。ただし、被害者から不法行為をした者に対する損害賠償の請求を妨げない。
2 前項の規定は、他人の物から生じた急迫の危難を避けるためその物を損傷した場合について準用する。

（損害賠償請求権に関する胎児の権利能力）
第七二一条 胎児は、損害賠償の請求権については、既に生まれたものとみなす。

（損害賠償の方法、中間利息の控除及び過失相殺）
第七二二条 第四百十七条及び第四百十七条の二の規定は、不法行為による損害賠償について準用する。
2 被害者に過失があったときは、裁判所は、これを考慮して、損害賠償の額を定めることができる。

（名誉毀《き》損における原状回復）
第七二三条 他人の名誉を毀《き》損した者に対しては、裁判所は、被害者の請求により、損害賠償に代えて、又は損害賠償とともに、名誉を回復するのに適当な処分を命ずることができる。

（不法行為による損害賠償請求権の消滅時効）

第七二四条　不法行為による損害賠償の請求権は、次に掲げる場合には、時効によって消滅する。

一　被害者又はその法定代理人が損害及び加害者を知った時から三年間行使しないとき。

二　不法行為の時から二十年間行使しないとき。

（人の生命又は身体を害する不法行為による損害賠償請求権の消滅時効）

第七二四条の二　人の生命又は身体を害する不法行為による損害賠償請求権の消滅時効についての前条第一号の規定の適用については、同号中「三年間」とあるのは、「五年間」とする。

附　則〔昭和二二年一二月二二日法律第二二二号〕　抄

（施行期日）

第一条　この法律は、昭和二十三年一月一日から、これを施行する。

一般社団法人及び一般財団法人に関する法律　抄

〔平成一八年六月二日
法律第四八号〕

沿革　平成二三年　五月二五日法律第五三号
〃二六年　六月二七日　〃　第九一号
〃二九年　六月　二日　〃　第四五号
令和　元年一二月一一日　〃　第七一号
〃　二年　五月二九日　〃　第三三号
〃　四年　五月二五日　〃　第四八号
〃　四年　六月一七日　〃　第六八号
〃　五年　六月一四日　〃　第五三号

（代表者の行為についての損害賠償責任）

第七八条　一般社団法人は、代表理事その他の代表者がその職務を行うについて第三者に加えた損害を賠償する責任を負う。

附　則　抄

（施行期日）

1　この法律は、公布の日から起算して二年六月を超えない範囲内において政令で定める日から施行する。

身元保証ニ関スル法律

（昭和八年四月一日 法律第四二号）

第一条 引受、保証其ノ他名称ノ如何ヲ問ハズ期間ヲ定メズシテ被用者ノ行為ニ因リ使用者ノ受ケタル損害ヲ賠償スルコトヲ約スル身元保証契約ハ其ノ成立ノ日ヨリ三年間其ノ効力ヲ有ス但シ商工業見習者ノ身元保証契約ニ付テハ之ヲ五年トス

第二条 身元保証契約ノ期間ハ五年ヲ超ユルコトヲ得ズ若シ之ヨリ長キ期間ヲ定メタルトキハ其ノ期間ハ之ヲ五年ニ短縮ス

② 身元保証契約ハ之ヲ更新スルコトヲ得但シ其ノ期間ハ更新ノ時ヨリ五年ヲ超ユルコトヲ得ズ

第三条 使用者ハ左ノ場合ニ於テハ遅滞ナク身元保証人ニ通知スベシ

一 被用者ニ業務上不適任又ハ不誠実ナル事跡アリテ之ガ為身元保証人ノ責任ヲ惹起スル虞アルコトヲ知リタルトキ

二 被用者ノ任務又ハ任地ヲ変更シ之ガ為身元保証人ノ責任ヲ加重シ又ハ其ノ監督ヲ困難ナラシムルトキ

第四条 身元保証人前条ノ通知ヲ受ケタルトキハ将来ニ向テ契約ノ解除ヲ為スコトヲ得身元保証人自ラ前条第一号及第二号ノ事実アリタルコトヲ知リタルトキ亦同ジ

第五条 裁判所ハ身元保証人ノ損害賠償ノ責任及其ノ金額ヲ定ムルニ付被用者ノ監督ニ関スル使用者ノ過失ノ有無、身元保証人ガ身元保証ヲ為スニ至リタル事由及之ヲ為スニ当リ用ヰタル注意ノ程度、被用者ノ任務又ハ身上ノ変化其ノ他一切ノ事情ヲ斟酌ス

第六条 本法ノ規定ニ反スル特約ニシテ身元保証人ニ不利益ナルモノハ総テ之ヲ無効トス

附則

① 本法施行ノ期日ハ勅令ヲ以テ之ヲ定ム（昭和八年九月勅令二四九号により、昭和八・一〇・一から施行）

② 本法ハ本法施行前ニ成立シタル身元保証契約ニモ之ヲ適用ス但シ存続期間ノ定ナキ契約ニ付テハ本法施行ノ日ヨリ之ヲ起算シ第一条ノ規定ニ依ル期間其ノ効力ヲ有ス存続期間ノ定アル契約ニ付テハ本法施行当時ニ於ケル残存期間ヲ約定期間トス若シ此ノ期間ガ五年ヲ超ユルトキハ之ヲ五年ニ短縮ス

民事執行法　抄

（昭和五四年三月三〇日 法律第四号）

沿革　平成　元年一二月二二日法律第　九一号
〃　一五年　八月　一日　〃　第一三四号
〃　三〇年　六月　八日　〃　第　四一号
令和　元年　五月一七日　〃　第　　二号
〃　　四年　五月二五日　〃　第　四八号
〃　　四年　六月一七日　〃　第　六八号
〃　　五年　四月二八日　〃　第　一五号
〃　　五年　四月二八日　〃　第　一六号
〃　　五年　四月二八日　〃　第　一七号
〃　　五年　六月一四日　〃　第　五三号

第二章　強制執行

第二節　金銭の支払を目的とする債権についての強制執行

第四款　債権及びその他の財産権に対する強制執行

第一目　債権執行等

（差押禁止債権）

第一五二条　次に掲げる債権については、その支払期に受けるべき給付の四分の三に相当する部分（その額が標準的な世帯の必要生計費を勘案して政令で定める額を超えるときは、政令で定める額に相当する部分）は、差し押さえてはならない。

一　債務者が国及び地方公共団体以外の者から生計を維持するために支給を受ける継続的給付に係る債権

二　給料、賃金、俸給、退職年金及び賞与並びにこれらの性質を有する給与に係る債権

2　退職手当及びその性質を有する給与に係る債権については、その給付の四分の三に相当する部分は、差し押さえてはならない。

3　債権者が前条第一項各号に掲げる義務に係る金銭債権（金銭の支払を目的とする債権をいう。以下同じ。）を請求する場合における前二項の規定の適用については、前二項中「四分の三」とあるのは、「二分の一」とする。

（差押禁止債権の範囲の変更）

第一五三条　執行裁判所は、申立てにより、債務者及び債権者の生活の状況その他の事情を考慮して、差押命令の全部若しくは一部を取り消し、又は前条の規定により差し押さえてはならない債権の部分について差押命令を発することができる。

2　事情の変更があつたときは、執行裁判所は、申立てにより、前項の規定により差押命令が取り消された債権を差し押さえ、又は同項の規定による差押命令の全部若しくは一部を取り消すことができる。

3　前二項の申立てがあつたときは、執行裁判所は、その裁判が効力を生ずるまでの間、担保を立てさせ、又は立てさせないで、第三債務者に対し、支払その他の給付の禁止を命ずることができる。

4　第一項又は第二項の規定による差押命令の取消しの申立てを却下する決定に対しては、執行抗告をすることができる。

5　第三項の規定による決定に対しては、不服を申し立てることができない。

附　則　抄

（施行期日）

第一条　この法律は、昭和五十五年十月一日から施行する。

民事保全法　抄

〔平成元年一二月二二日
法律第九一号〕

沿革　平成一六年一二月一〇日法律第一六五号
〃　一七年　七月二六日　〃　第　八七号
〃　一八年　六月　二日　〃　第　五〇号
〃　二三年　五月　二日　〃　第　三六号
〃　二三年　五月二五日　〃　第　五三号
〃　二三年　六月二四日　〃　第　七四号
令和　元年　五月一七日　〃　第　　二号
〃　四年　五月二五日　〃　第　四八号
〃　四年　六月一七日　〃　第　六八号
〃　五年　六月一四日　〃　第　五三号

第二章　保全命令に関する手続

第二節　保全命令

第三款　仮処分命令

（仮処分命令の必要性等）

第二三条　係争物に関する仮処分命令は、その現状の変更により、債権者が権利を実行することができなくなるおそれがあるとき、又は権利を実行するのに著しい困難を生ずるおそれがあるときに発することができる。

2　仮の地位を定める仮処分命令は、争いがある権利関係について債権者に生ずる著しい損害又は急迫の危険を避けるためこれを必要とするときに発することができる。

3　第二十条第二項の規定は、仮処分命令について準用する。

4　第二項の仮処分命令は、口頭弁論又は債務者が立ち会うことができる審尋の期日を経なければ、これを発することができない。ただし、その期日を経ることにより仮処分命令の申立ての目的を達することができない事情があるときは、この限りでない。

附　則　抄

（施行期日）

第一条　この法律は、公布の日から起算して二年を超えない範囲内において政令で定める日から施行する。

破産法　抄

（平成一六年六月二日法律第七五号）

沿革　平成二九年　六月　二日法律第　四五号
令和　元年　五月一七日〃第　二号
〃　元年　五月三一日〃第　一八号
〃　元年　六月一二日〃第　三一号
〃　元年一二月一一日〃第　七一号
〃　三年　四月二八日〃第　二四号
〃　四年　五月二五日〃第　四八号
〃　四年　六月一七日〃第　六八号
〃　五年　五月二六日〃第　三四号
〃　五年　六月一四日〃第　五三号

第二章　破産手続の開始

第二節　破産手続開始の決定

（破産手続開始の公告等）

第三二条　裁判所は、破産手続開始の決定をしたときは、直ちに、次に掲げる事項を公告しなければならない。

一　破産手続開始の決定の主文
二　破産管財人の氏名又は名称
三　前条第一項の規定により定めた期間又は期日
四　破産財団に属する財産の所持者及び破産者に対して債務を負担する者（第三項第二号において「財産所持者等」という。）は、破産者にその財産を交付し、又は弁済をしてはならない旨
五　第二百四条第一項第二号の規定による簡易配当をすることが相当と認められる場合にあっては、簡易配当をすることにつき異議のある破産債権者は裁判所に対し前条第一項第三号の期間の満了時又は同号の期日の終了時までに異議を述べるべき旨

2　前条第五項の決定があったときは、裁判所は、前項各号に掲げる事項のほか、第四項本文及び第五項本文において準用する次項第一号、次条第三項本文並びに第百三十九条第三項本文の規定による破産債権者に対する通知をせず、かつ、届出をした破産債権者を債権者集会の期日に呼び出さない旨をも公告しなければならない。

3　次に掲げる者には、前二項の規定により公告すべき事項を通知しなければならない。

一　破産管財人、破産者及び知れている破産債権者
二　知れている財産所持者等
三　第九十一条第二項に規定する保全管理命令があった場合における保全管理人
四　労働組合等（破産者の使用人その他の従業者の過半数で組織する労働組合があるときはその労働組合、破産者の使用人その他の従業者の過半数で組織する労働組合がないときは破産者の使用人その他の従業者の過半数を代表する者をいう。第七十八条第四項及び第百三十六条第三項において同じ。）

4　第一項第三号及び前項第一号の規定は、前条第三項の規定により同条第一項第一号の期間及び同項第三号の期間又は期日を定めた場合について準用する。ただし、同条第五項の決定があったときは、知れている破産債権者に対しては、当該通知をすることを要しない。

5　第一項第二号並びに第三項第一号及び第二号の規定は第一項第二号に掲げる事項に変更を生じた場合について、第一項第三号及び第三項第一号の規定は第一項第三号に掲げる事項

に変更を生じた場合（前条第一項第一号の期間又は同項第二号の期日に変更を生じた場合に限る。）について準用する。ただし、同条第五項の決定があったときは、知れている破産債権者に対しては、当該通知をすることを要しない。

第三章　破産手続の機関

第一節　破産管財人

（破産管財人の情報提供努力義務）

第八六条　破産管財人は、破産債権である給料の請求権又は退職手当の請求権を有する者に対し、破産手続に参加するのに必要な情報を提供するよう努めなければならない。

第四章　破産債権

第一節　破産債権者の権利

（破産債権に含まれる請求権）

第九七条　次に掲げる債権（財団債権であるものを除く。）は、破産債権に含まれるものとする。

一　破産手続開始後の利息の請求権

二　破産手続開始後の不履行による損害賠償又は違約金の請求権

三　破産手続開始後の延滞税、利子税若しくは延滞金の請求権又はこれらに類する共助対象外国租税の請求権

四　国税徴収法（昭和三十四年法律第百四十七号）又は国税徴収の例によって徴収することのできる請求権（以下「租税等の請求権」という。）であって、破産財団に関して破産手続開始後の原因に基づいて生ずるもの

五　加算税（国税通則法（昭和三十七年法律第六十六号）第二条第四号に規定する過少申告加算税、無申告加算税、不納付加算税及び重加算税をいう。）若しくは加算金（地方税法（昭和二十五年法律第二百二十六号）第一条第一項第十四号に規定する過少申告加算金、不申告加算金及び重加算金をいう。）の請求権又はこれらに類する共助対象外国租税の請求権

六　罰金、科料、刑事訴訟費用、追徴金又は過料の請求権（以下「罰金等の請求権」という。）

七　破産手続参加の費用の請求権

八　第五十四条第一項（第五十八条第三項において準用する場合を含む。）に規定する相手方の損害賠償の請求権

九　第五十七条に規定する債権

十　第五十九条第一項の規定による請求権であって、相手方の有するもの

十一　第六十条第一項（同条第二項において準用する場合を含む。）に規定する債権

十二　第百六十八条第二項第二号又は第三号に定める権利

（優先的破産債権）

第九八条　破産財団に属する財産につき一般の先取特権その他一般の優先権がある破産債権（次条第一項に規定する劣後的破産債権及び同条第二項に規定する約定劣後破産債権を除く。以下「優先的破産債権」という。）は、他の破産債権に優先する。

2　前項の場合において、優先的破産債権間の優先順位は、民法、商法その他の法律の定めるところによる。

3　優先権が一定の期間内の債権額につき存在する場合には、その期間は、破産手続開始の時からさかのぼって計算する。

（給料の請求権等の弁済の許可）

第一〇一条　優先的破産債権である給料の請求権又は退職手当

の請求権について届出をした破産債権者が　これらの破産債権の弁済を受けなければその生活の維持を図るのに困難を生ずるおそれがあるときは、裁判所は、最初に第百九十五条第一項に規定する最後配当、第二百四条第一項に規定する簡易配当、第二百八条第一項に規定する同意配当又は第二百九条第一項に規定する中間配当の許可があるまでの間、破産管財人の申立てにより又は職権で、その全部又は一部の弁済をすることを許可することができる。ただし、その弁済により財団債権又は他の先順位若しくは同順位の優先的破産債権を有する者の利益を害するおそれがないときに限る。

2　破産管財人は、前項の破産債権者から同項の申立てをすべきことを求められたときは、直ちにその旨を裁判所に報告しなければならない。この場合において、その申立てをしないこととしたときは、遅滞なく、その事情を裁判所に報告しなければならない。

第五章　財団債権

（使用人の給料等）

第一四九条　破産手続開始前三月間の破産者の使用人の給料の請求権は、財団債権とする。

2　破産手続の終了前に退職した破産者の使用人の退職手当の請求権（当該請求権の全額が破産債権であるとした場合に劣後的破産債権となるべき部分を除く。）は、退職前三月間の給料の総額（その総額が破産手続開始前三月間の給料の総額より少ない場合にあっては、破産手続開始前三月間の給料の総額）に相当する額を財団債権とする。

附　則　抄

（施行期日）

第一条　この法律は、公布の日から起算して一年を超えない範囲内において政令で定める日から施行する。

会社更生法　抄

〔平成一四年一二月一三日
法律第一五四号〕

沿革　平成二九年　六月　二日法律第四五号
〃三〇年　四月一八日〃第一六号
〃三一年　三月二九日〃第　三号
令和　元年　五月一七日〃第　二号
〃　元年一二月一一日〃第七一号
〃　二年　三月三一日〃第　五号
〃　二年　三月三一日〃第　八号
〃　四年　五月二五日〃第四八号
〃　四年　六月一七日〃第六八号
〃　五年　六月一四日〃第五三号

（使用人の給料等）
第一三〇条　株式会社について更生手続開始の決定があった場合において、更生手続開始前六月間の当該株式会社の使用人の給料の請求権及び更生手続開始前の原因に基づいて生じた当該株式会社の使用人の身元保証金の返還請求権は、共益債権とする。

2　前項に規定する場合において、更生計画認可の決定前に退職した当該株式会社の使用人の退職手当の請求権は、退職前六月間の給料の総額に相当する額又はその退職手当の額の三分の一に相当する額のいずれか多い額を共益債権とする。

3　前項の退職手当の請求権で定期金債権であるものは、同項の規定にかかわらず、各期における定期金につき、その額の三分の一に相当する額を共益債権とする。

4　前二項の規定は、第百二十七条の規定により共益債権とされる退職手当の請求権については、適用しない。

5　第一項に規定する場合において、更生手続開始前の原因に基づいて生じた当該株式会社の使用人の預り金の返還請求権は、更生手続開始前六月間の給料の総額に相当する額又はその預り金の額の三分の一に相当する額のいずれか多い額を共益債権とする。

附　則　抄

（施行期日）
第一条　この法律は、公布の日から起算して六月を超えない範囲内において政令で定める日から施行する。

民事再生法　抄　〔平成一一年一二月二二日法律第二二五号〕

沿革　平成一二年一一月二九日法律第一二八号
〃二六年六月二七日〃第九一号
〃二九年六月二日〃第四五号
〃三一年三月二九日〃第三号
令和元年五月一七日〃第二号
〃元年一二月一一日〃第七一号
〃二年三月三一日〃第五号
〃四年五月二五日〃第四八号
〃四年六月一七日〃第六八号
〃五年六月一四日〃第五三号

（一般優先債権）

第一二二条　一般の先取特権その他一般の優先権がある債権（共益債権であるものを除く。）は、一般優先債権とする。

2　一般優先債権は、再生手続によらないで、随時弁済する。

3　優先権が一定の期間内の債権額につき存在する場合には、その期間は、再生手続開始の時からさかのぼって計算する。

4　前条第三項から第六項までの規定は、一般優先債権に基づく強制執行若しくは仮差押え又は一般優先債権を被担保債権とする一般の先取特権の実行について準用する。

附　則　抄

（施行期日）

第一条　この法律は、公布の日から起算して六月を超えない範囲内において政令で定める日から施行する。

会社法　抄

〔平成一七年七月二六日 法律第八六号〕

沿革　平成二六年　六月二七日法律第　九〇号
〃　三〇年一二月一四日　〃　第　九五号
令和　元年　五月一七日　〃　第　二号
〃　元年一二月一一日　〃　第　七〇号
〃　二年　五月二九日　〃　第三三号
〃　二年一二月一一日　〃　第七八号
〃　四年　五月二五日　〃　第四八号
〃　四年　六月一〇日　〃　第六一号
〃　四年　六月一七日　〃　第六八号
〃　五年　六月一四日　〃　第五三号

第二編　株式会社

第四章　機関

第四節　取締役

（代表者の行為についての損害賠償責任）

第三五〇条　株式会社は、代表取締役その他の代表者がその職務を行うについて第三者に加えた損害を賠償する責任を負う。

（忠実義務）

第三五五条　取締役は、法令及び定款並びに株主総会の決議を遵守し、株式会社のため忠実にその職務を行わなければならない。

第十一節　役員等の損害賠償責任

（役員等の株式会社に対する損害賠償責任）

第四二三条　取締役、会計参与、監査役、執行役又は会計監査人（以下この章において「役員等」という。）は、その任務を怠ったときは、株式会社に対し、これによって生じた損害を賠償する責任を負う。

〔2項～4項　略〕

（役員等の第三者に対する損害賠償責任）

第四二九条　役員等がその職務を行うについて悪意又は重大な過失があったときは、当該役員等は、これによって第三者に生じた損害を賠償する責任を負う。

2　次の各号に掲げる者が、当該各号に定める行為をしたときも、前項と同様とする。ただし、その者が当該行為をすることについて注意を怠らなかったことを証明したときは、この限りでない。

一　取締役及び執行役　次に掲げる行為

イ　株式、新株予約権、社債若しくは新株予約権付社債を引き受ける者の募集をする際に通知しなければならない重要な事項についての虚偽の通知又は当該募集のための当該株式会社の事業その他の事項に関する説明に用いた資料についての虚偽の記載若しくは記録

ロ　計算書類及び事業報告並びにこれらの附属明細書並びに臨時計算書類に記載し、又は記録すべき重要な事項についての虚偽の記載又は記録

ハ　虚偽の登記

ニ　虚偽の公告（第四百四十条第三項に規定する措置を含む。）

二　会計参与　計算書類及びその附属明細書、臨時計算書類並びに会計参与報告に記載し、又は記録すべき重要な事項についての虚偽の記載又は記録

三　監査役、監査等委員及び監査委員　監査報告に記載し、又は記録すべき重要な事項についての虚偽の記載又は記録

四　会計監査人　会計監査報告に記載し、又は記録すべき重要な事項についての虚偽の記載又は記録

第九章　清算

第二節　特別清算

第一款　特別清算の開始

（他の手続の中止等）

第五一五条　特別清算開始の命令があったときは、破産手続開始の申立て、清算株式会社の財産に対する強制執行、仮差押え、仮処分若しくは外国租税滞納処分又は財産開示手続（民事執行法（昭和五十四年法律第四号）第百九十七条第一項の申立てによるものに限る。以下この項において同じ。）若しくは第三者からの情報取得手続（同法第二百五条第一項第一号、第二百六条第一項又は第二百七条第一項の申立てによるものに限る。以下この項において同じ。）の申立てはすることができず、破産手続（破産手続開始の決定がされていないものに限る。）、清算株式会社の財産に対して既にされている強制執行、仮差押え及び仮処分の手続並びに外国租税滞納処分並びに財産開示手続及び第三者からの情報取得手続は中止する。ただし、一般の先取特権その他一般の優先権がある債権に基づく強制執行、仮差押え、仮処分又は財産開示手続若しくは第三者からの情報取得手続については、この限りでない。

2　特別清算開始の命令が確定したときは、前項の規定により中止した手続又は処分は、特別清算の手続の関係においては、その効力を失う。

3　特別清算開始の命令があったときは、清算株式会社の債権者の債権（一般の先取特権その他一般の優先権がある債権、特別清算の手続のために清算株式会社に対して生じた債権及び特別清算の手続に関する清算株式会社に対する費用請求権を除く。以下この節において「協定債権」という。）については、第九百三十八条第一項第二号又は第三号に規定する特別清算開始の取消しの登記又は特別清算終結の登記の日から二箇月を経過する日までの間は、時効は、完成しない。

（担保権の実行の手続等の中止命令）

第五一六条　裁判所は、特別清算開始の命令があった場合において、債権者の一般の利益に適合し、かつ、担保権の実行の手続等（清算株式会社の財産につき存する担保権の実行の手続、企業担保権の実行の手続又は清算株式会社の財産に対して既にされている一般の先取特権その他一般の優先権がある債権に基づく強制執行の手続をいう。以下この条において同じ。）の申立人に不当な損害を及ぼすおそれがないものと認めるときは、清算人、監査役、債権者若しくは株主の申立てにより又は職権で、相当の期間を定めて、担保権の実行の手続等の中止を命ずることができる。

第九款　協定

（協定の申出）

第五六三条　清算株式会社は、債権者集会に対し、協定の申出をすることができる。

（担保権を有する債権者等の参加）

第五六六条　清算株式会社は、協定案の作成に当たり必要があると認めるときは、次に掲げる債権者の参加を求めることができる。

一　第五百二十二条第二項に規定する担保権を有する債権者

二　一般の先取特権その他一般の優先権がある債権を有する債権者

第五編　組織変更、合併、会社分割、株式交換、株式移転及び株式交付

第三章　会社分割

第一節　吸収分割

第一款　通則

（吸収分割契約の締結）

第七五七条　会社（株式会社又は合同会社に限る。）は、吸収分割をすることができる。この場合においては、当該会社がその事業に関して有する権利義務の全部又は一部を当該会社から承継する会社（以下この編において「吸収分割承継会社」という。）との間で、吸収分割契約を締結しなければならない。

第二款　株式会社に権利義務を承継させる吸収分割

（株式会社に権利義務を承継させる吸収分割契約）

第七五八条　会社が吸収分割をする場合において、吸収分割承継会社が株式会社であるときは、吸収分割契約において、次に掲げる事項を定めなければならない。

〔一号　略〕

二　吸収分割承継株式会社が吸収分割により吸収分割会社から承継する資産、債務、雇用契約その他の権利義務（株式会社である吸収分割会社（以下この編において「吸収分割株式会社」という。）及び吸収分割承継株式会社の株式並びに吸収分割株式会社の新株予約権に係る義務を除く。）に関する事項

〔三号～八号　略〕

第三款　持分会社に権利義務を承継させる吸収分割

（持分会社に権利義務を承継させる吸収分割契約）

第七六〇条　会社が吸収分割をする場合において、吸収分割承継会社が持分会社であるときは、吸収分割契約において、次に掲げる事項を定めなければならない。

〔一号　略〕

二　吸収分割承継持分会社が吸収分割により吸収分割会社から承継する資産、債務、雇用契約その他の権利義務（吸収分割株式会社の株式及び新株予約権に係る義務を除く。）に関する事項

〔三号～七号　略〕

第二節　新設分割

第一款　通則

（新設分割計画の作成）

第七六二条　一又は二以上の株式会社又は合同会社は、新設分割をすることができる。この場合においては、新設分割計画を作成しなければならない。

2　二以上の株式会社又は合同会社が共同して新設分割をする場合には、当該二以上の株式会社又は合同会社は、共同して新設分割計画を作成しなければならない。

第二款　株式会社を設立する新設分割

（株式会社を設立する新設分割計画）

第七六三条　一又は二以上の株式会社又は合同会社が新設分割をする場合において、新設分割により設立する会社（以下この編において「新設分割設立会社」という。）が株式会社であるときは、新設分割計画において、次に掲げる事項を定めなければならない。

〔一号～四号　略〕

五　新設分割設立株式会社が新設分割により新設分割をする会社（以下この編において「新設分割会社」という。）から承継する資産、債務、雇用契約その他の権利義務（株式会社である新設分割会社（以下この編において「新設分割株式会社」という。）の株式及び新株予約権に係る義務を除く。）に関する事項

〔六号～十二号　略〕

2　新設分割設立株式会社が監査等委員会設置会社である場合には、前項第三号に掲げる事項は、設立時監査等委員である設立時取締役とそれ以外の設立時取締役とを区別して定めなければならない。

第三款　持分会社を設立する新設分割

（持分会社を設立する新設分割計画）

第七六五条　一又は二以上の株式会社又は合同会社が新設分割をする場合において、新設分割設立会社が持分会社であるときは、新設分割計画において、次に掲げる事項を定めなければならない。

〔一号～四号　略〕

五　新設分割設立持分会社が新設分割により新設分割会社から承継する資産、債務、雇用契約その他の権利義務（新設分割株式会社の株式及び新株予約権に係る義務を除く。）に関する事項

〔六号～八号　略〕

〔2項～4項　略〕

附　則

（施行期日）

1　この法律は、公布の日から起算して一年六月を超えない範囲内において政令で定める日から施行する。

（経過措置の原則）

2　この法律の規定（罰則を除く。）は、他の法律に特別の定めがある場合を除き、この法律の施行前に生じた事項にも適用する。

特許法　抄

〔昭和三四年四月一三日
法律第一二一号〕

沿革

平成一六年	六月　四日	法律第	七九号
〃　一六年	六月一八日	〃　第	一二〇号
〃　一八年	六月　七日	〃　第	五五号
〃　二〇年	四月一八日	〃　第	一六号
〃　二三年	六月　八日	〃　第	六三号
〃　二六年	五月一四日	〃　第	三六号
〃　二七年	七月一〇日	〃　第	五五号
令和　四年	五月二五日	〃　第	四八号
〃　四年	六月一七日	〃　第	六八号
〃　五年	六月一四日	〃　第	五一号

第一章　総則

（目的）

第一条　この法律は、発明の保護及び利用を図ることにより、発明を奨励し、もつて産業の発達に寄与することを目的とする。

（定義）

第二条　この法律で「発明」とは、自然法則を利用した技術的思想の創作のうち高度のものをいう。

2　この法律で「特許発明」とは、特許を受けている発明をいう。

3　この法律で発明について「実施」とは、次に掲げる行為をいう。

一　物（プログラム等を含む。以下同じ。）の発明にあつては、その物の生産、使用、譲渡等（譲渡及び貸渡しをいい、その物がプログラム等である場合には、電気通信回線を通じた提供を含む。以下同じ。）、輸出若しくは輸入又は譲渡等の申出（譲渡等のための展示を含む。以下同じ。）をする行為

二　方法の発明にあつては、その方法の使用をする行為

三　物を生産する方法の発明にあつては、前号に掲げるもののほか、その方法により生産した物の使用、譲渡等、輸出若しくは輸入又は譲渡等の申出をする行為

4　この法律で「プログラム等」とは、プログラム（電子計算機に対する指令であつて、一の結果を得ることができるように組み合わされたものをいう。以下この項において同じ。）その他電子計算機による処理の用に供する情報であつてプログラムに準ずるものをいう。

第二章　特許及び特許出願

（特許の要件）

第二九条　産業上利用することができる発明をした者は、次に掲げる発明を除き、その発明について特許を受けることができる。

一　特許出願前に日本国内又は外国において公然知られた発明

二　特許出願前に日本国内又は外国において公然実施をされた発明

三　特許出願前に日本国内又は外国において、頒布された刊行物に記載された発明又は電気通信回線を通じて公衆に利用可能となつた発明

2　特許出願前にその発明の属する技術の分野における通常の知識を有する者が前項各号に掲げる発明に基いて容易に発明をすることができたときは、その発明については、同項の規

定にかかわらず、特許を受けることができない。

（特許を受ける権利）

第三三条　特許を受ける権利は、移転することができる。

2　特許を受ける権利は、質権の目的とすることができない。

3　特許を受ける権利が共有に係るときは、各共有者は、他の共有者の同意を得なければ、その持分を譲渡することができない。

4　特許を受ける権利が共有に係るときは、各共有者は、他の共有者の同意を得なければ、その特許を受ける権利に基づいて取得すべき特許権について、仮専用実施権を設定し、又は他人に仮通常実施権を許諾することができない。

（職務発明）

第三五条　使用者、法人、国又は地方公共団体（以下「使用者等」という。）は、従業者、法人の役員、国家公務員又は地方公務員（以下「従業者等」という。）がその性質上当該使用者等の業務範囲に属し、かつ、その発明をするに至つた行為がその使用者等における従業者等の現在又は過去の職務に属する発明（以下「職務発明」という。）について特許を受けたとき、又は職務発明について特許を受ける権利を承継した者がその発明について特許を受けたときは、その特許権について通常実施権を有する。

2　従業者等がした発明については、その発明が職務発明である場合を除き、あらかじめ、使用者等に特許を受ける権利を取得させ、使用者等に特許権を承継させ、又は使用者等のため仮専用実施権若しくは専用実施権を設定することを定めた契約、勤務規則その他の定めの条項は、無効とする。

3　従業者等がした職務発明については、契約、勤務規則その他の定めにおいてあらかじめ使用者等に特許を受ける権利を取得させることを定めたときは、その特許を受ける権利は、その発生した時から当該使用者等に帰属する。

4　従業者等は、契約、勤務規則その他の定めにより職務発明について使用者等に特許を受ける権利を取得させ、使用者等に特許権を承継させ、若しくは使用者等のため専用実施権を設定したとき、又は契約、勤務規則その他の定めにより職務発明について使用者等のため仮専用実施権を設定した場合において、第三十四条の二第二項の規定により専用実施権が設定されたものとみなされたときは、相当の金銭その他の経済上の利益（次項及び第七項において「相当の利益」という。）を受ける権利を有する。

5　契約、勤務規則その他の定めにおいて相当の利益について定める場合には、相当の利益の内容を決定するための基準の策定に際して使用者等と従業者等との間で行われる協議の状況、策定された当該基準の開示の状況、相当の利益の内容の決定について行われる従業者等からの意見の聴取の状況等を考慮して、その定めたところにより相当の利益を与えることが不合理であると認められるものであつてはならない。

6　経済産業大臣は、発明を奨励するため、産業構造審議会の意見を聴いて、前項の規定により考慮すべき状況等に関する事項について指針を定め、これを公表するものとする。

7　相当の利益についての定めがない場合又はその定めたところにより相当の利益を与えることが第五項の規定により不合理であると認められる場合には、第四項の規定により受けるべき相当の利益の内容は、その発明により使用者等が受けるべき利益の額、その発明に関連して使用者等が行う負担、貢献及び従業者等の処遇その他の事情を考慮して定めなければならない。

第四章　特許権

（特許権の効力）

第六八条　特許権者は、業として特許発明の実施をする権利を専有する。ただし、その特許権について専用実施権を設定したときは、専用実施権者がその特許発明の実施をする権利を専有する範囲については、この限りでない。

（専用実施権）
第七七条　特許権者は、その特許権について専用実施権を設定することができる。
2　専用実施権者は、設定行為で定めた範囲内において、業としてその特許発明の実施をする権利を専有する。
3　専用実施権は、実施の事業とともにする場合、特許権者の承諾を得た場合及び相続その他の一般承継の場合に限り、移転することができる。
4　専用実施権者は、特許権者の承諾を得た場合に限り、その専用実施権について質権を設定し、又は他人に通常実施権を許諾することができる。
5　第七十三条の規定は、専用実施権に準用する。

（通常実施権）
第七八条　特許権者は、その特許権について他人に通常実施権を許諾することができる。
2　通常実施権者は、この法律の規定により又は設定行為で定めた範囲内において、業としてその特許発明の実施をする権利を有する。

附　則
この法律の施行期日は、別に法律で定める。

不正競争防止法　抄

（平成五年五月一九日 法律第四七号）

沿革　平成一六年六月一八日法律第一二〇号
〃　一七年六月二九日　〃　第七五号
〃　一八年六月　七日　〃　第五五号
〃　二三年六月　八日　〃　第六二号
〃　二九年六月　二日　〃　第四五号
〃　三〇年五月三〇日　〃　第三三号
令和　四年五月二五日　〃　第四八号
〃　四年六月一七日　〃　第六八号
〃　五年五月一七日　〃　第二八号
〃　五年六月一四日　〃　第五一号

第一章　総則

（目的）

第一条　この法律は、事業者間の公正な競争及びこれに関する国際約束の的確な実施を確保するため、不正競争の防止及び不正競争に係る損害賠償に関する措置等を講じ、もって国民経済の健全な発展に寄与することを目的とする。

（定義）

第二条　この法律において「不正競争」とは、次に掲げるものをいう。

一　他人の商品等表示（人の業務に係る氏名、商号、商標、標章、商品の容器若しくは包装その他の商品又は営業を表示するものをいう。以下同じ。）として需要者の間に広く認識されているものと同一若しくは類似の商品等表示を使用し、又はその商品等表示を使用した商品を譲渡し、引き渡し、譲渡若しくは引渡しのために展示し、輸出し、輸入し、若しくは電気通信回線を通じて提供して、他人の商品又は営業と混同を生じさせる行為

二　自己の商品等表示として他人の著名な商品等表示と同一若しくは類似のものを使用し、又はその商品等表示を使用した商品を譲渡し、引き渡し、譲渡若しくは引渡しのために展示し、輸出し、輸入し、若しくは電気通信回線を通じて提供する行為

三　他人の商品の形態（当該商品の機能を確保するために不可欠な形態を除く。）を模倣した商品を譲渡し、貸し渡し、譲渡若しくは貸渡しのために展示し、輸出し、輸入し、又は電気通信回線を通じて提供する行為

四　窃取、詐欺、強迫その他の不正の手段により営業秘密を取得する行為（以下「営業秘密不正取得行為」という。）又は営業秘密不正取得行為により取得した営業秘密を使用し、若しくは開示する行為（秘密を保持しつつ特定の者に示すことを含む。次号から第九号まで、第十九条第一項第七号、第二十一条及び附則第四条第一号において同じ。）

五　その営業秘密について営業秘密不正取得行為が介在したことを知って、若しくは重大な過失により知らないで営業秘密を取得し、又はその取得した営業秘密を使用し、若しくは開示する行為

六　その取得した後にその営業秘密について営業秘密不正取得行為が介在したことを知って、又は重大な過失により知らないでその取得した営業秘密を使用し、又は開示する行為

七　営業秘密を保有する事業者（以下「営業秘密保有者」という。）からその営業秘密を示された場合において、不正

の利益を得る目的で、又はその営業秘密保有者に損害を加える目的で、その営業秘密を使用し、又は開示する行為

八　その営業秘密について営業秘密不正開示行為（前号に規定する場合において同号に規定する目的でその営業秘密を開示する行為又は秘密を守る法律上の義務に違反してその営業秘密を開示する行為をいう。以下同じ。）であること若しくはその営業秘密について営業秘密不正開示行為が介在したことを知って、若しくは重大な過失により知らないで営業秘密を取得し、又はその取得した営業秘密を使用し、若しくは開示する行為

九　その取得した後にその営業秘密について営業秘密不正開示行為があったこと若しくはその営業秘密について営業秘密不正開示行為が介在したことを知って、又は重大な過失により知らないでその取得した営業秘密を使用し、又は開示する行為

十　第四号から前号までに掲げる行為（技術上の秘密（営業秘密のうち、技術上の情報であるものをいう。以下同じ。）を使用する行為に限る。以下この号において「不正使用行為」という。）により生じた物を譲渡し、引き渡し、譲渡若しくは引渡しのために展示し、輸出し、輸入し、又は電気通信回線を通じて提供する行為（当該物を譲り受けた者（その譲り受けた時に当該物が不正使用行為により生じた物であることを知らず、かつ、知らないことにつき重大な過失がない者に限る。）が当該物を譲渡し、引き渡し、譲渡若しくは引渡しのために展示し、輸出し、輸入し、又は電気通信回線を通じて提供する行為を除く。）

十一　窃取、詐欺、強迫その他の不正の手段により限定提供データを取得する行為（以下「限定提供データ不正取得行為」という。）又は限定提供データ不正取得行為により取

十二　その限定提供データについて限定提供データ不正取得行為が介在したことを知って限定提供データを取得し、又はその取得した限定提供データを使用し、若しくは開示する行為

十三　その取得した後にその限定提供データについて限定提供データ不正取得行為が介在したことを知ってその取得した限定提供データを開示する行為

十四　限定提供データを保有する事業者（以下「限定提供データ保有者」という。）からその限定提供データを示された場合において、不正の利益を得る目的で、又はその限定提供データ保有者に損害を加える目的で、その限定提供データを使用する行為（その限定提供データの管理に係る任務に違反して行うものに限る。）又は開示する行為

十五　その限定提供データについて限定提供データ不正開示行為（前号に規定する場合において同号に規定する目的でその限定提供データを開示する行為をいう。以下同じ。）であること若しくはその限定提供データについて限定提供データ不正開示行為が介在したことを知って限定提供データを取得し、又はその取得した限定提供データを使用し、若しくは開示する行為

十六　その取得した後にその限定提供データについて限定提供データ不正開示行為があったこと又はその限定提供データについて限定提供データ不正開示行為が介在したことを知ってその取得した限定提供データを開示する行為

十七　営業上用いられている技術的制限手段（他人が特定の者以外の者に影像若しくは音の視聴、プログラムの実行若しくは情報（電磁的記録（電子的方式、磁気的方式その他人の知覚によっては認識することができない方式で作られる記録であって、電子計算機による情報処理の用に供され

像、音、プログラムその他の情報の記録をさせないために用いているものを除く。）により制限されている影像若しくは音の視聴、プログラムの実行若しくは情報の処理又は影像、音、プログラムその他の情報の記録（以下この号において「影像の視聴等」という。）を当該技術的制限手段の効果を妨げることにより可能とする機能を有する装置（当該装置を組み込んだ機器及び当該装置の部品一式であって容易に組み立てることができるものを含む。）、当該機能を有するプログラム（当該プログラムが他のプログラムと組み合わされたものを含む。）若しくは指令符号（電子計算機に対する指令であって、当該指令のみによって一の結果を得ることができるものをいう。次号において同じ。）を記録した記録媒体若しくは記憶した機器を譲渡し、引き渡し、譲渡若しくは引渡しのために展示し、輸出し、若しくは輸入し、若しくは当該機能を有するプログラム若しくは指令符号を電気通信回線を通じて提供する行為（当該装置又は当該プログラムが当該機能以外の機能を併せて有する場合にあっては、影像の視聴等を当該技術的制限手段の効果を妨げることにより可能とする用途に供するために行うものに限る。）又は影像の視聴等を当該技術的制限手段の効果を妨げることにより可能とする役務を提供する行為

十八　他人が特定の者以外の者に影像若しくは音の視聴、プログラムの実行若しくは情報の処理又は影像、音、プログラムその他の情報の記録をさせないために営業上用いている技術的制限手段により制限されている影像若しくは音の視聴、プログラムの実行若しくは情報の処理又は影像、音、プログラムその他の情報の記録（以下この号において「影像の視聴等」という。）を当該技術的制限手段の効果を妨

組み込んだ機器及び当該装置の部品一式であって容易に組み立てることができるものを含む。）、当該機能を有するプログラム（当該プログラムが他のプログラムと組み合わされたものを含む。）若しくは指令符号を記録した記録媒体若しくは記憶した機器を当該特定の者以外の者に譲渡し、引き渡し、譲渡若しくは引渡しのために展示し、輸出し、若しくは輸入し、若しくは当該機能を有するプログラム若しくは指令符号を電気通信回線を通じて提供する行為（当該装置又は当該プログラムが当該機能以外の機能を併せて有する場合にあっては、影像の視聴等を当該技術的制限手段の効果を妨げることにより可能とする用途に供するために行うものに限る。）又は影像の視聴等を当該技術的制限手段の効果を妨げることにより可能とする役務を提供する行為

十九　不正の利益を得る目的で、又は他人に損害を加える目的で、他人の特定商品等表示（人の業務に係る氏名、商号、商標、標章その他の商品又は役務を表示するものをいう。）と同一若しくは類似のドメイン名を使用する権利を取得し、若しくは保有し、又はそのドメイン名を使用する行為

二十　商品若しくは役務若しくはその広告若しくは取引に用いる書類若しくは通信にその商品の原産地、品質、内容、製造方法、用途若しくは数量若しくはその役務の質、内容、用途若しくは数量について誤認させるような表示をし、又はその表示をした商品を譲渡し、引き渡し、譲渡若しくは引渡しのために展示し、輸出し、輸入し、若しくは電気通信回線を通じて提供し、若しくはその表示をして役務を提供する行為

二十一　競争関係にある他人の営業上の信用を害する虚偽の

事実を告知し、又は流布する行為

二十二　パリ条約（商標法（昭和三十四年法律第百二十七号）第四条第一項第二号に規定するパリ条約〔昭和五〇年三月条約第二号〕をいう。）の同盟国、世界貿易機関の加盟国又は商標法条約の締約国において商標に関する権利（商標権に相当する権利に限る。以下この号において単に「権利」という。）を有する者の代理人若しくは代表者又はその行為の日前一年以内に代理人若しくは代表者であった者が、正当な理由がないのに、その権利を有する者の承諾を得ないでその権利に係る商標と同一若しくは類似の商標をその権利に係る商品若しくは役務と同一若しくは類似の商品若しくは役務に使用し、又は当該商標を使用したその権利に係る商品と同一若しくは類似の商品を譲渡し、引き渡し、譲渡若しくは引渡しのために展示し、輸出し、輸入し、若しくは電気通信回線を通じて提供し、若しくは当該商標を使用してその権利に係る役務と同一若しくは類似の役務を提供する行為

2　この法律において「商標」とは、商標法第二条第一項に規定する商標をいう。

3　この法律において「標章」とは、商標法第二条第一項に規定する標章をいう。

4　この法律において「商品の形態」とは、需要者が通常の用法に従った使用に際して知覚によって認識することができる商品の外部及び内部の形状並びにその形状に結合した模様、色彩、光沢及び質感をいう。

5　この法律において「模倣する」とは、他人の商品の形態に依拠して、これと実質的に同一の形態の商品を作り出すことをいう。

6　この法律において「営業秘密」とは、秘密として管理されている生産方法、販売方法その他の事業活動に有用な技術上又は営業上の情報であって、公然と知られていないものをいう。

7　この法律において「限定提供データ」とは、業として特定の者に提供する情報として電磁的方法（電子的方法、磁気的方法その他人の知覚によっては認識することができない方法をいう。次項において同じ。）により相当量蓄積され、及び管理されている技術上又は営業上の情報（営業秘密を除く。）をいう。

8　この法律において「技術的制限手段」とは、電磁的方法により影像若しくは音の視聴、プログラムの実行若しくは情報の処理又は影像、音、プログラムその他の情報の記録を制限する手段であって、視聴等機器（影像若しくは音の視聴、プログラムの実行若しくは情報の処理又は影像、音、プログラムその他の情報の記録のために用いられる機器をいう。以下この項において同じ。）が特定の反応をする信号を記録媒体に記録し、若しくは送信する方式又は視聴等機器が特定の変換を必要とするよう影像、音、プログラムその他の情報を変換して記録媒体に記録し、若しくは送信する方式によるものをいう。

9　この法律において「プログラム」とは、電子計算機に対する指令であって、一の結果を得ることができるように組み合わされたものをいう。

10　この法律において「ドメイン名」とは、インターネットにおいて、個々の電子計算機を識別するために割り当てられる番号、記号又は文字の組合せに対応する文字、番号、記号その他の符号又はこれらの結合をいう。

11　この法律にいう「物」には、プログラムを含むものとする。

第二章　差止請求、損害賠償等

（差止請求権）

第三条　不正競争によって営業上の利益を侵害され、又は侵害されるおそれがある者は、その営業上の利益を侵害する者又は侵害するおそれがある者に対し、その侵害の停止又は予防を請求することができる。

2　不正競争によって営業上の利益を侵害され、又は侵害されるおそれがある者は、前項の規定による請求をするに際し、侵害の行為を組成した物（侵害の行為により生じた物を含む。）の廃棄、侵害の行為に供した設備の除却その他の侵害の停止又は予防に必要な行為を請求することができる。

（損害賠償）

第四条　故意又は過失により不正競争を行って他人の営業上の利益を侵害した者は、これによって生じた損害を賠償する責めに任ずる。ただし、第十五条の規定により同条に規定する権利が消滅した後にその営業秘密又は限定提供データを使用する行為によって生じた損害については、この限りでない。

第五章　罰則

（罰則）

第二十一条現　次の各号のいずれかに該当する場合には、当該違反行為をした者は、十年以下の懲役若しくは二千万円以下の罰金に処し、又はこれを併科する。

新［令和七年六月一日から施行］

（罰則）

第二十一条　次の各号のいずれかに該当する場合には、当該違反行為をした者は、十年以下の拘禁刑若しくは二千万円以下の罰金に処し、又はこれを併科する。

一　不正の利益を得る目的で、又はその営業秘密保有者に損害を加える目的で、詐欺等行為（人を欺き、人に暴行を加え、又は人を脅迫する行為をいう。次号において同じ。）又は管理侵害行為（財物の窃取、施設への侵入、不正アクセス行為（不正アクセス行為の禁止等に関する法律（平成十一年法律第百二十八号）第二条第四項に規定する不正アクセス行為をいう。）その他の営業秘密保有者の管理を害する行為をいう。次号において同じ。）により、営業秘密を取得したとき。

二　詐欺等行為又は管理侵害行為により取得した営業秘密を、不正の利益を得る目的で、又はその営業秘密保有者に損害を加える目的で、使用し、又は開示したとき。

三　不正の利益を得る目的で、又はその営業秘密保有者に損害を加える目的で、前号若しくは次項第二号から第四号までの罪、第四項第二号の罪（前号の罪に当たる開示に係る部分に限る。）又は第五項第二号の罪に当たる開示によって営業秘密を取得して、その営業秘密を使用し、又は開示したとき。

四　不正の利益を得る目的で、又はその営業秘密保有者に損害を加える目的で、前二号若しくは次項第二号から第四号までの罪、第四項第二号の罪（前二号の罪に当たる開示に係る部分に限る。）又は第五項第二号の罪に当たる開示が介在したことを知って営業秘密を取得して、その営業秘密を使用し、又は開示したとき。

五　不正の利益を得る目的で、又はその営業秘密保有者に損害を加える目的で、自己又は他人の第二号から前号までの罪に当たる行為（技術上の秘密を使用する行為に限る。以下この号において「違法使用行為」という。）により生じた物を譲渡し、引き渡し、譲渡若しくは引渡しのために展示し、輸出し、輸入し、又は電気通信回線を通じて提供したとき（当該物が違法使用行為により生じた物であることの情を知らないで譲り受け、当該物を譲渡し、引き渡し、譲渡若しくは引渡しのために展示し、輸出し、輸入し、又は電気通信回線を通じて提供した場合を除く。）。

2　次の各号のいずれかに該当する者は、十年以下の拘禁刑若しくは二千万円以下の罰金に処し、又はこれを併科する。

一　営業秘密を営業秘密保有者から示された者であって、不正の利益を得る目的で、又はその営業秘密保有者に損害を加える目的で、その営業秘密の管理に係る任務に背き、次のいずれかに掲げる方法でその営業秘密を領得したもの

イ　営業秘密記録媒体等（営業秘密が記載され、又は記録された文書、図画又は記録媒体をいう。以下この号において同じ。）又は営業秘密が化体された物件を横領すること。

ロ　営業秘密記録媒体等の記載若しくは記録について、又は営業秘密が化体された物件について、その複製を作成すること。

ハ　営業秘密記録媒体等の記載又は記録であって、消去すべきものを消去せず、かつ、当該記載又は記録を消去したように仮装すること。

二　営業秘密を営業秘密保有者から示された者であって、その営業秘密の管理に係る任務に背いて前号イからハまでに掲げる方法により領得した営業秘密を、不正の利益を得る目的で、又はその営業秘密保有者に損害を加える目的で、その営業秘密の管理に係る任務に背き、使用し、又は開示したもの

三　営業秘密を営業秘密保有者から示されたその役員（理事、取締役、執行役、業務を執行する社員、監事若しくは監査役又はこれらに準ずる者をいう。次号において同じ。）又は従業者であって、不正の利益を得る目的で、又はその営業秘密保有者に損害を加える目的で、その営業秘密の管理に係る任務に背き、その営業秘密を使用し、又は開示したもの（前号に掲げる者を除く。）

四　営業秘密を営業秘密保有者から示されたその役員又は従業者であった者であって、不正の利益を得る目的で、又はその営業秘密保有者に損害を加える目的で、その在職中に、その営業秘密の管理に係る任務に背いてその営業秘密の開示の申込みをし、又はその営業秘密の使用若しくは開示について請託を受けて、その営業秘密をその職を退いた後に使用し、又は開示したもの（第二号に掲げる者を除く。）

五　不正の利益を得る目的で、又はその営業秘密保有者に損害を加える目的で、自己又は他人の第二号から前号まで又は第五項第三号の罪に当たる行為（技術上の秘密を使用する行為に限る。以下この号において「従業者等違法使用行為」という。）により生じた物を譲渡し、引き渡し、譲渡若しくは引渡しのために展示し、輸出し、輸入し、又は電気通信回線を通じて提供した者（当該物が従業者等違法使用行為により生じた物であることの情を知らないで譲り受け、当該物を譲渡し、引き渡し、譲渡若しくは引渡しのために展示し、輸出し、輸入し、又は電気通信回線を通じて提供した者を除く。）

3 **現**　次の各号のいずれかに該当する場合には、当該違反行為をした者は、五年以下の懲役若しくは五百万円以下の罰金に処し、又はこれを併科する。

新［令和七年六月一日から施行］
3　次の各号のいずれかに該当する場合には、当該違反行為をした者は、五年以下の拘禁刑若しくは五百万円以下の罰金に処し、又はこれを併科する。

一　不正の目的をもって第二条第一項第一号又は第二十号に掲げる不正競争を行ったとき。
二　他人の著名な商品等表示に係る信用若しくは名声を利用して不正の利益を得る目的で、又は当該信用若しくは名声を害する目的で第二条第一項第二号に掲げる不正競争を行ったとき。
三　不正の利益を得る目的で第二条第一項第三号に掲げる不正競争を行ったとき。
四　不正の利益を得る目的で、又は営業上技術的制限手段を用いている者に損害を加える目的で、第二条第一項第十七号又は第十八号に掲げる不正競争を行ったとき。
五　商品若しくは役務若しくはその広告若しくは取引に用いる書類若しくは通信にその商品の原産地、品質、内容、製造方法、用途若しくは数量又はその役務の質、内容、用途若しくは数量について誤認させるような虚偽の表示をしたとき（第一号に掲げる場合を除く。）。
六　秘密保持命令に違反したとき。
七　第十六条又は第十七条の規定に違反したとき。

4 **現**　次の各号のいずれかに該当する場合には、当該違反行為をした者は、十年以下の懲役若しくは三千万円以下の罰金に処し、又はこれを併科する。

新〔令和七年六月一日から施行〕
4　次の各号のいずれかに該当する場合には、当該違反行為をした者は、十年以下の拘禁刑若しくは三千万円以下の罰金に処し、又はこれを併科する。

一　日本国外において使用する目的で、第一項第一号の罪を犯したとき。
二　相手方に日本国外において第一項第二号から第四号までの罪に当たる使用をする目的があることの情を知って、これらの罪に当たる開示をしたとき。
三　日本国内において事業を行う営業秘密保有者の営業秘密について、日本国外において第一項第二号から第四号までの罪に当たる使用をしたとき。
四　第十八条第一項の規定に違反したとき。

5　次の各号のいずれかに該当する者は、十年以下の拘禁刑若しくは三千万円以下の罰金に処し、又はこれを併科する。
一　日本国外において使用する目的で、第二項第一号の罪を犯した者
二　相手方に日本国外において第二項第二号から第四号までの罪に当たる使用をする目的があることの情を知って、これらの罪に当たる開示をした者
三　日本国内において事業を行う営業秘密保有者の営業秘密について、日本国外において第二項第二号から第四号までの罪に当たる使用をした者

6　第一項、第二項（第一号を除く。）、第四項（第四号を除く。）及び前項（第一号を除く。）の罪の未遂は、罰する。

7　第三項第六号の罪は、告訴がなければ公訴を提起することができない。

8　第一項各号（第五号を除く。）、第二項各号（第五号を除く。）、第四項第一号若しくは第二号、第五項第一号若しくは第二号又は第六項（第一項第五号又は第二項第五号に係る部分を除く。）の罪は、日本国内において事業を行う営業秘密保有者の営業秘密について、日本国外においてこれらの罪を犯した者にも適用する。

9　第三項第六号の罪は、日本国外において同号の罪を犯した者にも適用する。

10　第四項第四号の罪は、刑法（明治四十年法律第四十五号）第三条の例に従う。

11　第四項第四号の罪は、日本国内に主たる事務所を有する法人の代表者、代理人、使用人その他の従業者であって、その法人の業務に関し、日本国外において同号の罪を犯した日本国民以外の者にも適用する。

12　第一項から第六項までの規定は、刑法その他の罰則の適用を妨げない。

13　次に掲げる財産は、これを没収することができる。

一　第一項、第二項、第四項（第四号を除く。）、第五項及び第六項の罪の犯罪行為により生じ、若しくは当該犯罪行為により得た財産又は当該犯罪行為の報酬として得た財産

二　前号に掲げる財産の果実として得た財産、同号に掲げる財産の対価として得た財産、これらの財産の対価として得た財産その他同号に掲げる財産の保有又は処分に基づき得た財産

14　組織的な犯罪の処罰及び犯罪収益の規制等に関する法律（平成十一年法律第百三十六号。以下「組織的犯罪処罰法」という。）第十四条及び第十五条の規定は、前項の規定による没収について準用する。この場合において、組織的犯罪処罰法第十四条中「前条第一項各号又は第四項各号」とあるのは、「不正競争防止法第二十一条第十三項各号」と読み替えるものとする。

15　第十三項各号に掲げる財産を没収することができないとき、又は当該財産の性質、その使用の状況、当該財産に関する犯人以外の者の権利の有無その他の事情からこれを没収することが相当でないと認められるときは、その価額を犯人から追徴することができる。

第二二条　法人の代表者又は法人若しくは人の代理人、使用人その他の従業者が、その法人又は人の業務に関し、次の各号に掲げる規定の違反行為をしたときは、行為者を罰するほか、その法人に対して当該各号に定める罰金刑を、その人に対して各本条の罰金刑を科する。

一　前条第四項又は第六項（同条第四項に係る部分に限る。）　十億円以下の罰金刑

二　前条第一項又は第六項（同条第一項に係る部分に限る。）　五億円以下の罰金刑

三　前条第三項　三億円以下の罰金刑

2　前項の場合において、当該行為者に対してした前条第三項第六号の罪に係る同条第七項の告訴は、その法人又は人に対しても効力を生じ、その法人又は人に対してした告訴は、当該行為者に対しても効力を生ずるものとする。

3　第一項の規定により前条第一項、第三項、第四項又は第六項（同条第一項又は第四項に係る部分に限る。）の違反行為につき法人又は人に罰金刑を科する場合における時効の期間は、これらの規定の罪についての時効の期間による。

附　則　抄

（施行期日）

第一条　この法律は、公布の日から起算して一年を超えない範囲内において政令で定める日から施行する。

私的独占の禁止及び公正取引の確保に関する法律　抄

〔昭和二十二年四月十四日
法律第五十四号〕

沿革	平成一〇年	五月二九日	法律第八一号
	〃 一二年	五月一九日	〃 第七六号
	〃 一四年	五月二九日	〃 第四七号
	〃 一七年	四月二七日	〃 第三五号
	〃 二一年	六月一〇日	〃 第五一号
	〃 二五年	一二月一三日	〃 第一〇〇号
	令和 元年	六月二六日	〃 第四五号
	〃 四年	五月二五日	〃 第四八号
	〃 四年	六月一七日	〃 第六八号
	〃 五年	六月一六日	〃 第六三号

第一章　総則

第一条　この法律は、私的独占、不当な取引制限及び不公正な取引方法を禁止し、事業支配力の過度の集中を防止して、結合、協定等の方法による生産、販売、価格、技術等の不当な制限その他一切の事業活動の不当な拘束を排除することにより、公正且つ自由な競争を促進し、事業者の創意を発揮させ、事業活動を盛んにし、雇傭及び国民実所得の水準を高め、以て、一般消費者の利益を確保するとともに、国民経済の民主的で健全な発達を促進することを目的とする。

第二条　この法律において「事業者」とは、商業、工業、金融業その他の事業を行う者をいう。事業者の利益のためにする行為を行う役員、従業員、代理人その他の者は、次項又は第三章の規定の適用については、これを事業者とみなす。

②　この法律において「事業者団体」とは、事業者としての共通の利益を増進することを主たる目的とする二以上の事業者の結合体又はその連合体をいい、次に掲げる形態のものを含む。ただし、二以上の事業者の結合体又はその連合体であつて、資本又は構成事業者の出資を有し、営利を目的として商業、工業、金融業その他の事業を営むことを主たる目的とし、かつ、現にその事業を営んでいるものを含まないものとする。

一　二以上の事業者が社員（社員に準ずるものを含む。）である社団法人その他の社団

二　二以上の事業者が理事又は管理人の任免、業務の執行又はその存立を支配している財団法人その他の財団

三　二以上の事業者を組合員とする組合又は契約による二以上の事業者の結合体

③　この法律において「役員」とは、理事、取締役、執行役、業務を執行する社員、監事若しくは監査役若しくはこれらに準ずる者、支配人又は本店若しくは支店の事業の主任者をいう。

④　この法律において「競争」とは、二以上の事業者がその通常の事業活動の範囲内において、かつ、当該事業活動の施設又は態様に重要な変更を加えることなく次に掲げる行為をし、又はすることができる状態をいう。

一　同一の需要者に同種又は類似の商品又は役務を供給すること

二　同一の供給者から同種又は類似の商品又は役務の供給を受けること

⑤　この法律において「私的独占」とは、事業者が、単独に、又は他の事業者と結合し、若しくは通謀し、その他いかなる方法をもつてするかを問わず、他の事業者の事業活動を排除

し、又は支配することにより、公共の利益に反して、一定の取引分野における競争を実質的に制限することをいう。

⑥　この法律において「不当な取引制限」とは、事業者が、契約、協定その他何らの名義をもつてするかを問わず、他の事業者と共同して対価を決定し、維持し、若しくは引き上げ、又は数量、技術、製品、設備若しくは取引の相手方を制限する等相互にその事業活動を拘束し、又は遂行することにより、公共の利益に反して、一定の取引分野における競争を実質的に制限することをいう。

⑦　この法律において「独占的状態」とは、同種の商品（当該同種の商品に係る通常の事業活動の施設又は態様に重要な変更を加えることなく供給することができる商品を含む。）（以下この項において「一定の商品」という。）並びにこれとその機能及び効用が著しく類似している他の商品で国内において供給されたもの（輸出されたものを除く。）の価額（当該商品に直接課される租税の額に相当する額を控除した額とする。）又は国内において供給された同種の役務の価額（当該役務の提供を受ける者に当該役務に関して課される租税の額に相当する額を控除した額とする。）の政令で定める最近の一年間における合計額が千億円を超える場合における当該一定の商品又は役務に係る一定の事業分野において、次に掲げる市場構造及び市場における弊害があることをいう。

一　当該一年間において、一の事業者の事業分野占拠率（当該一定の商品並びにこれとその機能及び効用が著しく類似している他の商品で国内において供給されたもの（輸出されたものを除く。）又は国内において供給された当該役務の数量（数量によることが適当でない場合にあつては、これらの価額とする。以下この号において同じ。）のうち当該事業者が供給した当該一定の商品並びにこれとその機能及び効用が著しく類似している他の商品又は役務の数量の占める割合をいう。以下この号において同じ。）が二分の一を超え、又は二の事業者のそれぞれの事業分野占拠率の合計が四分の三を超えていること。

二　他の事業者が当該事業分野に属する事業を新たに営むことを著しく困難にする事情があること。

三　当該事業者の供給する当該一定の商品又は役務につき、相当の期間、需給の変動及びその供給に要する費用の変動に照らして、価格の上昇が著しく、又はその低下がきん少であり、かつ、当該事業者がその期間次のいずれかに該当していること。

イ　当該事業者の属する政令で定める業種における標準的な政令で定める種類の利益率を著しく超える率の利益を得ていること。

ロ　当該事業者の属する事業分野における事業者の標準的な販売費及び一般管理費に比し著しく過大と認められる販売費及び一般管理費を支出していること。

⑧　経済事情が変化して国内における生産業者の出荷の状況及び卸売物価に著しい変動が生じたときは、これらの事情を考慮して、前項の金額につき政令で別段の定めをするものとする。

⑨　この法律において「不公正な取引方法」とは、次の各号のいずれかに該当する行為をいう。

一　正当な理由がないのに、競争者と共同して、次のいずれかに該当する行為をすること。

イ　ある事業者に対し、供給を拒絶し、又は供給に係る商品若しくは役務の数量若しくは内容を制限すること。

ロ　他の事業者に、ある事業者に対する供給を拒絶させ、又は供給に係る商品若しくは役務の数量若しくは内容を制限させること。

二　不当に、地域又は相手方により差別的な対価をもつて、

商品又は役務を継続して供給することであつて、他の事業者の事業活動を困難にさせるおそれがあるもの

三　正当な理由がないのに、商品又は役務をその供給に要する費用を著しく下回る対価で継続して供給することであつて、他の事業者の事業活動を困難にさせるおそれがあるもの

四　自己の供給する商品を購入する相手方に、正当な理由がないのに、次のいずれかに掲げる拘束の条件を付けて、当該商品を供給すること。

イ　相手方に対しその販売する当該商品の販売価格を定めてこれを維持させることその他相手方の当該商品の販売価格の自由な決定を拘束すること。

ロ　相手方の販売する当該商品を購入する事業者の当該商品の販売価格を定めて相手方をして当該事業者にこれを維持させることその他相手方をして当該事業者の当該商品の販売価格の自由な決定を拘束させること。

五　自己の取引上の地位が相手方に優越していることを利用して、正常な商慣習に照らして不当に、次のいずれかに該当する行為をすること。

イ　継続して取引する相手方（新たに継続して取引しようとする相手方を含む。ロにおいて同じ。）に対して、当該取引に係る商品又は役務以外の商品又は役務を購入させること。

ロ　継続して取引する相手方に対して、自己のために金銭、役務その他の経済上の利益を提供させること。

ハ　取引の相手方からの取引に係る商品の受領を拒み、取引の相手方から取引に係る商品を受領した後当該商品を当該取引の相手方に引き取らせ、取引の相手方に対して取引の対価の支払を遅らせ、若しくはその額を減じ、その他取引の相手方に不利益となるように取引の条件を設定し、若しくは変更し、又は取引を実施すること。

六　前各号に掲げるもののほか、次のいずれかに該当する行為であつて、公正な競争を阻害するおそれがあるもののうち、公正取引委員会が指定するもの

イ　不当に他の事業者を差別的に取り扱うこと。

ロ　不当な対価をもつて取引すること。

ハ　不当に競争者の顧客を自己と取引するように誘引し、又は強制すること。

ニ　相手方の事業活動を不当に拘束する条件をもつて取引すること。

ホ　自己の取引上の地位を不当に利用して相手方と取引すること。

ヘ　自己又は自己が株主若しくは役員である会社と国内において競争関係にある他の事業者とその取引の相手方との取引を不当に妨害し、又は当該事業者が会社である場合において、その会社の株主若しくは役員をその会社の不利益となる行為をするように、不当に誘引し、唆し、若しくは強制すること。

第二章　私的独占及び不当な取引制限

第三条　事業者は、私的独占又は不当な取引制限をしてはならない。

第四条及び第五条　削除〔昭和二八年九月法律二五九号〕

第六条　事業者は、不当な取引制限又は不公正な取引方法に該当する事項を内容とする国際的協定又は国際的契約をしてはならない。

第七条　第三条又は前条の規定に違反する行為があるときは、公正取引委員会は、第八章第二節に規定する手続に従い、事業者に対し、当該行為の差止め、事業の一部の譲渡その他こ

れらの規定に違反する行為を排除するために必要な措置を命ずることができる。

② 公正取引委員会は、第三条又は前条の規定に違反する行為が既になくなつている場合においても、特に必要があると認めるときは、第八章第二節に規定する手続に従い、次に掲げる者に対し、当該行為が既になくなつている旨の周知措置その他当該行為が排除されたことを確保するために必要な措置を命ずることができる。ただし、当該行為がなくなつた日から七年を経過したときは、この限りでない。

一 当該行為をした事業者

二 当該行為をした事業者が法人である場合において、当該法人が合併により消滅したときにおける合併後存続し、又は合併により設立された法人

三 当該行為をした事業者が法人である場合において、当該法人から分割により当該行為に係る事業の全部又は一部を承継した法人

四 当該行為をした事業者から当該行為に係る事業の全部又は一部を譲り受けた事業者

第五章 不公正な取引方法

第一九条 事業者は、不公正な取引方法を用いてはならない。

第二〇条 前条の規定に違反する行為があるときは、公正取引委員会は、第八章第二節に規定する手続に従い、事業者に対し、当該行為の差止め、契約条項の削除その他当該行為を排除するために必要な措置を命ずることができる。

② 第七条第二項の規定は、前条の規定に違反する行為に準用する。

附 則 抄

第一条 この法律の施行の期日は、各規定について命令を以てこれを定める。

下請代金支払遅延等防止法

〔昭和三一年六月一日
法律第一二〇号〕

沿革
昭和三七年　五月一五日法律第一三五号
〃　三八年　七月二〇日　〃　第一五七号
〃　四〇年　六月一〇日　〃　第一二五号
〃　四八年一〇月一五日　〃　第一一五号
平成一一年一二月　三日　〃　第一四六号
〃　一二年一一月二七日　〃　第一二六号
〃　**一五年　六月一八日　〃　第八七号**
〃　一七年　四月二七日　〃　第三五号
〃　一七年　七月二六日　〃　第八七号
〃　二一年　六月一〇日　〃　第五一号

（目的）

第一条　この法律は、下請代金の支払遅延等を防止することによつて、親事業者の下請事業者に対する取引を公正ならしめるとともに、下請事業者の利益を保護し、もつて国民経済の健全な発達に寄与することを目的とする。

（定義）

第二条　この法律で「製造委託」とは、事業者が業として行う販売若しくは業として請け負う製造（加工を含む。以下同じ。）の目的物たる物品若しくはその半製品、部品、附属品若しくは原材料若しくはこれらの製造に用いる金型又は業として行う物品の修理に必要な部品若しくは原材料の製造を他の事業者に委託すること及び事業者がその使用し又は消費する物品の製造を業として行う場合にその物品若しくはその半製品、部品、附属品若しくは原材料又はこれらの製造に用いる金型の製造を他の事業者に委託することをいう。

2　この法律で「修理委託」とは、事業者が業として請け負う物品の修理の行為の全部又は一部を他の事業者に委託すること及び事業者がその使用する物品の修理を業として行う場合にその修理の行為の一部を他の事業者に委託することをいう。

3　この法律で「情報成果物作成委託」とは、事業者が業として行う提供若しくは業として請け負う作成の目的たる情報成果物の作成の行為の全部又は一部を他の事業者に委託すること及び事業者がその使用する情報成果物の作成を業として行う場合にその情報成果物の作成の行為の全部又は一部を他の事業者に委託することをいう。

4　この法律で「役務提供委託」とは、事業者が業として行う提供の目的たる役務の提供の行為の全部又は一部を他の事業者に委託すること（建設業（建設業法（昭和二十四年法律第百号）第二条第二項に規定する建設業をいう。以下この項において同じ。）を営む者が業として請け負う建設工事（同条第一項に規定する建設工事をいう。）の全部又は一部を他の建設業を営む者に請け負わせることを除く。）をいう。

5　この法律で「製造委託等」とは、製造委託、修理委託、情報成果物作成委託及び役務提供委託をいう。

6　この法律で「情報成果物」とは、次に掲げるものをいう。

一　プログラム（電子計算機に対する指令であつて、一の結果を得ることができるように組み合わされたものをいう。）

二　映画、放送番組その他影像又は音声その他の音響により構成されるもの

三　文字、図形若しくは記号若しくはこれらの結合又はこれらと色彩との結合により構成されるもの

四　前三号に掲げるもののほか、これらに類するもので政令で定めるもの

7　この法律で「親事業者」とは、次の各号のいずれかに該当する者をいう。

一　資本金の額又は出資の総額が三億円を超える法人たる事業者（政府契約の支払遅延防止等に関する法律（昭和二十四年法律第二百五十六号）第十四条に規定する者を除く。）であつて、個人又は資本金の額若しくは出資の総額が三億円以下の法人たる事業者に対し製造委託等（情報成果物作成委託及び役務提供委託にあつては、それぞれ政令で定める情報成果物及び役務に係るものに限る。次号並びに次項第一号及び第二号において同じ。）をするもの

二　資本金の額又は出資の総額が千万円を超え三億円以下の法人たる事業者（政府契約の支払遅延防止等に関する法律第十四条に規定する者を除く。）であつて、個人又は資本金の額若しくは出資の総額が千万円以下の法人たる事業者に対し製造委託等をするもの

三　資本金の額又は出資の総額が五千万円を超える法人たる事業者（政府契約の支払遅延防止等に関する法律第十四条に規定する者を除く。）であつて、個人又は資本金の額若しくは出資の総額が五千万円以下の法人たる事業者に対し情報成果物作成委託又は役務提供委託（それぞれ第一号の政令で定める情報成果物又は役務に係るものを除く。次号並びに次項第三号及び第四号において同じ。）をするもの

四　資本金の額又は出資の総額が千万円を超え五千万円以下の法人たる事業者（政府契約の支払遅延防止等に関する法律第十四条に規定する者を除く。）であつて、個人又は資本金の額若しくは出資の総額が千万円以下の法人たる事業者に対し情報成果物作成委託又は役務提供委託をするもの

8　この法律で「下請事業者」とは、次の各号のいずれかに該当する者をいう。

一　個人又は資本金の額若しくは出資の総額が三億円以下の法人たる事業者であつて、前項第一号に規定する親事業者から製造委託等を受けるもの

二　個人又は資本金の額若しくは出資の総額が千万円以下の法人たる事業者であつて、前項第二号に規定する親事業者から製造委託等を受けるもの

三　個人又は資本金の額若しくは出資の総額が五千万円以下の法人たる事業者であつて、前項第三号に規定する親事業者から情報成果物作成委託又は役務提供委託を受けるもの

四　個人又は資本金の額若しくは出資の総額が千万円以下の法人たる事業者であつて、前項第四号に規定する親事業者から情報成果物作成委託又は役務提供委託を受けるもの

9　資本金の額又は出資の総額が千万円を超える法人たる事業者から役員の任免、業務の執行又は存立について支配を受け、かつ、その事業者から製造委託等を受ける法人たる事業者が、その製造委託等に係る製造、修理、作成又は提供の行為の全部又は相当部分について再委託をする場合（第七項第一号又は第二号に該当する者がそれぞれ前項第一号又は第二号に該当する者に対し製造委託等をする場合及び第七項第三号又は第四号に該当する者がそれぞれ前項第三号又は第四号に該当する者に対し情報成果物作成委託又は役務提供委託をする場合を除く。）において、再委託を受ける事業者が、役員の任免、業務の執行又は存立について支配をし、かつ、製造委託等をする当該事業者から直接製造委託等を受けるものとすれば前項各号のいずれかに該当することとなる事業者であるときは、この法律の適用については、再委託をする事業者は親事業者と、再委託を受ける事業者は下請事業者とみなす。

10　この法律で「下請代金」とは、親事業者が製造委託等をした場合に下請事業者の給付（役務提供委託をした場合にあつては、役務の提供。以下同じ。）に対し支払うべき代金をいう。

（下請代金の支払期日）

第二条の二　下請代金の支払期日は、親事業者が下請事業者の

給付の内容について検査をするかどうかを問わず、親事業者が下請事業者の給付を受領した日（役務提供委託の場合は、下請事業者がその委託を受けた役務の提供をした日。次項において同じ。）から起算して、六十日の期間内において、かつ、できる限り短い期間内において、定められなければならない。

2　下請代金の支払期日が定められなかつたときは親事業者が下請事業者の給付を受領した日が、前項の規定に違反して下請代金の支払期日が定められたときは親事業者が下請事業者の給付を受領した日から起算して六十日を経過した日の前日が下請代金の支払期日と定められたものとみなす。

（書面の交付等）

第三条　親事業者は、下請事業者に対し製造委託等をした場合は、直ちに、公正取引委員会規則で定めるところにより下請事業者の給付の内容、下請代金の額、支払期日及び支払方法その他の事項を記載した書面を下請事業者に交付しなければならない。ただし、これらの事項のうちその内容が定められないことにつき正当な理由があるものについては、その記載を要しないものとし、この場合には、親事業者は、当該事項の内容が定められた後直ちに、当該事項を記載した書面を下請事業者に交付しなければならない。

2　親事業者は、前項の規定による書面の交付に代えて、政令で定めるところにより、当該下請事業者の承諾を得て、当該書面に記載すべき事項を電子情報処理組織を使用する方法その他の情報通信の技術を利用する方法であつて公正取引委員会規則で定めるものにより提供することができる。この場合において、当該親事業者は、当該書面を交付したものとみなす。

（親事業者の遵守事項）

第四条　親事業者は、下請事業者に対し製造委託等をした場合は、次の各号（役務提供委託をした場合にあつては、第一号及び第四号を除く。）に掲げる行為をしてはならない。

一　下請事業者の責に帰すべき理由がないのに、下請事業者の給付の受領を拒むこと。

二　下請代金をその支払期日の経過後なお支払わないこと。

三　下請事業者の責に帰すべき理由がないのに、下請代金の額を減ずること。

四　下請事業者の責に帰すべき理由がないのに、下請事業者の給付を受領した後、下請事業者にその給付に係る物を引き取らせること。

五　下請事業者の給付の内容と同種又は類似の内容の給付に対し通常支払われる対価に比し著しく低い下請代金の額を不当に定めること。

六　下請事業者の給付の内容を均質にし又はその改善を図るため必要がある場合その他正当な理由がある場合を除き、自己の指定する物を強制して購入させ、又は役務を強制して利用させること。

七　親事業者が第一号若しくは第二号に掲げる行為をしている場合若しくは第三号から前号までに掲げる行為をした場合又は親事業者について次項各号の一に該当する事実があると認められる場合に下請事業者が公正取引委員会又は中小企業庁長官に対しその事実を知らせたことを理由として、取引の数量を減じ、取引を停止し、その他不利益な取扱いをすること。

2　親事業者は、下請事業者に対し製造委託等をした場合は、次の各号（役務提供委託をした場合にあつては、第一号を除く。）に掲げる行為をすることによつて、下請事業者の利益を不当に害してはならない。

一　自己に対する給付に必要な半製品、部品、附属品又は原材料（以下「原材料等」という。）を自己から購入させた場合に、下請事業者の責めに帰すべき理由がないのに、当該原材料等を用いる給付に対する下請代金の支払期日より早い時期に、支払うべき下請代金の額から当該原材料等の対価の全部若しくは一部を控除し、又は当該原材料等の対価の全部若しくは一部を支払わせること。

二　下請代金の支払につき、当該下請代金の支払期日までに一般の金融機関（預金又は貯金の受入れ及び資金の融通を業とする者をいう。）による割引を受けることが困難であると認められる手形を交付すること。

三　自己のために金銭、役務その他の経済上の利益を提供させること。

四　下請事業者の責めに帰すべき理由がないのに、下請事業者の給付の内容を変更させ、又は下請事業者の給付を受領した後に（役務提供委託の場合は、下請事業者がその委託を受けた役務の提供をした後に）給付をやり直させること。

（遅延利息）

第四条の二　親事業者は、下請代金の支払期日までに下請代金を支払わなかつたときは、下請事業者に対し、下請事業者の給付を受領した日（役務提供委託の場合は、下請事業者がその委託を受けた役務の提供をした日）から起算して六十日を経過した日から支払をする日までの期間について、その日数に応じ、当該未払金額に公正取引委員会規則で定める率を乗じて得た金額を遅延利息として支払わなければならない。

（書類等の作成及び保存）

第五条　親事業者は、下請事業者に対し製造委託等をした場合は、公正取引委員会規則で定めるところにより、下請事業者の給付、給付の受領（役務提供委託をした場合にあつては、下請事業者がした役務を提供する行為の実施）、下請代金の支払その他の事項について記載し又は記録した書類又は電磁的記録（電子的方式、磁気的方式その他人の知覚によつては認識することができない方式で作られる記録であつて、電子計算機による情報処理の用に供されるものをいう。以下同じ。）を作成し、これを保存しなければならない。

（中小企業庁長官の請求）

第六条　中小企業庁長官は、親事業者が第四条第一項第一号、第二号若しくは第七号に掲げる行為をしているかどうか若しくは同項第三号から第六号までに掲げる行為をしたかどうか又は親事業者について同条第二項各号の一に該当する事実があるかどうかを調査し、その事実があると認めるときは、公正取引委員会に対し、この法律の規定に従い適当な措置をとるべきことを求めることができる。

（勧告）

第七条　公正取引委員会は、親事業者が第四条第一項第一号、第二号又は第七号に掲げる行為をしていると認めるときは、その親事業者に対し、速やかにその下請事業者の給付を受領し、その下請代金若しくはその下請代金及び第四条の二の規定による遅延利息を支払い、又はその不利益な取扱いをやめるべきことその他必要な措置をとるべきことを勧告するものとする。

2　公正取引委員会は、親事業者が第四条第一項第三号から第六号までに掲げる行為をしたと認めるときは、その親事業者に対し、速やかにその減じた額を支払い、その下請事業者の給付に係る物を再び引き取り、その下請代金の額を引き上げ、又はその購入させた物を引き取るべきことその他必要な措置をとるべきことを勧告するものとする。

3　公正取引委員会は、親事業者について第四条第二項各号のいずれかに該当する事実があると認めるときは、その親事業者に対し、速やかにその下請事業者の利益を保護するため必要な措置をとるべきことを勧告するものとする。

（私的独占の禁止及び公正取引の確保に関する法律との関係）

第八条　私的独占の禁止及び公正取引の確保に関する法律（昭和二十二年法律第五十四号）第二十条及び第二十条の六の規定は、公正取引委員会が前条第一項から第三項までの規定による勧告をした場合において、親事業者がその勧告に従つたときに限り、親事業者のその勧告に係る行為については、適用しない。

（報告及び検査）

第九条　公正取引委員会は、親事業者の下請事業者に対する製造委託等に関する取引（以下単に「取引」という。）を公正ならしめるため必要があると認めるときは、親事業者若しくは下請事業者に対しその取引に関する報告をさせ、又はその職員に親事業者若しくは下請事業者の事務所若しくは事業所に立ち入り、帳簿書類その他の物件を検査させることができる。

2　中小企業庁長官は、下請事業者の利益を保護するため特に必要があると認めるときは、親事業者若しくは下請事業者に対しその取引に関する報告をさせ、又はその職員に親事業者若しくは下請事業者の事務所若しくは事業所に立ち入り、帳簿書類その他の物件を検査させることができる。

3　親事業者又は下請事業者の営む事業を所管する主務大臣は、中小企業庁長官の第六条の規定による調査に協力するため特に必要があると認めるときは、所管事業を営む親事業者若しくは下請事業者に対しその取引に関する報告をさせ、又はその職員にこれらの者の事務所若しくは事業所に立ち入り、帳簿書類その他の物件を検査させることができる。

4　前三項の規定により職員が立ち入るときは、その身分を示す証明書を携帯し、関係人に提示しなければならない。

5　第一項から第三項までの規定による立入検査の権限は、犯罪捜査のために認められたものと解釈してはならない。

（罰則）

第一〇条　次の各号のいずれかに該当する場合には、その違反行為をした親事業者の代表者、代理人、使用人その他の従業者は、五十万円以下の罰金に処する。

一　第三条第一項の規定による書面を交付しなかつたとき。

二　第五条の規定による書類若しくは電磁的記録を作成せず、若しくは保存せず、又は虚偽の書類若しくは電磁的記録を作成したとき。

第一一条　第九条第一項から第三項までの規定による報告をせず、若しくは虚偽の報告をし、又は検査を拒み、妨げ、若しくは忌避した者は、五十万円以下の罰金に処する。

第一二条　法人の代表者又は法人若しくは人の代理人、使用人その他の従業者が、その法人又は人の業務に関し、前二条の違反行為をしたときは、行為者を罰するほか、その法人又は人に対して各本条の刑を科する。

附　則　抄

1　この法律は、公布の日から起算して三十日を経過した日から施行する。

下請代金支払遅延等防止法第四条の二の規定による遅延利息の率を定める規則

〔昭和三七年五月一五日
公正取引委員会規則第一号〕

沿革　昭和四五年五月八日公正取引委員会規則第一号

下請代金支払遅延等防止法第四条の二の規定による下請代金の支払遅延に対する遅延利息の率は年十四・六パーセントとする。

附　則

この規則は、昭和三十七年六月十四日から施行する。

個人情報の保護に関する法律　抄

（平成十五年五月三十日
法律第五十七号）

沿革　平成三〇年七月二七日法律第八〇号
令和　元年五月三一日　〃　第一六号
〃　**二年六月一二日**　〃　**第四四号**
〃　**三年五月一九日**　〃　**第三七号**
〃　四年五月二五日　〃　第四八号
〃　四年五月二七日　〃　第五四号
〃　四年六月一七日　〃　第六八号
〃　五年五月一九日　〃　第三二号
〃　五年六月　七日　〃　第四七号
〃　五年一一月二九日　〃　第七九号

第一章　総則

（目的）

第一条　この法律は、デジタル社会の進展に伴い個人情報の利用が著しく拡大していることに鑑み、個人情報の適正な取扱いに関し、基本理念及び政府による基本方針の作成その他の個人情報の保護に関する施策の基本となる事項を定め、国及び地方公共団体の責務等を明らかにし、個人情報を取り扱う事業者及び行政機関等についてこれらの特性に応じて遵守すべき義務等を定めるとともに、個人情報保護委員会を設置することにより、行政機関等の事務及び事業の適正かつ円滑な運営を図り、並びに個人情報の適正かつ効果的な活用が新たな産業の創出並びに活力ある経済社会及び豊かな国民生活の実現に資するものであることその他の個人情報の有用性に配慮しつつ、個人の権利利益を保護することを目的とする。

（定義）

第二条　この法律において「個人情報」とは、生存する個人に関する情報であって、次の各号のいずれかに該当するものをいう。

一　当該情報に含まれる氏名、生年月日その他の記述等（文書、図画若しくは電磁的記録（電磁的方式（電子的方式、磁気的方式その他人の知覚によっては認識することができない方式をいう。次項第二号において同じ。）で作られる記録をいう。以下同じ。）に記載され、若しくは記録され、又は音声、動作その他の方法を用いて表された一切の事項（個人識別符号を除く。）をいう。以下同じ。）により特定の個人を識別することができるもの（他の情報と容易に照合することができ、それにより特定の個人を識別することができることとなるものを含む。）

二　個人識別符号が含まれるもの

2　この法律において「個人識別符号」とは、次の各号のいずれかに該当する文字、番号、記号その他の符号のうち、政令で定めるものをいう。

一　特定の個人の身体の一部の特徴を電子計算機の用に供するために変換した文字、番号、記号その他の符号であって、当該特定の個人を識別することができるもの

二　個人に提供される役務の利用若しくは個人に販売される商品の購入に関し割り当てられ、又は個人に発行されるカードその他の書類に記載され、若しくは電磁的方式により記録された文字、番号、記号その他の符号であって、その利用者若しくは購入者又は発行を受ける者ごとに異なるものとなるように割り当てられ、又は記載され、若しくは記録されることにより、特定の利用者若しくは購入者又は発行を受ける者を識別することができるもの

3　この法律において「要配慮個人情報」とは、本人の人種、信条、社会的身分、病歴、犯罪の経歴、犯罪により害を被った事実その他本人に対する不当な差別、偏見その他の不利益が生じないようにその取扱いに特に配慮を要するものとして政令で定める記述等が含まれる個人情報をいう。

4　この法律において個人情報について「本人」とは、個人情報によって識別される特定の個人をいう。

5　この法律において「仮名加工情報」とは、次の各号に掲げる個人情報の区分に応じて当該各号に定める措置を講じて他の情報と照合しない限り特定の個人を識別することができないように個人情報を加工して得られる個人に関する情報をいう。

一　第一項第一号に該当する個人情報　当該個人情報に含まれる記述等の一部を削除すること（当該一部の記述等を復元することのできる規則性を有しない方法により他の記述等に置き換えることを含む。）。

二　第一項第二号に該当する個人情報　当該個人情報に含まれる個人識別符号の全部を削除すること（当該個人識別符号を復元することのできる規則性を有しない方法により他の記述等に置き換えることを含む。）。

6　この法律において「匿名加工情報」とは、次の各号に掲げる個人情報の区分に応じて当該各号に定める措置を講じて特定の個人を識別することができないように個人情報を加工して得られる個人に関する情報であって、当該個人情報を復元することができないようにしたものをいう。

一　第一項第一号に該当する個人情報　当該個人情報に含まれる記述等の一部を削除すること（当該一部の記述等を復元することのできる規則性を有しない方法により他の記述等に置き換えることを含む。）。

二　第一項第二号に該当する個人情報　当該個人情報に含まれる個人識別符号の全部を削除すること（当該個人識別符号を復元することのできる規則性を有しない方法により他の記述等に置き換えることを含む。）。

7　この法律において「個人関連情報」とは、生存する個人に関する情報であって、個人情報、仮名加工情報及び匿名加工情報のいずれにも該当しないものをいう。

8　この法律において「行政機関」とは、次に掲げる機関をいう。

一　法律の規定に基づき内閣に置かれる機関（内閣府を除く。）及び内閣の所轄の下に置かれる機関

二　内閣府、宮内庁並びに内閣府設置法（平成十一年法律第八十九号）第四十九条第一項及び第二項に規定する機関（これらの機関のうち第四号の政令で定める機関が置かれる機関にあっては、当該政令で定める機関を除く。）

三　国家行政組織法（昭和二十三年法律第百二十号）第三条第二項に規定する機関（第五号の政令で定める機関が置かれる機関にあっては、当該政令で定める機関を除く。）

四　内閣府設置法第三十九条及び第五十五条並びに宮内庁法（昭和二十二年法律第七十号）第十六条第二項の機関並びに内閣府設置法第四十条及び第五十六条（宮内庁法第十八条第一項において準用する場合を含む。）の特別の機関で、政令で定めるもの

五　国家行政組織法第八条の二の施設等機関及び同法第八条の三の特別の機関で、政令で定めるもの

六　会計検査院

9　この法律において「独立行政法人等」とは、独立行政法人通則法（平成十一年法律第百三号）第二条第一項に規定する独立行政法人及び別表第一に掲げる法人をいう。

10　この法律において「地方独立行政法人」とは、地方独立行政法人法（平成十五年法律第百十八号）第二条第一項に規定

する地方独立行政法人をいう。
11　この法律において「行政機関等」とは、次に掲げる機関をいう。
一　行政機関
二　地方公共団体の機関（議会を除く。次章、第三章及び第六十九条第二項第三号を除き、以下同じ。）
三　独立行政法人等（別表第二に掲げる法人を除く。第十六条第二項第三号、第六十三条、第七十八条第一項第七号イ及びロ、第八十九条第四項から第六項まで、第百十九条第五項から第七項まで並びに第百二十五条第二項において同じ。）
四　地方独立行政法人（地方独立行政法人法第二十一条第一号に掲げる業務を主たる目的とするもの又は同条第二号若しくは第三号（チに係る部分に限る。）に掲げる業務を目的とするものを除く。第十六条第二項第四号、第六十三条、第七十八条第一項第七号イ及びロ、第八十九条第七項から第九項まで、第百十九条第八項から第十項まで並びに第百二十五条第二項において同じ。）

（基本理念）
第三条　個人情報は、個人の人格尊重の理念の下に慎重に取り扱われるべきものであることに鑑み、その適正な取扱いが図られなければならない。

第七条　政府は、個人情報の保護に関する施策の総合的かつ一体的な推進を図るため、個人情報の保護に関する基本方針（以下「基本方針」という。）を定めなければならない。
2　基本方針は、次に掲げる事項について定めるものとする。
一　個人情報の保護に関する施策の推進に関する基本的な方向
二　国が講ずべき個人情報の保護のための措置に関する事項
三　地方公共団体が講ずべき個人情報の保護のための措置に関する基本的な事項
四　独立行政法人等が講ずべき個人情報の保護のための措置に関する基本的な事項
五　地方独立行政法人が講ずべき個人情報の保護のための措置に関する基本的な事項
六　第十六条第二項に規定する個人情報取扱事業者、同条第五項に規定する仮名加工情報取扱事業者及び同条第六項に規定する匿名加工情報取扱事業者並びに第五十一条第一項に規定する認定個人情報保護団体が講ずべき個人情報の保護のための措置に関する基本的な事項
七　個人情報の取扱いに関する苦情の円滑な処理に関する事項
八　その他個人情報の保護に関する施策の推進に関する重要事項
3　内閣総理大臣は、個人情報保護委員会が作成した基本方針の案について閣議の決定を求めなければならない。
4　内閣総理大臣は、前項の規定による閣議の決定があったときは、遅滞なく、基本方針を公表しなければならない。
5　前二項の規定は、基本方針の変更について準用する。

第四章　個人情報取扱事業者等の義務等

第一節　総則

（定義）
第一六条　この章及び第八章において「個人情報データベース等」とは、個人情報を含む情報の集合物であって、次に掲げるもの（利用方法からみて個人の権利利益を害するおそれが少ないものとして政令で定めるものを除く。）をいう。
一　特定の個人情報を電子計算機を用いて検索することがで

きるように体系的に構成したもの
二　前号に掲げるもののほか、特定の個人情報を容易に検索することができるように体系的に構成したものとして政令で定めるもの
2　この章及び第六章から第八章までにおいて「個人情報取扱事業者」とは、個人情報データベース等を事業の用に供している者をいう。ただし、次に掲げる者を除く。
一　国の機関
二　地方公共団体
三　独立行政法人等
四　地方独立行政法人
3　この章において「個人データ」とは、個人情報データベース等を構成する個人情報をいう。
4　この章において「保有個人データ」とは、個人情報取扱事業者が、開示、内容の訂正、追加又は削除、利用の停止、消去及び第三者への提供の停止を行うことのできる権限を有する個人データであって、その存否が明らかになることにより公益その他の利益が害されるものとして政令で定めるもの以外のものをいう。
5　この章、第六章及び第七章において「仮名加工情報取扱事業者」とは、仮名加工情報を含む情報の集合物であって、特定の仮名加工情報を電子計算機を用いて検索することができるように体系的に構成したものその他特定の仮名加工情報を容易に検索することができるように体系的に構成したものとして政令で定めるもの（第四十一条第一項において「仮名加工情報データベース等」という。）を事業の用に供している者をいう。ただし、第二項各号に掲げる者を除く。
6　この章、第六章及び第七章において「匿名加工情報取扱事業者」とは、匿名加工情報を含む情報の集合物であって、特定の匿名加工情報を電子計算機を用いて検索することができるように体系的に構成したものその他特定の匿名加工情報を容易に検索することができるように体系的に構成したものとして政令で定めるもの（第四十三条第一項において「匿名加工情報データベース等」という。）を事業の用に供している者をいう。ただし、第二項各号に掲げる者を除く。
7　この章、第六章及び第七章において「個人関連情報取扱事業者」とは、個人関連情報を含む情報の集合物であって、特定の個人関連情報を電子計算機を用いて検索することができるように体系的に構成したものその他特定の個人関連情報を容易に検索することができるように体系的に構成したものとして政令で定めるもの（第三十一条第一項において「個人関連情報データベース等」という。）を事業の用に供している者をいう。ただし、第二項各号に掲げる者を除く。
8　この章において「学術研究機関等」とは、大学その他の学術研究を目的とする機関若しくは団体又はそれらに属する者をいう。

第二節　個人情報取扱事業者及び個人関連情報取扱事業者の義務

（利用目的の特定）

第一七条　個人情報取扱事業者は、個人情報を取り扱うに当たっては、その利用の目的（以下「利用目的」という。）をできる限り特定しなければならない。
2　個人情報取扱事業者は、利用目的を変更する場合には、変更前の利用目的と関連性を有すると合理的に認められる範囲を超えて行ってはならない。

（利用目的による制限）

第一八条　個人情報取扱事業者は、あらかじめ本人の同意を得ないで、前条の規定により特定された利用目的の達成に必要な範囲を超えて、個人情報を取り扱ってはならない。

2　個人情報取扱事業者は、合併その他の事由により他の個人情報取扱事業者から事業を承継することに伴って個人情報を取得した場合は、あらかじめ本人の同意を得ないで、承継前における当該個人情報の利用目的の達成に必要な範囲を超えて、当該個人情報を取り扱ってはならない。
3　前二項の規定は、次に掲げる場合については、適用しない。
一　法令（条例を含む。以下この章において同じ。）に基づく場合
二　人の生命、身体又は財産の保護のために必要がある場合であって、本人の同意を得ることが困難であるとき。
三　公衆衛生の向上又は児童の健全な育成の推進のために特に必要がある場合であって、本人の同意を得ることが困難であるとき。
四　国の機関若しくは地方公共団体又はその委託を受けた者が法令の定める事務を遂行することに対して協力する必要がある場合であって、本人の同意を得ることにより当該事務の遂行に支障を及ぼすおそれがあるとき。
五　当該個人情報取扱事業者が学術研究機関等である場合であって、当該個人情報を学術研究の用に供する目的（以下この章において「学術研究目的」という。）で取り扱う必要があるとき（当該個人情報を取り扱う目的の一部が学術研究目的である場合を含み、個人の権利利益を不当に侵害するおそれがある場合を除く。）。
六　学術研究機関等に個人データを提供する場合であって、当該学術研究機関等が当該個人データを学術研究目的で取り扱う必要があるとき（当該個人データを取り扱う目的の一部が学術研究目的である場合を含み、個人の権利利益を不当に侵害するおそれがある場合を除く。）。

（不適正な利用の禁止）

第一九条　個人情報取扱事業者は、違法又は不当な行為を助長し、又は誘発するおそれがある方法により個人情報を利用してはならない。

（適正な取得）

第二〇条　個人情報取扱事業者は、偽りその他不正の手段により個人情報を取得してはならない。
2　個人情報取扱事業者は、次に掲げる場合を除くほか、あらかじめ本人の同意を得ないで、要配慮個人情報を取得してはならない。
一　法令に基づく場合
二　人の生命、身体又は財産の保護のために必要がある場合であって、本人の同意を得ることが困難であるとき。
三　公衆衛生の向上又は児童の健全な育成の推進のために特に必要がある場合であって、本人の同意を得ることが困難であるとき。
四　国の機関若しくは地方公共団体又はその委託を受けた者が法令の定める事務を遂行することに対して協力する必要がある場合であって、本人の同意を得ることにより当該事務の遂行に支障を及ぼすおそれがあるとき。
五　当該個人情報取扱事業者が学術研究機関等である場合であって、当該要配慮個人情報を学術研究目的で取り扱う必要があるとき（当該要配慮個人情報を取り扱う目的の一部が学術研究目的である場合を含み、個人の権利利益を不当に侵害するおそれがある場合を除く。）。
六　学術研究機関等から当該要配慮個人情報を取得する場合であって、当該要配慮個人情報を学術研究目的で取得する必要があるとき（当該要配慮個人情報を取得する目的の一部が学術研究目的である場合を含み、個人の権利利益を不当に侵害するおそれがある場合を除く。）（当該個人情報取扱事業者と当該学術研究機関等が共同して学術研究を行う場合に限る。）。

七　当該要配慮個人情報が、本人、国の機関、地方公共団体、学術研究機関等、第五十七条第一項各号に掲げる者その他個人情報保護委員会規則で定める者により公開されている場合
八　その他前各号に掲げる場合に準ずるものとして政令で定める場合

（取得に際しての利用目的の通知等）
第二十一条　個人情報取扱事業者は、個人情報を取得した場合は、あらかじめその利用目的を公表している場合を除き、速やかに、その利用目的を、本人に通知し、又は公表しなければならない。
2　個人情報取扱事業者は、前項の規定にかかわらず、本人との間で契約を締結することに伴って契約書その他の書面（電磁的記録を含む。以下この項において同じ。）に記載された当該本人の個人情報を取得する場合その他本人から直接書面に記載された当該本人の個人情報を取得する場合は、あらかじめ、本人に対し、その利用目的を明示しなければならない。ただし、人の生命、身体又は財産の保護のために緊急に必要がある場合は、この限りでない。
3　個人情報取扱事業者は、利用目的を変更した場合は、変更された利用目的について、本人に通知し、又は公表しなければならない。
4　前三項の規定は、次に掲げる場合については、適用しない。
一　利用目的を本人に通知し、又は公表することにより本人又は第三者の生命、身体、財産その他の権利利益を害するおそれがある場合
二　利用目的を本人に通知し、又は公表することにより当該個人情報取扱事業者の権利又は正当な利益を害するおそれがある場合
三　国の機関又は地方公共団体が法令の定める事務を遂行することに対して協力する必要がある場合であって、利用目的を本人に通知し、又は公表することにより当該事務の遂行に支障を及ぼすおそれがあるとき。
四　取得の状況からみて利用目的が明らかであると認められる場合

（データ内容の正確性の確保等）
第二十二条　個人情報取扱事業者は、利用目的の達成に必要な範囲内において、個人データを正確かつ最新の内容に保つとともに、利用する必要がなくなったときは、当該個人データを遅滞なく消去するよう努めなければならない。

（安全管理措置）
第二十三条　個人情報取扱事業者は、その取り扱う個人データの漏えい、滅失又は毀損の防止その他の個人データの安全管理のために必要かつ適切な措置を講じなければならない。

（従業者の監督）
第二十四条　個人情報取扱事業者は、その従業者に個人データを取り扱わせるに当たっては、当該個人データの安全管理が図られるよう、当該従業者に対する必要かつ適切な監督を行わなければならない。

（委託先の監督）
第二十五条　個人情報取扱事業者は、個人データの取扱いの全部又は一部を委託する場合は、その取扱いを委託された個人データの安全管理が図られるよう、委託を受けた者に対する必要かつ適切な監督を行わなければならない。

（漏えい等の報告等）
第二十六条　個人情報取扱事業者は、その取り扱う個人データの漏えい、滅失、毀損その他の個人データの安全の確保に係る事態であって個人の権利利益を害するおそれが大きいものとして個人情報保護委員会規則で定めるものが生じたときは、当該事態が
個人情報保護委員会規則で定めるところにより、当該事態が

生じた旨を個人情報保護委員会に報告しなければならない。ただし、当該個人情報取扱事業者が、他の個人情報取扱事業者又は行政機関等から当該個人データの取扱いの全部又は一部の委託を受けた場合であって、個人情報保護委員会規則で定めるところにより、当該事態が生じた旨を当該他の個人情報取扱事業者又は行政機関等に通知したときは、この限りでない。

2　前項に規定する場合には、個人情報取扱事業者（同項ただし書の規定による通知をした者を除く。）は、本人に対し、個人情報保護委員会規則で定めるところにより、当該事態が生じた旨を通知しなければならない。ただし、本人への通知が困難な場合であって、本人の権利利益を保護するため必要なこれに代わるべき措置をとるときは、この限りでない。

（第三者提供の制限）

第二七条　個人情報取扱事業者は、次に掲げる場合を除くほか、あらかじめ本人の同意を得ないで、個人データを第三者に提供してはならない。

一　法令に基づく場合

二　人の生命、身体又は財産の保護のために必要がある場合であって、本人の同意を得ることが困難であるとき。

三　公衆衛生の向上又は児童の健全な育成の推進のために特に必要がある場合であって、本人の同意を得ることが困難であるとき。

四　国の機関若しくは地方公共団体又はその委託を受けた者が法令の定める事務を遂行することに対して協力する必要がある場合であって、本人の同意を得ることにより当該事務の遂行に支障を及ぼすおそれがあるとき。

五　当該個人情報取扱事業者が学術研究機関等である場合であって、当該個人データの提供が学術研究の成果の公表又は教授のためやむを得ないとき（個人の権利利益を不当に侵害するおそれがある場合を除く。）。

六　当該個人情報取扱事業者が学術研究機関等である場合であって、当該個人データを学術研究目的で提供する必要があるとき（当該個人データを提供する目的の一部が学術研究目的である場合を含み、個人の権利利益を不当に侵害するおそれがある場合を除く。）（当該個人情報取扱事業者と当該第三者が共同して学術研究を行う場合に限る。）。

七　当該第三者が学術研究機関等である場合であって、当該第三者が当該個人データを学術研究目的で取り扱う必要があるとき（当該個人データを取り扱う目的の一部が学術研究目的である場合を含み、個人の権利利益を不当に侵害するおそれがある場合を除く。）。

2　個人情報取扱事業者は、第三者に提供される個人データについて、本人の求めに応じて当該本人が識別される個人データの第三者への提供を停止することとしている場合であって、次に掲げる事項について、個人情報保護委員会規則で定めるところにより、あらかじめ、本人に通知し、又は本人が容易に知り得る状態に置くとともに、個人情報保護委員会に届け出たときは、前項の規定にかかわらず、当該個人データを第三者に提供することができる。ただし、第三者に提供される個人データが要配慮個人情報又は第二十条第一項の規定に違反して取得されたもの若しくは他の個人情報取扱事業者からこの項本文の規定により提供されたもの（その全部又は一部を複製し、又は加工したものを含む。）である場合は、この限りでない。

一　第三者への提供を行う個人情報取扱事業者の氏名又は名称及び住所並びに法人にあっては、その代表者（法人でない団体で代表者又は管理人の定めのあるものにあっては、その代表者又は管理人。以下この条、第三十条第一項第一号及び第三十二条第一項第一号において同じ。）の氏名

二　第三者への提供を利用目的とすること。
三　第三者に提供される個人データの項目
四　第三者に提供される個人データの取得の方法
五　第三者への提供の方法
六　本人の求めに応じて当該本人が識別される個人データの第三者への提供を停止すること。
七　本人の求めを受け付ける方法
八　その他個人の権利利益を保護するために必要なものとして個人情報保護委員会規則で定める事項

3　個人情報取扱事業者は、前項第一号に掲げる事項に変更があったとき又は同項の規定による個人データの提供をやめたときは遅滞なく、同項第三号から第五号まで、第七号又は第八号に掲げる事項を変更しようとするときはあらかじめ、その旨について、個人情報保護委員会規則で定めるところにより、本人に通知し、又は本人が容易に知り得る状態に置くとともに、個人情報保護委員会に届け出なければならない。

4　個人情報保護委員会は、第二項の規定による届出があったときは、個人情報保護委員会規則で定めるところにより、当該届出に係る事項を公表しなければならない。前項の規定による届出があったときも、同様とする。

5　次に掲げる場合において、当該個人データの提供を受ける者は、前各項の規定の適用については、第三者に該当しないものとする。
一　個人情報取扱事業者が利用目的の達成に必要な範囲内において個人データの取扱いの全部又は一部を委託することに伴って当該個人データが提供される場合
二　合併その他の事由による事業の承継に伴って個人データが提供される場合
三　特定の者との間で共同して利用される個人データが当該特定の者に提供される場合であって、その旨並びに共同して利用される個人データの項目、共同して利用する者の範囲、利用する者の利用目的並びに当該個人データの管理について責任を有する者の氏名又は名称及び住所並びに法人にあっては、その代表者の氏名について、あらかじめ、本人に通知し、又は本人が容易に知り得る状態に置いているとき。

6　個人情報取扱事業者は、前項第三号に規定する個人データの管理について責任を有する者の氏名、名称若しくは住所又は法人にあっては、その代表者の氏名に変更があったときは遅滞なく、同号に規定する利用する者の利用目的又は当該責任を有する者を変更しようとするときはあらかじめ、その旨について、本人に通知し、又は本人が容易に知り得る状態に置かなければならない。

（外国にある第三者への提供の制限）

第二八条　個人情報取扱事業者は、外国（本邦の域外にある国又は地域をいう。以下この条及び第三十一条第一項第二号において同じ。）（個人の権利利益を保護する上で我が国と同等の水準にあると認められる個人情報の保護に関する制度を有している外国として個人情報保護委員会規則で定めるものを除く。以下この条及び同号において同じ。）にある第三者（個人データの取扱いについてこの節の規定により個人情報取扱事業者が講ずべきこととされている措置に相当する措置（第三項において「相当措置」という。）を継続的に講ずるために必要なものとして個人情報保護委員会規則で定める基準に適合する体制を整備している者を除く。以下この項及び次項並びに同号において同じ。）に個人データを提供する場合には、前条第一項各号に掲げる場合を除くほか、あらかじめ外国にある第三者への提供を認める旨の本人の同意を得なければならない。この場合においては、同条の規定は、適用しない。

2　個人情報取扱事業者は、前項の規定により本人の同意を得ようとする場合には、あらかじめ、当該外国における個人情報の保護に関する制度、当該第三者が講ずる個人情報の保護のための措置その他当該本人に参考となるべき情報を当該本人に提供しなければならない。

3　個人情報取扱事業者は、個人データを外国にある第三者（第一項に規定する体制を整備している者に限る。）に提供した場合には、個人情報保護委員会規則で定めるところにより、当該第三者による相当措置の継続的な実施を確保するために必要な措置を講ずるとともに、本人の求めに応じて当該必要な措置に関する情報を当該本人に提供しなければならない。

（第三者提供に係る記録の作成等）

第二九条　個人情報取扱事業者は、個人データを第三者（第十六条第二項各号に掲げる者を除く。以下この条及び次条（第三十一条第三項において読み替えて準用する場合を含む。）において同じ。）に提供したときは、個人情報保護委員会規則で定めるところにより、当該個人データを提供した年月日、当該第三者の氏名又は名称その他の個人情報保護委員会規則で定める事項に関する記録を作成しなければならない。ただし、当該個人データの提供が第二十七条第一項各号又は第五項各号のいずれか（前条第一項の規定による個人データの提供にあっては、第二十七条第一項各号のいずれか）に該当する場合は、この限りでない。

2　個人情報取扱事業者は、前項の記録を、当該記録を作成した日から個人情報保護委員会規則で定める期間保存しなければならない。

（第三者提供を受ける際の確認等）

第三〇条　個人情報取扱事業者は、第三者から個人データの提供を受けるに際しては、個人情報保護委員会規則で定めるところにより、次に掲げる事項の確認を行わなければならない。ただし、当該個人データの提供が第二十七条第一項各号又は第五項各号のいずれかに該当する場合は、この限りでない。

一　当該第三者の氏名又は名称及び住所並びに法人にあっては、その代表者の氏名

二　当該第三者による当該個人データの取得の経緯

2　前項の第三者は、個人情報取扱事業者が同項の規定による確認を行う場合において、当該個人情報取扱事業者に対して、当該確認に係る事項を偽ってはならない。

3　個人情報取扱事業者は、第一項の規定による確認を行ったときは、個人情報保護委員会規則で定めるところにより、当該個人データの提供を受けた年月日、当該確認に係る事項その他の個人情報保護委員会規則で定める事項に関する記録を作成しなければならない。

4　個人情報取扱事業者は、前項の記録を、当該記録を作成した日から個人情報保護委員会規則で定める期間保存しなければならない。

（個人関連情報の第三者提供の制限等）

第三一条　個人関連情報取扱事業者は、第三者が個人関連情報（個人関連情報データベース等を構成するものに限る。以下この章及び第六章において同じ。）を個人データとして取得することが想定されるときは、第二十七条第一項各号に掲げる場合を除くほか、次に掲げる事項について、あらかじめ個人情報保護委員会規則で定めるところにより確認することをしないで、当該個人関連情報を当該第三者に提供してはならない。

一　当該第三者が個人関連情報取扱事業者から個人関連情報の提供を受けて本人が識別される個人データとして取得することを認める旨の当該本人の同意が得られていること。

二　外国にある第三者への提供にあっては、前号の本人の同

意を得ようとする場合において、個人情報保護委員会規則で定めるところにより、あらかじめ、当該外国における個人情報の保護に関する制度、当該第三者が講ずる個人情報の保護のための措置その他当該本人に参考となるべき情報が当該本人に提供されていること。

2　第二十八条第三項の規定は、前項の規定により個人関連情報を提供する場合について準用する。この場合において、同条第三項中「講ずるとともに、本人の求めに応じて当該必要な措置に関する情報を当該本人に提供し」とあるのは、「講じ」と読み替えるものとする。

3　前条第二項から第四項までの規定は、第一項の規定により個人関連情報取扱事業者が確認する場合について準用する。この場合において、同条第三項中「の提供を受けた」とあるのは、「を提供した」と読み替えるものとする。

（保有個人データに関する事項の公表等）

第三十二条　個人情報取扱事業者は、保有個人データに関し、次に掲げる事項について、本人の知り得る状態（本人の求めに応じて遅滞なく回答する場合を含む。）に置かなければならない。

一　当該個人情報取扱事業者の氏名又は名称及び住所並びに法人にあっては、その代表者の氏名

二　全ての保有個人データの利用目的（第二十一条第四項第一号から第三号までに該当する場合を除く。）

三　次項の規定による求め又は次条第一項（同条第五項において準用する場合を含む。）、第三十四条第一項若しくは第三十五条第一項、第三項若しくは第五項の規定による請求に応じる手続（第三十八条第二項の規定により手数料の額を定めたときは、その手数料の額を含む。）

四　前三号に掲げるもののほか、保有個人データの適正な取扱いの確保に関し必要な事項として政令で定めるもの

2　個人情報取扱事業者は、本人から、当該本人が識別される保有個人データの利用目的の通知を求められたときは、本人に対し、遅滞なく、これを通知しなければならない。ただし、次の各号のいずれかに該当する場合は、この限りでない。

一　前項の規定により当該本人が識別される保有個人データの利用目的が明らかな場合

二　第二十一条第四項第一号から第三号までに該当する場合

3　個人情報取扱事業者は、前項の規定に基づき求められた保有個人データの利用目的を通知しない旨の決定をしたときは、本人に対し、遅滞なく、その旨を通知しなければならない。

（開示）

第三十三条　本人は、個人情報取扱事業者に対し、当該本人が識別される保有個人データの電磁的記録の提供による方法その他の個人情報保護委員会規則で定める方法による開示を請求することができる。

2　個人情報取扱事業者は、前項の規定による請求を受けたときは、本人に対し、同項の規定により当該本人が請求した方法（当該方法による開示に多額の費用を要する場合その他の当該方法による開示が困難である場合にあっては、書面の交付による方法）により、遅滞なく、当該保有個人データを開示しなければならない。ただし、開示することにより次の各号のいずれかに該当する場合は、その全部又は一部を開示しないことができる。

一　本人又は第三者の生命、身体、財産その他の権利利益を害するおそれがある場合

二　当該個人情報取扱事業者の業務の適正な実施に著しい支障を及ぼすおそれがある場合

三　他の法令に違反することとなる場合

3　個人情報取扱事業者は、第一項の規定による請求に係る保有個人データの全部若しくは一部について開示しない旨の決

定をしたとき、当該保有個人データが存在しないとき、又は同項の規定により本人が請求した方法による開示が困難であるときは、本人に対し、遅滞なく、その旨を通知しなければならない。

4　他の法令の規定により、本人に対し第二項本文に規定する方法に相当する方法により当該本人が識別される保有個人データの全部又は一部を開示することとされている場合には、当該全部又は一部の保有個人データについては、第一項及び第二項の規定は、適用しない。

5　第一項から第三項までの規定は、当該本人が識別される個人データに係る第二十九条第一項及び第三十条第三項の記録（その存否が明らかになることにより公益その他の利益が害されるものとして政令で定めるものを除く。第三十七条第二項において「第三者提供記録」という。）について準用する。

（訂正等）

第三四条　本人は、個人情報取扱事業者に対し、当該本人が識別される保有個人データの内容が事実でないときは、当該保有個人データの内容の訂正、追加又は削除（以下この条において「訂正等」という。）を請求することができる。

2　個人情報取扱事業者は、前項の規定による請求を受けた場合には、その内容の訂正等に関して他の法令の規定により特別の手続が定められている場合を除き、利用目的の達成に必要な範囲内において、遅滞なく必要な調査を行い、その結果に基づき、当該保有個人データの内容の訂正等を行わなければならない。

3　個人情報取扱事業者は、第一項の規定による請求に係る保有個人データの内容の全部若しくは一部について訂正等を行ったとき、又は訂正等を行わない旨の決定をしたときは、本人に対し、遅滞なく、その旨（訂正等を行ったときは、その内容を含む。）を通知しなければならない。

（利用停止等）

第三五条　本人は、個人情報取扱事業者に対し、当該本人が識別される保有個人データが第十八条若しくは第十九条の規定に違反して取り扱われているとき、又は第二十条の規定に違反して取得されたものであるときは、当該保有個人データの利用の停止又は消去（以下この条において「利用停止等」という。）を請求することができる。

2　個人情報取扱事業者は、前項の規定による請求を受けた場合であって、その請求に理由があることが判明したときは、違反を是正するために必要な限度で、遅滞なく、当該保有個人データの利用停止等を行わなければならない。ただし、当該保有個人データの利用停止等に多額の費用を要する場合その他の利用停止等を行うことが困難な場合であって、本人の権利利益を保護するため必要なこれに代わるべき措置をとるときは、この限りでない。

3　本人は、個人情報取扱事業者に対し、当該本人が識別される保有個人データが第二十七条第一項又は第二十八条の規定に違反して第三者に提供されているときは、当該保有個人データの第三者への提供の停止を請求することができる。

4　個人情報取扱事業者は、前項の規定による請求を受けた場合であって、その請求に理由があることが判明したときは、遅滞なく、当該保有個人データの第三者への提供を停止しなければならない。ただし、当該保有個人データの第三者への提供の停止に多額の費用を要する場合その他の第三者への提供を停止することが困難な場合であって、本人の権利利益を保護するため必要なこれに代わるべき措置をとるときは、この限りでない。

5　本人は、個人情報取扱事業者に対し、当該本人が識別される保有個人データを当該個人情報取扱事業者が利用する必要がなくなった場合、当該本人が識別される保有個人データに係る第二十六条第一項本文に規定する事態が生じた場合その他当該本人が識別される保有個人データの取扱いにより当該本人の権利又は正当な利益が害されるおそれがある場合には、当該保有個人データの利用停止等又は第三者への提供の停止を請求することができる。

6　個人情報取扱事業者は、前項の規定による請求を受けた場合であって、その請求に理由があることが判明したときは、本人の権利利益の侵害を防止するために必要な限度で、遅滞なく、当該保有個人データの利用停止等又は第三者への提供の停止を行わなければならない。ただし、当該保有個人データの利用停止等又は第三者への提供の停止に多額の費用を要する場合その他の利用停止等又は第三者への提供の停止を行うことが困難な場合であって、本人の権利利益を保護するため必要なこれに代わるべき措置をとるときは、この限りでない。

7　個人情報取扱事業者は、第一項若しくは第五項の規定による請求に係る保有個人データの全部若しくは一部について利用停止等を行ったとき若しくは利用停止等を行わない旨の決定をしたとき、又は第三項若しくは第五項の規定による請求に係る保有個人データの全部若しくは一部について第三者への提供を停止したとき若しくは第三者への提供を停止しない旨の決定をしたときは、本人に対し、遅滞なく、その旨を通知しなければならない。

（理由の説明）

第三十六条　個人情報取扱事業者は、第三十二条第三項、第三十三条第三項（同条第五項において準用する場合を含む。）、第三十四条第三項又は前条第七項の規定により、本人から求められ、又は請求された措置の全部又は一部について、その措置をとらない旨を通知する場合又はその措置と異なる措置をとる旨を通知する場合には、本人に対し、その理由を説明するよう努めなければならない。

（開示等の請求等に応じる手続）

第三十七条　個人情報取扱事業者は、第三十二条第二項の規定による求め又は第三十三条第一項（同条第五項において準用する場合を含む。次条第一項及び第三十九条において同じ。）、第三十四条第一項若しくは第三十五条第一項、第三項若しくは第五項の規定による請求（以下この条及び第五十四条第一項において「開示等の請求等」という。）に関し、政令で定めるところにより、その求め又は請求を受け付ける方法を定めることができる。この場合において、本人は、当該方法に従って、開示等の請求等を行わなければならない。

2　個人情報取扱事業者は、本人に対し、開示等の請求等に関し、その対象となる保有個人データ又は第三者提供記録を特定するに足りる事項の提示を求めることができる。この場合において、個人情報取扱事業者は、本人が容易かつ的確に開示等の請求等をすることができるよう、当該保有個人データ又は当該第三者提供記録の特定に資する情報の提供その他本人の利便を考慮した適切な措置をとらなければならない。

3　開示等の請求等は、政令で定めるところにより、代理人によってすることができる。

4　個人情報取扱事業者は、前三項の規定に基づき開示等の請求等に応じる手続を定めるに当たっては、本人に過重な負担を課するものとならないよう配慮しなければならない。

（手数料）

第三十八条　個人情報取扱事業者は、第三十二条第二項の規定による利用目的の通知を求められたとき又は第三十三条第一項の規定による開示の請求を受けたときは、当該措置の実施に関し、手数料を徴収することができる。

2　個人情報取扱事業者は、前項の規定により手数料を徴収する場合は、実費を勘案して合理的であると認められる範囲内において、その手数料の額を定めなければならない。

（事前の請求）

第三九条　本人は、第三十三条第一項、第三十四条第一項又は第三十五条第一項、第三項若しくは第五項の規定による請求に係る訴えを提起しようとするときは、その訴えの被告となるべき者に対し、あらかじめ、当該請求を行い、かつ、その到達した日から二週間を経過した後でなければ、その訴えを提起することができない。ただし、当該訴えの被告となるべき者がその請求を拒んだときは、この限りでない。

2　前項の請求は、その請求が通常到達すべきであった時に、到達したものとみなす。

3　前二項の規定は、第三十三条第一項、第三十四条第一項又は第三十五条第一項、第三項若しくは第五項の規定による請求に係る仮処分命令の申立てについて準用する。

（個人情報取扱事業者による苦情の処理）

第四〇条　個人情報取扱事業者は、個人情報の取扱いに関する苦情の適切かつ迅速な処理に努めなければならない。

2　個人情報取扱事業者は、前項の目的を達成するために必要な体制の整備に努めなければならない。

第三節　仮名加工情報取扱事業者等の義務

（仮名加工情報の作成等）

第四一条　個人情報取扱事業者は、仮名加工情報（仮名加工情報データベース等を構成するものに限る。以下この章及び第六章において同じ。）を作成するときは、他の情報と照合しない限り特定の個人を識別することができないようにするために必要なものとして個人情報保護委員会規則で定める基準に従い、個人情報を加工しなければならない。

2　個人情報取扱事業者は、仮名加工情報を作成したとき、又は仮名加工情報及び当該仮名加工情報に係る削除情報等（仮名加工情報の作成に用いられた個人情報から削除された記述等及び個人識別符号並びに前項の規定により行われた加工の方法に関する情報をいう。以下この条及び次条第三項において読み替えて準用する第七項において同じ。）を取得したときは、削除情報等の漏えいを防止するために必要なものとして個人情報保護委員会規則で定める基準に従い、削除情報等の安全管理のための措置を講じなければならない。

3　仮名加工情報取扱事業者（個人情報取扱事業者である者に限る。以下この条において同じ。）は、第十八条の規定にかかわらず、法令に基づく場合を除くほか、第十七条第一項の規定により特定された利用目的の達成に必要な範囲を超えて、仮名加工情報（個人情報であるものに限る。以下この条において同じ。）を取り扱ってはならない。

4　仮名加工情報についての第二十一条の規定の適用については、同条第一項及び第三項中「、本人に通知し、又は公表し」とあるのは「公表し」と、同条第四項第一号から第三号までの規定中「本人に通知し、又は公表する」とあるのは「公表する」とする。

5　仮名加工情報取扱事業者は、仮名加工情報である個人データ及び削除情報等を利用する必要がなくなったときは、当該個人データ及び削除情報等を遅滞なく消去するよう努めなければならない。この場合においては、第二十二条の規定は、適用しない。

6　仮名加工情報取扱事業者は、第二十七条第一項及び第二項並びに第二十八条第一項の規定にかかわらず、法令に基づく場合を除くほか、仮名加工情報である個人データを第三者に提供してはならない。この場合において、第二十七条第五項中「前各項」とあるのは「第四十一条第六項」と、同項第三号中「、本人に通知し、又は本人が容易に知り得る状態に置いて」とあるのは「公表して」と、同条第六項中「、本人に通知し、又は本人が容易に知り得る状態に置かなければ」とあるのは「公表しなければ」と、第二十九条第一項ただし書中「第二十七条第一項各号又は第五項各号のいずれか（前条第一項の規定による個人データの提供にあっては、第二十七条第一項各号のいずれか）」とあり、及び第三十条第一項ただし書中「第二十七条第一項各号又は第五項各号のいずれか」とあるのは「法令に基づく場合又は第二十七条第五項各号のいずれか」とする。

7　仮名加工情報取扱事業者は、仮名加工情報を取り扱うに当たっては、当該仮名加工情報の作成に用いられた個人情報に係る本人を識別するために、当該仮名加工情報を他の情報と照合してはならない。

8　仮名加工情報取扱事業者は、仮名加工情報を取り扱うに当たっては、電話をかけ、郵便若しくは民間事業者による信書の送達に関する法律（平成十四年法律第九十九号）第二条第六項に規定する一般信書便事業者若しくは同条第九項に規定する特定信書便事業者による同条第二項に規定する信書便により送付し、電報を送達し、ファクシミリ装置若しくは電磁的方法（電子情報処理組織を使用する方法その他の情報通信の技術を利用する方法であって個人情報保護委員会規則で定めるものをいう。）を用いて送信し、又は住居を訪問するために、当該仮名加工情報に含まれる連絡先その他の情報を利用してはならない。

9　仮名加工情報、仮名加工情報である個人データ及び仮名加工情報である保有個人データについては、第十七条第二項、第二十六条及び第三十二条から第三十九条までの規定は、適用しない。

（仮名加工情報の第三者提供の制限等）

第四二条　仮名加工情報取扱事業者は、法令に基づく場合を除くほか、仮名加工情報（個人情報であるものを除く。次項及び第三項において同じ。）を第三者に提供してはならない。

2　第二十七条第五項及び第六項の規定は、仮名加工情報の提供を受ける者について準用する。この場合において、同条第五項中「前各項」とあるのは「第四十二条第一項」と、同項第一号中「個人情報取扱事業者」とあるのは「仮名加工情報取扱事業者」と、同項第三号中「、本人に通知し、又は本人が容易に知り得る状態に置いて」とあるのは「公表して」と、同条第六項中「個人情報取扱事業者」とあるのは「仮名加工情報取扱事業者」と、「、本人に通知し、又は本人が容易に知り得る状態に置かなければ」とあるのは「公表しなければ」と読み替えるものとする。

3　第二十三条から第二十五条まで、第四十条並びに前条第七項及び第八項の規定は、仮名加工情報取扱事業者による仮名加工情報の取扱いについて準用する。この場合において、第二十三条中「漏えい、滅失又は毀損」とあるのは「漏えい」と、前条第七項中「ために、」とあるのは「ために、削除情報等を取得し、又は」と読み替えるものとする。

第四節　匿名加工情報取扱事業者等の義務

（匿名加工情報の作成等）

第四三条　個人情報取扱事業者は、匿名加工情報（匿名加工情報データベース等を構成するものに限る。以下この章及び第六章において同じ。）を作成するときは、特定の個人を識別すること及びその作成に用いる個人情報を復元することができないようにするために必要なものとして個人情報保護委員会規則で定める基準に従い、当該個人情報を加工しなければならない。

2　個人情報取扱事業者は、匿名加工情報を作成したときは、その作成に用いた個人情報から削除した記述等及び個人識別符号並びに前項の規定により行った加工の方法に関する情報の漏えいを防止するために必要なものとして個人情報保護委員会規則で定める基準に従い、これらの情報の安全管理のための措置を講じなければならない。

3　個人情報取扱事業者は、匿名加工情報を作成したときは、個人情報保護委員会規則で定めるところにより、当該匿名加工情報に含まれる個人に関する情報の項目を公表しなければならない。

4　個人情報取扱事業者は、匿名加工情報を作成して当該匿名加工情報を第三者に提供するときは、個人情報保護委員会規則で定めるところにより、あらかじめ、第三者に提供される匿名加工情報に含まれる個人に関する情報の項目及びその提供の方法について公表するとともに、当該第三者に対して、当該提供に係る情報が匿名加工情報である旨を明示しなければならない。

5　個人情報取扱事業者は、匿名加工情報を作成して自ら当該匿名加工情報を取り扱うに当たっては、当該匿名加工情報の作成に用いられた個人情報に係る本人を識別するために、当該匿名加工情報を他の情報と照合してはならない。

6　個人情報取扱事業者は、匿名加工情報を作成したときは、当該匿名加工情報の安全管理のために必要かつ適切な措置、当該匿名加工情報の作成その他の取扱いに関する苦情の処理その他の当該匿名加工情報の適正な取扱いを確保するために必要な措置を自ら講じ、かつ、当該措置の内容を公表するよう努めなければならない。

（匿名加工情報の提供）

第四四条　匿名加工情報取扱事業者は、匿名加工情報（自ら個人情報を加工して作成したものを除く。以下この節において同じ。）を第三者に提供するときは、個人情報保護委員会規則で定めるところにより、あらかじめ、第三者に提供される匿名加工情報に含まれる個人に関する情報の項目及びその提供の方法について公表するとともに、当該第三者に対して、当該提供に係る情報が匿名加工情報である旨を明示しなければならない。

（識別行為の禁止）

第四五条　匿名加工情報取扱事業者は、匿名加工情報を取り扱うに当たっては、当該匿名加工情報の作成に用いられた個人情報に係る本人を識別するために、当該個人情報から削除された記述等若しくは個人識別符号若しくは第四十三条第一項若しくは第百十六条第一項（同条第二項において準用する場合を含む。）の規定により行われた加工の方法に関する情報を取得し、又は当該匿名加工情報を他の情報と照合してはならない。

（安全管理措置等）

第四六条　匿名加工情報取扱事業者は、匿名加工情報の安全管理のために必要かつ適切な措置、匿名加工情報の取扱いに関する苦情の処理その他の匿名加工情報の適正な取扱いを確保するために必要な措置を自ら講じ、かつ、当該措置の内容を公表するよう努めなければならない。

第五節　民間団体による個人情報の保護の推進

（認定）

第四七条　個人情報取扱事業者、仮名加工情報取扱事業者又は匿名加工情報取扱事業者（以下この章において「個人情報取扱事業者等」という。）の個人情報、仮名加工情報又は匿名加工情報（以下この章において「個人情報等」という。）の適正な取扱いの確保を目的として次に掲げる業務を行おうとする法人（法人でない団体で代表者又は管理人の定めのあるものを含む。次条第三号ロにおいて同じ。）は、個人情報保護委員会の認定を受けることができる。

一　業務の対象となる個人情報取扱事業者等（以下この節において「対象事業者」という。）の個人情報等の取扱いに

関する第五十三条の規定による苦情の処理

二　個人情報等の適正な取扱いの確保に寄与する事項についての対象事業者に対する情報の提供

三　前二号に掲げるもののほか、対象事業者の個人情報等の適正な取扱いの確保に関し必要な業務前項の認定は、対象とする個人情報取扱事業者等の事業の種類その他の業務の範囲を限定して行うことができる。

2　前項の認定は、対象とする個人情報取扱事業者等の事業の種類その他の業務の範囲を限定して行うことができる。

3　第一項の認定を受けようとする者は、政令で定めるところにより、個人情報保護委員会に申請しなければならない。

4　個人情報保護委員会は、第一項の認定をしたときは、その旨（第二項の規定により業務の範囲を限定する認定にあっては、その認定に係る業務の範囲を含む。）を公示しなければならない。

（欠格条項）

第四八条　次の各号のいずれかに該当する者は、前条第一項の認定を受けることができない。

一　この法律の規定により刑に処せられ、その執行を終わり、又は執行を受けることがなくなった日から二年を経過しない者

二　第百五十五条第一項の規定により認定を取り消され、その取消しの日から二年を経過しない者

三　その業務を行う役員（法人でない団体で代表者又は管理人の定めのあるものの代表者又は管理人を含む。以下この条において同じ。）のうちに、次のいずれかに該当する者があるもの

イ　**現**　禁錮以上の刑に処せられ、又はこの法律の規定により刑に処せられ、その執行を終わり、又は執行を受けることがなくなった日から二年を経過しない者

> **新**［令和七年六月一日から施行］
>
> イ　拘禁刑以上の刑に処せられ、又はこの法律の規定により刑に処せられ、その執行を終わり、又は執行を受けることがなくなった日から二年を経過しない者

ロ　第百五十五条第一項の規定により認定を取り消された法人において、その取消しの日前三十日以内にその役員であった者でその取消しの日から二年を経過しない者

（認定の基準）

第四九条　個人情報保護委員会は、第四十七条第一項の認定の申請が次の各号のいずれにも適合していると認めるときでなければ、その認定をしてはならない。

一　第四十七条第一項各号に掲げる業務を適正かつ確実に行うに必要な業務の実施の方法が定められているものであること。

二　第四十七条第一項各号に掲げる業務を適正かつ確実に行うに足りる知識及び能力並びに経理的基礎を有するものであること。

三　第四十七条第一項各号に掲げる業務以外の業務を行っている場合には、その業務を行うことによって同項各号に掲げる業務が不公正になるおそれがないものであること。

（変更の認定等）

第五〇条　第四十七条第一項の認定（同条第二項の規定により業務の範囲を限定する認定を含む。次条第一項及び第百五十五条第一項第五号において同じ。）を受けた者は、その認定に係る業務の範囲を変更しようとするときは、個人情報保護委員会の認定を受けなければならない。ただし、個人情報保護委員会規則で定める軽微な変更については、この限りでな

い。

2　第四十七条第三項及び第四項並びに前条の規定は、前項の変更の認定について準用する。

（廃止の届出）

第五一条　第四十七条第一項の認定（前条第一項の変更の認定を含む。）を受けた者（以下この節及び第六章において「認定個人情報保護団体」という。）は、その認定に係る業務（以下この節及び第六章において「認定業務」という。）を廃止しようとするときは、政令で定めるところにより、あらかじめ、その旨を個人情報保護委員会に届け出なければならない。

2　個人情報保護委員会は、前項の規定による届出があったときは、その旨を公示しなければならない。

（対象事業者）

第五二条　認定個人情報保護団体は、認定業務の対象となることについて同意を得た個人情報取扱事業者等を対象事業者としなければならない。この場合において、第五十四条第四項の規定による措置をとったにもかかわらず、対象事業者が同条第一項に規定する個人情報保護指針を遵守しないときは、当該対象事業者を認定業務の対象から除外することができる。

2　認定個人情報保護団体は、対象事業者の氏名又は名称を公表しなければならない。

（苦情の処理）

第五三条　認定個人情報保護団体は、本人その他の関係者から対象事業者の個人情報等の取扱いに関する苦情について解決の申出があったときは、その相談に応じ、申出人に必要な助言をし、その苦情に係る事情を調査するとともに、当該対象事業者に対し、その苦情の内容を通知してその迅速な解決を求めなければならない。

2　認定個人情報保護団体は、前項の申出に係る苦情の解決について必要があると認めるときは、当該対象事業者に対し、文書若しくは口頭による説明を求め、又は資料の提出を求めることができる。

3　対象事業者は、認定個人情報保護団体から前項の規定による求めがあったときは、正当な理由がないのに、これを拒んではならない。

（個人情報保護指針）

第五四条　認定個人情報保護団体は、対象事業者の個人情報等の適正な取扱いの確保のために、個人情報に係る利用目的の特定、安全管理のための措置、開示等の請求等に応じる手続その他の事項又は仮名加工情報若しくは匿名加工情報に係る作成の方法、その情報の安全管理のための措置その他の事項に関し、消費者の意見を代表する者その他の関係者の意見を聴いて、この法律の規定の趣旨に沿った指針（以下この節及び第六章において「個人情報保護指針」という。）を作成するよう努めなければならない。

2　認定個人情報保護団体は、前項の規定により個人情報保護指針を作成したときは、個人情報保護委員会規則で定めるところにより、遅滞なく、当該個人情報保護指針を個人情報保護委員会に届け出なければならない。これを変更したときも、同様とする。

3　個人情報保護委員会は、前項の規定による個人情報保護指針の届出があったときは、個人情報保護委員会規則で定めるところにより、当該個人情報保護指針を公表しなければならない。

4　認定個人情報保護団体は、前項の規定により個人情報保護指針が公表されたときは、対象事業者に対し、当該個人情報保護指針を遵守させるため必要な指導、勧告その他の措置をとらなければならない。

（目的外利用の禁止）

第五五条　認定個人情報保護団体は、認定業務の実施に際して知り得た情報を認定業務の用に供する目的以外に利用してはならない。

（名称の使用制限）

第五六条　認定個人情報保護団体でない者は、認定個人情報保護団体という名称又はこれに紛らわしい名称を用いてはならない。

附　則　抄

（施行期日）

第一条　この法律は、公布の日から施行する。ただし、第四章から第六章まで及び附則第二条から第六条までの規定は、公布の日から起算して二年を超えない範囲内において政令で定める日から施行する。

法の適用に関する通則法　抄

〔平成一八年六月二一日
法律第七八号〕

第二章　法律に関する通則

（法律と同一の効力を有する慣習）
第三条　公の秩序又は善良の風俗に反しない慣習は、法令の規定により認められたもの又は法令に規定されていない事項に関するものに限り、法律と同一の効力を有する。

第三章　準拠法に関する通則

第二節　法律行為

（当事者による準拠法の選択）
第七条　法律行為の成立及び効力は、当事者が当該法律行為の当時に選択した地の法による。

（当事者による準拠法の選択がない場合）
第八条　前条の規定による選択がないときは、法律行為の成立及び効力は、当該法律行為の当時において当該法律行為に最も密接な関係がある地の法による。

2　前項の場合において、法律行為において特徴的な給付を当事者の一方のみが行うものであるときは、その給付を行う当事者の常居所地法（その当事者が当該法律行為に関係する事業所を有する場合にあっては当該事業所の所在地の法、その当事者が当該法律行為に関係する二以上の事業所で法を異にする地に所在するものを有する場合にあってはその主たる事業所の所在地の法）を当該法律行為に最も密接な関係がある地の法と推定する。

3　第一項の場合において、不動産を目的物とする法律行為については、前項の規定にかかわらず、その不動産の所在地法を当該法律行為に最も密接な関係がある地の法と推定する。

（当事者による準拠法の変更）
第九条　当事者は、法律行為の成立及び効力について適用すべき法を変更することができる。ただし、第三者の権利を害することとなるときは、その変更をその第三者に対抗することができない。

（労働契約の特例）
第一二条　労働契約の成立及び効力について第七条又は第九条の規定による選択又は変更により適用すべき法が当該労働契約に最も密接な関係がある地の法以外の法である場合であっても、労働者が当該労働契約に最も密接な関係がある地の法中の特定の強行規定を適用すべき旨の意思を使用者に対し表示したときは、当該労働契約の成立及び効力に関しその強行規定の定める事項については、その強行規定をも適用する。

2　前項の規定の適用に当たっては、当該労働契約において労務を提供すべき地の法（その労務を提供すべき地を特定することができない場合にあっては、当該労働者を雇い入れた事業所の所在地の法。次項において同じ。）を当該労働契約に最も密接な関係がある地の法と推定する。

3　労働契約の成立及び効力について第七条の規定による選択がないときは、当該労働契約の成立及び効力については、第八条第二項の規定にかかわらず、当該労働契約において労務を提供すべき地の法を当該労働契約に最も密接な関係がある地の法と推定する。

附　則　抄

（施行期日）

第一条　この法律は、公布の日から起算して一年を超えない範囲内において政令で定める日から施行する。

外国等に対する我が国の民事裁判権に関する法律　抄

〔平成二一年四月二四日法律第二四号〕

沿革　令和四年五月二五日法律第四八号

第一章　総則

（趣旨）

第一条　この法律は、外国等に対して我が国の民事裁判権（裁判権のうち刑事に係るもの以外のものをいう。第四条において同じ。）が及ぶ範囲及び外国等に係る民事の裁判手続についての特例を定めるものとする。

（定義）

第二条　この法律において「外国等」とは、次に掲げるもの（以下「国等」という。）のうち、日本国及び日本国に係るものを除くものをいう。

一　国及びその政府の機関

二　連邦国家の州その他これに準ずる国の行政区画であって、主権的な権能を行使する権限を有するもの

三　前二号に掲げるもののほか、主権的な権能を行使する権限を付与された団体（当該権能の行使としての行為をする場合に限る。）

四　前三号に掲げるものの代表者であって、その資格に基づき行動するもの

（条約等に基づく特権又は免除との関係）

第三条　この法律の規定は、条約又は確立された国際法規に基づき外国等が享有する特権又は免除に影響を及ぼすものではない。

第二章　外国等に対して裁判権が及ぶ範囲

第一節　免除の原則

第四条　外国等は、この法律に別段の定めがある場合を除き、裁判権（我が国の民事裁判権をいう。以下同じ。）から免除されるものとする。

第二節　裁判手続について免除されない場合

（外国等の同意）

第五条　外国等は、次に掲げるいずれかの方法により、特定の事項又は事件に関して裁判権に服することについての同意を明示的にした場合には、訴訟手続その他の裁判所における手続（外国等の有する財産に対する保全処分及び民事執行の手続を除く。以下この節において「裁判手続」という。）のうち、当該特定の事項又は事件に関するものについて、裁判権から免除されない。

一　条約その他の国際約束

二　書面による契約

三　当該裁判手続における陳述又は裁判所若しくは相手方に対する書面による通知

2　外国等が特定の事項又は事件に関して日本国の法令を適用することについて同意したことは、前項の同意と解してはならない。

（同意の擬制）

第六条　外国等が次に掲げる行為をした場合には、前条第一項

の同意があったものとみなす。
一　訴えの提起その他の裁判手続の開始の申立て
二　裁判手続への参加（裁判権からの免除を主張することを目的とするものを除く。）
三　裁判手続において異議を述べないで本案についてした弁論又は申述
2　前項第二号及び第三号の規定は、当該外国等がこれらの行為をする前に裁判権から免除される根拠となる事実があることを知ることができなかったやむを得ない事情がある場合であって、当該事実を知った後当該事情を速やかに証明したときには、適用しない。
3　口頭弁論期日その他の裁判手続の期日において外国等が出頭しないこと及び外国等の代表者が証人として出頭したことは、前条第一項の同意と解してはならない。

第七条　外国等が訴えを提起した場合又は当事者として訴訟に参加した場合において、反訴が提起されたときは、当該反訴について、第五条第一項の同意があったものとみなす。
2　外国等が当該外国等を被告とする訴訟において反訴を提起したときは、本訴について、第五条第一項の同意があったものとみなす。

（商業的取引）

第八条　外国等は、商業的取引（民事又は商事に係る物品の売買、役務の調達、金銭の貸借その他の事項についての契約又は取引（労働契約を除く。）をいう。次項及び第十六条において同じ。）のうち、当該外国等と当該外国等（国以外のものにあっては、それらが所属する国。以下この項において同じ。）以外の国の国民又は当該外国等以外の国若しくはこれに所属する国等の法令に基づいて設立された法人その他の団体との間のものに関する裁判手続について、裁判権から免除されない。
2　前項の規定は、次に掲げる場合には、適用しない。
一　当該外国等と当該外国等以外の国等との間の商業的取引である場合
二　当該商業的取引の当事者が明示的に別段の合意をした場合

（労働契約）

第九条　外国等は、当該外国等と個人との間の労働契約であって、日本国内において労務の全部又は一部が提供され、又は提供されるべきものに関する裁判手続について、裁判権から免除されない。
2　前項の規定は、次に掲げる場合には、適用しない。
一　当該個人が次に掲げる者である場合
イ　外交関係に関するウィーン条約第一条（e）に規定する外交官
ロ　領事関係に関するウィーン条約第一条（d）に規定する領事官
ハ　国際機関に派遣されている常駐の使節団若しくは特別使節団の外交職員又は国際会議において当該外国等（国以外のものにあっては、それらが所属する国。以下この項において同じ。）を代表するために雇用されている者
ニ　イからハまでに掲げる者のほか、外交上の免除を享有する者
二　前号に掲げる場合のほか、当該個人が、当該外国等の安全、外交上の秘密その他の当該外国等の重大な利益に関する事項に係る任務を遂行するために雇用されている場合
三　当該個人の採用又は再雇用の契約の成否に関する訴え又は申立て（いずれも損害の賠償を求めるものを除く。）である場合
四　解雇その他の労働契約の終了の効力に関する訴え又は申立て（いずれも損害の賠償を求めるものを除く。）であっ

て、当該外国等の元首、政府の長又は外務大臣によって当該訴え又は申立てに係る裁判手続が当該外国等の安全保障上の利益を害するおそれがあるとされた場合

五　訴えの提起その他の裁判手続の開始の申立てがあった時において、当該個人が当該外国等の国民である場合。ただし、当該個人が日本国に通常居住するときは、この限りでない。

六　当該労働契約の当事者間に書面による別段の合意がある場合。ただし、労働者の保護の見地から、当該労働契約に関する訴え又は申立てについて日本国の裁判所が管轄権を有しないとするならば、公の秩序に反することとなるときは、この限りでない。

附　則

（施行期日）

1　この法律は、公布の日から起算して一年を超えない範囲内において政令で定める日から施行する。

（経過措置）

2　この法律の規定は、次に掲げる事件については、適用しない。

一　この法律の施行前に申立てがあり、又は裁判所が職権で開始した第五条第一項に規定する裁判手続に係る事件

二　この法律の施行前に申立てがあり、又は裁判所が職権で開始した外国等の有する財産に対する保全処分及び民事執行に係る事件

刑法　抄

〔明治四〇年四月二四日
法律第四五号〕

沿革　昭和一六年三月一二日法律第六一号
〃二二年一〇月二六日〃第一二四号
〃六二年六月二日〃第五二号
平成三年四月一七日〃第三一号
〃七年五月一二日〃第九一号
〃一三年七月四日〃第九七号
〃一六年一二月八日〃第一五六号
〃二九年六月二三日〃第七二号
令和四年六月一七日〃第六七号
〃五年六月二三日〃第六六号

第一編　総則

第七章　犯罪の不成立及び刑の減免

（正当行為）

第三五条　法令又は正当な業務による行為は、罰しない。

（正当防衛）

第三六条　急迫不正の侵害に対して、自己又は他人の権利を防衛するため、やむを得ずにした行為は、罰しない。

2　防衛の程度を超えた行為は、情状により、その刑を減軽し、又は免除することができる。

（緊急避難）

第三七条　自己又は他人の生命、身体、自由又は財産に対する現在の危難を避けるため、やむを得ずにした行為は、これによって生じた害が避けようとした害の程度を超えなかった場合に限り、罰しない。ただし、その程度を超えた行為は、情状により、その刑を減軽し、又は免除することができる。

2　前項の規定は、業務上特別の義務がある者には、適用しない。

第九章　併合罪

（併合罪）

第四五条現　確定裁判を経ていない二個以上の罪を併合罪とする。ある罪について禁錮以上の刑に処する確定裁判があったときは、その罪とその裁判が確定する前に犯した罪とに限り、併合罪とする。

新〔令和七年六月一日から施行〕

（併合罪）

第四五条　確定裁判を経ていない二個以上の罪を併合罪とする。ある罪について拘禁刑以上の刑に処する確定裁判があったときは、その罪とその裁判が確定する前に犯した罪とに限り、併合罪とする。

（一個の行為が二個以上の罪名に触れる場合等の処理）

第五四条　一個の行為が二個以上の罪名に触れ、又は犯罪の手段若しくは結果である行為が他の罪名に触れるときは、その最も重い刑により処断する。

2　第四十九条第二項の規定は、前項の場合にも、適用する。

第十一章　共犯

（共同正犯）

第六〇条　二人以上共同して犯罪を実行した者は、すべて正犯とする。

（教唆）

第六一条　人を教唆して犯罪を実行させた者には、正犯の刑を科する。

2　教唆者を教唆した者についても、前項と同様とする。

（幇《ほう》助）

第六二条　正犯を幇《ほう》助した者は、従犯とする。

2　従犯を教唆した者には、従犯の刑を科する。

第二編　罪

第五章　公務の執行を妨害する罪

（公務執行妨害及び職務強要）

第九五条**現**　公務員が職務を執行するに当たり、これに対して暴行又は脅迫を加えた者は、三年以下の懲役若しくは禁錮又は五十万円以下の罰金に処する。

> **新**［令和七年六月一日から施行］
> （公務執行妨害及び職務強要）
> 第九五条　公務員が職務を執行するに当たり、これに対して暴行又は脅迫を加えた者は、三年以下の拘禁刑又は五十万円以下の罰金に処する。

2　公務員に、ある処分をさせ、若しくはさせないため、又はその職を辞させるために、暴行又は脅迫を加えた者も、前項と同様とする。

第十二章　住居を侵す罪

（住居侵入等）

第一三〇条**現**　正当な理由がないのに、人の住居若しくは人の看守する邸宅、建造物若しくは艦船に侵入し、又は要求を受けたにもかかわらずこれらの場所から退去しなかった者は、三年以下の懲役又は十万円以下の罰金に処する。

> **新**［令和七年六月一日から施行］
> （住居侵入等）
> 第一三〇条　正当な理由がないのに、人の住居若しくは人の看守する邸宅、建造物若しくは艦船に侵入し、又は要求を受けたにもかかわらずこれらの場所から退去しなかった者は、三年以下の拘禁刑又は十万円以下の罰金に処する。

第十七章　文書偽造の罪

（公文書偽造等）

第一五五条**現**　行使の目的で、公務所若しくは公務員の印章若しくは署名を使用して公務所若しくは公務員の作成すべき文書若しくは図画を偽造し、又は偽造した公務所若しくは公務員の印章若しくは署名を使用して公務所若しくは公務員の作成すべき文書若しくは図画を偽造した者は、一年以上十年以下の懲役に処する。

> **新**［令和七年六月一日から施行］
> （公文書偽造等）

第一五五条 行使の目的で、公務所若しくは公務員の印章若しくは署名を使用して公務所若しくは公務員の作成すべき文書若しくは図画を偽造し、又は偽造した公務所若しくは公務員の印章若しくは署名を使用して公務所若しくは公務員の作成すべき文書若しくは図画を偽造した者は、一年以上十年以下の拘禁刑に処する。

2 公務所又は公務員が押印し又は署名した文書又は図画を変造した者も、前項と同様とする。

3 **現** 前二項に規定するもののほか、公務所若しくは公務員の作成すべき文書若しくは図画を偽造し、又は公務所若しくは公務員が作成した文書若しくは図画を変造した者は、三年以下の懲役又は二十万円以下の罰金に処する。

新［令和七年六月一日から施行］

3 前二項に規定するもののほか、公務所若しくは公務員の作成すべき文書若しくは図画を偽造し、又は公務所若しくは公務員が作成した文書若しくは図画を変造した者は、三年以下の拘禁刑又は二十万円以下の罰金に処する。

（私文書偽造等）

第一五九条現 行使の目的で、他人の印章若しくは署名を使用して権利、義務若しくは事実証明に関する文書若しくは図画を偽造し、又は偽造した他人の印章若しくは署名を使用して権利、義務若しくは事実証明に関する文書若しくは図画を偽造した者は、三月以上五年以下の懲役に処する。

新［令和七年六月一日から施行］

（私文書偽造等）

第一五九条 行使の目的で、他人の印章若しくは署名を使用して権利、義務若しくは事実証明に関する文書若しくは図画を偽造し、又は偽造した他人の印章若しくは署名を使用して権利、義務若しくは事実証明に関する文書若しくは図画を偽造した者は、三月以上五年以下の拘禁刑に処する。

2 他人が押印し又は署名した権利、義務又は事実証明に関する文書又は図画を変造した者も、前項と同様とする。

3 **現** 前二項に規定するもののほか、権利、義務又は事実証明に関する文書又は図画を偽造し、又は変造した者は、一年以下の懲役又は十万円以下の罰金に処する。

新［令和七年六月一日から施行］

3 前二項に規定するもののほか、権利、義務又は事実証明に関する文書又は図画を偽造し、又は変造した者は、一年以下の拘禁刑又は十万円以下の罰金に処する。

第二十二章　わいせつ、不同意性交等及び重婚の罪

（不同意わいせつ）

第一七六条 次に掲げる行為又は事由その他これらに類する行為又は事由により、同意しない意思を形成し、表明し若しくは全うすることが困難な状態にさせ又はその状態にあることに乗じて、わいせつな行為をした者は、婚姻関係の有無にかかわらず、六月以上十年以下の拘禁刑に処する。

一 暴行若しくは脅迫を用いること又はそれらを受けたこと。

二 心身の障害を生じさせること又はそれがあること。

三 アルコール若しくは薬物を摂取させること又はそれらの

影響があること。
四　睡眠その他の意識が明瞭でない状態にさせること又はその状態にあること。
五　同意しない意思を形成し、表明し又は全うするいとまがないこと。
六　予想と異なる事態に直面させて恐怖させ、若しくは驚愕《がく》させること又はその事態に直面して恐怖し、若しくは驚愕していること。
七　虐待に起因する心理的反応を生じさせること又はそれがあること。
八　経済的又は社会的関係上の地位に基づく影響力によって受ける不利益を憂慮させること又はそれを憂慮していること。

2　行為がわいせつなものではないとの誤信をさせ、若しくは行為をする者について人違いをさせ、又はそれらの誤信若しくは人違いをしていることに乗じて、わいせつな行為をした者も、前項と同様とする。

3　十六歳未満の者に対し、わいせつな行為をした者（当該十六歳未満の者が十三歳以上である場合については、その者が生まれた日より五年以上前の日に生まれた者に限る。）も、第一項と同様とする。

第一七七条（不同意性交等）　前条第一項各号に掲げる行為又は事由その他これらに類する行為又は事由により、同意しない意思を形成し、表明し若しくは全うすることが困難な状態にさせ又はその状態にあることに乗じて、性交、肛《こう》門性交、口腔《くう》性交又は膣《ちつ》若しくは肛門に身体の一部（陰茎を除く。）若しくは物を挿入する行為であってわいせつなもの（以下この条及び第百七十九条第二項において「性交等」という。）をした者は、婚姻関係の有無にかかわらず、五年以上の有期拘禁刑に処する。

2　行為がわいせつなものではないとの誤信をさせ、若しくは行為をする者について人違いをさせ、又はそれらの誤信若しくは人違いをしていることに乗じて、性交等をした者も、前項と同様とする。

3　十六歳未満の者に対し、性交等をした者（当該十六歳未満の者が十三歳以上である場合については、その者が生まれた日より五年以上前の日に生まれた者に限る。）も、第一項と同様とする。

第一七八条　削除

第一七九条（監護者わいせつ及び監護者性交等）　十八歳未満の者に対し、その者を現に監護する者であることによる影響力があることに乗じてわいせつな行為をした者は、第百七十六条第一項の例による。

2　十八歳未満の者に対し、その者を現に監護する者であることによる影響力があることに乗じて性交等をした者は、第百七十七条第一項の例による。

第一八〇条（未遂罪）　第百七十六条、第百七十七条及び前条の罪の未遂は、罰する。

第一八一条（不同意わいせつ等致死傷）現　第百七十六条若しくは第百七十九条第一項の罪又はこれらの罪の未遂罪を犯し、よって人を死傷させた者は、無期又は三年以上の懲役に処する。

2　第百七十七条若しくは第百七十九条第二項の罪又はこれらの罪の未遂罪を犯し、よって人を死傷させた者は、無期又は六年以上の懲役に処する。

新 ［令和七年六月一日から施行］
（不同意わいせつ等致死傷）
第一八一条　第百七十六条若しくは第百七十九条第一項の

罪又はこれらの罪の未遂罪を犯し、よって人を死傷させた者は、無期又は三年以上の拘禁刑に処する。
2　第百七十七条若しくは第百七十九条第二項の罪又はこれらの罪の未遂罪を犯し、よって人を死傷させた者は、無期又は六年以上の拘禁刑に処する。

第二十七章　傷害の罪

（傷害）
第二〇四条現　人の身体を傷害した者は、十五年以下の懲役又は五十万円以下の罰金に処する。

新［令和七年六月一日から施行］
（傷害）
第二〇四条　人の身体を傷害した者は、十五年以下の拘禁刑又は五十万円以下の罰金に処する。

（暴行）
第二〇八条現　暴行を加えた者が人を傷害するに至らなかったときは、二年以下の懲役若しくは三十万円以下の罰金又は拘留若しくは科料に処する。

新［令和七年六月一日から施行］
（暴行）
第二〇八条　暴行を加えた者が人を傷害するに至らなかったときは、二年以下の拘禁刑若しくは三十万円以下の罰金又は拘留若しくは科料に処する。

第三十一章　逮捕及び監禁の罪

（逮捕及び監禁）
第二二〇条現　不法に人を逮捕し、又は監禁した者は、三月以上七年以下の懲役に処する。

新［令和七年六月一日から施行］
（逮捕及び監禁）
第二二〇条　不法に人を逮捕し、又は監禁した者は、三月以上七年以下の拘禁刑に処する。

第三十二章　脅迫の罪

（脅迫）
第二二二条現　生命、身体、自由、名誉又は財産に対し害を加える旨を告知して人を脅迫した者は、二年以下の懲役又は三十万円以下の罰金に処する。

新［令和七年六月一日から施行］
（脅迫）
第二二二条　生命、身体、自由、名誉又は財産に対し害を加える旨を告知して人を脅迫した者は、二年以下の拘禁刑又は三十万円以下の罰金に処する。
2　親族の生命、身体、自由、名誉又は財産に対し害を加える旨を告知して人を脅迫した者も、前項と同様とする。

（強要）
第二二三条現　生命、身体、自由、名誉若しくは財産に対し害を加える旨を告知して脅迫し、又は暴行を用いて、人に義務のないことを行わせ、又は権利の行使を妨害した者は、二年以下の懲役に処する。

新［令和七年六月一日から施行］

（強要）

第二二三条 生命、身体、自由、名誉若しくは財産に対し害を加える旨を告知して脅迫し、又は暴行を用いて、人に義務のないことを行わせ、又は権利の行使を妨害した者は、三年以下の拘禁刑に処する。

2 親族の生命、身体、自由、名誉又は財産に対し害を加える旨を告知して脅迫し、人に義務のないことを行わせ、又は権利の行使を妨害した者も、前項と同様とする。

3 前二項の罪の未遂は、罰する。

第三十四章 名誉に対する罪

（名誉毀《き》損）

第二三〇条現 公然と事実を摘示し、人の名誉を毀《き》損した者は、その事実の有無にかかわらず、三年以下の懲役若しくは禁錮又は五十万円以下の罰金に処する。

新［令和七年六月一日から施行］

（名誉毀損）

第二三〇条 公然と事実を摘示し、人の名誉を毀損した者は、その事実の有無にかかわらず、三年以下の拘禁刑又は五十万円以下の罰金に処する。

2 死者の名誉を毀損した者は、虚偽の事実を摘示することによってした場合でなければ、罰しない。

（公共の利害に関する場合の特例）

第二三〇条の二 前条第一項の行為が公共の利害に関する事実に係り、かつ、その目的が専ら公益を図ることにあったと認める場合には、事実の真否を判断し、真実であることの証明があったときは、これを罰しない。

2 前項の規定の適用については、公訴が提起されるに至っていない人の犯罪行為に関する事実は、公共の利害に関する事実とみなす。

3 前条第一項の行為が公務員又は公選による公務員の候補者に関する事実に係る場合には、事実の真否を判断し、真実であることの証明があったときは、これを罰しない。

（侮辱）

第二三一条現 事実を摘示しなくても、公然と人を侮辱した者は、一年以下の懲役若しくは禁錮若しくは三十万円以下の罰金又は拘留若しくは科料に処する。

新［令和七年六月一日から施行］

（侮辱）

第二三一条 事実を摘示しなくても、公然と人を侮辱した者は、一年以下の拘禁刑若しくは三十万円以下の罰金又は拘留若しくは科料に処する。

（親告罪）

第二三二条 この章の罪は、告訴がなければ公訴を提起することができない。

2 告訴をすることができる者が天皇、皇后、太皇太后、皇太后又は皇嗣であるときは内閣総理大臣が、外国の君主又は大統領であるときはその国の代表者がそれぞれ代わって告訴を行う。

第三十五章　信用及び業務に対する罪

（信用毀損及び業務妨害）
第二百三十三条現　虚偽の風説を流布し、又は偽計を用いて、人の信用を毀損し、又はその業務を妨害した者は、三年以下の懲役又は五十万円以下の罰金に処する。

新［令和七年六月一日から施行］
（信用毀損及び業務妨害）
第二百三十三条　虚偽の風説を流布し、又は偽計を用いて、人の信用を毀損し、又はその業務を妨害した者は、三年以下の拘禁刑又は五十万円以下の罰金に処する。

（威力業務妨害）
第二百三十四条　威力を用いて人の業務を妨害した者も、前条の例による。

第三十七章　詐欺及び恐喝の罪

（背任）
第二百四十七条現　他人のためにその事務を処理する者が、自己若しくは第三者の利益を図り又は本人に損害を加える目的で、その任務に背く行為をし、本人に財産上の損害を加えたときは、五年以下の懲役又は五十万円以下の罰金に処する。

新［令和七年六月一日から施行］
（背任）
第二百四十七条　他人のためにその事務を処理する者が、自己若しくは第三者の利益を図り又は本人に損害を加える目的で、その任務に背く行為をし、本人に財産上の損害を加えたときは、五年以下の拘禁刑又は五十万円以下の罰金に処する。

第三十八章　横領の罪

（横領）
第二百五十二条現　自己の占有する他人の物を横領した者は、五年以下の懲役に処する。

新［令和七年六月一日から施行］
（横領）
第二百五十二条　自己の占有する他人の物を横領した者は、五年以下の拘禁刑に処する。

2　自己の物であっても、公務所から保管を命ぜられた場合において、これを横領した者も、前項と同様とする。

（業務上横領）
第二百五十三条現　業務上自己の占有する他人の物を横領した者は、十年以下の懲役に処する。

新［令和七年六月一日から施行］
（業務上横領）
第二百五十三条　業務上自己の占有する他人の物を横領した者は、十年以下の拘禁刑に処する。

第四十章　毀棄及び隠匿の罪

（建造物等損壊及び同致死傷）
第二六〇条現　他人の建造物又は艦船を損壊した者は、五年以下の懲役に処する。よって人を死傷させた者は、傷害の罪と比較して、重い刑により処断する。

新［令和七年六月一日から施行］
（建造物等損壊及び同致死傷）
第二六〇条　他人の建造物又は艦船を損壊した者は、五年以下の拘禁刑に処する。よって人を死傷させた者は、傷害の罪と比較して、重い刑により処断する。

（器物損壊等）
第二六一条現　前三条に規定するもののほか、他人の物を損壊し、又は傷害した者は、三年以下の懲役又は三十万円以下の罰金若しくは科料に処する。

新［令和七年六月一日から施行］
（器物損壊等）
第二六一条　前三条に規定するもののほか、他人の物を損壊し、又は傷害した者は、三年以下の拘禁刑又は三十万円以下の罰金若しくは科料に処する。

附　則［昭和二二年一〇月二六日法律第一二四号］抄

① この法律は、公布の日から起算して二十日を経過した日から、これを施行する。

国家公務員法　抄

（昭和二二年一〇月二一日　法律第一二〇号）

沿革　昭和二三年一二月　三日法律第二二二号
〃　四〇年　五月一八日〃　第　六九号
平成一九年　七月　六日〃　第一〇八号
〃　二六年　四月一八日〃　第　二二号
令和　元年一二月一一日〃　第　七一号
〃　三年　五月一九日〃　第　三六号
〃　三年　六月一一日〃　第　六一号
〃　三年　六月一一日〃　第　六二号
〃　三年　六月一六日〃　第　七五号
〃　四年　六月一七日〃　第　六八号

第一章　総則

（この法律の目的及び効力）

第一条　この法律は、国家公務員たる職員について適用すべき各般の根本基準（職員の福祉及び利益を保護するための適切な措置を含む。）を確立し、職員がその職務の遂行に当り、最大の能率を発揮し得るように、民主的な方法で、選択され、且つ、指導さるべきことを定め、以て国民に対し、公務の民主的且つ能率的な運営を保障することを目的とする。

②　この法律は、もつぱら日本国憲法第七十三条にいう官吏に関する事務を掌理する基準を定めるものである。

③　何人も、故意に、この法律又はこの法律に基づく命令に違反し、又は違反を企て若しくは共謀してはならない。又、何人も、故意に、この法律又はこの法律に基づく命令の施行に関し、虚偽行為をなし、若しくはなそうと企て、又はその施行を妨げてはならない。

④　この法律のある規定が、効力を失い、又はその適用が無効とされても、この法律の他の規定又は他の関係における適用は、その影響を受けることがない。

⑤　この法律の規定が、従前の法律又はこれに基く法令と矛盾し又はてい触する場合には、この法律の規定が、優先する。

第二章　中央人事行政機関

（人事院）

第三条　内閣の所轄の下に人事院を置く。人事院は、この法律に定める基準に従つて、内閣に報告しなければならない。

②　人事院は、法律の定めるところに従い、給与その他の勤務条件の改善及び人事行政の改善に関する勧告、採用試験（採用試験の対象官職及び種類並びに採用試験により確保すべき人材に関する事項を除く。）、任免（標準職務遂行能力、採用昇任等基本方針、幹部職員の任用等に係る特例及び幹部候補育成課程に関する事項（第三十三条第一項に規定する根本基準の実施につき必要な事項であつて、行政需要の変化に対応するために行う優れた人材の養成及び活用の確保に関するものを含む。）を除く。）、給与（一般職の職員の給与に関する法律（昭和二十五年法律第九十五号）第六条の二第一項の規定による指定職俸給表の適用を受ける職員の号俸の決定の方法並びに同法第八条第一項の規定による職務の級の定数の設定及び改定に関する事項を除く。）、研修（第七十条の六第一項第一号に掲げる観点に係るものに限る。）の計画の樹立及び実施並びに当該研修に係る調査研究、分限、懲戒、苦情の処理、職務に係る倫理の保持その他職員に関する人事行政の

公正の確保及び職員の利益の保護等に関する事務をつかさどる。

③　法律により、人事院が処置する権限を与えられている部門においては、人事院の決定及び処分は、人事院によつてのみ審査される。

④　前項の規定は、法律問題につき裁判所に出訴する権利に影響を及ぼすものではない。

（国家公務員倫理審査会）

第三条の二　前条第二項の所掌事務のうち職務に係る倫理の保持に関する事務を所掌させるため、人事院に国家公務員倫理審査会を置く。

②　国家公務員倫理審査会に関しては、この法律に定めるもののほか、国家公務員倫理法（平成十一年法律第百二十九号）の定めるところによる。

（国家公務員倫理審査会への権限の委任）

第一七条の二　人事院は、前条の規定による権限（職員の職務に係る倫理の保持に関して行われるものに限り、かつ、第九十条第一項に規定する審査請求に係るものを除く。）を国家公務員倫理審査会に委任する。

第三章　職員に適用される基準

第一節　通則

（平等取扱いの原則）

第二七条　全て国民は、この法律の適用について、平等に取り扱われ、人種、信条、性別、社会的身分、門地又は第三十八条第四号に該当する場合を除くほか政治的意見若しくは政治的所属関係によつて、差別されてはならない。

（人事管理の原則）

第二七条の二　職員の採用後の任用、給与その他の人事管理は、職員の採用年次、合格した採用試験の種類及び第六十一条の九第二項第二号に規定する課程対象者であるか否か又は同号に規定する課程対象者であつたか否かにとらわれてはならず、この法律に特段の定めがある場合を除くほか、人事評価に基づいて適切に行われなければならない。

（情勢適応の原則）

第二八条　この法律及び他の法律に基づいて定められる職員の給与、勤務時間その他勤務条件に関する基礎事項は、国会により社会一般の情勢に適応するように、随時これを変更することができる。その変更に関しては、人事院においてこれを勧告することを怠つてはならない。

②　人事院は、毎年、少くとも一回、俸給表が適当であるかどうかについて国会及び内閣に同時に報告しなければならない。給与を決定する諸条件の変化により、俸給表に定める給与を百分の五以上増減する必要が生じたと認められるときは、人事院は、その報告にあわせて、国会及び内閣に適当な勧告をしなければならない。

第二節　採用試験及び任免

（任免の根本基準）

第三三条　職員の任用は、この法律の定めるところにより、その者の受験成績、人事評価又はその他の能力の実証に基いて行わなければならない。

②　前項に規定する根本基準の実施に当たつては、次に掲げる事項が確保されなければならない。

一　職員の公正な任用

二　行政需要の変化に対応するために行う優れた人材の養成及び活用

③　職員の免職は、法律に定める事由に基づいてこれを行わな

ければならない。

④　第一項に規定する根本基準の実施につき必要な事項であつて第二項第一号に掲げる事項の確保に関するもの及び前項に規定する根本基準の実施につき必要な事項は、この法律に定めのあるものを除いては、人事院規則でこれを定める。

第五三条の二　第五十四条第一項に規定する採用昇任等基本方針には、前条第一項に規定する根本基準の実施につき必要な事項であつて同条第二項第二号に掲げる事項の確保に関するものとして、職員の採用、昇任、降任及び転任に関する制度の適切かつ効果的な運用の確保に資する基本的事項を定めるものとする。

第四款　任用

（任命権者）

第五五条　任命権は、法律に別段の定めのある場合を除いては、内閣、各大臣（内閣総理大臣及び各省大臣をいう。以下同じ。）、会計検査院長及び人事院総裁並びに宮内庁長官及び各外局の長に属するものとする。これらの機関の長の有する任命権は、その部内の機関に属する官職に限られ、内閣の有する任命権は、その直属する機関（内閣府及びデジタル庁を除く。）に属する官職に限られる。ただし、外局の長（国家行政組織法第七条第五項に規定する実施庁以外の庁にあつては、外局の幹部職）に対する任命権は、各大臣に属する。

②　前項に規定する機関の長たる任命権者は、幹部職以外の官職（内閣が任命権を有する場合にあつては、幹部職を含む。）の任命権を、その部内の上級の国家公務員（内閣が任命権を有する幹部職にあつては、内閣総理大臣又は国務大臣）に限り委任することができる。この委任は、その効力が発生する日の前に、書面をもつて、これを人事院に提示しなければならない。

③　この法律は、人事院規則及び人事院指令に規定する要件を備えない者は、これを任命し、雇用し、昇任させ若しくは転任させてはならず、又はいかなる官職にも配置してはならない。

（定年前再任用短時間勤務職員の任用）

第六〇条の二　任命権者は、年齢六十年に達した日以後にこの法律の規定により退職（臨時的職員その他の法律により任期を定めて任用される職員及び常時勤務を要しない官職を占める職員が退職する場合を除く。）をした者（以下この条及び第八十二条第二項において「年齢六十年以上退職者」という。）又は年齢六十年に達した日以後に自衛隊法（昭和二十九年法律第百六十五号）の規定により退職（自衛官及び同法第四十四条の六第三項各号に掲げる隊員が退職する場合を除く。）をした者（以下この項及び第三項において「自衛隊法による年齢六十年以上退職者」という。）を、人事院規則で定めるところにより、従前の勤務実績その他の人事院規則で定める情報に基づく選考により、短時間勤務の官職（当該官職を占める職員の一週間当たりの通常の勤務時間が、常時勤務を要する官職でその職務が当該短時間勤務の官職と同種の官職を占める職員の一週間当たりの通常の勤務時間に比し短い時間である官職をいう。以下この項及び第三項において同じ。）（一般職の職員の給与に関する法律別表第十一に規定する指定職俸給表の適用を受ける職員が占める官職及びこれに準ずる行政執行法人の官職として人事院規則で定める官職（第四項及び第六節第一款第二目においてこれらの官職を「指定職」という。）を除く。以下この項及び第三項において同じ。）に採用することができる。ただし、年齢六十年以上退職者又は自衛隊法による年齢六十年以上退職者がこれらの者を採用しようとする短時間勤務の官職に係る定年退職日相当日（短時間勤務の官職を占める職員が、常時勤務を要する官職でその職務が当該短時間勤務の官職と同種の官職を占めているものとした場合における第八十一条の六第一項に規定する定年退職日をいう。次項及び第三項において同じ。）を経過した者であるときは、この限りでない。

② 前項の規定により採用された職員（以下この条及び第八十二条第二項において「定年前再任用短時間勤務職員」という。）の任期は、採用の日から定年退職日相当日までとする。

③ 任命権者は、年齢六十年以上退職者又は自衛隊法による年齢六十年以上退職者のうちこれらの者を採用しようとする短時間勤務の官職に係る定年退職日相当日を経過していない者以外の者を当該短時間勤務の官職に採用することができず、定年前再任用短時間勤務職員のうち当該定年前再任用短時間勤務職員を昇任し、降任し、又は転任しようとする短時間勤務の官職に係る定年退職日相当日を経過していない定年前再任用短時間勤務職員以外の職員を当該短時間勤務の官職に昇任し、降任し、又は転任することができない。

④ 任命権者は、定年前再任用短時間勤務職員を、指定職又は指定職以外の常時勤務を要する官職に昇任し、降任し、又は転任することができない。

第五款　休職、復職、退職及び免職

（休職、復職、退職及び免職）

第六一条　職員の休職、復職、退職及び免職は任命権者が、この法律及び人事院規則に従い、これを行う。

第六節　分限、懲戒及び保障

（分限、懲戒及び保障の根本基準）

第七四条　すべて職員の分限、懲戒及び保障については、公正でなければならない。

② 前項に規定する根本基準の実施につき必要な事項は、この法律に定めるものを除いては、人事院規則でこれを定める。

第一款　分限

第一目　降任、休職、免職等

（身分保障）

第七五条　職員は、法律又は人事院規則で定める事由による場合でなければ、その意に反して、降任され、休職され、又は免職されることはない。

② 職員は、この法律又は人事院規則で定める事由に該当するときは、降給されるものとする。

（欠格による失職）

第七六条　職員が第三十八条各号（第二号を除く。）のいずれかに該当するに至つたときは、人事院規則で定める場合を除くほか、当然失職する。

（離職）

第七七条　職員の離職に関する規定は、この法律及び人事院規則でこれを定める。

（本人の意に反する降任及び免職の場合）

第七八条　職員が、次の各号に掲げる場合のいずれかに該当するときは、人事院規則の定めるところにより、その意に反して、これを降任し、又は免職することができる。

一　人事評価又は勤務の状況を示す事実に照らして、勤務実績がよくない場合

二　心身の故障のため、職務の遂行に支障があり、又はこれに堪えない場合

三　その他その官職に必要な適格性を欠く場合

四　官制若しくは定員の改廃又は予算の減少により廃職又は過員を生じた場合

（本人の意に反する休職の場合）

第七九条　職員が、左の各号の一に該当する場合又は人事院規則で定めるその他の場合においては、その意に反して、これを休職することができる。
一　心身の故障のため、長期の休養を要する場合
二　刑事事件に関し起訴された場合

（休職の効果）

第八〇条　前条第一号の規定による休職の期間は、人事院規則でこれを定める。休職期間中その事故の消滅したときは、休職は当然終了したものとし、すみやかに復職を命じなければならない。
② 前条第二号の規定による休職の期間は、その事件が裁判所に係属する間とする。
③ いかなる休職も、その事由が消滅したときは、当然に終了したものとみなされる。
④ 休職者は、職員としての身分を保有するが、職務に従事しない。休職者は、その休職の期間中、給与に関する法律で別段の定めをしない限り、何らの給与を受けてはならない。

（適用除外）

第八一条　次に掲げる職員の分限（定年に係るものを除く。次項において同じ。）については、第七十五条、第七十八条から前条まで及び第八十九条並びに行政不服審査法（平成二十六年法律第六十八号）の規定は、適用しない。
一　臨時的職員
二　条件付採用期間中の職員
② 前項各号に掲げる職員の分限については、人事院規則で必要な事項を定めることができる。

第二目　管理監督職勤務上限年齢による降任等

（管理監督職勤務上限年齢による降任等）

第八一条の二　任命権者は、管理監督職（一般職の職員の給与に関する法律第十条の二第一項に規定する官職及びこれに準ずる官職として人事院規則で定める官職並びに指定職（これらの官職のうち、病院、療養所、診療所その他の国の部局又は機関に勤務する医師及び歯科医師が占める官職その他のその職務と責任に特殊性があること又は欠員の補充が困難であることによりこの条の規定を適用することが著しく不適当と認められる官職として人事院規則で定める官職を除く。）をいう。以下この目及び第八十一条の七において同じ。）を占める職員でその占める管理監督職に係る管理監督職勤務上限年齢に達している職員について、異動期間（当該管理監督職勤務上限年齢に達した日の翌日から同日以後における最初の四月一日までの間をいう。以下この目及び同条において同じ。）（第八十一条の五第一項から第四項までの規定により延長された期間を含む。以下この項において同じ。）に、管理監督職以外の官職又は管理監督職勤務上限年齢が当該職員の年齢を超える管理監督職（以下この項及び第三項においてこれらの官職を「他の官職」という。）への降任又は転任（降給を伴う転任に限る。）をするものとする。ただし、異動期間に、この法律の他の規定により当該職員について他の官職への昇任、降任若しくは転任をした場合又は第八十一条の七第一項の規定により当該職員を管理監督職を占めたまま引き続き勤務させることとした場合は、この限りでない。
② 前項の管理監督職勤務上限年齢は、年齢六十年とする。ただし、次の各号に掲げる管理監督職を占める職員の管理監督職勤務上限年齢は、当該各号に定める年齢とする。
一　国家行政組織法第十八条第一項に規定する事務次官及びこれに準ずる管理監督職のうち人事院規則で定める管理監督職　年齢六十二年
二　前号に掲げる管理監督職のほか、その職務と責任に特殊性があること又は欠員の補充が困難であることにより管理

監督職勤務上限年齢を年齢六十年とすることが著しく不適当と認められる管理監督職として人事院規則で定める管理監督職　六十年を超え六十四年を超えない範囲内で人事院規則で定める年齢

③　第一項本文の規定による他の官職への降任又は転任（以下この目及び第八十九条第一項において「他の官職への降任等」という。）を行うに当たつて任命権者が遵守すべき基準に関する事項その他の他の官職への降任等に関し必要な事項は、人事院規則で定める。

（管理監督職への任用の制限）

第八一条の三　任命権者は、採用し、昇任し、降任し、又は転任しようとする管理監督職に係る管理監督職勤務上限年齢に達している者を、その者が当該管理監督職を占めているものとした場合における異動期間の末日の翌日（他の官職への降任等をされた職員にあつては、当該他の官職への降任等をされた日）以後、当該管理監督職に採用し、昇任し、降任し、又は転任することができない。

（適用除外）

第八一条の四　前二条の規定は、臨時的職員その他の法律により任期を定めて任用される職員には適用しない。

（管理監督職勤務上限年齢による降任等及び管理監督職への任用の制限の特例）

第八一条の五　任命権者は、他の官職への降任等をすべき管理監督職を占める職員について、次に掲げる事由があると認めるときは、当該職員が占める管理監督職に係る異動期間の末日の翌日から起算して一年を超えない期間内（当該期間内に次条第一項に規定する定年退職日（以下この項及び次項において「定年退職日」という。）がある職員にあつては、当該異動期間の末日の翌日から定年退職日までの期間内。第三項において同じ。）で当該異動期間を延長し、引き続き当該管理監督職を占める職員に、当該管理監督職を占めたまま勤務をさせることができる。

一　当該職員の職務の遂行上の特別の事情を勘案して、当該職員の他の官職への降任等により公務の運営に著しい支障が生ずると認められる事由として人事院規則で定める事由

二　当該職員の職務の特殊性を勘案して、当該職員の他の官職への降任等により、当該管理監督職の欠員の補充が困難となることにより公務の運営に著しい支障が生ずると認められる事由として人事院規則で定める事由

②　任命権者は、前項又はこの項の規定により異動期間（これらの規定により延長された期間を含む。）が延長された管理監督職を占める職員について、前項各号に掲げる事由が引き続きあると認めるときは、人事院の承認を得て、延長された当該異動期間の末日の翌日から起算して一年を超えない期間内（当該期間内に定年退職日がある職員にあつては、延長された当該異動期間の末日の翌日から定年退職日までの期間内。第四項において同じ。）で延長された当該異動期間を更に延長することができる。ただし、更に延長される当該異動期間の末日は、当該職員が占める管理監督職に係る異動期間の末日の翌日から起算して三年を超えることができない。

③　任命権者は、第一項の規定により異動期間を延長することができる場合を除き、他の官職への降任等をすべき特定管理監督職群（職務の内容が相互に類似する複数の管理監督職（指定職を除く。以下この項及び次項において同じ。）であつて、これらの欠員を容易に補充することができない年齢別構成その他の特別の事情がある管理監督職として人事院規則で定める管理監督職をいう。以下この項において同じ。）に属する管理監督職を占める職員について、当該職員の他の官職への降任等により、当該特定管理監督職群に属する管理監督職の欠員の補充が困難となることにより公務の運営に著しい

支障が生ずると認められる事由として人事院規則で定める事由があると認めるときは、当該職員が占める管理監督職に係る異動期間の末日の翌日から起算して一年を超えない期間内で当該異動期間を延長し、引き続き当該管理監督職を占めている職員に当該管理監督職を占めたまま勤務をさせ、又は当該職員を当該管理監督職が属する特定管理監督職群の他の管理監督職に降任し、若しくは転任することができる。

④ 任命権者は、第一項若しくは第二項の規定により異動期間（これらの規定により延長された期間を含む。）が延長された管理監督職を占める職員について前項に規定する事由があると認めるとき（第二項の規定により延長された当該異動期間を更に延長することができるときを除く。）、又は前項若しくはこの項の規定により異動期間（前三項又はこの項の規定により延長された期間を含む。）が延長された管理監督職を占める職員について前項に規定する事由が引き続きあると認めるときは、人事院の承認を得て、延長された当該異動期間の末日の翌日から起算して一年を超えない期間内で延長された当該異動期間を更に延長することができる。

⑤ 前各項に定めるもののほか、これらの規定による異動期間（これらの規定により延長された期間を含む。）の延長及び当該延長に係る職員の降任又は転任に関し必要な事項は、人事院規則で定める。

第二款　懲戒

（懲戒の場合）

第八二条 職員が次の各号のいずれかに該当する場合には、当該職員に対し、懲戒処分として、免職、停職、減給又は戒告の処分をすることができる。

一 この法律若しくは国家公務員倫理法又はこれらの法律に基づく命令（国家公務員倫理法第五条第三項の規定に基づく訓令及び同条第四項の規定に基づく規則を含む。）に違反した場合

二 職務上の義務に違反し、又は職務を怠つた場合

三 国民全体の奉仕者たるにふさわしくない非行のあつた場合

② 職員が、任命権者の要請に応じ特別職に属する国家公務員、地方公務員又は沖縄振興開発金融公庫その他その業務が国の事務若しくは事業と密接な関連を有する法人のうち人事院規則で定めるものに使用される者（以下この項において「特別職国家公務員等」という。）となるため退職し、引き続き特別職国家公務員等として在職した後、引き続いて当該退職を前提として職員として採用された場合（一の特別職国家公務員等として在職した後、引き続き一以上の特別職国家公務員等として在職し、引き続いて当該退職を前提として職員として採用された場合を含む。）において、当該退職までの引き続く職員としての在職期間（当該退職前に同様の退職（以下この項において「先の退職」という。）、特別職国家公務員等としての在職及び職員としての採用がある場合には、当該先の退職までの引き続く職員としての在職期間を含む。以下この項において「要請に応じた退職前の在職期間」という。）中に前項各号のいずれかに該当したときは、当該職員に対し、同項に規定する懲戒処分を行うことができる。定年前再任用短時間勤務職員が、年齢六十年以上退職者となつた日までの引き続く職員としての在職期間（要請に応じた退職前の在職期間を含む。）又は第六十条の二第一項の規定によりかつて採用されて定年前再任用短時間勤務職員として在職していた期間中に前項各号のいずれかに該当したときも、同様とする。

（懲戒の効果）

第八三条 停職の期間は、一年をこえない範囲内において、人事院規則でこれを定める。

② 停職者は、職員としての身分を保有するが、その職務に従事しない。停職者は、第九十二条の規定による場合の外、停職の期間中給与を受けることができない。

（懲戒権者）

第八四条　懲戒処分は、任命権者が、これを行う。

② 人事院は、この法律に規定された調査を経て職員を懲戒手続に付することができる。

（国家公務員倫理審査会への権限の委任）

第八四条の二　人事院は、前条第二項の規定による権限（国家公務員倫理法又はこれに基づく命令（同法第五条第三項の規定に基づく訓令及び同条第四項の規定に基づく規則を含む。）に違反する行為に関して行われるものに限る。）を国家公務員倫理審査会に委任する。

（刑事裁判との関係）

第八五条　懲戒に付せらるべき事件が、刑事裁判所に係属する間においても、人事院又は人事院の承認を経て任命権者は、同一事件について、適宜に、懲戒手続を進めることができる。この法律による懲戒処分は、当該職員が、同一又は関連の事件に関し、重ねて刑事上の訴追を受けることを妨げない。

第七節　服務

（服務の根本基準）

第九六条　すべて職員は、国民全体の奉仕者として、公共の利益のために勤務し、且つ、職務の遂行に当つては、全力を挙げてこれに専念しなければならない。

② 前項に規定する根本基準の実施に関し必要な事項は、この法律又は国家公務員倫理法に定めるものを除いては、人事院規則でこれを定める。

（服務の宣誓）

第九七条　職員は、政令の定めるところにより、服務の宣誓をしなければならない。

（法令及び上司の命令に従う義務並びに争議行為等の禁止）

第九八条　職員は、その職務を遂行するについて、法令に従い、且つ、上司の職務上の命令に忠実に従わなければならない。

② 職員は、政府が代表する使用者としての公衆に対して同盟罷業、怠業その他の争議行為をなし、又は政府の活動能率を低下させる怠業的行為をしてはならない。又、何人も、このような違法な行為を企て、又はその遂行を共謀し、そそのかし、若しくはあおつてはならない。

③ 職員で同盟罷業その他前項の規定に違反する行為をした者は、その行為の開始とともに、国に対し、法令に基いて保有する任命又は雇用上の権利をもつて、対抗することができない。

（信用失墜行為の禁止）

第九九条　職員は、その官職の信用を傷つけ、又は官職全体の不名誉となるような行為をしてはならない。

（秘密を守る義務）

第一〇〇条　職員は、職務上知ることのできた秘密を漏らしてはならない。その職を退いた後といえども同様とする。

② 法令による証人、鑑定人等となり、職務上の秘密に属する事項を発表するには、所轄庁の長（退職者については、その退職した官職又はこれに相当する官職の所轄庁の長）の許可を要する。

③ 前項の許可は、法律又は政令の定める条件及び手続に係る場合を除いては、これを拒むことができない。

④ 前三項の規定は、人事院で扱われる調査又は審理の際人事院から求められる情報に関しては、これを適用しない。何人も、人事院の権限によつて行われる調査又は審理に際して、秘密の又は公表を制限された情報を陳述し又は証言することを人事院から求められた場合には、何人からも許可を受ける

必要がない。人事院が正式に要求した情報について、人事院に対して、陳述及び証言を行わなかつた者は、この法律の罰則の適用を受けなければならない。

⑤　前項の規定は、第十八条の四の規定により権限の委任を受けた再就職等監視委員会が行う調査について準用する。この場合において、同項中「人事院」とあるのは「再就職等監視委員会」と「調査又は審理」とあるのは「調査」と読み替えるものとする。

（職務に専念する義務）

第一〇一条　職員は、法律又は命令の定める場合を除いては、その勤務時間及び職務上の注意力のすべてをその職責遂行のために用い、政府がなすべき責を有する職務にのみ従事しなければならない。職員は、法律又は命令の定める場合を除いては、官職を兼ねてはならない。職員は、官職を兼ねる場合においても、それに対して給与を受けてはならない。

②　前項の規定は、地震、火災、水害その他重大な災害に際し、当該官庁が職員を本職以外の業務に従事させることを妨げない。

（政治的行為の制限）

第一〇二条　職員は、政党又は政治的目的のために、寄附金その他の利益を求め、若しくは受領し、又は何らの方法を以てするを問わず、これらの行為に関与し、あるいは選挙権の行使を除く外、人事院規則で定める政治的行為をしてはならない。

②　職員は、公選による公職の候補者となることができない。

③　職員は、政党その他の政治的団体の役員、政治的顧問、その他これらと同様な役割をもつ構成員となることができない。

（私企業からの隔離）

第一〇三条　職員は、商業、工業又は金融業その他営利を目的とする私企業（以下営利企業という。）を営むことを目的とする会社その他の団体の役員、顧問若しくは評議員の職を兼ね、又は自ら営利企業を営んではならない。

〔2項～7項　略〕

（職員の職務の範囲）

第一〇五条　職員は、職員としては、法律、命令、規則又は指令による職務を担当する以外の義務を負わない。

（勤務条件）

第一〇六条　職員の勤務条件その他職員の服務に関し必要な事項は、人事院規則でこれを定めることができる。

②　前項の人事院規則は、この法律の規定の趣旨に沿うものでなければならない。

第十節　職員団体

（職員団体）

第一〇八条の二　この法律において「職員団体」とは、職員がその勤務条件の維持改善を図ることを目的として組織する団体又はその連合体をいう。

②　前項の「職員」とは、第五項に規定する職員以外の職員をいう。

③　職員は、職員団体を結成し、若しくは結成せず、又はこれに加入し、若しくは加入しないことができる。ただし、重要な行政上の決定を行う職員、重要な行政上の決定に参画する管理的地位にある職員、職員の任免に関して直接の権限を持つ監督的地位にある職員、職員の任免、分限、懲戒若しくは服務、職員の給与その他の勤務条件又は職員団体との関係についての当局の計画及び方針に関する機密の事項に接し、そのためにその職務上の義務と責任とが職員団体の構成員としての誠意と責任とに直接に抵触すると認められる監督的地位にある職員その他職員団体との関係において当局の立場に立つて遂行すべき職務を担当する職員（以下「管理職員等」と

いう。）と管理職員等以外の職員とは、同一の職員団体を組織することができず、管理職員等と管理職員等以外の職員とが組織する団体は、この法律にいう「職員団体」ではない。

④ 前項ただし書に規定する管理職員等の範囲は、人事院規則で定める。

⑤ 警察職員及び海上保安庁又は刑事施設において勤務する職員は、職員の勤務条件の維持改善を図ることを目的とし、かつ、当局と交渉する団体を結成し、又はこれに加入してはならない。

（職員団体の登録）

第一〇八条の三 職員団体は、人事院規則で定めるところにより、理事その他の役員の氏名及び人事院規則で定める事項を記載した申請書に規約を添えて人事院に登録を申請することができる。

② 職員団体の規約には、少なくとも次に掲げる事項を記載するものとする。

一 名称
二 目的及び業務
三 主たる事務所の所在地
四 構成員の範囲及びその資格の得喪に関する規定
五 理事その他の役員に関する規定
六 次項に規定する事項を含む業務執行、会議及び投票に関する規定
七 経費及び会計に関する規定
八 他の職員団体との連合に関する規定
九 規約の変更に関する規定
十 解散に関する規定

③ 職員団体が登録される資格を有し、及び引き続いて登録されているためには、規約の作成又は変更、役員の選挙その他これらに準ずる重要な行為が、すべての構成員が平等に参加する機会を有する直接かつ秘密の投票による全員の過半数（役員の選挙については、投票者の過半数）によつて決定される旨の手続を定め、かつ、現実にその手続によりこれらの重要な行為が決定されることを必要とする。ただし、連合体である職員団体又は全国的規模をもつ職員団体にあつては、すべての構成員が平等に参加する機会を有する構成団体ごと又は地域若しくは職域ごとの直接かつ秘密の投票による投票者の過半数で代議員を選挙し、この代議員の全員が平等に参加する機会を有する直接かつ秘密の投票による全員の過半数（役員の選挙については、投票者の過半数）によつて決定される旨の手続を定め、かつ、現実に、その手続により決定されることをもつて足りるものとする。

④ 前項に定めるもののほか、職員団体が登録される資格を有し、及び引き続いて登録されているためには、前条第五項に規定する職員以外の職員のみをもつて組織されていることを必要とする。ただし、同項に規定する職員以外の職員であつた者でその意に反して免職され、若しくは懲戒処分としての免職の処分を受け、当該処分を受けた日の翌日から起算して一年以内のもの又はその期間内に当該処分について法律の定めるところにより審査請求をし、若しくは訴えを提起し、これに対する裁決若しくは裁判が確定するに至らないものを構成員にとどめていること、及び当該職員団体の役員である者を構成員としていることを妨げない。

⑤ 人事院は、登録を申請した職員団体が前三項の規定に適合するものであるときは、人事院規則で定めるところにより、規約及び第一項に規定する申請書の記載事項を登録し、当該職員団体にその旨を通知しなければならない。この場合において、職員でない者の役員就任を認めている職員団体を、そのゆえをもつて登録の要件に適合しないものと解してはならない。

⑥ 登録された職員団体が職員団体でなくなつたとき、登録された職員団体について第二項から第四項までの規定に適合しない事実があつたとき、又は登録された職員団体が第九項の規定による届出をしなかつたときは、人事院は、人事院規則で定めるところにより、六十日を超えない範囲内で当該職員団体の登録の効力を停止し、又は当該職員団体の登録を取り消すことができる。
⑦ 前項の規定による登録の取消しに係る聴聞の期日における審理は、当該職員団体から請求があつたときは、公開により行わなければならない。
⑧ 第六項の規定による登録の取消しは、当該処分の取消しの訴えを提起することができる期間内及び当該処分の取消しの訴えの提起があつたときは当該訴訟が裁判所に係属する間は、その効力を生じない。
⑨ 登録された職員団体は、その規約又は第一項に規定する申請書の記載事項に変更があつたときは、人事院規則で定めるところにより、人事院にその旨を届け出なければならない。この場合においては、第五項の規定を準用する。
⑩ 登録された職員団体は、解散したときは、人事院規則で定めるところにより、人事院にその旨を届け出なければならない。

（交渉）

第一〇八条の五 当局は、登録された職員団体から、職員の給与、勤務時間その他の勤務条件に関し、及びこれに附帯して、社交的又は厚生的活動を含む適法な活動に係る事項に関し、適法な交渉の申入れがあつた場合においては、その申入れに応ずべき地位に立つものとする。
② 職員団体と当局との交渉は、団体協約を締結する権利を含まないものとする。
③ 国の事務の管理及び運営に関する事項は、交渉の対象とすることができない。
④ 職員団体が交渉することのできる当局は、交渉事項について適法に管理し、又は決定することのできる当局とする。
⑤ 交渉は、職員団体と当局があらかじめ取り決めた員数の範囲内で、職員団体がその役員の中から指名する者と当局の指名する者との間において行なわなければならない。交渉に当たつては、職員団体と当局との間において、議題、時間、場所その他必要な事項をあらかじめ取り決めて行なうものとする。
⑥ 前項の場合において、特別の事情があるときは、職員団体は、役員以外の者を指名することができるものとする。ただし、その指名する者は、当該交渉の対象である特定の事項について交渉する適法な委任を当該職員団体の執行機関から受けたことを文書によつて証明できる者でなければならない。
⑦ 交渉は、前二項の規定に適合しないこととなつたとき、又は他の職員の職務の遂行を妨げ、若しくは国の事務の正常な運営を阻害することとなつたときは、これを打ち切ることができる。
⑧ 本条に規定する適法な交渉は、勤務時間中においても行なうことができるものとする。
⑨ 職員は、職員団体に属していないという理由で、第一項に規定する事項に関し、不満を表明し、又は意見を申し出る自由を否定されてはならない。

（人事院規則の制定改廃に関する職員団体からの要請）

第一〇八条の五の二 登録された職員団体は、人事院規則の定めるところにより、職員の勤務条件について必要があると認めるときは、人事院に対し、人事院規則を制定し、又は改廃することを要請することができる。
② 人事院は、前項の規定による要請を受けたときは、速やかに、その内容を公表するものとする。

（職員団体のための職員の行為の制限）
第一〇八条の六 職員は、職員団体の業務にもつぱら従事することができない。ただし、所轄庁の長の許可を受けて、登録された職員団体の役員としてもつぱら従事する場合は、この限りでない。
② 前項ただし書の許可は、所轄庁の長が相当と認める場合に与えることができるものとし、これを与える場合においては、所轄庁の長は、その許可の有効期間を定めるものとする。
③ 第一項ただし書の規定により登録された職員団体の役員として専ら従事する期間は、職員としての在職期間を通じて五年（行政執行法人の労働関係に関する法律（昭和二十二年法律第二百五十七号）第二条第二号の職員として同法第七条第一項ただし書の規定により労働組合の業務に専ら従事したことがある職員については、五年からその専ら従事した期間を控除した期間）を超えることができない。
④ 第一項ただし書の許可は、当該許可を受けた職員が登録された職員団体の役員として当該職員団体の業務にもつぱら従事する者でなくなつたときは、取り消されるものとする。
⑤ 第一項ただし書の許可を受けた職員は、その許可が効力を有する間は、休職者とする。
⑥ 職員は、人事院規則で定める場合を除き、給与を受けながら、職員団体のためその業務を行ない、又は活動してはならない。

（不利益取扱いの禁止）
第一〇八条の七 職員は、職員団体の構成員であること、これを結成しようとしたこと、若しくはこれに加入しようとしたこと、又はその職員団体における正当な行為をしたことのために不利益な取扱いを受けない。

第四章　罰則

第一一〇条 現 次の各号のいずれかに該当する者は、三年以下の懲役又は百万円以下の罰金に処する。

新 ［令和七年六月一日から施行］
第一一〇条 次の各号のいずれかに該当する者は、三年以下の拘禁刑又は百万円以下の罰金に処する。

一～六（略）
七 第三十三条第一項の規定に違反して任命をした者
八～十三（略）
十四 第八十三条第二項の規定に違反して停職者に俸給を支給した者
十五（略）
十六及び十七 現 削除

新 ［令和七年六月一日から施行］
十六 何人たるを問わず第九十八条第二項前段に規定する違法な行為の遂行を共謀し、唆し、若しくはあおり、又はこれらの行為を企てた者

十八 現 第百条第四項（同条第五項において準用する場合を含む。）の規定に違反して陳述及び証言を行わなかつた者

新 ［令和七年六月一日から施行］
十七 第百条第四項（同条第五項において準用する場合を含む。）の規定に違反して陳述及び証言を行わなかつた者

十八　第百二条第一項に規定する政治的行為の制限に違反した者

十九 現　削除

二十 現　第百八条の二第五項の規定に違反して団体を結成した者

新［令和七年六月一日から施行］

十九　第百八条の二第五項の規定に違反して団体を結成した者

②（略）

附　則　抄

第一条　この法律は、昭和二十三年七月一日から施行する。

第六条　労働組合法（昭和二十四年法律第百七十四号）、労働関係調整法（昭和二十一年法律第二十五号）、労働基準法（昭和二十二年法律第四十九号）、船員法（昭和二十二年法律第百号）、最低賃金法（昭和三十四年法律第百三十七号）、じん肺法（昭和三十五年法律第三十号）、労働安全衛生法（昭和四十七年法律第五十七号）及び船員災害防止活動の促進に関する法律（昭和四十二年法律第六十一号）並びにこれらの法律に基づく命令は、職員には適用しない。

第八条　令和五年四月一日から令和十三年三月三十一日までの間における第八十一条の六第二項の規定の適用については、次の表の上欄に掲げる期間の区分に応じ、同項中「六十五年」とあるのはそれぞれ同表の中欄に掲げる字句と、同項ただし書中「七十年」とあるのはそれぞれ同表の下欄に掲げる字句とする。

令和五年四月一日から令和七年三月三十一日まで	六十一年	六十六年
令和七年四月一日から令和九年三月三十一日まで	六十二年	六十七年
令和九年四月一日から令和十一年三月三十一日まで	六十三年	六十八年
令和十一年四月一日から令和十三年三月三十一日まで	六十四年	六十九年

②　令和五年四月一日から令和十三年三月三十一日までの間における国家公務員法等の一部を改正する法律（令和三年法律第六十一号。以下この条及び次条において「令和三年国家公務員法等改正法」という。）第一条の規定による改正前の第八十一条の二第二項第一号に掲げる職員に相当する職員として人事院規則で定める職員に対する第八十一条の六第二項の規定の適用については、前項の規定にかかわらず、次の表の上欄に掲げる期間の区分に応じ、同条第二項ただし書中同表の中欄に掲げる字句は、それぞれ同表の下欄に掲げる字句とする。

令和五年四月一日から令和七年三月三十一日まで	六十五年を超え七十年を超えない範囲内で人事院規則で定める年齢	年齢六十六年
令和七年四月一日から令和九年三月三十一日まで	七十年	六十七年
令和九年四月一日から令和十一年三月三十一日まで	七十年	六十八年

令和十一年四月一日から令和十三年三月三十一日まで	七十年	六十九年

③ 令和五年四月一日から令和十三年三月三十一日までの間における令和三年国家公務員法等改正法第一条の規定による改正前の第八十一条の二第二項第二号に掲げる職員に相当する職員として人事院規則で定める職員に対する第八十一条の六第二項の規定の適用については、第一項の規定にかかわらず、次の表の上欄に掲げる期間の区分に応じ、同条第二項中「六十五年」とあるのはそれぞれ同表の中欄に掲げる字句と、同項ただし書中「七十年」とあるのはそれぞれ同表の下欄に掲げる字句とする。

令和五年四月一日から令和七年三月三十一日まで	六十三年	六十六年
令和七年四月一日から令和九年三月三十一日まで	六十三年	六十七年
令和九年四月一日から令和十一年三月三十一日まで	六十三年	六十八年
令和十一年四月一日から令和十三年三月三十一日まで	六十四年	六十九年

④ 令和五年四月一日から令和七年三月三十一日までの間における令和三年国家公務員法等改正法第一条の規定による改正前の第八十一条の二第二項第三号に掲げる職員に相当する職員として人事院規則で定める職員に対する第八十一条の六第二項の規定の適用については、第一項の規定にかかわらず、同条第二項中「、年齢六十五年」とあるのは「、六十年を超え六十五年を超えない範囲内で人事院規則で定める年齢」と、同項ただし書中「六十五年を超え七十年を超えない範囲内で人事院規則で定める年齢」とあるのは「年齢六十六年」とする。

⑤ 令和七年四月一日から令和十三年三月三十一日までの間における前項に規定する職員に対する第八十一条の六第二項の規定の適用については、第一項の規定にかかわらず、次の表の上欄に掲げる期間の区分に応じ、同条第二項中「、年齢六十五年」とあるのはそれぞれ同表の中欄に掲げる字句と、同項ただし書中「七十年」とあるのはそれぞれ同表の下欄に掲げる字句とする。

令和七年四月一日から令和九年三月三十一日まで	、六十一年を超え六十五年を超えない範囲内で人事院規則で定める年齢	六十七年
令和九年四月一日から令和十一年三月三十一日まで	、六十二年を超え六十五年を超えない範囲内で人事院規則で定める年齢	六十八年
令和十一年四月一日から令和十三年三月三十一日まで	、六十三年を超え六十五年を超えない範囲内で人事院規則で定める年齢	六十九年

〔国家公務員法等の令和三年の改正による改正部分〕
一般職の職員の給与に関する法律
国家公務員法等の一部を改正する法律
令和三年六月十一日法律第六十一号

附　則

8　当分の間、職員の俸給月額は、当該職員が六十歳（次の各号に掲げる職員にあつては、当該各号に定める年齢）に達した日後における最初の四月一日（附則第十項において「特定日」という。）以後、当該職員に適用される俸給表の俸給月額のうち、第八条第三項の規定により当該職員の属する職務の級並びに同条第四項、第五項、第七項及び第八項の規定により当該職員の受ける号俸に応じた額に百分の七十を乗じて得た額（当該額に、五十円未満の端数を生じたときはこれを切り捨て、五十円以上百円未満の端数を生じたときはこれを百円に切り上げるものとする。）とする。

一　国家公務員法等の一部を改正する法律（令和三年法律第六十一号）第一条の規定による改正前の国家公務員法（次号及び次項第二号において「令和五年旧国家公務員法」という。）第八十一条の二第二項第二号に掲げる職員に相当する職員として人事院規則で定める職員　六十三歳

二　令和五年旧国家公務員法第八十一条の二第二項第三号に掲げる職員に相当する職員のうち、人事院規則で定める職員　六十歳を超え六十四歳を超えない範囲内で人事院規則で定める年齢

地方公務員法　抄

（昭和二五年一二月一三日　法律第二六一号）

沿革
昭和四〇年　五月一八日法律第　七一号
平成二六年　五月一四日　〃　第　三四号
〃　二九年　五月一七日　〃　第　二九号
〃　三〇年　七月　六日　〃　第　七一号
令和　元年　六月一四日　〃　第　三七号
〃　元年一二月一一日　〃　第　七一号
〃　二年　三月三一日　〃　第　一一号
〃　三年　六月一一日　〃　第　六三号
〃　三年　六月一六日　〃　第　七五号
〃　四年　六月一七日　〃　第　六八号

第三章　職員に適用される基準

第二節　任用

（定年前再任用短時間勤務職員の任用）

第二二条の四　任命権者は、当該任命権者の属する地方公共団体の条例年齢以上退職者（条例で定める年齢に達した日以後に退職（臨時的に任用される職員その他の法律により任期を定めて任用される職員及び非常勤職員が退職する場合を除く。）をした者をいう。以下同じ。）を、条例で定めるところにより、従前の勤務実績その他の人事委員会規則で定める情報に基づく選考により、短時間勤務の職（当該職を占める職員の一週間当たりの通常の勤務時間が、常時勤務を要する職でその職務が当該短時間勤務の職と同種の職を占める職員の一週間当たりの通常の勤務時間に比し短い時間である職をいう。以下同じ。）に採用することができる。ただし、条例年齢以上退職者がその者を採用しようとする短時間勤務の職に係る定年退職日相当日（短時間勤務の職を占める職員が、常時勤務を要する職でその職務が当該短時間勤務の職と同種の職を占めているものとした場合における第二十八条の六第一項に規定する定年退職日をいう。第三項及び第四項において同じ。）を経過した者であるときは、この限りでない。

2　前項の条例で定める年齢は、国の職員につき定められている国家公務員法（昭和二十二年法律第百二十号）第六十条の二第一項に規定する年齢を基準として定めるものとする。

3　第一項の規定により採用された職員（以下この条及び第二十九条第三項において「定年前再任用短時間勤務職員」という。）の任期は、採用の日から定年退職日相当日までとする。

4　任命権者は、条例年齢以上退職者のうちその者を採用しようとする短時間勤務の職に係る定年退職日相当日を経過していない者以外の者を当該短時間勤務の職に採用することができず、定年前再任用短時間勤務職員を昇任し、降任し、又は転任しようとする短時間勤務の職に係る定年退職日相当日を経過していない定年前再任用短時間勤務職員以外の職員を当該短時間勤務の職に昇任し、降任し、又は転任することができない。

5　任命権者は、定年前再任用短時間勤務職員を、常時勤務を要する職に昇任し、降任し、又は転任することができない。

6　第一項の規定による採用については、第二十二条の規定は、適用しない。

第二二条の五　地方公共団体の組合を組織する地方公共団体の任命権者は、前条第一項本文の規定によるほか、当該地方公共団体の組合の条例年齢以上退職者を、条例で定めるところにより、従前の勤務実績その他の人事委員会規則で定める情報に基づく選考により、短時間勤務の職に採用することができる。

2　地方公共団体の組合の任命権者は、前条第一項本文の規定によるほか、当該地方公共団体の組合を組織する地方公共団体の条例年齢以上退職者を、条例で定めるところにより、従前の勤務実績その他の地方公共団体の組合の規則（競争試験等を行う公平委員会を置く地方公共団体の組合においては、公平委員会規則）で定める情報に基づく選考により、短時間勤務の職に採用することができる。

3　前二項の場合においては、前条第一項ただし書及び第三項から第六項までの規定を準用する。

第五節　分限及び懲戒

（管理監督職勤務上限年齢による降任等）

第二八条の二　任命権者は、管理監督職（地方自治法第二百四条第二項に規定する管理職手当を支給される職員の職及びこれに準ずる職であつて条例で定める職をいう。以下この節において同じ。）を占める職員でその占める管理監督職に係る管理監督職勤務上限年齢に達している職員について、異動期間（当該管理監督職勤務上限年齢に達した日の翌日から同日以後における最初の四月一日までの間をいう。以下この節において同じ。）（第二十八条の五第一項から第四項までの規定により延長された期間を含む。以下この項において同じ。）に、管理監督職以外の職又は管理監督職勤務上限年齢が当該職員の年齢を超える管理監督職（以下この項及び第四項においてこれらの職を「他の職」という。）への降任又は転任（降給を伴う転任に限る。）をするものとする。ただし、異動期間に、この法律の他の規定により当該職員について他の職への昇任、降任若しくは転任をした場合又は第二十八条の七第一項の規定により当該職員を管理監督職を占めたまま引き続き勤務させることとした場合は、この限りでない。

2　前項の管理監督職勤務上限年齢は、条例で定めるものとする。

3　管理監督職及び管理監督職勤務上限年齢を定めるに当たつては、国及び他の地方公共団体の職員との間に権衡を失しないように適当な考慮が払われなければならない。

4　第一項本文の規定による他の職への降任又は転任（以下この節及び第四十九条第一項ただし書において「他の職への降任等」という。）を行うに当たつて任命権者が遵守すべき基準に関する事項その他の他の職への降任等に関し必要な事項は、条例で定める。

（管理監督職への任用の制限）

第二八条の三　任命権者は、採用し、昇任し、降任し、又は転任しようとする管理監督職に係る管理監督職勤務上限年齢に達している者を、その者が当該管理監督職を占めているものとした場合における異動期間の末日の翌日（他の職への降任等をされた職員にあつては、当該他の職への降任等をされた日）以後、当該管理監督職に採用し、昇任し、降任し、又は転任することができない。

（適用除外）

第二八条の四　前二条の規定は、臨時的に任用される職員その他の法律により任期を定めて任用される職員には適用しない。

（管理監督職勤務上限年齢による降任等及び管理監督職への任用の制限の特例）

第二八条の五　任命権者は、他の職への降任等をすべき管理監督職を占める職員について、次に掲げる事由があると認めるときは、条例で定めるところにより、当該職員が占める管理監督職に係る異動期間の末日の翌日から起算して一年を超えない期間内（当該期間内に次条第一項に規定する定年退職日（以下この項及び次項において「定年退職日」という。）がある職員にあつては、当該異動期間の末日の翌日から定年退職日までの期間内。第三項において同じ。）で当該異動期間を延長し、引き続き当該管理監督職を占める職員に、当該管理監督職を占めたまま勤務をさせることができる。

一　当該職員の職務の遂行上の特別の事情を勘案して、当該職員の他の職への降任等により公務の運営に著しい支障が生ずると認められる事由として条例で定める事由

二　当該職員の職務の特殊性を勘案して、当該職員の他の職への降任等により、当該管理監督職の欠員の補充が困難となることにより公務の運営に著しい支障が生ずると認められる事由として条例で定める事由

2　任命権者は、前項又はこの項の規定により異動期間（これらの規定により延長された期間を含む。）が延長された管理監督職を占める職員について、前項各号に掲げる事由が引き続きあると認めるときは、条例で定めるところにより、延長された当該異動期間の末日の翌日から起算して一年を超えない期間内（当該期間内に定年退職日がある職員にあつては、延長された当該異動期間の末日の翌日から定年退職日までの期間内。第四項において同じ。）で延長された当該異動期間を更に延長することができる。ただし、更に延長される当該異動期間の末日は、当該職員が占める管理監督職に係る異動期間の末日の翌日から起算して三年を超えることができない。

3　任命権者は、第一項の規定により異動期間を延長することができる場合を除き、他の職への降任等をすべき特定管理監督職群（職務の内容が相互に類似する複数の管理監督職であつて、これらの欠員を容易に補充することができない年齢別構成その他の特別の事情がある管理監督職として人事委員会規則（人事委員会を置かない地方公共団体においては、地方公共団体の規則）で定める管理監督職をいう。以下この項において同じ。）に属する管理監督職を占める職員について、当該職員の他の職への降任等により、当該特定管理監督職群に属する管理監督職の欠員の補充が困難となることにより公務の運営に著しい支障が生ずると認められる事由として条例で定める事由があると認めるときは、条例で定めるところにより、当該職員が占める管理監督職に係る異動期間の末日の翌日から起算して一年を超えない期間内で当該異動期間を延長し、引き続き当該管理監督職を占めている職員に当該管理監督職を占めたまま勤務をさせ、又は当該職員を当該管理監督職が属する特定管理監督職群の他の管理監督職に降任し、若しくは転任することができる。

4　任命権者は、第一項若しくは第二項の規定により異動期間（これらの規定により延長された期間を含む。）が延長された管理監督職を占める職員について前項に規定する事由があると認めるとき（第二項の規定により延長された当該異動期間を更に延長することができるときを除く。）、又は前項若しくはこの項の規定により異動期間（前三項又はこの項の規定により延長された期間を含む。）が延長された管理監督職を占める職員について前項に規定する事由が引き続きあると認めるときは、条例で定めるところにより、延長された当該異動期間の末日の翌日から起算して一年を超えない期間内で延長された当該異動期間を更に延長することができる。

5　前各項に定めるもののほか、これらの規定による異動期間（これらの規定により延長された期間を含む。）の延長及び当該延長に係る職員の降任又は転任に関し必要な事項は、条例で定める。

第九節　職員団体

（職員団体）

第五二条　この法律において「職員団体」とは、職員がその勤

務条件の維持改善を図ることを目的として組織する団体又はその連合体をいう。
2　前項の「職員」とは、第五項に規定する職員以外の職員をいう。
3　職員は、職員団体を結成し、若しくは結成せず、又はこれに加入し、若しくは加入しないことができる。ただし、重要な行政上の決定を行う職員、重要な行政上の決定に参画する管理的地位にある職員、職員の任免に関して直接の権限を持つ監督的地位にある職員、職員の任免、分限、懲戒若しくは服務、職員の給与その他の勤務条件又は職員団体との関係についての当局の計画及び方針に関する機密の事項に接し、そのためにその職務上の義務と責任とが職員団体の構成員としての誠意と責任とに直接に抵触すると認められる監督的地位にある職員その他職員団体との関係において当局の立場に立つて遂行すべき職務を担当する職員（以下「管理職員等」という。）と管理職員等以外の職員とは、同一の職員団体を組織することができず、管理職員等と管理職員等以外の職員とが組織する団体は、この法律にいう「職員団体」ではない。
4　前項ただし書に規定する管理職員等の範囲は、人事委員会規則又は公平委員会規則で定める。
5　警察職員及び消防職員は、職員の勤務条件の維持改善を図ることを目的とし、かつ、地方公共団体の当局と交渉する団体を結成し、又はこれに加入してはならない。

（職員団体の登録）
第五三条　職員団体は、条例で定めるところにより、理事その他の役員の氏名及び条例で定める事項を記載した申請書に規約を添えて人事委員会又は公平委員会に登録を申請することができる。
2　前項に規定する職員団体の規約には、少くとも左に掲げる事項を記載するものとする。
一　名称
二　目的及び業務
三　主たる事務所の所在地
四　構成員の範囲及びその資格の得喪に関する規定
五　理事その他の役員に関する規定
六　第三項に規定する事項を含む業務執行、会議及び投票に関する規定
七　経費及び会計に関する規定
八　他の職員団体との連合に関する規定
九　規約の変更に関する規定
十　解散に関する規定
3　職員団体が登録される資格を有し、及び引き続き登録されているためには、規約の作成又は変更、役員の選挙その他これらに準ずる重要な行為が、すべての構成員が平等に参加する機会を有する直接且つ秘密の投票による全員の過半数（役員の選挙については、投票者の過半数）によつて決定される旨の手続を定め、且つ、現実に、その手続によりこれらの重要な行為が決定されることを必要とする。但し、連合体である職員団体にあつては、すべての構成員が平等に参加する機会を有する構成団体ごとの直接且つ秘密の投票による投票者の過半数で代議員を選挙し、すべての代議員が平等に参加する機会を有する直接且つ秘密の投票によるその全員の過半数（役員の選挙については、投票者の過半数）によつて決定される旨の手続を定め、且つ、現実に、その手続により決定されることをもつて足りるものとする。
4　前項に定めるもののほか、職員団体が登録される資格を有し、及び引き続き登録されているためには、当該職員団体が同一の地方公共団体に属する前条第五項に規定する職員以外の職員のみをもつて組織されていることを必要とする。ただ

し、同項に規定する職員以外の職員であつた者でその意に反して免職され、若しくは懲戒処分としての免職の処分を受け、当該処分を受けた日の翌日から起算して一年以内のもの又はその期間内に当該処分について法律の定めるところにより審査請求をし、若しくは訴えを提起し、これに対する裁決若しくは裁判が確定するに至らないものを構成員にとどめていること、及び当該職員団体の役員である者を構成員としていることを妨げない。

5　人事委員会又は公平委員会は、登録を申請した職員団体が前三項の規定に適合するものであるときは、条例で定めるところにより、規約及び第一項に規定する申請書の記載事項を登録し、当該職員団体にその旨を通知しなければならない。この場合において、職員でない者の役員就任を認めている職員団体を、そのゆえをもつて登録の要件に適合しないものと解してはならない。

6　登録を受けた職員団体が職員団体でなくなつたとき、登録を受けた職員団体について第二項から第四項までの規定に適合しない事実があつたとき、又は登録を受けた職員団体が第九項の規定による届出をしなかつたときは、人事委員会又は公平委員会は、条例で定めるところにより、六十日を超えない範囲内で当該職員団体の登録の効力を停止し、又は当該職員団体の登録を取り消すことができる。

7　前項の規定による登録の取消しに係る聴聞の期日における審理は、当該職員団体から請求があつたときは、公開により行わなければならない。

8　第六項の規定による登録の取消しは、当該処分の取消しの訴えを提起することができる期間内及び当該処分の取消しの訴えの提起があつたときは当該訴訟が裁判所に係属する間は、その効力を生じない。

9　登録を受けた職員団体は、その規約又は第一項に規定する申請書の記載事項に変更があつたときは、条例で定めるところにより、人事委員会又は公平委員会にその旨を届け出なければならない。この場合においては、第五項の規定を準用する。

10　登録を受けた職員団体は、解散したときは、条例で定めるところにより、人事委員会又は公平委員会にその旨を届け出なければならない。

（交渉）

第五五条　地方公共団体の当局は、登録を受けた職員団体から、職員の給与、勤務時間その他の勤務条件に関し、及びこれに附帯して、社交的又は厚生的活動を含む適法な活動に係る事項に関し、適法な交渉の申入れがあつた場合においては、その申入れに応ずべき地位に立つものとする。

2　職員団体と地方公共団体の当局との交渉は、団体協約を締結する権利を含まないものとする。

3　地方公共団体の事務の管理及び運営に関する事項は、交渉の対象とすることができない。

4　職員団体が交渉することのできる地方公共団体の当局は、交渉事項について適法に管理し、又は決定することのできる地方公共団体の当局とする。

5　交渉は、職員団体と地方公共団体の当局があらかじめ取り決めた員数の範囲内で、職員団体がその役員の中から指名する者と地方公共団体の当局の指名する者との間において行なわなければならない。交渉に当たつては、職員団体と地方公共団体の当局との間において、議題、時間、場所その他必要な事項をあらかじめ取り決めて行なうものとする。

6　前項の場合において、特別の事情があるときは、職員団体は、役員以外の者を指名することができるものとする。ただし、その指名する者は、当該交渉の対象である特定の事項について交渉する適法な委任を当該職員団体の執行機関から受けたことを文書によつて証明できる者でなければならない。

7　交渉は、前二項の規定に適合しないこととなつたとき、又は他の職員の職務の遂行を妨げ、若しくは地方公共団体の事務の正常な運営を阻害することとなつたときは、これを打ち切ることができる。

8　本条に規定する適法な交渉は、勤務時間中においても行なうことができる。

9　職員団体は、法令、条例、地方公共団体の規則及び地方公共団体の機関の定める規程にてい触しない限りにおいて、当該地方公共団体の当局と書面による協定を結ぶことができる。

10　前項の協定は、当該地方公共団体の当局及び職員団体の双方において、誠意と責任をもつて履行しなければならない。

11　職員は、職員団体に属していないという理由で、第一項に規定する事項に関し、不満を表明し、又は意見を申し出る自由を否定されてはならない。

（不利益取扱の禁止）

第五六条　職員は、職員団体の構成員であること、職員団体を結成しようとしたこと、若しくはこれに加入しようとしたこと又は職員団体のために正当な行為をしたことの故をもつて不利益な取扱を受けることはない。

第四章　補則

（他の法律の適用除外等）

第五八条　労働組合法（昭和二十四年法律第百七十四号）、労働関係調整法（昭和二十一年法律第二十五号）及び最低賃金法（昭和三十四年法律第百三十七号）並びにこれらに基く命令の規定は、職員に関して適用しない。

2　労働安全衛生法（昭和四十七年法律第五十七号）第二章の規定並びに船員災害防止活動の促進に関する法律（昭和四十二年法律第六十一号）第二章及び第五章の規定並びに同章に基づく命令の規定は、地方公共団体の行う労働基準法（昭和二十二年法律第四十九号）別表第一第一号から第十号まで及び第十三号から第十五号までに掲げる事業に従事する職員以外の職員に関して適用しない。

3　労働基準法第二条、第十四条第二項及び第三項、第二十四条第一項、第三十二条の三から第三十二条の五まで、第三十八条の二第二項及び第三項、第三十八条の三、第三十八条の四、第三十九条第六項から第八項まで、第四十一条の二、第七十五条から第九十三条まで並びに第百二条の規定、労働安全衛生法第六十六条の八の四及び第九十二条の規定、船員法（昭和二十二年法律第百号）第六条中労働基準法第二条に関する部分、第三十条、第三十七条中勤務条件に関する部分、第五十三条第一項、第八十九条から第百条まで、第百二条及び第百八条中勤務条件に関する部分の規定並びに船員災害防止活動の促進に関する法律第六十二条の規定並びにこれらの規定に基づく命令の規定は、職員に関して適用しない。ただし、労働基準法第百二条の規定、労働安全衛生法第九十二条の規定、船員法第三十七条及び第百八条中勤務条件に関する部分の規定並びに船員災害防止活動の促進に関する法律第六十二条の規定並びにこれらの規定に基づく命令の規定は、地方公共団体の行う労働基準法別表第一第一号から第十号まで及び第十三号から第十五号までに掲げる事業に従事する職員に、同法第七十五条から第八十八条まで及び船員法第八十九条から第九十六条までの規定は、地方公務員災害補償法（昭和四十二年法律第百二十一号）第二条第一項に規定する者以外の職員に関しては適用する。

4　職員に関しては、当該事業場に、労働者の過半数で組織する労働組合がある場合においてはその労働組合、労働者の過半数で組織する労働組合がない場合においては労働者の過半数を代表する者との書面による協定により、又は」とあるのは「使用者は、」と、同法第三十四条第二項ただし書中「当該事業場に、労働者の過半数で組織する労働組合がある場合においてはその労働組合、労働者の過半数で組織する労働組合がない場合においては労働者の過半数を代表する者との書面による協定があるときは」とあるのは「条例に特別の定めがある場合は」と、同法第三十七条第三項中「使用者が、当該事業場に、労働者の過半数で組織する労働組合があるときはその労働組合、労働者の過半数で組織する労働組合がないときは労働者の過半数を代表する者との書面による協定により」とあるのは「使用者が」と、同法第三十九条第四項中「当該事業場に、労働者の過半数で組織する労働組合があるときはその労働組合、労働者の過半数で組織する労働組合がないときは労働者の過半数を代表する者との書面による協定により、次に掲げる事項を定めた場合において、第一号に掲げる労働者の範囲に属する労働者が有給休暇を時間を単位として請求したときは、前三項の規定による有給休暇の日数のうち第二号に掲げる日数については、これらの規定にかかわらず、当該協定で定めるところにより」とあるのは「前三項の規定にかかわらず、特に必要があると認められるときは、」とする。

5　労働基準法、労働安全衛生法、船員法及び船員災害防止活動の促進に関する法律の規定並びにこれらの規定に基づく命令の規定中第三項の規定により職員に関して適用されるものを適用する場合における職員の勤務条件に関する労働基準監督機関の職権は、地方公共団体の行う労働基準法別表第一第一号から第十号まで及び第十三号から第十五号までに掲げる事業に従事する職員の場合を除き、人事委員会又はその委任を受けた人事委員会の委員（人事委員会を置かない地方公共団体においては、地方公共団体の長）が行うものとする。

附　則　抄

（施行期日）

1　この法律の規定中、第十五条及び第十七条から第二十三条までの規定並びに第六十一条第二号及び第三号の罰則並びに第六十二条中第六十一条第二号及び第三号に関する部分は、都道府県及び地方自治法第百五十五条第二項の市にあつてはこの法律公布の日から起算して二年を経過した日から、その他の地方公共団体にあつてはこの法律公布の日から起算して二年六月を経過した日からそれぞれ施行し、第二十七条から第二十九条まで及び第四十六条から第五十一条までの規定並びに第六十条第三号、第六十一条第一号及び同条第五号の罰則並びに第六十二条中第六十一条第一号及び第五号に関する部分は、この法律公布の日から起算して八月を経過した日から施行し、その他の規定は、この法律公布の日から起算して二月を経過した日から施行する。（後略）

出入国管理及び難民認定法　抄

（昭和二六年一〇月四日 政令第三一九号）

沿革
昭和五六年　六月一二日法律第八五号
〃　五六年　六月一二日　〃　第八六号
平成　元年一二月一五日　〃　第七九号
〃　一六年　六月　二日　〃　第七三号
〃　一七年　六月二二日　〃　第六六号
〃　一八年　五月二四日　〃　第四三号
〃　二一年　七月一五日　〃　第七九号
〃　三〇年一二月一四日　〃　第一〇二号
令和　五年　六月一六日　〃　第六三号
〃　五年一二月一三日　〃　第八四号

第一章　総則

（在留資格及び在留期間）

第二条の二　本邦に在留する外国人は、出入国管理及び難民認定法及び他の法律に特別の規定がある場合を除き、それぞれ、当該外国人に対する上陸許可若しくは当該外国人の取得に係る在留資格（高度専門職の在留資格にあつては別表第一の二の表の高度専門職の項の下欄に掲げる第一号イからハまで又は第二号の区分を含み、特定技能の在留資格にあつては同表の特定技能の項の下欄に掲げる第一号又は第二号の区分を含み、技能実習の在留資格にあつては同表の技能実習の項の下欄に掲げる第一号イ若しくはロ、第二号イ若しくはロ又は第三号イ若しくはロの区分を含む。以下同じ。）又はそれらの変更に係る在留資格をもつて在留するものとする。

2　在留資格は、別表第一の上欄（高度専門職の在留資格にあつては二の表の高度専門職の項の下欄に掲げる第一号イからハまで又は第二号の区分を含み、特定技能の在留資格にあつては同表の特定技能の項の下欄に掲げる第一号又は第二号の区分を含み、技能実習の在留資格にあつては同表の技能実習の項の下欄に掲げる第一号イ若しくはロ、第二号イ若しくはロ又は第三号イ若しくはロの区分を含む。以下同じ。）又は別表第二の上欄に掲げるとおりとし、別表第一の上欄の在留資格をもつて在留する者は当該在留資格に応じそれぞれ本邦において同表の下欄に掲げる活動を行うことができ、別表第二の上欄の在留資格をもつて在留する者は当該在留資格に応じそれぞれ本邦において同表の下欄に掲げる身分若しくは地位を有する者としての活動を行うことができる。

3　第一項の外国人が在留することのできる期間（以下「在留期間」という。）は、各在留資格について、法務省令で定める。この場合において、外交、公用、高度専門職及び永住者の在留資格（高度専門職の在留資格にあつては、別表第一の二の表の高度専門職の項の下欄第二号に係るものに限る。）以外の在留資格に伴う在留期間は、五年を超えることができない。

（特定技能の在留資格に係る制度の運用に関する基本方針）

第二条の三　政府は、特定技能の在留資格に係る制度の適正な運用を図るため、特定技能の在留資格に係る制度の運用に関する基本方針（以下「基本方針」という。）を定めなければならない。

2　基本方針は、次に掲げる事項について定めるものとする。

一　特定技能の在留資格に係る制度の意義に関する事項

二　人材を確保することが困難な状況にあるため外国人により不足する人材の確保を図るべき産業上の分野に関する基本的な事項

三　前号の産業上の分野において求められる人材に関する基本的な事項
四　特定技能の在留資格に係る制度の運用に関する関係行政機関の事務の調整に関する基本的な事項
五　前各号に掲げるもののほか、特定技能の在留資格に係る制度の運用に関する重要事項
3　法務大臣は、基本方針の案を作成し、閣議の決定を求めなければならない。
4　法務大臣は、前項の規定による閣議の決定があつたときは、遅滞なく、基本方針を公表しなければならない。
5　前二項の規定は、基本方針の変更について準用する。

（特定技能の在留資格に係る制度の運用に関する分野別の方針）

第二条の四　法務大臣は、基本方針にのつとり、人材を確保することが困難な状況にあるため外国人により不足する人材の確保を図るべき産業上の分野を所管する関係行政機関の長並びに国家公安委員会、外務大臣及び厚生労働大臣（以下この条において「分野所管行政機関の長等」という。）と共同して、当該産業上の分野における特定技能の在留資格に係る制度の適正な運用を図るため、当該産業上の分野における特定技能の在留資格に係る制度の運用に関する方針（以下「分野別運用方針」という。）を定めなければならない。
2　分野別運用方針は、次に掲げる事項について定めるものとする。
一　当該分野別運用方針において定める人材を確保することが困難な状況にあるため外国人により不足する人材の確保を図るべき産業上の分野
二　前号の産業上の分野における人材の不足の状況（当該産業上の分野において人材が不足している地域の状況を含む。）に関する事項
三　第一号の産業上の分野において求められる人材の基準に関する事項
四　第一号の産業上の分野における第七条の二第三項及び第四項（これらの規定を同条第五項において準用する場合を含む。）の規定による同条第一項に規定する在留資格認定証明書の交付の停止の措置又は交付の再開の措置に関する事項
五　前各号に掲げるもののほか、第一号の産業上の分野における特定技能の在留資格に係る制度の運用に関する重要事項
3　法務大臣及び分野所管行政機関の長等は、分野別運用方針を定めようとするときは、あらかじめ、分野所管行政機関の長等以外の関係行政機関の長に協議しなければならない。
4　法務大臣及び分野所管行政機関の長等は、分野別運用方針を定めたときは、遅滞なく、これを公表しなければならない。
5　前二項の規定は、分野別運用方針の変更について準用する。

（特定技能雇用契約等）

第二条の五　別表第一の二の表の特定技能の項の下欄第一号又は第二号に掲げる活動を行おうとする外国人が本邦の公私の機関と締結する雇用に関する契約（以下この条及び第四章第一節第二款において「特定技能雇用契約」という。）は、次に掲げる事項が適切に定められているものとして法務省令で定める基準に適合するものでなければならない。
一　特定技能雇用契約に基づいて当該外国人が行う当該活動の内容及びこれに対する報酬その他の雇用関係に関する事項
二　前号に掲げるもののほか、特定技能雇用契約の期間が満了した外国人の出国を確保するための措置その他当該外国人の適正な在留に資するために必要な事項
2　前項の法務省令で定める基準には、外国人であることを理

由として、報酬の決定、教育訓練の実施、福利厚生施設の利用その他の待遇について、差別的取扱いをしてはならないことを含むものとする。

3　特定技能雇用契約の相手方となる本邦の公私の機関は、次に掲げる事項が確保されるものとして法務省令で定める基準に適合するものでなければならない。

一　前二項の規定に適合する特定技能雇用契約（第十九条の十九第二号において「適合特定技能雇用契約」という。）の適正な履行

二　第六項及び第七項の規定に適合する第六項に規定する一号特定技能外国人支援計画（第五項及び第四章第一節第二款において「適合一号特定技能外国人支援計画」という。）の適正な実施

4　前項の法務省令で定める基準には、同項の本邦の公私の機関（当該機関が法人である場合においては、その役員を含む。）が、特定技能雇用契約の締結の日前五年以内に出入国又は労働に関する法令に関し不正又は著しく不当な行為をしていないことを含むものとする。

5　特定技能所属機関（第十九条の十八第一項に規定する特定技能所属機関をいう。以下この項において同じ。）が契約により第十九条の二十七第一項に規定する登録支援機関に適合一号特定技能外国人支援計画の全部の実施を委託する場合には、当該特定技能所属機関は、第三項（第二号に係る部分に限る。）の規定に適合するものとみなす。

6　別表第一の二の表の特定技能の項の下欄第一号に掲げる活動を行おうとする外国人と特定技能雇用契約を締結しようとする本邦の公私の機関は、法務省令で定めるところにより、当該機関が当該外国人に対して行う、同号に掲げる活動を行おうとする外国人が当該活動を安定的かつ円滑に行うことができるようにするための職業生活上、日常生活上又は社会生活上の支援（次項及び第四章第一節第二款において「一号特定技能外国人支援」という。）の実施に関する計画（第八項、第七条第一項第二号及び同款において「一号特定技能外国人支援計画」という。）を作成しなければならない。

7　一号特定技能外国人支援には、別表第一の二の表の特定技能の項の下欄第一号に掲げる活動を行おうとする外国人と日本人との交流の促進に係る支援及び当該外国人がその責めに帰すべき事由によらないで特定技能雇用契約を解除される場合において他の本邦の公私の機関との特定技能雇用契約に基づいて同号に掲げる活動を行うことができるようにするための支援を含むものとする。

8　一号特定技能外国人支援計画は、法務省令で定める基準に適合するものでなければならない。

9　法務大臣は、第一項、第三項、第六項及び前項の法務省令を定めようとするときは、あらかじめ、関係行政機関の長と協議するものとする。

第四章　在留及び出国

第一節　在留

第一款　在留中の活動

（活動の範囲）

第一九条　別表第一の上欄の在留資格をもつて在留する者は、次項の許可を受けて行う場合を除き、次の各号に掲げる区分に応じ当該各号に掲げる活動を行つてはならない。

一　別表第一の一の表、二の表及び五の表の上欄の在留資格をもつて在留する者　当該在留資格に応じこれらの表の下欄に掲げる活動に属しない収入を伴う事業を運営する活動

又は報酬（業として行うものではない講演に対する謝金、日常生活に伴う臨時の報酬その他の法務省令で定めるものを除く。以下同じ。）を受ける活動

二　別表第一の三の表及び四の表の上欄の在留資格をもつて在留する者　収入を伴う事業を運営する活動又は報酬を受ける活動

2　出入国在留管理庁長官は、別表第一の上欄の在留資格をもつて在留する者から、法務省令で定める手続により、当該在留資格に応じ同表の下欄に掲げる活動の遂行を阻害しない範囲内で当該活動に属しない収入を伴う事業を運営する活動又は報酬を受ける活動を行うことを希望する旨の申請があつた場合において、相当と認めるときは、これを許可することができる。この場合において、出入国在留管理庁長官は、当該許可に必要な条件を付することができる。

3　出入国在留管理庁長官は、前項の許可を受けている者が同項の規定に基づき付された条件に違反した場合その他その者に引き続き当該許可を与えておくことが適当でないと認める場合には、法務省令で定める手続により、当該許可を取り消すことができる。

4　第十六条から第十八条までに規定する上陸の許可を受けた外国人である乗員は、解雇により乗員でなくなつても、本邦にある間は、引き続き乗員とみなす。

第二款　中長期の在留

（特定技能所属機関による届出）

第一九条の一八　特定技能雇用契約の相手方である本邦の公私の機関（以下この款及び第八章において「特定技能所属機関」という。）は、次の各号のいずれかに該当するときは、法務省令で定めるところにより、出入国在留管理庁長官に対し、その旨及び法務省令で定める事項を届け出なければならない。

一　特定技能雇用契約の変更（法務省令で定める軽微な変更を除く。）をしたとき、若しくは特定技能雇用契約が終了したとき、又は新たな特定技能雇用契約の締結をしたとき。

二　一号特定技能外国人支援計画の変更（法務省令で定める軽微な変更を除く。）をしたとき。

三　第二条の五第五項の契約の締結若しくは変更（法務省令で定める軽微な変更を除く。）をしたとき、又は当該契約が終了したとき。

四　前三号に掲げるもののほか、法務省令で定める場合に該当するとき。

2　特定技能所属機関は、前項の規定により届出をする場合を除くほか、法務省令で定めるところにより、出入国在留管理庁長官に対し、次に掲げる事項を届け出なければならない。

一　受け入れている特定技能外国人（特定技能の在留資格をもつて本邦に在留する外国人をいう。以下この款及び第八章において同じ。）の氏名及びその活動の内容その他の法務省令で定める事項

二　第二条の五第六項の規定により適合一号特定技能外国人支援計画を作成した場合には、その実施の状況（契約により第十九条の二十七第一項に規定する登録支援機関に適合一号特定技能外国人支援計画の全部の実施を委託したときを除く。）

三　前二号に掲げるもののほか、特定技能外国人の在留管理に必要なものとして法務省令で定める事項

（特定技能所属機関に対する指導及び助言）

第一九条の一九　出入国在留管理庁長官は、次に掲げる事項を確保するために必要があると認めるときは、特定技能所属機関に対し、必要な指導及び助言を行うことができる。

一　特定技能雇用契約が第二条の五第一項から第四項までの

規定に適合すること。
二　適合特定技能雇用契約の適正な履行
三　一号特定技能外国人支援計画が第二条の五第六項及び第七項の規定に適合すること。
四　適合一号特定技能外国人支援計画の適正な実施
五　前各号に掲げるもののほか、特定技能所属機関による特定技能外国人の受入れが出入国又は労働に関する法令に適合すること。

（報告徴収等）

第一九条の二〇　出入国在留管理庁長官は、前条各号に掲げる事項を確保するために必要な限度において、特定技能所属機関若しくは特定技能所属機関の役員若しくは職員（以下この項において「役職員」という。）に対し、報告若しくは帳簿書類の提出若しくは提示を命じ、若しくは特定技能所属機関若しくは役職員に対し出頭を求め、又は入国審査官若しくは入国警備官に関係人に対して質問させ、若しくは特定技能所属機関に係る事業所その他特定技能外国人の受入れに関係のある場所に立ち入り、その設備若しくは帳簿書類その他の物件を検査させることができる。

2　前項の規定による質問又は立入検査を行う場合においては、入国審査官又は入国警備官は、その身分を示す証票を携帯し、関係人の請求があるときは、これを提示しなければならない。

3　第一項の規定による権限は、犯罪捜査のために認められたものと解釈してはならない。

（改善命令等）

第一九条の二一　出入国在留管理庁長官は、第十九条の十九各号に掲げる事項が確保されていないと認めるときは、特定技能所属機関に対し、期限を定めて、その改善に必要な措置をとるべきことを命ずることができる。

2　出入国在留管理庁長官は、前項の規定による命令をした場合には、その旨を公示しなければならない。

（特定技能所属機関による一号特定技能外国人支援等）

第一九条の二二　特定技能所属機関は、適合一号特定技能外国人支援計画に基づき、一号特定技能外国人支援を行わなければならない。

2　特定技能所属機関は、契約により他の者に一号特定技能外国人支援の全部又は一部の実施を委託することができる。

（登録支援機関の登録）

第一九条の二三　契約により委託を受けて適合一号特定技能外国人支援計画の全部の実施の業務（以下「支援業務」という。）を行う者は、出入国在留管理庁長官の登録を受けることができる。

2　前項の登録は、五年ごとにその更新を受けなければ、その期間の経過によつて、その効力を失う。

3　第一項の登録（前項の登録の更新を含む。以下この款において同じ。）を受けようとする者は、実費を勘案して政令で定める額の手数料を納付しなければならない。

（登録の申請）

第一九条の二四　前条第一項の登録を受けようとする者は、法務省令で定めるところにより、次に掲げる事項を記載した申請書を出入国在留管理庁長官に提出しなければならない。
一　氏名又は名称及び住所並びに法人にあつては、その代表者の氏名
二　支援業務を行う事務所の所在地
三　支援業務の内容及びその実施方法その他支援業務に関し法務省令で定める事項

2　前項の申請書には、前条第一項の登録を受けようとする者が第十九条の二十六第一項各号のいずれにも該当しないことを誓約する書面その他の法務省令で定める書類を添付しなければならない。

（登録の実施）

第一九条の二五　出入国在留管理庁長官は、前条第一項の規定による登録の申請があつたときは、次条第一項の規定により登録を拒否する場合を除き、次に掲げる事項を登録支援機関登録簿に登録しなければならない。

一　前条第一項各号に掲げる事項

二　登録年月日及び登録番号

2　出入国在留管理庁長官は、前項の規定による登録をしたときは、遅滞なく、その旨を申請者に通知しなければならない。

（登録の拒否）

第一九条の二六　出入国在留管理庁長官は、第十九条の二十三第一項の登録を受けようとする者が次の各号のいずれかに該当するとき、又は第十九条の二十四第一項の申請書若しくはその添付書類のうちに重要な事項について虚偽の記載があり、若しくは重要な事実の記載が欠けているときは、その登録を拒否しなければならない。

一 **現**　禁錮以上の刑に処せられ、その執行を終わり、又は執行を受けることがなくなつた日から起算して五年を経過しない者

> **新**［令和七年六月一日から施行］
> 一　拘禁刑以上の刑に処せられ、その執行を終わり、又は執行を受けることがなくなつた日から起算して五年を経過しない者

二　出入国管理及び難民認定法若しくは外国人の技能実習の適正な実施及び技能実習生の保護に関する法律（平成二十八年法律第八十九号。以下「技能実習法」という。）の規定（第四号に規定する規定を除く。）であつて政令で定めるもの又はこれらの規定に基づく命令の規定により、罰金の刑に処せられ、その執行を終わり、又は執行を受けることがなくなつた日から起算して五年を経過しない者

三　暴力団員による不当な行為の防止等に関する法律（平成三年法律第七十七号）の規定（同法第五十条（第二号に係る部分に限る。）及び第五十二条の規定を除く。）により、又は刑法第二百四条、第二百六条、第二百八条、第二百八条の二、第二百二十二条若しくは第二百四十七条の罪若しくは暴力行為等処罰に関する法律の罪を犯したことにより、罰金の刑に処せられ、その執行を終わり、又は執行を受けることがなくなつた日から起算して五年を経過しない者

四　健康保険法（大正十一年法律第七十号）第二百八条、第二百十三条の二若しくは第二百十四条第一項、船員保険法（昭和十四年法律第七十三号）第百五十六条、第百五十九条若しくは第百六十条第一項、労働者災害補償保険法（昭和二十二年法律第五十号）第五十一条前段若しくは第五十四条第一項（同法第五十一条前段の規定に係る部分に限る。）、厚生年金保険法（昭和二十九年法律第百十五号）第百二条、第百三条の二若しくは第百四条第一項（同法第百二条又は第百三条の二の規定に係る部分に限る。）、労働保険の保険料の徴収等に関する法律（昭和四十四年法律第八十四号）第四十六条前段若しくは第四十八条第一項（同法第四十六条前段の規定に係る部分に限る。）又は雇用保険法（昭和四十九年法律第百十六号）第八十三条若しくは第八十六条（同法第八十三条の規定に係る部分に限る。）の規定により、罰金の刑に処せられ、その執行を終わり、又は執行を受けることがなくなつた日から起算して五年を経過しない者

五　心身の故障により支援業務を適正に行うことができない者として法務省令で定めるもの

六　破産手続開始の決定を受けて復権を得ない者
七　第十九条の三十二第一項の規定により第十九条の二十三第一項の登録を取り消され、当該取消しの日から起算して五年を経過しない者
八　第十九条の三十二第一項の規定により第十九条の二十三第一項の登録を取り消された者が法人である場合において、当該取消しの処分を受ける原因となつた事項が発生した当時現に当該法人の役員（業務を執行する社員、取締役、執行役又はこれらに準ずる者をいい、相談役、顧問その他いかなる名称を有する者であるかを問わず、法人に対し業務を執行する社員、取締役、執行役又はこれらに準ずる者と同等以上の支配力を有するものと認められる者を含む。第十二号において同じ。）であつた者で、当該取消しの日から起算して五年を経過しないもの
九　第十九条の二十三第一項の登録の申請の日前五年以内に出入国又は労働に関する法令に関し不正又は著しく不当な行為をした者
十　暴力団員による不当な行為の防止等に関する法律第二条第六号に規定する暴力団員（以下この号において「暴力団員」という。）又は暴力団員でなくなつた日から五年を経過しない者（第十三号において「暴力団員等」という。）
十一　営業に関し成年者と同一の行為能力を有しない未成年者であつて、その法定代理人が前各号又は次号のいずれかに該当するもの
十二　法人であつて、その役員のうちに前各号のいずれかに該当する者があるもの
十三　暴力団員等がその事業活動を支配する者
十四　支援業務を的確に遂行するための必要な体制が整備されていない者として法務省令で定めるもの
2　出入国在留管理庁長官は、前項の規定により登録を拒否したときは、遅滞なく、その理由を示して、その旨を申請者に通知しなければならない。

（変更の届出等）
第一九条の二七　第十九条の二十三第一項の登録を受けた者（以下「登録支援機関」という。）は、第十九条の二十四第一項各号に掲げる事項に変更があつたときは、法務省令で定めるところにより、その旨を出入国在留管理庁長官に届け出なければならない。
2　出入国在留管理庁長官は、前項の規定による届出を受理したときは、当該届出に係る事項が前条第一項第十二号又は第十四号に該当する場合を除き、当該事項を登録支援機関登録簿に登録しなければならない。
3　第十九条の二十四第二項の規定は、第一項の規定による届出について準用する。

（登録支援機関登録簿の閲覧）
第一九条の二八　出入国在留管理庁長官は、登録支援機関登録簿を一般の閲覧に供しなければならない。

（支援業務の休廃止の届出）
第一九条の二九　登録支援機関は、支援業務を休止し、又は廃止したときは、法務省令で定めるところにより、その旨を出入国在留管理庁長官に届け出なければならない。
2　前項の規定により支援業務を廃止した旨の届出があつたときは、当該登録支援機関に係る第十九条の二十三第一項の登録は、その効力を失う。

（支援業務の実施等）
第一九条の三〇　登録支援機関は、委託に係る適合一号特定技能外国人支援計画に基づき、支援業務を行わなければならない。
2　登録支援機関は、法務省令で定めるところにより、支援業務の実施状況その他法務省令で定める事項を出入国在留管理

庁長官に届け出なければならない。

第一九条の三一（登録支援機関に対する指導及び助言）　出入国在留管理庁長官は、登録支援機関の支援業務の適正な運営を確保するために必要があると認めるときは、登録支援機関に対し、必要な指導及び助言を行うことができる。

第一九条の三二（登録の取消し）　出入国在留管理庁長官は、登録支援機関が次の各号のいずれかに該当するときは、その登録を取り消すことができる。

一　第十九条の二十六第一項各号（第七号を除く。）のいずれかに該当するに至つたとき。

二　第十九条の二十七第一項、第十九条の二十九第一項又は第十九条の三十第二項の規定に違反したとき。

三　第十九条の三十第一項の規定に違反したとき。

四　不正の手段により第十九条の二十三第一項の登録を受けたとき。

五　第十九条の三十四の規定による報告若しくは資料の提出をせず、又は虚偽の報告若しくは資料の提出をしたとき。

2　第十九条の二十六第二項の規定は、前項の規定により第十九条の二十三第一項の登録を取り消した場合について準用する。

第一九条の三三（登録の抹消）　出入国在留管理庁長官は、第十九条の二十三第二項若しくは第十九条の二十九第一項の規定により第十九条の二十三第一項の登録がその効力を失つたとき、又は前条第一項の規定により第十九条の二十三第一項の登録を取り消したときは、当該登録を抹消しなければならない。

第一九条の三四（報告又は資料の提出）　出入国在留管理庁長官は、支援業務の適正な運営を確保するために必要な限度において、登録支援機関に対し、その業務の状況に関し報告又は資料の提出を求めることができる。

第一九条の三五（法務省令への委任）　第十九条の二十二から前条までに規定するもののほか、登録支援機関及び支援業務に関し必要な事項は、法務省令で定める。

附　則　抄

（施行期日）

1　この政令は、昭和二十六年十一月一日から施行する。

附　則〔平成三〇年一二月一四日法律第一〇二号〕　抄

第一条（施行期日）　この法律は、平成三十一年四月一日から施行する。ただし、附則第三条、第六条及び第十八条第一項の規定は、公布の日から施行する。

第二条（人材が不足している地域の状況への配慮）　政府は、第一条の規定による改正後の出入国管理及び難民認定法（以下「新入管法」という。）別表第一の二の表の特定技能の在留資格に係る制度の運用に当たっては、人材が不足している地域の状況に配慮し、新入管法第十九条の十八第二項第一号の特定技能外国人が大都市圏その他の特定の地域に過度に集中して就労することとならないようにするために必要な措置を講ずるよう努めるものとする。

第一八条（検討）　政府は、この法律の公布後、速やかに、本邦に在留する外国人に係る在留管理、雇用管理及び社会保険制度における在留カードの番号（出入国管理及び難民認定法第十九条の四第一項第五号の在留カードの番号をいう。）その他の特定の個人を識別することができる番号等の利用の在り方について検討を加え、必要があると認めるときは、その結果に基づいて所要の措置を講ずるものとする。

2　政府は、この法律の施行後二年を経過した場合において、新入管法別表第一の二の表の特定技能の在留資格に係る制度の在り方（地方公共団体の関与の在り方、同表の特定技能の項の下欄第一号又は第二号の技能を有するかどうかの判定の方法の在り方及び同表の技能実習の在留資格に係る制度との関係を含む。）について、関係地方公共団体、関係事業者、地域住民その他の関係者の意見を踏まえて検討を加え、必要があると認めるときは、その結果に基づいて所要の措置を講ずるものとする。

別表第一 現（第二条の二、第二条の五、第五条、第七条、第七条の二、第十九条、第十九条の十六、第十九条の十七、第十九条の三十六、第二十条の二、第二十二条の三、第二十二条の四、第二十四条、第六十一条の二の二、第六十一条の二の八関係）

新［公布の日から起算して一年を超えない範囲内において政令で定める日から施行］

別表第一（第二条の二、第二条の五、第五条、第六条、第七条、第七条の二、第九条、第十九条、第十九条の五、第十九条の十六、第十九条の十七、第十九条の三十六、第二十条、第二十条の二、第二十二条の三、第二十二条の四、第二十四条、第五十二条、第六十一条の二の二、第六十一条の二の十一関係）

一

在留資格	本邦において行うことができる活動
外交	日本国政府が接受する外国政府の外交使節団若しくは領事機関の構成員、条約若しくは国際慣行により外交使節と同様の特権及び免除を受ける者又はこれらの者と同一の世帯に属する家族の構成員としての活動
公用	日本国政府の承認した外国政府若しくは国際機関の公務に従事する者又はその者と同一の世帯に属する家族の構成員としての活動（この表の外交の項の下欄に掲げる活動を除く。）

教授	本邦の大学若しくはこれに準ずる機関又は高等専門学校において研究、研究の指導又は教育をする活動
芸術	収入を伴う音楽、美術、文学その他の芸術上の活動（二の表の興行の項の下欄に掲げる活動を除く。）
宗教	外国の宗教団体により本邦に派遣された宗教家の行う布教その他の宗教上の活動
報道	外国の報道機関との契約に基づいて行う取材その他の報道上の活動

二

在留資格	本邦において行うことができる活動
高度専門職	一　高度の専門的な能力を有する人材として法務省令で定める基準に適合する者が行う次のイからハまでのいずれかに該当する活動であつて、我が国の学術研究又は経済の発展に寄与することが見込まれるもの イ　法務大臣が指定する本邦の公私の機関との契約に基づいて研究、研究の指導若しくは教育をする活動又は当該活動と併せて当該活動と関連する事業を自ら経営し若しくは当該機関以外の本邦の公私の機関との契約に基づいて研究、研究の指導若しくは教育をする活動 ロ　法務大臣が指定する本邦の公私の機関との契約に基づいて自然科学若しく

は人文科学の分野に属する知識若しくは技術を要する業務に従事する活動又は当該活動と併せて当該活動と関連する事業を自ら経営する活動

ハ　法務大臣が指定する本邦の公私の機関において貿易その他の事業の経営を行い若しくは当該事業の管理に従事する活動又は当該活動と併せて当該活動と関連する事業を自ら経営する活動

二　前号に掲げる活動を行つた者であつて、その在留が我が国の利益に資するものとして法務省令で定める基準に適合するものが行う次に掲げる活動

イ　本邦の公私の機関との契約に基づいて研究、研究の指導又は教育をする活動

ロ　本邦の公私の機関との契約に基づいて自然科学又は人文科学の分野に属する知識又は技術を要する業務に従事する活動

ハ　本邦の公私の機関において貿易その他の事業の経営を行い又は当該事業の管理に従事する活動

ニ　イからハまでのいずれかの活動と併せて行う一の表の教授の項から報道の項までの下欄に掲げる活動又はこの表の法律・会計業務の項、医療の項、教育の項、技術・人文知識・国際業務の項、介護の項、興行の項若しくは技能

	の項の下欄若しくは特定技能の項の下欄第二号に掲げる活動（イからハまでのいずれかに該当する活動を除く。）
経営・管理	本邦において貿易その他の事業の経営を行い又は当該事業の管理に従事する活動（この表の法律・会計業務の項の下欄に掲げる資格を有しなければ法律上行うことができないこととされている事業の経営又は管理に従事する活動を除く。）
法律・会計業務	外国法事務弁護士、外国公認会計士その他法律上資格を有する者が行うこととされている法律又は会計に係る業務に従事する活動
医療	医師、歯科医師その他法律上資格を有する者が行うこととされている医療に係る業務に従事する活動
研究	本邦の公私の機関との契約に基づいて研究を行う業務に従事する活動（一の表の教授の項の下欄に掲げる活動を除く。）
教育	本邦の小学校、中学校、義務教育学校、高等学校、中等教育学校、特別支援学校、専修学校又は各種学校若しくは設備及び編制に関してこれに準ずる教育機関において語学教育その他の教育をする活動
技術・人文知識・国際業務	本邦の公私の機関との契約に基づいて行う理学、工学その他の自然科学の分野若しくは法律学、経済学、社会学その他の人文科学の分野に属する技術若しくは知識を要する業務又は外国の文化に基盤を有する思考若しくは感受性を必要とする業務に従事する活動（一の表の教授の項、芸術の項及び報道の項の下欄に掲げる活動並びにこの表の経営・管理の項から教育の項まで及び企業内転勤の項から興行の項までの下欄に掲げる活動を除く。）
企業内転勤	本邦に本店、支店その他の事業所のある公私の機関の外国にある事業所の職員が本邦にある事業所に期間を定めて転勤して当該事業所において行うこの表の技術・人文知識・国際業務の項の下欄に掲げる活動
介護	本邦の公私の機関との契約に基づいて介護福祉士の資格を有する者が介護又は介護の指導を行う業務に従事する活動
興行	演劇、演芸、演奏、スポーツ等の興行に係る活動又はその他の芸能活動（この表の経営・管理の項の下欄に掲げる活動を除く。）
技能	本邦の公私の機関との契約に基づいて行う産業上の特殊な分野に属する熟練した技能を要する業務に従事する活動
特定技能	一　法務大臣が指定する本邦の公私の機関との雇用に関する契約（第二条の五第一項から第四項までの規定に適合するものに限る。次号において同じ。）に基づいて行う特定産業分野（人材を確保することが困難な状況にあるため外国人により不足する人材の確保を図るべき産業上の分野として法務省令で定めるものをいう。

	同号において同じ。）であつて法務大臣が指定するものに属する法務省令で定める相当程度の知識又は経験を必要とする技能を要する業務に従事する活動 二　法務大臣が指定する本邦の公私の機関との雇用に関する契約に基づいて行う特定産業分野であつて法務大臣が指定するものに属する法務省令で定める熟練した技能を要する業務に従事する活動
技能実習	一　次のイ又はロのいずれかに該当する活動 イ　技能実習法第八条第一項の認定（技能実習法第十一条第一項の規定による変更の認定があつたときは、その変更後のもの。以下同じ。）を受けた技能実習計画（技能実習法第二条第二項第一号に規定する第一号企業単独型技能実習に係るものに限る。）に基づいて、講習を受け、及び技能、技術又は知識（以下「技能等」という。）に係る業務に従事する活動 ロ　技能実習法第八条第一項の認定を受けた同項に規定する技能実習計画（技能実習法第二条第四項第一号に規定する第一号団体監理型技能実習に係るものに限る。）に基づいて、講習を受け及び技能等に係る業務に従事する活動

	二　次のイ又はロのいずれかに該当する活動 イ　技能実習法第八条第一項の認定を受けた同項に規定する技能実習計画（技能実習法第二条第二項第二号に規定する第二号企業単独型技能実習に係るものに限る。）に基づいて技能等を要する業務に従事する活動 ロ　技能実習法第八条第一項の認定を受けた同項に規定する技能実習計画（技能実習法第二条第四項第二号に規定する第二号団体監理型技能実習に係るものに限る。）に基づいて技能等を要する業務に従事する活動 三　次のイ又はロのいずれかに該当する活動 イ　技能実習法第八条第一項の認定を受けた同項に規定する技能実習計画（技能実習法第二条第二項第三号に規定する第三号企業単独型技能実習に係るものに限る。）に基づいて技能等を要する業務に従事する活動 ロ　技能実習法第八条第一項の認定を受けた同項に規定する技能実習計画（技能実習法第二条第四項第三号に規定する第三号団体監理型技能実習に係るものに限る。）に基づいて技能等を要する業務に従事する活動

備考　法務大臣は、特定技能の項の下欄の法務省令を定めようとするときは、あらかじめ、関係行政機関の長と協議するものとする。

三

在留資格	本邦において行うことができる活動
文化活動	収入を伴わない学術上若しくは芸術上の活動又は我が国特有の文化若しくは技芸について専門的な研究を行い若しくは専門家の指導を受けてこれを修得する活動（四の表の留学の項から研修の項までの下欄に掲げる活動を除く。）
短期滞在	本邦に短期間滞在して行う観光、保養、スポーツ、親族の訪問、見学、講習又は会合への参加、業務連絡その他これらに類似する活動

四

在留資格	本邦において行うことができる活動
留学	本邦の大学、高等専門学校、高等学校（中等教育学校の後期課程を含む。）若しくは特別支援学校の高等部、中学校（義務教育学校の後期課程及び中等教育学校の前期課程を含む。）若しくは特別支援学校の中学部、小学校（義務教育学校の前期課程を含む。）若しくは特別支援学校の小学部、専修学校若しくは各種学校又は設備及び編制に関してこれらに準ずる機関において教育を受ける活動
研修	本邦の公私の機関により受け入れられて行う技能等の修得をする活動（二の表の技能実習の項の下欄第一号及びこの表の留学の項の下欄に掲げる活動を除く。）
家族滞在	一の表、二の表又は三の表の上欄の在留資格（外交、公用、特定技能（二の表の特定技能の項の下欄第一号に係るものに限る。）、技能実習及び短期滞在を除く。）をもつて在留する者又はこの表の留学の在留資格をもつて在留する者の扶養を受ける配偶者又は子として行う日常的な活動

五

在留資格	本邦において行うことができる活動
特定活動	法務大臣が個々の外国人について特に指定する活動

別表第二 現　（第二条の二、第七条、第二十二条の三、第二十二条の四、第六十一条の二の二、第六十一条の二の八関係）

新　［公布の日から起算して一年を超えない範囲内において政令で定める日から施行］

別表第二　（第二条の二、第七条、第二十二条の三、第二十二条の四、第六十一条の二の二、第六十一条の二の十一関係）

在留資格	本邦において有する身分又は地位
永住者	法務大臣が永住を認める者

日本人の配偶者等	日本人の配偶者若しくは特別養子又は日本人の子として出生した者
永住者の配偶者等	永住者等の配偶者又は永住者等の子として本邦で出生しその後引き続き本邦に在留している者
定住者	法務大臣が特別な理由を考慮し一定の在留期間を指定して居住を認める者

タ　行

サ　行

収録法令名等索引（五十音順）

ア　行

カ　行

労働関係法規集　2024年版

2024年 3月15日　第 1 刷発行

編　者　　労働政策研究・研修機構
発行所　　労働政策研究・研修機構
〒177-8502　東京都練馬区上石神井 4 丁目 8 番23号
TEL 03-5903-6263　FAX 03-5903-6115
印刷所　　勝美印刷株式会社

ISBN978-4-538-14036-0